兖州市志

1996—2013

济宁市兖州区地方史志编纂委员会 编

方志出版社
Publishing House of Local Records

图书在版编目（CIP）数据

兖州市志. 1996—2013 / 济宁市兖州区地方史志编纂委员会编. -- 北京 ：方志出版社，2019.9
ISBN 978-7-5144-3833-8

Ⅰ. ①兖… Ⅱ. ①济… Ⅲ. ①兖州—地方志—1996-2013 Ⅳ. ①K295.24

中国版本图书馆 CIP 数据核字 (2019) 第 212145 号

兖州市志（1996—2013）

编　　者：济宁市兖州区地方史志编纂委员会
责任编辑：程　倩　王海荣

出 版 者：方志出版社
地址　北京市朝阳区潘家园东里9号（国家方志馆4层）
邮编　100021
网址　http://www.fzph.org

发　　行：方志出版社图书经销中心
电话（010）67110500

经　　销：各地新华书店
印　　刷：山东黄氏印务有限公司

开　　本：889×1194　　1/16
印　　张：68.75
字　　数：1650千字
版　　次：2019年9月第1版　　2019年9月第1次印刷
印　　数：0001～5000册

ISBN 978-7-5144-3833-8　　定价：680.00元

济宁市兖州区地方史志编纂委员会

（2017年11月6日公布）

名誉主任　王宏伟

主　　任　王　骁

第一副主任　唐　军

副 主 任　霍长恩　陈　勇

委　　员　路宝义　李新军　宋吉民　王卫中　高文博　徐玉生　高　强
　　　　　陈全芝　袁传诚　刘全忠　韩春恒　孔凡涛　王　健　王天祥
　　　　　乔瑞花　王玉婷　郭庆瑞　胡长荣　王立慧　刘秀玺　周生建

《兖州市志（1996—2013）》编审人员

主　　审　王　骁

副 主 审　唐　军　霍长恩

主　　编　陈　勇

副 主 编　李传坤　杨北城

编　　辑　钱琳琳　杨陈丽　于钦亮

特邀编辑　朱本生　邵鸿志　王培礼　侯广征　姜君杰　孟凡泰　李　莉

山东省地方史志编纂委员会评审：

刘爱军　李　刚　杜　泉　李天程　王　芬　魏振华　丁爱军
亓远程　宋明岩　蒋　慧

济宁市地方史志编纂委员会评审：

张树礼　邵鸿志　郭赟艳　王培礼　孟凡泰　姜君杰　黄　静
张衍才　侯广征　孔祥震　张西海　袁绍信　周广志　李　莉
刘宝超　米玉红　邵凤霞

中共济宁市兖州区委书记

序

县之有志，犹国之有史。盛世修志是中华民族存史资政、传承文明的优良传统。续修《兖州市志》即将付梓面世，是全区人民政治和文化生活中的一件盛事，可喜可贺！

兖州是古九州之一，北依巍巍泰山，南邻孟子故里邹城，东隔泗河与孔子故里曲阜相望，西仰水泊梁山，交通区位优势明显，素有“九省通衢、齐鲁咽喉”之称，为一方重镇，兵家必争之地。兖州历史底蕴深厚，早在春秋战国时期，属鲁国。秦代，设置瑕丘县。自453年（南北朝宋元嘉三十年）将兖州州治定于此地以来，历代为郡、州、府所在地，是一方政治、经济、文化、军事中心。兖州人杰地灵，历史名人、历史人文景观众多。兴隆塔、金口坝、青莲阁、少陵台等一大批历史文化遗迹如遍地遗珠熠熠生辉，九州文化、大禹文化、李杜文化、佛教文化等多种文化交相辉映。改革开放后，特别是近几年来，在历届区委、区政府的正确领导下，兖州人民始终把发展作为第一要务，开拓创新，务实进取，坚持“工业立区、工业强区”不动摇，国民经济长足发展，城乡面貌日新月异，社会保障日趋完善，党的建设全面加强，呈现出经济繁荣、政治安定、文化昌盛、社会和谐、生态优化、人民安居乐业的良好局面。

一方厚土，雍容博大。众手成志，正逢盛世。兖州自古至今向有编志存史之风。早在东汉时期，便有兖州山阳高平人仲长统编纂《兖州山阳先贤赞》一书；晋代，荀绰编纂《兖州记》。明代以后，兖州编修方志蔚然成风，至民国时期，共编修《兖州府志》《滋阳县志》《滋阳县乡土志》等志书，均有版本流传于世。1997年9月，《兖州市志》出版问世，为兖州第一部社会主义新方志。2017年4月，

中共济宁市兖州区委副书记
济宁市兖州区人民政府区长

续编《兖州市志》全面启动。全体编纂人员执着守望，不辞辛苦，倾其心智，辛勤耕耘，广征博取，数易其稿，终成此书。该部续志凡 29 篇 160 万余字，承前启后，详述全市 18 年间光辉历程，展现兖州经济社会巨大变化，观点鲜明，内容丰富，主次清晰，体例完备，融自然与社会为一体，集发展与现状于一书。实为兖州“百科全书”！

习近平总书记指出，要高度重视修史修志，把历史智慧告诉人们，激发我们的民族自豪感和自信心，坚定全体人民振兴中华、实现中国梦的信心和决心。“修志问道，以启未来。”随着续编《兖州市志》问世，相信全区必将掀起读志用志新热潮，以“究兴衰之由，陈利弊之要，补救时政之阙失，研求民生之荣枯”的历史智慧，在习近平新时代中国特色社会主义思想指导下，锐意改革，凝心聚力，努力创造新业绩，不断实现新跨越，加快推进富强美丽幸福和谐新兖州建设步伐，再续兖州历史新篇章！

谨为序。

2018 年 11 月

兖州名片

YANZHOUMINGPIAN

◇ 全国综合实力百强区

◇ 全国农业现代化示范市

◇ 国家级一二三产业融合发展试点县

◇ 全国十大粮食生产先进县标兵

◇ 全国农业机械化示范区

◇ 全国农村饮水安全工程建设示范区

◇ 全国民营经济发展先进市

◇ 全国国土资源节约集约模范市

◇ 全国外贸工作先进市

◇ 全国义务教育示范市

◇ 全国科技进步先进市

◇ 全国文化先进区

◇ 全国群众体育先进单位

◇ 全国绿色小康县

◇ 全国双拥模范城市

◇ 全国新型农村和城镇居民社会养老保险工作先进市

兖州名片

YANZHOUMINGPIAN

◇ 全省基层党建工作先进市

◇ 全省廉政建设先进单位

◇ 全省对外开放先进市

◇ 省级出口农产品质量安全示范区

◇ 全省服务业发展先进市

◇ 省级电子商务示范县

◇ 平安山东建设模范市

◇ 全省普法依法治理先进区

◇ 全省安全生产工作先进市

◇ 全省人才工作先进单位

◇ 省级园林城市

◇ 省级文明城市

◇ 山东省生态文明乡村建设先进区

◇ 全省计划生育优质服务先进市

◇ 全省四德工程建设先进区

◇ 全省未成年人思想道德建设工作先进县（市、区）

凡　例

一、《兖州市志（1996—2013）》坚持以马克思列宁主义、毛泽东思想、邓小平理论、“三个代表”重要思想、科学发展观、习近平新时代中国特色社会主义思想为指导，坚持辩证唯物主义和历史唯物主义的立场、观点和方法，实事求是地记述和反映兖州市自然、经济、政治、文化和社会的历史与现状，力求做到资料性、科学性、思想性和著述性的统一。

二、本志为首部《兖州市志》续志，上限为1996年，下限断至2013年，兖州市改兖州区。为保持记述事物的连续性、完整性，部分内容适当上溯或下延。

三、本志采用述、记、志、传、图、表、录等体裁，以志为主。前置概述、大事记，后设人物、附录、索引、编后记；中设分志29篇，篇下设章、节、目，必要时设子目。

四、本志文体采用规范的现代语体文。时间记述使用公元纪年，阿拉伯数字书写。

五、本志地名称谓以政府公布的名称为准。政区、地名采用事件发生时名称。行政组织机构、社会团体、企事业单位等特定名称首次出现用全称，重复出现用规范简称。

六、本志坚持“生不立传”原则。人物收录以本籍人物为主，兼记对兖州历史、文化、经济和社会发展有重大影响的客籍人物；按卒年顺序排序。

七、本志重要数据，以兖州市统计部门公布的数据为准，统计部门未有的，采用各有关单位提供的数据。计量单位采用现行国家法定计量单位，部分采用约定俗成的用法。

八、本志资料主要由各部门和镇（街道）提供，部分资料来自区档案馆、相关文献等，均不注明出处。

◇ 2013年11月29日，济宁市兖州区成立大会在兖州区行政办公中心举行。

◇ 兖州区西城区鸟瞰图（武平　2018 年摄）

◇ 兖州区东城区鸟瞰图（武平　2018 年摄）

◇ 深松整地联合作业

◇ 播种作业

◇ 小孟镇河庄村农业机械化作业现场

◇ 玉米收获现场

◇ 高地隙喷杆式喷雾机作业

◇ 大棚灵芝种植（闫可欣　摄）

◇ 山东瑞鹏农业科技有限公司大棚草莓采摘现场

◇ 大棚蔬菜种植

◇ 湿地养鸭（武平　摄）

◇ 兖州市龙海畜禽养殖专业合作社肉鸡饲养棚

◇ 兖州区健牧养殖场仔猪饲养

◇ 泗河大堤一角（张瑞鹏 摄）

◇ 兖州兴隆湿地公园（省级）一角

◇ 行道树

农田林网（武平 摄）

◇ 泗河美景（李玉奇 摄）

◇ 泗河龙湾店闸（李玉奇 摄）

◇ 大安河中段

◇ 北护城河（武平 摄）

金口坝

◇ 山东太阳纸业股份有限公司

◇ 华勤橡胶工业集团

◇ 山东兖矿国际焦化有限公司

◇ 山东兴达酒业有限公司办公中心

山东兖州工业园区俯瞰图

◇ 华勤橡胶工业集团年产 120 万套全钢子午载重轮胎生产线

◇ 山东太阳纸业股份有限公司无菌液态食品包装纸生产线

◇ 山东经典重工集团股份有限公司生产车间

◇ 五征集团山拖农机装备有限公司拖拉机总装线

◇ 山东翔宇化纤有限公司生产车间

◇ 山东永华机械有限公司恒温无尘生产车间

◇ 山东迪一电子科技有限公司生产车间

◇ 山东科大鼎新电子科技有限公司键合丝生产车间

◇ 山东百盛生物有限公司乳酸生产车间

◇ 山东白象食品有限公司生产车间

◇ 今麦郎饮品（兖州市）有限公司纯净水生产线（于保乐　摄）

◇ 兖州市绿源食品有限公司肉鸭生产线（武平　摄）

◇ 华勤橡胶工业集团生产的倍耐力轿车轮胎产品

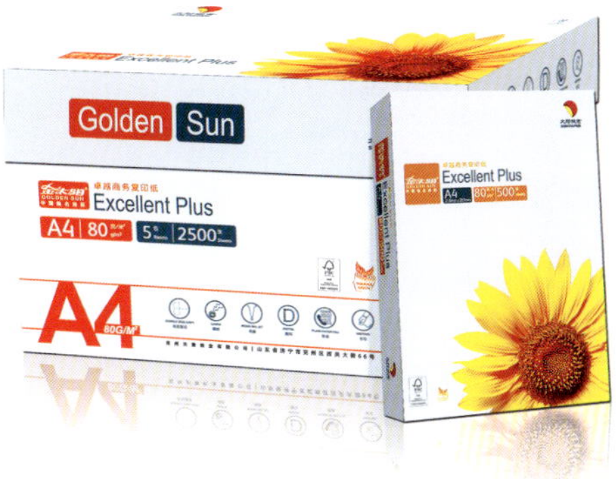

◇ 山东太阳纸业股份有限公司生产的“金太阳”牌办公用纸

◇ 爱科（济宁）农业机械有限公司生产的麦赛福格森 MF 2270 打捆机

◇ 山东金大丰机械有限公司生产的拖拉机

◇ 山东环宇五金有限公司生产的各类车轮产品

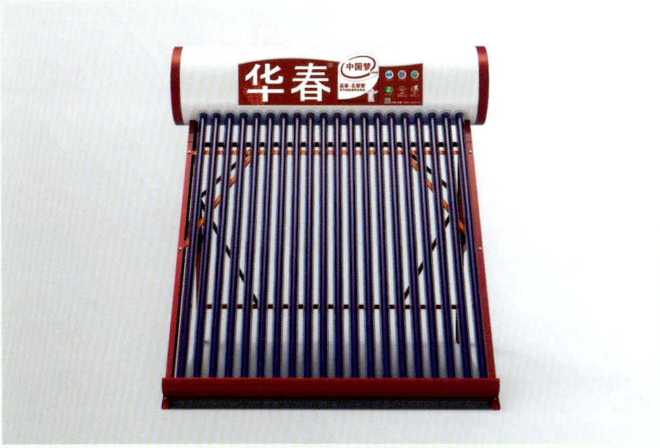

◇ 山东华春新能源有限公司生产的太阳能产品

◇ 兖州煤业股份有限公司兴隆庄煤矿

◇ 山东东山新驿煤矿

◇ 现代化的采煤工作面

◇ 先进的综掘设备

◇ 山东能源临矿集团古城煤矿

◇ 太阳财富广场（武平　摄）

◇ 百货大楼夜景（纪波　摄）

◇ 贵和购物广场

◇ 大润发超市

◇ 百意购物中心

◇ 贵和购物广场内景（谷继奎　摄）

◇ 2006年11月16日，山东太阳纸业股份有限公司在深圳交易所上市。

◇ 2017年12月27日，山东联诚精密制造股份有限公司在深圳证券交易所上市。

◇ 2012年始，兖州市（区）加大金融招商力度，完善金融业态，吸引有实力的银行、保险、证券、基金等机构到兖集聚发展。至2018年，先后引进交通银行、兴业银行、招商银行、浦发银行等11家银行，安华农险、英大人寿等14家保险公司。图为中信银行兖州支行

经典物流产业园京东物流车队（武平 摄）

◇ 大安集贸市场

◇ 赶大集（庄正　摄）

◇ 兴隆庄农贸市场

◇ 富居亿佳家具博览城

◇ 小孟镇刘家函丈村煜硕香坊香晾晒现场（郭亮　摄）

◇ 兴隆花卉大世界一角

◇ 日兰高速公路兖州段（武平 摄）

◇ 327国道兖州段

◇ 104省道兖州段

◇ 建设路

◇ 九州路

◇ 中御桥路

◇ 西环城路

◇ 西垛村公路

◇ 兖州站

◇ 兖州北站夜景（段更阳　摄）

◇ 兖州汽车站营运车辆

◇ 2018 年 8 月 3 日，鲁西南第一列“点对点”快速中欧班列——“兖州—欧洲”班列在兖州北站开通运行。（段更阳　摄）

◇ 绿色公交车

◇ 公共自行车

◇ 牛旺立交桥（武平　摄）

◇ 酒仙桥

◇ 兴隆大桥夜景（李玉奇　摄）

◇ 泗河九州大桥

泗河铁路桥（王锡海　摄）

◇ 兖州区行政办公中心（武平　摄）

◇ 兖州区人民法院

◇ 兖州区人民检察院（武平　摄）

◇ 创新大厦

◇ 新百汇城市综合体

◇ 九州法治广场（武平　摄）

◇ 人民乐园（武平　摄）

◇ 市民公园

◇ 市民广场

◇ 龙桥社区文化广场

◇ 百卉公园

◇ 西城区住宅群（谷继奎　摄）

◇ 九州方圆小区

◇ 君临华庭小区（姜兵　摄）

◇ 太阳花园城小区

◇ 紫金城小区

◇ 海情康城小区（姜兵　摄）

◇ 太阳都市花园小区

◇ 锦绣家园小区

◇ 锦绣城小区

◇ 锦绣北里小区

◇ 锦绣华府小区

◇ 碧桂园翡翠湾小区

◇ 旧关片区安置房

◇ 西顺河二区公租房

◇ 怡和花园经济适用房

◇ 压煤搬迁社区——滨河社区

◇ 压煤搬迁社区——兴隆社区

◇ 金村社区

◇ 圣德国际酒店夜景

◇ 富源春生态酒店（纪波　摄）

◇ 富都宾馆

◇ 兴隆宾馆

◇ 兖州一中

◇ 实验高级中学

◇ 济宁工业技师学院

◇ 东方中学西校区

◇ 东御桥小学

◇ 兖州一中地理课堂

◇ 兖州区第六中学图书阅览室

◇ 兖州区实验小学教育集团西校区微机室

◇ 漕河镇中心小学综合实践活动

◇ 新兖镇中心小学机器人活动课堂

◇ 小孟镇中心幼儿园蒲团活动

◇ 2008年7月22日，2008年北京奥运火炬在兖州传递。（武平　摄）

◇ 2018年5月19日，全国老年人太极拳健身推广展示大联动活动在兴隆文化园举办。

◇ 体育馆俯瞰图

◇ 兖州惠民体育馆外景（姜兵　摄）

◇ 2009年6月18日，兖州市庆祝中华人民共和国成立60周年“歌声嘹亮颂祖国”大型广场文艺演出在九州广场举行。

◇ 2009年9月6日，中央电视台《同一首歌》“歌唱祖国——相约华勤·走进兖州”大型演唱会在华勤集团厂区举行。（武平 摄）

◇ 2013年11月29日，山东省“文化大拜年、欢乐进万家”冬春文化惠民暨济宁市兖州区第二十四届农民文化艺术节在兴隆庄镇举行。

◇ 兖州区文化惠民送戏下乡演出

◇ 大型佛文化实景演出——菩提东行

◇ 兖州区精品传统戏曲惠民演出

济宁市非物质文化遗产名录项目——花棍舞

◇ 济宁市非物质文化遗产名录项目——请猴

◇ 济宁市非物质文化遗产名录项目——道勤五谷画制作现场

◇ 腰鼓表演 （谷继奎　摄）

◇ 兖州区图书馆图书阅览室

◇ 兴隆塔（武平　摄）

◇ 少陵台

◇ 兴隆文化园西区外景

◇ 兴隆文化园东区俯瞰图

◇ 少陵公园

◇ 全国美丽宜居示范村庄——新驿镇何家村公园一角（郭刚　摄）

◇ 全国美丽乡村示范村——小孟镇苏家户村

◇ 济宁市级美丽乡村——大安镇西垛村（姜兵　摄）

◇ 兴隆庄街道兴明湖（武平　摄）

山东省美丽宜居村庄——小孟镇梁家村月亮湖

◇ 济宁医学院附属医院兖州院区

◇ 兖州区中医院

◇ 九一医院

◇ 漕河镇卫生院

◇ 颜店中心卫生院

◇ 2010年12月，兖州市中医院在全国率先实施“先看病、后交钱”医疗服务模式。

◇ 兖州市天网二期工程监控指挥大厅

◇ 兖州区政务服务中心大厅

◇ 法律服务热线接听现场

◇ 税务服务大厅

◇ 劳动服务大厅招聘会

◇ 龙桥街道便民服务大厅业务办理现场

◇ 老年人领取养老金

◇ 公园晨练（武平　摄）

◇ 老有所乐

◇ 公园遛鸟

牛楼社区互助养老院

◇ 2008年10月8日，兖州兴隆塔地宫考古发掘成果新闻发布会在市博物馆举行。

◇ 兴隆塔地宫出土文物——鎏金银棺（武平 摄）

◇ 兴隆塔地宫出土文物——宋代石函

◇ 兴隆塔地宫出土文物——金瓶

◇ 兴隆塔地宫出土文物——舍利

◇ 兖州博物馆

◇ 兴达酿造酒文化博览馆

◇ 牛运震纪念馆

◇ 太阳纸文化博览馆

◇ 济宁市润美中医药博物馆——中医药发展史展区

◇ 大安镇前官村民俗馆（姜兵 摄）

◇国画 李宝亮

◇国画 徐叶翎

◇国画 仙福民

◇国画 甘东明

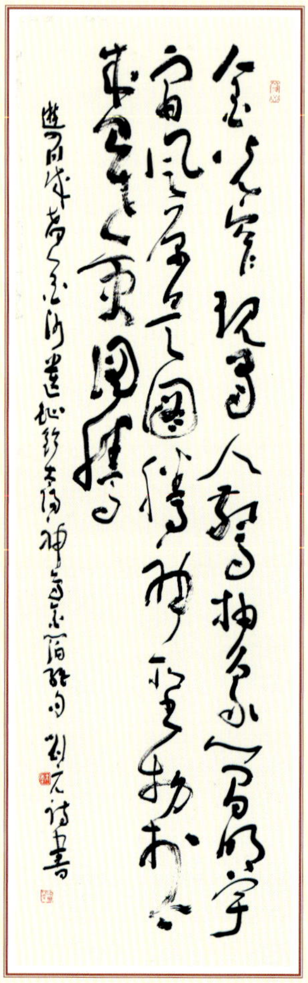

◇书法 刘元

◇ 国画　张进才

◇ 国画　徐晓金

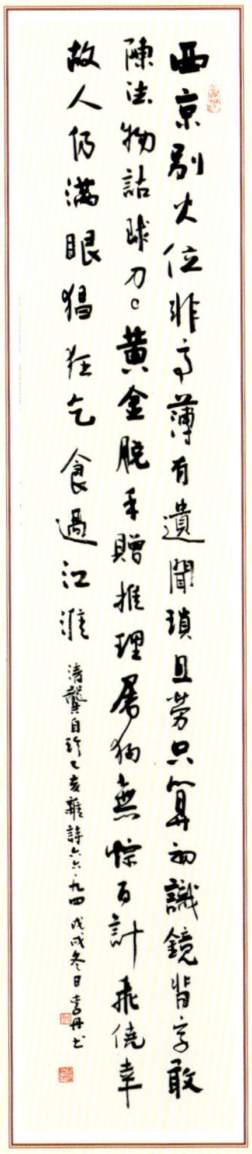

◇ 书法　李丹

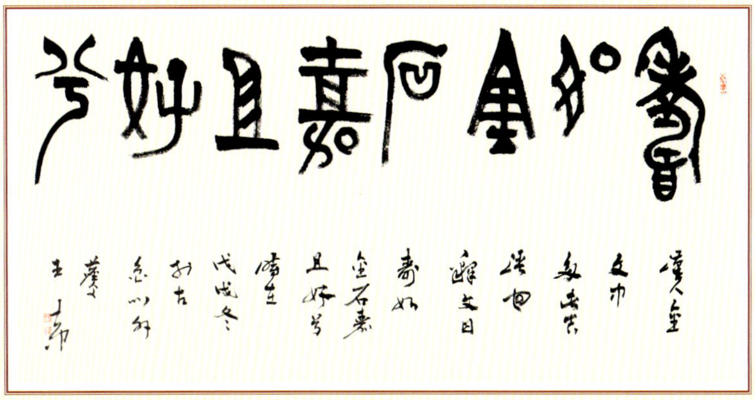

◇ 书法　王大中

◇ 国画　武平

◇ 国画　张金鹏

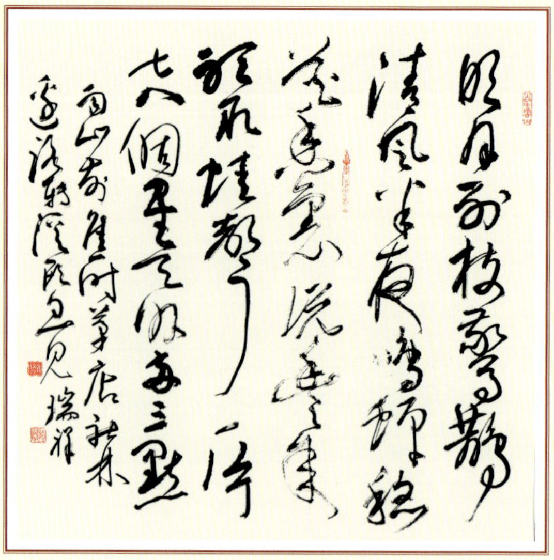

◇ 书法　张瑞祥

◇ 国画　黄秦岭

◇ 端信兖州 厚德载物　屠陈陀篆刻

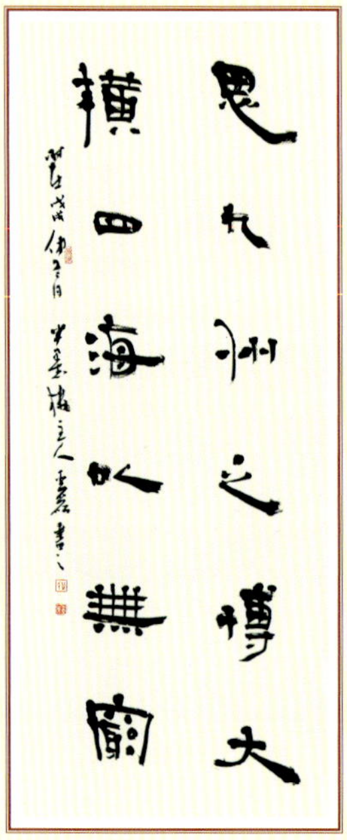

◇ 书法　翟亚磊

◇ 国画　钱勇

1996年—2013年主要经济数据对比

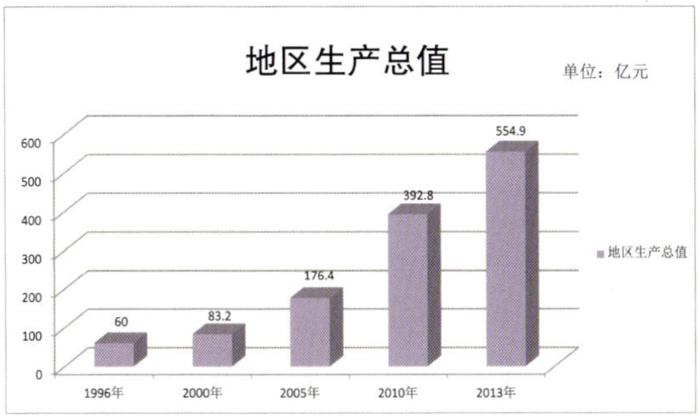

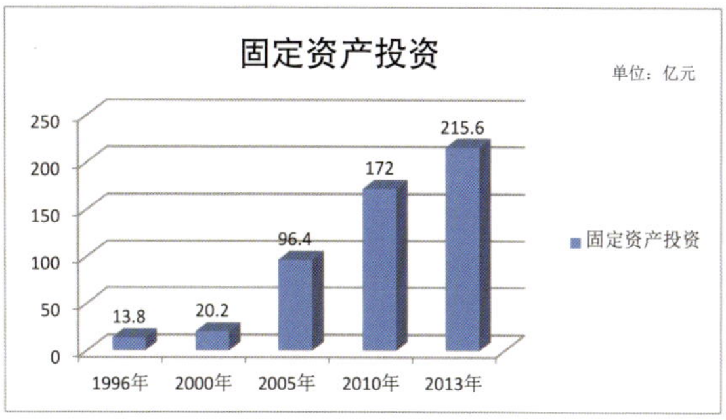

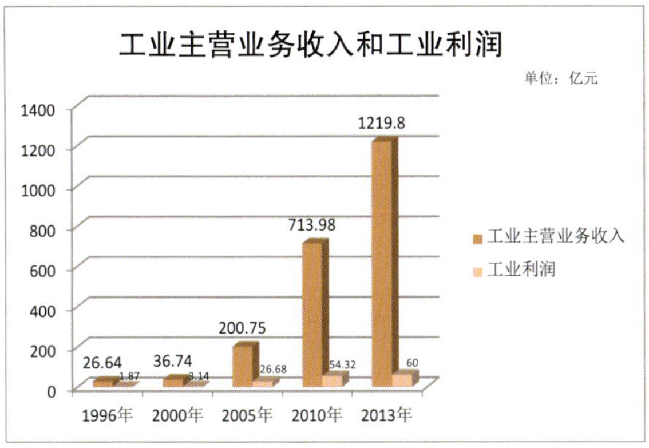

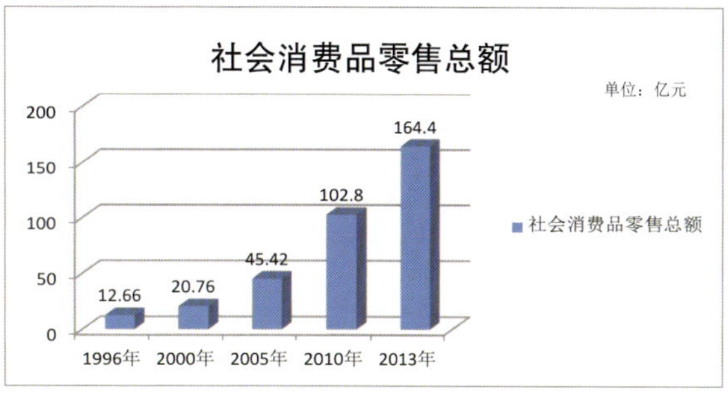

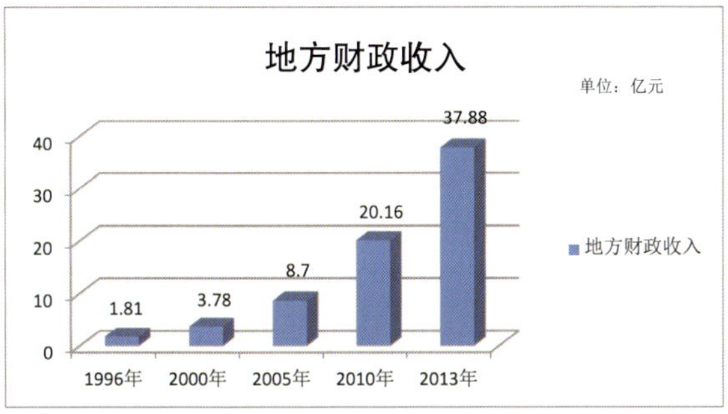

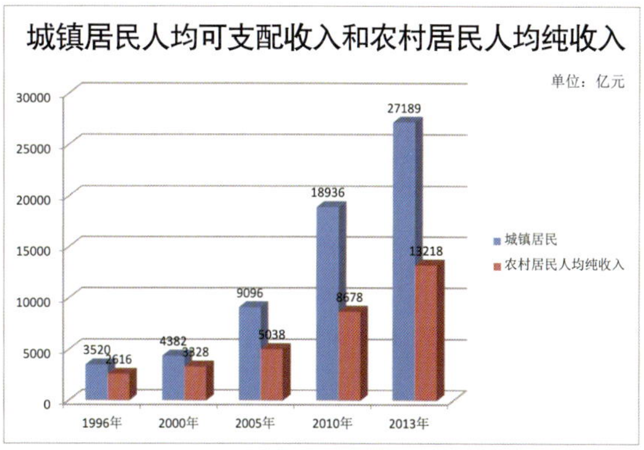

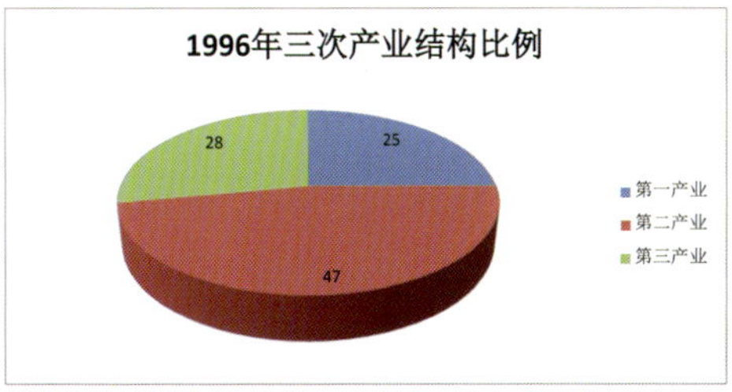

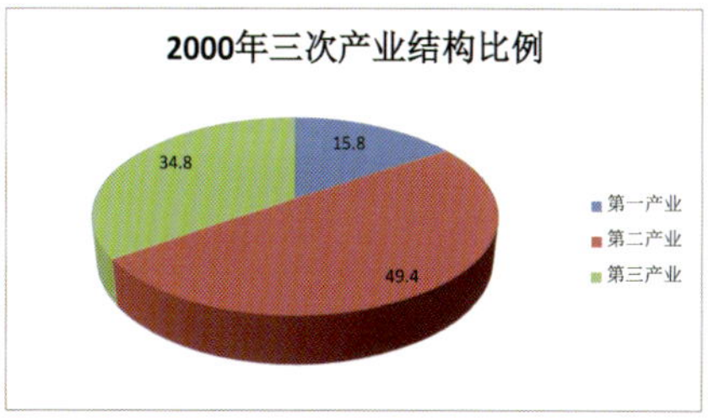

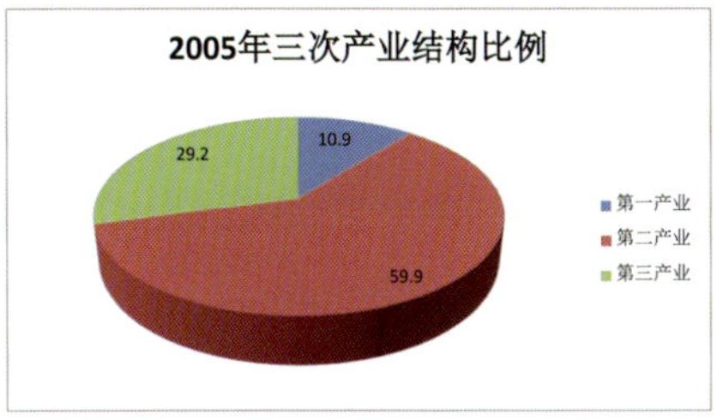

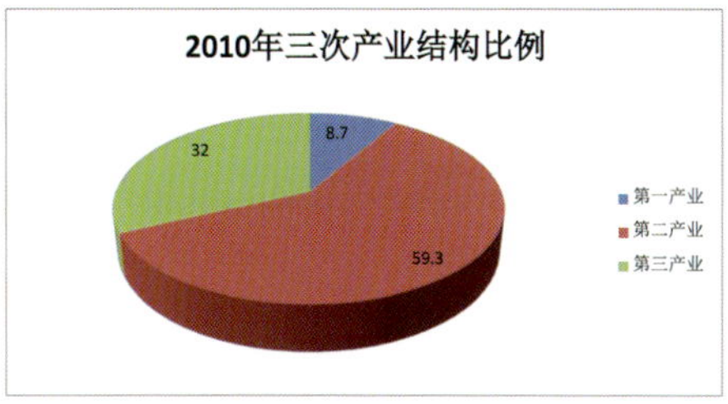

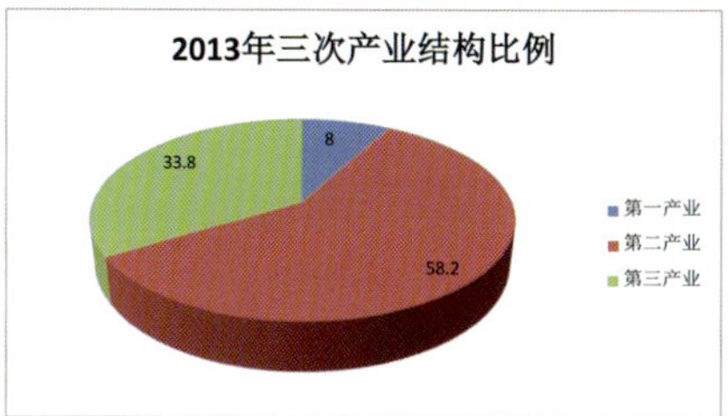

◇ 2018年9月13日，《兖州市志（1996—2013）》志稿省级专家评审会在富都宾馆召开。省政府办公厅党组成员、省史志办主任刘爱军，省史志办副主任李刚，省史志办市县基层志编纂指导处二级调研员杜泉、李天程；济宁市副市长柳景武，市政府副秘书长徐锋，市史志办主任张树礼，市史志办副主任邵鸿志；兖州区委副书记、区长王骁，区委副书记马伟，副区长褚福梅，区政府办公室主任霍长恩，区史志办主任陈勇等同评审专家及有关人员合影。

◇ 2018年6月28日，《兖州市志（1996—2013）》志稿市级评审会在富都宾馆召开。济宁市史志办主任张树礼、市史志办副主任邵鸿志、市史志办编研科科长郭赟艳，兖州区副区长褚福梅，区史志办主任陈勇等同评审专家及有关人员合影。

兖州市城区图

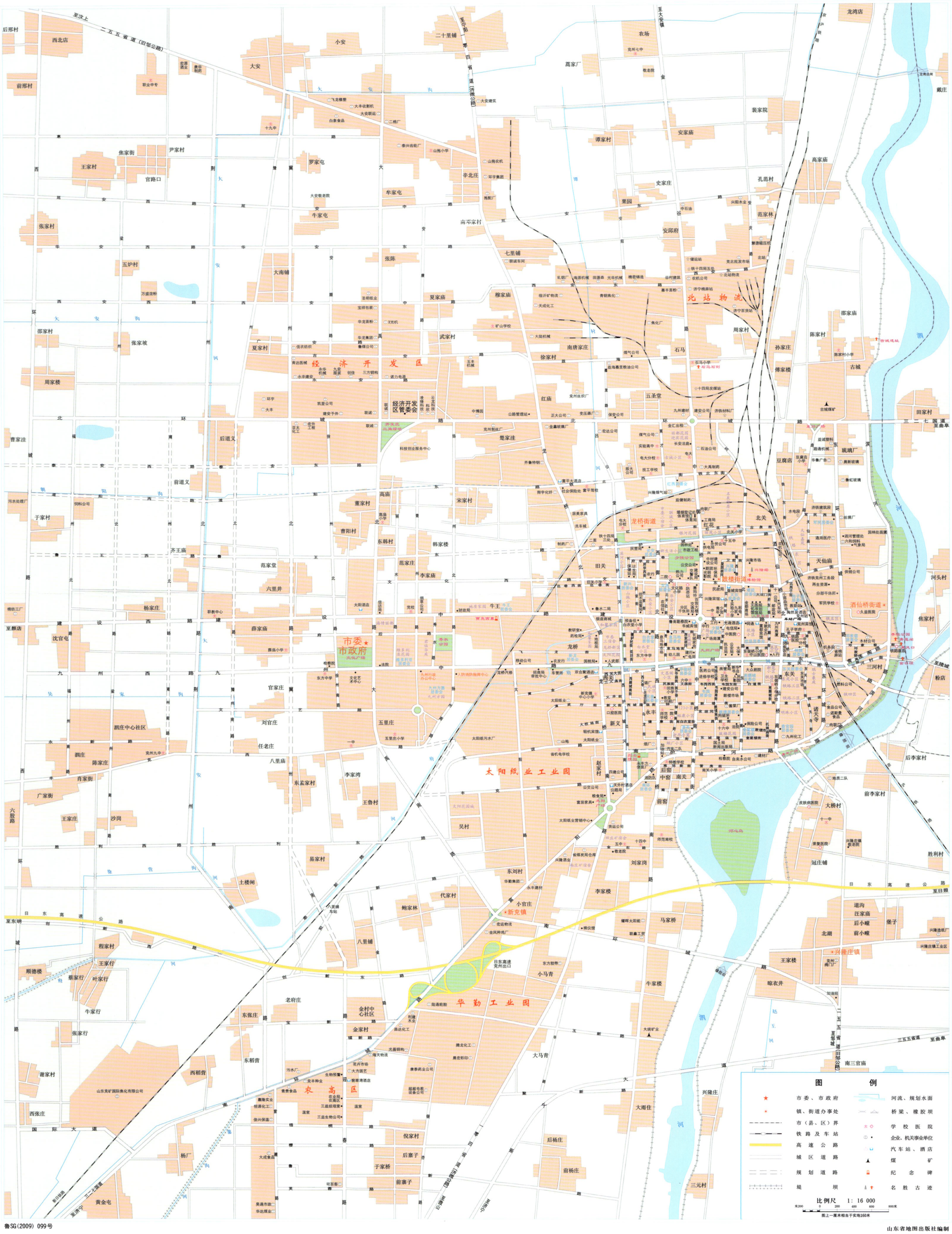

鲁SG(2009) 099号

山东省地图出版社编制

兖州市地图

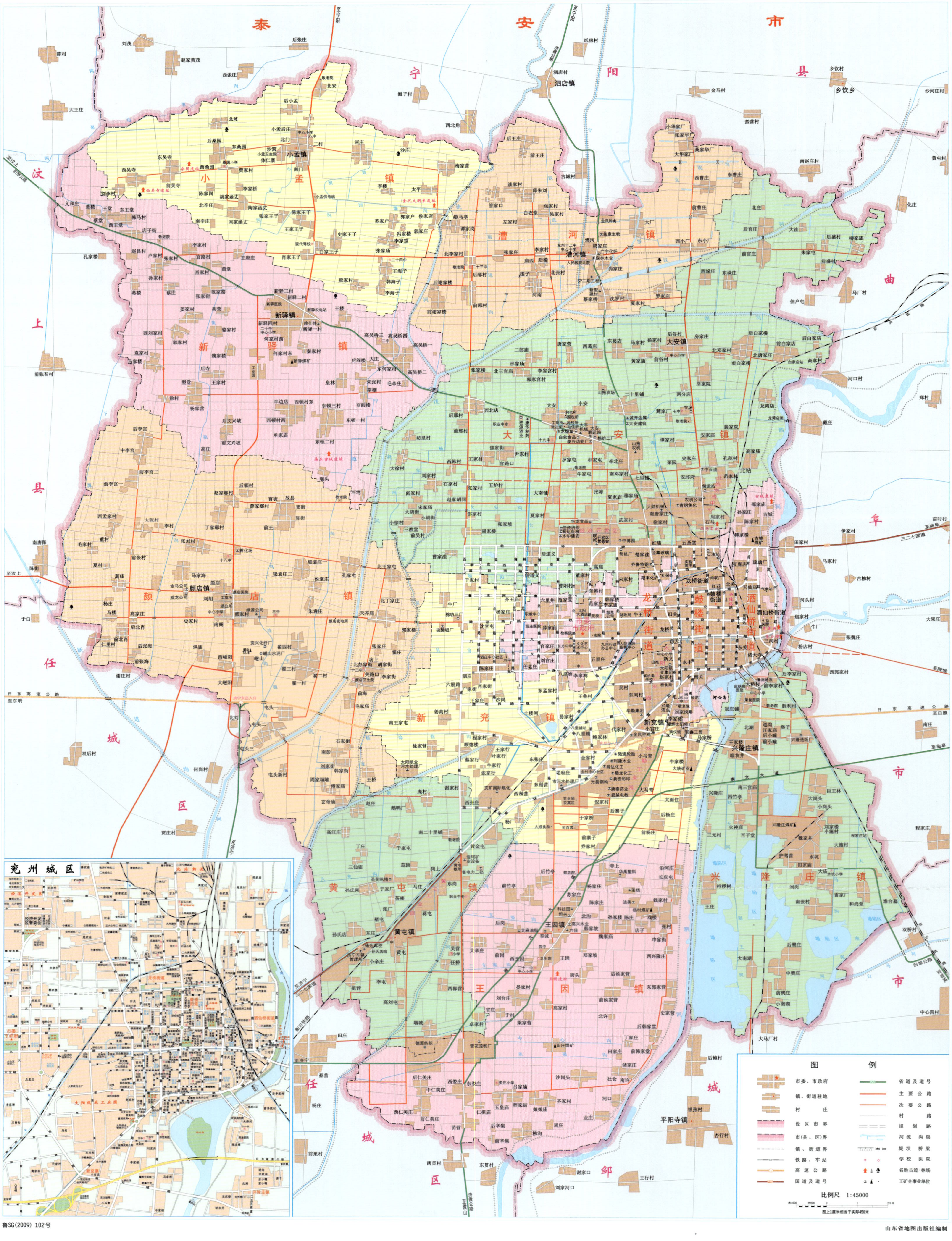

鲁SG(2009) 102号

山东省地图出版社编制

目　　录

序

凡　例

概　述……1

大事记……11

第一篇　行政区域

第一章　建置　区划……71

　第一节　建置沿革……71

　第二节　境域变迁……74

　第三节　区　划……74

第二章　镇（街道）　村庄……77

　第一节　镇（街道）……77

　第二节　村　庄……89

第二篇　自然环境

第一章　地质　地貌……93

　第一节　地　质……93

　第二节　地　貌……95

第二章　气　候……96

　第一节　气候特征……96

　第二节　日照　云……97

　第三节　气　温……99

　第四节　气压　风……100

　第五节　降　水……101

　第六节　湿度　蒸发……103

　第七节　地　温……104

　第八节　冻　土……104

　第九节　能见度……104

第三章　土壤　植被……105

　第一节　土壤类型及分布……105

　第二节　土壤质量……107

　第三节　植　被……109

第四章　水　文……109

　第一节　河流水系……109

　第二节　地下水……112

第五章　自然资源……113

　第一节　土地资源……113

　第二节　水资源……114

　第三节　生物资源……116

　第四节　矿产资源……117

第六章　自然灾害……118

　第一节　旱　灾……118

　第二节　涝　灾……118

　第三节　风　灾……119

　第四节　雹　灾……119

　第五节　霜冻灾……119

　第六节　病虫害……119

第三篇　人　口

第一章　人口状况……123

　第一节　人口分布与密度……124

　第二节　人口变动……124

第二章　人口构成……126

　第一节　性别构成……126

　第二节　年龄构成……126

第三节 文化构成…… 126
第四节 民族构成…… 127
第五节 职业构成…… 127
第六节 婚姻 家庭…… 128
第三章 人口控制…… 129
第一节 管理机构…… 129
第二节 政策法规…… 130
第三节 宣传教育…… 130
第四节 计划生育管理…… 131
第五节 计划生育服务…… 134
第六节 控制成果…… 136

第四篇 城乡建设

第一章 城镇规划…… 139
第一节 管理机构…… 139
第二节 城市规划…… 139
第三节 镇村规划…… 141
第四节 规划管理…… 142
第二章 城市建设…… 143
第一节 管理机构…… 143
第二节 道路 桥涵…… 144
第三节 供水 排水…… 149
第四节 供气 供热…… 151
第五节 城区照明…… 152
第六节 园林绿化…… 153
第七节 住宅小区建设…… 155
第八节 标志性建筑…… 156
第九节 新城建设…… 157
第三章 城市管理…… 158
第一节 城管执法…… 158
第二节 环境卫生管理…… 161
第三节 拆迁管理…… 163
第四章 房 地 产…… 165
第一节 住房制度改革…… 165
第二节 房地产开发…… 168
第三节 房地产管理…… 169
第五章 建 筑 业…… 172
第一节 建筑队伍…… 172
第二节 建筑设计…… 174
第三节 建工管理…… 175
第四节 建筑设备…… 178
第五节 外地市场开拓…… 179
第六章 村镇建设…… 181
第一节 基础设施建设…… 181
第二节 安居工程建设…… 182

第五篇 环境保护

第一章 环境监测…… 185
第一节 大气监测…… 185
第二节 水监测…… 186
第三节 噪声监测…… 189
第二章 污染防治…… 191
第一节 大气污染防治…… 191
第二节 水污染防治…… 192
第三节 噪声污染防治…… 193
第四节 固体废物污染防治…… 194
第三章 环保管理…… 195
第一节 管理机构…… 195
第二节 建设项目环境保护…… 195
第三节 环境监察…… 196
第四节 环境统计 污染源普查…… 199
第五节 环保宣传…… 199

第六篇 交通 邮电

第一章 管理机构…… 203
第一节 兖州公路局…… 203
第二节 市交通运输局…… 203
第三节 兖州车务段…… 204
第四节 市邮政局…… 204
第二章 公路建设…… 205
第一节 国 道…… 205

第二节 省 道…………………………… 205
第三节 高速公路………………………… 206
第四节 县乡公路………………………… 206
第五节 桥 梁…………………………… 209
第三章 公路运输………………………… 212
第一节 货 运…………………………… 212
第二节 客 运…………………………… 213
第三节 出租车运输……………………… 217
第四章 交通管理………………………… 217
第一节 公路养护………………………… 217
第二节 路政管理………………………… 218
第三节 运政管理………………………… 218
第四节 交通稽查………………………… 219
第五节 规费征收………………………… 220
第五章 铁 路………………………… 221
第一节 车 站…………………………… 221
第二节 专用线…………………………… 223
第三节 铁路运输………………………… 223
第六章 邮 政………………………… 225
第一节 邮政网络………………………… 225
第二节 邮政业务………………………… 226
第七章 通 信………………………… 228
第一节 联通通信………………………… 228
第二节 移动通信………………………… 231
第三节 电信通信………………………… 232

第七篇 经济综述

第一章 经济结构………………………… 235
第一节 地区生产总值…………………… 235
第二节 产业结构………………………… 236
第三节 投资结构………………………… 237
第四节 就业结构………………………… 238
第五节 所有制结构……………………… 242
第二章 经济效益………………………… 246
第一节 农业经济………………………… 246
第二节 工业经济………………………… 247
第三节 建筑业经济……………………… 249
第四节 运输（仓储）业经济…………… 250
第五节 商业经济………………………… 251

第八篇 农 业

第一章 机 构………………………… 255
第一节 市农业管理机构………………… 255
第二节 市畜牧兽医管理机构…………… 256
第三节 市农业机械管理机构…………… 256
第四节 市农业综合开发办公室………… 257
第二章 农村经济体制改革……………… 257
第一节 土地使用制度…………………… 257
第二节 农村经营管理…………………… 258
第三节 产业结构调整和产业化………… 261
第三章 种 植 业………………………… 262
第一节 粮食作物………………………… 262
第二节 经济作物………………………… 266
第三节 种植技术………………………… 268
第四节 植物保护………………………… 275
第五节 土特产品………………………… 277
第六节 农民培训………………………… 279
第四章 畜 牧 业………………………… 281
第一节 家畜饲养………………………… 281
第二节 家禽饲养………………………… 282
第三节 特种养殖………………………… 282
第四节 畜禽加工………………………… 283
第五节 标准化生产……………………… 283
第六节 疫病防治………………………… 284
第五章 水产养殖………………………… 285
第一节 环境资源………………………… 285
第二节 鱼类养殖………………………… 286
第三节 技术推广………………………… 286
第六章 桑 蚕………………………… 288
第一节 植桑养蚕………………………… 288
第二节 蚕茧收购………………………… 289
第七章 农 机………………………… 290

第一节　机械设备……………………………290
第二节　农机经营……………………………293
第三节　农机管理……………………………293
第四节　农机科研与技术推广………………295
第五节　农机跨区作业………………………296
第八章　农业综合开发……………………297
第一节　土地治理项目………………………297
第二节　产业化经营项目……………………300

第九篇　林果业

第一章　林业资源…………………………305
第一节　树　木………………………………305
第二节　林　地………………………………309
第三节　木材蓄积……………………………310
第四节　古树名木……………………………310
第二章　植树造林…………………………311
第一节　公路与河道绿化……………………311
第二节　规模造林……………………………312
第三节　农田林网……………………………312
第四节　丰产林建设…………………………313
第五节　义务植树……………………………313
第三章　育苗　花卉………………………314
第一节　育　苗………………………………314
第二节　花　卉………………………………315
第四章　果　　树…………………………315
第一节　果树种类……………………………315
第二节　果品生产……………………………316
第五章　林业管理…………………………316
第一节　管理机构……………………………316
第二节　集体林权制度改革…………………317
第三节　林业执法……………………………318
第四节　病虫害防治…………………………318
第五节　野生动物保护………………………319
第六节　林业科技……………………………320

第十篇　水　利

第一章　河道治理…………………………323
第一节　干支流水系治理……………………323
第二节　其他河道治理………………………325
第二章　水利设施建设……………………325
第一节　蓄水工程……………………………325
第二节　灌溉工程……………………………328
第三节　节水改造工程………………………329
第四节　引水工程……………………………330
第五节　农村供水……………………………330
第三章　防汛　抗旱………………………332
第一节　防　汛………………………………332
第二节　抗　旱………………………………334
第四章　水政管理…………………………336
第一节　管理机构……………………………336
第二节　水资源管理…………………………336
第三节　水利工程管理………………………337
第四节　水行政执法…………………………337

第十一篇　工　业

第一章　企业管理与改革…………………341
第一节　管理机构……………………………341
第二节　企业管理……………………………342
第三节　企业改革改制………………………343
第二章　结构调整与技术改造……………345
第一节　结构调整……………………………345
第二节　技术改造……………………………347
第三章　工业产品…………………………348
第一节　产品分类……………………………348
第二节　主导产品……………………………348
第四章　工业门类…………………………353
第一节　煤　炭………………………………353
第二节　造纸及纸制品………………………354
第三节　橡胶制品……………………………355

第四节　装备制造………………………………… 356
第五节　化学工业………………………………… 358
第六节　医药　医疗……………………………… 358
第七节　食品工业………………………………… 360
第八节　纺织工业………………………………… 361
第九节　建材工业………………………………… 362
第十节　电子信息制造…………………………… 363
第十一节　木材加工……………………………… 363
第五章　乡镇企业与民营经济……………………… 364
第一节　管理机构………………………………… 364
第二节　经营体制………………………………… 365
第三节　管理服务………………………………… 369
第六章　电　　力………………………………… 371
第一节　管理机构………………………………… 371
第二节　发　电…………………………………… 372
第三节　电网建设与改造………………………… 373
第四节　电力生产………………………………… 377
第五节　供用电管理……………………………… 377

第十二篇　商　贸

第一章　商　　业………………………………… 381
第一节　管理机构………………………………… 381
第二节　体制改革………………………………… 381
第三节　商业网点………………………………… 386
第四节　生猪定点屠宰…………………………… 387
第五节　煤炭市场管理…………………………… 387
第六节　家电下乡………………………………… 387
第七节　个体商业企业…………………………… 388
第二章　供　　销………………………………… 389
第一节　管理机构………………………………… 389
第二节　体制改革………………………………… 389
第三节　生产资料经营…………………………… 390
第四节　生活资料经营…………………………… 391
第五节　废旧物资经营…………………………… 393
第六节　烟花爆竹经营…………………………… 394
第七节　社办工业………………………………… 394
第三章　物　　资………………………………… 396
第一节　体制改革………………………………… 396
第二节　物资购销………………………………… 396
第四章　商贸市场与服务业……………………… 397
第一节　集贸市场………………………………… 397
第二节　专业化市场与商业超市………………… 399
第三节　物资交流大会…………………………… 402
第四节　服务业…………………………………… 402
第五章　粮　　油………………………………… 404
第一节　管理机构………………………………… 404
第二节　体制改革………………………………… 404
第三节　粮油购销………………………………… 406
第四节　粮油加工………………………………… 408
第五节　粮食流通监管…………………………… 409
第六节　粮油储备………………………………… 409
第六章　专营专卖………………………………… 410
第一节　盐　业…………………………………… 410
第二节　石　油…………………………………… 413
第三节　烟　草…………………………………… 414

第十三篇　开放　开发

第一章　管理机构………………………………… 419
第一节　市对外贸易经济合作局………………… 419
第二节　市商务局………………………………… 419
第三节　市招商促进局…………………………… 420
第四节　济宁市农业高新技术示范园管委会
……………………………………………………… 420
第五节　山东兖州工业园区管委会……………… 420
第六节　山东兖州经济开发区管委会…………… 420
第二章　对外贸易及对港澳台贸易……………… 421
第一节　外贸体制………………………………… 421
第二节　进出口贸易及港澳台贸易……………… 421
第三节　出口基地………………………………… 429
第三章　对外及对港澳台交流、合作…………… 430
第一节　利用外资及港澳台投资………………… 430
第二节　参观考察与接待外宾…………………… 437

第三节 对外劳务及对港澳台劳务合作… 440
第四节 缔结友好关系…………………… 441
第五节 境外投资………………………… 441
第四章 招商引资……………………… 443
第一节 政策环境………………………… 443
第二节 招商活动………………………… 443
第三节 资金引进………………………… 447
第五章 经济园区……………………… 448
第一节 济宁市农业高新技术示范园…… 448
第二节 山东兖州工业园区……………… 450
第三节 山东兖州经济开发区…………… 452

第十四篇 财政 税务

第一章 财 政………………………… 457
第一节 管理机构………………………… 457
第二节 财政体制………………………… 458
第三节 财政收入………………………… 459
第四节 财政支出………………………… 462
第五节 财务管理………………………… 464
第六节 财政投资评审…………………… 469
第七节 国有资产管理…………………… 469
第八节 融资管理………………………… 470
第二章 国家税务……………………… 471
第一节 管理机构………………………… 471
第二节 税务体制改革…………………… 472
第三节 税种 税率……………………… 473
第四节 税收收入………………………… 474
第五节 税收征管………………………… 475
第六节 税收优惠………………………… 479
第三章 地方税务……………………… 483
第一节 管理机构………………………… 483
第二节 税务体制改革…………………… 483
第三节 税种 税率……………………… 484
第四节 税收征管………………………… 488
第五节 税收收入………………………… 491
第六节 税收优惠………………………… 493

第十五篇 金融 保险 证券

第一章 金 融………………………… 497
第一节 机 构………………………… 497
第二节 金融体制改革…………………… 499
第三节 货 币………………………… 500
第四节 存 款………………………… 502
第五节 贷 款………………………… 503
第六节 结 算………………………… 503
第七节 外汇管理………………………… 504
第八节 金融监管与服务………………… 504
第九节 国债发行………………………… 505
第二章 保 险………………………… 506
第一节 机 构………………………… 506
第二节 保险种类………………………… 507
第三节 保费收入………………………… 508
第四节 保险理赔………………………… 510
第三章 证 券………………………… 512
第一节 机 构………………………… 512
第二节 证券业务………………………… 512

第十六篇 经济管理

第一章 规划（计划）管理…………… 515
第一节 管理机构………………………… 515
第二节 规划（计划）编制……………… 515
第三节 规划（计划）实施……………… 516
第四节 项目审批管理…………………… 518
第五节 项目建设与管理………………… 519
第二章 国土资源管理………………… 520
第一节 管理机构………………………… 520
第二节 规划编制………………………… 521
第三节 建设用地管理…………………… 522
第四节 农田保护………………………… 525
第五节 地籍与测绘管理………………… 528
第六节 执法监察………………………… 528

第三章 审计管理………………………… 529
第一节 管理机构………………………… 529
第二节 国家审计………………………… 530
第三节 内部审计………………………… 531
第四节 社会审计………………………… 532
第四章 统计管理………………………… 533
第一节 管理机构………………………… 533
第二节 专业与专项调查………………… 533
第三节 抽样调查………………………… 535
第四节 统计服务………………………… 536
第五节 统计监督与执法………………… 537
第五章 工商行政管理…………………… 537
第一节 管理机构………………………… 537
第二节 市场管理………………………… 538
第三节 注册登记管理…………………… 539
第四节 经济合同管理…………………… 540
第五节 商标广告管理…………………… 541
第六节 消费者权益保护………………… 542
第七节 公平交易执法…………………… 543
第六章 物价管理………………………… 544
第一节 管理机构………………………… 544
第二节 价格管理………………………… 544
第三节 收费管理………………………… 545
第四节 价格监督检查…………………… 547
第五节 价格服务………………………… 548
第七章 质量技术监督…………………… 550
第一节 管理机构………………………… 550
第二节 计量检定与管理………………… 551
第三节 产品质量监督管理……………… 551
第四节 标准化管理……………………… 554
第五节 特种设备安全监察……………… 556
第六节 行政执法………………………… 556
第八章 食品药品监督管理……………… 557
第一节 管理机构………………………… 557
第二节 食品安全综合监督……………… 558
第三节 药品和医疗器械监管…………… 558
第四节 保健食品 化妆品监管 ………… 559
第九章 安全生产监督管理……………… 560
第一节 管理机构………………………… 560
第二节 安全生产管理…………………… 560
第三节 安全宣传培训…………………… 560
第四节 安全生产监督…………………… 561
第五节 安全事故调查…………………… 562

第十七篇 中共兖州市地方组织

第一章 中共兖州市代表大会…………… 565
第一节 代表选举………………………… 565
第二节 历届代表大会…………………… 565
第二章 市委组织机构…………………… 567
第一节 领导人员………………………… 567
第二节 工作机构………………………… 571
第三节 基层组织机构…………………… 571
第三章 全委（扩大）会议……………… 573
第一节 第九届委员会…………………… 573
第二节 第十届委员会…………………… 574
第三节 第十一届委员会………………… 574
第四节 第十二届委员会………………… 575
第五节 第十三届委员会………………… 576
第四章 重要决策部署…………………… 577
第一节 重要决定………………………… 577
第二节 重要部署………………………… 579
第五章 纪检监察………………………… 581
第一节 组织机构………………………… 581
第二节 重要会议………………………… 582
第三节 党风廉政建设…………………… 583
第四节 查办案件………………………… 585
第五节 政务公开………………………… 586
第六节 纠风正纪………………………… 587
第七节 执法检查………………………… 588
第六章 组织工作………………………… 590
第一节 管理机构………………………… 590
第二节 基层党组织建设………………… 591
第三节 党员队伍建设…………………… 592

第四节　党员远程教育…………………… 593
第五节　宣传教育活动…………………… 593
第六节　干部制度改革…………………… 596
第七节　干部工作………………………… 596
第八节　知识分子工作…………………… 599
第九节　驻村联户工作…………………… 600
第十节　老干部工作……………………… 601
第七章　宣传工作……………………… 602
第一节　管理机构………………………… 602
第二节　社会宣传………………………… 602
第三节　理论教育………………………… 603
第四节　思想政治工作…………………… 604
第五节　新闻宣传………………………… 605
第六节　党　报…………………………… 606
第八章　统战与台湾事务……………… 606
第一节　统战工作………………………… 606
第二节　台湾事务………………………… 610
第九章　信访工作……………………… 611
第一节　管理机构………………………… 611
第二节　信访法规宣传…………………… 612
第三节　来信到访及处置………………… 612
第十章　机关党建……………………… 614
第一节　组织建设………………………… 614
第二节　教育培训………………………… 615
第十一章　党校教育与党史研究……… 616
第一节　党校教育………………………… 616
第二节　党史研究………………………… 619
第十二章　督查工作…………………… 620
第一节　管理机构………………………… 620
第二节　重点工作督查…………………… 620
第三节　专项工作督查…………………… 620
第四节　批示事项督查…………………… 621
第五节　民生事项督查…………………… 621
第六节　督查调研………………………… 621
第十三章　档案管理…………………… 621
第一节　管理机构………………………… 621
第二节　档案征集………………………… 622
第三节　开发利用………………………… 623
第四节　业务指导………………………… 624
第五节　法制宣传………………………… 626

第十八篇　地方权力机关

第一章　市人民代表大会……………… 629
第一节　代表选举………………………… 629
第二节　历届人民代表大会……………… 630
第二章　市人民代表大会常务委员会… 636
第一节　领导人员………………………… 636
第二节　工作机构………………………… 638
第三节　常委会会议……………………… 638
第四节　主要活动………………………… 640
第三章　乡镇人民代表大会…………… 645
第一节　机　构…………………………… 645
第二节　换届选举………………………… 646

第十九篇　地方行政机关

第一章　政府机构……………………… 649
第一节　领导人员………………………… 649
第二节　职能部门………………………… 651
第三节　基层政府机构…………………… 653
第二章　施政辑要……………………… 654
第一节　第十三届人民政府……………… 654
第二节　第十四届人民政府……………… 654
第三节　第十五届人民政府……………… 655
第四节　第十六届人民政府……………… 656
第五节　第十七届人民政府……………… 656
第三章　制度建设……………………… 658
第一节　领导工作制度…………………… 658
第二节　会议制度………………………… 658
第三节　公文办理制度…………………… 659
第四节　政务督查制度…………………… 660
第五节　报告通报制度…………………… 660
第四章　综合政务……………………… 660

第一节 调研 文秘 机要…………………… 660
第二节 政务信息………………………… 661
第三节 法治工作………………………… 662
第四节 史志编纂………………………… 663
第五节 行政与应急管理………………… 665
第六节 外事侨务………………………… 666
第七节 信息化管理……………………… 667
第八节 行政审批………………………… 668
第九节 金融协调………………………… 668
第十节 政府采购………………………… 669
第十一节 压煤村庄搬迁………………… 669
第十二节 机关事务管理………………… 671

第二十篇 地方人民政协

第一章 政协兖州市委员会…………………… 675
第一节 领导人员………………………… 675
第二节 工作机构………………………… 676
第二章 政协委员 政协会议………………… 677
第一节 政协委员构成…………………… 677
第二节 全体会议………………………… 677
第三节 常委会议………………………… 681
第三章 主要工作…………………………… 690
第一节 会议协商………………………… 690
第二节 民主监督………………………… 690
第三节 提案办理………………………… 691
第四节 调研视察………………………… 692
第五节 文史资料整理研究……………… 693
第六节 联谊交流………………………… 693

第二十一篇 民主党派 人民团体

第一章 民主党派…………………………… 697
第一节 中国国民党革命委员会兖州市支部委员会……………………………………………… 697
第二节 中国民主同盟兖州市支部委员会……………………………………………… 697
第三节 中国民主建国会兖州支部委员会……………………………………………… 698
第四节 九三学社兖州支社委员会……… 698
第二章 人民团体…………………………… 699
第一节 市总工会………………………… 699
第二节 共青团兖州市委员会…………… 702
第三节 市妇女联合会…………………… 708
第四节 市科学技术协会………………… 712
第五节 市工商业联合会………………… 715

第二十二篇 政法 军事

第一章 政法工作…………………………… 719
第一节 机 构…………………………… 719
第二节 队伍建设………………………… 719
第三节 严打整治………………………… 720
第四节 社会治安综合治理……………… 720
第五节 矛盾纠纷排查调处……………… 721
第六节 平安建设………………………… 721
第二章 公 安…………………………… 722
第一节 管理机构………………………… 722
第二节 安全保卫………………………… 723
第三节 打击犯罪………………………… 724
第四节 监所管理………………………… 726
第五节 治安管理………………………… 726
第六节 户政管理………………………… 728
第七节 出入境管理……………………… 729
第八节 消防管理………………………… 729
第九节 道路交通管理…………………… 730
第十节 “110”报警服务 ……………… 731
第三章 检 察…………………………… 733
第一节 管理机构………………………… 733
第二节 刑事检察………………………… 733
第三节 职务犯罪检察…………………… 734
第四节 民事行政检察…………………… 734
第五节 控告申诉检察…………………… 735
第六节 监所检察………………………… 735

第七节　技术检察……736

第四章　法　　院……737

第一节　管理机构……737

第二节　刑事审判……737

第三节　民事审判……738

第四节　经济审判……739

第五节　行政审判……740

第六节　商事审判……740

第七节　案件执行……741

第八节　审判监督……741

第九节　立案与信访……741

第十节　司法鉴定……742

第五章　司法行政……742

第一节　机　构……742

第二节　普法教育……743

第三节　基层司法行政……744

第四节　法律服务……744

第五节　法律援助……746

第六节　安置帮教与社区矫正……746

第六章　军　　事……747

第一节　管理机构……747

第二节　驻　军……748

第三节　兵　役……748

第四节　民　兵……749

第五节　国防教育与后勤保障……750

第六节　人民防空……751

第二十三篇　教育　体育

第一章　教　　育……755

第一节　管理机构……755

第二节　学前教育……756

第三节　小学教育……758

第四节　初中教育……760

第五节　高中教育……763

第六节　特殊教育……766

第七节　职业教育……767

第八节　成人教育……769

第九节　社会力量办学……773

第十节　教育教学改革……774

第十一节　教育科研……776

第十二节　教　师……777

第十三节　教育行政……781

第十四节　勤工俭学……786

第十五节　教育经费……786

第二章　体　　育……790

第一节　管理机构……790

第二节　体育设施……790

第三节　体育队伍……791

第四节　学校体育……792

第五节　群众体育……792

第六节　竞技体育……795

第七节　传统体育……798

第八节　体育彩票……798

第二十四篇　科　技

第一章　机　　构……801

第一节　市科技局……801

第二节　市气象局……801

第二章　科技开发企业与科研机构……802

第一节　科技开发企业……802

第二节　科研机构……803

第三章　科技队伍……805

第一节　专业队伍……805

第二节　群众队伍……807

第四章　科技成果与知识产权保护……808

第一节　科技项目……808

第二节　科技成果……809

第三节　科技推广……814

第四节　知识产权保护……816

第五章　科技管理……818

第一节　科技政策与宣传……818

第二节　科技活动……819

第六章 技术交流与合作…………………… 821
第一节 交 流………………………………… 821
第二节 合 作………………………………… 822
第七章 气象测报 防震减灾……………… 823
第一节 气象观测……………………………… 823
第二节 气象预报与服务……………………… 824
第三节 防雷 人工防雹降雨………………… 825
第四节 防震减灾……………………………… 825

第二十五篇 文化 旅游

第一章 管理机构………………………………… 829
第一节 市文化管理机构……………………… 829
第二节 市旅游局……………………………… 829
第三节 市文物局……………………………… 829
第四节 市文化广电新闻出版管理机构……… 830
第五节 市文物旅游局………………………… 830
第六节 市文化市场综合执法局……………… 830
第七节 市广播电视中心……………………… 830
第二章 文学艺术………………………………… 831
第一节 文 学………………………………… 831
第二节 美术 书法 摄影 ………………… 832
第三节 戏剧 音乐 舞蹈 ………………… 834
第三章 文化活动………………………………… 836
第一节 文化交流……………………………… 836
第二节 民间文化……………………………… 837
第三节 节庆文化活动………………………… 841
第四节 非物质文化遗产保护………………… 845
第五节 文艺演出……………………………… 850
第六节 电影发行放映………………………… 851
第七节 文联工作……………………………… 853
第四章 文化设施………………………………… 854
第一节 文化馆（站）………………………… 854
第二节 图书馆………………………………… 855
第三节 影剧院………………………………… 856
第四节 工人文化宫…………………………… 857
第五节 青少年宫……………………………… 858
第六节 新华书店……………………………… 858
第五章 文 物…………………………………… 860
第一节 文物保护……………………………… 860
第二节 文物普查……………………………… 861
第三节 考古发掘……………………………… 861
第四节 古遗址 古墓葬……………………… 863
第五节 古代和近现代建筑…………………… 866
第六节 石 刻………………………………… 869
第七节 馆藏文物……………………………… 871
第六章 广播 电视……………………………… 877
第一节 广 播………………………………… 877
第二节 电 视………………………………… 878
第三节 有线电视……………………………… 882
第七章 文化市场管理…………………………… 883
第一节 许可审批……………………………… 883
第二节 法规宣传……………………………… 883
第三节 “扫黄打非”工作…………………… 883
第四节 出版物市场管理……………………… 884
第五节 印刷企业管理………………………… 884
第六节 娱乐场所管理………………………… 885
第七节 网吧市场管理………………………… 885
第八节 演出市场管理………………………… 886
第九节 美术品和艺术品市场管理…………… 886
第十节 广电执法管理………………………… 886
第八章 旅 游…………………………………… 886
第一节 旅游资源与服务……………………… 886
第二节 旅游开发……………………………… 889
第三节 旅游管理……………………………… 890

第二十六篇 卫 生

第一章 卫生行政管理…………………………… 895
第一节 管理机构……………………………… 895
第二节 医疗机构管理………………………… 895
第三节 医政管理……………………………… 896
第二章 医疗卫生改革…………………………… 898
第一节 医疗制度改革………………………… 898

第二节 公立医院改革…………………… 899
第三节 基本药物制度改革………………… 899
第四节 公共卫生服务改革………………… 900
第三章 医 疗…………………………… 901
第一节 医疗机构…………………………… 901
第二节 医疗队伍…………………………… 906
第三节 医疗设备…………………………… 907
第四节 医疗技术…………………………… 907
第五节 医学教育…………………………… 908
第六节 医学科研…………………………… 909
第四章 医 药…………………………… 910
第一节 药材加工…………………………… 910
第二节 药品生产…………………………… 910
第三节 药品经营…………………………… 911
第四节 医疗器械生产……………………… 912
第五章 疫病控制………………………… 912
第一节 管理机构…………………………… 912
第二节 计划免疫…………………………… 913
第三节 传染病防控………………………… 913
第六章 卫生监督………………………… 916
第一节 管理机构…………………………… 916
第二节 医疗市场监督……………………… 916
第三节 公共场所卫生监督………………… 916
第四节 职业卫生监督……………………… 917
第五节 学校卫生监督……………………… 917
第六节 放射卫生监督……………………… 918
第七章 妇幼保健………………………… 918
第一节 管理机构…………………………… 918
第二节 妇女保健…………………………… 919
第三节 儿童保健…………………………… 920
第八章 社会卫生………………………… 921
第一节 国家卫生城市创建………………… 921
第二节 农村改水改厕……………………… 922
第三节 健康教育…………………………… 922
第四节 无偿献血…………………………… 922
第五节 红十字会工作……………………… 923

第二十七篇 民 政

第一章 管理机构………………………… 927
第一节 民政管理机构……………………… 927
第二节 残疾人事业管理机构……………… 928
第三节 老龄事业管理机构………………… 928
第二章 基层自治组织建设……………… 928
第一节 村（居）民委员会换届选举……… 928
第二节 农村基层民主改革………………… 929
第三节 社区建设…………………………… 930
第三章 拥军 优抚……………………… 932
第一节 拥 军……………………………… 932
第二节 优 抚……………………………… 933
第三节 革命纪念地………………………… 934
第四章 安 置…………………………… 935
第一节 退役军人安置……………………… 935
第二节 军队离退休干部休养管理………… 936
第三节 三峡移民安置……………………… 936
第五章 社会救济………………………… 936
第一节 扶贫救济…………………………… 936
第二节 救灾救济…………………………… 937
第六章 社会福利………………………… 939
第一节 最低生活保障……………………… 939
第二节 社会福利企业……………………… 940
第三节 慈善事业…………………………… 941
第四节 农村五保供养保障………………… 942
第五节 收容遣送…………………………… 943
第六节 城乡医疗救助……………………… 943
第七章 事务管理………………………… 944
第一节 婚姻管理…………………………… 944
第二节 收养登记…………………………… 945
第三节 殡葬管理…………………………… 946
第四节 民间组织登记管理………………… 946
第八章 地名管理与勘界………………… 950
第一节 地名管理…………………………… 950
第二节 勘 界……………………………… 954

第九章　残疾人事业……………………………… 955
第一节　残疾人代表大会…………………… 955
第二节　主要工作…………………………… 955
第十章　老龄事业………………………………… 958
第一节　老年人活动………………………… 958
第二节　老年人合法权益保障……………… 960

第二十八篇　人事　劳动和社会保障

第一章　管理机构………………………………… 965
第一节　市人事局…………………………… 965
第二节　市劳动和社会保障管理机构…… 965
第三节　市人力资源和社会保障管理机构
………………………………………………… 966
第四节　市机构编制委员会办公室……… 966
第二章　机构编制管理………………………… 967
第一节　机构改革…………………………… 967
第二节　编制管理…………………………… 972
第三章　人　　事………………………………… 972
第一节　公务员管理………………………… 972
第二节　干部管理…………………………… 973
第三节　事业单位登记管理……………… 975
第四节　考核工作…………………………… 976
第五节　人才工作…………………………… 977
第六节　专业技术人员管理……………… 978
第七节　工资福利…………………………… 979
第四章　劳动和社会保障……………………… 980
第一节　就　业……………………………… 980
第二节　职工工资…………………………… 982
第三节　劳动仲裁…………………………… 983
第四节　劳动监察…………………………… 984
第五节　职业培训…………………………… 985
第六节　社会保障…………………………… 987

第二十九篇　社会生活

第一章　精神文明建设………………………… 997
第一节　文明创建活动……………………… 997
第二节　思想道德建设……………………… 999
第二章　宗　　教……………………………… 1001
第一节　佛　教…………………………… 1001
第二节　伊斯兰教………………………… 1001
第三节　天主教…………………………… 1002
第四节　基督教…………………………… 1002
第三章　风俗习惯……………………………… 1003
第一节　生活习俗………………………… 1003
第二节　礼仪习俗………………………… 1005
第三节　岁时习俗………………………… 1008
第四节　地方名吃………………………… 1011
第四章　人民生活……………………………… 1013
第一节　居民收入………………………… 1013
第二节　居民消费………………………… 1014

人物传

附　录

文献辑录………………………………………… 1025
驻兖州市（区）单位选介……………………… 1035
2008 年—2012 年市属企业改革简述 … 1051
前志简述………………………………………… 1052
专志简介………………………………………… 1053
历届地方史志编纂委员会……………………… 1056
《兖州市志（1996—2013）》供稿单位负责人
及主要供稿人员…………………………… 1061
索　引…………………………………………… 1065
编后记…………………………………………… 1084

概　　述

概 述

一

兖州，古九州之一。素有“军事重镇、九省通衢、齐鲁咽喉”之称。

兖州市地处山东省西南部，境内地势平坦，资源丰富，交通便利，经济发达。地理坐标介于北纬35°23′31″～35°43′17″，东经116°35′21″～116°53′36″。北邻宁阳，西靠汶上，南、西分别与邹城、任城接壤，东隔泗河和曲阜毗邻。全境最北端到最南端直线距离36公里，最东端到最西端直线距离26.5公里，总面积650.19平方公里。城区位于市境中东部，京沪、新石铁路交汇处。北至泰安80公里、济南162公里，西南至济宁31公里，南至徐州161公里，东至临沂182公里。东距京沪高铁曲阜东站20公里、日照港210公里，西距京杭大运河30公里，京福、京沪、日兰高速在境内通联。2013年，辖7镇5街道。有居民社区31个，行政村497个。全市人口636795人。其中，城区人口200521人。有汉族、回族、蒙古族、朝鲜族、满族、苗族等28个民族。少数民族人口7278人，其中回族人口6639人。

二

兖州市历史源远流长。早在旧石器时代晚期就有人类在这里繁衍、生息，新石器时期，成为人烟稠密的地区之一。上古属少昊之墟，为古奄地，称穷桑邑。夏禹时期分天下为九州，属徐州区域范围。西周称负夏，属鲁国。春秋为鲁国负瑕邑。战国末期，鲁国被楚国所并，改称瑕丘，属楚国。秦，置瑕丘县，属薛郡。汉代，属兖州山阳郡。公元前134年（汉元光元年），鲁恭王之子刘政封为瑕丘侯，瑕丘又为侯国。东汉，仍置瑕丘县。东晋义熙年间，瑕丘县并入南平阳县，隶属兖州高平国。公元453年（南朝宋元嘉三十年），复置兖州，州治瑕丘，瑕丘为兖州治所始于此时。公元606年（隋大业二年），兖州改为鲁郡，翌年，割邹县、汶阳（今山东曲阜）、平原（今山东宁阳）3县边界地区复置瑕丘县，瑕丘县为鲁郡治。1110年（北宋大观四年），更名为瑕县，隶属兖州大都督府。后因地处嵫山之阳，更名为嵫阳县。元代，嵫阳县隶属兖州并为其治所。1265年（元至元二年），宁阳并入嵫阳，1297年（元大德元年）析出。明初，嵫阳县并入兖州，隶属山东布政使司济宁府。1385年（明洪武十八年），兖州升为府，复置嵫阳县。1471年（明成化七年），更名为滋阳县。民国时期，属济宁道。1938年日军入侵，滋阳县沦陷。1944年10月，中共兖济县抗日民主政府建立，活动在济宁、邹县、滋阳3县边界一带。日军投降后，兖济县抗日民主政府驻滋阳县农村，国民党县政府驻滋阳县城区。1946年4月，撤销兖济县，改置滋阳县。1948年7月13日，兖州解放，城区置兖州市，乡村仍为滋阳县。12月底兖州市并入滋阳县，隶属山东省鲁中南行政公署第四专员公署。1949年1月，属山东省鲁中南行政公署尼山专员公署。1950年5月，改属山东省滕县专员公署。1953年7月，改属山东省济宁专员公署。1958年11月11日，滋阳、曲阜合并称曲阜县，县机关仍驻滋阳县城。1962年1月10日，曲、滋两县按原行政区域分治，滋阳县改为兖州县。1983年8月，属济宁市。1992年9月19日，撤销兖州县，设立兖州市（县级），山东省直辖，济宁市代管。2013年11月29日，撤销兖州市，设立济宁市兖州区，行政区域未变化。

兖州市人杰地灵，名人辈出。西汉时，易学大师丁宽，倾其一生心血，写成《易说》，被后世尊为“易师祖”。经学博士江公，精通《诗》和《春秋》，他和董仲舒共同仕于朝廷，为汉武帝讲《春秋》经。回到故乡瑕丘后，他设帐授徒。由于他的传授，《谷梁春秋》得以流传至今。唐朝时，诗圣杜甫寓居兖州八九年，其开元时期的诗作，多作于此。诗仙李白自安陆移家兖州，与杜甫在此相知相会，留下“双星相曜”的千古佳话。清代大儒牛运震为官清廉，政声卓著，在经史、诗文以及金石、书法、琴棋等方面亦很有造诣。新中国成立后，张洪友在收复老山的战斗中牺牲，被誉为“老山前线的黄继光”。生物学家马世骏为中国生态学特别是昆虫生态学的理论研究做出了贡献。著名画家傅星伯以写意花鸟见长，人物、山水、花卉草虫无所不能，艺术大师齐白石曾多次为其习作题跋。沙河村党支部书记刘运库带领村民使沙河村由过去的贫困村发展成远近闻名的富裕村，自己却过着清贫的生活，被称为亿元村里的清廉支书。

青莲阁

三

兖州市为泰沂山前汶、泗河冲积平原，平原面积648.69平方公里。地势自东北向西南微倾，平均海拔49米。嵫山位于市境西部，为境内唯一山丘。境内河流水系主要包括泗河、洸府河、白马河、南泉河水系，含一级支流14条，二级支流4条。干、支流全长648.5公里，境内长245.2公里，流域面积648平方公里。

境内属北温带大陆性季风气候区，多受西风带西风气流影响，气候变化常自西向东进行，四季分明，气候温和，光照充足，无霜期长，有利于种植越冬作物和夏播作物。1996年—2013年，全市年均气温14.0℃，年均降水量698.9毫米，年均日照时数2242.3小时，年均日照率50%，年均蒸发量564.9毫米，年均相对湿度70%，年均无霜期202天。

境内土地肥沃，资源丰富。盛产小麦、玉米、大豆、花生、蔬菜等作物。水资源充足，地下水资源总量为1.31亿立方米。全市矿产资源已探明的有煤、铁、石灰岩、黏土、砂等。煤炭是兖州市最具优势的矿产资源，总储量在200亿吨以上，储量大，煤层厚且煤质优良，是全国八大煤炭基地之一。有兴隆庄煤矿、杨庄煤矿、古城煤矿、新驿煤矿、杨村煤矿、田庄煤矿等13个矿区。2013年，境内煤炭总产量1124.89万吨。铁矿资源储量较大，颜店矿段19平方公里范围已探明铁储量10亿吨。

四

改革开放特别是20世纪90年代后，勤劳聪慧的兖州人民在市委、市政府的正确领导下，齐心协力，奋力拼搏，锐意开拓，勇于创新，在农业、工业、商贸、服务业等领域，取得显著成就。

农业经济稳步发展。1996年，组织实施科技兴农“十大工程”，推广小麦精播高产、模式化栽培、配方施肥、配合饲料等20余项农业新技术，农业生产科技含量进一步提高，科技在农业生产中的贡献值为60%。1999年，全市开展土地专项治理，与农户签订第二轮土地承包合同，合同期限延长至30年，完善土地承包手续，土地使用权证书入户率100%。2000年，全市有小麦联合收割机1800余台，小麦生产实现全程机械化，玉米机收实现零的突破。2002年，进行税费改革，农民人均减负47元，减负率32%。2005年，全面取消农业税，农民种地实现零税负。2003年、2004年、2006年，相继实行小麦良种补贴、粮食直补、优质玉米粮种补贴、农资综合补贴和农机具购置补贴等惠农政策，农民生产积极性得到有效保护。2013年，全市粮食播种面积98.07万亩，粮食总产51.99万吨。全市各类规模养殖场886家，存栏2000只以上的养禽专业户1420个，标准化养殖场8家，生态养殖场2家，生猪出栏68.59万头，肉类总产量10.75万吨，奶产量5944吨，禽蛋产量4.24万吨，畜牧业总产值31.78亿元。全市农机总动力72.27万千瓦，大、中、小型农用拖拉机5427台，联合收割机4576台，全年机耕面积3.88万公顷，农业生产综合机械化程度93.6%。兖州市被农业部确定为全国农机化示范区。

2009年，小孟镇陈王村小麦平均亩产759.95公斤，创兖州市和济宁市小麦单产最高记录

工业经济快速发展。1996年，全市工业企业加快产品产业结构调整步伐，重视新产品研发，企业普遍推行以销定产，靠市场拉动的运行模式，逐步实现由计划经济向市场经济运行模式的转换，全市有乡及乡以上工业企业176家，实现销售收入41.08亿元，利税4.75亿元，利润2.4亿元。1997年始，以建立“产权清晰、权责明确、政企分开、管理科学”的现代企业制度为目标，在新建企业、经济联合体、个体企业、集体企业和部分国有企业推行股份制、股份合作制、先股后租、抵贷返租、破产重组等10余种改制形式，实现持续快速发展，形成造纸包装、煤电化工、橡胶化工、机械制造、食品加工等支柱产业，市场经济主体活力不断增强，民营经济成为市场主体。2002年—2007年，坚持“工业化、产业化、民营化、城市化”方针，实施“大集团工程、梯队工程、培植工程”，引导全市工业企业向大规模、高层次发展。2006年11月，山东太阳纸业股份有限公司成为济宁市首家上市民营企业。2007年，全市规模以上工业企业（年主营业务收入500万元及以上）197家，实现销售收入296.17亿元，利税46.3亿元，利润34.1亿元。2008年，市委、市政府提出实施“工业立市、民营强市、开放兴市”三大战略，不断壮大工业经济。确立“全党抓经济、突出抓工业、重点抓项目”的工作思路，工业经济在转型升级中不断壮大，全市形成造纸包装、煤电化工、橡胶化工、机械制造、食品加工、生物医药、电子信息七大产业集群。2013年，全市规模以上工业企业（年主营业务收入2000万元及以上）179家，全年实现工业总产值1216.5亿元，实现主营业务收入1232.36亿元，利税92.83亿元，利润61.29亿元。轻重工业总产值比为49.46∶50.54，高新技术产业发展迅速，实现高新技术产业产值284.4亿元，占规模以上

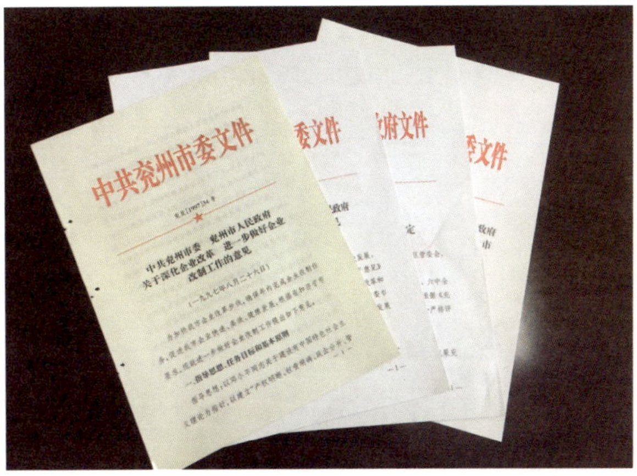

市委、市政府出台的企业改制方面的系列文件

工业总产值的23.39%。

商贸流通日益繁荣。20世纪90年代后期，兖州市逐步取消计划商品，商品经营步入市场化经营，商业企业调整经营结构，引入竞争、风险、激励、兼并机制，进行抵押承包、股份制经营改革，商品实行市场、经营、价格三放开，突破国有商业企业独家经营的局面。至1999年年底，全市20家国有流通企业，完成改制16家。其中，组建股份制企业3个，股份合作制企业13个。有公有民营网点35个。2001年始，对资不抵债的10家企业依法实施破产。商贸业形成国有、集体、个体私营等多种经济成分、多种经营方式并存的新型流通体制。民营商贸业迅速发展，由单纯零售业发展为批零兼营，成为商贸流通的主体。营销方式上，由过去单一的传统百货业态转变为多种业态共同发展的格局，超市、连锁店、专业店、专卖店、便民店、仓储式商场、购物中心及总经销、总代理、连锁经营、代理配送等新型业态蓬勃兴起。2013年，全市共有个体工商户24239户、私营企业3044家，商品交易市场38处。实现社会消费品总额164.4亿元。其中，城镇消费品零售额121.1亿元，乡村消费品零售额43.3亿元。批发零售业实现零售额148.3亿元，住宿餐饮业实现营业额16.1亿元。在全部消费品零售总额中，非公有制经济零售额149.6亿元，占社会消费品零售总额的91%。

外向型经济迅速崛起。1996年—2001年，兖州市外贸出口处于起步阶段，外贸出口均以一般贸易方式出口，出口市场以欧美等发达国家和地区为主，出口产品基本以柳编、医药、土畜产品等初级产品为主，自营出口产品量少价低，每年全市自营出口不足1000万美元。2002年始，兖州市外贸出口进入快速发展阶段。出口市场逐步开拓到非洲、拉丁美洲、东盟和独联体等国家和地区，出口产品以造纸、化工、轮胎、输送带、汽车零配件、钢材、生物医药等为主共十五大类100余个品种，形成橡胶轮胎、造纸、化工、机电产品、农副产品、医药、新能源等出口产业。2013年，全市进出口企业发展到197家，有实绩的企业55家，出口总额7.9亿美元。其中，出口过1亿美元的企业集团2家，分别是山东太阳纸业股份有限公司3.55亿美元，华勤橡胶工业集团2.99亿美元；出口过1000万美元的企业集团有3家，分别是山东联诚集团有限公司4267万美元，凯米拉化学品（兖州）有限公司1972万美元，齐鲁特钢有限公司1091万美元。

五

交通运输业发展迅猛。1996年，兖州市公路里程427公里，全年公路客运量390万人次，客运周转量3.16亿人公里，公路货运量1377万吨，公路货运周转量4.03亿吨公里。1996年—1998年，相继开通九州大道、新世纪路，贯通和拓宽东南环、南外环、西外环路，改善了城区交通拥堵状况。1999年，兖颜公路拓宽改建工程竣工，全市城乡大通道工程通车。2002年5月，日东高速公路兖州段竣工通车，从兖州2小时可达济

南机场，3小时可达日照港。2006年10月，全市实现“村村通硬化道路、村村通客车”的目标。2013年，全年新建、改建公路46公里，年末公路通车里程819.1公里，其中高速公路17.4公里。全年公路运输完成货运量2947万吨，货物周转量8.35亿吨公里；客运量758万人，客运周转量4.55亿人公里。

城乡建设日新月异。1996年，实施“四通一有”工程，至1997年年底，行政村基本实现通柏油路（水泥路），通自来水，通程控电话，户户通电，80%以上村庄建有澡堂。1997年—1998年，实施康居工程，新兖、大安、兴隆庄等13个乡镇共建成小康楼2300幢，总面积39万平方米。2000年，进行新一轮小城镇总体规划编制，加强村镇基础设施建设，进行小城镇综合开发，加速农村城市化进程。全年投入8302万元进行村镇基础设施建设，实施农村电网改造工程，黄屯镇建成鲁西南地区第一个“电话镇”。2001年，兖州市委、市政府制定《关于加快西城区开发建设的意见》。2009年始，结合农村住房建设和危房改造，投资30余亿元实施新型农村社区和农村住房项目26个（含城边村改造），开工建设改造村庄89个，其中合村并点建设村庄68个，累计建成楼房1.88万套，1.3万余户农民迁入新居，共完成旧房拆除（含城边村拆迁）6429户、腾空土地4600余亩。至2013年，兖州市城区规划面积85平方公里，实际建成面积43平方公里。新修道路44条158.92公里，城市框架基本形成。排水和防汛设施不断完善，排水管网长度293公里。城市绿化、美化、亮化进一步加强，建成城市公园绿地60余处，城市道路绿化普及率90.47%，住宅小区绿化率35%以上，城市建成区绿化覆盖面积1347公顷，绿地面积1169公顷，公园绿地面积273公顷，人均公园绿地面积11.15平方米。安装城区路灯1.77万盏，主次干道路灯亮灯率保持在98%以上。城区公共设施建设、城区改造等发展迅速，银座商场、贵和商场、市人民医院新院区、新体育馆、市老年活动中心、市职业教育中心等标志性建筑相继建成，并建成紫金城、太阳都市花园、明珠花园、九州方圆等一批住宅小区，城区居民居住条件进一步改善，城区住宅小区共有323个，建筑面积970.13万平方米，城区人均居住面积32.12平方米。累计建设新型农村社区19个，建设楼房24829套，建筑面积420.86万平方米。农村人均住房面积43.23平方米。

邮电、通信事业飞速发展。1996年，全市完成邮电业务量3914万元，业务收入4004万元，全市城乡实现电话程控化。城市电话交换机容量2.05万门，农村电话交换机容量1.13万门，电话普及率每百人5.4部。1997年，兖州市邮电局在全省县级市中第一个实现微机受理“一台清”。1998年9月，实行邮电分营，撤销兖州市邮电局，成立兖州市邮政局、兖州市电信局。同年12月，无线寻呼业务从市电信局剥离到山东国信寻呼有限责任公司济宁分公司。全年新增移动电话户4736户，年末为8704户。1999年7月，中国移动通信集团有限公司兖州分公司成立。2000年，启动电话市建设工程，建成电话乡镇7个，兖州市成为鲁西南第一个电话市，全市电话入户率60.8%。同年5月，中国联通兖州营业部成立。2001年2月，兖州市电信局更名为山东省电信公司兖州市电信局。2002年11月22日，撤销山东省电信公司兖州市电信局，成立山东省通信公司兖州市分公司。同年，在济宁市县（市、区）中第一个开通小灵通业务，全年共发展小灵通业户5000户。2004年11月，山东省通信公司兖州市分公司更名为中国网通（集团）有限公司兖州市分公司。2008年11月，中国网通（集团）有限公司兖州市分公司与中国联通兖州经营部合并重组，成立中国联合网络通信有限公司兖州市分公司。2013年，全市固定电话交换机总容量9.46万门，移动电话交换机容量43.64万门。全年完成邮电业务总量3.5亿元。其中，电信业务量3.1亿元，邮政业务量4038.6万元。全市固定电话用户5.48万户，移动电话用户39.19万户，互联网用户11.8万户。

生态环境日趋改善。兖州市拥有丰富的煤炭资源，辖区内工业企业数量较多，环境污染较为严重。1996年，实施“蓝天工程”，划定11.5平方公里烟尘控制区，烟尘控制区覆盖面82%。1997年，国务院、省政府、济宁市政府对兖州市辖区内日排废水100吨以上的15家企业下达限期治理任务。全市投入治污资金3695万元，至年底，有13家企业按期完成治理任务，达标率87%。1999年，山东太阳纸业集团有限公司投资2600万元，扩建2.6万吨污水处理工程，外排水质达到国家一级排放标准。2005年12月，编制完成《兖州生态市建设规划》，重点实施生态工业工程、生态农业工程、生态林业工程、生态畜牧业工程、煤矿塌陷地综合治理工程，生态环境逐步改善。2010年，全市累计投入6.7亿元，实施工业点源治理、流域综合整治、城市污水处理建设、新农村治污工程、畜禽养殖污染治理五大工程，完成16家企业的27个项目限期治理工作，全市污水处理能力8万吨/日，出水水质全部达到一级A标准。2013年，工业污水排放强度下降，主要河流污染逐渐减轻，辖区环境质量得到改善。全年城市空气质量良好率85%，污水集中处理率96%。

六

教育事业稳步推进。1995年，兖州市“两基（基本扫除青壮年文盲、基本实现九年义务教育）”工作通过山东省人民政府验收，基本形成以基础教育为主，中等职业教育、成人教育、特殊教育为辅的教育体系。1998年—1999年，兖州市委、市政府相继制定《乡镇党委政府教育工作执法目标责任制》《考评细则》《市直部门教育执法目标责任制》《兖州市教育系统工作目标责任制》，依法治教得到有效保障，作为“兖州模式”在全国推广。2000年，兖州市中小学由“五三”学制改为“五四”学制，义务教育由八年变为九年。2000年，兖州市被评为山东省第一批教育工作示范市。2001年，对聋哑学校学生实行九年全免费义务教育，兖州市被评为全国“两基”工作先进单位。2002年，启动扶困助学工程，建立扶困助学专项资金。2004年，义务教育改为“六三”学制。2005年，在济宁市率先实现城乡教师工资统一标准，统筹发放。2006年，在全省率先实现对义务教育学生“四免一补（免杂费、课本费、作业本费和一套基础训练费，对寄宿困难学生提供生活补助）”的全免费义务教育。2007年，为农村教师办理医疗保险，兖州市教师养老保险、医疗保险和住房公积金按政策规定比例，全部由市财政及时足额缴纳。2008年，在全省率先实现高中免学费教育。2011年，兖州市政府将实施学校（幼儿园）安全防范体系建设工程纳入为民办好的十件实事之一，为56所学校（幼儿园），配备167名校园保安，购置物防器材324套，安装校园电子视频监控报警设备830套。2012年始，在全省率先实现涵盖学前教育到高中教育的15年免费教育。2013年，兖州市共有小学71所（包括教学点11所），在校生34587人；初中16所（含九年一贯制学校6所），包括城区初中3所、农村初中13所，在校生15846人；普通高中3所，在校生10899人；特殊教育学校1所，在校生44人；职业学校4所，在校生1673人；幼儿园109所，在园幼儿17516人。兖州市适龄儿童少年的小学、初中入学率均为100%，小学巩固率100%，初中巩固率99.8%。全市共有教职工6615人。1996年—2013年，兖州市共为大中专院校输送学生56722人。

科技事业蓬勃发展。1996年始，兖州市坚持实施“科教兴市”“人才强市”“可持续发展”和“创新驱动发展”战略，增强自主创新能力，发展高新技术产业，推进产学研合作，扩大对外交流，促进科技成果转化，培养引进高层次人才，加强知识产权保护，全市科技事业取得长足进步。1996年—2013年，累计建成济宁市级以上科研机构138个。其中，国家级3个，省级18个。取得优秀科研成果618项。其中，获济宁市以上科技奖励83项。申报实施上级各类科技项目242项。其中，国家级36项，省级78项，济宁市级128项。有济宁市高新技术企业23家，民营科技企业79家。培养和引进各类高层次人才5500人次，全市拥有各类科技人才3万人。兖州市连续17年获全国科技进步先进市称号，先后被授予全国科技实力百强市、省级星火计划密集区、高效持续农业示范区、山东省社会主义新农村建设科技示范市等称号。

文化旅游事业日益繁荣。1996年—2013年，全市有省级以上作协、书协、美协、摄协会员75人，小说、散文、杂文、报告文学、影视剧、戏剧、小品等100余篇（部）文学作品先后在济宁市级以上报刊发表，歌曲、舞蹈、书法、美术、篆刻等艺术作品在全国、省和济宁市获得1000余个奖项。空竹队、腰鼓队、秧歌队、豫剧团、中老年艺术团等文化艺术团体活跃在全市城乡。累计举办18届农民文化艺术节、5届社区艺术节、18届民间艺术会（展）演、11届中老年文艺会演。广播电视事业发展迅速，节目日趋丰富，有线电视数字化工作不断推进，2013年，兖州数字电视用户6.6万余户，有线电视用户13.9万户，广播电视人口覆盖率100%。旅游事业蓬勃发展，2013年，全市有A级及以上旅游景区3处，全年实现旅游总收入24.01亿元。古遗址、古建筑、古墓葬得到妥善保护。至2013年，全市共发现文物点366处。其中，古遗址197处，古墓葬68处，古代和近现代重要建筑及历史遗迹101处。全市共有国家级重点文物保护单位4处，省级文物保护单位17处，市级文物保护单位23处，县级文物保护单位18处。有馆藏可移动文物藏品4788件。其中，国家一级文物29件，二级文物73件，三级文物499件。

2009年11月，市第十届中老年广场演出在人民乐园举行

医疗卫生事业突飞猛进。1996年，在全市开展乡村卫生机构一体化管理工作。漕河乡卫生院开展农村社区卫生服务试点工作，其经验做法在全省农村卫生工作会议和《健康报》上作介绍。1997年，市人民医院率先开展人事分配制度改革，实现全员聘任。1999年，市人民医院与市中山医院实行技术股份协作，成立全市第一家城市社区卫生服务地段医院，开展社区卫生服务。2004年2月，兖州市被省政府确定为新型农村合作医疗制度试点市，全市正式启动合作医疗补偿工作。2010年12月，市中医院在全国率先实施“先看病、后交钱”医疗服务模式，取消住院押金，病人出院结账时只付医保和新农合报销后个人承担的部分。2013年，全市城区共有二级综合医院5所，一级综合医院4所，中医医院1所，专科医院2所，专科疾病防治机构1所，门诊部2所，计划生育服务站1所，卫生监督、疾病预防控制、妇幼保健、中等医学教育机构各1所，街道社区卫生服务中心3所，诊所（卫生室）123所。农村共有镇卫生院7所，村卫生室323个。全市专业卫生人员队伍发展到4535人。其中，执业医师1793人，注册护士2030人，检验人员122人，其他专业人员187人，管理工勤人员403人。有医院床位3818张，拥有美国64排128层螺旋CT机、1.5T磁共振、数字直线加速器、数字血管摄影系统、

全数字乳腺摄影系统等先进医疗设备。

体育事业成绩显著。1996 年起，体育基础设施建设逐步完善。全市中小学继续贯彻《国家体育锻炼标准》，开展体育达标活动，对各级、各类学校达标活动进行检查，全市参加活动人数占学生总数的 95% 以上，达标率均在 87% 以上。每年均举办全市中小学运动会和篮球、足球、广播体操等项目的比赛，比赛成绩年年都有新突破。至 2013 年，兖州籍运动员参加国家级体育比赛获金牌 11 枚，银牌 3 枚，铜牌 2 枚。参加省级体育比赛获金牌 16 枚，银奖 10 枚，铜奖 7 枚。优秀体育后备人才脱颖而出，共向省以上专业队输送运动员 150 名，向济宁市以上体校输送运动员 304 名。职工体育、农民体育、老年体育蓬勃发展，经常开展的比赛项目有篮球、乒乓球、羽毛球、门球、太极拳、太极剑、象棋、围棋、钓鱼、健身操、健身秧歌等。

民生事业全面进步。城乡居民收入稳步增加，生活水平不断提高。1996 年，全市城镇居民人均实际收入 3904 元，其中可支配收入 3520 元；农民人均纯收入 2616 元。2013 年，城镇居民人均实际收入 27519 元，比 1996 年增长 6.05 倍，年均递增 12.17%。可支配收入 27189 元，比 1996 年增长 6.72 倍，年均递增 12.78%。农民人均总收入 15351 元，其中，家庭经营收入 5580 元，占总收入的 36.35%；劳动者报酬收入 7481 元，占总收入的 48.73%。农民人均纯收入 13218 元，比 1996 年增长 4.05 倍，年均递增 10%。城镇和农村居民消费结构由食品等基本生存型消费向用于食品以外的文化教育、住房、健身、娱乐等享受型消费发展。1996 年，全市农民人均总支出 3197.18 元。其中，人均生活消费支出 1665.14 元，城区居民年人均消费支出 2969 元。住房以平房为主，人均居住面积 20 平方米。2013 年，全市农民人均总支出 11091.7 元，是 1996 年的 3.47 倍，其中人均生活消费支出为 8325.29 元，是 1996 年的 5 倍；城区居民年人均消费支出 17174.59 元，是 1996 年的 5.78 倍，年均递增 10.88%。年末人均居住面积 32 平方米，90% 以上的家庭住进楼房。

居民在君临健身公园跳扇子舞

七

忆往昔，峥嵘岁月；看今朝，锦绣画卷。1996 年—2013 年，是全市上下克服困难、加快发展的 18 年，是全市经济建设、社会事业和改革开放取得重大突破的 18 年。18 年的沧桑巨变，展示了兖州人民求实创新、勤奋进取、矢志探索的敬业精神，折射出兖州人民建设有中国特色社会主义道路的光辉历程。望未来，前景灿烂。勤劳智慧的兖州人民在中共兖州市委、市政府的正确领导下，必将进一步解放思想，锐意进取，凝心聚力，开拓创新，为率先全面建成小康社会、建设富强美丽幸福和谐新兖州而努力奋斗！

大事记

YANZHOUSHIZHI

大 事 记

1996年

1 月

10 日　兖州市“扫黄打非”领导小组在兖州（火车）站广场召开现场会，销毁一大批收缴的非法出版物，其中，录像带 529 盒，书刊 1100 余本，淫秽扑克牌 140 张，影碟 28 盘。

14 日—15 日　卫生部组织的全国计划免疫和“三个 85%”（以乡镇为单位，卡介苗、脊髓灰质炎疫苗、百白破疫苗、麻疹疫苗“四苗”接种率为 85%）目标评审团对兖州市计划免疫和消灭脊髓灰质炎工作进行评审。全市完成儿童计划免疫第三个“85%”和消灭脊髓灰质炎的目标。

2 月

28 日至 3 月 2 日　政协第九届兖州市委员会第四次会议在兴隆宾馆举行，出席会议委员 216 人。会议审议通过有关报告，并分别作出决议。会议通过王修忱不再担任市政协主席，补选赵振乔为政协第九届兖州市委员会主席；审议通过政协第九届兖州市委员会第四次会议政治决议。

29 日至 3 月 2 日　兖州市第十三届人民代表大会第四次会议在市机关第一招待所举行。出席代表 285 人，列席 325 人。会议审议通过《政府工作报告》等有关报告，并分别作出决议。

3 月

18 日　兖州市人民武装部收归军队建制交接仪式在兴隆宾馆举行。交接后的市人民武装部接受济宁军分区和兖州市委、市政府双重领导。

4 月

1 日　兖州市第五届村委会选举工作开始，至 30 日结束。全市 492 个行政村和 15 个居委会选出村（居）委主任、委员 1713 人。

8 日　国家计划生育委员会副主任杨魁孚到兖州市兴隆庄镇指导计划生育工作。

16 日—17 日　市十三届人大常委会第二十三次会议召开。会议接受胡桂英（女）辞去市人大常委会副主任职务的请求；接受朱绪寅、朱维宁辞去市人民政府副市长职务的请求。

16 日　市急救中心在市人民医院成立，“120”急救电话开通。

25 日　省人大常委会副主任徐学孟率检查组到兖州检查《中华人民共和国农业法》贯彻落实情况。省人大常委会检查组先后到谷村乡、漕河乡、大安镇、新兖镇察看种植业、养殖业、农田水利、林业及村镇建设等情况，就强化法制观念，搞好土地保护，减轻农民负担等问题提出重要意见。

26 日　全国政协副主席万国权到兖州视察。

5 月

2 日　副省长张瑞凤率领由省纪律检查委员会、省计划委员会、省环境保护局等单位组成的检查团到山东太阳纸业集团检查污水综合处理情况，实地检查总公司的生产车间、污水处理中心，对太阳纸业污水处理所取得的成绩给予肯定。

8 日　政协第九届兖州市委员会第五次会议在兴隆宾馆召开。出席会议委员 118 人。会议审议通过有关报告，并分别作出决议。会议增选朱维宁为政协第九届兖州市委员会副主席。

同月　兖州市被授予全省精神文明建设工作先进市称号。

6 月

1 日　兖州市开始集中办理婚姻登记手续。登记工作由市民政局婚姻登记处办理，每对结婚夫妇只收 9 元钱证本费，制止了借结婚登记搭车乱收费现象。

4 日　全市纠正领导干部住房工作会议在兴隆宾馆召开。市委、市人大常委会、市政府、市政协、市纪委等主要负责人，市直部门、乡镇机关、事业单位负责人共 200 人参加会议。经过清理，全市共有 335 人多占住房，退出多占公房 335 套；99 人将多占公房（99 套）按规定转让给子女，补交差价房款 97.78 万元；342 人住房超标，补交超面积房款 82.41 万元。

11 日　省委副书记、省长李春亭率领省直有关部门负责人到兖州市视察“三夏”生产。

20 日　兖州（火车）站执行铁道部统一规定，取消客运中转票，7 月 1 日起取消中转签证窗口。同年 11 月 1 日，恢复办理旅客中转业务。

7 月

1 日　兖州市举行东南环路竣工通车典礼。该路全长 7.9 公里，总造价 1700 万元。

16 日—17 日　参加全省县域企业改革会议人员在省委副书记、副省长宋法棠和副省长韩寓群带领下到山东太阳纸业集团、银河橡塑集团、兖州玻璃总厂考察改革情况。韩寓群对兖州市抓住重点，培植骨干，促进企业资产合理流动和重组的做法给予充分肯定。

19 日　市委召开违法违纪案件新闻发布会暨反腐败工作通报会。会议通报 1996 年后全市查处的违法违纪案件及反腐败工作情况，通报典型案例 12 起。

25 日—26 日　市十三届人大常委会第二十五次会议召开，决定任命岳宪峰为市人民政府副市长。

8 月

7 日—8 日　全省乡镇企业“管理效益年”活动西片现场会在兖州市召开。会议期间与会人员参观兖州合金钢股份有限公司等 6 家企业。

12 日　经省政府批准，撤销泗庄乡，设立泗庄镇，其行政区域不变，镇政府驻地由泗庄迁至薛庙西兖颜公路 3.5 公里处。

19 日　兖州市残疾人福利基金会成立。

同月　在天津举办的全国第八届青少年科技作品展览暨科学讨论会上，山东拖拉机厂子弟学校宋强的科技论文《谈刺猬的农业生态利用与保护》被评为二等奖。

11 月

8 日　兖州市人民检察院在山东省检察院召开的“双先（先进集体、先进个人）”表彰会上获集体一等功。

1997年

1 月

17 日　市委、市政府举行向特困职工献爱心集体募捐活动，市委、市人大常委会、市政府、市政协、市纪委等负责人及市直机关全体人员参加捐款仪式，当场捐款 1.7 万元。

19 日　副省长邵桂芳到兖州市大安镇视察山东大丰机械集团有限公司。

29 日　副省长韩寓群带领省政府办公厅、省经济贸易委员会、省机械厅、省民政厅主要负责人视察兖州合金钢股份有限公司。

2 月

15 日—19 日　政协第九届兖州市委员会第六次会议在兴隆宾馆举行。出席会议委员 216 人。大会审议通过有关报告，并分别作出决议。会议增选常务委员会委员 1 人。

16日—20日 兖州市第十三届人民代表大会第五次会议在富都宾馆召开。出席代表273人，列席327人（含市政协委员216人）。大会审议通过《政府工作报告》等有关报告，并分别作出决议。选举朱绪寅为市十三届人大常委会副主任。

同月 兖州市总工会建立特困职工生活救助基金，共筹集救助基金145万元，其中，由市财政一次性列支105万元，市工会通过开展缴交特别会费筹集40万元。基金主要用于解决企业特困职工生活问题。特困职工生活救助基金由市总工会单独建立账户，专账管理，专款专用，市总工会定期向特困职工救助工作领导小组报告基金使用情况。

3　月

6日 省委副书记韩喜凯一行8人到山东太阳纸业集团总公司调研。

21日 府河治理工程竣工，提前10天完成施工任务。工程全长2.6公里。共挖河清淤10.4万立方米，砌石1.38万立方米，砼预制和安装340立方米，经工程质量监理验收，工程质量优良。

25日 省委副书记李文全到兖州市调研。

26日 泗河规模最大、桥体最长的桥梁——汶邹公路泗河大桥动工兴建。该桥位于城南新兖镇马家桥村与兴隆庄镇凉衣井村之间。桥长544.8米，宽18.5米，共27孔，为预应力空心板式桥梁。

4　月

4日 卫生部区域卫生和社区卫生服务考察组一行30余人到漕河乡考察指导区域卫生和社区卫生服务工作。

7日 全国妇联副主席、书记处书记赵地到兖州市指导妇女工作。

25日 市纪委、市监察局针对向企业乱收费、乱摊派、乱罚款现象，在大丰集团召开第二批挂牌保护企业现场会，向山东大丰机械集团有限公司等21家企业颁发保护牌。

30日 在全省精神文明建设示范工程新闻发布会上，新兖镇小马青村被列为文明村居示范点和精神文明示范村。

5　月

1日 全市第四届职工劳动模范命名表彰新闻发布会举行，共评出兖州市职工劳动模范15名，济宁市职工劳动模范11名。

2日 市体育中心游泳池开工建设。游泳池设有50米×25米、深1.8米的8泳道成人泳池1个，25米×15米、深0.8米的儿童泳池1个。

6日 中共中央政治局委员、山东省委书记吴官正率领省农委、省乡镇企业局等部门的主要负责人到兖州市调研。

上旬 全市共发生大小交通事故31起，死亡3人，轻、重伤26人，直接经济损失20.7万元。

11日 全国计划生育宣传教育工作会议代表到兖州参观计划生育宣传教育现场。国家计生委常务副主任张维庆，副主任杨魁孚、张玉芹，各省、自治区、直辖市和计划单列市的计生委主任、宣教处长，国家有关部委代表等160余人，分两路实地参观大安镇计生服务站、市计生委宣教部等7个点。

17日 省农委、省农业现代化学会在兖州市召开论证会，通过兖州市《农业现代化建设试点方案》。兖州市成为全省8个开展农业现代化建设试点县市之一。

18日—20日 1997年山东省中学生“中保人寿杯”田径运动会在兖州市第一中学体育场举行。全省17地市及部分大企业的代表队400余人参加比赛。该次比赛，共进行58个项目，决出58枚金牌。

23日 兖州市第三期农业综合开发项目代表山东省通过国家农业综合开发办公室验收。

26日 兖州市孤儿、特困儿童救助仪式在兴隆宾馆举行，130余个救助单位，200余名被救助孤儿、特困儿童参加仪式。全市 521 名孤儿、特困儿童全部得到救助。

29 日 17 时，8 级大风和暴雨袭击新驿镇、小孟乡、漕河乡，致使 17 条 10 千伏线路跳闸停电，高压线路断杆、倒杆 21 棵，低压线路断杆、倒杆 56 棵，兖州供电局组织干部职工 60 余人及时赶赴现场，紧急抢修，迅速恢复供电。

6 月

上旬 卫生部结核病控制项目办公室主任赵丰曾及上海医科大学、哈尔滨医科大学、山东省结核病防治中心等一行 12 人到兖州市检查世行贷款结核病控制项目实施工作。

中旬 国家体育运动委员会主任伍绍祖到兖州市视察体育工作。

21 日 兖州市被文化部授予全国文化先进县（市）称号。

30 日 兖州市举行九州大道通车、府河治理竣工庆典仪式。治理府河长度 2.6 公里，改造、新建桥梁 6 座，橡皮坝 1 座；九州大道长 2.15 公里，宽 27 米，总投资 4700 万元。

7 月

16 日 新招收的 29 名国家公务员和机关工作人员走上工作岗位。

30 日 山东省玉米联合收获作业演示会在兖州市举行。全国 8 个省、市 16 个厂家的 20 余种玉米联合收获机械进行现场作业演示。

同月 在全国第四届生物百项知识竞赛中，兖州市第四中学科技组的论文《考察泗河水》被评为全国科技论文三等奖。

8 月

14 日 驻兖工委所属中央、省、市企事业单位党组织关系移交会在兴隆宾馆举行。驻兖工委所属的 30 个中央、省、市驻兖企事业单位党组织，统一划归兖州市委管理，同时移交纪委、工会、共青团的工作。

20 日 境内大部分地区受到 8 级大风袭击，玉米倒伏 6667 公顷，秋粮减产平均 10%。刮倒树木 4360 棵，电线倒杆 101 棵。

27 日 全市企业改制动员大会召开，贯彻省、济宁市企业改革工作会议精神，确保当年全面完成企业改制任务。

7 月—8 月 兖州市发生特大旱灾，60 万亩农作物受灾，重灾 4.5 万亩。市境北部贫水区 3705 亩农作物近于绝产。

9 月

中旬 兖州市第一部社会主义新方志——《兖州市志》由山东人民出版社出版发行。

23 日—24 日 兖州市通过省级卫生城复核检查团检查验收，再获省级卫生城市称号。

26 日 瑞典驻华大使林德斯及以斯特曼省法格斯塔市市长耶尔奥森为团长的法市代表团一行到兖州市考察访问。

10 月

9 日 兖州市政府发布《兖州市城乡居民最低生活保障暂行办法》和《实施细则》。规定，1997 年度城市居民最低生活保障线标准为每人每月 120 元，农村为每人每年 600 元，实行差额补助。保障经费由市、乡（镇）、村按比例分别承担。

27 日 新兖镇举行山东太阳纸业集团总公司、兖州合金钢股份有限公司、兖州市产业用布厂 3 大支柱企业镇有集体资产出售签字仪式。这是继银河橡塑集团公司、兖州市种鸡厂、永青花岗石厂等 8 家镇有企业出售后的第三批出售企业。按照协议和合同规定，3 家企业分别以 2118 万元、678 万元、235 万元购买了企业镇有集体资产。

11　月

4日　全市农村电话发展到10896门，农村电话普及率2.39%，位居济宁市前列。

20日　国家科学技术委员会主任宋健陪同美国总统科技顾问吉本斯博士一行3人到兖州市考察农村秸秆气化工程，察看新兖镇代家村、大安镇牟屯村的秸秆气化站。

22日　由国家环境保护局、山东省环境保护局及中央电视台组成的环保检查团一行15人到兖州市检查山东太阳纸业集团总公司的治污现场和生产车间。

12　月

12日　中央电视台编导徐利军率科技节目制作中心编辑、记者到新兖镇代家村、大安镇牟屯村，拍摄“秸秆气化燃气工程”科技专题片。

16日　市委召开全市领导干部会议，传达济宁市委关于兖州市党政主要负责人及市级领导成员的任命决定。任命胡桂龙为中共兖州市委书记，李卫国为中共兖州市委副书记，马兴文不再担任中共兖州市委书记职务；卢兆河、李召芹不再担任中共兖州市委副书记职务。

18日　兖州市第十三届人大常委会第三十五次会议举行。会议接受胡桂龙辞去兖州市人民政府市长职务请求，决定任命李卫国为兖州市人民政府副市长，决定李卫国为市人民政府代理市长。

24日　境内327国道王鲁立交桥处发生一起7辆车追尾相撞的重大交通事故。其中，3辆车损坏严重，2名驾乘人员受伤，造成经济损失20多万元。事故为浓雾天气驾驶人员强行超车所致。

1998年

1　月

9日　山东太阳纸业集团总公司董事长兼总经理李洪信在省第八届人民代表大会第六次会议上当选为第九届全国人民代表大会代表。

上旬　全市清房工作结束。该次清理领导干部住房涉及13个乡镇，116个市直部门、单位，56个市属企业，申报登记的干部职工8000余人。清理违纪违规住房843套，面积4.19万平方米；其中，350人退出多占公房350套，面积1.96万平方米；共有381人住房超标，超面积1.45万平方米。没收公房4套，面积368米。收缴各类款项608万元，其中超标违纪300余万元。共为458名干部、职工解决了无房和住房困难问题。

10日—14日　政协第十届兖州市委员会第一次会议在兴隆宾馆举行，出席会议委员219人。大会审议通过有关报告，并分别作出决议。选举产生政协第十届兖州市委员会主席、副主席、秘书长和常务委员。江福祥当选市政协主席，周忠善、李宝亮、朱维宁、荀金镛、姚树信、刘春当选副主席，胡伟当选秘书长。选举本届政协常务委员会委员31人。

11日—17日　兖州市第十四届人民代表大会第一次会议召开。出席会议代表235人，列席372人，大会审议通过《政府工作报告》等有关报告，并分别作出决议。选举产生市人大常委会委员、市政府组成人员。张月志当选市人大常委会主任，王福东、栾贻惠、潘凯生、何吉安、朱绪寅、张希立、董开明当选副主任；李卫国当选市长，李开珍、刘玉范、岳宪峰、张言申、宋新光当选副市长。大会选举王仲秋为市人民法院院长；庄其方为市人民检察院检察长。会议选举产生出席济宁市第十二届人民代表大会代表48人。

15日　济宁市第五届暨兖州市第八届农民文化艺术节开幕式在新驿镇举行。

2　月

9日　市政府召开打假专项工作会议，成立打假领导小组，建立联合执法大队，部署打假任务。以打假酒为突破口，对菜、肉、蛋、奶及各类食品、各类药品进行突击检查。至12日，共检查企业和个体、私营业户40余家，查获假冒瓶装酒1105瓶。

11日　中国工程院院士、山东省小麦专家顾问团团长、山东农业大学教授余松烈等一行4人到兖州市考察小麦良种高产开发和麦田管理工作。

18日　中共中央政治局委员、国务院副总理姜春云带领财政部副部长李延龄、中央财经办公室副主任段应碧、中央政策研究室副主任肖万钧、水利部副部长周文智、农业部副部长白志健、林业部副部长李育才、国务院研究室副主任尹成杰、供销合作总社副主任顾二熊、农业银行副行长王川等一行18人视察新兖镇小马青村，了解农业生产和农民生活情况。

26日　全省秸秆气化示范工程现场会在兖州召开。会上，大安镇牟屯村，新兖镇代家村、小马青村，兴隆庄镇北湖村被授予山东省秸秆气化工程示范村称号。

3　月

10日　兖州市被评为第二届全国民政工作先进县（市）。

16日　电抄表仪仪器扩产项目工程在兖州市奠基。该项目由山东云龙集团与兖州供电局联营，第一期扩建工程总投资3360万元。该产品集无线通信功能及红外线传感技术为一体，是国内首创高科技产品。

18日　市维护军人军属合法权益巡回法庭、军人军属法律咨询站成立。

4　月

13日　联合国计划开发署卫生项目组官员到兖州市考察农村社区卫生服务工作开展情况。

16日　市境内发生沙尘暴，白日天色昏暗，尘土飞扬。

28日　兖州市公安局获公安部全国优秀公安局称号。

5　月

1日　兖州市工人文化宫启用。文化宫总建筑面积7400平方米，大楼主体5层，局部8层，总投资1200万元。

8日　中国家具协会负责人率领全国近30个省、市、自治区家具协会秘书长到兖州市富居装饰家具城考察。

15日—16日　由中国农业科学院、中国社会科学院农村发展研究所、中国改革报社联合主办的“兖州小康之后农村现代化建设高层研讨会”在兖州市举行。全国人大常委会副委员长铁木尔·达瓦买提等题词祝贺，中央政策研究室副主任肖万钧等中央、省、市部门和单位的近60位领导、专家出席研讨会。

20日　兖州市第一家私营企业集团——鲁粮集团工贸公司成立。

21日　22时至22日8时，全市平均降雨44.1毫米，小麦受灾面积3.9万亩，重灾1.51万亩。

28日—29日　全国人大常委会原副委员长、民盟中央名誉主席、著名社会学家费孝通到兖州市视察农业现代化建设。

6　月

17日　副省长韩寓群到山东太阳纸业集团考察调研。

同日　5时55分至6时10分，颜店镇北肖管区、李宫管区遭受冰雹袭击。冰雹最大直径3厘米，受灾面积1.7万亩，其中重灾面积8430亩；毁树1200棵，砸毁瓦房300余间，灾害损失约867.1万元。

20日　市公安局刑警大队组织精干力量，化装侦察，在兖州开往菏泽的公共汽车上，将一诈骗团伙抓获。该团体以伪造“中大奖”健力宝易拉罐为手段，诈骗金额5万余元。

24日—26日　由国家科委主办的全国秸秆

气化技术培训班在富都宾馆召开。全国 30 多个省、直辖市、自治区的 150 余人参加培训。

7 月

1 日　兖州市举行刘运库事迹报告会。兖州市委、市人大常委会、市政府、市政协、市纪委、市人武部有关负责人，各乡镇党委书记、市直机关党支部书记 600 余人参加报告会。《农村党支部书记的榜样刘运库》《生命不息，奉献不止》《无尽的思念》3 个报告从不同侧面介绍刘运库的先进事迹，展现刘运库的崇高精神品质。

同日　兖州市委党史研究室编写的《中共兖州市历史大事记》由中共党史出版社出版发行。该书记载自新中国成立至 1996 年底，中共兖州地方组织领导广大人民群众团结奋斗、艰苦创业的光辉历程，共 1200 余个条目，36 万字。

7 日　市公安局用 14 小时破获一起绑架杀人案。犯罪嫌疑人张某、李某等 6 个团伙成员全部被抓获归案。经审查，6 人均为 14 岁～ 16 岁青少年。

9 日—10 日　兖州市利用世行二期贷款、加强灌溉农业三期项目顺利通过省世行项目专家组评估。该项目涉及 5 个乡镇 140 个行政村，建设规模 15 万亩，计划总投资 4282.8 万元，主要建设内容包括水利、农业、林业三个方面。

13 日　兖州市委、市政府召开纪念兖州战役胜利 50 周年座谈会。

上旬　市工商局经检科在济南轻骑集团“打假办”的配合下，在兖州某摩托车配件有限公司查获假冒 QM50“木兰”摩托车，QW-B1 型、QW-3 型摩托车，对查获的摩托车全部没收并对当事人进行处罚。

22 日　中国农业银行兖州支行破获一起案值 300 万元的大额伪造汇票诈骗案，当场抓获犯罪嫌疑人。

24 日—26 日　省委副书记、省政协主席韩喜凯到兖州市调研，并看望刘运库家属。

8 月

2 日　中共中央政治局委员、山东省委书记吴官正到兴隆庄镇北湖村调研农业和农村工作。

3 日　当日晚至 4 日下午，天降暴雨，全市平均降雨量 178.3 毫米，最大点雨量（新驿镇）222 毫米。境内农作物受灾面积 4 万余亩，积水形成渍涝 1.67 万亩。暴风雨毁坏房屋 105 间，刮倒树木 6.1 万棵，电线倒杆 14 棵。

17 日　7 月 27 日至 8 月 17 日，兖州市委、市政府组织开展大规模的抗洪救灾捐赠活动，共计捐款 172 万元，棉衣、棉被 5 万余件。

20 日　鲁西南首家农用航空站——大安镇大丰农机航空站启用。航空站建设工程总投资 200 多万元，占地 2.7 亩，购置北京科研公司研制的蓝鹰 AD—200 轻型多用飞机 2 架。

同月　在香港举办的第九届青少年科技作品展览中，市实验小学李中天的“提碗器”被评为科技作品三等奖。

9 月

6 日　邮、电分营工作大会召开，兖州邮电局分为兖州电信局、兖州邮政局，即日挂牌营业。

同日　市新华书店营业大楼落成。大楼位于东御桥附近，建筑面积 3600 平方米，一层营业面积 800 平方米，全部实行开架销售，经营图书 1 万余种，音像制品千余种。

11 日　省人大常委会主任赵志浩、副主任墨文川率领省人大环保执法检查组一行 14 人到兖州市检查环保执法情况。

14 日—15 日　美国、印度、泰国等 6 个国家的 9 位林业专家到兖州市参观考察林业情况。

14 日—16 日　全国第四次城市卫生检查团到兖州检查。兖州市再获省级卫生城市称号。

23 日　全市老龄工作会议召开。会议传达贯彻《山东省优待老年人规定》，安排部署市老年人优待证发放工作。

下旬 兖州市政府组团参加1998年国际孔子文化节。期间，兖州市同外商签订交易额为2000万元的出口贸易协定，签订利用外资项目协议23项，外资额272万美元。

10 月

6日 市农村信用联社第一届社员代表大会召开，通过信用联社议事章程，选举产生联社主任、副主任。

10日 副省长陈延明一行到新兖镇农业开发区检查指导工作。

13日—14日 全省地方煤炭安全生产现场会在兖州市召开。

15日 国家机械工业局副局长张小虞一行12人到兖州市实地考察大丰机械集团，对兖州的农机工作给予高度评价。

19日 马青供电分站与辖区内16个村3150户村民签订供电合同。电价过高、以权谋私、违章用电等问题在这16个村得以根治，村民们真正用上了“明白电”“放心电”“满意电”。

30日 全国政协人口资源环境委员会考察团一行13人到兴隆庄煤矿考察指导工作。

31日 7名省、市农机专家在新驿镇矿山设备厂自行研制的新型产品——国内首台山药开沟机技术鉴定证书上签字，为该机械走进农村市场发放“通行证”。

11 月

3日 世界最大的慈善组织——国际狮子会与中国政府合作项目——“视觉第一 中国行动”国家医疗队，到兖州市人民医院开展白内障复明手术。医疗队免费提供人工晶体、免收手术费。

6日 兖颜公路中段拓宽工程竣工通车。该项工程东起西环路口，西至洸府河，全长7.5公里，工程投资832万元。

12日 兖州富居家具城顺利通过省工商局检查验收，并被评为省级规范化文明市场。

14日—16日 由韩国昌原市国际综合经营研究院院长尹泰烈率领的友好访问团一行16人对兖州市进行友好访问。

19日 由《人民日报》、新华社、中央人民广播电台、中央电视台、《光明日报》和《农民日报》记者组成的新闻采访团，到兖州市专题采访刘运库先进事迹。

12 月

8日 市政府召开橡胶厂破产终结协调会，会议同意市明月化工有限公司收购橡胶厂。

16日—18日 中国共产党兖州市第十次代表大会在富都宾馆召开。应到代表330人，出席会议代表325人。大会听取并审议中共兖州市第九届委员会工作报告。会议选举产生中共兖州市第十届委员会委员29名，候补委员5名；第一次全体委员会选举产生书记、副书记及常务委员11名，胡桂龙当选市委书记，李卫国、张茂英(女)、肖耀宇、仲伟金、李开珍当选副书记；选出新一届兖州市纪律检查委员会，共有委员17名。市纪律检查委员会第一次全委会选出市纪委常委9名，市纪委书记1名、副书记3名；肖耀宇当选书记。

19日 兖州市人民政府被省政府授予山东省环境保护先进集体称号。

26日 兖州天合毛纺织有限公司成立。

同日 东苑住宅小区落成并投入使用。

1999年

1 月

8日 市机关干部400余人参加向特困职工捐款活动，共捐款54660元。

13日 黄屯镇38个行政村全部开通有线电视，成为济宁市第一个全部开通有线电视的乡镇。

26日—29日 政协第十届兖州市委员会第二次会议召开，出席会议委员223人。大会审议通过有关报告，并分别作出决议。

27日—30日　兖州市第十四届人民代表大会第二次会议召开，出席会议代表230人。大会审议通过《政府工作报告》等有关报告，并分别作出决议。

2　月

3日　兖州市第九届农民文化艺术节在新兖镇驻地开幕。市委、市政府有关负责人，市新年春节文化活动领导小组成员、各乡镇分管副书记、宣传委员、文化站长和部分群众代表共300余人参加开幕式。

3　月

2日　济宁市人口与计划生育目标责任奖惩兑现大会召开，兖州市再获计划生育工作一等奖。

7日　济南军区副司令员裴怀亮一行7人到兖州预备役炮兵第三团检查指导工作。

15日　济宁市召开乡镇企业工作会议，兖州市，新兖镇、山东太阳纸业集团在受到表彰的县（市、区）、乡镇和企业中名列第一。受到表彰的有大安镇、兴隆庄镇、王因镇等25个单位。

4　月

14日　省人大常委会副主任何宗贵到兖州市调研。

同日　兖州市财政监督局成立。

26日　济宁市科技工作目标考核小组到兖州市考核验收。兖州市通过全国科技工作先进市和全国科技实力百强市复查验收。

5　月

4日　兖州市纪念五四运动80周年暨“市委书记启明星奖”颁奖大会在市工人文化宫举行。市委、市人大常委会、市政府、市政协、市纪委有关负责人出席会议。第一届“市委书记启明星奖”获得者，非公有制经济界优秀青年标兵，部分老团干部、乡镇及市直部门团干部，全市各条战线的青年代表参加会议。

13日　兖州市1999年第一期农村党支部书记及省、济宁市委组织部选调生培训班在市委党校举行开学典礼，160余人参加培训。

31日　副省长韩寓群到山东大丰机械集团考察国家大型农机具重点开发项目进展情况。

下旬　市第六届村委会换届选举工作结束，有491个村依法进行换届选举工作。其中，有464个村选举产生新一届村民委员会，有24个村依法组成临时村民委员会。全市共选出村委会成员1537人，其中村主任488人，委员1049人。

6　月

19日　参加全国“148”法律服务专线建设会议的代表参观兖州市“148”法律服务专线建设。

22日　中共中央总书记、国家主席、中央军委主席江泽民途经兖州市，在兖州站接见济宁市、兖州市党政主要负责人。

7　月

4日—10日　兖州市副市长宋新光赴马来西亚参加第三世界农村卫生工作会议。

18日　全国跨世纪青年农民科技培训工程在兖州市启动。农业部副部长路明、山东省副省长陈延明为启动仪式揭牌。

8　月

5日　兖州市工商行政管理局发出公告，吊销320家未参加1998年年检的私营企业的营业执照。

9　月

8日　兖州市第十四届人大常委会举行第十四次会议，以无记名投票方式表决通过人事任命事项，决定任命冯继福为兖州市人民政府副市长。

同日 兖州市庆祝教师节暨表彰大会在兴隆宾馆举行。会议宣读《关于表彰优秀教师、优秀教育工作者和尊师重教先进单位、先进个人的决定》。

28日 兖州市九州广场和新世纪路建设工程竣工庆典仪式在九州广场举行。九州广场建设总投资4000万元，面积15万平方米，以绿化为主，硬化、景点为辅。新世纪路建设总投资3400万元，于5月22日开工，该路全长2.67公里，宽24米，一级柏油路面。

同月 新兖镇获全国文明村镇称号。

11 月

5日 国家档案局、山东省科委共同主持召开的耐久性公文、档案专用纸张成果鉴定会在兴隆宾馆举行，太阳纸业集团的档案专用纸通过专家组鉴定。

同日 副省长陈抗甫视察济宁市农业高新技术示范园。

26日 兖州市广播电视大楼落成启用。大楼由铁道部第一勘察设计院设计，建筑面积7456平方米，主楼6层，高23.9米，是集办公、节目制作、发射于一体的综合性大楼。该工程于1997年6月9日奠基，工程造价1200万元。

12 月

2日—3日 由科技部、团中央联合召开的全国秸秆综合利用技术经验交流会在兴隆宾馆举行。期间，专家组对兖州市蓝天环保公司生产的秸秆气化第四代机组进行专业评审，认为其技术性能达到全国先进水平。

4日 省委副书记陈建国到兖州市参观考察济宁市农业高新技术示范园和小马青村。

9日 山东省军区政委何法祥带领省军区机关人员到山东预备役炮兵第一师驻兖州第三团检查工作。

16日 山东预备役炮兵第一师第三团在兴隆宾馆举行授衔仪式。

22日 兖州市庆祝建国50周年活动表彰暨新年春节文化活动动员大会在富都宾馆召开。会议表彰了建国50周年庆典活动先进单位和先进集体。

26日—27日 市人才市场揭牌仪式暨1999年大中专毕业生供需洽谈会在九州广场举行。70多个招聘单位及一批大中专毕业生参加洽谈会，160人达成意向，56人签订协议。

同月 经省政府批准，漕河撤乡设镇。

2000年

1 月

9日 兖州市暨黄屯镇第十届农民文化艺术节开幕，全市开展的送文化、送科技、送卫生“三下乡”活动同时开始。整个活动在各乡镇陆续开展，历时一个半月，于2月20日结束。

15日—18日 政协第十届兖州市委员会第三次会议在兴隆宾馆召开，出席会议委员233人。大会审议通过有关报告，并分别作出决议。

15日—18日 兖州市第十四届人民代表大会第三次会议在富都宾馆召开，出席会议代表226人，列席371人（含市政协委员233人）。大会审议通过《政府工作报告》等有关报告，并分别做出决议。

16日 省农业厅“文化下乡”活动揭幕式在新兖镇代家村举行。省农业厅赠给代家村组合音响1套，各类科技图书5000余册。

2 月

18日 市领导班子成员和领导干部“三讲(讲学习、讲政治、讲正气)”教育动员大会在富都宾馆举行。根据中央部署，2月—5月底，在县级领导班子、领导干部中开展以“讲学习、讲政治、讲正气”为主要内容的党性党风教育。

3　月

8日　市妇联在富都宾馆召开纪念“三八”妇女节90周年暨总结表彰大会。会议传达市妇联《关于命名表彰1999年度妇女工作先进单位、先进个人和“十星级文明家庭”标兵户的决定》。

4　月

1日　中央“三讲（讲学习、讲政治、讲正气）”教育检查组组长徐建东一行到兖州市检查指导工作。

16日　山东农业大学副校长、省农业专家顾问团农机分团团长薛坚率领由山东农业大学30余位专家、教授组成的考察团到兖州市考察农业生产，先后参观大丰机械集团、大安小麦自动喷灌示范区、联诚金属制品有限公司、济宁市农业高新技术示范园和小马青村。

26日　市人武部新办公楼落成。该楼位于九州路中路，1998年9月奠基。

同月　山东太阳纸业股份有限公司董事长李洪信被授予全国劳动模范称号。

5　月

19日　兖州市人民医院新门诊大楼正式启用。大楼建筑面积1.4万平方米，内部设施齐全。

20日—30日　山东省政府教育督导评估组对兖州市创建“省教育示范市”工作进行评估，认定兖州市率先建成省教育示范市。

28日　兖州市第十七中学九年级二班学生周娟获全国十佳春蕾女童荣誉称号，为中华人民共和国成立后兖州市中学生获得的最高荣誉。

6　月

27日　兖州市物价检查所获国家级规范化物价检查所称号。

7　月

1日　兖州市收费管理工作实行票款分离、银行代收，为全省首家收费统一征管、开通电脑代收系统的县级市。

7日　国际学者、中国工合国际委员会副主席柯马凯和委员珍妮，著名经济学家、中国工合国际委员会副主席、中国社会科学院农村发展研究所所长张晓山，山东省农村合作社发展专家綦永太一行到泗庄镇宋家村蔬菜专业合作社进行考察。

25日　经市政府及济宁市物价局批准，兖州市自来水价格进行调整，居民用水由0.75元/吨调为0.95元/吨；工业用水由0.90元/吨调为1.10元/吨；基建和餐饮服务用水由1.10元/吨调为1.40元/吨。

同月　兖州市人民法院执行工作局成立，内设综合室、执行一庭、执行二庭。

9　月

19日　市老年大学成立，开设书法、绘画、卫生保健3个班，招收离退休干部学员100余人。

20日　市第十四届人大常委会第二十一次会议召开。会议决定接受刘玉范辞去兖州市人民政府副市长职务的请求。

26日　2000年国际孔子文化节兖州市招商引资洽谈会在富都宾馆举行。全国各地及10多个国家和地区的外商共200人参加会议。会上，签订项目合作协议18个，项目投资总额2.3亿元。

同月　兖州市国税局在全市全面推行纳税人银行网点申报、电话申报和电子申报，运行当月有82%个体业户成功进行银行网点申报。

10　月

11日　涉军案件法庭在市人民武装部举行揭牌仪式。

11 月

1 日 第五次全国人口普查进入正式登记阶段。

8 日 兖州市家庭暴力致伤鉴定中心成立。

14 日 市公安局新办公大楼落成。大楼位于九州东路北侧，1997 年 7 月开工建设，建筑面积 1.2 万平方米，总投资 1.2 亿元。

21 日—22 日 西安科技学院副院长卢建军一行 6 人到兖州市考察科技工作，并与该市签订合作合同 10 份。

12 月

7 日 兖州市召开调整乡镇行政区划动员大会。按照上级统一部署和要求，撤销泗庄镇，将泗庄镇与新兖镇合并为新兖镇，镇政府驻地为原新兖镇政府驻地；撤销前海乡，将前海乡与颜店镇合并为颜店镇，镇政府驻地为原颜店镇政府驻地。撤销兖州镇和下属的 4 个办事处，中御桥路以东设为鼓楼街道办事处，以西设为永安街道办事处。

14 日 兖州市第十一届农民文化艺术节开幕式在兴隆庄镇举行。

2001年

1 月

2 日至 4 月 30 日 兖州市开展“三个代表”重要思想学习教育活动。全市 89 个部门、8900 余名干部参加学教活动。该次学教活动分动员准备培训骨干、集中学习、对照检查、整改提高四个阶段。广大基层干部按照要求，扎扎实实地开展活动，顺利完成各阶段任务，取得明显成效。

同月 中共济宁市委决定，李卫国任中共兖州市委书记，于建民任中共兖州市委副书记。

2 月

1 日 市十四届人大常委会第二十五次会议召开，会议接受李卫国辞去市人民政府市长的请求，决定任命于建民为市人民政府副市长，决定于建民为市人民政府代理市长。

6 日 兖州市和上海市虹口区教育协作洽谈会召开，双方签订协作协议，正式建立教育协作关系。

8 日 新兖镇举行寨子中心村建设启动仪式。中心村由 5 个行政村组成，规划面积 523.5 亩，比原村节约土地 235.5 亩。

同日 省道济微线山东拖拉机厂至南外环改建工程开工，该工程于同年 10 月 16 日竣工通车。

13 日—25 日 兖州市政府招商团赴新加坡、马来西亚等国家和中国香港地区进行经贸考察、招商活动。共签订 15 项经贸合作、利用外资协议和意向，以市政府名义聘请 4 名招商顾问，为扩大该市与东南亚国家和地区的经贸合作奠定基础。

3 月

4 日 国务院环保检查团到兖州市检查水污染防治工作。检查团实地参观兖州市城市污水处理工程和太阳纸业集团公司，对兖州市重视环境保护特别是水污染防治的做法给予肯定。

5 日 市十四届人大常委会第二十六次会议召开，决定接受市人大常委会主任张月志，副主任栾贻惠、朱绪寅、张希立辞职的请求。

6 日 副省长林廷生到济宁市农业高新技术示范园察看蝴蝶兰培植工艺，详细了解生产、销售及效益情况

7 日 副省长赵克志一行 7 人到兖州市调查研究水污染防治工作。实地察看市污水处理工程建设现场和太阳纸业集团公司南厂、北厂的环保工程并提出改进要求。

8 日 20 万亩毛白杨速生林基地建设启动仪

式在新兖镇马桥村举行。计划用5年时间，建设三倍体毛白杨育苗基地1万亩，营林基地20万亩，太阳纸业集团配套建设10万吨制浆厂。

9日—11日　政协第十届兖州市委员会第四次全体会议召开。出席会议委员210人。大会审议通过有关工作报告，并分别作出决议。会议接受周忠善、朱维宁、荀金镛的副主席辞呈；补选张世才、张培岐、石洪生（回族）为政协第十届兖州市委员会副主席。

10日—13日　市第十四届人民代表大会第四次会议在富都宾馆举行。出席会议代表226人，列席361人（其中市政协委员260人）。大会审议通过《政府工作报告》等有关报告，并分别作出决议。会议选举李卫国为市人大常委会主任，郭长忠、徐永年、吴德岭为市人大常委会副主任；选举于建民为市政府市长，张玉华为市政府副市长。

4　月

1日—3日　全国教育督导工作培训现场会在兖州市召开。全国16个省、市的40位督学参加会议，与会人员听取兖州市经验介绍，参观了教育执法档案和市实验高级中学、市第九中学、市第十九中学等6所学校。

2日　兖州供电局在九州广场举行“彩虹艺术团”百场下乡演出首演仪式，“彩虹艺术团”下乡百场巡回演出拉开帷幕。

3日　俄共中央主席团成员、俄罗斯国家杜马议员维·米·维季马诺夫一行4人，到山东太阳纸业集团、嘉隆实业公司、济宁市农业高新技术示范园、小马青村、银河胶带公司等考察访问。

12日　副省长陈延明到兖州市参观济宁市农业高新技术示范园，三倍体毛白杨育苗、速生林基地及部分农业林网。陈延明对兖州市林业生产建设特别是毛白杨产业化开发给予高度评价。

19日　市委、市政府部署全市社会治安工作暨严打整治斗争。全市各级各部门积极行动，政法部门联合作战，全面展开“严打”斗争。至7月，全市查处各类犯罪嫌疑人1100余人，铲除各类黑恶霸头220余人；收缴各类非法枪支1000余支，炸药1000余公斤。以打击金融、财税和商贸等领域犯罪为重点，严厉打击了经济犯罪。

27日　市总工会在市工人文化宫举行庆祝“五一”职工文艺会演暨表彰大会。会上，对当选的2名山东省“富民兴鲁”劳动奖章获得者、6名济宁市“五一劳动奖章”获得者及新命名的劳动模范示范岗和文明职工示范岗分别颁奖。

5　月

6日　省委副书记陈建国到兖州市北湖村考察。

10日　中共济宁市委决定，任兆海任中共兖州市委副书记。

17日　省委副书记、省长李春亭先后到济宁市农业高新技术示范园和黄屯镇二十里铺村，考察示范园和世行贷款二期项目示范区现场。

28日　全市14个单位的民兵参加民兵军事训练汇报表演。该次表演涉及8个科目，是自1981年起，近20年内兖州市规模最大的一次。

30日　省人大常委会副主任张瑞凤到兖州市考察济宁市农业高新技术示范园和银河德普胶带有限公司。

6　月

27日　兖州市委举行“辉煌八十年——兖州共产党人的奋斗历程”大型图片展览。大型图片展从6月27日至7月3日在九州广场展出，观展人数达6万人次，突破历次图片展观看人数纪录。

28日　《中共兖州市组织史资料·第二卷》（1987～1999）首发式举行。

29日　兖州市委举行庆祝中国共产党成立80周年大会。会议传达了兖州市委《关于命名表彰先进基层党组织、优秀共产党员的决定》，385

个先进党组织和134名优秀共产党员受到表彰。

7 月

16日　兖州市委召开深入学习贯彻江泽民总书记“七·一”重要讲话精神动员大会，提出用2个月的时间在全市开展“贯彻‘七·一’讲话精神，实践‘三个代表’重要思想，保持党的先进性”学习教育活动。会后，全市按照会议要求开展活动。各级党组织和全体党员认真制定整改措施，切实解决突出问题。学习教育活动于9月19日结束。

17日　兖州机务段被人事部、铁道部授予全国铁路先进集体称号。

26日—27日　市第十四届人大常委会第二十九次会议召开，决定任命彭德举、刘伟华（女）为市人民政府副市长。

29日　兖州市伊斯兰教协会第一次代表会议召开。

8 月

5日　副省长邵桂芳到济宁市农业高新技术示范园和大丰机械集团考察。

上旬　深圳创世纪投资发展有限公司收购兖州肉联厂、兖州生物化学制药厂、兖州生宝制药有限公司3家企业。

16日　全市农村党支部书记培训班开班；新当选的100名村党支部书记参加培训。

21日—22日　济宁市在谷村镇开展村级领导班子“三个代表”重要思想学习教育活动试点工作。谷村镇被确定为济宁市唯一的“学教”活动试点乡镇，也是兖州市村级“学教”活动的试点乡镇。21日，谷村镇举办村级学教活动骨干培训班。22日，召开济宁市村级领导班子“三个代表”重要思想学教活动谷村镇试点动员大会。全镇各级按照实施方案要求，扎实有效地开展学习教育活动。实施以“强班子、强队伍、富集体、富群众”为主要内容的“双强双富”工程。

22日　新兖镇党委获全国先进基层党组织称号。

31日　全市大中专毕业生就业工作会议召开。会议对2000年、2001年大中专毕业生就业工作进行安排部署。从2001年起，大中专毕业生不再实行统一派遣，一律进入人才市场，实行“不包分配，竞争上岗，择优录用”的就业机制。

9 月

4日　兖州市资助特困职工子女上大学仪式在市工人文化宫举行。56名来自特困职工家庭的大学新生领到市委、市政府资助的每人1500元的求学资助金。1997年起，全市各级工会组织连续4年开展资助困难职工子女上大学活动，共筹集发放资助金52万元、资助157名考上大中专院校的困难职工子女按时入学深造，解除困难职工的后顾之忧。

21日　兖州市组团参加由中国专利信息中心、山东省知识产权局、济宁市人民政府在曲阜主办的2001年中国专利高新技术产品博览会。20余家市属、镇属企业参加展览，设有展位12个，展示高新技术产品品种100余个，产品专利技术近200项。

23日　科技部副部长黄齐陶到兖州市考察济宁市农业高新技术示范园建设情况。

10 月

12日　兖州市委、市政府召开社会治安见义勇为奖励基金设立新闻发布会。会议动员社会各界踊跃向奖励基金筹资捐款，并举行现场捐赠仪式。至12月上旬，市社会治安见义勇为基金募集管理使用办公室收到10余万人的捐款82万余元。

同日　兖州市第一支援疆医疗队由市人民医院高福坤、张文成、师伯玲组成，并于当日赴新疆伽师县对口支援。

26日　兖州市庆祝第七届环卫工人节暨表

彰大会召开。

11　月

4日　全市土地变更调查工作结束。该工作于2001年9月28日开始。调查结果显示，土地变更量1.64万亩，涉及全市所有7个一级地类，24个二级地类，变更图斑600余个。同日，兖州市2001年土地变更调查成果通过济宁市政府验收，在济宁市12县（市、区）综合评比中名列第一。

6日　市委召开全市村级“三个代表”重要思想学习教育活动动员大会，全市村级“三个代表”重要思想学习教育活动全面展开。

16日　省委常委、组织部部长刘伟一行先后到谷村镇七里铺村、联诚金属制品有限公司、新兖镇小马青村检查“三个代表”学教活动。

同月　在全省宣传教育进村、婚育新风进家活动经验交流暨先进表彰会议上，兖州市被授予山东省“双进”活动先进市称号，兴隆庄镇被授予山东省“双进”活动先进乡镇称号。

12　月

9日　兖州市举行实施采煤塌陷地治理第一期工程动工仪式。兖州市采煤塌陷地综合治理，于2001年5月由国土资源部正式立项，总投资2600万元，实施后将新增耕地2205亩。

21日　327国道兖州段路灯建设工程竣工。该工程由东泗河大桥至黄屯立交桥，全长22公里，总投资746万元，自11月1日至12月20日历时50天建成。

30日　兖州市邮政综合大楼正式启用。该楼兴建于2000年3月，占地总面积4.05亩，建筑面积5200平方米，主楼为局部6层，4300平方米；副楼为4层，900平方米。工程总投资1000万元。

31日　兖州市“十大技术百优品种”进村富民活动全面启动。

2002年

1　月

12日　兖州市第十二届农民文化艺术节暨“三下乡”活动在谷村镇政府驻地开幕。

17日　全市2001年度案件通报会暨廉政教育会议在富都宾馆召开。2001年，全市共立案查处各类违法违纪案件107起，其中经济类案件53起，失职渎职类案件8起，组织人事类案件3起，违反社会管理秩序类案件35起，其他案件8起，追缴违纪款67.8万元，为国家和集体挽回直接经济损失714.53万元。

26日　兖州市暨鼓楼街道首届社区文化艺术节在工人文化宫开幕。该次艺术节以工人文化宫为主会场，同时设立4个分会场，共有65个单位、文化团体140余人参加演出，共举办6个场次的集中活动，活动内容主要有群众团体健身串街表演、春联现场书写赠送、共建美好家园绘画表演、戏曲文艺专场等。文化艺术节于2月下旬结束。

27日—29日　政协第十届兖州市委员会第五次全体会议在兴隆宾馆召开。出席会议委员260人。会议审议通过有关报告，并分别作出决议。大会补选政协第十届兖州市委员会常务委员5人。

28日—30日　市第十四人民代表大会第五次会议在市机关第一招待所召开。出席会议代表222人，列席376人（其中市政协委员260人）。大会审议通过《政府工作报告》等有关报告，并分别作出决议。

1月—5月　兖州市在全市范围内公开选拔8名副科级非中共党员干部和7名副科级女干部。

2　月

15日　省委副书记、代省长张高丽到兖州视察济宁市农业高新技术示范园。张高丽听取示范园建设、生产、销售及市场效益情况的汇报，分析花卉、蔬菜、珍果等品种的国际、国内市场前景，针对加入世贸组织给这些产业带来的深刻影响，提出具体的应对措施，并就示范园的自身效益和带动作用提出明确要求。

同月　王福连、徐祥谦被农业部授予全国乡镇企业家称号。

3　月

10日　省委常委、秘书长杨传升一行到兖州市调研。杨传升一行参观济宁市农业高新技术示范园、市三倍体毛白杨培育基地、山东太阳纸业股份有限公司、小马青村和银河德普有限公司，听取兖州经济工作情况汇报，对兖州经济工作给予充分肯定。

26日　山东省春季农机产品展示订货会暨农机新技术新机具推广演示会在市体育中心开幕，同时，全国农机质量监督服务统一大行动山东分会场开幕。全国近20个省、市、自治区200多家农机推广、供销、管理单位2万余人参加开幕式。

29日—30日　兖州城市建设重点项目推介会在兴隆宾馆举行。由市建委、市西城区管委会、市土管局推介的35个城市重点建设项目中，有22个分别与外地客商达成合资合作意向，投资金额3.6亿元。

3月—6月　第七届村委会换届选举工作完成。全市492个村民委员会和城区30个居民委员会中516个村(居)完成选举任务；484个村(居)实现村党支部书记和村主任“一人兼”，比例为92.4%，“两委”成员交叉任职比例为66.5%。

4　月

2日　国家环保总局副局长汪纪戎到兖州市调研造纸行业环保工作。汪纪戎一行先后查看市污水处理厂、太阳纸业集团公司、毛白杨速生林基地与翔龙塑维板业公司，对处理后的污水灌溉和废水处理污泥再利用工作进行调研，对兖州市的环保工作给予充分肯定。

17日　省委副书记王修智到兖州市考察工作。王修智一行先后察看了兖州部分民营企业及正在建设中的西城区，对兖州经济发展及城市建设给予肯定。

17日—19日　由全国工商联主办、山东太阳纸业股份有限公司承办，山东省工商联、济宁市政府、兖州市政府协办的全国工商联宣传教育培训工作会议在兴隆宾馆召开。全国工商联和山东省委领导以及全国40余个省、市工商联，60多家大型民营企业的代表参加会议。会议期间，与会人员参观了新兖镇小马青村、富居家具城、山东太阳纸业股份有限公司、银河德普橡胶集团公司和兖州市经济开发区。

20日　全国工商联党组书记、副主席梁金泉到山东太阳纸业股份有限公司、济宁市农业高新技术示范园考察。

27日　兖州市技工学校举行国家级重点技工学校揭牌仪式。该校创办于1988年，占地79.5亩，拥有12个专业，46个教学班，职业教育工作步入全国先进行列。

同月　兖州市启动实施农村税费改革，全市农民当年人均减轻税费负担47元，减负率32%。

5　月

16日　国家林业局局长周生贤一行5人考察兖州林业工作。周生贤一行先后察看兖州的绿色通道、农田林网和毛白杨育林基地建设，详细了解兖州林业生产的历程，对兖州林业工作所取得的成绩给予高度评价。

17日—18日　苏鲁豫皖接壤地区实验小学第二十七次协作研讨会在富都宾馆举行。

18日　民政部和美国卡特中心联合组织的村民委员会选举观摩团到兖州市新兖镇小马青村和兴隆庄镇北湖村考察观摩两个村的村委会换届选举工作。

19日　全市机构改革工作开始，实行一次

定编、逐步分流，3 年内完成人员分流工作。改革调整后，市委设工作机构 7 个，部门机构 2 个，市委机构行政编制按 12% 精简，市政府机关按上级规定的机构调整原则和设置限额，保留 17 个部门，对 8 个部门进行更名，共设部门 25 个，派出机构 2 个，行政编制按 25% 精简；乡镇、街道党政机构合并设置，新兖镇、新驿镇、颜店镇各设 4 个综合性办公室，其他乡镇、街道各设 3 个综合性办公室，党政机关人员编制按 20% 精简。该工作于 6 月底基本结束。

23 日 参加全国平原绿化现场经验交流会的国家林业局副局长祝列克率领全国各省、市、自治区的林业局负责人到兖州市参观平原绿化、绿色通道、生态园林化村庄及林纸产业，先后到黄屯镇、谷村镇、大安镇、新兖镇、兴隆庄镇等地进行实地参观。

29 日 曲菏（曲阜—菏泽）高速公路建成通车，境内全长 17.4 公里。

同日 兖州市行政审批中心正式揭牌运行。市发展计划局等 19 个部门、单位的首批 87 项行政审批事项及其附带收费项目进入中心集中办理，不再在原单位地点受理，实行“一门受理、并联审批、一口收费、限时办结”的一站式服务。

6 月

20 日 兖州市与加拿大经促会经贸洽谈会在兴隆宾馆举行。双方共签订合作项目协议 7 个。加拿大经促会执行会长刘裕佳、美国美华集团经理张红泰分别被兖州市人民政府和新兖镇人民政府聘为招商顾问。

29 日—30 日 市人事局在市技工学校举办 2000 年和 2001 年度大中专毕业生供需见面洽谈会。洽谈会共设 75 个摊位，其中事业单位 43 个、企业 32 个。事业单位计划考录毕业生 226 人，乡镇教育协议培训小学英语教师计划考录 90 人，企业单位计划招聘 538 人。

7 月

1 日 市委党校综合大楼落成启用，省委党校基层党员教育基地同时揭牌。市委党校新址位于西城区 327 国道以东、建设西路以北，占地 27.45 亩，总建筑面积 1.06 万平方米，主楼高 8 层，分教学、学员宿舍、办公和餐饮 4 个区。

13 日—15 日 中国作家协会《人民文学》作家采风团一行 15 人到兖州开展采风活动。此项活动由中共兖州市委、兖州市人民政府与中国作家协会《人民文学》杂志社共同举办，旨在展示兖州悠久的人文历史、丰厚的文化底蕴以及“端信、兼容、尚贤、乐善”的传统，扩大兖州外向知名度，塑造兖州文化形象。

18 日 中央党校考察组一行 3 人到兖州市考察。考察组一行先后对兖州太阳纸业公司、ASC 联诚工业有限公司、山东雪花集团公司、农业高新技术示范园及小马青村、毛白杨育苗基地等进行考察。

19 日 世界华人工商促进会秘书长李农合、执行总干事邓凯一行到兖州市考察。李农合等先后参观了农业高新技术示范园、新兖镇民营经济园区、市经济技术开发区。李农合被市政府授予荣誉市民称号，同时被聘为经济顾问；邓凯被市政府聘为招商顾问。

28 日 市民文化广场在西城区举行开工奠基仪式。广场坐落在九州大道以北，327 国道以西，占地 90 亩，是集文化、集会、娱乐、休闲于一体的综合性城市广场。

8 月

8 日 7 月 30 日至 8 月 8 日，市委书记、市人大常委会主任李卫国，市委常委、新兖镇党委书记张胜明，市政协副主席、市委统战部部长张培岐带领市外经贸局、市经济开发区等单位负责人赴中国台湾开展经贸考察、招商引资活动。期间，召开同乡会，拜访 16 家企业集团和商会组织，接触客商100余人，推进重点合作项目9个。

9日 参加“中国工程院院士济宁行”的12名中国工程院院士、专家到兖州市开展调研、对接活动。院士、专家们先后参观了兖州市部分乡镇，并为部分企业解决技术难题。戴景瑞等4位院士和专家被兖州市政府聘为科技顾问。

14日 市卫生局为40余位困难企业军转干部发放医疗优惠证。按照规定，持此证在兖州市定点医院就医时，挂号费、检查费、手术费、治疗费、住院费减免15%（药费除外）；同时，每年在住地社区卫生服务站免费健康查体1次。

17日 重庆开县231名三峡移民分别被安置到新兖、谷村、大安、黄屯、王因5个镇的6个村。

21日 省委副书记、省长张高丽考察新兖镇小马青村、山东太阳纸业股份有限公司和云龙科技公司。

9月

5日 市人武部组织全市民兵高炮分队，按照山东省军区和济宁军分区部署，开赴济南军区潍北炮兵靶场进行实弹射击。经全体参训干部、民兵和教练员的共同努力，取得击落飞机拖靶两具，总分列省军区高炮分队第一名的好成绩，受到山东省军区通报表彰，济宁军分区为兖州市民兵高炮分队记集体三等功。

同日 2002年度资助特困职工子女上学仪式在工人文化宫举行。市财政拨出专款对69名2002年考入大学的特困职工子女进行资助。

14日 团中央书记处书记赵勇、青农部副部长白胜平，共青团山东省委副书记孙守刚到兖州市检查指导共青团工作。

16日 经省政府批准，小孟撤乡设镇。

19日 兖州市庆祝撤县建市10周年大型文艺演出在西城区市民文化广场举行。兖州市干部群众数万人参加庆典活动。

同日 兖州市博物馆开馆仪式举行。

同日 兖州市委、市政府授予李洪信、牛宜顺、李庆思、牛宜平、刘佩成、刘学东、杨玉芝、白立彬、王伯奇、米桂景10人兖州市首批“十佳市民”称号。

22日—25日 兖州市26名残疾人体育健儿参加济宁市首届残疾人运动会，夺得5枚金牌、11枚银牌、9枚铜牌。

10月

26日 兖州市庆祝第八届环卫工人节大会召开。会上，兖州市政府授予35个单位市容环境整治先进单位称号，授予10人城市美容师称号，授予58人环卫工作先进个人称号。

同月 兖州市人民法院被最高人民法院授予全国法院调解工作先进集体称号。

11月

3日 中央党校考察组一行7人到兖州市参观考察。考察组一行先后考察兖州市博物馆、新兖镇小马青村、兴隆庄煤矿、济宁市农业高新技术示范园、太阳纸业股份有限公司和西城区建设。

11日 市档案馆经山东省考评组考评验收，被评为省一级规范化目标管理先进档案馆。

12月

同月 中共济宁市委决定，董信江、张胜明任中共兖州市委副书记。

2003年

1月

3日 兖州市慈善协会成立暨扶贫济困一日捐会议在富都宾馆召开。

10日 兖州市第十五届人民代表大会代表进行换届选举。全市共划分115个选区，其中农村选区95个，城镇选区20个，共选出第十五届人民代表大会代表234人。

13日 兖州市第十三届农民文化艺术节在颜店镇政府驻地举行。艺术节活动有开幕式、综合文艺演出、民间艺术表演、文化卫生科技“三下乡”、农民书画展、根雕泥塑工艺品展、走访慰问、各乡镇综合文化活动等形式。艺术节历时1个月，于2月15日结束。

18日—22日 政协第十一届兖州市委员会第一次会议在兴隆宾馆召开，出席会议委员218人。大会审议通过有关报告，并分别作出决议。会议选举产生政协第十一届兖州市委员会主席、副主席、秘书长和常务委员。张茂英（女）当选市政协主席，冯继福、刘春、张培岐、石洪生（回族）、郭元强、李松当选市政协副主席，刘金华当选市政协秘书长。选举本届政协常务委员会委员31人。

19日—25日 市第十五届人民代表大会第一次会议在富都宾馆召开。出席会议代表234人，列席300人（其中市政协委员218人）。大会审议通过《政府工作报告》等有关报告，并分别作出决议。大会选举李卫国为市第十五届人大常委会主任，张世才、何吉安、岳宪峰、董开明、郭长忠、徐永年、吴德岭为副主任，市第十五届人民代表大会常务委员会委员13人。选举于建民为市人民政府市长，张胜明、张言申、宋新光、张玉华、刘伟华（女）、初建伟为市政府副市长。选举庞新贤为市人民法院院长，选举苏成运为市人民检察院检察长。

2　月

9日 副省长赵克志到兖州市考察日东（日照—东明）高速公路兖州段绿色通道建设工作。

3　月

6日—8日 中国共产党兖州市第十一次代表大会在富都宾馆召开。应到代表346人，出席大会代表339人。大会听取并审议中国共产党兖州市第十届委员会工作报告，选举产生中国共产党兖州市第十一届委员会委员29名，候补委员5名；第一次全体委员会选举产生书记、副书记及常务委员11名，李卫国当选书记，于建民、任兆海、董信江、张胜明当选副书记；选出新一届纪律检查委员会，共有委员17名。市纪律检查委员会第一次全委会选出市纪委常委9名，市纪委书记1名、副书记3名；任兆海当选书记。

4　月

16日 兖州市非典型肺炎防治工作会议在富都宾馆召开。会议传达了全国、省、济宁市防治非典型肺炎工作会议精神和兖州市《关于加强非典型肺炎防治工作的通知》。

20日 市防治非典型肺炎培训班在市人民医院举行。济宁市卫生局防疫专家及兖州市卫生防疫负责人就非典型肺炎的预防、治疗及防治疫情蔓延作专题讲座。

28日 市十五届人大常委会第二次会议召开，决定任命彭德举为市人民政府科技副市长。

5　月

20日 以“依靠科学，战胜非典”为宗旨的大型全民科普宣传教育活动在兴隆庄镇启动。与会人员观看在镇驻地举办的科普展览。活动主办单位向各镇（街）发放5万份宣传画、图和宣传材料。

21日 兖州市纪检监察机关从严查处一批在防治非典型肺炎工作中的违纪案件。至5月21日，全市共查处该类案件10起，涉及16人，其中党员干部6人。其中，给予党纪政纪处理3人，免职2人，诫勉2人，辞退3人，通报批评4人、单位5个。

28日 河南白象食品集团山东分公司投资1.2亿元的二期扩产项目在大安镇破土动工。

6　月

18日 副省长张昭福带领省粮食局、省药监局、省贸易办等部门负责人到兖州市就夏粮收购、粮食流通体制改革、社企分开、药品监督管理、市场经济秩序整顿等方面工作进行实地调研。张昭福等到市希尔康泰药业公司、市瑞通医疗器械有限公司、新兖镇粮所等考察，听取工作汇报。

23日　副省长孙守璞到市雅士佳联诚工业有限公司检查指导工作。

28日　益健药业工业园、永安工业园、小孟工业园、康怡医疗器械4个项目在市经济开发区同时举行奠基仪式。4个项目总投资2.8亿元。

7　月

1日　兖州市技工学校晋升为济宁技术学院兖州分院。兖州市技工学校创办于1988年，1998年3月晋升为山东省重点技工学校，2002年4月晋升为国家级重点技工学校。

16日　投资520万美元的兖州市东升精细化工有限公司在兴隆庄镇工业园区开工奠基。

25日　由人民日报社、经济日报社、光明日报社组成的采访组先后到兴隆庄镇三官庙村、小北湖村及新兖镇小马青村采访精神文明建设情况。

8　月

7月31日晚至8月1日凌晨6时　市公安局开展全市集中统一清查行动，查处一批抢劫、抢夺（“两抢”）和盗窃、寻衅滋事等严重违法犯罪分子。共抓获各类犯罪嫌疑人21人，其中逃犯3人，流窜犯4人，寻衅滋事、聚众斗殴的街痞流氓4人；查扣乱闯红灯的无牌、无证机动车4辆；收缴管制刀具16把；关闭非法网吧1处。

11日　济南军区副政委、中将尹凤岐，省军区副政委、少将幸胜标到兖州市考察。

22日　特困学生助学救助仪式在富都宾馆举行。市慈善协会联合市教育局对全市品学兼优，但因家庭困难完不成学业的240名学生实施助学救助，其中，80名是2003年考上大学的特困生，90名是在校高中特困生，70名是在校初中特困生，救助金额分别为每人1600元、600元和200元。

26日　市总工会在工人文化宫举行救助困难职工子女上大学仪式，并为68名困难职工子女每人发放2000元救助金。

28日　中宣部宣教局副局长张健一行到兖州市就农村文明一条街创建情况进行调研。张健等先后到兴隆庄镇、新兖镇的部分村（居）进行实地察看，听取情况汇报。全市492个行政村已建成文明街1300余条，90%的村庄有文明一条街，60%的村庄达到高标准，30%的村庄条条街道建成文明街，部分村庄建成花园式村庄。

9　月

20日　全国供销合作总社党组书记、常务副主任周声涛，全国供销合作总社合作指导部副部长许德范一行5人到兖州市视察农村合作组织建设和商品流通网络建设情况，考察广场商厦超市及便利店，听取工作汇报。

10　月

15日　国家体育总局群体司司长田文惠到兖州市实验高级中学考察，并为该校全国青少年体育俱乐部揭牌。

16日—20日　济宁市第十一届运动会在兖州市第一中学体育场举行。本届运动会是兖州市多年来承办项目最多、规模最大、参赛人数最多的一次综合性运动会。

20日　农业部种植司、粮油处会同省农业厅生产处及济宁市有关部门到兖州市检查优质专用小麦示范基地建设情况。2003年，兖州市承担农业部下达的国家优质强筋专用小麦示范区项目，规划发展29万亩优质专用小麦基地，全部落实到位。

同日　全国第十一届和谐教学法研讨会在市实验小学召开。市实验小学被吸纳为和谐教学法会员单位，兖州市第二中学成为和谐教育重点实验基地。

22日 省委副书记王修智，省委常委、秘书长杨传升到兖州市银河工业园检查指导工作。银河工业园位于新兖经济园南区，总体规划占地2300亩，总投资60亿元。银河工业园建设拟分三期完成。一期从2003年至2004年，投资20亿元。

23日 省委副书记、省长韩寓群一行到兖州市考察济宁市农业高新技术示范园和建设中的银河工业园施工现场。

27日 中共中央政治局委员、国务院副总理回良玉到兖州市考察工作，并接见济宁市和兖州市党政主要负责人。

11 月

6日 兖州市被评为全省农村教育工作先进市。

7日 全市村干部误工补助实行财政统发工作会议召开。会议总结借鉴大安镇试点工作经验，安排部署全市村干部误工补助实行财政统发工作。全市村干部误工补助实行财政统发的范围为村三职干部，即村党支部书记、专职村主任、村会计。误工补助标准分别为村党支部书记每人每月200元，其中市财政拨款每人每月80元，从各镇的农业税附加中拨款每人每月120元；村主任每人每月180元，其中市财政拨款每人每月80元，从各镇的农业税附加中拨款每人每月100元；村会计每人每月160元，其中市财政拨款每人每月80元，从各镇农业税附加中拨款每人每月80元。

22日 兖州公路局举行新办公楼落成启用仪式。兖州公路局新办公楼位于龙桥路南首327国道和济微线交会处，六层框架结构，建筑面积2765.72平方米。

25日 省政协副主席、省委统战部部长齐乃贵到兖州雅士佳联诚工业有限公司考察工作。

同月 第三届全国经济百强县揭晓，兖州市名列第54位。

12 月

1日 兖州市国家公务员、机关工作者招考工作结束。该次招考自8月28日开始，经过报名、笔试、面试、考核体检四个阶段，至12月1日结束，为11个市直部门和7个镇（办）招录国家公务员和机关工作者52人。

4日 兖州市广场商厦“12·01”特大盗窃案告破，两名犯罪嫌疑人落网。12月1日晚，兖州市广场商厦一楼黄金首饰专柜被盗，商场内两组共10个柜台内总价值130余万元的铂金、千足金、钻戒等首饰被洗劫一空。

16日 兖州铁路中学移交兖州市管理。该校建于1963年，按中央和省政府有关要求，国有企业不再包办教育，原有学校依靠社会和政府力量办学。原铁路中学南院（以花园路为界）全部固定资产和中学部、幼儿园教职工成建制整合并入兖州市第一中学，由兖州市第一中学接收、管理，建立兖州市第一中学东校区；北院全部固定资产和小学部教职工成建制整合并入市实验小学，由市实验小学接收、管理，建立市实验小学东校区。

27日 山东省暨济宁市文化、科技、卫生“三下乡”活动启动仪式、济宁市第八届暨兖州市第十四届农民文化艺术节开幕式在大安镇政府驻地举行。全市近30家单位参加向农民赠送图书、春联、科技明白纸，免费提供科技、医疗卫生咨询活动，放映电影8场，省歌舞剧院、省吕剧院、省梆子剧团、省京剧院的8位全国著名演员演唱、表演戏剧名段和小品等精彩的文艺节目。艺术节历时近两个月，于2004年2月20日结束。

28日 广场商厦大卖场开业，营业面积1.2万平方米。

同年 兖州市中小学危房改造完成总投资2930.13万元，规划建设总面积10.21万平方米，被评为山东省中小学危房改造先进单位。

同年 兖州市成为济宁市第一个基本普及高中阶段教育的县（市、区）。

2004年

1 月

6日 兖州市第二届社区文化艺术节开幕式在工人文化宫举行。

2 月

8日—10日 二期世行贷款项目国家验收组一行5人到兖州市进行二期世行贷款项目验收。8日，国家验收组在兴隆宾馆听取兖州市关于二期世行贷款项目情况汇报。9日，国家验收组分两组赴新兖镇、王因镇、黄屯镇项目区实地检查和验收。10日，国家验收组宣布兖州市二期世行贷款项目完全符合国家世行贷款项目验收标准，通过国家验收。

8日—10日 政协第十一届兖州市委员会第二次会议在市委党校召开。出席会议委员221人，大会审议通过有关报告，并分别作出决议。

9日—11日 市第十五届人民代表大会第二次会议在市机关第一招待所召开。出席会议代表230人，列席295人（其中市政协委员218人）。大会审议通过《政府工作报告》等有关报告，并分别作出决议。补选市十五届人民代表大会常务委员会委员1人。

16日 农业部副部长、全国防治高致病性禽流感指挥部办公室主任齐景发一行到兖州市就农业生产和禽流感防治工作调研。座谈会上，确定兖州市为农业部部长工作联系点。

17日 山东省军区副司令员冯祥到兖州市检查指导预备役工作。

3 月

6日 市女领导干部联谊会成立大会在富都宾馆召开，市有关领导及全市副科级以上在职女干部、规模以上企业女厂长、女经理共104人参加大会。会议审议通过《兖州市女领导干部联谊会章程》，选举产生兖州市女领导干部联谊会名誉会长、会长、副会长、秘书长、副秘书长。

8日 省军区司令员、少将张齐红，参谋长、少将金培昌一行参观银河工业园建设施工现场和太阳纸业大型生产流水线。

17日—18日 省委书记、省人大常委会主任张高丽到兖州市考察工作。张高丽一行先后到银河工业园、富居家具城、太阳纸业、太阳纸业浆纸原料基地、大安镇辛北庄村听取汇报，了解情况。

22日 兖州市图书馆参加在北京举行的“亚农杯”全国农民读书征文活动颁奖仪式，并获组织奖。

24日 济南军区司令员、上将陈炳德，副政委、中将尹凤岐，副参谋长、少将宋普选，省军区司令员、少将张齐红到兖州市考察经济社会发展情况。陈炳德一行先后考察了云龙机电有限公司、雅士佳联诚工业有限公司、富居家具城、太阳纸业有限公司、新兖镇小马青村、银河工业园和济宁市农业高新技术示范园。

4 月

中旬 共青团兖州市委被团中央授予全国百个优秀青年志愿服务集体称号。

23日 市成人中专22位2003届毕业生赴韩国研修学习，开创了兖州市中职生出国留学的先河。

5 月

11日 全国人大常委会原副委员长姜春云到济宁市农业高新技术示范园视察指导工作。姜春云一行听取了高新技术示范园建设、运作等方面的情况汇报，参观了示范园现代化智能温室、台湾园等，对农业高新技术示范园取得的成绩给予充分肯定。

12 日—13 日 山东省政协原主席陆懋曾一行考察位于大安镇的市老科协霞光科普示范基地，并参观市博物馆、雅士佳联诚公司、济宁市农业高新技术示范园和银河工业园。

12 日—13 日 由国家发改委、财政部、国家粮食局、国家质检总局、中国农业发展银行和中储粮管理总公司组织的联合工作组对兖州市国家粮食购销企业粮食库存情况进行抽查。工作组到新驿镇和新驿粮所、济宁市直属粮库进行账目查看和实物化验，认为兖州粮食库存情况良好，各项管理措施落实到位、扎实。

16 日 兖州市首家基层社区工会——鼓楼街道少陵居委会工会成立。

20 日 省政协副主席林书香率领省政协委员考察团到银河工业园、太阳纸业股份有限公司、雅士佳联诚公司、济宁市农业高新技术示范园考察。

24 日 以省政协党组副书记、副主席王久祜为组长的全省民营经济发展情况调研组到兖州市就民营经济发展情况进行调研，并到济宁市农业高新技术示范园、雅士佳联诚工业有限公司参观。

28 日 中国台湾台中市进出口公司访问团一行 20 余人到济宁市农业高新技术示范园、市银河工业园、雅士佳联诚公司参观考察。

6 月

6 日 济南军区副司令员叶爱群一行到济宁市农业新技术示范园、银河工业园和山东太阳纸业股份有限公司考察。

11 日—12 日 全国政协委员、中华全国供销总社监事会主任穆励到兖州市考察供销社工作。

21 日 全市遭遇历史罕见的灾害性大风天气，大风对部分电力、通信设施及建筑物、林木等造成损害。

23 日 全市领导干部会议在兴隆宾馆召开。中共济宁市委组织部负责人宣布省委组织部关于兖州市委主要负责人调整的决定：韩军任中共兖州市委书记，李卫国不再担任中共兖州市委书记职务。

28 日 兖州市在中共山东省委庆祝建党 83 周年暨先进集体、先进个人表彰大会上被授予农村基层组织建设先进市称号。

7 月

6 日 山东银河集团陆通轮胎下线投产庆典仪式在银河工业园举行。该公司生产的大型载重汽车全钢子午线轮胎结束了国内该产品“零产品”状态。

13 日—14 日 市第十五届人大常委会第十次会议召开，接受李卫国辞去市人大常委会主任职务的请求；决定任命张世才为市人大常委会代理主任。

15 日 省征地补偿费专项检查督查组到兖州市检查指导工作，督查组实地察看兴隆庄镇塌陷地及治理现场。兖州市属于该项检查范围的 1999 年后的征地项目共 25 个，涉及用地单位 23 个，土地征用面积 8923.8 亩，供地协议及实际补偿总额共 2.15 亿元，供地单位包括 6 个镇 81 个村。

27 日 市国防教育基地揭牌启用仪式在市委党校举行。基地设置兖州兵史馆、国防教育图板展厅、兵器模型展厅和电化教学厅，图文并茂，声像兼备，具有广泛知识性、教育性和观赏性。

29 日 兖州市党政考察团一行 150 余人赴寿光市、邹平县考察城市建设。

30 日 全市“好军嫂”表彰大会在富都宾馆举行，会上宣读《关于命名表彰兖州市“好军嫂”的决定》，授予刘淑梅等 34 名“好军嫂”兖州市“三八红旗手”称号。

同月 新兖镇小马青村被司法部、民政部命名为首批全国民主法治示范村。

8 月

4日 山东省广播电视大学兖州学院揭牌仪式在兖州第十七中学举行，同时成立新兖镇高等职业技术教育学校，新兖劳动就业指导学校。

同日 兖州市国家公务员（机关工作者）招考工作结束。招考工作自5月27日开始，经过报名、笔试、面试、考核体检4个阶段，为5个市直部门和4个镇（办）招录国家公务员和机关工作者52人。

11日 市第十五届人大常委会第十二次会议召开，决定免去彭德举的市人民政府科技副市长职务；决定任命彭德举为市人民政府副市长。

14日 以墨西哥农业部长乌萨维亚加为首的墨西哥农业代表团一行17人到兖州市访问。代表团先后到济宁市农业高新技术示范园和市绿源食品公司参观考察，并参观了三益温室、珍果园及工厂化育苗中心。

17日 省委副书记、政法委书记高新亭，省纪委常委、监察厅副厅长高守勤，省委组织部副部长郭建昌等一行7人到兖州市调研基层平安建设和经济发展工作。

9 月

7日—19日 兖州市政府考察团一行5人赴英国、法国、德国、意大利开展为期12天的招商及友好城市考察活动。该次活动接触客商40余人，在巴黎正式设立兖州市招商联络处，并于10日举行揭牌仪式。期间，与法国罗斯尼市签订建立友好城市意向书。

9日 兖州市庆祝第二十个教师节暨表彰大会在兴隆宾馆召开。会议表彰了优秀教师、优秀校长、优秀教育工作者、尊师重教先进个人，并向受表彰人员颁发奖牌与奖状。

10 月

29日 1路电动公交车开通庆典仪式在九州广场举行。

11 月

9日 参加全省科学发展情况交流现场会议的与会人员在省委书记张高丽，省委副书记、省长韩寓群的带领下到兖州市检查指导工作。张高丽一行先后到济宁市农业高新技术示范园、雅士佳联诚工业有限公司、太阳纸业股份有限公司和银河工业园陆通轮胎公司参观指导。

10日 市人民检察院和市委党校、市公安局共同建立的预防职务犯罪教育基地在市委党校、市公安局看守所正式揭牌。

12日 中国驻阿尔巴尼亚原大使范承祚到兖州市第一中学参观。范承祚大使是著名外交家、资深翻译家、诗人，曾多次为毛泽东、周恩来担任阿尔巴尼亚语翻译。2001年，范承祚被聘为兖州市第一中学校外辅导员。

15日 山东省“一村一名大学生计划”试点兖州教学点开学，首批招收农民大学生171人，占山东省招生总数的65%，走在全国前列。

24日 兖州市食品药品监督管理局成立揭牌仪式在富都宾馆举行。

12 月

1日 市工伤保险制度正式启动实施，这是兖州市继养老保险、失业保险、医疗保险、生育保险四大社会保险实施的第五大社会保险险种。

同日 农业部常务副部长尹成杰到兖州市调研粮食生产和农业龙头企业发展情况。

6日 济宁市第十四届人大常委会第十三次会议召开，决定任命韩军为济宁市人民政府副市长。

14日 省军区司令员、少将谈文虎到兖州预备役三团检查指导工作。

7月—12月 按照中央和省委、济宁市委统一部署，在谷村镇安家庙村开展保持共产党员先进性教育活动村级试点工作，完成济宁市委安排的试点任务。

同年　兖州市被省委、省政府授予平安山东建设先进市称号。

2005年

1　月

10日　兖州市第十五届农民文化艺术节暨“三下乡”活动在小孟镇政府驻地举行。艺术节历时一个半月，于2月25日结束。

11日—13日　政协兖州市第十一届委员会第三次会议在市委党校召开。出席会议委员213人，大会审议通过有关报告，并分别作出决议。会议补选庄其方为市政协第十一届委员会副主席，徐志祥为市政协秘书长。

12日—15日　市第十五届人民代表大会第三次会议在富都宾馆召开。出席会议代表228人，列席300人（其中市政协委员213人）。大会审议通过《政府工作报告》等有关报告，并分别作出决议。大会补选张世才为市第十五届人民代表大会常务委员会主任，刘玉范、张元岐为市第十五届人民代表大会常务委员会副主任；补选市第十五届人大常委会委员1人。

20日　兖州市为期1个月的以“送政策、送岗位、送技能、送服务、落实社会保险补贴政策（四送一落实）”为主题的再就业援助月活动正式拉开帷幕。在天合毛纺厂举行的现场会上，兖州市和外地30余家用工单位向下岗失业人员提供600余个可供选择的工作岗位，全市10余家企业300余名下岗失业人员，与用工单位达成就业意向。

28日　全市保持共产党员先进性教育活动动员大会在市机关第一招待所召开。会议采取现场直播形式进行，共有2.8万名党员收听收看大会实况。

同月　兖州市第十五届人民代表大会第三次会议通过的《政府工作报告》确定，全面取消农业税。兖州市早于全国一年免除沿袭两千多年的农业税。

3　月

6日　兖州市举行专业化劳动力市场启用仪式和“春风送岗”大型招聘洽谈会。兖州市各镇（街道）、市直有关部门和企业负责人，济宁市各县市区劳动和社会保障部门、兖州矿务集团、劳务基地代表参加启用仪式。

19日　山东大丰机械有限公司成立10周年庆典举行。该公司成立于1995年3月，是兖州大型工业企业发展史上的第一个“百日工程”。

24日　兖州市陆通轮胎有限公司与意大利比瑞利公司合资意向签字仪式在济宁香港大厦举行。意大利比瑞利公司计划投资1.5亿欧元，用于轮胎建设项目，为2005年兖州市最大的招商引资项目。

25日　市首批农民科技书屋建设启动仪式在谷村镇安家庙村举行。此次首批建设的20个农民科技书屋，由市农业局投资10万元，购置2万余册关于农村种植养殖的科技图书及1000余张科技光盘。

同日　市委组织实施2004年应届优秀大学本科毕业生到镇（街道）工作选调工作。选调工作从3月14日开始，到3月25日结束，共分为报名、资格审查、笔试、面试、录用、岗前培训6个阶段，通过考选，30名政治素质好、学习成绩优良、有组织管理能力的大学生从近百名考生中脱颖而出。

同月　兖州市第八届村（居）委员会换届选举工作结束。选举工作自2004年10月开始，分村（居）选举委员会成立、选民登记、推选候选人、投票选举4个阶段进行。全市8个镇2个街道425个村（居），市、镇、村三级共成立换届选举领导机构406个，培训业务骨干2.6万余人次，散发宣传材料10万余份。第八届选举村（居）委员会选举的民主化、规范化程度进一步提高，村（居）委员会成员结构明显优化。村（居）“两委”成员交叉任职和村（居）党支部书记、村（居）委员会主任“一人兼”的比例，分别为81.2%和91.6%。

4 月

5日—19日 兖州市考察团一行4人赴丹麦、法国、意大利、荷兰开展为期2周的招商考察活动，就市驻欧洲招商办事处（欧雅知力公司）推介的6个合作合资项目分别进行洽谈。

11日 济宁市远程教育评估小组到兖州市检查评估远程教育工作。至同年3月，全市共建成远程教育接收站点440个，其中镇（街道）接收站10个，村接收点395个，社区接收点30个，市直部门及基地接收点5个，确定446名远程教育管理员，并连续举办4期10个班次的远程教育管理员培训班，顺利完成全市远程教育接收站点建设计划。

19日 省总工会保障工作部负责人及济南、泰安、莱芜等市工会负责人一行6人到兖检查兖州市工会困难职工帮扶中心工作。兖州市困难职工帮扶中心自2003年4月成立后，接待职工5000余人次，救助困难职工3521人，安置1596人下岗职工，帮助145名困难职工子女圆了大学梦。

25日 兖州市市直机关春季运动会暨全民健身月启动仪式在市体育馆开幕。该次运动会竞赛项目分为球类、棋牌类、田径类以及趣味类等比赛项目，共有来自全市63个市直机关单位，1037名运动员参加比赛。其中，男运动员749名，女运动员288名；共有452名运动员获得奖励，52个单位部门获得优胜组织奖，10个部门获得参赛组织奖。

28日 兖州市与法国罗斯尼市缔结友好城市签字仪式在济宁香港大厦举行。

同日 兖州市第二中学、第十四中学顺利通过山东省级规范化学校验收。至此，全市省级规范化学校达23处，济宁市规范化学校达38处，为济宁市省、市级规范化学校处数最多的县（市、区）。

同日 副省长赵克志到山东太阳纸业股份有限公司调研污水治理及企业发展情况。

同月 华勤橡胶工业集团党委书记牛宜顺被授予全国劳动模范称号。

5 月

5日 中华全国供销合作总社党组书记、理事会常务副主任周声涛一行考察兖州市供销社发展现代流通工作情况，并参观了市供销社广场商厦曲阜百意购物中心。

9日 教育部中俄联合培养本科生生源基地和俄语教学实验基地揭牌仪式在市第二中学举行。

同日 兖州市第一中学、孔子学府实现联合办学。

11日 省委常委、常务副省长林廷生到银河集团考察指导工作。

13日 河北省委副书记、省长季允石带领河北省党政代表团到银河集团参观考察。

18日 市豫剧团在兴隆宾馆举行建团55周年庆祝活动。市豫剧团的前身是成立于1950年春的和平剧社，是兖州市唯一的专业文艺团体。

21日 兖州市第一中学首届体育节落下帷幕。该届体育节于4月20日开幕，历时1个月，主题是“运动、竞争、团队、青春、活力”。开幕式、闭幕式以及13个项目的比赛均由学生承办和参与。

31日 中国工程院院士、山东农业大学农业学院教授、小麦专家余松烈到兖州市指导小麦生产管理工作。

6 月

21日 晚7:30左右，兖州火车站小商品批发市场突然起火，火灾涉及经营业户300余家。

兖州市政府迅速启动应急预案，指挥人员迅速切断电源、煤气，紧急调度公安干警封锁火灾现场，实行交通管制，疏导围观群众，济宁、兖州及周边县市区的近20辆消防车和100余名消防队员轮流参与灭火。经过3个多小时的奋力扑救，大火于当夜11时许全部扑灭。

30日　国家工商总局有关负责人到兖州市检查“红盾护农”行动情况。该次检查全国共分6个组，兖州市代表山东省、济宁市接受检查。由国家工商总局、省工商局、济宁市工商局组成的5人检查组先后到谷村镇工商所、市丰瑞经贸公司、大安镇种子站等单位实地调查了解情况。

同日　兖州市廉政文化艺术团成立，并举办庆祝“七一”首场演出。该剧团由市纪委监察局、市文化局联合创办，在原市豫剧团基础上选调50名演员组成。

7　月

9日　参加济宁市科学发展情况交流现场会议的全体人员到兖州市绿源公司、市金属联诚二期工程、华龙食品面粉加工车间、山东太阳纸业新上铜版纸项目和建设中的西城区行政办公中心现场参观。

12日　副省长王仁元到兖州市陆通轮胎有限公司检查指导工作。

8　月

13日　中共新马青委员会成立。经过选举，产生中共新马青委员会第一届委员会及党委书记。新马青党委是在小马青村党总支、大马青村党总支、官庄村党支部和银河橡塑集团党总支的基础上联合组建的新型基层党组织。

17日　省政府批复，同意兖州市将黄屯镇东稻营、西稻营、杨厂、东张庄、老府庄、金家村6个村划归新兖镇管辖。

19日　省委保持共产党员先进性教育活动检查组对兖州市第二批先进性教育活动开展情况进行调查。调查主要采取听汇报、问卷调查、个别谈话、现场检查的形式进行。兖州市街道、镇及卫生、教育、企业，离退休人员等不同单位、不同层面的300余名党员参加该次调查。

24日　出席全省节约集约用地现场会议的人员，在副省长赵克志的带领下到新兖镇寨子中心村五村并点、小马青村村并企，兴隆庄镇前小疃村“村并区”现场进行实地参观考察。

30日　山东太阳纸业有限公司与美国国际纸业公司在山东大厦签订合作合同，正式建立战略合作关系，双方决定在兖州市建立合资公司，共同扩大涂布白卡纸生产规模，新建填补国内空白的无菌液态包装纸项目。美国国际纸业公司是2005年后到兖州市投资的第5家世界500强企业。

9　月

1日　中国工程院副院长沈国舫率领中国工程院院士专家组一行10余人到济宁市农业高新技术示范园、漕河镇玉米种植技术攻关基地考察农业生产情况。

2日　兖州市农村信用合作联社成立大会暨首届社员代表大会在兴隆宾馆召开。兖州市农村信用合作联社的前身是兖州市农村信用合作社联合社，1951年成立。新成立的农村信用合作联社是辖区内72家企业法人、14215名自然人以发起方式设立的股份合作制金融机构。会议依照有关章程，以投票表决方式选举产生兖州市农村信用合作联社首届理事会和监事会，并依照有关程序由理事会聘任兖州市农村信用合作联社主任、副主任。

7日　兖州市被省政府命名为山东省教育工作示范市。是继2000年兖州市建成山东省第一个教育示范市之后，再次被命名表彰。

8日　省委常委、省军区政委张秉德一行到兖州市调研工作。调研组一行实地察看建制营连骨干训练和营区建设，参观联诚工业园、太阳纸业集团。张秉德对兖州的经济发展、预备役三团全面建设工作给予肯定。

23日—25日 兖州市2005年中小学生田径运动会在兖州市实验高中举行，本次运动会有各镇中心小学、市直学校、驻兖学校、民办学校共38个代表队429名运动员参赛。比赛共设20余个项目，分高中、初中、小学3个组分别进行。有23人次打破15项兖州市中小学生田径运动会记录。

24日 全国妇联副主席沈淑济率领全国妇联考察团到兖州市考察指导工作。沈淑济一行到济宁市农业高新技术示范园参观考察了山东绿金生物科技有限责任公司、台湾三益温室和苗木培育中心。

同月 兖州市委、市政府印发《关于完善农村义务教育管理体制的决定》，同时，在济宁市率先实行镇级教师工资与市级同一标准，补齐各项补贴和住房补贴，并由市财政统一发放。全市8个镇机关干部工资于9月全部由市财政统一发放。

同月 省政府在全省筛选确定省领导联系的10个重点外资项目中，兖州市有3个项目列入，分别是兖州太阳纸业股份公司与世界500强、世界最大造纸企业美国国际纸业公司合资建设的年产40万吨液体包装纸项目，兖州陆通轮胎有限公司与世界500强、意大利第二大公司倍耐力公司合资兴办的年产1000万套子午线轿车轮胎项目，兖州东方胶带有限公司与丹麦柔轮公司合资兴办的输送胶带项目。

10 月

12日 意大利倍耐力公司与兖州市陆通轮胎有限公司在兖州市合资企业正式开业。6月16日，意大利倍耐力公司与兖州市陆通轮胎有限公司在山东大厦举行合资合同签字仪式。意大利倍耐力公司投资3亿欧元，与陆通轮胎有限公司合资生产1000万套轿车轮胎、10万吨钢丝帘线等产品。

16日 中共中央政治局委员、书记处书记，中央组织部部长，中央先进性教育活动领导小组组长贺国强到兴隆庄煤矿视察工作。贺国强先后到矿选煤厂、安全文化中心、井口、皮带集中控制室等地参观考察，并详细了解矿井的安全生产、科技创新、经营管理、先进性教育和精神文明建设等工作情况。

20日 内蒙古自治区包头市人大常委会考察团一行10人到兖州市考察。参观济宁市农业高新技术示范园、陆通轮胎生产线、新兖镇小马青广场、兴隆庄镇压煤区——前小疃等四庄新村建设指挥部、西城区九州方圆小区施工现场。

22日 国家统计局最新统计公报显示，兖州市在全国县域经济社会经济综合发展指数排行榜中，比2004年跃升11个位次，名列第50位。

23日 兖州市李白杜甫研究会成立。会议选举产生研究会理事、副会长、会长。

25日 兖州市召开庆祝山东省第十一届环卫工人节大会，对兖州市环卫战线的先进集体和先进个人进行表彰。

27日 国家旅游局农业旅游示范点验收团到兖州检查验收济宁市农业高新技术示范园。济宁市农业高新技术示范园在推动农业产业结构调整的同时，大力发展旅游业，并突出绿色、文化、生态特色，不断完善旅游配套设施建设，逐步形成了邓小平纪念广场、花卉大世界、特菜珍果、高新农业技术等为主要景点的现代农业观光旅游特色，取得良好的社会、经济和生态效益。验收团一行实地察看了济宁市农业高新技术示范园的10余处景点。

11 月

11日 全国人大常委会委员、农业与农村委员会主任刘明祖，全国人大常委会委员、农业与农村委员会副主任李春亭率领全国人大立法调研组到兖州调研农业龙头企业和农村经济合作组织发展工作。

18日　兖州广播电视大学被山东省教育厅、山东广播电视大学正式批准设立为山东广播电视大学兖州学院，填补了兖州市高等教育发展的空白。

21日　山东联诚金属制品有限公司与荷兰帕特公司总投资4200万欧元的汽车零部件及工程机械配件合作项目合同在荷兰阿姆斯特丹公司总部签订。

24日　省新型合作医疗试点工作检查验收组一行5人到兖州市人民医院和薛庙、吴村、新驿农村合作医疗工作站检查指导工作。

25日—27日　兖州市实验小学承办的"读书郎杯"第三届山东省少年儿童"争当小实验家"科学试验大赛在市实验小学举行，全省各地15支代表队参加比赛。兖州市科协获优秀组织奖。

30日　山东省曲艺家协会与兖州市豫剧团联合创办的山东曲协实验艺术团在兖州市工人文化宫成立。著名相声表演艺术家姜昆为该团题写匾牌，著名相声表演艺术家唐爱国任该团名誉团长，省曲协主席孙立生任该团艺术总监。

12　月

7日　兖州市第三批保持共产党员先进性教育活动动员大会召开，贯彻落实中央、省委和济宁市委第三批先进性教育活动动员大会精神，安排部署全市第三批先进性教育活动。

17日　兖州市公捕公判大会在市九州广场举行，18名刑事犯罪分子被宣判。

同月　中御桥路、酒仙桥路、东御桥路和兖曲路及综合整治22条小街巷城市重点建设工程顺利完工。

同年　兖州市被授予全国科技进步先进市称号。

同年　兖州市被农业部评为全国粮食生产先进县标兵。

2006年

1　月

5日　兖州市第十六届农民文化艺术节暨送文化、科技、卫生"三下乡"活动开幕式在漕河镇举行。

7日—9日　政协第十一届兖州市委员会第四次会议在富都宾馆召开。出席会议委员218人。会议审议通过有关报告，并分别作出决议。

8日—11日　市第十五届人民代表大会第四次会议在富都宾馆召开。出席会议代表225人，列席303人（其中市政协委员218人）。大会审议通过《政府工作报告》等有关报告，并分别作出决议。大会补选董瑞山、孙连干为市第十五届人民代表大会常务委员会副主任。

15日　兖州市第三届社区文化艺术节开幕。

21日　由人民日报社和兖州市委、市政府主办的"名家看兖州——《走进兖州》画册首发式暨摄影展"在北京举行。

3　月

6日　国家发改委公告第四批全国省级开发区，兖州经济开发区榜上有名，并正式冠名"山东兖州经济开发区"。

31日　兖州市银河集团与意大利倍耐力环境公司投资2亿美元的环保再生能源合作项目举行签字仪式。该环保再生能源合作项目总投资2亿美元，一期投资2500万美元，占地100亩，日处理垃圾1600吨。

同月　山东省经贸委、省供销社确定在全省5个城市进行再生资源回收利用体系建设试点，兖州市为唯一县级试点城市。

4　月

1日　济宁市暨兖州市第二次全国残疾人抽样调查现场启动仪式在兴隆庄镇北湖村举行。

4日 山东太阳纸业集团与美国国际纸业公司合资合同签字仪式在济南山东大厦举行。该合资企业共投资4亿美元，双方各拥有50%股权，包括位于兖州市内的两条涂布白卡纸生产线，及2007年下半年的第三条白卡纸生产线。

15日 兴隆庄煤矿、济宁市农业高新技术示范园被国家旅游局分别授予国家级工业旅游示范点、省级农业旅游示范点称号。

30日 在济宁市2005年度考核总结表彰大会上，兖州市被济宁市委、市政府授予经济和社会发展一等奖、综合考核一等奖双项奖励，成为济宁市实行综合考核后唯一获双项一等奖的县市区。

5 月

6日 兖州市村级演唱艺术团成立。该艺术团成员全部为新驿镇姜村村民。

9日 副省长才利民到兖州市调研南水北调水污染防治工作

23日 兖州市铁路医院揭牌成立。2005年7月，兖州铁路医院更名为兖州市铁路医院，为副县级差额预算管理事业单位，编制380人，隶属市卫生局管理。

6 月

6日 兖州市行政办公中心正式启用。该办公中心于2002年9月19日举行奠基仪式，12月底开工建设。2006年3月25日通过工程竣工验收。行政办公中心位于西城区市民文化广场北侧，建筑面积4万平方米，东西长168米，南北宽79米，主楼高66.6米，地上15层，地下1层，东西裙楼5层，北楼4层，有办公室680余间。

9日 兖州市获济宁市民营经济先进县市区一等奖第一名。新兖镇名列济宁市30个民营经济强乡镇第一名，山东太阳纸业集团名列济宁市百强民营经济企业第一名。

28日 山东兖矿集团国际焦化有限公司与两家世界500强企业——巴西CVRD公司和日本伊滕忠商事株式会社共同出资8.8亿元的“大焦化”项目2号焦炉正式出焦，兖州国际“大焦化”建成投产。

30日 兖州市庆祝中国共产党成立85周年暨保持共产党员先进性教育活动总结表彰大会在市机关第一招待所召开。会上，市委命名表彰了先进基层党组织“红旗”村（社区）党组织、“五个好（好班子、好队伍、好路子、好体制、好制度）”村（社区）党组织、优秀村（社区）党组织书记和优秀共产党员。

同月 自6月起，市社会保险处对全市机关事业单位3500名离退休人员的养老金（通过银行或邮政储蓄）全部实行社会化发放，6月发放离退休金455万元，社会化发放率100%。

7 月

10日 兖州市慈善总会第一次会员代表大会暨第一届理事会议召开。兖州市慈善总会有会员197个，理事79个，常务理事38个。12日，兖州市慈善总会成立。

29日 副省长王仁元到兖州市考察银河倍耐力公司、太阳纸业10万吨高档激光打印纸建设项目、西城区行政办公中心、联诚金属有限公司、兖矿集团大陆机械公司。

8 月

25日—26日 省军区达标检查组一行5人到兖州市对市人武部达标建设情况进行检查。通过检查，兖州市以295.5分的成绩获济宁市12县（市、区）人武部达标建设第一名。

9 月

5日 全市2006年扶困助学大会在兴隆宾馆召开。会上，向全市受到救助的学生代表发放救助金。

9日 兖州市被评为全国平安家庭创建活动

先进市。

21日　首届中国（济宁）现代生态农业特色产品暨乡村旅游国际博览会在济宁市农业高新技术示范园拉开帷幕。该届农博会由中国绿色食品发展中心、省农业厅、省旅游局、山东农业大学、济宁市人民政府共同主办，兖州市人民政府承办，为期4天。

29日　2006年全市中小学生田径运动会在兖州市第一中学体育场开幕。比赛共分甲、乙、丙3组，共设20个比赛项目，全市各中小学38支代表队、450人参加比赛。

同日　国家统计局发布2005年度全国百强县评比结果，兖州市县域社会经济综合发展指数名列全国百强县第48位，在山东省进入全国百强县的22个县市中排名第9位，列济宁市第一位。

30日　兖州战役纪念馆开馆仪式在烈士陵园举行。兖州市领导及各镇（街道）、市直各部门负责人，驻兖官兵、学生代表共500余人参加开馆仪式。

同月　山东太阳纸业股份有限公司董事长李洪信当选为全国工商联纸业商会第一届理事会会长。

10　月

1日　兖州市政府决定在降低基本医疗保险统筹基金起付标准、提高基本医疗保险统筹基金最高支付限额、降低市外转诊转院个人自负比例等5个方面进行调整，同时，对大额医疗救助、国家公务员医疗补助及企业职工医疗保险等方面也做出相应调整，并于2006年10月1日起实行。

4日　兖州市新型农民培训工程农机培训基地在省农业机械化学校正式启用。

8日　省公安厅、省科技厅组成专家组对兖州市开展科技强警示范市建设情况进行验收考评。兖州市成为山东省首批科技强警示范市。

11日　参加第五届苏鲁豫皖4省边界地区人口计划生育协作联席会议的与会人员，到兖州市新兖镇小马青村召开现场会，实地参观小马青村生育文化宣传一条街，新型生育文化广场和计生工作先进单位——银河集团。

27日　兖州市老年福利服务中心暨兖州市老年公寓落成启用。该公寓由兖州市政府、鼓楼街道办事处和兴隆社区居委会共同筹资350余万元兴建。公寓为4层楼房建筑，总建筑面积3000平方米，共有60个标准间，可一次容纳100位老人入住。该工程被列入山东省十大福利服务中心之一。

11　月

1日　柬埔寨首相洪森到兖州市考察。

2日　农业部副部长牛盾一行4人到济宁市农业高新技术示范园检查指导工作。

16日　山东太阳纸业股份有限公司在深圳证券交易所成功上市，开盘价为每股21.01元，此次太阳纸业发行股票总股本为7500万股，为全流通股。太阳纸业为兖州市第一家上市公司，也是济宁市第一家民营企业上市公司。

同日　山东省第25期，济宁市第3期沼气技能培训班暨新型农民培训班在兖州市开班。济宁市各县（市、区）200余名农民技能骨干接受为期3天的沼气技能培训。

28日　济宁农业高新技术示范园通过省级农业科技示范园验收。

30日　市第十五届人大常委会第二十八次会议召开，决定接受于建民辞去市人民政府市长职务的请求。

同月　兖州市被评为全省和谐社区建设示范市。

12　月

3日　中荷合资4200万欧元的山东联诚富柏机械制造项目、上海景旺置业公司投资2.7亿元人民币的兖州太阳多晶硅项目奠基仪式同时举行。

11日　全省村村通自来水工程考核组到兖州市考核村村通自来水工程建设情况。考核组一行分两组分别到谷村镇、大安镇、漕河镇、新驿镇检查，走村入户询问群众用水情况和供水情况，并察看有关资料。

16日　国际焦化工业园有着“亚洲第一”称号的超大型焦炉和国内最大焦炉煤气制甲醇装置全面建成投产。两大装置预计每年生产200万吨焦炭及20万吨甲醇，销售收入23亿元，实现利税近4亿元。

23日　兖州市被评为全国粮食生产先进县。

27日　兖州市谷村镇集中供水工程竣工。该工程结束了谷村镇东北部贫水区9个村庄村民饮用苦水、高氟水的历史。工程总投资588万元，实行微机化管理，全程自动，全程监控，是山东省农村供水自动化程度最高的一项工程。

同月　兖州市古建筑郑氏庄园和近现代代表性建筑天主教堂被确实为省级文物保护单位。至此，兖州市共有7处省级文物保护单位。

同年　兖州市在全省率先实现九年制全免费义务教育，由市财政列支3300万元对全市城乡118座学校5.5万名中小学生全部免除学杂费、课本费、基础训练费，并对寄宿困难学生提供救助。

同年　兖州市新入围6家企业的白象方便面、樱源冻光鸭等6种产品和参加复审的3家企业的4种产品获山东名牌称号。至年底，兖州市共有10种产品获山东名牌，名牌总数和新增数均列济宁市第一。

2007年

1　月

7日　市十五届人大常委会第三十次会议召开。会议决定张胜明为市人民政府代理市长；决定任命李志红（女）为市人民政府副市长，免去张言申的市人民政府副市长职务。

12日　兖州市被省委、省政府命名为首批平安山东建设模范市。

26日—28日　政协第十一届兖州市委员会第五次会议在富都宾馆召开。出席会议委员218人。大会审议通过有关报告，并分别作出决议。会议补选尹凤银、邱印水为政协第十一届兖州市委员会副主席。

27日—30日　兖州市第十五届人民代表大会第五次会议在市机关第一招待所召开。出席会议代表228人，列席312人（其中市政协委员218人）。大会审议通过《政府工作报告》等有关报告，并分别作出决议。会议表决通过了关于接受张世才辞去市第十五届人大常委会主任职务，何吉安、岳宪峰、董开明、徐永年辞去市第十五届人大常委会副主任职务请求的决定；会议依照有关程序补选江成为市人大常委会主任，高涛、苏成运为市人大常委会副主任；张胜明为市人民政府市长；马庆驰为市人民法院院长，郝峰为市人民检察院检察长。

2　月

4日—6日　中国共产党兖州市第十二次代表大会在富都宾馆召开，出席会议代表332人。大会听取并审议中共兖州市第十一届委员会工作报告。大会选举产生中共兖州市第十二届委员会委员35名，候补委员7名；第一次全体委员会选举产生书记、副书记及常务委员11名，江成当选为书记，张胜明、陈方当选为副书记；选出新一届兖州市纪律检查委员会，共有委员25名。市纪律检查委员会第一次全委会选出市纪委常委7名，市纪委书记1名、副书记3名；范继珍当选为书记。选举产生出席济宁市第十一次党代会代表31名。

13日　兖州市城市管理行政执法局成立。

3　月

27日　省人大委员会执法调研组到兖州市

就煤炭资源合理开发利用和采煤塌陷地治理情况进行调研。

4 月

11 日　省人大常委会副主任邵桂芳到山东大丰机械有限公司、济宁市农业高新技术示范园调研。

5 月

10 日　兖州市再次获济宁市民营经济发展一等奖。

14 日　省委书记李建国到兖州市视察工作。李建国先后到太阳工业园、银河工业园和小马青村参观，对兖州市坚持“乘势而上、大干大上”总基调，坚持“工业立市、民营强市、开放兴市”三大战略、坚持“快中求好、大中求强、富中求美”三大原则，坚持“全党抓经济、突出抓工业、重点抓项目”的基本思路给予肯定。

同日　兖州市驻法国罗斯尼市办事处成立。

19 日　投资 2000 余万元、占地 40 亩的山东兖州煤矿机械有限公司举行奠基仪式。该项目坐落在原水文地质队，盘活土地 40 亩，由山东煤矿装备集团公司投资兴建。

23 日　水利部副部长矫勇带领国家淮河流域防汛抗旱检查组一行 10 人，到兖州市检查泗河防汛工作。在济曲快速干道泗河大桥，检查组查看泗河防汛工作情况，听取情况介绍，详细询问泗河流量、河堤加固、应急预案情况。

26 日—27 日　全国工商联纸业商会会长、山东太阳纸业股份有限公司董事长李洪信被授予 2007 第四届感动中国十大经济人物称号，同时山东太阳纸业股份有限公司获 2007 第四届中国最具生命力百强企业称号，位列第 28 位。

6 月

5 日—6 日　法国罗斯尼市副市长克罗德·施米赫到兖州市绿源食品公司、农业高新技术示范园、银河集团、高旭化工明阳公司、兖州市第一中学、市经济开发区欧洲工业园、联诚金属公司进行参观访问。

7 月

7 日　市十五届人大常委会第三十七会议召开，决定任命邱培友为市人民政府副市长。

22 日　兖州市被民政部评为首批全国农村社区建设实验县（市、区）。

27 日—28 日　银河橡塑集团、联诚金属制品有限公司分别在美国俄亥俄州阿克隆市、休斯敦市同固特异公司等签约。至此，共有 7 家世界 500 强企业落户兖州市。

30 日　兖州市庆祝中国人民解放军建军 80 周年军民联欢会在富都宾馆举行。

8 月

2 日　联诚金属制品有限公司与麦格纳公司在加拿大多伦多市签订战略合作协议。麦格纳公司创建于 20 世纪 60 年代，是重要的零配件供应商，主要生产复杂的机械零件及配件，拥有切割、成型、制造、焊接、组装、喷漆等多条生产线，联诚公司与麦格纳公司建立长期业务关系，年供货 200 万件，年销售额 745 万美元。

18 日　山东银河橡塑集团与美国固特异工程橡胶公司总投资 3 亿美元的强力输送带项目合资合同签字仪式在济南市山东大厦举行。

21 日　兖州绿源食品有限公司与台湾宏茂公司投资 1.5 亿元的蔬菜加工项目在兴隆宾馆签约。

9 月

13 日　上海益海发展有限公司（益海集团）在兖州市落户。至此，落户兖州市的世界 500 强企业有 8 家。

18 日　10 点整，兖州市在主城区和防空重点单位统一组织防空警报试鸣。警示群众牢记历史，勿忘国耻。

21日—23日 2007中国（济宁）现代农业国际博览会在济宁市农业高新技术示范园开幕。该届农博会由中国绿色食品发展中心、山东省农业厅和济宁市人民政府共同主办，兖州市人民政府承办，山东省农机流通协会和兖州市兴隆酒业有限公司协办，主题为“建设新农村·安全农产品”。全省17地市农业系统负责人，济宁市12县（市、区）、济宁高新区，兖州市直部门、各镇（街道）负责人，农业骨干企业代表及中央、省、市20余家新闻媒体记者参加开幕式。农博会共设置序厅、特装展区、企业交易区、室外农机展区、景观博览区5个会展区，总面积35万余平方米。

26日—28日 2007年中法（兖州）经科贸洽谈会暨项目签字仪式在富都宾馆举行，中法双方政府官员和企业家共签订13个项目的合资合作协议。

同月 兖州市被中共中央宣传部、中央文明办、全国绿化委员会、国家林业局授予全国绿色小康县荣誉称号。

10　月

10日 5位国内玉米专家教授组成验收工作组对设在兖州市农业科学研究所试验田的试1号玉米高产攻关田进行实打验收，平均亩产1029.58公斤，超额完成山东省夏玉米“十、百、千、万”高产示范工程暨夏玉米指挥田建设项目攻关任务，达到黄淮海小麦玉米两熟轮作栽培区最好水平，亩产突破1000公斤大关。

11　月

13日 省委常委、副省长王军民到济宁市农业高新技术示范园调研。

15日 市十五届人大常委会第四十一次会议召开。决定任命李连习为市人民政府副市长，免去彭德举的市人民政府副市长职务。

25日 兖州市市、镇两级人大代表选举日。经过各选区选民投票选举，共选出兖州市第十六届人民代表大会代表237人，选出新一届镇级人民代表大会代表710人。

27日 倍耐力轮胎（中国）有限公司年产400万套高档轿车轮胎在银河工业园正式下线。此为自2005年以后，意大利倍耐力集团在兖州市成立的第二家企业。

12　月

10日—14日 政协第十二届兖州市委员会第一次会议在市机关第一招待所召开。出席会议委员218人。会议审议通过有关报告，并分别作出决议。会议选举张茂英（女）为政协第十二届兖州市委员会主席，冯继福、刘春、郭元强、李松、尹凤银、邱印水为副主席，徐志祥为市政协秘书长；选举产生政协第十二届兖州市委员会常务委员33名。

11日—15日 兖州市第十六届人民代表大会第一次会议在市机关招待所召开。出席会议代表235人，列席311人（其中市政协委员218人）。大会审议通过《政府工作报告》等有关报告，并分别作出决议。大会选举高涛为市人大常委会主任，刘玉范、宋新光、刘伟华（女）、郭长忠、张元岐、董瑞山、孙连干为市人大常委会副主任，选举产生市人大常委会委员17人；选举张胜明为市人民政府市长，张玉华、李志红（女）、初建伟、邱培友、李连习、张玕为市人民政府副市长；选举马庆池为市人民法院院长；选举郝峰为市人民检察院检察长。

30日 山东省治淮续建分沂入沭南四湖湖内暨泗河治理工程开工仪式在兖州市举行。南四湖湖内工程是国家发改委批复立项的国家重点防洪工程，核定工程总概算8.8亿元。该工程包括湖内浅槽工程和泗河下游治理工程两大部分，是沂沭泗河洪水东调南下续建工程的重要组成部分。

同月 兖州市第九届村民委员会换届选举工作结束。社区居民委员会换届选举与村民委员会换届选举同步进行。“村改居”社区全部实行直接选举，10%的城市社区纳入直选范围。全市431个村（社区），有423个完成党组织换届选举，占98.1%，426个村（居）委会完成换届选举，占98.8%。村“两委”成员交叉任职比例为82.6%，村党组织书记、村主任“一人兼”比例为90.3%；妇女干部195人，占10.8%；高中以上文化程度1174人，占64.8%；35岁以下的289人，占15.9%。

2008年

1 月

16日　银河集团与美国固特异公司合资的山东安能输送带橡胶有限公司举行开业庆典仪式。

17日　山东联诚集团有限公司与联想弘毅投资在济宁香港大厦正式签署合作协议。

27日　兖州市第十八届农民文化艺术节暨2008年文化、科技、卫生“三下乡”活动启动仪式在大安镇政府驻地开幕。

2 月

同月　兖州市供销合作社被人事部、中华全国供销合作总社授予全国供销社系统先进集体荣誉称号。

3 月

21日　九三学社兖州市支社成立大会暨第一次社员大会召开，选举产生九三学社兖州市第一届支社委员会。

同月　兖州市在2007年度济宁市重点经济指标考核中获一等奖。

4 月

24日　济南军区副政委、中将杜恒岩到兖州市检查指导山东陆军预备役炮兵师第三团工作。

26日　加快市属企业改革动员大会召开。会议通报了市属72家企业改革工作进展情况，决定先期在5家企业进行试点，计划用3年全面完成市属企业改制。

5 月

20日—25日　兖州市组织12个镇（街道）、山东兖州经济技术开发区、济宁市农业高新技术示范园及36家企业参加在北京举办的第十一届中国北京国际科技产业博览会，开展招商引资，对接合作项目。22日，举行科博会兖州市合作项目签约仪式，新一代血管支架等10个高科技项目分别成功签约，项目合计金额6.45亿元。

同月　兖州市组织实施3个街道和2个新型乡镇区划调整，实行2个新型乡镇与经济园区镇区合一，优化行政资源配置。内部区划调整后，兖州市由原来的10个镇2个街道变为9个镇3个街道。

同月　兖州市全面启动城镇居民基本医疗保险。这是继建立城镇职工基本医疗保险制度、实行新型农村合作医疗制度、建立城乡困难居民大病医疗救助制度之后的又一重大举措，标志着以“三保险一救助”为主要内容、覆盖城乡全体居民的医疗保障体系框架初步形成。解决了没有享受基本医疗保障的城镇非从业居民及城镇中小学生、少年儿童、老年人、残疾人、低保对象等10万人看病难、看病贵问题。

6 月

3日　国家统计局兖州调查队成立大会暨揭牌仪式在兴隆宾馆举行。

19日　省委副书记、省长姜大明到兖州市检查防汛工作。姜大明听取泗河防汛工作情况汇报，要求各级各有关部门高度重视泗河防汛安全，充分做好防汛的各项准备工作，把各项防汛责任制贯穿于防汛工作全过程。

同日　兖州市再次被中共山东省委授予全省基层党建工作先进市称号。

同日 国家档案局委托省档案局，按照国家二级档案馆标准，对兖州市档案工作进行全面测评。测评总分85分，兖州市档案馆顺利通过国家二级档案馆验收。

同日 兖州市第一家博士后科研工作站——山东太阳纸业股份有限公司博士后科研工作站成立。

29日 总投资4.8亿元的永华数控机床、白象方便面、宏升机械3个过亿元项目在山东兖州经济开发区（大安镇）集中奠基。

7 月

7日 由兖州市53名人员组建的救灾援建队奔赴四川地震灾区参与援建任务。这是继6月派出货运车辆援建队之后，兖州市再次大规模组织援建队伍赴川。

10日 省政协副主席赵玉兰到兖州市调研指导政协发挥委员会主体作用、认真履行三项职能工作。

8 月

6日 省委书记姜异康到银河集团、新兖镇小马青村，就经济发展和新农村建设进行实地考察，对兖州市贯彻落实科学发展观，坚持“全党抓经济、突出抓工业、重点抓项目”，以对外开放拉动、招商引资促动、项目建设推动，把兖州建设成为“现代化工业城市、国际化开放城市、人性化和谐城市”的基本思路给予充分肯定。

20日 副省长郭兆信一行11人到兖州市调研农村社区工作。郭兆信一行到小马青村企社区，实地察看文化广场、社区事务办理大厅、图书室、文化活动中心等社区服务场所，听取情况汇报。

28日 全国政协常委、中国核动力研究设计院名誉院长杨岐带领全国政协无党派界别委员调研组一行71人到兖州市就高新技术在节能减排中的应用进行调研。

9 月

9日 全国政协副主席、全国工商联主席黄孟复到山东太阳纸业集团调研山东国际太阳液体包装纸生产线情况。黄孟复实地参观山东国际太阳液体包装纸生产线生产情况，并听取太阳纸业集团董事长李洪信有关太阳纸业集团生产经营和液体包装生产情况介绍。

同日 省委副书记刘伟，省委副秘书长、省信访局局长于晓明到兖州市齐鲁特钢、希尔康泰药业有限公司进行实地考察，听取汇报。

22日 北京科技大学科技园在市科大鼎新公司举行新材料试验生产基地揭牌仪式。

同日 第九届中国专利高新技术产品博览会、2008山东文化产业博览会济宁会场开幕式在曲阜孔子文化会展中心举行，兖州市组织参展团队参加此次活动，共设特装展位1个，标准展位11个，室外展位2个，参展企业18家。

25日 在省军区组织的民兵高炮实弹射击考核中，代表济宁军分区参加考核的兖州市民兵高炮分队在潍北靶场取得优异成绩，连续两次受到通报表彰，创造了济宁军分区乃至山东省军区民兵高炮分队实弹射击的最好成绩。

28日 兖州市泗河拦蓄工程举行开工奠基仪式。泗河拦蓄工程自汶邹公路泗河桥下游260米处至上游金口坝，全长5.6公里。主要工程为两座橡胶坝建设，5.6公里的河道治理、920米的河道开挖和日东高速大桥墩加固及跌水工程。计划12月31日完成主体工程，2009年3月开始蓄水。

同月 市公安局大安派出所被评为全国一级派出所。同时，酒仙桥派出所、兴隆派出所被省公安厅命名为二级派出所。

同月 兖州市被省委、省政府命名表彰为省级文明城市。

10　月

1 日　兖州市城市建设史上第一座上跨式立交桥工程——牛旺上跨立交桥建成通车。该桥全长 822 米，宽 18.5 米，为双向 4 车道，总投资 4543 万元，该项目 2007 年 8 月启动建设，2008 年 9 月 4 日完成合拢。

同日　牛旺社区安置房暨经济适用房建设项目举行奠基仪式。牛旺社区安置房暨经济适用房工程，是 2008 年市实施城区拆迁改造的首个安置项目，也是兖州市首个经济适用房、廉租房建设项目。项目占地面积 65.85 亩，规划总建筑面积 6.07 万平方米，其中安置房 10 栋；经济适用房 3 栋，总投资 7100 万元。

同日　兖州市城乡照明系统控制中心启用仪式在市委党校举行。兖州市成为济宁市率先实施城乡照明监控系统的县市。

2 日　伊斯兰教开斋节。兖州市有关领导带领统战、民族宗教等部门负责人，到鼓楼、颜店、大安、小孟等镇（街道）的清真寺，走访慰问伊斯兰教人士及穆斯林群众，并向他们致以节日的祝贺。

6 日　新兖镇被认定为山东省新农村建设民生科技示范镇，为济宁市唯一一家被认定的乡镇。

8 日　兖州市兴隆塔地宫考古发掘成果新闻发布会在市博物馆举行。发布会由省文化厅、省文物局、济宁市人民政府主办，兖州市人民政府承办。省文物局，省博物馆，济宁市及兖州市有关负责人出席发布会。人民日报社、新华社、中央电视台等 40 余家中外新闻媒体以及来自文化、文物界专家学者参加发布会。兴隆塔始建于隋朝，重修于宋朝，是兖州市标志性建筑。该次考古发掘共出土宋代石函、鎏金银棺、金瓶国家一级文物 3 件；“安放舍利”碑、琉璃瓶国家三级文物 2 件，以及数量众多的舍利、佛牙、钱币；还发现有包括北朝、隋、唐、宋、元、明、清各个时期的瓷器、陶器、瓦当等重要文物一宗。文物造型精美，保存完好，历史文脉清晰，等级较高，具有重要的历史价值和艺术价值。

10 日　全市 2008 年中小学生运动会在市实验高级中学举行。运动会为期 3 天，全市中小学的 39 个代表团近 500 名运动员参加跳高、跳远等 16 个项目的角逐。

16 日　兖州市第一中学举行建校 65 周年庆祝大会。

25 日　兖州市庆祝山东省第十四届环卫工人节暨表彰大会在富都宾馆召开。会议表彰了兖州市容环境卫生整治工作先进单位和先进个人。

27 日　省国土资源厅、省地矿局发布消息，省地矿局物化探勘查院在济宁发现一处特大型铁矿，其中兖州市颜店矿段矿体埋藏深度 1020 米～2200 米，铁矿类型为磁铁石英型，矿体厚度 80.46 米～190 米，铁矿品位 25.97%～31.72%，已控制资源量 10 亿吨。至此，困扰地质界 50 年的华北地区最大的航磁异常之谜宣告破译。

11　月

2 日　省委常委、纪委书记杨传升到兖州市考察工作。

26 日　国家人力资源和社会保障部副部长、国家外国专家局局长季允石一行到兖州市考察文物保护工作。

12　月

12 日　总投资 5.8 亿元的济宁交运海天国际物流有限公司、山东田源森科技股份有限公司吡啶类医药中间体项目在兖州市举行奠基仪式。海天物流总投资 2.6 亿元，占地 150 亩，拥有各类营运汽车 880 辆，地处济宁市农业高新技术示范园，主要经营三方物流服务、国际集装箱中转站、国际货代、海关监管仓储、中转运输、货物集散、普通货物仓储、物流信息服务，商务、多功能培训等业务；田源森吡啶类医药中间体项目总投资

3.2亿元，占地180亩，年产2.2万吨吡啶等杂环类化合物，是医药、农药、食品化工的重要原料，产品生产过程中实行综合回收利用，对环境无污染。

13日 皇明太阳能与兖州曜晖太阳能投资5亿元的8万吨节能灯管项目，上海第二军医大学、上海玉林新药公司与兖州希尔康泰药业公司投资22亿元的植物提取项目举行奠基仪式。

16日 庆祝太阳纸业销售收入过百亿元暨奋战三年过二百亿元动员大会在富都宾馆召开。截至2008年10月底，山东太阳纸业集团共完成产量142万吨，实现营业总收入104亿元，成为济宁市首家销售收入超百亿元的民营企业，提前两年完成济宁市委、市政府确立的任务目标。

同年 兖州市在全省率先免除高中阶段学费。2008年，市财政安排2800万元免除高中阶段兖州籍学生的学费，包括6所普通高中以及4所职业中专、职业高中、技工学校约1.7万名学生受益。

2009年

1 月

6日 全市科学技术奖励大会在富都宾馆召开。

8日 兖州市获平安山东建设先进市称号。

同日 中共中央纪律检查委员会副书记黄树贤到兖州市检查指导工作。

10日 在由《齐鲁晚报》主办的2008年山东“责任公民、责任企业”评选活动中，华勤橡胶工业集团获山东优秀责任企业称号，成为兖州市唯一获此殊荣的企业。

11日 市第十九届农民文化艺术节暨“三下乡”活动启动仪式在新兖镇小马青村正式举行。

同日 投资1.97亿元的山东玉丰新型玉米联合收割机产业化项目和投资8632万元的兖州圣明纸业年产5万吨纸张加工项目在山东兖州经济开发区（大安镇）同时奠基。

17日 山东省优秀公交企业授牌暨兖州公交26路线开通仪式举行。至此，兖州市有公交线路22条，车辆300余台，职工600余人，形成了遍布城乡的公交网络，在济宁市范围内率先实现城乡一体化。

18日 兖州市第十六届人大常委会举行第十一次会议。审议通过关于接受张胜明辞去兖州市人民政府市长职务请求的决定；决定张玉华为兖州市人民政府代理市长；审议通过关于接受高涛辞去兖州市人大常委会主任职务请求的决定。

2 月

3日—5日 政协兖州市第十二届委员会第二次全体会议在富都宾馆召开，出席会议委员230人。大会审议通过有关报告，并分别作出决议。大会补选本届政协常务委员会委员2人。

4日—7日 兖州市第十六届人民代表大会第二次会议在市机关第一招待所召开。出席会议代表229人，列席303人（其中市政协委员218人）。大会审议通过《政府工作报告》等有关报告，并分别作出决议。大会补选陈方为市人大常委会主任，补选张玉华为市人民政府市长。

12日 中央纪委常委、监察部副部长王伟一行4人到兖州市检查指导工作。王伟一行先后察看市牛旺社区廉租房建设项目、新兖镇于村沼气工程、农业高新技术示范园，对兖州市贯彻落实中央新增投资政策，加大民生投入的做法给予充分肯定。

26日 青钢集团兖州焦化厂10万吨甲醇生产线改造项目奠基仪式在山东兖州经济开发区（大安镇）举行。

3 月

7日 兖州天成化工与全球著名化学品生产销售商芬兰凯米拉公司共同投资3.6亿元成立的凯米拉天成化学品（兖州）有限公司举行开业庆

典。2008年11月19日，芬兰凯米拉公司与兖州天成化工公司签署合资合作协议。

9日 全市深入学习实践科学发展观活动动员大会在富都宾馆召开，兖州市深入学习科学发展观活动正式启动。

12日 兖州市政府与中国银行济宁分行签署战略合作协议。中国银行济宁分行与华勤集团、山东太阳纸业有限公司、翔宇化纤有限公司、联诚集团以及绿源食品有限公司等10家企业签署银企合作协议。根据协议，未来三年内，中国银行济宁分行将向兖州市提供50亿元人民币的金融支持，重点用于城市基础设施建设项目，资源、能源开发和优质制造业及中小企业发展。

27日 济宁市2008年度科学发展综合考核奖惩兑现暨2009年第一季度重点工作点评会议召开。兖州市再次被济宁市授予2008年度综合考核一等奖第一名和2008年度经济建设和社会事业发展考核一等奖第一名。

29日 兖州市又一过亿元项目——由山东育达医疗设备有限公司与日本日中国际商事会社合资建设的X光机项目在山东兖州经济开发区奠基。山东育达医疗设备有限公司X光机项目总投资3亿元，一期投资1.8亿元，占地61亩，建设生产车间26000平方米。

31日 中央军委委员、国务委员兼国防部长、国家国防动员委员会副主任、上将梁光烈到兖州市检查调研国防动员工作。调研期间，梁光烈考察山东太阳纸业集团生产线，观摩太阳纸业民兵应急分队军事训练课目演练，并接见参加演练活动的民兵。

4　月

3日 国画家傅星伯的《傅星伯画集》出版发布会在富都宾馆举行。该画集收录国画家傅星伯104幅作品。

15日 省政协副主席、民革山东省委主委李德强带领部分省政协常委、委员对兖州市优化外商投资环境，促进经济快速发展进行专题调研。

24日 市委副书记、市长张玉华在山东太阳纸业有限公司会见美国国际纸业有限公司总裁庄华驰一行。

25日 全市领导干部会议召开。会议宣布省委和济宁市委关于兖州市委主要领导职务调整的决定，田志锋担任兖州市委委员、常委、书记、党校校长职务。

29日 兖州市庆祝“五一”国际劳动节120周年暨表彰大会在富都宾馆召开。大会表彰一批先模人物。其中，18人被授予济宁市劳动模范荣誉称号，47人被授予兖州市劳动模范荣誉称号。

同日 兖州市“星火燎原——纪念五四运动90周年暨先进集体杰出青年颁奖典礼”在富都宾馆举行。大会表彰了兖州市红旗团委、兖州市十佳青年文明号、兖州市十佳大学生村（企）官、兖州市十大杰出青年等先进集体和个人。

5　月

18日 国际博物馆日。兖州市举行宣传活动暨兖州市首届民间收藏精品展启动仪式。

19日 总投资4.2亿元、建筑面积13万平方米的世纪银座广场项目举行奠基仪式。

22日 总投资2.23亿元的兖州市土佬茂高档肉牛屠宰及深加工项目开工建设仪式在漕河镇举行。

6　月

13日 中国第四个文化遗产日。兖州市首届非物质文化遗产成果展在市文化馆举行。共有1项省级非物质文化遗产成果、18项济宁市级非物文化遗产成果、76项县级非物质文化遗产成果和近100件实物参展。

29日 山东永华机械有限公司开业庆典仪式举行。永华机械有限公司以生产制造各类加工机床、龙门加工机床为主要经营项目，年可生产制造各类加工机床1000余台。

7 月

3 日　省委常委、政法委书记、省综治委主任柏继民率领参加全省社会治安综合治理工作会议的与会人员 200 多人到新兖镇小马青村考察。柏继民一行先后参观了电子监控室、接访室、纠纷调解室，并听取关于村级社会治安综合治理工作情况的汇报，详细询问有关的工作流程、工作体系、工作方法。省人大常委会副主任时立军，副省长郭兆信，省法院院长周玉华，省检察院检察长国家森，省政协副主席栗甲等一同参观。

6 日　济宁市委书记、市人大常委会主任孙守刚，市委副书记、市长张振川，市政协主席赵树国率领参加济宁市科学发展观现场观摩会的与会人员到兖州市就经济社会发展情况进行现场观摩。

8 日　下午，颜店镇李宫一村、李宫二村、李宫三村、李宫四村遭受罕见暴雨、龙卷风袭击。兖州市及有关部门负责人第一时间赶赴受灾现场，查看灾情，组织抢险。此次暴雨、龙卷风袭击最大风力 10 级以上，持续时间为 6 分钟，共造成 4 个村 252 户 820 间房屋受损，受灾群众 1300 余户 4700 余人，其中房屋倒塌 30 间，轻伤人员 5 名，紧急转移群众 206 人，树木折断 6500 余棵，农作物倒伏 230 公顷，部分鸭棚、鸡棚倒塌受损严重，造成 9 个村电力、通信、有线电视等线路严重受损，直接经济损失 560 余万元。

11 日—15 日　兖州市党政考察团一行 78 人赴浙江省长兴县、杭州市，江苏省无锡市、苏州市，学习考察城市规划建设、公共设施建设、经济园区建设、工业园经济、招商引资和文化旅游产业发展等方面的经验、做法。

14 日　兖州市博物馆在国家文物局首次开展的国家级博物馆评估定级活动中，被评定为国家三级博物馆。

22 日至 9 月 16 日　兖州市面向全市已报到未就业的全日制普通高等院校专科及以上应届和往届毕业生招聘中小学教师 99 人。9 月 16 日，市人事局为公示合格的 99 人颁发“事业单位招聘人员聘用通知书”。

27 日　翔宇化纤生物医药、光伏发电、超高分子量聚乙烯纤维 3 个过亿元项目在山东兖州经济开发区举行开工奠基仪式。

8 月

4 日　财政部、中华全国供销合作总社联合调研组到兖州市调研“一个网络、两个平台”建设情况。调研组一行先后参观广场商厦大卖场、广场商厦物流配送中心、齐鲁种业公司，对兖州市“一个网络、两个平台”建设予以肯定。

14 日　兖州市在颜店镇召开防治美国白蛾工作会议。2008 年 8 月 8 日，兖州市首次发现美国白蛾疫情，发生面积为 800 亩。2009 年 5 月，美国白蛾第一代幼虫开始在兖州市造成危害，危害面积 1600 亩。7 月，第二代幼虫开始造成危害，至 8 月中旬，危害面积达 4100 余亩，其中重度危害 1800 亩，严重的地方出现树叶被吃光现象。

21 日　国家林业局副局长李育材到兖州市检查林业生产和美国白蛾防治情况。李育材先后到颜店镇、漕河镇查看经济林和林网建设，听取市、镇有关美国白蛾防治情况的介绍，并到太阳纸业查看制浆车间建设情况。

9 月

7 日　兖州市经过报名、笔试、面试、体检、考察、录用等环节，招考的 46 名国家公务员分别到市教育局、市民政局等 8 个市直部门及大安、兴隆庄等 6 个镇报到工作。

14 日　由中国社科院《世界宗教研究》杂志社和兖州市政府承办的兖州佛教历史文化研讨会在富都宾馆举行。来自新加坡等国家和中国香港、澳门、台湾等地区的 80 余名佛教专家学者、高僧大德共聚兴隆塔下，共同探究兴隆塔和兴隆塔地宫佛教圣物，弘扬兖州佛教历史文化。

16 日　华勤集团创建 20 周年暨销售收入过百亿元庆典大会在华勤集团会议中心举行。

同日　华勤集团与世界 500 强企业——意大利倍耐力公司签订合作生产汽车尾气净化器项目合同。

18 日　全市深入学习实践科学发展观活动第一批总结暨第二批动员会议在富都宾馆召开。

19 日　水利部检查组到兖州市检查第三批扩大内需中央预算内投资预算落实情况。检查组一行先后到新兖水厂、大安水厂现场参观指导，听取关于兖州市农村饮用水安全工程建设情况介绍。

20 日　全国第七个公民道德宣传日。兖州市在九州广场举办《公民道德建设实施纲要》颁布 8 周年暨第七个公民道德宣传日宣传教育活动，85 个部门参加宣传活动，共展出展牌 300 块，悬挂宣传标语 300 余幅。

27 日　山东太阳纸业集团院士工作站暨博士后科研工作站举行揭牌典礼。

同日　联合国教科文组织一行 15 人到兖州市考察成人教育。考察团先后到兖州老年大学、新驿镇成人教育中心校、济宁市农业高新技术示范园进行考察。

28 日　俄罗斯罗斯托夫州塔甘罗格市市长尼古拉·费加宁一行到兖州市永华机械、华勤集团、济宁市农业高新技术示范园等进行参观考察。

同月　兖州市惠民城建投资有限责任公司发行“09 兖城投债”10 亿元，为 7 年期固定利率债券，所筹资金用于城市基础设施建设。

10　月

13 日　全市百项工程建设动员大会在富都宾馆召开。会议对 109 项工程进行全面安排部署。

17 日　兖州市面向全市已报到未就业的全日制普通高等院校专科及以上应往届毕业生招聘事业单位工作人员 36 人。

22 日　老挝人民民主共和国沙湾拿吉省副省长苏潘·高米赛一行到兖州市参观考察。

25 日　兖州市举行庆祝老人节暨老龄工作表彰大会。表彰“十大孝星”、尊老敬老模范、尊老敬老和谐家庭、好媳妇、好婆婆、老龄工作先进单位和先进个人。

27 日　国务院立法工作调研组一行 7 人到兖州市调研土地开发复垦项目。调研组一行仔细查看兴隆庄镇采煤塌陷地综合治理工程现场，详细了解土地开发复垦项目中有关政策法规的执行情况。

28 日　省人大常委会副主任崔曰臣到兖州市视察新农村住房建设情况。省人大常委会视察组一行先后到新兖镇金村社区、牛楼社区、吴村社区、泗庄社区现场考察，听取市、镇、村负责人情况介绍。

同月　华勤集团董事长牛宜顺被省委统战部、省经济和信息化委员会等 10 个单位联合表彰为山东省优秀中国特色社会主义事业建设者。

11　月

7 日　中共山东省委原书记、省人大常委会原主任赵志浩到兖州市参观考察经济社会发展、城市建设情况。

17 日　教育部关工委主任田淑兰一行到兖州市新兖镇中心中学、市实验小学现场实地进行调研指导。

29 日　山东硕响新能源有限公司举行成立仪式。该公司位于山东兖州经济开发区，总投资 6 亿元，注册资金 1200 万美元，为太阳能、风能、海洋能、地热能于一体的新能源项目。

12　月

1 日—9 日　兖州市经贸招商团赴日本、韩国开展经贸招商活动。

21 日　兖州市最大的安置房建设项目奎星苑举行奠基仪式。奎星苑安置房建设项目总建筑面积 70 余万平方米，50 余幢高层，可安置居民

2 万余人。

同年 兖州市政府提高新型农村合作医疗补助，提高幅度达 33%。2009 年，全市参加合作医疗农民 35.98 万人，参合率 99.8%，较 2008 年提高 0.2 个百分点，居济宁市前列。

2010年

1 月

7 日 由兖州市齐鲁文化旅游开发有限公司与阳朔帅元旅游文化策划有限公司共同出资组建的兖州帅元文化旅游发展有限公司成立。

12 日 中央深入学习实践科学发展观活动巡回检查组副组长、全国政协常委、全国工商联原副主席张龙之率领中央深入学习实践科学发展观活动巡回检查组到兖州市检查指导工作。

14 日—16 日 政协兖州市第十二届委员会第三次会议在富都宾馆举行。出席会议委员 218 人。会议审议通过有关报告，并分别作出决议。会议补选于立武为市政协第十二届委员会主席，王建华、朱前春（女，回族）为市政协第十二届委员会副主席。

15 日—17 日 兖州市第十六届人民代表大会第三次会议在富都宾馆召开。出席会议代表 228 人，列席 312 人（其中市政协委员 218 人）。会议审议通过《政府工作报告》等有关报告，并分别作出决议。

21 日 市公安局在九州广场举行赃物集中发还仪式，将在冬季严打整治行动中追缴的 8 辆汽车、26 辆摩托车和电动车等价值 60 万元被盗抢物品发还给失主。

26 日 兖州市第二十届农民文化艺术节暨“三下乡”活动在新驿镇驻地启动。

同月 山东太阳纸业股份有限公司被山东省循环经济促进会授予首批山东省优秀循环经济企业称号，成为全省首批获该荣誉的 25 家先进典型企业之一。

3 月

6 日 兖州市召开纪念“三八”国际劳动妇女节 100 周年暨表彰大会，并为 2009 年度妇女工作先进单位和先进个人代表颁奖。

16 日 全省平原农村集体林权制度改革工作座谈会在兖州市召开。兖州市作为全省 28 个林改试点市之一，在 2009 年顺利完成林权集体改革任务的基础上，积极实施配套改革，集体林权制度改革进度和质量走在全省前列。

18 日 兖州市 10 大工业项目暨山东硕响新能源有限责任公司开工奠基仪式举行。

29 日 全市深入学习实践科学发展观活动总结大会在富都宾馆召开。会议全面总结全市学习实践活动，充分肯定兖州市开展深入学习实践科学发展观活动所取得的成绩，对巩固扩大活动成果、做好整改后续工作进行安排部署。

30 日 兖州市获得 2009 年度济宁市科学技术最高奖 1 项、优秀科技创新团队 1 项、科技进步奖 8 项。

31 日 全市人防消防指挥中心开工奠基仪式举行。

同日 由兖州市煤气公司和华润燃气集团共同出资成立的兖州华润天然气有限公司揭牌。公司注册资本金 1850 万元，其中，市煤气公司出资（实物出资）555 万元，华润燃气集团出资（现金）1295 万元。

同月 市老龄委办公室被授予山东省老龄工作先进单位称号，兴隆庄镇被授予山东省敬老模范单位称号，山东太阳纸业股份有限公司董事长李洪信、鼓楼街道少陵社区党支部书记吴运雪被授予山东省敬老模范个人称号。

4 月

9 日 全市政府机构改革工作会议召开。会议贯彻落实中央、省和济宁市关于地方政府机构改革的指示精神，安排部署全市政府机构改革工作。

13日　大安镇辛北庄村全国民主法治示范村揭牌仪式举行。

15日　国家新闻出版总署农家书屋督导组到兖州市检查农家书屋建设工作。督导组实地察看新兖镇小马青社区、牛楼社区、吴村社区和龙桥街道五里庄村农家书屋，对兖州市农家书屋工程建设工作给予充分肯定。

18日　省委副书记、省长姜大明，副省长郭兆信率领全省农村住房建设与危房改造现场观摩会与会人员到新兖镇金村社区进行实地考察。

23日　山东太阳纸业股份有限公司举行“情系玉树，大爱无疆”捐款仪式，向玉树地震灾区捐款200万元。

同月　青海玉树发生地震后，全市各界积极向玉树灾区捐款捐物。市领导带头捐款；市财政拨付救灾资金20万元。

同月　兖州市创先争优活动正式启动，共有1461个基层党组织、31537名党员参加此项活动。

同月　山东太阳纸业股份有限公司副董事长白懋林被授予全国劳动模范称号。

5　月

7日　国家土地督察济南局、省国土资源厅派员到兖州市调研城镇化和小城镇建设用地情况。调研组先后到新兖镇金村社区、牛楼社区、吴村社区、泗庄社区进行实地调研，对兖州市以开发区带镇、以镇促区、一体发展及“中部开发、东接西承、两翼拓展、卫星镇和中心村配套发展”的思路给予肯定。

10日　国土资源部执法监察局副局长王玲一行到兖州市吴村社区、金村社区、采煤塌陷综合整治项目区现场考察，调研农村土地整治工作。

11日—12日　兖州市被评为山东省城市社区建设示范市、山东省村务公开民主管理示范市，新兖镇小马青村、兴隆庄镇王楼村被评为山东省农村社区建设示范村，鼓楼街道奎星楼社区被评为山东省城市社区示范社区。

18日　省委常委、副省长王军民到兖州市检查指导古城煤矿安全生产工作。

19日　兴隆文化园奠基仪式举行。

21日　全国人大常委会副委员长、民建中央主席陈昌智带领国土资源部副部长、党组副书记、国家土地副总督察鹿心社及国家特邀国土资源监察专员考察团成员到兖州市就土地整理复垦开发、城乡建设用地增减挂钩、城乡统筹等进行考察。

6　月

5日　兖州市开展“低碳减排·绿色生活”为主题的“六·五”世界环境日宣传活动。

18日　兖州市（北京）招商引资项目推介会在北京国际大饭店举行。会议围绕兖州市建设“工业强市、文化名城、商业重镇”目标，推介项目，共谋发展之策。

24日—25日　省委第二巡视组到兖州市回访检查巡视工作整改落实情况。

同月　大安镇辛北庄村党总支书记，环宇车轮有限公司董事长、总经理刘学东被评为首批山东省乡村之星。

7　月

8日　市委非公有制经济组织工作委员会成立仪式在兴隆宾馆举行。

14日　省委、省政府督查组到兖州市督查安全生产工作情况。督查组一行听取市安全生产工作汇报，并到太阳纸业股份有限公司、兖矿集团国际焦化有限公司实地检查。

20日　中央党校报刊社社长、总编辑肖勤福带领调研组到兖州市调研经济和社会事业发展情况。

24日　省军区副司令员、少将刘沈扬率军区工作组到兖州市检查指导部队建设工作。

26日　全市第六次人口普查工作会议召开。

会议贯彻落实国家、省和济宁市第六次人口普查工作会议精神，全面安排部署全市第六次人口普查工作。

28日　全市有线电视数字化整体转换工作会议召开，兖州市有线电视数字化整体转换全面启动。

31日　省林权制度改革验收组到兖州市检查验收集体林权制度改革试点工作。验收组通过看现场、查档案等形式，实地检查颜店镇、漕河镇部分村林改工作情况，并对下一步工作提出要求。

同月　兖州电视台专题部创作录制的大型纪录片《生命的支点》在2010年首届中国农业电视论坛暨节目评估会上获专题类一等奖，此为兖州电视台建台后获得的专题类最高荣誉。

8　月

2日　兖州市召开被征地农民新型农村社会养老保险试点工作会议，动员部署被征地农民新农保试点工作。

5日　省军区政委、少将南兵军到兖州市检查指导工作。

11日　兖州市举行“慈心一日捐”活动启动仪式，各部门、单位干部职工向社会困难弱势群体捐款。

22日　全国人大常委会委员、外事委员会主任委员、外交部原部长李肇星到兖州市考察经济和社会事业发展情况。

9　月

4日　山东太阳纸业股份有限公司首次跻身中国企业500强，同时，入选2010年中国民营企业500强，列74名，在山东省上榜企业中名列第二。

5日　兖州市完成新一批公务员招考，共招录公务员32人，新录用人员于该日前到市委宣传部、市教育局等部门和兴隆庄、颜店等乡镇报到。

7日　兖州市人民医院新院区奠基仪式举行。新院区占地270亩，规划建筑面积18.5万平方米，总投资6.5亿元，开放床位1500张。

19日　兖州市兴隆文化园项目西区、东区开工仪式举行，项目计划总投资30亿元。兴隆文化园建设进入实质性阶段。

30日　兖州市事业单位人员招聘工作完成，共招聘事业单位人员126人，其中教育类115人，卫生类6人，综合类5人。

10　月

10日　省委书记、省人大常委会主任姜异康，省人大常委会常务副主任高新亭，省委常委、宣传部部长李群带领参加全省转方式调结构现场观摩会的与会人员到兖州市考察指导。与会人员实地考察山东太阳纸业股份有限公司、华勤橡胶工业集团、兖州市第一中学，并听取兖州市转方式调结构工作情况汇报。

12日　美国爱科集团考察团到兖州市实地考察大丰机械公司，与企业负责人就合作事宜进行交流。美国爱科集团是世界第三大农机巨头，世界500强企业之一，业务涵盖拖拉机、收割机、牧草机等多种农业机械的生产、设计及分销。

15日　兖州市非物质文化遗产保护项目——“道勤五谷画”在首届全国非物质文化遗产博览会上参展。

11　月

2日　山东济宁交运集团海天国际物流有限公司在济宁市农业高新技术示范园举行开业仪式。

11日　副省长王随莲到兖州市调研医改工作。

24日　由济宁市纪委主办，兖州市纪委联合策划、编排的大型新编廉政历史剧《杨震荐官》在济宁声远舞台举行首场演出。

28日　兖州市旧关片区安置房建设奠基仪

式举行。

12 月

1 日—2 日　省淮河流域水污染防治迎查工作督导组到兖州市检查指导水污染防治工作进展情况。督导组先后到污水处理厂、泗河拦蓄工程实地查看项目建设情况，并听取有关情况介绍。

17 日　中共中央政治局常委、全国政协主席贾庆林到兖州市视察调研。

2010 年 12 月 17 日，中共中央政治局常委、全国政协主席贾庆林到兖州市调研

19 日　以越南胡志明共青团中央常委、河静省团委书记何文雄为团长的越南胡志明共青团代表团一行 25 人到兖州市考察、交流。

20 日　济南军区副政委王健率机关工作组到预备役三团检查党风廉政建设情况。

28 日　市光明影院举行开工奠基仪式。2012 年 12 月建成开业，并改名为大地数字影院。影院总投资 3500 万元，占地 13.27 亩。

同日　济宁市泗河生态治理工程暨兖州滋阳橡胶坝工程开工仪式在泗河岸边举行。设计橡胶坝段顺河长 13 米，宽 170 米；最大拦水高度 4 米，最高拦蓄水位 50.93 米；防洪标准 20 年一遇。工程总投资 1898 万元。2011 年 10 月 1 日竣工使用。

30 日　全市科学技术奖励大会召开，表彰奖励 2010 年度为兖州经济社会发展作出突出贡献的科技界先进单位和个人。

31 日　山东太阳纸业股份有限公司庆祝销售收入过二百亿暨奋战两年超三百亿动员大会在富都宾馆召开。

同月　山东太阳纸业股份有限公司获山东省循环经济示范单位称号，同时被评为 2010 年山东省低碳经济与绿色环保十佳示范企业；公司董事长李洪信获山东省低碳经济建设突出贡献奖。

同月　山东太阳纸业股份有限公司副总经理、工程师应广东获全国优秀科技工作者称号。

同月　兖州市被评为全国平安农机示范市，兴隆庄镇被评为山东省平安农机示范镇。

2011年

1 月

5 日　中央电视台《探索·发现》栏目纪录片《古塔地下的秘密》开机仪式在市博物馆举行。

9 日　华勤橡胶工业集团爱科柴油车尾气过滤器技术推广暨发布会在北京钓鱼台国宾馆举行。

同日　兖州市第二十一届农民文化艺术节暨“三下乡”活动启动仪式在小孟镇政府驻地举行，同时公布了兖州市首批“历史文化名村”，并表彰优秀民间艺人。

11 日—14 日　政协兖州市第十二届委员会第四次会议在富都宾馆举行，出席会议委员 235 名。大会审议通过有关报告，并分别作出决议。会议补选张颂阳为市政协第十二届委员会秘书长。

12 日—15 日　兖州市第十六届人民代表大会第四次会议在富都宾馆召开。出席会议代表 224 人，列席 318 人（其中市政协委员 235 人）。大会审议通过《政府工作报告》等有关报告，并分别作出决议。会议接受刘玉范、刘伟华（女）辞去市十六届人民代表大会常务委员会副主任职务的请求；补选张华（女）为市第十六届人民代表大会常务委员会副主任。

15日 山东太阳纸业股份有限公司董事长李洪信被山东省工商联、山东电视台联合评为2010年度中国十大风云鲁商之一。

25日 省委常委、政法委书记柏继民到兖州市调研创先争优工作，并走访慰问城乡困难群众、下岗职工和老党员。

同月 市政府门户网站在全省140个县级政务网站中排名第27位，连续三年位居济宁市12家（县市区）政务网站第1名，并获山东省优秀政府网站称号，是济宁市唯一获此荣誉的政府网站。

3 月

16日 山东联诚集团与吉利控股集团共同合作的发动机零部件制造项目签约仪式在圣德国际酒店举行。

19日 省军区司令员郎剑钊到兖州市考察民兵工作。

22日 科技部副部长张来武到兖州市调研科技工作。

26日—27日 兖州市党政考察团赴江苏省沭阳县、徐州市铜山区、山东省滕州市参观考察城市建设与产业发展、城市建设与财源建设情况。

同月 兖州市检察院纪检组监察室被授予全国纪检监察工作先进集体荣誉称号。

4 月

1日 兖州市政府与中国农业发展银行济宁市分行新农村建设及统筹城乡发展战略合作暨20亿元新农村建设贷款项目签约仪式在富都宾馆举行。

12日 兖州市被山东省人民政府表彰为全省农业机械化先进市。

27日 山东大丰机械公司与美国爱科集团合资合作签约仪式在圣德国际酒店举行。这是第11家世界500强企业落户兖州。12月8日，爱科大丰（兖州）农业机械有限公司成立。

29日 北护城河路东延下穿京沪铁路立交桥开工仪式举行。

同月 山东太阳纸业有限公司副总经理、总工程师应广东被评为享受国务院政府特殊津贴专家。

5 月

同月 兖州市第十届村民委员会换届选举工作结束。全市406个村、31个社区开展换届工作。村“两委”一次换届成功率98.9%。村党组织书记和村委会主任“一人兼”及村“两委”成员交叉任职比例分别是81.3%、78.3%，所有村委会中均有女性成员。新一届村“两委”成员中，高中以上文化程度1258人，占72.6%；35岁以下的362人，占20.9%。

6 月

2日 山东陆军预备役炮兵师在兖州市组织实兵实装快速动员演练观摩会。

5日 兖州市太阳纸业文化博览馆落成启用。该博览馆是国内第一家由造纸企业自主建设的以传承中国传统造纸文化为主体的文化博览馆。该馆位于太阳纸业工业园区中部，展馆占地3400平方米，总投资1亿元。全馆共分为序厅展区、造纸历史文化展区、中国造纸术发展简史展区、企业概况展区、低碳经济循环产业展区、科技兴企展区、纸张应用展区、企业文化展区等12个部分。

9日 兖州九一医院、济南军区总医院协作医院、第三军医大学教学医院同时在原解放军第九十一医院揭牌成立。

同日 省委副书记、省政协主席刘伟到兖州市考察工作。刘伟先后到泗河兖州段橡胶坝防洪工程、大安镇小麦收获现场、山东大丰机械有限公司和大安镇、漕河镇万亩小麦高产创建示范区，调研夏收夏种和防汛工作。

10日 第三届全国青少年文化遗产知识大

赛决赛在兖州市第一中学举行。决赛结束后，举行了国家“十二五”文化遗产知识教育普及工程启动仪式。

22 日 山东银座第 111 家门店——兖州银座商城开业。商城营业面积 3.5 万平方米，地上 5 层，地下 1 层，为集购物、休闲、餐饮、娱乐、家电于一体的综合性商业中心。

24 日 兖州市庆祝中国共产党成立 90 周年暨表彰大会在富都宾馆召开。

30 日 省委常委、副省长孙伟到兖州市调研经济社会发展情况。孙伟一行先后到华勤橡胶工业集团、山东太阳纸业股份有限公司、兖州市第一中学、新兖镇泗庄社区、市博物馆进行实地考察，并听取兖州市经济社会发展情况汇报。

7 月

同月 全国工商联纸业商会会长、山东太阳纸业股份有限公司董事长、总经理李洪信被授予山东省优秀民营企业家称号。

8 月

31 日 济宁市完善“先看病后付费”机制工作现场会在兖州市召开，会议就进一步完善机制、深入推广“先看病后付费”就诊模式进行安排部署。

9 月

5 日 兖州市第一中学新校启用庆典仪式举行。新校总投资 3.5 亿元，占地 460 亩，建筑面积 14 万平方米，可容纳 120 个班 6000 名学生就读。新校于 2008 年 10 月 16 日开工建设。

8 日 2011 年度兖州市国家公务员招考工作结束，共招录公务员 22 人。新录用人员被安排到市委办公室、市司法局等部门和大安、颜店等镇（街道）工作。

同月 省委副书记、省长姜大明对《兖州市高新技术产业快速发展成为经济转型升级的新引擎》信息做出重要批示，希望各地借鉴兖州市发展高新技术产业的经验，加快转变经济发展方式，促进全省经济又好又快发展。

同月 省委、省政府下发《关于表彰省级文明城市和省级文明县（市、区）的通报》，兖州市榜上有名。

10 月

11 日 省委常委、省纪委书记李法泉到兖州市考察。李法泉一行先后到兖州市第一中学、华勤橡胶工业集团、新兖镇小马青社区、市纪委监察局，听取兖州市有关纪检监察工作情况汇报。

14 日 全市 2011 年中小学生运动会开幕式在东方中学举行。运动会为期 3 天，共有 31 支代表队 367 名运动员参加 14 个项目比赛。

19 日 华勤橡胶工业集团庆祝销售收入过二百亿元大会召开。

21 日 省委常委、省军区政委刘从良一行到兖州市考察工作。

22 日 兖州市党政考察团赴枣庄市台儿庄区就文化产业发展和旅游开发运作进行考察。

25 日 全市第一座生活垃圾运转站正式启用。

28 日 全国村务公开民主管理示范单位检查评估组到兖州市就全国村务公开民主管理示范单位申报工作进行评估检查。检查评估组听取兖州市村务公开民主管理工作开展情况汇报，实地察看龙桥街道龙桥村、五里庄村，新兖镇小马青村的村务公开栏建设，对兖州市村务公开民主管理工作给予充分肯定。

同日 兖州市面向社会公开招聘事业单位人员工作结束。共招聘事业单位人员 171 人，其中教育类 149 人，卫生类 5 人，综合类 17 人。

11 月

12 日 市文化馆继 2004 年、2007 年后，再次被文化部评为国家一级馆。

22日—30日　市委副书记董波率市经贸考察团赴法国、芬兰和冰岛进行经贸考察。经贸考察团拜会芬兰凯米拉集团公司，考察冰岛LYSI（来嘉）公司，签订每年200吨以上渔油和50吨鱼肝油的进料加工和出口合作意向。走访法国LB建筑材料公司，签订出口500万美元的玻纤建筑增强材料和保温材料贸易协议。

29日　兖州市第十六届人大常委会第三十五次会议召开。会议任命董波为兖州市人民政府副市长，决定董波为市人民政府代理市长；任命范继珍、王仁娜（女）为兖州市人民政府副市长。

同月　中共山东省委、济宁市委决定：张玉华任中共兖州市委书记、党校校长；董波任中共兖州市委委员、常委、副书记。中共济宁市委决定：王骁任中共兖州市委委员、常委、副书记。

12　月

8日　省人大常委会副主任温浮江带领驻鲁全国人大代表到兖州市考察经济社会发展情况。

27日—29日　中国共产党兖州市第十三次代表大会在富都宾馆召开。出席会议代表331人。大会听取审议中共兖州市第十二届委员会工作报告。大会选举产生中国共产党兖州市第十三届委员会委员35名、候补委员7名。第一次全体委员会选举产生书记、副书记及常务委员11名。选出新一届纪律检查委员会，共有委员25名。张玉华当选为市委书记，董波、王骁当选为市委副书记。中共兖州市十三届纪律检查委员会举行第一次全体会议，选举产生兖州市纪委常委7名，市纪委书记1名、副书记2名，李艳华（女）当选为市纪委书记。

同日　兖州惠民城建投资有限公司第二期公司债券10亿元成功发行。

30日　全市第二十二届农民文化艺术节暨“三下乡”活动启动仪式在漕河镇政府驻地举行。

同月　兖州市获全国科技进步先进县（市）称号。

同月　兴隆文化园被省政府确定为全省重点建设项目和文化产业重点园区。

同年　11月11日，兖州市举行首条助学公交线路启动仪式，范围为第一实验小学片区的助学公交线路试点范围。截至12月21日，市公交公司购买的10辆“助学公交车”已投入运营9辆，形成了辐射兖州市实验小学、兖州市东方中学、兖州市第一中学等8所学校的8条线路。

同年　兖州市新增山东省名牌产品5个，总数为22个；新增山东省服务名牌1个，总数为4个；拥有省政府质量管理奖1个，济宁市市长质量奖2个，兖州市被确定为山东省优质农业机械及零部件生产基地。

2012年

1　月

5日—8日　政协兖州市第十三届委员会第一次会议在富都宾馆举行，出席会议委员216人。大会审议通过有关报告，并分别作出决议。会议选举于立武为市政协第十三届委员会主席，刘春、郭元强、邱印水、王建华、朱前春（女，回族）、张贵民为副主席，选举张颂阳为市政协秘书长，选举市政协常务委员33人。

6日—9日　兖州市第十七届人民代表大会第一次会议在富都宾馆召开。出席会议代表228人，列席332人（其中市政协委员216人）。大会审议通过《政府工作报告》等有关报告，并分别作出决议。选举陈方为市人大常委会主任，宋新光、董瑞山、孙连干、张华（女）、赵广岭为市人大常委会副主任，选举市人大常委会委员15人；选举董波为市人民政府市长，范继珍、陈秋生、邱培友、李连习、刘晓林、王仁娜（女）为市人民政府副市长；选举马庆池为市人民法院院长，安如喜为市人民检察院检察长；选举出席济宁市第十六届人民代表大会代表40人。

2 月

29 日 济宁市 2012 年集中开工重大项目开工仪式在兖州市举行。同日，兖州市确定 10 个、总投资过 54 亿元的项目集中开工。

3 月

30 日 牵手济宁•合作共赢——济宁（北京）投资环境说明会在北京万达索菲酒店召开。兖州市政府组织有关企业组成代表团参加会议。在投资说明会上，兖州市代表团正式签约 5 个项目，分别是与中海石油气电集团签订投资 13 亿元的清洁能源项目；爱科大丰有限公司投资 5.8 亿元的农业收获机械增资项目；总投资 12 亿元的可替植物纤维环保石头造纸项目；投资 5.6 亿元的监护仪、B 超设备加工项目；华东三一工程机械投资 5 亿元的工程机械物流园项目。

4 月

10 日 美国阿肯色州代表团在州长迈克•毕比的带领下到兖州市参观考察。

11 日 芬兰驻华大使岚涛一行到凯米拉化学（兖州）有限公司进行实地参观考察。

18 日 中共中央政治局委员、中央政法委副书记、中央综治委副主任王乐泉到兖州市调研。王乐泉一行到华勤工业园，实地参观钢丝绳工厂和轿车轮胎工厂，认真听取兖州市社会管理创新工作情况汇报，华勤橡胶工业集团与世界 500 强合资合作和企业创新管理模式、实施“村企合一”、带领群众发展致富的情况介绍。

22 日—25 日 兖州市党政考察团一行 50 余人赴肥城等地就经济发展、城市建设、文化旅游产业进行实地参观考察。

同月 兖州市继续为企业退休人员提高基本养老金标准，这是自 2005 年后，连续第八年增加企业退休人员基本养老金，此次调整与历年相比增长幅度较大，人均月增加约 240 元。调整范围为 2011 年 12 月 31 日前按规定办理退休、退职手续并按月领取基本养老金的企业退休、退职人员。此次调整惠及全市 14800 余名企业退休、退职人员，2012 年 1 月 1 日起执行。

5 月

9 日—20 日 兖州市经贸代表团一行 5 人赴美国、加拿大考察，并拜访美国爱科集团、美国 ASC 公司、加拿大 PDG 公司等国际大企业大集团。代表团参观考察美国 ASC 公司，双方签署采购合同，洽谈新增采购合同 2.5 亿元人民币。代表团参观考察加拿大 PDG 公司、美国 VNA 公司、劳德公司、迈克尔公司等，签署高新装备合作研发协议 2 份，深层次战略合作规划意向 3 份。

同月 兖州市人口计生局被国家人口计生委评为全国阳光计生行动示范单位。

6 月

14 日—17 日 兖州市党政考察团一行 30 余人赴江苏省沭阳、淮安、无锡、常州就工业项目、园区建设、城市建设和新农村社区建设进行参观考察。

19 日 省政协副主席陈光一行到兖州就稳步推进城镇化进行调研。陈光一行到华勤橡胶工业集团、山东太阳纸业股份公司、新兖镇泗庄社区实地调研，详细了解兖州市推进城镇化进程，统筹城乡协调发展的具体做法，对兖州市在城镇化工作中取得的成效和积累的经验给予肯定。

29 日 国家土地督察济南局督察组一行到兖州市就土地利用和管理工作进行审核督察。督察组先后到大安镇、颜店镇察看部分建设项目现场，查阅部分建设项目用地档案卷宗，对兖州市土地管理工作给予充分肯定。

7 月

3 日 市“政风行风热线”扩版升级启动仪式举行。扩版升级后的“政风行风热线”上线单位由原来的54家增加到64家，播出时间延长至30分钟。

12日 济宁市“政风行风热线”进社区、进乡村、进企业活动在新兖镇小马青社区启动。

8 月

6日 全市重大基础设施建设工程——泗河兴隆大桥正式通车。该桥于2010年6月19日开工建设，北接酒仙桥路，南接兴隆庄镇兴隆大道，与济曲快速路连接，全长1.696公里，大桥设计形状为“双提篮拱”形，设计标准为城市主干道，分为引桥、主桥和副主桥。其中，酒仙桥路引桥段为双向四车道，主桥及南岸引桥段为双向六车道。

15日 省人大常委会副主任连承敏带领部分省人大代表一行16人到兖州市就南水北调区域水污染防治工作进行考察。视察组先后到泗河河道走廊生态修复与水质净化工程、泗河滋阳橡胶坝、太阳纸业废水深度治理工程进行考察，听取有关负责人关于工程情况的汇报。

30日 兖州市国家公务员招考工作结束。21名新录用人员到市民政局、市国土局等部门和大安、兴隆庄等镇报到。

同日 中华全国工商业联合会发布2012年中国民企500强评价结果，山东太阳纸业股份有限公司列第84位。

31日 兴隆庄矿实现连续安全生产11周年，安全产煤7448.52万吨，继续保持集团公司所属矿井最长安全周期，创出全国同类型矿井安全生产最好水平。

9 月

1日 山东太阳纸业股份有限公司以2011年营业收入258.57亿元列中国企业联合会、中国企业家协会联合发布的2012年中国企业500强榜单第356位。

4日 省委常委、省政法委书记才利民一行到兖州市调研政法工作。才利民一行实地察看公安局监控指挥中心、兴隆文化园建设现场，听取“电子监控城乡全覆盖民安工程”建设和管理使用情况汇报，对兖州市加强和创新社会管理，加强电子监控城乡全覆盖建设给予充分肯定。

7日 省委第一巡视组巡视反馈会议在兖州召开。省委第一巡视组副组长曹洪锋代表省委第一巡视组向中共兖州市委反馈巡视工作意见。

10日 最高人民检察院党组成员、副检察长孙谦，山东省人民检察院检察长吴鹏飞到兖州市考察检察机关廉政文化教育基地建设情况。

14日 济宁市2012年第三批重大项目集中开工仪式暨兖州瀚邦胶带年产1800万平方米宽幅特种输送带项目开工仪式举行。该次集中开工的10个项目，总投资37.3亿元，其中10亿元以上项目2个，主要包括瀚邦胶带宽幅特种输送带、永金机械卧式加工中心等先进制造业项目；天意制造石膏墙板和水泥发泡保温板装备生产线等战略性新兴产业项目；新中源物流营销中心、鲁源再生资源废旧金属分拣加工中心等服务业项目。

21日 大型文化旅游演艺项目《菩提东行》在兖州市兴隆文化园东区菩提剧场举行首演仪式。

23日 兖州贵和购物广场开业。贵和购物广场兖州店总建筑面积10余万平方米，经营面积6.5万平方米，地下停车位1000余个，拥有购物、餐饮、休闲、娱乐、文化体验等多种业态。

25日 兖州市面向社会招聘事业单位人员工作结束。共招聘事业单位人员186人。其中，教育类113人，卫生类38人，综合类35人。

同月 兖州市被评为山东省人才工作先进单位，这是全省受表彰的12个县（市、区）之一，也是济宁市唯一获此殊荣的县（市、区）。

10 月

12日 市委书记张玉华参加全国新型农村

和城镇居民社会养老保险工作总结表彰大会，并被评为全国新型农村和城镇居民社会养老保险工作先进个人。

24日 兖州市政协、滕州市政协缔结友好政协签约仪式在兴隆宾馆举行。

25日 副省长孙绍骋到兖州调研新型城镇化建设工作。孙绍骋实地察看华勤集团工业园区、小马青社区服务中心等现场，详细了解工业企业发展、产业结构、城镇建设等，并听取有关情况介绍。

30日 省人大常委会党组副书记、副主任国家森到兖州调研。国家森先后到兴隆文化园西区、东区项目建设现场和市检察院新建办公楼，详细了解兴隆文化园项目规划建设情况。

11 月

1日 兴隆庄镇搬迁安置社区开工奠基仪式举行。该次压煤村庄搬迁安置工程，涉及8个村庄，3300户，9700人，是兖州市历史上最大规模的村庄搬迁工程。8个村的村民被安置在滨河社区和兴隆社区。两个社区总规划占地1140亩，投资概算7.3亿元，规划多层住宅楼167栋，总建筑面积58.2万平方米。

6日 济宁市检察机关廉政文化教育基地揭牌仪式在兖州市人民检察院新院区举行。

19日 济宁市2012年第四批重大项目集中开工暨兖州曜晖太阳能槽式光热发电高温集热管项目奠基仪式举行。兖州市这次集中开工10个重点产业项目，总投资52.5亿元。

20日 2012济宁（上海）经济合作恳谈会在上海东方滨江大酒店（国际会议中心）召开。会上，兖州市代表团邀请美国特种矿物有限公司、美国空气化工产品有限公司、益海嘉里集团、中建（香港）投资发展有限公司等企业主要负责人参加会议，就工业气体生产、年产10万吨涂料级轻质碳酸钙、云计算基地等项目进行深入交流。

12 月

2日 山东太阳纸业股份有限公司建厂30周年暨销售收入过300亿元庆祝大会召开。会上，宣读了济宁市委、市政府关于太阳纸业销售收入过300亿元的表彰决定。

2012年12月2日，山东太阳纸业股份有限公司建厂30周年暨销售收入过300亿元庆祝大会召开

同日 山东太阳纸业股份有限公司董事长、总经理李洪信向兴隆文化园捐款6000万元。

4日 中央组织部组织二局巡视员、副局长徐彦军带领调研组到兖州市调研非公有制企业党建“红帆工程”实施工作。调研组先后到翔宇化纤、永华机械调研非公有制企业党建工作，并详细听取相关企业负责人的情况汇报。

15日 华勤橡胶工业集团意大利工业城特种钢丝绳、高档工程轮胎项目奠基仪式暨销售收入突破300亿元庆祝大会在华勤橡胶工业集团会

2012年12月15日，华勤橡胶工业集团销售收入突破300亿元庆祝大会举行

议中心举行。会上，宣布了济宁市委、市政府关于表彰华勤橡胶工业集团的通报。

20日　副省长夏耕到山东太阳纸业股份有限公司和华勤橡胶工业集团调研。

同年　从2012年春季开学起，兖州市实行学前教育免费，标志着兖州市在全省率先实现从学前到高中阶段的15年免费教育。市财政每年列支3366万元免除在园幼儿的管理费、保育费、杂费、代办费。

同年　兖州市粮食单产实现“十连增”，总产10.32亿斤，实现历史性突破。

2013年

1　月

5日　国土资源部考核组到兖州市考核国土资源节约集约模范县（市）创建工作。

13日—15日　政协第十三届兖州市委员会第二次全体会议在富都宾馆召开，出席会议委员210人。会议审议通过有关报告，并分别作出决议。会议补选颜丙华为政协第十三届兖州市委员会副主席，补选政协第十三届兖州市委员会常务委员2人。

14日—16日　兖州市第十七届人民代表大会第二次会议在市机关第一招待所召开。出席会议代表225人，列席328人（其中市政协委员210人）。会议审议通过《政府工作报告》等有关报告，并分别作出决议。大会选举张瑞山为市人民法院院长。

同月　民革兖州市支部委员会成立。

2　月

4日　民建兖州支部委员会成立。

28日　全市“深化解放思想跨越发展大讨论”活动动员会在富都宾馆召开。这次大讨论活动从2月下旬开始到4月底结束，分为宣传发动、学习讨论和整改提高3个阶段。

同日　兖州市举行2013年第一批重大项目集中开工暨天成万丰精细化工园项目奠基仪式。该次集中开工的重点产业项目共有10个，除天成万丰精细化工园外，还有滋阳医药产业项目、经典重工二期项目、矿山机械装备制造项目等。

3　月

14日　全国妇联人才开发培训中心考察组一行7人到兖州市考察科技示范基地建设情况。

18日　副省长张超超到兖州市调研环保工作。

同月　市政府办公室印发《关于扩大高龄补贴发放范围的通知》，将老年人高龄补贴发放范围扩大到有兖州市常住户口、80周岁至89周岁的老年人，补贴标准为每人每月30元，每季度发放一次。

4　月

9日　全市农机购置补贴工作会议召开。2013年，济宁市农机局、济宁市财政局安排兖州市第一批中央财政农机购置补贴资金700万元，补贴政策覆盖全市所有镇（街道），补贴范围为耕整地机械、种植施肥机械等12大类46小类159个品目的机具。

11日—13日　市委副书记、市长董波等带领部分中小企业负责人组成的考察团赴江苏沭阳、邳州、铜山、沛县参观学习工业经济发展、项目建设和招商引资工作。

12日　全市第三届职工职业技能大赛在市高级技工学校开幕。大赛设钳工、电工、静脉输液、中式烹调师等13个比赛工种。

18日　省文化厅验收组一行对兖州市图书馆进行“国家一级馆”评估复查。兖州市图书馆于1994年被文化部评定为国家二级图书馆，2009年晋升为国家一级图书馆。图书馆馆舍面积3705平方米，拥有阅览座席420个，馆藏量23.7万册，电子文献1.64万种，年接待读者22万余人次。

22日 华勤橡胶工业集团与台湾润泰集团在兖州市投资的大润发商业超市正式营业。超市总投资420万美元，占地40余亩，购物商场分三层，营业面积1.3万平方米，商店街面积4500平方米，停车位400余个，是兖州市第一个专为大卖场设计建造的高端商业建筑。该超市于2012年5月22日开工建设。

5 月

7日 泰安市党政考察团到兖州市考察。

8日 济宁市科技创新与奖励大会召开，兖州市获济宁市科学技术与人才工作先进市，8项科技成果获济宁市科学技术奖。其中，山东太阳纸业股份有限公司、华勤橡胶工业集团获批济宁市首批创新型示范企业；山东科大鼎新电子科技有限公司“高性能单晶铜键合丝制备技术及产业化”项目荣获市科学技术一等奖；依托市农业科学研究所组建的“济宁市小麦玉米两熟制氮肥高效利用研究创新团队”荣获济宁市优秀科技创新团队；华勤集团安能公司技术总监于兆霞获济宁市科学技术最高奖，获得奖金20万元。

6 月

15日 兖州市人民医院实施公立医院改革，引入华勤集团进行合资管理。改制后的兖州市人民医院继续保持医院的公益性，政府占有40%股份，具有“一票否决权”，在保证非营利性质不变、在职人员身份不变、政府支持力度不变、财政拨款力度不降的基础上，经过3年左右“过渡期”，通过联合办院等形式，探索多样化高品质医疗服务。

17日 兖州市举行第二批重大项目集中开工暨大丰机械年产5万套收割机配套件项目奠基仪式。该次集中开工的重大产业项目，总投资61.3亿元，包括大丰机械投资5.6亿元、年产5万套收割机配套件项目，育达医疗15亿元的年产监护仪5万台、超声设备2万台的医疗设备项目，太阳纸业投资12亿元的年产12万吨高档生活用纸项目，天意机械投资7.3亿元年产1000台水泥发泡保温板和年产2000台石膏板装备项目，百盛生物投资6亿元生产10万吨聚L—乳酸及其产业链延伸乳酸钙、乳酸锌项目。

20日 泰安市党政考察团到兖州市考察产业结构调整、工业经济运行和招商引资工作。

21日 山东太阳纸业集团荣登2012年度中国轻工业百强企业榜，列第11位。

25日—26日 山东省委巡视组到兖州市开展巡视工作。省委巡视组先后到华勤橡胶工业集团、山东太阳纸业股份有限公司、兖州市第一中学、西城区城市建设现场、市社会福利中心、兴隆文化园东西区、市博物馆和华勤紫金城调研。

25日 兖州市获全国国土资源节约集约模范县称号，成为全省获该殊荣的5个县（市）之一、济宁市唯一获该殊荣的县（市）。

29日 兖州永丰国际商贸城举行开业仪式。永丰国际商贸城是以“五金机电、装饰建材”区为主，由商务办公区、物流仓储区、时尚生活区、餐饮美食区、超市购物区组成的多功能超大商贸市场，可容纳3000商户经营、1万人居住。该商贸城投资15亿元，占地520亩，建筑面积56万平方米，于2010年9月30日奠基。

7 月

5日 省委副书记王军民到兖州市走访慰问老党员和生活困难党员，听取基层党员干部群众对开展党的群众路线教育实践活动的意见建议，并就“三农”工作进行调研。

7日 兖州市作家协会第一次会员代表大会召开。会议通过协会章程，选举产生第一届市作协主席、副主席。

20日 五里庄农贸市场开业。五里庄农贸市场投资1500万元，占地25亩，沿街建设门头房3万平方米，摊位155个，预计年营业额2000万元，该市场是新城区批发零售、购物休闲为一体的现代化、多功能商贸综合体，可辐射周边社区 4.6 万居民，满足新城区群众多层次购物需要。

同日 龙桥街道办事处五里庄村村集体出资 6000 万元兴建的非营利性养老服务机构——五里庄村老年公寓和老年人日间照料中心项目正式奠基。该中心位于扬州路以东，区消防中心以南，五里庄农贸市场以北，占地面积 29.5 亩。

23 日 全市离退休干部党工委成立暨市离退休干部党工委第一次全体委员会议召开。

同月 2013 中国 500 强排行榜发布，太阳纸业股份有限公司列 374 位，比上年度前移 10 个位次。

同月 由山东省工商业联合会举办的 2013 山东民营企业“三项评选”公布入围企业，兖州市工商联会员企业太阳纸业股份有限公司、齐鲁特钢有限公司、山东翔宇化纤有限公司 3 家企业入选山东民营企业 100 强，分列 2013 山东民营企业 100 强 38、44、83 位；兖州东升精细化工有限公司入选山东创新新型民营企业；山东省兖州市兴达酒业有限公司入选山东民营企业公益之星。

同月 兖州市机关事业单位失业保险从 7 月 1 日起不再区分全额、差额不同标准，统一按照 1.5% 的比率缴纳。

8 月

8 日 由兖州市委、市政府举办的首届百家名企走进兖州经贸洽谈活动在兖州市举行。国内 130 家企业、164 名客商齐聚兖州，进行经贸洽谈，签约项目 40 个，总投资额 236.04 亿元。

同日 伊斯兰教开斋节。市有关领导分别到鼓楼街道、颜店镇、大安镇、小孟镇清真寺走访慰问伊斯兰教人士及穆斯林群众，与他们共庆伊斯兰教盛大节日，并为每处清真寺送去粮油及慰问金。

15 日—24 日 兖州市经贸考察团赴美国进行经贸考察，在推进项目合作、外企增资、市场拓展等方面取得显著成效。推进联诚集团与美国艾晓岚博士的混合动力系统 EPVT 项目、明源进出口的生物保健品项目、创佳玻纤的境外投资项目等。

22 日 省政协副主席许立全到兖州市调研。许立全一行先后到太阳纸业集团、联诚公司进行实地考察，对兖州市经济社会发展和政协工作给予肯定。

23 日 兖州市面向社会招聘高层次人才结束，共招聘高层次人才 48 人。其中，硕士 45 人，博士 3 人。

26 日 兖州市招录国家公务员工作结束。共招录公务员 31 人，被录用人员于该日到有关单位报到工作。

9 月

7 日 聊城市党政考察团到兖州市考察工业经济发展情况。

16 日 省政协副主席王乃静率领省政协视察组一行 19 人到兖州市考察基本农田保护和土地整理工作。

23 日 济宁市 2013 年第三批重大项目集中开工仪式暨天意机械股份有限公司新型建材装备产业化项目开工奠基仪式在兖州工业园区举行。天意机械新型建材装备产业化项目，总投资 7.3 亿元，是继年产 1000 台套轻质墙板装备生产线后又一重大低碳节能技术创新项目。

24 日 全国人大常委会副委员长、全国妇联主席沈跃跃率调研组到兖州市就水源地环境保护工作进行专题调研。沈跃跃一行实地察看徐家营污水处理中心，听取太阳纸业负责人关于污水治理、环境保护方面的情况汇报，了解企业在环境保护方面的思路和举措。

25 日 滨州市党政考察团到兖州市考察民营经济发展情况。考察团先后到山东太阳纸业股份有限公司、华勤橡胶工业集团，听取企业发展情况介绍，实地参观生产车间。

27日 全市中小学生田径运动会在东方中学拉开帷幕。田径运动会为期3天，全市中小学校22支代表队，400余名运动健儿，在15个比赛项目上展开角逐。

29日 山东省科技厅、农业厅组织有关专家，对兖州市大安镇廿里铺村农科所试验田种植的15亩鲁单818玉米攻关田进行实打验收，平均亩产971.16公斤，位居济宁市第一名。

同月 中国企业联合会、中国企业家协会发布2013年中国企业500强榜单。华勤橡胶工业集团排名由2012年的398位上升至321位；山东太阳纸业股份有限公司位列333位，比2012年排名上升23位。

10 月

11日 第十届中国艺术节演艺产品交易会重点演艺项目签约仪式在济南举行，兖州市重点推出的大型旅游演艺节目《菩提东行》与山水盛典文化产业有限公司达成1.2亿元合作意向，并现场签约。

同日 第十届中国艺术节2013中国（山东）演艺产品交易会上，兖州市大型文化旅游演艺项目《菩提东行》获优秀展示奖。市文化广电新闻出版局同时获优秀组织奖。

11日—12日 省园林城市第一专家考评组到兖州市考评省级园林城市创建工作。经专家组考核验收，兖州市被授予省级园林城市称号。

13日 “九九”重阳节之际，兖州市社会福利服务中心（光荣院）建成启用。中心规划占地100亩，总建筑面积5.41万平方米，设计养老床位2000张，儿童床位100张，计划总投资1.5亿元，是全省规模最大、功能较为完善的县级社会福利服务中心。福利中心委托市中医院经营，由政府出资购买中医院服务。该中心于2010年12月29日开工建设。

17日 副省长王随莲到兖州市检查第23届省运会场馆——兖州市新体育中心建设情况，该中心2012年7月开工建设，规划占地面积400亩，投资6亿元，包括体育馆、游泳网球馆、能源中心以及室外网球场（8片）、篮球场（4片）等设施。

18日 兖州市面向社会招聘事业单位工作人员工作结束。共招聘150人，其中，招聘教师92人。

29日 省委、省政府印发《关于表扬山东省文化强省建设先进市县的通报》，兖州市榜上有名。

31日 兖州市举行2012年—2013年经济适用房住房摇号、抓阄选房仪式，400户低收入家庭圆了住房梦。

同月 兖州市顺利通过2013年全国县（市）科技进步考核，这是兖州市第七次通过全国县（市）科技进步考核。

11 月

6日 17个国家的驻华大使、官员携夫人一行25人组成欧盟使节团到兖州市，参观山东太阳纸业股份有限公司生产车间和纸文化博物馆。

13日 市委、市人大常委会、市政府、市政协主要负责人带领市30余家中小企业负责人及市发改局、市经信局等市直部门负责人赴金乡县、任城区、济宁高新技术产业开发区考察学习。

18日 中国工商银行兖州支行新营业大厅启用。营业大厅位于西城区，投资5000多万元，面积6473平方米，其中贵宾理财中心1760平方米，为全国县级工商银行最大营业厅。

27日 山东太阳纸业股份有限公司举行生活用纸项目开业典礼仪式暨新品上市发布会。

29日 济宁市兖州区成立大会在行政办公中心举行。济宁市及兖州区党政负责人出席，并分别为中国共产党济宁市兖州区委员会、济宁市兖州区人民代表大会常务委员会、济宁市兖州区人民政府、中国人民政治协商会议济宁市兖州区委员会揭牌。区委常委，部分区级领导，各镇（街道）、区直各部门主要负责人参加会议。

同月　兖州市参保人员失业保险金标准由每人每月680元调整为每人每月780元。

12　月

3日　济宁市第四批重大项目集中开工仪式暨兖州爱他美高档婴幼儿卫生用品项目开工奠基仪式在新驿镇工业园举行。该次开工仪式，兖州区纳入济宁市集中开工的项目共10个，总投资50.9亿元。

24日　省政协副主席、民建山东省委主委郭爱玲一行到兖州区调研。

同日　圣德国际酒店通过国家级旅游饭店星级评定委员会验收，正式成为五星级旅游酒店。2008年9月15日，该酒店由金太阳投资有限公司投资9亿元按五星级标准开工建设。2010年11月，全面竣工并投入使用。2011年8月16日举行开业典礼。酒店占地9.3万平方米，拥有各式豪华客房388间（套）及中餐厅、风味餐厅、西餐厅、室外露天酒吧、茶艺馆、多功能宴会厅、国际会议中心、大型水疗SPA、恒温游泳池、健康中心、棋牌室、网球场、大型豪华夜总会、高端商务会所、婚庆广场等各种先进的服务设施。

28日　兖州泗河九州大桥竣工通车。大桥位于金口坝下游405米，西接九州路、东接曲阜高铁连接线，总投资1.2亿元。大桥总长1103米，主桥长668米，主桥采用预制架设小箱梁，桥面全宽31.9米，双向六车道，并分设人行道，是兖州区首个采用BT融资模式建设的城市重点工程。工程于2011年11月18日开工建设。

29日　山东省“文化大拜年、欢乐进万家”冬春文化惠民暨济宁市兖州区第二十四届农民文化艺术节和“三下乡”活动启动仪式在兴隆庄镇举行。

同月　兖州区在连续三次获济宁市科学发展现场观摩考核第一名后，至年底再获综合考核第一名。

同月　从2013年开始，兖州市拟用3年解决落实2001年—2012年企业退休职工中独生子女父母一次性养老补助兑现政策。至2013年12月，确定兑现落实该项政策的困难企业77家，2001年—2007年共有退休独生子女父母1209人，需兑现资金511.9万余元，已全部发放完毕。

第一篇

行政区域

YANZHOUSHIZHI

行政区域

兖州市（区）地处山东省西南部，北纬 35°23′31″～35°43′17″，东经 116°35′21″～116°53′36″。北邻宁阳，西靠汶上，南、西分别与邹城、任城接壤，东隔泗河和孔子故里曲阜毗邻。全境最北端到最南端直线距离 36 公里，最东端至最西端直线距离 26.5 公里，呈不规则长方形。总面积 650.19 平方公里。

城区位于境内中东部，京沪、新石铁路交会处。北至泰安 80 公里、济南 162 公里，西南至济宁 31 公里，南至徐州 161 公里，东至临沂 182 公里。东距京沪高铁曲阜东站 20 公里、日照港 210 公里，西距京杭大运河 30 公里，京福、京沪、日兰高速在境内通联。453 年（南朝宋元嘉三十年）至 1912 年，为州、郡、府治所，一方政治、经济、文化中心，素有“军事重镇、九省通衢、齐鲁咽喉”之称。

第一章　建置　区划

第一节　建置沿革

兖州市（区）历史悠久。据境内已发现遗址考证，早在旧石器时代晚期就有人类在这里繁衍生息。新石器时期，成为人烟稠密的地区之一。

上古属少昊之墟，为古奄地，称穷桑邑。夏禹时期分天下为九州，属徐州区域范围。西周称负夏，属鲁国，春秋为鲁国负瑕邑。战国末期，鲁国被楚国所并，改称瑕丘，属楚国。

秦，置瑕丘县，属薛郡，县治所在今市（区）行政办公中心东北 7 里古城村。汉代瑕丘县隶属兖州山阳郡。公元前 134 年（汉元光元年）用主父偃策，分封诸侯王子弟为侯，以分其势，鲁恭王之子刘政封为瑕丘侯，瑕丘又为侯国。东汉，仍置瑕丘县。

三国至西晋沿袭。东晋义熙年间，瑕丘县并入南平阳县（治所在今邹城市西北 10 公里），隶属兖州高平国。453 年（南朝宋元嘉三十年），复置兖州，州治瑕丘，治所在今东部城区北半部。瑕丘为兖州治所始于此时。606 年（隋大业二年）兖州改为鲁郡，翌年，割邹县、汶阳（今曲阜）、平原（今宁阳）3 县边界地区复置瑕丘县，瑕丘县为鲁郡治。

唐、五代十国至宋，均置瑕丘县，隶属关系几经变更，均为郡、府、州治所。瑕丘自唐始为重镇。1110 年（北宋大观四年）为避孔子讳，故去“丘”留瑕，将瑕丘县改为瑕县，隶属兖州大都督府。后因“瑕”有“疵瑕”之意，遂以地处嵫山之阳，改为嵫阳县。

元代，嵫阳县隶属兖州并为其治所。1265 年（元至元二年）宁阳省入嵫阳，1297 年（元大德元年）析出。明初，嵫阳县并入兖州，隶属山东布政使司济宁府。1370 年（明洪武三年）明太祖封其第十子朱檀为鲁王，就藩兖州，1385 年（明洪武十八年）兖州升为府，复置嵫阳县。1471 年（明成化七年）因鲁王宫中多次发生火灾，乞以水克火，故将嵫阳县的“嵫”去山从水，改为“滋”，县名遂改为滋阳县。

清代沿袭明制，滋阳县隶属兖州府。

民国时期，废州府制设置道制，滋阳县隶属济宁道。1938 年日军入侵，滋阳县沦陷。1944

年10月，中共兖济县抗日民主政府建立，活动在济宁、邹县、滋阳3县边界一带。日军投降后，兖济县抗日民主政府驻滋阳县农村，国民党县政府驻滋阳县城区。1946年4月，撤销兖济县改置滋阳县，中共滋阳县机关驻大安镇牛家屯村。

1948年7月13日，兖州解放，城区置兖州市，乡村仍为滋阳县，县机关驻泗庄区薛家庙村。12月底兖州市并入滋阳县，县机关迁驻县城，隶属山东省鲁中南行政公署第四专员公署。1949年1月，滋阳县隶属山东省鲁中南行政公署尼山专员公署。1950年5月，滋阳县改属山东省滕县专员公署。1953年7月，滋阳县改属山东省济宁专员公署。1958年11月11日，滋阳、曲阜合并称曲阜县，县机关仍驻滋阳县城。1962年1月10日，曲、滋两县按原行政区域分治，滋阳县改为兖州县，治所未变。1983年8月，济宁地区改为济宁市，兖州县隶属济宁市。1992年9月19日，撤销兖州县，设立兖州市（县级），山东省直辖，济宁市代管。2013年11月29日，撤销兖州市，设立济宁市兖州区，以原兖州市行政区域为兖州区行政区域。2013年，兖州市（区）辖7镇5街道。

兖州市（区）历代隶属关系沿革表

表1-1

时间		名称	隶属	说明
时代	纪年			
上古	约前2500～5000年	穷桑	少昊之墟	—
夏商	约前21～11世纪	负夏	徐州之域	—
西周	约前11世纪～前771年	负夏	鲁国	—
春秋	前770年	负瑕	鲁国	—
战国	前256年	瑕丘	楚国	—
秦	前221年	瑕丘县	薛郡	—
汉	约前206年	瑕丘县	兖州刺史部山阳郡	—
	前134年（元兴元年）	瑕丘县	—	又为侯国
	约25年（建武元年）	瑕丘县	兖州刺史部山阳郡	—
三国	约220年（建安二十五年）	瑕丘县	兖州高平国	—
晋	405年后（义熙年间）	瑕丘	兖州高平国	并入南平阳县
南北朝	453年（宋元嘉三十年）	瑕丘	兖州	州治
隋	583年（开皇三年）	瑕丘	兖州	州治
	607年（大业三年）	瑕丘县	鲁郡	郡治
唐	622年（武德五年）	瑕丘县	兖州	州治
	634年（贞观八年）	瑕丘县	河南道兖州鲁郡	郡治
	640年（贞观十四年）	瑕丘县	兖州都督府	府治
	约742年（天宝初年）	瑕丘县	河南道鲁郡	郡治
	约758年（乾元元年）	瑕丘县	河南道兖州	州治
	876年（乾符三年）	瑕丘县	兖州泰宁军节度使	治所
五代十国	952年（后周广顺二年）	瑕丘县	天平节度使防御州	州治
	960年（建隆元年）	瑕丘县	兖州泰宁军	治所

续表1-1

时代	纪年	名称	隶属	说明
宋	1008年（大中祥符元年）	瑕丘县	兖州大都督府	府治
	1110年（大观四年）	瑕　县	兖州大都督府	府治
	1118年（政和八年）	瑕　县	山东东路兖州袭庆府	府治
金	1127年（天会四年）	嵫阳县	山东西路兖州泰定军	治所
	1179年（大定十九年）	嵫阳县	山东西路兖州泰定军节度使	治所
元	1206年后（元初）	嵫阳县	济宁路兖州	州治
	1252年（宪宗二年）	嵫阳县	东平路兖州	州治
	1279年（至元十六年）	嵫阳县	中书省济宁路总管府兖州	州治
明	约1368年（太祖元年）	兖　州	山东布政使司济宁府	州治
	1385年（洪武十八年）	嵫阳县	山东布政使司兖州府	府治
	1471年（成化七年）	滋阳县	山东布政使司兖州府	府治，任城卫治
清	1644年（顺治元年）	滋阳县	山东省兖州府	府治　兖、沂、曹、济道治
中华民国	1913年	滋阳县	山东省济宁道	—
	1938年	滋阳县	山东省公署鲁西道，后改济宁道	国民党县政府，流动于县境内外
	1944年10月	兖济县	山东省鲁南区第二行政专员公署	中共抗日民主政府，在农村活动
	1946年4月	滋阳县	山东省鲁南办事处第一区行政督察专员公署	中共领导的县人民政府，驻牛家屯
	1947年	滋阳县	山东省鲁南办事处第二区行政督察专员公署	—
	1948年7月	兖州市	山东省鲁中南行政公署第四专员公署	兖州解放，城区设市，乡村为县
		滋阳县		
	1949年1月	滋阳县	山东省鲁中南行政公署尼山专员公署	兖州市并入县，县机关迁至城内
中华人民共和国	1950年5月	滋阳县	山东省滕县专员公署	—
	1953年7月	滋阳县	山东省济宁专员公署	—
	1958年11月	曲阜县	山东省济宁专员公署	县机关驻原滋阳县城
	1962年1月	兖州县	山东省济宁专员公署	—
	1978年	兖州县	山东省济宁行政公署	—
	1983年底	兖州县	山东省济宁市	—
	1992年9月	兖州市	山东省	济宁市代管
	2013年11月	兖州区	山东省济宁市	—

第二节 境域变迁

兖州市（区）境域，明、清至民国相同。《滋阳县志》载："东界曲阜十里至县城三十里，西界济宁二十里至州城六十里，南界邹县二十里至县城五十里，北界宁阳三十里至县城五十里，西北界汶上六十里至县城九十里。东西广五十里，南北袤八十里。"总面积585平方公里。1938年日军入侵和国民党占据兖州时，境域未变。

1948年7月兖州解放，为适应新形势需要，所辖村庄与邹县、济宁、曲阜作了调整，境域变动较大：原属邹县的刘家楼、小施村、大施村、魏家井、水坑、大庙、田家庙、刘岗、和尚堂、澹台墓、雷家厂、南张村、王家楼、谢家集、程家行、大南湖、小南湖、樊庄（前、中、后樊庄3村）、椁椤树、王庄、北湖、道沟、汪家庙、前小疃、后小疃、钱家村、张村、戏楼、申家街、店子、西兴隆庄、后侯家营、前侯家营、北许、东郭家营、史家营、韩家堂、丁家庄、田家庄、社仓、储家庄、南许、河口、业庄计46个村和原属济宁县的蒋屯、黄屯、褚屯、孙氏店、小辛庄、李屯、祖营、于家厂、茶庵、马庄、孙氏闸、三仙庙、高汪庄、赵庄、周家堌堆、玄帝庙16个村划归滋阳县；原属滋阳县的粉店、南杨庄、魏宋庄、张家庄、小果庄、大果庄、牛厂、依仁村、西郭家村、东郭家村、章枣、古路沟、赵家庄、小厂、苑庄、五福庄、肖家庄、官庄、辛村、徐家庙、杨家店、佃户屯22个村划归曲阜；北刘庄、皇桥2个村划归济宁。其时，全县面积648.2平方公里。1958年11月，曲、滋合并，1962年1月按原行政区域分治，兖州县境域面积仍为648.2平方公里。2005年，市国土局与周边县（市、区）国土部门双方到分界处确定分界线，并对市境域面积进行测算。全市境域面积为650.19平方公里，比原境域面积增加1.99平方公里。至2013年底，兖州市（区）境域面积未再变动。

第三节 区 划

清康熙年间，全县划分为24个社。1886年（清光绪十二年）社上设乡，全县划分4个乡、24个社。东德政乡6个社为东大南社、西大南社、漕河社、北高吴社、东白社、顿村社。南进贤乡6个社为南辛王社、西辛王社、北辛王社、南砂堆社、北砂堆社、马青社。西仁义乡6个社为南李宫社、北李宫社、东土娄社、西土娄社、旧县社、进贤社。北达巷乡6个社为吴寺社、东邢安社、西邢安社、南高吴社、东隅社、南隅社。

民国初年沿袭，设4个乡24个社（一度称社区），城区增设东北、东南、西南、西北4隅。

1928年，全县设6个区，49个乡镇。日军入侵后及国民党政府统治时期至兖州解放，行政区划基本未动。城厢为一区，辖惠民、永安、奎文、太和、四通、三河6个镇，临曲、泗东2个乡。达巷为二区，辖太平、高吴、小孟、滕村、新嘉5个镇，漕河、达巷、型堂、函丈、万福5个乡。嵫山为三区，辖故县1个镇，旧县、顿丘、李宫、中和、仁里、嵫山、明秀、坊右8个乡。瑕丘为四区，辖谷村、官庄2个镇，竹林、尚古、瑕丘、百寿、桑园5个乡。临洙为五区，辖大安1个镇，德政、和圣、进贤、鸣珂、临洙、孝友6个乡。乘丘为六区，辖娄公、王因2个镇，中兴、郯子、乘丘、陋地、苑庄、乐善6个乡。

1944年10月，兖济县抗日民主政府建立，有3个活动区。抗战胜利后，兖济县抗日民主政府改为兖济县民主政府。随着形势的发展，新区的扩大，兖济县辖区有较大变化。1946年2月初辖三、四、五3个区，调整区划后，辖二区（泗庄）、三区（长庆）、四区（仲浅）、五区（南贯集）、六区（王因）、七区（嵫山）、八区（新驿）、九区（谷村）8个区。4月，兖济县改称滋阳县，辖二、三、六、七、八、九6个区。

1948年7月兖州解放，城区设立兖州市，辖第一、第二、第三3个区，永安1个镇。乡村仍为滋阳县，辖泗庄、长庆、王因、嵫山、新驿、大安6个区。同年12月，市并入滋阳县。市区改为城关区，辖民主、胜利、东关、西关4个镇。1949年7月增设太平、漕河2个区，全县划分为城关、泗庄、长庆、王因、嵫山、新驿、大安、漕河、太平9个区，下设83个联防组织。

1950年11月，区名由地名称谓改为序号称谓。同年12月，撤销联防组织，改设乡镇。1951年3月，全县设9个区86个乡（镇）。其中，第一区辖北关、南关2个乡和东关、西关、长安、兴隆、胜利、鼓楼、民主、永安8个镇。第二区辖官庄、盛村、大厂、蔡桥、白家楼、谷村、高家庙、安家庙、唐家庄9个乡。第三区辖左家村、歇马亭、甄家桥、郈村、大安、西北店、辛北庄、张家村、道义、周家楼10个乡。第四区辖太平、海子、河庄、小孟、王子、桑园、辛庄、吴寺、店子9个乡。第五区辖高吴桥、皇林、东顿村、新驿、西顿村、姜家村、型堂、郭家村、李宫9个乡。第六区辖故县、袁庄、翟村、屯头、郗村、颜店、嵫山、孟家村、北肖9个乡。第七区辖朝阳、五里庄、八里铺、稻营、薛家庙、泗庄、天齐庙、程家村、徐家营、傅家庙10个乡。第八区辖韩堂、河口、柳沟、娄公集、岗上、任桥、孙氏闸、黄屯、王因9个乡。第九区辖牛家楼、兴隆庄、胜利、大庙、张家村、樊庄、道沟、杨庄、寨子、孙家楼、长庆11个乡。

1955年11月4日，第一区改为城关区，第二区改为漕河区，第三区改为大安区，第四区改为河庄区，第五区改为新驿区，第六区改为嵫山区，第七区改为泗庄区，第八区改为王因区，第九区改为道沟区。1956年春，撤销河庄区，同时将86个乡（镇）调整为78个乡（镇）。

1956年8月，将78个乡（镇）调为18个大乡。城关区改为城关镇，全县为1个镇7个区。其中，城关镇辖第一、第二、第三3个街道办事处和13个农业生产合作社；漕河区辖安丘府、垛庄2个乡；大安区辖歇马亭、甄家桥、张家村3个乡；新驿区辖新嘉驿、蔡庄、小孟3个乡；嵫山区辖郗村、颜村店、毛家庙3个乡；泗庄区辖五里庄、泗庄2个乡；王因区辖王因、黄屯2个乡；道沟区辖杨庄、三官庙、道沟3个乡。同年11月，再次调整区划。区辖18乡改划为垛庄、谷村、安丘府、大安、甄家桥、歇马亭、张家村、新驿、型堂、蔡庄、小孟、郗村、袁庄、毛家庙、颜村店、泗庄、五里庄、黄屯、王因、柳沟、杨庄、三官庙、道沟23个乡。城关镇未动。

1958年3月撤区，全县设1个镇23个乡。同年8月，在人民公社化运动中，撤销乡镇建置，成立东风（城关）、上游（大安）、共产主义（新驿）、幸福之路（泗庄）、红旗（王因）、五星（道沟）6个人民公社，下设45个生产管理区。

1958年11月11日，曲阜、滋阳两县合并，1962年1月10日分治。同时调整行政区划，全县设城关、谷村、大安、小孟、新驿、颜店、泗庄、黄屯、王因、道沟10个人民公社，辖72个生产管理区（片）。1966年8月，增设城关镇，将10处人民公社改为10个区，72个生产管理区改为77个人民公社，实行区辖人民公社制。1969年4月撤区改设人民公社，原区辖的人民公社改为生产管理区。1972年1月调整区划，增设漕河、红星两个人民公社，此时县辖1个镇12个人民公社。1982年1月增设店子、娄庄两个人民公社。全县计1个镇14个人民公社。

1984年5月行政体制改革，撤销人民公社，恢复区镇建制，同时撤销店子、娄庄两处人民公社。全县设1个镇12个区，辖4个街道办事处和37个小乡（镇）。其中，兖州镇辖西御桥、东御桥、酒仙桥、兴隆4个街道办事处；城郊区辖北关、南关、马青3个乡；谷村区辖谷村、官庄、安丘府3个乡；漕河区辖蔡家桥、谈家村、郈村3个乡；大安区辖大安镇和张家村、大南铺2个乡；小孟区辖小孟、桑园、王子3个乡；新驿区辖新驿镇和蔡庄、顿村2个乡；颜店区辖颜店镇和孟村、故县2个乡；红星区辖前海、袁庄、屯头3个乡；泗庄区辖顺德楼、薛家庙、五里庄3个乡；黄屯区辖黄屯、孙氏闸、南二十里铺3个乡；王因区辖王因镇和长庆、娄庄、沙河3个乡；道沟区辖大庙镇和三官庙、道沟2个乡。

1986年12月撤区，实行乡镇建制。全县设城郊、谷村、漕河、小孟、前海（原红星）、黄屯、堡子（原道沟）8个乡；兖州、大安、新驿、颜店、王因5个镇。乡镇下辖4个街道办事处，37个管理区。后陆续调整、增设部分管理区。1992年4月，堡子乡改为兴隆庄镇。1994年11月，城郊乡改为新兖镇。1995年12月，黄屯乡、谷村乡分别改为黄屯镇、谷村镇。

1996年8月，撤销泗庄乡，设立泗庄镇，其行政区域不变，镇政府驻地由泗庄迁至薛庙西兖颜公路3.5公里处。1996年年底，兖州市设兖州镇、新兖镇、谷村镇、大安镇、新驿镇、颜店镇、泗庄镇、黄屯镇、王因镇、兴隆庄镇10个镇，漕河乡、小孟乡、前海乡3个乡。1999年12月，撤销漕河乡，设立漕河镇。2000年12月，撤销兖州镇，设立鼓楼街道办事处，辖鼓楼、少陵、惠民、韦园、南顺城、奎星楼、苗圃、校场、榕花园、神路、岗子街、东关、查官园、邓家窑、军民、兴隆、文东、大观门、塔前19个居委会；设立永安街道办事处，辖息马地、钟楼、民族、莲花、白衣堂、中御桥、南环、新兴、红西、长安、文西11个居委会；撤销泗庄镇，将其行政区域并入新兖镇，人民政府驻地为原新兖镇人民政府驻地；撤销前海乡，将其行政区域并入颜店镇，人民政府驻地为原颜店镇人民政府驻地。2002年9月，撤销小孟乡，设立小孟镇，其行政区域和人民政府驻地不变。2003年5月，根据济宁市委、市政府要求，按照管辖分离原则，王因镇、黄屯镇成建制移交给济宁市高新技术开发区管理，其行政区划界线不变。2005年8月，将黄屯镇东稻营、西稻营、杨厂、东张庄、老府庄、金家村6个村划归新兖镇管辖。

2008年8月，撤销谷村镇，将谷村镇整建制和新兖镇楚家洼、高家庙、宋家村、董家村、朝阳村5个村并入大安镇，人民政府驻地为原谷村镇人民政府驻地，沿用大安镇名称，与兖州经济开发区合为一体，调整后大安镇辖85个村。新兖镇保留51个村，划出34个村，与兖州新兖工业园合为一体，沿用新兖镇名称。同年8月，将新兖镇古城村、陈家村、傅家楼、琉璃厂、豆腐店、天仙庙、三河村、诸天寺、东关村9个村划出，与从鼓楼街道办事处划出的查官园、岗子街、东关、神路、军民、邓家窑6个居委会，共计15个村（居）委会，合并成立酒仙桥街道办事处；根据济宁市《关于公布新型乡镇试点单位及区划调整方案的通知》要求，按照“管辖分离”方式，将泗河东岸曲阜市时庄镇的田家村、河头村、焦家村3个行政村和曲阜市陵城镇的粉店村、牛场村（自然村）划归兖州市酒仙桥街道办事处管理。同年8月，将新兖镇龙桥村、西关村、旧关村、六里井、牛王村、李庙村、韩家楼、东韩村、五里庄、范家庄、范家堂、薛家庙、刘官庄、任老庄、李家湾15个村划出，成立龙桥街道办事处；撤销永安街道办事处，将原永安街道办事处所辖的11个居委会整建制和新兖镇永丰村、南关村、刘家岗、红花村、北关村5个村划出一同并入鼓楼街道办事处，调整后鼓楼街道办事处辖29个村（居）委会。

2009年12月，调整城市社区及居委会设置。4个社区居委会变更名称，鼓楼街道办事处文化东路社区居委会变更为文东社区居委会；文化西路社区居委会变更为文西社区居委会；红花西路社区居委会变更为红西社区居委会；南环路社区居委会变更为南环社区居委会。城区内部整体合并5个社区：奎星楼社区与苗圃社区合并，沿用奎星楼社区名称；鼓楼社区与榕花园社区合并，沿用鼓楼社区名称；校场社区与惠民社区合并，沿用校场社区名称；塔前社区、大观门社区与兴隆社区文化东路以南部分合并，沿用塔前社区名称；莲花社区与钟楼社区合并，沿用莲花社区名称。拆分2个社区：原兴隆社区文化东路以南部分划归塔前社区管理；原长安社区文化东路以南、建设东路以北、西御桥北路以东、北半边街以西部分划归文西社区管理，北护城河路以南，中御桥北路以西，西御桥北路以东，文化东路以北部分划归新兴社区管理。龙桥街道新成立4个社区居委会：维多利亚社区居委会、九州方圆社区居委会、牛旺社区居委会、新龙社区居委会，负责管理龙桥街道办事处辖区内所有集中和分散居住的非农业户籍居民。2010年3月，将山拖总厂生活区、发动机分厂生活区、山拖兖州小区3个生活小区和山拖农场划归所属镇、街道管理。新增设演武厅社区、山拖社区2个城市社区，1个山拖农场行政村。

2010年7月，撤销王因镇，以其原行政区域设立王因街道办事处；撤销黄屯镇，以其原行政区域设立黄屯街道办事处。2013年1月，将大安镇牛家屯、武家村、张家坡、穆家庙、夏家庙、辛北庄、前道义、后道义、牟家屯、大南铺、夏家村、张陈、大徐村、坊里村、大胡街、宋家庙、西韩村、五炉村、曹家洼、周家楼、官路口、刘家村、小徐村、阎家村、张家村、尹家村、前吴村、王家村、宋家村、董家村、曹阳村、高庙、楚家洼33个行政村和山拖社区划归新兖镇管辖。

2013年11月，撤销兖州市，设立济宁市兖州区。2013年，全市辖鼓楼街道、龙桥街道、酒仙桥街道、王因街道、黄屯街道和兴隆庄镇、新兖镇、大安镇、漕河镇、小孟镇、新驿镇、颜店镇7个镇5个街道，有居民社区31个，行政村497个。

第二章　镇（街道）　村庄

第一节　镇（街道）

鼓楼街道　位于城区东部，东邻酒仙桥街道，西连龙桥街道，南接新兖镇、兴隆庄镇，北与大安镇接壤，街道办事处设在城区文化东路。辖区总面积17.21平方公里。辖5个村民委员会、19个社区居委会；辖区总人口14.45万人，人口自然增长率4.08‰。

2013年，鼓楼街道农业从业人员4544人，粮食作物875亩，总产量442吨，经济作物260亩，总产量506吨，农业以种植小麦、玉米、蔬菜为主，粮经种植比例为7.7∶2.3，农民人均纯收入18345元。拖拉机及各类配套机械210余台（部），农业机械总动力1026千瓦，农村用电量553万千瓦时，零星植树0.5万株，栽植灌木1万株，育苗面积40公顷，苗木产量40万株。2013年，新上重大工业项目4个，地区生产总值53亿元。工业总产值12.2亿元，实现利税1.51亿元。其中，规模以上工业企业5家，主营业务收入9.69亿元，利税1.1亿元。有个体工商户7077户，有皇城园、息马地、鼓楼、兴隆4处集贸市场，从业人员12456人，年交易额8.5亿元。

2013年，辖区有市人民医院、市中医院、市妇幼保健院、街道社区卫生服务中心等卫生机构6个，医护人员4173人，床位3754张，村（居）卫生室（所）114个，村居医生146人，全面实行新型农村合作医疗制度，参合人数7763人，农民参合率100%。辖区共有低保户1631户，3974人，月发放低保金约141.3万元；月发放优抚款10.1万元；发放大病救助金147万元；为残疾儿童、残疾学生和低保残疾家庭的93名中小学生发放了生活补贴；为837名就业困难人员解决就业岗位，农村劳动力转移582人；为9566人办理居民养老保险；为7199名适龄妇女进行免费“两癌”筛查；为3665名65周岁以上老年人进行免费查体，居民群众的幸福指数和满意度增强。

附

1999年兖州镇概况

位于市境中部，东邻曲阜市，西、南均接新兖镇，北与谷村镇接壤，是市政府所在地，为全市政治、经济、文化中心。1999年，面积12平方公里，辖30个社区居委会，人口11.2万人。完成社会总产值5.02亿元，城镇居民人均可支配收入4326元。

1999年，全镇乡镇企业发展到142家，形成玻璃纤维化工、建筑建材、油脂饲料、食品饮料、劳保用品彩色印刷等7大主导行业，企业总产值4.48亿元，乡镇企业完成销售收入4.34亿元，实现利税3170万元，规模以上企业有长城电缆厂、恒达电器公司、环球玻纤公司等13家。1999年，有私营企业352家，个体工商户5974户，有东关市场、兴隆市场、鼓楼市场等5处集贸市场，从业人员7000余人。

1999年，白衣堂小学分校投入使用。同年，有中学4所，小学4所，聋哑小学1所，在职教师446人，在校学生5567人；学前教育班11个，学龄前儿童435人。辖区内中小学校皆属于市直管理，适龄儿童入学率100%。有市第一人民医院、市第二人民医院、市中医院3所医院，医护人员864人，床位650余张；村居卫生所35个，医生42人。1999年，兴隆小区东区上房；建成御苑、塔前等8个封闭式安全文明小区，建立社区服务网点60余个，从事社区服务人员200多人，开展日常性支援服务，涉及助残济老、访贫慰孤、修缮服务等领域。实现自来水普及率100%，人均居住面积31平方米。

2007年永安街道概况

位于城区西部，东邻鼓楼街道，西、南接新兖镇，北与谷村镇接壤。2007年，面积6平方公里，辖11个社区居委会，有14040户40684人，完成地区生产总值11亿元，城镇居民人均可支配收入13976元。

2007年，完成地区生产总值11亿元，实现利税2400万元，外贸出口143万美元，其中规模以上企业有华泰机械、天意科技、大禹纺织、硕华工贸、创佳玻纤、九安服装有限公司等15家，产品涉及玻璃纤维、新型建材、纺织服装、机械加工等领域，完成销售收入1.96亿元、实现利税2400万元。有个体工商户2345户，私营企业98家，从业人员7734人，有皇城园市场、息马地市场、四友园市场等5处集贸市场，年交易额5.6亿元，上缴税金2601万元。

2007年，有市第一人民医院、市第二人民医院2所医院，医护人员987人，床位825张；村居卫生所13个，医生25人。有社区服务网点160余个，拥有15支300余人社区志愿者队伍。民族、钟楼、新兴、白衣堂、长安等社区综合服务楼投入使用，莲花、民族两个老年公寓入住率95%以上。电话普及率达每百人47部，有新生活小区、联诚小区、滨河小区、文昌阁小区等花园式住宅小区，人均居住面积33平方米。

龙桥街道 位于城区西部，东邻鼓楼街道，西、南、北均与新兖镇接壤，是市委、市政府所在地，为全市行政中心，街道办事处驻地位于建设西路。建设路、九州路横贯东西，新石铁路、327国道、104省道纵贯南北。总面积15.51平方公里，辖15个行政村、4个城市社区，有13506户46987人，其中农业人口18763人，占总人口的39.93%，农民人均纯收入13846元，人口自然增长率7.33‰。获省首批乡村文明行动示范镇街等称号。

龙桥街道农业以种植小麦、玉米、蔬菜为主。

2013年，农作物总播种面积1.15万亩，其中粮食作物1.04万亩，经济作物1038亩，粮经种植比例为9.1∶0.9，农业总产值7257万元。造林80亩，植树3400株，育苗50亩。大牲畜存栏5头，猪存栏0.69万头，家禽存栏18.5万只。农机总动力7555千瓦，机井140眼，电灌面积8250亩，占灌溉面积的100%。辖区工业企业7家，涉及机械加工、纸制品加工、纸机械及配件、混凝土生产、电器开关、农药生产等领域，2013年完成销售收入1.56亿元，实现利税837万元，利润478万元，实缴税金359万元。新增规模以上工业企业1家，总数2家，分别是兖发机械制造有限公司、顺昌纸制品制造有限公司，完成销售收入6233万元，实现利税335万元，利润191万元，实缴税金144万元。实施或参与实施各类重点项目26个，其中，过亿元项目18个，列入兖州市级重点项目2个，列入济宁市级重点项目1个。全年完成固定资产投资16.27亿元，新增限额以上服务业企业4家，总数22家。银座佳悦酒店、新天地大酒店、大润发超级大卖场、五里庄农贸市场开业运营。拥有五里庄农贸市场、新居美家具城、旧关汽车城等专业市场3个，个体工商户1100户，从业人员3500余人，年成交额5亿元。有银座商城、贵和购物广场、大润发超级大卖场大型商场3家，形成兖州最大、最全的休闲娱乐购物圈。立足"现代新城"的区位优势，吸引金融保险、酒店餐饮等机构落户或设立营业网点，共有金融保险单位18家，酒店5家。固定电话用户0.21万户，移动电话用户1.98万户，互联网用户0.94万户。2013年，为建设金融中心项目，对烟草公司东侧片区进行拆迁，拆迁单位6家，居民170户，面积2.1万平方米；君临健身公园、兖州体育中心、济宁供电公司兖州供电部生产检修中心、西顺河经适房、旧关安置房完工，六里井社区8栋252套、李庙社区6栋22套安置楼竣工交房，薛庙社区32栋安置楼主体完工。共有城乡公路22条，总长度40.6公里。

2013年，市实验小学西校区、东方中学西校区建成启用，至年底，有中学2所，小学5所，在校学生7221人；幼儿园6所，在园幼儿1399人。有街道文化站1个，村级文化活动中心（文化大院）19个，村级图书室19个，五里庄天鹅腰鼓队、薛庙庄户剧团和龙桥戏曲表演队等各类文化团队21个。兖州人民医院新院区主体完工，有社区卫生服务中心1个，村居卫生室15个。新型农村养老保险参保人数10285人，新型农村合作医疗参合17200人，占农村居民总数的86%；最低生活保障救助308人，农村特困救助、救济49人。有五里庄、龙桥、李湾、六里井、李庙、范庄、牛王7个新型农村社区，人均居住面积46平方米，15个村用上自来水。

酒仙桥街道　位于城区东部，东邻曲阜市，西接鼓楼街道，南至泗河北堤，北接大安镇。京沪铁路纵贯南北，327国道横跨东西，泗河九州大桥直通曲阜市高铁站，兖州火车站坐落于辖区内，地理位置优越。2013年，辖区总面积15.17平方公里，辖6个社区、13个村，有10941户32895人，其中农业人口11803人，占总人口的35.9%，农民人均纯收入13544元。

2013年，农作物总播种面积1.46万亩，其中，粮食作物1.4万亩，总产量7150吨，经济作物661亩，粮经种植比例为9.5∶0.5，有蔬菜大棚494个，占地268亩，产量960吨。造林630亩，育苗1125亩，木材产量1206立方米。流转土地1890亩，种植大户45户，有古城村仙城农机合作社、田家村蛋鸡养殖协会、粉店村生态蔬菜种植协会、田家村泉智有机蔬菜专业合作社4家合作组织。推广机械化生产，有农机60台套，实行小农水改造提升工程，惠及农田7200亩，有机电井140眼，排灌动力机械167台，总动力998千瓦，机电灌溉面积1.01万亩。生猪存栏量7520头，羊存栏量646只，家禽存栏量11.33万只，建设高标准规模化养殖场1家，畜牧业总产值4598万元。2013年，新上鲁源再生资源分拣加工中心、兖州煤机废旧设备物资处理中心2个工业项目，有工业企业17家，产品涉及机械制造、食品加工、造纸等，总产值7.2亿元，实现利税6313万元。其中规模以上企业有六和饲料、诺斯曼食品、兖州煤机、天源纸业4家，完成销售收入4.3亿元，实现利税3621万元。有服务业企业75家，其中限额以上服务业企业16家。有个体工商户1627户，年交易额9698万元，古城农贸市场1家，占地4600平方米，小商品批发市场1家，摊位1300个，经营业户510户，年交易额1.3亿元。完成滨河大道、九州大道、兖曲路、北护城河路东延、327国道田家村段、古城煤矿运煤专用道路、泗河九州大桥、泗河兴隆大桥等建设改造工程，泗河滋阳橡胶坝、110千伏变电站建成使用。拆迁改造神路、三河村、天仙庙、诸天寺、盐业站、军民等片区，整体搬迁琉璃厂村，是全市首个高层安置房农村社区。

2013年，酒仙桥街道有初级中学1所，小学3所，在职教师140人，在校学生959人，适龄儿童入学率100%。有幼儿园3所，幼教职工40人，在园幼儿400人，幼儿入园率98%。有医院（含街道社区服务中心）3所，床位700个，医护人员355人。有村居卫生室（所）22个，乡村医生35人。新型农村合作医疗保险参保10404人，低保户433户1064人，月发放低保款30余万元，累计接纳27个市属改制企业终止（解除）劳动关系人员1000余人。有自来水用户10965户，燃气用户10945户，固定电话用户0.7万户，移动电话用户2.9万户，互联网用户1.6万户，13个村全部通宽带、通有线电视、通公共交通，全部实现垃圾、污水集中处理。建成绿化示范村1个，公园及休闲健身广场5个，百姓大舞台6处，19个村居全部成立表演队伍。有综合文化服务中心1处，文化大院15个，农家书屋13个，购置图书3万册，电子音像制品500种，报刊800册(份)。有社区自我管理委员会8个，楼长46人、单元长140人。有东关社区科普工作站1个，被评为国家级科普示范社区。

新兖镇 位于市境南部，北接大安镇，西邻颜店镇，南连王因街道，西南和黄屯街道接壤，东与兴隆庄街道隔泗河相望。镇政府驻官庄村，济（南）微（山）公路西侧，距兖州市（区）政府所在地3公里，地下水、矿产资源丰富，327国道穿越全境，济微公路、汶邹公路、日兰高速公路从境内穿过。2013年，面积103平方公里，辖86个村（居），有26488户82013人，农业人口72208人，占总人口的88%，农民人均纯收入16352元，人口自然增长率为5.85‰。先后获中国投资环境百强乡镇、全国先进基层党组织、全国文明村镇、全国新农村建设明星单位、全国环境优美乡镇等40余项省级以上荣誉称号。

2013年，农作物面积15.73万亩，其中小麦7.41万亩，玉米7.14万亩，总产6.35万吨；豆类705亩，黍类90亩，蔬菜1.08万亩，瓜果类290亩；造林42.9公顷，育苗620公顷，大牲畜存栏500头，猪存栏3.5万头，羊存栏0.2万只，家禽存栏45万只，畜牧业总产值7800万元。农业机械总动力5.61万千瓦，农村用电量7285万千瓦时，渔业面积261亩，产量139吨，机电井1888眼，电灌面积9.05万亩，并已全部配套。新修、整修农田生产道路380公里，开挖疏通排水沟渠760公里，建设桥涵1500座；新打机井1200眼，铺设PVC地下管道2万亩；实施农村电网改造工程，铺设地下电缆120公里，覆盖农田面积3万亩；新购各种大型农机具1805台(套)。实施意大利工业城、医药产业园、中国农机城、恒茂商都等一批大项目好项目，新上和续建26个重点项目，总投资153亿元。太阳纸结晶木糖醇，华勤天然气调峰储存，经典重工管道支架，澳星工业机器人，海智矿用设备，迪一电子元器件等12个项目竣工投产。齐鲁特钢大型锻件，翔宇化纤聚酯帘子布，民用聚酰胺切片等14个项目投入建设。全镇企业478家，其中规模以上企业有华勤橡胶工业集团、山东太阳纸业股份有限公司、齐鲁工程装备有限公司、山东翔宇化纤有限公司、山东联诚集团有限公司、山东百盛生物科技有限公司、山东经典重工有限公司等53家，产品涉及造纸包装、橡胶化工、商贸物流、装备制造、新材料、医药器械等，完成销售收入993亿元，利税56.89亿元。农村社区建设稳步推进。共建成新楼房127栋、入住3709户，建成启用5个社区服务中心，健全社区医疗、商贸、服务“三大中心”，社区水、电、路、气、绿化等配套设施建设基本完成。推动旧村拆迁土地复垦，拆旧建新，拆除13个村，复垦土地1870亩，贡献土地指标1250亩。提升镇容村貌，配强保洁队伍，配齐环卫设备，建立综合评比、典型曝光、督办问责、集中整治、定期排名五项机制，打造一批精品线路、示范村居，人居环境明显改善。同年，有固定电话用户0.4万户，移动电话用户2.1万户，互联网用户0.7万户。

2013年，新建改造6所中小学和幼儿园，有学校15所，其中初中2所，小学13所，在职教师451人，在校生2750人，适龄儿童入学率100%。幼儿园14所，幼教职工40人，在园幼儿1166人，幼儿入园率92%。有镇卫生院1所，卫生室83个，医护人员68人，床位80张。新型农村合作医疗参合率达99%以上。新型农村合作医疗参保72656人、新型农村养老参保38795人，低保户数883人、发放专项资金378.76万元。成立镇慈善分会和新兖助学基金，开展爱心捐资助学活动，对50名贫困学生给予及时救助。

附

1999年泗庄镇概况

位于市境中部、城区西部，北邻大安镇，南接黄屯镇，东邻新兖镇，西接前海乡。1999年，辖区总面积43.8平方公里，辖39个行政村，有6425户2.97万人，农村经济总收入3.8亿元，农民人均纯收入3226元。

1999年，小麦单产497公斤，玉米单产达539公斤，均居全市第一，被省政府确定为粮食高产攻关示范基地。建成7个种子专业村，育种田5100亩，蔬菜面积发展到3.9万亩，共建成大棚2000个。畜牧业重点发展以养鸡、养兔、养猪为主的庭院经济，万只鸡场专业户达200户，千只兔饲养专业户50户，万头猪场2处，规模饲养场63处。全镇发展经济林9公顷，建立标准林网2800公顷，育苗4公顷。水产养殖面积210亩，总产126吨。投资1400万元，新修、维修二、三级公路360公里，挖沟清淤泥372公里，新建桥涵370座，新打机井250眼，维修、新建机井房150座，铺设地下管道100公顷，维修管网面积380公顷，完善喷灌工程70公顷，基本实现路相通、沟相连、旱能浇、涝能排的基础格局。累计购买大中型拖拉机260台，联合收割机110台，小麦精播机9台，全镇农机总动力达3.2万千瓦，农机管理服务体系基本形成。1999年，重点对9个村办企业进行改制。镇建筑安装工程公司进行产权出售，金都铸造总公司实行股份合作制，抗磨铸件厂等3家公司实行委托经营，华兴木业厂实行租赁经营。改制后，建筑安装工程公司完成1500余万元的建筑工程，产值、利税分别比1995年增长21.8%和19.6%。村办企业发展到24家。镇村企业达29家，完成销售收入2.47亿元，实现利税2100万元。建设长2500米宽60米的商贸街，建商贸楼138栋，面积近万平方米。个体工商户305户，从业人员1000余人，年实现税收200万元。

1999年，共拨专款500余万元，加强校舍建设，充实教学仪器设备，从幼教设施到中教和成教的微机室、实验室、语音室、电教室等齐全配套。有学校14所，其中初中1所、小学13所，在职教师315人、在校学生5380人、适龄儿童入学率100%；幼儿园10所，幼教职工33人，在园幼儿335人，幼儿入园率82%。

大安镇　位于市境北部，东与曲阜市姚村镇接壤，南连鼓楼街道，西邻新驿镇，北接漕河镇。

地势东北高，西南低，泗河、洸府河、汉马河及杨家河、小泥河、大安河、谭村河、朝阳河流经镇域。全国八大货物铁路运输中转站之一、鲁西南最大货运编组站——兖州（火车）站货运站位于镇域内，有安庙遗址、栗园墓群、东葛店清真寺等文化遗产36处。2013年，辖区总面积76平方公里，辖53个村，有14987户6.8万人，其中农业人口6.1万人，占总人口的89.7%。农村经济总收入42.2亿元，农民人均纯收入12876元。先后被评为山东镇域经济发展十大领军镇、省十佳最具投资潜力开发区、省文明镇、省级安全社区和济宁市特色产业镇。

2013年，完成官庄管区1万亩农业综合开发项目、255省道（大安村—洸府河段）绿色通道建设、水系绿化和22个村的绿化排水工程，新植绿化苗木10万余棵。至年底，共有耕地12.5万亩，其中粮田8.33万亩，经济作物4.17万亩，农业总产值17.2亿元；大牲畜存栏3262头，猪存栏5.2万头，羊存栏6900只，家禽存栏142万只；农业机械总动力12.3万千瓦，农村用电量5287万千瓦时，全年粮食作物播种面积11.81万亩，总产6.7万吨；蔬菜3.3万亩，总产9.1万吨；全年造林合格面积266.7公顷。2013年，全年新签约过亿元项目10个，其中过15亿元项目1个、过5亿元项目2个；重点推进10个重点产业项目，其中3个建成投产、6个建成主体工程。全年实现规模以上工业销售收入62亿元；完成利税4.2亿元；完成规模以上固定资产投资6.7亿元；新增规模以上工业企业6个共32个；新增限额以上服务业企业2个共18个；完成地方财政收入2.9亿元；完成两税地方收入1.3亿元；到位市外国内资金8.3亿元。2013年，开始规划建设面积4.4平方公里、总投资100亿元的现代国际多式联运物流园，正式启动一期项目建设。有大型商场25家，餐饮生产经营单位196家，物流企业主要有爱密特物流、华浩物流、骏达物流、福特物流等30余家；个体工商户2300余户，从业人员6879人，年交易额3.16亿元；有集贸市场8处，年交易额2.74亿元；限额以上服务业企业18家，销售额6.22亿元。新建道路排水设施60余公里，至2013年年底，建有金谷大道、西安路、延安路、谷肖路、府前路、益海路、嘉里路、安阳路、西铺路等主要干道，共有柏油路185公里，沙土路277公里，42个村完成80%小街巷硬化。

2013年，辖区有卫生院1所，医护人员142人，床位144张，村（居）卫生室55处，乡村医生72人，农民参合率100%。有中学2所，小学7所，在职教师261人，在校学生4412人，适龄儿童入学率100%，幼儿园9所，在园幼儿955人。在镇中心白店社区新建占地1000余平方米的镇综合文化站，在镇中心房院社区建起1处面积1万余平方米的文化广场，前官村、柳庙村、前盛村、二郎庙村、大洼村、唐营村、李家村等28个村的文体广场建成使用，完善百姓大舞台、文化长廊、宣传栏及健身器械等配套设施，16个村建设示范性文化大院，53个村均组建专职文艺队伍，群众文体生活日益丰富。新开工社区住宅楼29栋，新上房住宅楼17栋，住户590户，拆除旧房面积370亩；53个村自来水100%入户，铺设自来水管道12.35万米，有线电视入户率达60%的村43个，53个村实现宽带进村。

附

2007年谷村镇概况

位于市境北部，东接曲阜市，南邻鼓楼街道，西连大安镇，北连漕河镇、接壤宁阳县。地势西高东低，煤炭储量、热力资源、地下水储量。泗河、洸府河、汉马河、小泥河及谭村河流经镇域。镇政府驻后谷村，距城区6.4公里。2007年，总面积58.1平方公里，辖39个行政村，有8837户30805人，其中农业人口28152人，占总人口的91.4%。农村经济总收入6.5亿元，农民人均纯收入4568元。

2007年，农林牧业总产值2.62亿元，全年粮食作物播种面积3.37万亩，总产1.66万吨；瓜菜2.86万亩，总产5.72万吨；种植业产值7920万元；全年造林70公顷，林木覆盖率36%；林业产值826万元。年末大牲畜存栏770头，猪存栏1.37万头，羊存栏3930只，家禽存栏69万只，畜牧业总产值1.96亿元。渔业总产值123万元。农业机械总动力达3.8万千瓦，农村用电量518.3万千瓦时。发展壮大工业经济，2007年，初步形成以联诚金属为龙头的机械制造行业，以青钢兖焦、天成化工为龙头的化工行业，以银马玻璃、金阳光玻璃为龙头的玻璃轻工行业，以益海粮油、富林木业为龙头的农副产品加工行业，以中石油分输站、临沂亿金物流为龙头的商贸物流服务业等五大行业集群。规模以上企业有天成化工、益海嘉里、青钢焦化等26家，完成工业总产值24.6亿元，实现利税2.35亿元。2007年，个体私营工商户1200家，从业人员8100人，实缴税金520万元；集贸市场有谷村、前官庄、柳家庙、白家店、镇驻地商贸区、石马商贸街6处，年交易额4500余万元。加大路网建设，至2007年底，共建有金谷大道、府前路、西安路、延安路、济微路等镇域主干道路，乡村公路40余条，初步形成“三纵七横”的路网框架。

2007年，把白店小学与龙湾小学并入白楼小学，石马小学合入唐庄小学。至年底，共有初级中学1所，小学12所，镇成人教育中心校1所，在职教师322人，幼儿园13所，在校学生2723人，适龄儿童入学率99.5%。2007年，新建面积1700平方米的高标准综合门诊楼1栋。至年底，共有镇卫生院1所，床位30张，医护人员28人；村级卫生室39个，乡村医生45人。全面推行新型农村合作医疗和城镇居民合作医疗制度，至年底，参合率92%。实施涵盖官庄管区9个村8180人的贫水区供水工程，埋设输水管道1.93万米、配水管6.32万米、入户管4.81万米，解决了贫水区群众吃水难问题。实施谷村敬老院新建工程，建成面积3150平方米的老年公寓楼。

漕河镇　位于市境最北部，北邻泰安市宁阳县，东、南均与大安镇相接，西隔洸府河与小孟镇相望。104省道和谷肖路穿境而过，泗河、洸府河、汉马河等河流流经镇域；镇政府驻漕河村，南距兖州城区12公里。总面积47.4平方公里，辖40个自然村，31个村民委员会，有8372户32065人，人口自然增长率为3.35‰，农民人均纯收入13357元。漕河镇自然资源丰富，地下水资源丰富，水质好。盛产品质优良蟋蟀，蟋蟀资源因其品种广、数量多、个头大、凶悍好斗而闻名，明清时期为皇室贡品，深受国内蟋蟀爱好者的青睐，被称为“蟋蟀王国”“斗蟋圣地”。2013年，获全国“五好”基层关工委先进集体、省级农机安全示范镇、省级安全社区、省级生态镇等称号。

2013年，漕河镇有耕地4.7万亩，全年粮食作物播种面积8.5万亩，总产4.08万吨；蔬菜(含菜用瓜）2.3万亩，总产4.19万吨；棉花95亩，总产31吨；油料1185亩，总产359吨。全年造林合格面积3.5公顷，森林覆盖率20.3%。年末大牲畜存栏2300头，猪存栏3.45万头，羊存栏0.25万只，家禽存栏47.8万只，畜牧业总产值7903万元。农业机械总动力5.01万千瓦，农村用电量1077万千瓦时。2013年，有企业100余家，实现利税1.38亿元，规模以上企业主营业务收入11.3亿元，实现利税1.04亿元，两税形成地方财力1878万元。规模以上企业有海钰生物、山拖凯泰等15家，限额以上贸易企业16家，销售过亿元的企业4家，形成“机械制造、包装建材、食品加工”三大主导产业。完成漕河工业园区规划，规划面积3平方公里。工业园区主干道和漕河大桥投入使用，完成35千伏变电站六路10千伏配出建设。投资465万元，对镇驻地至社区段道路进行拓宽，对金鑫路进行东延改造，铺设路沿石11.2公里，新建排水井93个，排水管道5600米，铺设路两侧人行道板1.08万平方米，安装路灯94盏，园区设施进一步完善，项目承载力进一步增强。2013年，有个体工商户734户，从业人员1548人；有漕河集、郈村集、歇马亭集3处集贸市场，年交易额2.9亿元。2013年，有柏油路63公里，沙土路76公里，境内有谷肖线、西浦线、济微线3条干线公路。有灌溉用机井978个，年供水量1200万立方米，铺设自来水管道13万米，31个村8700户用上自来水。固定电话用户0.44万户，移动电话用户2.1万户，互联网用户3200户。人均居住面积53平方米。

2013年，有中学1所，小学4所，在职教师213人，在校学生1443人，适龄儿童入学率100%，幼儿园5所，幼教职工41人，在园幼儿736人，幼儿入园率100%；有文化站1个，村级文化大院28个、图书室28个，数字有线电视用户6150户；卫生院1所，医护人员33人，床位25个，村卫生室31个，乡村医生86人。新型农村合作医疗参保29215人，新型农村养老保险参保人数22413人，低保户447户，发放专项资金183.3万元，五保户135户，发放专项资金48.6万元。

小孟镇 位于市境西北部，东邻漕河镇，西至汶上县，南连新驿镇，北接宁阳县，镇驻地距兖州市城区25公里。2013年，辖区总人口40785人，农民人均纯收入13230元。历史悠久，文化底蕴深厚，有大汶口中晚期遗址——西吴寺遗址、桑园遗址，金代大明寺遗址等可挖掘文化资源。矿产资源丰富，主要有煤、黏土、沙等，煤炭储量2亿余吨，地下水20亿立方米。

小孟镇是全市重要的粮食生产基地，有兖州“西北粮仓”之称。2013年，全镇有耕地6.3万亩，其中粮田5.9万亩，主要种植小麦、玉米、大豆等；经济作物0.4万亩，主要种植花生、棉花等。有各类农民专业合作社17家，包含农户814户，社员2000余人，涉及粮食种植、农技服务、苗木种植、畜禽养殖等多个种类。在全市率先推广种肥同播联合整地技术。全年造林230亩、植树135万株、育苗面积2025亩。猪存栏3.7万头，羊存栏0.73万只，家禽存栏37.8万只，畜牧业总产值1.65亿元。农村用电量1150万千瓦时。农机总动力7.74万千瓦、机电井1553眼、排灌动力机械1499台、农用水泵1471台、电灌面积6.3万亩，占总灌溉面积的100%。全镇工业以机械制造、服装加工、医疗器械、化工等为主导产业，规模以上企业有山东永华机械有限公司、山东永金精密机械制造有限公司、山东育达医疗器械有限公司、山东科大鼎新电子科技有限公司、兖州市圣凯罗服装有限公司等12家，完成主营业务收入12.98亿元，利税2.29亿元，实缴税金3121万元。有南门、梅营两处集贸市场，年交易额1000万元，个体工商户674户，从业人员2985人，年交易额1亿元。自来水主管网4.8万米，村内及入户管道62.8万米，入户率100%。

2013年，全镇共有学校14所，其中初中1所，在校学生1005人，专职教师97人；小学5所，在校学生2460人，专职教师196人，适龄儿童入学率100%；幼儿园8所，幼教职工72人，在园幼儿875人，幼儿入园率100%。有文化站1个、村级文化大院30个、图书室31个，固定电话5458部，互联网用户2442户。有卫生院1所，医护人员40人，床位20个，村卫生室38个，乡村医生75人。新型农村养老保险参保人数17648人，参加新型农村合作医疗农民35478人，参合率98%，最低生活保障救助727人，农村特困救助、救济1862人。建设垃圾中转站43处，配备垃圾箱324个、垃圾清运车66辆。全镇42个村除1个村因社区建设因素外，其余41个村全部实现道路硬化，共硬化道路170公里，基本完成村级排水管网建设及村庄绿化工作，开展村庄美化、亮化活动，农村环境整治工作成效显著。建成新型社区4个，总建筑面积13.76万平方米，住户610户，2440人，人均居住面积35平方米。

新驿镇 位于市境偏西北部，东邻大安镇、新兖镇，西接汶上县，南连颜店镇，北与小孟镇接壤。镇政府驻新一村，至兖州市西城区17公里，境内平原，地势南低北高，黄黏土、沙壤土、黑土间隔分布，土质肥沃，是全市粮食主产丰产区之一。洸府河流经该镇东部，偏东部和中部有中源沟、黄狼沟两条主干排水沟渠。255省道和济阳路穿境而过。2013年，辖区总面积66.6平方公里，共57个行政村，有13220户53740人，其中农业人口50116人，占总人口的93%。人口自然增长率5.7‰，农民人均纯收入13985元。至2013年年底，获省社会文化先进乡镇、省信访工作先进单位、省安全生产先进单位、省小城镇建设中心镇、百镇建设示范行动示范镇等称号。

2013年，新驿镇有耕地6.39万亩，农业种植主要以小麦、玉米、苗木、果蔬等为主。其中，粮食总产6.8万吨，人均1265公斤；果蔬总产8.62万吨，主要品种有白菜、大葱、甜瓜、西瓜、西红柿、葡萄、草莓等；造林78公顷，森林覆盖率35.2%；畜牧业主要以家禽、生猪、羊等为主，其中年末大牲畜存栏308头，猪存栏3.21万头，羊存栏0.67万只，家禽存栏114万只，畜牧业总产值2.06亿元。农业机械总动力8.45万千瓦，农村用电量3733万千瓦时。工业主要以发展机械加工、轻纺织造、机电制造“三大产业”为重点，2013年全镇共实施续建和新开工重点工业项目15个，总投资48.7亿元，至年底，共有工业企业223家，实现利税7.14亿元，利润5.98亿元，实缴税金1.16亿元。其中，规模以上工业企业21家，完成工业总产值21亿元，实现利税5.25亿元，利润4.2亿元，实缴税金1.05亿元。有个体工商户2012户，从业人员14591人，年交易额3.87亿元；限额以上服务业企业16家，年交易额11.84亿元，其中2000平方米以上大型商场3处；集贸市场5处，年交易额2.73亿元。村村通柏油路里程68.7公里；灌溉用机井1350眼，除高四村、皇林村、韩马村、董楼村4个村用自备的深水井供水外，其他53个村的12319户实现集中统一供水。

2013年，镇中心幼儿园建成使用，启动店子小学、九年一贯制学校（小学6年+初中3年连读）高吴桥学校建设，同年年底，全镇有初级中学1所，九年一贯制学校1所，成教中心1所，小学6所，幼儿园7所，共有公办教师297人，其中中学121人，小学176人；聘代课教师119人，其中中学6人，小学39人，幼儿园74人。在校学生4747人，其中中学部993人，小学部2566人，幼儿部1188人。有中心卫生院1所，科室16个，床位30张，医务人员32人，其中医护人员30人。村卫生室55个，其中省级规范化村卫生室24个，济宁市规范化村卫生室12处；乡村医生104人。有文化中心站1个，村级文化活动中心（文化大院、文体广场）114个，图书室53个，数字有线电视户数7630户，固定电话用户0.52万户，移动电话用户3.38万户，互联网用户0.33万户。新型农村养老保险参保人数32906人，新型农村合作医疗参合人数47016人。有低保户756户，发放专项资金266.7万元；有五保户113户，发放专项资金45.2万元。

颜店镇 位于市境西部，东邻新兖镇，西连汶上县康驿镇，南与济宁高新区黄屯街道、任城区李营街道交界，北与新驿镇接壤，距离兖州城区10公里。洸府河、中源沟、鸟儿洼、黄狼沟贯穿南北，地下水资源储量60亿立方米，铁矿储量10亿吨。辖66个村，有19553户71457人，其中农业人口69857人，农民人均纯收入14358元。境内嵫山历史悠久，山上文物遗迹众多，辖区内清代鲁西南郑培泰的“郑氏庄园”，为全国“五大庄园”之一，被列为省级重点文物保护单位。

2013年，全镇有耕地面积9.64万亩，粮食作物播种面积13.07万亩，总产7.15万吨，粮经种植比例为6∶4，农业总产值12.9亿元。蔬菜（含菜用瓜）4.46万亩，总产17.03万吨。棉花1352亩，总产140吨。油料3596亩，总产1.36万吨。年末大牲畜存栏713头，猪存栏4.35万头，羊存栏0.92万只，家禽存栏194.4万只，建成标准化肉鸡（鸭）养殖小区18个，肉鸡

（鸭）养殖大棚99个，养猪小区9个，畜牧业总产值5.36亿元。有林地0.23万亩，林木覆盖率达62%，其中宽幅林网800亩，四旁植树1500亩，林业产值1.76亿元。有水利配套设施66处，机电井2500眼。完成农村电网改造工程，电灌面积9.6万亩，占耕地总面积的100%。农业机械总动力11.15万千瓦，农村用电量1710万千瓦时。2013年，规模以上企业有兖州市绿源食品有限公司、山东祥通胶带有限公司、山东芯诺电子科技有限公司、山东巧嫂农业科技发展有限公司等共17家，完成产品销售收入70亿元，实现利税14亿元，实缴税金4.2亿元，利润9.8亿元。有个体工商业户2000户，从业人员3000人，有天庙、翟村、屯头、颜店、故县、孟村、李宫7处集贸市场，年交易额1.2亿元。制定镇村总体规划及镇驻地控制性详规，投资260万元，铺设排水管网、路缘石、道板砖，改造沿线路灯，更换绿化树木。投资600万元，实施嵫山路北延和南延，嵫山路、子渊大道维修罩面，滋阳路、祥通路贯通拓宽工程，整修新修路面5万余平方米，园区“三纵三横”的路网框架全面搭起。

2013年，全镇有初级中学2所，小学15所，在职教师427人，在校学生4951人，适龄儿童入学率100%。有卫生院1所，床位40个，村居卫生室58个，镇卫生院与中医院“医疗服务联合体”正式成立。全镇共有文化站1个，村级文化活动中心（文化大院）66个。实行新型农村合作医疗制度，新型农村合作医疗参合64401人。全镇农村最低生活保障户数1097户，发放专项资金443.3万元，五保户167户，发放专项资金65.1万元。66个村、19473户均用上自来水。装有程控电话7146部。

附

1999年前海乡概况

位于市境西南部，东邻新兖镇，西连颜店镇，南与黄屯镇交界，北接新驿镇。境内有屯头周公庙、屯头洸府河拦水坝、翟村尹桥等文物古迹10处，洸府河自北向南贯通全境。1999年，面积45平方公里，辖29个村，有8543户30785万人。其中，农业人口2.89万人，占总人口的94%，农民人均纯收入3267元。

1999年，辣椒种植面积2100亩，粮食种植面积4.06万亩，总产2.1万吨；蔬菜4.13万亩，总产9.1万吨；棉花15亩，总产1吨；油料总产0.2万吨，粮经种植比例为3∶1。农林牧渔业总产值2.2亿元。机电井1132眼，配套机械2830台（套），配套动力1.32万千瓦，农机总动力2.52万千瓦。1999年8月，济宁鲁宝集团租赁原金海公司，新组建亨宝食品有限公司，成立佳泰调味品有限公司。同年11月，对圣达、建材、砖厂、酒厂4个乡办企业依法实施破产，实现资产重组。扶持培植龙头企业，重点发展村办企业，鼓励发展个体私营企业，基本形成农产品加工、机械加工、建筑、建材、酿造等为主的经济结构。同年年底，企业总产值2.28亿元，个体工商业户发展到100户，从业人员280人，有天庙、屯头、翟村3处集贸市场，年交易额750万元。

1999年，有初级中学2所，小学9所，在职教师251人，在校学生5179人，适龄儿童入学率100%。有卫生院1所，床位24个，村居卫生室15个。29个村用上自来水，23个村硬化路面，装有程控电话2000部，普及率28%。有各类机动车3500辆。人均居住面积33平方米。

兴隆庄镇 位于市境东南部，东邻曲阜市，南连邹城市，西邻济宁高新区王因街道，北接酒仙桥街道。镇政府驻堡子村，到城区距离4.5公里，总面积54.7平方公里，辖40个行政村。交通便利，京沪高铁、255省道纵贯南北，日兰高速和济曲快速通道横穿东西。矿产资源丰富，有兖矿集团现代化矿井4座，年产优质原煤2000余万吨，是全国重要的煤炭生产基地之一。2013年，有16288户61000人。其中，农业人口40196人，占总人口的65.9%。人口自然增长率为8‰，农民人均纯收入13243元。

2013年，地区生产总值39.5亿元，财政收入1.6亿万元，全镇有耕地3.27万亩，其中粮田3.8万亩，经济作物1891亩，粮经种植比例为47∶3。全年粮食作物播种面积6.32万亩，总产3.4万吨；蔬菜1298亩，总产0.32万吨；水果777亩，总产0.29万吨；油料总产6吨。全年造林66.7公顷，植树6万株，育苗10万株，森林覆盖率33.2%，林业产值2000万元。农业机械总动力6.11万千瓦，农村用电量4223万千瓦时，机井900眼，电灌面积3.2万亩。猪存栏1.21万头，羊存栏0.19万只，家禽存栏4.8万只，畜牧业总产值1.8亿元。水产品总量4500吨，渔业总产值3600万元。至2013年，实施3次大规模塌陷地综合治理，治理塌陷地1.5万亩，发展渔业养殖水面产业6000亩，恢复耕地7000亩，有机果林、经济片林2000亩，培育出王庄黄金梨、巨王林草莓及兴隆罗非鱼等特色农（水）产品。有蔬菜专业种植村8个，农超对接基地2处，蔬菜种植面积2500亩，新增济宁市级农业龙头企业2家，农业龙头企业总数达到省级1家、济宁市级4家。2013年，工业总产值26.3亿元，实现利税1.68亿元。有企业210家，其中有造纸化工企业10家，年产各类高档机制纸50万吨；生物医药企业4家，年产软骨素、医药原料药20万吨；塑编企业26家，年产各种塑料编织品过10亿件，为中国江北最大的塑编制品生产基地；以煤炭运销为主的现代物流企业40余家，拥有各类运输车辆800余台，年运销能力1000万吨以上，初步形成以造纸化工、生物医药、塑编、商贸物流为主的4大主导产业。规模以上工业企业15家，规模以上工业总产值12.53亿元，利税6507万元。有兴隆庄镇农贸市场、兴隆庄煤矿北区农贸市场、兴隆商贸城3处大型农贸市场，年交易额6703万元，个体工商户670户，从业人数1200人，年交易额1.34亿元。2013年，全镇开工、在建的住宅楼房156栋，建筑面积63万平方米。大桥新村社区全面竣工，兴隆、滨河万人社区144栋楼房主体封顶，南胜利村安置区完成标准3层施工。完成镇域总体规划修编和26条道路重新命名，实施隆鑫路北延、汶邹路、新村大道等重点路段改造升级等一批重点工程。投资500余万元建成社会管理服务中心、基层监察室和社区建设展示中心，铺设天然气主管网5公里，75吨级锅炉建成启用。

2013年，全镇有初级中学1所，小学6所，在职教师316人，在校学生2302人，适龄儿童入学率100%，有幼儿园10所，幼教职工23人，在园幼儿723人，幼儿入园率98.6%。有卫生院1所，医护人员27人，床位20张，村卫生室40个，乡村医生86人，实行新型农村合作医疗制度，农民参合38299人，参合率96.6%。新型农村养老保险参保人数27251人，最低生活保障救助390人，农村特困救助、救济473户，实施困难家庭救助149户，大病救助87户，办理农村低保130户390人。为169名重度残疾人、2307名70岁以上老人、592名低保户、86名五保户免费办理新型农村合作医疗，发放各类残疾人补贴10万余元，10名股骨头坏死患者、15名贫困精神病患者、44名白内障患者得到免费治疗。财政年列支20.5万元，为全镇1.1万户农户统一购买农业政策性保险、治安家财保险，城乡居民养老保险覆盖率99.3%。固定电话用户7200户，移动电话用户3万户，互联网用户5100户。

王因镇　位于市境南部，东邻泗河，西连黄屯镇，南至接庄镇，北接新兖镇，距兖州市城区中心9公里。2003年，辖区总面积72平方公里，辖59个行政村，有14252户58366人。其中，农业人口51047人，占总人口的87.5%。农村经济总收入4.7亿元，农民人均纯收入8646元。先后被评为省综合经济实力前200名乡镇、省文化工作先进乡镇。

2003年，有耕地7.27万亩，农作物播种面积14.1万亩，种植业以优质专用玉米、经济林和蔬菜种植为主，有优质专用玉米3万亩，三倍体毛白杨速生林5100亩，蔬菜3000亩。畜牧业以肉鸡养殖为主，建成规模化养鸡场38个，其中标准养殖场21个，年出栏肉鸡120万只，年纯收入180万元，养殖户户均纯收入7.5万元。农林渔牧业总产值26956万元，大牲畜存栏0.45万头，生猪存栏3.1万头，羊存栏2.2万只，家禽存养82万只，水产品125吨；有林地1365亩，木材蓄积5.19万立方米。2003年，规划雪花工业园、杨村工业园、田庄工业园、科技工业园4大园区，新上谷氨酸五期工程、谷氨酸3.5万吨味精，10万吨硫酸，热电三期工程，绿色复合肥等项目，形成玉米深加工、煤炭、热电、新型建材、机械制造等支柱产业。有企业18家，主要涉及淀粉制造、机械加工、油罐制造、农机制修、钢结构等领域，年产值3.98亿元，完成销售收入4.21亿元，实现利税7836万元，利润4950万元，实缴税金2886万元。其中，规模以上企业有山东省田庄煤矿、济宁高兴木业有限公司、山东兖州雪花淀粉有限公司、兖矿集团杨村煤矿等9家，产品涉及淀粉制造、机械加工、钢结构等，工业总产值3.16亿元，完成销售收入3.31亿元，实现利税6899万元，利润4420万元，实缴税金2479万元。有王因、娄庄2处集贸市场，年交易额2.84亿元，个体工商户346户，从业人员1580人，年交易额1693万元。扶持新上变压器24台，解决了群众浇地难问题，完成12个村共30公里的农电网改造任务，新上变压器12台。投资170万元，对镇村21条主干道进行硬化和半硬化，形成王黄路、苏南路、中心路、泗河环路等“五纵五横”60公里的道路网。

2003年，有卫生院1所，医护人员32人，床位50张，达到省二级甲等医院标准，村卫生所42个，乡村医生128人，有10个村卫生室达到济宁市示范卫生室标准。文明街达标村18个，占30.5%。全镇59个村全部通自来水、通汽车、通电话，有程控电话用户7903户，建成鲁西南最大的电话镇，有线电视入户率达50%以上。低保户85户329人，发放专项资金34250元。

黄屯镇 位于市境西南部，东邻新兖镇，西连济宁高新技术开发区柳行街道，南与王因镇接壤，北接颜店镇。镇政府驻地设在黄屯村，距兖州市城区20公里。境域总面积42平方公里，辖38个村，有9863户32377人。农村经济总收入7.6亿元，农民人均纯收入3880元。

2003年，有耕地4.7万亩，其中粮田3.3万亩、经济作物1.4万亩，农业总产值5.3亿元。农业作物主要以种植小麦、玉米、大豆、地瓜等粮食作物种植为主，经济作物主要有冬枣、桑树等。实施万亩苗木基地建设，先后建设杨厂村、黄金屯村、东岗村、岗上村等片区苗木基地3700余亩，造林1060亩，植树3.3万株，森林覆盖率为19.8%；年末牲畜存栏量733头、猪存栏量8997头、羊存栏量3822只，家禽存栏量67473只，畜牧业总产值1755万元。农机总动力6.75万千瓦；有水利配套设施743处，机井1662眼，电灌面积4.7万亩，占耕地面积的100%。2003年，启动汽车综合城建设项目，主营汽车销售、维修、保养、培训等，规划建设钢城工业园。同年年底，入驻企业27家，其中规模以上企业有浩珂矿业有限公司、黄屯铁塔、淄矿集团铁路运销处、金地房产有限公司等13家，形成汽车、化工、机加工、房地产、包装五大经济板块。产品涉及铸造、精加工、化工、机械制造等，完成销售收入9.6亿元，实现利税6500万元，实缴税金2119万元，其中规模以上工业企业完成销售收入8.1亿元、利税5833万元、实缴税金1882万元。2003年，有农贸市场2处，2000平方米以上大型商场1个，商贸城1个，商业网点237个，社会零售品总额1800万元。

2003年，辖区有幼儿园6所，在校学生数520人，正式教师8人。小学7所，在校学生数1363人，正式教师121人。中学2所，在校学生数1283人，正式教师136人。全镇设有文化站1个，村级文化活动文化大院38个，图书室

38 个，数字有线电视用户 7377 户。有中心卫生院 1 所，床位 50 张，专业医护人员 35 人，村卫生室 38 个，乡村医生 63 人。实施“五通一有（通水、通电、通水泥路、通有线电视、通电话、有澡堂）”工程，2003 年，有水泥道路 63 公里、沙石路 48 公里，铺设供水管道 13.7 万米，38 个村全部用上自来水，装有程控电话 2.1 万部，有线电视 3.06 万户，手机 3800 部，有澡堂 42 个。

第二节　村　庄

兖州市（区）历史上村庄存在数量变化较大。清康熙十一年（1672 年），全县自然村 178 个，清光绪十二年（1886 年）增至 324 个，后有减少。1913 年 321 个，1935 年 310 个。此后由于分村、新建和 1948 年 7 月区划调整，境域扩展，自然村大幅度增加。1950 年增至 500 个，1958 年 528 个。20 世纪 60 年代至 80 年代，城区村庄改为城市街道，农村增建部分新村，合并部分小村；2005 年—2009 年，全市实施合村并点工程，建设中心村。村庄虽有较大变动，但总数无大增减。市境地处平原，村庄分布较均匀。1996 年有自然村 529 个，2013 年有居民社区 31 个，行政村 497 个。

2013年兖州市（区）行政村（居民社区）一览表

表1-2

镇（街道）	居民社区、行政村标准名称
鼓楼街道	居民社区19个：兴隆社区、奎星楼社区、少陵社区、鼓楼社区、校场社区、南顺城社区、韦园社区、文东社区、塔前社区、民族社区、莲花社区、新兴社区、白衣堂社区、息马地社区、文西社区、南环社区、中御桥社区、长安社区、红西社区。 行政村5个：永丰、南关、刘家岗、红花、北关。
酒仙桥街道	居民社区6个：查官园社区、岗子街社区、东关社区、神路社区、军民社区、邓家窑社区。 行政村13个：陈家村、古城、傅家楼、豆腐店、琉璃厂、天仙庙、东关、三河村、诸天寺、田家村、河头村、焦家村、粉店村。
龙桥街道	居民社区4个：维多利亚社区、九州方圆社区、牛旺社区、新龙社区。 行政村15个：牛王、旧关、龙桥、西关、六里井、范家堂、范家庄、薛家庙、李家湾、东韩村、韩家楼、刘官庄、任老庄、五里庄、李家庙。
黄屯街道	行政村32个：黄屯、庞村、谢家村、西张庄、高汪庄、赵庄、丁庄、三仙庙、于家屯、鹅鸭厂、南二十里铺、黄金屯、孙氏闸、于家厂、茶庵、张厂、马庄、蒜园、岗上、蒋屯、东岗、孙氏店、小辛庄、褚屯、任桥、吴营、祖营、李屯、高刘屯、西郭营、卓家村、堌城。
王因街道	行政村59个：王因、大辛庄、官庄、后仁美庄、中仁美庄、西仁美庄、前仁美庄、西娄庄、东娄庄、玉皇庙、仁祖庙、苗营、辛集、后竹亭、前竹亭、苏家庄、寺上、陈庄、长庆屯、后岗、前岗、西王因、韩家坡、郑家坡、魏家庙、孙家楼、陈家庄、店子、戏楼、张村、钱家村、申家街、西兴隆庄、刘台庄、晏家村、梁家营、高家村、街头、后侯家营、前侯家营、北许、东郭家营、史家营、沙岗头、田家庄、丁家庄、社仓、储家庄、南许、后韩家堂、前韩家堂、程家街、吕家庙、娘娘庙、齐家村、柳沟、周庄、河口、业庄。
兴隆庄镇	行政村40个：堡子、大桥村、后李家村、前李家村、冠庄铺、胜利村、晾衣井、兴隆庄、四竹亭、南三官庙、巨王林、大岗头、三元村、火神庙、百子堂、护驾营、田家庙、魏家井、水坑、刘家楼、大施村、椁椤树、王庄、北湖、刘岗、大庙、南张村、雷家厂、和尚堂、澮台墓、道沟、汪家庙、后小疃、大南湖、王家楼、后樊庄、中樊庄、前小疃、小南湖、前樊庄。

续表1-2

镇（街道）	居民社区、行政村标准名称
大安镇	行政村53个：山拖农场村、后谷村、前谷村、后官庄、大洼、朱家屯、后盛村、柳家庙、前官庄、西垛庄、东垛庄、前盛村、东葛店、黄家庙、杨家村、房家庄、后白家楼、前白家楼、白家店、蒿家厂、两分店、房家院、龙湾店、谭家村、栗园、史家庄、安家庙、裴家院、范家林、高家庙、七里铺、安邱府、徐家村、南唐家庄、石马、周家村、红庙、五圣堂、大安、后邢村、张家楼、西北店、前邢村、二郎庙、唐家营、西葛店、北三官庙、李家宫村、小安、二十里铺、罗家屯、邓家村、高家村。
新驿镇	行政村57个：新驿一、新驿二、新驿三、新驿四、何家村西、何家村东、义和庄、董楼、王堂、韩马村、店子街、李家村、赵吕村、孙家村、葛楼、蔡庄、官路村、苗堂、肖家村、范家窑、张家窑、王府庄、姜家村、西刘家村、郭家村、袁家村、胡营、骆家村、魏家楼、秦家村、王楼、高吴桥一、高吴桥二、高吴桥三、高吴桥四、毛辛庄、马家楼、后寺、型堂、徐村、杨家营、皇林、大庄、东何家村、朱张村、后阎楼、茶棚、前阎楼、高庄、文兴坡、西顿村西、西顿村东、东顿村一、东顿村二、东顿村三、堰头、河湾。
颜店镇	行政村66个：颜店、刘胡、南阁、后李宫、中李宫、前李宫一、前李宫二、西孟家村、大张村、丁家郗村、赵家郗村、后郗村、薛家郗村、陈街、窦街、曹街、前王、董村、毛家村、夏村、蒿庙、马家海、张刘村、仁里村、前北肖、马楼、杨庄、后北肖、高家庄、史家村、颜家村、后张海、前张海、洪庙、西嵫阳、大嵫阳、嵫山、前海、梁袁庄一、梁袁庄二、孔家屯、北王家屯、北丁家庄、侯袁庄、朱袁庄、天齐庙、郭家楼、翟村一、翟村二、翟村三、翟村四、坊上、胡家街、屯头一、屯头二、屯头三、毛家庙、石家街、屯头新村、周家堌堆、南彭、刘家街、韩家街、傅家庙、玄帝庙、王桥。
新兖镇	居民社区2个：演武厅社区、山拖社区。 行政村84个：新义、吴村、赵家村、八里铺、鲍家林、代家村、东刘村、小官庄、李家楼、马家桥、小马青、牛家楼、大马青、大雨住、于家桥、倪家村、后寨子、前寨子、乔家村、后杨庄、前杨庄、泗庄、牛厂、于家村、沈官屯、六股路、广家街、肖家街、沙岗、南王家屯、徐家营、姜高村、顺德楼、王家庄、程家村、蔡家行、张家行、牛家行、叶家行、齐王庙、杨家庄、东孟家村、王鲁村、土楼闸、易家村、东稻营、西稻营、东张庄、金家村、老府庄、杨厂、牛家屯、武家村、张家坡、穆家庙、夏家庙、辛北庄、前道义、后道义、牟家屯、大南铺、夏家村、张陈、大徐村、坊里村、大胡街、宋家庙、西韩村、五炉村、曹家洼、周家楼、官路口、刘家村、小徐村、阎家村、张家村、尹家村、前吴村、王家村、宋家村、董家村、曹阳村、高庙、楚家洼。
漕河镇	行政村31个：漕河、管家口、歇马亭、谭家岗、后王庄、前王庄、华家厂、谈家村、薛朱刘、西曹庄、东曹庄、吴家村、左家村、大厂、前曹庄、东厂、西厂、北李家村、张家庄、前谢家楼、后谢家楼、后郈村、前郈村、庙西、围子、后楼、北张村、河南、尚家庄、罗家店、蔡家桥。
小孟镇	行政村42个：北门、南门、二村、北坡、后小孟、小孟后庄、北安、刘李村、西吴寺、东吴寺、前吴寺、东桑园、西桑园、后桑园、陈家岗、体仁寨、沙窝、河庄、李楼、沙庄、太平、梅家营、南辛庄、北辛庄、贾家村、李家桥、胡家函丈、陶家函丈、刘家函丈、张家王子、陈家王子、王家王子、白家王子、史家王子、苏家户、李家堂、郭家户、侯家店、肖家王子、梁家村、王海子、李海子。

第二篇

自然环境

YANZHOUSHIZHI

自然环境

第一章　地质　地貌

第一节　地　质

构　造　兖州市境大地构造属华北板块（Ⅰ级构造）鲁西隆起区（Ⅱ级构造）菏泽—兖州潜断隆（Ⅲ级构造）兖州潜凸起（Ⅳ级构造）单元，其边界东部为峄山断裂，西部为孙氏店断裂，北部为汶泗断裂，南部为凫山断裂。基底为新太古代泰山岩群。基底之上发育古生代、中生代及新生代地层。其中，新太古代济宁群赋存数层铁矿；晚古生代地层中赋存丰富的工业煤层，是国家煤炭资源的重要基地。

中、新生代起，鲁西地块差异性升降运动强烈，产生大规模凸起和断陷盆地，兖州断凸即为这一时期的产物。新生代第三纪断裂活动尤为剧烈，形成东部泰山、鲁山、沂山等山脉，西部平原的山川地貌。

褶皱构造表现基底与盖层有较大的差异性。基底褶皱为规模较大的复式褶皱，以紧密线型褶皱为主；盖层褶皱相对不发育，多为简单的单斜产状，大多向北倾，倾角较小。形成较大的褶皱为兖州向斜，轴向北东东，东半部为峄山断裂切割。

境内断裂构造发育，主要有北北西（NNW）和东西（EW）向两组断裂。

孙氏店断裂　位于境内西部边缘，走向北北西（NNW），倾向南西西（SWW），倾角70°～80°，西盘下降，为正断层，垂直断距100米～500米，具波状延伸，使下二叠系、上侏罗系地层与奥陶系灰岩呈断层接触。

嵫山断裂　位于境内中东部，走向北北西（NNW），倾向北东（NE），倾角80°左右，垂直断距200米～500米，为东盘下降、西盘上升的高角度正断层。具张扭性，呈弧形展布。

郓城断裂　位于境内北部，走向近东西（EW），倾向北（N），倾角75°，断距80米，北盘下降，为正断层。

地　层　新太古代，地壳尚不坚固，岩浆活动频繁，地壳运动强烈，褶皱、断裂和大面积区域变质伴随震荡而发生。其间，境内形成以泰山岩群为主的基底地层，同位素年龄约25亿年。新太古代末期形成济宁群。早古生代，境域处于缓慢下降状态，有大规模的海侵，沉积了巨厚的浅海砂页岩、碳酸盐岩类岩层。晚古生代，从石炭纪的海陆交互沉积过渡到二叠纪以陆相为主的沉积，主要岩性为砂页岩和煤。中生界晚侏罗纪地层在境内零星分布。新生界地层分布广泛。地层岩性、分布特征依地层年代由老至新分述如下：

泰山岩群　为境内基底地层，分布于全境。以灰黑色黑云变粒岩为主，次为灰白色黑云母质条带状、斑状混合岩及均质混合岩，同位素年龄24.6亿年，厚约2300米。

济宁群　埋深899.9米～1278.15米，分布于颜店、翟村、洪福寺一带，主要岩性为绿泥绢云千枚岩、绢云千枚岩、含碳质绿泥绢云千枚岩、方解绢云千枚岩、变安山岩夹磁铁绿泥绢云千枚岩、磁铁绢云千枚岩、磁铁石英岩等，钻孔控制最大厚度约1000米，含数层铁矿。

长清群 主要包括朱砂洞组、馒头组，前者主要岩性为白云岩及砾屑、砂屑灰岩，夹页岩；后者主要岩性为暗紫、暗紫红色页岩、细砂岩，夹生物碎屑灰岩、鲕粒灰岩、泥晶灰岩、砂屑灰岩等。厚150.3米～194.82米。

九龙群 主要包括张夏组、崮山组、炒米店组、三山子组。张夏组岩性以鲕粒灰岩为主，夹条带状泥晶灰岩、藻灰岩；崮山组岩性以中薄层条带状灰岩、钙质页岩夹疙瘩状灰岩为主，与张夏组整合接触；炒米店组岩性以厚层泥晶灰岩、含生物碎屑亮晶灰岩夹中厚层竹叶状灰岩、鲕粒灰岩为主；三山子组岩性以中厚层细晶白云岩、白云质灰岩、泥晶灰岩、含燧石结核白云岩为主。

马家沟群 主要包括东黄山组、北庵庄组、土峪组、五阳山组、阁庄组、八陡组。除嵫山残丘裸露五阳山组灰岩、泥灰岩外，其他均隐伏于松散岩类地层之下。岩性主要为浅灰色、灰色厚层状灰岩、结晶灰岩、豹皮状灰岩。南部埋藏较浅，北部较深，为115米～237米。揭露厚度435.43米。总厚度621.09米～870.71米。

月门沟群 主要包括太原组、山西组，分布在铁路以西至兖州城区及兖州—王因公路以东地带。顶板埋深135.8米～198.9米，厚16.78米～159.1米，假整合于中奥陶系灰岩之上。岩性为灰白色粉砂岩、黏土岩、页岩和薄层灰岩，夹数层煤。

石盒子群 主要包括黑山组、万山组及奎山组，分布在小孟—马楼—东顿村一带，顶板埋深168.4米～210米，厚11.2米～188.15米，假整合于上石炭系地层之上。岩性为灰白色、深灰色砂岩和杂色泥岩及褐色页岩，富含植物化石。

淄博群 境内仅见三台组，分布在苗堂—新驿—丁郗村一带，呈近南北向狭长条形展布，不整合于二叠系地层之上，顶板埋深160米～210米，岩性为褐色砂岩、砾岩及杂色泥岩、砂砾岩，具有明显交错层理，揭露厚度792.3米。

古近系 境内仅见官庄群大汶口组地层，分布在北部和东北部，隐伏于松散岩类之下，岩性多为棕红色、灰白色砂岩、泥岩，厚42米～668.79米。顶板埋深11.1米～230米，与侏罗纪地层呈假整合接触。

新近系 由灰绿色、锈黄色、灰白色粘砂岩、黏土、亚黏土互层组成，局部夹1层～2层中粗砂，黏土多具挤压面，含少量钙质结核。顶板埋深86米～113.55米，厚64米～106.5米。

第四系 广泛分布于全境，厚度由北向南、由东向西增加，为86米～133米。东北部受构造影响，厚度较小，小于60米。

全新统 岩性为浅黄色、灰黄色亚砂土、亚黏土，总厚度2米～12.7米，底部普遍分布一层黑灰色淤泥质黏土、亚黏土，厚3米～5米，多含贝壳。

更新统 上部岩性为锈黄色、褐黄色亚砂土、亚黏土，夹2层～4层中细砂、中粗砂、细砂，底部富含钙质结核和钙质团块。总厚度6米～22.27米，底板埋深12.5米～29.37米。中部岩性为棕黄、灰绿、黄褐色亚砂土、黏土、亚黏土和数层中粗砂、中细砂、细砂。底部多富集豆状铁锰质浸染斑块，厚21.5米～56.4米，底板埋深52.5米～71.6米。下部岩性为灰绿、锈黄、棕红和杂色的亚黏土，黏土、混粒土、半固结松砂岩、含砾中粗砂、中细砂，粗砂，含少量钙质结核及铁锰质斑块，底板埋深86米～113.55米。

新构造运动 兖州市（区）大地构造位于华北板块的东南缘，鲁西隆起的西部，菏泽—兖州断凹之兖州半潜向斜断块与济宁潜向斜断凹的北端交接处。按区域划分，兖州市位于沉降的鲁西平原，古近纪起，一直存在较强活动，第四纪起，境内继承性下降，除西部的嵫山外，其余均被第四纪覆盖，1971年—1976年进行的地震监测显示，在兖州—泗水间5年内13公里形变值31毫米，形变速率6毫米/年。说明兖州市及其附近地区新构造运动仍在继续进行。

兖州市位于郯庐、聊考两大强地震带之间的临沂—济宁中强地震活动带内，历史上曾发生震级大于5级的地震3次。462年（南朝宋孝建六年）8月，兖州南（震中位置35.0°N，116.8°E）发生6.0级地震；1675年7月，兖州北（震中位置35.6°N，116.8°E）发生5.0级地震；1970年8月，曲阜—兖州（震中位置35.7°N，116.88°E）发生5.0级地震。自20世纪80年代起，境内地震活动频率低、震级小，地震活动较弱。境内及周边的构造断裂属微弱全新活动断裂，地壳稳定。

水文地质　兖州市（区）地处鲁西南平原水文地质区山前冲洪积平原淡水水文地质亚区之汶泗河冲洪积平原单元。第四系松散岩类发育，东部大南铺、道义村一带发育为泗河冲洪积扇；西部小孟、新驿、顿村一带发育为汶河冲洪积扇；汶、泗冲洪积扇叠加地带位于漕河、大安、天齐庙一带，两冲洪积扇均发育有良好的含水砂层。地下水类型为第四系孔隙水和奥陶系石灰岩裂隙岩溶水。

第四系孔隙水　含水层主要埋深110米～130米，含水砂层由北东向南西埋藏加深，层数增多，颗粒度由粗变细，岩性为中粗砂、中细砂、细砂，含少量砾石。地下水的补给以大气降水入渗为主，其次为侧向径流补给、河水渗漏、农田灌溉水的回渗补给等；浅层孔隙水、中深层孔隙水总的径流趋势为由北东向南西径流，但由于兖州城区及厂矿企业开采地下水的影响，形成以城区为中心的地下水开采降落漏斗，使地下水径流方向转为四周向漏斗中心径流；地下水排泄以人工开采排泄为主，多集中于兖州城区及厂矿企业附近，主要用于生产和生活，开采量7.87万立方米/天。

中深层孔隙水富水性强，单位涌水量一般大于400立方米/天，冲洪积扇前缘含水层颗粒较细，含水砂层以中砂、中细砂为主，富水性较强至中等，单位涌水量一般小于200立方米/天。

奥陶系石灰岩裂隙岩溶水　隐伏于第四系之下的地层有古近系、侏罗系、石炭—二叠系、奥陶系等，其中奥陶系裂隙岩溶水富水性好，是兖州市主要供水水源。

补给来源以第四系孔隙水越流补给为主，北东部岩溶地下水的侧向径流补给次之，大气降水直接入渗补给量较少，仅在嵫山裸露残丘地段存在直接补给；径流受断裂及裂隙岩溶发育程度控制明显，主径流方向为由北东向南西径流；排泄以人工开采为主，侧向径流排泄为次。

奥陶系马家沟组的碳酸盐岩裂隙岩溶发育，地下水赋存于灰岩、白云质灰岩、结晶灰岩的裂隙岩溶中，裂隙岩溶含水层发育深度150米～430米，含水层厚度20米～26米，单位涌水量一般大于1000立方米/天，前竹亭地段南涌水量达1.85万立方米/天，属重碳酸硫酸钙镁（$HCO_3 \cdot SO_4—Ca \cdot Mg$）型水。多数裂隙岩溶地下水锶（Sr）含量达1.94毫克/升，超过天然饮用矿泉水最低含量标准近5倍。

2013年，全市裂隙岩溶水源地有王因、六股路、沈官屯、高庙—龙湾店等，主要供给城市和企业生活、生产。

第二节　地　貌

兖州市地形为汶、泗河冲洪积倾斜平原地形。整体呈北及北东高、西及南西低的簸箕形，北东部白家店—田家村—张家庄一线处在冲洪积扇上游，地面高程56.2米～54.1米～52米，中部新驿—大南铺—五里庄一线，地面高程48.9米～48米～46.4米，南西部颜店—黄屯—沙岗头一带地势低洼，地面高程45.4米～39.5米～38.9米。坡降万分之五，其中最高点为西部的嵫山，高72.5米，最低点位于蓼沟河下游堌城—郭营一带，高38.9米。

兖州市地处鲁西南山前倾斜平原区的汶河、泗河冲洪积扇平原，其微地貌形态由汶河、泗河多次泛滥改道形成。西部为汶河冲洪积扇，由北向南倾斜，轴部形成斜列式高岗，如胡营、新驿、王家楼一带，且砂层裸露于地表，有利于大气降水入渗，高岗间带和冲洪积扇前缘形成洼地；东部为泗河冲洪积扇，由东北向西南微倾斜，轴部较高，前缘及两侧低洼。两冲洪积扇缘叠交带分布在郚村、天齐庙一带，地势较低。地貌类型主要有微斜平地、洼地、缓岗和丘陵。

微斜平地 一般处在缓岗中下部，分布于全境，面积458平方公里，占全市总面积的70.44%。坡降很小，表层土壤质地多为中壤，土层深厚，保水保肥力强，浅层孔隙水水位埋深7米～13米，绝大部分属潮褐土。

洼 地 大部分分布于市境中、南、西部，多为封闭式碟形洼地或槽形洼地，地势较低，面积122.77平方公里，占总面积的18.88%。有洼地20余个，其中小孟镇的吴寺洼地、新驿镇的杨营洼地、黄屯街道的黄屯洼地、王因街道的竹亭洼地、新兖镇的寨子洼地、泗庄洼地、兴隆庄镇的樊庄洼地、颜店镇的屯头洼地、李宫洼地等面积在3.3平方公里以上。颜店镇的鸟儿洼地、新驿镇的郚村洼地、漕河镇的后盛洼地、王因街道的仁美洼地、新兖镇的道义洼地等面积均在0.7平方公里以上。

缓 岗 一般分布在微斜平地的高坡地带，面积67.92平方公里，占总面积的10.45%。不同的缓岗分布高程不等，一般地面高程40米～50米，较大的缓岗18处，有北安—孙村、郗村—嵫山、北安—颜店、谈家村—张家庄、谷村—马青、巨王林—南张村、郗村—袁庄、王因—辛集等。其余散布于各镇（街道）狭小地段。土壤多属潮褐土，土层深厚，富含养分。

丘 陵 指嵫山，是兖州市唯一丘陵，为奥陶系石灰岩残丘。山体呈东西向展布，长1500米，宽1000米，占地1.5平方公里，占总面积的0.23%。分东、西两峰，东峰海拔75米，西峰海拔72.5米。清代开始零星开采石灰岩，虽屡禁而不止。东峰已开采成深达数十米的大坑，成为另一种微地貌类型——低于地面的采石坑；仅存西峰一点残山。

第二章 气 候

第一节 气候特征

兖州市境属北温带大陆性季风气候区，多受西风带西风气流影响，气候变化常自西向东进行，四季分明，气候温和，光能资源丰富，无霜期长，有利于种植越冬作物和夏播作物。夏季多雨，晚秋干旱，冬季又旱，旱涝灾害常有发生。自1996年起，气温呈缓慢上升趋势，风力变化不大，干旱、冰雹、雨涝等自然灾害时有发生。

3月上旬至5月下旬为春季，春季回暖快，风多雨少，气候干燥；6月上旬至8月下旬为夏季，夏季温热多雨，间有干旱；9月上旬至11月下旬为秋季，秋季气温急降，秋高气爽；12月上旬至次年2月下旬为冬季，冬季雨雪稀少，寒冷干燥。

春 季（3月—5月） 随着太阳辐射日益增强，地面和空气的温度不断升高，蒙古高压减弱，西太平洋副热带高压和大陆热低压逐渐增强，西南暖湿气流日趋活跃，因而降水比冬季明显增多。蒙古气旋频繁出现，发展强烈，常与海上高压形成东高西低的形势，受这种气压形势影响，春季是全市西北至东北大风最多的季节。虽然冷空气较冬季减弱，但仍经常南下影响全市，出现降温和秋霜、冰雹等天气。由于气温回升快、风力大、蒸发强，常发生春旱。

夏 季（6月—8月） 受西太平洋副热带高压影响，全国主要雨带日渐北移，全市6月底或7月初进入雨季，偏南风盛行。由于经常受热带海洋气团影响，天气炎热、湿润多雨，时有冷空气影响产生雷雨、冰雹等强对流天气，偶有台风侵袭带来大风、暴雨。

秋 季（9月—11月） 蒙古高气压重新建立并日益增强，全市经常受极地大陆气团控制，气温下降、降水骤减，多秋高气爽天气。

冬 季（12月—次年2月） 受极地大陆气团形成的蒙古气压控制，气候寒冷干燥，盛行偏北风。经常受冷空气侵袭，出现偏北风伴有降温，偶有南方暖湿气流北上与冷空气汇合，产生雨雪天气。该季是蒙古高气压最强时期，也是全年最冷、降水最少的季节。

第二节 日照 云

日 照 1996年—2013年，全市年均日照时数2242.3小时。年最长日照时数为1997年的2665.5小时，年最短日照时数为2006年的1957.7小时。年内各月日照时数以5月最多，为240.8小时；2月最少，为145.7小时。4月—6月平均每日日照时数在7.3小时以上，7月—9月平均每日日照时数在6小时以上。年均日照率50%。1997年最高，为60%；2003年最低，为38%。

各月的日照率以4月最高，为58%；5月次之，为56%；7月最低，为40%。

1996年—2013年兖州市日照时数及日照率情况表

表2-1

年平均日照时数及日照率			1996年—2013年各月平均日照时数及日照率		
年 份	日照时数（小时）	日照率（%）	月 份	日照时数（小时）	日照率（%）
1996	2406.5	54	1	149.7	48
1997	2665.5	60	2	145.7	47
1998	2223	50	3	200.7	54
1999	2046.3	46	4	227.9	58
2000	1968.8	44	5	240.8	56
2001	1946	44	6	221.5	51
2002	1991.5	45	7	188.5	40
2003	1686.2	38	8	191.1	46
2004	2204.1	50	9	182	49
2005	2259.4	51	10	185.5	53
2006	1957.7	44	11	161.4	52
2007	2114.5	48	12	147.7	49
2008	2178.1	49	—	—	—
2009	2339.1	53	—	—	—
2010	2582.5	58	—	—	—
2011	2569.1	58	—	—	—

续表2-1

年平均日照时数及日照率			1996年—2013年各月平均日照时数及日照率		
年 份	日照时数（小时）	日照率（%）	月 份	日照时数（小时）	日照率（%）
2012	2588.9	58	—	—	—
2013	2635	59	—	—	—
合计	40362.2	908	—	—	—
平均	2242.3	50	—	—	—

云　1996年—2013年，全市年均总云量为4.9成，7月平均云量最多，为6.6成；11月—12月平均云量最低，为3.8成，冬季多为晴到少云，夏季阴天最多。阴天多出现于白天，晴空多出现于夜间。年均晴天（日平均总云量小于2成）95天，12月晴天最多，为11.9天，7月最少，为2.8天；年均阴天(日平均总云量大于8成)95天，8月阴天最多，为10.4天，11月阴天最少，为5.6天。

1996年—2013年兖州市平均云量及晴、阴天情况表

表2-2

年平均云量及晴、阴天数					1996年—2013年各月平均云量及晴、阴天数				
年 份	总云量（成）	低云量（成）	晴 天（天）	阴 天（天）	月 份	总云量（成）	低云量（成）	晴 天（天）	阴 天（天）
1996	5.4	1.7	85	106	1	4	1.1	11.2	6.1
1997	4.1	1.4	127	65	2	4.6	2	8.2	6.6
1998	4.6	2	114	85	3	4.8	1.8	7.7	7.4
1999	4.5	1.9	115	74	4	4.5	1.9	8.3	6.2
2000	2.1	7.3	88	89	5	5	2.1	7.3	7.7
2001	5	2.2	94	80	6	5.5	2.3	5.2	8.5
2002	4.5	1.9	116	70	7	6.6	3.6	2.8	6.1
2003	5.2	2.7	96	109	8	5.9	3.3	4	10.4
2004	4.5	2	112	78	9	5.4	2.9	6.9	9.9
2005	4.7	1.6	100	76	10	4.5	1.6	9.7	7.6
2006	5.1	1.8	93	94	11	3.8	1.7	11.7	5.6
2007	5.1	1.7	96	98	12	3.8	1.2	11.9	6.1
2008	4.9	1.7	99	91	—	—	—	—	—
2009	5.4	1.8	79	117	—	—	—	—	—
2010	5.6	2	79	117	—	—	—	—	—
2011	5.8	1.7	67	122	—	—	—	—	—
2012	5.9	1.4	70	125	—	—	—	—	—
2013	5.5	1.4	78	114	—	—	—	—	—
合计	87.9	38.2	1708	1710	—	—	—	—	—
平均	4.9	2.1	95	95	—	—	—	—	—

第三节　气　温

兖州市气温较适中，冬季寒冷，夏季炎热，年振幅较大。

年变化和月变化　1996 年—2013 年，全市年平均气温 14℃。最高为 2006 年的 14.7℃，最低为 1996 年和 2003 年的 13.4℃。全年月平均气温 1 月最低，平均为 -1.2℃。7 月最高，平均为 27℃。4 月—10 月高于年平均值，其余 5 个月低于年平均值。月最高和最低气温与月平均气温的变化趋势一致。夏季和冬季各月间平均气温变化不大。春秋两季气温递增率和递减率较大，每月平均递增或递减 6℃以上。

日变化和日较差　日最高气温多出现在 14 时—15 时；日最低气温，冬季多出现在早晨 7 时—8 时，夏季多出现在 4 时—5 时，春、秋季出现在 6 时前后。最低气温出现后，增温很快，但最高气温出现后，降温较慢。冬季增、降温较快，夏季较慢。日较差 4 月较大，为 12.7℃；5 月次之，为 12.6℃；8 月最小，为 9℃。极端最高气温为 2002 年 7 月 15 日的 41.1℃，极端最低气温为 2011 年 1 月 16 日的 -15.4℃。年较高气温介于 35℃～41.1℃，多出现在 5 月下旬至 10 月上旬。年较低气温介于 -11.0℃～-15.4℃，多出现在 12 月至次年 2 月。

严寒期和酷热期　严寒期（侯平均气温小于等于 0℃）始于 12 月下旬，结束于次年 2 月上旬，长约 52 天。日最高气温小于等于 13℃的时间最早出现在 12 月下旬，最晚在 2 月下旬；日最低气温小于等于 -10℃的时间最早出现在 12 上旬，最晚在 2 月上旬。酷热期（侯平均气温大于等于 35℃）最早出现在 5 月下旬，最晚在 8 月上旬。

霜　期　初霜期平均在 10 月下旬，最早出现在 10 月 5 日，最晚在次年 1 月 1 日。终霜期一般在 4 月上旬，最早在 3 月 14 日，最晚在 4 月 21 日，全年无霜期平均 202 天。

1996年—2013年兖州市霜期情况表

表2-3

年　份	霜　期		无霜期（天）
	终霜日期	初霜日期	
1996	5月6日	10月31日	177
1997	4月20日	10月26日	188
1998	4月12日	10月5日	175
1999	4月2日	11月7日	218
2000	3月24日	10月10日	206
2001	3月29日	10月31日	215
2002	3月29日	10月29日	213
2003	4月9日	2004年1月1日	199
2004	3月27日	10月23日	209
2005	4月8日	10月22日	196
2006	4月21日	10月23日	184
2007	3月14日	11月6日	236
2008	4月8日	10月30日	204
2009	4月3日	10月24日	203
2010	4月2日	11月3日	214
2011	4月15日	10月26日	193
2012	4月12日	10月25日	195
2013	4月3日	11月1日	211
合计	—	—	3636
平均	—	—	202

1996年—2013年兖州市气温情况表

表2-4　　单位：℃

年平均气温		1996年—2013年各月平均气温		极高温			极低温		
年份	平均气温	月份	平均气温	月份	温值	出现时间	月份	温值	出现时间
1996	13.4	1	-1.2	1	16.4	2002年1月11日	1	-15.4	2011年1月16日
1997	14	2	2.6	2	22.8	2009年2月12日	2	-13.7	2000年2月1日
1998	14.6	3	8.5	3	30.7	2013年3月9日	3	-7.9	2010年3月1日
1999	14.2	4	14.9	4	32.3	2004年4月21日	4	-1.7	1999年4月2日
2000	14.1	5	20.5	5	35.4	2000年5月21日和2002年5月31日	5	5	2004年5月4日
2001	14	6	25.4	6	39.9	1997年6月22日	6	11.9	1997年6月2日
2002	14.5	7	27	7	41.1	2002年7月15日	7	17.4	2003年7月12日
2003	13.4	8	25.7	8	37.2	2013年8月11日	8	12.7	2013年8月31日
2004	14.3	9	21.1	9	36.8	2002年9月1日	9	5.7	2013年9月26日
2005	13.6	10	15.2	10	35.3	1998年10月1日	10	-0.8	1997年10月31日
2006	14.7	11	7.2	11	26.2	2003年11月1日	11	-7.5	1997年11月17日
2007	14.3	12	0.9	12	18.3	2010年12月1日	12	-13.7	1999年12月22日
2008	13.6	—	—	—	—	—	—	—	—
2009	14.1	—	—	—	—	—	—	—	—
2010	13.9	—	—	—	—	—	—	—	—
2011	13.5	—	—	—	—	—	—	—	—
2012	13.6	—	—	—	—	—	—	—	—
2013	14.1	—	—	—	—	—	—	—	—
合计	251.8	—	—	—	—	—	—	—	—
平均	14	—	—	—	—	—	—	—	—

第四节　气压　风

气　压　1996年—2013年，全市平均气压1010.3百帕，极端最高气压为2000年1月30日—31日的1041.8百帕，极端最低气压为2006年6月9日的983.6百帕。气压与气温的年变化相反，12月至次年7月气压由高变低，7月气压达到平均最低值997.5百帕。7月以后平均气压逐渐升高，12月气压达到平均最高值1020.9百帕。

风　1996年—2013年，全市平均风速2.1米/秒。12月至次年7月平均风速大于等于2米/秒；8月—11月平均风速小于等于2米/秒。月平均风速4月最大，为2.7米/秒；9月—10月最小，为1.7米/秒。一日中，中午前后风速最大，早、晚风速明显减小。全年最多的风向是南东南，频率11%。南风、静风为次多风向，频率10%。

1996年—2013年兖州市平均气压、平均风速情况表

表2-5

年平均气压		1996年—2013年各月平均气压		年平均风速		1996年—2013年各月平均风速	
年　份	气　压（百帕）	月　份	气　压（百帕）	年　份	风　速（米/秒）	月　份	风　速（米/秒）
1996	1010.7	1	1021.3	1996	2.8	1	2
1997	1010.9	2	1018.4	1997	2.8	2	2.2
1998	1010.4	3	1013.6	1998	2.8	3	2.6
1999	1010.3	4	1008.1	1999	2.7	4	2.7
2000	1010.6	5	1003.7	2000	2.7	5	2.4
2001	1011.5	6	999.1	2001	2.6	6	2.4
2002	1011.1	7	997.5	2002	2.7	7	2
2003	1011.4	8	1001.1	2003	2.7	8	1.8
2004	1010.3	9	1008.2	2004	1.8	9	1.7
2005	1010.4	10	1014	2005	1.8	10	1.7
2006	1009.3	11	1017.4	2006	1.7	11	1.9
2007	1009.5	12	1020.9	2007	1.6	12	2
2008	1009.9	—	—	2008	1.6	—	—
2009	1009.5	—	—	2009	1.7	—	—
2010	1009.6	—	—	2010	1.8	—	—
2011	1010.7	—	—	2011	1.5	—	—
2012	1009.5	—	—	2012	1.5	—	—
2013	1009.5	—	—	2013	1.5	—	—
合计	18185.1	—	—	合计	38.1	—	—
平均	1010.3	—	—	平均	2.1	—	—

第五节　降　水

1996年—2013年，全市受季风气候影响，降水量年际间变化较大。年平均降水量698.9毫米，最大年降水量为2003年的1184.9毫米，最小年降水量为2002年的353.5毫米。年内各季降水量相差悬殊，稳定性差。夏季降水量最多，约占全年降水量的62%，冬季降水量最少，约占全年降水量的4%，春、秋两季为冬、夏过渡期，降水量明显减少，分别为年降水量的16%和18%左右。日平均降水强度夏季最大、冬季最小。日降水量最大的为2005年9月20日的144.8毫米。年内7月降水量最大，平均为191.6毫米；8月次之，平均为161毫米。12月、1月最少，分别为9.6毫米和5.6毫米，1月—8月降水量总体呈递增趋势，前期增加较慢，5月骤增，7月—8月达到全年最高峰。9月以后减少，前期减少幅度大，后期减少幅度小，1月达到全年最低值。1996年—2013年，全市降雪初日一般为11月8日至次年1月11日，降雪终日一般为4月1日至20日，平均降雪初、终间日数为81天，最多降雪初、终间日数137天，最少降雪初、终间日数20天。年平均降雪日数10天，年平均积雪日数52天。

1996年—2013年兖州市降水量情况表

表2-6　　　　单位：毫米

年降水量		1996年—2013年月平均降水量		月最大降水量			月最小降水量			日最大降水量	
年　份	降水量	月份	降水量	月份	降水量	出现年份	月份	降水量	出现年份	降水量	出现时间
1996	534.6	1	5.6	1	40.3	2001	1	0	1999、2005、2007、2009、2011	18.1	2002年5月6日
1997	423.9	2	12.3	2	29.5	2001	2	0	1999	122.8	2003年9月4日
1998	877.4	3	16.6	3	62.5	2007	3	0	2000、2006	85.7	2004年8月27日
1999	506.7	4	34.4	4	93.4	2003	4	7.8	2000	144.8	2005年9月20日
2000	529.9	5	59.7	5	167	2013	5	0.1	2001	143.7	2006年7月3日
2001	594	6	79.7	6	229.8	2005	6	12.8	1997	74.1	2007年7月19日
2002	353.5	7	191.6	7	368.1	2008	7	38.9	2002	82.5	2008年7月1日
2003	1184.9	8	161	8	439.2	1998	8	22.3	2002	113.3	2009年8月18日
2004	805.4	9	76.8	9	357.3	2005	9	0.1	1998	144	2010年7月1日
2005	897.2	10	26.5	10	94	2000	10	0	2010	111.6	2011年8月6日
2006	766.2	11	25.3	11	129.7	2011	11	0	2002、2010	98.3	2012年7月5日
2007	861.6	12	9.6	12	37.3	2012	12	0	1999、2013	130.1	2013年5月26日
2008	832.5	—	—	—	—	—	—	—	—	—	—
2009	717.9	—	—	—	—	—	—	—	—	—	—
2010	765.9	—	—	—	—	—	—	—	—	—	—
2012	508.3	—	—	—	—	—	—	—	—	—	—
2013	580.3	—	—	—	—	—	—	—	—	—	—
合计	12580.4	—	—	—	—	—	—	—	—	—	—
平均	698.9	—	—	—	—	—	—	—	—	—	—

1996年—2013年兖州市雪的初、终日数，降雪和积雪日数情况表

表2-7

年　份	初　日	终　日	日数（天）	降雪日数（天）	积雪日数（天）
1996	12月13日	2月17日	67	6	36
1997	1月4日	1月23日	20	5	2
1998	11月16日	4月1日	137	10	158
1999	12月1日	3月2日	110	1	110
2000	1月11日	2月25日	116	13	25
2001	11月8日	2月23日	108	18	56
2002	12月4日	3月5日	92	8	1
2003	1月2日	3月6日	64	11	64

续表2-7

年　份	初　日	终　日	日数（天）	降雪日数（天）	积雪日数（天）
2004	11月8日	3月19日	133	9	73
2005	11月25日	2月18日	86	9	86
2006	12月31日	2月28日	60	10	61
2007	12月8日	12月31日	24	0	0
2008	1月11日	2月25日	46	8	38
2009	—	—	—	6	—
2010	11月12日	3月5日	114	9	96
2011	12月13日	3月1日	79	7	78
2012	11月3日	2月16日	79	11	1
2013	12月2日	4月2日	122	6	51
合计	—	—	1457	147	936
平均	—	—	86	8	55

第六节　湿度　蒸发

湿　度　1996年—2013年，全市年均相对湿度70%。年内只有7月、8月属于湿润月份。月平均相对湿度8月最大，为83%；3月最小，为59%。相对湿度的日变化一般与温度的日变化相反；夜间温度低，相对湿度大；昼间温度高，相对湿度小。

蒸　发　1996年—2013年，全市平均蒸发量564.9毫米。年最大蒸发量为2006年的967.2毫米，年最小蒸发量为2003年的62.8毫米。年内各月平均蒸发量相差较大，12月最低，为33.7毫米，1月开始逐渐增加，6月达154.8毫米，6月单月蒸发量是1月—5月蒸发量总和的4.4倍，7月—12月蒸发量逐渐减少。

1996年—2013年兖州市相对湿度、蒸发量情况表

表2-8

相对湿度				蒸发量			
年平均相对湿度		1996年—2013年各月平均相对湿度		年蒸发量		1996年—2013年各月平均蒸发量	
年　份	数　值（%）	月　份	数　值（%）	年　份	蒸发量（毫米）	月　份	蒸发量（毫米）
1996	67	1	65	1996	109.8	1	35.2
1997	69	2	63	1997	117.3	2	55
1998	72	3	59	1998	108.7	3	104.5
1999	69	4	63	1999	117.6	4	113.4
2000	70	5	68	2000	122.7	5	133.9
2001	70	6	66	2001	121.3	6	154.8
2002	67	7	81	2002	85.5	7	121.3
2003	73	8	83	2003	62.8	8	110.1

续表2-8

相对湿度				蒸发量			
年平均相对湿度		1996年—2013年各月平均相对湿度		年蒸发量		1996年—2013年各月平均蒸发量	
年　份	数　值（%）	月　份	数　值（%）	年　份	蒸发量（毫米）	月　份	蒸发量（毫米）
2004	70	9	78	2004	918.6	9	95.6
2005	68	10	74	2005	915.6	10	75
2006	72	11	74	2006	967.2	11	49.2
2007	71	12	70	2007	941.6	12	33.7
2008	69	—	—	2008	941.1	—	—
2009	73	—	—	2009	942.1	—	—
2010	70	—	—	2010	942.9	—	—
2011	68	—	—	2011	945	—	—
2012	72	—	—	2012	890.7	—	—
2013	76	—	—	2013	918.1	—	—
合计	1265	—	—	合计	10168.5	—	—
平均	70	—	—	平均	564.9	—	—

第七节　地　温

1996年—2013年，全市年平均地面温度16.4℃，比平均气温高2.4℃。地面极端最高温度为2012年6月16日的67.6℃，最低为2003年1月5日的-16.8℃。地面平均温度的变化与平均气温的变化基本一致，1月最低，平均为-0.8℃；7月最高，平均为30.4℃。地中温度变化与年气温变化基本一致，随着深度的增加，最冷月和最热月的出现时间均比地面温度相应延迟，最冷月和最热月的温差振幅减小。5厘米平均地温稳定通过12℃（断霜）的初日一般为4月11日，最早初日4月2日，最晚初日4月22日，5厘米平均地温稳定通过15℃（适宜播种）的终日一般为10月10日，最早终日9月26日，最晚终日10月21日。

第八节　冻　土

1996年—2013年，全市土壤冻结初日一般为11月20日，解冻初日一般为3月10日，平均冻土期110天。最长冻土期为2012年的120天，最短冻土期为2011年的67天，最大冻土深度为2011年1月的28厘米。

第九节　能见度

影响能见度的因素有雾、扬沙、浮尘等。雾全年各月均有发生，11月至次年2月较多，以12月和1月最多。夜间至早晨7时左右多出现大雾和轻雾，夏季雾持续时间短，冬季各月雾出现最多，且持续时间长。扬沙、浮尘每年都有出现。

1996年—2013年兖州市地温情况表

表2-9　　　　单位：℃

年平均地温						1996年—2013年各月平均地温				冻土深度		
年　份	年平均地温	最高地温		最低地温			各月平均地温			年　份	极　值（厘米）	出现时间
		数　值	出现时间	数　值	出现时间	月　份	月均地温	地中5厘米	地中10厘米			
1996	15.6	62.4	7月6日	-16.1	2月2日	1	-0.8	-0.4	0.2	1996	17	2月3日
1997	16.5	66.2	6月22日	-15.1	1月18日	2	3.5	3.2	3.4	1997	18	1月出现6天
1998	16.6	61.1	6月28日	-16.2	1月19日	3	10.7	9.7	9.7	1998	23	1月27日
1999	16.3	59.8	7月25日	-14.7	12月22日	4	18.8	17.1	16.8	1999	19	1月17日
2000	16.3	59.6	6月18日	-15.4	1月26日	5	25.1	23.1	22.7	2000	23	2月5日-6日
2001	16.3	62.2	6月10日	-12.4	12月2日	6	29.7	27.5	27	2001	13	1月3天，12月4天
2002	17	66.7	7月16日	-15.5	12月27日	7	30.4	29	28.8	2002	17	12月31日
2003	14.9	56.9	6月1日	-16.8	1月5日	8	29.4	28.3	28.2	2003	33	1月7日—8日
2004	16.5	58.7	6月12日	-12.8	1月25日	9	24.1	23.2	23.4	2004	19	1月29日
2005	15.8	63.4	6月3日	-12.8	1月1日	10	17.6	16.7	17.2	2005	23	1月21日
2006	17.2	60.6	6月20日	-9.8	1月7日	11	7.7	8.2	8.9	2006	16	1月10日
2007	16.5	58.7	6月18日	-8.5	1月8日	12	1	1.7	2.5	2007	13	1月10日
2008	15.8	60.1	8月7日	-13.3	12月22日	—	—	—	—	2008	18	2月3天
2009	16.5	65.2	7月3日	-15.1	1月24日	—	—	—	—	2009	25	1月2天
2010	16.5	61.6	6月15日	-13.1	1月13日	—	—	—	—	2010	24	1月3天
2011	16.2	62.5	6月13日	-16.1	1月16日	—	—	—	—	2011	28	1月2天
2012	17.1	67.6	6月16日	-12.3	2月8日	—	—	—	—	2012	16	1月3天
2013	17.3	61.5	6月28日	-11.4	12月29日	—	—	—	—	2013	25	1月15日
合计	295	—	—	—	—	—	—	—	—	—	—	—
平均	16.4	—	—	—	—	—	—	—	—	—	—	—

第三章　土壤　植被

第一节　土壤类型及分布

兖州市位于泰沂蒙山前倾斜平原的中下部，成土母质为山前冲洪积物，由古汶河、泗河冲积形成。在成土过程中，受地形、母质、水文、气候、生物等因素影响，形成褐土、潮土、砂姜黑土 3 个土类。根据土壤发生学分类原则，可分为 3 个土类，5 个亚类，7 个土属，30 个土种。

褐　土　境内的主要土壤类型，主要分布在各镇的缓岗、岗坡和微斜平地中。一般通体呈褐色而较鲜艳，中性至微碱性。土体构型通常有耕作层、淋溶淀积层、钙积层3个基本层次。表层质地多为轻中壤，屑粒状结构，耕性、通气、透水性尚好，多数地块心土层有黏层或黏化层，有利于保水保肥。根据地形和土壤剖面发育程度分为潮褐土亚类和褐土亚类2个亚类。

潮褐土亚类 分布在各镇的缓岗、岗坡、微斜平地中，一般为壤表、黏心或黏化心、潮土底。心土层有胶膜，底土有铁结核（铁子）和锈纹、锈斑，自然肥力比较高，耕层较厚，适耕期长，肥劲平缓，适种作物广，有利于建设高产稳产田。1996年，潮褐土亚类面积46.05万亩，占全市耕地总面积的76.14%；2003年5月，王因镇、黄屯镇成建制移交给济宁市高新技术开发区管理，潮褐土亚类面积减少8.6万亩；2005年8月，黄屯镇金村、西稻营、东稻营、杨厂、东张庄、老府庄6个村划归新兖镇管理，潮褐土亚类面积增加4036.4亩。2013年，潮褐土亚类面积37.86万亩。

褐土亚类 分布在嵫山周围，成土母质为石灰性坡积、洪积物，地势较高，排水良好，潜水位较深。土壤通体呈鲜棕褐色，有假菌丝体，表层轻壤，心土层中壤偏黏，保水保肥性良好，但地处山坡，高洼不平，无水源，常年施肥较少，管理粗放，因此作物产量较低。1996年，褐土亚类面积604.8亩，占耕地总面积的0.1%；2003年5月，王因镇、黄屯镇成建制移交给济宁市高新技术开发区管理，褐土亚类面积减少112.6亩；2008年8月，曲阜市时庄镇田村、河头村、焦家村，陵城镇粉店村、牛厂村划归酒仙桥街道管理，褐土亚类面积增加4751.92亩。2013年，褐土亚类面积5244.12亩。

潮　土 主要分布在大安镇柳庙和王因街道沙河、程家街、娘娘庙、幸福沟以南地带。潜水高，盐碱威胁是潮土影响农业生产的主要障碍因素，物理性状差、保水保肥力差，但面积较少。根据受潜水作用程度、盐碱化情况，分为潮土和盐化潮土两个亚类。

潮土亚类 主要分布在大安镇的汉马河两侧及泗河河漫滩上，土壤潜水位一般在2米～3米，矿化度0.32克/升～0.55克/升，有锈纹、锈斑。按土体构型分为夹砂、夹壤、均质砂、均质壤4种类型。1996年，潮土亚类面积2.64万亩，占耕地总面积的4.37%；2003年5月，王因镇、黄屯镇成建制移交给济宁市高新技术开发区管理，潮土亚类面积减少4931.4亩。2013年，潮土亚类面积2.15万亩。

盐化潮土亚类 主要分布在大安镇的后盛与柳庙之间的背河洼地上。潜水位一般在2米～3米，矿化度0.32克/升～0.56克/升，地表有盐斑，土壤含盐量0.113克/升～0.117克/升，为轻度盐化。1996年，盐化潮土亚类面积4233.6亩，占耕地总面积的0.7%；2003年5月，王因镇、黄屯镇成建制移交给济宁市高新技术开发区管理，盐化潮土亚类面积减少789.88亩。2013年，盐化潮土亚类面积3443.72亩。

砂姜黑土 境内只有砂姜黑土亚类，主要分布在寨子洼、泗庄洼、鸟儿洼、吴寺洼等一些较大的碟形洼地上。成土母质为老的河流冲积物，土壤剖面有黑土层，厚25厘米～69厘米，呈舌状向深层延伸，在32厘米～66厘米处出现砂姜层，越往下越密集，受水渍作用影响，底层有不同程度的潜育现象。土壤质地黏重，湿时泥泞，干时坚硬，耕作困难。根据砂姜黑土亚类分布的地形部位、潜水状况，可分为洼底砂姜黑土、洼坡砂姜黑土、岗坡砂姜黑土3个土属。

洼底砂姜黑土土属 主要分布在王因农场、刘村洼、颜店镇周家堌堆洼、颜店农场和北肖洼地上。1996年，洼底砂姜黑土土属面积1.48万亩，占耕地总面积的2.45%；2003年5月，王因镇、黄屯镇成建制移交给济宁市高新技术开发区管理，洼底砂姜黑土土属面积减少2764.5亩。2013年，洼底砂姜黑土土属面积1.21万亩。

洼坡砂姜黑土土属　主要分布在漕河、新驿、颜店等镇和黄屯街道的碟形洼坡上。1996年，洼坡砂姜黑土土属面积7.25万亩，占耕地总面积的11.98%；2003年5月，王因镇、黄屯镇成建制移交给济宁市高新技术开发区管理，洼坡砂姜黑土土属面积减少1.35万亩；2005年8月，黄屯镇金村、西稻营、东稻营、杨厂、东张庄、老府庄6个村划归新兖镇管理，洼坡砂姜黑土土属面积增加736.5亩。2013年，洼坡砂姜黑土土属面积5.97万亩。

岗坡砂姜黑土土属　主要分布在泗庄洼、鸟儿洼等岗坡地带。1996年，岗坡砂姜黑土土属面积2.58万亩，占耕地总面积的4.26%。2003年5月，王因镇、黄屯镇成建制移交给济宁市高新技术开发区管理，岗坡砂姜黑土土属面积减少4806.9亩，2013年，岗坡砂姜黑土土属面积2.1万亩。

第二节　土壤质量

物理性状

土壤质地　土壤表层质地分为砂壤、轻壤、中壤、重壤4种类型。以中壤为主，面积23.15万亩，占耕地总面积的46.69%，各镇均有分布。其次是轻壤，面积18.21万亩，占耕地总面积的36.72%，主要分布于大安镇西部、漕河镇西北部、兴隆庄镇、新兖镇、颜店镇、小孟镇的中部。砂壤、重壤所占面积较小，分别占耕地总面积的6.26%、10.33%。砂壤主要分布于大安镇东北部汉马河两岸及泗河沿岸，重壤主要分布于小孟镇吴寺洼、新兖镇泗庄洼、兴隆庄镇东南部。

土体构型　全市主要有壤均质、壤质砂心、壤质黏心、壤质黏腰、壤质砂腰5种土体构型。其中壤质黏心面积最大，为33.04万亩，占耕地面积的66.65%，其次为壤均质，面积7.2万亩，占耕地面积的14.53%，壤质砂心面积5.49万亩，占耕地面积的11.07%，壤质砂腰面积2.57万亩，占耕地面积的5.19%，壤质黏腰面积1.27万亩，占耕地面积的2.56%。

土壤容重　全市褐土土壤容重平均为1.35克/立方厘米，砂姜黑土土壤容重平均为1.38克/立方厘米，潮土土壤容重平均为1.4克/立方厘米。耕层土壤容重平均为1.36克/立方厘米，与1980年第二次土壤普查的土壤容重1.39克/立方厘米相比，降低0.03克/立方厘米。由于常年小麦、玉米秸秆双还田和增施有机肥，土壤松紧度适宜。

土壤孔隙度　全市土壤总孔隙度平均为48%，变幅40.6%～60.1%，标准差为4.8。其中，褐土土壤总孔隙度平均为48.3%，潮土土壤总孔隙度平均为46.3%，砂姜黑土土壤总孔隙度平均为47.8%。全市土壤通气孔隙度平均为8.48%，褐土通气孔隙度平均为8.9%，潮土通气孔隙度平均为9.45%，砂姜黑土通气孔隙度平均为6.5%。全市土壤毛管孔隙度平均为39.74%，褐土毛管孔隙度平均为40.26%，潮土毛管孔隙度平均为35.95%，砂姜黑土毛管孔隙度平均为38.6%。

化学性状

土壤酸碱度　全市土壤pH值变幅6.9～7.4，众数为7.1，标准偏差0.1。潮土、褐土、砂姜黑土3个土类的pH值，中壤、轻壤、重壤、砂壤4种土壤质地的pH值以及微斜平地、洼地、缓岗3种地貌类型的pH值都相差不大，众数均为7.1左右。

土壤养分　2007年—2010年土壤养分检测结果显示，全市有机质平均含量为15.6克/千克，全氮1.3克/千克，碱解氮103毫克/千克，有效磷17毫克/千克，速效钾99毫克/千克。土壤中氮、磷、钾比例为6∶1∶5.8，与较适宜的氮、磷、钾比例（2∶1∶3）差距较大。不同土壤类型养分含量有差异，褐土有机质平均含量为16.2克/千克，碱解氮103.2毫克/千克，有效磷29.7毫克/千克，速效钾100.6毫克/千克；潮土有机质平均含量为13.2克/千克，碱解氮

81.2毫克/千克，有效磷17.5毫克/千克，速效钾76.8毫克/千克；砂浆黑土有机质平均含量为16.5克/千克，碱解氮117.5毫克/千克，有效磷29.7毫克/千克，速效钾122.5毫克/千克。

土壤质量分级 2013年，兖州市耕地土壤质量分级情况为：

一级地 综合评价指数大于0.94，面积6.67万亩，占耕地总面积的13.46%。主要分布在小孟镇、漕河镇、新驿镇、大安镇和颜店镇，龙桥街道、酒仙桥街道、兴隆庄镇也有零星分布。土壤类型以非石灰性泥砂质潮褐土为主，还有极少量的黄姜土和潮壤土。地貌类型以微斜平地和缓岗为主。耕层质地为轻壤和中壤。有机质平均为16.6克/千克，有效磷平均为19.9毫克/千克，速效钾平均为104毫克/千克，有效锌平均为2.23毫克/千克，有效硼平均为0.53毫克/千克。每亩土壤年生产能力（小麦、玉米）平均为1150公斤。

二级地 综合评价指数0.92～0.94，面积27.18万亩，占耕地总面积的54.83%，是全市耕地面积最大的等级地。主要分布在新驿镇、小孟镇、漕河镇、大安镇和颜店镇，龙桥和鼓楼街道分布较广泛，新兖、兴隆庄等镇也有少量分布。土壤类型以非石灰性泥砂质潮褐土为主，还有黄姜土和覆泥黑姜土。地貌类型以微斜平地和缓岗为主，还有少量洼地。耕层质地为轻壤和中壤。有机质平均为15.6克/千克，有效磷平均为18.1毫克/千克，速效钾平均为94毫克/千克，有效锌平均为1.9毫克/千克，有效硼平均为0.52毫克/千克。每亩土壤年生产能力（小麦、玉米）1050公斤～1150公斤。

三级地 综合评价指数0.91～0.92，面积2.79万亩，占耕地总面积的5.62%。主要分布在颜店镇、小孟镇和兴隆庄镇，新驿镇、大安镇、漕河镇、新兖镇、龙桥街道和酒仙桥街道也有少量分布。土壤类型以非石灰性泥砂质潮褐土为主，还有黄姜土、覆泥黑姜土和硫酸盐潮土。地貌类型以微斜平地和洼地为主，缓岗次之。耕层质地为轻壤和中壤。有机质平均为14.8克/千克，有效磷平均为17.2毫克/千克，速效钾平均为100毫克/千克，有效锌平均为2毫克/千克，有效硼平均为0.47毫克/千克。每亩土壤年生产能力（小麦、玉米）950公斤～1050公斤。

四级地 综合评价指数0.89～0.91，面积3.51万亩，占耕地总面积的7.09%。主要分布在大安镇、漕河镇、小孟镇，颜店镇、新驿镇、兴隆庄镇、新兖镇、龙桥街道和酒仙桥街道也有少量分布。土壤类型以非石灰性泥砂质潮褐土为主。地貌类型以微斜平地为主，还有部分缓岗和洼地。耕层质地以轻壤和中壤为主，还有部分砂壤。有机质平均为15.4克/千克，有效磷平均为18.1毫克/千克，速效钾平均为97毫克/千克，有效锌平均为1.75毫克/千克，有效硼平均为0.51毫克/千克。每亩土壤年生产能力（小麦、玉米）850公斤～950公斤。

五级地 综合评价指数0.86～0.89，面积4.53万亩，占耕地总面积的9.13%。主要分布在颜店镇、大安镇、漕河镇，新兖镇、小孟镇、新驿镇、兴隆庄镇、龙桥街道和鼓楼街道也有少量分布。土壤类型以潮壤土和黄姜土为主，还有少量非石灰性泥砂质潮褐土和覆泥黑姜土。地貌类型以微斜平地为主，还有少量洼地和缓岗。耕层质地以砂壤和重壤为主，还有部分轻壤。有机质平均为14.7克/千克，有效磷平均为18.1毫克/千克，速效钾平均为87毫克/千克，有效锌平均为1.82毫克/千克，有效硼平均为0.53毫克/千克。每亩土壤年生产能力（小麦、玉米）750公斤～850公斤。

六级地 综合评价指数小于0.86，面积4.89万亩，占耕地总面积的9.87%，主要分布在颜店镇、大安镇、新兖镇和兴隆庄镇，小孟镇、漕河镇、新驿镇和龙桥街道也有少量分布。土壤类型以黄姜土和潮壤土为主，还有少量覆泥黑姜土和非石灰性泥砂质潮褐土。地貌类型以微斜平地和洼地为主，还有少量缓岗。耕层质地以重壤和砂壤为主，还有极少量轻壤。有机质平均为15.4克/千克，有效磷平均为18.8毫克/千克，速效钾平均为90毫克/千克，有效锌平均为1.75毫克/千克，有效硼平均为0.52毫克/千克。每亩土壤年生产能力（小麦、玉米）低于750公斤。

第三节 植 被

兖州市境位于落叶阔叶林带，由于人工开发利用等因素，原生植被被次生植被所代替，以道路林网为连线，农田作物为主，自然草被作镶嵌，形成由木本植物、草本植物、人工养殖花卉草木和低等植物相结合的植物群落。

木本植物 分为乔木和灌木。乔木以杨、柳、刺槐、泡桐等速生落叶、阔叶树种为主；灌木有桑、紫穗槐、牡丹、月季、酸枣、大小叶黄杨等。

草本植物 分为农作物和自然草被。

农作物 分为粮食作物和蔬菜瓜果。粮食作物主要有小麦、玉米、花生、大豆、棉花、红薯、绿豆、芝麻、高粱等。蔬菜瓜果主要有大蒜、马铃薯、白菜、辣椒、韭菜、大葱、圆葱、芹菜、茄子、萝卜、菠菜、苔菜、山药、姜、甘蓝、甜菜、菜花、丝瓜、南瓜、佛手瓜、蛇瓜、西葫芦、莲藕、西瓜、甜瓜等。

自然草被 主要有旱生、水生和喜湿性三种类型。其中，旱生类主要有米蒿、荠菜、小花糖芥、藜、葎草、萹蓄、马齿苋、猪殃殃、龙葵、婆婆纳、车前、艾蒿、蒲公英、苍耳、看麦娘、野燕麦、马唐、麦瓶草、繁缕、王不留行、泽漆、铁苋菜、蒺藜、地锦、紫花地丁、节节草、猪毛菜、刺儿草等；水生类主要有两栖蓼、三棱草、鸭趾草、槐叶萍、紫萍、茨藻、水绵、孤尾草、蒲草等；喜湿性植物主要有稗、双穗省稗、水芹、水葱、芦苇、水草、水葫芦等。

人工养殖花卉草木 主要有迎春、玉兰、丁香、紫荆、海棠、秋海棠、玫瑰、月季、梅花、木槿、桂花、鸡冠、秋葵、菊花、凤仙、长春、仙人掌、吉祥草、万年青、芙蓉等。

低等植物 主要有绿藻、蘑菇、木耳等。境内植被占全市土地总面积的88%。农田占植被面积的75%，林地占24%，自然植被占1%。林木覆盖率32.1%。

第四章 水 文

第一节 河流水系

兖州市位于淮河流域，境内以南四湖为集水中心的泗河、洸府河、白马河、南泉河水系，含一级支流14条，二级支流4条。干、支流全长648.5公里，境内长245.2公里，流域面积648平方公里。

泗河水系 泗河，发源于新泰市太平顶山西侧（海拔814米），从大安镇白家店村东入境。西至龙湾店村北折弯南流，至京沪铁路桥下又折向西流，至马家桥村北曲弧南流。沿大安、新兖2个镇和王因街道东部边境南流，至柳沟村西南出境。境内长32.43公里，流域面积11.6平方公里（河滩地），属山洪河道。曲阜市小沂河从左岸金口坝处汇入南流。

2008年，兖州市实施泗河拦蓄工程，在泗河兖州段河槽内新建城东、城南两座橡胶坝，在南关村大弯道处建设河心岛，对工程范围内的河槽进行护砌。该工程可一次蓄水690万立方米，形成水面面积2.83平方公里，平均水深2.4米，回水长度9公里。

洸府河水系　有一级支流10条，二级支流4条，骨干排水沟13条。

一级支流　洸河，是洸府河主要支流。发源于泰安市宁阳县堽城镇北部泉头村。西流至洸河崖转南，在漕河镇前王庄村西入境。沿漕河、小孟两镇边界南流，至新驿镇高吴桥村东南汇入洸府河干流。境内长8.8公里，流域面积16平方公里。是一条纳上游山洪及客水的河道。

小泥河，发源于曲阜市姚村一带。自大安镇白家店村东北入境（京沪铁路北），西流至漕河镇蔡家桥村西汇入洸府河干流。境内长8.9公里，流域面积18.3平方公里。属季节性排内涝河道。

汉马河，自大安镇大洼村东北入境，西南流经大安、漕河两镇，在蔡家桥村北汇入洸府河干流。境内长8.3公里，流域面积6.8平方公里。是上纳山洪下排平原内涝的河道。

罗河，发源于泰安市宁阳县东部乡饮乡郭家沟一带，汇蛇眼诸泉南流。自漕河镇大厂村北入境，西南流经尚庄村西南，汇入洸府河干流。境内长3.9公里，流域面积9平方公里，属平原排涝河道。

宁阳沟，发源于宁阳县石集乡南部，由自然水沟汇集而成。在漕河镇梁家庄村北南流入境，至漕河村南汇入洸府河干流。境内长2.9公里，流域面积27平方公里。属季节性排涝河道（干沟）。

跃进沟，发源于漕河镇管家口村南部，南流经张家庄村至前郲村南汇入洸府河干流。全长5.7公里，流域面积17平方公里。

前进沟，发源于漕河镇后王庄村东部。经吴家村折东向南，至河南村东南甄桥闸上汇入洸府河干流。全长6.5公里，流域面积10平方公里。

杨家河，发源于大安镇西北店村西北，流经大安、新兖、颜店3个镇和黄屯街道，至三仙庙村西出境入济宁市任城区，在任城区黄庄村北汇入洸府河。境内长18公里，流域面积204.7平方公里。2010年，兖州市实施杨家河生态湿地建设，在中下游玄帝庙村段建设中型橡胶坝1座。

中源沟，发源于小孟镇东部侯店村西，南流经新驿、颜店两镇，在屯头村西南汇入洸府河。全长21公里，流域面积51平方公里。

蓼沟河，发源于新兖镇金家村东北，上接327国道路沟。西南流经黄屯、王因两街道，在后仁美庄村西出境入济宁市任城区，至石佛村北汇入洸府河。境内长12.5公里，流域面积101平方公里。

二级支流　府河，发源于泗河黑风口（古金口闸），穿城区折向西南流，经新兖镇、黄屯街道在赵庄村西北汇入杨家河。全长16公里，流域面积46.6平方公里。是防洪、排涝、引蓄水灌溉的多功能河道，城镇居民生活污水和工厂废水也多从该河排放。

大安河，原名大安沟，发源于大安镇龙湾店村西部（京沪铁路西侧）。流经大安、颜店两镇，至北王家屯村北汇入杨家河。长15.5公里，2010年实施整治，整治范围北起大安沟，南接府河，全长8.14公里，系西城区排水生态河道，有交通桥8座，挡水坝1座，控制水闸3座。

下源沟，发源于新驿镇葛楼村东部，南流至西刘村西出境入汶上县，至李宫村西入境，至颜店镇马楼村西再次出境，在济宁市任城区于白村东南汇入北跃进沟。全长12公里，总流域面积42平方公里。境内长7公里，流域面积22平方公里，是兖州市、汶上县边界低洼地带主要排水沟。

黄狼沟，发源于宁阳县大孟集南部。自小孟镇何庄村北入境，西南流经小孟、新驿、颜店三镇，从前张海村东南出境，至济宁市任城区郑庄村西南汇入北跃进沟。境内长23.5公里，流域面积82.5平方公里。

白马河水系　发源于邹城市中心店镇老营村北白马泉。流经曲阜、兖州、邹城、微山4个市

（县），在微山县鲁桥镇九孔桥村汇入独山湖。境内长 2 公里（樊庄村东南）。兴隆庄镇境内有支流 3 条，排水沟 1 条。

赵王河，发源于兴隆庄镇前李家村南部（京沪铁路西侧），经胜利村西流，在堡子村折向南，至前樊庄村西南出境。在邹城市北入林场，向东入白马河。境内长 13 公里，流域面积 29.5 平方公里。属季节性排坡水河道。

大马沟，发源于兴隆庄镇小施村东部。上接京沪铁路西沟，南流经和尚堂村、雷厂村、南张村至樊庄村东南出境。在邹城市李官桥北入白马河。境内长 8 公里，流域面积 16.5 平方公里。除排坡水外，还接纳兴隆庄煤矿工业废水。

南泥河，发源于曲阜市陵城镇西北部。至兴隆庄镇澹台墓村东入境，沿兖州、邹城两市边界西南流，在前樊庄村东南大马沟入口处汇入白马河。全长 12 公里，流域面积 16 平方公里。境内长 4.25 公里，流域面积 5 平方公里。

南泉河水系　发源于泰安市宁阳县东疏集一带，南流沿兖州市、汶上县边界至新驿镇董楼村西北入境，后折西南出境入汶上县。全长 33 公里，流域面积 231 平方公里。境内长 0.2 公里，流域面积 18 平方公里。主要有发源于小孟镇北部的一条排水干沟西流汇入，长 6 公里。

2013年兖州市河流情况表

表2-10

河道名称		流域面积（平方公里）		长　度（公里）		河流发源地	兖州市起始位置	兖州市出境位置	汇入河流
		总流域面积	兖州市境内面积	全　长	兖州市境内长度				
一	泗河	2357	11.6	159	32.4	新泰市太平顶山西侧	大安镇白家店村东	王因街道柳沟村西南	南阳湖
二	洸府河	1331	570	47.7	21.9	兖州市漕河镇蔡家桥村		颜店镇屯头三村	南阳湖
	蓼沟河	195	101	26.5	12.5	新兖镇金家村东北		王因街道后仁美庄村西	洸府河
	杨家河	212.2	204.7	26.5	18	大安镇西北店村西北		黄屯街道三仙庙村西	
	中源沟	51		21		小孟镇东部侯店村西		颜店镇屯头村西南	
	洸河	227.1	16	44.4	8.8	宁阳县堽城镇北部泉头村	漕河镇前王庄村西	新驿镇高吴桥村东南	
	跃进沟	17		5.7		漕河镇管家口村南部		漕河镇前郈村南	
	小泥河	53	18.3	23.8	8.9	曲阜市姚村镇附近	大安镇白家店村东北	漕河镇蔡家桥村西	
	前进沟	10		6.5		漕河镇后王庄村东部		漕河镇河南村东南	
	宁阳沟	82	27	23.9	2.9	宁阳县石集乡南部	漕河镇梁家庄村北	漕河镇漕河村南	
	罗河	62	9	20	3.9	宁阳县乡饮乡郭家沟一带	漕河镇大厂村北	漕河镇尚庄村西南	
	汉马河	106	6.8	42.3	8.3	宁阳县东部凤凰山	大安镇大注村东北	漕河镇蔡家桥村北	

续表2-10

河道名称		流域面积（平方公里）		长　度（公里）		河流发源地	兖州市起始位置	兖州市出境位置	汇入河流
		总流域面积	兖州市境内面积	全　长	兖州市境内长度				
二	府河	46.6		16		泗河黑风口		黄屯街道赵庄村西北	杨家河
	黄狼沟	89	82.5	25	23.5	宁阳县大孟集南部	小孟镇何庄村北	颜店镇前张海村东南	北跃进沟
	下源沟	42	22	12	7	新驿镇葛楼村东部		颜店镇马楼村西	
三	白马河	1099	51.1	60	2	邹城市中心店镇白马泉	兴隆庄镇樊庄村东南	兴隆庄镇樊庄村东南	独山湖
	大马沟	16.5		8		兴隆庄镇小施村东部		兴隆庄镇樊庄村东南	白马河
	赵王河	35	29.5	16.3	13	兴隆庄镇前李家村南部		兴隆庄镇前樊庄村西南	
	南泥河	16	5	12	4.25	曲阜市陵城镇西北部	兴隆庄镇澹台墓村东	兴隆庄镇前樊庄村东南	
四	南泉河	231	18	33	0.2	宁阳县东疏集一带	新驿镇董楼村西北	新驿镇董楼村西北	

第二节　地下水

水　量　兖州市地下水资源总量为1.31亿立方米。地下水主要赋存于各类沙砾石层的孔隙中。各含水岩组岩性分布不均，富水性稍有差别，一般有3层～4层含水层，厚度为20米～25米，局部达30米，单位涌水量一般大于400立方米/天，水位埋深12米～15米，年变幅5米～6米，总溶解固体低于400毫克/升，属碳酸盐类钙镁型水，pH值7.8，总硬度200毫克/升至400毫克/升。

水　质　兖州市属于山前冲积平原，地下水径流畅通，交替作用强烈，含水层以中、粗砂为主，地下水矿化度较低，约为0.5克/升，一般为重碳酸钙型水。地下水温约16℃，无色、无味，适宜灌溉和饮用。

根据2010年济宁市水功能区水资源状况通报，兖州市14个地下水监测点均达到Ⅲ类水质以上标准。其中，符合地下水Ⅱ类标准的站点有10个，占71.4%，符合地下水Ⅲ类标准的站点有4个，占28.6%。

类　型　根据兖州市地下水的埋藏条件，可分为裂隙岩溶水、深层承压水和浅层潜水3类。

裂隙岩溶水　埋藏于中奥陶系地层中，其含水层顶板埋深161.35米。由于中奥陶系石灰岩裂隙岩溶较为发育，富水性较好。据前、后邢村钻孔抽水试验，当地下水位下降4.44米时，出水量为1441.33立方米/天，但因埋藏较深，且上覆层孔隙水丰富，故尚未开发利用。

深层承压水　埋藏于第四系下组冲洪积地层内。其下部以厚层黏土与基岩裂隙岩溶水隔开，上部以厚层黏土与潜水分开。含水层为中砂及粗砂，属孔隙承压水。据钻孔勘探，在埋深65米～110米之间共有3个含水砂层，厚度27.8米，透水性能好，水头压力大，埋藏深度适中，有一定的开发利用价值。

浅层潜水　埋藏于第四系上组冲洪积地层

内，除厚度14米～20米为含水层外，裂隙亚黏土亦为含水层，属孔隙裂隙水，具有自由水面、富水性好的特点，是农用机井集中开采层。深度30米～50米的机井单井出水量一般为40立方米/小时～60立方米/小时，个别井可达200立方米/小时。

第五章 自然资源

第一节 土地资源

兖州市境南北长36公里，东西长26.5公里。1996年，全市行政区总面积648.2平方公里；2005年，总面积650.01平方公里；2009年，总面积650.19平方公里。2013年，面积未变。

1996年，全市有耕地3.99万公顷，人均0.068公顷；2005年，有耕地4.08万公顷，人均0.067公顷；2009年，有耕地4万公顷，人均0.064公顷。2013年，按照土地利用现状调查标准，全市土地利用面积按照耕地、城乡建设用地、其他农用地、林地、交通水利、其他土地、园地、其他建设用地的顺序递减，可开发后备资源较少。其中，耕地3.93万公顷，占全市土地总面积的60.4%，按利用方式分为水浇地和旱地，其中，水浇地3.79万公顷，旱地1407.97公顷；园地380.17公顷，占总面积的0.6%，主要分布在大安、新驿、兴隆庄等镇，其中，果园139.96公顷，其他园地240.21公顷；林地4641.11公顷，占总面积的7.1%，其中，有林地907.42公顷，其他林地3733.69公顷；城镇村及工矿用地1.28万公顷，占总面积的19.7%，其中，城市3744.8公顷，建制镇1085.47公顷，村庄7241.63公顷，采矿用地630.83公顷，风景名胜及特殊用地87.18公顷；交通运输用地4171.05公顷，占总面积的6.4%，其中，铁路用地412.09公顷，公路用地1097.29公顷，农村道路用地2661.67公顷；水域及水利设施用地3302.08公顷，占总面积的5.1%，其中，河流水面1252.77公顷，坑塘水面1302.53公顷，沟渠408.13公顷，水工建筑用地338.65公顷；其他土地470.76公顷，占总面积的0.7%，其中，设施农用地399.45公顷，沼泽地71.31公顷。

2013年兖州市土地利用情况表

表2-11　　　　单位：公顷

地类名称			面　积	比　例（%）
行政区总面积			65019.43	100
农用地	合计		49057.41	75.5
	耕地		39264.35	60.4
	其中	水浇地	37856.38	58.2
		旱地	1407.97	2.2
	园地		380.17	0.6
	林地		4641.11	7.1

续表2-11

地类名称			面积	比例（%）
农用地	其中	有林地	907.42	1.4
		其他林地	3733.69	5.7
	其他农用地	设施农用地	399.45	0.6
		农村道路	2661.67	4.1
	其他农用地	坑塘水面	1302.53	2
		农田水利用地	408.13	0.6
建设用地	合计		14637.94	22.5
	城乡建设用地	小计	12702.73	19.5
		城市	3744.8	5.8
		建制镇	1085.47	1.7
		村庄	7241.63	11.1
		其他独立建设用地	0	0
		采矿用地	630.83	1
	交通水利及其他	小计	1935.21	3
		铁路用地	412.09	0.6
		公路用地	1097.29	1.7
		水工建筑用地	338.65	0.5
		风景名胜	0	0
		特殊用地	87.18	0.1
其他土地		水域	1324.08	2

2013年兖州市耕地及基本农田情况表

表2-12　　　　单位：公顷

行政单位	耕地面积	基本农田面积
兖州市	39264.35	34517.22
新兖镇	5063.61	3373.86
颜店镇	6448.85	6561.9
新驿镇	4921.05	4695.02
小孟镇	4300.15	4103.87
漕河镇	3368.15	3228.75
大安镇	4583.5	4231.39
龙桥街道	299.53	0
鼓楼街道	73.22	0
酒仙桥街道	249.25	132.83
兴隆庄镇	2422.78	1994.08
王因街道	4956.25	4149.08
黄屯街道	2578.01	2046.44

第二节　水资源

水资源量　兖州市多年平均年地表水资源量为5873万立方米，地下水资源总量为1.31亿立方米，多年平均年水资源总量为1.77亿立方米，重复计算水量1261万立方米，客水资源量为3.2亿立方米，多年平均年水资源总量（含客水）为4.98亿立方米。

2013年，全市人口62.1万人，人均水资源量（不含客水）为285立方米；全市耕地面积59.1万亩，亩均水资源量（不含客水）为300立方米。

时空分布　兖州市水资源受降水和人类活动等因素的影响，年际、年内变化都较大。1996年—

2013年，年平均降水量为678.7毫米。年降水量最大的发生在2003年，为1125.2毫米，最小发生在2002年，为321.9毫米。年内分布也很不均匀，地表径流量主要集中在汛期的6月—9月，汛期径流量占全年的80%以上。浅层地下水主要由降水入渗、河道和灌溉渗漏补给等形成，随降水而呈现丰枯变化。

兖州市大规模开发利用地下水始于20世纪70年代初。一是东北部地下水贫水区，该区第四系松散沉积层较薄，厚度约10米，下为第三系红色砂岩，为不透水层。第四系松散沉积层中含水砂层埋深都小于4米～6米，砂层厚度小于0.5米，储水条件极差；二是中东部泗河冲积平原区，该区位于泗河西岸，泗河冲积扇的中游，第四系松散沉积层较厚，含水层中、粗、细砂均有，且区域分布均匀，可开发利用程度高；三是西部汶河冲积平原区，该区位于兖州市西北部，汶河冲积平原的下游，第四系松散沉积层埋深厚度大，含水砂层厚，以中粗砂为主，部分含有砾石，单井出水量在100立方米／小时以上。该区地下水库容大，有以丰补歉，多年调给的条件。

由于城市生活和工业用水的大量开采，城区及西部地下水位总体呈下降趋势，地下水资源处于轻度超采状态。

开发利用　兖州市在泗河、洸府河上共建成大、中、小型拦水闸6座，总拦蓄能力1491.6万立方米。

1996年—2013年，全市平均总供水量为2.4亿立方米／年。地表水2717万立方米，占总供水量的11.3%；地下水2.04亿立方米，占总供水量的85%，其中，浅层水1.87亿立方米，占总供水量的77.7%，深层水1739万立方米，占总供水量的7.3%；其他水源（污水回用）892万立方米，占总供水量的3.7%。

1996年—2013年，全市平均总用水量为2.4亿立方米／年。其中，城镇生活用水量809万立方米，农村生活用水量1224.5万立方米，城镇公共用水量177.1万立方米，工业用水量3639.9万立方米，农业灌溉用水量1.66亿立方米，林牧渔畜用水量1465万立方米，生态环境用水量114万立方米，分别占总用水量的3.37%、5.1%、0.74%、15.16%、69.06%、6.1%、0.47%。

2013年兖州市拦河闸情况表

表2-13

闸　名	河道名称	孔　数（孔）	拦蓄水量（万立方米）
龙湾店闸	泗河	38	360
白楼闸	小泥河	3	49.5
侯店闸	洸河	8	93.9
甄桥闸	洸府河	6	250.9
高吴桥闸	洸府河	9	321.9
屯头闸	洸府河	7	415.4
合　计	—	—	1491.6

1996年—2013年兖州市供水量情况表

表2-14　　单位：万立方米

年　份	地表水	地下水			污水回用	合　计
		浅层水	深层水	合　计		
1996	0	25428	0	25428	300	25728
1997	0	25428	0	25428	300	25728
1998	0	28548	0	28548	300	28848
1999	0	27828	0	27828	200	28028
2000	0	27108.4	0	27108.4	200	27308.4

续表2-14

年份	地表水	地下水			污水回用	合计
		浅层水	深层水	合计		
2001	0	34460.5	0	34460.5	160	34620.5
2002	0	21225	6019	27244	1630	28874
2003	3150	13377	3652	17029	0	20179
2004	2378.42	16042.3	3738	19780.3	0	22158.72
2005	0	12610	5709	18319	863	19182
2006	0	17001.3	2394	19395.3	921	20316.3
2007	0	18689	2728	21417	1610.7	23027.7
2008	130	18870.3	3274	22144.7	1078.4	23353.1
2009	130	21606	2140	23747	1078	24955
2010	16357	7094	1656	8750	0	25107
2011	10563	8415	0	8415	2012	20990
2012	9787	7492	0	7492	2539	19818
2013	6406	7688	0	7688	2870	16964
平均	2717	18661	1739	20400	892	24009

第三节 生物资源

植物资源 境内植物资源种类繁多，其中木本植物70余种，草本植物30余种，植物性药材120余种。

木本植物主要有桧柏、赤柏、杨树、柳树、榆树、刺槐、苦楝、国槐、麻栎（橡树）、臭椿、楸树、香椿、棠梨、酸枣、柞（柘葛针）树、构（楮桃）树、枸杞、枸橼（臭球子）、桑树、蔷薇、榕树、荆树（白蜡条）、杞柳、紫穗槐、皂角树、山楂树、杏树、桃树、石榴树、苹果树、樱花树、葡萄、樱桃树、核桃树等。

草本植物主要有苦菜（苦苦芽）、藜（灰灰菜）、艺艺芽、苋菜、莠草（毛毛草）、菊芋（洋姜）、抓地虎（拖秧子草）、早熟禾（草蹲子）、拢牛草（老鸹爪）、蚤缀（鹅不食草）、马齿苋（马蜂菜）、离子草（水萝卜棵）、鸡眼草（掐不齐）、打碗花（富苗秧）、曼陀罗（茄儿棵）、草狗子（鬼葛针）、画眉草（星星草）、三棱草（香附苗）、茅草、荻（芦草）、野菠菜、野燕麦、狗尾草、牛筋草、野烟、紫花苜蓿、蒺藜等。

植物性药材120余种，主要有灵芝、木贼、香附、地夫子、问荆（节节草）、桑白皮、霜桑叶、大麻子、山药、扁蓄、紫参、瞿麦、王不留、马尾莲、蝎子草、翻白草、地榆、苦参、远志、铁苋菜、马齿苋、猫眼草、枣仁、杏仁、柴胡、蛇床子、防风、菟丝子、益母草、蛤蟆棵、牛蒡子、薄荷、枸杞子、生地、车前子、栝蒌、桔梗、茵陈、艾叶、蒲公英、苍耳子、避风草、地丁、麦冬、野菊花、红花、杜仲、白芍、苏叶、黑白丑、黄柏、陈皮等。

全市各镇均有生产，多分布在田野的荒坡、河岸、沟崖及村边、道旁等处。

动物资源 境内有各类动物200余种。其中，野生动物性药材20余种。

兽类22种，主要有刺猬、蝙蝠、狐狸、黄鼬（黄鼠狼）、狗獾、猪獾、花面狸（野狸子）、野兔、家鼠、田鼠（地老鼠）、牛、马、驴、骡、羊、家兔、猪、猫、狗等。

鸟类75种，其中农林益鸟63种，主要有鹭鸶（池鹭、白鹭）、鸳鸯、绿头鸭（水鸭子）、苍鹰、鹞子（小鹰子）、斑鸠、大杜鹃、猫头鹰（夜猫子）、啄木鸟、黄鹂（黄莺）、苇莺（苇喳喳）、鹌鹑、家燕、大雁、喜鹊、灰喜鹊、麻雀、乌鸦（老鸹）、黑尾蜡嘴雀等。大雁、乌鸦今已少见。

昆虫类47种，主要有大花姐、草蛉（草青虫）、蜘蛛、蝼蛄、金针虫（硬壳虫）、地老虎（土蚕）、黏虫、中华稻蝗（飞蝗）、土蝗（蚂蚱）、蟋蟀（蛐蛐）、蜣郎、星天牛、玉米螟、造桥虫、棉铃虫、复带虻（牛虻）、大头金蝇、大黄蜂（马蜂）、土蜂、蜜蜂、食心虫、蝉（知了）、蜻蜓、螳螂（刀螂）、蜚蠊（蟑螂）、蜩蝈（蛐子）、瓢虫、蝴蝶、蚂蚁、金龟子（金壳螂）、土元（土鳖子）、大代蛾（布袋虫）、蜈蚣、蝎子、榆兰金花虫、臭斑虫等。

两栖类6种，即中华大蟾蜍（癞蛤蟆）、花背蟾蜍、金钱蛙、黑斑蛙（青蛙）、北方斜口蛙（旱蛤蟆、气蛤蟆）、泽蛙（梆声蛙）。

鱼类45种，主要有鲢鱼、鳙鱼、草鱼、鲂鱼、泥鳅、鳇坚、鲶鱼、鲤鱼、鲫鱼、白条、黄鳝、鳜鱼（季花鱼）、乌鳢（火头鱼）。其他有蚂蟥（水蛭）、虾、螃蟹、田螺、河蚌等。

爬行类9种，即坡地蜥蜴（地出溜）、壁虎（蝎虎）、火赤链蛇、黄脊游蛇、红点锦蛇、白条锦蛇、中华鳖（团鱼）、蚯蚓、蜗牛（蛐蛐）。

野生动物性药材主要有牛黄、鸡内金、地龙（蚯蚓）、全蝎、水蛭、蜈蚣、蝼蛄、蟋蟀、蝉蜕、僵蚕、蛴螬、蜣螂、蜂房、虻虫（牛虻）、土元、蟾蜍、鳖甲、壁虎、蛇蜕、刺猬皮、夜明砂、獾油、蜗牛、泥鳅、桑螵蛸等。

第四节　矿产资源

兖州市矿产种类较少。根据《兖州市矿产资源总体规划报告（2008—2015）》，至2010年，共有矿产6种，占济宁市已发现39种矿种的15.38%，按矿产的性质和主要工业用途可分为能源矿产煤，黑色金属矿产铁，建材非金属矿产制灰用石灰岩、砖瓦用黏土和建筑用砂，水气矿产矿泉水。其中，煤和铁矿资源量较丰富，矿泉水和制灰用石灰岩矿已不再开采。

煤　兖州市最具优势的矿产资源，总储量在200亿吨以上，储量大，煤层厚且煤质优良，是全国八大煤炭基地之一。境内煤层主要分布于兴隆庄、新驿、新兖等镇及王因、黄屯等街道，含煤地层分布面积240.21平方公里，占全市国土面积的36.94%，占济宁市保有煤炭资源量的11.5%，累计探明煤炭资源储量19.4亿吨，是山东省重要的煤炭生产基地之一。兖州市共有矿区13个，其中境内有兴隆庄煤矿、杨庄煤矿、古城煤矿、新驿煤矿、杨村煤矿（王因街道）、田庄煤矿（王因街道），跨境矿区有鲁西煤矿、东滩煤矿、鲍店煤矿、何岗煤矿、许厂煤矿、横河煤矿、太平煤矿。含煤地层为太原组和山西组，共含煤27层，主要可采煤层为第3、15、16、17层，煤种以气、肥煤为主。2000年，原煤开采量为824.89万吨，年末保有资源储量16.88亿吨；2007年，开采量为1230万吨，年末保有资源储量12.99亿吨，其中，基础储量5.07亿吨，资源量7.92亿吨；2010年，开采量为1040.4万吨，年末保有资源储量12.49亿吨。

铁　兖州市唯一黑色金属矿产，由原地质部航测大队1958年航测时发现嵫山区（现颜店镇）存在巨大航磁异常，从而推测为铁矿。2004年4月，经省国土资源厅批准首次设立探矿权，勘探面积19.04平方公里，在颜店镇铁矿矿区内布设物探和钻探工作，证实颜店镇铁矿类型为磁铁石英岩型（也称鞍山式铁矿），埋藏深度1020米～2200米，矿体厚度80.46米～190米，铁矿品位25.97%～31.72%，估算资源量10亿吨，资源潜力巨大，找矿前景较好。

砖瓦用黏土　兖州市地处平原区，第四系黏土层厚度大，砖瓦用黏土储量丰富，但多为高产农田，2007年，全市有砖瓦用黏土开采企业5家，共开采黏土矿6.3万立方米。根据国家有关政策，以毁坏耕地为代价的砖瓦企业于2010年之前全部关闭。

建筑用砂 兖州市北部、西北部的小孟镇、新驿镇、颜店镇等地处古河道，地砂储量较丰富。2007年，全市共开采建筑用砂11.9万立方米。根据国家有关政策，限制地砂开采，采砂企业于2008年年底前全部关闭。

第六章 自然灾害

兖州市境内自然灾害有干旱、暴雨、大风、冰雹、霜冻、病虫害等。旱灾时有发生，一般集中在7月—8月。暴雨成灾出现在4月—9月，1996年—2013年，暴雨成灾共7次，6次降水量等级为暴雨，1次为特大暴雨。大风经常伴随雷雨天气出现，雨后地质松软，更易造成作物倒伏及建筑坍塌。1996年—2013年，等级最高的大风出现在2004年6月22日，瞬时风速29.6米/秒，风力11级。冰雹一般集中在夏季，成灾频次极低，1996年—2013年，冰雹成灾仅1次。霜冻是植物受冻致害现象，有时伴有白霜，不伴有白霜时称黑霜。在农作物生长季节，一般地面温度低于0℃、空气温度低于5℃，就会发生霜冻。1996年—2013年，霜冻灾害出现较少。

农业虫害主要有小麦蚜虫、玉米蚜虫、玉米螟等，病害主要有玉米粗缩病、小麦赤霉病等；林业虫害主要有春尺蠖、杨小舟蛾、杨扇舟蛾、桑天牛、光肩星天牛、美国白蛾和法桐方翅网蝽，病害主要有杨树黑斑病、杨树溃疡病。

第一节 旱 灾

1997年7月—8月，兖州市发生特大旱灾，农作物受灾4万公顷，重灾3000公顷。北部贫水区247公顷农作物近乎绝产。

2001年，漕河、谷村两镇13个贫水区村庄1200公顷小麦遭受旱灾，全年粮食减产6.7万吨，受灾28万人，农业直接经济损失280万元。

2002年春，特大干旱，农作物成灾4333.3公顷，绝产1666.7公顷，粮食减产5.85万吨，受灾41.5万人，成灾2万人，直接经济损失6600万元。

2011年春，大旱，农作物受灾5603公顷，受灾49842人，农业经济损失933.1万元。

2012年春，大旱，农作物受灾1.1万公顷，受灾11538人，农业经济损失360万元。

第二节 涝 灾

1998年4月21日20时至22日8时，全市平均降水量44.1毫米，小麦受灾2600公顷，重灾1006公顷。

同年8月3日晚至4日下午，暴雨，全市平均降水量178.3毫米，农作物受灾2673公顷，房屋毁损105间，树木损折6.1万株，电线倒杆14个。

2003年9月3日19时至4日8时，全市普降大到暴雨，最大降水量188毫米，平均降水量154毫米。农作物受灾4000公顷，民房损坏493间，受灾5万人，直接经济损失800余万元。

2007年5月22日—23日，暴雨，全市平均降水量96毫米，部分镇小麦大面积倒伏，受灾1.8万公顷，农业经济损失4500余万元，给受灾群众造成生产生活影响。

2008年7月1日(降水量82.5毫米)、15日(降水量72.2毫米）和18日（降水量59.9毫米）

的暴雨天气对全市农作物生产造成较大影响，城区部分地段严重积水，给城市防汛和人民出行带来不便。

2013 年 5 月 26 日，暴雨，全市平均降雨量 80 毫米，27 日 13 时 15 分至 14 时 20 分，大风，造成小麦倒伏，颜店、新驿、小孟、漕河 4 个镇小麦倒伏较重，其他镇（街道）较轻。农作物受灾 1.15 万公顷，成灾 4603.46 公顷，受灾 134890 人，农业经济损失 4102 万元。

第三节 风 灾

1997 年 8 月 20 日，8 级大风，全市玉米倒伏 6667 公顷，秋粮平均减产 10%。树木倒折 4360 株，电线倒杆 101 个。

2001 年 7 月 3 日，大风，20 时 22 分，风速 23.1 米 / 秒，给全市的工农业生产造成损失和人员伤害。

2004 年 6 月 22 日，兖州市全境遭受暴风雨袭击，风力 11 级。暴风雨持续时间长，新兖、兴隆庄、谷村、颜店 4 个镇受灾严重，受灾 1.38 万人，受伤 2 人，农作物受灾 1106 公顷，房屋倒塌 62 间、损坏 1994 间，直接经济损失 2328 万元，其中农业直接经济损失 425 万元。

2006 年 8 月 3 日 15 时至 4 日 10 时，暴风雨，风力 8 级，降水量 63.9 毫米。农作物受灾 1768 公顷，绝收 186 公顷，房屋损坏 82 间、倒塌 10 间，树木倒折 4200 株，苗木倒伏 2 万株，直接经济损失 1081 万元，其中农业经济损失 974 万元。

2008 年 12 月 21 日 9 时 34 分，瞬时风速 16.9 米 / 秒，对交通和人民生活造成一定的影响。

2009 年 7 月 8 日 16 时，颜店镇李宫一村、李宫二村、李宫三村、李官四村遭受大风袭击，局部阵风达 10 级以上，持续约 6 分钟。农作物倒伏 230 公顷，房屋受损 820 间、倒塌 30 间，部分鸭棚、种植大棚受损，树木折断 6500 余株，受灾群众 1300 余户，直接经济损失 560 余万元。

2009 年 8 月 17 日 13 时 16 分至 18 日 16 时 10 分，特大暴雨，降水量 132.5 毫米，极大风速 15.1 米 / 秒，多个镇（街道）受灾，玉米倒折 1.47 万公顷，直接经济损失 5000 万元以上。

2010 年 6 月，全市遭受大雨风雹袭击，造成新兖、漕河、小孟、新驿、颜店 5 个镇部分小麦倒伏、树木折断，农作物受灾 2169 公顷，树木折断 1800 株，受灾 3 万人，直接经济损失 1350 万元。

第四节 雹 灾

1998 年 6 月 17 日 5 时 55 分至 6 时 10 分，颜店镇遭受冰雹袭击。冰雹最大直径 3 厘米，农作物受灾 1133.3 公顷，重灾 562 公顷，树木倒折 1200 株，房屋损毁 300 间，直接经济损失 867.1 万元。

第五节 霜冻灾

2001 年 3 月 7 日—8 日，气温突然降至零下 5.8℃，全市 3.07 万公顷小麦遭受冻害，其中 2.8 万公顷小麦受灾严重，8000 公顷减产 45% 以上，6666.7 公顷减产 35% 以上，1.33 万公顷减产 25% 以上，直接经济损失 7000 万元。

第六节 病虫害

农业病虫害 小麦蚜虫、玉米蚜虫、玉米螟等虫害均有不同程度发生，但没有造成灾害。其他病虫害危害较轻。

玉米粗缩病，1996 年极轻微发生，2005 年—2007 年普遍发生，2008 年—2009 年受南方及稻区灰飞虱虫源大影响，灰飞虱数量巨大，玉米粗缩病大面积发生。2008 年，发病面积 1.33 万公顷；2009 年，发病面积 2.33 万公顷，平均减产 10% ～ 30%，严重地块甚至绝产。2011 年以后，发生面积逐年减少，发病程度逐年减轻，至2013年，未造成大的危害。

小麦赤霉病，是小麦的一种长发病害，在抽穗扬花期极易因阴雨、大雾天气而发生，不同年份发生程度不一。1996年，发病面积小、危害轻；2005年，发病面积1.43万公顷，后逐年减少；2009年—2011年，每年发病面积6667公顷。2012年，由于田间病源菌充足，小麦抽穗期又遇连阴雨，造成病害大爆发，发病面积2.33万公顷。2013年，发病面积1.33万公顷。

二点委夜蛾，主要危害夏季玉米幼苗，2011年前鲜有发生，2011年，在全市夏玉米田发病严重，造成部分地块减产10%～30%；2013年，零星发生。

农作物害虫主要有蚜虫、红蜘蛛、黏虫、麦叶蜂、吸浆虫、灰飞虱、蓟马、玉米螟、棉铃虫、菜青虫、斜纹夜蛾、豆天蛾、大豆造桥虫、金针虫、地老虎、蛴螬、蝼蛄等。蔬菜病虫害120余种，主要有烟粉虱、白粉虱、小菜蛾、甜菜夜蛾、黄曲条跳甲等害虫和病毒病、软腐病、灰霉病、霜霉病、白粉病等病害。

林业病虫害 危害境内林木的虫害主要有春尺蠖、杨小舟蛾、杨扇舟蛾、桑天牛、光肩星天牛、美国白蛾和法桐方翅网蝽。其中，春尺蠖、杨小舟蛾、美国白蛾和法桐方翅网蝽危害严重，春尺蠖一年发生一代，美国白蛾一年发生三代，杨小舟蛾一年发生三代。三种害虫繁殖量大，暴食性强，短时间内可吃光树叶。法桐方翅网蝽一年发生五代，吸食叶片变黄后再防治也无法恢复。

危害境内林木的病害主要有杨树黑斑病、杨树溃疡病，在片林零星发生，不成灾。

1996年—2000年，杨小舟蛾在全市发生危害较严重，部分路段整株整片杨树叶片被吃光，总受害面积6667公顷。

2008年7月，在颜店镇首次发现美国白蛾，局部零星发生危害。2009年，美国白蛾在颜店、新驿两镇西部成灾。2010年，美国白蛾危害在颜店镇、新驿镇、小孟镇大面积暴发，其他镇（街道）均有零星发生，受灾面积326公顷。杨小舟蛾平均虫株率和虫口密度分别为48%、0.68头/平方米，成灾面积66公顷。2011年，全市美国白蛾危害轻度发生，面积16公顷。杨小舟蛾平均虫株率和虫口密度分别为14%、0.21头/平方米，轻、中度发生面积333公顷。

2012年，杨小舟蛾危害轻度发生面积326公顷，杨扇舟蛾危害轻度发生面积266公顷，法桐方翅网蝽危害发生面积43公顷，桑天牛危害发生面积20公顷，光肩星天牛危害轻度发生面积140公顷，杨树溃疡病发生面积420公顷。

2013年，春尺蠖危害发生面积66公顷，美国白蛾危害发生面积33公顷，杨扇（小）舟蛾危害发生面积466公顷，法桐方翅网蝽危害发生面积100公顷，杨树溃疡病发生面积333公顷。

第三篇

人　口

YANZHOUSHIZHI

人 口

第一章 人口状况

1996年后，全市贯彻落实人口和计划生育基本国策，优生优育人口观深入人心，人口综合素质显著提高，人口变动呈缓慢增长态势，人口流动幅度逐年上升。1996年，全市166494户，587855人，户均3.53人；全市总人口中，农业户口430491人，非农业户口157364人；人口密度904人/平方公里。2013年，全市201011户，636795人，户均3.17人；总人口比1996年增加48940人，年均增加2879人；全市总人口中，乡村人口436274人，城区人口200521人；人口密度979人/平方公里。

1996年—2013年兖州市人口状况表

表3-1

年 份	户数（户）	人数（人）			农业户口人 数	非农业户口人数	人口密度（人/平方公里）
		合 计	男	女			
1996	166494	587855	302071	285784	430491	157364	904
1997	167363	590741	303476	287265	430530	160211	909
1998	172551	594658	304681	289977	431835	162823	915
1999	194732	598258	306200	292058	430060	168198	920
2000	175403	601512	307477	294035	430704	170808	925
2001	175601	601988	307441	294547	429524	172464	926
2002	180492	602212	307197	295015	428519	173693	926
2003	181004	602586	306270	296316	374695	227891	927
2004	181944	604976	306556	298420	372207	232769	930
2005	181961	604741	305729	299012	409994	194747	930
2006	188889	608522	311331	297191	429822	178700	936
2007	190226	613539	310925	302614	450199	163340	944
2008	191203	622488	315228	307260	451569	170919	957
2009	192700	628506	318168	310338	421604	206902	967
2010	195253	632840	320107	312733	乡村人口435440	城区人口197400	973
2011	196986	636789	321920	314869	乡村人口437889	城区人口198900	979
2012	198237	636792	322288	314504	乡村人口437992	城区人口198800	979
2013	201011	636795	321395	315400	乡村人口436274	城区人口200521	979

说 明：表中人口数量为各年公安局户籍人口数，均含王因镇（街道）、黄屯镇（街道）。

第一节 人口分布与密度

人口分布 兖州地势平坦，除城区人口相对集中外，其他各区域的人口密度差异不大，人口分布处于相对稳定状态。1996年，全市农业人口430491人，主要分布在492个行政村；非农业人口157364人，主要分布在市区及10个镇、3个乡政府驻地。2000年，全市总人口601512人，其中非农业人口170808人，占总人口的28.4%；农业人口430704人，占71.6%。2005年，农业人口409994人，主要分布在492个行政村；非农业人口194747人，主要分布在市区和10个镇政府驻地。2010年，城区人口197400人，占全市总人口的31.2%，乡村人口435440人，占68.8%。2013年，撤销兖州市，设立济宁市兖州区。总人口63.68万人，其中，城区人口20.05万人，占全市总人口的31.48%；乡村人口43.63万人，占68.52%，主要分布在497个行政村。

人口密度 1996年，全市人口密度为904人/平方公里。2000年，全市人口密度为925人/平方公里。2005年，人口密度为930人/平方公里。2010年，人口密度为973人/平方公里。2013年，人口密度为979人/平方公里。其中，鼓楼街道人口密度最大，为10080人/平方公里。

2013年各镇（街道）人口数量、人口密度表

表3-2

镇（街道）	户数（户）	人口数（人）			面积（平方公里）	人口密度（人/平方公里）
		合计	男	女		
鼓楼街道	34668	97775	49745	48030	9.7	10080
龙桥街道	6135	22133	10464	11669	15.5	1428
酒仙桥街道	9628	29900	15246	14654	10.0	2990
大安镇	27895	89774	45539	44235	75.6	1187
新驿镇	14416	51369	26165	25204	66.8	769
颜店镇	22434	72287	36599	35688	98.3	735
新兖镇	13260	48213	23934	24279	101.4	475
漕河镇	9590	32495	16536	15959	47.6	683
兴隆庄镇	22164	62786	31561	31225	55.7	1127
小孟镇	11600	40580	20538	20042	54.2	749
王因街道	20597	62694	31954	30740	73.3	855
黄屯街道	8624	26789	13114	13675	42.1	636
总计	201011	636795	321395	315400	650.2	979

第二节 人口变动

自然变动 1996年—2013年，全市人口自然增长率始终保持在2.99‰～6.39‰的较低水平，属“少生优生优育”的人口再生产类型，其变化趋势呈波浪形。1996年，全市出生人口5452人，人口自然增长率为3.20‰，1998年上升至5.94‰。1999年—2003年人口自然增长率逐年降低。2003年，由于受育龄妇女生育规律制约以及防治非典型肺炎等因素影响，全市出生人口5299人，人口自然增长率2.99‰，是这一阶段最低点。2004 年—2010 年，人口自然增长率呈上升趋势。2010 年，全市出生人口 7297 人，人口自然增长率 6.39‰，是这一阶段最高点。2011 年—2013 年，人口自然增长率呈下降趋势。2013 年，全市出生人口 8146 人，人口自然增长率 3.59‰。

机械变动　1996 年—2012 年，全市共迁入 97641 人，迁出 90548 人，机械增加 7093 人，2013 年迁入 2686 人，迁出 2430 人，机械增加 256 人。属人口净流入地区。从机械变动的趋势看分三个阶段：1996 年—2000 年为基本平衡阶段，5 年间，全市机械增加 2443 人，年均增加 489 人；2001 年—2005 年为流出阶段，大学扩招、驻兖单位撤并等是人口流出的主要原因，5 年间，全市机械减少 6866 人，年均减少 1373 人；2006 年—2013 年为流入阶段，快速发展的国民经济、便利的交通、招商引资、人才引进、大学生返乡就业等均是形成全市人口入多出少趋势的因素。8 年间，全市机械增加 11772 人，年均增加 1472 人。2008 年是人口流入高峰年，当年机械增加 5454 人。

1996年—2013年兖州市人口变动情况表

表3-3

年　份	自然变动			机械变动		
	出生人数（人）	死亡人数（人）	自然增长率（‰）	迁入人数（人）	迁出人数（人）	机械增长率（‰）
1996	5452	3554	3.20	6282	5778	0.9
1997	5877	3780	3.56	6235	5950	0.5
1998	7422	3899	5.94	11471	11233	0.4
1999	5845	3223	4.40	8835	7857	1.6
2000	6467	4242	3.70	9857	9419	0.7
2001	5230	3554	3.16	3786	4983	-2.0
2002	5229	3946	3.52	3838	4819	-1.6
2003	5299	3760	2.99	4764	5996	-2.0
2004	5992	3751	3.71	4365	5057	-1.1
2005	6420	4172	3.71	4036	6800	-4.6
2006	6659	3292	5.55	5687	5578	0.2
2007	5784	5143	4.06	4945	3668	2.1
2008	6971	3741	5.40	8395	2941	8.9
2009	7399	3690	5.57	4609	2638	3.2
2010	7297	4674	6.39	4090	2633	2.3
2011	7445	4704	6.19	3471	2392	1.7
2012	8264	6440	5.64	2975	2806	0.3
2013	8146	3745	3.59	2686	2430	0.4

说　明：表中人口变动情况均含王因镇（街道）、黄屯镇（街道）。

第二章 人口构成

第一节 性别构成

1996年，全市总人口587855人，其中男性人口302071人，占总人口的51.39%；女性285784人，占总人口的48.61%，男女性别比105.70∶100。2000年，全市总人口601512人，其中，男性人口307477人，占总人口的51.12%；女性294035人，占总人口的48.88%，男女性别比104.57∶100。2010年，全市总人口632840人，其中，男性人口320107人，占总人口的50.58%；女性312733人，占总人口的49.42%，男女性别比102.36∶100。全市男女比例趋于协调。2013年，全市总人口636795人，其中，男性人口321395人，占总人口的50.47%；女性315400人，占总人口的49.53%，男女性别比101.90∶100。

第二节 年龄构成

2000年，第五次全国人口普查结果显示，全市0岁～14岁人口124350人，占总人口的20.78%；15岁～64岁劳动年龄人口428491人，占总人口的71.61%；65岁以上人口45546人，占总人口的7.61%。2010年，第六次全国人口普查结果显示，全市0岁～14岁人口 83168人，占总人口的15.57%；15岁～64岁劳动年龄人口398885人，占总人口的74.65%；65岁以上人口52261人，占总人口的9.78%。较之第五次全国人口普查65岁以上年龄人口增加2.17个百分点，65岁以上人口增长较快，人口老龄化已现端倪。

兖州市人口年龄构成情况表

表3-4

年龄组（岁）	第五次人口普查（人）	第六次人口普查（人）
0～4	29134	28725
5～9	22096	28075
10～14	73120	26368
15～19	49758	19761
20～24	37751	52076
25～29	47548	41050
30～34	62146	37548
35～39	61352	42814
40～44	43217	52526
45～49	48714	51790
50～54	32194	36198
55～59	25487	39723
60～64	20324	25399
65～69	17988	19271
70～74	13549	13555
75～79	8477	10519
80～84	3812	5947
85～89	1338	2310
90～94	325	557
95～99	56	100
100岁以上	1	2

说 明：第六次人口普查数不含王因街道、黄屯街道。

第三节 文化构成

2000年，第五次人口普查结果显示，全市大专以上学历17354人，占总人口的2.9%；高中、中专学历82607人，占总人口的13.8%；初中学历248123人，占总人口的41.5%；小学及扫盲班文化的160995人，占总人口的26.9%；文盲或半文盲的55996人，占总人口的9.4%，其中女性45319人，男性10677人，女性文盲半文盲人数为男性的4.2倍。2010年，第六次人口普查结果显示，全市大专以上学历41302人，占总人口的7.7%，比2000年提高4.8个百分点；高中、中专学历96859人，占总人口的18.1%，比2000年提高4.3个百分点；初中学历223449人，占总人口的41.8%,比2000年提高0.3个百分点；小学及扫盲班文化的109374人，占总人口的20.5%，比2000年降低6.4个百分点；文盲或半文盲的27850人，占总人口的5.2%，较之2000年降低4.2个百分点，其中女性22937人，男性4913人，女性人数高于男性3.7倍。2000年市内有研究生59人，2010年市内有研究生494人。

兖州市人口文化构成情况表

表3-5

受教育分类	第五次人口普查			第六次人口普查		
	人数（人）	男	女	人数（人）	男	女
6岁及6岁以上人口	565075	286126	278949	498834	249173	249661
文盲或半文盲人口	55996	10677	45319	27850	4913	22937
小学（含扫盲班）	160995	73137	87858	109374	45776	63598
初中	248123	138977	109146	223449	115879	107570
高中	82607	51485	31122	96859	58100	38759
大学专科	13538	9042	4496	27457	16255	11202
大学本科	3757	2760	997	13351	7941	5410
研究生	59	48	11	494	309	185

说 明：第六次人口普查数不含王因街道、黄屯街道。

第四节 民族构成

2000年，第五次人口普查结果显示，全市共有24个民族，其中汉族591838人，占总人口的98.9%。少数民族23个，共6549人，占总人口的1.1%，其中蒙古族278人、回族5867人、藏族49人、维吾尔族11人、苗族32人、彝族22人、壮族60人、布依族17人、朝鲜族37人、满族118人、侗族14人、瑶族6人、白族13人、土家族10人、哈尼族2人、傣族1人、傈僳族1人、佤族3人、达斡尔族3人、羌族1人、仡佬族1人、塔吉克族1人、门巴族2人。回族是少数民族中人口最多的民族，占少数民族总人口的89.6%，多分布于城区及颜店、大安、漕河等镇。2010年，第六次人口普查结果显示，全市共有25个民族，其中汉族528807人，占总人口的99.0%。少数民族24个，共5507人，占总人口的1.0%，其中蒙古族34人、回族5112人、藏族23人、维吾尔族9人、苗族15人、彝族22人、壮族65人、布依族8人、朝鲜族13人、满族151人、瑶族11人、土家族13人、哈尼族3人、傣族2人、黎族7人、佤族5人、畲族1人、东乡族1人、土族2人、达斡尔族4人、羌族1人、撒拉族1人、仡佬族2人、怒族2人。回族仍是少数民族中人口最多的民族，占少数民族总人口的92.8%，多分布于城区及颜店、大安、漕河等镇。

第五节 职业构成

2000年，第五次人口普查结果显示（据10%人口样本推算），全市在业人口342510人，占总人口的57.24%。其中，男性185670人，占在业人口的54.21%；女性156840人，占在业人口的45.79%。全市在业人口的职业状况是专业技术人员21850人，占在业人员的6.38%；国家机关、党群组织、企业、事业单位负责人6130人，占1.79%；办事人员和有关人员9430人，占2.75%；商业、服务业人员33550人，占9.80%；农林牧渔水利业从业人员198280人，占57.89%；生产、运输设备操作人员及有关人员73260人，占21.39%；其他人员10人。农村家庭男性外出务工，女性留守务农现象普遍存在。在7大职业类型中，从事农林牧渔水利业人员最多，是为数不多的女性从业多于男性的职业。2010年，第六次人口普查结果显示（据10%人口样本推算），全市在业人口307230人，占总人口的57.50%。在业人口的职业状况是专业技术人员23400人，占在业人员的7.62%；国家机关、党群组织、企业、事业单位负责人4870人，占1.59%；办事人员和有关人员10740人，占3.50%；商业、服务业人员44380人，占14.44%；农林牧渔水利业从业人员137930人，占44.89%；生产、运输设备操作人员及有关人员85890人，占27.96%；其他人员20人。在7大职业类型中，从事农林牧渔水利业人员仍为最多，由于农业现代化进程加快，农业机械的普遍使用，农林牧渔水利业从业人员下降，占在业人员的比重比第五次人口普查时减少13个百分点。二、三产业快速发展，对劳动力需求上升，商业、服务业人员，生产、运输设备操作人员及有关人员上升势头明显，占在业人员的比重比第五次人口普查时分别增加4.64和6.57个百分点。

第六节　婚姻　家庭

婚　姻　2000年，据第五次全国人口普查10%抽样推算，全市15岁及以上人口463380人，其中，男性230790人，女性232590人。未婚者92860人，占15周岁及以上人口的20.04%，其中男性53040人，女性39820人。初婚有配偶333140人，其中男性166080人，女性167060人；再婚有配偶7050人，其中，男性3110人，女性3940人；离婚2140人，其中，男性1340人，占离婚人口的62.62%；女性800人，占离婚人口的37.38%；丧偶28190人，其中男性7220人，占丧偶人数的25.61%；女性20970人，占丧偶人数的74.39%。寡居女性是鳏居男性的近3倍。2010年，据第六次全国人口普查10%抽样推算，全市15岁及以上人口442570人，其中，男性217980人，女性224590人。未婚者65880人，占15周岁及以上人口的14.89%，其中，男性38550人，女性27330人。有配偶344730人，其中，男性170500人，女性174230人；离婚3420人，其中，男性1930人，占离婚人口的56.43%；女性1490人，占离婚人口的43.57%；丧偶28540人，其中，男性7000人，占丧偶人数的24.53%；女性21540人，占丧偶人数的75.47%。寡居女性是鳏居男性的3倍多。

家　庭　1996年后，全市继续开展计划生育工作，人们家庭观念转变，一孩家庭增多，户均人口明显减少，家庭小型化趋势更加明显。第五、第六次全国人口普查数据对照比较，家庭户平均人口第六次人口普查为3.16人，比第五次人口普查的3.33人减少了0.17人。一代户和三代户上升较快，一代户占家庭总户数的比重第六次人口普查为28.92%，比第五次人口普查增加了8.15个百分点；三代户占家庭总户数的比重第六次人口普查为22.25%，比第五次人口普查增加了5.18个百分点。有2个以上60岁老人的户呈上升趋势，占总户数的比重第六次人口普查为13.52%，比第五次人口普查增加3.91个百分点。

兖州市家庭构成情况表

表3-6

家庭户数（户）		第五次人口普查	第六次人口普查
总　计		172435	164292
按代分	一代户	35813	47518
	二代户	106254	78606
	三代户	29439	36557
	四代户	929	1611
	五代户	—	—
	其他	—	—
按人口分	一人户	12252	14753
	二人户	29329	38890
	三人户	59310	54434
	四人户	41842	27709
	五人户	21313	20758
	六人户	6615	6113
	七人户	1354	1185
	八人户	312	308
	九人户	80	102
	十人及十人以上户	28	40
有二个60岁及以上老年人的户		16567	22217

说　明：第六次人口普查数不含王因街道、黄屯街道。

第三章　人口控制

第一节　管理机构

1996年，兖州市计划生育委员会设有办公室、人事科、财务科、宣教科、技术科、微机室、信访科、统计科、城区计生科、流动人口计划生育管理办公室和人口抽样调查队，辖计划生育协会1个科级全额事业单位和计划生育服务站1个副科级全额事业单位，有工作人员18人。全市13个乡镇设有计划生育办公室，各配备主任1人，工作人员3人～4人。计划生育办公室均设有计划生育服务站，配备专职计划生育服务站站长1人，宣传员、统计员、药管员等2人～3人。1997年，市流动人口计划生育管理办公室成立，为副科级全额事业单位，同时撤销市计划生育委员会流动人口计划生育管理办公室。1998年，财务科归口办公室管理。2000年，市计划生育委员会工作人员增加至51人。2001年，市计划生育委员会更名为市计划生育局，信访科更名为信访法规科，技术科更名为科学技术科，市计划生育委员会发行站成立。2002年，市计划生育局调整内设科室，设有办公室、政策法规科、信访科、规划统计科、宣传教育科、科学技术科、财务科、人事室、信息中心、发行站10个科室，共有人员71人。2003年5月，王因镇、黄屯镇划归济宁市高新技术开发区管理，同年底，全市10个镇（街道）计生办共有人员80余人。2005年5月，市计划生育局更名为市人口和计划生育局。2006年2月，设立调研室。2007年12月，市人口和计划生育局研究室成立，同时撤销调研室。2008年2月，市人口和计划生育培训中心成立，为副科级全额事业单位。财务室、人事室、研究室归口办公室管理；信息中心归口规划统计科管理；发行站归口宣传教育科管理。2010年5月，撤销市人口抽样调查队。2013年11月，市人口和计划生育局更名为济宁市兖州区人口和计划生育局。2013年12月，济宁市兖州区人口和计划生育局设办公室、规划统计科、政策法规科、科学技术科、宣传教育科5个科室。辖区计划生育协会、区计划生育服务站、区流动人口计划生育管理办公室、区人口和计划生育培训中心4个事业单位，共有工作人员54人。全区10个镇（街道）计生办共有行政管理人员55人，10个计划生育服务站共有技术服务人员106人。

第二节　政策法规

1996年，省人大常委会通过《关于修改〈山东省人口与计划生育条例〉的决定》，生育政策调整完善并逐步稳定。兖州市深入广泛宣传新《山东省人口与计划生育条例》（以下简称《条例》），按照《条例》规定提倡晚婚、晚育，男年满二十五周岁、女年满二十三周岁初婚的为晚婚。女年满二十三周岁怀孕并按计划生育第一个子女的为晚育。申请生育二孩的，女方系再育的须年满三十周岁，女初育的须年满二十五周岁。禁止任何单位和个人进行非医学需要胎儿性别鉴定，持生育证中期妊娠后非医学需要或者无正当理由不得终止妊娠。全市各级坚持发展经济与控制人口“两种生产”一起抓，严格执行人口与计划生育目标管理责任制，计划生育管理服务水平有效提高。2001年，《人口与计划生育法》《计划生育技术服务管理条例》《社会抚养费征收管理办法》的相继颁布实施，标志着全市人口和计划生育工作全面进入依法管理、优质服务的阶段。2002年，山东省修订并重新颁布《人口与计划生育条例》。全市以创建计划生育优质服务先进市为总抓手，以强化部门齐抓共管、创新管理体制为突破口，对人口问题实施综合治理，全面推进人口与计划生育综合改革，保持低生育水平持续稳定。2013年6月2日，省第十二届人民代表大会常务委员会第二次会议审议通过《山东省人民代表大会常务委员会关于修改〈山东省人口与计划生育条例〉的决定》，兖州市按照规定取消原《条例》第二十五条关于“申请生育第二个子女的夫妻，女方为初育的须年满二十五周岁，女方为再育的须年满三十周岁”的规定。

第三节　宣传教育

1996年后，兖州市适应社会主义市场经济和计划生育工作新形势、新任务的要求，针对农村妇女自我保健能力差的实际，加大对计划生育科学知识宣传，1996年—2000年，发放《人口与计划生育基础知识读本》30余万册（套），编发明白纸、应知应会小册子100余万份，参学率90%，应知应会率95%。不断改进宣传方法，由单层次向全方位、立体化转变。发挥广播、电视、报纸三大“窗口”接触面广、传播信息快、易于群众接受的特点，分别在兖州广播电台、兖州电视台和《兖州日报》开办“人口之声”“人口与计划生育”“少生优生、幸福一生”专栏，宣传计划生育方针政策，报道模范人物和先进经验。1998年，全市组织500多人的宣传品发行队伍，把各种宣传品送到广大育龄群众手中，全市已婚育龄妇女手里都有5份以上宣传材料，利用农闲、空余时间传阅学习。1999年，投资30余万元，精心编印12万套“五期教育”教材，全市青春期、新婚期、孕产期、育儿期、中老年的妇女都有适合自己的学习材料。

2000年后，强化个性宣传，因人施教。针对群众求知、求富、求乐、求美的需求，增强宣传教育的科学性、知识性和实用性。不断丰富宣传内容，根据育龄群众的婚育情况和年龄结构，编印《知心话》《悄悄话》《贴心话》《心里话》《家常话》“五期教育”教材和各类明白纸、应知应会小册子，发放到不同育龄群众手中。坚持因人而异，分类编排班次，举办各种类型的培训班，既宣传人口计生法律法规，又宣传优生优育、生殖健康知识，同时传授科技致富本领，满足了不同层次育龄群众的需求。村村开辟计划生育宣传一条街，定期刊登婚育常识、致富信息、生活窍门等方面的内容，群众随时随地都能看到所需的知识。不断改进宣传形式，突出进村入户到人的宣传。开展“走百家访百户”活动，在媒体开办计生专题栏目，举办知识竞赛，组织文艺演唱会等，把婚育新风送进机关、学校、农村、家庭。

2008年后，宣传方式从重数量、轻质量，重形式、轻内容，向群众喜闻乐见的形式转变，动之以情，晓之以理，在潜移默化中让群众受到教育。综合运用广播、电视、报纸、网络等媒体，开展以“关爱女孩、控制性别比失调、倡导晚婚晚育”等为重点的人口和计划生育公益宣传，提高宣传教育的针对性和实效性。每年印发《计生服务指南》《计生服务明白纸》等宣传品30余万份，刊播《人口和计生》专题130余期，发送手机短信30余万条，发放具有计划生育特色的围裙、纸杯、布袋、挂历、明信片等形式多样的宣传品200余万份，把婚育新风进万家等活动融入群众的日常生活之中，群众政策知晓率95%以上。每个镇驻地设立1个～2个大型户外宣传牌，每个村居按照3块～5块的标准定制1000余套高质量瓷板宣传标语，全市形成全方位、立体化、多角度、全覆盖的计划生育宣传格局，婚育新风深入人心，实行计划生育成为越来越多群众的自觉行为。2013年，全市独生子女家庭6万余户，2000余对符合二孩生育条件的家庭主动放弃二孩生育指标。

2007年12月，市人口和计划生育局工作人员深入农村集市发放计划生育年历、明白纸，普及计划生育法律法规

2013年，市人口计生局送“福”下乡，向群众免费发放计生宣传资料、计生用品及“福”字

第四节　计划生育管理

组织领导　20世纪90年代初，兖州市探索建立计划生育宣传教育、综合服务、科学管理的“三统一”工作机制，得到国家级领导和人口专家的肯定。1996年，济宁市委计划生育领导小组下发《关于在全市实行计划生育“三统一”工

作机制的意见》，“三统一”机制在全市推广。兖州市坚持把人口和计划生育工作纳入全市经济社会发展的总体规划。每年年初召开高规格、大规模、影响面广的计划生育视频直播会议，县级主要领导直至村（居）育龄妇女小组长，参加会议人员近5000人，收看电视实况人员近20万人。市委、市政府定期研究召开计划生育工作会议、人口形势分析会议和调度会议，每年均在10次以上。2003年12月，针对大量单位人变为社会人、流动人口等特殊人群迅速增加的情况，市政府出台《关于进一步加强城市人口与计划生育工作的意见》，全面落实计划生育属地化管理，建立流动人口和特殊人群计划生育管理机制。2009年4月，市委、市政府印发《关于进一步加强城区人口和计划生育工作的意见》，全面推行现居住地管理体制，明确户籍地、居住地管理职责，防止推诿扯皮现象，堵塞管理漏洞。2010年3月，针对城市拆迁改造中大量拆迁过渡人员分散安置的特点，本着拆迁未动、计生先行的理念，市人口计生领导小组制定《关于在拆迁工作中加强计划生育管理的通知》，明确拆迁过渡中的计划生育管理关系，联系不断人、服务不断线、管理不断档，增强一线控制能力。2010年9月，市委办公室、市政府办公室印发《加强城市社区人口和计划生育管理实施方案》，完善城市社区计划生育各项规章制度，理顺城市社区计划生育工作关系，有效解决特殊人群的计划生育管理服务问题。1996年—2013年，市委、市政府就人口计生工作出台文件28个。1996年—2013年，兖州市累计16次获济宁市人口计生工作一等奖。

保障机制 20世纪90年代后期，根据计划生育工作发展的实际需要，市政府逐年加大对计划生育工作的投入。1999年，市财政拨付计划生育事业费212.4万元，全市人均超过3.6元，13个乡镇统筹费用于计划生育工作的资金499万元，平均占乡镇统筹经费总额的23.17%，且全部用于计划生育事业。2000年后，市政府把计划生

2008年5月24日，全市人口和计划生育目标管理责任奖惩兑现大会在富都宾馆召开

育事业经费、农村计生专职主任误工补贴、四项手术免费专项资金全额纳入市级预算，应由镇（街道）承担的农村和城市居民独生子女父母奖励费，由市财政兜底，统筹解决。征缴的社会抚养费也全部用于计划生育事业，建立健全以政府投入为主，逐年稳定增长的计划生育经费投入保障机制。各级计划生育事业经费每年都以不低于10%的比例增长。市、镇两级财政对计划生育给予重点支持，2008年后，市镇两级用于计划生育部门场所新建和购置设施的资金达2000余万元。2010年，市级计划生育经费投入980万元，镇级累计投入1440.99万元，全市计划生育经费投入总额2420.99万元。2013年，市级计划生育经费预算投入1965万元，镇级预算投入1836万元，全市计划生育经费预算投入总额3801万元。

标准化建设 1996年后，市、镇两级投资2000余万元，按照设施现代化、管理规范化、服务优质化的要求，建设高标准计划生育服务站，各乡镇服务站面积均在500平方米以上，配齐B超、波姆光、微机等现代化设施，服务功能不断增强，全市529个行政村（居）全部建立计划生育服务室。2001年，投资350万元对市计划生育服务站进行搬迁、改造，配齐现代化设施，达到济宁市先进标准和省优标准。2002年，新兖镇、兴隆庄镇、王因镇、大安镇4个计生服务站被济宁市授予优质服务示范服务站称号。根据国家、

省和济宁市关于加强计划生育服务站标准化建设“四优一满意（环境优美、设施优良、服务优质、管理优秀，群众满意）”的总体要求，2008年—2009年，先后投入1500余万元，在济宁市率先完成市镇两级服务站标准化建设。2013年，市、镇两级服务站业务用房总面积9800平方米，拥有进口彩超、优生筛查诊断仪、电子显微镜等万元以上诊疗设备60余台套，添置生殖保健服务医疗设备，达到国家、省优质服务站标准。在市、镇两级服务站建立集育龄妇女生殖健康电子档案、健康检查服务、孕情跟踪管理、随访提醒信息、医疗文书、综合查询、异地检查及数据通信、计生站内管理于一体的信息化管理系统，实现数据自动上传下达、信息共享、统一管理。通过育龄妇女查体指纹识别系统，育龄妇女在兖州市任何一个计生服务站均可体检，杜绝冒名体检等现象。2009年—2010年，投入300余万元，参照服务站的建设形式，按照统一建设标准、统一内部设施、统一档案制度的要求，完成全市437个村（居）的计划生育服务室标准化建设。2011年，投资70余万元，改建信息中心办公用房和高标准机房，配备人口计生网服务器、育龄妇女管理系统服务器、信息共享平台服务器、流动人口管理平台服务器、信息化计生服务系统服务器，在市人口计生、公安、民政、卫生等部门及7家定点医院架设11条人口基础信息共享平台专用线路，在各镇（街道）增设人口基础信息共享平台端口，实现全市人口信息资源共享。同时，把信息网络扩展到29个城市社区居委会，建立起市人口计生局、街道办事处、社区居委会三级纵向计生信息交流网络，实现全市城区人口计生信息全覆盖。2012年8月，投入资金166万元，为市计生服务站配备全自动生化仪、全自动酶免工作站、孕前优生服务管理系统等设备，对工作场所进行改建，全面开展免费孕前优生健康检查，市计生服务站被国家卫计委评为2013年免费孕前优生健康检查室室间质评良好单位。

2008年，大安镇建成标准化计划生育服务站

队伍建设 1996年，全市13个乡镇计划生育办公室均设有计划生育服务站，配备专职服务站长，专（兼）职宣传员、统计员、药管员等，具体负责宣传、统计、药具发放等日常工作，全市529个行政村（居）全部配齐专（兼）职计生专职主任和查访员。2001年后，进一步配齐配强各行政村（居）专职主任、查访员和专（兼）职宣传员、统计员、药管员、信访员等，并按25户为1组配备1名育龄妇女小组长，全市共配备育龄妇女小组长4178人。市、乡两级计生干部大专以上文化程度120人，高中文化程度366人，分别占干部总数的24%和73%，35岁以下455人，占91%；村级专职干部初中以上文化的占97%，35岁以下的占96%。全市529个村级协会发展会员7.1万人，占总人口的12.3%。按照“注重实效，学以致用，确保质量”的原则，通过举办培训班、以会代训、召开经验交流会等多种形式，对村专职主任 、“五大员（ 查访员、宣传员、统计员、药管员、信访员）”和育龄妇女小组长进行业务培训，针对不同的工作性质，设置不同的学习内容，人人都能较好地履行岗位职责。村专职主任和“五大员”工资待遇同工作质量、指标完成情况挂钩，由乡镇统筹发放，对不称职的坚决辞退。2008年后，继续优化队伍结构，加强管理和培训，实行严格奖惩。2010年，按照“年轻化、知识化、女性化”的标准对全市437个村（居）的计生专职主任进行重新选聘，建立健全“市管理、镇聘

2009年8月，市计生局举办2009年度村级计划生育干部第三期培训班

任、村使用”的管理体制。村专职主任平均年龄由43周岁降到37周岁，中专以上学历人员达到96%，工资待遇按照村会计标准，由市财政统筹发放，各镇（街道）再根据工作情况发放绩效工资，充分调动基层人员工作的积极性。每年定期组织巡回培训、专项培训和集中培训，提高村级专职主任整体业务素质。每年对村级计生专职主任进行考核，将考核情况与报酬待遇直接挂钩，对不合格的重新选聘。2013年，市、镇两级计生部门配备工作人员273人，计生服务站配齐配强各类技术人员，拥有高级技术人员2名，中级技术人员19名，初级技术人员39名，执业医师24名，技术服务人员比例达87%，全部持证上岗。市、镇两级105名计生干部取得山东省行政执法证，每个镇（街道）配有2名以上的执法人员。

第五节 计划生育服务

1996年后，兖州市以创建国家、省级计划生育优质服务先进市为总抓手，开展以群众需求为引导的计划生育优质服务。兖州市被省委、省政府命名为计划生育工作“三为主（宣传教育为主、避孕为主、经常性工作为主）”先进市，2005年被评为全省计划生育优质服务先进市，2011年，被国家人口和计划生育委员会评为全国计划生育优质服务先进单位。

避孕节育服务 1996年，按照《山东省人口计划生育条例》规定，兖州市对有生育能力无生育指标的育龄夫妻落实安全可靠的避孕节育措施。1999年后，兖州市开展避孕节育措施知情选择工作。在计划生育工作基础好、服务网络健全的城区45个单位和农村26个村（居）开展避孕节育措施知情选择，试点针对育龄群众的不同情况，积极为他们提供足够选择的避孕方法。各镇设立紧急避孕咨询电话，村村配备紧急避孕药品和早孕检测试纸。2002年，贯彻落实国务院《计划生育技术服务管理条例》，市政府出台《关于向农村实行计划生育的育龄夫妻免费提供避孕节育技术服务的实施意见》，市财政将免费服务所需经费列入预算，凡户籍在兖州市范围，履行计划生育义务的农村育龄夫妻均为免费服务对象，机关企事业单位人员费用由单位解决，城镇无业人员费用由市财政统一解决。2008年—2013年，全面推行避孕节育方法知情选择，引进新型避孕药具，满足群众多种选择的需要。避孕节育育龄群众知情率、避孕节育方法选择率均在98%以上，产后、术后随访服务率98%以上，手术并发症控制在1‰以下。

2011年12月，兖州市被命名为全国计划生育优质服务先进单位

生殖保健服务 1996年后，紧紧围绕生育、节育、不育三个环节，以实施生殖道感染综合防治工程为重点，加强以妇女常见病防治为主要内容的生殖保健服务，全市育龄夫妇每年可进行3次～4次生殖健康检查。2000年—2003年，市、

镇两级服务站共为育龄妇女健康体检82万余人次，查出妇女常见疾病1.36万例。市、镇两级计生服务站对所有育龄夫妇建立规范的生殖健康档案，并向每位育龄妇女发放“生殖保健便民服务卡”，对不孕不育症患者有针对性地登门入户提供服务，为400名患不孕不育的夫妇建立专门档案，治愈187例。2008年—2013年，每年为育龄妇女健康体检3次，印制发放生殖健康手册，建档率100%。同时印制男性生殖健康宣传单，男性参与生殖保健活动和服务的人数逐年增加，2013年达30%以上。

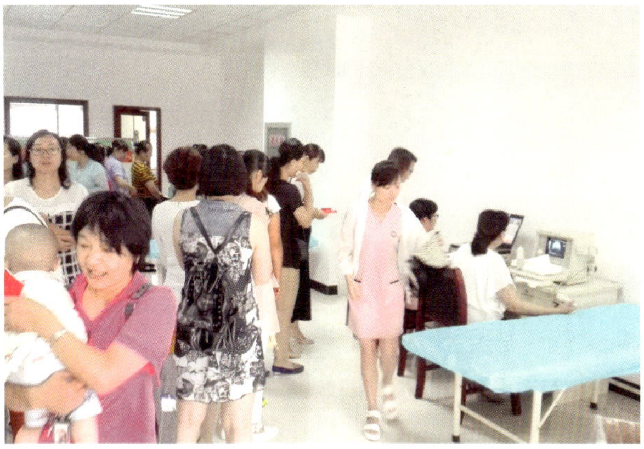

市计生局开展育龄妇女健康查体活动

优生优育服务 1995年起，兖州市开展优生优育工作，实施出生缺陷干预工程，人口计生、卫生、妇幼保健等部门通力协作，在全市逐步建立起出生缺陷干预体系。1996年后，市、镇计生服务站和医疗卫生单位均设立“优生优育”咨询门诊，全市新婚夫妇接受优生优育知识教育的比例95%以上。针对孕早期、孕中期、孕晚期不同时期，认真进行监护和优生指导，发现异常者及时提出可行性建议；对生育病残儿的妇女进行重点医学监护，对有先天性、遗传性家庭史、习惯性流产及其他影响生育等对象跟踪服务，降低出生缺陷率，控制遗传性残疾儿的出生。2008年—2012年，先后查出妇科病1.05万例，优生检测1.52万例，优生咨询2.98万例，免费发放叶酸8.82万瓶。2012年，兖州市被确定为山东省免费孕前优生项目试点市，在国家规定的基础上，

漕河镇计划生育服务站开展优生优育服务

把免费孕前优生健康检查扩大到全市所有符合生育政策、计划怀孕的夫妇。至2013年12月，进行优生项目检测6748例，检测出高风险709例，全部进行转诊指导和跟踪随访，全市出生人口缺陷率降至1‰以下。

生产生活服务 1996年后，市委、市政府对模范执行计划生育的贫困家庭落实优先优惠政策，通过提供信息、教授技术、解决困难，帮助计划生育家庭发展经济奔小康。1998年—2000年，指导帮助农村计划生育家庭兴办经济实体800多个，其中重点扶持的463户，人均纯收入超出全市农民人均纯收入近300元。在城区，对计划生育家庭中的下岗职工优先办理执照、安排摊位、安排就业，并减免管理费。2005年7月，市政府下发《关于对农村部分计划生育家庭实行奖励扶助制度的通知》，对符合条件的奖励扶助对象，按照每人每月30元的标准发放奖励扶助金，直至亡故为止。2006年，将标准提高到每人每月50元，切实解决农村部分计划生育家庭的实际困难。2010年8月，市委、市政府出台《关于进一步健全完善人口和计划生育政策推动体系的意见》，围绕优生优育、子女成才、抵御风险、生殖健康、家庭致富和养老保障，统筹协调相关经济社会政策，形成以奖励、优先、优惠、扶持、救助、保障为主要内容的“六位一体”人口计生政策体系，对自愿放弃二孩生育指标的夫妻给予一次性不少于5000元的奖励。农村独女户父母

的奖励费由每月10元提高到50元，农村独女户夫妇，在女方年满60周岁以上的优先安排入住公有敬老院或老年公寓，实行集中供养。在城乡低保、社会救助、合作医疗、教育培训、劳动就业、社会保障等方面，对计划生育家庭实行优先优惠。2013年，全市用于计划生育利益导向机制建设的资金1200余万元，占计划生育经费投入总额的41.3%。2011年5月,创造性地开展“六心计生关爱工程”活动，即为失去父母的独生子女找“慈心父母”,为失去独生子女的家庭找“贴心亲人”，为计生特困家庭设立“爱心基金”，对计生家庭贫困学生实施“暖心关爱”，让实行计划生育的60周岁以上身边无子女的老人入住“安心之家”,为计划生育特殊家庭打造“信心之源”。2013年底，全市35个单位、106名机关事业单位人员、52名企业家参加活动，募集“爱心基金”360万元,9名父母双亡的独生子女找到“慈心父母”，17个独生子女死亡的家庭找到“贴心亲人”,12名身边无子女的老人入住“安心之家”。2013年，市政府把兑现困难企业独生子女父母一次性养老补助列为“为民办好十件实事”之一，列支3000万元专项资金。自2013年始，用3年时间兑现企业退休职工中独生子女父母一次性养老补助。

第六节　控制成果

20世纪80年代实行计划生育至90年代末，全市人口出生率由16.46‰下降到10‰左右，人口自然增长率由9.75‰下降到5‰左右；人口死亡率由6.12‰下降到5‰左右，妇女总和生育率从5.8下降到1.5左右，符合政策生育率由77.71%增长到98%左右，全市人口快速增长势头得到遏制,人口数量得到有效控制。进入21世纪，计划生育各项指标趋于平稳。2013年，全市人口出生率10.68‰，人口自然增长率5.67‰，计划生育率98.53%。通过计划生育，全市妇女的总和生育率保持在更替水平以下，实现了从高出生、高死亡、高增长到低出生、低死亡、低增长的人口再生产类型的历史性转变，促进了全市经济发展、社会进步和人民生活改善。

第四篇

城乡建设

YANZHOUSHIZHI

城乡建设

1996年—2013年，全市城乡建设坚持规划先行、因地制宜、合理布局、节约用地、配套建设、协调发展的原则，高标准编制完善城乡总体规划、城市总体规划，镇域发展规划、村镇体系规划和农村社区建设规划三个层面的规划。全市城乡建设快速发展。至2013年，城区规划面积85平方公里，实际建成面积43平方公里。新修道路44条，总长158.92公里，城市框架基本形成。排水和防汛设施不断完善，排水管网273公里。城市绿化、美化、亮化进一步增强，城市公园绿地60余处，城市道路绿化普及率90.47%，住宅小区绿化率35%以上，城市建成区绿化覆盖面积1347公顷，绿地面积1169公顷，公园绿地面积273公顷，人均公园绿地面积11.15平方米，绿化覆盖率36.12%。城区路灯17736盏，主次干道路灯亮灯率保持在98%以上。城区公共设施建设、城区改造等发展迅速，银座商场、贵和商场、新人民医院、新体育馆、老年活动中心、职教中心等具有现代风格与地域特色的标志性建筑相继建成，并建成紫金城、太阳都市花园、明珠花园、九州方圆等一批适应不同层次需求的住宅小区，城区居民的居住条件得到改善。城乡建设事业促进和带动了房地产业的发展，城区有住宅小区323个，建筑面积970.13万平方米，城区人均居住面积32.12平方米。累计建成新型农村社区19个，建设楼房24829套，建筑面积420.86万平方米，农村人均住房面积43.23平方米。

第一章　城镇规划

第一节　管理机构

2007年9月，市规划局成立，负责全市城乡规划工作，为市政府直属科级全额拨款事业单位。市建设局撤销规划管理科，所属规划设计处划归市规划局管理。市规划局按照市机构编制委员会《关于印发兖州市规划局职能配置、内设机构和人员编制规定的通知》规定，设办公室、技术科、规划用地科、规划建设科、规划监察科5个科室，编制15人。2010年4月，市政府进行机构改革，撤销市建设局，组建市住房和城乡建设局，挂市规划局和市行政执法局牌子。市规划局和市行政执法局的行政职能整合划入市住房和城乡建设局。组建市城乡规划服务中心，为市规划局管理的科级社会公益一类事业单位，用于安置原市规划局全额预算管理事业人员。市规划局按照市人民政府办公室《关于印发兖州市规划局主要职责、内设机构和人员编制规定的通知》规定，设办公室（挂人事编制科牌子）、城乡规划委员会办公室综合科（与局办公室合署办公）、设计科、行政许可科、监察科5个科室，在职人员20人。2013年11月，兖州市规划局更名为济宁市兖州区规划局。2013年年底，济宁市兖州区规划局机关科室设置和下属单位未变，在职人员20人。

第二节　城市规划

1996年—2013年，兖州市城市总体规划共编制3版。

1996年10月，市建委委托山东省城乡规划设计研究院编制完成《兖州市城市总体规划(1996年—2010年)》。1999年3月，经山东省政府批准实施。2006年，市建设局委托山东省城乡规划设计研究院编制《兖州市城市总体规划（2004年—2020年)》。2011年5月，经山东省政府批准实施。2008年，市规划局委托北京清华城市规划设计研究院编制《兖州市城乡总体规划(2008年—2030年)》。

《兖州市城市总体规划（1996年—2010年)》规划城市性质为鲁南地区能源基地、交通枢纽。规划范围西起大安镇管家口村至苗营村公路、泗庄镇镇域西界和黄屯镇镇域西界，东至泗河，北起兖汶公路，南至新兖镇镇域南界。总面积150平方公里。规划期限为近期1995年—2000年，远期1995年—2010年，远景1995年—2050年。城市人口规模为近期（2000年）人口18万，远期(2010年)人口28万。城市用地规模为近期(至2000年）用地18.9平方公里,远期（至2010年）用地29.18平方公里。依托老城向西向北发展，加强南部用地管理，控制其建设速度和规模。规划布局结构采用组团式布局，以铁路、交通干道和压煤用地为界，形成“3条绿带、3个片区、2条轴线、2个中心”的用地布局结构。沿泗河、新石铁路和京沪铁路、热电厂南路形成的3条绿化带。3条绿化带将城市用地有机分成3部分，形成城市3个片区，东城区、西城区和北部产业区，其中东城区是全市政治、金融、商贸、娱乐中心，西城区是全市文化、科研、教育中心，北部产业区以发展工业和仓储业为主。2条轴线为建设路城市发展景观轴线和热电厂东路时代风貌景观轴线。2个中心为由商贸中心、行政中心构成的城市公共设施主中心和由文化中心、商贸服务设施构成的城市公共设施副中心。

《兖州市城市总体规划（2004年—2020年)》规划城市性质为鲁南地区交通枢纽、产业基地、现代化工贸城市。达到工业强市、文化名城、商

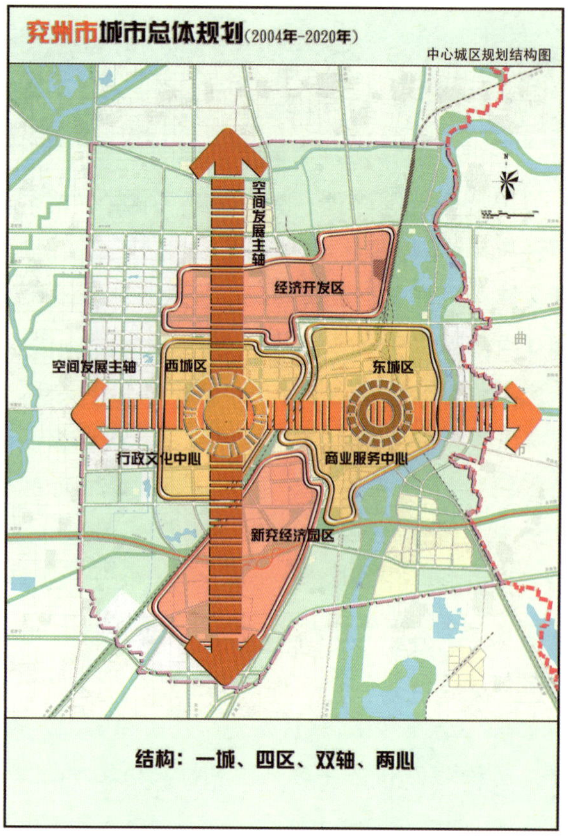

2004年—2020年中心城区规划结构图

贸重镇城市目标。规划范围西起西环城路，东至市界，北起北环城路，南至新兖镇南界和济曲快速路，总面积153平方公里。规划期限为近期2004年—2010年，远期2011年—2020年，远景2021年—2030年。城市人口规模为2010年人口35万，2020年人口42万。至2010年，城市规模用地42平方公里；至2020年，用地50平方公里。在中心城区形成四区、双轴、两心的布局结构。四区即东城区、西城区、经济开发区和兖州工业园区。东城区北起北环城路，南至丰兖路，西起龙桥路和新石铁路，东至市界，主要承担商业服务和生活居住功能。西城区北起泰安路，南至丰兖路，西起荆州路，东至新石铁路和龙桥路，主要承担行政办公、商贸、文体和生活居住功能。经济开发区北起新327国道，南至泰安路和北环城路，西起荆州路，东至京沪铁路，是以教育科研、物流和一类工业为主的综合型工业园区。兖州工业园区北起丰兖路，南至新兖镇南界和济曲快速

路，西起新石铁路，东至济微公路，是以煤化工、造纸、橡胶等产业为主的综合型特色经济园区。形成以建设路和九州路为依托，将西城区和东城区有机相连，引导城市向西推进的城市东西向主要空间发展轴和以大禹路和徐州路为依托，将经济开发区、西城区、兖州工业园区有机连为一体，推动城市南北展开发展的城市南北向主要空间发展轴。培植位于东城区的以商业服务为主的公共服务设施中心和位于西城区的以行政办公、商贸、文体为主的公共服务设施中心。

《兖州市城乡总体规划（2008 年—2030 年）》规划城市性质为鲁南地区交通枢纽、产业基地、现代化工贸城市。达到工业强市、文化名城、商贸重镇的城市目标。规划范围为兖州市域行政辖区范围（不含黄屯镇、王因镇），总面积 545.25 平方公里。中心城区西起西环城路，东至市界，北起北环城路，南至新兖镇南界和济曲快速路，总面积 153 平方公里。规划期限为近期 2008 年—2015 年，中期 2016 年—2020 年，远期 2021 年—2030 年，远景 2030 年以后。规划城市人口规模为 2015 年人口 37 万，2020 年人口 42 万，2030 年人口 55 万。至 2020 年，城市用地规模 50 平方公里，人均建设用地 120 平方米；至 2030 年，用地 66 平方公里，人均建设用地 120 平方米。在中心城区形成“四区、一组团、三轴、两带和两心”的布局结构。四区即东城区、西城区、经济开发区和兖州工业园区。区域范围与 2006 年的规划相同。一组团是指兴隆庄组团。形成依托九州路和建设路，串接城市两心，加强西城区与东城区的联系，促进城市职能的扩展，推动西城区建设的城市发展主轴；依托大禹路和徐州路，贯穿城市西部南北地区，连接城市主要生活区与产业区，加强西城区与经济开发区之间的互动，展现城市时代风貌，促进现代服务业发展的城市时代风貌轴；依托中御桥路，贯穿城市东部南北地区，串接城市传统商贸区与现代物流园区的城市传统商贸发展轴。沿泗河和洸府河，分别在中心城区的东部和西部各形成一条生态景观带。培植东城区的商业中心和西城区的行政文化商务中心。

第三节 镇村规划

2008 年 7 月，兖州市规划局委托济宁市规划设计研究院编制《兖州市农村住房建设与危房改造规划（2009 年—2013 年）》，对全市村镇体系、市域村庄布局、农村住房建设、农村危房改造、村庄发展等进行规划。2009 年 6 月，经济宁市政府批准实施。兖州市农村住房建设规划期限为 2009 年—2011 年，农村危房改造规划期限为 2009 年—2013 年。规划范围为兖州市行政辖区范围内的乡村、村庄。2009 年起，实施农村新居建设工程，每年确保完成 8000 户，力争完成 1 万户。至 2011 年，完成 2.48 万户，力争完成 3 万户。规划到 2010 年，将全市 290 户农村危房全部改造完成。全市确定 26 个中心村的定

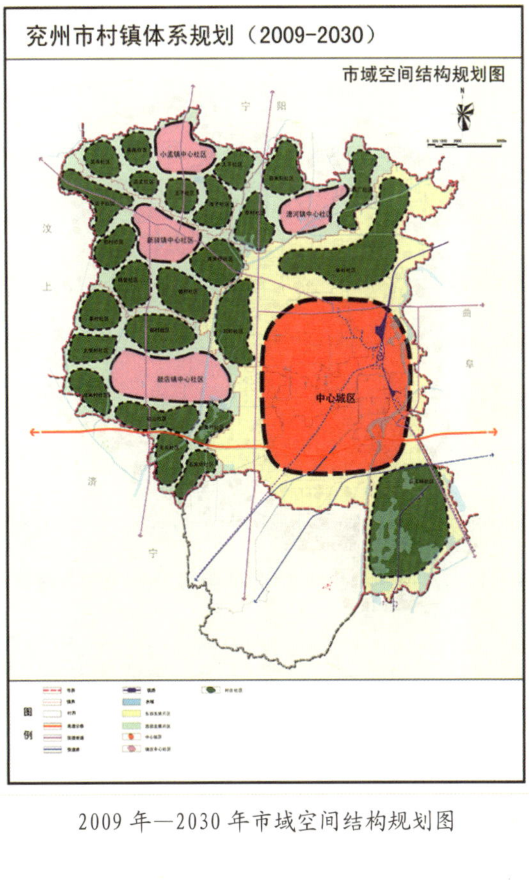

2009 年—2030 年市域空间结构规划图

点布局，2009年，全面完成中心村的近、中、长期建设规划。推进城市基础设施向农村延伸、公共服务向农村覆盖，统筹安排、配套建设村庄道路、供水、排水、污水和垃圾处理、沼气和供气、集中供热及科教文卫等设施，力争五年内全市农村道路由“村村通”逐步向“网格化”“村内通”延伸，基本实现村庄“硬化、净化、亮化、绿化、美化”；推进农村供水城市化、城乡供水一体化。

2009年4月，委托北京清华城市规划设计研究院编制《兖州市市域村镇体系规划(2008年—2030年)》；6月，经济宁市政府批准实施。市域规划“市域—城乡发展片区—城区、镇区和农村社区”3个空间层次，市域空间划分为东、西2个发展片区。东部片区包括鼓楼街道、龙桥街道、酒仙桥街道、兴隆庄镇、新兖镇、大安镇，规划空间结构为1个中心城区、3个大型社区；西部片区包括颜店、新驿、小孟、漕河4个镇镇域空间，规划空间结构为4个镇区、22个农村社区。2015年，市域城镇化水平70%，城镇人口42万；2020年，市域城镇化水平76%，城镇人口50万；2030年，市域城镇化水平84%，城镇人口64万。

2012年，印发《关于开展镇（区）总体规划修编的通知》，指导各镇总体规划编制工作。至年底，全市7个镇完成总体规划编制，占小城镇总体规划的100%，详细规划覆盖率49%。大安镇聘请济宁市规划设计研究院对镇区进行总体规划编制，确定大安镇城镇性质为以机械装备制造、精细化工为主导的特色产业基地、兖州市北部新城，将大安镇建设成为国家级百强镇、省级产业发展第一方阵、济宁市强盛的产业基地、都市区重要的区域发展单元、现代产业新城。新驿镇聘请济宁市规划设计研究院对镇区进行总体规划编制，确定新驿镇城镇性质为以加工工业为主的现代化工贸型中心镇，将新驿镇建设成为兖州市西部副中心、城镇一体化示范区、生态宜居型乡镇。小孟镇聘请山东鲁建城市规划设计研究院对镇区进行总体规划编制，确定小孟镇城镇性质为以农业粮食深加工为主，机械制造装配为辅的远郊生态小城镇。其中，大安镇和新驿镇分别被列入山东省第一批和第二批“百镇建设示范行动”示范镇。

第四节　规划管理

1994年初，市建委设城市规划管理科，负责全市城市规划管理工作，按照1993年7月颁布的《兖州市城市管理规定》要求，办理规划手续。2002年9月，市政府成立市行政审批中心，市建设局抽调专业人员入驻，负责规划建设项目的接转工作。市建设局根据审批程序和规定时限，定期召开规划建设项目专题会议，进行研究，报市政府审批。经济开发区、兖州工业园区内的规划建设，各自负责。

2007年9月，市规划局成立，负责管理全市规划。同年起，城市规划建设实行“规划一张图”“一书两证”制度，市行政区域范围内的任何建设项目，必须报市规划局进行审查，发放选址意见书、建设用地规划许可证、建设工程规划许可证。2008年，市规划局印发《兖州市城乡规划委员会议事制度》，对申报的项目实行初审会商制度，初审会商意见依次向分管副市长、市长汇报，征得同意后报市城乡规划委员会审议（查）。市城乡规划委员会审议（查）的意见作为规划审批的依据，未经市城乡规划委员会审议（查）同意，市规划局对任何项目不予办理规划审批手续。

2012年，市人民政府办公室印发《兖州市城乡规划分级审议（查）工作办法（试行）》，建立局技术审查会、市有关部门联审会和城乡规划委员会三级审议制度，规范项目审批程序。2007年—2013年，全市共召开局技术审查会38次、部门联审会25次、规划委员会32次，审议（查）项目704项，否决18项，暂缓26项，通过660项；核发选址意见书182份、规划条件函件273份、规划监察函件46份、建设用地规划许可证179份、

建设工程规划许可证 376 份、建设工程竣工规划验收合格证 52 份。

2012 年，市规划局出台《兖州市规划编制设计方案征集办法》《兖州市规划方案审查办法》《兖州市城市绿线管理办法》，推进规划编制法制化、规划方案审查制度化，提高规划方案的质量和标准。严把规划审批项目的验线、批后管理、验收关。所有建设项目施工前必须进行规划放验线，确保工程严格按照规划审批要求进行建设，2007 年—2013 年，共对 82 个项目进行验线 160 次；加强对项目建设的动态监管，坚持一线工作法，每天至少到一处工地查看建设情况；完善监管项目台账，将批后监管职责贯穿于工程建设各个环节。

2012 年，市规划局与市行政执法局、市人防办公室、市气象局及镇（街道）联合开展执法检查 18 次，实现违法信息共享，有效查处无证建设、乱搭乱建、违法建设等行为。至 2013 年，共查处违法建筑 19 处并依法进行清理。

第二章　城市建设

第一节　管理机构

1996 年，市城乡建设委员会为市政府直属科级行政单位，内设办公室、城市规划管理科、城市建设管理科、村镇建设管理科、政工科、财会科、监察室 7 个科室，在编人员 18 人。下设市房地产管理局、市环境卫生管理局、市拆迁安置办公室、市市政工程处，市园林管理处、市城市管理监察大队，市污水净化管理处、市建筑安装工程管理处、市规划设计处、市城市建设综合开发公司、市煤气公司、市热力公司、市建筑设计院、市自来水公司、市公共汽车公司、市建筑安装工程总公司、市建材厂 17 个事业和企业单位。1997 年 2 月，市城市住宅小区管理办公室成立；8 月，市建筑工程监理公司成立。1998 年 8 月，市城市管理监察大队更名为市城市管理行政执法大队。1999 年 8 月，市建筑工程监理公司更名为市华兴工程建设监理中心；9 月，市广场管理所成立。2002 年 5 月，全市进行机构改革。市城乡建设委员会更名为市建设局，撤销财会科（并入办公室），增设法制信访科、工程技术科，下设事业、企业单位未变。2004 年 10 月，以市公安局和市建设局为主，组建市城市管理联合执法办公室，市城市管理行政执法大队划归市城市管理联合执法办公室管理。2007 年 5 月，市建材厂破产；9 月，市建设局撤销规划管理科，所属规划设计处划归市规划局管理。2008 年 1 月，市污水净化管理处更名为市排水管理处，市建设局增设政策研究室、督查室；12 月，市园林管理处更名为市园林管理局。2010 年 4 月，全市进行机构改革，撤销市建设局，组建市住房和城乡建设局，挂市规划局、市城市管理行政执法局牌子。将原市建设局（市城市管理行政执法局）除管理公共交通外的职责，市房地产管理局、市住房制度管理办公室和市经济适用房廉租房管理办公室的行政管理职责，整合划入市住房和城乡建设局（市规划局、市城市管理行政执法局）。市房地产管理局更名为市房地产服务中心，市住房制度管理办公室和市经济适用房廉租房管理办公室合并为市住房保障中心，均由市住房和城乡建设局管理。市住房和城乡建设局内部科室设置与原市建设局相同，原市建设局管辖的事业和企业单位，除市公共汽车公司划归市交通运输局管理外，其他均由市住房和城乡建设局管理。2011 年 1 月，市人民政府拆迁安置办公室更名为市人民政府房屋征收补偿办公室。2013 年 11 月，兖州市住房和城乡建设局更名为济宁市兖州区住房和城乡建设局。2013 年年底，济宁市兖州区住房和城乡建设局内设办公室、人事编制科、资金监管科、政策法规科（挂信访科牌子）、建筑节能和科技教育科、城市建设管理科（挂区城市防汛办公室牌子）、村镇建设管理科、勘察设计科、建筑行业发展科、公用事业科（挂燃气热力管理办公室牌子）10 个科室，在职人员 20 人；下设区环境卫生管理局、区房地产服务中心、区房屋征收补偿办公室、区园林管理局、区市政工程处、区热力公司、区建设工程管理处、区煤气公司、区排水管理处、区住房保障中心、区城市住宅小区管理办公室、区路灯管理所、区城市建设综合开发公司、区广场管理所、区建筑设计院、区自来水公司、山东兖州建设总公司、区华兴监理中心 18 个单位。

第二节　道路　桥涵

道　路　1996 年，城区有主要道路 16 条，总长 45 公里，主道宽 30 米～ 40 米，次道宽 20 米。同年起，根据城市总体规划，市建委优先发展道路建设，搭建城市交通骨架，形成主干道路纵横交叉、次干道路合理布局，小街巷拾遗补阙的城市交通网络。2002 年，建设迎宾大道，长 887 米，宽 36 米，双向 6 车道，总投资 117 万元；对建设路进行全面罩面维修，道路长 2262 米，宽 42 米，总投资 244 万元。2003 年，对八一路、南环城路、兴隆路、共青团中路、中御桥路、东御桥路、共青团南路进行拓宽改造。2005 年，实施佛爷庙街、袜子巷、钟楼南街、狄家街、红花西街、鼓楼街、玉皇庙街等 22 条小街巷的硬化。至年底，城市道路总长 150 公里，面积 190 万平方米，城市人均道路面积 12 平方米。2007 年，改造提升建设西路（牛旺立交桥至薛庙村段），道路长 5000 米，宽 32 米。2008 年，建设泗河抢险大道，道路长 2887 米，宽 42 米，总投资 1.6 亿元。至年底，形成城区主干道路十纵十横，敷以次干道路和小街巷合理布局的方格状路网结构。2009 年，实施九州东路东延工程，建设箱涵式铁路立交桥 1 座，拓宽改造府河东段，建设改造新九仙桥等跨府河石桥 6 座，道路长 1420 米，宽 42 米，总投资 4.3 亿元；实施文化路西延工程，道路长 3800 米，宽 22 米，总投资 2600 万元；启动西城区路网建设，投巨资辟建一、二级道路。至年底，建成冀州路、丰兖路、吕公堂路及新一中周边路网，总长 16 公里。2010 年，建成滨河路、扬州路、滋阳路、胜利路、鲁王路、府后路、文艺路、青州路、徐州路、东御桥北路，总长 35.28 公里。2013 年，城区道路总里程 247 公里，面积 417 万平方米。

纵向主干道

中御桥路　南起南护城河路，北至北环城路，向北连接兖（州）谷（村）路。中御桥以南段为中御桥南路，中御桥至建设路路段为中御桥中路，建设路以北段为中御桥北路。道路全长 3945 米，宽 29 米～ 41 米。2001 年，拆除快、慢车道之间的绿化带，设置隔离护栏，加宽快车道路面。2002 年 6 月—8 月，拓宽改造北关立交桥至北环城路路段（曾命名为迎宾大道），长 887 米，宽 36 米，双向 6 车道，沥青路面，铺油面积 2.46 万平方米，安砌路沿石 1600 米，两侧埋设大口径排水管道。2005 年，对中御桥路进行全面改造，路基设灰土水稳垫层和混凝土垫层，路面重新铺设沥青；两侧原有的强、弱电线路、通信线路、有线电视线路全部下埋至地下管沟内；在两侧人行道铺装仿大理石板，设计铺装无障碍通道，成为城市道路改造建设的典范。2008 年 6 月，改造北关立交桥至北环城路路段，包括道路维修，对路面进行挖补、沥青砼罩面，整修路沿石，7 月工程竣工。

东御桥路　由东御桥南路、东御桥北路、兴隆路、北关街连接组成。南起南护城河路，北至北环城路，全长 4017 米，宽 20 米～ 24 米。

1996年6月，对兴隆北街进行拓宽改造，道路长586米，宽12米，路面全部铺装青条石板，铺装面积5860平方米，安装主排水管道686米，在两侧人行道铺装人行道板，12月竣工，被确定为商业步行街。2007年，对东御桥北、南路路段进行彻底改造，按照新的道路建设标准，路基为灰土水稳垫层和混凝土垫层，荷载能力得以提升。整修双排水管道，重新安装光面青条石路沿石，中间为沥青路面，在两侧人行道按无障碍设计标准铺装人行道板。2008年7月，对北关街至北环城路路段进行拆迁拓宽贯通，裁弯取直，出口瓶颈问题得以解决。拓宽改造路段长1607米，宽20米。实行灰土补强、灰土垫层、水稳层三期施工，同时进行绿化、亮化、立交桥施工，埋设强、弱电线路管道和热力、煤气、雨水暗管、污水管道，铺设沥青3.2万余平方米，安砌路沿石3200余米。

酒仙桥路 原名共青团路，是填平东护城河而筑起的道路。北起北护城河路，南至南护城河路，长2630米，宽30米。1966年修筑北段时，由共青团县委组织青年义务劳动，故命名为共青团北路。2004年，市政府确定彻底改建该段，经过近10个月的施工，按照新的道路施工标准，改造路基，重新设计安装排水管道，安装光面青条石路沿石，人行道铺装无障碍地砖。该路成为兖州火车站、长途汽车站出入的快捷通道。2008年5月，对建设路至北护城河路路段进行维修，长度1060米。对路面实施沥青罩面，维修人行道板和路沿石，埋设排水管道和强、弱电管道。

西御桥路 北起红花西街，南至南环城路，并南延至崇文大道，全长4830米，宽26米～30米，自北向南原由吕公堂街、财神庙街、关帝庙街、准提阁街、考棚街、西御桥南街、礼拜寺街、文基庙街、棋盘街9条古街道拓宽贯通组成。1999年4月，市委、市政府确定，贯通西御桥路，并成立道路建设指挥部，北段由市政工程处承建，南段由市交通局承建。2008年，为铺设供热管道环网，对该路北段（建设东路至红花新桥路段）实施道路开挖，历时3个多月，工程竣工后，由市政工程处对道路路面进行修复，对自北向南2700米的路段进行路面洗刨，修补人行道板及路沿石，按照无障碍设施设计标准，重新铺装人行道板。

龙桥路 北起北山东拖拉机厂，南至南环城路，全长9084米，宽22米～35米。原为古南阁里街、奎文阁街、北阁里街连贯而成，1969年扩建取直，北起旧关立交桥，北与兖（州）梁（山）公路连接，南至汶（上）邹（城）公路，全长3000米，宽10米，1986年，道路拓宽至35米。2005年，对道路进行全面维修罩面，在人行道上重新铺装人行道板，并南延至汶邹公路。

龙桥路

大禹路 位于西城区南北中轴线上，北起北环城路，南至富阳路，全长6750米，宽50米。2007年，拆除中间绿化带，改为一块板式双向6车道；改造建设双侧人行道，成为城区内标准最高、路面最宽的道路之一。2008年5月，对该路自与九州中路交叉路口至官庄交叉路口段的排水沟进行改造，在道路两侧栽植的杨树以外开挖路沟，填埋壕沟，覆土栽植景观树林，建设高标准绿化带，同时改装路灯320基。

横向主干道

建设路 为东、西城区横向中轴线。该路东起酒仙桥路，西至荆州路，全长6900米，宽40米～60米。2007年，按照城市新的规划建设标准，对东城区路段（兖州火车站至牛旺立交桥路段）实施全面改建，路基为灰土水稳垫层和混凝土垫层；强、弱电线缆、通讯线缆、有线电视线缆下埋至地下管沟内，更换安砌光面青条石路沿石，按照无障碍设施设计标准在人行道重新铺装道板，拆除沿路两侧有碍观瞻的建筑物，拓宽取直。该路成为东城区道路建设的亮点。2008年，按照规划设计标准，对牛旺立交桥至薛庙村路段，实施全面改造建设。将路面双排绿化带外移加宽，拆除路两侧影响道路施工的建筑物，拓宽路基，加宽路面，快车道由4车道拓宽为6车道，埋设直径0.3米的供气主管道3000米、直径0.8米的供热主管道6000米、直径1米的排污涵管3000米，重新铺设沥青路面、安砌路沿石。2013年，实施建设路西延工程，将建设路延伸至荆州路，长1600米，宽60米，总投资4000万元。

文化路 位于城区北部，东起酒仙桥北路，西至大禹路。全长4690米，宽20米～28米。2007年，对酒仙桥北路至大禹路路段进行改建，重新修筑路基、路面，安砌路沿石，敷设强电、弱电、通信线缆、有线电视线缆至地下管沟内，在人行道铺装无障碍设施道板，实现人车分流。2009年7月，实施文化路西延工程。该工程东起新石铁路西侧，西至大禹路，全长2850米，快车道路面宽22米，总投资1600万元，包括道路排水管道安装、管线地埋及道路两侧绿化，2010年1月竣工。

九州路 位于府河北侧，东起滨河路，西至西环城路，全长1.03万米，宽27米～40米，为新一轮城市规划的东西中轴线。原为由少陵台东街、少陵台西街、息马地街、大夫街等小街道连通的道路，沙土路面，蜿蜒曲折，雨天泥泞难行。1997年初，市政府成立九州大道建设指挥部，组织实施道路拓宽工程，拆除道路两侧的各类建筑物，裁弯取直，6月竣工通车。该路段全长2150米，宽27米，埋设排水主管道2028米，铺设沥青路面4.5万平方米。2000年7月，二期西延工程开工建设，至年底，工程竣工。该路延伸至西城区，全长2650米，宽60米，与铁路相交处建设下穿式立交桥1座。三期西延工程于2002年5月开工建设，至年底竣工。路长818米，宽64米，双向6车道。2008年5月，对酒仙桥路至新石铁路立交桥路段进行维修，维修道路长2900米、宽20米，主要进行道路局部挖补，5厘米沥青砼局部罩面，整修路沿石，更换路北侧人行道板及与龙桥路交叉口以西南侧人行道板等，工程于10月竣工。同年，启动九州大道东延工程，并将其列为城市建设重点会战工程之一。至12月，完成东延片区8个单位、363户居民楼、房的拆迁任务，拆迁面积21万平方米。2009年，启动道路建设工程。该路段西起酒仙桥路，东至金口坝，全长1420米，宽40米。主要进行道路拓宽，预埋强、弱电线路管道，安装排水管道，建箱涵式铁路立交桥1座。工程总投资4.29亿元，2010年12月竣工。2008年，启动九州路西延工程，东起徐州路，西至西环城路，长2400米，投资3000万元，2010年12月竣工。

中山路 东起滨河路，西至龙桥路，全长3265米，宽7米～16米。原为古城区中部贯通东、西城门的唯一一条街道。自东向西分别为东关大街、东门大街、东御桥西大街、中御桥东大街、估衣市街、永安门大街、西门大街、西关大街。抗日战争胜利后，该段合称中山路。1989年，县建委组织对该路进行大修，对其中1000米路段进行翻修，重新铺设沥青路面，整修下水道2000米，形成长2100米、宽7米的干道。此后，随着对东御桥路口至酒仙桥路口段、中御桥路口至西御桥路口段两侧的开发建设，路面也随之拓宽改造，路面宽16米，重新铺设沥青路面，改造地下排水管道，安砌路沿石。其余路段维持原状。

环城路 北环城路东起泗河田村大桥，西至西环城路，全长1.36万米，沥青路面，宽36米。1979年前，路基宽12米，沥青路面宽7米。2003年，市政府将该路段列为景观大道，更名为北环城路，进行拓宽建设。拆除道路上的绿化带，改造成全沥青路面，两侧增设人行道，铺装道板。人行道外为景观绿化带，各宽15米～20米。2009年7月，西延工程开工建设。该路段东起龙桥路，西至荆州路，全长4146.27米，宽30米，在路两侧安装排水管道、路灯，对道路两侧进行绿化，2009年年底竣工。南环城路位于兖州市城区南部，为汶邹公路重合路段。西起大禹路南首，东跨泗河兴隆大桥至兴隆庄镇，全长6000米，路面宽30米。

2013年兖州市城区主干道路情况表

表4-1　　单位：米

道路名称	起　点	止　点	长　度	车行道宽度	人行道宽度
中御桥路	南护城河路	北环城路	3945	23～27	6～14
东御桥路	南护城河路	北环城路	4017	10～14	10
酒仙桥路	南护城河路	北护城河路	2630	20	10
东环城路	南大桥	兴隆文化园东区	4285	10～20	6
滨河路	中山路	北环城路	3020	32～35.5	6
西御桥路	南环城路	红花西街	4830	20	6～10
西顺河路	九州东路	北环城路	3313	12～13.9	8～10
龙桥路	南环城路	北山拖	9084	20～26	8～9
扬州路	丰兖路	北环城路	4950	21	3
大禹路	富阳路	北环城路	6750	38	12
建设路	酒仙桥路	荆州路	6900	30～40	10～20
文化路	酒仙桥路	大禹路	4690	12～14	8～14
北护城河路	酒仙桥北路	红花桥	2380	10	10
北环城路	泗河田村大桥	创业路	13600	30	6
九州路	滨河路	西环城路	10275	20～30	7～10
中山路	滨河路	龙桥路	3265	7～10	6
南护城河路	青年广场	太阳广场	2250	20	6
南环城路	大禹路	兴隆庄镇	6000	30	—

桥　涵　1996年，全市有桥梁29座，其中跨河桥梁25座，多为单孔石拱桥，桥长15米～35米，宽8米～35米；铁路桥4座，全部为3洞～4洞公路下穿桥。1999年，拓宽西御桥路，对西御桥进行翻建，长25米，宽24米，单孔，钢筋混凝土结构，桥面两侧安装简易青石栏杆。2000年，沿西御桥路跨北护城河建设红花新桥，桥为三跨结构，长40米，宽16.8米，引桥长130米，桥面两侧安装雕花青石栏柱。2001年，建设九州西路立交桥，位于新石铁路与九州路交会处，钢筋混凝土结构，桥身长37米，净高4.5米，引道长400米。2007年，建设牛旺上跨式立交桥，双向4车道，铁路以上高8米，桥长822米，宽18.5米，形成“一桥飞跨铁路，贯通东西城区”的城市新景观。2009年，对旧关立交桥进行大修，重新铺设沥青。2010年，建设九州路东延下穿京沪铁路立交桥，位于九州东路与京沪铁路交会处，为下穿式立交桥，钢筋混凝土框架结构，桥身长34米，快车道通行净高5.2米，慢车道通行净高3.5米，总长328米。2013年年底，环

绕城区及城内交通道路上，共有各式桥梁207座，与城区道路形成快捷的交通网络。

牛旺立交桥　位于新石铁路与建设路交会处，牛旺社区南侧，是贯通东、西城区的主要道口。桥梁为钢筋混凝土结构，下设铁路线1股，公路下穿，快车道宽8米，慢车道宽2×5米，人行道宽2×5米；引道长300米。2007年10月开工，由中铁十局集团有限公司承建，2008年9月建成通车。为上跨式立交桥，有桥墩17排，每排2根，桩深40米，直径1.5米；灌注支撑桩400根。铁路以上高8米，桥面长822米，宽18.5米，双向4车道，安装路灯48盏。对原下穿式立交桥进行改造提升，并实行高标准绿化、亮化，安装路灯27盏。

九州西路立交桥　位于新石铁路与九州路交汇处，九州方圆小区东侧。2001年11月开工，兖州华一建筑工程有限公司和第四建筑工程有限公司分别承建，2002年6月快车道竣工通车，9月工程全部竣工，钢筋混凝土结构。桥身长37米，净高4.5米，快车道宽2×11.5米，慢车道宽2×5米，人行道宽2×2米，引道长400米。建设排水泵站1座。安装路灯30盏，两端为12火20米高的高杆路灯。

九州路东延下穿京沪铁路立交桥　位于九州东路与京沪铁路交会处，为下穿式立交桥，钢筋混凝土框架结构，截面形式为6+11+11+6米，其中快车道通行净高5.2米，慢车道通行净高3.5米，总长328米，由中铁十局集团济南铁路工程有限公司承建，框架桥主体于2010年5月竣工。

2013年兖州市城区主要桥梁情况表

表4-2　单位：米

桥梁名称	位　置	建筑年份	长　度	宽　度	结构立式
九仙桥	酒仙桥路府河上	1960	27.6	31	单孔，石拱
东御桥	东御桥路府河上	1980（改建）	18.7	14.5	钢筋混凝土平板
中御桥	中御桥路府河上	1988（改建）	36.6	36	单孔，石拱
飞龙桥	龙桥南路府河上	1968（改建）	18	36	单孔，石拱
北关桥	中御桥路北护城河上	1987（改建）	24.6	36.5	单孔，石拱
老北关桥	老北关护城河上	1963（改建）	21	25	单孔，石拱
红花桥	西北城角护城河上	1963	24.6	17.5	单孔，石拱
文化西路桥	文化西路护城河上	1988	21	20	单孔，石拱
西门桥	建设路西护城河上	1975（改建）	21	30	单孔，石拱
西御桥	西御桥路府河上	1999（改建）	17	30	单孔，钢筋混凝土
神桥	东关大街北部	1960（改建）	36	10	单孔，石拱
南关桥	中御桥南路南护城河上	1987（改建）	22	33.1	单孔，石拱
红花新桥	西御桥路北首护城河上	2000（改建）	37	16.8	钢筋混凝土3跨
东桥路城河桥	东御桥南路护城河上	1982	26	20	单孔，石拱
玉带桥	南邓家窑街府河东段	2010	9.6	7.2	1孔
神路桥	府河东段	2010	40	15	1孔
和谐桥	府河东段	2010	40	12	1孔
新九仙桥	府河东段	2010	40	8	1孔
石门桥	滨河路与府河东段	2011	50	22	1孔

续表4-2

桥梁名称	位　置	建筑年份	长　度	宽　度	结构立式
神桥	府河东段	2010	36	11.1	1孔
牛旺上跨式立交桥	新石铁路与建设西路交会处	1985 2008	30.15 827	18.5	3洞，公路下穿 上跨式
旧关立交桥	新石铁路与龙桥路交会处	1986	32.16	23.6	3洞，公路下穿
北关立交桥	新石铁路与中御桥北路交会处	1988	36.33	27	3洞，公路下穿
505立交桥	327国道与京沪铁路交会处	1989	31.4	—	4洞5桥身，公路下穿
九州西路立交桥	新石铁路与九州路交会处	2002	37	50	4洞5桥身，公路下穿
九州东路立交桥	九州东路与京沪铁路交会处	2010	63	42	4洞，公路下穿
东御桥北路立交桥	东御桥北路与新石铁路交会处	2011	26	20	3洞，公路下穿
吕公堂路立交桥	吕公堂路与新石铁路交会处	2011	26	26	3洞，公路下穿

第三节　供水　排水

供　水

供水设施　1996年初，城区共有市中水厂、东郊水厂、西郊水厂3座水厂，水源井21眼，供水主管网64公里，分支管网73.5公里，日供水能力3.5万吨。1996年—1998年，新增供水主管网10公里，分支管网11.1公里。1999年10月，对东郊水厂进行改造，新装变频调速设备1套。2000年，启动西郊水厂扩建，打水源井4眼，井深120米，铺设主管网800米，建成面积1132平方米的方形清水池2座，总投资320万元，日供水能力2万吨。2002年，在西郊水厂安装变频调速设备1套，根据供水水压设定情况自动变频调压，实现恒压变量供水；实施管道穿越日荷铁路与东城区供水管道联网工程，铺设直径300毫米的地下管道1条，完成向九州路、西御桥路等主干管道的延伸，敷设供水管道5公里。2003年，投资30万元，在西郊水厂、市中水厂打水源井2眼；为配合西城区开发建设，向西城区延伸铺设供水管道5公里。2006年，投资60万元，在东郊水厂打水源井3眼；投资50万元，对水厂井群管线进行改造；投资472.48万元，改造东郊水厂至中山东路、北环城路至火车站两条主管线5270米，铺设西郊水厂至经济开发区的主管线2200米。2007年，投资80万元，建设东郊水厂3号清水池，蓄水量1000立方米；投资80万元，对建设路供水主管网进行改造，全长1250米。2008年，投资80万元，对东郊水厂3座清水池进行输配水改造。2009年，投资375万元，在西郊水厂凿打基岩井5眼，井深400米；沿西顺河路、东御桥路、九州东路铺设供水管线，改造部分老化的供水管道。至年底，全市有水源井25眼，其中东郊水厂12眼、西郊水厂6眼、市中水厂2眼，井深80米～120米，日供水能力5万吨，供水主管网103公里，分支管网144公里。2010年，投资219万元，在东郊水厂凿打基岩井6眼，井深400米，日供水能力2万吨，同时淘汰部分浅水井；投资146万元，改造东郊水厂至505立交桥入城主管线2300米；为配合兴隆文化园东区的工程建设，搬迁东郊水厂。2011年，建成新东郊水厂，凿打基岩井4眼，总投资3700万元。同年，关闭市中水厂，其水源井停止使用。2013年，全市有水源井23眼。其中，东郊水厂13眼（基岩井10眼）、西郊水厂10眼（基岩井5眼）；供水主管网110公里，分支管网160公里。供水普及率和水质综合合格率98%以上。

供水管理 1992年9月，兖州县自来水公司更名为兖州市自来水公司，隶属市建委。市自来水公司采取依需定供、出厂计量、专线输送的方式，实行独立经营，自负盈亏。1999年起，对城区居民楼用户自来水表进行改造，安装镀锌户外管线和户外水表，用户家中无人时也可抄表到户。2002年11月，济宁市物价局批复一户一表改造费用收取标准，按照每户480元收费。2008年，全市共有户外水表用户2.34万户，占总用户的60%。2006年10月起，开始征收城市公共供水水资源费（0.65元/吨）。2009年，投资3万余元，在东郊、西郊水厂安装监控设备，实行24小时监控，使整个供水输配系统保持均衡，压力稳定，水量充足，水源地安全运行。全年完成售水量706万吨，完成水表出户改造3024户。2012年4月，投资20余万元，购置校表机（可同时校表6块）1台，并将校表、维修一体化；10月，投资40余万元，购置供水调度设备，实行各单井、二级泵、管线的实时监控，合理调配，城市供水管网的安全性、可靠性进一步提高；投资12万元，购置查漏设备，对城区所有在用管网进行拉网式检查，查找老化管网漏点，有效降低管网漏失率。2013年，市区有公共用水户2715户，城市绿化用水户300户，居民生活用水户3.87万户，供水普及率98%。

排　水 1996年初，城区共有明、暗排水沟15.2公里，采取地下排水为主、地面排水为辅的方法，各条排水沟接入护城河或府河，基本解决城区排水问题。同年，市建委完成西、北护城河治理，将北护城河河堤改建成两层堤岸，河道治理总长4500米，砌护坡及挡土墙8684立方米。1997年，市政府投资600万元，市建委对府河进行全面治理，完成垃圾清运、清淤土方10.4万立方米，砌石1.38万立方米，混凝土制件的预制和安装1274立方米，治理长度2600米，改造和新建桥梁6座，安装橡胶坝1座，总工期90天。1998年，对府河经新兖、泗庄两镇的河段进行加宽筑堤。2002年，市污水处理厂建成，污水日处理能力4万吨。2006年，建设污水管道23.56公里，提水泵站1处，总投资2480万元。2008年，完成市污水处理厂改扩建工程，新增污水日处理能力2万吨，总投资3757万元。同年9月，实施市污水处理厂至兖矿集团国际焦化公司废水处理及中水回用管道工程，沿327国道方向铺设，全长2.4公里，总投资299万元。同年10月，完成兖州大禹污水处理厂建设，铺设配套管网4.2公里，污水日处理能力0.7万吨。2009年6月，对接入府河的污水主管道进行全面维修，酒仙桥至车管所段全长2560米，修复西护城河河底171米，总投资260万元。2010年初，市水利局实施大安河治理工程，北起惠安路，南至徐营沟，全长约8500米，解决了西城区排水问题；8月，市住建局实施铁北西街污水管网改造工程，东起兖州技校，沿铁北西街北侧向西经龙桥路、扬州路至高庙村东，向北至高庙村北，向西过大禹路，沿泰安西路中心向西接冀州路，全长4580米，总投资331万元；9月，实施市污水处理厂中水资源化（尾水调水）工程，将处理达标后的中水作为景观用水经管道输送至泗河河道内，全长约6公里，沿南环城路向东铺设，直至接入泗河河道内橡胶坝上方。2012年3月，兖州市政府与济宁供水集团总公司签订《兖州市污水处理项目合作协议》，由济宁供水集团总公司出资收购兖州市污水处理项目的所有权并组建项目公司，兖州市政府授予项目公司兖州市城区污水处理特许经营权；4月，济宁供水集团总公司的全资子公司山东公用投资管理有限公司投资成立兖州大通公用水务有限公司，启动建设兖州市第三、第四污水处理厂；6月，兖州大通公用水务有限公司投资5850万元，建设第四污水处理厂，日处理能力2万吨。2013年，投资7862万元，建设第三污水处理厂，新征土地60亩，日处理能力2万吨。

在提高城市污水处理能力的同时，提升城市

防汛排污能力，结合城市道路改造，逐步完善道路两侧排水设施。2008 年，东城区主干道路、次干道路、支路等道路改造建设工程基本完成，西城区搭建起主干道路、次干道路的框架，主干道路为双侧排水，次干道路为单向排水或个别道路为双向排水，支路为单向排水，形成东城区排水通过府河、护城河汇入府河下游，西城区排水通过北环城路、大禹路排水设施汇入府河下游的较为完善的排水系统。2009 年起，随着西城区路网工程施工，排水工程同时配套建设。一、二级道路设计为双侧排水，排水管道为预制水泥管，直径 1 米～1.2 米，部分道路实行雨污分流的管道安装。至 2010 年，共安装管道 130 余公里，形成西城区主干排水网络。2013 年，全市城区排水管道总长 273 公里，污水日处理能力 12 万吨。

第四节　供气　供热

供　气　1994 年 6 月，兖州市煤气管道输配工程建成并投入运行，成为山东省第一个建成管道煤气工程的县级城市。1996 年前，全市有煤气储配站 1 座，配容积 3 万立方米的储气柜 1 座及相关的加压设备，主要以青岛钢铁集团公司兖州焦化厂所产煤气为气源，日供气能力 7.6 万立方米。1997 年 5 月，市煤气公司在储配站内开工建设容积 3 万立方米的 2 号储气柜。1999 年 9 月，2 号储气柜建成，一次置换成功并投入运行，同时对 1 号储气柜进行防腐处理。2001 年 7 月，投资 260 万元，安装升压设备，实现中、低压两级供气，提高煤气的灶前压力，新增日供气能力 8000 立方米。2003 年，兖州焦化厂建设 3 号、4 号焦炉，年供煤气 2600 余万立方米；8 月，煤气管道顺利穿过津浦铁路和新石铁路，供气范围扩大至铁路东区和西城区。至年底，全市煤气用户 1.58 万户，全年供气 620 万立方米。2006 年 5 月，建成石油液化气混空气应急气源，解决单一气源供给不稳定问题，日供气能力 3 万立方米。2007 年，实施煤气中压环线工程一标段。2008 年，实施煤气中压环线工程二标段，工程总投资 300 余万元，铺设中压管线 7 公里。至此，新老城区中压管线形成环状供气格局，煤气供应得以安全、持续、稳定运行。2008 年年底，市煤气公司建成中压输配调压站 35 座，天然气门站 1 座，3 万立方米储气柜 2 座，敷设煤气管网 170 余公里，城市管网覆盖率 90%。2009 年，实施煤气管网沿西御桥路南延工程，北起西御桥路与八一西路交叉口，向南穿过日东高速公路，至兖州市曜辉太阳能公司厂区，全长 3 公里，总投资 200 万元，实现煤气管网对南城区的覆盖；实施天然气入城工程，北起大安镇二十里铺天然气门站，穿日菏铁路、日东高速公路至兖州工业园区，途经 2 个镇、1 个街道、3 个园区，铺设天然气管线 18 公里，总投资 1300 万元；10 月，山东拖拉机厂住宅小区率先使用天然气，标志着全市正式进入天然气供气阶段。2010 年 3 月，市煤气公司与华润燃气（中国）投资有限公司共同投资组建兖州华润天然气有限公司。同年 9 月，兖州华润天然气有限公司分别与大安镇、新兖镇政府签署天然气供气合同，为新农村社区 3000 户用户安装天然气。至年底，共为 3550 户用户、2 户工业用户安装天然气，铺设天然气中压管线 1.25 公里。建设天然气减压站 7 座，铺设供气主管道 2.07 万米，支管道 1.31 万米，安全供气 308 万立方米。2011 年，结合中国石油天然气集团公司天然气主管道途经兖州市的情况，铺设天然气供气主管道

兖州华润燃气有限公司工作人员为群众办理燃气业务

20公里，实现中国石油天然气集团公司、中国石油化工集团公司两路天然气管道的对接和跨泗河向兴隆庄煤矿矿区供气，形成双气源供给格局，在城区全面置换天然气的条件得以满足。2012年，政府补贴与企业投资相结合，免费为全市所有煤气用户置换天然气设施，至年底，完成3.2万户。2013年，累计完成5.12万户；全市天然气用户5.76万户，安全用气4100万立方米。

供　热　1996年，全市集中供热面积11万平方米，蒸气管道5500米，热水主管网5500米，交换站3座，主要热源为兖州圣地热电有限责任公司热电厂，供热能力16万平方米。同年9月，市热力公司成立，负责全市热力管网及设施的建设维护，为副科级全额拨款事业单位。同年，市热力公司与市实验高中、市技工学校、市成人中专联合，共同出资建设交换站1座，供热能力4万平方米。1998年，山东太阳纸业集团有限公司启动建设热电厂。至2004年，共建成锅炉10台并投入运行。2002年，山东东山矿业有限公司实施古城煤矿综合利用热电厂建设，建成锅炉2台并投入运行。2003年，兖州市银河电力有限公司启动建设热电厂。至2005年，共建成锅炉2台并投入运行。2007年，市热力公司实施热电厂建设，建成锅炉2台并投入运行。2008年，因技术原因关停市热力公司热电厂锅炉。大规模建设热源厂时，同步进行换热站及供热管道建设，1996年—2007年，市热力公司建设中心站、滨河站、市行管局站等汽、水换热站13座，铺设蒸气管道1.41万米、热水管道1.58万米。2008年，市建设局建设西城区循环水供热管网系统，铺设供热主管线6500米，管网横穿北环城路，经西城区扬州路、青州路至九州方圆住宅小区，总投资4000万元；对西城区九州方圆、维多利亚花园、迪尔小区、地质家园等住宅小区实施集中供热，面积22万平方米；实施城区中心区循环水供热管网改造，山东太阳纸业股份有限公司电厂循环水系统向东城区供热，铺设供热主管道20公里，建成一级热力站1座和城区分配站13座，总投资近1亿元，供热能力400万平方米。2009年，启动东城区东部循环水供热改造工程，对以古城煤矿热电厂为热源的东城区东御桥路以东、泗河以西、327国道以南区域的管网进行改造，投资630万元，建设一级热力站1座；投资4500万元，铺设供热主管道6.5公里、分支干管23.5公里，建设分配站9座。2010年，对京沪铁路以西的古城煤矿热电厂热源供热区域进行主管道变径改造和干网敷设工程，铺设迪尔、牛旺、海情丽都等住宅小区的主干管道13公里，总投资2800万元，增加供热面积35万平方米。至年底，在市城区建成供热首站3座，热力交换站12座，热力分配站19座，敷设首站供热主管道1.93万米、分站主管道2.4万米、分站支管道3.02万米、辅管线6884米，总长8.04万米。2011年，投资1000万元，完成古城、聚源电厂供热首站建设，新增供热能力160万平方米。2013年，投资4000余万元，延伸铺设西城区供热管道5公里；投资800万元，改造提升市委三宿舍、裕康、华安等小区供热管道11公里。2013年，全市集中供热面积520万平方米。

第五节　城区照明

1994年12月，市路灯管理所成立，为股级全额预算管理事业单位，编制10人，负责城区路灯的规划、设计和管理维护。2008年4月，调整为副科级全额预算管理事业单位，编制增加至18人；配备高空作业液压升降车2辆、皮卡车1辆、客货车1辆、长安面包车1辆；建有办公设施和物料储藏室。2013年11月，兖州市路灯管理所更名为济宁市兖州区路灯管理所。2013年年底，济宁市兖州区路灯管理所设办公室、外线科、保管室3个科室，在职人员18人。

1996年，城区共有路灯1160盏，高杆灯、华灯、花灯36组（套）。1999年，在西御桥路新装5火花灯具116基580盏，10火花灯具16基160盏。2002年，在酒仙桥路新装8米高铁杆路灯110基110盏，在九州路新装20米高铁杆路灯10基120盏。2003年，对南护城河路路灯进行更新改造，铺设地下电缆4800米，穿钢管4800米，新装8米高铁杆上下双层双火路灯110基220盏。2004年，投资40万元，在九州路、中御桥路新装节能控制柜10台。2005年，中御桥路改建，对路灯进行升级改造，新装11米高铁杆路灯114基448盏。2007年，对建设路进行全面改建，新装11米高铁杆路灯108基226盏；文化路改建，新装8米高铁杆路灯45基45盏，为单侧路灯照明。2008年，对建设路牛旺立交桥至薛庙村路段进行拓宽改造，新装11米高铁杆路灯80基；启动滨河路路灯照明管理地埋工程，安装单臂铁杆灯126基252盏，地埋路灯电缆5040米，安装专用变压器3台，配电柜3台。同年10月，全市城镇照明系统控制中心建成启用，投资600余万元，安装GPS卫星定位系统，为济宁市实施城乡照明监控系统的第一个县级市。2009年，启动西城区道路路网建设，同时进行道路路灯建设，在16条一、二级道路全部安装造型新颖、环保节能的照明设施，新装路灯1971基3037盏，安装专用变压器30台，配电柜15台。2010年，建设滋阳路，路灯照明采用新能源照明灯，安装路灯224基，太阳能灯泡224盏，埋设路灯电缆管线8960米。2011年，实施

城区路灯

西顺河路北延工程，安装路灯68基136盏；建设府后路，安装路灯24基24盏；维修更换配电柜107台、灯具1.11万盏。2012年，维修路灯2030杆、9566盏。2013年，城区共有路灯7120杆、17736盏，景观灯536盏，路灯专用变压器89台，配电柜147台。

第六节　园林绿化

1996年初，全市共有大小绿地公园17个，主要街道绿化面积16.58万平方米，全市绿地总面积518.4万平方米。同年，市园林管理处在创建园林城市中实施“黄土不见天”工程，与80个单位签订庭院绿化责任书。建设50公顷的泗河堤风景防护林带，栽植果石榴5万株、其他乔木1万余株、花灌木2.5万株。沿东南环路建设路旁公共绿地15块。实施兴隆路、北护城河路、新兖镇工业园路绿化工程，改造龙桥路、中御桥路和振华路分车带。至年底，增加园林绿地90公顷。1997年，在东南环路栽植毛白杨、法桐2250株。1998年，投资2165万元，建设府河公园和青年广场，对兖颜路进行绿化。1999年，投资4000余万元，建成兖州市第一座现代化绿化广场——九州广场和林荫铺装广场，总面积5万平方米，广场硬化面积2万平方米，栽植草坪3万平方米，观赏树木200余株，被评为全省十大文化广场之一。全市累计创建省级绿化先进单位10个，市（地）级花园式单位和绿化先进单位126个。全市绿地面积689.09公顷。其中，公共绿地57.71公顷，人均公共绿地3.43平方米，城市绿化覆盖率31.32%。2000年，建设太阳广场，位于富阳路与龙桥南路交叉路口，占地面积5.7万平方米。其中，绿地面积3.77万平方米，绿地率66.1%。2001年，建成博物馆公园，占地面积1.7万平方米，绿化面积8200平方米，绿地率48%；对新世纪路进行绿化，栽植行道树880株，以大叶女贞为主，绿地面积1.84万平方

小区绿化

米，绿地率 22.22%。2002 年，建成经济开发区广场绿地，占地面积 6.24 万平方米，绿化面积 5.5 万平方米，绿地面积 5.2 万平方米，绿地率 83.3%。2003 年，实施 327 国道北环城路路段绿化改造工程，全长 5680 米，绿地面积 26.16 万平方米，栽植行道树 1361 株，绿地率 67.19%，总投资 3600 万元。2004 年，建成北环城路绿地，面积 33.68 万平方米，栽植乔木 8000 余株、灌木 2 万余株，地被植物 8.3 万平方米，草坪 6.6 万平方米；建成市民文化广场，占地面积 6 万平方米，总投资 2460 万元，栽植大型乔木 1024 株。2005 年，建成西顺河绿地，面积 1.76 万平方米，建设园路、小广场 1300 平方米，栽植大型乔木 1200 余株、灌木 3000 余株、地被 1 万余平方米。2006 年，实施九州绿地、大禹路与九州路四角绿地及市民文化广场南侧绿地建设，栽植乔木 1300 株、花灌木 4 万余株，绿化面积 3.1 万平方米；实施金谷大道绿化工程，绿化面积 3180 平方米。2007 年，建成人民乐园，占地面积 2.73 万平方米，绿化面积 2.4 万平方米，铺装园路和小广场 5200 平方米，栽植大型乔木 514 株、灌木 1.4 万株、地被 1 万平方米；实施府河绿地全线改造提升工程，全长 2650 米，绿化面积 3180 米，栽植乔木 74 株、灌木 1.9 万株。2008 年，建成新兖镇游园，位于新兖镇官庄社区西侧，占地面积 3.5 万平方米，铺装园路 1300 平方米，建成水面面积 1600 平方米，绿地面积 3.21 万平方米，栽植大型乔木 1600 余株、花灌木 4000 余株，总投资 300 余万元；实施“千棵大树进城”工程，在九州广场、西御桥南路、九州西路、文化路等处点植直径 25 厘米～50 厘米的乔木 527 株；对建设西路进行绿化，全长 2888 米，栽植大型乔木 445 株、灌木 13.1 万株，绿地面积 2.3 万平方米。2009 年，对西顺河路、酒仙桥路、东御桥路、文化路、南护城河路、北护城河路、九州西路等道路绿化进行提升，栽植各类乔木 413 株。2010 年，实施大禹路北段（九州路至北环城路路段）绿化，全长 3280 米，公园绿地面积 7 万平方米，栽植乔木 4200 株、灌木 8500 株、地被 3.5 万平方米；建成丰兖绿地，面积 1.3 万平方米，铺装园路 3700 平方米，栽植大型乔木 272 株、灌木 8000 余株、地被 8000 余平方米；开展创建森林城市活动，在规划区内建设防护绿地 65 万平方米。2011 年，实施西环城路柳树移植、九州路、青州路等道路绿化和府河两侧、徐州路、滋阳路两侧景观绿化等城市绿化工程，累计栽植乔木、花灌木 36 万株，新增绿化面积 110 万平方米。2012 年，对九州路、扬州路等 36 条主次干道行道树进行加密、补植和更新，对少陵公园、北护城河、大安河、牛旺立交桥两侧等 38 个片区进行见缝插绿，完成大禹绿地、扬州南路两侧绿化、大禹路中段东侧绿化、市民文化广场绿化提升、南 327 国道绿地修复、北护城河中段河道绿化等重点绿化项目，累计栽植大型乔木 5.8 万株、灌木 112 万株，新增绿化面积 59 万平方米；开展花园式单位（小区）创建活动，4 个单位通过省级花园式单位（小区）验收，16 个单位通过济宁市花园式单位（小区）验收。2013 年，完成府后公园、百卉公园、大禹绿地等 26 处公园绿地建设，城市公园绿地 60 余处；对九州路、建设路、扬州路等主次干道行道树进行加密、补植和更新，对大禹路、徐州路、南 327 国道绿化进行高标准改造提升，城市道路绿化普及率 90.47%；对 23 处临时空闲地和裸露地面进行绿化美化，栽植乔木 21 万株、花灌木 300 万株，增加绿化面积 123 万平方米。为社区

绿色兖州一角

绿化购置各类苗木6万余株，企事业单位绿地面积194公顷，住宅小区绿化率35%以上，进一步扩充社会绿化体量。全年新增绿化面积218公顷，城市建成区绿化覆盖面积从2011年的1000公顷提高到1347公顷；绿地面积从820公顷提高到1169公顷；公园绿地面积从不足150公顷提高到273公顷，人均公园绿地面积11.15平方米，绿化覆盖率36.12%,顺利通过省级园林城市验收。

第七节 住宅小区建设

1996年前，由于没有专门的综合开发行业管理机构，各种制度还不完善，东城区部分早期开发建设的住宅小区，存在规模小、建筑密度大、基础设施不齐全等问题。1996年初，城市人均住房面积14.8平方米。同年，奎星楼住宅小区开工建设，占地73.5亩，建筑面积6.8万平方米，绿地面积1.6万平方米，容积率1.3，共11幢楼，住户684户、3000余人。小区内有物业管理、社区服务、卫生医疗、图书阅览、文化娱乐、托儿所等公共服务设施。先后被评为济宁市花园式单位、兖州市安全文明小区、山东省花园式小区。1996年—2000年，建成城区住宅小区25个：校场小区、莲花小区、奎星楼小区、东苑小区、新苑小区、塔前小区、民族小区、息马地小区、御园小区、中山西路小区、半边街小区、广场小区、校场东组团、金隆小区、兴隆北区、康达小区、市委二宿舍、太阳花园小区、文化花园小区、裕康小区、东桥小区、惠民小区、供销社小区、中山中路商住区、铁路五区，建设住宅楼279幢、住房1.09万套，建筑总面积101.47万平方米。2000年后，西城区建设开始启动，东城区改造速度进一步加快，对住宅小区综合开发的管理逐渐规范和完善。不仅住宅小区建设的规模越来越大，而且规划标准高、基础设施配套齐全、功能完善、环境优美。2003年10月，龙桥小区竣工，占地72亩，建筑面积7.2万平方米，楼房24幢，容积率1.5，绿化面积1.5万平方米，绿化覆盖率35%，道路硬化面积4300平方米，共安置住户832户、3000人。龙桥小区先后被评为济宁市花园小区、济宁市文明社区，是兖州市城区村庄改造的成功典范。2000年—2005年，竣工住宅小区14个：龙桥小区、长安小区、滨河小区、白衣堂小区、阳光花园小区、山拖生活区、兴隆小区、八一小区、西苑小区、金都商住区、皇城园小区、皇城园北区、电力花园小区、健康新苑小区。共建设住宅楼142幢、住房5323套，总建筑面积58.81万平方米。2009年，九州方圆住宅小区竣工，占地960亩，建筑面积72万平方米，建设住宅楼129幢。住宅面积63.4万平方米，公建面积8.6万平方米。建筑密度21.4%，容积率1.14，绿地率41.7%，是集住宅、商业、教育、娱乐为一体的综合小区。2006年—2010年，竣工住宅小区23个：九州方圆小区、海情丽都北

旧关西区

区、太阳花园城小区、明珠花园小区、吴村安置区、维多利亚花园小区、瑞士豪庭小区、迪尔小区、华安家园小区、牛旺社区、鼓楼花园小区、君临华庭小区、省军区兖州干休所小区、红花丽苑小区、古城矿生活区、联诚小区、中山东路商住区、新生活小区、文昌阁小区、温州商贸中心商住区、丽都花园小区、地质家园小区、雅静苑小区，共建设住宅楼451幢、住房1.73万套，总建筑面积211.06万平方米。2011年，完成投资26亿元，新开工面积120万平方米，启动华勤紫金城、恒隆广场等一批城市综合体建设。2012年，完成投资11.5亿元，房屋在建面积280万平方米，华勤紫金城等一批高标准住宅小区建成使用。2013年，完成投资11.5亿元，房屋在建面积240万平方米，商品房销售面积24万平方米，销售额9亿元。全市共有13个住宅小区被评为济宁市花园式住宅小区，太阳花园小区、君临华庭小区、海情丽都小区被济宁市评为运河杯优秀住宅小区，海情丽都小区被建设部住宅产业中心认定为康居示范工程。城区11层以上高层建筑300余幢，城区人均居住面积32.12平方米。

第八节　标志性建筑

光通大厦　位于建设东路与东御桥北路交叉口西南角。1996年1月开工，1998年10月竣工。共13层，高48.3米，建筑面积9035平方米，总投资2700万元。由济宁市传输局投资建设，兖州市建筑安装工程总公司施工，为建设东路街景标志性景观建筑。

市公安局办公楼　位于九州东路北侧，1997年7月开工，2000年11月建成启用。建筑面积1.2万平方米，主楼17层，高50米。其中，地下1层，地上16层，总投资1.2亿元。

市博物馆　位于文化东路北侧，兴隆塔前。1999年8月开工，2002年10月竣工。建筑物以2层为主，局部3层，建筑面积7800平方米。平台以下为半地下室文物库房，地上部分主要是陈列展区。设计采用仿汉阙、大斜坡屋顶的汉代建造式特征，古朴庄重，气势雄伟。博物馆前为绿化广场，东西点缀园林小品。北以兴隆塔为依托建设环塔碑廊。该馆为山东省县级市博物馆建设中的一流建筑。

市行政办公中心　位于九州路以北，大禹路以西，徐州路以东，建设路以南。主楼高66.6米，地上15层，地下1层，东西裙楼各5层，北楼4层。东西长168米，南北长79米，建筑面积4万平方米。工程于2002年12月开工，2006年3月竣工，2006年6月正式启用。

新兖州一中　位于兖州市西城区大禹路以西，丰兖路以北，文艺路以南。占地481.95亩，建筑面积13.8万平方米。绿地面积13.9万平方米，其中水体面积1.4万平方米，绿地率55%，总投资3.5亿元。整个新校区分为4个区。公共教学区有4层教学楼8幢，建筑面积3.05万平方米。生活服务区有5层宿舍楼6幢，建筑面积3.6万平方米；4层食堂1幢，建筑面积1.5万平方米；生活附房1幢，建筑面积852平方米。公共服务区有7层图书电教楼1幢，建筑面积2.1万平方米；5层实验楼2幢，建筑面积1.2万平方米；5层艺术楼1幢，建筑面积6426平方米；学术报告厅1个，建筑面积4522平方米；体育馆1座，建筑面积5282平方米。体育运动区有看台1332平方米，400米塑胶跑道及篮球场、排球场等。该项目于2009年2月开工建设，2010年8月全

兖州一中新校区

部竣工并投入使用。

新体育中心　位于西城区九州路以北、建设路以南、荆州路以西，占地199.5亩，总建筑面积4.58万平方米，项目总投资4.5亿元。建设体育馆和游泳网球馆各1座，室外网球场8片，篮球场4片。体育馆建筑面积2.29万平方米，可容纳观众5500人，游泳网球馆建筑面积2.29万平方米，可容纳观众2822人。工程于2012年9月开工，2014年3月竣工，2014年4月投入使用。

新市人民医院　占地270亩，规划总建筑面积18.5万平方米，总投资6.5亿元，共设1500张床位，包含门诊医技楼、1号住院楼、2号住院楼、3号感染楼及地下污水处理站等附属设施，2011年2月开工建设。医院可辐射周边县市150万人口。

山东圣德国际酒店　位于西城区建设路以北、大禹路以西、徐州路以东，由金太阳投资有限公司投资9亿元建设，占地300亩，绿化面积15万平方米，共有31层，高95米，客房388间（套），设有中餐厅、多功能宴会厅、国际会议中心、商务会所等多种服务设施，可满足3000人以上大型会议和1000人就餐需求，为兖州市唯一一家五星级酒店。

人防 消防指挥中心　位于九州路与扬州南路交叉口东南角，2012年建成，主体办公楼建筑面积2.1万平方米，高80.4米，地下1层，地上21层，一、二层为服务大厅和会议室，三层以上为办公区。

人防、消防指挥中心

市人民法院新办公楼　位于新城区市行政办公中心东南侧，大禹路以东，九州路以北。2010年开工建设，2012年11月竣工启用，占地25亩，建筑面积1.72万平方米，分主楼和裙楼两部分，主楼高47米，地上12层，地下1层；裙楼3层。内设立案厅、信访厅、执行厅、候审室、羁押室、会议室、计算机监控室、大中小审判庭17个，其中，大法庭可容纳300余人。

九州方圆A、B座　位于九州方圆小区北部，分为A座和B座，总建筑面积6.82万平方米。其中，A座高22层，建筑面积2.83万平方米，B座高26层，建筑面积3.99万平方米，总投资2.18亿元，2010年12月竣工。

第九节　新城建设

西城区（新城区），西起西环城路、东至新石铁路和龙桥路，北起北环城路、南至日兰高速公路，规划面积近30平方公里，是全市综合政治、文化、科教、居住功能的复合城市新区。1999年，山东省人民政府批准《兖州市城市总体规划（1996年—2010年）》。2001年7月，兖州市召开西城区控制性详细规划专家论证会；8月，由市委书记任组长的西城区开发建设工作领导小组成立；9月，市委、市政府出台《关于加快西城区开发建设的意见》；12月，西城区管理委员会办公室成立。2002年5月，九州大道西延工程开工，全长818米，宽64米，双向六车道，总投资805万元；同月，维多利亚花园小区开发建设正式启动，建筑面积9万平方米，总投资9000万元；7月，市民文化广场奠基，总投资9586万元，占地90亩，建筑面积4万平方米；9月，西城区铁路立交桥正式通车，长400米，宽37米，双向六车道，总投资1000万元，连接东城区和西城区；12月，孔子学府开工奠基。2005年，新建高标准路网6.3

公里，完成水、气、热、电、通信、公交、有线电视等基础设施配套；完成市委党校、孔子学府、烟草公司综合办公楼、行政办公中心、市民文化广场建设；建成九州大道立交桥；实施九州方圆、维多利亚花园等大型开发项目。累计完成开发建设投资8.3亿元。规划西城区的“五纵五横”路网，先期启动大禹路、九州路西段、建设路西段“一纵两横”路网建设，道路总长14.2公里。2006年—2008年，市民文化广场全面竣工，市行政办公中心启用。西城区“五纵五横”路网建设取得新进展、大禹路30米快车道改造全线通车，扬州路、西环城路、南环城路全面启动，新建和改造提升西城区路网8.5公里。新建高标准绿地4.2万平方米。九州方圆小区13幢小高层，九州方圆A、B座高层写字楼、维多利亚花园小区、迪尔小区及高层写字楼、山东圣德国际酒店、海情丽都小区、君临华庭高层写字楼、牛旺上跨式立交桥、新兖州一中等一批高层建筑、标志性建筑启动建设。2008年7月，编制《兖州市城乡总体规划（2008年—2030年）》，规划2030年，西城区人口22万人，城市建设用地16.56平方公里。至2013年，西城区形成“六纵六横”的城市道路主干道框架，六横为北环城路、滋阳路、鲁王路、建设路、九州路、丰兖路，六纵为扬州路、大禹路、冀州路、荆州路、梁州路、西环城路，建成行政办公中心、法院办公楼、检察院办公楼、人防、消防指挥中心和五星级酒店1家、四星级酒店1家，高标准开发建设君临华庭、海情丽都、锦绣家园、怡和花园等一批现代化住宅小区，配套建设投资3.5亿元的新兖州一中、投资6.5亿元的新人民医院、投资4.5亿元的新体育中心和职教中心等一批公共服务项目，引进建设恒茂商都、财富新天地和金融中心等一批高端服务业项目，初步展现现代城市新区风貌。

第三章　城市管理

第一节　城管执法

管理机构　1996年初，市城市管理监察大队为股级科室，负责城区主要道路秩序维护，隶属市城乡建设委员会。同年4月，从公安、建设、工商等部门抽调人员，组建市城市管理办公室和城市管理综合执法监察大队，由市公安局代管，实施综合执法。1998年8月，经市政府批准，成立市城市综合管理执法监察大队（副科级），与调整后的市城市管理办公室共同隶属市城乡建设委员会。2004年10月，将市城市综合管理执法监察大队并入新组建的市城市管理联合执法办公室，实施城市管理联合执法。2007年2月，撤销市城市管理联合执法办公室，组建市城市管理行政执法局（以下简称市执法局），为科级参照公务员管理的全额拨款事业单位。市执法局内设办公室、法制科、督查科、综合科、政工科5个科室和直属机构市公安局城市管理警察中队（人员9人，为政法专项编制）。市公安局城市管理警察中队受市执法局、市公安局双重管理，日常工作以市执法局为主。市执法局下设市城市管理行政执法大队，为科级参照公务员管理的全额拨款事业单位，编制160人。执法大队下设9个执法中队，依法行使市执法局的全部执法权。2013年11月，兖州市城市管理行政执法局更名为济宁市兖州区城市管理行政执法局。2013年年底，济宁市兖州区城市管理行政执法局设办公室（挂人事编制科牌子）、法制科、督查科、行政许可科4个科室，下设区城市管理行政执法大队，为科级参照公务员管理的全额拨款事业单位，在编人员138人。

市容管理 1996年，市城市管理（综合执法）监察大队主要开展经营秩序规范管理，对中御桥路、建设路、共青团路、九州路、龙桥路、文化路等主要街道两侧的摊点划行归市，在指定区域实行定点定时经营。1997年，迎接香港回归，集中开展市容环境综合整治工作。依法取消流动摊点200余个，规范店外经营200余处。1998年，在主要道路两侧划出空地22块，安置各种摊点400余个。依法取消流动摊点163个，取消店外经营265处。1999年，发放各类通告5000余份，依法清除流动摊点200余个，取消店外经营800处，取缔马路市场3处，规范经营区22个。2000年，发放各类通告1.6万余份，与《兖州日报》联办城建监察栏目。压缩店外经营850余处，清除占道摊点100余个，取缔马路市场7处，拆除蒙古包式棚厦190余个。2001年，开展“城市管理年”活动。发放各类通告1万余份，规范店外经营300余家，清除占道摊点130余个。2002年，开展城乡环境综合整治活动，共发放各类通告7000余份，规范店外经营900余处，清除占道摊点150余个，取缔马路市场3处。2003年，市城市综合管理执法监察大队在防治“非典”工作中，勒令停止占道摊点的经营并取消其道路占压费的收取。2004年，推进“三城联创”，开展市容环境综合整治，实施城市管理联合执法，取缔各类占道摊点1600余个，扣押违章物品1180余件，收缴占道灯箱630个，纠正夜间违章占道行为200余次。2005年—2006年，主要开展4个专项治理活动，一是露天饮食摊点专项治理，按照“堵疏结合，退路入市”的治理思路，对市区1500余处随意占道设置的早晚点进行集中清理、取缔，基本消除市区露天饮食摊点。二是占道摊点、马路市场专项治理，结合市区八大市场改造，引导马路市场、露天占道摊点退路入室、入市。疏导3600余个摊点进入市场规范经营，依法强行取缔拒不整改的露天占道摊点370余个，取缔马路市场13处，纠正店外经营1980余处。三是小街巷专项治理，结合小街巷改造，对市区技校路、东御桥路、八一路等20余条小街巷实施集中整治活动。对道路上存在的影响市容的行为进行清理、取缔，彻底解决小街巷脏乱差和行路难问题。四是户外广告专项治理，对户外广告统一设置标准和制作规格，在金都商城先行试点，对中御桥路、建设路、九州路沿街门面房广告进行治理，对道路两侧1500余处门面房按要求进行整改。2007年，每月开展2次集中突击治理活动，对城区五纵五横主干道两侧的违章棚厦和占道摊点进行突击整治。共纠正店外违章经营行为2600余次，取缔各类占道摊点1800余个，扣押违章物品1350余件、三轮车160余辆，拆除违章占道棚厦50余个，收缴占道灯箱580个，纠正夜间违章占道行为380余起。在城区外建设规范化的洗车场所2处，引导城区50余处洗车点迁出城区，进入洗车场经营。2008年，迎接奥运会召开，开展市容环境集中整治行动150余次，扣押违章物品4390余件，清理店外店、店外摊3650余个，取缔流动摊点1200余个，规范整顿各类临街占道加工、维修点760余个。联合有关部门，对个别继续在城区经营的洗车场点、非法储售煤点，实施6次联合执法整治行动，依法扣押经营工具20余件。开展校园周边环境专项整治活动，清理取缔校园周边店外经营、占道摊点、流动摊点435个。在城区8条主要道路重新施划68公里的自行车、摩托车停放线，并安排专人进行管理，做到线内停放、整齐划一。设置禁停标志牌160个，制止乱停乱放行为1060余起，锁扣乱停乱放车辆930余辆，依法处罚720余人次。2009年—2010年，开展市容秩序集中整治230余次、烧烤摊点专项整治15次、校园周边环境专项整治46次，共教育纠正店外经营行为1.3万余起、流动商贩3030余人次，清理整顿占道加工、维修点950余个，清理占道烧烤摊点

110余个，依法暂扣各类违章物品7650余件次。2011年—2012年，清理店外经营、占道经营业户9300余户，清理占道饮食摊点860余个、露天烧烤摊点79个，扣押违章占道经营物品8800余件，拆除各类影响市容观瞻的占道棚厦320余个。2013年，开展规范节日年货市场、规范城区户外烧烤、规范夜市临时摊点、净化校园周边环境秩序、规范季节性瓜果摊点、查处非法营运货运占道车辆、治理噪声污染等一系列专项整治活动。重点整治清理兖曲路、东关大街等多处马路市场及校园周边、花鸟市场等一批群众反映强烈的重点区域，在重点部位安排早晚班，加强错时巡查，确保市容环境整洁、有序。从疏堵结合的角度，分别设置北护城河路的年货市场、水果市场，九州大道临时夜市，实行定点经营，规范管理，取得良好效果。依法查处纠正各类违法违章行为2万余起，清除或拆除各类破损、陈旧、有碍观瞻、不符合规定的灯杆和墙体广告3000余平方米，撤除违章布幅、落地灯箱6000余个（条），扣押违规经营工具和物品5000余件。

违法建筑拆除　1996年，市城市管理（综合执法）监察大队立案查处违法建设案件232起，面积1.13万平方米。1997年—2005年，共立案查处违法建设案件4489起，面积20.88万平方米。2006年，组织大规模拆违活动10余次，出动执法人员300人次、机械20台次，立案查处违法建设案件186起，面积4.6万平方米。2007年，立案查处违法建设案件256起，面积1.55万平方米；组织强制拆除14次，依法拆除违法建筑89处，面积1.19万平方米；通过教育劝导，由当事人自行拆除47处，面积2960余平方米；依法申请市人民法院强制执行3起。强制拆除违法建筑718平方米；强制停工20余起。面积3500余平方米。2008年2月，出台《兖州市拆除违法建筑实施办法》，市执法局联合有关部门，对市区10个住宅小区内360余处乱搭乱建物进行集中拆除；单独组织强制拆除活动89次，共拆除各类违法建筑4万余平方米，其中，通过耐心细致地做思想动员工作，由业主自行拆除2.5万平方米。2009年，相继对宋家村、薛庙村、范堂村、棉麻站宿舍、滨河大道、文化西路、九州西路等500余处违法建筑依法实施强制拆除，面积4万余平方米。2010年，查处违法建设行为549起，实施强制拆除行动58次，对旧关片区、兴隆文化园东、西片区、扬州路、铁北西街、大马青村、代家村、龙桥小区等处违法建筑进行强制拆除。共拆除违法建筑2.36万平方米，规范乱栽乱植行为为50余起。2011年，建立巡查、网格化管理等机制，形成查处违法建设的强大合力，共查处各类违法建设行为69起，查处违法建筑1.5万平方米，依法拆除9655平方米，督促补办建设审批手续5360平方米。违法建设发生率大幅下降。对影响泗河九州大桥建设、兴隆文化园北环城路片区拆迁及豆腐店片区拆迁的3户“钉子户”，通过耐心细致的宣传教育和依法行政手段相结合，促使其顺利搬迁。2012年，以推进违章建筑整治为重点，采取分片负责、对照清单挂单销号的方式，对违章建筑逐个逐项制定拆除方案，条件成熟一件拆除一件，对城市建成区内480余处违法建筑依法实施强制拆除，清理面积3.8万平方米。2013年，通过采取激励机制、督查考核等办法，按照“严打新建、消化存量”的工作思路，建立巡查、网格化管理等机制，与各镇（街道）协调组织相关职能部门联合管理，城区违法建设查处工作取得明显成效，拆除违法建筑100余处，面积4万余平方米。

户外广告管理　1996年—1997年，市城市管理（综合执法）监察大队清理各类广告牌匾220余块。1998年，对市区户外广告制作样式、设置位置实行统一审批制度。1999年—2006年，清理拆除违章广告牌匾5900余块，收缴灯箱2980余个，清理条幅3560余条。2007年，印发《整治规范户外广告告知书》1000份，拆除更新户外广告牌匾1350余块，撤除破旧布幅2230余条，拆除破旧广告灯箱、店牌265个。抓获乱贴乱画、制贩假证人员10余人，并在兖州电视台和济宁电视台进行曝光。收缴非法广告纸2.5万余张；通过电子追呼系统，对1300余个违法小广告通讯号码进行追呼；清理乱贴乱画小广告1800余处。2008年—2009年，拆除大型户外广告牌748处，旧广告灯箱和店牌2122个，撤除违章布幅1572条，规范门头装修行为340起。抓获乱贴乱画人员6人、乱发放小广告人员5人，清理、覆盖小广告1.26万处，追呼违法小广告通讯号码760余个。2010年，指导和协助广告业主拆除未经审批或过期的大型墙体户外广告牌89处、9150余平方米，拆除破损、破旧和不符合要求的店牌260余块，督促临街商家严格按照规划要求重新设置店招店牌87处、2950余平方米；开展住宅小区广告牌匾专项整治，规范整改广告牌匾997处，上报需停机的违法小广告通讯号码515个，利用追呼系统24小时追呼违法小广告通信号码3657个，组织清除各类城市“牛皮癣”1.63万处。2011年，对市区违章户外广告进行专项整治，实施门面房亮化升级改造。累计改造门面房860余间，规范门面房违法装修行为68起。2012年，开展西御桥路、龙桥路户外广告升级改造工作。在彻底清除主干道小广告的基础上，逐步向背街小巷、住宅小区延伸，城区的乱贴乱画蔓延势头得到有效遏制。累计追呼非法小广告通信号码530个，追呼停机400个，行政处罚36人，清理、覆盖小广告9800余处。2013年，按照《兖州市户外广告设置管理办法》，严把审批关，共发放户外广告设置手续65件，设立公益广告牌47块。累计追呼非法小广告通信号码2000余个，追呼停机800余个，清除小广告2万余处。依法审批周末、节假日户外促销活动90余次，整治未经审批擅自促销活动200余次；规范流动宣传车辆120余辆。

投诉办理　1996年—1997年，市城市管理（综合执法）监察大队共接受处理各类咨询投诉90余次。1998年，为增加城市管理的公正性、透明性，设立公开电话，接受处理各类咨询投诉113次。1999年—2004年，接受处理各类咨询投诉678次。2005年—2007年，接受处理各类咨询投诉1373次，办理人大议案15件、政协提案20件。2008年—2010年，受理各类投诉举报和咨询电话3060件，市长公开电话94件，创城热线通知、函、督办142件，市委、市政府督办30件，行风热线电话反映问题51个，办理人大议案、政协提案37件，满意率100%。2011年6月，在兖州市政府网站开通“领导信箱”“投诉举报”“网上咨询”“问计于民”4个栏目，利用网络方便群众投诉，听取群众意见，投诉问题在3个工作日内解决。至年底，共接听群众来电、来访、咨询等500余次，办理市委、市政府督办14件、市长公开电话28件、创城督办函、电33件、行风热线投诉9件、兖州政府网“百件实事网上办”3件、济宁网上民生投诉3件，处置率100%；办理人大议案、政协提案10件，办结率100%。2012年—2013年，办理人大议案、政协提案23件，满意率100%。受理领导批示9件、市长公开电话65件、创城热线电话28件、行风热线电话44件、“百件实事网上办”24件，落实率100%。

第二节　环境卫生管理

管理机构　1996年，市环境卫生管理局（以下简称“市环卫局”）为科级全额拨款事业单位，隶属市建委，设办公室、研究室、政工科、财务科、业务科、督查科、信访科、监察站8个科室。下设市环卫一所、市环卫二所和市清挖服务公司、市环卫设备厂、市蓝宇保洁服务公司3家企业。在编人员125人，其中，大专以上学历26人，中级职称12人，初级职称15人；临时工307人。2010年，市环卫局内设科室调整为办公室、政工科、财务科、督查科、环卫监察站、环卫科，综合科、收费科8个科室和生活垃圾转运站筹建处，下设环卫一、二、三、四所，环卫设备厂、清挖公司、清扫公司、家政清洗公司、生活垃圾处理场9个单位，在编人员122人，“4050”转岗工人（即处于劳动年龄段中女40岁以上、男50岁以上的，就业愿望迫切、但因自身就业条件较差、技能单一等原因，难以在劳动力市场竞争就业的劳动者）306人，临时工409人，退休人员31人，退养人员27人。2013年11月，兖州市环境卫生管理局更名为济宁市兖州区环境卫生管理局。2013年年底，济宁市兖州区环境卫生管理局内设办公室、政工科、财务科、督查科、环卫监察站、环卫科，综合科、收费科8个科室，在编人员101人，下设环卫一、二、三、四所，环卫设备厂、清挖公司、清扫公司、家政清洗公司、生活垃圾处理场9个单位。

环卫设备 1996年，市环卫局有大小环卫车辆74辆，其中，人力车50辆、拖拉机12辆、运输车9辆、工程车3辆。1997年，投资100万元，购置运输车3辆和铲车1辆。1998年，购置50型装载机2辆、自卸车4辆、12马力拖拉机12辆。2002年，购置压缩式垃圾车2辆、12马力拖拉机3辆。2003年，增添300余辆特制小型密封式人力三轮车，购置道路清扫车2辆、洒水车1辆，开始对城区主要道路进行机械化清扫。2005年，购置摆臂式垃圾车2辆、推土机1辆、自卸车1辆。2007年，淘汰所有拖拉机运输车辆，购置摆臂式垃圾车2辆、清扫车1辆、后装式垃圾运输车2辆、封闭式运输车2辆、高压清洗车1辆、农用四轮运输车4辆、环卫专用小型三轮车220辆。2009年，投资5.82万元，购置人力保洁三轮车60辆；投资31万元，购置垃圾收集车2辆。2010年，购置垃圾收集摇臂车3辆，高压清洗车1辆。2011年，投资30余万元，购置封闭式收箱垃圾运输车辆，填补大批新建小区清运服务空白。2012年，新增小型收粪车2辆，粪便收集人力投入大、作业效率低、环境影响大的问题得以缓解。2013年，投资近300万元，购置大型冲洗车1辆、清扫车4辆、生活垃圾摆臂车1辆、侧装垃圾收集车2辆、封闭式垃圾运输车1辆。2013年年底，有人力车420辆，运输车19辆，新型压缩车2辆，工程车8辆，清扫车4辆，洒水车1辆，高压清洗车2辆。

环卫设施 1996年，城区清扫面积约80万平方米，共有公厕11座、垃圾中转站4座，市环卫局全年完成垃圾清运5.9万吨（不含建筑垃圾）。1997年，投资20万元，在八一路、北护城河路建设垃圾中转站2座；投资100万元，购置运输车3辆和铲车1辆，开始对建筑垃圾实行统一清运。1998年，在九彩家电公司营业楼东侧、北护城河路东首路北、人寿保险公司北侧各建水冲式公厕1座。2000年，在中御桥路南首、第二实验小学对过九州大道路南、西御桥南路烟厂北、东方中学对过九州大道路南、青年林南护城河北、北护城河供电局大楼北各建水冲式公厕1座；投资25万元，在建设路、南护城河路、西御桥路、中御桥路共建设垃圾中转站4座。2003年7月，市环卫局接管西城区32万平方米和东城区76条小街巷的道路清扫保洁任务。同年，在军民路九一医院南邻、火车站广场西各建水冲式公厕1座。2004年，接管济宁市农业高新技术示范园至太阳广场、泗河田村大桥至北环城路（327国道）、龙桥北路、兖石线（太阳广场至代家村）、济微路（建设路至北山东拖拉机厂）的清扫保洁任务，增加保洁面积近150万平方米。2005年，接管新兖镇辖区内龙桥路、西御桥南路30余万平方米的清扫保洁任务；投资30万元，在九州路、铁北西街、龙桥路等处建设小型垃圾中转站10座。2003年—2005年，城区小街巷和城市外环道路被纳入统一保洁范围，城市全日保洁面积420万平方米。2006年，投资18万元，在北327国道、大禹路等处建设垃圾中转站6座。2007年，在一中花坛东北角、九州广场东侧各建水冲式公厕1座；投资129万元，在南护城河路青年林、

公共卫生间

西顺河路等处建设大型垃圾中转站4座。2008年，在人民乐园东、酒仙桥路原东关小学南邻、南关青年林、酒仙桥路宝升大厦南侧、九州路审批大厅东侧各建水冲式公厕1座。建筑垃圾统管统运工作领导小组成立；投资76万元，购置大型自卸车2辆、铲车1辆，开始对建筑垃圾统一清运、统一处理。投资60万元，在九州路审批大厅附近建设大型垃圾中转站1座。2009年，全面落实人工普扫、车辆清扫、洒水降尘、生活垃圾上门收集等措施，对城区实现18小时不间断保洁，全年累计清运生活垃圾13万吨、建筑垃圾40万吨，清除小广告2万余处。2009年—2010年，根据市政府“四小益民（小停车场、小绿地、小超市、小公厕）”工程规划，拆除白果街、西火巷、机神庙街、苗圃街、酒仙桥路、南顺河路、北顺河路7处公厕。2011年，对全市7个镇、3个街道共计400个行政村的环卫基础设施建设进行规划；完成3265个垃圾桶、400处小型垃圾收集站、575台（套）人力作业设备、10辆垃圾收集车的采购和配置任务；基本完成镇、村两级环卫作业队伍建设，垃圾中转站、垃圾箱等环卫设施全面完工并投入使用，覆盖农村34万人的新型农村环卫工作体系初步形成。投资60余万元，实施环卫设施亮化工程。对60余处建筑工地建立管理档案，下发整改通知50余份，查处违规清运车辆30余台次，完成建筑垃圾清运任务13万立方米，出动工程车辆1000余台次，清理无主建筑垃圾1.3万立方米。清除各类小广告5.7万处，完成生活垃圾清运5.2万吨。2012年，全面接管西城区道路保洁，新增道路保洁面积345万平方米。全市道路机扫率超过30%，主次干道道路机扫率超过60%。制定10处公厕、10处垃圾中转站站厕一体式整体建设方案。共核发建筑垃圾（工程渣土）处置核准证和建筑垃圾运输车辆准运证24份，累计完成档案跟踪管理80余宗，下发工地整改通知16份，查处违规车辆40余台次，下发督办单10余份，对相关从业人员现场教育170余人次，组织自有车辆清运建筑垃圾14万立方米，清理乱磕乱倒建筑垃圾2万余立方米，清除小广告3.1万处，完成生活垃圾清运5.475万吨，城市生活垃圾无害化处理率100%。2013年，机械化作业能力进一步提高，道路保洁由人工清扫向机械作业转变、向湿式清扫转变。城区道路机扫率超过30%，主次干道道路机扫率超过70%。累计对全市20余处在建工地建立管理档案，审批建筑垃圾处置证21件，清运建筑垃圾13.35万立方米，印发宣传单页700余份，下发工地整改督办件80余件，对违规处置建筑垃圾人员现场教育290余人次。清理各类小广告2.35万处，累计清运处理生活垃圾4.88万吨，城市生活垃圾无害化处理率100%。处理农村生活垃圾3.58万吨，农村转运生活垃圾无害化处理率100%。2013年年底，全区道路保洁面积460万平方米，道路绿化带保洁面积230万平方米，有公厕38座、垃圾中转站115座、果皮箱850个。

第三节　拆迁管理

拆　迁　1996年，开通九州大道，建设博物馆、文化馆，开发鼓楼小区、莲花小区、龙桥小区、赵村小区、兴隆第十五中学东区，市拆迁安置办公室联合有关乡镇，动迁住户1059户、单位63个，拆迁面积14.2万平方米。1997年，开发建设东御桥小区和韦园小区，动迁住户855

户、单位 19 个，拆迁面积 8.01 万平方米。1998 年，建设九州广场和太阳广场，开发九州广场小区、东苑小区、裕康小区、康达小区、龙桥小区、金鑫小区、太阳银河小区、长安小区，动迁住户 1686 户、单位 29 个，拆迁面积 21.13 万平方米。1999 年，拓宽改造新世纪路、友谊路、龙桥商贸路，开发新苑小区、民族小区、华安小区、白衣堂小区、种子公司小区，动迁住户 1206 户、单位 24 个，拆迁面积 11.65 万平方米。2000 年，实施九州大道二期工程，开发滨河小区、西苑小区、奎星楼小区、文化新村小区，动迁住户 427 户、单位 13 个，拆迁面积 5.97 万平方米。2003 年，建设北环城路绿地，开发建设九州方圆小区，动迁住户 915 户、单位 9 个，拆迁面积 15.37 万平方米。2004 年，开发文昌阁小区、利民小区、九州广场北侧小区、纺织品站宿舍，动迁住户 160 户、单位 4 个，拆迁面积 1.94 万平方米。2005 年，开发红花丽苑小区，动迁住户 433 户、单位 4 个，拆迁面积 7.7 万平方米。2006 年，开发省军区兖州干休所小区、新兖镇吴村小区，动迁住户 135 户、单位 4 个，拆迁面积 2.2 万平方米。2007 年，改造建设路，开发丽都花园小区、文昌阁小区，动迁住户 261 户、单位 9 个，拆迁面积 2.36 万平方米。2008 年，开通滨河路，北延西护城河路和东御桥路，东延九州大道，开发建设牛旺立交桥两侧片区、交警队片区、水利局片区、环卫局片区、少陵社区东片区，共动迁住户 1821 户、单位 68 个，拆迁面积 76.8 万平方米。2009 年，建设泗河景观带李杜公园、兴隆文化园一、二期，开发天仙庙片区、行政办公中心北侧片区、北关村改造片区、东御桥路原部队汽车修理所片区、银河新苑小区、丽都花园小区、世纪银座广场交警队宿舍片区、南顺城街苗圃片区、神路街片区，动迁企事业单位 40 个、住户 3011 户，拆迁面积 96.22 万平方米。2010 年，建设铁北西街农贸市场、泗河兴隆大桥、扬州路北延工程、兴隆文化园三期工程，改造济微线，开发旧关片区、酒仙桥片区二期、文昌阁小区、铁北西街片区一期，改造久益医院北区一期、琉璃厂片区、六里井片区，动迁企事业单位 60 个、住户 2988 户，拆迁面积 80.45 万平方米。2011 年，实施红花西街一期、兴隆塔三期、山东拖拉机厂、中山路等 9 个片区征收，面积 60 万平方米。实施棚改安置房建设项目 5 个，面积 136 万平方米。2012 年，完成红花西街、省机电学校、南山拖、北关等 5 个片区征收，面积 26.2 万平方米。2013 年，实施北站物流园区一期、金融中心等 9 个片区征收，完成房屋征收面积 12.3 万平方米，土地征收面积 25 万平方米。1996 年—2013 年，共完成拆迁 442.52 万平方米。

补偿安置 1996 年 1 月至 2002 年 6 月，兖州市拆迁安置补偿标准执行兖州市政府 1994 年 3 月转发的《济宁市城市建设房屋拆迁补偿安置标准规定》，结合实际，兖州市拆迁安置楼房的建安造价定为 340 元 / 平方米，成本价 650 元 / 平方米，商品房价格 850 元 / 平方米～ 900 元 / 平方米，营业用房建安造价 460 元 / 平方米。住宅半地下储藏室价格 240 元 / 平方米。同时，制定《拆迁房屋重置价格评定标准》《拆迁房屋新旧程度评定标准》和《附属物作价标准》。2002 年 7 月，兖州市政府转发《济宁市城市房屋拆迁补偿安置标准规定》。2008 年 2 月，兖州市政府根据国务院、山东省和济宁市有关规定，印发《兖州市城市房屋拆迁补偿安置办法（试行）》。拆迁住宅实行货币补偿或房屋产权交换。被拆迁房屋按照所处区位的新建普通商品房市场价格评估确定。拆迁当事人协商一致的，依照约定。新建安置房屋的价格根据不同区位评估确定。实行产权调换的，拆迁人应当以所提供的安置房屋与被拆迁人的被拆迁房屋进行产权调换。安置房屋和被拆迁房屋价格均按照该办法评估确定。对被拆迁房屋的补偿价格不低于新建安置住宅房屋评估价格的 90%。双方结清差价后，安置房屋的产权归被拆迁人所有。被拆迁房屋的建筑面积，以房屋确权证书载明的面积为准，建筑面积低于土地使用面积 85%

时，以土地使用权证载明的土地面积的 85% 计算建筑面积。对未办理土地使用权证明的，按照镇村宅基地统一规划标准确定土地面积。拆迁范围内的供水、排水、供气、供热、电力、电信、有线电视等市政配套设施需要迁移的，由各管理单位按照统一规划要求自行迁移；被拆迁户原安装的供气、供热、电信、有线电视等设施，按现行价格给予补偿，安置房屋需要安装供气、供热、电信、有线电视等设施的，由被拆迁户按规定交费。安置面积超出拆迁面积 10 平方米（含）以内的部分，按照新建安置住宅房屋的评估价格结算，再超出部分，按市场价格结算。安置住宅房屋的各楼层价格以五层为基准，各楼层差价按一层加 4%，二层加 7%，三层加 8%，四层加 5%，六层加 4%（赠阁楼）的系数计算。储藏室价格按照五楼基准价的 50% 计算，车库按市场价格计算。拆迁房屋实行货币补偿的，补偿金额按照被拆迁房屋所处区位的新建普通商品房市场价格评估确定。拆迁当事人协商一致的，依照约定。同时规定，拆迁住宅房屋选择货币方式的（包括安置后剩余面积），在原拆迁住宅房屋补偿价格的基础上再加 10% 的奖励费。2009 年 8 月，兖州市政府印发《关于兴隆塔及南顺城苗圃片区房屋拆迁高层安置补偿的意见》。根据规定，对拆迁评估价格、住宅的货币补偿、住宅的产权调换和拆迁奖励办法提出具体意见。被拆迁房屋、多层楼房储藏室的评估价格以原安置多层住宅房屋及储藏室基准价格 1860 元 / 平方米和 840 元 / 平方米为标准，被拆迁房屋、多层楼房储藏室的评估价格不低于基准价格的 90%。拆迁住宅房屋选择货币补偿方式的，在原拆迁住宅房屋评估价格（不含多层楼房的楼层差价）的基础上增加 68% 结算，按拆迁面积每月每平方米 4 元付给被拆迁人 3 个月的临时安置补助费。新建高层住宅的一层安置价格为 1960 元 / 平方米，各楼层价格以一层为基准价，二层至十一层，楼层差价 30 元 / 平方米；十二层至十七层，楼层差价 20 元 / 平方米；十七层以上，楼层差价 10 元 / 平方米；顶层按低两层的价格计算。安置高层住宅房屋的，每户照顾 8 平方米的新建房屋建筑面积。安置房建设过渡期限为 30 个月。被拆迁人自找过渡房，按拆迁面积每月每平方米 4 元付给临时安置补助费。对于在拆迁公告规定的期限内签订补偿协议、搬迁、交出旧房并验收合格的，由拆迁人根据交房时间给予 5000 元至 1 万元的现金奖励、6000 元物业管理费奖励。超过规定期限交房的不再奖励。其他补偿安置政策仍按 2008 年市政府印发的《兖州市城市房屋拆迁补偿安置办法（试行）》执行。

第四章　房地产

第一节　住房制度改革

1993 年 6 月，市政府印发《兖州市城镇住房制度改革实施方案》。根据住宅商品属性，改革现行住房制度，加速机制转换，逐步实现住宅商品化。坚持国家、集体、个人三者共同负担，租、售、建并举原则，分步提租补贴，推行公积金，出售公有住房（以下简称公房），收取住房租赁保证金，发展集资、合作建房，建立住房基金。至 1997 年年初，共进行 3 次公房提租和第一轮公房出售。1997 年 4 月，市政府印发《兖州市关于深化城镇住房制度改革的实施方案》，全面推行住房公积金制度，推进租金改革，出售公房，实施安居工程和经济适用房（以下简称经适房）建设，鼓励集资、合作建房，发展房地产交易市场和社会化的房屋维修市场。1997年7月至2003年12月，进行第四次公房提租和第二轮公房出售。为尽可能地解决部分中、低收入家庭的住房困难，1997年—2001年，经济适用房建设主要采取集资建房形式。为深化住房制度改革，逐步实现住宅商品化，在第二轮公房出售以后，经适房的建设与销售由市政府通过市住房保障领导小组统一组织实施。2001年12月起，允许房改房上市，机关、事业单位不再为职工建造住房，职工和城市居民的住房实现商品化。在实现城市住房商品化后，为解决城区贫困居民的住房困难，2004年，开始实行廉租住房制度。

公房租金 1993年7月前，直管公房的房租费为每平方米使用面积每月0.11元，单位自管公房的房租费为每平方米使用面积每月0.09元。1993年6月，市政府印发《兖州市城镇住房制度改革实施方案》，提出“八五”期间，以改变低租金无偿分配为基本点，住房租金达到简单再生产的三项因素（维修费、管理费、折旧费）的计租水平，实现以租养房目的；“九五”期间，到2000年，住房租金要达到五项因素（前三项因素加投资利息和房产税）的计租水平；长期目标是住房租金达到八项因素（前五项因素加土地使用费、保险费和利润）的商品租金水平。1993年7月至1997年7月，全市公房先后提租4次。1993年7月，全市公房租金提高到每平方米使用面积平均月租金0.31元。同时，单位对住公房的职工（固定工、合同制工人和离、退休人员）按月标准工资或离、退休金的2%发放住房补贴。对新中国成立前参加革命工作的职工及社会救济户，适当减免新增租金。1995年7月，全市直管公房居住房屋租金提高到每平方米使用面积月租金0.7元。1996年5月，全市直管公房居住房屋租金提高到每平方米使用面积月租金1.3元。1997年7月，全市直管公房居住房屋租金提高到每平方米使用面积月租金1.6元。收取租金的标准，根据其住房的等级及完好程度确定。水电到户、房屋基本完好的，收取标准租金。房屋状况较差，但不属危房，可安全使用的，租金可适当降低，但不低于每平方米每月1.3元。1997年5月后竣工的新建住房和腾空的旧住房，在租金水平达到成本租金以前，其租金分别高于同期同等住房的20%和10%。租金提高后，对离、退休人员和社会救济户在住房控制标准内的新增租金（以1994年月租金0.7元/平方米为基础），分别给予不同程度的减免。该次提租后不再发补贴，原2%的住房补贴同时取消。

公房出售 1993年6月至2003年12月，先后分两轮将单位自管的182万平方米公房，出售给2.52万户职工，向职工无偿分配住房的历史终止。1993年6月至1997年4月，进行第一轮公房出售。售房面积控制标准为一般职工购房的建筑面积65平方米，科级干部72平方米，县处级干部91平方米，地厅级干部117平方米（以上均含享受相应待遇的知识分子和企业干部）。标准价格为砖混结构新建楼房每平方米建筑面积220元。旧房按重置价成新，每早竣工一年给予2%折旧计算，但每平方米不得低于50元。共售出2.1万户，总面积144万平方米。1997年7月后，90%以上的第一轮公房出售的购房者，按成本价补交另外40%产权价款及利息，取得所购住房的完全产权。1997年7月至2003年12月，进行第二轮公房出售。该次出售公房的建筑面积计价为1996年—1997年砖混结构一等新住房成本价格为605元/平方米，旧住房按同类同等住房成新折旧。折旧年限一般为50年，使用年限超过30年的，按30年计算。经过大修或设备更新的住房按有关规定评估确定。住房的实际售价根据所处地段、层次、朝向及装修等因素评估确定，但最低不能低于120元/平方米。共售出4200户，总面积38万平方米。至此，公房出售全面结束，职工的住房渠道完全转向市场化。

经适房建设

单位集资建房 第一轮公房出售后，全市仍有住房困难户和无房户1600余户。1997年4月，市政府印发《兖州市关于深化城镇住房制度改革的实施方案》，通过实施安居工程和集资、合作建房，加快经适房建设，解决中低收入困难户住房问题。1997年7月，市建委出台《兖州市经济适用房建设暂行办法》。1997年7月至2001年4月，经适房建设主要采取集资建房的形式。全市共建设经适房10.2万平方米，1500余户中、低收入的住房困难户住房问题得以解决。

政府统一建房　为深化住房制度改革，逐步实现住宅商品化，在第二轮公房出售后，全市不再允许党政机关、事业单位和城市规划区内的企业自建住房。经适房的建设与销售由市政府通过市住房保障领导小组统一组织实施。2008年，启动建设第一批经适房——牛旺社区经适房，占地15亩，建设经适房168套，建筑面积1.05万平方米，总投资1500万元，售价为平均每平方米建筑面积1480元，2009年9月竣工。同年，符合条件的168户住房困难户购买。2011年9月，启动西顺河社区经适房建设，规划建设经适房676套，总建筑面积6.86万平方米，总投资1.08亿元。2012年12月，启动怡和花园经适房建设，规划建设经适房656套，总建筑面积4.1万平方米，总投资8034万元。2013年，投资1.1亿元，新建经适房792套，建筑面积5.65万平方米；投资9000万元，续建经适房680套，建筑面积4.28万平方米。至年底，共建成经适房168套，建筑面积1.05万平方米。

廉租住房　2004年11月，市政府印发《兖州市廉租房工作实施方案》，市住房委员会印发《兖州市城区廉租房工作实施细则》，成立廉租房管理办公室，负责组织实施城区廉租住房工作。2004年—2008年，先后把120套直管公房改为廉租房。2008年1月，启动建设牛旺社区廉租住房，建设廉租住房120套，建筑面积6469平方米，总投资655万元，2009年9月竣工并交付使用。同月，启动建设诸天寺社区廉租住房，共建设130套，建筑面积7914平方米，总投资802万元，2010年9月竣工并交付使用。同年，启动建设盐业站社区廉租住房，共建设90套，建筑面积5243平方米，总投资530万元，2010年9月竣工并交付使用。2011年9月，启动建设旧关社区廉租住房，规划建设396套，建筑面积2.92万平方米，总投资7011万元。2012年12月，启动建设怡和花园廉租住房，规划建设96套，建筑面积8910平方米，总投资1339万元。2013年，投资2000万元，新建公租房200套，建筑面积1.48万平方米；投资7000万元，续建公租房及廉租房500套，建筑面积3.02万平方米。至年底，共建成廉租房340套，建筑面积1.96万平方米。

住房公积金管理　1993年3月，市住房资金管理中心成立，为副科级事业单位，隶属市财政局，具体负责筹集、使用和管理城市、单位和个人的住房基金。1996年，继续执行1993年市政府关于加快城镇住房制度改革的文件精神，将城市住房出售收入专户储存、专款专用，并按15%的比例提取单位住房维修基金。1997年10月，全市建立住房公积金制度，由市住房资金管理中心具体负责住房公积金的汇缴、运营、使用和管理。住房公积金缴交率为单位和职工个人各5%。1998年7月，住房公积金缴交率提高到6%。1998年，建立住房公积金制度的单位240余个，占全部单位总数的80%。2000年，全市建立住房公积金制度的单位254个、2.1万余人，市直行政事业单位公积金缴存金额超过4000万元，归集率95%。1996年—2000年，累计汇缴住房公积金4738万元。2001年7月，单位和职工个人的住房公积金缴交率提高到7%。2005年，缴存比例调整为单位和个人各8%，最高不超过单位和职工个人各15%。2006年，归集住房公积金5529万元，发放住房公积金贷款428户，发放贷款3086万元，办理住房公积金支取业务1515人，支取1664万元。2007年8月，兖州市住房公积金管理中心上划至济宁市住房公积金管理中心，更名为济宁市住房公积金管理中心兖州市分中心。从2007年调整缴存比例至2013年，单位和职工个人的缴存比例，固定为最高12%，最低5%。2013年，归集住房公积金2.78亿元，发放贷款1692户、3.69亿元，办理住房公积金支取业务4350人，支取1.16亿元。至2013年年底，累计归集住房公积金13.24亿元，支取3.98亿元，发放贷款4838户、8.04亿元。有缴存单位473个、职工61364人，其中财政代缴单位176个、职工11137人。

第二节 房地产开发

1996年4月，市城市住宅小区管理办公室成立，负责与有关单位配合，按照建设部《城市住宅小区竣工综合验收管理办法》规定，参与建成住宅小区的综合验收，组织协调房地产开发企业与小区业主委员会的小区移交，按照对住宅小区验收和移交的有关规定，对开发企业进行监督和把关。1997年7月，市房地产开发领导小组成立，下设市城市房地产开发经营管理办公室，与市城市住宅小区管理办公室合署办公，主要负责审核和上报房地产开发企业的资质申请和年审，对开发项目进行审查并颁发开发项目许可证，组织建成住宅小区的综合验收和移交。同年9月，市建委印发《关于实行房地产项目开发经营许可证等三项制度的通知》，实行房地产开发经营三项制度，即凡在城市规划区内从事房地产开发经营活动的开发企业，无论其性质和隶属关系如何，以合法程序取得的房地产开发经营项目，均按照规定与房地产开发管理部门签订房地产开发合同，申领房地产开发项目手册和房地产项目开发经营许可证。按照制度要求，对1997年11月前在建的房地产开发项目补办手续，此后新立项的房地产开发项目按规定办理手续，并建立开发项目档案。1998年10月，市建委贯彻《山东省商品住宅质量保证书和使用说明书试行办法》，确定从1998年11月起，对房地产开发企业销售的商品住宅，一律实行商品住宅质量保证书和商品住宅使用说明书制度，无质量保证书和使用说明书的住宅，不得交付使用。2009年1月，市政府印发《关于促进房地产市场平衡健康发展的暂行意见》，提出对开发企业免收部分行政事业性收费，实行净地出让，加大开发片区前期投入，完善基础设施配套。按规定控制住宅小区楼房建设密度、绿地率及日照时数。加强行业监管，规范房地产市场，禁止占用集体土地开发建设、非法改变土地用途、未经招拍挂协议转让土地等非法经营房地产行为。

1996年起，各开发公司相继投资1.9亿元，开工建设30个住宅小区。至1999年，兴隆、榕花园、长安、御苑、莲花、东苑、奎星楼等13个住宅小区竣工，建筑面积37.23万平方米；住宅小区累计17个，建筑面积64.64万平方米。同年，共批准房地产开发项目12项，批建面积29万平方米，施工面积35万平方米，竣工面积19万平方米，总投资1.2亿元，房屋销售和预销售2600套，合格率96%，优良率30%。2000年6月，根据建设部关于贯彻《房地产开发企业资质管理规定》，印发《全面清理房地产开发企业、规范企业行为的通知》，对20家房地产开发企业进行摸底调查，重点对“三无（无资质、无资金、无开发项目和业绩）”企业进行调查核实。对6家“三无”房地产开发企业取消房地产开发资质。同年，启动西城区建设，加快东城区改造，逐渐规范和完善对住宅小区综合开发的管理。2001年，完成房地产开发投资3354万元，新批建开发项目6个，开发面积8.08万平方米，实现商品房销售3895万元。同年11月，市建委印发《关于规范房地产开发经营市场秩序和加强建筑工程质量管理的意见》，严格房地产企业资质管理，规范开发行为。提出无资质的企业，一律不再承担开发建设项目。同时提出所有新建楼房实行水电“一户一表、计量出户”，移交专业公司管理。所有楼房不再建半地下储藏室，外墙装修不再使用干粘石工艺，楼房全部实行坡屋顶。2002 年，完成房地产开发投资 5300 万元，新批建开发项目 10 个，开发面积 13 万平方米，实现商品房销售额 2100 万元。同年 6 月，市城市住宅小区管理办公室推行商品房买卖合同文本制度，规范房地产开发商和开发经营行为；11 月，根据省建设厅《关于建立健全全省房地产信誉档案系统的通知》要求，督促各房地产开发企业配备信誉档案管理员。2003 年，结合房地产开发企业的资质年检申报表、统计年报材料，对企业的资质、注册资金、技术人员配备、开发建设项目业绩，建立信誉档案，并将房地产开发中的不良行为记录在案。2003 年—2005 年，共完成投资 8.6 亿元，建筑面积 120 万平方米，竣工面积 48.4 万平方米，交易面积 49 万平方米，交易额 5.8 亿元。全市有房地产开发企业 19 家，并建立企业信用档案。加强对商品房的预售管理，推行商品房买卖合同示范文本，建立健全质量保证体系，推广新工艺、新材料、新技术，推行“两书”发放制度。2006 年起，全市房地产业逐渐呈现投资稳定、住宅品质逐步提高、房地产开发市场平衡健康发展的良好态势。同年，共办理房地产开发项目 9 个，新开工面积 29.78 万平方米，完成投资 4.38 亿元，销（预）售商品房面积 21.6 万平方米，实现利税 6000 万元。2007 年，审批开发项目 2 个，新开工面积 4.7 万平方米。完成投资 2.6 亿元，销（预）售商品房面积 13.2 万平方米，实现利税 1400 万元。2008 年，审批开发项目 5 个，新开工面积 44.5 万平方米，完成投资 1.3 亿元，销（预）售面积 3.76 万平方米，实现利税 2100 万元。全市共有注册房地产开发企业 26 家，其中，三级资质 3 家，四级资质 13 家，暂定资质 10 家。2009 年，君临华庭、海情丽都、世纪银座等 14 个总面积 160 万平方米的高标准房地产项目全面展开，完成投资 5.8 亿元，销售商品房 27 万平方米，销售额 1.16 亿元。其中，海情丽都小区被建设部住宅产业中心认定为康居示范工程。2010 年，开始执行《济宁市房地产开发项目竣工综合验收备案管理办法》，对建筑面积 5000 平方米以上的房地产开发项目进行综合验收备案。按规定对君临华庭、海情丽都、丽都花园 3 个住宅小区已竣工的 16.1 万平方米的住宅楼进行综合验收备案。至年底，共实施房地产开发 100 余万平方米，完成投资 15.6 亿元，销售商品房 25 万平方米，销售额 9 亿元。2000 年—2010 年，共完成投资 40 余亿元，开工住宅小区 33 个，竣工 40 个（其中包含 2000 年以前开工的小区），竣工住宅建筑面积 358.46 万平方米。开发建设 2 万平方米以上的住宅小区 70 个，已竣工使用的开发住宅建筑面积 423 万平方米。2011 年，房地产业保持平稳较快发展，新开工面积 120 万平方米，完成投资 50 亿元，销售商品房 30 万平方米，销售额 11.5 亿元。华勤紫金城、恒隆广场等一批城市综合体相继开发建设，对于提升城市形象、促进现代服务业发展发挥了重要作用。2012 年，房地产在建面积 280 万平方米，完成投资 11.5 亿元，华勤紫金城、金太阳、君临华庭等一批高标准住宅小区建成使用。2013 年，房地产在建面积 240 万平方米，完成投资 11.5 亿元。销售商品房 24 万平方米，销售额 9 亿元。

第三节 房地产管理

管理机构 1996 年 11 月，市房地产管理处更名为市房地产管理局（以下简称“市房管局”），为科级自收自支事业单位，隶属市建委。市房管局内设办公室、政工科、财务科、保卫科、房改办、法制科 6 个科室，下设市房屋交易所、市利民房地产开发公司、东御桥房管所、西御桥房管所 4 个单位，在编人员 186 人。2001 年 9 月，市房地产交易市场成立，是全市唯一法定房地产交易场所。2003 年 5 月，市中明评估有限公司、市中正测绘有限公司成立，隶属市房管局。2006 年 2 月，市房管局设立房地产中介机构管理科。2007 年，市房管局建立“数字房管”信息系统，实现数据共享；11月，市中顺中介服务公司成立，增加兴隆、长安2个房管所。2008年6月，市中研建筑安装公司成立。2010年4月，市房地产管理局更名为市房地产服务中心，与新成立的市住房保障中心合署办公，在编职工217人，机关内部新增技术管理科，下属单位新增市房博士代理公司和市中天物业服务有限公司。2013年11月，兖州市房地产服务中心更名为济宁市兖州区房地产服务中心。2013年年底，济宁市兖州区房地产服务中心内设办公室、政工科、财务科、法制宣传科、保卫科、中介机构管理科、村镇房屋管理办公室、房改办、监察队、技术管理科10个科室，在编人员191人，下设区房产交易所、东御桥房管所、西御桥房管所、长安房管所、兴隆房管所、区房屋修建所、区中明房屋评估公司、区中正测绘公司、区利民房地产开发公司、区中顺中介服务公司、区中研建筑安装公司、区房博士代理公司、区中天物业服务有限公司13个单位。

房屋产权和交易管理 1996年—1998年，市房管局发放房屋所有权证1.8万本。2001年12月，市政府印发《兖州市城市房屋租赁管理办法》，对私房出租的准许条件、租赁合同内容、登记备案制度、当事人双方的权利和义务等进行明确规定。至年底，市房管局共办理房屋确权8196宗。2002年起，根据建设部《房屋权属档案管理办法》，组织对以往所有房产档案进行全面整理，建立高标准档案室，配备办公电脑、扫描仪和打印机等设备。2003年，市房管局成立市房地产估价师事务所有限公司，有注册房地产估价师6人、工程师3人、经济师和会计师各1人。2004年，对全市城区居民住房情况进行调查摸底，全市实际拥有住房面积575万平方米，城市人均住房面积26.2平方米。2003年—2005年，共办理产权交易、产权转移、产权抵押等各类登记2.4万余宗，房屋评估1.3万余宗，测绘面积近250万平方米，发放房屋租赁许可证140个，商品房预售许可证33件，依法解决房屋纠纷14起。2006年，共办理各类登记4865宗，面积79.64万平方米；房屋测绘2777宗，面积107.12万平方米；房屋抵押登记1473宗，面积62.4万平方米，抵押金额7.73亿元；贷款金额4.27亿元；房地产评估1200宗，评估值4.5亿元；发放房屋所有权证书4435本。2007年，共办理各类登记3570宗，面积10.96万平方米。2008年7月起，集体土地上的房屋登记工作由房地产交易市场负责。至年底，共办理房屋权属登记9981宗，面积163万平方米，发放证书10827本；办理商品房预售许可证11件，面积5.9万平方米。2008年后，根据住建部《房屋登记办法》，市房管局对所有档案进行数字化处理，实行纸质档案和电子档案双重管理。2009年1月，市政府印发《关于促进房地产市场平衡健康发展的暂行意见》，提出适度放宽购买首套房的贷款条件、降低契税收缴标准；市政府出台《兖州市村镇房屋权属登记试点工作实施方案》，在兴隆庄镇北湖村进行试点，为227户村民发放房屋所有权证书。至年底，共办理房屋权属登记5516宗，面积142.1万平方米，发放房屋所有权证书6473本；办理商品房预售许可证145件，面积43万平方米；逐步规范“数字房管”建设，实现电子案卷网上流转审批，完善房产市场信息系统建设，2010年7月起，所有新建项目的商品房全部纳入网上备案系统管理，共发放商品房预售许可证21件，面积17.55万平方米。至年底，共办理房屋权属登记1.1万宗，面积108.7万平方米，发放房屋所有权证书14948本。1999年—2010年，根据建设部《关于制作颁发全国统一房屋权属证书的通知》，共发放新的房屋权属证书73421本，其中包括换发1999年以前的房屋所有权证（旧证换新证）。累计登记房屋面积1050万平方米。2011年，办理各类房屋登记1.1万宗，面积141.8万平方米；商品房预售登记备案167件7724套，面积96.58万平方米；缮写各类证书证明1.27万份。办理房产抵押贷款评估1100宗，评估值4.8亿元；办理二手房交易评估1000宗，评估值3.5亿元。2012年，新开发项目预售资金监管率100%；开通兖州市住宅与房产信息网，完善住房交易网上合同备案；办理房屋登记9313宗，面积139万平方米。2013年，新开发项目预售资金监管率100%，完善新建商品房和存量交易网上合同备案，完成各类房屋登记1.35万宗；缮写各类证书1.36万份；提供房屋档案资料查询查阅服务6642人次；新增商品房（预）销售合同网上备案4728件，面积52万平方米；完成二手房交易网上备案1036件，面积9.4万平方米；实现代控契税1876万元，代征地税1471万元。

物业管理　1996年4月，市城市住宅小区管理办公室成立，负责全市物业管理企业的行业管理。1998年11月，市政府印发《兖州市城市住宅小区管理办法》。1999年，大一、西城区、建欣、铁西4个物业公司成立。物业管理企业出现后，开始收取物业管理服务费。息马地、长安、塔前、榕花园、御园小区建立物业管理站。2002年，市政府印发《关于城市住宅小区供电供水“一户一表、计量出户”改造的实施意见》，在全市城区实施旧住宅楼房水电计量“一户一表、计量出户”改造工程，有效减少物业管理纠纷。2004年—2013年，共投资200余万元，对全市所有小区绿化、水、电等进行改造；新批准成立物业公司13家，其中6家取得资质证书。全市住宅小区物业管理专业化率35%。2006年6月，市建设局、市财政局转发《济宁市住宅共用部位、共用设施设备专项维修资金管理暂行办法》;7月起，收缴住宅共用部位、共用设施设备专项维修资金，并成立专项维修资金管理办公室，设在市城市住宅小区管理办公室，专职负责专项维修资金的征收与管理。同年，市城市住宅小区管理办公室举办全市物业管理培训班，共培训企业管理人员60余人；组织物业公司管理人员参加国家、省、济宁市的物业管理培训，共培训人员15人。全市2万平方米以上的住宅小区或组团50余个。其中，5万平方米以上的15个，总建筑面积280余万平方米。具备资质的物业管理企业11家，管理面积170万平方米，占开发面积的60%。2007年，市城市住宅小区管理办公室下发《关于搞好住宅小区春季绿化美化的通知》，完成小区绿化投资539万元，增加绿地面积8万平方米。全市2万平方米以上的住宅小区或组团60余个，总建筑面积近300万平方米。2008年，市政府重新修订颁发《兖州市城市住宅小区物业管理办法》，进一步规范开发企业、物业服务企业、小区业主各自的义务和权利。有资质的物业公司15家。其中，由房地产开发公司成立的物业公司5家，村办物业企业2家，单位成立2家，个体办6家。全市由专业物业服务企业管理的小区总面积180万平方米，覆盖率60%。广场、校场小区分别成立业主委员会，实现居民自治与业主自治的有机结合。2009年，市城市住宅小区管理办公室会同社区所在的街道办事处，向市财政为每个社区居委会争取6万元的改造维护资金，并派出专业人员对全市各住宅小区进行指导性督促。全市有三级资质的物业服务企业18家，二级物业服务企业1家，具有物业管理岗位证书的专业人员120余人，物业服务从业人员2000余人。物业服务管理住宅小区面积占城区住宅小区总面积的70%。2010年，有三级资质的物业服务企业21家，二级物业服务企业1家，具有物业管理岗位证书的专业人员140余人，物业服务从业人员2000余人。2011年，有三级资质的物业服务企业23家，二级物业服务企业3家，新成立2家。物业服务管理住宅小区37个，专业服务面积约占城区住宅小区总面积的70%。2012年，广场、校场街、华安、息马地、滨河、赛马特等住宅小区成立业主委员会，业主委员会10家。市城市住宅小区管理办公室出台《关于加强物业管理的通知》《关于对全市物业服务企业督导考评的通知》。全市有三级资质的物业服务企业26家，二级物业服务企业4家；具有物业管理岗位证书的专业人员210人，中、初级职称人员180人,物业服务从业人员3100余人。根据省、济宁市和兖州市出台的物业质量保修金管理办法，自2012年3月起，全市新建物业开始交纳物业质量保修金。2013年,市政府印发《兖州市住宅专项维修资金收缴使用管理办法》，为住宅专项维修资金的收缴使用提供政策性依据。市城市住宅小区管理办公室出台《关于进一步加强物业服务企业资质管理的通知》和《关于开展2013年度物业服务专项检查的通知》，组织对全市物业服务企业进行调查摸底和专项检查，对全市物业服务企业300余名从业资格人员进行物业规范化服务培训，物业服务从业人员3700余人。全市维修资金收取涉及30个住宅小区、12741户，金额7000万元。全市共有108个住宅小区，物业服务面积773万平方米。组织业主成立业主委员会10家，实现业主自治。有资质的物业服务企业31家,其中一级1家、二级4家、三级26家，包括外地驻兖物业企业4家。取得物业管理岗位证书的专业人员320人,中、初级职称人员250人。

第五章　建筑业

第一节　建筑队伍

1995年，按照建设部《建筑企业资质管理规定》中的“控制总量，优化结构，提高竞争力，鼓励集团化”要求，全市建筑企业资质重新就位。有三级资质的企业2家，四级资质的企业4家，未定等级的26家。2000年后，随着城市建设投资规模的持续扩大和房地产业的迅速发展，全市建筑业迅猛发展。为进一步规范建筑市场，2001年，建设部颁布新的《建筑企业资质管理规定》。根据规定要求，市建筑安装工程管理处对全市建筑企业进行合并重组资质就位。2003年—2005年，共批准12家钢结构专业承包、机电安装专业承包等企业资质，促成1家企业资质升级。2005年，全市共有房屋建筑工程总承包企业15家（一级资质1家，二级资质2家），铁路工程总承包企业1家，矿山工程总承包企业1家，专业承包企业23家（二级资质1家）。其中，装饰企业5家，劳务承包企业5家。全年建筑业产值超过8亿元。2006年，成功申报房屋建筑三级资质企业1家，钢结构三级资质企业1家。全市共有房屋建筑工程总承包企业16家（一级资质1家，二级资质1家），铁路工程总承包企业1家，矿山工程总承包企业1家，专业承包企业25家（二级资质1家）。其中，装饰企业5家，劳务承包企业5家。全年完成建筑业产值9.6亿元，实现利税8000万元。2007年，全市共有房屋建筑工程总承包企业17家，矿山工程总承包企业1家，专业承包企业26家（二级资质1家），其中装饰企业5家，劳务承包企业5家。全年完成建筑业产值9.3亿元,实现利税4000万元。2008年，新增中铁十四局三公司、五公司2家大型国有企业一级资质企业。成功申报1家三级企业资质升二级企业资质，兖州建安总公司新增基础打桩和钢结构2个专项，并申报1家机电设备安装公司和1家商品混凝土企业，扩展了专业承包企业申报资质。全市共有房屋建筑工程总承包企业17家（一级资质1家、二级资质2家），铁路工程总承包企业1家，矿山工程总承包企业1家，专业承包企业30家。全年完成建筑业产值30亿元，实缴税金8700万元。2009年，全市6家商品砼企业均取得合法资质，形成规模化生产。7家专业承包企业取得资质。全年完成建筑业产值42

亿元，实缴税金1.4亿元。2010年，新增商品砼企业1家，1家总承包企业由三级资质升为二级资质，2家钢结构企业由二级资质升为一级资质，填补全市无专业一级资质企业的空白。全年完成建筑业产值62亿元，实现利税3.2亿元。2011年，新增专业承包企业2家，劳务企业1家，2家总承包企业和1家专业承包企业由三级资质升为二级资质，全市二级企业增加至8家。完成建筑业产值85.3亿元，实现利税3.5亿元。2012年，全市共有施工总承包、专业承包及劳务分包企业52家，51家企业通过2012年资质年检，其中，总承包企业20家，专业承包企业27家，劳务分包企业4家；1家总承包企业自动歇业。全年共完成产值82亿元，实现利税5.1亿元。2家三级企业升至二级，扶植申报基础专业承包企业1家，金属门窗安装企业1家。2013年，企业资质升级取得新突破，完成新办企业4家，包括商品砼企业2家，劳务企业2家，扶持1家钢构企业由二级升至一级，拓宽了全市建筑业从业范围。至年底，全市共有施工总承包、专业承包及劳务分包企业55家，51家企业通过2013年资质年检，其中总承包企业20家，专业承包企业27家，劳务分包企业4家；1家专业承包企业自动歇业，全年共完成产值98.5亿元，实现利税7亿元。

兖州市建筑安装工程总公司 1996年，有固定职工1047人，其中工程技术人员238人。固定资产3558万元，主要机械设备2238台（套），机械总动力1.69万千瓦，施工产值5078万元。

1997年—2004年，企业加快改革发展步伐，在完善企业内部承包经营的基础上，开始推行一长两员的栋号承包制，调动干部职工的积极性。施工质量不断提高，机械化水平逐年增长，安全生产和技术革新水平大幅提高。1998年，在兴隆庄煤矿浇煤车间施工中，首次使用屋面整体顶升技术，填补公司在此项高难度施工技术方面的空白；在圣地酒店施工中，采用深基坑组合档土壁及复合粉喷桩地基施工新工艺，得到省、济宁市专家的充分肯定。1997年—2004年，共有5项工程获省、济南军区优良工程，1997年承建的1.19万平方米的实验高中教学楼获山东省“泰山杯”优良工程，1998年承建的1.26万平方米的兖州市农村信用社金融大厦获山东省“泰山杯”优良工程，1999年—2004年在原解放军第九十一医院承建的门诊楼、高职楼、精神病房楼均获得济南军区优良工程奖。2003年4月，企业顺利通过ISO 9002国际质量体系认证。

2005年—2008年，为适应市场经济发展，根据企业内部生产经营情况，对企业内部职能科室和下属基层单位进行整合，内设总经理办公室、人力资源部、法制办公室、安全环保部，基层单位有大一房地产开发公司、地基基础施工公司、园林绿化公司、砼预制构件厂、钢结构施工公司、物业公司、机械化施工公司、多种经营公司、设备租赁公司和若干土建工程项目部。调整后企业内部机构职责分明，生产经营管理能力进一步增强。其间，有22项工程分别获得济宁市“运河杯”金牌和银牌。2007年施工的兖州市东御桥小学综合楼、兖州市第十五中学综合楼获得济宁市节能示范工程奖、济宁市优质工程奖。在稳扎兖州建筑市场的基础上，积极开拓外埠建筑市场，先后在济南、滨州、邹平、安徽省广德县承建重点工程。2008年9月，通过质量、环境卫生、职业健康三位一体国际质量体系认证，被中国资信评价中心评为中国建筑系统企业信誉AAA级企业。

2009年—2010年，全市启动基础设施百项工程建设，为适应建设市场变化，公司内部设置人力资源部、市场部、工程部、财务部、安全环保部、总经理办公室、法制办公室。基层单位设置大一房地产开发有限公司，地基基础施工公司、园林绿化公司、钢结构施工公司、机械化施工公司、设备租赁公司、大一物业管理有限公司、正大建筑工程质检有限公司、路桥公司、古建筑公司、玻璃幕墙公司、装饰装潢公司及12个土建工程分公司。为站稳外埠建筑市场，设立济南、新驿、颜店、中研、金村、兴博、大安、正易、济宁、青海、安徽广德、江苏苏州 12 家分公司，企业实力进一步增强，积极参与市场竞争。2009 年，承建 1.4 亿元的九州方圆 A、B 座商务办公楼的装饰工程、产值 1.2 亿元的兖州瑞士豪庭高层住宅及海天物流办公楼、海情丽都小区、鼓楼花园小区、和馨家园、牛旺社区、怡和花园小区、人防、消防指挥中心等大型工程。在新农村建设中，承建金村社区、大安镇安丘府 1 号—4 号楼。2010 年，以开展“企业管理年”为抓手，向管理要效益，拓展经营领域，强化科学管理，实现跨越发展，建筑施工面积 65 万平方米，竣工工程 93 项，完成施工产值近 5 亿元，2009 年—2010 年，加大对专业技术人员的培训力度。招聘专业对口大学生 36 人，晋升高级职称 1 人，中级职称 9 人，晋升二级建造师 10 人，考取特种作业，关键技能岗位专业证书 254 人。机械装备水平进一步提高，购置 QTZ315 型、30 型、40 型塔机 10 台、施工电梯 1 台。施工安全质量管理进一步加强。所有施工工程均采用封闭式施工管理，施工前均编制施工组织设计和专项安全施工方案，施工现场用电全部按照三级配电两级保护的要求设置，脚手架、安全网、密目网随工程进度搭建，施工现场整齐有序，文明施工水平全面提高，安全、文明达标工地合格率 100%。2010 年，在职职工 1418 人，其中，专业技术人员 426 人、一级建造师 20 人、二级建造师 40 人，总资产 2.86 亿元。下辖房地产开发公司、7 个土建公司、9 个专业分公司，集建筑安装、装饰装修、房地产开发、建筑材料生产为一体，成为具有一级房屋建筑总承包资质的大型集体建筑企业，被评为山东省建筑工程安全管理先进单位、济宁市建筑业质量先进单位。2013 年，完成施工产值 6.4 亿元，上缴税金 1000 余万元，均在全市建筑业中排在第一位，创多项省优工程。完成北关安置社区、军民安置社区、兴隆庄镇滨河社区、中央储备粮济宁直属库、城镇中小学校舍建设等市级重点项目建设年度任务。

第二节　建筑设计

1996 年，市建筑设计院完成单体设计 87 项，面积 14.56 万平方米，主要项目有莲花、鼓楼、康达小区。开展的粉体喷射搅拌法地基加固研究通过济宁市科委鉴定，获得兖州市科技进步二等奖。1997 年，增加设备投资，加大科研力度，全年共完成单体设计 126 项，面积 21.3 万平方米。设计的华联商厦、兖州市第十三中学教学楼分别获得济宁市建委优秀设计二、三等奖。1998 年，完成单体设计 134 项，面积 23 万平方米。市百货大楼二期工程和圣地酒店大楼设计分别获得济宁市建委优秀设计二、三等奖。1999 年，完成单体设计 139 项、初步设计 156 项，总面积 28 万平方米。2001 年，完成单体设计 58 项，年收入设计费 120 万元。2002 年，完成单体设计 68 项，年收入设计费 160 万元。2003 年，完成总体建筑设计 88 项，建筑面积 22.6 万平方米。2004 年，完成总体建筑设计 106 项，建筑面积 31 万平方米。2005 年，完成总体建筑设计 96 项，建筑面积 32.4 万平方米，其中 80% 的项目为住宅，形成以房地产开发项目设计为主的格局。2003 年—2005 年，共获得优秀设计三等奖 4 个。2006 年—2008 年，累计完成设计任务 75 万平方米，实现设计产值 590 万元。设计的重点项目有城区环卫公厕、少陵公园改造、红花丽苑小区、红花御苑小区、古城小区、明珠花园、联城生活小区、新生活小区、地质家园、九州方圆小区、维多利亚二期工程、建设东路两侧建筑物景观改造设计、鼓楼花园、刘胡花园、牛旺社区、和馨家园、瑞士豪庭多层和高层住宅、50 个村居办公场所、86 个村庄的新农村规划设计等。2008 年 8 月，市建筑设计院与中国建筑设计科学院设计一所建立技术合作关系，成为中建院在鲁西南的第一家技术协作单位。同年，有高级工程师 4 人，工程师 18 人，国家一级注册建筑师 4 人，二级注册建筑师 3 人。1996 年—2013 年，共获济宁市以上优秀建筑工程设计奖 11 项。

1996年—2013年兖州市工程设计获奖情况表

表4-3

工程设计名称	年 份	获奖名称	等 次
兖州供销大厦（广场商厦）	1996	济宁市优秀工程勘察设计奖	二等奖
兖州市第十三中学教学楼	1996	济宁市优秀工程勘察设计奖	三等奖
兖州市百货大楼二期工程及一期改造工程	1998	济宁市优秀工程勘察设计奖	三等奖
兖州一中教学楼增层扩建	2002	济宁市优秀工程勘察设计奖	二等奖
颜店镇卫生院门诊楼	2002	济宁市优秀工程勘察设计奖	三等奖
兖州市委党校综合楼	2003	济宁市优秀工程勘察设计奖	三等奖
兖州市饮食服务公司综合楼	2005	济宁市优秀工程勘察设计奖	三等奖
兖州市热力公司综合楼	2005	济宁市优秀工程勘察设计奖	三等奖
“齐鲁新民居”（两项）	2006	济宁市农村住宅设计方案优秀作品	三等奖（两项）
“传统形式的现代表情”	2007	济宁市创新90中小套型住宅方案设计竞赛优秀作品	三等奖
兖州市实验高中艺术教学楼	2007	济宁市优秀工程勘察设计奖	三等奖

第三节 建工管理

招投标管理 1984 年，县建筑安装工程招标投标办公室成立，对建设工程开始试行招标投标，招标投标形式有公开招标、邀请招标和议标 3 种。1998 年，《中华人民共和国建筑法》颁布，兖州市境内的建设工程以议标和邀请招标为主，公开招标的项目较少。1999 年，市建设工程交易中心成立，隶属市建委，负责为各类建设工程交易提供服务场所，并建立专家评委库，有形建筑市场正式建立。凡是建筑面积 1500 平方米、工程造价 30 万元以上的工程，必须通过招标投标发包，采用评标记分、高分中标的招标原则。为实施《中华人民共和国建筑法》，2000 年，建设部、国家工商行政管理总局印发《建设工程施工合同示范合同文本（GF-1999-0201）》《建设工程委托监理合同示范文本（GF-2000-0202）》。2001 年，全市共有 42 项工程实施招标投标，总建筑面积 13.05 万平方米，总造价 6200 万元。2002 年起，境内国有投资项目和非国有投资开发建设的所有商品住宅项目及公共建筑项目均纳入公开招标，全面实施工程勘察、施工、监理等各个环节的招标投标。至年底，全市共有 87 项工程实施招标投标，总建筑面积 30.78 万平方米，总造价 3.14 亿元。2003 年，市建设交易中心成立，编制基本建设程序流程图，配备现代化办公设备，开通兖州市建设交易信息网，应招标工程招标率 100%；7 月，全面推行国标《建设工程工程量清单计价办法》；11 月，兖州市第一家招标代理公司——方圆招标代理有限公司成立，并取得山东省招标代理暂定乙级资质。至年底，全市共有 57 项工程实施招标投标，总建筑面积 23.22 万平方米，总造价 2.34 亿元。2004 年，全市共有 142 项工程实施招标投标，总建筑面积 69.82 万平方米，总造价 4.68 亿元。2005 年，全市共有

160项工程实施招标投标，总建筑面积33.09万平方米，总造价3.19亿元。2006年，设计招标投标备案登记表，制定共同监督联系单制度，凡涉及国有投资的工程，一律以工作联系单方式提前将工程预招标具体情况告知监察局、政府采购办等部门，并邀请进行联合监督；对评标专家库进行补充完善，增加施工、监理、市政公用、勘察、设计、设备材料、造价等方面的评标专家。2007年7月，方圆招标代理公司晋级建设部招标代理甲级资质。2008年，评标专家增至45人。市建设局制定建设工程招标投标廉洁自律承诺制度，要求建设单位和招标代理单位在签订委托代理协议时做出廉洁自律承诺，并在协议条款中加以明确。2006年—2008年，全市共有254项工程实施招标投标，总建筑面积74万平方米，总造价10.24亿元。2009年，全面实施建设工程交易“阳光工程”，从项目入场交易、发布招标公告、报名申请竞标、评标专家抽取、开标评标、公示中标结果等各个环节制定一整套完善的服务程序，并邀请监察、审计、评审、公正部门全程参与。全年共有242项工程实施招标投标，应招标工程招标率100%，总建筑面积122.4万平方米，总造价21.49亿元。2010年，全市共有624项工程实施招标投标，总建筑面积969万平方米，总造价105.42亿元。2012年，全市共有134项工程实施招投标，总建筑面积92.89万平方米，总造价24.1亿元。2013年，将所有进场招标项目前期资料备案、招标公告、开标评标信息、中标公示等内容全部在山东省建设工程招标投标管理信息网上进行公示，全年共有90项工程实施招标，应招标工程招标率100%，总建筑面积76.16万平方米，总造价13.13亿元。

质量监督 1996年，市建筑工程质量监督站负责对全市建筑工程的质量进行检测、监督、验收。1997年，检查单体工程284项，总面积105万平方米，竣工面积36.58万平方米，其中优良工程10.29万平方米，优良率28.13%。1998年，检查竣工工程54项，合格率100%，其中优良工程18项，面积6.48万平方米，优良率40.27%。市建安公司承建的兖州农村信用社的金融大厦被评为省优工程，获省级最高质量奖“泰山杯”。1999年，检查竣工工程61项、19万平方米，优良工程23项，优良率37.7%。2000年，全市创优良工程26项，面积11万平方米，优良率40%；省级优良工程2项，济宁市级优良工程17项，济宁市政府金牌工程1项，银牌、铜牌工程各3项，居济宁市各县（市、区）之首。1996年—2002年，累计监督工程270余项，建筑面积近200万平方米。2003年，检查工程52项，建筑面积29.63万平方米。竣工工程29项，面积12.73万平方米，竣工工程备案率92%。取得济宁市质量管理QC成果二等奖1项、三等奖2项。2004年，检查工程112项，建筑面积45万平方米，其中新开工工程84项；年底竣工工程9项，面积3.9万平方米。取得济宁市质量管理QC成果一等奖1项、二等奖2项、三等奖3项。2005年，检查工程186项，建筑面积71.8万平方米，其中新开工工程98项；年底竣工工程56项，面积29万平方米。济宁驾校、四建公司宿舍楼被济宁市评为优良工程，烟草公司办公楼获银牌奖，文化路小学、晶冠玻璃厂宿舍获铜牌奖。2006年，检查工程214项，建筑面积96万平方米。竣工工程86项，面积45.7万平方米。四建公司宿舍楼、古城小区8号楼被评为省级“质量诚信，用户满意”工程，行政办公中心、迎宾电力花园1、2、3号楼、公安局活动中心被评为济宁市优良工程。2007年，检查工程150项，建筑面积77.66万平方米。竣工工程42项，面积18万平方米。行政办公中心获得山东省建筑质量最高奖“泰山杯”，诺亚小区D号楼、迎宾电力花园1号楼获得省级“质量诚信，用户满意”工程。2008年，检查工程96项，建筑面积40万平方米。竣工工程27项，面积17.6万平方米。共获得国家装饰奖1项、省“泰山杯”1项、济宁市优良工程5项、省级“质量诚信，用户满意”工程2项。2009年4月，组织开展施工现场钢筋材料监督抽检；8月，组织开展工程结构质量安全检查，2次共检查工程项目115项，建筑面积85万平方米，下达整改通知书21份，查纠施工中存在的问题；10月，对新型农村社区在建工程进行质量检查，共检查3个镇、10个社区、76项在建工程。全年共检查工程171项，建筑面积100余万平方米，其中10项工程被评为济宁市优良工程。2010年4月，组织开展施工现场钢筋材料和商品混凝土抽检活动，共检查工程项目84项，建筑面积70余万平方米，现场回弹混凝土构件120处，抽样钢筋60件，提出整改意见46条，下达质量隐患整改通知书16份。全年共检查工程110项，建筑面积110万平方米，其中获得省装饰工程“泰山杯”优秀奖工程1项，济宁市质量管理QC成果一等奖2项、二等奖6项、三等奖1项。2011年4月，组织开展在建工程质量检查，共检查工程项目293项，建筑面积246万平方米，现场回弹混凝土构件2000处，抽样钢筋60件，提出整改意见369条，下达质量隐患整改通知书27份。全年共检查工程415项，建筑面积410万平方米。竣工工程34项，面积20万平方米。2012年，组织开展7次拉网式或专项监督检查，共检查单体工程1261项次，建筑面积400余万平方米，现场回弹混凝土构件2000处，抽样钢筋169件，提出整改意见600余条，下达质量隐患整改通知书27份、停工整改通知书2份。全年共检查工程435项，建筑面积425.46万平方米。竣工工程60项，面积59.4万平方米。其中，获得省“泰山杯”工程1项、济宁市“运河杯”工程5项、省级建筑结构优质奖工程7项、省级住宅工程质量通病专项治理示范工程2项。2013年，组织开展8次拉网式或专项监督检查，共检查单体工程654项次，现场抽样钢筋376件，提出整改意见445条，下达质量隐患整改通知书51份、停工整改通知书9份。全年共检查工程457项，建筑面积347.01万平方米。竣工工程152项，面积133.28万平方米。

工程监理　1996年3月，《山东省建设监理管理办法实施细则》颁布，市建委开始筹建监理公司。1997年8月，济宁市东方建设工程监理公司兖州市分公司成立，工作人员11人，隶属兖州市建委，业务挂靠济宁市东方建设工程监理公司。1998年12月，监理公司设综合科、财务科、技术科。1999年，国务院办公厅印发《关于加强基础设施工程质量管理的通知》，提出全面加强建设工程质量管理，将城市基础设施、住宅工程、公共建筑等所有建设项目全部纳入监理范围。根据《中华人民共和国建筑法》《山东省建筑工程质量管理条例》《山东省建筑工程安全生产管理条例》等相关法律法规，在建设工程项目监理中推行9项制度：原材料见证取样送检制度，材料设备进场验收制度，分项、分部工程验收制度，现场跟踪旁站制度，使用监理工作用表及施工资料定期检查制度，质量定期检查制度，定期工地会议制度，砂浆、砼的计量制度和安全生产文明施工制度；5月，设3个监理部；8月，经省建委批准，济宁市东方建设工程监理公司兖州市分公司更名为兖州市华兴建设工程监理中心。2000年后，随着城市基础设施、公共设施、房地产开发建设的迅速发展，外地的监理队伍相继进入兖州市，根据省建委建设工程监理招标评标办法要求，所有的建设工程监理实行招标投标管理。2002年，市华兴建设工程监理中心获得丙级工程监理企业资质；8月，隶属市建设局。2004年，设6个监理部；11月，省建委颁布《山东省工程监理专业人员从业能力认定考核管理办法》，开始对监理人员进行从业能力认定。2005年5月后，按照建设部《建设工程监理规范》要求，监理人员挂牌上岗，工地统一使用建设监理用表，将所监理项目实施控制投资、控制进度、控制质量、控制安全和合同管理、信息管理以及协调各方关系的“四控、二管、一协调”工作流程。

2006年、2007年，连续被评为AAA级信用企业。2007年，共签订监理合同60项，监理费172.37万元，监理单体工程107个，总投资1.76亿元，总面积26.61万平方米，涉及道路长度16.8公里，其中获济宁市优良工程1个、济宁市安全示范工程1个、济宁市安全优良工程4个、山东省安全优良工程1个、山东省节能达标工程1个。2008年，新增注册监理工程师3人。至年底，共签订监理合同59项，监理费181.71万元，监理单体工程93个，总投资1.55亿元，总面积151.92万平方米，涉及道路长度107公里。2009年，新增注册监理工程师1人，考取监理工程师资格3人。至年底，共签订监理合同77项，监理费311.6万元，监理单体工程150个，工程总投资3.1亿元，总面积35.45万平方米，涉及道路长度29.36公里；所监理工程竣工验收质量合格率100%，其中获得济宁市优良工程5项，济宁市安全文明优良工地19项，济宁市安全文明示范工地2项，监理服务满意率100%，监理合同履约率100%。2010年，共签订监理合同72项，监理费391.04万元，监理单体工程206个，总投资2.69亿元，总面积54.66万平方米。2011年，共签订监理合同41项，监理费360万元，监理单体工程106个，总投资2.4亿元，总面积34.52万平方米。2012年，共签订监理合同71项，监理费796.27万元，总面积约60万平方米。2013年，共签订监理合同79项，监理费约800万元，监理工程总面积约60万平方米。华兴建设工程监理中心获得济宁市守合同重信用企业、济宁市先进监理企业等多项荣誉称号，所监理工程获得济宁市“结构杯”1项、优良工程3项。2013年，有注册监理师12人。

安全管理 1996年6月，市建筑施工安全监督站成立，负责全市建筑工程的安全生产监督，隶属市建筑安装工程管理处。1997年4月，省建筑工程管理局印发《山东省建筑施工安全文明卫生工地管理规定》，全市创建省级安全文明卫生工地活动逐渐进入高潮。2000年，市建委印发《兖州市建筑施工安全监督程序》，就安全机构与职责、安全监督员的条件和权限、监督检查的内容和程序、奖励和处罚等内容做出明确规定，并在全市范围内组织实施。同时开展安全文明型、卫生环保型和硬化、美化、绿化、净化、亮化的“两型”“五化”文明建筑工地现场活动，创建安全文明工地呈现良好发展态势。2003年，在建安企业“安全生产许可证”申报办理过程中，率先在济宁市全部通过审批。2004年，国务院颁布《安全生产许可证条例》，根据全省统一部署，市建管处印发《关于全市建安企业申报建筑施工企业安全生产许可证的通知》，开始组织建筑企业申报许可证。建设部发布《建筑施工现场环境与卫生标准》（JGJ146-2004），全市各施工企业按照标准要求，开展创建安全文明工地活动。2006年，根据济宁市《关于开展全市施工企业安全生产评价工作的通知》要求，确定各建筑企业主要特种人员的配备标准；率先在济宁市实施建筑工程安全事故重大安全隐患约谈制度；市建筑施工安全监督站被山东省建筑施工安全监督总站评为全省建筑施工安全监督管理先进单位。2008年12月，在济宁市率先实施兖州市建筑施工周边环境安全评估表、兖州市建筑施工安全生产管理目标责任书、兖州市建筑安装工程专职安全员委派书和建筑施工现场安全检查记录表的4项安全监督、责任评估、工地安全事项填报制度。2013年，从建筑行业主管部门到各建筑施工企业，全市已形成较齐全的建筑施工安全生产监督网络体系。2000年—2013年，全市共有245个施工工地分别被评为山东省安全文明工地、济宁市安全文明工地。

第四节　建筑设备

20世纪90年代，随着建筑业、房地产业和机械制造业的快速发展，建筑业专业分工日趋完善，对施工机械设备的性能使用、技术、安全、环保的要求愈来愈高，原来各施工企业的陈旧设备已不能适应建筑工程的需要，各施工企业采用铲车、推土机、挖掘机开挖基础，机械化运输水平进一步提高，有大型的载重自卸运输车等。1997年，山东省华鲁工程总公司购置BG-15型回转钻机4台。2000年后，境内混凝土搅拌实现专业化，汽车式输送泵车、车载混凝土泵、混凝土搅拌输送车等设备开始使用。2005年，市建安总公司购置QTZ315型塔机5台，山东省华鲁工程总公司购置KL800型长螺旋钻机1台。2006年，山东省鲁南地质工程勘察院购置ZKL-30型步履式长螺旋钻机1台，山东省华鲁工程总公司购置16吨吊车1台。2007年，山东省鲁南地质工程勘察院购置ZYJ680型静压桩机1台、SWDM22型旋挖钻机1台、GZ-2600型水源水井钻机1台。2008年，山东省鲁南地质工程勘察院购置SR150C型旋挖钻机1台；山东君行健建筑安装工程有限公司淘汰非自升式塔机，新购置QTZ315、QTZ40、QTZ63型塔机8台。2009年—2010年，市建安总公司相继购置QTZ315型、30型、40型塔机10台、施工电梯1台。2010年，山东省鲁南地质工程勘察院购置ZJ40-225J型石油地热深井钻机1台；山东富阳建筑工程有限公司购置SC200型升降机12台、塔式起重机5台。2010年年底，全市建筑企业拥有大中小型机械设备2.2万台(套)，总功率约30万千瓦。2011年，山东富阳建筑工程有限公司购置混凝土搅拌运输车2台、输送泵4台、塔式起重机4台、升降机4台。2013年，山东省鲁南地质工程勘察院购置BG25(BT70)型旋挖钻机1台；济宁市泰昌机电设备安装工程有限公司购置电动升降机1台和电缆拖车1台；山东富阳建筑工程有限公司购置SY5419TBH型混凝土泵车1台、XZJ5290JQZ25X型汽车起重机1台，NJ1042MDF3型装载机1台。全市建筑设备逐年更新，数量不断增加，2013年年底，全区共有各类建筑设备2.5万台，总功率约35万千瓦。

第五节　外地市场开拓

1996年，中铁十四局集团第五工程有限公司有各类项目18项，分布在8个省区；山东省鲁南地质工程勘察院在五莲、菏泽、曹县、东平等地承揽桩基施工工程，合同额586.53万元。1999年，中铁十四局集团第五工程有限公司中标大莱龙铁路第六标段、京珠公路西山高架桥、神延铁路桥梁支座等10个项目，全年承揽工程合同额2.04亿元；山东富阳建筑工程有限公司在济宁市承接3项工程，建筑面积1.85万平方米，合同额2769万元。2000年，中铁十四局集团第五工程有限公司中标温州上田大桥、杭州上塘高架第三合同段、内蒙古呼川公路等11个项目，全年承揽工程合同额3.24亿元。2001年，山东经典建设工程有限公司承建菏泽市巨野县钢结构工程，总建筑面积3.3万平方米，合同额530万元。2002年，山东富阳建筑工程有限公司在济宁市承接4项工程，建筑面积2.28万平方米，合同额3547万元。2004年，山东富阳建筑工程有限公司在济宁国家高新技术产业开发区承接工程8项，建筑面积2.76万平方米，合同额4695万元。2005年，山东经典建设工程有限公司承建河南省漯河市钢结构工程，总建筑面积5.3万平方米，合同额1500万元。2003年—2005年，建安总公司、四建公司、恒基公司、装饰公司等分别承揽在济南市、邹平县、滨州市、宁阳县、安徽省广德县的工业车间、别墅区、住宅小区、商业街等工程10余万平方米，合同额8000余万元。其中，2004年，建安总公司在邹平承接滨魏棉纺集团工业大厦，建筑面积2.2万平方米，合同额1500万元，在滨州承接滨州工业园工程，建筑面积5.7万平方米，合同额3760万元；成立济南分公司，承接济南凤凰城项目，建筑面积2.64万平方米，合同额1825万元。2007年，山东省鲁南地质工程勘察院在内蒙古自治区、枣庄市、菏泽市、日照市、新疆维吾尔自治区、江苏省等地承接桩基施工工程27项，合同额2088.42万元。2008年，建安总公司在菏泽市承接菏泽宏宇建材有限公司粉磨站生产线工程，合同额320万元；在安徽广德成立分公司，先后承接10项工程，合同额7000万元；山东富阳建筑工程有限公司在济宁市承接6项工程，建筑面积3.29万平方米，合同额5968万元。2009年，建安总公司成立青海分公司，承接青海互助青稞酒有限公司包装车间，建筑面积8200平方米，合同额950万元。同年，建安总公司、四建公司、建筑装饰公司、建隆钢构公司等企业大力开拓外埠建筑市场，在青海、安徽、青岛、济南等地累计中标10亿元。2010年，建安总公司承接京沪高铁济南西客站联络线工程，合同额200万元。2011年，建安总公司组建安徽、苏州两个分公司，承接常熟矽比科矿业有限公司一期工程，建筑面积6.4万平方米，合同额5427万元；承接莱阳市林丰奶牛养殖场基地项目，建筑面积2.61万平方米，合同额2585万元。同年，中铁十四局集团第五工程有限公司承揽工程合同额5.14亿元；山东经典建设工程有限公司承建山西省长治市钢结构工程，建筑面积3.1万平方米，合同额1300万元。2012年，建安总公司承接济南市二环西路下穿铁路立交桥改造工程——钻孔桩工程，合同额58万元；承接河南省濮阳市钢厂专用线工程、濮阳钢厂铁路专用线工程，合同额310万元；承接滨州市北海新区海水泵房及补给水取水泵房取水高压旋喷桩工程，合同额100万元；承接济南至徐州公路东平至济宁段第八标段房建工程，合同额1667万元；承接湖南永箔科技有限公司8400万平方米/年铝电解电容器负极箔项目，合同额915万元；承接济南市滨河南路下穿济西铁路编组站、机务段整备场铁路立交钻孔桩工程，合同额302万元；承接安徽省绩溪县赏石文化园工程，合同额106万元；承接莘县立信御苑3号、4号住宅楼桩基工程，合同额71万元。同年，兖州市华一建筑安装有限公司在泰安市承接济南至徐州公路东平至济宁段（泰安段）项目工程，合同额732万元；山东富阳建筑工程有限公司在济宁市承接工程5项，建筑面积4.39万平方米，合同额8447万元。2013年，建安总公司承揽4项外埠工程，合同额1亿元；中铁十四局集团第五工程有限公司全年新增任务总量29.29亿元，为公司最好成绩；山东省鲁南地质工程勘察院在威海市承揽工程8项，合同额514万元；山东经典建设工程有限公司在外地市场承建钢结构工程36项，合同额8000万元；山东省华鲁工程总公司在外地承揽项目80项，合同额2.76亿元。至2013年年底，市建安总公司先后在济南、新驿、颜店、中研、金村、兴博、大安、正易、济宁、青海、安徽广德、江苏苏州设立12个分公司，积极参与市场竞争。

第六章　村镇建设

第一节　基础设施建设

1996年2月，兖州市被省建委授予城市“三上（城市规划、建设、管理上水平）”活动齐鲁杯称号。新兖镇、大安镇被评为省级新型乡镇。同年起，全市各乡镇强化基础设施建设，实施小城镇综合开发，“两个文明”一起抓，村镇容貌发生很大变化。1996年—1997年，完善村镇基础设施，实施“四通一有”工程。至1997年年底，行政村基本实现通柏油路（水泥路）、通自来水、通程控电话、户户通电，80%以上的村庄建有澡堂。市政府投资200余万元，实施西水东调工程，谷村镇、漕河乡贫水区群众吃水难问题得以解决。小城镇综合开发取得新突破，新兖镇形成“一站三城”为主的营业网络。1998年，以山东太阳纸业集团公司、银河德普胶带有限公司为主的工业小区完成产值18亿元，实现利税2.2亿元；新驿镇建成工业小区和沿汶邹公路、济阳公路的私营经济园；颜店镇开发商贸楼26万平方米；泗庄镇、前海乡建商住楼210栋、3.2万平方米；小孟乡完成城镇建设投资700余万元。在村村通柏油路的基础上，加强村内道路建设，硬化村内道路45万米，面积280万平方米，乡村公路里程总长810公里。卫生管理工作取得较大发展，多数乡镇成立环卫所或绿化队，1998年年底，新兖、大安、兴隆庄等6个镇，小马青、北湖等27个村被省政府命名为新型乡镇、明星乡村。1999年，全市共调整小城镇规划6个、村庄规划52个；审批农民建房计划3200户，在乡镇政府驻地完成公共建筑和生产建筑11.2万平方米；建成秸秆燃气站16个。2000年，全市进行新一轮小城镇总体规划编制，加强村镇基础设施建设，进行小城镇综合开发，加速农村城市化进程。大安镇总体规划经市政府批准实施，兴隆庄镇完成总体规划编制，其他乡镇也着手编制工作。投资8302万元进行村镇基础设施建设，普遍实施农村电网改造工程，黄屯镇建成鲁西南地区第一个“电话镇”。全市乡镇综合开发面积20.5万平方米。新兖镇形成以龙桥商贸路、富居家具城、永丰建材城为主的商贸区和以山东太阳纸业股份有限公司、银河德普胶带有限公司等强企业为主的工业区；新驿镇建成占地300亩、拥有12家企业的工业小区和沿汶邹公路、济阳公路两侧的个体私营经济园。2001年—2002年，全市各镇均完成镇总体规划调整，根据总体规划，各镇加快推进村镇基础设施和安居工程建设，农民的生活居住环境得到进一步改善。2003年—2005年，8个镇完成小城镇镇域总体规划。加大村镇基础设施建设力度，建成省市镇“绿色通道”400公里、公共绿地100公顷，林木覆盖率41%；完成以村村通电、通水、通柏油路、通公交车、通程控电话、通有线电视、有“文明一条街”为主要内容的“六通一有”工程；推进村镇绿化、亮化和环卫设施建设，构筑绿亮净美的村镇环境体系，农民生活环境得到改善。2008年，全市城区至各镇政府驻地80.2公里的公路全部安装200瓦～250瓦高压钠灯，共安装路灯2784基4234盏。8个镇政府驻地内道路和30%以上的村庄安装路灯。2010年，全市镇村道路总长585.2公里，面积510.44万平方米，绿化面积409公顷，供水管道716.63公里，排水管道430.37公里。2011年，推进城乡环卫一体化，以农村六大工程建设为契机，对全市7个镇400个村的环卫基础设施建设进行规划，配建垃圾收集站400处、垃圾桶3265个、垃圾收集车10辆，人力作业设备575台（套），户集、村收、镇运、市处理的城乡环卫一体化作业模式基本形成。2012年，为大安镇辛北庄、漕河镇河南村、新驿镇店子街3个村争取省村镇规划建设补贴资金8万元。对全市222个村、614公里村内道路进行硬化。大安镇被确定为省级示范镇。至年底，全市村镇道路840.79公里，面积655.89万平方米，路灯2385盏，绿化面积459公顷，供水管道997.99公里，排水管道572.33公里。2013年，为大安镇争取资金1000万元，为6家企业争取贴息贷款，争取中央、省补贴资金69.16万元。至年底，全市有村镇道路911.69公里，面积723.02万平方米，路灯2399盏，绿化面积596.30公顷，供水管道1077.73公里，排水管道657.79公里。

第二节　安居工程建设

1997年—1998年，实施康居工程，全市13个乡镇共建成小康楼2300幢，总面积39万平方米，建成电话村102个，农村百人拥有电话5部，14个村建成秸秆燃气站，256个村接通有线电视。2000年，继续实施康居工程，全市农村建设小康楼3000幢。兴隆庄镇处于采煤塌陷区的王楼村、晾衣井村、滲台墓村近1500户村民实施整体搬迁，共建设小康楼1500幢。2001年，新增小城镇综合开发面积23.6万平方米，建设小康楼2000幢，硬化乡村道路28.8万平方米。同年，启动城镇光通工程建设。2002年，全市新建农村住宅50万平方米，公共建筑5.5万平方米，生产建筑4.5万平方米，新建高标准小康楼

新型农村社区

2050幢，面积38万平方米。2003年—2005年，实施村镇康居工程建设，以推广设施配套、环境舒适、造型新颖的小康楼建设为重点，引导农民建设新型住宅1.5万幢，开发总面积270余万平方米；启动合村并点建设，建设7个中心村，合并村庄20个，节约土地6000余亩，进一步提高农村城镇化水平。2009年，为提高农村住房工程质量安全管理水平，市建设局举办全市农村社区和住房工程建设管理培训班，对100余名从事农村住房建设工作的镇村干部、施工、监理企业现场管理人员进行集中专题培训。至年底，全市建成镇村多层楼房108幢、45万平方米。同年起，结合农村住房建设和危房改造，投资30余亿元实施新型农村社区和农村住房项目。新型农村社区建设全面铺开，2012年，重点推进70个村15个农村社区项目，竣工84幢、2812户。争取中央、省专项资金600余万元补贴农村危房改造，完成630户贫困户筛选。2013年，全市新建新型农村社区9个，楼房115幢、3126套。累计建设新型农村社区19个，建设楼房2.48万套。利用上级补贴资金对50户农村五保、低保和贫困家庭危房进行改造。至年底，农村人均住房43.23平方米。

第五篇

环境保护

YANZHOUSHIZHI

环境保护

第一章　环境监测

第一节　大气监测

空气监测　兖州市拥有丰富的煤炭资源，辖区企业数量较多，工业锅炉、窑炉及民用炉具大量燃用原煤，尤其冬季采暖期表现尤为突出，造成大气污染严重。1996 年，市环保局对城区环境空气质量进行人工监测，监测点分别设在兖州市政府、兖州电石厂、部队医院 3 个位置，监测项目为二氧化硫、二氧化氮、总悬浮颗粒物（TSP）3 项。1999 年 10 月，监测点改在市环保局。2011 年，监测项目总悬浮颗粒物（TSP）改为可吸入颗粒物(PM10)。2013 年，在市西城区教体局、九一医院和济宁学院学前教育学院（兖州师范校区）重新设置 3 个空气自动监测点，监测项目为可吸入颗粒物（PM10）、细颗粒物（PM2.5）、二氧化硫、二氧化氮、一氧化碳、臭氧 6 项。影响兖州市环境空气质量的主要污染物为二氧化硫、二氧化氮、总悬浮颗粒物、可吸入颗粒物，其大气污染物的评价标准执行《环境空气质量标准》（GB3095-1996）中的二级标准（二氧化硫、二氧化氮、总悬浮颗粒物、可吸入颗粒物的年均值分别控制在 0.06 毫克 / 立方米、0.05 毫克 / 立方米、0.20 毫克 / 立方米、0.10 毫克 / 立方米范围内，日均值分别控制在 0.15 毫克 / 立方米、0.10 毫克 / 立方米、0.30 毫克 / 立方米、0.15 毫克 / 立方米范围内）。1996 年—1997 年，二氧化硫日均值超标。1998 年—2013 年，二氧化硫日均值不超标。1996 年—2013 年，二氧化氮日均值均不超标。1996 年—2013 年，总悬浮颗粒物、可吸入颗粒物日均值超标 20% ～ 58%，最高为 1996 年的 58%。

2007 年，环境监测人员现场监测兖州热电厂大气污染物

1996年—2013年兖州市城区大气污染物平均浓度及超标率情况表

表5-1

年　份	二氧化硫		二氧化氮		总悬浮颗粒物（可吸入颗粒物）	
	年日平均浓度（毫克/立方米）	超标率（%）	年日平均浓度（毫克/立方米）	超标率（%）	年日平均浓度（毫克/立方米）	超标率（%）
1996	0.098	25	0.072	0	0.564	58
1997	0.077	20	0.056	0	0.277	37

续表5-1

年　份	二氧化硫		二氧化氮		总悬浮颗粒物（可吸入颗粒物）	
	年日平均浓度（毫克/立方米）	超标率（%）	年日平均浓度（毫克/立方米）	超标率（%）	年日平均浓度（毫克/立方米）	超标率（%）
1998	0.035	0	0.039	0	0.312	40
1999	0.045	0	0.042	0	0.344	33
2000	0.038	0	0.035	0	0.279	35
2001	0.047	0	0.043	0	0.276	40
2002	0.034	0	0.038	0	0.213	45
2003	0.034	0	0.036	0	0.144	31
2004	0.03	0	0.033	0	0.187	30
2005	0.059	0	0.04	0	0.141	29
2006	0.045	0	0.039	0	0.134	31
2007	0.033	0	0.031	0	0.188	21
2008	0.04	0	0.037	0	0.195	25
2009	0.038	0	0.042	0	0.19	20
2010	0.05	0	0.042	0	0.224	24
2011	0.041	0	0.044	0	0.096	25
2012	0.042	0	0.047	0	0.104	26
2013	0.044	0	0.052	0	0.149	25

降水监测　1996年，对城区降雨进行监测，监测点设在市环保局，监测项目主要为pH值和降水量，监测频次为逢雨（雪）必测。1996年—2013年，共采集样品644个，pH值检出范围6.00～7.90，无酸雨（pH值小于5.6的降水）出现。

1996年—2013年兖州市城区降水监测情况表

表5-2

年　份	样品数（个）	pH值		酸雨数（个）
		范　围	均　值	
1996	39	7～7.8	7.29	0
1997	31	6.9～7.9	7.06	0
1998	42	6～7.6	7.1	0
1999	34	6.5～7.1	7	0
2000	35	6.45～7.09	6.85	0
2001	34	6.5～6.85	6.7	0
2002	29	6.5～6.8	6.71	0
2003	57	6.46～6.93	6.77	0

续表5-2

年　份	样品数（个）	pH值		酸雨数（个）
		范　围	均　值	
2004	42	6.6～6.9	6.73	0
2005	48	6.7～6.9	6.81	0
2006	29	6.81～7.11	6.97	0
2007	29	6.56～7.1	7.1	0
2008	30	6.71～7.13	6.96	0
2009	37	6.3～7.13	6.96	0
2010	31	6.21～7.01	6.38	0
2011	49	6.34～6.88	6.64	0
2012	22	6.28～6.96	6.64	0
2013	26	6.83～7.11	6.94	0

第二节　水监测

地表水监测　1996年—2013年，兖州市境内主要监测河流为洸府河、泗河、蓼沟河、杨家河，地表水监测断面分别位于泗河南大桥、洸府河屯头、洸府河侯店、泗河史家营、杨家河下游山东兖矿国际焦化有限公司、杨家河玄帝庙、宁阳沟佘庄桥、蓼沟河杨厂，其中泗河南大桥断面为国控断面，洸府河侯店和宁阳沟佘庄桥断面为省控断面，其他均为市控断面。1996 年—2006 年，地表水监测频次为每年 6 次（分别为枯水期 4 月、5 月，丰水期 7 月、8 月，平水期 10 月、11 月）；2007 年—2013 年，地表水每月监测 1 次。1996 年—2001 年，地表水环境质量执行《地面水环境质量标准》（GB3838-88）Ⅳ类标准；2002 年—2013 年，执行《地表水环境质量标准》（GB3838-2002）Ⅳ类标准。要求 pH 值 6 ～ 9，溶解氧大于等于 3 毫克 / 升，化学需氧量（以下简称“COD”）小于等于 30 毫克 / 升。1996 年—2010 年，兖州市地表水均为劣Ⅴ类。1996 年—2000 年，杨家河、洸府河 COD 浓度超过 1100 毫克 / 升，超标 30 余倍。2000 年起，开始建设污水处理厂和污水管网，不断提高污水处理能力，加大对工业企业污水治理力度，水环境质量逐年改善。2010 年后，地表水环境质量基本达标。2011 年—2013 年，洸府河、泗河、蓼沟河均达到地表水Ⅳ类标准，杨家河 COD 浓度超标 50%。

2010 年，环境监测人员在蓼沟河断面采样检测

1996年—2013年兖州市地表水（河流）监测情况表

表5-3　　单位：毫克/升

断 面	年 份	pH值	溶解氧	化学需氧量	水质级别
杨家河	1996—2000五年均值	7.53	0	1110	劣Ⅴ
	2001—2005五年均值	6.95	0	689	劣Ⅴ
	2006—2010五年均值	7.37	5.16	59.5	劣Ⅴ
	2011—2013三年均值	7.35	6.31	47.4	劣Ⅴ
蓼沟河	1996—2000五年均值	7.53	0.31	491	劣Ⅴ
	2001—2005五年均值	6.96	1.46	232	劣Ⅴ
	2006—2010五年均值	7.35	4.78	55.7	劣Ⅴ
	2011—2013三年均值	7.43	7.06	19.4	Ⅳ
洸府河	1996—2000五年均值	7.58	0.13	1170	劣Ⅴ
	2001—2005五年均值	6.95	0	708	劣Ⅴ
	2006—2010五年均值	7.44	6.72	28.1	劣Ⅴ
	2011—2013三年均值	7.36	6.76	26.9	Ⅳ
泗河	1996—2000五年均值	7.42	0.59	423	劣Ⅴ
	2001—2005五年均值	6.99	2.47	233.8	劣Ⅴ
	2006—2010五年均值	7.37	6.09	35.4	劣Ⅴ
	2011—2013三年均值	7.33	7.11	26.1	Ⅳ

地下水监测　兖州市城区供水主要由东郊水厂、西郊水厂2处地下水水源地供给。1996年—2008年，对2处水源地每年监测2次，监测项目18项。2009年起，监测项目增至23项，均为国家环境保护总局2004年12月发布的《地下水环境监测技术规范》要求的必测项目。地下水评价标准执行《地下水质量标准》(GB/T14848-93)Ⅲ类标准。1996年—2013年，所测项目均不超标。

1996年—2013年兖州市地下水监测情况表

表5-4　　单位：毫克/升

年　份	水源地	pH值	总硬度	硫酸盐	氯化物	氨　氮	硝酸盐氮	氟化物	高锰酸盐指数	铅	锌
1996	东郊水厂	7.12	185.6	—	—	0.01	0.59	0.56	0.28	未检出	未检出
	西郊水厂	7.15	216.2	—	—	0.01	0.61	0.58	0.25	未检出	未检出
1997	东郊水厂	7.4	200.2	—	—	0.01	0.27	0.52	0.36	未检出	未检出
	西郊水厂	7.27	211.8	—	—	0.02	0.22	0.6	0.36	未检出	未检出
1998	东郊水厂	7.11	298.2	—	—	0.01	1.08	0.72	0.68	未检出	未检出
	西郊水厂	7.22	248.3	—	—	0.02	1.51	0.66	0.23	未检出	未检出
1999	东郊水厂	7.41	266.8	—	—	0.01	0.8	0.49	0.48	未检出	未检出
	西郊水厂	7.4	228.2	—	—	0.01	0.94	0.5	0.34	未检出	未检出
2000	东郊水厂	7.35	278.5	—	—	0.01	0.65	0.52	0.46	未检出	未检出
	西郊水厂	7.28	236.8	—	—	0.01	0.62	0.55	0.43	未检出	未检出
2001	东郊水厂	6.78	206.8	—	—	0.01	1.62	0.46	0.53	未检出	未检出
	西郊水厂	6.94	181.2	—	—	0.01	2.08	0.54	0.7	未检出	未检出
2002	东郊水厂	7.06	253.2	24	37.4	0.03	1.68	0.39	0.82	未检出	未检出
	西郊水厂	7.07	245.4	21.7	31.1	0.05	1.89	0.38	0.64	未检出	未检出
2003	东郊水厂	6.95	254.3	21.7	43.1	0.01	1.03	0.46	0.47	未检出	未检出
	西郊水厂	7	262.1	21.8	42	0.02	1.48	0.37	0.5	未检出	未检出
2004	东郊水厂	7.01	262.7	20.7	47.7	0.01	1.57	0.49	0.4	未检出	未检出
	西郊水厂	7.07	238.7	26.9	39.9	0.05	1.51	0.51	0.37	未检出	未检出
2005	东郊水厂	7.05	243.7	27.2	31.6	0.08	1.58	0.5	0.4	未检出	未检出
	西郊水厂	7.04	245.2	21.2	30.7	0.08	1.71	0.48	0.38	未检出	未检出
2006	东郊水厂	7.05	254.6	23.6	26.8	0.01	1.41	0.18	0.48	未检出	未检出
	西郊水厂	7.05	252.4	21.9	26.5	0.01	1.33	0.48	0.45	未检出	未检出
2007	东郊水厂	7.04	251.2	18.6	22.4	0.01	1.72	0.49	0.48	未铅出	未锌出
	西郊水厂	7.05	269.4	22.3	24.9	0.01	1.87	0.47	0.46	未检出	未检出
2008	东郊水厂	7.2	249.8	24.4	27.7	0.02	1.95	0.56	0.47	未检出	未检出
	西郊水厂	7.17	224.1	22.6	16.4	0.01	2.31	0.56	0.51	未检出	未检出
2009	东郊水厂	7.22	257.3	20.1	30.2	0.06	2.04	0.56	0.44	未检出	未检出
	西郊水厂	7.08	239.2	13.4	19.4	0.03	2.65	0.56	0.46	未检出	未检出

续表5-4

年 份	水源地	pH值	总硬度	硫酸盐	氯化物	氨 氮	硝酸盐氮	氟化物	高锰酸盐指数	铅	锌
2010	东郊水厂	7.11	257.6	18.3	28.8	0.04	1.79	0.56	0.41	未检出	未检出
	西郊水厂	7.14	241.2	17.2	22.6	0.03	1.81	0.57	0.45	未检出	未检出
2011	东郊水厂	7.02	223.1	19.9	21.1	0.02	3.16	0.61	0.38	未检出	未检出
	西郊水厂	6.89	225.4	19.8	28.7	0.02	1.83	0.61	0.47	未检出	未检出
2012	东郊水厂	7.01	199.5	14.6	13.5	0.02	4.71	0.62	0.33	未检出	未检出
	西郊水厂	7.02	222.9	15.2	14.07	0.02	1.89	0.59	0.38	未检出	未检出
2013	东郊水厂	7.02	198.4	15.5	14.05	0.02	4.71	0.61	0.38	未检出	未检出
	西郊水厂	6.92	243.5	15.1	18.8	0.02	1.75	0.63	0.34	未检出	未检出

第三节 噪声监测

兖州市噪声主要分为交通噪声、功能区噪声和城市区域环境噪声三类。交通噪声主要源于火车、汽车，约占城市噪声声源的70%。1999年，建成环境噪声达标区，总面积8平方公里。城市区域环境噪声设置点位200个，其中一类功能区81个，二类功能区119个。功能区噪声按照250米×250米监测网格设置肉联厂西门、少陵公园、兖州六中西、实验小学胡同、液压机械厂、大众剧院和磷肥厂北7个监测点，其中，前4个监测点为一类功能区，后3个监测点为二类功能区。道路交通噪声设置9条路段30个监测点，道路总长度22.4公里。1996年—2007年，执行《城市区域环境噪声标准》（GB3096-93）；2008年—2013年，执行《声环境质量标准》（GB3096-2008）。其中，一类功能区标准为昼间（Ld）55分贝、夜间（Ln）45分贝，二类功能区标准为昼间（Ld）60分贝、夜间（Ln）50分贝；道路交通噪声标准为昼间（Ld）70分贝，夜间（Ln）55分贝。1996年—2013年，城市区域环境噪声不超标。1996年—2006年，城区功能区噪声超标，其中一类区白天有4年超标，但超标不明显；夜间有9年超标，最高在2001年，超标率14%；二类区白天有2年小幅度超标，夜间有6年超标，最高在2001年，超标率13%。1996年—2000年，城区道路交通噪声出现超标路段，1997年，超标路段最长，占总长度的71%；2001年—2013年，未出现超标路段。

1996年—2013年兖州市城市区域环境噪声监测情况表

表5-5

年 份	平均等效声级	年 份	平均等效声级	年 份	平均等效声级
1996	54.6	2002	53.9	2008	55.4
1997	54.4	2003	53.4	2009	55.1
1998	51.7	2004	52.8	2010	53.4
1999	55.2	2005	53.3	2011	55.2
2000	53.8	2006	51.8	2012	53.5
2001	54.1	2007	51.2	2013	54.5

1996年—2013年兖州市城区功能区噪声监测情况表

表5-6 单位：分贝

年份 \ 数据 \ 项目	一类区		二类区	
	昼 间	夜 间	昼 间	夜 间
1996	53	47.8	57	50.5
1997	55.8	50.2	62.3	51.8
1998	51.2	48.5	56.2	49.8
1999	57.8	49.5	57.9	49.8
2000	53.6	50.6	58.3	51.8
2001	56.7	51.2	56.9	56.5
2002	52.8	43.5	52.4	47.7
2003	57.4	49.5	64.1	56.1
2004	51.6	45.8	52.3	47.3
2005	53.5	42.6	54.2	45.9
2006	50.3	49.1	54.5	51.1
2007	47.8	43.1	50.3	47.6
2008	52.7	38.6	52.6	44.4
2009	53.3	42.8	51.8	42.8
2010	52.9	39.3	54.5	40.1
2011	54.2	44.6	50.6	40.7
2012	52.1	41.2	54.3	40.7
2013	51.3	41.1	53.2	41.9

1996年—2013年兖州市城区道路交通噪声监测情况表

表5-7

年份 \ 数据 \ 项目	测 点（个）	路 长（公里）	车流量（辆/小时）	平均等效声级值（分贝）	超过70分贝(A)路段百分比（%）
1996	14	12.8	6150	67.1	20
1997	14	12.8	6300	70.5	71
1998	14	12.8	6690	69.2	35
1999	14	12.8	4500	65.5	20
2000	30	22.4	16900	68.3	25
2001	30	22.4	19410	67	0
2002	30	22.4	22134	62.3	0
2003	30	22.4	26948	63.2	0
2004	27	19.6	28930	62.3	0
2005	26	19.9	25710	64.5	0

续表5-7

项目 数据 年份	测 点（个）	路 长（公里）	车流量（辆/小时）	平均等效声级值（分贝）	超过70分贝(A)路段百分比（%）
2006	30	22.4	31940	64.8	0
2007	30	22.4	31590	64.8	0
2008	30	22.4	31690	63.8	0
2009	30	22.4	32590	57.8	0
2010	30	22.4	34580	63.5	0
2011	30	22.4	34813	65.4	0
2012	30	22.4	39910	64.3	0
2013	30	22.4	40650	62.2	0

第二章　污染防治

第一节　大气污染防治

1996 年，市环保局开始实施以烟尘污染治理为重点的“蓝天”工程，对一批锅炉实行限期治理；划定 11.5 平方公里的烟尘控制区，烟尘控制区覆盖面 82%。在城区实施大规模的排烟设施治理改造工程，推广使用固硫型煤和助燃剂，建成较大规模的废气治理设施 68 套，每年处理废气 1.2 亿标立方米，城区 45 家工业企业实现达标排放。1997 年，对 327 国道两侧 9 个单位的 4 台窑炉、2 台锅炉和 3 台沥青炉进行限期治理，关停山东太阳纸业集团有限公司蒸球 1 台。2000 年，市政府组织召开城区大气污染防治工作会议，发布《关于防治城区大气污染的通告》，确定控制煤烟型污染、扬尘污染等 5 个整治重点；市环保局对全市 150 余个企事业单位进行限期治理，城区 1 吨以上的锅炉全部配备消烟除尘脱硫装置，200 余眼餐饮灶和 90% 以上的饮食摊点改用管道煤气或液化气，取缔淘汰型锅炉、茶水炉 86 台，城区大气环境质量明显改善。2001 年—2002 年，对城区供热管网范围内企事业单位的 128 台燃煤茶水炉进行整治，改用管道煤气或更换为电热水炉；对医院、商场、学校及宾馆的 13 台锅炉进行二次改造，全部改为燃气管道。2003 年—2008 年，改造城区主供热管网，关停供热管网覆盖区域内的锅炉，年减少燃煤 4 万吨，大大减少二氧化硫、氮氧化物的排放。实施管道煤气和天然气工程，城区煤气管网覆盖率 90% 以上；关停煤气管网覆盖范围内的燃煤茶水炉。

2008 年—2010 年，实施“蓝天”工程，对二氧化硫排放超标企业实行限期治理，监督安装在线监测设施，逐步淘汰旋风除尘器；全市 51 台洗浴锅炉均改为新型环保锅炉；关停兖州市热电厂、山东太阳纸业股份有限公司 75 吨 / 小时锅炉 5 台和嵫山水泥厂 10 万吨机立窑，建成兖矿集团华聚能源公司兴隆矿电厂、古城煤矿、兖州圣地热电有限责任公司、山东太阳纸业股份有限公司二期等炉外氨法脱硫工程。2010 年，完成二氧化硫减排量 495 吨，占计划减排量的 120.73%。2011 年—2013 年，将城市扬尘、工业烟尘、化工异味、汽车尾气等作为治理重点，开

山东太阳纸业股份有限公司锅炉烟气治理设施

展扬尘污染整治，组织嵫山水泥厂安装布袋除尘设施，要求新驿煤矿和青钢集团兖州焦化厂建设密闭式储煤场及出厂洗车台；强化工业烟尘和异味治理工作，将27家焦化、电厂、化工、玻璃等制造企业纳入全市大气污染重点治理范围，督促山东太阳纸业股份有限公司和青钢集团兖州焦化厂实施全方位治理，减少“跑、冒、滴、漏”现象；要求燃煤电厂实施脱硫脱硝除尘改造，执行《火电厂大气污染物排放标准》(GB13223-2011）中的大气排放限制（二氧化硫200毫克/立方米，氮氧化物100毫克/立方米，烟尘30毫克/立方米）。严格执行机动车尾气监测程序，按要求发放环保标志，机动车尾气检测合格率90%。2013年，启动“生态兖州”建设三年行动计划，实施“蓝天”工程。至年底，实现二氧化硫、氮氧化物、工业烟（粉）尘排放量比2010年分别减少8.8%、0.48%、12%。

第二节 水污染防治

1996年—1998年，市环保局贯彻落实国务院《淮河流域污染防治暂行条例》，全面开展水污染防治工作，针对全市被国务院、省政府、济宁市政府列入限期治理任务的15家日排放废水100吨以上的企业，加大环保治理力度，投资4000万元实施污染治理，实现COD减排2.1万吨。1997年年底，市污水处理厂开工建设，1999年年底竣工，2000年正式投入使用，日处理能力4万吨，总投资1.13亿元。1999年，落实国务院“一控双达标（一控指污染物总量控制，要求到2000年年底，各省、自治区、直辖市要使本辖区主要污染物的排放量控制在国家规定的排放总量指标内；双达标指工业污染源要达到国家或地方规定的污染物排放标准，空气和地面水按功能区达到国家规定的环境质量标准）”工作任务，进一步强化水污染治理工作，山东太阳纸业集团有限公司投资2600万元在南厂扩建2.6万吨的污水处理工程，投资1.1亿元在北厂建设100吨碱回收及中水处理工程，全市COD排放量从1998年的2.07万吨降至1999年的5282.08吨，减少74.44%。2003年，围绕南水北调东线工程，市政府开展人工湿地建设试点，在泗河铁路桥至新兖镇杨庄段利用河道两侧河滩地，建设全长4.5公里、面积230余公顷的湿地。2005年，投资1600万元，对西、北护城河实施雨水、污水分流工程。2007年，投资7500万元，建设大禹污水处理厂，日处理能力2万吨，增加集污主管道，扩大集污范围。至2008年，城区的生活污水全部被收集到管网进入污水处理厂，城区工业废水收集率80%以上。2010年，为迎接国家淮河流域水污染防治考核，构建“治、用、保、防、控”水污染防治体系，实施大禹污水处理厂新建和城市污水处理厂扩建工程，全市污水处理能力增至8万吨/日，城区污水集中处理率95%以上。为

2008年，兖州市污水处理厂6万吨/日污水处理设施建成运行

2012 年，山东太阳纸业股份有限公司徐营污水深度处理系统建成运行

使全省南水北调水质达标，进一步减少污染物排放，兖州市水污染防治指挥部成立，制定《兖州市 2010 年水污染防治迎查工作方案》，实施一系列环保重点工程并定期调度进展情况，打造淮河迎查精品路线、亮点工程；山东太阳纸业股份有限公司投资 1 亿元对污水处理设施进行改造和扩建，建成 30 万平方米氧化塘，用于废水深度处理，出水水质 COD 浓度在 60 毫克 / 升以内，达到南水北调水质要求；兴隆庄煤矿投资 2000 余万元对矿井水、医疗废水、生活污水进行治理。推广企业污水处理循环利用，山东太阳纸业股份有限公司工业用水重复使用率 80%，兴隆庄煤矿 90% 中水回用于矿区生产、生活，市污水处理厂每日向山东兖矿国际焦化有限公司提供中水 1 万吨。建设泗河、杨家河、玄帝庙 3 处生态湿地，出境水质基本达到地表水Ⅳ类标准。重点企业全部安装水质 COD、重金属在线监测设备，在关键部位建设事故应急池、围堰，在重点河段建设应急闸坝，最大限度防止各类环境事故发生。“十一五”期间，全市实现 COD 减排 6480.67 吨，主要河流断面 COD、氨氮分别较前五年下降 60.8%、71.1%，被济宁市委、市政府评为 2010 年年度全国重点流域水污染防治考核突出贡献单位和“十一五”污染物减排工作突出贡献单位。2011 年—2013 年，实施北护城河、南护城河、府河等城区河道的清淤整治，消除黑臭水体的影响。改造府河、日菏铁路及 327 国道沿线排污管网，解决城市建成区污水直排问题。实施城市污水处理厂三期和大禹污水处理厂二期扩建，城市污水日处理能力提高到 12 万吨，城区污水集中处理率 96%，重点企业中水重复利用率 85% 以上，饮用水源水质达标率 100%。2013 年，开展“碧水”行动，实现 COD 排放量比 2010 年减少 7.48%，氨氮比 2010 年减少 8.68%。

第三节　噪声污染防治

1996 年，市环保局投资 60 万元，在城区主要路口安装噪声自动监测显示仪 4 台，建成噪声控制区 3500 平方米，逐步对城区噪声进行控制和治理。1999 年，联合市公安局、市文化局印发《关于加强城区文化娱乐场所环境噪声管理的通告》，对城区室外卡拉 OK 点等噪声污染源进行彻底整顿，从室外卡拉 OK 音量、播放时间、地点、内容等方面入手，治理娱乐噪声，共清理室外卡拉 OK 点 8 处，关停不符合条件的卡拉 OK 点 5 处，对 50 余处店外音响放映点进行劝退。2003 年，联合市公安局、市文化局印发《关于严格控制城区环境噪声污染的通告》，针对城区商业高音喇叭噪声污染问题开展联合执法，依法取缔。1996 年—2013 年每年中、高考期间，协调市公安局、市文化局、市教体局（教委）组成联合执法队伍，开展城区静音活动，禁止一切室外广播等噪声扰民的露天娱乐、集会活动以及产生噪声超标或扰民的建筑施工作业，同时禁止使用高音喇叭和非公务情况下使用警笛，严禁机动车辆夜间在城区使用喇叭，确保中、高考学生良好的生活和考试环境。

第四节　固体废物污染防治

全市工业固体废物主要是粉煤灰和煤矸石，工业危险废物产生企业涉及9个行业、12类危险废物，每年危险废物产生量均在增加。1996年，工业固体废物产生76.35万吨，综合利用51.24万吨，综合利用率67.11%。随着城市建设的发展，城区产生的建筑垃圾逐年增多，均被运送到周边坑塘填坑造地。2003年，全市执行《中华人民共和国固体废物污染环境防治法》，按照固体废物无害化、减量化、资源化的原则，发展循环经济，全市工业固体废物大多实现综合利用，其中主要的粉煤灰和煤矸石，被用于铺路、塌陷区填埋、造砖等。危险废物主要是山东太阳纸业股份有限公司的黑液，约占危险废物的99%，且产生量逐年增加，2007年产生量1400吨，2009年产生量7700吨，2010年产生量115.6万吨，2013年产生量235万吨。山东太阳纸业股份有限公司产生的黑液均由该公司碱回收炉自行处理利用；山东兖矿国际焦化有限公司、青钢集团兖州焦化厂焦油渣等废渣由所在企业焦炉焚烧处置；机械加工、化工、医疗等其他企事业单位产生的危险废物均被外运至有资质的危险废物处置单位进行处置。

固体废弃物综合利用

1996年—2013年兖州市固体废物产生和综合利用情况表

表5-8

年　份	固体废物产生量（万吨）	固体废物综合利用量（万吨）	固体废物综合利用率（%）	固体废物贮存量（万吨）	固体废物处置量（万吨）
1996	76.35	51.24	67.11	3.45	21.66
1997	123.15	114.62	93.07	7.71	0.62
1998	101.73	90.63	89.08	2.88	8.22
1999	133.55	112.54	84.26	5.45	15.56
2000	128.69	117.66	91.42	3.71	7.32
2001	160.82	151.25	94.05	9.21	0.35
2002	147.27	145.37	98.71	8.93	4.01
2003	68.25	59.77	87.57	8.48	0
2004	91.4	67.63	73.99	1.2	22.57
2005	105.32	77.03	73.14	0	28.29
2006	130.86	97.31	74.36	0	33.55
2007	187.31	187.31	100	0	0
2008	119.68	119.68	100	0	0
2009	149.16	147.34	98.77	0	0.88

续表5-8

年　份	固体废物产生量（万吨）	固体废物综合利用量（万吨）	固体废物综合利用率（%）	固体废物贮存量（万吨）	固体废物处置量（万吨）
2010	278.32	278.32	100	0	0
2011	301.57	278.14	92.23	0	23.43
2012	381.19	337.87	88.64	23	20.32
2013	374.92	351.64	93.79	0	23.28

第三章　环保管理

第一节　管理机构

1996年，市环境保护局（以下简称“市环保局”）负责全市环境保护工作的统一监督管理，为科级行政单位，隶属市政府，内设收费科、管理科、办公室3个科室，下设市环境监理站、市环境保护监测站2个股级全额预算管理事业单位，在职人员35人。各乡镇的经贸办、企业办或相关科室履行环保职能，有工作人员1人～3人，受市环保局业务指导。2002年8月，市环保局内设办公室、法制宣传科、环境管理科3个科室，机关行政编制11人。2006年5月，市环境监理站更名为市环境监察大队，为副科级单位，编制15人，单位性质及隶属关系未变。2008年11月，市环境监察大队编制增加至25人，设环境监察中队、信访科、管理科3个科室。2010年9月，市环保局内设办公室、政策法规科、科技与辐射安全管理科、污染防治与应急管理科、环境影响评价科（挂行政许可科牌子）、自然生态保护科6个科室，机关行政编制10人。同年12月，市污染物排放总量控制办公室成立，为科级全额预算管理事业单位，编制5人，隶属市环保局。2013年11月，兖州市环境保护局更名为济宁市兖州区环境保护局。同年年底，济宁市兖州区环境保护局内设办公室、财务科、污染控制科、科技标准科、开发科、法制宣传科、信息中心7个科室，下设区污染物排放总量控制办公室、区环境监察大队、区环境保护监测站3个全额预算管理事业单位，在职人员51人。各镇（街道）经贸办、企业办或相关科室履行环保职能，有工作人员2人～3人，受区环保局业务指导。

第二节　建设项目环境保护

2003年9月，《中华人民共和国环境影响评价法》（以下简称《环境影响评价法》）开始实施。2004年，按照《环境影响评价法》有关规定，全市对新建、扩建、改建项目实行环境影响评价制度和“三同时（项目主体工程与环境保护工程同时设计、同时施工、同时投产）”制度，严把产业政策关、规划布局关和竣工验收关。2004年—2013年，共审批建设项目1966个，总投资1109.7亿元，其中环保投资54.1亿元，“三同时”执行率100%。

2004年—2013年兖州市建设项目环评和“三同时”制度执行情况表

表5-9

年份＼数额＼项目	项目审批数（个）			总投资（万元）	环保投资（万元）	“三同时”执行率（%）
	登记表	报告表	报告书			
2004	53	29	0	308497	62804	100
2005	64	27	0	956172	65902	100
2006	104	105	9	1621386	58782	100
2007	67	108	9	174789	5773	100
2008	56	104	11	1060529	87594	100
2009	54	112	17	1249327	82619	100
2010	57	149	37	1955557	70970	100
2011	58	171	12	1446292	37964	100
2012	84	134	6	924695	36010	100
2013	178	133	18	1399735	32847	100
总计	775	1072	119	11096978	541265	—

第三节　环境监察

执法监管　1996年，市整治环境违法行为联合执法组成立，开展“土小”企业（污染重、规模小、使用土方法生产的企业）专项整治行动，关停小造纸、小电镀、小化工企业13家。1998年，为巩固淮河流域工业废水治理成果，对达标排放的企业污染治理情况进行定期检查，保证治理设施正常运转。1999年，开展“零点”行动，对山东太阳纸业集团有限公司兴隆庄造纸厂进行限产限排，封停25蒸吨蒸球2台和纸机1台，削减排污量50%；为影响淮河流域水质的8家重点企业安装自动监控系统，实行24小时监控。2000年，全市开展“环境保护行政执法年”活动，对68家被省环保局列入限期治理名单的工业污染源进行治理，15家废水限期治理的企业全部通过上级环保部门验收，废水排放达标率100%；53家废气限期治理的企业中，除9家因生产经营不善、企业改制、搬迁等原因停产外，其余44家均通过验收，废气排放达标率100%。2001年11月，市环保局开展“无黑烟突击月”活动，关停城区和327国道两侧1000米以内各类冒黑烟的炉具、1蒸吨以下的工业锅炉76台，对3家燃煤小作坊罚款8000元。2004年，开展城区烟尘、噪声污染整治执法行动，对76台锅炉限期整改，对3家企业行政处罚2.6万元。2005年，开展为期8个月的“整治违法排污，保障群众健康”环保专项行动，重点检查城市污水处理厂建设、管理

2010年，市环保局执法人员在山东诺力新能源科技有限公司现场探测是否存在暗管排污行为

及运行情况，主要河流断面水质超标情况，重点工业企业污染源治理设施建设、运行及外排废水达标情况等，督促5家企业改造或新上治污设施，依法查处各类环境案件15起。2006年—2008年，市环保局先后制定《兖州市重点企业监管实施方案》《兖州市城市污水处理厂水质监管实施方案》《兖州市主要河流水质监测实施方案》，严厉打击偷排、漏排等各种环境违法行为，为18家重点企业安装自动监控系统21套，对企业排污情况进行24小时监控。连续开展“打击违法排污企业保障群众健康”环保专项行动，先后对96家企业下达环境违法行为（限期）改正通知书，关停“土小”企业79家，对19起违法行为行政处罚34万元。2008年，开展“蓝天”行动，整治燃煤型污染，全市51台洗浴锅炉全部改为新型环保锅炉，完成33台采暖及生产锅炉限期治理任务。2009年，开展环境安全隐患排查与整治工作，对全市30余家重点化工企业进行拉网式排查，出动执法人员60人次，制作检查笔录30余份，督促整改落实。2010年，开展“集中整治违法排污百日会战”行动，完成山东兖矿国际焦化有限公司克劳斯炉改造，建成兖州市绿源食品有限公司2000吨/日污水处理设施和马海、张刘种鸭场沼气处理设施。加大环保执法力度，关闭“土小”企业21家，对山东兖矿国际焦化有限公司、兖州市绿源食品有限公司等4家企业环境违法行为实行挂牌督办，对26家企业下达环境违法行为改正通知书，对15家企业下达环境违法行为限期拆除通知书，对5家企业下达行政处罚决定书，罚款27万元。2011年，组织开展“整治违法排污企业保障群众健康”环保专项行动，关闭“土小”企业32家，挂牌督办企业5家，限期整改32家，行政处罚2家，罚款5万元。2012年，开展涉水企业拉网式排查及“环境安全百日大检查”活动，限期整改企业22家，立即整改19家，限期拆除1家，关闭拆除“土小”企业项目12个，罚款3万元。2013年，兖州市第一支环保义务监督员队伍成立，从社会各界选聘50名代表参与，加大环境保护法律法规宣传力度，积极参与“打击违法排污企业保障群众健康”环保专项行动、“土小”企业集中取缔行动、化学品企业专项检查及危险废物企业专项检查等活动；对32家企业下达环境违法行为（限期）改正通知书，强制拆除“土小”企业16家，关停企业2家。1996年—2013年，全市累计查处各类环境违法行为2000余起，下达环境法律文书1800余份，关停各类不符合产业政策的企业100余家，行政处罚100余起，罚款700余万元。

2011年，在环保专项行动中，联合执法人员取缔颜店镇前海村小炼油厂

环境信访处理　1999年，市环保局设立信访室，负责环境信访工作。2004年，接群众投诉举报，组织执法人员对新驿镇王堂村、范家窑村、漕河镇罗家庄村的3家土法炼焦企业进行强制拆除。2005年，群众投诉兖州市绿源食品有限公司违法排污，环境执法人员现场调查处理，要求企业立即整改，并罚款3000元；制定《市环境保护局来信来访工作制度》和《市环境保护局领导接待日制度》，进一步明确信访工作程序，建立“一把手”负总责、分管负责人具体抓的信访工作责任制，做到事事有落实，件件有回音。2009年，开通24小时环保投诉热线“12369”，接受群众环境信访投诉举报。2010年—2013年，由于人民群众对环境质量要求不断提高，再加上全市工业布局不合理，煤电围城，企业数量众多，各种

污染物排放叠加导致排放总量较大等原因，环境信访案件数量呈逐年上升趋势，主要涉及大气污染、水污染、噪声污染等方面。1996 年—2013 年，共接受处理来信来访 1500 余件，办结率 100%，满意率 100%；共办理市人大议案、政协提案 32 件，答复 32 件，满意率 100%。

排污费征收 1996 年，全市征收排污费，主要包含废水、废气排污费，废水排污费征收标准为 0.05 元 / 吨，废气按烟气林格曼黑度征收排污费（林格曼黑度 1 级 2 元，超过 1 级视为超标，2 级 3 元，3 级 4 元，4 级 5 元，5 级 6 元，并酌情加收 1 倍～3 倍）。1999 年，开始征收二氧化硫排污费，征收标准为 0.2 元 / 千克。2003 年 2 月，开始按照污染物排放当量征收排污费，废水排污费征收标准调整为 0.7 元 / 污染当量，废气排污费征收标准为 0.6 元 / 污染当量，其中二氧化硫排污费征收标准为每污染当量第一年 0.2 元，第二年 0.4 元，第三年 0.6 元。2004 年 7 月，开始征收氮氧化物排污费，征收标准为 0.6 元 / 污染当量。2008 年 7 月，废气排污费征收标准调整为 1.2 元 / 污染当量，废水排污费征收标准调整为 0.9 元 / 污染当量。同年起，排污费征收数额逐年提高，2013 年，征收排污费 2026.1 万元。1996 年—2013 年，累计对全市 80 余家企业征收各类排污费 1.22 亿元。

1996年—2013年兖州市排污费征收情况表

表5-10

年份 \ 数额 \ 项目	企业（家）	收费额（万元）			
		总额	废水	废气	四项收入
1996	34	125.3	35.5	15.4	74.4
1997	37	168.4	51.4	20.1	96.9
1998	40	204.3	66.4	24.4	113.5
1999	36	336.9	104.5	35.6	196.8
2000	37	359.7	115.6	60.5	183.6
2001	41	395.2	108.8	80.5	205.9
2002	39	396.6	109.5	85.6	201.5
2003	38	254.7	148.4	106.3	0
2004	42	409.6	240.7	163.9	5
2005	29	418.5	238.5	176.9	3.1
2006	37	438	233.5	204.5	0
2007	67	962.8	226.5	736.3	0
2008	79	973.4	157.8	794.4	21.2
2009	66	1117.9	91.9	1021.1	4.9
2010	81	1128.6	120.6	1003.8	4.2
2011	73	929.8	100.9	818.5	10.4
2012	73	1561.4	114.8	1442.5	4.1
2013	70	2026.1	121.8	1886.5	17.8

第四节　环境统计　污染源普查

环境统计　1995年，国家环境保护局出台《环境统计管理暂行办法》。1996年，兖州市开始进行环境统计，统计内容包括企业基本信息、能源消耗、原料及产品、主要污染物排放及处理利用情况等，统计指标100余项。同年，市环保局调查重点企业25家，全市工业COD排放量1.9万吨，二氧化硫排放量4917.44吨。2001年，调查重点企业26家，全市工业COD排放量8725.61吨，二氧化硫排放量5252.6吨；造纸和火电企业是全市污染物排放重点。“十二五”期间，新增氨氮、氮氧化物2项重点污染物指标，并增加污水处理厂等调查对象。2013年，环境统计涉及近200项指标，统计内容包括企业基本情况、工业废水、工业废气、污染治理设施情况、工业固体废物、锅炉机组情况、新建治理项目7个方面。同年，调查重点企业64家、污水处理厂4家，全市重点工业COD排放量1692.9吨，氨氮排放量77.5吨，二氧化硫排放量1.47万吨，氮氧化物排放量1.3万吨，烟粉尘排放量5698.11吨；开展国家重点监控企业环境统计数据直报工作，全市7家工业企业、2家污水处理厂环境统计数据及时按要求上报。

污染源普查　2006年10月，国务院办公厅印发《关于开展第一次全国污染源普查的通知》，国务院办公厅转发《第一次全国污染源普查方案》，确定于2008年年初开展第一次全国污染源普查。2007年12月，全市开始开展污染源普查工作，环保、农业、畜牧等部门联合对全市937家单位污染源情况进行调查，其中，重点企业170家，一般企业267家，住宿餐饮企业324家，服务业企业146家，医院17家，独立燃烧设施11家，城市污水处理厂1家，企业污水处理厂1家。据2008年统计，全市工业废水排放量2382.18万吨，生活污水排放量1589.46万吨。污水大部分流入洸府河、白马河、泗河3条水系。主要污染源有洸府河水系的山东太阳纸业股份有限公司、山东兖矿国际焦化有限公司，白马河水系的兖州市兴达纸业有限责任公司、兖州市圣兴纸业有限公司，泗河水系的山东东山矿业有限公司古城煤矿。主要污染物为化学需氧量、氨氮等。主要大气污染源是火电行业和焦化行业，主要污染物为二氧化硫、氮氧化物、颗粒物等，主要污染区域为新兖镇、大安镇。2009年—2010年，先后两次对污染源普查数据进行更新，调查重点工业源72家、集中式污染治理设施3家。全市每年工业废水排放量2760.72万吨，排放量最大的是机制纸及纸板制造业，占工业废水排放总量的83.6%；其次是炼焦、橡胶、煤炭开采和食品加工业，占废水排放量的6.6%。主要污染物为化学需氧量、氨氮和石油类等。排放量最大的是化学需氧量，年排放2000.4吨；其次是氨氮，年排放49.4吨；石油类年排放0.94吨。废水主要排入境内的3条河流，纳污量最大的是洸府河，共受纳62家企业的工业废水2406.05万吨，占总负荷的87.2%；泗河受纳4家企业的工业废水167.98万吨，占总负荷的6.1%；白马河受纳6家企业的工业废水8.68万吨，占总负荷的0.32%。废气主要排放行业仍是火电、焦化行业；主要污染区域为新兖镇、大安镇。固体废物主要为煤矸石、电厂粉煤灰和炉渣，主要污染区域为新兖镇、大安镇和兴隆庄镇。

第五节　环保宣传

1996年起，市环保局每年利用“6·5”世界环境日、“12·4”全国法制宣传日，在全市开展一系列环保宣传教育活动。1999年，举办第一期司炉工环保培训班，市环保局在“济宁环保世纪行”活动中被评为宣传工作先进单位。2000年，山东省第一批县级领导干部环保培训班在兖州市举办；兖州电视台专栏播放《共同撑起一片

2010年，市环保局在九州广场举行"6·5"世界环境日宣传活动

蓝天》，全面报道兖州市大气污染防治情况。在九州广场、百货大楼、广场商厦开展环保宣传活动，分别设立废旧电池有奖回收点，组织青年志愿者宣传环保知识，提倡环保意识。2002年，举办万人签名活动和第二届"环保杯"乒乓球比赛。2003年始，在全市开展争创"绿色学校"和"绿色社区"活动。至2005年，兖州市第一中学、兖州市实验小学通过省级绿色学校验收，兖州市实验高中、兖州市第十四中学通过济宁市级绿色学校验收；鼓楼街道南顺城社区、永安街道莲花社区通过省级绿色社区验收，鼓楼街道少陵社区、奎星楼社区，永安街道民族社区、滨河社区和太阳花园小区5个社区通过济宁市级绿色社区验收。至2008年，全市共建成省级绿色社区2个、济宁市级绿色社区5个、省级绿色学校3个、济宁市级绿色学校1个、国家级环境优美乡镇1个、省级环境优美乡镇2个。2010年，世界环境日期间，市环保局与27家企业和11个部门联合开展现场宣传活动，设置宣传台、咨询台、物资发放台，摆放宣传板牌70余块，悬挂宣传标语30余条，宣传低碳生活理念。至2013年，全市累计摆放环保宣传板牌576块，发放环保宣传资料和手册5万余份，悬挂环保宣传标语、横幅2000余幅。

第六篇

交通　邮电

YANZHOUSHIZHI

交通　邮电

第一章　管理机构

第一节　兖州公路局

1996年，兖州公路局有在职职工121人，内设养护路政科、养路费征收稽查办公室、工程处、机务科、安全办、财务科、政工科、办公室、工会9个科室。辖穆庙、蔡桥、西北店、代家村4个公路站。1997年10月，撤销养护路政科，设立养护科、路政科。1998年，撤销蔡桥公路站、穆庙公路站。2002年6月，设立产业开发办公室。2003年3月，设立养护工程处，负责组织实施养护大中修工程。同年12月，设立济宁东超限运输检查站。2005年4月，撤销产业开发办公室。2008年12月，济宁东超限运输检查站划归兖州市交通局管理。2009年1月，撤销养路费征收稽查办公室。同年5月，撤销养护工程处，并入工程处。2012年3月，撤销机务科，设立重点项目办公室。2013年，撤销工会，职能并入政工科。至年底，兖州公路局内设养护科、路政科、工程科、重点项目办、安全办、政工科、财务科、办公室8个科室。辖代家村、西北店2个公路站。有在职职工124人。

第二节　市交通运输局

1996年，市交通局下设党委办公室（人秘科）、行政科、财务科、运务科、路政科5个科室和交通战备办公室、车辆购置费征收办公室。辖汽车维修行业管理所、交通客运管理所、交通检查站，泗庄、颜店、新驿、大安、谷村、兴隆庄、王因、黄屯、兖州镇、新兖10个交通管理所及直属钢城分局和市筑路工程总公司（科级事业单位），共有干部职工130人。1997年2月，设立市交通局交通稽查大队，为副科级事业单位。同年11月，撤销行政科，设立审计科。1998年4月，市筑路工程总公司更名为市县乡公路管理处。2001年2月，兖州镇交通管理所更名为市城区交通管理所。同年3月，市泗庄交通管理所更名为市开发区交通管理所。2002年8月，财务科、审计科合并为财务审计科，增设交通战备办公室。2004年7月，王因、黄屯交通管理所成建制移交给济宁高新区管理，其业务由济宁市交通运输管理处领导。2009年2月，整合各镇交通管理所职能，保留新兖、大安、新驿、兴隆庄4个交通管理所。2010年4月，组建市交通运输局。将市交通局的职责与市建设局（市城市管理行政执法局）管理公共交通的职责，整合划入市交通运输局。不再保留市交通局。市交通运输局内设办公室（挂人事编制科牌子）、综合科、政策法规科、运务科（挂行政许可科牌子）、财务审计科、路政科和交通战备办公室7个科室。2013年3月，市交通运输局交通稽查大队更名为市交通运输监察大队。同年11月，兖州市交通运输局更名为济宁市兖州区交通运输局。同年年底，兖州区交通运输局内设办公室、综合科、政策法规科、运务科、财务审计科、路政科、交通战备办公室

7个科室，辖县乡公路管理处（科级事业单位）、交通运输监察大队（副科级事业单位）、公路运输管理所（加挂出租车管理所、线路车客运管理所牌子）、新兖交通运输管理所、新驿交通运输管理所、大安交通运输管理所、兴隆庄交通运输管理所7个事业单位，有在职人员197人。

第三节 兖州车务段

1996年12月，兖州车务段所属的小屯站、孙氏店站、八里铺站、三〇三线路所划交济宁车务段管辖。兖州车务段隶属济南铁路分局管理，设10个行政科室，辖13个车站。有在职职工1031人。1999年，兖州车务段内设科室调整为办公室、劳资科，安技科、客货营销中心、教育科等6个科室。2000年11月，撤销济宁车务段、兖州车务段，组建新的济宁车务段，地址在济宁市市中区铁南五街。2003年10月，济宁车务段更名为兖州车务段，段址由济宁市市中区铁南五街迁到兖州市花园街5号。2004年11月，撤销兖州站，整建制划归兖州车务段。2005年3月，兖州车务段改由济南铁路局管理。同年7月，临沂车务段皂村站、白马场站（线路所）划归兖州车务段管辖。2006年3月，撤销莱芜车务段，莱芜车务段管理的30个车站移交兖州车务段管理。同年5月，徐州车务段所属的韩庄站、沙沟站等10个车站划归兖州车务段；兖州车务段所辖的嘉祥站、大山头站、巨野站、龙固集站、沙土集站5个车站划归聊城车务段，上高镇站、燕家庄站等9个车站划归济南车务段，南博山站、源迁站、口头站等7个车站划归淄博车务段。新的兖州车务段成立，机关设在兖州北站。2009年6月，兖州车务段机关由兖州北站迁至兖州市兖岚路61号。2013年，兖州车务段内设办公室、劳动人事科、财务科、安全调度科、监控分析中心、技术科、客运科、货装科、营销物流科、收入科、(路风)监察科，辖京沪、菏兖日2条铁路干线和磁莱、辛泰、东平、枣临4条铁路支线的47个车站（1个线路所），有在职职工4311人。

第四节 市邮政局

1996年，市邮电局内设办公室、政工科、基建维修科、总务科、审计科、保卫科、邮政科、储汇分局、报刊发行公司、速递公司、电信经营业务科、行政管理办公室、公话管理办公室、电信运营维护科、电信工程管理科、邮电实业公司、电信工程公司、线路维护公司、电信终端维护公司、电线厂、邮电转运站等22个单位及21处储蓄网点。1998年9月，撤销市邮电局，分别设立市邮政局、市电信局。2000年，撤销邮件转运中心。2007年，市邮政局与邮政储蓄银行分离。2008年，市邮政速递物流公司与市邮政局分离。2013年11月，兖州市邮政局更名为济宁市兖州区邮政局。同年年底，区邮政局内设综合办公室、市场经营部、金融业务局、保险业务局、分销业务局、报刊发行局、集邮公司、函件业务局、报刊零售公司、电子商务局1部1室8个专业局，有在职职工251人。辖16个邮政支局，运输汽车11辆，摩托投递车辆79辆，ATM自动取款机17台，报刊亭26个。

第二章 公路建设

第一节 国 道

兖州市境内有国道327线（G327）通过。国道327线又称连菏线，起点为连云港市，终点为菏泽市。由曲阜市入境，途经田家村、市化肥厂路口、王因路口、代家村、黄屯街道，入济宁市任城区界，境内里程25.5公里。1996年，田家村至市化肥厂路口路面宽24米，市化肥厂路口至代家村路口路面宽28米，代家村路口至济宁市任城区交界路面宽34米，为水泥混凝土路面一级公路。其中，王因路口至济宁市任城区交界路段有中间宽度为10米的中央绿化带。1997年，对田家村大桥至省道104路口4.4公里进行中修罩面11.44万平方米。2000年，对田家村大桥至化肥厂段（4.21公里）实施大修改造，路面拓宽至26米，改造为沥青混凝土一级路面。同年，取消市化肥厂至开发区段慢车道绿化带。2003年，取消王因路口至代家村路口中央绿化带。2004年，对327国道水泥路面进行打裂压稳改造，共计6.02万平方米。2006年，取消开发区至代村段的慢车道小绿化带；将兖州市化肥厂至济宁任城区界段（21.29公里）翻修为沥青混凝土一级路面。2010年，对田家村大桥至化肥厂段进行中修罩面10.95万平方米。同年，在兖州曲阜界至代家村段设置12.26公里长的中央隔离带。2013年，对代家村至济宁高新区界进行路面中修挖补罩面13.68万平方米。

第二节 省 道

省道104线（S104） 又称济微线，北起济南市，南至微山县。由泰安市宁阳县入境，经山东拖拉机厂、市化肥厂路口、南外环、乔家村、卓家村、娄庄至济宁市任城区界，境内里程26.9公里。1996年，泰安宁阳界至山东拖拉机厂段路面宽8米，为柏油路；山东拖拉机厂至娄庄段路面宽12米，为二级公路；娄庄至济宁任城界路面宽8米，为柏油路。同年，对王因路口南9.8公里路面进行中修罩面11.76万平方米。2000年—2002年，连续3年对泰安宁阳界至兖州南外环分段实施大修改造。改造后，泰安宁阳界至山东拖拉机厂（约7.96公里）为路面宽12米的国家二级公路，山东拖拉机厂至兖州南外环路段（约9.74公里）为路面宽26米的国家一级公路。2005年—2006年，对南外环至乔家村（4.9公里）和王因淀粉厂至任城界（3.9公里）分别进行大修改建。改建后，均达到国家二级公路标准，其中，南外环至乔家村路口段宽12米，卓家村至娄庄段宽12米，娄庄至任城界段宽8米。2010年9月，对济微线北段8公里实施大修罩面，对路肩边坡、桥涵、行道树、公里桩、标线等全部进行维修或更换，新增轮廓标188根、引导标60块。2013年5月至2014年10月，实施省道104楚家洼至堌城段改建工程，自省道104楚家洼与国道327交叉口向西展线，经国道327北环、开发区，在曹家洼东转向南，沿县道086线，下穿日东高速公路，跨越新兖石铁路、国道327，并设置黄金屯互通立交连接国道327，止于堌城东省道104与崇文大道交叉口，路线全长22.04公里，为双向四车道一级公路。

省道255线（S255） 又称旧邹线，北起东平旧县，南至邹城市。境内全长29.8公里，途经山东拖拉机厂、市化肥厂路口、代家村、道沟村、大庙村。1996 年，对汶上界至山东拖拉机厂段（20.45 公里）实施大修升级，路面由 9 米扩宽为 12 米，升级为二级路标准。1997 年—1998 年，新建代家村至道沟村段 4.72 公里，为路面宽 15 米的一级公路。其中，新建宽 17 米、长 544.2 米的泗河南大桥。1999 年、2003 年，先后 2 次对道沟村至大庙村段（4.58 公里）实施大修改造，改造后的路面仍为 9 米，达到国家二级公路标准。该路段大庙至邹城界 3.8 公里，为矿区专用公路，由兖矿集团管护。2008 年，对代家村至道沟段进行中修罩面 6.26 万平方米。2011 年 9 月—11 月，对汶上界至山东拖拉机厂（20.45 公里）进行大修改建，路面平均增高 24 厘米。

第三节　高速公路

兖州市境内有日兰高速（G1511）公路通过。东起日照海滨、西至菏泽东明，兖州段东起曲阜陵城，西至兖州洸府河桥，境内全长 19.03 公里，穿越兴隆庄镇、新兖镇、黄屯街道、颜店镇 4 个镇（街道）。1999 年 11 月开工建设，2002 年 5 月竣工通车，技术等级为高速公路，双向四车道，路面类型为沥青混凝土。2011 年—2012 年，济宁市公路管理局对日兰高速济宁段组织路面病害处置及维修施工。

第四节　县乡公路

1996 年，兖州市县道公路全长共 88 公里，同年，完成“村村通”柏油路工程。2003 年，实施“四通一有（通路、通水、通邮、通电、有澡堂）”提升工程，对全市农村老油路进行改造，并列入上级“国债”和交通部“通达工程”计划。2004 年，对济阳线新驿至颜店段、西铺路进行改扩建。至年底，共实施谷村镇前白楼至后官庄、小孟镇史家王子至梅营、小孟镇刘李至济阳线、小孟镇王家王子至贾家村、大安镇北三官庙至前道义等 15 条、54 公里的农村公路新改建工程，公路等级为四级，为 4 米～5 米宽水泥混凝土路面。2005 年，按三级公路标准对谷村至肖家王子段进行改建，铺设 7 米宽的沥青路面。同年，建设兖肖线至小孟镇太平村 1.2 公里农村公路新改建工程，公路等级为四级，4 米宽水泥混凝土路面。2006 年 10 月，全市实现“村村通硬化道路、村村通客车”的目标。2008 年，对金谷大道（火车北站至谷村镇）改扩建。2009 年，对兖颜路、济阳线新驿至小孟段进行改扩建。2006 年—2010 年，实施交通部“千亿元”工程 5 年计划，对全市农村公路进行新改建。先后实施袁庄至故县、沙岗至张家行、谷村至高家村、兖肖线至后王、前海至傅家庙、护驾营至小南湖、前张海至汶邹线、大张至天齐庙等 47 条、183.2 公里农村公路新改建工程，公路等级为四级，4 米～ 5 米宽水泥混凝土路面。2009 年—2010 年，实施九州大道西延工程，东起孔子学府，西至西铺线，全长 3.3 公里，路面宽 22 米，三块板式。至 2010 年年底，新改建“村村通”油路 113 条，合计 409.5 公里。其中，新建 125.9 公里，改扩建 283.6 公里。2012 年，全市开展城乡环境综合整治村庄道路硬化工程，对 222 个行政村、100 公里进村道路和主街、514 公里的村内小街巷进行道路硬化，至同年 11 月底，完工里程 625 公里，完成投资 1.08 亿元，实现三年任务一年完成，在济宁市率先完成村庄道路硬化工程任务，通过济宁市验收。至 2013 年年底，全区县乡公路共 31 条，全长 245.9 公里，境内公路通车总里程 819.1 公里，公路密度达 153.1 公里 / 百平方公里。

西北店至南二十里铺公路（西铺路） 北起大安镇西北店，南至黄屯街道南二十里铺村，全长 15.2 公里，20 世纪 80 年代建设，为 7 米宽简易沥青路面。2004 年—2005 年，按二级公路标准拓宽改建西北店至黄屯界段 12.56 公里，路基宽 23 米，油面宽 15 米。2009 年，按三级路标准，改扩建黄屯界至南二十里铺段 2.64 公里，铺设

8米宽沥青路面。2013年，曹洼村东至黄屯界段升级改造为省道104，剩余县道长度为5.33公里（西北店至曹洼村东）。

兖州至颜店公路（兖颜路） 东起旧关路口，西至汶上界，长20.4公里，始建于1979年。1996年—1998年，按二级路标准拓宽改建旧关路口至颜店南阁段。2006年，按三级路标准，对颜店镇南阁至汶上界段长6公里进行改建，路面宽7米。2009年，按二级路标准，对薛庙至颜店段10.9公里进行大修改扩建，路面宽15米，路基宽19米；按二级路标准对牛王立交桥至薛庙段3.1公里进行改扩建，路面全宽30米。

济宁至宁阳公路（济阳线）兖州段 南起颜店镇洪庙村南任城交界处，北至小孟镇北安村北宁阳界，境内长23公里。2004年，按二级路标准，对新驿至颜店大嵫阳段12.8公里进行拓宽改建，铺设12米～15米宽的沥青路面，成为日东高速公路连接线。2009年，按二级路标准对新驿至宁阳县界段8.1公里进行拓宽改建，铺设9米～13米宽沥青路面。同年，对颜店镇大嵫阳村至任城区界段1.9公里进行大修，铺设4米宽的水泥路面。2013年，对颜店镇大嵫阳村至新驿镇旧邹线段12.8公里进行中修罩面。

济阳线兖州段

兖州至肖家王子公路（兖肖线） 南起兖州市区大禹塑像，向北经漕河镇小厂村，转向西至小孟镇肖家王子，全长22.3公里，始建于1980年。2000年，按二级公路标准，对北站路口至谷村镇路段拓宽改建，路面宽14米、两块板式。2005年，按三级公路标准对谷村至肖家王子段进行改建，铺设7米宽沥青路面。2008年，按二级路标准，对火车北站口至谷村北4.9公里大修改建，建成15米宽、一块板式，对道路两侧进行绿化、亮化。2012年，对谷村至肖家王子段15.7公里进行中修罩面。

兖州火车北站至穆庙公路（穆北路） 东起火车北站，西至大安镇穆家庙，全长2公里，始建于1985年。2004年，按二级公路标准进行改建，路面为9米宽沥青路面，一块板式。2009年，按二级公路标准进行扩建，路面为15米宽沥青路面，一块板式。同年，对穆家庙向西至西铺路路段（穆北路西延）5.6公里，按二级公路标准进行改扩建，路面为15米沥青面，一块板式。

白家店经谷村至东葛店公路 全长7.39公里。始建于1991年，为6米宽简易沥青路面。2004年，市交通局县乡公路管理处对东葛店至谷村段改建为5米宽沥青路面。2006年，谷村至白家店段改建为5.5米宽水泥路面。

兖州经济开发区至周楼公路 东起327国道，西至西铺路，长4.65公里，建于1989年，12米宽简易沥青路面。2005年，按二级路标准进行大修改建，铺设24米宽沥青路面。2013年，升级为省道104。

王因至黄屯公路（王黄路） 东起王因街道，西至黄屯街道，与国道327交叉，全长5.68公里。2004年12月，移交给济宁高新技术开发区管护。

附

崇文大道

崇文大道又名济曲快速通道，西起济宁东环，向东跨过廖沟河、泗河和京沪铁路，东至104国道曲阜西环，2003年底修建，2004年底建成通车，为一级公路，双向六车道。境内经新兖镇、兴隆庄镇，长9.8公里，路面宽30米，两旁建有高标准绿化带，由兖州公路局代管。2008年，对该路段附属设施进行改造，拆除路中隔离带，在公路两侧铺设总长1.96万米的花岗岩路缘石。2010年6月初至7月底，进行中修罩面，并在中间设置隔离墩式分隔带。2012年7月，将原圆柱式道口桩更换为反光式道口桩，共计294根。

2013年兖州市县乡公路情况表

表6-1

路线代码	行政等级	路线名称	路线起点	路线止点	路线长度（公里）	路线等级
X001370811	县道	济宁—宁阳	兖州市入口	兖州市出口	22.992	四级 二级
X008370812	县道	兖州—南兴埠	与铁路交叉处	粉店桥	1.032	四级
X021370812	县道	西北店—二十里铺北段	与省道旧邹线交叉处	与乡道西北店至管口西交叉处	8.469	四级
X085370812	县道	兖州—颜店	与省道济微线交叉处	南唐桥东侧	20.432	二级 三级
X086370812	县道	西北店—二十里铺	与省道旧邹线交叉处	新兖镇入口	5.33	二级
X087370812	县道	兖州—肖家王子	与国道三二七交叉处	与县道济阳线交叉处	22.268	二级 三级
X089370812	县道	穆庙—货场	与省道济微线交叉处	与县道兖肖线交叉处	2.036	二级
X097370811	县道	济阳线分支	兖州市入口	与县道济阳线交叉处	1.102	二级
X103370812	县道	穆家庙—宋庙	与省道济微线交叉处	X001370811	13.127	二级 四级
Y058370812	乡道	济阳线—刘李村	与县道济阳线交叉处	刘李村村南头	6.734	二级 四级
Y059370812	乡道	济阳线—梅营	与县道济阳线交叉处	梅营村村东头	5.155	四级 三级
Y060370812	乡道	王家王子—北坡	与县道济阳线交叉处	北坡村村东头	5.646	四级
Y061370812	乡道	后王庄—河南	兖州市入口	与县道兖肖线交叉处	7.436	四级
Y062370812	乡道	小厂—桑华厂	东小厂村村东入口	宁阳县巩家厂村东	5.691	四级
Y064370812	乡道	辛北庄—坊里	与省道济微线交叉处	坊里村村出口	8.168	四级
Y066370812	乡道	胜利路—李家宫村	与胜利路交叉处	与毛条厂至周楼路西交叉处	5.337	二级 三级 四级
Y067370812	乡道	王鲁村—南王家屯	与国道三二七交叉处	南王屯村西出口	7.085	四级
Y068370812	乡道	大雨住—代家村	大雨住村	与国道三二七交叉处	7.296	二级 三级 四级
Y069370812	乡道	乔家村—大马青	与省道济微线南交叉处	与省道济微线中交叉处	3.78	二级
Y070370812	乡道	栗园—北庄	栗园村	后官庄村出口	10.279	三级 四级
Y071370812	乡道	西葛店—高家村	与省道济微线交叉处	高家村村委会	7.389	三级 四级

续表6-1

路线代码	行政等级	路线名称	路线起点	路线止点	路线长度（公里）	路线等级
Y072370812	乡道	孙村—毛辛庄	与省道旧邹线西交叉处	与省道旧邹线东交叉处	13.308	四级
Y073370812	乡道	王楼—河湾村	与省道汶邹线交叉处	河湾村南出口	6.147	四级
Y074370812	乡道	颜店—李宫	与县道济阳线交叉处	李宫四村出口	8.566	三级 四级
Y075370812	乡道	兖颜线—周家堌堆	与县道兖颜线交叉处	周家固堆	6.843	四级
Y076370812	乡道	大桥南—南张村	大桥南	南张村出口	10.495	二级 四级
Y077370812	乡道	南外环—前小疃	与省道旧邹线交叉处	前小疃村出口	8.899	四级
Y078370812	乡道	王因街道沿河庄—苗营	与乔家村至后窑路交叉处	王因街道入口	0.218	四级
Y166370812	乡道	胜利路—李家宫村	后道义村出口	大安镇入口	8.66	二级 四级
Y721370812	乡道	小马青—牛家楼	与省道济微线北交叉处	牛楼村	0.99	四级
Y731370812	乡道	姜村—旧邹线	姜村西入口	与省道旧邹线交叉处	4.958	四级 二级

第五节 桥 梁

1996年，境内国道、省道有桥梁9座。2000年，在省道104线修建汉马河桥和蔡河桥（左）。2008年，由于交通量增加，新建田家村大桥（北）。2011年，在省道255线修建洸府河桥。2013年，按照济宁市公路管理局安排，田家村小桥（左）、田家村小桥（右）2座桥梁由曲阜公路局移交兖州公路局管护。至年底，境内国道、省道有桥梁15座。

1996年—2013年，全市改建和新建县乡公路桥梁9座。其中，大中型公路桥梁2座，小桥梁7座。2013年，原西铺线曹洼村东至黄屯界升级为省道104，府河桥改名为新府河桥并扩建。

田家村大桥南桥 位于国道327线290K+141处。建于1990年，全长318米，路面宽15米，9孔各30米，设计荷载公路-I级。2008年，进行维修加固。

田家村大桥北桥 位于国道327线290K+141处。建于2008年，全长323.3米，路面宽12米，9孔各30米，设计荷载公路-I级。

洸府河桥 位于省道255线K91+891处。建于2011年，全长166米，路面宽13米，8孔各20米，设计荷载公路-I级。

泗河南大桥 位于省道255线K112+438处。建于1996年，全长544.2米，路面宽17米，27孔各20米，设计荷载公路-I级。

兖州至颜店公路中原沟桥 位于颜店镇境内中原沟上。建于2000年，桥长18米，设计荷载为公路-Ⅱ级。

兖州至颜店公路杨家河桥 位于颜店镇境内杨家河上。建于1998年，桥长25.92米，设计荷载为公路-Ⅱ级。

兖州至颜店公路洸府河桥 位于颜店镇境内洸府河上。建于2001年，桥长65米，设计荷载为公路-Ⅱ级。

泗河大桥 位于崇文大道K312+5处。建于2004年，全长584.2米，路面宽40米，29孔各20米，设计荷载公路-I级。

大雨住桥 位于崇文大道K313+1处。建于2004年，全长44.7米，路面宽40米，3孔各13米，设计荷载公路-I级。

2013年兖州市国道、省道桥梁情况表

表6-2

路线	桥梁名称	桩号	修建年份	类别	桥型	桥长/桥宽（米）	备注
国道327线	田家村大桥（南）	K290+141	1990	大型桥	钢架拱	318/15	2008年维修加固
	田家村大桥（北）	K290+141	2008	大型桥	钢架拱	323.3/13	—
	田家村小桥（左）	K289+550	1999	小型桥	实心板	11.9/16.2	2013年由曲阜公路局移交
	田家村小桥（右）	K289+550	1966	小型桥	石拱桥	9.5/13.8	
省道104线	梁庄桥	K126+598	1986	小型桥	简支梁	10.2/13.2	—
	罗河桥	K128+474	1986	小型桥	空心板	32.2/15	2000年拆除重建
	汉马河桥	K128+686	2000	中型桥	空心板	49.84/16.2	2007年维修加固
	蔡河桥（左）	K129+844	2000	小型桥	空心板	31.4/15	—
	蔡河桥（右）	K129+844	1971	中型桥	空心板	34/15	—
	二十里铺桥	K133+397	1971	小型桥	实心板	9/14.6	—
省道255线	黄狼沟桥	K84+506	1996	小型桥	空心板	16.5/15	2011年维修加固
	吴河桥	K90+294	1996	小型桥	空心板	9.5/15	—
	洸府河桥	K91+891	2011	大型桥	空心板	166/13	—
	大安北桥	K96+072	1996	小型桥	实心板	16.1/15	2011年维修加固
	泗河南大桥	K112+438	1996	大型桥	空心板	544.2/17	—

2013年兖州市县乡公路桥梁情况表

表6-3

桥梁名称	桥梁代码	桥梁中心桩号	路线代码	路线简称	桥梁全长（米）	跨径总长（米）	桥梁跨径组合（孔*米）	桥梁全宽（米）	跨径分类	荷载等级	跨越地物	修建时间
王家王子桥	X001370811L0030	33.079	X001370811	济宁—宁阳	13.8	11.4	2*5.7	12.2	小桥	公路—II级	小孟沟	2001
金口坝	X008370882L0010	0.931	X008370882	兖州—南兴埠	170	12.5	5*2.5	8.5	小桥	公路—II级	泗河	1965
张楼北桥	X021370882L0010	1.129	X021370882	西北店—二十里铺北段	63.5	48	3*16.0	9.8	中桥	公路—II级	汉马河	1980
谭岗村北桥	X021370882L0020	6.223	X021370882	西北店—二十里铺北段	20	8.7	1*8.7	8.8	小桥	公路—II级	三干渠	1980

续表6-3

桥梁名称	桥梁代码	桥梁中心桩号	路线代码	路线简称	桥梁全长（米）	跨径总长（米）	桥梁跨径组合（孔*米）	桥梁全宽（米）	跨径分类	荷载等级	跨越地物	修建时间
黄狼沟桥	X085370882L0070	16.633	X085370882	兖州一颜店	32	22.5	3*7.5	8.5	小桥	公路一II级	黄狼沟	1985
南阳河桥	X085370882L0060	13.211	X085370882	兖州一颜店	8.8	8	2*4.0	19.1	小桥	公路一II级	南阳河	2000
中源沟桥	X085370882L0050	11.445	X085370882	兖州一颜店	18	16.5	3*5.5	15	小桥	公路一II级	中源沟	2000
洸府河桥	X085370882L0040	10.113	X085370882	兖州一颜店	65	58.5	9*6.5	15	中桥	公路一II级	洸府河	2001
杨家河桥	X085370882L0020	8.128	X085370882	兖州一颜店	25.92	24	4*6.0	15	小桥	公路一II级	杨家河	1998
府河桥	X086370882L0020	12.024	X086370882	西北店一二十里铺	20.3	11.8	2*5.9	18	小桥	公路一II级	府河	1982
大安沟桥	X086370882L0010	3.753	X086370882	西北店一二十里铺	14.9	9	2*4.5	24.6	小桥	公路一II级	大安沟	2005
洸府河桥	X087370882L0060	18.371	X087370882	兖州一肖王子	31.2	25.8	3*8.6	8.3	小桥	公路一II级	洸府河	1986
小泥河桥	X087370882L0010	7.772	X087370882	兖州一肖王子	22.4	21	7*3.0	7.5	小桥	公路一II级	小泥河	1986
漕河桥	X087370882L0050	13.675	X087370882	兖州一肖王子	39	33	3*11.0	11	中桥	公路一II级	宁阳沟	1985
大厂桥	X087370882L0040	11.999	X087370882	兖州一肖王子	22	21	3*7.0	9	小桥	公路一II级	罗河	1997
小厂村桥	X087370882L0030	10.425	X087370882	兖州一肖王子	13.6	7.8	1*7.8	7	小桥	公路一II级	长条井	1990
汉马河桥	X087370882L0020	9.641	X087370882	兖州一肖王子	36.5	33	3*11.0	7.2	中桥	公路一II级	汉马河	1988
中源沟桥	X103370882L0040	9.835	X103370882	穆家庙一宋庙	14.5	9	3*3.0	6.7	小桥	公路一II级	中源沟	1970
宋庙桥	X103370882L0020	7.809	X103370882	穆家庙一宋庙	13	8	1*8.0	8.8	小桥	公路一II级	杨家河	1979
大南铺桥	X103370882L0010	3.627	X103370882	穆家庙一宋庙	20	16	1*16	31	小桥	公路一II级	大安沟	2010
宋庙洸府河桥	X103370882L0030	8.603	X103370882	穆家庙一宋庙	165	160	8*20	22.5	大桥	公路一II级	洸府河	2011
三干渠桥	Y061370882L0010	3.1	Y061370882	后王庄一河南	14.5	6	1*6.0	6.1	小桥	公路一II级	三干渠	2003
张村桥	Y061370882L0030	6.665	Y061370882	后王庄一河南	13	10.8	2*5.4	4	小桥	公路一II级	无名沟	1964
河南村北桥	Y061370882L0020	5.426	Y061370882	后王庄一河南	13.8	6.3	1*6.3	5.5	小桥	公路一II级	无名沟	1980
西曹闸	Y062370882L0010	2.917	Y062370882	小厂一桑华厂	17.5	10	1*10.0	8	小桥	公路一II级	北泥沟	1991
朝阳沟桥	Y066370882L0010	4.27	Y066370882	胜利路一李家宫村	9.5	6.5	1*6.5	4.7	小桥	公路一II级	朝阳沟	2001
十九中学桥	Y066370882L0020	9.077	Y066370882	胜利路一李家宫村	12.5	8	1*8.0	6.3	小桥	公路一II级	大安沟	1979
小泥河桥	Y070370882L0010	7.048	Y070370882	栗园一北庄	30	21	7*3.0	8.1	小桥	公路一II级	小泥河	1975

续表6-3

桥梁名称	桥梁代码	桥梁中心桩号	路线代码	路线简称	桥梁全长（米）	跨径总长（米）	桥梁跨径组合（孔*米）	桥梁全宽（米）	跨径分类	荷载等级	跨越地物	修建时间
汉马河桥	Y070370882L0020	9.64	Y070370882	栗园—北庄	62	56.5	5*11.3	7.4	中桥	公路—II级	汉马河	1975
前白楼桥	Y071370882L0010	4.987	Y071370882	西葛店—高家村	19	13.5	3*4.5	9.3	小桥	公路—II级	无名沟	1975
型堂桥	Y072370882L0010	6.41	Y072370882	孙村—毛辛庄	16	8.1	3*2.7	9	小桥	公路—II级	黄狼沟	1988
前闫楼桥	Y072370882L0020	11.511	Y072370882	孙村—毛辛庄	8.1	8.1	3*2.7	7	小桥	公路—II级	中原沟	1975
马海黄狼沟桥	Y074370882L0010	2.387	Y074370882	颜店—李宫	30	19.5	3*6.5	4	小桥	公路—II级	黄狼沟	1970
姜村桥	Y731370882L0010	1.517	Y731370882	姜村—旧邹线	15.4	6.8	1*6.8	6.9	小桥	公路—II级	黄狼沟	1975

第三章　公路运输

第一节　货　运

1996年，全市共有货运汽车1543辆，三轮车及拖拉机等货运车辆1310辆，全年完成货运量570万吨，货运周转量9510万吨公里。2000年，全市货运汽车2351辆，三轮车及拖拉机等货运车辆540辆。全年完成货运量1210万吨，货运周转量2.59亿吨公里。2004年，依据《中华人民共和国道路运输条例》，在全市范围推广公司化、专业化、集约化运输方式，推广集装箱、厢式货车等新型车辆，逐步淘汰“三小（摩托车、三轮汽车、低速载货汽车）”运输车辆。全市有货运汽车3872辆，简易机动车、拖拉机等货运车辆410辆，完成货运量1620万吨，货运周转量4.93亿吨公里。货物运输市场先后培育发展兖州市鸿运物流服务中心，营运车辆72辆；兖州市元通物流服务中心，营运车辆281辆；兖州市大江物流服务中心，营运车辆32辆。2010年，全市推广道路运输节能减排技术，新上新型节能减排货运汽车320辆。同年，济宁交通运输集团海天国际物流运输服务中心正式投入使用。全市货运汽车6606辆，低油耗营运汽车发展到1462辆，集装箱营运汽车71辆，专用车和危险品等特种营运汽车5辆。全市完成货运量2101万吨，完成货运周转量6.35亿吨公里。2013年，全市共有货运汽车6497辆，完成货运量2947万吨，货运周转量8.35亿吨公里。

1996年—2013年兖州市货运情况表

表6-4

年　份	货　车（辆）	简易机动车、拖拉机等（辆）	货运量（万吨）	货运周转量（万吨）
1996	1543	1310	570	9510
1997	1676	1109	690	12960
1998	1981	739	780	20850
1999	2049	650	890	22162
2000	2351	540	1210	29861
2001	3140	512	1305	33500
2002	3015	490	1402	39862

续表6-4

年　份	货　车（辆）	简易机动车、拖拉机等（辆）	货运量（万吨）	货运周转量（万吨）
2003	3347	470	1550	47109
2004	3872	410	1620	49308
2005	4245	399	1759	53407
2006	4865	385	1821	55108
2007	5327	320	1902	56210
2008	5743	210	1981	58460
2009	6124	161	2020	61140
2010	6606	110	2101	63461
2011	6547	0	2175	65745
2012	6472	0	2721	82577
2013	6497	0	2947	83452
合计	—	—	29444	844682

济宁交通运输集团海天国际物流运输服务中心　位于山东兖州工业园区国道327南侧，占地面积150亩。2008年12月，由山东省济宁交通运输集团筹建，2010年11月投入使用。建筑面积近1万平方米，停车场地8万平方米，建设总投资2.6亿元，实现兖州地区的物流配载与全国200余个城市联网，150辆参与营运的货运汽车实行“会员卡”（信誉卡）配载运输方式，把道路运输业推向仓储、装载、信息咨询等服务环节。2011年11月，在中国（济南）国际现代物流供应链技术与装备博览会上，物流园区联盟“山东物流卡”开通，海天物流公司成为山东物流卡第1批9个会员单位之一。2012年9月，承担辰欣药业公司的药品运输业务，由公司鲁抗办事处负责，年创利30余万元。2013年5月，承担兖州益海嘉里公司的面粉运输业务，占益海嘉里公司面粉运输业务量的70%。2013年7月，新建零担专线仓库24间（120平方米/间），引进零担专线运输业户。至2013年年底，海天国际物流服务中心内设办公室、信息科、仓储科、营调科等科室，有职工72人，新增交通部核准甩挂运输车2辆，拥有各类大型货车47辆。全年完成营业收入891万余元。

第二节　客　运

运输企业　1996年，全市有4家运输企业，除兖州公共汽车公司外，还有兖州市汽车运输总公司和济宁交通运输总公司在兖州市的3家下属运输企业，为第十一分公司、第二分公司、兖州汽车站。1998年，兖州市汽车运输总公司破产。1999年，兖州市宏达交通运输有限公司成立。2006年，济宁交通运输总公司改制为股份制企业，更名为山东省济宁交通运输集团，3家下属企业更名为山东省济宁交通运输集团第十一分公司、山东省济宁交通运输集团第二分公司、山东省济宁交通运输集团兖州汽车站。2010年，山东省济宁交通运输集团对兖州辖区内的3家下属企业进行整合，第十一分公司与兖州汽车站合并，人员、物资、车辆划入兖州汽车站，挂兖州汽车站和十一分公司两块牌子，济宁交通运输集团第二分公司与海天国际物流服务中心合并，第二分公司货运汽车67辆全部出售，大客车15辆移交兖州汽车站（济宁交通运输集团第十一分公司）经营。至2013年年底，全区共有客运企业3家。

兖州市公共汽车公司　成立于1975年5月，成立之初为兖州县人民汽车公司，1981年，更名为兖州县公共汽车公司，1992年，更名为兖州市公共汽车公司。该公司是兖州市唯一一家具备城市公交一级资质的社会公益性国有企业，中国道路运输协会城市客运分会会员单位，山东省公交协会常务理事单位。公司下设4个营运车队和加油站、广告公司、公交旅行社3个二级管理单位。公司设办公室、人力资源科、财审科、企管科、宣传科、智能化信息管理科、档案室、技术设备科、油材科、修理厂、安全稽查科、法制科、收银中心、保卫科。固定资产1.5亿元，职工700余人。拥有营运车辆600余台，开通营运线路46条（包括定制线路），营运线路总长度462公里。年运输乘客1920万人次，营运里程1578万公里。

兖州市宏达交通运输有限公司 位于酒仙桥南路路东。1999年5月注册成立，设办公室、财务科、安全生产科、保卫科、工会、人事劳资科，下设货运分公司、客运分公司、起重运输分公司、运输装卸分公司、青年服务站、汽修厂、加油站等机构，有职工860余人。1999年5月，成立出租汽车代理分公司。同年，成立公司旧货市场。2007年，撤销公司旧货市场。2008年，撤销公司青年服务站。2012年，成立公司宏达商务宾馆。至2013年年底，公司设办公室、财务科、人事劳资科、安全生产科、工会、保卫科，下设货运分公司、客运分公司、起重运输分公司、出租代理分公司、宏达商务宾馆、加油站、汽修厂等12个机构，职工480余人，有营运货车110辆（含代理），营运客车53辆（含代理），出租车177辆。

兖州汽车站 位于兖州火车站西侧，建设路东首。1992年按一级客运站标准建设投入使用，隶属山东省济宁交通运输总公司。1996年，汽车站设客运科、会统科、稽查科、办公室、总务办公室和大安、漕河、兴隆、城郊4个乡镇代办站，站内设派出所，全站共有职工170余人。2006年，随上级集团企业改制，兖州汽车站成为股份制企业，隶属山东省济宁交通运输集团有限公司。2009年，取消各乡镇代办点。2010年，汽车站进行改扩建，车站建筑面积4600平方米，发车场5400平方米，增设GPS和行驶记录仪调度监控中心、“一卡通智能报班”及酒精测试系统，站内售票、安检全部采用电脑微机处理，在乘务员中推广应用手持售票机售票办法，出站口设立报班处和班车出站检查处。2013年6月，“兖州—济宁”城际公交开通，车站设立公交科。至年底，车站有职工161人，运营线路18条。其中，跨省1条、跨区12条，进站客车42辆，班车日发送230余班次，旅客日发送4000余人次，高峰时达1万余人次，全年完成客运收入2469万余元，营运范围辐射10省96个县市，是鲁西南重要的交通枢纽。

2013年兖州汽车站运行线路情况表

表6-5

线路名称	所属区域	主要途经地	里　程（公里）	单程运行时间	车辆数（辆）
兖州—宁阳	市际	漕河	27	50分钟	13
兖州—肥城	市际	宁阳、安庄	78	2小时	2
兖州—聊城	市际	肥城、平阴	175	4小时	1
兖州—济宁	县际	黄屯	40	40分钟	13
兖州—菏泽	市际	嘉祥、巨野	145	3小时	12
兖州—濮阳	省际	巨野、菏泽	255	4小时30分	1
兖州—曲阜	县际	时庄	16	20分钟	6
兖州—平邑	市际	曲阜、泗水	89	2小时20分	4
兖州—临沂	市际	平邑、费县	175	4小时	20
兖州—单县	市际	金乡、吉术集	118	3小时	5
兖州—曹县	市际	金乡、城武	176	4小时	2
兖州—汶上	县际	新驿、马庄	42	1小时10分	10
兖州—梁山	县际	汶上、韩岗	84	2小时30分	14

续表6-5

线路名称	所属区域	主要途经地	里　程（公里）	单程运行时间	车辆数（辆）
兖州—范县	省际	梁山、台前	174	4小时	1
兖州—郓城	市际	巨野、随官屯	114	3小时	4
兖州—鄄城	市际	郓城、红船	157	3小时40分	2
兖州—邹城	市际	兴隆庄	27	1小时	17
兖州—沂水	市际	蒙阴、高庄	210	5小时	2
兖州—济南	市际	磁窑、泰安	175	3小时	16
兖州—无棣	市际	济南、惠民	316	5小时	2
济宁—北京	省际	直达	610	6小时30分	3
济宁—青岛	市际	胶南、黄岛	465	6小时	3
济宁—黄岛	市际	日照、胶南	386	5小时	2
济宁—仙河	市际	广饶、东营	430	6小时	1
济宁—滨州	市际	博兴	320	5小时	2
济宁—烟台	市际	淄博、潍坊	670	7小时	2
济宁—威海	市际	即墨、莱阳	730	9小时	2
济宁—保定	省际	德州、任丘	501	5小时30分	2
济宁—新泰	市际	大协、新汶	126	2小时20分	3
济宁—莱芜	市际	泰安	170	3小时	1
济宁—沂南	市际	直达	198	4小时30分	1
济宁—上海	省际	直达	790	9小时	1

公交客运　1996年，兖州公共汽车公司有固定公交线路4条，运行车辆15辆，车辆配置15名驾驶员和15名售票员。1997年—1998年，有固定公交线路9条。1999年，停运4条，公司有固定线路5条，1路线和5路线在全省县级市中首次实现无人售票。2000年，全市公交车实现无人售票，使用IC卡，开通火车站至兴隆矿北区的9路线。2004年，开通火车站至十四局三处电动公交线1条，开通火车站至济宁驾校的6路线。同年4月，对全市65岁～69岁老年人实行半价优惠乘车，对70岁以上老人和残疾军人实行免费乘车，对学生实行6折优惠乘车，对成人持IC卡乘车实行8折优惠。2005年，配置空调大客车8辆，电动小巴16辆，车辆总数185辆，开通龙桥西区至火车站和实验高中至烟厂的2条电动公交线路。同年，在中御桥路建设港湾式公交候车站8对。2008年，在大禹路建设港湾式公交候车站7对。2010年，购置天然气大客车18辆，车辆总数331辆。至年底，全市城区共设公交站点226处。2011年，新增候车亭站点11个。2012年，建成新驿公交中转站，开通中转站至后寺的29路线，中转站至朱张村的35路线，中转站至骆家村的36路线，直属粮库至管口村的33路线，开通6条校车线路，新增候车亭站点14个。2013年，全市新增候车亭站点5个，开通营运公交线路19条，拥有大中型公交车351辆，候车亭187个，公交站牌806个，营运线路总里程299公里，客运量2025万人次。

1996年—2013年兖州市公交客运情况表

表6-6

年　份	车　辆（辆）	客运量（万人次）	年　份	车　辆（辆）	客运量（万人次）
1996	15	26	2006	207	628
1997	15	25	2007	257	989
1998	15	39	2008	289	1254
1999	34	84	2009	313	1406
2000	50	157	2010	331	1558
2001	77	216	2011	341	1668
2002	81	264	2012	351	2040
2003	108	405	2013	351	2025
2004	163	664	合计	—	13970
2005	185	522			

线路客运　1996年，兖州市拥有客车186辆，车型以大客车、中巴车为主，兼有集体、个体经营。国有集体经营客运车辆在市汽车站发车运营，在兖州火车站广场发车运营，设10个发车位。兖州汽车站始发线路29条、过境线路19条，通达济南、枣庄、文登、淄博、菏泽、河南濮阳、江苏新浦及济宁市内各县。全年完成客运量485万人次。1998年，全市整顿客运市场秩序，实行“车进站、人归点”，所有线路客运班车进驻市汽车站内经营。2003年，全市实施“村村通客车”工程，建设候车亭7个，设立站点牌230个，开通运行线路22条、过路线路3条，投放运力51辆。同年，推行跨县线路客运班车运力更新工作。2004年10月，提前一年在全市425个行政村（居委会）实现“村村通客车”目标。2006年，在全市线路客运班车中推广承运人责任险，在线路班车中推广安装GPS行车记录仪。2008年，开展“迎奥运”旅客运输安全生产专项活动，汽车站新上行包安全检测仪。2009年，在全市线路客运班车中推广驾驶员即时驾驶证明制度。2010年，全市拥有线路班车及“村村通”客车151辆，运行线路57条。济宁交运集团第十一分公司拥有客运车辆98辆，经营线路36条，其中，线路班车81辆、经营线路26条，“村村通”客车17辆，经营线路10条；兖州市宏达交通运输有限公司拥有客运车辆53辆、经营线路21条，其中线路班车24辆、经营线路8条，“村村通”客车29辆，经营线路13条。兖州汽车站日发送旅客4500余人次。2013年，全市线路客运完成客运量758万人次。

1996年—2013年兖州市线路客运情况表

表6-7

年　份	线路客车（辆）	客运量（万人次）	年　份	线路客车（辆）	客运量（万人次）
1996	187	485	2000	196	635
1997	188	510	2001	188	670
1998	189	595	2002	186	690
1999	195	615	2003	180	720

续表6-7

年　份	线路客车（辆）	客运量（万人次）	年　份	线路客车（辆）	客运量（万人次）
2004	180	760	2010	151	998
2005	175	840	2011	151	1035
2006	172	880	2012	151	993
2007	170	901	2013	151	758
2008	160	920	合计	-	13955
2009	160	950			

第三节　出租车运输

1996 年，全市客运出租车有 21 辆，由市交通局运务科直接管理。1997 年 11 月，市北达出租车代理公司开始在市区进行出租营运，有出租汽车 50 辆，为微型面包车型。1999 年 5 月，市宏达交通运输有限公司出租车代理公司开业营运，有出租车 110 辆，为微型面包车型。2000 年，市交通局出租车客运管理所成立，对全市客运出租车进行管理。2003 年，全市开始对客运出租车实行“总量控制、退一进一”更新政策。至 2004 年年底，全市客运出租车全部更新为“1.6 升、三厢电喷”新型轿车。2005 年，金汇出租车公司成立，实行公车公营，有出租车 50 辆，车型均为轿车车型。2008 年，全市客运出租车开展“规范经营、文明服务”活动。2009 年，全市客运出租车开展“雷锋”出租车服务品牌活动，有 40 辆经营规范、服务文明的出租车被评为“雷锋”出租车。同年，“雷锋”出租车开始在高考、中考期间开展免费接送考生活动。2010 年，全市有客运出租车 499 辆，车型主要为奇瑞、桑塔纳轿车。其中，市北达出租车代理公司 147 辆，市宏达出租车代理公司 177 辆，济宁交通集团第二分公司出租车代理公司 79 辆，市金汇出租车公司 96 辆。至 2013 年年底，出租车为 499 辆。全区出租车司机拾金不昧 421 次，“雷锋”出租车服务高考、中考学生爱心护考 4000 余人次，参加各类公益活动 86 次。

第四章　交通管理

第一节　公路养护

1996 年，兖州公路局设养护路政科，负责辖区路段的养护与管理工作，下设穆庙、蔡桥、西北店、代家村 4 个公路站，有正式养路工人 26 人，临时养修员 89 人，各类养护机械 20 余台。采取专业工人和合同临时工相结合的方法，落实养路固定工，定人定编，实行责任路段养护。同年，对省道 104 线王因路口南 9.8 公里路面进行中修，罩面 11.76 万平方米。1997 年 10 月，撤销养护路政科，设立养护科，公路养护里程 82.2 公里，综合好路率 77.3%。2004 年，公路养护里程 95.2 公里（包括崇文大道 13 公里），好路率 91%。同年，兖州公路局购置 2 辆清扫车，1 辆扫水车，实行机械与人工相结合的方式对辖区路段进行保

养路员在 G327 中央绿化带浇水、施肥

洁。针对国道 327 线水泥路面损毁情况，采用打裂压稳的新工艺进行大修改造，共打裂压稳 6.02 万平方米。2013 年，兖州公路局设养护科，负责辖区路段的养护管理工作，下设代家村、西北店 2 个公路站，公路养护里程 95.2 公里（包括崇文大道 13 公里），好路率 94.4%。同年，以劳务派遣形式固定养路员 127 人，连同 4 辆清扫车，负责全线的日常保洁。加大养护巡查力度，及时处置路面病害 5700 平方米，挖补桥面 2300 平方米，在旧邹线北段新植黄金柳 4800 株，维修更新沿线附属设施和警示标志 1480 处，保持了管养路段的安全、畅通、整洁、美观。

第二节　路政管理

1996 年，兖州公路局设养护路政科，有路政管理员 3 人，结合公路站兼职人员共同搞好路巡路查，保护公路、公路用地及公路设施。1997 年 10 月，设立路政科，配专职路政管理员 3 人，专职路政巡查员 3 人。1999 年，路政管理员增至 6 人。路政人员加大巡查力度，实施管理综合治理，严格控制建筑红线，依法治理占路打场晒粮、堆放物料和设置非公路标志等违法行为。1996 年—1999 年，路政巡查 10.99 万公里，清除路面堆积物 3032 立方米，拆除违章棚座 50 处。1998 年，兖州公路局被省交通厅评为省级公路养护、路政管理先进单位。2003 年 12 月，根据交通部、公安部等 7 部委联合治理超限精神，经省人民政府批准，在国道 327 线 K298+200 处设立临时济宁东超限运输检查站，由兖州公路局管理。至 2008 年年底，投入执法车辆 4 辆，执法人员 35 人，出动执法人员 2.8 万余人次，检查车辆 2.6 万辆次，查处超限车辆 1.47 万辆次，分流卸载 16 万余吨，行政罚款 1071 万余元。2009 年，经交通部批准，济宁东超限运输检查站改为治超一类站，划转兖州市交通局管理。同年，兖州公路局加强路巡路查，完善与交通、公安联合治理机制，开展路域环境综合整治，实施路政巡查 9.73 万公里，拆除违章建筑 280 间，清除非公路标志 63 块，查处路政事案 37 起。2013 年，兖州公路局设专职路政执法人员 13 名，开展农村环境综合整治行动、建筑垃圾清运车辆违法行为专项整治行动、公路两侧违章建筑集中清理整顿活动，拆除围墙 470 延米，违章建筑 86 间，清除非公路标志 24 块，清理垃圾 3375 立方米。

济宁东超限运输检查站治超员指挥车辆通过便携式称重仪

第三节　运政管理

基础管理　1996 年，市交通局运务科（公路运输管理所）及各乡镇交通管理所等运政管理机构对全市营运车辆等进行管理。对营业性运输车辆实行审批制度、持证管理和年度审验制度，对未经批准购买的车辆不予办理营运手续。2002

年，对营业性驾驶员实行从业资格证制度。2004年，依据《中华人民共和国道路运输条例》，普通货车不再实行“先审批、后购车”制度。同年，取消车辆非营运证，全市一般客货运输行政许可授权由市运管所办理。2005年，开展县域道路运输市场整治年活动，对全市道路运输市场逐步进行规范。根据上级业务部门工作部署，对全市县域道路运输市场进行整治，成立由局长任组长，分管副局长任副组长的整治工作领导小组。整治重点是无证经营、偷逃国家规费、超限超载运输等，促进全市道路运输市场环境向规范有序、竞争合作的方向发展。2006年，对全市道路运输车辆统一换发带照片的新版道路运输证，全年共换发3300余本。实行货运源头监管制度，设立源头管理机构，对新驿煤矿、古城煤矿、兴隆庄煤矿等5个道路货运源头单位，实行现场派驻监管运输。同年，开展货运车辆“大吨小标（把车辆出厂时标称的载重量改小，拉货时按实际载重量拉）”及货运车辆异地外挂整治行动。2008年，参加济宁市治理运输车辆超限超载工作，执行超限超载追踪处理及“一超三罚（交通执法检查发现超限车辆并处罚后，将车辆违章事实抄告交通运政、路政、收费等相关机构以及公安、工商等部门，再依法对超限运输车辆、从业人员和运输企业实施追加处罚）”政策。同年，公布第二批源头管理单位7家。至2013年，全市共有源头管理单位12家。

机动车维修管理 1996年，全市汽车维修行业发展缓慢，仅有1家一类维修企业。2004年，市交通局对汽车维修企业实行行政许可制度。2005年，推广维修合同示范文本，逐步在车辆二级维护作业中推广“三单一证（材料明细单、价格结算清单、过程检验记录单和机动车维修合格证）”。同年，改革年度审验制度，在行业内开展机动车维修质量信誉年度考核，评定企业质量信誉等级。2006年，推广建立营运车辆技术管理档案。2007年，推行机动车维修人员从业资格管理，全年发放维修人员从业资格证34件。2010年，开展全市机动车维修市场整治“百治行动”，取缔无证经营单位8家。至2013年年底，全区拥有一类维修企业3家，二类维修企业15家。

机动车检测 1996年，全市有营运机动车综合性能检测站1处，位于火车北站路口（谷村工业区内），站级B级。2001年，在谷村镇工业区设立市机动汽车综合性能检测站，2002年4月竣工使用，实行计算机现代化管理。该站能独立承担第三方公正检验，独立对外行文和开展业务活动，建筑面积1590平方米，其中，检测线面积954平方米，分为办公区、检测车间、待检区，设有检测车间、综合室等部门，共有人员11名。至2013年年底，营运机动车进行安全技术性能综合检测累计11.5万辆次。

机动车驾驶员培训管理 1996年，全市第一家正规驾校——市现代驾校成立，拥有教练车4辆，教练员6人。2003年，市富平驾校成立，有教练车50辆，教练员55人。2005年，驾驶员培训业务由公安部门移交到交通部门管理，驾驶员培训学校正式纳入交通部门管理，全市拥有教练车100辆，教练员111人。全年培训学员5000人。2006年，市兴隆驾校成立，有教练车50辆，教练员56人。全年培训学员6000人。2007年，市交通局设立驾培管理科，开展日常监管与执法工作。同年，在驾培学校开展等级评定，全市现代、富平、兴隆三所驾校达到AAA级，全市有教练车150辆，教练员167人。至2013年年底，全区拥有3所驾培机构，教练员390人，教练车289辆。全年培训汽车驾校合格驾驶员13906人。其中，大货证（B2）92人，小客证（C1）13814人。

第四节 交通稽查

1996年12月，兖州市交通局交通检查站更名为兖州市交通局交通稽查大队，为副科级事业单位，内设3个稽查中队，主要负责道路运输违章违规行为的检查处理和逃漏交通规费车辆的补征工作。2002 年 1 月，按照交通部规定，车辆二级维护不再作为路查项目，但仍实行强制维护制度。2006 年，市交通稽查大队实行违章车辆微机处理，与省、济宁市交通稽查实行联网。2008 年，在全市范围内集中开展运输车辆超限超载治理行动，市政府成立治超工作办公室（设在代家村），下设源头管理、非法货场非标企业清理、无牌无证车辆清理、路检路查、宣传报道、责任追究、后勤保障、综合 8 个工作组，组建 100 余人的执法队伍，至 2010 年年底，路面超限超载率从 2008 年集中治超前的近 50% 降到 1.5% 以下。2008 年，国家 I 类治超检测站济宁东站在兴隆庄镇崇文大道北侧开工建设，占地面积 30 亩，2010 年建成投入使用，是省交通系统场站建设重点项目，建筑面积 3000 平方米，总投入近 1500 万元，设有完备的监控检测区、停车卸货区、生活办公区和高速预检系统、精复检系统以及卸货仓库等设施，实行全天候 24 小时超限运输检测，对全市范围内的国省干道、县乡道路实现超限超载检查全覆盖，日均检测车辆 2000 辆。2013 年，兖州市交通运输稽查大队更名为兖州市交通运输监察大队，下设 5 个监察中队和违章处理室，在编人员 39 人，交通执法专用车辆 8 辆，配备数码摄像机、帽式摄像机、数码相机、笔记本电脑、对讲机等办公、取证、通信设备。1996 年—2013 年，共检查各类机动车辆约 200 万辆次，纠正各类违章约 4 万次，补缴各项交通规费 2700 余万元，罚款 1370 余万元（全部上缴财政）。

第五节　规费征收

1996 年，市交通局对营运车辆征收运管费、货运基金、客运基金、养路费、路港费等各项交通规费，具体工作由市交通局规费征收处及各乡镇交通管理所负责。同年，征收交通规费 910 余万元。2002 年 1 月，车辆购置附加费更改为车辆购置税，由交通部门代征。同年，征收交通规费 1120 余万元。2003 年 12 月，市交通局车辆购置附加费征收办公室撤销，征收业务及 4 名征收人员移交给市国税局。2004 年，取消农用三轮车、拖拉机运输管理费。2005 年，取消农用三轮车货运附加费。2007 年，按交通部《关于进一步规范公路养路费征收管理工作的通知》和山东省交通厅《关于进一步规范和加强公路养路费等公路规费征收管理工作的通知》，对各项交通规费征收及滞纳金实行按日征收。2008 年，建立全局规费征收服务大厅，实现县乡交通规费缴费联网。同年，征收交通规费 1240 余万元。根据《国务院关于实施成品油价格和税费改革的通知》规定，2009 年 1 月 1 日起，全面取消各项交通规费征收。

1996 年 1 月，兖州公路局撤销财务征收科，设立养路费征收稽查办公室，负责境内汽车养路费征收稽查工作，科内设征收员 8 人，养路费收入实行财政专户管理。同年，征收汽车养路费 1732.27 万元。2003 年 11 月，兖州公路局启用养路费征收稽查服务大厅，办公面积 400 余平方米，大厅内设有 8 个业务窗口，配备 12 台微机，上墙公示缴费程序、收费标准和征收执法人员编号，养路费征收稽查工作更加现代化、规范化。同年，设征收员 10 人，征收汽车养路费 2802.38 万元。2008 年，征收汽车养路费 5998.46 万元。2009 年 1 月 1 日起，国家对成品油实施税费改革，取消原在成品油价外征收的公路养路费，兖州公路局撤销养路费征收稽查办公室。

第五章 铁 路

第一节 车 站

1996 年，兖州市设有兖州站、白家店站、程家庄站、孙氏店站、八里铺站 5 个车站和 1 个线路所（303 线路所）。1999 年 9 月，因淄博矿务局济北矿区运输需要成立兖州西站。2001 年 10 月，因兖菏线开通双线，相继撤销八里铺站、303 线路所，同时成立牛王村站。2002 年 12 月，兖菏线全部改为双线自动闭塞，撤销孙氏店站。2004 年 11 月 28 日，兖州车务段将兖州站划分为兖州站与兖州北站 2 个站。至 2013 年年底，全市共有兖州站、兖州北站、兖州西站、程家庄站、白家店站、牛王村站 6 个车站。

兖州站 坐落于城区东部，地理坐标为北纬 35°32′，东经 116°48′。地处京沪线与新日线交会处，车站中心里程为京沪线 K640+322，新日线 K305+819，车站南北全长 2078 米。承担着济宁、菏泽、临沂、泰安、枣庄 5 地市 30 余个县市的旅客到发及中转业务。1995 年，兖州站呈南北布局，北为货运站，南为客运站，全长 8.39 公里，站内线路延展总长度 107 公里，有列车接发和列车编组线计 54 条，道岔 392 组。2004 年 11 月 24 日，依据济南铁路分局《关于调整分局站车系统生产力布局的通知》，撤销兖州站独立一等站编制，建制划归兖州车务段。同年 11 月 28 日，兖州车务段将原兖州站划分为兖州站与兖州北站 2 个站。新兖州站成立，为段管二等站，隶属兖州车务段。全年车站旅客发送人数 171.9 万人，客运收入 1.23 亿元。2005 年，兖州车务段确定兖州站为全段“树标塑型”活动的“龙头”车站，提出在兖州站创建“儒苑”服务品牌的决定。兖州站确立以儒家精髓思想“仁者爱人”为服务理念，“为政以德”为管理理念，“先难而后获”为经营理念。2006 年 6 月 16 日，兖州站京沪上下行信号微机联锁和 ZPA-2000A 四显示自动闭塞设备投入使用。同年 7 月 1 日，兖州站成立兖州区管站，管辖程家庄站，下设客运、运转、程家庄、行包、离退办党支部。同年 9 月 27 日，召开树标塑形工作推进会，推出“儒苑”客运服务品牌。同年 12 月 7 日，对二站台进行高站台改造。2006 年 9 月 20 日，在候车室新安装 14 台大型空调，改变候车环境，增设旅客饮用水、电开水器，更换候车座椅，电子引导设备取代旧的引导指示牌，旅客在车站候车时能够得到更舒适、更便捷的服务。2007 年 5 月 9 日，“儒苑”品牌及标识被国家工商管理总局注册为品牌商标。同年 12 月，兖州站将“儒苑”品牌标志墙置于一站台。重新整修的贵宾室对外开放。2009 年 4 月 1 日，兖州站新增动车组 2 对。同年 6 月，车站通过 ISO9001 质量管理和 ISO14001 环境管理体系认证。2011 年 7 月，京沪高铁运营，兖州站经停动车组列车取消。2012 年，受京沪高铁开通等因素影响，兖州站客运发送量下降至 259.3

兖州站客运人员作业交接

万人。2013年10月，原中铁快运济南分公司兖州站营业部划归兖州车务段兖州站并成立行包车间。2013年8月—12月，兖州站一、三站台风雨棚改造，改善了雨季漏水状况，方便旅客乘车。同年12月，兖州站启动"天眼工程"，在行车室、一站台助理室外、一站台平过道安装摄像头等监控设备，实时监控作业标准、职工两纪、非正常接发列车应急处置等方面，保障安全。至年底，兖州站有旅客候车室1座，面积4876平方米，站台及风雨棚3座，共有线路10个股道。客车到发线有效长600米；1、2、4、5股具备货物列车到发条件，客车到发线各设有上水栓。上下行正线站内允许最高通过速度120公里/小时、160公里/小时。全年旅客到发量548.4万人。其中，旅客发送量266.1万人，客运进款逾2.48亿元。

兖州北站 坐落于兖州市大安镇境内，因位于城区北部而得名，京沪铁路、新兖铁路和兖日铁路在此交会。车站中心里程位于京沪线自北京站起636km100m，新兖线自新乡站起307km861m，兖南联络线自该站5km977m起，白兖联络线自白家店站起636km100m处，与兖州站、白家店站、牛王村站相衔接，隶属于济南铁路局兖州车务段管辖。车站按技术作业为区段站，业务性质为货运站，等级为段管一等站。兖州北站为双向二级五场混合式，主要办理济南、徐州、菏泽、日照四个方向货物列车的列车编组解体、改编等作业，以及货运、军运、装卸和列车到发、会让等工作。

调车标准化作业

2000年9月，新石铁路增二线工程，增健上行到发场（五场）、修建京沪上行外包正线，形成二级五场的区段站。新建Ⅴ场线路，设正线1条，到发线7条，预留线2条（4、10股），兖州—兖州北上行正线外包。同年10月，兖州北站南车站行车室增设TYJL－TR9型容错式计算机联锁设备。2001年12月，对Ⅱ场驼峰进行自动化改造，为TW—Ⅱ型三级微机全过程自动控制的中型自动化驼峰。2002年1月，运转站场改扩建和驼峰自动化改造后，日均接发列车能力由450列提高至484列，日均解体编组列车由32列提高至41列。2004年11月24日，济南铁路局调整生产布局，兖州站整建制划归兖州车务段管辖；11月28日，兖州车务段将兖州站划分为兖州北站和兖州站，原兖州站货运、运转、后勤车间归兖州北站管理。客运车间归兖州站管理。2007年，兖州北站日均办理量数1.4万辆，有调中时11.6小时/车，无调中时1.7小时/车，日均装车130.6车，日均卸车52.7车。同年，兖州北站装卸作业所被济南铁路局命名为安信装卸先锋队。2008年，兖州北站创建济南铁路局货运系统唯一的"儒意"服务品牌。至2013年年底，兖州北站下设运转车间、货检车间、货运营业部、装卸作业所和综合技术室。有行政班组9个，下设28个区域班组，72个生产小组。日均办理量数1.43万辆，有调中时13.1小时/车，无调中时1.6小时/车，日均装车128.4车，日均卸车55.2车。

兖州西站 位于兖州市黄屯街道境内，以煤炭和焦炭运输为主。车站中心里程位于新兖线292km118m处，车站按技术作业为中间站，按业务性质为货运站，按作业量为三等站，驻有工务工区、电务工区，治安保卫属于济宁铁路公安派出所。车站于1999年9月2日开通，2010年进行电气化改造。东接牛王村站，西连济宁站。车站既有线路8条，正线2条，到发线6条，总长度为8947米，道岔35组。车站东距牛王村站10.3公里，西距济宁站17.58公里。主要办理货物列车编组、解体、改编、摘挂等作业，以及货运、装卸等任务和列车的到发、会让等工作。2010 年，车站装车 6.71 万车，卸车 1.36 万车，货物发送 435 万吨，运输收入 3.3 亿元。2013 年，受到煤炭市场持续低迷影响，煤炭装车较 2010 年下降约 67 万吨，全年车站装车 5.51 万车，卸车 1.78 万车，货物发送 365 万吨，运输收入约 2.93 亿元。

第二节　专用线

1996 年，兖州市有非路产专用线 10 条，产权属各企业，总长度 1.73 万米；路产专用线 3 条，全长 2439 米。2002 年，建成使用山东东山古城煤矿有限公司专用线。2013 年，拆除兖州 201 处、兖州粮库、兖州木材公司、兖州石油库 4 条非路产专用线。至年底，境内有非路产专用线 7 条，总长度 1.56 万米，其中 2 条停用；路产专用线 3 条，总长度 2439 米。

路产专用线

济南铁路经营集团有限公司兖州分公司专用线　1987 年建，出岔点在煤矿机械厂专用线 498.455 米处，全长 362 米。

济南铁路经营集团有限公司兖州营销处专用线　1988 年建。出岔点在兖州北站 K504，16# 道岔矿山专用线 559.83 米至 353.742 米处，线路全长共计 354 米。

济南西机务段兖州北段管线　1981 年建。出岔点在兖州北站 46 号道岔，线路共分 2 股，线路全长共计 1723 米。

非路产专用线

兖州棉麻公司专用线　1988 年 9 月建。出岔点在津浦线 K504+196.739 处，全长 1672 米，采购供应站内设线路 2 股，站外渡线 1 股。建有涵洞 1 座。

山东东山古城煤矿有限公司专用线　2002 年 4 月建，出岔点在京沪下行 K502+604.47 处，线路共分 5 股，全长 2034 米，有平交过道 1 处，宽 2.0 米。

兖州煤矿机械厂专用线　1969 年建，线路起点在兖州北站 6 号道岔，全长 4053 米，厂区设线路 2 股。建有涵洞 15 座。2005 年，更名为兖矿集团大陆机械有限公司专用线。

铁十四局专用线　1994 年 12 月接管。出岔点在兖矿山线 K0+416 处，线路共分 3 股，全长 1447 米。2013 年，增加 1 股线路，共 4 股线路。

兖州焦化厂专用线　1969 年建，出岔点在煤矿机厂专用线 K1+231.9 处，全长 1589 米。建有涵洞 2 座。

兖州肉联厂专用线　1966 年建，出岔点在兖菏线 K304+241 处，全长 1453（延长）米。厂区设线路 2 股。渡线 1 股，修有小桥 2 座，2008 年停用。

山东拖拉机厂专用线　1969 年建，出岔点在煤矿机厂专用线 K2+495 处，全长 3306 米，厂区设线路 2 股，建有涵洞 7 座，2004 年停用。

兖州 201（路产）专用线　1939 年建，初名南中兴线。出岔点在兖州站牵出线京沪干线 K507+592 处，专用线全长 251 米。1965 年 201 专用线接煤建线延伸 635 米，全长 886 米，建有小桥 3 处。2013 年拆除。

兖州粮库专用线　1957 年 6 月建，出岔点在兖菏线 K304+741 处，全长 831（延长）米。库区设线路 2 股。建有涵洞 3 座。2013 年拆除。

兖州木材公司专用线　1956 年 10 月建，出岔点在东联络线 260.9 米处，产权分界点在 84 米处。到专用线终点长 697 米。2013 年拆除。

兖州石油库专用线　1965 年建，出岔点在煤矿机厂专用线 559.83 米处。全长 1368 米。库区设线路 2 股，建有涵洞 3 座。2013 年拆除。

第三节　铁路运输

客　运　1996 年，兖州站发送旅客 149.3 万人，客运收入 6188.1 万元。2002 年，兖州站发送旅客148.6万人，客运收入1.01亿元。2010年，兖州站发送旅客277.3万人，客运收入2.48亿元。2012年，受到京沪高铁开通等因素影响，兖州站发送旅客人数下降为259.3万，客运收入下降至2.37亿元，同年，兖州站旅客列车运行调整。至2013年年底，兖州站客运发送量回升至266.1万人，客运收入2.48亿元。

1996年—2013年兖州站铁路客运发送量情况表

表6-8

年份	旅客发送量（万人）	客运收入（万元）
1996	149.3	6188.1
1997	149.8	6392.4
1998	154.5	6848.5
1999	156.3	6989.1
2000	152.1	7328.4
2001	160.8	9290.9
2002	148.6	10142.7
2003	155.5	10231.5
2004	171.9	12272.7
2005	194.5	13422.3
2006	214.1	14311.1
2007	227.6	15076.1
2008	253.4	17659.7
2009	268.1	21828.6
2010	277.3	24841.1
2011	274.3	25667.1
2012	259.3	23686.7
2013	266.1	24762.7

货　运　1996年，兖州站货场货运发送84.7万吨，货物到达1.3万吨，同年，兖州站货场被济南铁路局评为一星级优质货场。1998年，兖州站组织货运职工开展营销活动，分组到经济吸引区内的宁阳、汶上、曲阜、泗水等地，发动“运货到兖州、满意在货场”宣传活动，至年底，货运发送完成121.9万吨。1999年9月2日，兖州西站成立，同年9月28日，兖州西站接轨的淄矿济宁北矿区专用铁路开通。2000年，兖州西站货运发送量181.4万吨，发送货物主要为煤炭。同年，兖州站货场通过国家ISO9001质量认证。2001年，古城煤矿投产，煤炭通过专用线外运。同年6月，兖州西站开通淄矿济宁北矿区专用铁路东庄站货场。全年兖州西站货运发送量294.9万吨。2002年，兖州站货场“货九股”建成使用。2003年1月，兖州西站接轨的淄矿济宁北矿区专用铁路东庄货场开始杂货装车，全年发送面粉5.4万吨。2006年8月，兖州西站接轨的山东兖矿国际焦化有限公司专用铁路开通，全年兖州西站货物到达37.8万吨，主要为煤炭，发送焦炭10万吨。全年装车5.35万车，卸车6284车，运输收入2.37亿元。2007年，兖州北站货场开展“检一辆货车，保一路平安”活动，同年被济南铁路局命名为标准化货检站。全年货场拥有装卸设备36吨门吊1台，20吨门吊1台，装载机4辆，叉车8台。完成实重吨60.34万吨，装卸收入380.14万元。同年4月，兖州西站接轨的淄矿济宁北矿区唐口矿投入生产，全年货运发送量增长到400万吨，其中发送焦炭68.4万吨，化肥2.69万吨，面粉1万吨。2011年，兖州西站全年装车5.59万车，卸车3255车，运输收入2.65亿元，因山东兖矿国际焦化对其焦炉进行技术改造，焦炭发送量下降至9.7万吨。2012年7月，山东兖矿国际焦化焦炉技术改造完毕，恢复装车，当年发送焦炭27.7万吨。2013年，兖州北站货场货一道货物线实施北延100米工程，提高作业能力。同年6月，根据中国铁路总公司要求，兖州北站、兖州西站从办理货运手续、运输效率、运价、服务等方面推行货运组织改革。同年7月14日，兖州西站营业部成立。兖州北站全年装卸完成实重吨121.27万吨，装卸收入635.74万元。兖州西站全年货运发送量364.4万吨，装车5.51万车，卸车1.78万车，运输收入2.9亿元。

1996年—2013年兖州市年铁路货运到发量情况表

表6-9　　单位：万吨

年　份	货物发送			货物到达		
	兖州北站	兖州西站	合　计	兖州北站	兖州西站	合　计
1996	84.7	—	84.7	1.3	—	1.3
1997	97.7	—	97.7	1.2	—	1.2
1998	121.9	—	121.9	1	—	1
1999	154.5	—	154.5	1	—	1
2000	185.6	181.4	367	0.9	—	0.9
2001	152.1	294.9	447	1.1	—	1.1
2002	182.2	374.5	556.7	1	—	1
2003	248.5	360.1	608.6	1	2.8	3.7
2004	330	375.5	705.5	1.3	6.2	7.5
2005	294.1	318.3	612.4	1.1	6.2	7.3
2006	240.7	334.8	575.5	1.1	37.8	38.9
2007	209.3	401.6	610.9	1.9	88	90
2008	315.8	374.2	690	1.6	79.6	81.2
2009	280.8	446.3	727.1	1.8	133.9	135.7
2010	286	435.1	721.1	2	89.1	91.1
2011	326.5	366.5	693	1.9	21.2	23.1
2012	325.7	285.2	610.9	2	51.2	53.2
2013	291.8	364.4	656.2	2.1	118.4	120.5

第六章　邮　　政

第一节　邮政网络

干线邮路　1996年，兖州邮件转运站，负责临沂、菏泽、枣庄、济宁等5个地级市的邮件中转，日接发火车30趟次、汽车24趟次，市内趟班7趟次，日接发邮件1万余件。汽车干线邮路包括兖州—汶上—梁山；兖州—曲阜—金庄—泗水—苗馆—泉林—平邑—地方铜石—费县—探沂—大岭—临沂；兖州—济宁—唐口—喻屯—卜集—金乡—鱼台；兖州—安居—嘉祥—巨野—田桥—龙堌集—沙土集—菏泽；兖州—济宁—滕州—薛城。2000年，济宁市邮区中心局成立，兖州市邮件转运中心撤销。邮路、邮件分拣、封发划归济宁市邮区中心局。

市内邮路　1996年，全市有3条市内邮运路线，日交换邮件2次，早7:30、午14:00各1班。市内邮运路线为兴隆庄镇—兴隆矿—泗庄—前海（红星）—颜店；中山—新世纪—市营业；矿山—山拖—大安—新驿—小孟—漕河—谷村—北站。

至2013年未发生变化。

局所网点 1996年，市邮电局下辖车站、兴隆庄、王因、黄屯、泗庄、前海、颜店、新驿、小孟、大安、漕河、谷村、杨村煤矿、兴隆庄煤矿、校场、北站、山拖、矿山、中山、旧关、九一邮电支局。1998年，增设新世纪邮电支局。2004年，杨村煤矿、王因、黄屯邮电支局划归济宁城区邮政局。2007年，中国邮政储蓄银行兖州市支行成立，校场、旧关、九一邮电支局划归中国邮政储蓄银行兖州市支行。市邮政局辖车站、中山、新世纪、矿山、山拖、大安、新驿、小孟、漕河、谷村、北站、兴隆庄镇、兴隆矿、泗庄、前海、颜店16处支局营业厅。至2013年，局所网点未发生变化。

第二节　邮政业务

函件特快 1996年，市邮电局开办的函件业务有信函、明信片、邮简、印刷品、盲人读物、义务兵免费信件、商务传单、挂号邮件、快递邮件、保价信函、航空信函、特种挂号、大宗挂号（邮资总付）、存局候领、欠资、退回、查询等。同年，开办高（中）考录取通知书专递业务，同时开办鲜花礼仪专递业务，全年累计寄递高（中）考录取通知书5100余张，鲜花礼仪200余次。1998年7月，取消快件业务。2000年1月，开办省内邮政快件业务。2001年起，开办送达法院文书业务，全年累计送达法院文书1200件。2002年，开办挂号回执业务。2004年，特快专递业务系统通过微机联网实现与国际接轨。同年，开办“全夜航”业务，投递时限缩短50%以上，年发件量突破1.5万件，派件量突破2万件。2004年12月，实现全国统一版本切换上线。2006年11月，按照国家发改委、国家邮政局要求，对国内函件业务中的信函和明信片资费进行调整，信函资费首重100克以内，每重20克本埠由0.6元调整为0.8元，外埠由0.8元调整为1.2元，100克以上的续重资费维持每重100克本埠1.2元，外埠2元，明信片资费由每件0.6元调整为0.8元。全年函件业务收入完成90余万元。自2007年起，函件业务结构开始转向大数据库商函、账单业务、无名址广告、邮资封片卡等方面，批量业务逐渐代替个人业务成为发展主流。2008年，邮政特快专递业务单独分立划归邮政速递物流公司管理，年发件量突破5万件，派件量7万余件。2010年后，全市快递公司数量和业务量快速增长，顺丰、中通、圆通、申通、韵达等大型快递公司均在兖州设立分公司。兖州快递业务开启“快递+电商”“快递+零售”新模式。2011年，全市快递业务年发件量突破20万件，派件量25万件，现实主营业务收入2531万元。2013年，全市快递公司派送范围除邮政EMS快递可覆盖全市各镇（街道）外，其他快递公司仅限于城区、城郊和个别镇（街道），全年累计派件达39.56万件，发件43.49万件，实现主营业务收入4798万元。

包　裹 1996年，市邮电局开办的包裹业务有民用包裹、纸质品包裹、商品包裹、大件商品包裹、快递小包、保价包裹等。2002年12月1日，开办交寄到台湾的小包裹业务。包裹资费每500克为一个计算单位，按照寄递里程分区核定资费，年发件量20余件。2009年，开办爱心包裹业务，爱心包裹受理点位于兖州市邮政局车站邮政营业厅，每周汇集整理一次社会爱心人士捐赠的衣物、图书等爱心物品，以爱心包裹的形式寄递到青海、

转运中心工作人员分拣邮件包裹

西藏等地区的贫困家庭。至2013年年底，年内爱心包裹由最初的百余件发展至4000余件。

汇 兑 1996年，市邮电局办理普通汇票、电报汇票、私人汇款和小额汇款业务，每张汇票最高限额为500元。1996年12月1日，每笔汇款最高限额提高到1万元。1999年，每笔汇款最高限额提高到5万元。2002年1月1日，开办24小时到账电子汇兑和投单汇款业务。同年10月21日，开办2小时到账的加急电子汇款，年内汇兑业务量突破24.7万笔。随着网络与银行业务的发展，邮政汇款业务由于产品线宽度不够，目标客户群相对狭窄，汇兑业务市场竞争日益激烈，2001年始，邮政汇兑业务市场占有率呈现下降趋势。2013年，汇兑业务量1.57万笔。

报刊发行 1996年，征订业务采取邮政人员和社会报刊发行（员）相结合的办法，征订计划由市委宣传部分配至市直各单位及各乡镇政府，由市邮电局及各支局负责具体收订工作，全年实现报刊期发份数3.4万。1999年4月1日，市邮政局成立信服快达公司，解决城市居民楼房通邮难、订报刊难的问题。2003年，由传统期报按季要数全部更为按月要数，打破用户最低定期为一季度的模式，用户可以自由试订1个月。2007年，全市由原来PC机老系统更新为报刊发行电子化支局，报刊发行全面提速，订阅时限缩短30%以上。2012年始，开展第三方订阅活动，主要包括形象期刊和订阅卡，年订阅量5000余份。2010年—2013年，报刊流转额增幅在10%～15%以上。2013年，订销报纸560万份，订销杂志8万份。

投递员雪中投递

机要通信 1996年，市邮电局机要通信业务主要是涉密文件和电报的传送。1999年，机要邮件资费调整，文件类首重100克内每重20克（不足20克按20克计算）本埠0.6元，外埠0.8元；续重101克～2000克，每重100克（不足100克按100克计算），本埠1.2元，外埠2元。刊物类首重100克（不足100克按100克计算）本埠0.3元，外埠0.6元；续重101克～5000克，本埠0.15元，外埠0.3元。挂号费每件2元，保密费每件1元，查询费免收。至2013年，资费标准未发生变化，年机要通信业务收入约4000元。

集 邮 1996年，市邮电局开办的集邮业务有普通邮票、纪念邮票、特种邮票、首日封、邮折、集邮册及其他集邮品30余种。2001年，兖州市邮政集邮公司成立，年销售额突破1万元。2009年，以兴隆塔为主题开发制作《兖州风光》个性化邮册2000册，宣传兖州形象，收入5.2万元。2011年，开发制作《和谐兖州》个性化邮册2000册，收入50万元。2013年，市邮政局集邮业务收入90万元。

邮政物流 2002年，市邮政局开办邮政物流业务，当年完成业务收入20余万元。2003年，兖州市邮政物流公司成立，为客户提供仓储、运输、配送、包装、流通加工、货运代理、农资分销、代收货款等物流服务。2005年，开展邮政物流服务“三农”工作，全市建立邮政三农服务直营店9家，邮政三农服务中心（站）126个。至2013年年底，三农服务中心（站）238个，农村合作社60余个。年销售各类农资800余万元，业务收入近100万元。

1996年—2013年兖州市函、包、汇和机要通信业务量情况表

表6-10 单位：件

年份＼数量＼项目	函件	包裹	汇票	机要通信	年份＼数量＼项目	函件	包裹	汇票	机要通信
1996	903428	114532	218710	1683	2006	1445335	150071	129177	1071
1997	993771	129076	234509	1532	2007	1416428	157575	103342	1172
1998	1093148	149845	257960	1619	2008	1388100	154423	82674	927
1999	1202463	157910	283756	1823	2009	1665720	151335	62005	973
2000	1322709	179801	289431	1417	2010	1998864	148308	45884	815
2001	873167	98210	274959	1298	2011	2398637	163139	32119	865
2002	960484	103121	247464	1521	2012	2878364	179453	22483	942
2003	1056532	113433	210344	1465	2013	3454037	197398	15738	863
2004	1003705	136119	178792	1031	合计	27259338	2626674	2841321	21770
2005	1204446	142925	151974	753					

第七章 通 信

第一节 联通通信

机 构 1998年9月6日，兖州市邮电局撤销，分别设立兖州市邮政局、兖州市电信局。同年，无线寻呼业务从市电信局分离，并入山东国信寻呼有限责任公司济宁分公司。年底，市电信局下设办公室、市场经营部、财务部、人事部、工会，辖谷村、漕河、黄屯、王因等11个农村支局，有员工198人，固定资产1736.41万元。1999年7月，移动通信业务从市电信局分离。同年，增设电信营销公司、通信工程建设办公室。2000年11月，多种经营部门及物资、后勤服务部门进行资产重组，鸿鑫通信有限公司、物资供应室、后勤室从市电信局分离，山东电信鲁通发展有限公司兖州分公司成立，隶属山东电信鲁通发展有限公司济宁市分公司。2001年2月，兖州市电信局更名为山东省电信公司兖州市电信局，增设运行维护部。同年3月，山东电信鲁通发展有限公司兖州分公司并入市电信局，市电信局增设实业部。2002年11月，撤销山东省电信公司兖州市电信局，成立山东省通信公司兖州市分公司，设办公室、市场部、人事部、财务部、实业部、运行维护部、质量保障室等行政管理部门，辖谷村、大安、王因、黄屯等11个支局，在册员工89人。2003年，下属支局改为营业部。2004年1月，黄屯、王因营业部划归济宁市高新技术开发区分局。同年8月，山东省通信公司兖州分公司实施营销服务体制改革，在城区成立市东、市西、市北、市南、鼓楼、新兖6个分局。同年11月，山东省通信公司兖州市分公司更名为中国网通(集团)有限公司兖州市分公司。2008年11月，中国网通（集团）有限公司兖州市分公司与中国联通兖州经营部（2000年5月成立，隶属中国

联通济宁分公司）G网资产及部分人员合并，成立中国联合网络通信有限公司兖州市分公司，设综合部、市场经营部，辖客户服务中心、重点客户服务中心、设备维护中心、管线维护中心4个中心，市南、市北、新兖、鼓楼4个社区分局，谷村、漕河、大安、小孟、新驿、颜店、前海、泗庄、兴隆庄9个农村营业部，在职员工87人。2013年11月，中国联合网络通信有限公司兖州市分公司更名为中国联合网络通信有限公司济宁市兖州区分公司。同年年底，公司设综合部和销售中心、集团客户中心、卖场服务中心、南城渠道服务中心、北城渠道服务中心、驻地网营销中心、维护中心7个中心和谷村、漕河、大安、小孟、新驿、颜店、前海、泗庄、兴隆庄9个农村营业部，在职员工91人。

固定电话　1996年，全市城市电话交换机容量2.05万门，农村电话交换机容量1.13万门，电话普及率5.4部/百人。新建兖州至北站、山拖、矿山、杨村矿4个支局光缆通信网。1997年，放号1.24万部。其中，市话3804部，农话6602部，新建电话村70个，累计85个，新增公用电话395部，累计1078部。全市交换机容量5.81万门，电话普及率7.5部/百人。1998年，市邮电局设立校场、北站、九一等21处邮电局（所），全市电话普及率13%，其中，农话普及率3.9%，市话普及率34%。完成“九七”配套工程建设和北站、莲花小区接入网建设，完成11个支局电源设备改造工程，先后进行共青团路、建设西路、莲花小区市话线路改造工程；对新驿、颜店、小孟、前海、大安、兴隆庄镇和王因支局的农话线路进行彻底改造；完成可视电话会议工程建设。全市城乡电话交换机总量10.08万门，电话普及率9.07部/百人，电话村102个。1999年，开通“一线通”业务，即窄带综合业务数字网（N-ISDN）。完成南北环SDH传输工程，先后对东苑小区、新世纪路、友谊路等市话线进行改造；完成中山西路、中御桥路、龙桥路等管道工程建设；完成

机房技术人员维护交换设备

泗庄、颜店等支局通信线路改造工程。采取联合建设方法，相继建成开通煤机厂、山东拖拉机厂虚拟网，此做法在全省电信工作会议上被作为典型经验进行推广。全年市农话放号1.1万部，其中，市话6995部，农话4005部。公用电话366部，全市电话普及率11%。2000年，兖州市启动电话市建设，电话实现跨越式发展，市电信局完成新增固定资产投资1.6亿元，市农话交换机扩容8.6万门，累计16.1万门，新增接入网点60处。接入网设备容量5.45万门，接入网设备实占容量3.14万门，建成5个光缆中继环及遍布农村各点的光缆配线环。新架光缆310皮长公里，新增出局电缆12万线，完成452个村庄线路工程，新建4个622兆/秒自愈环形网络。黄屯镇经过52天建设，建成鲁西南第一个电话镇。市农话全年放号5.18万部。其中，市话2万部，农话3.18万部。市、农话装机部数达到10.2万户，智能网接入终端用户3727户，公用电话1467户，集团用户交换机（CENTEX）电话用户净增3.35万户，全市主线普及率17.1%，市话普及率31.72%，农话普及率13.73%。全市电话入户率60.8%。同年底，建成电话乡镇7个，兖州市成为鲁西南第一个电话市。自办营业网点13个，建成电话村339个。2002年，对所有接入网进行“九七”系统资源改造，完成线号资源核对工作，线号资源准确率达到主干99%、配线87%。对S1240进行扩容，解决创建用户虚拟网的问题。建成环绕全市

各乡镇的光缆环形网。全市电话普及率22.38%，入户率69.32%，电话交换机总容量达15万门。2004年，实装电话10.59万部，来电显示累计5.23万部，电话交换机总容量15万门，市话普及率23.74%，农话普及率达到15.06%，电话入户率77.34%。2006年12月，开通兖州C4本地网2.5G环网2个。2011年，完成科技局、煤机厂、六股路机房OLT设备的安装及兴隆庄支局扩容，确保EPON业务的开通。完成东苑、兴隆庄、漕河、谷村、煤机厂、三处、颜店、莲花池、翟村、科委、夏村、新驿四村、工商局、冠庄铺、丁郗村、龙王店、八里铺等136个模块局、接入网、AG网点的数据设备的扩容及调整，扩容及调整线数2912线。同年6月18日0:00—6:00，配合省、市公司将承担北京至上海通信业务的原网通控股一干机房搬迁至公司驻地机房。同年6月23日，S1240交换机下电。2012年，完成五圣堂、山拖机房MDU5616设备的安装并顺利割接，撤出五圣堂AG、辛北庄AG设备，完成牛楼村、兴隆庄矿、九一机房的OLT安装、小孟OLT扩容并开通，完成谷村、前海、颜店、新兖、太阳花园、小孟、大安机房3906数据交换机设备由S3500传输设备割接到城域网设备。2013年，电话端口容量9.26万线，实际占用7.26万线，实占率78.45%。

数据宽带 1996年，市邮电局开通互联网业务，用户通过调制解调器拨号上网。至1998年年底，发展互联网用户260户。1999年，发展ISDN用户83户。2000年，开通城域网BD6808设备，城域网初具规模，开通SUMMIT设备45台，开通专线用户240户。2001年，开通ADSL技术的宽带业务，开通IP宽带业务。2002年4月，完成ADSL设备扩容任务，累计开通中兴ADSL设备150台。至2004年年底，宽带累计6671户。2007年，BD6808设备退网。2011年，开始在城区推进AD改LAN，相继完成九州方圆E区、维多利亚小区、古城矿宿舍小区、毛条厂宿舍、莲花小区、健康新苑小区、十四局三处宿舍等16个小区近2600线改造工作。年新增1.14万户，宽带用户增至5.04万户。2013年，对谷村、颜店、漕河、东顿、小孟、大安等77个网点的数据设备进行调整扩容，调整扩容2446线。完成31个新建小区和22处新建企业的光缆接入，提供宽带端口6152个。完成宽带改制工程三批，覆盖11个小区和9个村庄。完成18个村庄光进铜退，退铜5015芯公里，同年宽带净增4500户。同年年底，宽带端口容量5.76万线，实际占用4.52万线，实占率78.39%，其中ADSL容量4.37万线，实际占用3.8万线，实占率86.9%，LAN容量2820线，实际占用1749线，实占率62.02%，EPON容量1.11万线，实际占用5406线，实占率48.91%。

移动通信 1996年，移动电话户数8704户，无线寻呼1.93万户。1997年，移动电话放号1951部，无线寻呼用户年内净增5757部。1998年6月，相继开通GMS数字移动通信系统，在大安、黄屯、兴隆庄煤矿、北站、王因、谷村、新驿、前海各建成1处移动基站。至1998年年底，模拟移动通信信道96个，数字载频21个。1999年7月，移动业务从市电信局剥离。2000年，无线寻呼系统退出服务。2009年—2010年，兖州联通加快网络优化。至2010年年底，建移动基站60处，数字载频429个，移动信号得到大幅度改善。2011年，新增2G基站16处，3G基站9个，完成光进铜退7456芯公里，ADSL改LAN3000户。2012年，新建和利旧基站2G17处、3G30处、室内分布系统14处。2013年，新建并开通3G基站13处、室内分布系统4处，在建基站3处、室内分布系统3处，对139处基站进行网络优化，重点解决客户集中区域的信号覆盖问题。至年底，移动基站数量204处，其中，2G基站121处、3G基站83处；分布在农村基站数量91处，其中，2G基站68处、3G基站23处；分布在城区基站数量113处，其中，2G基站53处、3G基站60处。

无线市话　2001年11月，兖州市电信局安装并开通小灵通无线市话系统，开通小灵通基站控制器15个，开通小灵通基站100余处。2002年1月，兖州市在济宁县（市、区）第一个开通无线市话小灵通业务，当年发展小灵通用户5000户。至2008年，小灵通用户达1.69万户。2013年，小灵通业务逐步转至G网业务。

电　报　1996年，市邮电通信楼电报机房有机械式55型电传打字机2台、中文译码机1台、双机头自动编号发报机2台、ARQ自动纠错设备2台，单双流变换设备1台、传真设备1台。市邮电局与全国所有省（自治区、直辖市）政府所在城市、工商业大城市和重要海港、边防要塞及休养胜地等均设有直达报路，并建有国际报路。可收受居民、企事业单位交发的电报，至兖州的来报由各邮电支局接力投递。市内多数邮电支局和业务量较大的机关、企事业单位都与报房建有市内直达报路，国内和用户专线采用电传打字机通报，以撕断凿孔纸条的半自动转报方式实现。国内电报电路主要使用载波电报电路，气象、报汛中心台仍使用短波无线莫尔斯人工电路，市内和用户专线电路则利用市内电话网专线传递。1998年，随着通信技术的发展，电话快速增长，逐渐进入家庭，电报业务逐渐减少。2000年，兖州电报本地网退网，电报业务由营业员受理后传真至济宁电报机房发送，2002年，电报业务取消。

信息化建设　1998年7月，兖州信息港开通。2000年，启动政府上网工程。2006年，新兖镇被确定为济宁市信息化乡镇建设示范点，启动建设“信息化新兖”工程，标志着兖州市信息化建设工作全面启动。中国网通有限公司兖州市分公司与组织部党员上网工程办公室合作，一次性投资解决居委会和村委会宽带上网问题，农村党员上网达到400户。投资600余万元，建设“平安兖州”治安综合监控网，与易路轮胎公司开通至上海的2兆电路。同年5月，兴隆庄营业部与兴隆庄镇王庄村合作，以推广黄金梨为触点开通全市首个悦铃村，使该村黄金梨培育基地的品牌影响得到提升。2007年，完成337个村庄网页制作，全市村级建站渗透率达到100%。同年9月，济宁农博会在兖州市举办，中国网通有限公司兖州市分公司联合市委宣传部，将所有市直部门的1800余部固定电话全部开通以“古韵新声、文明兖州”为内容的特色悦铃，成为具有城市特色的有声名片。2008年，配合社会主义新农村建设工作，推广农村平安互助网，平安互助网渗透率87%。承建兖州市城乡照明综合监控系统，解决城市路灯管理难问题。与市教育局合作建设兖州市教育信息平台，通过市教育局既有资源，向全市学生开通网上教育，丰富学生学习生活，该平台是山东省第一个县级教育信息化平台。2009年，兖州市实施行政效能电子监察系统。同年，互联网用户超过4万户，全市企业建站103个，镇级网站普及率100%，村级网站325个，普及率92%，平安互助网完成308个点，渗透率87%。全市90%以上的企业使用联通宽带网，银行、保险、工商、税务、公安、教育等行业、部门通过通信公网组建各自的信息化应用系统。2011年，中国联合网络通信有限公司兖州市分公司与市公安局联合建设城乡电子监控民安工程，开通485个监控点、10个高清卡口和9个高清电子警察，提供244条100兆光缆接入，承建政府电子政务网建设。2013年9月，与市住建局联合建设数字城管项目投入使用。同年10月，配合省环保厅完成山东省2013年环境应急实兵演练暨监察检测技术比武应急通信任务。

第二节　移动通信

网络建设　1999年7月，中国移动通信集团有限公司兖州分公司（以下简称兖州移动公司）成立，设办公室、财务部、网络部、市场经营部、清欠公司、鑫通通信公司、营业厅7个部门，有员工23人，主要负责全市公众数字移动电话网的规划、建设和运营。至年底，建有移动无线基站 23 处，基本满足县城和乡镇驻地客户移动通信需求。2007 年，兖州移动公司开始发展 3G 模式，手机上网速度比 2G 模式大幅提升。2007 年—2008 年，新建移动无线基站 120 处。至 2008 年年底，全市移动无线基站达 280 处。2013 年，兖州移动公司设有综合部、市场部、重点客户服务部、网络部 4 个职能部门，在职员工 117 人。拥有移动无线基站 410 处，在全市重要办公大楼、医院、商场等区域建设室内分布系统 127 处，站点数量位居济宁市县级区域第 4 位。基本实现网络信号无缝隙覆盖。

客户服务 1999 年，全市有移动手机用户 2 万户。2001 年，推出 12580 移动秘书、12590 手机寻呼、信息点播、IP 电话、WAP 网上服务等新业务。同年 4 月，组织开展模拟网转网工作。至 2001 年年底，模拟客户转网工作全部完成，共转网 1.1 万户。2002 年，建立首席客户经理制，在营业厅设立大客户专柜及贵宾区，1860 服务热线提供优先接入、优先处理等专项服务。2005 年，推行服务监督卡，实施督导管理项目，提高窗口服务能力。2006 年，开展“满意 100”“流动红旗飘起来”等活动。在各营业厅内开辟新业务演示区，配备彩铃视听器、演示手机、彩铃坊、彩信坊等先进设备。2007 年，实现客户话费自动查询、账单打印功能。2008 年，推出惠农卡资费业务，手机资费大幅降低。至年底，全市移动手机用户达到 26 万户。2011 年，建设村级移动代办点 300 处，居民足不出村，就能办理缴费、办卡、购买手机等业务。2012 年，推出无线大话机业务，资费更加优惠，全年共办理无线大话机业务 1.5 万户。2013 年，推出家庭网，畅聊卡、家园卡等资费业务，全年共发展移动手机用户 2 万人，全市移动手机用户达 32 万户。

第三节 电信通信

中国电信股份有限公司兖州分公司（以下简称兖州电信公司）是中国电信集团公司在兖州地区设立的分支机构，2003 年成立，办公地点位于旧关村委会内，设立营业厅和一个前端渠道，公司有员工 10 人，安装维护人员 5 人。2003 年，电信主要经营固定电话和宽带业务，全年共装固定电话 120 部，宽带 200 条。2008 年 10 月，中国电信成功收购 CDMA 网络，兖州电信公司拥有覆盖全市城乡、通达世界各地的电信网络，实现全业务运营。同年 12 月，推出中国电信“天翼”品牌，可为用户提供移动综合办公、移动全球眼、手机对讲、总机服务、加密通信等多项全新信息化服务，全年共装固定电话 200 部，移动电话 500 部，宽带 400 条。2009 年 4 月 17 日，兖州电信公司在兖州市城区率先开通 3G 业务，成为全市第一个实现 3G 网络覆盖、提供 3G 网络应用的通信运营商。同年 12 月，兖州电信公司正式向社会推出 189 号段，全年共装固定电话 200 部，移动电话 1500 部，宽带 800 条。2010 年 5 月 17 日，兖州网络建设完成省公司精品宽带建设任务，接入网最低接入带宽达 4M 以上，其中大部分地方具备 8M 以上接入能力。2010 年，兖州电信公司推进卫生信息化建设，搭建兖州卫生信息平台，成为全省第一个县级区域卫生信息平台。在此基础上，林业 E 通、政务监管、数字医卫、可视化处警行业等行业全面实现应用信息化。全年共装固定电话 100 部，移动电话 2300 部，宽带 1000 条。2013 年，兖州电信公司设立营业、卖场、城区、政企、农村等 7 个前端营销支局，网络、运营支撑 2 个后端支局，有员工 40 人，安装维护人员 10 人，代理商共计 50 余家。全年共装固定电话 80 部，移动电话 3000 余部，宽带 2000 余条。全市有电信固定电话 1000 余部，移动电话 1.72 万部，宽带 7800 余条。

第七篇

经济综述

YANZHOUSHIZHI

经济综述

1996年—2013年，兖州市在农业、工业和交通运输业、商贸流通业 、金融保险业等各行业与部门深入进行经济体制改革，不断调整优化产业结构，第一、第二、第三产业构成由1996年的25∶47∶28调整为2013年的8∶58.2∶33.8。同时调整和完善所有制结构，国有经济和集体经济比重大幅下降，个体私营、混合所有制和港澳台投资及外商投资经济比重大幅上升，股份制企业作为现代企业管理模式的代表发展迅速，个体私营、混合所有制和港澳台投资及外商投资经济、个体经济成为经济发展中的重要力量。

全社会固定资产投资，年均增长17.54%。其中，规模以上固定资产投资，2004年73亿元，2009年126.87亿元，2013年215.62亿元，在济宁市12个县（市、区）中均列第二位。地区生产总值不断增加，年均增长14.46%。其中，2000年83.2亿元，2004年153.6亿元，2009年335.9亿元，2013年554.9亿元，均列济宁市第二位。

地方财政收入不断增加，年均增长19.63%。其中，2000年3.78亿元，2004年7.63亿元，2009年17.36亿元，2013年37.88亿元，均列济宁市第二位。

城市居民可支配收入不断增加，年均增长12.78%。其中，2000年4382元，2004年8100元，2009年17209元，2013年27189元，列济宁市第四位。农民人均纯收入，年均增长10%。其中，2000年3328元，列济宁市第二位；2004年4426元，2009年7873元，2013年13218元，均列济宁市第一位。

城乡居民储蓄存款余额不断增加，年均增长15.88%。其中，2000年30.3亿元，2004年52.52亿元，2009年117.47亿元，均列济宁市第二位；2013年209.36亿元，列济宁市第三位。

第一章　经济结构

第一节　地区生产总值

1996年，兖州市加快实现经济体制从计划经济向社会主义市场经济体制转变、经济发展从粗放型向集约型转变的两个根本转变，提高经济运行质量，全市经济稳定增长。地区生产总值60亿元，粮食产量稳步增长，实现粮食总产量42.9万吨，比1995年增长22.9%。总体财政收入完成3.12亿元，比1995年增长40.6%，其中地方财政收入完成1.81亿元，比1995年增长41.9%。

1997年—2002年，兖州市经济平稳健康发展，全市地区生产总值由1997年的68亿元增至2002年的100.6亿元，首次突破100亿元，按可比价格计算，比2001年增长14.4%；人均地区生产总值16705元（按现价汇率折算为2020美元），按可比价格计算，比2001年增长14.4%。

2003年—2007年，兖州市经济高速发展，全市地区生产总值增速均保持在17%以上。其中，2006年，地区生产总值首次突破200亿元，为

205.9 亿元，同比增长 18.2%。2007 年，地区生产总值为 242.2 亿元，同比增长 17.6%。

2008 年，受全球性金融危机影响，全市经济增速回落，全年实现地区生产总值 289.3 亿元，同比增长 14.3%，增速比 2007 年回落 3.3 个百分点。2009 年，市委、市政府提出以建设“工业强市、文化名城、商业重镇”为目标，启动惠及民生的基础设施“百项工程”，推进经济结构优化升级，全市经济社会实现恢复性增长。全年实现地区生产总值 335.9 亿元。

2013 年，全市经济总体保持平稳。全年实现地区生产总值 554.9 亿元，是 1996 年的 9.25 倍，按可比价格计算，比 2012 年增长 11.7%，增速高于济宁市平均水平 0.7 个百分点。按常住人口计算，人均地区生产总值为 89160 元。

1996年—2013年兖州市地区生产总值一览表

表7-1

类别 / 年份	地区生产总值（亿元）	增 速（%）	人均生产总值（元）
1996	60	—	—
1997	68	13.3	11511
1998	72.6	12.3	—
1999	76.6	10.8	—
2000	83.2	11.1	—
2001	88	11.6	—
2002	100.6	14.4	16705
2003	120.25	19.1	19950
2004	153.6	20.9	25440
2005	176.4	19.3	29164
2006	205.9	18.2	33933
2007	242.2	17.6	39469
2008	289.3	14.3	46475
2009	335.9	16.2	53603
2010	392.8	16.2	62063
2011	455.6	13	71763
2012	506.2	13.1	79937
2013	554.9	11.7	89160

第二节 产业结构

1996 年，市委、市政府加大对产业结构的调整力度，第一产业在绝对额不断上升的同时，相对份额持续下降；第二产业稳定增长，支撑作用日益明显；第三产业快速提高，逐步成为全市经济新的增长点。三次产业结构比例为 25∶47∶28。

1997 年—2012 年，兖州市三次产业结构比例呈现第一产业比重持续下降、第二产业比重不断增加、第三产业比重保持稳定的发展趋势。其中，2002 年，第二产业增加值占比为 50%，三次产业结构比例调整为 13.7∶50∶36.3，与 1997 年相比，第一产业占比下降 7.3 个百分点，第二产业上升 1 个百分点，第三产业上升 6.3 个百分点。2006 年，第二产业增加值占比超过 60%。三次产业结构比例调整为 10.1∶60.4∶29.5。2007 年，兖州市加大对第三产业的支持力度，市委、市政府印发《关于进一步促进服务业发展的若干意见》，服务业实现较快发展。第一产业占比降至 9.7%，三次产业结构比例调整为 9.7∶60.2∶30.1。

2013 年，全市实现地区生产总值 554.93 亿元，第一产业增加值 44.48 亿元，是 1996 年的 2.97 倍；第二产业增加值 323.09 亿元，是 1996 年的 11.54 倍；第三产业增加值 187.36 亿元，是 1996 年的 11.02 倍。三次产业结构比例调整为 8∶58.2∶33.8，与 1996 年相比，第一产业下降 17 个百分点，第二产业上升 11.2 个百分点，第三产业上升 5.8 个百分点。

1996年—2013年兖州市产业结构一览表

表7-2 单位：亿元

类别/年份	第一产业增加值	增速(%)	第二产业增加值	增速(%)	第三产业增加值	增速(%)	三次产业比
1996	15	—	28	—	17	—	25:47:28
1997	14	—	33	—	21	—	21:49:30
1998	13	—	35.6	11.7	24	16.9	18:49:33
1999	13	6	37.6	11.3	26	13	17:49:34
2000	13.1	6	41.1	11.8	29	12	15.8:49.4:34.8
2001	13.7	4.6	42.3	12	32	14.3	15.6:48.1:36.3
2002	13.8	0.7	50.3	19.3	36.5	14.1	13.7:50:36.3
2003	14.52	5.1	61.68	22.6	44.05	19.6	12.1:51.3:36.6
2004	17.1	6.8	85.6	30.8	50.9	12.2	11.1:55.7:33.2
2005	19.2	7.2	105.7	24.2	51.5	15.3	10.9:59.9:29.2
2006	20.8	6	124.3	20.8	60.7	17.3	10.1:60.4:29.5
2007	23.4	4.3	145.8	19.5	73	18.2	9.7:60.2:30.1
2008	27.7	5	174.7	15.5	86.8	14.7	9.6:60.4:30
2009	28.9	4.8	203.4	17.7	103.6	16.1	8.6:60.6:30.8
2010	34.2	2.8	232.7	16.4	125.8	19	8.7:59.3:32
2011	37.9	3.2	269.1	13.2	184.5	15.3	8.3:59.1:32.6
2012	39.5	3.7	299.2	15.5	167.5	10.9	7.8:59.1:33.1
2013	44.5	4.8	323.1	13.4	187.4	10.3	8:58.2:33.8

第三节 投资结构

1996年，兖州市加快旧城改造和商城建设步伐，全社会固定资产投资完成13.8亿元。其中，国有经济固定资产投资完成1.5亿元，集体经济固定资产投资8.8亿元，居民个人投资2.8亿元，其他投资0.7亿元。在固定资产投资总额中，国有基本建设投资0.86亿元，更新改造投资0.65亿元。全市房屋竣工面积83.98万平方米。其中，住宅33.75万平方米。

2000年，兖州市加强基础产业和基础设施建设，固定资产投资总量稳步增长。全社会固定资产投资完成20.2亿元。其中，国有经济固定资产投资完成5.7亿元。在固定资产投资总额中，基本建设投资5.4亿元，更新改造投资0.3亿元。房地产开发投资1亿元，农村集体投资9.36亿元，个体私营投资1.15亿元。

2007年，全市完成固定资产投资83.3亿元。按建设性质分：新建项目投资完成44.22亿元，扩建项目完成投资28.44亿元，改建项目完成投资6.51亿元；按投资构成分：建筑工程投资27亿元，安装工程投资8.14亿元，设备工具购置投资44.2亿元。按产业分：第一产业投资0.62亿元，占规模以上投资的0.7%；第二产业投资67.02亿元，占规模以上投资额的80.4%，其中工业投资66.7亿元，占规模以上投资额的80.1%；第三产业投资15.67亿元，占规模以上投资的18.8%。全年在建项目291个，其中过500万元项目126个；过1亿元项目19个；过10亿元项目5个。全年房地产开发投资完成2.27亿元。房屋施工面积64.6万平方米，商品房销售面积12.4万平方米。现房销售价格1577元/平方米，期房销售价格1944元/平方米。

2013年，全市固定资产投资完成215.6亿元，是1996年的15.6倍。按建设性质分为新建项目投资60亿元，扩建项目投资113.9亿元，改建项目投资26.1亿元。按投资构成分为建筑工程投资100.7亿元，安装工程投资6.6亿元，设备工器具购置投资79.2亿元。按产业分为第二产业投资131.8亿元，工业投资131.8亿元；第三产业投资83.8亿元。全年房地产开发完成投资11.6亿元。商品房施工面积184.69万平方米，商品房竣工面积23.4万平方米，商品房销售面积46.46万平方米。

1996年—2013年兖州市固定资产投资结构情况表

表7-3 单位：亿元

类别 年份	固定资产投资	增速（%）	第一产业投资	增速（%）	第二产业投资	增速（%）	第三产业投资	增速（%）
1996	13.8	11.8	—	—	—	—	—	—
1997	15	8.9	—	—	—	—	—	—
1998	15.6	4	—	—	—	—	—	—
1999	18.2	15	—	—	—	—	—	—
2000	20.2	11.3	—	—	—	—	—	—
2001	21.1	4.2	—	—	—	—	—	—
2002	22	28.2	—	—	—	—	—	—
2003	40.66	82.3	—	—	—	—	—	—
2004	80	96.8	3.8	26.5	55.6	89.7	13.6	102.4
2005	96.4	53.3	3.8	0.34	74.2	55	18.36	34.9
2006	73.7	—	0.45	—	58.23	—	15.02	—
2007	83.3	31.5	0.62	—	67.02	—	15.67	—
2008	91.8	10.2	2.83	—	61.63	—	27.35	—
2009	126.9	38.2	2.2	—	92.58	—	32.08	—
2010	172	35.6	1.7	-22.9	112.2	21.2	58.11	81.1
2011	136.4	—	1.7	-38.7	71.8	6.2	62.9	53.3
2012	178.1	25.2	0.92	-5.5	107.3	26.4	69.79	12.4
2013	215.6	23.9	—	—	131.8	22.8	83.8	20.1

第四节 就业结构

1996年—2013年，兖州市社会劳动者总人数除个别年份外，其他年份均有小幅增加，年均增长0.85%。其中，农村劳动者年均增长0.61%，企业单位职工人数年均增长1.75%，事业单位职工人数年均增长1.67%，党政机关和社会团体职工人数年均增长1.67%。

农村劳动力 1996年，全市农村实有劳动力239405人，占全市社会劳动者总数的80.48%；2000年217800人，占全市社会劳动者总数的

83.5%。2005 年 241300 人，占全市社会劳动者总数的 85.07%。2010 年 258571 人，占全市社会劳动者总数的 82.96%。2013 年 265476 人，比 1996 年增长 10.89%，占全市社会劳动者总数的 77.31%。

按国民经济行业分为从事农林牧渔业劳动力，1996 年 149401 人，2000 年 134700 人，2005 年 116300人，2013 年 115877 人。随着农业现代化进程加快，从事农林牧渔业的劳动力逐年减少，占农村劳动力的比重由 1996 年的 61.41% 下降到 2013 年的 43.65%；工业、建筑业劳动力，1996 年 56985 人，2000 年 45400 人，2005 年 67500 人，2013 年 92750 人，工业经济的快速发展和投资规模的不断扩大使工业、建筑业劳动力迅速上升，占农村劳动力的比重由 1996 年的 23.8% 上升到 2013 年的 34.94%；交通运输、仓储、邮电、通信业劳动力，1996 年 8058 人，2000 年 8500 人，2005 年 9300 人，2013 年 10394 人，占农村劳动力总数的 3.92%，比 1996 年增长 28.99%；批发零售贸易、住宿、餐饮业，1996 年 8168 人，2000 年 10300 人，2005 年 16200 人，2013 年 21779 人，占农村劳动力总数的 8.2%，是 1996 年的 2.67 倍；从事信息传输、计算机服务和软件业的劳动力从无到有并呈上升态势，2004 年 1011 人，2005 年 1500 人，2013 年 3304 人，是 2004 年的 3.27 倍。在农村劳动力中，外出务工人员增长迅速，1996 年 9173 人，2000 年 12100 人，2005 年 17500 人，2013 年 42163 人，是 1996 年的 4.6 倍。

1996年—2013年兖州市农村劳动力从业人员结构表

表7-4　　单位：人

年份	年末实有劳动力人数	其中		按从业行业分							其中外出合同工、临时工
		男性	女性	农林牧渔业	工业	建筑业	交通运输、仓储、邮电业	批发零售贸易、住宿餐饮业	信息传输、计算机服务和软件业	其他行业	
1996	239405	125492	113913	149401	26297	30688	8058	8168	—	16793	9173
1997	235300	124000	111300	143000	24400	35200	8700	10000	—	14000	8000
1998	231300	122200	109100	142100	22200	35200	8200	9900	—	13700	7300
1999	232700	124100	108600	143500	18700	32800	8600	10500	—	18600	9000
2000	217800	114700	103100	134700	15800	29600	8500	10300	—	18900	12100
2001	218300	115900	102400	131600	16700	32800	7900	9900	—	19400	10100
2002	226500	120900	105600	137100	18200	30400	8000	10900	—	21900	10000
2003	229400	119600	109800	126700	21800	34000	8600	10700	—	27600	17100
2004	236025	124003	112022	121571	22302	38060	8776	15947	1011	28358	14568
2005	241300	127800	113500	116300	24700	42800	9300	16200	1500	30500	17500
2006	237900	126900	111000	116400	26000	40600	8800	15300	1500	29300	16100
2007	247900	131400	116500	115100	30200	44200	8800	16700	2400	30500	20700
2008	255185	133179	122006	115236	33378	42893	10233	18539	2327	32579	20326
2009	257633	135443	122190	112819	36070	44316	9523	18697	2361	33847	-
2010	258571	135570	123001	117493	36933	49338	9825	19779	3186	22017	33990
2011	261117	138702	122415	117761	37181	49860	10323	20662	3241	22089	38109

续表7-4

年份	年末实有劳动力人数	其中		按从业行业分							其中外出合同工、临时工
		男性	女性	农林牧渔业	工业	建筑业	交通运输、仓储、邮电业	批发零售贸易、住宿餐饮业	信息传输、计算机服务和软件业	其他行业	
2012	263337	139977	123360	118821	37925	50408	10354	20832	3247	21750	39934
2013	265476	141625	123851	115877	40253	52497	10394	21779	3304	21372	42163

党政机关 企事业单位职工

党政机关社会团体干部职工 1996年4124人，2000年4623人，2005年6258人，2013年5461人，分别占全市社会劳动者总数的1.39%、1.77%、2.21%和1.59%。女性职工占党政机关社会团体干部职工的比重呈上升趋势，由1996年的19.06%上升到2013年的24.06%。

企业单位职工 因企业改制、破产重组数量变化较大。1996年，全市企业在职职工44161人，占全市社会劳动者总数的14.85%；2000年26468人，占全市社会劳动者总数的10.15%；2005年23785人，占全市社会劳动者总数的8.39%；2005年后，随着山东太阳纸业股份有限公司、华勤橡胶工业集团等企业的迅速扩张，企业职工迅速增加，2013年，全市企业在职职工59312人，占全市社会劳动者总数的17.27%，比1996年增长34.31%，比2005年增长149.37%。女性职工占企业职工的比重呈下降趋势，1996年为40.06%，2000年为39.75%，2005年为34.93%，2013年为34.41%。

事业单位职工 1996年—2013年，全市事业单位职工人数保持缓慢增长态势。1996年9785人，2000年11949人，2005年12316人，2013年12965人，分别占全市社会劳动者总数的3.29%、4.58%、4.34%和3.78%。女性职工占事业单位职工的比重上升较快，由1996年的34.23%上升到2013年的45.38%。

按国民经济行业划分为全市机关、企事业单位从业人员从事农林牧渔业的，1996年174人，2000年262人，2005年27人，2013年77人，分别占单位从业总人数的0.3%、0.61%、0.06%和0.1%；从事工业、建筑业的，1996年31464人，2000年17180人，2005年17184人，2013年47345人，经过改制、破产重组工业建筑业从业总人数由下降转为上升，占单位从业总人数的比重由1996年的54.18%上升到2013年的60.78%；从事交通运输、仓储、邮电、通信业的，1996年1784人，2000年1022人，2005年1268人，2013年1964人，占单位从业总人数的比重分别为3.07%、2.37%、2.99%和2.52%；从事批发零售贸易、住宿、餐饮业的，1996年9556人，2000年6586人，2005年减至2984人，2006年开始逐年回升，2013年5939人，占当年单位从业总人数的7.61%；从事房地产、公用事业和居民服务业的，1996年763人，2000年2182人，2005年2236人，2013年2575人，占当年单位从业总人数的3.31%；从事卫生、社会福利业的，1996年1676人，2000年1976人，2005年2675人，2013年3730人，是1996年的2.23倍；从事教育、体育、文化、广播电视业的，1996年6645人，2000年7658人，2005年7647人，2013年7252人，分别占当年单位从业总人数的11.44%、17.79%、18.05%和9.31%；从事金融、保险业的，1996年1092人，2000年1067人，2005年1494人，2013年1741人，分别占当年单位从业总人数的1.88%、2.48%、3.53%和2.24%；从事公共管理和社会组织的，1996年4729人，2000年4586人，2005年6609人，2013年6623人，分别占当年单位从业总人数的 8.14%、10.66%、15.6% 和 8.5%；从事科学研究、技术服务和地质勘查业的，1996 年 187 人，2000 年 521 人，2005 年 235 人，2013 年 650 人，占单位从业总人数的比重由 1996 年的 0.32% 上升到 2013 年的 0.83%。

按经济类型划分：在国有和城镇集体经济单位从业的，1996 年 56761 人。1996 年后，国有和集体经济企业开始大规模改制，使大部分国有和城镇集体经济单位从业人员经过改制变成非公有制经济单位从业人员，未能改制单位因缩编减员，吸纳就业空间较小，国有和城镇集体经济单位从业人员逐年减少，2013 年减至 25767 人，占单位从业人员的比重由 1996 年的 97.75% 下降到 2013 年的 33.08%。在非公有制经济单位从业的，1996 年 1309 人，仅占当年单位从业人数的 2.25%。1996 年后，随着市场经济的发展，非公有制经济不断壮大，逐渐成为全市市场经济的主体，非公有制经济单位从业人员逐年增加，2000 年为 7055 人，2005 年为 11807 人，2013 年增至 52129 人，分别占当年单位从业总人数的 16.4%、27.87% 和 66.92%。在非公有制经济吸纳就业人数中，股份合作经济、有限责任公司、股份有限公司吸纳就业人员占较大比例，1996 年 258 人，2000 年 6519 人，2005 年 9392 人，2013 年 46868 人，分别占非公有制经济单位从业总人数的 19.71%、92.4%、79.55% 和 89.91%。

1996年—2013年兖州市社会劳动者构成表

表7-5　　单位：人

年份	全市社会劳动者总人数	其中：农村劳动者人数	企业单位人数		事业单位人数		党政机关社会团体		其他	
			人数	其中：女性	人数	其中：女性	人数	其中：女性	人数	其中：女性
1996	297475	239405	44161	17690	9785	3349	4124	786	—	—
1997	289430	235300	40797	15291	9266	3361	4067	712	—	—
1998	275756	231300	29016	11314	11078	3927	4362	767	—	—
1999	276464	232700	28190	11432	10938	4451	4636	857	—	—
2000	260840	217800	26468	10520	11949	4827	4623	913	—	—
2001	260497	218300	25175	9686	12076	5019	4946	992	—	—
2002	269861	226500	25388	9524	13115	5392	4858	1064	—	—
2003	272923	22940	25940	9619	12486	5158	5097	1102	—	—
2004	278750	236025	24856	9120	12754	5332	5115	1243	—	—
2005	283659	241300	23785	8308	12316	5409	6258	1745	—	—
2006	280182	237900	24995	8156	11564	5172	5723	1666	—	—
2007	288124	247900	23204	7809	11086	4981	5934	1733	—	—
2008	294044	255185	21954	6822	11154	5117	5751	1788	—	—
2009	297794	257633	23961	6915	11018	4862	5182	996	—	—
2010	311681	258571	37376	11809	10575	4678	5159	1033	—	—
2011	317417	261117	38814	10746	10934	5394	5386	1188	1166	338
2012	324046	263337	43113	10606	12133	5928	5457	1834	6	3
2013	343372	265476	59312	20410	12965	5883	5461	1314	158	109

说　明：不含城镇个体户。

1996年—2013年兖州市公有制和非公有制经济单位吸纳就业情况表

表7-6

单位：人

年份	总人数	其中：女性	公有制经济单位				非公有制经济单位							
			国有经济单位	占总人数（%）	集体经济单位	占总人数（%）	小计	占总人数（%）	内资				港澳台投资经济	外商投资经济
									小计	其中				
										股份合作经济	有限责任公司	股份有限公司		
1996	58070	21820	45920	79.08	10841	18.67	1309	2.25	258	258	—	—	—	1051
1997	54130	19364	42098	77.77	10640	19.66	1392	2.57	337	337	—	—	—	1055
1998	44456	16008	31698	71.3	5834	13.12	6924	15.58	6419	1839	4021	559	391	114
1999	43764	16740	31363	71.66	5193	11.87	7208	16.47	6688	2191	3974	523	407	113
2000	43040	16260	31649	73.53	4336	10.07	7055	16.4	6519	2179	3797	543	412	124
2001	42197	15697	29657	70.28	5035	11.93	7505	17.79	6970	2213	3504	1253	410	125
2002	43361	15980	31146	71.83	4853	11.19	7362	16.98	6829	2266	3371	1192	410	123
2003	43523	15879	32299	74.21	4338	9.97	6886	15.82	6363	2106	3089	1168	400	123
2004	42725	15695	31521	73.78	4304	10.07	6900	16.15	6372	2366	2623	1383	405	123
2005	42359	15462	26486	62.53	4066	9.6	11807	27.87	9745	1643	7139	610	49	2013
2006	42282	14994	24717	58.46	4076	9.64	13489	31.9	11254	1958	8488	489	42	2193
2007	40224	14523	23541	58.52	3982	9.9	12701	31.58	10477	2130	7831	516	41	2183
2008	38859	13727	23288	59.93	3832	9.86	11739	30.21	9833	2570	6792	471	28	1878
2009	40161	12773	22389	55.75	3384	8.43	14388	35.82	8539	1221	6806	512	12	5837
2010	53110	17520	21702	40.86	3381	6.37	28027	52.77	19123	—	8271	—	—	8904
2011	56300	17666	25862	45.94	6080	10.8	24358	43.26	22801	2017	9438	11346	132	1425
2012	60709	18371	29976	49.38	4979	8.2	25754	42.42	18338	1546	3674	13019	27	7389
2013	77896	27716	22610	29.03	3157	4.05	52129	66.92	47079	1689	37093	8086	3567	1483

第五节 所有制结构

工业所有制结构 1996年—2013年，企业改制不断深入，工业所有制结构发生根本性转变，国有经济和城乡集体经济在工业经济中的主导地位逐步被非公有制经济所取代。1996年，国有和集体工业占工业总产值的比重达82.14%，2000年为30.57%，2005年为4.85%，2013年降至1.11%。其中，国有工业比重由1996年的15.72%降至2013年的1.11%；集体工业比重1996年为66.42%，2010年降至0.04%，集体工业基本退出工业经济。

1996年—2013年，私营、个体、混合所有制和港澳台投资及外商投资经济迅速发展，在工业总产值中的比重逐年攀升。1996年，私营、个体、混合所有制和港澳台投资及外商投资经济在工业总产值中的比重为17.86%，1998年比重为50.25%，超过国有和集体工业比重之和，2003年比重达91.66%，2013年升至98.89%，非公有制经济在工业经济中的主体地位越来越稳固。

1996年—2013年兖州市工业所有制比重构成表

表7-7

年　份	工业总产值（当年价）（亿元）	国有经济		集体经济		混合所有制、港澳台及外商投资经济、私营、个体经济	
		比　重（%）	比上年增减（%）	比　重（%）	比上年增减（%）	比　重（%）	比上年增减（%）
1996	65.9	15.72	-13.32	66.42	6.2	17.86	7.12
1997	71.09	12.77	-2.95	67.83	1.41	19.4	1.54
1998	70.72	8.05	-4.72	41.7	-26.13	50.25	30.85
1999	71.26	6.9	-1.15	42.3	0.6	50.8	0.55
2000	76.69	5.52	-1.38	25.05	-17.25	69.43	18.63
2001	79.05	4.52	-1	5.78	-19.27	89.7	20.27
2002	87.89	8.51	3.99	3.71	-2.07	87.78	-1.92
2003	121.69	5.42	-3.09	2.92	-0.79	91.66	3.88
2004	181.39	6.11	0.69	1.11	-1.81	92.78	1.12
2005	242.56	4.11	-2	0.74	-0.37	95.15	2.37
2006	292.79	4.35	0.24	0.69	-0.05	94.96	-0.19
2007	338.83	3.63	-0.72	0.34	-0.35	96.03	1.07
2008	421.34	4.11	0.48	0.15	-0.19	95.74	-0.29
2009	536.34	2.09	-2.02	0.17	0.02	97.74	2
2010	751.03	1.83	-0.26	0.04	-0.13	98.13	0.39
2011	917.31	1.71	-0.12	—	—	98.29	0.16
2012	1150.16	1.23	-0.48	—	—	98.77	0.48
2013	1263.75	1.11	-0.12	—	—	98.89	0.12

1996年—2013年兖州市限额以上独立核算工业企业所有制结构产值情况表

表7-8　　　　单位：亿元

年份	总产值（当年价）	国有企业		集体企业		股份有限公司（合作）		有限责任公司		私营企业		港澳台投资企业		外商投资企业		其他单位	
		单位个数	产值	单位个数	产值	单位个数	产值	单位个数	产值	单位个数	产值	单位个数	产值	单位个数	产值	单位个数	产值
1996	45.82	32	10.36	125	31.63	4	2.28	—	—	—	—	1	0.02	3	1.53	—	—
1997	49.77	29	9.08	136	36.03	3	2.36	—	—	—	—	2	0.54	1	1.76	—	—
1998	32.58	18	5.69	48	21.04	6	2.6	8	1.25	1	0.33	2	0.79	2	0.88	—	—
1999	34.22	14	4.92	25	12.15	9	3.57	8	9.17	—	—	1	0.94	4	3.47	—	—
2000	39.06	15	4.23	25	12.88	11	4.18	9	12.83	3.	0.45	1	0.84	3	3.65	—	—
2001	44.05	9	3.57	9	1.88	15	20.46	17	10.66	3	0.18	1	1.13	5	5.81	1	0.36

续表7-8

年份	总产值（当年价）	国有企业		集体企业		股份有限公司（合作）		有限责任公司		私营企业		港澳台投资企业		外商投资企业		其他单位	
		单位个数	产值	单位个数	产值	单位个数	产值	单位个数	产值	单位个数	产值	单位个数	产值	单位个数	产值	单位个数	产值
2002	62.72	9	7.48	7	1.74	12	29.52	19	15.01	4	0.7	1	1.25	6	6.66	1	0.36
2003	91.95	8	6.59	4	2.18	10	40.09	28	21.08	32	10.75	1	1.42	7	9.84	—	—
2004	151.73	8	11.09	3	1.38	97	116.41	—	—	—	—	—	—	13	21.68	8	1.17
2005	209.66	9	9.98	6	1.11	11	100.75	52	43.26	68	27.02	2	0.12	9	25.49	3	1.93
2006	256.57	9	12.73	6	1.27	12	112.8	71	65.03	74	25.27	2	1.27	10	38.2	—	—
2007	301.2	7	12.31	5	1.14	13	108.46	82	74.45	77	30.68	1	0.16	10	73.87	2	0.13
2008	398.55	7	17.33	5	0.62	19	155.2	118	71.81	102	38.59	1	0.24	12	112.95	3	1.81
2009	517.91	5	11.19	6	0.92	10	179.33	140	110.21	127	44.02	2	0.31	12	169.73	5	2.2
2010	732.33	6	13.71	4	0.3	11	327.97	113	94.63	153	222.14	2	15.91	13	51.53	12	6.14
2011	894.28	4	15.65	—	—	7	409.8	61	152.64	38	263.79	2	20.5	7	24.43	6	7.47
2012	1124.66	3	14.14	—	—	8	524.6	75	173.77	47	353.26	3	25.13	7	24.79	6	8.97
2013	1229.48	3	14.01	—	—	9	238.33	79	188.04	77	740.34	3	23.84	6	21.18	2	3.74

说　明：2007年—2013年，不含王因街道、黄屯街道。

1996年—2013年兖州市限额以下非国有工业企业及个体业户所有制结构产值情况表

表7-9　　单位：亿元

年　份	总产值（当年价）	工　业　企　业						个体工业
		产　值小　计	集体企业	股份合作公司	有限责任公司	私营企业	外商及港澳台投资企业	
1996	20.08	14.42	12.14	—	—	2.28	—	5.66
1997	21.32	14.81	12.19	—	—	2.62	—	6.51
1998	38.14	19.46	8.45	0.16	—	10.85	—	18.68
1999	37.04	21.79	17.99	0.12	—	3.64	0.04	15.25
2000	37.63	22.56	6.33	0.28	—	15.81	0.14	15.07
2001	35	21.7	2.69	3.25	—	13.17	2.59	13.3
2002	25.17	17.15	1.52	—	4.2	10.18	1.25	8.02
2003	29.74	19.02	1.37	—	5	11.37	1.28	10.72
2004	29.66	13.72	0.63	—	2.52	9.86	0.71	15.94
2005	32.9	16.6	0.69	—	3.02	11.94	0.95	16.30
2006	36.22	18.16	0.76	—	3.3	13.36	0.74	18.06
2007	37.63	18.15	-	—	—	—	—	19.48

续表7-9

年　份	总产值（当年价）	工　业　企　业						个体工业
		产　值小　计	集体企业	股份合作公司	有限责任公司	私营企业	外商及港澳台投资企业	
2008	22.79	11.75	—	—	—	—	—	11.04
2009	18.43	9.74	—	—	—	—	—	8.69
2010	18.7	9.89	—	—	—	—	—	8.81
2011	23.03	18.08	—	—	—	—	—	4.95
2012	25.5	20.2	—	—	—	—	—	5.3
2013	34.27	25.36	—	—	—	—	—	8.91

说　明：2007年—2013年，不含王因街道、黄屯街道。

商贸所有制结构　1996年，全市国有、集体商贸企业社会消费品零售额占全市社会消费品零售额的比重为45.67%。此后，国有、集体企业大规模改制，国有、集体商贸企业比重下降，至2000年，国有、集体经济占7.55%，私营、个体和其他经济占92.45%。2005年，国有、集体经济占9.93%，私营、个体和其他经济占90.07%。2013年，国有、集体经济占9.01%，私营、个体和其他经济占90.99%。

1996年—2013年兖州市商贸所有制结构和零售额情况表

表7-10

年份	社会消费品零售总额（万元）	其　　中						
		国有经济（万元）	集体经济（万元）	国有、集体经济比重(%)	私营经济（万元）	个体经济（万元）	其他经济（万元）	私营、个体和其他经济比重(%)
1996	126640	35956	21881	45.67	17680	20280	30843	54.33
1997	143272	24655	18503	30.12	20027	42310	37777	69.88
1998	164532	27203	13037	24.46	36368	66832	21092	75.54
1999	180584	23551	10885	19.07	35565	73754	36829	80.93
2000	207558	15665	—	7.55	32008	132724	27161	92.45
2001	235573	27998	—	11.89	33479	148479	25617	88.11
2002	267541	27967	—	10.45	35948	169386	34240	89.55
2003	282977	32605	—	11.52	40876	184276	25220	88.48
2004	344577	36322	—	10.54	51686	229001	27568	89.46
2005	454157	45098	—	9.93	90468	285210	33381	90.07
2006	538171	50182	—	9.32	109845	341794	36350	90.68
2007	639619	56984	—	8.91	176292	406343	—	91.09
2008	724267	65182	—	9	211609	447476	—	91
2009	901009	81176	—	9.01	240807	579026	—	90.99
2010	1028034	92009	—	8.95	234006	702019	—	91.05

续表7-10

年份	社会消费品零售总额（万元）	其中						
		国有经济（万元）	集体经济（万元）	国有、集体经济比重(%)	私营经济（万元）	个体经济（万元）	其他经济（万元）	私营、个体和其他经济比重(%)
2011	1267986	112851	—	8.9	288784	866351	—	91.1
2012	1480110	130913	—	8.84	337299	1011898	—	91.16
2013	1644403	124381	23763	9.01	346743	1149516	—	90.99

农村土地集体所有制 1996年，全市继续实行以家庭承包制为基础的联产承包责任制，把土地经营权交给农民，土地归属权依然属于集体和国家，农民除按国家规定上交农业税收以外，其余收益归己。1999年，开始第二轮土地延包。自2003年3月1日起，实行修订的《中华人民共和国农村土地承包法》，在坚持农村土地集体所有制基础上，直接赋予农民土地承包权，土地落实到人，并且30年不变。土地承包权可以流转，可以继承，并且由市政府发给土地经营承包权证书。2013年，全市继续执行第二轮土地延包和《中华人民共和国农村土地承包法》。

第二章 经济效益

1996年，全市完成地区生产总值60亿元，财政总收入完成3.12亿元，职工人均工资收入5015元，农民人均纯收入2616元。2000年，完成地区生产总值83.2亿元，比1996年增长37.98%；财政总收入完成5.78亿元，比1996年增长85.26%；职工人均工资收入7145元，比1996年增长42.47%；农民人均纯收入3328元，比1996年增长27.22%。2005年，完成地区生产总值176.4亿元，比1996年增长1.93倍；财政总收入完成19.01亿元，比1996年增长5.09倍；职工人均工资收入13693元，比1996年增长1.72倍；农民人均纯收入5038元，比1996年增长92.58%。2013年，完成地区生产总值554.9亿元，比1996年增长8.2倍；财政总收入完成57亿元，比1996年增长17.27倍；职工人均工资收入45469元，比1996年增长8.07倍；农民人均纯收入13218元，比1996年增长4.05倍。

第一节 农业经济

1996年，兖州市发展高产优质高效农业，科技兴农“十大工程”启动。粮食、蔬菜、肉类、禽蛋总产量均创历史最高水平。全年农林牧渔业增加值15.42亿元，农民人均纯收入2616元。1997年—2002年，农林牧渔业效益走低，农民

小麦喜获丰收（王锡海 摄）

人均纯收入增速放缓。1999 年，农林牧渔业增加值 13.03 亿元，农民人均纯收入 3258 元。2003 年，农林牧渔业效益走出低谷，农林牧渔业增加值 14.52 亿元，农民人均纯收入 3849 元。2003 年—2013 年，农林牧渔业效益稳步增长，农民人均纯收入增长速度保持在 10% 以上。2013 年，农林牧渔业增加值 43.67 亿元，比 1996 年增长 1.83 倍，年均递增 6.31%；农民人均纯收入 13218 元，比 1996 年增长 4.05 倍，年均递增 10%。

1996年—2013年兖州市农业经济效益情况表

表7-11

年份	农林牧渔业总产值（当年价）（亿元）	农林牧渔业增加值（当年价）（亿元）	农民人均纯收入（元）	比上年增长（%）	主要农产品产量			主要畜产品产量		
					粮食（万吨）	油料（万吨）	蔬菜（万吨）	肉类总产量（万吨）	禽蛋总产量（万吨）	奶类总产量（万吨）
1996	24.62	15.42	2616	24.2	42.91	2.83	76.02	4.64	4.47	0.22
1997	24.03	14.14	3068	17.3	39.4	2.88	73.67	5.12	3.43	0.36
1998	20.11	13.09	3222	5	39.55	2.57	80.67	5.73	3.65	0.41
1999	19.45	13.03	3258	1.1	40.77	2.4	87.15	6.26	3.99	0.45
2000	20.18	13.1	3328	2.1	39.53	2.83	82.14	6.52	4.93	0.64
2001	20.85	13.7	3448	3.6	34.17	2.79	75.43	7.29	5.1	0.5
2002	21.66	13.81	3589	4.1	36.47	3.38	76.05	7.73	5.2	0.57
2003	23.05	14.52	3849	7.2	33.91	3.74	84.61	8.65	5.24	0.64
2004	28.46	17.27	4426	15	37.54	2.86	84.47	9.69	5.4	0.69
2005	32.25	19.46	5038	13.8	36.71	2.83	82.84	11.28	5.51	0.86
2006	34.22	20.84	5628	11.7	37.34	3.01	83.31	11.1	4.71	0.87
2007	39.08	23.61	6409	13.9	36.87	2.98	84.79	11.39	4.57	1.03
2008	47.14	27.74	7155	11.6	39.83	1.92	89.03	9.08	4.22	2.07
2009	48.09	28.93	7873	10.3	42.44	0.92	95.88	9.28	4.92	1.25
2010	56.46	34.23	8678	10.2	46.15	0.63	61.74	9.84	4.02	1.17
2011	63.26	37.94	9858	13.6	47.36	0.63	73.21	10.43	3.7	0.77
2012	65.51	39.5	11620	17.9	52.77	0.42	54.19	10.71	3.81	0.8
2013	72.61	43.67	13218	13.8	51.99	0.39	56.46	10.75	4.24	0.59

第二节　工业经济

1996 年—1998 年，兖州市工业企业受市场疲软、产品销售不畅影响，经济效益增长缓慢。全市规模以上（1997 年以前为乡及乡以上）独立核算工业企业主要经济效益指标环比增幅均在 10% 以下。1998 年，规模以上（年销售收入 500 万元以上）独立核算工业企业完成工业增加值 10.78 亿元，主营业务收入 29.81 亿元，利税总额 3.64 亿元，利润总额 2.12 亿元；1996 年—1998 年，工业增加值的环比增幅分别为 -10.3%、6.58%、5.58%，年均递增 0.31%；主营业务收入环比增幅分别为 -10.21%、6.46%、5.11%，年均递增 0.16%；利税总额环比增幅分别为 3.17%、6.46%、5.2%，年均递增 4.94%；利润总额环比增

山东兖州工业园区

幅分别为2.75%、6.42%、6.53%，年均递增5.22%。

1999年—2001年，兖州市规模以上独立核算工业企业发展较快，主要经济效益指标环比增幅达10%以上。2001年，规模以上独立核算工业企业完成工业增加值15.61亿元，年均递增13.13%；主营业务收入41.85亿元，年均递增11.97%；利税总额5.81亿元，年均递增16.87%；利润总额3.38亿元，年均递增16.82%。

2002年—2013年，兖州市工业经济飞速发展，全市规模以上独立核算工业企业主要经济效益指标年均增幅在25%以上。2004年，工业企业主要经济效益指标环比增幅达50%以上，全年完成工业增加值56.58亿元，主营业务收入144.79亿元，利税总额29.11亿元，利润总额22.25亿元。2013年，规模以上独立核算工业企业完成工业增加值230.66亿元，比1996年增长23.08倍，年均递增20.58%；主营业务收入1232.36亿元，比1996年增长45.26倍，年均递增25.30%；利税总额92.84亿元，比1996年增长27.57倍，年均递增21.80%；利润总额61.29亿元，比1996年增长31.78倍，年均递增22.79%。

1996年—2013年兖州市工业经济效益情况表

表7-12

年份	全部工业总产值(当年价)(亿元)	规模以上工业企业											规模以下工业总产值(当年价)(亿元)
		工业总产值(当年价)(亿元)	工业增加值(当年价)(亿元)	主营业务收入(亿元)	比上年增长(%)	利税总额(亿元)	比上年增长(%)	利润总额(亿元)	比上年增长(%)	工资总额(亿元)	人均工资(元)		
1996	65.9	45.82	9.58	26.64	-10.21	3.25	3.17	1.87	2.75	22861	4799		20.08
1997	71.09	49.77	10.21	28.36	6.46	3.46	6.46	1.99	6.42	22495	4705		21.32
1998	70.72	32.58	10.78	29.81	5.11	3.64	5.2	2.12	6.53	16903	5131		38.14
1999	71.26	34.22	12.14	32.41	8.72	4.12	13.19	2.43	14.62	16830	5695		37.04
2000	76.69	39.06	13.37	36.74	13.36	4.89	18.69	3.14	29.22	19634	6237		37.63
2001	79.05	44.05	15.61	41.85	13.91	5.81	18.81	3.38	7.64	21560	7269		35
2002	87.89	62.72	22.44	61.77	47.6	9.28	59.72	5.74	69.82	30846	9170		25.17
2003	121.69	91.95	33.19	91.35	47.89	16.06	73.06	11.08	93.03	36362	8907		29.74
2004	181.39	151.73	56.58	144.79	58.5	29.11	81.26	22.25	100.81	—	—		29.66
2005	242.56	209.66	69.84	200.75	38.65	35.71	22.67	26.68	19.91	57183	10847		32.9
2006	292.79	256.57	84.43	251.46	25.26	42.1	17.89	31.7	18.82	69753	12922		36.22
2007	338.83	301.2	92.66	295.28	17.43	45.96	9.17	33.57	5.9	79235	14411		37.63
2008	421.34	398.55	114.67	390.06	32.1	49.53	7.77	36.18	7.77	111655	18354		22.79
2009	536.34	517.91	143.01	516.15	19.89	55.44	2.53	39.6	-1.42	166683	26088		18.43

续表7-12

年份	全部工业总产值（当年价）（亿元）	规模以上工业企业											规模以下工业总产值（当年价）（亿元）
		工业总产值（当年价）（亿元）	工业增加值（当年价）（亿元）	主营业务收入（亿元）	比上年增长（%）	利税总额（亿元）	比上年增长（%）	利润总额（亿元）	比上年增长（%）	工资总额（亿元）	人均工资（元）		
2010	751.03	732.33	150.58	709.86	37.53	75.95	36.99	55.59	40.38	238274	34940		18.7
2011	917.31	894.28	178.27	873.87	23.1	80.3	5.73	61.08	9.88	132953	23113		23.03
2012	1150.16	1124.66	204.17	1107.67	26.75	85.97	7.06	61.4	0.52	232502	39690		25.5
2013	1263.75	1229.48	230.66	1232.36	11.26	92.84	7.99	61.29	-0.18	334107	53261		34.27

说　明：2007年—2013年，不含王因街道、黄屯街道。

第三节　建筑业经济

1996年—2000年，兖州市建筑业企业总产值增长较快，年均递增13.54%。增加值，2000年8.5亿元，比1996年增长21.78%。劳动者报酬，2000年3.97亿元，是1996年的1.8倍。职工人均工资，2000年人均6476元，是1996年的1.34倍，年均递增7.56%。

2001年—2004年，建筑业总产值缓慢增长，年均递增5.56%。增加值，2004年11.22亿元，年均递增7.19%。劳动者报酬，2004年6.65亿元，年均递增27.95%。职工人均工资稳步提高，2004年人均7626元，年均递增4.17%。

2005年，建筑业效益整体下滑，增加值7.61亿元，劳动者报酬4.31亿元，营业盈余1.93亿元，职工人均工资4944元。

2006年—2013年，兖州市建筑业发展速度加快，总产值年均递增21.51%。增加值，2013年29.74亿元，是1996年的4.26倍，年均递增8.9%。劳动者报酬，2013年21.24亿元，是1996年的9.65倍，年均递增14.27%。职工人均工资大幅提高，2013年人均42853元，是1996年的8.85倍，年均递增13.69%。

1996年—2013年兖州市建筑业经济效益情况表

表7-13

年　份	生产总值（增加值）（当年价）（亿元）	比上年增长（%）	劳动者报酬（亿元）	生产税净额（亿元）	固定资产折旧（亿元）	营业盈余（亿元）	从业人员人均工资（元）
1996	6.98	17.6	2.2	0.37	0.31	4.1	4839
1997	8.02	14.9	2.41	0.37	0.31	4.93	4725
1998	8.03	0.12	2.52	0.37	0.32	4.82	6243
1999	8.19	1.99	2.38	0.31	0.36	5.14	7331
2000	8.5	3.79	3.97	1.01	0.96	2.56	6476
2001	8.62	1.41	4.53	0.8	0.78	2.51	6994
2002	9	4.41	4.73	0.83	0.83	2.61	7087
2003	10	11.11	5.25	0.92	0.92	2.91	7073
2004	11.22	12.2	6.65	1.26	0.67	2.64	7626

续表7-13

年　份	生产总值（增加值）（当年价）（亿元）	比上年增长（%）	劳动者报酬（%）	生产税净额（亿元）	固定资产折旧（亿元）	营业盈余（亿元）	从业人员人均工资（元）
2005	7.61	-32.17	4.31	0.96	0.41	1.93	4944
2006	8.52	11.96	3.12	0.81	0.38	4.21	6222
2007	9.39	10.21	3.86	0.88	0.42	4.23	7486
2008	7.38	-21.41	2.59	1.03	2.73	1.03	11657
2009	11.98	62.33	4.21	1.67	4.44	1.66	12194
2010	11.99	0.08	4.21	1.67	4.44	1.67	19233
2011	17.28	44.12	8.67	2.51	3.7	2.4	33989
2012	20.04	15.97	10.35	2.84	3.95	2.9	35707
2013	29.74	48.4	21.24	2.89	0.96	4.65	42853

第四节　运输（仓储）业经济

1996年—2004年，兖州市交通运输业经济效益稳步增长。1996年，按当年价格计算，实现总产值11.12亿元，增加值5.56亿元，劳动者报酬2.55亿元，生产税净额0.21亿元，营业盈余2.4亿元。2000年，总产值15.31亿元，增加值9.1亿元，劳动者报酬3.4亿元，生产税净额0.7亿元，营业盈余3.07亿元。2004年，总产值22.99亿元，是1996年的2.07倍，年均递增9.5%；增加值14.36亿元，是1996年的2.58倍，年均递增12.59%；劳动者报酬6.68亿元，是1996年的2.62倍，年均递增12.79%；生产税净额1.28亿元，是1996年的6.1倍，年均递增25.35%；营业盈余3.64亿元，是1996年的1.52倍，年均递增5.34%。2005年，交通运输业经济效益出现波动。总产值17.9亿元、增加值10.83亿元、劳动者报酬4.5亿元、生产税净额0.94亿元，与2004年相比均出现不同程度的下降。营业盈余3.82亿元，增长4.95%。

2006年—2013年，交通运输业平衡发展，经济效益稳步提高。2010年，总产值72.23亿元，增加值16.09亿元，劳动者报酬7.47亿元，生产税净额0.88亿元，营业盈余2.7亿元。2013年，总产值107.59亿元，是1996年的9.68倍，年均递增14.28%。增加值18.94亿元，是1996年的3.41倍，年均递增7.48%。劳动者报酬11.6亿元，是1996年的4.55倍，年均递增9.32%。生产税净额1.99亿元，是1996年的9.48倍，年均递增14.14%。营业盈余4亿元，是1996年的1.67倍，年均递增3.05%。

经典物流产业园京东物流大件仓库

1996年—2013年兖州市运输(仓储)业经济效益情况表

表7-14　　单位：亿元

年　份	总产出（总产值）	增加值（当年价）	劳动者报酬	生产税净额	固定资产折旧	营业盈余
1996	11.12	5.56	2.55	0.21	0.4	2.4
1997	11.72	7	2.82	0.21	0.4	3.57
1998	13.66	7.77	3.1	0.25	0.45	3.97
1999	14.71	8.31	3.35	0.32	0.91	3.73
2000	15.31	9.1	3.4	0.7	1.93	3.07
2001	16.81	10.14	3.93	0.85	2	3.36
2002	18.29	11.46	4.7	0.98	2.57	3.21
2003	20.92	13.21	5.65	1.1	2.87	3.59
2004	22.99	14.36	6.68	1.28	2.76	3.64
2005	17.9	10.83	4.5	0.94	1.57	3.82
2006	19.31	11.7	1.44	1.18	1.39	7.69
2007	21.63	13.11	1.72	1.14	1.59	8.66
2008	55.57	12.6	5.85	0.69	3.94	2.12
2009	64	14.51	6.73	0.8	4.54	2.44
2010	72.23	16.09	7.47	0.88	5.04	2.7
2011	79.12	17.27	8.03	0.95	5.41	2.88
2012	91.17	18.24	8.23	1.02	5.75	3.24
2013	107.59	18.94	11.6	1.99	1.35	4

第五节　商业经济

1996年—2000年，伴随市场经济体制的形成与完善，商贸企业发展速度加快，效益明显提高。1996年，批发和零售业增加值5.72亿元，劳动者报酬2.36亿元，生产税净额0.27亿元，营业盈余2.99亿元。2000年，增加值8.93亿元，是1996年的1.56倍，年均递增11.78%；劳动者报酬4.43亿元，是1996年的1.88倍，年均递增17.05%；生产税净额1.43亿元，是1996年的5.3倍，年均递增51.7%；由于劳动者报酬和生产税净额的增长，加上激烈的市场价格竞争，商贸企业营业盈余降至1.4亿元，比1996年下降46.82%。

2001年—2006年，商贸企业经济效益平稳增长。2006年，批发和零售业增加值13.25亿元，年均递增6.8%；劳动者报酬6.83亿元，年均递增7.48%；生产税净额2.31亿元，年均递增8.32%；营业盈余2.93亿元，年均递增13.1%。

顾客在兖州贵和购物广场选购商品

2007年—2013年，限额以上批发和零售业发展迅速，大卖场、连锁超市成为零售市场的主力业态，并产生较好的规模效益。2007年，限额以上批发和零售业企业41家，营业收入34.8亿元，应缴税金1397万元，利润总额678万元。2013年，限额以上批发和零售业企业发展到151个，比2007年增加110家；营业收入204.22亿元，比2007年增加4.87倍，年均递增34.3%；应缴税金32881万元，比2007年增加22.54倍，年均递增69.28%；利润总额54919万元，比2007年增加80倍，年均递增108.01%。

1996年—2013年兖州市商业经济效益情况表

表7-15

年 份	生产总值（增加值）（亿元）	比上年增长（%）	劳动者报酬（亿元）	生产税净额（亿元）	固定资产折旧（亿元）	营业盈余（亿元）	在岗职工人均工资（元）
1996	5.72	22.48	2.36	0.27	0.1	2.99	3994
1997	6.85	19.76	2.8	0.29	0.14	3.62	4070
1998	7.57	10.51	3.11	0.33	0.16	3.97	4100
1999	8.17	7.93	3.64	0.62	0.65	3.26	3966
2000	8.93	9.3	4.43	1.43	1.67	1.4	4283
2001	9.05	1.34	4.52	1.43	1.68	1.42	4697
2002	10.04	10.94	6.06	2.24	0.57	1.17	4646
2003	11.82	17.73	7.14	2.64	0.66	1.38	5111
2004	14.08	19.12	8.77	3.43	0.66	1.22	6104
2005	11.29	-19.81	6.78	2.76	0.47	1.28	8337
2006	13.25	17.36	6.83	2.31	1.18	2.93	8396
2007	15.71	18.57	6.07	2.64	1.38	5.62	6852
2008	19.23	22.41	6.04	0.95	7.3	4.94	8575
2009	23.74	23.45	7.46	1.17	9.01	6.1	10449
2010	34.06	43.47	10.58	1.66	13.02	8.8	15635
2011	47.92	40.69	14.61	2.28	18.51	12.52	18801
2012	52.37	9.29	15.93	2.5	19.78	14.16	20503
2013	55.85	6.65	23.96	12.44	1.05	18.4	29863

第八篇

农　业

农 业

兖州市是重要的商品粮生产基地，主要种植小麦、玉米，粮食单产、总产水平始终位居全国前列。1996年，全市农业总产值29.61亿元。其中，种植业产值15.18亿元，占51.27%；畜牧业产值13.18亿元，占44.51%；渔业产值901万元，占3.04%。农机总动力33.15万千瓦。1996年始，兖州市加快科技兴农步伐，不断调整农业产业结构，推进农业产业化、标准化进程，农业和农村经济保持了稳定、持续、快速发展。1996年—2013年，全市完成农业综合开发投资4.31亿元，改造治理耕地面积34.75万亩，扶持种、养、加等农业产业化经营项目22个。2013年，全市农业总产值72.61元。其中，种植业产值37.93亿元，占52.24%；畜牧业产值31.78亿元，占43.77%；渔业产值0.22亿元，占0.3%。农机总动力72.27万千瓦。

第一章 机 构

第一节 市农业管理机构

1996年，兖州市农业局设办公室、人事劳资科、计划财务科、农业综合科、老干部科5个职能科室，设有市农业技术推广中心、省农业广播电视学校兖州分校2个副科级全额事业单位，农业科学研究所1个差额副科级事业单位，种子工作管理站1个自收自支副科级事业单位，农技站、植保站、土肥站、环保站、能源站、棉技站、水产站、蔬菜站8个全额股级事业单位，良种繁育示范场、淡水养殖试验场2个差额股级事业单位。共有职工189人，其中专业技术人员72人。13个乡镇均设有农技站、农经站，兴隆庄镇设有蔬菜站，均为全额事业单位，每站有专业技术人员2人～5人。1997年2月，市农村经济经营管理办公室成立，为副科级全额事业单位，隶属市农业局，所需人员由市农业局内部调剂解决。1998年8月，市农药监督管理站成立，与市农业局植保站一个机构两块牌子。1999年12月，撤销市淡水养殖试验场，在职职工安置在市农业局下属全额事业单位。2000年，兖州市将乡镇设置过多、过散的站所整合归并，每个乡镇成立综合性农业服务中心。2002年5月，市农业委员会和市农业局合并，组建市农业局。市农业现代化建设办公室、市农村改革试验区办公室为科级事业单位，划归市农业局管理。同年7月，撤销市良种繁育示范场，职工安置在市农业局下属的全额事业单位。同年8月，农业局内设科室重新设置为办公室、政工科、财务科、综合科、生产科、离退休干部科6个职能科室。2003年5月，王因镇、黄屯镇划归济宁高新技术产业开发区管理，至年底，全市10个镇（街道）设有农业服务中心。2005年12月，兖州市农业科学研究所由差额预算管理事业单位变更为全额预算管理事业单位，原级别、隶属关系不变。2008年3月，市种子工作管理站由自收自支事业单位成建制转为全额拨款事业单位，原级别、人员编制不变。2010年4月，市政府机构进行改革，设立市农业局（挂市林业局牌子），为市政府工作部门。同年11月，市农业局内设机构调整为办公室、人事编制科、生产指导科、综合科、农业产业化经营与对外合作科、发展计划科（挂项目管理办公室牌子）6个职能科室。市畜牧兽医局、市农业机械管理局由市政府直属事业单位调整为由市农业局归口管理。2011年12月，增设股级农产品质量安全监督管理办公室，所需人员由农业局内部调剂解决。2013年11月，兖州市农业局更名为济宁市兖州区农业局。同年年底，区农业局设办公室、人事编制科、生产指导科、综合科、农业产业化经营与对外合作科、发展计划科（挂项目管理办公室牌子）6个科室，辖区农业现代化建设办公室、区农村改革试验区办公室2个科级全额事业单位，区农业技术推广中心、区农村经济经营管理办公室、中央农业广播电视学校山东省济宁市兖州区分校（加挂济宁市兖州区农业科技教育培训中心牌子）、区农业科学研究所、区蔬菜服务中心、区种子工作管理站6个副科级全额事业单位，共有职工213人，其中专业技术人员126人。10个镇（街道）设有农技站、农经站，兴隆庄镇设有蔬菜站，每个站配有技术人员2人～3人；各镇（街道）农业、林业、畜牧、水利站合并办公，设农业综合服务中心或农业办公室。

第二节　市畜牧兽医管理机构

1996年，兖州市畜牧局内设办公室、财务科、人事科、技术站、饲料兽药所、动监所6个科室，辖兖州市兽医站1个事业单位。有在职人员65人。13个乡镇设有乡镇兽医站，各站均有在职人员2人～3人。2003年5月，黄屯镇、王因镇划入济宁高新技术产业开发区，乡镇兽医站减少至10个，各站有在职人员2人～3人。2010年4月，市政府机构改革，市畜牧局更名为市畜牧兽医局。2013年11月，兖州市畜牧兽医局更名为济宁市兖州区畜牧兽医局。至年底，区畜牧兽医局内设办公室、动物卫生防疫科、医政药政科、饲料科、科技科、畜产品质量安全监管科、人事科、动物卫生监督所8个科室（所），辖市兽医站1个事业单位，有在职人员63人。10个镇（街道）均设有兽医站，各站均有在职人员2人～3人。

第三节　市农业机械管理机构

1996年，兖州市农机服务中心设人秘股、会统股、机务股、农用柴油管理股和农机安全监理站、农机修配管理站、农业机械化学校，辖农机化技术推广服务站，为副科级差额事业单位。13个乡镇均设有农机站，每站有工作人员3人～4人。1997年2月，市农机服务中心更名为市农业机械管理局，其建制级别、单位性质、隶属关系、人员编制不变。2001年，增设老干部管理科。2003年5月，王因镇、黄屯镇划归济宁高新技术产业开发区管理，至年底，全市10个镇（街道）设有农机站。2006年2月，市农机局内设机构设置为办公室、人事科、农机化发展规划科、农机质量监督站、农机安全监理站、农业机械化学校，辖市农机化技术推广服务站。其他原设科、室、站撤销。2008年7月，市农机局事业编制72人，其中，局机关参照《中华人民共和国公务员法》管理岗位编制25人，其他直属事业单位事业编制47人，内设机构不变。2010年4月，市农机局由市政府直属事业单位调整为由市农业局归口管理。新增1个内设机构，为农机安全稽查队，农机安全监理站挂行政许可科牌子。2013年11月，市农机局更名为济宁市兖州区农业机械管理局。2013年年底，区农机局设办公室、人事编制科、农机化发展规划科、农机质量监督站、农机安全监理站（挂行政许可科牌子）、农业机械化学校、农机安全稽查队7个职能科室，辖区农机化技术推广服务站。在职人员63人。10个镇（街道）设有农机站，每站工作人员4人～5人。

第四节 市农业综合开发办公室

1996年，兖州市黄淮海平原开发领导小组办公室隶属兖州市农业经济委员会，为副科级事业单位。1997年8月，市黄淮海平原开发领导小组办公室更名为市农业综合开发办公室，为科级事业单位，隶属兖州市农业委员会。2002年8月，市农业委员会撤销，市农业综合开发办公室隶属市政府办公室。2005年4月，市农业综合开发办公室设置综合科、计划科、工程科3个科室。2010年4月，市农业综合开发办公室改由市财政局管理。2013年11月，市农业综合开发办公室更名为济宁市兖州区农业综合开发办公室。至2013年年底，内设综合科、计划科、工程科3个科室，在职人员9人。

第二章 农村经济体制改革

第一节 土地使用制度

土地延包 1984年，兖州市开始实行家庭联产承包责任制。1999年，兖州市委、市政府制定《关于农村土地延长承包期有关问题的意见》，土地承包期再顺延30年，果园、“四荒（荒山、荒滩、荒坡、荒地）”承包期可更长。签订新一轮承包合同，承包期30年不变。2000年，土地延包工作完成，土地使用权证书入户率100%。2003年，根据《中华人民共和国农村土地承包法》精神，兖州市规定耕地承包期限为30年，在土地承包期内不允许调整、不允许收回农民承包地，土地承包期内增人不增地，减人不减地，至2013年没有变动，土地承包经营体制更加稳定和完善。

土地专项治理 1996年后，兖州市存在部分村庄因土地问题引发的社会矛盾。2007年，根据农业部等七部委联合下发的《关于开展全国农村土地突出问题专项治理的通知》和土地承包法律法规，兖州市全面开展农村土地专项治理工作：坚持土地承包期30年不变的法律规定，土地承包期不足30年的，一律延长到30年；凡机动地面积超过集体经济组织耕地总面积5%的村，将超出部分均分到户，签订承包合同，5%限额以内的机动地，严格用于解决新增人口的承包地，对外发包的，承包期不能超过3年，签订短期承包合同；纠正“两田制（口粮田、责任田）”，凡实行“两田制”的，将责任田（也称经济田）均分到户，签订承包合同，颁发土地承包经营权证书，将承包期延长到30年；凡实行大、小两块地的，将小块地填入30年承包合同；30年承包期内，发包方不得收回、调整农户承包地，坚决纠正3年～5年调整一次土地的违法行为。至2013年，“两田制”“机动地”等问题得到根本解决。

土地流转 1996年后，随着全市工业化和城镇化发展，大量农民进城进厂务工，出现将土地转让、转包、互换、出租等经营现象。2007年，全市依法规范农村土地承包经营权流转行为，农村土地承包经营权流转坚持“依法、自愿、有偿”原则，签订流转合同。同年，土地流转面积7514亩。2009年，市政府印发《关于推进农村土地承包经营权流转工作的实施意见》，成立土地流转服务中心，制定流转服务工作制度、流转服务中心建设标准和流转规程，推进农村土地承包经营权流转。推行“先付钱、再种地”土地流转模式，建立市、镇、村三级土地流转服务体系。各镇（街道）以农经站为依托成立土地流转服务中心，设立土地流转服务大厅，按照“四统一（统一流转合同、统一流转明白纸、统一流转规程、统一流转纠纷调解）”服务标准，开展土地流转管理与服务，确保土地流转健康有序进行，同年，土地流转面积 1.54 万亩。至 2013 年年底，全区土地流转总面积 15 万亩，占耕地总面积的 26%，其中，土地全部流转的村 30 个。

第二节　农村经营管理

土地承包合同管理　1996 年—1998 年，土地承包沿用 1984 年第一轮土地承包合同。1999 年，村集体经济组织与承包户按照《山东省农村集体经济承包合同管理条例》规定，依法签订土地承包延续合同，并由乡镇土地承包合同主管部门签证，三方分别在合同书上盖章。以合同的形式确定发包方与承包方的权利和义务，理顺国家、集体和农户的经济利益关系，承包合同使用市农村承包合同主管机关统一印制的合同样本，乡镇人民政府农业承包合同主管部门向农户颁发土地承包经营权证书。2007 年，全市完善二轮延包手续，对 1999 年二轮延包后进行土地调整中出现承包土地与土地承包合同、经营权证书不相符合的，一律重新签订承包合同，变更或重新签发土地承包经营权证书。土地承包经营权证书填写的承包地是基本农田但没有注明的，重新标注，确保承包地块、面积、承包合同、经营权证书、基本农田“五到户”，承包合同、经营权证书入户率 100%。完善土地承包有关文件、承包方案、台账、表册、承包合同等资料，做到“一组一卷、一村一档、一镇一柜”。建立土地公开发包、承包合同管理、经营权证书管理、档案管理等管理制度。2009 年，兖州市开展经营权证书换发补发工作，组织换发补发农业部监制、省农业厅统一印制的《农村土地承包经营权证书》，同时将农村土地承包合同信息录入微机，实行信息化管理。2013 年，市政府印发《兖州市农村土地承包经营权登记试点工作方案》，确定在除兴隆庄镇外的 9 个镇（街道）的 13 个村进行试点，开展入户调查、权属勘测、换签承包合同及建立登记簿等工作。试点镇村对二轮土地延包台账、承包合同、经营权证等土地承包相关原始档案资料进行清查整理。根据经依法确认的承包地块、面积和空间位置等登记信息，按照不动产统一登记原则，完善土地承包经营权登记簿，换发新的土地承包经营权证书。至年底，试点工作全面完成，实现土地承包面积、承包合同、经营权登记簿、经营权证书“四相符”，承包地分配、承包地四至边界测绘登记、承包合同签订、承包经营权证书发放“四到户”。

中共兖州市委办公室文件

兖办发〔2013〕35号

市委办公室　市政府办公室
关于印发《兖州市农村土地承包经营权登记试点工作方案》的通知

各镇党委和人民政府，各街道党工委和办事处，兖州工业园区、农高区党（工）委和管委会，市人武部，市委各部委，市政府各部门，各人民团体：

《兖州市农村土地承包经营权登记试点工作方案》已经市委、市政府同意，现印发给你们，请认真组织实施。

中共兖州市委办公室
兖州市人民政府办公室
2013 年 8 月 19 日

—1—

2013 年，市委办公室、市政府办公室印发《兖州市农村土地承包经营权登记试点工作方案》

减轻农民负担　1996 年，市委、市政府制定《关于认真贯彻中发〔1996〕13 号文件，切实加强农民负担监督管理工作的决定》，明确农民负担预决算审批、农民负担监督卡、检查审计、民主管理、资金统一管理 5 项制度，下发《关于减轻农民负担工作党政一把手负责制和“一票否决”奖惩责任制考核办法》，减负工作有章可循。全市“三提五统（村级三项提留和五项乡统筹。村提留包括公积金、公益金和管理费；乡统筹费包括农村教育事业费附加、计划生育、优抚、民兵训练、修建乡村道路等民办公助事业款项）”审批总额 4140.9 万元，人均 100.9 元，占 1995 年人均纯收入的 4.79%。1997 年，“三提五统”的提取严格控制在上年人均纯收入的 5% 以内。对农民承担的统筹提留实行一定三年不变政策，即 1997 年—1999 年的计提基数以 1996 年的农民人均纯收入为依据计提。1998 年，落实贫困户税费减免政策。对农民年人均纯收入 850 元以下的

2012 年 1 月 13 日，济宁市减轻农民负担检查组在大安镇西葛村检查

村免收乡统筹费；对年人均纯收入 850 元以下的贫困农户免收村提留和乡统筹费，对因无劳动能力或由于自然灾害等不可抗因素造成的特困农户税费全部减免。通过落实减免政策，全市对 1014 户贫困户减免“三提五统”28.8 万元，农业税 4.11 万元，“两工（劳动积累工和义务工）”1.29 万个，266 户特困户“三提五统”全部免收。2000 年，继续实施“三提五统”“一定三年不变”政策，严格执行提留统筹费的预决算制度，禁止平摊农业特产税、屠宰税，禁止一切需农民出钱出物的达标升级活动，禁止一切无法律、法规依据的行政事业性收费，禁止面向农民的各种集资，禁止各种摊派行为，禁止强行以资代劳，禁止村组招待各级下乡干部，禁止用非法手段向农民收款收物（“一项制度、八个禁止”）。落实贫困户、老年人优待政策，60 岁以上老年人不承担义务工、劳动积累工及各种集资。全年为 1065 户贫困户和 21564 名老年人减免“三提五统”193.8 万元。

2002 年，实行农村税费改革，取消乡统筹费、农村教育集资等专门面向农民征收的行政事业性收费和政府性基金及集资。取消屠宰税，取消统一规定的劳动积累工和义务工；调整农业税政策；调整农业特产税政策；改革村提留征收使用办法（“三取消、两调整、一改革”）。取消乡统筹、村提留提取方式，改为农业税附加。税改前全市农民负担 6121 万元，人均 146.7 元；税改后全市农民负担 4158.8 万元，人均 99.7 元，人均减负 47 元，减负率 32%。2003 年起，暂停征收乡村公益事业金。同年，实施国家小麦良种补贴项目，按照每亩 10 元的标准，以补贴良种的形式，实行统一供种。2004 年，取消农业特产税及附加税，农业税税率降低 3 个百分点，按 3% 执行，农业税附加为农业税应纳税额的 40%。全市征收农业税 1540 万元，比上年减少 50% 以上。严格执行村级“一事一议”筹资筹劳政策。每个劳动力每年不超过 10 个工，筹资每人每年不超过 15 元。2005 年，全市全面取消农业税，农民种地实现零税负。2006 年，全市在取消农业税、取消统一规定的农村义务工和劳动积累工、取消农村中小学收费“一费制（指在严格核定杂费、课本和作业本费标准的基础上，确定一个收费总额，然后一次性统一向学生收取）”基础上，在全省率先实行从小学到高中全免费义务教育。同年，首次实施国家优质玉米粮种补贴项目，每亩补贴 10 元。2012 年，全市开始对种粮大户进行补贴，规定粮食播种面积 300 亩及以上（含小麦、玉米）的农户为种粮大户，纳入财政补贴范围，每亩补贴 230 元，全市全年补贴 132 万元。2013 年，对粮食种植 100 亩以上的农户，纳入补贴范围，每亩补贴 100 元，全年补贴 67.57 万元。同年，全市落实涉农税收、价格和收费“公示制”，农村订阅报刊费用“限额制”和农民负担案件责任追究制，减轻农民负担。加强监督检查，每年至少开展两次减轻农民负担工作检查。农民收入大幅增长，2013 年农民人均纯收入 13218 元，比 1996 年增加 10602 元，增长 4 倍。

农村财务管理 1996 年，农村财务为村账自主管理模式。1997 年起，全市普遍实行村账乡管。1999 年，市政府对村财务管理情况进行集中清理整顿。清理内容包括账目、集体资产、农民负担、债权债务、财会队伍及管理不民主、财务不公开等。通过对集体资产的清理，遏制非生产性开支 5000 余万元，控制镇村新增举债 2000 余万

2010年4月9日，全市农村会计培训开班典礼在皇城宾馆举行

元，化解原有债务1600万元。2000年，农村财务管理实行农村会计技术职务聘任制。村会计需经市和乡镇农经管理部门考试考核，签发会计任职资格证书，由乡镇政府颁发聘任书，持证上岗。全市聘任农村会计303人，占农村会计总人数的61.6%。实行村级收支凭证会签制，村级发生的一切财务收支凭证，必须由经手人、村支部书记、村主任、民主理财组长签字，报乡镇农经站审核加盖审计章后，方可入账；未经会签审核批准的会计凭证，一律不准入账。落实民主理财制度，各村建立3人～5人的民主理财小组，审理财务收支事项，强化民主监督环节。完善村账乡管制度，健全财务收支、开支审批、民主理财、定期报账、单据审核等财务管理制度。强化民主公开，乡村财务收支按期张榜公布，接受群众监督，提高财务管理透明度。2001年，全面推行农村集体账目、资金由乡镇农经站“双代管”和会计电算化。各乡镇以农经站为依托成立“村级财务结算中心”，每年1月10日和7月10日为全市农村财务公开日，各村在公开栏张贴公布本村财务情况。兴隆庄镇投资20余万元，配备电脑、打印机等，在全市率先推行农村会计电算化管理。至2002年年底，全市13个镇（街道）全部实现农村会计电算化管理。2003年，全市实行村级账、款、物由乡镇农经站“三代管”。各镇（街道）建立会计结算中心，实现电算设备、制度建设、人员聘用、办公场所、账簿票据、账务处理六统一，实行从制作原始凭证到会签、初审、复审，到输出张榜公布表全过程的程序化管理。农村财务步入智能化、系统化管理轨道。2012年，兖州市全面开展农村集体经济组织清产核资工作，对村级“三资（资金、资产、资源）”进行全面清查，建立市、镇、村三级网络管理，健全“三资”管理台账，并建立“三资”管理服务中心，摸清农村集体经济组织的家底。1996年—2013年，以培训农村会计为重点，加强农村财务管理。每年举办1次村会计培训班，累计培训村会计7000余人次。

基金会清理整顿 1999年6月，全市开始清理整顿农村合作基金会。停止新设农村合作基金会，农村合作基金会一律停止以任何名义吸收新的存款；停止发放新的贷款，同时进行清产核资，冲销实际形成的呆账；对符合条件的农村合作基金会并入农村信用社，对资不抵债又不能支付到期债务的予以清盘、关闭。各乡镇加大回收欠款力度，多方筹措资金，按计划与农民兑付。1999年，大安镇基金会并入农信社；2000年，兴隆庄镇基金会完成兑付任务，其余乡镇基金会有计划地开展兑付工作。2002年，应兑付个人存款6839万元，已兑付6412万元，完成应兑量的93.8%。至2003年，各镇全部完成兑付任务。

农村合作经济组织建设 1996年，全市第一家农村合作经济组织——前海乡辣椒专业合作社成立。至2006年年底，全市发展各类合作经济组织72个，吸收农民成员6.4万人，带动农户5.2万户。同年，农村合作经济组织实现总收入4.83亿元，纯收入6022万元，成员人均纯收入近1000元。2008年，全市第一家在工商部门注册的兖州市修连奶牛养殖专业合作社成立。2009年，新农源肉鸭养殖专业合作社成立，2012年底资产达8.3亿元，盈利9402万元，社员平均收入1.6万元，被农业部评为国家级示范社。2012年，全市评选20家县级示范社，示范带动更多的农民专业合作社发展壮大。至2013年年底，全区共注册成立农民专业合作社230个，注册会员899人（户），其中农民会员851人（户），占94.7%，辐射带动农户近6万人（户）。

第三节 产业结构调整和产业化

1996年，全市种植业产值占农业总产值的51.27%，畜牧业占农业总产值的44.51%，为第二大产业。全市农作物播种面积116.73万亩，其中，粮食作物播种植面积77.4万亩，占总播种面积的66.3%，粮食总产42.91万吨。经济作物播种面积39.33万亩，占总播种面积的33.7%，总产量83.78万吨。全市粮经作物面积比66∶34。依托兖州市外贸肉鸡联合公司，形成“企业＋农户”肉鸡产业链，全市肉鸡养殖加工规模2000万只以上。同年，济宁抗生素厂兖州淀粉厂经省体改委批准，组建省级企业集团——山东雪花淀粉集团公司，年加工转化玉米10万吨，带动兖州市玉米产业链的形成和发展壮大。同年，兖州市被确定为全省12个农业产业化运行机制研究试点县之一。1997年—1999年，粮食作物播种面积稳定在75万亩以上。全市规划建设3万亩辣椒、3万亩大蒜、1万亩韭菜等8个农产品生产基地，蔬菜产业成为全市农业、农村经济的经济增长点和农民增收的重要来源。1998年，济宁市农业高新技术示范园在兖州市开始建设。2000年，实施蔬菜产业化战略，提高无公害蔬菜种植面积，当年无公害蔬菜面积比例达50%，全年农林牧渔业完成增加值13.1亿元，林牧渔业增加值占农业增加值的比重为38.2%。2001年，实施科技兴农和可持续发展战略，加快农业产业化进程，林牧渔业增加值占农业增加值的41.5%。设施农业有较快发展，全市塑料大棚发展到1388个，比2000年增加300个。蔬菜瓜类面积31.84万亩，花生播种面积8.18万亩，桑蚕茧产量215.4万公斤，粮经作物比例为65∶35。同年，兖州市福水食品有限公司成立，开展蔬菜干制品的加工和大蒜、蒜薹、圆葱、生姜的收购、销售等，带动全市蔬菜产业发展。畜牧业发展迅速，肉鸡、肉鸭、生猪养殖规模不断扩大；兖州市绿源食品有限公司成立，带动全市肉鸭养殖快速发展，年养殖和加工规模达2000万只以上。2002年—2003年，加快农业经济内部结构调整步伐，重点推广优质专用粮食、蔬菜品种，实施农业部优质小麦良种补贴项目，以济南17为代表的优质强筋小麦开始在全市大面积种植，占全市小麦播种面积的50%以上。2002年8月，今麦郎食品（兖州）有限公司成立。2003年11月，山东白象食品有限公司成立。两家公司以优质小麦为原料，开展方便面食品研发和生产，建成方便面生产线40条，年产方便面50亿包，年加工转换面粉40万吨，销售收入30亿元，兖州成为全国最大的方便面生产基地。2004年，全市林牧渔业增加值占农业增加值43.1%；优质粮食面积占粮食播种面积的80%以上，实现持续增产。2005年，全市发展形成42万亩优质粮、8万亩经济林、2万亩桑园、2万亩蔬菜、600个规模饲养场，实行市场化运作、产业化经营。兖州市被农业部命名为全国粮食生产标兵县。2006年，济宁市农业高新技术示范园举办现代生态农业特色产品及乡村旅游国际博览会，乡村生态旅游成为农业的一

2008年4月，兖州市被评为全省农业产业化先进县（市区）

个亮点；全市重抓高标准设施栽培和无公害蔬菜生产，保护地栽培形成热潮；山东百盛生物科技有限公司成立，以玉米为原料开展深加工、生物发酵、生物化工，年加工转化玉米20万吨，玉米产业链条进一步延长。2007年，益海嘉里（兖州）粮油工业有限公司成立，开展优质小麦系列面粉深加工和销售，年加工能力40万吨。2008年—2012年，全市蔬菜每年播种面积26万亩以上，其中，保护地栽培面积8万亩；新建规模种养基地50处，农业有害生物预警中心、高效节水灌溉、标准粮田等项目顺利实施，2008年，兖州市被省政府评为全省农业产业化先进县（市区）。2011年—2012年，兖州市小麦单产整建制过千斤，连续两年被省政府评为粮食生产先进县。依托红地种业、兖丰种业、齐鲁种业3家大型种业公司，年繁育小麦良种8万亩，年加工销售小麦良种4.5万吨，建成全国小麦良种繁育和产业化生产基地。2013年，农业结构持续优化。全市种植业产值占农业总产值的52.24%，畜牧业占农业总产值的43.77%。全市农作物播种面积122.06万亩，其中，粮食作物播种面积98.07万亩，占总播种面积的80.35%，粮食总产量51.99万吨。经济作物播种面积23.99万亩，占总播种面积的19.65%，总产量50.07万吨。全市粮经作物面积比80∶20。华龙面业（兖州）有限公司成立，“公司+基地+农户”“公司+合作社+基地+农户”的农业产业化体系得到巩固和提升。全市形成以优质小麦、优质玉米、肉鸭、蔬菜、苗木、生物制药等为主的农业产业化生产体系，拥有各级农业产业化重点龙头企业34家，其中，国家级1家、省级5家、济宁市级28家；年加工小麦80万吨、玉米60万吨、肉鸭6000万只；规模以上农产品加工企业销售收入199亿元，带动农户6万户。开展农产品“三品一标（无公害农产品、绿色食品、有机农产品和农产品地理标志）”认证。至2013年年底，全市拥有小麦、蔬菜等不同品种绿色食品标志使用权12个，认证基地面积13.6万亩，无公害产品6个，面积1.79万亩，有机产品6个，面积1200亩。

第三章　种植业

第一节　粮食作物

兖州市粮食作物以小麦、玉米为主，小面积种植大豆、甘薯，零星种植高粱、绿豆、小豆。

小　麦　兖州市播种面积最大的粮食作物，全市各乡镇均有种植。1996年，全市小麦播种面积41.4万亩，占当年农作物播种面积的35.5%，平均亩产489公斤，总产20.24万吨。1997年—2003年，播种面积一直保持在40万亩左右。2001年，因早春小麦拔节期气温骤降，造成小麦大面积发生冻害，平均亩产只有286公斤，全市小麦总产量11.63万吨。2003年，王因镇、黄屯镇从兖州市划出，2004年小麦播种面积降至

2012年6月，小孟镇史家王子村小麦收获现场

33.75 万亩。2005 年—2013 年，实施小麦良种补贴等惠农政策，期间，2005 年曲阜市 5 个村、2008 年黄屯镇 6 个村庄划入兖州市，小麦播种面积、单产量持续稳定增加。其中，2011 年市农业局实施的高产创建项目高产攻关田，小麦亩产 783.52 公斤，为兖州市单产历史最高水平；2012 年，全市推广小麦宽幅宽苗带精量播种技术，同时推广配方施肥、氮肥后移、规范化播种、病虫草害综合防治、小麦后期"一喷三防（在小麦穗期喷施杀虫剂、杀菌剂、植物生长调节剂、微肥等混配剂，防病、防虫、防早衰）"等配套技术，小麦亩产 509.3 公斤，总产量 24.94 万吨，实现小麦单产、总产六连增。2013 年播种面积 49.5 万亩，因小麦赤霉病大面积发生，发生率 40%，小麦亩产 482.3 公斤，总产 23.87 万吨。

玉 米 夏秋季节主要粮食作物，各乡镇普遍种植。1996 年，全市玉米播种面积 36 万亩，占全年粮食作物总面积的 46.5%，平均亩产 652 公斤，总产 22.03 万吨。1997 年—2009 年，全市玉米播种面积保持在 30 万亩左右。2006 年，首次实施国家优质玉米良种补贴项目，每亩补贴 10 元。2007 年，兖州市农业科学研究所玉米试验田 10 亩登海 661 平均亩产 1029.6 公斤，创历史单产最高水平。2010 年—2013 年，因玉米价格提升，种植效益增加，玉米种植面积呈增长趋势，2013 年种植面积 47.95 万亩，平均亩产 583.3 公斤，总产 27.97 万吨。

大 豆 各乡镇均有小面积种植。1996 年，全市大豆播种面积 1.54 万亩，单产 170 公斤，总产 260.5 万公斤。1996 年—2004 年，年播种面积稳定在 1.5 万亩以上。2005 年—2013 年，秋季作物种植结构调整，大豆种植面积逐年下降，2009 年，大豆种植面积 4274 亩，单产 163.5 公斤。2012 年，种植面积 5404.5 亩，平均亩产 207.8 公斤，总产 112.3 万公斤。2013 年，因种植效益提高，种植面积达到 5896 亩，平均亩产 207.7 公斤，总产 122.5 万公斤。

甘 薯 当地称地瓜，1996 年—2013 年，市内均有小面积种植。1996 年，种植面积 5085 亩。1997 年—2004 年，种植面积 3000 亩～7500 亩。2005 年以后，农民种植意愿降低，甘薯种植面积逐年减少。2012 年，种植面积 229.5 亩，为历年最少。2013 年，种植面积 330 亩，平均亩产 605 公斤，总产 20 万公斤。

2005 年 12 月，兖州市被评为全国粮食生产先进县标兵

1996年—2013年兖州市小麦、玉米、大豆及甘薯生产情况表

表8-1

项目/数量/年份	小麦			玉米			大豆			甘薯		
	面积（亩）	单产（公斤）	总产（万公斤）	面积（亩）	单产（公斤）	总产（万公斤）	面积（亩）	单产（公斤）	总产（万公斤）	面积（亩）	单产（公）	总产（万公斤）
1996	413906	489	20240.5	337684	652	22025.7	15359	170	260.5	5085	683	347.2
1997	410640	523.6	21500.6	319980	538.73	17238.5	21510	153.30	329.8	4680	622.47	291.3
1998	417780	440.53	18405.5	328890	619.8	20384.5	18000	177.87	320.2	5460	717.4	391.7
1999	439995	487.53	21451.1	342360	542.47	18571.3	15675	188.07	294.8	5475	776.07	424.9
2000	430065	435.40	18726	337965	575.6	19452.2	16470	167.6	276	4875	611.67	298.2
2001	406635	286.00	11629.8	337890	649.6	21949.3	18300	183.73	336.2	3690	626.8	231.3
2002	404490	442.73	17907.4	330675	546	18054.9	17265	171.2	295.6	3060	586.27	179.4
2003	394725	443.07	17489.4	291660	536.13	15637.4	17565	184.2	323.5	6135	640.4	392.9
2004	337530	460	15514.3	362550	589	21344.1	19320	176	340.7	5115	641	327.6
2005	400470	459.87	18416	302670	596	18039.8	10800	195.07	210.7	600	608.33	36.5
2006	411660	460.47	18956.1	299160	596.6	17847.6	10035	187.87	188.5	630	639.67	40.3
2007	416445	447.33	18627.7	302625	592.6	17932.6	11250	199	223.9	1140	707	80.6
2008	421837	483.9	20414.7	348315	549	19124.1	10786	203.1	219.1	790	743.9	58.8
2009	453135	485.7	22011	371100	547	20299.2	4274	163.5	70	351	606.6	21.3
2010	483311	489	23622.1	406679	551	22408	5079	192	97.3	230	619	14.2
2011	481302	505	24305.8	416122.5	551	22944.7	4863	188.4	91.6	330	578.8	19.1
2012	489741	509.3	24941.3	478447.5	579.1	27705.4	5404.5	207.8	112.3	229.5	601	13.8
2013	494986	482.3	23873	479535	583.3	27971.6	5896	207.7	122.5	330	605	20

1996年—2013年兖州市粮食生产情况表

表8-2

项目 数量 年份	全部农作物播种面积（亩）	粮食作物合计			夏粮合计			秋粮合计		
		播种面积（亩）	单　产（公斤）	总产量（万公斤）	播种面积（亩）	单　产（公斤）	总产量（万公斤）	播种面积（亩）	单　产（公斤）	总产量（万公斤）
1996	1167297	773974	555	42914.4	413906	489	20240.5	360068	630	22673.9
1997	1172445	759810	518.53	39396.4	410640	523.6	21500.6	349170	512.533	17895.8
1998	1159185	772785	511.73	39547.2	417780	440.53	18405.5	355005	595.53	21141.7
1999	1200255	805305	506.27	40771.8	439995	487.53	21451.1	365310	528.867	19320.7
2000	1189305	791550	499.33	39525.4	430065	435.4	18726	361485	575.4	20799.4
2001	1181475	768300	444.8	34173.9	406635	286	11629.8	361665	623.333	22544.1
2002	1141770	757680	481.27	36466.1	404490	442.73	17907.4	353190	525.467	18558.7
2003	1132890	712470	475.87	33905.3	394725	443.07	17489.4	317745	516.667	16415.9
2004	1043175	725460	518	37541.6	337530	460	15514.3	387930	568	22027.3
2005	1130505	715155	514	36713.4	400470	459.87	18416	314685	581.467	18297.4
2006	1143705	722085	517	37343.2	411660	460.47	18956.1	310425	576.2	17885.8
2007	1157580	732105	504	36875.7	416445	447.33	16277	315660	578.067	18248
2008	1178351	782236	509	39825.4	421837	483.9	20414.7	360399	538.6	19410.7
2009	1208269	830773	511	42435.1	453135	485.7	22011	377638	540.8	20424.1
2010	1196340	895647	515	46151.2	483627	489	23629.9	412020	547	40667.9
2011	1206015	902653.5	524.7	47361.2	481302	505	24305.8	416122.5	551.4	22944.7
2012	1206994.5	973833	541.9	52772.9	489741	509.3	24941.3	478447.5	579	27705.4
2013	1220635	980747	530.1	51987	494986	482.3	23873	485761	578.8	28114

第二节　经济作物

花　生　播种方式为平播，分春花生和夏花生。春花生多为零星种植，面积小，播种时间在4月底5月初，采用地膜覆盖。夏花生主要是5月下旬麦套种植，人工点播。1996年，花生种植面积8.81万亩，平均亩产321公斤，总产2827.1万公斤。2003年，种植面积10.09万亩，平均亩产370.13公斤，总产3735.1万公斤。2008年—2013年，因农村青壮年劳动力外出务工数量增加，劳动力减少，花生种植用工量大、比较效益低，种植面积逐年下降。2013年，夏花生开始推广起垄覆膜综合配套技术，种植面积1.16万亩，平均亩产335.9公斤，总产390.5万公斤。

棉　花　1996年—1999年，棉花种植方式主要是“三·二式（三行小麦套种二行棉花）”“八·三式（八行小麦套种三行棉花）”麦棉套种。2000年—2013年，主要采用菜棉套、纯春棉等方式，零星种植。春棉播期多在4月15日～20日，菜套棉、麦套棉多在4月20日～25日。

1996年棉花种植面积7733亩，平均亩产59公斤。1997年—2013年，农民种植意愿降低，棉花面积减少。2013年，种植面积2697亩，平均亩产123.6公斤，总产33.3万公斤。

1996年—2013年兖州市花生、棉花生产情况表

表8-3

项目 数量 年份	花生			棉花		
	播种面积（亩）	单　产（公斤）	总产量（万公斤）	播种面积（亩）	单　产（公斤）	总产量（万公斤）
1996	88081	321	2827.1	7733	59	45.7
1997	90645	317.8	2880.9	7200	60.87	43.8
1998	76860	333.8	2565.7	5160	60.27	31.1
1999	71190	337	2399.1	5100	75.67	38.6
2000	83040	340.73	2829.6	7980	61.93	49.4
2001	81810	340.87	2788.9	12375	73.53	91
2002	96135	351.27	3376.8	11505	61.47	70.7
2003	100905	370.13	3735.1	16890	82.4	139.2
2004	82275	347	2858.0	10215	80	81.6
2005	83355	339.2	2827.5	17280	88.4	152.7
2006	86205	348.47	3003.7	20130	107.67	216.8
2007	85620	347.53	2975.7	20385	116.73	238
2008	57203	328.3	1878	5199	151.9	79
2009	26182	350.2	916.9	6922	95	65.8
2010	17580	360	632	4462	135	60.3
2011	17655	359	634.4	—	—	—
2012	12544.5	334.1	419.1	—	—	—
2013	11625	335.9	390.5	2697	123.6	33.3

蔬　菜　兖州市蔬菜主要有叶菜类、块根块茎类、葱蒜类、菜用豆类、茄类5大类100多个

品种。其中，以白菜、甘蓝、菠菜、油菜为主的叶菜类种植面积最大，以山药、马铃薯、萝卜、莴苣为主的块根块茎菜类种植面积第二。山药、大蒜、大葱、马铃薯形成区域化连片种植格局。1996年，全市蔬菜播种面积29.72万亩，总产80.89万吨；2000年，播种面积30.64万亩，总产82.14万吨；2008年，播种面积33.12万亩，总产89.03万吨；2013年，播种面积22.47万亩，总产56.46万吨。

瓜 类　兖州有种植西瓜、甜瓜的传统，规模不大，均为零星种植，栽培方式均为露地栽培，主要分布在王因、新兖、大安、新驿等乡镇。1996年，种植面积1.18万亩，总产量4873万公斤。1999年，由于西瓜种植效益较好，种植面积猛增到1.94万亩，总产量7124.5万公斤。2000年，栽培方式由露地栽培发展为地膜、中小拱棚、大拱棚等多种方式。2005年，随着玉米除草剂大面积使用，全市麦茬西瓜、甜瓜苗期受到除草剂影响，危害严重，甚至绝产，瓜类种植面积逐渐减少。同年，播种面积3555亩。2013年，播种面积737亩，总产267.7万公斤。

1996年—2013年兖州市蔬菜、瓜类播种面积产量表

表8-4

项目 数量 年份	蔬菜面积（亩）	总产量（万公斤）	瓜类面积（亩）	总产量（万公斤）
1996	297202	80892.4	11753	4873
1997	311415	79272.6	17910	5603.7
1998	323085	87260.4	18825	5835.8
1999	318390	87146.6	19380	7124.5
2000	306435	82144	15675	5421.6
2001	318420	79347.8	15855	3915.6
2002	267870	74005.9	8370	2041.1
2003	294150	82308	13467	55214.7
2004	298020	84474.7	13000	54730
2005	310980	82841.7	3555	1075.3
2006	311685	83307.6	3540	1124.8
2007	315255	84789.7	4185	1287.3
2008	331229	89034.3	2323	687.7
2009	343529	95878.9	863	324.2
2010	277986	61740.2	665	238.3
2011	269870	62734.7	748	258.8
2012	280263	73209.3	729	254.2
2013	224689	56456.5	737	267.7

第三节　种植技术

体系建设　1996年，兖州市落实乡镇农业技术推广机构“三定（定职能、定机构、定编制）”工作，农技推广体系建设的主要任务是调整和重构。1998年，兖州市加强农技推广体系建设，按照“提高市级、完善乡级、强化村级”要求，充实人员、增加经费、完善网络，全市形成上下协调、渠道畅通、运转高效的农技推广体系。1999年年底，科技示范户发展到7200户。2000年，将乡镇设置过多、过散的站所归并成综合性农业服务中心。2009年，兖州市人民政府下发《关于深化改革加强基层农业技术推广体系建设的意见》，在全市10个镇（街道）建立农业技术推广、动植物疫病防控、农产品质量监管等公共服务机构，明确公益性职能，理顺管理体制，核定编制，建立农技推广工作制度。2011年，全市建立以市农技推广中心为龙头，以镇（街道）农业综合服务中心为依托，市、镇、村“三级联动”的农技推广服务体系。2013年，市农业局农技推广机构包括农技推广中心、蔬菜服务中心、种子站、农广校、农科所5个部门，专业技术人员126人。各镇（街道）设农业综合服务中心，共有专业技术人员132人，形成“五条线一张网（利用计算机技术、科技飞信、电视媒体、电子显示屏、农技推广队伍，搭建覆盖全市的农业技术推广网）”农业技术推广网络和建立1处院士工作站，每年聘请10个以上省级专家教授到兖开展“每周一讲”、组织100名包村技术人员入户指导、培育1000名新型职业农民（即“四个一”）农业科技人才支撑体系。

良种推广

小　麦　1996年—1999年，市种子公司、市农技站等单位引进鲁麦21、鲁麦22、稳千1等品种，同时重点推广优质面包专用小麦924142，推广面积13.6万亩。2003年，实施优质小麦良种推广补贴项目，调优小麦品种，成为全省小麦生产亮点。从省农业厅发布的主导推广品种中确定济麦20、济南17和淄麦12三个小麦主栽品种，小麦优质专用率90%以上。2003年—2005年，引进推广强筋小麦，建成40万亩优质强筋小麦标准化生产基地。2006年—2009年，引进山农15号、临麦4号等15个新品种，在全市主要推广济麦20、济南17和济麦22等高产优质专用品种，实行统一供种，优质小麦品种覆盖率100%。2012年—2013年，全市小麦主要推广品种为济麦22、鲁原502、济南17。

玉　米　1996年—1999年，重点推广掖单11、掖单13、掖单22、鲁单50、登海1等品种，同时引进高淀粉、高油、高赖氨酸等优质专用品种。2000年，引进推广登海系列品种、农大108等优质专用品种。2003年—2005年，主要引进推广高淀粉玉米。2006年，优质高产品种郑单

2013年3月，农技人员在新兖镇大南铺村进行春季小麦技术考察

大安镇蒿厂村种植的郑单958玉米

958成为主栽品种，占播种面积的90%以上，郑单958、浚单20等成为全市主推品种。2009年，主要推广品种为郑单958、浚单20、鲁种99118。2012年—2013年，主要推广品种为郑单958，同时示范推广鲁单818、登海605等高产品种。

花 生 1996年—1999年，主要推广海花1、鲁花12等品种。2002年，引进鲁花14号、丰花1号、花育16、花育18等中、早熟高产优质大花生。2008年—2013年，丰花1号成为主要品种。

棉 花 1996年—2005年，以中棉17、中杂28品种为主。2006年—2013年，以鲁棉研15、鲁棉研16、棉621、中棉42、中棉43为主。

蔬 菜 1998年，市蔬菜服务中心引进推广苏椒五、洛椒四、早青一代西葫芦、鲁萝卜3、鲁萝卜6、绿丰芸豆、津春4号黄瓜、中甘十一甘蓝、中杂9号番茄等蔬菜新品种。2000年，市蔬菜研究所与山东农业大学园艺学院合作，选育出青丰西葫芦、红秀樱桃番茄等蔬菜新品种。2013年，市蔬菜研究所与大连好地种业联合选育出优质实心芹菜新品种——兖州翡翠。

瓜 类 1996年—1999年，西瓜栽培品种较少，主要是丰收二号、庆红宝，多为大果型品种。2000年始，引进郑杂5号、京欣、黑魁、黑霸、黑美人、台湾特小凤等，果实由大果型逐步向中小果型发展。1998年前，甜瓜种植品种较少。2000年后，引进白沙蜜、网纹甜瓜、甜宝、绿宝石等优良品种，在全市得到推广种植。

良种产业化 1996年—2002年，市种子公司、市良种繁育示范场为大田作物良种供应的主要单位。2002年，市良种繁育示范场撤销。2003年，济宁红地种业有限公司成立，注册资金500万元。2006年，市种子公司撤销，不再进行良种繁育和经营。种子经营体制改革，民营种子企业因此得到快速发展。2008年，齐鲁种业有限责任公司成立，注册资金1000万元；山东兖丰种业有限责任公司成立，注册资金3000万元。

自1996年始，兖州市实施种子工程，建立

小孟镇苏家户村种植的济南17优质强筋小麦

小麦良种“125繁育体系”，即按小麦播种面积，建立万分之一面积的原原种田、千分之二面积的原种田、百分之五面积的良种田，加速小麦良种产业化进程。1999年，市良种繁育示范场引进9个小麦新品系，建立起60亩的原种田和1000亩的良种繁育田，年繁育小麦良种40万公斤。自2003年开始，全市小麦统一供种，实行一村一品、一镇一品和优质小麦区域化布局、规模化种植、标准化生产，建成小麦原种田9000亩。2005年—2013年，全市每年建设4000亩粮食生产核心技术示范区，在示范区内建设200亩试验基地进行新品种、新技术的试验研究和示范。至2013年，全市小麦良种繁育基地面积10万亩，年生产良种400余万公斤，满足全市统一供种需求，同时外销周边县市。

1996年—1998年，兖州市平均每年建立杂交玉米制种田3000亩，生产高产优质杂交玉米良种55万公斤。由于当地玉米制种成本高，制种效益低，1998年后，玉米制种面积大幅度减少。2000年后，兖州市不再繁育玉米种。2000年—2013年，玉米种子从省内外调入。

土壤改良与科学施肥

测土配方 1996年—2006年，在全市对土壤定点取土化验，根据化验结果和作物类型、产量指标确定施肥配方，取得节本增产效果。

2007年始，市农业局承担省农业厅下达的测土配方施肥补贴项目，在境内耕地取样3213

个，持续进行土样采集和化验工作。至2013年，共采集土壤样品5592个，对土样全部进行分析化验，10%的样品做平行分析，化验6万余项次，摸清了全市耕地土壤养分状况：有效磷、速效钾含量处于相对较低水平，有机质处于高含量水平；微量元素含量差异悬殊，铜、锌、铁、锰处于相对丰富水平，有效硼缺乏区域面积大。根据测试结果，形成施肥指标体系和耕地地力评价等多项成果，并结合群众生产需要提供施肥配方。

秸秆还田 1996年—2013年，随着机械化收割全面普及，秸秆还田质量和数量不断提高，小麦采用机械化收获秸秆粉碎覆盖还田，玉米开始采用秸秆粉碎、土壤深耕翻压还田。1996年，小麦秸秆还田面积35万亩，玉米秸秆还田3.5万亩。2009年，小麦秸秆还田42.6万亩，玉米秸秆还田32万亩。2011年，小麦秸秆还田47.6万亩，玉米秸秆还田40.6万亩。2012年玉米秸秆还田45.8万亩。2013年小麦秸秆还田49万亩，玉米秸秆还田46.7万亩。秸秆还田改善了土壤理化性状，提高了土壤产出能力。

土壤深耕深松 1998年，市农业局和市农机局合作，在新兖镇代家村进行土壤深松试验，示范面积200亩，土壤深松35厘米以上。试验证明土壤深松在不打乱土层结构的情况下，具有改良土壤、保肥蓄水、防作物早衰促增产效果，能增加小麦分蘖成穗率3%～5%，提高千粒重3%～5%，增产10%左右。在农业大型机械不断普及的情况下，深松技术推广面积不断扩大。2008年，兖州市结合推广秸秆还田技术，连续3年实施4万亩深耕示范项目，玉米秸秆机械化粉碎后采用深耕翻转犁进行深耕，耕深20厘米～25厘米，打破犁底层，翻压秸秆，增强土壤蓄水、保肥能力，防止农作物后期早衰、促进粮食增产。至2013年，全市深耕面积占70%以上，深松免耕面积在25%以上，深耕深松技术得到全覆盖，成为兖州市农业生产中重要的增产增效技术。

2007年1月，兖州市实施的农业部标准粮田建设项目获全省农业基本建设十佳项目

科学施肥 在小麦种植过程中，农民习惯将45%（氮、磷、钾元素配比15%—15%—15%）的复合肥50公斤～60公斤作基肥，于耕翻时进行撒施，拔节期随浇水撒施尿素15公斤～20公斤作为追肥。玉米种植很少使用中微量元素肥料，以尿素和复合肥为主，一般每亩施42%（氮、磷、钾元素配比28%—6%—8%）的复合肥45公斤～55公斤，在喇叭口期采用“一炮轰（指全生育期只进行一次施肥）”方式施用，个别用50公斤～75公斤尿素于苗期、喇叭口期分期追肥。从1996年开始，测土配方施肥技术在全市推广后，农民开始注重科学施肥、配方用肥。至2013年，全市农民对测土配方施肥技术的认知度达98.7%，应用配方肥的农户95%以上，对实施测土配方施肥项目满意率为100%。

1996年—2008年，全市蔬菜施肥主要以传统经验施肥方式为主。2009年，实施蔬菜测土配方施肥项目，利用养分平衡法来测定露地菜田、蔬菜棚室内土壤养分含量，设计合理的蔬菜施肥配比，依不同蔬菜需求配制施肥方案，达到提高产量的目的。2013年，蔬菜测土配方施肥面积18万亩，节肥20%，节约成本15%，增效30%以上。

农作物栽培技术

粮食作物栽培技术 玉米收获后秸秆还田，深耕25厘米以上或深松30厘米以上，打破犁底层，深耕后及时耙地，耙透、耙细，破碎明暗坷垃，消除架空暗垡，达到“深、透、细、平、实”标准。

深耕或深松可间隔2年～3年进行一次，其间可以旋代耕。

兖州市小麦适宜播种期为10月5日～15日，最佳种播期7日～12日。适播期内，对主要推广品种进行精量播种，砂姜黑土地块适当增加播种量。适播期后每晚播1天，亩增加播量0.5公斤。播种深度一般3厘米～5厘米，播后进行镇压；砂姜黑土地块实行浅播（2厘米～3厘米）压水。出苗后，及时查苗补苗，3叶～4叶期进行化学除草，封冻前浇越冬水，早春精细划锄，返青期化学除草，起身至拔节期化控防倒，根据地力墒情苗情适时肥水管理，加强防病治虫，及时喷施农药，适时浇好挑旗水、灌浆水。玉米播后及时进行浇水，浇水后2天～3天，喷施除草剂加杀虫剂进行化学除草，兼治害虫。出苗后及时防治病虫害，6叶前每5天～7天防治1次，在小喇叭口期防玉米螟，在大小喇叭口之间，采用玉米"一喷双减（喷施一遍杀虫杀菌剂，减少虫害，减轻病害）"技术，玉米8片展开叶时，喷施化控剂，适时晚收。

1996年—2005年，小麦、玉米主要采用"八·三式（2米一带，畦背宽40厘米～50厘米，畦内宽150厘米～160厘米，种8行小麦，留2个套种行，翌年5月下旬在畦背套种1行、畦内套种2行，共3行紧凑大穗型玉米）""八·四式（2米一带，畦背宽40厘米～50厘米，畦内宽150厘米～160厘米，种8行小麦，留3个套种行，翌年5月下旬在畦背套种1行、畦内套种3行，共4行紧凑大穗型玉米）"播种。小麦播种采用幅宽2米的播种机，重点推广小麦精播、半精播配套高产技术，推广合理密植，亩用种量4公斤～7.5公斤。玉米套种采用人工点播或半机械化条播，每亩密度4500株～5500株。2006年—2008年，部分镇村推广应用幅宽2.2米、2.4米播幅播种机，种植方式采用"九·三式（2.2米一带种9行小麦，翌年等行距套种3行玉米）""十·四式（2.4米一带种10行小麦，翌年等行距套种4行玉米）"播种。2008年—2009年，玉米粗缩病大面积发生，夏玉米种植逐渐采取直播方式，小麦收获后抢时播种玉米，随收随播。2012年，推广小麦、玉米双宽播种技术，小麦宽幅、宽苗带播种，幅宽2.7米，小麦苗带宽7厘米～10厘米，种肥同播，分蘖成穗能力强的中多穗型品种亩用种量5公斤～6公斤，分蘖成穗能力弱的大穗型品种亩用种量7公斤～8公斤。翌年小麦收获后，用玉米单粒精播机等行距播种4行玉米，按粒播种，每亩密度4000株～5000株。同时推广玉米"一增四改（合理增加种植密度，改种耐密型品种、改套种为直播、改粗放用肥为配方施肥、改人工种植为机械作业）"、种肥（缓控肥）同播、粗缩病预防、"一防双减（在玉米大喇叭口期将杀虫剂和杀菌剂混用，对病虫害进行一次性防治，达到减少玉米生长后期害虫基数和减轻病害危害程度的目的，确保玉米增产增收）"、后期适时晚收等配套种植技术，全市玉米从播种、田间管理、收获、秸秆还田等主要环节基本实现全程机械化。2013年，小麦玉米双宽播种面积25万亩，推广应用率50%。

2012年9月，市农业局技术人员进村入户宣传玉米适期晚收技术

在秸秆还田、增施有机肥基础上，每亩施纯氮肥15公斤～17公斤、磷肥6公斤～8公斤、钾肥6公斤～8公斤、硫酸锌1公斤。50%的氮肥和全部磷肥、钾肥、锌肥做底肥，在耕地前均匀撒施地表，耕翻入土，翌年春季小麦拔节期追

施剩余50%的氮肥。玉米每亩选用玉米缓控肥40公斤～50公斤或玉米专用肥25公斤～30公斤，实行种肥分离同播。在玉米大喇叭口期，前期施用缓控肥的，每亩追施尿素15公斤；施用玉米专用肥的，每亩追施尿素20公斤。

花生配套栽培技术　品种选用中、早熟高产优质、综合抗逆性强的大花生，地块选择排灌方便、耕作层深厚、土质沙壤的田块种植，种植方式为2米一带机播8行小麦，畦背0.6米，套种1行～2行花生，畦内8行小麦实行“二·二”间隔分布，留0.24米的套种行，播种3行花生。底肥以有机肥和生物肥为主，适当施用化肥。一般亩产400公斤荚果以上的花生田，亩施有机肥3000公斤～4000公斤，尿素15公斤～20公斤，磷酸二铵25公斤～30公斤，硫酸钾10公斤～15公斤，或亩施花生专用肥50公斤～75公斤。麦收前15天～20天播种，播种前选晴好天气晒种，将精选的种子用种衣剂按种子量的1∶40比例进行种子包衣，提高播种质量。种植密度掌握在每亩8000墩～10000墩，穴播2粒，均匀播种，麦收前进行查苗补种，麦收后及时早锄、灭茬除草、保墒、清棵。一般在出苗后30天～40天，大批果针入土前结合浇水亩施标准氮肥5公斤及少量的磷肥，中后期进行叶面追肥，用0.2%磷酸二氢钾均匀喷施。开花后10天～15天喷400倍～800倍多菌灵液以防叶斑病，做好病虫害防治。当花生饱果指数达到60%以上时及时收获，收获后及时晾晒，降低入库水分，防止黄曲霉素污染。

2010年6月，小孟镇陈王村对济南17小麦测产

蔬菜生产技术

日光温室蔬菜生产技术　蔬菜传统栽培以露地为主，谷雨至秋分为常规蔬菜播种季节。1996年，地膜、拱棚、阳畦等保护栽培设施在全市推广。1998年，兖州市蔬菜研究所引进钢骨架节能日光温室设施蔬菜生产技术。2001年，谷村镇栗园村建起全市第一批无立柱日光温室36座。至2012年，全市建成高效日光温室4855个、5000余亩。2013年，全市露地蔬菜播种面积19.65万亩，设施蔬菜面积2.82万亩。

标准化生产　1996年—1997年，蔬菜生产以传统露地生产方式为主。1998年，兖州市蔬菜服务中心引进推广无土栽培、节水灌溉、平衡施肥、嫁接育苗、无公害病虫害防治等技术。

1999年，兖州市政府出台蔬菜发展指导规划，开始推进蔬菜标准化生产。2001年，结合济宁市农业高新技术示范园建设，市政府提出“一园带四区（以济宁市农业高新技术示范园为中心，辐射带动兖州温室蔬菜种植区、传统地方特色蔬菜种植区、外贸出口型蔬菜种植区、大宗蔬菜种植区）”蔬菜发展方案，全面推广绿色蔬菜标准化生产操作规程。重点推广应用杀虫灯、性诱剂、粘虫板等物理、生物技术设施。建立起龙桥温室蔬菜生产基地、兴隆庄汪庙大拱棚番茄生产基地、五里庄温室黄瓜基地、宋村大拱棚茄子生产基地、唐庄拱棚番茄生产基地。2002年—2011年，全面推行标准化生产技术，先后引进推广配方施肥、多层覆盖、嫁接、剪枝再生、压蔓再生、工厂化穴盘基质育苗等20余项实用新技术，促进全市蔬菜生产。2012年，开始实施蔬菜标准化生产提升工程。按照规模化种植、标准化生产、商品化处理、品牌化销售、产业化经营创建目标，加大蔬菜新技术、新品种推广力度，改善生产条件，发挥示范辐射带动效应，建立起完善的质量管理制度和生产管理制度。蔬菜生产由分散种植向规

2011年9月，颜店镇丽泽苑蔬菜基地日光温室蔬菜生产大棚

模园区推进，由注重数量向提高质量发展，蔬菜产业向高端转型。至2013年，创建济宁市级蔬菜标准园区5个，县级标准化示范基地8个，获14个绿色农产品质量认证，完善标准化生产技术规程15个。

工厂化育苗 1996年—1998年，兖州市蔬菜育苗以传统露地、阳畦、拱棚育苗方式为主。1999年1月，兖州市蔬菜服务中心通过实施济宁市科技发展计划——蔬菜工厂化育苗技术研究，建立50平方米催芽室，1000平方米绿化室，10000平方米分苗室，研制出不同蔬菜最佳基质配方，总结出不同蔬菜品种穴盘育苗流程和操作技术规程，蔬菜育苗逐步实现专业化、产业化。2011年，兖州市在济宁市农业高新技术示范园建立第一家工厂化育苗中心——济宁市大方园艺工厂化育苗中心，年产蔬菜种苗1800万株。该中心以草炭、蛭石为基质，以不同孔穴的穴盘为容器，采用机械或人工播种，在温室内进行环境调控，将蔬菜种子培育成苗。春秋季保护地栽培的茄果类蔬菜，使用穴盘育苗技术。这种方式节省用种，减少苗床面积，省工省力，降低生产成本。同时秧苗质量高，定植后缓苗期短，长势强，产量高，方便远距离运输。

水肥一体化节水灌溉 1996年，兖州市引进节水灌溉系统，重点推广滴管、微喷及大田节水喷灌设施，1997年6月在兖州市蔬菜科技试验场、兴隆庄农业示范园推广使用。2012年，在绿康蔬菜合作社推广蔬菜水肥一体化节水灌溉系统。该技术可节水40%、节肥30%、省工10%、增产20%。

嫁接技术 2000年，兖州蔬菜科技试验场引进黑籽南瓜、甜葫芦等砧木，在谷村镇栗园温室基地、新兖镇寨子村、兴隆庄镇胜利村推广黄瓜靠接、西瓜插接、茄子劈接技术。2002年后，嫁接技术在全市大面积推广应用。

生态循环农业技术 1996年，兖州市开始探索推广秸秆气化、“四位一体（日光温室、沼气池、畜禽舍、蔬菜生产一体化）”大棚、农村沼气等生态循环农业技术。1997年—2000年，市农业局承担省科技厅下达的“星火计划”秸秆气化项目，在新兖镇小马青村、代家村、八里铺，大安镇穆庙村，兴隆庄镇巨王林村、北湖村等14个村建成农作物秸秆气化站14处。每处省财政补助资金10万元，兖州市财政配套资金10万元，不足部分由村解决。每处每年处理秸秆6000吨左右，实现秸秆综合利用。1999年，市农业局与市科技局合作，在新兖镇龙桥村和兴隆庄镇北湖村建设“四位一体”蔬菜大棚6个，每个大棚财政补助资金3000元，成为农村能源综合利用、生态循环高效农业示范点。至2000年，兴隆庄镇共推广建设“四位一体”大棚240个，面积600亩。

2003年4月，市农业局承担科技部无公害优质玉米技术集成与产业化示范基地项目

2000年8月，市农业局分2期培训全市240名沼气生产工，其中154人获初级职业资格证书，提高了服务水平和管理质量，促进沼气事业发展。2006年后，由于秸秆还田以及畜禽养殖量减少，原料供应不足，大部分气化站报废。

2006年—2010年，兖州市实施国家“一池三改（沼气池、改厕、改厨、改圈）”生态家园农村户用沼气工程项目。2006年，全市实施800户，每户财政补助资金400元，建设规模养殖场1处，财政补助资金1.5万元。2007年，实施1125户，每户财政补助资金600元。2008年，实施1875户，每户财政补助资金800元。2009年，省农业厅、省卫生厅、省发改委、省财政厅联合下达兖州市农村改厕项目，与农村沼气工程合并为“一池三改”项目，落实财政资金120万元，农村改厕3000户。2010年，在新兖、颜店、新驿、小孟、漕河、大安、兴隆庄7个镇82个村实施“一池三改”1666户，每户财政补助资金1000元，配备灶具、管道、沼气灯等设施。2011年—2013年，兖州市承担国家农村户用沼气建设项目。2011年，建设户用沼气项目1000户，每户补助1000元，建设农村小型沼气池2个，每个沼气池财政补助资金3.9万元。配套建设农村沼气服务网点42处，配备沼渣沼液出料车、甲烷检测仪、维修工具、货架、柜台等。同年，兖州市绿源食品有限公司建设500立方米大型沼气工程1处，项目总投资432.54万元。在绿源食品有限公司建立县级区域服务站1处，财政补助资金20万元，购置大型沼渣沼液车1辆、秸秆粉碎机2台。2012年—2013年，全市新建户用沼气池500个、小型联户沼气池26个，两年合计中央财政投资127.4万元，省、济宁市配套64万元。沼气工程建设推动了农村可再生能源发展，保护和改善了农村生态环境。

1996年—2011年兖州市主要农业科技成果表

表8-5

年　份	成果名称	奖励名称	奖励等级	奖励单位
1996	立体高效农业栽培技术研究	济宁市科学技术奖	二等奖	济宁市科技局
1996	高效农业综合开发技术试验	济宁市科学技术奖	二等奖	济宁市科技局
1996	麦套特种玉米高产开发技术研究	济宁市科学技术奖	二等奖	济宁市科技局
1997	小麦、玉米、花生一体化高产技术研究	济宁市科学技术奖	一等奖	济宁市科技局
1997	粮食高产更高产综合技术	济宁市科学技术奖	二等奖	济宁市科技局
1998	玉米优良新品种（新组合）及配套增产技术	省农牧渔业丰收奖	一等奖	省农业厅
1998	特色农业综合技术开发研究	济宁市科学技术奖	三等奖	济宁市科技局
1999	济宁市60万亩小麦、玉米高产栽培技术推广	全国农牧渔业丰收奖	二等奖	农业部
1999	高产粮区高效持续农业模式研究	济宁市科学技术奖	二等奖	济宁市科技局
2000	平原农区可持续高效农业发展模式研究	济宁市科学技术奖	二等奖	济宁市科技局
2001	持续高效农业发展技术研究与示范	济宁市科学技术奖	二等奖	济宁市科技局
2002	优质小麦新品种引进及高产示范	兖州市科技进步奖	二等奖	兖州市人民政府
2003	智能化农业信息技术研究示范	济宁市科学技术奖	三等奖	济宁市科技局
2004	农业信息网开发与建立	兖州市科技进步奖	一等奖	兖州市人民政府
2004	高淀粉玉米新品种引进及高产开发	兖州市科技进步奖	三等奖	兖州市人民政府

续表8-5

年 份	成果名称	奖励名称	奖励等级	奖励单位
2008	小麦、玉米两熟丰产高效技术研究推广	省农牧渔业丰收奖	一等奖	省农牧渔业丰收奖奖励委员会
2010	小麦千斤市建设配套技术	济宁市科学技术奖	二等奖	济宁市科技局
2010	高标准农田生产系统集成技术	济宁市科学技术奖	三等奖	济宁市科技局
2011	兖州市150万亩小麦整建制亩产超500公斤高效栽培技术集成与应用	省农牧渔业丰收奖农业技术推广成果奖	二等奖	省农牧渔业丰收奖奖励委员会

第四节 植物保护

植物检疫 1996年，市植物保护工作站有植物检疫员4名，主要对市良种繁育示范场、市种子公司繁育和调运的良种、植物及植物产品进行检疫。1996年—2005年，检疫对象主要是小麦全蚀病、小麦腥黑穗病等，小麦良种每年繁育检疫面积1万亩左右，玉米良种每年繁育检疫面积2000余亩，玉米杂交种每年调运检疫数量在75万公斤左右。2013年，市植保站有5名专职检疫人员，每个镇(街道)设有1名兼职检疫人员，小麦良种繁育检疫面积8万亩。

病 害

小麦病害 主要有锈病、白粉病、赤霉病、纹枯病、根腐病、全蚀病、黑穗病等。小麦锈病有秆锈、叶锈、条锈3种。病害严重时，减产40%～50%。全市叶锈病比较常见，条锈病在1990年大面积发生后，未在全市发生。赤霉病是小麦的重要病害，1996年—2013年，每年都有发生，其中，2005年发生面积21.4万亩，2009年—2011年每年发生面积10万亩左右，2012年发生面积35万亩，2013年发生面积20万亩。在大流行年份，产量损失10%～40%。纹枯病、根腐病每年都有发生，但危害不大。全蚀病、黑穗病基本未造成危害。

玉米病害 主要有大小叶斑病、粗缩病、褐斑病、茎基腐病、弯孢菌叶斑病等，其中粗缩病对玉米危害最大，整个生育期都可感染发病，以苗期受害最重，5片～6片叶即可显症。2005年—2010年粗缩病在全市普遍发生，其中，2008年发生面积20万亩，2009年发生面积35万亩，一般地块减产10%～30%，严重地块甚至绝产。2011年—2013年，农业部门推广种子包衣、选用抗病品种、夏直播等技术措施综合防治玉米粗缩病，玉米粗缩病发生面积逐年减少，发病程度逐年减轻。2000年，玉米弯孢菌叶斑病发生面积12.2万亩次，防治面积8.7万亩次；2001年—2013年，弯孢菌叶斑病发生程度逐年减轻。

2008年6月21日，省农业厅专家在兖州市指导玉米粗缩病防治工作

棉花病害 主要有棉立枯病、炭疽病、棉枯萎病、棉铃疫病、茎枯病等。

花生病害 主要有叶斑病、根结线虫病、枯萎病、锈病、病毒病等。

虫 害 1996年，市植保站在全市设有10处病虫测报点，测报点数据每周汇总1次，该项制度延续到2013年。

小麦虫害　主要有麦蚜、麦叶蜂、红蜘蛛等虫害。麦蚜虫害每年都有发生，1996年—2000年，每年发生面积40万亩左右。2005年，发生面积41.5万亩。2009年、2010年、2012年，每年发生45万亩左右。1996年—2013年，麦叶蜂虫害每年均有发生，其中，2005年发生面积32万亩。

玉米虫害　1996年—2013年，玉米螟、灰飞虱、蓟马、二点委夜蛾、二代与三代粘虫、玉米蚜等虫害均有发生，但发生面积、程度不一。1999年，玉米螟虫害发生面积40.5万亩；2005年，玉米螟虫害发生面积21.5万亩，二代粘虫害发生面积28.5万亩；2013年，玉米螟虫害发生面积58万亩。

棉花虫害　主要有棉蚜、棉铃虫、棉红铃虫、小地老虎、棉蓟马、棉红蜘蛛等虫害。

花生虫害　主要有蛴螬、地老虎、金针虫、蚜虫、红蜘蛛、斜纹夜蛾等虫害。

病虫害防治

农业防治　1996年—2010年，通过选用抗病品种，采用轮作换茬、间作套种、合理施肥、适期早播、培育壮苗等措施，控制病虫害的发生与流行。2011年始，推广杀虫灯、粘虫板、食诱剂、防虫网、生物农药等农作物绿色防控技术。至2013年，蔬菜绿色防控面积3万亩，粮食作物为10万亩。

2009年5月，市农业局在新兖镇组织实施小麦“一喷三防”统防统治

生物防治　1996年，在市农业科学研究所开展利用赤眼蜂防治玉米螟技术示范，实施面积40亩。1997年—2000年，推广井冈霉素防治小麦纹枯病技术，每年应用面积10万亩。2001年—2013年，重点推广苏云金杆菌、农抗120等生物制剂，每年应用面积15万亩左右。

化学防治　1996年—1999年，推广小麦、玉米、棉花、花生等农作物科学用药防控病虫技术，控害能力明显提高。2000年—2013年，推广一喷多防技术，杀虫剂与杀菌剂、植物生长调节剂、叶面肥混合施用，提高防治效果，每年应用面积60万亩次。

机械防治　1996年，全市有机动喷雾（粉）机1931台。2009年，按照兖州市现代农业生产发展资金粮食产业项目的要求，成立兖州市植保专业机防队。在项目区建立机防队50个，开展病虫专业化统防统治，提高防治效果、减少防治成本、降低劳动强度，保障农产品质量安全。至2013年，全市拥有机防队86个，机动喷雾（粉）机2800余台。

草害及防治　农田主要杂草有米蒿、荠菜、小花糖芥、藜、马齿苋、猪殃殃、龙葵、婆婆纳、车前草、艾蒿、蒲公英、苍耳、看麦娘、野燕麦、马唐、麦瓶草、繁缕、王不留行、泽漆、铁苋菜、蒺藜、地锦、紫花地丁、节节草、猪毛菜、刺儿草、节节麦、雀麦等30余种。1996年—2008年，杂草每年都有所发生，但发生面积、程度不一，总体较轻。2009年—2012年，麦田杂草每年发生面积45万亩左右，以荠菜、猪殃殃、婆婆纳、米蒿为主。2012年—2013年，以野燕麦等麦田禾本科杂草为主。

杂草的防治措施有农业防治、化学防治。农业防治主要是在早春结合耧划，消灭大部分阔叶杂草和禾本科杂草；在4月初、麦收前人工拔除禾本科杂草。麦田化学除草一般在冬前或春季进行。冬前一般在11月中下旬，小麦3片～6片叶期、杂草2片～5片叶期时，喷施除草剂进行化学除草。春季化学除草一般在2月下旬至3月中旬，小麦返青初期除草。玉米田化学除草一般在玉米出苗前或出苗后进行。在玉米播种以后、未出苗前，喷施除草剂进行土壤封闭除草。封闭除草效果不好的田块，在玉米3片～5片叶期、杂草2片～5片叶期进行苗后除草。

鼠 害 主要有大仓鼠、黑线姬鼠、大家鼠3种。农田害鼠多分布于地头、地边、沟崖、路边及旱田。1996年—2013年，发生危害不大，未进行大规模防治。

第五节 土特产品

兖州市农副土特产品以蔬菜居多，兖州串心红萝卜、朱砂红茄子、杨营大葱、兖州羊角椒、九粒白芸豆、黄牛腿山药等成为鲁西南地区独具特色的农家品种，优势明显。

兖州羊角椒 在兖州种植栽培有数百年历史。1886年(清光绪十二年)版《滋阳县志》记载，兖州羊角椒具有个大皮厚、油分多、辣味浓重鲜美等特点。各镇均有种植，前海乡（2000年后合并到颜店镇）以规模大、产量高、质量好闻名，故又被称为“前海辣椒”。该品种株高约100厘米，开展度90厘米，果实长羊角形，果长15厘米～20厘米，果皮厚2毫米，果面光滑，果肩2厘米～4厘米，先端渐尖，单个鲜果重65克～100克，老熟果呈紫红色，单株可挂干果15个～20个。植株生长势强，叶片绿色，中晚熟，抗病毒病、土传花叶病及疫病，主茎第13节着生第1花序。从定植到鲜果采收45天。兖州羊角椒干椒油分多、辣味适中、茄红素含量高、品质好，该品种多以生产干椒为主，可加工成辣椒酱、辣椒油、辣椒调味品等辣椒制品，也可鲜食，一般亩产鲜椒2500公斤～3500公斤，干椒120公斤～175公斤。1996年—2005年，每年种植面积在1.5万亩，干椒总产量150万公斤。2006年—2013年，由于麦田大量使用除草剂，受农药残留及市场因素影响，面积逐年减少。2013年，种植面积为2000亩，干椒总产量在30万公斤。

漕河大蒜 原产地在兖州市城北漕河镇，分紫皮、白皮、杂交蒜3种。杂交蒜为国家科研成果，由本地蒜与洋葱杂交而成，植株健壮，根系发达，蒜头硕大高产，耐高温，不霉变，易贮运。漕河大蒜种植历史悠久，主要在甄家桥一带种植。新中国成立初期，大蒜种植面积600余亩，后逐渐蔓延至漕河镇，初具规模。1978年后，大蒜种植成为漕河镇农业主导产业，产品远销省内外，1989年扩大到1万亩。后受市场因素影响，年际间面积波动较大，1996年—2008年，每年种植面积6000余亩，年产蒜薹2000余吨，蒜头6500余吨。2009年后，大蒜种植面积逐年减少，至2013年主要在庙西、后楼、张村、河南、围子村一带种植。每年种植面积3000余亩，年产蒜薹1000余吨，蒜头3300余吨。

兖州羊角椒

漕河大蒜

兖州黄牛腿山药 在兖州市及周边栽培历史悠久，主要分布在兖州、任城、宁阳、曲阜等地，为传统农家品种。兖州黄牛腿山药块茎中下部较粗，呈纺锤形，长 70 厘米～ 90 厘米，横茎 6 厘米～ 7 厘米，重 0.5 公斤～ 1.5 公斤，皮黄褐色，肉白色，块茎表面须根较密，干物质含量为 19.6%，适宜加工各种制品。地上茎长 3.5 米～ 4 米，长势较强，叶色浓绿，叶片较大，先端呈三角形，缺口浅，茎的中上部密生气生块茎，为不规则圆形。该品种适应性强，沙土地、黏土地均可种植，一般每亩种植 4200 株～ 4700 株，行距 100 厘米，株距 16 厘米～ 17 厘米，适宜 1.5 米～ 2 米的高支架，亩产量 3000 公斤～ 4000 公斤。1996 年—2002 年，每年种植面积 1500 余亩，年总产量 5000 余吨。2003 年，通过实施国家旱作农业项目，种植面积达 3000 余亩，总产量达 1.2 万余吨。此后面积逐年扩大。至 2013 年，种植面积达 5000 余亩，总产 2 万余吨。

兖州黄牛腿山药

兖州串心红水萝卜 兖州市种植历史比较悠久的优良萝卜品种之一，因上市早，生食、炒食皆宜，肉质脆甜，口感好，营养价值高，深受兖州市及周边地区消费者欢迎。该品种起源于王因镇丁庄村，肉质根长圆锥形，长约 20 厘米，顶部直径 5 厘米～ 7 厘米，中下部直径 10 厘米～ 12 厘米，肉质根出土部分占四分之三，皮绿色，表面光滑。入土部分皮白色，肉质根紫红色。露地栽培 8 月中上旬播种，11 月下旬上市，一般亩产 5000 公斤。1996 年—2005 年，全市每年种植面积 2000 余亩，总产 1 万余吨，主要销往济宁、徐州等地。2006 年—2013 年，每年种植面积 5000 余亩，总产 2.5 万吨，主要销往济宁、菏泽、济南等地。

九粒白芸豆 兖州市地方品种，在兖州市及鲁西南地区广泛种植，有上百年栽培历史。该品种植株蔓生，花白色，第 3 节～第 4 节着生第一花序，荚圆棍形，籽粒 8 个～ 9 个，荚长 23 厘米～ 30 厘米，嫩荚颜色淡绿白色、无纤维，耐老化，肉质厚，适应性广，抗病性强。从播种到采收嫩荚 50 天～ 60 天，比绿龙、双青 12 等品种可提前上市 20 天左右。生产上可露地栽培，又可作为保护地生产的反季节栽培品种。亩产鲜荚 2000 公斤～ 2500 公斤。九粒白芸豆要掌握适宜的播种期。播种过早，开花期遇高温，易落花落荚，锈病严重；播种过迟，生长期短，产量低。适宜播期为 7 月上中旬。1996 年—2005 年，全市每年种植面积 3000 余亩，总产 6000 余吨，主要销往济宁、徐州等地。2006 年—2013 年，每年种植 5000 余亩，总产 1 万余吨，主要销往济宁、菏泽、济南等地。

兖州朱砂红茄子 又名五星茄，为兖州地方品种，曲阜、宁阳等邻近县市均有广泛种植，具有几百年的栽培历史。该品种株高 1.2 米～ 1.5 米，开展度 70 厘米～ 80 厘米，植株茎紫绿色，叶绿色，叶柄及叶脉浅紫色，果实近圆形，果皮紫红色，光泽度高，种少味甜，肉质洁白细腻，

兖州朱砂红茄子

商品性好。“门茄”多着生于第5节～第6节，单果重700克～1000克，最大可达1500克，适宜露地栽培及早春大棚栽培。早春大拱棚栽培亩产8000公斤～10000公斤。1996年—2005年，全市每年种植面积3000余亩，总产2.5万余吨，主要销往济宁、徐州等地。2006年—2013年，每年种植5000余亩，总产4万余吨，主要销往济宁、菏泽、济南等地。

兖州鞭杆红胡萝卜　地方农家品种，在鲁西南各县市区均有广泛种植。该品种富含多种类胡萝卜素，生育期100天～105天，冬性强，肉质根纺锤形，长18厘米～20厘米，横径4厘米～5厘米，皮大红色，肉红色，单株根重250克，亩产量4000公斤左右。栽培季节以秋季栽培为主，也可春播。秋季栽培一般于7月中旬播种，11月上中旬收获；春播时间掌握在3月中、下旬，当地表以下10厘米处地温稳定在7℃～8℃时进行，80天～90天收获。收获时可从植株特征判断，肉质根成熟时大多数品种表现心叶呈黄绿色，外叶稍有枯黄状，因直根肥大，地面会出现裂纹，有的根头部稍露出土表，采收过晚容易出现开裂。1996年—2005年，全市每年种植面积2000余亩，总产1万余吨，主要销往济宁、徐州等地。2006年—2013年，每年种植4000余亩，总产2万余吨，主要销往济宁、菏泽、济南等地。

第六节　农民培训

跨世纪青年农民科技培训工程　1999年7月18日，在兖州启动实施农业部、财政部、团中央跨世纪青年农民科技培训工程，本着“实用、高效、灵活”的原则，采取集中办班上课、面授辅导、收看录像、专家现场技术指导和生产实践活动等方式，开展“市、乡、村”三级培训。培训内容以农业实用技术、农业高新技术、农产品加工、畜牧兽医、农机、农经和乡村综合管理等为主。以农村16岁～35岁初高中毕业生，特别是农村青年干部和农村青年科技带头户、专业户和示范户等作为主要培训对象。至2002年，共培训600名农村青年干部、4000名初高中毕业生青年骨干，普遍掌握1项～2项高效农业技术；培训的1万名农村青年普遍掌握2项～3项农村实用技术，带动培训农民10万人。

“四个一”农民科技培训工程　2004年，兖州市被农业部确定为“四个一”农民科技培训工程示范市。3月24日，山东省“四个一”培训及农民科技培训进村入户现场会在兖州市大安镇二十里铺村举行，兖州市农民科技培训“四个一”工程正式启动。兖州市按照“四个一”培训模式，免费发给农民“一张培训卡、一张明白纸、一本技术手册，一张生产技术光盘”。实行首席专家负责制，确定县域首席专家、小麦、玉米专家及项目区乡镇的区域首席指导专家；在市农业局选拔100名技术人员，包村入户，搞好培训；在全市粮食主产区，选择100个种粮大村，从中确定1万个联系户，保证每户培训1个明白人，发放农民培训卡1万份。培训内容为以小麦、玉米为主的农业实用技术，农业高新技术、经济作物高产栽培技术，农业标准化生产技术，主要农作物新品种、新技术、新模式，病虫害综合防治技术，农产品产销信息，农业产业结构调整典型经验以及党在农村的法律、法规、政策等，让广大农民及时掌握种植先进技术。

新型农民科技培训工程　2005年—2012年，市农业局承担农业部新型农民科技培训工程，每年选聘100名技术人员，每人包1个村，每村选20户作为核心示范户，以村为单位开展培训，每年培训核心农户2000人，辐射带动培训普通农户2万户。每年开展村级集中培训400场次，巡回指导800次，每年印发技术资料、明白纸6万余份，开发培训课件20个，制作播放电视专题栏目10期，实现科技人员直接到户、良种良法直接到田、技术要领直接到人，提高农民科技素质和种粮技术水平。

2006 年 11 月，市农业局技术人员在谷村镇后官庄村开展新型农民科技培训

农业科技入户示范工程 2005 年 9 月 29 日，兖州市启动实施农业部农业科技入户示范工程培训项目。兖州市根据农业生产实际，选择小麦主产区的新兖、谷村、大安、新驿、小孟、漕河、颜店、兴隆庄 8 个镇小麦种植面积大的 100 个村，每村按照公开和自愿的原则选择 10 户核心示范户，共计 1000 户核心示范户作为重点培训和指导、补贴对象，为每户培训 1 个技术明白人。每个示范户带动 20 个农户，共计带动 2 万户。示范推广济麦 20、淄麦 12、济南 17 三个强筋小麦主导品种，面积 40 万亩，示范推广小麦精播半精播高产栽培、配方施肥、氮素后移、病虫草无公害综合防治、节水栽培、秸秆还田 6 项主推技术。示范户先进实用技术入户率和到位率 95% 以上。

2005 年 9 月，兖州市农业科技入户示范工程启动仪式暨秋收培训工作会议召开

农村劳动力转移培训阳光工程培训 2006 年—2013 年，兖州市连续 8 年承担山东省农村劳动力转移培训阳光工程培训项目，共培训转移农村剩余劳动力 8700 人就近就业，就业率 85% 以上。共举办培训班 90 余期，有 345 人通过农业部和人力资源与社会劳动保障部联合颁发的职业技能鉴定证书，为现代农业发展、农村经济繁荣和新农村建设提供人才支撑。2007 年 8 月，市农机化学校取得兖州市农村劳动力转移阳光工程培训基地资格，同年培训转移农村劳动力 118 人，其中电焊工 27 人、钳工铣工 62 人、电工 10 人、车工 19 人。2010 年，组织 4 期阳光工程培训班，培训 100 名运销员、200 名机防手。

2012 年 8 月，兖州市阳光工程病虫专业防治员第一期培训班举行

百名农村创业人才工程 2007 年，根据《中共兖州市委关于实施百名农村创业人才工程的意见》，市委组织部、市农业局联合制定实施方案，在全市种植、养殖、农产品加工和运销、农村经营合作组织以及农村中小企业主中，筛选培训具有创业潜力的人才。至 2010 年，共筛选培训 100 人。

第四章 畜牧业

第一节 家畜饲养

兖州市大家畜主要有牛、马、驴、骡等，小家畜主要有猪、羊等。1996年后，随着农业机械化水平提高，作为役用的牛、马、驴、骡数量锐减，牛逐渐向肉、奶用方向发展。至2006年，马、驴、骡基本消失。

牛 兖州市境内肉牛主要为鲁西黄牛与引进肉牛夏洛来、利木赞等品种的杂交牛，出肉率高，抵抗力好，易饲养。1996年，存栏3.01万头。由于缺少规模化的科学养殖及销售市场限制，1997年肉牛存栏量下降到1.51万头。1998年后，肉牛业饲养趋于平稳，年平均存栏量9000头左右。2013年肉牛存栏8384头。

1996年，兖州市奶牛饲养以小型散户居多。1997年，全市良种及改良乳牛743头，牛奶年产量3563吨。1998年—2006年，牛奶产量平均4000吨左右。2007年，奶牛饲养得到较快发展，牛奶年产量1.03万吨。2008年，兖州市实施国家奶牛良种补贴计划，推广人工授精技术，奶牛产奶性能大幅提高，奶年产量2.07万吨，为历史最高水平。2009年后，随着环境治理工作推进，奶牛养殖适养区面积受限，奶牛养殖量有所下降。至2013年，奶牛存栏2120头，牛奶产量5944吨。

马 兖州境内的马主要品种为蒙古马及当地马，作为役用，耐力好。1996年末，马存栏4600匹。2002年，存栏600匹。2005年，存栏140匹。此后逐年减少，2013年境内已无饲养。

驴 兖州境内的驴主要为当地毛驴，体力好、易饲养。1996年末，存栏5500头。2002年，存栏700头。2005年，存栏180头。此后逐年减少，2013年境内已无饲养。

骡 1996年末，存栏5500头。2002年，存栏600头。2005年，存栏170头。此后逐年减少，2013年境内已无饲养。

羊 1996年，山羊存栏19.87万只，绵羊存栏3.19万只。随着绵羊经济价值提升，绵羊养殖量逐年增多，2004年，绵羊存栏10.44万只，山羊存栏10万只。2005年，羊存栏量创历史最高，山羊存栏10.53万只，绵羊存栏10.6万只。2006年—2013年，随着人民生活水平的提高及居住条件的改善，养羊环境受到限制，饲养主要集中在回族村庄及周边（以颜店镇玄帝庙村、谷村镇东葛店、小孟镇为主）村庄，养殖模式依然为分散的农户养殖，没有形成养殖规模。全市山羊、绵羊养殖数量有所减少，年均山羊存栏3.5万只，绵羊存栏2.2万只。

猪 兖州地处平原境内，素有养猪的传统。20世纪90年代初，农村基本上户户养猪，是农户经济的重要来源。猪品种以济宁大蒲连猪品种为主。1996年，漕河镇“万头猪场”项目建成，年存栏最多达1.23万头，年出栏2万头。年末全市生猪存栏上升到30.37万头，出栏42.01万头。1997年后，规模化猪场发展迅速，家庭小户养猪有所减少。2000年，生猪存栏26.88万头，出栏40.25万头。2005年，生猪存栏39.22万头，创历史新高。2008年，规模化、标准化生猪商品生产发展较快，存出栏比得到提升，全市出栏40万头，存出栏比1∶2。2012年，全市生猪出栏68万头，被列为国家级生猪调出大县。2013年，全市生猪存栏35.44万头，出栏68.6万头，被山东省畜牧局认定为生猪养殖大县。

第二节 家禽饲养

兖州境内家禽以鸡、鸭为主。

鸡 兖州市农村地区历来有养鸡的习惯，多数农户常年养鸡5只左右，多者在20只左右，均为当地品种，俗称笨鸡、小草鸡。1996年年底，全市鸡存栏335.6万只。1997年年底，全市鸡存栏469.2万只。受济宁祖代鸡场的影响，蛋鸡品种主要是迪卡、依莎褐，陆续引进海兰褐、海兰白等品种。1998年—2013年，受境内原有肉鸡祖代场的影响，父母代鸡场较多且存栏量达20多万只，成为鲁西南一带的鸡苗供应中心。2013年底，鸡存栏515.9万只。

兴隆庄镇水坑村明智养鸡场

鸭 1996年，受养殖环境制约，兖州市肉鸭养殖量较小，多为沿河或靠近水源的家庭饲养。1999年，兖州市百灵饲料厂从英国引进樱桃谷父母代种鸭4万余只进行规模饲养。2000年，市百灵饲料厂带动周边农户从事肉鸭养殖，为农户提供鸭苗、饲料、技术指导，以颜店镇为主，带动了全市肉鸭养殖业发展，全市肉鸭存栏60万只。2001年，市百灵饲料厂更名为市绿源食品有限公司。同年，市绿源食品有限公司种鸭厂、肉鸭孵化厂相继建成，年出苗1200万只。2005年，全市存养肉鸭223.8万只，出栏1215.6万只。2008年，全市饲养肉鸭过万只的养鸭场87家，养殖专业户4000家，肉鸭存栏432.5万只。

兖州市绿源食品公司肉鸭饲养大棚

2012年，兖州市配合国家南水北调工程，对部分沿河流域鸭场进行关闭转产，养殖专业户数量减少，肉鸭存栏下降到310.6万只。2013年，肉鸭存栏299.8万只。

第三节 特种养殖

1996年—2013年，兖州市特种养殖未成规模。存在部分蜜蜂、蝎子等养殖专业户。其他如斗鸡、兔等多为农村、城镇居民散养，数量较少。

蜜 蜂 1996年—1999年，兖州市农户养蜂较少，以养土蜂为主，蜂蜜产量较少，产品主要在兖州市境内销售。2000年，引进意大利蜂、中华蜂，养蜂品种得到优化。蜂农多采用木箱饲养，春夏两季在鲜花较多的市区周边地域、泗水县等周边县市放养，全市蜂蜜产量在700公斤左右。2005年，新驿镇蜂农俞修军成立养蜂合作社，逐步将养蜂技术优化，产品产量、质量得到提升，全市蜂蜜产量在1000公斤左右。2013年，兖州境内蜜蜂养殖场发展至10余家，主要分布在兴隆庄镇、新兖镇、新驿镇和颜店镇，全市蜂蜜产量3000公斤。

蝎 子 1996年—2005年，农户养蝎方法以瓦片式、砖坯式养殖为主，蝎子品种为东亚钳蝎（也称马氏正钳蝎）。养蝎户多为家庭养殖，小孟镇、颜店镇、谷村镇养蝎户较多，种蝎养殖数量在300只～5000只，全市蝎子存养量约

济宁市蝎之源农业科技有限公司生产的蝎子饰品

26 万只。2006 年，养蝎户用家庭煤炉加温实现恒温养蝎，养殖技术得到优化，养蝎数量得到提升，全市蝎子存养量约 40 万只。2008 年，大安镇石马村村民方程引进塔式养蝎方法，实现蝎子室内立体养殖，用单杯繁殖方法，种蝎繁殖成活率 85%。2011 年，兖府蝎子养殖场成立，利用粉碎秸秆和锯末制作生物质燃料加温，实现恒温规模养蝎，饲养 10 个月可出栏，繁殖成活率 90%，饲养成活率 50%。养殖场种蝎养殖数量 10 万只，占全市养殖量的 80%,全市蝎子存养量约 85 万只。2013 年，全市蝎子存栏量 220 万只。

第四节　畜禽加工

1996 年，兖州市畜禽加工以分散的生猪屠宰加工、肉鸭屠宰加工为主，其他家禽及牛、羊的屠宰以小型经营户为主，屠宰加工量较小。1997 年，国务院出台《生猪屠宰管理条例》，兖州市散在的生猪屠宰点逐步被依法取缔，生猪定点屠宰厂的屠宰量逐步上升。2000 年，全市生猪年屠宰量 27.2 万头。2001 年 7 月，市绿源食品有限公司成立，肉鸭宰杀加工得到迅速发展。2004 年，肉鸭年屠宰量 2000 万只，产品主要销往南京、上海、广州、福建、深圳等地。2006 年，市民族农副产品有限公司成立，主营肉牛肉羊屠宰加工，肉牛年屠宰 315 头。2007 年，市嘉隆公司投资 2000 万元建成的千万只肉鸡宰杀线投产，宰杀量 2000 万只。同年，受生猪冷鲜肉市场冲击及经营不善等影响，市生猪定点屠宰厂产量下降，年屠宰 5.6 万头。2008 年，漕河镇超前生猪定点屠宰点建成投产，生猪屠宰量有所提升，当年全市生猪屠宰 10.5 万头。2009 年—2013 年，兖州市畜禽屠宰加工行业发展平稳。2013 年，生猪年屠宰量 10.2 万头，肉牛年屠宰量 415 头，肉鸭屠宰量 3800 万只，肉鸡年屠宰量 1800 万只。

第五节　标准化生产

畜禽良种化　1995 年，市畜牧局从梁山县引进小尾寒羊对绵羊进行杂交改良，引进波尔山羊对青山羊进行杂交改良。1996 年“30”工程项目（1996 年山东省政府为全面推进全省农业发展，确定实施 30 个农业重点技术推广项目。兖州市良种生猪三元杂交项目为畜牧重点技术之一）推广，引进里岔黑猪、太湖猪、大约克、长白等优良种猪，提升生猪饲养效率。同期，引进国外瘦肉型品种大约克、长白对当地猪进行三元杂交，提高生猪产仔率和生长速度。2000 年，全市的生猪良种饲养率 70%。2007 年，瑞特牧业公司引进 300 余头国外高产奶牛，谷村镇小徐村饲养 70 头高产奶牛，奶牛饲养实现良种化，年奶产量大幅度提升。2008 年，兖州市承担山东省良种推广项目，建立良种猪人工授精站，实行国家补贴统一供精管理措施。同年，争取上级良种补贴资金，引进美国“AA”种鸡、杜洛克种猪等优良种畜禽品种。2010 年，引进艾维茵肉鸡品种对当地肉鸡饲养进行良种化改良。2013 年，引进哈伯德肉鸡品种。畜禽良种化不断推进。

规模养殖标准化　1996 年，“标准化养殖技术推广”列入基层养殖培训内容中，包括科学防疫、科学饲养、规模提升、养殖布局等科学标准化理念得到普及。1998 年，标准化养殖技术已覆盖全市 50% 以上的养殖场，科学防疫得到落实，畜禽疫病防疫密度 90% 以上。1999 年，试点的

新驿龙海畜禽养殖场标准自动化立体肉鸡养殖鸡舍

2家生猪标准化养殖场、1家肉鸭标准化养殖场，年末出栏量相较1998年提升30%以上。2004年，全市标准化养殖技术推广率80%。2008年，实施养殖场科学布局专家推广项目，各类养殖场根据市场需求，改造基础设施，规范防疫措施。2012年，依托阳光工程培训项目，在全市推广畜禽自动饲喂技术，改善畜禽生长环境。2013年，推进全市环境治理工作，建立畜禽养殖业总量减排资源和信息共享机制，升级改造养殖场的粪液贮存处理设施。同年，实施省绿色食品加工企业扶持计划，兖州市引进项目资金共计737.3万元。其中，国家级生猪调出大县奖励资金342万元，生猪良种补贴80万元，畜牧技术推广项目资金30万元，“菜篮子”工程建设项目资金80万元，生猪标准化改扩建项目100万元，扶持家禽业政策资金105.3万元。兖州市畜牧养殖标准化建设基本完成。实施养殖业退村入区工程，养殖布局实现合理规划。至年底，全区各类规模养殖场886家，存栏2000只以上的养禽专业户1420个，标准化养殖场8家，生态养殖场2家，规模养殖产值占畜牧总产值的75%。全市畜牧龙头企业11家（国家级1家），认证无公害企业28家，花园式牧场2家，家庭生态养殖场2家，“樱源”“安鲜农场”等一批地方特色品牌得到推广。

第六节　疫病防治

畜禽疫病　大家畜普通病以消化系统疫病为主，呼吸系统、循环系统、眼科、产科、外科疫病也常见。猪、羊除上述疫病外，中毒性疫病尤为多见。牛以奶牛乳房炎、胎衣不下、胃肠炎等疾病常见；禽以鸡产蛋下降综合征、传染性支气管炎、鸭病毒性肝炎、鸡新城疫等疾病居多；猪常见疫病有仔猪腹泻、猪传染性胃肠炎、猪伪狂犬病等。1996年—2013年，通过防治和防疫，全市没有发生过大规模的流行性动物疫病。

疫病监测与防治　1996年，兖州市对严重危害养殖业生产和人体健康的动物疫病实行计划免疫制度，实施春秋两季强制免疫计划。2003年，全市重大动物疫病防控指挥部成立，对全市各类重大动物疫病的防治检测、应急处置进行统筹部署。2004年，各类畜禽规模养殖场均配备防疫员，重大畜禽疫病防疫率100%。1996年—2005年，对各类动物疫病进行防治与检测主要靠抽样后向相关机构送检为主。2006年，兖州市建成动物疫病检测中心，以行政村为单位配备村级动物防疫员405人。同年，调查检测散养农户420户次，调查各类动物1624只（头）次，免疫生猪80.03万头，牛2.17万头，羊36.3万只，家禽1492万只。2008年，组织购进优等禽流感疫苗、口蹄疫疫苗、猪蓝耳病疫苗、猪瘟疫苗，免疫率100%，动物抗体合格率75%以上。2009年，全市开展春秋两季重大动物疫病防控技术培训“下基层、到农户”活动，畜禽养殖防疫技术得到实质性的推广，同年，共免疫注射畜禽4037.75万头(只)。2011年，落实村级防疫员技能培训方案，全市400余名村级防疫员得到专业的技术指导，动物疫病防控工作得到保障。2013年，全市动物疫病监测共计调查散养农户4526户次，各类动物30146只(头)次。强制免疫生猪336.78万头，牛羊28.96万头，免疫禽3951.18万只，“两瘟四病（猪瘟、鸡瘟、口蹄疫、禽流感、羊痘、猪链球菌病）”等重大动物疫病防疫密度 100%，已免动物抗体合格率平均 80% 以上。

第五章 水产养殖

第一节 环境资源

渔业环境 兖州市水域有淡水池塘、煤矿塌陷区水面和其他 3 种类型。境内有较好的含水地质条件，地下水资源丰富。养鱼池塘水源为机井水，塌陷区水域由采煤土地塌陷、地下水涌出地面形成。地下水以重碳酸盐性水为主，其次是重碳酸盐氯化物，矿化度每升 0.1 克～0.4 克，pH 值 7.2～7.4，适宜进行渔业生产。2010 年，全市开展渔业生产情况调查，共有养殖户（单位）108 户，渔业水面资源面积 1.39 万亩，渔业养殖面积 6500 亩，从业人员 641 人。2013 年，全市有各类水产养殖面积 6750 亩，养殖户（单位）116 户，从业人员 850 人。

渔业资源

鱼　类 全市渔业养殖品种主要有罗非鱼、鲤鱼、鲢鳙鱼、草鱼、鲫鱼、鲂鱼、青鱼、鳜鱼、鲶鱼等。其中，罗非鱼是特色养殖品种。兖州市是山东省较大的罗非鱼良种低温自然越冬生产基地，1996 年—1999 年，罗非鱼种苗主要销往鲁南、鲁西南等地区。2000 年—2006 年，引进养殖美国大口胭脂鱼、斑点叉尾鮰、大银鱼等品种。

虾　类 青虾又名河虾，为沼虾属中的一种，是全市主要虾类品种，分布广泛，以河道、长条井、采煤塌陷区水域分布为主。引进品种有 2008 年引进的罗氏沼虾、2013 年引进的南美白对虾 2 种。

蟹　类 1996 年前，河蟹在当地自然水域广泛分布。1997 年，兖州市从江苏省如东县引进中华绒螯蟹，投放到新兖镇薛庙村鱼塘开展养殖试验，平均亩产蟹种 75 公斤（规格 19 克 / 尾），成蟹亩产 296 公斤（规格 85 克 / 尾），养殖技术居济宁市先进水平，填补兖州市空白。

甲　鱼 又称鳖，市内河道、塌陷区、池塘等均有生长，数量不多。1996 年，兴隆庄镇梓椤树村新建甲鱼养殖场 1 处，进行养殖和孵化，取得成功。2000 年后，随着甲鱼价格的下降，养殖规模逐渐减小，全市甲鱼养殖以零星套养为主。

水生植物及底栖动物 水生植物主要有凤眼莲、浮萍、睡莲、水花生、马莱眼子草、小茨藻、硅藻、金鱼藻等。其中，浮萍、硅藻、金鱼藻等饵料价值较高，是滤食性、草食性鱼类的饵料。多数水生植物是鲤、鲫等鱼产卵的良好附着物。底栖动物有田螺、河蚌、蜻蜓幼虫、水蛭等，多数是鲤、鲫、乌鳢等底层鱼类的良好饵料。

观赏鱼 20 世纪 90 年代中期，全市观赏鱼养殖开始起步，养殖品种主要为锦鲤，养殖规模不大、档次不高。进入 21 世纪，观赏鱼养殖有较快发展。至 2013 年，形成以大安镇秀水锦鲤

2012 年 7 月，大安镇秀水锦鲤养殖场养殖的精品锦鲤鱼

养殖场为主要代表的锦鲤鱼养殖、以兴隆庄煤矿七彩神仙鱼养殖场为代表的热带观赏鱼养殖，2处养殖场均具有品种选育、繁育等生产能力，年繁育能力1000万余尾。

第二节　鱼类养殖

1996年，池塘增氧、投饵等设备和配合颗粒饲料得到普及，改变了“一把麸皮一把草”粗放式养殖模式，养殖品种的搭配更加合理，单位面积产量有所提高。

鱼种培育与引进　1996年，鱼种培育主要在兖州市淡水养殖试验场（鱼种场）进行，主要品种有罗非鱼、鲤鱼、鲢鳙鱼、草鱼、鲫鱼、鲂鱼等，销往兖州市及周边县（市、区）。1999年鱼种场撤销后，全市养殖所需苗种大部分从济南、微山等地购进。

成鱼生产　1996年—2000年，成鱼生产主要是利用农村自然池塘进行养殖，以青饲料、施肥粗放型生产为主，产量低，效益不高，以鳙鱼、鲢鱼、鲤鱼、草鱼、鲂鱼为主。2000年—2013年，引进新品种、推广养殖新技术，利用改造后的窑场、沙塘和采煤塌陷区水面进行养殖生产。投喂配合颗粒饲料，采用投饵机、网箱集约化养殖等技术，成鱼产量大幅度提高，主要品种有罗非鱼、鲤鱼、鲢鳙鱼、草鱼、鲫鱼、鲂鱼、青鱼、鳜鱼等。

水产养殖示范区　1996年—2013年，全市每年新增采煤塌陷区宜渔水域近1000亩。兴隆庄镇煤矿塌陷区经过治理，建成1200亩的高标准鱼池，池壁用石块砌坡，四周生产路全部硬化，养殖所用水源为地下水，水量充沛，水质清新无污染，无病原体、无有毒有害物质，养殖区四周无工业及生活污水流入。2007年，该处1200亩连片池塘被纳入省海洋与渔业厅山东省省级现代渔业重点产业园区（标准池塘）备选项目。2008年，该项目通过省海洋与渔业厅检测验收，被确定为省级健康养殖示范区。在核心示范区辐射带动下，塌陷区渔业养殖发展较快，成为群众增收致富的一条重要渠道。

罗非鱼特色养殖　罗非鱼是全市渔业养殖特色品种，1982年引进并开展养殖，是山东省最早开展罗非鱼养殖的县之一。1996年—1999年，兖州市建有罗非鱼良种越冬温室，年最大良种保种量10万公斤以上，是山东省较大的罗非鱼良种低温自然越冬生产基地，罗非鱼标准化生产技术达到全省先进水平。1999年后，随着兖州市淡水养殖试验场的撤销，罗非鱼良种越冬保种能力减弱，以农村分散越冬保种为主。市农业局水产站技术人员进行蹲点指导，帮助养殖户引进优良品种，示范推广养殖新技术。2004年，市水产站与省淡水水产研究所、胶州市罗非鱼养殖场合作，引进新吉富罗非鱼，推广健康养殖技术，增加养殖效益，全市罗非鱼养殖再上新台阶。每年养殖的罗非鱼都经过各级监测机构水产品质量抽检，合格率100%。2008年12月，通过无公害水产品产地认定和产品认证。2013年，罗非鱼良种生产量10万斤，罗非鱼成鱼生产量20万斤。

1998年8月，兴隆庄采煤塌陷区水产捕捞

第三节　技术推广

1996年—2013年，市农业局水产站和淡水养殖试验场加强对水产示范点的扶持力度，先后培育出济宁市示范渔业合作社1家、家庭农（渔）场1家、观赏鱼养殖基地2家、渔业科技养殖公

司 1 家、养殖大户 18 家。全市共完成各类渔业科技成果 16 项，其中市级 2 项、县级 12 项、发明专利 2 项，在国家、省级刊物上发表渔业科技论文 10 余篇。

1997年—2009年兖州市渔业生产主要科技成果表

表8-6

年　份	成果名称	奖励等级	发证单位
1997	河蟹引进与试养	三等奖	兖州市科委
1998	煤矿塌陷区渔业技术开发	三等奖	兖州市科委
1999	彭泽鲫鱼的引进试验研究	三等奖	兖州市科委
1999	池塘主养建鲤鱼种高产技术试验	三等奖	兖州市科委
2000	美国大口胭脂鱼的引进及池塘主养试验	二等奖	兖州市科委
2004	斑点叉尾鮰引进与试养试验	三等奖	兖州市政府
2004	淡水鲨鱼的引进试验研究	二等奖	兖州市政府
2004	巴西鲷引进试养试验	二等奖	兖州市政府
2005	超雄罗非鱼引进养殖试验研究	三等奖	兖州市政府
2005	池塘高产高效养殖技术模式研究及应用	三等奖	兖州市政府
2005	异源三倍体鲫鱼引进试验	三等奖	兖州市政府
2006	丰产鲫的引进与养殖试验研究	三等奖	兖州市政府
2008	罗非鱼良种繁育及标准化技术研究	三等奖	济宁市科技局
2009	罗非鱼良种繁育及标准化技术研究与推广	一等奖	济宁市农业局

配合颗粒饲料技术　自 20 世纪 90 年代初，兖州市开始应用配合颗粒饲料养鱼。1996 年—1999 年，市农业局水产站购买饲料机，开展饲料研制、生产与推广。主要利用植物饼粕等原料，配以鱼粉、酵母、麸皮、玉米、饲料添加剂等，研制开发出鲤鱼、罗非鱼、草鱼、鲂鱼等所用颗粒饲料。除供给当地渔业生产，还推广到曲阜市、邹城市、任城区等周边县市区。2000 年以后，随着渔用商品颗粒饲料的大量推广与普及，市农业局水产站自制饲料停止生产。

网箱养殖技术　1991 年，市农业局水产站在兴隆庄镇桲椤树村采煤塌陷区指导开展大水面网箱养殖试验，养殖罗非鱼、鲤鱼取得成功，每立方米水体可生产鱼 100 公斤以上。1996 年—2013 年，网箱养殖技术在全市得到较快推广，养殖品种、养殖规模都有较大发展。由 30 平方米的小网箱发展到 200 平方米的大网箱，由人工投饵发展到投饵机自动投饵，同时配备叶轮式增压机或微孔增氧设备，保障网箱生产安全。

罗非鱼越冬保种及池塘回放技术　主要引进尼罗罗非鱼、奥里亚罗非鱼、全雄罗非鱼、彩虹鲷、新吉富罗非鱼等品种，开展养殖和育苗。养殖户利用地下机井水温较高（17℃～20℃）的优势，建造简易的双重温室大棚进行土法保种越冬，同时利用热电厂余热水开展温流水罗非鱼养殖，取得良好的经济效益。2000 年，利用池塘面积较小、春季池塘水温较水库等大水面水温回温快的特点，创造发明罗非鱼种春季池塘回放技术，提高罗非鱼越冬保种成活率及经济效益。

自动投饵技术　2000 年，引进自动投饵机械和技术。该技术有投饵面积大、撒饵均匀、节约饲料、操作方法简单方便等优点，适合池塘养殖、网箱养殖。2013 年在全市推广应用，面积从 100 余亩扩大到 1000 余亩。

渔业“两微”技术 2010年—2013年，推广池塘微孔增氧技术和池塘水质微生态制剂调节技术（即“两微”技术），促进节水型渔业发展。2013年，微孔增氧技术在全市推广面积1000亩以上，池塘微生态制剂调剂水质技术推广面积2000亩以上。

2004年7月，兴隆庄采煤塌陷区使用微生态制剂调剂水质

渔业病害综合防治技术 1996年—2000年，常见鱼病主要有草鱼“三病（赤皮病、烂鳃病、肠炎病）”，鲤、鲫、鲢鳙、鲂鱼的寄生虫病，防治药物主要有敌百虫、漂白粉、强氯精等。2001年—2013年，随着养殖品种的增加，虾类的病毒病、鳙鱼和鲢鱼的出血病、罗非鱼的肝胆综合征等新的鱼病也有发生，鱼病防治从以药物防治为主逐步过渡到用渔用疫苗、微生物制剂、中草药防治为主，全市渔业病害发生呈逐年减少态势。

1996年—2013年兖州市渔业生产情况表

表8-7

年份	产量（万公斤）	渔业产值（万元）	养殖面积（亩）	年份	产量（万公斤）	渔业产值（万元）	养殖面积（亩）
1996	144	901	4100	2005	170	1750	5295
1997	127.5	1010	4250	2006	172	1750	5580
1998	145	1073	4400	2007	140.4	1180	2880
1999	145	1169	4500	2008	135	1450	3000
2000	140	1234	4100	2009	141.7	1423	5500
2001	142	1255	4300	2010	155	1644	6000
2002	150	1214	4500	2011	158.8	1655	6150
2003	130	937	4800	2012	170	1806	6500
2004	163.5	1138	5000	2013	176.6	2154	6750

第六章 桑 蚕

第一节 植桑养蚕

1996年，受国际国内蚕茧市场和蚕茧价格的制约，兖州市境内刨桑、毁桑现象严重，桑园面积1.28万亩，年发放蚕种3.07万张，蚕茧产量911.4吨。1997年，市政府多次召开专门会议研究发展措施，相继出台新建桑园贷款贴息等一系列奖励政策。2001年，桑园面积1.83万亩，其中2001年冬季新发展桑园9900亩，桑苗除当地繁育外，多数从江苏省、浙江省等地调入。桑树品种以湖桑32、选792、新一之濑为主，在桑树

大棚养蚕

萎缩病发生较严重的新驿、大安等镇，种植部分抗萎缩病品种“兖选3号”（兖州丝绸公司1986年—1994年历经9年选育的抗病品种），试种部分沙2×伦109杂交速生丰产品种，适宜大棚养蚕条桑育。2002年,桑园管理采取测土配方施肥，新建桑园实行当年2次摘芯，养蚕除选用高产多丝量的菁松×皓月、春蕾×镇珠蚕品种外，增加部分鲁七×9202，鲁玉×曙光等新杂交品种。全年放蚕种2.52万张，产茧980.7吨。2003年，全市重点推广小蚕共育、大蚕稀放、简易蚕台育、“室外上蔟室内挂”和系列消毒法等技术，新建小蚕共育室98个，养蚕大棚2000多个，缓解蚕农蚕室不足的问题。2007年，由于林业空防美国白蛾，农民农田打喷洒农药、工厂排放废气和劳动力转移等多种因素制约，全市桑蚕生产进入低谷,桑园锐减,面积不足3000亩。2008年年底，全市桑园消失殆尽。

第二节　蚕茧收购

1996年，全市设有黄屯、泗庄、前海、颜店、新驿、新村、店子、小孟、漕河、大安、谷村11个蚕茧站，各站共配备73-1型风扇车子灶24乘，热风烘茧灶4乘等烘茧设施,年收烘能力2500吨，蚕茧市场基本稳定，蚕农按要求适时采茧，选茧出售，筐篓盛茧。茧站采取预约收购、售前初验、评台抽样、密码验级、仪测定价“五位一体”收购办法，收茧秩序良好，蚕茧质量得到保证，全市收茧911.4吨，质量名列全省前茅。1997年，乡镇丝厂由于计划供应不足而争夺原料，直接参与抬价抢购蚕茧，导致蚕茧市场混乱。市政府成立由分管副市长任组长，工商、公安、物价、财贸、交通、丝绸等部门参加的领导小组，加强蚕茧市场管理，齐抓共管，重点打击无证经营、抬价抢购单位及个人，对违规收购蚕茧的茧贩，查没罚款，对违规营运蚕茧的车辆进行查扣。同年，收购蚕茧379.3吨，但仍不足生产量的50%。1998年—2007年，蚕茧市场混乱局面仍未改善。茧贩私自从外地订购蚕种发放，全市年放蚕种量仅为实际饲养量的70%，蚕茧收购量不足生产量的60%。2006年，兖州市丝绸公司整体改制，重新组建兖州圣源丝绸有限公司（民营），发放蚕种1.72万张，收购鲜茧430.1吨。2007年，发放蚕种9037.5张，收茧198.3吨。2008年，收购鲜茧仅40吨。2009年—2013年，兖州圣源丝绸有限公司停止蚕桑生产、经营活动，11个蚕茧站相继撤销。全市桑园面积尚存较少，所剩零星养蚕户到周边县（市、区）自行订种、销售蚕茧。

1996年—2008年兖州市蚕桑生产情况表

表8-8

年　份	桑园面积（公顷）	放种数量（张）	收购茧量（吨）
1996	853.9	30716.9	911.4
1997	665.6	19211.8	379.3
1998	454.7	15598.2	518.1
1999	792.3	19538.4	744.5
2000	584.3	1777.1	394.7
2001	1221.8	19612.5	533.7
2002	1169.3	25260	980.7
2003	788.5	29957.6	861
2004	675.2	23337	788.8
2005	603.1	19898.9	460.1
2006	565.1	17256.1	430.1
2007	198.6	9037.5	198.3
2008	35.2	1525	40.5

第七章 农 机

第一节 机械设备

1996年，全市有农用拖拉机3372台，农机总动力33.15万千瓦，拖拉机成为农业生产的重要动力。2002年，全市有大中小拖拉机4243台，农用三轮车9253台，农机总动力47.06万千瓦，农业机械由以耕作机械为重点向收获机械转变。2006年，随着国家农机购置补贴政策的实施，农民购买农业机械积极性提高。同年，全市有农用拖拉机4362台，农机总动力52.25万千瓦。2010年，全市农机总动力67.3万千瓦，百亩农田占有动力112千瓦，拖拉机保有量5095台。2013年，全市农机总动力72.27万千瓦，农用拖拉机5427台，农业生产综合机械化程度93.6%。农业各领域生产机械化实现持续、快速、健康发展。

1996年—2013年兖州市农业机械动力情况表

表8-9

年份	农业机械总动力（千瓦）	农用拖拉机				农用机动三轮车		柴油机		电动机	
		大中型		小型							
		数量（台）	总动力（千瓦）	数量（台）	总动力（千瓦）	数量（台）	总动力（千瓦）	数量（台）	总动力（千瓦）	数量（台）	总动力（千瓦）
1996	331530	1964	54813	1408	12369	2725	21895	10161	90356	17908	134867
1997	344382	1947	54500	1311	11515	4255	33725	10377	89526	18059	136012
1998	364282	2090	59663	1258	11104	5090	41042	10361	88447	18363	137928
1999	383267	2184	63869	1398	12346	6404	49892	10299	87834	18444	138479
2000	430389	2829	84319	1290	11374	7531	63752	10647	90991	18596	142751
2001	453401	2836	85944	1315	11700	8415	79443	10036	85697	18016	142437
2002	470583	2985	92123	1258	11118	9253	85303	9845	85553	18525	146978
2003	488762	3184	100663	1138	9556	9442	87807	9126	79823	19527	157152
2004	514292	3160	100958	1156	10200	10247	88780	8983	96167	19140	156481
2005	520062	3273	105728	1100	9700	9625	85422	8983	96167	19575	159229
2006	522545	3314	106484	1048	9388	9636	88921	8607	88823	19727	160753
2007	543784	3378	117380	1528	14272	10937	102972	8061	71742	19190	162114
2008	578707	3813	160158	1159	11868	10665	100229	3852	42225	17310	135121
2009	623208	3999	174873	1004	10380	10713	103740	3952	43501	17641	139983
2010	673123	4091	181798	1004	10380	10860	106180	4222	45857	17913	142554
2011	693774	4234	190907	1004	10380	10910	107485	—	490342	—	200263
2012	707771	4353	197704	1005	10386	10910	107485	—	504339	—	200263
2013	722714	4422	201622	1005	10386	10910	107485	—	519282	—	200263

耕种机械

悬挂犁 1996年，全市有悬挂犁2217台，主要为IL-320悬挂三铧犁和IL-220悬挂二铧犁，该机具可与大中小型拖拉机配套使用。2001年，全市有悬挂犁3240台。2007年，引进兖州市凯兴工矿机械有限公司生产的1LF系列深耕铧式犁12台，配套动力51千瓦以上拖拉机。2010年，推广该厂生产的1LF系列深耕铧式犁324台。2013年，全市有三铧犁、二铧犁及深耕铧式犁等各种悬挂犁3341台。

旋耕机 1996年，全市有旋耕机382台，主要机型为1GQN系列，与大中型拖拉机配套，耕深15厘米，与小型拖拉机配套，耕深12厘米。2000年，引进山东大华机械有限公司生产的1GQN-100-150小型旋耕机、1GQN-150-250低箱型旋耕机60台，配套动力18-51千瓦拖拉机。2013年，全市有1GQN系列等各种旋耕机2424台。

小麦精少量播种机 1996年，全市有小麦精少量播种机1297台。2013年，全市有小麦精少量播种机2278台。

免耕施肥播种机 2006年，引进郓城免耕施肥播种机8台。2008年，引进山东大华机械有限公司生产的2BMSF系列、兖州市凯兴工矿机械有限公司生产的2BMF系列免耕施肥播种机107台，配套动力70马力以上拖拉机。2013年，全市有免耕施肥播种机464台。

1996年—2013年兖州市耕种机械情况表

表8-10　　　　单位：台（套）

年　份	翻转犁	旋耕犁	小麦播种机	
			免耕播种机	精少量播种机
1996	2217	382	—	1297
1997	2182	442	—	1403
1998	2161	551	—	1523
1999	2331	628	—	1748
2000	3012	1011	—	2074
2001	3240	1360	—	2016
2002	2889	1565	—	1979
2003	2956	1697	—	1870
2004	2986	1864	—	1933
2005	2973	1831	—	2000
2006	3020	1940	8	2021
2007	2815	1618	19	2066
2008	3047	2314	107	2186
2009	3122	2391	242	2186
2010	3163	2421	316	2186
2011	3226	2424	337	2221
2012	3312	2424	363	2221
2013	3341	2424	464	2278

收获机械

脱粒机 1996年，全市有脱粒机7000余台，主要机型为5T-450型脱粒机，以脱小麦为主，配套动力12马力柴油机，生产率每小时800公斤～1500公斤。1998年，小麦联合收割机得到推广和应用，小麦脱粒机逐渐淘汰。2009年，引进兖州市凯兴工矿机械有限公司生产的5TYZ-102-230型玉米自动上料脱粒机68台。至2013年，全市有玉米自动上料脱粒机1360台。

小麦收获机 1996年，全市有小麦收获机764台，主要是背负式，生产效率每小时6亩～8亩，配套动力50马力以上拖拉机。同年，引进佳木斯产佳联——3060型自走式小麦联合收获机1台，生产效率每小时10亩～15亩。1998年，小麦联合收获机大面积推广应用，有背负式小麦联合收获机1702台，自走式小麦联合收获机18台。至2013年，全市有背负式小麦联合收获机2783台，自走式小麦联合收获机265台。

玉米收获机 1996年，全市有背负式玉米收获机85台，主要型号4YW-2型，配套动力50

2002年9月，大安镇二十里铺村背负式玉米联合收获机收获玉米

马力以上拖拉机，可实现全幅不对行收割，作业效率每小时3亩～10亩，作业损失率小于1%。

2000年，有背负式玉米收获机190台，自走式玉米收获机7台，玉米机收率60%以上。至2013年，全市有各类玉米收获机1916台，其中自走式123台，主要型号兖州产4YW-2、4YW-3、4YW-4型；背负式1793台，主要型号4YZ-3、4YZ-4，玉米机收率98%以上。

秸秆还田机 1996年，全市有秸秆还田机277台，主要为兖州产4JGH系列1.5米型、1.65米型、1.8米型和2.2米型，配套动力50马力～70马力。2007年，开展秸秆禁烧工作，促进了秸秆还田机推广和应用，同年，新增秸秆还田机443台。至2013年，全市有秸秆还田机2184台。

1996年—2013年兖州市收获机械情况表

表8-11　　单位：台（套）

年份	小麦联合收获机		玉米联合收获机		秸秆还田机
	背负式	自走式	背负式	自走式	
1996	764	1	85	—	277
1997	—	—	—	—	319
1998	1702	18	—	—	432
1999	—	—	—	—	547
2000	2253	25	190	7	622
2001	2212	30	251	7	771
2002	1970	32	251	7	832
2003	2062	55	220	7	949
2004	1927	55	236	7	1020
2005	1933	56	256	5	1025
2006	1951	69	340	5	1228
2007	1991	75	408	5	1671
2008	2273	80	651	1	1949
2009	2436	109	994	26	2023
2010	2504	119	1321	40	2030
2011	2669	151	1593	41	2063
2012	2743	225	1679	51	2167
2013	2783	265	1793	123	2184

排灌机械

农用水泵 1996年，全市有农用水泵1.61万台，主要有离心式水泵、自吸离心泵、混流泵、轴流泵、深井泵和潜水泵等。2004年，有农用水泵1.82万台。2013年，全市有农用水泵1.85万台。

喷灌机械 1996年，全市有喷灌机械10台。2004年，有喷灌机械64台。2013年，全市有喷灌机械127台。

植保机械 1996年，全市有手动喷雾（粉）机4.97万台。至2000年，推广机动喷雾（粉）机1885台；手动喷雾（粉）机仍有使用，未再作统计。2013年，全市有机动喷雾（粉）机2800余台。

运输机械

农用拖拉机 1996年，全市有农用拖拉机3372台33.15万千瓦。2004年，有农用拖拉机4316台11.12万千瓦。2013年，有农用拖拉机5427台21.2万千瓦。

农用机动三轮车 1996年，全市有农用机动三轮车2725辆2.19万千瓦，是农村的主要运输机械。2005年，全市有农用机动三轮车6116辆，主要品牌有“时风”“光明”“巨力”“五征”等。2013年，全市有农用机动三轮车1.1万台。

其他机械 农产品加工机械主要有磨面机、榨油机、淀粉加工机等，畜牧业机械主要有饲料粉碎机、机动挤奶机、贮奶罐、冷藏罐、压块机，农业设备机械主要有塑料大棚电动卷帘机、微耕机等，另有耙、铡草机、挖坑机等。

第二节 农机经营

1996年，全市共有乡镇农机站12个，人数232人，主要负责全市农机使用、管理、修理、供应和培训等。随着机构的调整，撤乡合镇，人员精简，2013年底，全市有镇（街道）农机站12个，人员53人。

农机户 家庭承包责任制以后，土地使用权归个人使用，农田作业打破村集体统一耕种模式，在国家“兴机富农”政策带动下，农民购买农业机械的积极性提高，涌现出一大批农机户。1996年，全市农机户3.04万户，从业人员4.1万人。随着社会变革，优胜劣汰，逐步出现农机大户。2013年，全市有农机户4.3万户，从业人员5.1万人，其中农机大户1009户，从业人员3972人。

农机服务组织 1996年，全市有村级农机服务组织487个，从业人员4108人。1996年—2007年，村级农机服务组织在农业生产中占重要地位。2007年，全市有村级服务组织495个，从业人员2402人。2013年，村级农机服务组织927个，从业人员3662人。2004年，农机中介服务组织在“三夏”“三秋”跨区作业中发展形成。至2013年年底，农机中介服务组织有68个，从业人员919人。

农机专业合作社 2007年，兖州市从全市57家村级服务组织、166户农机大户中筛选出具备库房、办公场地、有多台大型动力机械等较成熟条件的村级服务组织、农机大户，对其扶持指导、培育。2009年2月，全市第一家农机专业合作社——兖州新发农机专业合作社成立，同年发展到6个。2011年，发展到15个。2013年，全市有农机合作社35个，社员1390人。

第三节 农机管理

农机修配 1996年，全市具有市农业机械管理部门核发技术合格证书的农机维修网点108家（其中二级点4家、三级点36家、专业点64家），从业人员230人。2001年，根据《山东省农业机械维修配件销售点技术检验实施细则》，全市发放农业机械维修配件销售技术合格证50个，从业人员111人。2006年，兖州市诚信农机有限公司、兖州市新驿供销社农机配件门市部被济宁市农机局评为四星级文明农机经销企业。2008

年，兖州市根据农业部《农业机械维修管理规定》，不再对农机销售点发放《农业机械维修配件销售技术合格证》，只对销售的农机产品、配件进行质量监督。农业部统一印制《农业机械技术合格证》替代《农业机械维修配件销售技术合格证》，64家农机维修点换发新的技术合格证，从业人员132人。2010年，对全市农机维修网点进行专项治理，对达不到要求的限期整改或予以取缔。同年，全市发放《农业机械技术合格证》40家（其中一星级22家、二星级5家、三星级2家），从业人员92人。2002年，试行农机职业技能鉴定。至2013年年底，共鉴定拖拉机驾驶员、联合收获机驾驶员、农机修理工、农机操作工1808人次。

农机监理 1996年至2000年3月，市农机安全监理站负责全市拖拉机牌照和驾驶员证件发放及费用收缴等工作。2005年3月，监理站成立农机安全稽查队，负责全市农机安全执法工作，将全市所有乡村农机车辆纳入监管范围，常年流动开展农机安全检查整治。同年，市农机监理部分职能移交公安交警部门管理。其中，移交由农机部门管理的农用车、三轮车档案6116份，驾驶员档案1821个，农机部门承担的农用车、三轮车的道路交通秩序监管及事故处理职能一并移交到交警部门。2006年，全市开始进行农机“三率（挂牌率、持证率、检验率）”统计和平安创建工作。同年，全市创建济宁市农机安全示范镇2个，示范村50个，示范户150个。2008年，创建济宁市农机安全示范镇2个，示范村50个，示范户150个。2010年3月，市农机局与安监、公安、交通部门形成道路联合执法意见，构建农机安全生产长效机制。同年，兖州市被评为全省、全国平安农机示范市。2013年，开展农机安全基层基础提升年、农机年审和平安农机创建活动。至2013年，共核发拖拉机号牌5159副，驾驶证4409本，查处违规农业机械145台次，创建济宁市农机安全示范镇7个，农机安全示范村166个，农机安全示范户473户。

农机培训 1996年，兖州市开始加大农机培训资金投入，全年培训农机人员5813人次。1998年，市农机局筹资110万元购置教学设备，成立农机培训实习基地。1998年—1999年，市农机化推广服务站与山东玉丰农业装备有限公司联合举办玉米联合收获机及秸秆还田机操作培训班8期，培训机手2450人次，分乡镇召开示范现场会10次，培训机手及农机干部2000余人次；与生产厂家联合到田间作业现场开展售后服务，推广玉米联合收获机126台，玉米秸秆还田机686台。2000年—2004年，培训农机人员3万余人次。2005年，兖州市农业机械化学校获山东省农业机械管理办公室颁发的《中华人民共和国拖拉机驾驶培训许可证》，成为山东省首批符合农业部《拖拉机驾驶培训管理办法》要求的拖拉机驾驶培训机构。2006年始，市农业机械化学校与市内各大农机生产、销售、维修企业签订农机技术培训合同，开创“校企”联合办学新局面。同年，培训农机人员8432人次。2006年，市委、市政府把新型农民培训工程列入市十大工程之一，兖州市新型农民培训工程农机培训基地启用。同年，农机培训基地举办4期农机服务专业户培训班，培训农民928人，培训合格率100%，其中，向企业输送人才236人，技能提升500余人。2006年—2009年，培训新型农民4000人。2007年，市农业机械化学校被评为山东省农机重点学

2009年4月，兖州市保护性耕作技术培训班在兖州轻机宾馆举办

校。至2013年年底，共培训驾驶员4089名。

第四节 农机科研与技术推广

兖州市农机化技术推广服务站，前身是兖州县农机研究所，1987年扩建为全国四个农机化技术服务中心之一，全省第一个县级农机化技术服务中心。1997年12月，更名为市农机化技术推广服务站。1996年—2013年，市农机化技术推广服务站先后承担完成农业部、山东省、济宁市下达的新技术推广项目和科研课题90余项，获得成果奖30余项，其中省部级奖5项，填补国内空白6项；2人被评为部级和国家级先进工作者，3人被评为省级农机推广先进工作者；1997年，1人获首届中华农业科技基金推广奖，市农机化技术推广服务站多次被省农机局评为农机推广先进集体，2000年4月，被农业部授予全国农业技术推广先进单位称号。

农机科研 1996年—2013年，市农机化技术推广服务站面向农业生产发展和农艺技术进步，研制开发四大类12个系列36个品种新机具。1996年4月，研发2BJD-6-3型谷物精播施肥机。机具主要性能指标达到国内小型精播机先进水平，填补国内轻小型精播施肥机一项空白。通过济宁市科委组织的科技成果鉴定。同年，由济宁市农机局安排生产推广1000余台。1995年3月至1996年11月，市农机化技术推广服务站与洛阳工学院联合研发4L-1.0双动力小麦联合收获机，1997年5月，试制出6台样机。1998年6月通过省农机试验鉴定站测试鉴定，性能指标达到国内先进水平，解决了14.7千瓦以下小型拖拉机配小麦联合收获机动力不足的问题，具有良好的经济性与广泛的适用性，是一种经济实用的新机型。1998年年底，由于资金原因和大型小麦联合收获机的推广使用，该机型停止生产。1996年5月至1997年10月，市农机化技术推广服务站与中国农业大学合作研制1SQ系列全方位深松

山东国丰机械有限公司玉米联合收获机装配车间

机。1998年4月通过济宁市科技局组织的科技成果鉴定。机具性能指标达到国内先进水平，填补省内深松机具一项空白。1997年生产推广500台。1998年年底，由于资金原因，该机型停止生产。1996年10月，开始研制1SW-60型大蒜挖掘机。1999年6月通过济宁市科委组织的科技成果鉴定，机具性能指标达到国内先进水平，填补国内大蒜收获机具一项空白。1999年生产100余台在济宁地区推广应用。2002年，研发2BY-2、2BY-3、2BY-4型玉米直播施肥机，配套15至50马力拖拉机，直接进行免耕等行距贴茬播种，一次性完成破茬、松土、开沟、施肥、播种、覆土等多项作业。同年6月8日，在谷村镇东葛村与农业部门合作进行玉米直播与套播的对比试验。跟踪调查和测产评估结果表明，采用直播施肥机直播比采用套种耧套播明显增产，直播地块收获时还可以进行机械对行联合收获，提高收获效率。2003年，由于资金原因，该机型停止生产。

农机技术推广 1996年，旋耕技术得到农民认可，成为普遍应用的耕作模式，市农机化技术推广服务站推广旋耕机60台。2001年，推广使用1360台。2013年，推广使用2424台。

1996年5月，兖州市实施沃土工程，重点推广机械深耕、深松、精量播种、化肥深施、小麦、玉米联合收获和玉米秸秆还田等农机化新技术。至1998年5月，共推广小麦联合收获机1245台，玉米联合收获机、秸秆还田机331台，

建成沃土示范方 4 万亩，带动开发面积 40 万亩；项目区土壤有机质含量平均提高 0.08 个百分点，达到 1.28%；小麦平均每亩比项目实施前 3 年增产 13.63%，玉米平均每亩比项目实施前 3 年增产 10.5%，3 年累计增产小麦 4936 万公斤，增产玉米 3392 万公斤，累计直接经济效益 1.26 亿元。1998 年 9 月 22 日，济宁市政府组织验收，项目实施总体水平达到省内领先。

1997 年，省农机局下达农业部丰收计划项目——兖州市 10 万亩玉米节本增效综合生产机械化技术推广项目，综合推广应用机械深耕、化肥深施、小麦精少量播种和联合收获、玉米秸秆还田和联合收获等技术，机械化程度 100%。项目实施 2 年，累计增产玉米 983 万公斤，新增产值 1179.6 万元。1999 年 12 月 28 日，省农业厅组织鉴定验收，项目实施在玉米联合收获和玉米秸秆还田机械化技术应用方面达到国内先进水平。自 2004 年实施农机购置补贴至 2013 年，兖州市先后承担省玉米收获及秸秆还田机械化创新示范工程项目、国家优质粮食产业工程现代农机装备推进项目、省保护性耕作技术推广创新示范工程、省玉米生产机械化示范推广项目，争取补贴资金近 4000 万元。以大马力拖拉机和玉米联合收获机为补贴重点，补贴各类机械 3000 多台，实现全市玉米生产全程机械化。

2006 年 9 月 30 日，市农机局在新兖镇易村开展保护性耕作技术试验示范，在前茬农作物收获时，通过秸秆或残茬粉碎覆盖地表后，用免耕播种机直接进行施肥播种作业，免除传统的耕翻作业。同年，免耕播种小麦 2 万亩，测产平均每亩小麦产量 510.6 公斤。2008 年，免耕播种小麦 6 万亩，测产平均每亩小麦产量 553.4 公斤，比传统耕作方式增产 12.7%。2009 年，举办培训班 12 期，培训技术骨干、机手及农民 1.2 万人次，全市用于购置保护性耕作机械的补贴资金 600 余万元，小麦免耕播种机保有量 207 台，免耕播种面积 11.2 万亩。2013 年，小麦免耕播种机保有量 464 台，免耕播种面积 15.3 万亩，保护性耕作面积 14.2 万亩。

第五节 农机跨区作业

1996 年，市农机局与部分乡镇农机站组织小麦联合收割机 47 台到嘉祥县进行小麦跨区作业，完成作业面积 4.95 万亩，总收入 140 余万元。1998 年，跨区作业形成规模，市农机局组织在市环城北路举行出征仪式，200 余台联合收割机奔赴胶东半岛进行跨区作业，完成作业面积 1.31 万亩，总收入 500 余万元。同年“三秋”期间，组织机械到嘉祥县进行玉米秸秆还田跨区作业，完成作业面积 900 亩，总收入 6.3 万元。2004 年，因全市机械保有量大幅度增加，不适应组织大规模跨区作业，市农机局适时调整跨区作业发展方向，以各镇农机服务组织和农机大户为带头人，组成作业小队，进行跨区作业。全年组织跨区作业小麦联合收割机 2000 余台，玉米联合收获机 200 余台，完成小麦跨区作业面积 91.95 万亩，玉米 1.2 万亩，总收入 6300 万元。2005 年—2009 年，全市农机化发展水平不断提高，农机跨区作业规模不断扩大。至 2010 年，跨区作业机型呈现以大型先进机械为主，小型落后机械逐渐被淘汰的局面。同年，跨区作业小麦联合收割机 1860 余台，玉米联合收获机 410 余台。完成

2008 年 5 月，济宁市农机跨区作业出征仪式在大安镇举行

小麦跨区作业面积58.05万亩，玉米16.05万亩，总收入5400万元。至2013年，随着各地农业机械化的快速发展，农机跨区作业市场逐渐萎缩。

1996年—2013年兖州市农机跨区作业情况表

表8-12

年份	机械数量（台）		作业面积（万亩）		作业区域
	小麦联合收割机	玉米收获机	小麦	玉米	
1996	47	0	4.95	0	嘉祥县
1997	102	0	9	0	嘉祥县、胶东半岛
1998	242	12	13.05	0.09	嘉祥县、胶东半岛
1999	1300	45	49.5	0.3	河南、安徽、江苏、胶东半岛
2000	1600	150	84	1.2	河南、安徽、江苏、河北、内蒙古、胶东半岛
2001	1800	200	111.3	1.5	河南、安徽、江苏、河北、内蒙古、胶东半岛
2002	1800	200	90.6	1.5	河南、安徽、江苏、河北、内蒙古、胶东半岛
2003	—	—	—	—	因非典型性肺炎疫情，未组织跨区作业。
2004	2000	200	91.95	1.2	河南、安徽、江苏、河北、内蒙古、胶东半岛
2005	2100	230	63.6	1.5	河南、安徽、江苏、河北、内蒙古、胶东半岛
2006	2000	300	49.5	1.65	河南、安徽、江苏、河北、内蒙古、胶东半岛
2007	2000	350	44.55	3.045	河南、安徽、江苏、河北、内蒙古、胶东半岛
2008	2000	500	35.25	6.6	河南、安徽、江苏、河北、内蒙古、胶东半岛
2009	2000	900	40.05	28.35	河南、安徽、江苏、河北、内蒙古、胶东半岛
2010	1860	410	58.05	16.05	河南、安徽、江苏、河北、内蒙古、胶东半岛
2011	1500	200	45.75	6.15	河南、安徽、江苏、河北、内蒙古、胶东半岛
2012	800	80	25.95	2.55	河南、安徽、江苏、河北、内蒙古、胶东半岛
2013	600	220	25.05	10.05	河南、安徽、江苏、河北、内蒙古、胶东半岛

第八章　农业综合开发

第一节　土地治理项目

黄淮海平原农业综合开发项目　该项目共实施一期（1988年—1990年）、二期（1991年—1993年）、三期（1994年—1996年）。1997年开始，黄淮海平原农业综合开发项目更名为农业综合开发项目。

1996年是黄淮海平原农业综合开发项目第三期最后一年，总投资242万元，其中，中央和省级财政资金136万元，济宁市、兖州市两级财政配套51万元，自筹资金55万元。项目区涉及颜店、新驿2个镇，改造治理中低产田1万亩，建设桥涵120座，新打机井50眼，配套旧井50眼，新建井房87座，修路50公里，建设经济林网5公里，植树1.2万株，完善科技服务站1个，进行技术培训0.4万人次，购置农业机械20台。

1997年，实施第四期农业综合开发项目，总投资231万元，其中，中央和省级财政资金100万元，济宁市、兖州市两级财政配套45万元，自筹资金86万元。项目区涉及新兖、王因2个镇，改造治理中低产田1万亩。新打机井81眼，修复旧井12眼，新建井房95座，建设桥涵221座，新修、整修生产路40公里，技术培训0.6万人次。全部完成当年开发任务。

2003年—2005年，实施第六期农业综合开发项目，改造治理耕地面积4.85万亩，总投资1674万元，其中，中央和省级财政资金1052万元，济宁市、兖州市两级财政配套194万元，自筹资金428万元。涉及大安、漕河、小孟、新驿、颜店5个镇。新打机井329眼，配套井房246眼，新建桥涵1030座，开挖疏浚沟渠6.65公里，埋设农用地下电缆196.3公里，铺设PVC地下低压管道121.17公里，新修、整修田间生产路199公里，改良土壤2.2万亩，购买拖拉机2辆，秸秆还田机4台。新植农田林网30.6万株，技术培训1.96万人次，示范与推广农业新品种、新技术10项。2006年9月12日—13日，兖州市代表济宁市、山东省迎接国家农业综合开发办公室对第六期农业综合开发项目的总验收，达到优秀项目区标准。

2010年，农业综合开发项目区位于兖州市小孟镇西南部，改造治理耕地面积1万亩，项目总投资865万元，其中，中央和省级财政资金553万元，济宁市、兖州市两级财政配套117万元，自筹资金195万元。修复配套机井178眼，铺设农用地下电缆41公里，铺设PVC地下管道64公里，新修农田道路40公里，造林0.06万亩。2012年，农业综合开发项目区位于颜店镇东部，由兖州市绿源蔬菜专业合作社承担建设，改造治理耕地面积0.3万亩，总投资293万元，其中中央和省级财政资金266万元，济宁市、兖州市两级财政配套9万元，自筹资金18万元。新打机井26眼，修复配套机井47眼，新修农田道路11.7公里，建设桥涵123座，埋设地下管道18公里，铺设地下电缆14公里，栽植农田林网0.9万株，技术培训300人次。

利用世界银行贷款项目 1998年—2002年，实施利用世界银行贷款加强灌溉农业（二期）项目（未实施利用世界银行贷款项目的开发县实施第五期农业综合开发项目），改造治理耕地面积18万亩，完成投资4753万元，其中，中央和省级财政资金3045万元，济宁市、兖州市两级财政配套430万元，自筹资金1278万元。项目区涉及新兖、王因、黄屯、兴隆庄4个镇。新建石拱桥103座，建设生产桥涵2688座，新打机井573眼，配套建设井房573座，维修旧井425眼，铺设地下低压管道415.1公里，维修水泥砂土管240公里，铺设农用地下电缆415.4公里，新上变压器67台，新建高标准喷滴灌1700亩，新修、整修农田道路829公里；整平土地2.44万亩，深耕土地12.86万亩，平衡施肥3.3万亩，秸秆还田6万亩；扶持市种子公司、农技推广中心、乡镇农技站新建及维修培训教室、晒场、仓库等建筑物1.45万平方米，推广优质专用小麦、玉米、花生、林果等种植面积12万亩，新植农田林网7100亩，更新树木65.1万株，新植灌木90万株。建立起8个农民用水者协会。2004年2月8日—10日，兖州市代表省接受财政部国家农业综合开发评审中心世行项目处对市利用世界银行贷款加强灌溉农业（二期）项目总验收。2001年，市农业综合开发办公室被省政府评为全省农业综合开发先进单位。

2006年—2008年，实施利用世界银行贷款加强灌溉农业（三期）项目，改造治理耕地面积8.5万亩，完成投资3910万元，其中，中央和省级财政资金2299万元，济宁市、兖州市两级财政配套483万元，自筹资金1128万元。项目

世界银行三期项目区桥涵

区涉及大安、漕河、小孟3个镇。开挖疏浚沟渠39.6万立方米，新建石拱桥16座，建设过路涵363座、进地涵1074座，新打机井134眼，配套建设井房445座，铺设农用地下电缆376公里，购置安装变压器3台，新修农田道路335公里，铺设地下低压管道469公里；深翻土地2.87万亩，实施平衡施肥2.57万亩，培训农民技术员500人次，示范推广小麦重大病虫害综合防治面积2400亩，对基地农户进行绿色农产品知识培训1200人次，开展绿色农产品病虫害综合防治示范推广230亩，建设绿色无公害大蒜生产基地3000亩，新植农田林网3200亩，苗圃新建育苗基地200亩，项目管理和财务管理完成专项培训240人次。

自主开发项目　2008年3月，兖州市制定《兖州市2008—2012年农业土地综合治理项目规划》，加快农业开发土地治理进度。兖州市财政每年列出专项资金进行自主开发，是济宁市唯一的自主开发项目。新打机井1000眼，配套建设井房2000座，铺设煤矸石路400公里、砂石路500公里，铺设农用地下电缆1200公里，建石拱桥100座、涵管桥4000座，新铺地下管道1200公里，新植树木90万株。2008年—2012年，累计改造治理中低产田面积5万亩，完成投资2500万元。项目区涉及大安、漕河、新驿、颜店4个镇，改善了项目区灌溉条件，完善了农业生产基础设施。

高标准农田建设项目　2010年起，农业综合开发项目由中低产田改造项目提升为高标准农田建设项目，每亩投资标准由850元提高到1300元。

2010年、2011年，漕河镇高标准农田建设示范工程项目区位于漕河镇东部，治理耕地面积2万亩，总投资1350万元，其中，中央和省级财政资金1065万元，济宁市、兖州市两级财政配套135万元，自筹资金150万元。针对项目区无可利用地下水实际情况，在西小厂村兴建提水站1座，安装监测系统1套，维修汉马河西厂闸1座，建设43座二级泵站并统一安装射频器，集中控制管理。开挖疏浚排水沟渠168公里，建设桥涵915座，更新配套机电井177眼，安装潜水电泵、射频器311台套。埋设地下低压管道126公里，地下低压电缆84公里。建设田间机耕路84公里。栽植优质107杨树苗、优质法桐等10万株。对新品种、新技术等进行培训7500人次，提高农民生产技能和科学种田水平。改造治理后的项目区农田灌溉实现"一卡通"自动化灌排模式，轮灌周期由15天缩短至7天，实现年节约用水量156万立方米，水费每亩地平均每年减少9元，节约工时费70元左右。2010年4月，兖州市被国家农业综合开发办公室命名为国家农业综合开发高标准农田建设示范县（市）。

2012年，大安镇高标准农田建设示范工程项目区位于大安镇东北部贫水区，改造治理耕地面积1万亩，总投资1316万元，其中，中央和

高标准项目区水泥路

省级财政资金1101万元，济宁市、兖州市两级财政配套129万元，自筹资金86万元。项目区全部建成100亩或200亩方田，开挖疏浚沟渠69.1公里，完成土方12.1万立方米，新修、整修农田道路33.8公里，新打机井50眼，配套机井198眼，埋设地下管道67.7公里，铺设地下电缆43公里，新建平板桥4座，安装桥栏杆270米，新建涵管桥435座，安装太阳能杀虫灯60台（套），新植农田林网400亩，栽植杨树、法桐4万株，完成各项技术培训3000人次，示范推广新型农业技术1项。农田林网建设获济宁市第一名。

2013年，颜店镇高标准农田建设项目区位于颜店镇西部，涉及耕地面积1万亩，总投资1394万元，其中，中央和省级财政资金1257万元，济宁市、兖州市两级财政配套46万元，自筹资金91万元。该项目新建桥涵498座，新打机井70眼，配套机井203眼，新修煤矸石道路34.2公里、水泥道路4公里，开挖疏浚沟渠68.4公里，农田林网栽植树木3.42万株，铺设地下电缆43公里，埋设地下管道63公里，安装景观式太阳能杀虫灯60台（套）。

第二节　产业化经营项目

1996年，农业综合开发产业化经营项目以财政周转金形式进行扶持，通过贷款形式，扶持金海食品有限公司辣椒系列产品加工项目，为企业发展注入资金支持。自2003年起，国家农业综合开发办公室出台政策，加大扶持产业化经营项目力度，采取贷款贴息、投资参股、有偿无偿相结合等扶持方式，重点支持粮食主产区立足资源优势，发展农产品加工业特别是以粮食为主要原料的加工业，对于发展潜力大的企业连续扶持。至2008年年底，通过有偿无偿相结合、贷款贴息方式扶持6个产业化经营项目。自2009年起，取消产业化经营项目中央财政有偿资金投入，探索贷款贴息、财政补助等多种符合公共财政要求的扶持方式，加大用于贷款贴息的比重，吸引更多金融资金投入农业综合开发项目。至2013年年底，通过财政补助、贷款贴息方式扶持11个产业化经营项目，推动了兖州农业主导产业的发展。

辣椒系列产品加工扩建项目　1996年，农业综合开发办公室扶持金海食品有限公司“辣椒系列产品加工”扩建项目，项目总投资600万元，其中农业综合开发扶持企业贷款200万元，自筹资金400万元。购置生产设备1宗，建厂房3000平方米，年增加350万公斤辣椒等蔬菜加工能力。2002年，项目终止。

绿宝食品公司技改项目　2000年，农业综合开发办公室扶持绿宝食品公司技改项目，项目总投资196万元，其中，中央、省、济宁市、兖州市财政资金71万元，自筹资金125万元。引进先进设备1宗，建设加工车间2000平方米，年增加200万公斤蔬菜加工能力。2003年，项目终止。

奶牛养殖基地建设项目　2011年，农业综合开发办公室通过财政补助方式，扶持兖州市修连奶牛养殖专业合作社“奶牛养殖基地建设项目”，总投资190.5万元，其中，中央、省、济宁市、兖州市财政资金52.5万元，自筹资金138万元。新建牛舍、奶牛运动场、挤奶厅等基础设施，配套购置生产设备1套。新增奶牛180头，牛奶销售收入380万元。2013年，项目终止。

市绿源食品有限公司扶持项目　2002年，农业综合开发办公室通过有偿无偿相结合方式，扶持兖州市绿源食品有限公司1000万只肉鸭配套加工项目，总投资800万元，其中，中央、省、济宁市、兖州市财政资金176万元，自筹资金624万元。新建面积1.1万平方米宰杀厂，配套技改宰杀设备，提高企业的综合实力，改变了企业仅出售毛鸭的历史，企业一跃成为山东省农业产业化龙头企业。2004年，农业综合开发办公

兖州市绿源食品有限公司李宫种鸭场

室以有偿无偿相结合方式，扶持公司建设肉鸭产业化熟食加工项目，总投资2300万元，其中中央、省、济宁市、兖州市财政资金700万元，自筹资金1600万元。引进4条熟食生产线，新建熟食加工车间、配套低温库等6200平方米，延长企业产业链条，增加产品附加值，企业跨入国家级农业产业化龙头企业行列。2005年，农业综合开发办公室以有偿无偿相结合方式，扶持公司建设出口肉鸭标准化养殖基地项目，总投资2430万元，其中，中央、省、济宁市、兖州市财政资金600万元，自筹资金1830万元。新建标准化鸭舍50栋，配套养殖设备50台（套），企业进一步扩大养殖规模，提高饲养水平。公司养殖的肉鸭获得绿色食品认证，鸭产品被评为省名牌产品，“樱源牌”成为山东省著名商标。2006年1月，公司被评为山东省肉类食品行业30强企业，是国家级肉鸭饲养及加工一类示范区。2012年，农业综合开发通过财政补助方式，扶持企业建设8万只种鸭繁育养殖基地新建项目，总投资1608.1万元，其中，中央、省、济宁市、兖州市财政资金135万元，自筹资金1473.1万元。建设23栋鸭舍，配套养殖设备23台（套），配套建设污水处理等附属设施，增强公司养殖能力。2009年、2010年、2013年，市农业综合开发办公室通过贷款贴息方式分别扶持4000万只肉鸭产业化项目、30万吨饲料加工项目和2000万只肉鸭宰杀扩建项目，中央财政扶持资金分别为83万元、78万元和43万元，助推企业规模的扩大和带动能力的增强。公司成为集种鸭种鸡饲养、苗鸭苗鸡孵化、饲料供应、肉鸭肉鸡宰杀、熟食加工、蔬菜生产加工、出口创汇为一体的农业产业化国家级重点龙头企业。

山东百盛生物科技有限公司扶持项目 2011年、2012年，农业综合开发办公室连续对山东百盛生物科技有限公司年加工12万吨玉米加工项目进行贷款贴息项目扶持，财政扶持资金169万元，该资金全部为中央财政资金。主要对项目生产购买原料（玉米）发生的流动资金贷款利息进行贴息补助，公司生产加工能力得到提高。

兖州嘉隆实业有限公司扶持项目 2003年，农业综合开发办公室通过有偿无偿相结合方式，扶持兖州嘉隆实业有限公司龙头企业标准化养殖场建设项目，总投资4600万元，其中，中央、省、济宁市、兖州市财政资金444万元，自筹资金3196万元，银行贷款960万元。新建标准化商品肉鸡养殖场（舍）280个，购置配套生产设备80台（套），企业养殖能力不断增强。2006年，农业综合开发办公室通过有偿无偿相结合方式，扶持公司2000万只肉鸡宰杀生产线建设项目，总投资1000万元，其中，中央、省、济宁市、兖州市财政资金600万元，自筹资金400万元。建设生产加工车间1000平方米，建设冰鲜库、速冻间、冷藏库总面积639平方米，购进33台（套）宰杀生产线设备和部分制冷设备，公司生产加工能力得到提升。2008年，农业综合开发办公室通过有偿无偿相结合方式，扶持公司6000吨肉鸡深加工新建项目，总投资1760万元，其中，中央、省、济宁市、兖州市财政资金600万元，自筹资金1160万元。新建加工车间3447平方米，建设综合楼1966.6平方米，购买72套生产设备。项目带动1000余户肉鸡养殖户，带动2000余人从事养殖与生产加工。

市福水食品有限公司扶持项目 2007年，农业综合开发办公室通过有偿无偿相结合方式，扶持兖州市福水食品有限公司保鲜库建设项目，总投资400万元，其中，中央、省、济宁市、兖州市财政资金200万元，自筹资金200万元。新建750平方米保鲜库，购置冷风机、压缩机、货架等设备，公司增加4500吨蔬菜储存能力。2009年，农业综合开发办公室通过财政补助方式，扶持公司2000吨蔬菜脱水深加工项目，总投资493.6万元，其中，中央、省、济宁市、兖州市财政资金100万元，自筹资金393.6万元。建设1920平方米的生产加工车间，购置部分生产设备。2010年，农业综合开发办公室通过财政补助方式，扶持公司2000吨脱水蔬菜加工扩建项目，项目总投资1000万元，其中，中央、省、济宁市、兖州市财政资金172万元，自筹资金828万元。新建3层大蒜粉、蒜粒加工车间1个，脱水蔬菜加工生产车间1个，购置大蒜粉、蒜粒加工生产线设备1宗。提升企业生产加工能力。企业形成以经营大蒜、蒜薹、圆葱、生姜等农副产品收购、销售以及果蔬制品加工为一体的省级农业龙头企业。

山东齐鲁种业有限责任公司扶持项目 2013年，农业综合开发办公室通过财政补助方式，扶持山东齐鲁种业有限责任公司建设1000万公斤小麦良种加工贮藏、质量检测设施扩建项目，总投资352万元，其中，中央、省、济宁市、兖州市财政资金101万元，自筹资金251万元。新建种子加工车间300平方米、种子贮藏库1600平方米、晒场1000平方米，配套种子加工流水线、质量检测仪器等1宗生产设备。新增1000万公斤小麦良种加工贮藏能力，农民每公斤种子增加经济效益0.25元。

第九篇

林果业

YANZHOUSHIZHI

林果业

第一章　林业资源

第一节　树　木

1996年，市林业科学研究所、国有兖州苗圃引进I-107杨、I-108杨进行繁育。由于其具有生长快、抗病虫能力强、材性好等特点，1998年，在林网道路试种，随后在农田林网建设、成片造林和绿色通道建设中得到广泛应用，逐步替代中林46杨、214杨、沙兰杨等品种。

2012年—2013年，市林业局开展林木种质资源调查。全市主要栽培林木种质资源共计60科119属185种，优质林木种质资源主要有杨柳科、豆科、楝科、玄参科、胡桃科、漆树科、蔷薇科、柿科、鼠李科、葡萄科、石榴科、茄科等。观赏植物有59科119属185种。

杨　树　I-107杨，属杨柳科，高大乔木，生长快，生长周期长，抗病虫害能力强。5年生胸径14厘米～25厘米，干形通直，材性良好，树冠窄，侧枝细，叶满冠，抗风折。多用作农田林网、四旁植树等绿化品种。

杨树

柳　树　主要品种有旱柳、垂柳，为乡土树种。旱柳，乔木，高可达18米，胸径可达80厘米。喜光，不耐庇荫，耐寒性强，喜水湿，亦耐干旱。对土壤要求不严，在干瘠沙地、低湿河滩和弱盐碱地均能生长，以肥沃、疏松、潮湿土壤最为适宜。生长快，萌芽力强，根系发达，抗风力强。垂柳，乔木，高可达18米，喜光，喜温暖湿润气候及潮湿深厚的酸性和中性土壤。较耐寒，特耐水湿，亦能生长于土层深厚及干燥地区。萌芽力强，根系发达。生长迅速，寿命较短。姿态优美，观赏性强，植于河岸及湖池边最为理想，也可作为行道树、庭荫树。对有毒气体抗性较强，能吸收二氧化硫，适用于工厂区绿化。

白　蜡　落叶乔木，高可达15米。喜光，稍耐阴；喜温暖湿润气候，颇耐寒；喜湿耐涝，也耐干旱；对土壤要求不严，在碱性、中性、酸性土壤中均能生长；抗烟尘，对二氧化硫、氯气、氟化氢有较强抗性。形体端正，树干通直，枝叶繁茂而鲜绿，秋叶橙黄，是优良的行道树和遮阴树，亦可用于湖岸绿化和工矿区绿化。材质好、易繁殖，播种和扦插育苗均可。

国　槐　乡土树种，落叶乔木。高者达25米，胸径可达1.5米，寿命长。喜光，略耐阴，喜干冷气候，喜深厚、排水良好的沙质土壤，用于乡村道路绿化，零星分布于宅旁、院内。木质细腻坚硬，耐水湿，富弹性，可供建筑、车辆、家具等用。枝叶可抗二氧化硫等多种有害气体，还能分泌杀菌素，可杀死一定范围内的细菌。

刺 槐 乔木，高10米～15米。喜光，不耐庇荫，喜较干燥而凉爽的气候，不抗涝，耐盐碱。对二氧化硫、氯气、光化学烟雾等的抗性较强，吸收铅蒸汽能力较强。寿命约50年。浅根型，花为上等蜜源。木质坚硬，富有弹性，不易腐朽，多用来做檩材。

臭 椿 落叶乔木。因叶有臭味，形似香椿而得名。生长快，高可达30米。喜光，适应性强，分布广。很耐干旱、瘠薄，但不耐水湿。耐盐碱，能耐中度盐碱土，对微酸性、中性和石灰质土壤都能适应，喜排水良好的沙壤土。树荫浓，抗烟尘，对二氧化硫、二氧化氮、氯气、硝酸雾等有毒有害气体的抗性强，可作为盐碱地和城镇工矿区绿化净化空气的优良树种。木质软硬适中，有弹性，纹理直，是农具、家具用材。

泡 桐 乔木，高可达27米。喜暖气候和疏松肥沃土壤，生长快，耐轻盐碱，易接杆，树干稀疏，发芽晚，落叶早，怕涝，适宜农林间作和庭院绿化。

榆 树 落叶乔木，高可达25米，胸径1米。阳性树种，喜光，耐旱，耐寒，耐瘠薄，不择土壤，适应性很强。根系发达，抗风力、保土力强。萌芽力强，耐修剪。生长快，寿命长。能耐干冷气候及中度盐碱，但不耐水湿（能耐雨季水涝）。具有抗污染性，叶面滞尘能力强。在土壤深厚、肥沃、排水良好的冲积土及黄土高原生长良好。可作西北荒漠、华北及淮北平原、丘陵及东北荒山、砂地及滨海盐碱地的造林或“四旁”绿化树种。

梓 树 落叶乔木，高10米～20米。喜光，稍耐阴；适生于温带地区，颇耐寒，在暖热气候下生长不良；喜深厚、肥沃、湿润土壤，不耐干旱瘠薄，能耐轻盐碱土；对氯气、二氧化碳和烟尘的抗性较强。树冠宽大，可作行道树、庭荫树及村旁、宅旁绿化树种。

楸 树 落叶乔木，高可达30米，树干耸直，主枝开阔伸展，多弯曲，树冠呈倒卵形。喜光，幼苗耐庇荫，长大后需较多的光照；喜温暖湿润气候，不耐严寒，适生于年平均气温10℃～15℃、降水量700毫米～1200毫米的环境，不耐干旱和水湿；喜深厚、肥沃、湿润、疏松的中性土、微酸性土及钙质土；对二氧化硫及氯气有抗性，吸滞灰尘、粉尘能力较强。树姿挺拔，干直荫浓，花紫白相间，宜作庭荫树及行道树。

楸树

悬铃木 市内栽植多为法桐（三球悬铃木），落叶大乔木，高20米～30米。枝条开展，树冠广阔，呈长椭圆形，多数坚果聚合成球形，3球～6球成一串。喜光，喜湿润温暖气候，较耐寒，寿命长。对土壤要求不严，但适生于微酸性或中性、排水良好的土壤，微碱性土壤虽能生长，但易发生黄化。根系分布较浅，台风时易受害而倒斜。树干高大，枝叶茂盛，生长迅速，适应性强，易成活，耐修剪，抗烟尘，栽植广泛，适作行道绿化和速生材用树种；对二氧化硫、氯气等有毒气体有较强抗性。

雪 松 常绿乔木，高可达72米，胸径可达3米。浅根性树种，生长较快。耐寒力较强，适生于温和湿润气候和土层深厚而排水良好的土壤。喜阳光充足，也稍耐阴，能生长在微酸性及微碱性土壤中，也能生长于瘠薄地和黏土地，但忌积水地点。树体高大，树型优美，为世界著名的观赏树。

雪松

银杏

银　杏　落叶大乔木，高可达40米，树干直径可达3米以上。喜光，深根性，对气候、土壤的适应性较强，能在高温多雨或雨量稀少、冬季寒冷的地区生长，但生长缓慢或不良；能生长于酸性土壤（pH值4.5）、石灰性土壤（pH值8）及中性土壤中，但不耐盐碱土及过湿的土壤。耐烟尘，吸收二氧化硫等毒气的能力较强，适于做行道树和庭院树。

樱　花　乔木，高15米～25米。性喜阳光和温暖湿润的气候，有一定抗寒能力。对土壤的要求不严，宜在疏松肥沃、排水良好的砂质壤土中生长，但不耐盐碱土。根系较浅，忌积水低洼地。有一定的耐旱力，但对烟尘及风抗力弱。

苹　果　经济林主要树种之一，乔木，高可达15米。温带树种，喜阳光充足，以肥沃深厚而排水良好的土壤为最好，不耐瘠薄。主栽品种有藤木一号、嘎啦。

桃　树　落叶乔木或灌木，高3米～8米，广泛分布于寒温带、暖温带至亚热带地区。油桃新品种有超红油桃、中农金辉、超五月火；毛桃新品种有春雪桃、春美桃、新川中岛、仓方早生、砂子早生、大团蜜露。

梨　树　落叶或半常绿乔木，罕为灌木，为主要果树之一。新品种有南水梨、圆黄梨、绿宝石、红香酥梨、满天红梨、美人酥梨、晚秋黄梨。

2013年兖州市主要树种资源情况表

表9-1

科	属	种	科	属	种
苏铁科	苏铁属	苏铁（铁树）	豆科	槐属	国槐
银杏科	银杏属	银杏（白果树）			龙爪槐
松科	松属	白皮松			金枝槐
		马尾松			黄金槐
		油松			—
		日本五针松		刺槐属	香花槐
		华山松			刺槐
		黑松			—
	雪松属	雪松		紫穗槐属	紫穗槐
	金钱松属	金钱松		紫藤属	紫藤

续表9-1

科	属	种
松科	云杉属	云杉
	落叶松属	华北落叶松
杉科	落羽杉属	中山杉
	水杉属	水杉
柏科	侧柏属	侧柏
		金黄球柏（金叶千头柏）
		千头柏
		金塔柏（金枝侧柏）
	圆柏属	龙柏
		铺地柏
		铅笔柏
		砂地柏（叉子圆柏）
		圆柏（桧柏、桧）
罗汉松科	罗汉松属	罗汉松
木兰科	木兰属	黄玉兰
		紫玉兰（辛夷、木兰）
		二乔玉兰
		广玉兰（荷花玉兰）
		玉兰
	鹅掌楸属	美国鹅掌楸
		鹅掌楸
樟科	樟属	樟树（香樟）
小檗科	南天竹属	南天竹
	小檗属	小檗（日本小檗）
		紫叶小檗
悬铃木科	悬铃木属	一球悬铃木（美桐）
		二球悬铃木（英桐、悬铃木）
	悬铃木属	三球悬铃木（法桐）
金缕梅科	枫香属	枫香
	檵木属	红花檵木
杜仲科	杜仲属	杜仲
海桐花科	海桐花属	海桐
虎耳草科	绣球属	圆锥绣球
蔷薇科	绣线菊属	粉花绣线菊（日本绣线菊）
		麻叶绣线菊
		金山绣线菊

科	属	种
豆科	黄檀属	黄檀
	紫荆属	加拿大紫荆
		白花紫荆
	皂荚属	皂荚
	合欢属	合欢
胡颓子科	胡颓子属	胡颓子
千屈菜科	紫薇属	紫薇
		银薇
瑞香科	结香属	结香
石榴科	石榴属	石榴
山茱萸科	梾木属	红瑞木
	灯台树属	灯台树
卫矛科	卫矛属	大叶黄杨（冬青卫矛）
		银边大叶黄杨
		丝棉木（桃叶卫矛、白杜）
		扶芳藤
		金边大叶黄杨
冬青科	冬青属	枸骨（鸟不宿）
		大叶冬青
黄杨科	黄杨属	黄杨
大戟科	重阳木属	重阳木（朱树）
	乌桕属	乌桕（蜡子树）
鼠李科	枣属	枣
葡萄科	爬山虎属	爬山虎
		五叶地锦
	葡萄属	葡萄
无患子科	栾树属	复羽叶栾树（黄山栾、全缘叶栾）
	栾树属	栾树
	无患子属	无患子
	文冠果属	文冠果
七叶树科	七叶树属	七叶树
木樨科	女贞属	女贞
		金叶女贞
	丁香属	紫丁香
		白丁香
	雪柳属	雪柳

续表9-1

科	属	种	科	属	种
蔷薇科	珍珠梅属	珍珠梅	玄参科	泡桐属	毛泡桐
	风箱果属	风箱果	紫葳科	梓树属	楸树
	蔷薇属	黄刺玫			梓树
		多花蔷薇(野蔷薇)		凌霄属	美国凌霄
		单瓣黄刺玫	茜草科	六月雪属	六月雪
		月季花	忍冬科	锦带花属	锦带花
	棣棠属	棣棠			海仙花
		重瓣棣棠		忍冬属	金银木
	火棘属	火棘			金银花(忍冬)
	山楂属	山楂		接骨木属	接骨木
	枇杷	枇杷		荚蒾属	八仙花(琼花)
	石楠属	石楠			珊瑚树(法国冬青)
		红叶石楠			雪球荚蒾(粉团、蝴蝶绣球)
	木瓜属	木瓜	棕榈科	棕榈属	棕榈
		贴梗海棠	禾本科	刚竹属	淡竹(粉绿竹)
	梨属	杜梨			刚竹
		白梨	唇形科	迷迭香属	迷迭香
	苹果属	苹果	蜡梅科	蜡梅属	蜡梅
		山荆子	龙舌兰科	丝兰属	凤尾丝兰
		西府海棠	—	—	—
		垂丝海棠	—	—	—
		红叶海棠	—	—	—
	李属	桃(毛桃)	蔷薇科	李属	曙光油桃
		染井吉野樱花			凯特杏
		日本早樱			榆叶梅
		金太阳杏			紫叶李
		珍珠油杏			李

第二节　林　地

1996年，全市林业用地6559公顷。有林地6064.8公顷，苗圃地82.7公顷。农田林网化面积4万公顷，同年，四旁植树55万株，林木覆盖率19.7%。2000年，市林业局开展森林资源二类清查，全市林业用地9868.2公顷。有林地6765公顷，灌木林地2497.6公顷，苗圃地107.6公顷。农田林网化面积4万公顷，林木覆盖率21%。由于山东太阳纸业股份有限公司大规模建设纸浆原材料——三倍体毛白杨种植基地，2004年，全市林业用地增至1.61万公顷。有林地7133.3公顷，灌木林地2512.6公顷，苗圃地2405公顷。农田林网化面积4万公顷，全年四旁植树52.3万株，林木覆盖率28.8%。2007

有林地

年，开展第七次森林资源清查，全市林业用地1.72万公顷。有林地8687.1公顷，其中，经济林762.2公顷，用材林6478.9公顷。灌木林地2512.6公顷，苗圃地3333公顷。农田林网化面积4万公顷，全年四旁植树60万株，林木覆盖率30.1%。2012年，开展第八次森林资源清查，全市林业用地1.9万公顷。有林地9629公顷，其中，经济林987公顷，用材林6872公顷。灌木林地2513公顷，苗圃地4482公顷。农田林网化面积4万公顷，全年四旁植树50万株，林木覆盖率31.8%。2013年，全市林业用地1.93万公顷。有林地9824公顷，其中，经济林1036公顷，用材林6912公顷。灌木林地2513公顷，苗圃地4492公顷。农田林网化面积4万公顷，全年四旁植树50万株，林木覆盖率32.1%。

第三节　木材蓄积

1996年，全市活立木（胸径大于5厘米）总蓄积量52万立方米，其中，有林地蓄积量8.33万立方米，四旁树蓄积量43.67万立方米。2000年，全市开展二类资源清查，活立木总蓄积量53.2万立方米，其中，有林地蓄积量8.5万立方米，四旁树蓄积量44.7万立方米。2007年，全市开展第七次森林资源清查，活立木总蓄积量121.39万立方米。2012年，全市开展第八次森林资源清查，活立木总蓄积量134.39万立方米，其中，有林地蓄积量86.67万立方米，四旁树蓄积量47.72万立方米。2013年，全市活立木总蓄积量134.41万立方米，其中，有林地蓄积量88.42万立方米，四旁树蓄积量45.99万立方米。

第四节　古树名木

2013年，全市登记建档的古树共有21株，分布在漕河镇、颜店镇、新兖镇、新驿镇、兴隆庄镇、鼓楼街道和酒仙桥街道。其中，漕河镇7株，颜店镇5株，新兖镇4株，新驿镇2株，兴隆庄镇、鼓楼街道、酒仙桥街道各1株。树种为国槐、柘树、银杏、文冠果、枣树；国槐16株，柘树2株，银杏、文冠果、枣树各1株；树龄500年以上的一级古树12株，树龄300年～500年的二级古树6株，树龄100年～300年的三级古树3株。

国槐和柘树中空、苍老遒劲，能正常开花结实，长势一般。银杏树、枣树生长健壮，结实多。文冠果树长势良好，开花正常，结实较少。部分古树周边环境较差，生长土壤板结，树干腐烂、枝干折断较严重，有刺蛾、蚜虫、介壳虫、木蠹蛾等虫害不同程度发生。1996年—2013年，市林业局对全市古树制定有科学的保护措施、有明确的保护单位和责任人、有档案、有标志的“四有”保护措施，每年均对古树名木进行普查，采取搭建支撑、清洁树洞和喷施（熏蒸）农药等措施加以保护。

新驿镇马家楼村古国槐

第二章　植树造林

第一节　公路与河道绿化

公路绿化　1996年，市林业局对327国道、兖曲路进行绿化。1997年，对327国道和汶邹公路兖州段绿化进行更新改造。327国道两侧路肩栽植樱花和紫叶李1行，沟外沿栽植冬青球和月季1行，沟外沿农田栽植银杏3行。汶邹公路两侧路肩栽植小叶女贞球1行，沟内及沟外沿栽植I-107杨4行。绿化长度44公里，植树21万株（墩）。2000年，对327国道绿化进行改造提升，沟外沿栽植黄栌和迎春花1行，沟外两侧农田（30米宽）栽植雪松2行、I-107杨4行。同时，对济微路、兖颜路、金谷大道和南环城路进行高标准绿化，路两侧路肩各栽植毛白杨或柳树1行，沟外沿两侧农田（15米宽）栽植I-107杨3行。绿化长度50公里，栽植树木6万余株，其中，雪松0.9万株。一次栽植雪松的规模和数量在山东省及其他北方地区属首次。2000年始，开始实施绿色通道新植树木占地连续补偿三年的优惠政策，即连续三年每亩依次补偿500元、400元、300元。2003年，规划建设日东高速公路两侧绿化带，单侧绿化带宽50米以上。其中，常绿景观绿化带宽12米，栽植3行雪松，外侧营造速生丰产林，栽植I-107杨或三倍体毛白杨。绿化长度19.24公里，栽植雪松1万余株，营造丰产林373.33公顷。2006年，对济阳路、谷肖路和西铺路北段（棉三厂至西北店）进行更新改造。济阳路、谷肖路两侧路肩各栽植绒毛白蜡1行，沟外沿两侧农田（15米宽）各栽植I-107杨3行。西铺路两侧栽植紫薇、大叶女贞、垂柳各1行，沟外沿两侧农田（15米宽）栽植I-107杨3行。绿化长度61公里。2007年，按照西铺路绿化标准对西铺路南段（棉三厂至边界）24.4公里进行绿化，同时，对日东高速公路进行补植。2008年—2012年，公路绿化主要是补植。2012年，市政府再次加大补偿力度，对日兰高速、国（省）道、县（乡）道路绿色通道新植树木占地在采伐期内每亩补偿600元，至年底，补偿21.69万元。2013年，对汶邹路、济阳路（北段）和谷肖路绿化进行更新。在汶邹路、济阳路栽植柳树和杨树，绿化长度17.07公里。2013年，境内道路绿化358.4公里，道路绿化率100%。其中，日兰高速公路19公里，327国道25.9公里，104省道（济微路段）15.8公里，255省道（汶邹路段）19.7公里，主要连接线和其他镇村道路278公里。

绿色通道

河道绿化　1996年，市林业局开始对境内河堤沟渠残次林进行改造，至2000年，累计完成改造200余公顷。2001年—2008年，对境内河堤沟渠两侧成熟林进行更新，累计更新960公顷。2009年，市林业局编制《兖州市水系林业生态保护带建设工程规划方案》，在泗河、白马河、府河两岸防洪线堤坝外，每侧规划50米～120米防护林带；在杨家河、黄狼沟、汉马河等河道

河道绿化

新兖镇规模造林

两岸防洪线堤坝外，每侧规划 30 米～50 米防护林带；在兴隆庄镇煤矿塌陷区兴建省级兴隆湿地公园，在泗河、杨家河建设湿地恢复工程。2010 年 8 月，启动实施兖州市水系林业生态保护带工程，重点绿化泗河、洸府河、府河、杨家河、汉马河等流域两侧。2011 年，对大安河等河道两侧进行绿化，每侧宽 10 米～30 米，建成绿色观光林带 33 公里。至 2013 年，更新水系河道两侧防护林带 20 公里。2013 年，全市河道水系可绿化长度 273.3 公里全部绿化，面积 1486 公顷，水系林木绿化率 100%。基本形成以杨树、法桐、白蜡、柳树等乔木树种为主、其他绿化树种为辅的多树种、科学化的栽植格局。

第二节　规模造林

1996 年，为提高造林绿化水平，建设林业强市，市林业局编制《兖州市高标准平原绿化市总体规划》，坚持以市场为导向，以提高林业三大效益为中心，逐步实现农田林网规范化、经济林基地化、河道堤防林果化、城镇村庄园林化、林工贸一体化。至年底，全市规模造林 5346.13 公顷。2000 年，开始营建绿色通道，在 327 国道每侧 30 米宽范围内栽植苗高 2.5 米的雪松 2 行、I-107 杨 4 行；在兖颜路、金谷路、南环城路每侧 15 米范围内栽植 I-107 杨 3 行。至年底，共建成绿色通道 50 公里，栽植雪松 9000 株，I-107 杨 5 万株，实现建设高标准绿化市的目标，兖州市被国家林业局命名为全国林业生态建设先进市。同年，开始进行林纸、林板产业基地建设，在兴隆庄、新兖、大安等镇营建三倍体毛白杨及 I-107 杨基地。2002 年—2005 年，规模造林面积持续增加，2006 年，全市规模造林 7071.6 公顷。2007 年，兖州市被中共中央宣传部、中央文明办、国家林业局授予全国绿化小康县称号。此后，受毛白杨进入采伐期及粮食价格上扬等因素影响，规模造林增速有所趋缓。2010 年，全市规模造林 8666.67 公顷。2013 年，规模造林 9826.67 公顷。

第三节　农田林网

1996 年，全市宜林网化面积 4 万公顷，全部实现林网化。市林业局按照《兖州市高标准平原绿化市总体规划》要求，对农田林网进行更新完善提升。1997 年，市林业局在新兖镇、王因镇、黄屯镇、泗庄镇、兴隆庄镇营建银杏林网 500 公顷和银杏采叶园 26.67 公顷。为丰富林网树种，增加经济效益和抗病虫害能力，1996 年—1999 年，更新第二代林网，主要栽种黑杨、毛白杨、金银花、杞柳、蜀葵等，银杏、法桐镶边，建成乔灌花草合理配置的第三代林网。2003 年—2004 年，更新完善农田林网 3240 公顷。2005 年，更新完善农田林网 4800 公顷；在全市 8 个镇设立

72块标准地进行调查试验，总结编纂《兖州市农田林网更新技术规程》，为全市第三代林网更新奠定基础。2006年，更新完善农田林网4500公顷，重点建设世行三期项目区和小孟镇、新驿镇、颜店镇的林网。2007年，更新完善农田林网2333公顷。2009年，更新完善农田林网2210公顷。2010年，在小孟镇、漕河镇更新完善农田林网730公顷。2012年，更新完善农田林网810公顷，主要集中在颜店镇、新驿镇。2013年，结合农业综合开发和小农水建设，更新完善农田林网1000公顷，主要集中在颜店镇西部、东北部等。

第四节　丰产林建设

1996年—1999年，由于木材加工企业少，对木材需求不大，农民只有少量栽植，未形成规模。2000年起，由于制浆、制板企业的兴起，特别是山东太阳纸业股份有限公司由草浆造纸改为木浆造纸，木材需求量大幅增加。2000年，市政府制定《关于推进毛白杨产业化开发的实施意见》，市林业局在全市规划营造毛白杨速生林1.33万公顷，实施毛白杨育苗、育林、造纸产业化开发。2001年，率先在新兖镇营建毛白杨速生林20公顷。2003年，共投资1000万元，用于毛白杨研究和育苗基地建设，营建育苗基地1200公顷。至2005年，共营建三倍体毛白杨基地5333.33公顷和黑杨基地1333.33公顷。2006年，在漕河镇、谷村镇贫水区等地建设毛白杨速生林400公顷。由于三倍体毛白杨生长欠佳，2006年后，逐步对其进行采伐，速生林面积逐年减少。同时，国家实行严格的耕地保护政策，进一步限制速生丰产林发展。2013年，全市速生丰产林面积缩减至3000公顷。

第五节　义务植树

1996年起，全市每年均有超过10万人参加义务植树活动。1997年，约11万人次参加义务植树活动，栽植杨树、花灌木等树35万株，成活率90%以上。2003年，约15万人次参加义务植树活动，栽植毛白杨、黑杨等树47万株。2013年3月11日，全市机关单位1000余人在兴隆文化园东区参加义务植树活动，栽植树木1万余株；11日—17日，在全市大规模开展义务植树活动，超过20万人次参加义务植树造林，栽植杨树、柳树、法桐等树71万株。2001年—2013年，城区参加义务植树5万人次，尽责率94%以上，义务植树15万株，成活率95%以上，保存率96%以上。以镇（街道）为单位，全面建立义务植树登记卡制度，建卡率95%以上。开展绿地认养认建和文明护绿活动，行政机关、群众团体、学校师生建成巾帼林、双拥林、成长林、青年林等，取得显著社会效益。至2013年，累计230余万人次参加义务植树活动，栽植杨树、柳树、法桐等树710万余株。

义务植树活动现场

第三章　育苗　花卉

第一节　育　苗

1996年，全市育苗基地有20处，面积56.67公顷，其中，兖州林木良种繁育圃育苗面积18.67公顷，国有兖州苗圃育苗面积15公顷，其余分散在新兖镇、颜店镇等处，面积较小，主要培育中林46杨、I-107杨等。2000年起，随着造林绿化和花木业的发展，全市育苗面积迅速扩大。2001年，全市育苗面积531公顷。其中，三倍体毛白杨育苗面积326.67公顷。2004年，育苗面积2042公顷，其中，三球悬铃木育苗面积924.6公顷，从业人员1.7万人。形成两大区域：颜店镇政府驻地周围、济阳路两侧的大规格法桐、国槐、绒毛白蜡等苗木生产区，面积1333.33公顷；327国道、崇文大道两侧的蝴蝶兰、凤梨等鲜切花和高档绿化苗木生产销售区，面积666.67公顷。2007年，育苗面积3333.33公顷，总产苗量2630万株，其中，三球悬铃木800万株。2009年，育苗面积3467公顷，总产苗量2900万株，育苗基地670处。2010年，在大安镇二十里铺村、山拖农场村建成彩叶树种育苗基地，面积70.87公顷，进行红叶石楠、金叶复叶槭、日本红枫等彩叶树种全光雾嫩枝扦插育苗，年末出售扦插苗木30万余株，销售收入200万元。同年，三球悬铃木、国槐、绒毛白蜡小规格苗木供不应求，大规格苗木接近脱销，苗木价格持续上涨，越来越多的社会资本投入苗木生产，2013年，全市育苗面积5540公顷，苗木产量5700余万株。其中，三球悬铃木2700公顷、2900万株，国槐500公顷、600万株，绒毛白蜡667公顷、950万株。

颜店镇西嵫阳村法桐生产区

兖州林木良种繁育圃（兖州市林业科学研究所）　始建于1978年，位于兖州城区东南部，日兰高速公路北侧、京沪铁路东侧，交通便利。总面积30.34公顷，其中，建圃规划国有土地18.67公顷。2002年，在新兖镇杨厂村租地6.67公顷。2009年，在兴隆庄镇前李村租地5公顷。主要繁育黑杨、银杏、白蜡、中山杉、红叶石楠、楸树、国槐、樱花、丝棉木、玉兰、马褂木、海棠等苗木1000余万株。

国有兖州苗圃　始建于1968年，原址为山东省民政厅兖州县安置砖瓦厂，总面积21.67公顷。1996年，确权面积18.4公顷，为差额事业单位。1998年前，以繁育杂交杨为主，主要为农田防护林网服务。1998年，被济宁市人民政府认定为生态公益型苗圃。2000年起，调整种植结构，加大园林绿化苗木培植力度，先后引进阔叶树、常绿树种及花灌木100余个品种，其中包括紫叶矮樱、美国红栌、鹅掌楸、美人梅、金枝国槐等彩叶新树种。通过调整种植结构，经济效益逐年提高，2010年，销售收入超过100万元。2007年9月，被调整为全额事业单位，2010年9月，搬出原址。2011年，在新兖镇牛楼村租地2.6公顷，对土地进行高标准整体规划，主要繁

新驿镇文兴坡村种苗基地

育造型松、造型对节白蜡、白皮松等景观树。至2013年，共投入资金400余万元，繁育造型松、造型对节白蜡1000余株；培育园林风景树皂角、榔榆、朴树、红枫、白皮松等10余个树种5000余株，苗木价值1000余万元。

第二节 花 卉

1996年，仅有兖州林木良种繁育圃、国有兖州苗圃等少数单位和个人在露地或温室中种植花卉，数量较少。2000年，开始引进栽培蝴蝶兰等中高档盆花，此后，花卉种植发展较快，逐步形成以蝴蝶兰、红掌、凤梨、竹芋等盆栽花卉，海棠、紫薇等木本观赏花卉为主的特色产业。2008年，兴隆庄镇、新兖镇成为山东省蝴蝶兰、红掌、竹芋、凤梨等盆栽花卉的重要生产基地和销售市场，年产成花40万株，年销售收入超过1000万元，从业人员200人。2010年10月，花卉盆景展销中心在新兖镇牛楼社区建成，占地面积15亩，入驻商户40余户，主要经营蝴蝶兰、凤梨、红掌、竹芋、金钱树、红豆杉、发财树、绿萝、铁树、幸福树等近百种花卉。至年底，销售花卉、盆景等60万盆，销售收入1200万余元。2012年9月，兴隆花卉大世界在兴隆庄镇巨王林村建成，占地面积48亩，入驻商户100户，主要从事高档花卉、盆景、奇石、艺术木雕及多种花卉资材的批发零售。在其北侧建设种植栽培区2万平方米、花卉观展区3万平方米，主要有桂花、五针松、三角枫、南天竹、红叶石楠、紫薇盆景，共计2万株（盆）。2013年，全市花卉种植面积62公顷，主要品种有蝴蝶兰、红掌、凤梨、竹芋等，年产蝴蝶兰等成花近200万株，销售收入4000万元。

第四章 果 树

第一节 果树种类

1996年，全市果树的传统品种主要有苹果、桃、梨及少量的杏、核桃、葡萄等。2000年后，陆续引进杏树新品种珍珠油杏、凯特、金太阳，油桃新品种超红油桃、中农金辉、超五月火，毛桃新品种春雪桃、春美桃、新川中岛、仓方早生、砂子早生、大团蜜露，梨树新品种南水梨、圆黄梨、绿宝石、红香酥梨、满天红梨、美人酥梨、晚秋黄梨，葡萄新品种红地球、超级无核（美国无核）、青提（白鸡心）、京秀、夏黑，核桃新品种香玲、元丰、鲁光、丰辉、苹果新品种皇家嘎啦、藤木

吉祥蜜梨示范园（摄于2009年）

一号。2013 年，全市共有果树树种 20 个，品种 100 余个。水果主要有苹果、梨、桃、杏、葡萄、樱桃等，干果主要有枣、核桃、柿子、山楂等，小杂果主要有石榴、无花果、银杏等。大面积栽培的果品主要有苹果、桃、梨、葡萄、枣、杏。

第二节　果品生产

1996 年，全市果园面积 988 公顷，果品产量 1644 吨。1997 年起，每年淘汰一批劣质果园，提高果园效益，强化果园管理质量。2002 年，全市果园面积 595 公顷，果品产量 3116 吨。2002 年后，随着全市农村产业结构调整步伐的逐步加快，果园面积开始扩大。2004 年，全市果园面积突破 1000 公顷，共计 1080 公顷，果品产量 4375 吨。

上禾葡萄智能温室（摄于 2013 年）

2006 年，市委、市政府出台经济林基地建设以奖代补政策，每发展 1 亩经济林奖励农户 100 元，全市经济林面积和产量都开始大幅上升，果品产量首次突破 1 万吨，共完成 1.28 万吨。2013 年，全市果园面积 1467 公顷，果品产量 1.43 万吨。

1996年—2013年兖州市果品生产情况表

表9-2

年　份	果园面积(公顷)	果品产量（吨）	年　份	果园面积(公顷)	果品产量（吨）
1996	988	1644	2005	1187	6218
1997	876	3320	2006	1520	12790
1998	453	2518	2007	1560	13230
1999	272	2985	2008	1573	13350
2000	414	3323	2009	1487	13250
2001	270	2761	2010	1500	13250
2002	595	3116	2011	1473	15880
2003	847	3826	2012	1493	14140
2004	1080	4375	2013	1467	14332

第五章　林业管理

第一节　管理机构

1996 年，市林业局负责全市林业管理工作，为科级行政部门，内设人秘股、资源和林政科、林业公安科 3 个科室，下设林业站、森林保护站、果树站，辖市林业科学研究所、国有兖州苗圃、市林工商联合经销公司。在职人员 160 余人。各乡镇设林业站，共有工作人员12人～13人，受市林业局业务指导。1997年5月，增设法制科、种苗站。2000年，全市进行机构改革，设立市林业局（在市农业局挂牌子），为市政府直属行政机构，受市农业局委托，主管全市林业工作，行政编制8人，内设办公室、林业公安科、法制科、资源和林政科4个行政科室，下设林业站、森林保护站、果树站、种苗站4个全额事业单位，市林业科学研究所、国有兖州苗圃2个差额事业单位和市林工商联合经销公司1个国有企业。各乡镇林业站受市林业局业务指导。2002年，市林业局内设科室调整为办公室、林业公安科、资源和林政科、法制科。市林工商联合经销公司主要从事木材经营及木制品生产，由于企业长期经营不善，2003年3月，市林工商联合经销公司进入破产程序。2007年9月，因土地被征用，市林业科学研究所、国有兖州苗圃被兖州市人民政府整建制由差额事业单位调整为全额事业单位。2013年9月，市森林公安局（市公安局森林警察大队）成立，实行林业和公安部门双重管理体制，核定政法专项编制6人；林业公安科更名为监察科。同年11月，兖州市林业局更名为济宁市兖州区林业局。同年年底，林业局内设办公室、法制科、资源和林政科、监察科4个行政科室和林业站、果树站、种苗站、林木保护站4个全额事业单位，下设区林科所、国有兖州苗圃2个全额事业单位和区森林公安局，在职人员72人。各镇（街道）设林业站，共有工作人员12人～13人，受区林业局业务指导。

第二节　集体林权制度改革

主体改革　2008年12月，兖州市被选定为山东省集体林权制度改革首批试点县（市、区）。2009年3月，市集体林权制度改革工作领导小组成立，市委、市政府制定《关于全面推进集体林权制度改革的意见》和《兖州市集体林权制度改革实施方案》。镇、村两级相继成立集体林权制度改革领导小组和办事机构，召开动员会议。从4月开始组织实施，按照调查摸底、制定镇村级集体林权制度改革方案、完善和签订承包合同、实地勘界确权、公示、建档发证的工作流程，稳步推进集体林权制度改革。召开4次集体林权制度改革调度会议，举办3期30个批次的业务培训，累计培训5100余人次；印发集体林权制度改革简报12期，同时在《济宁日报·兖州日报》、兖州电视台、兖州广播电台开设专栏宣传报道集体林权制度改革，印发《致全市农民朋友的公开信》《集体林权制度改革明白纸》等宣传材料11万份。严格按照《中华人民共和国森林法》《中华人民共和国物权法》等法律，规范集体林权制度改革程序。根据兖州市林地实际，主要采用3种改革模式：一是均分到户、人人有份模式，约占50%；二是分利不分林、均股均利模式，约占30%；三是拍卖、租赁等模式，约占20%。针对林网道路涉及多家农户的情况，探索出以道路为单位，联户签订承包合同，确权时以道路为单位登记发放联户林权证，共有林权证的成员间签订内部协议书的创新模式。至2010年8月，全市共签订林地、林木承包合同8900份，联户内部协议11.2万份，参改面积4400公顷，确权发证1673份。通过省级林改试点单位检查验收，获优秀等次。此后，林权登记发证进入常态化。至2013年，林权登记面积4854公顷，共发放林权证1743份。

2009年8月31日，济宁市集体林权制度改革试点工作现场会在兴隆宾馆召开

配套改革 2010年10月，林权流转服务中心成立，开展林地林木权属登记及证书核发、林权流转、林权抵押等工作。2011年9月，市政府制定《兖州市森林资源流转管理暂行办法》。2012年7月，兖州市被选定为山东省“林银携手促发展”活动试点县，市林业局与当地邮政储蓄银行联合启动林权抵押贷款业务。至2013年，与多家银行合作，共办理林权抵押登记21笔，抵押贷款总金额2098万元。

2012年11月，市林业局参加山东省首批森林资源资产价格评估培训。2013年1月，启动森林资源资产评估工作。全年，共出具林木价值评估咨询报告书7份，评估总价值1.11亿元。

第三节 林业执法

林木采伐审批 市林业局严格执行森林限额采伐和凭证采伐制度，坚决杜绝超限额采伐、无证采伐、少批多伐等违法现象的发生。严格按照“申请—审核—勘查—公示—办证”的采伐审批程序，依法批采。严格控制农田林网、绿色通道、河堤防护林的采伐，优先审批成熟林、过熟林、林农生产生活自用林、用材林。1996年—2013年，共发放林木采伐许可证5200份，林木采伐蓄积量42.63万立方米。

林木种子生产经营许可 2002年12月，国家林业局颁布实施《林木种子生产、经营许可证管理办法》，市林业局依法负责全市林木种子生产、经营许可证的审核、发放和管理工作，按照“申请—审查—核实—核发”的程序，对具备条件的从事林木商品种子生产的单位和个人发放林木种子生产许可证和林木种子经营许可证。自2003年起，市林业局每年组织人员对已取得许可证的生产者、经营者是否按照许可证载明事项生产、经营情况进行检查。对检查中发现的9起生产经营档案不齐全的行为，责令限期改正，并进行复检。至2013年，全市依法核发林木种子生产许可证88份、林木种子经营许可证89份，在有效期内的林木种子生产许可证和林木种子经营许可证各27份。

森林防火 1996年起，市政府及林业主管部门每年召开森林防火工作专题会议，部署防火措施。市政府与各防火单位依照济宁市人民政府要求按时签订护林防火责任书，并逐步制定完善《兖州市森林火灾救援预案》，各防火单位积极落实防火措施，严禁野外用火。1996年—2013年，全市无重大森林火灾发生。

涉林案件查处 每年7月至次年3月，市林业局开展打击破坏野生动物资源违法犯罪专项行动；4月—6月，开展打击破坏森林和野生动物资源违法犯罪专项行动。1996年—2009年，共查处盗伐、滥伐等涉林案件300余起。2010年，查处涉林案件40起，其中，行政案件24起，刑事案件16起。2011年8月—9月，开展打击破坏林地资源违法犯罪专项行动，至年底，共查处涉林案件29起，其中，申请市人民法院强制执行5起。2013年，查处涉林案件19起，其中，行政案件13起，刑事案件6起。1996年—2013年，共查处涉林案件400余起，处罚400余人次，其中，行政案件300余起，申请市人民法院强制执行60余起，刑事案件100余起，行政罚款30万余元。

护林队伍建设 1996年起，全市逐步完善以市护林总队、镇护林大队、村护林小组为主体的市、镇、村三级护林管护网络，建立健全护林员队伍，1996年—2013年，全市每年固有护林人员705人。2010年起，对漕河、小孟、新驿、颜店、兴隆庄5个镇的护林员每人每年补助1000元，共补助230万余元；同时，对每年评选出的30名优秀护林员给予表彰奖励，共奖励10万余元。

第四节 病虫害防治

2013年，全市林业有害生物共有146种。其中，虫害67种，病害79种。危害严重的虫害主要有春尺蠖、美国白蛾、法桐方翅网蝽、杨扇舟蛾、杨小舟蛾、光肩星天牛、桑天牛等；病害主要有杨树水泡溃疡病、杨树黑斑病、国槐腐烂病、白粉病、葡萄霜霉病、梨干枯病等。

1996年，市林业局发布林保情况8期。1997年5月，市政府投资30万元购置喷药车2辆，用于杨扇舟蛾等病虫害防治。2004年，兖州市被确定为国家级林业有害生物中心测报站，市林业局在全市设立72个林业有害生物测报点，对主要林业有害生物实施预测预报，2004年—2013年，共发布林业有害生物预测预报及林保情况126期。2008年8月,美国白蛾传入兖州市，2009年5月，在颜店镇蒿庙村等地开始危害苗木及农作物。美国白蛾物理防治主要以人工剪除网幕、挖蛹，灯光诱杀，草把诱集，放飞天敌周氏啮小蜂等方法为主；化学防治以高效低毒的生物杀虫制剂进行高压喷雾。2011年7月，在颜店镇发生法桐方翅网蝽危害。该虫害物理防治主要以秋季刮除染病植株疏松树皮层并及时收集销毁落叶减少越冬虫数量为主；化学防治通常采用树冠喷雾、树干喷雾和树干注射等方式。2012年4月，新驿镇农田林网新植杨树首次发生春尺蠖危害。2009年起，对境内高速公路、国（省）道、县乡主要道路及河道两岸、公园绿地、大片林地等，采用飞机喷洒无公害生物药剂方式进行病虫害防治（以下简称“飞防”），计划防治区域内全部覆盖。2010年，全市实施防治作业面积72.3万亩次。其中，飞防面积50万亩次，人工防治22.3万亩次，投入经费626万元。防治工作以监测调查数据为基础，飞防加人工防治多种措施相结合，宣传普及科学防控知识，实行政府主导、部门协作、社会参与，多措并举，科学防控，实现对各种病虫害的有效监测和防治。2013年，全市对美国白蛾监测覆盖率100%，第三代平均有虫株率控制在1%以下、叶片保存率90%以上，无公害防治率100%。杨扇（小）舟蛾、方翅网蝽等主要林业有害生物成灾率控制在2‰以内。

2011年5月25日，飞机防治林业有害生物

1996年，市林业局有4名专职检疫员，开展对植物及植物产品产地检疫和调运检疫工作。2010年后，随着全市苗木业的快速发展，植物检疫工作量剧增，2013年，市林业局增加3名专职检疫员，检疫员增至7人。根据《中华人民共和国植物检疫条例》，对全市苗木进行产地检疫，并对出入市境的木材及林产品依法实施调运检疫。2013年，调运检疫木材及制品4万余立方米，产地检疫5.6万亩次，调运检疫苗木170万余株，调运检疫率98%，检疫合格率92%。对检疫不合格产品责令货主进行现场消毒除害处理，疫情严重的要求就地无公害销毁。1996年—2013年，全市共签发植物检疫证书2.9万份。

第五节 野生动物保护

境内有各类野生动物200余种，其中，兽类22种，鸟类75种，有益昆虫类47种，鱼类45种。每年4月23日—29日的山东省“爱鸟周”，市林业局均开展护鸟爱鸟宣传活动。利用广播、电视、报纸和市林业局网站等媒体宣传爱鸟护鸟知识。每年11月的“野生动物保护月”，加强对野生动物资源的保护和救助力度，对野生动物较为集中分布的育苗地、片林、河道、煤矿塌陷区等进行检查，并在非法盗猎易发地区，加强野外巡查，依法制止和惩处非法猎捕野生动物、损毁野生动物栖息地、干扰野生动物生息繁衍活动的行为。2013年11月，联合市森林公安局在全市开展陆生野生动物驯养繁殖清理整顿工作，以镇（街道）为单位，野生动物保护、森林公安等部门抽调专人，对辖区内从事陆生野生动物驯养繁殖的单位和个人进行逐一排查并登记造册，重点排查非法养殖场所。通过开展排查，严厉打击非法猎捕、非法驯养繁殖陆生野生动物的违法犯罪行为。

第六节　林业科技

1996年，国有兖州苗圃开展《黑杨类引种及新无性系的良种选育研究》，为兖州市级项目，获全市科学技术进步奖。1997年，市林业局开展《藤稔葡萄引种及早期丰产栽培试验研究》《日本地被菊引种试验研究》，分别获全市科学技术进步奖。1999年—2000年，开展《油桃冬暖式大棚促成栽培技术试验研究》《杏冬暖式大棚促成栽培技术试验研究》；2000年《红枫白玉兰嫩枝全光雾扦插研究》获全市科技进步二等奖，《银杏采叶园丰产技术研究》获全市科技进步三等奖。2001年—2002年，开展《杏幼树春暖式大棚促成栽培技术试验研究》《杂交杨几种病虫害防治技术研究》《林业育苗技术标准研究》。2003年，在兴隆庄镇示范园开展《日本甜柿引种及早期丰产优质栽培技术试验研究》。2005年，《林下种植中草药实验研究》获全市科技进步三等奖，《雪松大面积栽植技术研究》获全市科技进步三等奖。2006年，《三倍体毛白杨纸浆林丰产栽培技术大面积开发》获济宁市科技进步二等奖，《兖州市农田林网更新技术规程研究》获全市科技进步三等奖，《速生法桐大苗的快速繁育技术研究》获全市科技进步三等奖。2007年9月，市林业局与省林业厅种苗站联合开展《红叶石楠引种与繁育栽培》《中山杉引种示范研究》2项课题研究，新引进3个优良树种，繁育推广优质苗木6万余株。2007年《兖州市大规格法桐、高杆女贞标准化生产技术研究》《美国白蜡、大叶女贞和紫薇大面积推广及栽植技术研究》获全市科技进步三等奖，《采用智能测报系统预测林木害虫研究》获省林业厅科技进步三等奖。2008年，《红薇引种栽植及繁育技术研究》获全市科技进步三等奖，《杨树速生丰产林高效栽培配套技术研究与开发》获省林业厅科技进步二等奖。2009年，市林业局开展《兖州兴隆湿地公园总体规划》《美国白蛾生物学特性与防治试验研究》2项课题研究。其中，《兖州兴隆湿地公园总体规划》获2009年省林业优秀设计二等奖。《社会主义新农村绿化模式研究》获全市科技进步二等奖。2010年，开展《梧宁霉素防治四种病害试验研究》《防控杨树黑斑病对林木材积增长量影响的研究》《富硒果品——无公害南水梨生产技术探讨与开发》3项课题研究。其中，《梧宁霉素防治四种病害试验研究》《防控杨树黑斑病对林木材积增长量影响的研究》分别获省林业科技成果二、三等奖。《富硒果品——无公害南水梨生产技术探讨与开发》获全市科技进步三等奖。2011年，《兖州市森林城市建设园林绿化树种选择与应用研究》获全市科技进步三等奖，《兖州市红果冬青引种与开发技术研究》获全市科技进步三等奖。2013年，开展《兖州市主栽果树无公害富硒生产技术集成与应用》《珍贵树种曼地亚红豆杉间歇喷雾扦插繁育技术研究》《优质新品种珍珠油杏无公害丰产栽培技术研究与开发》项目研究。其中，《兖州市主栽果树无公害富硒生产技术集成与应用》《珍贵树种曼地亚红豆杉间歇喷雾扦插繁育技术研究》获全市科技进步奖。

第十篇
水　利

YANZHOUSHIZHI

水 利

第一章 河道治理

1996年起，为提升全市防洪除涝标准，提高引水灌溉能力，缓解地表水资源匮乏，市委、市政府分阶段对全市河道进行治理。至2013年，共投资3亿元，实施泗河拦蓄工程、泗河滋阳橡胶坝工程、泗河龙湾店大闸维修加固工程、杨家河生态湿地橡胶坝建设工程、大安河防汛综合整治工程等一系列工程项目。全市河道防洪能力、排内涝能力显著提升，泗河防汛标准提高至20年一遇，农田排涝能力为5年一遇，引泗回灌工程正常发挥效益，贫水区灌溉得到基本保证。

第一节 干支流水系治理

泗河治理 泗河是穿越市境东部的一条大型山洪河道，自大安镇白家店村入境，至王因街道柳沟村南出境，境内段长32.43公里（包含王因街道、黄屯街道），河床宽110米～400米，最窄处110米（城南坝处），最宽处400米（龙湾店处），流域面积11.6平方公里。

泗河兖州段位于泗河的中下游，自然成弯较多，河流在弯道处急转，对堤防造成冲刷，泗河沿岸煤炭开采造成的地面沉陷也对堤防造成隐患，所以对泗河的历次治理均以加固、培高大堤和砌石护岸为重点。

1996年，市水利局实施泗河金口坝—铁路桥右岸险工整修加固工程，包括河槽增砌石护坡2段、堤背坡修筑戗堤和大堤整修。河槽增砌石护坡工程一段在金口坝下，长78米，另一段在铁路桥上，长450米，施行人工造滩，完成土方2.05万立方米，砌石1700立方米；堤背坡修筑戗堤工程长800米，完成土方2.07万立方米，铺垫煤矸石1000立方米；大堤整修工程长800米，完成土方3100立方米，砌石50立方米。工程于6月22日开工，8月10日竣工，投资151.2万元。

1998年，实施泗河李家河口村段度汛工程。完成土方8.91万立方米，其中复堤土方5.11万立方米、填坑土方1.34万立方米、马道及运土道路土方1.49万立方米、原取土坑修整土方4800立方米、石护坡工程土方4900立方米，完成砌石1000立方米。拆迁房屋7户、620平方米，清除树木1600株，工程总投资230万元。

2001年，实施泗河右岸长庆屯段大堤加固工程。由王因镇负责施工，完成土方2.29万立方米，砌石1000立方米，工程投资70万元。

2002年，实施泗河黑风口至田村桥复堤工程、泗河柳沟挑流坝（丁坝）新建与维修工程。泗河黑风口至田村桥段河床弯曲，右岸堤身单薄，土质较差，冲刷严重，堤外脚遇洪水易出现渗水及管涌现象，严重威胁城市、煤田和沿岸群众的生命财产安全。该工程长800米，于3月5日开工，4月25日竣工。完成土石方2.23万立方米，其中清基土方1200立方米，原堤开挖3500立方米，复堤煤矸石1.76万立方米，投资60万元。同年，实施金口坝至白家店复堤工程，共完成土方35.68万立方米，煤矸石筑堤6600立方米，清基、清表及复耕土方29.34万立方米。完成砌石1100

立方米。占压土地 42.71 公顷，清除树木 1.1 万株，拆除房屋 600 平方米。工程总投资 1500 万元，其中迁占补偿 588.1 万元。为稳定河床，减轻洪水对险工段的冲刷，实施泗河柳沟挑流坝（丁坝）新建与维修工程。由王因镇组织施工，于 4 月在右岸柳沟段新建挑流坝 1 条。完成土方 2800 立方米，砌石 1100 立方米，工程投资 20 万元。7 月，对泗河柳沟险工段 2 号、3 号挑流坝进行维修。完成土方 100 立方米，砌石 300 立方米。工程投资 13 万元。

1996 年—2013 年，共投入 2044.2 万元，对 3000 米的河段进行除险加固，对部分闸坝进行维修，共完成土石方 54.14 万立方米，泗河兖州段防洪标准提高至 20 年一遇。

洸府河干支流治理

大安河治理 大安河北起大安沟，南接府河，全长 8.14 公里，是西城区主要的排涝河道，因年久失修，河道变窄，排涝能力下降。为提升西部城区的防汛排涝能力，改善沿河两岸的水生态环境，2010 年 2 月，市水利局实施大安河防汛综合整治工程，总投资 7361 万元，12 月完成主体工程。建成后的大安河北环城路段，河道上口宽 16 米，坡比 1∶2；北环城路至胜利路段，河道上口宽 12 米～ 50 米，坡比不小于 1∶2，该段局部采用直壁式挡墙；胜利路至府河段，河道设计上口宽度 30 米，底宽 12 米，坡比 1∶2。工程护岸为混凝土护岸、连锁式水工砌块护岸、砌石护岸、生态袋护岸和植草护岸，建设交通桥 8 座、挡水坝 1 座、控制水闸 3 座、方涵 1 座。河道工程与绿化方案设计、荆州路道路设计相衔接，为后续景观建设奠定基础。该工程使城区西部的防汛排涝能力得以提升，西城区的水生态环境得以改善。

谭村河治理 谭村河北起大安沟，向南穿 327 国道与铁路边河沟相连，由于多年未得到治理，淤积污染严重，达不到附近农田排水的要求，尤其河道下游，河槽窄浅，防洪除涝能力差，个

2010 年，治理后的谭村河

别沟段已基本淤平。2009 年，谭村河改造工程被列入市百项重点工程之一，工程北起蒿厂村，南至铁北西街，全长 5430 米（包括 2008 年谷村治理段），实施河道开挖、河道清淤治理、河道边坡生态护砌，新建水闸 4 座，改扩建过路桥 1 座。2010 年 1 月开工，12 月完成主体工程，总投资 1000 万元。该工程使兖州城区北部农田灌溉和防汛排涝问题得以解决，并与城区水网相连，实现老城区北部引水入城，同时大安河水源补充问题得以解决，东城区及北部的水环境得以改善。

朝阳河治理 朝阳河西起杨家河，东至大安河，河道年久失修，堤防矮小，河槽窄浅、弯曲，排泄不畅。为贯通杨家河、大安河，充分利用大禹污水处理厂的中水。2009 年，市政府将朝阳河治理工程列入市百项重点工程。工程全长 9000 米，2010 年 1 月开工，12 月完成主体工程，总投资 1100 万元。该工程将大禹污水处理厂中水

2010 年，治理后的朝阳河

排入大安河，实现中水利用，同时经济开发区汛期排水问题得以解决，两岸生态水环境得以改善。

府河、杨家河、蓼沟河清淤疏浚工程 洸府河兖州段、杨家河、蓼沟河河道淤泥、漂浮物多，为疏通河道、排除隐患，对上述河道（段）进行清淤疏浚治理。2010 年 9 月开工，12 月竣工。共清淤土方 26.43 万立方米，漂浮物打捞面积 60.65 万平方米，投资 379 万元。治理后的河道美观整洁，既提高了排涝标准，又提升了城市整体形象。

汉马河大洼处复堤工程 2013 年，汉马河堤防塌陷，为及时消除安全隐患，实施汉马河复堤工程。工程位于大安镇大洼村北，全长 678 米，复堤土方 1.76 万立方米。工程按照原状标准进行复堤，堤顶宽 5 米，内外边坡 1∶2.5，堤高 1.5 米～4 米，堤基底宽 14 米～20 米。2013 年 5 月开工，9 月竣工，总投资 49.07 万元。工程在汛前完工，度汛安全隐患得以消除。

第二节 其他河道治理

日菏铁路沟治理工程 日菏铁路沟承担着兖州城区西北部及附近企事业单位和农田的排水任务，由于日菏铁路复线施工对河道占压严重，大量土方堆积在河道内，使河床抬高，遇较大降雨过程，洪水得不到及时下泄，将导致灾情。为此，2003 年，市政府投资 10 万元，对日菏铁路沟进行治理，工程长 800 米，共开挖清淤土方 1.7 万立方米。治理后，沿河两岸的排水问题得以暂时缓解。

327 国道路沟清淤工程 为解决新兖镇银河工业园排水和两岸农田防汛排涝问题，市水利局实施 327 国道路沟清淤工程，2004 年 5 月 12 日开工，20 日竣工，完成清淤土方 5850 立方米；埋设钢筋砼管 36 米；土方回填夯实 285 立方米；完成投资 17 万元。为配合全市文明城市建设，实施 327 国道路沟清淤及排水工程，2004 年 10 月 3 日开工，16 日竣工，工程长 319 米，投资 43.5 万元，提升 327 国道绿化、亮化水平。

城区西护城河、府河、日菏铁路段排水工程 2004 年实施，总长 3.1 公里，铺设涵管 610 米，清淤土方 3 万立方米，投资 254 万元，汛期城市排水不畅的问题得以解决。2008 年，实施南护城河防汛应急治理工程。采取月会战方式进行，拆除河道两岸违章建筑物 1100 平方米，按照河宽 10 米、清淤深度 2 米的标准，对河道进行清淤治理，将河两岸垃圾、杂草、树木等全部清除，并复好河肩，河道通顺，河内无漂浮物，城市防汛压力得以有效缓解。

第二章 水利设施建设

第一节 蓄水工程

河 坝

金口坝 古称“金口堰”“金扣坝”，位于兖州市东部，横跨泗河之上，是一座集交通、灌溉、济运、防洪、蓄水、游览等功能为一体的古代枢纽工程。金口坝年久失修，为保护文物，方便两岸群众交通，2013 年 10 月，市政府组织对金口坝进行修缮加固，对坝身脱落的石构件进行修复，拆除混凝土滚槛，建成石质滚槛，修复引路和上下游石护岸。2013 年年底，金口坝长 123 米，宽 10.1 米，高 2.6 米，河底高程 48.5 米。坝体开 5 洞，并装置闸门，坝前蓄水量 10 万立方米。

坝为木桩基础，木质为松柏木，坝体用条石砌筑，条石与条石之间用铸铁扣相连接固定，上下凿穿孔以木桩或铁钎相穿插。修缮后的金口坝又恢复交通要道作用，同时修旧如旧，仍然保持古代桥梁的特点。

泗河城东　城南橡胶坝　为拦蓄泗河和小沂河上游来水，满足泗河右岸14.7万亩农田灌溉需要，改善城市河道生态环境，实施泗河拦蓄工程。该工程由金口坝至泗河汶邹公路桥下游260米，全长5.6公里。整个工程由橡胶坝工程、河道整治工程、石护岸工程组成。在泗河兖州段河槽内新建城东、城南两座橡胶坝。城东坝位于南大石桥上游300米，长219米，共3节，挡水高度3.5米；城南坝位于泗河汶邹公路桥下游260米，长110米，共1节，挡水高度5米。整个工程可一次蓄水690万立方米，形成水面面积2.83平方公里，平均水深2.4米，回水长度9公里。2008年9月开工，2009年6月竣工，10月开始运行。除汛期外均正常蓄水，汛期期间，橡胶坝落坝行洪。该工程集防洪、灌溉、环保、文化和景观于一体，可满足兖州南部14.7万亩农田灌溉需要，改善兖州城区水环境，提高沿河城市开发竞争力。

泗河滋阳橡胶坝　为加快泗河生态建设，根据省、济宁市统一规划，市水利局实施泗河滋阳橡胶坝工程。该工程在泗河兖州段金口坝（40+595）以上约1800米处，位于兖州市城区东北部。坝址处河底高程46.63米，河槽宽度170米，滩地高程51.83米。橡胶坝包括橡胶坝段、上下游连接段、充排水系统等。橡胶坝段顺河长13米，宽170米。坝袋采用堵头式，由3节组成，胶布选用锦纶帆布，每节坝袋长56米，高4米，最大挡水高度4米，最高拦蓄水位50.93米，设计防洪标准20年一遇。工程总投资1898万元，2010年12月开工建设，2011年10月竣工使用，运行良好。该工程可满足泗河兖州段防洪、灌溉和生态需求，拓展滨水休闲空间，改善人居环境。

泗河滋阳橡胶坝

杨家河生态湿地橡胶坝　杨家河位于市境西南部，出境汇入洸府河，是全市重要的排内涝河道之一。为确保出境水质稳定达标，实施杨家河生态湿地橡胶坝工程。该工程位于杨家河中下游颜店镇玄帝庙村南，由橡胶坝工程、右岸护岸工程、挖河疏浚工程组成。橡胶坝总宽60米，坝高2米，设计蓄水位40.3米，蓄水深1米～2.3米，蓄水量40万立方米，蓄水面积27.7万平方米。共开挖土方9.67万立方米，砌石6900立方米，耗用混凝土4100立方米、钢筋99.9吨。2010年10月开工，2011年7月竣工，总投资1167万元。该工程有效改善生态环境，补充地下水。

2011年，杨家河生态湿地橡胶坝蓄水运行

水　闸

蔡桥闸　位于漕河镇蔡家桥村北，汉马河滞洪区出口处。建于1955年，配闸门2扇，2.5吨启闭机2台。

大徐村闸　位于大安镇大徐村西洸府河上，

建于1965年，14孔，净跨3米，直升式启闭。

屯头闸 位于颜店镇屯头村南洸府河上。1978年冬建，7孔，净跨7.2米，左岸建直升闸1孔，净跨1米。闸前蓄水深4.1米，总蓄水量80万立方米，工程总投资13.5万元。屯头闸为境内引河补源工程中第一座水力自控多铰式钢筋混凝土翻板闸。

吴营闸 位于吴营村西蓼沟河上。建于1962年，6孔，净跨2.8米，闸门高3.5米，闸前拦蓄水深4米，拦蓄水34万立方米。

幸福闸（大厂闸） 位于罗河上，大厂村南。建于1973年，6孔，净跨2.7米，直升启闭，工程总投资14.5万元。

白楼闸 位于大安镇小泥河上游，建于1979年。闸长20.21米，3孔，净跨6米，闸门高2.6米，闸前蓄水深3.1米，总蓄水量25万立方米，总投资6万元。

甄桥闸 位于洸府河干流上，漕河镇甄家桥村南，属自控多铰式闸，拦蓄汉马河、小泥河、宁阳沟、罗河之水。1979年建，闸长42米，6孔，净跨7.2米，闸门高3.6米，闸两端各建1孔泄洪闸，净宽2米，直升启闭。闸前最大蓄水深4.1米，蓄水量90万立方米。回水长10公里。工程总投资16万元。

侯店闸 位于小孟镇侯家店村东洸河上，属自控多铰式闸。1979年建，闸长24.2米，8孔，净跨2.5米，左、右岸各建放水闸1座，疏通引泗回灌3条干渠之水。

高吴桥闸 位于新驿镇高吴桥村东南洸府河上，属自控多铰式闸。1982年10月开工建设，1983年5月竣工使用，闸长56.8米，9孔，净跨6.1米，两端各建直升闸1孔，净宽2米。闸前最大拦蓄水深3.1米，工程总投资13.5万元。由于多年使用、老化失修，室闸门板、分联墩、支架和支墩多处出现变形和损坏，上下游连接段的铺盖、消力池、海漫出现坍塌，形成较大冲坑，两岸护坡也有不同程度损坏。2008年3月16日，开始维修加固，4月13日竣工。完成浆砌块石护坡148米、土方5154立方米，砌石909立方米，埋石混凝土352立方米，总投资28万元。

龙湾店闸 位于大安镇龙湾店村东南泗河上，属自控多铰式闸。1982年12月动工兴建，1983年5月竣工，工程投资164万元。2002年、2003年、2007年、2008年共进行4次除险加固，为引泗回灌枢纽工程。该闸长211.4米，宽5米，共38孔。其中，水力自控多铰翻板闸30孔，每孔宽6米。两端设直升式冲砂闸各4孔，每孔宽2.5米，闸门高2.5米。闸前挡水深度2.5米，蓄水位55米，一次性蓄水量90万立方米。引水洞2孔，每孔宽2.6米，高2米。设计引水流量15立方米/秒，设计年引水量1.06亿立方米，控制回灌补源面积35万亩。

龙湾店闸

后谷村闸 位于大安镇后谷家村北小泥河上，属自控多铰式闸，建于1988年8月。闸长12.2米，2孔，净跨6.1米，右端建直升闸1孔，净跨1.5米。闸前最大拦蓄水深2.8米。

马家海闸 位于颜店镇马家海村西黄狼沟上，属自控多铰式闸，1988年7月建成。闸长12.2米，2孔，净跨6.1米，闸左端建直升闸1孔，净跨1.5米。闸前最大拦蓄水深2.8米，拦蓄水量6.5万立方米。

杨营 刘村闸 杨营直升闸，位于新驿镇杨家营村东黄狼沟上；刘村直升闸，位于大安镇刘村大安沟上。两闸建于1988年8月，长度均为8.5

米，3孔，净跨2米，闸前蓄水深度均为1.9米，蓄水量均为2.2万立方米。

翟村闸 位于颜店镇翟村中原沟上，1988年8月建成。闸长10米，5孔，净跨1.4米，闸前蓄水深2米，蓄水量3.2万立方米。

长条井 是漕河、大安贫水区在长期开发、利用当地水资源过程中，采取开挖大沟、长沟的形式，为增大集水面、扩大蓄水容量空间而建设的。1975年组织开挖，2011年对漕河镇西厂村长条井进行维修。2013年，有长条井23条，其中漕河镇9条，大安镇14条，总长12公里，蓄水库容113.4万立方米。长条井一般长300米～500米，底宽10米～15米，深7米～9米，最长的一条2200米，自大厂村东至前漕庄村西端与罗河相通。丰水时，有效提灌面积为70%，枯水季节，只能提灌保苗。

坑　塘 主要是村庄建设取土后形成或为容纳雨水而开挖的蓄水坑池，部分兼有养殖和种植作用。1996年，全市有坑塘1773个，因新农村建设，部分坑塘被填平。2013年，全市有坑塘1388个，折合面积1019.82亩，其中养殖面积836.66亩。

第二节　灌溉工程

机井灌溉 机井是全市农田灌溉的主要水利设施。机井建设始于20世纪50年代，七八十年代形成建设高潮。1995年，全市机井保有量15041眼。1996年，部分机井失修，全市正常使用的机井有14566眼，平均每百亩方田有3眼机井，每小时提水量60立方米～70立方米，轮灌周期5天～7天，全市耕地全部实现机井灌溉。

1997年，机电井发展到15455眼，配套机泵15226套，占比98.5%，其中超百米中、深井98眼。1998年，按照上级部署，市水利局组织对乡镇机井建设与管理情况进行普查，详细查测机井14009眼，占机井总量的91%，使用完好的机井12578眼，占已查总量的90%。

1998年—2002年，市水利局陆续开展旧井报废、新打机井和更新机井等工作。2002年，全市有机电井15372眼，配套机泵15206套，占比98.9%，其中超百米的中、深层机井171眼。2003年—2009年，持续开展旧井报废、新打机井和更新机井等工作。2009年，全市有机电井11915眼，配套机泵11915套，总动力8.9万千瓦，轮灌周期5天～7天。2010年—2013年，持续开展旧井报废、新打机井和更新机井等工作。2013年，全市有机电井14103眼，配套机泵14103套，总动力10.5万千瓦，灌溉面积59.06万亩，轮灌周期5天～7天。

提水灌溉

东厂提水站 位于漕河镇东厂村东汉马河北岸，1987年兴建，1997年、2008年分别对主体工程进行维修，共安装机泵2台，总功率110千瓦，设计提水流量0.6立方米/秒，修防渗干渠1条、支渠6条，总长5.1公里，设计年引泗河水105万立方米，有效灌溉面积1万亩。配套工程包括架设高压电线路1条，长1公里，建变电室1间、放水涵洞1座、倒虹吸1座、管理办公室5间，总投资40万元。

漕河镇东厂提水站

汉马河提水站　位于大安镇后官庄村西汉马河北岸，建于1998年12月。共安装机泵3台，总功率48千瓦。设计提水流量0.15立方米/秒，铺设直径250毫米塑料管道3条，总长5.6公里。利用引泗回灌工程之水，向后官庄等村的5条长条井供水，年内分季提水3次，每次提水总量17.6万立方米，有效灌溉面积3700亩。工程总投资153万元。其中，市财政补贴42万元。

小泥河提水站　位于大安镇小泥河堤段，建于1998年12月。共安装机泵4台，总功率89千瓦，设计提水流量0.25立方米/秒，铺设直径250毫米塑料管道3条，总长3.3公里，直径315毫米塑料管道1条，长8公里，利用引泗回灌工程之水，提灌前官庄村2条长条井和大洼、后盛村3条长条井。有效灌溉面积4500亩。工程总投资205万元，其中市财政补贴98万元。

2013年，全市有3座提水站，装机台数9台，总功率247千瓦，有效灌溉面积1.82万亩，总投资398万元。

第三节　节水改造工程

喷灌 微灌 滴灌工程　1996年，济宁市实施科技兴农十大工程，确定在兖州市建设济宁市农业现代化示范工程，主要内容包括兴建干湿监测、自动控制、微机管理的全固定式喷灌1000亩，发展喷灌2000亩、微灌500亩，并配套建设其他田间工程。同年，市水利局在新兖镇小马青村实施1000亩自动化喷灌工程，建设小型气象站1座，安装土壤湿度监测设备15套，实现对喷灌工程的自动控制。1997年，建设新兖镇马桥村果树微灌工程。1998年，建设大安镇喷灌工程1500亩、小孟镇微灌工程200亩。1998年年底，济宁市政府对兖州市实施的济宁市农业现代化示范工程进行验收，认定规划科学，设计先进，小马青灌区安装计算机、土壤湿度传感器和气象观测系统，并在国内首次开发应用计算机专家灌溉系统，实现干湿监测、自动控制、微机智能化管理的目标，达到国际领先水平，被评定为优秀工程。

1999年，完成大安镇中部固定式喷灌5000亩、移动式喷灌3000亩。2000年，兖州市大安镇固定式喷灌工程获济宁市优秀工程勘察设计三等奖。2001年，在大安镇新建固定式喷灌1000亩，塑料大棚滴灌500亩，铺设地下低压管道面积1万亩，维修地下管道面积5万亩；新打机井500眼，冲洗旧井1000眼，配套建设机井房500座。

2003年，兖州市承接山东省节水灌溉项目建设，项目区位于谷村镇东南部，共新建地下低压管道1.8万米，露天蔬菜喷水带喷灌1000亩，塑料大棚蔬菜滴灌207亩，配套建设桥涵300座，铺设地下电缆14公里，安装电力智能灌溉系统45套，整修道路15条、50公里，新建机井房150座，维修井房50座，更新机井30眼，实施地膜覆盖2000亩。

大安镇农业节水喷灌工程

高效节水灌溉工程　2009年，全面完成新驿镇1.17万亩高效节水灌溉项目建设。其中，新建桥涵300座，新打机井50眼，新建井房200座，铺设地下低压管道6.34万米，铺设农用电缆20.7公里，总投资623万元。

为适应兖州市平原井灌区和大田粮食作物种植特点，在总结前期农田灌溉工程建设经验的基

2013年，小农水重点县项目工程竣工，农户刷卡出水进行灌溉

础上，兖州市农田灌溉工程逐步确立以射频卡控制管道输水无井房为核心的灌溉模式，发展以无井房射频控制+PVC地下管道+地下电缆为主要内容的高效节水灌溉工程。2010年，按照财政部、水利部《关于实施中央财政小型农田水利重点县建设的意见》，省财政厅、水利厅《关于组织申报2010年小型农田水利重点县和现代农业小麦产业项目县的预备通知》要求，经过竞标，兖州市获得全国第二轮小型农田水利重点县项目建设资格，项目区位于大安、新驿、小孟3个镇，实施面积11.06万亩，总投资9938.28万元，共分3年实施完成。2010年，完成大安项目区3.01万亩建设，投资2530万元；2011年，完成新驿项目区4.31万亩建设，投资4165万元；2012年，完成小孟、新驿项目区3.74万亩建设，投资3243.28万元。在完成第二批小农水重点县建设的基础上，2013年，兖州市再次获得高效节水灌溉试点县项目，完成大安镇、酒仙桥街道项目区2.99万亩建设，投资3090.83万元，经过4年的项目建设，共完成机井配套3051眼，建设高标准灌溉监测井房13处，安装水源井管护器2298座（该项发明已通过国家专利，并在其他项目区推广），累计发放射频卡2.38万张，实现管道灌溉和射频卡灌溉管理系统全覆盖，灌溉水利用系数0.82。

第四节　引水工程

龙湾店闸引泗回灌工程　位于大安镇龙湾店村东南。工程于1982年12月动工兴建，1983年5月竣工，总投资164万元，为引泗回灌枢纽工程，通过龙湾店闸蓄水，抬高水位，引泗河水向西入总干渠，由总干渠分一干渠、二干渠、三干渠。一干渠接大安沟上游，在蒿家厂村西、村北各有两个节制闸，可以落闸抬水，用于农田灌溉。二干渠接唐营沟汇入大安沟。三干渠经小泥河与总干渠相连，补充灌溉漕河贫水区农田。因上游护坦损坏严重，2003年，市水利局实施泗河龙湾店闸度汛应急工程，对上游护坦进行修复。工程于5月11日开工，6月23日竣工，共完成土石方5500立方米，砌石933立方米，投资30.22万元。为消除2007年洪水过境造成的龙湾店闸险情，2008年，实施龙湾店拦河闸维修加固工程，3月开工，6月竣工，共完成砌体拆除清运3180立方米，钢筋混凝土拆除外运162立方米，开挖土方3.1万立方米，回填土方7630立方米，无砂砼块15.48立方米，钢筋砼消力池4954.4立方米，钢筋134.31吨，铺设土工织物4458.58平方米，总投资685万元。

金口坝引泗入城工程　2007年4月，金口坝引泗河水入城维修工程开工，7月竣工，总投资35万元。主要包括在金口坝新打闸门26块，在黑风口新打闸门2块，维修加固黑风口涵洞2孔，长72.8米。新装10吨启闭机2台，新建闸管房5间，铁艺围墙栏杆172平方米。坝前设计蓄水位1.3米，黑风口闸前蓄水位1.1米，向府河供水10万立方米/日。

第五节　农村供水

1995年始，兖州市在全市农村实施村村通电、村村通柏油路、村村通自来水、村村通程控电话和村村有澡堂的“四通一有”工程。市水利局组织技术人员制定建设标准，规范村级集中统一供水工程建设，1995 年开工，1998 年竣工。同年，全市共建成乡级供水工程 1 处，村级供水工程 495 处，总投资 5860 万元，实现 86% 的村通自来水。其中，市政府和漕河乡决定建设漕河统一供水工程，工程于 1995 年 9 月开工，1996 年 1 月竣工，涉及 9 个村 8677 人，漕河贫水区严重缺水和饮用高氟水的问题得以解决。1998 年，市直有关部门及驻兖各单位职工共捐资 250 万元，用于谷村镇高氟区的二期改水工程，使高氟区农民引用上合格的自来水。随着农村居民生活水平的不断提高，加之村级供水工程老化失修，1998 年前建设的村级统一供水工程中有部分无法满足农村居民对饮水安全的需求。2004 年，市水利局对农村自来水工程进行全面摸底调查：通自来水的村 346 个，占全市村庄的 86%，受益人口 307156 人，占农村常住人口的 87%；未通自来水的村 55 个，占全市村庄的 14%，未受益人口 46511 人，占农村常住人口的 13%。2005 年，按照省政府在全省范围内启动实施村村通自来水工程建设的要求，编制《兖州市农村“村村通自来水工程”规划报告》。同年 8 月，村村通自来水工程开工，12 月竣工，建成村级自来水工程 47 处，联村集中供水工程 1 处，受益村庄 55 个，受益人口 46511 人，实现 100% 村村通自来水，自来水入户率 90% 以上。

2005 年，规划建设谷村镇供水工程，工程由市水利局规划设计，鲁南水文三队负责水源井钻探，同年 12 月开工，在谷村镇政府驻地东 1 公里处的房院村东南新打 360 米的基岩井 2 眼，抽取岩溶裂隙水，经消毒处理后，通过压力管道将水输送到各村；埋设输水干管 16 公里，先后穿越小泥河、汉马河、三干渠等 4 条河道，横穿 26 条道路；总投资 588 万元，其中市镇扶持资金 366 万元，村级管网改造配套资金 222 万元。受益村庄有东垛、西垛、前官、后官、大洼、朱屯、前盛、后盛、柳庙 9 个村，受益人口 1 万余人，贫水区农民祖祖辈辈吃水难、吃高氟水的问题得以解决。2007 年 10 月，漕河镇、小孟镇集中供水工程完工，新打深水井 2 眼，铺设地下输水管道 25 公里。

2010 年，兖州市农村公共供水服务中心建成运行

2007 年，兖州市被列为全省唯一的农村自来水改造试点市和全国农村饮水安全工程建设示范县。为落实同年 5 月全省村村通自来水工作会议精神，市水利局对 2005 年山东省村村通自来水工程启动前建设的老工程进行改造。2007 年—2010 年，先后建成谷村水厂、小孟水厂、大安水厂、新兖水厂、颜店水厂、兴隆庄水厂 6 座水厂，铺设至全市各行政村的供水主管道 600 余公里，建成市农村自来水工程信息化中心，实现对 6 座水厂的集中管理和对管网安全运行监控等方面的信息化管理，建成覆盖全市的集中供水管网 1 个，日供水能力 5.5 万立方米，全市 36.1 万农民的饮水安全问题得以彻底解决。

根据《兖州市农村自来水改造规划》及《兖州市 2010 年—2013 年农村饮水安全建设方案》，2010 年，开始实施农村自来水入户入室改造工程，同时，试点推广 10 个村 5000 余户农村自来水户用水表射频卡智能化计费管理系统。同年 8 月，市政府制定《兖州市农村公共供水管理实施细则》。同年 12 月，在市水利局设立市农村公共供水管理办公室，负责农村公共供水工程的建管工作。2011 年，市农村自来水水质检测中心建成，可检测 48 项指标，涵盖《生活饮用水安全卫生标准》中的主要指标。2012 年 7 月，兖州市被

2012年7月，兖州市获全国农村饮水安全工程示范县称号

国家发改委、水利部授予全国农村饮水安全工程示范县称号。同年9月，市水利局委托市华通供水有限公司对农村公共供水工程进行运营管理，全市农村饮水安全工程进入市场化运作、企业化运营管理。至2013年，共完成360个村的自来水村内管网改造，实现1万余户农户家庭自来水入室保温，自来水入户率100%。累计新建自来水工程47处，新打供水井49眼，铺设供水管道380公里，新建村的自来水入户率100%。

第三章　防汛　抗旱

第一节　防　汛

防汛措施　兖州市按照“安全第一、常备不懈、以防为主、全力抢险”的方针，立足防大汛、抗大洪、排大涝，依法防汛，认真落实防汛责任制。每年汛前对全市防洪工程设施进行全面检查，对查出的险工险段、道路缺口、病险涵闸进行及时解决，确因客观条件不能在当年汛前进行处理的险工险段，制订出具体防守措施。每年召开全市防汛工作会议，部署全市防汛工作，签订防汛责任书，根据人事变动及时调整和充实防汛指挥部成员。科学修订和完善各类防汛抗洪预案，备足防汛物资。强化防汛队伍建设，以城建部门为主的城市防汛指挥部，负责城区防汛工作；市直相关单位和部门负责该单位、该部门在防汛工作中所承担的防汛任务；由机关企事业单位组成的10个泗河防汛营负责泗河城区段的防守。每年6月—9月，全市各级防汛机构实行24小时领导带班和值班制度，确保24小时信息畅通。

防汛工程

泗河防汛岁修工程　1996年，市水利局实施泗河晾衣井段砌石护坡工程。在泗河右岸晾衣井堤段增做砌石护坡，长120米。工程于11月9日开工，20日竣工，完成土方1000立方米，砌石190立方米，工程投资5万元。1997年，实施晾衣井堤段石护坡工程和黑风口石护坡工程。晾衣井堤段石护坡工程为在原护坡坍塌、基础悬空部位再增做砌石护坡，长250米。工程于3月21日开工，4月11日竣工。完成土方2400立方米，砌石410立方米，工程投资10.15万元。黑风口石护坡工程于6月12日开工，7月20日竣工。完成土方1.12万立方米，砌石1250立方米，工程投资39.1万元。1999年，实施白家店、龙湾店石护岸工程和黑风口河槽石护岸工程。白家店、龙湾店石护岸工程位于右岸大转弯处，由于河流冲刷，形成左岸出滩、右岸坍塌的险情，并且随着河床变迁，河槽比降陡，河道淤积严重，原干砌石护坡严重损坏。工程于5月26日开工，7月15日竣工。完成土方9300立方米，砌石2600立方米，投资70万元。黑风口河槽石护岸工程位于黑风口闸上弯道处，由于非法挖砂取土和每年行洪冲刷，造成大片河滩地被毁，危及堤防安全。工程长650米，于5月26日开工，7月3日竣工，土方部分采用机械化施工，砌石部分采用人力施工，共完成土方 1.68 万立方米，砌石 2400 立方米，工程投资 70.73 万元。2000 年，实施泗河左岸道沟村、汪庙村、前小疃村段石护岸工程。该工程位于兴隆庄镇西部，3 处石护坡总长 1100 米。土方部分采用机械施工，砌石部分采用人力施工，共开挖土方 1.91 万立方米，砌石 3500 立方米，工程投资 83 万元。2008 年，实施泗河高庙险工段加固工程。4 月 11 日开工，5 月 6 日竣工。完成浆砌块石护坡 185 米，完成土方 2628 立方米，浆砌块石 649 立方米，投资 23.4 万元。

府河防汛岁修工程 2012 年 6 月，对洸府河采煤塌陷段进行度汛应急抢险治理，总长度 310 米。

汛情及抗洪抢险 兖州市位于南四湖流域，境内有泗河、洸府河、白马河、南泉河 4 大水系。泗河是沿市境东部向南至城区后穿境而过的一条大型山洪河道，其峰高流急的山洪客水特点，给兖州防汛带来极大风险，是兖州历年防汛抗洪工作的重中之重。洸府河是兖州除涝的骨干河道，对全市防汛除涝起着关键性作用。白马河和南泉河对兖州防汛抗洪影响较小。

1996 年—2013 年，全市降雨总量（为市水利局监测点测量，以下同）12217.1 毫米，年度平均降雨量 678.7 毫米，年际降雨变幅 803.3 毫米，最大降雨发生在 2003 年，降雨量 1125.2 毫米，最小降雨发生在 2002 年，降雨量 321.9 毫米；历年汛期的 6 月—9 月平均降雨量 496.1 毫米，占年度平均降雨量的 73%，最大汛期降雨发生在 2003 年，降雨量 808.8 毫米；最大点雨量为 2006 年 7 月 3 日新驿雨量站的 251 毫米。境内泗河多次出现汛情，发生行洪年份 10 年，行洪过程 18 次，洪峰流量大部分较小，超警戒水位（参考流量 1100 立方米 / 秒）洪水仅发生 1 次，2007 年 8 月 17 日 21 时 30 分，泗河大石桥断面行洪流量 1170 立方米 / 秒；境内洸府河多年维持在基本径流以内过水，个别年份甚至出现断流现象，仅 2003 年汛期发生流量约为 400 立方米 / 秒的行洪过程；境内其他小型河道多年处于干涸断流状态。由于河道多年未进行系统治理，存在诸多影响安全度汛的问题，给历年防汛工作带来较大压力。

1996 年，境内泗河汛期发生一次较小洪水，其最大洪峰流量为 400 立方米 / 秒。1998 年 8 月 3 日—4 日，全市普降大到暴雨，平均降雨量 176.7 毫米，最大点雨量（新驿站）222.5 毫米。8 月 5 日，泗河出现较大洪峰，金口坝以下洪峰流量约 600 立方米 / 秒，洪峰历时近 2 日。8 月 15 日，泗河出现第二次洪峰，沂河客水流量 130 立方米 / 秒，金口坝上游客水流量 650 立方米 / 秒，合流后洪峰流量 780 立方米 / 秒。境内其他河流均发生不同程度的汛情。全市进入防汛紧急状态，常备队上堤巡查、防守，农田巡查排涝小组放水排涝，避免发生洪涝灾害。1999 年 9 月 10 日，泗水、曲阜等地普降大雨，泗河出现较小洪水，流量为 200 立方米 / 秒。2001 年 7 月 1 日，泗河河道内产生径流，流量为 23 立方米 / 秒。7 月 31 日，泗河客水流量 174 立方米 / 秒，泗河节制自动翻板闸启动，金口坝开始漫溢。8 月 1 日，泗河客水减少，流量仅为 8 立方米 / 秒。8 月 4 日上午，泗河流域降特大暴雨，泗河出现洪峰，最大行洪流量 855 立方米 / 秒，金口坝上游黑风口处断面水位 51.9 米。当日晚，泗河水位开始回落。7 月 21 日，洸府河径流量 3.6 立方米 / 秒。8 月 8 日，洸府河受大汶河分洪（大汶河分洪流量为 10 立方米 / 秒）影响，流量有所增加。防汛相关人员上岗到位进行防守，确保此次洪峰顺利通过兖州市。2003 年 8 月 24 日 17 时，泗河洪峰流量 155 立方米 / 秒。28 日 6 时，兖州市大石桥处最大行洪流量 260 立方米 / 秒。9 月 4 日，泗河洪峰流量 750 立方米 / 秒，洸府河出现自 1971 年治理后的最大洪峰流量 400 立方米 / 秒，干流各拦河闸自动翻板泄洪，兖汶公路桥上游水位低于桥面 0.1 米，城区内部分路段积

2005 年，全市组织施工机械对泗河大雨住段实施大堤抢险加固

水，最深处 1 米，部分居民区内进水，排水河道发生河水外溢。同时，受宁阳客水影响，市境东北部的贫水区受到洪水威胁，洪水漫地，水深 0.5 米，并危及村庄。河道洪峰出现后，沿河各镇（街道）防汛常备队巡堤查险，相关人员到岗到位防守；洪涝灾害地区群众进行排涝抗灾，围村造堰保护村庄，顺势开沟排涝，最大限度减少洪涝灾害损失。2004 年 8 月 26 日—28 日，泗河流域普降大暴雨，全市平均降雨量 92.6 毫米，泗河出现汛情。8 月 28 日 6 时，泗河流量 105 立方米 / 秒，小沂河流量 106 立方米 / 秒，两河洪水进入兖州境内。12 时，兖州市大石桥处行洪流量 744 立方米 / 秒。9 月 15 日，泗河流量 300 立方米 / 秒。2005 年，由于 6 月及 7 月初泗河流域内降雨较为丰沛，并有几次相对集中且雨量较大的降雨过程发生，泗河于 6 月 28 日开始行洪，7 月 3 日，大石桥洪峰流量 184 立方米 / 秒。7 月 24 日，大石桥洪峰流量 200 立方米 / 秒。9 月 20 日 18 时 30 分，大石桥洪峰流量 870 立方米 / 秒。洸府河及其支流均有汛情发生，但行洪流量较小。同年，兖州市大统矿业有限公司杨庄煤矿在泗河下采煤造成泗河新兖镇大雨住村险工段丧失防洪能力，市防汛抗旱指挥部组织以机械为主的应急抢险，动用机械 93 台，历时 46 小时应急抢修采煤塌陷段应急堤防 830 米，完成筑堤土方 8 万立方米，最大程度降低泗河洪水给沿岸人民群众带来的风险。2006 年 8 月 5 日，洸府河及其支流均有汛情发生，洪水流量较小。2007 年 8 月 17 日，泗河兖州段开始行洪；18 时 20 分，泗河大石桥处洪水位 49.73 米；21 时 20 分，水位 50.23 米，行洪流量 1170 立方米 / 秒；22 时 20 分，洪水位开始回落。18 日 8 时，洪水位下降至 48.75 米；10 时 30 分，水位开始上升；19 时，最高洪水位 49.96 米，流量 1090 立方米 / 秒；20 时 50 分，洪水位开始回落。两次洪峰过后，引泗枢纽工程的泗河节制闸出现险情：下游连接段浆砌海漫冲毁坍塌，形成冲坑多处，最大冲坑顺水流方向长 2 米，垂直水流方向 30 米，深 3 米。市防指立即启动防汛预案，安排和部署防汛抗洪抢险工作；各有关部门迅速到岗到位，加大堤防巡查力度，日夜坚守；市防指调动大批抢险物资，动用多部机械和运输车辆，进行应急除险加固；所在地的镇、村及群众加入防汛抢险活动，有效控制险情。2011 年 9 月 15 日，泗河流域普降大到暴雨，部分水库泄洪。16 日 6 时，泗河流量 163 立方米 / 秒。由于下游支流水量汇入，通过泗河兖州段的实际行洪流量有所增大。2013 年，市境内的泗河共出现 3 次行洪过程，分别为 7 月 5 日（流量 177 立方米 / 秒）、7 月 31 日（流量 106 立方米 / 秒）和 8 月 6 日（流量 128 立方米 / 秒）。1996 年—2013 年，基本无汛情或内涝发生的年份，防汛工作按照常规进行防守。

第二节　抗　旱

兖州市境内因受暖湿季风气候影响，降雨时空分布不均，年际差异大。形成春季多风少雨，夏季多雨易涝，晚秋及冬季又少雨干旱的自然特点。旱涝交替发生，属灾害多发地区。1996 年—2013 年，干旱频繁发生。但由于措施得力，组织有序，全市并未造成重大灾害损失。

1997 年，大旱。全年平均降水量 423.9 毫米，比历年同期平均降水量低 39%。全市共动用机电井9000眼、水泵8000套，引泗河水5000万立方米，灌溉农田60万亩。

2002年，大旱。全年平均降水量321.9毫米，比历年同期平均降水量低54%。因土壤墒情不好，难于播种。泗河断流无水可引，贫水区1万亩农田无法造墒播种。严重受旱属谷村、漕河贫水区3万亩，其中重灾减产面积1万亩，绝产面积8600亩。各乡镇、村组织农民开源节流，开展大规模的抗旱活动，全市共投入640万元，新打机井520眼，修复旧井235眼，配套机电井105眼，开挖大口井、水柜井、小土井233眼。新发展管灌、滴灌、喷灌、微灌等节水灌溉面积7.7万亩。

2009年春，大旱。自2008年9月10日开始，全市降雨偏少，平均降水4.5毫米，比历年同期低95%，连续96天无有效降雨，是自1951年后降雨量最少的年份，重旱面积1.7万亩，轻旱面积30万亩。全市新打机井150眼，冲洗旧井1000眼。累计投资150万元，投入5万人、机井1500眼、柴油机20台套、各类潜水电泵1500台，抗旱用电50万千瓦时，抗旱用油2万吨，抗旱浇灌面积5万亩。

2011年春，大旱。2010年9月10日至2011年2月25日，全市平均降水6.5毫米，比历年同期低95%，连续168天无有效降雨，是自1951年后同时段降雨最少的年份，地下水埋深平均为6.17米。已至特大干旱等级，为200年一遇，农作物受旱面积48.36万亩，减产2700吨，其中轻旱45.66万亩，重旱2.7万亩。同年5月，全市平均地下水位埋深由1月的6.17米降至7.17米，西北部小孟镇一带地下水位最大降至11.5米。境内河道全部断流，长条井、砖井、土井多已干涸，5000眼机井平均出水量减少到20立方米～30立方米/小时，2000余眼机井呈抽空吊泵现象。抗旱技术人员深入到田间地头指导农民科学浇水，切实提高灌溉效果。开发新水源，新打机井200眼，冲洗旧井1500眼。总投资1587.2万元，其中，中央拨款505万元，省级拨款30万元，兖州市拨付抗旱专项资金199万元，群众自筹资金853.2万元。抗旱用电145.7万千瓦时，抗旱用油111.5吨，参与抗旱2.7万人。同年，完成颜店、漕河、大安3个镇抗旱打井配套项目建设，新打机井28眼，固定水泵38处，投资31万元。为应对特大旱情，中央财政、省级财政紧急拨付抗旱专项资金。中央财政按每亩小麦补贴10元电费标准，共拨付兖州市300万元，及时发放给农户。省级财政补助200万元，用于购置抗旱设备。2011年2月—3月，购置抗旱应急拉水车3辆、移动喷灌机11套、打井机2套、洗井机5套、抗旱输水软管2.5万米。

2012年1月—6月，降水量62.6毫米，比历年同期低63%，且多高温天气，土地失墒加快，17万亩农田出现旱情。全市共投入机电井1.1万眼、提水站2处，新建耕地高效节水灌溉面积3万亩，投入抗旱100人次，动用抗旱应急拉水车3辆、打井洗井设备2套、移动灌溉设备45套，新打机井50眼，冲洗维修旧机井300眼。2013年，旱情共发生2次，5月中旬至6月底和10月中旬至11月初各1次，由于持续无有效降雨，造成2万余亩农田受旱。全市组织开展抗旱工作，协调河道调水，加强抗旱物资设备的管理和维护，安排抗旱设备实施抗旱服务。

2013年，兖州市发生旱情，市防汛抗旱指挥部组织村民从河道抽水进行抗旱保苗

第四章 水政管理

第一节 管理机构

1996 年，市水利局为科级行政部门，负责全市水资源管理、防汛抗旱、水利工程建设与管理等工作，隶属市政府。内设办公室、工程科、水政水资源科、财务科、科技教育科 5 个科室，行政编制 20 人。下设事业单位 6 个，编制 37 人。其中，引泗回灌工程管理所、洸府河管理所、地下水均衡试验场、水利勘察设计室、测绘管理所为全额拨款事业单位，水利机械服务站为差额拨款事业单位。每个乡镇水利站有工作人员 3 人～5 人，受市水利局业务指导。1997 年，市防汛办公室成立，为股级全拨款事业单位，隶属市水利局，编制 3 人。1998 年，市水利局设立水政监察大队、抗旱服务队，均为股级单位。2003 年，市水利局撤销财务科；市水资源管理办公室成立，为副科级全额拨款事业单位，编制 15 人，加挂兖州市计划节约用水办公室牌子，隶属市水利局。2010 年，市农村公共供水管理办公室成立，为科级全额拨款事业单位，编制 5 人，隶属市水利局。市政府撤销市防汛办公室，设立市防汛抗旱指挥部办公室，为副科级全额拨款事业单位，编制 3 人，隶属市水利局。2011 年 3 月，市水利局内设科室调整为办公室、人事编制科、水政法规监察科（挂行政许可科牌子）、农村水利和水土保持科、水利建设与安全监督科、发展规划科 6 个科室。行政编制 12 人。下设市防汛抗旱指挥部办公室（副科级）、市水资源管理办公室（副科级）、市农村公共供水管理办公室（科级）、市水利勘察设计室、市测绘管理所、市水政监察大队、市抗旱服务队、市引泗回灌工程管理所、市洸府河管理所、市地下水均衡试验场、市水利机械服务站 11 个事业单位。2012 年，各镇（街道）水利站受所在镇（街道）和市水利局双重管理。2013 年 11 月，兖州市水利局更名为济宁市兖州区水利局，其下属事业单位名称随之变更。2013 年年底，济宁市兖州区水利局共有在职职工 77 人，内设科室及所辖事业单位未变。

第二节 水资源管理

1996 年，市水利局设立水政水资源科，负责水资源管理和水行政执法工作。2003 年 6 月，市城市节水办公室整建制划归市水利局。7 月，市水资源管理办公室成立，实现全市城乡水资源统一管理。2003 年，市政府印发《兖州市水资源统一管理办法》。2004 年，市水利局组织编制《兖州市地下水超采区划定工作报告》《兖州市节水型社会建设试点方案》。2010 年，中共中央、国务院出台《关于加快水利改革发展的决定》，提出实行严格的水资源管理制度。2013 年，市政府印发《兖州市实行最严格水资源管理制度实施办法》。11 月，市水利局编制完成《兖州市水资源保护规划》。

依法对全市自备井取水单位征收水资源费。1996 年，征收标准为 0.45 元 / 立方米。至 2002 年 7 月，共征收水资源费 3600 万元。2002 年 7 月，根据省物价局《关于公布全省 17 市水资源费收费标准的通知》，水资源费征收标准上调为 0.65 元 / 立方米。2002 年 8 月至 2011 年 12 月，共征收水资源费 1 亿元。2012 年，实行严格的水资源管理制度，至年底，共征收水资源费 2600 万元。2013 年，征收水资源费 2900 万元。

2005年，由市水利局、市建设局、市环保局、市防疫站、市公安局、市自来水公司等有关部门组成联合执法组，开展城区自备水源井普查、封停工作。城区供水管网内共有自备井用户65家，其中，洗浴类26家、洗车类8家、餐饮水产类6家、企事业单位25家；封停42家，其中，洗浴类26家、洗车类5家、餐饮水产类6家、企事业单位5家，并监督已封停的自备井用户改用自来水。

市水利局在泗河、洸府河、蓼沟河、府河常年设立地表水监测点11处、地下水监测点11处、重点水源地监测点3处。2013年，新增地下水监测点20处，实时掌握水质变化情况。同时，持续开展全市33处水位动态观测工作。

第三节 水利工程管理

河道管理 依照《中华人民共和国水法》和《中华人民共和国河道管理条例》，1990年，县政府拟定《兖州县大中型河道、回灌工程管理和保护范围的规定》，1991年7月颁布实施。境内泗河、洸府河、白马河、南泉河4条水系及其干支流，按照泗河内外堤脚10米为护堤地，30米为保护范围；洸府河河内外脚5米为护堤地，25米为保护范围划定保护区域。其他河道和骨干排水沟按有关规定划定保护范围。引泗回灌总干渠和一、三干渠外堤角25米内为保护区域。河道、干渠保护管理范围划定后，组织插标立界，逐级落实管理责任制。在工程管理范围内，严禁取土、扒口、挖洞、打井、建房、建窑、埋坟、垦殖、拆除护砌石料、堆放物料和在水域内炸鱼等。在工程保护范围内，严禁打井、钻探、爆破、挖筑鱼塘、取土等危害堤防和工程设施安全的活动。在河槽、滩地行洪范围内，严禁擅自缩窄河道、修建生产桥、砖瓦窑、厂房等建筑物、种植树木和其他高杆作物、堆放阻碍行洪的杂物及修建危害对岸的导流、挑流工程等。在河道内开采砂石，必须服从河道整治规划，由河道管理单位统一管理，凭开采许可证，在划定区域内开采，有效地保护河道堤防。2009年起，在全市河道内全面禁止采砂。对河道及大堤进行巡查，对险工段进行石护坡护砌，对大堤进行加宽加固，确保河道运行安全。

闸坝管理 全市河道有各种闸坝39座，其中主要河道闸坝18座，排水干沟闸坝21座。一次可拦蓄水量2186.9万立方米，水面面积1179.2万平方米。

泗河、洸府河桥、涵、闸建筑物管理范围为上、下游各100米，两侧各50米。其他河道和回灌工程建筑物，一般为边界线外10米～50米。泗河、洸府河、引泗回灌骨干渠道等重要配套桥、涵、闸建筑物的管理范围为上、下游各200米，由工程管理单位立界碑、标志，管理、使用。在工程管理范围内，严禁在水域内炸鱼、毒鱼、游泳和向河道、回灌渠道内排放污水、倾倒垃圾等，以免危及工程设施安全。对境内闸坝巡查，对闸坝进行维护。对水毁护坡、护坦、海漫等进行维修，对启装机进行养护，对不能发挥正常功能的闸机进行更换，确保闸坝发挥最大效益。

第四节 水行政执法

1996年，市水利局设立水政水资源科，负责水行政执法工作。1998年，设立水政监察大队，负责水法宣传、水行政执法和水行政复议工作，协调处理水事纠纷，查处水事案件。1996年—2013年，共处理各类水事纠纷、涉水违法案件26起。

打击非法取水行为，依法封停自备井。2005年，全面停止城区自备水源井审批，依法开展自备井整治封停工作，整治城市公共供水管网范围内未办理取水许可证非法凿井取水的单位和个人，重点为餐饮、洗浴、洗车等企业，封停城区自备井42眼。2006年，依法查处封停小孟镇12家非法生产淀粉企业的自备井14眼。2010年，开展水资源专项整治活动，调查城区取用水单

2005年，水政执法人员对城区洗车行业进行自备井普查

位71家，封停31家，城区外自备井用户20家，均已办证纳入管理。2011年，查处非法凿井取水行为2起。2012年，市水利局与市人民法院等单位联合开展水资源整治行动，依法查处非法取水行为30起；通过市人民法院，依法强制追缴水资源费279万元；对3家单位下达责令整改通知书，对1家未及时整改的单位，按规定一次性计征水资源费49万元。2013年，封停城区自备井10眼。

打击非法取土、采砂行为。1996年，依法查处破堤取土、垦堤种植违法行为2起。2006年，对小泥河漕河段非法取土行为进行查处，对泗河兖州段4处非法采砂点进行整治，消除防汛隐患。2009年5月，依法取缔非法采砂场2处。彻底清除泗河兖州段沿河砂场。配合济宁市水利局、济宁市公安局查处王因镇采砂场，同时加强对泗河兖州段的巡查力度。2011年，查处河道非法采砂行为3起，清理采煤塌陷区非法采砂船只1艘。2012年，在泗河龙湾店处依法查处非法采砂船只1艘，查处何岗煤矿河下采煤行为，查处洸府河二郎庙段堤脚挖沟取土行为，责令施工单位停止违法行为，恢复原状。2013年，在泗河龙湾店处依法查处非法采砂船只，查处破坏汉马河左岸大洼村段堤防行为，查处洸府河滩地及堤防内建设非法建筑物行为。

第十一篇

工 业

YANZHOUSHIZHI

工 业

1996年，兖州市工业企业加快产品产业结构调整步伐，重视新产品研发，企业普遍推行以销定产，靠市场拉动的运行模式，逐步实现由计划经济向市场经济运行模式的转换，全市有乡及乡以上工业企业176家，实现销售收入41.08亿元，利税4.75亿元，利润2.4亿元。1997年始，以建立“产权清晰、权责明确、政企分开、管理科学”的现代企业制度为目标，对部分国有和集体企业以股份制、股份合作制、先股后租、抵贷返租、破产重组等10余种形式进行改制，实现了企业持续快速发展，形成造纸包装、煤电化工、橡胶制品、机械制造、食品加工等支柱产业，市场经济主体活力不断增强，民营经济成为市场主体。至2001年，全市限额以上工业企业60家，实现销售收入41.85亿元，利税5.8亿元，利润3.38亿元。2002年—2007年，坚持“工业化、产业化、民营化、城市化”方针，实施“大集团工程、梯队工程、培植工程”，引导全市工业企业向大规模、高层次发展。2006年11月，山东太阳纸业股份有限公司成为济宁市首家上市民营企业。2007年，全市规模以上工业企业（年主营业务收入500万元及以上）197家，实现销售收入296.17亿元，利税46.3亿元，利润34.1亿元。2008年，市委、市政府提出实施“工业立市、民营强市、开放兴市”三大战略，工业经济在转型升级中不断壮大，主导产业支撑作用明显增强，战略性新兴产业发展加快。全市形成造纸包装、煤电化工、橡胶制品、机械制造、食品加工、生物医药、电子信息七大产业集群。2013年，全市规模以上工业企业（年主营业务收入2000万元及以上）179家，实现销售收入1232.36亿元，利税92.83亿元，利润61.29亿元。

第一章 企业管理与改革

第一节 管理机构

1996年，兖州市经济委员会内设办公室、生产调度室、企管审计科、技改科、政工科、经协办6个科室，辖经济技术服务中心1个股级差额事业单位，在职职工40人。1999年5月，兖州市二轻工业局划归市经济委员会管理。2002年5月，兖州市经济委员会更名为兖州市经济贸易局，将市财贸委员会、市乡镇企业局、市供电局、市商城建设办公室的行政职能划入市经济贸易局。内设办公室、经济运行科、政工科、离退休干部科、信访科、财务审计科、执法执纪科、商业贸易办公室、商城建设办公室、民营经济管理办公室10个科室。2004年8月，撤销市民营经济管理办公室成立兖州市民营经济发展局，其下属事业单位市地方建材管理处划归市经济贸易局管理；同年12月，撤销市商业贸易办公室和市商城建设办公室，成立市商业贸易局。市民营经济发展局和市商业贸易局均为独立的事业单位，不再隶属市经济贸易局。2007年8月，设立兖州市人民政府节约能源办公室，为副科级全额拨款事业单位，隶属市经济贸易局。2008年6月，兖州市二轻工业局更名为兖州市二轻企业改革管理办公室。2010年4月，市经济贸易局更名为市经济和信息化局。2011年11月，设立兖州市节能监察大队，为副科级全额事业单位，隶属兖州市经信局。2013 年 11 月，兖州市经信局更名为济宁市兖州区经信局。至 2013 年年底，区经信局内设办公室、组织人事科、经济运行科、技术改造科、信息产业科、企管科、信访科、财审科、行政许可科 9 个科室，辖二轻企业改革管理办公室 1 个科技全额事业单位、节约能源办公室、节能监察大队 2 个副科级全额事业单位，地方建材管理处 1 个副科级自收自支事业单位，共有在职人员 35 人。

第二节　企业管理

管理概况　1996 年，兖州市持续开展“管理效益年”活动，在市直工业中普遍开展“学邯钢”“学海尔”“学亚星”活动，把“模拟市场核算，实行成本否决”“日事日毕、日清日高”“购销比价”“三统一分”等先进管理经验推广到企业中去。通过开展管理效益年活动，在经济环境偏紧的形势下，企业更加注重眼睛向内、节约挖潜、堵塞“跑冒滴漏”。兖州市杨庄煤矿实行采煤吨成本包干制，减少费用开支，吨煤增效达 10 元；山东星光玻璃集团打破大锅饭，实行计件工资制，产品成品率提高到 96%，啤酒瓶从亏损边缘提高到每个盈利 3 分～ 5 分钱。兖州市明月化工公司改制后行管人员由原来的 130 余人精简到 31 人，人员充实到生产一线。金城宏达公司实行“日清日结”的管理方法。兴达酒业创造“两参一改三结合”等经验。1997 年 8 月，全市企业改制动员大会后，兖州市把企业改制作为重要工作来抓。在改制中，根据企业实际情况，一厂一法、一厂多法，分别采取股份制、股份合作制、兼并、拍卖、托管、剥离经营、抵贷返租等不同形式进行改革。至 1999 年年底，直属企业通过验收的 9 家。全市工业企业逐步建立起适应市场经济的现代企业经营机制。2004 年—2007 年，在全市工业企业内部实施“三大工程”。至 2007 年年底，全市有规模以上工业企业 197 家。其中，销售收入过 50 亿元的 1 家，30 亿元以上的 1 家，10 亿元以上的 4 家，1 亿元以上的 20 家。2012 年，市经信局牵头印发《关于扶持销售收入十百千亿工业企业（集团）加快发展的意见》，为全市企业发展提供有力的政策支持，全市工业企业迅速发展。至 2013 年年底，全区规模以上工业企业发展至 179 家，实现工业总产值 1263.75 亿元，主营业务收入 1232.36 亿元，利税 92.84 亿元，利润 61.29 亿元。

管理制度

厂长 经理年薪制　1996 年，市委、市财政局、市审计局、市劳动局印发《关于对工业企业厂长、经理实行年薪制的（试行）办法》，对全面完成 1995 年度下达的 6 项责任目标、实现利润 200 万元以上、销售收入 2000 万元以上的直属企业厂长、经理实行年薪制。企业在完成上级下达的利税、利润、资产增值率、技改投入指标的前提下，以利润分档计薪考核。实现利润 200 万元～ 300 万元的，企业厂长、经理可获职工 5 年平均工资收入 1 倍的年薪；实现利润 301 万元～ 500 万元的，企业厂长、经理可获职工 5 年平均工资收入 2 倍的年薪；实现利润 500 万元以上，企业厂长、经理可获职工 5 年平均工资收入 3 倍的年薪。为约束企业厂长、经理行为，文件还规定企业法人代表必须缴纳资产风险抵押金，激励企业高层干事创业的信心。1997 年，杨庄煤矿和山东星光玻璃集团法人代表分获 30 万元和 15 万元的特别贡献奖金。1998 年 6 月，兖州市对直属企业厂长、经理兑现年薪制，杨庄煤矿、山东星光玻璃集团、电影机械厂 3 家企业法人代表获 3 万元到 16 万元不等的年薪工资（不含特别贡献奖奖金）。

派驻驻厂员制度　1998 年，市经济委员会实行驻厂员制度，分别向直属 15 家企业派驻驻厂员。驻厂员主要负责向局党委反映企业经营情况、监督国有资产保值增值、协助做好稳定工作等。驻厂员制度的实施，加强了主管部门与企业之间的联系和沟通。

公开招聘企业法人代表制度　1999年，兖州市印发《企业经营者公开招聘办法》，并在经委系统率先搞试点。为确保新的法人代表真正德才兼备，坚持“三个面向（面向原厂职工、面向机关干部、面向社会公开招聘）”广招人才。重点审查“三个资格（有一定的融资能力，有一套切实可行的治厂方案，有良好的思想素质，职工信得过）”。在选聘过程中，厂长经理候选人在全体职工大会上进行竞职演讲，由职工民主选举产生。企业法人代表当选后，根据企业资产规模向企业主管部门交纳50万元、30万元、20万元不等的风险抵押金，若企业3个月不能正常运转，风险金用于发放工人工资、生活费和赔偿损失。企业法人代表必须事先筹集启动生产资金。选聘的法人代表上任后，改制时持大股。

第三节　企业改革改制

改革改制政策　1996年3月31日，兖州市人民政府印发《关于对原有有限责任公司和股份制公司进行规范的通知》，对1995年以来成立的股份制企业，从股本金管理、股东和发起人人数、设立材料、组织机构设置、财务会计制度、股权管理制度、公司章程、劳动人事用工分配制度8个方面进行规范。1997年8月27日，兖州市召开全市企业改制动员大会，印发《关于深化企业改革进一步做好企业改制工作的意见》及《关于全市做好企业改制有关问题的暂行规定》，启动176家企业的改制工作。8月28日，市经委召开企业改制动员大会，对15家直属企业改制工作进行具体安排部署。1997年始，针对企业存在的产权单一、资产所有权主体不明、经营者负盈不负亏等弊端，推行以股份制和股份合作制为主要形式的企业产权制度改革。对直属企业进行清产核资、资产评估和产权界定，针对不同情况采取不同方式置换产权。对净资产较多的企业改制为有限责任公司，如兖州市杨庄煤矿改制后成立大统矿业有限公司，兖州市印刷厂改制后成立兖州市华虹印务有限公司。对有一定数量净资产或资产债务大体相等的则以出售拍卖为主，将国有资产出售给企业法人和职工，如兖州市化工厂改制后成立兖州市明月化工有限公司，兖州市电石厂改制后成立兖州市金鹏化工机电有限公司。对资不抵债、不容易出售的企业，采取破产重组、租赁经营或抵贷返租等措施，将资产明晰到企业法人和职工身上，如兴隆达集团采取抵贷返租的改制方式，成立兖州市兴达酒业有限责任公司、兖州市兴隆酒业有限责任公司，租赁老企业资产开展生产经营。兖州市九州化工总厂采取先股后租的方式，成立东方化工股份合作公司、亚太化工股份合作公司。全市工业企业改制后，仅保留山东星光玻璃集团、市中药厂2家国有独资企业，杨庄煤矿1家国有控股企业，其他企业均退出国有资本。在改制过程中，鼓励经营者占大股，不搞人人参股。改制后的企业经营者股本均在职工平均持股的20倍以上，法人持大股和职工参股使企业员工真正成为企业主人。1997年—2003年，兖州市九州化工总厂、兖州市毛纺织厂、兖州市化工厂、兖州市杨庄煤矿等12家企业先后进行改制。2008年1月始，依据《兖州市属困难企业改革工作实施方案》，按照“一厂一套班子、一厂一套方案”的原则，对兖州市农业机械厂、兖州市银马玻璃有限公司、兖州市金鹏化工公司、兖州市益健药业公司、兖州市天合毛纺公司、兖州市益健药厂、兖州市明月化工有限公司、兖州市印刷厂、兖州市金顶机械公司、兖州市酿酒厂10家直属企业陆续开始企业改制改革工作。通过改制转换职工身份2960人，盘活资产2.79亿元。改制后，企业职工均与企业签订解除劳动关系证明书，职工计生、劳动保险、党组织关系等，按户籍或居住地移交到镇政府（街道办事处）管理。

改革改制方式

兼　并　1994年5月，兖州市中药厂被山东信息快报社兼并；1996年10月，被天津大学华光科技公司兼并；1998年，兖州市政府收回该企业。2001年8月，兖州市液压机械厂被山东星光玻璃集团兼并，成立兖州市金顶液压机械厂；2008年11月11日，因产品滞销、资不抵债，兖州市金顶液压机械厂宣布破产。涉及职工502人，按照企业破产有关规定，对职工债权进行清偿，职工与企业签订解除劳动关系合同书，将人员移交相关社区居委会管理。

抵贷返租　1997年，建厂48年的兖州市兴隆达集团陷入生产不正常、经营无市场、财务开支混乱、职工不断上访的局面。至年底，企业负债1.52亿元。其中，欠银行6199万元，欠财政830.4万元，欠职工600余万元，企业严重资不抵债。1998年4月，市政府派驻工作组进驻企业，决定采取“抵债—改制—返租”方式，抵债、改制同时进行，对企业进行清产核资，原酒厂资产全部抵押给银行。由职工募股组建兖州市兴达酒业有限公司和兖州市兴隆酒业有限公司，从兖州市兴隆达集团剥离，兖州市兴隆达集团不注销，承担企业的债权债务。兖州市兴达酒业有限公司和兖州市兴隆酒业有限公司租赁老厂区开展生产经营，按照现代企业制度完善法人治理结构，实行定岗、定责、定薪，生产车间全部承包，奖惩兑现。同时加强销售管理和产品研发，仅3个月便恢复生产经营。

破　产　1995年—1996年，兖州市染织厂、兖州市电石厂、兖州市丝织厂、兖州市橡胶厂先后实施破产。2003年—2010年，兖州市农机厂（破产基准日2003年12月）、兖州市银马玻璃有限公司（破产基准日2007年11月）、兖州市金鹏化工公司（破产基准日2007年11月）、兖州市益健药业公司（破产基准日2007年7月）、兖州市益健药厂（破产基准日2008年12月）、兖州市明月化工公司（破产基准日2008年12月）、兖州市印刷厂（破产基准日2010年5月）、兖州市金顶机械公司（破产基准日2008年11月）、兖州市酿酒厂（破产基准日2008年12月）先后实施破产，企业注销，职工领取各项清偿金，与企业解除劳动合同，按照户籍地或居住地将人员移交社区居委会管理。

先股后租　1999年5月25日，兖州市九州化工总厂宣布破产。改制工作组通过“以糠醛、硫酸铝两车间人员为基础，组建两个股份合作制企业”的方案，明确分厂与总厂完全脱离，租赁原厂设备生产经营。兖州市东方化工股份合作公司发起人出资20万元，成为最大股东，同时接受60名职工入股（每股1元，每人不少于2000股，共30万股）；兖州市亚太化工股份合作公司发起人出资10万元，同时接受102名职工入股（每股1元，每人不少于2000股，共50万股）。新企业完善各项手续，狠抓节能降耗和精细管理，生产经营恢复正常。

1996年—2013年兖州市经信局直属企业改制情况表

表11-1

序号	企业改制前名称	改制时间	改制形式	改制重组后企业名称
1	兖州市九州化工总厂	1999年5月	先股后租	兖州市东方化工股份合作公司、兖州市亚太化工股份合作公司
		1999年5月	破产	企业注销
2	兖州市毛纺织总厂	1997年2月	破产	兖州市天合毛纺公司
3	兖州市化工厂	1997年4月	有限责任公司	兖州市明月化工有限公司

续表11-1

序号	企业改制前名称	改制时间	改制形式	改制重组后企业名称
4	兖州市电石厂	1997年9月	有限责任公司	兖州市金鹏化工机电有限公司
5	兖州市杨庄煤矿	1998年1月	有限责任公司	兖州市大统矿业有限公司
6	兖州市兴隆达集团	1998年3月	抵贷返租	兖州市兴达酒业有限责任公司、兴隆酒业有限责任公司
7	兖州市印刷厂	1998年7月	有限责任公司	兖州市华虹印务有限公司
8	山东星光玻璃集团	2000年12月	破产重组，成立新公司	兖州市金鑫玻璃有限公司、银马玻璃有限公司、晶冠玻璃有限公司
9	兖州市液压机械厂	2001年8月	被兼并	被山东星光玻璃集团兼并
10	兖州市电讯六厂	2001年12月	破产	企业注销、职工身份置换
11	兖州市肉联厂	2000年10月	破产出售	兖州市创世纪肉联公司
12	兖州市中药厂	1996年10月	被兼并	被天津大学华光科技公司兼并；1998年兖州市政府收回该企业
		2003年9月	有限责任公司	兖州市大禹制药公司
13	兖州市毛条厂	2003年9月	破产重组	兖州市中博园工贸有限公司
14	兖州市农业机械厂	2003年12月	破产	企业注销、职工身份置换
15	兖州市天合毛纺公司	2003年12月	企业清算	企业注销、职工身份置换
16	兖州市电影机械厂	2003年12月	有限责任公司	兖州市金城宏达有限责任公司
17	兖州市益健药业公司	2007年7月	破产	企业注销、职工身份置换
18	兖州市银马玻璃有限公司	2007年11月	破产	企业注销、职工身份置换
19	兖州市金鹏化工公司	2008年3月	清算解散	企业注销、职工身份置换
20	兖州市中博园工贸有限公司	2008年7月	破产	未终结
21	兖州市金顶机械公司	2008年11月	破产	企业注销、职工身份置换
22	兖州市明月化工有限公司	2008年12月	破产	企业注销、职工身份置换
23	兖州市益健药厂	2008年12月	破产	企业注销、职工身份置换
24	兖州市酿酒厂	2008年12月	破产	企业注销、职工身份置换
25	兖州市印刷厂	2008年12月	破产	企业注销、职工身份置换

第二章 结构调整与技术改造

第一节 结构调整

1996年，兖州市工业以采掘工业、原料工业和加工工业为主，按行业分为煤炭、机械（含农机）、日用玻璃、化工（含焦化）、金属制品、家具制造等，集体经济及其他类型的经济包含的行业主要有造纸、橡胶、食品加工等。同年始，对市染织厂、市橡胶厂、市毛纺厂等扭亏无望、负债较重的企业依法实施破产。2000年，部分发展较好的国有及集体工业企业逐渐改制为股份制企业，山东太阳纸业股份有限公司、山东银河橡塑集团、兖州市翔宇化纤纺织有限公司、山东雪花淀粉有限公司等民营企业相继成立。至2002年年底，全市形成棉纺、食品、机械、化工、制药、造纸、橡胶等工业门类。2003年，围绕“改革、稳定、发展”的总体任务，实施“三大工程”，43家重点企业占全市规模以上工业比重达90%，全市工业呈现出拉动突出、梯次跟进、速度加快的良好发展局面。2004年—2009年，山东迪一电子科技有限公司、山东科大鼎新电子有限公司、山东永华机械有限公司、山东百盛生物科技有限公司相继成立。2010年始，实施“22616”梯队企业培育工程、十百千亿企业培育工程，全力推动重点企业裂变倍增。2013年，全市造纸包装、橡胶轮胎、食品加工、精细化工、装备制造五大主导产业集群初具规模，五大主导产业实现销售收入997亿元，占全市经济总量的82.4%。其中，以山东太阳纸业股份有限公司、兖州市天佑纸业有限公司为龙头企业的造纸包装业，占比27.9%；以华勤橡胶工业集团有限公司、山东瀚邦胶带有限公司为龙头企业的橡胶轮胎业，占比29.1%；以山东联诚集团有限公司、齐鲁特钢有限公司为支柱企业的装备制造业，占比15.8%；以今麦郎食品（兖州）有限公司、益海嘉里（兖州）粮油工业公司为龙头企业的食品加工业，占比8%；以兖州市天成化工有限责任公司、凯米拉天成化学品（兖州）有限公司为龙头企业的精细化工产业，占比1.5%。

2013年兖州市主营业务收入2000万元以上工业企业主要经济指标一览表

表11-2　　　　单位：万元

产　业	企业个数	工业总产值（当年价）	工业销售产值（当年价）	出口交货值	主营业务收入	利　税	利　润
煤炭开采和洗选业	3	279629	273827	0	261884	148710	106504
农副食品加工业	15	801239	877083	6591	878755	66621	63816
食品制造业	5	121178	120198	0	118328	8840	3789
酒、饮料和精制茶制造业	2	38690	38534	0	41248	2106	1250
纺织业	4	1330338	1291008	0	1293083	195754	122897
纺织服装、鞋、帽制造业	4	19791	18554	2044	21269	1900	1690
木材加工及木、竹、藤、棕、草制品业	5	56488	5162	20837	64809	5587	4779
造纸及纸制品业	10	3528656	3525045	213583	3531420	82837	4518
印刷业和记录媒介的复制	2	19957	18557	0	18169	481	383
石油加工、炼焦及核燃料加工业	3	137704	137058	0	141165	5783	3627
化学原料及化学制品制造业	12	116763	113890	461	151314	17418	12673
医药制造业	6	119298	115932	56025	114799	9711	7679
橡胶和塑料制品业	8	3449023	3373710	184539	3373013	170641	93500
非金属矿物制品业	23	226334	225927	6446	216410	22725	15376
金属制品业	11	1027657	974846	9439	1043150	80401	49423
通用设备制造业	11	322972	324432	201898	347598	48575	31578

续表11-2

产　业	企业个数	工业总产值（当年价）	工业销售产值（当年价）	出口交货值	主营业务收入	利　税	利　润
专用设备制造业	35	348651	347399	1209	362352	29922	23628
汽车制造业	4	157997	157362	0	160334	16103	14496
铁路、船舶、航空航天和其他运输设备制造业	1	2052	2049	0	2309	137	18
电气机械及器材制造业	8	136293	132574	529	128254	10193	7288
计算机、通信和其他电子设备制造业	3	22461	22566	0	19533	746	565
仪器仪表及文化、办公用机械制造业	1	4800	7920	0	7920	466	450
电力、热力生产和供应业	2	15331	14531	0	14983	1501	1384
燃气生产和供应业	1	11512	11512	0	11512	1202	893

第二节　技术改造

1996年，全市市直企业完成技术改造投资5703万元，热电公司1.2万千瓦机组投入运行，当年售电量8500万千瓦时。1997年—1999年，全市共实施山东太阳纸业集团有限公司年产10万吨高档涂布牛皮卡纸、山东星光玻璃集团1.6万吨日用玻璃生产线、兖州市天合毛纺公司兔丝绒高档产品等重点技改项目53个，累计完成投资近20亿元。2000年，实施兖州市热电厂2×600千瓦供热、供煤气、发电“三联产”技改项目，翔宇化纤直口毛眼布技改项目，合金钢优质特钢精炼生产线技术改造项目，大丰机械自走式玉米联合收获机技改项目。

2001年—2004年，全市持续加大技改投入，一批大项目相继建成投产。至2004年年底，全市累计完成技改投资61亿元，实施山东太阳纸业股份有限公司年产30万吨高档包装纸二期、银河德普胶带有限公司年产10万平方米矿用输送带生产线等重点技改项目95个。2005年，一批股份制改革后的市直企业投资项目相继竣工，兖州市金鑫玻璃有限公司药用盐水瓶生产线项目、兖州市金城宏达有限责任公司公路铣刨机项目、青岛钢铁集团兖州焦化厂气发电和化工产品回收工程纷纷投产，兖州市大禹制药有限责任公司、兖州益健制药有限公司、兖州生物化学制药厂的GMP车间改造通过竣工验收，直属企业呈现总量膨胀、结构优化的发展态势。2006年，全市共实施山东齐鲁特钢有限公司高强度合金结构钢锻件生产线改造、兖州市环宇车轮有限公司150万只无内胎钢圈、山东诺力电源有限公司日产2.6万套蓄电池专用极板生产线技改等项目24个，累计完成技改投资26.2亿元。2007年，全市共实施总投资61.9亿元的山东太阳纸业股份有限公司年产10万吨化学机械热膜浆、兖州市兴阳木业有限公司胶合板生产线、兖州市绿源食品有限公司4000万只肉鸭宰杀生产线等技改项目29个，完成技术改造投资45.5亿元，同比增长73.6%。全市高新技术产业产值占规模以上工业总产值的比重比2006年提高2.1个百分点，达到41%。2008年—2010年，全市累计实施技改项目162个，完成技改投资153.2亿元。其中，重点实施山东太阳纸业股份有限公司1000吨碱回收及20万吨化学浆技术改造、9.8万吨热敏纸，华勤橡胶工业集团10万吨钢丝帘线、10万吨钢丝绳等79个过亿元项目。2011年，太阳纸业股份有限公司30万吨高松厚度纯质纸项目、华勤橡胶工业集团高压胶管项目一期、山东永华机械有限公司加工中心光机等21个项目竣工投产。建成省级以上研发平台10处，创出中国驰名商标2个、省著名商标12个、省级名牌26个，国家级高新技术企业发展到20家，高新技术产业产值占比36%。2012年，华勤橡胶工业集团300万套高档摩托车胎项目、山东太阳纸业股份有限公司40万吨高档饰品包装卡纸项目等15个项目竣工投产，全年完成技改投资64亿元。新增省级以上创新平台6处、院士工作站2处，创成2件驰名商标、2件国家地理标志证明商标、3件著名商标和4个省名牌产品。2013年，兖州市改造提升传统产业，继续实施百户企业改造提升工程和信息化行动计划，重点实施山东太阳纸业股份有限公司投资10亿元的年产12万吨生活用纸、齐鲁特钢有限公司投资15亿元的重型装备配套大型锻件加工生产线、山东澳星工矿设备有限公司投资10亿元的澳星工业机器人等42个技改项目，全年累计完成技改投资64.1亿元。

第三章　工业产品

第一节　产品分类

1996年，兖州市工业以农副产品粗加工及涉农产品为主，主要有棉纺、白酒、小型农机具、玻璃制品、塑编、木材加工、机制纸、水泥等十一大类。20世纪90年代，兖州市工业发展迅速，产品从以原材料加工和装备制造为主，开始向高技术含量、高附加值、高质量的产品转化，同时开始注重品牌形象的培植，逐步形成“神州剑”“运河之都”系列白酒、山东太阳纸业股份有限公司“金太阳”铜版纸、兖州市绿源食品有限公司的“樱园”肉鸭消费品品牌。1997年—2003年，民营企业逐步壮大，国有企业经历破产、改制，棉纺、缫丝、木器、家具等产品随着企业的没落而退出主导产品行列。2004年—2012年，随着一批高新技术企业的成立和崛起，新型墙板机、二极管、光伏组件、LED等产品进入全市工业产品目录。至2013年，全市工业产品涵盖高档涂布包装纸板、高级美术铜版纸、高级文化办公用纸、特种纸、食品包装白卡、高档生活用纸、纸浆、高性能轿车胎、工程轮胎、摩托车胎、高强力输送带、医疗器械、农业机械、汽车零部件、矿用机械、专精特机械、面粉、禽类加工、方便面、饮料、饲料、花生油、精细化工、煤化工、化学原料药、中成药、生物药、医疗器械等四十八大类1000余个品种。

第二节　主导产品

1996年，兖州市工业主导产品有二十二大类300余个品种，包括棉纺、白酒、小型农机具、玻璃制品、塑编、木材加工、机制纸、水泥等。2003年—2012年，随着山东太阳纸业股份有限公司、华勤橡胶工业集团等企业新上项目、丰富品种，一些高成长性企业发展势头迅猛。至2013年年底，全区主导产品有10个行业二十八大类600余个品种。造纸包装行业有高档涂布包装纸板、特种纸、食品包装白卡等16个；橡胶轮胎行业有高性能轿车胎、工程轮胎、高强力输送带等8个；农机行业涵盖收获机械、旋耕机、播种机、联合作业整地机等11个；矿用机械、汽车零部件等行业涵盖滚筒机、皮带机、铝水泵壳体、墙板机等29个。

2013年兖州市主要产品及生产企业情况表

表11-3

序号	行业	类别	生产企业	主要产品
一	造纸包装业	造纸	山东太阳纸业股份有限公司	高档涂布包装纸板
				高级美术铜版纸
				非涂布高级文化办公用纸
				特种纸
				食品包装白卡
				高档生活用纸
				纸浆
		包装	兖州市顺昌纸制品制造有限公司	纸箱
			兖州市雯鑫包装有限公司	箱板生产
			兖州市天源纸业有限公司	金银卡纸、烟舌纸
			兖州市华胜纸制品有限公司	包装箱
			兖州市宝祥包装印刷有限公司	瓦楞纸板的生产
			山东利宝源新型包装有限公司	纸制品
			兖州市圣明纸业销售有限公司	铜胶纸、白卡纸
			兖州市天佑纸业有限公司	复合金银卡纸的生产
		彩印	兖州市胜兴彩印有限公司	包装装潢及其他印刷
二	橡胶	轮胎	华勤橡胶工业集团	高性能轿车胎
				工程轮胎
				摩托车胎
		输送带	华勤橡胶工业集团	高强力输送带
			山东雷皓橡胶工业有限公司	丁基内胎
			山东瀚邦胶带有限公司	PVC输送带
			山东祥通胶带有限公司	输送带
			兖州市恒鑫伟业胶带有限公司	输送带
三	机械	农业机械	山拖农机装备有限公司	大中马力拖拉机
			兖州市山拖凯泰机械有限公司	中小马力拖拉机
			爱科大丰（兖州市）农业机械有限公司	小麦、玉米、大豆、水稻联合收获机械
			山东玉丰农业装备有限公司	玉米收获机械
			山东国丰机械有限公司	玉米收获机械
			山东大华机械有限公司	旋耕机、播种机、联合作业整地机
			兖州市华硕机械有限公司	旋耕机、农机具
		配件	兖州市鑫旺机械有限公司	减速机输出轴
			兖州市西北工矿配件有限公司	农机配件
			兖州市丰业机械有限公司	农机配件

续表11-3

序号	行业	类别	生产企业	主要产品
三	机械	配件	山东澳星工矿设备有限公司	农机配件
		汽车	兖州环亚挂车制造有限公司	挂车
		汽车零部件	兖州市环宇车轮有限公司	钢制车轮
				镁铝车轮
			山东联诚集团有限公司	铸铁
				铸铝
				汽车零部件
				工程机械配件
				农业机械配件
			兖州市新科金属制品有限公司	转向器及配件
		矿用机械	兖矿集团大陆机械有限公司	皮带输送机
			兖州市海智机电科技有限公司	煤矿设备
			山东兖州市煤矿机械有限公司	矿用设备（绞车、支护产品）
			兖州市天工机械铸造有限公司	矿用绞车
			兖州市中煤华安机电设备有限公司	矿用电子产品
			山东华煤重型机械有限公司	矿山及煤矿用设备
			兖州市永泰矿山机械有限公司	滚筒
			兖州市华泰机械设备有限公司	输送带、皮带机
			兖州市华重机械设备有限公司	矿山设备
			兖州市鲁煤机械有限公司	耦合器
		矿用机械	兖州市飞马矿山机械有限公司	机械配件
			兖州市同信机械制造有限公司	工程机械及配件
			兖州市金三星机械厂	配件
			兖州市明兴金属制品有限公司	衬板、齿尖
			兖州市金城宏达机械有限责任公司	摩托车曲轴
		专精特机械	山东永金精密机械制造有限公司	加工中心光机
			山东永华机械有限公司	数控车床加工中心
			兖州市维科机电设备有限公司	钻床
			山东宏升机械表面工程有限公司	建筑工程用机械制造
			山东天意机械制造有限公司	轻质墙板机
四	食品	面粉	益海嘉里（兖州市）粮油工业有限公司	面粉
			今麦郎面粉（兖州市）有限公司	面粉
			山东白象面业有限公司	米、面制品制造
			兖州市鲁粮工贸有限公司	谷物磨制
		禽类加工	兖州市绿源食品有限公司	肉鸭
			兖州市大成食品有限公司	肉鸡
			兖州市嘉隆食品有限公司	肉鸡

续表11-3

序号	行业	类别	生产企业	主要产品
四	食品	方便面	山东白象食品有限公司	方便面
			今麦郎食品（兖州市）有限公司	方便面
			兖州市帅帅食品有限公司	挂面
		饮料	今麦郎饮品（兖州市）有限公司	茶饮料、饮用水
			山东兴达酒业有限公司	白酒
			山东诺斯曼食品有限公司	啤酒
		饲料	兖州市绿源食品有限公司	饲料
			山东德福食品有限公司	饲料
			兖州市六和饲料有限公司	猪饲料
			兖州市和康源饲料有限公司	饲料加工
		花生油	益海嘉里（兖州市）粮油工业有限公司	花生油
		其他	兖州市澳麦食品有限公司	蜂制品、冲调产品
			兖州市民基食品有限公司	饼干
			山东百盛生物科技有限公司	淀粉、葡萄糖酸钠
			兖州市豪联肠衣有限公司	猪肠衣
五	化工	精细化工	凯米拉天成化学品（兖州市）有限公司	AKD造纸助剂
			兖州市东升精细化工有限公司	重质碳酸钙
			兖州市天成化工有限公司	专项化学用品制造
			兖州市银河化工有限公司	三异丙苯基磷酸酯的生产
			兖州市鸿麟化轻公司	化工
			兖州市恒源化工有限责任公司	松香胶
			兖州市龙腾化工有限公司	纯苯
			济宁市信中和染料科技有限公司	染料
			兖州市永华化工有限公司	醇酸调和漆
			兖州市沃尔沃肥业有限公司	复混肥料制
			兖州市亚太化工有限公司	糠醛
			兖州市云天工贸有限公司	磷酸氢二钠
		煤化工	山东兖矿国际焦化有限公司	焦炭
				甲醇
			青岛钢铁集团兖州焦化厂	焦炭
				甲醇
六	医药	化学原料药	山东希尔康泰药业有限公司	胶囊剂
				片剂
				水针
				分针
				空心胶囊

续表11-3

序号	行业	类别	生产企业	主要产品
六	医药	中成药	兖州市海钰生物制品有限公司	软骨素
			山东益宝生物制品有限公司	硫酸软骨素
			兖州市滨阳生物科技有限公司	兽药研发
			兖州市希尔康泰药业有限公司	中成药制造
			山东大禹华龙药业有限公司	800吨精制芦丁
		生物药	兖州生宝制药有限公司	小容量注射剂、片剂、口服剂和原料药
		医疗器械	山东育达医疗设备有限公司	电动护理床
				手术床
				LED无影灯
			山东瑞通高分子医疗器械有限公司	一次性注射器
			兖州市通用医疗器械有限公司	医用术手台、病床、医用车
七	冶金建材	冶金	齐鲁特钢有限公司	合金钢锻材锻件
				重型装备配套大型锻件
		混凝土	山东赤城建材有限公司	煤矸石烧结砖
			兖州市华达石材有限公司	石材的生产
			兖州市勤誉新型建材有限公司	加气混凝土砌块
			兖州市天合新型建材有限公司	SP双T板砌块
			兖州市中联混凝土有限公司	预拌商品混凝土
			山东兖州市嘉禾混凝土有限公司	混凝土
			兖州市华强混凝土有限公司	混凝土
			兖州市晨宇混凝土有限公司	商品混凝土
			兖州市源坤新型建材有限公司	商品混凝土
			兖州市金恒新型建材有限公司	商品混凝土
			兖州市东山砼业有限公司	商品混凝土
		水泥	兖州市嵫山水泥厂	水泥
		钢结构	山东经典重工集团股份有限公司	钢砼结构
			山东光磊钢结构工程有限公司	金属结构
			山东建隆实业股份有限公司	金属结构
			山东国大钢结构有限公司	金属钢结构
			兖矿集团兖州市三方钢结构工程有限公司	金属结构
			兖州市崇文钢结构工程有限公司	钢结构工程
八	纺织服装	纺织	山东翔宇化纤纺织有限公司	锦纶6帘子布
				锦纶6工业切片
				锦纶6半消光切片（高速纺）
				锦纶6高强工业丝
				锦纶帆布（NN）

续表11-3

序 号	行 业	类 别	生产企业	主要产品
八	纺织服装	纺织	山东翔宇化纤纺织有限公司	锦纶子口布
				超高分子量聚乙烯纤维
			兖州市新璞气流纺织有限公司	纺织
			济宁大阳毯业有限公司	地毯、挂毯
			兖州市华信内饰材料有限公司	汽车内饰面料
		服装	兖州市圣凯罗服装有限公司	服装加工
			兖州市希凯服饰有限公司	出口服装
			兖州市九安服装有限责任公司	服装
			兖州市嘉顿服饰有限公司	服装加工
九	新能源	太阳能	山东曜晖太阳能有限公司	太阳能毛坯管、高硼硅玻璃管
			山东太阳雨太阳能有限公司	全玻璃真空集热管
			山东兖州华春新能源有限公司	太阳能热水器
		光伏	山东硕华科技有限公司	照明产品、光伏组件
		动力电池	山东诺力新能源科技有限公司	蓄电池极板
			山东车马龙电源有限公司	铅酸蓄电池
		新能源汽车	济宁春晖新能源有限公司	电动汽车
十	新信息	基础电子元器件	山东科大鼎新电子科技有限公司	硅铝丝
				单晶铜键合丝
				键合金丝
				电子香烟
				无叶电风扇
			山东迪一电子科技有限公司	白毛管、二极管
			山东芯诺电子科技股份有限公司	GPP钝化芯片

第四章 工业门类

第一节 煤 炭

兖州市境内煤炭资源丰富，品种多样。煤的品种有气煤、动力煤、块煤等，主要销往省内及周边地区。1996 年，境内有兴隆庄煤矿、杨村煤矿、杨庄煤矿 3 家煤矿，煤炭总产量 493.6 万吨，产值 5.07 亿元，销售收入 1.85 亿元（不含兴隆庄煤矿）。1999 年 9 月，田庄煤矿建成投产。2001 年 7 月，古城煤矿建成投产。2003 年 1 月，杨庄煤矿改制并更名为兖州市大统矿业有限公司。同年，田庄煤矿和杨村煤矿划归济宁高新技术开发区管理。2004 年 5 月，新驿煤矿建成投产。至年底，境内共有兴隆庄煤矿、古城煤矿、大统矿业有限公司和新驿煤矿 4 家煤矿，煤炭总产量 1061.53 万吨，产值 18.71 亿元，销售收入 29.8

亿元。2010年，全市煤炭总产量1016.36万吨，产值68.5亿元，销售收入56.07亿元。2012年始，随着煤炭“十年黄金期”的结束，煤矿产量降低，销售收入减少，煤炭行业指标在全市工业指标中的占比逐渐降低。2013年，全市煤炭总产量1124.89万吨，产值64.14亿元，销售收入53.01亿元，实现利税31.17亿元。

兖州市大统矿业有限公司 前身为杨庄井田，为兴隆庄井田的一部分。由原华东煤炭基本建设公司第二勘探队负责勘探。1978年6月矿井开工建设，1987年7月投产。1990年，有职工1067人，产煤9万吨。1998年，进行第一次改制。2002年年底，兖州市政府批准进行二次改制。2003年1月1日，杨庄煤矿改制为国有资产参股的民营股份制企业，并更名为兖州市大统矿业有限公司。至2005年年底，利用7个月的时间，制定中国第一个《本质安全型矿井管理条例》。2006年，提出“建设本质安全型矿井”的任务。2007年，提出“观念转变，结构转变，企业转型，跨越发展”的指导思想，实现“确保十年无死亡”的目标。2013年，公司拥有资产总额13.05亿元，员工1100余人，年产原煤47.73万吨，煤炭销售收入3.25亿元。

兖州市大统矿业有限公司井下作业场景

第二节 造纸及纸制品

造纸及纸制品业是境内起步早、发展快、规模大的行业之一。1996年，境内造纸及纸制品企业5家，职工2902人，拥有固定资产原值2.48亿元，工业总产值（当年价）5.04亿元。2000年，行业年收入500万元以上的企业4家，工业总产值（当年价）12.88亿元，是1996年的2.55倍。其中，龙头企业山东太阳纸业集团有限公司，机制纸及纸板产量25.74万吨，实现销售收入10.79亿元，利润1.52亿元，税金1.04亿元。2005年，行业年收入500万元以上的企业3家，工业总产值（当年价）63.57亿元，是2000年的4.93倍。山东太阳纸业股份有限公司资产总额87亿元，年生产能力180万吨，员工7500人。2010年，行业年主营业务收入500万元以上的企业达到12家，工业总产值（当年价）225.37亿元，是2005年的3.5倍。2013年，行业年主营业务收入2000万元以上的企业10家，工业总产值（当年价）352.87亿元，是2005年的5.55倍；实现主营业务收入353.14亿元、利税8.28亿元、利润4.52亿元。

山东太阳纸业股份有限公司 1982年成立，公司业务涉及造纸、化工、外贸、电力、科研、林纸、酒店、投资、纺织、食品等领域。1994年3月，公司联合国内10余家相关企业，组建山东太阳集团总公司，业务扩展到制浆造纸、纸张销售、机械加工、化工等。1996年，大规模引进外资，成立合资公司，发展合资企业，利用外国资本扩大自身规模，开发生产高档涂布包装纸板。2000年4月，山东太阳纸业集团有限公司更名为山东太阳纸业股份有限公司。同年，白杨公司成立，建设毛白杨生产基地，产业链向上游延伸，开始林纸一体化的探索。2005年，完成产量109万吨，实现销售收入59亿元。2006年10月，与美国国际纸业合作的万国纸业太阳白卡纸有限公司正

山东太阳纸业股份有限公司高松厚度纯质纸生产车间

式投入运营。同年 11 月，在深圳证券交易所上市，2008 年 2 月，10 万吨化机浆项目建成投产，自制木浆投入使用。同年 6 月，太阳纸业老挝有限公司成立，在老挝建设林浆基地。同年 8 月，年产 40 万吨液体包装纸项目投产，产品填补亚洲空白。2010 年 4 月，年产 40 万吨高松厚度纯质纸项目动工建设，完成销售收入 220 亿元，成为济宁市首家过 200 亿的制造业企业。2011 年，24 号机铜版纸生产线投产，铜版纸产品实现全系列生产。开发出溶解浆系列产品，成为国内首家规模生产溶解浆的企业，其采用的连蒸连煮工艺为世界首创。2012 年 9 月，与美国国际纸业合作建设的高档食品包装卡纸生产线正式投产。2013 年 3 月，成功从溶解浆水解液中提取出木糖产品。同年，实现主营业务收入 347.62 亿元，利税 7.92 亿元，拥有资产总额 230 亿元，年浆纸产能 400 万吨，员工 1 万余人。公司形成高档涂布包装纸板、高级美术铜版纸、高级文化办公用纸、太阳生活用纸、特种纤维溶解浆五大系列产品。拥有金太阳、华夏太阳、天阳、幸福阳光、威尔、乐考、酷印等主要品牌，其中“金太阳”商标为中国驰名商标。

第三节　橡胶制品

1996 年，境内有橡胶制品企业 2 家，职工 554 人，拥有固定资产原值 7572 万元，工业总产值（当年价）3.06 亿元。2000 年，橡胶行业年收入在 500 万元以上的企业有银河橡塑集团 1 家，职工 493 人，实现销售收入 2.37 亿元、利税 4401 万元、利润 3866 万元。2005 年，橡胶制品业企业发展为 4 家，实现工业总产值 2 亿元。2010 年，年收入 500 万元以上的橡胶企业 5 家，工业总产值（当年价）158.49 亿元。至 2013 年，全行业年主营业务收入 2000 万元以上的工业企业 8 家，实现工业总产值 344.9 亿元，实现主营业务收入 337.3 亿元、利税 17.06 亿元，形成具有世界影响力的轮胎、输送带品牌。围绕两大核心产品拉长产业链，配套发展钢丝帘线、钢丝绳、帘子布、橡胶、高压胶管等产品，形成链条较长、规模优势突出、协作关系紧密、核心竞争力强的橡胶制品产业集群。

华勤橡胶工业集团　1989 年 7 月 18 日，兖州市华西胶带厂成立。1995 年 5 月，企业由兖州市小马青村搬迁至 327 国道北。1997 年 10 月，公司一次性买断企业内部集体资产，由集体企业改制为民营企业。1998 年 6 月，与法国德普勒公司合资组建银河德普胶带有限公司。2003 年 6 月，成立兖州市银河电力有限公司，3 万千瓦热电联产项目开工建设。2004 年 7 月，成立陆通轮胎有限公司，年产 120 万套的全钢载重子午轮胎项目投产。2005 年 8 月，陆通轮胎有限公司与意大利倍耐力公司合资成立倍耐力（中国）轮胎有限公司。2006 年 3 月，山东银河橡塑集团成立。

华勤橡胶工业集团 10 万吨钢帘线生产车间

2007年11月，银河德普胶带有限公司与美国固特异工程橡胶集团合资成立山东安能输送带橡胶有限公司。2009年1月13日，山东银河橡塑集团更名为华勤橡胶工业集团（以下简称“华勤集团”）。同年3月，山东华勤投资控股有限公司成立，华勤集团进入资本运营领域，华勤钢丝绳有限公司成立。2010年7月，华勤集团与美国固特异工程橡胶集团合资生产高压胶管签约。同年10月21日，华勤爱科环境技术有限公司汽车尾气过滤器正式下线，标志着集团公司正式进军环保产业。2013年，华勤集团下属子公司10余家，有员工1万余人，是全球最大的输送带生产企业和顶级轮胎制造商，中国500强企业之一，形成年产4000万平方米的高强力输送带、1亿标米高压胶管、120万套全钢载重子午轮胎、1000万套顶级轿车轮胎、300万套高性能摩托车胎、10万吨钢丝绳和10万吨钢丝帘线的生产能力。2013年，实现销售收入337.3亿元、利税17.06亿元、利润9.35亿元。

第四节　装备制造

装备制造产业是兖州市的传统优势产业，起步较早。1996年，境内装备制造业企业37家，职工14536人，拥有固定资产原值4.96亿元，工业总产值12.77亿元。2000年，行业年收入500万元以上的企业16家，工业总产值5.52亿元。2005年，行业年收入500万元以上的企业46家，工业总产值（当年价）32.16亿元，是1996年的2.52倍。2010年，行业年收入500万元以上的企业102家，工业总产值64.05亿元。至2013年，行业年主营业务收入2000万元以上的企业55家，工业总产值（当年价）85.41亿元，占全市规模以上工业企业总数的30.7%，行业实现主营业务收入178.66亿元、利税9.59亿元、利润7.07亿元，形成以农机、汽车零部件、工矿机械及配件、数控机床等优势产品为依托，构筑项目支撑集群发展格局。

装备制造业中，农机产业发展最早，品种最多。20世纪90年代发展迅速，后来受市场行情的影响，加之原来企业小而散、能耗高、效益低，个别企业曾一度濒临破产边缘。2000年始，兖州市通过实施创建农机品牌战略，鼓励农机制造企业战略重组，加快集团化、集约化进程，形成以大型企业为龙头、中小企业相配套的产业体系和产业集群，提升了产业集中度和专业化分工协作水平。2007年，全市有山拖农机装备公司为龙头的农机生产企业近30家，农机科研、开发、推广、销售网络进一步健全，农机产品形成八大类100余个品种，年农机产品销售额10亿元，解决劳动力就业15000人，带动了农机市场的快速发展。2007年，全市生产的玉米联合收获机占到山东省农机补贴玉米联合收获机总量的3/4。至2013年年底，全区有农机制造企业77家、配件生产企业43家（含规模以下），基本形成以大、中、小马力拖拉机、玉米及小麦收获机、耕耙播种器械为代表的农机产业。有从业人员2万余人，实现销售收入120亿元、利税8.6亿元，国内市场占有率达10%。农机产业集群被山东省命名为优质农业机械及零部件生产基地和省级产业集群。

齐鲁特钢有限公司　成立于1985年，主营业务为高品质锻材、锻件的生产和销售。前身为兖州市合金钢厂，与太钢钢研所技术合作引进0.5吨电渣重熔炉1台，生产铸钢件产品。1990年—1995年，市场空前高涨，企业迎来第一次发展高潮，进行多项国家星火计划和省技改工程建设。1994年，公司进行股份制改革，注册成立山东兖州市合金钢股份有限公司。2003年，注册成立齐鲁特钢有限公司。2006年—2010年，投资10亿元，分2期扩大产能。即投资6亿元引进具有国际先进水平的4500吨和2000吨快锻机组各1台套，开发大规格合金钢锻材、锻件产品，以扩大产品产量和规格；投资4亿元对原炼钢系

2005年10月，兖州市齐鲁特钢有限公司1600t快锻生产线于投产

五征集团山拖农机装备有限公司大马力拖拉机下线

统进行升级改造，初步具备100万吨的炼钢能力。2009年，注册成立齐鲁工程装备有限公司，投资12亿元从奥地利GFM公司引进全球最大2000吨智能径向锻造机，是全球首台高精尖智能锻造加工设备。至2013年，齐鲁特钢有限公司资产总额37亿元，形成年产特钢锻材、锻件45万吨的生产能力，员工750余人，实现主营业务收入98.11亿元、利税7.57亿元。主导产品有大型海洋厚壁空芯件、石油钻铤、核电军工用管、高温合金、钛合金、高速钢、大型工模具模块、大型轴类锻件等十大系列。企业拥有锋箭、齐鲁特钢2个品牌。其中，“锋箭及图”商标为山东省著名商标。

五征集团山拖农机装备有限公司 前身为山东拖拉机厂，1960年成立，位于新兖镇辛北店村。1997年12月，山拖泰山（TS）拖拉机被机械工业部授予机械工业名牌产品。2000年，国内首台120马力拖拉机在山东拖拉机厂研制成功。2003年9月，TS牌轮式拖拉机荣获山东名牌产品。2006年10月，山拖农机装备有限公司成立。2009年4月，济宁市国资委、兖州市政府、五征集团、山拖农机装备有限公司、山东拖拉机厂破产清算组签署《合作协议》，五征集团整体并购山拖农机装备有限公司。同年5月，五征集团山拖农机装备有限公司成立。2011年12月，TS全系列产品全面完成技术质量升级，实现产品升级换代。2012年5月，年产1万台拖拉机生产线竣工投产。2013年，公司总资产6亿元，职工1300人，主要产品发展到25马力～260马力拖拉机1000余个品种，企业实现主营业务收入5.8亿元、利税1069万元，成为中国拖拉机制造骨干企业、兖州市农业机械装备产业集群龙头企业。

山东金大丰机械有限公司 成立于2012年。2013年6月，2万套收割机配件项目开工建设。业务涉及农业机械及配件生产、制造及销售；货物及技术的进出口业务等领域。同年，企业拥有资产总额3.3亿元，形成年产收获机械1万台、拖拉机1万台的生产能力，员工500余人。企业实现主营业务收入1.1亿元、利税946万元。

山东经典重工集团股份有限公司 成立于2011年，是一家集钢结构生产制造、研发设计、建设施工为一体的国家高新技术企业。2012年1月，公司新厂区奠基建设。同年6月，轻钢、重钢18条生产线、单板12条生产线正式投产使用。同年7月，山东经典集团成立，经营范围涉及钢结构工程、建筑设计、物资贸易、机械制造、园林绿化、文化传媒、红木家具等领域。2013年6月，6A智能化办公大厦启用，总建筑面积1.3万平方米，使用钢材1800吨，公司独立设计，具有自主知识产权。同年7月，生产车间二期工程启用，面积达到11万平方米、年生产能力达到30万吨。同年，公司建成26条钢结构生产线，实现销售收入1.38亿元，利税2160万元。

第五节　化学工业

1996年，境内有化学原料及化学制品制造企业14家，职工2049人，拥有固定资产原值9779万元，工业总产值（当年价）1.52亿元。2000年，行业年收入500万元以上的企业5家，工业总产值（当年价）1.02亿元。2005年，行业年收入500万元以上的企业15家，工业总产值（当年价）7.69亿元。2010年，行业年主营业务收入500万元以上的企业26家，工业总产值（当年价）12.34亿元。2013年，行业年主营业务收入2000万元以上的企业12家，工业总产值（当年价）11.68亿元，主营业务收入实现15.13亿元、利税1.74亿元、利润1.27亿元。

2005年，境内有石油加工、炼焦及核燃料加工业企业1家。2010年，年主营业务收入500万元以上的企业达到4家，工业总产值（当年价）32.17亿元。2013年，行业年主营业务收入2000万元以上的企业3家，工业总产值（当年价）13.77亿元，主营业务收入实现14.12亿元、利税5783万元、利润3627万元。

2013年，全市形成以山东兖矿国际焦化有限公司、青岛钢铁集团兖州焦化厂为龙头的煤化工产业；以兖州市天成化工有限公司等为骨干的精细化工产业，围绕造纸助剂，重点发展AKD、氯碱、甘油法环氧氯丙烷、碳酰化系列产品。初步形成产出效益好、产业延伸度大的化工产业集群。

兖州市天成化工有限公司　成立于1999年，是一家集工、贸、科研为一体的高科技化工企业。1999年，公司由生产杀虫剂的市税务局三产企业转型为生产AKD乳液的精细化工企业。2002年，企业在江苏常州、铜山、新沂和山东泰安、德州建有配套产业基地。2006年，建设完成鑫诚工业园，扩建2万吨/年造纸助剂项目，主导产品AKD产量和品质均居世界领先地位，并在德州市临邑县建设新厂——天安化工有限公司，同年底

兖州市天成化工有限公司AKD乳液生产线

投入正式生产。2008年，与芬兰凯米拉合资组建凯米拉天成化工有限公司，主导产品AKD蜡粉产量和质量世界第一。2009年—2011年，开展益海天成兖州市化工项目环评、能评、土地、立项等工作。2011年9月，该项目获工信部履行《禁止化学武器公约》工作办公室项目光气建设许可批复及山东省禁化武办公室项目光气建设许可。2012年—2013年，进行天成万丰项目生产办公楼内部布置、公用工程指标、施工图设计以及项目清障、热源等工作。2013年，形成年产1万吨环保增塑剂、2万吨阳离子醚化剂、2万吨AKD乳液、1万吨湿强剂的生产能力。造纸化学品系列与环保增塑剂系列产品，分别通过谱尼测试和SGS第三方检测机构检测认证。至2013年年底，公司实现销售收入7500万元，利税1500万元。

第六节　医药　医疗

1996年，境内有医药制造企业5家，职工627人，拥有固定资产原值2195万元，工业总产值1.18亿元。2000年，年收入500万元以上企业5家，工业总产值（当年价）1.7亿元。2005年，年收入500万元以上企业12家，工业总产值（当年价）3.37亿元。2010年，年主营业务收入500万元以上企业8家，工业总产值（当年价）8.87亿元。2013年，年主营业务收入2000万元以上

的企业6家，工业总产值（当年价）11.93亿元，实现主营业务收入11.48亿元、利税9711万元、利润7679万元。全市从事生物医药及医疗器械研制、开发、生产、流通的企业发展到19家（含规模以下企业）。产品主要涵盖中成药、生物提取药、化学原料药、制剂、医疗器械等五大系列122个品种。通过国家药监局GMP认证企业6家，获批文号105个，初步形成生物医药生产、设计、科研、信息体系。

山东端信堂大禹药业有限公司　1989年，兖州县中药厂成立，员工200余人，具备固体制剂、注射剂、原料药及中药提取、激素产品等6个剂型、近20个品种的生产能力。1991年4月，公司迁至北关立交桥铁北东街1号，在原兖州市碱厂基础上实施技术改造。1992年10月，通过山东省卫生厅验收并投入生产。1994年5月，被山东信息快报社兼并。1996年10月，被天津大学华光科技公司兼并。1998年，兖州市政府收回该企业。2003年9月，市中药厂实施改制成立兖州市大禹制药有限责任公司。2004年4月，公司通过GMP认证。2006年9月，与济宁鲁抗集团实施战略品牌合作，更名为山东鲁抗大禹药业有限公司。2011年4月，与济宁鲁抗集团中止合作，更名为山东端信堂大禹药业有限公司。同年10月，筹建兖州市经济开发区新厂。2013年7月，公司整体搬入新厂区。至年底，企业实现主营业务收入1.48亿元、利税1318万元。

山东育达医疗设备有限公司　始建于2002年，位于兖州市经济开发区，占地面积150亩，注册资本2000万元。2008年，公司新注册飞天塑胶公司。同年，与日本日中国际商事会社共同出资设立佳田医学影像科技有限公司，主要产品有DR、监护仪、医用超声设备等，是山东省第一家生产直接数字化X光机（DR）的企业。至2013年年底，公司总资产3.44亿元，产品主要有手术无影灯、电动手术台、医用床等护理、手术通用器械，实现主营业务收入4.01亿元、利税6842万元。

山东希尔康泰药业有限公司　前身为兖州县胶丸厂，始建于1989年。1998年，兖州市希尔康泰药业有限公司成立，2011年4月，更名为山东希尔康泰药业有限公司，公司注册资本2054万元，员工500余人，年生产胶囊剂20亿粒、片剂10亿片、水针5亿支、粉针5亿支、空心胶囊28亿粒。2013年，企业实现主营业务收入5.6亿元、利税3366万元。

山东希尔康泰药业有限公司制药车间

山东瑞通高分子医疗器械有限公司　前身是兖州市民政局下属的市医疗器材厂，始建于1989年，是一家生产一次性无菌医疗器械的企业，职工532人。1997年，市医疗器材厂更名为市瑞通医疗有限公司。2003年，市瑞通医疗有限公司由兖州市大统矿业公司整体收购，更名为山东瑞通高分子医疗器械有限公司。2013年，公司实现主营业务收入2204万元，利税151万元。主

山东瑞通高分子医疗器械有限公司生产车间

导产品为一次性精密过滤输液器、输液器、无菌注射器等系列产品。

第七节　食品工业

1996年，境内食品行业共有企业27家，职工7776人，拥有固定资产3.86亿元，工业总产值（当年价）7.14亿元。至2000年，销售收入500万元以上的食品加工企业13家，实现工业总产值7.7亿元，是1996年的1.1倍。2005年，全市年销售收入500万元以上的食品加工企业24家，工业总产值39.15亿元，是1996年的5.5倍。2010年，全行业年主营业务500万元以上的企业29家，工业总产值95.17亿元，是1996年的13.3倍。2013年，全市食品产业形成以肉食品加工、粮食加工、饮料生产、绿色无公害果蔬加工、包装材料生产等五大产业为核心，以肉制品、面粉、饮料、休闲食品、方便食品、调味品、果蔬制品、食用油等20余个系列300余个品种为主的食品工业格局。吸引华龙、今麦郎、白象等方便面企业先后投资办厂，形成年产方便面50亿包、销售收入20亿元的规模，成为山东省最大的方便面生产基地。同年，全市规模以上（年销售收入2000万元以上）食品企业22家，实现工业总产值96.11亿元，主营业务收入103.8亿元，利税7.8亿元，利润6.9亿元。

兖州市肉类联合加工厂　始建于1958年，主营猪、牛屠宰和肉类加工、生化制药等。1995年，猪、牛、乳猪和兔的日宰能力分别为3000头、10头、200头和10000只，日产猪分割肉20吨，肉制品8吨。猪、牛和乳猪3个加工车间均通过出口卫生注册。建有冷库3座，总容量1万余吨，冻结间14个、冻结能力220吨/日。2000年5月，企业由济宁市下放兖州市管理，资产总额1.17亿元，有职工1700余人。2000年10月15日，加工厂正式进入破产程序。

山东兴达酒业有限公司　成立于1998年。1999年12月，兖州特曲被中国食品工业协会授予“国家质量达标食品”称号。2000年12月，盒装子母酒瓶被国家知识产权局授予专利产品。2007年5月，神州剑酒商标被认定为中国驰名商标。同年6月，兖州市特曲、神州剑酒成为人民大会堂指定用酒。2009年5月，兖州市第一窖酿造工艺，获济宁市第二批市级非物质文化遗产。2010年11月，公司被批准为山东省白酒行业浓香型白酒标准化生产示范基地。2011年10月，神州剑酒获山东省著名商标。2012年7月，绿豆酒及其生产工艺荣获国家发明专利。至2013年年底，公司业务涉及白酒与葡萄酒的生产和销售，形成年产白酒2万吨生产能力，员工280余人。主要产品兖州特曲、神州剑酒、运河之都酒、兴隆塔特曲、滋阳老店五大系列。企业实现主营业务收入3350万元、利税1320万元。

山东兴达酒业有限公司生产车间（姜兵　摄）

兖州市绿源食品有限公司　成立于2001年。2001年12月，建成兖州第一种鸭厂，扩建第一孵化厂。2002年6月，年产10万吨饲料厂投产。2003年11月，年屠宰2000万只冷藏加工厂投产。2004年10月，建成第二种鸭厂，扩建第一孵化厂。2005年6月，建成年产20万吨饲料厂。同年8月，建成占地420亩标准化养育基地。2006年3月，苏州樱源食品有限公司成立；9月，年产万吨熟食厂投产。2007年5月，建设第三种鸭厂。2008年5月，4000万只的第二鸭孵化厂正式投产运营；9月，4000万只第二鸭屠宰线正式投产运营。2009 年 6 月，曲阜圣地源农牧发展有限公司成立。2010 年 9 月，曲阜、邹城标准化养殖场投产；10 月，熟食二厂投产。2011 年 3 月，建设 30 万吨第三饲料厂。2013 年 2 月，建设鲁西南冷链物流中心；12 月，山东省肉鸭产业工程技术中心成立。至 2013 年年底，公司业务涉及熟食加工、冷藏加工、饲料加工、种鸭饲养、苗鸭孵化、标准化养殖、冷链物流等多个领域，拥有资产总额 20.07 亿元，形成年孵化鸭苗 6000 万只，年产饲料 60 万吨、冻品 20 万吨、熟食 4 万吨的生产能力，员工 3500 余人。企业“樱源”商标被评为中国驰名商标、山东省著名商标、山东名牌。2013 年，企业实现主营业务收入 44.65 亿元，利税 4.48 亿元。

第八节　纺织工业

1996 年，境内共有纺织工业企业 10 家，工业总产值（当年价）2.16 亿元，职工 4825 人，固定资产 1.31 亿元。2000 年，有年销售收入 500 万元以上纺织企业 5 家，工业总产值 1.01 亿元，销售收入 8359 万元，从业人数 1627 人。2005 年，全行业 500 万元以上企业发展到 14 家，工业总产值 14.73 亿元。2010 年，全行业 500 万元以上企业 13 家，工业总产值 35.94 亿元，主营业务收入 35.11 亿元。2013 年，全行业主营业务收入 2000 万元以上的纺织企业 4 家，实现工业总产值 133.03 亿元，主营业务收入 129.3 亿元，利税 19.58 亿元，利润 12.29 亿元，从业人数 2381 人。

兖州市毛条厂　始建于 1977 年，为国有中型毛条专业生产企业。按照系统性、专业化生产的原则，由国家和地方联合投资兴建。企业共有职工 880 人，占地面积 165 亩，生产用地面积 2 万平方米，全部为 1977 年建厂时国家划拨土地。因经营管理不善，造成严重亏损，无力清偿到期债务。1999 年，固定资产原值 1421 万元，主要设备有缫丝机 4800 绪 /240 台，年生产自厂丝 260 吨。经济宁市中级人民法院批准，1999 年 7 月，进入破产程序。2000 年 5 月，下放兖州市管理。

山东翔宇化纤有限公司　前身为兖州市产业用布厂，成立于 1987 年。1997 年 11 月，市产业用布厂规范改制为民营股份合作企业，更名为兖州市翔宇化纤纺织有限公司。2005 年 4 月，更名为山东翔宇化纤有限公司。2007 年，投资 1.5 亿元实施年产 1 万吨民用切片项目。2008 年，投资 5000 万元新建 75 米高速浸胶生产线。2009 年 6 月，投资 1.35 亿元完成年产 3 万吨高速纺锦纶 6 帘子布扩产生产线项目。2010 年，建成投资 1 亿元的年产 30000 吨高速一步纺锦纶丝扩产生产线。同年，投资 1.2 亿元实施年产 4 万吨锦纶 6 半消光民用切片扩产项目。2011 年 10 月，投资 1.2 亿元建设年产 1000 吨超高分子聚乙烯纤维项目。2012 年，新建年产 3 万吨 POY 民用丝纺丝生产线项目、年产 1.5 万吨高速高强 80 米双浴浸胶生产线项目和年产 3 万吨高模低收缩聚酯帘子布项目。至 2013 年年底，公司业务涉及纺织制造业、服务业等多个领域，拥有资产总额 57 亿元，主要产品有锦纶 6 工业切片、民用锦纶 6 半消光切片（高速纺）、锦纶 6 高强工业丝、各种规格的锦纶帘子布、锦纶帆布 (NN)、超高分子量聚乙烯纤维，企业实现主营业务收入 127.32 亿元，利税 19.28 亿元。

山东翔宇化纤有限公司帘子布生产线

第九节 建材工业

1996年，境内共有建材工业企业20家，职工4055人，拥有固定资产原值2.12亿元，工业总产值（当年价）2.89亿元，主要从事玻璃制品、水泥、建材、砖瓦生产。2000年，全行业年收入500万元以上的企业7家，工业总产值（当年价）1.3亿元。2005年，全行业年收入500万元以上企业12家，工业总产值（当年价）3.43亿元，重点企业有山东金鑫玻璃有限公司、兖州市嵫山水泥厂、兖州市晶冠玻璃有限公司。2010年，全行业年主营业务收入500万元以上企业40家，工业总产值（当年价）17.26亿元。2013年，全行业年主营业务收入2000万元以上企业23家，工业总产值（当年价）22.63亿元，实现主营业务收入21.64亿元，利税2.27亿元，利润1.54亿元。

山东金鑫玻璃有限公司 成立于2000年4月，是由山东星光玻璃集团改制成立的民营股份制企业，拥有资产总额2.6亿元，形成年产21万吨玻璃制品的生产能力，员工600余人。2001年8月，收购破产企业山东星光玻璃集团有限公司建华玻璃厂。2003年3月，新建太阳能玻璃集热管生产线项目竣工投产，购置全电熔玻璃窑炉和相关配套设备设施，年生产能力达到3000吨。同年11月，新建18平方米玻璃窑炉生产线项目竣工投产，建设18平方米玻璃窑炉1台，购置制瓶机及相关配套设备设施，年产高白料异型酒瓶1万吨。2004年8月，新建68平方米节能玻璃窑炉生产线项目竣工投产，建设68平方米节能玻璃窑炉1台，购置3台六组双滴料制瓶机及相关配套设备设施，年新增生产能力5万吨。2004年—2007年，完成30平方米窑炉1台、35平方米节能窑炉1台、42平方米节能窑炉1台的技术改造，新安装电退火炉1台。2008年8月，新建88平方米节能玻璃窑炉生产线项目竣工投产，建设88平方米节能玻璃窑炉1台。2010年8月，新建离心玻璃棉生产线项目竣工投产，建设28平方米节能玻璃窑炉1台。2011年2月，新建90平方米节能玻璃窑炉生产线项目竣工投产，建设90平方米玻璃窑炉1台。2012年年底，企业实施向漕河镇工业园搬迁工程。2013年7月，项目一期工程建成投产，形成年产6万吨玻璃制品生产能力。主要生产高白料玻璃酒瓶、饮料瓶、喷涂烤花玻璃瓶和工艺玻璃器皿，产品喷涂、烤花深加工能力达到60%以上。同年，企业实现主营业务收入9900万元，利税464万元。

兖州市嵫山水泥厂 前身为兖州县水泥厂，1984年恢复生产，年生产能力4.4万吨。1991年，新上年产10万吨先进工艺水泥生产线。2000年，投资260万元，新上Φ2.2米×7米球磨机1台，水泥年产量达到20万吨。2005年，投资500万元，新上Φ2.6米×13米的高细水泥球磨机1台，年设计生产能力50万吨。2008年，为减少大气污染，节能降耗，市嵫山水泥厂拆除机械化立窑，改为水泥粉磨站，将3台Φ2.2米×7米和1台Φ2.6米×13米的球磨机置换成1台Φ3.2米×13米球磨机，同时新增加Φ3.2米×13米高细球磨机，年生产能力达到120万吨。2012年，与中国联合水泥集团有限公司合作成功。2013年，通过“安全三级标准化”验收，形成年产水泥120万吨能力，实现产值2亿元，利税1000万元。

兖州市嵫山水泥厂

第十节　电子信息制造

电子信息制造业在兖州市起步较晚，2006年山东迪一电子科技有限公司、山东科大鼎新电子科技有限公司在兖州市投资建厂。2008年，全市有电子信息制造业企业5家，实现主营业务收入5.42亿元、利税2623万元、利润1526万元。2013年，全市有山东科大鼎新电子科技有限公司、山东迪一电子科技有限公司、山东车马龙电源有限公司、山东硕华科技有限公司、山东芯诺电子科技有限公司、山东硕响新能源有限责任公司6家规模以上电子信息制造企业。全行业实现销售收入5.2亿元、利税5516万元、利润4490万元。

山东迪一电子科技有限公司　成立于2006年，注册资金2000万元，占地面积约49.5亩，员工500余人。2007年，销售收入3000万元、实现利税500万元。2011年，销售收入增至1.5亿元、实现利税增至2500万元。至年底，公司总资产达到1.9亿元，与公司成立初期相比，增长6.5倍。2013年，公司拥有国内外先进的自动生产线，形成年生产半导体二极管20亿支、各种桥式整流器2亿支、太阳能光伏组件120万套的生产能力，企业实现主营业务收入1.26亿元，利税325万元。

山东科大鼎新电子科技有限公司　成立于2006年7月，注册资本1.1亿元，是863计划（国家高技术研究发展计划）和973计划（国家重点基础研究发展计划）转化为应用成果的国家级高新技术企业。公司产品主要有集成电路（IC、LSI、ULSI）、半导体分立器件（TR）和半导体照明工程用发光二极管（LED）封装用键合金丝、键合银丝、键合铜丝、镀钯铜丝、镀金银丝、蒸发金等。2012年，金属键合丝产业化项目被省政府列入山东省第一批战略性新兴产业化重点项目。2013年，金属键合丝项目投产，年产各类键合丝20亿米，实现主营业务收入2.42亿元，利税1469万元。

2010年5月，山东科大鼎新电子科技有限公司金键合丝项目签约仪式举行

第十一节　木材加工

1996年，境内木材加工企业共有4家，工业总产值（当年价）1647万元，职工202人，固定资产合计654万元。2005年，全行业500万元以上企业发展到5家，实现工业总产值9925万元，是1996年的6倍。2010年，全行业500万元以上企业13家，工业总产值4.26亿元，主营业务收入4.2亿元。2013年，行业主营业务收入2000万元以上的木材加工企业共有5家，实现工业总产值5.65亿元，主营业务收入6.48亿元，利税5587万元，利润4779万元，从业人数851人。主要产品有各类胶合板、多层板、细木工板、装饰板、各类室内门等。

山东森林木业有限公司　成立于2004年4月，注册资金2418万元，厂区占地105亩，生产实木复合地板和各种胶合板，地板生产线设备均为中国台湾和德国制造。至2013年年底，年生产地板60万平方米，企业实现主营业务收入3.62亿元、利税3622万元。

1996年—1997年兖州市工业主要经济指标情况表

表11-4　　单位：万元

年　份	工业总产值	乡及乡以上工业户数（户）	销售收入	利　税	利　润
1996	659031	176	410817	47507	24029
1997	710912	173	443462	57547	31045

1998年—2002年兖州市工业主要经济指标情况表

表11-5　　单位：万元

年　份	工业总产值	限额以上工业企业户数（户）	销售收入	利　税	利　润
1998	707174	89	298095	36410	21205
1999	712608	61	324063	41209	24257
2000	766923	67	367365	48946	31362
2001	790536	60	418481	58069	33804
2002	878899	59	617740	92812	57435

2003年—2013年兖州市工业主要经济指标情况表

表11-6　　单位：万元

年　份	工业总产值	规模以上工业企业户数（户）	主营业务收入	利　税	利　润	备　注
2003	1216927	90	913537	160612	110830	年主营业务收入500万元及以上
2004	1517323	129	1447905	291070	222465	
2005	2425600	160	2007475	357063	266755	
2006	2927900	184	2514668	421026	317032	
2007	3388331	197	2961714	463027	341056	
2008	4213362	267	3900585	495262	361830	
2009	5363445	307	5161454	554402	396037	
2010	7510290	314	7098602	759532	555886	
2011	9173077	125	8738674	802963	610809	年主营业务收入2000万元及以上
2012	11501581	149	11076745	859666	613972	
2013	12637514	179	12323608	928359	612864	

第五章　乡镇企业与民营经济

第一节　管理机构

1996年，兖州市乡镇企业局为管理兖州市乡镇企业的政府机构。内设行政办公室、生产技术科、财务审计科，工作人员17人。2002年5月，兖州市实施机构改革，市经济委员会更名为市经济贸易局，将乡镇企业局整建制划归市经济贸易局。市经济贸易局下设市民营经济管理办公室等10个科室。其中，民营经济管理办公室为正科级事业单位。2004年8月，兖州市民营经济管理办公室更名为兖州市民营经济发展局，为正科级全额拨款事业单位，编制15人。2008年6月，兖州市民营经济发展局被济宁市人事局批准为参照公务员管理的事业单位。兖州市编办批复兖州市民营经济发展局为隶属于兖州市政府管理的正科级全额拨款事业单位，核定事业编制15人，内设办公室、经济运行科、政工科、综合服务科4个科室。2010年4月，兖州市民营经济发展局更名为兖州市中小企业局，由兖州市政府直属事业单位调整为由兖州市经济和信息化局归口管理，为参照公务员管理的科级事业单位，编制15人，内设办公室、经济运行科、政工科和综合服务科。2013年11月，兖州市民营经济发展局更名为济宁市兖州区中小企业局。至年底，区中小企业局内设办公室、经济运行科、政工科和综合服务科。各镇人民政府、街道办事处设企业办公室或经贸办公室，管理、服务辖区内的民营企业、中小企业。

第二节　经营体制

1996年，兖州市乡镇企业以发展、改革、提高运行质量和增效益为重点，加大投入，强化管理，规模、效益和整体素质迈上新台阶。至年底，全市乡镇企业10479家。其中，工业企业1522家。乡镇企业总产值68.7亿元。其中，乡镇工业总产值45.07亿元。乡办工业总产值28.23亿元，完成销售收入28.75亿元，实现利税4.26亿元，利润2.4亿元。1997年8月，市委、市政府印发《关于深化企业改革、进一步做好企业改制工作的意见》《兖州市人民政府关于企业改制工作的暂行规定》和《关于企业改制的补充规定》。以建立“产权明晰、权责明确、政企分开、管现科学”的现代企业制度为目标，以产权制度改革为重点，采取股份制、股份合作制、兼并、联合、出售、租赁、破产、抵贷返租等灵活多样的改制形式，对全市企业进行全面改革。以公司制和股份合作制为首选形式进行改制。规模较大的企业，以股份有限公司和有限责任公司为主进行规范化股份制改造；小型企业，采取宜股则股、宜联则联、宜租则租、宜售则售、宜送则送的办法放开搞活。1998年7月—8月，市委、市政府先后印发《关于鼓励个体私营经济发展的暂行规定》《关于乡镇企业二次创业的意见》。全市把发展民营经济作为新一轮经济竞争的突破口和着力点。同时，对污染企业、项目进行综合治理，投入6400余万元，对山东太阳纸业集团有限公司、兴隆造纸厂、王因淀粉厂等企业污水进行净化处理、达标排放，关闭小造纸厂5家。至1999年年底，全市实施改制的乡镇办企业133家，全部完成清产核资工作。完成资产评估112家，占实施改制企业的84%。确定改制形式并运行的110家，占实施改制企业的83%。其中，股份合作制26家、出售拍卖27家、租赁18家、剥离经营8家、兼并3家、托管经营4家、抵贷返租2家、破产9家、组建集团15家。大安镇的兖州煤气管厂、兖州大丰食品有限公司等企业通过破产清算、企业重组等方式，改制为股份有限公司，集体经济转为民营企业。同年，全市乡镇企业开展争创“十强百佳”企业、创办“苏南式”企业、“双亿培育工程”等活动。对骨干企业在政策、资金、技术等方面实行倾斜，进行重点扶持，形成以山东太阳纸业集团公司为龙头的造纸业，以山东大丰机械集团公司为龙头的农机制造业，以山东雪花淀粉集团公司为龙头的农副产品加工业，以山东银河橡塑集团公司为龙头的橡胶制品工业，以山东兖州合金钢股份有限公司为龙头的冶金业及建材业。全市乡镇企业共有产品2000余种，获得省部、行业协会名牌55个，“兴隆塔”机制纸、“大丰王”小麦联合收割机、“兖牛”阻燃输送带、“锋剑”合金钢、“鲁都”双氯灭痛原料药等获名优产品。

实施科技兴工工程，加快新产品开发和高新技术的推广运用。各乡镇相继规划建设工业小区，为乡镇企业的发展提供平台，入区企业120余家，固定资产投入10余亿元。同年年底，全市共有乡镇企业583家，从业人员4.7万人。乡镇企业完成营业收入50.7亿元，实现增加值15.9亿元，实现利税7.1亿元，实缴税金3.32亿元。农民收入新增部分的30%来自乡镇企业。全市乡镇工业共有市级以上集团13家，其中国家级企业集团4家，省级集团8家。新兖镇乡镇企业完成营业收入35.9亿元，全镇完成财政收入9636万元，进入全省前5位。

2000年7月，市委、市政府制定《关于加快个体私营经济发展的意见》，继续对乡镇企业实施扶优扶强、抓大促强战略，突出优势行业和优势产品的培育，实行分类指导。对雪花淀粉集团公司、大丰机械集团、兖州市康华药业集团公司、山东云龙机电集团公司等骨干企业进行改革改制。建立健全“三会一理”制度。至年底，全市391家乡（镇）、村企业改制385家。其中，乡（镇）办企业131家，改制129家；村办企业260家，改制256家。通过改制，企业产权更加明晰、经营更加灵活，实现乡镇企业向民营经济的转变。全市乡镇企业总数16733家，固定资产52.63亿元，从业人员108104人。其中私营企业716家、个体企业15663家。全市乡镇企业完成营业收入90.03亿元，实现增加值27.87亿元，实现利税总额11.06亿元。

2001年，对镇村企业中改革不彻底、未改制或假改制的企业，全部改制为民营企业，集体资本全部退出。至此，全市镇村集体企业的改制暨镇村企业公有产权退出工作基本完成。2001年—2002年，按照“科学规划、合理布局、专业分工、各具特色”的要求，打造品牌园区、培育专业园区、发展科技园区，建设特色园区。全市建成初具规模的园区8家，其中省级园区4家。园区总规划面积25.5平方公里，累计投入3亿元，实施园区基础设施建设，入园企业175家。新兖镇工业园区被农业部命名为全国乡镇科技示范园区、全国乡镇工业示范园区。大安镇工业园区被评为省级工业园区。加大扶持力度，强化民营规模骨干企业的培植，加快山东太阳纸业集团公司、山东雪花淀粉集团公司、山东银河橡塑集团公司、山东联诚金属制品有限公司等产业化龙头企业的发展步伐。太阳纸业股份有限公司30万吨高档包装纸二期工程、山东兖州合金钢股份有限公司万吨模具钢快锻生产线、山东翔宇化纤有限公司锦纶工业丝抽丝等项目相继建成投产。大安镇、颜店镇先后引进河南正龙食品有限公司、河北华龙食品有限公司、珠海华丰食品有限公司等民营企业投资建厂，投入资金达亿元，兖州市成为江北最大的方便面生产基地。兴隆庄镇引进外地客商，新建塑编厂4家，成为江北最大的塑编产品生产基地。山东联诚金属制品有限公司在合资的基础上吸引上海、宁波等地的客商加盟，成为全国最大的汽车水泵专业生产厂家。2002年底，全市民营经济企业9523家。其中，民营企业725家，个体工商户8798户。从业人员92681人，资产总额达88.4亿元。民营经济完成营业收入102.7亿元，增加值33.9亿元，实现利税13.5亿元，实缴税金3.68亿元，累计完成固定资产投入12.6亿元。营业收入5000万元的企业13家、过亿元的9家、过5亿元的2家，利税过千万元的企业8家。

2003年，企业改制进入扫尾和规范完善阶段。市政府将培育后备上市企业列入议事日程。市体改办会同市民营局、有关镇和主管部门，确定山东太阳纸业股份有限公司、山东银河橡塑集团公司、山东联诚集团有限公司、兖州市绿源食品有限公司、齐鲁特钢有限公司等后备企业进行上市重点培育。2003年—2005年，市委、市政府相继印发《关于加快民营经济发展的意见》《关于鼓励外商投资的有关规定》《关于实施“三大工程”加快推进工业化的决定》《关于加快经济开发区建设若干问题的决定》。全市强力实施推进“三大工程（大集团工程、梯队工程、培植工程）”，坚持“四化（工业化、产业化、民营化、城市化）”方针，突出“两个重点（工业立市、民营强市）”，大力实施“五全战略（全面放开、全民经商、全民招商、全力保护、全面推向民营经济）”发展民营经济，实现全市民营经济超常规、高速度、跨越式发展。2004年，市财政列支民营经济发展基金1000万元，用于奖励发展民营经济，招商引资和科技创新的突出贡献人员。全面推行政务公开、服务承诺、行政责任追究等制度，实行“一条龙、一站式”服务。大力宣传民营企业和企业家的典型经验和先进事迹，采取对民营企业经营者进行分期分批培训，邀请参加全市的重大活动等方式，营造鼓励创业的舆论环境；教育引导个体民营企业者诚实守信，合法经营，严厉查处制售假冒伪劣商品、偷税漏税、走私贩私、行贿受贿等违法犯罪行为，创造公平的竞争环境。2005年，加大实施“三大工程”的推进力度，设立1000万元民营经济发展基金，扶持培育骨干规模企业和特色产业基地建设。先后在山东太阳纸业股份有限公司、山东银河橡塑集团公司、山东国际焦化有限责任公司等企业召开现场办公会议，协调解决制约企业发展的突出问题。至年底，全市集体企业全部完成产权改革，公有产权全部退出。民营经济新上、技改、招商项目145项，累计完成投入54.6亿元。其中，投入过千万元的55项，过5000万元的24项，过亿元的11项。2005年年底，全市民营经济企业23678家。其中，民营企业1650家，个体工商户22028户，注册资金24.6亿元，从业人数126958人，完成营业收入288.7亿元，增加值84.89亿元，实缴税金10.36亿元。同年，山东太阳纸业股份有限公司、山东银河橡塑集团总公司实现销售收入82亿元，占规模以上企业的40%，20家梯队企业合计实现销售收入70亿元。山东太阳纸业股份有限公司、山东银河橡塑集团总公司等6家企业进入济宁市民营企业10强。

2007年4月，市委、市政府印发《关于进一步扩大开放加强招商引资工作的实施方案》。成立民营经济发展工作领导小组，召开全市民营经济工作会议，财政列支1000余万元奖励民营经济贡献突出的企业和个人。2008年，编制完成经济开发区、兖州工业园区各40平方公里和农高区12平方公里的规划方案。市财政每年安排5000万元资金，支持开发区基础设施建设。累计投入4.6亿元，完善3个省级园区路网、管网、生活服务等13类配套基础设施。其中改扩建污水处理厂和大禹污水处理厂，新建220千伏变电站。兖州工业园区、经济开发区分别形成“六纵六横”“七纵七横”的主干路网。争取上级用地指标，盘活存量土地。至2008年年底，累计新批建设用地2200余亩，满足企业用地需求。深化行政审批制度改革，精简审批项目，简化办事程序和环节，实行“一站服务”，提速办理企业各类审批手续。严厉惩治“三乱”行为，对侵犯企业合法权益的案件，加大惩罚力度，对影响发展的问题，坚决从严查处、从重处理、公开曝光。对重点民营企业实行挂牌保护制度，凡进入企业检查的部门和单位，必须经企业所在镇街、园区同意。

2006年—2008年，引进投资在0.5亿元～1亿元的项目43个，1亿元以上的项目38个。2008年，组建招商分局13个，到京津、长三角、珠三角等重点区域驻点招商。引进总投资2.94亿美元的钢丝帘线、3600欧元的造纸助剂、2000万美元的汽车配件、4亿元的心脑血管药物制剂等项目。集中力量推进重点项目工程建设。2008年底，山东太阳纸业股份有限公司投资15亿元的年产40万吨无菌液体包装纸、山东曜晖太阳能有限公司投资1亿元的真空集热管、富居亿佳公司投资8000万元的家具博览城等20个项目相继竣工。投资2.6亿元的海天物流、投资3.2亿元的天安医药中间体、投资5亿元的8万吨节能灯管等一批新项目开工建设。全市民营经济完成营业收入441亿元，实现增加值139亿元，生产经营性固定资产投入73.6亿元，实缴税金20亿元。民营经济总户数22343户，从业人员139575人。其中，民营企业2143家，规模以上工业企业260家。规模以上民营工业企业完成营业收入326亿元，实现利税41.6亿元。2003年－2008年，兖州市连续6年获济宁市民营经济工作先进县（市、区）一等奖。

2009年，兖州市成立重点产业项目会战指挥部，确定60个重点产业项目，完成投资95亿元。市政府印发《关于做好中小企业融资工作的意见》，成立融资工作领导小组。同年4月，设立1000万元民营经济发展专项资金，由民营经济发展局牵头组建政府主导的专为中小企业服务的担保公司——兖州市正大中小企业担保有限责任公司，为小微企业贷款提供担保服务，全年累计为39家中小企业担保贷款1.56亿元。至年底，全市民营经济发展呈现逐月回升、总体形势企稳向好、逐渐加快的良好态势，民营经济主要指标保持平稳快速增长。全市民营经济完成营业收入603亿元，实现增加值186亿元，完成固定资产投入110亿元。民营经济总户数26266个。其中，民营企业2434家，个体工商户23832户。规模以上工业企业295家，规模以上服务业企业152家。民营经济从业人员149497人。其中，民营企业91548人、个体工商户57949人。民营经济注册资金41.2亿元。实缴税金24.05亿元。同年，兖州市被评为2009年度济宁市民营经济工作先进县（市、区），名列经济较发达县市区第一名。新兖镇、大安镇、兴隆庄镇被评为经济强乡镇，新兖镇位列第一名，小孟镇、鼓楼街道被评为经济跨越发展乡镇，小马青村等9个村被评为民营经济先进村（居），山东太阳纸业股份有限公司、华勤橡胶工业集团、山东兖州合金钢股份有限公司、山东联诚集团有限公司等13家企业被评为全市百强民营企业。兖州中小企业网在全省中小企业网站评比中位居第15位，被山东省中小企业局评为济宁市文明网站；兖州市民营经济发展局被评为全省中小企业系统先进集体。

2010年2月，市委、市政府印发《关于实施“22616”梯队企业培育建设千亿元工业基地的意见》。2012年8月，市委、市政府印发《关于扶持销售收入十百千亿工业企业（集团）加快发展的意见》和《关于支持镇域经济加快发展的意见》，从市场准入、资金支持、融资担保、市场开拓、权益保护等方面为中小企业提供政策帮助。建立中小型企业经济运行监测和调度机制平台，设立政府网站，筛选兖州富林木业有限公司、山东三大博安测控技术有限公司等18家符合条件的典型企业进行网上注册，按照月度、季度进行数据上报，通过网上统计、自动汇总的方式，将数据如实反映到上级部门，及时、全面、准确地反映兖州市中小企业发展情况。实施中小企业信息化培育工程，与中国移动、中国电信等企业合作，完善中国中小企业山东兖州网的服务功能，与山东移动通信公司兖州分公司签订共同促进兖州市中小企业信息化发展合作协议，推出为中小企业量身定做的业务包。整合社会力量和资源，协同推进信息化工程。引导企业在中小企业网络平台上免费注册并发布企业供求信息。至年底，共有近100家企业登记注册。2012年，全市民营经济完成营业收入1278.5亿元，实现增加值335亿元，实缴税金37.2亿元。民营经济总户数30816户，从业人员164810人。山东太阳纸业股份有限公司、华勤橡胶工业集团销售收入突破300亿元，山东兖州合金钢有限公司完成销售收入96亿元，翔宇化纤公司完成销售收入102亿元。

2013年，全市加快民营经济发展会议召开。会上印发《关于进一步推进民营经济跨越发展的若干意见》《兖州市全民创业民营经济工作考核奖励办法》，在放宽民营经济注册登记限制、放开民营经济投资经营渠道、放大服务民营经济功能、放活民营经济载体建设、放足民营经济发展要素保障、放优民营经济发展环境等方面为民营企业提供一系列更加优惠的政策和环境。开展以“为企业排忧解难服务活动”为载体的企业“软环境建设年”活动，重点解决中小企业融资难、融资贵问题。加快中小企业信用担保体系建设，对政府主导的中小企业进行增资扩股，注册资本金达1亿元，为100余家中小企业提供贷款担保服务。将国家、省、济宁市出台的一系列政策编印成册，发放到各镇街中小企业，累计发放1000余册。科学编制造纸包装、橡胶轮胎、机械制造、食品加工、精细化工、生物医药六大产业规划。按照“一镇一园”的特色经济发展思路，引导各镇立足现有基础发展特色产业，做大做强新驿镇矿用设备、小孟镇机械装备、颜店镇绿色食品、漕河镇包材加工等一批特色产业园。2013年，全市民营经济完成营业收入1423.2亿元，实现增加值295.2亿元，实缴税金44.4亿元，民营经济总户数32087户。其中民营企业3338户，从业人员171556人。

第三节　管理服务

科技扶持　1996年—1999年，全市乡镇企业坚持增加投入，扩大技改，不断增强发展后劲。实施科技兴工工程，加快新产品开发和高新技术的推广运用。共实施国家、省级火炬、星火攻关计划20项，开发新产品130种，其中填补国内空白26种，新产品和优质产品产值占乡镇工业总产值的30%以上。其中，钢缆芯矿用阻燃带达到国际领先水平，牛皮卡纸生产线达到国内先进水平，无线电抄表仪填补国内空白。达到国际先进水平工装设备50台（套），配有电脑控制系统企业20家，占骨干工业企业的66%。1997年，太阳纸业集团的项目被列为国家“双加”项目。1998年，山东大丰机械集团、山东云龙科技集团公司的项目被列为国家、省重点项目。其中，山东大丰机械集团公司的自走式玉米收获机项目被列为国家重点技术开发项目，兖州市玉丰集团公司的玉米收获机被列为国家农业科技跨越计划项目。全市新上技改项目210个，其中投资过1千万元的项目35个。山东太阳纸业集团实施技改项目9个，总投资5.4亿元。重点完成投资8000万元的国家“双加”技改项目，改造2400一号纸机，白纸产量由4万吨增加到7.5万吨，产品质量提高一个档次。投资2500万元实施制浆系统改造工程，该项目设计合理，工艺先进，1998年5月投产后，实现正规三段漂，产品产量、质量大幅提高。投资2亿元实施国家重点行业产品结构调整项目——高档涂布牛皮卡纸技改工程，1998年12月投产。投资6000万元，装机容量1.8万千伏安的热电厂一期工程于1998年12月正式运行，解决了集团电、汽、热供应不足及小工业锅炉污染严重问题。1999年11月，研制的耐久性公文、档案专用纸通过国家级鉴定，新产品的开发成为新的经济增长点。2000年，新上项目114项、技改75项，投入资金8.63亿元。其中，投资1000万元以上的项目24项，累计投资6.27亿元，竣工投产项目131项。

2001年—2002年，实施科技兴企战略。全市民营企业引进各类技术人才510人。其中，国外专家15人，高级职称人才93人，院士、教授16人，研究生8人。与大专院校建立合作关系、结成对子的企业80家，与大中型企业技术联合的50家，成立厂办科研机构的骨干企业30家。引进科技成果42项，开发国家级优秀新产品7个、省级5个，拥有专利产品35项。通过ISO9000体系认证的企业6家，拥有国内、国际先进的生产线及设备25台，被命名为省级以上知名品牌的产品30项。其中，山东雪花淀粉集团公司与上海复旦大学联合技术攻关，使谷氨酸的转化率、产酸率达到国内领先水平；山东云龙机电科技集团与深科技股份公司合作，开发的税控机填补省内空白；山东银河橡塑集团公司与法国德普公司合资开发的PVC输送带达到国内领先水平。2003

年—2005年，先后聘请中国工程院院士朱之悌、戴景瑞、刘耕陶等国内外专家为兖州市科技顾问，邀请美国、法国、意大利等外籍专家70人次到兖州市开展科技交流合作，指导企业技改项目。鼓励引导民营企业走产学研联合之路。至2005年年底，全市有57家民营企业与大专院校、科研院所建立长期、稳定的协作关系，95%以上的企业建立技术创新中心或研发机构。全市科技先导型民营企业发展到25家，民营高新技术企业9家。其中，国家级1家，省级1家。兖州市量子科技有限公司3年累计发明专利20余项，被山东省科学技术厅、山东省知识产权局评为山东省专利明星企业；山东太阳纸业股份有限公司引进国际领先水平的高级凹印覆膜烟卡技术，产品填补国内空白；齐鲁特钢有限公司快锻生产线、山东联诚制品有限公司自动铸造生产线达到国内先进水平。2006年始，全市加快科技创新，重点推进科技创新平台建设，投资2.39亿元建设科技型中小企业创业中心，鼓励民营企业不断深化与全国高校、院所产学研合作。至2008年，全市共建成省级工程技术中心2处，省级企业技术研发中心3处，中试基地2处。全市高新技术企业发展到34家，其中国家级高新技术企业1家、省级14家、济宁市级19家。先后聘请北京(海淀)留学人员创业园管委会常务副主任王士琦、北京科技大学新金属材料国家重点实验室副主任张济山、省科学院自动化研究所所长刘学军为兖州市科技顾问，邀请各类专家教授200余人次到兖州市开展科技交流合作活动，指导企业技改项目。经国家人力资源和社会保障部批准，在太阳纸业股份有限公司设立济宁市第一个县级博士后工作站。2010年始，组织实施高成长型中小企业和科技型小微企业培育“双30”工程。各筛选30家企业重点培育，单独制定方案、优惠政策，力争3年内50%进入大型企业行列。2012年，全市中小企业新增中试基地1处、省级企业技术研发中心1家、省级实验室1处；太阳纸业院士工作站、博士后工作站挂牌成立。2013年，兖州海智机电科技有限公司等2家中小企业“一企一技术”研发中心项目成功申请专项资金800万元，引导中小企业向专、精、新发展，改善了全市中小企业发展环境。

教育培训 1996年始，兖州市相关部门通过专业教育、企业轮训等多种途径，继续加强企业管理人员的培养，加强职工思想政治教育和技术培训。至1999年年底，全市乡镇企业中，有职业中专、大中专以上学历的人员4250人，占全部职工的7.7%；经过各类专业培训，取得合格证书8073人，具有初级以上技术职称的人员4126人，占乡村两级企业总人数的9.5%。1999年始，采取参加培训班、到国外学习等多种形式，对厂长、经理进行现代经营管理知识培训。至2000年，共选送30余名厂长、经理到国外参观学习，推荐50余名厂长、经理参加上级举办的培训班，促进了企业法人素质的不断提高。2006年，市民营经济发展局从规模以下小企业和个体工商户中选拔百名创业人才，进行集中培训。2009年，组织培训民营企业经理、财会、统计人员300余人次。2010年，市中小企业局联合省、济宁市培训机构，在中小企业山东兖州网开通网上培训教育在线系统，面向中小企业开展教育培训活动。通过中小企业山东兖州网企业培训、政策法规栏目及新闻媒体、网络等多种形式广泛宣传企业培训和各项优惠政策。2012年，组织部分企业家赴清华、浙大、山大等高等院校参加培训、赴经济发达地区参观考察。2013年，联合省、济宁市培训机构，对中小企业人员进行培训，累计培训2300余人次。其中，与北京大学合作开办工商管理EMBA研修班，首期有129名学员参加，共举办讲座10期，参学1228人次，参学率95%以上。举办山东省中小企业大讲堂兖州班、企业经营机制培训班和中小企业信息化建设培训班，全年共举办9期，累计培训2000余次。

融资服务 随着民营经济迅速发展，民营企业融资问题越来越突出。2005 年，以民营企业协会为依托，兖州市民营经济信用担保公司成立，帮助民营企业解决融资难问题。2006 年—2008 年，市政府牵头在每个镇街逐一召开银企对接会，采取成立民间担保公司等方式，解决民营企业资金问题，共为中小企业增加贷款 8 亿余元。小孟镇借鉴外地联户担保经验，组织 3 家企业出资 85 万元建立联保融资体。2009 年，市政府印发《关于做好中小企业融资工作的意见》，成立由市长任组长的融资工作领导小组。同年 4 月，市民营经济发展局牵头组建由政府主导的专为中小企业服务的担保公司——兖州市正大中小企业担保有限责任公司。针对多数中小企业土地、房产两证不全问题，由市民营经济发展局牵头，会同土地、房产部门，对全市中小企业两证问题进行调查摸底统计，按照从简、从快原则，共为 30 多家企业办理土地证、房产证，涉及土地 1000 余亩、房产 3 万余平方米，解决部分企业抵押担保难问题。2010 年，兖州市促进中小企业发展领导小组成立，调整充实中小企业融资和信用担保协调工作小组。市政府相继印发《兖州市关于做好中小企业融资工作的意见》《兖州市关于推进资本市场发展和企业上市工作的意见》等多项政策，支持兖州市正大担保、宏辉担保和圣德小额贷款 3 家公司为中小企业提供融资服务，动员更多的社会资金入股和增资扩股，增强担保和贷款能力。2012 年 6 月，兖州市中小企业融资信息服务平台成立，各家金融机构、中小企业参与并发布融资供求信息，形成政府、银行、企业共同参与，集中推进的政银企合作的新模式。同年，通过中小企业山东兖州网，创建兖州市中小企业网上融资超市，为解决中小企业融资难、担保难发挥了作用。2013 年，对正大担保公司进行增资扩股，注册资本金 1 亿元。扩股后为 100 余家中小企业提供贷款担保服务。与市金融办、市人民银行等单位合作，利用中小企业山东兖州网，开办全省首家中小企业融资信息服务平台，银企对接平台上线企业 180 家，开展贷款业务企业 116 家，银行新增客户企业 72 家。平台企业贷款存量 24.6 亿元，新增贷款 14.5 亿元。

山东科大鼎新电子科技有限公司自主研发的半导体材料——键合金丝投产

第六章　电　　力

第一节　管理机构

兖州供电局隶属于济宁电业局，为国有大型企业。1996 年，兖州供电局内设用电、生技、安质、财务、办公 5 个科室，辖新兖、兴隆、王因、黄屯、泗庄、前海、颜店、新驿、小孟、漕河、谷村、大安 12 个农电站。1999 年，农电体制改革，撤销 12 个农电站，按照“营配（供电经营、配电运行）合一”的管理模式，成立 13 个供电站（1 个城区供电站，12 个乡镇供电站）。2001 年 12 月，供电企业实行政企分离，兖州供电局更名为兖州供电部，各乡镇供电站更名为供电所，设立客户服务大厅。2000 年 12 月，泗庄镇并入新兖镇、前海乡并入颜店镇，泗庄供电所、前海供电所分别并入新兖供电所、颜店供电所。2003年，王因镇、黄屯镇划归济宁高新区管理，王因、黄屯供电所从兖州供电部划出。2012年5月，撤销济宁供电公司兖州供电部，成立国网济宁供电公司兖州客户服务室（运检室）。2013年6月，更名为国网济宁供电公司兖州客户服务分中心，电检班、线路班、调度室划归济宁供电公司管理。至年底，兖州客户服务分中心内设营销、生产、综合3个科室，辖城区、新兖、兴隆、大安、谷村、颜店、新驿、小孟、漕河9个供电所。有在职职工126人，农电工276人。

第二节 发 电

1996年，兖州市有兖州聚源热电有限责任公司、华聚能源兴隆庄矿电厂2家发电企业。2003年，古城煤矿电厂、太阳纸业热电厂一期发电机组相继竣工投产。2004年9月，兖州市银河电力有限公司实现并网发电。至2013年年底，全区共有兖州聚源热电有限责任公司、华聚能源兴隆庄矿电厂、古城煤矿电厂、太阳纸业热电厂、兖州市银河电力有限公司5家发电企业。其中，4家为企业自备发电厂。

兖州聚源热电有限责任公司 位于山东兖州工业园区内，327国道北临，占地235亩。是以发展热电联产和实施城市集中供热为主的国有控股公共事业性企业，是兖州市新城区、山东兖州工业园区主力热源厂和城市基础建设配套性企业。1993年12月，开工建设。1995年5月，机组并网发电。1996年，被电力工业部授予全国地方火（热）电厂安全文明生产达标电厂。2003年，通过省经贸委资源综合利用电厂验收。2006年，取得省建设厅颁发的供热资质。2007年4月，经电监会批准、取得发电业务许可证。同年8月，取得省第一批热电联产企业资质。2013年，有生产规模1×130吨/小时、2×75吨/小时循环流化床锅炉，配套1×7兆瓦中温中压抽凝式汽轮机组、1×7兆瓦中温次高压背压式汽轮机组及1×15兆瓦中温次高压机组和1×58兆瓦热水锅炉高温水供热。实现280吨/小时工业蒸汽供热量和29兆瓦/小时发电量的生产能力。全年累计发电1.27 亿千瓦时，供电1.04 亿千瓦时，供热42.4万吨，循环水32.3万吉焦。实现销售收入 12098万元，利润 1571.87万元，利税1815.87万元。

兖州聚源热电有限责任公司

古城煤矿电厂 位于兖州市北部经济开发区，南邻327国道，占地面积41亩。总装机容量24兆瓦，工程总投资11600万元。2002年9月，一期工程开工建设，安装2台35吨/小时循环流化床锅炉，总投资5400万元。2003年7月竣工投产。2004年8月，二期工程开工扩建。同年11月，建设兖州市城区东部及南部（京沪铁路兖州段以东）供热管道，实现热电联产。2005年9月，竣工投运发电。2006年6月，配套建

古城煤矿电厂

设投运煤泥管道输送系统。2009年9月，实施城区循环水集中供热，承担兖州市东城区120万立方米供热面积。2013年，全年累计发电1.7亿千瓦时，供电1.5亿千瓦时，供热33.82万吨。实现销售收入12280.08万元，利润3071.09万元，缴税939万元。

太阳纸业热电厂 1998年3月，山东太阳纸业集团总公司根据企业发展需要筹建自备热电厂。电厂位于新兖镇工业园区，占地面积700亩。2004年通过省经贸委热电联产和资源综合利用认证。2003年，一期发电机组投产，装机容量75兆瓦，包括3台25兆瓦抽凝汽轮发电机组，配4台130吨/小时高温高压循环流化床锅炉。2008年1月，二期工程投产，装机容量250兆瓦，包括1台150兆瓦高温高压一次抽凝中间再热式汽轮发电机组和2台50兆瓦背压机组。2013年，建设规模为7炉7机，总装机容量 325兆瓦。全年累计发电26亿千瓦时，供电22.4亿千瓦时，供热572.7万吨，实现产值19.8亿元，利税3.9亿元。

兖州市银河电力有限公司 位于兖州市华勤工业园，占地114.75亩。2003年5月开工建设。2004年9月并网发电。配备75吨循环流化床锅炉，2台12兆瓦抽凝机式汽轮发电机组。2010年9月，新建3台220吨循环流化床锅炉和2台25兆瓦背压式汽轮发电机组。2011年12月竣工投产。2012年8月，拆除75吨循环流化床锅炉和2台12兆瓦抽凝机式汽轮发电机组及其配套设施。2013年，发电量4亿千瓦时，供汽60.88万吨，居民社区供暖面积300万平方米。实现销售收入42000万元，利税1850万元。

华聚能源兴隆庄矿电厂 中国第一座煤泥热电厂，占地65.4亩。1989年7月，一期工程开工建设；1990年12月建成投产，装机6兆瓦。1995年1月，二期工程开工建设；1996年12月建成投产，装机容量6兆瓦。2000年3月，三期工程开工建设；11月，建成投产，装机15兆瓦。2007年12月，四期工程开工建设；2009年4月，单机试运完成。总装机容量27兆瓦，年发电能力1.8亿千瓦时，供热24万蒸吨。2013年，发电1.64亿千瓦时，供电1.39亿千瓦时，供热2.86万蒸吨。实现销售收入13600万元，利润5219万元，利税938.18万元。

第三节 电网建设与改造

变电站建设 1996年，兖州市拥有110千伏（红庙）变电站1座，35千伏（城南、王因、谷村、嵫山、新驿）变电站5座，主变总容量88450千伏安，洸府河以西仅有35千伏嵫山和新驿变电站，呈东强西弱之势，网架结构不平衡，供电半径长，主要以保障城区和大中型企业为主，难以保障前海、颜店、新驿、小孟、漕河等乡镇的正常供电。随着兖州市工农业生产的快速发展，人民生活水平不断提高，用电负荷与日俱增，电力供需矛盾愈加突出。为加快电力发展，缓解城乡用电紧张状况，1997年，根据《兖州市10年电网发展规划》《系统设计规程》要求，动工兴建110千伏龙桥变电站。该站位于新兖镇牛王村南、高架桥西首南侧，按无人值守设计，设备选用机电一体化保护及综合自动化系统，室内安装全部采用高新技术设备。安装规模主变容量2×50兆伏安，110千伏进线2回，设计10千伏出线20条，采用多回路钢管塔架设，工程总投资3650万元，1999年7月2日，10千伏出线21.5千米变电站投入运行。

2002年9月，投资2680万元建设的110千伏兴庄变电站投入运行，缓解了城南变电站供电负荷压力。2003年8月，投资2100万元，将35千伏嵫山变电站改造升压为110千伏，由原来2×1800千伏安增至37800千伏安，解决了颜店镇、新驿镇、小孟镇的供电不足问题。2004年8月，投资3690万元新建35千伏新兖变电站竣工投入运行，10千伏出线6回，8.6千米。2006年，根据兖州电网发展规划，在兖州经济开发区投资

4000万元建设110千伏兖西变电站，2007年投入运行，缓解了110千伏红庙、龙桥变电站的供电负荷压力，满足了经济开发区的用电需求。

2008年前，兖州市境内电网仅有220千伏马青变电站作为兖州电网唯一的供电电源，110千伏马龙线、马红线、兴庄线和汶上线分别主供110千伏龙桥、红庙、兴（隆）庄、嵫山和兖西5座公用变电站和齐鲁特钢1座用户变电站；110千伏焦化Ⅰ Ⅱ线、马铁线主要供110千伏国际焦化和兖州铁路2座用户变电站。为解决兖州电网结构薄弱、电源布点单一、布局不尽合理现象，满足兖州工农业生产和生活对电力的需求，2008年5月，经省发展和改革委员会批准，建设220千伏大安变电站。该站位于兖州市区西北部8千米处，大安镇前邢村南，占地面积11.96亩。安装2×18万千伏安主变压器，电压等级为220/110/35千伏，220千伏进线4回，110千伏出线10回、23千米，35千伏出线12回、68.6千米。一期工程总投资10533万元，10月31日建成并投入运行。

2009年，经省电力集团公司批复，在济宁市农业高新技术示范园南侧，投资4508万元，建设110千伏金村变电站。该站占地面积约3.6亩，安装2×50兆伏安主变压器，110千伏出进2回、4千米，10千伏出线24回、23千米。2010年底，项目投入运行，保障了济宁市农业高新技术示范园、华勤橡胶工业集团等企业的可靠供电。2011年3月，投资3245万元建设的35千伏小孟变电站投入运行，占地6.7亩（南侧为变电站，北侧为小孟供电所，站所一体结构），安装2×3.15万千伏安，10千伏出线，缓解了新驿变电站供电压力。2011年11月，投资2461万元建设35千伏漕河变电站。安装2×3.15千伏安主变压器，10千伏出线8回，按无人值守设计。2012年12月，投资5087万元新建110千伏滨河变电站。位于九州路以北，九一医院东侧，占地约4亩，安装2台5万千伏安主变压器，10千伏出线14回，按无人值守设计。2013年12月，在兖颜路原泗庄段新建110千伏安河变电站，投入资金8600万元，新增2×5万千伏安主变压器，10千伏出线24回，共计62千米，新建110千伏线路8.6千米。兖州电网形成以220千伏电网为依托、110千伏为主网架、35千伏配网相配套的网络架构，城区27条线路全部实现“手拉手”环网供电。

1996年—2013年兖州市变电站建设情况表

表11-7

变电站名称	建设起止时间	主变容量（万千伏安）	输电线路建设	改扩建情况
110千伏龙桥变电站	1996年8月至1997年9月	2×5	—	2004年新增5万千伏安主变1台
110千伏兴庄变电站	2001年2月至2002年9月	1×5+1×3.15	新建兴庄Ⅰ Ⅱ四线同杆塔双回12千米	2006年新增5万千伏安主变1台
220千伏马青变电站	2003年4月至2004年10月	高压室改造12×2	规划进线110千伏汶上线41#-42#杆开断进入线路16回8千米	—
35千伏新兖变电站	2003年11月至2004年8月	2×5	—	—
110千伏兖西电站	2006年3月至2006年10月	2×5	35千伏出线8回 10千伏出线20回	2009年新增1×5万千伏安主变1台
220千伏大安变电站	2008年5月1至2008年10月	2×18	220千伏进线4回 110千伏出线10回 35千伏出线12回	2013年新增1×18万千伏安主变1台

续表11-7

变电站名称	建设起止时间	主变容量（万千伏安）	输电线路建设	改扩建情况
110千伏金村变电站	2009年7月9至2010年10月	2×5	110千伏出线2回4千米 10千伏出线24回23千米	—
35千伏小孟变电站	2010年10月至2012年11月	2×3.15	10千伏出线8回	—
35千伏漕河变电站	2011年6月30日至2011年11月	2×3.15	10千伏出线8回	—
110千伏滨河变电站	2012年12月至2013年9月	2×5	10千伏出线14回	—
110千伏安河变电站	2013年12月至2014年8月	2×5	10千伏出线24回62千米 新建110千伏线路 8.6千米	—
35千伏新兖变电站	2003年11月至2004年8月	2×2	35千伏电缆进线2回 2×0.75千米 10千伏出线12回共计 20.6千米	—
11千伏嵫山变电站	2003年4月至2004年12月	1×5+1×3.5	—	—

说　明：220千伏马青、大安变电站直属济宁供电公司管理。

配电设施建设　1996年前，兖州市配电设备基本未改造，自动化水平低，设备简陋，停电事故发生频繁，供用电瓶颈严重影响了人民生活和企业生产。为加快配电网建设，提升自动化水平，1997年3月，兖州供电局开始研制柱上真空配电开关系统。1998年3月投入运行，实现对VSP5型柱上开关的遥控、遥测、遥信功能。经省级专家鉴定，该项目的研制，实现柱上开关“三遥”功能，在同类开关系统中具有国内领先水平，填补省内空白。该项目荣获省电力集团公司1998年度科技进步二等奖、济宁电业局科技项目一等奖。1999年投入运行的110千伏龙桥变电站，全部设备采用室内安装，装有自动防火报警系统，在全省县级供电企业中属一流水平。2000年，兖州市实施第一期农网改造，在新兖镇的小马青村、小官庄村、倪家村率先实行远程抄表自动化。2002年，投资1.2亿元，在兖州城西北经济开发区建成10千伏开关站，将兖州市区周围的110千伏红庙、龙桥、兴庄变电站及城区的35千伏城南变电站形成“手拉手”环网供电。该项目荣获山东省科技进步二等奖。2006年下半年，兖州市进行新农村电气化改造建设，至年底改造建设电气化村7个。2007年，改造建设电气化村96个，同年10月，通过省专家组电气化县考评验收。兖州供电部被授予国家电网公司系统新农村电气化县建设先进单位。2008年5月，兖州市被山东省经贸委、山东电力集团公司命名为山东省新农村电气化县。至2010年，全市共投入资金4600万元，建设新兖镇、大安镇、兴隆庄镇3个电气化镇，改造建设196个电气化村。2008年，完成110千伏嵫山变电站扩建工程，改造和更新设备，加大主变容量，兴庄变电站新上高压配套设备，提升了科技含量和供电规模。对红庙、城南变电站的10千伏开关柜及供电系统进行改造。完成35千伏谷村变电站扩建工程，

220千伏线路施工现场

对其设备及设施进行更新改造，提高了漕河、大安镇的农村供电质量。2009 年,对 110 千伏红庙、龙桥变电站和 35 千伏城南、新驿变电站设备进行改造。针对封闭开关柜运行中温度不易监测问题，研发并新上基于 zigbee 网络的高压开关柜触头温升在线监测系统，实现对高压开关柜内多触头温度的远程在线监控，保障运行安全，获 2009 年度山东省电力技术革新三等奖。试制成功封闭开关柜电流互感器快速更换平台，具有安全性高、更换速度快、节约时间等特点，解决内部狭小空间大自重电流互感器更换困难等问题，获 2009 年度山东电力技术革新三等奖，2010 年获济宁市职工创新成果优秀奖。利用数字式故障指示器，实现电力线路故障远程在线监测及定位的新型系统投入运行，2010 年获国家实用新型专利证书。研发带电显示型接线端子排，可有效区别带电回路和停电回路，在电网二次回路检修时，提示工作人员，防止带电操作，保护了人员和电网运行安全。2010 年获国家发明专利证书和国家实用新型专利证书。2010 年 12 月，山东电力集团公司投资建设兖州供电部生产检修中心，占地 25 亩，建筑面积 13600 平方米，2013 年 10 月竣工。

电网改造

农网改造 2000 年，兖州市实施第一期农网改造。至 2000 年年底，共完成 490 个村的农网改造任务，安装配电箱 2.6 万个，电度表 13.51 万只，架设改造 0.4 千伏线路 2503 千米，新建配电楼 147 座。2001 年，全部完成一期农网改造工程，投入网改资金 8289.4 万元，新建改造 10 千伏配电线路 885.67 千米，新建与改造农村照明线路 1682 千米，新增、改造、更换高耗能变压器 218 台，完成农村“一户一表”工程 11.8 万户。2002 年 6 月，兖州市实施第二期农网改造工作，共投入资金 2324 万元，全市分两批对设备老化的变电站、10 千伏线路、农村低压电网及台区进行改造和更换，架设 110 千伏嵫山变电站 35 千伏双回线路 23 千米、110 千伏线路 3.5 千米。完成王因镇辖区内全部 10 千伏线路 30.1 千米的改造，更换老化电杆。新架 110 千伏马龙线和马红线双回 8.6 千米。

城网改造 2004 年，兖州市实施城区电网改造工作，重点对变电站的老式设备进行更新改造，解决供电容量不足、设备保护功能不能满足现代电网运行要求等问题，对城区 0.4 千伏～10 千伏线路更新改造。共增加城区公用变电台区 29 个，完成“一户一表”改造 3.8 万户。新建 110 千伏兴庄ⅠⅡ线同杆塔双回 12 千米，新建和改造 35 千伏嵫山线、城南线 5.5 千米，改造 110 千伏汶上线 4.4 千米。完成 110 千伏合金钢厂专线、10 千伏红开双回ⅠⅡ线、华西线、新北线等 10 余条线路的建设与改造，共改造建设 10 千伏线路 63 千米，工程总投资 5500 万元，水泥电杆换成钢管塔，裸铝线换成绝缘导线，提高了线路安全供电可靠性。2006 年，架设完成 110 千伏马铁线 11.2 千米，组立铁塔 43 基，改造完成 35 千伏城南线、新南线、热联线和红热线。2005 年—2008 年，先后对城区中御桥路、建设路、育红路及建设西路实施强电下地工程，实现电缆下地 60 余千米，安装箱式变压器 13 台、环网开关柜 15 台、高压分支箱 62 台、低压分支箱 80 台，拆除原架空电力线路及钢管塔 38 基。2009 年，兖州供电部争取省电力集团公司电网改造资金 2000 余万元，用于搬迁改造 220 千伏安阳线 17.5 千米，为兖州市西城区的发展提供了电力保障。协

10 千伏线路施工现场

调铁路电力等部门，完成110千伏马铁线的迁移改造，为曜晖太阳能公司新厂区建设创造了有利条件。2010年—2013年,共争取电网改造资金2.8亿元，改造10千伏线路262千米，农村10千伏线路312千米，改造城区公用变台区126个，更换高耗能变压器144台。至2013年年底，兖州区供电可靠率、电压合格率均为99.99%。

第四节 电力生产

兖州市电力调度与设施管理归属兖州供电局调度所，主要负责电力调度、通讯自动化、变电运行的生产管理工作。1996年，兖州供电局投资80万元，对全部变电站、部分用户实现负荷集控，监视负荷6万千瓦，控制负荷2.1万千瓦，提高了调度管控能力。1997年1月，兖州供电局被电力部命名为县级电网调度自动化系统实用化单位。同年8月29日，10千伏红庙、35千伏城南、嵫山、谷村、新驿、王因等6个变电站全部实现微机管理，兖州市成为济宁市第一个实现全部变电站无人值班的县（市、区）。成立变电运行操作队，负责变电站设备的维护、运行管理和紧急抢修任务。2001年—2002年，兖州供电局完成全部变电站的综合自动化改造,实现调度远方“四遥（遥测、遥信、遥控、遥调）”管理的变电站综合自动化功能。随着兖州经济快速发展，兖州市电网供电负荷、供电量年年被刷新，2013年，兖州供电部售电量11.48亿千瓦时，供电负荷突破20.6万千瓦。兖州电网（供电部管辖）变电站14座、总容量103.05万千伏安，35千伏及以上输电线路31条、线路长度达202.76千米，10千伏公用供电线路102条、线路长度998.06千米，兖州电网光纤线路总长度336千米。全市近3000台配电变压器全部安装GPS在线检测系统，随时掌握电网、线路、配电台区的负荷变化情况。至2013年年底，全区实现电力安全生产8550天。

第五节 供用电管理

供售电量 1996年，全市完成供电量4.4亿千瓦时，售电量4.2亿千瓦时。1997年，全市供电量为4.8亿千瓦时，售电量为4.52亿千瓦时。由于大中企业的快速发展，至2000年，全市供电量达到5.4亿千瓦时，售电量为5亿千瓦时。2005年，全市供电量为7.6亿千瓦时，售电量为7亿千瓦时。2007年，全市供电量为8.9亿千瓦时，售电量7.7亿千瓦时，加上山东太阳纸业股份有限公司等大中型企业自备电量，全市用电量达到15亿千瓦时以上。2010年，全市供电量13.12亿千瓦时，售电量11.48亿千瓦时。2013年，全市售电量13.9亿千瓦时。

1996年—2013年兖州市供售电量情况表

表11-8

年 份	供电量（亿千瓦时）	售电量（亿千瓦时）	售电增长率（%）
1996	4.4405	4.195	8.96
1997	4.7959	4.521	7.78
1998	4.5082	4.223	-6.6
1999	4.6956	4.426	4.81
2000	5.3572	5.046	14.01
2001	5.5311	5.211	3.45
2002	5.8657	5.39	3.43
2003	6.4414	6.067	12.56
2004	7.0031	6.5	7.53
2005	7.5633	7	7.58
2006	8.3085	7.12	1.71
2007	8.9173	7.7	8.12
2008	9.7597	8.445	9.65
2009	10.8768	9.365	10.9
2010	13.1194	11.48	22.61

续表11-8

年 份	供电量（亿千瓦时）	售电量（亿千瓦时）	售电增长率（%）
2011	—	11.319	1.01
2012	—	11.928	0.95
2013	—	13.923	0.87
合计	107.1837	133.859	—

说　明：2011年后，供电量由济宁供电公司统计。

农电管理　农电体制改革前，农村用电由村委指定的电工具体负责承担本村的低压维护和生活照明收费等工作。各乡镇成立管电委员会，各村设管电小组，由农电站统一管理，电工工资从收取的农电维修费（0.02 元 / 千瓦时）和农电管理费（0.01 元 / 千瓦时）中提取发放，每年对村电工进行一次理论及业务考核。

1999 年，兖州市实行农电体制改革，从全市 900 余名村电工中，通过公开、公平、公正的专业考试和业务技能考核，择优聘用 20 周岁～45 周岁具有初中以上文化程度的 330 名农电工，实现农电队伍的职业化、专业化和正规化。农电体制改革后，撤销乡镇农电站，成立供电站，实行“两站合一（变电站由当地供电站负责管理）”，全市设立 42 个电工组，居民生活照明用电全部由供电站统一管理和收费。2001 年，对招聘的农电工分批分期进行脱产培训。对农电工实行上岗证、进网作业证、聘用合同制管理，每个农电工负责管理 400 户居民的用电管理与收费。2006 年 6 月，取消电工组，供电所实行“一长三员（所长、安全员、技术员、营销员）”“一室二组（服务室、配电组、营业组）”管理，对农村低压配电台区进行改造和整改。2010 年，对农村照明供电台区的小功率配电变压器全部更换为大功率变压器，保障了居民生活用电。2013 年，加大城乡电网改造力度，彻底解决农村缺电问题，推动农村经济快速发展。

电价电费　1996 年—1998 年，全市农村生活照明及排灌动力电费按照村总表抄见电量收取，村电工按照市物价局审核的最高限定电价收费，兖州供电局执行系统收费标准。1999 年，农电体制改革后，农村居民生活用电全部实现统一管理，严格实行“三公开（电价公开、电量公开、电费公开）”“四到户（销售到户、抄表到户、收费到户、服务到户）”“五统一（统一电价、统一发票、统一抄表、统一核算、统一考核）”，遏制了权力电、关系电、人情电。在全面完成“两改一同价（农网改造、农电体制改革、城乡居民照明同网同价）”工作之后，农村生活照明电价由原来的 0.85 元～1.10 元 / 千瓦时降至 0.66 元 / 千瓦时。根据国家电价政策和规定，自 2002 年 4 月 1 日起，全市城乡居民生活照明电价同价为 0.52 元 / 千瓦时。2005 年，居民生活照明电价调整为 0.54 元 / 千瓦时。2006 年 6 月 30 日起，执行的到户电价为居民生活照明 0.5469 元 / 千瓦时。2012 年 7 月 1 日起，执行全省新的居民阶梯电价政策。对供电部门直接抄表、收费到户的城乡居民用户，即“一户一表”用户，每月用电量划分为三档，电价试行分档递增。阶梯电价按年度为周期执行，全年分档电量按月度电量标准乘以月份计算，执行相应分档的电价标准。2012 年按半年的分档电量计算。执行居民电价的非居民用户（学校用电、农村饮水安全工程供水用电等），电价在现行电价基础上，每千瓦时提高 0.0081 元。

第十二篇

商　　贸

YANZHOUSHIZHI

商　贸

第一章　商　业

第一节　管理机构

市财政贸易委员会　1996年，市财政贸易委员会编制16人，为科级政府序列部门。设政工科、办公室、财审科、统计科、企业科、贸易科、市生猪定点屠宰管理领导小组办公室，协调烟草、丝绸、石油、粮食、供销、医药、盐业行业主管部门，管理直属商业企业19家，商业企业职工5100人。1997年撤销统计科。1998年8月，撤销市物资集团总公司，将其所属的企业划归市财政贸易委员会管理。1999年11月，市政府成立市煤炭市场管理领导小组，办公室设在市财政贸易委员会。2000年，编制增至20人，增设社会商业科、餐饮管理科、信访科、研究室、网点办公室、商城建设办公室。2001年底，市财政贸易委员会编制20人，内设办公室、政工科、财审科、企业科、贸易科、社会商业科、餐饮管理科、信访科、研究室、网点管理办公室、生猪定点屠宰管理办公室、煤炭市场管理办公室和商城建设办公室，管理直属商业企业22家，企业职工5400人。2002年5月，撤销市财政贸易委员会，市经济委员会、市乡镇企业局、市商城建设管理委员会办公室合并组建为市经济贸易局。原市财政贸易委员会改称市经济贸易局商业贸易办公室，为科级行政类单位，隶属市经济贸易局，内设商贸一科、商贸二科。至2004年12月未变。

市商业贸易服务中心　2004年12月，市经济贸易局商业贸易办公室和市经济贸易局商城建设办公室从市经济贸易局分离，合并成立市商业贸易局，为市政府直接管理的科级全额事业单位，编制15人，内设办公室、政工科、企业科、市场监督管理科、生猪定点屠宰管理办公室，管理直属商业企业22家，企业职工5000余人。2008年12月，市场服务公司移交至市商业贸易局管理。2010年4月，市政府将市商业贸易局更名设立市商业贸易服务中心，为科级全额事业单位，编制15人，由市商务局管理，内设办公室、政工科、综合科、企业科、生猪定点屠宰管理办公室，管理国有商业企业19家。2013年11月，市商业贸易服务中心更名为济宁市兖州区商业贸易服务中心。至2013年年底，内设科室未变。

第二节　体制改革

20世纪90年代后期，兖州市逐步取消计划商品，商品经营步入市场化经营，商业企业调整经营结构，引入竞争、风险、激励、兼并机制，进行抵押承包、股份制经营改革，商品实行“市场、经营、价格”三放开，突破国有商业独家经营的局面。商贸业形成国有、集体、个体私营等多种经济成分、多种经营方式并存的新型流通体制。民营商贸业迅速发展，由单纯零售业发展为批零兼营，成为商贸流通的主体。国有资本逐步退出一般性商业竞争性行业，国有商业企业的垄断地位被打破，经营主渠道的地位被弱化，经营力降低。1996年，市食品厂、市食品公司、市蔬菜果品公司因严重亏损，先后进入破产程序。1997年，商业企业突击改制，除市商业综合公司、市钢木家具厂、市工艺美术厂保留国有体制外，市九州百货大厦、市百货大楼、市五交化总公司、市饮食服务总公司、兖州宾馆、市皇城百货批发中心、市中御桥百货楼、市商业大厦、市裕丰商场、市裕隆商场、市蔬菜果品冷藏厂、道昌商贸公司、市蔬菜果品商店13家商业企业改为股份合作制，原市食品厂、市酿造厂、市蔬菜公司3家企业改为有限责任公司。由于国有商业企业资金缺乏、债务沉重、人员过多、效益下滑。1998年，国有商业系统亏损200万元以上。同年，学习福建石狮、浙江义乌商业改革经验，推行承包与租赁相结合（企业退出对商品的购销活动，以柜组为单位自筹资金、自主购销）的职工内部承租经营方式，实行以“自筹资金、自主经营、定额上交、自负盈亏”为主要内容的改革。市九州百货大厦、市商业大厦率先实践，年承租费收入分别为220万元、47万元。1998年—2000年，商业企业每年承租费收入为300万元、320万元、180万元。但因经常出现承租金拖欠，经营难以为继。2000年，国有商业销售收入为8400万元，销售收入呈下滑趋势。2001年，全系统商品销售额仅为4400万元，大幅下降47.6%。2001年—2004年，共有市糖酒茶总公司、市裕丰商场、市裕隆商场、市道昌商贸公司、市贸易中心、兖州宾馆、市商业综合公司、市百货总公司、市皇城百货批发中心、市商业大厦、市中御桥百货楼、市九州百货大厦12家企业进入破产程序，破产债务2亿余元，保护破产资产评估值3500万元，保护职工债权3000余万元。

2008年12月，根据国家、省相关规定和《济宁市人民政府关于做好工商系统与所办市场脱钩的通知》要求，市工商行政管理局所属市场服务公司整体移交，由市商业贸易局管理。2008年始，市委、市政府开展转换国有职工身份改革工作。企业资产全部由政府收回处置，职工由政府统一安置，主要以现金兑付的方式，偿还欠职工的工资、集资、养老金；对遗属一次性清偿补助费；支付职工经济补偿金，解除劳动合同关系，解除职工的“国有职工身份”。至2010年年底，市商业综合公司、市工艺美术厂、市钢木家具厂、市糖酒茶总公司、市裕丰商场、市裕隆商场、市贸易中心、兖州宾馆、市饮食服务总公司、市燃料公司、市蔬菜果品冷藏厂、市正泰蔬菜果品公司12家企业完成国有职工身份转换改革工作，清偿企业各类人员3390人，由市政府支付清算资金1.51亿元，解除国有职工身份后的职工，均以“社区居民”身份进入社区管理。同年，国有商业销售收入仅为3200万元，在全市社会消费品零售总额中所占比重不足0.3%，比1996年下降98%。2011年起，商业企业相继停止商品购销业务，全部营业场地对外租赁。至2013年，有市商业综合公司、市工艺美术厂、市钢木家具厂、市糖酒茶总公司、市裕丰商场、市裕隆商场、市贸易中心、兖州宾馆、市饮食服务总公司、市燃料公司、市蔬菜果品冷藏厂、市正泰蔬菜果品公司12家国有商业企业注销，人员移交工作基本结束。

市百货大楼 1996年，有职工267人，设百货大楼、矿山门市部、北站转运站。同年，实现商品销售2259万元，税金72.6万元。1997年6月，企业改组，实行股份合作制，职工每人入股

市百货大楼

4000元。2000年6月，推行内部联营联销经营模式，实行效益工资，职工收入增加。当年销售额2196万元，税金16万元。2003年，企业引进“永和豆浆”“开心汤姆”等快餐品牌。2004年11月，因欠兖州工商银行历史贷款，经职代会决定由职工购买二期工程资产，购买款用以偿还债务。319名职工出资500万元购买二期工程营业楼，建筑面积为4189.31平方米，土地使用权面积843.78平方米。同年销售收入1323万元，税金28.5万元。2005年企业开展连锁经营，在龙桥村、新义村、兴隆庄矿区等地发展7处加盟超市。同年，销售收入1492万元，税金20万元。2009年2月，“包罗万象”小百货连锁店租赁市百货大楼部分营业区，经营小百货；3月，市百货大楼为职工全员办理医疗保险，为职工享受医疗保险的首家商业企业。同年，销售收入2203万元，税金28.1万元。2010年，实现商品销售收入2048万元，税金28.8万元。自2011年起，企业开始对外租赁，逐步退出商品购销业务。2013年，企业经营场地全部对外租赁，租赁商户商品经营额1900万元。

市五金交电化工总公司 1996年，有职工320人，下设五金工具、机电工具、交通工具等10个分公司，东桥路第一门市部营业面积1000平方米，中御桥北路金隆商场营业面积2400平方米。同年，商品销售额3787万元，实现利润16.8万元，上缴税金82.5万元。1997年，企业改制，职工每人入股4000元。2001年金隆商场二期扩建工程动工，2002年9月竣工，投入建设资金400万元，商场营业面积扩大到4000平方米。同年，实现销售收入188.8万元，税金7.2万元。公司招商引资，与赛玛特集团联合经营，赛玛特集团投入经营资金1800万元。同时，新郎西服专业店租赁金隆商场部分经营区，投入装修改造资金200万元，投入经营资金600万元经营新郎服饰。2009年3月，公司终止与赛玛特集团的联营活动，与春天百货集团联合经营，由春天百货集团投入经营资金1100万元。同年，销售收入115.4万元，税金8万元。2010年，公司实现商品销售118.3万元，上缴税金9.3万元。自2011年起，企业逐步退出商品购销业务。2013年，企业经营场地全部对外租赁，租赁商户商品经营额1500万元。

2013年8月，市五金交电总公司春天百货商场夏季服装促销

市味源酿造有限公司 属国有小型商办食品工业企业，主要产品有酱油、食醋、面酱、腌菜。1996年，有职工138人，产品销售收入286万元，利税20万元。1997年7月，企业进行股份合作制改革，向职工募股50万元，由市酿造厂改组为市味源酿造有限公司，1998年9月完成改制任务。同年，完成销售收入316万元，利税32万元。2002年，因厂房失修、设备老化，企业面临停产。同年9月，招聘企业经营者，设立2个销售公司、6个经营部，企业生产经营得到恢复和启动。同年，实现销售收入210万元，利税17万元。2006年5月，市味源酿造有限公司搬迁至谷村镇金谷大道88号，企业改建为市慧馨食品有限公司，占地面积2.2万平方米，总投资1000多万元，建筑面积1.2万平方米，有现代化的酱油、食醋、面酱、酱菜、香辣酱、淀粉制品6条生产线，产品80余种，年销售收入240万元，利税14万元。2010年，有职工156人，实现产值450万元，销售收入323万元，实现利税19万元。2011年后，企业因产品滞销停产。2013年，因严重资不抵债，无力偿还到期债务，9月向市人民法院申请破产。

市皇城百货批发中心 1996年，归属市百货总公司，商品销售额4000万元。1997年10月，与百货总公司分离，成为独立企业；11月，推行股份合作制改革，职工每人入股4000元；年底有职工325人，设政工科、财务科、办公室、企管科、保卫科；经营机构有皇城商厦和百货、鞋帽、文化、针织、纺织5个批发分公司。1999年2月，企业各批发分公司实施与息马地市场连片改造工程，改造平面市场6700平方米，实行敞开式批零合一经营模式，全年销售800万元。2000年后，因经营不善，企业销售收入急剧下滑。2001年5月，经市人民法院裁定破产，职工下岗失业，每人领取生活费156元。2003年5月，企业固定资产以983万元的价格拍卖给山东省鲁南地质勘察院。至2013年，企业仍处在破产程序中。

市烟酒糖茶总公司 1996年9月，拆除公司东桥门市部及相邻的市蔬菜公司门市部，建设市裕丰商场；12月，拆除公司第七门市部，改建市裕隆市场。同年，商品销售额1320万元，同比增长15%，亏损43万元。1997年9月，裕丰商场建成，营业面积2100平方米；12月建成裕隆商场，营业面积2200平方米。1998年7月，总公司实施“剥离经营”改革，裕丰商场、裕隆商场分别独立核算。2003年1月，企业亏损严重，资不抵债，由市人民法院裁定总公司与市裕丰商场、市裕隆商场一并进入整体破产程序，债务为650万元，职工每人每月领取156元生活费。2008年4月，按照市改革国有企业、转换职工身份实施方案，企业进入清偿清算程序，共涉及企业各类人员408人，政府共支出清算资金1700万元，各类人员分批移交社区，总公司原办公地址由市政府收回拆建成少陵新区，市裕丰商场由市政府派驻的改革工作组管理，市裕隆商场以970万元的价格拍卖给私营企业。

市九州百货大厦 1995年12月26日，市九州百货大厦二期工程竣工开业，经营面积由6000平方米扩大至1.1万平方米，职工由390人增至581人，企业下设百货副食商场、家电商场、服装商场、针织商场、鞋帽商场、五金商场、家具商场、文化用品商场等32个商场97个柜组。二期工程建设期间，在职职工每人集资5000元，新招收职工集资1万元。1996年，企业完成销售5000万元，完成利税200万元。1997年年底，进行股份合作制改革，职工每人入股2000元。1998年，市九州百货大厦将柜组租赁给职工经营，同年收缴租金220万元。但由于经营管理不善，销售收入持续下滑。2001年10月，由市人民法院裁定破产，债务4600万元。2005年，企业固定资产以1800万元价格整体拍卖给私营企业，至2013年，企业仍处于破产程序中。

市裕康食品有限公司 1996年7月，由原市食品厂破产重组而成，实行股份合作制，注册资金118万元，职工136人。同年10月，兼并破产的市食品公司，接收企业全部职工，并实行债转股，企业再次重组；11月，投资800万元，在原食品公司厂地建设豪运啤酒厂，设计能力3万吨，1997年5月建成投产。1999年6月，由于经营困难，豪运啤酒厂出租给市富豪公司经营。2000年10月，因不能偿还职工集资债务，市政府工作组进驻公司对经营和财务进行调查和审计。2001年12月，由市人民法院裁定破产。2009年6月，市政府对企业进行职工身份置换改革，共清算企业各类人员580人，政府支付清算资金2121万元。企业职工以“居民身份”进入社区，实行社区管理。

市裕泰蔬菜果品冷藏厂 1996年，名为市蔬菜果品公司，位于东环城路，占地面积1万余平方米，有在职职工187人。由于亏损严重，同年5月27日由市人民法院裁定进入破产还债程序，账面资产417万元，债务803万元，资产评估价值520万元，职工领取失业金每人每月132.50元。1997年4月23日破产程序终结，5月—12月，由全体职工每人入股3000元，组建市裕泰蔬菜果品冷藏厂，接收破产资产94.1万元。同年12月，从市裕泰蔬菜果品冷藏厂剥离出部分资产，有18名职工注册成立市正泰蔬菜果品有限公司。2008年9月，市政府对企业进行职工身份置换改革，企业进入清偿程序，各类受清偿人员共272人，市政府共发放企业清偿金815万元。同年12月，企业各类人员移交社区管理。

市钢木家具厂 1996年，归属原市二轻工业局，为集体所有制企业，主要产品竹器、钢木家具。1998年5月，划归市财贸委管理，因企业产品滞销停产放假。同年8月，在企业原址建设小商品批发市场，投资约300万元，建筑面积7600平方米，其中营业大棚2600平方米，门头房25间，1999年6月竣工开业。因管理不善，经营处于持续萧条状态。2008年8月，市政府对企业进行职工身份置换改革，企业进入清算程序，市政府为232人发放清算资金1191万元，人员交社区管理，资产由市政府改制工作组管理。

市工艺美术厂 1998年5月，由市二轻工业局系统划归市财贸委系统，为集体所有制企业，处于半停产状态。同年10月，根据市商城建设委员会规划，企业原生产设备厂房拆除，改建为艺美小商品批发市场，共投资约280万元，建设面积约7000平方米，为简易大棚式市场。1999年10月10日试营业，2001年12月，市场整体承租给新东郡家具公司。2008年8月，市政府对企业职工身份置换改革，企业进入清算程序，共有122人进行清偿，市政府共发放清算资金727万元，企业人员交社区管理，资产由市政府改制工作组管理。

市商业综合公司 1996年，有职工113人，企业占地面积1.87万平方米，综合商场2100平方米，增设物资经营处，营业收入191万元，上缴税金23.3万元。1998年起，因资金缺乏，企业开展资产租赁经营，年租金约11万元。因资不抵债，2004年1月，由市人民法院裁定进入破产程序，破产债务590万元，下岗职工133人，每人每月领取生活费156元。2008年4月，按照市委、市政府改革国有企业、转换职工身份的实施方案，企业进入清算程序，清算共涉及企业各类人员148人，市政府共支出清算金797万元，各类人员分批移交社区管理，土地使用权及地面资产由市政府收回。

市中御桥百货楼 1996年，归属市百货总公司，称市百货公司第三门市部，建筑面积2800平方米，同年，商品销售额220万元。1997年10月，与百货总公司分离，成为独立企业；12月，实行股份合作制改革，职工每人入股3000元。1998年，实行柜组承包责任制。2001年5月，企业债务达260万元，亏损严重，无力偿还到期债务，经市人民法院裁定，与市百货总公司、市商业大厦、市皇城批发中心整体破产，职工下岗失业，每人每月领取156元生活费。2003年5月，以220万元的价格拍卖。至2013年，企业仍处于破产程序中。

市商业大厦 1995年3月，原市百货总公司投资595万元购买花园商场，投资905万元装修改造。1996年1月28日开业，共有职工288人，下设办公室、财务科、保卫科。经营机构有副食、家电、百货、针织、服装、鞋帽6个商场，营业面积8000平方米，经营3万余种商品，全年实现销售额1713.8万元，实现利润5.6万元。1997年11月，百货总公司剥离经营改革，市商业大厦成为独立企业，实行股份合作制改革，职工每人入股3000元；同年完成销售收入1266万元，亏损16万元。1998年，开始实行职工内部租赁经营，租赁费收入47万元。2000年，租赁收入46.5万元。因资不抵债，2001年5月，经市人民法院裁定破产，债务1120万元。职工每人每月领取156元生活费。2004年，市商业大厦以600万元的价格拍卖给私营企业。2013年，企业仍处于破产程序中。

市饮食服务总公司 1996年后，国家对国有饮食服务业取消计划内物资原料供应，企业参与市场竞争，自主经营，自负盈亏。饮食服务业网点或被拆除或被变卖，大部分职工或停薪留职或下岗失业，饮食服务总公司主业转向火车站小商品批发市场的经营管理。1996 年，在职职工 438 人，离退休人员 275 人。经营有火车站小商品批发市场和旅店业、餐饮业、照相业、洗浴业、理发业。经营网点 18 处，其中，洗浴业有爱国浴池、民族饭店康乐中心 2 处；理发业有红旗理发店 1 处；照相业有向阳照相馆、彩扩中心 2 处；饭店业有东关饭店、九仙酒楼、东桥饭店、民族饭店、北站饭店等 6 处；旅店业有民族宾馆、兖州旅社 2 处；另有冷食业御桥冷食加工厂 1 处。同年，公司经营额 292 万元，利税 22.3 万元。1997 年 11 月，企业进行股份合作制改革，职工每人交纳 3000 元入股。1998 年—2001 年，按照国家有关对小型微利企业实行关、停、并、转的文件精神，先后向社会出让东关饭店、九仙酒楼、东桥饭店、北站饭店、爱国浴池和向阳照相馆等经营网点，建筑面积共 4650 平方米。将御桥冷食加工厂拆除重建为鼎鑫洗浴中心，建筑面积约 2000 平方米。2002 年 9 月，公司因欠银行贷款本息 318 万余元，被中国华融资产管理公司起诉，彩扩中心、鼎鑫洗浴中心被出让还贷，公司停止照相业、洗浴业经营；12 月，民族饭店停业，公司停止餐饮业经营。2006 年 9 月，建设市人民乐园，拆除红旗理发店，建筑面积 40 平方米，公司停止理发业经营。因兖州（火车）站扩建，拆除民族饭店（含民族宾馆、康乐中心），总面积为 5400 平方米。2010 年 3 月，市政府对企业职工身份置换改革，企业进入破产清算，公司各类人员 763 人受到清偿，市政府支付清算资金 3602 万元。

兖州宾馆 1996 年归属市贸易中心，经营面积 1.2 万余平方米。1997 年，实行股份合作制改革，与市贸易中心剥离，职工每人入股 3000 元，注册登记兖州宾馆，为独立核算企业。下设宾馆部、宾馆大酒店（餐饮）、易鑫工业品批发部、站前商场等部门，职工 297 人。2000 年，企业筹资 200 万元，对兖州宾馆进行更新改造。2001 年，因剥离经营遗留的债务而产生纠纷，2002 年 8 月，市人民法院裁定兖州宾馆整体进入破产程序，破产债务 1200 万元。同年 11 月，原兖州宾馆的 22 名职工募股设立兖州市名园餐饮娱乐有限公司，该公司购买市贸易中心兖州宾馆破产资产改造经营。2004 年 8 月 12 日，原企业破产程序终结。2010 年 6 月，按照市政府国有企业改革、置换职工国有身份实施方案，对公司 377 名人员实行清偿，市政府共支付清偿金 1608 万元，企业资产由市政府派驻的改革小组管理。

第三节　商业网点

1996 年，全市共有商业网点 53 处，在岗职工 3500 人，营业面积 6.3 万平方米。1997 年，市糖酒茶总公司拆除东桥门市部建设裕丰商场、拆除第六门市部建设裕隆商场，市饮食服务总公司向社会出让东关饭店、九仙桥酒楼、向阳照相馆、鼎鑫洗浴中心等 20 处网点。同年底，有商业网点 33 处，营业面积为 6.08 万平方米。1998 年—2002 年，市钢木家具厂改建为小商品批发市场，市工艺美术厂改建为艺美小商品批发市场，市皇城百货批发中心改建为敞开式批零合一经营市场，市五金交电总公司金隆商场二期扩建。同年底，有商业网点 35 处，营业面积 8.3 万平方米。2003 年，市饮食服务总公司重建火车站小商品批发市场，市皇城百货批发中心破产，市中御桥百货楼拍卖给私营企业。同年底，商业网点 33 处，营业面积为 7.53 万平方米。2004 年—2010 年，市百货大楼建设二期工程，市商业大厦、市九州百货大厦、市裕隆商场等网点被拍卖，红旗理发店、物资总公司营业楼等一批网点被拆除。同年底，有商业网点 7 处，营业面积 3.2 万平方米；2013 年，原国有商业经营网点仅有市百货大楼、市五交化总公司春天百货商场，营业面积 9400

平方米。

第四节 生猪定点屠宰

1996年，市生猪定点屠宰管理领导小组成立，领导小组办公室设在市财贸委员会，统一协调管理全市10个乡镇和兖州肉联厂共计11个生猪屠宰场点的生猪屠宰、猪肉产品市场销售监管等工作，当年完成生猪屠宰量5.1万头。1998年12月，依据《山东省生猪屠宰管理办法》，将原来的生猪分散定点屠宰转变为集中定点屠宰，全市保留兖州肉联厂、漕河食品站生猪屠宰场和兴隆庄镇食品站生猪屠宰3家生猪定点屠宰场，其他乡镇原生猪屠宰场转变为生猪产品批发单位。当年完成生猪定点屠宰量4.6万头。取缔非法屠宰户30家，没收非法肉品3000公斤。1999年，生猪屠宰量4.99万头，收缴生猪屠宰税费121.3万元。2000年，完成生猪定点屠宰量5.09万头，收缴屠宰税费130.6万元，同比增长8.5%。2002年5月，市经贸局设立生猪定点屠宰管理办公室。当年定点屠宰量4.96万头，收缴生猪屠宰税费64万元。2003年，共查处私屠滥宰户23家，查获病死猪肉、注水肉1000余公斤，全部进行无害化处理；收缴罚没款3.1万元，全年共收缴生猪屠宰税费75.6万元。2010年4月，市商务局设立市生猪定点屠宰管理办公室，负责监管全市生猪定点屠宰管理和猪肉市场稽查工作，当年生猪定点屠宰量5.08万头。2011年10月，依据修订的《山东省生猪屠宰管理办法》，保留位于原肉联厂的市永康生猪定点屠宰厂和位于漕河镇的市超前生猪定点屠宰厂。当年生猪定点屠宰量5.01万头，无害化处理病死猪141头。2012年，完成生猪定点屠宰量5.3万头，无害化处理病死猪220头，出动执法1715人次，查堵窝点2个，查收违法肉品620公斤。2013年，完成生猪定点屠宰量5.11万头，无害化处理生猪142头。

第五节 煤炭市场管理

1996年8月，市工商局设立煤炭交易管理处，印发《兖州市煤炭交易管理办法》对全市煤炭交易实施监督执法，共审核办理煤炭交易许可证96家，清理整顿不具备经营条件的单位和个人20余家，登记煤炭经营合同8份，立案处罚煤炭掺矸石8起，罚没款5万元。1997年上半年，共发展煤炭业户127家，查处各类违法案件8起，罚没款6.5万元。1998年，工商系统实行省以下垂直管理体制，市工商局煤炭交易管理处撤销，煤炭交易监督执法工作移交至市财贸委。1999年11月，市煤炭市场管理领导小组成立，办公室设在市财贸委。2000年，组建由市工商局、市公安局、市质监局、市财贸委等组成的煤炭市场监管执法大队，取缔非法煤炭经营业户30余家。同年，经济宁市财办批准的煤炭经营业户80家，煤炭经营量260万吨。2002年，取缔无证违法经营业户70家，收缴罚款2万元。有60家煤炭经营业户得到资格认证，同年煤炭经营量270万吨。2008年，市煤炭经营企业共96家，煤炭批发企业20家，煤炭零售企业76家，销售量350万吨，其中，市恒强商贸有限公司、市康辉煤炭销售公司年销售量分别超过20万吨。2011年，全国煤炭市场供大于求，部分经营业户退出煤炭市场，全市煤炭经营企业86家，其中，批发企业17家，零售企业69家，年销售量265万吨。2013年，煤炭经营业户增加5家，共91家，同年6月，不再核发煤炭经营资格证，原核发的煤炭经营资格证一并取消。同年，煤炭经营量290万吨。

第六节 家电下乡

自2008年1月始，兖州市积极宣传家电下乡、摩托车下乡、家电以旧换新等扩大内需政策。

同年11月起，根据财政部、商务部《关于积极继续实施家电下乡政策的通知》和财政部《关于家电下乡补贴资金管理办法》，兖州市开展家电下乡试点工作，对非城镇户口居民购买彩色电视、冰箱、移动电话和洗衣机，按产品售价的13%给予补贴；对以旧换新购买的家电产品，按产品售价的10%给予补贴。同年，经审核批准确定市长城家电有限公司、市九彩家电有限公司、市广场商厦3家企业为试点网点。2008年，全市销售家电下乡产品3900台，通过家电下乡管理系统审核补贴54.1万元。2010年，简化补贴政策，优化补贴程序，提高补贴效率，方便广大群众购买。全市具备家电下乡销售资格的备案企业增至14家。其中，家电下乡销售网点设置较多的是市九彩家电有限公司，设置家电、电脑类销售网点10家，太阳能热水器销售网点4家。至2011年11月底，市家电下乡试点工作结束。全市通过家电下乡管理系统累计审核补贴2788万元，家电以旧换新资金2849万元。2013年1月，停止实施摩托车下乡政策，累计补贴摩托车下乡资金1201万元。

第七节　个体商业企业

1996年，全市个体工商户1.97万户，私营企业407家。1997年后，国有、集体企业深化改革，不断调整经营、产业结构，引入竞争、风险、兼并机制，进行股份制改革，部分国有、集体企业或破产或转型，部分职工下岗待业。1997年，市工商局制定《关于实施再就业工程的意见》；1998年7月，市委、市政府制定《关于鼓励个体私营经济发展的暂行规定》，加大对商业、服务业等第三产业的扶持力度，个体私营经济迅猛发展，大量下岗待业职工得到就业机会。1999年底，全市个体工商业户2.14万户，比1996年增长24.5%，私营企业632家，比1996年增长45%，注册资金3.94亿元，比1996年增长23.8%。2000年，市工商局印发《关于支持个体私营经济发展的八项服务承诺》，设立下岗失业人员再就业“绿色通道”，拓宽就业渠道，引导下岗失业人员大力发展种植业、养殖业，以及与日常生活密切、就业岗位多的第三产业。根据工商管理部门有关规定，自1998年始，对已停产、停业及查找不到经营者的个体工商户持续开展清理整顿工作。到2002年，存量个体工商户8798户。个体私营经济发展平稳有序，在数量减少的同时，规模、效益得到改善提升。2003年—2005年，实施个体工商户分层分类登记管理，推动农村经济和社会就业、再就业的开展，提高服务经济发展的能力和水平，个体私营经济发展稳步推进。2005年12月，个体工商业户共有1.09万户。2008年9月，取消个体工商户管理费。2011年12月，全市共有个体工商户1.63万户、私营企业2599家。2012年，市政府印发《支持个体私营经济转型升级意见》，个体私营经济发展呈现出“实力增强、速度加快、结构优化、贡献提升”的良好局面。2013年，全市共有个体工商户2.42万户、私营企业3044家，个体私营经济成为最具活力和潜力的经济增长点，经济发展势头强劲有力。

第二章 供 销

第一节 管理机构

1996年，市供销合作社联合社为科级自收自支事业单位，内设党政办公室、政工科、业务安储科、财会计审科4个科室，机关人员23人。2003年8月，市供销合作社联合社改为全额财政拨款事业单位。2008年10月，市供销合作社联合社改为参照公务员管理科级事业单位。2012年，市供销合作社联合社内设科室调整为党委办公室、社有资产管理办公室、合作发展安全科、基层社发展科4个职能科室，机关人员18人。至2013年，市供销合作社联合社内设机构和人员未变动。

第二节 体制改革

1996年，全市供销社系统辖市华联商厦、市鲁门商场、市生产资料公司、市棉麻公司、市土产杂品公司、市日杂公司、市供销再生资源公司、市兴达公司、市汽车配件公司、市综合经营公司、市卫生材料厂、市棉麻机械厂、市棉花加工二厂、市棉花加工三厂14家企业，商业网点56处，从业人员2200人，全年全系统商品销售完成1.8亿元。同年，市卫生材料厂破产。

随着商品专营权的逐步放开，棉花、化肥流通体制发生重大变化，市场多元化格局形成，供销社在市场竞争中逐步丧失原有的优势，经营业务陷入低谷，一度出现企业经营不景气、生产停产半停产的现象。面对经济体制转轨中遇到的一系列难题，市供销社立足实际，探索实行统管分营、承租承包、联销联利计酬、工效挂钩等多种形式的经营责任制，采取依法破产、资产重组、完善经营责任制、搞活内部机制等措施，按照市政府关于在全市企业改制中推行股份制的意见，对社有企业进行股份合作制、承包制、租赁制为主要形式的改革。1997年—1998年，全系统所属13家企业全部进行改制，大部分改为股份合作制企业，其中职工入股新设立先股后租企业5家，原体制直接转股份合作制企业5家，承包承租经营企业3家。市华联商厦、市鲁门商场、市兴达公司、市棉花加工二厂、市棉花加工三厂分别改制为市广场商厦、市金世纪商城、市经贸公司、市双龙棉纺织厂、市三利油棉织造厂。2000年11月，市土产公司并入市再生资源公司。2001年，市经贸公司、市日杂公司、市三利油棉织造厂分别改制为市欣乐商贸有限公司、市喜庆烟花鞭炮经营站、市恒泰棉纺厂。2002年，市广场商厦兼并市汽配公司、市棉麻机械厂兼并市综合公司；12月，市广场商厦兼并市金世纪商城。2006年后，按照市委、市政府的部署要求，对市棉麻机械厂、市棉花加工二厂、市双龙棉纺织厂实施破产，职工与企业解除劳动合同。2007年6月，市广场商厦兼并市生产资料公司。2010年12月，市供销合作社联合社与北京新合作商贸连锁集团公司合资组建兖州市新合作百意商贸有限公司。

2013年，依据《兖州市人民政府关于全面推进供销合作社改革发展的意见》，市供销社先后成立新驿镇供销合作联合社、颜店镇供销合作联合社、小孟镇供销合作联合社和漕河镇供销合作联合社等新型镇级供销合作联合社，依法接受镇政府管理，业务接受市供销社指导。至年底，全系统辖市新合作百意商贸有限公司、市供销再生资源公司、市喜庆烟花鞭炮经营站、市欣乐商贸有限公司、市棉麻公司、市恒泰棉纺厂6家企业，集商贸、餐饮、棉纺织生产、特殊行业经营于一体，各类网点800余处，从业人员7000余人。

第三节　生产资料经营

市供销社农业生产资料主营化肥、农药、农地膜、小农具及农药机械和配件，兼营复混肥生产、代储代运。1996年，投资百万元新上复混肥生产线1条，生产复混肥4000吨。同年，完成销售总额6223万元，利润20余万元，销售尿素1.96万吨、磷酸二铵7330吨、各种复合肥2820吨、柴油4600吨、农药200吨、农膜210吨，推销农产品1.6万吨。1997年，生资公司下设3个批发处，8个销售点，1个加油站，1个复混肥、锌肥生产厂。农资商品经营在保证全市农业生产需要的情况下，本着“让利不让市场”原则，实行“一步到厂、一步到港”的经营策略，各批发处、销售点扩销增效，开拓经营，开展与各生产厂家联营、联销、总代理、总经销业务。同年，完成销售额1亿余元，实现利润10万元，供应磷酸二铵1.7万吨、尿素2.71万吨、各种复合肥6863吨，成为济宁市农资公司系统的排头兵。2001年，对大中型经销点实行统一组织货源，内部统一调拨，统一销售价格，资金统一使用的“三统一、一集中”管理，对中小型经销点和复混肥厂采取承租承包经营，全年实现销售收入4700万元，销售各类化肥3.45万吨、农药164吨。2003年后，市生产资料公司对大部分经销点实行租赁经营，利用闲置仓库开展代储代运业务，尝试开办农资连锁店。由于多方面因素，客户资源流失，市场萎缩，经营状况持续恶化，企业陷入困境，2006年，亏损181万元。2007年6月，市生产资料公司并入市广场商厦。

自2008年起，市生产资料公司借鉴日用品连锁经营的做法，大力开办农资连锁超市，构建新型农资经营服务网络，对各农资超市实行统一招牌、统一配送、统一价格、统一营业执照、统一管理的“五统一”模式，所有商品明码标价、开架式经营，镇、村农资超市营业员既是营销员，又是农业技术员，提高了服务技能。实施测土配方施肥项目，普及测土配方施肥知识，举办由乡镇农技人员、种粮大户、科技示范户参加的测土配方施肥培训班，发放培训资料1.2万份，发放测土配方施肥建议卡15.5万份。先后建立测土配方施肥示范区40个，核心示范样板面积1.5万亩，化验土样6495个，由市供销社实施的小麦应用测土配方施肥面积5万亩，小麦亩均增产30公斤～50公斤。开展农资直供，从测土到配方肥、种子直接供应、将所需专用配方肥和种子直接运送到田间地头，节省了中间环节，降低了费用，其价格普遍低于市场百分之十，农民得到真正实惠，受到农户普遍欢迎。对其他种田大户、林果大户、花木公司和厂矿企业起到了很好的辐射带动作用，推进了新型农资经营服务体系的健康快速发展。2010年，建成农资配送中心2处，在全市共发展镇、村农资超市（直营店和加盟店）123家。同年，农资商品完成销售8900万元，销售化肥1.3万余吨，农药1200余吨。2012年，农资商品销售收入7280万元。2013年，有农资配送中心3处、农资超市156家，农资商品销售收入8100万元。

2013年9月，市生产资料公司员工在大安镇安家庙村采集土质样本

第四节 生活资料经营

1996年，市供销社生活资料的经营依托市华联商厦、市鲁门商场、市土产公司、市日杂公司、市经贸公司、市汽配公司、市综合经营公司，以市华联商厦、市鲁门商场为龙头开展工业品经营；市经贸公司开展农副产品、饲料、石油经营；市土产公司、市日杂公司开展土产、日用杂品、家具经营；市综合公司开展食盐业务的经营和纯净水的生产销售；市汽配公司开展汽车配件和农用车配件的经营。至2002年，由于经营不景气，以上企业或改制或兼并重组。

市华联商厦位于中御桥中路，主楼10层，裙楼4层，营业面积1万余平方米。1996年，市华联商厦通过开展联购分销、直购直销、特约经销、引厂进店、租赁等经营方式，采取柜台式、开架式、货仓式、展销联销等多种形式，发展批发业务，批量进货、批量销售、扩大差价，以批带零、以零促批，开拓业务，灵活经营。同年，市华联商厦实现销售收入4200万元。1997年，市华联商厦投资近百万元新建华都鞋服公司，同年，因产品滞销而注销。1998年，食盐不再由供销社主营。由于不适应市场经济，华联商厦一

顾客在市广场商厦大卖场购买商品

天的营业额不足万元，于同年4月停业。同年6月，市华联商厦改制为市广场商厦，实施“诚信和”企业文化工程，外树形象，内抓管理，取得了良好的经济效益和社会效益。

2001年，市广场商厦实现商品销售收入4400万元，完成利税83万元。为适应商业竞争的新形势，市供销社加快经营业态调整，大力发展现代服务业，构建新型营销网络。2002年，以现代经营方式改造传统百货业态，市广场商厦加盟上海联华超市，引进超市业态，开办2000平方米的超市，采用现代信息技术建立商业管理系统。同年5月，市广场商厦第一个连锁便民分店——兴隆店开业，当日接待数以万计的顾客，日销售额3万元；11月，开办老槐树连锁店；12

1998年市广场商厦外景

月，市金世纪商城并入市广场商厦。2003年1月，开办龙桥连锁店；3月，开办九一连锁店；12月，在市金世纪商城原址上建设的广场商厦大卖场开业运营，营业面积1.2万平方米，成为全市规模最大、现代化程度最高的专业化超市，解决800余人就业，提升了企业竞争能力。2004年，开办兴隆矿店、颜店镇店、杨村矿店、古城矿店、文化路店、山拖店、永丰店、新驿镇等8家连锁超市。按照占领城区、延伸农村、拓展周边、形成网络的发展思路，发展区域连锁经营，装备无线远程传输设备，开发支撑连锁经营的应用软件。

2005年1月，第一家异地直营大店——曲阜市百意购物中心开业，经营面积1万余平方米。同年5月，第二家异地直营大店——邹城百意超市开业，经营面积1万余平方米。同年，在邹城开办北宿店、石墙店、大束店、张庄店、城前店、峄山店等便民连锁店。2006年，开办东桥南路、五里庄、漕河镇、小孟镇等连锁店。2007年，开办兴隆矿六角楼超市、世纪路超市。通过直营、加盟、托管、输出管理等形式，连锁经营业务辐射郓城、宁阳、鄄城、菏泽等地区，形成以广场商厦为旗舰、覆盖兖州城乡、辐射兖州周边区域的连锁经营网络，带动兖州市和周边市区商贸流通业的发展。同年12月，一期投资4300万元的广场商厦大型日用品现代化物流配送中心在原市生产资料公司驻地开工建设。年底广场商厦拥有连锁店80家，总经营面积6万平方米，就业人员4000人，年实现销售收入3亿余元，成为鲁西南地区重要的商贸公司。以网络建设为依托，建设占地40亩、集经营项目、中介项目、公益项目等为一体的大安社区综合服务中心，设置药品、家具、食品加工、移动充值、邮政EMS授权服务、代收水电费及儿童娱乐城等服务项目，满足了农民生活多方面的需要。市供销社先后多次在省、济宁市会议上作发展现代流通网络的典型经验发言。省供销社和济宁市发改局分别给予发展现代流通服务业扶持资金90万元和35万元。2005年、2007年，市供销社先后被省人事厅、省供销合作社授予全省供销社系统先进集体称号，被人事部、中华全国供销合作总社授予全国供销合作社系统先进集体称号。

2008年6月，日用品现代化物流配送中心建成投入使用，建设立体仓库9000平方米，配备一流的采购配送系统，为网络建设的快速发展提供有力保障。同年12月，商务部、农业部联合下发《关于开展农超对接试点工作的通知》，对“农超对接”试点工作进行部署，推进鲜活农产品“超市+基地”的流通模式，引导大型连锁超市直接与鲜活农产品产地的农民专业合作社产销对接。2009年6月，市政府办公室下发《关于印发兖州市发展农村现代流通服务网络推动“超市下乡”工作实施方案的通知》。2010年，市广场商厦被商务部确定为“万村千乡”市场工程试点企业。按照“小超市、大连锁”“小网点、大网络”的思路，实施“万村千乡”市场工程、新网工程、农超对接，推行超市+专业合作社+基地模式，一网多用，双向流通，开辟农产品进入市场的便捷通道。依托广场商厦成立兖州金桥蔬菜专业合作社和兖州桥北良种种植专业合作社，通过专业合作社发展标准化基地1.5万余亩，涉及4个镇（街道）16个村庄，农户严格按照质量标准和技术规范实施标准化生产，产品经严格检测后直接进入超市销售。与当地农产品加工企业市绿源食品有限公司直接对接合作，在广场商厦超市设立绿源肉鸭销售专柜。同年底，全系统共拥有日用品超市249家，经营面积8.46万平方米，仓储面积1.44万平方米，投资3000万元的冷链生鲜配送中心投入使用。每年农历十二月，广场商厦各个超市每天人流量大，春节期间单日营业额超过千万元。国务院办公厅政务信息以《专报信息》刊发《山东兖州市开展“超市下乡”启动农村市场的主要做法》，市供销社“超市下乡”启动农村市场的做法得到国务院和省市领导的肯定。商务部在全国扩大内需、搞活流通电视会议上推广兖州超市下乡、农超对接的经验。2010年，市广场商厦被中华全国供销合作总社评为全国供销合作社系统百强企业。

2010年12月，市供销社与北京新合作商贸集团公司合资合作组建市新合作百意商贸有限公司，接管江苏新合作惠客隆连锁商贸有限公司的31家连锁店，同时注销该公司，新设立徐州新合作百意商贸有限公司。2011年，开办田黄店、赵村店、圣德店、东关店、九州方园店、黄屯店、凫村店、昌平店、三里营店、维多利亚店10家连锁店。2012年，市新合作百意商贸公司承担全市城乡6万余名中小学生的营养餐配送。同年，开办曲阜防山店、华沁苑店、书院店，邹城古路口店、鲍店店、沙河头店、龙山店、马庄店，兖州谷村店、八一店、建设路店、王因店和徐州茅村店、龙庄店14家连锁店。2013年，市新合作百意商贸有限公司拥有物流配送中心、大卖场、时尚百货、连锁超市公司、曲阜百意、邹城百意、徐州百意、农资公司、百意纺织公司9个经营主体，383个连锁经营网点，员工5000人，年销售收入10亿元。

第五节 废旧物资经营

市再生资源公司从事废旧物资回收、加工、销售、经营业务。1996年，市再生资源公司购销业务拓展到周边10余个县（市），销售废钢铁4200吨。1997年，市再生资源公司进一步理顺经营渠道，不断开拓外地市场，使废旧物资经营实现新突破，形成一定的经营规模。2000年，市再生资源公司兼并市土产杂品公司。2001年，实现总购进540万元，总销售550万元。2002年，市政府办公室下发《关于整顿城区废旧物资经营秩序的实施方案的通知》，成立市再生资源管理办公室，办公室设在市供销社，市供销社、市公安局、市工商局、市综合执法办公室分别抽调人员在市再生资源管理办公室集中办公。全市废旧物资经营由市再生资源管理办公室审批，公安部门凭市再生资源管理办公室批准证明核发特殊行业许可证，工商部门凭批准证明和特殊行业许可证核发营业执照。同年，成立市再生资源专业合作社，入社社员180余户。2003年，投资100余万元建设2处废旧物资交易市场，进入市场经营的业户80家，经营领域涉及废旧金属、废旧门窗、废旧建材、废旧塑料、废旧轮胎等，年经营额2亿余元。2004年，投资120万元新建钢砂生产厂。2005年，兖州市被省经贸委、省供销社确定为全省再生资源回收利用体系建设唯一县级试点城市。2006年，为支持市政府旧村改造工程，市再生资源公司整体搬迁至军民路。2007年，市再生资源公司实现购进1600万元，销售收入1700万元。2008年，钢砂生产厂注销。

2009年8月，市再生资源公司与省再生资源公司合作，注册成立合资公司——兖州鲁源再生资源开发有限公司；同年8月18日，挂牌经营。2009年，实现销售收入1.5亿元，上缴利税2500万元，在全市百名企业排名第23位。同年，总投资1亿元的市再生资源产业园项目被列入全市20项服务业龙头项目。2010年，实现销售收入6亿元，上缴利税5295万元，在全市百名企业排名16位，在济宁市百名企业排名56位。2011年12月，配合市兴隆文化园及道路桥梁项目建设，公司搬迁到大禹像东100米。2012年11月，配合全市多式联运物流园项目建设，公司搬迁到兖州经济开发区益海路。2012年11月，再生资源产业园项目开工建设。2013年12月，再生资源产业园建成运营，具备储存、集散、初级加工、销售信息发布等综合功能，提升了经营服务的规范化、网络化和信息化水平，成为鲁西南最大的区域性废旧金属分拣加工中心，辐射带动枣庄、济宁、菏泽、泰安及苏北地区再生资源产业的发展。同年，市再生资源公司实现销售收入1.9亿元。

第六节　烟花爆竹经营

1996年，烟花爆竹由市土产公司和市日杂公司经营。2000年，烟花爆竹由市日杂公司专营。2001年，市日杂公司改制为市喜庆烟花鞭炮经营站。2003年，市喜庆烟花鞭炮经营站经省公安厅、省工商局、省供销社批准，为全市唯一烟花爆竹专营单位。同年，成立市烟花爆竹管理办公室，办公室设在市供销社，市供销社、市公安局、市工商局、市城市管理执法局分别抽调人员在市烟花爆竹办公室联合办公，集中办理审批全市烟花爆竹临时销售许可证、营业证的签发。市政府每年都主持召开烟花爆竹专门协调会议，市烟花爆竹管理办公室成立以公安、工商、城管等部门为主，市供销合作社、市喜庆烟花鞭炮经营站等单位配合的市场稽查队，对烟花爆竹市场进行监督检查。2001年，市烟花爆竹专业合作社成立，下设基层社14处，其中乡镇12处、城区2处，共吸收社员700户，把城乡零售业户纳入管理之中，制定章程统一管理，统一编号，签订安全责任书，统一专车配货。同年，烟花爆竹销售收入300万元。2004年，承办市元宵节焰火晚会。同年，实现销售收入360万元。

2006年，市喜庆烟花鞭炮经营站经省安监局批准，为市唯一烟花爆竹专营单位。同年，经营烟花爆竹品种600余个，同年实现销售收入612万元。2007年后，强化烟花爆竹经营网络的规范化管理，同年实现销售收入660万元。2008年，实现销售720万元。2009年10月，投资760万元开工建设A级烟花鞭炮配送仓库。2010年10月，正式投入使用。同年，经营的烟花爆竹品种870余个，实现销售收入960万元。此后，经营的烟花爆竹品种逐年增加，销售收入逐年增长。2013年，实现销售收入2038万元，市喜庆烟花鞭炮经营站被评为省烟花爆竹协会先进单位。

2004年2月5日，兖州市元宵节焰火晚会在市体育馆举行

第七节　社办工业

1996年，市供销社社办工业主要有市棉花加工二厂、市棉花加工三厂、市棉麻机械厂和市棉麻公司，从事棉花加工、棉机制造、纺纱、织布、浸出油5大类的生产经营，主要产品有絮棉、棉短绒、榨油机、三辊分离器、通大气阀、锯筒校正器、拌和机、棉纱、土凡布、浸出油、豆粕等10余种产品。同年，市棉花加工二厂、市棉花加工三厂加工生产大豆、花生、棉籽1.1万吨，加工生产棉纱460吨，市棉麻机械厂生产销售拌和机64台。1996年后，兖州农业种植结构进行调整，受市场经济和价格影响，棉花种植面积减少，棉花产量下降，棉花资源减少，涉棉企业受到很大冲击，遇到前所未有的困难。1997年—1998年，社办工业企业面临停产半停产。

市双龙棉纺织厂　位于大安镇辛北庄西，占地160亩，原为市棉花加工二厂，1998年改制为市双龙棉纺织厂。2000年，投资600万元新上7000锭环锭纺和年产200万米工业用布织布机40台。2001年，完成产值2775万元，销售收入2333万元，实现利税85万元，加工棉纱2020吨。同年，研制开发的纯棉新概念席，参加了曲阜专利产品博览会。2003年，生产纯棉新概念席9200床（套），全厂实现销售收入5324万元，上缴税金168万元。至2005年，全厂拥有机器设备280余台（套），生产规模5.5万纱锭，生产能力达到年加工棉花5000余吨、棉纱1万余吨、工业用布200万米、各类新概念纯棉席20万床（套）。企业新产品多次参加在北京、上海、南京、广州等地举办的中国高新技术产品博览会。同年，企业通过IS09001国际质量体系认证。企业先后被确定为全国供销合作总社农业产业化重点龙头企业、省供销社先进单位、济宁市农业产业化龙头企业，济宁市供销社先进单位，市经济发展先进企业，位列全市百名企业排行榜51位。2006年，注册成立山东梦泽园纺织有限公司。同年，实现销售5000余万元，利税120余万元，被市确定为“三大工程”第二梯队发展企业。2007年后，国内棉纱市场竞争加剧，厂内技术人员流失严重，出现招工难、用工紧张，生产经营受到严重影响。2009年10月，企业破产，山东梦泽园纺织有限公司注销。

市恒泰棉纺厂 位于新兖镇境内兖颜路中段，占地150亩，原为市棉花加工三厂。1998年，改制为市三利油棉织造厂。拥有环锭纺、气流纺、大豆浸出油3条生产线。2001年，全厂完成产值480万元，销售收入450万元，上缴税收11万元。2002年3月，改制为市恒泰棉纺厂。2003年—2005年，完成工业总产值2973万元，实现销售收入2904万元，固定资产增加值300余万元，上缴国家税收78万元，被评为济宁市供销社系统先进单位。2006年，全厂生产棉纱800吨，完成工业产值600余万元，实现销售收入700余万元。2007年，因原料上涨，成本增加，生产销售大豆油亏损，浸出油成套设备一次性出售。同年，全厂生产棉纱1006吨，实现销售收入635万元，上缴税收21万元。2008年后，纺织市场持续低迷，销售逐年下滑。2011年，实现销售收入210余万元。2013年，市恒泰棉纺厂将闲置的车间办公室及部分仓库租赁给市百意纺织有限公司使用。同年，市恒泰棉纺厂生产棉纱实现销售收入200万元。

市棉麻机械厂 位于中御桥路，占地24亩，1996年，主要生产榨油机械，棉花加工机械两大类产品，主要销往新疆、安徽、河北、河南、湖北、湖南等地，并出口东南亚、非洲等地区。同年，产值330万元，上缴税金30万元。1998年5月，市政府建设市九州广场，企业整体搬迁至铁北西街兖州市技工学校西，占地28.34亩，主要从事棉花、油脂、公路工程机械的技术开发、生产。2000年，与省棉机集团联合投资720万元新上300吨油脂加工成套设备项目。2001年，生产的300吨新型棉籽制油预榨、浸出新型工艺成套设备系列产品，参加在曲阜举办的中国高新技术博览会，被列入国家星火计划，市棉麻机械厂荣获2001年度300吨新型油脂设备生产技术开发国家级星火计划项目证书。同年，全厂完成产值280万元，销售收入303万元，上缴税金23万元。2003年，引进江苏徐工集团摊铺机零配件加工项目，生产的摊铺机零配件产品用户遍及全国20多个省市和地区，并远销澳大利亚、尼日尔等国家。2006年，生产经营困难。同年12月1日依法进入破产程序。2007年，市棉麻机械厂依法破产。

市棉麻公司 位于文化东路，占地10.5亩，固定资产400万元，主要经营棉花、棉短绒、棉副产品、包装物料；兼营住宿、餐饮服务。1994年，新建4000平方米皇城宾馆开业。以餐饮经营服务为主。2003年—2005年，实现营业收入分别为193万元、220万元、212万元。2006年后，先后投资460余万元进行设施更新改造，逐步发展成集住宿、餐饮、会议接待于一体的中型饮食服务企业，可同时接待200人住宿、开会，同时接待550人就餐。2009年，实现营业收入400万元。2010年—2013年，连续4年投资449万元，对宾馆客房、餐室、餐洗中心、灶房等进行大规模装修改造，皇城宾馆的接待能力、服务水平有明显提高。2010年—2012年，实现营业收入分别为644万元、653万元、750万元。2013年，实现营业收入884万元，公司被评为济宁市供销社系统先进单位、市餐饮服务食品安全量化分级A级单位。

第三章　物　　资

第一节　体制改革

1995年6月，市物资集团总公司进行体制改革，总公司机关设党政办公室、财务审计科，下属公司由原12个成员公司整合为机电设备、化轻协作、黑色金属材料、木材、重点工程物资承包、燃料6个专业公司，职工共计385人（其中燃料公司139人）。1998年6月，物资集团总公司撤销，所属企业由市财贸委管理。1998年，由市财贸委主持设立物资总公司，总公司原党委改设党总支。机关内部设党政办公室、财务科、再就业服务站3个科室；仍保留原机电设备、化轻协作、木材、黑色金属材料、重点工程物资承包5个专业公司建制，燃料公司与物资总公司分离，由市财贸委直接管理。2008年8月，按市企业改革统一部署，物资总公司整体进入破产清算程序，公司党总支撤销，原物资局8名机关人员挂靠市商贸局代管，下属5个专业公司职工实行一次性清算，买断工龄、解除劳动合同。市政府共支付清算资金1488万元，被清退的企业人员293人，物资营业楼4000平方米由市政府收回，后按照城区规划，拆除原物资营业楼，职工移交社区管理。2009年6月破产终结。

第二节　物资购销

国家计划统配物资全部取消后，物资市场全面放开，计划经济向市场经济逐步转型，形成国有、民营、个体经济竞相发展的局面。物资系统计划经济时期的经营、管理体制严重滞后，经济效益逐年快速下滑。1996年各专业公司的经营出现较大亏损；1997年陷入无力经营局面。为摆脱困境，1997年7月对商场、库房、场地实行对外租赁，职工除少数人员留守外，绝大多数下岗自谋职业。至2008年7月，11年未开展商品、物资经营活动。2008年8月，物资总公司经市破产清算组核实，累计亏损额4000余万元。

金属材料　1995年6月，物资集团总公司进行企业重组，黑色金属材料公司、有色金属材料公司合并为黑色金属材料公司，主要经营各类金属材料。随着钢材市场全部放开，经营份额急剧下降。1996年销售额为260万元。1997年1月—6月销售额50万元，且亏损严重。1997年7月，公司被迫停业，职工全部下岗自谋职业。2002年，公司被注销。2008年8月，进入破产程序。

机电产品　1995年6月，机电设备公司与汽车销售公司合并为机电设备有限公司，主营各类机电产品、汽车、摩托车及配件。市场放开后，个体销售网点急剧增加，市场竞争激烈，原国有经营份额缩小，亏损严重。1996年各类机电产品、车辆销售额150余万元。1997年1月—6月销售额30万元，职工工资长期欠发。1997年7月公司停业，职工全部下岗自谋职业。2008年8月，公司进入破产程序。

木材建材　1995年6月，木材公司和建材公司合并为木材公司，经营木材和建筑材料。在由计划经济向市场经济转轨期间，物资系统经营出现前所未有的困难，差价小、费用大、亏损严重。1996年销售额为210万元。1997年1月—6月为45万元，公司入不敷出，同年7月停业，职工全部下岗自谋职业。2008年8月，公司进入破产程序。

煤　炭　自1993年国家取消煤炭计划供应

后，煤炭市场逐步放开。煤矿依托自身经营自主权和资源优势，个体经营者有灵活的销售方式，燃料公司的经营十分困难。物资总公司虽然在体制上划小经营核算单位，在销售方式上采取铁路和水路运输并举，力图扩大经营市场，但因管理滞后、资金短缺，及煤炭买方市场占主导地位等诸多原因，严重影响经营。1996 年煤炭销售仅为 1600 吨，且差价小，费用大。1997 年经营活动已无力开展，长期拖欠职工工资。同年 7 月停业，除少数人员留守外，其余职工下岗自谋职业。2008 年 8 月，市政府对企业职工进行身份置换改革，公司进入破产清算程序，173 名企业人员被清退，市政府共发放清算资金 880 万元。

第四章　商贸市场与服务业

第一节　集贸市场

1996 年—1999 年，全市投资 8000 万元，新建皇城园服装市场、富居家具城、火车站小商品批发市场等市场 10 处，增建建筑面积 7 万余平方米，增设摊位 1.2 万个。1997 年初，市政府为繁荣经济、安置下岗职工再就业，在南起建设路与东御桥北路交叉口，北至文化东路与东御桥路交叉口（原步行街）建成兴隆夜市，有鞋帽服装、日用百货、糕点小吃摊位 400 余个，年均商品交易额 6000 万元。随着市场建设的日趋完善，集贸市场的上市品种逐年增多，其中农副产品种类增多尤为突出。至 1999 年底，全市集贸市场 57 个，其中城区 11 个，农村 46 个；消费品综合市场 42 个，农副产品批发市场 2 个，工业消费品市场 6 个。生产资料市场 4 个，农业生产资料市场 1 处，其他市场 2 处。市场总面积 106 万平方米，建筑面积为 36 万平方米。其中，息马地商城被列入市“九五”计划的重点建设项目。经过 3 年建设，息马地商城一、二期工程完工。商城有经营摊点 1600 个，其中客商 300 家，安置下岗职工 400 余人，年成交额 4.5 亿元，年纳税额 300 万元。集贸市场上市品种 2600 余种，农副产品种类 300 余个。1999 年，全市集贸市场成交额 14.09 亿元，比 1996 年增长 30%，占全市社会消费品零售总额的 60.3%。比 1996 年上升 2.3 个百分点，其中城市 6.57 亿元，农村 7.52 亿元，分别比 1996 年增长 30.6% 和 42.1%。1999 年后，执行国家市场管办脱钩政策，工商机关市场建设职能剥离，转为对市场经营行为的日常监管，市场建设由政府主导转为市场化运作。

2000 年—2005 年，兖州市实施商贸带动战略，坚持培育、发展市场，城乡商贸市场稳步发展。2001 年，全市各类城乡集贸市场 47 个，其中超 1 亿元商品交易市场 1 个。在全部集贸市场中，综合集贸市场 31 个，专业集贸市场 16 个。在全市集贸市场中，消费品市场 45 个，生产资料市场 2 个。至 2005 年底，全市集贸市场共 57 个，其中城区 11 个，农村 46 个，农副产品批发市场 2 个，工业品消费市场 6 个，生产资料市场 4 个，农业生产资料市场 1 个，其他市场 2 个，市场总面积 106 万平方米，建筑面积 36 万平方米。

2005 年后，随着全社会经济发展，全市实施合村并点工程，建设中心村，公交运行遍布城乡，农村集市贸易大规模减少，大批集贸市场完成历史使命，退出舞台。随着城市规划变更，城区拆迁改造等一系列政策出台，九州商城、北关纺织品批发市场、肉类水产品批发市场、永丰建材城等规模小、布局不适应城市发展新要求的市场逐渐被搬迁、拆除。2005年—2013年，相继改造扩建息马地、东关等农贸市场，以企业投资为主陆续新建起兴隆农贸市场、五里庄农贸市场、兴隆庄镇农贸市场等一批高标准市场。2013年，全市集贸市场30个。

息马地商城 位于市商业中心区，南邻九州路，北临建设路，西邻西御桥路，东邻息马地小区，是兖州最早自发形成的集贸市场。1996年，投资360万元，对息马地商城进行扩建改造，总占地120亩。息马地鲁门西街路南至九州路农贸区占地约40亩，设有6组玻璃钢瓦大棚，经营门店面积约1.2万平方米，主要经营肉、鱼、禽、蛋、菜、四坊等农副产品。同年，市场贸易额2.85亿元。息马地副食综合批发区位于息马地鲁门西街路北至建设路路南区域（含老油厂），占地约80亩，有注册经营业户550家，主要经营烟、酒、糖、茶、日用百货、文具、家具等30余种商品，是兖州市副食品批发的主要集散地。2010年交易额约3亿元。同年，息马地商城贸易额为6.5亿元。2012年，市政府把对息马地农贸市场进行升级改造列入为民办好的十件实事之一。市财政投资2850万元，在息马地市场农贸区的原有土地上建设二层框架结构综合商场。建设施工面积为2.8万平方米，其中一层为农贸市场，建筑面积1.4万平方米；二层为可分割的1万平方米室内店铺和约4000平方米的停车休息展示平台。柱网跨度8.4×8米。一层层高为6.6米，二层层高为4.5米。经营布局设计合理，一层为开敞式的农副产品批零市场，分为大车果蔬批发区和肉、鱼、水产品、蛋、菜等零售区。其中，大车批发区在商场北半区，经营面积5000平方米，可容纳大、中、小100余辆各型车辆；南半区为农副产品零售区，经营面积约9000平方米，分为肉、鱼、果、菜、粮油四坊、土产杂品6个市口，共设90个岛型经营区。货台总长约2300米。框架内总摊位641个，其中蔬菜126个、生熟肉100个、鱼市40个、鸡市71个、牛羊肉83个、四坊134个、大车位87个。农贸市场内共有个体户228户。商场二层为多种形式经营单元的商业内街，亦为全敞开式的大型商场。随着网络信息的发展，息马地副食综合批发区新增物流、食品配送、餐饮配送等商业服务，2013年20余家。同年，息马地商城交易额近9亿元。

东关农贸市场 位于东关大街东首，北临中山东路，南邻铁路社区，东邻瑞士豪庭小区，西邻东关社区，是兖州城内的老市场。1996年，市场规模较小，占地8亩，设施简易。全年市场贸易额900万元。2000年，市场贸易额1300万元。2010年后，市城市化建设进程加快，东城区大面积改造，居民逐渐增加。为方便居民生活，2012年，市政府将东关农贸市场升级改造纳入为民十件实事的“菜篮子工程”改造项目之一，投资500万元改造升级东关农贸市场。2013年初投入运营，其内部农贸区建筑面积3600平方米，为封闭式框架结构。市场按经营区域划分设有160个摊位，分为肉食品、水产、冷冻食品共30个摊位，蔬菜30个摊位，水果20个摊位，粮油副食20个摊位，干鲜杂品20个摊位，移动货架20个摊位（主要经营副食、干鲜果），临时经营区20个摊位。市场内部有营业房46间，可容纳200余个业户经营。市场经营区域归行划市，水、电、垃圾处理、排水、公厕等公共设施齐全，配备电子监控、健康教育宣传栏、蔬菜农药残留检验检测室等服务设施。2013年，市场交易额5560万元。

兴隆农贸市场 位于中御桥北路与技校路交汇处，由济宁市兖州华通糖业有限公司出资3600万元，2012年12月建成投入使用，市场管理人员5人。该市场由原塔前市场整体搬迁到兴隆农贸市场，为全市第一家大型室内高标准农贸市场，占地19.4亩，室内摊位400个，从业人员600余人，设置有鲜肉类、熟食类、水果类、蔬菜类、冷鲜类、禽蛋类、干货类、粮油类等功能分区。室外设有自产自销农户经营摊位60个、活禽销售宰杀营业房18间，服务辐射范围1.5公里，

居民1万余户。2013年，市场交易额8500余万元。

鼓楼农贸市场 位于东御桥南路与鼓楼街交叉处，由原市东方工程机械厂2005年6月改建而成。市场管理人员9人，占地15亩，为大棚钢架结构，建筑面积4000平方米，摊位313个，营业房113间，经营户300余户，市场主营农副产品、水产品、日用百货，服务辐射范围1.5公里，社区居民8000余户。2013年，交易额6500万元。

兴隆庄镇农贸市场 位于兴隆庄镇驻地，由兴隆庄镇兴隆商贸城投资300余万元建设，始建于2004年6月，2006年8月正式营业，占地30亩，建筑面积约2万平方米，拥有经营业房86间，摊位400余个，主要经营各种蔬菜类、水产品类、干货类、肉食类、调味品类、水果类、禽蛋类、粮油类、熟食类等农副产品，共计18个大类，5000余个品种，人流量约2000人。

2013年兖州市集市情况表

表12-1

名 称	地 点	时 间（农历）
漕河集	漕河镇驻地	逢一、六为集
歇马亭集	歇马亭村	逢四、九为集
翟村集	翟村	逢五、十为集
颜店集	颜店镇驻地	逢一、六为集
故县集	故县村	逢四、九为集
店子集	店子村	逢三、八为集
小孟集	小孟镇驻地	逢一、六为集
大安集	大安镇驻地	逢五、十为集
西北店集	西北店村	逢三、八为集
谷村集	谷村驻地	逢四、九为集
管庄集	管庄村	逢二、七为集
梅营集	梅营村	逢三、八为集
天齐庙集	天齐庙村	逢三、八为集
郝村集	郝村	逢二、七为集
高吴桥集	高吴桥村	逢三、八为集
顿村集	东顿村一村	逢一、六为集
泗庄集	泗庄村	逢三、八为集
乔村集	乔村	逢一、六为集
徐营集	徐营村	逢二、七为集
张村集	张村	逢五、十为集
新驿聚金城集	新驿镇驻地	逢二、七为集

第二节 专业化市场与商业超市

20世纪90年代中后期，兖州市注重产业结构调整，实施商贸带动战略，培育发展市场，促进多种经济成分共同发展。先后兴建息马地商城、富居家具城、火车站小商品批发市场和木材、农机、农贸、辣椒等10余处专业批发市场，新建和改建富都家居城、百货大楼、九州百货大厦、广场商厦等营业面积超1万平方米以上的大型商场，开发建设中御桥商贸路、龙桥商贸路、东御桥路手机一条街、兴隆夜市等，城区和乡镇政府驻地主要道路沿街兴建大批营业用房。城区市场和商业网点面积65万平方米。城乡消费品市场稳中趋旺。2000年后，兖州市继续实施商贸带动战略，充分发挥区位优势和交通优势，大力发展商贸业。积极发展新型流通业态，推行总经销、总代理、仓储式销售。建材、装饰装修、小商品批发市场等专业市场、大卖场，不断增加经营品种，拓宽营销渠道。2002年，市广场商厦以现代经营方式改造传统百货业态，加盟上海联华超市，引进超市业态，建成营业面积2000平方米的超市1个，为全市首家营业面积超1000平方米的大型超市。同时，在城区、农村重要区位、地段开设连锁便民店。2003年，市广场商厦建成营业面积1.2万平方米的大卖场，成为市规模大、现代化程度高的专业化超市。2004年后，按照占领城区、延伸农村、拓展周边、形成网络的发展思路，发展区域连锁经营。市广场商厦持续跨地区、跨省建设连锁便民店和超市，其辐射范围逐步扩大。2011年—2013年，兖州市实施建设商贸重镇战略，全市广泛开展经贸招商活动，改造提升传统商贸业，建成银座、贵和、大润发等营业面积超1万平方米的大型现代商业企业，带动周边饮食、娱乐、金融等服务业的发展，在建设路中段和龙桥路中段形成新的商业中心。服装鞋帽、摩托车、自行车、电动车、家用电器、五金电料、食品、图书、日用百货等规模较小的各类经营门店，走品牌经营、专业专营的路子，形成各具特色、各展其长的专业商店。连锁超市、商品配送、仓储销售等流通方式和新型业态不断发展，农村现代流通网络和专业合作组织、社区综合服务设施日趋完善。至2013年年底，全区有各类专业市场、要素市场、综合市场20余个，大型综合性购物中心9个，各种连锁店、加盟店、直营店120余家。

济宁银座兖州分公司 位于建设中路与龙桥路交汇处东南角，2011年6月22日开业，为省国资委管辖的鲁商集团旗下的银座零售公司，为银座零售业在全国的第111家分店。商城营业面积3.5万平方米，地上五层，地下一层，集购物、休闲、餐饮、娱乐、家电于一体的综合性商业中心。2013年，根据顾客消费偏好度调整经营方向，在原经营基础上，经营品类增加家具、KTV项目。2013年，员工500余人，全年实现销售收入6000余万元，利税100余万元。

兖州九龙贵和购物广场有限公司 位于建设路与龙桥路交汇处，2011年11月动工建设，建设投资额1亿余元。2012年9月23日开业，在职员工1500余人。经营面积6.5万平方米，其中地上五层、地下一层。地下二层为大型停车场，车位1000余个。广场以经营中高档百货为主，兼顾购物中心特色，汇集超市、家电、影院、KTV、电玩、餐饮等娱乐设施，是市集购物、餐饮、休闲、娱乐、文化体验于一体的，规模最大、功能最完善、设施最齐备、环境最舒适的大型高端时尚购物广场。地下一层九龙家电经营面积5000平方米，主要涉及彩电、冰箱、空调、厨卫、生活电器、手机、数码、电脑等多个品类的零售专营。开业首个季度贵和购物广场、九龙家电销售额即突破1.7亿元。2013年，兖州贵和、九龙家电营业额突破3.6亿元。

济宁银座兖州分公司外景

兖州大润发商业有限公司 位于建设路与龙桥路交叉口西北角，2013年4月22日正式营业，营业面积1.3万平方米，商店街面积4500平方米，总投资420万美元。购物商场共分三层，商场外围为大型免费停车场，车位400余个。卖场内设生鲜、杂货、百货区域，主要经营生鲜食品、各类副食品、日用杂货、家用纺织、文化体育用品和五金家电等，商品3万余种。2013年，销售收入8892万元，利税208万元，有员工358人，导购351人，是全国会员制大型连锁综合超市。

市新世纪连锁超市 2003年9月，在新世纪路中段新设全市第一家新世纪连锁超市，建筑面积177平方米，营业面积152平方米，沿街面积75平方米，超市以商品零售、批发为主，设立副食部、洗化部、百货部，经营商品品种4000余种，超市员工15人，同年销售收入242万元，利税1.8万元。2005年，新开第一家分店。至2013年年底，共投资726万元开设自营超市9家，综合营业面积2500余平方米，企业在职员工117人，年销售收入2700万元，利税11.2万元。

市九彩家电有限公司 1994年3月成立，其前身为市九彩屋，位于市委、市政府原办公区门东，有员工9人，营业面积100余平方米，主营家用电器等商品，全年销售收入600余万元。1999年，公司迁至市大观园一楼。2000年，二楼开放，营业面积2400余平方米，员工130余人，销售收入2800余万元，经营商品种类有家用电器、摩托车、电动车、手机及电子产品等。2011年，公司迁至华威宾馆地下一层至地上三层，营业面积4000平方米，员工160余人。2008年—2011年，公司开展以旧换新家电营销活动，实施家电下乡工程，是济宁地区家电行业唯一一家家电下乡示范店。2011年，实现销售收入8000余元。2013年，公司实现销售收入5000余万元，上缴税金100余万元。

市长城家电有限责任公司 1997年10月成立，为民营企业，主要经营家用电器。家电商场位于原市物资局大楼，开业当年销售收入150余万元。1998年，增加摩托车销售业务，公司全年销售收入近千万元。随着经营规模的不断扩大，2002年，联合市五交化总公司成立长城劲隆家电分公司。同年4月，商场迁至市九州广场西侧，4000平方米的长城家电新商场开业。同年，加盟山东三联商社，成立三联家电兖州长城连锁店，实现销售3600万元，被省工商局评为山东消费者满意单位；被省总工会确定为下岗职工创业示范点。2003年，长城电动车大世界开业。2004年，长城数码家电广场开业，主要经营家用电器、办公和电子产品、摩托车、电动车、手机、数码、电脑等国际、国内品牌产品60余类，1200余个品种，并建立完善物流、安装、售后服务体系和过硬的技术队伍。2009年—2013年，每年销售均过1亿元，并连续多年纳入兖州市“百强纳税大户”行列，先后被评为济宁市优秀民营企业、市经济发展功勋企业。

富居亿佳家具博览城 位于富阳路，东临龙桥路，西邻百丰大厦，南邻327国道，北邻山东太阳纸业集团，是全市成立最早、规模最大的家居商场。始建于1996年，时为富居家具城。开业后历经4次改造建设，营业面积10万平方米，主要经营家具、建材、灯饰、家饰、家装等家居产品。2008年，投资1000余万元对商场电梯、空调等设备进行硬件升级改造。改造后，改称富居亿佳家具博览城。2009年，商场投资300余万元对绿化环境进行改善。2011年，商场按照国内一流家具商场规划设计室内外环境，投资300多万元对商场内外灯光进行亮化改造。商场分为家具馆、建材馆两馆经营，家具馆一楼是沙发、软床、藤艺、餐桌椅和饰品区；二楼是板式家具、实木家具和儿童套房区；三楼是红木家具和办公家具区，有国内外家具品牌120余个。建材馆一楼是陶瓷、卫浴区；二楼是木门、衣柜、橱柜、硅藻泥、晾衣机区；三楼是地板、吊顶、灯饰、壁纸、窗帘区。2013年入驻国内外建材品牌60余个，两馆经营业户87户，解决劳动就业人数350余人，年均交易额1.3亿元。作为济宁市创业示范基地，免费培训和培养社会困难人员2000余人次，为贫困家庭、贫困大学生先后捐款100余万元。企业为国家家具协会常务理事单位、省文明市场、省消费者满意单位、省级“重合同守信用”单位。

火车站小商品批发市场 位于兖州（火车）站北，由原市饮食服务公司投资520万元，于1996年建成，建筑面积3600平方米。1997年，陆续引进南方客商免税经营。1999年，收缴小商品批发市场摊位经营权买断金120万元。2003年6月，投资460万元将与火车站小商品批发市场北邻的兖州旅社进行市场化改建，面积4600平方米。2004年，收缴小商品批发市场摊位经营权买断金190万元。2005年2月，原兖州旅社改建成5层营业楼，与火车站小商品批发市场连为一体，实行摊位租赁经营。2005年6月21日晚，因电路起火发生重大火灾，直接经济损失2000万元。同年9月，投资850万元拆除重建。建成后的市场建筑面积9240平方米，摊位1088个，营业用房120间，共招商368户，安置下岗职工近2000人，主要经营办公用品、洗化用品、五金电料、日用百货，为鲁西南最大小商品集散地。

兴隆花卉大世界　位于兴隆庄镇崇文大道中段路北，由市兴隆农业科技示范有限公司2012年投资建设的一家专业化苗木、花卉批发大市场，营业面积3万平方米，智能花卉养殖温室3.6万平方米。入住客商100余家，安置300余人就业，主要经营苗木花卉、盆景、奇石、观赏鱼、艺术根雕及环境美化饰品。带动了周边苗木、花卉种养殖业的发展，实现农业增效，农民增收。2013年，市场交易额5000余万元，被评为省林业龙头企业。

兴隆庄矿综合市场　位于兴隆庄矿生活区。

2012年9月23日，兴隆花卉大世界市场开业

兴隆庄煤矿建成投产后，为方便职工生活，由兴隆庄煤矿和地方分别出资建设，建筑面积2000平方米，业户80家，大棚摊位130个，主要经营农副产品、日用百货。年均交易额3000余万元，市场主要服务于煤矿职工及周边居民日常生活。

皇城园服装批发市场　位于中御桥北路，由原市二轻局办公区、宿舍区及下属市鞋厂改建而成。市政府投资100万元，鞋厂自筹部分资金，1995年5月动工，12月建成营业，市场面积6600余平方米，建设钢结构大棚、门面房3000平方米，商户近500户，从业人员近1000人，主要经营中低档服装、鞋帽、床上用品、各种小商品。面向城乡中低档收入居民、下岗职工。1996—2013年年均成交额4000万元～5000万元。

第三节　物资交流大会

20世纪90年代初期，全市每年举办物资交流大会、庙会近20次，大多集中在春季，每个物资交流会交易时间一般2天～3天，最长5天；上会人数和商品品种数量可达平常集市期的几十倍至上百倍；参与交易的有本地的，有来自邻县及外省的客商。交易的货品主要是农业生产用具、家具、衣帽、服装鞋袜等用品，年成交额2亿元左右。物资交流会在促进农副业生产发展，活跃城乡交流，便利群众生产、生活发挥着重要作用。随着改革开放的深入，个体私营经济得到长足发展，各种商店遍地开花，逐渐取代物资交流会的功能。进入21世纪以后，大多数物资交流会萎缩，部分规模小、参与人数少的物资交流会逐渐被取消。2013年，全市仅存物资交流会5个。

2013年兖州市物资交流会情况表

表12-2

名　称	地　点	开始时间（农历）
小孟物资交流会	小孟镇驻地	三月初八
新驿物资交流会	新驿镇驻地	四月初八
颜店物资交流会	颜店镇驻地	三月初三
大安物资交流会	大安村	三月二十八
漕河物资交流会	漕河镇驻地	三月初六

第四节　服务业

改革开放以来，随着社会主义市场经济体制的确立、发展和逐步完善，兖州市供应市场的商品品种、数量增多，消费品市场焕发生机，以市场商贸、批发零售为代表的服务业逐步成为全市经济发展的重要组成部分。至1996年，全市服务业主要涉及宾馆、酒店、超市、物流等领域。其中，全市共有餐饮业法人单位29家，餐饮业网点 296 个，实现餐饮业零售额 2315 万元。同年，社会消费品零售总额 12.6 亿元，第三产业增加值占国内生产总值的比重 28.3%。

2001 年，兖州市以开拓市场、扩大消费为主线，推进并深化商品流通体制改革，加快市场建设步伐。全市商业经营模式发生重大变化，一批专卖店、连锁店、超市、便利店、百货店等各种业态蓬勃发展。全市各类城乡集贸市场 47 个，其中超 1 亿元商品交易市场 1 个，同年，全市实现社会消费品零售总额 23.5 亿元。2007 年，兖州市成立由市长任组长的服务业发展领导小组，对全市服务业工作宏观指导。同年 8 月，设立市服务业办公室，办公室设在市发展和改革局，管理、组织和协调全市服务业。同年 11 月，市政府印发《关于进一步促进服务业发展的若干政策》，放宽市场准入，简化登记注册流程、加大财税支持，服务业实现较快增长。2007 年，全市实现餐饮业零售额 6.8 亿元，其中，限额以上餐饮业 5 家，营业收入 2272 万元；全市拥有星级住宿业 4 家，营业收入 2838 万元。同年，全市实现社会消费品零售总额 63.9 亿元，第三产业增加值占地区生产总值的比重首次突破 30%，为 30.1%。随着国民经济的快速发展，限额以上餐饮业发展较快，至 2010 年，限额以上餐饮业 26 家，主营业务收入 9178 万元；限额以上住宿业 3 家，主营业务收入 2873 万元；同年，全市实现餐饮业零售额 8.73 亿元。为进一步加快服务业发展，2011 年，市政府制定《关于加快服务业跨越发展的若干政策》，在放宽市场准入、加大财税和价格政策支持、支持重点载体建设、保障土地供应、加大技术支持、推动服务外包、强化人才支撑 7 个方面设立优惠政策。全年实现社会消费品零售总额 123.8 亿元，比上年增长 23.3%。服务业占地区生产总值的比重 32.6%。2013 年，兖州市采取一系列措施，加大服务业发展，市场商贸业、文化旅游业、现代物流业、金融保险业等传统服务业业态日臻成熟，以“互联网 +”为引领的电子商务、养老托幼、家政服务、教育医疗等新兴服务业业态逐步崛起，服务业成为兖州市经济发展的重要组成部分。同年底，全市实现社会消费品零售总额 164.4 亿元，是 1996 年的 11.6 倍；完成第三产业增加值 187.36 亿元，是 1996 年的 11 倍；服务业占地区生产总值的比重 33.8%，比 1996 年提高 5.5 个百分点。2013 年，全市实现餐饮业零售额 14.79 亿元；有各类宾馆、住宿型酒店 1585 家，其中，限额以上住宿业 10 家，营业收入 7236 万元。富都宾馆、兴隆宾馆、圣德国际酒店、华威宾馆、富源春酒店和皇城宾馆等一批集食、宿、会议、娱乐为一体的高档、豪华、现代化服务中心具有较高的信誉。

第五章 粮 油

第一节 管理机构

1996年，市粮食局为市政府组成部门，科级行政机构，内设办公室、政工科、财务科、商贸科、工贸科、审计科6个职能科室及军粮供应站1个直属机构，行政编制9人，在编人员34人。辖市粮油供应公司、市养殖加工厂等10个市直国有企业，兖州嘉丰食品有限公司1个中外合资企业，新兖、谷村等12个乡镇基层粮食管理所。1999年1月，全市12个基层粮食管理所撤销；市粮食收储管理中心成立，为副科级全额事业单位，核定编制14人，人员由市粮食局从现有在编人员中调剂解决。在全市12个乡镇均设立粮食收储管理站和粮食多种经营所。2002年，市粮食局由市政府组成部门调整为市政府直属行政机构。同年2月，设立市舜丰粮食购销储运处。2003年6月，因行政区划调整，黄屯、王因2个粮食收储管理站和2个粮食多种经营所划归济宁高新技术开发区管理。2004年，市粮食局内设机构调整为办公室、政工科、财审科、调控监督科、产业发展科5个科室。2005年，市金地粮食购销中心成立。2007年，增设资产管理科，市粮食收储管理中心加挂市粮食监督检查大队牌子。2010年，市粮食局由市政府直属行政机构调整为市发展和改革局挂牌行政机构，核定行政编制7人，调控监督科更名为调控储备督查科，财审科调整为在局办公室挂牌。2013年11月，市粮食局更名为济宁市兖州区粮食局。同年12月，区粮食局设办公室（挂财审科牌子）、政工科、调控储备督查科、产业发展科4个职能科室，实有在编人员14人。辖区粮食收储管理中心（加挂粮食监督检查大队牌子）1个副科级全额事业单位和区地方粮食储备库、区金地粮食购销中心2个国有企业。

第二节 体制改革

1996年，市粮食局辖市粮油供应公司、市粮油购销公司、市粮油贸易公司、市饲料公司、市东郡商场、市油脂食品总厂、市第一面粉厂、市第二面粉厂、市养殖加工厂9家市直国有企业，兖州嘉丰食品有限公司1家中外合资企业，新兖、谷村、漕河、小孟、大安、新驿、颜店、前海、泗庄、黄屯、王因和兴隆12家乡镇基层粮食管理所。同年，根据国务院《关于粮食部门深化改革实行两条线运行的通知》精神，全市政策性国有粮食企业职能是承担政策性业务，开展商业性经营，实行财务分开、分别核算。1997年，按照市政府部署，全市10家市直粮食企业实行股份制改革，除保留原企业名称和债权债务外，人员及资产全部投入股份合作制公司。1998年，市粮食局按照国务院和省、济宁市关于“按保护价敞开收购农民余粮、粮食企业顺价销售、粮食收购资金封闭运行和加快国有粮食企业自身改革”的部署要求，对全市粮食流通体制实行政企分开、储备与经营分开、中央与地方责任分开、新老粮食财务挂账分开，完善粮食价格形成机制（“四分开，一完善”）改革。对全市国有粮食购销企业1992年—1998年的政策性和经营性亏损全面清理作停息挂账处理，附营业务与收储业务实行分开。撤销全市12家乡镇基层粮食管理所，组建市粮食收储管理中心，在全市12家乡镇设立粮食收储管理站，负责组织完成全市粮油定购及国家专项储备粮和地方储备粮的收购、保管、轮换等任务，所需资金由市农业发展银行按“库贷挂钩、封闭运行”原则供给和管理，统一承贷和还贷；组建12家粮食多种经营所，专门从事粮食附营业务。完成粮食收储与附营业务分开，企业、人员分开和资金分离及资产划转等工作，各新建企业于1999年1月启动运营。同年，将市养殖加工厂人、财、物整体划入市第一面粉厂。2000年，因粮油顺销不畅，市场疲软，粮办企业经营资金严重短缺，生产经营举步维艰。同年底，市粮油食品厂依法破产关闭；市东郡商场、油脂食品总厂依法破产后重组，职工身份全部置换，分别成立金兖商贸有限公司、康华油脂食品厂，为股份合作非公有制企业。2002年2月，按照事企分开原则，市粮食收储管理中心作为管理机构与粮食收储企业分离，设立市舜丰粮食购销储运处，负责全市粮食收储业务和对收储管理站实行统一管理、统一核算。2003年1月，因经营管理及城市建设综合开发等因素，市第一面粉厂、市粮油购销公司、市粮油贸易公司、市饲料公司4家企业依法破产关闭，职工全员进行身份置换。2003年6月，因行政区划调整，黄屯、王因2家粮食收储管理站和2家粮食多种经营所人、财、物（包括前海粮食多种经营所人员）整体划归济宁高新技术产业开发区。2004年，实行放开粮食购销、放开粮食市场、放开粮食价格，确保粮食安全的“一取消、三放开、一确保”政策，全市粮食收购实行市场化运作。同年5月，按照国家、省、市政府的部署要求，成立市地方粮食储备库，负责县级储备粮的收购、集中储存和轮换。市舜丰粮食购销储运处所辖新兖、大安2家粮食收储管理站整体划入市地方粮食储备库。市第二面粉厂、市粮油供应公司依法进入破产还债程序。2005年，市政府制定下发《兖州市国有粮食购销企业改革实施方案》，对国有粮食购销企业进行全面改革。将1998年前财务挂账4171万元和1998年至2004年5月31日财务挂账4734.3万元从企业剥离，停息挂账，由市粮食局集中管理。除保留市地方粮食储备库、军粮供应站外，对市舜丰粮食购销储运处及所辖的10家管理站实行改制重组，9家镇粮食多种经营所依法实施破产。成立市金地粮食购销中心，负责全市政策性最低收购价粮的收购、储存和经营性业务。全市国有粮食购销企业改革顺利完成，老人、老账、老粮“三老”难题得到妥善解决和处理。

2006年，按照济宁市军粮供应网点设置要求，撤销市军粮供应站。2008年，按照《兖州市市属困难企业改革工作实施方案》和市政府确定的困难企业改革目标，对进入破产程序未终结的市粮油供应公司、市第二面粉厂的债权债务和职工补偿等情况进行调查核实，着手开展职工签订解除劳动关系协议和补偿金发放工作。同年，完成市粮油供应公司改革和71名职工、43名退休人员、7名精减下放遗属的移交安置工作。2009年—2011年，完成市第二面粉厂188名职工身份置换以及退休、精减下放和遗属人员的移交安置以及2000余户欠付代存粮清偿工作，市属困难企业改革任务顺利完成。

2011年，按照国家粮食局、中国农业发展银行《关于进一步加强合作推进国有粮食企业改革发展的意见》要求，促进国有粮食企业转变发展方式，创新粮食经营体制和经营模式，推动粮食实体经济发展，形成以益海嘉里（兖州）粮油工业有限公司、今麦郎（兖州）面粉有限公司、山东白象食品有限公司等大型企业为龙头的现代粮油食品加工基地和以百盛生物科技有限公司、绿源食品有限公司、六和饲料有限公司等企业为纽带的粮食转化、养殖产业聚集区。2013年，市粮食局有市地方粮食储备库、市金地粮食购销中心2家直属国有企业，14家粮食经营、加工、转化用粮企业，91家获收购许可的购销加工企业和个体粮食经营户。

第三节 粮油购销

收 购 1996年，兖州市执行国家粮食定购政策，全市国有粮食购销企业完成粮食收购8.44万吨，其中，国家粮食定购任务3.7万吨，国家储备粮8842吨，地方储备粮7000吨，商品粮3.19万吨。1998年，国务院出台保护农民售粮利益的粮食收购政策，下调国家定购任务，除国家定购外，按保护价敞开收购农民余粮。同年，全市国有粮食购销企业完成粮食收购5.18万吨。其中，国家粮食定购任务3.1万吨，地方储备粮7000吨，商品粮1.38万吨。1996年—1999年，共议购和按保护价收购粮食19.6万吨，油脂油料收购1780吨。2003年，国家再次下调定购任务，国有粮食购销企业完成粮食收购6.19万吨。其中，国家粮食定购任务2.5万吨，商品粮3.72万吨。兖州市连续18年夏粮一季完成全年国家粮食定购任务。

粮所夏粮收购现场

2004年，国家取消粮食定购任务，粮食收购全面实行市场化运作。2006年5月1日，国家出台小麦最低收购价政策，当小麦市场价格低于最低收购价格时，由中储粮总公司按最低收购价挂牌收购农民交售的粮食，所需资金由农发行按国家规定的最低收购价格和合理收购费用及时足额发放，地方国有粮食购销企业受中储粮委托收储，粮权归中储粮所有。同年，国家规定小麦最低收购价三等白麦每公斤1.44元，红麦和混合麦每公斤1.38元。全市粮食收购总量为19.65万吨。其中，国有粮食购销企业收购5.3万吨，其他社会各类粮食经营者收购14.3万吨。2009年8月，益海嘉里（兖州）粮油工业有限公司运营投产，2009年—2013年，共计收购油脂油料2.2万吨。2010年，济宁市印发《关于食用植物油地方储备计划的通知》，核定兖州市食用植物油地方储备计划370吨，一期完成170吨。同年12月，市地方粮食储备库收购食用植物油170吨，2011年收购食用植物油200吨，食用油地方储备规模任务全部完成。2013年，按照地方储备油两年一轮换的工作要求，轮换收购食用植物油370吨，同时受济宁高新技术产业开发区委托代储收购食用植物油100吨，共计470吨。2007年—2013年，兖州市继续执行国家小麦最低收购价政策，粮食收购量逐年增加，2007年、2011年、2013年因市场价格高于最低收购价，最低收购价执行预案未启动。2013年，全市粮食总购进（含市外收购）99.8万吨。其中，直属国有粮食企业收购9.65万吨，社会各类粮食经营者收购90.2万吨。

1996年—2013年兖州市粮油收购情况表

表12-3　　　　　　　　　　　　　　　　单位：吨

年份	粮食								油脂油料		
	收购总量	其中									
		定购	国家储备	地方储备（轮换收购）	商品粮	保护价（托市粮）	国有粮食企业收购	社会各类粮食经营者收购	商品油脂油料	地方储备（轮换收购）	社会各类粮食经营者收购
1996	84432	36700	8842	7000	31890	—	84432	—	1780	—	—
1997	92797	36700	8847	7000	40250	—	92797	—		—	—
1998	51790	31000	—	7000	13790	—	51790	—		—	—
1999	93790	31000	—	—	62790	—	93790	—		—	—
2000	138974	31000	—	—	107974	—	138974	—	—	—	—
2001	55120	31000	—	—	24120	—	55120	—	—	—	—
2002	96510	31000	—	—	53870	11640	96510	—	—	—	—
2003	61928	24700	—	—	37228	—	61928	—	—	—	—
2004	11000	—	—	11000	—	—	11000	—	—	—	—
2005	179890	—	—	2750	177140	—	76550	103340	—	—	—
2006	196470	—	—	2750	193720	—	53100	143370	—	—	—
2007	226740	—	—	2750	223990	—	42300	184440	—	—	—
2008	276910	—	—	2750	2657900	6260	40310	236600	—	—	—
2009	356303	—	—	2750	318153	35400	38873	317430	—	—	220000
2010	356303	—	—	2750	350894	2659	36154	523733	—	170	
2011	36012	—	—	2750	33262	—	36012	642577	—	200	
2012	75086	—	—	2750	47036	25300	75086	755585	—	—	
2013	96517	—	—	2750	93767	—	96517	901713	—	470	
合计	2486572	25310	17689	56750	4467774	81259	1181243	3808788	1780	840	220000

销　售　1996年始，全市粮食丰收，库存增加，销售放开，用粮、供粮单位及个体粮食经营者以市场交易为主。1996年—1998年，全国实行粮食调拨包干，兖州市调出品种主要是小麦和面粉。1998年后，以市场交易为主，国家不再下达调拨计划，实行保护价敞开收购农民余粮改革，国有粮食购销企业收购的粮食，采取顺价销售的办法自行处理。当市场价高于收购保护价时，随行就市进行顺价销售；当市场价低于收购保护价不能顺价销售时，所发生的银行利息、保管费用和差价由市财政负担。1996年—1999年，粮食销售20.28万吨。其中，政策性粮食销售10.39万吨，油脂油料2430吨。2000年，为腾空仓容按保护价敞开收购农民余粮，按照“顺价销售”原则，采取“有利就销，加快周转”措施，全年共销售粮食18.1万吨。2001年—2002年，为搞好粮食加工转化增值，采取以购促销、有利就销、即购即销等措施，促进粮食销售，2年共销售粮食19万吨。其中，小麦11万吨。2006年—2008年，随着粮食流通体制改革不断深入，市

粮食局从管理范围，实现从管理国有粮食企业到对全社会粮食流通监管的转变，粮食市场销售渠道更加广泛，销售方式更加活跃，粮食销售逐年攀升，达到购销顺畅。2009年—2013年，油料销售以益海嘉里（兖州）粮油工业有限公司成品花生油销售为主，5年共计销售成品花生油9.24万吨。至2013年，全市用粮企业转化和销售粮食96.9万吨。

第四节　粮油加工

1996年，兖州市有第一面粉厂、第二面粉厂2家国有和兖州嘉丰食品有限公司1家中外合资粮食加工企业，乡镇、村办面粉厂16家，小型面粉机组88家，年产等级面粉1万吨以上。有市油脂食品总厂、市饲料公司油厂、市棉二厂油厂、市棉三厂油厂4家国有油厂、镇办鼓楼油厂1家、村办油厂73家。

1996年—1999年，共投资800万元，改造市第一面粉厂磨粉机组和市第二面粉厂制粉车间，市第一面粉厂新上日产10吨的低温面条生产线。1999年底，粮办工业形成日处理小麦55万公斤、饲料600万公斤的规模。2000年—2004年，因政策调整和经营管理不善，市第一面粉厂、市第二面粉厂相继停产关闭，乡镇、村办面粉厂及小型面粉机组大部分停办关闭。其间，市油脂食品总厂、市饲料公司油厂因企业破产关闭；市棉二厂油厂、市棉三厂油厂和鼓楼油厂及大部分村办油厂因市场因素，分别转产、停产或破产关闭；市第一面粉厂、市养殖加工厂、市粮油食品厂、市饲料公司、市东郡商场等破产企业产权分别出售给家乡面粉公司、市大兴粮油食品公司、市六兴饲料公司（后组建为嘉豪饲料有限公司）、市金兖商贸公司等企业。2001年—2007年，不断通过产权联合、加大产业产品结构调整、新产品研发等手段推动嘉丰食品有限公司发展。2002年，嘉丰食品日处理小麦450吨，同时开发生产各类食品专用粉和低糖、多维营养保健面粉、面条。2001年—2005年，共开发新产品20个。2003年—2005年，共加工面粉21.1万吨。2010年1月，兖州嘉丰食品有限公司因资金链中断，加之经营管理不善等因素停产。

随着粮食系统体制改革的不断深入，2004年，兖州市粮食市场全面放开。优越的农业、交通资源及优厚的招商引资条件，吸引多家规模性民营粮食企业入驻兖州。同年，今麦郎食品有限公司与今麦郎纸品有限公司共同投资1.1亿元兴建大型面粉加工企业——济宁华龙农庄面粉有限公司，日处理小麦600吨生产线于2005年5月正式投产运营，年产值约3亿元。2007年，新加坡丰益国际集团注册成立益海嘉里（兖州）粮油工业有限公司，总投资2.1亿元人民币，建成21万吨花生米的压榨厂、33万吨小麦的面粉厂和1万吨食用花生米的筛选厂并投产。2013年，全市有今麦郎（兖州）面粉有限公司、益海嘉里（兖州）粮油工业有限公司、鲁粮工贸有限公司等大中型粮油加工企业，百盛生物科技有限公司、德福食品有限公司、大成食品有限公司、今麦郎面业、白象、鲁宝方便面等转化用粮企业和绿源食品有限公司、六和饲料有限公司、康源饲料有限公司等饲料加工企业共计30余家，其中，国家农业产业化重点企业2家、省级1家。全市形成年产面粉50万吨、食用油10万吨、饲料30万吨、淀粉30万吨、方便面50亿包的生产规模，年转化小麦80万吨，玉米50万吨。

兖州市第一面粉厂制粉车间

第五节 粮食流通监管

2000年后，随着粮食流通体制改革的不断深入，粮食工作步入新的发展时期。市粮食局从管理体制上，实现由计划经济向市场经济的转变；从管理范围上，实现从管理国有企业到对全社会粮食流通监管的转变；从行政职能上，实现由过去行政管理向全社会粮食流通的行政管理、行业指导的转变。2004年5月，国务院颁布《粮食流通管理条例》后，市粮食局及时转变职能，开始履行粮食流通行政管理、监督检查和行业指导职能，依据条例及有关规定，对粮食经营者收购资格进行许可审核、发证，对其从事收购、储存、运输和政策性用粮购销活动，以及执行国家粮食流通统计制度等情况进行监督检查，维护和规范粮食流通市场秩序。至2005年年底，全市办理粮食收购许可证56家。其中，企业法人单位26家，个体工商户30家。按照国家粮食局、国家工商总局《粮食收购资格审核管理暂行办法》，规范完善粮食市场准入审批制度，对审核办理粮食收购资格的企业、个体工商户，开展“一站式”服务，实行限时办结制，不收取费用。2007年8月，市粮食收储管理中心加挂市粮食监督检查大队牌子。2006年—2008年，先后选派10名人员参加省粮食局举办的全省粮食监督检查执法培训班，并取得粮食监督检查执法资格；市粮食局、市工商局、市物价局、市质监局、市交通局等部门采取定期集中检查和不定期巡回检查的方式，对全市粮食流通市场开展独立检查和联合执法，综合治理和打击无证经营和扰乱粮食流通的不法经营行为。3年共取消16家不符合粮食收购资格条件业户的许可证。2009年为《粮食流通管理条例》颁布5周年，市粮食局以“维护粮食市场秩序，服务宏观调控”为主题，开展粮食法规宣传，出动宣传执法车20余车次，制作宣传牌10个，发放宣传单1万余份，悬挂宣传横幅26条。全年共为26家符合粮食收购许可证资格的企业及个体工商户审核发放粮食收购资格许可证，对23家许可证到期的业户审发新证，对10家不符合粮食收购资格条件的业户取消资格许可，2009年年底，全市办理粮食收购资格许可证的业户119家。履行社会粮食流通统计调查和粮食安全预警监测职能，把全市各类性质的粮食企业逐步纳入全市社会粮食统计范围，分期分批对全市粮食收购、加工、经营、转化用粮企业的经管和统计人员分别进行培训、辅导，提高统计人员报送粮食统计数据能力。2013年，市粮食局配齐专兼职粮食监督执法人员和执法车辆以及摄像机、照相机、电脑等执法设备，所有执法人员经培训考核，行政执法证和粮食监督检查证“双证”齐全。全市办理粮食收购资格许可的各类粮食经营企业和个体工商户为91家。其中，法人单位26家，个体工商户65家。2004年—2013年，累计出动执法检查车辆800余车次，参与监督检查执法人员2700余人次，查处违法违规经营粮食案件42起。其中，2013年下达限期整改通知书68份，提出整改意见240余条，取消6家不具备条件的企业和个体工商户的粮食收购资格，全市纳入统计范围的粮食加工、经营企业和个体工商户14家。

第六节 粮油储备

1996年初，兖州市有旧关粮库和12家乡镇基层粮食管理所等国有储粮单位，储粮仓房248座，容量6.79万吨，储粮3万吨；同年，旧关粮库撤销，土地及仓房全部划入市第二面粉厂。1999年初，撤销12家乡镇基层粮食管理所，土地、仓房及所有资产整体划归新成立的市粮食收储管理中心。至2000年，全市新增储粮仓房26座，拆除报废储粮仓54座。2003年6月，因行政区划调整，王因、黄屯2家粮食收储管理站整体划归济宁高新技术开发区，全市减少仓房36座。2004年，市第二面粉厂破产关闭，减少仓房5座。

同年，济宁市政府下发《关于加强地方粮食储备体系建设的通知》，核定兖州市地方粮食储备 1.1 万吨规模。同年 5 月，由市政府出资 30 万元注册成立市地方粮食储备库，设新兖、大安两个库区，承担全市地方储备粮油的收购、储存、管理和轮换任务。2005 年，市舜丰粮食购销储运处所辖新兖、大安 2 家收储管理站 25 座仓房划入市地方粮食储备库。2006 年，国有粮食购销企业改革后，市地方粮食储备库、市金地粮食购销中心及所属 9 家基层管理站等国有储粮单位共有仓房 170 座。2010 年，市金地粮食购销中心在所属谷村、漕河、高吴桥、前海 4 家粮食收储管理站建设仓房 4 栋。同年，济宁市下达兖州市食用植物油地方储备计划 370 吨。市政府批准并投资在大安库区建设食用油地方储备油罐 4 个，容量 400 吨。同年 12 月，全部完成食用油地方储备规模任务。2011 年，市地方粮食储备库在大安库区建设标准代储粮仓 1 座。2013 年，全市共有市地方粮食储备库、金地粮食购销中心 2 家直属国有粮食购销企业，11 家国有储粮单位，有仓房 200 座。有食用油地方储备油罐 4 个，容量 400 吨。

第六章　专营专卖

第一节　盐　业

经营体制　1996 年 6 月，济宁市对各类盐产品实行划区域供应，兖州盐业分站承担兖州、泗水、汶上 3 个县（市）的食盐、农牧盐和工业盐的批发经营业务。2000 年 3 月，理顺盐业体制，山东省济宁盐业采购供应站兖州盐业分站改称兖州盐业公司，整体划归省盐业总公司，由集体企业转为国有企业，实行省垂直管理，为省盐业总公司的直属企业。同时，加挂兖州市盐务局牌子，为市政府的盐业行政主管机构和行政执法主体，负责行政区域内的盐业行业管理、盐政执法和食盐专营的行政管理工作。2007 年 10 月，兖州盐业公司（盐务局）改称济宁盐业公司（盐务局）兖州分公司（分局），一个机构两个牌子，具有经营、行业管理双重职能，为独立核算、自负盈亏、单独纳税的企业法人实体组织，依法从事市内盐产品的加工、储运、批发经营等业务。

2010 年 12 月 1 日，市盐务局开展食盐宣传活动

购销业务　1996 年，为消除碘缺乏危害，保障人民群众身体健康，国家对食盐实行专营。全省零售食用盐全部实行塑料袋小包装，并增加复合膜和纸塑包装。自 1997 年 7 月起，500 克小包装食盐印有“山东盐业”字样的防伪碘盐标志。1998 年，依据国务院颁布的《食盐加碘消除碘缺乏危害管理条例》，兖州市规定经营碘盐零售业务的单位和个人从具有碘盐批发资质的企业进货，不得从未经批准的单位和个人购进碘盐。2000 年，依据省政府下发的《关于调整和完善盐业经营管理体制的通知》，兖州盐业公司落实食盐专营政策，严格实行食盐分配调拨指令性计划管理。运输环节实行食盐、小工业盐准运证制

度，批发环节实行批发许可证制度，零售环节实行零售许可证制度，所有网点均持证经营，全市盐业管理逐步迈入制度化、规范化轨道。同年4月起，依据省盐务局统一全省食盐小包装工作部署，确定“六统一、一集中（统一注册商标、统一版面、统一商品识别条码、统一加贴防伪标志、统一规格质量、统一印制供应和集中分装）”要求，将单膜1000克装改为复合膜500克装。同年，销售各类盐4880吨，其中食盐3356吨。2003年起，依据济宁市对腌制、畜牧用盐小包装实行统一规格（1000克/袋）使用“鲁晶”牌商标要求，兖州盐业公司从济宁盐业公司购买包装袋后组织分装，供应市内各食盐零售网点。同年，销售各类盐1.02万吨，其中食盐7822吨。2004年，规范食盐销售渠道，统一规划网点布局，取缔无证经营户和转批经营户，健全完善遍布城乡的食盐营销网络和运销服务机制，食盐零售网点979户。兖州盐业公司被中国盐业协会评为国家AA级食盐批发企业。2005年起，全省统一采用省盐业总公司定做的彩色塑料复合膜防伪包装，规格有250克、500克纸塑盐及500克复合膜粉精盐等，新包装袋统一印有零售价格。外包装由原来的塑料编织袋包装统一改用20公斤装纸箱。同年，销售各类盐1.33万吨，其中食盐1.05万吨。2008年，为保证甲状腺疾病患者对无碘食盐的需求，济宁盐业公司兖州分公司在城区及各镇新增9处无碘食盐供应网点，设立无碘食盐销售专柜。同年，销售各类盐1.34万吨，其中食盐1.1万吨，年销量比盐业体制理顺前分别增幅218%、530%。2009年9月，根据城市规划建设，拆迁济宁盐业公司兖州分公司南站。公司利用拆迁补偿资金，结合食盐流通现代化和北站物流园区规划，按照国家“AAA”级食盐批发企业标准对办公经营和仓储设施进行规划改建。2010年6月建成并投入使用，新建成的仓库面积991平方米，库容量1500余吨。2010年，按照“一证、一簿、一牌、一合同（食盐零售许可证、食盐零售网点服务簿、食盐销售网络供应点专用牌、食盐购销合同）”的标准和要求，加强食盐零售网点规范化建设，建立户籍式电子化档案管理，推行客户经理负责制，改进服务措施，实行盐产品科学配送。同年，销售各类盐1.61万吨，其中食盐1.25万吨。2013年，兖州分公司调整盐产品结构，丰富市场供应品种，满足群众多样化用盐需求，推广普及低钠盐，引导群众科学用盐、健康用盐。同年9月，对市内所有食品加工用户使用的盐种进行产品升级换代，由原来的大包装日晒盐更换为小包装海晶盐。同年，销售各类盐1.43万吨，其中食盐1.31万吨。

盐政执法 1993年，济宁盐业采购供应站兖州盐业分站成立济宁市盐政管理处兖州盐政分处。1999年，济宁盐业采购供应站兖州盐业分站成立盐政稽查队。加强盐政宣传，采取定点检查与流动检查相结合，“堵源头、打窝点”，打击私盐违法贩销行为，整治清理食盐市场。同年，查处涉盐违法案件74起，查没私盐96吨。2002年，市盐务局加入公安部门“110”社会联动体系，与市公安局成立打击非法经营食盐违法犯罪工作联合办公室，建立横向联合、快速高效的盐警联合执法体系。同年，查处涉盐违法案件88起，查没私盐1205吨。2005年，市盐务局与市工商局、市公安局、市卫生局、市质监局、市药监局等9部门召开整顿和规范盐业市场秩序联席会议，开展为期3个月的盐业市场专项整治行动。同年，查处涉盐违法案件69起，查没私盐9.61吨。2006年，开展“百日会战”整治盐业市场秩序专项行动。同年，查处涉盐违法案件83起，查没私盐8.35吨。2010年为《山东省盐业管理条例》颁布实施10周年，市政府牵头，济宁市盐务局兖州分局与市物价局、市工商局、市公安局等职能部门合作建立打击非法经营犯罪的联动体系。同年，查处涉盐违法案件6起，查没私盐0.66吨。2013年，济宁市盐务局兖州分局开展节日期间加强食品监管专项整治活动，对各大超市、餐饮企业、学校以及机关食堂等进行全面排查，打击私盐泛滥，取得良好效果。同年，查处涉盐违法案件20起，查没私盐1.21吨。1996年—2013年，共查处涉盐违法案件1225起，联合行动400余次，查没私盐2804吨，端掉和捣毁私盐窝点60余个，拘留4人次，判刑3人，罚款31万元。

2003年4月，受非典型肺炎疫情影响，日购盐量是平常的5倍以上。兖州盐业公司积极组织货源，加工生产小包装碘盐，确保市场供应不断货，5月初，食盐抢购风潮平息。2011年3月，受“日本地震引发海啸和核泄漏”事件影响，出现第三次食盐抢购风。济宁盐业公司兖州分公司启动食盐供应应急预案，加大盐产品调运力度，重点保证大型商超的食盐配送。实行限量批发，规定购盐客户须持有食盐零售证，按零售许可证号每户限购5箱。同时，防止哄抬价格现象发生。利用新闻媒体宣传食盐抢购风潮的起因和采取的应对措施，播发“货源充足、价格稳定”的警告信息，严格执行食盐价格，很快平息食盐抢购风潮，未发生哄抬价格现象。受到省、济宁市局和兖州市政府的一致好评，被省盐务局评为2011年度全省平息食盐抢购工作先进集体。

1996年—2013年兖州市盐业经营情况表

表12-4

年份	销售各类盐（吨）	其中：销售食盐（吨）	食盐价格（元/吨）	零售网点数量（个）	查处违法案件数（起）	查没私盐（吨）
1996	17165	15352	780	—	55	105
1997	11321	7710	780	—	60	331
1998	7060	3083	960	—	62	99
1999	4206	1750	960	1498	74	96
2000	4880	3356	960	1350	152	185
2001	7362	5084	1500	1090	171	177
2002	7607	5517	1500	989	88	1205
2003	10205	7822	1500	980	162	541
2004	12952	10158	1500	979	71	40.35
2005	13254	10528	1500	979	69	9.61
2006	13202	10412	2600	972	83	8.35
2007	14899	12106	2600	967	51	1.13
2008	13400	11040	2600	851	13	0.58
2009	14215	11332	2600	982	34	0.74
2010	16085	12490	2600	874	6	0.66
2011	15870	12170	2600	931	16	0.88
2012	14681	11305	2600	971	38	1.56
2013	14346	13083	3400	971	20	1.21
合计	212710	164298	—	—	1225	2804.07

第二节 石 油

经营体制 1991年，山东省石油公司济宁支公司兖州油库更名为山东省石油集团兖州公司，实行行业领导，归市财贸委管理。1994年，取消计划油供应，国内成品油批发、零售企业实行许可制度，石油经销完全放开。1998年，山东省石油集团公司成建制划归中国石油化工集团公司，山东省石油集团兖州公司成为中国石油化工集团公司下属直管企业。2000年7月，中国石油化工集团公司整体重组，成立上市公司中国石油化工股份有限公司，山东省石油集团兖州公司组建上市范围的中国石油化工股份有限公司山东济宁兖州石油分公司和非上市范围的山东省石油集团兖州公司，分别接受中国石油化工股份有限公司山东济宁石油分公司和非上市公司山东省石油集团济宁总公司的直接管理，在体制上两个公司一个法人代表。2000年7月至2011年5月，山东省石油集团兖州公司相继更名为中国石油化工股份有限公司山东济宁兖州石油分公司、中国石油化工股份有限公司山东济宁兖州经营处、中国石油化工股份有限公司山东济宁兖州片区。2011年5月，恢复为中国石油化工股份有限公司山东济宁兖州石油分公司。

网点建设 1995年，山东省石油集团兖州油库销售总量5.02万吨，其中汽油1.78万吨、柴油2.99万吨、润滑油2200吨、煤油306吨，销售额1.02亿元，利税135万元。2001年，中国石油化工股份有限公司山东济宁兖州石油公司开始建设现代化大型石油销售连锁企业，网点建设进入有计划、高效益、快速膨胀的发展阶段，拥有油库1座，加油站网点6座，固定资产1277万元。2002年，中国石油化工股份有限公司山东济宁兖州石油公司成品油进货由系统上级统一配送，经营上实行“五统一（统一资源配置、统一调运、统一价格、统一结算、统一资金运作）”，同年11月1日，兖州油库关停，中国石油化工股份有限公司山东济宁兖州石油公司职能转变为管辖兖州市所属加油站网点的经营管理。至2010年，通过自建、收购、租赁等形式，加油站网点发展到21个（含王因镇、黄屯镇）。形成以国道327线，省道104线、325线为骨架，重点乡镇为扩张点的销售网络。2011年，配合市城乡建设，规划拆除加油站网点3个。2013年，全市加油站53个。其中，中石化18个、中石油8个、中化集团1个，社会加油站26个。

1996年—2013年兖州市石油商品销售情况表

表12-5

年 份	销 量（万吨）			销售收入（万元）	利 税（万元）
	批 发	零 售	合 计		
1996	6.1383	0.2617	6.4	12000	213
1997	9.881	0.319	10.2	19900	319
1998	6.5282	0.3718	6.9	14000	178
1999	4.1014	0.5486	4.65	9020	502
2000	3.187	1.193	4.38	14000	508
2001	3.8614	1.95	5.8114	16530	531
2002	1.2312	2.21	3.4412	8521	383
2003	—	2.3265	—	13992	—

续表12-5

年份	销量（万吨）			销售收入（万元）	利税（万元）
	批发	零售	合计		
2004	—	2.5255	—	15189	—
2005	—	2.4960	—	12265	—
2006	—	2.8786	—	17238	—
2007	—	3.6214	—	21006	—
2008	—	3.6172	—	23139	—
2009	—	3.5052	—	28179	—
2010	—	4.7940	—	29964	—
2011	—	4.1560	—	40782	—
2012	—	4.3250	—	36961	—
2013	—	4.7395	—	43490	—

行业管理 随着成品油经销全面市场化，巨大的利润使一些不法人员从外地的小炼油厂、土炼油厂购进不合格的油品以次充好销售，部分单位和个人乘机乱设摊点，倒买倒卖，掺杂使假，致使成品油销售市场混乱。1996 年，市成品油整顿小组办公室设在山东省石油集团兖州公司。至 1999 年，山东省石油集团兖州公司配合市经委、财委、工商、公安、税务、技术监督等部门，对兖州区域的成品油市场进行清理整顿，清理无证经营的摊点 52 个，销毁不合格油品、劣质油品达 30 余吨。2004 年—2013 年，中国石油化工股份有限公司山东济宁兖州石油公司配合市商务、安监、消防、工商、公安、税务、技术监督部门，重点清理危急公共安全的非法小炼油批发、零售网点 35 个。

1999 年开始，在市辖区内所有从事批发、仓储、零售的企业，须经市成品油市场整顿小组报经济宁市、省成品油清理整顿办公室审核后，核发《成品油零售（批发）经营批准证书》，企业据此到市工商管理、税务部门办理登记手续。2004 年，省经信委再次规范核发新的《成品油零售(批发)经营批准证书》，经营成品油须“三证(工商营业执照、成品油零售批发经营批准证书和化学危险品经营许可证)”齐全。1996 年—2013 年，分别由市经委、市财委、市商贸局、市商务局相继负责受理成品油经营的审核、报批和管理业务。

第三节 烟 草

卷烟销售 20 世纪 90 年代初期，市卷烟销售主要委托乡镇供销社设立卷烟转批点，工商个体协会设立卷烟代批点。1996 年，兖州烟草公司设立王因镇、大安镇、新驿镇、颜店镇、兴隆庄镇、黄屯镇、息马地市场 7 处批发部，负责全市的卷烟批发零售业务。1998 年 8 月，按照行业体制改革要求，卷烟由兖州烟草公司负责销售，取消各网点转批、代批业务，推行城乡卷烟批发网络建设，配备厢式货车，为卷烟零售户提供送货上门服务。2000 年，全市重新设置城乡批发网点，共有息马地市场、城东、兴隆庄镇、黄屯镇、大安镇、新驿镇、前海乡 7 个卷烟批发部。2001 年 6 月，实行卷烟访销与配送分离服务，取消各城乡批发网点的店堂销售业务。2003 年 7 月，实施“电话访销、集中配送”网络运行模式，设立电话访销部和配送部各 1 个。2005 年，城乡卷烟批发网点全部撤销，实现地市级烟草公司卷烟“统购统销”，县级烟草公司卷烟“零库存”。2006 年 7 月，卷烟销售实行“按客户订单组织货源、电话订货、人工访销、隔日送货”经营模式。2008 年，卷烟销售实施“六天改五天”全新访销配送模式。2011 年，卷烟零售客户借助新商盟平台，开始统一实行“网上订货、电子结算、线下配货、现代物流”的经营模式。2013 年，在网上订货的基础上启动济宁烟草客户经理平台建设项目，实现零售户与客户经理的实时互动。

1996 年，纳入卷烟零售专卖许可证管理的零售客户共有 780 家。2001 年 3 月，与 1750 名零售客户签订卷烟销售协议，发放 IC 卡和会员标志，并按全省统一零售指导价格销售卷烟，零售户按月领取返利。2002 年，构建“专业化分工、信息化管理、规范化经营、优质化服务”的卷烟销售网络模式，零售客户入网率上升到 95% 以上，送货面为 100%。2003 年，根据卷烟访销与配送分离要求，合并访销线路，缩减送货车辆。2004 年，开展星级零售户评选活动，在全市树立旗舰标杆。2006 年，整合送货线路，优化人员配置，推动访销员向客户经理转型，实现客户经理专业化分工。2007 年—2008 年，全面推广电子结算。至 2008 年年底，累计开通 3128 户，占零售户总量的 98.6%，电子结算成功率 97%。2009 年，推进零售客户培训工程，举办零售客户培训班 7 期，培训 1400 余人。2010 年，实施零售终端精品线路、明码标价和零售终端提升三大工程。2011 年，全面推广网上订货，网订客户 2201 户。2012 年，推进零售商协会建设，吸纳协会会员 582 人，并实施低保户创业帮扶活动，帮扶对象月均卷烟零售盈利 1200 元，平均毛利率近 11%。2013 年，卷烟零售持证户精简到 2748 户，开展零售户致富工程，为 31 名困难低保户发放卷烟柜台货架 53 套，为 14 名低保困难家庭子女发放助学金 1.18 万元。

随着兖州经济社会的快速发展和居民消费水平的不断提升，卷烟销量稳步增长，市场主销品牌以鲁产卷烟为主扩大为全国性名优品牌，卷烟消费档次不断提升。1996 年，全市经销的卷烟主要有“大前门”“哈德门”“大鸡”“琥珀”“牡丹”“老刀”及国外产的“希尔顿”“555”等，同年销售卷烟 8321 箱，销售收入 2566.21 万元，实现利税 143.78 万元。2000 年以后，主要经销省内烟厂生产的一、二、三类中高档卷烟，四、五类卷烟销售降低，省外名优牌号卷烟开始供应市场。2006 年，省内“大鸡”“八喜”品牌停产，省外“玉溪”“白云”“红塔山”等品牌销售比重略有提升。2007 年，遵循“扶优扶强”原则，强化省内外“泰山”“中华”“黄鹤楼”“红双喜”等品牌卷烟销售。2010 年，优化省内外卷烟品牌结构布局，在销卷烟品牌数量控制在 45 个以内，规格控制在 90 个以内。2012 年，“泰山”“中华”“南京”“利群”等重点骨干品牌销售比重 76.26%。2013 年，把“七匹狼”“金圣”“贵烟”“长白山”“黄金叶”等品牌纳入重点推介范围，省外卷烟销售比重增加到 46.2%，全年销售卷烟 2.47 万箱，销售收入 5.78 亿元，实现利税 1.39 亿元。

1996年—2013年兖州市烟草经营情况表

表12-6

年 份	卷烟销量（箱）	销售收入（万元）	利 税（万元）
1996	8321	2566.21	143.78
1997	8480	3102.91	163.08
1998	8336	3341.80	82.83
1999	13342	4826.76	154.09
2000	14414	5401.87	228.77
2001	15464	6862.22	773.72
2002	16708	8020.85	940.86
2003	17672	9570.62	1268.70
2004	18935	11737.82	1760.77
2005	19364	13367.52	1554.81
2006	20591	15483.77	2599.88
2007	21666	19594.64	47136.3
2008	22282	22744.74	5860.06
2009	22732	25926.82	6462.44

续表12-6

年份	卷烟销量（箱）	销售收入（万元）	利税（万元）
2010	23225	31113.04	7874.27
2011	23790	47818	10572
2012	24098	53405	12844
2013	24709	57784	13866

专卖执法 1996年，市烟草专卖局严厉打击走私、假冒商标卷烟违法活动，全年查获制售贩卖假冒商标卷烟、走私贩私、非法运输等各类涉烟案件137起，查扣非法卷烟650余万支，案值45万元。1998年，市烟草专卖局成立稽查大队，组织开展“整顿卷烟交易市场秩序，严厉打击卷烟走私贩私活动”专项治理行动。同年，共查获制售假冒商标卷烟、走私贩私等各类涉烟违法案件575起，查扣非法卷烟311.33万支。1999年—2000年，加大“挖窝打点”和“路查路堵”工作力度，重点打击制售、匿藏假冒商标卷烟窝点和非法运输、走私贩私、无证批发、无证经营卷烟等违法行为，共查获制售假冒商标卷烟、非法运输等各类涉烟违法案件1516起，查扣非法卷烟709.1万支，案值81.49万元。2001年，组织开展11次卷烟打假和市场清理整顿活动，参加“全市联动、区域联动”5次，组织焚烧12个县（市、区）查获的1600件假冒云南卷烟；3个专卖执法中队进驻网点，实行专销一体，对全市卷烟零售客户实行“户籍化”管理，市场净化率达90%以上。2003年，市烟草专卖局成立专卖管理中心，下设4个专卖稽查中队，专卖管理由单纯市场检查向着更加科学规范的户籍化、诚信等级化和专卖社区化管理转变。10月，在市乌龙街端掉造假窝点1个，查获制假烟机1台、烟丝、盘纸等造烟辅材料1宗，涉案总值6.3万余元。同年，查获各类涉烟违法案件1551起，其中大要案32起，共查获非法卷烟240万支，案值30余万元，6名涉烟违法犯罪分子被移交司法机关。2005年，探索建立烟草工作情况通报机制和联席会议制度，推进专卖社区化管理和零售客户诚信等级管理。2006年，建立城区、新驿镇、黄屯镇3个烟草专卖管理所，形成稽查中队与专卖管理所辖区相对应的专卖管理格局，初步形成“小机关、大执法”的专卖管理模式。2009年，市烟草专卖局与市公安局联合成立打击制售假烟网络工作领导小组办公室，相继开展高档卷烟市场清理、烟草市场“百日会战”“利剑行动”等7项卷烟市场专项整治行动，同年5月5日，破获一起销售非法生产卷烟案件，涉案总值20.1万元。同年，设立内部专卖管理监督科，开始对卷烟送货实行准运证核实管理。2010年，组织开展专卖管理与控制体系建设，被省烟草专卖局（公司）列为试点单位，并于11月与全省烟草系统专卖管理与控制体系信息系统实现对接和上线运行。同年，市烟草专卖局研究主创的“基于最小价值单元的市场监管与预警处理体系建设”课题获2010年山东省企业管理现代化创新成果二等奖，填补济宁烟草系统管理创新奖的空白。2013年，组织开展“打假、打寄递”专项行动，同年5月14日，破获1起非法经营烟叶烟丝网络案件，涉案金额127.07万元，抓获涉案人员33人，刑事拘留6人，批捕5人，判刑3人，该案件达到了国家烟草专卖局和公安部的网络案件标准。同年，共查获制售假冒商标卷烟、非法运输、非法经营烟叶烟丝等各类涉烟违法案件168起，其中万元以上案件14起；查获非法卷烟94.53万支，烟叶烟丝1.82吨，总案值54.71万元；行政拘留2人，判刑4人。

1996年—2013年，市烟草专卖局共查处制售贩卖假冒卷烟、非法运输、走私贩私、非法经营烟叶烟丝等各类涉烟违法案件9512起，查获违法卷烟4988.04万支，烟叶烟丝28.87吨，总案值751.68万元，捣毁制售假烟窝点97个，起获造假烟机1台（套），治安处罚1人，行政拘留31人，劳动教养2人，刑事拘留46人，判刑30人，发挥了较强的监管效能。

第十三篇

开放 开发

YANZHOUSHIZHI

开放 开发

第一章 管理机构

第一节 市对外贸易经济合作局

1988年7月，县对外经济贸易委员会成立。1994年8月，市招商局成立，与市对外经济贸易委员会合署办公。1996年，市对外经济贸易委员会为市政府直属部门，行使外经外贸行政管理职能，辖市对外经贸服务中心1个副科级全额事业单位，市对外贸易公司、市嘉隆肉鸡联合公司2家企业。1998年10月，市对外贸易公司破产重组，市对外经济贸易有限公司成立。2002年5月，市政府进行机构改革，撤销市对外经济贸易委员会，成立市对外贸易经济合作局，内设办公室、对外贸易管理科、对外经济合作科、信息科4个科室。2003年4月，市招商局不再与市对外贸易经济合作局合署办公，成为独立核算的全额事业单位。同年7月，市嘉隆肉鸡联合公司划归济宁市农业高新技术示范园管委会管理。2005年12月，内设科室调整为办公室、对外贸易管理科、对外经济合作科、统计信息科、督导室、综合科、项目审批科7个科室。2008年4月，市对外贸易经济合作局和市招商促进局联合办公，两局科室混合设置，设置职能科室11个，分别是办公室、政工科、对外贸易管理科、外经科、招商一科、招商二科、招商三科、调度统计科、项目审批科、综合科、督导室。辖市对外经贸服务中心1个副科级全额事业单位和市对外经济贸易公司1家企业。2010年4月，市对外经济合作局职能整体划入市商务局。

第二节 市商务局

2010年4月，市政府进行机构改革，撤销市对外贸易经济合作局和市商业贸易局，组建市商务局。市商务局内设办公室（政工科）、市场管理科（综合信息科）、对外贸易科、对外经济合作科（行政许可科）4个科室。辖市商贸服务中心、市招商促进局、中国国际贸易促进委员会济宁市兖州市委员会、市生猪定点屠宰管理办公室、市外派劳务服务中心、市对外贸易服务中心6个事业单位。2013年10月，市生猪定点屠宰管理办公室更名为市商务综合执法大队。同年11月，兖州市商务局更名为济宁市兖州区商务局，其下属单位随之更名。同年12月，整合济宁市兖州区对外贸易服务中心和中国国际贸易促进委员会济宁市兖州区委员会，组建新的中国国际贸易促进委员会济宁市兖州区委员会，为科级全额拨款事业单位，由区商务局代管。同年年底，区商务局内设办公室（政工科）、市场管理科（综合信息科）、对外贸易科、对外经济合作科（行政许可科）4个科室，辖区商务综合执法大队、区外派劳务服务中心、区商业贸易服务中心、区招商促进局、中国国际贸易促进会委员会济宁市兖州区委员会5个事业单位，在编人员31人。

第三节　市招商促进局

2003年，市招商促进局成立，为科级全额预算管理事业单位，由市政府管理，编制员额15人。2004年，市招商促进局内设综合科、招商一科、招商二科。2007年，内设科室调整为办公室、招商一科、招商二科、调度统计科。2010年4月，市招商促进局被明确为市商务局管理的社会公益一类科级事业单位，增设投资规划科（挂管理服务科牌子），事业编制15人。2013年11月，兖州市招商促进局更名为济宁市兖州区招商促进局。同年年底，区招商促进局内设办公室、招商一科、招商二科、调度统计科、投资规划科5个科室，在职人员15人。

第四节　济宁市农业高新技术示范园管委会

济宁市农业高新技术示范园始建于1999年9月，是济宁市委、市政府确定的科技兴农十大工程之一，由济宁市、兖州市、新兖镇三级政府投资兴建，规划面积12平方公里。2003年5月，经济宁市机构编制委员会批准，济宁市农业高新技术示范园管理委员会成立，为副处级事业单位，由兖州市政府管理，在职人员34人。同年7月，济宁市农业高新技术示范园管理委员会下设办公室、规划建设处、科教处（挂招商局牌子）3个副科级全额事业单位和济宁市农业高新技术示范园服务中心1个副科级差额事业单位。2013年，机构设置未变，在职人员59人。

第五节　山东兖州工业园区管委会

2000年9月，兖州市新兖镇工贸区成立。2006年8月，兖州市新兖镇工贸区更名为山东兖州工业园区，经省政府批准为省级开发区，国家发改委核准规划面积4平方公里。2008年，新兖镇与兖州工业园区实行镇园合一，1套班子，2个牌子，下设办公室、财政局、经济发展局、社会事业局、规划建设局、党群办公室6个科级事业单位。2013年3月，山东兖州经济开发区（不含大安镇）管委会人员编制并入山东兖州工业园区管委会，新的兖州工业园区管理委员会（以下简称“兖州工业园区管委会”）成立，为兖州市政府派出机构，管辖新兖镇、大安镇。在管辖区域内，兖州工业园区管委会代市政府行使县级行政、经济和社会事务等管理权限。核定行政编制18人、财政拨款事业编制50人。下设办公室、经济发展局、财政局、规划建设局和社会事业发展局。

第六节　山东兖州经济开发区管委会

1992年，兖州经济技术开发区成立。1993年，兖州经济技术开发区更名为济宁开放开发综合试验区兖州工贸区，纳入省规划设立的48个开发区之中。2000年，兖州工贸区管委会下设办公室、招商科、土地规划科、财委科、投资服务中心、综合开发服务公司，在编人员20人。2002年2月，济宁开放开发综合试验区兖州工贸区更名为兖州经济技术开发区，为省外经贸厅单独管理调度的省级开发区。2003年，兖州经济技术开发区管委会机关下设办公室、招商投资服务处、土地规划建设处、社区工作处4个副科级机构和兖州市财政局经济开发区分局、兖州市公安局经济开发区分局2个副科级派出机构。2005年，在全国开发区清理整顿中，兖州经济技术开发区顺利通过国家审核验收，开发区建设与发展协调领导小组成立，开发区管委会设置6个内设机构、3个派出机构和派驻机构，均为副科级单位，机关在编人员48人。2006年3月，兖州经济技术开发区更名为山东兖州经济开发区，核准面积6平方公里。2008年5月，大安镇及整建制并入该镇的谷村镇与兖州经济开发区实行镇区合一，1套班子，2个牌子。山东兖州经济开发区管委会下设办公室、财政局、经济发展局、社会事业局、规划建设局、党群办公室6个科级事业单位。2013年3月，山东兖州经济开发区（不含大安镇）管委会人员编制并入山东兖州工业园区管委会。

第二章　对外贸易及对港澳台贸易

第一节　外贸体制

1996年，全市外贸进出口业务从由省、市外贸公司代理，发展为由外商投资企业、市外贸公司共同支撑的局面。主要有市对外贸易公司、市三金金属制品有限公司、山东太阳纸业集团有限公司、银河德普胶带有限公司、豪联肠衣有限公司等8家进出口企业。2000年后，国内外经贸体制改革不断深化，自营进出口经营权下放，经营资格放宽，全市内资企业先后申办自营进出口经营权。至2004年7月，30家民营企业成功申办生产型和贸易型自营进出口经营权。2004年7月，根据《中华人民共和国对外贸易法》和《对外贸易经营者备案登记办法》规定，进出口经营资格由审批制改为备案登记制，全市民营企业开展自营进出口的积极性明显提升，每年平均有10家民营或国有企业申办自营进出口业务。同时按照“工业立市、民营强市、开放兴市”的总体要求，成功引进一大批高大外项目，部分世界500强和大型跨国公司落户兖州，兖州外贸出口产品的档次和附加值迅速提升，全市出口商品结构优化，出口产业实现转型升级。2013年年底，全区有进出口资格（海关代码）的企业197家，形成内外资共同繁荣，生产、流通、贸易多层次、全方位的出口格局。

第二节　进出口贸易及港澳台贸易

出口及港澳台贸易　1996年，全市有进出口企业26家，有出口实绩企业8家，全年出口额不足100万美元。1996年—2001年，兖州市外贸出口处于起步阶段，外贸出口采用一般贸易方式，出口市场以欧美等发达国家和地区为主，出口产品以柳编、医药、土畜产品等初级产品为主，自营出口产品量少价低，全市每年自营出口额不足1000万美元。2001年起，山东太阳纸业股份有限公司选择一般贸易和加工贸易方式出口，全市加工贸易开始发展，涉及来料加工和进料加工、装配业务、协作生产，加工贸易占全市出口的比重迅速增加，服务贸易、成套设备的出口增加，呈现一般贸易、加工贸易、服务贸易、委托代理等多种贸易方式并举的态势。2002年，全市实现出口额1396万美元，出口总额首次突破1000万美元。2002年—2008年，全市外贸出口快速发展，自营出口年均翻番。2006年出口额1.1亿美元，首次突破1亿美元，2008年，出口额2.83亿美元。出口市场逐步开拓到非洲、拉美及东盟成员国、独联体等地区，出口产品以纸制品、化工、轮胎、输送带、汽车零配件、钢材、生物医药、太阳能光电、光热产品等高技术含量、高附加值产品为主，出口商品发展到15大类100余个品种，形成橡胶轮胎、造纸、化工、机电产品、农副产品、医药、新能源等出口龙头产业。同年，由于主要出口市场集中在欧美市场，并受美国铜版纸反倾销调查、轮胎特保案为首的“双反”调查和金融危机影响，企业对欧美的出口订单急剧萎缩。山东太阳纸业股份有限公司、山东银河橡塑集团等企业迅速调整产业布局和出口市场，开拓东盟、非洲、南美、日本、韩国等市场，企业对欧美市场的出口集中度有所下降，各主要市场间份额趋于平衡，并逐渐稳定化。2008年—2013年，全市外贸出口稳步发展，出口额在较大基数上保持持续增长态势。至2013年年底，全市进出口企业发展到197家，有进出口实绩的企业发展到55家，出口额7.9亿美元。其中，出口过1亿美元的企业集团2家，分别是山东太阳纸业股份有限公司3.55亿美元，华勤橡胶工业集团2.99亿美元；出口过1000万美元的企业集团3家，分别是联诚集团4267万美元，凯米拉化学品（兖州）有限公司1972万美元，齐鲁特钢有限公司1091万美元。1996年—2013年，全市累计实现自营出口36.31亿美元。出口产品以纸制品、橡胶、化工、机械、医药、玻璃制品、家具板材和农副产品为主，出口市场形成以美国、东盟、欧盟、非洲等地区为重点，遍布全球的多元化格局，并销往中国港澳台地区。兖州外贸进出口总额、外贸出口和外贸进口3项指标完成情况居济宁市各县（市、区）第1位。

2013年兖州市出口商品情况表

表13-1

行业	企业名称	商品名称	规格型号	注册品牌	认证标准
机械电子	山东五征山拖农机装备有限公司	“TS（泰山）”牌拖拉机 “KAMA”牌拖拉机	TS250、TS300、TS254、TS304	“TS（泰山）” “KAMA（泰山）”牌	国际经济合作与发展组织（OECD）的认证
			TS200、TS270、高速运输型拖拉机		
		ZL系列轮式装载机	ZL—30、40、50		IS09001
		柴油机	295、sd2100	“FD飞动”	OECD
	山东大丰机械科技电子股份有限公司	大丰—200型自走式小麦联合收割机 自走式玉米收割机等	4L—0.7型、4L—2.5型、4yz—3A型	“大丰王”	IS09002
		旋耕机、挖坑机	LG－140、LG－150	“大丰王”	IS09002
		4YZ系列自走式玉米联合收割机	4YZ－2、4YZ－3	“大丰王”	IS09002
		双向反转犁、驱动滚齿耙、三铧犁、驱动圆盘犁	ILF－230、IBON180、LXT25－3－20	“大丰王”	IS09002
	兖矿集团大陆机械有限公司	系列刮板运输机	SGZ620/40T\SGZ630、55S、SGZ730/264—400	“兖”字 “兖煤”	IS09001 IS090012
		带式运输机	STD650/22—800、STJ800—1400	“兖”字 “兖煤”	IS09001 IS090012
		带式运输机电控系统	BXW—120/115、DMD	“兖”字 “兖煤”	IS09001 IS090012
		地面控制柜	2PGL、4PGL/HYGJZ	“兖”字 “兖煤”	IS09001 IS090012
		连续牵引车	JLQ9*35/6—9、JLQ12*35/6—9	“兖”字 “兖煤”	IS09001 IS090012
		输送机用液力制动器（软制动）系统	RZD1、RZD2	“兖”字 “兖煤”	IS09001 IS090012

续表13-1

行业	企业名称	商品名称	规格型号	注册品牌	认证标准
机械电子	兖矿集团大陆机械有限公司	DF系列高效多级离心耐酸泵、D系列高效多级心清水泵、D系列高效多级心清水泵、DM系列高效多级离心耐磨泵	150DF28—300DF65 YSB—10A；150D30—300D65、B122；DM155—30—DM—600—65	“兖”字 “兖煤”	IS09001 IS090012
		轻型放顶煤支架	ZF2800/16/24ZA—ZF2400/16/24BF	“兖”字 “兖煤”	IS09001 IS090012
		X系列跳汰机、链条	—	“兖”字 “兖煤”	IS09001 IS090012美式标准
	兖州市国丰机械有限公司	4JQ秸秆	4JQ	“国丰”	IS09001
		4JGH锤爪式和甩刀式秸秆还田机	4JGH	“国丰”	IS09001
		4YW系列玉米收获机	4YW—2\4YW—3	“国丰”	IS09001
		播种机、翻转犁	YS—3（4）、1LF—330B	“国丰”	IS09001
	兖州市长虹工程机械厂	WLB—系列稳定土拌和机	WLB—L、WLB—C	“长虹”	—
		平地机	CHP320、CHP360	“长虹”	—
		挖掘装载机	WZ25—20	“长虹”	—
	兖州量子科技有限公司	机电设备、环保设备	—	—	IS09000
	华意帘线有限公司	钢丝帘线	2+2*0.25、3*7*0.20、3+9+15*0.22LC、5*0.35、3/6*0.35	—	—
	山东永华机械有限公司	数控机床、机电产品	V、B、G、HB系列加工中心	“永华”	IS09001:2008
	兖州市科维机电设备有限公司	风炮、台钻、系列钻铣床、摇臂钻、切割机、电机	各种型号	“维科”	IS09000、CCC
	山东科大鼎新科技有限公司	高纯金属、贵金属超细丝	各种型号	—	IS09001、IS014001、QS9000、ROHS、CE、CCC
	兖州市新伟玻纤设备厂	拉丝机；合纱机；温控器	DA758型系列剑杆织机、80拉丝机	“BODA”	杰胜认证
	山东硕华科技有限公司	LED灯	各种型号	“硕华”	卡狄亚标准认证 IS09000
	山东硕想新能源有限公司	光伏发电电池板	—	—	IS09001
	兖州市路通工程机械有限公司	挖掘机、装载机	台	“路通”	IS09000
	兖州市光大机械有限公司	梯形丝杠副、滚珠丝杠副、机床三杠、往复丝杠、空心套	—	“光大丝杠”	IS09001 IS09002

续表13-1

行业	企业名称	商品名称	规格型号	注册品牌	认证标准
机械电子	山东天意新型建材机械有限责任公司	轻质墙板成型机械、砌块	TYS—08	“天意”	ISO9001
机械铸造	山东联诚机电科技有限公司	汽车水泵壳体、离合器压片、刹车片、轴承座、球阀外壳、油泵外壳等	各种规格	—	ISO9001 ISO/TS16949
	齐鲁特钢有限公司	合金钢、碳工钢、齿轮钢、轴承钢	Φ20—80mm、Φ80—600mm、GCr15	“齐鲁特钢”	ISO9001
	兖州市兴隆阀门有限公司	蝶阀系列、控制阀系列、闸阀系列、截止阀系列、止回阀系列	各种型号	“YAN”	ISO9000
		球、过滤器、涡轮头、法兰片	各种型号	“YAN”	ISO9000
	兖州市环宇拖配有限公司	汽车钢圈	—	—	—
医药化工	兖州生宝制药有限公司	胃膜素胶囊、氟哌酸胶囊、速效感冒胶囊	—	“兖生” “鲁门”	GMP
		病毒唑注射液、ATP注射液、细胞色素C注射液、盐酸林可霉素注射液、眼生素注射液	各种规格	“兖生” “鲁门”	GMP
		ATP片、多酶片、感冒通片	—	“兖生” “鲁门”	GMP
		中华宫宝、注射用P—转移因子、肝素钠	—	“兖生” “鲁门”	GMP
	倍耐力轮胎有限公司	全钢载重子午胎	T805—T809; T608—T806	“陆通” “PIRELLI”	“CCC”、欧洲ECE认证、ISO9001和14001国际质量体美国交通部的“DOT”认证
	山东安能输送带有限公司	输送带	T805—T809，T608—806	—	—
	山东曜晖太阳能有限公司	太阳能真空管、集热器	各种规格	“曜辉”	ISO9001
	兖州创佳玻璃纤维制品有限公司	玻璃纤维耐碱网格布、泰夫龙玻纤布	CAP50—19×2、CAG52—19×2、CAG600—49×2.75	“高佳” “熊狮”	GB/T99143、国际
		绝缘套管、黄蜡管、PVC套管；保温材料等	2715—1 、2715—111、2752—1、2752—3、CWR400—CWR800	“高佳” “熊狮”	GB/T99143、国际
	山东希尔康泰药业有限公司	水针	1ml—10ml	“兖发”	GMP
		粉针	7ml—20ml	“兖发”	GMP
		空心胶囊、片剂	各种规格	“兖发”	GMP

续表13-1

行业	企业名称	商品名称	规格型号	注册品牌	认证标准
医药化工	山东翔宇化纤有限公司	锦纶6高强工业丝	930—1870	“鲁兖”“兖隆”	IS09002
		矿用输送整体带芯	M680—M1400	“鲁兖”“兖隆”	IS09002
		橡胶轮胎锦纶、涤纶帘子布、尼龙帆布、聚酯帆布	NN100—100—NN300—100；930dtexx×1×2—1870detxx×1×2	“鲁兖”“兖隆”	IS09002
	山东育达医疗器械有限公司	医用医疗器械、手术床	—	“育达”	IS09001
	兖州市金鑫玻璃有限公司	各类酒瓶、啤酒瓶、牛奶瓶、饮料瓶、医用盐水瓶	各种型号	—	—
	格拉斯芙莱克斯玻璃纤维制品有限公司	玻璃纤维套管	DIA1—DIA20 15004000V	—	SY/T6267—1996
	山东端信堂大禹制药有限公司	原料药（芦丁、曲克芦丁）、片剂、颗粒剂	—	“银”	GMP
	山东益宝生物有限公司	硫酸软骨素及氨糖、肝素钠、甲壳素	25千克/桶	“益宝生物”	IS09001、美国FDA　US　FDA
	兖州市瑞通医疗器械有限公司	一次性输液器、注射器、输血器	DBY（1—6）、DYC（1—3）	“瑞通”“兖岳”	IS09001
	兖州高旭化工有限公司	重质碳酸钙	800目、55级、68级、90级	—	IS09001
	兖州市鸿麟化工公司	硼酰化钴、癸酸钴、3.5水硼酸锌、疏水级氢氧化铝、聚合氯化铝、丙烯酰胺	—	—	华夏认证
		轻质碳酸钙、低铁硫酸铝、高岭土	85级，90级	—	IS09001
	青岛钢铁集团兖州焦化厂	冶金焦、铸造焦、热电、煤气、煤焦油、重苯、轻苯、硫铵	—	—	IS09002
	兖州东升精细化工有限公司	表面施胶剂、塑性颜料、润滑剂、分散剂、AKD施胶剂、脱墨剂、净水剂、污水絮凝剂等有机造纸助剂	DS－SS　610、　DS－AKD　510　DS－AKD　515　DS－AKD 520DS201　DS－CF603	—	IS09002
	兖州市天成化工有限公司	AKD　造纸助剂	桶	—	IS09000
	凯米拉化学品（兖州）有限公司	AKD　造纸助剂	桶	—	IS09000

续表13-1

行业	企业名称	商品名称	规格型号	注册品牌	认证标准
土畜食品	兖州豪联肠衣有限公司	盐渍猪肠衣、盐渍羊肠衣、分路肥肠、分路猪大肠头	（24～40）把/桶	—	欧盟、俄罗斯、瑞士、意大利、巴西卫生注册
	兖州豪联肠衣有限公司	动物提取液肝素钠外用级、注射级生化产品	—	—	—
	兖州市绿源食品有限公司	肉鸭、肉鸡	各种规格	“樱源”	ISO9001
	兖州市福水食品有限公司	烧鸡、白条鸡	500克～1000克	—	华夏
		黄姜、大蒜、圆葱、蒜薹	—	—	—
	济宁市农业高新技术示范园	金太阳杏、蟠桃、美国李子、樱桃、台湾青枣	—	—	—
		螺旋藻、松花粉、灵芝孢子粉	0.25克/瓶、200粒/瓶、3瓶/盒	“大康”	GB/T16919
		蝴蝶兰、大花惠兰、卡特兰、兜花、鲜切花	—	—	—
粮油食品	山东雪花生物化工股份有限公司	谷氨酸、玉米淀粉	100千克/袋	“兖宁”“雪花”	ISO90001
		复合肥	—	“万物喜”“幸福雪”	ISO90001
	山东圣花国际贸易有限公司	味精	各种规格小包装、大袋包装、箱式包装	“紫金花”“圣花”	GB
	兖州兴达酒业有限公司	金兖州、兖州特曲、狂牌系列酒	1×6、1×2、1×2×3等	“金兖州”“兖州特曲”	国家食品标准
	兖州兴隆酒业有限公司	向阳花、鲁南村、孔殿系列酒	1×6、1×4、1×2等	“鲁南村”“孔殿”	国家食品标准
	兖州市鲁粮工贸有限公司	面粉（鲁壮特精粉、鲁壮雪莲粉、鲁壮水饺粉、菊花粉、樱花粉、荷花粉、速冻食品）	10千克/袋～50千克/袋等	“鲁壮”“花季”	符合蒙古、俄罗斯质量认证标准
纺织服装	济宁大洋制毯有限公司	亚克力、单、双层、印花和雕花毛毯	1m×1.4m、174LT\BLUE、134	“滨阳”	—
		拉舍尔系列毛毯、地毯、床垫及服装面料	GREEN1.8m×2.3m—20m×2.4m	“滨阳”	—
	兖州市百意纺织有限公司	儿童系列纯棉凉席	多种规格	“小企鹅”“双龙”	国家纯棉质量认证标准ISO9001
		纯棉花新概念系列凉席	多种规格	“小企鹅”“双龙”	国家纯棉质量认证标准ISO9001
		系列环纺、气纺纯棉纱、系列帆布、橡胶布	32S～5S	“双龙”	ISO9001
	兖州中博园工贸有限公司	纺纱、织布、服装、羊毛、园林艺术及绿化、染化料助剂	5105、64s、22.0/71.5m—66s 21.4/71mm	“博园”“世博园”“新概念”	—
	兖州九安服装有限公司	梭织类服装系列、床上用品	—	—	ISO9001

续表13-1

行业	企业名称	商品名称	规格型号	注册品牌	认证标准
纺织服装	兖州市祥泰织造有限公司	涤棉府绸、纯棉弹力府绸	—	—	—
	兖州希凯服饰有限公司	卫衣、单衣、棉衣	—	—	IS09000
	兖州华宇丝绸有限公司	白厂丝	13/15D～40/44D	—	等级3 A 70以上
	兖州英华制衣有限公司	服装	—	—	IS09001
造纸印刷	山东太阳纸业股份有限公司	高档包装纸板	托盘、卷筒	“金太阳”“威尔”	IS09001、CCLQ、CCXQ、HACCP、IS014001
		高级文化办公用纸	纸箱	“金太阳”“威尔”	IS09001、CCLQ、CCXQ、HACCP、IS014001
		高档工业用原纸	托盘、卷筒	“金太阳”“威尔”	IS09001、CCLQ、CCXQ、HACCP、IS014001
	兖州金山商贸有限公司	高档包装纸板、高档文化办公用纸	托盘、纸箱	“金太阳”“威尔”	IS09001HAACCP
	兖州市天源纸业有限公司	高档包装纸板、高档文化办公用纸	纸箱	“天源”	IS09001
建筑建材	山东宏发烟草集团济宁新型建材有限公司	SP板预应力单纯凝土空心板	7个规格	“宏发”	—
		高强承重砼空心砖	产品26种，多种规格	“宏发”	—
	兖州市嵫山水泥厂	水泥	根据客户要求	“鲁城”“鲁都”	IS09002国家质量标准
工艺礼品	兖州市润乐工贸有限公司	工艺木拖鞋	6001—6990、7100—1990、8100—8900	“润乐”	IS014001
	兖州市中豪工艺品有限公司	丝绒、礼仪、吉庆、孔雀、寿桃花篮；景泰蓝、薄镜壁画；装饰品；环保烟套	多种规格	—	IS09001 杰胜认证
家居装饰	兖州市富平装饰有限公司	实木家具、卧房、办公家具	FPT101—36、FPT、FPTH12—99、FPS501—519	“富平鸽”	IS09000 IS014000
	兖州市富居装饰有限公司	各式家具、建材、陶瓷、卫生洁具、灯饰灯具、窗帘布艺、木地板	多种规格	“富居”	—
	兖州市新源木业有限公司	各式家具、木制板材	多种规格	—	—
	山东森林木业有限公司	胶合板、装饰板材	—	—	IS09000

国际展览　1996年，全市仅有市对外经济贸易公司1家企业参加展会，开展国际市场开拓活动，主要参加广交会，展览产品为柳编、农副产品、医药品等。2002年，春季第91届广交会举办，兖州山东拖拉机厂开始参加。2004年后，随着广交会的逐步发展，全市外经贸企业先后申

请参加国内外著名展会，开拓国际市场。制定支持和鼓励企业参加国内外重点展会计划，及时向各园区、镇（街道）及有关企业传达。2013年，爱科大丰（兖州）农业机械有限公司、山东创佳新材料有限公司、山东科大鼎新电子科技有限公司、山东百盛生物科技有限公司、山东明源进出口股份有限公司、山东育达医疗设备有限公司、山东易欣正进出口有限公司、兖州生宝制药有限公司、兖州百意纺织有限公司9家企业参加境内外展会39个，申请摊位47个，签订进出口协议金额2000余万美元，主要展品涉及机电、医药、纺织服装、建材五金等。

进　口　2001年，全市企业开始从事进口业务，全年进口额6653万美元。2002年，进口额突破1亿美元，主要进口纸浆和橡胶。2011年，进口额突破10亿美元。2013年，全市进口额10.98亿美元，占济宁市进口总额的60%，居济宁市各县（市、区）第一位。重点进口企业逐步增多，至年底，全市有34家企业开展进口业务。其中，进口过1亿美元的企业2家，为倍耐力轮胎有限公司和万国纸业公司；进口过1000万美元的企业14家，主要有山东太阳纸业股份有限公司、山东安能输送带橡胶公司等。进口产品逐步实现多样化，主要有纸浆、废纸、天然橡胶、合成橡胶、硼砂、己内酰胺、木材、化工原料等基础原材料和机器设备、零部件、成套设备等。

2013年9月，山东永华机械有限公司参加德国汉诺威国际机床展览会

进口国家和地区遍布全球，主要涉及北美的美国、加拿大，欧洲的德国、芬兰、意大利、法国等，亚洲的日本。主要原料的进口来自美国、加拿大、巴西、智利、阿根廷、澳大利亚、韩国、土耳其、非洲、欧洲、东南亚等国家和地区。

1996年—2013年兖州市进出口情况表

表13-2　　　　单位：万美元

年　份	进出口	出　口	进　口
1996	—	—	—
1997	543	543	—
1998	291	291	—
2000	451	451	—
2001	7595	942	6653
2002	11465	1396	10069
2003	14324	3090	11233
2004	28067	3004	25063
2005	44444	7003	37441
2006	53700	11026	42674
2007	56454	13713	42741
2008	89084	28272	60812
2009	97950	30915	67035
2010	117282	37909	79373
2011	194615	66657	127958
2012	192405	78843	113562
2013	188819	79041	109778
合计	1097489	363096	734393

2013年兖州市外贸进出口额超过500万美元企业名单

表13-3

序　号	企业名称
1	山东太阳纸业股份有限公司
2	华勤橡胶工业集团
3	山东曜晖太阳能有限公司
4	山东联诚集团有限公司
5	山东翔宇化纤有限公司
6	齐鲁特钢有限公司

续表13-3

序　号	企业名称
7	山东百盛生物科技有限公司
8	凯米拉化学品（兖州）有限公司
9	山东森林木业有限公司
10	山东明源进出口有限公司

第三节　出口基地

华勤集团橡胶化工出口基地　1996年，全市橡胶化工企业仅有兖州银河德普胶带有限公司1家，以出口矿用输送带为主。企业通过招大引强，与世界500强联合，引进先进生产技术和设备，建立以出口轮胎、输送带为主的橡胶化工出口基地。此后，以兖州银河德普胶带有限公司为基础，组建华勤橡胶工业集团，兖州路通轮胎有限公司、易路轮胎制造有限公司、兖州东方胶带有限公司、山东诺华生物工程有限公司，倍耐力轮胎有限公司、山东安能输送带橡胶有限公司、华勤钢丝绳有限公司、华意帘线有限公司、兖州华勤爱科环境技术有限公司等相继成立并建成投产。2013年，华勤橡胶工业集团完成销售收入332亿元，实现利税14.5亿元，出口创汇2.99亿美元。2009年、2010年、2012年，集团多次被评为全省外经贸先进企业。2013年1月，集团被确定为第二批山东省外贸转型升级专业型示范基地。产品远销全球100余个国家和地区，拥有1万家经销商和零售商，成为全球最大的输送带生产企业和顶级轮胎制造商，跻身中国企业500强。

华勤橡胶工业集团出口的轮胎制品

太阳纸业纸制品出口基地　山东太阳纸业股份有限公司始建于1982年，为中国500强企业、世界造纸百强企业、中国最大的高档涂布纸生产企业、全球最先进的非涂布高级文化用纸生产基地。2006年11月，山东太阳纸业股份有限公司在深圳证券交易所上市，业务涉及造纸、化工、外贸、电力、科研、林纸、投资等领域，拥有资产总额150亿元，年浆纸产能300万吨，员工1万余人。旗下企业主要有山东太阳纸业股份有限公司、兖州华茂纸业有限公司、兖州朝阳纸业有限公司、兖州永悦纸业有限公司、兖州天颐纸业有限公司、兖州市天园纸业有限公司、兖州高旭化工有限公司、济宁福利达精细化工有限公司、兖州天章纸业有限公司、兖州中天纸业有限公司、山东国际纸业太阳纸板有限公司、万国纸业太阳白卡纸有限公司14家企业，同时在公司周边建立一些关联企业，如兖州兴达纸业、圣明纸业、天源纸业、凯登制浆造纸、顺昌纸制品、圣兴纸业等，全市纸制品生产加工企业共计27家。集团拥有高档铜版纸产能40万吨，是全国高档铜版纸主要生产商；与世界最大的纸业公司——美国国际纸业成立合资公司，年产高档烟卡、社会卡、铜版卡45万吨；生产的无菌液体食品包装纸填补亚洲空白，年产能40万吨，是全国食品包装用纸领军企业；拥有非涂布高级文化用纸和工业原纸产能40万吨。2009年，公司新上年产40万吨高端特种纸机，项目装备水平与国际领先水平同步，在世界同类纸机中首家采用钢带式压光机生产线。建立以文化用纸为主的高档纸制品出口基地，产品遍布欧洲、非洲、东南亚、南美、美国、俄罗斯等国家。2013年，太阳纸业集团浆纸产量380万吨，销售收入352亿元，利税18.61亿元，出口创汇3.55亿美元。

联诚集团机电产品出口基地　1995年，联诚集团创立。至2010年，联诚集团发展成为拥有山东联诚集团有限公司、山东联诚富柏机械制

太阳纸业出口的单面铜版纸

造有限公司、山东联诚汽车零件有限公司、山东联诚机电科技有限公司、兖州雅士佳联诚工业有限公司、山东联诚金属制品有限公司6家企业的企业集团。产品全部直接或间接出口，终端用户为欧美地区的汽车零部件、农用机械、电机产品、工程机械产品制造商。主要出口产品为汽车水泵壳体、离合器压盘、刹车片、阀体等制动器配件，有轴承座、球阀外壳、油泵外壳等460余个品种，年铸造生产能力2万吨，产成品数量680万件，为全省最大的汽车零部件铸造出口基地。2013年，联诚集团总资产10亿元，其中固定资产2.6亿元，销售收入5.03亿元，出口创汇4267万美元。

第三章　对外及对港澳台交流、合作

第一节　利用外资及港澳台投资

1996年，兖州市利用外资数额最大的项目为兖州艾森油脂有限公司，投资总额800万美元，其中，外资640万美元。2000年，山东太阳纸业集团有限公司与美国中南公司合资合作，利用外资额突破1000万美元。2005年，兖矿集团与2家世界500强企业巴西CVRD（淡水河谷）公司和日本伊藤忠株式会社联合组建兖矿国际焦化有限公司，总投资2.78亿美元，其中，外资5320万美元。华勤集团子公司兖州陆通轮胎有限公司与意大利倍耐力公司共同出资8亿元、成立兖州易路轮胎有限公司，注册资金5亿元，其中，外资3亿元。同年11月，合资公司倍耐力公司增资，新上年产400万套轿车子午胎生产线项目，总投资8亿元，注册资金3亿元，其中，外资1.8亿元。增资后，倍耐力轮胎有限公司投资总额增至16亿元，注册资金增至8亿元，其中，外资4.8亿元。2006年，山东太阳纸业股份有限公司控股子公司兖州天章纸业有限公司与国际纸业（亚洲）有限公司全资子公司国际纸业（毛里求斯）控股有限公司和百安国际有限公司就白卡纸项目合作签订合同，共同出资7.91亿元，成立万国纸业太阳白卡纸有限公司，注册资金3.23亿元，合资三方分别持有50%、33.3%、16.7%的股份。山东太阳纸业股份有限公司和美国国际纸业（亚洲）有限公司共同出资9875万美元，成立山东国际纸业太阳纸板有限公司，新上年产30万吨液体包装纸项目。2007年，山东银河橡塑集团与美国固特异工程橡胶公司签订合资合同，由其子公司兖州瑞远橡塑有限公司与美国固特异公司和美国凯雷集团子公司固恩治香港有限公司共同出资9850万美元，成立山东安能输送带橡胶有限公司，主要生产输送带，注册资金5000万美元，其中，外资3000万美元。2008年，山东联诚集团有限公司与联想弘毅投资签署合资合作协议，投资总额1884万美元，注册资金1884万美元，其中，外资1200万美元，主要生产汽车配件。2009年，华勤橡胶工业集团和意大利倍耐力爱科技术有限公司合资兴建倍耐力轮胎有限公司，总投资2929万美元，其中，外资1142万美元；兖州华润天然气有限公司由兖州市煤气公司和华润燃气（中国）投资有限公司共同合资成立，主要从事天然气供应，总投资 2.5 亿元，其中，外资 189.6 万美元。2010 年 12 月，倍耐力轮胎有限公司将投资总额由 25.86 亿元增至 40.89 亿元，注册资金由 12.1 亿元增至 17.21 亿元，其中，外资增至 12.9 亿元。至 2013 年，全市累计批办外商投资项目 149 个，外资到位 12.48 亿美元，与美国、德国、意大利、比利时、芬兰等 26 个国家和中国香港地区开展合资合作，利用外资领域扩展至造纸、橡胶、机械、化工、食品等行业。德国大陆集团、意大利倍耐力集团、新加坡丰益集团等 18 家境外 500 强企业落户兖州。

1996年—2013年兖州市外商投资及港澳台投资企业情况表

表13-4　　单位：万美元（有特殊标注的除外）

序号	单位	投资方	合作方式	投资总额	注册资金	外资	批准年份
1	兖州华厦电子有限公司	美国FAX CONNECTION CORPORATION	独资	76	66	29.7	1996
2	兖州艾森油脂有限公司	艾森油脂中国控股有限公司	合资	800	62.5	640	1996
3	兖州名工饲料有限公司	香港名工有限公司	独资	88	66	39.6	1996
4	兖州宝升医疗器械有限公司	香港宝升发展有限公司	合资	120.48	108.44	54.22	1996
5	兖州宝升市场开发有限公司	香港宝升发展有限公司	合资	96.86	722.9	361.45	1996
6	兖州华台羽毛制品有限公司	台湾锦羽工艺羽毛厂	独资	10	10	10	1996
7	兖州贝斯特房地产开发有限公司	台湾钟宽仁	合资	146	144.6	108.18	1996
8	兖州宝升电子开发有限公司	香港宝升发展有限公司	独资	187.2	144.6	86.76	1996
9	兖州宏达精密螺丝制造有限公司	香港林威(集团)螺丝发展总公司	合资	70.4	50.6	30.36	1996
10	兖州华厦实业有限公司	马来西亚城市计划发展有限公司	合资	102.2	95.06	38.02	1996
11	兖州成福鞋业有限公司	台湾成福鞋业公司	独资	110	110	53.9	1996
12	兖州艾森油脂有限公司	艾森油脂中国控股有限公司	合资	800	800	640	1996
13	兖州辛集煤矿有限公司	香港宝升发展有限公司	独资	1569.4	1024	482.3	1996
14	茵苔莉服装（兖州）有限公司	美国常赤国际实业有限公司	独资	12.05	10.12	10.12	1997
15	兖州哈佛斯特化工有限公司	南非裕田化工有限公司	合资	31	22	10	1997
16	兖州爱民置业有限公司	马来西亚城市开发有限公司 美国常赤国际实业有限公司	独资	107.22	95.06	47.53	1997
17	兖州三兴织物有限公司	韩国三进物产株式会社	合资	409.54	144.58	72.29	1997
18	兖州港联房地产开发有限公司	香港冠展国际有限公司 香港宁侨房地产开发有限公司	合资	258	180.72	44.58	1997
19	兖州嘉隆实业有限公司	香港嘉洛食品有限公司	独资	968.86	722.89	240.96	1997
20	兖州艾森油脂有限公司	以色列ECOO中国控股公司	合资	1300	698	528	1997
21	兖州爱民置业有限公司	马来西亚城市开发有限公司 美国常赤国际实业有限公司	独资	843.37	848.37	421.69	1997 扩资

续表13-4

序号	单　位	投资方	合作方式	投资总额	注册资金	外　资	批准年份
22	济宁（兖州）银河胶带有限公司	香港禾盛发展有限公司济宁常	合资	50	35	10.5	1997
23	兖州起亚专用汽车制造有限公司	韩国起亚精机	合资	240.96	240.96	72.29	1997
24	兖州康尔医疗器械有限公司	香港冠展国际有限公司	合资	96.74	67.71	20.31	1998
25	兖州银河德普胶带有限公司	法国德普勒有限公司	合资	1015.72	570.86	264.08	1998
26	兖州高旭碳酸钙有限公司	法国理学博士施依莎	合资	15.1	10.58	7.94	1998
27	兖州格拉斯芙莱克斯玻璃纤维制品有限公司	意大利威玛科进出口公司	独资	44.71	31.44	31.44	1998
28	兖州希尔康泰药业制品有限公司	美国裘崇娅	合资	40.82	40.82	20	1998
29	兖州希尔康泰药业有限公司	美国裘崇娅	合资	40	40	20	1999
30	兖州加松保健制品有限公司	韩国韩松贸易有限公司	合资	100	100	40	1999
31	兖州宏赤汽车美容服务有限公司	美国常赤国际实业有限公司	合资	10.64	9.19	2.3	1999
32	兖州大豪玻璃钢电器有限公司	台湾张靖昌	合资	17.17	12.09	3.63	1999
33	太阳纸业有限公司	美国中南有限公司	合资	965	486	221.13	2000
34	兖州大丰长白机械有限公司	韩国(株)长白	合资	604.6	314.4	141.48	2000
35	兖州天颐纸业有限公司	美国中南有限公司	合资	1046	518	261.5	2000
36	兖州康普善生物化学药品有限公司	泰国郑汉城	合资	8.46	6.05	4.84	2000
37	兖州华晟工艺品有限公司	美国晟诺国际贸易公司	独资	40	30	30	2000
38	兖州明旭造纸淀粉有限公司	法国Isabelleshi	合资	10.46	7.35	5.51	2000
39	兖州彩王油脂有限公司	彩王（香港）有限公司	合资	133	120.92	84.64	2000
40	兖州东进化工有限公司	韩国金兴顺	独资	8.43	6.02	6.02	2000
41	兖州天章纸业有限公司	美国中南有限公司	合资	2668	1068	667	2000
42	兖州源泉花生制品有限公司	俄罗斯爱克斯波・阿特拉斯有限公司	合资	80	60	50	2000
43	兖州田野食品有限公司	德国业通贸易有限公司	合资	9.64	9.64	2.41	2000
44	银河德普胶带有限公司	法国德普勒公司	合资	361.45	361.45	184.34	2000
45	兖州雅士佳联诚工业有限公司	美国ASC工业有限公司	合资	420	272	139	2001
46	兖州嘉隆实业有限公司	香港嘉洛食品工业公司	合资	941.18	483.68	96.38	2001
47	兖州浩珂伟博矿业工程有限公司	法国伟博公司、荷兰斯涛曼瓦德公司	合资	25	20	10	2001
48	兖州你好药业有限公司	香港你好药业集团有限公司	合资	84.6	60.5	24.2	2001
49	兖州奥维科钢丝绳胶带有限公司	法国奥维科公司	合资	84.6	60.5	30.86	2001
50	兖州青道精密铸造有限公司	加拿大青道工贸有限公司	合资	600	300	555	2001
51	山东润丰生物工程有限公司	台湾周圣诚等	独资	240	240	240	2002

续表13-4

序号	单　位	投资方	合作方式	投资总额	注册资金	外　资	批准年份
52	兖州你好生物科技有限公司	香港你好药业集团	合资	121	84.7	48.4	2002
53	兖州众信房地产开发有限公司	香港尚正奇	独资	422	211.9	422	2002
54	兖州天园纸业有限公司	法国施依莎	合资	2998	1200	2098	2002
55	兖州东升精细化工有限公司	法国施依莎	合资	520	260	455	2002
56	兖州凌锋包装制品有限公司	日本北海道旭川市福福饭店	合资	33.86	24.18	21.76	2003
57	兖州泰力橡胶制品有限公司	台湾宋道弘	独资	17	15	15	2003
58	山东润丰生物工程有限公司	台湾周圣诚等	独资	2020	1500	180	2003
59	兖州兴隆生态农业综合开发有限公司	香港季即发国际集团有限公司	独资	2900	2900	2900	2003
60	兖州新申纸业科技发展有限公司	上海之曦实业有限公司 香港建兴国际投资集团有限公司	合资	300	210	122.8	2003
61	兖州弘阳化工有限责任公司	台湾宋道弘	独资	24	18	18	2003
62	兖州明阳化工有限公司	法国施依莎	合资	73	50	38	2003
63	兖州百盛饮食有限公司	香港百盛集团公司	独资	2980	1200	1200	2003
64	兖州合力纸业有限公司	法国施依莎	合资	2980	1516	379	2003
65	寰宇粮油（济宁）有限公司	马来西亚寰宇控股有限公司	独资	1200	600	600	2003
66	兖州天章纸业有限公司	法国施依莎	合资	3600	1500	375	2003
67	兖州高旭碳酸钙有限公司	法国施依莎	合资	72	50	38	2003
68	兖州天颐纸业有限公司	美国斯马特公司	合资	1920	2200	550	2003
69	兖州源泉花生制品有限公司	俄罗斯爱克斯波·阿特拉斯有限公司	合资	30	30	25	2003
70	济宁富瑞龙油脂有限公司	香港龙德集团公司 英国胜圣斯士控股有限公司	合资	2980	2858	2115	2003
71	曼诺投资顾问（兖州）有限公司	美国曼诺国际投资集团	独资	2900	2800	2800	2004
72	山东华展冶金有限公司	香港华展国际（集团）有限公司	独资	1000	510	510	2004
73	济宁韩华化工有限公司	韩国金兴顺	独资	8.5	6.1	6.1	2004
74	山东联诚汽车锻造有限公司	美国科技有限公司	合资	420	400	100	2004
75	兖州美丽洁环保制品有限公司	台湾华盛实业有限公司	合资	61	42	21	2004
76	兖州金文板材有限公司	加拿大欧文国际事业有限公司	合资	1800	1600	1120	2004
77	兖州天园纸业有限公司	法国施依莎	合资	2997	1500	375	2004
78	山东瑞通高分子医疗器械有限公司	台湾鑫研盛精密工业股份有限公司	合资	1000	500	125	2004
79	济宁富瑞龙油脂有限公司	香港龙德集团公司 英国胜圣斯士控股有限公司	合资	2980	2858	2515	2004
80	兖州雅士佳联诚工业有限公司	美国ASC工业有限公司	合资	515	515	515	2004
81	济宁绿洲食品饮料有限公司	香港明源国际有限公司	合资	605	301	301	2004

续表13-4

序号	单　位	投资方	合作方式	投资总额	注册资金	外　资	批准年份
82	山东雪花小麦蛋白有限公司	美国曹志强	合资	500	302.48	75.62	2004
83	兖州天章纸业有限公司	法国施依莎	合资	2900	1160	290	2004
84	济宁宏力汽车配件制造有限公司	美国曹志强 新加坡王建	独资	2600	2300	2300	2004
85	兖矿国际焦化有限公司	日本伊藤忠株式会社 巴西CVRD公司	合资	27811	—	2660 2660	2005
86	济宁青贵食品有限公司	新加坡黄科伟 泰国国王食品企业有限公司	合资	167	121	72	2005
87	兖州美泰信息咨询有限公司	美国富甲飞	独资	2900	2900	2900	2005
88	兖州义龙房地产开发有限公司	义龙产业集团（香港）股份有限公司	独资	435	218	218	2005
89	兖州易路轮胎制造有限公司	意大利比瑞利公司	合资	9662	6038	3700	2005
90	济宁新动力汽车配件制造有限公司	新加坡 洪树美	独资	2900	2600	2600	2005
91	山东金蓝新能源有限公司	香港金山国际发展有限公司	合作	79	79	61	2005
92	兖州万园建筑材料有限公司	日本关西国际贸易株式会社	独资	500	260	260	2005
93	永泰(兖州)橡胶制品有限公司	香港永泰国际实业有限公司	独资	1800	720	720	2005
94	兖州市华圣万方云母制品有限公司	香港华圣国际投资有限公司	合作	1000	1000	1000	2005
95	兖州熙来精细化工有限公司	香港熙来国际贸易有限公司	合资	60	42.2	31.7	2005
96	兖州市明源食品饮料有限公司	香港明源贸易有限公司	独资	618	618	618	2005
97	山东联诚富柏机械制造有限公司	荷兰帕特公司	合作	2890	2119	939	2006
98	兖州银泰达生物肥料有限公司	香港捷达科技投资有限公司	合作	2000	800	800	2006
99	兖州世福置业有限公司	新加坡腾龙控股私人有限公司	合作	500	300	153	2006
100	兖州华融房地产有限公司	香港华融房地产集团股份有限公司	独资	470	235	235	2006
101	兖州易路轮胎有限公司增资	—		9877	6172	2222	2006
102	兖州中天纸业有限公司	香港百安国际有限公司	合资	9945	3385	1354	2006
103	凯登制浆造纸设备（兖州）有限公司	凯登亚洲控股有限公司	独资	210	150	150	2006
104	济宁六月雪淀粉有限公司	美国安融投资集团股份有限公司	合资	1600	640	348.8	2006
105	兖州瑞马房地产有限公司	匈牙利FIGHTER国际仓储服务和贸易有限责任公司	合资	625	325	146.5	2006
106	万国纸业太阳白卡纸有限公司	香港百安国际纸业有限公司、美国纸业（毛里求斯）控股有限公司	合资	9835.38	4014.44	2007.22	2006
107	山东国际纸业太阳纸板公司	美国国际纸业	合资	9875	7750	6400	2006

续表13-4

序号	单　位	投资方	合作方式	投资总额	注册资金	外　资	批准年份
108	兖州朝阳纸业有限公司	香港百安国际有限公司	合资	2982	1249	312.25	2007新批
109	兖州市瑞马房地产	匈牙利FIGHTER国际仓储服务和贸易有限责任公司	合资	625	335.06	335.06	2007增资
110	兖州合利纸业有限公司	香港百安国际有限公司	合资	980	500	349.5	2007增资
111	兖州雅士佳联诚工业有限公司	香港雅士佳联诚（控股）有限公司	合资	259.76	259.78	68	2007增资
112	山东联诚富柏机械制造有限公司	荷兰帕特公司	合作	—	—	32	2007变更
113	山东众信房地产	香港尚正奇	独资	—	6.43	6.43	2007增资
114	兖州圣凯罗服装有限	香港冠壹投资有限公司	合资	102.8	72	57.6	2007新批
115	永悦纸业有限公司	香港百安国际有限公司	合资	5396	1820	455	2007新批
116	兖州瑞安轮胎技术有限公司	意大利马轮固力轮胎公司	合资	197	105	42.1	2007新批
117	银河胶带有限公司	法国德普勒公司	增资	9108	3895	921	2007增资
118	山东安能输送带橡胶有限公司	固恩治香港有限公司	合资	9850	5000	3000	2007新批
119	益海嘉里(兖州)粮油有限公司	新加坡丰益公司	独资	2900	1200	1200	2007新批
120	倍耐力轮胎有限公司	意大利倍耐力公司	合作	—	10825	1616	2007股权变更
121	兖州华茂纸业有限公司	香港百安国际有限公司	合资	9638	3300	825	2007新批
122	山东联诚集团有限公司	联想宏毅投资公司	合作	1884	1884	1200	2008
123	山东安能输送带橡胶有限公司	固恩治香港有限公司	增资	9850	5000	762	2008
124	兖州市希尔康泰药业有限公司	美国冯波艳	增资	293	293	92.54	2008
125	兖州市杰一宝石有限公司	韩国任成宰	独资	100	110	110	2008
126	倍耐力轮胎公司	Perelli china tyre n.v.	合资	10132	3546	2659	2008
127	天成芬兰凯米拉公司	芬兰凯米拉公司	合资	2930	1768	902	2008
128	山东司百客生物科技有限公司	文莱司百客生物科技有限公司	独资	85	60	60	2008
129	山东司百客生物科技有限公司	文莱司百客生物科技有限公司	独资	100	100	100	2009增资
130	益海嘉里（兖州)粮油工业有限公司	新加坡丰益公司	独资	1700	800	800	2009增资
131	兖州三益生物技术有限公司	香港三益国际发展有限公司	独资	140	100	100	2009新批

续表13-4

序号	单 位	投资方	合作方式	投资总额	注册资金	外 资	批准年份
132	兖州倍耐力轮胎有限公司	意大利倍耐力公司	合资	29000	—	2500	2009增资
133	山东硕响新能源有限责任公司	阿联酋华侨陈志阳	合资	2960	1200	1140	2009新批
134	兖州华润天然气有限公司	华润燃气（中国）投资有限公司	合资	512.5	270.9	189.6	2009新批
135	山东国际纸业太阳纸板有限公司	国际纸业（亚洲）有限公司	合作	9875	7750	7173.8（773）	2009股权变更
136	万国纸业太阳白卡纸有限公司	国际纸业（亚洲）有限公司	合作	9835	4014	3072（1065）	2009股权变更
137	山东嘉田医疗科技有限公司	日本嘉祥秀生	合资	2633	1053	263.3	2009新批
138	济宁佳德士纺织科技发展有限公司	香港陈辉跃	独资	100	100	100	2009新批
139	兖州明旭造纸淀粉有限公司	香港熙来国际贸易有限公司	合资	12.76	8.94	7.15	2009股权变更
140	兖州熙来精细化工有限公司	香港熙来国际贸易有限公司	合资	60	42.2	33.76	2009股权变更
141	兖州华勤爱科环境技术有限公司	意大利倍耐力爱科技术有限公司	合资	2932.6	1906	1143.6	2009
142	益海嘉里（兖州)粮油工业有限公司	新加坡丰益公司	独资	6800（增2200)	2880（增880)	2880（增880)	2010增资
143	华意帘线有限公司	倍耐力轮胎股份公司	合资	9605	3333	1633	2010新批
144	凯米拉天成化学品（兖州）有限公司	芬兰凯米拉公司	合资	3953（增1025)	2938.5（增1171.3)	1498.6（增596.6)	2010增资
145	山东佳田医学影像科技有限公司	日本嘉祥秀生	合资	2633	1053	263.3	2010新批
146	山东安能输送带橡胶有限公司	固恩治香港有限公司	合资	12000	10000	600	2010增资
147	倍耐力轮胎有限公司	意大利倍耐力公司(PIRELLI CHINA TYRE N.V.)	合资	2.96亿元	1.68亿元	1.26亿元（1890万美元)	2010增资
148	兖州托普服务有限公司	华勤国际贸易(香港)有限公司	独资	200	150	150	2010新批
149	兖州法爱特咨询服务有限公司	匈牙利FIGHTER国际仓储服务和贸易有限责任公司	独资	106	106	106	2010新批
150	山东金植木业有限公司	韩国海派木业有限公司	合资	6000万元	3000万元	900万元	2011新批

续表13-4

序号	单　位	投资方	合作方式	投资总额	注册资金	外　资	批准年份
151	兖州瑞远橡塑有限公司	意大利倍耐力公司	合资	2.96亿元	1.68亿元	23831.3万元	2011股权转让
152	凯米拉天成化学品（兖州）有限公司	芬兰凯米拉公司	独资	27000万元	200070万元	20070万元	2011股权转让
153	兖州华润燃气有限公司	华润天然气（中国）有限公司	合资	26000万元	9000万元	6300万元	2011增资
154	山东万国太阳食品包装材料有限公司	英特奈国际纸业投资（上海）有限公司	合资	24200	8100	5500	2011新批
155	兖州大润发商业有限公司	康成投资（中国）有限公司	独资	420	210	210	2012新批
156	益海天成（兖州）化工有限公司	益海嘉里投资有限公司	合资	23100	7700	6577	2012新设
157	山东中誉航置业有限公司	中建企业（香港）投资发展有限公司	合资	5000	2980	2920.4	2012新批
158	美特钙业（兖州）有限公司	矿物技术（新加坡）控股有限公司	独资	2500	1000	1000	2013
159	爱他美（山东）日用品有限公司	爱他美（德国）有限公司	独资	2000	800	800	2013

1996年—2013年兖州市外资及港澳台资到位情况表

表13-5　　单位：万美元

年　份	到位外资及港澳台资	年　份	到位外资及港澳台资
1996	2033	2006	10002
1997	10014	2007	10773
1998	336	2008	10650
1999	420	2009	9515
2000	1151	2010	8329
2001	482	2011	15760.1
2002	664	2012	16791
2003	1198	2013	16061
2004	3337	合计	124876.1
2005	7360		

第二节　参观考察与接待外宾

参观考察　1996 年 9 月 8 日，市政府组团参加厦门投资贸易洽谈会，举办兖州市对外经济技术合作项目新闻发布会，对外宣传推介兖州，中国香港、厦门市的新闻媒体进行专门报道。1998 年 9 月 10 日，副市长岳宪峰带领市经贸考察团赴韩国昌原市进行友好访问，同韩国昌原市国际经济综合研究院进行友好会谈，在智力开发、技术引进和出口贸易等方面达成合作意向。同年10月3日，副市长刘玉范随省代表团赴德国考察城市规划、建设、管理情况，重点考察污水处理设备。2000年2月，山东太阳纸业股份有限公司副总经理陈文俊随省经贸委代表团赴芬兰、瑞典、德国、法国考察计算机在造纸工业的应用，落实公司10万吨涂布白卡纸工程项目的打浆自动控制系统，签订打浆系统所需的设备、技术协议。2001年5月，副市长张言申应德国西门子公司邀请率市电信局有关人员赴德国，考察西门子公司先进的程控交换技术、通信网络技术，特别是宽带业务接入技术，签订技术合作协议和技术支援协议，商谈宽带接入解决方案。2002年7月30日至8月8日，市委书记李卫国，市委常委、新兖镇党委书记张胜明，市政协副主席张培岐带领市外经贸局、市经济技术开发区等单位负责人赴中国台湾，开展经贸考察、招商引资活动，召开同乡会，拜访企业集团和商会组织16家，接触客商100余人，推进重点合作项目9个。2004年9月7日—19日，市长于建民带领市政府考察团一行5人赴英国、法国、德国、意大利开展为期12天的招商及友好城市考察活动，共接触客商40余人，在巴黎设立兖州市招商联络处，并举行揭牌仪式，中国驻法大使馆官员及华人社团代表应邀参加。2005年3月22日至4月3日，市委书记韩军等4人赴美国进行招商考察，参观美国ASC公司总部，拜访美国国际纸业公司，就ASC公司三期扩资事宜、EP公司汽车零配件总装车间搬迁至兖州的合资项目进行洽谈，推进太阳纸业公司液体包装纸项目。2006年6月，副市长张言申应兖煤集团澳大利亚有限公司、新西兰固体能源公司的邀请，赴澳大利亚考察澳斯达煤矿综采放顶煤技术生产准备情况，就煤矿开采、地面沉陷管理、监测和塌陷区复垦等有关的环保技术和经验与澳方进行交流、洽谈，借鉴解决兖州矿区环境治理和塌陷区复垦问题；赴新西兰进行技术会谈，就煤转化制燃料煤油化工项目进行技术交流和合作探讨。2006年4月3日—15日，应法国罗斯尼市邀请，市长于建民率团参加在巴黎举办的第十届巴黎大区市长协会年会等一系列重要活动。中国驻法大使馆派出白章德公参、夏煌参赞参与此次活动。法国主流媒体、巴黎大区和罗斯尼市主要媒体进行全程跟踪采访，并在主流媒体予以报道。同年6月12日—26日，市委书记韩军带领市经贸考察团，赴美国、加拿大进行为期2周的经贸考察活动，就兖州企业与美国国际纸业公司、EP公司、ASC公司、加拿大麦哥纳公司、曼克尔公司等重点合作项目进行洽谈。2008年7月15日—22日，市长张胜明带领由新兖镇、雅士佳联诚工业有限公司、山东明源进出口有限公司组成的市经贸考察团一行5人，赴美国进行为期7天的经贸考察活动，就兖州市与美国国际纸业公司、EP公司、美国NR公司等重点合作项目进行高层洽谈。2009年2月22日至3月3日，市长张玉华带队，市外经贸局、市招商促进局、济宁市农业高新技术示范园、兖州工业园区和兴隆庄镇、小孟镇的主要负责人一行14人参加济宁市在香港会展中心举行的孔孟之乡——山东济宁（香港）投资环境说明会暨项目签约仪式，推介重点项目，拓展合资合作领域，签约外资项目4个。同年8月，市人大常委会主任陈方带领文化、文物、规划、宗教等部门负责人对新加坡文化产业发展情况进行实地考察。2010年5月11日至5月20日，市长张玉华率市考察团一行赴中国香港参加2010年（香港）山东活动周启动仪式暨山东—香港国际投资贸易洽谈会，同时访问华润集团深圳公司。同年6月7日至16日，市纪委书记范继珍陪同济宁市贸促会、山东曜晖太阳能有限公司、山东硕响新能源有限责任公司等企业赴欧洲进行考察，考察团一行参加在德国慕尼黑举行的国际太阳能技术展览会，拜访友好城市法国罗斯尼市政府和德国杜兰公司，拓宽企业出口渠道，推进企业合作项目开展，增进与友好城市在环保、教育、文化等方面的交流，为宜传兖州和招商引资搭建新平台。同年8月30日至9月7日，应日本绿色环境株式会社和韩国庆北科技园邀请，副市长张玕一行3人赴日本、韩国，就绿色农业发展、生物有机肥生产、家具生产、高科电子产品制造等项目进行参观考察。2011年5月9日—13日，市委书记田志锋率团赴中国香港参加2011香港山东周活动，代表团参加2011鲁港合作洽谈会开幕式暨重大项目签约仪式，并作为济宁市唯一代表，参加山东省与华润集团的集体签约仪式。山东太阳纸业股份有限公司与美国国际纸业公司合作的年产40万吨高档食品包装卡纸项目现场签约。2012年7月10日—13日，市长董波率市代表团参加2012中国香港山东周活动。先后参加省政府举行的鲁港经贸合作洽谈会开幕式暨重大合作项目签约仪式和孔孟之乡——济宁（香港）投资合作恳谈会签约仪式，广泛接触香港各界人士。2012年11月，市政协主席与济宁贸促会会长带领兖州市代表团赴南非、阿联酋、肯尼亚，对阿联酋迪拜太阳能硅谷和HISEM贸易和物流公司进行考察，并与公司董事长陈志阳进行会谈，双方就兖州公司追加投资、扩大规模以及在兖州成立物流园区项目进行洽谈。2013年5月27日，兖州市组团参加以“聚焦服务业合作，助推城市化发展”为主题的香港山东周。在全市各镇（街道）征集筛选项目，参加鲁港服务业合作恳谈会、2013香港山东周启动仪式暨鲁港经贸合作交流晚宴、山东—驻港外国商会合作交流恳谈会和2013香港山东周合作项目签约仪式。同年11月，副市长率团赴德国和意大利进行经贸考察，在加强政府间沟通与交流、推进项目合作、扩大贸易、拓展市场等方面取得显著成效。

接待外宾 1997年9月26日，瑞典驻华大使林德斯及以斯特曼省法格斯塔市市长耶尔奥森为团长的法格斯塔市代表团一行到兖州市考察访问。副市长李开珍陪同参观兖州合金钢股份有限公司和山东太阳纸业集团总公司。1998年10月15日，市委书记胡桂龙、副市长李开珍在济宁市圣地酒店会见印度尼西亚大马集团董事局主席吴家熊及夫人，陪同视察兖州嘉丰食品有限公司和兖州嘉隆实业有限公司2家外商投资企业。1999年3月17日，日本山口县环境保护技术交流团在山东省、济宁市环保部门有关人员陪同下到兖州市参观访问，副市长张言申陪同参观山东太阳纸业集团有限公司治污现场，并就造纸废水治理技术等问题交换意见。同年9月30日，韩国国际综合研究院友好访问团到兖州市访问，市长李卫国、副市长冯继福会见韩国客人。2001年4月3日，俄共中央主席团成员、俄罗斯国家杜马议员维·米·维季马诺夫一行4人，到兖州市山东太阳纸业股份有限公司、兖州嘉隆实业有限公司、济宁农业高新技术示范园、新兖镇小马青村、兖州银河德普胶带有限公司等考察访问，市委书记李卫国、市长于建民陪同考察。2004年11月18日，由美国国际纸业公司森林资源部国际林业总监田森带领的美国国际纸业林纸一体化考察团一行3人到兖州市参观考察，了解兖州市林纸一体化规划与发展情况和外商投资政策。2005年4月28日，法国罗斯尼市市长克劳德·贝尔雷斯到兖州市访问，举行兖州市与法国罗斯尼市缔结友好城市签字仪式。2007年9月24日，法国巴黎东部大区联盟代表团对兖州市进行为期5天的友好访问并参加中法经科贸洽谈活动。市委书记江成会见法国代表团成员，法国代表团先后参观考察山东兖州经济开发区、济宁市农业高新技术示范园、山东银河橡塑集团、山东太阳纸业股份有限公司、市第一人民医院、市广场商厦等40余家单位和企业，共对接洽谈合作项目20个，达成初步合作意向13个，兖州市政府正式聘请中欧可持续发展协会主席尼古拉·斯克德拉维奇为兖州市经济顾问，聘请戴文霞为兖州市经济文化交流顾问。

第三节　对外劳务及对港澳台劳务合作

赴日本外派劳务人员工作场景

1996年，市对外经济贸易委员会开始探索外派劳务工作，发布境外用工信息，开展外派劳务的选拔、培训、协调和咨询等工作，当年向日本派出缝纫工3人。1996年—2000年，全市共向日本、俄罗斯等国家和中国台湾地区输出劳务105人次，主要为渔工、缝纫工、种菜工等。2001年，济宁市向兖州市下达20人的外派劳务调控指标，实际输出劳务10人。2002年，受各县（市、区）经济发展情况不同的影响，济宁市未再下达外派劳务指标。2003年，济宁市下达外派劳务任务指标，并纳入年终考核。2008年12月，济宁市第一家专业性外派劳务基地——兖州市富平外派劳务基地成立，开展集中培训和正规渠道选派外派劳务人员。2010年1月，兖州市富平外派劳务基地更名为兖州市外派劳务培训中心，从事外派劳务的信息发布、招聘、人员培训工作。2011年11月，兖州市外派劳务服务中心成立，隶属市商务局，为社会公益一类副科级全额事业单位，负责全市外派劳务工作的监督管理。2013年7月，市对外劳务合作服务平台建立，并报省商务厅备案。至2013年年底，全区累计对外输出劳务2828人次。

1996年—2013年兖州市对外及对港澳台派遣劳务情况表

表13-6

年　份	人　数	输出到国家（地区）	从事主要工种
1996—2000	105	日本、俄罗斯、中国台湾地区	渔工、缝纫工、种菜工
2001	10	日本、中国台湾地区	渔工、缝纫工
2002	25	阿尔及利亚、日本、蒙古	建筑工、修路工
2003	48	韩国、蒙古	渔工、水产工、制药工
2004	100	新加坡 韩国、蒙古	渔工、水产工、制药工、食品工、电焊工
2005	122	新加坡 韩国、日本	电焊工、建筑工、电子工
2006	152	新加坡、韩国、蒙古、日本	电焊工、建筑工、电子工、制药工
2007	182	新加坡 韩国、日本	糕点工、电焊工、建筑工、电子工
2008	222	阿尔及利亚、印度、日本、蒙古、新加坡、越南	建筑工、食品工、电焊工、制鞋工
2009	306	阿尔及利亚、沙特、日本、蒙古、新加坡	建筑工、食品工、服务生、电焊工
2010	415	阿尔及利亚、日本、韩国、蒙古、新加坡	建筑工、食品工等
2011	403	日本、新加坡、印尼、老挝、沙特、卡塔尔、阿尔及利亚	建筑工、食品工、电焊工、制鞋工
2012	356	日本、新加坡、印尼、老挝、沙特、卡塔尔、阿尔及利亚	建筑工、食品工、电焊工、制鞋工

续表13-6

年　份	人　数	输出到国家（地区）	从事主要工种
2013	382	日本、新加坡、印尼、老挝、沙特、卡塔尔、阿尔及利亚	建筑工、食品工、电焊工、制鞋工
合计	2828	—	—

第四节　缔结友好关系

1998年9月10日—20日，副市长岳宪峰带领市经贸考察团赴韩国昌原市进行友好访问，与韩国昌原市国际经济综合研究院有关人士进行友好会谈，在缔结友好合作关系方面达成意向。同年11月14日—16日，韩国昌原市国际经济综合研究院院长尹泰烈率领友好访问团一行16人对兖州市进行友好访问。访问团先后考察兖州市的党政机关、学校、企业、村庄和医疗机构，参观城市基础设施，双方就交流与合作进行磋商，并签署备忘录。此后，与韩国的经贸交流与合作日益加深，定期组织互访。2004年9月7日—19日，市长于建民带领市政府考察团赴英国、法国、德国、意大利开展招商及友好城市考察活动，围绕兖州市与法国罗斯尼市建立友好城市进行全面考察与洽谈，签订合作意向书。2005年4月28日，兖州市与法国罗斯尼市缔结友好城市签字仪式在济宁市香港大厦举行。市长于建民、法国罗斯尼市市长克劳德·贝尔雷斯分别代表中国山东省兖州市政府和法国罗斯尼市政府在缔结友好城市协约上签字，并双方互赠礼品。此后，双方定期进行互访，推进两市在文化、经贸、科技等方面的交流与合作。同年9月25—27日，市长于建民应法国罗斯尼市市长克劳德·贝尔雷斯邀请，到北京出席2005年中法市长高峰论坛并作主题演讲，与法国友人在外经外贸、城市建设、城市管理等方面进行广泛交流。2007年—2009年，兖州市连续3年举办中法经科贸活动，组织法国经科贸考察团参观山东太阳纸业股份有限公司、华勤橡胶工业集团、山东联诚集团、山东兖州经济开发区、市博物馆，并与相关企业进行对口交流、对接洽谈，促进兖州市与罗斯尼市及法国巴黎大区东部城市联盟在经济、贸易、科技等方面的交流合作。

第五节　境外投资

1996年起，全市经济和社会快速发展，培育轮胎、机制纸、医药、机械加工等一批优势产品，初步具备境外投资能力。2004年，全市开始实施“走出去”战略，引导优势产业向境外转移，推动全市有条件的企业开展境外投资和建立境外自主营销网络，带动相关物和料的出口。同年12月，市大众贸易有限公司在蒙古国投资138万美元，合资生产输液器产品，成为全市第一家在境外投资的企业。2006年—2008年，先后有7家企业在境外投资。2008年，有境外投资企业8家，投资额不超过150万美元，规模较小。2009年—2010年，新批境外投资项目7个。其中，2009年12月，山东太阳纸业股份有限公司在老挝独资的太阳控股老挝有限公司，投资总额1.97亿美元。至2013年，全市共有山东太阳纸业股份有限公司、华勤橡胶工业集团、山东森林木业有限公司、山东益宝生物制品有限公司等15家企业开展境外投资活动，共投资建厂21家，主要投资国家和地区包括美国、柬埔寨、越南、韩国、加拿大、印度尼西亚等，投资行业涉及农业、林业、机械制造、贸易、矿业、生物医药等，对外累计投资2.5亿美元。

2004年—2013年兖州市境外投资项目情况表

表13-7　　　　单位：万美元

投资单位名称	国外企业名称	批准时间	投资国家和地区	合作方式	投资总额	注册资本	主营业务
兖州市大众贸易有限公司	中蒙结晶药业有限公司	2004年12月	蒙古国	合资	138	138	输液器等
兖州海韵经贸有限公司	蒙古宏伟建材有限公司	2006年9月	蒙古国	独资	18.75	12.5	空心砖等
山东省鲁南地质工程勘察院	鲁南投资有限公司	2007年12月	印度尼西亚	独资	56.1	56.1	地质勘查
兖州市飞龙动力机械有限公司	天星技术有限公司	2007年12月	越南	独资	100	100	硫酸软骨素、氨基葡萄糖
山东益宝生物制品有限公司	益宝国际贸易有限公司	2008年1月	美国	独资	15	15	进出口贸易
山东大丰机械有限公司	恒丰农业机械有限公司	2008年5月	印度	独资	100	100	联合收割机装配销售
山东太阳纸业股份有限公司	山东太阳纸业股份有限公司驻老挝办事处	2008年6月	老挝	独资	3	2.16	信息收集
山东太阳纸业股份有限公司	太阳纸业老挝有限公司	2008年9月	老挝	独资	300	300	育苗、示范林
山东益宝生物制品有限公司	益宝生物印尼有限公司	2009年5月	印度尼西亚	独资	50	50	鲨鱼硫酸软骨素
山东太阳纸业股份有限公司	越南太阳控股有限公司	2009年9月	越南	合资	1500	300	码头、木片
山东太阳纸业股份有限公司	太阳控股老挝有限公司	2009年12月	老挝	独资	19717	6000	育苗、木浆、纸制品
兖州市富平装饰有限公司	老挝富平家具有限公司	2010年3月	老挝	独资	200	200	木材加工、家具
兖州市英华制衣有限公司	英华制衣加拿大有限公司	2010年4月	加拿大	独资	50	50	服装
华勤钢丝绳有限公司	华勤国际贸易（香港）有限公司	2010年6月	中国香港	独资	800	400	国际贸易、研发
山东太阳纸业股份有限公司	太阳纸业（香港）有限公司	2011年4月	中国香港	独资	50	50	技术引进，产品销售
山东森林木业有限公司	森林木业（柬埔寨）有限公司	2011年4月	柬埔寨	独资	757	100	实木复合地板、地板基材、胶合板研发、生产、销售
齐鲁特钢有限公司	齐鲁特钢（香港）有限公司	2011年9月	中国香港	独资	1.28	1.28	钢材国际贸易、转口贸易
山东国际纸业太阳纸板有限公司	国际纸业太阳（香港）贸易有限公司	2012年3月	中国香港	独资	1000	990	机器、设备、产品、材料、货物、商品的采购、购买、租赁、进口、出口、贸易往来、批发零售等

续表13-7

投资单位名称	国外企业名称	批准时间	投资国家和地区	合作方式	投资总额	注册资本	主营业务
山东益宝生物制品有限公司	YBCC有限公司	2012年2月	美国	独资	500	350	软骨素的生产加工、销售、研发及货物的进出口业务
山东创佳玻璃纤维制品有限公司	(株式会社)创佳玻纤	2012年2月	韩国	合资	50	8.74	玻纤制品、玻璃钢材、五金电料等
山东联诚集团有限公司	联诚控股有限公司	2013年4月	中国香港	独资	200	200	机械零部件的进出口贸易、研发

第四章　招商引资

第一节　政策环境

2003年，市政府制定《关于扩大开放加快发展的若干政策》，市委、市政府制定《兖州市招商引资工作考核奖励试行办法》，明确招商引资人员和责任单位的奖励比例。2004年，市委先后制定《兖州市招商引资工作考核奖励试行办法》《关于市直部门年度工作目标管理考核工作的实施意见（试行）》，对各镇（街道）、部门、经济园区上年度招商引资工作进行考核，并在全市通报，对招商引资先进单位和先进个人进行表彰和奖励。2007年，市政府制定《兖州市招商引资项目考核奖励办法》，明确奖励基本原则，界定奖励标准、范围、程序，奖励政策更科学、更有针对性。2008年，市委办、市政府办相继印发《兖州市2008年招商引资会战工作方案》《兖州市专职驻点招商人员考核管理办法》等规范文件，组织力量对各镇（街道）、园区节点任务完成情况、进行分值量化、考核评比，对未完成任务的给予亮黄牌警告。2009年，市政府修订完善《兖州市对外开放招商引资奖励办法》，设立1000万元外经贸发展专项基金，专门用于对外开放、招商引资工作。提高参展补贴摊位费，增加交通费用补贴，内地企业展会补贴1万元，港澳台企业展会补贴2万元，国外企业展会补贴3万元，充分调动企业参展积极性。研究制订《兖州市关于实施产业招商的意见》《兖州市重大产业项目国内集中招商活动实施方案》等，面向世界500强、国内500强及中央大型企业集团展开招商攻势。2011年、2013年，市政府两次修订完善《兖州市对外开放招商引资奖励办法》。

第二节　招商活动

外出招商　2003年3月，全市组织由5名处级干部带队的招商小分队，分赴长江三角洲、珠江三角洲、胶东半岛、京津塘地区和韩国进行专业招商；10个镇（街道）党政主要负责人带队组织招商小分队分赴发达地区招商；多数部门明确招商工作的分管负责人，组织招商队伍开展招商活动。同年8月，全市组织赴昆山开展招商活动，邀请昆山市36家企业的40名客商，召开兖州市（昆山）投资说明会。同年9月，组织8

家企业参加由济宁市人民政府与中国CEO俱乐部联合举办的“中国CEO孔子故里行”活动，与12名CEO成员进行对口洽谈，就6项合作内容达成合作意向。组织18家25名驻青岛侨资、外资企业及台资企业董事长、总经理在兖州市举行投资考察洽谈会，与美国国际科技文化教育交流中心、青岛宝克集团有限公司、青岛第一百盛有限公司就科技、教育合作项目，太阳纸业集团高档信息用纸、肉鸭养殖加工、花生制品深加工项目，九州百货大楼、商业大厦、商业综合公司等商业设施和地块开发经营项目达成合作意向。同年10月，组织赴欧洲经贸考察，与中国驻德国、意大利、西班牙等国大使馆商务处建立长期联系，并邀请14名法国企业家和中国留法研究生到兖州市考察洽谈。组织参加济宁市赴昆山、太仓集中蹲点招商活动，共签订投资意向、协议和合同44个，拟利用市外资金13.9亿元。组织参加中国香港—内地招商峰会。同年11月，组织参加济宁市赴厦门集中蹲点招商活动，取得良好效果。2004年3月，组织18个招商小组赴温州开展招商活动。同年5月，组团赴深圳集中招商。共签订合作协议41个，协议利用外资19.3亿元，签订合同27个，合同利用外资7.9亿元。

2005年，市委组织部选拔12名优秀青年干部到温州、深圳等经济发达地区挂职，捕捉信息，促进对外合作。组团参加济宁市组织的厦门、温州、福州、上海、北京、西安等全国性的招商会及孔子文化节经贸洽谈会、潍坊鲁台经贸洽谈会、青岛高博会等省内大型招商活动，有针对性地走访青岛嘉里粮油公司、天津康师傅公司、厦门银鹭集团等。2006年，组团参加孔子文化节经贸洽谈会、中国济宁农业产业博览会。有3个重点招商项目在招商洽谈会上正式签约。2007年3月，组团赴长江三角洲、珠江三角洲、京津地区展开招商活动，签约项目28个，总投资78.8亿元。同年9月，组织参加中法经科贸、孔子文化节活动，共对接洽谈合作项目20个，达成合作意向13个。2008年1月，市长张胜明带领市联诚金属有限公司负责人赴北京，与北京联想集团弘毅投资公司有关负责人洽谈合作事宜，并签订投资协议。同年2月，组团赴北京开展2008年京津地区招商引资活动。同年4月，副市长张玉华带队参加在西安市举办的第十二届中国东西部合作与投资贸易洽谈会。同年6月，组团参加济宁市在深圳召开的珠江三角洲地区产业扩张及转移对接洽谈会。同年8月，市委书记江成带队参加“借助资本力量，促进产业升级暨济宁市成长型企业浙江融资路演”活动。同年11月，市委书记江成带队赴温州开展招商活动，召开专题招商推介会。全年共组团赴长江三角洲、珠江三角洲、京津塘等重点招商区域分别开展为期3个月的集中招商活动，共拜访客商463人，与46家企业建立良好关系，签约项目17个，投资额42.56亿元。由市领导带队，开展美国、欧洲、东南亚的境外招商活动，拜访法国罗斯尼市、新加坡丰益集团、新加坡凯发集团、美国EP公司、意大利倍耐力公司等企业集团，全市共新批外资项目8个，合同利用外资1亿美元。举办中法经科贸洽谈活动，共邀请法国客商37人，与20家兖州企业进行对接，签约项目6个。在杭州市、兖州市举办浙商资本对接济宁路演活动，推出兖州15家成长型企业与杭州60家企业进行对接洽谈，共达成合资合作意向6项。全年共组织35家企业参加广交会、中国东盟博览会、印度国际贸易展、韩国农业机械展、郑州机械展等各种展会，开拓东南亚、非洲等国家和地区市场。

2009年2月，全市组织参加济宁市（香港）投资环境说明会，签约项目3个，总投资1亿美元。同年3月，赴新加坡开展经贸考察活动。同年5月，参加长江三角洲地区集中招商活动、2009浙商投资年会、济宁投资环境说明会，共接触客商200人，相继拜访浙江宋城集团、浙江传化集团、上海杰隆生物科技股份有限公司、顶新集团杭州公司等企业。同年5月，赴欧洲开展考察招商活动。同年6月，组团赴西安市参加2009欧亚中小企业合作洽谈会，签订合作协议2项，协议利用外资约200万美元；签订贸易合同1项，合同额300万美元。同年7月，组织赴长江三角洲地区开展集中招商考察活动，拜访上海金山化工园区、杭州宋城集团、上海埃格环保科技有限公司、上海鼎汉生物科技有限公司等，推进在谈项目进展。签约SC超级压光纸、10万吨钢丝帘线、司百客生物有机肥、育达X光机、汽车尾气净化器5个合同项目，合同金额36.9亿元。2010年1月，市长张玉华带队赴北京参加济宁市重点招商项目签约仪式，签约项目13个，引进资金87亿元。同年4月，市委书记田志锋带队赴昆山、上海开展招商引资活动，举办兖州市（上海）招商引资项目恳谈会，与42名客商进行项目合作洽谈，签约一批大项目。同年6月，市委书记田志锋、市长张玉华带队开展兖州市（北京）招商引资活动，与雨润集团、苏宁电器、浙江商会等企业协会达成合作意向。同年7月，市长张玉华带队参加济宁市在上海举办的济宁市投资环境推介会暨合作项目签约仪式，签约项目4个，总投资30.1亿元。同年9月，全市组团参加第四届太阳城大会，接触客商100余人。同年10月，参加第七届中国—东盟博览会，与越南、菲律宾、印度尼西亚、印度、新加坡等国家和中国香港地区的客商达成贸易合同，合同金额50万美元，达成技术合作与产品意向合作协议2项，与广州、广西等地企业成交金额500万元；组团参加由省政府和中国台湾台北世贸中心主办的2010山东—台湾名品博览会，与中国台湾客商达成贸易合同15万美元，达成技术合作协议2项，成交协议金额200万元；市委书记田志锋、市长张玉华带队赴南京开展兖州市（南京）招商引资活动，举办兖州市（南京）服务业项目招商引资恳谈会。同年12月，全市组团参加2010年港澳台地区及珠江三角洲重点企业投资对接洽谈会，成果丰硕。全年，共组织参加集中招商活动12次，拜访企业80家，接待外地客商40次、500人，与华润集团、联想控股、雨润集团、苏宁电器、亚繁集团、宝龙集团、浙江商会、华商促进会等建立沟通平台，促进与美国国际纸业、意大利倍耐力、美国固特异、芬兰凯米拉等国际企业合作交流，推进食品包装纸、柴油颗粒捕捉器及瑞士小镇等项目进展。

2011年4月，市委书记田志锋带队参加“高铁时代，走进济宁”——济宁（北京）投资环境说明会，共签约8个项目，总投资138.1亿元。同年5月9日—13日，市委书记田志锋率团赴中国香港参加2011香港山东周活动。同年，组织人员参加世界500强暨环渤海地区重点企业投资对接洽谈会、全国台湾同胞投资企业联谊会、第十四届中国（重庆）国际投资暨全球采购会、中国城市服务业投资洽谈会等，与浙江商会、华侨国际联合会、台湾中小企业联合会、西班牙华商协会等行业协会建立广泛联系，获取大量有价值的信息。2012年1月10日—12日，市委书记张玉华、市长董波带队，分两组赴北京、上海、济南、青岛等地先后走访国开金融有限责任公司、中国海洋石油气电集团、益海嘉里集团、美国国际纸业公司上海总部、意大利倍耐力公司上海总部、山东钢铁集团、三一重工集团华东公司、志高集团等，推进重点项目进展。同年3月30日，市长董波、副市长陈秋生、市委常委唐军参加“牵手济宁·合作共赢”——济宁（北京）投资环境说明会，与中国交通物流协会、北京技术交易所、美国爱科集团、今麦郎饮品有限公司等一批企业协会进行深入交流，成功签约项目5个，涉及装备制造、现代物流、新能源等多个领域，总投资41.4亿元，其中，外资36亿元。同年5月6日—12日，副市长陈秋生带队赴中国香港进行考察访问，并参加孔孟之乡济宁（香港）投资合作恳谈会，取得显著成效。同年10月14日—17日，市长董波，市政协主席于立武，市政协副主席邱印水率市经信局、市招商局、经济开发区负责人赴深圳、武汉开展招商活动，拜访香港广弘集团、奥信投资控股有限公司等企业集团。同年，组织参加济宁市长江三角洲地区集中招商活动，拜访花桥国际商务城、台湾义美联电公司、红星美凯龙集团，推进在谈项目进展。2013年4月，市长董波率队赴珠江三角洲地区开展集中招商活动，并参加2013济宁（深圳）经济合作恳谈会。共邀请客商6人，签约合同项目2个，总投资11.4亿元，涉及矿用电器设备及太阳能草坪灯等项目建设，同时拜访广州白云山制药股份有限公司、深圳华润三九医药股份有限公司、深圳市远望淦拓科技有限公司等企业。同年7月19日—22日，副市长陈秋生带队赴京津塘和长江三角洲地区开展招商推进活动，先后拜访中海油气电集团、三一精机有限公司、美国特种矿物公司、红星美凯龙集团等企业，参加济宁（北京）农业开发及食品加工项目对接洽谈会，对接拜访中海油、机械科学研究总院、中医药、中钢研、中化工等央企及世界500强企业。同年8月16日—17日，市委书记张玉华率队赴上海开展集中招商活动，拜访上海燎申集团、上海三一精机、红星美凯龙等企业。同年10月，兖州市在上海举办2013（上海）兖州经济发展恳谈会，推进项目进展。

客商接待 2004年1月—10月，全市共接待世界各地的客商28批、232人。2005年，组织接待法国欧亚知力公司、台湾台塑集团、澳门名嘉集团、香港嘉里粮油集团、中铁华创集团、黑龙江汇丰机械公司、青岛外资企业考察团、欧洲汽配企业代表团等到访客商30批、512人。2006年—2007年，接待美国国际纸业公司、意大利倍耐力集团、法国罗斯尼市等到访客商50批、500人。2008年，多次修改更新英、法、韩、日等各种语言的多媒体招商资料并制作粮油加工、废钢产销、污水处理、塌陷地治理、LGS房屋系统等招商专案7个，接待法国经贸代表团、美国固特异公司、益海集团等国内外客商30次、200人，为10余家企业、客商提供翻译服务20次。2009年，组织制作动物血液蛋白、化工产业、文化资源、水资源等专案6个，接待国内外客人30次、200人，为8家企业提供翻译服务10次。2010年，为山东翔宇化纤纺织有限公司、山东联诚集团有限公司、兖州市绿源食品有限公司、山东大丰机械有限公司、山东恒良物流有限公司等企业制作《承接爱科集团农业机械项目》《太阳能电池组件项目》《汽车广场项目》等项目专案24个，接待国内外客人40次、200人，为10家企业提供翻译服务10次。2011年，对到兖州市进行投资考察的团队，从食宿、翻译、对接等方面精心安排，制定详细的接待方案。研究不同客商需求，适时修改更新多媒体招商资料。针对市内外企业投资需求、制作《高盛集团农业产业化项目》《龙桥西地块招商项目》《装备制造产业承接产业转移项目》等招商项目专案10个。接待美国爱科集团、吉利集团等企业30次、210人，为6家企业提供翻译服务8次。2012年，筛选出50家经营状况好、发展潜力大的企业纳入全市招商引资载体企业，责任到产业分局协助推进招商；相继制作《北站物流园区项目专案》《农业机械产业园项目专案》等22个。2013年，对接拜访中国海洋石油集团有限公司、机械科学研究总院、中国医药集团总公司、中国钢研科技集团有限公司、中国化工集团公司、中国盐业总公司、韩国CJ集团、韩国韩华集团等央企及世界500强企业，中国海洋石油集团有限公司、机械科学研究总院、

2013年8月8日，兖州市首届百家名企走进兖州经贸洽谈活动签约仪式举行

中国钢研科技集团有限公司多次到兖州市考察。同年8月8日，首届百家名企走进兖州经贸洽谈活动举行，邀请销售收入过20亿元的国内外企业130家、客商164人。其中，世界500强企业8家，中央企业10家，大型民营企业28家。

2009年2月20日，华勤集团年产10万吨钢帘线项目和年产10万吨钢丝绳项目开工奠基仪式举行

第三节 资金引进

2003年，全市合同利用市外国内资金96亿元，实际到位20.2亿元。2004年，全市在建招商引资项目189个，合同利用市外资金120亿元，实际到位市外资金32亿元。2005年，全市在建项目196个，实际到位资金50.58亿元。2006年，全市在建项目69个，实际到位资金46.6亿元。2007年，全市实际利用市外资金39.56亿元。2008年，全市实际利用市外国内资金42.5亿元；全市在建项目60个，总投资额58.1亿元，其中，市外资金总额33.2亿元；签约未开工项目44个，总投资额85.6亿元。2009年，全市实际利用市外国内资金39.5亿元；在建项目57个，总投资额124.8亿元，其中，市外资金总额74亿元；签约未开工项目60个，总投资额118.2亿元。2010年，全市实际利用市外国内资金50.8亿元；全市在建招商项目86个，总投资195.1亿元；全市新建招商项目61个，总投资129亿元；签约项目60个，总投资额217亿元。2011年，全市实际利用市外国内资金41.96亿元；在建招商项目56个，总投资额165.8亿元；新建项目43个，总投资额134.8亿元；新签招商项目55个，总投资额217.2亿元。2012年，全市实际利用市外国内资金65.17亿元，新建招商项目60个，新签招商项目131个。2013年，全市实际利用市外国内资金72.95亿元；新建项目78个，总投资额256.12亿元；新签约项目77个，总投资额350.5亿元。

2003年—2013年兖州市实际利用市外国内资金情况表

表13-8　　单位：亿元

年　份	实际利用市外国内资金	年　份	实际利用市外国内资金
2003	20.2	2009	39.5
2004	32	2010	50.8
2005	50.58	2011	41.96
2006	46.6	2012	65.17
2007	39.56	2013	72.95
2008	42.5		

第五章 经济园区

第一节 济宁市农业高新技术示范园

基础设施 1999年，济宁市农业高新技术示范园开工建设。2002年，热带兰中心、珍果中心、特菜中心、工厂化育苗中心、生物技术工程中心等11个功能中心和大型花卉批发市场建成。生物技术工程中心年产1500万株克隆瓶苗，热带兰中心年产蝴蝶兰200万株，工厂化育苗中心有智能温室6000平方米，花卉批发市场引入现代温室智能管理系统。2005年，6栋3万平方米的现代化智能温室，10万平方米高效日光温室建成。投资3000万元，建立绿金国际农科奇观，引进名优特新蔬菜、花卉、果树及其他植物品种820种，现代农业栽培模式及栽培技术32项，建成珍奇瓜果大世界、蔬菜树区、蔬菜森林区、热带植物园、新加坡风情园、花果山游乐园、儿童乐园、欧洲风情园、郁金香风情园等25个各具特色的旅游观光区。2008年，引进法国、意大利及中国科学院等信息管理化系统，完成1万平方米的智能化温室、10万平方米的日光温室、6000平方米的大型花卉批发市场、80万平方米生态观光园的智能化管理；实行“三区三带两组团”布局结构，“三区”即研发行政服务区、现代农业示范推广区和农业高新企业发展区，“三带”即沿日菏铁路及日菏高速公路生态隔离带、沿廖沟河两岸的景观生态隔离带和沿济曲快速路的景观生态带，“两组团”即前寨子村、后寨子村、倪村等居住组团和金家村、老府庄村、东稻营村等居住组团。2010年，建设中心路、大成路、梧桐路等“二纵三横”内路网，形成“四纵四横”路网框架，完善水、电、暖、气、绿化亮化、有线电视、通信光缆等配套设施，实现“七通一平”。2012年，推进迎春路、紫薇路、樱花路、梧桐路、芙蓉路等硬化、绿化、亮化工程建设，改扩建道路9000米，面积10万平方米，安装太阳能路灯215盏，与327国道和崇文大道初步形成“四纵五横”路网框架；投资2000万元，完成9400平方米的农业有害生物预警与控制区域站暨办公大楼项目。2013年，成功申报国家农业科技园区，完成6000平方米的温室升级改造工程，为高档花卉生产经营创造条件。

科技工作者参观学习高档花卉养殖技术

招商引资 2001年，济宁市农业高新技术示范园引入中国台湾三益公司智能化栽培技术，面积1200平方米。2004年，引进占地70亩、总投资5000万元的中外合资济宁青贵食品有限公司。2006年—2008年，大方园艺公司年育苗量3000万株，带动6万余亩蔬菜发展；大方园艺公司、中国台湾三益公司形成鲁南最大的中高档花卉开发、生产、交易基地，带动周边地区发展花卉基地10万平方米；嘉隆公司年孵化苗鸡2000万只，宰杀成鸡3000万只；青贵公司年加工各类速冻保鲜农产品3万吨，带动发展大蒜、圆葱、鲜食玉米等基地1.5万亩。2008年，招商引资的企业有台湾大成食品有限公司、济宁大方园艺有限责任公司、海天国际物流中心、益海嘉里种业公司、台湾司百客生物科技有限公司等17家大型专业化龙头企业和30家专业公司，涉及高档花卉、畜牧养殖与加工、饲料生产加工、农产品精深加工、有机肥料、现代物流等8个行业。2009年，开展甜叶菊生产与加工项目，引进高含糖量甜叶菊新品种2个，建立标准化种植示范基地200亩。其中，漕河镇庙西村100亩，新兖镇倪村100亩。大方园艺公司引进蔬菜新品种30余种。中国台湾三益集团有限公司扩建组培室至2000平方米，新建智能化温室1万平方米，年产各类瓶苗600万株、各种高档花卉400万株，辐射带动周边发展高档花卉生产基地5万平方米。嘉隆公司、大成公司年孵化苗鸡2000万只，宰杀成鸡3000万只。2013年，完成高档花卉养殖400万株、种苗组培700万株、中草药机械化种植研究200亩，实施农产品加工提取和名贵珍稀种苗组培快繁技术体系研究，探索土地规模经营与现代农业发展长效机制，围绕高档花卉种苗、中草药规模化种植、农产品精深加工3个产业，吸引符合规划的3家农业高新技术企业入驻。

科研开发 1999年—2002年，济宁市农业高新技术示范园完成《鲜切花丰产技术研究》《螺旋藻开发技术研究》《蝴蝶兰组培及工厂化育苗》《金太阳杏设施栽培早期丰产技术研究》科技攻关项目4项，引进农业高新技术20项，中国台湾的蝴蝶兰工厂化生产技术、以色列的设施蔬菜无土栽培技术、荷兰的切花百合二次开花及种球繁育技术达到全国先进水平，填补省内空白。2002年，济宁市农业高新技术示范园被评为全国农业科普示范基地。2006年—2008年，共引进运用蔬菜无土栽培、智能化数字农业控制、节水灌溉、无公害蔬菜生产等农业高新技术200项，自主研发技术、产品62项；组织实施各类科研项目13项，其中，国家级2项，济宁市番茄专家大院建设项目被列入国家级农村科技服务体

生物技术工程中心工作现场

系，日光温室蝴蝶兰智能化培育示范推广基地项目申报国家级引进国外智力成果示范推广基地。2007年，与中国科学院合作建立国家技术转移中心兖州工作站，被省政府批准为省级农业高新技术产业示范区。2009年，《蝴蝶兰新品系培育与产业化开发》申报山东省农业良种工程重点课题，高含糖量甜叶菊新品种繁育与产业化综合技术开发被列为济宁市重大科技发展项目。2011年，组建以中国工程院院士、中国农科院副院长刘旭教授为带头人的济宁市农高区院士工作站。2012年，组建以中国工程院院士、山东农业大学园艺专家束怀瑞教授领衔的绿金生物公司院士工作站。2013年，与大禹药业公司合作建设的50亩黄芩现代化种植模式研究获得成功，带动黄芩规模化种植2000亩；丹参种植模式研究取得突破，完成丹参种植示范项目；菩提树快繁3万株；解决芦荟稳定化技术难题；成功申报《大棚蝴蝶兰智能化培育》《蝴蝶兰及优质种苗组培快繁》《绿金生物（农高区）高效节水项目》《名贵兰花组培快繁及产业化开发》项目。2013年9月，科技部批准在济宁市（兖州）农高区基础上建设山东济宁国家农业科技园区。

现代农业技术国际博览会 2006年—2007年，济宁市农业高新技术示范园连续两年举办农业技术博览会。2006年9月，举办首届中国（济宁）现代生态农业特色产品暨乡村旅游国际博览会。国家旅游局、农业部、山东省政府、济宁市政府及相关部门、部分驻华使节参加开幕式，吸

引300家企业参加展览，观光游客20万人次，实现旅游收入360万元。2007年9月，举办第二届中国(济宁)现代农业国际博览会，中国农科院、中国农业大学、北京林业大学等国内著名科研院所参展，950个农业科技成果亮相，吸引游客30万人次参观考察、观赏游览，带动农业生态旅游、特色旅游等服务业的快速发展，为全市现代农业及农业高新技术产业化开发搭建平台。

第二节　山东兖州工业园区

2000年，兖州市新兖镇工贸区成立。2006年8月，兖州市新兖镇工贸区更名为山东兖州工业园区。2008年，山东兖州工业园区与新兖镇实行镇园合一，全年实现工业总产值187亿元，利税17.69亿元，财政收入7.42亿元。2010年，提出创建国家级开发区的目标。2012年10月，向商务部递交《关于山东兖州工业园区申请升格为国家级经济技术开发区的报告》。2013年3月，山东兖州工业园区与山东兖州经济开发区合并。同年，实现业务收入4242.5亿元，地方财政收入45.68亿元，税收收入104.1亿元，完成固定资产投资647.7亿元，2006年—2013年，完成进出口总额75.5亿美元，年均增长51.2%；实际到位外资6.67亿美元，年均增长19.3%。

2007年7月27日，山东银河橡塑集团与美国固特异公司举行签约仪式

对外及对港澳台合作　2000年—2004年，兖州市新兖镇工贸区内集体所有制企业先后实施企业改制，云龙科技开发有限公司与浙江长兴五峰蓄电池有限公司共同组建山东云龙泰格电源有限公司，2004年，更名为山东诺力电源有限公司。2005年，银河德普胶带有限公司与世界500强意大利倍耐力公司合资合作，在120万套载重轮胎生产线合资的基础上，投资2.59亿欧元，新上1000万套子午线轿车轮胎项目。2006年，山东太阳纸业股份有限公司与美国国际纸业公司合作，成立万国纸业太阳白卡纸有限公司，新上总投资9875万美元的20万吨高档白卡纸项目，开启国际化战略发展阶段；与香港百安国际投资有限公司合资成立兖州中天纸业有限公司，新上总投资9945万美元的年产9.8万吨激光打印纸项目；11月，山东太阳纸业股份有限公司在深圳证券交易所中小企业板挂牌上市，成为济宁市第一家民营上市公司。2007年，山东银河橡塑集团与世界500强企业、世界第三大轮胎制造商美国固特异公司实现合资合作，成为兖州市唯一一家同时与两家世界500强合作的企业；山东太阳纸业有限公司与美国国际纸业公司投资2.59亿美元，新上30万吨液体包装纸项目，成为拥有5家合资公司的企业。2008年5月，山东银河橡塑集团1000万套子午线轿车轮胎项目投产；6月，太阳纸业老挝有限公司成立，投资1.97亿美元建设林浆纸一体化项目，是当时济宁市投资金额最大的境外投资项目。2010年—2013年，齐鲁特钢有限公司与台湾烨联公司合资生产特种钢项目，山东翔宇化纤有限公司与深圳中晟化纤公司合资开展醋酸长丝项目；投资60亿元的台湾智慧科技城、投资18亿元的香港华浩商业文化综合体等项目相继签约入区。

项目建设　2000年—2013年，山东兖州工业园区共实施投资过1000万元项目221个，总投资876.3亿元，其中，投资300亿元项目1个(华勤意大利工业城)、过70亿元项目1个(天成万丰精细化工产业园)、过20亿元项目11个、过10亿元项目30个、过1亿元项目94个。华勤橡胶工业集团先后实施高强力输送带、热电联产、高压胶管二期、年产300万套摩托车胎、全钢载重子午轮胎、高耐磨炭黑、银河工业园二期及华勤贵和购物广场、年产10万吨钢丝帘线二期、大润发超市、80万立方米液化天然气、华勤意大利工业城等项目。其中，全钢载重子午胎配套世界汽车品牌，高强力输送带是世界宽幅最大的高端输送带，尾气过滤器填补国内柴油车尾气污染治理领域空白。山东太阳纸业股份有限公司先后实施高档信息用纸、年产25万吨铜版纸、高档激光打印纸、年产40万吨食品包装卡纸、无菌液体食品包装纸、林浆纸一体化、财富新天地等项目。其中，无菌液体食品包装纸项目填补亚洲空白，老挝林浆纸一体化项目拉开跨国造纸集团的大框架，高松厚度纯质纸成为国际先进国内领先的文化用纸第一品牌。齐鲁特钢有限公司16MN快锻生产线、山东翔宇化纤有限公司高档帘子布、康泰药业公司水针及粉针、曜晖太阳能公司集热真空管、瀚邦胶带公司PVC、PVG整芯阻燃输送带、永丰国际商贸城一期、齐鲁国贸城一期、炬德机械工业园、山东希尔康泰药业有限公司阿扑西林制剂、兖州农机调度中心平台、誉航汽车广场、亨通物流园、曜晖太阳能有限公司槽式光热发电高温集热管、经典重工公司二期、天意机械公司新型建材装备产业化、永丰国际商贸城一期、澳星重工公司工业用机器人等项目陆续建成并投产。

企业园区 2000年，兖州市新兖镇工贸区有企业230家，其中，国家级企业集团2家、省级企业集团1家，有从业人员15568人，产品涉及激光打印纸、无菌液体包装纸、轿车轮胎、高强力输送带等320余个品种。全年实现工业总产值41.5亿元，利税6.02亿元。2005年8月，倍耐力（中国）轮胎有限公司成立。2006年10月，万国纸业太阳白卡纸有限公司投入运营。2007年11月，山东安能输送带橡胶有限公司成立。2009年1月，银河橡胶集团更名为华勤橡胶工业集团。2012年5月，恒茂商都项目举行奠基仪式。2013年，新增规模以上工业企业17家、限额以上服务业企业8家；规模以上企业实现销售收入1181亿元，利税65.1亿元，完成固定资产投资123.5亿元。同年，山东兖州工业园区形成造纸、橡胶、冶金、化纤、医药、化工等主导产业，培育形成华勤工业城、医药产业园、机械（农机）产业园、多式联运物流园、精细化工产业园、电子信息产业园6大特色产业园，规模以上工业企业88家，限额以上服务业企业83家。

企业选介

山东联诚集团有限公司 1994年成立，中国铸造百强企业之一。公司以科技创新为引领，以精密机械零部件研发制造为主导，其产品广泛应用于汽车、机械、高铁及新能源等行业；年铸造力12万吨，年产零部件约750万件，为国际一线品牌（美国通用、福特、加拿大MAGNA、本田、丰田、宝马、奔驰）提供配套服务，与国内轨道、商用空调压缩机行业（中国高铁、丹弗斯、比泽尔、KSB）实行战略合作。

山东环宇车轮有限公司 1992年成立，是中国钢制车轮重点生产企业，中国汽车工业协会成员企业。公司形成载货汽车、农机、工程机械、特种车用钢制车轮为主的4大系列产品300余个品种，年产能力520万只。重型卡车车轮国内市场占有率20%，50英寸以上超大型农机车轮产销量国内第一，重型军用车轮配套陕汽汽车连续三次参加国庆阅兵。

山东永华机械有限公司 2007年成立，山东省高端装备制造业重点企业、高精密数控机床研发生产基地、国家高新技术企业和中国机床工具工业协会会员单位。公司致力于高档数控机床的研发制造，形成以高速立式加工中心、大型龙门加工中心、重型龙门镗铣床、高精密铣镗床、五轴联动加工中心等为主导的高新技术产品，为国内外航空航天、军工船舶、汽车、风电、电子、模具等领域客户提供大量的高效加工解决方案，产品精度及稳定性处于行业领先地位。

今麦郎饮品(兖州)有限公司 2010年成立，是北京今麦郎饮品股份有限公司依托兖州优质丰富的地下水资源，在山东省投资建设的唯一全资子公司，年产饮料50万吨，是鲁西南地区最大的饮料生产企业。

益海嘉里（兖州）粮油工业有限公司 2009年成立，由新加坡丰益国际集团直接投资，国内最先进的粮油加工企业之一，山东省农业产业化龙头企业。主要从事粮食深加工、食用油料加工、食用油精炼、灌装及销售一体化经营，建有年加工35万吨小麦面粉厂、21万吨油料压榨厂和11万吨高档小包装面粉生产线，金龙鱼、香满园、元宝、蓝匙、海皇等粮油品牌享有盛誉。与康师傅、肯德基、麦当劳等20余家国内外企业建立长期合作关系。

山东百盛生物科技有限公司 2006年成立，是专业从事玉米深加工、生物发酵、生物制造的国家高新技术企业和中国生物发酵产业协会国家（行业）标准制定成员单位，中国最大的葡萄糖酸钠生产基地之一，葡萄糖酸—δ—内酯产能居全国首位。主要有淀粉系列产品、葡萄糖酸系列产品、乳酸及乳酸盐系列产品；推出葡萄糖酸钠、葡萄糖酸—δ—内酯、乳酸及乳酸盐、异VC钠、D核糖和聚D—乳酸6大高新技术产业项目。

山东白象食品有限公司 全国大型综合性食品企业白象食品集团最大的外埠公司，占地286亩，总资产4.8亿元。拥有4条20万包方便面生产线、6条15万包方便面生产线、1条桶面方便面线、2条挂面生产线，年产方便面14.12亿包，年消耗面粉8.8万吨，年转化小麦10.12万吨，直接带动当地种植农户8.8万户。

山东国丰机械有限公司 1995年成立，占地面积316亩，1995年，研发成功中国第一台背负式玉米收获机，是玉米收获机行业骨干生产企业，主要产品有自走式果穗型玉米收获机、自走式籽粒直收型玉米收获机、自走式穗茎兼收型玉米收获机、履带式玉米收获机、自走式青饲料收获机5大系列近20个品种，年产能力8000台。

山东大华机械有限公司 1996年成立，兖州首家专注农机具民营企业，专业从事农机具研发制造，全国规模较大的耕种机械生产企业之一，全国保护性耕作机具研发基地。主要产品有耕整地机械、种植施肥机械、收获后处理机械、农田基本建设机械4大类、130余个品种。

兖州创佳玻璃纤维制品有限公司 2002年成立，国家高新技术企业，中国纤维复合材料工业协会副会长单位，中国玻纤深加工十强企业。主要产品有中（无）碱增强连续玻纤纱、PVC涂覆布、硅橡胶涂塑玻璃纤维布、防火毯、玻璃纤维耐碱涂覆网格布、中（无）碱玻璃纤维布、玻璃纤维绝缘套管、玻璃纤维短切毡及各种防火（绝缘）涂层布，广泛应用于电器设备、电子、交通、化工工程、建筑工程、保温（防火、环保）工程等领域，年产各种玻纤制品3.5万吨，产品畅销全国并辐射欧美、东南亚等地区。

山东曜晖太阳能有限公司 2002年成立，是以高硼硅玻璃制品和其他玻璃产品的生产研发为主导的现代化、创新型企业集团，亚洲最大高硼硅玻璃生产基地，中国太阳能光热玻璃生产领军企业。主要产品有耐热玻璃器皿和保鲜盒、太阳能光热发电专用特种玻璃管（全球独家工艺）、太阳能热水器专用高硼硅玻璃管、机制电光源硬料玻壳及配套管。

第三节　山东兖州经济开发区

1992年，兖州经济开发区成立。至2012年，山东兖州经济开发区累计实现业务收入1195.19亿元，地方财政收入15.46亿元，年均分别递增26.9亿元、1650万元；完成固定资产投资150.22亿元，年平均递增3.9亿元；完成进出口总额7.5亿美元，年均递增2028万美元。2008年—

2012年，累计实际到位外资1.72亿美元，年均递增553万美元。

项目引进与建设　1992年—2000年，受经济大环境影响，兖州经济开发区呈现缓慢发展或停滞态势，基本没有新的落地项目。2001年，批准进区企业7家，总投资1.5亿元。2002年，批准进区企业5家，总投资1.72亿元，其中，中外合资、独资项目2个，高新技术项目1个。2006年11月，山东兖州经济开发区驻上海办事处成立，举办“兖州—长三角”大型招商会等活动，取得明显成效。2009年，新加坡丰益国际集团在园区直接投资建设益海嘉里（兖州）粮油工业有限公司，从事粮食深加工、食用油料加工、食用油精炼和销售，先后投资建设年加工35万吨小麦面粉厂、21万吨油料压榨厂和11万吨高档小包装面粉生产线。荷兰帕特公司、爱尔兰CRH公司两家世界500强企业，美国ASC公司、凯登公司、EP公司，日本日清株式会社，加拿大麦格娜公司以及联想弘毅投资公司、河北华龙集团、山东兖矿集团、山东鲁能集团、浙江诺力集团、江苏晨启精密仪器公司、北京钢铁设计研究院等20余家国内外企业、科研机构入区投资兴业；鼓楼街道、小孟镇等在山东兖州经济开发区内设立工业园。先后与中煤集团、远大集团、山钢集团、香港广弘集团、湖北奥科医药公司、上海福建商会等企业（商会）对接洽谈。至2012年，累计签约入区项目165个。其中，过60亿元项目2个，过20亿元项目1个，过10亿元项目4个，过1亿元项目86个，世界500强企业投资项目3个，合同总投资459亿元。新建5000万元以上项目194个。其中，过20亿元项目1个，过10亿元项目4个，过1亿元项目87个。

基础设施建设　1992年，兖州经济开发区建设综合开发公司成立，至2007年，累计完成基础设施投入4.3亿元，修建道路6条，形成“三纵四横”主干路网，开发面积6平方公里，绿化面积17万平方米；建成110千伏变电站1座，启动大禹污水处理厂建设，架设10千伏双回路供电线路5488米，铺架供热主管道1680米，架设通信线路4200米、有线电视线路1680米。2006年，经省政府批准，启动建设规划面积2.6平方公里的工业园——欧洲工业园。出台《园区综合管理暂行办法》，加强园区规划、建筑工程施工、区容区貌、交通秩序、绿化养护、综合执法监察等方面的管理，建立园区综合管理长效机制。2008年，总投资4.3亿元，实施供排水、电力、路网、绿化等基础设施改造建设工程，新建益海路、兴阳路、嘉里路，改造金谷大道、汶邹路至张楼、李村段；建设220千伏大安变电站、齐鲁特钢有限公司11万伏高压专线，改造益海嘉里有限公司3.5万伏高压线、化工园区及3条农村供电线路，实施开发路排污管道联网、镇集中供水、谭村沟排水工程；实施兴阳路、朝阳路、月明路等9条道路绿化和金谷大道、汶邹公路亮化工程。投资50万元配套完善镇村环卫设施，推行户集村收统一清运的垃圾集中处理模式；投资60万元实施镇驻地和机关大院绿化、美化工程。2009年，投资近3亿元，实施穆北路拓宽延伸，安中路、白象路、智慧路、开拓路等17条道路近40公里的道路新建、改造和供水、排水、供电、热力、绿化等基础设施工程，科技创业中心2万平方米孵化器车间全部竣工。2010年，投资2亿余元，实施西跺—东跺、前官—前盛、大禹路北延、月明路南延4条道路新建工程，完成泰安

兖州经济开发区创业大道

2008 年 5 月，翔宇化纤帘子布生产线建成投产

路、惠安路、安庆路、冀州北路、华安路、豫州路等 9 条道路的太阳能路灯安装和穆北路、奋进路、华龙西路、白象路、安中路、月明路、开拓路、龙腾路等 12 条道路的绿化工程；实施热力公司至五征山拖公司段热力管网铺设工程，在镇区所有路口设置 409 个路名标志牌，在重点十字路口设置指示灯。2011 年，实施自来水村内管网改造、东郊水厂、3 万亩小农水和贫水区综合开发等系列工程，新整修田间道路 210 公里，新铺设煤矸石道路 60 公里、电缆 12 万米、PVC 管道 22 万米，新打机井 2642 眼，新建小桥涵 500 余座，新植速生林 560 亩；启动建设中心中学、大安中学高标准学生公寓。2012 年，实施镇驻地及镇中心社区中心路改造建设、社区热力管道铺设和安工Ⅰ线、双龙Ⅲ线、安南线、精细化工园区电力专线铺设工程；投资 40 余万元，对大安河下游、朝阳河东段进行清淤，对辖区内河道水闸全部进行维修。

园区企业 1992 年—2000 年，受经济大环境影响，兖州经济开发区和多数内地开发区一样，呈现缓慢发展或停滞态势，除 6 平方公里控制区内的 18 家企业外，基本没有新建企业。2001 年—2007 年，新入区企业 40 余家。至 2007 年，区内企业 68 家。其中，规模以上企业 23 家，累计安置就业 2 万余人。2008 年—2012 年，山东兖州经济开发区实行区镇合一的新型管理体制，随着招商项目新建和区划调整划转，入区企业急速增加。至 2012 年，规模以上企业发展至 54 家、限额以上服务业企业发展至 52 家，形成金属与机械加工、精细化工、食品加工、高新技术、现代物流 5 大产业集群。齐鲁特钢有限公司、山东翔宇化纤纺织有限公司、山东联诚集团有限公司、山东诺力电源有限公司、今麦郎面粉有限公司、兖州市天成化工有限公司、兖州市富林木业有限公司、兖州市龙腾化工有限公司、山东白象食品有限公司、山东大丰机械有限公司、兖州市环宇车轮有限公司等骨干企业对镇区经济的支撑拉动作用日益明显。

第十四篇

财政　税务

YANZHOUSHIZHI

财政 税务

第一章 财 政

1996年—2013年，兖州市县域经济持续快速发展，财政收入高速增长，财政支出稳定扩大。2002年，实行所得税和营业税分享机制改革。2003年财政预算收入由2002年的4.8亿元增加到6亿元，增长25%；财政预算支出由2002年的5.7亿元增加到7.1亿元，增长24.6%。2008年—2010年，受美国次贷危机影响，实体经济开始下滑，财政收入不再保持高速增长。同期，国家刺激经济的4万亿元投资计划落地，地方政府融资平台业务兴起。2009年年底，兖州市实施基础设施百项工程。2009年后，市惠民城建投资有限公司作为政府融资平台，为政府基础设施等公共项目建设融资100余亿元，弥补了财政资金缺口。同时，兖州市财政给予相应配套，财政支出由2009年20.2亿元增加到2012年的35.5亿元。2013年，兖州市进一步深化财政体制改革，地方财政预算收入37.88亿元，财政预算支出40亿元，兖州市财政连续18年实现收支平衡。

第一节 管理机构

1996年，兖州市财政局内设办公室、预算科、行财科、企业科、农财科、农税科、综合科、税政科、控制社会集团购买力办公室9个科室，下设利用世界银行贷款加强灌溉农业项目领导小组办公室、预算外资金管理局2个科级全额事业单位，国有资产管理局、住房资金管理中心2个副科级全额事业单位和兖州市会计师事务所1个副科级事业单位，挂靠市财政局管理，有在职工作人员35人。在全市13个乡镇均设有财政所。1999年4月，市税收、财务、物价大检查办公室更名为兖州市财政监督局，隶属市财政局管理。同年12月，撤销市会计师事务所。2000年5月，兖州市收费管理局成立，与预算外资金管理局合署办公。同年9月，市财政局增设会计管理科。2002年5月，市政府机构改革，市国有资产管理局与市财政局合署办公；撤销市财政监督局，其职能划归市财政局。同年6月，市农业税收征收管理局成立，为科级全额事业单位。同年12月，市财政局增设政府采购办公室。2003年4月，市政府采购办公室成立，为副科级全额事业单位，隶属于市财政局管理。同年6月，王因镇、黄屯镇财政所划归济宁市高新技术开发区管理。同年7月，市财政局开发区分局成立，为副科级全额事业单位。同年9月，市财政局增设重点工程资金管理办公室。同年10月，市会计核算中心成立，为科级全额事业单位。2004年2月，市财政局增设社会保障科。同年4月，市华融经济发展投资有限公司设立，为科级企业化管理事业单位。2005年5月，市财政局增设国库科、集中支付中心。同年9月，撤销市财政局开发区分局，设立兖州经济开发区财政局，为副科级全额事业单位。2006年5月，市财政局镇财政管理中心成立，为副科级全额事业单位。同年10月，市开发性金融合作办公室成立，为科级全额事业单位。2007年3月，市财政投资评审中心成立，为科级全额事业单位。同年8月，市农业税收征收管理局更名为市基层财政管理局；撤销市收费管理局牌子；撤销市财政局镇财政管理中心；市财政投资评审中心改由政府办公室管理。同年9月，市住房资金管理中心划归济宁市住房资金管理中心直接管理。2008年6月，撤销兖州经济开发区财政局。新兖镇、大安镇均设立财政局，为科级全额事业单位。同年8月，市财政局经济建设科加挂企业科牌子。同年10月，市投融资中心成立，为科级全额事业单位。同年12月，市西城建设发展中心更名为市惠民城建投资有限公司。2009年10月，市规费征收管理办公室成立，为科级全额事业单位。2010年4月，市政府机构改革，市农业综合开发办公室改由市财政局管理。2013年4月，兖州经济开发区（不含大安镇）并入兖州工业园区，内设财政局，为科级全额事业单位。同年11月，市预算外资金管理局更名为市非税收入管理局。兖州市财政局更名为济宁市兖州区财政局。同年12月，区政府采购办公室隶属关系调整为区政府直属管理，区财政投资评审中心隶属关系由区政府办公室调整为区财政局管理，区华融经济发展投资有限公司规格由科级调整为副科级。至2013年年底，区财政局内设办公室、税政科、预算科、国库科、行政事业科、经济建设科、农业科、社会保障科、企业科、债务金融科、会计科、财政监督科、集中支付中心、国有资产管理办公室（副科级）14个科室。下设利用世界银行贷款加强灌溉农业项目领导小组办公室、非税收入管理局、基层财政管理局、会计核算中心、开发性金融合作办公室、投融资中心、规费征收管理办公室、农业综合开发办公室、财政投资评审中心9个科级全额事业单位，华融经济发展投资有限公司1个副科级企业化管理事业单位和兖州市惠民城建投资有限公司1个国有独资企业，有在职工作人员131人。全区10个镇（街道）均设有财政所，兖州工业园区设有财政局，均有工作人员3人～8人。

第二节　财政体制

县级财政体制　按照1994年实行的分税制财政体制，1996年兖州市财政收入为：增值税（不含中央石油、石化、电力、有色金属四大部门及济宁市属驻兖州企业增值税）的25%，营业税（不含银行、中央四大部门所属企业和济宁市属驻兖州企业营业税），济宁市属驻兖州企业增值税的20%和营业税的80%，兖州市属及以下企业所得税、上缴利润、亏损补贴及城镇土地使用税、印花税、个人所得税、固定资产投资方向调节税、车船使用税、屠宰税、农牧业税、农业特产税、耕地占用税、契税、遗产税和赠予税、土地增值税，资源税的50%，国有土地出让收入的70%，其他属于兖州市的收入。分税制改革时支出划分范围和内容没有变动，1996年，兖州市财政支出范围与实行分税制前大体相同。济宁市对兖州市的税收返还依据分税制改革时核定的基数，按兖州市上交的增值税和消费税增长率的1∶0.3系数确定，即兖州市上交的增值税和消费税每增长1%，济宁市对兖州市税收返还增长0.3%，当年返还7029万元。2002年，实行所得税和营业税分享机制改革，兖州市分享企业所得税的32%、个人所得税的40%、营业税的80%。2005年，实行个人所得税分享机制改革，将储蓄存款利息所得个人所得税与原属地级市以下的一般个人所得税一并实行中央、省、市和县（市、区）共享，兖州市分享25%。2002年和2005年两次改革后，上级均对兖州市上缴的所得税和营业税按照一定比例予以税收返还。2008年起，以市国地税部门组织的地方财政一般预算收入（不含资源税）作为分享收入，以2007年为收入基数，实行市与县分享，以后年度比上年增长达不到20%的，市级分享部分仍按增长20%计算，超过20%以上的按比例返还。济宁市与兖州市实行1.5∶8.5分享，即市级分享15%，县级分享85%。2013年，将省级下划兖州市的一般企业营业税、企业所得税、个人所得税以及电力生产企业增值税和企业所得税，除按现行财政体制规定的市级保留收入外，其余收入全部下划，实行属地征管、就地缴库。对下划的收入，以2012年决算数为基数实行定额上解。2013年起，对增值税、营业税、企业所得税、个人所得税、资源税、房产税、城镇土地使用税、土地增值税、耕地占用税和契税收入比核定的2012年收入基数增长部分，山东省与兖州市按照15∶85的比例分成，省级分享的税收通过体制结算上解。改革后，兖州纳入省级分享范围的税收收入不得低于核定的基数和上年执行数，且增长幅度不得低于本地区当年公共财政收入增幅，否则济宁市将按照“就高”原则对其差额进行扣解。2013年8月，国家在地方全面推行营业税转增值税改革，当年对兖州税收收入影响不大。

镇级财政体制 1996年，兖州市乡镇财政收入范围仍执行1994年实行分税制财政体制时的规定，主要是乡镇企业的工商税收、农业税、农业特产税的70%、集体交纳耕地占用税的7%、个人交纳耕地占用税的50%，其他属于乡镇的收入。税收返还比照济宁市对兖州市的比例和办法执行。对收大于支的乡镇实行定额上解，对收不抵支的乡镇给予定额补助。该财政体制至2006年未再变动。2007年，调整镇级财政体制，兖州市对各镇实行核定收支、总额分成加增长分成。将土地出让金、耕地占用税、教育费附加划为县级收入，其他镇级收入不变。各镇在编在职教师工资、中小学公用经费、村级办公经费、村干部误工补贴、新型农村合作医疗配套资金、敬老院经费、计划生育专项补助列入县级预算，其他镇级支出不变。以各镇2006年实际完成的税收作为收入基数，实际发生的人头经费和运转经费作为支出基数，综合考虑各镇经济发展水平、税源基数、财政收支规模等因素，分别确定兖州市与各镇的分成办法。2008年，设立酒仙桥街道、鼓楼街道、龙桥街道及农业高新技术示范区财政体制，同时调整新型乡镇建设涉及的新兖镇、大安镇财政体制。兖州市对各街道和农业高新技术示范区实行核定收支、结余上交、差额补助、增长全留的体制。街道收入包括所属企业和个体工商户交纳的增值税、营业税、企业所得税、个人所得税地方留成部分，资源税、房产税、印花税、城镇土地使用税、土地增值税、车船使用和牌照税，纳入镇（街道）预算管理的行政事业性收费收入、罚没收入和其他收入。街道支出范围与镇级基本相同。根据2008年实际发生的收入和支出测算确定收支基数后，收大于支的街道将结余部分上缴县级财政，收不抵支的街道由县级财政给予定额补助。对于农业高新技术示范区，按2008年企业税收和其他收入确定收入基数，人员经费实际支出加定额活动经费和园区建设费为支出基数，测算确定后由县级财政给予定额补助。对新兖镇和大安镇主要是按照历史形成的财政负担格局，相应调整支出范围及基数。该财政体制至2012年未再变动。2013年，调整完善兖州经济开发区和兖州工业园区财政管理体制，加大财政支持。县级财政与园区实行财政分成机制，以2012年为基期，园区实现的税收收入，县级财政与园区按5∶5分成；以后每年，对园区税收收入分享都按照20%递增的基数，增长20%以内的部分，县级财政与园区仍按5∶5分成，增长20%以上的部分，县级财政与园区按3∶7分成，如达不到20%增幅的，仍按照增长20%计算；县级财政年终结算，其余资金由园区自主管理使用。

第三节 财政收入

1996年，兖州市总体财政收入31246万元，其中，地方财政收入18076万元，占财政总收入的57.85%。2002年，总体财政收入85155万元，其中，地方财政收入48337万元，占财政总收入的56.76%。2003年，黄屯镇、王因镇整建制划归济宁高新技术开发区管理。其中，包括属于兖州市本级的杨村煤矿、田庄煤矿等12家市直企业。为确保兖州市利益，以2002年实际上缴数为基数，按不低于当年兖州市地方财政收入增幅给予兖州市照顾，年终通过市级财政体制结算。同年，兖州市总体财政收入107420万元，其中，地方财政收入60358万元，占总体财政收入的56.19%。2010年，全市总体财政收入440760万元，其中，地方财政收入201646万元，占财政总收入的45.75%。至2013年，全市累计总体财政收入3516348万元，其中地方预算收入2151096万元，占61.17%。

农业税收 地方财政收入中的农业税收包括农业税、农业特产税、耕地占用税和契税（以下简称“农业四税”）。1996年，实际征收农业税762万元、农业特产税225万元。至2001年，农业税和农业特产税收入基本稳定。2002年，实施农村税费改革，农业税税率为6%，征收农业税2507万元、农业特产税20万元。2003年，停止征收农业特产税，对应税品目改征农业税。2004年，减半征收农业税，农业税税率降为3%，实际征收1165万元。2005年，全部免征农业税，农业四税中的契税和耕地占用税归属其他税收管理。

1996年—2007年，对非农业生产建设征用、占用耕地的，以实际占用的耕地面积计算，按照每平方米4.4元的税额，一次性征收耕地占用税。1996年，实际征收耕地占用税822万元。2001年，实际征收2022万元。2008年，提高耕地占用税适用税额。对占用耕地建房或者从事非农业建设的单位或者个人，按每平方米35元的适用税额征收耕地占用税；对占用基本农田建房或者从事非农业建设的，适用税额在每平方米35元的基础上再提高50%。农村居民占用耕地新建住宅按照每平方米35元的适用税额减半征收耕地占用税。2008年，征收5473万元。2013年，征收24583万元。

1996年，契税税率为3%，实际征收契税16万元。随着征收政策落实日渐规范，契税收入逐步提高。1997年，征收91万元。1998年，征收超过300万元。1999年8月，对个人购买自用普通住宅的，减半征收契税。2000年，征收595万元。2003年2月，市政府印发《兖州市契税、耕地占用税税源控管办法》，随后通过市房管、国土部门协控，收入大幅提高。2003年，征收3036万元。2008年，征收7595万元。2011年2月，将原隶属财政局管理的耕地占用税和契税征管职能划转至地税局。2013年，征收19814万元。

1996年—2013年兖州市契税和耕地占用税收入情况表

表14-1　　单位：万元

年　份	耕地占用税收入	契税收入
1996	822	16
1997	1251	91
1998	1173	340
1999	1176	530
2000	1632	595
2001	2022	493
2002	1960	234
2003	5578	3036
2004	3945	3824
2005	2637	4486
2006	4027	1320
2007	1056	2929
2008	5473	7595
2009	5444	11270
2010	3248	8205
2011	6266	8147
2012	8674	10598
2013	24583	19814
合计	80967	83523

说　明：2011年2月，原隶属市财政局的耕地占用税和契税征管职能划转至市地税局。

工商税收 地方财政收入中的工商税收包括农业四税以外的各项税收。1996年，兖州市征收增值税4320万元、营业税3002万元、企业所得税3109万元。2001年，兖州市征收增值税7875万元、营业税4930万元、企业所得税9573万元、个人所得税2904万元。2002年，实行所得税和营业税收入分享改革，兖州市企业所得税、个人所得税、营业税收入分别比上年减少5831万元、818万元、474万元。2003年，黄屯镇、王因镇及其属地上12家企业划出，兖州市企业所得税和个人所得税收入又分别比上年减少1446万元、574万元，营业税仅比上年增加183万元。2004年后，加大地方财源建设力度，一批支柱企业创税能力增强。2010年，兖州市缴纳地方税收超过1000万元的企业15家，比2003年增加12家；其中有4家企业缴纳地方税收超过亿元，对地方财政收入的增长起到较大帮助。至同年年底，征收增值税54108万元、营业税24663万元、企业所得税24903万元、个人所得税4394万元。兖州市税收收入158938万元，年平均递增18.98%。2013年，按山东省财政预算体制调整，济宁市将兖矿集团所得税下划地方。同年，完成增值税47623万元、营业税59045万元、企业所得税49968万元、个人所得税6646万元。

非税收入　兖州市非税收入主要包括国有资本经营收入、行政事业性收费收入、罚没收入、城市水资源费收入、教育费附加收入、排污费收入及其他收入。1996年，在兖州市非税收入中，行政事业性收费收入和罚没收入占31.26%。自1998年起，行政事业性收费收入单独统计，当年占非税收入的26.8%。2006年，为86.2%。2012年，为71.42%。2013年，从当时执行的71项行政事业性收费中，免征36项收费。从2005年起，收缴国有资本经营收益，年底实际收取1482万元。2006年，收取804万元。2008年，收取635万元。2010年，收取2895万元。2013年，收取18575万元。

政府性基金收入　兖州市政府性基金收入主要包括国有土地使用权出让金（以下简称“土地出让金”）收入、彩票公益金收入及其他收入。2004年以前，兖州市城市建设尚未大规模扩建，土地出让金较少。2008年，市惠民城建投资有限公司成立，投资各项城市基础设施建设，土地出让金收入大幅增加，政府性基金收入25.26亿元。2013年，收入15.6亿元。

1996年—2013年兖州市地方财政收入情况表

表14-2　　单位：万元

年份	地方财政收入合计	税收收入								非税收入		
		增值税	营业税	企业所得税	个人所得税	农业税及农业特产税	其他税收	合计	占预算收入比重（%）	合计	占预算收入比重（%）	其中：行政事业性收费收入
1996	18076	4320	3002	3109	—	987	5235	16653	92.13	1423	7.87	450
1997	24179	5423	2955	5671	582	1002	5934	21567	89.2	2612	10.8	1262
1998	29510	6748	3268	7566	820	959	6201	25562	86.62	3948	13.38	1058
1999	33708	7280	3879	4685	1000	919	11154	28917	85.79	4791	14.21	1303
2000	37756	6658	5299	6119	1938	1116	8120	29250	77.47	8506	22.53	4294
2001	44987	7875	4930	9573	2904	756	7405	33443	74.34	11544	25.66	4621
2002	48337	9849	4456	3742	2086	2527	8020	30680	63.47	17657	36.53	10503
2003	60358	13123	4639	2296	1512	2356	17797	41723	69.13	18635	30.87	12202
2004	69465	15095	6242	3351	1578	1165	18092	45523	65.53	23942	34.47	10079

续表14-2

年份	地方财政收入合计	税收收入								非税收入		
		增值税	营业税	企业所得税	个人所得税	农业税及农业特产税	其他税收	合计	占预算收入比重(%)	合计	占预算收入比重(%)	其中：行政事业性收费收入
2005	87019	20701	6951	4348	2633	3	19295	53931	61.98	33088	38.02	27503
2006	108783	26400	11527	5692	2912	—	20680	67261	61.83	41522	38.17	35791
2007	132390	33045	13352	12097	3479	—	26737	88710	67.01	43680	32.99	30873
2008	156421	39416	12280	16723	3909	—	43112	115440	73.8	40981	26.2	23274
2009	173628	47524	20768	18127	3343	—	46535	136297	78.5	37331	21.5	21461
2010	201646	54108	24663	24903	4394	—	50870	158938	78.82	42708	21.18	23446
2011	245259	49296	29853	30727	4871	—	63912	178659	72.85	66600	27.15	19329
2012	300808	51358	43779	28186	4827	—	82667	210817	70.08	89991	29.92	64271
2013	378766	47623	59045	49968	6646	—	115339	278621	73.56	100145	26.44	63671

说　明：自2005年起，全部免征农业税。

第四节　财政支出

预算支出　1996年，兖州市财政预算支出22521万元。2002年，预算支出57299万元。2003年，兖州市预算支出不再包括黄屯镇、王因镇的各项支出，同年，预算支出71348万元。2007年起，使用政府收支分类改革后的预算支出科目，预算支出153002万元。2010年，预算支出234535万元。2013年，预算支出401269万元。

1996年—2006年，兖州市经济建设类支出包括企业挖潜改造资金、科技三项费用、支援农业生产支出、农林水气部门事业费、农业综合开发支出等，在预算支出中一直占有很大比重。1996年，占预算支出的22.84%。2001年，占预算支出的34.74%。2006年，占预算支出的30.47%。

1996年，支援农业生产支出、农林水气部门事业费和农业综合开发支出3项合计4132万元，占预算支出的18.35%。1999年，该3项支出合计8139万元，占预算支出的比重最高，为22.89%。此后，该3项支出虽然逐年增加，但合计占预算支出的比重逐年下降。2004年，3项支出合计10457万元，占预算支出的11.41%。2006年，3项支出合计18279万元，占预算支出的14.07%。2007年，农林水事务支出13344万元，其他经济建设支出9450万元，合计占预算支出的14.90%。2010年，农林水事务支出21305万元，其他经济建设支出30783万元，合计占预算支出的22.21%。2013年，农林水支出33938万元，占预算支出的8.46%。

1996年，兖州市文教科学卫生类支出占预算支出的29.51%。从2001年起，对教育的投入持续快速增加，同年，教育事业费支出9257万元，比2000年增长21.93%。2007年—2010年，教育支出占预算支出的比重分别为21.92%、23.45%、22.06%、20.68%。2013年，教育支出80303万元，占预算支出的20.01%。2008年起，医疗卫生预算支出迅速增长，年底达9505万元，比2007年增长24.41%。2010年，医疗卫生支出18925万元，是2007年的2.48倍，年平均递增35.31%。2013年，医疗卫生支出46766万元，占预算支出的11.65%。

1996年，兖州市社会保障类支出只含有社

会抚恤和社会福利救济支出490万元，占预算支出的2.18%。1998年，开始实行国有企业下岗职工基本生活费和就业再就业经费补助，社会保障类支出从1997年的624万元增加到1457万元。2006年，社会保障类支出7187万元，占预算支出的5.53%。2007年，社会保障和就业支出11309万元，占预算支出的7.39%。2010年，社会保障和就业支出20319万元，占预算支出的8.66%。2013年，社会保障和就业支出35932万元，占预算支出的8.95%。

1996年，兖州市行政管理支出、公检法司支出合计占预算支出的22.91%。2006年，合计占预算支出的15.17%。2007年，全市一般公共服务支出、公共安全支出合计占预算支出的19.95%。2010年，合计占预算支出的15.73%。2013年，一般公共服务支出、公共安全支出分别是38378万元、16112万元，分别占预算支出的9.56%、4.02%。

1996年—2006年兖州市财政预算支出情况表

表14-3　　　　单位：万元

年份	预算支出合计	经济建设支出	占预算支出比重（%）	文教科学卫生支出	占预算支出比重（%）	行政管理支出	占预算支出比重（%）	公检法司支出	占预算支出比重（%）	社会保障支出	占预算支出比重（%）	其他支出	占预算支出比重（%）	备注
1996	22521	5143	22.84	6645	29.51	3915	17.38	1246	5.53	490	2.18	5082	22.57	2006年，进行政府收支分类改革，2007年起，正式使用政府收支分类改革后的预算科目
1997	26880	7418	27.6	8330	30.99	4248	15.8	1696	6.31	624	2.32	4564	16.98	
1998	33480	9021	26.94	9421	28.14	5106	15.25	2071	6.19	1457	4.35	6404	19.13	
1999	35560	9852	27.71	10090	28.37	5158	14.51	1685	4.74	1574	4.42	7201	20.25	
2000	39739	9815	24.7	10896	27.42	5021	12.63	1918	4.83	1647	4.14	10442	26.28	
2001	46575	16178	34.74	12330	26.47	6485	13.92	2129	4.57	2189	4.7	7264	15.6	
2002	57299	14711	25.68	16160	28.2	6884	12.01	2817	4.92	2208	3.85	14519	25.34	
2003	71348	20919	29.32	20145	28.23	7739	10.85	2765	3.88	3847	5.39	15933	22.33	
2004	91645	29581	32.28	17965	19.6	10065	10.98	3554	3.88	4593	5.01	25887	28.25	
2005	107054	31431	29.36	21944	20.5	12729	11.89	4238	3.96	7162	6.69	29550	27.6	
2006	129873	39570	30.47	28959	22.3	15174	11.68	4531	3.49	7187	5.53	34452	26.53	

2007年—2013年兖州市财政预算支出情况表

表14-4　　　　单位：万元

年份	预算支出合计	一般公共服务	公共安全	教育	科学技术	文化体育与传媒	社会保障和就业	医疗卫生	环境保护	城乡社区事务	农林水事务	其他经济建设	其他支出	备注
2007	153002	24386	6131	33538	1567	2027	11309	7640	1935	17829	13344	9450	23846	2006年，进行政府收支分类改革，2007年起，正式使用政府收支分类改革后的预算科目
2008	183001	26192	7265	42909	2384	2715	21457	9505	3574	17733	16417	15961	16889	
2009	202189	27454	8304	44607	2533	3451	15539	13114	5399	24694	20025	16268	20801	
2010	234535	27596	9288	48496	3047	3680	20319	18925	4485	25340	21305	30783	21271	
2011	273583	30613	10088	63453	692	4776	22599	26222	5127	27179	24045	36439	22350	
2012	355082	33847	11278	81444	2650	4431	24397	25175	6800	28973	33119	41095	61873	
2013	401269	38378	16112	80303	1842	4275	35932	46766	13020	47490	33938	41948	41265	

预算外支出 1996年—2013年，兖州市预算外资金支出共168657万元，平均每年9369万元。其中，行政事业支出140684万元，占83.41%，平均每年7816万元，依据国家有关规定，用于各执收部门的业务经费或事业支出；政府统筹使用27972万元，占16.59%，平均每年1554万元，用于支持城市基础设施建设和社会事业发展。2008年，因价格调节基金和政府统筹使用支出较高，预算外资金支出16814万元。2013年，因价格调节基金支出有所降低，预算外资金支出下降到4489万元。

1996年—2013年兖州市预算外资金支出情况表

表14-5 单位：万元

年份	当年支出合计	行政事业支出	政府统筹使用	年份	当年支出合计	行政事业支出	政府统筹使用
1996	8460	7260	1200	2005	7747	6750	997
1997	8092	6692	1400	2006	8697	7926	771
1998	3967	2467	1500	2007	8769	8081	688
1999	8792	7192	1600	2008	16814	15548	1266
2000	8673	6773	1900	2009	13843	12238	1605
2001	4846	3307	1539	2010	16327	12436	3891
2002	8900	7142	1758	2011	14970	12204	2765
2003	8257	5818	2439	2012	10281	9413	868
2004	6733	5285	1448	2013	4489	4152	337

第五节 财务管理

财政预算管理 1996年，兖州市纳入预算管理的收入包括分税制财政体制规定的各项税收，上级财政部门规定上缴的国有资产经营收益和应当纳入预算管理的行政事业性收费收入、罚没收入、专项收入、其他收入，上级返还或者补助的收入；纳入预算管理的支出包括本级各项支出和上解支出。自2000年始，支出管理方式由各部门、单位分散支付逐步向实施政府采购、财政集中支付转变。从2002年起，实行由市财政、人事部门联合审核兖州市直行政事业单位支出预算，并且对各部门、单位实行综合预算，将预算内外资金统筹安排、捆绑使用，提高财政资金使用效益。2004年，兖州市建立财政供养人员基础信息数据库，提高预算管理信息化水平，规范预算单位基本支出管理。2006年，进行政府收支分类改革，完成预算科目新老口径数据转换工作，实现新旧科目双轨平稳运行。2007年起，正式使用政府收支分类改革后的预算科目。同年3月，市政府印发《兖州市财政资金支出管理暂行办法》，明确规定财政部门根据预算进度拨付各部门、单位的常规性支出，增支项目由申请单位报请政府批准后由财政部门拨付，上级下达的各项专款一律由财政部门集中核算、集中支付。同年11月，建立兖州市机构人员编制与财政预算相结合的信息管理系统，实现人事、编制和财政部门数据共享。2008年，市委、市政府印发《关于严肃行政事业单位减人减资纪律的通知》，明确规定各单位人员调出、辞职、辞退及自然减员必须及时办理减人减资手续。至2013年，兖州市地方预算收入、上级税收返还和专项补助与地方预算支出和上解支出相抵，连续18年收支平衡、略有结余。

财政国库管理 1996年，市财政部门负责办理预算收入的收纳、划分、留解和预算支出的拨付。2000年8月，市政府印发《关于在全市实行行政事业单位由财政统一发放工资的通知》。兖州市党政群机关、公检法单位从同年9月起，兖州市直全额事业单位从2001年3月起，由财政部门委托银行将工资直接拨付到行政事业人员的个人工资账户。2002年—2004年，逐步实行镇级干部教师工资由兖州市级财政统发。2003年，兖州市对全市行政事业单位使用财政资金通过政府采购购买的机动车辆和大宗设备实行集中支付，由会计核算中心直接与供应商结算。同年10月起，对政府投资的重点工程实行财政集中支付和会计集中核算。各建设单位不设会计岗位、不设银行账户，建设项目管理体制不变、资金使用权和审批权不变、会计主体法律责任不变，直接向财政部门的重点工程资金管理办公室报账。2005年5月，市财政局内设国库科，具体承担财政国库管理职能；同时成立集中支付中心，具体办理财政国库资金集中支付。同年下半年，兖州市成为在济宁市启动财政国库管理制度改革的4个省级试点县市区之一。兖州市财政部门在人民银行开设国库单一账户，记录、核算和反映纳入预算管理的财政收支活动。同年11月1日，第一批纳入试点的50个单位上线运行。2006年7月，试点单位增加到105个。同年10月起，对下拨各镇（街道）的专项拨款通过市财政局镇财政管理中心实行集中核算、集中支付。2005年—2010年，共办理集中支付业务46314笔、资金129187万元。其中，财政直接支付7097笔、资金64997万元，财政授权支付39217笔、资金64190万元。2012年11月，市政府印发《关于推行预算单位公务卡改革的意见》，启动公务卡改革，最大限度地减少现金使用，规范支出行为。2013年，财政业务综合管理平台上线，国库集中支付系统升级，办理集中支付业务28713笔、资金541361万元。其中，财政直接支付2857笔、资金385170万元，财政授权支付25856笔、资金156191万元。

预算外资金管理 1996年，兖州市预算外资金管理局负责管理全市预算外资金，按照还权于政府、还钱于财政的原则，实行收支有预算、资金缴财政、支出按计划、年终报决算的管理办法。1999年1月，实行收支两条线管理，收入全额上缴财政专户，支出由单位提报计划，预算外资金管理局审核，报市政府批准后拨付。同年7月，对行政事业性收费和政府性基金实行票款分离管理办法，取消各执收部门的收入过渡账户，使用计算机网络委托银行代收各项收款，形成单位开票、银行代收、财政统管的征管机制。2004年1月1日，启用山东省非税收入征收管理系统，利用网络信息的严密性和实时性，实现财政与银行、财政与执收单位、上下级财政之间的数据共享，加强对票据使用单位和使用情况的监督管理。2005年7月1日，启用山东省统一的新版财政票据。同年10月，实行财政国库管理制度改革，财政部门在商业银行开设预算外资金财政专户，用于记录、核算和反映预算外资金的收入和支出活动。2007年，按照全省统一要求，组织开展财政票据使用管理情况专项检查。2010年，启用票据准购证管理系统，换发201个单位的票据准购证，同时，对各单位原有使用的财政票据进行清理核销。2013年12月31日，原有使用的各类财政票据全部停止使用，全面换发经过清理归并、大力压缩票据种类的新版财政票据。

行政事业财务管理 1996年，对教育、科学、文化、体育、卫生及行政、政法单位继续实行预算包干的经费管理办法，总额包干、结余留用、超支不补。1996年后，对各行政事业单位逐步从单独预算内资金管理向预算内外资金统一管理转变。1998年，执行财政部颁发的《事业单位财务规则》和《行政单位财务规则》，取消原有的全额、差额、自收自支预算管理办法，对事业单位实行核定收支、定额或定项补助、超支不补、结余留用的预算管理办法，对行政单位实行收支统一管理、定额或定项拨款、超支不补、结余留用的预算管理办法。执行《事业单位会计制度》和《行政单位会计制度》，会计核算实行收付实现制，会计记账采用借贷记账法。2003年10月，对兖州市直党政机关和全额事业单位实行以“两取消、三不变、四统一（即取消单位的银行账户，取消单位的会计岗位；各单位的预算管理体制不变，资金使用权不变，财务自主权不变；统一办理核算，统一发放工资，统一管理会计档案，统一办理财务公开）”为原则的会计集中核算。第一批纳入的163个市直行政事业单位共撤销原有的银行账户336个，由兖州市会计核算中心统一开设银行账户，按单位和资金性质分户核算。纳入集中核算的资金范围包括行政经费、事业经费和专项经费。同时，将原来的政府重点工程集中支付和集中核算业务整体划归兖州市会计核算中心统一办理。2007年7月，将兖州市农村中小学纳入市直行政事业单位会计集中核算。2008年4月，将兖州市人民医院、第二人民医院、中医院、铁路医院纳入集中核算。2013年年底，共有163个区直行政事业单位、134所农村中小学、226项政府重点工程纳入会计集中核算。

企业财务管理 1996年，兖州市按照山东省和济宁市《关于加强企业财务管理工作的通知》要求，督促各企业建立健全财务规章制度，全面加强内部财务管理。落实财政部颁发的《企业财务通则》和《企业会计准则》，组织企业进行月度财务快报和年度财务决算的编审、汇总和上报工作。1996年—1998年，利用预算外资金和往来款项的时间间歇，投放预算外周转金1.2亿元，扶持企业36家、项目41个，创利税1200万元。1998年10月，取消财政周转金，改为以财政补贴、贷款贴息、资金奖励等形式继续支持发展空间大、创税能力强、对地方税收贡献多的企业和项目。同年，根据财政部规定，兖州市财政部门不再对企业具体财务事项进行审批。

1996年—1999年，兖州市市属32家企业破产重组，解除债务3.1亿元，分流安置职工4660人。2005年，按照国务院办公厅《关于第二批中央企业分离办社会职能工作有关问题的通知》，中铁十四局集团第三工程有限公司公安分处、第五工程有限公司公安分处下放兖州市，在移交机构和人员后，每年由铁路系统向兖州市财政拨付经费补助400万元。2007年，根据省政府部署，兖矿集团两所学校368人分离移交兖州市，纳入地方财政供养范围。

2003年，兖州市实现企业财务月度快报数据网上报送，每月由企业分户直接上传到山东财政企业信息网提报审核。2007年，调整企业财务月度快报范围，纳入统计的企业有64家，涵盖国有、集体、民营、外资4种所有制形式和煤炭、电力、建材、化工、医药、运输、商贸、粮食等主要行业。2010年年底，企业财务月度快报户数为144家，涵盖轻工、煤炭、机械、医药、外贸、商贸、物流等主要行业；纳入年度决算编审范围的国有、集体和民营企业共40家，纳入决算数据网上汇总审核的外资企业共38家。2011年，继续扩大企业月度快报统计范围，每月7号前通过山东财政企业信息网快报增加到157家。至2013年，快报企业增加到158家。

农业财务管理 1996年，市财政局对农业事业单位继续实行预算包干的经费管理办法，将支出核定到单位，总额包干、结余留用、超支不补。1997年，根据省和济宁市下发的管理办法，对从1991年开始的支农周转金投放进行规范。坚持有借有还、有偿使用、注重效益、重点投放的原则，主要支持投资少、见效快的种植、养殖、农业科技推广、农副产品加工、农口事业单位多种经营、农业产业化和农业社会化服务等项目。同年8月，对支援农业生产的专项资金、农口部门事业费中的专项经费和支农周转金实行项目管理，按照立项申请、评估论证、审批签约、拨（借）款项、组织实施、检查验收的程序执行。

同年11月，执行财政部颁发的《农业事业单位财务制度》，规定农业事业单位预算要如实反映财务状况，加强财务控制和监督。1998年年底，停止支农周转金投放。1999年7月，执行《山东省农业综合开发会计制度（试行）》，对农业综合开发资金实行专人、专户、专账管理。2000年，执行《山东省财政支农项目管理若干规定》，项目立项由财政部门组织农业科技、经济专家进行评审论证，对资金拨付使用实行责任制管理，对重点项目按照实施进度拨款。同年，执行财政部《农业综合开发事业费使用管理若干规定》，规范农业综合开发业务活动经费的来源和用途。2003年，国家在山东省实施良种推广补贴项目，对农民种植优质小麦每亩补贴10元；兖州市列为山东省10个项目县之一，国家提供补贴资金290万元；由农业部门组织统一供种，财政部门对确定的供种单位按合同拨付资金。2006年，兖州市列入山东省扩大玉米良种补贴实施范围，每亩补贴标准为10元；省财政下达补贴资金10万元，由市财政部门直接发放到项目区农户。同年7月开始，通过市财政国库集中支付和“涉农补贴一本通”系统，向348户三峡库区移民发放补贴，每人每季度150元。2006年，执行《山东省农业财政专项资金实施县级报账制管理暂行办法》，实行支农资金县级报账制度。2012年，采用全国统一的农机购置补贴管理系统，将800万元农机购置补贴资金直接拨付给生产企业或经销商。至2013年，支农资金投放继续执行自1990年开始的“以奖代补”措施。对农民发展特色农作物种植、畜牧业规模养殖、植树造林、大中型农业机械购置，根据市政府制定的政策和标准，对实施成效进行验收后予以兑现，以带动农民集体和个人增加农业生产投入。2000年—2013年，每年申报中央、省和济宁市财政支农项目40个～50个，争取资金3000万元～5000万元。

住房资金管理 1996年，兖州市继续将城市住房出售收入专户储存、专款专用，按15%的比例提取单位住房维修基金。1997年10月1日，实行住房公积金制度。单位住房公积金缴存比例和缴存基数每年7月调整一次，住房基金缴存基数为过去一年职工月平均工资总额，住房公积金缴交率为单位和职工个人各5%。1998年7月，住房公积金缴交率提高到6%。同年年底，建立住房公积金制度的单位有240余个，占全部单位数的80%。1999年，兖州市住房资金管理中心开通住房公积金账务电话查询系统。2000年，兖州市建立住房公积金制度的单位增加到254个，市直行政事业单位公积金缴存金额突破4000万元，归集率95%。缴存的公积金由市住房资金管理中心集中统一管理，在保证职工个人正常支付的前提下，可作为职工个人购房、建房的信贷资金。2001年7月，单位和职工个人的住房公积金缴交率提高到7%。2005年，缴存比例调整为单位和个人各8%，最高不超过单位和职工个人各15%；同时，住房公积金缴存基数不应超过济宁市统计部门公布的上一年度月平均工资的3倍，超过的按3倍执行。2006年，归集住房公积金5529万元；发放住房公积金贷款428户，发放贷款金额3086万元；办理住房公积金支取业务1515人，支取金额1664万元。同年年底，住房维修基金余额1016万元，住房公积金余额24807万元。2007年7月，市直各级机关、事业单位职工缴存比例各8%。各类企业（含自收自支事业单位）的单位和个人缴存比例最高不超过12%，原高于12%的下调至12%。2007年8月，兖州市住房公积金管理中心上划济宁市住房公积金管理中心，更名为济宁市住房公积金管理中心兖州市分中心。至2013年，单位和职工个人的缴存比例，固定为最高12%，最低5%，住房公积金缴存基数不得超过济宁市统计部门发布的上一年度月平均工资的3倍。2008年—2011年，财政代缴单位缴存比例为单位和个人各7%，缴存基数为基本工资。2012年7月，缴存比例调整为单位和个人各8%。2013年7月，缴存基数调整为全额工资，缴存比例单位和个人各8%。到2013年年底，累计归集住房公积金132373万元，累计支取住房公积金39825万元；累计发放住房公积金贷款4838户、80381.6万元。住房公积金缴存单位共473户，缴存职工人数61364人，其中财政代缴单位176户，缴存职工人数11137人。

会计管理 1996年，组织初级、中级会计人员参加全省统一的专业技术资格考试，至2000年，共培训3800人，发证3200人，建档3200人。1997年，按照新的会计证管理办法，组织建档、换证和年审工作。同年7月，开展整顿会计秩序活动，应查的160个单位全部进行自查，对51个单位进行重点检查，对查出的15个会计工作不规范单位进行整顿。1998年，开展会计工作规范化验收活动，有160个单位申报，其中140个单位经确认合格。从1999年开始，对会计人员继续教育实行定期培训，内容以会计制度法规为主，作为会计证年检的重要条件。2000年10月，会计专业技术资格报考工作交由人事部门负责组织实施。2003年，推行村级会计委托代理制，村级账、款、物由镇会计委托代理中心管理，代理中心按村建账、代理核算，统一办理财务公开。2007年，换发2006新版会计证。同年，开始组织会计从业资格计算机网络考试报名，由济宁市有关部门直接进行考试发证。2010年，会计专业技术资格考试重新交由财政部门负责组织实施。同年，组织全市村级集体经济组织会计管理情况调查，对农村会计人员按年龄、学历和职称建立档案。2012年，组织兖州8家大型企业，60余户中型企业执行新会计准则年报，同时选择4家大型企业进行实地调研，组织上市公司及大中企业上网填写执行企业会计准则网上调查问卷。同年，市财政局联合市农业局对全市农村集体经济组织的会计人员管理情况、核算方式进行调查，调查行政村400余个，对农村会计从业人员的基本情况按年龄，学历层次，职称等进行分类整理，建立基本的人员档案。每年按时换发会计从业资格证书，及时办理会计档案调转，开展会计继续教育，组织会计专业技术资格考试报名工作。2013年，换发会计从业资格证书375余人次，办理档案调转87人次。采取网络教育远程教育方式免费为会计人员发放网卡及教材，通过规定学时会计继续教育4000余人次。组织会计职称报名审核工作，通过现场审核794人。

财政监督 1996年—1997年，开展税收、财务、物价大检查，两年共排查1741户，排查比例61%，查出违纪金额842万元，全部追缴入库，清理入库欠缴税款551万元。1998年，取消一年一度的税收财务物价大检查，转变为日常监督、专项检查。1999年4月，市财政监督局成立。同年9月，对全市房地产开发企业、住房公积金制度落实情况进行专项检查，查出房地产开发企业违纪金额246万元，上缴违规款项16万元。2002年后，主要通过不断推行财政集中支付和会计集中核算，加强对重点工程资金、行政事业单位经费和各项社保资金使用的监督管理。2008年，由市财政部门牵头组织全市财税大检查，重点检查企业纳税情况和行政事业性收费罚款执收情况，查补缴纳地方财政收入1108万元。2009年，开展党政机关、事业单位“小金库”专项治理，县镇两级503个党政机关和事业单位全部开展自查自纠，同时对51个机关事业单位进行重点检查，发现13个单位存在“小金库”问题，查出违纪违规金额152万元。2010年，由市财政部门牵头，开展企业纳税评估检查，调账检查采矿业、电力供应业、制造业、房地产开发业、煤炭运销业、批发零售业及其他行业共122户，追缴税款5582万元。2013年，根据市委、市政府《关于进一步加强财政收支管理厉行勤俭节约反对铺张浪费的通知》要求，对全市各级行政事业单位和镇（街道）2012年度财务收支情况进行检查，促使各单位办公费、通信费等一般性支出比2012年降低5%，公务接待费比2012年降低20%，公务用车运行、会议费支出比2012年降低10%。

第六节 财政投资评审

投资项目评审 2007年3月，兖州市财政投资评审中心成立。当年完成评审项目61个，评审总值3.46亿元，审减0.57亿元，审减率16.42%。2010年，随着兖州市基础设施百项工程建设的推进，评审项目260个，评审总值28.88亿元。2011年，通过不断拓展评审领域，加强工程评审，确定主要材料价格定价机制，评审总值30.11亿元，审减4.77亿元，审减率15.83%。2013年，完成评审项目227个，评审总值23.92亿元，审减4.38亿元，审减率18.3%。

2007年—2013年兖州市财政投资评审完成情况表

表14-6

年份	评审项目（个）	评审总值（亿元）	审减值（亿元）	审减率（%）
2007	61	3.46	0.57	16.42
2008	135	6.54	1.1	17.42
2009	184	14.99	2.8	18.68
2010	260	28.88	4.23	14.66
2011	204	30.11	4.77	15.83
2012	206	24.94	3.82	15.33
2013	227	23.92	4.38	18.3

投资工程招投标监督 兖州市财政投资评审中心配合市建设、监察、审计等部门，对评审工程的招投标进行全过程监督，事前审核招标文件，重点审查招标文件相关条款的合法性，核查招标工程内容、工程量清单有无增减变化。2008年—2013年，共参与各类工程招投标活动745次，审核招标文件588份，当场中止投标、责令项目单位更正52次，废标46次。

第七节 国有资产管理

产权登记

行政事业单位产权登记 2007年，兖州市开展两证集中和国有资产产权登记，当年办理产权登记单位162个，资产总额15.27亿元，负债总额3.63亿元，国有资产总额11.64亿元。2009年，建立山东省资产信息管理系统，通过信息平台对行政事业单位的产权进行登记和年检。至2013年年底，共对190个单位进行产权登记和年检，资产总额20.91亿元，负债总额7.92亿元，国有资产总额12.99亿元。

国有企业产权登记 根据1996年国务院《企业国有资产产权登记管理办法》和2012年国资委《国家出资企业产权登记管理暂行办法》要求，至2013年年底，重新将5家国家出资企业的申请文件和合规性资料目录所列资料的电子文档（PDF格式），上传至国家出资企业产权登记管理信息系统。

清产核资 2003年，兖州市根据济宁市财政局统一部署开展行政事业单位清产核资工作，清产核资单位156个，其中行政单位45个，事业单位100个，房产经管单位1个，企业化管理事业单位10个。资产总额12.72亿元，负债总额3.77亿元，人员编制13017人，实有在职人员13618人，离休341人，退休1814人。同年，对2001年年底前的棉花企业进行清产核资，截至2001年12月31日，棉花企业资产总计1619万元，负债978万元，所有者权益641万元。2007年，对2005年年底前的行政事业单位资产开展清查。截至2005年年底，全市行政事业单位资产总额15.15亿元，负债总额4.37亿元，净资产总额10.78亿元。同时对2006年以前清查出的资产盘盈、盘亏按程序进行核实、核销。2013年，按照《兖州行政事业单位国有资产清查工作实施方案》要求，以2013年9月30日为基准日，对全市行政事业单位房屋、土地、车辆、其他资产、资产出租出借情况清查。纳入该次资产清查范围的行政事业单位共292个，其中，行政单位68个，全额事业单位183个，差额事业单位24个，自收自支事业单位7个，自收自支实行企业化管理事业单位10个。经汇总，全市固定资产总量28.46亿元，其中账面资产15.96亿元，清查增加资产12.5亿元；清查减少待核销资产2.18亿元。

资产评估 2009年8月，兖州市设计院聘请济宁经纬资产评估有限公司对兴隆街营业房（面积213.12平方米）评估，账面值31.66万元，评估值70.75万元。同年12月，兖州市煤气公司使用天然气站资产555万元，出资成立合资企业——兖州华润天然气有限公司，土地由山东仁和土地房地产评估咨询有限公司评估280.2万元；房屋及设备由山东长恒信资产评估有限责任公司评估274.8万元。2010年2月，市第二人民医院聘请山东中明资产评估有限公司对前海分院全部资产进行评估，账面值573.48万元，评估值449.52万元。2011年4月，市政府第十六次常务会议同意将兖州市热力公司热源厂通过政府采购的2台35蒸吨锅炉抵账给兖州圣地热电有限责任公司，山东中明资产评估有限公司对该项资产进行评估，账面值604.22万元，评估值447.2万元。2012年3月，兖州市污水处理厂和大禹污水处理厂聘请山东长恒信资产评估有限责任公司对厂内全部资产进行评估，账面值分别为6029.13万元和4381.91万元，评估值分别为9556.68万元和4640.25万元。

资产处置 2007年4月，市财政局国资办委托山东天恒星拍卖行有限公司对收缴的9辆公务用车拍卖，拍卖收入31.2万元，缴入国库。2009年7月，山东天恒星拍卖行有限公司对收缴的11辆公务用车进行评估和公开拍卖，拍卖收入18.738万元，缴入国库。2013年10月，山东恒诚拍卖有限公司在《齐鲁晚报》发布拍卖公告，集中拍卖35辆公务用车，按济宁科元资产评估有限公司评估价21.23万元拍卖成交，缴入国库。

产权转让 2011年8月，市国资委批复同意市煤气公司用部分国有资产2145万元（评估值）出资，增资成立新的合资企业——兖州华润燃气有限公司（股权占比40%）。2012年3月，将兖州市污水处理厂和兖州大禹污水处理厂先后进行公司制改造，再将产权经省、市国资委批准协议价格9750万元转让给山东公用集团。2013年6月，兖州市政府与华勤橡胶工业集团签订兖州市人民医院转让框架协议，国资办代表市政府按评估值9441.65万元的40%出资，成立市人民医院新院区。

其他管理 2007年6月，对全市各类行政事业单位的土地、房屋等实行财政集中统一管理，收缴“两证”，完成移交房权证72份，土地证265份。对大统矿业有限公司收缴国有股分红，国家资本金369万元，占比18.15%。2004年—2011年，共计收缴4778.24万元，全部缴入国库。2009年11月，对兖州恒升机械有限公司设立时投入的50万元股本依据股本来源进行产权界定，其股本界定为国有股本，并办理产权变更登记手续。2008年，兖州市属企业改制工作会战指挥部成立。至2012年，市属企业改革工作基本结束。共完成39家企业改革任务，转换职工身份债务清偿14024人，市财政垫付改革资金4.95亿元，置换盘活归政府所有土地1052亩。

第八节 融资管理

兖州市融资工作以兖州市惠民城建投资有限公司、山东金汇达投资发展有限公司和兖州市融通投资有限公司为主要承贷和担保载体，运用银行贷款、发行债券、融资租赁、信托理财、企业往来、BT[英文Build和Transfer缩写形式，即“建设一移交”，是政府利用非政府资金来进行非经营性基础设施建设项目的一种融资模式〕等多方式、多渠道开展融资。

融资主体　为破解城市建设的资金瓶颈问题，2008年5月，山东金汇达投资发展有限公司成立。同年年底，市惠民城建投资有限公司成立。2009年，市惠民城建投资有限公司经大公国际资信评估公司外部评级，信用等级为AA-，被银监会认定为一般性经营公司，完成从单纯融资型公司到经营实体型公司的转变。2013年5月，兖州市融通投资有限公司成立，3个平台公司承担城市基础设施重大项目建设任务及相关的资金运作。其中，市惠民城建投资有限公司发展迅速，为兖州市城市建设融资100余亿元。惠民城投公司以城市建设、房产置业、旅游开发为主要业务。2009年后，开发建设怡和花园、锦绣家园小区、旧关小区、奎星苑等房地产项目和旧城拆迁改造项目。2010年，投资30亿元（不包括土地价值）开发兴隆文化园项目，开展文化旅游开发建设。至2013年年底，公司业务涉及城乡基础设施建设、旧城拆迁改造、住宅小区开发、工业新城开发、产业投资、文化旅游开发与运营、建筑安装施工、物业管理经营、公共服务经营、矿产资源开发等多个领域。

融资渠道　兖州市适应国家加强宏观调控的新形势，在多方争取银行贷款的同时，与国内高端投资方对接合作，实现多元化融资。融资渠道主要有与大财团、大公司战略性合作，开展短期票据、私募基金、信托、与项目施工单位联合融资、探索设立文化产业基金等。其中，市惠民城建投资有限公司与国开金融有限责任公司合资设立国开兖州建设投资有限公司，整理开发兖州东城生态文化旅游区土地，这是国开金融与县级市首次合作。2009年、2011年、2013年分别发布09兖城投债、11兖城投债、13兖城投债，金额各10亿元。至2013年年底，市惠民城建投资有限公司资产总额为226.75亿元。

项目管理　为防范地方政府融资债务风险，按照“谁举债、谁偿还”的原则，将城投公司投资建设的项目分为收益性项目和公益性项目两大类，分别采取不同的投融资管理措施，逐步形成科学的偿债机制、运行机制和监管机制。2011年，与大公国际资信评估有限公司签订《兖州市政府债务风险预警机制研究》管理咨询合同书，聘请大公国际资信评估有限公司为地方财政和城投公司制定债务风险预警系统，实时进行债务风险控制。

第二章　国家税务

第一节　管理机构

1996年5月，兖州市国家税务局（以下简称“市国税局”）新增设新兖分局、王因分局、前海分局、新驿分局、大安分局，均为副科级行政单位。同年12月，市税务师事务所成立。同年年底，市国税局内设办公室、人事科、政治工作科、监察室、税收管理科、征收管理科、计划财务科、票证装具科和税务师事务所1个事业单位。下设直属机构稽查局，派驻机构为征收分局、稽查局、钢城分局、涉外分局，均为副科级行政单位，在职工作人员115人。1997年11月，增设信息中心。1998年，撤销税务师事务所。2001年3月，征收分局变更为城区分局，前海分局更名为颜店分局。同年4月，撤销涉外分局。同年12月，计划征收局成立，为副科级行政单位。2003年4月，钢城分局、计划征收局撤销。同年6月，王因分局划归济宁高新区。增设监察室、办税服务厅和税源管理科3个科室。2005年9月，规范机构设置，稽查局降格为股级单位；城区分局变更为城区税务分局；新兖分局变更为新兖税务分局；大安分局变更为大安税务分局；增设兖州经济开发区税务分局，为副科级行政单位；撤销颜店分局、新驿分局。2008年12月，稽查局升格为副科级。2010年9月，税政管理科更名为政策法规科，计划统计科更名为收入核算科，税源管理科更名为税政科，办税服务厅更名为纳税服务科，增设税源管理一科、税源管理二科。2011年8月，兖州工业园区税务分局成立，为科级行政单位（未启用）。至2013年，市国税局内设办公室、政策法规科、税政科、收入核算科、纳税服务科、征收管理科、人事教育科、监察室、税源管理一科、税源管理二科10个科室和信息中心1个事业单位，稽查局1个直属机构，兖州工业园区分局（未启用）、城区税务分局、兖州经济开发区税务分局、新兖税务分局、大安税务分局5个派驻机构，有在职工作人员154人。

第二节 税务体制改革

1996年8月，全面推行农村税收征管改革，撤销乡镇税务所，划区域设立农村分局，在各分局内设立集中受理纳税申报和税款征收的办税服务场所。鉴于城区市场税收管理的特殊性保留市场税务所。1997年，按照以纳税申报和优化服务为基础，以计算机网络为依托，集中征收，重点稽查的新型征管模式深化税收征管改革和规范化管理，在征收分局和各农村分局按照征收、管理、稽查三部分设岗定责，建立各分局办税服务厅；启用山东省税收征管信息系统（简称STMIS），购置并启用无线扩频网，保证税收数据传输。1998年7月，开展规范税收征管工作，解决疏于管理，淡化责任问题，对税收管理员划片管理制度进行再认识，矫正对建立新型征管模式中出现的片面强调稽查而弱化管理的现象。2001年，根据济宁市国税局征管、机构、人事制度三项改革的总体部署和要求，撤销各分局设立的稽查岗位，建立县区级稽查机构；撤销征收分局和市场税收管理所，设立主管兖州市属以上企业和城区所有纳税业户的城区分局。同年7月1日起，启用全国税收征收管理系统1.0版（简称CTAIS1.0版）。

2002年9月，在市国税系统试点推行集中征收模式，将城区分局办税服务厅由计划征收局管理，增值税一般纳税人的办税事项全部集中到该办税服务厅办理，各农村分局办税服务厅只负责办理小规模纳税人的涉税事项。2003年3月，市国税局开展提升队伍基本素质、落实基本制度、夯实征管基础活动，制定《税收征管档案规范化管理办法》《税收文书流转管理办法》，税收征管档案和税收文书流转规范化管理工作全面实施。2004年3月，承接济宁市局税收征管扁平化改革试点任务，撤销各分局建制，撤销各分局设立的办税服务厅，成立6个税源管理科；设立纳税服务科，集中管理纳税人依申请事项，推行纳税人依申请事项在办税服务厅“前台受理，内部流转，窗口出件”的办理模式；设立发票管理所，负责所有发票的集中统一管理。2005年10月，规范机构设置工作全面实施，撤销2004年税收扁平化改革试点中设立的6个税源管理科、发票管理所、计划征收局，恢复各管理分局建制；保留一个办税服务厅的集中办税模式，恢复设立的各分局不再设立办税服务厅。

2006年，承接济宁市国税局全国税收征收管理系统2.0版上线试点任务。同年7月，上线试行。2008年，推行应用税收分析预警系统和纳税评估系统（简称“两个系统”），成立“两个系统”推广应用办公室，实现税源完全监控，征管完全自动，构建信息化基础上的税收征管决策机制。2011年8月，市国税局制定《税源专业化管理实施方案》，通过推进税源专业化管理，实现税源管理从传统的分户到人，各事统管向分类管理、分级监控、分岗管事、一体联动、统筹协作的税源专业化管理模式转变（简称“三分一统”）。2013 年 8 月 1 日起，在交通运输业和部分现代服务业正式试点推行营业税改征增值税，部分现代服务业包括研发和技术服务、信息技术服务、文化创意服务、物流辅助服务、鉴证咨询服务、有形动产租赁服务 6 个明细行业。同年 10 月，金税三期系统替代全国税收征收管理系统 2.0 版，顺利上线运行，实现全国税收数据大集中。

第三节　税种　税率

增值税　纳税人为在中华人民共和国境内销售货物或者加工、修理修配劳务、销售服务、无形资产、不动产及进口货物的单位和个人。1994 年 1 月税制改革后，增值税征收范围扩大至所有货物销售（除不动产）以及加工修理修配业务，基本税率 17%，农产品和农业生产资料等实行 13% 的低税率，出口商品为零税率。1996 年 3 月，增值税由国家税务总局征收。1998 年 7 月 1 日起，年销售额在 180 万元以下的小规模商业纳税人的增值税征收率由 6% 调减为 4%。自 2002 年 1 月 1 日起，增值税一般纳税人购进农业生产者销售的免税农业产品的进项税额扣除率由 10% 提高到 13%。2008 年 9 月 1 日，工业盐、食用盐适用增值税税率由 17% 调至 13%。2013 年 8 月 1 日起，交通运输业和部分现代服务业由征收营业税向征收增值税过度，交通运输业税率为 11%，部分现代服务业税率为 6%。同年 12 月，国家税务总局发布《关于将铁路运输业和邮政业纳入营业税改增值税试点的通知》，于次年 1 月 1 日起，对铁路运输业和邮政业按 11% 的税率征收增值税，不再征收营业税。

消费税　在流转税中新设置的一个税种。纳税人为在境内生产、委托加工和进口烟、酒及酒精、化妆品、护肤护发品、贵重首饰及珠宝玉石、鞭炮焰火、汽油、柴油等消费品的单位和个人。设置税目 15 个，征税项目 25 个，税率档次 13 个，最低 3%，最高 56%。自 1998 年 7 月 1 日起，将烟叶收入的农业特产税税率由 31% 降为 20%，并调整卷烟消费税税率结构，卷烟消费税税率由 40% 调整为乙类卷烟 50%、二、三类卷烟 40%、四、五类卷烟和雪茄烟 25%；进口卷烟由 40% 调整至 50%。自 2008 年 9 月 1 日起，排气量在 1.0 升（含 1.0 升）以下的乘用车，税率由 3% 下调至 1%。自 2009 年 5 月 1 日起，甲类香烟的消费税从价税率由原来的 45% 调整至 56%。另外，卷烟批发环节加征从价税，税率为 5%，自同年 5 月 10 日起，将卷烟批发环节从价税税率由 5% 提高至 11%，并按 0.005 元 / 支加征从量税。

车辆购置税　2000 年，原由交通部门征收的车辆购置附加费改为车辆购置税。2001 年 1 月 1 日开征，征收对象为在境内购置规定车辆的单位和个人，税率为 10%。2005 年，车辆购置税的征收管理划归国税部门管理。自 2014 年 12 月，《车辆购置税征收管理办法》施行。

外商投资企业和外国企业所得税　对外商投资企业和外国企业在中国设立的机构、场所所取得的经营所得和其他所得应缴纳所得税，税率 30%，地方所得税 3%。2008 年 1 月 1 日，《中华人民共和国企业所得税法实施条例》正式实施，统一了内外资企业所得税政策，税率统一调整为 25%。

企业所得税　1984 年开征。企业所得税以纳税人取得的生产、经营所得或其他所得为征税对象。1997 年 1 月起，金融、保险企业所得税税率由 55% 降至 33%。2008 年 1 月 1 日，《中华人民共和国企业所得税法实施条例》正式实施，统一了内外资企业所得税政策，税率统一调整为 25%；并对非居民企业在中国境内未设立机构、场所的，或者虽然设立机构、场所但取得的所得与其机构没有实际联系的，就其来源于中国境内的所得缴纳企业所得税，适用税率为 20%；对符合条件的小型微利企业，减按 20% 的税率征收，国家重点扶持的高新技术企业，减按 15% 的税率征收。

储蓄存款利息所得税 1999 年 11 月开征。1999 年 11 月 1 日至 2007 年 8 月 14 日滋生的利息所得，按照 20% 的比例税率征收个人所得税；储蓄存款在 2007 年 8 月 15 日至 2008 年 10 月 8 日滋生的利息所得，按照 5% 的比例税率征收个人所得税；储蓄存款在 2008 年 10 月 9 日后（含 10 月 9 日）滋生的利息所得，暂免征收个人所得税。1999 年—2013 年，共征收利息个人所得税 14788 万元。

营业税 1984 年 9 月开征。纳税人为境内提供应税劳务、转让无形资产和不动产的单位和个人。设交通运输业、建筑业、金融保险业、邮电通信业、文化体育业、娱乐业、服务业、转让无形资产和销售不动产 9 个税目。1993 年 12 月，税率归并为 3% 和 5% 两档。1997 年 2 月，金融保险业营业税税率由 5% 提高到 8%。2013 年 8 月 1 日起，开展交通运输业和部分现代服务业等行业营业税改征增值税，并将广告服务业纳入营改增范围，其中交通运输业税率为 11%、现代服务业和广告服务业税率为 6%。

第四节 税收收入

1996 年，全市国税收入为 1.81 亿元。2003 年为 5.6 亿元，2006 年—2009 年，市国税局仅对摩托车、农用三轮等征收车辆购置税。2010 年后，轿车等车辆购置税缴纳下放到县区局，全市车辆购置税税款为 4097 万元。1996 年—2013 年，市国税局累计组织税收收入 2066496 万元，年均增长 16.5%，国税收入总体呈稳定增长态势。至 2013 年，全市国税税收收入突破 24 亿元。

2013 年，市国税局召开税收收入分析会

1996年—2013年兖州市国税局税收收入情况表

表14-7 单位：万元

年份	合计	增值税	消费税	营业税	企业所得税	外商及港澳台投资企业和外国企业所得税	储蓄存款利息所得税	车辆购置税	集体金融企业所得税
1996	18181	17617	213	-	107	240	—	—	4
1997	22772	22772	139	18	157	650	—	—	26
1998	28275	28275	26	194	87	891	—	—	—
1999	31162	31162	80	125	191	1650	3	—	-5
2000	30600	30600	102	434	219	3047	645	—	—
2001	38208	38208	43	352	244	4775	1171	—	—
2002	45150	45150	45	151	459	3588	1297	—	—
2003	56748	56748	84	27	590	2194	1274	—	—
2004	75209	75209	73	—	910	2455	1465	—	—
2005	88213	88213	63	—	1921	1700	1691	35	—
2006	113998	113998	60	—	3011	3044	2025	41	—

续表14-7

年份	合计	增值税	消费税	营业税	企业所得税	外商及港澳台投资企业和外国企业所得税	储蓄存款利息所得税	车辆购置税	集体金融企业所得税
2007	151946	151946	81	—	5101	12098	2386	102	—
2008	176866	176866	109	—	6594	9888	1693	50	—
2009	206566	206566	151	—	8302	6294	801	33	—
2010	256289	256289	1233	—	11946	17063	214	4097	—
2011	237366	237366	1959	—	29900	—	86	6350	—
2012	245056	245056	2223	—	29871	—	24	7195	—
2013	243891	185840	2538	—	47527	—	13	7973	—

第五节　税收征管

征管制度　1996年，在城区行政征管改革的基础上，将城区范围的集体企业、个体工商户分步纳入征收分局管理，集中在城区报税中心办理涉税事务；在征收大厅办理纳税服务。以农村征收机构改革为起点。同年8月，进行农村税收征管改革，将原来按行政区划设置的农村税务所合并，改按经济区划组建5个农村分局；取消税务专管员制度，建立多功能报税中心；将税收征管划分为综合管理、计划征收、税务稽查三个系列；加强社会治税，对个体、集贸市场税收采取源泉控制、分类管理、区别代征。1997年，建成开通覆盖全局的计算机无线网络，利用计算机网络进行税源和收入监控，实现征管信息数据的共享，增强税收监控力度。

2013年3月5日，市国税局在九州广场开展税法宣传活动

1999年，新驿分局对砖瓦窑业户采取与生产同步监控；新兖分局对加油站采取“三统一查”；征收分局与城区居委会协作清查漏征漏管户，划分5个管理区域，建立信息定期沟通制度，掌握税源发展动态。加强个体税收管理，特殊行业，特殊管理，全年入库个体税收890万元，同期增长38.1%。2000年，利用纳税人票表处理系统4.1版编制开发“成本及费用明细表”，利用征管系统接收财务报表和成本费用明细表数据，实现防伪税控系统与纳税评估数据采集的有机结合。同年9月，开始征收方式改革，在个体业户中实行银行网点申报纳税，选择市农业银行作为代征单位；制定《个体双定业户银行网点申报纳税管理办法和操作规程》，明确代征范围、代征时限、标准管理、纳税申报管理、信息传递等若干问题，规范工作流程。首个征期，全市82%的个体业户进行银行网点申报。

2001年，市国税局以拓展多元化申报纳税为基础，以推行CTAIS软件为契机，对全局网络进行改造，建成以光纤作为传输媒体，以电信宽带网为依据的高速广域网系统，提高了征管信息集中度和共享度。2002年，推广使用个体双定业户定额核定管理信息系统，典型调查860户，制定定额项目121个，月调整税款增长10.77%；应用涉外税务审计模版，对模块设计中存在的缺陷进行创新完善。2003年，征管基础资料，开发

1997年，市国税局工作人员利用计算机网络加强税源监控

税收征管档案信息管理软件，将纸质资料从分类整理、汇总装订到代码编制、档案归档，从档案资料的索引到资料的借阅应用全部纳入计算机管理。开展征管基础大检查，查出7大类119个问题，逐条梳理上表。简化15项办税程序，将6项审批事项下放到基层管理分局，县级国税机关核批的事项办结时间缩短60%。2004年，优化税收征管流程，建立健全信息化加专业化的征管运行机制。完善岗责体系，实现征、管、查各序列业务协调运转。推行“一窗一人一机”模式，及时处理比对异常情况，提高“一窗式”管理质量和效率。2005年，实施税源精细化管理。制定税源监控质量考核办法，落实税收管理员执法责任追究制度，健全行业税负预警指标体系。顺利实现“三大系统”的整合，对汇总的17类问题涉及的1667条记录进行比对修改，完成综合征管系统升级。深化纳税信息“一户式”管理，全面推行电子申报，一般纳税人和主机共享业户的电子申报率连续3个月保持100%。

2006年，市国税局先后对涉及登记、申报征收等29类信息，4万余条数据进行4次高标准的清理和修改。开发税收档案管理系统，规范税收档案管理。2007年，开展企业所得税核定征收，全年入库内外资企业所得税17199万元。2008年，落实《税务登记管理办法》《山东省国家税务局户籍监控暂行办法》，加强户籍管理。推广税控收款机，提高税源控管水平。对农产品、废旧物资行业和福利企业加大监管力度。做好《农产品收购分析监控系统》试点运行工作。运行车辆购置税新申报征收软件，规范车购税管理。落实出口货物征退税衔接办法，推行新版出口退税管理软件。加强个体和集贸市场税收管理，应用个体工商户计算机定额核定系统。2009年，加强税收征收管理，做好税收分析预警系统和纳税评估系统的运行工作。2010年，推进纳税信用等级评定工作，对全市1544户纳税人进行纳税信用等级评定，评出A级纳税人13户。

2011年，梳理完善征管制度84项。推行税源专业化改革，实施税源分级分类管理，实现税收征管由管户向管事的转变。改造办税服务厅，配备自助办税终端、自助打票及评价系统，实现全天候自助办税。自主开发税务文书免填单应用系统，自动生成载有纳税人信息的涉税文书，解决纳税人填报涉税资料繁琐问题。自主开发纳税人涉税信息自助查询系统，纳税人可查询业务办理流程，督促尽快办理。2012年，推行分级分类管理，对大企业实行集中管理；对中小企业细化行业分类，建立行业管理模板。实行分岗管事，取消税收管理员制度，完善岗位分工及协作制度。2013年，开展营业税改征增值税试点，完成357户“营改增”试点纳税人信息确认、发票开具、纳税申报和税款入库等节点任务。开展金税三期

2013年8月9日，市国税局举办“营改增”纳税人申报培训会

上线，制定《金税工程上线运行实施方案》，建立组织领导、部门分工、技术保障、后勤服务“四位一体”的工作机制；建立影子办税服务厅，确保两个系统同步录入、顺利衔接、平稳运行。成立税收风险防控中心，形成风险管理导向下的税收征管流程。建立“三分一统”的税源专业化管理模式，办税服务厅实体化运作。

税务登记 1996年，市国税局办理税务登记证件4000份，批办税款催交报告179份，注销不符合条件的一般纳税人51户，对532户一般纳税人实行分类管理。1997年，在增值税一般纳税人年检中取消47户一般纳税人资格，注销117户有名无实业户；在个体税收专查和税务登记验证工作中，清理漏管户338户；纳税申报逐步规范，申报率为80%～90%，税款入库基本与时间同步。1999年，开展“拉网式”清查漏征漏管户活动，挖掘出126个“双漏户”，提高税务登记率。2006年，换发税务登记证，换证户数6353户，换证率99.03%。2013年，抽调20名骨干人员，成立全岗全业务测试小组，集中进行技能培训。

税源普查 1996年，初步建立信息化管税平台，对辖区内所有纳税人进行税源普查，并将其税务信息录入计算机系统，实现纳税人的信息化管理。1998年，开展税源普查，摸清纳税人底数，共清理漏征漏管户403户，追缴偷逃税款

2005年12月，市国税局工作人员在银河橡胶有限公司进行税源普查

52万元。2002年，加快税控装置推行工作，对全市52个加油站的253台加油机安装税控装置。2003年，完善拓展金税二期工程，将全市增值税一般纳税人全部纳入防伪税控系统；拓展信息技术在征管中的应用，推行CTAIS支持下的纳税评估模块和个体双定户定额管理信息系统；利用瑞斯达软件，提升税源监控科技含量。

2010年，通过医保刷卡信息、用电、用水等综合涉税信息重点开展医药行业、煤炭运销片行业等重点行业、重点企业税源专项摸底。2012年，开展税源普查摸底活动，摸清税源基数，掌握税收主动权。2013年，在重点税源专项检查活动中，实行时间、地点、人员三集中，查补税款、完成时限、奖惩措施三明确，并且设立三道防火墙，由监察室全程场内监督，请市纪委场外督导，请济宁市稽查局对案件抽查复审，建立起稽查评估工作的风险防控新模式，共查补税款1358万元。

发票管理 1996年，市国税局根据《最高人民法院关于适用〈全国人民代表大会常务委员会关于惩治虚开、伪造和非法出售增值税专用发票犯罪的决定〉的若干问题的解释》，市国税局联合市公安部门对全市增值税专用发票开具情况进行集中整治。1998年，加强专用发票管理，将63户规模较大的一般纳税人纳入发票防伪税控系统；对暂无法实现防伪税控管理的一般纳税人开设代开业务；对全市40处加油站160余台加油机实施铅封。1999年，将全市所有规模以上一般纳税人和新认定一般纳税人全部纳入防伪税控系统，在全省率先安装纳税人表票处理系统4.1版。2000年，对生产经营规模小、用票量较少的70余户一般纳税人企业，推行“一机多卡”。2002年，市国税局出台《税控收款机专用发票即开即兑奖励暂行办法》，在全市100户商业纳税人中试点推行使用税控收款机。2004年，强化运输发票管理，开展增值税运输发票抵扣信息的采集、开票信息的接受、传输、比对和比对不符情况的调查处理等工作。2005年，开展“金税工程”运行

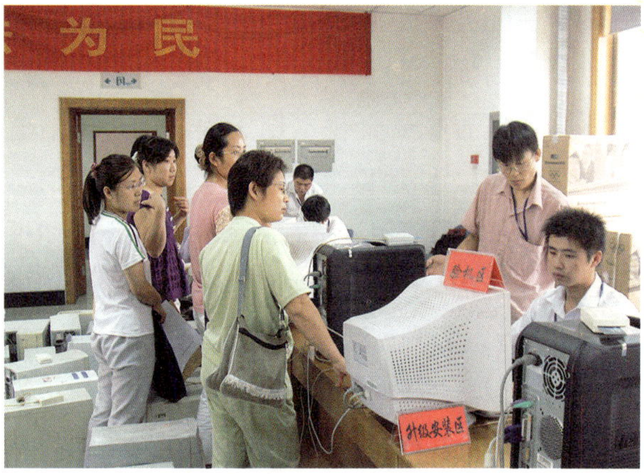

2006年7月，市国税局办税服务大厅对纳税人开票系统进行“一机多票”升级

和“四小票”信息采集、稽核比对工作，在重点企业中推行网上认证。2006年，对全市57户使用税控收款机的个体业户按开票数额征税。2007年，启用新版车辆购置税系统和运输发票防伪税控系统，征收车购税102万元。试点运行农产品收购发票监控管理系统。2008年，完善增值税“一窗式”管理，加强专用发票和“四小票”清单审核比对和异常票协查，确定问题发票123张。加强增值税专用发票最高开票限额监管。2010年，对个体临商业户，实行代开普通发票征收税款，推行委托代征。2013年，营业税改征增值税期间，建立“3421”推进保障模式，“营改增”纳税人确认、“营改增”纳税人发票开具、纳税申报和税款入库等节点任务全部完成。

税款征收 1996年，市城市信用社、市农村信用社派员进入报税大厅，并在全市部分乡镇参加代征，缩短税款报解时间。2011年，兑现福利企业、资源综合利用等税收优惠4029万元；申报抵扣固定资产进项税6亿元；办理出口退税1.86亿元。2012年，推行委托代征工作，与镇（街道）和市场管委会签订委托代征协议7份，代征税款2574.88万元。开展风险教育年活动，防范税收风险，巩固征管基础。

税务检查 1996年，市国税局执行《稽查管理办法》《稽查工作规程》，业务稽查70余次，追缴税款580万元。1997年，稽查工作选案有效率达到61.83%，全年稽查案件处罚罚款16万余元，加收逾期滞纳金26余万元。1998年，全年查出偷逃税款1085万元，处罚罚款36万元，入库963万元。1999年，市国税局制定《增值税一般纳税人纳税评估操作办法》，采取“先城区后农村”的方案，全面推行纳税评估，确定161户重点评估对象，查补增值税397万元，消费税29万元。加强税务稽查，实行一级稽查模式，稽查155起，查补税款597万元，罚款47万元。2000年，成立三级纳税评估机构，制定工作标准，明确岗位职责，建立配套制度，运行省局增值税纳税评估操作规程。加强纳税评估与管理服务、申报征收和税务稽查各环节的信息反馈，共评估企业416户，补税109.94万元。开展异常申报业户、煤炭行业、重点企业专查等，查处一批偷逃税大户，全年共稽查查补税款612.6万元。

2001年，实行税务稽查选案、检查、审理、执行四环节分离，建立重大税务案件集体审理制度和税务稽查案件复查复审制度，审理税务案件8起，复审复查稽查案件23起，全年共稽查企业286户次，查补税款788.6万元。开展纺织行业、酒类行业、化工行业和商贸企业专项评估，评估一般纳税人128户，小规模纳税人61户，评估税款214万元，罚款2.7万元，加收滞纳金2.3万元。2002年，整顿和规范税收秩序，对全市集贸市场、加油站、烟草行业、白酒行业、福利企业、资源利用企业等进行专项检查，检查纳税户1701家，查补税款、罚款、滞纳金294万元。对颜店镇5户虚开增值税发票企业进行专案稽查，查补税款729万元。2005年，推行“阳光稽查”，全年检查纳税人87个，稽查入库945.84万元，罚款48.6万元，加收滞纳金18.76万元。开展所得税汇算清缴，入库所得税1921万元，同比增长111.22%。2006年，做好行政许可、行政审批和重案审理工作，受理行政许可案件370件；重大税务案件审理16起，涉及税款160万元。开展煤炭运销企业、废旧物资回收经营企业、房地产及其关联企业、以农产品为主要原料的生产加工企业的专项检查，金税工程协查案件及“利剑二号”“海科”案件协查，查补税款265万元，罚款188.4万元，加收滞纳金50.6万元。2007年，以税收分析预警系统上线运行为依托，落实预警指标的调查、核实、解除工作，评估增加税款628万元。开展加油站清理清查和税控加油机数据初始化工作，初始化加油站29个、税控加油机115台。对全市个体工商户进行拉网式检查，检查2700余户，个体税收完成2324万元。对福利企业、废旧物资经营企业和农产品收购企业增值税专项评估，评估企业42户，查补税款360万元。2009年，开展重大税务案件集体审理，合理确定并适时调整重大税务案件的标准，全年检查企业361户次，入库税款、滞纳金、罚金合计784万元。2010年，深化数据综合分析利用平台应用，提高数据信息采集质量，全年评估税款4960万元。加大综合治税工作力度，加强与市综合治税办公室协调，对全市重点税源企业、房地产企业、煤炭运销企业和部分税负偏低企业进行税收分析，查补税款870余万元。全年审理重大税务案件4起。规范固定资产抵扣，开展固定资产抵扣进项税专项清查，查补入库税款725.81万元。2011年，广泛采集电子数据信息，充分利用基础数据分析，评估企业1101户次，入库税款2994万元。规范重大案件审理，运用预先研讨、提前介入等形式，实施动态审理，审理重大税务案件2起，入库税款60.3万元。加强税务稽查，开展房地产开发企业、医药经销企业、广告业及造纸行业专项检查，检查纳税人28户，入库税款合计1413万元。2012年，利用预警分析、纳税评估系统，依托生产要素分析等方法对企业开展深度分析，评估企业785户次，入库税款2552万元。2013年，借助预警评估系统，有针对性地开展分税种、分行业的纳税评估，全年共评估383户次，增加税收1284万元。发挥专项评估对税收风险的筛查作用，有步骤地组织重点税源企业专查、煤炭经销企业专查、非居民企业检查等评估活动，增加税款2150万元。

第六节 税收优惠

增值税税收优惠 自1994年起，在山东省税务局公布的名单内的福利企业、校办企业给予税收返还。2001年8月1日，对单一大宗饲料、混合饲料、配合饲料、浓缩饲料实行免征增值税。2008年6月1日，免征生产销售和批发、零售有机肥产品增值税。2009年1月1日，农业生产者销售的自产农产品免增值税，对古旧图书、避孕药品和用具、残疾人用品免征增值税，纳税人销售额未达到起征点的免征增值税。2011年1月1日，销售货物和应税劳务的，为月销售额2万元；按次纳税的，为每次（日）销售额500元。节能服务公司实施符合调减的合同能源管理项目，将项目中的增值税应税货物转让给用能企业，暂免征收增值税。2012年1月1日，对从事蔬菜批发、零售的纳税人销售的蔬菜免征增值税。同年10月1日，对从事农产品批发、零售的纳税人销售的部分鲜活肉蛋产品免征增值税。2013年8月1日，对增值税小规模纳税人中月销售额不超过2万元的企业或非企业性单位，暂免征收增值税。

企业所得税税收优惠 1996年，实施企业研发费用加计扣除政策，国有、集体工业企业研究开发新产品、新技术、新工艺所发生的各项费用，增长幅度在10%以上的，按实际发生额的50%抵扣应税所得额。2003年，将享受研发费用加计扣除的主体从国有、集体工业企业扩大到所有财务核算制度健全，实行查账征收企业所得税的各种所有制的工业企业。2006年，享受研发费用加计扣除主体在工业企业基础上，扩大到财务核算制度健全、实行查账征税的内外资企业、科研机构、大专院校等。2008年，《中华人民共和国企业所得税法》实施以前，企业所得税法规定对位于国务院批准的高新技术产业开发区的企业实行15%的优惠税率；新办的内资高新技术企业，自投产年度起免征所得税两年。新企业所得税法则取消高新技术产业开发区内高新技术企业“两免”等所得税定期减免优惠政策，统一对高新技术企业实行15%税收优惠税率。2008年，从事国家非限制和禁止行业，年应纳税所得额不超过30万元的小型微利企业，按20%的税率缴纳企业所得税。2010年1月1日至12月31日，对年应纳税所得额低于3万元（含3万元）的小型微利企业，其所得减按50%计入应纳税所得额，按20%的税率缴纳企业所得税。2011年，减半征税优惠期限延长1年。2012年1月1日至2015年12月31日，对年应纳税所得额低于6万元（含6万元）的小型微利企业，其所得减按50%计入应纳税所得额，按20%的税率缴纳企业所得税。

消费税税收优惠　2006年3月20日起，对以外购或委托加工收回的木制一次性筷子、实木地板、已税石脑油、已税润滑油为原料生产的应税消费品免征消费税。2009年1月1日，对成品油生产企业在生产成品油过程中，作为燃料、动力及原料消耗掉的自产成品油；纳税人出口的应税消费品，免征消费税。对用外购或委托加工收回的已税汽油生产的乙醇汽油免税。2011年10月1日，对使用石脑油、燃料油生产乙烯、芳烃的企业购进并用于生产乙烯、芳烃类化工产品的石脑油、燃料油，按实际耗用数量暂退还所含消费税。2013年11月1日至2018年10月31日，对以回收的废矿物油为原料生产的润滑油基础油、汽油、柴油等工业油料免征消费税。

车辆购置税税收优惠　2009年1月20日至12月31日，购置1.6升及以下排量乘用车，暂减按5%的税率征收车辆购置税。2010年，对购置排气量在1.6升及以下的乘用车暂减按7.5%的税率征收车辆购置税，共减免税款599.66万元，涉及车辆3515辆。2010年起，对设有固定装置的非运输车辆免征车辆购置税。当年，免除14辆该类车辆税款，共计免征60.87万元。至2013年年底，共免征77辆，免税422.03万元。

1996年—2013年兖州市国税局税收优惠情况表

表14-8　　单位：户　万元

年份	出口退税		福利企业退税		饲料企业免税		生产批发销售有机肥免税		销售自产农产品		未达起征点免增值税		小微企业		古旧图书等免增值税		节能公司转让货物给用能公司暂免增值税		从事蔬菜肉禽蛋奶批发零售环节免征增值税	
	户数	金额	户数	金额	户数	金额	户数	金额	户数	金额	户数	金额	户数	金额	户数	金额	户数	金额	户数	金额
1996	1	105	—	—	—	—	—	—	—	—	—	—	—	—	—	—	—	—	—	—
1997	3	350	—	—	—	—	—	—	—	—	—	—	—	—	—	—	—	—	—	—
1998	5	500.6	4	89.6	—	—	—	—	—	—	—	—	—	—	—	—	—	—	—	—
1999	7	890	4	92.3	—	—	—	—	—	—	—	—	—	—	—	—	—	—	—	—
2000	11	1052	—	—	—	—	—	—	—	—	—	—	—	—	—	—	—	—	—	—
2001	13	3856	—	—	1	8.02	—	—	—	—	—	—	—	—	—	—	—	—	—	—
2002	17	5659	—	—	1	9.31	—	—	—	—	—	—	—	—	—	—	—	—	—	—
2003	21	7479	—	—	1	10.02	—	—	—	—	—	—	—	—	—	—	—	—	—	—
2004	38	9926	—	—	2	14.5	—	—	—	—	—	—	—	—	—	—	—	—	—	—
2005	43	9949	—	—	2	15.63	—	—	—	—	—	—	—	—	—	—	—	—	—	—
2006	50	14101	—	—	3	17.25	—	—	—	—	—	—	—	—	—	—	—	—	—	—
2007	54	6648	—	—	5	23.48	—	—	—	—	—	—	—	—	—	—	—	—	—	—
2008	55	4241	—	—	4	18.31	8	63.7	—	—	—	—	645	341.6	—	—	—	—	—	—
2009	58	12295	—	—	3	12.02	8	94.1	117	183.1	3764	5043.2	756	406.4	—	—	—	—	—	—
2010	61	12309	—	—	1	8.34	11	108.3	158	368.4	3855	6529.8	841	425.1	—	—	—	—	—	—
2011	65	20433	—	—	1	6.31	11	116.9	201	598.7	4089	7400.3	1011	478.9	—	—	1	12.5	—	—
2012	67	22029	—	—	1	7.45	11	136.8	246	786.9	4765	7700	1257	597.5	—	—	1	11.4	107	68.7
2013	75	12034	—	—	1	8.01	11	145.3	283	916.5	5941	9410.3	1568	682.06	—	—	1	13.7	126	85.4

1998年—2013年兖州市国税局税收优惠情况表

表14-9 单位：户 万元

年份	免征增值税		以外购或委托加工收回的已税润滑油为原料生产的润滑油等免征消费税		出口的应税消费品，免征消费税		高新技术企业减税（税额）		企业所得税减免		外商投资企业所得税减免	
	户数	金额	户数	金额	户数	金额	户数	金额	户数	金额	户数	金额
1998	68	42.5	—	—	—	—	—	—	—	—	—	—
1999	104	64.2	—	—	—	—	—	—	—	—	—	—
2000	163	89.68	—	—	—	—	—	—	—	—	—	—
2001	362	119.4	—	—	—	—	—	—	—	—	—	—
2002	420	188.3	—	—	—	—	—	—	—	—	—	—
2003	341	178.6	—	—	—	—	—	—	—	—	—	—
2004	289	86.78	—	—	—	—	—	—	—	—	—	—
2005	246	81.74	—	—	—	—	—	—	—	—	12	6682.78
2006	212	78.93	1	12.1	—	—	—	—	—	—	13	7214.98
2007	653	112.6	1	13.6	—	—	—	—	—	—	13	8872.15
2008	851	147.8	1	10.8	—	—	1	0.87	8	2208.66	13	7802.11
2009	1211	212.5	1	14.6	1	12.5	2	8.78	8	2399.94	6	9300.32
2010	3529	660.53	1	18.7	1	11.3	2	4.76	10	2007	—	—
2011	30	239.93	1	11.1	1	15.7	2	6.98	9	2182.66	—	—
2012	22	117.76	1	16.5	1	12.4	4	10.34	11	2407.83	—	—
2013	25	65.34	1	10.9	1	10.8	4	27.11	14	2890.34	—	—

2004年—2013年兖州市国税局税收优惠情况表

表14-10 单位：户 万元

年份	企业所得税加计扣除		企业所得税减计收入		企业所得税专用设备抵免税额		车辆购置税免税	
	户数	金额	户数	金额	户数	金额	户数	金额
2004	1	70.42	—	—	—	—	—	—
2005	2	104.31	—	—	—	—	—	—
2006	1	50.52	—	—	—	—	—	—
2007	2	241.2	—	—	—	—	—	—
2008	2	571.59	3	422.55	3	422.55	—	—
2009	6	1104.8	6	312.61	6	312.61	1211	212.5
2010	6	5230.69	6	931.61	6	931.61	2529	660.53
2011	7	6474.86	2	1361.24	2	1361.24	30	239.93
2012	9	6285.03	5	2247.35	5	2247.35	22	117.76
2013	8	5859.21	4	1754.34	4	1754.34	25	65.34

第三章 地方税务

第一节 管理机构

1996年，兖州市地方税务局（以下简称市地税局）内设办公室、人事教育科、税政管理科、计划会计科、征收管理科、装具票证管理科6个科室，下设直属分局、钢城分局、稽查局3个直属分局，在全市13个乡镇均设有税务所，共有工作人员124人。同年4月，市地税局涉外分局设立。1998年9月，撤销税务所，设置新兖、大安、新驿、前海、王因5个分局。同年10月，山东省地税系统实行省以下垂直管理，市地税局为济宁市地方税务局直属机构。2001年7月，前海分局更名为颜店分局。2002年9月，市地税局涉外分局撤销。2003年6月，王因分局划归济宁市地税局开发区分局。2004年6月，颜店分局更名为城区分局。2004年9月，市地税局纳税服务中心设立。2011年12月，稽查局和直属征收局设立，各分局撤销，设置新兖、大安、新驿、鼓楼4个中心税务所，均为副科级建制。至2013年，市地税局内设办公室、法规税政科、征管和科技发展科、税源管理科、收入核算和财务科、人事科6个科室，下设稽查局和直属征收局，及新兖、大安、新驿、鼓楼4个中心税务所，共有工作人员105人。

第二节 税务体制改革

1998年9月，山东省地税系统实行省以下垂直管理，市地税局为济宁市地方税务局直属机构，撤销乡镇税务所，设置新兖、大安、新驿、前海、王因5个分局。同时，按照以纳税申报和优化服务为基础，以计算机网络为依托，集中征收、重点稽查的征管模式要求，在市地税局建立办税大厅，负责市属企业、主城区范围内纳税人、新兖镇、兴隆庄范围内纳税人的征收工作，在其他分局同步设立办税大厅，负责该分局辖区内征收工作。2002年8月，按照国家有关规定，负责辖区内地方税、中央与地方共享税的征收管理和有关行政执法工作。将原承担的地方金融、集体企业的财务管理职能转交财政部门；将具有社会中介服务性质的工作，交给依法认定的社会中介机构承担。2004年5月，税务登记、申报征收、会统报表等有关信息成功地结转到市局征管软件数据库内。2008年1月1日，山东地方税收管理信息系统（SDTAIS）的正式上线。2010年9月，市地税局印发《推行税源专业化管理实施方案》，方案根据兖州地税实际，整合纳税服务场所，推行集中征收模式，根据纳税人的特点，推行税源分类、分级、分岗管理，搭建税源专业化管理新框架。2010年9月25日，济宁市首家集“集中征收和税源专业化管理”为一体的新系统在兖州市地税局上线运行，税源专业化管理全面实施。

2012年3月2日，兖州市地税局“汇算通管理系统”软件应用培训会召开

2011年12月，取消已由国务院和省政府公布取消的行政审批事项，增加契税和耕地占用税的征收管理。2013年8月，根据《财政部、国家税务总局关于在全国开展交通运输业和部分现代服务业营业税改征增值税试点税收政策的通知》，纳税人从事陆路运输服务（不包括铁路运输）、水路运输服务、航空运输服务、管道运输服务、研发和技术服务、信息技术服务、文化创意服务、物流辅助服务、有形动产租赁服务、鉴证咨询服务、广播影视服务的改征增值税，不再缴纳营业税。同年10月8日，金税三期税收管理系统正式上线，实现全国税收数据大集中。至2013年，市地税局负责征管的税种主要有营业税、企业所得税、个人所得税、资源税、城市维护建设税、房产税、印花税、城镇土地使用税、土地增值税、车船税、耕地占用税、契税、教育费附加、地方教育附加、水利建设基金、文化事业建设费、残疾人就业保障金等。

第三节　税种　税率

营业税　纳税人为在中国境内提供应税劳务、转让无形资产或销售不动产的单位和个人。建筑业、文化体育业按3%税率征收，金融保险业、服务业、转让无形资产、销售不动产按5%税率征收，娱乐业按5%～20%税率征收。营业税纳税人从事不同税率的应税项目应分别核算，按各自税率计算营业税；未分别核算，从高适用税率。营业税纳税期限，由主管税务机关依纳税人应纳税款大小分别核定为5日、10日、15日、1个月或者1个季度，不能按期纳税的，可按次纳税。以1个月或者1个季度为一期的纳税人，于期满后15日内申报纳税。银行、财务公司、信托投资公司、信用社从事金融业的纳税期限为1个季度。1996年—2013年，全市累计征收营业税308164.12万元。

企业所得税　纳税人为在中国境内，企业和其他取得收入的组织为企业所得税的纳税人。设33%的基本税率和27%、18%两档照顾税率。对年应纳税所得额在3万元以下（含3万元）的企业，暂减按18%的税率征收；年应纳税所得额在10万元以下（含10万元）至3万元的企业，全额减按27%的税率征税。2007年3月16日起，企业所得税的税率为25%。小微企业20%，高新技术企业15%。企业所得税按纳税年度计算。纳税年度自1月1日起至12月31日止，企业在一个纳税年度中间开业，或者终止经营活动，使该纳税年度的实际经营期不足12个月的，应当以其实际经营期为一个纳税年度。企业依法清算时，应当以清算期间作为一个纳税年度。1996年—2013年，市地税局累计征收企业所得税380382.08万元。

个人所得税　个人所得税的纳税人是在中国境内有住所，或者虽无住所但在境内居住满一年，以及无住所又不居住或居住不满一年但有从中国境内取得所得的个人。包括中国公民，个体工商户，外籍个人，中国香港、中国澳门、中国台湾同胞等。工资、薪金所得按3%～45%的税率征收；个体工商户的生产经营所得，承包、承租经营所得，个人独资企业和合伙企业的生产经营所得按5%～35%的税率征收；除上述外的所得按20%的税率征收。另外，稿酬减征30%，劳务报酬加成征收，个人出租住房取得的所得适用10%的税率。纳税期限为除特殊情况外，纳税人应在取得应纳税所得的次月15日内向主管税务机关申报所得并缴纳税款。1996年—2013年，全市累计征收营业税148646.35万元。

房产税　纳税人为在征税范围内的房屋产权所有人。产权属国家所有的，由经营管理单位纳税；产权属集体和个人所有的，由集体单位和个人纳税；产权出典的，由承典人纳税；产权所有人、承典人不在房屋所在地的，由房产代管人或者使用人纳税；产权未确定及租典纠纷未解决的，也由房产代管人或者使用人纳税。纳税单位和个人无租使用房产管理部门、免税单位及纳税单位的房产，应由使用人代为缴纳房产税。从价计税税率 1.2%，从租计税为 12%。个人出租住房，按 4% 的税率征收房产税；对企事业单位、社会团体以及其他组织按市场价格向个人出租用于居住的住房，减按 4% 的税率征收。计税依据按房产余值计税和按租金收入计税两种。纳税期限为，按年计算、分期（季度）缴纳，于每个季度末 15 日内进行纳税申报。1996 年—2013 年，全市累计征收房产税 45855.33 万元。

城镇土地使用税　凡在城市、县城、建制镇、工矿区范围内使用土地的单位和个人，为城镇土地使用税的纳税义务人。城镇土地使用税采用定额税率，实行分级幅度税额。兖州每平方米年税额建制镇、工矿区 1.6 元，市区 3 元。2006 年 10 月 1 日起，建制镇、工矿区 3.2 元，市区 6 元。计税依据为纳税人实际占用的土地面积（平方米）。纳税期限为按年计算、分期（季度）缴纳，于每个季度末 15 日内进行纳税申报。1996 年—2013 年，全市累计征收城镇土地使用税 99233.57 万元。

车船税　在境内行驶的车船一律征税，对拥有但不使用的车船不征税。在中国境内，车辆、船舶（以下简称车船）的所有人或者管理人为车船税的纳税人。1999 年，山东省政府调整部分类别车辆税额，年税额为大型客车每辆 300 元，小型客车每辆 260 元，三轮摩托车每辆 72 元，二轮摩托车每辆 56 元，载重汽车每吨 60 元。2007 年 1 月 1 日，根据《中华人民共和国车船税暂行条例》规定，征收的税目税额为小型客车每辆 420 元，大型客车每辆 600 元，载货汽车按净吨位每吨 96 元，二轮摩托车每辆 60 元，三轮摩托车每辆 60 元。纳税义务发生时间为取得车船所有权或者管理权的当月，以购买船舶的发票或者其他证明文件所载日期的当月为准。车船税按年申报，分月计算，一次性缴纳。纳税年度为 1 月 1 日至 12 月 31 日。1996 年—2013 年，全市累计征收车船税 7986.88 万元。

1996年—2013年兖州市车船税税目税额表

表14-11

税　目		计税单位	年税额（元）	备　注
乘用车〔按发动机汽缸容量(排气量)分档〕	1.0升（含）以下的	每辆	240	核定载客人数9人（含）以下
	1.0升以上至1.6升(含)的		360	
	1.6升以上至2.0升(含)的		420	
	2.0升以上至2.5升(含)的		900	
	2.5升以上至3.0升(含)的		1800	
	3.0升以上至4.0升(含)的		3000	
	4.0升以上的		4500	
商用车	客车（核定载客人数9人以上，包括电车）	每辆	720（大型）	大型客车[核定载客人数20人（含）以上，包括电车]
			600（中型）	中型客车(核定载客人数9人以上，20人以下，包括电车)
	货车	整备质量每吨	72	包括半挂牵引车、三轮汽车和低速载货汽车等
挂车		整备质量每吨	36	—

续表14-11

税目			计税单位	年税额（元）	备注
其他车辆		专用作业车	整备质量每吨	72	不包括拖拉机
		轮式专用机械车		72	
摩托车			每辆	60	—
船舶	机动船舶	净吨位小于或等于200吨	净吨位每吨	3	拖船、非机动驳船分别按照机动船舶税额的50%计算
		净吨位201吨至2000吨	净吨位每吨	4	
		净吨位2001吨至10000吨	净吨位每吨	5	
		净吨位10001吨及其以上	净吨位每吨	6	
	游艇	艇身长度不超过10米	艇身长度每米	600	—
		艇身长度超过10米但不超过18米	艇身长度每米	900	
		艇身长度超过18米但不超过30米	艇身长度每米	1300	
		艇身长度超过30米	艇身长度每米	2000	
		辅助动力帆艇	艇身长度每米	600	

城市维护建设税 纳税人为在征税范围内从事工商经营，并缴纳消费税、增值税、营业税的单位和个人。自 2010 年 12 月 1 日起，外商投资企业和外国企业及外籍个人开始征收城市维护建设税。为地区差别比例税率，共分 7%、5%、1% 三档，兖州适用 7% 税率。申报缴纳城市维护建设税，以 1 个月或 1 个季度为一期的纳税人，于期满后 15 日内申报纳税。1996 年—2013 年，全市累计征收城市维护建设税 127495.72 万元。

印花税 纳税人为在中国境内书立、领受、使用属于征税范围内所列凭证的单位和个人。包括各类企业、事业、机关、团体、部队，以及中外合资经营企业、合作经营企业、外资企业、外国公司企业和其他经济组织及其在华机构等单位和个人。税率为各类经济合同、产权转移书据、记载资金的营业账簿适用比例税率，共设 0.5‰、3‰、5‰、1‰ 4 个档次。在应税凭证书立或领受时即行贴花完税，不能延至凭证生效日期贴花。同一类凭证频繁贴花的，可按期汇总缴纳，最长不超过 1 个月。缴纳方式一经选定，1 年内不能变更。1996 年—2013 年，全市累计征收印花税 24956.44 万元。

1996年—2013年兖州市印花税税目税率表

表 14-12

税目	范围	税率	纳税义务人	备注
借款合同	银行及其他金融组织和借款人（不包括银行同业拆借）所签订的借款合同	按借款金额 0.5‰贴花	立合同人	单据作为合同使用的，按合同贴花
购销合同	包括供应、预购、采购、购销结合及协作、调剂 、补偿、易货等合同	按购销金额 3‰贴花	立合同人	—

续表14-12

税　目	范　围	税　率	纳税义务人	备　注
建筑安装工程承包合同	包括建筑、安装工程承包合同	按承包金额3‰贴花	立合同人	—
技术合同	包括技术开发、转让、咨询、服务等合同	按所载金额3‰贴花	立合同人	—
加工承揽合同	包括加工、定作、修缮、修理、印刷、广告 、测绘、测试等合同	按加工或承揽收入5‰贴花	立合同人	—
建设工程勘察设计合同	包括勘察、设计合同	按收取费用5‰贴花	立合同人	—
货物运输合同	包括民用航空、铁路运输、海上运输、内河运输、公路运输和联运合同	按运输费用5‰贴花	立合同人	单据作为合同使用的，按合同贴花
财产租赁合同	包括租赁房屋、船舶、飞机、机动车辆、机 械、器具、设备等	按租赁金额1‰贴花。税额不足一元的按一元贴花	立合同人	—
仓储保管合同	包括仓储、保管合同	按仓储保管费用1‰贴花	立合同人	仓单或栈单作为合同使用的，按合同贴花
财产保险合同	包括财产、责任、保证、信用等保险合同	按投保金额1‰贴花	立合同人	单据作为合同使用的，按合同贴花
产权转移书据	包括财产所有权和版权、商标专用权、专利权、专有技术使用权等转移书据	按所载金额5‰贴花	立据人	—
营业账簿、生产经营用账册	记载资金的账簿	按固定资产原值与自有流动资金总额5‰贴花。其他账簿按件贴花五元	立账簿人	—
权利、许可证照	包括政府部门发给的房屋产权证、工商营业执照、商标注册证、专利证、土地使用证	按件贴花五元	领受人	—
证券交易	证券交易成交金额	1‰贴花	转让人	单向收取

土地增值税　纳税人为转让国有土地使用权及地上的一切建筑物和其他附着物产权，并取得收入的单位和个人。包括机关、团体、部队、企业事业单位、个体工商业户及国内其他单位和个人，还包括外商投资企业、外国企业及外国机构、华侨、港澳台同胞及外国公民等。计税依据为转让房地产取得的增值额。纳税人应自转让房地产合同签订之日起 7 日内，向房地产所在地的主管税务机关办理纳税申报。1996 年—2013 年，全市累计征收土地增值税 31773.73 万元。

1996年—2013年兖州市土地增值税四级超率累进税率表

表14-13

级数	增值额与扣除项目金额的比率	税率（%）	速算扣除系数（%）
1	不超过50%的部分	30	0
2	超过50%～100%的部分	40	5
3	超过100%～200%部分	50	15
4	超过200%的部分	60	35

耕地占用税 纳税人为占用耕地建房或从事非农业建设的单位和个人。2011年，由地税部门征收。实行地区差别定额税率。兖州市适用税率每平方米35元。计税依据为纳税人实际占用耕地面积，以每平方米为计量单位。获准占用耕地的单位或者个人应当在收到土地管理部门的通知之日起30日内缴纳耕地占用税。2011年—2013年，全市累计征收耕地占用税39245.07万元。

契　税 纳税人为在境内转移土地、房屋权属，承受的单位和个人。2011年，由地税机关征收。实行幅度比例税率，税率幅度为3%～5%。兖州市基准税率为3%。纳税人应当自纳税义务发生之日起10日内，向土地、房屋所在地的契税征收机关办理纳税申报，并在契税征收机关核定的期限内缴纳税款。2011年—2013年，全市累计征收契税38134.88万元。

资源税 纳税人为在兖州市开采应税矿产品或者生产盐的单位和个人。煤炭资源税税率为4%；黏土、砂石资源税税额为2元／立方米；自2012年1月1日起，石灰石资源税适用税额由现行2元／吨调整为3元／吨。1996年—2013年，全市累计征收资源税46757.83万元。

教育费附加 教育费附加是对缴纳增值税、消费税、营业税的单位和个人，就其实际缴纳的税额为计算依据征收的一种附加费。自2010年12月1日起，外商投资企业和外国企业及外籍个人开始征收教育费附加，税率为3%。计税依据是纳税人实际缴纳的消费税、增值税、营业税税额。缴纳“三税”的同时，申报缴纳城市维护建设税，以1个月或者1个季度为一期的纳税人，于期满后15日内申报纳税。1996年—2013年，全市共征收54520.86万元。

地方教育附加 2005年1月1日起，凡在兖州市行政区域内缴纳增值税、营业税、消费税的单位和个人，按实际缴纳“三税”税额的1%缴纳地方教育附加。自2010年12月1日起，征收标准调整为“三税”实际缴纳额的2%。2005年—2013年，共征收22421.33万元。

水利建设基金 2011年7月1日开征。缴纳人为缴纳增值税、消费税、营业税的企事业单位和个体经营者。按实现并缴纳增值税、消费税、营业税的1%征收地方水利建设基金。2011年—2013年，共征收6075.52万元。

文化事业建设费 1997年6月17日开征。缴费人为缴纳娱乐业、广告业营业税的单位和个人，费率为3%。文化事业建设费的缴纳期限，与缴费人缴纳营业税的期限相同。扣缴义务人解缴期限，与解缴营业税的期限相同。1997年—2013年，共征收136.32万元。

残疾人就业保障金 2004年始，由市地税局代收。用人单位安排残疾人就业达不到其所在地省、自治区、直辖市人民政府规定比例的，应当缴纳保障金。用人单位安排残疾人就业的比例不得低于该单位在职职工总数的1.5%。保障金按上年用人单位安排残疾人就业未达到规定比例的差额人数和该单位在职职工年平均工资之积计算缴纳。至2013年，共征收1387.22万元。

屠宰税 1994年税制改革后，屠宰税征税范围为屠宰或收购的生猪、牛、羊、马、驴、骡，在收购环节及屠宰环节征收。税额为生猪每头10元，牛、马、驴、骡每头20元，羊每只2元。凡在收购环节缴纳屠宰税的，屠宰时不再缴纳。2000年，在农村税费改革中逐步取消。

固定资产投资方向调节税 纳税人为在境内进行固定资产投资的单位和个人，税率分为0%、5%、10%、15%、30%5个档次。2000年停征。1996年—2000年，共征收7216万元。

第四节　税收征管

征管制度 1996年2月，根据国务院办公厅转发《国家税务总局关于调整国家税务局、地方税务局税收征管范围的意见》的通知，对征管纳税户进行调查落实，原由国税局征收集贸市场和个体工商户的各项税收，按照收入归属原则，由国税局和地税局分别征收管理。即增值税、消费税由国税局负责征收管理，营业税、个人所得税和其他税收改由地税局负责征收管理。涉外税收的增值税、消费税、外商投资企业和外国企业所得税由国税局负责征收管理，其他地方税种改由地税局负责征收管理。1997 年，根据国家税务总局关于《个体工商业户建账管理暂行办法》和《个体工商业户定期定额管理暂行办法》的通知，对全市个体工商业户进行重新核定，定额比 1996 年增长 1 倍。2002 年，根据《国务院关于印发所得税收入分享改革方案的通知》，贯彻执行所得税分享体制改革的有关规定，加强与国税和工商等行政管理部门之间的工作联系，划清各自的征管范围。2011 年 3 月 1 日起，耕地占用税、契税由地税部门负责征收管理。2013 年 8 月 1 日，交通运输业和部分现代服务业营业税改征增值税试点范围扩大，并适当扩大部分现代服务业范围。

税务登记 1997 年 6 月 1 日起，对 1996 年以前办理税务登记的纳税人进行税务登记证件的验证。1999 年，开展税收征管质量年活动，进行税务登记证件的全面换证，实行微机申报、登记、开票服务，建成市局与各乡镇分局之间的联网，对税务登记、纳税申报、税款征收、税款减免、严格执法、税收政策、计会管理、票证管理等方面进行清查和完善。2008 年，中央企业及中央企业与其他企业合资兴办的企业、外商投资企业、2002 年至 2007 年成立的企业、2008 年以后成立的流转税以缴纳增值税为主的企业由国税部门负责征管，其他的由地税部门负责征管。2011 年 3 月，落实国家税务总局《关于进一步完善税务登记管理有关问题的公告》，进一步明确无照户纳税人的管理、非正常户管理、外出经营活动税收管理证明的管理等规定。2012 年 11 月—12 月，分两批对交通运输业及部分现代服务业纳税人国标行业登记和税种登记信息进行核实。

办税服务厅税务登记窗口

税款征收 1996 年，市地税局加强税款征收力度，全年共征收税款 11201 万元。2001 年，市地方税务局印发《关于在服务业娱乐业推广使用税控收款机和机开发票双奖活动的请示》，在饮食业、娱乐业、旅店业、打字复印、广告业和其他服务业推广使用税控收款机，同时开展机开发票及发票违章行为举报双奖活动。2004 年 2 月，按照省地税局要求，在全市范围内对定期定额户推行微机定税管理办法。同年 3 月，市地税局印发《片区管理办法》，按照条块结合、科学划分、统一规范、有效控管的原则，在全市范围内，设立市局、基层分局（直属局、稽查局、农村分局）、片管员（具体负责的税务干部）三级征管责任区。全市以基层分局为单位具体划分出 5 个征管责任区和稽查局。2005 年 4 月，市地税局制定《定期定额户微机定税听证管理制度》，加强对定期定额户的征收管理。同年 11 月，正式推行“一户式”综合数据管理信息系统，满足基层征管工作的需要。2009 年，市地税局制定《税收征管与税务稽查互动管理办法》，加强税收征管与税务稽查部门之间的工作协调与配合。同年 11 月，市地税局制定《关于加强个体工商业户税收管理的通知》，通知进一步明确个体工商户定额核定管理、发票管理、停业（非正常认定、注销）管理、双委托申报管理、税款申报缴纳管理等内容。2011 年 3 月，按照《关于落实山东省人民政府〈关于调整淄博等市部分工矿区城镇土地使用税征税范围的通知〉的通知》要求，自 2011 年 1 月 1 日起，执行按调整后的征税范围征收城镇土地使用税、房产税。2012 年，开展地价记入房产原值征收房产税政策落实情况、民间借贷地方税收情况开展专项评估。2013 年 6 月，开展非正常户清理活动。同年 7 月，开展金税 3 期上线试点财产登记信息补录工作。

税收检查 1996 年始，市地税局在全市范围内加大税收检查力度，对重点纳税企业进行重点督查。2003 年 8 月，开展县属以上学校、民办学校和各类培训班作为个人所得税专项检查工作。2004 年 2 月，市地税局印发《关于开展 2003 年度企业所得税汇算清缴检查工作的实施方案》。2005 年 3 月，开展以个人所得税为重点的专项检查工作。2006 年 7 月，在全市范围内集中组织开展一次新办企业和零申报企业税收征管情况普查工作。同年 9 月，市地税局制定《常用行政处罚自由裁量权执行的标准》，明确行政处罚的标准。2007 年 12 月，开展“五清查”活动，组织清查人员对纳税人补提类税金申报缴纳等情况进行清查，清查过程中做到边清查边入库，边清查边整改。2012 年 2 月，市地税局制定《汇缴评估检查工作实施方案》，将企业所得税汇算清缴，纳税评估地、专项检查 3 项工作进行整合，将民间借贷、土地价值记入房产原值征收房产税、明确宗地化管理的工作重点。2013 年初，市地税局制定《2013 年租赁业地方税收检查工作实施方案》，对全市范围内的土地租赁、房屋租赁、建筑工程机械与设备租赁以及其他租赁业务的纳税人进行检查，进一步规范租赁业税收管理，堵塞税收漏洞。

发票管理 1998 年，兖州市启用山东省饮食业和娱乐业专用定额发票，以票管税，当年增收餐饮业和娱乐业营业税 20 万元。2009 年 4 月，在全市开展发票专项整治活动，整治发票违法行为。2010 年初，市地税局印发《关于代开发票管理工作的通知》，详细规定代开发票的范围、提供的资料及相关税收政策等，进一步加强代开发

2011 年，市地税局工作人员到餐饮业商户开展发票专项整治

票管理。2011 年，以《中华人民共和国发票管理办法》及实施细则颁布实施为契机，利用各种媒介进行宣传，印发宣传材料 2 万余份。同时，采取多种措施鼓励消费者索要发票，打击偷税漏税违法行为。2013 年 3 月，市地税局印发《关于饮食业户超定额购买发票税款征收问题的通知》。4 月，开展 2013 年一季度发票检查工作；7 月，开展 2013 年二季度发票检查工作。

纳税服务 2000 年，市地税局根据《山东省地方税收企业纳税人分类管理暂行办法》的规定，对纳税人实行“A、B、C”等级管理，促进纳税人的自我管理；同年落实《山东省地方税收办税员管理暂行办法》，对办税员进行业务培训和纳税辅导。2005 年 2 月，市地税局印发《关于开展“纳税服务年”活动的实施方案》，通过开展“纳税服务年”活动，转变治税观念，进一步

市地税局工作人员在办税大厅宣传税收新政策

密切征纳关系，提高纳税遵从度，促进税收收入的持续、快速增长。2005 年 6 月，市地税局印发《纳税服务工作规范（试行）》的通知。2009 年，市地税局印发《进一步加强户籍管理工作的办法》，实现纳税人户籍资料的“一户式”存储。同时建立健全户籍管理制度，利用大集中统一查询平台，全面掌控纳税人户籍信息，整合税务证照。2010 年，根据省、济宁市地税局关于 2010 年纳税信用等级评定文件的通知精神，开展信用等级评定工作，共评出 A 级纳税人 18 个，B 级纳税人 1504 个，C 级纳税人 32 个，D 级纳税人 1 个。2011 年，根据《关于在全市窗口单位和服务行业开展为民服务创先争优服务品牌创建活动的通知》精神，向市创先争优活动领导小组申报“阳光地税、征纳共盈”的服务品牌。2013 年 10 月，市地税局落实山东省地税局印发《关于深化纳税服务提高工作质效若干意见》的通知，加强对办税人员的服务培训。

税源查控 1996 年，加强全市税源查控，增强与相关部门的工作配合，控管工作取得较好成效。2003 年 3 月，开展城镇土地使用税、房产税税源普查工作。同年 9 月，市地税局印发《关于加强地方税源控管 全面推行社会综合治税工作的实施意见》的通知。2004 年 5 月，按照省地税局《市级数据集中处理试点工程推广方案》的要求，大集中系统顺利上线运行。同年 10 月，根据《兖州市人民政府关于加强全市地方税源控管工作的通知》要求，分别与市财政局、市工商局、市体育局、市国土资源局等单位签订关于加强部门配合共同做好地方税源控管工作的协议。2007 年 4 月，市地税局制定《税源普查工作实施方案》，全面开展税源普查，摸清税源底数。2008 年 7 月，开展城镇土地使用税税源清查。2010 年 4 月，市地税局制定《关于加强餐饮业税源专业化管理的通知》，在前期典型调查、税源状况摸底的基础上，对餐饮业单位纳税人和个体纳税人实行分类管理。同年 10 月，市地税局制定《推行税源专业化管理实施方案》，推行税源专业化管理。以推行集中办公为切入点，整合有效资源，实行集中征收模式，实施分类分级分岗管理。

2013 年，市地税局工作人员到大丰机械有限公司开展税源普查

第五节 税收收入

1996 年，全市实现地税收入 1.12 亿元。2000 年，受暂停征收固定资产投资方向调节税因素影响，税收收入下降，全市实现地税收入 1.77 亿元。2003 年，王因镇、黄屯镇部分企业划归济宁市高新技术开发区，实现地税收入 2.48 亿元。2004 年后，地税收入步入较快增长时期。2011 年 3 月，耕地占用税、契税由市财政部门划转到市地税部门申报缴纳，全年分别征收 5988 万元、7723 万元；同年 7 月，开始征收水利基金，全年实现地税收入 19.94 亿元。2013 年，营业税区县级分成比例由 32% 改为 100%，同年 8 月，交通运输业和现代服务业由营业税改征增值税，税收收入增速放缓，全年实现地税收入 25.06 亿元。1996 年—2013 年，市地方税务局累计组织税收收入 139.13 亿元。

1996年—2013年兖州市地税局税收明细表

表14-14

单位：万元

年份		1996	1997	1998	1999	2000	2001	2002	2003	2004	2005	2006	2007	2008	2009	2010	2011	2012	2013
地税收入总额		11201	14034	16500	18636	17681	19577	22081	24846	31194	42596	54766	75853	100961	116431	144031	199446	230793	250636
增幅（%）		-	25.29%	17.57%	12.95%	-5.12%	10.72%	12.79%	12.52%	25.55%	36.55%	28.57%	38.5%	33.1%	15.32%	23.71%	38.47%	15.72%	8.6%
一、税收合计		10683	13314	15846	17817	16763	18496	20899	23182	29159	39672	51149	71577	95116	110401	136420	186044	214888	235047
税种	1、营业税	3417	3237	3663	4335	5860	5471	5570	5799	7803	8689	14409	16690	15349	25960	30828	37317	54723	59045
	2、企业所得税	3114	5061	6675	3034	3072	5230	5331	4421	7105	9965	11734	20605	35778	42049	48814	66121	58211	44062
	3、个人所得税	346	582	820	1000	1938	2904	4171	3779	3946	8846	9624	11530	13944	12571	17364	19395	19286	16600
	4、资源税	652	620	660	818	1089	1007	1180	1535	2355	3323	3976	4308	4104	3811	3983	4302	4513	4523
	5、固调税	288	305	753	4886	929	55	—	—	—	—	—	—	—	—	—	—	—	—
	6、城市维护建设税	1402	1328	1563	2072	2007	1918	2993	4035	4556	5337	6285	7704	11138	9388	12426	17189	18124	18030
	7、房产税	631	887	1035	803	797	964	794	1169	1120	1135	1548	2080	2353	3951	4288	6276	7473	8551
	8、印花税	152	418	125	172	212	221	212	208	436	814	936	1257	1719	2279	3270	4001	4147	4378
	9、城镇土地使用税	428	567	397	606	702	619	591	2005	1305	1148	1700	5521	10067	7873	11821	12141	17716	24027
	10、土地增值税	—	—	—	—	—	17	3	192	410	253	771	1658	281	1902	2700	4481	9884	9221
	11、车船税	88	109	115	39	60	35	40	39	123	162	165	224	383	617	926	1110	1539	2213
	12、耕地占用税	—	—	—	—	—	—	—	—	—	—	—	—	—	—	—	5988	8674	24583
	13、契税	—	—	—	—	—	—	—	—	—	—	—	—	—	—	—	7723	10598	19814
二、其他收入		513	561	654	819	918	1081	1182	1663	2035	2924	3617	4276	5845	6029	7611	13402	15905	15589
1、教育费附加		499	560	651	816	916	1079	1172	1657	2030	2291	2689	3204	4373	4306	5423	7364	7768	7723
2、税务部门其他罚没收入		14	—	—	—	—	—	—	—	1	3	4	6	6	6	26	9	3	5
3、地方教育附加		—	—	—	—	—	—	—	—	—	622	914	1056	1337	1499	1887	4856	5187	5063
4、文化事业费		—	1	3	3	2	2	10	6	4	8	10	10	13	11	14	17	11	11
5、残疾人就业保障金		—	—	—	—	—	—	—	—	—	—	—	—	116	207	261	216	333	254
6、水利建设基金		—	—	—	—	—	—	—	—	—	—	—	—	—	—	—	940	2603	2533

第六节 税收优惠

营业税税收优惠 1994年1月，对托儿所、幼儿园、养老院、残疾人福利机构提供的育养服务，婚姻介绍，殡葬服务；残疾人员个人提供的劳务；医院、诊所和其他医疗机构提供的医疗服务；学校和其他教育机构提供的教育劳务，学生勤工俭学提供的劳务；农业机耕、排灌、病虫害防治、植物保护、农牧保险以及相关技术培训业务，家禽、牲畜、水生动物的配种和疾病防治；纪念馆、博物馆、文化馆、文物保护单位管理机构、美术馆、展览馆、书画院、图书馆举办文化活动的门票收入，宗教场所举办文化、宗教活动的门票收入；境内保险机构为出口货物提供的保险产品；个人转让著作权；对保险公司开展的一年期以上返还性人身保险业务的保费收入；将土地使用权转让给农业生产者用于农业生产，免征营业税。2003年1月，按期纳税的起征点从月营业额200元～800元调整为月营业额1000元，按次纳税的起征点从每次（日）营业额20元调整为每次（日）营业额100元。对下岗失业人员从事个体经营(除建筑业、娱乐业以及广告业、桑拿、按摩、网吧、氧吧外）的，自领取税务登记之日起，3年内免征营业税、城市维护建设税、教育费附加和个人所得税。2006年1月，对按期纳税的营业税起征点调整为5000元。2007年8月，对廉租住房经营管理单位按照政府规定价格、向规定保障对象出租廉租住房的租金收入，免征营业税、房产税。2009年1月，对农村信用社、村镇银行、农村资金互助社、由银行业机构全资发起设立的贷款公司、法人机构所在地在县（含县级市）及县以下地区的农村合作银行和商业银行的金融保险业收入减按3%的税率征收营业税。2011年1月，对持就业失业登记证（注明“自主创业税收政策”或附着“高校毕业生自主创业证”）人员从事个体经营除建筑业、娱乐业以及广告业、桑拿、按摩、网吧、氧吧外的，在3年内按每户9600元为限额依次扣减其当年实际应缴纳的营业税、城市维护建设税、教育费附加和个人所得税。同年10月，对家政服务企业由员工制家政服务员提供的家政服务取得的收入免征营业税。同年11月，按期纳税的起征点（不含房屋租赁）调整为月营业额20000元，房屋租赁为月营业额5000元；按次纳税的，为每次(日)营业额500元。2013年8月，符合小微企业条件的企业纳税人月销售额不超过2万元（按季纳税6万元）的暂免征收营业税。

市地税局工作人员走上街头宣传营业税优惠政策

企业所得税税收优惠 2010年1月，对当年应纳税所得额低于3万元（含3万元）的小型微利企业，其所得减按50%计入应纳税所得额，按20%的税率缴纳企业所得税。2012年1月，对年应纳税所得额低于6万元（含6万元）的小型微利企业，其所得减按50%计入应纳税所得额，按20%税率缴纳企业所得税。

契税税收优惠 1997年10月，对国家机关、事业单位、社会团体、军事单位承受土地、房屋用于办公、教学、医疗、科研和军事设施的，城镇职工按规定第一次购买公有住房的，因不可抗力灭失住房而重新购买住房的减征或免征契税。2007年8月，对个人购买经济适用住房，在法定税率基础上减半征收契税。

车船税税收优惠 2007年1月，对非机动车船（不包括非机动驳船），拖拉机，捕捞、养殖渔船免征车船税。2012年1月，节约能源的车辆，减半征收车船税；对使用新能源的车辆，免征车船税。

固定资产投资方向调节税税收优惠 1999年7月，减半征收固定资产投资方向调节税。2000年1月，暂停征收固定资产投资方向调节税。

1996年—2013年兖州市地税局税收优惠情况表

表14-15 单位：万元

年份	营业税	企业所得税	个人所得税	资源税	城市维护建设税	房产税	印花税	城镇土地使用税	土地增值税	车船税	其他收入合计
1996	7	—	—	—	—	—	—	—	—	—	—
1997	20	—	—	—	—	—	—	—	—	—	—
1998	21	—	—	—	—	—	—	—	—	—	—
1999	32	—	—	—	—	—	—	—	—	—	—
2000	39	—	—	—	—	—	—	—	—	—	—
2001	50	—	—	—	—	—	—	—	—	—	—
2002	49	—	—	—	—	—	—	—	—	—	—
2003	90	—	—	—	—	—	—	—	—	—	—
2004	98	—	9	—	5	—	—	—	—	—	—
2005	81	83	6	31	3	29	91	—	255	—	13
2006	106	1148	13	—	7	193	—	643	—	—	4
2007	98	50	1	—	7	—	—	—	—	10	3
2008	100	590	—	—	1	—	—	—	—	8	—
2009	157	371	—	—	3	37	—	150	—	12	2
2010	200	333	—	—	1	—	—	—	—	7	1
2011	1333	265	—	—	10	—	—	—	—	15	—
2012	1595	2843	—	—	14	—	—	—	—	30	—
2013	2118	6301	27	—	19	23	8	24	—	27	16
总计	5976	11984	66	31	71	282	99	817	255	109	39

第十五篇

金融　保险　证券

YANZHOUSHIZHI

金融　保险　证券

第一章　金　　融

第一节　机　　构

1996年，兖州市有中国人民银行兖州市支行、中国工商银行兖州市支行、中国农业银行兖州市支行、中国银行兖州市支行、中国建设银行兖州市支行、兖州市农村信用合作联社和中国农业发展银行兖州市支行7家金融机构。全年各项存款余额22.72亿元，各项贷款余额18.04亿元。2003年12月，中国银行业监督管理委员会济宁市监管分局兖州市办事处成立。2008年5月，中国邮政储蓄银行有限责任公司兖州支行、济宁银行兖州支行成立。2012年，交通银行兖州支行、招商银行兖州支行、兴业银行兖州支行成立。2013年，浦发银行兖州支行成立。全市金融机构增至13家，营业网点93处，从业人员1191人。全市各项存款余额343.75亿元，各项贷款余额228.14亿元。

中国人民银行兖州市支行　1996年，内设办公室、人事科、保卫科、货币发行科、会计国库科、纪检监察室、金融管理科、稽核科、计划调研科、外汇管理办公室，在职员工33人。1997年7月，增设农村合作金融管理科。1999年，撤销稽核科。2000年4月，货币发行科与保卫科合并为发行保卫科，人事科与办公室合并为综合科，金融管理科、农村合作金融管理科、外汇管理办公室合并为金融机构监管科。同年9月，增设政工科。2006年，内设科室调整为办公室、调查信息部、综合业务部、纪检监察室、发行保卫部。至2013年，内设科室未变，在职员工33人。

中国工商银行股份有限公司兖州支行　1996年，中国工商银行兖州市支行内设办公室、人事科、保卫科、监察室、稽核科、储蓄科、工业信贷科、商业信贷科、计划科、公存科10个科室。下设支行营业部、山拖分理处、矿山分理处、城镇分理处、杨村煤矿办事处、兴隆庄煤矿办事处6个综合机构、14个储蓄机构及3个代办机构，在职员工159人，各项存款余额6.68亿元，各项贷款余额5.05亿元。1998年3月，实行机构改革，设立工商信贷科、零售业务科、保卫科、办公室。同年12月，经中国人民银行批准，开办住房信贷业务。1999年，撤销校场街储蓄所，账务并入西桥储蓄所，撤销西桥储蓄所，账务并入中御桥储蓄所。2000年，撤销东桥南储蓄所，账务并入中山路储蓄所，撤销校场街（龙桥路）储蓄所、大观园储蓄所，账务并入车站下储蓄所。西桥储蓄所更名为新世纪路储蓄所，恢复成立。2001年，撤销百货大楼储蓄所、西桥储蓄所，账务分别并入建设路储蓄所、中御桥储蓄所。2002年4月，撤销建设路储蓄所，账务并入营业室。东桥南储蓄所撤并至新世纪路储蓄所。2005年，更名为中国工商银行股份有限公司兖州支行，设立业务管理部、市场营销部、营业室两部一室。撤销铁路东储蓄所、山拖分理处、城镇分理处，账务分别并入老东门分理处、煤机厂分理处、新世纪路分理处。2007年，撤销中御桥分理处，账务并入新世纪路分理处。2008年，增设个人客户营销部。2009年，增设办公室。2010年7月，煤机厂分理处更名为龙桥路分理处。2012年，设立公司客户营销部、个人客户营销部、风险管理部、办公室3部1室。至2013年，内设科室未变，各项存款余额59.71亿元，各项贷款余额51.8亿元。

中国农业银行股份有限公司兖州市支行 1996年10月，中国农业发展银行兖州市支行由中国农业银行兖州市支行析出，中国农业银行兖州市支行财政性业务取消，逐步向商业银行过渡。至1996年年底，中国农业银行兖州市支行内设办公室、人事科、会计科、信贷科、审计科、保卫科、工会、计划科、电脑部和存款公关部10个部室，辖网点15个，在职人员180人，各项存款余额3.28亿元，贷款余额2.21亿元。1999年，内部科室调整为9个职能部（室），下设13个办事处、3个营业所。2000年—2001年，先后撤销兴隆庄办事处、漕河营业所、前海营业所、南门储蓄所、少陵储蓄所和泗庄办事处。2001年4月，内设科室调整为办公室、计划财务部、信贷管理部、公司业务部、个人业务部4部1室。2008年，根据上市要求，内部科室调整为综合管理部、财会运营部、公司业务部、个人金融部、信贷管理部。2010年1月，更名为中国农业银行股份有限公司兖州市支行。2013年，内设国际业务部、理财中心，辖1个营业部、10个分理处，在职员工186人，各项存款余额47.17亿元，各项贷款余额38.3亿元。

中国农业发展银行兖州市支行 1996年10月成立，是兖州市唯一一家政策性金融机构。主要为农业和农村经济发展服务。至1996年年底，内设办公室、信贷业务部、会计结算部，各项存款余额5.35亿元，各项贷款余额1277万元。至2013年，内设科室未变，在职员工24人，各项贷款余额11.66亿元，各项存款余额2.19亿元。

中国建设银行股份有限公司兖州支行 1996年3月，中国人民建设银行兖州市支行更名为中国建设银行兖州市支行，由国家专业银行转为国有商业银行。1996年年底，内设会计科、出纳科、投资信贷科、储蓄科、财务科、保卫科、稽审科、稽核科、工会、调研科、纪检组、行政科、人事教育科及办公室14个科室，辖2个储蓄专柜、9个储蓄所、1个办事处、1个房地产信贷部、1个国际业务部和1个信用卡部，在职人员180人，各项存款余额3.41亿元，各项贷款余额1.26亿元。1998年5月，撤并房地产信贷部。2005年，更名为中国建设银行股份有限公司兖州支行。2013年，内设综合部、客户服务部、营业室及网点型支行1个、分理处6个，在职员工120人，全口径存款余额45.74亿元，各项贷款余额23.57亿元。

中国银行股份有限公司兖州支行 1996年，中国银行兖州市支行内设计划信贷科、存汇科、财会部、保卫科、工会、信用卡科、行长办公室，辖西环分理处、文化路兴隆塔储蓄所、中御桥北路储蓄所、东桥储蓄所、建设西路储蓄所、南环城路储蓄所、兴隆小区储蓄所专柜。全年各项存款余额1.68亿元，各项贷款余额1.53亿元。2000年，行长办公室更名为办公室，保卫科并入办公室，财会部更名为营业部，存汇科并入营业部，计划信贷科更名为零售业务部，信用卡科并入零售业务部。中御桥北路储蓄所升格为中御桥分理处。2002年，办公室更名为综合管理部，零售业务部更名为个人金融部。中御桥分理处更名为共青团北路分理处。2003年，专柜并入营业部。2004年，更名为中国银行股份有限公司兖州支行。2005年，兴隆小区储蓄所升格为兴隆小区分理处，撤销建设西路分理处。2006年，撤销共青团北路分理处。2007年，撤销东桥储蓄所。2008年，西环分理处升格为西环支行。2009年，南环城路分理处升格为中御桥南路支行，文化路分理处升格为文化路支行，兴隆分理处升格为兴隆支行。2012年，文化路支行更名为紫金城支行。2013年，内设营业部、公司部、个金部、综合管理部，辖西环支行、兴隆支行、中御桥支行、紫金城支行，在职员工94人，各项人民币存款余额43.63亿元，外币公司存款余额8504万美元。各项人民币贷款余额31.58亿元，争揽国际结算业务79980万美元。累计办理跨境人民币结算业务2.52亿元。

兖州市农村信用合作联社　1996年9月，兖州市农村信用社与农业银行兖州市支行脱离行政隶属关系，改由中国人民银行兖州市支行管理。至1996年年底，内设人事秘书科、保卫科、会计出纳科、业务管理科、稽查科、工会6个科室，下辖12个信用社和1个营业部，在职员工319人，存款余额3.52亿元。1998年10月，漕河信用社、泗庄信用社降格为分社，分别并入大安信用社、新兖信用社。2000年12月，兖州市城市信用社并入兖州市农村信用社，更名为兖州市城区农村信用社。2001年12月，兖州镇信用社并入城区信用社。2002年4月，前海信用社并入颜店信用社。2003年1月，在统筹规划全辖区营业网点的基础上，迁址筹建1个营业网点，8个储蓄所升格为分社，由原来的单纯办理储蓄业务调整为办理综合业务。2005年12月，更名为兖州市农村信用合作联社。2009年9月，新一代银行核心业务系统正式上线运行；漕河分社从大安信用社分离，恢复为漕河信用社。2011年3月，增设公司业务部、放款中心。2013年，兖州市农村信用合作联社内设12个部室，辖1个营业部、11个信用社、22个分社，在职员工419人，各项存款余额54.6亿元，各项贷款余额35.1亿元，实现各项收入4.1亿元；全年共缴纳各项税金4400万元，税收地方留成超过2000万元。

中国邮政储蓄银行股份有限公司兖州市支行　2008年5月，中国邮政储蓄银行兖州市支行成立。至年底，内设综合管理部、综合业务部和信贷业务部，辖13个网点，在职人员63人。各项存款余额9.41亿元，各项贷款余额2089万元。2009年，增设公司业务部。2012年1月，更名为中国邮政储蓄银行股份有限公司兖州市支行。同年3月，撤销综合业务部和公司业务部，设立综合管理部和风险控制部。2013年，内设综合管理部、风险控制部，下辖网点13个。全年各项存款余额24.52亿元，各项贷款余额3.51亿元，完成业务收入2852万元。

济宁银行股份有限公司兖州市支行　2008年6月成立，内设营业部、公司业务部，在职人员23人。2012年，增设紫金城支行。2013年，内设科室未变，在职人员48人，各项存款余额20.05亿元，各项贷款余额12.68亿元。

兖州市城市信用合作社　1996年，内设办公室、信贷科、保卫科、事后监督科4个科室，下辖1个营业部。2000年，并入兖州市农村信用社。

交通银行股份有限公司兖州支行　2012年6月成立，内设业务部和办公室，在职员工13人。至2013年，内设机构无变化，在职员工18人，各项存款余额12.26亿元，各项贷款余额9.94亿元。

兴业银行股份有限公司兖州支行　2012年11月成立，内设营业部、零售业务部、公司业务部3个部室，在职人员21人。至2013年，内设机构无变化。

招商银行股份有限公司济宁兖州支行　2012年12月成立，内设行长室、营业部、业务部、办公室，在职人员19人。2013年，内设科室未变，在职人员26人。

上海浦东发展银行股份有限公司济宁兖州支行　2013年5月成立，内设营业部和公司部，在职员工15人。至2013年年底，内设机构未变，各项存款余额9.79亿元，各项贷款余额423万元。

第二节　金融体制改革

1996年10月，中国农业发展银行兖州市支行成立，接收原由中国农业银行兖州市支行代理的农业政策性贷款业务，承担国家规定的农业政策性金融业务，代理财政性支农资金的拨付。至1996年年底，全市有中国人民银行兖州市支行、中国工商银行兖州市支行、中国农业银行兖州市支行、中国银行兖州市支行、中国建设银行兖州市支行、兖州市农村信用社、中国农业发展银行兖州市支行7家金融机构。1998年，中国人民银行进行管理体制改革，撤销省分行，设立9个跨省分行，确立中央银行跨行政区域垂直管理的金融监管体系。中国人民银行兖州市支行的职能也随之发生变化，对城乡信用社的监管成为工作重心。全市国有商业银行实现“两个转变”，即在管理体制上由国有专业银行向国有商业银行转变，在业务发展方式上由粗放经营向集约经营转变。2000年，根据中国人民银行要求，县级发行库撤销。2003年12月，根据新颁布实施的《中华人民共和国中国人民银行法（修正）》要求，银行业监督管理业务从中国人民银行兖州市支行分离。中国银行业监督管理委员会济宁监管分局兖州办事处成立，行使银行业监督管理职能，统筹监管银行、金融资产公司、信托投资公司等金融机构。中国人民银行兖州市支行专职履行中央银行职责，全市形成以中国人民银行兖州市支行为中心，国有商业银行为主体，政策性银行及其他金融机构并存的金融体系。2005年，中国建设银行兖州市支行更名为中国建设银行股份有限公司兖州支行。中国工商银行兖州市支行更名为中国工商银行股份有限公司兖州支行。2008年—2013年，兖州市银行业金融机构不断增加，中国邮政储蓄银行有限责任公司兖州市支行、济宁银行股份有限公司兖州市支行、交通银行股份有限公司兖州支行、招商银行股份有限公司兖州支行、兴业银行股份有限公司兖州支行、浦发银行股份有限公司兖州支行先后成立。2013年，全市有金融机构13家，营业网点93个，从业人员1191人。

第三节　货　币

货币发行　1996年，中国人民银行兖州市支行承担着兖州辖区人民币发行管理工作。全市使用国家发行的第三套人民币和第四套人民币。流通的人民币纸币面值有1角、2角、5角、1元、2元、5元、10元、50元、100元9种面额。1997年4月起，中国人民银行正式停止发行第四套人民币。1999年1月起，停止第二套人民币（纸、硬分币除外）在市场上流通。同年10月，首先发行第五套人民币100元纸币、1元和1角硬币，第四套、第五套人民币混合流通。同年12月，第三套人民币停止流通。2000年10月，发行第五套人民币20元纸币；2001年9月，发行第五套人民币50元、10元纸币；2002年11月，发行第五套人民币5元纸币、5角硬币；2004年7月，发行第五套人民币1元纸币。为提高第五套人民币的印刷工艺和防伪技术水平，2005年8月，发行第五套人民币（2005年版）100元、50元、20元、10元、5元纸币和不锈钢材质1角硬币。第五套人民币1角硬币材质改为不锈钢，色泽为钢白色。2007年4月，停止第二套人民币纸、硬分币在市场上流通。同年起，在银行业金融机构内部对第四套人民币实行只收不付的现金收付制度，逐步减少第四套人民币在流通环节的占比。至2013年年底，人民币由过去的多套别混合流通，基本实现第五套人民币单独流通。

货币流通　1996年，全市投放现金45.8亿元，回笼现金40.6亿元。随着经济快速发展，货币流通快速增长。2004年，全市投放现金260.5亿元，回笼现金240.2亿元，比1996年分别增长4.69倍和4.92倍。2005年，全市投放现金280.12亿元，回笼现金267.54亿元，净投放现金12.58亿元。2013年，全市投放现金408.26亿元，回笼现金398.31亿元，净投放现金9.95亿元。随着经济发展，现金投放、回笼

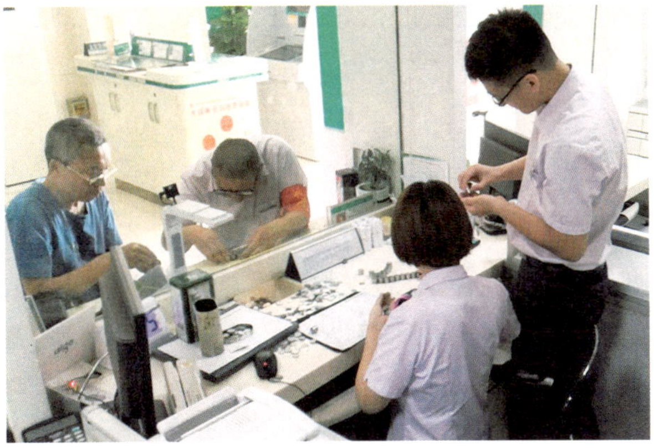

中国农业银行股份有限公司兖州市支行工作人员为市民兑换零币

呈逐年增长趋势，处于净投放状态。

现金管理 1996年，中国人民银行兖州市支行下达现金投放回笼计划，定期开展辖区内货币流通调查，定期检查企业核定现金库存限额，禁止坐支现金。1997年8月，根据《中国人民银行关于大额现金支付管理的通知》要求，将提现一次超过5万元的作为现金管理重点，执行备案制度。2004年，备案大额提现12万笔，金额50余亿元。2007年3月，中国人民银行内设机构职能调整，大额现金支付备案由货币金银部门调整至反洗钱部门，货币金银部门只对基本建设资金4个专用账户需要支取现金的情况进行书面审批。2013年，严格执行大额提现预约登记制度，全年预约登记10万笔，金额30亿元。

反假货币 1996年，中国人民银行兖州市支行、市金融机构、市公安局、市工商局等部门配备专职或兼职反假币人员，负责全市反假货币工作。为提高社会公众假币鉴别能力和反假币意识，中国人民银行兖州市支行通过市政府门户网站、市电视台金融栏目宣传反假币知识。组织银行业金融机构利用“3·15”消费者权益保护日、“11·9”消防宣传日、9月反假币宣传月等活动，在九州广场、火车站、汽车站、大型社区、农村集市等人员密集场所进行人民币知识、反假币知识宣传，通过各营业网点大堂经理、柜员讲解人民币鉴别、反假币知识，及时回答客户提出的各种相关知识和问题，提高社会公众防假币意识。2006年，中国人民银行兖州市支行组织开展兖州市农村反假货币宣传网络建设活动，在361个行政村建成农村反假货币知识宣传站，聘请农村信用社客户经理、农村储蓄代办员、村会计、个体经营业户等363人担任农村反假货币义务宣传员，增强人民群众对假币的鉴别能力。2013年，共向社会发放宣传单6000份，收缴假币791张，面值71550元。

中国农业银行股份有限公司兖州市支行工作人员上街进行反假币宣传

纪念币发行 1996年，中国人民银行兖州市支行代发行纪念朱德诞辰110周年纪念币、中国珍稀野生动物——白鳍豚纪念币、中国珍稀野生动物——华南虎纪念币3套，共计2200枚。1997年—2002年，中国人民银行兖州市支行代发行中华人民共和国香港特别行政区成立纪念币、周恩来100周年诞辰纪念币等19套，共计2.6万枚。2003年—2006年，中国人民银行兖州市支行代发行中国宝岛台湾——赤崁楼纪念币、邓小平100周年诞辰纪念币等21套，共计1.78万枚。2007年—2012年，中国人民银行兖州市支行代发行第29届奥林匹克运动会纪念币、“和”字书法——篆书纪念币、环境保护纪念币等18套，共计2.6万枚。2013年，中国人民银行兖州市支行代发行2013年、2014年贺岁币与“和”字书法——行书普通纪念币共3套，共计2.3万枚。

第四节 存 款

单位存款 1996年，全市单位存款余额4.39亿元。1996年—2007年，全市工商业经济效益稳步提高，单位存款总体呈现稳定增长态势。2007年，单位存款余额19.86亿元，比1996年增长352%。2008年—2013年，为抵御全球金融危机，全国经济金融政策出现较大变化，受投资拉动的影响，单位存款增长明显加快。2013年，全市单位存款余额129.84亿元，比2007年增长554%。

储蓄存款 1996年4月，随着金融秩序趋于稳定，保值储蓄停办，全市居民储蓄存款余额17.11亿元。1996年5月至2004年10月，居民储蓄存款利率连年调低。一年期居民储蓄存款利率由1996年5月的9.18%下调至2004年10月的1.98%。全市居民储蓄存款相对稳定增长。2004年，全市居民储蓄存款余额52.97亿元，比1996年增长210%。2005年—2013年，城乡居民收入增长加快，尽管储蓄存款利率调整频率加大，但居民储蓄存款仍呈较快增长趋势。2013年，全市居民储蓄存款余额211.6亿元，比2004年增长300%。

1996年—2013年兖州市本外币存款情况表

表15-1　　单位：万元

年 份	存款余额	其 中			
		单位存款	储蓄存款	委托存款	其他存款
1996	227154	43903	171050	0	12201
1997	266357	55988	200632	524	9213
1998	299014	57381	233140	-1245	9738
1999	331094	47535	263335	-2045	22269
2000	374789	61296	303002	-1645	12136
2001	434494	58946	349733	-1545	27360
2002	509115	74485	406722	-1345	29253
2003	618855	100423	476595	-72	41909
2004	696741	85077	529650	-584	82598
2005	822871	105042	606328	-11	111512
2006	1004624	203419	681914	17	119274
2007	1063120	198643	742804	0	121673
2008	1359319	207681	958356	0	193282
2009	1873937	394488	1178130	0	301319
2010	2171950	366561	1395058	0	410331
2011	2393618	776896	1577494	0	39228
2012	2848557	946484	1881710	0	20363
2013	3437490	1298409	2115967	179	22935
合计	20733099	5082657	14071620	-7772	1584486

第五节　贷　款

1996 年，全市贷款余额 18.04 亿元。1997 年亚洲金融危机后，为应对当时的严峻经济形势，实行稳健的货币政策，全年贷款余额 21.09 亿元。1998 年—2003 年，全国面临通货紧缩压力，货币政策趋向增加货币供应。2003 年，全市各项贷款余额 47.05 亿元，比 1998 年增长 106.3%。2003 年—2007 年，为控制经济增长过快，国家多次上调存款准备金率和存贷款利率，全市金融机构贷款增长相对稳定。2007 年，全市贷款余额 72.61 亿元。2008 年，为应对国际金融危机，取消对全市商业银行的信贷规模约束，并引导商业银行扩大贷款总量。全市贷款呈现快速增长趋势。2013 年，各项贷款余额 228.14 亿元，比 2008 年增长 137.99%，比 1996 年增长 1164%。

中国农业银行股份有限公司兖州市支行信贷工作人员考察企业生产车间

1996年—2013年兖州市本外币贷款情况表

表15-2　　单位：万元

年　份	贷款余额	其　中			
		短期贷款	中长期贷款	票据融资	其他贷款
1996	180448	157731	14737	0	7980
1997	210871	188843	18426	0	3602
1998	228009	204071	21170	0	2768
1999	260515	226372	28601	0	5542
2000	286322	249570	36752	0	0
2001	324339	264650	43091	14964	1634
2002	378083	282598	69246	22242	3997
2003	470491	332367	95737	35075	7312
2004	529705	350420	116875	53012	9398
2005	580189	381766	128705	58170	11548
2006	591848	445765	127305	12501	6277
2007	726085	535769	162915	14130	13271
2008	958585	568310	301983	80349	7943
2009	1253758	703605	502081	28919	19153
2010	1562921	852389	624002	17988	68542
2011	1679379	948601	694991	35698	89
2012	2155168	1291047	762991	101128	2
2013	2281424	1444559	770865	65999	1
合计	14658140	9428433	4520473	540175	169059

第六节　结　算

结算方式　1996 年 1 月，兖州市各银行业金融机构执行 1995 年中国人民银行颁布的《中华人民共和国票据法》，逐步开展银行汇票、银行承兑汇票、贴现、再贴现业务。兖州市结算方式由传统的主要靠现金结算转变为非现金结算。结算工具和方式主要有银行汇票、商业汇票、银行本票、支票、信用卡、汇兑、托收承付、委托收款 8 种。1997 年 7 月，为方便各商业银行跨行系统汇兑，中国人民银行兖州市支行接入电子联行系统。2005 年—2007 年，中国人民银行兖州市支行相继上线运行大额实时支付系统、小额批量支付系统，建立和完善统一、高效、安全的支付清算系统。2007 年 6 月，上线运行全国支票影像交换系统，兖州银行业金融机构实现支票全国通存通兑。2012 年，率先在济宁市实现农村支付结算服务设施“全覆盖”目标，全市497个行政村均布放金融基础设施，非现金支付工具使用率大幅提升。至2013年年底，全区共布放ATM机186台，安装POS机具6320台，设置助农取款服务点318个，实现银行卡助农取款点行政村覆盖率100%和手机支付业务行政村覆盖率100%。

银行账户管理 1996年，中国人民银行兖州市支行落实1994年中国人民银行颁布的《银行账户管理办法》，规定辖区商业银行办理的银行结算账户为基本存款账户、一般存款账户、临时存款账户和专用存款账户。2003年，依照中国人民银行公布的《人民币银行结算账户管理办法》，确定人民币银行结算账户管理制度的基本框架和核心内容，并放宽银行结算账户的开立条件，取消对异地开户的限制，单位银行基本账户骤增，累计设立1203个银行结算账户。2006年—2013年，累计清理多头开户8960个，撤销长期闲置账户1.84万个，规范一般使用账户2987个。至2013年，全市各类有效银行账户286万个。

同城清算 1996年，参加中国人民银行兖州市支行组织的同城票据交换单位有中国工商银行兖州市支行、中国农业银行兖州市支行、中国银行兖州市支行、中国建设银行兖州市支行、兖州市城市信用社5家金融机构。2002年6月，兖州市正式加入包括济宁市市中区、任城区、曲阜市、邹城市在内的大同城资金网络清算系统，实现兖州市与上述地区票据的同城交换。2005年，兖州市国库参与济宁同城交换，所有国库业务均通过国库内部往来清算资金。至2013年，兖州市各银行业金融机构每天参与两场济宁同城票据交换，济宁市内跨行票据业务均由济宁同城票据交换系统处理。

第七节　外汇管理

1996年12月，全市实现人民币经常项目可兑换外汇管理体制。2002年，全市企业开立各类外币结算账户32个，外币存款余额720万美元，贷款余额2184万美元。2005年，实施出口收汇网上核销。同年7月，实行以市场供求为基础、参考一篮子货币调节、有管理的浮动汇率制度。2008年，依据国务院新修订的《中华人民共和国外汇管理条例》，确立均衡监管思路，在行政法规层面明确取消强制结售汇制度。2009年，实施外汇管理从重审批转变为重监测分析、从重事前监管转变为强调事后管理、从重行为管理转变为更加强调主体管理、从“有罪假设”转变为“无罪假设”、从“正面清单（法无明文授权不可为）”转变为“负面清单（法无明文禁止即可为）”的五个转变。2010年4月，试点实施进口付汇核销改革，对货物贸易项下国际支付不予限制。同年6月，进一步推进人民币汇率形成机制改革，增强人民币汇率弹性，实行适时汇率管理体制。同年8月，为促进贸易投资便利化，试点实施外汇主体管理，为全市116家涉外企业建立外汇管理业务档案。2012年8月，实施货物贸易外汇管理制度改革，实现货物贸易外汇管理由逐笔核销向总量核查、由行为审核向主体分类监管转变，并实施企业分类管理，根据企业合规性及风险状况将其分为A、B、C三类，对不同类别的企业实施差别化管理，全市有134家企业办理贸易外汇名录登记。至2013年，全市有外商投资企业26家，实际利用外资累计3.89亿美元；境外投资企业12家，实际汇出投资款1.79亿美元，企业开立各类外汇结算账户549个；78家企业进口10.44亿美元，出口8.21亿美元；银行累计结汇2.43亿美元，累计售汇3.06亿美元。

第八节　金融监管与服务

金融监管 1996年—1999年，中国人民银行兖州市支行严肃查处个别金融机构不按准入、退出条件和程序，擅自设立和撤销营业网点，违

反洗钱业务核查现场

法、违规经营等行为。调查、摸底农村合作基金会等违规办理金融业务的问题，向其主管部门提出整改建议，维护全市金融秩序的稳定。2000年，制定《兖州市2000年—2001年防范和化解金融风险工作规划》，提出“在2002年年底前，将高风险金融机构的风险基本化解完毕”的总体目标。2001年—2002年，以降低辖区内金融机构不良贷款和提高经营效益为重点，加大各项监管力度，全市金融机构不良贷款数额明显下降。2002年年底，全市4家国有商业银行贷款总额23.91亿元，不良贷款余额5.74亿元，不良贷款占比由2001年初的37.03%降为23.99%。2003年12月，中国银行业监督管理委员会兖州办事处成立，行使全市银行业监督管理职能。2004年—2009年，中国银行业监督管理委员会兖州办事处主要完成兖州市农村信用合作联社的全程非现场监管，上报主监管员报告60期，季度、年度监管报告8期，完成高级管理人员资格审查14人。组织召开银行机构审慎经营会议5次，对高级管理人员年度考核140人次。2009年5月，中国银行业监督管理委员会兖州办事处撤销，所有职能上划至中国银行业监督管理委员会济宁银监分局。

金融服务　1996年8月，省政府确定首批120家骨干优势企业实行银企联手，兖州市的山东太阳纸业集团有限公司入选其中，并与中国银行兖州市支行、中国农业银行兖州市支行建立主办银行关系，实现银企联手，共同发展。1997年1月，中国人民银行开通全国电子联行资金清算系统，中国人民银行兖州市支行建立地面卫星接收小站，实现“天地对接”，提高资金清算速度。全市各商业银行开通电子联行汇兑业务，居民储蓄实现全省通存通兑。2002年6月，济宁市、兖州市、曲阜市、邹城市同城交换网络运行，银行结算服务功能得以提升。2004年4月，全市举办首届银企合作暨金融产品推介会，重点推介300余种金融产品，达成银企贷款意向2.29亿元，签订保险合作协议8685万元。2007年，中国人民银行兖州市支行分别在全市10个镇（街道）召开银企合作促进会，辖区内6家金融机构共向92家企业发放贷款2.24亿元，全市中小企业贷款难问题得到有效解决。2010年4月，兖州市成为跨境贸易人民币结算试点地区，根据跨境贸易人民币结算政策要求，中国人民银行兖州市支行引导有条件的企业开展跨境结算。至2012年，山东太阳纸业股份有限公司、倍耐力（中国）轮胎有限公司等16家企业累计实现跨境人民币支付85.6亿元。其中，爱科大丰（兖州）农业机械有限公司1.72亿元的跨境人民币直接投资业务，成为济宁市首笔资本项下跨境人民币业务。至2013年，全市银行卡发卡量109.8万张，人均持卡量2.02张，开通网上银行用户12.06万户，布放ATM机117台，配备POS机1.23万台，布放农民自助服务终端100台，464个行政村金融基础设施覆盖率100%。

第九节　国债发行

1996年，全市共发行记账式国债、无记名国债、凭证式国债和特种定向国债4种国债，增加短期品种和长期品种，共有3个月、6个月、1年、3年、5年、7年、10年7个品种。由于发行期限不同，利率有所不同。以凭证式国债为例，5年期凭证式国债年利率13.06%，全年认购1341.18万元，兑付736.87万元。1997年，

2010年5月，中国人民银行兖州市支行工作人员在人民乐园开展国债宣传活动

共发行凭证式国债等3种国债，期限分别为2年、3年、5年，年利率分别为8.64%、9.18%和10.17%，认购4819.06万元，兑付998.12万元。1998年，为应对亚洲金融危机对中国的影响并拉动内需，国家开始发行长期国债，主要是增发1000亿元长期建设国债，加强基础设施建设，期限为10年，年利率5.55%，当年全市共认购5317.41万元，兑付2347.2万元。2013年，全市国债认购5682.35万元，兑付4698.35万元。1996年—2013年，全市完成各种国债认购8.9亿元，兑付5.85亿元。

1996年—2013年兖州市国债认购及兑付情况表

表15-3　　单位：万元

年　份	认购数	兑付数
1996	1341.18	736.87
1997	4819.06	998.12
1998	5317.41	2347.2
1999	3271.06	921.18
2000	3905.65	4200.07
2001	4235.29	2265.81
2002	4729.41	3390.85
2003	4468.24	3830.4
2004	4521.18	3906.12
2005	4517.65	3371.65
2006	5689.41	3458.12
2007	5378.82	3721.06
2008	5470.59	3589.41
2009	6804.71	3967.41
2010	6543.53	3872.47
2011	6105.88	4485.88
2012	6155.29	4730.82
2013	5682.35	4698.35
合计	88956.71	58491.79

第二章　保　　险

第一节　机　构

中国人民财产保险股份有限公司兖州支公司

1996年4月，中国人民财产保险有限公司兖州支公司成立，内设经理室、办公室、财会科、财产险科、理赔科、谷村营业部和兴隆营业部，在职员工23人。1999年6月，更名为中国人民保险公司兖州市支公司。2003年7月，更名为中国人民财产保险股份有限公司兖州支公司。2013年，内设经理室、综合部、营业室、理赔中心、电子商务和6个直销、营销业务部，下设谷村、兴隆2个营业部，王因、大安、新兖、新驿、兴隆庄、兴隆庄煤矿、颜店7个标准化三农营销服务部，有员工和营销代理人员140余人。

中国人寿保险股份有限公司兖州支公司

1996年4月，中国人寿保险有限公司兖州支公司成立，内设经理室、营销部、团体业务部、客户服务部、教育培训部、营业室、办公室、财务科，在职员工58人。1999年6月，更名为中国人寿保险公司兖州支公司。2002年7月，设立颜店镇、黄屯镇、王因镇、漕河镇、大安镇、新驿镇、小孟镇、兴隆庄镇、谷村镇、杨村煤矿、兴隆庄煤矿11个农村营销服务部。2003年6月，更名为中国人寿保险股份有限公司兖州支公司。2006年，增设前海、薛庙农村营销服务部。2013年11月，营销部更名为个险销售部、办公室更名为综合管理部，增设银行保险部，撤销营业室、财务科。2013年年底，内设经理室、个险销售部、银行保险部、团体业务部、客户服务部、综合管理部、教育培训部，下辖颜店镇、黄屯街道、王因街道、漕河镇、大安镇、新驿镇、小孟镇、兴隆庄镇、前海、谷村、杨村煤矿、薛庙、兴隆庄煤矿13个农村营销服务部，有员工1000余人。

中国平安财产保险股份有限公司兖州支公司 2003年5月，中国平安财产保险股份有限公司兖州营销服务部成立，内设经理室、综合管理室、综拓业务科、直销业务科，编制7人。2008年，更名为中国平安财产保险股份有限公司兖州支公司。2013年，增设银保业务科和创展业务科，内设总经理室、综合管理室、综拓业务科、直销业务科、新渠道业务科、银保业务科和创展业务科，在职员工15人。

新华人寿保险股份有限公司兖州支公司 2003年6月成立，内设营销培训室、客服室，辖个险营业部，共有内勤3人、外勤业务员25人。2008年6月，增设团险、银贷、理赔、续期4个部门，营销培训、客服等内勤管理人员6人，保费收展部人员26人，外勤业务人员300余人。至2013年，经理室、营销培训、客服、理赔内勤管理人员11人，业务人员632人。

中国大地财产保险股份有限公司兖州支公司 2005年5月成立，内设营业室、办公室、业务科、理赔科，在职人员18人，其中营销人员10人。2013年，内设经理办公室、营业室、客户部、互动部、银保部、电商部、2个直销团队、1个代办网点，在职人员19人，其中营销人员14人。

中国太平洋财产保险股份有限公司兖州支公司 1997年1月，中国太平洋保险股份有限公司兖州营销服务部成立，内设经理室、办公室、营业厅、寿险科、财险科、理赔科。在职人员44人，其中营销人员26人。2001年，中国太平洋保险股份有限公司进行改革，财险、寿险拆分经营。同年，中国太平洋财产保险股份有限公司兖州支公司成立，内设经理室、办公室、营业厅、业务部、理赔科，在职人员12人。2013年，增设电话销售部、产寿交叉部，其他科室未变，在职人员10人。

第二节 保险种类

中国人民财产保险股份有限公司兖州支公司 1996年—2013年，主要经营机动车辆保险、驾驶员意外保险、治安家财保险、新农合大病医疗保险、职工大病医疗保险、学生平安保险、公众责任险、保证保险、旅游保险、国内货运险、进出口货运险、建筑工程质量保险、火灾责任保险、员工保障计划保险、货物运输险、安全生产责任保险、雇主责任保险、团体意外保险、建筑工程意外保险、公共责任保险、组织者责任保险、工程履约保证保险、诉讼保全保险、企业财产保险、家庭财产保险、财产损失保险、农业保险、人身意外伤害保险、船舶货运险、责任信用险、意外健康险、能源及航空航天险等100余种非寿险领域业务。

中国人寿保险股份有限公司兖州支公司 1996年，开办的保险种类有重大疾病定期保险、重大疾病终身保险、鸿寿养老金保险、养老金还本保险、简易人身保险。1997年—1998年，增加66鸿运保险、子女教育婚嫁备用金保险、个人养老金保险、福寿安康保险、团体福利保险、99鸿福终身保险、88鸿利终身保险、个人购房贷款定期人寿保险、义务兵养老保险、独生子女两全保险。1999年，开办人身意外伤害保险、建筑工程团体人身意外伤害保险、国寿学生幼儿平安保险、国寿团体人身保险、国寿出境人员意外伤害保险、国寿执法人员团体人身意外伤害保险等 20 余种长期险。2000 年—2013 年，先后增加国寿附加瑞鑫长期意外伤害保险、国寿祥泰定期寿险、国寿祥泰终身寿险、国寿鑫裕定期重大疾病保险、国寿鑫裕长期意外伤害保险等 200 余个险种，陆续推出兼有保险和投资性质的多种分红保险，基本覆盖生老病死、教育、婚嫁、投资等各方面的人寿保险业务。

中国平安财产保险股份有限公司兖州支公司 2003 年，主要开办财产、机动车辆、人身意外等保险。至 2013 年，先后开办各种家财组合险种及雇主责任保险、产品责任保险、出口货物保险、农险、驾驶员保险、学生平安保险、人身意外伤害保险、公众责任保险、餐饮场所保险、企财综合险、企财基本险、财产一切险、机器损坏险、家财综合险、建筑工程一切险、安装工程一切险、涉外险、产品险、物业管理责任险、校园责任险、医疗责任险、乐享美食、乐享教育、乐享运动等小微系列险种以及 20 余个主要险种和 30 余个附加险种。

新华人寿保险股份有限公司兖州支公司 2003 年，主要开办各类人寿保险、健康保险和人身意外伤害保险。2004 年—2013 年，增设团体卡单险种，涵盖学生平安保险、人身意外伤害保险、团体人身意外伤害保险、建筑工程质量保险、交通工具意外险等险种。2005 年，新增“吉”字系列两全定期险。2010 年，新增“尊”字系列年金养老险。2013 年，新增“金彩一生”年金险、“康健长青”防癌险系列。

中国大地财产保险股份有限公司兖州支公司 2005 年，开办企业财产保险、家庭财产保险、机动车辆保险、工程险、责任险、信用保险、保证保险、建筑工程保险、安装工程保险、货物运输保险、船舶险、农业保险以及短期健康保险和意外伤害保险等 30 余个险种。2007 年，增办雇主责任保险、旅行社责任保险、医疗责任保险。2013 年，增办家财火灾保险、“天地关爱，百万医疗”保险、大地学生平安保险、“淘气保”监护人责任保险等。至 2013 年年底，共开办险种 70 个。

中国太平洋财产保险股份有限公司兖州支公司 1997 年，主要开办重大疾病保险、教育分红保险、养老保险、人身保险、家庭财产保险、车辆保险、保证保险。2001 年—2013 年，主要开办企业财产保险、家庭财产保险、机动车辆保险、工程保险、责任保险、保证保险、建筑工程保险、安装工程保险、货物运输保险、船舶保险、短期健康保险和意外伤害保险、团体意外保险等多个险种。

第三节 保费收入

中国人民财产保险股份有限公司兖州支公司 1996 年，实现保费收入 1580 万元，承保利润 202 万元。2013 年，实现保费收入 8458 万元，承保利润 2746 万元，上缴税金 1085 万元。机动车辆保险，1996 年保费收入 1437 万元，2013 年增至 6105 万元，年均递增 8.9%；企业财产保险，1996 年保费收入 60 万元，2013 年增至 668 万元，年均递增 15.2%。

1996年—2013年中国人民财产保险股份有限公司兖州支公司保费收入图

单位：万元

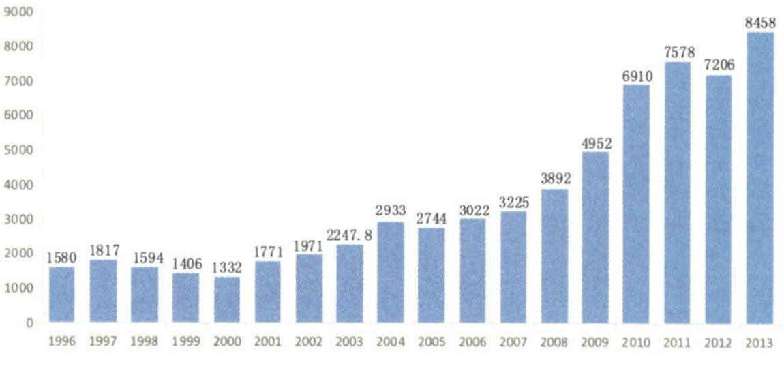

1996年—2013年中国人寿保险股份有限公司兖州支公司保费收入图

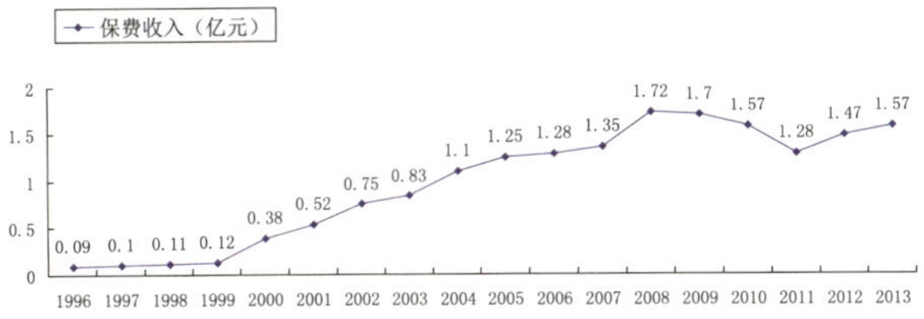

中国人寿保险股份有限公司兖州支公司　1996年，实现保费收入950万元。1999年，实现保费收入1231万元。随着险种日益增多，2011年，实现保费收入1.28亿元。2013年，实现保费收入1.57亿元。1996年—2013年，实现总保费收入17.29亿元。

中国平安财产保险股份有限公司兖州支公司　2003年，实现保费收入60万元。2008年，实现保费收入100万元，年均增长10.9%。2003年—2008年，实现保费总收入489万元。2008年后，通过不断增加险种，保费收入迅速增加。2009年，实现保费收入1050万，是2008年的10.5倍。2013年，实现保费收入2800万元。其中，个车保费收入1950万元，团车保费收入600万元，财产险保费收入196万元，意外险保费收入50万元，健康险保费收入4万元。

2003年—2013年中国平安财产保险股份有限公司兖州支公司保费收入图

单位：万元

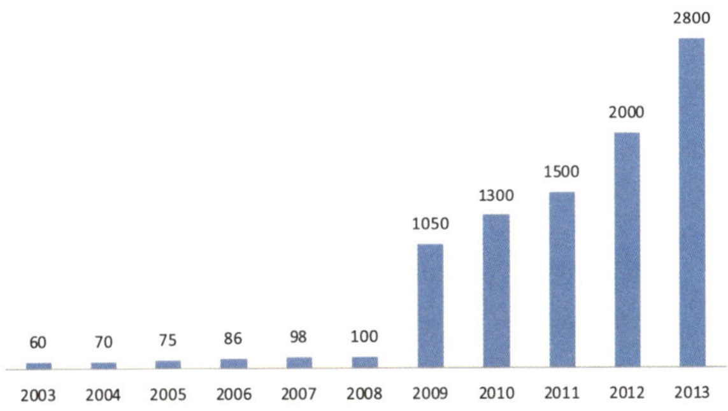

新华人寿保险股份有限公司兖州支公司　2003年，实现保费收入312.3万元，实现利润32.2万元。2013年，实现保费收入2531.7万元，实现利润532.7万元。2003年—2013年，实现总保费收入1.57亿元，年均增长24.6%；累计实现利润3088.6万元，年均增长30.5%。

2003年–2013年新华人寿保险股份有限公司兖州支公司保费收入图

单位：万元

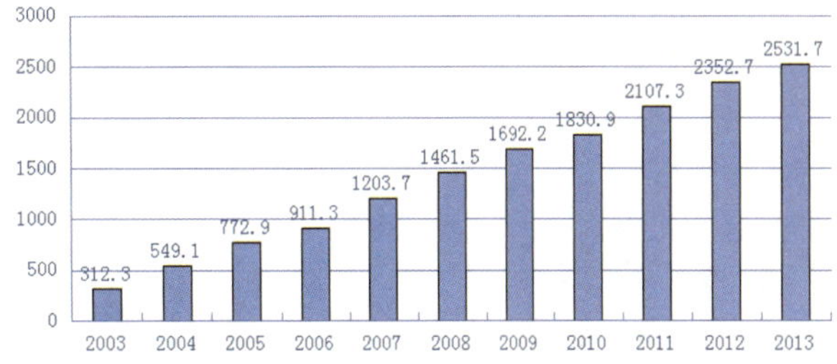

中国大地财产保险股份有限公司兖州支公司　2005年，实现保费收入450万元。2006年，实现保费收入1013万元。2007年起，保费收入逐渐减少。2009年，实现保费收入310万元。2010年起，通过增加保险种类，保费收入逐年增加。2013年，实现保费收入1488万元。2005年—2013年，实现总保费收入7012万元。

2005年—2013年中国大地财产保险股份有限公司兖州支公司保费收入图

单位：万元

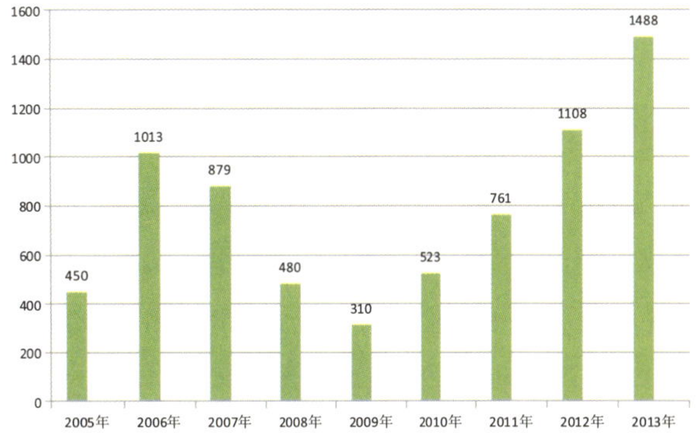

中国太平洋财产保险股份有限公司兖州支公司　1997年，实现保费收入960万元，赔付540万元。2001年，中国太平洋财产保险股份有限公司兖州支公司独立经营，全年实现保费收入430万元。2002年—2012年，随着经济的不断发展，保费收入稳步增长。2013年，实现保费收入1930万元。

2001年—2013年中国太平洋财产保险股份有限公司兖州支公司保费收入图

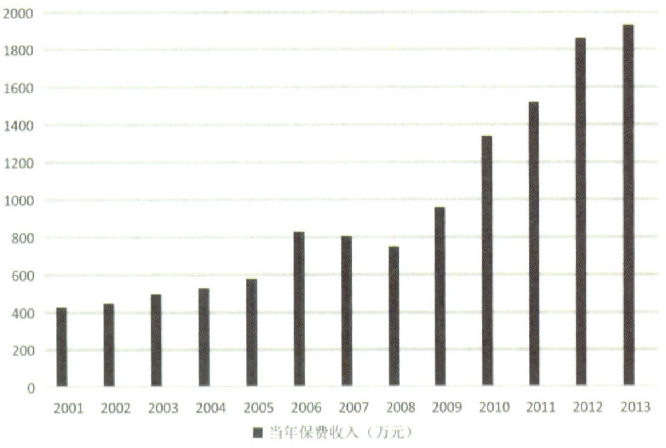

第四节　保险理赔

中国人民财产保险股份有限公司兖州支公司

1996 年，受理赔付案件 1050 件，赔付金额 870 万元。2013 年，受理赔付案件 5420 件，赔付金额 2926 万元。1996 年—2013 年，累计受理案件 4.42 万件，保险金额赔付支出 2.66 亿元。

1996年—2013年中国人民财产保险股份有限公司兖州支公司赔案金额及案件数图

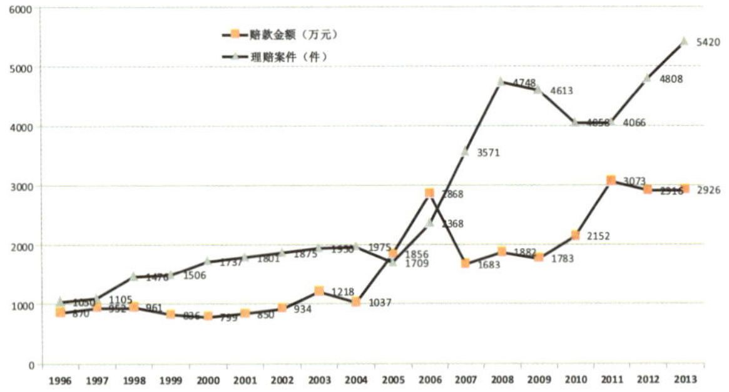

附：理赔案例

2010 年 5 月 13 日，某大型企业发生火灾，厂房及车间内堆放物等财产被烧毁，造成极大经济损失。公司依据企业财产保险规定，查勘核实共计赔付保险金额 125.57 万元。

2011 年 6 月 25 日，某大型企业发生爆炸，导致生产车间及部分仓储严重损失，公司依据企业财产保险规定，查勘核实共计赔付保险金额 135.46 万元。

中国人寿保险股份有限公司兖州支公司

2010 年，受理理赔案件 2552 件，赔付 990 万元；2011 年，受理理赔案件 2500 件，赔付金额 1095 万元；2012 年，受理理赔案件 2465 件，赔付 903 万元；2013 年，受理理赔案件 2601 件，赔付 440 万元。1996 年—2013 年，共受理理赔案件 4 万余件，支付各种保险金约 6 亿元，赔款约 1 亿元。

1996年—2013年中国人寿保险股份有限公司兖州支公司理赔情况图

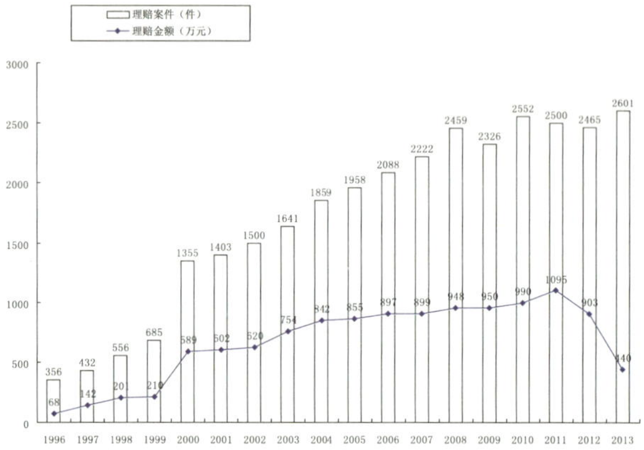

附：理赔案例

2001 年 6 月 25 日，王某某在兖州人寿保险公司为其儿子投保国寿英才少儿两全保险，保险金额 1 万元。2008 年 6 月 27 日，为个人投保康宁终身保险，保险金额 1 万元。2013 年 10 月 25 日，为个人投保国寿建筑工程团体意外伤害保险，保险金额 12 万元。2014 年 2 月 28 日，王某某在工地进行施工作业中坠楼死亡，保险受益人申请给付身故保险金。2014 年 4 月 21 日，兖州人寿保险公司给付被保险人身故保险金 15 万元，同时免收国寿英才少儿两全保险以后各期保险费。

2009 年 2 月 7 日，任某某在兖州人寿保险公司为个人投保康宁终身保险，保险金额 40000 元。2012 年 1 月 27 日，任某某在山东省立医院确诊为腹主动脉瘤，向兖州人寿保险公司申请重大疾病保险金。兖州人寿保险公司调查证实案件上报并及时处理，给付 8 万元理赔保险金，并免收以后各期保险费。

中国平安财产保险股份有限公司兖州支公司 2003 年，赔付 40.81 万元。2004 年起，随着受理理赔案件的增多，赔款数额逐年增加。2009 年，赔付 420.31 万元。2013 年，赔付 1120.84 万元。2003 年—2013 年，共受理各类理赔案件 3.07 万件，支付各种赔款 3795.21 万元，占保费总收入的 59.9%。

2003年—2013年中国平安财产保险股份有限公司兖州支公司理赔情况图

单位：万元

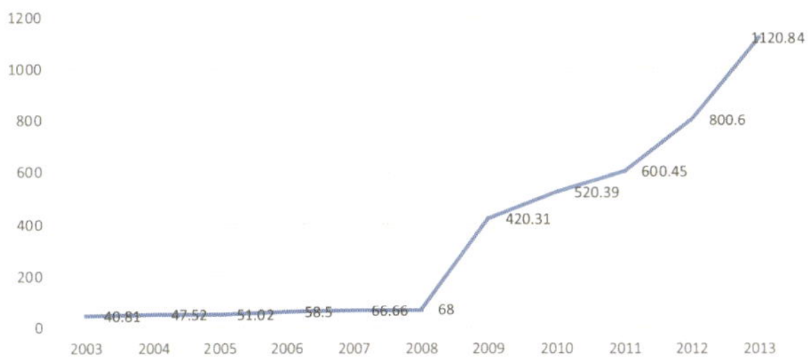

新华人寿保险股份有限公司兖州支公司 2003 年，受理理赔案件 81 件，赔付理赔款 21.7 万元。2013 年，受理案件 1219 件，赔付理赔款 809.6 万元。2003 年—2013 年，共受理各类案件 2.3 万件，支付各类保险理赔金 4215.8 万元。

2003-2013年新华人寿保险股份有限公司兖州支公司赔案金额及件数图

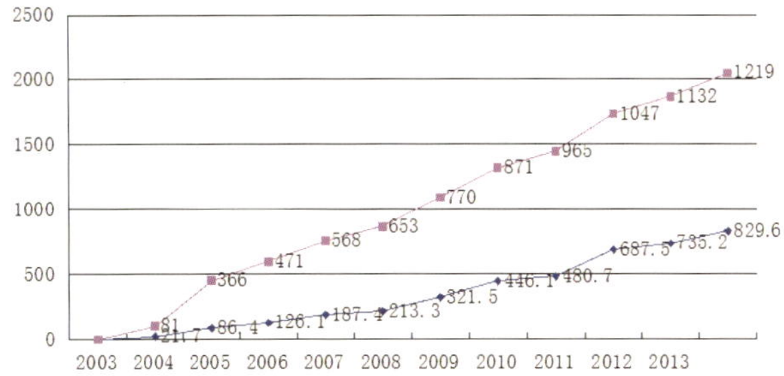

附：理赔案例

金某于 2008 年 1 月 15 日投保吉利相伴 A 款两全保险（分红型），保额 3 万元，住院费用医疗保险（2007）。2011 年 9 月 7 日，金某因胃癌在济宁第一人民医院住院治疗。公司赔付住院医疗保险金连同重大疾病保险金共计 5.7 万元。

广某于 2011 年 10 月 25 日投保新华祥和万家两全保险，保额 4 万元；附加 08 定期重大疾病保险，保额 4 万元；附加住院费用 A 款医疗保险，保额 1 万元。2013 年 8 月 29 日投保健康福星增额（2014）重大疾病保险，保额 3.95 万元。2013 年 7 月 26 日广某因交通事故抢救无效死亡，公司理赔 14.17 万元。

中国大地财产保险股份有限公司兖州支公司 2005 年理赔 57.4 万元；2008 年理赔数额最高，为 567.48 万元；2010 年理赔数额降至 131.37 万元；2011 年起，理赔数额逐年提高，2013 年，理赔 562.1 万元。2005 年—2013 年，累计受理案件 7000 余件，支付各种赔款 2721.95 万元，占保费总收入的 38.8%。

2005年—2013年中国大地财产保险股份有限公司兖州支公司理赔情况图

单位：万元

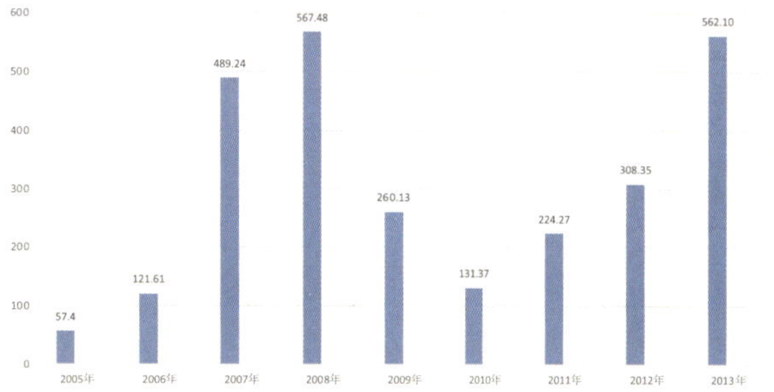

中国太平洋财产保险股份有限公司兖州支公司 1997 年，受理理赔案件 310 件，赔付 280 万元。2013 年，受理理赔案件 2260 件，赔付 1630 万元。1996 年—2013 年，累计受理各类理赔案件 15460 件，保险金额赔付支出 8630 万元。

2001年—2013年中国太平洋财产保险股份有限公司兖州支公司赔付数据图

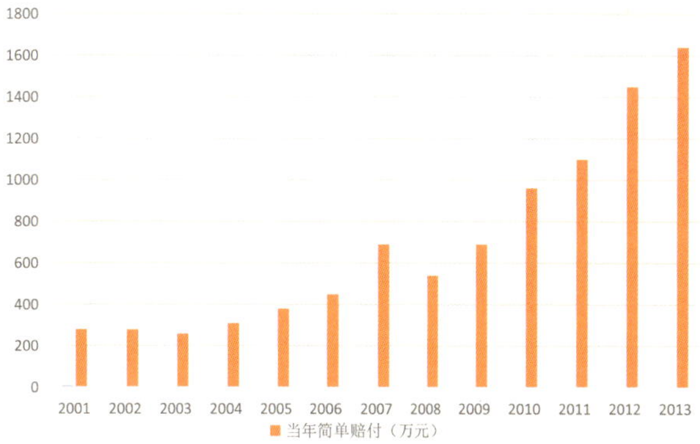

第三章 证 券

第一节 机 构

2008年9月，齐鲁证券有限公司兖州建设路证券营业部成立，是兖州市唯一一家经中国证监会批准的合法证券经营机构，内设营销部和营运部，在职员工4人。2013年，内设财富管理中心、营运中心、营销部，在职员工9人，营销代表3人，证券经纪人3人。

齐鲁证券有限公司兖州建设路证券营业部

第二节 证券业务

齐鲁证券有限公司兖州建设路证券营业部（以下简称“齐鲁证券兖州营业部”）主要经营证券经纪业务、证券投资基金代销、证券投资咨询、融资融券、代销金融产品。办理沪深A股股票账户、沪深B股股票账户、新三板账户、OTC理财账户、期货IB、基金账户开户、客户资料变更、咨询、投资者教育、基金及投资理财产品销售等。至2008年年底，开户957户，客户资产总值6246万元。2013年5月，齐鲁证券兖州营业部参加兖州市金融办举办的“打击非法集资宣传月”活动，通过制作展板、发放宣传资料、悬挂条幅、利用电子屏宣传等形式，揭示非法集资的欺骗性和社会危害性，引导广大人民群众自觉抵制非法集资。同年7月，举办兖州市推进企业场外挂牌培训交流会，参会企业35家，齐鲁证券有限公司场外市场部工作人员对与会企业进行新三板业务培训。至2013年年底，齐鲁证券兖州营业部共开立股票账户1.2万户，客户资产总值3亿元。

2006年11月1日，经中国证券监督管理委员会《关于核准山东太阳纸业股份有限公司首次公开发行股票的通知》核准，山东太阳纸业股份有限公司通过深圳证券交易所发行股票7500万股，每股发行价16.7元，发行总市值12.525亿元，募集资金净额12.03亿元。同月16日，山东太阳纸业股份有限公司在深圳证券交易所中小企业板挂牌上市交易。至2013年，山东太阳纸业股份有限公司是兖州市唯一一家上市公司。

第十六篇

经济管理

YANZHOUSHIZHI

经济管理

第一章　规划（计划）管理

第一节　管理机构

1996年，兖州市计划委员会设办公室、发展计划综合科、固定资产投资科和经贸与社会发展科4个科室，在职人员11人。2002年，市计划委员会更名为市发展计划局，为市政府组成部门。2003年，市政府重点项目办公室成立，为副科级全额管理事业单位，编制6人，由市发展计划局管理。2006年，市发展计划局更名为市发展和改革局，将市政府办公室经济体制改革办公室划归市发展和改革局，编制3人。2007年，市服务业办公室成立，为副科级全额拨款事业单位，编制7人，由市发展和改革局管理。2011年，市发展和改革局内设科室调整为办公室、国民经济综合科、固定资产投资科(挂行政许可科牌子)、工业与贸易科（挂高技术产业科牌子）、农业经济与资源环境科、社会发展科、经济体制改革办公室7个科室。2013年11月，市发展和改革局更名为济宁市兖州区发展和改革局。至2013年底，区发展和改革局设办公室、国民经济综合科、固定资产投资科（挂行政许可科牌子）、经济体制改革办公室（挂高技术产业科牌子）、工业与贸易科、农村经济与资源环境科、社会发展科7个科室；辖区经济体制改革办公室1个科级行政单位，区重点项目管理办公室1个科级全额事业单位和区服务业办公室1个副科级全额事业单位。在职人员20人。

第二节　规划（计划）编制

短期计划编制　1996年—2013年，兖州市均制定年度国民经济和社会发展计划、固定资产投资年度计划。其中，国民经济和社会发展年度计划主要是总结上年度国民经济和社会发展计划执行情况，提出未来一年内国民经济、社会事业发展所作的规划和安排及相关政策建议，由市政府向市人民代表大会提交审议通过后印发各乡镇及有关部门执行。固定资产投资年度计划包括固定资产投资建议计划、新开工和续建项目投资建议计划、前期储备重大项目等内容，每年末，由各乡镇（街道）及有关部门按照国家资金的投向、项目安排做好计划，并由市发改局汇总后按要求上报，由济宁市发改委统一下达。

中长期规划（计划）编制　1996年，编制《兖州市国民经济和社会发展第九个五年计划及2010年远景目标纲要（草案）》（简称兖州市“九五”计划），1996年3月，市第十三届人民代表大会第四次会议审议通过。兖州市“九五”计划主要指标是到2000年，实现国民生产总值110亿元，年均增长14.9%；全社会固定资产投资额累计75亿元；财政收入5亿元，年均增长18%左右，占国民生产总值的比重为4.5%；出口商品供货值达到33亿元，年均增长40%；实际利用外资累计0.7亿美元。兖州市“九五”末三次产业结构比为12∶54∶34，城镇化水平45%，林、牧、渔业产值占农业总产值的比重60%左右，外贸出口机电产品比重30%以上。农民人均纯收入4500元，平均增长16.4%；城镇居民居住基本实现楼房化，人均住房面积18平方米，农民人均住房面积28平方米。全市人均自然增长率控制在3‰以内，总人口控制在68万人以内。

2001年，编制《兖州市国民经济和社会发展第十个五年计划纲要》（简称兖州市“十五”计划），2001年3月，市第十四届人民代表大会第四次会议审议通过。兖州市“十五”计划主要指标是到2005年，国内生产总值年均增长11%，其中第一、二、三产业分别增长5%、11%和13%。人均国内生产总值突破2万元，地方财政收入年均增长12%，全社会固定资产投资年均增长12%，社会消费品零售总额年均增长13%左右，物价涨幅控制在3%以内。基本构筑起新城区的主体框架，总体上与济宁组群式大城市基本融为一体。外贸出口年均增长16%，实际利用外资1亿美元。城镇居民人均可支配收入和农民人均纯收入年均增长6%以上，人口自然增长率控制在5‰以内，城镇社会保障覆盖率100%，城镇登记失业率控制在4%以内。

2005年，编制《兖州市国民经济和社会发展第十一个五年总体规划纲要（草案）》（简称兖州市“十一五”规划），2006年3月，市第十五届人民代表大会第四次会议审议通过。兖州市“十一五”规划主要指标是到2010年，区域经济综合实力挤进山东省前10位，冲刺全国40强，率先全面建成小康社会。全市地区生产总值400亿元，年均增长15%以上，人均7000美元以上，地方财政收入22亿元，年均增长18%。全社会固定资产投资年均增长20%。社会消费品零售总额年均增长16%。三次产业结构调整到5∶55∶40，高新技术产业产值占工业总产值的比重40%以上。城市化水平60%，建成区面积42平方公里。外贸进出口总额10亿美元，年均增长25%。累计利用外资7亿美元。城镇登记失业率控制在7‰。城镇居民人均可支配收入超过1.5万元，农民人均纯收入7500元，年均分别增长10%和8%。

2010年，编制《兖州市国民经济和社会发展第十二个五年总体规划纲要（草案）》（简称兖州市“十二五”规划），2011年4月，市第十六届人民代表大会第四次会议审议通过。兖州市“十二五”规划主要指标是到2015年，主要经济指标居济宁市前列，进入山东30强县市第一梯队，建设经济发达、环境优美、文化繁荣、社会和谐、人民富裕的现代化工业城市。地区生产总值年均增长13%以上，力争到2015年达800亿元。地方财政收入年均增长17%以上，力争达45亿元。固定资产投资年均增长25%。外贸进出口年均增长20%，累计利用外资5亿美元。社会消费品零售总额年均增长20%。三次产业结构保持5∶55∶40，服务业增加值占比每年提高2个百分点左右。高新技术产业产值占工业总产值的比重40%以上，全社会科技研发经费占生产总值的比重2.5%以上。城镇居民可支配收入、农民人均纯收入分别年均增长13%。人口自然增长率控制在6‰以内。

第三节　规划（计划）实施

1996年—2000年，兖州市第九个五年计划期间，全市贯彻落实党的十五大精神和上级各项方针政策，正确处理改革、发展、稳定的关系。2000年，全市完成地区生产总值83.2亿元，是1995年的1.67倍，年均递增10.8%；人均地区生产总值13900元，高于全省平均水平4320元；全市财政总收入5.78亿元，是1995年的2.6倍，年均递增21.1%。其中，地方财政收入3.78亿元，年均递增24.3%；城镇居民人均可支配收入4382元，农民人均纯收入3328元，年均递增分别为7.5%和9.8%。兖州市“九五”计划期间，全市限额以上工业企业实现销售收入和利税分别年均递增13.1%和14.6%；新上技改项目367个，完成投入26.5亿元；国有、集体企业改制面92.5%；三次产业比例由1995年的22∶55∶23调整为15.8∶49.4∶34.8；全社会固定资产投资累计80亿元。

2001年—2005年，兖州市第十个五年计划期间，全市围绕发展第一要务，坚持和落实科学发展观，提前一年完成兖州市“十五”计划提出的各项任务。2005年，全市实现地区生产总值176.4亿元，是2000年的2.1倍，年均增长17.9%；人均地区生产总值2.92万元，是2000年的2.1倍；地方财政收入9.6亿元，是2000的2.5倍，年均增长20.5%；实现全社会消费品零售总额45.4亿元，年均增长16%；城镇居民人均可支配收入、农民人均纯收入分别由2000年的4382元和3328元增加到9096元和5038元。兖州市“十五”计划期间，全社会固定资产投资累计257亿元，是“九五”期间的3.2倍；三次产业结构比由2000年的15.8∶49.4∶34.8调整为2005年的10.9∶59.9∶29.2；实施500万元以上的重点项目486个，完成投资210亿元，完成太阳工业园、银河工业园、国际焦化园等项目；完成新一轮城市总体规划、东西城区21.8平方公里的控制性详细规划和8个镇的小城镇总体规划，城市化水平50%；经济综合竞争力跃居全国百强县第50位。

2006年—2010年，兖州市第十一个五年规划期间，全市以科学发展观为统领，应对国际金融危机，呈现出经济建设发展、城乡面貌变样、民生事业提升的良好局面。2010年，全市实现地区生产总值392.8亿元，年均增长17.4%，人均地区生产总值6.21万元；地方财政收入突破20亿元，年均增长15.9%；实现社会消费品零售总额103亿元，年均增长18%；城镇居民人均可支配收入、农民人均纯收入分别为1.89万元和8678元，年均分别增长15.8%和11.5%。兖州市“十一五”规划期间，固定资产投资5年累计573亿元；规模以上工业企业发展到349家，完成工业增加值150.6亿元，年均增长17.6%；粮食连年增产，总产量46.2万吨，是全国粮食生产标兵县，被确定为“全国农业现代化示范市”“全国平安农机示范市”；三次产业结构由2005年的10.9∶59.9∶29.2调整为2010年的8.7∶59.3∶32。

2013年，是实施兖州市“十二五”规划承上启下的关键年，全市经济社会保持向好发展态势。全市完成地区生产总值554.93亿元，三次产业结构比例调整为8∶58.2∶33.8；全市人均地区生产总值8.92万元；实现公共财政预算收入37.88亿元；全市规模以上工业企业发展到179家，全年实现工业总产值1216.5亿元，固定资产投资215.6亿元；城镇居民人均可支配收入2.72万元，农民人均纯收入1.32万元；县域经济综合实力位居全省第19位，主要经济总量指标完成兖州市“十二五”规划中期目标。

1996年—2013年兖州市主要经济指标年度计划安排及完成情况表

表16-1

年份	地区生产总值（亿元）		地方财政收入（亿元）		全社会固定资产投资（亿元）		社会消费品零售总额（亿元）		实际利用外资（万美元）		农民人均纯收入（元）	
	计划安排数	完成数（预）	计划安排数	完成数	计划安排数	完成数	计划安排数	完成数	计划安排数	完成数	计划安排数	完成数
1996	65	—	2.67	—	15	—	12.5	—	1663.9	—	2500	—
1997	—	—	—	—	—	—	—	—	—	—	—	—
1998	—	—	—	—	—	—	—	—	—	—	—	—

续表16-1

年份	地区生产总值（亿元）		地方财政收入（亿元）		全社会固定资产投资（亿元）		社会消费品零售总额（亿元）		实际利用外资（万美元）		农民人均纯收入（元）	
	计划安排数	完成数（预）	计划安排数	完成数	计划安排数	完成数	计划安排数	完成数	计划安排数	完成数	计划安排数	完成数
1999	—	增长10.8%	—	3.37	—	18	—	18	—	—	—	3258
2000	增长10%	83.2	3.74	3.78	20	20.2	19.8	20.7	600	1150.7	增长6%	3328
2001	92	88	4.23	4.5	22.7	21	23.6	23.6	1380	482	3528	3448
2002	100	100	5.13	4.83	22	22.03	26.7	26.75	560	664	3650	3589
2003	114	—	5.6	—	27.5	—	30	—	860	—	3770	—
2004	136.8	153.6	7	7.63	38.5	80	35.1	34.46	1333	3337	4033.9	4425
2005	181	176.4	9.31	9.6	124	102	40	45.4	5340	7360	4692	5038
2006	205	206	18	10.88	132	77	53	53.8	9000	10200	5450	5628
2007	240	242.2	13.38	13.24	96	85	63	63.96	12000	10773	6100	6409
2008	280	289.3	16.15	15.64	100	98	75	72.43	12000	10650	7100	7155
2009	333	335.9	17.36	17.36	122	135	86	90.1	10000	8329	7870	7872
2010	386	392.8	20	20.16	175	157	110	102.8	10000	9515	8660	8678
2011	445	456	23.8	24.5	196	136.4	123	126.8	10000	12800	9800	9858
2012	515	506.2	28.9	30.08	171	178.05	150	148	16000	16400	11140	11620
2013	572	554.9	35.5	37.88	222	215.6	175	164	16000	16061	13360	13218

第四节　项目审批管理

1996年—2002年，随着社会主义市场经济体制的逐步确立，计划管理体制发生深刻变化，从以下达指令性计划为主，转变为宏观调控为主；以分钱分物为主，转变为间接管理为主；以行政审批经济事项为主的职能，转变为适应市场的轨道。这种转变将政府管理和市场调节适度地结合起来，发挥这两种手段的优势和长处。政府主抓全市国民经济和社会发展战略、中长期规划和年度计划的制定及组织实施；安排市级财政投资的基本建设资金和投资计划；指导和监督国外贷款建设资金的使用；指导和监督政策性贷款的使用方向，引导民间投资方向；研究并提出全市利用外资及境外投资的战略、规划、总量平衡和结构优化的目标、政策等。市场发挥其对各种经济信号反应灵敏的优点，促进生产和需求及时调整，组织完善生活、生产资料和资金、人才、劳动力、信息等综合因素，促进经济的发育和市场的公平竞争。2005年，兖州市依据《国务院关于投资体制改革的决定》《国家产业结构调整指导目录》以及省、济宁市相关文件要求，投资体制改革进一步深入。市发展计划局增加指导和协调全市招投标工作；对市重大建设过程中的工程招投标进行监督检查；推进重大科技成果的产业化，安排市级高新技术产业化重大项目等职能。编制重大科技攻关计划的职能，划归市科学技术局；制定国土规划和土地利用总体规划有关的职能，划归市国土资源局。将一般性生产计划和经济增长指标改为预测性、指导性指标，将企业用自有资金和商业银行贷款建设的一般项目，改审批制为登记备案制，将重大项目建设的行政性监管，改为就重点项目建设过程中的工程招投标、建设进度、工程质量、资金使用及投资概算控制等进行监督检查。2006年，重点开展企业改革工作，培育上市后备企业。2008年，市政府印发《关于推进资本市场发展和企业上市工作的意见》，加快企业上市进程，兖州市被评为山东省上市工作先进单位。市政府遵循“谁投资、谁决策、谁受益、谁承担风险”的原则，将投资自主权归还企业，逐步建立起进展有序的市场体系。至2013年，全市共审批各类项目3600余个。

第五节　项目建设与管理

1996年—2000年，全市实施单项工程投资额在1000万元以上重点建设工程82个，完成投资45亿元，占全社会总投资的56%。基础设施建设方面，相继改造建设东南环、九州大道、新世纪路等城区主干道；实施城市“绿、亮、清”工程，建设九州广场和太阳广场，规划新建日处理能力4万吨的污水处理厂和城区垃圾处理设施。农村在完成“五通一有（村村通柏油路、通电、通自来水、通程控电话、通有线电视、有澡堂）”工程的基础上全面实施农电网改造工程和一批现代化文明村。先后实施总投资7500万元的济宁市农业高新技术示范园项目、山东太阳纸业股份有限公司10万吨机制纸生产线、山东银河橡塑集团30万平方米橡塑阻燃带扩建工程、山东雪花淀粉有限公司1.2万吨谷氨酸工程、山东大丰机械有限公司麦稻联合收割机扩产改造、宏发新型建材项目等一批骨干工程。

2001年—2005年，全市实施500万元以上的重点项目486个，完成投资210亿元。山东太阳纸业股份有限公司投资38亿元建设的太阳工业园、山东银河橡塑集团投资30亿元建设的银河工业园、兖矿集团有限公司投资15亿元建设的国际焦化园，搭建起销售收入过百亿元的大园区框架；山东联诚集团有限公司、齐鲁特钢有限公司、山东翔宇化纤有限公司、兖州市绿源食品有限公司、华龙日清面粉（兖州）有限公司、山东白象食品有限公司等企业的一大批重点项目投产，为兖州市打造现代工业基地打下基础。在城市建设方面，行政办公中心、综合文化广场、市委党校新校区竣工启用，博物馆建成开放，九州方圆小区、维多利亚小区、明珠花园小区、华安家园小区等城市综合开发项目稳步推进，中小学危房改造、三期城乡电网改造、西北护城河治理、乡村道路建设等工程相继实施。

2006年—2010年，全市累计完成固定资产投资573亿元，每年拉动经济增长10个百分点以上。投资建设40万吨液态包装纸、1000万套高档轿车轮胎等10余个10亿元以上项目，培育销售收入过200亿元的山东太阳纸业股份有限公司、过150亿元的华勤橡胶工业集团，创建过50亿元的齐鲁工程装备有限公司、过30亿元的山东翔宇化纤有限公司、过20亿元的兖州市绿源食品有限公司、过10亿元的山东联诚集团有限公司等一批骨干企业，培育益海嘉里（兖州）粮油工业有限公司、山东曜晖太阳能有限公司、山东永华机械有限公司、山东科大鼎新电子科技有限公司等新兴企业群体。启动实施20个服务业龙头项目，规划建设投资16亿元的兴隆文化园，建成五星级的圣德国际酒店。5年累计投入城建资金58亿元，建成区面积35平方公里。启动实施路网、桥梁、水系、公建等7大类109个城乡基础设施工程，搭起新城路网框架。牛旺上跨式立交桥、泗河景观大道、九州大道东西延等一批重点工程投入使用，大安河等4个水系贯通工程竣工，城乡电网改造、供水管网改造、城区供热循环水改造、公交更新改造、天然气入城、污水处理厂改扩建全面完成。城市综合开发快速推进，完成棚户区拆迁262万平方米，先后建成君临华庭、丽都花园等一批住宅小区。全面实施农村公路改造、城区至镇驻地道路绿化亮化工程，完成农村自来水升级改造，新型农村社区建设稳步推进，建成楼房490栋、新型农村社区14个。

2011年—2013年，累计完成规模以上固定资产投资1075亿元。华勤橡胶工业集团投资20亿元的年产10万吨钢丝绳项目、山东太阳纸业股份有限公司投资12亿元的年产9.8万吨热敏纸项目、山东翔宇化纤纺织有限公司投资3.6亿元的年产7万吨工业及民用FDY高速纺聚合切片项目、山东经典重工集团股份有限公司投资5亿元的管道支架及新型钢砼高层建筑材料二期项目等项目建成投产。兴隆文化园、金满街、永丰国际商贸城等服务业项目投入运营。实施泗河兴隆大桥、九州大桥、104省道改线、255省道大修、327国道中修等交通重点工程。建成市第一中学新校区、市人民医院新院区、新体育中心、市老年活动中心等民生工程。改造治理城区小街巷98条，城市道路总里程达到252公里。改造老旧小区176个，完成拆迁面积18.3万平方米，旧关社区、奎星苑社区等安居工程完成上房。改造维修农村公路和村内道路1100公里，建成环境整洁村235个。

第二章　国土资源管理

第一节　管理机构

1996年，市土地矿产管理局设办公室、建设用地科、地籍科、监察室、矿产管理科5个行政科室及勘测规划站、地价评估所、地产交易所3个股级事业单位，在职人员33人。1998年11月，增设档案室。2001年5月，市地租征收处成立，为副科级全额事业单位。同年11月，恢复市政府压煤村庄搬迁办公室，为科级事业单位。2002年6月，市土地矿产管理局更名为市国土资源局。市国土资源执法监察大队成立。同年12月，市土地储备中心成立，为副科级全额事业单位。2005年11月，国土资源管理体系改革，市压煤村庄搬迁办公室划归市政府管理，设立经济开发区分局、城区分局，均为副科级全额事业单位；设立新兖、颜店、兴隆庄、谷村、漕河、小孟、新驿等8个国土资源所。2008年，市直有关部门垂直派驻新型乡镇建设试点镇（街）机构改革，设立龙桥、酒仙桥2个国土资源所，撤销大安、谷村国土资源所，将其职能及管辖区域合并移交经济开发区分局。2009年，增设鼓楼国土资源所。2010年5月，设立新兖分局和市大安分局，均为副科级事业单位，撤销新兖管理所和开发区分局，同时将市土地储备中心升格为科级全额拨款事业单位。同年9月，增设人事财务科、测绘管理科、信访科、行政许可科4个科室。2011年9月，调整组建漕河国土资源管理中心所、新驿国土资源管理中心所、兴隆庄国土资源管理中心所、鼓楼国土资源管理中心所；保留城区分局，同时撤销其他基层国土资源管理机构。2013年11月，市国土资源局更名为济宁市兖州区国土资源局。至年底，区国土资源局设办公室（人事财务科）、规划耕保科（测绘管理科）、地籍管理科、土地利用科、地质矿产科（行政许可科）、执法监察科（信访科）6个行政科室；下设市土地储备中心1个科级全额事业单位，城区分局、大安分局、新兖分局、地租征收处4个副科级全额事业单位，国土资源执法监察大队、勘测规划站、地产交易所、地价评估所、档案室5个股级事业单位，兴隆、漕河、新驿、鼓楼4个国土资源管理中心所。有工作人员104人。

第二节　规划编制

县 乡级土地利用总体规划编制　第一轮土地利用总体规划（1990 年—2000 年）于 1987 年开始编制，1994 年编制完成。规划以 1990 年为基期，规划期为 2000 年，展望到 2020 年和 2050 年。主要在计划经济背景下，实行耕地特殊保护，初步建立起土地利用规划体系。第二轮土地利用总体规划（1996 年—2010 年）于 1997 年开始修编，2000 年修编完毕。规划以 1996 年为基期，2010 年为规划期，展望到 2030 年。规划到 2010 年，全市耕地保有量不低于 4.44 万公顷，其中基本农田保护面积 3.94 万公顷，中心城市建设用地规模控制在 24 平方公里以内。第三轮土地利用总体规划（2006 年—2020 年）于 2005 年开始修编，2010 年修编完毕。规划以 2005 年为基期年，以 2020 年为目标年，2010 年为近期目标年。规划到 2020 年，市耕地保有量不少于 4.01 万公顷，其中基本农田保护面积不少于 3.46 万公顷（兖州市域内划定落实 3.44 万公顷，在梁山县易地代保 200 公顷）。到 2020 年，全市建设用地总规模控制在 1.46 万公顷以内，其中城乡建设用地规模控制在 1.2 万公顷以内，中心城区允许建设区规模控制在 3880 公顷以内。2008 年，开展全市土地利用总体规划（2006 年—2020 年）修编工作。2011 年，根据国土资源部通知，安排部署土地利用总体规划数据库建设工作。2012 年 10 月，市及大安镇、新兖镇土地利用总体规划修正完善成果和数据库通过省政府确认；11 月，小孟镇等 7 个镇土地利用总体规划修正完善成果和数据库通过济宁市政府确认。

矿产资源总体规划编制　2004 年 2 月，市国土资源局组织编制《兖州市矿产资源总体规划（2001 年—2010 年）》，同年 12 月公布实施，被国土资源部、省国土资源厅分别评为科技进步二等奖和优秀成果奖。规划以 2000 年为基准年，2001 年—2005 年为规划期，展望到 2010 年。至 2000 年，开采矿种 6 种，共有矿山 56 处，矿区总面积 94.55 平方公里，其中大型矿山 1 处，中型矿山 4 处，小型矿山 51 处，从业人员 1.93 万人，固体矿产年产量 901.08 万吨，原矿总产值 14.30 亿元。2000 年原煤产量 824.89 万吨，产值 14.13 亿元，占该市原矿总产值的 98.81%，原矿总产值占该市国内生产总值 18.13%。矿山开采技术较先进，煤矿采煤机械化程度较高，采区开采回采率 75% ～ 85%，选矿回收率 85% 以上。规划原煤产量 2005 年控制在 900 万吨，2010 年控制在 1000 万吨；2005 年前建筑用砂开采量控制在每年 5 万立方米以内；2005 年前在耕地中取土烧砖的矿山全部关闭。2010 年 12 月，组织编制《兖州市矿产资源总体规划（2008 年—2015 年）》，2011 年 7 月公布实施。规划以 2007 年为基准年，2008 年—2015 年为规划期，展望到 2020 年。2007 年，矿产资源整合，矿山企业由 29 个减到 21 个，关闭砖瓦黏土矿 3 个，建筑用砂矿 5 个；2008 年，关闭建筑用砂矿 10 个；2010 年底关闭砖瓦黏土矿 5 个。至 2010 年年底，矿山企业由 2007 年的 21 个减至 6 个，全部为煤矿。规划到 2010 年原煤开采量 1040.4 万吨，2015 年控制在 1200 万吨，2020 年控制在 1200 万吨。

地质灾害防治规划编制　2011 年 9 月，市国土资源局组织编制《兖州市地质灾害防治规划（2011 年—2025 年）》，2012 年 7 月公布实施。该规划以 2011 年为基准年，2011 年—2025 年为规划期，其中规划近期 2012 年—2015 年，规划中期 2016 年—2020 年，规划远期 2021 年—2025 年。全市现状地质灾害种类主要有崩塌和地面沉降。共发现地质灾害隐患 31 处，其中已发生 6 处，均为崩塌地质灾害，未造成人员及财产损失；隐患 25 处，包括崩塌 14 处、地面沉降 11 处。规划建立与《地质灾害防治条例》相配套的地方规章制度和行政监督管理体系，建立并逐步完善群专结合的地质灾害监测预报和群测群防体系，严控人为特别是采矿、开采地下水引发地质灾害的发生和发展。

兖州市地质灾害易发区划分情况表

表16-2

<table>
<tr><th colspan="2">分区名称</th><th>分布范围</th><th>面 积（平方公里）</th><th>主要威胁对象和危害</th></tr>
<tr><td>地质灾害高易发区</td><td>崩塌为主</td><td>颜店镇东南嵫山山体开采区</td><td>0.141</td><td>开采石料形成陡立山残体，山体碎石悬空失稳，边坡产生崩塌，对地貌、风景景观及人身安全产生危害。</td></tr>
<tr><td rowspan="3">地质灾害中易发区</td><td>地面沉降为主</td><td>新驿镇何家村西村南和大安镇前邢村南集约井地下水开采区</td><td>9.004</td><td>长期或超量开采地下水，造成地面垂直下降，地面不均匀沉降，对村镇建筑、道路、地下管线系统等存在较大潜在威胁。</td></tr>
<tr><td rowspan="2">崩塌为主</td><td>小孟镇西砖瓦黏土、地砂采区</td><td>9.819</td><td>因采砂及砖瓦黏土，形成陡立深坑，边坡失稳，边坡土体开裂造成崩塌地灾，破坏乡村交通道路及农田，对人身安全易造成危害。</td></tr>
<tr><td>颜店镇东南嵫山山体开采区</td><td>1.08</td><td>因开采建筑石料及水泥用灰岩，形成局部山残体碎石悬空失稳，边坡产生崩塌地灾，对地貌、风景景观及人身安全产生危害。</td></tr>
<tr><td>地质灾害低易发区</td><td>地面沉降为主</td><td>新驿镇至大南铺水源地及市区周围各镇水源地集约井供水区</td><td>72.483</td><td>长期地下水开采，造成地面沉降潜在危害，威胁农田积水、道路交通等。</td></tr>
<tr><td colspan="2">地质灾害非易发区</td><td>市区周围，大安镇、漕河镇、新驿镇、颜店镇、新兖镇、兴隆庄镇</td><td>558.473</td><td>地质灾害较少发生或偶有发生，对交通、建筑、基础设施、人身安全无威胁。</td></tr>
</table>

第三节 建设用地管理

国有建设用地供应 20世纪90年代初，国家建立起土地有偿、有限期、可依法进行土地交易的有偿使用制度。根据《中华人民共和国城镇国有土地使用权出让和转让暂行条例》和《中华人民共和国城市房地产管理法》等法律法规，全市各项建设用地除国家规定允许采取划拨方式外，其余全部采用有偿出让方式。2001年，推行土地招标拍卖，对符合招标拍卖条件的土地，分类归档、制作标书，明确供地位置、面积用途和底价，及时向社会公布。2002年，根据国土资源部《招标拍卖挂牌出让国有土地使用权规定》，包括商业、旅游、娱乐、商品住宅用地的经营性用地一律通过招拍挂方式出让。2004年，根据国土资源部颁布《关于继续开展经营性土地使用权招标拍卖挂牌出让情况执法监察工作的通知》，所有经营性用地出让全部实行招拍挂制度。2008年，组织实施原电影机械厂、裕隆商场地块国有建设用地使用权公开拍卖出让，面积2.05公顷，拍卖总价款4870万元；对原交警队、农机局片区地块国有建设用地使用权以挂牌方式进行公开出让，面积3.23公顷，出让总价款6690万元。2013年4月，市国有土地资产运营工作领导小组成立，进一步明确国有土地资产运营工作实行市国有土地资产运营领导小组、市国土资源局二级管理体制，明确土地出让价款确定程序及出让程序，建立履约保证金制度及土地储备专项资金制度，逐步扩大土地有偿使用范围。至2013年，全市共供应土地881宗、2471.21公顷，累计收取土地成交价款141.32亿万元。

1996年—2013年兖州市土地供应情况表

表16-3

年　份	宗　数	面　积（公顷）	成交价款（万元）	年　份	宗　数	面　积（公顷）	成交价款（万元）
1996	25	8.13	661.61	2006	16	74.7	11705.27
1997	12	12.14	738.76	2007	53	204.54	33190.63
1998	36	28.1	2670.75	2008	109	435.78	308040.98
1999	6	2.86	1201.38	2009	55	210.04	142109.88
2000	20	35.96	3457.21	2010	85	297.72	268189.87
2001	25	70.78	7983.18	2011	88	271.07	248833.07
2002	24	15.02	2217.69	2012	114	268.91	208371.90
2003	62	120.79	14102.38	2013	104	269.96	139219.35
2004	23	48.42	12676.79	合计	881	2471.21	1413195.38
2005	24	96.29	7824.68				

土地级别与基准地价　1994年3月，市土地矿产管理局对全市264平方公里城市规划区内的土地开展土地定级和地价测算工作，通过微机测算出3个土地级别中工业、商业及住宅用地的基准地价，编制宗地地价修正系数表，经省土地管理局验收和市政府同意，于1995年5月3日起执行。2000年11月，对城区37.951平方公里土地级别与基准地价进行更新，同年4月1日起执行。2006年3月，市国土资源局对城区59.38平方公里土地级别与基准地价更新，2008年3月15日起执行。2010年1月，对城区65.72平方公里土地级别与基准地价更新，2011年3月1日起执行。2013年，对鼓楼街道、酒仙桥街道、龙桥街道、新兖镇、大安镇、兴隆庄镇6个镇（街道）106平方公里范围内的城镇基准地价进行更新。

兖州市城区分类各级别基准地价情况表

表16-4

级　别＼用　途		商　业（元/平方米）	住　宅（元/平方米）	工　业（元/平方米）
一级地	2001年	1050	675	603
	2007年	1284	925	650
	2010年	1680	1365	675
二级地	2001年	801	418	375
	2007年	930	756	450
	2010年	1285	1070	480
三级地	2001年	405	307	261
	2007年	611	451	343
	2010年	720	650	375
四级地	2001年	212	190	175
	2007年	394	290	190
	2010年	450	390	210

征地综合地价调整 2009年，根据省政府办公厅《关于实施征地区片综合地价标准的通知》，全市土地划分为3个等级标准进行征地补偿。一级区片范围为东到泗河，南到汶邹公路—日兰高速，西到大禹路，北到327国道，区片价75万元/公顷；二级区片范围为龙桥街道、酒仙桥街道、新兖镇、谷村镇除一级区片以外的区域，大安镇、兴隆庄镇、王因镇、黄屯镇，区片价67.5万元/公顷；三级区片范围为颜店镇、新驿镇、小孟镇、漕河镇，区片价60万元/公顷。2012年，根据省政府《关于调整山东省征地区片综合地价标准的批复》，对全市征地区片综合地价标准进行调整，一级区片价调整为82.5万元/公顷；二级区片范围调整为鼓楼街道、龙桥街道、酒仙桥街道、新兖镇、大安镇除一级区片以外的区域，兴隆庄镇、王因街道、黄屯街道，区片价调整为75万元/公顷；三级区片价调整为67.5万元/公顷。

国土资源节约集约模范市创建 2011年11月，市政府制定《关于工业建设项目节约集约利用土地的意见（试行）》，明确加强项目投资强度控制，山东兖州经济开发区、山东兖州工业园区项目投资强度不得低于3600万元/公顷，亩均土地产出效益不得低于500万元；镇工业园区投资强度不得低于2400万元/公顷；投资额度小于2000万元或用地面积小于0.67公顷的新建工业项目不再单独供地。市发改局按照《产业结构调整指导目录(2011年本)》工业行业准入规定，合理进行产业布局，规划部门按照国土资源部《工业项目建设用地控制指标》《山东省建设用地集约利用控制标准》规定，适当提高建筑容积率；市国土资源局按照国土资源部、国家发展改革委员会颁发的《限制用地项目目录（2006年本增补本）》《禁止用地项目目录(2006年本增补本)》，加强对工业项目的用地审查。建立节约集约用地奖励机制和闲置低效用地约束机制、节约集约用地监管长效机制等，制定《主要工业行业厂房建设指导标准（试行）》。2013年6月25日，兖州市被国土资源部评为国土资源节约集约模范市，成为鲁西南地区唯一获此荣誉的城市，并一次性获得建设用地奖励指标500亩，用于重点项目建设。兖州市节约集约用地的做法和经验在济宁市推广，中央电视台、山东电视台、《人民日报》等多家媒体就其典型经验和做法进行专题宣传报道。

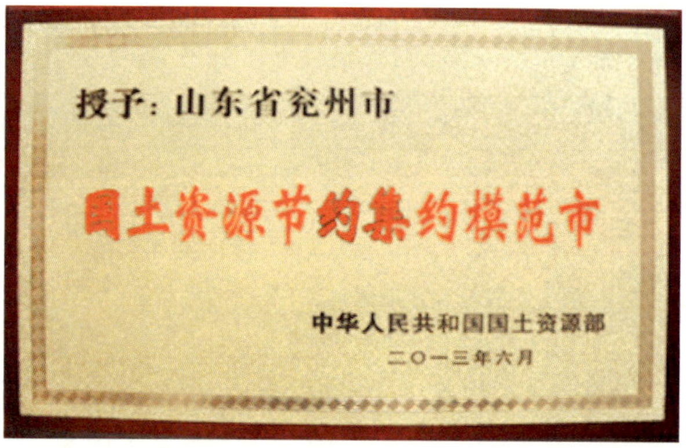

2013年6月，兖州市被国土资源部评为全国国土资源节约集约模范市

土地使用权租金征收 2001年5月，市地租征收处成立，主要负责全市国有土地租赁、划拨土地经营使用权和土地租金征收等工作。至2013年年底，全区累计征收入库国有土地使用权租金1261.37万元。

2001年—2013年兖州市国有土地使用权租金征收入库情况表

表16-5

年　份	2001	2002	2003	2004	2005	2006	2007	2008	2009	2010	2011	2012	2013	合　计
金　额（万元）	37.62	35.35	44.22	200.6	75.87	104.25	151.02	120.75	114.52	108.04	93.53	92.3	83.3	1261.37

建设用地增减挂钩项目 2008年，国土资源部推行城乡建设用地增减挂钩试点工作，市委、

新兖镇泗庄社区增减挂钩项目

市政府印发《兖州市城镇建设用地增加与农村建设用地减少相挂钩试行办法》《兖州市建设用地置换办法》《关于加快新型农村社区和农村住房建设的意见》等文件。2009年，市国土资源局编制完成《兖州市城乡建设用地增减挂钩规划》，绘制城乡建设用地增减挂钩项目区图，按照政府推进、农民主体、因地制宜、多元投入的原则，主要采取迁村入城、迁村入镇、村企合一、合村并点、旧村改造5种模式，整合建设新型农村社区。2010年5月，市政府制定实施《兖州市城乡建设用地增减挂钩办法》，《兖州市城镇建设用地增加与农村建设用地减少相挂钩试行办法》同时废止。2008年—2013年，经国土资源部和省政府批准，全市共27个项目区、50个村、3个废弃工矿地块纳入城乡建设用地增减挂钩试点项目，拆旧规模679.74公顷，复垦耕地620.81公顷，其中安置区占地257.83公顷，节余用地指标452.71公顷。至2013年，37个村、3个废弃工矿落实挂钩办法，并通过省国土资源厅验收，累计腾出建设用地指标326.53公顷。

第四节　农田保护

保护措施　1996年，市土地矿产管理局组织编制《兖州市基本农田保护区规划》，明确县、乡（镇）、村三级基本农田保护区面积及分类面积，编绘全市13个乡镇和492个行政村基本农田保护区规划图。各乡镇在驻地建起大型基本农田保护区宣传牌，全市统一制作设立600多个保护区标志牌，标明基本农田类型、保护面积及保护措施等。为实施保护区规划，2001年，建立完善管理制度，运用综合手段保护基本农田，市、镇成立基本农田保护领导小组，各村固定1名土地管理信息员；市与镇、镇与村签订基本农田保护责任状；市政府制定《基本农田保护办法》《基本农田耕地补偿费征收使用办法》，发布《关于加强全市基本农田保护区管理工作的公告》，明确不准在基本农田保护区内建住宅、搞企业，不准毁田成片植树，不准在农田保护区内建鱼池、藕池，不准毁田取土、挖沙和烧砖瓦，不准圈地葬坟，不准撂荒闲置，不准毁坏保护标志，不准任意改变用途的“八不准”规定。2005年，加强基本农田保护执法动态巡查，形成市、镇、村三级管理网络。全市共划出8个保护区、393个保护片、400个保护块，签订基本农田保护责任书10万余份，制作基本农田标志牌400个、公示牌8个。2007年，对新补划基本农田全部建立新台账，建立健全县、镇两级基本农田保护档案，并逐级备案，做到基本农田地块与图、表、册相一致。2009年，严格执行基本农田“五个不准”，即不准非农建设占用基本农田（法律规定的除外），不准以退耕还林为名违反土地利用总体规划减少基本农田面积，不准占用基本农田进行植树造林和发展林果业，不准在基本农田内挖塘养鱼和进行畜禽养殖以及其他严重破坏耕作层的生产经营活动，不准占用基本农田进行绿色通道和绿化隔离带建设。重新更换镇级基本农田标志牌，全市耕地面积达到48.2万亩，超额完成济宁市下达的47.96万亩耕地保护任务目标，耕地保护和基本农田保护率连续保持在100%。

1996年兖州市耕地及基本农田情况表

表16-6　　单位：公顷

行政单位	耕地面积	基本农田	行政单位	耕地面积	基本农田
兖州市	44440.7	39384.78	泗庄镇	3226.3	2640.75
新兖镇	2404.18	902.97	前海乡	3119.9	2857.82
谷村镇	2992.9	2666.67	颜店镇	3962.86	3760.75
漕河乡	3295.35	3107.52	黄屯镇	3469.49	2686.39
小孟乡	4209.79	4007.72	王因镇	5631.47	5372.42
新驿镇	4845.71	4642.19	兴隆庄镇	3223.77	2839.99
大安镇	4058.98	3750.49			

土地整治　1996年，市政府实行“以奖代补”的方法，年初由开发复垦责任人提出申请，通过土地管理部门实地勘察立项，年底由市政府组织财政、土管、农业等部门检查验收，合格耕地奖励3000元/公顷，鱼塘奖励7500元/公顷，对土地开发复垦资金实行项目管理、专款专用。2001年，市政府修改完善《兖州市土地复垦办法》，鼓励土地复垦，复垦成耕地的补助3000元～7500元/公顷，复垦成鱼塘的补助7500元～15000元/公顷，复垦塌陷地成养殖水面和耕地的补助15000元～75000元/公顷；土地复垦实行项目管理，复垦面积33.33公顷以下，由市国土资源局审批，报济宁市国土局备案；复垦面积33.33公顷以上，报济宁市审批。需国家、省扶持土地复垦资金项目报国家、省审批。2002年，市国土资源局编制《兖州市土地开发整理规划》，规划到2010年，通过土地开发、整理、复垦增加农用地4690.72公顷，其中增加耕地3289.15公顷。2004年4月，济宁市国土资源局批复同意该规划。1996年—2013年，全市共实施土地整治项目29个，建设总面积3161.06公顷，新增耕地1164.04公顷，共争取上级资金7785.06万元，自筹资金4285.75万元。实施兴隆庄采煤塌陷地治理项目3个，累计治理采煤塌陷地1000公顷，恢复耕地589公顷，新增耕地38.2公顷；累计整修排水沟43.4千米，新打机井87眼，铺设输水管道21.43千米，修建桥涵277座、田间道路39.59千米、生产路17.15千米，种植防护林62780株，惠及兴隆庄镇近20个村1万余人，项目区人均耕地由治理前0.4亩增加到0.8亩，形成贯穿南北，集种养为一体的农业耕作区。兖州市土地开发整理工作经验编入国土资源部出版的《谁给我们土地》一书，向全国推广。

采煤塌陷地综合治理后的耕地及水面

兖州市实施土地整治项目情况表

表16-7

项目名称	立项时间	验收时间	建设规模（公顷）	新增耕地（公顷）	投资金额（万元）
大安镇窑场未利用土地复垦项目	2003年9月18日	2004年4月14日	79.4	75.08	268.4
小孟镇沙塘复垦项目	2003年2月13日	2004年1月5日	36.6667	34.5333	220
漕河镇窑场旧村址及未利用地复垦项目	2005年3月14日	2006年10月23日	37.4533	35.44	212.6
新驿镇马楼、姜村、文兴坡废弃砂塘窑场复垦项目	2005年3月14日	2006年10月23日	37.4667	35.7333	168.6
谷村镇旧村址复垦项目	2005年3月14日	2006年10月23日	40	38.6667	232
兖州市土地复垦项目	2001年10月19日	2007年7月8日	220	167.2	575
新驿镇皇林村沙塘窑场项目	2004年11月1日	2007年2月5日	34.5	32	120
新驿镇韩马村沙塘窑场项目	2005年7月20日	2007年7月8日	73.3	62.67	263
漕河镇窑场及旧村庄复垦项目	2008年1月7日	2009年4月23日	18.4666	17.9333	212.6
颜店镇窑场复垦项目	2008年1月7日	2009年4月23日	14.2	13.7333	63.9
小孟镇沙塘窑场复垦项目	2006年12月21日	2009年12月18日	11.44	11.28	50
颜店镇废弃窑场复垦项目	2006年12月21日	2009年12月18日	31.93	25.25	40
颜店镇屯头等5村废弃沙塘复垦项目	2007年12月10日	2009年12月18日	30.33	26.99	166.92
新驿镇王堂等6村沙塘复垦项目	2007年12月10日	2009年12月18日	27.38	24.47	50
兴隆庄镇晾衣井旧村复垦项目	2005年8月10日	2009年12月18日	31.92	3.44	120
新驿镇苗堂、秦村等4村砂塘窑场复垦项目	2005年8月10日	2009年12月18日	38.36	32.61	60
颜店镇史家村土地复垦整理项目	2009年10月20日	2011年11月30日	8	7.21	71.67
新驿镇西顿村西基本农田土地整理项目	2009年10月20日	2011年11月30日	54.84	5.54	79.22
新兖镇乔家村前寨子村基本农田土地整理项目	2009年10月20日	2011年11月30日	39.28	8.67	83.05
漕河镇河南村基本农田土地整理项目	2009年10月20日	2011年11月30日	26.88	1.41	77.62
颜店镇彭家街高速公路取土区复垦整理项目	2009年10月20日	2011年11月30日	8	3.2	65.15
兴隆庄镇土地整理复垦项目	2004年11月15日	2012年3月8日	572.04	354.85	1987
兖州市基本农田保护示范区土地整理项目	2008年11月25日	2012年3月8日	1333.34	40.8	3848
兴隆庄镇桲椤树村采煤塌陷地治理项目	2012年3月31日	2013年4月24日	10.3902	9.9144	141.79
颜店镇丁家郗村等4村土地整理项目	2009年11月24日	2013年12月27日	83.65	9.4	126.43
新驿镇王府庄苗堂村沙塘复垦整理项目	2009年11月24日	2013年12月27日	30.53	15.23	125.94
颜店镇屯头三村、屯头新村废弃沙塘复垦整理项目	2009年3月22日	2013年12月27日	24.08	21.71	70
新驿镇李村等3村砂塘复垦整理项目	2009年3月22日	2013年12月27日	32.31	10.87	182.77
兴隆庄镇王楼等5村采煤塌陷地治理项目	2011年6月20日	2013年12月27日	174.911	38.2007	2389.15

第五节 地籍与测绘管理

土地调查 1995年底，市土地矿产管理局完成城区地籍调查工作，采用GPS卫星定位技术，对17平方公里城区土地进行碎部测量，并完成10个建制镇的地籍调查。2001年，农村土地利用现状数据库初步建立。2002年，开展土地变更调查，完成由老地类过渡到新地类的转换，对地籍图件进行更新。2004年，市国土资源局开展全市土地利用更新调查，成立全市土地调查领导小组，聘请地质二队作为专业技术协作单位，摸清全市土地利用家底。2006年—2008年，完成全市土地详查、城区土地分等定级、城镇地籍调查、地籍数据库建设等工作。2008年10月，根据《国务院关于开展第二次全国土地调查的通知》要求，组织开展第二次土地调查工作。调查形成第二次农村土地调查文字报告及专题报告，覆盖全市650.19平方千米土地利用、土地权属和基本农田实地调查成果。2009年11月，开展市建制镇1∶500地形测量、地籍调查及信息系统建设项目，2010年9月，地籍调查部分通过省级验收，同年10月，地形测量部分通过省级验收，2011年11月，该项目获省国土资源厅山东省优秀测绘工程二等奖。2012年11月，市第二次土地调查及信息系统建设被中国地理信息产业协会评为中国地理信息产业优秀工程铜奖。

土地登记 1998年，市土地矿产管理局建立日常地籍管理制度，对土地权属合法转移的，及时进行变更调查，更新有关图件资料，办理权属变更手续，换发土地证书。1999年7月，开展土地证书年检，累计检验和换发各种土地证书1.7万余份。2012年，开展农村集体土地确权登记发证，成立全市农村集体土地确权登记发证工作领导小组。2013年，完成405个行政村的农村集体土地所有权确权登记发证，土地调查面积4.8万公顷，颁发所有权证书596宗；完成农村集体建设用地使用权、宅基地使用权确权发证，土地调查面积和发证宗数分别为199.65公顷、4100宗和4413.3公顷、8.5万宗。共办理土地登记业务6.3万宗。其中，个人土地登记6.05万宗，单位土地登记2405宗。

测绘管理 2008年—2013年，市国土资源局开展中心城区1∶500地形图更新工作，更新总面积85平方公里，辖7个镇3个街道（含3个省级经济开发区），龙桥街道、鼓楼街道、酒仙桥街道和新兖镇纳入中心城区1∶500地形图与建库范围；小孟镇、漕河镇、新驿镇、大安镇、颜店镇、兴隆庄镇6个镇纳入建制镇1∶500地形图与建库范围。市中心城区1∶500地形图基础测绘项目于2009年2月完成，控制面积55平方公里，新布设D级GPS控制点12个、E级控制点18个；大安镇等6个建制镇驻地1∶500地形图基础测绘项目于2010年6月完成，控制面积29平方公里，新布设D级控制点21个，E级GPS控制点68个，测图面积19.53平方公里。加强测绘综合管理，2009年，对辖区内4家测绘单位、4家煤矿企业进行测绘资质和地理信息安全保密检查。2013年，对全市18个测量标志点测量标志维护、巡查托管，开展测绘信用系统填报。

档案管理 1998年11月，市国土资源局档案室成立，为省二级标准单位。2006年1月，晋升为省一级标准单位。2011年11月，晋升为省特级档案室。至2013年年底，局档案室收录整理文书档案1800余卷、地籍档案15722卷、土地利用档案1840卷、监察信访案卷1362卷、土地规划档案275卷、矿产资源管理档案83卷、图书资料档案90卷、声像档案128件，档案累计2.13万余卷。

第六节 执法监察

1996年后，兖州市土地执法监察工作，注重法制建设。市政府相继制定《兖州市宅基地管理暂行办法》《关于贯彻济发（1997）20号文件加强土地管理切实保护耕地的通知》《关于整顿砂塘砖场秩序制止毁坏耕地挖砂取土的通知》等土地矿产管理法规性文件。1998年，逐步健全县、镇（乡）、村三级土地矿产监察体系，建立土地矿产巡回检查制度、行政执法过错责任追究制度、土地矿产监察工作报告制度、重大案件备案制度、与司法部门联合办案制度等规章制度。1996年—1999年，市土地矿产管理局共查处土地矿产违法案件29起，并对济宁市土地矿产管理局交办的8起案件进行结案，立案查处率、结案率均为100%。2006年，强化执法监察动态巡回检查，形成早发现、早制止、早查处的执法工作体系。开展土地执法"百日行动"、砂石资源综合整治和土地违法违规专项整治活动，对违法占地和违法开采砂石资源行为进行查处。2009年，举办村干部、镇（街道）干部、"大学生村官"国土资源管理知识培训班，累计培训1100人次。同年，济宁市土地执法监察暨村庄整理现场会在兖州市召开。2010年始，加强执法监察信息化建设，运用国土资源执法监察三级联网全程监管

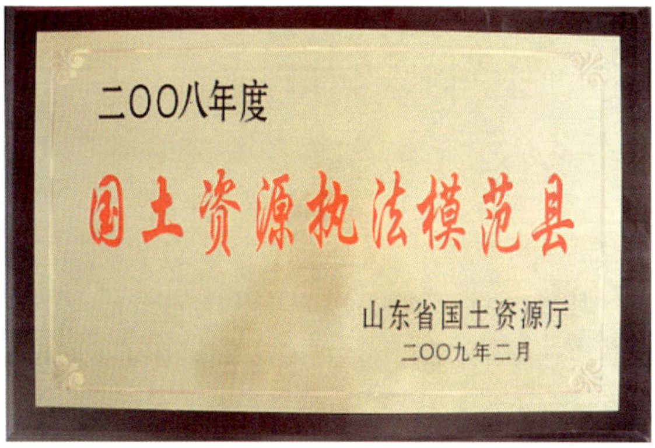

2009年2月，兖州市被省国土资源厅评为全省国土资源执法模范县

平台，实现"天上看、地上查、网上管"，提升执法监察水平。保持对非法采砂高压态势，市国土资源局、市公安局、市安监局、市水利局、市交通运输局联合发布《关于实施取缔矿井井田区域内非法采砂行为的通告》《依法取缔非法开采砂石资源告知书》《关于严厉打击非法开采砂石资源行为的通告》，联合公安、交通等部门和相关镇街开展联合执法行动，昼夜不间断巡查，取得较好效果。2006年、2008年、2009年、2010年，兖州市4次被省国土资源厅评为全省国土资源执法模范县。

第三章　审计管理

第一节　管理机构

1996年，市审计局设办公室、综合科、基建审计科、内审指导科、行财审计科、工交企业审计科、商粮贸企业审计科7个行政科室，辖市审计师事务所1个自收自支事业单位，在职人员16人。1999年12月，市审计师事务所与市审计局脱钩，成为独立的社会中介机构。2001年5月，市经济责任审计办公室成立，为副科级全额预算管理事业单位，隶属市审计局。2002年8月，内设科室调整为办公室、法制科、财政金融审计科、行政事业审计科、经贸审计科、固定资产投资审计科6个职能科室。2006年5月，明确市经济责任审计办公室为科级事业单位。2010年5月，市政府投资审计办公室成立，为科级全额预算管理事业单位，隶属市审计局。2013年11月，市审计局更名为济宁市兖州区审计局。同年底，区审计局内设办公室（挂审计结果执行科牌子）、法制审理科、财政金融审计科、行政事业审计科、经贸审计科、固定资产投资审计科、经济责任审计一科、经济责任审计二科，辖区经济责任审计

办公室、区政府投资审计办公室2个全额预算管理事业单位，在职人员31人。

第二节 国家审计

财政审计 1996年，市审计局按照《中华人民共和国审计法》《山东省本级预算执行审计监督暂行办法》规定，对上年度预算执行情况进行审计，重点审计市财政局、地税局和地方金库，延伸审计9个一级预算审计单位，15家纳税企业，查出应缴未缴预算收入、财政专项资金使用不规范、扩大预算支出范围、漏缴欠缴税费等违规问题，涉及金额2350万元，增加财政收入219万元。1997年—1999年，按照账户入手、下审一级要求，加大审计深度，增强执法力度，提高报告水平，延伸审计单位55个，查出并纠正管理不规范金额8280万元，上缴财政331万元，促进财政增收1570万元。2000年—2008年，以审计财政财务收支真实性为基础，拓宽预算执行审计内容，继续扩大对一级预算单位审计覆盖面，加大对二、三级预算执行单位审计力度，延伸审计单位和纳税企业155个，查出并纠正管理不规范金额1.95亿元，增加财政收入6079万元。2009年—2013年，按照全面审计、突出重点的原则，突出对掌管财政资金分配权和管理财政资金较多的重点部门、重点单位的审计监督。探索财政审计与其他专业审计相结合、“同级审”与“上审下”相结合、财政审计与审计调查相结合，审计质量和水平明显提高，查出并纠正不规范金额2.48亿元，增加财政收入7801万元，提出严格预算约束、优化财政收入结构、控制非税收入、规范政府债务管理等审计建议。至2013年，市审计局连续18年开展本级财政预算执行和其他财政收支情况审计，共派出审计人员133人次，审计财政、地税、地方金库，审计镇街35个次，审计一级预算执行单位185个次，延伸审计二级预算执行单位及纳税企业239个次，查出并纠正管理不规范金额5.49亿元，增加财政收入1.6亿元，累计提出建议451条，向市政府和市人大常委会提交审计结果报告，对推动财政体制改革、加强预算管理起到积极作用。

专项审计和审计调查 1996年，市审计局对政府部门、农业资金和利用外资进行专项审计和审计调查，审计和调查单位11个，查出并纠正管理不规范金额2790万元。1997年—1999年，加强对行政事业单位专项审计，查处乱罚款、乱收费、乱摊派等热点问题，对城市维护建设资金、世行贷款资金、住房资金粮食挂账资金等进行专项审计和审计调查，审计和调查单位35个，查出并纠正管理不规范金额1.14亿元，收缴财政5569万元，促进部门单位增收2300万元。2000年—2008年，以国家政策法规执行中存在问题和重大决策落实情况为重点，实行专项审计与专项审计调查并重，提高专项审计调查比重，对农业综合开发资金、城建资金、普教经费、社保资金、救灾救济资金、水资源费、土地出让金、中小学危房改造资金、住房公积金等75项专项资金进行审计和审计调查，审计专项资金总额17.49亿元，对49家行政事业单位进行财政财务收支审计，提出加强专项资金拨、管、用各个环节监督、管理的审计建议。2009年—2013年，加强对社会保障、教育、农业、医疗卫生、科技、民政、文化建设等单位和专项资金的审计，关注政策措施执行效果和资金使用效益，促进相关政策制度的不断完善和有效落实，推动科学发展和社会和谐，审计和调查单位92个，查出并纠正管理不规范金额2.91亿元，提出强化资金监管、加强绩效管理、规范会计核算的审计建议。至2013年，共审计和调查单位269个，查出并纠正管理不规范金额8.02亿元，确保专项资金使用合理、合法、有效和资金安全完整，提高资金使用效益。

经济责任审计 1996年，市审计局开始试行领导干部离任审计，先后对4个单位的4名领导干部进行离任审计。1998年，对市酒厂、市电影公司进行厂长离任审计。1999年2月，市委、市政府印发《关于对领导干部实行离任审计的意见（试行）》。1999年—2000年，对13个单位13名领导干部进行离任审计，领导干部离任审计成为常规审计任务。2001年7月，市纪委、市委组织部、市审计局印发《关于对领导干部实行年度经济责任审计的通知》，明确要求对全市乡镇和市直部门有经济责任的领导干部实行年度经济责任审计，每年审计三分之一，3年审计完毕。2001年—2005年，对93个单位、100名领导干部进行经济责任审计，查出并纠正管理不规范金额1.34亿元，经济责任审计制度逐步走向制度化、规范化。2006年6月，市委办公室印发《关于加强领导干部任中经济责任审计工作意见》，对领导干部任期经济责任实行“四个必审（离任的必审、在同一单位任职3年以上的必审、50岁以上的每年必审、群众来信反映问题较多的必审）”。2006年—2009年，对161个单位、180名领导干部进行经济责任审计，逐年加大任中经济责任审计比例，进一步加强对领导干部任职全过程的监督。2010年—2013年，贯彻中共中央办公厅、国务院办公厅《党政主要领导干部和国有企业领导人员经济责任审计规定》，坚持“积极稳妥、量力而行、提高质量、防范风险”原则，以“推动、发展、规范、提高”为重点，深化和完善经济责任审计内容，重点关注领导干部对党和国家方针政策的贯彻落实情况、投资决策权和资金分配权的运用情况、政府财政债务情况、廉洁自律情况、国有资产管理和使用情况等，实事求是地评价领导干部的决策水平、领导能力、工作实绩和廉洁自律情况，对132个单位、139名领导干部进行经济责任审计。至2013年年底，共对405个单位、438名领导干部进行经济责任审计，查出并纠正管理不规范金额13.03亿元，对领导干部履行经济责任做出全面客观评价。

固定资产投资审计　2002年，市审计局设立固定资产投资审计科，负责全市固定资产投资审计。对西城区路网建设项目进行竣工决算审计，施工企业原报决算总值2050万元，审定决算总值1617万元，审减金额433万元，遏制工程项目结算中高估冒算等行为。2003年—2004年，强化固定资产投资审计，对列入该级政府的重点建设项目、技改项目进行跟踪审计，保证投资专款专用，减少损失浪费，节约建设资金，先后审计西城区建设项目、市机关第三宿舍建设项目、新世纪路建设项目、全市农村公路改造项目，施工企业原报决算总值1.15亿元，审减金额2469万元，规范了资金管理和工程管理。2005年—2009年，适时调整审计思路，对重点建设项目实行全过程跟踪审计，事前把关，事中介入，事后加强竣工决算审计，审计监督和审计服务职能贯穿于项目建设的全过程，先后对西城区、博物馆、327国道绿化、市行政办公中心、市民文化广场、市第一中学新校区、市职教中心、建设东路改造等14个重点建设项目进行审计，施工企业原报决算总值11.98亿元，审减金额2.16亿元，提出严格招标程序、加强监理监管、控制超计划规模、节约建设资金等审计建议。2010年—2013年，加大对重点工程建设项目审计力度，以建设部门为基础，以资金流向为线索，从立项、建设、决算等环节实行全程审计。先后对牛旺立交桥、市规划展览中心、建设西路改造、中央高效节能灌溉、热力管网等12个重点建设项目进行审计，施工企业原报决算总值9.01亿元，审减金额1.38亿元。至2013年，累计审计政府投资建设工程项目31个，审减固定资产投资金额3.84亿元，规范全市固定资产投资管理，为政府节约大量项目建设资金。

第三节　内部审计

1996年，市审计局按照《中华人民共和国审计署关于内部审计工作若干规定》，加大对内部审计工作指导力度。市教委、市经委、交通、商业、粮食、供销、邮电、公安、金融等系统和经济管理部门以及大中型企事业单位先后建立内部审计机构，审计单位129个，促进增收节支2500余万元，纠正违规行为金额1890万元，提出合理化建议239条。1997年—1998年，各部门、单位内部审计机构拓宽审计范围，先后开展财务收支审计、经济效益审计、经济责任审计、基建审计、经济合同审计等多种形式的审计工作，审计单位165个。1999年，市政府转发《济宁市内部审计工作规定》，市审计局从审计程序、审计项目、审计档案等方面加强对内部审计的监督和指导，内部审计得到稳步发展，1999年—2002年，各部门、单位内部审计机构审计单位357个，查出并纠正违规行为金额1.47亿元。2003年—2009年，适应机构改革的需要，市审计局探索总结适合形势发展需要的内部审计组织形式，引导内审机构和内审人员紧紧围绕该部门、该单位的生产经营目标开展工作，各部门、单位内部审计机构审计单位516个，查出并纠正违规行为金额1.77亿元。2010年—2013年，内部审计加快发展步伐，审计力度逐年加大，服务单位内部管理和发展成效更加显著，呈现出良好发展态势，各部门、单位内部审计机构审计单位289个，查出并纠正违规行为金额1.31亿元。至2013年，全市部门、单位内部审计机构共审计单位1456个次，查出并纠正管理不规范金额4.73亿元，提出建议1669条，促进增收节支1.97亿元，全市内审机构32个，内审人员71人。

第四节　社会审计

1996年，市审计师事务所完成各类委托审计业务219项。1997年—1999年，市审计局按照《中华人民共和国审计署审计机关指导监督社会审计机构的规定》，加强对审计师事务所的指导、管理和监督。市审计师事务所拓展业务范围，开展财务收支审计、离任审计、国有企业审计查证、经济案件鉴定、验资年检、会计咨询、资产评估、基建工程竣工结算审计，共完成各类委托审计业务611项，核减工程造价2895万元，核减虚假注册资本1362万元，为委托单位挽回经济损失912万元，促进企业提高经济效益1381万元。1999年12月，市审计师事务所与审计机关脱钩，改制成为以注册会计师为主体发起设立的社会中介组织。2000年—2006年，市审计师事务所规范执业行为，拓宽执业范围，全年共完成年度报表审计1148户，验资1516户，财务收支专项审计329户，资产评估460项，编制审核工程预结算841项、总金额11.61亿元，审减工程预结算金额1.6亿元。2007年，在市会计师事务所基础上，先后成立山东中明会计师事务有限公司济宁分所、山东中明工程造价咨询有限公司、山东中明资产评估有限公司，业务范围不断增加。2007—2013年，完成年度报表审计1059户，验资957户，财务收支专项审计83户，资产评估260项，编制审核工程预结算1042项、总金额15.49亿元，审减工程预结算金额1.79亿元。至2013年，市审计师事务所累计完成各类委托审计业务6642项，编制审核工程预结算2023项、总金额29.1亿元，审减工程预结算金额3.69亿元。

第四章　统计管理

第一节　管理机构

1996年年底，市统计局设办公室、综合科、法制科、农村经济科、城市经济科、市城市经济调查队和市机关轻印刷所。其中，市机关轻印刷所为自收自支事业单位，兖州农村社会经济调查队由市统计局代管，为副科级全额预算事业单位。工作人员29人，其中，高、中级职称18人。全市13个乡镇全部设立统计站，各站有专职统计人员2人～3人。2003年5月，王因镇、黄屯镇划归济宁市高新技术开发区管理，至年底，全市10个镇（街道）设有统计站，工作人员30余人。同年7月，市城市经济调查队更名为市城乡经济调查队，并调整为副科级全额预算管理事业单位，编制9名，由市统计局管理。2005年，市统计局内设机构调整为办公室、综合科、社会科、工业科、贸易科、投资科、农业科和市机关轻印刷所。2006年，市普查中心成立，为副科级全额预算管理事业单位，编制6名，由市统计局管理。2007年，兖州农村社会经济调查队更名为国家统计局兖州调查队，列入地方中直机关序列管理，取消市统计局代管职责。2010年8月，根据市政府办公室《关于印发兖州市统计局主要职责内设机构和人员编制规定的通知》要求，市统计局内设机构调整为办公室、综合核算科、政策法规科和城乡经济科（挂农村经济科和工业能源科牌子）。2013年11月，市统计局更名为济宁市兖州区统计局。至年底，区统计局设办公室、综合核算科、政策法规科、城乡经济科（挂农村经济科和工业能源科牌子）4个职能科室，辖区机关轻印刷所1个股级自收自支事业单位和区普查中心、区城乡经济调查队2个副科级全额预算管理事业单位，工作人员24人。10个镇（街道）均设有统计站，工作人员30余人。

第二节　专业与专项调查

专业统计调查　1996年，根据国家统计报表制度要求，市内统计调查范围涉及国民经济和社会发展各个方面，包括农业、农经、工业、商业、外经、投资、建筑、物资、能源、劳动、综合、核算、财政、金融、保险、科技、教育、文化、卫生、体育、人口、计划生育、环保、气象、交通运输、邮电等28个大类6000余项指标，前12个大类由市统计局会同镇（街道）统计站直接调查，其他16个大类，由各业务部门编制上报各业务主管部门，年报数据同时上报市统计局。1998年，工业统计范围由原来的全部乡及乡以上独立核算工业企业变为全部国有及年销售收入500万元以上非国有法人工业企业。2002年，增设民营经济统计。2003年，增设农业高新技术示范园、经济开发区等园区统计。2004年，建立经济开发区统计制度；同年，增加特色农业和农村二、三产业统计。2005年，对限额以上批发和零售业、星级住宿业和限额以上餐饮业实施全面调查；劳动工资统计范围扩大到全社会法人单位；增加建筑业生产和财务状况统计；实施新的工农业生产发展速度计算方法，完善地区生产总值核算制度，规范非公有制经济统计。2011年，工业统计范围由原来的全部国有及年销售收入500万元以上非国有法人工业企业变为年主营业务收入2000万元以上工业法人企业。1996起，工业、商业、建筑等专业相继增加反映企业经济效益状况的报表和指标，国民经济综合统计由总量统计逐步转向总量、效益统计和经济运行情况监督。

重大专项统计调查 1996年，兖州市开展全国第三次工业普查、首次基本单位普查、第一次农业普查，至2013年，共开展工业、农业、基本单位、人口、经济5个类别10次大型普查。其中，工业普查1次，农业普查2次，基本单位普查2次，人口普查2次，经济普查3次，并形成周期性普查格局，年份末位逢“0”的年份搞人口普查，年份末位逢“3、8”的年份搞经济普查，年份末位逢“6”的年份搞农业普查。

工业普查 1996年，兖州市开展全国第三次工业普查。普查对象是境内所有独立核算工业企业和附营工业单位。普查的时点指标是1995年12月31日，时期指标是1995年度。普查的内容包括工业企业生产经营的基本条件、财务状况、经营行为、技术进步等17个方面400余个指标以及与之相应的7个目录、1个技术标准。兖州市普查工作从1995年8月开始，1997年底普查结束。普查结果显示：1995年12月，全市有工业企业和生产单位1571个，从业人员7.85万人，资产总额44.25亿元，实现税金1.93亿元，工业增加值18.03亿元。

基本单位普查 1996年8月，全市进行首次基本单位普查。普查范围是境内所有法人单位和产业活动单位，普查的时点指标的标准时间是1996年12月31日，时期指标的标准时间是1996年1月1日至1996年12月31日。1997年10月完成数据处理。普查结果显示，1996年12月，全市产业活动单位3171个，其中，法人单位2010个。从业人员14.42万人。2001年9月，进行第二次基本单位普查。该次普查把个体工商户纳入普查范围，普查时点为2001年12月31日，普查资料的调查年度为2001年度。2002年8月结束。普查结果显示，2001年12月，全市产业活动单位2879个，其中，法人单位1812个。从业人员12.89万人。

农业普查 1996年3月，兖州市进行第一次农业普查。普查对象是所有农村住户、非农村住户类的农业生产经营单位、行政村、乡镇和乡镇企业。普查的时点指标的标准时间是1996年12月31日，时期指标的标准时间是1996年1月1日至1996年12月31日。整个普查分准备、访问登记、复查补漏、质量控制、手工汇总、数据录入、资料开发利用6个阶段，1997年12月结束。普查结果显示，1997年12月，全市农村总户数109634户，总人口428233人。非农乡镇企业858个，其中乡镇办154个，村办386个，联户办44个，户办274个。从业人员5.25万人。2006年7月，进行第二次农业普查。普查对象是所有农村住户、城镇农业生产经营户和农村生产经营户。普查的行业范围包括农作物种植业、林业、畜牧业、渔业和农林牧渔服务业。普查的时点指标的标准时间是2006年12月31日，时期指标的标准时间是2006年1月1日至2006年12月31日。2007年12月普查结束。普查结果显示，2006年12月，全市农村总户数119917户，总人口438498人。乡镇企业8747个，其中工业企业2027个。从业人员10万人。2008年，市统计局被国务院第二次农业普查办公室、国家统计局评为第二次全国农业普查先进集体。

人口普查 2000年，兖州市开展第五次全国人口普查。普查的标准时间为2000年11月1日零时。普查内容包括人口数量、地区分布、民族构成、文化程度、住房等7大类60多个项目。1999年1月，兖州市成立第五次人口普查领导小组，下设由13人组成的办公室，组织实施普查工作，2001年8月结束。普查结果显示，2000年11月1日零时兖州市总人口598387人。其中，男性303581人，占总人口的50.7%；女性294806人，占总人口的49.3%；性别比为102.5。全市总户数176166户，其中，家庭户172435户，人口575450人；集体户3731户，人口22937人；户均3.34人。2010年，兖州市开展第六次全国人口普查。普查对象是在中华人民共和国境内常住的人。普查内容包括姓氏、性别、年龄、民族、受教育程度、行业职业、迁移流动、社会保障、婚姻生育、死亡、住房等情况。普查登记的标准时点是2010年11月1日零时。2009年11月，兖州市成立第六次人口普查领导小组，下设由13人组成的办公室，组织实施普查工作，2011年10月结束。普查结果显示，2010年11月1日零时，兖州市总人口534314人（不含王因街道、黄屯街道）。其中男性268101人，占总人口的50.2%；女性266213人，占总人口的49.8%；性别比为100.7。全市总户数167153户，其中，家庭户164292户，人口519236人；集体户2861户，人口15078人；户均3.16人。

经济普查　2004年，兖州市进行第一次全国经济普查。普查的时点指标的标准时间是2004年12月31日，时期指标的标准时间是2004年1月1日至2004年12月31日，普查对象为境内从事第二、第三产业的法人单位、产业活动单位和个体经营户。2003年12月，兖州市成立第一次经济普查领导小组，下设办公室，组织实施普查工作，2005年10月普查结束。普查结果显示，2004年12月，全市共有第二、第三产业法人单位2201个，产业活动单位2806个，个体经营户2.2万户。2008年，兖州市进行第二次全国经济普查。普查的时点指标的标准时间是2008年12月31日，时期指标的标准时间是2008年1月1日至2008年12月31日，普查对象为境内从事第二、第三产业的法人单位、产业活动单位和个体经营户。2007年12月，兖州市成立第二次经济普查领导小组，下设办公室，组织实施普查工作，2009年9月结束。普查结果显示，2008年末，全市共有第二、第三产业法人单位3091个，产业活动单位3870个，个体经营户2.3万户。2009年兖州市统计局被国务院第二次全国经济普查办公室评为第二次全国经济普查先进集体。2013年，兖州市进行第三次全国经济普查。普查的时点指标的标准时间是2013年12月31日，时期指标的标准时间是2013年1月1日至2013年12月31日，普查对象为境内从事第二、第三产业的法人单位、产业活动单位和个体经营户。2013年3月组建经济普查办公室，负责组织实施经济普查工作，2014年12月结束。普查结果显示，2013年12月，全区共有第二、第三产业法人单位4661个，产业活动单位5274个，个体经营户3.2万户。

2013年全国第三次经济普查登记现场

第三节　抽样调查

农村住户和农产品产量抽样调查　自1996年起，实施农村住户和农产品产量抽样调查，全市抽选50个村、500户进行常年记账，形成乡级网点，进行农村住户抽样调查。在乡级网点中，包含省级样本100户，市、县样本120户，形成省、市、县三级共用调查网点。调查内容包括住户所在村和家庭基本情况、人口和就业情况、农业生产结构和技术应用情况、总收入与总支出、现金收入与支出、农产品出售、食品消费、商品购买、粮食收支等情况。全市抽选15个村为产量调查点，进行粮食产量抽样调查。据抽样调查结果推算，1996年，全市农民人均纯收入2616元，人均生活消费支出1665元，小麦单产440公斤，玉米单产571公斤。2013年，全市农民人均纯收入13218元，人均生活消费支出8325元，小麦单产482公斤，玉米单产583公斤。

人口抽样调查 2005年8月，开展全国1%人口抽样调查。抽样调查的标准时间为2005年11月1日零时，调查对象是市境内具有中华人民共和国国籍的人，内容包括人口的年龄结构、文化程度、行业、职业构成、家庭、婚姻、生育、死亡等基本情况。2005年12月结束。根据抽样调查结果推算，2005年，全市出生6420人，死亡4172人，人口自然增长2248人，年末总人口604741人。

2007年1%人口抽样调查入户登记

规模以下工业抽样调查 1999年始，实施年销售收入500万元以下工业企业抽样调查，省、市、县一个抽样框，一次抽取三级样本，分别使用。2011年起，实施年主营业务收入2000万元以下工业企业抽样调查。根据抽样调查结果推算，1999年，全市有规模以下工业企业3455家，现价工业总产值37.04亿元。2011年，全市有规模以下工业企业2616家，现价工业总产值23.03亿元。

城镇住户抽样调查 1996年始，继续实施城市住户抽样调查，抽选城市住户样本80户进行常年记账。调查内容包括人口、就业、收入、消费、储蓄、住房等。抽样调查结果显示，1996年，城镇居民人均可支配收入3520元，人均消费支出2969元。2013年，城镇居民人均可支配收入27189元，人均消费支出17175元。

限额以下贸易业抽样调查 2002年始，开展限额以下（批发业年营业收入2000万元以下、零售业年营业收入500万元以下）贸易业抽样调查。根据抽样调查结果推算，2002年，限额以下贸易业零售额13.49亿元。2013年，限额以下贸易业零售额61.61亿元。

第四节 统计服务

1996年—2013年，市统计部门在完成各项统计调查的同时，开展统计分析，向社会提供统计信息，编印综合性、专业性统计资料，为党政领导决策提供依据，为社会经济发展提供服务。先后整理编印和出版《兖州市第三次工业普查资料》、《兖州市第五次人口普查资料》、《成就辉煌新兖州》（1978-2008）、《数说辉煌·新兖州六十年》（1949-2008）、《统计分析与调研报告汇编》（2009-2013）、《兖州市第六次人口普查资料》等统计资料，每年整理编印《兖州统计年鉴》，并与济宁市其他县（市、区）进行资料交流，整理编印各县（市、区）国民经济和社会发展主要指标对比资料，2009年起，每年整理编印《兖州统计手册》等。1996年—2013年，《兖州统计》不定期刊登统计分析与调研报告，共编印200余期，《兖州快报》刊登“短平快”的分析、信息，共编印50余期，《统计内参》专门刊登仅供领导参考的统计分析与调研报告，共编印10余期。1997年起，每月编印《统计月报》小册子。2005年，创办《呈阅件》。每年在《兖州报》（后改为《今日兖州》）上发布兖州市（区）国民经济和社会发展统计公报。1996年—2013年，市统计局在市（县）以上各类媒体上发表统计信息、统计分析、调查报告、论文等1500余篇（条）。被市（县）政府采用或在统计刊物及省市统计学术会议刊登发表70余篇。在省市统计科学研讨会或优秀学术论文分析评选中获奖26篇。其中，《浅谈市场经济与统计信息》和《浅谈统计数字质量及其特性》被中国统计杂志社评为“仙霞杯”统计新闻三等奖和全国“晨鸣杯”统计分析优秀奖。《百强进位任重道远》获2007年济宁市第六次优秀学术论文、统计分析评选一等奖。

第五节　统计监督与执法

1996年，市统计局成立法制科，配备专职统计检查员。同年起，每年会同市有关执法部门联合开展统计执法大检查，到2001年，先后查处统计违法案件75起，立案48起，分别给予批评教育、责令限期改正和罚款处理。2002年—2005年，市统计局重点抽查和专项检查近400个单位，统计违法现象明显减少。2005年市统计局被评为省统计法制工作先进单位。2006年—2013年，市统计局采取制作统计法制宣传牌匾、印刷《中华人民共和国统计法》宣传手册、举办统计法制培训班等多种形式，利用春季文化下乡和法制宣传日（12月4日）进行普法宣传，展出宣传牌匾10余次，发放《中华人民共和国统计法》宣传手册1000余册，举办统计普法培训班3期，利用统计巡查、各种普查进行统计数据质量检查和统计执法情况检查，未发现严重统计违法案件。

第五章　工商行政管理

第一节　管理机构

1995年12月，市工商物价行政管理局工商、物价分离，市工商行政管理局成立，隶属市政府管理。设办公室、人事教育科、财会科、市场管理科、经济合同科、企业管理科、商标广告科、经济检查科、个体私营管理科、法制科、统计科11个科室，辖新兖、颜店等13个股级工商所和息马地、九州商城等6个股级市场管理所。1996年8月，设立煤炭交易管理处，为副科级全额拨款事业单位，隶属市工商行政管理局。1996年11月，兖州市市场服务公司成立，为科级自收自支事业单位，隶属市工商行政管理局，在职职工277人。1997年5月，设立股级机构兴隆夜市管理办公室、营运车辆管理所、经济检查所。1998年12月，实行省以下垂直管理体制，市工商行政管理局转隶济宁市工商行政管理局管理，撤销煤炭交易管理处。2002年，全省工商系统机构改革，批准设立办公室、人事政工科、法制科、财务装备科、市场合同科、商标广告科、消费者权益保护科、监察室8个股级科室和企业注册局、公平交易局2个副科级直属机构，辖息马地商城管理所、鼓楼工商所、新兖工商所、兴隆庄工商所、大安工商所、颜店工商所、新驿工商所、王因工商所8个副科级所和谷村工商所、黄屯工商所、漕河工商所、古城工商所、黄屯工商所4个股级所。2003年5月，王因镇、黄屯镇划归济宁高新技术开发区，王因工商所、黄屯工商所整建制移交济宁市工商局高新技术开发区分局。2004年6月，增设立个体私营企业协会办公室、消费者协会办公室、工商信息中心3个股级事业单位。2008年11月，兖州市市场服务公司整建制移交市商务局。2013年11月，市工商行政管理局更名为济宁市兖州区工商行政管理局。同年12月，区工商行政管理局设市场合同科、商标广告科等9个股级科室和2个直属局、3个事业单位，辖新兖、鼓楼等7个副科级、3个股级工商所，在职人员199人。

第二节　市场管理

1996年—1999年，全市工商行政管理部门按照中央、省、市文件精神，对全市原257家收粮、用粮单位进行变更或注销登记，查处违法收购粮食案件132起，罚款40万元。2000年，规范农村集贸市场和粮食市场，打击违法违规行为，共查处非法收购粮食案65起，没收非法收购粮食150余吨。开展“扫黄打非”行动，集中整治娱乐场所和电子游戏厅，收缴盗版光盘700张，非法出版图书4500册。开展“打假保农业”“打假保名优”“反仿冒、反误导、反欺诈、保双节”等专项整治活动，共捣毁窝点18处，没收假酒1000余瓶、假饮料3500余瓶、假种子14吨、假农药2000余瓶。2001年—2002年，推行市场巡查制度，清理违法经营企业和个体工商户。加强对文化市场整顿力度，集中清理整顿加油站和农村集贸市场。查处违规违法案件460起，案值1085万元。2003年，开展鼠药市场专项检查，查处走街串巷兜售杀鼠剂商贩，取缔非法制售剧毒鼠药窝点1个，查处兜售剧毒鼠药等流动商贩20个，收缴剧毒杀鼠剂8275克。2004年，市工商行政管理局印发《关于加强高致病性禽流感预防和控制切实抓好禽类市场监管工作的实施意见》，防治禽流感期间，共出动1250人次，车辆260台次，规范禽类经营业户14户、取缔5户。强化对肉类市场的长效监管，全面推广“放心肉工程”。2005年，做好集贸市场高致病性禽流感防治工作。出动执法人员230人次，张贴通告400张，关闭区内活禽交易市场11个，取缔活禽经营户及宰杀点46处。全面推进农产品市场

市工商行政管理局执法人员开展食品市场检查

准入工作，强化对重要商品和特种市场的监管。共抽查各种规格品牌的农资184种，其中化肥121种、种子37种、农药26种；查处不合格化肥案43起；不合格玉米种案5起，挽回农民经济损失60余万元。54家农资经营单位审定为首批“A级农资经营者守信业户”。2006年—2008年，开展奶粉和酒类市场专项检查，对干鲜果和水果罐头市场专项整治。出动执法人员6139人次，车辆1852台次，检查经营业户3300余家，查处食品无照经营183户，捣毁制假售假窝点27个，查处制售假冒伪劣食品案件93起，案值70余万元。2007年，落实一户多档制、实名登记制、证明登记制、标牌公示制4项制度，评选食品经营规范店42家，聘请43位食品安全义务监督员，建立43个联系点。2008年9月—12月，针对“三鹿”婴幼儿奶粉事件，共下架问题奶粉1066.7公斤，召回250.6公斤，调解奶粉消费纠纷23人次，退换奶粉38公斤。至年底，共为食品经营户办理营业执照400余张，停业整顿、清理取缔300余家，查处违法经营食品案件13起，销毁不合格食品560公斤。2008年，建立农资市场准入制、农资经营者“经济户口”管理、信用分类监管、流通领域农资商品定向质量检测、种子留样备查公告等制度，抽查各种规格品牌的农资316种，查处劣质农资案117起，挽回农民经济损失163万元。2009年，按照省市局食品安全监管实行一户多档制、实名登记制、标牌公

示制、熟食证明登记制4项制度的要求，创新包保责任制，实行定区域、定业户、定人员、定任务、定责任的“五定”监管模式，集中开展专项执法检查6次，组织抽检面粉、食用盐等重要商品20批次。全市共有食品经营业户1706家，其中有证有照1266家，悬挂、张贴“食品安全实名公示牌”“工商执法人员友情提示牌”1700余份，建立散（裸）装食品公示牌4000余张，工商所动、静态监管档案1266户，农村大集熟食现场登记260余户，供货商备案登记档案97户。2010年，组织大规模的执法行动6次，查处违法违章案件147起。查处非法销售农资案件18件，受理农资投诉11起，抽检成品油26户，查获假冒侵权啤酒2.32万件、包装物1.5万件。2011年—2012年，开展流通环节乳制品、食品非法添加、酒类市场等专项整治36次，抽检食品189批次，立案查处食品经营户58家，督促整改76家。发放流通许可证1781张，印制监管资料2.6万余份，配置食品安全快速检测箱23台，为广场商厦、九州商厦两个大型超市安装10台食品信息查询机，建立流通环节食品安全查询系统。2012年年底，市工商局被省工商局授予全省食品安全监管工作先进单位。2013年，对旅游市场、文化娱乐场所、宾馆住宿场所、虚假广告、成品油市场、农资市场、网络市场等开展专项整治56次，开展行政指导328次，查处各类经济违法案件339件。抽检含乳饮料、酸奶、海参、蜂蜜、豆制品、调味品、酱菜、熟肉制品、儿童食品等11大类60个批次，共检测出食品质量及外包装不合格食品涉及16个单品，查处食品违法案件17件。清查无照经营业户1032家，其中属于拆迁控制区内无照经营户853家，涉及前置的经营户616家，行政指导315家，立案查处70家。

第三节　注册登记管理

1996年初，全市注册登记国有企业1205家、集体企业2098家、联营企业67家、股份制企业24家、私营企业407家、个体工商户1.97万家。同年，推进现代企业登记制度，开展企业改制工作。至年底，全市登记企业3505家。其中，国有企业1172家、集体企业2184家、联营企业49家、股份合作企业28家、有限公司72家。1997年，统一换发营业执照，集中清理企业档案，注销272家企业，吊销420家企业，176家企业解除挂靠关系。1998年，国家粮食体制改革和全市企业改制，变更或注销登记208家没有粮食收储资格的企业，改制或重组32家。1999年底，全市登记注册企业2167家。其中，国有企业731家，集体企业1289家，联营企业25家，股份合作企业31家，有限责任公司76家，企业集团15家，私营企业632家，个体工商户2.14万家。2000年1月9日，兖州市第一家个人独资企业——兖州镇鼓楼印刷厂登记成立。开展清理假集体、假国有企业327家，党政机关、武警、军队办企业12家。对178家无前置审批手续的企业进行限期补正或办理变更、注销登记手续。同年，开展外资企业登记初审工作。至年底，个体工商户发展到2.27万家，私营企业715家，外商企业28家。2001年，集中开展个体工商业户档案清理，对停业业户注销。2002年，实施工商业务公开，市工商局印发《优化发展环境、服务经济建设承诺》，让人民群众知政、知情。设置举报箱68个，政务公开栏23个，在服务窗口放置监督卡。至

新兖工商所人员为群众办理营业执照（2013年摄）

年底，各类登记工商企业2368家，个体工商户8798家。2003年—2005年，落实一审一核制、首办负责制、AB角制、双回访制、限时办结制等制度，按照处置时限，采取配套措施，提高服务质量，全市新发展各类工商企业749家，注销登记496家。至2005年底，全市共有企业2770家，个体工商户1.09万家。2008年7月，兖州市修连奶牛养殖专业合作社成立，成为市第一家专业合作社。2009年，开展企业大走访活动，走访企业、个体工商户600家，收集扶持发展建议20条。至年底，全市共有企业3009家，农民专业合作社51家，个体工商户1.38万家。注册资本1000万元以上私营企业118家，5000万元以上14家，1亿元以上3家。2010年，市工商局制定《关于发挥工商行政管理职能优势支持和服务地方经济发展的三十条意见》。至年底，全市共有内资企业880家，注册资本21.62亿元，私营企业2363家，农民专业合作社78家，注册资本54.62亿元，居济宁市第一位。2011年，为全市重点产业项目开辟绿色通道，企业的登记时限由法定的10日～30日缩短为3日～5日。至年底，全市共有个体工商户1.65万家，私营企业2625家，内资企业878家，注册资本1亿元以上企业16家，5000万元以上企业38家。2012年，出台服务发展一揽子政策，年内新增注册资本1亿元以上企业2家。至年底，全市共有个体工商户1.76万家，私营企业2625家，内资企业888家，注册资本1亿元以上企业18家。2013年年底，全区个体工商户2.42万家，私营企业3044家，农民专业合作社302家。注册资本金总额250亿元，注册资本1亿元以上企业34家。

第四节　经济合同管理

1996年初，加强对行业主管部门的合同管理，指导企业运用经济合同开展公平竞争，对合同进行鉴证。同年9月，合同仲裁工作从市工商局分离。1998年，将合同管理重点转移到抵押合同登记工作上。同年4月，市企业合同管理协会成立，协会会员单位130家，合同管理由行政监管向行业自律转变。1996年—1999年，累计合同鉴证1460件，鉴证金额16亿元，为企业避免经济损失660多万元。2000年，撤销17家不符合条件的“重合同、守信用”企业。至年底，全市“重合同、守信用”企业107家。全年共鉴证各类合同368份，鉴证金额4.68亿元。2002年，房地产抵押登记权属从市工商局划出，抵押登记数量大幅下降。2003年，发挥抵押登记职能，帮助企业建立现代资本制度，推动重点企业扩大再生产，扩张经济总量。2004年6月30日，合同鉴证业务停止。同年，启动社会信用体系建设。2003年—2005年，共办理抵押登记111件，登记主债权17.02亿元，登记抵押物价值36.3158亿元。至2005年年底，全市有1家企业被评为国家级“守合同、重信用单位”，26家企业获得省级，28家企业获得济宁市级“守合同、重信用单位”。2007年，以大力培育农村经济带头人为重心，发展农村经纪人400人，探索订单农业合同监管模式，发展订单农业，帮助涉农企业和农户规范合同，为涉农企业牵线搭桥，规范1000余亩小麦种子合同和17万只肉鸭回收合同。至2008年底，共办理抵押物登记62件，登记主债权6.13亿元，抵押物价值18.25亿元。全市共有“守合同、重信用企业”46家。其中，国家级1家，省级23家，地市级22家。2009年始，随着全社会法律意识的提高和多年标准合同示范文本的推广，合同签订中律师的介入，市工商局合同管理职能弱化。2009年—2013年，持续开展“守合同、重信用企业”、诚信商户评选活动，办理各类抵押登记。至2013年年底，全区有“守合同、重信用企业”69家。其中，国家级3家，省级37家、地市级29家。办理各类抵押登记17件，办理股权出质登记3件，帮助企业融资5.8亿元。

第五节　商标广告管理

商标管理　1996年初，全市有效注册商标220个。1997年，山东拖拉机厂的“TS”商标、山东拖拉机厂发动机分厂“飞动”商标被省工商行政管理局认定为山东省著名商标。1996年—1999年，申办注册商标呈上升趋势。至1999年，共申办注册商标70个，查处商标违法案件83件。2000年，对生产、印刷和流通领域实施商标监管，开展对擅自将他人注册商标作为专卖店、专修店名称和营业招牌的专项治理，对16家无商标所有人使用许可手续的专卖、专修店进行拆除和处罚，查办商标违法案件15件。2001年—2002年，对商标印制企业进行统一整顿，全面清理无“印制商标单位证书”的企业，查处商标违法案件38件，收缴违法商标标识25万套。2003年—2005年，以保护驰名商标、农产品商标和地理标志为重点，开展保护注册商标专用权行动，查处侵犯商标专用权案23件，罚款37万元。2006年，实施名牌战略，引导和扶持企业争创驰名商标、著名商标，指导企业申请注册商标120余个，续展变更72个。2007年，建立商标行政指导制度，共发放建议书、法律告知书239份，帮助企业申请、续展注册商标23个。“大丰王”商标、“金太阳”商标被省工商局认定为山东省著名商标。2009年，“隆盛泰”商标被省工商局认定为山东省著名商标。2010年12月，全市注册商标579个，“银河德普”“环宇”“兖隆”“樱源”4件商标被省工商局认定为山东省著名商标。2011年，“金太阳”“大丰王”2件商标被国家工商行政管理总局商标评审委员会认定为中国驰名商标，“神州剑”“玉丰之王”“鲁都”“祥通橡塑”“乾及图”5件商标被省工商局认定为山东省著名商标。查处侵犯“青啤”“雪花”“崂山”等商标专用权案，查获侵权啤酒2.32万件、包装物1.57万个。至年底，全市有效注册商标1082个。2012年，“育达”“建隆”“Y图形”3个商标被省工商局认定为山东省著名商标。“前海辣椒”“颜店肉鸭”2个地理标志证明商标注册成功。全市拥有有效注册商标1183个。2013年，“锋箭”“兖发”2个商标被省工商局认定为山东省著名商标，新增“兖州干辣椒”地理标志证明商标，全市有效注册商标1165件。

广告管理　1996年初，全市合法广告经营单位14家，全年发布广告2000条，制作广告牌274块，营业额360万元。1996年—1999年，审查15类3200余条广告，规范登记店堂牌匾广告200余条；完善户外广告登记管理制度，共登记户外广告250余条；在市区发展广告群9处，计3000余平方米；开展户外广告登记，建立“户外广告内容备案审查制度”。加大广告监管力度，共查处违法广告案133件，收缴违法印刷品14万张，违法经营额750万元，罚款45万元，没收各种药品和医疗器械130种。2000年，集中对全市的医疗药品、保健品广告进行专项整治。全年共查处广告违法案件10件，收缴非法印制的商标标识8万余套。2001年—2002年，查处广告违法案件32件，收缴违法印刷品60万张。2003年—2005年，出动车辆68台次，执法人员183人次，查处违法医疗广告案件12件，违法药品广告案件44件。2006年—2007年，严格审查虚假招生类广告内容及相关证明材料。检查广告经营单位6家，查处虚假招生广告宣传单2200余份，清理各类招生简章40余条。2008年—2009年，加大对广告发布源头和媒体发布环节的治理力度，医疗、药品等重点广告违法率出现下降。2010年，以净化社会文化环境为核心，开展虚假违法广告专项整治工作，共办理各类户外广告登记160件。查处擅自发布户外广告5户，责令兖州电视台停播违法广告12条次。2012年，共办理各类户外广告登记324件，立案查处4家擅自发布户外广告企业，责令停播违法广告16条次。2013年，共办理各类户外广告登记316件，责令停播违法广告 26 条，立案查处 5 家违法发布户外广告企业。

第六节　消费者权益保护

1990 年，兖州县消费者协会及各乡镇分会成立。1996 年前，消费者权益保护工作由市消费者协会及各乡镇分会承担，主要宣传《中华人民共和国消费者权益保护法》，承办每年 3·15 消费者权益保护日宣传活动，调解消费者纠纷。1997 年，按照全国消费者协会要求开展“讲诚信、反欺诈”年主题活动，历时 1 个月，出动宣传车 20 台次，送法下乡，行经全市 13 个乡镇，现场接受咨询 2000 次，受理消费者投诉 160 件，为农民挽回经济损失 2.6 万元。市消费者协会被山东省消费者协会评为省级先进单位。1998 年 12 月，市消费者协会及各分会投诉电话尾数统一改为“315”，全市 3·15 投诉网络形成。1996 年—1999 年，共受理消费者投诉 3657 件，为消费者挽回经济损失 135 万元。2000 年，围绕“明明白白消费”年主题活动，送法到农村、工厂、学校，受理投诉 835 起，支持消费者起诉 2 起，发布消费警示 25 条，挽回损失 39 万元。2001 年，组织 60 人“绿色消费”志愿者宣传队，进家入户发放宣传材料 1.5 万份，举办假冒伪劣商品展，宣传识假方法及购物常识。2002 年，成立消费者权益保护科，开通“12315”投诉举报电话，与协会共同受理调解消费者投诉，调解消费者纠纷，重点查处侵害消费者权益行为。2002 年，倡导“科学消费”新观念，改进投诉处理机制。2001 年—2002 年，受理投诉 1260 起，挽回消费者损失 76 万元。2003 年—2005 年，建立消费指导站，接待消费者咨询 6000 次，发放材料 2 万份，受理投诉 1673 起，支持消费者依法起诉 10 起，通过媒体曝光 3 起，为企业、消费者挽回损失 50 万元，全市有 4 家企业获省级消费者满意单位称号，有 21 家企业获济宁市级消费者满意单位称号。2006 年—2008 年，加大消费维权点建设，建立消费维权点 263 个，聘请维权监督员 280 余人，覆盖全市大中型商场、超市、集贸市场、批发市场及服务场所。2009 年，以“消费与发展”为年主题，开展消费教育，健全消费指导和咨询服务体系，发放资料、刊物 5 万余份，提高人民群众识假辨假能力。全年共受理消费者投诉 269 件，处结率 96%。查处公共行业限制竞争、侵害消费者合法权益行为，查办供热企业利用垄断地位向用户强制收取费用案。2010 年，利用“12315”消费者申诉举报电话，共接到各类投诉 37 余起，立案查处 9 起，罚没款金额 3 万余元，依法处理消费者与经营者的纠纷，及时化解矛盾，为消费者挽回经济损失 3 万余元。全市有 4 家企业获省消费者满意单位称号，14 家企业获济宁市消费者满意单位称号。2011 年，借助新闻媒体，以典型案例、维权知识等为内容，制作 38 期专题节目，营造食品安全舆论氛围。市工商局被省工商局授予全省消费者权益保护先进单位。2012 年，设立 12315 申诉举报中心，共受理咨询 189 件，投诉 256 件，答复率 100%。2013 年，以“让消费者更有力量”年主题活动为中心，畅通消费者维权渠道，完善“12315”行政执法体系，把“12315”打造成为民解忧、百姓信任的民心品牌。全年受理消费者各类咨询、申诉、举报 467 件，答复率 100%，调解率 97.6%，为消费者挽回经济损失 35.8 万元。

消费维权进校园活动现场（2009 年摄）

市工商行政管理局工作人员为群众讲解辨别假冒伪劣商品（2011 年摄）

第七节　公平交易执法

1996 年始，市工商局结合“公平交易执法年”“整顿市场经济秩序、整顿工作作风”等活动，先后开展打假治劣、打击走私贩私、依法取缔传销一系列专项治理工作。至 1999 年底，累计查处违法案件 855 起，查获假冒伪劣商品价值 308 万元。2000 年起，全市走私活动得到扼制，公平交易执法重点转向非法传销活动。2001 年—2002 年，联合公安机关打掉 12 个传销窝点，驱散传销人员 280 人，查扣传销物品 1 宗。2003 年，开展防治非典型性肺炎工作，坚持日查夜巡，加大对食用盐、消毒液、板蓝根等商品交易监督力度，加强饮食摊点食品卫生的整治，查处违法案件 32 起，以防治非典型性肺炎名义哄抬物价、谋取暴利行为 9 起，查扣非食用盐 50 余公斤、劣质消毒液 120 瓶、黑心棉被 320 条，吊销违规经营者营业执照 3 家。2003 年—2005 年，开展打击传销、打击消费储值、打击商业贿赂专项整治活动，出动执法人员 600 人次，车辆 126 台次，取缔传销和变相传销窝点、场所 80 个，解救、劝返传销人员 1500 人。2006 年—2007 年，开展创建无传销社区，取缔传销窝点 10 个，拘留组织者 16 人，解救、劝返传销人员 500 人。查处经济违法案件 2131 起。2009 年，开展烟酒市场打假维权“利剑行动”，检查烟酒经营户 131 家，取缔无照经营户 14 家，查扣违法卷烟 3 万支、仿冒品牌酒类 7000 余瓶。开展打击传销百日联合执法行动，将打击传销纳入平安兖州建设总体格局，由创建无传销社区向无传销校园、无传销乡镇延伸，共取缔传销窝点 3 个，查封授课地点 2 个，驱散传销人员 45 人，规范直销网点 5 个。2010 年，组织排查传销、规范直销行动 8 次，出动执法人员 350 人次，驱散少陵公园、天仙庙等 4 个涉嫌传销群体 183 人，端掉涉嫌传销课堂 3 个，检查“安利”“完美”“玫琳凯”“无极限”等直销产品销售点 78 家，整改 13 家，行政处罚 5 万元。2011 年，开展无照经营清理行动，取缔无照经营 162 家，查处经济违法案件 1169 件。2012 年，全面推行说理式执法文书，对 32 家企业、208 家个体工商户的轻微违法行为免予处罚，下达责令改正通知书 276 份。共对 21 大类 346 个批次样品进行重点检测，立案查处食品安全案件 57 件。围绕群众关心、社会关注的校园周边环境、农资市场、成品油市场以及无照经营、制假售假、非法传销等问题，集中力量开展专项整治。组织大规模执法行动 15 次，立案查处各类违法违章案件 1482 件。2013 年，针对不正当竞争、无照经营、霸王条款开展专项整治 15 次，开展行政指导 226 次，查处违法经济案件 186 件。

第六章 物价管理

第一节 管理机构

1996年，市物价局设办公室、工价科、农价科、农产品调查室、信息中心、综合科6个科室，辖市物价检查所1个股级全额预算管理事业单位，在职人员58人。1997年，内设科室调整为办公室、工价科、农价科、收费管理科4个科室；市价格事务所成立，为自收自支股级事业单位。市物价检查所升格为副科级全额预算管理事业单位。1998年，增设价格信息中心、价格调控科。2001年，市价格认证中心成立，为副科级全额预算管理事业单位，人员由局内部全额事业单位中调剂解决。2002年，市物价局并入市发展计划局，保留市物价局牌子，单独配备班子，人、财、物相对独立。2006年，市价格监测中心成立，为副科级全额预算管理事业单位。2007年，市价格事务所更名为市价格调节基金办公室。2010年，市物价局（在市发展和改革局挂牌子）成立，设办公室（挂人事编制科牌子）、价格管理科、收费管理科3个科室，辖市物价检查所、市价格认证中心、市价格监测中心3个副科级全额事业单位和市价格调节基金办公室1个股级自收自支事业单位。2012年12月，市物价检查所变更为市物价局行政内设机构，并更名为价格监督检查局。2013年11月，市物价局更名为济宁市兖州区物价局。同年底，区物价局设办公室（挂人事科牌子）、价格管理科、收费管理科、价格监督检查局4个科室，辖市价格认证中心（全额预算副科级事业单位）、市价格监测中心（全额预算副科级事业单位）、价格调节基金办公室（自收自支股级事业单位）3个事业单位，有干部职工54人。

第二节 价格管理

1996年，价格管理形式为政府定价、政府指导价、市场调节价并存，以市场调节价为主的管理形式。1998年5月，物价管理形式改革，大多数商品和服务价格实行市场调节价，极少数商品和服务价格实行政府指导价或者政府定价。随着价格改革的逐步深入，国家只对重要的储备物资、专营及特殊商品和服务等16类商品和服务价格实行政府定价，由国家计委和省物价局定价。对《山东省定价目录》中授权市、县人民政府定价的城市供水价格、城市供热价格、城市燃气价格、城市公交票价、经营性环卫收费、出租车营运价格、经济适用住房价格、物业管理收费、中介服务收费、市场交易服务收费、游览参观门票、索道、车船票价格下放管理权限，由市人民政府按照省规定的定价办法和定价原则制定。2001年—2002年，市物价局对社会公益事业和垄断服务价格实行价格听证制度，增强政府定调价的决策公开、透明。完成城区集中供热、自来水价格的调整。对城乡居民生活照明用电实行同网同价，对所有居民小区用电实施一户一表改造。对非普通工业用电，非居民照明用电、农业生产用电进行审核，减轻农村企业、农民负担约470万元。对房地产开发公司商品房销售价格进行审核，制定合理的销售价格。2003年—2005年，加强药品价格管理，对市人民医院、济宁市皮肤病防治医院等医疗单位的34种药品进行成本核算，及时上报济宁市物价局审批。加强公益事业价格管理，对自来水及其管网建设、供热管网建设、污水处理、公交IC卡、幼儿教育、物业服务等价格成本进行审核。加强化肥、农药、种子、石油等农业生产资料价格监管，维护了农民利益。2006年—2012年，兖州市价格形势大幅度波动，呈现出明显阶段性特征，市物价局实施临时价格干预措施，按照国家和省政府要求，对粮、油、肉、蛋、奶、液化气6大类居民生活消费品、抗震救灾帐篷和活动板房及电煤价格实行临时价格干预措施，研究制定《市场价格过快上涨应急预案》，确定提价申报和调价备案的生产、经营企业，加强对相关商品的价格监管，缓解了市场价格波动。2006年—2008年，落实超耗能加价、差别电价、降低小火电价格等价格政策，取消对电解铝、氯碱、铁合金企业的电价优惠，对成品油价格进行调整，加强价格执行情况检查，规范成品油和电力价格秩序。对城区居民和企业供热价格、新开通公交线路车票价、农村集中供水价格进行调整。2009年，加强对房地产价格管理，全年对兖州市新建的1.07万平方米经济适用住房，依法进行成本监审，制定合理销售价格。2010年—2012年，市物价局落实小麦最低收购价、节能减排、药品价格改革、成品油价格调整等价格政策；依法审批城市天然气试行价格，开展车用天然气成本监审，依法进行价格调整；召开价格听证会调定城市公交票价；对全市3家供热企业非居民用汽价格进行调整；经成本预审，制定经济适用住房的预售价格并对助学公交车进行成本监审；开展农业用水、煤炭、城市供热、电价改革、粮食收购、疫苗、农村道路客运车辆运营情况、农村居民生活用水及灌溉用水、CNG加气站和出租车价格等专项调查。2013年，实施基本药物制度，对济宁市皮肤病防治医院报送的3种新型自制剂价格进行价格备案。开征出租车燃料附加费，对济宁市2013年9月6日调整的车用天然气价格进行价格监督。

第三节　收费管理

价格和收费公示　2001年—2002年，市物价局在全市推行涉农价格和收费公示制度。对教育、民政、公安、工商、电信、农业、矿管、林业、畜牧、计生、防疫、交通、农机监理、电力等25个执法部门涉及的收费项目、标准和依据全部予以公示。市政府通过新闻媒体进行公示，共投入资金61万元，统一为乡镇制作并安装涉农价格和收费公示栏291个，按自然村数量统一发放涉农价格和收费公示公告498张，统一印制涉农价格和收费公示簿14万册并发放到农户。由市人大常委会、市政府、市政协分管负责人以及监察、财政等主要负责人组成的涉农价格和收费领导小组，对公示情况进行督导检查。2003年始，市物价局在全市推行价格和收费公示制度并通过省验收考评。2009年，结合价格服务进万家活动，对镇（街道）、社区涉农和涉及居民价格收费、涉企收费、教育收费公示栏进行更新，变更部分公示内容。至2013年年底，累计编印《涉农价格和收费公示簿》《涉企收费公示手册》《居民价格缴费指南》39万余册，免费发放给企业和群众。为各镇（街）和30个社区居委会统一制作安装价格和收费公示栏，各涉企、涉农收费部门和单位均按要求将收费项目和标准以公示栏的形式向社会公示。

收费管理　1996年5月，市物价局对市150余家生产经营企业的180名物价管理人员进行物价专业知识岗位培训，经考核合格，颁发企业价格管理合格证、企业物价员证。同年8月，结合收费许可证的换发工作，举办市行政、事业收费单位执收人员培训班，对全市549个收费单位、710名执收人员进行法律法规知识培训。1997年，市物价局清理整顿乱收费现象，将已核发的639个收费单位的收费许可证进行清理审核，凡收费项目属于法律、法规及省政府有明文规定的予以保留、登记；对不符合规定的办理注销变更手续。国家计委、省物价局、济宁市物价局相继颁布取消的涉企收费项目181个。其中，国家级61个，省级43个，济宁市级54个，国家计委降低收费标准22个。清理兖州市地方政府及有关部门出台的各类收费、集资、基金等项目，取消收费文件23个，收费项目38个。对涉及的收费部门的收费许可证办理注销变更手续。在清理整顿期间，对越权设立收费项目，扩大收费范围、提高收费标准和设立名目乱收费的，对中央和省、济宁市政府明令取消的收费项目仍继续收费的进行坚决查处。共查处各类乱收费金额180万元。1998年，开展农村电价整顿工作，取消各种附加在电价上的不合理乱收费、集资和摊派事项，市物价局联合市监察局、市电业局成立7个农村电价调查小组，对兖州市492个用电村进行调查摸底。制定《兖州市1998年农村用电最高结交电价》，下发到各乡镇人民政府、供电站和村。农村照明用电全部降到1元/千瓦时以下，80%的村在0.6元/度～0.8元/千瓦时，平均每千瓦时电降低0.15元左右。全年减轻农民负担750余万元。实行举报奖励制度。共处理各类来信、来电来访65件次。共查处乱收费金额20万元，退还用户金额3万元。对行政事业收费单位实行明码标价制度，亮证收费。1996年—1999年，市物价局对现行管理的兖州市665个行政事业收费单位和6个经营性收费单位，全部实行收费许可证、收费员证制度。为充分保护国营、集体和个体私营企业的合法权益，免费向企业发放2000份企业交费登记卡和《兖州市现行行政事业性收费标准》，为企业抵制乱收费提供可靠依据。2000年，市物价局对国家明令取消的23项收费项目及降低收费标准的8项收费项目及时予以公布并监督收费部门执行，全年直接减轻企业负担50余万元。同年12月12日起，实施进企业收费批准通知书制度，各类收费单位对企业收费必须先到市物价局申请并领取“进企业收费批准通知书”，按通知书中规定的收费项目、标准、范围、时间等收费，不按规定收费的，企业有权拒收或举报。成立价格举报中心，公开举报电话，及时受理来信到访。全年接待各类价格举报案件41起，查处乱收费金额16.5万元，退还用户金额9.2万元。2001年—2002年，采取以会代训的形式，对全市798名收费员以及部门、乡镇分管负责人进行培训，考试合格的发收费员证，达到持证上岗收费的要求。实行“进企业收费批准通知书”制度。凡到企业进行收费的单位，必须先到兖州市行政审批中心物价窗口开具“进企业收费批准通知书”，按照通知书规定内容，填写企业缴费登记卡，方可实施收费。严格收费年审工作，全年公布取消收费项目17个，降低收费标准6个，合并收费项目2个。2003年—2005年，换发收费许可证，开展收费人员培训工作，审验收费单位432个，年审金额9.6亿元，按照收费审批权限，为47个单位制定收费标准，取消53个收费单位的87个收费项目、141个收费标准。发放《进企业收费批准通知书》165份。2006年—2008年，与市监察局、市财政局联合，每年集中对兖州市130个行政事业性收费单位收费情况进行审验。换发收费许可证，新办收费许可证26个，变更收费许可证71个，吊销收费许可证118个。审核和报批医疗单位的老年人公寓、床位和护理费、垃圾处理费、数字电视收视费、物业公司服务收费、兖州市补习学校和大阳安全培训中心培训收费等23个收费项目和标准。落实义务教育、高中阶段教育减免学杂费和农产品流通环节各项收费减免政策，督导减免集贸市场管理费、个体商户管理费、农产品车辆入场费、植物检疫费，禽畜防疫检疫费、计量器具检定检修费和预防性体检费7项收费。2009年，联合市监察局、市财政局、市法制办、市审批中心，对涉企收费项目进行“一费制”改革，确定首批纳入“一费制”改革的部门、企业和费种及其收费标准。与市财政局、市监察局联合，开展收费年审工作，审验金额4.3亿元，注销收费许可证11个，取消和停止收费项目47个，降低收费标准7个。2013年，市物价局整合收费许可证办理、收费年审和收费统计及信息发布等功能，建立收费动态监管系统数据库，实行收费动态监管机制。审验204个单位，审验金额5.85亿元，审验率达99%。发放“进企业收费批准通知书”258份，取消收费项目4个。同年10月1日起，兖州市免征部分行政事业性收费项目36个，并重新整理行政事业性收费项目，直接减轻企业和社会负担500余万元。

第四节　价格监督检查

价格执法检查　1996年，市物价局对群众反映强烈、社会影响面较大的医疗卫生、教育、农电等部门进行重点检查，对农业生产资料、石油、邮电、铁路运输进行定期检查。共查处价格违法案件17件，查处违法所得资金81万元。1996年—1999年，每年节假日期间，对大、中型商业网点、粮店、批发市场及部分农贸市场进行较大规模的检查。累计检查各类价格违法案件230起，违价金额1041万元，退还用户867.94万元，上缴财政173.06万元，经济制裁38.3万元。2001年—2002年，开展电力、电信、劳动、铁路、公路、工商、交通、计划生育、农民建房收费和节日市场检查，共查处价格违法案件70多件，查处违法金额1000万元，受理各种价格咨询246

市物价局工作人员进行明码标价检查

人次，受理价格投诉28件，结案率和回复率均为100%。2003年—2005年，组织开展涉农、医疗单位药品价格和医疗服务收费、殡葬服务收费及丧葬用品价格等检查，查处价格违法案件173件，违法所得金额1601多万元，受理各种价格咨询637人次，查处价格举报案件165件，退还消费者金额8.6万元，结案率为100%。2006年—2008年，组织开展对大型商场、专业市场以明码标价为主要内容的专项检查，重点规范餐饮、家电维修和商场、超市等行业的明码标价，防止价格欺诈。对医疗服务收费、药品价格、化肥价格和涉农收费，对司法、公安、法院、民政等部门收费、中介机构收费、成品油市场价格、中小学教育收费、土地收费以及电煤价格等进行检查。共受理价格举报投诉43件，结案和回复率均为100%。2010年—2012年，开展涉农、涉企、药品价格和医疗收费、教育等专项检查，查处价格违法案件40件，查处违法所得金额569.99万元，受理举报件70件，回复率和办结率均为100%。2013年，组织开展金融行业明码标价、涉农、农机、教育收费专项检查，共查处价格违法案件10件，查出违纪金额65.27万元，实施经济制裁65.27万元，受理举报件27件，办结数27件，回复率100%。

明码标价　1996年，根据国家计委《关于商品和服务实行明码标价的规定》要求，取消三色标价签。2000年8月，按照济宁市物价局《关于在全市推行新式三色标价签的通知》要求，在全市各大商场进行新式三色标价签的换发工作。2000年10月，国家计委根据《中华人民共和国价格法》重新制定《关于商品和服务实行明码标价的规定》。每年3月，市物价局组织开展明码标价宣传月活动，做到宣传、检查、规范三结合。组织开展“明码标价示范单位”和“价格政策信得过单位”创建活动。至2013年，全市商品类标价率80%，服务类标价价率80%。

价格收费监督　2003年，市物价局在各镇（街道）设立价格收费监督站。2007年，组织开展价格服务进万家活动，到20家医院、97所学校、12家企业、7家商场、27个农户、2个景点、37个社区，提供价格维权、价格信息、价格政策、价格鉴证等方面的服务。至2013年年底，在全区10个镇（街道）、66个社区设立价格收费监督站，聘请517名物价监督员，建立健全价格监督网络，形成县、镇、村三级价格收费监督网络，全方位覆盖城乡市场。

价格提醒制度 2007年，市物价局建立对企业、商业的价格提醒制度，针对不同时期的热点难点，及时发放《保持价格稳定提醒函》，提高各类经营机构及服务单位对价格法律法规政策的认识，规范经营者和服务单位的价格行为。至2013年年底，累计发放提醒函20余种、4000余份。

第五节 价格服务

价格监测 兖州市是国家和省重要商品价格监测定点县（市、区）之一，承担着主要农副产品收购价格、居民消费品零售价格、涉农产品和服务价格三大类99个品种的价格监测采报。1996年—2005年，市物价局农价科主要负责价格监测和物价指数编报工作，建立健全价格预警和应急处理机制，对农产品、工业原料、建筑材料、农业生产资料、居民生活资料等重要商品实行定点跟踪监测，在兖州市城区和镇（街道）重新布设价格监测点。其中，国家价格监测点1个，省监测点25个，临时监测点43个，聘用价格监测联络员34名。2006年—2008年，针对价格大幅波动的严峻形势，在城乡设置各类监测点92个，对居民生活必需品、建筑材料、重要工业原料、农业生产资料等八大类720余种商品价格实施监测，及时向市政府提出调控市场、稳定价格的建议，根据监测数据，每月两次定期分析价格走势，通过《兖州政务信息》发至部门、镇政府（街道办事处）、相关企业。2009年，在全市布设固定

2012年4月，市物价局工作人员现场查验地上附属物

价格监测点45个，临时点31个，对居民生活必需品、建材、农资和重要工业原材料等十一大类720余种的商品价格进行监测、分析、上报。针对2009年前后部分商品价格波动比较大的实际情况，开展以居民生活必需品、建筑材料、农资、重要工业原料价格等专项调查，并在市政府《参阅信息》《政务信息》《山东价格信息》等刊物上发布。2010年—2012年，市物价局调整和优化设置在城乡的92个监测点，利用2011年10月在济宁市率先创建的市价格监测系统网络传输平台，对居民生活必需品、建筑材料、重要工业原料、农业生产资料等11大类720多种商品价格实施监测。2013年，建立健全应急价格监测和价格预警预案。巩固有代表性、人员素质较高的监测点，撤销6个分布不合理、没有代表性的监测点，将具有影响力的银座商城、贵和购物广场、大润发超市和太阳纸业股份有限公司、山拖农机装备有限公司和市绿源食品有限公司6个具备上网功能，能通过价格监测网络传输平台及时、准确上报有关数据的单位纳入市价格监测点，提高监测点的整体工作效能。同年4月初，选定百意超市、息马地农贸市场、御风药业有限公司为相关商品应急监测点，对禽流感防护用品价格进行应急监测。至2013年年底，全区共设立价格采集点65个。其中，国家特色农产品价格采报点1个，省定商品价格采集点45个，临时价格采集点19个，基本覆盖城乡区域和各行各业的商品和服务价格。

1996年—2013年兖州市部分重要商品销售价格及居民消费价格指数情况表

表16-8

品种/数额/年份	农副产品（元/50公斤）			农资产品（国产）		居民消费价格指数
	小　麦	玉　米	生　猪	尿　素（元/公斤）	磷酸二铵（元/公斤）	
1996	76.00	48.00	410.00	1.35	2.69	106.8
1997	76.00	63.00	420.00	1.42	2.25	104.9
1998	73.00	46.00	300.00	1.37	2.20	101.5
1999	65.00	41.00	300.00	1.48	2.16	98.6
2000	55.00	43.00	360.00	1.20	2.10	98.4
2001	55.00	50.00	400.00	1.36	2.04	100.7
2002	55.00	48.00	380.00	1.42	2.02	99.2
2003	60.00	55.00	420.00	1.63	2.04	101.0
2004	65.00	61.00	360.00	1.76	2.49	103.3
2005	70.00	65.00	450.00	1.82	2.81	101.8
2006	70.00	70.00	475.00	1.70	2.78	101.5
2007	81.00	77.00	600.00	1.72	2.90	103.4
2008	85.00	78.00	740.00	2.14	4.47	104.2
2009	95.00	79.00	570.00	1.73	3.10	100.2
2010	108.00	94.00	600.00	1.80	3.08	102.4
2011	122.00	107.00	846.00	2.20	3.71	104.0
2012	114.00	110.00	731.00	2.23	3.83	—
2013	128.00	111.00	720.00	1.92	3.56	—

农产品成本调查　兖州市是省定主要农产品成本调查直报县（市、区）之一，承担着小麦、玉米、生猪养殖和桑蚕4种农产品成本调查任务，是国家发改委确定的特色农产品价格采集点。1996年，市物价局设立农产品生产成本调查室，承担农产品成本调查任务。1998年，选取新驿镇何家村、东顿村二村、秦家村3个村9个调查户作为农产品成本调查点，选定桑园调查面积13.65亩，玉米调查面积44.25亩，小麦调查面积44.25亩，开展农产品生产成本与收益的专项调查工作。在小麦、玉米、桑蚕收获完毕后，根据各调查点提报的数据，进行综合分析、汇总、核算，填报基础数据表5份，成本收益及生产用工、生产费用表5份。撰写以桑蚕茧为主的农产品成本收益对比分析报告和各类调查分析表8份，上报国家计委1份，并上报省、济宁市价格信息中心。2001年，为增加农产品成本调查的广泛性，选取大安镇后邢村、谷村镇前白家楼村替换新驿镇东顿村二村、秦家村作为农产品成本调查点。2007年，选取新兖镇鲍家林村、琉璃厂村2户生猪养殖户作为生猪养殖成本调查点。2009年，选取漕河镇庙西村3个农户作为大蒜种植成本调查点，颜店镇屯头三村、颜家村3户肉鸭养殖户作为肉鸭养殖成本调查点。2010年，选取颜店镇大嵫阳村3户苗木种植户作为苗木种植成本调查点。至2013年年底，累计选取各类成本调查点20户。

价格鉴证与认证　1996年，价格鉴证工作主要对赃物价格进行估价和价格信息有偿咨询。1997年7月，兖州市价格事务所成立，为司法、行政机关办理涉案物品价格鉴证服务。1999年6月，市交通事故车物定损办公室成立。1996年—1999年，市价格事务所共承办各类涉案物品及破产案件物品价格鉴定708件。2000年，共办理涉案物品价格鉴定796起，鉴定总价格2.2亿元，资产鉴定16起，收取鉴证费29万元。2001年—2002年，办理涉案物品价格鉴定103起，鉴定价值4236万元，案件标的额逐年增长。为企事业单位提供价格认证报告78件，认证总价值9.79亿元。受理车损案件690起，认证总价值207万元。2003年—2005年，共办理价格认证3364件，标的额6.5亿元。其中，涉案物品价格鉴证411件，认证价值3743.4万元。交通事故受损车物认证411起，认证价值832.6万元。为企事业单位提供价格认证服务，出具认证报告542件，认证值6.1亿元。2006年—2008年，开展涉案财物价格鉴定、交通事故车物损失认证，破产企业资产和镇、村企业搬迁地上附属物价格认证，对市政府和新兖镇镇、村搬迁企业的资产进行价格认证，共办理价格认证2417件，认证金额6.95亿元。2009年，开展涉案财物价格鉴定、交通事故车物损失价格认证、破产企业资产价格认证等业务。全年共办理价格认证1105件，认证金额4484.18万元。2010年—2012年，做好征地拆迁地上附属物补偿价格认证工作，对兖州市多家征地拆迁企业及村民资产进行补偿价格认证，办理价格认证1863件，总标的7.6亿元。2013年，办理价格鉴证461件，总标的额5858.66万元。其中，涉案财物价格鉴定68件，鉴定金额673.76万元，交通事故车辆定损348件，鉴定金额252.49万元，为社会提供各类价格认证服务45件，认证金额4932.41万元。

价格调节基金征收 2007年8月，根据《济宁市价格调节基金征收使用管理办法》要求，兖州市先期在煤炭生产企业和房地产开发企业中征收价格调节基金。至2013年年底，累计征收入库金额5.64亿元。价格调节基金在平抑物价、保障民生、促进经济转型发展与社会和谐稳定等方面发挥了积极作用。

2007年—2013年兖州市价格调节基金征收情况表

表16-9　　单位：万元

年份	煤炭	房地产	合计	年份	煤炭	房地产	合计
2007	2447.84	19.86	2467.7	2011	8715.07	456.93	9172
2008	7288.82	119.73	7408.55	2012	9299.58	520.63	9820.2
2009	8592.29	288.66	8880.95	2013	9076.98	0	9076.98
2010	8738.29	786.98	9525.27	总计	54158.86	2192.79	56351.65

第七章　质量技术监督

第一节　管理机构

1996年，市技术监督局隶属市人民政府，设办公室、质量科、计量科、标准化科、法制科。辖计量检定测试所、产品质量监督检验所、技术监督稽查队。在职人员35人。2000年1月，实行省以下垂直管理。2001年1月，市技术监督局更名为市质量技术监督局。2009 年 4 月，市技术监督稽查队更名为市质量技术监督局稽查队，并明确为副科级行政支持类事业单位。2013 年 11 月，市质量技术监督局更名为济宁市兖州区质量技术监督局。同年底，区质量技术监督局设办公室、财务科、监督法制科、综合业务科、食品科、特种设备安全监察科。辖计量检定测试所、产品质量监督检验所、质量技术监督局稽查队。在职干部职工 49 人。

第二节　计量检定与管理

计量检定　1996 年，市计量检定测试所建立衡器、血压计、车速表、二等活塞压力计、二三四等砝码、加油机等 12 项社会公用计量标准装置，加强对电话计费器及车速里程表等项目的检定。2000 年，首次把出租车计价器纳入计量强制检定范围，加强对加油站的计量管理，对合格加油站及时办证，共办理新证 7 家，到期换证 11 家，年审 17 家。全年共检定校准计量器具 5150 台件，包括加油机 750 余台，天平砝码 300 余台，压力表 2000 余件，血压计 200 余件，出租车计价器 80 余台，车速里程表 1100 余件，电话计费器 800 余台，检测合格率 95%。2003 年，开展对居民住宅水表、电表、煤气表的安装首次检定的检查，共检查居民住宅小区 6 个，检查住户 1200 户，检查计量器具 2550 件，其中，进行首次检定的 1350 件，首检率为 52.9%。加强对自来水、供电、煤气等公用事业的计量监督，对计量检定授权单位的监督检查。传染性非典型肺炎防控期间，对 16 家医院的医疗仪器等计量器具进行监督检查，共检查计量器具 300 余台件。2008 年，建立出租车计价器检定装置。2010 年，建立心电图机检定装置、指示类量具检定装置、通用卡尺检定装置、检定测微量具标准器组、温湿场仪表校准装置、B 超机检定装置、E2 等级砝码标准器组等 9 项社会公共计量标准。2012 年，市计量检定测试所计量标准总数增加至 24 项，涉及范围包括长度计量、热工计量、医疗卫生和化学计量 4 大类计量器具，通过省质量技术监督局组织的实验室基本能力达标验收。2013 年，共检定校准各类计量器具 7800 余台件。其中，台案秤 1300 台件，电子汽车衡 185 台件，燃油加油机 430 台件，天平砝码 420 台件，压力表 2900 块，医疗器械类计量器具 350 台件，出租车计价器 370 台，长度类计量器具 1600 件，热工仪表及干燥箱等计量器具 90 台件，定量包装商品 380 个批次。

能源计量管理　2008 年，市质量技术监督局对全市重点用能企业的实际能耗情况、能源计量器具的配备管理情况进行调查、统计、分析和汇总，与企业签订《共同推进节能降耗计量工作责任书》。2009 年始，组建能源计量服务队，宣传《中华人民共和国节约能源法》，推动企业开展计量检测体系保证确认工作，开展能效标识产品的监督检查。2010 年—2013 年，8 家省千户重点用能企业每月对耗能情况进行网上申报，确保 1 家国家重点用能企业、8 家省千户重点用能企业能源计量器具配备符合国家强制性标准要求，建立能源计量器具、能源计量数据管理相关制度。

第三节　产品质量监督管理

产品质量监督检验　1996 年—1999 年，市技术监督局开展对食品、化工、建材、汽（柴）油、机电、服装等类别产品的监督检验，共检验批次 3100 个，企业产品合格率由 1995 年的 72% 提高到 1999 年的 82%。2000 年初，市产品质量监督检验所通过省技术监督局 124 种产品的计量认证和审查验收，全年检验批次 3100 个，检验合格率 86%。2001 年，开展小麦粉、方便面、调味品、植物油、酒、糕点、化肥、预制构件、烧结普通砖，汽柴油、机电产品、眼镜、家具、皮鞋、塑料编织袋、电线、手机电池、日光灯、水泥试块、茶叶、饲料、乳制品、食盐、钢筋等产品的监督检验，检验批次3300个，检验合格率87%。2005年，开展对建材、食品、化工、机械、轻工等产品的定期质量监督检验和委托检验，定检1205个批次，定检覆盖率90%以上。2013年，市质量技术监督局具备150个产品中的主要指标的检验检测能力，涉及食品、化工、建材、煤炭等行业，主要包括食品中的小麦粉、方便面、白酒、饮料、糕点、啤酒、肉制品、调味品、葡萄酒等；化工中的肥料、工业糠醛、聚氯化铝、三聚磷酸钠等；建材中的钢筋、砂子、石子、预制件、烧结砖、瓦、空心砖以及煤炭和蜂窝煤等。

产品质量管理 2004年，市质量技术监督局把全市监管范围按镇、街道、开发区等划分为13个区域，确定监管人员，明确职责和工作程序。对403家生产、加工、安装企业建立企业质量档案。2005年，20余家企业通过产品或质量体系认证，54家企业获得工业生产许可证。其中，30家食品生产加工企业获得QS生产许可证。2008年，推进质量电子监管网建设，强化对食品生产加工企业和小作坊的监管和巡查。2009年始，实施《中华人民共和国食品安全法》，采取帮扶和治理相结合的方式，推行区域监管责任制，落实日常监管制度，实行动态监管。2011年，对全市37家食品企业，50个申证单元从企业的原材料、生产过程控制、关键控制点、产品质量检验等环节，按照审查细则规定的要求进行巡查，检查覆盖率100%。至2013年年底，全区取得食品生产许可证的食品生产加工企业共37家，证书50张；取得工业产品生产许可证的工业产品生产企业共51家。

山东名牌创建 2003年，市质量技术监督局开展山东名牌的推荐评选工作，山东大丰机械有限公司的“大丰王”牌联合收割机、山拖农机装备有限公司的“TS”牌轮式拖拉机、山东太阳纸业股份有限公司的“金太阳”牌涂布白板纸、涂布白卡纸4个产品获山东名牌产品称号。2005年，市政府印发《关于大力实施质量兴市和名牌带动战略的意见》，对获山东名牌产品和山东著名商标的企业和法人分别给予30万元、6万元奖励。市质量技术监督局按照“发现一批，培育一批，争创一批，储备一批”的思路，帮助企业进行技术攻关，对争创名牌企业在计量、质量、标准、认证等方面的业务，开创绿色通道，全程跟踪服务。2006年，新增山东白象食品有限公司的“白象”牌方便面、市绿源食品有限公司的“樱源”牌冻光鸭、市晶冠玻璃有限公司的“天沐”牌太阳能热水器、山东太阳纸业股份有限公司的“金太阳”牌胶版印刷纸、银河德普胶带有限公司的“银河德普”牌钢丝绳芯阻燃输送带、兖矿集团大陆机械有限公司的“DL”牌带式输送机6个山东名牌产品，山东名牌产品数量位列济宁市第1位。至2013年年底，全区有28个山东名牌产品和4个山东省服务名牌，用于品牌创建工作的奖励资金近1000万元。

1996年—2013年兖州市获山东名牌产品企业名单

表16-10

企业名称	产品名称	品　牌	获得年份
山东大丰机械有限公司	联合收割机	大丰王	2003
山拖农机装备有限公司	轮式拖拉机	TS牌	2003
山东太阳纸业股份有限公司	涂布白板纸	金太阳	2003
	涂布白卡纸		2003
	胶版印刷纸		2006

续表16-10

企业名称	产品名称	品　牌	获得年份
银河德普胶带有限公司	钢丝绳芯阻燃输送带	银河德普	2006
兖矿集团大陆机械有限公司	带式输送机	DL牌	2006
市晶冠玻璃有限公司	全玻璃真空集热管/太阳能热水器	天　沐	2006
市绿源食品有限公司	冻光鸭	樱　源	2006
山东白象食品有限公司	方便面	白　象	2006
市澳麦食品有限公司	蜂蜜	老夫子	2007
山东祥通胶带有限公司	阻燃输送带	祥　通	2007
齐鲁特钢有限公司	模具钢锻材	锋　箭	2008
兖州富平装饰有限公司	板式家具	富平鸽	2008
山东翔宇化纤有限公司	锦纶长丝	兖隆牌	2009
兖矿集团大陆机械有限公司	刮板输送机	DL牌	2009
山东育达医疗设备有限公司	三氧消毒杀菌机	育　达	2009
山东希尔康泰药业有限公司	空心硬胶囊	兖发牌	2010
山东兴阳木业有限公司	刨花板	上　嘉	2011
山东永华机械有限公司	立式加工中心数控机床	YONGHUA	2011
山东大丰机械有限公司	联合收割机	大丰王	2011
市环宇车轮有限公司	钢制车轮		2012
兖州环亚挂车制造有限公司	半挂车	新　兖	2012
山东华春新能源有限公司	家用太阳能热水器	华　春	2012
兖州创佳玻璃纤维制品有限公司	耐碱玻璃纤维网格布	美尔佳	2013
山东森林木业有限公司	实木复合地板	森林使者	2013
山东迪一电子科技有限公司	硅单相桥式整流器	迪一電子	2013

1996年—2013年兖州市获山东省服务名牌企业名单

表16-11

企业名称	服务内容	品　牌	获得年份
济南铁路局兖州车务段兖州站	站务服务	儒苑	2009
市兴隆宾馆	餐饮服务	兴隆温舒安	2010
济宁市恒良物流有限公司	现代物流服务	恒良物流	2010
中国农业银行股份有限公司兖州市支行	金融服务	中国农业银行	2011

济宁市市长质量奖创建　2010年，济宁市人民政府设立济宁市市长质量奖，华勤橡胶工业集团的牛宜顺获首届济宁市市长质量奖“质量贡献奖”。2011年，山东太阳纸业股份有限公司的李洪信获第二届济宁市市长质量奖“质量贡献奖”。2012年，山东祥通橡塑集团有限公司的张建鲁获第三届济宁市市长质量奖“质量贡献奖”。此外，华勤橡胶工业集团、兖州创佳玻璃

纤维制品有限公司2家企业获第二届济宁市市长质量奖“质量管理奖”提名奖，兖州创佳玻璃纤维制品有限公司的朱本志获第四届济宁市市长质量奖“质量贡献奖”提名奖。

2010年—2013年兖州市获济宁市市长质量奖情况表

表16-12

企业名称/法人	奖 项	类 别	时 间/界 别
华勤橡胶工业集团牛宜顺	质量贡献奖	个人奖获奖	2010年度 第一届
山东太阳纸业股份有限公司李洪信	质量贡献奖	个人奖获奖	2011年度 第二届
华勤橡胶工业集团	质量管理奖	组织奖提名奖	2011年度 第二届
山东大丰机械有限公司	质量管理奖	组织奖提名奖	2011年度 第二届
山东祥通橡塑集团有限公司张建鲁	质量贡献奖	个人奖获奖	2012年度 第三届
兖州创佳玻璃纤维制品有限公司朱本志	质量贡献奖	个人奖提名奖	2013年度 第四届

第四节 标准化管理

标准化建设 1996年—1999年，市技术监督局举办3期企业标准化检查员培训班，培训企业管理技术人员260余人。1998年6月，兖州市被省技术监督局列为“消灭无标准生产试点县”。全市工业企业的标准覆盖率98.7%。其中，市属企业标准覆盖率100%，乡镇企业标准覆盖率98.1%，村及村以下企业标准覆盖率98.7%。1999年8月，兖州市消灭无标准生产工作顺利通过考核验收。全年共检查生产企业产品总数160种，经销企业125家，商品总数2090种，对不符合强制性标准要求的依法进行处罚。2000年，市技术监督局建立市工业企业产品标准信息库，把全市定型生产企业的产品信息记录在案，为18家无产品标准的生产企业起草标准文本。2006年，省质监局确定兖州市为标准化生产达标抽查单位，同年底，全市符合登记条件的生产企业共360家，生产的产品共514个。其中，机械电子产品企业120家，食品企业41家，纺织企业19家，化工企业35家，轻工冶金企业45家，综合企业100家。产品执行国家标准的199个，执行行业标准的228个，执行企业标准的79个，产品标准率99.4%。其中，销售额在500万元以上工业企业的标准覆盖率100%，其他企业的标准覆盖率98.6%。到2013年，有4家企业主持、参与制定或修订国家标准、行业标准18个。其中，山东太阳纸业股份有限公司主持、参与修订各类标准13个。

1996年—2013年兖州市参与国家标准、行业标准制定、修订企业名单

表16-13

序号	单位名称	项目名称（国家、行业、地方标准等）	主持/参与	制定/修订	发布、实施时间
1	山东太阳纸业股份有限公司	GB/T10335.1—2005涂布纸和纸板涂布美术印刷纸（铜版纸）	参与	修订	2005年3月23日发布 2005年9月1日实施
2	山东太阳纸业股份有限公司	GB/T10335.2—2005涂布纸和纸板轻量涂布纸	参与	制定	2005年3月23日发布 2005年9月1日实施

续表16-13

序号	单位名称	项目名称（国家、行业、地方标准等）	主持/参与	制定/修订	发布、实施时间
3	山东太阳纸业股份有限公司	GB/T10335.3—2004涂布纸和纸板涂布白卡纸	参与	制定	2004年3月15日发布 2004年11月1日实施
4	山东太阳纸业股份有限公司	GB/T10335.4—2004涂布纸和纸板涂布白纸板	参与	制定	2004年3月15日发布 2004年11月1日实施
5	山东太阳纸业股份有限公司	QB/T2807—2006扑克牌纸板	主持	修订	2006年9月14日发布 2007年5月1日实施
6	山东太阳纸业股份有限公司	HJ/T410—2007环境标志产品技术要求复印纸	参与	制定	2007年12月21日发布 2008年4月1日实施
7	山东太阳纸业股份有限公司	GB/T22832—2008涂布美术印刷纸原纸（铜版原纸）	主持	制定	2008年1月30日发布 2009年9月日实施
8	山东太阳纸业股份有限公司	QB/T1012—2010胶版印刷纸	参与	修订	2010年4月22日发布 2010年10月1日实施
9	山东太阳纸业股份有限公司	QB/T4032—2010纸杯原纸	主持	制定	2010年4月22日发布 2010年10月1日实施
10	山东太阳纸业股份有限公司	QB/T4033—2010餐盒原纸	主持	制定	2010年4月22日发布 2010年10月1日实施
11	山东太阳纸业股份有限公司	GB/T24988—2010复印纸	主持	制定	2010年8月9日发布 2010年12月1日实施
12	山东太阳纸业股份有限公司	GB/T28207—2011离型原纸	主持	制定	2011年11月30日发布 2012年9月1日实施
13	山东太阳纸业股份有限公司	GB/T30130—2013胶版印刷纸	主持	制定	2013年12月17日发布 2014年12月1日实施
14	山东兖州晶冠玻璃有限公司	GB/T28738—2012全玻璃真空太阳集热管内置式带翅片的金属热管	参与	制定	2012年11月5日发布 2013年6月1日实施
15	山东兖州晶冠玻璃有限公司	GB/T29159—2012全玻璃真空太阳集热管用玻璃管	参与	制定	2012年12月31日发布 2013年10月1日实施
16	山东兖州晶冠玻璃有限公司	GB/T29160—2012带辅助能源的太阳能热水系统(储水箱容积大于0.6立方米)性能实验方法	参与	制定	2012年12月31日发布 2013年10月1日实施
17	山东曜晖太阳能有限公司	GB/T29159—2012全玻璃真空太阳集热管用玻璃管	参与	制定	2012年12月31日发布 2013年10月1日实施
18	凯米拉化学品（兖州）有限公司	GB/T27565—2011工业用烷基稀酮二聚体	参与	制定	2011年12月5日发布 2012年5月1日实施

标准化良好行为创建　自2008年始，市质量技术监督局开展“标准化良好行为企业”和“服务标准化”创建活动。山东太阳纸业股份有限公司被评为AAAA级标准化良好行为企业，市绿源食品有限公司、山东翔宇化纤有限公司、山东大丰机械有限公司、山东德福食品有限公司、山拖农机装备有限公司5家企业相继被评为AAA级标准化良好行为企业。市广场商厦被评为AAA级服务标准化良好行为企业，2010年获山东省服务标准化示范单位称号。绿源食品有限公司承担建设的国家农业标准化肉鸭养殖及加工示范区（一类示范区）于2011年通过验收。

1996年—2013年兖州市创建标准化良好行为企业名单

表16-14

序　号	单位名称	项目名称	批准年份
1	山东太阳纸业股份有限公司	AAAA级标准化良好行为	2008
2	市广场商厦	AAA级服务标准化良好行为企业	2009
3	市绿源食品有限公司	AAA级标准化良好行为	2009 2014
4	山东翔宇化纤有限公司	AAA级标准化良好行为	2008
5	山东德福食品有限公司	AAA级标准化良好行为	2009
6	山东大丰机械有限公司	AAA级标准化良好行为	2010
7	市广场商厦	山东省服务标准化试点单位	2011
8	山拖农机装备有限公司	AAA级标准化良好行为	2011
9	山东迪一电子科技有限公司	AA级标准化良好行为企业	2013
10	市绿源食品有限公司	国家农业标准化肉鸭养殖及加工示范区（一类示范区）	2011

条代码管理　1996年—1999年，市技术监督局共办理、换发单位代码证书1545家。1999年1月，与省技术监督局代码工作实行信息互联，至2000年底，累计为全市3757家机关、事业、企业、社团发放组织机构代码证书。2001年，对1140家企业进行组织机构代码证的年检，对462家组织机构代码证书到期的企业核发新证，办理IC卡449家。2013年，全市新办代码证612家，换证960家，年检未换证1580余家，年检变更量合计3100余家，废置64家。

第五节　特种设备安全监察

1996年，市劳动局组织人员开展对特种设备的安全监察工作。至1999年，共审查36个劳动防护用品生产企业，检查锅炉508台，压力容器318台，验收新装锅炉61台，检验厂内机动车辆818台，电梯34部。2001年，锅炉安全监察工作由劳动部门划归质量技术监督部门。同年，配合济宁市锅检所年检锅炉、水质监测、安全阀校验160余台，压力容器检验62台，更换锅炉使用登记证126台。2002年，普查168家单位的259台锅炉，对300余个生产企业经营单位的锅炉、压力容器等进行安全检查。2003年，配合济宁市特检站对全市的600余台（辆）起重机械、厂内机动车辆、电梯及大型游乐设施进行监督检查。2005年，落实特种设备区域监管责任制，重点对锅炉、压力容器、压力管道、起重机械等特种设备进行监督检查，建立特种设备电子档案，对全市特种设备实行动态管理。2010年，全市特种设备总体定检率和登记率99%以上，其中重点设备100%。全年共检查特种设备使用单位146家，检查各类特种设备489台，下达特种设备安全监察指令书78份。2013年，全市拥有各类在用特种设备2992台，各类特种设备严格落实《山东省特种设备使用管理工作规范》，做到落实管理机构、落实责任人员、落实规章制度，设备有使用证、作业人员有上岗证，对设备依法按期检验，制定特种设备应急预案，设备入网率100%，数据库设备信息率98%。

第六节　行政执法

1996年，市技术监督局检查专业集贸批发市场9个、商店406个，立案查处案件46件，查处假冒伪劣商品标值68.93万元，销毁假冒伪劣商品标值16万元。同年1月—9月，对无生产许可证产（商）品进行监督检查，共检查生产企业12家，其中包括复合肥、农药、电缆线、机电、化妆品等生产企业，经销企业107家，共查处无证产品36种，总价值58万元。1997年，开展对化肥、农药、食品、建材、电器等产（商）品的专项检查，检查批次2286个，捣毁制、售假冒伪劣商品黑窝点6个，查处假冒伪劣商品标值46万元，查处案件57件，结案率100%。1999年，出动执法检查600余次，组织专项打假活动6次，检查各类商业企业2600家（次），检查商品1400批次，查处违法案件66起，捣毁制假售假窝点6个，查获假冒伪劣商品货值150万元，挽回经济损失360万元。2001年，集中清理整治小炼钢厂，对建筑用空心楼板和螺纹钢进行拉网式检查，对农机修配、农资化肥等进行专项检查，共出动执法人员1600余人次，共查处制假、售假及违反质量技术监督法律法规的违法案件105起，捣毁窝点3个，查获违法商品标值230万元，接受并处理群众质量投诉41起，对严重损害消费者权益的单位予以曝光。2004年起，市质量技术监督局不再负责流通领域商品质量监督管理，只负责生产领域的产品质量监督管理。同年，实行区域监管责任制，共出动执法人员2800余人次，开展强制性产品认证、食品安全市场准入、工业产品生产许可证、强制性标准执行情况的专项检查。开通打假举报、质量申诉、业务咨询、行风监督功能于一身的“12365质监热线”，公布打假举报奖励办法。2005年，开展食品、农资、建材、特种设备、“3C”“QS”认证产品、禽肉制品及防控禽流感相关产品的专项检查，捣毁劣质食品生产窝点3个，地条钢生产窝点2个，假冒压力表生产窝点1个，查处假冒国家免检标志的案件2起。2011年，落实《打击侵犯知识产权和制售假冒伪劣产品专项行动方案》，取缔无证生产企业，注销违规企业生产许可证，规范获证企业生产行为，完成“双打（打击侵犯知识产权和制售假冒伪劣商品）”各项工作任务。开展农资、食品、医疗器具等各项执法打假活动，严查各种质量违法行为。共检查家电下乡产品200余个规格型号，对辖区内的近10家医疗机构在用医疗计量器具检定情况进行执法检查。2012年，开展质检利剑执法打假专项行动，检查群众关心、社会关注、问题突出的食品、农资、建材、汽配、化妆品等产品，共出动执法人员2000余人次，办理各类行政执法案件13起，接到投诉50余起，结案率100%，挽回经济损失近1600万元。2013年，开展家电、儿童玩具、农资、建材、食品和食品相关产品、能源和节能、纤维絮棉制品、加油站计量、汽车配件、3C认证和生产许可证、定量包装产品、条形码和区域性产品质量问题等专项执法检查工作，出动执法人员1300余人次，立案查处16起，处理投诉举报33起。

第八章　食品药品监督管理

第一节　管理机构

2002年4月，市药品监督管理局成立，为科级行政单位，隶属济宁市药品监督管理局，为省以下垂直管理单位，设办公室、药品科、稽查大队3个科（室、队），在职人员19人。2004年，更名为市食品药品监督管理局，设办公室、食品科、药品科、稽查大队4个科（室、队）。2010年，取消省以下垂直管理，为兖州市政府工作部门，设办公室、餐饮科、药品生产科、药品市场科、医疗器械科、稽查大队，在职人员33人。2013年11月，市食品药品监督管理局更名为济宁市兖州区食品药品监督管理局。同年底，区食品药品监督管理局设办公室、餐饮科、药品生产科、药品市场科、医疗器械科、稽查大队。有在职人员33人。

第二节　食品安全综合监督

1996年，市卫生局卫生监督所组织开展食品卫生监督执法活动29次，出动执法车辆89台次，执法人员270余人次，查处制售假、冒、伪、劣、脏、毒食品违法行为41宗。1996年—2000年，集中对肉及肉制品、酒类、调味品、冷饮、使用植物油、茶叶、棉织品、婴幼儿食品、乳制品、餐具、街头食品、水产品、豆制品等重点食品及街头饮食摊点、小型饮食单位、学校食堂、集贸市场等食品生产经营行为进行37次专项治理，共查处违法案件374起，立案151起，没收销毁劣质食品31.76吨。2001年，在省、济宁市组织的卫生打假和卫生监督执法新世纪活动中，共出动车辆216台次，人员1240人次，查处违法案件180起，取缔非法生产经营单位11家，责令整改127家。2003年—2005年，共处罚食品经营范围128家次，没收销毁食品93.84千克，罚款11.88万元。2008年，全市共有食品生产经营单位2744家，全年监督覆盖率100%，合格2334家次，监督合格率85%。2009年，食品卫生监管职能由市卫生局卫生监督所划转至市食品药品监督管理局。同年，市食品药品监督管理局对集中式餐饮具消毒企业和使用一次性餐具的餐饮单位进行拉网式检查，对符合要求的9家企业进行审核备案，发放卫生合格证，查处2家无证且达不到卫生标准的餐具消毒中心，依法撤销其经营资格。2010年—2012年，市食品药品监督管理局共出动人员400人次，检查餐饮单位2800余家次，对辖区内符合许可要求的590家餐饮服务单位进行现场核查并发放餐饮服务许可证，查处餐饮服务食品违法案件170起。2012年始，对全市部分特大型餐馆、大型餐馆、供餐人数500人以上的机关及事业单位食堂、餐饮连锁企业进行严格审查，对616家餐饮服务单位进行量化分级，评定A级单位91家，B级单位159家，C级单位366家。2012年—2013年，市食品药品监督管理局开展学校食堂“四个彻底（彻底重新打扫环境卫生、彻底清洁消毒检修设施设备、彻底清洗消毒保洁餐饮具、彻底检查清理库存食品）”检查，共出动检查人员547人次，检查各级各类学校幼儿园食堂301家，下达监督意见书293份，责令改正通知书24份，对不再提供学生就餐的5家学校和幼儿园食堂进行注销。2013年，市食品药品监督管理局共出动检查人员1100人次，检查餐饮单位1700余家，对辖区内符合许可要求的115家餐饮服务单位现场核查并发放餐饮服务许可证。对辖区内37家无证经营或违反法律规定的餐饮服务单位进行处罚。

2011年10月10日，市食品药品监督管理局对查收的假冒、伪劣药品以及部分不合格医疗器械在垃圾处理厂进行集中销毁

第三节　药品和医疗器械监管

1996年，市卫生局负责全市的药政管理工作，全年共检查单位632个，检验药品160批次，查处假、劣药品64种。2002年4月，全市药政监

督管理工作改由市食品药品监督管理局负责。全年共出动执法人员625人次，检查单位813家，查处假劣药品985个批次、523个品种、货值102万元。查处各种制售假劣药品安全52起，其中大案4起，移交公安机关处理3人。2008年4月，开展蛋白同化制剂和肽类激素经营专项治理活动，在济宁市率先实行包保责任制，组成4个检查组，分片包保4家批发企业和108家药品零售企业。组织召开2次兴奋剂专项治理工作会议，所有药品经营负责人全部签订“药品经营企业规范经营含兴奋剂药品保证书”，对兴奋剂药品知识进行测试。开展“六查六看”活动（查使用范围，看是否存在采购、配备、使用超《目录》药品等违法现象；查购进渠道，看是否从具有合法资质的企业购进药品；查货票账单，看是否留存药品购进的合法票据，做到票、账、货相符；查验收养护，看是否按规定组织验收养护，填写真实完整的验收记录，并建立采购档案；查药品质量，看是否存在使用假劣药品、过期失效药品行为；查自制制剂，看是否存在使用自制制剂和擅自使用其他医疗机构制剂行为）。逐一排查药品生产经营企业，及时消除安全隐患。先后4次约谈20余家零售药店负责人，下达预先警示通知书93份，依法处罚违法10家零售药店。2010年，开展药品安全专项整治工作。市食品药品监督管理局制定《兖州市2010年药品安全专项整治工作行动方案》，明确10项工作重点，细化责任分工。全年共检查涉药、涉械单位1060家，查处违法药械案件750起，下达整改通知书80份，查处假、劣药品28个批次、货值金额4.5万元。2012年4月浙江省新昌铬超标胶囊事件发生后，市食品药品监督管理局成立2个专项检查小组，对涉及的问题批次胶囊剂药品开展全面清查，重点清查辖区内1家空心胶囊生产企业、2家胶囊剂药品生产企业。至同年5月底，共抽验5批次胶囊剂药品、3批次药用明胶、1批次空心胶囊，

2013年12月24日，市食品药品监督管理局执法人员对保健食品经营企业进行专项检查

14348盒胶囊剂药品暂停销售使用。2013年，在全市范围内开展“两打两建（严厉打击药品违法生产、打击药品违法经营，加强药品生产经营规范建设、药品监管机制建设）”专项行动。出动检查人员300人次，检查相关单位230家次，责令整改46家，立案查处4家。

第四节　保健食品 化妆品监管

2010年11月，市食品药品监督管理局增加餐饮服务环节食品安全监管和保健食品、化妆品卫生监督管理职能。2011年，组织执法人员检查辖区内保健食品、化妆品批发单位重点经营单位。查处无证生产经营、非法添加生产保化产品、经营假冒伪劣产品、虚假宣传和变相销售等行为。建立健全保健食品安全监管档案，做到一品一档、一企一档、一店一档，对原有和新进保健食品品种进行登记备案，时时掌握经营动态。2013年，开展打击保健食品“四非（非法生产、非法经营、非法添加、非法宣传）”专项行动。出动检查人员500余人次，检查保健食品生产企业6家次，保健食品经营企业300余家次，依法立案查处保健食品案件5起，规范了药械和保健食品市场秩序。

第九章　安全生产监督管理

第一节　管理机构

2001年7月26日，市安全生产监督管理局(以下简称“市安监局”)成立，为科级建制事业单位，由市经委管理，设办公室、监管科。有在职人员5人。2005年12月，市安全生产监察大队成立，为副科级全额预算管理事业单位，隶属市安监局。2006年5月，市安监局改为市政府工作部门，内设机构调整为办公室、宣传教育科、安全监管一科、安全监管二科、危化品监管科。2007年，10个镇（街道）均成立安监站，为各镇（街道）内设机构，每个安监站有人员2人～5人。2008年，市安全生产监察大队转为参照《中华人民共和国公务员法》管理事业单位。2010年4月，市政府机构改革，市安监局为市政府24个政府序列部门之一，设办公室、政策法规科、行政许可科、安全监管科。同年12月，市安全生产应急救援指挥中心成立，为副科级全额预算管理事业单位，隶属市安监局。2013年1月，增设职业健康科。同年11月，市安全生产监督管理局更名为济宁市兖州区安全生产监督管理局。同年底，区安监局设办公室、安全监管科、政策法规科、职业健康科、行政许可科5个科室，辖安全生产监察大队、安全生产应急救援指挥中心，有在职人员26人。10个镇（街道）均设有安监站，每个安监站有人员3人～5人。

第二节　安全生产管理

1996年，分管副市长与全市13个乡镇及13个部门和单位签订年度安全生产目标责任书。1997年、1998年，市政府下达年度安全生产目标管理指令书，确立企业法人代表、乡镇部门主要负责人为第一责任人。2006年，明确各镇（街道）、部门主要负责人是安全生产第一责任人，对该辖区安全生产负主要领导责任，其他负责人实行“一岗双责”，对分管业务内的安全生产工作负直接领导责任，分管安全生产的负责人对安全生产负重要领导责任。2007年，各镇街相继组建安全生产委员会，成立安监站，配备专、兼职安监人员2人～5人。市直各部门、各单位建立健全安全监督领导组织和管理机构，明确分管负责人。高危企业和职工人数在300人以上的企业全部设立安全科室。2008年，市政府印发《安全生产工作考核奖惩办法》，每年年底对镇（街道）、部门进行考核，考核结果作为责任单位领导班子和领导干部政绩考核主要内容和评优树先的重要依据。2010年，构建“党委领导、政府监管、行业管理、企业负责、社会监督”的安全生产工作格局。2012年，市委、市政府把安全生产职责从政府负责上升到党委、政府共同负责。2013年，全市10个镇（街道）和山东兖州经济开发区、山东兖州工业园区、济宁市农业高新技术示范园均建立安监站，配备专、兼职安监人员30人，各类企业安全管理人员做到岗前培训和持证上岗，形成较为完善的安全监管体系。

第三节　安全宣传培训

宣　传　1996年—1999年，市劳动局每年组织1次“安全月”“安全生产周”活动，通过问卷、解答咨询、上街宣传、现场检查、下达整改通知书等形式，促进企业安全生产。自2002年始，市安监局每年6月开展“安全生产月”活动，宣传普及安全知识和安全文化。市广播电台、市电视台宣传安全生产方针政策、法律法规，普及安全知识；电台“政风行风热线”听取和解答群众对安全生产的意见、建议和咨询。报刊、网络等宣传报道全市安全生产工作。2013年“安全生产月”期间，在九州广场和社区、镇（街道）、企业开展“主题咨询日”活动；开展优秀班组长巡回演讲、安全技能比武、安全生产书画摄影展、安全法律知识网上答题、“五个一安全校园行”“安全卫士”演讲比赛、政企联动示范性演练等活动。建立6000多平方米的安全文化长廊，以图文并茂的形式宣传安全常识和技能；开展安全文化文艺巡回演出11场次，观看群众4000多人。印制《中华人民共和国安全生产法》读本、《安全生产法律法规和重要文件汇编》、《居家安全手册》、《职工安全读本》等各类宣传资料2万余册，发放到部门、镇（街道）、企业及广大市民手中。

培　训　1996年—1999年，市劳动局培训司炉工963人，特殊工种作业人员2955人。2002年—2005年，市安监局培训企业负责人、安全管理人员236人，培训电工、焊工、厂内驾驶等特种作业人员4432人。2009年始，每年聘请安全生产专家，对镇（街道）分管负责人和市政府安委会成员、规模以上企业负责人进行综合性安全生产集中培训；聘请市法制办、市人民法院、市人民检察院专家对负有安全监管职责的有关部门负责人，市、镇（街道）两级安监执法人员开展行政执法培训；组织安全标准化建设、执法监察、职业危害评估和风险分级管控、企业主体责任落实巡回宣讲等专项培训。2013年，培训企业负责人、安全管理人员和特种作业人员3233人，督促企业开展“三级（厂级、车间级、班组级）”培训3.6万人。

第四节　安全生产监督

安全检查　2001年，市安监局牵头开展道路交通、煤矿、公共聚集场所、民用爆破物品、烟花爆竹、危险化学品、城市煤气和液化气、非煤矿山、校舍危房改造、特种设备等行业领域的专项整治，以后，每年都结合安全生产工作实际，开展重点行业、重点领域的安全生产专项整治。2008年，在全市开展“安全生产责任落实年”活动，市政府抽调人员组成32个督查组和检查组，定期到各镇（街道）、各部门，检查、督促、指导活动开展，共督查检查企业713家次，排查隐患2693条。2010年，各镇（街道）和行业主管部门，对所属企业每月至少开展一次安全生产检查，重点企业、重点车间和工段每月至少检查两次。市安委会组建10个安全生产督查组，对各镇（街道）、行业主管部门和企业安全生产检查尤其是隐患排查治理情况进行月督查、季调度。2013年，集中开展严厉打击非法、违法生产经营建设行为专项行动，持续开展道路交通、消防安全、煤矿、危险化学品、特种设备、城市燃气、电力、建筑施工、民爆器材、烟花爆竹、煤矿区采砂、社会办学机构等专项整治，共检查企业、工程项目1130家次，查出隐患4700条，督促企业全部整改到位。

重点整治　2008年，实施“退城进园”，所有新上化工项目必须进入化工园区。2009年，各类新建、改建、扩建建设项目的安全设施，与主体工程同时设计、同时施工、同时投入生产使用。2010年，推进企业安全生产标准化建设。至2013年年底，全市有165家企业通过安全标准化验收，其中煤矿、危险化学品生产、烟花爆竹批发、电厂等高危企业和重点企业全部通过标准化，全市辖区内4家煤矿全部完成井下避险“六大系统（监测监控、人员定位、供水施救、压风自救、通讯联络、紧急避险）”

2013年4月，市安监局执法人员查看天成化工有限公司安全生产标准化建设情况

建设，13家危险化学生产企业实现自动控制和安全联锁。

应急管理 2006年，全市各有关部门根据各自职责定期修订《兖州市生产安全事故应急救援总体预案》和各重点行业、领域专项应急预案。2010年，市安全生产应急救援指挥中心成立。

2013年3月，市安监局在原青钢焦化厂开展安全生产应急演练

建立24小时应急值守制度，对发生的生产安全事故按规定第一时间及时上报；安监、国土资源、气象等部门与企业建立信息直通机制，遇恶劣天气及时向企业发布，做好应对措施；应急救援队伍与110、120、119建立联动机制。2013年，完成391家企业的安全生产应急预案的备案，市政府有关部门组织开展中小学、公共聚集场所紧急疏散、消防演练等11次，督促辖区内企业开展应急演练300家次。

第五节　安全事故调查

2002年始，按照《中华人民共和国安全生产法》《生产安全事故报告和调查处理条例》规定，针对全市范围内每一起发生人员死亡的一般生产安全事故，市安监局联合市公安局、市监察局、市总工会、负有安全监管主管部门和事故发生所在镇（街道），邀请检察院组成事故调查组，按照“四不放过（事故原因没有查清不放过，事故责任者没有严肃处理不放过，广大群众没有受到教育不放过，防范措施没有落实不放过）”的原则开展事故调查，事故调查报告上报市政府。2012年，市政府授权市安委会办公室组织成立生产安全事故调查组，对全市范围内的一般生产安全事故组织调查，全市生产安全事故调查程序更加规范。1996年—2013年，全市未发生较大及以上生产安全事故。

第十七篇

中共兖州市地方组织

YANZHOUSHIZHI

中共兖州市地方组织

第一章　中共兖州市代表大会

第一节　代表选举

1996年—2013年，兖州市共进行4次党员代表大会选举，分别是1998年第十次代表大会、2003年第十一次代表大会、2007年第十二次代表大会和2011年第十三次代表大会党员代表选举，选举办法依据《中国共产党章程》和《中国共产党地方组织选举工作条例》，每次代表的构成比例和成分也不完全相同，有的突出专业技术人员，有的则突出一线的工人和农民党员。第十次中共兖州市代表大会代表330名，各级领导干部196名，占59.4%；经济、科技、卫生、体育等各类专业技术人员65名，占19.7%；工业、农业、财贸等各条战线先进模范人物67名，占20.3%；解放军、武警2名，占0.6%。代表中，妇女代表66名，占20%；少数民族代表6名，占1.8%。50岁以下的代表286名，占86.7%。大专以上文化程度的234名，占70.9%；中学（含中专）文化程度的95名，占28.8%，小学以下文化程度的1名，占0.3%。第十一次中共兖州市代表大会代表346名，各级领导干部199名，占57.5%；生产和工作一线的党员144名，占41.6%；解放军、武警3名，占0.9%。代表中，妇女代表62名，占17.9%；少数民族代表7名，占2%；50岁以下的代表292名，占84.4%。第十二次中共兖州市代表大会代表336名，各级领导干部177名，占52.7%；专业技术人员80名，占23.8%；先模人物76名，占22.6%；解放军、武警3名，占0.9%。代表中，妇女代表72名，占21.5%；少数民族代表6名，占1.8%；45岁以下的代表217名，占64.6%。第十三次中共兖州市代表大会代表335名，各级领导干部181名，占54%；专业技术人员76名，占22.7%；先模人物75名，占22.4%；解放军、武警3名，占0.9%。代表中，工人代表14名，占4.2%；农民代表39名，占11.6%；妇女代表79名，占23.6%；少数民族代表6名，占1.8%；45岁以下的代表216名，占64.5%。

第二节　历届代表大会

第十次代表大会　1998年12月16日—18日，在富都宾馆召开。应到代表330名，出席会议代表325名。市委书记胡桂龙代表中国共产党兖州市第九届委员会作《深入贯彻十五大精神，为实现兖州跨世纪战略目标而努力奋斗》的工作报告。报告分五个部分：一、充分认识形势和任务，满怀信心迈向21世纪。二、始终坚持以经济建设为中心，确保国民经济持续快速健康发展。三、大力深化改革，增强经济社会发展的生机和活力。四、深入贯彻两手抓的方针，推进社会全面进步。五、全面加强党的建设，更好地担负起跨世纪的历史重任。中共兖州市纪律检查委员会作书面工作报告。大会一致通过以上两个报告，并作出相应决议。会议选举产生中国共产党兖州市第十届委员会委员29名，候补委员5名；第一次全体委员会会议选举胡桂龙、李卫国、张茂英（女）、肖耀宇、仲伟金、李开珍、任兆海、尹凤昌、董信江、秦云（女）、张胜明为常务委员，胡桂龙当选为书记，李卫国、张茂英（女）、肖耀宇、仲伟金、李开珍当选为副书记。会议选出新一届兖州市纪律检查委员会，共有委员17名。市纪律检查委员会第一次全委会会议选举产生市纪委常委9名，市纪委书记1名、副书记3名；肖耀宇当选为书记。会议选举产生出席济宁市第九次党代会代表候选人预备人选32名。

第十一次代表大会 2003年3月6日—8日，在富都宾馆召开。应到代表346名，出席会议代表339名。市委书记李卫国代表中国共产党兖州市第十届委员会作《全面贯彻“三个代表”重要思想，为建设富强文明的现代化新兖州而努力奋斗》的工作报告。报告分六个部分：一、第十次党代会以来的工作回顾。二、实施“三步走”发展战略。三、全面建设“四型”城市。四、加快经济发展步伐。五、实现物质、政治、精神文明协调发展。六、全面加强和改进党的建设。市委副书记、纪委书记任兆海作《中国共产党兖州市纪律检查委员会工作报告》。大会一致通过以上两个报告，并作出相应决议。会议选举产生中国共产党兖州市第十一届委员会委员29名，候补委员5名；第一次全体委员会会议选举李卫国、于建民、任兆海、董信江、张胜明、秦云（女）、陈方、籍峰、董瑞山、李志红（女）、高涛为常务委员，李卫国当选为书记，于建民、任兆海、董信江、张胜明当选为副书记。会议选出新一届兖州市纪律检查委员会，共有委员17名。市纪律检查委员会第一次全委会会议选举产生市纪委常委9名，市纪委书记1名、副书记3名；任兆海当选为书记。选举产生出席济宁市第十次党代会代表29名。

第十二次代表大会 2007年2月4日—6日，在富都宾馆召开。应到代表336名，出席会议代表332名。市委书记江成代表中国共产党兖州市第十一届委员会作《立足高起点，实现大跨越，努力开创兖州现代化建设新局面》的工作报告。报告指出，今后五年要以邓小平理论和“三个代表”重要思想为指导，以科学发展观统领经济社会发展全局，坚持“乘势而上、大干大上”的总基调，坚持“工业立市、民营强市、开放兴市”三大战略，坚持“快中求好、大中求强、富中求美”三大原则，全面推进经济建设、政治建设、文化建设和党的建设，努力把兖州建设成为现代化工业城市、国际化开放城市、人性化和谐城市。中共兖州市纪律检查委员会作书面工作报告。大会一致通过以上两个报告，并作出相应决议。会议选举产生中国共产党兖州市第十二届委员会委员35名，候补委员7名；第一次全体委员会会议选举江成、张胜明、陈方、张玉华、于立武、李志红（女）、范继珍、张世龙、焦绪奎、刘继芳、陈秋生为常务委员，江成当选为书记，张胜明、陈方当选为副书记。会议选出新一届兖州市纪律检查委员会，共有委员25名。市纪律检查委员会第一次全委会议选举产生市纪委常委7名，市纪委书记1名、副书记3名。范继珍当选为书记。选举产生出席济宁市第十一次党代会代表31名。

第十三次代表大会 2011年12月27日—29日，在富都宾馆召开。应到代表335名，出席会议代表331名。市委书记张玉华代表中国共产党兖州市第十二届委员会作《开启新征程，实现新跨越，为开创富民强市新局面而努力奋斗》的报告。报告指出今后五年全市工作总的要求是：坚持以邓小平理论和“三个代表”重要思想为指导，深入贯彻落实科学发展观，围绕“转方式、调结构、惠民生”工作主线，突出“稳中求进、好中求快”发展基调，大力实施“产业转型升级、城乡一体发展、文化事业繁荣、社会管理创新、生态文明提升”五大战略，加快推进“工业强市、文化名城、商贸重镇”建设，全面提高党的建设科学化水平，努力开创富民强市新局面，争当全省县域经济发展排头兵。市纪委书记李艳华作《全面提高反腐倡廉建设科学化水平，为兖州科学发展跨越发展提供坚强政治保证》的报告。大会一致通过以上两个报告，并作出相应决议。会议选举产生中国共产党兖州市第十三届委员会委员35名，候补委员7名；第一次全体委员会会议选举张玉华、董波、王骁、范继珍、初建伟、刘英会、李艳华（女）、陈秋生、毛景卫、徐继瑞、唐军为常委委员，张玉华当选为市委书记，董波、王骁当选为市委副书记。会议选出新一届兖州市纪律检查委员会，共有委员25名。市纪律检查委员会第一次全委会会议选举产生市纪委常委7名，市纪委书记1名、副书记2名；李艳华当选为书记。选举出席济宁市第十二次党代会代表30名。

第二章　市委组织机构

第一节　领导人员

1996年—2013年，中共兖州市（区）委员会共经历五届，即第九、十、十一、十二、十三届，其中，第九届的1995年、第十三届的2014年至2017年1月不在该志记述范围。马兴文、胡桂龙、李卫国、韩军、江成、田志锋、张玉华先后担任市（区）委书记。

1996年—2013年中共兖州市（区）委领导任职情况表

表17-1

届　次	职　务	姓　名	籍　贯	任职时间
第九届（1996年1月至1998年12月）	书　记	马兴文	山东鱼台	1996年1月至1997年12月　中共济宁市委常委
		胡桂龙	山东济宁	1997年12月至1998年12月
	副书记	胡桂龙	山东济宁	1996年1月至1997年12月
		李卫国	河北衡水	1997年12月至1998年12月
		张茂英（女）	山东枣庄	1998年7月至1998年12月
		卢兆河	山东曲阜	1996年1月至1997年12月
		李召芹	山东邹城	1996年1月至1997年12月
	常　委	马兴文	山东鱼台	1996年1月至1997年12月
		胡桂龙	山东济宁	1996年1月至1998年12月
		李卫国	河北衡水	1997年12月至1998年12月
		张茂英（女）	山东枣庄	1996年1月至1998年12月
		卢兆河	山东曲阜	1996年1月至1997年12月
		李召芹	山东邹城	1996年1月至1997年12月
		江福祥	山东兖州	1996年1月至1998年12月
		肖耀宇	山东汶上	1996年1月至1998年12月
		何吉安	山东滕州	1996年1月至1998年12月

续表17-1

届 次	职 务	姓 名	籍 贯	任职时间
第九届（1996年1月至1998年12月）	常 委	仲伟金	山东微山	1996年1月至1998年12月
		周 洪	山东兖州	1996年1月至1997年2月
		李开珍	山东嘉祥	1996年1月至1997年12月
		尹凤昌	山东曲阜	1996年4月至1997年12月
		董信江	山东莱西	1997年12月至1998年12月
		秦 云（女）	山东东营	1997年12月至1998年12月
		张胜明	山东汶上	1997年12月至1998年12月
第十届（1998年12月至2003年3月）	书 记	胡桂龙	山东济宁	1998年12月至2001年1月
		李卫国	河北衡水	2001年1月至2003年3月
	副书记	李卫国	河北衡水	1998年12月至2001年1月
		于建民	山东苍山	2001年1月至2003年3
		张茂英（女）	山东枣庄	1998年12月至2003年1
		肖耀宇	山东汶上	1998年12月至2001年1
		仲伟金	山东微山	1998年12月至2002年12
		李开珍	山东嘉祥	1998年12月至2002年12月
		任兆海	山东汶上	2001年4月至2003年3月
		董信江	山东莱西	2002年12月至2003年3月
		张胜明	山东汶上	2002年12月至2003年3月
	常 委	胡桂龙	山东济宁	1998年12月至2001年1月
		李卫国	河北衡水	1998年12月至2003年3月
		于建民	山东苍山	2001年1月至2003年3月
		张茂英（女）	山东枣庄	1998年12月至2003年1月
		肖耀宇	山东汶上	1998年12月至2001年1月
		仲伟金	山东微山	1998年12月至2002年12月
		李开珍	山东嘉祥	1998年12月至2002年12月
		任兆海	山东汶上	1998年12月至2003年3月
		尹凤昌	山东曲阜	1998年12月至2000年6月
		董信江	山东莱西	1998年12月至2003年3月
		秦 云（女）	山东东营	1998年12月至2003年3月
		张胜明	山东汶上	1998年12月至2003年3月
		陈 方	江苏徐州	2001年1月至2003年3月
		籍 峰	山东聊城	2000年1月至2003年3月
		董瑞山	山东邹城	2000年6月至2003年3月

续表17-1

届　次	职　务	姓　名	籍　贯	任职时间
第十一届（2003年3月至2007年2月）	书　记	李卫国	河北衡水	2003年3月至2004年5月
		韩　军	山东枣庄	2004年6月至2006年12月，2004年11月起，任济宁市政府副市长
		江　成	山东沂源	2006年12月至2007年2月
	副书记	于建民	山东苍山	2003年3月至2006年9月
		任兆海	山东汶上	2003年3月至2006年4月
		董信江	山东莱西	2003年3月至2004年7月
		张胜明	山东汶上	2003年3月至2007年2月
		高　涛	山东任城	2004年7月至2007年2月
		陈　方	江苏徐州	2004年7月至2007年2月
	常　委	李卫国	河北衡水	2003年3月至2004年5月
		韩　军	山东枣庄	2004年6月至2006年12月
		江　成	山东沂源	2006年12月至2007年2月
		于建民	山东苍山	2003年3月至2006年9月
		任兆海	山东汶上	2003年3月至2006年4月
		董信江	山东莱西	2003年3月至2004年7月
		张胜明	山东汶上	2003年3月至2007年2月
		高　涛	山东任城	2004年7至2007年2月
		秦　云（女）	山东东营	2003年3月至2004年7月
		陈　方	江苏徐州	2003年3月至2007年2月
		籍　峰	山东聊城	2003年3月至2006年12月
		董瑞山	山东邹城	2003年3月至2005年9月
		张言申	山东济宁	2004年7月至2006年12月
		张玉华	山东鱼台	2006年12月至2007年2月
		于立武	山东龙口	2006年12月至2007年2月
		李志红（女）	山东济宁	2003年3月至2007年2月
		高　涛	山东兖州	2003年3月至2006年12月
		范继珍	山东鄄城	2004年7月至2007年2月
		张世龙	浙江象山	2005年9月至2007年2月
		焦绪奎	山东嘉祥	2006年8月至2007年2月
第十二届（2007年2月至2011年12月）	书　记	江　成	山东沂源	2007年2月至2009年4月，2008年1月起，任济宁市政府副市长
		田志锋	山东汶上	2009年4月至2011年11月，2009年4月起，任济宁市副厅级干部
		张玉华	山东鱼台	2011年11月至2011年12月
	副书记	张胜明	山东汶上	2007年2月至2009年1月
		陈　方	江苏徐州	2007年2月至2009年1月
		张玉华	山东鱼台	2009年1月至2011年11月

续表17-1

届 次	职 务	姓 名	籍 贯	任职时间
第十二届（2007年2月至2011年12月）	副书记	王志泉	山东邹城	2009年12月至2011年11月
		董 波	山东济宁	2011年11月至2011年12月
		王 骁	山东微山	2011年11月至2011年12月
	常 委	江 成	山东沂源	2007年2月至2009年4月
		田志锋	山东汶上	2009年4月至2011年11月
		张胜明	山东汶上	2007年2月至2009年1月
		陈 方	江苏徐州	2007年2月至2009年1月
		张玉华	山东鱼台	2007年2月至2011年12月
		董 波	山东济宁	2011年11月至2011年12月
		王志泉	山东邹城	2009年12月至2011年11月
		王 骁	山东微山	2011年11月至2011年12月
		于立武	山东龙口	2007年2月至2009年12月
		李志红（女）	山东济宁	2007年2月至2011年11月
		范继珍	山东鄄城	2007年2月至2011年12月
		初建伟	山东莱阳	2009年12月至2011年12月
		刘英会	山东微山	2009年12月至2011年12月
		张世龙	浙江象山	2007年2月至2010年5月
		焦绪奎	山东嘉祥	2007年2月至2011年11月
		刘继芳	山东兖州	2007年2月至2011年11月
		李艳华（女）	山东嘉祥	2011年11月至2011年12月
		陈秋生	山东兖州	2007年2月至2011年12月
		毛景卫	山东曲阜	2010年5月至2011年12月
		徐继瑞	山东金乡	2011年11月至2011年12月
第十三届（2011年12月—）	书 记	张玉华	山东鱼台	2011年12月—
	副书记	董 波	山东济宁	2011年12月—
		王 骁	山东微山	2011年12月—
	常 委	张玉华	山东鱼台	2011年12月—
		董 波	山东济宁	2011年12月—
		王 骁	山东微山	2011年12月—
		范继珍	山东鄄城	2011年12月至2013年11月
		初建伟	山东莱阳	2011年12月—
		刘英会	山东微山	2011年12月—
		李艳华（女）	山东嘉祥	2011年12月—
		陈秋生	山东兖州	2011年12月至2013年11月
		曹广州	山东金乡	2013年11月—

续表17-1

届　次	职　务	姓　名	籍　贯	任职时间
第十三届（2011年12月—）	常　委	毛景卫	山东曲阜	2011年12月—
		徐继瑞	山东金乡	2011年12月—
		邱培友	山东兖州	2013年11月—
		唐　军	山东济宁	2011年12月—

第二节　工作机构

1996年，兖州市委设办公室、组织部、宣传部、统战部（归侨侨属联谊会与其合署）、政法委员会（社会治安综合治理办公室与其合署）、信访局、老龄委办公室、党史研究室8个工作部门。设纪律检查委员会（监察局与其合署）、人民武装部、市直机关党委、老干部局（归口组织部管理，不属党委序列，为科级单位）、济宁开放开发综合试验区兖州工贸区管理委员会（市委、市政府的派出机构，由市政府管理，科级单位）、济宁开放开发综合试验区兖州外贸出口加工区管理委员会（市委、市政府的派出机构，由市政府管理，科级单位）。2001年，设中共兖州市委督查室（科级行政单位，归市委办公室管理）。2002年，市委设纪律检查委员会机关（监察局与其合署）、办公室、组织部、宣传部、统一战线工作部（民族宗教局与其合署，挂市台湾工作办公室牌子）、政法委员会（社会治安综合治理委员会办公室与其合署）、市直机关工作委员会7个工作机构。设市委市政府信访局（由市委办公室、市政府办公室管理，以市委办公室管理为主）、老干部局（由市委组织部管理）2个部门管理机构。2007年，市台湾工作办公室由市委统战部调整为挂靠市委办公室。2010年，与市人事局合署的市机构编制委员会办公室单独设置，列入党委机构序列。2013年11月29日，撤销兖州市，设立济宁市兖州区，中共兖州市委员会更名为中共济宁市兖州区委员会。至2013年年底，区委设纪律检查委员会机关（监察局与其合署）、办公室、组织部、宣传部、统一战线工作部（民族宗教局与其合署）、政法委员会（社会管理综合治理委员会办公室与其合署）、机构编制委员会办公室、区直机关工作委员会8个工作部门；设区委区政府信访局（挂区委群众工作部牌子，由区委办公室、区政府办公室管理，以区委办公室管理为主）、台湾工作办公室（由区委办公室管理）、老干部局（由区委组织部管理）3个部门管理机构。

第三节　基层组织机构

1996年，全市共有基层党委35个，党组17个，党总支149个，党支部1224个，党员24256名。

1996年，泗庄乡党委改称泗庄镇党委。1997年，山东太阳纸业集团党总支部改建为山东太阳纸业集团党委，市公安局党组改建为市公安局党委，市玻璃总厂党总支部改建为山东星光玻璃集团党委。1998年，建立市农村信用合作社联合社党组、市环境保护局党组；市邮电局党委撤销，分设市邮政局党委、市电信局党委。1999年，漕河乡党委改称漕河镇党委，兖州毛纺织厂党委改称山东兖州天合毛纺织有限公司党委。2000年，经贸实业公司党委改称田庄煤矿党委，山东兖州制丝厂党委改称兖州华宇丝绸有限责任公司党委，山东省烟草工业印刷有限公司党总支部改建为山东省烟草工业印刷有限公司兖州分公司党委；撤销兖州化工厂党总支部、兖州橡胶厂党总支部，建立明月化工（集团）公司党委；前海乡党委并入颜店镇党委，泗庄镇党委并入新兖镇党委。2001年，撤销兖州镇党委，分设鼓楼街道党委、永安街道党委，市质量技术监督局党支部改建为市质量技术监督局党组。2002年，青岛钢铁集团兖州焦化厂党总支部改建为青岛钢铁集团兖州焦化厂党委，建立兖州创世纪肉类联合有限公司党委，兖州经济开发区管委会党支部改建为兖州经济开发区党委，市对外经济贸易委员会党委改称市对外贸易经济合作局党委，市教育委员会党委改称市教育局党委，市经济贸易委员会党委改称市经济贸易局党委，市城乡建设委员会党委改称市建设局党委，市直机关党委改建为市直机关党工委，建立市药品监督管理局党组，小孟乡党委改称小孟镇党委。2003年，山东省兖州市杨庄煤矿党委改称山东省兖州市大统矿业有限公司党委，建立济宁市农业高新技术示范园党委，市文化局党总支部改建为市文化局党委，市劳动和社会保障局党总支部改建为市劳动和社会保障局党委。2004年，撤销兖州天合毛纺织有限公司党委，兖州毛条厂党委改称为兖州中博园工贸有限公司党委，建立市农村工作办公室党组。2005年，小马青村、大马青村、官庄村和山东银河橡塑集团组建新马青党委，山东烟草工业印刷有限公司兖州分公司党委改称山东鲁烟莱州印务有限公司兖州分公司党委，建立市铁路医院党委；济宁市高新技术开发区黄屯镇老府庄村、金村、东张庄村、杨厂村、西稻营村、东稻营村划归新兖镇管理，新设立稻营管区党总支。2006年，兖州经济开发区党委改称山东兖州经济开发区党委，建立市安全生产监督管理局党组、市文学艺术界联合党组、市国土资源局党组、市城市管理行政执法局党组；市计划生育局党组改称市人口和计划生育局党组，市发展计划局党组改称市发展和改革局党组。2007年，山东太阳纸业集团党委改称山东太阳纸业股份有限公司党委，市农村信用合作社联合社党组改建为市农村信用合作社联合社党委。2008年，兖州矿山工程公司党委改称兖州中材建设有限公司党委，市人民法院党总支部改建为市人民法院机关党委，市人民检察院党支部改建为市人民检察院机关党委。撤销鼓楼街道党委、永安街道党委，组建鼓楼街道党工委，酒仙桥街道党委改建为酒仙桥街道党工委，龙桥街道党委改建为龙桥街道党工委，山东兖州经济开发区党委改建为山东兖州经济开发区党工委，建立兖州工业园区党工委，谷村镇党委并入大安镇党委。2009年，济宁市兖州粮库党总支部改建为中央储备粮济宁直属库党委，建立市人事局党组、市水利局党组、市统计局党组和市科技局党组。2010年，市经济贸易局党委改称市经济和信息化局党委，市建设局党委改称市住房和城乡建设局党委；设立市非公有制经济党工委和市社会组织党工委，建立市人民政府办公室党组。2011年，山东翔宇化纤有限公司党总支部改建为山东翔宇化纤有限公司党委，市广播电视中心党总支部改建为市广播电视中心党委。2012年，华勤橡胶工业集团党总支部改建为华勤橡胶工业集团党委。2013年，中央储备粮济宁直属库党委改称中央储备粮济宁中心库党委。

2013年，全市共有基层党委53个，党组41个，党总支132个，党支部1470个，党员35077名。

第三章　全委（扩大）会议

第一节　第九届委员会

该届委员会1995年5月至1998年12月共召开7次全委（扩大）会议，其中，该志记述断限内1996年1月至1998年12月，共召开6次。

第二次全委会议　1996年1月30日，在市机关第一招待所召开。市委副书记、市长胡桂龙作《关于兖州市国民经济和社会发展第九个五年计划及2010年远景目标纲要（草案）的说明》的报告。基本要求是：经济效益增长高于济宁市平均水平，人均占有居全省前列，比全省、济宁市提前五年基本实现社会主义现代化目标。总任务是："九五"期间，完成农村"四通一有"工程，建起六处高标准卫星城镇，旧城改造为基础设施较完备、三产全面发展的商贸中心，新城区开发建设初具规模，形成高等级公路相连接的城乡一体化新格局。济宁市委常委、兖州市委书记马兴文讲话。会议原则上通过该纲要（草案）。

第三次全委会议　1996年11月21日—22日，在兴隆宾馆召开。会议学习党的十四届六中全会决议精神、《山东省"九五"期间社会主义精神文明建设规划》、《关于学习贯彻〈中共中央关于加强社会主义精神文明建设若干重要问题的决议〉的实施意见》和省委书记赵志浩在中共山东省委六届六次全委会议上的重要讲话；学习济宁市委八届四次全委会议通过的《济宁市"九五"期间社会主义精神文明建设规划》、《中共济宁市委关于在全市广泛开展"做文明市民，创文明单位，建文明城市"活动的决定》和济宁市委书记王修智在中共济宁市委八届四次全委会议上的讲话。会议审议通过《兖州市"九五"期间社会主义精神文明建设规划》。济宁市委常委、兖州市委书记马兴文就贯彻落实党的十四届六中全会精神和《兖州市"九五"期间社会主义精神文明建设规划》讲话。

第四次全委（扩大）会议　1997年10月30日—31日，在富都宾馆召开。会议的主要任务是：深入学习贯彻党的十五大精神，学习贯彻省委六届九次全委（扩大）会议和济宁市委八届五次全委（扩大）会议精神，以解放思想、加快发展为主题，就全市改革开放和社会主义现代化建设的一些重大问题进行研究，作出部署。济宁市委常委、兖州市委书记马兴文指出，要牢牢抓住机遇，充分发挥优势，实现经济大发展，确保到2000年国民生产总值比1995年翻一番，到2005年再翻一番，实现全市"三步走"的发展战略，到2010年，全市现代化再有新提高。

第五次全委（扩大）会议　1998年1月3日，在富都宾馆召开。市委书记胡桂龙作《团结奋斗，开拓进取，夺取兖州改革开放现代化建设的新胜利》的报告。会议通过《中共兖州市委关于进一步加强自身建设的决定》。

第六次全委（扩大）会议　1998年11月28日，在市委常委会议室举行。市委副书记张茂英宣读《中国共产党兖州市第十次代表大会的决议（草案）》。市委书记胡桂龙在讲话中指出，要全面正确地贯彻执行干部队伍"四化"方针和德才兼备的原则，通过换届调整，把市委、市纪委领导班子建设成为政治坚定、勇于改革、团结协调、廉洁务实、结构合理、有驾驭全局能力的坚强领导核心。会议表决通过《中国共产党兖州市第九届委员会第六次全体会议关于召开中国共产党兖州市第十次代表大会的决议》。

第七次全委(扩大)会议 1998年12月11日，在富都宾馆召开。会议听取市第十次党代会代表选举情况的汇报，讨论修改九届向十次党代会的报告，酝酿讨论十届中共兖州市委员会和中共兖州市纪律检查委员会（以下简称“两委”）人事安排的指导思想和原则，审议通过市委九届七次全体会议公报。市委书记胡桂龙介绍市第十次党代会代表选举和报告的起草情况，并就两委人事安排问题提出指导思想和原则，对市第十次党代会召开的时间提出了建议，对开好党代会提出明确要求。全会原则上通过报告和人事安排意见。

第二节　第十届委员会

该届委员会任期时间为1998年12月至2003年3月，共召开7次全委（扩大）会议。

第一次全委会议 1998年12月18日，在富都宾馆举行。大会选举产生中共兖州市第十届委员会和市纪律检查委员会，并选举产生兖州市委常委、市委书记和市纪委书记。

第二次全委会议 1999年9月22日，在市委常委会议室召开。会议审议确定兖州市出席济宁市第九次党代会代表候选人预备人选名单及召开兖州市党代表大会的决议。

第三次全委（扩大）会议 1999年12月30日，在兴隆宾馆举召开。会议通过《中共兖州市委2000年工作要点》。市委书记胡桂龙指出，调整优化结构是2000年和以后一个时期经济工作的重点。要实现兖州2000年经济和社会发展奋斗目标，最根本的是加强党的建设，改善党的领导。

第四次全委会议 2001年1月3日，在富都宾馆召开。市委副书记、市长李卫国就《兖州市国民经济和社会第十个五年计划纲要（草案）》作说明。会议审议并原则通过该纲要（草案）。市委书记胡桂龙指出，要创造兖州经济社会发展的新优势，在综合经济实力、城镇化水平、改革开放程度、人民生活水平和社会文明程度等方面要有新提高，要在全省率先基本实现现代化。

第五次全委（扩大）会议 2001年8月23日，在富都宾馆召开。会议学习济宁市委书记贾万志《在中共济宁市九届四次全委会议上的讲话》，讨论审议并原则通过《关于加强和改进党的基层组织建设的意见》《中国共产党兖州市第十届委员会第五次全体会议公报》。市委书记李卫国指出，要从巩固党的执政地位和肩负现代化建设历史重任的战略高度，充分认识加强党的基层组织建设的重要性，加强和改进党的基层组织建设。

第六次全委（扩大）会议 2001年10月27日，在兴隆宾馆召开。会议指出，全市各级党组织和广大党员干部，要认真学习、深刻领会中共十五届六中全会精神，把加强和改进党的作风建设摆在更加突出位置，全面落实“八个坚持，八个反对”的要求。领导干部要率先垂范，带头转变工作作风。

第七次全委会议 2002年12月11日，在兴隆宾馆召开。会议学习党的十六大精神，审议通过《中共兖州市委十届七次全体会议关于深入学习贯彻党的十六大精神的决议》。会议指出，要用5到10年的时间，把兖州建设成为经济持续繁荣、科技教育发达、生态环境优良、社会文明进步、人民生活富裕的现代化城市。

第三节　第十一届委员会

该届委员会任期时间为2003年3月至2007年2月，共召开8次全委（扩大）会议。

第一次全委会议 2003年3月8日，在富都宾馆召开。会议选举产生中共兖州市第十一届委员会和纪律检查委员会，并选举出兖州市委常委、市委书记和市纪委书记。

第二次全委会议 2003年6月16日，在富都宾馆召开。会议学习济宁市十届三次全委会、济宁市委工作会议精神和济宁市委书记贾万志在济宁市委工作会议上的讲话。审议通过《中共兖州市委关于进一步解放思想扩大开放干事创业实现经济跨越发展的决定》。会议认为，深入学习贯彻省八届五次全委会议、省委工作会议和济宁十届三次全委会议、济宁市委工作会议精神，切实做好结合文章，是当前和以后一个时期的中心工作。

第三次全委(扩大)会议　2003年12月26日，在兴隆宾馆召开。市委常委会向全委会报告2003年的工作，研究部署2004年的工作。审议通过《关于抓住机遇乘势而上推动经济社会全面协调快速发展的决定》，动员全市上下进一步解放思想，振奋精神，推动经济社会全面协调快速发展。

第四次全委会议　2004年10月12日，在兴隆宾馆召开。全委会学习党的十六届四中全会、省八届八次全委会、济宁市十届六次全委会精神，结合兖州实际，研究部署加强党的执政能力建设，全面推进各项工作开展。市委书记韩军指出，全市各级党组织和全体共产党员要深入学习贯彻党的十六届四中全会精神，牢固树立科学发展观，大力加强党的执政能力建设，为全面推进全市经济社会持续快速健康发展而努力奋斗。

第五次全委会议　2005年1月7日，在兴隆宾馆召开。市委书记韩军总结回顾全市2004年的工作，提出2005年全市经济社会发展的总体要求。围绕发展和稳定两大主题，坚持工业化、产业化、民营化、城市化“四化方针”，实施大集团、梯队、培植“三大工程”，突出工业兴市、民营强市“两个重点”，实现招商引资、外经外贸、高大外项目、城市建设“四个突破”。坚持“乘势而上，大干大上”的基调，确保主要经济指标增幅高于全省30强县市平均水平，确保在全国百强、全省30强县市中进位次。

第六次全委(扩大)会议　2005年12月31日，在富都宾馆召开。会议审议通过《兖州市国民经济和社会发展第十一个五年规划纲要（草案）》。会议号召，为顺利实施“十一五”规划发展目标，加快建设现代化新兖州而努力奋斗。

第七次全委(扩大)会议　2006年12月7日，在富都宾馆召开。会议传达学习党的十六届六中全会和省委八届十三次全体会议、济宁市委十届十一次全体会议精神，审议通过《中共兖州市委关于贯彻落实党的十六届六中全会精神努力构建社会主义和谐社会的决定》。市委书记韩军指出，全市各级党组织和广大党员干部，要把学习贯彻党的十六届六中全会精神作为当前的重大政治任务，切实把思想统一到六中全会精神上来，把力量凝聚到构建和谐社会上来。

第八次全委(扩大)会议　2007年1月30日，在兴隆宾馆召开。市委书记江成就济宁市、兖州市党代表选举和关于兖州市第十一届市委工作报告起草等情况进行说明。

第四节　第十二届委员会

该届委员会任期时间为2007年2月至2011年12月，共召开11次全委（扩大）会议。

第一次全委会议　2007年2月6日，在富都宾馆召开。会议选举产生中共兖州市第十二届委员会和市纪律检查委员会，并选举出市委常委、市委书记和市纪委书记。

第二次全委会议　2007年11月22日，在富都宾馆召开。会议传达贯彻山东省、济宁市全委会精神，围绕把学习贯彻党的十七大精神的热潮引向深入、开创全市各项工作新局面进行研究部署。动员全市广大干部群众高举中国特色社会主义伟大旗帜，统一思想，振奋精神，干事创业，奋力实现跨越发展的新目标。

第三次全委会议　2008年6月27日，在富都宾馆召开。会议深入贯彻党的十七大精神和中共中央《关于建立健全地方党委、部门党组（党委）抓基层党建工作责任制的意见》精神，安排部署当前和以后一个时期的重点任务，推动全市经济社会又好又快发展。

第四次全委（扩大）会议 2008年11月14日，在兴隆宾馆召开。会议由市委书记江成主持。会上按照拟充实配备职位与提名人选1∶2的比例对新驿镇党委书记、小孟镇镇长、市卫生局局长、市文学艺术界联合会主席4个科级职位进行署名推荐。

第五次全体会议 2008年12月8日，在兴隆宾馆召开。会议由市委书记江成主持。经过无记名投票表决，确定新驿镇党委书记、小孟镇镇长、市卫生局局长、市文学艺术界联合会主席4个科级职位的拟任人选。

第六次全委会议 2009年1月6日，在富都宾馆召开。会议学习贯彻党的十七大、十七届三中全会和济宁市委十一届四次全体会议精神，报告市委常委会2008年的工作，安排部署2009年的工作任务，动员全市进一步解放思想、抢抓机遇、振奋精神、拼搏实干，推动全市经济社会又好又快发展。

第七次全委会议 2009年10月10日，在富都宾馆召开。会议学习贯彻党的十七届四中全会、山东省委九届八次全体会议和济宁市委十一届八次全体会议精神，研究部署贯彻落实意见，审议兖州市基础设施百项工程建设。

第八次全委会议 2010年1月13日，在富都宾馆召开。会议对2009年的工作进行总结，结合贯彻落实中央和省、济宁市经济工作会议精神，研究部署新一年的工作任务，号召全市上下顶点定位，全力全速，奋力开创科学发展跨越发展新局面，争当全省县域经济排头兵。

第九次全委会议 2010年12月26日，在富都宾馆召开。会议贯彻落实党的十七届五中全会和山东省委九届十一次全体会议、济宁市委十一届十三次全体会议精神。市委书记田志峰讲话，市委副书记、市长张玉华作关于《兖州市国民经济和社会发展第十二个五年规划纲要（草案）》说明。

第十次全委会议 2011年12月19日，在富都宾馆召开。会议讨论决定召开全市第十三次党代表大会的有关事项，就大会召开时间、主要议程和代表名额等作出决议；审议通过《中共兖州市第十二届十次全委会关于召开中共兖州市第十三次代表大会的决议》。

第十一次全委会议 2011年12月23日，在富都宾馆召开。会议讨论审议中共兖州市第十二届委员会向市第十三次党代表大会所作的报告和《市委关于认真贯彻党的十七届六中全会精神加快文化建设的决定》，决定将市第十二届委员会向市第十三次党代表大会所作的报告提交市第十三次党代表大会审议；酝酿讨论并原则通过十三届市委和市纪委人事安排的指导思想和原则，以及市委关于加快文化建设的决定；表决通过兖州市出席济宁市第十二次党代会代表候选人预备人选名单。

第五节 第十三届委员会

该届委员会任期时间为2011年12月至2017年1月，其中，该志记述断限内2011年12月至2013年12月，共召开3次全委会议。

第一次全委会议 2011年12月29日，在富都宾馆召开。会议选举产生中共兖州市第十三届委员会和纪律检查委员会，并选举出市委常委、市委书记和市纪委书记。

第二次全委会议 2012年12月7日，在富都宾馆召开。会议主要是深入学习贯彻党的十八大精神，按照省、市委的要求部署工作，努力开创兖州富民强市新局面。审议通过《中共兖州市委关于深入学习宣传贯彻党的十八大精神的决议》和《中共兖州市委十三届二次全体会议公报》。

第三次全委会议 2013年12月31日，在富都宾馆召开。会议讨论审议市委常委会2012年工作报告；审议通过《中国共产党兖州市第十三届委员会第三次全体会议公报》；号召全区各级党组织和广大党员干部，要紧密团结在以习近平为总书记的党中央周围，解放思想、凝聚力量，奋发进取、务实苦干，为开创富民强市新局面、率先全面建成小康社会而不懈奋斗。

第四章　重要决策部署

第一节　重要决定

1997年8月27日，市委、市政府决定开展企业改制工作。这次企业改制面广量大，任务艰巨，需改制企业155家，占全市企业的68%。其中，市直企业63家，乡镇办企业92家，需规范完善的企业82家。总体要求是以产权制度改革为重点，以股份制和股份合作制为主要形式，集中4个月时间，实施整体推进，重点突破，集中攻坚，确保全面完成改制任务，推进企业产权重组和转让，实现企业产权多元化，为企业发展打下坚实的基础。9月25日，市委作出《关于学习贯彻落实党的十五大精神的意见》的决定。动员全市广大党员、干部、群众认真学习、广泛宣传、全面贯彻落实党的十五大精神，按照党的十五大确定的奋斗目标和任务要求，把全市的改革开放、经济建设和各项工作推向一个崭新的阶段，以崭新的姿态跨入21世纪。10月13日，市委、市政府作出《关于进一步加强城区居委会建设的意见》的决定，调整街道区划。兖州镇下设的东御桥、西御桥、酒仙桥、兴隆4个办事处建制不变。新兖镇所属北关、南关2个管区的管辖区域与兖州镇毗邻，实行交叉管理。设立北关办事处、南关办事处，与管理区合署办公，实行一套班子、两个牌子，所属村民委员会均设立城市管理委员会，履行城市管理的职能。重新划分居委会，以开发改造后的街巷、楼群为依托，将城区居委会增设到30个。健全城区单位宿舍的家属委员会。改革居委会干部管理制度，拓宽选人渠道，完善结构，逐步使居委会干部队伍向职业化、年轻化过渡。强化居委会的社会管理职能，发展居办经济，增强社区服务的功能。

1998年6月10日，市委印发《关于深入开展向刘运库同志学习的通知》。8月，市委贯彻落实《中共中央关于在全党深入学习邓小平理论的通知》和江泽民在中央学习邓小平理论工作会议上的讲话精神，在全市掀起学习邓小平理论高潮。在这次学习活动中，全市广大党员干部重点学习《邓小平党的建设理论学习纲要》《党政领导干部选拔任用工作暂行条例》。

1999年1月7日，市委决定，从1月开始，利用3个月的时间，在全市农村集中开展党的十五届三中全会精神教育活动。通过集中教育活动，重点解决经济发展思路不清的问题、民主法治意识淡薄的问题、综合素质不高的问题。7月21日，市委决定，坚决拥护中央决定，取缔邪教组织。

2000年12月，经山东省政府批准，市委、市政府决定实施乡镇区划调整。泗庄镇与新兖镇合并为新兖镇，前海乡与颜店镇合并为颜店镇，兖州镇分鼓楼和永安两个街道。原来的10个镇3个乡调整为8个镇2个乡和2个街道。

2001年1月，市委决定，从1月2日至4月下旬进行市直部门、乡镇机关“三个代表”重要思想学习教育活动。活动围绕农村改革、发展和稳定的大局，着力解决农业、农村经济发展和农村基层干部存在的突出问题，努力创建“五个好（好班子、好队伍、好路子、好体制、好制度）”村党支部、“六个好（好班子、好干部队伍、好路子、好制度、好作风、好工作格局）”乡镇党委和农村基层组织建设先进县，进一步提高农村基层干部素质，增强农村基层党组织的凝聚力和战斗力，为农业和农村工作提供坚强有力的思想和组织保证。

2002年5月19日，市委、市政府召开会议，决定实施市乡机构改革。此次机构改革从5月19日开始到6月底前基本结束。市乡机构改革同步实施，实行一次定编、逐步分流的办法进行，3年内完成人员分流工作。改革调整后，市委设工作机构7个、部门机构2个，市委机构行政编制按12%精简，市政府机关按上级规定的机构调整原则和设置限额，保留17个部门，对8个部门进行更名，共设部门25个、派出机构2个，行政编制按25%精简；乡镇、街道党政机构合并设置，新兖镇、新驿镇、颜店镇设4个综合性办公室，其他乡镇、街道设3个综合性办公室，党政机关人员编制按20%精简。

2003年3月19日，为深入贯彻落实党的十六大精神和省委、济宁市委关于开展农村基层组织建设“三级联创”活动的意见，全面提高农村基层组织建设整体水平，促进农村改革、发展和稳定，市委就进一步深入开展以创建“五个好”村（居）党支部、“六个好”镇（街道）党委、农村基层组织建设先进市为主要内容的农村基层组织建设“三级联创”活动，专门制定实施意见。意见要求，市委、镇（街道）党委、村（居）党支部和市直部门、镇（街道）站所分别制定创建目标和措施，形成上下联动、整体推进的农村基层组织建设责任体系和工作机制。

2004年2月24日，市委、市政府决定在全市集中开展创建“平安兖州”活动。把2004年确定为“平安创建年”，各级各部门要集中开展社会治安大清查、矛盾纠纷大排查、侵害群众利益问题大调查、安全生产大检查，找准影响社会稳定的隐患，抓住突出问题进行集中整治。努力实现社会稳定，安全生产，发展环境优化，人民群众安居乐业，把兖州建成全省乃至全国最稳定最安全的地区之一。4月13日，市委、市政府就健全社会保障体系、关心群众生活，作出决定。要求在全市建立健全社会保障救助、再就业服务、人才服务、民事调解、社区综合服务、双拥服务六大保障服务体系。集中做好群众关注的群众基本生活、医疗救助、居民住房条件、帮困助学、养老、拥军优属、就业再就业、社区管理服务、人民调解、扶危济困等10项工作。努力实现“耕者有其田、劳者有其薪、困者有其助、老者有其养”的社会保障大目标。两年内，实现干部教师工资城乡统筹、基本生活城乡统筹、医疗卫生城乡统筹、困难救助城乡统筹，最低生活保障达到城乡全覆盖，养老保险达到企业全覆盖，让每一名社会成员都得到切实的关心和保障。

2005年5月19日，市委、市政府作出《关于加快经济开发区建设若干问题的决定》。

2008年1月22日，市委、市政府决定，在全市广泛深入开展争创文明城市活动。围绕争创文明城市目标，着重抓好市容市貌综合整治、交通秩序整治、城乡卫生环境整治、生态环境建设、倡树文明风尚、营造文明氛围等6项重点工作。2月22日，市委、市政府作出《关于加强城市规划建设管理的意见》。5月，按照市委、市政府决定，遵循功能分区、集约发展的原则，兖州市创新新型乡镇的管理体制和运行机制，实行两个新型乡镇与经济园区的镇区合一，优化了行政资源配置。同时组织实施区划调整。调整后，兖州市由原来的8个镇2个街道调整为7个镇3个街道。

2009年8月15日，市委、市政府决定加快推进新型农村社区和农村住房建设。按照“合村并点建设社区、集约用地发展经济”的要求，通过合村并点建设社区和中心村集聚辐射方式，分期分批逐步将全市村庄规划整合为100个左右的新型农村社区。

2010年5月28日，市委、市政府印发《关于对市纪委（监察局）派驻机构实行统一管理的实施意见》。对市纪委（监察局）派驻机构作出机构设置和人员编制、领导职数和人员配备、领导体制和工作机制、干部管理和后勤保障、工作职责、组织实施等详细规定。

2011年4月11日，市委、市政府决定加快残疾人事业发展。以加强残疾人社会保障和服务体系建设为重点，完善加快发展残疾人事业的政策措施，营造残疾人平等参与的社会环境，促进残疾人事业与经济社会协调发展。11月21日，市委、市政府决定建立健全民生保障体系。到2015年，基本实现“学有所教、劳有所得、病有所医、老有所养、住有所居、难有所帮、困有所济”目标，人民群众生活更加幸福、更有尊严，在全省率先建成较为完善的民生保障体系。

2011年4月11日，全市残联工作会议召开

2013年11月29日，兖州市委、市政府按照济宁市委、市政府将兖州市改为济宁市兖州区的要求，召开济宁市兖州区成立大会。确定通过区划调整，兖州突破县级市体制制约，整体进入济宁中心城市建设范畴。

第二节　重要部署

1996年1月10日，市委、市政府召开领导干部会议，部署1996年经济工作。1996年经济工作指导思想是“抓大放小”，大的抓紧抓好，小的放手、放开，努力把1996年的经济工作搞上去，为“九五”计划开好头、起好步。

1996年12月27日—28日，全市经济工作会议召开，部署1997年的工作任务。1997年经济工作的指导思想是，进一步强化农业基础地位，加快企业改革和技术进步，加大结构调整力度，大力开拓市场，积极培育新的经济增长点，继续深入开展“管理效益年”活动，努力提高经济效益和整体素质，促进国民经济持续、快速、健康发展和社会全面进步。

2003年7月9日，市委、市政府部署加快农业结构调整工作任务。农业结构调整总体目标是，以纸浆林和苗木基地建设为总抓手，推动林业生产迅速发展；以标准化饲养为突破口，做大做强畜牧业；以培植发展龙头企业为重点，强力打造农业产业链条；以配套政策措施为依托，保障农业结构调整顺利进行。

2004年9月1日，市委、市政府部署落实工业化、产业化、民营化、城市化“四化方针”，突出工业立市、民营强市，实施大集团工程、梯队工程、培植工程“三大工程”，加快推进新型工业化。大集团工程，即全力支持太阳纸业、银河橡塑两大集团加快创百亿元步伐；梯队工程，即对一定规模的20家企业梳理排队，分成4个梯队，加大扶持力度，促其增资扩股，做大做强；培植工程，即通过大开放、大招商，引进一

2005年4月14日，兖州市召开实施“三大工程”梯队企业发展调度会议

批新项目，新上一批新企业，培植一批销售收入过千万元、五千万元、过亿元的新的经济增长点，增强经济发展活力和后劲。到2007年，全市规模以上工业企业达到200家，规模以上工业企业销售收入480亿元、利税67亿元；全市高新技术产业产值占规模以上工业总产值比重提高到25%以上，工业制成品出口占全市工业产品销售收入的比重提高到10%；建成造纸、化工、能源、机械、食品、医药、建材等七大产业基地。

2007年4月12日，市委、市政府制定《关于进一步扩大开放加强招商引资工作的实施方案》。该方案提出，坚持举全市之力扩大开放招商引资，集中6个月时间，全面、深入、扎实开展招商引资活动。4、5月份为项目招商月，6、7月份为招商项目落实月，8、9月份为落地项目督查月。通过有针对性地开展国内外招商活动，实现招商引资的大突破，推动全市经济更好更快发展。力争全年利用国外资金1.2亿美元，同比增长20%；利用市外资金到位40亿元，同比增长25%。全年引进投资5000万元以上项目30个，1000万元～5000万元项目30个。

2010年3月20日，市委、市政府部署《关于加快实施二十项服务业龙头项目建设的意见》。确定加快实施市场商贸、现代物流、宾馆酒店及特色商业街等4个方面的20项服务业龙头项目，以此为突破口，用3年～5年时间，通过招商引资、吸引国内外民间资本投资，政府扶持，集中强力推进，带动服务业跨越发展，促进全市经济结构调整和发展方式转变，实现经济社会又好又快发展。

2012年8月16日，市委、市政府部署《关于扶持销售收入十百千亿工业企业（集团）加快发展的意见》。决定对“十二五”期间销售收入规划过10亿元、20亿元、30亿元、50亿元、100亿元、1000亿元的大企业（集团），实行重点扶持。

2013年9月11日，市委、市政府提出《关于进一步推进民营经济跨越发展的若干意见》。要求放宽民营经济注册登记限制，放开民营经济投资经营渠道，放大服务民营经济功能，防活民营经济载体建设，放足民营经济发展要素保障，放优民营经济发展环境。

2012年1月29日，全市经济工作会议在富都宾馆召开

第五章　纪检监察

第一节　组织机构

领导人员　1996年—2013年，中共兖州市（区）纪律检查委员会（以下简称“市（区）纪委”）分别由中共兖州市第九、十、十一、十二、十三次代表大会选举产生，历经5届，即第九、十、十一、十二、十三届。其中，第九届的1995年，第十三届的2014年至2017年1月不在该志记述范围。肖耀宇、任兆海、范继珍、李艳华（女）先后担任市（区）纪委书记。

1996年—2013年中共兖州市（区）纪律检查委员会任职情况表

表17-2

届　次	职　务	姓　名	籍　贯	任职时间
第九届	书　记	肖耀宇	山东汶上	1996年1月至1998年12月
	副书记	曹洪友	山东兖州	1996年1月至1998年12月
		付德忠	山东兖州	1996年1月至1998年12月
		张建文	山东兖州	1998年3月至1998年12月
第十届	书　记	肖耀宇	山东汶上	1998年12月至2001年2月
		任兆海	山东汶上	2001年2月至2003年3月
	副书记	曹洪友	山东兖州	1998年12月至2000年12月
		付德忠	山东兖州	1998年12月至2003年3月
		张建文	山东兖州	1998年12月至2003年3月
		卞传运	山东兖州	2000年11月至2003年3月
第十一届	书　记	任兆海	山东汶上	2003年3月至2006年4月
		陈　方	江苏徐州	2006年4月至2006年12月
		范继珍	山东鄄城	2006年12月至2007年2月
	副书记	付德忠	山东兖州	2003年3月至2007年2月
		张建文	山东兖州	2003年3月至2007年2月
		卞传运	山东兖州	2003年3月至2005年1月
		张　华（女）	安徽定远	2005年9月至2007年2月
第十二届	书　记	范继珍	山东鄄城	2007年2月至2011年11月
		李艳华（女）	山东嘉祥	2011年11月至2011年12月
	副书记	张建文	山东兖州	2007年2月至2007年11月
		张　华（女）	安徽定远	2007年2月至2011年1月
		盛学明	山东兖州	2007年2月至2011年12月

续表17-2

届 次	职 务	姓 名	籍 贯	任职时间
第十三届	书 记	李艳华（女）	山东嘉祥	2011年12月—
	副书记	盛学明	山东兖州	2011年12月至2012年2月
		李 勇	山东兖州	2012年9月—
		宋 娟（女）	山东兖州	2011年12月—

工作机构 1996年，中共兖州市纪律检查委员会与兖州市监察局合署办公，同时履行纪律检查和行政监察两项职能，内设办公室、监察综合室、研究室、宣传教育室、案件查办室、执法监察室、党风廉政建设室、案件审理室、信访室共9个科室，均为副科级机构。1999年4月，兖州市设立行政机关办事效率投诉中心，科级全额预算管理事业单位，隶属市纪委、市监察局。2008年8月，兖州市行政机关办事效率投诉中心加挂市长公开电话办公室牌子。2010年5月，市纪委、市监察局设立6个派驻纪工委（监察分局），为科级。同年8月，设立干部室，为副科级行政内设机构。2013年3月，案件查办室更名为纪检监察室。同年4月，设立工业园区纪工委（监察室），为市纪委、市监察局派出机构。同年11月，中共兖州市纪委、市监察局更名为中共济宁市兖州区纪委、济宁市兖州区监察局。至2013年12月，内设办公室、监察综合室、干部室、研究室、宣传教育室、纪检监察室、执法监察室、党风廉政建设室、案件审理室、信访室10个科室，投诉中心、会计核算中心、行政审批中心、财政投资评审中心纪检监察室4个所属事业单位，第一至第六派驻纪工委（监察分局）以及工业园区纪工委（监察室）。有在职人员68人。

第二节 重要会议

1996年4月5日，全市反腐败工作会议召开。会议的主要任务是学习贯彻中央、省、市三级纪委全会精神，安排部署全年反腐败工作任务。市六大班子领导干部，各乡镇主要负责人、纪委书记，市直各部门、企事业单位负责人、纪检组长，市纪委特邀纪检员参加会议。

1998年8月3日，全市纠正行业不正之风、优化经济发展环境工作会议召开。会议总结兖州市纠正部门和行业不正之风的成绩和经验，安排部署纠风工作任务，促进党风廉政建设和反腐败斗争深入开展。同年12月18日，中共兖州市纪委十届一次全体会议在富都宾馆举行，17名市纪委委员出席会议。会议选举肖耀宇为市纪委书记，曹洪友、付德忠、张建文为市纪委副书记；选举产生市纪委常委9名。

2002年7月23日，全市纠风工作会议召开。会议传达中央、省和济宁市纠风工作会议精神，全面客观总结上一年纠风工作，并对2002年纠风工作作出安排部署。市委副书记、副市长李开珍出席会议并讲话。市委副书记、市纪委书记任兆海主持会议。市纠风领导小组成员，各乡镇（街道）、市直部门分管负责人参加会议。

2003年3月8日，中共兖州市纪委十一届一次全体会议在富都宾馆举行，17名市纪委委员出席会议。会议选举任兆海为市纪委书记，付德忠、卞传运、张建文为市纪委副书记；选举产生市纪委常委9名。

2004年9月23日，全市优化发展环境动员电视电话会议召开。会上通报相关典型案件，宣读兖州市委制定的《关于机关效能建设的若干意见》，奖励两名举报破坏发展环境的人员。会议由市委副书记、市纪委书记任兆海主持，市委书记韩军出席并讲话，全体县级领导、优化发展环境领导小组全体成员、全市副科级以上干部及市重点企业代表参加会议。

2007年2月6日，中共兖州市纪委十二届一次全体会议在富都宾馆召开，25名市纪委委员出席会议。会议选举范继珍为市纪委书记，张建文、张华（女）为市纪委副书记；选举产生市纪委常委7名。

2007年2月6日，中共兖州市纪委十二届二次全体会议暨全市廉政工作会议召开。会议的主要任务是传达上级纪委全会精神，回顾总结2016年度党风廉政建设和反腐败工作，安排部署2007年工作任务。市委书记江成出席会议并作重要讲话。全体市级领导干部参加会议。会议由市委副书记、市长张胜明主持，市委常委、市纪委书记范继珍代表市纪委常委会作工作报告。

2011年12月29日，中共兖州市纪委十三届一次全体会议在富都宾馆召开，25名市纪委委员出席会议。会议选举李艳华（女）为市纪委书记，盛学明、宋娟（女）为市纪委副书记；选举产生市纪委常委7名。

2012年12月7日，中共兖州市纪委十三届三次全体会议召开。全会学习党的十八大和十八届一中全会精神，传达学习上级党委和纪委全会精神，对全市纪检监察机关深入学习贯彻落实党的十八大精神作出安排部署。市委常委、市纪委书记李艳华讲话。市纪委委员参加会议，不是市纪委委员的镇（街道）纪（工）委书记和派驻纪工委书记列席会议。

2013年8月29日，全市纪检监察机关党的群众路线教育实践活动动员会议召开。会议主要内容是按照济宁市委、市纪委和兖州市委的统一安排，对兖州市纪检监察机关开展党的群众路线教育实践活动进行动员部署。市委常委、市纪委书记李艳华主持会议并作动员讲话。济宁市纪委机关党委副书记，市教育实践活动第一督导组全体成员，市纪委委员，不是市纪委委员的镇（街道）纪（工）委书记，各派驻纪工委全体成员，

2013年8月29日，全市纪检监察机关党的群众路线教育实践活动动员会议在富都宾馆召开

市纪委监察局机关全体干部参加会议。

第三节　党风廉政建设

1996年，市纪委制定《关于党政机关、事业单位车辆定编意见》和违规处理办法，对党政机关、事业单位车辆实行定编，并建立较为规范的审批、监督、检查制度。1996年6月至1997年10月，按照中央关于清理纠正领导干部在住房方面以权谋私问题的规定，对党政机关和国有企事业单位住房进行清理，共清理纠正违纪违规住房843套，面积41905平方米，收缴各类款项700余万元。其中，超标违纪款400万元。1997年—1999年，全市各级、各部门贯彻落实中央“八条规定”，清理纠正党政机关、国有企事业单位违规安装住宅电话459部、移动电话373部，共收缴资金53.4万元，全市每年可为国家单位节约电话费200多万元。停止建造和装修办公楼30余座，压缩投资6040万元。改革接待办法，规范接待标准，加强监督检查。精简会议和庆典活动，过多过滥的达标、评比活动得到控制，基本上制止了借会议之机滥发纪念品的现象，严格控制了出国活动。2000年，重点抓清车、清房、制止用公款吃喝玩乐等。中共兖州市纪委、市监察局制定和落实《村级班子和村干部廉洁自律六项规定》，建立健全领导干部廉政考核、纪委常

委同乡镇、市直部门主要领导廉政谈话、领导干部八小时以外监督等多项制度。按照中央、省、市要求，制定党风廉政建设责任制实施意见和考核办法，对全市82个科级领导班子的448名科级领导干部落实党风廉政建设责任制情况进行考核。2001年—2002年，落实《村级班子和村干部廉洁自律“六项规定”》，公款吃喝、违规配车、配手机等群众反映强烈的问题得到较好解决。通过中共兖州市纪委、市监察局《关于严禁机关单位相互宴请、公款吃喝的“十条规定”》和《关于加强乡镇领导干部作风建设的“四项规定”》的落实，镇和市直领导干部的作风明显转变，镇干部“走读”之风得到有效制止。全市12个镇（街道）机关全部建立机关食堂，制定严格的招待标准和食堂就餐制度，堵塞漏洞，减少浪费，招待费用减低均在40%以上。开展集中清理领导干部收受现金、有价证券和支付凭证工作。建立领导干部廉洁自律“绿色通道”，在工商银行各网点设立“581”（谐音为“我不要”，主要是为方便党员干部将收受的无法退回和不便退回的各种礼金上缴而设立的专用账户）廉政账户。全市领导干部通过“581”廉政账户或直接通过纪检监察机关上交现金、有价证券和支付凭证折合人民币共计25万元。对全市80个党政机关、事业单位276辆小汽车进行清理，查出超标准配备的小汽车29辆。2003年—2005年，开展清理党政机关事业单位违反规定用公款为个人购买商业保险工作，共清查123个单位，查出违规投保单位17个，投保人员788人，清理违规资金9.6万元。对全市党政机关、市直事业单位493辆公务小汽车进行清理检查，摸清每辆公务小汽车的购买形式和资金来源情况，对超标、超编和借用下属及外单位车辆进行清理。对全市党政机关事业单位干部职工虚报冒领工资补贴问题进行集中清理，共涉及单位152个，清缴入库冒领资金20.15万元。建立健全党政机关和领导干部勤政廉政月报制度，在各镇（街道）、市直各部门建立报告网络，制定严格的报告程序、报告范围和报告内容。2006年，建立市纪委常委同下级党政主要负责人谈话制度，中共兖州市纪委印发《关于建立纪委常委同下级党政主要负责人谈话制度的暂行办法》，并配发市纪委常委联系单位安排表，启动开展廉政谈话活动。2008年—2012年，以落实《中国共产党党员领导干部廉洁从政若干准则》为抓手，切实解决党员干部廉洁从政方面的突出问题。深入开展小金库治理工作，清查单位51个，查出问题单位11个，涉及金额60余万元。2008年，市委办公室、市政府办公室印发《兖州市党政机关事业单位公务小轿车定编和使用管理暂行办法》，2011年，集中开展公务用车专项治理工作，有效遏制了铺张浪费、无序购车问题。以创建示范村为带动，扎实推进农村党风廉政建设。坚持示范引领，充分发挥典型带动作用，深入开展以“五个好（领导班子好、党员队伍好、工作机制好、工作业绩好、群众反映好）”为标准的农村党风廉政建设示范村创建活动，通过严格考核评定，命名50个示范村。

2013年，分类指导，基层党风廉政建设不断推进。在机关，结合廉政风险防控，开展会员卡清退工作。在社区，创新实行“三维织网、双向互动（三维织网，即责任为经、制度为纬、文化渗透；双向互动，即对上服务、对下监督）”社区党风廉政建设工作模式，“清风社区”品牌

2012年10月17日，全市“123农廉工程”推进会议在龙桥街道五里庄村召开

被评为济宁市 2013 年度十大反腐倡廉工作创新成果之一。在农村，深化“123”农廉工程（深入开展农村基层党风廉政建设示范村创建“一个活动”，严格执行和健全完善重大事项民主决策和村务监督委员会“两项制度”，着力构建资金资产资源“三资”管理、党务政务村务“三务”公开和“三级”便民服务网络“三个平台”，建设科学规范、系统完备的农村党风廉政建设运行体系），规范“农廉网”建设，实行实时监控。扎实开展廉政勤政宣誓和书写承诺书活动，并结合党风廉政建设责任制考核，按时间节点对践诺情况进行督促检查。认真执行党内监督条例，落实述职述廉、谈话、诫勉、函询等制度，开展谈话 120 余人次。

第四节　查办案件

1996 年，全市纪检监察机关共受理群众来信到访 352 件次，立查各类违纪案件 65 件。其中，经济类案件 27 件，失职渎职案件 11 件，腐化堕落案件 6 件，赌博案件 5 件，其他案件 16 件。共处分党员干部 53 人。其中，给予党纪处分 42 人，给予政纪处分 21 人，给予党政纪双重处分 10 人，为国家和集体挽回直接经济损失 50 余万元。2000 年，全市纪检监察机关立查各类违纪违法案件 88 起，结案 88 起，结案率 100%。其中，经济类案件 49 起，失职类 9 起，组织人事类 2 起，其他 28 起。共处分党员干部 88 人，其中，给予党纪处分 81 人，政纪处分 17 人，双重处分 10 人。追缴违纪款 118.56 万元，为国家和集体挽回直接经济损失 1280 万元。2001 年—2002 年，全市纪检监察机关共受理群众来信到访 231 件次，均予以妥善处理。立查各类违法违纪案件 180 起，结案 180 起，其中，1 万元以上的经济案件 39 起，涉及副科级以上领导干部 12 起。共处分党员干部 179 人，移送司法机关 18 人，通过查办案件，追缴违纪款 201.81 万元，为国家和集体挽回直接经济损失 923.26 万元。2003 年—2005 年，全市纪检监察机关共受理来信到访 338 件次，立查各类违法违纪案件 192 起，结案 192 起，其中，1 万元以上经济案件 17 起，涉及副科级以上领导干部案件 18 起。共处分党员干部 192 人。其中，给予党纪处分 166 人，政纪处分 38 人，双重处分 12 人，移送司法机关 6 人。通过查办案件，追缴违纪款 152 万元，为国家和集体挽回直接经济损失 476 万元。2006 年，全市纪检监察机关共立查各类违法案件 66 起，结案 66 起，结案率 100%。其中，经济类案件 22 起，失职类 4 起，侵权类 2 起，妨害社会管理秩序类 5 起，其他类 33 起。共处分党员干部 66 人。其中，党纪处分 64 人，政纪处分 6 人，双重处分 4 人。移送司法机关追究刑事责任 1 起。追缴违纪款 34.7 万元，为国家和集体挽回经济损失 116.9 万元。2007 年，全市纪检监察机关共受理群众来信到访和举报电话 65 件（次），立查各类违纪违法案件 75 起，结案 73 起。其中，经济类案件 20 起，失职类 7 起，侵权类 14 起，妨害社会管理秩序类 31 起，其他类 3 起。自办案件 27 起，重点案件 12 起，其中 1 万元以上的经济案件 8 起。共处分党员干部 73 人。其中，给予党纪处分 70 人，给予政纪处分 8 人，双重处分 5 人，移送司法机关追究刑事责任 7 起。追缴违纪款 23.9 万元，为国家和集体挽回经济损失 24.85 万元。2008 年—2012 年，全市共受理群众信访举报 337 件，立查案件 265 件，重点案件 28 件，给予党政纪处分 262 人，其中科级干部 16 人。通过查办案件，追缴违纪款 136 万元，为国家和集体挽回经济损失 1600 余万元。注重安全文明办案，扎实开展“依纪依法安全文明办法”教育活动，保持办案安全零事故、办案人员零违纪、办案结果零申诉“三零”纪录。注重规范回访教育，中共兖州市纪委、市监察局印发《关于对受处分人员实行回访教育的暂行办法》，对 216 名受处分党员干部进行回访教育。督促 19 个被调查单位完善规章制度 86 条，向市委、市政府提出合理化建议32条。2013年，全市纪检监察机关共接受信访举报369个，立查案件60件，处分党员干部60人，自办案件同比增长25%。加强信访举报工作，实施“律师援助信访”工程，实行信访全程实时监控，强化对信访工作的监督，保护上访群众和纪检监察干部的合法权益。对案件线索实行分类处理，强化审查办案全过程管理。加强和规范案件审理工作，实行案件审理“三三制（搭建市案联审、镇案互审、疑案特审三审制平台和简案快审、普案严审、特案特审程序分流平台）”工作法，组建办案人才库，整合加强办案力量。

第五节　政务公开

1999年，确定市政府办公室、市建委、市民政局等8个部门作为政务公开试点单位。同年8月，全市推行政务公开工作试点单位现场会议召开，全面推开政务公开工作。2001年—2002年，在规范财务行为、堵塞财务漏洞、加强财务监督、促进财务公开、提高会计工作效率等方面取得初步成效。抓规范，上水平，党务、政务、村务“三务公开”走上规范化管理轨道。推广新兖镇、王因镇、大安镇和市民政局政务公开的经验做法，在全市形成“党委统一领导，政府主抓，人大常委会监督实施”的领导格局和“部门各负其责，一级抓一级，层层抓落实”的工作机制。2004年，作为“村务公开规范化建设年”，中共兖州市纪委、市监察局印发《中共兖州市纪委兖州市监察局关于严肃村务公开纪律的通知》，进一步规范市、镇（街道）两级政务公开，与群众利益密切相关的公用事业单位全面实行办事公开，公开的内容、形式都有了新突破。在此基础上，将2005年确定为“村务公开落实年”，2006年确定为“村务公开创新年”。2006年，市委办公室、市政府办公室印发《关于进一步推行政务公开的意见》，进一步建立完善社会公示、听证和专家咨询、论证以及邀请人民群众旁听有关会议制度，重大会议和重要文件主动公开和依申请公开制度，监督评议和举报制度，责任追究制度等，政务公开工作更深入、更扎实、更规范、更有效。2007年，设立政务公开大厅（服务中心）66个，政务公开栏291个，政务公开电话209部，意见箱235个，举办听证会62次，印发政务公开信息、公示卡、公示簿、办事指南、“明白纸”等40余万份，建立政务公开信息网39个，设置电子显示屏12个。按照便于群众了解、办事和监督的原则，立足动与静结合、无声与有声结合、印刷品与电子政务结合等，创新载体，丰富形式，公开形式从单一走向丰富多彩。实施“电子网络工程”，促进网上公开工作。2008年，开展党务公开，深化政务公开，扎实推进公共企事业单位办事公开，健全制度机制，规范公开的内容和重点，努力推进民主监督，切实保障群众的知情权、参与权、管理权和监督权。2009年，围绕提高政府公信度，建立完善政务公开和诚信考评、失信追究机制，把承诺为民所办的实事，各部门的审批事项、审批流程、办事时限、收费标准等，通过新闻媒体、政府网站等向社会公开，方便群众查询，接受群众监督。同时，将行政执法监管和信用服务相关信息，与金融、司法、保险等部门掌握的信用信息实现互通共享，定期在政府网站公开。全年新增主动公开政府信息4350条。2012年，通过整合资源、创新形式，搭建和完善公开平台，构建“大公开、快处理、广结合”的工作格局，合力打造权力运行“阳光工程”。全年新增主动公开政务信息9343条，收到信息公开申请210余次，全部予以公开。2013年，按照国务院、省、市政府关于开展政务公开工作的总体要求，把政务公开工作作为建设廉洁政府、服务政府、透明政府的重要举措，围绕涉及群众切身利益的各类事项，全面推进政务公开政务服务工作，县级层面建设市行政审批中心，10个镇（街道）分别建设政务服务大厅，形成管理规范、功能完备、运行高效的市镇两级政务服务体系。全年新增主动公开政务信息 9265 条；收到信息公开申请 2968 次，全部进行了公开；受理群众留言、举报 2779 条，全部答复完毕。

第六节　纠风正纪

1996 年—1999 年，贯彻执行《中共中央、国务院关于切实做好减轻农民负担的决定》，取消涉及农民负担的收费 42 项，减轻农民负担 4975.2 万元，全市“三提五统”总额控制在上年农民人均纯收入的 5% 以内。在济宁市组织的历次检查中，兖州市综合得分名列第一。对 60 家重点企业实施挂牌保护，取消不合理收费项目 61 项，减轻农民负担 500 余万元。治理公路“三乱”工作实行目标管理责任制，规范收费行为，基本杜绝公路“三乱”现象，连续四年被省人民政府评为治理公路“三乱”先进单位。实行收费登记卡制度，加强监督检查，查处中小学乱收费问题违纪金额 123 万元，收缴入库 8.13 万元。集中清理借婚姻登记搭车收费，废止有关文件 20 个，4992 对结婚登记人在办理登记手续时被搭车收取的 316 万余元，全部清退。在清理预算外资金工作中，查出违纪金额 4700 多万元，收缴财政专户 2100 万元。公检法和工商行政管理等执法部门实行“收支两条线”。2000 年，坚持“纠建并举”和“谁主管、谁负责”原则，走“纠评建”相结合的行风建设路子。扎实推进减轻农民负担工作。坚持“一定四年不变”的政策，“三提五统”仍按 1996 年农民人均纯收入的基数审批提取，全市共审批“三提五统”5024.3 万元，人均 122.7 元，占 1999 年人均纯收入的 3.77%；落实减免政策，为 1080 户贫困户、235 户特困户、1.94 万名 70 岁以上老年人减免“三提五统”费 130.8 万元；改造农村电网，整顿农村电价，减轻农民用电不合理负担 2000 万元。减轻企业负担，市纪委、市政法委、市监察局配合工商、卫生、物价等部门对全市医药市场管理情况进行一次全面检查，共检查单位 82 家，责令销毁近期变质药品 12 种，价值 3.5 万元；查处违纪单位 25 个，违纪金额 90 余万元，罚款 28.42 万元；取缔虚假医药广告 80 条。2001 年—2002 年，市监督投诉查处中心成立，工作重点逐步从接受投诉为主，转向监督、投诉、查处并重。会同市社会主义精神文明办公室、市广播电视局在市广播电台开办《行风热线》专题节目。积极推行农业税收和涉农价格收费公示制，按照“一个遵守、两个不准、十个严禁”的要求，认真落实各项减负政策。在减轻企业负担方面，严格对收费单位进行审批和管理，继续推行“两证一卡一员一书（两证，即收费许可证、收费员证；一卡，即企业交费登记卡；一员，即收费员；一书，即进企业收费批准通知书）”收费制度。市委办公室、市政府办公室印发《关于严格对企业检查和“上路”检查的意见》，对企业检查实行上级检查备案、立项检查审批、责任追究制度。纠正医药购销中的不正之风，规范药品招标采购行为，建立公开、透明、集体决策的药品采购监督制约机制。2003 年—2005 年，市行政投诉中心以纠风治乱、提高行政效能为重点，共受理各类投诉 112 件。组织实施优化发展环境“优亮好（即服务更优，亮点更多，发展环境更好）”工程，开展对影响发展环境问题大调查和对重点项目环境状况集中督察督办等活动，针对发现办事拖拉、推诿扯皮、吃拿卡要、故意刁难、“三乱”行为以及其他影响发展环境的突出问题，全部予以妥善整改。开展清理纠正国家机关工作人员和国有企业负责人投资入股煤矿工作。2006 年，按照中央、省、市统一部署，开展治理商业贿赂专项工作。在自查自纠中，全市各部门各单位确定重点环节 49 个、重点岗位 114 个、重点人员 170 人，涉及不正当交易 6 人，上缴财物 5.6 万元，制定整改措施 33 项，各部

2012 年 7 月 3 日，兖州市“政风行风热线”扩版升级启动仪式暨“唱响廉政歌曲”合唱会演在富都宾馆举行

门撰写从源头上治理商业贿赂方面的调研文章 20 余篇。根据各单位自查和群众举报，收集排查案件线索 20 起，立案查处涉及商业贿赂案件 12 起，涉及违规违纪资金 362 万余元，移送司法机关有罪判决 2 人，行政处罚 4 起，没收非法所得 12.4 万元，罚款 2.2 万元，党政纪处分 6 人，批评教育 3 人。按照省和济宁市的统一部署，组织实施清理整顿党政机关、事业单位违规建购干部职工住房工作。通过单位申报和检查清理，共清退多占住房 56 套。纠正医药购销和医疗服务中不正之风，推行药品、医用耗材和大型医用设备集中招标采购，严肃查处药品回扣、开单提成行为，立案查处医药购销等领域的商业贿赂案件 12 起，涉及违纪资金 362 余万元，没收非法所得及罚款 20 余万元，给予党政纪处分 6 人，移送司法判决 2 人。2007 年，根据济宁市纪委的安排部署，联合市财政局、市审计局、市劳动和社会保障局、市卫生局和市物价局，对 2005 年—2006 年全市医疗保障资金管理使用情况进行专项检查，查处市医保处违反财经纪律、骗取挪用医保资金，以及市医保处个别工作人员利用职务之便贪污医保资金等违纪问题，依法追缴违纪资金 12 万元，并对 4 名责任人给予党纪处分。集中解决损害农民利益的突出问题，坚决纠正面向农民的乱收费、乱罚款和各种集资、摊派行为，认真落实各项支农惠农政策，农民得到实惠 1000 万余元。2008 年—2012 年，围绕群众关心关注的热点难点问题，开展征收征用土地中侵害群众利益、房屋征收中侵害居民利益、拖欠农民工工资等 18 项专项治理工作，切实维护了群众利益。畅通群众诉求渠道，整合投诉资源，将市长公开电话和行政效能投诉电话并网进行，在政府网站增设“投诉举报”“在线访谈”等互动栏目，并与行风热线配套联动，逐步完善“大投诉”工作机制。2013 年，认真落实中央“八项规定”精神和省委、济宁市委、兖州市委实施办法，细化文风会风、联系群众、公务接待等 10 大项 53 条规定。开展厉行节约反对铺张浪费专项行动，狠刹公款购买月饼、贺卡、烟花爆竹、年货节礼等不正之风。加强公务用车编制管理，公开曝光违规公务用车，严禁超编制、超标准配车。开展“软环境建设年”活动，推出“十条禁令”“八不准”“七个一律”处理规定，形成持续强大的震慑力。在重点实施“浮庸散奢”等 4 个专项整治行动的基础上，建立作风建设常态化机制，针对遵守工作纪律、服务态度、办事效率等情况不间断进行明察暗访，累计开展检查 136 次，公开通报 6 次，涉及 39 个单位 78 人，对 9 名党员干部按照“七个一律”作出处理。开展公路“三乱”专项治理，查处问题 12 个，研究出台执法暂扣车辆管理暂行规定，从源头防治“三乱”问题。坚决纠正在职教师有偿家教、医疗行业不正之风，开展中介组织专项治理、涉农补贴专项检查等活动。

第七节　执法检查

1996 年，开展对减轻农民负担、预算外资金管理、建设工程项目、中小学收费、执收执罚部门实行“收支两条线”、粮食流通体制改革、企业“三乱”和招生、招干等项工作的执法检查活动，共检查单位 800 个（次），涉及资金 11.6 亿元，查出违纪资金 1.35 亿元，纠正退还违法违纪金额2905.5万元，提出监察建议416件，帮助建章立制600余项。1997年，中共兖州市纪委、市监察局下发《关于乡镇党员代表大会领导班子换届选举期间严肃工作纪律的通知》，1999年，协助市委、市政府抓好第六届村委换届选举、土地延包等工作的监督检查，确保村委会依法换届和土地延包工作顺利进行。2000年，开展国债管理和国有企业下岗职工基本生活保障资金、失业保险基金、基本养老保险基金和城市居民最低生活保障资金"四项资金"专项检查，重点检查1998年后"四项资金"的管理使用情况，共检查财政、劳动和社会保险、民政3部门及其所属单位30个，涉及资金1.9亿元，检查出不合理资金2246.3万元，采取措施及时归位1996万元，查处挪用专项资金案件1起，下发监察建议10条。开展1999年后的全市建设国债资金管理使用的执法监察，检查单位4个，涉及资金3679.2万元，为国家挽回经济损失200万元。开展"收支两条线"专项检查，共检查单位126个，查出1997年10月至1999年10月各类违纪资金7117万元、违规支出3180万元。对中小学乱收费进行专项检查，共检查市属及乡镇中小学32个，查出违纪金额617.3万元，按规定退回学生资金260万元，处理违纪单位16个，收缴违纪违规资金8.5万元，帮助被查单位完善收费制度40条，取得良好社会效果。开展效能监察，发挥行政机关办事效率投诉中心职能，聘请18名勤政巡视员，受理各类投诉136件，处结134件，处结率98.5%，直接挽回经济损失180余万元。2001年—2002年，协助市委、市政府重点抓好乡镇党委和村党支部、村委会换届选举等项工作的监督检查，确保换届选举工作顺利进行。对全市镇和市直部门的领导班子及领导干部年度党风廉政建设责任制执行情况和领导干部廉洁自律情况进行考核和评议，并将评议结果在全市进行通报。2001年，共考核领导干部477人，其中，优秀129人，良好325人，合格22人；考核领导班子80个，其中，优秀32个，良好41个。2002年，共考核领导干部484人，其中，优秀162人，良好289人，合格33人；考核领导班子79个，其中，优秀25个，良好49个，合格5个。加大对中考录取工作的监督检查力度，对全市中考录取工作实现了全程监督，对随意扩大班额、增加班数、打招呼递条子等行为作出严格规定。2003年，在全市范围内开展落实"收支两条线"和规范行政事业性收费行为检查，对全市2001年的行政事业性收费、政府性基金和罚没收入收取、管理、使用情况进行专项检查。2004年，对征用农民土地补偿费管理使用情况进行专项检查，清欠846万元，对3起违规占用土地的案件进行严肃查处。2005年，对全市镇级财政资金和村级财务管理进行专项检查，涉及资金4.72亿元。2006年，严格实行"五条禁令、六项制度"，提高机关办事效能，认真查处"三乱"及办事效率低等问题的投诉，共受理各类投诉55件。其中，"三乱"问题16件，行政效能告诫3人，对12人提出批评教育。2008年—2012年，坚持围绕重大决策部署开展监督检查，对中央和省市扩大内需促进经济增长、加快转变经济发展方式、耕地保护和节约用地等重大决策部署落实情况开展监督检查，发现和纠正问题156个，确保政令畅通。坚持围绕全市中心工作开展监督检查，深入重点工作会战指挥部一线进行跟踪问效，

2012年3月，市纪委组织开展建筑工程执法监察和工程建设领域突出问题专项治理

每周一调度、每季度一通报、半年一考核，促进了重点工作有序推进。认真开展建筑工程执法监察和工程建设领域突出问题专项治理工作，排查工程建设项目 166 个，查纠问题 217 个，行政问责 6 人，催缴各类土地出让金差价和欠缴建设规费 5000 余万元。2013 年，加强对重大事项决策制度执行情况的监督，开展制度执行情况“回头看”，发出督办通知和监察建议 12 份，整改问题 33 个。对 55 项政府投资重点工程进行专项检查，查纠问题 418 个。联合有关部门对区直管公房管理使用情况进行摸底检查，查清公款底数和存在问题，提出整改建议 13 条。

第六章　组织工作

第一节　管理机构

中共兖州市委组织部　1996 年 4 月，设立兖州市党员电化教育中心，为科级事业单位，编制 3 人，由市委组织部从编制员额内部调剂解决。1999 年 12 月，市委组织部设办公室、干部科、组织科、干部培训科、干审科、知识分子工作科、企业干部科 7 个股级科室，辖市委组织员办公室 1 个科级行政机构，市党员电化教育中心、市老干部老年人活动中心（市老年大学）2 个科级全额事业单位。在 13 个乡镇均设立组织办公室，每个办公室有人员 2 人～3 人。2000 年，设立研究室，干审科更名为干部监督科。2002 年 8 月，干部科加挂干部调配科牌子、组织科加挂新型经济社会组织党的建设联席会议办公室牌子，干部培训科与知识分子工作科合并为干部教育科，加挂知识分子工作办公室牌子，撤销企业干部科。2003 年，干部科（干部调配科）变更为干部科、干部调配科，组织科（新型经济社会组织党的建设联席会议办公室）变更为组织科、新型办，干部教育科（挂知识分子工作办公室牌子）变更为干部教育科。同年 5 月，王因镇、黄屯镇划归济宁市高新技术开发区管理，至年底，全市 10 个镇（街道）均设有组织办公室。2004 年 4 月，设立市人才工作办公室，为副科级全额预算管理事业单位，编制员额 3 名，由市委组织部管理。2006 年 5 月，设立市党员干部现代远程教育中心，为科级全额预算管理事业单位，同时撤销市党员电化教育中心，在市党员干部现代远程教育中心保留市党员电化教育中心牌子及其职责；明确市人才工作办公室为科级事业单位。2006 年，干部科、干部调配科合并为干部科（干部调配科），组织科、新型办合并为组织科（新型经济社会组织党的建设联席会议办公室），干部教育科变更为干部教育科（知识分子工作办公室）。2007 年 8 月，设立市干部信息中心，为科级全额拨款事业单位，由市委组织部、市人事局管理，以市委组织部管理为主。2012 年 5 月，成立市考核办公室，核定行政编制 4 名；7 月，干部监督科加挂信访举报受理中心牌子。2013 年 1 月，市委组织部增设人事科，为股级内设机构；3 月，在市党员干部现代远程教育中心加挂兖州市党员教育服务中心牌子；11 月，中共兖州市委组织部更名为中共济宁市兖州区委组织部，增设干部信息科。2013 年 12 月，区委组织部设办公室、干部科（干部调配科）、组织科（新型经济社会组织党的建设联席会议办公室）、干部监督科（信访举报受理中心）、干部教育科（挂知识分子工作办公室牌子）、研究室、组织员办公室、干部信息科、人事科、区考核办公室。辖区老干部、老年人活动中心（加挂区老年大学牌子）、区老年大学（加挂区委老干部党校牌子）、区人才工作办公室、区党员干部现代远程教育中心（区党员教育服务中心）、区干部信息中心。共有在职人员 30 人。10 个镇（街道）均设有组织办公室。每个办公室有人员 3 人～ 5 人。

中共兖州市委老干部局　1996 年，兖州市老干部局归属组织部管理，不属党委序列，内设办公室、综合科，下辖科级事业单位市老干部休养管理所。1997 年 2 月，市老干部局更名为中共兖州市委老干部局，属于党委序列。2007 年 12 月，增设调研科。2013 年 4 月，调整市关心下一代工作委员会办公室隶属关系，由团市委管理改为市委老干部局管理，为副科级事业单位；5 月，依托市委老干部局成立中共兖州市委离退休干部工作委员会；11 月，市委老干部局更名为济宁市兖州区委老干部局。至 2013 年年底，区委老干部局内设办公室、综合科、调研科，行政编制 5 名，辖区老干部休养管理所、区关心下一代工作委员会办公室事业单位。

第二节　基层党组织建设

1996 年，企业党建实施政治核心工程。2000 年，组织开展“基层组织建设工作创新成果”评选活动，围绕“怎样当好农村党支部书记、村主任”开展大讨论征文活动。2001 年，济宁市在新兖镇召开乡镇党委建设工作会议，全面推广新兖镇党委建设经验，新兖镇党委被评为全国先进基层党组织。2004 年，兖州市被中共山东省委授予全省首批农村基层组织建设先进市称号。2007 年，稳妥推进村“两委”换届工作，着力选拔一批“双高双强（高层次、高素质、业务能力强、领导能力强）”型村干部，村级党组织致富带富能力明显增强。2008 年，率先探索实行县、乡、村三级书记落实党建责任制双向述职制度。2010 年，落实市、镇、村三级基层党建工作“联述联评联考”制度，完善“书记抓、抓书记”责任制。2011 年，兖州市连续 3 次被省委评为全省基层党建工作先进市。2012 年，开展“基层党组织服务能力提升”工程，按照行政村人口每人每年 30 元，社区居民每户每年 10 元、社区年运转经费最低不低于 1.36 万元的标准，将村（社区）党组织运转经费纳入财政预算。建立村党组织书记绩效补贴群众满意度导向调节机制。

2013 年，扎实做好抓基层、打基础工作，市委办公室制定《兖州市“百村经营场所示范工程”实施办法》，加大集体经济薄弱村特别是空壳村的扶持力度，完成 30 处场所建设任务。在全市农村党员中开展理想信念教育活动，通过培训教育，查摆整顿村级工作存在问题及矛盾隐患。开展非公企业党建“红帆工程”。按照党建强、发展强，生产经营好、企业文化好、劳动关系好、党组织班子好、党员队伍好、社会评价好“双强六好”标准，加强“两新”组织党建规范化建设，探索开展“开放式”党组织教育活动，对全市 93 名党组织书记进行培训，进一步提高抓党建工作的能力和水平，全市基层组织建设水平得到提升。

1996年—2013年兖州市基层党组织情况表

表17-3　　单位：个

年　份	党委数	党组数	总支数	支部数	年　份	党委数	党组数	总支数	支部数
1996	36	17	149	1224	2001	46	16	163	1314
1997	46	16	166	1380	2002	46	16	158	1273
1998	46	14	151	1209	2003	45	17	135	1183
1999	45	14	161	1274	2004	45	17	136	1210
2000	46	14	165	1306	2005	45	17	132	1241

续表17-3

年 份	基层党委数	党组数	总支数	支部数	年 份	基层党委数	党组数	总支数	支部数
2006	46	21	135	1240	2010	48	27	131	1281
2007	48	23	140	1268	2011	49	27	144	1472
2008	46	23	134	1280	2012	61	41	127	1459
2009	46	27	133	1275	2013	53	41	132	1470

第三节 党员队伍建设

1996年，全市党员24256人。1996年—1999年，全市开展争当优秀乡镇干部、争当优秀党支部书记、争当优秀共产党员活动。1996年—1998年，全市开展向全省农村基层干部的先进典型刘运库学习的活动。2000年，基层组织建设工作重点由治瘫治乱转移到增强班子战斗力、提高党员队伍素质上来。市中医院党支部被评为全国先进基层党组织、齐鲁先锋基层党组织，兖州市6个党组织被评为济宁市先进基层党组织，6人被评为济宁市优秀共产党员。对135个兖州市创先争优先进基层党组织、140名兖州市创先争优优秀共产党员进行表彰。2001年，举办农村党支部书记培训班，新当选的100名村党支部书记参加培训。2004年，开展优秀村（社区）党组织书记评选活动，党在农村的领导地位更加巩固。对81个先进基层党组织、263个“五个好（好班子、好队伍、好路子、好体制、好制度）”村（社区）党组织、124名优秀共产党员进行表彰。2005年，对85个先进基层党组织、30个“红旗”村（社区）党组织、275个“五个好”村（社区）党组织、20名优秀村（社区）党组织书记、124名优秀共产党员进行表彰。2008年，开展“牢记宗旨、服务群众、党性闪光”主题实践活动，在“5·12”汶川大地震中，全市党员缴纳特殊党费420余万元，列济宁市第一位。山东翔宇化纤有限公司党总支被评为山东省先进基层党组织，1人被评为省优秀乡镇党委书记。5个党组织被评为济宁市先进基层党组织，5人被评为济宁市优秀共产党员。2013年，对94个“五个好”村（社区）党组织、92个先进基层党组织、148名优秀共产党员进行命名表彰。

1996年—2013年兖州市党员基本情况表

表17-4　　单位：人

年 份	党员数				
	合 计	正 式	预 备	男	女
1996	24256	23114	1142	21294	2962
1997	27032	25794	1238	23712	3320
1998	27735	26605	1130	24265	3470
1999	28501	27675	826	24757	3744
2001	29833	28627	1206	25908	3925
2002	30377	29695	682	26272	4105
2003	27365	26708	657	23623	3742
2004	28071	27316	755	24716	3355
2005	28756	28123	633	25128	3628

续表17-4

年　份	党员数				
	合　计	正　式	预　备	男	女
2006	29246	28670	576	25640	3606
2007	29926	29315	611	25104	4822
2008	30820	30193	627	25742	5078
2009	31537	30576	961	26187	5350
2010	32934	32224	710	27182	5752
2011	33606	32976	630	27632	5974
2012	34390	33756	634	28136	6254
2013	35077	34553	524	28494	6583

第四节　党员远程教育

1996年10月，市党员电化教育中心制作的反映刘运库事迹的专题片《生命在这里延续》，在中央电视台播出，同时被省委组织部党员电教录像选用，在全省基层党组织中发行。1998年6月22日，省委作出《关于开展向刘运库同志学习活动的决定》。同年11月，中组部副局级调研员张兆本带领新华社、人民日报社、农民日报社等6家新闻单位记者到兖对刘运库事迹进行采访，刘运库的感人事迹被推向全国。1999年12月，以刘运库事迹为题材的电视剧《一个人的背影》在兖州开机。2000年—2002年，电教网络逐步健全。电教工作推行量化考核制度，全市村级播放点“双机一室（电视机、信号接收机和播放室）”配套率达到90%。2002年，建立“党员家庭电教点”1000余个，成立党员电教致富责任组1200个，与市电视台共同开办《党的建设》等党建栏目。2003年—2008年，市委成立农村党员干部现代远程教育工作领导小组，下设办公室，在全市共建成445个终端接收站点，全部开通互联网，推进远程教育入户工程。2013年，建设6个LED大屏远教学用广场，逐步构建开放式、菜单式和互动式远程教育网络。

第五节　宣传教育活动

“三讲”教育　2000年2月18日至5月18日，市委在市级和部分市直部门领导班子、领导干部中集中开展以“讲学习、讲政治、讲正气”为主要内容的“三讲”教育。“三讲”教育活动共分5个阶段，成立由市委书记任组长的市“三讲”教育领导小组，下设办公室，印发《中共兖州市委关于在市级和部分市直部门领导班子、领导干部中深入开展以“讲学习、讲政治、讲正气”为主要内容的党性党风教育的实施方案》，制定各阶段计划和教育日程表。2月18日，兖州市“三讲”教育动员大会召开，对全市“三讲”教育进行全面部署。安排4周集中学习时间，分为讲学习、讲政治、讲正气3个专题，每个专题先由市委主要领导同志进行动员，对学习提出要求，然后采取集中与分散自学相结合的方法组织学习。3月16日，市委在市机关第一招待所大会议室召开市“三讲”教育第二阶段动员会议。采取“自己找、群众提、上级点、互相帮”的方法，认真查摆1992年后党性党风方面和工作上存在的突出问题，撰写思想剖析材料。在较大范围内，对领导班子集体和个人的思想剖析材料进行写实性民主评议。4月22日，市委在市机关第一招待所大会议室召开市“三讲”教育第三阶段动员会议。各班子分别召开专题民主生活会，自我批评坚持高标准、严要求，各班子主要负责人和班子成员进行自我批评；相互批评做到讲原则、讲党性，本着对党、对同志高度负责精神，相互进行批评帮助。5月8日，市委在市机关第一招待所大会议室召开市“三讲”教育第四阶段动员会议。各班子及领导成员针对存在的突出问题，围绕“切实加强理论学习，努力提高市委一班人的思想理论水平”“集中精力抓好改革与发展”“转变领导作风和工作作风”“加强领导班子和干部队伍建设”“大力加强党风廉政建设，深入开展反腐败斗争”等5个方面，研究制定整改措施。5月18日，市委在市机关第一招待所召开兖州市“三讲”教育总结大会，即“三讲”教育第五阶段活动，总结通报“三讲”教育基本情况，动员广大党员干部以“三讲”教育为动力，更加深入扎实地做好各方面的工作，继续抓好农村经济结构调整，进一步加大企业改制力度，加快城乡建设步伐，大力发展个体私营经济，推动全市经济更快更好地发展。

“三个代表”重要思想学习教育活动 2002年，按照中央和省委、济宁市委要求，分期、分批开展“三个代表”重要思想学习教育活动。1月2日至4月11日，8900余名党员干部分别在12个乡镇（街道）和77个市直部门参加学习教育活动。8月14日，济宁市确定谷村镇作为村级“三个代表”学习教育活动的试点乡镇。试点取得成功后，立即在济宁市普遍开展。2003年3月中旬开始，集中时间，集中力量，对全市村级和乡镇、市直部门学教活动进行回访复查，并建立学教活动的长效机制。

保持共产党员先进性教育活动 2004年8月中旬到10月下旬，在谷村镇安庙村进行村级保持共产党员先进性教育活动试点工作。试点工作分4个阶段进行，8月10日—18日为制定方案阶段，8月19日至9月10日为学习培训阶段，9月11日至10月10日为分析评议阶段，10月11日—25日为整改提高阶段。试点取得成功后，2005年1月开始，全市共有41个党委、139个党总支、1238个党支部、28470名党员参加先进性教育活动，涉及132个党政机关事业单位、431个村（社区）、1216家企业。活动分3批进行，每批用半年左右时间。第一批，市级党政机关及部分企事业单位，共涉及19个党委、193个党支部和4378名党员，时间为2005年1月—6月。第二批，城市基层和镇（街道）机关，共涉及37个党委、44个党总支、433个党支部和9755名党员，时间为2005年7月—12月。第三批，农村和部分党政机关，共涉及11个党委、651个党支部和14342名党员，时间为2006年1月—6月。先进性教育活动分3个阶段开展。第一阶段为学习动员阶段，30天左右。以《保持共产党员先进性教育读本》为基本教材，编印《保持共产党员先进性教育活动补充教材》《党员干部学习资料选编》《天下第一村——华西村》等读物，综合运用领导上党课讲、专家专题辅导引、先进典型示范带、党员集中精力读、开展谈论大家议、组织考核检查促等学习方式进行。建立健全学习考勤、补课、抽查读书笔记和心得体会等制度，确保党员参学率和学习培训效果。印制3万余份党章基本知识测试试卷，组织全体党员参加测试。第二阶段为分析评议阶段，40天左右。采取召开座谈会、个别访谈、问卷调查、设置意见箱等形式，面向党员群众、基层单位、服务对象和社会各界广泛征求对每个党员及党组织的意见，并将征求的意见如实向党员反馈；在认真学习、听取意见的基础上，组织党员和党员领导干部，对照“三个代表”重要思想和党章要求，进行认真对照查摆、深入剖析，并形成党性分析材料；党员领导干部带头分层次广泛开展谈心谈话；以学习实践“三个代表”重要思想、保持党员先进性为主题，基层党组织以党支部为单位召开组织生活会，领导班子召开党员领导干部民主生活会，开展积极健康的批评与自我批评；采取党员自评、党员互评、群众参评、书记点评方式，召开支部大会进行民主评议。第三阶段为整改提高阶段，30天左右。针对征求党员群众意见、党性分析和民主评议中反映出的突出问题，紧紧围绕建设社会主义新农村、基层党组织和党员队伍存在的突出问题、群众反映的突出问题和建立长效机制4个方面抓整改。党员个人、基层党组织和领导机关分层分类制定整改方案。从学习理论知识、坚定理想信念、履行岗位职责、服务人民群众、端正工作作风、严守组织纪律、保持廉洁自律、加强道德修养8个方面作出承诺。在各基层党组织设立整改承诺公示榜，统一张贴在公开栏内，自觉接受党员群众的监督。同时建立整改台账，实行整改销号制，做到问题解决一个、公布一个、群众满意后注销一个，使整改过程和整改情况始终处于群众的监督下。

学习实践科学发展观活动 2009年3月，按照中央和省、市委部署要求，紧扣“科学发展跨越发展”主题，在县乡两个层面、分两批开展学习实践科学发展观活动。第一批学习实践活动，2009年2月初开始筹备，3月9日正式启动，9月中旬基本结束，涉及市委、市人大、市政府、市政协和106个市直部门、单位领导班子，597个基层党组织，共11542名党员参加；第二批学习实践活动，2009年8月中旬开始筹备，9月18日正式启动，2010年3月上旬基本结束，涉及608个基层单位领导班子，863个基层党组织，共19280名党员参加。活动以“科学发展跨越发展”为主题，分动员准备、学习调研、分析检查、整改落实4个阶段。2009年3月上旬至中旬为动员准备阶段，主要是做好思想、组织等各项准备工作。市委成立由市委书记任组长的学习实践活动领导小组，抽调30多名业务骨干组建领导小组办公室；各基层单位也成立相应组织机构。在广泛征求意见、调查研究的基础上，市委印发《关于在全市第一批开展深入学习实践科学发展观活动的实施方案》。2009年3月中旬至4月底为学习调研阶段，统筹抓好学习培训调研，围绕科学发展、跨越发展进行解放思想讨论等工作，重点抓好学习培训、调查研究和解放思想讨论3个环节。2009年5月初至6月底为分析检查阶段，统筹抓好召开专题民主生活会和组织生活会、形成领导班子分析检查报告、组织群众评议等工作，突出找准问题、分析原因、理清思路、明确措施。2009年7月初至8月底为整改落实阶段，统筹抓好制定整改落实方案，集中解决突出问题、完善体制机制等工作，突出抓住重点、解决问题、创新体制、促进发展。24264名党员、群众对全市两批学习实践活动的进行满意度测评，满意率分别达到96.1%、99.3%，无一张不满意票。

创先争优活动 2010年4月始，全市开展创先争优活动，围绕迎接建党90周年、向党的十八大献礼两个重大节点展开，分4个步骤进行。

2010年7月1日，庆祝中国共产党成立89周年大会暨全市创先争优主题党课在富都宾馆召开

2010年4月下旬至5月底为动员部署、营造氛围阶段。重点是制定方案，安排部署，组织学习。2010年6月至2011年6月为全面争创、稳步推进阶段。各基层党组织结合各自实际，开展多种形式的创先争优活动。上级党组织负责人进行点评，组织党员、群众进行评议。对活动中涌现出的先进典型进行表彰。2011年7月至2012年6月为对标定位、晋档升级阶段。主要抓好典型示范，搞好对标定位，开展集中整治。2012年6月—11月为系统总结、完善机制阶段，重点是搞好总结，完善机制，组织评议。

第六节　干部制度改革

1996年—1999年，干部选拔任用试行招聘制、竞争上岗，加大干部交流和轮岗力度，在从优秀的农村基层干部中选拔乡镇领导干部上进行探索，对市人民法院、市人民检察院两院中层干部实施全员竞争上岗。2000年，市委印发《关于深化干部制度改革进一步做好干部选拔任用工作的意见》和《关于选拔任用干部实行公示制、聘任制、试用制的暂行规定》。2001年，对新提拔的68名领导干部全部进行任前公示，对担任市直部门所属事业单位行政领导职务的12名正副科级领导干部实行聘任制，对市直部门40名担任正副科级领导职务的干部实行试用制。2002年，面向社会公开选拔8名副科级非中共党员领导干部和7名副科级女领导干部。同时，对市直部门40名试用期满的正、副科级领导干部进行全面考核，39名干部按期转正。2003年，实行差额推荐、差额考察、常委会票决的选拔办法，面向全省公开考选兖州经济开发区和济宁市农业高新技术示范园内设机构9名科级干部。2004年，市委相继印发《关于进一步深化干部人事制度改革的意见》《关于任用镇、街道党政正职实行市委全委会议无记名投票表决的暂行办法》等9个政策性文件，实行干部考察预告制、干部任前公示制、聘任制和试用期制，逐步探索形成全程征求意见、定岗公推、全程差额等选拔任用干部的新方式。2005年，实施选调一批、选派一批、考选一批“三个一批”工程，公开考选20名30岁以下的副科级干部，从2004年应届大学毕业生中考选30名优秀大学生到镇（街道）工作，选派10名35岁以下的党政领导干部到发达地区挂职锻炼。2006年，公开考选8名副科级非中共党员领导干部、选调20名2005年应届优秀大学毕业生到基层实践锻炼。2008年，市委办公室印发《关于选派百名优秀年轻干部到重点工作一线锻炼的意见》，先后选派383名干部赴重点工作会战指挥部开展工作。其中，26名干部因表现优秀得到提拔重用。在济宁市率先实施“规范任用提名、差额选任干部”改革试点工作，采取公开空缺职位及职位要求，公开选任方法及选任程序，实行差额推荐、差额考察、差额酝酿、差额表决“两公开四差额”方式，先后选拔任用7名镇（街道）党政正职和2名市直部门主要负责人。

2009年—2011年，开展“科学规范和有效监督市委书记用人行为”试点工作。采用“两公开四差额”方式，对3名镇（街道）党（工）委书记和2名镇长职位进行配备，公开选拔3名镇（街道）党政领导班子成员，7名镇（街道）副科级干部。2012年，公开选拔19名副科级30岁以下、全日制大学本科以上学历的年轻干部；市直各单位采取竞争上岗的办法选拔任用中层干部，推出职位124个，共有274人报名参加竞争上岗。2013年，细化干部考察的内容和范围，注重考察干部的官德、公德、品德，对126名拟提拔重用人选进行德廉反向测评。

第七节　干部工作

干部选拔任用　1996年—1999年，先后选派54名优秀年轻干部挂任乡镇副书记或副乡镇长；从应届高校毕业生中选调67名优秀毕业生到乡镇工作，建立起160人的后备干部人才库。1997年，理顺企业干部管理权限，对全市73家市属企业领导班子进行全面考察、考核，对19个企业班子及40名成员进行调整。2001年，共调整领导干部173名，其中提拔科级干部19名，提拔副科级干部49名，岗位交流20名，改任非领导职务和离岗人员61名。全市有3人入选济宁市“四百人才工程”。2002年，结合党政机关机构改革的总体要求，调整领导干部108人；乡镇人大、政府换届涉及8个乡镇，共调整干部13人，组织提名的候选人全部高票当选。对部管1700余卷档案进行全面整理，新装散件5000余份，对所有副科级以上干部简历情况进行核实校正。引进全国组织干部人事管理信息系统，基本实现干部档案的微机化管理。2004年，市委印发《兖州市党政领导干部选拔任用工作实施细则》等政策性文件，市委制定《兖州市选拔党政领导干部考察工作规范》，编印《干部考察工作手册》，建立相对稳定的干部考察队伍。2003年—2006年，调整交流科级以上干部698人。其中，提拔463人。2007年—2008年，先后实施两期“百名大学生村官工程”，在基层服务满两年后全部充实到全额事业单位工作。2009年，做好济宁市“千名优秀人才引进计划”中的56名硕士研究生试用期满考核和职级待遇落实工作，并选派其中8人到企业学习锻炼；组织实施从村党组织书记中考录乡镇公务员工作，经过资格审查、笔试面试、考察等环节，从13名符合报考条件人员中考录5名乡镇公务员。2010年，以学习宣传四项监督制度为契机，围绕干部选拔任用关键环节，市委印发《兖州市委书记选人用人行为规范（试行）》《兖州市干部选拔任用工作操作规程（试行）》《兖州市干部选拔任用动议办法（试行）》《兖州市干部选拔任用初始提名办法（试行）》《兖州市干部选拔任用民主推荐考察办法（试行）》《兖州市干部选拔任用酝酿办法（试行）》《兖州市委常委会（全委会）任用干部票决制办法（试行）》《兖州市“两公开四差额”选拔任用镇（街道）党政正职办法（试行）》《兖州市干部选拔任用工作全程记实办法（试行）》《兖州市干部选拔任用工作责任追究办法（试行）》10个规范性文件；结合纪委领导体制改革，对派驻的6个纪工委领导班子进行配备，对任现职满3年的原市直行政（含参照管理）单位纪委书记（纪检组长）原则上进行交流派驻。2011年，完成镇领导班子换届工作任务；探索运用德的正向反向测评和实绩公示等方法，提高考察工作的准确性。换届后，镇党委领导班子成员共58人，平均年龄36.4岁，比换届前降低1.8岁；大学以上学历54人，占93.1%。2012年，选派7名年轻干部到中央、省、济宁市直部门学习锻炼；市委办公室、市政府办公室印发《关于进一步加强机关工作人员管理的通知》，联合市编办、市人社局，采用遴选方式，考选10名30岁以下全日制大学本科以上学历工作人员。2013年，对部门单位、镇（街道）空缺领导职位以及镇（街道）政协工作办公室进行调整配备，对任职时间较长的干部进行调整交流，共调整科级干部228名。

干部教育培训　1996年—1999年，全市共举办农村党支部书记培训班、青年干部培训班、乡镇领导干部培训班等培训162期，培训各级各类干部14000余人。2000年—2001年，举办村支部书记培训班、组工人事干部培训班和学习江

2012年在西安交通大学举办的领导干部文化旅游产业专题研修班

泽民“七一”讲话理论骨干培训班等27期，培训各级各类干部7000余人。选调70余名领导干部参加上级培训。共有2000余人参加中央、省委党校及其他院校的函授本科、大专教育。2002年—2003年，共举办妇女干部培训班、团干部培训班和“三个代表”重要思想轮训班等培训20期，培训各级各类干部1400余人，选调40余名领导干部参加上级培训，16人参加省委党校在职研究生班。2004年，围绕百名党政一把手、百名年轻后备干部、千名机关中层干部、千名村居干部、万名农村致富带头人、万名农业专业技术人员“双百双千双万”工程，先后举办农村党支部书记培训班、科级领导干部培训班和青年干部培训班等培训8期，培训干部800余人。选调30余名领导干部参加上级培训。2005年，先后举办选调生培训班、优秀年轻干部培训班和科级领导干部培训班等培训9期，培训干部900余人，选调40余名领导干部参加上级培训，共有500余名干部参加党校、电大等学校函授教育。

2006年—2007年，以党的十六届五中、六中全会精神为指导，坚持服务大局，抓好党性教育和能力培训，聘请专家教授前来授课，采取研讨、调研、考察式教学，共举办科级领导干部培训班、百名创业人才培训班、社会主义新农村建设专题培训班等培训27期，培训干部3000余人。2008年，市委印发《2008—2012年干部教育培训规划》和《关于加强干部教育培训工作的暂行规定》，对干部教育工作的机制体制进行探索和创新。先后举办全市科级领导干部学习贯彻党的十七大精神专题培训班、农村党组织书记培训班、非公有制企业党务干部培训班等15个主体班次，培训干部2600余人，选调135人参加上级培训。各镇（街道）、各部门（单位）共举办培训班170余期，培训干部2.5万余人次。

2009年，先后举办学习实践科学发展观理论骨干培训班、正科级领导干部学习贯彻党的十七届四中全会精神培训班，新提拔科级领导干部任职培训班等15个主体班次，培训干部2700余人，为中央、省、济宁市三级28个班次选调91名党员干部参加培训。研究建立干部教育培训质量考核评估体系。2010年，举办全市骨干企业管理人才高级研修班、科级领导干部能力提升培训班、农村党组织书记（村主任）培训班、全市非公有制企业党务干部培训班等14个主体班次，培训干部1700余人。在浙江大学举办为期一周的骨干企业管理人才高级研修班，26家企业负责人参加培训。2011年，举办全市村“两委”换届选举工作业务暨严肃换届纪律培训班、招商引资专题培训班、现代服务业跨越发展专题培训班等7期，培训各级各类干部1000余人。市委组织部《关于开展干部教育培训“质量提升年”活动的通知》，开展干部教育培训，建立干部教育培训师资库。为省、市两级21个班次选调53人参加培训。2012年，先后举办文化旅游产业专题研修班、“两新”组织（非公有制经济组织和社会组织）党组织书记培训班、省选聘到村任职高校毕业生培训班等培训21期，培训各级各类干部2100余人。为中央、省、市三级32个班次选调110人参加培训。

2013年，先后举办党的十八大精神专题辅导班、组织人事干部服务能力提升专题培训班、非公企业党组织书记培训班等11个主体班次，培训各级各类干部3000余人。为贯彻落实中央“八项规定”要求，培训不再安排开班典礼，不合影留念，不印发培训指南，不分发学习用品，不安排吃住。为中央、省、市三级26个班次选调64人参加培训。组织开展“学习贯彻十八大，‘名师送教’在行动”主题活动，培训干部2000余人。规范完善干部在线学习工作。建设特色鲜明的各类干部教育培训现场教学基地7处。

干部监督管理 1996年—1999年，市委组织部制定《民主评议推荐干部制度》《考核责任制制度》《领导干部回复组织函询制度》《对干部实行谈话打招呼制度》《对领导班子和领导干

部实行诫勉制度》，先后对30名干部进行谈话、打招呼，对13名干部和3个领导班子进行诫勉。按照干部管理权限，建立起“一把手”管理领导班子、领导干部的责任制。严格审批因公出国人员，先后办理84个团组、192人出国政审手续。2001年，贯彻执行《党政领导干部选拔任用工作暂行条例》，全年共召开干审联席会议4次，通报干部问题信息23条，对21名干部进行打招呼谈话。市委组织部联合市纪委、市审计局印发《关于对领导干部实行年度经济责任审计的通知》，全年共对33名领导干部进行离任经济责任审计，强化对领导干部任职全过程的监督。2003年—2006年，市委办公室印发《关于加强领导干部任中经济责任审计工作意见》等文件，坚持离任的必审、在同一单位任职3年以上的必审、50岁以上的每年必审、群众来信反映问题较多的必审“4个必审”和“每年审计三分之一，三年审计一遍”的规定，执行对领导干部谈话打招呼、回复组织函询、诫勉等制度。2010年—2012年，对125名领导干部进行经济责任审计；建立“双向约谈”工作长效机制，共约谈干部156人。2011年，开通“12380”举报网站，狠抓换届纪律，严把换届程序，圆满完成各项任务目标。2013年，加大干部选拔任用任前和选任工作事中监督力度，通过干部选拔任用风险预警和全程纪实工作，进一步规范选干部选拔任用工作程序，提高选人用人公信度，对提拔重用的127名科级领导干部进行全程纪实。

第八节　知识分子工作

1996年，评选第四批专业技术拔尖人才16名、第三批优秀知识分子26名和第二批乡村优秀科技人才59名。1人被评为第五批济宁市专业技术拔尖人才。1998年，1人被评为第三届济宁市优秀科技人才，6人被评为首届济宁市乡村优秀科技人才。2000年，提高拔尖人才和优秀知识分子津贴标准，拔尖人才月津贴由原60元提高到120元，优秀知识分子月津贴由原40元提高到80元。2001年，2人被评为第六批济宁市专业技术拔尖人才。2002年—2003年，市委、市政府制定《关于加强人才开发推进科技创新的意见》，制定《关于人才型城市建设的意见》，组织开展“实施人才战略，建设人才型城市”专题报告会，开辟引才“绿色通道”，共引进各类人才1000余人。2004年—2005年，选拔评选出全市科技贡献特等奖3人、科技贡献奖5人、人才贡献奖26人。实施兖州籍人才“回归工程”，采取柔性流动方式，引进各类高层次人才290余人，国外智力项目80多个。2006年，市政府制定《兖州市人才队伍建设“十一五”规划》，新增省级高新技术企业2家，省级工程技术中心2处，民营科技企业24家。2007年，市委、市政府制定《关于实施百名大学生村官工程的意见》和《公开考选百名大学生村官实施方案》，考选101名应届本科优秀大学毕业生到村任职服务；市委、市政府制定《关于实施百名农村创业人才工程的意见》，市人才领导小组制定《百名农村创业人才工程实施方案》，选拔确定100名人选，授予兖州市农村创业人才称号。2009年，市委、市政府制定《兖州市中长期人才发展规划纲要（2010—2020年）》，建成太阳纸业博士后科研工作站和院士工作站。华勤集团引进的留美博士于兆霞被确定为省海外高层次创新人才，同时授予泰山学者海外特聘专家称号；留法博士施晓旦获评省留学人员回国创业奖。3家企业被确定为济宁市人才工作示范点，2名高技能人才被评为第三届济宁市首席技师，2名农村企业经营管理人才申报为山东省乡村之星。2010年—2011年，引进海外高层次人才12人，博士3人、硕士27人，国外智力项目30个。新增国家“千人计划”1人、省“万人计划”第一层次（泰山学者海外特聘专家）2人、济宁市“511计划”（圣地学者海外特聘专家）5人，享受国务院政府特殊津贴专家、泰山学者特聘专家、齐鲁友谊奖各1人，省百名创业之星3人。建成高技能人才公共实训基地暨山东大学教学基地，培训技能人才3000余人，评选出首批首席技师13人。2012年，新增省“万人计划”第一层次暨泰山学者海外特聘专家1人、济宁市第二批“511计划”专家1人、济宁市首批“乡村之星”3人。2013年，选派12名优秀年轻企业家赴美国斯坦福等大学，参加为期25天的“北京大学兖州青年企业家传承与二次创业”国际研修班。全年共引进海外高层次人才25人、国内高层次人才191人。其中，博士12人。新增济宁市“511计划”专家3人，济宁市首席技师2人。新增高技能人才（鉴定发证）420人，申报技师和高级技师55人。

第九节　驻村联户工作

1996年—1999年，按照济宁市委包村工作换人不换点的要求，先后从80个市直部门、13个乡镇选派2525名机关干部脱产包287个村（社区）。2000年，选派824名机关干部进驻13个乡镇的194个蹲点村和20家市属企业。全市各包村工作组共调整充实村党支部班子45个，调整村党支部书记28名，支部成员46名。为包点村组织科技培训4.6万人次，发展高价值经济田6.1万亩，创办示范服务基地387处，引进帮扶资金575.2万元，支援各种物资价值183万元，帮助包点村硬化道路176.13公里，架设整修供电线路660.85公里。2000年—2001年，推广谷村镇开展“百名机关干部入户调研，千名党员干部联户帮扶，促进农民增收致富”的经验。2001年—2003年，从市、乡两级选派1000余名机关干部驻点包村，帮助指导村级领导班子“三个代表”重要思想学习教育活动和村级换届选举工作。

2004年—2006年，连续3年抽调机关干部组成工作组，进驻经济欠发达村或中间状态偏下村，促进经济欠发达村的转化。开展“结对帮扶新农村，携手共建求双赢”活动，30个企事业单位结对帮扶30个村、学校、卫生院、敬老院，取得明显成效。2007年—2010年，持续开展全市新农村建设帮扶工作。

2011年，先后围绕农村环境卫生综合整治等六大重点工程，选派1238名干部深入全市406个村推进农村争先创优活动开展。2010年—2012年，组织实施“大规模驻村入户面对面谈心交流”活动，活动分春风助推、盛夏先锋、金秋献礼、冬韵和谐4个阶段统筹推进，全市共组织91个市直部门单位与151个村对接联建，选派1188名党员干部联系437个村、社区，直接与群众面对面沟通、心贴心交流，倾听基层声音。建立下派干部入户走访进度报告、走访台账、民情走访结案、进度督查通报“四项制度”；推行早晚走访农忙户、随机走访农闲户、发函走访空巢户、反复走访上访户、预约走访示范户、重点走访贫困户“六访制度”；实行问基础、问生计、问补贴、问负担、问保障、问身体、问平安、问文化、问困难、问期盼“十问制度”。共走访群众10.1万户，收集意见建议6900多条。市委组织部制定《“第一书记”、帮扶组长和驻村工作考核实施办法》，健全完善“周调度、月通报、季考核”督查机制。总结推广发展村级集体经济“十条路子”，多渠道促进村级集体经济发展。2013年，深化大规模驻村入户，组织开展“干部联户、党群连心”活动，组织3588名干部与437个村（社区）11.07万户家庭建立联系，将联系农户拓展到所有城市居民户和农户。选派176名“第一书记”驻村帮扶，以“访民交心、惠民直通、利民解困、富民强村”为主题，引导干部牢固树立为民意识，在走访群众中办实事解难题、提素质转作风。宣传惠民政策，拍摄制作《兖州惠民政策大讲堂》14期，发放各类惠民政策宣传书籍9万余册，开展农机购置补贴、深化结对助残、千名医生进农户等系列便民服务活动9397次，发放惠民资金近千万元。加大帮扶困难家庭力度，在民政部门确定的1101户困难家庭基础上，又将456户家庭纳入困难家庭范围，全部实现领导干部对接联系，累计提供各类扶贫款物折合606.54万元。开展“送电脑、建e站、惠百姓”“冬日暖阳”等活动12次，新上致富项目672个，硬化路面317.58千米，栽植树木239.7万棵，帮助新建村级组织活动场所47个，更新电脑252台，各项投入累计折合资金3185.58万元。

第十节　老干部工作

1996年，全市有离退休干部2096人。其中，离休干部775人，退休干部1321人。落实老干部政治待遇，坚持走访慰问、阅文学习、情况通报、参观考察、参加重要会议和重大活动等制度，加强政治引导；生活上实行从优政策，按时发放离休干部离休费、护理费、住房补贴、医药费等福利待遇。1月，市委办公室、市政府办公室印发《关于市直企业离休干部的离休费由主管部门发放的意见》，将全市239名企业离休干部的工资转到主管部门统一发放。9月始，为50余名抗日战争时期参加革命工作的离休干部每人每月增发护理费100元，并按政策及时调整。11月，15名未参加统筹的离休干部的工资转由市财政发放。1997年—1999年，组织多种形式的老年文体活动。1998年，兖州市被省委、省政府评为老干部工作先进单位。1999年9月，1名离休干部因多年积极组织老年文体活动，被评为全国老年体育先进工作者。2000年9月，兖州老年大学成立，开设书法、绘画、卫生保健3个专业，招收125名学员。2000年12月始，按标准全部落实离休干部待遇。1名离休干部积极宣传党的对台方针政策，帮助台胞台属解决实际困难，被中组部授予全国离休干部先进个人称号。2002年—2003年，健全完善离休干部“三个机制（离休费保障机制、医药费保障机制、财政支持机制）”的实施细则和规定，确保有效运转。2003年，兖州老年大学被省委老干部局、省老年大学协会授予省级示范校称号。2005年，市委老干部局被授予全省老干部工作“三个亮点（老干部活动中心、老年大学、老干部休养管理所）”建设先进单位，市老年大学被授予全省老干部教育工作先进集体。2006年，将全市企业离休干部全部收归主管部门管理。市委老干部局为企业离休干部统一征订报刊，并在老人节、春节进行走访慰问。逐步建立企业与机关事业单位离休干部离休金同步增长机制，全市158名企业离休干部的离休金发放标准与机关事业单位离休干部基本持平。市老干部活动中心被中共山东省委老干部局、省老干部活动中心命名为省级示范活动中心。

2012年6月26日，兖州老年大学“喜迎十八大”文艺演出在中共兖州市委党校报告厅举行

2007年—2008年，市委组织部、市委老干部局联合印发《关于离退休干部党支部党费按比例返还的通知》，市委组织部将离退休干部党支部上缴党费的50%返还，用于离退休干部党支部开展党员培训、订阅报刊、补助生活困难党员等活动。开展“三百（进百家门、暖百家心、联百家情）”走访活动，对居住在城区的200余位离休干部和外地的14名离休干部进行逐一登门走访慰问，广泛征求意见，及时帮助解决老干部们的实际困难。2008年，市委、市政府被山东省委、省政府授予全省老干部工作先进单位称号，市老干部休养管理所被省委老干部局命名为全省文明干休所。2009年，在老干部中开展“我为兖州发展做贡献”活动，全市70%的老干部在不同岗

位，为全市经济社会建设发挥余热。市老年大学在全省率先免除老年大学学员的学杂费，所需经费全部由市财政负担。2012 年，开展“利用社区资源做好离退休干部服务工作示范点”创建活动，探索利用社区资源服务老干部“四个就近（就近学习、就近活动、就近得到关心照顾、就近发挥作用）”的有效途径。少陵社区、莲花社区、五里庄社区结合自身实际，分别打造离退休干部服务管理网格化、依托居家养老平台离退休干部一键求助、老干部爱心助学小屋等特色服务品牌。开通老干部网络信息发布平台，开办工作动态、长者风范、养生保健等栏目。围绕“喜迎十八大”主题，组织全市老干部书画摄影展、老年大学文艺演出、老干部座谈会等活动。市老干部合唱团参加全市廉政歌曲合唱会演，并获一等奖。2013 年，中共兖州市委离退休干部工作委员会成立，并召开第一次全体委员会议。2013 年，全市共有离退休干部 4648 人。依据政策要求，多次调整离休干部护理费。抗日战争和解放战争时期参加革命工作的离休干部护理费每人每月 1300 元，全市共有 308 名离休干部享受护理费待遇。

第七章　宣传工作

第一节　管理机构

1996 年，中共兖州市委宣传部设办公室、社会宣传科、新闻科、党教理教科、企政科 5 个职能科室，辖市精神文明建设委员会办公室和市委对外宣传办公室 2 个科级事业单位，有工作人员 13 人。2002 年，市委宣传部内设机构调整为办公室、宣传教育科、新闻科、党教理教科、企业宣传科 5 个职能科室，辖市精神文明建设委员会办公室和市委对外宣传办公室（挂市政府新闻办公室牌子）2 个科级行政单位，有工作人员 14 人。2007 年，市互联网信息研究中心（加挂市互联网管理办公室牌子）成立，为副科级全额拨款事业单位，编制 8 名，由市委宣传部管理。2010 年，党教理教科加挂研究室牌子。2013 年 11 月，中共兖州市委宣传部更名为中共济宁市兖州区委宣传部。至 2013 年 12 月，中共济宁市兖州区委宣传部设有办公室、宣传教育科、新闻科、党教理教科、企业宣传科、研究室 6 个职能科室，辖区精神文明建设委员会办公室、区委对外宣传办公室、区互联网信息研究中心，工作人员 15 人。

第二节　社会宣传

1996 年—1997 年，集中宣传党的十四届六中全会精神和党的十五大精神，组织基层理论宣讲，开展“抓住机遇加快发展”大讨论活动。发掘整理爱国拥军模范赵玉萍的先进事迹，推荐其参加济南军区举办的“教子报国好母亲，爱国奉献好军嫂”模范事迹报告会。1998 年，开展“学习刘运库、做刘运库式好党支部书记”系列宣传教育活动。市豫剧团编演的现代豫剧《村支书刘运库》在全省各地巡回演出 160 余场。建成刘运库事迹展览室，接待省内外到兖州参观的党员群众 2 万余人次。刘运库事迹报告团先后在全省各地巡回报告 60 余场，制作一部 35 分钟的专题片，在省、市电视台多次播放，编写 11.5 万字的《农村党支部书记的榜样——刘运库》一书，在全省发行 2 万余册。各级新闻媒体共播发学习宣传刘运库的稿件 400 多份，组织新闻媒体单位，集中宣传报道刘运库事迹。开展纪念党的十一届三中

2009年8月，《兖州论坛》讲座现场

全会召开20周年纪念活动。1999年，围绕庆祝新中国成立50周年、迎接澳门回归祖国这一主题，组织大规模宣传活动，并围绕“以美国为首的北约袭击中国驻南联盟大使馆”这一重大事件，在全市组织开展爱国主义宣传教育活动。2000年，开展“三个代表”重要思想学习教育活动，在宣传文化系统开展“解放思想、更新观念、优化发展环境”大讨论和教育整顿活动。2002年，采取举办报告会、培训班、理论宣讲等形式，宣传党的十六大精神。2003年，非典型性肺炎疫情期间，制定详细的《防治“非典”宣传提纲》和《防治“非典”宣传方案》。市级新闻媒体开设《科学防治“非典”》《抗击“非典”知识窗》等系列栏目，普及“非典”防治知识、报道动态消息及各级决策部署，推出中国人民解放军第九十一中心医院赴小汤山抗击“非典”的先进事迹及市抗击“非典”中涌现出的一大批先进典型，制作万众一心打好抗击“非典”人民战争的专题片《共铸长城》。2007年，采取多种形式深入宣传贯彻党的十七大精神。2008年，以北京奥运会为契机，开展爱国主义社会宣传活动；《济宁日报·今日兖州》开设《心系灾区抗震救灾》栏目、兖州电台电视台开辟《一方有难八方支援》新闻栏目，对四川汶川地震救灾工作进行全方位多角度报道。2009年，围绕庆祝新中国成立60周年这一主题，组织各类主题宣传活动，围绕“我与我的祖国”这一主题，在九州广场举办“歌声嘹亮颂祖国”大型广场文艺演出，5000多名干部参与此次活动。2011年，广泛开展社会主义荣辱观宣传教育活动。2013年，成立宣讲团，广泛宣传党的十八大精神、社会主义核心价值观。

第三节　理论教育

1996年，结合市委工作部署，组织党员干部认真学习党的十四届五中、六中全会精神和江泽民《关于正确处理社会主义现代化建设的若干重大关系》《领导干部一定要讲政治》等重要讲话。以“领导干部一定要讲政治”和加强精神文明建设为主要内容，编印2期《理论学习参阅》，印发《甲申三百年祭》1700多册，发放学习材料和各类书籍3000余册。1998年—1999年，贯彻落实《中共中央关于在全党深入学习邓小平理论的通知》，组织全市党员干部学习邓小平理论。全市开展以讲学习、讲政治、讲正气为主要内容的“三讲”教育活动，组织党员参加“三讲”教育知识竞赛。2001年，全市开展“三个代表”重要思想学习教育活动，并在市电台、电视台开设专题栏目。2003年，结合省、市工作会议精神，开展“解放思想、抢抓机遇、干事创业、跨越发展”大讨论活动。2004年—2007年，围绕学习贯彻科学发展观、建设社会主义和谐社会等，举办座谈会、宣讲会400余场次，直接接受教育15万人次。全市建成理论实践基地62个、省市理论宣传基地4个。2008年，组织“解放思想、改革创新、跨越发展大讨论”活动。2009年，创办理论教育平台兖州论坛，邀请省内外专家、学者开设讲座和报告会。

2004年、2006年、2008年、2010年、2012年，市委理论学习中心组连续被评为全省先进县级党委（党组）理论学习中心组。2013年，成立市党的十八大精神宣讲团，组织全市党员干部收看党的十八大精神高层专家辅导报告会；邀请省、济宁市宣讲团成员和专家举办6次专题报告会。

第四节　思想政治工作

1996年4月，全市思想政治工作会议召开，市委印发《关于评选思想政治工作先进单位和优秀思想政治工作者的意见》等文件，为全市加强和改进思想政治工作提供依据。开展向先模人物学习活动，加强经常性思想政治工作。1997年，开展形势教育，紧紧围绕党的十五大的召开，进行基本理论、基本路线教育，引导干部群众认清形势，坚定信心；在全社会继续深化爱国主义教育，围绕香港回归组织迎庆活动深入进行近代史教育、革命传统教育，营造浓厚的爱国主义氛围；加强以为人民服务为核心的思想道德教育，突出针对性、选准切入点，提高全社会的思想道德水准，促进“三德（社会公德、职业道德、家庭美德）”建设。1998年，落实中央《关于加强和改进企业思想政治工作的意见》，开展企业思想政治工作研讨活动，对广大职工进行爱国家、爱企业、爱岗位教育；对市建安公司、百货大楼等12家企业进行思想政治工作情况调查，形成《关于当前企业职工思想及企业开展思想政治工作情况的调查报告》。1999年，开展以“爱祖国、迎回归、跨世纪”为主题的思想道德教育，在青少年中开展“唱三颂、爱家乡”活动和人生观、价值观教育。围绕企业“三改一加强（改制、改造、改组和加强管理）”，抓好企业领导班子的思想教育，做好破产、亏损企业下岗职工的教育引导。2000年—2001年，建立思想政治工作新机制，市、乡镇健全思想政治工作领导小组，成立全市思想政治工作联席会。市委印发《中共兖州市委关于贯彻落实〈公民道德实施纲要〉的意见》《关于在全市开展〈公民道德建设实施纲要〉学习宣传活动的实施方案》《关于在全市企业深入开展职工思想道德教育活动的通知》。在济宁市思想政治工作优秀论文评选中，市委宣传部《以创新精神做好民营企业思想政治工作》获一等奖。2002年，

市豫剧团编演的现代豫剧《村支书刘运库》

坚持以邓小平理论和“三个代表”重要思想指导各项工作，把学习宣传贯彻邓小平理论和“三个代表”重要思想作为宣传思想工作的主线和灵魂。

2003年—2005年，在全市开展端信系列道德实践活动，在镇村和城市社区开展道德评议活动，贯彻落实《公民道德建设实施纲要》，全面推进社会公德、职业道德、家庭美德建设。以建设“端信村镇”为载体开展相关活动，结合农村实际，加强农民端信意识教育。把集中教育活动与日常教育活动结合起来，把宣传普及道德知识与繁荣农村文化结合起来，开展道德、文化、科技、法律“四进家”“三下乡”和“美好家庭”评选活动。2006年—2007年，打造特色企业文化，市公共汽车公司获山东省思想政治工作优秀企业称号。以素质工程为抓手，广泛开展以“八荣八耻”为主要内容的社会主义荣辱观教育。实验小学成立少年科学院，组织学生开展科技实践活动，被评为全省未成年人思想道德建设创新典型。在市区和道路显著位置增设一大批公益广告牌，组织开展“道德伴我行，文明兖州大家谈”有奖征文活动和文明短信征集活动。2009年，倡导爱国、敬业、诚信、友善等道德规范，组织实施社会公德、职业道德、家庭美德、个人品德“四德工程”主题活动。培育一批公民道德建设品牌，培植6处公民道德教育实践基地。2010年—2011年，开展以“文明礼貌、助人为乐、爱护公物、保护环境、遵纪守法”为主要内容的社会公德教育活

动，举办全市道德模范基层巡讲暨首场报告会，5位道德模范在全市开展巡回宣讲活动。

2012年，围绕迎接和学习宣传党的十八大精神，开展"科学发展成就辉煌"主题教育系列活动，兖州市经验做法被《济宁市大讨论活动简报》13次编发推广。实施未成年人"心灵工程"和乡村学校少年宫建设，全市共建成乡村学校少年宫31所。2013年，分层次、分类别、多举措推进全市"四德工程"建设，村居善行义举四德榜覆盖率达到80%以上。1996年—2013年，为全市符合条件的政工人员评定政工职称，评定高级政工师23人，政工师79人。

第五节　新闻宣传

1996年，全市向济宁市以上新闻单位发稿730余件。其中，《人民日报》等国家级新闻媒体用稿41件，省级新闻单位用稿205件。《兖州市政府干部扑下身子为民办事》在《大众日报》头版头条刊发，并在《大众日报》相继刊发9个半版，进行连续性报道，提高了社会对兖州市这一做法的认知。1998年，《经济消息报》用4个版面对兖州市进行报道，刊登市委书记、市长的署名文章。《人民日报》《经济日报》等多家报刊报道兖州加快现代化新农村创建的经验。向全省、全国推出基层党支部书记的榜样——刘运库。新华社、人民日报社、中央电视台等中央6家新闻单位向全国推出这一典型，全国各大地方报纸转载《人民日报》的长篇通讯和配发的评论员文章。至1999年，在济宁市以上主要新闻单位发表稿件6500余件。专题片《刘运库》和《博士生回乡讲课》分别获省新闻一等奖和三等奖。2000年，开展"新闻宣传质量年"活动，完善"两会一评（新闻调度会、新闻通气会和新闻稿件月评）"制度，加强新闻宣传宏观管理，确保舆论导向正确，基调平稳。向《人民日报》发稿10余件，中央电视台采用兖州电视台供稿16件，兖州电台连续5年获省记者集体一等奖。2001年—2002年，在济宁市以上主要媒体发稿5200余件。其中，《人民日报》《经济日报》等国家级报刊用稿60余件，中央电台、中央电视台用稿72件。介绍发展高科技农业、产业结构调整等内容的30篇稿件，被《人民日报》采用。2003年，在济宁市以上主要媒体发稿2850件。其中，在《人民日报》等国家级报刊发稿48件，《大众日报》头版头条1件；中央电台、中央电视台用稿15件，山东省电视台、电台440余件。2004年—2005年，发稿约5000篇。其中，国家级媒体60余件，省级媒体90件。《人民日报·华东新闻》头版头条1件，《大众日报》头版头条1件。2006年，组织招商引资年活动等系列主题宣传。开展"三大工程梯队企业解放思想、加快发展"宣传活动，制作"愿借东风破浪行"系列报道和大型评论。在《人民日报》等国家级媒体发稿60余件，在省级主要媒体发稿100余件。邀请"快乐山东乡村游"采访团30余家媒体，对在兖州市举办的"中国（济宁）现代生态农业特色产品暨乡村旅游国际博览会"开幕式进行现场直播。2007年，组织"展示新成就，喜迎十七大"等系列主题宣传活动，在山东卫视发稿居全省县级台第一位。2008年，电视台《兖州新闻》由原来的每周5期，增加到每周7期。全年共在济宁市以上媒体发稿3500余件，在中央、省级平面媒体发稿200余件，在中央电视台发稿20余件。2008年—2010年，在《今日兖州》、兖州电台、兖州电视台开辟专题专栏报道深入学习实践科学发展观活动，编印工作简报164篇，制作电视专题片《勇立潮头扬风帆》。在济宁市级以上主要新闻媒体发稿总量位济宁各县市区第一位，其中，省级以上主流媒体发稿521件，在中央电视台新闻联播发稿4件，在中央电台《新闻和报纸摘要》节目头条播发兖州科学发展经验的典型报道。中共兖州市委宣传部被评为济宁市对上报道先进集体一等奖第一名。至2010年，累计在济宁市级以上主流新闻媒体发稿48000余件。2011年，对上发稿总量在济宁市各县(市、区)排名第一位，获济宁对上新闻报道工作特等奖。兖州电视台连续5年获全省电视新闻宣传先进集体一等奖。兖州电台获山东广播宣传先进集体一等奖。2012年，做好招商引资、重点产业项目等重点工作的宣传，共在济宁市级以上媒体累计发稿3300余件。2013年，在济宁市级以上媒体累计发稿3000余件，其中《农民日报》头版连续刊发5篇兖州市农民专业合作社典型经验报道，中央电视台连发5篇“爱心山药”系列报道。

第六节 党 报

1996年，《兖州日报》由中共兖州市委主办，兖州日报社出版，全国发行，周三刊，国内统一刊号CN37-0043，全年共出版156期。同年6月，刊发《小康路上撑大旗 铁骨忠心写春秋——记农村基层干部、优秀共产党员刘运库》，最早报道王因镇农村基层党支部书记刘运库事迹。1997年4月10日，推出长篇通讯《支部书记的好榜样——刘运库》，将学习刘运库的活动引向深入。1998年11月，《兖州日报》改版，由轮流组版改为固定组版。一版为要闻版，二版为经济版，三版为政教新闻版，四版为副刊。2000年，《兖州日报》改为每周4期。版面编排除星期天刊外，一版为要闻版，二版为经济版，三版为专栏版，四版为文摘文学版。同年9月5日，兖州日报社在富都宾馆举行庆祝《兖州日报》创刊20周年大会，中华全国新闻工作者协会、中国县市报研究会、山东省新闻出版局、山东省新闻工作者协会、大众日报社等部门、单位发贺电。2002年，时值兖州市撤县设市10周年，《兖州日报》开设《十年辉煌1992—2002》专栏，开展《我看十年发展》征文活动，刊登稿件40余篇。2004年1月，《兖州日报》停刊，改为出版内部资料《端信兖州》。同年8月，改为《兖州新闻》。2005年1月，与济宁日报社合作，出版《济宁日报·今日兖州》，每周3期。2008年，连续刊出《兖州的脚步——我市改革开放三十周年回眸》15期，策划出版《兖州的脚步——纪念改革开放三十周年》画册。2010年9月，省新闻出版局颁发《今日兖州》内部资料出版准印证。2013年，探索“报网合一”新模式，兖州新闻网上线运行，设置兖州要闻、镇街风采、部门动态等栏目，每期上传《今日兖州》数字报电子版。

第八章 统战与台湾事务

第一节 统战工作

机 构 1996年，中共兖州市委统战部设办公室、干部科、秘书科、民族宗教科、联络科等5个科室，市归侨侨属联谊会与市委统战部合署办公，有工作人员19人。2002年5月，市委台湾工作办公室、市政府台湾事务办公室、市归侨侨属联谊会职能划归市委统战部；8月，市政府成立市民族宗教局，为科级单位，与市委统战部合署办公；市委统战部科室设置调整为办公室、干部科、研究室、归侨侨属联谊办公室、台湾工作办公室等5个科室。2007年3月，台湾工作办公室划归市委办公室管理。同年12月，研究室加挂民族宗教科牌子。2013年11月，中共兖州市委统战部更名为中共济宁市兖州区委统战部。2013年12月，区委统战部设办公室、干部科、研究室（加挂民族宗教科牌子）和归侨侨属联谊办公室4个科室，其中，归侨侨属联谊办公室为科级单位，区民族宗教局与区委统战部合署办公，共有工作人员9人。

基层统战工作　2001年，全市12个乡镇各配备1名统战委员。2010年，开展统战工作“规范化建设年”、统战工作基层基础建设年活动（以下简称“双基”建设），全市10个镇（街道）全部设立副科级专职统战委员，各镇（街道）党（工）委成立统战工作领导小组，全市行政村和城市社区设立统战联络员，由村（社区）支部班子成员兼职；市直各部门明确1名班子成员分管统战工作。各镇（街道）和统战成员较为集中的教育、文化、卫生、农业、科技等部门建成有统战办公室、有办公设施、有工作制度、有工作档案、有工作经费的“五有”统战工作阵地。2010年起，统战工作纳入对镇（街道）、市直及双管部门的政绩考核监督体系，将统战工作考核同市委党建、精神文明、社会治安综合治理等工作同时安排部署、同等分值对待、同步进行考核、一并兑现奖惩。2010年—2013年，组织开展“双基”建设“回头看”活动。至2013年年底，区、镇（街道）统战工作领导小组和村（社区）统战联络员已全部充实调整，在全市所有村（社区）全部设立由村（社区）主任兼职的统战联络员，初步建立15类统战成员档案及数据库。

2008年10月，山东省民委在兖州市举办落实科学发展观暨少数民族实用技术培训班

经济统战工作　围绕促进非公有制经济健康发展和非公有制经济人士健康成长，切实做好非公有制经济人士工作，引导其爱国、敬业、诚信、守法、贡献，做合格的社会主义建设者，全市涌现出李洪信、牛宜顺、郭元强等一批非公有制经济代表人士。1999年，动员广大统战成员在全市范围内开展为社会主义新农村建设服务活动。2002年4月17日—19日，由全国工商联主办，山东太阳纸业股份有限公司承办，省工商联、济宁市政府、兖州市政府协办的全国工商联宣传教育工作会议在兖州市召开，全国工商联和47个省级、副省级工商联领导及来自全国各地的37家民营企业的负责人共169人参加会议。2003年—2007年，先后组织赴北京、江苏、浙江、广东等地开展招商引资活动，邀请包括台湾人士杨亨显在内的海内外客商200余人到兖州进行经贸考察，促成台湾味丹集团与山东雪花淀粉有限公司投资合作等一批合作项目，与浙江、江苏等地客商建立6个较大项目的合作关系。2006年，向全市统一战线广大成员发出《我为建设社会主义新农村献一策》倡议书，统一战线各界人士围绕促进全市社会主义新农村建设开展调查研究，提出许多意见和建议。2008年4月，省侨联侨商投资服务基地在山东兖州经济开发区挂牌，为招商引资搭建新的工作平台。同年7月，市工商联与市司法局联合成立民营企业法律维权服务中心。2009年8月，太阳纸业集团捐款1亿元用于兖州市第一中学新校区建设。华勤集团出资3000万元为弱势群体设立华勤基金，开展定向资助藏族学子活动，对甘肃玉树第三完小的149名孤儿进行资助。同年，市委统战部印发《关于在全市规模以上企业设立统战联络员的意见》《关于加强企业统战工作的意见》，在全市39家规模以上企业设立统战联络员，并集中进行统战业务培训，支出近1万元为企业负责人和统战联络员免费订阅《中国统一战线》和《山东统一战线》杂志。2008年—2010年四川汶川地震、甘肃玉树地震发生后，全市非公有制经济人士累计为灾区捐款1000余万元。2010年，在全市广大非公有制经济人士中开展“感恩行动”，太阳纸业集团

等18家企业与全市23名生活困难的抗美援朝前参加革命的老战士、老党员开展结对帮扶活动。至2013年年底，全区非公有制经济人士为希望工程、敬老院、贫困群众、救灾等社会公益事业累计捐款捐物折合人民币近2亿余元。

民族经济 1997年，协助济宁市民宗局，以小马青村和后岗村为现场，召开全市发展民族经济工作会，后岗村、东葛店村作典型发言。2001年后，市财政设立少数民族发展资金并纳入预算，同时争取各级扶持资金，加大对少数民族村（社区）的扶持力度，先后帮助谷村镇东葛店村、颜店镇玄帝庙村等民族村（社区）解决群众出行难、吃水难等实际问题。2004年，市民宗局、市民政局、市司法局等部门联合印发《关于加强全市民族村（社区）民主法制建设的实施意见》。协调市国土局和谷村镇、新兖镇，在谷村镇东葛店村购置10亩土地，规划建设城区回民新墓地，穆斯林群众长期普遍关心的历史遗留问题得到妥善解决。2006年，帮助市绿源食品有限公司争取民品企业财政贴息贷款1700万元。2008年，在全市民族村（社区）少数民族群众中启动开展以“学习政策法规，争做遵纪守法好公民；学习科学技术，争做科技致富带头人”为主要内容的“双学双争”活动。利用市政府设立的少数民族发展基金，采取“市里拿一点、镇里补一点、村里筹一点”的办法，在大安镇黄庙村投资建设占地30亩的牛羊养殖基地。同年10月，邀请省民委在兖州市举办落实科学发展观暨少数民族实用技术培训班；2013年11月，举办少数民族实用技能星火科技培训班，两次培训班共计140余人参加，帮助少数民族群众进一步提高了科技致富能力。2012年—2013年，组织开展春节期间穆斯林农户和城市穆斯林低保户牛羊肉价格一次性补贴发放工作，两年累计确定补助对象2096户，发放补贴22.69万元。

民族教育 2002年，济宁市民族教育工作会议在兖州召开，对兖州市民族教育工作给予充分肯定。2005年，承办省委统战部和省民委等8部门民族工作调研活动，争取省级少数民族经济和民族教育发展资金14万元，分别用于3所回族小学教学设施改善和饮水工程改建。市政府拨付专项资金15万元和少数民族发展扶持金4万元，加强谷村镇东葛店村民族村（社区）基础设施建设。至2013年，全市共有少数民族学校2处，分别是城区的市回族小学和颜店镇的玄帝庙回族小学，共有在校生356人，少数民族适龄儿童入学率、巩固率和升学率均达到100%。

宗教场所登记 1996年，开展宗教活动场所登记工作，全市天主教、基督教、伊斯兰教共批准登记活动场所13处。其中，天主教3处、伊斯兰教3处，基督教7处。经登记全市有天主教徒675人，望友302人，信仰者977人，分布在11个乡镇，39个村（社区）；基督教受洗教徒726人，慕道友1115人，信仰者1841人，分布在13个乡镇，123个村（社区）；伊斯兰教信徒4136人，分布在全市86个村（社区）；道教在境内没有登记的活动场所；佛教尚有尼姑5人、僧人1人，均入敬老院。全市信仰各类宗教人员6960人。至2013年，兖州市境内信仰各类宗教的人员约11856人，依法登记的宗教活动场所14处。

宗教协会管理 1996年，指导成立基督教“三自（自治、自养、自传）”委员会筹备小组。同年12月，市天主教爱国会成立。2001年7月，指导成立市伊斯兰教协会，为济宁市第一个成立的县级伊斯兰教协会。2002年，在全市7个乡镇设立天主教爱国小组。2004年，市财政预算为3个宗教团体各设立1万元的办公经费。2009年，指导市基督教“三自”委员会筹备小组依法成立市基督教“三自”爱国运动委员会。2010年，成立市佛教协会。至2013年，全市有各类宗教团体4个。

宗教活动 以促进社会和谐为目标，开展“三进一奔（科学技术进场所，致富信息进场所，文

化图书进场所，信教群众奔小康）”“双文明（争做文明教徒，创建文明场所）”活动和示范场所创建活动，积极引导宗教与社会主义社会相适应，引导宗教界人士关注社会、回报社会。1999年7月，配合公安等部门，破获在兖州市设立的邪教组织。2001年，东葛店村清真寺和翟二村基督教活动场所被省宗教局评为全省文明宗教活动场所。2002年起，全市民族宗教界在捐资助学、扶贫救灾等方面累计捐资10万余元，捐物8000余件。2004年—2005年，联合城建、文化等部门，对天主教堂主教楼、小修院等进行维修保护，消除了安全隐患。2005年，市民宗侨台事务协调委员会成立，市委办公室、市政府办公室印发《关于建立长效工作机制维护民宗侨台界稳定的实施意见》，建立组织协调、信息预警、应急处置、立体帮扶、法制保障、责任追究6项工作机制，制定涉及民宗侨台因素的矛盾纠纷和突发事件处置预案，加强长效机制建设。同年10月，济宁市民族工作长效机制建设现场会在兖州市召开，会议听取兖州市的经验介绍并观摩东葛店村长效机制建设现场。2006年8月，市人民政府与济宁预备役师签订土地移交协议，济宁预备役师先后将东桥汽修所等2处基督教房地产移交给市人民政府。2008年，兴隆塔地宫佛教圣物出土后，就圣物的保护、开发利用及时向市委、市政府提出有关意见和建议。2009年9月，由中国社会科学院《世界宗教研究》杂志社和市政府承办的兖州佛教历史文化研讨会召开，来自中国香港、澳门、台湾和新加坡等国内外的84名专家学者、大德高僧参会，提交研讨论文50余篇。

党外代表人士工作

培养选拔　1996年，市委组织部与市委统战部联合印发《培养选拔党外干部工作的意见》，全市由下而上推荐党外后备干部25名，经组织任命为副科级干部2名，挂职科技副乡长1名。1997年，市委、市政府命名表彰第四批专业技术拔尖人才、第三批优秀知识分子和第二批乡村优秀科技人才，其中有18名党外知识分子受到表彰。1999年，市委组织部、市委统战部联合印发《兖州市关于1999年—2001年培养选拔党外干部工作规划》，对全市党外后备干部情况进行认真调查，调整充实党外后备干部队伍。2001年，市委组织部、市委统战部联合印发《关于从市直乡镇机关企事业单位推荐党外后备干部的通知》《关于加强对党外干部管理教育的意见》，促进了党外干部选拔培养使用。2002年2月，市委面向全市公开考选8名党外副科级领导干部。2003年—2006年，全市通过公开考选、届中调整等方式共配备党外领导干部29名。其中，县级领导干部5名，科级领导干部24名。2008年，市委统战部、市委组织部联合制定《关于进一步加强党外干部管理工作的意见》，从全市机关事业单位中担任中层职务或具有中级以上专业技术职称的在职干部中，推荐选拔35名党外后备干部。2011年，开展“党外代表人士队伍建设年”活动，对全市党外代表人士开展摸底调查，初步建立200余人的党外代表人士“六支队伍（民主党派代表人士、无党派代表人士、少数民族代表人士、宗教界人士、非公有制经济代表人士、港澳台海外代表人士）”人才库，向济宁市委统战部推荐具有一定社会影响和代表性的党外代表人士50余名。2012年—2013年，市委提拔党外科级干部2名，公开选拔6名30岁以下优秀副科级党外干部。至2013年12月，全区共配备党外科级领导干部36名，区政府24个职能部门中有9个配备党外领导干部，有3个镇（街道）班子中配备了党外干部。

教育培训　2000年，市委统战部与市委组织部联合，在市委党校举办第一次党外干部培训班。2001年，联合市委组织部，在市委党校举办为期30天的党外干部培训班，全市43名党外干部参加培训。2007年，市委统战部联合市委组织部、市委党校举办为期4天的党外科级领导干部培训班，全市24名科级党外领导干部参加培训。

2011年，联合市委组织部举办为期4天的全市党外后备干部培训班，全市26名党外后备干部参加培训。至2013年，累计举办各类党外代表人士培训班19期，培训党外代表人士900余人次。

综合评价 2006年，在全市范围内首次开展非公有制经济代表人士综合评价工作，市委办公室印发《关于开展非公有制经济代表人士综合评价工作的意见》，组织市人大办公室、市政协办公室、市工商局、市公安局等19个单位，对全市134名代表人士及企业进行综合评价，为市政协和工商联组织换届提供了高素质人选。1996年—2013年，在市政协4次换届工作中，组织各镇（街道）、部门严格按照工作标准和要求，协商推荐委员人选，并做好委员人选考察和征求意见工作，组织开展民主协商，形成市政协委员人选建议名单，完成市政协历次换届工作。

服务社会 1998年，为市人民检察院、市监察局、市审计局、市教委分别聘请特约检察员、特约监察员、特约审计员、特约教育督导员。2007年，市党外知识分子联谊会第一次会员代表大会召开，首批发展会员169名。2008年，聘请47名党外代表人士担任全市15个政府部门和司法机关的特约人员，市委办公室、市政府办公室印发《特约人员管理办法》，加强和规范对特约人员的管理。2009年，向市政府申请拨付市党外知识分子联谊会活动经费5万元。同年，在全市各民主党派、无党派人士中组织开展“我为兖州科学发展献良策”“岗位建功”等活动，全市民主党派、无党派人士通过撰写提案、议案，发表调研文章等多种形式，积极参政议政、建言献策，《大力发展城市公共交通，建设人性化和谐城市》《加快城区烟尘污染治理，实现节能减排》《关于增加供热覆盖面积，提高供热质量的建议》《加强社区及农村治安巡逻，保障人民生命及财产安全》等意见建议，引起市领导的高度重视。2011年，向市政府申请拨付活动经费8万元，并列入市财政预算。2012年，为市党外知识分子联谊会提供面积30余平方米的办公室。至2013年，市党外知识分子联谊会组织开展送医进村、送课下乡、送法下乡、畜牧业发展调研等一系列社会服务活动。

第二节　台湾事务

台资企业 1996年—2013年，兖州市扎实做好台资企业工作，全面落实各项优惠措施，及时协调解决各种突发情况。1997年8月，台资企业在兖州市立项登记的有20家，投产开业并予以登记的7家。通过多种形式和渠道，采用亲情招商、以商招商、建立台胞人才资源库等各种方式方法，调动各方面的力量，开展对台招商引资。2003年，在台属中开展以写一封信、邀请一个朋友、引进一个企业、落实一个项目、办一件实事为主要内容的“五个一”活动，取得良好效果。2009年8月，经省台办批准，在兖州市成立山东省（济宁）台湾农业园。至2013年，全市运行良好的台资企业8家。其中，2家为大型规模企业。

台资企业——兖州安鲜农场食品有限公司生产车间

交往交流 1999年7月，山东太阳纸业集团公司董事长李洪信赴台湾，对台湾纸业市场进行考察，订购30万美元的设备，这是兖州市首例因公赴台交流项目。2002年7月，市委负责人带领市有关单位及企业相关人员赴台，在全省县（市、区）中率先单独组团赴台开展经贸考察及招商引资活动，访问16家企业集团和商会组织，接触客商120余人，推进9个重点合作项目。2008年7月，台湾教育家、实业家王乃昌到兖考察经济开发区。2010年8月，市人民医院组织优秀医生赴台，在台北医科大学附设医院学习交流14天。2012年3月，台湾台东市市长陈建阁一行到兖参观考察兴隆文化园项目。到兖探亲、旅游、考察的台胞越来越多，因私赴台探亲旅游的人数逐年上升。至2013年，兖州共组建20余个交流团赴台交流。台湾一批企业家、社会人士相继到兖州市考察交流。

台胞台属　1996年—2013年，兖州市有定居台胞16人，常住台胞1人，台属1万余人。在每年春节、中秋节期间，对在兖台胞、重点台属、台资企业进行走访。1997年，台胞刘绪堂向小孟乡中心小学捐款10万元，用于改善学校教学环境。1998年，市委台湾工作办公室制定《来兖台胞安全监护制度》，该做法在全省推广。2001年9月25日，在市富都宾馆召开台属联谊会第二次代表大会，与会代表53人，选举出新一届领导班子。协助台属做好遗产继承工作，聘请大陆及台湾方面的律师，办理委托书，准备各方面材料，先后办理遗产继承案件10余件，台属领到其应得遗产。2008年，台属王全和、胡德民被评为全省优秀台属企业家。至2013年，有40余名台属被推选为省、济宁市、兖州市人大代表或政协委员。

宣传教育　对到兖州的台胞台商，积极介绍兖州情况，发放宣传材料。坚持在春节给台胞发送贺年片，加强感情沟通。2000年，市台办在兖州师范作“台湾问题”专题讲座，100余名师生听取讲座。2001年，邀请济宁市台办领导在党外干部培训班上授课。2008年9月，《今日兖州》刊发《台湾问题知识竞赛》，涉及台湾政治、历史、经济、文化和风俗习惯等有关情况，取得良好的社会效果。1996年—2013年，在省、济宁市、兖州市电视、电台、报纸、网络等大众媒体刊发各类涉台信息200余篇。

调处矛盾纠纷　1998年，稳妥解决台胞邢殿华家庭矛盾纠纷。台资企业某金属制品有限公司自成立后，与其合作方多次发生矛盾，台办多次调解，2005年双方达成谅解协议，矛盾得以解决。2006年，协调处理隆泰塑料与某台资企业之间的经济纠纷。2009年，协调处理德民耐火材料厂搬迁纠纷、鲁华农业有限公司土地纠纷、三进金属制品有限公司土地转让纠纷。2010年—2011年，调解处理今麦郎饮品（兖州）有限公司土地规划变更纠纷。妥善处理某台属房产纠纷。2013年，协调处理司百客生物科技有限公司房产证问题、大成食品合同案件问题。

第九章　信访工作

第一节　管理机构

1996年，中共兖州市委、兖州市人民政府信访局（以下简称市信访局），由市委办公室、市政府办公室管理，以市委办公室管理为主，内设办公室、信访科、协调科。有在职人员9人。13个乡镇均设立信访办公室，每个信访办公室有人员1人～2人。2002年8月，内设科室调整为办公室、信访科。2003年4月，增设信访排查办公室；同年5月，王因镇、黄屯镇划归济宁市高新技术开发区管理，10个镇（街道）均设立信访办公室，每个信访办公室有人员2人～3人。2007年8月，市委群众工作部成立，与市信访局合署办公，“一套班子、两块牌子”，下设市群众工作服务中心，为科级全额事业单位。2009 年 8 月，市群众工作服务中心加挂市人民政府信访事项复查复核办公室的牌子。2013 年 6 月，撤销信访排查办公室；8 月，内设科室调整为办公室、接访科、督查科。同年 11 月，市信访局更名为济宁市兖州区信访局。至 2013 年 12 月，区信访局设办公室、接访科、督查科等 3 个科室，下设群众工作服务中心，内设综合科、政策法规科、信访排查办公室、办信科、复查科和政工科 6 个职能科室。在职人员 22 人。10 个镇（街道）均设立信访办公室，每个信访办公室有人员 2 人～6 人。

第二节　信访法规宣传

1996 年—2013 年，市信访局每年均开展集中学习宣传《国务院信访条例》和《山东省信访条例》活动，通过出动宣传车辆、悬挂宣传条幅、设置宣传展板、发放宣传手册和明白纸、播出公益广告、举办培训班等形式进行广泛宣传。1996 年—2000 年，集中宣传 1995 年《国务院信访条例》和省、济宁市《信访处理暂行规定》。2000 年—2005 年，主要宣传《山东省信访工作规定》。2005 年—2013 年，集中宣传国务院新修订的《国务院信访条例》、群众来信“绿色邮政”和网上信访。期间，共举办集中宣传活动 46 次，出动宣传车辆 5000 余次，发放宣传手册 20 万余份，

2012 年 12 月 4 日，市信访局在市九州广场开展信访法规集中宣传活动

发放宣传明白纸 100 万余份，举办各类信访培训班 185 期，培训信访干部 22530 人次。

第三节　来信到访及处置

来信到访　1996 年—2002 年，全市共受理群众来信到访 3872 起，群众信访内容主要集中在农村农业方面的土地承包、“三提五统”、集资摊派、计划生育、工资福利、干部作风等问题。2003 年—2010 年，群众来信到访主要集中在军转安置、企业改制和压煤搬迁方面。共受理群众信访 7473 起。2011 年—2013 年，全市共受理群众信访 6300 起，主要集中在城市拆迁、建设管理、征地补偿、新农村建设、村“两委”换届、教育卫生、环境保护和涉法涉诉等方面。大部分来信到访得到妥善解决，越级上访逐渐减少。

制度建设　1996 年—2007 年，市委、市政府相继印发《关于加强信访工作的意见》《关于进一步加强和改进信访工作的意见》《关于加强和改进新时期群众工作的意见》，就如何做好新形势下信访工作和群众工作，健全制度机制提出了明确具体意见。

矛盾纠纷排查化解制度　1996 年起，按照“排查得早、发现得了、控制得住、解决得好”的要求，每年集中开展一次矛盾纠纷排查化解活动，严格落实矛盾纠纷定期排查、信息报告等制度，坚持做到逢会必排、逢节必查、重大活动和重要节假日期间日排查、日报告、日调度，形成全覆盖、无缝隙的排查工作格局。1996 年—2013 年，共排查各类矛盾纠纷 21523 件，成功化解 20896 件，化解率 97.1%。

初信初访办理制度　1996 年，市委办公室、市政府办公室转发《济宁市群众逐级上访实施细则》，明确规定群众应该逐级上访，责任单位要按期受理、及时答复，同时实行信访人与责任单位签订《信访双向承诺书》制度。1998 年—2003 年，市委办公室、市政府办公室又制定若干上访

规定和实施细则，明确集体上访的处理程序和有关部门的职责。2005年，市委办公室、市政府办公室印发《关于在全市开通群众来信“绿色邮政”的实施意见》，同年6月起，在全市范围内开通群众来信“绿色邮政”，群众向市、县、乡三级的来信实行免费邮寄，实现了“信”和“访”的良性循环，“信”升“访”降，市信访秩序明显好转。2008年，开通全国信访信息系统，将群众信访问题全部纳入信访信息系统办理。

领导公开接访制度　1997年，建立实行领导公开接待群众来访制度。市委办公室、市政府办公室印发《关于领导同志接待人民群众来访的实施意见》，明确规定原则上每半月安排1次市委常委，市政府副市长公开接访。1998年，对公开接访制度进行健全完善，规定每月1日、15日两次安排市委常委，市政府副市长公开接访，乡镇、部门的主要负责人每月不少于两次公开集中接访。2005年，在全市开展以领导开门大接访、干部出门大下访、各级各部门大处访和依法规范信访工作为内容的“三大一规范”活动，各级领导干部共接待群众到访563起1682人次，1800余名干部下访2471次，处理重点信访案件157件，解决一大批群众的反映的热点难点问题。2008年，市委办公室、市政府办公室印发《关于开展干部下访、矛盾排查、治安整治、安全生产百日行动的实施方案》和《关于进一步加强和规范各级领导干部公开接访活动的实施意见》，在全市集中开展领导干部接访下访、矛盾纠纷大排查大化解、社会治安集中整治和安全生产大检查活动，每个工作日都有1名副县级领导值班接访，市委书记、市长每月至少安排1天，将大量矛盾和问题吸附在当地。2009年，市委办公室、市政府办公室印发《关于印发信访工作四项制度的通知》，就领导干部定期接访、重特大信访问题联席会议、信访工作领导包案、应急处理四项制度进一步进行规范，规定每星期三为县级领导接访日，市委书记、市长每月安排1天时间接待群众到访。2012年，为切实做好党的十八大召开期间的信访稳定工作，市委办公室、市政府办公室印发《关于进一步落实各级各部门信访维稳工作责任的通知》，健全完善领导干部接待群众到访制度，每星期二、星期四2天定期接待群众到访，规定党的十八大召开期间县级领导班子成员每天轮流到信访局值班接访和去济宁值班接访。

领导包案和信访积案化解制度　2000年，开始对越级访、集体访和重复访等重点信访案件实行领导包案，进行集中整治。至2013年，共落实各类领导包案案件1214件，90%以上得到妥善化解。2009年，为化解信访积案，减少越级上访的发生，开展信访积案化解年活动。2011年，开展集中排查化解月活动，将44件信访积案纳入集中排查范围，限期化解，共化解38件，化解率为86.3%。2012年，开展为期两个月的信访问题集中整治活动，将52件信访积案纳入集中整治范围，减少越级上访。2013年，把开展信访“零积案年”活动作为全年的重点工作，先后开展信访积案集中化解月活动、领导包案处理重点信访案件活动等，分别将115起重点信访案件和30件涉法涉诉案件纳入包案范围，全力推动化解。

联席会议制度　2004年起，建立处理信访突出问题及群体性事件联席会议制度，市委办公室、市政府办公室印发《关于建立处理信访突出问题及群体性事件联席会议制度的通知》，由市委副书记、市政府分管副市长、市委秘书长、市委政法委书记、市人大常委会分管副主任和市政协分管副主席为召集人，相关部门主要负责人为成员，定期研究信访突出问题。至2013年，共召开联席会议62次，研究处理重大信访问题256件。

人民建议征集制度　2009年，市委办公室、市政府办公室印发《关于建立人民建议征集制度的通知》，同时在政府门户网站开通“问计于民”栏目，鼓励广大群众通过网络、电话、书信等多种形式提出意见或建议。共征集建议369条，各级各部门采用合理化建议75条。2010年，开展“网上信访”工作，全年共受理“网上信访”38件，全部及时妥善化解。

工作机制

考核和问责机制 1996年—2013年，通过不断修订完善《信访工作考核办法》，设置合理的考核内容和指标，提升考核的科学性和实效性。严格责任倒查、“一票否决”等制度，对领导不重视，责任不落实，工作不到位，发生大规模集体上访事件，造成不良影响的，严肃追究有关领导和责任人的责任。2003年，市委、市政府印发《关于严肃信访工作纪律强化责任追究的意见》，就严肃工作纪律强化责任追究提出明确意见。同年，市委办公室、市政府办公室印发《关于强化新形势下信访稳定工作的几点具体意见》，加强信访工作领导力量和信访队伍建设。2008年，市纪委、市监察局、市信访局和市公安局联合制定《关于严肃工作纪律规范信访秩序的意见》，对规范信访秩序、加大通报和责任追究力度作详细规定。至2013年，共有56个镇（街道）、部门受到通报批评，1个镇被“一票否决”，15名分管负责人被约谈，42名责任人受到党纪政纪处分。

群众工作机制 2007年8月，市委群众工作部成立，与市信访局合署办公，实行“5+1”模式，设立督查督办科、综合协调室、帮扶济困室、法规宣教室、效能监察室和群众工作服务中心。各镇（街道）、市直部门成立群众工作办公室，实行集中办公，一站式“一条龙”服务。村（社区）设群众工作室，各村民小组设群众工作信息员。2008年，市财政投资300万元建成2200平方米的群众工作服务中心，由相关部门集中办公、联合接访、一站式“一条龙”服务群众。

风险评估机制 2011年，全市建立重大事项社会稳定风险评估机制，市委、市政府印发《兖州市重大事项社会稳定风险评估暂行办法》，各级党委政府、各部门出决策、定政策、上项目、搞改革都要提前预测风险、防范风险、化解风险，进行风险评估，从源头上预防和减少影响稳定的隐患，避免引发社会不稳定因素。至2013年，共评估重大事项42件，化解风险35起。其中，5件做出暂缓实施的决定。

第十章 机关党建

第一节 组织建设

1996年，兖州市机关党委为科级行政单位，编制7人，共管理党总支11个、党支部125个，党员2305人。其中，正式党员2231人，预备党员74人；男性党员1844人，女性党员461人。

1997年，机关党委新建党委1个、党总支2个、党支部5个，撤销党总支1个、党支部1个。同年8月，增设机关纪律检查委员会。1998年—2000年，新建党总支1个、党支部13个，撤销党支部3个，划转机关党委管理党支部1个，共发展党员264人，138个党支部全部完成换届改选或缺职补选。2001年，制定《中共兖州市机关党委关于实行发展党员公示制度的意见》，实行入党积极分子、发展对象、预备党员转正3个关键环节公示制度。2002年5月，中共兖州市机关委员会更名为中共兖州市委市直机关工作委员会（以下简称市直机关工委），设办公室、组织宣传科、市直机关纪律检查工作委员会，行政编制5人，离退休干部服务人员编制1人，工勤人员编制1人。2003年，新建党总支2个、党支部13个，完成5个党总支、32个党支部换届改选工作，充实调整支部成员129人。举办党员发展对象、入党积极分子培训班各1期，共培训130人。2004年—2006年，实施党员信息化管理，每名党员均有电子信息档案。期间，完成3个党总支、20个党支部换届改选工作，充实调整支部班子75人，共发展党员142人。2007年7月，市直机关工委制定《市直机关党建工作规范化建设实施方案》，组织开展以“规范组织体系建设、规范党员队伍建设、规范基本制度建设、规范档案资料管理”为主要内容的机关党建工作规范化建设活动。同年8月，建设市直机关及驻兖单位党员和党组织信息库。全年共发展党员33人。2008年，组织开展系统内机关事业单位党组织集中换届选举工作。同年7月，制定《关于进一步建立健全市直部门机关党组织抓机关党建工作责任制的意见》，并对党组织换届选举工作及基层党建工作情况进行全面检查。全年发展党员41人。2009年—2010年，开展市直单位党组织书记履行管党职责述职活动，两年共发展党员89人。2011年—2012年，学习贯彻《中国共产党党和国家机关基层组织工作条例》。按照“抓落实、全覆盖、求实效、受欢迎”的要求，开展“基层组织建设年”活动，进一步规范机关党组织建设。两年共发展党员55人。2013年4月，在市直机关党组织中开展以“规范组织体系建设、规范党建基本制度、规范党建阵地建设、规范党建工作流程、规范档案资料管理”为主要内容的机关党建示范点建设，市直机关工委制定《市直机关党建示范点建设实施方案》，召开机关党建示范点建设推进会，36个机关党组织成功创建机关党组织示范点。全年发展党员27人。同年11月，中共兖州市委市直机关工委更名为中共济宁市兖州区委区直机关工委，内设科室、人员编制不变。至2013年12月，区直机关工委管理机关党委3个、党总支15个、党支部133个；党员2692人，其中女性党员622人。

1998年12月5日，机关党委在兴隆宾馆召开市直机关党员代表大会，参加会议正式代表168人，选举出席市第十次党代会代表48人。2003年、2007年、2011年，先后召开3次市直机关党员代表大会，正式代表累计510人，选举出席市第十一次、第十二次、第十三次党代会代表累计136人。

第二节 教育培训

1996年4月始，组织开展市机关党建工作“双百制、双上档”活动，即党支部、党员实行百分考核制度，创建先进党支部、争做优秀党员活动。至年底，抽调13名人员，组成3个考核组，对136个党总支、支部进行考核验收。1997年，开展“转变作风年”活动和党员冬训及大讨论活动。1998年3月，抽调10名人员，组成3个考核组，对系统内137个总支、支部“双百制、双上档”活动开展情况进行全面考核验收。4月27日—30日，举办入党积极分子培训班，121人参加培训。2001年2月，组织开展“三个代表”重要思想学习教育活动，制定《市直机关党委关于开展“三个代表”重要思想学习教育活动的实施方案》。同年8月，在党员干部特别是副科级以上领导干部中开展“学党章、守纪律、正党风”教育活动。2002年12月20日—21日，举办市直机关党务干部学习党的十六大精神培训班，培训党务干部120人。2003年5月，贯彻《中国共产党党和国家机关基层组织工作条例》，在市直机关组织开展“创五好支部、做优秀党员”活动。按照“班子好、队伍好、作风好、制度好、作用好”的五好标准和优秀党员的要求，进一步规范机关基层党支部的工作和共产党员的言行。2005年4月25日—30日，在市体育馆举办市直机关2005年春季运动会，共有63个部门单位1082人参加比赛。同年7月，组织开展机关部门（单位）保持共产党员先进性教育活动，2400余名党员参加。

2006年8月，组织开展“创建高效率机关”主题实践活动，创新机关理念，做到办事理念最先进；增强服务意识，做到办事态度最热情；完善工作流程，做到办事程序最规范；提高行政效能，做到办事方式最快捷；坚持勤俭节约，做到办事成本最低廉；强化效能监察，做到办事成效最显著。与市纪委、市委组织部、市委宣传部联合举办庆祝建党85周年“学习、遵守、贯彻、维护党章”知识竞赛和演讲比赛活动。2007年4月，举办党务干部培训班，培训党务干部100人。2008年6月，在市直机关各部门（单位）党员中组织开展向四川汶川地震灾区缴纳“特殊党费”活动，市直机关2576名党员，共缴纳“特殊党费”916706元。2009年3月—8月，组织工委系统各级党组织和党员开展深入学习实践科学发展观活动，开展城乡党组织、城乡党员干部群众结对互助，机关党组织、农村党组织联合创建“五个好”党组织“两结对两互助，城乡联建创五好”主题实践活动。2010年5月，市委、市直机关工委制定《中共兖州市委市直机关工委关于推进学习型党组织建设的实施意见》，全面推进学习型党组织建设。2010年—2011年，举办2期入党积极分子培训班、1期党务干部培训班，260人参加培训。“七一”前夕，开展新党员入党宣誓及老党员重温入党誓词活动。2012年2月，组织机关党员开展“解放思想跨越发展大讨论”活动和创先争优活动。“七一”前夕，举办以“创先争优做表率，

2012年11月，市直机关工委举办学习贯彻党的十八大精神党务干部培训班

我为党旗添光彩”为主题的演讲比赛，60余人参加。同年11月，举办学习贯彻党的十八大精神党务干部培训班，市直机关工委所属机关单位72人参加培训。2013年3月1日，组织工委机关2600余名党员举办廉政勤政宣誓仪式，并书写廉政勤政誓词。同年4月，在市直机关开展“争做为民服务标兵、争创群众满意机关”活动，表彰为民服务标兵10人、服务品牌10个、党员示范岗10个、文明科室10个、群众满意机关47个。同年6月，市直机关工委联合市委组织部、市国税局，举办“党的十八大精神知识竞赛”活动，19支代表队、57名选手参加竞赛。同年10月，举办市直机关党务干部培训班，培训89人。举办兖州市直机关2013年“兖州农信杯”篮球比赛，共有15支代表队参加比赛。兖州市委市直机关工委被济宁市委市直机关工委评为2013年度县（市、区）群众监督评议工作先进单位。

第十一章　党校教育与党史研究

第一节　党校教育

机　构　1996年，中共兖州市委党校内设办公室、干训科、教研室、业教科、党史研究室5个科室。1998年4月，撤销党史研究室，有在职人员31人。1999年4月，市委设立市行政学校（副县级），与市委党校合署办公，下设公务员培训管理科（副科级）。2002年9月，市委成立社会主义学校，与市委党校合署办公。2003

年7月，增设总务科。2013年11月，中共兖州市委党校更名为中共济宁市兖州区委党校。至2013年12月，区委党校设办公室、干训科、教研室、业教科、公务员培训管理科和总务科6个科室。其中，办公室、公务员培训管理科、总务科参照公务员法管理，干训科、教研室、业教科为事业管理科室，有在职人员34人。

干部培训

本地培训　1996年，以学习党的十四届六中全会精神为重点，举办主体班次10个，培训1248人次。1997年，围绕贯彻党的十五大精神，先后举办主体班次15个，培训1500人次。1998年—2001年，举办省委组织部选调生培训班、党务干部培训班、学习江泽民“七一”讲话理论骨干培训班，共举办主体班次20个。2002年，重点围绕学习党的十六大精神，选派5人深入13个乡镇及31个市直部门单位宣讲，总计44场次，培训5700人次。2003年8月，邀请北京社科院教授白志刚、省环保局莫德顺就市委理论中心组学习活动分别作《文化型城市建设》《生态型城市建设》的报告，参训学员400余人。2004年—2010年，共举办各类主体班次80期，参训人员11670人次。其中，每年定期举办农村党支部书记培训班。2012年，首次举办全市文化旅游产业专题研修班，共36人参加，为期7天。2013年，党校围绕市委市政府中心工作，共举办主体班次10个，培训党员干部2500余人。

异地培训　2001年6月，市委党校组织180多名强村党支部书记分3期到东部沿海及南方发达地区办班，学习产业结构调整、发展民营经济的先进经验。2005年，举办社区干部培训班，并组织60多名学员到章丘、寿光、胶州等地参观考察城市建设和社区管理工作。2006年5月，组织40名强村党支部书记到江苏省江阴市进行为期10天的异地集中培训，全面学习江阴市建设社会主义新农村的经验，重点参观华西村、海澜集团，开阔了视野。2010年，组织全市基层党组织书记培训班学员到滕州、泗水、邹城等县（市、区）实地考察，学习其在产业结构调整、新农村建设、基层党组织建设等方面的先进经验。2010年—2011年，分别在浙江大学和上海财经大学举办两期全市骨干企业高级管理人才培训班，实地参观考察上海大众、宝山钢铁、吉利集团、雅戈尔集团等大型企业。2011年8月，组织全市换届选举后新产生的405名村党组织书记到苏州农村干部学院进行为期16天的异地培训。同年12月，组织农村党组织书记培训班学员赴青岛农业大学培训中心进行异地培训，并实地参观青岛现代农业示范园、瑞克斯旺生产基地等示范典型。2013年10月，依托中央党校科研基地——潍坊市委党校举办为期1周的全市社区建设与管理专题培训班。

2013年5月，兖州市农村党组织书记服务能力提升专题培训班在中共兖州市委党校举办

教师队伍　1996年，市委党校共有教学人员16人，其中高级讲师6人，讲师8人，助理讲师2人。2002年，选派4人参加中共中央党校组织的理论培训，8人参加省市党校组织的理论培训，1人获省级优秀教学奖。2008年，市委党校坚持以“主体班次教学专题库”建设为抓手，采取外出学习、集体备课、教学评比等措施，提高教师的综合素质和专业水平，培养“名师”，打造“名嘴”。2009年，引进3名优秀“大学生村官”；2010年，从济宁市“千名人才”计划中引进2名硕士研究生，教学力量得到进一步增强。2013年，市委党校共有教学人员18人。其中，高级讲师6人，讲师9人，助理讲师3人。

16人具有本科及以上学历。

科研工作 1996年—1999年，市委党校不断加强科学研究工作，做到教学出题目，科研到文章，科研成果上课堂。与有关部门联手进行农业产业化、土地规模经营等专题研究，形成论文5篇，3次参加中共中央党校和农业部召开的“三农（农业、农村、农民）”问题理论研讨会，两篇论文入选中共中央党校“三农”论文集。1998年，组织8名教师到新驿、王因、新兖、漕河等8个乡镇进行调查，就农村党组织书记的基本素质情况召开座谈会。2002年，围绕党的十六大精神和改革中热点难点问题开展科研工作，形成省级调研报告5篇，济宁市级13篇。其中，1篇获济宁市科研成果二等奖，农村“三个代表”学教活动调查报告在全市推广并获省级优秀调查报告奖。2003年，成立兖州发展与党建研究中心，围绕市委、市政府确立的任务目标和工作重点，组织开展“建设工业强市”“发展民营经济”“调整产业结构”等课题的研究，科研成果丰富，共在省市以上报刊发表论文、调查报告30余篇。2009年，围绕全市改革发展大局，组织人员撰写《把握社情民意 推动社会进步——关于兖州市科学发展观认知的调查建议》调研报告，获省级优秀调研报告奖。2010年，“供销社服务三农的思考”科研课题获济宁市委党校优秀调研报告奖，“打造文化产业发展极，实现县域发展新跨越”科研课题获兖州市科学进步奖。2011年，“兖州市城市商圈发展研究”科研课题获省委党校系统优秀调研报告奖。党的十八大召开后，市委党校抽调骨干力量，重点开展“十八大精神解读”“坚持以经济建设为中心不动摇”“创新党建”等9个科研专题，研究并组织骨干教师编写《十八大精神辅导讲稿》。《解读中国特色社会主义道路的科学内涵》获省讲师团十八大精神理论研讨会优秀论文，《坚持人民主体地位加强公民意识教育》《中国梦之触手可及的小康梦》分别获济宁市委宣传部“中国梦”理论研讨论文二等奖、三等奖。2004年、2012年，市委党校两次被省委党校评为科研工作优秀组织奖，并在全省党校系统科研工作会议上作典型发言。

业余函授教育 1996年，开设中共中央党校经济管理专科班、政法专科班，省委党校经济管理专科班和农干班4个班次，录取学员328人。1997年，增设省委党校政法专科班。1998年，业余函授教育本科班开始招生，当年招收中共中央党校政治专科班和省委党校经济管理本科班2个班次，录取新学员170人。2000年后，坚持“从严办学、质量第一”的原则，稳定办学规模，重点抓管理，突出抓教学。2001年—2002年，共招收9个班次，注册新学员810人。2002年，招收省委党校经济管理本科班和专科班、法律本科班、专科班和会计班5个班次，招收学员460人。2003年，开设6个班次，即中共中央党校经济管理和财务管理本科班，省委党校经济管理本科班和大专班、法律大专班和本科班。2004年—2008年，共开设46个班次。其中，中共中央党校20个班次，省委党校26个班次。均开设经济管理、行政管理、法律、会计、建设经济管理、农村经济管理等专业，共有3337人顺利毕业。2009年始，市委党校不再举办各类业余函授教育。

办学条件 1997年，更新学员宿舍床铺、桌凳150余套，教师办公桌椅50套，学员餐桌椅20套；安装暖气4000平方米，整修礼堂、餐厅和运动场；建立乒乓球室；增加图书1500册，藏书达11500册。1999年，市委决定在西城区建设市委党校。2002年7月1日，新校落成，占地19000平方米，建筑面积10600平方米，总投资1600多万元。新建的综合大楼集办公、教学、培训、学员公寓、就餐于一体。共有8个标准教室，1个容纳600人的多媒体学术报告厅，1个容纳120人的会议室。具备容纳300人住宿、400人就餐、600人开会的条件。2003年后，市政府拨款300多万元完善配套设施，装修报告厅，配备学员宿舍，绿化校园，建设篮球场、羽毛球场等活动场地，安装40余台空调。同年，建成远程教学C级站2个，建成拥有50台电脑的微机教学室，安装多媒体教学设备3套，开通覆盖全校的宽带网。2013年，安装电梯2部，所有房间安装供暖设施。

第二节　党史研究

机　构　1993年12月，市委党史资料征集研究委员会并入市委党校，成立市委党校党史研究室，为市委党校内设副科级科室。1998年4月，恢复建立市委党史研究室，为市委直属管理的科级部门。2002年10月，市委党史研究室设立综合科、党史编研科。2013年11月，市委党史研究室更名为济宁市兖州区委党史研究室。2013年12月，区委党史研究室设综合科、党史编研科，有工作人员6人。

党史编研　1998年—2003年，编纂《中共兖州市历史大事记（1949—1996）》和《中共兖州市历史大事记（1997—2002）》，共计50余万字，由中共党史出版社出版。2001年—2011年，编纂《中共山东省兖州市组织史资料》（第二卷）和《中共兖州市组织史资料》（第三卷），共66万字，由中共党史出版社出版。2002年—2012年，编纂《中共兖州年鉴》2002卷、2003卷、2004—2007卷、2008—2012卷，共340多万字，由中共党史出版社出版。2004年—2009年，编纂《中共兖州地方史》第一卷、第二卷，共50余万字，由中共党史出版社出版。2005年，编纂党史专题资料书《津浦路中段夏季攻势——兖州战役》，共16.5万字。2008年，编纂《兖州改革开放之路》，96.9万字，由中共党史出版社出版。2001年，编纂出版《中国共产党一至十五次代表大会简况》《中共兖州市历次代表大会全委会重要文献选编》《纪念中国共产党成立80周年党的知识竞赛600题》。2013年，编纂《兖州新时期重要文献选编》。该书收录党的十一届三中全会至十八届三中全会期间兖州市（县）委、市（县）政府重要文件。全书分上、下册，包括综合、经济、政治、文化、社会、生态文明、党的建设文献7个部分，共198篇，130万字。1996年—2013年，为山东省、济宁市党史部门编写的45部党史书籍供稿150余篇，字数80万字，照片150幅。

党史宣传教育　1996年—2013年，筹划举办2次兖州地方党史大型图片展览，打造2个具有兖州地方特色的党史教育基地。2001年，举办《辉煌八十年——兖州共产党人的奋斗历程》大型图片展览，展带长120米，图板面积180平方米，参观人数10万人次。2011年，举办“辉煌九十年——兖州地方党史大型图片展”，照片500余幅，参观人数3万人次。2012年6月27日，在其旧址举办兖州党史教育基地揭牌暨山东省立第四乡村师范学校图片展，纪念中共山东省立第四乡村师范学校支部委员会成立80周年，照片28幅。同年9月28日，在兴隆庄镇王楼村党支部举办党史教育基地揭牌暨程家行村党支部图片展，照片85幅。至2013年，两个图片展参观人数4万人次。1996年—2013年，在党史重大节日、党史事件纪念日，在报纸、刊物发表纪念文章30余篇25万字。开展兖州革命遗址普查工作、抗战时期人口伤亡和财产损失课题调研，上报调研资料20万字。

第十二章　督查工作

第一节　管理机构

2007年8月，中共兖州市委、兖州市人民政府督查工作办公室（以下简称“市督查办”）成立，科级全额事业单位，编制10名，由兖州市委、市政府管理，以市委管理为主。2008年8月，设置综合科、批件督办科、督查科3个科室。2010年12月，在督查科加挂专项督查科牌子。2012年5月，兖州市考核督查委员会督查办公室成立，核定行政编制4名，工作职责与市督查办一致。2013年11月，中共兖州市委、兖州市人民政府督查工作办公室更名为中共济宁市兖州区委、兖州区人民政府督查工作办公室。2013年12月，设综合科、批件督办科、督查科、专项督查科4个科室。共有行政人员2人，事业人员7人。

第二节　重点工作督查

2008年，市督查办采取定期与不定期、明察与暗访相结合的方式，对六大会战指挥部、7个重点工作领导小组和13项重点工作进行督查。同年12月，联合纪检监察、组织部门，对重点工作及工作人员进行集中考核。2009年，对重新调整的17项重点工作进行目标任务分解和量化，建立周调度、月通报、半年评比、年终考核等督查工作制度。2012年，实施季度评比、半年和年度考核，特别是对重大工程、重点项目，实行挂牌督办、“点对点”通报，确保各项重点工作、重大工程项目的及时跟进。市督查办不断强化督查机制建设，建立健全督查事项办理操作规程、督查工作纪律等制度；在督查工作中做到“五个不准”：对督查事项，特别是领导重要批件，接办人员要及时逐级向领导汇报，严格按规定程序办理，不准自行决定、擅自处理；对督办事项要严格按要求的时限办理和报送结果，特殊情况不能按时完成的，要提前说明情况，不准无故拖延或漏报；坚持原则，严格按制度办事，敢于碰硬，不徇私情，不准利用工作之便谋取私利；作风扎实，深入细致，不准弄虚作假、瞒报虚报有关情况；严格执行保密纪律，不准将正在办理或尚未解密的上级和本级党委、政府决策事项、重要工作部署与领导批（交）办事项及其办理情况谈论泄露。每年根据市委、市政府重点工作部署，出台督查事项实施意见，以制度推动工作、靠制度拉动全局，对各项重点工作督查有所依、评价有所标、考核有所据，形成了集决策督查、专项督查、督查结果运用和督查调研为一体的督查工作体系。

第三节　专项工作督查

2008年，从重点、难点、焦点问题入手，对抗震救灾、三鹿乳制品清查、夏季供电调控、项目对接、违规出租车、超限超载治理等工作进行跟踪督办。2009年，把督查着力点放在群众关心的关键环节上，对手足口病防治、三夏生产、土地整改、甲流感预控等工作严查。2010年，专项督查科成立，聚焦市委、市政府工作重心，深入到重点工作指挥部、相关部门，查找不足、分析原因、寻找对策、解决问题，对百项工程拆迁清障、重点企业现场办公会、全省农村社区建设现场会、省科学发展现场观摩会路线整治等重大事项面对面督查、逐环节落实。2012年，采用“一周一调度、一月一通报”工作机制对省运会场馆建设、国税收入、地税收入、新开工亿元以上项目、农村道路硬化等工作重点督查。2008年—2013年，共开展专题督查417项，完成市委、市政府领导临时交办的督查事项289项，济宁市下达的督查落实任务166项。

第四节　批示事项督查

按照“限期办理、逐件落实、分类督办、定期反馈”工作规定和市委、市政府领导的批示要求，对批示事项接手就办、快速转办、及时反馈、不压不拖，做到“批则必查、查则必清、清则必办、办则必果”。不断规范办理程序，细化登记、交办、催办、审核、反馈、上报、归档工作流程，针对批示件内容进行接收登记、分类处理，特殊件、急办件特别处理，山东省、济宁市等上级机关来件重点督办，群众来信及时解决。2008年—2013年，共办理落实领导批件2140件。其中，省两办及省长信箱下发64件，济宁市委办公室、市政府办公室及济宁市委督查室、市政府督查室转至兖州市的领导批交办件720件，市领导批示1356件，办结率99.8%。

第五节　民生事项督查

加强对政协提案办理工作力度，配合市政协工作的开展，做好各项准备、衔接和服务工作。2010年—2013年，协调督促办理由市委系统承办的政协委员提案40件，主要包括城市基础设施建设、服务业发展、新农村社区建设、城市志愿者服务、文明城市创建等关系人民群众切身利益的问题，并按时认真回复，委员满意率100%。对历年市委、市政府确定的为民十件实事的落实情况跟踪督办，件件落到实处。围绕社会保障、安全生产、环境污染、交通秩序、违法建设等一系列群众反映的社会问题，及时会同有关职能部门开展明察暗访，促进国家相关政策规定的落实。对督查热线、市长公开电话群众反映问题，认真督办，件件有回音、项项有落实。

第六节　督查调研

整合督查资源，发挥基层督查网络作用，对督办事项及时抽查督导，如实撰写督查报告，并及时编发《督查专报》，以便领导掌握真实情况，提供决策参考。对工作推进快、项目进展好的部门单位，总结先进经验，推广典型，对落实市委、市政府决策部署措施不力，进展迟缓、效率低下的部门单位进行通报。2008年—2013年，共印发《兖州督查》88期、《督查专报》192期、《督查专报》（领导参阅）167期。

第十三章　档案管理

第一节　管理机构

1996年，市档案馆与档案局合署办公，市档案馆挂市档案局的牌子，授权行使行政管理职能，为全额科级事业单位。1996年底，市档案局（馆）设办公室、档案管理科、文书档案指导科、科级档案指导科4个科室，有在职人员14人。1997年，市档案局（馆）内设科室调整为办公室、档案管理科、文书档案指导科、科级档案指导科、编研科、法制科。2005 年，市档案局（馆）内设科室调整为办公室、业务指导科、编研管理科、法规宣教科、文档信息科、文档服务中心。2013 年 11 月，市档案局（馆）更名为济宁市兖州区档案局（馆）。2013 年 12 月，区档案局（馆）内设办公室、业务指导科、编研管理科、法规宣教科、文档信息科、文档服务中心 6 个科室，有在职人员 17 人。

第二节 档案征集

1996 年，市档案馆馆藏档案总计 73 个全宗、21506 卷，图书资料 45 类 7180 册，照片档案 1200 张；当年接收进馆文书档案 2047 卷。1997 年，接收进馆文书档案 439 卷。1998 年，征集到兖州战役、兖州教会、兖州对台工作和历史名胜以及民国时期等历史照片 300 余幅，整理形成特色档案 520 卷（册）。1999 年，对 1998 年度进馆档案及检索工具进行规范整理，完善健全 40 个全宗的检索工具，400 册资料整理上架，接收进馆档案 3987 卷。2000 年，打印整理各种检查目录 240 册，接收进馆档案 1315 卷。2001 年，对馆藏 6100 卷档案进行重新编号、整理，整理检索工具 300 余本；接收进馆文书档案 826 卷（盒）、土地延包档案 1250 卷（盒）、乡镇规模调整档案 644 卷。2002 年，接收档案进馆 16740 卷，鉴定

馆藏档案

开放档案 2941 卷，接收图书资料 5068 册，编制检索工具 1003 本；建立市文档服务中心，收集现行政策法规性文件 2645 份。2003 年，协助防治非典型性肺炎指挥部整理防“非典”档案 1295 卷（盒），并分别移交市档案馆及各镇（街道）综合档案室保管。2004 年，投资 4 万余元，开展档案信息化录入工作，著录文件级目录 30 余万条。2005 年，整理土地延包档案 1300 盒。

2007 年，收集现行文件 2000 余份；代管法院档案 14000 余卷；接收代管公证处公证档案 3128 盒 19819 卷。2008 年，接收代管公证档案 1587 卷，收集现行文件 1100 余份，赴山东省图书馆及国家图书馆，收集有关兴隆塔资料 3 套；接收代管诉讼案卷 3000 余卷，公证档案 139 盒 1587 卷。2009 年，征集到兖州民间老照片 200 余张、庆祝改革开放 30 周年和新中国成立 60 周年各类图书资料 40 套；收集并整理兴隆塔历史资料 15 套、会议资料、图片资料 300 余套。2010 年，接收代管公证档案 1290 卷。2011 年，组织开展 2001 年—2005 年档案接收工作，全年接收进馆档案 500 件，接收公证档案 1503 卷；接收政府公开信息资料 500 余件，并及时在网上公布。2012 年，开展全市各立档单位 2001 年—2005 年档案移交接收进馆工作，接收纪委审理档案 70 余卷、华安律师事务所民事刑事档案 98 盒 672 卷，征集到《侯氏家谱》《范氏家谱》《中国对联集成·济宁卷》《菉绮阁课徒书札》《张氏族谱》。2013 年，开展档案开放鉴定复审工作，确定可开放档案 33 个全宗，开放档案 418 卷，文件级档案 3837 件，开放年限截至 1983 年；开展 2001 年—2005 年全市归档文件集中进馆工作，全年进馆 44 个全宗 879 盒；接收代管司法局公证处公证档案 534 盒 4419 卷；接收民政局婚姻登记处婚姻档案 966 盒，补领婚姻档案 83 盒，合计 1049 盒 67500 份档案；接收市企业改制指挥部破产企业档案累计 52 盒。至 2013 年，市档案馆馆藏档案 112 个全宗 18 个门类，共存有文书档案及业务档案 95856 卷，图书资料 14000 余册。

1996年—2013年兖州市档案馆馆藏档案情况表

表17-5

年份	馆藏档案		开放档案		年份	馆藏档案		开放档案	
	全宗（个）	案卷（卷）	全宗（个）	案卷（卷）		全宗（个）	案卷（卷）	全宗（个）	案卷（卷）
1996	79	21506	11	531	2005	91	54152	40	2941
1997	79	21945	11	531	2006	91	58400	40	2941
1998	79	22346	11	531	2007	91	77430	40	2941
1999	87	26333	11	531	2008	91	79242	40	2941
2000	87	27648	11	531	2009	91	79397	40	2941
2001	87	28474	11	531	2010	91	79397	40	2941
2002	91	45214	40	2941	2011	91	82123	40	2941
2003	91	45328	40	2941	2012	111	82363	40	2941
2004	91	53776	40	2941	2013	112	95856	33	418

第三节 开发利用

1996年，编写《兖州市档案馆“七五”“八五”间档案利用情况的统计分析》《古九州考略》等资料；接待查档人员382人次，提供利用档案593卷次。1997年，接待查档人员394人次，提供利用档案620卷次。1998年，汇编出版《兖州市农业名优特产》《兖州市工业名优产品》《兖州市档案馆论文集》《兖州市档案馆文史资料荟萃》等4本10万字的编研材料。2000年，征集《东西南北兖州人》452人的有关资料，同市党史委合作完成《中国共产党山东省兖州市组织史资料（1987—1999）》的编辑工作。2001年，编写《兖州档案大事记》《兖州市档案利用效果汇编》。2002年10月，市文档服务中心将机关部门现行法规、政策性文件向社会开放。编写档案局机构沿革、大事记、全宗指南等有关资料86种，公开出版14万字的《兖州市档案馆指南》。2006年，编写出版25万字的《基层档案工作实务》一书，发放给全市基层档案工作者。2008年，整理编辑《兖州市档案馆2008年度档案利用效果典型实例》《兖州市档案馆信息汇编》《全市档案工作会议资料汇编》《〈兖州档案工作〉简报汇编》《2005—2008年政府工作报告汇编》等内部参考编研资料。2009年，编辑《2009年兖州档案工作汇编》《2009年度档案利用效果实例汇编》《兖州市档案局大事记》《兖州档案工作》简报12期。向省档案局申报5项开发利用档案信息资源成果奖，其中3项获省二等奖，2项获省三等奖。同年8月，市政府信息查阅中心成立，为社会公众提供规范、权威、系统的政府信息。2010年，在全市开展抗美援朝档案集中征集活动，累计征集徽章、照片、报纸、荣誉证书、回忆录等实物图片60余张，从馆藏档案中整理并扫描有关抗美援朝文献档案80余卷册，编辑整理内部参考资料《兖州抗美援朝战争文献图片集》。抢救和保护馆藏珍贵档案资源，对馆藏珍贵档案资料进行调查摸底，制作《明良遗像》精致影印件4套。对馆藏利用率相对较高的原市（县）人事局、原市（县）劳动局、原县革命委员会知识青年上山下乡办公室等全宗的案卷内容进行详细录入；开展革命历史档案全文扫描工作，并通过整理集中向社会开放利用。2011年，开展建党90周年党史资料征集活动，收集到照片档案600余张，并与市委党史研究室等多家单位联合举办《建党90

周年大型图片展》；编辑内部参考资料《农村工作文件选编》，下发到全市各镇（街道）村（居），方便农民群众查询利用；编辑《2011年兖州档案工作汇编》《兖州市档案局大事记》等内部参考资料。2013年，为济宁党史委《百年画史》丛书提供照片30余张，为市委党史研究室2008年—2012年党史编辑提供档案资料1500余卷；编发《2009—2013年政府工作报告汇编》和《2011—2013年档案利用效果情况汇编》，累计20万字。

1996年—2013年兖州市档案馆档案查阅利用情况表

表17-6

年　份	档案利用情况		年　份	档案利用情况	
	档案查阅卷次	查阅利用人次		档案查阅卷次	查阅利用人次
1996	593	382	2005	1279	934
1997	620	394	2006	1296	1016
1998	875	477	2007	1315	1037
1999	894	571	2008	1429	912
2000	920	628	2009	1487	1018
2001	1071	679	2010	1599	1235
2002	1083	710	2011	1758	1318
2003	1157	738	2012	1946	1846
2004	1231	896	2013	2028	1879

第四节　业务指导

达标升级　1996年，全市开展综合档案室“达标升级”活动，指导市法院档案室晋升省一级综合档案室，市政协、市农行等5家单位档案室晋升省二级综合档案室，市环保局、市工商行、漕河派出所档案室晋升省三级档案室，全市70%的行政村建立综合档案室，市档案馆为省二级档案馆。1997年，全市33家机关单位档案工作晋升省级先进行列。其中，省一级3个，省二级12个，省三级18个。全市档案工作省级先进单位总数76个，机关升级率91%。全市村级建档率100%，其中，护驾营村、新义村、南张村、小马青村、薛庙村、安邱府村、古楼居委会等7个村（居）被评为省三级先进档案工作单位。1998年，强化教育系统学校档案工作业务指导，全市33个学校达到济宁市以上档案工作规范化管理先进标准。其中，省一级5个，省二级22个，济宁市级6个。1999年，建立健全乡镇档案管理站，加强档案的综合规范化管理。强化对土地延包档案接收进站工作，全市12个农村乡镇465个村完成土地延包档案管理工作。2002年，全市98%的机关部门、镇、街道的档案规范化目标管理工作达到省三级以上水平；农村档案工作在完成村村建档的基础上，有30%的行政村的档案管理工作达到地市级以上水平；全市学区以上学校的档案管理工作全部达到地市级以上先进水平；科技和企事业单位的档案管理工作也有较快发展和新的提高。同年11月，市档案馆晋升为省一级档案馆。2006年，推进档案规范化目标管理工作，指导市公安局等单位开展档案规范化管理先进单位申报。市公安局被评为省特级档案规范化管理先进单位，市委办公室、市政府办公室、市药监局等6个单位被评为省一级档案规范化管理先进单位。2008年6月，市档案馆通过考核验收，晋升为国家二级档案馆，成为全省第六个达到此水平的县级档案馆。2011年，市政府办公室、市人民检察院、市土地局、市车管所4个单位晋升省特级综合档案室，市环保局、新兖镇晋升省一级综合档案室。2012年，派遣业务骨干进入破产和改制企业，现场指导档案的收集、分类、整理、编目等工作，推进破产改制企业档案移交工作的开展，共接收破产改制企业文书、科技档案1360余卷。派遣业务骨干分别到市招商引资、城市建设、兴隆文化产业发展、教育重点工程等指挥部指导档案工作。2013年，城市规划建设管理指挥部创建省级园林城市工作中，共整理档案142盒，公园绿地绿化资料、建成市道路绿化资料、图纸18盒，城市污水处理材料31盒，文明城市创建资料22盒，安置房设计材料54盒，园林绿化材料14盒，创城资金材料25盒，档案资料完整规范。至2013年，全市各单位档案室均达到省级规范化水平。其中，省特级6个，省一级35个，省二级108个。

民生档案　2008年，市委办公室、市政府办公室印发《关于加强民生档案工作的意见》。市档案局抽调专人到市教育局、市民政局、市国土局、市房管局、市妇幼保健院等涉民单位进行民生档案工作专题调研。强化涉民部门档案业务指导，协助社保、医保部门建立行之有效的民生档案服务利用体系。开展破产改制企业档案移交工作，全年接收进馆破产改制企业文书、科技档案1360余卷。2011年，指导市社保处在济宁社保系统率先建立职工电子档案。市住房公积金管理中心专门设计制作住房公积金档案管理电子信息系统软件。开展民生档案查询利用一站式服务，对知青档案、招工档案、征地档案、人事任免档案等涉及民生切身利益、利用率较高的档案进行数字化明细处理，提升查阅利用效率。2013年，市档案局印发《兖州市档案馆接收破产和改制企业档案暂行办法》，开展破产改制企业档案移交工作，共接收企业改制指挥部的文书档案52盒。至2013年，全市20余家单位建立民生档案，种类涵盖社保档案、医保档案、拆迁档案、改制企业档案、学籍档案、农村税费改革档案、知青档案、土地承包档案、婚姻档案、公证档案、招工人员调配档案、公积金档案等方面，市档案馆馆藏各类民生档案8类5.7万卷。

民营企业档案　2010年，对兖州民营企业档案工作的整体情况进行全面调查摸底，确定山东联诚集团有限公司、兖州创佳玻璃纤维制品有限公司2家民营企业作为企业档案工作典型，以点带面推动兖州市民营企业档案工作开展。2013年，开展对各类企业档案工作的业务指导和监督检查，引导民营企业建立健全档案，做好国有企业资产与产权变动中的档案处置工作。全市国有及国有控股企业实现全部建档，太阳纸业、华勤集团、大丰集团等重点民营企业也开展规范建档工作。

农村档案　2008年，市档案局与市农工办、市民政局、市农业局联合印发《关于加强社会主义新农村建设档案工作的意见》，组成调研督导组分赴新兖镇、大安镇、兴隆庄镇等3个乡镇、小马青村等30个村开展新农村档案调研督导工作，针对农村养老保险档案、计生档案、土地承包合同档案、农村宅基地档案、新型农村合作医疗档案、农村换届选举档案等重点档案收集整理开展业务指导。确定兴隆庄镇护驾营村、新兖镇小马青村作为新农村档案工作典型，通过现场督查、靠上指导、典型引路、整体推进等方式，以点带面推进新农村档案工作。兴隆庄镇护驾营村、新兖镇小马青村档案室晋升为省二级综合档案室。2009年，市委办公室、市政府办公室印发《关于加强社会主义新农村建设档案工作的意见》，市档案局研究制定《兖州市村级档案文件材料归档范围及保管期限表》等业务指导材料。至2013年，全市村级建档率100%，新兖镇、大安镇、漕河镇、颜店镇、兴隆庄镇5个镇被命名为济宁市新农村档案工作示范镇，67个村被命名为新农村档案工作示范村，兖州市被评为全省新农村档案工作示范市，成为全省首批9家社会主义新农村建设档案工作示范县市之一，是鲁西南首家全省新农村建设档案工作示范县市。

社区档案 2007年，市档案局与市民政局联合印发《兖州市城市社区档案管理暂行办法》《关于进一步加强家庭档案建设的意见》，并编制《兖州市2007年社区档案工作实施方案》《家庭档案建档指南》，确定长安社区、少陵社区和奎星楼社区为社区档案工作的援建社区，对其实行“三保障（保障指导时间、保障设备供给、保障制度创建）”。2008年，全市共有24户家庭建立类别丰富、整理规范、利用有序的家庭档案。至2013年，全市30个社区均完成建档工作并达到合格标准，建档率及合格率均为100%。社区居民健康档案全部建立并完成电子录入。

第五节 法制宣传

1996年，兖州市把档案法制宣传列入“三五”普法宣传工作中。1999年9月，市委分管领导发表电视讲话，纪念《中华人民共和国档案法》颁布12周年。1999年10月，市档案馆经市精神文明建设委员会验收，命名为爱国主义教育基地之一。2000年3月，市监察局、市人事局、市档案局转发省监察厅、省人事厅、省档案局《关于违反档案法律法规行政处分暂行规定》，是贯彻《中华人民共和国档案法》首次颁布的行政处分规定。在市电台、电视台、《兖州日报》开办“档案之声”“档案之窗”栏目，重点宣传报道档案法制建设。1996年—2001年，播发稿件120余篇。2004年4月，对新修改颁布的《山东省档案条例》进行宣传，接待咨询人员100多次，散发宣传单3000余份。2013年6月9日，是第一个“国际档案日”。市档案局和全市多个部门共同开展档案宣传活动，市人大常委会、市政府、市政协分管领导出席活动。同时，市档案局装饰一新的爱国主义教育基地对外开放。1996年—2013年，组织《中华人民共和国档案法》知识竞赛2期，累计举办培训班29期，培训档案人员8000余人次。每年利用法制一条街、文化“三下乡”、“12•4”法制宣传日等宣传活动，对《中华人民共和国档案法》进行深入宣传。至2013年，累计发放《中华人民共和国档案法》《山东省档案条例》等各类宣传材料3万余份，发送宣传短信6000余条，制作各类宣传牌匾、条幅250余件。2011年—2013年，市档案局连续3年被山东省档案局评为全省档案宣传工作先进集体。

第十八篇

地方权力机关

YANZHOUSHIZHI

地方权力机关

第一章 市人民代表大会

第一节 代表选举

兖州市第十四届人民代表大会代表选举 1997年11月21日，市十三届人大常委会召开第三十四次会议，批准成立兖州市选举委员会，任命选举委员会组成人员。各乡镇成立选举工作指导组，市直系统、驻兖单位设立选举工作小组，全市共有选举工作指导组成员127人，选举工作小组成员882人，确定市第十四届人大代表名额为238名。该次换届选举，全市共划分选区118个。其中，乡镇98个，市直系统和驻兖单位20个，依法登记选民396196人。共提名推荐代表候选人1641人，是应选代表名额的6.92倍；确立正式代表候选人367名，是应选代表名额的1.55倍。在法定选举日（1997年12月31日），采取无记名投票方式，选出代表237名。经审查，代表资格全部有效。当选人大代表中，中共党员182名，占代表总数的76.8%；干部50名，占21%；知识分子33名，占13.9%；妇女49名，占20.6%；少数民族6名，占2.5%；35岁以下45名，占19%；大专以上文化程度110名，占46.4%。

兖州市第十五届人民代表大会代表选举 2002年11月12日，市十四届人大常委会召开第三十八次会议，批准成立兖州市选举委员会，任命选举委员会组成人员。各镇（街道）成立选举工作指导组，市直系统、驻兖单位设立选举工作小组，全市共有选举工作指导组成员147人，选举工作小组成员896人，确定市第十五届人大代表名额为238名。该次换届选举，全市共划分选区115个。其中，镇（街道）95个，市直系统和驻兖单位20个，依法登记选民439730人。共提名推荐代表候选人1126人，是应选代表名额的4.75倍；确立正式代表候选人354名，是应选代表名额的1.5倍。在法定选举日（2003年1月10日），采取无记名投票方式，选出代表234名。经审查，代表资格全部有效。当选人大代表中，中共党员174名，占代表总数的74.4%；干部46名，占19.7%；知识分子31人，占13.2%；妇女53名，占22.6%；少数民族5名，占2.1%；35岁以下33名，占14.1%；大学以上文化程度57名，占24.4%。

兖州市第十六届人民代表大会代表选举 2007年9月29日，市十五届人大常委会召开第三十九次会议，批准成立兖州市选举委员会，任命选举委员会组成人员。各镇（街道）成立选举工作指导组，市直系统、驻兖单位设立选举工作小组，全市共有选举工作指导组成员191人，选举工作小组成员923人，确定市第十六届人大代表名额为238名。该次换届选举，全市共划分选区627个。其中，选举市代表选区114个，选举镇代表选区513个，依法登记选民486042人。全市选举市代表的选区，共提名推荐代表候选人596名，是应选代表名额的2.5倍；选举镇代表的选区，共提名推荐初步代表候选人1432名，是应选镇代表名额的2倍。全市共确定新一届人民代表大会正式代表候选人355名，是应选代表名额的1.5倍；镇新一届人民代表大会正式代表候选人1224名，是应选代表名额的1.7倍。在法定选举日（2007年11月25日），采取无记名投票方式，选出市人大代表237名、镇人大代表698名。经审查，代表资格全部有效。当选人大代表中，中共党员198名，占代表总数的83.5%；干部55名，占23.2%；知识分子43人，占18.2%；妇女45名，占19.0%；少数民族4名，占1.7%；35岁以下27名，占11.4%；大学以上文化程度90名，占38.0%。

兖州市第十七届人民代表大会代表选举 2011年11月7日，市十六届人大常委会召开第三十四次会议，批准成立兖州市选举委员会，任命选举委员会组成人员。各镇（街道）成立选举工作指导组，市直系统、驻兖单位设立选举工作小组，全市共有选举工作指导组成员189人，选举工作小组成员978人，确定市第十七届人大代表名额为238名。该次换届选举，全市共划分选区495个。其中，选举市代表选区107个，选举镇代表选区388个，依法登记选民503809人。全市选举市代表的选区，共提名推荐初步代表候选人550名；选举镇代表的选区，共提名推荐初步代表候选人1949名。确定市新一届人民代表大会正式代表候选人341名，是应选代表名额的1.43倍；镇新一届人民代表大会正式代表候选人877名，是应选代表名额的1.69倍。在法定选举日（2011年12月16日），采取无记名投票方式，选出市人大代表234名、镇人大代表518名。经审查，代表资格全部有效。当选人大代表中，中共党员188名，占代表总数的80.3%；干部51名，占21.8%；知识分子23人，占9.8%；妇女48名，占20.5%；少数民族3名，占1.3%；35岁以下18名，占7.7%；大学以上文化程度85名，占36.3%。

2011年12月，鼓楼街道第一选区人大代表集中选举

第二节　历届人民代表大会

1996年—2013年，兖州市人民代表大会历经5届，1993年2月至1998年1月，为第十三届；1998年1月至2003年1月，为第十四届；2003年1月至2007年12月，为十五届；2007年12月至2012年1月，为第十六届；自2012年1月起，为第十七届。

兖州市第十三届人民代表大会

第四次会议 1996年2月29日—3月2日在市机关第一招待所召开。应到代表296人，实到285人，列席人员109人。大会主席团由45人组成，其中，常务主席11人，秘书长1人，副秘书长4人。预算审查委员会5人，议案审查委员会5人。会议听取审议《市人民政府工作报告》《关于兖州市国民经济和社会发展第九个五年计划及2010年远景目标纲要（草案）的报告》《关于兖州市1995年国民经济和社会发展计划执行情况与1996年国民经济和社会发展计划（草案）的报告》《关于兖州市1995年财政预算执行情况和1996年财政预算（草案）的报告》《市人大常委会工作报告》《市人民法院工作报告》《市人民检察院工作报告》《关于市十三届人大三次会议期间代表议案、建议办理情况的报告》（书面），并分别作出决议。审查批准兖州市国民经济和社会发展第九个五年计划及2010年远景目标纲要、兖州市1995年国民经济和社会发展计划执行情况的报告和1996年国民经济和社会发展计划、兖州市1995年财政预算执行情况的报告和1996年财政预算。会议共收到议案37件，建议、批评和意见34件。

第五次会议 1997年2月16日—20日在市机关第一招待所召开。应到代表291人，实到273人，列席人员111人。大会主席团由45人组成，其中，常务主席9人，秘书长1人，副秘书长4人。预算审查委员会5人，议案审查委员会5人。会议听取审议《市人民政府工作报告》《兖州市1996年财政预算执行情况和1997年财政预算（草案）的报告》《市人大常委会工作报告》《市人民法院工作报告》《市人民检察院工作报告》《关于市十三届人大四次会议期间代表议案、建议办理情况的报告》（书面），并分别作出决议。审查批准兖州市1996年财政预算执行情况的报告和1997年财政预算。增选朱绪寅为兖州市第十三届人民代表大会常务委员会副主任。会议共收到议案42件，建议、批评和意见46件。

兖州市第十四届人民代表大会

第一次会议 1998年1月11日—17日在市机关第一招待所召开。应到代表237人，实到235人，列席人员150人。大会主席团由38人组成，其中，常务主席11人，秘书长1人，副秘书长5人。预算审查委员会5人，议案审查委员会5人。会议听取审议《政府工作报告》《关于兖州市1997年财政预算执行情况和1998年财政预算（草案）的报告》《兖州市人民代表大会常务委员会工作报告》《兖州市人民法院工作报告》《兖州市人民检察院工作报告》，并分别作出决议。审查批准兖州市1997年财政预算执行情况的报告和1998年财政预算。选举张月志为兖州市第十四届人民代表大会常务委员会主任，王福东、栾贻惠、潘凯生、何吉安、朱绪寅、张希立、董开明为副主任，王广俊等13人为委员；李卫国为兖州市人民政府市长，李开珍、刘玉范、岳宪峰、张言申、宋新光为副市长；王仲秋为兖州市人民法院院长，庄其方为兖州市人民检察院检察长。选举王洪顺等48人为兖州市出席济宁市第十三届人民代表大会代表。会议共收到议案59件，建议、批评和意见48件，经过审查，决定将刘建等10名代表提出的《关于对破产企业应尽快终结的议案》（第14号）、桂建友等10名代表提出的《关于开发小区建设、规划、管理的议案》（第37号）列为大会议案，会后交有关部门处理。

第二次会议 1999年1月27日—30日在市机关第一招待所召开。应到代表238人，实到213人，列席人员115人。大会主席团由43人组成，其中，常务主席12人，秘书长1人，副秘书长6人。预算审查委员会5人，议案审查委员会5人。会议听取审议《政府工作报告》《兖州市1998年财政预算执行情况和1999年财政预算（草案）的报告》《兖州市人民代表大会常务委员会工作报告》《兖州市人民法院工作报告》《兖州市人民检察院工作报告》《市人民政府关于市十四届人大一次会议以来代表议案和建议、批评、意见办理情况的报告》（书面），并分别作出决议。审查批准兖州市1998年财政预算执行情况的报告和1999年财政预算。补选邵立华为兖州市第十四届人民代表大会常务委员会委员，庞新贤为兖州市人民法院院长。会议共收到代表议案39件，建议、批评和意见24件。

第三次会议 2000年1月16日—18日在市机关第一招待所召开。应到代表235人，实到226人，列席人员111人。大会主席团由43人组成，其中，常务主席12人，秘书长1人，副秘书长5人。预算审查委员会5人，议案审查委员会5人。会议听取审议《政府工作报告》《兖州市1999年财政预算执行情况和2000年财政预算（草案）的报告》《兖州市人民代表大会常务委员会工作报告》《兖州市人民法院工作报告》《兖州市人民检察院工作报告》《市人民政府关于市十四届人大二次会议期间代表议案和建议、批评、意见办理情况的报告》（书面），并分别作出决议。

审查批准兖州市1999年财政预算执行情况的报告和2000年财政预算。会议共收到代表议案44件，建议、批评和意见29件。

第四次会议 2001年3月10日—13日在市机关第一招待所召开。应到代表238人，实到226人，列席人员101人。大会主席团由45人组成，其中，常务主席7人，秘书长1人，副秘书长6人。预算审查委员会5人，议案审查委员会5人。会议听取审议《政府工作报告》《市人民政府关于兖州市国民经济和社会发展第十个五年计划纲要（草案）的报告》《兖州市国民经济和社会发展第十个五年计划纲要（草案）》《市人民政府关于兖州市2000年国民经济和社会发展计划执行情况与2001年计划（草案）的报告》《兖州市2001年国民经济和社会发展规划》《兖州市2000年财政预算执行情况和2001年财政预算（草案）的报告》《兖州市人民代表大会常务委员会工作报告》《兖州市人民法院工作报告》《兖州市人民检察院工作报告》《市人民政府关于市十四届人大三次会议期间代表议案和建议、批评、意见办理情况的报告》（书面），并分别作出决议。审查批准兖州市国民经济和社会发展第十个五年计划纲要、兖州市2000年国民经济和社会发展计划执行情况的报告与2001年国民经济和社会发展计划、兖州市2000年财政预算执行情况的报告和2001年财政预算。补选李卫国为兖州市第十四届人民代表大会常务委员会主任，郭长忠、徐永年、吴德岭为副主任；于建民为兖州市人民政府市长，张玉华为副市长。会议共收到代表议案43件，建议、批评和意见36件。

第五次会议 2002年1月28日—30日在市机关第一招待所召开。应到代表238人，实到222人，列席人员116人。大会主席团由48人组成，其中，常务主席12人，秘书长1人，副秘书长5人。预算审查委员会5人，议案审查委员会5人。会议听取审议《政府工作报告》《兖州市2001年财政预算执行情况和2002年财政预算（草案）的报告》《市人大常委会工作报告》《市人民法院工作报告》《市人民检察院工作报告》《市人民政府关于市十四届人大四次会议期间代表议案和建议、批评、意见办理情况的报告》（书面），并分别作出决议。审查批准兖州市2001年财政预算执行情况的报告和2002年财政预算。会议共收到代表议案34件，建议、批评和意见26件。

兖州市第十五届人民代表大会

第一次会议 2003年1月19日—24日在市机关第一招待所召开。应到代表234人，实到231人，列席人员82人。大会主席团由34人组成，其中，常务主席15人，秘书长1人，副秘书长6人。预算审查委员会5人，议案审查委员会5人。会议听取审议《政府工作报告》《关于兖州市2002年国民经济和社会发展计划执行情况与2003年计划草案的报告》《关于兖州市2002年财政预算执行情况和2003年财政预算草案的报告》《市人大常委会工作报告》《市人民法院工作报告》《市人民检察院工作报告》《市人民政府关于市十四届人大五次会议期间代表议案建议办理情况的报告》（书面），并分别作出决议。审查批准兖州市2002年国民经济和社会发展计划执行情况的报告与2003年国民经济和社会发展计划、兖州市2002年财政预算执行情况的报告和2003年财政预算。选举李卫国为兖州市第十五届人民代表大会常务委员会主任，张世才、何吉安、岳宪峰、董开明、郭长忠、徐永年、吴德岭为副主任，王桂礼等13人为委员；于建民为兖州市人民政府市长，张胜明、张言申、宋新光、张玉华、刘伟华（女）、初建伟为副市长；庞新贤为兖州市人民法院院长，苏成运为兖州市人民检察院检察长。选举于发东等48人为兖州市出席济宁市第十四届人民代表大会代表。会议共收到代表议案40件，建议、批评和意见32件。

第二次会议 2004年2月9日—11日在市机关第一招待所召开。应到代表236人，实到230人，列席人员77人。大会主席团由43人组成，其中，常务主席10人，秘书长1人，副秘书长5人。预算审查委员会5人，议案审查委员会5人。会议听取审议《政府工作报告》《市人民政府关于兖州市2003年财政预算执行情况和2004年财政预算草案的报告》《市人大常委会工作报告》《市人民法院工作报告》《市人民检察院工作报告》及《市人民政府关于市十五届人大一次会议以来代表议案、建议办理情况的报告》（书面），并分别作出决议。审查批准兖州市2003年财政预算执行情况的报告和2004年财政预算。补选郭庆喜为兖州市第十五届人民代表大会常务委员会委员。会议共收到代表议案12件，建议、批评和意见28件。

第三次会议　2005年1月12日—15日在市机关第一招待所召开。应到代表235人，实到228人，列席人员88人。大会主席团由44人组成，其中，常务主席11人，秘书长1人，副秘书长5人。预算审查委员会5人，议案审查委员会5人。会议听取审议《政府工作报告》《市人民政府关于兖州市2004年财政预算执行情况和2005年财政预算草案的报告》《市人大常委会工作报告》《市人民法院工作报告》《市人民检察院工作报告》《市人民政府关于市十五届人大二次会议以来代表议案、建议办理情况的报告》（书面），并分别作出决议。审查批准兖州市2004年财政预算执行情况的报告和2005年财政预算。补选张世才为兖州市第十五届人民代表大会常务委员会主任，刘玉范、张元岐为副主任，韩宪太为委员。会议共收到代表议案26件，建议、批评和意见16件。

第四次会议　2006年1月8日—11日在市机关第一招待所召开。应到代表234人，实到225人，列席人员85人。大会主席团由46人组成，其中，常务主席13人，秘书长1人，副秘书长5人。预算审查委员会5人，议案审查委员会5人。会议听取审议《政府工作报告》《市人大常委会工作报告》《市人民法院工作报告》《市人民检察院工作报告》《兖州市国民经济和社会发展第十一个五年总体规划纲要（草案）》《市人民政府关于兖州市2005年国民经济和社会发展计划执行情况与2006年计划草案的报告》《市人民政府关于兖州市2005年财政预算执行情况和2006年财政预算草案的报告》《市人民政府关于市十五届人大三次会议以来代表议案、建议办理情况的报告》（书面），并分别作出决议。审查批准兖州市国民经济和社会发展第十一个五年总体规划纲要、兖州市2005年国民经济和社会发展计划执行情况的报告与2006年国民经济和社会发展计划、兖州市2005年财政预算执行情况的报告和2006年财政预算。补选董瑞山、孙连干为兖州市第十五届人民代表大会常务委员会副主任。会议共收到代表议案34件，建议、批评和意见23件。

第五次会议　2007年1月27日—30日在市机关第一招待所召开。应到代表233人，实到228人，列席人员94人。大会主席团由47人组成，其中，常务主席14人，秘书长1人，副秘书长5人。预算审查委员会5人，议案审查委员会5人。会议听取审议《政府工作报告》《市人大常委会工作报告》《市人民法院工作报告》《市人民检察院工作报告》《市人民政府关于兖州市2006年财政预算执行情况和2007年财政预算草案的报告》（书面）《市人民政府关于市十五届人大四次会议以来代表议案、建议办理情况的报告》（书面），并分别作出决议。审查批准兖州市2006年财政预算执行情况的报告和2007年财政预算。会议接受张世才辞去市十五届人大常委会主任职务，何吉安、岳宪峰、董开明、徐永年辞去市十五届人大常委会副主任职务的请求。补选江成为兖州市第十五届人民代表大会常务委员会主任，高涛、苏成运为副主任；张胜明为兖州市人民政府市长；马庆池为兖州市人民法院院长，郝峰为兖州市人民检察院检察长。会议共收到代表议案24件，建议、批评和意见41件。

2007年12月11日—15日，兖州市第十六届人民代表大会第一次会议在市机关第一招待所举行

兖州市第十六届人民代表大会

第一次会议 2007年12月11日—15日在市机关第一招待所召开。应到代表237人，实到234人，列席人员93人。大会主席团由42人组成，其中，常务主席10人，秘书长1人，副秘书长5人。预算审查委员会5人，议案审查委员会5人。会议听取审议《政府工作报告》《市人大常委会工作报告》《市人民法院工作报告》《市人民检察院工作报告》《市人民政府关于兖州市2007年国民经济和社会发展计划执行情况与2008年计划草案的报告》（书面）、《市人民政府关于兖州市2007年财政预算执行情况和2008年财政预算草案的报告》（书面）、《市人民政府关于市十五届人大五次会议以来代表议案、建议办理情况的报告》（书面），并分别作出决议。审查批

2007年12月15日，第十六届人民代表大会人大代表在第一次会议上投票选举

准兖州市2007年国民经济和社会发展计划执行情况的报告与2008年国民经济和社会发展计划、兖州市2007年财政预算执行情况的报告和2008年财政预算。选举高涛为兖州市第十六届人民代表大会常务委员会主任，刘玉范、宋新光、刘伟华（女）、郭长忠、张元岐、董瑞山、孙连干为副主任，王桂礼等17人为委员；张胜明为兖州市人民政府市长，张玉华、李志红（女）、初建伟、邱培友、李连习、张玕为副市长；马庆池为兖州市人民法院院长，郝峰为兖州市人民检察院检察长。选举于立武等45人为兖州市出席济宁市第十五届人民代表大会代表。会议共收到代表议案32件，建议、批评和意见35件。

第二次会议 2009年2月4日—7日在市机关第一招待所召开。应到代表235人，实到代表229人，列席人员85人。大会主席团由50人组成，其中，常务主席9人，秘书长1人，副秘书长6人。预算审查委员会5人，议案审查委员会5人。会议听取审议《政府工作报告》《市人大常委会工作报告》《市人民法院工作报告》《市人民检察院工作报告》《市人民政府关于兖州市2008年国民经济和社会发展计划执行情况与2009年计划草案的报告》（书面）、《市人民政府关于兖州市2008年财政预算执行情况和2009年财政预算草案的报告》（书面）、《市人民政府关于市十六届人大一次会议以来代表议案、建议办理情况的报告》（书面）、《兖州市人民代表大会议事规则草案》（书面），并分别作出决议。审查批准兖州市2008年国民经济和社会发展计划执行情况的报告与2009年国民经济和社会发展计划、兖州市2008年财政预算执行情况的报告和2009年财政预算，审议通过《兖州市人民代表大会议事规则》。补选陈方为兖州市第十六届人民代表大会常务委员会主任，张玉华为兖州市人民政府市长。会议共收到代表议案29件，建议、批评和意见42件。

第三次会议 2010年1月15日—17日在

市机关第一招待所召开。应到代表232人，实到228人，列席人员94人。大会主席团由50人组成，其中，常务主席9人，秘书长1人，副秘书长5人。预算审查委员会5人，议案审查委员会5人。会议听取审议《政府工作报告》《市人大常委会工作报告》《市人民法院工作报告》《市人民检察院工作报告》《市人民政府关于兖州市2009年国民经济和社会发展计划执行情况与2010年计划草案的报告》(书面)、《市人民政府关于兖州市2009年财政预算执行情况和2010年财政预算草案的报告》(书面)、《市人民政府关于市十六届人大二次会议以来代表议案、建议办理情况的报告》(书面)，并分别作出决议。审查批准兖州市2009年国民经济和社会发展计划执行情况的报告与2010年国民经济和社会发展计划、兖州市2009年财政预算执行情况的报告和2010年财政预算。会议共收到代表议案21件，建议、批评和意见42件。

第四次会议　2011年1月12日—15日在市机关第一招待所召开。应到代表232人，实到224人，列席人员83人。大会主席团由50人组成，其中，常务主席9人，秘书长1人，副秘书长6人。预算审查委员会5人，议案审查委员会5人。会议听取审议《政府工作报告》《市人大常委会工作报告》《市人民法院工作报告》《市人民检察院工作报告》《市人民政府关于兖州市2010年国民经济和社会发展计划执行情况与2011年计划草案的报告》(书面)、《市人民政府关于兖州市2010年财政预算执行情况和2011年财政预算草案的报告》(书面)、《市人民政府关于市十六届人大三次会议以来代表议案建议办理情况的报告》(书面)，并分别作出决议。审查批准《兖州市国民经济和社会发展第十二个五年总体规划纲要》、兖州市2010年国民经济和社会发展计划执行情况的报告与2011年国民经济和社会发展计划、兖州市2010年财政预算执行情况的报告和2011年财政预算。表彰优秀市人大代表和先进市人大代表小组。大会接受刘玉范、刘伟华（女）辞去市十六届人民代表大会常务委员会副主任职务的请求。补选张华（女）为兖州市第十六届人民代表大会常务委员会副主任，张贵民为兖州市第十六届人民代表大会常务委员会委员。会议共收到代表议案31件，建议、批评和意见25件。

兖州市第十七届人民代表大会

第一次会议　2012年1月6日—9日在市机关第一招待所召开。应到代表234人，实到代表228人，列席人员116人。大会主席团由38人组成，其中，常务主席11人，秘书长1人，副秘书长5人。预算审查委员会5人，议案审查委员会5人。会议听取审议《政府工作报告》《市人大常委会工作报告》《市人民法院工作报告》《市人民检察院工作报告》《市人民政府关于兖州市2011年国民经济和社会发展计划执行情况与2012年国民经济和社会发展计划草案的报告》(书面)、《市人民政府关于兖州市2011年财政预算执行情况和2012年财政预算草案的报告》(书面)、《市人民政府关于市十六届人大四次会议以来代表议案和建议办理情况的报告》(书面)，并分别作出决议。审查批准兖州市2011年国民经济和社会发展计划执行情况的报告与2012年国民经济和社会发展计划、兖州市2011年财政预算执行情况的报告和2012年财政预算。选举陈方为兖州市第十七届人民代表大会常务委员会主任，宋新光、董瑞山、孙连千、张华（女）、赵广岭为副主任，马廷振等15人为委员；董波为兖州市人民政府市长，范继珍、陈秋生、邱培友、李连习、刘晓林、王仁娜（女）为副市长；马庆池为兖州市人民法院院长，安如喜为兖州市人民检察院检察长。选举于发东等40人为兖州市出席济宁市第十六届人民代表大会代表。会议共收到代表议案31件，建议、批评和意见26件。

第二次会议　2013年1月14日—16日在市机关第一招待所举行。应到代表235人，实到

225人，列席人员127人。大会主席团由44人组成，其中，常务主席8人，秘书长1人，副秘书长5人。预算审查委员会5人，议案审查委员会5人。会议听取审议《政府工作报告》《市人大常委会工作报告》《市人民法院工作报告》《市人民检察院工作报告》《市人民政府关于兖州市2012年国民经济和社会发展计划执行情况与2013年国民经济和社会发展计划草案的报告》(书面)、《市人民政府关于兖州市2012年财政预算执行情况和2013年财政预算草案的报告》(书面)、《市人民政府关于市十七届人大一次会议期间代表议案建议办理情况的报告》(书面)，并分别作出决议。审查批准兖州市2012年国民经济和社会发展计划执行情况的报告与2013年国民经济和社会发展计划、兖州市2012年财政预算执行情况的报告和2013年财政预算。选举张瑞山为兖州市人民法院院长。会议共收到代表议案30件，建议、批评和意见33件。

第二章　市人民代表大会常务委员会

第一节　领导人员

1996年—2013年，兖州市（区）人民代表大会常务委员会共历经5届，即第十三届、第十四届、第十五届、第十六届、第十七届，张月志、李卫国、张世才、江成、高涛、陈方先后担任市（区）人大常委会主任。

1996年—2013年兖州市（区）人民代表大会常务委员会领导任职情况表

表18-1

届　次	职　务	姓　名	籍　贯	任职时间	备　注
第十三届	主　任	张月志	山东兖州	1993年2月至1998年1月	党组书记
	副主任	王福东	山东兖州	1993年2月至1998年1月	党组副书记
		栾贻惠	山东莱芜	1993年2月至1998年1月	党组副书记
		胡桂英（女）	山东兖州	1993年2月至1996年4月	
		杜安华	山东兖州	1993年2月至1998年1月	
		尚传金	山东兖州	1993年2月至1996年10月	
		张希立	山东兖州	1993年2月至1998年1月	
		潘凯生	上海虹口	1995年2月至1998年1月	
		朱绪寅	山东滕州	1997年2月至1998年1月	
第十四届	主　任	张月志	山东兖州	1998年1月至2001年3月	党组书记(2001年5月离职)
		李卫国	河北衡水	2001年3月至2003年1月	兼任，党组书记(2001年5月任职)
	副主任	王福东	山东兖州	1998年1月至2003年1月	党组副书记（2003年4月离职）
		栾贻惠	山东莱芜	1998年1月至2001年3月	党组副书记（2001年5月离职）
		潘凯生	上海虹口	1998年1月至2003年1月	
		何吉安	山东滕州	1998年1月至2003年1月	

续表18-1

届　次	职　务	姓　名	籍　贯	任职时间	备　注
第十四届	副主任	朱绪寅	山东滕州	1998年1月至2001年3月	
		张希立	山东兖州	1998年1月至2001年3月	
		董开明	山东兖州	1998年1月至2003年1月	
		郭长忠	山东济宁	2001年3月至2003年1月	
		徐永年	山东兖州	2001年3月至2003年1月	
		吴德岭	山东兖州	2001年3月至2003年1月	
第十五届	党组书记	韩　军	山东枣庄	2004年8月至2007年1月	兼任
	主　任	李卫国	河北衡水	2003年1月至2004年7月	兼任，党组书记（2004年5月离职）
		张世才	山东兖州	2005年1月至2007年1月（2004年7月至2005年1月任兖州市第十五届人大常委会代主任）	党组副书记（2007年3月离职）
		江　成	山东沂源	2007年1月至2007年12月	兼任，党组书记（2007年1月任职）
	副主任	张世才	山东兖州	2003年1月至2004年7月	第一副主任、党组副书记
		何吉安	山东滕州	2003年1月至2007年1月	
		岳宪峰	山东微山	2003年1月至2007年1月	
		董开明	山东兖州	2003年1月至2007年1月	
		郭长忠	山东济宁	2003年1月至2007年12月	
		徐永年	山东兖州	2003年1月至2007年1月	
		吴德岭	山东兖州	2003年1月至2007年12月	
		刘玉范	山东济宁	2005年1月至2007年12月	
		张元岐	河北南宫	2005年1月至2007年12月	
		董瑞山	山东邹城	2006年1月至2007年12月	
		孙连干	山东淄博	2006年1月至2007年12月	
		高　涛	山东济宁	2007年1月至2007年12月	第一副主任、党组副书记（2007年1月任职）
		苏成运	山东济宁	2007年1月至2007年12月	
第十六届	党组书记	江　成	山东沂源	2007年12月至2008年1月	兼任
	主　任	高　涛	山东济宁	2007年12月至2009年1月	党组书记（2008年1月至2009年1月）
		陈　方	江苏徐州	2009年2月至2012年1月	党组书记（2009年1月任职）
	副主任	刘玉范	山东济宁	2007年12月至2011年1月	党组副书记
		宋新光	山东兖州	2007年12月至2012年1月	
		刘伟华（女）	山东兖州	2007年12月至2011年1月	
		郭长忠	山东济宁	2007年12月至2010年1月	
		张元岐	河北南宫	2007年12月至2012年1月	

续表18-1

届次	职务	姓名	籍贯	任职时间	备注
第十六届	副主任	董瑞山	山东邹城	2007年12月至2012年1月	
		孙连干	山东淄博	2007年12月至2012年1月	
		张华（女）	安徽定远	2011年1月至2012年1月	
第十七届	主任	陈方	江苏徐州	2012年1月—	党组书记
	副主任	宋新光	山东兖州	2012年1月—	
		董瑞山	山东邹城	2012年1月—	
		孙连干	山东淄博	2012年1月—	
		张华（女）	安徽定远	2012年1月—	
		赵广岭	山东兖州	2012年1月—	

第二节　工作机构

1996年1月，市人大常委会设办公室、人事代表工作室、法制工作委员会、财政经济工作委员会、教育科学文化卫生工作委员会、农业工作委员会、城乡建设工作委员会、信访工作室，均为正科级行政机构。2006年7月，增设研究室、老干部工作办公室，均为正科级行政机构。2010年9月，增设市人大机关后勤服务中心，为副科级全额预算管理事业单位，隶属人大常委会办公室。至2013年，市人大常委会内设办公室、人事代表工作室、法制工作委员会、财政经济工作委员会、教育科学文化卫生工作委员会、农业工作委员会、城乡建设工作委员会、信访工作室、研究室、老干部工作办公室，共有工作人员25人。

第三节　常委会会议

十三届人大常委会　该届人大常委会任期5年，1993年2月至1998年1月，共举行36次会议，听取审议“一府两院”和市人大常委会的92项工作汇报，作出决议、决定20项，提出审议意见48项，依法任免363名国家机关工作人员的职务，依法撤销政府组成人员职务1名。1996年4月，常委会第23次会议接受朱绪寅、朱维宁辞去市人民政府副市长职务的请求。同年7月，常委会第25次会议决定任命岳宪峰为市人民政府副市长。1997年12月，常委会第35次会议接受胡桂龙辞去市人民政府市长职务的请求，决定任命李卫国为市人民政府副市长，决定李卫国为市人民政府代理市长。

十四届人大常委会　该届人大常委会任期5年，1998年1月至2003年1月，共举行39次会议。对《中华人民共和国土地管理法》《中华人民共和国审计法》《中华人民共和国食品卫生法》《中华人民共和国城市规划法》《中华人民共和国失业保险条例》等38部法律法规的贯彻执行情况进行监督，听取“一府两院”26个专项报告，作出决议决定13项，提出审议意见49项，依法任免232名国家机关工作人员的职务，接受辞职7名。修订完善市人大常委会人事任免和监督办法、议案征集和处理办法、联系市人大代表办法，制定《关于进一步加强人大宣传工作的意见》，促进工作的规范化和程序化。1998年10月，常委会第5次会议决定接受王仲秋辞去市人民法院院长职务，任命庞新贤为市人民法院副院长，决定庞新贤为市人民法院代理院长。1999年9月，常委会第14次会议决定任命冯继福为市人民政府副市长。2000年9月，常委会第21次会议接受刘玉范辞去市人民政府副市长职务的请求。2001年2月，常委会第25次会议接受李卫国辞去市人民政府市长职务的请求；决定任命于建民为市人民政府副市长，决定于建民为市人民政府代理市长。2001年7月，常委会第29次会议决定任命彭德举、刘伟华（女）为市人民政府副市长。

十五届人大常委会　该届人大常委会任期5年，2003年1月至2007年12月，共举行42次会议。对《中华人民共和国义务教育法》《中华人民共和国水污染防治法》《中华人民共和国农村土地承包法》《中华人民共和国行政许可法》等31部法律法规的贯彻执行情况进行监督，听取“一府两院”26个专项报告，作出决议决定22项，提出审议意见48项，依法任免269名国家机关工作人员的职务，接受辞职28名。对市政府17位组成人员、市人民法院3位副院长、市人民检察院3位副检察长进行述职评议，对市政府11个执法部门进行工作评议。2006年11月，常委会第28次会议接受于建民辞去市人民政府市长职务的请求；2007年1月，常委会第30次会议决定张胜明为市人民政府代理市长，决定任命李志红（女）为市人民政府副市长，决定免去张言申的市人民政府副市长职务；常委会第32次会议接受庞新贤辞去市人民法院院长职务的请求，接受苏成运辞去市人民检察院检察长职务的请求，决定任命马庆池为市人民法院副院长、代理院长，郝峰为市人民检察院副检察长、代理检察长。同年7月，常委会第37次会议决定任命邱培友为市人民政府副市长。同年11月，常委会第41次会议决定任命李连习为市人民政府副市长，决定免去彭德举的市人民政府副市长职务。

十六届人大常委会　该届人大常委会任期4年，2007年12月至2012年1月，共举行会议37次。对《山东省城市房屋拆迁管理条例》《中华人民共和国环境影响评价法》《中华人民共和国安全生产法》《中华人民共和国残疾人保障法》《中华人民共和国森林法》等23部法律法规的贯彻执行情况进行监督，听取和审议“一府两院”专项工作报告39次。作出决议决定45项：支持市政府贯彻积极的财政政策，在每年审查批准财政决算的前提下，对提出的融资议案及时作出决定，并定期审议融资资金管理使用情况，保证重大建设项目的顺利实施；依法审查批准“六五”普法规划，作出关于2011年—2015年依法治市规划的决议，要求弘扬法治精神，认真实施普法和依法治市规划；依法任免252名国家机关工作人员的职务，接受辞职22名，依法确定人民陪审员名额，先后任命人民陪审员85名、人民监督员5名。依法开展工作评议，分两批对25个政府组成部门、4个垂直管理部门和法检“两院”开展工作评议，并注重评议结果的运用，督促评议意见的落实。2009年1月，常委会第11次会议决定接受张胜明辞去市人民政府市长职务的请求，接受高涛辞去市人大常委会主任职务的请求，决定任命张玉华为市人民政府代理市长；常委会第18次会议决定接受郭长忠辞去市人大常委会副主任职务的请求，接受初建伟辞去市人民政府副市长职务的请求。决定任命陈秋生、刘晓林为市人民政府副市长。2011年11月，常委会第35次会议决定接受张玉华辞去市人民政府市长职务的请求，接受李志红（女）、张玕辞去市人民政府副市长职务的请求，接受郝峰辞去市人民检察院检察长职务的请求。决定任命董波为市人民政府副市长，决定董波为市人民政府代理市长；任命范继珍、王仁娜（女）为市人民政府副市长，任命安如喜为市人民检察院副检察长、代理检察长。

十七届人大常委会　该届人大常委会任期5年，2012年1月至2013年12月，共举行会议15次。对《中华人民共和国电力法》《中华人民共和国档案法》《中华人民共和国安全生产法》等9部法律法规的贯彻执行情况进行监督，听取审议“一府两院”的专项工作报告38项，作出决议、决定、提出审议意见67项。对市政府提请的11项融资议案，依法及时予以批准，研究通过《关于加强自身建设的意见》《常委会组成人员守则》，制定出台《开展询问和质询工作办法》，修订完善《审议意见处理办法》，健全完善机关内部管理和委室职责的36项制度。依法任免78名国家机关工作人员的职务，接受辞职3名。2013年1月，常委会第7次会议决定接受马庆池辞去市人民法院院长职务的请求，决定任命张瑞山为市人民法院副院长、代理院长。同年11月，常委会第13次会议决定接受范继珍、陈秋生辞去市人民政府副市长职务的请求，决定任命曹广州、李勇为市人民政府副市长。

第四节　主要活动

代表工作

规章制度　市十三届人大常委会第三十一次会议、市十四届人大常委会第十八次会议、市十五届人大常委会第二十次会议、第二十一次会议，均分别专题研究代表工作，修订《兖州市人大代表工作暂行办法》，指导各镇（街道）人大工作室制定联系代表制度、优秀代表评比制度和代表议事、视察、调查等制度。市十六届人大常委会第二次会议审议通过《关于进一步加强和改进人大代表工作的意见》《兖州市人大常委会联系市人大代表办法》《兖州市人大常委会关于人大代表小组活动的暂行办法》《兖州市人大常委会关于市人大代表联系选民制度》。市十六届人大常委会第四次会议审议通过《兖州市人大常委会关于开展市人大代表述职工作的意见》和《兖州市人民代表大会代表守则》。

联系网络　2000年，市人大常委会将全市人大代表以乡镇（街道）为基本单位划分为不同联系点，每个联系点根据联系的代表数量和自身实际情况细化为代表小组。同时，受省、济宁市人大常委会委托，对省、济宁市驻兖人大代表进行分别编组或与兖州市人大代表混合编组。各联系点明确负责人，各小组民主推选组长。各镇人大设立主席、副主席，配备专职干部，建立代表活动室。2012年，调整代表小组编组办法，以12个镇（街道）和经贸系统、机关系统为单位直接划分为14个代表小组，各系统人大工作负责人为代表小组组长。

1996年—1998年，市十三届人大常委会重新修订《关于代表工作的暂行办法》，建立主任、副主任联系代表制度，建立17个代表联系点，把1182名五级人大代表统一编为100个代表小组，民主推选组长。

1998年—2003年，全市有驻兖全国人大代表1名，驻兖省人大代表5名，驻兖济宁市人大代表48名，兖州市人大代表237名，乡镇人大代表832名。2000年3月，市十四届人大常委会第十八次会议审议通过《联系市人大代表办法》，设代表联系点14个、代表小组82个。

2003年—2008年，全市有驻兖全国人大代表1名，驻兖省人大代表6名，驻兖济宁市人大代表48名，兖州市人大代表236名，镇人大代表687名。设代表联系点14个、代表小组58个。

2008年—2012年，全市有驻兖全国人大代表1名，驻兖省人大代表4名，驻兖济宁市人大代表45名，兖州市人大代表237名，镇人大代表698名。设代表联系点14个、代表小组36个。

2012年1月—2013年1月，全市有驻兖全国人大代表1名，驻兖省人大代表3名，驻兖济宁市人大代表40名，兖州市人大代表234名，镇人大代表518名。设兖州市级以上代表小组14个。2013年3月，全国和省人大代表换届后，全市有驻兖省人大代表3名，驻兖济宁市人大代表40名，兖州市人大代表234名，镇人大代表518名。设兖州市级以上代表小组14个。

市人大常委会每年召开1次镇（街道）人大工作会议，举办联系点负责人和代表小组组长培

2012 年 7 月 23 日，颜店镇访代表听民声座谈会召开

训班，部署代表活动内容，交流代表活动经验。为代表征订《人民权利报》，定期编辑《会刊》和《人大工作》信息，刊载市人大常委会会议资料、人大常委会和人大代表的重要活动、外地人大工作信息和经验，寄发给代表学习借鉴。市人大常委会人事代表工作室专门负责联系代表工作，指导镇（街道）建立联系代表、代表议事、视察调研、执法检查、代表联系选民、代表评比等制度。经常组织代表学习党的路线、方针、政策，学习宪法、地方组织法等法律法规，学习上级人大及其常委会的决议、决定以及其他文件。

组织代表活动　市人大常委会制定《关于人大代表小组活动的暂行办法》，规定代表闭会期间的活动内容：学习宣传宪法法律、党和国家的方针政策以及各级人大及其常委会的决议、决定等；围绕宪法法律贯彻实施全市的中心工作和市人大及其常委会通过的决议、决定的执行情况，人民群众普遍关心的热点、难点问题开展视察调研活动；参加市人大常委会统一安排的调研视察、执法检查等集中活动和代表评议工作；密切联系群众，听取和反映人民群众的意见和要求；组织代表联系选民，并向原选区选民报告执行代表职务的情况，回答选民对代表工作和代表小组活动情况的询问；交流开展代表活动和联系群众的经验。市人大常委会主要通过建立人大代表工作站和组织人大代表开展“访代表听民声”活动，不断夯实代表小组的组织建设，提升代表小组的影响力，加强人大代表与选民的联系。

2008 年，市鼓楼街道办事处设立人大代表接待室，将每月 10 日定为群众接待日，由 25 名代表分组轮流开展工作。2010 年始，在全市各乡镇开展创建人大代表工作站活动。代表工作站在城市以街道为单元建立，在乡镇以管区为单元建立，乡镇人大主席团和街道人大工作室负责工作站的日常管理和代表活动的开展。人大代表工作站除开展人大信访工作外，工作站以代表小组为单位，定期组织代表和群众学习各项大政方针，组织代表开展小范围的调研、走访和视察，拟定议案、建议、批评等材料，为人代会做好前期准备。

自 2009 年始，市人大常委会实施“访代表听民声”活动，以后每年 8 月集中开展。常委会组成人员和市人大代表，到各镇（街道）和市直代表联系点，通过联系选民（每名代表走访 15 户以上）、观摩现场、听取汇报、召开座谈会、发放征求意见表等形式，征求群众意见建议。2009 年—2013 年，人大代表累计走访联系选民 13000 余人次，填写征求意见表 1290 余份，整

2013 年 7 月，人大代表在鼓楼街道开展访代表听民声活动

理出意见建议 670 余条。每年活动结束后，市人大常委会都召开主任会议听取活动开展情况报告，研究部署建议落实意见办法。很多建议先后被兖州市政府纳入为民所办十件实事的范畴予以落实。如在全省率先实行从幼儿园到高中的 15 年全免费教育、“先看病、后交钱”的诊疗服务模式，城乡环境综合整治、小街巷硬化亮化等一系列民生问题得到及时解决。

议案 建议办理 1996 年—2013 年，市人民代表大会历经五届，共举行 18 次会议，收到代表议案（改作建议处理）1194 件。

市十三届人大在 1996 年和 1997 年共举行 2 次代表大会，分别是市十三届人大四次会议和五次会议，收到代表议案、建议 159 件（均作建议办理）。其中，四次会议上李艳华等代表提出的《关于府河治理的议案》，五次会议上张亚卓等 11 位代表提出的《关于尽快解决兖州教育电视台入有线电视网问题的议案》等得到高度重视并较好落实。

市十四届人大共举行 5 次代表大会，收到代表议案、建议 382 件（均作建议办理）。其中，一次会议上崔桂兰代表提出的《关于加强火车站广场综合治理的问题的议案》，二次会议上徐清祥等代表提出的《关于加强城市市容综合整治的议案》，三次会议上杨怀臣等代表提出的《关于农村电网改造的建议》，四次会议上尹凡池、吴成芝等代表提出的《关于加大社会治安和打霸除恶力度的建议》，五次会议上陈书凤、杨怀臣等代表提出的《关于实行乡镇干部教师工资统筹的建议》等得到高度重视和较好落实。

市十五届人大共举行 5 次代表大会，收到代表议案、建议 276 件（均作建议办理）。其中，一次会议上杨泽玉、颜士运、张守礼、谭志联、甘瑜等代表提出的《关于清收农业税尾欠的建议》，二次会议上赵敬训、孙法泉代表提出的《关于推进社会治安防控体系建设的建议》，三次会议上董本良、甘瑜、颜士运等代表提出的《关于解决谷村镇北部贫水区群众生产生活用水问题的建议》，四次会议上赵敬训代表提出的《关于尽快建立城镇低保职工大病救助基金的建议》，五次会议上徐秀清、尚衍庆等代表提出的《关于加大对农村教育投入、改善农村教学条件的建议》等得到较好落实。

市十六届人大共举行 4 次代表大会，收到代表议案、建议 257 件（均作建议办理）。其中，一次会议上桂建友、柳俊巧、陶峰等代表提出的《关于整治交通秩序的建议》，二次会议上杨明岐代表提出的《关于加强对小吃店、露天饮食摊点卫生管理的建议》，三次会议上桂建友、刘赛代表提出的《关于加强城区交通车辆管理的建议》，四次会议上孙法泉代表提出的《关于加强城市住宅小区监控的建议》等得到较好落实。

市十七届人大在 2012 年和 2013 年共举行 2 次代表大会，分别是市十七届人大一次会议和二次会议，收到代表议案、建议 120 件（均作建议办理）。其中，一次会议上张公平、孙文菊、张雪芬、陶芬等代表提出的《关于农村路网改造升级的建议》，二次会议上孙法泉代表提出的《整治商场、学校周边临时小吃摊点及流动小吃车的建议》等都得到有效落实。

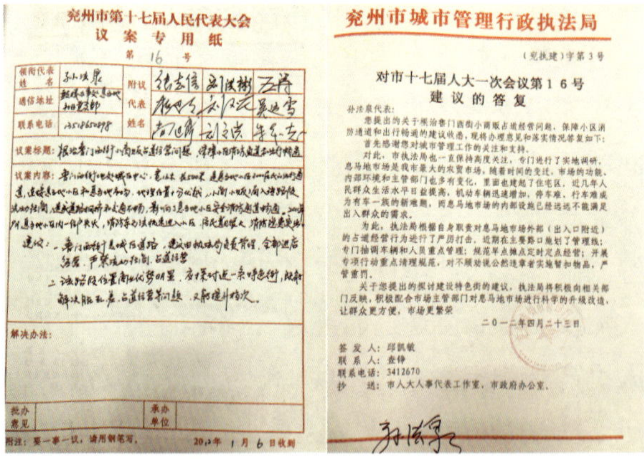
兖州市第十七届人民代表大会
议案专用纸
第 16 号

兖州市城市管理行政执法局

（兖执建）字第 3 号

对市十七届人大一次会议第 1 6 号
建议的答复

孙法泉代表：

您提出的关于根治鲁门西街小商贩占道经营问题，保障小区消防通道和出行畅通的建议收悉，现将办理意见和落实情况答复如下：

首先感谢您对城市管理工作的关注和支持。

对此，市执法局也一直保持高度关注，专门进行了实地调研。息马地市场是我市最大的农贸市场，随着时间的变迁，市场的功能、内部环境和主管部门也多有变化，里面也建起了住宅区，近几年人民群众生活水平日益提高，机动车辆迅速增加，停车难、行车难成为有车一族的新难题，而息马地市场的内部设施已经远远不能满足出入群众的需求。

为此，执法局根据自身职责对息马地市场外部（出入口附近）的占道经营行为进行了严厉打击，近期在主要路口施划了管理线；专门抽调车辆和人员重点管理；规范早点摊点定时定点经营；开展专项行动重点清理规范，对不服劝说公然违章者实施暂扣物品，严管重罚。

关于您提出的探讨建设特色街的建议，执法局将积极向相关部门反映，积极配合市场主管部门对息马地市场进行科学的升级改造，让群众更方便，市场更繁荣

二〇一二年四月二十三日

签发人：邱凯敏
联系人：査铮
联系电话：3412670
抄　送：市人大人事代表工作室、市政府办公室。

2012 年 1 月，市十七届人民代表大会第一次会议第 16 号建议办理

视察 调研和执法检查 1996 年 7 月，对全市城市开发和基础设施建设情况进行视察。先后到新兖镇龙桥商贸路、兖州镇兴隆小区、兴隆步

2006年1月，市人大代表视察全市“四园一区”建设

视察；8月30日至9月1日，对全市村镇规划建设情况进行视察，就落实国务院《村庄和集镇规划建设管理条例》情况，加速全市乡村城市化、城乡一体化，推进农村经济发展，改善农民生活环境和居住条件等问题提出意见和建议。2001年5月，对全市高中教育现状及发展规划进行调研；8月，到新兖镇视察指导工作，实地参观镇企业结构调整、民营经济、个体私营经济、镇村建设和精神文明建设5个方面的实际工作；9月，对全市农业结构调整情况进行视察，到全市10个农村乡镇的36个点，传达中央农村工作会议精神。2002年6月，对市政府贯彻执行《中华人民共和国食品卫生法》情况进行视察，就进一步贯彻执行《中华人民共和国食品卫生法》提出意见和建议。

行街和东南环路、西北护城河、府河及市热力筹建处、市供电局、市邮电局等现场，视察城市综合开发和基础设施建设情况，并在视察报告中，提出强化城市建设的意见和建议。1997年10月，对商城建设、集贸市场发展情况进行调查。听取市政府关于商城建设、集贸市场发展情况的汇报，到裕康市场、皇城园服装市场、息马地市场、火车站小商品批发市场、九州百货大厦等地进行调查了解。提出进一步加强商城建设、促进集贸市场发展的意见和建议。

1998年4月，对城区学校设置与规划情况进行视察。听取市政府关于城区学校设置与规划的汇报，学习《中华人民共和国教育法》等有关法律。分组到城区的20多所学校进行实地察看，听取有关学校的发展规划情况汇报，向师生调查、了解城区学校的建设用地、学生人数、发展规划等方面的情况。提出搞好学校设置规划的许多合理化意见、建议。1999年4月，对全市城区居委会建设进行视察。分组到城区的30个居委会，调查了解学习宣传《中华人民共和国城市居民委员会组织法》的情况、居委会组织建设情况、居委会开展工作的情况和落实居委会办公用房等方面的情况，就进一步强化城市居委会建设提出意见和建议。2000年5月，对全市林业情况进行

2003年10月，对全市社区建设情况进行视察，对鼓楼街道、永安街道的30个社区居委会和鼓楼社区服务中心进行实地察看，针对社区建设工作中存在的问题，提出建议和意见。同年，对传染性非典型肺炎防控、农村产业结构调整等工作开展专项调研；2004年9月，对全市民营经济发展情况进行视察，听取市政府副市长张玉华代表市政府所作的《关于全市民营经济发展情况的汇报》，分组到企业进行实地察看。2005年4月，视察全市中小学教育发展状况，就进一步推进全市教育事业的发展提出意见、建议。同年，对预算执行和预算外资金收支计划执行、村镇规划与建设、农业综合开发、招商引资、议案建议办理等工作情况开展专项调研，对《中华人民共和国行政许可法》《中华人民共和国安全生产法》《中华人民共和国大气污染防治法》《中华人民共和国水法》《中华人民共和国人口与计划生育法》《山东省人口与计划生育条例》等法

2012 年 11 月 29 日，市人大常委会执法检查组对全市贯彻实施《中华人民共和国档案法》情况进行执法检查

律法规的贯彻执行情况开展执法检查。2006 年 1 月，在人代会期间组织全体与会代表视察全市“四园一区（太阳工业园、银河工业园、国际焦化工业园、联诚工业园、经济开发区）”建设；4 月，视察全市城市建设与管理情况，对城建管理工作提出建议。同年，对新农村合作医疗、县乡公路管理养护、市政府机关关于开展“规范执法行为，促进执法工作”专项整改活动、预算执行和预算外资金收支计划执行、议案建议办理等工作开展专项调研，对《中华人民共和国森林法》《中华人民共和国残疾人保障法》《中华人民共和国村民委员会组织法》《中华人民共和国科学技术进步法》《中华人民共和国土地管理法》等法律法规的贯彻执行情况开展执法检查。2007 年 4 月，视察全市社会主义新农村建设情况，分组对全市 8 个镇和相关单位进行视察，对全市社会主义新农村建设情况进行认真分析，并提出意见和建议。同年，对预算执行和预算外资金收支计划执行、议案建议办理、市人民法院关于执行工作、市人民检察院关于查办职务犯罪等的工作情况开展专项调研，对《中华人民共和国道路交通安全法》《中华人民共和国城市规划法》《中华人民共和国义务教育法》《中华人民共和国环境保护法》等法律法规的贯彻执行情况开展执法检查。

2008 年 10 月，对全市文化工作开展集中视察。同年，对城市集中供热、兖州市第一中学新校区和职业教育中心建设、城市管理综合执法、招商引资、市属企业改制、国民经济和社会发展计划、财政预决算、代表议案建议办理等工作情况开展专项调研，对《中华人民共和国电力法》《中华人民共和国防洪法》《中华人民共和国食品卫生法》《中华人民共和国药品管理法》《中华人民共和国消防法》《中华人民共和国婚姻法》《山东省城市房屋拆迁管理条例》等法律法规的贯彻执行情况开展执法检查；2009 年 9 月，对全市重点产业项目建设情况开展集中视察。同年，对普通中小学教育、计划生育、城区电子监控、新农村示范村建设、国民经济和社会发展计划、财政预决算、代表议案建议办理等工作情况开展专项调研，对《中华人民共和国土地管理法》《中华人民共和国森林法》《中华人民共和国环境影响评价法》《中华人民共和国防震减灾法》等法律的贯彻实施情况开展执法检查。2010 年 10 月，对全市基础设施“百项工程”实施情况开展集中视察。同年，对农业综合开发、社区建设、国民经济和社会发展计划、财政预决算、保障性住房建设、供销流通网络建设、市人民检察院关于诉讼监督、市人民法院关于民事诉讼、代表议案建议办理等工作情况开展专项调研，对《中华人民共和国安全生产法》《中华人民共和国传染病防治法》《中华人民共和国人民防空法》《中华人民共和国气象法》《中华人民共和国促进科技成果转化法》《山东省文化市场管理条例》等法律法规的贯彻实施情况开展执法检查；2011 年 9 月，对电子监控全覆盖民安工程实施情况开展集中视

察。同年，对客运市场管理、梯队企业培育工程、旅游、学前教育、城市市容和环境卫生管理、国民经济和社会发展计划、财政预决算、代表议案建议办理情况等工作开展专项调研，对《中华人民共和国水污染防治法》《中华人民共和国残疾人保障法》《中华人民共和国森林法》《中华人民共和国水法》等法律的贯彻实施情况开展执法检查。

2012年10月，对市政府服务大项目建设情况开展集中视察。同年，对全市造林绿化工作、餐饮业质量安全、保障性住房建设、国民经济和社会发展计划、财政预决算、代表议案建议办理情况、市人民检察院关于查办职务犯罪、市人民法院关于刑事审判等工作开展专项调研，对《中华人民共和国电力法》《中华人民共和国村民委员会组织法》《中华人民共和国土地管理法》《中华人民共和国农业机械化促进法》《中华人民共和国档案法》的贯彻实施情况开展执法检查。2013年10月，对市政府及其职能部门转作风、服务促进企业发展情况开展集中视察。同年，对城乡环境综合整治、园林城市建设、15年免费教育、促进村级集体经济发展、代表议案建议办理、国民经济和社会发展计划、财政预决算、市人民法院行政审判和市检察院刑事诉讼监督等工作开展专项调研，对《中华人民共和国城乡规划法》《中华人民共和国安全生产法》《中华人民共和国道路交通安全法》《中华人民共和国科学技术进步法》，以及畜产品质量安全相关法律法规的实施情况开展执法检查。

信访工作　市人大常委会建立主任、副主任接访制度，每月5日、20日在信访工作室轮流接待代表和群众到访，指导信访工作室处理各种信访问题。信访工作室与市信访局、市人民法院、市人民检察院、镇人大分别建立转办、督办手续，依法正确解决信访问题。1996年—2002年，接待人大代表和群众到访1100人次，阅处来信770件，转办要结果的信访90件，处结率92%。2003年—2007年，接待人大代表和群众到访677人次，阅处来信533件，转办要结果的信访349件，处结率97.8%。2008年—2013年，市人大常委会信访工作室累计受理来信到访239件（起）。其中，人民来信89件，到访150起240人（次），处结率98.5%。

其他工作　1996年—2013年，历届人大常委会先后陪同全国、省、济宁市人大代表视察、调研和执法检查工作117次，接待县（市）人大参观考察团体90个。印发《常委会会刊》149期，《兖州人大工作》167期，机关各委（室）深入全市270（个）单位调查研究，写出调查报告165篇。

第三章　乡镇人民代表大会

第一节　机　构

1996年1月，兖州市各乡镇人大均设专职常务主席1名，配备专（兼）职干部，设立人大主席团办公室。乡镇人民代表大会每届任期3年。根据2004年修改后的《中华人民共和国选举法》规定，2004年起，镇人大每届任期5年。2008年，增设酒仙桥街道、龙桥街道人大工作室，作为市人大常委会的正科级派出机构，全市5个街道办事处、7个镇均设专职人大主席（主任）1名、副主席（副主任）1名。2012年1月，镇人大主席团主席、街道人大工作室主任由镇（街道）党（工）委书记兼任（王因、黄屯街道除外）。

第二节 换届选举

1998年12月至1999年3月，乡镇单独进行换届选举，全市共划分选区557个，共有313037名选民参加投票，选出镇人大代表832名，镇人大主席13名，副主席14名；选举镇长13名，副镇长53名。2001年12月至2002年3月，乡镇单独进行换届选举，全市共划分选区523个，共有303924名选民参加投票，选出镇人大代表687名，镇人大主席10名，副主席15名；选举镇长10名，副镇长50名。2007年9月至12月，镇人大换届选举，这是宪法修改后的第一次市、镇两级人大同步换届选举。全市共划分选区627个。其中，选举镇代表选区516个，共有368519名选民参加投票，选出镇人大代表698名，镇人大主席10名，副主席2名；选举镇长10名，副镇长33名。2011年11月至2012年1月，镇人大换届选举，全市共划分选区495个。其中，选举镇代表选区388个，共有265733名选民参加投票，选出镇人大代表518名，镇人大主席7名，副主席6名；选举镇长7名，副镇长21名。

2011年12月，兴隆庄镇第十八届人民代表大会第一次全体会议召开

第十九篇

地方行政机关

YANZHOUSHIZHI

地方行政机关

第一章　政府机构

第一节　领导人员

1996年—2013年，兖州市（区）人民政府历经5届，即第十三、十四、十五、十六、十七届，胡桂龙、李卫国、于建民、张胜明、张玉华、董波先后担任市长（区长）。

1996年—2013年兖州市（区）人民政府市（区）长、副市（区）长任职情况表

表19-1

届次	职务	姓名	籍贯	任职时间	备注
第十三届（1993年2月至1998年1月）	市　长	胡桂龙	山东济宁	1993年2月至1997年12月	
	市长（代）	李卫国	河北衡水	1997年12月至1998年1月	
	副市长	李开珍	山东嘉祥	1993年2月至1998年1月	
		马景昌	山东兖州	1993年2月至1997年12月	
		朱绪寅	山东滕州	1993年2月至1996年4月	
		刘玉范	山东济宁	1993年2月至1998年1月	
		朱维宁	山东兖州	1993年10月至1996年4月	
		卢兆河	山东曲阜	1994年11月至1997年12月	
		岳宪峰	山东微山	1996年7月至1998年1月	
		李卫国	河北衡水	1997年12月至1998年1月	
		张红锋	江苏六合	1994年4月至1998年1月	科技
第十四届（1998年1月至2003年1月）	市　长	李卫国	河北衡水	1998年1月至2001年2月	
	市长（代）	于建民	山东苍山	2001年2月至2001年3月	
	市　长	于建民	山东苍山	2001年3月至2003年1月	
	副市长	李开珍	山东嘉祥	1998年1月至2002年12月	
		刘玉范	山东兖州	1998年1月至2000年9月	
		岳宪峰	山东微山	1998年1月至2003年1月	
		张言申	山东兖州	1998年1月至2003年1月	
		宋新光	山东兖州	1998年1月至2003年1月	
		冯继福	山东兖州	1999年9月至2003年1月	
		于建民	山东苍山	2001年2月至2001年3月	

续表19-1

届 次	职 务	姓 名	籍 贯	任职时间	备 注
第十四届（1998年1月至2003年1月）	副市长	张玉华	山东鱼台	2001年3月至2003年1月	
		彭德举	山东兖州	2001年7月至2003年1月	
		刘伟华（女）	山东兖州	2001年7月至2003年1月	
		刘太宁	湖南沅江	1999年11月至2000年11月	挂职
		秦传滨	山东肥城	2000年8月至2001年1月	挂职
		李志怀	陕西商州	2002年5月至2002年8月	挂职
第十五届（2003年1月至2007年12月）	市 长	于建民	山东苍山	2003年1月至2006年9月	
	市长（代）	张胜明	山东汶上	2007年1月	
	市 长	张胜明	山东汶上	2007年1月至2007年12月	
	副市长	张胜明	山东汶上	2003年1月至2007年1月	2006年9月—12月主持市政府工作
		张言申	山东兖州	2003年1月至2007年1月	
		宋新光	山东兖州	2003年1月至2007年12月	
		张玉华	山东鱼台	2003年1月至2007年12月	
		刘伟华（女）	山东兖州	2003年1月至2007年12月	
		初建伟	山东莱阳	2003年1月至2007年12月	
		彭德举	山东兖州	2004年8月至2007年11月	
		李志红（女）	山东济宁	2007年1月至2007年12月	
		邱培友	山东兖州	2007年7月至2007年12月	
		李连习	山东嘉祥	2007年11月至2007年12月	
		彭德举	山东兖州	2003年4月至2004年8月	科技
		杨德胜	山东平度	2004年3月至2005年3月	挂职
		张国洲	山东临清	2004年3月至2005年3月	挂职
		范彩军	山东胶南	2004年8月至2005年8月	挂职
		刘书俊	山东莘县	2005年3月至2006年3月	挂职
		商善刚	山东莘县	2006年5月至2007年5月	挂职
		麦 芳（女）	广西防城	2007年3月至2007年9月	挂职
		张宪华	山东莘县	2007年5月至2007年12月	挂职
第十六届（2007年12月至2012年1月）	市 长	张胜明	山东汶上	2007年12月至2009年1月	
	市长（代）	张玉华	山东鱼台	2009年1月至2009年2月	
	市 长	张玉华	山东鱼台	2009年2月至2011年11月	
	市长（代）	董 波	山东济宁	2011年11月至2012年1月	
	副市长	张玉华	山东鱼台	2007年12月至2009年1月	
		李志红（女）	山东济宁	2007年12月至2011年11月	
		初建伟	山东莱阳	2007年12月至2010年1月	
		邱培友	山东兖州	2007年12月至2012年1月	

续表19-1

届　次	职　务	姓　名	籍　贯	任职时间	备　注
	副市长	李连习	山东嘉祥	2007年12月至2012年1月	
		张　玕	山东兖州	2007年12月至2011年11月	
		陈秋生	山东兖州	2010年1月至2012年1月	
		刘晓林	山东邹城	2010年1月至2012年1月	
		董　波	山东济宁	2011年11月至2012年1月	
		范继珍	山东鄄城	2011年11月至2012年1月	
第十六届（2007年12月至2012年1月）		王仁娜（女）	山东乳山	2011年11月至2012年1月	
	副市长	张宪华	山东莘县	2007年12月至2008年5月	挂职
		宋洪泰	山东邹城	2008年7月至2010年7月	挂职
		张培川	山东嘉祥	2008年7月至2009年1月	挂职
		吴　勇	山东济宁	2009年1月至2010年7月	挂职
		任旭芳（女）	山东莱阳	2009年7月至2010年7月	挂职（科技）
		吴　鑫	陕西乾县	2010年4月至2010年6月	挂职
		冉宜凡（女）	重庆酉阳	2010年7月至2010年12月	挂职
	市　长（区　长）	董　波	山东济宁	2012年1月—	
		范继珍	山东鄄城	2012年1月至2013年11月	
		陈秋生	山东兖州	2012年1月至2013年11月	
		邱培友	山东兖州	2012年1月—	
		李连习	山东嘉祥	2012年1月—	
第十七届（2012年1月—）		刘晓林	山东邹城	2012年1月—	
	副市长（副区长）	王仁娜（女）	山东乳山	2012年1月—	
		曹广州	山东金乡	2013年11月—	
		李　勇	山东兖州	2013年11月—	
		周子龙	内蒙古鄂尔多斯	2013年4月至2013年7月	挂职
		陶力古尔	内蒙古锡林郭勒盟	2013年4月至2013年7月	挂职
		尚　文	内蒙古	2013年10月至2013年12月	挂职
		蔡　捷	山西	2013年10月至2013年12月	挂职

第二节　职能部门

1996年4月，设立市旅游局，为科级全额预算管理的事业单位，隶属市政府管理。设立市城市管理办公室，为科级单位，由市公安局管理。同年11月，设立市机关接待处，与机关后勤服务总公司合署办公。至1996年年底，兖州市政府职能部门有40个。其中，行政单位34个，分别为市政府办公室、市经济委员会、市财政贸易委员会、市农业委员会、市农业局、市林业局、市粮食局、市对外经济贸易委员会（市招商局与其合署）、市计划委员会、市城乡建设委员会、市科学技术委员会、市教育委员会、市体育运动委员会、市文化局、市计划生育委员会（市计划生育协会与其合署）、市公安局、市司法局、市民政局、市人事局（市机构编制委员会办公室与其合署）、市统计局、市劳动局、市财政局、市税务局、市地方税务局、市交通局、市水利局、市卫生局（市爱国卫生委员会办公室、市红十字会办公室与其合署）、市审计局、市工商行政管理局、市土地矿产管理局、市乡镇企业局、市技术监督局、市环境保护局、市城市管理办公室、市监察局（列政府序列，不占机构限额）；事业单位6个，分别为市人民防空办公室、市机关后勤服务总公司（市机关接待处与其合署）、市广播电视局、市旅游局、市农机服务中心、市畜牧局。1998年11月，市盐业局成立，为科级行政单位，隶属市政府管理。2002年3月，市政府机构改革。不再保留市财贸委员会、市乡镇企业局、市体育运动委员会、市红十字会办公室。市农业委员会和市农业局合并，组建市农业局。市行政审批中心成立，为科级全额预算管理事业单位，由市政府管理。2003年4月，市招商促进局成立，为科级全额预算管理事业单位，由市政府管理。同年7月，济宁开放开发综合试验区兖州外贸出口加工区管理委员会被撤销。2004年12月，市农村工作办公室、市商业贸易局、市体育局成立，均为科级全额预算事业单位，由市政府管理。市教育局不再挂市体育局牌子。2007年8月，市规划局成立，为科级全额拨款事业单位，由市政府管理。2010年4月，组建市经济和信息化局，将市经济贸易局除职业教育外的职责划入市经济和信息化局，不再保留市经济贸易局。组建市人力资源和社会保障局，将市人事局、市劳动和社会保障局的职责，市经济贸易局的职工教育职责，整合划入市人力资源和社会保障局，不再保留市人事局、市劳动和社会保障局，原与市人事局合署的市机构编制委员会办公室单独设置，列入党委机构序列。组建市交通运输局，将市交通局的职责，市建设局（市城市管理行政执法局）管理公共交通的职责，整合划入市交通运输局，不再保留市交通局。组建市商务局，将市对外贸易经济合作局的职责，市商业贸易局的内贸管理职责，整合划入市商务局。组建市文化广电新闻出版局，将市文化局的职责，市广播电视局（台）的行政管理职责，市新闻出版局的管理职责，整合划入市文化广电新闻出版局。组建市住房和城乡建设局，挂市规划局、市城市管理行政执法局牌子，不再保留市建设局。组建市农业局，挂市林业局牌子。2013年3月，市兴隆文化产业园管理委员会成立，为市政府直属公益一类事业单位。同年12月，市招投标管理委员会办公室（挂市招投标中心牌子）成立，为市政府直属正科级事业单位。同年年底，兖州市政府职能部门共34个。其中，市政府工作部门24个，分别为市政府办公室、市发展和改革局、市经济和信息化局、市教育体育局、市科学技术局、市公安局、市监察局、市民政局、市司法局、市财政局、市人力资源和社会保障局、市国土资源局、市交通运输局、市水利局、市农业局、市商务局、市文化广电新闻出版局、市卫生局、市人口和计划生育局、市审计局、市环境保护局、市统计局、市住房和城乡建设局、市安全生产监督管理局、市食品药品监督管理局。市监察局与市纪律监察委员会机关合署，列政府工作部门序列，不计入市政府机构个数。市发展和改革局挂市粮食局、市物价局牌子，市住房和城乡建设局挂市规划局、市城市管理行政执法局牌子，市农业局挂市林业局牌子。市政府直属事业单位10个，分别为济宁市农业高新技术示范园管理委员会、市人民防空办公室（挂市民防局牌子）、市供销合作社联合社（参照公务员法管理）、市行政事务管理局、市残疾人联合会（参照公务员法管理）、市人民政府压煤村庄搬迁办公室（挂市资源开发保护办公室牌子）、市文化市场综合执法局、市兴隆文化产业园管理委员会、市招投标管理委员会办公室（挂市招投标中心牌子）、市政府采购办公室。

附

市政府派出机构

1996年，兖州市政府有派出机构2个，分别为济宁开放开发综合试验区兖州工贸区管理委员会和济宁开放开发综合试验区兖州外贸出口加工区管理委员会。2001年3月，济宁开放开发综合试验区兖州工贸区管理委员会更名为兖州经济开发区管理委员会。2002年，全市实施机构改革，明确兖州经济开发区管理委员会和济宁开放开发综合试验区兖州外贸出口加工区管理委员会为市政府派出机构。同年，确定兖州经济开发区管理委员会为副县级事业单位，由市政府管理。2003年7月，济宁开放开发综合试验区兖州外贸出口加工区管理委员会被撤销。2013年3月，调整完善兖州经济开发区和兖州工业园区管理体制，将兖州工业园区管理委员会作为兖州市政府派出机构。

第三节　基层政府机构

1996年，全市设13个乡镇人民政府。乡镇设党政办公室、农业办公室、经贸办公室、治安民政办公室、乡村建设办公室、计划生育科教文卫办公室、农村养老保险管理所（挂民政办公室牌子）。乡镇人民代表大会不设专门办事机构，具体工作由乡镇党政办公室承担。乡镇不设政协组织。派出所、工商所、税务所、法庭、交管站、粮所实行双重领导，以主管部门领导为主。农技站、农经站、水利站、林业站、农机站、畜牧站、统计站、教委、文化站、广播站、记者站、乡镇卫生院、社会卫生防疫站、计划生育服务站、劳动服务站、法律服务站、供销社、食品站等企事业单位统归乡镇管理，主管部门负责业务指导。是年，明确乡镇设置的农技站、林业站、农机站、水利站、畜牧兽医站、经营管理站为全额事业单位。1999年，恢复乡镇政协工作办公室，为科级机构。2002年，乡镇机构改革，新兖镇、新驿镇、颜店镇分别设党政办公室（挂社会治安综合治理办公室牌子）、经济发展办公室、社会事务办公室、计划生育办公室4个综合性办公室。鼓楼街道办事处、永安街道办事处、谷村镇、漕河乡、大安镇、小孟乡、黄屯镇、王因镇、兴隆庄镇分别设党政办公室（挂社会治安综合治理办公室牌子）。经济发展办公室、社会事务办公室和计划生育办公室（一个机构两块牌子）3个综合性办公室。乡镇（街道）一级不设政协机构。各乡镇设置农业服务站、农村经济管理站、科技文化服务站、乡（镇）村建设服务站、计划生育服务站、财税所6个财政拨款事业单位（不含教育、卫生事业单位）；鼓楼、永安街道办事处设置社区服务中心、经济贸易服务中心、科技文化服务中心、城镇建设服务中心、计划生育服务中心、民事综合服务中心6个财政拨款事业单位。2004年，各镇（街道）设立司法所，为市司法局派出机构。2010年，乡镇机构改革，按照乡镇分类办法综合设置镇（街道）机构。市一类镇（街道）6个，分别是新兖镇、大安镇、新驿镇、颜店镇、兴隆庄镇、鼓楼街道办事处；二类镇（街道）4个，分别是漕河镇、小孟镇、龙桥街道办事处、酒仙桥街道办事处。二类镇（街道）均设置党政办公室、经济发展办公室（挂公共安全监督管理办公室牌子）、社会事务办公室（挂人口和计划生育办公室牌子）、群众工作办公室（挂社会治安综合治理办公室牌子）4个党政工作机构。一类镇（街道）在二类镇（街道）设置4个行政机构的基础上，增设村镇规划建设办公室。二类镇（街道）均设置财政所、农业综合服务中心、计划生育服务站、文化服务中心、社会保障服务中心5个财政拨款事业单位（不含教育、卫生事业机构）。一类镇（街道）在二类镇（街道）设置5个事业机构（不含教育、卫生事业机构）的基础上，增设经济商贸服务中心。同时，统一设置的事业机构中的农业综合服务中心在街道办事处名称规范为村居社区综合服务中心。至2013年年底，10个镇（街道）机构无变化。

第二章 施政辑要

第一节 第十三届人民政府

兖州市第十三届人民政府，任期为1993年2月至1998年1月。1997年，全市地区生产总值68亿元，财政收入完成4.05亿元，城镇居民人均可支配收入4025元，农民人均纯收入3068元。三次产业比为21∶49∶30。

粮食连年丰收，小麦单产突破500公斤，名列全国第一位。建成一批园林化村庄和乡镇驻地，提前达到省“八五”绿化标准。被评为全省畜牧强市、全国造林绿化先进单位。5年用于工业的投入25亿元，完成技术改造项目814项。1997年，乡及乡以上工业完成销售收入44亿元，实现利税5.75亿元，利润3.1亿元，有7家企业跨入全国乡镇企业综合实力500强。外向型经济出现质的飞跃，5年新建三资企业102家，实际利用外资累计6375万美元。

1993年—1998年，先后兴建息马地商城、富居家居装饰城、火车站小商品批发市场等，新建和改建百货大楼、九州百货大厦、华联商厦等大型商场。城区市场和商业网店面积65万平方米。1997年，社会消费品零售额14.3亿元，商品市场成交额12.7亿元。先后建设327国道兖州段、汶邹公路兖州段、新西环、新南环、新泗河大桥等重点工程项目，公路密度全省领先。电话普及率9.07%，居济宁市各县（市、区）之首。新建热电厂和110千伏龙桥变电站。建成管道煤气和集中供热工程，是全省第一个同时实现管道煤气和集中供热的县级城市。累计拆迁旧房32万平方米，开发建设面积95万平方米，建成校场街、兴隆、长安、御园等较大的住宅小区。建成省级卫生城市，基本完成农村“四通一有（村村通电、村村通柏油路、村村通自来水、村村通程控电话、村村有澡堂）”工程，被评为全省村镇建设先进市。累计取得科技成果136项，科技进步贡献率55%以上，跨入全国科技实力百强市行列。在全省县级城市中率先开通有限加密电视。计划生育工作连续5年保持省一等奖水平。建立“110”报警服务网络。建成“双拥”模范城市。开展全民普法活动，被评为“二五”普法先进市。

第二节 第十四届人民政府

兖州市第十四届人民政府，任期为1998年1月至2003年1月。2002年，全市完成地区生产总值首次突破百亿元，为100.6亿元，比1997年增加32.6亿元；地方财政收入4.8亿元。产业结构调整取得重大进展，三次产业比例由1997年的21∶49∶30调整为2002年的13.7∶50∶36.3。人均地区生产总值16705元。2002年，城镇居民人均可支配收入5333元，农民人均纯收入3589元，分别比1997年增加1308元和521元。城乡居民储蓄存款余额40.2亿元，比1997年增长1倍。

2002年，农林牧渔业实现总产值21.66亿元。优质高效农产品大幅度增加，林牧渔业占农业总产值的比重为45%。设施农业有较快发展，全市规模以上塑料大棚发展到4324个，面积3645亩。限额以上工业企业实现销售收入61.8亿元、利税9.3亿元，分别比1997年增长1.4倍和1.8倍，年均递增19.3%和22.8%。一批骨干企业在竞争中发展壮大，能源、造纸、机械制造、农副产品加工等支柱产业优势更加突出。新建、扩建一批专业批发市场、大型超市和商业网点，新增营业面积 23 万平方米，社会消费品零售总额完成 26.75 亿元，比 1997 年增长 87%，年均递增 13.3%。民营经济增势强劲，上缴税金 2.75 亿元，占地方财政收入的比重达 56.9%。全市进出口总额完成 1.1 亿美元，比 1997 年增长 6.8 倍，年均递增 51%，其中自营出口 1400 万美元，增长 6.3 倍，年均递增 49%；实际利用外资 5 年累计达 3600 万美元。

1998 年—2002 年，累计完成固定资产投资 97 亿元。其中，产业性投资 76 亿元，建设投资过 1000 万元的产业性项目 188 项、过 1 亿元的 10 项。城乡基础设施建设成效显著，新建、拓宽城乡道路 120 公里。成为鲁西南第一个电话市。实施各类科技计划 546 项，引进推广先进适用技术 427 项，完成重大技改项目 96 项，培育省级以上高新技术企业 3 家。建立农业科技示范园 15 处，市农高园被列为省级农业科技示范园区。科技进步对全市经济增长的贡献率 57.1%，被评为全国科技实力百强市和科技工作先进市。

第三节　第十五届人民政府

兖州市第十五届人民政府，任期为 2003 年 1 月至 2007 年 12 月。2007 年，全市地区生产总值为 242.2 亿元，是 2002 年的 2.4 倍，年均增长 19%。财政总收入 26.97 亿元，是 2002 年的 3.39 倍，年均增长 27.64%。其中，地方财政收入 13.24 亿元，是 2002 年的 2.8 倍，年均增长 24.4%。5 年累计完成全社会固定资产投资 390 亿元。产业结构调整取得重大进展，三次产业比例由 2002 年的 13.7∶50∶36.3 调整为 2007 年的 9.7∶60.2∶30.1。规模以上工业企业发展到 200 家，比 2002 年新增 141 家，实现销售收入 296.17 亿元、利税 46.3 亿元，分别是 2002 年的 4.8 倍、5 倍，年均增长 39.3%、38.2%。民营经济增势强劲，2007 年上缴税金 14.94 亿元，是 2002 年的 5.4 倍，被评为全省发展民营经济先进市。山东太阳纸业股份有限公司成为济宁市首家上市民营企业。高新技术产业规模总量连续多年居济宁市第一位，培育一批省级名牌产品，被评为全国科技进步先进市。社会消费品零售总额达到 64 亿元，是 2002 年的 2.4 倍，年均增长 18.9%。济宁市农业高新技术示范园被批准为省级农业高新技术产业示范区，兖州市被评为全国粮食生产先进县标兵和全省农业产业化发展先进市。

2003 年—2007 年，批办外商投资项目 60 个，累计利用外资 3.24 亿美元，是前 5 年的 9 倍，年均增长 72%。兖州经济开发区和兖州工业园区被批准为省级开发区。2007 年，进出口总额达到 5.63 亿美元，是 2002 年的 5.1 倍。其中，自营出口 1.36 亿美元，是 2002 年的 9.7 倍。被评为全省外经贸工作先进市。建设市行政办公中心、市民文化广场等标志性工程，改造大禹路、北环城路、建设路、中御桥路等 13 条主次干道和 59 条小街巷，实施片区开发和城中村改造，累计新增开发面积 134 万平方米，城市人均住房面积达到 29.3 平方米。实施人民乐园、少陵公园、府河绿地、327 国道环城段等绿化改造，新增城市绿地 71 万平方米，森林覆盖率 30%。改造东城区供水管网，发展煤气用户 1.2 万户，增加集中供热面积 144 万平方米，新开通公交线路 11 条，新增公交车辆 208 台。新建改造农村公路 35 条 217 公里，完成镇驻地开发 44 万平方米，被评为全国首批农村社区建设实验市、济宁市新农村建设示范市。

2007 年，城镇居民人均可支配收入从 2002 年的 5333 元提高到 13976 元，农民人均纯收入由 3589 元提高到 6409 元。城乡居民储蓄存款余额由 40.2 亿元增加到 74 亿元。在济宁市率先取消农业税，在全省率先实行全免费义务教育，在济宁市率先实现教师和机关干部工资、村级办公经费、村干部误工补贴等由市财政统筹。5 年累计改造村级办公场所 50 个、农村困难群众危房 297 户。先后 4 次提高低保救助标准，建立 75 岁以上无养老金收入的老人生活补贴制度，被评为全省敬老院建设先进市。实行城乡困难居民大病救助制度，普及新型农村合作医疗，实施城镇居民合作医疗，抗击“非典”和防控禽流感取得重大胜利。完成谷村贫水区供水改造，实施小孟、漕河部分村集中供水工程，被确定为全国农村饮水安全示范市。教育工作取得显著成绩，5 年累计改造校舍 23 万平方米，建成省级示范化学校 26 所，高考本科升学率连续五年居济宁市第一，被评为全国义务教育先进市、山东省教育示范市。

第四节　第十六届人民政府

兖州市第十六届人民政府，任期为 2007 年 12 月至 2012 年 1 月。2011 年，全市地区生产总值 455.6 亿元，比 2007 年增长 88%。完成地方财政收入 27.43 亿元（含区划）。4 年累计完成固定资产投资 620 亿元，每年经济增长率 10%。规模以上工业企业发展到 125 家，主营业务收入 867 亿元，年均增长 30.8%。民营经济实现营业收入 1030 亿元、上缴税金 31.3 亿元，分别是 2007 年的 3.1 倍和 2.1 倍。社会消费品零售总额 126.8 亿元，比 2007 年增长 98%。城镇居民人均可支配收入 20836 元、农民人均纯收入 9858 元，分别比 2007 年增加 6860 元和 3449 元。三次产业比例由 2007 年的 9.7∶60.2∶30.1 调整为 2011 年的 8.3∶59.1∶32.6。全市过 1 亿元企业发展到 43 家，限额以上服务业企业 309 家，国家级高新技术企业 20 家，兴隆文化园被确定为全省重点建设项目和文化产业重点园区基地，兖州市被评为全国科技进步先进市、全省服务业发展先进市。市级以上农业产业化龙头企业 29 家，被评为全国粮食生产先进县、全国农业现代化示范市。实施镇街区划调整，新兖镇、大安镇建立“镇园合一”新体制。行政审批制度改革不断深化，涉企“一费制”全面推行。集体林权制度改革顺利完成。累计利用外资 4.35 亿美元，落户世界 500 强企业 7 家；累计对外投资 2.39 亿美元；完成进出口总额 48.4 亿美元，其中自营出口 16.2 亿美元，年均分别增长 32.8%、52.8%，被评为全省对外开放先进市。城市建设累计投资 63.3 亿元，城市化率 56.6%。新建改造城区道路 70 公里，治理小街巷 52 条，累计完成 44 个片区 323 万平方米房屋征收，建设安置房 166 万平方米，实施商品房开发 578 万平方米。4 年新增城市绿化面积 200 余万平方米，城乡森林覆盖率 31.1%，被评为全国绿色小康市。新建改造农村公路 227.7 公里。连续 2 届获省级文明城市称号。实施污水处理厂升级改造等 44 项生态环保工程，全面完成节能减排任务目标。累计新增就业再就业 3.38 万人，城镇登记失业率控制在 3.5% 以内。累计改造农村困难群众和贫困残疾人危房 952 户，建设保障性住房 7.1 万平方米。在全国创新实行“先看病、后交钱”诊疗服务模式，在全省率先实行从小学到高中十二年免费教育。被评为全国文化先进市、全国计划生育优质服务先进市、省级食品安全示范市。顺利完成第九届、第十届村委会换届，被确定为全国村务公开民主管理示范市。被评为全省安全生产先进市。连续 3 年被评为全省土地执法模范市。创建全省双拥模范城实现“六连冠”。

第五节　第十七届人民政府

兖州市第十七届人民政府，任期自 2012 年 1 月开始。2013 年，全市实现地区生产总值 554.9 亿元，比 2012 年增长 11.7%，完成公共财政预算收入 37.9 亿元，增长 13.6%；固定资产投资 215.6 亿元，增长 23.9%；城镇居民人均可支配收入 27189 元，农民人均纯收入 13218 元，分别增长12.8%、13.8%，三次产业比例调整为8∶58.2∶33.8。县域综合实力排名跃居全省第19位，在济宁市四次科学发展现场观摩中始终保持十二县（市、区）第一名。集中开工四批重大项目，全年签约总投资340亿元的64个亿元以上项目，实施过1亿元项目138个，利用县外国内资金72亿元，到位外资1.6亿美元，完成进出口18.9亿美元。工业增加值占全市地区生产总值的比重55%，制造业上缴地方税收增长21.7%，规模以上工业企业新增35家，达到179家，实现销售收入1232亿元，增长12.2%。

新增市级农业产业化龙头企业7家，土地流转面积15万亩，粮食再获丰产丰收，总产51.99万吨，济宁市兖州农业高新技术产业示范区成功创建国家级农业科技园区。大润发、永丰国际商贸城等投入运营，新引进中信等3家银行，全市商业银行15家，限额以上服务业企业新增29家，服务业上缴地方税收增长23.4%，被评为全省企业上市工作先进市、全省服务业发展先进市。转型发展添活力。多式联运物流园完成一期房屋征收，成功引进投资18亿元的香港华浩商业文化综合体和投资5亿元的鲁恒医药物流项目；精细化工园一期开工建设。新增省级以上创新平台4处、博士后工作站1处，国家地理标志证明商标1件、著名商标2件、省名牌产品4个，3个项目列入全省重点战略性新兴产业项目，高新技术企业发展到17家，被评为全国职工教育培训示范点、全国科技进步先进市。实施27项节能技改和减排项目，淘汰6处落后产能。被评为全国节水型社会建设示范市、全国农村饮水安全示范市。健全土地运营管理机制，解决项目用地2200亩，治理采煤塌陷地2600亩，被评为全国国土资源节约集约模范市。

实施55项城建重点工程，九州大桥及高铁连接线、体育中心、人民医院新院等31项全面竣工。完成9个片区12.3万平方米房屋征收，奎星苑安置片区二期1166户居民回迁新居，西顺河、旧关片区保障房717户低收入家庭入住新居。新建改建君临健身公园、市民公园等26处公园绿地，新增城市绿化面积218公顷，顺利通过省级园林城市验收。建成50个标准化示范村，新启动农村新型社区楼房115栋3126户，兴隆庄压煤搬迁万人安置社区顺利推进，新驿镇被确定为第二批全省百镇建设示范镇。完成济阳路中修罩面，改造46公里农村公路，开通5条连接城乡、镇村的公交线路。建成数字化城市管理平台。被确定为全省生态文明乡村建设先进区。

全市公共财政民生支出22亿元，占总支出的55%。全年新增就业再就业7000人，城镇登记失业率控制在2%以内。居民基础养老金增加到85元、高出省定标准20元，城乡低保标准分别提高到每人每月470元、每人每年2550元，农村五保集中、分散供养标准分别提高到每人每年4100元、2700元。列支1000万元救助大病困难群众645人。建成启用社会福利中心和残疾儿童康复服务中心。投资1.1亿元新建改造10所中小学和11所公办幼儿园，投资1400万元实现义务教育学生课间营养餐全覆盖。被评为全国和谐社区示范市、全省安全生产工作先进市。工商、物价和质量技术监督力度加大，食品药品安全监管机制不断完善。实现省级双拥模范城“七连冠”。

第三章 制度建设

第一节 领导工作制度

市政府实行市长负责制，市长领导市政府的工作。副市长协助市长工作，按照分工处理分管工作，受市长委托负责其他方面的工作或专项任务，并可代表市政府进行外事活动。对涉及两位以上副市长的工作，共同协调落实，必要时向市长或常务副市长汇报。

市政府工作中的重大问题，须经市政府全体会议、市政府常务会议或市长办公会议讨论决定。市政府工作中的重大问题主要是指：全市国民经济和社会发展长远规划、年度计划、财政预决算；提请市人民代表大会及其常委会审议的议案；改革发展政策措施；重要工作和重大应急事件；城市建设规划、重点工程及其招投标；国有资产处置、土地招拍挂；重大投资、大项财政支出；人事编制；其他需市政府集体研究决策的重要事项。

市政府各序列部门正职负责各部门的工作。需要两个以上部门共同完成的工作，由市政府明确牵头部门负责，有关部门配合落实。遇有重大问题，由分管副市长协调，必要时由常务副市长、市长协调或提交有关会议研究解决。

需要市政府领导参加的外（内）事活动，一律由市政府办公室统一安排。除市委、市政府统一组织安排的重要活动外，市政府领导一般不参加颁奖、剪彩、典礼等应酬性活动；一般不出席市政府工作部门、镇政府、办事处召开的各类表彰会、纪念会、座谈会。

认真执行上级政府关于接待工作的规定，提高接待水平。厅级以上领导到兖州市检查指导工作，重要外宾或国内外人士、学者、企业家到访，以及在兖州市召开重要会议、举办重要合作项目洽谈等活动，有关部门和单位要认真拟定接待方案，报市政府办公室审定。

对市政府领导活动的宣传报道要从严掌握。一般性的会议、活动、会见，原则上不报道。新闻单位对市政府组织或经市政府批准的活动报道，要经市政府办公室有关主任审核把关。

副市长、市长助理出差（出访）、休假，应事前请示市长，经批准后方可外出，同时将外出的时间、地点、联系方式等有关事项告知市政府办公室。

市政府工作部门（单位）、镇政府、办事处主要负责人出差（出访）、休假2天以上的，应事先书面报告市长或常务副市长，告知市政府办公室主任，并将外出的时间、地点、联系方式等有关事项，报市政府办公室备案。

第二节 会议制度

市政府全体会议制度 市政府全体会议由市政府组成人员组成，由市长或市长委托常务副市长召集和主持。必要时召开扩大会议，吸收各镇镇长、市政府非序列部门的正职和序列部门的副职及有关企业的主要负责人参加，并可邀请市委有关部门、市人武部、市法院、市检察院的负责人以及市人大、市政协各委室、群团组织的负责人和市人大代表、政协委员参加。市政府全体会议原则上每年召开2次。会议的主要任务是：传达贯彻上级党委、政府和市委、市人大的重要决议、决定；总结和部署市政府一段时期的重要工作；通报重要工作情况；研究决定需市政府全体会议决定的其他事项。

2012年3月5日，市政府全体（扩大）暨廉政工作会议在富都宾馆召开

市政府常务会议制度 市政府常务会议，由市长、副市长、市长助理及市政府办公室主任组成，市人武部、监察局、审计局、财政局、人事局、公安局、发改局、政府法制办、人行主要负责人列席，市政府有关工作部门主要负责人参加相关议题的讨论。根据会议内容，可邀请市人大、市政协专门委员会负责人及有关专家列席。市政府常务会议由市长或常务副市长召集和主持召开。会议的主要任务是：研究贯彻上级党委、政府和市委的重要指示、决定和会议精神，以及市人民代表大会及其常委会的决议、决定的具体意见；讨论通过提请市人民代表大会及其常委会审议的议案、政府工作报告；讨论通过由市政府制定和发布的重要文件；听取重要工作情况汇报；研究决定市政府工作中的重大问题；讨论决定各部门请示市政府的重要事项；研究全市国民经济和社会发展长远规划、年度计划、财政预决算；讨论需要市政府常务会议决定的其他事项。

市长办公会议制度 市长办公会议是一种议事形式。由市长、副市长组成，市政府办公室主任列席。必要时请市长助理、市政府有关工作部门主要负责人列席。市长办公会议由市长或常务副市长召集和主持。会议的主要任务是：交流重要工作情况；研究处理需提交市政府常务会议解决的重要问题；研究市政府日常工作中的其他重要事项。

市政府专题会议制度 市政府专题会议由市长、副市长或市长、副市长委托市长助理、市政府办公室主任、副主任召集，市政府有关部门负责人参加。涉及两位以上副市长分管工作的，可共同召集会议。会议的主要任务是协调处理专项工作。

2012年2月6日，全市财税工作会议在富都宾馆召开

第三节 公文办理制度

公文运转 上级党政机关和不相隶属机关送达的公文均由市政府办公室机要人员按程序办理。市政府工作部门、各镇政府、街道办事处报送市政府的公文，由市政府办公室按照程序受理。向市政府报送需要审批的公文，除市政府领导直接交办或必须直接报送的绝密事项外，不得直接报送市政府领导个人，更不得多头主送、越级行文。市政府领导收到直接报送要求审批的公文，一般不先作批示，应由市政府办公室按照规定程序审核、运转。市政府领导批示过的公文，统一交市政府办公室转办、处理。

公文制发 市政府或市政府办公室制发的公文一般应由有关主管部门代拟文稿，由市政府办公室负责审核和送签。必要时由市政府法制部门审核把关。

公文签发 市政府令由市长签发；以市政府名义向济宁市政府的请示、报告，以及涉及重大方针、政策的事项，由市长签发或市长委托常务副市长签发；以市政府名义报请市人大常委会审议的议案，由市长签发；市政府工作部门正职，行政、事业单位正科级干部任免公文，由市长签发；市政府工作部门正职、镇长、街道办事处主任出国公文，由市长签发；以市政府名义下发的其他公文，经分管副市长审核后，由常务副市长签发，必要时由市长签发；已经市政府常务会议议定的事项和属于例行批准手续的事项，需以市政府名义行文的，由市长或市长授权副市长、市政府办公室主任签发；市政府办公室文件，涉及面上工作的，由分管副市长签发，必要时由常务副市长签发；属办公室自身工作的，由市政府办公室主任签发；以市政府名义下发的传真电报，视其内容由分管副市长或常务副市长签发；以市政府办公室名义下发的传真电报，由市政府办公室主任签发。

第四节　政务督查制度

市政府督查内容有市政府确定的重要工作任务、政策措施和责任分工；以市政府名义下发的涉及全市改革开放、经济发展和社会稳定的重要文电；上级领导、市级领导批示的信函、交办的事项；市人大及其常委会决定由市政府组织实施的事项及人大代表建议、政协委员提案需市政府办理的事项；其他重要督查事项。

对需督查的事项和市政府领导批示件，由市政府办公室督查室及时立项，经市政府办公室主任审核后通知承办单位。市政府办公室督查室进行督促检查催办。承办单位要在7天内办结，并向市政府办公室督查室书面报告办理结果。涉及两个或两个以上承办单位的事项，由主办单位牵头办理，协办单位要积极配合。

第五节　报告通报制度

全市经济和社会中长期发展规划、市政府阶段性工作情况；以市政府名义上报济宁市政府的重大请示事项；涉及全局性的改革措施；财政、人事重大问题和重点项目建设等事项；需要市委组织协调的重大事项；涉及市外关系和群众切身利益的重大问题；须向市委报告的其他重要事项等向市委请示报告。

市政府定期向市人大报告工作，执行市人大的各项决议，自觉接受市人大法律监督，及时办理市人大代表的议案和建议，并报告办理情况。加强同市政协、各民主党派和群众团体的联系，及时通报市政府重要工作情况。市政府制定全市经济社会发展长期规划和提请市人大审议的重要事项，听取市政协和各民主党派的意见，及时办理市政协委员提案，并通报办理情况。建立市政府重要经济社会决策事项公示制度，市政府制定经济和社会发展规划，出台重大政策、改革措施等，根据需要通过召开座谈会、听证会、专家论证会等形式，听取各方面的意见和建议，并向社会公布，征求广大群众的意见。

第四章　综合政务

第一节　调研　文秘　机要

调　研　1996年始，市政府办公室调研科每年初都确定一批具有全局性、战略性和前瞻性的重点调研课题，明确课题承担单位和完成时限，组织开展专题调研活动。建立调研工作网络，各镇（街道）、各部门明确专兼职调研工作人员，形成职责清晰、分工明确、协调一致、灵活高效的内部运行机制。至2013年年底，共完成各类调研报告510余篇，上报省、济宁市340余篇，山东省、济宁市政府调查研究、专报、领导参阅等刊发260余篇，济宁市级领导签批意见的调研80余篇。其中，50篇调研文章获济宁市政府系统调研优秀成果奖，18篇调研文章获山东省政府系统调研成果奖。《关于加快我市物流业发展的调查报告》获2013年度山东省政府系统优秀调研成果三等奖，《关于城市规划建设管理工作情况的调研报告》获2012年度山东省政府系统优秀调研成果三等奖，《兖州市“先看病后交钱”诊疗服务模式万例病例分析》获2012年度山东省政府系统优秀调研成果三等奖，《关于加快兖州区医药企业集聚发展规划建设医药产业园的调查报告》在2012—2013年度山东省、济宁市政府系统优秀调研成果评选中获省级三等奖、市级一等奖，《关于我市农机制造产业发展情况的调查报告》在2012—2013年度济宁市政府系统优秀调研成果评选中获三等奖，《兖州区家庭农场发展情况的调查报告》在2012—2013年度济宁市政府系统优秀调研成果评选中获二等奖。

文　秘　1996年—2013年，市政府办公室综合科在文稿起草工作上，坚持高标准、高质量、出精品、创一流，高度重视综合文字材料质量，精心撰写审核各类会议讲话、工作报告、汇报材料等7000余篇，会议纪要300余期，为领导决策起到参谋助手作用。认真抓好公文制发工作，规范发文程序，严格公文审核，严把政策关、公文体例格式关、文字关和校核关，力求政策清楚、主题突出、观点正确、格式规范、逻辑严谨、准确及时。同时，规范发文行为，严控发文数量，努力做到少行文、行短文。至2013年年底，共起草、编制、审核、印发市政府及政府办文件4000余件，以市政府及办公室名义制发的公文逐年减少。

机　要　1996年始，市政府办公室机要科对各类文件、电子公文、传真电报、来信来函，严格履行登记、批阅、传阅、转办、报结、清退、存档等程序。采用一般文件定时传阅，急件、密件随收随传，领取、清退文件登记到人的办理方法，既确保每份公文的领导批示意见能够及时、准确无误得到落实，又保证公文的严肃性、时效性和保密性。印章的使用和管理过程中，严格按照《政府机关印章管理使用规定》，经领导签批同意后，由专人管理印章，并认真做好登记，保证了市政府机关印章正常使用和绝对安全。按照《中华人民共和国档案法》的要求，修订《档案工作人员岗位责任制》《档案保密制度》《档案借阅制度》等规章制度，档案室档案分永久件、长期件、短期件，年均查询100余人/次。被省档案局授予省一级档案室、省特级档案室称号。加强保密要害部门和要害部位的管理。成立市政府办公室保密工作领导小组，主要领导亲自挂帅部署保密工作，制定《保密工作制度》，以制度约束机关工作人员行政行为，签订保密承诺书，提高全体工作人员的保密意识。1996年—2013年，年均处理上级来文来电3000余件。其中，国家、省、济宁市政府及其办公室（厅）、部门公文2000余件，转办党的公文、电报800余件，信函200余封。涉密文电全部按要求收回请退，无一件遗漏、泄密。

第二节　政务信息

1996年—2001年，市政府办公室信息科健全市政府所有部门和各乡镇的政务信息网络，并在部分市直部门、乡镇企业、行政村和个体私营企业设立信息直报点，实行全员办信息、信息员调训制度和信息例会制度，保证了信息来源和质量。共编发政务信息1000余期，《领导参阅》250余期，上报省、济宁市信息3800余条，其中被采用800余条。2001年，在济宁市政府系统信息工作考核中总成绩列济宁市第一名。2004

年—2009年，全市各单位共采写报送信息2万余条，编发《兖州政务信息》800余期、《领导参阅》330余期，刊载信息近3900条。上报济宁市和省政府信息4600余条，被采用770余条。其中，2009年，有15篇（条）信息获济宁市级以上政府领导批示。2004年、2006年、2007年、2009年总成绩列济宁市第一名。2010年—2012年，创新信息工作方式，在做好动态信息报送的同时，注重编辑上报调研型、问题型和经验型信息，上报信息采用率、领导批示率均有显著提升。三年共被国务院办公厅及省、济宁市采用180余篇（条），被国务院领导、省政府领导批示26篇。其中，2011年，《兖州市率先实施“先看病后交钱”模式，探索医疗机构公益性改革新路子》被省政务信息专报采用，该模式在全国范围推广；《山东兖州市开展“超市下乡”启动农村市场的主要做法》分别被国务院、省、济宁市领导批示，在商务部召开的全国搞活流通扩大消费电视电话会议上，兖州市作为全国市县两级唯一代表做典型经验发言。兖州市政府办公室连续3年被山东省政府办公厅、济宁市政府办公室评为政务信息工作先进单位。2013年，共上报省府办公厅、济宁市政府办公室政务信息356条，济宁市采用68条，省政府采用43条，国办采用6条，国务院、省政府等各级领导批示19次。其中，《兖州市积极构建工业项目节约集约用地机制的做法》在山东省政府办公厅直接联系县（市、区）政务信息网络年会上被评为二等奖。兖州市政府办公室被评为2013年度济宁市政务信息工作先进单位。

第三节　法治工作

规范性文件管理　1996年始，市法制办相继制定《规范性文件备案审查责任追究制度》和《文书档案管理制度》，严格落实规范性文件备案审查工作责任制，制定执行科学合理的规范性文件制定计划。严格把关纠正“问题文件”。在审查中，注重对报备文件的规范情况、形式要件和实质内容进行全面审查，针对文件制定形式和具体内容方面的问题，提出具体审核意见，供制定单位对存在的问题进行修改。1996年—2013年，共审查把关规范性文件870余件，经审查，710余件规范性文件顺利印发，60余件经修改后印发。

行政执法监督　2003年和2009年，市法制办两次组织全市所有行政执法人员换发行政执法证，并根据要求组织培训考试。2012年，对全市47个行政执法单位行政权力进行逐项清理，共清理实施主体42个，清理行政权力事项共3143项。其中，行政许可和非行政许可审批类365项，行政处罚类2356项，行政征收类223项，行政强制类72项，其他权力类127项。至2013年年底，共组织9次行政许可项目清理，并将清理结果报送市政府审核予以公布。对全市行政执法单位进行5次执法检查，对专项工作、重点工作实行不定期监督检查的方式实行重点执法检查，并将执法检查结果作为执法单位年终考核的重要依据。

法制宣传培训　1996年始，利用“12·4”普法宣传日，组织行政执法部门走上街头设立宣传站，向社会宣传法律知识。印发《兖州市领导干部学法制度》和《政府领导干部学法时间安排》等文件。1996年—2013年，聘请法律专家举办领导干部法律知识学习讲座430余次，报告会50余次。举办培训班28期，行政执法人员换证培训考试3次。出动宣传车辆130余次，开展街头宣传活动240余次，发放宣传材料3万余份，悬挂横幅挂图700余幅，播放电视宣传片50余次。

行政复议应诉　2013年4月，市行政复议委员会挂牌成立，开展行政复议委员会试点工作。实行完全集中模式，对复议案件实行集中受理、集中审理、集中决定。构建由审委会、监委会和行政复议办公室构成的“两委一办”格局。实行专家审案、公众参与和复议听证机制。实行委员票决，现场监督机制。审理采取审委会委员现场票决，监委会委员现场监督的方式得出票决结果，形成审理意见，报区政府决定。建立健全《行政复议委员会议事规则》《行政复议应诉案件办理程序规定》《行政复议案件流程规定》。至2013年年底，共接受行政复议申请290余件，受理申请265余件。其中，维持156余件，终止70余件，变更和撤销40余件。

第四节 史志编纂

1982年4月，兖州县地方史志编纂领导小组成立，下设办公室，为财政全额拨款副科级事业单位，隶属县人民政府。有主任1人，副主任1人，工作人员6人。同年12月，领导小组更名为兖州县地方史志编纂委员会，并设立兖州县地方史志编纂委员会办公室，机构规格未变。1990年12月，县地方史志编纂委员会办公室升格为正科级全额事业单位，人员编制不变。1992年9月，因兖州撤县建市，县地方史志编纂委员会办公室更名为市地方史志编纂委员会办公室，1993年12月，全市行政事业机构进行改革，市地方史志编纂委员会办公室被撤销，降格为股级科室，隶属市政府办公室。2006年5月，市地方史志编纂委员会办公室被重新明确为正科级全额事业单位，隶属市政府办公室。至2013年，市地方史志编纂委员会办公室机构未变化。1996年—2013年，兖州市地方史志编纂委员会先后进行多次调整，名誉主任均由市（县）委书记担任，主任由市（县）长担任，分管副市（县）长（市长助理）任副主任，市（县）有关部、委、办、局负责人任委员。

《兖州市志》编纂 全志133万字，是新中国成立后兖州市编纂的第一部新方志。1982年开始编纂，1986年起，先后编印出版《兖州县志资料》4期，《兖州年鉴》3期，编印城郊、谷村、王因3部乡镇志和教育、丝绸、人口计划生育、邮电、金融等12部专业志和部门志，民政、水利、城乡建设等一批部门志也已撰成初稿，为县志编纂奠定了一定的资料基础。1992年9月，兖州撤县设市，《兖州县志》随更名为《兖州市志》。至1995年10月底，完成《兖州市志》评议稿编修任务。1996年1月，通过济宁市级评审。同年11月，通过省级评审。1997年9月，由山东人民印刷厂印刷，山东人民出版社发行。该志书上限为1840年，下限为1995年。采用述、记、志、传、图、表、录等形式，以志为主。概述、大事记冠前，附录等殿后，中设专志30卷，卷下设章、节、目。2005年，该书被山东省地方史志编纂委员会评为山东省新编地方志优秀成果奖二等奖。

《兖州年鉴》编纂 1988年5月，《兖州年鉴（1987年）》（内部刊物）由兖州县印刷厂印刷出版，为新中国成立以来兖州首部综合年鉴。至1992年年底，相继出版《兖州年鉴（1988年）》《兖州年鉴（1989年）》《兖州年鉴（1990年）》和《兖州年鉴（1991年）》4部年鉴。1993年—1999年，市史志办集中人力、物力、财力开展《兖州市志》编纂工作，《兖州年鉴》编纂工作中断。2000年6月，《兖州年鉴（1996—1999）》由香港天马出版社印刷出版。2002年1月，该年鉴获全省优秀年鉴二等奖。2002年至2014年3月，市史志办连续出版《兖州年鉴（2000年）》《兖州年鉴（2001—2002）》《兖州年鉴（2003—2005）》《兖州年鉴（2006—2008）》《兖州年鉴（2009）》《兖州年鉴（2010—2012）》6部年鉴。其中，《兖州年鉴（2001—2002）》在省人民政府办公厅举办的第一届全省优秀年鉴评奖中，获框架设计一等奖、条目编写二等奖、印刷装帧二等奖和综合二等奖；《兖州年鉴（2003—2005）》在第二届全省优秀年鉴评奖中，获框架设计一等奖、条目编写二等奖、印刷装帧一等奖和综合二等奖；《兖州年鉴（2009）》在齐鲁新方志奖评选中，获优秀年鉴奖，在第四届全省优秀年鉴评奖中，获综合特等奖；《兖州年鉴（2010—2012）》在第五届全省优秀年鉴评奖中，获全省优秀年鉴综合二等奖和装帧设计奖。

1987年—2014年《兖州年鉴》印刷出版情况表

表19-2

名　称	字　数（万字）	印　数（册）	出版单位	出版时间
《兖州年鉴（1987）》	9	1000	内部刊物	1988年5月
《兖州年鉴（1988）》	10	1000	内部刊物	1989年9月
《兖州年鉴（1989）》	15	1000	内部刊物	1990年5月
《兖州年鉴（1990）》	14	1000	济宁市新闻出版局	1991年9月
《兖州年鉴（1991）》	26	1000	济宁市新闻出版局	1992年12月
《兖州年鉴（1996—1999）》	104	2000	香港天马出版社	2000年12月
《兖州年鉴（2000）》	30	2000	济宁市新闻出版局	2003年4月
《兖州年鉴（2001—2002）》	75	1500	济宁市新闻出版局	2004年12月
《兖州年鉴（2003—2005）》	90	1500	中国出版社	2007年6月
《兖州年鉴（2006—2008）》	90	1500	中国文化出版社	2009年12月
《兖州年鉴（2009）》	60	1500	中国文化出版社	2011年1月
《兖州年鉴（2010—2012）》	90	1500	中国文化出版社	2014年3月

旧志整理　2001年6月，兖州市史志办聘请兖州市第一中学原高级语文教师1人对清光绪十四年（1888年）《滋阳县志》进行全书抄录和初步点校。2008年7月，根据省、济宁市史志办关于加强旧志整理工作的要求，在全书抄录和初步点校的基础上，兖州市史志办再次启动《滋阳县志》的整理点校工作。2010年4月，完成送印稿。同年6月，清光绪十四年（1888年）《滋阳县志》点校本由中国文化出版社出版，共印刷600函套。为保持古志书原貌，该书采用1函5册装订形式，内文排版是繁体字竖排版面，印刷用纸为宣纸，函套及每册封面、封底使用绸绫布，整书采用6孔线装。2011年5月，该书获“齐鲁新方志奖”优秀读志用志成果奖。

方志馆建设　1998年始，市史志办开展地情资料库（室）建设工作。至2007年，共整理归档永久卷398卷、长期卷47卷、短期卷29卷，计1000万余字。通过交流和购买等形式，收集国内部分市、县（区）、乡镇、部门志和年鉴共计500余册，为方志馆建设打下基础。2010年，兖州市方志馆正式建成，地址在市行政办公中心1303室，面积约30平方米，共有书柜20组。方志馆建成后，市史志办在丰富馆藏的同时，加大方志馆的宣传力度，发挥了方志馆的社会功效。至2013年年底，共向外界借阅志鉴书籍100余次，查询信息100余人次。

乡镇志　部门志编纂　1982年始，县（市）史志办指导乡镇、部门编纂乡镇志、部门志、行业志。至2013年年底，共出版《兖州县城郊乡志》《兖州县谷村乡志》《王因镇志》3部乡镇志，《兖州县教育志》《兖州县人口·计划生育志》《兖州县丝绸志》《兖州县邮电志》《兖州县金融志》《兖州市军事志》6部行业志，《兖州县人民代表大会志（1948—1991）》《兖州市人民代表大会志（1990—2010）》《兖州县政协志（1955—1991）》《兖州市政协志（1992—2008）》《兴隆庄煤矿志（1957—1985）》《兴隆庄煤矿志（1986—2005）》《兴隆庄煤矿志（2006—2010）》《兖州煤矿机械厂志（1958—1990）》《兖矿集团大陆机械有限公司志（1991—

2006）》《兖州站志（1909—1993）》10部部门志。其中，《兖州市军事志》《兖州市人民代表大会志（1990—2010）》《兖州市政协志（1992—2008）》获“齐鲁新方志奖”优秀基层志书奖，《兖矿集团大陆机械有限公司志（1991—2006）》获兖矿集团优秀志书一等奖。

史志资源开发利用　2000年始，市史志办加大对地方史志资源的开发力度，更好地服务当地社会经济发展，2006年7月，由兖州市政府办公室编写的《兖州办事指南》印刷出版，该书图文并茂地记述了兖州各行各业的便民信息，融资料性、实用性、工具性于一体，提高了全市政务工作的透明度，成为宣传兖州、展示兖州的便民服务手册。2011年5月，该书被山东省地方史志编纂委员会评为“齐鲁新方志奖”优秀读志用志成果奖。

培训交流　1982年—1990年，先后组织办公室工作人员，参加全国、全省及外省举办的方志研究（讨）班（会）、县（区）志主编研讨会等20余人次，参加泗水县、曲阜县、汶上县、嘉祥县、邹城市、鱼台县、金乡县、微山县、市中区等县（市、区）第一轮志书志稿评审会议，进行交流学习。同时，县史志办还加强对部、委、办、局和各乡镇有修志任务的单位方志工作者的辅导、培训，先后召开县志分志稿、部门志编写与修改评审会30余次，乡镇志编写座谈会、稿评会9次。2000年始，市史志办先后参加嘉祥县、微山县、鱼台县、邹城市、金乡县、任城区等县（市、区）的第二轮志书志稿评审会议。2013年，组织人员参加山东省史志办组织的全省第三期修志业务培训班，提升了工作人员的理论修养和编纂水平。

第五节　行政与应急管理

行　政　1996年—2013年，市政府办公室行政科共下达书面、电话通知22.6万余次，接听电话26万余次。市长公开电话开通后，每年接听、记录群众电话1000余次。处理群众到访1.2万余件，接待上访群众25万余人次。加强车辆管理，制定《市政府办公室车辆管理制度》，实行车辆维修审批制度、按行程里数供给油料制度和三联单制度，实行全员监督。做好办公用品的采购工作，财务管理方面严格实行“一支笔”签字制度，每月向市政府办公室主任和分管主任提供财务报表、杜绝乱支现象。做好票务工作，共订购车票4万余人次，接送站4000余次。会务活动做到有序运转，无缝连接。至2013年年底，共接待大型活动1200余次，承办全市各类会议3800余次，未出过任何差错。加强机要信件管理，坚持“积极防范，突出重点”的保密工作方针，对各类文件、信件、包裹等逐一登记，及时通知，准确分发。至2013年年底，共收转机要文件1万余件，准确及时分发文件、资料、书报杂志880万余份，未出现漏发、错发及迟发现象。

应急管理　2007年8月，兖州市人民政府应急管理办公室成立，隶属市政府办公室，为副科级全额拨款事业单位，有在职人员5人。2013年9月，加挂兖州市人工影响天气办公室牌子。同年12月，与数字化城市管理调度指挥中心合署办公。至2013年年底，区人民政府应急管理办公室有在职人员3人。

2008年—2013年，市人民政府应急管理办公室建立24小时应急值守和领导带班制度，节

数字化城市管理调度中心

假日和重要时间节点实行“零报告”和“日报告”制度，督促各级、各类值班室建立健全应急值守制度。在济宁市率先建立突发事件信息上报“双轨制”，确保24小时信息畅通，妥善处置各类突发事件。重新修订完善《兖州市人民政府突发事件总体预案》《兖州市突发环境事件应急预案》等50余个部门预案和专项预案、镇（街道）预案。组织相关部门开展安全生产、火灾消防、防汛抢险、中小学生疏散等各类应急演练300余次。编发雷电、大风、强降雨等恶劣天气预警信息、突发空气环境污染预警信息等各类预警信息300条。在全市建成13个区域自动气象站，实现乡镇全覆盖，建立手机短信发布平台、气象灾害预警信息综合发布平台，服务10万人次。在农村安装大喇叭100个，在农村中学安装气象信息预警电子显示屏11块，在大型社区安装气象信息预警电子显示屏69块。投资1200万元，成立市政府应急指挥中心，与数字化城市管理调度中心合署办公，建立智能应急指挥平台。依托专业救援队伍区消防大队组建区综合救援大队，成立10支应急救援基层队伍、50余支专业救援队伍，应对各类突发事件。投资1600万元建设第二消防站全面投入使用；在10个镇（街道）、30余个部门（单位）建立物资储备制度，保证储备及时补充和更新。做好应急避难场所建设，对全市108所中小学幼儿园操场进行升级改造，对少陵公园、九州广场、人民乐园、市民广场等大型避难场所进行绿化和安全设施配套建设，编制功能分区图，先后投资建设统一的应急场所标志牌、应急照明灯、消防设施、供水设施、排污设施、供电设施、垃圾处理设施、公厕等基础设施。在每年110宣传日、“5·12”防灾减灾日、《山东省突发事件应对条例》和《中华人民共和国突发事件应对法》颁发实施日集中宣传活动中，组织公安消防、卫生、气象、地震等19个部门和3个街道办事处在九州广场开展集中宣传活动，在大型社区设立科普宣传栏600余块，累计印发各类宣传材料、应急避险书籍20万余册，区电视台每日轮流播放消防公益广告，230辆公交车车载电视循环播放防火应急教育节目，出租车车载LED屏滚动播放应急避险常识科教片，提高了人民群众的防灾减灾意识。至2013年年底，全区逐步形成“区、镇（街道）、村”三级应急管理体系，应急管理保障水平不断提升。

第六节　外事侨务

外　事　1996年，市政府办公室外事侨务科严格执行济宁市政府《关于加强全市外事工作若干规定》和《济宁市因公出国管理实施细则》，做好县处级党政领导干部年度出国计划的编报和出国手续申报工作，保证领导如期完成各项临时出国任务。1998年，兖州市与韩国庆尚南道国际综合经营研究院签署《关于研修生派遣、接受及办事处设立的意向书》。双方多次开展互访活动，进行频繁的经贸交流和参观、考察。1999年5月，兖州市主要负责人应邀赴澳大利亚访问，重点考察南澳省奥克潘林格市，双方签署《建立友好合作关系意向书》。1998年—1999年，市政府办外事侨务科共审查因公出国事项27批70人次。2005年4月，法国市长协会副主席、大巴黎地区市长协会主席、罗斯尼市市长克劳德·贝尔雷斯率团到兖州市访问。兖州市与罗斯尼市签订《缔结友好合作关系协议》。同年，美国国际纸业董事长庄华驰、亚洲区总裁马百林、森林资源部总监田森等到兖州太阳纸业集团实地考察、谈判。同年11月，双方在纽约签订美国国际纸业集团总投资4.8亿美元的多个合资项目。2006年11月，柬埔寨首相洪森、副首相贺南洪带领政府代表团到济宁市农业高新技术示范园参观，成为首位到兖访问的现任外国政府首脑。2010年—2012年，先后接待出席“2010中国与世界经济展望”论坛的美国前总统小布什、印度尼西亚民主斗争党访华团、越南党政干部考察团、美国阿肯色州州

长、巴西帕拉州代表团等。2013年，做好县级人员因公出国（境）计划编报工作，全年共审核办理出国手续5批10人次。

侨　务　1996年始，市政府办公室外事侨务科以《中华人民共和国归侨侨眷权益保护法》为依据，维护归侨、侨眷和港澳同胞眷属的合法权益。1997年—1998年，在全市范围内开展侨情普查活动。普查范围涉及原籍在兖州的华侨、港澳同胞、海外新移民及在兖亲属。同时，为18户43名侨眷申办侨眷身份证。2000年，开展新移民调查工作，详细掌握9户（24人）新移民的情况，并为其办理侨眷身份证。2001年—2002年，澳大利亚华侨青年联合会会长、华商王志雄投资1000余万元在兖州开设赛玛特生活广场。在青岛侨办的引荐下，青岛亚星集团选择在兖州市西城区投资兴建海情丽都花园项目。2003年7月，兖州太阳纸业集团被确定为省侨办侨资企业联系点。2006年—2008年，先后接待“20家海外华侨主流媒体访华团”“海外华裔青年杰出人士华夏行”，及丹麦侨领曹燕灵等侨团。2010年—2012年，组织开展《中华人民共和国归侨侨眷权益保护法》颁布20周年宣传活动。接待韩国卞氏大宗会到兖祭祖，为兖州民间首次对外交往活动。2013年，太阳纸业集团李洪信当选为首届济宁市侨商协会会长。同年4月，雅安地震发生后，济宁市侨商协会为灾区捐款80.7万元。

第七节　信息化管理

市政府门户网站建设　兖州市政府门户网站始建于2003年，最初设置兖州基本情况、兖州新闻、通知公告、镇街动态等10余个栏目，由市信息化管理中心建设管理。2004年至2008年9月，网站共发布更新各类信息4700余条。2008年9月，市信息化管理中心由市委办公室管理调整为由市政府办公室管理，网站继续由市信息化管理中心建设管理。同年10月，网站进行升级改版，设置本网报道、图片新闻、媒体看兖州、镇街部门动态、政府信息公开等40余个栏目。2008年9月至2011年6月，网站共发布更新各类信息1.5万余条。2011年4月，根据工作需要，开发建设新版网站，并于同年6月正式上线运行。新版网站进一步整合信息发布功能，细化政府信息公开栏目，增加网民互动交流功能，设置兖州概况、新闻动态、政府信息公开、网络问政、在线办事、专题专栏、网站导航共7大板块200余个栏目。2011年6月至2013年12月，网站共发布更新各类信息1.6万余条。为做好网站信息内容保障工作，市信息化管理中心先后印发《关于加强政务网站建设和管理的通知》《关于印发兖州市政府信息发布协调工作规定（试行）等办法的通知》《关于印发“市委市政府门户网站”人民群众网上留言工作暂行办法的通知》《关于进一步加强政府网站建设和管理的通知》等文件，明确网站信息内容建设目标，分解任务，督促各部门、单位进行落实。

政府信息公开　2008年，在兖州市政府门户网站设置“政府信息公开”板块，分设兖州市政府信息公开目录和市政府各部门信息公开目录，按镇（街道）、部门公开分为60个镇（街道）、部门，每个镇（街道）、部门下设11个～14个子栏目。市民通过以上栏目可以查阅市政府各部门、各镇（街道）主动公开的政府信息。2011年网站升级改版时，将政府信息公开栏目重新进行调整，设置政府信息公开条例、政府信息公开规定、政府信息公开年度报告、政府信息公开专栏、政府信息公开目录、政府信息公开列表、政府信息公开流程等栏目，统一分类标准，优化检索功能，提升访问速度。同时出台一系列文件，进一步规范政府信息主动公开、依申请公开及保密审查等相关制度，明确分工、细化步骤、优化流程。2013年，指导各有关主管部门把公共事业单位的信息公开纳入本部门（单位）信息公开工作的总体部署，进一步推动教育、医疗卫生、计划生育、供水、供电、供气、供热、环保、公共交通等公共事业单位的信息公开工作。2008年—2013年，共编制《政府信息公开工作年度报告》6个，在网站主动公开各类政府信息3.1万余条。加强对全市各镇（街道）、各政府部门的政府信息公开工作人员的培训，举办全市政府信息公开培训班5期，编发《政府信息公开工作必读》手册240余份，接受培训人员300余人次。

市政府电子政务办公系统建设 2011年4月，启动市政府电子政务办公系统建设工作。办公系统由中国联通系统集成公司山东分公司开发建设，具有良好的可操作性和安全性。同时，由中国联合通信有限公司兖州市分公司在市政府办公室机房到各镇街、政府部门之间架设网络专线，构建市政府电子政务专网。2011年8月，市政府电子政务办公系统在市政府电子政务专网内正式上线运行。市政府电子政务办公系统连接市政府办公室和66个市直部门、10个镇（街道），实现政府系统公文、通知的网上传送以及手机提示短信的即时发送，是市政府与各部门、单位之间传送公文、交流信息的重要平台。至2013年年底，区政府办公室共通过系统发布各类公文、通知700余件，发送手机短信3万余条。

第八节　行政审批

2002年5月29日，兖州市行政审批中心成立，面积1260平方米。根据市委、市政府的授权，市行政审批中心履行对进驻部门集中办理审批、收费事项的组织协调、管理监督和指导服务职能。首批进驻市行政审批中心的部门（单位）19个，进厅项目73项，附带收费项目26项。2008年，建立审批绿色通道，最大限度地精减行政许可事项和办事环节，加快重点项目和重大工程的审批办理进度。同年，市行政审批中心开通行政审批门户网站，方便群众全面了解行政审批中心业务及办件进展情况。全年共办理各类审批事项5626件（次）。2009年，建立行政审批监察管理系统，形成系统对接门户网站、门户网站实时链接市政府门户网站的递进式网络，提升了审批效率。2010年，市行政审批中心落实“三集中三到位”和“三定”方案，对进驻审批大厅的部门和项目进行适当调整，科学调整窗口布局，形成企业注册类项目和建设类项目两大审批链条。2011年，市行政审批中心创建以“审批服务零距离，规范审批零差错”为内容的“双零”服务品牌。认真梳理、修订和完善各项制度，编印《兖州市行政审批中心制度汇编》，制定《行政审批首问负责制管理办法》《第一时间服务、零距离服务、全过程服务工作规范》等一系列制度，服务水平显著提高，全年共办理各类行政审批事项10218件次。2013年，兖州市先后开展多次行政审批制度改革和行政许可事项清理工作，保留行政审批事项238项。其中，行政许可项目164项，非行政许可项目74项。取消合并行政审批事项164项。其中，行政许可项目143项，非行政许可项目21项。行政许可事项清理压减比例为46.6%，非行政许可事项清理压减比例为22.1%。市行政审批中心将进驻行政审批中心的行政审批事项由116项逐步削减为62项，开辟审批“绿色通道”和重大项目审批“直通车服务”，行政许可事项承诺办理时限显著缩减，审批效率大幅提升。

第九节　金融协调

2012年3月，兖州市政府金融工作办公室成立，为科级行政单位，核定行政编制5名。主要负责研究分析金融形势、金融政策和全区金融运行情况，协调、配合驻兖金融监管机构对各类金融机构的监管工作。同月，兖州市启动区域集优债务融资工作，经恒丰银行济宁分行筛选，选定山东永华机械有限公司、兖州市环宇车轮有限公司和山东百盛生物科技有限公司3家企业率先发行集合票据，发行期限3年，实现首支2.4亿元区域集优中小企业集合票据的成功发行，拓宽了企业直接融资渠道。2012年6月，兖州市政府搭建全省第一家银企对接信息服务平台，通过信息科技、架起银企对接的桥梁，由市政府牵头为企业融资搭建银企对接平台，解决了银企之间“信息不对称、沟通不充分、对接无成效”的难题。2013年，全市共有15家银行，24家保险公司，2家融资性担保公司，2家小额贷款公司，1家证券营业部，各金融机构网点300余个。银企对接平台上线企业达204家，获得授信的企业148家，平台贷款累放55亿元。金融机构本外币存款余额343.75亿元，金融业实现地方税收1.43亿元。

第十节　政府采购

1996年，市财政局行财科负责政府采购工作，采购业务范围包括办公家具、办公设备、市政建设工程、修缮工程等。2000年始，市财政部门对市直行政事业单位公务车辆实行统一办理保险、定点加油、定点维修，同时将会议费、印刷费支出和购买大宗设备、机动车辆以及政府重点工程逐步纳入政府采购范围。2002年12月，政府采购业务工作从市财政局行财科分离，单独设立政府采购办公室，隶属市财政局，为副科级二级事业单位，编制5人，内设综合科、采购一科、采购二科。全年采购总额6800万元，节约资金1600万元，节支率24%。2003年—2005年，先后制定完善《兖州市政府采购管理暂行办法》《兖州市政府采购资金管理办法》等规章制度，捋顺采购流程，政府采购行为逐步规范。编制统一的政府采购合同文本，明确采购工作纪律，构建采购、验收、付款相分离的运作机制。2005年国库集中支付改革后，一律通过国库单一账户体系办理直接支付或授权支付。公开招标采购活动邀请纪检、监察、审计等部门参与，现场公证、公开报道；数额较大、影响面广的采购项目，邀请市人大、市政协领导现场观摩指导。2008年5月，兖州政府采购办公室启用政府采购网站，在互联网上公开发布政府采购项目信息，对通用类电子产品实行网上询价，全年共发布采购信息217条，结束了兖州政府采购信息在报纸等媒体发布的历史。2009年，启用山东省政府采购专家库系统，政府采购评审专家随机抽取，专家独立评审，政府采购更加公开、公平、公正。2003年—2013年，全市共完成采购计划超过9000项，采购预算12.1亿元，采购中标金额10.72亿元，节约财政资金1.38亿元，节支率11.39%。

第十一节　压煤村庄搬迁

机　构　1983年4月，兖州县人民政府压煤村庄搬迁办公室成立，负责矿区工农关系协调和压煤村庄搬迁工作。1993年12月，撤销市人民政府压煤村庄搬迁办公室，职能划归市土地矿产管理局。2001年11月，恢复设立市人民政府压煤村庄搬迁办公室，为科级事业单位，编制4人，隶属市国土资源局。2005年11月，市人民政府压煤村庄搬迁办公室划归市政府管理，为科级全额预算管理事业单位，编制6名。内设综合科、业务科2个科室。2011年1月，人员编制增至9人。2013年11月，市人民政府压煤村庄搬迁办公室更名为济宁市兖州区人民政府压煤村庄搬迁办公室，内设综合科、业务科2个科室，在职人员6人。

压煤村庄搬迁　为保障压煤区村民居住安全，保持辖区煤矿企业生产接续，1996年—2013年，兖州市共完成南张村、后樊村、王庄村、椁椤树村等13个压煤区村庄搬迁工作，共搬迁村民4606户、15570人，旧村占地共3541.7亩，共解放煤炭储量8915.7万吨。

澮台墓村搬迁　澮台墓村地处兴隆庄镇东南，位居兖州矿业集团责任有限公司东滩煤矿的压煤区，有居民150户、613人，村庄面积276.8亩。1996年，澮台墓村搬迁工作被列入1996年省政府压煤搬迁村庄计划。同年8月，制定并通过《澹台墓村压煤搬迁新村选址方案》，新村选址在兴隆庄镇政府驻地西侧、北湖新村南侧、南外环北侧、凉衣井村东侧，占用凉衣井村土地180亩、三官庙村土地120亩。2000年，新村建设全部完成，150户村民陆续迁入新居。

兴隆庄镇前小疃等四村整体搬迁 兴隆庄镇前小疃、后小疃、汪庙、道沟等4个村位于兴隆庄镇最南部，共占地960亩，村民1120户、3820人，属兖矿集团鲍店煤矿采煤区。2001年，经省政府压煤办批准，确定实施四村整体搬迁，同年完成村庄房屋建筑物清点丈量工作。安置四村村民的道沟社区位于镇政府驻地以北、日东高速公路以南，占地358亩。2004年10月动工建设，2006年9月竣工，共建设4层住宅楼45幢，建筑面积14.64万平方米。2006年10月，四村村民全部搬进新村。2010年10月，四村搬迁工作通过省政府压煤办、济宁市压煤办、兖州市政府、兖矿集团等单位组成的联合验收组的验收，兴隆庄镇前小疃等四村压煤搬迁工作结束。道沟社区被省煤炭局、省建设厅和省政府压煤办联合命名为山东省煤矿矿区农村住房建设示范村。

兴隆庄镇南张等八村整体搬迁 兴隆庄镇南张村、后樊村、王庄村、椁椤村、大施村、雷厂村、刘家楼村、和尚堂村等8个村，属兖矿集团兴隆庄煤矿、杨村煤矿采煤范围，总占地2416.7亩，共压覆煤炭6043.1万吨，有村民3300余户、1.1万余人。2005年，经省政府压煤办批准，兴隆庄镇南张等八村整体搬迁工作被列入全省压煤村庄搬迁计划。2005年—2008年，陆续完成清点丈量工作，经兖矿集团与兖州市政府研究，确定对南张等八村实施整体搬迁。2005年—2014年，先后对南张部分户、刘家楼村、椁椤树村、王庄村、大施村实施过渡搬迁，涉及村民3374人、1057户，解放煤炭储量2823.6万吨，缓解了企业生产急需。过渡搬迁安置采取集中建设周转安置房和个人自主租房相结合的方式进行，过渡期间由煤矿企业对安置村民给予相应的生活、租房等补助。2012年11月，八村安置社区——兴隆社区、滨河社区开工建设，位于兴隆庄镇驻地以东，占地1140亩，规划建设多层住宅楼167栋4500套，总建筑面积58.2万平方米。至2017年年底，3300余户1万余名群众迁入新居，搬迁补偿全部兑现。

新驿镇文兴坡村压煤搬迁 文兴坡村位于新驿镇南部，属临矿集团新驿煤矿采煤范围，占地320亩，共有村民409户1371人，2010年，新驿镇文兴坡村压煤搬迁工作被列入省压煤村庄搬迁计划。2013年7月，新驿镇人民政府与临矿集团新驿煤矿正式签订村庄搬迁协议，确定对该村实施协议搬迁。同年11月，委托山东省鲁南地质工程勘察院对文兴坡村全村499处院落的房屋建筑物进行调查摸底，摸清村庄范围内全部房屋建筑物的位置、结构、面积和权属等情况，为该村压煤搬迁工作的顺利开展提供了准确翔实的第一手资料。

压煤村庄房屋建筑物斑裂处理

古城村、陈家村房屋建筑物斑裂处理 酒仙桥街道办事处古城村、陈家村两村共450户，约1500人，属临矿集团古城煤矿采煤范围。2003年，两村房屋建筑物受古城煤矿采煤影响出现不同程度的裂缝，为确保两村村民的居住安全，2003年5月和2004年8月，兖州市国土资源局分别对2处裂缝情况进行实地勘察丈量，协调临矿集团古城煤矿对村民进行维修费补偿。2006年5月，两村房屋建筑物再次出现裂缝、公共设施受损。2007年9月，兖州市人民政府压煤村庄搬迁办公室组织专家对两村房屋建筑物进行技术鉴定。根据专家鉴定结果，会同临矿集团、新兖镇人民政府对两村裂缝建筑进行再次实地勘测复核。2008年5月，古城村、陈家村与临矿集团古城煤矿签订补偿协议，346.66万元维修费补偿资金足额发放到位。

魏楼村、秦家村房屋建筑物斑裂处理 新驿镇魏楼村、秦家村，共有村民389户、1155人，受新驿煤矿采煤影响，两村房屋、农田出现不同程度下陷、裂缝。为明确界定影响范围，妥善解决房屋受影响问题，2011年10月，委托山东省新正煤矿开采损害鉴定中心，组织专家对两村受影响情况进行科学鉴定。2012年7月，委托淄博文德房屋安全司法鉴定中心，对两村625处院落进行调查摸底及现场鉴定。2013年，制定《两村受影响房屋建筑物维修费补偿方案》及《补偿计算规则和补充说明》。同年5月，两村房屋建筑物维修费补偿共计200万元兑付发放完毕。

第十二节　机关事务管理

机　构　1996年，兖州市机关后勤服务总公司内设办公室、行政科、房管科、维修科、食堂、保卫科、财务科7个科室。人员编制30人。辖兖州市机关招待处，管理兖州市机关第一招待所、兖州市机关第二招待所。1997年，兖州市后勤服务总公司更名为兖州市机关行政事务管理局。2007年，兖州市机关接待处从兖州市机关行政事务管理局分离。2013年11月，市机关行政事务管理局更名为济宁市兖州区机关行政事务管理局。至2013年年底，区机关行政事务管理局内设办公室（挂机关食堂管理办公室牌子）、人事财务科、公共机构节能管理办公室、运行维修中心、房管科、行政科（挂宿舍管理办公室牌子）。有在编人员30人。

住房及办公用房管理　1996年4月至1997年10月、1999年11月至2000年6月，兖州市先后两次在市直机关开展清房工作，共清理清退多占住房1120套。其中，退出多占住房654套，县级33套，科级216套，一般人员405套。对39个单位所属1521套公房明晰产权，没收公房4套，收缴超标违纪资金400余万元。通过清房，改善了无房户和住房困难户的居住条件。2000年1月20日，市机关三宿舍动工。2001年6月30日交付使用，2002年10月完成工程审计。市机关三宿舍坐落于新兖镇龙桥开发区，占地约28亩，共7幢楼房，主楼建筑总面积26497.09平方米，安置237户。2003年，完成机关三宿舍237户福利分房工作，为住户办理房屋确权证和土地使用证。2004年，完成市机关50套旧房出售和部分商品房出售工作。2005年，完成市机关一、二宿舍区270户40%产权的收费及换证工作，房租租赁、仓库保管、物资出入库走向了规范化、制度化。2003年—2005年，配合市行政办公中心建设工作。市行政办公中心位于西城区市民文化广场北侧，建筑面积4万平方米，占地5.4亩。工程投资概算为9600万元，由青岛建设集团总公司中标负责承建。市行政办公中心工程于2002年9月19日奠基，2002年12月开工建设，2003年3月设立兖州市人民政府行政办公中心建设办公室。2003年4月14日，建设办公室与西城区管委会办理交接手续，进驻工地，全面接管工程建设任务。2006年6月6日，市行政办公中心正式投入使用，共有办公室680余间，各类会议室、接待室21个，电梯5部，楼梯间8处。机关食堂2400平方米，能同时容纳500人就餐。2010年8月，市行管局实施九州方圆A座办公楼装修改造工程，九州方圆A座办公楼建筑面积2.9万平方米，2011年6月装修改造工程竣工，2013年下半年，市行管局对全市办公用房整改情况逐一进行检查落实，共清理腾退办公用房5200平方米。腾退原供销社办公地点1处，面积约1000平方米。

后勤服务管理　2003年—2005年，对市机关一、二、三宿舍区进行电网改造和供水、供暖系统改造。一宿舍区新建10千伏配电室1处，安装315千伏变压器1台。二宿舍区更换500千伏变压器1台及配电盘。一、二宿舍区共安装430户户外电表。投资20.51万元，完成一、二宿舍区供水管道改造，水表集中户外安置后每年节约水费12.50万元。投资6.16万元，完成一宿舍区2号、4号、7号楼184米供暖房管道改造工程。3年共粉刷办公楼内外墙6800平方米，住宅层防水处理9128平方米，修缮房屋73间，日常维修上千件。2003年—2005年，每年种植草坪2000平方米，垂直绿化1300平方米，自培花卉品种8000余盆。2009年，卫生保洁环境绿化走向社会化管理，分别与兖州蓝宇物业有限公司、兖州茂森园林绿化有限公司签订年度服务协议，保洁、绿化均达到四星级宾馆卫生要求和花园式单位要求。2010年—2013年，市行管局与市特丽洁物业管理有限公司签订年度服务协议，采用双层管理运行模式，做好行政办公中心保洁工作。投资20余万元，在办公区和宿舍区进行大面积绿化补植、种植，见缝插绿，立体绿化，办公区和宿舍区绿化率达到济宁市花园式小区标准。投资14.5万元，对二宿舍室外管网进行保温更新。

公共机构节能 2012年，兖州市公共机构节能工作领导小组成立，由常务副市长任组长，市行管局、发改委、住建委、经信委等单位为成员，设立公共机构节能管理办公室，负责推进、指导、协调、监督全市公共机构节能工作。2011年7月，九州方圆A座办公楼投入使用，将两处集中办公场所的公共机构节能纳入制度管理。2012年12月，完成4000支高效照明产品的推广任务，确保全市96%以上的公共机构更换高效照明产品。同年，党政机关人均能耗比上年下降3%，单位面积能耗比2011年下降2.6%。2010年—2013年，每年6月，围绕节能减排，举办公共机构节能宣传周活动，开展能源紧缺日体验活动。2011年8月，市行管局为市行政办公中心申请山东省公共建筑节能改造示范项目，同年12月获批，成为济宁市第一家采取合同能源管理模式实施节能改造的项目。2012年3月，市行管局与上海龙创节能系统股份有限公司签订合同，采用节能效益分享型合同能源管理模式，投资419.5万元对行政办公中心进行节能改造，节能效益分享期为6年。合同期内上海龙创节能系统股份有限公司用节能收益收回投资，合同结束后设备和节能效益全部归市行政办公中心所有。该改造项目于2012年4月开始施工，同年6月竣工。2013年5月，通过山东省住房和城市建设厅验收，确认改造后年节能量为16.6%。市行管局（市行政办公中心）获得国家机关事务管理局、国家发展改革委、财政部联合颁发的节约型公共机构示范单位称号。同年，对全市350家公共机构的基本信息进行全面调查和登记，建立兖州市公共机构名录库。全市党政机关人均能耗比2012年下降3.6%，单位面积能耗比2012年下降3%。

公务用车管理 2011年6月，兖州市公务用车问题专项治理工作领导小组成立。全市158个部门单位、10个镇（街道）、600余辆公务车辆进行登记自查上报。领导小组分成5个检查组和1个综合调度组，对全市党政机关公务用车现场逐辆核实。2012年9月，市委办公室印发《兖州市党政机关事业单位公务用车配备使用管理办法》，根据各单位人员编制、领导职数和工作需要等因素确定用车编制，确定市机关行政事务管理局为全市党政机关公务用车主管部门。2013年，市行管局对全市公务用车配备、登记、运行等情况进行自查，协调编办、国资办、公安等相关单位，全面摸清各部门、单位清单和人员编制数、车辆数。按照单位在职领导班子成员数5人2辆车的标准核定。一般公务用车编制按人员编制数每20人1辆核定，人员编制数在20人以下的核定1辆。已按领导职数核定用车编制的，不得再将领导职数计入该单位人员编制数重复核定的标准，重新确定新编制数。

第二十篇

地方人民政协

YANZHOUSHIZHI

地方人民政协

第一章　政协兖州市委员会

第一节　领导人员

1996 年—2013 年，政协兖州市（区）委员会历经 5 届，1993 年 2 月至 1998 年 1 月为第九届，1998 年 1 月至 2003 年 1 月为第十届，2003 年 1 月至 2007 年 12 月为第十一届，2007 年 12 月至 2012 年 1 月为第十二届，自 2012 年 1 月起为第十三届。王修忱、赵振乔、江福祥、张茂英（女）、于立武先后担任市政协主席。

1996年—2013年政协兖州市（区）委员会主席、副主席任职情况表

表20-1

届　次	职　务	姓　名	籍　贯	任职时间	备　注
第九届	主　席	王修忱	山东兖州	1993年2月至1996年3月	市政协党组书记
		赵振乔	山东兖州	1996年3月至1998年1月	市政协党组书记
	副主席	赵振乔	山东兖州	1993年2月至1996年3月	市政协党组副书记
		周忠善	山东兖州	1993年2月至1998年1月	市政协党组成员
		李宝亮	山东金乡	1993年2月至1998年1月	
		吴朱茂	浙江义乌	1993年2月至1998年1月	
		王方俊	山东淄博	1993年2月至1996年6月	
		荀金镛	山东曲阜	1993年2月至1998年1月	市政协党组成员
		朱维宁	山东兖州	1996年5月至1998年1月	市政协党组成员
第十届	党组书记	张茂英（女）	山东枣庄	1998年1月至2003年1月	兼任
	主　席	江福祥	山东兖州	1998年1月至2003年1月	市政协党组副书记
	副主席	周忠善	山东兖州	1998年1月至2001年3月	市政协党组成员
		李宝亮	山东金乡	1998年1月至2002年1月	
		朱维宁	山东兖州	1998年1月至2001年3月	市政协党组成员
		荀金镛	山东曲阜	1998年1月至2001年3月	市政协党组成员
		姚树信	山东兖州	1998年1月至2003年1月	
		刘　春	山东兖州	1998年1月至2003年1月	
		张世才	山东兖州	2001年3月至2003年1月	市政协党组副书记
		张培岐	山东兖州	2001年3月至2003年1月	市政协党组成员
		石洪生（回族）	山东兖州	2001年3月至2003年1月	市政协党组成员

续表20-1

届次	职务	姓名	籍贯	任职时间	备注
第十一届	主席	张茂英（女）	山东枣庄	2003年1月至2007年12月	市政协党组书记
	副主席	冯继福	山东兖州	2003年1月至2007年12月	市政协党组副书记
		庄其方	山东泗水	2005年1月至2007年1月	市政协党组成员
		刘　春	山东兖州	2003年1月至2007年12月	
		张培岐	山东兖州	2003年1月至2007年1月	市政协党组成员
		石洪生（回族）	山东兖州	2003年1月至2007年1月	市政协党组成员
		郭元强	山东兖州	2003年1月至2007年12月	
		李　松	山东临沂	2003年1月至2007年12月	
		尹凤银	山东曲阜	2007年1月至2007年12月	市政协党组成员
		邱印水	山东兖州	2007年1月至2007年12月	市政协党组成员
第十二届	主席	张茂英（女）	山东枣庄	2007年12月至2010年1月	市政协党组书记
		于立武	山东龙口	2010年1月至2012年1月	市政协党组书记
	副主席	冯继福	山东兖州	2007年12月至2010年3月	市政协党组副书记
		刘　春	山东兖州	2007年12月至2012年1月	
		郭元强	山东兖州	2007年12月至2012年1月	
		李　松	山东临沂	2007年12月至2008年12月	
		尹凤银	山东曲阜	2007年12月至2012年1月	市政协党组成员
		邱印水	山东兖州	2007年12月至2012年1月	市政协党组成员
		王建华	山东平邑	2010年1月至2012年1月	
		朱前春（女，回族）	山东宁阳	2010年1月至2012年1月	
第十三届	主席	于立武	山东龙口	2012年1月—	市政协党组书记
	副主席	刘　春	山东兖州	2012年1月—	
		郭元强	山东兖州	2012年1月—	
		邱印水	山东兖州	2012年1月—	市政协党组成员
		王建华	山东平邑	2012年1月—	
		朱前春（女，回族）	山东宁阳	2012年1月—	
		张贵民	山东兖州	2012年1月—	市政协党组成员
		颜丙华	山东兖州	2013年1月—	市政协党组成员

第二节　工作机构

1996年，市政协设办公室、提案委员会、教科文卫委员会、经济委员会三委一室。1998年4月，增设学习和社会法制委员会、文史资料委员会、台港澳侨联谊委员会。2003年5月，增设委员活动工作室，学习和法制委员会更名为社会法制和民族宗教委员会。2006年3月，增设老干部工作室；9月，增设研究室。2010年6月，社会法制和民族宗教委员会更名为社会法制委员会，台港澳侨联谊委员会更名为港澳台侨和民族宗教委员会。同年9月，市政协老干部服务中心成立为副科级全额预算管理事业单位隶属市政协办公室管理。2013年，市政协设办公室（下设老干部服务中心）、研究室、老干部工作室、委员活动工作室、提案委员会、社会法制委员会、文史资料委员会、教科文卫体委员会、经济委员会、港澳台侨和宗教委员会。

1996年，各乡镇设政协工作联络办公室，乡镇长兼任联络办公室主任，设1名副主任负责处理政协统战日常工作。1999年4月，恢复乡镇政协工作办公室，为正科级机构。2002年10月，乡镇政协工作办公室改为副科级机构，设1名政协联络员。2013年6月，各镇（街道）设立科级政协工作办公室，由镇（街道）党委（党工委）副书记兼任主任，设1名专职副主任（副科级）。

第二章　政协委员　政协会议

第一节　政协委员构成

历届市政协委员的产生首先由各党派、无党派民主人士、各人民团体、各个界别以及有关部门和镇(街道)党委等协商提出，再由市委组织部、市委统战部、市政协办公室等有关部门进行综合考察、平衡，同各推荐单位协商，确定建议名单，然后将委员建议名单提交市委常委会议审议，由市政协常务委员会协商决定，由全体常务委员组成人员过半数同意后予以通过。经市政协常务委员会会议通过的委员，由市政协办公室分别通知推荐单位和本人，向委员发放委员证书，并通过新闻媒体向社会公布。增补政协委员的程序也需要经过提名、协商、审议通过和公布等步骤。

1996年—2013年政协兖州市（区）委员会委员界别构成表

表20-2

届次	委员总数	界别总数	人数																					
			共产党员	民主党派	共青团	工会	妇联	工商	农民	农业	文化艺术	科学技术	社会科学	经济	教育	体育	新闻出版	医药卫生	归侨侨眷	台胞台属	少数民族	宗教界	特邀	社会福利社会保障
第九届	216	20	10	7	4	6	5	12	11	0	7	28	8	26	16	3	3	13	3	11	3	5	35	0
第十届	220	20	12	8	4	6	6	6	0	19	8	20	10	28	13	3	3	13	3	8	4	5	31	0
第十一届	218	21	10	7	4	6	5	14	0	19	7	21	10	28	8	2	3	13	3	5	5	6	37	5
第十二届	218	21	14	8	4	5	6	12	0	19	6	16	10	29	3	3	4	12	3	6	5	5	33	5
第十三届	215	21	21	7	3	3	6	17	0	13	7	13	14	33	14	2	2	8	1	3	4	6	32	6

第二节　全体会议

政协第九届兖州市委员会　该志记述断限内1996年1月至1998年1月，该届政协委员会共召开全体会议3次。

第四次全体会议　1996年2月28日至3月2日召开。出席会议委员216名。中共济宁市委常委、兖州市委书记马兴文出席会议并讲话。市政协副主席赵振乔作常委会工作报告。委员分组讨论市委领导讲话和市政协常委会工作报告，听取提案工作报告、提案审查情况报告、《中国人民政治协商会议第九届兖州市委员会第四次会议政治决议》，表彰优秀政协委员，同意王修忱不再担任市政协主席的辞呈，补选赵振乔为政协第九届兖州市委员会主席。与会人员列席兖州市第十三届人民代表大会第四次会议，听取政府工作报告和提交大会的其他报告。大会共收到提案89件。

第五次全体会议 1996年5月8日召开，会期半天。出席会议委员118名。会议传达学习全国政协八届四次会议精神，协商增选朱维宁为政协第九届兖州市委员会副主席。市政协主席赵振乔作《广泛参与，迅速行动，认真开展为促进兖州经济快速发展献计献策活动》的动员讲话。

第六次全体会议 1997年2月15日—19日召开。出席会议委员212人。中共济宁市委常委、兖州市委书记马兴文出席会议并讲话，市政协主席赵振乔作常委会工作报告，市政协提案委员会主任王福轩作提案工作报告，市政协副主席吴朱茂作提案审查情况报告。会议表彰在献计献策活动中成绩优异的29名政协委员，通过《中国人民政治协商会议第九届兖州市委员会第六次会议政治决议》。与会人员列席兖州市第十三届人民代表大会第五次会议，听取市政府工作报告和提交大会的其他报告，补选政协第九届兖州市委员会常委1人。大会共收到委员提案120件。

政协第十届兖州市委员会 1998年1月至2003年1月，该届委员会共召开全体会议5次。

第一次全体会议 1998年1月10日—14日在兴隆宾馆召开。出席会议委员219名。市委书记胡桂龙出席会议并讲话。市政协副主席周忠善作常委会工作报告，市政协副主席荀金镛作提案工作报告和提案审查情况报告。会议通过《中国人民政治协商会议第十届兖州市委员会第一次会议政治决议》。与会人员列席兖州市第十四届人民代表大会第一次会议，听取市政府工作报告和提交大会的其他报告。会议选举江福祥为政协第十届兖州市委员会主席，选举周忠善、李宝亮、朱维宁、荀金镛、姚树信、刘春为副主席，选举胡伟昌为秘书长，选举该届政协常务委员31名。大会共收到提案153件。

第二次全体会议 1999年1月26日—29日召开。出席会议委员223人。市委书记胡桂龙出席会议并讲话。市政协主席江福祥作常委会工作报告，市政协提案委员会主任王福轩作提案工作报告，会议听取提案审查情况的报告，通过《中国人民政治协商会议第十届兖州市委员会第二会议政治决议》。与会人员列席兖州市第十四届人民代表大会第二次会议，听取政府工作报告和提交大会的其他报告。大会共收到提案142件。

第三次全体会议 2000年1月15日—18日在兴隆宾馆召开。出席会议委员233人。市委书记胡桂龙出席会议并讲话。市政协副主席周忠善作常委会工作报告，市政协提案委员会主任王福轩作提案工作报告，市政协副主席刘春作提案审查情况报告。会议通过《中国人民政治协商会议第十届兖州市委员会第三次会议政治决议》。与会人员列席兖州市第十三届人民代表大会第三次会议，听取政府工作报告和提交大会的其他报告，补选市政协常务委员1人，表彰1998-1999年度29名优秀提案委员和16个提案承办先进单位。大会共收到提案141件。

第四次全体会议 2001年3月9日—11日在兴隆宾馆召开。出席会议委员260名。市委书记李卫国出席会议并讲话。市政协副主席周忠善作常委会工作报告，市政协副主席荀金镛作提案工作报告，市政协副主席刘春作提案审查情况报告。会议通过《中国人民政治协商会议第十届兖州市委员会第四次会议政治决议》。与会人员列席兖州市第十四届人民代表大会第四次会议，听取政府工作报告和提交大会的其他报告，表彰新兖镇等9个先进乡镇政协工作办公室、先进城区活动组和38名优秀政协委员，接受市政协副主席周忠善、朱维宁、荀金镛和常务委员张培岐的辞呈，补选张世才、张培岐、石洪生（回族）为政协第十届兖州市委员会副主席。大会共收到提案224件。

第五次全体会议 2002年1月27日—29日在兴隆宾馆召开。出席会议委员260人。市委书记李卫国出席会议并讲话。市政协副主席张世才作常委会工作报告，市政协副主席石洪生作提案工作报告，市政协副主席姚树信作提案审查情况报告。会议通过《中国人民政治协商会议第十届兖州市委员会第五次会议政治决议》。与会人员列席兖州市第十四届人民代表大会第五次会议，听取政府工作报告和提交大会的其他报告，补选政协第十届兖州市委员会常务委员5人。大会共收到提案180件。

政协第十一届兖州市委员会 2003年1月至2007年12月，该届委员会共召开全体会议5次。

第一次全体会议 2003年1月18日—22日在兴隆宾馆召开。出席会议委员218人。市委书记李卫国出席会议并讲话。市政协副主席张培岐作常委会工作报告，市政协副主席石洪生作提案工作报告，市政协副主席李松作提案审查情况报告。会议通过《中国人民政治协商会议第十一届兖州市委员会第一次会议政治决议》。与会人员列席兖州市第十五届人民代表大会第一次会议，听取政府工作报告和提交大会的其他报告，选举张茂英（女）为政协第十一届兖州市委员会主席，选举冯继福、刘春、张培岐、石洪生（回族）、郭元强、李松为副主席，选举刘金华为市政协秘书长，选举该届政协常务委员31人。大会共收到提案171件。

第二次全体会议 2004年2月8日—10日在市委党校召开。出席会议委员221人。市委书记李卫国出席会议并讲话。市政协主席张茂英作常委会工作报告，市政协副主席石洪生作提案工作报告，市政协副主席郭元强作提案审查情况报告。会议通过《中国人民政治协商会议第十一届兖州市委员会第二次会议政治决议》。与会人员列席兖州市第十五届人民代表大会第二会议，听取政府工作报告和提交大会的其他报告。大会共收到提案157件。

第三次全体会议 2005年1月11日—13日在市委党校召开。出席会议委员213人。市委书记韩军出席会议并讲话。市政协主席张茂英作常委会工作报告，市政协副主席石洪生作提案工作报告，市政协副主席李松作提案审查情况报告。会议通过《中国人民政治协商会议第十一届兖州市委员会第三次会议政治决议》。与会人员列席兖州市第十五届人民代表大会第三次会议，听取政府工作报告和提交大会的其他报告，补选庄其方为政协第十一届兖州市委员会副主席，徐志祥为市政协秘书长。大会共收到提案164件。

第四次全体会议 2006年1月7日—9日在富都宾馆召开。出席会议委员218人。市委书记韩军出席会议并讲话。市政协主席张茂英作常委会工作报告，市政协副主席石洪生作提案工作报告，市政协副主席李松作提案审查情况报告。会议通过《中国人民政治协商会议第十一届兖州市委员会第四次会议政治决议》。与会人员列席兖州市第十五届人民代表大会第四次会议，听取政府工作报告、《兖州市国民经济和社会发展第十一个五年总体规划纲要（草案）》和提交大会的其他报告，授予30名政协委员“兖州市优秀政协委员”称号，表彰20名优秀提案人和10个提案办理工作先进单位。大会共收到提案148件。

第五次全体会议 2007年1月26日—28日在富都宾馆召开。出席会议委员218人。市委书记江成出席会议并讲话。市政协主席张茂英作常委会工作报告，市政协副主席石洪生作提案工作报告，市政协副主席李松作提案审查情况报告。会议通过《中国人民政治协商会议第十一届兖州市委员会第五次会议政治决议》。与会人员列席兖州市第十五届人民代表大会第五次会议，听取政府工作报告和提交大会的其他报告，补选尹凤银、邱印水为政协第十一届兖州市委员会副主席。大会共收到提案147件。

政协第十二届兖州市委员会 2007年12月至2012年1月，该届委员会共召开全体会议4次。

第一次全体会议 2007年12月10日—14日在富都宾馆召开。出席会议委员218人。市委书记江成出席会议并讲话。市政协主席张茂英作常委会工作报告，市政协副主席邱印水作提案工作报告，市政协副主席李松作提案审查情况报告。会议通过《中国人民政治协商会议第十二届兖州市委员会第一次会议政治决议》。与会人员列席兖州市第十六届人民代表大会第一次会议，听取政府工作报告和提交大会的其他报告，选举张茂英（女）为政协第十二届兖州市委员会主席，选举冯继福、刘春、郭元强、李松、尹凤银、邱印水为副主席，选举徐志祥为市政协秘书长，选举该届政协常务委员33人。大会共收到提案153件。

第二次全体会议 2009年2月3日—5日在富都宾馆召开。出席会议委员230人。市委书记江成出席会议并讲话。市政协主席张茂英作常委会工作报告，市政协副主席刘春作提案工作报告，市政协副主席邱印水作提案审查情况报告。会议通过《政协第十二届兖州市委员会第三次会议政治决议》。与会委员列席市人大十六届二次会议，听取并讨论政府工作报告及提交大会的其他报告，补选该届政协常务委员2人。大会共收到提案184件。

第三次全体会议 2010年1月14日—16日在富都宾馆召开。出席会议委员218人。市委书记田志锋出席会议并讲话。市政协主席张茂英作常委会工作报告，市政协副主席刘春作提案工作报告，市政协副主席邱印水作提案审查情况报告。会议通过《政协第十二届兖州市委员会第三次会议政治决议》。与会委员列席市人大十六届三次会议，听取并讨论政府工作报告及提交大会的其他报告，补选于立武为市政协第十二届委员会主席，王建华、朱前春（女，回族）为政协第十二届兖州市委员会副主席，并任免部分委员。大会共收到提案171件。

第四次全体会议 2011年1月11日—14日在富都宾馆召开。出席会议委员235人。市委书记田志锋出席会议并讲话。市政协主席于立武作常委会工作报告，市政协副主席刘春作提案工作报告，市政协副主席王建华作提案审查情况报告。会议通过《政协第十二届兖州市委员会第四次会议政治决议》。政协全体委员列席市人大十六届四次会议，听取并讨论政府工作报告及提交大会的其他报告，选举张颂阳为政协第十二届兖州市委员会秘书长。大会共收到提案197件。

政协第十三届兖州市（区）委员会 该志记述断限内2012年1月至2013年12月，该届委员会共召开全体会议2次。

第一次全体会议 2012年1月5日—8日在富都宾馆召开。出席会议委员215人。市委书记张玉华出席会议并讲话。市政协主席于立武作常委会工作报告，市政协副主席刘春作提案工作报告，市政协副主席王建华作提案审查情况报告。会议通过《政协第十三届兖州市委员会第一次会议政治决议》。政协全体委员列席市人大十七届一次会议，听取并讨论政府工作报告及提交大会的其他报告，选举于立武为政协第十三届兖州市委员会主席，选举刘春、郭元强、邱印水、王建华、朱前春（女，回族）、张贵民为副主席，选举张颂阳市政协秘书长，选举该届政协常委33人。大会共收到提案146件。

第二次全体会议 2013年1月13日—15日在富都宾馆召开。出席会议委员210人。市委书记张玉华出席会议并讲话。市政协主席于立武作常委会工作报告，市政协副主席张贵民作提案工作报告，市政协副主席朱前春作提案审查报告。与会委员列席兖州市第十七届人民代表大会第二次会议，听取并讨论市政府工作报告及其他有关

2013年1月13日—15日，政协第十三届兖州市委员会第二次全体会议在富都宾馆召开

报告，审议通过《政协第十三届兖州市委员会第二次会议政治决议》，补选颜丙华为政协第十三届兖州市委员会副主席，补选政协第十三届兖州市委员会常务委员2人。大会共收到提案166件。

第三节　常委会议

政协第九届兖州市委员会常委会　1993年2月至1998年1月，共召开常委会议23次，其中该志记述断限内1996年1月至1998年1月，共召开常委会议11次。

第十三次常委会议　1996年2月7日在市政协会议室召开。会议协商研究九届四次全体会议的有关事项，通过市政协九届四次会议的时间、建议议程、日程、大会秘书处成员建议名单，主席、副主席和常委轮值建议名单；研究并原则通过常委会工作报告（征求意见稿）。

第十四次常委会议　1996年2月28日在市政协会议室召开。会议增补牛宜顺、宋丽梅（女）为政协第九届兖州市委员会委员。同意王修忱辞去政协委员申请。同意王修忱不再担任政协第九届兖州市委员会主席职务，并决定提交市政协九届四次会议讨论通过。讨论通过关于赵振乔为政协第九届兖州市委员会第二任主席候选人的建议案（草案）、市政协九届四次会议补选市政协主席选举办法（草案）及总监票人、监票人名单（草案）。

第十五次常委会议　1996年4月2日在市政协会议室召开。会议传达学习全国人大八届四次会议和全国政协八届四次会议精神；安排部署市政协下阶段工作，决定在当年8月举办一次以促进兖州经济快速发展为主题的献计献策活动；协商通过市政协办公室和部分乡镇政协工作联络办人事任免事项。市政协主席赵振乔就贯彻落实全国“两会”精神讲话。

第十六次常委会议　1996年4月30日在市政协会议室召开。会议增补朱维宁为政协委员，讨论通过关于朱维宁为政协第九届兖州市委员会副主席候选人建议案（草案）、增选市政协副主席的选举办法（草案），通过召开市政协九届五次会议的时间、建议议程、日程等事宜。

第十七次常委会议　1996年7月3日在市政协会议室召开。会议听取市委副书记、副市长卢兆河关于市政府上半年工作情况和下半年工作打算的通报、市公安局关于开展严打斗争的情况通报、关于东南环路建设情况的通报，组织常委视察东南环路及新西环路建设，研究决定部分乡镇政协工作联络办公室负责人安排事宜。

第十八次常委会议　1996年10月17日在市政协会议室召开。会议传达中共十四届六中全会精神，增补王福宜为政协委员。

第十九次常委会议　1997年1月17日在市政协会议室召开。会议听取市委副书记、副市长卢兆河关于全市1996年工作情况和1997年工作安排的通报，市委常委、市纪委书记肖耀宇关于兖州市反腐败工作和廉政建设情况的通报，讨论并原则通过准备提交市政协九届六次会议审议的《政协第九届兖州市委员会常务委员会工作报告》，以及关于召开市政协九届六次会议的有关事宜。研究决定增补政协委员，通过增选常委候选人建议案。

第二十次常委会议　1997年3月25日在市政协会议室召开。会议学习全国人大、政协“两会”重要文件，传达中共济宁市委关于在兖州市开展“转变作风年”活动的决定，并进行座谈讨论。全体人员到大安镇视察5个镇村企业，听取有关汇报。

第二十一次常委会议 1997年7月21日在市政协会议室召开。市委副书记、副市长卢兆河和市政府办公室主任冯继福参加会议。卢兆河通报兖州市1997年上半年经济运行情况和下半年工作安排意见，常委会对政府工作成绩给予充分肯定。对部分乡镇政协办公室主任、副主任的任免进行举手表决。市政协主席赵振乔总结上半年工作，并对下半年任务进行安排。

第二十二次常委会议 1997年9月26日在市政协会议室召开。会议传达学习中共十五大精神，市政协主席赵振乔讲话。

第二十三次常委会议 1997年12月29日在市政协会议室召开。会议听取换届工作情况汇报，对召开十届一次会议的有关程序进行协商讨论，讨论审议政协第九届兖州市委员会常务委员会工作报告和提案委员会工作报告，协商通过政协第十届兖州市委员会的届别设置和委员组成、市政协十届一次会议议程和日程（草案）；提出大会主席团和秘书长建议名单和大会秘书处组成人员建议名单。市委副书记张茂英讲话。

政协第十届兖州市委员会常委会 1998年1月—2003年1月，该届委员会共召开常委会议23次。

第一次常委会议 1998年4月4日在富都宾馆召开。会议传达学习全国人大九届一次会议和全国政协九届一次会议精神；审议通过政协第十届兖州市委员会的工作机构设置，协商决定人事任免事项；协商增补政协委员。中共兖州市委书记胡桂龙、市政协主席江福祥讲话。

第二次常委会议 1998年7月22日在市政协会议室召开。会议听取市委常委、副市长李开珍关于全市上半年国民经济和社会发展情况及下半年工作打算的通报，传达学习《中共中央关于在全党深入学习邓小平理论的通知》，收听收看农村党支部书记的榜样刘运库的事迹录像，审议并原则通过政协第十届兖州市委员会常务委员会议事规则。市政协主席江福祥讲话。

第三次常委会议 1998年10月30日在市政协会议室召开。会议学习贯彻中共十五届三中全会的决定，听取副市长张言申关于全市企业改制情况的通报，视察市味源酿造有限公司、明月化工公司和市中药厂的企业改制工作。市政协主席江福祥就如何学习贯彻中共十五届三中全会精神提出要求。

第四次常委会议 1999年1月15日在市政协会议室召开。会议听取并讨论市长李卫国所作的关于1998年工作情况和1999年工作打算的通报；审议通过政协第十届常务委员会工作报告和提案委员会工作报告；讨论并原则通过关于召开市政协十届二次全委会议的有关事宜；听取市政协各专门委员会1998年工作情况的汇报。市政协主席江福祥讲话。

第五次常委会议 1999年3月30日在市政协会议室召开。会议传达学习全国、省、济宁市“两会”精神、国务院总理朱镕基作的《政府工作报告》、全国政协主席李瑞环以及省政协主席韩喜凯和济宁市政协主席韩笔祥的讲话；讨论审议并原则通过市政协1999年工作要点。

第六次常委会议 1999年5月28日在市政协会议室召开。会议学习中共中央总书记江泽民《在欢迎中国驻南斯拉夫联盟共和国工作人员大会上的讲话》，听取市政法委关于当前全市社会治安形势的通报、市信访局关于全市信访工作情况的通报。围绕维护社会稳定问题，与会人员进行讨论并提出意见和建议。市委副书记、市纪委书记肖耀宇讲话。

第七次常委会议 1999年7月16日在市政协会议室召开。会议听取并讨论市委副书记、市政府副市长李开珍所作的关于全市上半年国民经济和社会发展情况的通报、市政府1999年上半年工作总结及下半年工作打算，对市政府上半年工作给予充分肯定，就教育工作、企业改革、农业产业结构调整、城市建设、下岗职工再就业等问题提出意见、建议。

第八次常委会议 1999年10月28日在市政协会议室召开。会议学习《中共中央关于国有企业改革和发展若干重大问题的决定》，听取副市长张言申作的《关于国有企业改革与发展情况的通报》。常委会对兖州市企业改革和发展给予肯定，就深化企业改革等提出意见、建议。市政协副主席周忠善讲话。

第九次常委会议 2000年1月8日在市政协会议室召开。会议听取市委副书记、副市长李开珍作的《关于兖州市1999年国民经济和社会发展情况的通报》，审议通过关于召开市政协十届三次会议的决定、市政协十届三次会议议程（草案）、日程（草案）、市政协常委会工作报告和提案委员会工作报告、市政协关于表彰1998至1999年度优秀提案委员和提案承办先进单位的决定，协商决定增补市政协十届委员会委员，协商确定补选常委候选人名单，通过市政协十届三次会议秘书长、副秘书长名单和会议列席人员名单。

第十次常委会议 2000年3月17日在市政协会议室召开。会议学习中共中央总书记、国家主席、中央军委主席江泽民在广东省高州市领导干部“三讲”教育动员会上的重要讲话，传达全国、省、济宁市“两会”精神，常委们就如何做好2000年政协工作进行讨论并提出意见、建议，市政协主席江福祥讲话。

第十一次常委会议 2000年7月19日在市政协会议室召开。会议听取并讨论副市长李开珍所作的《关于兖州市上半年国民经营和社会事业发展情况的通报》，听取市委党校副教授王振玉所作的江泽民“三个代表”重要思想辅导报告。市政协副主席周忠善就深入学习实践“三个代表”重要思想协助党委、政府做好工作提出要求。

第十二次常委会议 2000年9月28日在富都宾馆召开。会议协商增补孙致才、周新诚为第十届市政协委员，通过人事任免事项；听取市人民法院院长庞新贤作的《关于市法院工作情况的通报》和市人民检察院检察长庄其方作的《关于市检察院工作情况的通报》。

第十三次常委会议 2000年11月16日在市政协会议室召开。会议专题讨论《兖州市国民经济和社会发展第十个五年计划纲要（草案）》。市计划委员会主任张进才就兖州市“十五”规划起草情况作说明，市委副书记、市政府副市长李开珍同常委们进行座谈。委员们高度评价《纲要（草案）》并提出意见、建议。

第十四次常委会议 2001年1月8日在富都宾馆召开。会议协商通过召开市政协十届四次会议的决定（草案）；审议通过十届四次会议议程和日程（草案）、市政协常委会工作报告并推举报告人、市政协常委会提案工作报告并推举报告人、市政协关于表彰政协工作先进单位和优秀政协委员的决定（草案），协商决定十届市政协委员调整事宜、人事任免事项、市政协十届委员活动组召集人调整人员名单、新增委员分组名单、委员讨论组划分及各讨论组召集人名单（草案），通过市政协十届四次会议主席、副主席、常委轮值名单（草案）、十届四次会议秘书长、副秘书长名单和会议列席人员名单（草案）。

第十五次常委会议 2001年3月10日在十届四次全委会议期间召开。会议通过市政协2001年工作要点。

第十六次常委会议 2001年7月12日—13日在市政协会议室召开。学习中共中央总书记江泽民在庆祝中国共产党成立80周年大会上的讲话，视察新兖镇、兴隆庄镇、王因镇、谷村镇、漕河乡两个文明建设情况，听取并讨论市委副书记、市政府副市长李开珍作的《关于兖州市上半年国民经济和社会发展情况的通报》。

第十七次常委会议 2001年9月28日在市政协会议室召开。会议学习中共十五届六中全会精神；审议通过市政协常委会《致全体政协委员的一封信》；一致赞同市政协常委会关于鼓励广大政协委员积极参与兖州市招商引资、发展民营经济、促进兖州发展的倡议。

第十八次常委会议 2002年1月15日在富都宾馆举召开。会议审议通过市政协十届五次会议议程和日程（草案）、市政协常委会工作报告和提案工作报告、召开市政协十届五次会议的其他事项，增补市政协十届委员会委员，协商补选市政协十届委员会常务委员。

第十九次常委会议 2002年1月27日在市政协十届五次全会期间召开。会议通过兖州市政协2002年工作要点。

第二十次常委会议 2002年4月19日在富都宾馆召开。会议听取市开发区管委会、市计划委员会、市经济委员会、市农业委员会、市建设委员会、市对外经济贸易委员会、市乡镇企业局关于第一季度兖州市经济运行情况的通报。常委们围绕兖州市经济发展进行讨论。副市长冯继福通报一季度兖州市经济总体运行情况，市政协主席江福祥讲话。

第二十一次常委会议 2002年7月24日在市政协会议室召开。副市长岳宪锋通报兖州市上半年国民经济和社会发展情况及下半年工作打算，常委们围绕兖州市改革、发展、稳定提出意见建议，审议通过人事任免事项。市政协主席江福祥、市政协副主席张世才就学习贯彻中共中央总书记江泽民“5·31”讲话、进一步做好政协工作提出要求。

第二十二次常委会议 2002年9月25日在市政协会议室召开。会议听取市教育局关于兖州市教育工作情况的汇报，常委们对兖州市教育工作给予高度评价和充分肯定并提出意见、建议。

第二十三次常委会议 2003年1月9日在市政协会议室召开。会议审议通过市政协十一届一次会议上的常委会工作报告和提案工作报告并推举报告人、市政协十一届一次会议的议程和日程（草案），协商决定关于召开市政协十一届一次会议的日期、会期、政协第十一届委员会委员；协商提出大会主席团成员和秘书长建议名单、委员活动组划分、大组讨论分组及召集人建议名单、大会副秘书长、秘书处各组组长、副组长建议名单、列席人员建议名单。市委副书记、市政协党组书记张茂英、市委副书记董信江讲话。

政协第十一届兖州市委员会常委会 2003年1月至2007年12月，该届委员会共召开常委会议27次。

第一次常委会议 2003年3月24日在富都宾馆召开。会议传达学习十届全国政协一次会议精神，审议通过市政协2003年工作要点、常务委员会议事规则和关于加强市政协常委会建设的若干规定，协商通过人事任免事项。

第二次常委会议 2003年6月10日在富都宾馆召开。会议听取并讨论市政府关于2003年上半年经济和社会发展情况的通报、市防治“非典”指挥部关于兖州市“非典”防治工作情况的通报。审议通过市政协十一届委员会工作机构调整的决定（草案）、市政协十一届委员会工作机构设置的决定（草案），协商决定人事任免事项。

第三次常委会议 2003年9月26日在富都宾馆召开。与会人员视察银河工业园、山东太阳纸业股份有限公司、山东翔宇化纤有限公司和青岛钢铁集团兖州焦化厂等企业的重点项目建设，听取市经贸局、市外经贸局、经济开发区、市招商促进局关于经济工作情况的通报。常委们就如何实现兖州经济超常规、高速度、跨越式发展提出意见建议，市委副书记、副市长张胜明参加会议并讲话。

第四次常委会议 2003年11月20日在市政协会议室召开。会议学习中共十六届三中全会精神，收听收看国务院发展研究中心副主任谢伏瞻关于中共十六届三中全会精神的学习辅导录像，审议通过《政协兖州市委员会关于学习贯彻中共十六届三中全会精神的意见》，市政协副主席冯继福、石洪生通报赴韩国和赴长江三角洲招商引资情况。常委们围绕学习贯彻中共十六届三中全会精神和扩大开放、招商引资、加快发展进行讨论。

第五次常委会议　2003年12月29日在市政协会议室召开。会议审议通过关于召开政协第十一届兖州市委员会第二次会议的决定、会议议程（草案）、日程（草案）及其他有关事项，推举张茂英作市政协常务委员会工作报告，推举石洪生作常务委员会提案工作报告，审议通过人事任免事项、增补政协第十一届兖州市委员会委员事项。

第六次常委会议　2004年3月9日在市政协十一届二次会议期间举行。会议通过政协兖州市委员会2004年工作要点，听取大会分组讨论情况，审议通过大会的政治决议。

第七次常委会议　2004年3月30日在市政协会议室召开。会议传达学习全国政协十届二次会议精神，学习政协章程修正案并开展讨论。

第八次常委会议　2004年7月9日在富都宾馆召开。与会人员视察山东联诚集团有限公司、山东太阳纸业股份有限公司、陆通轮胎有限公司等重点企业，听取并讨论市委副书记、市长于建民关于兖州市上半年经济社会发展情况和下半年工作打算的通报；常委们围绕兖州市的改革、发展、稳定进行讨论。

第九次常委会议　2004年9月30日在市政协会议室召开。会议学习中共十六届四中全会精神、《中共中央关于加强党的执政能力建设的决定》，并进行座谈讨论。

第十次常委会议　2004年12月30日在市政协会议室召开。会议审议通过关于召开政协第十一届兖州市委员会第三次会议的决定、大会议程（草案）、日程（草案）及其他有关事项，推举张茂英作市政协常务委员会工作报告，推举石洪生作常务委员会提案工作报告，审议通过人事任免事项、增补政协第十一届兖州市委员会委员事项。

第十一次常委会议　2005年1月12日市政协十一届三次会议期间，在市委党校召开。会议协商增补市政协十一届委员会委员庄其方，协商通过市政协十一届委员会建议副主席候选人庄其方，建议秘书长候选人徐志祥，协商通过举行办法（草案）、总监票人、监票人名单（草案）。

第十二次常委会议　2005年1月13日市政协十一届三次会议期间，在市委党校召开。会议听取各组讨论和审议有关报告的情况、大会组织组有关人事协商情况汇报、十一届三次会议政治决议（草案）、市政协2005年工作要点。

第十三次常委会议　2005年5月13日在兴隆宾馆召开。会议以“发挥政协优势，为构建社会主义和谐社会建言献策”为主题。与会人员学习中央、省委主要领导关于构建社会主义和谐社会的有关指示精神；常委们就发挥自身优势，为构建社会主义和谐社会做贡献进行发言交流；郭元强等三位常委、委员发出“发展经济、关注民生、回报社会”的倡议，动员全体政协委员特别是经济界政协委员和民营企业家，带头关注民生，踊跃参与“送温暖、献爱心”捐赠活动。

第十四次常委会议　2005年7月19日在市政协会议室召开。与会人员视察兖州市城市建设重点工程，市委常委、副市长张言申通报上半年兖州市经济运行情况和下半年主要工作打算。常委们进行座谈讨论并提出意见、建议。会议协商通过人事任免事项，通报投资助学资金管理使用办法。

第十五次常委会议　2005年11月22日在市政协会议室召开。会议传达学习中共兖州市委关于认真学习贯彻中共十六届五中全会精神的通知和中共十六届五中全会公报，听取市委常委、副市长张言申作的关于兖州市国民经济和社会发展第十一个五年规划纲要（草案）的说明，分组讨论兖州市国民经济和社会发展第十一个五年规划纲要（草案）。

第十六次常委会议　2005年12月30日在

市政协会议室举行。会议审议通过关于召开政协第十一届兖州市委员会第四次会议的决定（草案）、会议议程（草案）、日程（草案）及其他有关事项，推举张茂英作常务委员会工作报告，推举石洪生作提案工作情况的报告，审议通过关于表彰优秀政协委员、优秀提案人和提案办理工作先进单位的决定（草案）和人事任免事项。

第十七次常委会议 2006年1月28日市政协十一届四次会议期间，在兴隆宾馆召开。市政协秘书长徐志祥综合汇报各组讨论和审议有关报告的情况。会议审议通过大会政治决议（草案）。

第十八次常委会议 2006年2月23日在市政协会议室召开。会议学习《中共中央、国务院关于推进社会主义新农村建设的若干意见》，审议通过市政协2006年工作要点和市政协关于开展“提案质量年”活动的意见。

第十九次常委会议 2006年6月20日在兴隆宾馆召开。会议传达学习《中共中央关于加强人民政协工作的意见》，协商通过《关于社会主义新农村建设的建议案》。

第二十次常委会议 2006年7月20日在市政协常委会议室召开。会议听取市委副书记、副市长张胜明关于上半年兖州市经济运行情况和下步主要工作的通报。与会委员视察山东联诚集团有限公司、山东太阳纸业股份有限公司、山东银河橡塑集团、陆通轮胎有限公司、济宁市农业高新技术示范园等重点发展项目和亮点工程。在随后召开的座谈会上，委员们就把握机遇、加快发展进行讨论。

第二十一次常委会议 2006年10月24日在市政协常委会议室召开。会议学习中共十六届六中全会精神，听取市政府关于市政协十一届四次会议以来委员提案办理情况的通报。

第二十二次常委会议 2007年1月19日在市政协常委会议室召开。会议审议通过关于召开市政协十一届五次会议的决定（草案）、议程（草案）、日程（草案），推举张茂英作市政协常委会工作报告，推举石洪生作提案工作情况的报告；审议通过政协兖州市委员会2007年要点、人事任免事项：免去常委1名、委员2名，增补委员11名，实有政协委员228名；审议通过市政协十一届五次会议的其他有关事项。

第二十三次常委会议 2007年1月27日在兴隆宾馆召开。市委常委、组织部部长于立武代表中共兖州市委提出有关人事任免建议；会议协商通过市政协十一届委员会副主席候选人名单，协商通过3人不再担任第十一届政协副主席的建议，协商通过市政协十一届五次会议选举办法（草案）；协商提出总监票人、监票人建议名单（草案）。

第二十四次常委会 2007年1月28日市政协十一届五次会议期间，在兴隆宾馆召开。会议听取市政协秘书长徐志祥综合汇报各组讨论和审议有关报告的情况；组织组汇报关于人事协商情况；审议通过补选市政协十一届委员会副主席候选人尹凤银、邱印水；协商通过市政协十一届五次会议选举办法（草案）和总监票人、监票人建议名单、该次大会政治决议（草案）。

第二十五次常委会议 2007年7月9日在市政协常委会议室召开。市政协副主席邱印水领学中共中央总书记胡锦涛6月25日在中共中央党校发表的重要讲话摘要；市委副书记、市长张胜明通报兖州市上半年经济运行情况和下半年工作打算；会议听取提案委员会关于提案工作情况的汇报和教科文卫体委关于食品卫生安全情况的视察报告。

第二十六次常委会议 2007年10月26日在市政协常委会议室召开。会议学习中共十七大精神；副市长初建伟通报市政协十一届五次会议期间委员提出的关于政府工作方面的提案办理情况；审议通过市政协机关人事任免事项。

第二十七次常委会议 2007年12月5日在市政协常委会议室召开。会议审议通过市政协十二届一次全委会议上的常委会工作报告和提案工作报告，并推举报告人、会议议程和日程建议；协商通过召开十二届一次会议的日期、会期，政协第十二届兖州市委员会委员、会议主席团成员和秘书长和副秘书长建议名单，大会秘书处各组组长、副组长建议名单，列席人员建议名单。

政协第十二届兖州市委员会常委会　2007年12月至2012年1月，该届委员会共召开常委会议23次。

第一次常委会议　2008年2月22日在市政协常委会议室召开。会议传达学习省政协十届一次和济宁市政协十一届一次会议精神；审议通过十二届兖州市政协委员会2008年工作要点、政协兖州市委员会常务委员会议事规则和关于加强市政协常委会建设的若干规定、十二届市政协机构设置的决定；协商通过人事任免事项。

第二次常委会议　2008年5月22日在市行政办公中心召开。市委副书记、市长张胜明通报兖州市城市建设重点项目进展情况及近三年规划设想。会议传达学习市委书记江成在市委常委扩大会议上的讲话精神；审议通过市政协关于加强委员管理的意见及考评办法、有关人事任免事项；讨论通过市政协关于环保工作情况的调研报告。市政协主席张茂英就市政协做好抗震救灾工作提出希望和要求。会前市政协举行向汶川地震灾区捐款仪式，捐款4.38万元，捐画作10幅。

第三次常委会议　2008年7月23日在市政协常委会议室召开。会议听取讨论市委常委、副市长张玉华所作的全市上半年经济社会发展情况通报，以及防汛抗险工作汇报。常委们围绕兖州市经济发展和水利建设提出意见、建议。

第四次常委会议　2008年10月28日在市行政办公中心召开。会前，与会人员到太阳国际大酒店、牛旺立交桥、九州大道东延改造、泗河栏蓄等工程施工建设现场进行实地视察。会上，市政协副主席邱印水领学《中共中央关于农村改革发展若干重大问题的决定》。市政协副主席刘春就文化建设情况的调研报告作简要说明。市政协主席张茂英就深入学习贯彻中共十七届三中全会精神、更好地做好当前政协工作提出具体要求。

第五次常委会议　2009年1月19日召开。会议审议通过关于召开市政协十二届二次会议的决定（草案）、议程（草案）、日程（草案）、市政协常委会工作报告和提案工作报告，并推举报告人、人事任免事项及其他有关事项。

第六次常委会议　2009年2月4日在兴隆宾馆召开。会议听取人事调整情况通报；协商通过市政协十二届委员会常务委员候选人名单（草案）、选举办法（草案）、总监票人、监票人名单（草案）。

第七次常委会议　2009年2月5日在兴隆宾馆召开。市政协秘书长徐志祥综合汇报各组讨论和审议有关报告的情况；组织组汇报人事协商情况；会议审议通过市政协十二届委员会常务委员候选人名单及选举办法（草案），总监票人、监票人名单（草案）、政治决议（草案）。

第八次常委会议　2009年3月10日在市政协常委会议室召开。会议传达学习省政协十届二次会议精神和济宁市政协十一届二次会议精神；审议通过市政协2009年工作要点。

第九次常委会议　2009年7月21日在市政协常委会议室召开。会议听取市政府关于兖州市上半年经济社会发展情况的通报、市发改局关于全市重点项目进展情况的通报，与会常委围绕促进经济社会科学发展跨越发展进行座谈发言，市政协主席张茂英讲话。

第十次常委会议　2009年10月16日在市政协常委会议室召开。会议传达学习中共十七届四中全会精神和市委十二届七次全委会议精神，各委员活动组汇报2009年以来的工作情况，审议通过《市政协关于社区管理与服务工作情况的调研报告》和《市政协关于农村医疗卫生体系建设情况的调研报告》，市政协主席张茂英讲话。

第十一次常委会议　2010年1月11日在市政协常委会议室召开。会议审议通过关于召开市政协十二届三次会议的决定（草案）、议程（草案）、日程（草案）、市政协常委会工作报告和提案工作报告，并推举报告人，审议通过人事任免事项及其他有关事项。

第十二次常委会议 2010年1月15日在兴隆宾馆召开。市委提出补选市政协十二届委员会主席、副主席候选人协商名单（草案）；协商通过大会选举办法（草案）、总监票人、监票人名单（草案）。

第十三次常委会议 2010年1月16日在兴隆宾馆召开。市政协秘书长徐志祥综合汇报各组讨论和审议有关报告情况；组织组汇报人事协商情况；会议审议通过补选市政协十二届委员会主席、副主席候选人名单及选举办法（草案），总监票人、监票人名单（草案）、市政协十二届三次会议政治决议（草案）；市政协主席张茂英讲话。

第十四次常委会议 2010年3月25日在市政协常委会议室召开。传达学习省政协十届三次会议和济宁市政协十一届三次会议精神；听取市政协十二届三次会议提案征集、审查立案情况的说明；审议通过市政协2010年工作要点。

第十五次常委会议 2010年7月28日在市政协常委会议室召开。会议听取市政府全市上半年经济社会发展情况的通报；审议通过《关于历史文化遗产保护与开发利用情况的调研报告》；通报关于对兖州市梯队企业培育工程建设视察的有关情况、委员活动组调整及加强委员活动组工作的有关意见，通过有关人事任免事项。

第十六次常委会议 2010年10月22日在市政协常委会议室召开。会议传达学习中共十七届五中全会精神；审议通过关于现代商贸服务业建设情况的调研报告和人事任免事项。

第十七次常委会议 2011年1月5日在市政协常委会议室召开。会议审议通过关于召开市政协十二届四次会议的决定（草案）、议程（草案）、日程（草案）、市政协常委会工作报告和提案工作报告，并推举报告人，审议通过人事任免事项及其他有关事项。

第十八次常委会议 2011年1月13日在市政协十二届四次会议期间召开。会议协商通过市政协十二届委员会秘书长候选人协商名单、市政协十二届四次会议选举办法（草案）、总监票人、监票人名单（草案）。

第十九次常委会议 2011年1月14日在市政协十二届四次会议期间召开。会议听取关于各组讨论和审议有关报告情况的汇报、关于人事协商情况的汇报；审议通过市政协十二届四次会议政治决议（草案）。

第二十次常委会议 2011年2月24日在市政协常委会议室召开。会议传达学习省政协十届四次会议和济宁市政协十一届四次会议精神；听取市政协十二届四次会议提案立案情况的说明；审议通过市政协2011年工作要点和重点工作计划安排、有关人事任免事项；讨论修改关于开展“一线建功年”活动的意见。

第二十一次常委会议 2011年7月21日在市政协常委会议室召开。会议听取市政府关于兖州市上半年经济社会发展情况的通报；审议通过《关于兖州市农村精神文明建设情况的调研报告》和《关于兖州市城市社区物业管理服务情况的调研报告》。

第二十二次常委会议 2011年11月2日在市政协常委会议室召开。会议传达学习中共十七届六中全会精神；审议通过《关于加快推进兖州市科技创新平台建设调研报告》；通报关于兖州市城乡基础设施“百项工程”建设视察的有关情况；听取市督查办关于市委系统政协提案办理落实情况的汇报、市政府关于政协提案办理落实情况的汇报。

第二十三次常委会议 2011年12月30日在富都宾馆召开。会议审议通过市政协十二届委员会常委会工作报告和提案工作报告并推举报告人，协商通过政协第十三届兖州市委员会委员，关于召开市政协十三届一次会议的决定（草案）、议程（草案）、日程（草案），主席团成员和秘书长建议名单，市政协十三届一次会议大会秘书处各组组长、副组长建议名单，列席人员建议名单及人事事项。

政协第十三届兖州市（区）委员会常委会 该志记述断限内2012年1月至2013年12月，该届委员会共召开常委会议13次。

第一次常委会议 2012年3月1日在市政协常委会议室召开。会议传达学习省政协十届五次会议和济宁市政协十二届一次会议精神；审议通过市政协2012年工作要点、市政协常委会议和视察调研活动工作规程、政协委员担任民主监督员管理办法和各专委会成员名单；听取市政协十三届一次会议提案情况的说明。

第二次常委会议 2012年6月1日在市政协常委会议室召开。会议传达学习全国政协十一届五次会议精神；审议通过《关于兖州市重点产业项目建设情况的调研报告》、市政协常委会资政会议实施方案；通报关于兖州市公交事业发展视察的有关情况；听取市发改局、市商务局、市国土局“大项目突破年”活动工作开展情况汇报并进行资政评议。

第三次常委会议 2012年9月12日在市政协常委会议室召开。会议传达学习中共中央总书记胡锦涛“7·23”重要讲话精神；听取市政府关于兖州市上半年经济社会发展情况的通报，市科技局、中国人民银行兖州市支行、市供电局关于实施“大项目突破年”活动工作情况的汇报并进行资政评议；审议通过《关于兖州市文化产业发展情况的调研报告》。

第四次常委会议 2012年12月12日在市政协常委会议室召开。会议传达学习中共十八大和中共山东省委十届二次全会、中共济宁市委十二届二次全会、中共兖州市委十三届二次全会精神；审议通过《政协兖州市委员会关于深入学习宣传贯彻中国共产党第十八次全国代表大会精神的决议》；通报市政协视察学前教育工作的有关情况；听取市督查办、市政府办关于十三届一次会议提案办理情况的通报。

第五次常委会议 2012年12月15日在市政协常委会议室召开。会议审议通过增补委员的有关事项，增补牛腾、李娜（女）为政协第十三届兖州市委员会委员。市政协主席于立武讲话。

第六次常委会议 2013年1月9日在兴隆宾馆召开。会议审议通过关于召开市政协十三届二次会议的决定、议程（草案）、日程（草案）、市政协十三届常委会工作报告和提案工作报告并推举报告人，协商通过人事任免事项及其他有关事项。

第七次常委会议 2013年1月14日在兴隆宾馆召开。市委提出补选市政协十三届委员会副主席、常委候选人协商名单（草案）；协商通过大会选举办法（草案）、总监票人、监票人名单（草案）。

第八次常委会议 2013年1月15日在兴隆宾馆召开。市政协秘书长张颂阳综合汇报各组讨论和审议有关报告的情况；组织组汇报人事协商情况；审议通过补选市政协十三届委员会副主席、常委候选人名单及选举办法（草案），总监票人、监票人名单（草案）、政治决议（草案）。

第九次常委会议 2013年3月6日在市政协常委会议室召开。会议传达学习省和济宁市政协全会精神，审议通过市政协2013年工作要点、市政协关于深化一线政协建设、提升政协委员履职实效的意见，听取市政协十三届二次会议提案立案情况说明。

第十次常委会议 2013年5月29日在市政协常委会议室召开。会议审议通过《关于兖州市机械制造产业扩量提质增效情况的调研报告》，听取兖州工业园区、市规划局、市招商局推进产业园区建设工作情况并进行资政评议。

第十一次常委会议 2013年8月9日在市政协常委会议室召开。会议听取并讨论审议兖州市上半年经济社会发展情况的通报，听取市政协

2013 年 8 月 9 日，市政协召开第十三届第十一次常委会议

视察创建省级园林城市工作情况的通报、市教体局、市卫生局、市文广新局关于保障和改善民生工作情况的报告并进行资政评议。

第十二次常委会议 2013 年 11 月 28 日在市政协常委会议室召开。会议书面传达学习《中共中央关于全面深化改革若干重大问题的决定》，审议通过《市政协关于就业服务和社会保障体系建设情况的调研报告》，听取市政协视察残疾人保障和服务体系建设情况的通报以及市督查办、市政府办公室关于市政协十三届二次会议政协提案办理落实情况的汇报，协商通过行政区划调整后市政协机构及干部职务名称变更事项。

第十三次常委会议 2013 年 12 月 26 日在区政协常委会议室召开。会议审议通过关于召开区政协十三届三次会议的决定、议程（草案）、日程（草案）、区政协十三届常委会工作报告和提案工作报告并推举报告人及其他有关事项，协商通过委员任免事项。

第三章　主要工作

第一节　会议协商

1996 年—2013 年，市政协主要通过每年召开一次全体会议、每季度召开一次常委会议等形式，对涉及全市重大政治问题进行协商讨论。政协全体会议主要就《政府工作报告》、财政预决算、市人民法院、市人民检察院工作及群众关心的重点问题进行协商讨论并提出意见建议，为全市全局性工作提供广泛民主基础和政治支持。期间，市政协共举行全体会议 19 次，常委会议 97 次，讨论协商全市发展大政方针以及政治、经济、文化和社会生活中的重要问题。九届市政协主要协商讨论全市政治经济工作并提出意见、建议。十届市政协主要协商讨论全市教育工作、国有企业改革、农业产业结构调整、城市建设等事宜。十一届市政协主要协商讨论全市经济工作，其中市政协十一届五次常委会议重点协商讨论兖州市“十一五”规划纲要草案。十二届市政协主要协商讨论全市经济社会发展情况、防汛抗险工作、重点项目进展情况等事宜。十三届市政协主要协商讨论全市经济社会发展情况、“大项目突破年”活动工作开展情况等事宜。

第二节　民主监督

1996 年—2013 年，市政协民主监督主要采取市政协全体委员会会议、委员提案、专题调研、民主评议等方式参政议政。组织市政协常委就全市重点工作和民生热点问题对相关职能部门进行评议，组织各专门委员会和各界别委员进行视察并提出意见、建议，推荐政协委员分别担任执法执纪、公共事业服务部门的特邀监督员，为进一步优化发展环境，切实维护群众利益，推进民主政治建设和机关作风建设发挥作用，其中九届市政协对城市建设、镇村企业发展等情况进行民主监督。十届市政协对企业改制、社会稳定、农业产业结构调整等工作进行民主监督。十一届市政协对重点项目建设、招商引资、食品卫生安全等情况进行民主监督。十二届市政协对全市环保工作、科技工作、水利建设、社区管理与服务工作、历史文化遗产保护、现代商贸服务业建设等情况进行民主监督。十三届市政协对全市公交事业发展、文化产业发展、学前教育工作、产业园区建设等情况进行民主监督。

2013年6月19日，市政协调研“关于改善城市交通拥堵状况的建议”提案办理落实情况

第三节　提案办理

九届政协期间，市政协共收到委员提案567件，经审查立案547件，书写提案900余人次，先后2次召开提案工作表彰会议，交流工作经验，并对60余名优秀提案者和26个先进承办单位颁发奖励证书和奖牌。

十届政协期间，市政协共收到委员提案873件，立案754件，对不够立案标准的119件作人民来信作其他形式处理。其中，涉及农村的75件，民营经济发展的80件，城市经济、商贸流通方面的69件，城建、环保、环卫的214件，财政、金融、工商服务的88件，交通、供电、通信等基础设施建设方面的64件，科技、教育、卫生、文化、宣传等方面的125件，社会治安、法治建设方面的53件，廉政建设、精神文明、民政、劳动保障、民族宗教等方面的82件，其他方面的23件。五年立案提案的办复率100%，委员签署的提案办理满意率94%。

2013年10月30日，市政协重点提案办理协商工作座谈会在市教体局召开

十一届政协期间，市政协共收到委员提案849件，2695人次提出提案，立案635件，办结率100%，委员满意或基本满意率99%。其中，关于改善发展环境大力发展民营经济方面的提案58件，建设社会主义新农村提案63件，城市建设管理提案186件，教育、卫生等有关社会事业提案158件。

十二届政协期间，市政协共收到提案727件，审查立案480件，对未予立案的247件提案分别作合并立案、委员来信等形式处理。立案提案办复率100%，委员满意或基本满意率99%。委员们提出加快推进新农村建设，尽快实施九州路东延，城区供热扩面提质，加快市区部分道路改造，改善饮水质量，加强污染治理，提升公交服务水平等有关城乡建设与管理的意见建议。

十三届政协期间，市政协共收到提案807件，审查立案468件，对未立案的339件分别作合并立案、委员来信等形式处理，立案提案全部办复，委员满意或基本满意率99%。委员们围绕转变经济发展方式，调整经济结构，经济提质增效等提出意见建议。就城市基础设施改造升级、加快旧城改造、建设美丽乡村、创建国家卫生城市、治理交通拥堵等方面问题积极建言献策。提出残疾人免费乘坐公交车，提升教育质量、促进教育均衡发展，加强社会养老，深化天网工程建设等提案。

第四节 调研视察

九届政协期间，市政协开展调研与视察活动30余项。1996年，开展村办企业发展情况调研、城市社会治安综合治理情况调研，对全市文化市场管理情况进行调研，听取有关汇报，对部分书刊、音像、娱乐摊点、印刷厂进行调研，针对存在的问题提出充实调整文化市场管委会，理顺各种关系，解决实质性的问题；解决文化市场管理稽查队的经费、办公场所、车辆等；加强文化市场管理的宣传力度，设立群众监督举报专线电话；加强对文化制品经营者的素质教育；组建文化市场一条街等建议，为促进全市文化市场管理发挥积极作用。1997年，对全市卫生工作状况、基层供销社改革及经营情况进行调研。

十届政协期间，市政协开展调研、视察和参观学习活动65项。1998年，对“百人千户”个体私营经济情况进行调研，提出切实帮助解决资金困难、进一步加强税费征收管理等9条建议，得到市委、市政府和济宁市政协的高度重视和充分肯定。2000年，视察城区环境保护工作，实地察看北护城河、西护城河、府河及热电厂、造纸厂的污染治理情况，对存在的问题提出意见、建议。2002年，对全市企业改制及现代企业制度建立运行情况进行视察，到银河玻璃有限责任公司、翔宇化纤有限公司、明月化工公司实地考察，听取企业负责人的汇报。围绕企业改革存在问题，提出大力推进规范的股份制改革、抓好企业改制的扫尾工作、商贸企业改革要抓好启动、提高法人的整体素质、加强对改制后企业的指导和服务等建议。组织部分委员对全市高中教育现状进行专题调研并提出建议。

2013年7月19日，市政协调研省级园林城市创建工作

十一届政协期间，市政协开展调研、视察和参观学习活动59项。2003年11月，对全市普通教育、职业教育、成人教育“三教统筹”工作进行实地视察，听取有关汇报并进行座谈。就进一步加大教育经费投入，加强农村教育和职业教育，法制和德育教育，发展优质高中教育等提出意见建议。2004年4月，调研金城宏达机械有限责任公司、市味源酿造有限公司企业改革发展情况。2006年8月，对全市城乡建设管理和环境整治工作进行调研，实地察看北护城河治理、东城区热源厂、中御桥北路维修等建设现场，听取有关汇报。2007年8月，市政协在各镇（街道）委员活动组分别对所辖地和谐村（居）建设进行调研的基础上，组成2个调研组，到镇（街道）、村（居）实地调研。听取有关汇报，先后到鼓楼街道办事处、兴隆和奎星楼居委会，刘胡村和史村实地调研，到村（居）民家中交流。被调研的10名村（居）民代表参加座谈并填写问卷。调研组成员发表意见、建议，写出调研报告。

十二届政协期间，开展专题调研视察活动40余次，形成调研报告和建议案27份。2008年4月，利用1个多月的时间，组织全市政协委员和驻兖济宁市政协委员共238名，采取分散调研和集中调研相结合的方式，分3个阶段对全市环境状况进行大型调研视察，共提出意见建议102条，合并归纳为21条。2008年11月，视察市人民检察院开展“强化法律监督能力建设年”活动情况，察看市人民检察院办案工作区，观看干警成果演示，听取有关汇报。

2013 年 7 月 25 日，市政协调研新兖镇敬老院的社会养老服务体系工作

十三届政协期间，实施重大调研课题 12 项，开展重点视察 17 次，委员围绕兖州市经济社会发展提出提案 807 件、社情民意 980 条。

第五节　文史资料整理研究

十届政协期间，征集各类史料稿件 50 多篇 40 余万字，编辑出版文史资料第六辑《李白、杜甫在兖州》，向省内外及社会各界群众赠书 1500 余册。成立政协书画组，举办大型书画展 4 次，到厂矿、部队等基层单位举行笔会，向社会各界群众赠送书画作品 300 余幅。

十一届政协期间，2003 年召开“文化型城市建设理论研讨会”；2006 年举办首届“九州文化论坛”；编撰出版文史资料第七辑《兖州史话》和第八辑《风雅九州书画作品集》，制作《同舟奋进谱新篇》专题片。

十二届政协期间，举办纪念改革开放 30 周年书画笔会，开展《兖州政协志》（1992—2008）的编纂工作。该书于 2008 年 1 月编纂，同年底完成初稿，全书约 35 万字。参与组织“九州文化论坛（2008·荆州）”年会，开展征稿、组稿和服务工作。配合上级文史资料的征集，完成兖州市 2008 年度文史资料尤其是运河文化的专项征集工作。

十三届政协期间，完成《兖州政协志》（1992—2008）和兖州文史资料第九辑《东鲁寻踪说李杜》的编撰出版工作。

文史资料成果

第六节　联谊交流

九届政协期间，共接待外地政协到兖参观考察团组 30 余起 300 余人。省和济宁市政协领导到兖视察 10 起 100 余人。先后派出 8 个参观学习团、组，赴省内外学习，连续参加全国十六市、县、区政协工作联谊会。在加强联谊、增进友谊的过程中，积极主动宣传兖州，介绍全市经济发展优势和各项优惠政策。5 年间市政协参与接待到兖访问、探亲和进行商贸、文化交流的港澳台同胞、海外侨胞 30 余人次；配合市委统战部，筹建兖州市海外联谊会，发展会员 100 余名。

十届政协期间，开展庆祝新中国成立 50 周年、中国共产党成立 80 周年、人民政协成立 50 周年、澳门回归等一系列纪念、庆典活动。针对部分国际国内重大事件，及时召开座谈会，使委员和各界人士统一认识。围绕少数民族经济发展、宗教活动场所管理等，开展调研、视察活动，向党委、政府提出改进工作、化解矛盾的意见和建议。配合党委、政府建立海外人才信息库，做好到兖州访问、探亲和进行商贸文化交流的港澳台同胞、海外侨胞的接待工作，为推进祖国统一进程做出贡献。

十一届政协期间，建立海内外人才信息库，

2007 年 10 月 11 日，市政协举办“喜迎十七大书画笔会”

每年举办一系列联谊活动，加强联系与沟通，广泛宣传全市改革开放和现代化建设的新成绩，引导和鼓励海外人才为家乡建设和发展献计出力。常委会成员在促进对外开放中率先垂范，积极推动兖州市企业与国内外大企业、世界 500 强企业深度合作，推进跨越式发展。成立党外知识分子联谊会，加强交流和沟通，切实提高党外人士参与加快发展的自觉性和主动性。

十二届政协期间，以纪念改革开放 30 周年、庆祝新中国和人民政协成立 60 周年、中国共产党建党 90 周年、纪念辛亥革命 100 周年等重大节庆纪念日为契机，组织全体委员和社会各界人士，开展纪念座谈会、书画笔会、参观交流等系列活动，注重加强政协组织之间的联谊交流，承接全国政协和省、济宁市政协调研视察活动 15 次，接待外地政协参观考察活动 30 余次，积极参加“九州文化论坛”交流活动，宣传全市政通人和、科学发展的大好形势，相互借鉴有益经验，促进政协联谊工作深入开展。

十三届政协期间，注重与各县（市、区）政协的横向交流学习，全力配合省、济宁市政协到兖州调研视察。参加四川省江油市政协李白游踪地书画联展等外地政协联谊活动，与滕州市政协缔结为友好政协，宣传推介兖州，扩大对外影响力。每年利用国庆、中秋等节日，组织开展社会各界人士茶话会、书画笔会等联谊活动，最大限度地汇聚民智、形成共识。

2012 年 10 月 24 日，兖州市——滕州市缔结友好政协签约仪式举行

第二十一篇

民主党派　人民团体

YANZHOUSHIZHI

民主党派　人民团体

第一章　民主党派

第一节　中国国民党革命委员会兖州市支部委员会

组织建设　1992年9月，中国国民党革命委员会山东省委员会在兖州市成立民革兖州小组，选举组长1人，有民革党员3人。2006年10月和2010年3月，民革济宁支部先后在兖州市发展2人为民革党员。2013年1月，民革兖州市支部委员会暨第一次全体党员大会召开，根据民革章程选举产生第一届支部委员会，选举主任委员1人。2013年11月，中国国民党革命委员会兖州市支部委员会更名为中国国民党革命委员会济宁市兖州区支部委员会。至2013年年底，中国国民党革命委员会济宁市兖州区支部委员会共有党员6人，其中女性党员1人。高级职称1人，大学本科学历4人，大学专科学历1人；济宁市政协委员1人，济宁市兖州区政协常委1人，济宁市人大代表1人。

主要活动　1992年，在兖州市政协第八届第三次会议上，民革党员提交的提案中有2件获优秀提案。2002年，在政协第十一届兖州市委员会第一次会议上，民革党员提交提案10余件，其中4件获优秀提案并被政协提案委员会表彰。1位民革党员先后投资孔子学府、双语学校、维多利亚幼儿园等教育事业。2013年，民革兖州支部成立后，在新驿镇开展文化下乡活动，在新兖镇马桥村为农民免费举办硬笔书法培训班。联合济宁市人民医院民革支部多次到兖州市各镇（街道）开展义诊并免费赠送价值4万余元的药品。2013年春节前夕，联合兖州市文联到退伍老军人家庭及贫困家庭免费送春联及字画，累计800余幅。

第二节　中国民主同盟兖州市支部委员会

组织建设　1995年7月，中国民主同盟兖州市支部委员会成立暨第一次全体盟员大会召开，会议选举产生第一届支部委员会，选举主任委员1人，有盟员8人。1999年10月，换届选举第二届民盟兖州市支部委员会，第一届成员连任，有盟员8人。2002年11月，换届选举第三届民盟兖州市支部委员会，选举主任委员1人，有盟员9人。2007年10月，换届选举第四届民盟兖州市支部委员会。第三届成员连任，有盟员10人。2013年11月，中国民主同盟兖州市支部委员会更名为中国民主同盟济宁市兖州区支部委员会。2013年，民盟兖州支部共有盟员14人，其中女性盟员6人。大学专科以上学历6人，中级以上职称14人；累计担任兖州市（区）政协委员11人，其中常委2人。

主要活动　2006年，民盟兖州支部积极响应济宁市“‘手牵手、情系情、心连心’关爱孤儿”大型慈善公益活动的倡议，向贫困孤儿实施救助，捐助现金1500元。2008年5月，全体盟员通过特殊盟费和各种渠道向四川汶川地震灾区捐款1.8万元、捐赠义卖书画作品2万余元。同年10月，针对“三农”问题，到颜店、大安、新兖、兴隆庄等镇进行调查研究，就如何发展高效农业、生态农业，如何发展循环经济，加快新农村建设等方面的问题，写出高质量的调研报告，提出合理化建议，为政府科学决策提供有益的参考。2009年5月，部分盟员参加市党外知识分子联谊会“送课下乡”活动。同年9月，民盟兖州支部4件作品入选由民盟山东省委主办的庆祝中华人民共和国成立60周年“和谐中国”书画展。2011年，通过捐款、捐物用于慈善募捐，救助困难学生，用实际行动纪念民盟成立70周年。2012年10月，1位盟员参加民盟中央“烛光行动”。

第三节　中国民主建国会兖州支部委员会

组织建设　1995年1月，民建济宁市委在兖州市发展第1位民建会员。2004年5月，民建兖州小组成立，选举组长1人，有会员3人。2013年2月，民建兖州支部委员会成立暨第一次全体会员大会召开，选举产生第一届支部委员会，选举主任委员1人；11月，中国民主建国会兖州支部委员会更名为中国民主建国会济宁市兖州支部委员会。2013年，中国民主建国会济宁市兖州支部委员会共有会员11人，其中女性会员1人。大学专科以上学历5人，中级以上职称6人。5人在政府部门工作，6人为经济企业界会员；3人担任兖州市（区）政协委员，其中1人任政协常委。

主要活动　民建兖州支部成立后，按照“同心同德、同心同向、同心同行”要求，发挥党派作用和优势，深入社会调研，积极建言献策、参政议政，提出一批好的建议。2009年鼓励支持中小企业发展的提案、2010年加强全民普法教育的提案、2012年均衡城乡教育资源的提案，均被定为当年重点办理提案。会员在精准扶贫、尊师助教、敬老帮残等事业上积极参与，先后帮扶贫困群众12人，救助家庭困难学生3人。2013年5月，会员企业山东超越科教设备有限公司赞助5万元举办兖州市首届“超越杯”青少年创意写作大赛。

第四节　九三学社兖州支社委员会

组织建设　1987年，九三学社济宁市委员会在兖州县发展社员1人。2004年12月，九三学社兖州小组成立，有社员12人。2008年3月，九三学社兖州支社委员会成立暨第一次全体社员大会召开，选举产生第一届委员会，选举主任委员1人，有社员15人。2013年11月，九三学社兖州支社委员会更名为九三学社济宁市兖州支社委员会。至年底，九三学社济宁市兖州支社委员会共有社员21人，其中女性社员3人。本科学历15人，专科学历6人；高级职称19人，中级职称2人。担任济宁市政协委员1人，兖州市（区）政协委员2人、政协常委1人。兖州市（区）党外知识分子联谊会会员4人；担任有关部门特约监督员4人。

主要活动　2008年5月，九三学社兖州支社社员通过不同方式向四川汶川地震灾区捐款捐物3000余元。2013年春节前，九三学社兖州支社到曲阜市时庄街道伊家村走访慰问困难群众，向10户农村家庭赠送慰问金2600元。2013年，九三学社兖州支社社员在城市建设、环境保护、教育卫生、民生等方面，向兖州市人民政府提交调研报告4篇，受到兖州市委、市政府的重视。在历次济宁、兖州两级政协会议上，提交提案70余件，反映群众关心的热点难点问题，为制定地方政策提供参考。

2010年，卫生系统社员参与的中医药科研项目“基于医患诚信先看病后付费模式的制度改革研究”，获2012年山东省医学科技奖三等奖；

1项科研项目2013年获国家专利并转化为生产力。2012年11月，美术界社员举办《花鸟画作品展》，广大书画爱好者500余人参加仪式并观看作品。

第二章 人民团体

第一节 市总工会

管理机构 1996年，市总工会设组织部、生产部、基层部、宣教部、保障部、女工部、财务部和办公室8个科室，在编人员7人。下设市职工俱乐部，在编人员8人，为股级差额拨款事业单位。1998年5月，撤销市职工俱乐部，设立市工人文化宫，为副科级差额拨款事业单位，隶属市总工会，在编人员26人。1999年3月，经费审查委员会、女职工委员会成立，均为副科级，隶属市总工会。2003年5月，王因、黄屯两镇划归济宁市高新技术开发区管理，工会属开发区管理。2007年，市委办公室转发市总工会《关于建立镇街总工会的意见》，明确镇（街道）总工会基本职责、产生办法、干部配备与待遇，全市10个镇（街道）全部建立总工会。2010年5月，市困难职工帮扶中心成立，为副科级全额拨款事业单位，隶属市总工会，在编人员3人。2013年11月，兖州市总工会更名为济宁市兖州区总工会，其下属事业单位名称也随之变更。至2013年年底，济宁市兖州区总工会设办公室、组织部、宣教部、生产保护部、保障工作部、民主管理部、法律工作部、女职工部（女职工委员会）、财务部、经费审查委员会，辖区工人文化宫、区困难职工帮扶中心2个事业单位，在编人员48人。全区共有基层工会组织686个，会员近10万人。

组织建设 1996年，市总工会开展组织建设年活动，推进107家改制企业的工会重组工作，基层工会148个，职工3.8万人，会员3.1万人。1999年4月，召开兖州市工会第十二次代表大会，选举产生新一届工会成员。13个乡镇全部成立工会，基层工会发展到235个，会员4.2万人。2001年，基层工会发展到236个，职工4.3万人，会员3.7万人。同年起，基层工会开展基础建设达标活动，对全市基层工会基础建设进行考评验收。2003年5月，王因镇、黄屯镇划归济宁市高新技术开发区管理，同年底，全市各镇、系统工会减少至18个，基层工会216个，职工4万人，会员3.3万人。2007年，在全市基层工会中开展以有班子、有牌子、有制度、有活动、有档案、有经费为主要内容的“六个有”规范化建设活动。2008年11月，市人民法院、市人民检察院、市公安局和市司法局等政法部门全部配备科级或副科级专职工会主席。至年底，全市58家规模以上民营企业工会组织全部达到规范化建设标准，316个中小型民营企业工会中，有78%达到规范化要求。山东太阳纸业股份有限公司工会被全国总工会评为全国模范职工之家。2009年，兖州

2018年4月，山东太阳纸业股份有限公司工会被全国总工会评为全国模范职工之家

市共新建机关工会6个、行业工会3个、民营企业工会75个，在33个中小企业集聚、外出务工人员较多的村建立工会联合会，新发展会员1.67万人。基层工会发展到433个，职工7.8万人，会员6.9万人。全市65个规模以上企业工会全部达到规范化建设标准，385个中小型民营企业工会中，92.3%基本达到规范化要求，共有57个基层工会分别被省、济宁市总工会评为工会工作先进单位。2012年8月，市委组织部调整10个镇（街道）工会主席人选，配备副科级兼职工会主席。年内，全市共新建非公企业工会100余个，联合基层工会26个，涵盖法人单位1200余个，发展会员近2万人。2013年，在全市开展“摸建会实情、求创新发展”为主题的工会组织建设状况调查和工会组建集中行动，加大25人以上企业单独建会力度，推进10人以上有条件的企业单独开展建会工作，推进区域性、行业性工会联合会建设。至2013年年底，全区非公企业建会率、职工入会率98%。济宁供电公司兖州供电部被全国总工会授予全国模范职工小家称号。

职工权益保障 1996年，市总工会贯彻落实《中华人民共和国劳动法》，全年签订集体合同的企业103家，行业性、区域性合同的签订工作全面展开。市总工会被评为1998年度全省集体合同建制先进单位。1999年，在全市国有企业、集体企业和国有、集体控股企业中推行厂务公开和职代会民主评议企业领导小组制度，至年底，全市有94家企业实行厂务公开制度，占各类企业总数的90%。2002年，全市64家国有、集体企业及其控股企业建立厂务公开制度，43家事业单位实行校（院）务公开制度，38家民营企业实行厂务公开制度，占济宁市下达任务目标的95%，占应推行总数的100%。2006年，在全市开展创建劳动关系和谐企业活动，制定实施三年行动规划。有10家企业被评为济宁市劳动关系和谐企业、41家企业被评为兖州市劳动关系和谐企业。2008年，全市有468家企业签订劳动合同，240家企业签订女职工特殊权益保护专项集体合同。558家企事业单位先后开展内容丰富的厂务公开活动，其中有533家单位召开职工代表大会，301家单位采取专门会议、广播、板报、公开栏、内部局域网等形式把应该公开的事项及时公开。2009年，制定《关于开展创建“劳动关系和谐企业”工作的第二个三年规划》，对全市2009年—2011年创建目标、创建标准和创建措施提出明确要求。2011年，市委、市政府先后召开两次联席会议专题研究工资集体协商工作，制定《关于推进企业工资集体协商工作的意见》，进一步建立健全工资集体协商推进机制、运行机制和履约监督机制。全市各类企业劳动合同履约率95%以上，市级劳动关系和谐企业劳动合同签订率100%。2012年，建立由市总工会、市人社局、市企业联合会为代表的市协调劳动关系三方机制和三方定期协商会议制度。开展工资集体协商的企业共有750家，覆盖职工近10万人。签订区域性、行业性工资集体协商合同9个，覆盖企业132家、职工7051人。2013年，市总工会召开工资集体协商工作推进会，举办培训班，制作宣传手册和合同样式文本，开展“公开解难题、民主促发展”主题活动。至2013年年底，共有618家企事业单位进行厂务公开，国有及国有控股企业厂务公开率继续保持100%。开展工资集体协商的企业910家，覆盖职工11万人。市总工会被全国总工会授予全国法律维权示范单位称号。

劳动竞赛 1996年—1999年，市总工会组织全市职工开展以创先、创优、创新、创最佳和降成本、降消耗、降积压、降亏损为主要内容的“四创四降”社会主义劳动竞赛，130余家企业成立竞赛领导小组，开展合理化建议、青工技术学习、技术练兵、技术比武活动。2002年，在全市举办“我为‘十五’献一计”竞赛活动，全市工会会员共献计6800条，被采用近3600条，完成创新成果185项，创造效益1200万元。2006年，组织动员职工群众开展“创建学习型组织，争做知识型职工”“女职工素质达标”“学振超、练绝活、强素质、创一流”“建功‘十一五’、和谐奔小康”等系列活动。2008 年，举办兖州市首届职工职业技能大赛，共设钳工、焊工、普通车工、数控车工、电子政务等 6 个工种、项目。开展创建“工人先锋号”活动，先后有 37 家企事业单位的车间、班组、科室及站所被评为不同级别的工人先锋号。其中，全国工人先锋号 1 家，山东省工人先锋号 1 家，济宁市工人先锋号 4 家。2009 年，组织职工开展岗位练兵、技术比武、合理化建议和“我为节能减排做贡献”等活动，总结推广先进操作法和“金牌工人”“首席员工”的经验，全市共有近 1000 家基层企事业单位、10 余万职工参加竞赛活动，共创新技术 143 项，提出合理化建议 3800 余条，实现经济效益 4100 余万元。2011 年 4 月，举办第二届职工职业技能大赛，在 8 万余名职工中层层选拔，有 200 余名选手脱颖而出参加比赛，对获胜选手，除授予兖州市优秀技术能手称号、颁发“五一”劳动奖章外，列支专项经费进行奖励。2012 年，组织职工开展技术革新、技术协作、发明创造、提合理化建议等活动，全市参加各类竞赛的职工 28 万人次，创新技术 361 项，提出合理化建议 1.62 万条。2013 年，在全市划分 13 个比赛片区，组织开展“十万职工大练兵”活动，参赛单位 1200 余家，参赛职工近 10 万人，共创新技术 76 项，提出合理化建议 3900 余条，实现经济效益 6000 余万元。

1996 年—1999 年，先后推荐评选山东省劳动模范 4 人、济宁市“五一劳动奖章”12 人。2000 年，推荐评选全国劳动模范 1 人、山东省邮政劳动模范 1 人、济宁市职工劳动模范 11 人。2002 年，推荐评选山东省富民兴鲁劳动奖章 1 人、山东省下岗职工再就业劳动模范 1 人、济宁市下岗职工再就业劳动模范 2 人、济宁市“五一劳动奖章”6 人。2003 年—2005 年，先后推荐评选全国劳动模范 1 人、山东省劳动模范 4 人、山东省富民兴鲁劳动奖章 2 人、济宁市劳动模范 13 人、兖州市劳动模范 50 人。2006 年—2008 年，先后推荐评选山东省劳动模范 3 人、山东省富民兴鲁劳动奖章 1 人、济宁市劳动模范 17 人、兖州市劳动模范 34 人。2009 年，坚持面向基层、面向经济建设第一线的原则，组织推荐评选全国“五一劳动奖章”1 人、济宁市劳动模范 18 人、济宁市“五一劳动奖章”6 人、兖州市劳动模范 47 人。2010 年，推荐评选全国劳动模范、“五一劳动奖章”各 1 人。2012 年是济宁市、兖州市第九届劳动模范评选年，兖州市共推荐济宁市劳动模范 13 人，表彰兖州市劳动模范 49 人。

送温暖工程　1996 年，市总工会建立健全特困职工档案，实行动态管理，每半年复核一次，下发 325 个特困职工卡。1997 年 2 月，建立特困职工生活救助基金，从基金中共列支 205 万元，先后救助近 5000 名困难职工。1998 年，市总工会印发《关于进一步推进下岗职工再就业工作的意见》，至 2001 年，共安置解决近 1000 名

2011 年 4 月，兖州市第二届职工职业技能大赛举行

2013 年，兖州市总工会举行“金秋助学”资助金发放仪式

下岗职工再就业。2名企业负责人被评为山东省再就业标兵，4名企业下岗职工被评为济宁市再就业明星。2001年、2002年春节前夕，共列支107万元，对全市2728名困难职工进行专项救助。其间，对1949年后兖州市获得国家级、省部级、济宁市级的167名劳动模范的现况进行审核登记，召开劳动模范座谈会，慰问5名困难劳动模范，并为每人送去1000元慰问金，为7名退休劳动模范办理劳动模范津贴。2005年3月，举办为期3天的“春风送岗”求职招聘会，380名下岗职工与招聘单位签订用工协议。2006年—2008年，开展“进万家门、知万家情、解万家难、暖万家心”为主题的送温暖活动，共筹集送温暖资金300余万元，先后救助慰问困难职工、劳动模范近6000人，资助140余名困难职工子女上大学。为四川汶川地震灾区募集救灾款42.8万元。2009年，组织开展“情暖困难职工、建设和谐兖州”为主题的送温暖活动，共筹集帮扶资金100余万元，先后救助慰问困难职工、劳动模范2600余人。同年起，开展“金秋助学”活动，2009年，发放助学金18.6万元，救助大学一年级学生226人。2011年春节期间，救助1325名困难职工，发放救助金66.9万元。2013年，免费为近1万名女职工发放健康体检卡，与市就业服务中心联合举办5场招聘会，为下岗职工、农民工协调各类就业岗位1000余个。走访慰问83家企业和1200余户困难职工、劳动模范和农民工家庭，发放救助金80余万元，实现对困难职工帮扶慰问全覆盖。

职工教育与文体活动 1996年，市总工会在职工中开展市场经济大讨论和“学先模人物创业精神，树文明形象”活动，举办庆“五一”“七一”“十一”职工演唱会、各类知识竞赛和以“敬业、爱岗、奉献”为主题的演讲比赛。1999年，举办各种类型的干部培训班近20次，培训人员近1000人。2001年，举办全市女职工健美操比赛。2002年，组队参加济宁市第三届职工运动会，获团体总分第一名。2003年，组织开展《山东省实施〈中华人民共和国工会法〉办法》知识竞赛活动。2005年，举办大型庆“五一”文艺会演，丰富了职工业余文化生活。2009年，推进“职工书屋”建设，开展向农民工送文化、送技术等活动。组织职工开展“珍惜岗位每一天，我与企业同发展”征文活动，共收到征文300余篇。2010年，结合“创建学习型组织、争当知识型职工”活动，举办“我为兖州科学发展跨越发展做贡献”演讲比赛，在职工中全面兴起“创争”热潮。2011年，与市人社局联合举办各类技能培训班12期，免费培训下岗职工、返乡农民工3300余人。对600余名出租车司机进行“保安全、促服务”集中强化培训。2012年，启动技术培训、技能帮带、技能竞赛、技能晋级“四位一体”的高技能人才培训计划，出资3万元，举办职工技能培训班5期，免费培训职工650余人。组织开展以社会公德、职业道德、家庭美德为主要内容的实践活动和“讴歌辉煌成就、凝聚奋进力量”主题教育活动，组团参加山东省第六届职工运动会和济宁市第四届职工运动会，取得济宁市象棋团体总分第一名、围棋团体总分第二名的成绩。2013年，开展“凝聚正能量·建设新兖州·共筑中国梦”主题教育实践活动。通过开展“我与中国梦”职工宣讲活动、“寻找最美劳动者”“岗位秀绝活”展示活动、“心系女性——低碳健康家生活”宣传教育活动等，展示全市职工践行兖州精神的时代风采。

第二节 共青团兖州市委员会

管理机构 1996年，共青团兖州市委员会（以下简称“团市委”）为科级行政部门，隶属中共兖州市委。设办公室、组织部、宣传部、工农青年部、学少部4个部1个室，在编人员8人。1998年，市希望工程办公室成立，为股级全额预算管理事业单位，隶属团市委，编制2人。2004年，市关心下一代工作委员会办公室成立，为副科级全额预算管理事业单位，编制3人。2013年4月，市关心下一代工作委员会办公室划归市老干部局。2013年11月，共青团兖州市委员会更名为共青团济宁市兖州区委员会。至2013年年底，共青团济宁市兖州区委员会设办公室、学少部、组织部、宣传部、工农部、区希望工程办公室4个部2个室，在编人员5人。

团员代表大会　共青团兖州市第十四次代表大会至第十九次代表大会分别于1996年12月24日—25日、2000年1月9日—10日、2002年12月19日—20日、2005年12月22日—23日、2009年1月8日—9日、2013年1月23日—24日召开，会议分别听取并审议通过团市委书记代表上届团市委所作的工作报告，选举产生共青团兖州市第十四届委员会至第十九届委员会。在各届委员会的第一次全体会议上，分别选举该届团市委常务委员、书记、副书记。

2013年1月23日，共青团兖州市第十九次代表大会召开

组织发展　1996年，全市共有基层团委53个，团总支202个，团支部1198个，团员3.8万人。1996年—1999年，团市委在全市连续开展以建组织、强班子、改作风为重点的团员冬训活动，切实加强基层组织建设。2001年，联合市委组织部印发《关于在村“两委”换届选举工作中大力加强农村基层团组织建设的通知》，配齐配强农村团支部书记。针对新型经济社会组织，采取独立建团、联合建团、依托建团、社区建团等方式加大团建力度，扩大团组织的覆盖面和影响力。2003年5月，黄屯、王因两镇成建制移交给济宁市高新技术开发区管理，其中，移交基层团委6个、团总支19个、团支部132个，移交后全市共有基层团委49个、团总支206个、团支部1155个，团员3.7万人。2003年—2005年，实施党建带团建，推进“凝聚力工程”，先后被评为国家级“五四”红旗团委1个、“五四”红旗团总支1个，省级“五四”红旗团委3个，济宁市级“五四”红旗团委18个。2009年，选调100名大学生村（企）官分别担任村和社区的团支部书记。2010年，举行新型经济团组织和新型社会团组织工作启动仪式，建立“两新”团组织221个。2013年，按照“一镇一品”原则，规范完成镇实体化“大团委”建设任务，建成兴隆庄镇王家楼社区红色团支部等10个示范点，逐步强化乡镇团组织联系辖区青年的纽带、推动重点工作的枢纽和整合资源的平台功能。至2013年年底，全区共有基层团委78个、团总支312个、团支部926个，团员3.5万人。

主要活动

青少年思想教育　1996年—2013年，团市委在每年“五四”“七一”“十一”等重要节日，开展“党在我心中”“我的中国梦”“红领巾心向党”等青少年爱国主义教育活动；在清明节组织开展千人入团宣誓仪式；在建队节开展少先队员入队仪式，增强团、队员荣誉感和光荣感；在“五四”青年节开展“五四”杰出青年、“十佳”

2012年3月31日，团市委组织千人入团仪式

创业青年、青年创业先锋、青年岗位先锋等典型人物的评选和表彰活动，用身边人、身边事教育引导青少年学习先进、争当先进。2001年，组织团干部和团员青年观看红岩魂图片展，开展纪念建团80周年“学团章、知团史、唱团歌、打团旗、重温入团誓词”活动。2002年，开展以倡导科学精神、反对封建迷信为内容的主题教育活动，在九州广场举行“拒绝邪教，远离邪教”万人签字仪式，举办“公民道德组歌”大合唱比赛，开展“端信兖州”系列宣传。2004年，联合市关工委成立青少年法制教育宣讲团，与中小学结成对子进行法律知识讲解，举办“公民道德组歌”千人合唱，助力文明法制兖州建设。同年，中央电视台《新闻30分》栏目组对共青团兖州市委加强未成年人思想道德建设系列活动予以报道。2007年，团市委举办“净化网络环境，促进文明上网”演讲比赛，引导青少年科学上网、文明上网，18名选手和300余名团员参加比赛。2008年，举办“和谐兖州·喜迎奥运”青年集体婚礼，倡树婚嫁新风。举行“中国·济宁青年国学论坛”兖州分论坛活动，引导青少年学习传统文化。2008年和2010年暑假期间，分2次组织100余名兖州籍优秀在校大学生参加“感受兖州·爱我家乡”暑期假日学子行社会实践活动。

青春建功行动 1996年，团市委全面推进青年致富工程，建立健全五级科技推广网络，加大对青年科技星火带头人的培养力度，涌现出全国青年科技星火带头人等一批典型。1998年，开展非公有制经济界优秀青年评选活动，设立市委书记启明星奖，每年评选为兖州做出突出贡献的优秀青年厂长（经理）5人，优秀青年科技人才5人。1999年7月，全国跨世纪青年农民科技培训工程启动仪式在兖州市举行。同年，兖州市被评为全国跨世纪青年农民科技培训工程试点市。2000年，团市委开展“学科技、用科技、争做先进生产力优秀代表”活动，培训农村青年3000余人次，建立下岗青年再就业基地。2002年，开展跨世纪青年农民科技培训工程、农村青年团员上网致富工程，弥补农村青年致富信息不灵的缺陷。2006年，启动建设社会主义新农村团员青年做贡献活动，成立新农村建设青年突击队，全市共有400余个团支部、8000余名青年团员参加。2009年—2013年，持续开展千人青年就业创业技能培训工程，开展订单式技能培训，举行兖州市青年创业小额贷款“银行—青年”对接仪式，实施小额贷款项目，解决青年就业创业难题。至2013年年底，共落实小额贷款3000余万元，扶持500余名青年成功创业。

青年志愿者行动 1996年—2013年的每年3月5日，团市委集中开展学雷锋主题宣传服务活动。1998年，联合兖州师范青年志愿者与贫困下岗职工子女结成义务家教对子50对，解除部分下岗职工后顾之忧。2001年，启动青年志愿者“百千万”行动，动员万名青年志愿者，组

2009年4月20日，兖州市青年创业小额贷款“银行—青年”对接仪式举行

2009年6月8日，“雷锋车队”高考应急服务车暨星级文明出租车授牌仪式举行

织千支青年志愿者服务队，开展百项志愿活动。2002年，启动“志愿星期六”活动，号召青年志愿者利用星期六进社区进行无偿服务。2003年，组织义务宣传防治非典型性肺炎常识、到抗击“非典”一线慰问白衣天使、打扫卫生净化环境、捐献爱心系列活动。2008年，组织志愿者在九州广场举行点燃烛光为四川汶川地震受难同胞祈福活动；组织志愿者担任交通协管员，助力文明交通。2009年，举行“雷锋车”启动暨星级文明出租车授牌仪式，于每年中、高考期间，开展“绿丝带”爱心护考志愿服务活动，至2013年，共义务接送考生5000余人次。2011年，“爱我兖州”大学生服务团成立，在暑假和寒假期间开展暑期“三下乡”、服务春运“暖冬行动”等志愿服务活动。同年8月，组织青年志愿者组建暑期安全宣讲队，深入全市各镇（街道）开展“快乐暑假、安全相伴”主题巡回宣讲活动。2012年，开展“寻雷锋足迹，扬志愿精神”主题志愿服务活动，联合济宁市人民医院青年医疗志愿服务队到颜店镇中心小学开展关爱农民工子女健康查体活动。2013年，招募300名志愿者，参与山东省第23届省运会、残运会兖州赛区的志愿服务工作。

“青年文明号”创建活动　1994年，团市委在城区开展创建“青年文明路”，财贸、卫生等系统开展创建“青年文明号”活动。1996年后，创建领域逐步扩大，在建设路建成“青年文明号”一条街，倡树文明新风。至2013年，创建领域扩大至公安、电力、交通、邮电、卫生、金融、税务、旅游、工商等系统，涌现出国家级“青年文明号”2个、省级“青年文明号”6个、济宁市级“青年文明号”23个、兖州市级“青年文明号”46个。

2008年4月9日，兖州市“青年文明号”授牌仪式举行

1996年—2013年兖州市获济宁市级以上“青年文明号”情况表

表21-1

单位名称	年　份	级　别
市广场商厦	1998	国家级
市国税局新兖分局	2000	国家级
市国税局城区分局	1995	省级
市国税局大安分局	2003	省级
市城郊派出所、市会计核算中心	2006	省级
山东翔宇化纤有限公司销售部	2009	省级
市机关第二招待所	2011	省级
市九州广场管理所	2003	济宁市级
市国税局稽查局、市人民医院北院、市公共汽车公司1路线、市邮政局综合营业厅	2004	济宁市级
市人民医院急救中心、兖州公路局工程处、市邮政局建设路储蓄所	2005	济宁市级
市国税局办税服务厅、市口腔医院	2006	济宁市级
市国税局开发区分局、农行兖州市支行综合服务大厅、市政府采购办公室	2007	济宁市级

续表21-1

单位名称	年 份	级 别
市城管联合执法办市容一中队、市九州宾馆、市环卫局清扫公司	2008	济宁市级
市质量计量检测所、漕河镇派出所、市公安局刑警大队第八中队	2009	济宁市级
市婚姻登记处、兖州网通公司客户服务中心	2010	济宁市级
市地税局大安中心税务所、市农村信用合作联社新兖信用社	2011	济宁市级

关心下一代工作 1996年，兖州市关心下一代工作委员会（以下简称市关工委）成立，由市委办公室、市政府办公室、市委组织部、市委宣传部、市委政法委等19个成员单位组成。后根据工作需要，2000年、2004年、2012年分别对组成人员进行调整充实，2013年，设有主任2人、副主任12人、委员16人。2004年，在新兖镇等5个镇（街道）和市教育局等56个市直部门设立关工委组织61个。2008年，逐步扩大到120个。至2013年，全市119个市直部门单位、10个镇（街道）、400余个村居（社区）、112所中小学校等全部建立关工委组织，由分管负责人兼任关工委主任。2011年始，开展“基层组织建设年”和创建“五好（领导班子建设好、“五老”作用发挥好、制度健全执行好、活动经常效果好、积极探索创新好）”关工委活动。2012年，联合市文明办将关心下一代工作纳入全市精神文明年度目标考核，不断健全完善评估机制。同年，1人被省关工委和省文明办评为省关心下一代工作先进个人；市教体局关工委被省关工委和省文明办评为省关心下一代工作先进集体。2013年6月，济宁市关工委在兖州召开现场会，到漕河镇和大安小学、五里庄村、山东太阳纸业股份有限公司等现场观摩，推广兖州市关工委基层组织建设经验。同年9月，市教体局关工委、漕河镇关工委被中国关工委评为全国“五好”基层关工委先进集体；鼓楼街道关工委被省关工委评为省“五好”基层关工委先进集体，市关工委获省创建“五好”基层关工委优秀组织奖。

2004年，吸纳86名“五老（老干部、老战士、老专家、老教师、老模范）”参与到理想信念教育、关爱困难青少年等工作中。2010年7月，市关工委联合市委政法委、市司法局、市教体局等部门成立青少年法治教育宣讲团，聘任政法系统的16位“五老”为法治宣讲员，组织他们到全市中小学校进行法治宣讲68场次，受教育学生2万余名。同年8月，市关工委联合济宁军分区兖州干休所成立革命传统教育报告团，12名革命老同志担任报告团成员，用他们自身的经历，对青少年进行革命传统教育和爱国主义教育。2010年—2013年，组织革命传统教育报告团成员到市第一中学、市东方中学等学校，山东太阳纸业股份有限公司等大型企业和烈士陵园等革命传统教育基地，为广大中小学生、企业青年职工等进行革命传统教育200余场次。至2013年，共有2000余名“五老”活跃在关心下一代工作岗位上，在青少年思想道德建设、法治教育、才艺培养等方面发挥余热。

2004年8月，兖州市被确定为山东省家庭教育现代化实验试点县，逐步在全市80所学校和113所幼儿园建起家长学校，并形成一套完整的工作体系和规范的运作机制。重点加强对孩子影响较大、家庭普遍关心、社会普遍关注的家庭教育方面的实验探索，先后承担国家级实验课题2项，共100余个子课题，形成结题报告120余篇，编辑结题报告选编2部。2006年6月，全省关心下一代工作现场会与会人员到市第十四中学参观家庭教育现场。2008年，市教育局被省教育厅关工委评为山东省家庭教育工作先进集体，市实验小学、新兖镇中心小学家长学校被教育部关工委评为全国优秀家长学校。2009 年 5 月，通过山东省家庭教育现代化示范区评估验收，兖州市被授予山东省家庭教育现代化示范区称号。2012 年 4 月，兖州市被教育部关工委命名为全国首批家长学校教育实验区。

2004 年后，逐步健全“党政引导、部门协同、全社会参与”的工作运行机制，积极协调民政、团市委、妇联、工会、教育等部门，加大救助力度，搭建救助平台，多角度、多层面关爱困难学生。2005 年，对 1500 余名学生实施救助。2006 年，共救助困难学生 483 人次，发放救助金 56 万元。2007 年，对 50 名大学生、500 名优秀中小学生进行“朝阳助学”救助。2008 年，全市共救助困难学生 2039 人次，发放救助金 315.7 万元。2009 年，开展“爱心助学”，低保户子女考上大学就读的，每人资助 3000 元。广泛动员企业家、社会各界爱心人士捐资助学，新兖镇、漕河镇、小孟镇等建立关爱基金、助学基金等。2010 年，新兖镇慈善助学基金救助学生 80 名，发放救助金 15 万元。2011 年—2013 年，全市各级关工委累计筹集各类资金、物品等合计 300 余万元，救助贫困学生、困境儿童、留守儿童、农民工子女等特殊青少年 2000 余人。

青少年救助　1998 年 11 月，市希望工程办公室成立，同年，开展希望工程劝募行动，通过发行明信片等形式多方筹集资金 14 万元，建立

2008 年 6 月 5 日，团市委举行兖州市团员青年为四川汶川地震灾区缴纳特殊团费活动

青少年发展基金会。1998 年，团市委、市青联、山东太阳纸业集团有限公司联合设立“市长助学奖”，对每年大中专院校优秀特困新生进行救助。开展“希望之星”评选活动，对品学兼优的高中特困生进行救助，每年评选 1 次。2006 年，全市困难青少年群体帮扶体系初步形成，对上争取团组织爱心助学项目资金，对内组织青年企业家、青联委员、青年文明号等牵手贫困学生结对帮扶。2008 年，开通青少年维权服务热线“12355”，创建多个省级优秀青少年维权岗，开展关爱农村留守儿童活动。开展“情系灾区献爱心——为地震灾区缴纳特殊团费”活动，全市各级团组织和团员青年缴纳特殊团费 89987 元，用于关心慰问四川汶川地震灾区青少年。2009 年，举行全市青年文明号“冬日暖阳行动”集体捐赠仪式，为 120 名贫困学生赠送羽绒服。2010 年，举行“爱心报刊”捐赠仪式，为全市所有农村小学赠送《齐鲁少年报》。举行新团员入团宣誓仪式暨“一人一瓶水，爱心送旱区”新团员特殊团费缴纳活动，全市各级团、队组织为旱区捐款 6 万余元。2011 年，在颜店镇中心小学举行“红心向党，关爱成长”红色图书角捐赠活动。2012 年，实施“青春助力——关爱农民工子女”行动，捐赠图书 3000 余册、书柜 10 余套、爱心款 5000 余元，建成广场商厦爱心书屋。2009 年—2013 年，每年举行“希望工程——再圆学子梦”爱心助学行动助学金发放仪式，向贫困家庭学生发放爱心款、物。至 2013 年，社会各界捐款捐物合计人民币 423 万元，帮扶 1716 名面临辍学的中小学生继续学业，帮助 570 余名贫困学生顺利跨入大学校门。

少先队工作　团市委设学少部和中国少年先锋队兖州市工作委员会，负责少先队工作。1996 年—2010 年，每年在暑期举办“红色之旅”“科技之旅”等富有时代特色的主题夏令营，让青少年主动离开家门、校门，在社会中接受实践教育。2002 年，在全市青少年中开展“五小公民（家庭小帮手、社会小标兵、同学小伙伴、环保

小卫士、独立小主人）”活动，助力《公民道德建设实施纲要》宣传教育活动。2007年，组建青少年法制教育宣讲团，到全市各基层团、队组织开展“普及地震知识，消防自救演习”等活动。2008年，省级少先队工作规范化学校验收组对兖州市文化路小学省级少先队工作规范化学校创建工作进行评估验收。2010年，举办兖州市首届“庆六一·颂祖国”少儿创意绘画大赛。开展“关爱儿童健康成长”系列活动和“我在团旗下成长”——兖州市小书画家梯队培养工程启动仪式。2013年，召开全市团、队组织庆祝教师节交流会，观摩市东御桥小学少先队阵地建设，加强少先队员辅导员间的沟通交流，促进全市少先队工作水平整体提高。

青年协会

青年书画家协会 1999年10月，兖州青年书画家协会成立。同年起，连续多年在党、团重大节日期间举办书画展，开展送书画进社区、进校园、进企业的“三进”活动，为繁荣全市书画艺术创作，展示干部群众精神风貌，服务改革开放和现代化建设做出积极贡献。实施少儿书画梯队培养工程，提供学习场所、学习设施和指导教师，免费为有书画兴趣爱好的青少年提供书画知识辅导和技能指导，实现青年书画家与青少年书画爱好者共同提高。2013年，有会员120余人。其中，中国书协会员5人，省级会员近30人，济宁市级会员50余人。

青年企业家协会 2012年3月，兖州青年企业家协会成立。同年，开设青年企业家讲堂，邀请会员单位市联通公司举办信息化助力企业腾飞讲座。2013年，推荐会员参加赴美学习活动和北大EMBA兖州研修班学习。实地参观山东太阳纸业股份有限公司等会员企业，互相学习企业运营经验。开展“企业—银行”金融高端对接会，促进银行增加有潜力的信贷投放，帮助青年企业家获得更加快捷的资金支持。开展青年企业家企业发展论坛和“走进镇（街道）、了解镇域经济”活动，帮助解决会员企业发展中遇到的困难。组织青年企业家帮助青年创新创业，至年底，在会员单位建立青年就业创业见习基地20余家，提供见习岗位600个。2012年—2013年，连续两年举办“玫瑰之约”七夕联谊活动，为青年男女搭建情感互动平台。筹资20余万元设立青少年关爱基金，实施“冬日暖阳——关爱青少年”行动，帮助困难青少年300余人。建成蒲公英爱心书屋2家，捐赠图书5000余册。为300余名农民工子女免费进行健康查体。2013年，青年协会有会员85人，设会长1人、副会长4人，会员单位覆盖造纸包装、高新技术、精细化工、医药食品、机械制造、商贸流通等十几个产业。

第三节 市妇女联合会

管理机构 1996年，市妇女联合会（以下简称“市妇联”）为科级行政部门，设办公室、维权部、儿童部、组宣部，在职人员8人。同年12月，市妇女儿童工作委员会成立，共有成员单位33个，成员35名，办公室设在市妇联，事业编制3人。全市设13个乡镇妇联，各设1名～2名专职干部，市直妇委会59个。2001年，市妇联增设城乡部。2003年5月，兖州市设镇（街道）妇联10个、村级妇联425个。2013年7月，市优秀女性人才联谊会成立，首批会员39人。11月，兖州市妇女联合会更名为济宁市兖州区妇女联合会，至2013年年底，济宁市兖州区妇女联合会设办公室、维权部、儿童部、城乡部、组宣部，在职人员8人。镇（街道）妇联10个，区直妇委会30个。

妇女代表大会 市妇女第十一次代表大会至第十三次代表大会分别于1996年5月12日—13日、2002年9月25日—26日、2012年6月15日召开，会议分别听取并审议通过上届执行委员会工作报告，选举产生该届执行委员会委员、常委、主席、副主席。

2012年6月15日，兖州市妇女第十三次代表大会召开

主要活动

妇女创业就业　1996年—1997年，市妇联在农村妇女中开展学文化、学技术、比成绩、比贡献的“双学双比”竞赛活动。围绕全市“科技兴农”战略，组织实施“龙头带动”和“妇女联动致富奔小康”两大工程，建成“妇字号”生产基地128个，建立致富帮扶联系点15个，492个村妇代会结优势互补对子206对，妇女之间结“姊妹对子”1200对。1998年—1999年，为下岗女工争取优惠政策，安置下岗女工1026人，再就业率70%以上。2000年，实施“巾帼社区服务工程”“巾帼科技致富工程”“女性素质工程”“家庭文明工程”，省妇联科技示范基地在兖州市落户，新品种、新技术推广工作展开，全市农村妇女科技水平有所提高。2004年，与市就业办联合，成立兖州市妇女创业指导中心。同年，兖州市妇联获全国“三八”红旗集体称号。2006年，制定《关于开展“家庭创业”活动的实施方案》，确立以城乡“4050”人员、下岗失业、农村失地和农村留守妇女等困难群众为主体的“家庭创业”活动。2007年3月，市女企业家协会成立，吸收会员41人。2010年，支持下岗女工创办“阳光大姐”兖州分公司，培训安置下岗失业、无业妇女263人，为2000余个家庭提供家政服务。2011年2月，举办妇女创业就业示范基地授牌仪式暨“新经济和新社会”妇女组织建设工作会议，命名24个兖州市妇女创业基地、兖州市妇女就业基地、兖州市女大学生实践基地。2012年，市巾帼招商团、市巾帼创业讲师团成立，8名巾帼创业讲师团成员与创业妇女结对帮扶。2013年，市巾帼招商团完成引资项目3个，其中签约1个。2008年—2013年，联合市就业办举办“春风行动”暨女性就业专场招聘会，为实现妇女有效就业、缓解企业用工难题提供对接平台。

“巾帼建功”活动　1996年，市妇联实施“巾帼创业”工程。1997年，将“巾帼建功”竞赛活动从城镇拓展到乡镇企业。在专业市场从业妇女中，开展争当“文明经营示范户”“守法经营纳税户”活动，1人被评为省级市场巾帼建功先进个人。1998年—1999年，开展创建“巾帼文明示范岗”活动，评选首批“巾帼文明示范岗”21个。围绕农业产业化进程和科技兴农战略，组织带领各级妇女组织在小孟乡王海子村、新兖镇小马青村、代家村等村建起一批集生产、服务、创收、培训为一体的巾帼科技示范基地。2002年，开展“巾帼文明示范岗”“巾帼岗位明星”评选活动，全市机关事业单位、乡镇企业、专业市场、社区民营经济组织的156个岗位、2.1万名妇女参与创建活动。2007年—2008年，开展巾帼联手共建活动，“巾帼文明示范岗”与“巾帼示范村”联手共建，市直妇委会与村妇代会联手共建，女企业家与农村女党支部书记联手共建，女科技工作者与农村科技致富女能手联手共建，实现以城带乡、以乡促城、优势互补、互惠互利的双赢局面。2013年，全市共有“巾帼文明示范岗”161个。其中，国家级“巾帼文明示范岗”2个，省级10个，济宁市级28个。

1996年—2013年兖州市获济宁市级以上“巾帼文明示范岗”情况表

表21-2

单位名称	年 份	级 别
市国税局征收分局办税服务厅	2005	国家级
市地税局税收服务中心	2007	国家级
中国人寿保险公司兖州支公司客户服务部	2000	省级
市国税局征收分局办税服务厅、中国人民保险公司兖州支公司营业室	2002	省级
市地税局税收服务中心	2004	省级
建设银行兖州支行营业室、网通公司兖州分公司客户服务中心	2007	省级
市妇幼保健院	2010	省级
市计划生育服务站	2011	省级
区公共汽车公司助学公交车队、区社会保险处	2013	省级
市国税局征收分局办税服务厅、市百货大楼服装商场羊毛衫二组	2000	济宁市级
市粮食局幼儿园	2001	济宁市级
市地税局税收服务中心、鼓楼街道惠民社区秀美理发厅、市十六中物理教研组、市人民医院护理部、市国税局计财科、兖州供电部客户服务中心	2002	济宁市级
市国税局稽查局稽查执行二股、市婚姻登记处、市防疫站检验二科、市博物馆讲解组、市公共汽车公司1路线、市实验高中英语教研组	2004	济宁市级
市广播电视局播出部、市园林管理处少陵公园	2005	济宁市级
中国联通兖州分公司营业厅、颜店镇计划生育服务站、市教育系统会计核算中心、市交通局新兖交通管理所	2007	济宁市级
市计划生育服务站、中国人民财产保险股份有限公司兖州支公司综合部、市富都宾馆餐饮服务班、市实验小学第四年级级部	2008	济宁市级
中国银行兖州支行营业部、兖州公路局政工科、农行兖州支行鲁门分理处柜员岗	2013	济宁市级

文明创建活动 1996年，市妇联开展“十星级文明户”创建活动，实施“巾帼文明工程”，评选兖州市优秀“十星级文明户”100户。1997年，开展“小康书屋”献爱心活动，全市妇女组织共捐赠各类图书8800册，充实10个文明示范村图书室。1998年，在全市开展以“五美（村容村貌美、庭院美、居室美、心灵美、仪表美）”“五化（净化、绿化、美化、经济化、科学化）”为主要内容的“美在家庭”创建活动，以家庭美带动社会美。2000年，组织开展“让家庭远离麻将桌”“争创美德之家”“好媳妇”“好婆婆”等评选活动，弘扬家庭美德，提高文明素质。2006年—2007年，组织编写《文

2013年“建魅力兖州，展巾帼风采”妇女健身舞大赛

明和谐家庭知识读本》，下发《关于在全市城乡开展“和谐家庭”“好媳妇”“好婆婆”评选活动的意见》，倡导以家庭和谐促社会和谐。2010年6月，开通兖州妇女网，启动和谐家庭大讲堂，与党委、政府及上级妇联网站链接，扩大兖州妇女工作的影响力。2013年，全市共有巾帼志愿者1.35万名，其中已注册2048名。举办“建魅力兖州，展巾帼风采”妇女健身舞大赛，31支队伍近700人参加比赛，评出优秀组织奖17个，三等奖6个，二等奖5个，一等奖3个。

妇女维权工作　1996年，市妇联配合有关部门参与制定“三五”普法规划，组织3000余人参加省妇联举办的“安乐杯”《中华人民共和国妇女权益保障法》知识竞赛。1997年，开展《中华人民共和国妇女权益保障法》宣传周活动，126个单位300余名妇女骨干参与。2000年，与市委宣传部、市委政法委等联合制定兖州市依法维护妇女合法权益联席会制度；与市司法局联合开通“148”妇女法律维权热线，开通“亲情帮教车”，先后4次到山东省济宁监狱，在服刑人员亲属中开展“致每个服刑人员亲属一封公开信，为服刑人员亲属拍摄一张全家福照片，录制一盘心里话磁带，让其亲属写一封规劝家书”的“四个一”活动，让服刑人员感受到家庭的温暖。与市人民法院联合成立兖州市家庭暴力致伤鉴定中心，妇女维权工作逐步走向法治化、制度化和社会化。2001年—2002年，与市公安局、市人民检察院、市人民法院、市司法局等13个部门联合成立市维护妇女儿童权益协调组，在全市12个镇（街道）举办新《中华人民共和国婚姻法》巡回培训班，宣传2001年4月修正的《中华人民共和国婚姻法》，初步形成社会化维权工作格局。2003年—2008年，将“平安家庭”创建纳入“平安兖州”建设工作总体规划及考核体系，将普法维权及“平安家庭”创建列入妇联系统年度工作计划，制订《“法律进乡村”活动实施方案》，举办“平安家庭”法律知识培训班10期，培训妇女430余人。2010年，开通“12338”和“3480148”妇女维权热线及网上咨询等服务项目，与市社会治安综合治理委员会办公室联合成立市巾帼法律宣讲团，组织法律宣讲团成员深入基层，巡回宣讲，提高妇女群众的法律素质和维权能力。2011年，在市妇女儿童活动中心成立市妇女儿童心理咨询工作室，为妇女及未成年人提供心理咨询。2012年，与市司法局联合成立市妇女维权法律服务团，6名成员开展普法宣传活动24次，受益妇女3000余名，服务团律师代理妇女维权案件11件，代理法律援助案件90件。2013年，与中国人寿保险公司兖州支公司联合实施“爱心温暖妇女、真情传送健康”女性安康工程，4300余名女性购买安康保险，3名患病妇女获赔15万元。1996年—2013年，市妇联共接待到访妇女1000余人，处结率100%。

关爱儿童活动　1996年，市妇联开展“爱心献春蕾”活动，全市结“春蕾”对子30对。2004年，市第十五中学学生幸婷被省妇联评为“十佳春蕾女童”。1997年，开展“为孤儿找家，给特困儿童结对”活动，市委、市政府出台救助措施，规定每年每名孤儿平均400元、每名特困儿童300元的救助标准和连续三年的救助时间。1998年，在各乡镇设立爱心救助基金，救助孤困儿童521人，捐款捐物120余万元。2005年—2008年，先后开展“走进春蕾，奉献爱心，推动社会和谐发展”主题实践活动、“兖城新苗”评选活动、“关爱女孩行动”知识竞赛活动，市直机关干部子女与13名留守儿童开展“手拉手，促和谐”城乡儿童结伴活动、“共享蓝天、心手相牵”关爱留守儿童座谈会等系列活动，拉进城乡儿童距离，为贫困留守儿童营造健康向上的社会环境。2009年，帮助8位特困儿童与山东省立医院员工结成帮扶对子，由医院员工资助至大学毕业。2010年6月，联合市教体局、市环保局举办“环保杯”少儿文艺会演暨贫困儿童救助仪式，救助贫困儿童30余名。组织动员市直机关、企事业单位女干部职工、女企业家对全市4名失去父母的独生子女进行救助。2011年—2013年，开展“爱心妈妈”活动，救助困难家庭、儿童、女大学生385人，救助资金23.4万元。

“两规划”实施 1996年，市妇联制定《兖州市妇女发展“九五”规划》和《兖州市儿童发展“九五”规划》，在全市开展宣传活动。2000年，完成中期、终期监测评估，妇女儿童事业实现快速发展。2003年，制定《兖州妇女发展规划（2001年—2010年）》《兖州儿童发展规划（2001年—2010年）》，确定妇女与经济、妇女参与决策和管理、妇女与教育、妇女与健康、妇女与法律、妇女与环境6个优先发展领域主要目标和策略措施；从儿童健康、教育、法律保护和环境4个领域提出儿童发展主要目标和策略措施。2011年，完成终期监测评估，全市妇女儿童生存环境得到改善，卫生保健和社会保障体系更加完善，教育事业稳步推进，妇女参政议政能力有效提升，男女平等基本国策得到贯彻落实。2005年，市委、市政府出台为妇女儿童办十件实事措施，全市男女机关干部离岗年龄坚持男女平等，将马克思主义妇女观和男女平等纳入党校主体班次课程，建立起妇女儿童社会化维权格局。2012年，制定《兖州市妇女发展“十二五”规划》《兖州市儿童发展“十二五”规划》，召开全市妇女儿童工作会议，针对妇女儿童发展面临的重点、难点问题，对目标责任进行分解，推动完善法规政策，督促“两规划”目标落实。

2012年，兖州市妇女儿童工作会议召开

第四节 市科学技术协会

管理机构 1996年，兖州市科学技术协会（以下简称“市科协”）为参照公务员管理的科级单位，在职人员4人。2003年7月，市反邪教协会办公室成立，编制3人，隶属市科协。2013年11月，兖州市科学技术协会更名为济宁市兖州区科学技术协会。在职人员7人。至2013年年底未变。1996年，有教育学会、农学会等市直学会16个，市嘉丰面粉厂科协和山东大丰机械有限公司科协2个企业科协。1997年起，全市先后成立山东太阳纸业股份有限公司等企业科协14个。2013年，全市共有市直学会16个，企业科协16个，各类会员1.4万人。

科普宣传 1996年，市科协组织开展科普宣传月、送科技下乡活动，宣传推广农村实用技术。放映科教录像片160场；制作宣传板牌60块；组织科普赶集7场；向农民发放《农村实用技术》1万册、科技明白纸1.2万份。开办两周一期的《科技兴农》电视专题节目24期，并在兖州电视台进行播发。1999年，市科协在全市农村组织实施“十百千”科普示范工程，用两年时间，在全市建10处科普示范基地，发展100个实体型农技协，选拔培育1000户科技示范户。2005年—2006年，在全市农村开展并完成“科普村村通”宣传栏建设，在全市三分之二的社区安装社区科普宣传栏。2007年，开展“一站、一栏、一员（每个行政村建一处科普活动站、一处科普宣传栏，明确一名科普宣传员）”的“三个一”建设。至2008年，全市405个行政村完成“三个一”建设任务。2008年—2010年，开展并完成“四个一（建一处科普学校、一支科普志愿者队伍、一处科普社区通宣传栏，明确一名科普宣传员）”建设，在城区主要路段建起2处LED电子科普大屏幕，在全

2011 年 5 月，市科协开展科普进社区活动

市80%的社区建起电子科普宣传栏、社区活动站、科普学校和科普志愿者队伍；建成集视频、动画、图片、文字为一体，具有兖州地方特色的“兖州市数字科技馆”和兖州科协网。在龙桥街道、酒仙桥街道合村并点新社区新建电子科普宣传栏 7 处，举行“地质灾害、防灾减灾和低碳家庭”图片展览，向全市城乡居民赠送《全民科学素质纲要读本》《农村实用技术科普手册》2 万册。2009 年—2010 年，市财政连续两年按照 1∶1 比例配套科普惠农资金，对全市 2 个优秀农技协、5 个科普示范基地、13 个科普带头人给予资金奖补，对 20 个优秀村科普活动站和科普惠农专家服务队各奖励投影仪 1 套。2011 年起，连续三年举办“神州剑酒杯”“崇尚科学、反对邪教、破除迷信、共建和谐”硬笔书法漫画大赛、“弘扬科学文化，共建和谐家园”图片展及反邪教警示教育年活动。

科技培训　1996 年—1997 年，市科协与团市委联合举办农村青年科技培训，对 7 个乡镇、400 余名农村青年进行农村种植、养殖业培训。开展以农函大课程为主要内容的科技培训，共招收农函大学员 317 人，开办各类专业教学班 8 个。配合市农业局、市林业局、市畜牧局、市蔬菜办等单位，在农村开展农业科技培训，共举办各种技术培训班和技术讲座 84 期，培训党员干部及群众 2.8 万人次，有 40% 的人获绿色证书，通过培训，大多数学员都熟练掌握 1 门～2 门农村实用技术。2000 年，在全市开展“金桥工程”培训活动，共举办各类实用技术培训班 800 场次，培训人员 2.8 万人次。2004 年，组织市畜牧兽医学会专家、技术人员分赴全市 10 个镇（街道）及大型养殖场，开展预防禽流感知识的宣传和培训。2008 年，印发《关于开展“百名专家联百村、科普惠农富千户”活动的实施意见》，成立由 100 名农、林、牧、农机等科技人员组成的科普惠农专家服务队，至 2013 年，“百百千”活动开展 6 年，分别与全市 100 个行政村进行对接，服务队定期或根据需要到各镇指导，为农民提供面对面服务。

2008 年，兖州市百名专家联百村富千户活动启动仪式举行

青少年科普活动　1996 年，市科协组织部分学校中小学生和科技辅导员赴天津、北京开展科技夏令营活动。1997 年，在全市中小学开展生物百项知识竞赛和“珍惜生命之水”活动，共收集科技小论文及活动方案 60 余件，其中 8 件

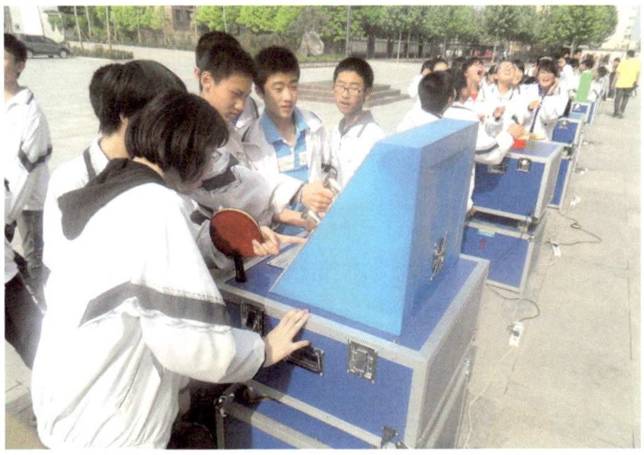

2009 年 2 月，市科协开展科普大篷车进校园活动

作品分别获国家级和省级奖项。市青少年科技辅导员协会获山东省优秀组织奖。1996年、1998年，代表济宁市分别参加山东省和全国青少年科技展，有27件作品获国家级、省级科技作品奖。

2000年—2001年，在全市开展创建科普学校活动，市实验高中、市东方中学、市实验小学等9个学校被评为兖州市首批科普学校，市实验小学被评为山东省科普示范学校。联合市教委对全市科普示范学校申报单位进行检查验收，市实验高中、市东方中学、市实验小学等8个中小学被命名为兖州市首批科普示范学校。在全市中小学开展青少年生物和环境科学与实践活动，推荐优秀作品参加省级比赛，有6件作品获奖，其中《走进自然、认识自然、保护自然》获全国三等奖和山东省一等奖。组织优秀作品参加全国青少年科技辅导员论文评选，《发挥学科优势、开展化学科普活动》获三等奖。2005年，第三届山东省少年儿童“争当小实验家”科学实验大赛在兖州市举行，2人获个人金奖，两个代表队获集体金奖。市科协、团市委、市实验小学分别获优秀组织奖。2006年，组织选手参加第十届“智力七巧板”全国总决赛，市科协、市实验小学获全国优秀组织奖，市实验小学4名选手获优秀奖。2006年—2013年，连续8年举办“智力七巧板”培训，组织开展“智力七巧板”科普知识竞赛，代表济宁市参加省第三、四届“七巧板”竞赛，并选拔出成绩优秀选手参加全国的“智力七巧板”科普知识竞赛，取得较好成绩。2009年、2010年、2013年，先后邀请科学家、教授孙万儒，高级经济师郭耕，博士生导师、教授徐邦年和中华创新名师高月锋到兖州市为部分学校师生作“生态文明与绿色生活”“未来空战与航空武器装备的发展”“开启创造性思维”专题科普报告。

学术活动 1996年—1997年，各级科协及学会组织开展“架金桥”活动，全市共组织实施“金桥工程”项目67项。市环境科学学会的煤泥发电厂锅炉烟除尘技术试验获济宁市“金桥工程”优秀项目奖。1人被济宁市评为“金桥工程”优秀组织个人。1998年，开展“厂会协作”行动，全市结成厂会协作对子7个，市农机学会与市大地农机集团进行技术协作，研制开发大蒜挖掘机。2000年，组织实施“金桥工程”项目4项。市农学会实施的山东省农业良种产业化和小麦、玉米良种高产示范推广项目获省科协“金桥工程”项目三等奖。2003年，市医学会、市预防医学会、市中医学会多次召开研讨会开展防“非典”学术交流，总结交流防“非典”经验。市农学会开展兖州农业结构调整暨农学会第三次优秀论文评选活动，共收到学术论文66篇，其中28篇获奖。2005年，市级学会组织开展学术交流活动30次。2007年，参加济宁市开展的“节能环保、生态济宁”重点学术研讨活动，组织有关学会撰写专业论文，上报论文15篇，获济宁市二等奖4个、三等奖7个。2008年，围绕鲁南经济带和中华文化标志城规划建设主题，在市级学会科技人员中组织撰写学术论文，开展学术交流活动，7篇优秀论文参加济宁市开展的“依靠科技进步，推进鲁南经济带和中华标志城规划建设”学术研讨活动，有5篇论文获奖。2010年，推荐优秀成果参加第二届济宁市自然科学学术创新奖评选，有4篇论文类成果获奖；选拔推荐8篇优秀学术论文参加济宁市“低碳经济与济宁经济转型发展”科技论坛，有6篇论文获奖。2012年，兖州市中医院等2个单位被评为山东省反邪教先进集体，新驿镇等6个单位被评为山东省反邪教示范镇街（社区）。2013年3月，召开市反邪教协会第二次代表大会，选举产生新一届的理事、会长、副会长和秘书长。1996年—2013年，老科协始终坚持开展以科技咨询、科技开发、科技推广、科技服务为主要内容的服务“三农”活动，采取发放明白纸、播放科技光盘、面对面传授等形式，对农民进行技术培训，手把手指导农民科学种田。

第五节　市工商业联合会

管理机构　1996年，兖州市工商业联合会（以下简称“市工商联”）为科级行政单位，内设办公室，在职人员4人。2008年，根据《中华全国工商业联合会章程》规定，市工商联会长、副会长变更为主席、副主席。2010年5月，依托市工商联成立中共兖州市委非公有制经济组织工作委员会（以下简称“市非公有制经济组织党工委”）。2012年8月，市非公有制经济组织党工委办公室成立，为市非公有制经济组织党工委的办事机构，隶属市工商联。2013年11月，兖州市工商业联合会更名为济宁市兖州区工商业联合会。至2013年年底，济宁市兖州区工商业联合会内设科室未变，在职人员12人；有基层（行业）商会8个，会员958个。

会员代表大会　市工商联第九届会员代表大会至第十二届会员代表大会分别于1998年6月26日、2001年11月30日、2006年12月31日、2011年10月13日召开，会议分别选举产生该届执行委员会委员、常委、秘书长、副会长（副主席）、会长（主席）。

主要活动

参政议政　1996年—2013年，围绕党委、政府中心工作和非公经济发展中的热点、难点问题，市工商联走访调查1000余家企业，与企业法人和员工座谈2000余人次，发放各种调查问卷2万余份。形成《我市民营经济发展中的问题剖析》《加快全市民营经济发展中的问题与对策》等30余份调研报告，为市委、市政府决策提供参考。加强与工商联会员中人大代表、政协委员的联系，组织他们建言献策，撰写议案、提案100余件，《加强城区烟尘污染治理、实现节能减排，切实维护群众切身利益》和《成立担保公司，解决中小民营企业融资困难的问题》等提案，得到答复处理。

推荐非公有制经济人士担任县级及以上人大代表、政协委员、工商联领导职务。其中，山东太阳纸业股份有限公司董事长李洪信被推选为第九届、第十届全国人大代表，2002年当选为山东省工商业联合会副主席、全国工商联执委，2004年当选为全国优秀中国特色社会主义事业建设者，2006年当选为全国纸业商会会长。山东银河橡塑集团（兖州银河德普胶带有限公司）董事长牛宜顺连续当选山东省第九届、第十届人大代表，2009年当选为省优秀中国特色社会主义事业建设者。2009年王福连等5人当选为济宁市优秀中国特色社会主义事业建设者。市通用医疗器械厂、市发达装饰有限公司被评为济宁市工商联优秀会员企业。

公益事业　2000年—2013年，市工商联在非公经济人士中开展爱国、敬业、诚信、守法教育活动，组织开展扶贫济困、赈灾助学、救助困难职工、参与“光彩事业”等活动。在开展的“关爱职工”“实现双赢”“心连心”活动中，救助困难职工2000余人，帮助近100户脱贫致富；在开展的“献爱心，圆大学梦”活动中，帮助200名贫困大学生圆大学梦。为希望工程、敬老院、贫困群众、救灾等社会公益事业累计捐款捐物折合人民币近2亿元。

对外交流　2007年—2009年，市工商联与江苏省如东县、昆山市、江阴市，浙江省乐清市，

2007年4月7日，市工商联与江苏省如东县工商联签订友好商会协议

山东省青州市等省内外17市工商联（商会）建立友好关系，开展互访互学活动；加强与友好商会台湾高雄市中小企业协会的沟通联系，扩大交流，寻找商机。2008年，以孔子文化节、“齐鲁行”等活动为载体，邀请国内外客商200余人次到兖州市进行商务考察，在“海内外企业家齐鲁行”活动中，组织企业开展一系列宣传、推介活动，成功签约3个项目，总投资1亿余元。2010年4月，组织各镇（街道）统战委员、基层（行业）商会负责人、部分会员企业一行26人，赴浙江省义乌市、乐清市等地考察学习商会组织建设。

会员服务 市工商联组织符合条件的企业参与全国民营企业500强评选和省工商联“三项评选”活动，2002年—2013年，山东太阳纸业股份有限公司、华勤橡胶工业集团、山东齐鲁特钢有限公司3家企业多次入围全国民营企业500强。2013年，市东升精细化工有限公司入选山东创新型民营企业，兖州兴达酒业有限公司入选山东民营企业“公益之星”。2008年7月，市工商联法律维权服务中心成立，2008年—2013年，为100余家会员企业担任法律顾问，代理民事诉讼、非诉讼300余起，免费起草合同、文书、协议等200余份，涉及标的总额1200余万元。2011年6月，塑编商会承办塑编制品全国订货会，市工商联协助塑编商会开展协调和服务工作。

商会建设 1996年，市工商联在兖州镇开展建立乡镇商会的试点工作，同年6月，兖州镇商会成立（2000年因撤销兖州镇，兖州镇商会随之撤销）。1997年—2000年，谷村镇、新驿镇、大安镇、鼓楼街道陆续成立镇（街道）基层商会。2006年—2013年，餐饮服务业商会、塑编商会、礼仪庆典业商会、金属结构业商会陆续成立，基层（行业）商会达8个。2013年，市工商联有企业会员875个，个人会员73人，团体会员10个，会员总数958个。

2012年12月7日，市工商联金属结构商会在山东光磊钢结构有限公司成立

非公党建 2010年5月，市工商联印发《关于进一步规范和加强非公有制经济组织党建工作的实施意见》，指导和规范非公企业党建工作。2011年，以“建组织、扩覆盖”活动为主线，相继开展一系列党建活动，推进全市非公有制经济组织党建工作。2012年，协调镇（街道）和有关部门开展符合条件的非公经济组织党组织组建工作，完成“建组织、扩覆盖”活动任务。开展“以先带新、互促共建”活动，通过选树山东太阳纸业股份有限公司等20个规模以上企业党建典型，与生产经营关联度高的178家新建、未建党组织企业结对子，实现新老组织相互促进，共同发展。实施“红帆工程”，以建立“红帆港”，打造“红帆船”，组建“红帆服务队”，选派“红帆员”和评选“红帆之友”等活动为抓手，不断丰富非公企业党建内容，提升非公党建工作水平。2012年，山东太阳纸业股份有限公司党委被省非公党工委授予非公有制企业齐鲁先锋党组织称号，山东光磊钢结构工程有限公司等5家企业党组织和个人被济宁市非公党工委授予先进基层党组织、优秀共产党员和优秀党务工作者称号。

第二十二篇

政法　军事

YANZHOUSHIZHI

政法　军事

第一章　政法工作

第一节　机　构

1996年，中共兖州市委政法委员会（简称市委政法委），为市委领导全市政法工作的职能部门，内设办公室、调研室、业务科，有工作人员10人；兖州市社会治安综合治理委员会（简称“市综治委”）是市委、市政府领导全市社会治安综合治理工作的议事协调机构，与市委政法委合署办公，下设办公室（简称“市综治办”），2002年，市委政法委调整设置办公室、研究室、执法监督科、综合治理科4个科室，有工作人员8人。2010年12月，市社会矛盾信息处理中心成立，为副科级全额事业单位，有编制4人，隶属市委政法委管理。2013年3月，市社会矛盾信息处理中心加挂市政法信息中心牌子，人员编制调整为6人；同年8月，市国家安全办公室（简称“市国安办”）成立，为科级财政全额拨款事业单位，有编制4人；同年11月，市委政法委更名为中共济宁市兖州区委政法委员会，市综治办同时更名。至2013年年底，区委政法委内设办公室、研究室、执法监督科、综合治理科，下辖区国安办、区社会矛盾信息处理中心，有工作人员17人。

第二节　队伍建设

1996年，组织干警在全市政法机关开展“学英模、树新风”活动，建设高素质干部队伍。1999年，以“严格执法、热情服务”为主题，开展“争创人民满意单位（干警）”活动。2000年，继续深化“创满意”活动实效，举办各种培训班11期，轮训干警466人。2002年，开展“严格公正执法”专项教育整治活动。2003年，开展“贯彻十六大、全面建小康、政法怎么办”大讨论活动。2004年，在全市政法机关开展向任长霞学习活动。2005年，开展“规范执法行为、促进执法公正”专项整改活动，加强政法队伍建设。2006年，全面开展社会主义法治理念教育活动。2009年，在全市政法系统开展“帮千企走千村访万户、服务‘三保’任务”主题实践活动，以听民声、访民意、察民情、问民计、排民忧、解民难为主要内容，政法干警开展入户走访10余人次，领导干部开展入户走访20余人次。2011年，开展“发扬传统、坚定信念、执法为民”主题教育实践活动和政法干警核心价值观活动。2013年，组织

2011年10月，全市政法系统开展主题教育实践活动

政法干警集中到区检察院廉政文化建设基地接受廉政教育。政法系统举办学习报告会 4 次，学习座谈会 26 次；开办综治干部培训班 2 期，培训综治干部 320 人次。

第三节　严打整治

1996 年—1999 年，组织开展 18 次集中打击行动，破案 1345 起，抓获犯罪嫌疑人 1289 人，打掉犯罪团伙 143 个，抓获团伙成员 412 人，缴获赃款赃物 285.1 万元。2000 年，开展“打霸除恶”“追逃”“打击车匪路霸”等系列专项斗争，集中破获一大批大案要案，召开 7 次公捕、公判会，公开宣判处理严重刑事犯罪分子 221 人，其中处决 4 人。全年抓获各类违法犯罪分子 1083 人，破获各类刑事案件 813 起，打掉犯罪团伙 21 个，缴获赃款和赃物折款 240 万元。2001 年—2002 年，开展“春季攻势”“夏季专项斗争”“两抢（抢劫、抢夺）专项斗争”“秋季攻势”等专项行动，破获各类刑事案件 1909 起，抓获犯罪嫌疑人 798 人，打掉各类犯罪团伙 67 个，抓获团伙成员 262 人，追缴账款及账物折合人民币 486 万元，兖州市被济宁市委、市政府评为“严打整治斗争”先进集体。2008 年，开展迎奥运保稳定“百日行动”活动。其间，组织集中清查 3 次，开展专项打击集中行动 8 次，破获各类案件 159 起，打掉团伙 12 个；抓获各类违法犯罪嫌疑人 78 人，追回逃犯 25 人。

2009 年，开展“迎国庆保全运”活动，集中开展打黄扫非、打击传销、打击“三电（电力、电信和广播电视设施）”等专项整治活动以及“霹雳行动”、“猎鹰一号、二号、三号”、命案必破等一系列专项行动，破获各类刑事案件 2092 起，抓获刑事作案成员 515 人，追回逃犯 180 人，摧毁犯罪集团 42 人。2012 年，组织开展“清网行动”，抓获行动前上网逃犯 104 人。开展以“打黑除恶”为主战场的一系列严打斗争，全市盗窃案件同比下降 13.1%，“两抢”案件同比下降 15.6%，85% 的居民小区、95% 的村庄和 98% 的内部单位实现“零发案”目标。2013 年，开展“打黑除恶”专项行动和“冬季严打整治百日集中行动”。针对影响群众财产安全的各类侵财性犯罪，开展打击“两抢一盗”破案会战、打击“入室盗窃”破案会战、打击“盗窃农用变压器”破案会战、打击“黄赌毒、治爆缉枪”破案会战，打击“经济犯罪”破案会战、打击“盗窃破坏三电设施”破案会战、打击“非法经营”破案会战等专项行动，全区刑事、治安案件始终保持下降态势。

第四节　社会治安综合治理

1996 年，全市 13 个乡镇统一设立社会治安综合治理委员会，党委书记任主任并配备专职人员；95% 的村居建立“五位一体（综治办、警务室、治保会、调解会、外来人员登记服务站）”的综合治理办公室。1998 年、1999 年，兖州市连续被评为全省综合治理模范市。2002 年，开展“零案村居”创建活动，实行“三防（人防、物防、技防）”并举。2005 年，开展县、乡、村三级联创活动，实施千名干部驻村帮扶工程，加强后进村党政组织建设。2008 年，完善城区保安巡防工程，实施城乡联动快速反应巡防工程。26 个城市社区居委会、50 个农村基层组织建立包含警务室的“四室一站（办公室、活动室、警务室、医疗室社区服务站）”，并推行封闭式管理。2009 年，实施综治工作规范化建设示范工程，建立多层次、立体化的治安防控体系。新兖镇小马青村作为全省社会治安综合治理现场经验交流会现场，得到省、济宁市的较高评价。2012 年，在全市 10 个镇街全面开展社会管理服务中心建设，推行“9+X 模式（9 即 9 个维稳和涉稳综治单位，X 即若干民生部门和相关综治单位）”。2013 年，推进社区网格化管理，在鼓楼街道启动社区网格化信息化管理试点工作。同年年底，兖州区社区网格划分、网格管理员队伍、基本信

2013 年 7 月，全市社区网格化管理试点工作动员会议在鼓楼街道办事处召开

息采集以及有关管理制度建立等相关基础工作全部到位，网格化信息化管理工作在城区社区全面铺开。全区 46 个社区开展推进“社区六进（消防、车管、危管、网管、物管、流动人口管理进社区）”工作，受惠群众 20 余万人，95% 的社区实现“零发案”目标。

第五节　矛盾纠纷排查调处

1996 年，妥善处置群体性事件 10 余起。2000 年，成立由 23 个部门组成的司法调解委员会，各乡镇建立司法调解中心，492 个行政村设立调解委员会，全年调处各类纠纷 3105 起，调解率 98.5%，调解成功率 97%。2005 年，全市 10 个镇街全部建立高标准的调解中心，健全完善矛盾纠纷大调处机制。在济宁市组织的调解中心检

2012 年，政法系统开展联合大接访活动

查中，兖州市是唯一全部达标的县（市、区）。2006 年，健全基层矛盾调解组织，95% 以上的村居全部建立调解组织。总结推广颜店镇、小孟镇和漕河镇等工作经验，推动矛盾纠纷化解工作开展。2009 年，开展矛盾纠纷排查化解活动，健全完善人民调解、行政调解、司法调解“三位一体”工作体系。2013 年，完善大调解工作机制，建立社会稳定指挥部工作机制、情况信息预警机制、应急指挥处置机制、重特大信访问题联席会议制度，制定《关于深入推进社会矛盾纠纷排查调处工作的意见》。全年开展拉网式排查活动 11 次，排查出各类矛盾纠纷 3890 人次，调解率 100%，成功率 98%。

第六节　平安建设

1996 年，开展全市安全文明小区、安全文明村镇、安全文明单位等安全创建活动。1999 年，完成国庆 50 周年和澳门回归等重大活动的安保工作。2000 年，全市公安派出所在机关内全面实施小阅览室、小食堂、小健身房、小浴室和小洗衣房“五小工程”建设，加强公安基层基础建设。开展创建“零案社区”活动，安全文明小区人防、物防覆盖率分别为 85% 和 95%。实施家庭文明工程扶困助学工程，完善帮教机制，落实对失足青少年的帮教措施。2001 年—2002 年，实施“1113（即 1 所 1 区、1 区 3 警）”工程和“543（每天从济宁市公安局、兖州市公安局、兖州市城区派出所分别抽调 1/5、1/4、1/3 的民警）”巡防工程。推行民警进社区，14 个派出所配备民警 157 人，基层警力由 27% 上升至 32.5%。组建协警队伍，建立 2 个协警大队，在城区进行 24 小时全天候巡逻，在各镇统一治安联防大队建制，强化群防群治队伍建设。建立 GPS 卫星定位系统，安装 GPS 网点 17 个，其他各种先进技防设施 22 台（套）。2005 年，加强以 110 指挥控制系统为中心的自动报

警技防网络建设，完善重点要害部位的电视监控系统，推广覆盖城乡的基层技防网络，建立2处GPS卫星定位系统，建成2条“技防一条街”。2004年、2005年兖州市平安建设工作被省委、省政府授予平安山东建设先进市称号。2008年，在10个镇（街道）驻地建成覆盖驻地和主要道路、桥梁的支系监控系统，在大型超市、新建社区、大中型企业、中小学校以及其他重点要害部位安装监控系统298处、探头353个，在沿街门头安装电脑电话自动报警系统627套。2006年、2008年，兖州市两次获平安山东建设先进市称号。

2010年，实施电子监控全覆盖一期工程建设，在全市形成“卡点、控线、覆面、封边”的视频监控格局。2011年，实施校园安全防范工程，开展平安机关、平安企业、平安家庭、平安村（社区）等基层系列创建活动，并形成长效工作机制。2013年，开展基层平安创建活动和优化发展环境专项行动，实行工地警务室制度，开展拒乘违法车辆保障生命安全、道路交通“平安行•你我他”行动、安全知识进学校、进课堂等活动。强化天网工程应用，投资7000余万元建设监控点3221个，推进电子监控覆盖二期工程建设，完成一类目标296处，二类目标574处，三类目标670处。通过视频巡逻，发现违法犯罪线索1300余条，破获各类刑事案件395起，抓获违法犯罪嫌疑人86人，服务群众640人次。在2013年群众安全感调查中，兖州市居济宁市第一名。

第二章　公　　安

第一节　管理机构

1996年，兖州市公安局为正科级行政机构，下设办公室、政工科、政保科、内保科、户籍科、治安科、外事科、警卫科、信访科、警务督察室、巡警大队、刑警大队、交警大队、看守所、拘留所、监察室、消防大队、武警中队、法制科、保安公司20个科室；全市辖东御桥、西御桥、九仙桥、兴隆、堡子、城郊、颜店、新驿、大安、漕河、小孟、谷村、泗庄、前海、黄屯、王因16个派出所。

1997年2月，兖州市公安局指挥中心成立，为副科级单位，下设调度科、秘书科、机要科、宣传科、行财科、档案科。同年3月，刑警大队设办公室、技术室和一、二、三、四中队，巡警大队设办公室、110机动队和一、二、三中队；同年8月，刑警大队技术室更名为六中队，局属预审科更名为刑警七中队，增设刑警大队五中队、八中队；同年12月，兖州市公安局组建党委，下设指挥中心、交警大队、刑警大队、巡警大队、政工、治安、政保、看守、消防、保安10个党支部。1998年6月，内保科更名为经济文化保卫大队（股级）；同年7月，设立兖州市公安局督察大队、审计科（股级）。1999年1月，成立交警大队公路巡逻民警直属中队、第二、第三中队（股级），信访科更名为控申科（股级）；同年3月，设立计算机监察科，政工科更名为政治处，政保科更名为国内安全保卫大队，下设一、二、三、四、五中队，经济文化保卫大队更名为经济犯罪侦查大队，下设一、二中队，治安科更名为治安警察大队，下设办公室、一、二、三中队（均为股级）；同年8月，设立巡警大队第五中队、经济犯罪侦查大队办公室、经济犯罪侦查大队三中队（股级）。2000年9月，设立老干部科（股级）；同年12月，设立民警等级化管理办公室（股级），撤销泗庄派出所、前海派出所，原有人员并入颜店派出所、城郊派出所。2001 年 5 月，成立交通警察大队道路清障施救中心（股级）。2003 年 5 月，王因镇、黄屯镇划归济宁高新技术开发区管理，王因派出所、黄屯派出所随之划出。同年 7 月，兖州市公安局经济开发区分局成立，为副科级派出单位。2004 年 2 月，增设巡逻警察大队六中队、交警大队四中队、五中队（均为股级）；同年 5 月，设立兖州市公安局经济开发区分局刑事侦查队、兖州市公安局经济开发区分局治安警察队、兖州市公安局经济开发区分局办公室（均为股级）。2005 年 5 月，兖州市公安局经济开发区公安分局更名为兖州市公安局经济开发区派出所。2010 年 12 月，兖州市 DNA 检测中心成立，为副科级全额预算管理事业单位。2011 年 1 月，市公安局龙桥派出所成立。2013 年 3 月，兖州市森林公安局（兖州市公安局森林警察大队，副科级单位）成立，中国铁道建筑总公司十四局集团有限公司铁道建筑公安局第十四公安处第三公安分处 14 人、第五公安分处 7 人，转入兖州市公安局；同年 5 月，外事科更名为出入境管理大队；同年 11 月，兖州市公安局更名为济宁市兖州区公安局。

至 2013 年年底，济宁市兖州区公安局设指挥中心、国内安全保卫大队、刑事侦查大队、交通警察大队、治安管理大队、出入境管理大队、经济犯罪侦察大队、巡逻警察大队、网络安全保卫大队、法制大队、政工室、警务保障室、看守所、拘留所、纪委监察室（挂督察大队、信访室、审计科牌子）15 个科室；全区辖东御桥、西御桥、九仙桥、兴隆、城郊、龙桥、堡子、颜店、新驿、大安、小孟、漕河、谷村、开发区 14 个派出所。

第二节 安全保卫

“非典”期间社会面稳控 2002 年 11 月，广东省出现传染性非典型肺炎（简称“非典”）疫情，随后，疫情逐渐扩大。2003 年 4 月，为严防“非典”疫情输入，兖州市设立 3 处防治“非典”治安交通检测站，市公安局与交通、卫生等部门通力合作，以“不漏检一车一人”为目标，严格疫情日报告和零报告制度。至同年 6 月，共检测过往车辆 4.21 万辆，消毒 7.95 万辆，查验人员 14.29 万人，其中，检测重点疫区车辆 1793 辆，人员 4643 人，留验 38 人，及时向各乡镇反馈外出返乡人员基本情况 7536 人，切实把住防治“非典”第一关。打击各类借“非典”之机进行的捣乱破坏活动，及时消除抢购食盐、燃放鞭炮、传播各类谣言等造成的社会恐慌和混乱。

网上安全保卫 1999 年 3 月，市公安局设立计算机监察科，负责全市网络安全保卫工作。按照“全面掌控、确保安全”的要求，加强对互联网运营商、互联网接入服务单位、重要联网单位的监督管理，完善各类基础台账。2006 年，对 150 余家重点联网单位的安全员进行登记、培训，开通“兖州网警”互联网站，建立网监六大基础数据库，录入资料 1 万份。严格互联网上网服务营业场所日常监督管理，推行实名上网制。同年年底，兖州 100 家注册登记互联网上网服务营业场所全部实行实名上网制。2010 年—2011 年，加强互联网基础数据库备案工作，年内对全市互联网服务商、互联网数据中心、互联网内容提供商、重点网站进行全面调查摸排和建档登记。2012 年—2013 年，搭建互联网信息监控中心，对各类违法信息及时处置。

重大安保任务 1996 年—2013 年，市公安局共完成各类重大安保任务 68 次。先后完成农博会、中法经贸洽谈会、奥运会、残奥会、曲阜国际孔子文化节、世博会、十一届全运会、全国春季麦田管理现场会、中央电视台《同一首歌》走进兖州华勤橡胶工业集团及“三级两会（中央、省、济宁市人代会、政协会）”“五一”“十一”、春节等安全保卫工作。

第三节　打击犯罪

打击刑事犯罪　1996年，根据中央和山东省、济宁市的严打统一部署，市公安局在全市范围内组织开展严打行动，年内破获刑事案件994起，其中大要案件314起，打掉犯罪团伙73个，逮捕285人。1997年，进行刑侦改革，实行侦审合一，全市划分为5个侦察破案责任区，每个责任区设1个驻片刑警中队，每个中队设2个～3个探组，实行刑警中队包片、探组包乡镇的承包责任制。2010年，开展打霸除恶斗争，全年共打掉各类霸头512人，其中逮捕81人，劳动教养14人。2001年—2002年，开展以“打黑除恶”为龙头，以“破现案、攻积案、打流窜、追逃犯、抓整治、促防范”为主线的严打整治斗争，相继打掉31个黑恶势力团伙，抓获团伙成员113人，打掉各类霸头226人，逮捕35人，劳动教养16人。2003年8月，打掉以乔某某为首的恶势力团伙，抓获团伙成员39人，逮捕27人，治安拘留11人。2004年—2006年，开展侦破命案专项行动，共立命案23起，破获22起。其中2004年，侦破王某某绑架杀人案、日东高速公路系列抢劫案、波尔山羊被盗案等一系列重大案件。2005年，以“打霸除恶”为龙头，以“命案会战”为主线，相继开展“三打一反（打击抢劫、抢夺、盗窃，反诈骗）”、打击“两抢一盗（抢劫、抢夺、盗窃）”、“冬季严打整治”等专项行动。年内6起命案全部侦破，破获抢劫案件102起、抢夺案件33起、撬盗机动车案件356起、入室盗窃案件296起。2006年8月，打掉以曲某某为首的8人爬楼入室盗窃犯罪团伙，破获兖州、曲阜等地爬楼入室盗窃案件30起。2008年，开展“打黑除恶”专项行动，共打掉各类恶势力团伙12个，抓获并判决团伙成员76人，破获各类刑事案件129起，追缴赃款赃物折款120余万元。2010年4月—12月，开展打击防范“两抢一盗”犯罪大会战。破获各类刑事案件1480起，其中侵财性案件597起；刑事拘留犯罪嫌疑人308人，其中逮捕249人，追捕网上逃犯76人；摧毁各类刑事犯罪团伙29个，抓获成员108人，其中霸恶团伙7个；缴获赃款及赃物折款300余万元。2011年5月，开展清理网上逃犯行动。抓获行动前上网逃犯91人，行动前在逃人员下降率91.84%。2012年—2013年，开展“打黑恶、反盗抢飓风行动”，打掉霸头10个，摧毁恶势力团伙25个，抓获团伙成员69人，破获霸恶犯罪案件283起。

1996年—2013年兖州市刑事案件破案情况表

表22-1

年　份	破案起数（起）	大要案件（起）	刑拘数（人）	逮捕数（人）	打掉团伙数（个）	抓获团伙成员（人）	劳教数（人）	追缴账款赃物折合人民币（万元）
1996	994	314	318	285	73	307	18	98
1997	292	104	213	133	20	91	9	91
1998	623	281	320	305	34	162	33	136.9
1999	524	318	243	217	20	95	21	197.8
2000	582	245	271	244	23	95	18	189.2
2001	973	383	485	285	36	149	50	197.8
2002	936	508	313	261	31	113	52	74.7
2003	1162	401	338	281	40	114	37	202.4

续表22-1

年份	破案起数（起）	大要案件（起）	刑拘数（人）	逮捕数（人）	打掉团伙数（个）	抓获团伙成员（人）	劳教数（人）	追缴账款赃物折合人民币（万元）
2004	1168	367	460	291	34	163	31	113.7
2005	1650	963	618	377	32	178	28	260
2006	1550	963	402	306	29	156	33	350
2007	1951	1126	430	310	37	283	42	500
2008	2588	1032	369	301	21	103	23	300
2009	1971	976	397	291	36	112	25	310
2010	1867	886	378	262	29	108	72	320
2011	1158	670	227	176	19	61	67	301
2012	1513	710	271	258	23	81	15	303
2013	1206	671	345	235	21	79	—	297

打击经济犯罪 1996年，经济犯罪案件由刑警大队负责侦办，经济保卫工作以内部企业保卫为主。1996年—2000年，破获经济犯罪案件35起，抓获犯罪嫌疑人25人，为国家挽回经济损失410万元。2001年5月，破获田庄煤矿90万元现金被诈骗案件，5人犯罪嫌疑人被抓获归案，据此打掉一涉案金额超千万元的特大跨省诈骗团伙。2006年5月，破获横跨苏、鲁、豫、皖四省涉案金额1500余万元的特大鹌鹑养殖诈骗案，2人犯罪嫌疑人被依法逮捕。2007年7月，侦破涉及兖州、邹城、济宁的非法融资案，涉案金额1800余万元。同年7月—10月，针对人民群众和社会各界反映强烈的传销活动，市公安局采取摸排传销底数、清查租赁私房、集中清剿、设卡治安盘查等措施，组织开展6次各有打击侧重的集中清剿行动。清剿传销人员集中授课点58处、住宿点132处，查获传销人员3218人，刑事拘留33人，劳动教养22人，行政拘留462人，涉案金额200余万元，教育放回全国多地到兖州传销人员2729人。2008年11月，破获多晶硅合同诈骗案，2人犯罪嫌疑人被缉拿归案，454万元赃款全部追回。2011年，与市农村信用合作联社开展联合行动，收回历史积压不良贷款400余万元，盘活农村信用合作联社不良贷款3000余万元。2012年—2013年，组织开展经侦“破案会战”行动，破获重大经济犯罪案件84起，移送起诉249人，挽回经济损失2300余万元。

禁毒工作 1996年—2003年，兖州市禁毒工作初步建立党委领导、政府主导、社会协同、公众参与、法治保障的工作格局。禁毒工作主要以铲除毒品原植物为重点，每年在罂粟开花季节，发动群众，组织专业队伍，到麦田、菜地、荒废的工厂院落、树林，进行拉网式排查。2004年，兖州市成立禁毒委员会，法院、检察院以及司法、交通、工商、民政、教育、卫生、邮电、人民银行、广播电视等相关部门为禁毒委员会成

2013年，派出所民警到村庄废弃院落铲除毒品原植物

员单位。2005年11月，对易制毒化学品的生产、经营、使用实行许可证制度，由公安机关统一管理。2013年，各镇（街道）成立社区戒毒办公室，对辖区内的吸毒人员进行戒毒。1996年—2013年，每年6月26日，国际禁毒日期间，利用各级新闻媒体播放有关禁毒宣传口号、图片，悬挂宣传横幅，印发宣传材料。至2013年年底，共铲除罂粟7812株，抓获涉毒犯罪嫌疑人23人，将兖州市经营、使用易制毒化学品的31家企业纳入行业重点管理范围。

第四节　监所管理

看　守　1996年，武警济宁支队兖州中队主要担负看守任务。1998年，看守所对监所外围墙和监区监室进行改造、扩建。1999年，看守所安装监控对讲系统，实行巡视管理制度。2006年，看守所为监室安装电视和风扇，改善在押人员生活环境。2008年2月，看守所建立卫生室，聘请地方医务人员，对在押人员进行医疗巡诊。2011年3月，实行管教民警和巡控民警分工负责的工作模式，由管教民警负责对在押人员进行管理教育，巡控民警负责巡视监控在押人员日常秩序，收押、提讯岗位工作由民警轮流值班担任。2012年3月，全面实行带班所长负责制，管教、巡控岗位民警分工管理，设立综合岗办理提讯、会见事宜。同年5月，对监所监控设施进行数字信号改造，在监控值班室设立大屏幕监控系统，监区监控实现全覆盖。至2013年，看守所民警通过谈话教育获取在押人员检举揭发线索180余条，协助破获各类案件60余起。武警济宁支队兖州中队押送、押解犯罪分子713次，担负重大安保任务866次。

拘　留　1982年，兖州县设行政拘留所。1988年，兖州县行政拘留所改称兖州县治安拘留所。1992年9月，改称兖州市治安拘留所。2002年，被省公安厅评定为三级达标拘留所，同年被评定为全国三级拘留所。2003年，拘留所内设办公室、监室、会见室、学习室、文体活动室。设置被拘留人员亲情联系电话一部。拘留所实行24小时值班制度，坚持“教育、感化、挽救”的基本方针和“管教并举、教育为先”的基本原则，对被拘留人员进行法制和道德教育。2006年3月，改称兖州市拘留所。2013年11月，改称济宁市兖州区拘留所。1999年—2013年，拘留所连年被市委、市政府评为兖州市文明单位。

第五节　治安管理

旅馆业管理　1996年—2013年，市公安局按照“摸清底数、全面安装、规范使用、长效管理、服务实战”的工作思路，开展旅馆业整治工作，安装旅馆业信息系统163家，取缔非法经营旅馆66家，行政拘留违法经营旅店业主16人，查处旅馆违法经营案件217起，利用旅馆信息系统抓获逃犯135人，提供破案线索178条，破获刑事案件65起。

废旧金属收购业管理　1996年—2009年，市公安局开展清理整顿行动13次，检查废旧物品收购站点186次，查处违法收购行为65起，取缔非法收购站点7个，停业整顿13家。2010年，兴隆庄镇聚鑫源商贸城成立，市公安局将兖州市106家废旧金属收购业进行集中管理，统一登记备案，实行一户一档，统一经营台账，全部建档管理，加强从业人员教育培训，实行可疑情况报告和有奖举报制度，加强日常检查，从物品收购、登记、存放、出售等环节加强管理。2010年—2013年，取缔无证废旧金属收购站点37个，查处废旧金属违法经营案件56起，停业整顿15家。

公共场所管理　1996年，市公安局对全市娱乐场所业主进行法律知识培训，发放“致全市娱乐服务场所业主一封信”，与业主签订“娱乐服务场所治安管理保证书”，定期开展治安检查。1997年，开展禁赌禁娼斗争，组织4次打击卖淫嫖娼和色情服务专项斗争，抓获卖淫嫖娼分子39人，摧毁卖淫窝点15个。2002年，开展扫除社会丑恶现象专项行动，依法取缔16家公共娱乐场所，及时查处卖淫嫖娼、赌博、传播淫秽物品案件。至2013年，共清查娱乐场所396家，取缔利用游戏机进行赌博的窝点35个，收缴赌博机217台，治安处罚105人，刑事判决26人，对赌博机集中予以销毁。

危险物品管理 1996年，市公安局分期分批对爆炸物品经营单位、重点企业单位管理人员和从业人员开展培训，举办培训班3期，培训110余人次。2002年，坚持“全面检查、重点整改、以打促管”的方针，全面检查涉爆单位5家、易制涉爆化学品单位42家、使用剧毒化学品单位5家、放射源使用单位3家。1996年—2013年，组织开展打击非法制贩烟花爆竹、清理涉枪涉爆剧毒爆炸危险物品等专项行动，收缴烟花爆竹成品1845万头、毒鼠强1600包、各类枪支259支、管制刀具1021把，处理战争时代遗留炮弹128枚。

2009年1月，市公安局民警对全市烟花爆竹市场进行安全检查

群防群治

专业巡防 1996年，全市建立乡镇治安联防大队13个，辖54个中队，有专职联防队员58人，乡镇企业联防队12个，队员75人，村庄义务巡逻队477个，铁路护路联防队11个，队员33人，护厂、护矿、护校队91个，队员598人。2002年8月，启动“543（每天从济宁市公安局、

保安巡防队员对城区重点部位进行巡逻

兖州市公安局、兖州市城区派出所分别抽调五分之一、四分之一、三分之一的民警）”巡防工程，在重点区域、路段，坚持24小时全天候巡逻。2004年，按照“政府出钱雇保安、公安管理保平安”的思路，启动保安协勤巡防工程，雇用保安队员300人，其中，200人用于城区治安巡逻，100人协助维护城区交通秩序，与社区、企事业单位的专职和义务巡逻看护力量形成点、线、面有机结合的治安防控网络。年内，城区街头“两抢”案件同比下降26.1%，入室盗窃、撬盗机动车等可防性案件同比下降14.1%。同年4月，济宁市治安防控体系建设现场会在兖州召开，全面推广兖州市的做法。2007年—2013年，启动并完善城乡联动快速反应巡防工程，投资100余万元购置4辆移动巡逻警务车、10辆电瓶巡逻车，采取汽车、摩托车、电瓶车、自行车、徒步等相结合的方式，重点加强对人员密集区的防范控制，加强对重点场所、要害部位的巡查力度，做到“白天见警车，晚上见警灯”。2007年—2013年，在巡逻中共抓获各类违法犯罪嫌疑人978人，其中逮捕37人，行政拘留377人，救助群众1211人。

社区防范 1996年—2006年，市公安局以村庄和社区为单位，组织开展义务巡逻和季节性巡逻。至2006年年底，全市城区21个小区实现保安封闭式看护，17个小区组织义务巡逻，182个村庄坚持季节性巡逻。2007年，开展金牌警务室创建工作，年内建成谷村派出所北站警务室、堡子派出所新村警务室等10处高标准警务室、48处规范警务室。2011年—2012年，开展“零发案”创建活动，强化“居安工程”建设。至2013年年底，城区有41个小区实现保安封闭式看护，55个小区组织义务巡逻，219个村庄坚持季节性巡逻，101家企事业单位实行保安服务，执勤岗点156个，40余家企业组建自己的护厂队，85个村民兵参与巡逻，36个村组建“红袖标义务巡逻队”，15个村组建“夕阳红”义务巡逻队，85%的居民小区、95%的村庄和98%的内部单位实现“零发案”的目标。

技防工作 1996年—1997年，市公安局在13家金融企业135个金融网点建立电脑电话报警系统，22辆运钞车全部安装GPS卫星定位报警系统。2003年—2007年，按照政府引导、公安推动、受益方投资、市场化运作的路子，实施“科技兴安”工程和“技防全覆盖”三年规划，在城区沿街商场、门市部推广安装电话电脑防盗联网自动报警系统，共发展联网客户557家，通过准确报警和有效处警，成功抓获犯罪嫌疑人25人。共技防处警26次，现场制止盗窃3起，为客户挽回损失300余万元。兖州市301个村庄安装变压器防盗锁651套，21个村庄铺设地埋线1.5万米。机动车GPS卫星定位系统进一步扩容，至2013年年底，全区有1528辆机动车安装卫星定位系统。

第六节 户政管理

户籍管理 1995年，兖州市实现常住人口微机化管理，启用新的常住户口登记表，换发新户口簿。1996年—1997年，全面实行人口信息微机联网管理，对城区3.2万余户、9.3万余人，全面进行调查登记，彻底解决城区人户分离问题。2001年，开展人口基本信息清理纠错工作，比对常住户口登记表58万余份，更换4500余份，补漏190余份；对部分人员的姓名、性别、民族、出生日期进行清理纠错；更改重号263人、错号1268人。2004年3月，开展户口核对工作，解决人户分离人员户口1528人次，应销未销户口52人。2005年3月，开展门楼牌编制管理及实有人口调查工作，入户调查常住人口19.22万户56.79万人，暂住人口6786人，电脑内详细地址修改56.79万人次，绘制平面图1600余张，编制门楼牌号20.86万个，农村门楼牌号录入率96%。2010年，开展全国第六次人口普查工作，普查总人口54.38万人，办理户口登记手续5163人次。

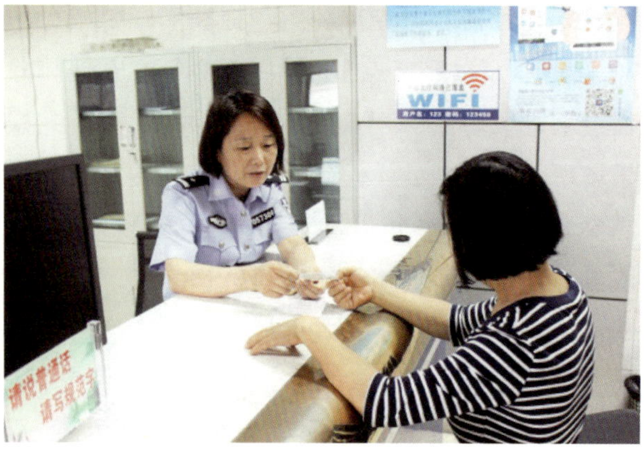
2013年7月，户籍民警为群众办理业务

身份证管理 2000年2月，根据公安部通知要求，居民身份证编码由15位升至18位。同年5月1日，市公安局开始办理居民身份证快证业务。2001年9月，开展军队和武警人员公民身份证的号码编制、核实工作，2002年2月完成。2005年8月，启动居民第二代身份证换发工作，历时4个月，完成全市39.4万人第二代居民身份证集中换发任务，受到山东省公安厅、济宁市公安局的表彰。2008年12月，联合部队驻军开展全市军人身份证申领发放工作。

流动人口管理 1996年，《山东省暂住人口管理办法》实施，市公安局建立健全暂住人口管理制度和管理网络，与暂住人口签订治安责任书，加强日常发证、验证、检查、清查、函调、协查等工作，提高管理控制水平。1995年—1996年，全市共有暂住人口2589人，办证率95%以上。

通过管理，从中发现查获违法犯罪分子 51 人。2012 年 10 月 1 日，《山东省流动人口服务管理办法》实施，暂住人口管理服务工作改为流动人口管理服务工作。同年 6 月，市公安局印发《致流动人口的一封信》，由各派出所采取走访的形式向辖区群众宣传有关政策。2012 年—2013 年，兖州辖区登记流动人口 1.62 万人。

房屋租赁管理 1995 年，市公安局对租赁房屋实行管理，出租人和承租人与派出所签订治安责任书，并发放出租房屋许可证。2002 年，全市有出租户 1930 户，出租房屋 4450 间，签订责任书 1930 份。2003 年 3 月，根据公安部规定，停止使用租赁房屋治安管理许可证。2012 年 6 月，市公安局印发《致房屋出租人的一封信》，由各派出所采取走访的形式向辖区群众宣传有关政策。2012 年—2013 年，兖州辖区共登记出租房屋 8050 户。

第七节 出入境管理

1996 年，出入境管理工作推行延时服务、上门服务、预约服务，加强外国人登记住宿管理。1997 年—2000 年，逐步实现出入境管理业务计算机办理的目标。2003 年，实行公民护照按需申领工作，公民凭身份证、户口本即可申领护照。2004 年，开展“三非（非法入境、非法居留、非法就业）”清理专项行动。2008 年，在重点企业建立外国人管理服务站 2 处，服务兖州支柱企业发展。2010 年，开展特殊人员出境报备制度。共报备特殊人员 3201 人次，撤备 302 人次。至 2013 年，共受理各类证件申请 3.12 万人次，办理境外人员签证延期 2025 人次；办理外国人临时登记住宿约 3000 人次，处罚不按规定办理登记涉外宾馆 5 家，处罚不按规定登记住宿外国人 16 人次。办理“三非”案件 41 起，遣返非法入境人员 6 人，行政拘留 1 人，罚款、警告 31 人次。

第八节 消防管理

1996 年—2000 年，兖州市公安消防大队在全市开展消防安全排查整治活动，对 45 个重点防火单位重新建立防火档案，累计整改火灾隐患 1500 余处。2001 年—2005 年，确定重点消防单位 80 个，累计发现并整改火灾隐患 3000 余处。2006 年—2008 年，开展“三基（基层、基础、基本功）”工程建设，查出火灾隐患 1000 余处，现场整改 800 余处，下发责令限期改正通知书 320 份，处罚 30 家。2008 年—2009 年，对高层、地下建筑等重点场所开展消防安全排查整治工作，排查场所 5000 家，发现火灾隐患 1200 余处，消防宣传教育培训 3 万人，印发消防宣传资料 5 万份。2009 年，组建以消防大队为主体的应急救援大队。2010 年—2013 年，开展构筑社会消防安全“防火墙”工程、社会单位“四个能力（检查消除火灾隐患能力、组织扑救初起火灾能力、组织人员疏散逃生能力、消防宣传教育培训能力）”建设，检查重点单位 3216 个，督促整改火灾隐患 7780 处，处罚违法单位 171 家。

1996 年—2013 年，大队接警出动 2000 余次，在扑救各类火灾过程中成功救出人员 500 余人，疏散被困群众 956 人次；参加各种交通事故、井下救人、水上救援、企业突发事故排险等恶劣条件下的抢险救援 386 起，成功救出 278 人。

消防大队官兵进行日常救火演练

1996年—2013年兖州辖区火灾情况表

表22-2

年　份	扑救火灾（起）	直接经济损失（万元）	伤（人）	年　份	扑救火灾（起）	直接经济损失（万元）	伤（人）
1996	127	3	0	2005	203	15	0
1997	159	6	0	2006	227	10	0
1998	132	5	1	2007	243	20	0
1999	168	4	0	2008	261	18	1
2000	143	5	0	2009	315	23	0
2001	157	7	0	2010	336	35	0
2002	134	4	0	2011	362	32	0
2003	183	6	1	2012	317	27	0
2004	196	9	0	2013	356	30	0

第九节　道路交通管理

交通安全管理　1996年，市公安局交警大队开展向济南交警学习活动。1997年，以“整秩序、压事故、保畅通”为目标，与汶上大队开展2次异地执法。1998年，开展创建交通安全示范村、示范学校、示范单位、交通安全示范企业等系列活动。1999年，城区中队在第一实验小学、第二实验小学设立助学岗2处，护送小学生过马路。2000年3月，将违章车辆暂扣证改为公安交通管理行政强制措施凭证。同年，开展创建平安大道活动，实施城市畅通工程。2001年，开展“三的（人力三轮车、摩托车、电动车）”车辆、“三无（无牌、无证、无年审）”车辆及假牌假证治理工作，查处“三的”车辆780辆、“三无”车辆360辆。2003年，兖州市交通管理工作被省专家组评为C类城市三等管理水平，2004年晋升为C类城市二等管理水平。

2006年，在城区6个路口启用电子监控设备抓拍处罚交通违法行为。2007年1月起，开展为期3个月的关于行人、乘车人、非机动车驾驶人交通违法行为专项整治工作，宣传教育驾乘人员5700人，发放宣传资料1.2万份。同年5月起，开展为期40天的超载车辆集中整治活动，查处超载车辆120辆。2008年1月起，开展为期40天的客运车辆超员交通违法行为专项整治行动。2010年8月，开展酒后驾驶专项整治，年内共查处酒后驾驶22起，醉酒驾驶3起，违法计分83分。2010年，借助天网工程建设，在城区主要路口安装高清电子警察15处。2011年9月，交警大队建立电子监控分中心。同年年底，非现场处罚交通违法行为为2.3万余起。2012年4月11日，开展“4·11”清牌专项整治行动，重拳出击，查究有牌不挂、套牌、假牌、故意遮挡号牌、污损号牌等重点交通违法行为，查处套牌、假牌、故意遮挡号牌违法行为为57起，查扣车辆121辆。同年，拆除一中花坛，启用“绿波带”，渠化主要路口。

2013年4月，交警大队民警在兖州市实验小学开展安全教育活动

事故处理 1996年，实行集体研究案件定责制度。1997年6月，“122”交通事故报警电话开通，实现“110”“120”“122”联动，同年，查处交通事故98起。1998年，实行交通事故公开认定责任、公开调解制度，并设立公开调解室；成立施救中心，接受110、122指令对事故进行救援。2004年5月起，执行《交通事故处理程序规定》。2011年，按照上级执法规范化建设的要求，实现办案功能分区，推行电子笔录和同步录音录像。2013年，查处各类交通事故2123起。

机动车与驾驶员管理 1996年，兖州市公安局交通警察大队车辆管理所（以下简称“车管所”）改建业务大厅，实现大厅式服务。1997年，统一换发机动车驾驶证，共换发2.66万个。2001年5月—12月，开展“三的”车辆治理，挂牌1.4万辆，办证1.37万个，警车入户31辆。年审合格率、参审率、上线率均为100%，受到济宁市公安局的表彰，1名民警获记个人三等功，被评为济宁市人民满意交警。2002年，投资200万元，新上机动车检测线，成立机动车检测中心。2006年，机动车检测线实行社会民营化，机动车上线检测自愿调修，检测达到国标GB7258技术标准要求的，凭机动车检测报告和机动车行驶证交车管所查验机动车，核发机动车检验合格标志。2007年，在兖州富平驾校建设机动车驾驶证申领考试科目一考场1处。2009年，再次扩建车管所服务大厅。2010年5月，新建服务大厅投入使用。2010年，在车管所二楼建成机动车驾驶证申领考试科目一考场。增加除大客和危险化学品运输车辆以外的汽车挂牌和汽车驾驶证审验换证业务。同年，车管所窗口全部实行低柜台、开放式办公，每天受理牌证业务530宗。2011年，新上大型流动服务车1辆，可到大型厂矿企业等有车单位为群众受理车驾管综合业务。至2013年年底，兖州辖区民用汽车拥有量为6.29万辆，同比增长19.16%，其中私人轿车3.7万辆，同比增长22.97%。

车管所服务大厅民警为群众办理业务

第十节 “110”报警服务

“110”指挥调度 1996年，兖州市公安局设“110”指挥调度台，在巡警、交警、刑警、武警、消防等主要警种和16个派出所建立“110”警务队。1997年，按照公安部“三项改革（‘110’、派出所、刑侦改革）”要求，“110”建设形成以指挥中心为龙头，“110”“119”“122”为纽带，21支“110”警务队为骨干，各警种配套联动的快速反应机制和整体作战格局。同时建立与城建、卫生、供电、供水、邮电等16个部门的“110”联动机制。全年接警7250次，处警6856次，在济宁市“110”建设检查评比中获总分第一名。2002年4月，市公安局在济宁市率先开通GPS卫星定位系统。2006年，实现“110”“119”“122”三台合一，统一由局“110”总调度台指挥调度。2007年，升级改造“110”“122”“119”三台合一指挥调度系统，将“110”“122”“119”报警信号合并，可同时呼入30个报警信号，并通过2兆光纤送入监控指挥中心，依托公安四级网（公安部、省公安厅、济宁市公安局、兖州市公安局）实现与“119”“122”远程终端接警子系统的连接，并能够实时监听“119”“122”接处警情况，采取公安专网、无线集群和有线、无线外网，对各警种、各部门进行警力调度，报警人、接警员、处警单位能够三方通话。2010年，全面推行“110”处警情况回告、回访和评议制度，全年接警8880次，处警8600次。2011年—2013年，实行接处警电子派单制度、警情反馈制度、警情分流制度。

天网工程 兖州市天网工程建设经历监控指挥调度系统建设、电子监控全覆盖一期工程、电子监控全覆盖二期工程三个阶段，2013年统称为天网工程。

监控指挥调度系统建设 2007年—2008年，市公安局与中国联合网络通信公司兖州分公司（简称联通公司）合作，在原“110”指挥调度台的基础上，建设监控指挥调度系统。该系统在重要路口安装电子警察6处、监控头48个；在重点要害部位、主要街道、重要路口、公共场所安装智能化监控一体球61处，监控头353个；在出入城区的8个重要路口，安装卡口监控探头28个。指挥调度大厅，设有电子大屏幕、30台电视墙。通过监控系统抓获现行违法犯罪人员28人，提供破案线索116条，据此侦破各类案件95起，抓拍各类违章车辆2700余辆，车辆遵章率95.3%，可防性案件同比下降3.3%。2008年10月18日，兖州市通过全省第一批科技强警示范县考核验收。

电子监控全覆盖一期工程 2010年，兖州市政府启动电子监控全覆盖工程建设。按照“政府立项主导、专业单位建设维护、建管双方互利共赢”的建设思路，由兖州市政府和市新联通公司共同投资建设，并将该工程列入为民十件实事。工程建设中，在兖州市7个镇、3个街道、405个村、29个社区，按照“封边、卡点、巡线、控面”的原则，在村庄的主要出入路口、居民聚集场所、重点单位、县乡边界等处建设监控点。兖州市招聘38名专职监控管理员，经过岗前培训，分配到监控中心，开展人机结合电子巡逻工作。

电子监控全覆盖二期工程 2012年，启动天网二期工程建设，重点增加监控点密度，进一步提高覆盖面。至年底，兖州市405个村、29个社区，建设监控点1807个，10处卡口，15处电子警察，5处制高点，4个移动监控探头。2013年，在市公安局监控中心建立市级监控中心，在巡警大队、刑警大队、交警大队和各派出所分别成立视频巡逻中队、视频侦查中队、视频交管中队，实现人机互动，形成打击犯罪的天罗地网。2010年—2013年，通过电子巡逻抓获现行违法犯罪人员268人，提供破案线索1576条，据此侦破各类案件1255起，抓拍各类违章车辆3.8万余辆，车辆遵章率98.5%。

2006年12月29日，兖州市举行社会治安综合监控系统启动仪式

第三章 检　察

第一节 管理机构

1996年，兖州市人民检察院内设办公室、政工科、法律政策研究室、行政监察室、档案资料室、批捕科、起诉一科、起诉二科、起诉三科（少年起诉科）、反贪污贿赂局、法纪检察科、控告申诉检察科、民事行政检察科、刑事技术科、驻兖州镇检察室、驻新兖镇检察室、驻市国税局检察室等21个科室，干警101人。2003年7月，设政治处、渎职犯罪侦查局、法警大队。2006年5月，渎职犯罪侦查局更名为反渎职侵权局。2008年4月，设行政装备科。2010年7月，设案件管理中心、公诉二科。2011年11月，设派驻兖州经济开发区检察室。2013年4月，设派驻兴隆庄检察室、新兖检察室和城区检察室；同年8月，派驻经济开发区检察室更名为派驻大安检察室；同年11月，兖州市人民检察院更名为济宁市兖州区人民检察院。至2013年年底，兖州区人民检察院设办公室、政治处、行装科、侦查监督科、公诉一科、公诉二科、反贪污贿赂局、反渎职侵权局、职务犯罪预防科、监所检察科、民事行政检察科、控告申诉检察科、检察技术科、信息科、案件管理中心、法警大队、派驻大安、新兖、兴隆庄、城区检察室、人民监督员办公室、人大代表、政协委员联络室、纪检组、信息管理服务中心（事业）等18个部门42个科室。

第二节 刑事检察

1996年，市人民检察院对杀人、抢劫、强奸、重大盗窃、各类霸头、流氓恶势力和带有黑社会性质的犯罪团伙，坚持提前介入制度，依法快捕快诉，全年批捕重大刑事案犯118人，提起公诉116人。1997年，采取“德、智、行、规、劳”五位一体的帮教形式，加强未成年人犯罪检察工作。全年受理未成年人犯罪案件17件17人，未成年犯罪率相比上年度下降45%。1998年—2002年，率先在济宁市检察系统推出主诉检察官制度。参加济宁市“严打”集中统一行动，依法严厉打击杀人、抢劫、强奸、放火等严重刑事案犯。5年共批准逮捕834件1364人，提起公诉913件1233人。2003年—2007年，推行职业公诉人制度，创新公诉指导侦查办案机制，实现侦诉工作良性互动，双向延伸，互相监督。实行捕诉职能合一、分类受案工作方法，制定捕诉案件量化考核标准。共批准逮捕811件1588人，提起公诉1181件1941人。2008年—2011年，开展打击制售“地沟油”“瘦肉精”等专项活动；对涉众型经济犯罪、群体性事件以及热点敏感案件等，实行“绿色通道”办理机制；将涉罪不捕的犯罪嫌疑人纳入社区矫正人员范围，推行捕前社会调查和社区矫正相衔接机制。4年共批准逮捕717件1178人，提起公诉1093件1820人，批捕和起诉准确率100%；批准逮捕严重侵害人民群众生命财产安全的暴力犯罪案件247件417人，“两抢一盗（抢劫、抢夺、盗窃）”等侵财型犯罪案件159件321人。2012年—2013年，严厉打击抢劫、盗窃、聚众斗殴等严重危害社会治安和人民群众生命财产安全的犯罪，惩治网络和金融领域的新型犯罪。共批准逮捕402件622人，提起公诉759件1103人。实行介入侦查、引导取证制度，监督立案8件11人、撤案10件10人。

第三节 职务犯罪检察

反贪污贿赂检察 1996年，市人民检察院依法打击虚开增值税专用发票等破坏国家重大改革措施的新型犯罪，在市国税局、市地税局和市财政局设立3处检察室，立查涉税案件13件。全年受理各类经济犯罪案件线索113件，立案侦查35件，其中重特大案件31件，为国家和集体挽回经济损失1000余万元。1998年—2002年，加强职务犯罪预防工作，同中国工商银行股份有限公司兖州支行、中国建设银行股份有限公司兖州支行等联合开展法制宣传教育月活动，在煤炭、供电等系统的50个单位开展法制教育活动100余场次，印发材料1万余份，受教育人员2万余人。4年共受理各类经济犯罪线索255件，立案108件112人。其中，贪污案45件47人，贿赂案33件33人，挪用公款案28件30人；查办“三机关一部门（党政机关、司法机关、行政执法机关和经济管理部门）”案件16件16人，为国家挽回经济损失1066万元。2003年—2007年，立查各类职务犯罪案件79件141人，其中贪污贿赂案件117人，提起公诉115人，全部作出有罪判决。在立查的案件中，大要案101人，占立案总数的71.6%，为国家挽回直接经济损失1570万元。其中，企业经营管理人员侵吞、挪用国有资产案件39人，查办行政执法和经济监管部门人员职务犯罪案件16人，查办基层干部犯罪案件14件33人。2008年—2011年，在查办犯罪的同时，结合个案预防、系统预防和社会预防开展工作，共提出检察建议76份，提供行贿犯罪档案查询1311次。成立预防职务犯罪委员会，与市纪委联合开展宣传教育活动92场次，受教育人数2万人。建立预防职务犯罪警示教育展室，并被兖州市委命名为兖州市“干部廉政教育基地”、济宁市“廉政文化建设示范点”。2012年，职务犯罪宣讲团到党政机关、企事业单位、学校、农村和社区上法制课69场次，受教育人员5000余人。对重大工程项目开展全程同步预防，参与重大工程项目、政府采购招投标监督36次，标的额6亿多元。建成济宁市检察机关廉政文化教育基地，全年共接待参观学习人数700余人。2013年，配合市纪委开展“警示教育月”活动，警示教育基地接待参观学习党员干部7000余人，被最高人民检察院评为全国检察机关“百优”预防职务犯罪警示教育基地。

渎职犯罪检察 1996年，市人民检察院受理各类法纪案件线索46件51人，立案侦查16件17人。其中，非法拘禁案3件3人，重大责任事故案4件4人，玩忽职守案3件3人，为国家和集体挽回经济损失30余万元。1999年—2002年，在党政机关、企事业单位、乡镇、村，开展法制宣传教育100余场次，向发案单位提出检察建议300余条，撰写调研报告40余篇。共立案侦查31件32人。2003年，开展打击利用职权侵犯人权犯罪活动，把查办群众反映强烈的案件和重点领域、重点行业的大案要案作为工作重点。至2007年，立查玩忽职守案件24人，重特大案件占71.6%。2008年—2011年，开展查办破坏环境资源、惠农资金发放、商业贿赂犯罪等渎职案件专项行动。共立查渎职侵权案件14件24人。2012年—2013年，重点办理涉及民生领域渎职侵权案件，共立查渎职侵权案件4件5人。

第四节 民事行政检察

1996年—1997年，市人民检察院开展《中华人民共和国民事诉讼法》实施“爱民月”法制宣传和法律咨询活动，接待群众申诉、咨询220余人次。共审查市人民法院发生法律效力的判决、裁定案件181件，受理各类民事案件、行政申诉案件96件，向市人民法院提出建议15件，建议上级人民检察院抗诉案件23件。1998年—2002年，共受理各类民事案件、行政申诉案件253件，立案120件，立案后提请抗诉82件，建议提请抗诉24件，参加庭审活动35场次，向市人民法院提出检察建议28件，市人民法院调解结案11件，息诉服判案件147件。兖州市人民检察院被山东省人民检察院评为民行工作先进单位。2003年—2007年，推行律师代理申诉工作，在全市10个镇（街道）设立便民联系点。5年共受理民事案件、行政申诉案件174件，立案101件，提请和建议提请抗诉61件，再审改判30件。2008年—2013年，共受理民事案件、行政申诉案件87件，立案67件，提请和建议提请抗诉60件，再审改判16件，办理督促、支持起诉等新型案件12件。

第五节　控告申诉检察

1996年，市人民检察院接待群众来信来访209件，比上年增加37%，初查案件线索179件，直接答复28件，妥善处理集体访、告急访案件24件。1997年，开展创建文明接待室活动，市人民检察院被山东省人民检察院命名为“文明接待室”。1998年—2002年，开展“检察长下访车”活动，变上访为下访，共出动接访人员137人次，检察长接访50余件，发放举报知识、检察机关受案范围等宣传资料2万余份，接受群众提供案件线索30余件。2003年—2007年，采取检察长接访、带案下访、定期巡访和设立流动接访站、聘请执法联络员和首办责任制等措施，主动接待上访群众，把问题解决在基层。建立规范化接访大厅，开通24小时电话举报自动受理系统，设立举报网站，到镇（街道）、村（社区）开展接访活动63次，接受群众咨询3300余人次，解决群众反映问题50余个。5年共受理群众信访举报422件，初查案件线索94件，移送本院自侦和公安等部门234件。2008年，推行“检务公开”制度，开通服务民生热线“96699”，受理群众来信来访92件，初查案件线索7件，移送该院自侦和公安等部门85件。2010年，建成标准化控申接

2008年，市人民检察院举行民生检察服务热线开通宣传活动

访大厅，实现控告、申诉、查询、告知“一站式”服务；构建民生热线、举报电话、互联网站、视频接访等为一体的立体化举报宣传平台，建成民生检察服务网络。2011年，完善首办责任制，强化责任意识，制定《兖州市人民检察院涉检信访责任追究办法》；探索建立刑事被害人救助补偿制度，对12人刑事被害人进行经济救助。2013年，执行控告申诉“首办责任制”，受理举报、控告、申诉、信访案件101件，所有案件均按规定妥善处理。做好刑事被害人司法救助工作，对2名生活困难的刑事被害人提供司法救助金。同年8月，市人民检察院获全国检察机关文明接待室称号。

第六节　监所检察

1996年，市人民检察院加强对被判处管制、剥夺政治权利、缓刑、假释、保外就医五类外执罪犯的管理和考察，完善帮教组织56个，提出监管意见20余条。通过检查判决、裁定执行情况，开展法律监督30余次。1999年，以罪犯减刑、假释、保外就医活动监督为重点，提出纠正意见9件，安全羁押人犯435人，其中重刑犯7人，考察外执罪犯106人。2000年，召开联席会议12次，与看守所、武警济宁市大队兖州市中队联合进行大型清狱活动36次，对1999年以来获假释的46人罪犯进行专项检查，预防、减少重新犯罪。2003年—2007年，开展“核查纠

正监外执行罪犯脱管漏管”专项行动，在市委政法委的支持下，与市综治办、市法院、市公安局、市司法局共同构筑预防监外执行罪犯脱管漏管的“防火墙”。在看守所设立特监室，实现驻所检察与看守所微机的网络互连。2008年，开展对罪犯减刑、假释、暂予监外执行监督检查，共发出书面纠正违法通知书9份，办理又犯罪案件15件53人。2009年，对看守所开展专项检查活动，依法打击“牢头狱霸”等违法犯罪活动；配合监管部门为在押人员建立身体健康档案，推出“权益保护卡”，维护在押人员合法权益；推行监外执行“一卡通”制度，被判处管制、剥夺政治权利、宣告缓刑、裁定假释、暂予监外执行的罪犯，凭借公、检、法、司通用登记卡，在指定的时间，到指定的司法机关登记、报到，防止监外执行罪犯脱管漏管情况的发生。2010年，建立检察官与看守所干警“每周一会制”和在押人员约见检察官制度，拓展维权绿色通道，实现零超期羁押。继续抓好“一卡通”制度，对监外执行罪犯登记建档，加强全面检查；实现派驻检察室与看守所监控系统联网。2011年，推出约见检察官、权益保护卡等制度，维护在押人员合法权益。2012年，开展监外执行罪犯专项检查，对刑罚执行和监管活动提出检察建议9份，办理又犯罪案件7件12人。2013年，强化对刑罚执行活动监督，对看守所刑罚执行和监管活动发出纠正违法通知书4份、检察建议2份，办理又犯罪案件7件7人。加强社区矫正法律监督，对3人罪犯脱管漏管情况提出纠正意见，均被采纳。

第七节　技术检察

1996年—1998年，市人民检察院受理各类技术案件1000余件，制作鉴定书300余份，现场勘验54次，法医鉴定98件，文检143件。2000年，技术工作重心转移到技术工作为办案服务上，协调资金20万元，建立视听监控室、

市人民检察院开展全院干警检察技术培训活动

电脑局域网。全年办理技术案件330件，其中，保险理赔41件，法医鉴定111件，司法会计鉴定85份，视听技术93件。2001年，购置24台电脑，完善审讯监控室和局域网，加快办案自动化和办公自动化建设步伐。2002年，加强干警技术培训，66名干警获得计算机等级证书。整合检察工作技术力量，形成视听采集、司法会计、文字检验、法医鉴定等门类较为齐全的技术保障体系。至2004年年底，已具备计算机三级联网、三合一视频会议室及公诉工作多媒体示证条件。2005年—2006年，开通网上举报系统，三线专项网建设实现数据、语音和视频的三网合一。按照最高人民检察院办案用房和专业技术用房建设要求，建立集侦查指挥中心、审讯室、询问室、监控室、案件讨论室、值班休息室于一体的警务工作区。2008年—2009年，对中心机房进行全面改造，购置移动同步录音录像设备和电脑、交换机，实现信息发布、专网邮件、网上办公、网上办案、绩效考核等信息网络全面应用。2010年3月，新办案用房和专业技术用房开始建设，2012年底竣工并投入使用。升级检察专线网和局域网，更新派驻看守所检察室监控设施，实现对看守所全部监舍、提审室和重点部位的动态视频监控。在派驻检察室开通检察局域网和互联网，建立视频接访平台。2013年，对高清视频会议室、机房、派驻检察室和无线网检务通等进行升级改造，推进涉密信息系统分级保护工作。

第四章 法 院

第一节 管理机构

1996 年，兖州市人民法院（以下简称兖州法院）设有刑事审判庭、少年刑事审判庭、民事审判庭、经济审判第一庭、经济审判第二庭、涉外经济审判庭、行政审判庭、执行庭、告诉申诉审判庭 9 个业务庭室；政工科、政研室、办公室、伤情鉴定处、法警队 5 个综合科室；辖城区、城郊、大安、兴隆庄、新驿、王因 6 处中心人民法庭。

1997 年，兖州法院机构改革，内部机构设置为：立案庭、刑事审判庭、民事审判庭、经济审判庭、行政审判庭、执行庭、审判监督庭、办公室、政工科、研究室、技术室、法警大队共 12 个科室庭，所辖 6 处中心人民法庭维持不变。2000 年，设立执行工作局，内设综合室、执行一庭、执行二庭。2001 年，设立长安人民法庭，撤销城区中心人民法庭，城郊中心人民法庭更名为新兖人民法庭，兴隆庄中心人民法庭更名为兴隆庄人民法庭，王因中心人民法庭更名为王因人民法庭，大安中心人民法庭更名为大安人民法庭，新驿中心人民法庭更名为新驿人民法庭。2003 年，兖州市法院机构改革，设办公室、政治处、立案庭、刑事审判庭、民事审判第一庭、民事审判第二庭、行政审判庭、审判监督庭、执行工作局（内设综合室、执行一庭、执行二庭）、研究室（审委会办公室）、技术室、法警大队，6 处人民法庭维持不变，兖州市法院监察室与党的纪律检查机构合署办公。

2007 年，设立信访科（与立案庭一个机构两个牌子）、离退休干部科（与办公室一个机构两个牌子）。2008 年，设立少年法庭、民事审判第三庭，撤销新驿、王因 2 处人民法庭。2011 年，设立信息管理服务中心。2012 年，设立信息管理中心，同时撤销信息管理服务中心。2013 年，设立民事审判第四庭，信息管理中心与办公室一个机构两个牌子。同年 11 月，兖州市人民法院更名为济宁市兖州区人民法院，内设机构及 4 处人民法庭相应更名。

至 2013 年年底，济宁市兖州区人民法院设有办公室、政治处、法警大队、技术室、监察室、离退休干部科（挂牌）、信息管理中心（挂牌）7 个综合科室；立案庭、刑事审判庭、少年法庭、民事审判第一庭、民事审判第二庭、民事审判第三庭、民事审判第四庭、行政审判庭、审判监督庭、执行工作局、执行工作局综合室、执行工作局执行一庭、执行工作局执行二庭、研究室、信访科（挂牌）、审委会办公室（挂牌）16 个业务庭室；长安人民法庭、新兖人民法庭、大安人民法庭、兴隆庄人民法庭 4 处派出法庭。

第二节 刑事审判

1996 年，兖州法院坚持严打方针，配合公安、检察机关，共同开展“惩恶除霸”等专项斗争。同年 8 月，审结兖州市首起非法买卖枪支案。全年共审结刑事案件 201 件，惩办犯罪分子 242 人。参考全国法院关于刑事审判方式改革的意见，起草《一审刑事案件庭审操作规程》，为刑事审判方式改革奠定基础。1997 年，修改后的《中华人民共和国刑事诉讼法》和《中华人民共和国刑法》分别生效实施，罪刑法定原则、无罪推定原则得到贯彻落实，不再适用法律类推。改变以纠问式为主的庭审方式，强化抗辩式诉讼程序，法官以审为主，进行居中裁判。1999年，依法严惩严重危害社会治安的刑事犯罪分子和经济犯罪分子，重点打击暴力性犯罪、流氓恶势力和团队犯罪，严惩杀人、抢劫、强奸、盗窃等犯罪活动以及骗税抗税、金融诈骗等犯罪分子。全年受理各类刑事案件184件275人，审结179件269人，结案率87.28%。2001年—2005年，按照全国严打斗争决策部署，依法有序开展严打斗争。坚持依法从重、从快方针和“稳、准、狠”原则，坚持惩办与宽大相结合的刑事政策，突出打击重点，加快办案节奏，5年审结刑事案件1436件，惩治犯罪分子2036人；召开公判大会15次，旁听群众30万人次。兖州法院被省委、省政府命名为全省严打整治斗争先进集体。2006年，把黑恶势力犯罪、杀人、绑架等严重暴力犯罪和“两抢一盗（抢劫、抢夺、盗窃）”等多发性犯罪作为打击重点，全年共审结各类刑事案件262件，案犯458人。其中，审结抢劫案件22件，案犯43人；盗窃案件32件，案犯63人；伤害案件55件，案犯84人。2009年，重点打击黑恶势力犯罪、严重暴力犯罪以及“两抢一盗”等多发性犯罪，以及各种危害社会稳定、破坏经济发展的犯罪。全年审结各类刑事案件282件，惩处犯罪分子473人。其中，判处十年以上有期徒刑46人，判处三年以上十年以下有期徒刑71人。2012年—2013年，持续开展严打整治斗争，遏制违法犯罪，推进“平安兖州”建设。共审结各类刑事案件708件，惩处犯罪分子1001人，其中，判处有期徒刑563人。依法严惩霸恶势力犯罪和“两抢一盗”等犯罪，审结案件139件252人；从重打击危险驾驶、危害食品安全等新型犯罪，审结案件171件172人。

1996年，少年刑事审判工作坚持“教育、感化、挽救”方针，全年受理少年刑事案件13起27人，审结11起26人；同时到9个学校和工厂作法制报告，近3万名学生和职工受到法制教育。1999年，恢复特邀陪审员制度，从工会、团委、妇联、教委等部门重新聘请7名特邀陪审员，充实少年犯罪的审判力量。全年共受理少年刑事案件8起17人，审结8起17人，结案率100%。2008年，实行家长承诺制，推行圆桌审判，落实未成年人前科消灭制度，加强对青少年犯的回访帮教，建立寓教于审、审教结合的少年刑事审判模式。2013年，少年法庭走进校园、社区，以案释法，向未成年人讲解法律政策、案件故事，通过对典型案例的真实记录、直观演绎，提高未成年人对“如何预防犯罪、如何防范侵害”的认识，提升法律素养，促进安全健康成长。

2013年9月11日，少年刑事审判庭开展圆桌审判活动

第三节　民事审判

1996年，法庭工作实行网络化管理。全年受理民事案件2370件，审结2358件，审结率99.5%，调解率71.8%。已结案件中，离婚案件占22.9%，债务纠纷案件占64%。1997年，坚持“重心下移”方针，对6处中心人民法庭实行人员合署办公，强化庭审功能，发挥独任审判和合议庭的作用。全年受理民事案件2382件，审结2243件，审结率94.18%。1999年，重点审理由城市综合开发引起的房屋确权等纠纷。注重涉农案件的审理，配合做好各乡镇土地延包和基金会清理工作，全年审结有关案件753件，标的额3175.32万元。

深化审判方式改革，裁判文书审核签发方式由事后签发改为事前评查，全年受理民事案件2256件，审结2149件，结案率95.26%。2000年，实行法庭民事审判工作通报制度、法律文书评查通报制度。2003年，经济审判列入民事审判范畴，审判工作进入大民事审判格局，全年审结各类民事案件2905件，结案标的额5.34亿元。2004年—2006年，开展“平安兖州”建设活动，加大调解工作力度，调解结案7402件，调解率83.74%，连续三年处于全国领先水平。

2007年，规范调解工作管理，实行量化考核。加快设置规模化、建设标准化、审判规范化、管理制度化、装备现代化“五化法庭”建设，全面完成人民法庭的基础设施建设。被山东省高级人民法院命名为“全省法院创建‘五化法庭’工作先进集体”。2008年，结束大民事审判格局，民事审判第二庭负责审理商事案件，民事审判第三庭专门审理道路交通事故案。2009年，创新调解方式，将案件类型划分为婆媳不和、家庭暴力、财产纠纷、沟通疲惫4种类型，采取专家法官、心理辅导、多元调解、耐心倾听、谈心化解五步调解模式，全年调解结案2403件，调解率73.5%。2010年，在4处人民法庭设立便民工作站，推广巡回法庭办案模式。全年巡回法庭共审理案件1215件，服判息诉率96.5%。同年，举办“法官沙龙”研讨活动，实现庭审观摩的经常化、制度化，兖州法院在济宁法院系统民商事案件庭审观摩活动中取得第一名。2011年，对人身损害、交通事故、医患纠纷等民事案件的判决标准进行细化量化，制定符合实际、操作性强的指导意见，避免判决的随意性。2013年，创新民商案件审判机制，对于涉及人身关系的案件，优先适用调解，实行调判结合。全年民事案件调解结案1682件，调解结案率54.03%。同年，民事审判第四庭专门负责审理小额诉讼案件。

第四节 经济审判

1996年，经济审判工作突出抓破产案件审理，全年受理破产案件8个，审结5个，为破产企业甩掉债务1.27亿元，盘活资金8300万元。开展“一帮一”联企助强活动，20个业务庭与26家企业结成对子，为企业提供法律服务和司法保障，帮助企业收回沉淀资金430余万元，为企业培训法律专业人才152人，帮助理顺修订经济合同371份，为企业提供司法建议127条，对重点企业实行“挂牌”服务。1997年，经济审判庭主要负责审理企业破产、经济合同、农村承包等纠纷案件。全年受理经济纠纷案件1679件，审结1632件，审结率97.2%，解决争议标的额1.14亿元。2002年，加大企业合同纠纷案件、农村承包案件、企业破产案件的审理力度，破产企业全部顺利实现重组，实现“无震荡”破产。同年，到企业、镇、村开展调研，参加调研活动人员296人次，培训法律人员2714人次，帮助完善合同5423件，指导调处纠纷1188件。2003年，经济审判列入民事审判范畴，建立大民事审判格局。

1996年—2002年兖州市人民法院审理经济纠纷案件情况表

表22-3

年 份	收 案（件）	结 案（件）	结案率（%）	年 份	收 案（件）	结 案（件）	结案率（%）
1996	1899	1895	99.8	2000	914	893	97.7
1997	1679	1632	97.2	2001	298	295	98.9
1998	643	555	86.3	2002	750	715	95.3
1999	1150	1095	95.2				

第五节 行政审判

1996年，贯彻执行《中华人民共和国行政诉讼法》，行政审判庭起草《一审行政案件庭审规则细则》，明确行政审判方式改革的内容，整个行政审判活动围绕审查被诉具体行政行为的合法性进行，强化被告的举证责任，进一步健全行政审判的裁判形式。1997年，行政审判庭设立减负巡回法庭，负责受理涉及农民负担问题的行政诉讼案件。全年办理涉农行政案件3起。1999年，突出解决“判决率低、开庭率低、撤诉率高”的问题，行政审判服务范围，包括治安、农业、林业、土地、城建、环卫、财贸、房产、拆迁、村庄规划、行政赔偿、技术监督、无线电管理、公路、婚姻登记等19种类型。2008年，开展社会抚养费征收执行会战26次，累计执行涉案当事人216户408人，强制征收社会抚养费68.67万元。2013年，探索行政审判新机制，试点行政审判简易审，简化庭审程序，节省诉讼资源，提高审判效率。结合行政诉讼案件异地管辖试点工作，配合案件审理，建立良性互动机制，注重行政诉讼和解，妥善化解行政争议。加大行政非诉案件执行力度，开展社会抚养征收、土地行政处罚执行会战5次，执行涉案当事人128人，执行标的额481.77万元，依法保障行政执法权的运行。

1996年—2013年兖州市人民法院审理行政纠纷案件情况表

表22-4

年 份	收 案(件)	结 案(件)	结案率（%）	年 份	收 案(件)	结 案(件)	结案率（%）
1996	52	52	100	2005	274	271	98.9
1997	11	11	100	2006	285	276	96.8
1998	29	27	93.1	2007	200	189	94.5
1999	66	64	97	2008	40	36	90
2000	143	142	99.3	2009	52	50	96.1
2001	64	63	98.4	2010	48	45	93.7
2002	79	76	96.2	2011	65	65	100
2003	83	81	97.6	2012	84	82	97.6
2004	81	79	97.5	2013	22	21	95.5

第六节 商事审判

2008年，民事第二审判庭负责审理商事案件，全年审结破产案件11件，涉及企业债务总额5500余万元，1400余名职工得到妥善安置。2009年，受国际金融危机影响，金融借款合同纠纷案件明显增加。为消除影响，兖州法院抽调法官组成专题调研组，到重点企业调查研究，设立金融案件审理小组，组成专业法庭，专门审理金融借贷纠纷案件，对金融案件实施繁简分流，简案快审、难案精审；创新实行金融专业人士陪审制度，聘请5名金融专家、学者担任人民陪审员，提升金融案件的专业化审判水平。全年审结金融借款合同纠纷案件1161件，为金融部门追回拖欠资金1.2亿余元，清理呆坏账金额1.03亿元。加大破产案件审理力度，全年审结破产案件7件，标的总额3500万元，2000余名职工得到妥善安置。2010年，开展能动司法，稳妥审理涉企案件，为6家企业盘活资产2800余万元，妥善安置企业职工1830人。2011年—2013年，配合市政府和公安、银行等部门，构筑“金融安全区”，建立金融民商事纠纷案件“快立、快审、快执”工作机制，维护信贷秩序和金融安全。统筹协调处理因民间借贷、企业资金链、担保圈断裂、中小企业倒闭等引发的纠纷案件743起；对于企业举债融资活动中出现的违规担保行为，依法追究当事人法律责任。3年共审结担保合同、担保物权等纠纷案件147起。

第七节　案件执行

1996年，兖州法院在城区中心法庭设立经济案件执行组和民事案件执行组，专门负责执行由经济案件审判组和民事案件审判组审结的案件。1997年，实行审判执行分立，大胆推行“代位执行”。全年执结各类案件3086件，执行标的额4087.99万元。1998年—2002年，实施执行工作“阳光工程”，将执行程序、执行内容、执行措施全部公开。大胆实践公告执行、开庭执行、债权凭证执行等执行方式，拓宽执行空间。集中开展清理执行积案活动，适时组织执行会战，依法适用强制措施，强化执行效果。2003年—2006年，建立由11个镇（街道）、部门参加的人民法院执行工作社会联动机制，构建部门联动、社会参与、齐抓共管的执行工作大格局。4年共清理各类执行积案753件，执结标的额1176万余元。2006年，兖州法院执行工作局被评为“全省法院执行工作先进集体”。2009年，成立涉金融案件执行工作组，将涉及金融的案件单独统计分类，开展金融案件专项执行活动，全年执结案件360件，执行兑付款物折1000余万元，帮助金融机构清理贷款700余万元，帮助多家企业渡过难关。2011年，联合公安、检察、工商、税务等17个部门，制定《执行联动威慑机制实施办法》，建立完善执行联动威慑机制，多部门联动形成合力，共同破解执行难题。同年，筹集特困群体救助基金100余万元，救助5名家庭贫困的当事人。2013年，认真清理涉执行信访案件，建立执行信访台账，实现执行信访情况月度通报制度，将信访工作作为年度工作考核的一项重要内容。同年底，引入失信被执行人黑名单制度。

第八节　审判监督

1996年，审判监督工作主要围绕审判、执行案件的事后监督管理开展，全年审理申诉案件6起。1997年—2002年，集中化解涉诉信访案件，共受理各类再审案件89件，结案84件，结案率94.3%。2003年，审判监督庭职能改革，强化审判监督庭对案件审执程序的监督职能，从注重审判结果转向注重审判、执行各个环节，从检查案卷转向对整个审判过程的同步检查、监督、督促，将审限管理与控制作为审监庭的主要职能之一。既有要求案件承办人限期办理完毕督办事项的权力，也有要求承办人提交督办报告的权力。2003年—2005年，审判监督庭组织离岗法官进行评查案卷工作，3年共评查卷宗17次、2865册，出台卷宗评查通报8期。2008年4月1日起，执行修改后的《中华人民共和国民事诉讼法》，将再审受理权修改为由本院提级由上一级法院决定，调整申请再审、再审案件的管辖。2011年—2013年，审判监督庭重点围绕案件审判质量评查、案件重审等开展工作，3年共审结案件21起，结案率100%。

第九节　立案与信访

1996年，告诉申诉审判庭重点做好立案、审理申诉案件和信访工作，全年立案转办经济纠纷案件313起，民事案件17起，申请执行案件253起。接待来人来访354人次，处理来信56封，发征求意见函60封，向市人大、市政协交函40封。受理申诉案件6起，其中改判2起，维持1起，撤诉1起，未结1起。1997年3月，组建立案庭，主要负责经济、民事、行政、再审、执行等案件的立案和信访工作，指导管理中心法庭的立案工作。1999 年，制定《兖州市人民法院立案工作规范（试行）》，明确立案程序和立案标准，严格收费，严格审判流程的监督与管理。全年举办公开接访活动 4 次，参加接访活动的院长及庭、科、室负责人共计 90 余人次，接待来人来访 1000 余人次，解答法律咨询 2000 余人次。2004 年—2008 年，完善和落实立案工作制度和信访工作制度，建立信访工作台账，形成以纪检、监察、立案、审监为主体，全员参与的信访工作格局。2005 年，制定《信访工作五项制度》，开展院长接访日、案件大回访、公开接访等活动。制定《收案、立案工作规则》，落实统一规范立案以及巡回立案、远程立案等做法。2006 年，开展司法救助，全年为低保人员、五保户、特困户等减缓免诉讼费 60 余万元。2007 年，实行案件分类管理，责任落实到人的管理机制。全年共接受咨询 367 人次，处结信访案件 46 起；在“集中清理执行积案”活动中，执结涉执信访案件 22 件。2013 年，建立信访考核平台，打造专职和兼职信访工作队伍，完善“一站式接访、一条线处访、一体化结案”信访流程，创新动态预警、信访联通、案件包保、责任追究四项机制，初步形成各部门紧密配合的信访工作网络。

第十节　司法鉴定

1996 年，兖州市人民法院司法鉴定机构为伤情鉴定处，内设处长 1 人，法医 1 人，主要负责兖州法院涉及伤害赔偿类案件的委托伤情鉴定工作。1997 年 2 月，兖州市人民法院伤情鉴定处更名为兖州市人民法院技术室，内设主任、法医各 1 人。1996 年—2005 年，接受委托进行伤情鉴定 1026 件。2006 年，因技术室法医工作需要进行调动，此后技术室不再设法医岗位。2006 年—2012 年，累计接受委托进行鉴定 1237 件，其中包括伤情鉴定、财产权案件鉴定、婚姻家庭类案件鉴定、笔迹鉴定、价值评估鉴定、质量鉴定、精神疾病鉴定等。2013 年 11 月，兖州市人民法院技术室更名为济宁市兖州区人民法院技术室。全年接受委托进行鉴定 310 件，其中，委托进行伤情鉴定 222 件，委托对笔迹、价值评估、亲子关系、测谎、精神疾病等鉴定 88 件。

第五章　司法行政

第一节　机　构

1996 年，兖州市司法局内设办公室、律师公证管理科、基层工作科、宣传教育科 4 个职能科室。全市 13 个乡镇均设有司法所，每所工作人员 2 人～4 人。1997 年 7 月，成立兖州市法律援助中心，为全额预算管理（股级）事业单位。1999 年，增设政工科和安置帮教管理科。2000 年 12 月，“148”指挥中心成立，为全额预算管理（股级）事业单位。2003 年 5 月，王因镇、黄屯镇划归济宁市高新技术产业开发区管理，年底，10 个镇（街道）均设有司法所。2010 年 12 月，法律援助中心升格为副科级全额预算管理事业单位。2013 年 3 月，办公室加挂法律政策研究室牌子。同年 11 月，兖州市司法局更名为济宁市兖州区司法局。至 2013 年年底，区司法局内设办公室（加挂法律政策研究室牌子）、律师公证科、基层工作科、宣传教育科、政工科、安置帮教科 6 个科室和“148”指挥中心、法律援助中心和公证处3个全额预算管理事业单位。全区10个镇(街道)设有司法所,工作人员2人～4人。

第二节　普法教育

1996年—2013年,兖州市法制宣传教育共分四个阶段,分别是“三五”普法、“四五”普法、“五五”普法和“六五”普法。

“三五”普法　1996年—2000年,法制宣传教育的重点对象是各级领导干部、司法人员、行政执法人员、企业经营管理人员、青少年。共举办法制专栏1800期,法制图片展览300场,法制文艺演出128场。市委、市人大、市政府、市政协、市纪委领导成员每月坚持半天的学法日制度。干部、在校学生参学率100%,职工参学率85%,农民参学率75%。村(居)、乡镇、企业、学校依法治理分别为85%、80%、80%和90%;60%以上的行政村建立普法宣传一条街;村(居)设立法制村主任,学校设立法制副校长。全面落实部门执法责任制,举办各类法律法规培训班近2000期。1997年12月—2000年12月,组织全市副科级以上干部普法考试4次,参考率98%。

“四五”普法　2001年—2005年,法制宣传教育的重点对象是领导干部、国家公务员、司法和行政执法人员、青少年学生、企业经营管理人员。每年开展一次建设“平安兖州”法制宣传月活动。全市有7000人参加宣传活动,解答法律咨询1.9万人次,发放宣传材料6万份。每年对全市1000名副科级以上干部进行普法考试。围绕建设社会主义新农村,印发1万册《建设社会主义新农村法律法规选编读本》,发放到村民小组和每位农村干部手中。全市36%的村达到兖州市级及以上民主法治示范村标准,新兖镇小马青村被命名为首批全国民主法治示范村,兴隆庄镇护驾营村被命名为全省民主法治示范村。兖州市被表彰为全省“四五”普法依法治理先进市。

“五五”普法　2006年—2010年,法制宣传教育的重点对象是公务员,特别是各级领导干部、青少年、企业经营管理人员、农村“两委(村党支部委员会、村民委员会)”成员和农民工。2008年8月,实施法律进机关、进乡村、进社区、进学校、进企业、进单位的“法律六进”活动。建立健全全市公务员学法考试档案,实行一人一证,依托党校、机关学习阵地,定期开展法律知识培训;与兖州电视台合办新农村“法治之光”专版,在《济宁日报·今日兖州》开办每周一期的“法治之窗”专栏;在兴隆庄镇北湖村、新兖镇夏家村等10个新建社区健全完善“两室、一窗口、一学校、一顾问”,即一个普法办公室、一个调解室、一处法律援助窗口、一所法制学校、一名法律顾问;兴隆庄煤矿、网通公司、广场商厦等企业的职工法制学校挂牌成立。兖州市被列为全省普法联系点,并被表彰为首批全国法治创建先进市、全省“五五”普法依法治理先进市;大安镇辛北庄村被表彰为全国民主法治示范村。

2010年7月,兖州市青少年法制教育宣讲员聘任仪式在富都宾馆举行

“六五”普法　2011年—2013年,法制宣传教育的重点对象是领导干部、公务员、青少年、企业经营管理人员和农民。编写《兖州市“六五”普法法律知识汇编》,发至每一个村(居)等基层单位。在兖州广播电台开办《政风行风热线》《讲理说法》等栏目,并在兖州电视台剪辑播出,在兖州电视台《今日兖州》节目开办普法专栏。利用兖州市人民检察院廉政文化教育基地,对领

导干部、公务员、企业经营管理人员、村“两委”成员进行警示性法制教育。组织济宁市普法文艺宣传团到10个镇（街道）开展巡回演出。完善政府法律顾问制度，各镇（街道）和全市80%以上的政府部门聘请法律顾问。开展民主法治示范村（居）创建活动，至2013年年底，全区有全国民主法治示范村2个，全省民主法治示范村7个，济宁市民主法治示范村31个，数量均居全省、济宁市前列。区司法局获全省“六五”普法先进单位称号。

第三节　基层司法行政

基层司法所　1996年，全市13个乡镇均设有司法所，为乡镇内设机构，市司法局负责进行业务指导。2000年，司法所人员均在2人以上，司法所全部达到省级规范化标准。2000年—2002年，司法所协助乡镇政府起草审查修改规范性文件269件，提供司法建议365条。抓好基层司法行政工作人员素质教育，集中举办司法所工作人员培训班，参训率、参考率均为100%。开展“法律六进”“民主法治示范村”创建等普法依法治理工作、人民调解工作和社会治安综合治理、基层平安创建活动。2004年4月，明确镇（街道）司法所为市司法局派出机构。2008年，开展“奥运法制宣传”和“迎奥运、干部下访、矛盾排查化解百日集中行动”，6个司法所被兖州市委、市政府表彰为“人民群众满意基层单位”。2013年4月，组织开展“星级司法所”创建活动。同年10月，在济宁市司法局组织的观摩考核活动中，兖州市司法所、法律服务所“两所共建”工作在星级司法所创建观摩点评会上作经验介绍。

人民调解　1996年—1999年，全市建立健全六级调解网络，设立人民调解委员会542个，调解人员4616人，达到村村有调解委员会的要求。各乡镇调解委员会开展以防激化为重点的人民调解工作。共调处各类民间纠纷7143件，调解成功率98%；防止民间纠纷激化467件，避免民转刑案件26件。2004年，全市各镇（街道）建立调解中心，并基本达到省级规范化建设标准。2010年7月，坚持调解优先原则，做好人民调解、行政调解和司法调解的结合工作，推动人民调解向重点工程、城市拆迁、地企矛盾等重点领域延伸。2013年，兖州市启动中心社区“双专”工程试点建设，即建立集调解、普法、法律顾问、帮教、社区矫正于一体的“专用司法行政工作室”和“专职司法行政协理员”。同年，成立矛盾预警调处指挥中心和诉前人民调解委员会。至2013年，各级调委会和司法所共调解民间纠纷4.07万件，调解成功3.98万件，成功率98%，制止群体性上访1330起7980人次。

第四节　法律服务

律　师　1996年底，兖州市有济宁匡正律师事务所、济宁滋阳律师事务所、济宁华安律师事务所3家律师事务所，执业律师20人。1998年，6名律师被聘请为政府法律顾问。1999年，济宁匡正律师事务所更名为山东九州匡正律师事务所，济宁华安律师事务所更名为山东华安御桥律师事务所，济宁滋阳律师事务所更名为山东滋阳律师事务所。2005年，5名律师被市人大常委会聘任为法律咨询员。2009年10月，山东正途

2012年6月21日，山东泰开律师事务所挂牌

律师事务所成立。2012 年 4 月，山东泰开律师事务所成立。至 2013 年年底，全区有律师事务所 5 家，执业律师 51 人；各律师事务所为政府机关、企事业单位担任法律顾问 218 家。

公　证　1996 年，山东省兖州市公证处为副科级事业单位，隶属于市司法局。1999 年 12 月，市公证处内设经济公证科、民事公证科、涉外公证科。2013 年 11 月，山东省兖州市公证处更名为山东省济宁市兖州公证处。至 2013 年年底，公证处内设经济公证科、民事公证科、涉外公证科，有公证员 6 人。

1996 年，市公证处办理国内民事、国内经济和涉外民事三类公证事项 30 余项。与市国土资源局联系开展土地出让、拍卖公证工作。1999 年，公证工作实现“三个转变”，即由单纯办理国内公证向国内公证与涉外公证并举转变，由以办理公民权利义务为主向以办理改革开放、经济建设相关的经济事务为主转变，由单纯证明向为社会提供各项法律服务转变。2004 年，为兖州烟草公司职工办理“有偿解除劳动合同协议书”公证 400 余份。2005 年 1 月，联合市纪委、监察局共同建立公证“联系单”制度，有效避免招投标单位在招投标过程中的违法乱纪行为。2007 年 12 月，市公证处被山东省司法厅命名为省级文明公证处。2008 年，新增住房消费贷款、汽车消费贷款等个人消费贷款公证，办理数量 200 件。2009 年，配合市拆迁指挥部，办理证明书、继承、赠予、证据保全公证 300 余件，涉及兴隆塔（一期）及南顺城、苗圃片区拆迁居民 1400 余户，创兖州市拆迁历史最高。2010 年，开拓金融和新农村建设业务。2010 年—2013 年，参与政府招投标 290 余次，涉及标的额 70 亿元。

基层法律服务　1996 年，法律服务站向法律服务所过渡，逐步规范化。1999 年，全市 13 个乡镇均设立法律服务所，有法律服务工作者 46 人。2009 年，组织开展“规范执业行为、促进执法公正”活动，加大对法律服务人员的教育和管理。2012 年，新兖法律服务所被评为省级文明法律服务所，兴隆庄法律服务所被评为全省司法行政系统“创先争优争做齐鲁先锋”活动先进集体，1 名法律服务工作者被评为省级优秀法律服务工作者。兖州市法律服务工作者协会获济宁市案件质量评查活动优秀组织奖。2013 年，开展“进百村、入千户、惠万家”活动，引导法律服务工作者扎根基层，为农业、农村和新农村建设提供全方位法律服务。完善法律服务工作者诚信档案管理，强化对法律服务人员执业活动的跟踪监督。至 2013 年，共代理民事、经济案件 4875 件，非诉讼法律事务 6970 件，代写法律文书 1.32 万件。

“3400148”法律服务热线　1998 年 9 月 29 日，开通“3400148”法律服务热线。至 1999 年年底，共解答咨询电话 2721 个，接待到访 658 人次，提供上门法律服务 18 次。2000 年 12 月，成立兖州市“148”指挥中心，主要接受群众法律咨询、宣传法律知识、疏导群众情绪、引导群众合法维权。协调法律援助中心、各级人民调解委员会、市劳动仲裁委员会、市民政局、市妇联、市公安局，引导到访来电群众理性寻求矛盾解决渠道，通过法律解释和思想疏导工作，化解矛盾，控制和减少“民转刑”和“涉访”案件的发生。针对因没有书面合同或签订的合同不规范，导致经济纠纷较多的情况，通过发放普及劳动合同、

1998 年 10 月，市司法局开展“3400148”法律服务专线开通宣传活动

民间借款合同、房屋租赁合同、建筑承包合同范本等，有效避免诉讼发生，维护当事人的合法权益。2000年—2013年，共解答咨询电话2.86万个，接待到访9800人次，化解各类纠纷7800余件，避免民转刑95件。

第五节　法律援助

1997年7月，兖州市法律援助中心成立，为贫弱群体提供法律援助。2002年，市法律援助中心为迁入兖州的三峡移民开展送法律书籍进家、委派免费法律顾问、发放受援证、联系卡等工作。2007年，开通法律援助服务热线“3400149”（司法救助）。“建立法律援助基金、为贫困群众打官司免费提供法律服务”被列入兖州市为民办的十件实事之一。2013年5月，设立道路交通事故法律援助工作站。同年，实行点援制，编印《兖州市资深律师法律援助名册》，申请法律援助的当事人可自主选择律师为其提供法律援助。至2013年年底，在全区10个镇（街道）和区总工会、区公安局交警队、区妇联、团区委、区残联等设立法律援助工作站的基础上，所有村（社区）均设立法律援助联络点。1997年—2013年，共办理各类法律援助案件2658件，提供法律咨询2.84万人次，实现服务零投诉，群众满意率100%。法律援助中心连续多年获兖州市级青年文明号称号，被评为全省优秀妇女维权岗。

2011年11月，市民在市法律援助中心领取法律援助“绿卡”

第六节　安置帮教与社区矫正

安置帮教　1997年4月，市司法局设安置帮教科，负责全市刑满释放、解除劳动教养人员（简称刑释解教人员）的安置帮教工作；同年6月，成立兖州市刑释解教人员安置帮教工作领导小组。2000年，会同市妇联，在做好监管工作的同时，解决服刑人员的婚姻家庭、老人赡养、子女抚养等问题10余件。2001年6月，研制开发新一代安置帮教管理系统，将刑释解教人员纳入电脑管理，这一做法在济宁市得到全面推广。2001年—2002年，组织服刑人员到机关、学校进行现身说法忏悔演讲6次；开通亲情帮教直通车，组织在押人员亲属到监狱开展亲情帮教活动5次。2002年8月，与市公安局联合制定《关于对罪犯、劳教人员进行跟踪教育的实施办法》，市司法局对罪犯、劳教人员进行入监（所）前的帮教，并与其签订《服刑人员跟踪教育协议书》《劳动教养人员跟踪教育协议书》。2005年7月，在兴隆庄镇隆泰塑料编织厂建立兖州市安置帮教基地，妥善安置刑释解教人员。2005年—2006年，市司法局连续两年被省司法厅表彰为全省安置帮教先进单位。2010年6月，启用全国刑释解教人员安置帮教管理系统，实现刑满释放、解除劳教人员的无缝隙衔接管理。2010年9月，开展服刑在教人员基本信息沟通、释解人员接送、视频帮教等关键环节的安置帮教无缝对接工作，并将此项工作纳入社会治安综合治理考核范围。2013年7月，市司法局与山东永华机械有限公司共同建立过渡性安置帮教基地，负责对符合条件的兖州籍刑满释放人员进行过渡性安置帮教。

社区矫正　2007年，兖州市社区矫正试点工作全面铺开，主要是将符合法定条件的罪犯，即被判处管制、被宣告缓刑、被裁定假释、被暂予和被剥夺政治权利监外执行的罪犯置于社区内，由司法行政机关（司法局）及其派出机构（司法所）在相关部门和社会力量的协助下，在判决、裁定或决定确定的期限内，矫正其犯罪心理和行为恶习，通过思想改造和劳动改造促进其顺利回归社会。同年6月，成立兖州市社区矫正工作领导小组。2008年3月，市司法局制定《兖州市社区矫正工作突发事件处置预案（试行）》，集中对全市社区矫正对象的思想、工作、生活等情况进行排查。同年9月，实施社区矫正"一卡通"制度，将文书送达、接收执行、矫正监管等一系列工作程序纳入一体化管理。2009年2月，市司法局和市公安局联合印发《关于加强社区矫正对象接茬监督管理的通知》，司法行政机关和公安机关共同做好社区矫正对象的监督、管理和教育工作，对判处缓刑、裁定假释、监外执行的罪犯，市司法局及时列入社区矫正机构监督管控范围，严防脱管、漏矫。同年5月，对全市社区服刑人员实行等级化（计分）考核工作，依据考核等次实行分级管理。2010年11月，协助市人民检察院、市人民法院，在全市10个司法所开展批捕必要性调查和审前社会调查工作，开创全

2012年8月，市人民法院委托市司法局开展审前社会调查工作

国社区矫正工作的新亮点。至2011年，共开展捕前社会调查9例，审前社会调查2例。2011年，禁止犯罪嫌疑人李某在4个月内进入互联网上网服务营业场所，并禁止其在4个月内接触有犯罪前科的人员，为山东省首例禁止令的执行工作。2012年9月，为全市社区服刑人员配备手机等通信工具，对其实施GPS卫星定位。2013年，社区矫正管理教育服务中心成立，强化对社区服刑人员的监督管理和教育帮扶力度，最大限度地控制和减少其重犯新罪。

第六章　军　　事

第一节　管理机构

1996年3月，兖州市人民武装部由地方建制改为军队建制，为正团级，称中国人民解放军山东省兖州市人民武装部，受军队和地方双重领导，内设军事科、政工科、后勤科3个科室，全市设13个乡（镇）基层武装部。2000年12月，撤销泗庄镇武装部、兖州镇武装部、前海乡武装部，设鼓楼、永安2个街道武装部。2001年11月，设大统矿业集团武装部。2002年1月，设山东太阳纸业有限公司武装部。2003年4月，设市经贸局武装部。同年5月，王因镇、黄屯镇武装部划归济宁高新区管辖。2008年8月，设市住建局武装部。2012年9月，设市教育体育局武装部。2013年5月，设华勤橡胶工业集团武装部。同年8月，设临矿集团古城煤矿武装部、临矿集团新驿煤矿武装部。同年11月，兖州市人民武装部更名为济宁市兖州区人民武装部。至2013年年底，区人民武装部内设军事科、政工科、后勤科，辖民兵武器装备仓库、民兵训练基地2个副科级地方事业单位。全区有7个乡镇武装部、3个街

道武装部、1 个区直机关武装部、7 个企业武装部、2 个行业系统武装部，专职武装干部 39 人。

第二节 驻 军

中国人民解放军 54864 部队 1959 年进驻兖州，1998 年编制撤销。该部队一直保持革命传统，积极组织干部战士参加地方建设，并做出卓越贡献，加深了军政、军民鱼水关系。

中国人民解放军第九十一中心医院 1951 年由上海进驻兖州。1994 年隶属后勤薛城办事处。2004 年 1 月迁出。

中国人民解放军泰安生产经营管理局兖州办事处 1985 年 11 月，中国人民解放军兖州生产经营管理局成立。1986 年、1987 年在泰安、曲阜、邹县设立办事处。1990 年，管理局迁往泰安并更名为中国人民解放军泰安生产经营管理局，原兖州生产经营管理局降格为中国人民解放军泰安生产经营管理局兖州办事处。1999 年，兖州办事处撤销。

武警济宁支队兖州中队 1996 年称中国人民武装警察部队济宁支队兖州中队。至 2013 年无变化。

山东陆军预备役某团 1996 年称济宁陆军预备役某团。1998 年，整编为山东陆军预备役某团。2004 年 12 月，预备役部队体制编制调整改革，团预编地域扩大。至 2013 年无变化。

山东省济宁军分区兖州干休所 1966 年 2 月建成进驻，番号为济南军区兖州离休干部管理所。1978 年 1 月，番号为济南军区炮兵兖州干休所。1988 年 10 月，改称山东省军区兖州干休所。2006 年 7 月，改称山东省济宁军分区兖州干休所。至 2013 年无变化。

济宁市公安消防支队兖州市（区）大队 1966 年 6 月建立，名称为兖州县消防中队，编配消防干警 30 人，隶属县公安局管理。1980 年 7 月，改称中国人民武装警察部队济宁支队兖州中队，受地方和武警部队双重领导。1992 年 9 月，兖州市公安消防大队成立，为现役武警部队编制。2011 年 8 月，兖州市消防中队更名为兖州市公安消防大队兴隆中队；2013 年 9 月，市公安消防大队驻地搬迁至兖州市扬州路公交公司南邻，并组建扬州路消防中队，消防站兴隆中队依旧正常使用。2013 年 11 月，兖州市公安消防大队更名为济宁市公安消防支队兖州区大队，兴隆中队更名为济宁市公安消防支队兖州区大队兴隆中队。至 2013 年年底，济宁市公安消防支队兖州区大队为副团级单位，下辖兴隆中队、扬州路中队 2 个消防中队。

第三节 兵 役

兵役政策 1996 年，市人民武装部落实兵役登记规定，组织全市适龄青年进行兵役登记。1998 年 12 月，执行修改后的《中华人民共和国兵役法》，每年 12 月 31 日前年满 18 周岁的男性公民，应在当年 9 月 30 日前，进行兵役登记。经兵役登记和初步审查合格的，称应征公民。应征公民到指定的体格检查站进行体格检查。同时对拒绝、逃避兵役登记和体格检查的，强制其履行兵役义务，并可处以罚款。1998 年，开始招生军校生，在每年普通高等学校招生全国统一考试的同时，开始招生军校生，并首先录取军校生。2009 年，对应征入伍服义务兵役的全日制普通高等学校应届毕业生，实施相应的学费补偿和国家助学贷款补偿。2010 年—2013 年，士兵优抚金待遇逐年提高。

征兵宣传 1996 年后，除经常性宣传教育外，市人民武装部每年集中在兵役登记和征兵期间，对适龄公民广泛进行国防观念、《中华人民共和国兵役法》、征兵政策、依法服兵役等为主要内容的国防教育。每年 6 月左右，通过广播、电视、报刊等媒体发布兵役登记通知，增强适龄青年依法服兵役的自觉性。2000 年，制定《兖州市预征对象管理办法（试行）》，开展系列征兵宣传活动，在全市各乡镇设立兵役登记固定站和流动站，对外出打工和经商人员寄发信函650余封。2012年，印制《2012年征兵政策规定》5000份和征兵宣传册3万份，各乡镇出动宣传车50余辆次，2013年，坚持宣传教育社会化、体检征兵规范化、预征主体高学历化的发展模式，按照“一季征兵，全年准备”的工作思路，结合夏秋征兵时间调整，依托移动、联通、电信公司共发送征集短信20余万条。通过电视台、公交车、出租车LED显示屏和征兵宣传车集中宣传兖州市征兵政策规定。

第四节　民　兵

民兵整组　1997年—1998年，兖州市开展民兵调整改革工作，全市基干民兵比例压缩10%；在市、镇两级建立民兵应急分队，调整专业技术分队和对口专业分队的编组。在市交通局、市水利局、市建设局等市直部门组建对口专业技术分队，重点抓人员、编制和训练的落实。1999年，全面理顺、落实深化调整改革任务。压缩基干民兵规模，改进编组方法。城市民兵坚持以国有企业为主，有计划地扩大到“三资（中外合资、中外合作、外商独资）”企业、股份制企业、集体企业等其他多种所有制企业基干民兵编组。农村基干民兵编组在以行政村为主的基础上，适时将重心向乡镇企业倾斜。基干民兵组织分布重点突出交通要道、重点目标和重要村镇。应急分队实行单独编组，人员从基干民兵中择优选编，退伍军人和党团员优先编入。2000年后，民兵工作重点逐步由农村转向城市，由村镇转向民营企业和事业单位。2006年，调整民兵组织，以高炮、铁路护路分队为重点，保持基干民兵分队数相对稳定。2007年2月—3月，完成基干民兵编组任务，初步建立以村镇编组为基础，大中型企业为骨干、街道社区为依托，事业单位、研究机构和民营企业为拓展的新格局。2013年，民兵应急连重新编制，依托规模以上企业和人员较多的事业单位；各镇（街道）依托机关、镇属企业和社区编配民兵应急排。铁路、公路护路分队，编配到铁路、高速公路和国道沿线的镇（街道）。

民兵训练　1998年，根据规定，民兵应急分队和对口专业分队的军事训练，从以基础训练为主，改变为以应用训练为主；从以新入队单个人员训练为主，改变为按建制训练为主。民兵应急分队基础训练以班排为单位进行，应用训练以连为单位进行。民兵对口专业分队训练由市人民武装部和对口单位共同组织，主要进行军事基础和协同训练。

1995年，市人民武装部成立由20名相对稳定的“四会（会讲、会做、会教、会做思想工作）”教练员组成的队伍，开展民兵思想教育和军事训练工作。2000年，组织民兵参加省军区组织的高科技比武考核、济宁军分区组织的防空袭演习，圆满完成任务。参加省军分区组织的专武干部微机操作考核。民兵教练员进行为期7天的业务培训。2001年，组织基干民兵进行阅兵式、防暴操、步兵班战术、有无线通信、擒敌技能、高炮对空射击汇报表演。2006年5月，组织太阳纸业民兵应急分队和兴隆庄应急独立排进行15天的训练。2008年7月，组织民兵预备役人员参加泗河段抗洪演习；同年8月，组织民兵参加奥运火炬传递曲阜站执行安保任务；同年9月，组织民

2011年9月，兖州市民兵高炮分队代表济宁军分区赴某靶场参加省军区组织的民兵高炮分队实弹射击

兵预备役人员参加实弹射击考核，取得3发3中、首发命中、连续两次空中开花的成绩。2010年6月，组织为期7天的专武干部集训；同年8月，组织民兵防汛分队紧急拉动。2011年，济宁市军、地、企联合防汛抢险演练在兖州市兴隆庄镇泗河险工段举行，市人民武装部组织民兵预备役人员参加抢筑子堰、打桩固堤等科目的演练。

惠民工程 1997年6月，市人民武装部组织民兵开展修筑九州大道、疏通改造府河工程等工作。2000年，参与全市“绿色通道”工程建设，植树300余株。为市东鱼河治理工程捐款3500余元，参加和支援驻地建设重大项目25个，在急难险重任务中出动人员400人次，车辆20辆次；为教育事业捐款5万元。2001年—2002年，参加全市市容环境整治、新城区开发、农用电网改造、城乡道路林网等工程建设，投入民兵5万余人次，种植毛白杨速生林8000亩，建设绿色通道80千米，清理城市垃圾7000余立方米。2003年10月，参与黄河梁山段抗洪抢险，组织民兵预备役人员800多人，动用车辆60余辆次，确保黄河大堤及人民群众生命财产安全。2005年，服务全市“绿亮清”工程、护城河综合治理、城市改造等建设，出动800余名民兵、车辆60余辆次，运送垃圾200余吨。2006年，参与谷村镇贫水区改水工程，组织民兵预备役突击队100余人，耗时3200多工日，铺设供水管道4800多米。2008年，捐款2.6万元支援四川抗震救灾捐助活动。2009年—2013年，参与抢险救灾、环境整治、植树造林、慈心捐款等活动。

2000年，市人民武装部在全市建立扶贫点4个，扶贫帮困户23户，扶持经济项目8个，救助贫困学生入学17人。2001年—2002年，对贫困户进行一对一重点帮扶，捐助资金8000元，使12名儿童重返校园。与20户特困军属结成帮扶对子，捐助资金1万元，协调致富项目8个。组织民兵创建帮扶联系点230个，使150户贫困家庭的经济收入有较大提高。2003年—2005年，协调资金3万元，为兴隆庄镇后李村修筑2公里进村路，资助贫困户3户，打深水井1眼。2006年—2008年，在扶贫点新发展养蚕户10户，协调劳务输出180人。捐款5000余元、协调资金3万多元，为兴隆庄镇后李村打深水井1眼，维修办公场所，添置乒乓球台室。2009年—2010年，为兴隆庄镇后李村、新驿镇堰头村协调资金12万元，建设120平方米的办公场所，购买联合收割机2台。2013年，市人民武装部帮扶的小孟镇郭家户村受到济宁市和兖州市帮扶领导小组的表彰，完成省双拥考核组对兖州市争创双拥模范城七连冠检查验收。

第五节 国防教育与后勤保障

国防教育 1986年4月16日，兖州市国防教育领导小组成立。2000年8月30日，兖州市国防教育领导小组改为兖州市国防教育委员会。2003年5月26日，市国防教育委员会并入市国防动员委员会，将国防教育纳入社会宣传活动，运用广播、电视、报刊等媒体，宣传《中华人民共和国国防教育法》及国防知识。把国防知识、军事知识列入中学课程，组织中、小学生和机关团体人员到烈士陵园等国防教育基地（设施），瞻仰、凭吊革命烈士，增强爱国、爱军、爱英雄意识。结合国庆节、建军节、“全民国防教育日”等纪念日，开展以爱国主义为主题的国防教育，广泛宣传《中华人民共和国国防法》。以国防教育学校和市国防教育基地为主阵地，开展国防知识、法规学习和教育宣传活动。

学生军训 1986年8月16日，驻兖部队派出军训教练员在山东省农业机械化学校进行学生军训，参训学生720余人，军训时间为26天。1990年—1995年，在小学高年级开展学生军训。2001年6月，兖州市学生军训工作全面展开，训练对象主要是初中、高中、中专等学校学生，军训多在暑假开学前进行，时间半月左右。至此，兖州市学生军训走上正轨。2003年—2005年，派出16名校外辅导员为5所中小学校的4200名师生进行国防知识宣讲、开展革命传统教育和社会主义荣辱观教育，并组织15名官兵为兖州一中等4所学校的2800名学生进行军训。2006年，创新国防教育形式，每年新生入学前分别在实验小学、东方中学和第六中学派出校外辅导员开展军训。

教育培训　2004年4月，兖州市国防教育基地在市委党校创建。2005年10月，兖州市国防教育网设立。2007年，市人民武装部对400多名农村党支部书记和50名中青年干部集中进行国防教育培训。利用网络及农村党员远程教育系统开展国防教育，将国防教育纳入全民教育、新农村和文化一条街建设之中。组织辖区党政机关、学校、厂矿企业2万余人参加山东省国防知识竞赛答题，被山东省国防动员委员会表彰为先进单位。派骨干60余人，到社区、学校宣讲国防知识。投资30万元在市委党校建立集图片、模型、沙盘、声、光、电、数据于一体的现代化国防教育基地。2008年，创新全民国防教育模式，国防教育进入电视、网络、报纸三个媒体，借助学校、党校、远程教育三个平台，更新升级兖州市国防教育网站。联合市民政局、《今日兖州》编辑部创办《关注国防·共筑长城》栏目，在兖州电视台开办《国防在线》节目。2012年，兖州市国防教育基地迁址兖州市第三中学，国防教育进入青少年学生中，学生军训与国防教育成为新生开学的第一课。2013年，开展国防教育进社区、进校园、进集市、进企业活动。利用“八一军事日”，组织全市科级以上领导干部开展国防教育专题讲座。

后勤保障　1997年，市人民武装部实行财务计划管理，做到收入合法，开支合理，管理有序，制度落实。1997年—1999年，突出标准经费管理，治“超”、治“散”取得显著成效。2001年—2002年，执行一支笔签字和财务联签会审制度，压缩经费消耗，确保年度收支平衡。2005年，规范办公、会议、水电费、电话费等管理制度，制定一系列工作方案，确保后勤战备工作落实。2006年，落实财务管理制度，严把财务关口，账目票据实行双主官签字，有效控制经费支出。坚持“用管结合”原则，加强营产营具管理与维护。严格执行购领物资审报手续，压缩消耗性开支，保证年度经费收支平衡和机关工作正常运转。2008年，落实值班、检查、登记制度，每天交班通报值班情况，健全车辆派遣使用登记制度。2009年，坚持“一保战备、二保生活”“勤俭节约、以部为家”，坚持部长、政委负总责，后勤科审验把关的工作原则，严把财务审核、经费使用和发票报销等关口，日清月结。2010年，开展“崇尚军人荣誉，维护军队形象”教育整顿活动，在人财物使用管理中坚持财务纪律。2012年，严格管理军车号牌和私家车，实施在编驾驶员安全行车奖励制度，对私家车人员签订安全行车责任书，杜绝车辆事故的发生。严格文件的登记、传阅、承办、回收等手续。2013年，树立艰苦奋斗过紧日子的思想，增收节支、开源节流。严格贯彻落实党委议财、理财、管财的有关规定和联签会审制度，严格控制各种行政类消耗开支，提高经费使用效能。

第六节　人民防空

机　构　1996年，兖州市人民防空办公室（以下简称“市人防办”）为正科级事业单位。1998年，市人防办改为正科级行政单位。2002年，市人防办改为正科级事业单位，由市政府管理，授权行使有关行政管理职能。2007年9月，市人防办加挂兖州市民防局牌子。2013年11月，兖州市人民防空办公室（兖州市民防局）更名为济宁市兖州区人民防空办公室（济宁市兖州区民防局）。至2013年年底，区人防办（区民防局）设综合科（人事编制科）、工程科（行政许可科）、指挥通信与应急协调科（人防指挥信息保障中心）、财务资产管理科、监察大队5个职能科室。

工程建设 1996年，全市建设人防等级工程、简易工程、城区内疏散干道及连接通道等工程多处。1997年，新人民防空办公大楼投入使用。2003年，新建成大型地下工程1处。2006年，对已建工程、普通地下室进行普查、鉴定，建立完善工程档案，分类进行治理。在做好早期人防工程维护管理、加固改造的同时，不断拓宽渠道，着力抓好结合民用建筑建设防空地下室工作。2007年，兖州市被省政府确定为“两建同步（人防建设与城市建设同步协调发展）”试点单位。2008年，市人防办制定《建设项目审批规则》，与市规划局共同建立联动审批、监察体制，全市人防工程监察执法工作走向法治化、正规化、制度化轨道。

指挥通信

指　挥 1996年，兖州市政府、市人武部制定完成《兖州市城市防空袭预案》及多项战时保障计划，并分别于1998年、2004年、2008年、2012年进行防空袭方案的修订工作。其中2008年编制《鼓楼街道防空袭方案》和《永安街道防空袭方案》，编制组建抢险抢修、医疗救护、治安、防化、通信、运输6支人防专业队伍。至2013年年底，区人防办逐年完善各项保障方案，并实施各项专业队伍训练。

通　信 1996年，市人防办新增程控交换机1部，实现有线通信自动化。1999年，开设单边带电台。2004年，安装车载单边带自适应电台，全市人防工作具备初步移动通信能力。2008年，建成与大军区联网的空情接收系统。至2013年，全市人防工作建成集有线通信、无线通信、光缆传输、微波传输、固定基站、移动通信等手段于一体的综合通信保障系统。

警　报 1996年，兖州市共安装电动警报器9部，均为手动控制。1998年，兖州市人民防空警报试鸣日确定为每年8月1日，市人防办同时承担全市防汛抢险警报发布任务。2003年，建成无线信号发射塔，实现全市防空警报器的自动化统一控制。2004年，建成警报切换电视信号系统并投入使用。同年，兖州市警报鸣放日调整为每年9月18日。至2013年，各社会化管理单位均成立人民防空办事机构，全市警报器全部实现电声化、统控化，并具备区域联动报警功能，城区及重点保障区域音响警报覆盖面积95%以上。

2007年9月，兖州市纪念《中华人民共和国人民防空法》颁布10周年暨警报鸣放仪式在富都宾馆举行

宣传教育 1996年，兖州市人民防空知识教育授课内容由“三防（防化、防核、防生物武器）”拓宽到战时防空、平时防灾。1998年，提出“教育一个学生、带动一个家庭、推进一所学校、确保一方平安”的教学理念，会同教育部门对人民防空知识教育学校进行跟进管理和业务指导。2003年，建立“四纳入、五落实”的管理模式，即人防知识纳入学校工作计划、纳入教师工作职责、纳入学生考试、纳入老师业绩考评；落实目标、落实教材、落实教师、落实课时。2002年，提出人民防空宣传工作进机关、进厂矿、进社区、进院校“四进”工作法，利用法制宣传周、安全生产日等活动，开展人民防空法制法规和人民防空知识宣传。2004年，市人防办投资拍摄人防专题片《枕戈待旦笑天狼》，着重介绍全市人民防空事业的历史、现状及展望。2008年，市人防办在兖州广播电台开设《行风热线》节目，面向社会宣传人民防空知识，解答群众疑问。至2013年，共制作展板1000余块，印制《防灾知识宣传手册》10余万册、《人民防空办事指南》1万余册。全市共有11所中学开设人防知识课程，1996年—2013年年均受教育人数6000余人。

第二十三篇

教育　体育

YANZHOUSHIZHI

教育　体育

1995年，兖州市“两基（基本扫除青壮年文盲、基本实现九年义务教育）”工作通过山东省人民政府验收，基本形成以基础教育为主，特殊教育、中等职业教育、成人教育为辅的教育体系。1996年—2013年，以“办好让人民满意的教育”为目标，高水平普及学前三年教育，义务教育学校办学水平不断提高，在全省率先普及高中阶段教育，职业教育专业设置更加贴近社会需求，成人教育形式更加灵活。各级各类学校认真贯彻党和国家的教育方针，严格遵循教育教学规律，努力提高教育水平，全面提高人民素质，为国家及兖州市经济建设和各项事业发展培养输送大批合格人才。至2013年，共为大中专院校输送学生56722人。

1995年10月1日，《中华人民共和国体育法》颁布实施，兖州市认真贯彻落实，不断加大体育产业投资力度，积极组织开展各种群众性体育运动，增强人民体质，体育基础设施逐步健全和完善，体育队伍日渐庞大，竞技体育水平和成绩持续攀升，体育事业步入全新时代。1996年—2013年，共向省级以上运动队输送优秀运动员150人；兖州籍运动员在国家以上级别比赛中获金牌11枚、银牌3枚、铜牌2枚，在省级各类比赛中获金牌16枚、银牌10枚、铜牌7枚；全市共举办各类职工运动会39次，丰富了基层群众的业余生活。至2013年，常年坚持体育锻炼的群众保持在10万人以上，全市的体育运动事业呈现空前活跃的良好局面。

第一章　教　　育

第一节　管理机构

市教育体育局　1996年4月，市职工教育中心升格为副科级全额事业单位，隶属市教育委员会（简称“市教委”）管理。同年年底，市教委内设办公室、组织人事科、计划财务科、教育科等4个科室，辖招生考试处、勤工俭学服务站和教学仪器电化教育站及教师进修学校1个科级全额事业单位及教学研究室、职工教育中心2个副科级全额事业单位，有工作人员39人。全市13个乡镇均设有教育委员会，有工作人员3人～5人。1999年7月，市教委增设学前教育科（与教育科合署）、审计科（与市政府教育督导室合署）、计划生育办公室、老干部科（与组织人事科合署）、教育政策研究科。同年8月，增设教育节目频道编辑部、市教育系统政府采购物业管理办公室。2000年9月，增设市教育系统会计结算中心、教育系统人才交流服务中心、学校治安综合治理办公室。2001年3月，设立市教育系统政府采购教育用品服务站。2002年8月，市教育委员会更名为市教育局，增设体育工作办公室，老干部科更名为离退休干部科。2003年4月，增设学校安全监督管理科（与办公室合署）、教育信息中心（与教学仪器电化教育站合署）。同年5月，黄屯镇、王因镇划归济宁高新技术开发区管理，全市镇教育委员会减为8个。2004年，撤销教育系统人才服务中心、学校治安综合治理办公室，设立校产管理办公室。2008年，设立学生资助管理中心办公室。2010年4月，市教育局、市体育局合并为市教育体育局。2011年3月，增设职业成人教育科。2013年11月，市教育体育局更名为济宁市兖州区教育体育局（简称区教体局）。至同年年底，区教体局内设办公室、基础教育科、职业成人教育科、安全保卫科、人事科、计划财务科6个科室，辖教师进修学校1个科级全额事业单位，教学研究室1个副科级全额事业单位，招生考试处、勤工俭学服务站、教学仪器电化教育站、教育节目频道编辑部、教育系统会计结算中心、教育信息中心、学生资助管理中心、教育系统政府采购用品服务站8个股级全额事业单位。有工作人员105人，在全区7个镇设有教育委员会。

市人民政府教育督导室 1996年4月1日，恢复设立市人民政府教育督导室，为科级全额事业单位，编制5人。2013年11月，市人民政府教育督导室更名为济宁市兖州区人民政府教育督导室，机构设置不变。

第二节 学前教育

1996年后，厂矿企业附属的幼儿园相继停办，城区小学附属幼儿园成为幼儿教育的主体，农村幼儿园逐步兴起。1999年开始，对兖州市学前教育机构进行动态管理，实行年检制度。

2002年，市教育局印发《关于严格控制城区小学招生规模的通知》《关于规范幼儿教育的暂行规定》，主要解决学校附属幼儿园存在的招生无序、班额过大或过小等不均衡问题。同年10月，对规模较大的社会力量办幼儿园进行严格审验，审验达标者，颁发社会力量办学许可证。同时，要求农村各乡镇建设1所高标准的中心幼儿园。2003年7月—8月，市属所有幼儿园进行登记注

2011年10月31日，兖州市兴隆幼儿园幼儿活动

册。9月，兖州市30所幼儿园符合济宁市幼儿园分类标准要求。同年9月—11月，市实验幼儿园先后通过省级示范幼儿园评估验收和济宁市首届“十佳”幼儿园检查验收，填补兖州市没有省级示范幼儿园的空白。2004年，兖州市投资120万元，重新改建新兖镇中心幼儿园（龙桥幼儿园）。2005年，投资50万元，为第一中学幼儿园和文化路幼儿园增添先进的幼教设备，更新办园设施。同年11月，新兖镇中心幼儿园、市第一中学幼儿园、文化路幼儿园3所幼儿园均通过省级示范幼儿园的验收。同年12月，兖州市所有镇中心幼儿园全部创建成为济宁市一类幼儿园。2006年，市政府发布《关于普及学前三年教育的实施意见》，市教育局制定《关于进一步搞好农村中小学布局调整工作的意见》，明确结合学校布局调整，优化资源配置，普及三年学前教育的发展思路。同年年底，完成全面普及学前三年教育任务目标。2007年—2009年，市政府先后制定《关于进一步加强全市学前教育管理的意见》《关于进一步加强中心幼儿园建设和管理的意见》，以公办实验幼儿园为示范，镇中心幼儿园为骨干，公办和企事业单位办园为主体，社会力量办园为补充的学前教育发展格局逐渐形成。2009年年初，市教育局印发《关于在全市幼儿园推行“精细化管理”的通知》，推行城乡一体化、园区一体化管理模式和托、幼一体化办园模式。2011年2月，市政府印发《兖州市学前教育三年行动计划（2011—2013年）》，加强幼儿园标准化建设及

规范化管理。2012 年 2 月，将学前三年教育免费列入为民办好十件实事之一，并印发《关于学前教育免费工作的实施意见》，从同年春季开始，市财政按省定每人每年1980元的标准列支经费，免除在园幼儿的保育费、管理费、杂费和代办费。同时，市教育局印发《关于规范幼儿园管理的几项规定》，在收费、招生以及杜绝“小学化”倾向等方面提出严格规定。2011 年—2013 年，学前教育三年行动计划全面完成，共投资 10986 万元，新增占地面积 110 亩，新增建筑面积 4.62 万平方米，完成 7 所幼儿园的新建任务和 50 所城乡幼儿园的改建及配备任务。

2013 年，兖州市共有幼儿园 109 所，民办幼儿园 22 所，其中省级示范幼儿园 10 所，济宁市级一类 55 所。在园幼儿 17516 人，入园率 97.3%；幼儿园园长及专任教师 1199 人。全市共有 3.35 万人次的幼儿享受到免费政策。

1996年—2013年兖州市学前教育情况表

表23-1

年份	幼儿园（所）			在园幼儿（人）				教职工（人）		
	公办	民办	合计	小班	中班	大班	合计	在编	代课	合计
1996	20	0	20	0	1012	11236	12248	14	645	659
1997	26	0	26	0	514	5217	5731	10	546	556
1998	46	0	46	0	1348	4743	6091	27	547	574
1999	48	1	49	0	1527	4231	5758	27	543	570
2000	48	1	49	501	1979	4236	6716	38	540	578
2001	77	1	78	693	2506	4553	7752	36	254	290
2002	95	4	99	706	3122	5005	8833	45	294	339
2003	110	4	114	212	2711	5083	8006	48	245	293
2004	106	4	110	302	2918	5391	8611	61	349	410
2005	112	4	116	419	2814	5585	8818	85	237	322
2006	113	4	117	904	3028	6899	10831	148	202	350
2007	95	5	100	3861	4266	4875	13002	176	187	363
2008	90	9	99	3739	4512	5120	13371	470	160	630
2009	86	9	95	4807	5423	5617	15847	306	388	694
2010	86	8	94	4390	5822	6648	16860	235	523	758
2011	85	8	93	3094	3867	5130	12091	412	383	795
2012	87	22	109	5464	5190	5651	16305	629	508	1137
2013	87	22	109	5703	5993	5820	17516	649	550	1199

学　制　幼儿园一般是按年龄分班进行教育活动，学制为三年。3 岁～ 4 岁为小班，4 岁～ 5 岁为中班，5 岁～ 6 岁为大班。

教材与课程设置　1996 年，兖州市幼儿园课程设置延续国家教委 1981 年 10 月颁布的《幼儿园教育纲要（试行草案）》要求，统一使用部编教材，开设科目包括语言、常识、计算、音乐、美术、体育和游戏，计七科九册。2004 年 9 月，市属各幼儿园统一使用省编教材。2008 年 9 月后，兖州市统一使用省教育厅重新编写的《山东省幼儿园课程指导教师用书》《山东省幼儿园课程指导幼儿用书》。

兖州市幼儿园小、中、大班每周开设课目、节次与活动情况简表

表23-2

班次与学期		语　言	常　识	音　乐	美　术	计　算	体　育	游　戏
小班	第一学期	1	1	2	2	—	—	除前者之外的大部分时间，安排游戏及其他趣味活动
	第二学期	1	1	2	2	1	1	
中班	第一学期	2	2	2	2	1	1	
	第二学期	2	2	2	2	1	2	
大班	第一、二学期	2	2	2	2	1	3	

教学方法　各学科教学任务的完成主要是根据小、中、大班幼儿的年龄、心理特点，以直观的、游戏的方法展开，严格避免小学化模式。其游戏分为创造性游戏（角色游戏、结构游戏、表演游戏）、体育游戏、音乐游戏、智力游戏等，使幼儿在看、听、想、说、做等具体活动中，智力、才能和个性等得到生动、活泼、主动发展。很多幼儿园能就地取材、因园制宜，创造性开展各种体育活动。幼儿园都能保证幼儿每天有2小时～3小时的户外活动和游戏时间。幼儿园不考试，不留家庭作业。

第三节　小学教育

1996年，兖州市有小学234所，在校生74252人，教师2990人，全市小学适龄儿童入学率及小学毕业生升入初中的比率稳定在100%。兖州市各小学少先队组织健全，均建有少先队活动室，各镇设总辅导员1人，所有小学生全员入队并参与活动。1998年5月，兖州市第十四届人大常委会第二次会议审议并通过《兖州市城区学校发展规划》，就城区学校五年计划及二十年发展规划进行科学部署，将城区学校发展依法纳入城市建设总体规划。1999年7月，市教委出台《关于调整农村小学布局的意见》，按照就近入学、适当集中的原则，对农村小学合班并校，调整教育布局。历经2年时间，合并小学48所。2000年12月，原兖州镇所属学校统一划归市教委管理。2001年，市教委制定2001—2005年合班并校总体规划。同年，市韦园小学并入市东御桥小学。2003年5月，王因镇、黄屯镇10所小学划归济宁市高新技术开发区管理。2004年8月，市百子堂小学并入市东御桥小学。2005年年初，农村小学调整至89所。同年8月，因行政区划调整，济宁市高新技术开发区黄屯镇金府小学划归新兖镇教委管理；市铁路中学小学部并入市实验小学，建立市实验小学东校区。同年9月，市政府出台《关于进一步搞好农村中小学布局调整工作的意见》，进一步调整优化学校布局，农村调整至71所。2006年3月，山东拖拉机厂子弟学校整建制移交市政府，并更名为兖州市山拖学校。2007年，各镇按照市政府农村中小学布局调整规划，完成合班并校工作，农村小学调整至67所，并推行小班额教学。2008年

市文化路小学课堂

3月，兴隆庄煤矿职工子弟学校、兖矿集团大陆机械有限公司子弟学校整建制移交市政府，分别更名为兖州市兴隆庄煤矿学校、兖州市矿山学校。同年10月，新兖镇8所小学统一划归市教育局管理。2010年8月，市实验小学搬迁至市东方中学原校区（54864部队营房）。同年9月，市白衣堂小学并入市实验小学。2011年，市教体局出台《兖州市关于改善农村小学教学点办学条件的实施意见》，制定《2011年—2014年改善教学点办学条件规划》。同年1月，撤并漕河镇张村小学、蔡桥小学、大厂小学和大安镇高庙小学、东葛回族小学5所学校；9月，撤并大安镇二郎庙小学、二十里铺小学2所学校。2012年，市实验小学五里庄校区投入使用。同年2月，撤并大安镇大徐小学、张楼小学2所学校；8月，撤并兴隆庄镇梓椤树小学。2013年，兖州市开展义务教育学校标准化建设，对义务教育学校进行新建、改扩建及设施设备标准化配备。市实验小学西校区、市文化路小学旧关校区、新兖镇金府小学、大安镇中心小学新建工程竣工并投入使用。同年9月，撤并新兖镇马桥小学、杨庄小学、后道义小学，颜店镇前海小学4所学校。2013年，兖州市共有完全小学60所，教学点11所；教学班数809个，在校生34587人，教职工2068人。其中，省级规范化学校1所，济宁市规范化学校21所。全市小学入学率100%，巩固率100%。至2013年，每年组织学生开展清明节为烈士扫墓、经典诵读等活动，兖州市连年被济宁市评为少先队红旗单位。

1996年—2013年兖州市小学基本情况表

表23-3

年份	学校数（所）					班级数（个）	在校生数（人）	毕业生数（人）	招生数（人）	省级规范化学校数（所）	济宁市级规范化学校数（所）
	市直	乡镇		其他	合计						
1996	2	228		4	234	1789	74252	12211	13918	1	6
1997	2	228		4	234	1782	72475	12311	11279	1	9
1998	2	220		3	225	1589	62769	14743	5974	1	9
1999	2	180		3	185	1391	51620	14831	4191	2	11
2000	2	166		3	171	1181	39047	15557	3573	2	11
2001	6	132		3	141	946	29224	14789	4190	2	12
2002	6	115		1	122	855	23789	11149	5459	2	12
2003	6	111		1	118	772	21094	5416	5244	2	14
2004	5	88		1	94	838	26497	改六年制	5799	2	14
2005	7	71		1	79	797	27782	3810	5057	2	15
2006	6	66		1	73	819	30343	3323	5646	3	15
2007	6	63		4	73	816	31533	3843	5033	3	19
		完全小学	教学点								
2008	14	55	16	4	89	869	32958	4768	5020	3	19
2009	14	55	16	3	88	842	32715	5532	5281	5	26
2010	16	55	15	0	86	848	32360	6022	5682	5	24

续表23-3

年份	学校数（所）					班级数（个）	在校生数（人）	毕业生数（人）	招生数（人）	省级规范化学校数（所）	济宁市级规范化学校数（所）
	市直	乡	镇	其他	合计						
2011	13	51	16	0	80	831	34214	5157	7011	4	21
2012	13	51	14	0	78	813	34085	5801	6041	3	21
2013	11	49	11	0	71	809	34587	5060	5576	1	21

说　明：2008 年前，教学点统计到所属完全小学，2008 年始，教学点单独统计。

学　制　1996 年—2003 年，小学实行五年制。2004 年起，适应义务教育体制改革和新课程改革的要求，全市义务教育开始实行“六三”学制，小学改为六年制。

招　生　1996 年—2013 年，按照义务教育要求，兖州市年满 6 周岁儿童按照划定范围，就近免试入学，入学率 100%。

教材与课程设置　1996 年—2002 年，小学课程设思想品德、语文、数学、社会、自然、音乐、体育、美术、劳动、活动、地方课程（城区部分学校开设英语课）。其中语文、数学、自然、社会等学科使用全国通用教材；思想品德、美术、体育、劳动等学科选用省编教材。2002 年秋季，兖州市成为省级基础教育课程改革实验区，所属小学开始新课程改革实验，课程设语文、数学、英语、品德与生活（一、二年级）、品德与社会（三年级以上）、科学、音乐、体育、美术、综合实践、信息技术、地方课程和校本课程。自一年级开始使用义务教育课程标准实验教材，版本以人教版为主，辅以北师大版、鲁教版。2004 年秋季改为六年制实验教材。2010 年，地方课程设安全教育、环境教育、传统文化等。

考试与评价　兖州市小学设期中、期末考试，市教学研究室统一命题。1996 年，市教委编印《小学生素质发展评定手册》，对学生素质进行全面评定。1997 年 9 月，市教委印发《关于在全市小学各科教学实行“等级制”意见的通知》，要求小学各科教学成绩的评定均取消百分制，实行等级制，将学生成绩分为优秀、良好、及格、不及格 4 个等级，实行“等级 + 特长 + 激励性评语”的评价形式。1999 年，市教委出台《关于进一步规范小学考试的意见》，强调堂堂达标、单元达标加特长生培养。2004 年，按照市教育局《关于加强义务教育阶段教学质量监测的意见》，改革义务教育阶段学生评价，突出形成性评价和总结性评价相结合，定性评价和定量评价相结合，自评、他评和互评相结合的原则，实施个性化发展计划，以诊断性考试为重点，采取“等级 + 评语”方式，实行无分数评价，建立学生成长档案。

第四节　初中教育

1996 年，兖州市有初中学校 30 所，教学班 549 个，在校生 33140 人。兖州市中学团组织健全，初中 45%、高中 93% 的学生加入团组织。有高中团委 3 个，初中团委 14 个、团支部 2 个，特教学校团支部 1 个。每年开展千人入团仪式等系列活动。2003 年 5 月，王因镇、黄屯镇 7 所初中学校划归济宁市高新技术开发区管理。2004 年 4 月，兖州铁路中学整建制移交市政府，并更名为兖州市铁路中学。2005 年—2007 年，新一轮大范围农村中小学布局调整工作基本完成，农村初中调整为 10 所。2010 年 7 月，市东方中学转为公办学校，并搬迁至原市第一中学校区。2013 年，兖州市共有初中 16 所，教学班 326 个，在校生 15846 人，教职工 1790 人；其中，省级规范化学校 4 所，济宁市规范化学校 6 所。兖州市初中入学率 100%，巩固率 99.8%。

1996年—2013年兖州市初级中学基本情况表

表23-4

年份	学校数（所）				班级数（个）	在校生数（人）	毕业生数（人）	招生数（人）	省级规范化学校数（所）	济宁市级规范化学校数（所）
	市直	乡镇	其他	合计						
1996	4	26	0	30	549	33140	10181	11797	0	0
1997	2	25	0	27	570	34499	10278	12147	0	0
1998	3	25	0	28	610	37020	10761	14055	0	0
1999	3	25	0	28	647	38807	11217	13977	3	5
2000	3	25	1	29	668	40630	11147	14549	3	5
2001	4	27	2	33	684	45935	16131	14931	4	8
2002	3	27	3	33	695	39130	14781	11242	5	8
2003	4	20	0	24	665	33458	5729	5640	5	10
2004	4	20	6	30	508	26217	6132	157	5	7
2005	3	17	4	24	404	19051	10877	4109	6	7
2006	4	14	4	22	294	13070	9101	3369	7	7
2007	3	10	0	13	273	11354	5551	3843	7	7
2008	3	10	0	13	358	12597	4097	5059	7	7
2009	3	10	0	13	318	14578	3551	5532	7	7
2010	3	10	0	13	339	16713	3902	6037	6	7
2011	6	10	0	16	333	16840	5030	5157	4	6
2012	6	10	0	16	328	16547	5646	5672	4	6
2013	7	9	0	16	326	15846	5943	5067	4	6

学　制　1996年—2000年，兖州市初中实行三年制。2000年，兖州市确定新兖镇、漕河乡、颜店镇、泗庄镇、黄屯镇及城区初中，暑假后开始招收四年制初中。2001年，兖州市初中均改为四年制。2004年，市教育局印发《关于兖州市义务教育实行“六三”学制的通知》，全市所有初中学校实行三年制。2006年，“五四”学制最后一届毕业生毕业。

招　生　1996年—2013年，按照初级中等义务教育的标准，各乡镇小学毕业生全部免试、就近升入初中。农村小学毕业生，由乡镇政府签发入学通知书；城区小学毕业生，实行划片招生办法，就近入学。

课程设置与教材　1996年—2002年，初中课程设思想政治、语文、数学、英语、物理、化学、历史、地理、生物、音乐、体育、美术、劳动技术、信息技术等科目。1996年—2000年，使用九年制义务教育全日制初级中学教材，版本以人教版为主，辅以鲁教版。2000年秋季开始，使用九年制义务教育三年制（四年制）初级中学教材，

2012年5月15日，兖州东方中学东校区举办感恩教育报告会

版本以人教版为主，辅以鲁教版。2002年秋季，兖州市成为省级基础教育课程改革实验区。兖州市对初中一年级进行新课程改革实验，设思想品德、语文、数学、英语、物理、化学、历史、地理、生物、音乐、体育、美术、综合实践、信息技术等科目，并按要求设地方课程和校本课程。2010年，地方课程设安全教育、环境教育、科学发展观教育、传统文化、人生规划等。使用教材为义务教育课程标准实验教材，版本以鲁教版为主，辅以人教版、北师大版、岳麓版、商务星球版。

考试与评价 兖州市初中设期中、期末考试，由市教学研究室统一命题。1999年，市教委出台《关于加强教学过程管理规范初中考试的意见》，强调堂堂达标、单元达标及特长生培养；印发《兖州市初中实施分类教学的指导意见》，提出针对差异、因材施教、全面发展、共同提高的目标，在全市初中实行分类考试，语文、数学、英语实行“100+50分制”，学科总分为150分，其中前100分为必考，面向全体，注重基础；后50分为选考，面向优生，注重拔高。2000年开始，建立特长生档案，实行优秀生跟踪管理，中考优秀生源奖励制度。2006年，开始实行初中学生综合素质评定制度。对初中学生的道德品质、公民素养、学习能力、交流与合作、运动与健康、审美与表现等6个方面进行综合性评价，评价结果包括综合性评语和等级（A、B、C、D四个等级），评价成绩作为高中学校录取的参考。2009年，市教育局印发《关于进一步做好初中学生综合素质评价工作的通知》，加强和改进初中学生综合素质评价。开始实行初中学生学业考试制度，考试成绩实行等级制（A、B、C、D四个等级）。2010年，高中学校招生根据初中学生综合素质评价结果录取新生，综合素质评价结果以学生学业水平考试成绩为主。将学生日常学习成绩和基础性发展目标评价成绩作为重要参考或限定条件。

普通中等专业学校招生考试 1996年，初中毕业生报考中专，参加济宁市统一预选考试。预选合格，参加全省中专招生统一考试。考试科目为政治、语文、数学、物理、化学、英语；考试时间为7月12日—14日。济宁市招生委员会统一组织录取，按照各县市区招生计划数划定控制分数线，实行计算机提档。1997年，考试时间调整为6月28日—30日。1998年起，取消预选考试，第一志愿报考普通中专的指标分配到各乡镇（学校）。考试由济宁市统一组织命题；济宁市招生委员会统一组织录取，不再分统招、委培。1999年起，英语考试加试听力。报考指标分成两部分，一部分按应届初中毕业生人数分配，大部分留给参加各乡镇成教中心绿色证书班的社会青年，分数线同等对待。2000年，中专招生不再划分数线。2002年，考试科目有所调整，政治实行开卷考试，英语加试听力。2004年，考试时间调整为6月11日—13日。2005年，考试科目增加信息技术（上机操作）、理化生实验操作，与体育共同计入总成绩。2009年，中专招生不再单独组织考试。所有应届和往届初中毕业生，统一参加由济宁市教育局组织的高中招生考试，其成绩作为中专学校录取的依据。

普通高中招生考试 1996年，初中毕业生报考高中，要参加山东省高中招生统一考试。从该年起连续三年，高中招生采取划片和志愿相结合、统一录取的办法，学籍在大安镇、谷村镇、漕河乡、小孟乡、新驿镇的初中毕业生报考市实验高级中学，不能报考市第一中学；其他范围的初中毕业生，可根据就近原则选择学校报考。考试科目为政治、语文、数学、英语、物理、化学、历史、地理、生物、体育；报考体育、艺术特长班的考生要进行专业测试；考试时间为7月12—14日。按照招生计划，划定分数线录取，分计划内、计划外两批进行。1997年，限制学籍在颜店镇、前海乡、泗庄镇、黄屯镇、王因镇、兴隆庄镇的初中毕业生报考市实验高级中学，考试时间调整为6月28日—30日。1998年，将市第一中学、市实验高级中学部分招生名额分配到各乡镇和市直初中。当年，考试改为济宁市统一组织命题。考试科目取消历史、地理、生物；考试时间调整为7月12—14日。1999年，取消划片招生政策。将历史、地理、生物和理化实验操作纳入考试科目，考试成绩计入升学总成绩。1999年—2002年，市第三中学和市成人中专举办“八改九初高中衔接实验班”。一年后，实验班学生分别报考市第一中学、市实验高级中学。2001年起，增加音乐、美术素质测试，考试结果计入总分。2001年—2002年，举办招生市场。计划外招生实行学校和考生面对面录取。2003年，考试科目增加计算机信息技术考试（上机操作），计入中考成绩；考试时间调整为6月11日—13日。同年，不再举办招生市场。2004年，音乐、美术改为考查课，由初中学校组织。初二学生提前参加地理科中考，初三学生提前参加历史、生物两科中考，计入考生中考成绩。2005年，初二、初三不再组织提前中考。2007年起，初中毕业生学业考试实行毕业、升学两考合一，考试科目为语文、数学、英语、物理、化学、生物、政治、历史、地理、信息技术（上机操作）、理化生实验操作（抽取一科考试）、体育；考查科目为音乐、美术、综合实践活动、劳动技术、地方课程、学校课程，成绩以等级形式纳入学生综合素质评定。2008年，将省级规范化高中学校招生计划的50%作为指标生计划，分配到各初中学校，指标生成绩达到所报考高中学校统招录取线下60分以内（含60分）的作为统招生录取。2009年6月，初二学生参加地理、生物学业考试。2010年，指标生计划比例提高到60%；取消理化生实验操作考试；学生综合素质评价和学业考试科目达到B（含B）级以上，才能被省级规范化高中学校统招录取。2011年起，实行推荐生录取，对各方面表现突出的学生，综合素质评价和地理、生物学业考试科目（以下简称学业考试科目）均达到A级，由初中学校至少2名教师（班主任、一科任课教师）写出推荐信，可报考市重点高中学校。重点高中学校录取的推荐学生人数控制在规模内招生计划的5%以内。至2013年未变。

第五节 高中教育

1996年9月，兖州市实验高级中学初步建成并开始招生。市第三中学、市第四中学开始举办高中班。1999年，新兖镇创办兖州市第五高级中学，开始招生。2001年，市政府印发《兖州市2005年实现基本普及高中阶段教育的实施意见》，重点加强普通高中建设。全市有普通高中12所，招生总数5191人。2003年6月，市第四中学划归济宁市高新技术开发区管理。2005年，全市普通高中年招生稳定在5000人，高中阶段教育普及率85.3%，在济宁市率先实现普及高中阶段教育目标。同年5月，兖州市铁路中学中学部并入第一中学，建立第一中学东校区。2008年，创办兖州市高考补习学校，与孔子学府共同承担高中学生复读任务。2009年，对高中教育资源进行整合，市第三中学、市第五高级中学停止招生。2010年，按照市委、市政府关于高中学校进城的要求，市第二中学、市第三中学、市第五高级中学不再举办高中学校，保留原建制，对教职工、学生进行分流，774名学生分流到市第一中学、市第六中学就读；209名教师分流到城区13所中小学。同年9月，市第一中学校区建成并投入使用。至2013年，全市共有普通高中3所，教学班数196个，在校生10899人，教职工1014人；省级规范化学校1所，济宁市级规范化学校2所。

1996年—2013年兖州市高级中学基本情况表

表23-5

年份	学校数（所）			班级数（个）	在校生人数（人）	毕业生人数（人）	招生数（人）	省级规范化学校（所）	济宁市级规范化学校（所）
	市直	其他	合计						
1996	4	3	7	104	5363	1382	1993	1	—
1997	6	3	9	119	6471	1634	2750	1	1
1998	6	2	8	135	7509	1736	2903	1	1
1999	7	3	10	160	8660	1870	3142	1	1
2000	7	2	9	189	9953	2746	4240	1	2
2001	7	5	12	222	12241	2931	5191	2	2
2002	7	2	9	263	14698	2829	5915	2	2
2003	6	0	6	254	13545	3915	4067	2	3
2004	6	0	6	252	14176	3930	4758	2	3
2005	6	0	6	247	14125	5565	5615	3	2
2006	6	0	6	269	15352	3856	5056	4	2
2007	6	0	6	260	14343	4667	3592	3	2
2008	6	0	6	225	11726	5433	2961	3	2
2009	6	0	6	194	9287	5033	2638	2	2
2010	3	0	3	169	8460	3686	2919	2	2
2011	3	0	3	173	9045	2911	3560	2	2
2012	3	0	3	190	10194	2584	3750	2	2
2013	3	0	3	196	10899	2891	3631	1	2

学制与课程设置 高中学制为三年。1996年，课程设思想政治、语文、数学、英语、物理、化学、生物、历史、地理、体育与健康、信息技术、劳动技术、音乐、美术等科目；根据国家教委《全日制普通高中课程计划（试验）》，增加限定选修课。1996年—2004年，统一使用全日制普通高中教材，版本以人教版为主。2004年秋季，山东省成为全国新课程改革首批实验省份后，兖州市从高一年级开始，进行新课程改革实验。根据教育部《普通高中课程方案（实验）》规定，课程由必修和选修两部分构成，其中选修课程又分为国家规定的选修课程（即选修Ⅰ）和学校自主开设的校本课程（即选修Ⅱ），设思想政治、语文、数学、英语、物理、化学、生物、历史、地理、体育与健康、音乐、美术、信息技术、通用技术、综合实践活动、研究性学习等科目；同时以模块为单位进行学分认定，实行学分制管理。统一使用普通高中课程标准实验教材，版本以人教版为主，辅以鲁教版、鲁人版、人民版等。2010年，地方课程设有安全教育、民族团结教育、心理健康教育、科学发展观教育等。

考试与评价 兖州市高中设期中、期末考试，由济宁市教学研究室统一命题。1996年—2005年，实行毕业会考制度，由省教育厅统一组织。2000年始，建立特长生档案，实行优秀生跟踪管理，以及高考优秀生源奖励制度。2004年，改革高中学生综合评价制度，实行学生学业成绩与成长记录相结合的综合评价方式，开展普通高中学生基础素养评价，推行《山东省普通高中学生发展报告》，记录学生的成长和发展历程，并逐步作为高校招生录取的重要参考。基础素养评价主要内容包括道德品质、公民素养、学习态度与能力、交流与合作能力、运动与健康、审美与表现等6个维度，评价结果采用等级加综合评语的形式。自2004级高中学生起，实行学业水平考试制度，不再进行毕业会考。学业水平考试的科目为思想政治、语文、外语、数学、历史、地理、物理、化学、生物和信息技术的必修课程；每学年组织2次考试，时间在上下学期结束前3周进行；每次开考10科。学生在第二学年第二学期末参加第一次考试，由学生自主选择参加科目；考试成绩按照A、B、C、D 4个等级和实际分数记录。

普通高等学校招生 1996年—1997年，兖州市高考本科上线人数、录取人数均超过200人，完成兖州市高考过“双百”的目标。1998年—2007年，兖州市高考上线人数逐年增加，升学率、万人比连续9年居济宁市第一位。2008年起，省教育厅严禁统计、公布高考情况。2013年，高考应届生本科录取1062人，录取率42.8%；本科一批录取515人，112人被“211”高校录取；全市文科第一名居全省12位；1名学生被北京大学录取。1996年—2013年，全市共有56722人被大、中专院校录取，其中，本科23056人，专科24547人，高中中专874人，对口高职1512人，普通中专6733人；6人被北京大学录取，8人被清华大学录取。

1996年—2013年兖州市考取大中专人数情况表

表23-6

年份	普通高考				普通中专
	本科	专科	高中中专	对口高职	
1996	231	315	109	0	512
1997	204	224	170	0	512
1998	240	215	230	0	733
1999	493	295	210	84	818
2000	623	387	155	236	1176
2001	850	1220	0	246	1144
2002	1153	1291	0	140	632
2003	1493	1421	0	287	263
2004	1552	2013	0	169	86
2005	1826	2143	0	165	224
2006	1620	1854	0	52	334
2007	1958	2095	0	31	196
2008	2326	2898	0	40	56
2009	2372	2445	0	34	10
2010	2192	1760	0	28	37
2011	1377	1416	0	0	0
2012	1365	1335	0	0	0
2013	1181	1220	0	0	0
合计	23056	24547	874	1512	6733

第六节　特殊教育

1996年—2013年，兖州市贯彻落实《中华人民共和国义务教育法》，保障适龄残疾儿童接受义务教育，轻度残疾、智障儿童就近入学，随班就读；聋哑儿童在市聋哑学校就读；盲童到济宁市盲校就读。

随班就读　1996年起，兖州市有残余听力、残余视力和中、轻度智力残疾的儿童按照就近入学的原则，安排在义务教育服务区学校随班就读。2000年，各乡镇中小学举办辅导班，有学习能力的残疾儿童少年入学率93%。2005年，兖州市被省教育厅定为省级残疾儿童随班就读支持保障体系建设重点联系县。2006年，市政府出台《关于进一步加强残疾儿童少年随班就读工作的意见》，市教育局制定《兖州市残疾儿童随班就读支持保障体系建设工作实施方案》，以市聋哑学校为依托，建设市特殊教育中心，确定各镇中心小学和市实验小学为随班就读骨干学校，并在各校设立满足特殊教育需要的教学资源教室；建立各类残疾儿童教育档案和个别教育方案，提高随班就读的教育质量，县、镇、校三级随班就读教学研究网络形成。2007年—2010年，市教育局实施特殊教育学校仪器装备工程，共投资140万元，按照省特殊教育学校配备标准，为特殊教育学校配齐语训室、律动室等功能室以及音体美器材。2013年，市特殊教育学校在校学生44人，随班就读的各类残疾儿童90余人，入学率95%以上。

1996年—2013年兖州市特殊教育学校师生情况表

表23-7

年份	教师数（人）	学生数（人）		年份	教师数（人）	学生数（人）	
		招生数	总数			招生数	总数
1996	24	0	61	2005	40	3	69
1997	28	6	67	2006	40	0	55
1998	31	0	67	2007	40	15	70
1999	35	5	72	2008	41	0	58
2000	36	0	72	2009	37	6	64
2001	41	4	62（不含毕业14）	2010	37	5	54
2002	40	0	58（不含毕业4）	2011	36	4	58
2003	40	6	64	2012	35	0	55
2004	40	0	64	2013	33	0	44

学　制　1996年—2000年，实行五年制。2000年开始，实行九年一贯制义务教育。

教　材　1996年，语言障碍班使用人民教育出版社全日制聋校教材。2010年，语言障碍班使用人民教育出版社全日制聋校实验教材；智力障碍班使用上海辅读学校教材；语训班使用学校自编教材。

课程设置　1996年，语言障碍班课程设语文、数学、思品、美工、常识、社会等科目。2010年，语言障碍班小学阶段课程设品德与生活（一至三年级）、品德与社会（四至六年级）、语文、数学、沟通与交往、体育与健康、艺术、科学、劳动技术、生活指导、综合实践活动等科目；初中阶段设置分科与综合相结合的课程，设思想品德、语文、数学、沟通与交往、历史与社会、科学、体育与健康、艺术、职业技术以及综合实践活动等科目；

其中综合实践活动作为必修课程，主要包括信息技术教育、研究性学习、社区服务与社会实践等。智力障碍班，一至三年级开设语文、数学、畅游、生活适应、康复训练等课程；四至六年级开设语文、数学、常识、生活适应、绘画手工、体育保健、康复训练等课程。

兖州市特殊教育学校　原名兖州市聋哑学校，2007 年 8 月，更名为兖州市特殊教育学校。学校占地面积 6506 平方米，建筑面积 2097 平方米，设有律动室、微机室、多媒体室、语训室、资源教室等功能室，是一所对听障、智障残疾儿童实施九年一贯制义务教育的学校。

1996 年，面向兖州市招收 7 ～ 12 周岁能完全自理的聋哑儿童，共有教学班 5 个，在校学生 61 人，教职工 24 人。2007 年 8 月，开始举办培智班并于当年招收 15 名智障学生。2009 年，学校举办语训班，招收 6 名学生，对学龄前语言障碍学生进行口语训练；语言障碍班九年级毕业生 5 人全部考入山东省特殊教育中等专业学校。2013 年，共有 6 个教学班，其中语言障碍班 4 个，智力障碍班 2 个，在校学生 44 人，教职工 33 人。1996 年—2013 年，毕业的学生中有 25 人进入省特教中专深造，其余全部被市玻璃厂、白象方便面厂等企业录用。

第七节　职业教育

1996 年，兖州市有市职业中专、市职业高中 2 所职业教育学校，共有在校生 1577 人，教师 122 人。1998 年，市委、市政府调整充实由市委副书记、市长任组长的市职业教育成人教育工作领导小组。同年 4 月，市职业高中更名为市第二职业中等专业学校，开设机电、造纸、军乐、艺术、服装、财会、农学、植保等 8 个专业。1999 年，市职业中专通过国家级重点职业学校初验。2000 年 12 月，市职业中专被教育部确定为国家级重点中等职业学校。2002 年，市职业中专与上海南湖职业学校实行联合办学。2003 年 6 月，市第二职业中等专业学校划入济宁市高新技术开发区。2006 年，兖州市有 2 名专业教师被纳入国家级中等职业学校专业骨干教师培训计划，至 2013 年，共有 15 名教师参加国家级中职专业骨干教师培训，其中有 1 名教师赴德国进修学习。

2007 年，兖州市按照中央财政设立的中等职业教育国家助学金，资助贫困家庭学生接受中等职业教育，资助对象是具有中等职业学校全日制正式学籍的在校一、二年级所有农村户籍的学生和县镇非农户口的学生以及城市家庭经济困难学生，资助标准为每生每学期 750 元。至 2010 年 9 月，共有 1.06 万人次享受资助，资助金额 797.4 万元。

2009 年，市职业中专加入济宁市技术学院机械加工职教集团。2010 年，建立职业学校专业教师到企业锻炼制度，规定专业教师、实习指导教师 2 年必须有 2 个月以上时间到企业实践，同年年底，有 42 人到企业顶岗锻炼。至 2013 年，共有 95 人到企业顶岗锻炼。属市教育部门管理的职业学校有市职业中专 1 所，在校生 493 人，教师 122 人。

专业设置　1996 年，兖州市职业学校开设建筑、卫生、机电、文秘、公共关系、计算机应用、幼师等 20 个专业。2002 年，市职业中专的机电技术应用专业建成山东省级教学改革试点专业。2007 年，市职业中专的模具设计与制造专业成为山东省教学改革试点专业。2009 年，专业设置基本稳定，主要有机电技术应用、模具制造技术、数控技术应用、计算机应用 4 个主干专业，市场营销与策划、电子技术应用、计算机网络技术、会计电算化、幼儿教育 5 个一般专业和电子商务 1 个筹建专业。其中，市职业中专的机电技术应用专业，被确定为济宁市级骨干建设专业。至 2013 年未变。

学　制　1996 年—2010 年，兖州市中等职业教育的学制为文科专业 2 年，理科专业 3 年。

2010 年，根据教育部中等职业学校学生学籍管理办法要求，对中等职业教育的学制进行相应调整，实施全日制学历教育，主要招收初中毕业生或具有同等学力者，基本学制以 3 年为主；招收普通高中毕业生或同等学力者，基本学制以 1 年为主。采用弹性学习形式的，初中毕业为起点，学习时间为 3 年～ 6 年；高中毕业为起点，学习时间为 1 年～ 3 年。实行学分制的，在基本学制的基础上可提前或推迟毕业，提前毕业不超过 1 年，推迟毕业不超过 3 年。至 2013 年未变。

教材与课程设置 1996 年—2001 年，课程设置主要分为文化课和专业课。文化课包括语文、数学、英语及德育等 4 门公共课程；专业课又分为理论课、实践课。文化课、专业理论课、专业实践课的设置比例大体为 4∶3∶3。一年级课程以文化课为主，二年级课程以专业课为主，三年级主要安排学生实践实习。2001 年后，职业学校课程设置参照《教育部关于印发中等职业学校重点建设专业教学指导方案的通知》及教育部颁布的中等职业学校语文、数学、计算机应用基础、机械制图、电工基础等 23 门文化基础课和部分专业技术基础课教学大纲制定。所使用的教材为《山东省中等职业学校教学用书目录》中要求的教材。至 2013 年未变。

招　生 1996 年—2001 年，职业学校招生时间为每年 7 月。招生对象主要是初中毕业生，需参加全省高中招生统一考试。考试科目可由各职业学校从政治、语文、数学、英语、物理、化学、史地生、体育等科目中选定。学生录取办法由市教委、市招生办、招生学校会同有关部门商定。2001 年，按照《济宁市教委关于认真做好中等职业学校二〇〇一年春季招生工作的意见》要求，开始实行春、夏两季招生。春季招生，面向初中毕业生，坚持学生自愿原则，实行免试入学，分流到职业学校，接受职业技术教育。夏季招生与普通高中学校招生同时进行，学生可凭中考成绩直接到职业学校报名入学。当年共招收分流学生 1714 人。2008 年，拓宽中等职业教育培训服务功能，职业学校招生范围放宽为应往届初中毕业生、复转军人、进城务工人员、青年农民及未升学高中毕业生；年龄放宽至 35 周岁以下。至 2013 年未变。

职业技能比赛 1999 年，兖州市举办第一届职业学校技能竞赛。2005 年，举办第二届职业学校技能大赛。目的是加强职业学校实训教学环节，提高学生实际操作技能，增强就业上岗能力，此后，技能竞赛每年都定期举办。至 2013 年，共举办 10 届。

兖州市部分年份参加济宁市级及以上职业技能竞赛情况表

表23-8

参赛时间	主办单位	参赛项目	人　数	获奖情况
2006年11月	济宁市教育局	图文混排	3	网页制作　团体三等奖 个人奖3人
		网页制作	3	
2007年11月	济宁市教育局	图文混排	3	组装与维修　团体三等奖 个人奖2人
		网页制作	3	
		组装维修	3	
2008年5月	山东广播电视大学	计算机技能	1	获个人三等奖
2008年11月	济宁市教育局	网页制作	3	2人获网页制作三等奖
		健美操	9	
		朗诵	2	

续表23-8

参赛时间	主办单位	参赛项目	人　数	获奖情况
2009年11月	济宁市教育局	网页制作	3	2人获奖
		组装维修	3	
2012年3月	济宁市教育局	网页制作	3	3人获个人奖
		组装维修	3	
		普通车工	3	

就　业　1996年，各职业学校均建有学生就业指导服务中心（毕业生就业安置办公室），专门负责学生就业安置工作。至2004年，先后与山东太阳纸业股份有限公司、山东大丰机械有限公司、银河德普橡塑集团、青岛海尔集团、青岛双星集团，江苏昆山工业园区、广东东莞裕元工业区等，建立稳定的毕业生供求关系。每年的学生就业率100%，安置满意率85%。2005年，建立“三不安置”及毕业生招回制度，即没有经过考察的企业不安置、考察不合格的企业不安置、员工待遇低没有发展前途的企业不安置；对安置工作不满意的、就业后工作不适应的毕业生，重新招回学校学习，重新安置，直至企业满意、学生满意为止。至2013年，兖州市中职毕业生就业率均为100%，就业满意率98%。

第八节　成人教育

1996年，初步建立由市成人中等专业学校（以下简称“市成人中专”）、济宁广播电视大学兖州分校（以下简称“兖州电大”）、12所乡镇成人教育中心校及495个村级农民文化技术学校组成的县、乡（镇）、村三级成人教育网络。同年，小孟乡成教中心校挂靠市成人中专，成立市成人中专小孟分校，开设机电、农学、企管3个专业。1997年，新兖镇成教中心校建立市成人中专新兖分校。同年，新兖镇、小孟乡、王因镇、漕河乡、兴隆庄镇5个乡镇成人教育中心校通过省级规范化学校验收。1999年，大安镇、黄屯镇、新驿镇成教中心校通过省级规范化学校验收；2000年12月，泗庄镇成人教育中心校并入新兖镇成人教育中心校；前海乡成人教育中心校并入颜店镇成人教育中心校。2003年6月，黄屯镇、王因镇成人教育中心校划入济宁市高新技术开发区。同年9月，漕河镇成人教育中心校与市成人中专实行“1+2”联合办学模式，学生第一学年在镇成人教育中心校学习基础课，第二、三学年转入成人中专学习专业课，学生毕业后由成人中专负责安置就业，招收中专学历班36人；小孟成教中心校与广东建辉纸业集团实行“订单”培养，招生50人。至此，兖州市所有镇成教中心校均与市成人中专建立“1+2”联合办学关系，主要开设幼儿教育、计算机、机电、市场营销等专业。2006年，新兖镇成人教育中心校与市第十七中学合署办公，市第十七中学整建制划归兖州电大；新兖镇撤销成人教育中心校。2008年4月，启动市职业教育中心建设工程，投资1360万元，购买原精华园学校，市成人中专整建制迁入。2009年，市成人中专加入济宁市技术学院机械加工职教集团。2010年，兖州市6所镇成人教育中心校全部建成省级规范化学校。至2013年，各乡镇成教中心校年招生人数均稳定在1000人次。

1996年—2013年兖州市成人中专招生情况表

表23-9 单位：人

年份	计算机应用	计算机网络技术	机电技术应用	电子技术	数控技术应用	学前教育	药剂	市场营销	园艺	其他	合计
1996	50	50	0	0	0	0	0	40	0	0	140
1997	100	0	50	0	0	0	0	40	0	0	190
1998	100	0	100	0	0	0	0	40	0	0	240
1999	50	0	50	0	0	0	0	0	0	40	140
2000	120	0	120	0	0	0	0	0	0	0	240
2001	40	0	50	50	0	0	0	0	0	0	140
2002	40	0	50	0	0	0	0	0	0	50	140
2003	40	0	50	0	0	0	0	0	0	50	140
2004	90	30	100	0	0	0	0	0	0	40	260
2005	150	50	150	0	0	0	0	0	0	0	350
2006	26	20	98	43	18	0	32	0	0	250	487
2007	46	23	132	89	0	360	0	0	0	102	752
2008	135	0	200	0	160	205	0	78	42	0	820
2009	101	299	148	0	239	286	0	0	20	0	1093
2010	90	0	113	0	133	186	0	0	0	43	565
2011	0	0	145	0	48	350	0	0	0	0	543
2012	89	0	19	0	0	326	0	0	0	0	434
2013	63	0	30	0	0	186	0	0	0	0	279
合计	1330	472	1605	182	598	1899	32	198	62	575	6953

绿色证书培训 1998年起，市教委根据济宁市《关于举办绿色证书培训班的意见》要求，将原各乡镇成人教育中心校举办的社会青年补习班，统一改办为绿色证书培训班。学习课程为济宁市教委统一编印的农村种植与养殖、农村机电及1门～2门专业技术选修课，并开设有关的政策、法律、法规课；培训时间为1年。学员培训合格后，颁发绿色证书（农村实用技术结业证书）。学员凭绿色证书和初中毕业证书，可报考成人中专（高中）、职业中专（高中）、普通中专（高中）；或优先到乡镇企业就业，或优先到村承包土地、果园、养殖等。城区的绿色证书培训班在市成人中专举办。2004年后，随着兖州市普及高中段教育，绿色证书培训班招生规模逐步萎缩。2011年，绿色证书培训班停办。

农村劳动力转移培训 2004年11月，市教育局制定《兖州市教育系统农村劳动力转移培训实施意见》，要求各职业、成人学校充分发挥三级成人教育网络，开展农村劳动力转移培训工作。同年12月，在市成人中专召开农村劳动力转移培训开班典礼。当年培训农民工1269人次。2007年，兖州电大被市阳光工程培训办公室确定为农村剩余劳动力转移培训基地。至2010年，累计培训转移农村剩余劳动力11241人次。2011年，农村劳动力转移培训班停办。

农村实用技术教育 1996年，兖州市各乡镇以成人教育中心校为依托，在农村农民文化技术学校，对乡镇骨干科技网长、科技村主任、科技示范户和回乡初高中毕业生，进行多种形式的培训。培训内容主要有科技管理及法规、企业管理、作物栽培学、作物病虫害防治学、畜牧学、农机使用与维修、乡镇企业专用技术等。2001年，新兖镇、大安镇、小孟镇、新驿镇等镇成人教育中心校，加强农民文化教育和实用技术培训，创新教育形式，组织工作人员深入村庄或田间地头，放映科技录像片，讲解科技知识等。2004年，兴隆庄镇成人教育中心校在校内建立蘑菇养殖基地，起到示范带动作用。2008年9月，漕河镇成人教育中心校与当地电子企业联合建立电子元件加工培训基地。2009年，兴隆庄镇成人教育中心校与道勤艺术社联合建立校内五谷画培训基地；大安镇成人教育中心校建立校内透明胶带加工培训基地。2010年，小孟镇成人教育中心校与企业联合建立校内电子打火机装配培训基地。至年底，全市累计完成农村实用技术培训767075人次，为基层农村培训了一大批优秀人才。2011年，农村实用技术教育培训班停办。

1996年—2013年兖州市各乡镇成人教育中心校办班培训情况表

表23-10

年　份	绿色证书班（人）	农村劳动力转移培训（人次）	农村实用技术培训（人次）	中专学历班（个）
1996	525	0	120300	50
1997	543	0	122510	99
1998	484	0	138322	40
1999	542	0	133370	45
2000	557	0	133580	40
2001	525	0	23400	40
2002	612	0	27630	50
2003	672	0	6730	70
2004	199	1269	7331	125
2005	238	1565	8553	78
2006	203	1749	8988	151
2007	159	1747	8980	360
2008	114	1576	8805	510
2009	31	1658	9962	471
2010	28	1677	8614	289
2011	0	0	0	397
2012	0	0	0	300
2013	0	0	0	141
合计	5432	11241	767075	3256

广播电视教育　1996年4月，兖州市按照省委组织部、省人事厅要求，在兖州电大设立计算机等级培训考核办公室，负责引导全市专业技术人员学习掌握计算机知识，并组织计算机等级培训认定工作。2000年4月，落实教育部实施的农村教育综合改革的“燎原计划”，在兖州电大设立兖州燎原广播电视学校；在王因镇、小孟镇成人教育中心校分别设立兖州燎原广播电视学校

分校，利用广播电视教育的辐射网络，开展农村实用技术教育。2004年5月，落实教育部一村一名大学生计划，兖州电大被山东省广播电视大学确定为试点学校。主要开设乡镇企业管理、农村行政管理、农业经济管理、农村信息管理、畜牧兽医、园林花卉、林业技术、食品加工技术等专业；首批招生170人。同年9月，兖州电大经山东广播电视大学批准，加挂山东广播电视大学兖州学院校牌。2006年9月，兖州电大整合原第十七中学，并整建制迁入，解决兖州电大校区面积较小、房舍不足等办学需要问题。2010年3月，兖州电大经山东广播电视大学确定为兖州社区教育学院，4月，经中央广播电视大学确定为社区教育实验中心。2011年3月，经省教育厅批准兖州学院成为省电大直属学院。2013年8月，兖州电大的沙土操场纳入市教体局校舍设施改造项目，投资116万元，改造面积7788.2平方米，其中，塑胶跑道面积3324.9平方米，植草绿地面积1290平方米。

至2013年，兖州电大累计培训各类学员11519人，其中一村一名大学生3777人，开放教育5172人，奥鹏教育761人，全日制专科1809人。先后为山东太阳纸业股份有限公司、圣德酒店、兖州长城集团等企业培训职工1800人次。

1996年—2013年兖州市广播电视教育学员培训情况表

表23-11　　单位：人

年　份	一村一名大学生	开放教育	奥鹏教育	全日制专科	合　计
1996	0	0	0	130	130
1997	0	0	0	334	334
1998	0	0	0	296	296
1999	0	0	0	276	276
2000	0	27	0	138	165
2001	0	33	0	30	63
2002	0	89	0	30	119
2003	0	33	0	77	110
2004	170	344	0	35	549
2005	608	382	0	161	1151
2006	749	630	0	123	1502
2007	300	548	12	30	890
2008	241	439	45	0	725
2009	365	343	67	0	775
2010	365	420	93	149	1027
2011	335	467	130	0	932
2012	284	599	176	0	1059
2013	360	818	238	0	1416
合计	3777	5172	761	1809	11519

成人高考和高教自考　成人高等学校招生采取全国统一考试，由市招生考试办公室负责组织。1996年—2002年，每年3月份报名，5月份考试。2003年，因“非典”影响，组织2次报名。2004

年起，实行秋季考试、第二年春季入学，即8月—9月报名，10月第三个周六、周日考试。2007年，开始实行网上报名，并到市招生办现场确认。至2013年，共组织26240人报名参加考试。

兖州市高等教育自学考试，由市高等教育自学考试办公室（与市招生考试办公室合署）组织，参加全省统一考试。1996年—2000年，每年组织2次考试，分别在4月和10月进行。2001年起，每年组织4次考试，增加1月和7月考试。至2013年，共组织38772人参加82598科考试，有1403人取得专科或本科毕业证书。

1996年—2013年兖州市成人高考和高教自考情况表

表23-12

年　份	成人高考报名数（人）	高教自考		
		报名数（人）	参考科数（科）	毕业数（人）
1996	989	2388	5457	42
1997	1231	2974	6453	37
1998	1222	3739	7849	67
1999	1466	4127	8907	43
2000	1772	3885	8193	72
2001	1506	3084	6032	62
2002	1982	2820	5300	71
2003	2752	4689	11606	113
2004	2186	2463	5412	133
2005	1438	2144	4912	205
2006	1312	1989	3841	226
2007	934	1638	3146	116
2008	1011	613	1182	102
2009	867	690	1213	42
2010	1204	475	1107	21
2011	814	512	974	31
2012	2056	352	568	11
2013	1498	190	446	9
合计	26240	38772	82598	1403

第九节　社会力量办学

1996年7月，兖州市依托市第六中学，创办第一所民办公助性质的兖州市东方中学。2000年8月，东方中学与兖州市第六中学脱离，租用部队营房独立办学，办学层次为初中，办学规模18个班，学制三年。2010年，市东方中学改制为公办学校。

1997年，市科技培训中心设立；兖州市兴华武术学校成立，办学层次为小学，学制五年。1998年，新世纪幼儿园和市文化艺术培训学校2所社会力量办学单位成立。其中新世纪幼儿园，办学性质为民办公助。1999年8月，市文化路幼儿园成立。同年，依托兖州师范学校创办大成高中，当年招生332人；兖州大统重竞技运动学校成立，其办学层次为小学、初中。2000年8月，市委、市政府出台《关于加快发展民办教育的若干意见》，鼓励民办教育发展，规范民办学校办学行为。2001年8月，市教委制定《关于加强和规范民办教育管理意见》，依法加强对社会力量办学的引导和管理。

2002年，市教育局设立社会力量办学管理办公室，加强对社会力量办学的领导和扶持，社会力量办学实行属地管理原则。2002年，市东方中学筹办高中部，高中部仍延续原民办公助的办学体制。同年5月，筹建孔子学府（办学层次为初中、小学），并向济宁市教委申请设立兖州市东方高级中学、圣地学府（办学层次为小学、初中、高中）、兴华武术学校高中部。同年7月，批准筹建启萌幼儿园、英才幼儿园、颜店育英幼儿园。同年12月，筹建兖州圣堂实验中学（办学层次为初中）、兖州精华园学校（办学层次为初中），均为民办股份制社会力量办学单位。2004年8月，孔子学府试办幼儿园（隶属新兖镇教委管理），筹建兖州市新苑幼儿园。同年12月，市科技培训中心更名为市一方电脑培训学校。2005年5月，市第一中学与市孔子学府联合举办高中部，学制三年，形式为全日制、寄宿制。同年6月，市实验小学与市精华园学校联合办学，学制六年，办学层次为小学。同年，市政府制定治理非法办学联席会议制度，联席单位由市政府办公室、市安监局、市教育局、市公安局、市监察局、市人事局等13个部门组成，定期召开会议，就治理非法办学行为进行专题研究，及时解决相关问题。2006年—2009年，先后设立市九州方圆幼儿园、大安镇牛屯幼儿园、市新苑幼儿园、市高阳书法培训学校、市剑桥英语培训学校。2008年11月，撤销兖州市育才双语实验学校、精华园学校、圣堂实验中学，文化路幼儿园改制为公办幼儿园。

至2013年，全市有各类民办学校34所，总占地面积7299.28平方米，建筑面积4.76万平方米，在校教职工731人，各类学生8951人。其中，民办幼儿园22所，在园幼儿4193人；民办培训学校12所，培训学员4758人。

第十节　教育教学改革

教学管理

课程方案落实　1999年，市教学研究室设立管理科，负责加强课程方案的视导检查，加快地方课程和校本课程建设。2001年，将新课程研究性学习纳入全市中小学地方课程建设。2007年，将课程方案落实情况纳入“星级”学校教学评比活动，建立课程表备案制、调度制。2008年，市教育局制定《兖州市校本教研指导意见》，创建一批在校本研训工作起引领示范作用的先进校，锻造一批懂管理会研究的专家型校长，培养一支教育水平高、教学能力强的科研型骨干教师队伍，创新教育教学机制，形成办学特色。2010年，市教体局出台《兖州市学校课程开发指导意见》《关于进一步推进校本教研的指导意见》等文件，建立完善校本教研、校本课程开发制度。引导各学校根据学生成长需求，立足学校实际，以心理健康教育、法治教育、文明习惯养成、中华经典诵读等为主题，开发特色鲜明的校本课程。

常规管理　1996年，市教委制定《兖州市中小学教学常规》《兖州市教学工作评比标准》等文件，规范兖州市教学管理。1998年，全市提出教学常规管理的“一、二、三”策略，即“一个中心（课堂教学）”“两个关键（课堂教学模式的建立和集体备课）”“三个环节（学生主动发展、教师限时授课、检测堂堂过关）”。1999年，市教学研究室修订《兖州市中小学教学常规》《兖州市中小学教学工作评估标准及评估办法》，教学常规管理得到全方位落实。2001年—2005年，市教育局印发《在兖州市开展课堂教学质量效益年系列活动的通知》，并围绕建立科学的课堂教学结构和教学模式、落实和强化学生主体地位、全面提高教师队伍素质等，开展系列创建活动。

2006年，印发《兖州市教学星级学校评比方案》，兖州市各级各类学校在教学计划、教学备课、课后辅导等方面，突出学校以教师为中心、教学以学生为中心的理念，使教学管理实现科学化、规范化与人文化的有效结合与统一。2007年，市教育局印发《关于实施“百校质量工程”的意见》，围绕转观念、改路子、创模式、建机制的整体思路，以打造优质高效课堂、提高教学质量为主题，在兖州市开展系列活动。2010年—2013年，落实省教育厅《关于加强师德建设规范普通中小学教师教育教学行为的若干意见》，围绕精心制定教育教学计划，精心开发课程资源，精心备课，精心上课，精心进行作业教学，精心组织考试与评价，精心指导学生课外学习与生活，精心进行教育教学反思8个方面，开展认真学习、全面落实“八个精心”系列活动。

教学指导 1996年始，坚持每学年对学校进行教学视导。视导内容以检查备课、听课、座谈交流为主，提出合理化建议，指导教师教学。1999年，市教委印发《兖州市教师教学系列达标方案》，至2002年，中小学教师教学系列达标活动完成第一轮次，全市共有6000名教师达标。2002年9月，市教育局印发《兖州市第二轮教师教学系列达标活动实施方案》，中小学各学段制定达标细则，至2005年，第二轮次达标活动完成。2007年，实行学案导学课堂教学改革后，每学期对教师进行通识培训、说课培训、示范课培训、蹲点培植基地、面对面指导五轮培训。2011年，市教体局制定《关于贯彻落实“八个精心”的实施方案》《进一步推进校本教研的指导意见》《关于组织考试评价与分析的指导意见》《校本课程开发指导意见》《关于树立典型，建立重点联系学校和重点联系学科的通知》，确立市东御桥小学、市东方中学等一批重点联系学校，教研员定期蹲点辅导，从备课、上课、作业教学、考试评价4个方面进行深入研讨，形成基本模式，然后向全市推广。各学段各学科确立学科重点联系校，小学3所、初中4所、高中4所、教科所6所。教研员进行跟踪管理，跟进教研，形成特色，以这个学校的学科带动全市。确定骨干教师26人，教研员跟进式教研，深入课堂，通过听课、评课、研讨交流等方式，指导教师形成不同课型的教学模式。至2013年，通过各级公开课、示范课、教学能手、教学基本功、教学优质课等活动，先后培养出省特级教师9人，省级教学能手15人，杏坛名师13人，济宁市特级教师39人。

家庭教育 2004年，市教育局关工委遵照《中共中央国务院关于加强和改进未成年人思想道德建设的若干意见》，开展家庭教育工作。同年，兖州市被确定为山东省家庭教育现代化实验试点县。2005年11月，省教育厅关工委在兖州市召开家庭教育现代化实验工作现场会。2007年3月起，兖州市各级各类学校均办起家长学校，制定有负责人、有牌子、有教室、有教材、有教学计划、有兼职教师、有活动经费、有工作制度、有考核评估、有档案资料的“十有”标准。利用现代教育技术，多种形式办家教，形成家校互动、共同育人的良性循环模式。2009年5月，兖州市以高分首批通过山东省家庭教育现代化实验评估验收，被命名为山东省家庭教育现代化示范市。2010年，安徽、内蒙古、新疆等省（自治区）以及山东省30余个市县关工委相继到兖州市考察交流经验。兖州市被教育部关工委确立为国家首批家长学校教育实验市。兖州市申报的新时期中小学（幼儿园）家长学校办学模式研究课题列入全国教育科学“十二五”规划教育部重点课题。2012年，参与国家教育科学规划重点课题家长学校办学模式研究，共申报教育部立项32项，有28项子课题通过专家验收并结题。2013年年底，兖州区承担的全国教育科学规划重点课题《新时期家庭教育的特点、理念、方法研究》等28项课题通过国家验收。

第十一节　教育科研

教学研究　1996 年，主要围绕教学大纲、教材，组织教师学习、研讨。1999 年，兖州市中小学尝试分类教学。语文学科实施“大量读写，双轨运行”教学改革；初中英语进行“张思中外语教学法”教学改革。2001 年，市教学研究室印发《兖州市课堂教学模式研究推广方案》，兖州市新课程改革全面推开。2007 年—2009 年，兖州市进行学案导学课堂教学改革。各学校以学案为载体，以导学为手段，让学生在教师指导和学案引导下，完成课前预习、课堂学习、当堂训练、当堂测试、当堂达标。2010 年—2013 年，市教体局制定《关于贯彻落实“八个精心”的实施方案》，教学研究以“八个精心”中的精心制定教学计划、精心备课、精心上课、精心进行作业批改和精心组织考试与评价为着力点展开。

课题研究　1999 年 6 月，承担山东省创新教育实验课题，建立山东省创新教育实验基地 11 个。2002 年，承担山东省教育科学“十五”规划重点课题《素质教育下教与学行为的转变》子课题研究。市实验小学、市文化路小学、市东方中学、兴隆庄镇中心中学为主要实验基地，各学科研究成果在全市推广。2004 年，6 所学校承担山东省学生评价与考试改革实验研究。2007 年 3 月，全国教育科学“十一五”规划重点课题子课题——“因学定教实践模式”的实践与研究，在市实验小学、市东方中学等 10 所学校展开。2007 年—2013 年，以市第一中学、市实验高级中学、市东方中学、大安镇中心中学、市兴隆矿校、市实验小学、新兖镇中心小学等一批济宁市重点联系学校为主，全市共承担省级以上重点课题 43 个。

1997年—2013年兖州市教学科研主要课题情况表

表23-13

年　份	课　题	承研单位	主题单位
1997	进一步完善素质教育运行机制，全面提高学生素质	市教研室	省教科所
1999	异步教学实验研究与推广	市第十五中学	湖北大学异步教学研究学会
2001	培养中学生科学素质的研究	市东方中学	省教科所
	利用多媒体技术优化学科教学过程，提高教学质量和效益	市实验小学	中央教科所
2002	素质教育下教与学行为的转变子课题	市实验小学、市文化路小学、市东方中学、兴隆庄镇中心中学	省教科所
2004	综合实践活动课程资源整合试验研究	市东方中学	省教科所
2006	高中信息技术教学模式的创新研究	市第一中学	省电教馆
	中小学生诚信品质的形成机理研究	市东御桥小学	省创新教育实验与研究课题组
2007	农村家庭状况调查与教学对策研究	市第十三中学	全国教育科学“十一五”规划课题因学定教实践模式的实践与研究课题组
	小学德育“生活化”课堂模式研究	市东御桥小学	中国教育学会
	英语教学中因学定教实践模式研究	市实验高级中学	教育部教育科学规划办
	“因学定教实践模式”的实践与研究	市实验小学、市第一中学、市实验高级中学等学校	教育部教育科学规划办

续表23-13

年 份	课 题	承研单位	主题单位
2008	矿区特殊结构家庭学生心理问题及预防策略的研究	兴隆庄煤矿学校	省教研室
2009	中小学生学习心理辅导实验研究	新兖镇中心中学	省心理健康教育研究会
	小学语文教学中运用信息技术培养学生创新能力的研究	市文化路小学	省教研室
2010	学生读写结合个性化与课外读写活动多元化同步实践研究	市实验小学	中央教科所
	小学生命与安全教育案例研究	市实验小学	省教科所
2011	循环大课堂教学模式应用研究	市第一中学	省教研室
2012	素质教育下学生评价体系研究	市教研室	省教研室
2013	新时期中小学（幼儿园）家长学校办学模式研究	市教体局	教育部关工委

第十二节 教 师

教师队伍 1996年，全市有教职工6933人（含民办教师935人），其中高中教师591人，初中教师2253人，小学教师2990人，职业学校教师229人，幼儿园教师659人，其他211人。1999年9月起，推行校长负责制、教职工全员聘用制、岗位目标责任制、结构工资制为主要内容的教育内部管理体制改革，引入竞争机制，全市有10名教师落聘，560名教师转岗就业。2001年起，师范类中专和专科毕业生不再分配，全部自主择业；兖州籍本科毕业生仍执行分配政策。2002年，面向大中专院校毕业生，兖州市组织首次教师招考，招考教职工303人。2003年6月，黄屯镇、王因辖区内中小学、职业中学853名教师整建制划归济宁市高新技术开发区。2006年后，本科院校毕业生不再包分配，全部进入人才市场。2007年起，建立完善教师招考制度，每年定期招考一定数量的高校毕业生补充教师队伍。2007年—2013年，全市共招考教师783人。

2007年—2013年兖州市教师招考情况表

表23-14

年 份	2007	2008	2009	2010	2011	2012	2013	合计
招考数（人）	40	99	133	127	160	116	108	783

2007年，小学开始评审中学高级教师职称。2008年，15名济宁市“千名人才”分配到市第一中学、市实验高级中学、市成人中专等学校工作。2009年，兖州市中小学校制定岗位设置方案，教师职称实行竞聘上岗、岗位管理。2012年，全省实行中小学职称制度改革。中小学统一职称系列，开始设置正高级教师职称。2013年，兖州市共有教职工6615人。其中，小学2068人，初中1790人，高中1014人，职成教305人，幼儿园1199人，特殊教育学校33人，其他教育机构206人。按照省定编制标准，中小学超员，但因教师队伍存在年龄老化、结构性缺编等问题，按实际需求，教师数量仍显不足，且部分小学、幼儿园仍聘用代课教师。

1996年—2013年兖州市教职工人数情况表

表23-15　　单位：人

年 份	小 学	初 中	高 中	职业学校	幼儿园	特殊教育学校	其他教育机构	合 计
1996	2990	2253	591	229	659	24	187	6933
1997	2962	2560	451	261	556	28	223	7041
1998	2874	2386	893	286	574	31	167	7211
1999	2671	2525	934	400	570	35	214	7349
2000	2554	2602	994	465	578	36	176	7345
2001	2437	2594	1183	555	290	41	215	7315
2002	2331	2757	1084	537	339	40	200	7288
2003	1996	2500	956	500	293	40	205	6490
2004	2092	2249	1115	333	410	40	210	6449
2005	2124	2080	1263	338	322	40	151	6318
2006	2133	2007	1254	378	350	40	180	6342
2007	2110	1768	1202	406	363	40	180	6069
2008	2278	1840	1254	396	630	41	180	6619
2009	2113	1864	1225	420	694	37	175	6528
2010	2051	1934	1000	351	758	37	183	6314
2011	2155	1875	966	312	795	36	217	6356
2012	2183	1834	956	310	1137	35	212	6667
2013	2068	1790	1014	305	1199	33	206	6615

教师资格认定　1995年12月，根据国务院出台的《教师资格条例》，实行教师资格制度。1996年，全市在任教师按照规定程序进行教师资格过渡。2003年起，兖州市组织社会优秀人员和优秀普通高校毕业生申请教师资格。至2012年，共认定教师资格3064人。其中，高中教师资格948人、中职（含实习指导）教师资格208人、初中教师资格1247人、小学教师资格401人、幼儿园教师资格260人。2013年始，教师资格全部由济宁市教育局认定。

2003年—2012年兖州市教师资格认定情况表

表23-16　　单位：人

年 份	幼儿园	小 学	初 中	高 中	中 职（含实习指导）	合 计
2003	27	73	305	141	30	576
2004	11	11	94	58	9	183
2005	22	47	88	31	6	194
2006	5	30	119	168	17	339
2007	20	39	184	182	52	477
2008	4	41	128	117	30	320
2009	9	34	100	91	16	250
2010	7	50	87	53	19	216

续表23-16

年　份	幼儿园	小　学	初　中	高　中	中　职（含实习指导）	合　计
2011	26	32	38	38	17	151
2012	129	44	104	69	12	358
合计	260	401	1247	948	208	3064

师德教育　每年寒、暑假都组织教师集训。1999年，市教委制定《兖州市教师应语忌语》《兖州市教师应事忌事》《兖州市教育干部日常行为规范》和《兖州市教委十条禁令》等，规范教师管理，开展以爱事业、爱学校、爱学生和看身边人，议身边事，论增强教师的责任感、自豪感和荣誉感为主要内容的“三爱”“三感”教育活动。2003年9月，选拔组建师德报告团，在各镇和城区学校巡回演讲，印发师德报告集《让生命因学生而精彩》，直接受教育教职工7000余人次。2004年，市教育局出台《关于进一步加强教师职业道德建设的意见》，启动以诚信立业、诚信育人为主要内容的争做“诚信教师”系列活动。2008年，市教育局制定《中小学德育工作评价标准》，召开兖州市德育工作会议，开展社会主义道德观、荣辱观等系列教育活动。2010年，开展“加强师德建设，落实八个精心”活动，将落实“八个精心”作为加强师德建设的重要载体。开展学习贯彻“八个精心”培训班、“做爱岗敬业表率、当教书育人楷模”师德师风演讲比赛等工作。2011年11月，组建由21名优秀教师组成的师德报告团，巡回报告16场，6100人次受到师德教育。2012年，市教体局印发《兖州市贯彻落实“八个精心”师德教育读本》，供兖州市教职工学习。投资3000余万元按部颁标准建设兖州市教师教育基地，整合教师进修学校、教研室、电教站资源，搭建教育管理平台，形成上挂高校下联中小学，实现研训一体的现代教师学习与资源中心。2013年，市教体局出台《关于加强教师队伍建设的意见》，编写《兖州市教师文明礼仪读本》，组织教师参加师德师风政策法规考试、签订师德承诺书等，严格师德考核工作。

学历教育　1996年—2013年，兖州市扎实开展中小学教师继续教育工作，鼓励教师参加曲阜师范大学、山东师范大学等高师函授教育；与高校联合举办自考助学班，不断提高教师学历层次。至2013年，兖州市教师学历结构为硕士研究生及以上58人，本科3455人，专科1341人；小学、初中、高中教师的学历达标率分别为97%、92%、90%。

新教师培训　兖州市坚持对新参加教育工作的教师进行岗位培训，帮助新教师尽快适应岗位、熟悉工作、成为合格教师。主要开设教育学、心理学和教材教法等课程，结业时参加统一考试，合格率在95%以上。2000年—2013年共培训新上岗教师2244人，其中非师范类毕业生897人。

专业技能培训　1996年4月起，兖州市开展大练学科基本功活动，有2904名专任教师按要求参加基本功训练，94%以上的小学教师把普通话作为校园语言，钢笔字、粉笔字、毛笔字、简笔画优秀率60%以上。1999年—2005年，市教学研究室组织开展两轮兖州市教师教学系列达标活动。2007年起，每年组织骨干教师参加国家、省、市组织的各级各类培训。2008年，开始组织全市中小学教师参加省远程研修。2012年，与浙江大学联合组织2期教育艺术与管理智慧高级研修班，140名教育干部参加研修。2013年，选派教育干部、教师128人参加国家、省、市组织的各类培训，共计3.19万人次参加省远程研修。

教师待遇

政治待遇　1996年起，每年召开庆祝教师节大会，表彰优秀教师、优秀教育工作者，颁发证书和奖金，先后表彰兖州市优秀教师1805人次，优秀教育工作者512人次，优秀校长350人次，师德标兵52人次，师德模范41人次，十佳青年教师10人次，十佳园丁20人次。历届市人代会、政协会都有教师代表参加。2006年，对兖州市从教30年教师颁发纪念证书，有2392名教师获得。2007年11月，实施“兖州名师”建设工程，评选出30名首届“兖州名师”。至2013年，兖州市有全国优秀教师2人，全国模范教师1人，全国劳动模范1人；山东省优秀教育工作者3人，山东省优秀教师15人；济宁市优秀教育工作者36人，济宁市优秀教师131人。山东省特级教师9人，杏坛名师13人；济宁市特级教师26人，济宁市十佳教师1人，济宁市十佳校长1人，济宁市名校长11人。全市教师当选济宁市党代表7人次、兖州市党代表22人次。当选山东省人大代表1人、济宁市人大代表2人次、兖州市人大代表33人次。当选济宁市政协委员1人、兖州市政协委员43人次。

1996年—2013年兖州市表彰教职工情况表

表23-17　　单位：人

年份	优秀教师	优秀教育工作者	优秀校长	师德标兵	师德模范	十佳青年教师	十佳园丁
1996	100	25	—	—	—	—	—
1997	100	20	—	—	—	—	—
1998	100	20	—	—	—	—	—
1999	100	20	—	—	—	10	—
2000	100	20	—	—	—	—	10
2001	100	30	30	—	—	—	10
2002	100	30	30	—	—	—	—
2003	100	30	30	—	—	—	—
2004	120	30	30	—	—	—	—
2005	100	30	30	—	—	—	—
2006	100	40	40	—	—	—	—
2007	100	40	40	—	—	—	—
2008	120	42	40	—	—	—	—
2009	120	40	40	—	—	—	—
2010	146	56	—	—	—	—	—
2011	30	—	10	—	—	—	—
2012	80	20	20	20	20	—	—
2013	89	19	10	32	21	—	—
合计	1805	512	350	52	41	10	20

工资待遇　1993年，国家机关、事业单位工资制度改革，实行新的工资制度，兖州市公办教师人均月工资526元。工资改革后，教职工每两年考核合格晋升1个工资档次，定期调整工资标准，工资不断增长。2005年9月，兖州市教师工资、“三险一金”实行县级统筹，教师的工资、养老保险、医疗保险、失业保险、住房公积金全额纳入县级财政预算，统一标准、统一发放。

2006年，国家机关、事业单位工资制度改革，实行新的工资制度，工资结构由岗位工资、薪级工资、绩效工资组成，人均增资266元，人均月工资2439元。此后，每年按考核结果晋升1个薪级。2007年3月，为农村教师办理医疗保险，至此，兖州市教师养老保险、医疗保险和住房公积金，按政策规定比例，全部由县级财政及时足额缴纳。同年4月，兖州市69名已退养民办教师的工资全部由县级财政列支，市社会事业保险处统一发放，医疗保险参照公办教师执行。2011年7月，市政府办公室出台《兖州市事业单位绩效工资实施暂行意见》，兖州市义务教育学校全面实施绩效工资，绩效工资由基础性绩效工资、奖励性绩效工资组成，基础性绩效工资随工资按月发放，奖励性绩效工资按总量拨付到学校，由学校考核发放。同年，市人社局印发《关于调整规范市直事业单位绩效工资总量、项目及标准的通知》，按照人均每月300元的标准增加绩效工资总量，教师人均月工资为3673元。2013年，市人社局印发《关于调整市直事业单位绩效工资总量及离（退）休人员补贴标准的通知》，按照人均每月230元的标准增加绩效工资总量；印发《关于调整市直事业单位绩效工资总量及离(退)休人员补贴标准的通知》，按每人每月242元的标准增加基础性绩效工资。

民办教师　1996年，兖州市在编民办教师（1985年9月底之前任教，1987年登记在编并持有省教委印制的任教证书的教师）935人，占兖州市教师总数的13.5%。1998年，对在编民办教师采取“招（按照每年中师招生计划的一定比例，划拨指标招收民办教师进入中师学习两年，毕业后分配为公办教师）”“转（按照一定条件、要求，直接转为国编教师）”“辞（对不合格以及违犯计划生育政策的民办教师予以辞退）”“退（离岗退养，国家每月拨发离岗退养费）”等方式进行管理。2002年10月，依照省人事厅、省教育厅联合下发《关于山东省民办教师选招公办教师有关问题的通知》精神，组织最后一批民办教师转编。兖州市有199名民办教师转为公办教师，辞退11人。超过年龄的86名民办教师办理退养手续。

第十三节　教育行政

教育干部培训　兖州市每年利用寒、暑假时间，举办中小学教导主任、小学校长、幼儿园园长培训班及兖州市教育干部理论学习中心组读书班。1999年，选派28名教育干部到烟台、潍坊等教育发展先进地区挂职学习1年。2006年，选派1名高中业务副校长到苏南挂职学习1年。2007年—2013年，共组织参加教育干部培训1670人次。其中，教育行政干部296人次，中小学教育干部1214人次，中职学校干部49人次，幼儿园园长111人次；选派教育干部参加国家、省、市级培训771人次，自行组织培训899人次。

校舍建设与改造　1996年，兖州市校舍建筑总面积28.1万平方米，其中楼房面积16.53万平方米，占58.54%，均为砖混结构。

1996年，市实验高级中学投资1000万元，启动一期工程建设，建成一幢3500平方米的教学楼、2340平方米的学生宿舍楼以及2200平方米的学生食堂和餐厅。同时，第二期教学楼、实验楼、学生宿舍楼开工建设。2002年，5000平方米的艺体楼建成并投入使用。总面积3.33万平方米。2007年，启动市实验高级中学三期扩建工程，征地7.3公顷（109亩），用于综合楼、艺术教学楼、学生公寓、餐厅和操场建设，扩大办学空间，提高办学水平。同年，投入资金2639.9万元，新建校舍3.38万平方米，维修校舍2.96万平方米。

1996年，市第三中学征地7.67公顷(115亩)，启动迁建规划；1998年，迁建完成，教学平房建筑面积1000平方米，总投资350万元。

1997年，市第十五中学投资270万元，建成5300平方米的综合楼。1999年，新购土地17亩。2008年，投资420万元，建成3700平方米的教学楼。

1998年，市第一中学教学楼4180平方米的扩建工程完工，1999年投入使用。2000年，购置原商业局幼儿园土地。2002年，投资350万元，5700平方米的艺术综合楼建成使用。2008年10月，市第一中学新校区启动建设，总投资3.5亿元，占地460亩，建筑面积12.9万平方米。2010年9月1日，正式启用。

2001年，市第二中学投资168万元，4000平方米的综合教学楼建成使用。2002年，投资78万元，新建学生宿舍楼2200平方米。2003年，投资140万元，3800平方米的学生宿舍楼建成，全部学生均住上新楼房。

2004年，市文化路小学投入210万元，建成2800平方米的教学楼。2008年，投资130万元，2300平方米教学楼主体工程完工。

2001年，兖州市加大中小学危房改造力度。至2003年，全市新建高标准学校8所，撤并薄弱学校12所，共投入危改专项资金2930.13万元，维修校舍4.51万平方米，3.19万平方米D类危房全部拆除，改扩建6402平方米，新建5.06万平方米，完成规划建设总面积10.21万平方米，兖州市学校消除危房。2004年，市教育局开始着手建立危房台账和校舍电子档案，实行微机化统一管理。2006年，结合农村中小学布局调整，投入资金704.14万元，拆除陈旧校舍4710平方米，新建校舍6963平方米，维修改造校舍6.71万平方米。至此，兖州市逐步健全校舍设施的定期查勘、普查及校产的信息化管理制度，使校舍维修、改造步入规范化、信息化、经常化的轨道。

2009年，市政府办公室印发《兖州市中小学校舍安全工程实施方案》，全面实施中小学校舍安全工程，制定三年总体规划和年度实施计划，共排查118所学校，1220幢建筑物，59万平方米，96.5%的校舍达到一般抗震设防标准。同年9月，完成16所中小学校“一暖三改（一暖是冬季供暖，三改是改建宿舍、食堂和厕所）”建设工程，建设总面积6877平方米。至2013年，兖州市校舍安全工程共规划项目125个，实际建设186个，完成率148.8%；规划校舍改造面积21.29万平方米，实际改造47万平方米，占规划任务的220.8%，占兖州市校舍总面积的61.5%；规划投入1.86亿元，实际投入7.25亿元，占规划的389.8%。校舍安全工程覆盖兖州市学校总数的48.75%，薄弱校舍全部消除。

2010年，城区学校布局调整开始启动，形成市第一中学、市实验高级中学、市第六中学3所高中布局。在市实验小学原校区挂牌组建市兴隆幼儿园，填补兖州市政府举办实验示范幼儿园的空白。2011年，新建市实验小学海情康城校区（后改名市实验小学五里庄校区）。2012年，原址重建漕河镇中心小学、小孟镇中心小学、新驿镇中心小学3所学校；新建大安镇大安中学、市第十三中学、颜店镇中心中学3所中学的学生宿舍楼；并重点对市第十六中学和市矿山学校实施改造。2013年，新建市东方中学西校区、市实验小学西校区、新兖镇金村社区小学、大安镇中心小学、市文化路小学旧关校区5所中小学；完成新兖镇中心中学、新驿镇中心小学、颜店镇大张小学、漕河镇中心幼儿园等25所学校（幼儿园）的变压器升级改造，确保农村学校（幼儿园）的用电安全和用电需求。

教育装备 1996年1月1日，兖州市教育电视台正式开播（兖州电视台十七频道）；1月中旬，省教育委员会公布兖州市为教育电视收转网合格市。兖州市10个乡镇建立卫星地面接收站，教学放像点遍布城区各中小学，电化教育网络基本形成。同年，兖州市各级各类学校教学仪器配备达到山东省一类标准。市教委出台《兖州市中小学实验教学、实验室管理工作暂行规定》，规范仪器设备的管理和使用。1998年，共装备“两机一幕（投影机、录音机、投影幕）”600套、语音室20个、电脑478台，全市70%的学校实现“两机一幕”进课堂。同年，市实验小学实现“五机一幕（投影机、录音机、录像机、VCD机、电视机、投影幕）”进课堂，被教育部授予全国现代化教育技术实验学校。2000年，装备校园网14个、大屏幕彩色电视机3089台、语音室8个、微机室6个、普教仪器32套、音像电子备课中心10套、电脑200台、多媒体教室1个、图书30万册，学区以上全部学校实现“两机一幕”进课堂；有49所学校实现“四机一幕（投影机、录音机、VCD机、电视机、投影幕）”进课堂。同年，市教育电视台合并到市电视台，开设兖州电视台教育节目频道（兖州电视台三频道），并入兖州电视有线网络。2001年，市第一中学、市实验高级中学、市第十六中学安装广播网，市第六中学、市第十六中学建设交互式校园网，市东方中学、市第十五中学、市第十四中学装备多媒体电教教室；各乡镇中心中（小）学、市直各学校基本普及计算机教育。2002年12月，市教育信息中心成立，建成教育城域网并实现与济宁市教育信息中心链接，各镇中心校、市直学校成功接入，兖州市基本达到“校校通”，实现优质教育资源共享。

2001年—2003年，按照“跟踪国家标准，实施梯次推进”的原则，实行“以奖代拨”的办法，对有关学校奖励100万元的图书和音体美器材。所有乡镇中心中（小）学、市直学校的仪器、图书等，达到国家一类配备标准；建起不同档次的微机室、语音室，普及“两机一幕”。全市有14所学校拥有校园计算机网络、电视交互式网络、多媒体电教教室，并建有校园电视台，16所学校建起电子音像备课中心；建成山东省现代教育技术试点学校4所，省、市、县级电教示范学校43所，实现办学条件的标准化。2005年—2006年，采用融资租赁形式，分两期实施教育装备现代化工程，并启动第一期工程。投资1200万元，完成城区12所义务教育学校现代化装备工程，达到山东省先进水平。2007年，投入228万元，完成农村中小学现代远程教育工程，53所定点小学建起微机室，连通教育网，18所教学点建起播放室，达到山东省农村中小学远程教育要求。

2009年，投资180万元，完成兖州教育网升级改造，与网通公司合作开通兖州市素质教育资源平台，开设“空中课堂”，启动“家校通”，提高教育资源效益；投入1420万元，启动第二期教育现代化装备工程，为各镇初中、中心小学装备高标准信息中心、电子白板、多媒体教室。2010年，启动全市农村中小学教学仪器更新和特殊教育学校教学仪器配备工程，共投入781万元，仪器配备达到国家一类标准。同年，兖州市被确定为山东省“绿色班班通”试点县（市、区）。投资500万元，为市第一中学、市实验高级中学、市第十四中学、市职教中心等4所学校配备200套电子白板；投入1500万元，为市第一中学新校高标准配备实验器材、理化生数字化探究实验室、语音室等教学设施；投入400万元，为兖州市1000名高中教师配备笔记本电脑；兖州市各级各类学校图书配备60万册。2011年，投资850万元，完成兖州市中小学学科教师人手一机配备。2012年，投资900万元，完成新兖镇中心中学等12所学校标准化建设教育教学（仪器电教）设施配备工程。2013年，投资1000万元，完成市实验小学西校区等4所城区新建学校标准化建设教育教学（仪器电教）设施配备工程。

教育督导 1996年—2001年，兖州市在全省首批实现“两基（基本扫除青壮年文盲、基本实现九年义务教育）”后，形成以督政为主、督学为本的兖州教育督导评估特色。聘任专兼职督学、特约教育督导员、特派教育督导员，形成市、镇、校三级教育督导评估网络。市教委印发《兖州市实施素质教育规定》《兖州市教育督导规定》，明确“两基”督导评估标准、办法和程序。2001年4月，全国教育督导现场会在兖州市召开，国家教育督导团把兖州市的教育执法目标责任制称为“兖州模式”，向全国推广。

2002年5月，市教育局对各单位开展课堂教学质量效益年活动的情况进行专项督导评估。督查的主要内容包括学校领导兼课和听课情况，强化和规范集体备课情况，教学常规、教学模式（方法）的落实和运用情况，开展教师系列达标情况。2009年11月，市政府教育督导室组织“百校质量工程”实施情况专项督导，对各学校在更新教育观念、强化教学管理、改革课堂教学、重建评价体系等方面的工作落实情况展开专项检查督促。2010年2月，围绕迎接济宁市、山东省的2009年度教育事业专项（职业教育，经费与整改，体育卫生艺术教育）督导评估，开展全面自查自评、促优补弱等工作。同年3月—4月，相继通过济宁市、山东省的督导评估。2011年3月，市教体局制定《兖州市普通中小学贯彻落实“八个精心”督导评估方案》，并印发兖州市各级各类学校贯彻执行。2012年3月和4月，兖州市分别通过济宁市和省督导组对2011年度学前教育工作进行的专项督导。2013年，通过省政府县域义务教育均衡发展督导评估认定工作。

德育工作 1996年，兖州市所有学校都建立完善德育室，突出加强爱国主义教育。1997年，兖州市先后命名烈士陵园、兴隆塔、烈士塔3个历史教育为主题的德育基地；同年，组织开展“我们的香港”读书征文、“迎香港回归祖国知识竞赛”等系列庆祝香港回归活动，激发学生爱国热情。1999年，以庆祝新中国成立50周年和澳门回归为契机，组织开展“祖国万岁”团体操、千名少先队员大合唱、学生书画摄影展等活动。组织中小学生观看近百部爱国影片。2000年，兖州市各学校按照小学重习惯养成、初中重品德修养、高中重情操信仰，各学段都重品学兼优的要求，实施学校德育工作“一把手负责制”，建立德育工作目标责任制，制定《德育规划》《德育计划》《德育校历》。各学校均设立德育课专（兼）职教师，开足开好课时，做到有教师、有时间、有计划、有教案、有实施、有考核、有总结的“七有”要求。2005年，市教育局印发《关于加强学校德育制度建设的通知》，对各学校德育工作提出中小学德育工作实行校长负责制、学校德育应遵循教育规律等14条意见。2006年，市教育局制定《兖州市中小学德育工作评价标准》，再次明确小学重习惯养成、初中重品德修养、高中重情操信仰，各学段都重品学兼优、德才兼备的德育目标和内容体系。各学校结合实际，完善《德育方案》，完善“学生一日常规”“文明行为礼仪规范”等。2008年起，全市各中小学组织参与兖州市创建文明城市活动。先后开展“小手拉大手，共创文明城”“小手拉大手，共做文明人”“争做环保小卫士”“文明举止我先行”等系列活动，使广大中小学生的主人翁情感和发奋意识得到和谐培养和发展。2011年，开展“学党史，感恩情”征文比赛活动，培养学生的爱国情怀。2012年，举行关于组织开展“向国旗敬礼、做有道德的人”网上签名寄语活动。至2013年，全市各学校按照新课程教学大纲要求，设《品德与生活》《品德与社会》《思想政治》等课程。每年重大节庆日、纪念日，组织学生入学、入队、清明节千人入团活动、成人宣誓仪式；每年到爱国主义教育基地参观学习2次～3次；每年开展经典诵读、读书征文、书画比赛、演讲比赛、科技发明等竞赛活动10次以上，进行理想、道德、纪律、法制、国防和民族团结教育，继承和弘扬中华民族优秀传统文化和良好公民美德。

安全管理 1996年，市教委联合市综治办、市司法局在兖州市各学校开展遵纪守法光荣校（班）创建活动；联合市公安局开展安全文明学校、交通示范校等创建活动。1999年，市政府办公室成立学校安全综合治理领导小组，制定《关于加强学校治安综合治理的意见》，健全学校内保组织机构，明确安全监督员，设立学校110报警点；建立驻地派出所联合办公制度；市政府在学校周边200米范围内建立校园治安特别管护区。2000

年，市综治委印发《关于进一步加强学校治安综合治理工作的意见》，强调坚持属地管理原则，部门齐抓共管，完善警校110联动机制；市综治办、市教委、市司法局联合印发《关于在兖州市中小学校聘任法制副校长的意见》，明确聘任的范围、条件、职责任务、聘任办法和管理监督等要求，从政法系统干部队伍中聘请45名法制副校长。2001年，市教委制定《兖州市学校食品卫生管理规定》，印制《学校安全工作手册》，在全市中小学推广。2002年，市教育局印制《常用教育法律法规手册》《中小学生在校伤害事故纠纷处理与防范手册》。2003年，在预防“非典”工作中，建立学校传染病防范工作机制。同年4月，市教育局设立学校安全监督管理科，进一步加强学校安全管理工作。2004年，市政府办公室印发《关于开展中小学幼儿园及少年儿童安全管理专项整治行动的通知》，由市教育、公安、文化、工商、城建、城市综合执法、卫生防疫、宣传等部门组成联合检查组，对全市中小学和幼儿园的治安防控、周边环境、内部安全管理、不合格办学机构等重点进行专项督查。市教育局印发《关于开展创建“平安学校”活动的实施意见》，成立创建活动领导小组和办公室，制定兖州市“平安学校”标准。2005年—2006年，贯彻落实公安部“公安机关维护校园及周边治安秩序八条措施”、教育部“关于进一步做好中小学幼儿园安全工作六条措施”，开展“平安和谐校园”创建活动。2007年，市教育局制定《兖州市突发公共事件应急预案》，完善学校安全检查方案；组织开展“小手拉大手”交通安全活动和接送学生车辆排查行动。2008年，市教育局印发《关于在教育系统开展安全生产百日督查专项行动的通知》，深入推进隐患治理年各项工作；开展“学校安全月”活动，张贴校园安全隐患十防挂图。2009年，在各学校开展防灾减灾主题教育活动。同年5月和9月，市教育局、市安监局、市财政局、市建设局、市国土资源局等部门联合组成检查组，针对校舍、设施安全，两次对兖州市所有中小学，逐校、逐幢校舍进行联合排查。共排查中小学111所，排查校舍总面积60万平方米。

2010年，市教育局制定《安全和稳定问责制度》，安全工作细化到每一位责任人，安全措施落实到每一项具体工作，严格责任追究。同时，建立学校、幼儿园安全和稳定应急处理制度。开展学校安全教育日、安全生产月、防灾减灾等安全教育活动；举办安全教育报告会和学校幼儿园安全保卫、消防安全、食品卫生培训班。2011年，市政府将实施学校幼儿园安全防范体系建设工程纳入为民办好的十件实事之一，为兖州市市直学校（幼儿园）和各镇中心中小学、中心幼儿园、定点初中共计56所学校（幼儿园），配备167名校园保安；投资19.4万元，购置物防器材320套；投资500.8万元，安装校园电子视频监控报警设备830套，保障校园安全、师生平安。同年11月，贯彻落实《山东省校车安全管理办法》，开通助学公交车。20辆助学车投入运营，共有16个线路，涉及9所城区中小学（小学、初中、高中各3所）。2013年，校园保安增加到197人。加强学生交通安全教育，开展“拒乘违法车辆、保障生命安全”“交

学生乘坐助学公交车安全上下学

通安全知识进校园”等活动。

第十四节　勤工俭学

1996年—2001年，兖州市有校办工厂13家，商业网点1处，农林场10个，固定工人127人，临时工136人，年收入102.93万元，纯利润19.9万元。市第一中学教学仪器厂，产品销售到全国各地。市第二中学电焊机厂，产品销售覆盖全省。市第六中学印刷厂生产学生作业本。市职业中专机械加工厂，为山东拖拉机厂定点加工零件。2001年，由于市场竞争激烈，校办企业力量薄弱，缺少流动资金，大部分校办企业停产、关闭或以拍卖、承包的方式经营。仅有市聋哑学校印刷厂、市白衣堂小学校服厂以租赁、承包的方式经营下来。2001年后，校园经济、学生实验基地管理成为勤工俭学的主要工作。兖州市有校园经济、学生实验基地400亩，有花木培育基地300亩。其中，颜店镇第十八中学30亩，新驿镇皇林小学20亩，小孟镇成教中心、第二十四中学、桑园小学、河庄小学、太平小学共80亩，市职业中专、市第三中学50亩，有冬青、小叶女贞等98个品种，每年产生经济效益200万元。至2013年，全市教育系统有省级花园式单位2个，济宁市花园式单位26个，济宁市绿化先进单位89个。

第十五节　教育经费

经费来源　兖州市教育经费主要来源包括财政预算内拨款（占70.59%）、各级政府征收用于教育的税费（占11.39%）、勤工俭学或社会服务收入中用于教育的经费（占0.4%）、社会捐资集资办学经费（占1.08%）、学校事业性收入（占13.77%，主要是学杂费收入）和其他教育经费（占2.77%）。

财政拨款是教育经费来源的主渠道。主要部分是教育事业费（70.59%），分个人部分和公用部分。教育事业费中，个人部分（主要是工资发放）占87.05%，公用部分占12.95%。随着经济社会和教育事业的发展，财政预算内经费逐年增长，至2013年，教育财政预算内经费共计61.79亿元。

各级政府征收用于教育的税费包括教育费附加、农村教育费附加和地方教育附加三部分。1996年，根据市政府《关于做好农村教育费附加征管用工作的意见》规定，农村教育费附加以市委、市政府确认的各乡镇1995年农村分配人口和人均纯收入为依据，征收比率以国务院、省委、省政府规定的最低标准，按人均纯收入的1.5%（包括在农民负担的5%以内）向农户征收教育费附加。2005年3月，按照《山东省地方教育附加征收使用管理暂行办法》，兖州市开始征收“三税”税额的1%作为地方教育附加。2010年12月1日起，按照新的征收范围和标准征收地方教育附加。

勤工俭学和社会服务收入补充教育经费。至2013年，兖州市各级各类学校共收入1464万元。

社会捐（集）资办学是多渠道筹措教育经费的重要渠道。至2013年，全市共筹集资金4101万元。

学校事业性收入主要是学杂费收入。1996年，市教委会同市预算外资金管理局联合制定《兖州市中小学预算外资金管理暂行办法》，把学校收取的学费、杂费、住宿费、借读费、学前班管理费及课本费、作业簿本费、互助金等代收费，城乡教育费附加及各渠道筹措的教育经费，勤工俭学收入、房屋出租及其他国有资产出租收入等纳入预算外资金管理范围。同时对预算外资金的收取、管理、使用、监督检查及奖惩作出详细说明。2004年秋季学期起，在义务教育阶段学校推行在严格核定杂费、课本费和作业本费标准的基础上，一次性统一向学生收取费用的收费办法。2006年春季学期开始，实现对义务教育学生免杂费、课本费、作业本费和一套基础训练费，对寄宿困难学生提供生活补助的全免费义务教育。2008年春季学期开始，实现对全市高中教育阶段学校免费教育。同年秋季学期，兖州市不再收取义务教育阶段学校住宿学生的住宿费，兖州市小学到高中阶段全部免除学杂费。至2013年，全市共收入学杂费3.22亿元，全部用于补充学校公用经费的不足部分。

1996年—2013年兖州市各级各类学校收入情况表

表23-18　　单位：万元

年份	总收入	教育事业费			税费					勤工俭学收入用于教育	社会捐赠收入	事业收入		其他收入
		合计	个人部分	公用部分	合计	教育费附加	农村教育附加	四项经费	地方教育附加			合计	其中：学杂费	
1996	7951	4568	4066	502	1236	499	737	0	0	305	521	529	529	792
1997	8803	5268	4613	655	1274	561	713	0	0	259	973	596	596	433
1998	9954	5800	5189	611	1215	650	565	0	0	205	421	2178	1316	135
1999	12909	6876	6389	487	1360	816	544	0	0	138	149	4292	1975	94
2000	12854	7479	7100	379	1532	916	616	0	0	146	397	2766	1672	534
2001	14744	9236	8524	712	1427	690	617	120	0	306	164	3282	2734	329
2002	18247	11536	10971	565	1231	675	155	401	0	93	176	4413	2441	798
2003	16937	11073	10690	383	853	527	0	326	0	2	212	4466	2634	331
2004	19877	12144	11620	524	2625	2347	0	278	0	4	50	4372	2721	682
2005	21854	14574	12213	2361	1020	1020	0	0	0	3	118	5448	2961	691
2006	29457	19052	14755	4297	5168	3960	0	0	1208	3	99	4459	2167	676
2007	41835	30211	26854	3357	4211	3327	0	0	884	0	268	5283	4098	1862
2008	48115	38538	32948	5590	5463	4371	0	0	1092	0	79	3066	605	969
2009	50088	40317	34432	5885	5452	4305	0	0	1147	0	143	3340	890	836
2010	54355	43074	35745	7329	6838	5423	0	0	1415	0	205	2176	1407	2062
2011	67929	59281	40837	18444	5649	4174	0	0	1475	0	53	2350	1212	596
2012	88978	70487	48257	22230	14308	10958	0	0	3350	0	49	1664	979	2470
2013	93062	72579	53355	19224	14984	7723	0	0	7261	0	24	1776	1306	3699
总计	617949	462093	368558	93535	75846	52942	3947	1125	17832	1464	4101	56456	32243	17989

经费支出　1996年—2013年，兖州市用于教育的经费支出呈逐年增长趋势。2013年，公用经费所占的比例为26.49%，其中，2012年公用经费所占的比例最高，为31.54%。

1996年—2013年兖州市各级各类学校支出情况表

表23-19　　单位：万元

年份	总支出	教育事业费支出		
		合计	其中：公用经费支出	公用经费所占比例（%）
1996	7950	4568	502	10.99

续表23-19

年 份	总支出	教育事业费支出		
		合 计	其中：公用经费支出	公用经费所占比例（%）
1997	8691	5268	655	12.43
1998	9849	5800	611	10.53
1999	12415	6876	487	7.08
2000	12860	7479	379	5.07
2001	14448	9016	492	5.46
2002	18146	11532	561	4.86
2003	15735	11073	383	3.46
2004	17189	12144	524	4.31
2005	21005	14571	799	5.48
2006	24885	19052	2436	12.79
2007	41154	30211	3357	11.11
2008	47996	38538	5590	14.51
2009	47940	40317	5885	14.60
2010	49668	43074	7329	17.01
2011	67373	59281	18444	31.11
2012	86404	70487	22230	31.54
2013	89043	72579	19224	26.49
合计	592751	461866	89888	19.46

经费管理 2000年11月，市教委制定《教育系统实行集中统一会计核算实施方案（试行）》，在教育系统试行集中统一会计核算制度，成立市教育系统会计结算中心。市直各学校及所属乡镇经费实行集中管理，分校核算，开设统一账户，集中进行会计核算。2007年，市教育局印发《关于完善教育经费“校财局管”制度全面实行会计集中核算的通知》；同年7月，市教育局统一管理中小学财务工作，对农村中小学经费实行“校账局管”，全面实行会计集中管理，分户核算。会计集中核算取消各单位的银行账户，各单位设立报账员，实行报账制，此制度一直延续至2013年。

2013年，进一步完善财务管理措施，建立公用经费管理台账，确保义务教育公用经费的30%用于设施设备配置，一般性支出和三公经费支出控制在规定的比例范围内。市教体局制定《教育系统项目资金财政国库直接支付流程》，规范财务支付行为。市教体局与市财政局联合下发《关于加强义务教育阶段学校教师培训费管理的通知》，全年计提师资培训费155万元，提高培训费的使用效益。

免费教育 1998年，兖州市按照山东省《关于调整规范中小学收费的报告的通知》，开始对家庭经济困难的学生，实行学杂费减免政策。2003年9月，减免比例为城区学校在校生总人数的15%，农村学校为在校生总人数的20%。学杂费减免标准：小学减免60%，初中减免40%，高中减免20%。减免范围为革命烈士子女、父母双亡孤儿、享受最低生活保障的家庭子女。2006

年春季学期开始，按照市政府《关于义务教育阶段学生免费教育的实施意见（试行）》，在兖州市就读的义务教育阶段学生，免收“一费制”中规定的杂费、课本费、作业本费，提供一套上级教育主管部门规定的基础训练，对义务教育阶段寄宿困难学生提供生活补助（按实际在校期间每天补助1元）。当年，市财政列支2674万元，在全省率先实现全免费义务教育。2008年3月，按照市政府《关于落实高中教育阶段免学费工作的实施意见》，自该年度春季学期开始，对全市高中教育阶段学校就读的兖州籍学生，免收收费标准中规定的学费。免费资金纳入市财政预算，由市财政按月拨付。全市共拨付4183万元。从该年度秋季学期起，兖州市不再收取义务教育阶段学校学生的住宿费。至此，兖州市实现12年免费教育。2012年2月，按照市政府《关于学前教育免费工作的实施意见》，自2012年春季学期起，免除兖州市城乡3周岁～5周岁在园幼儿（包括外来务工经商人员子女）的保育费、管理费、杂费、代办费，具体标准为每生每年1980元。享受免费教育的幼儿园，包括取得山东省学前教育机构办园许可证的兖州市公办及公办性质幼儿园，及取得山东省学前教育机构办园许可证、民办学校办学许可证、民办非企业单位登记证书的兖州市民办幼儿园。学前教育免费资金全额纳入市财政预算，由市财政部门将免费资金按月拨付到市会计核算中心统一管理，市会计核算中心再核拨到幼儿园专门银行账户。市财政、审计、教育部门根据省市规定的费用支出项目设立会计科目强化监管，确保免费资金专款专用。实施免费学前教育，每年惠及兖州市1.7万名3周岁～5周岁幼儿，真正体现学前教育的普惠性。至2012年年底，兖州市学前三年幼儿入园率85.7%。兖州市在全省率先实现15年免费教育。2006年—2013年，累计拨付免费教育经费45604.1万元。

2006年—2013年兖州市预算内生均公用经费（含杂费）拨款标准表

表23-20　　单位：元

年份	生均公用经费标准				
	小学		初中		高中
	城市	农村	城市	农村	
2006	一、二年级200，三至六年级260	一、二年级160，三至六年级210	370	300	无
2007	一、二年级290，三至六年级350	300	460	390	无
2008	350	300	460	445	每生每学期省级规范800，其他高中500
2009	400	400	600	600	每生每学期省级规范800，其他高中500
2010	500	500	720	700	每生每学期省级规范800，其他高中500
2011	700	700	900	900	每生每学期省级规范800，其他高中500
2012	700	700	900	900	每生每学期省级规范800，其他高中500
2013	770	770	970	970	每生每学期省级规范800，其他高中500

债务化解与助学贷款　2008年，兖州市制定《清理核实农村义务教育债务工作实施方案》，市教育局协助市财政局着手清理核实农村义务教育债务工作。清理债务的范围截至2005年12月31日，农村义务教育公办学校为实现农村普及九年制义务教育目标而发生的债务，经学校自查，县、市、省逐级认定。兖州市共认定债务总额872万元。至2010年年底，872万元债务全部化解。

2009年3月10日，甲方（国家开发银行）、乙方（兖州市人民政府）、丙方（兖州市教育局）三方共同签订生源地信用助学贷款合作协议；4月30日，兖州市学生资助管理中心正式启动大学生信用助学贷款。同年，办理2批大学生贷款，共308人，158.59万元。至2013年，生源地助学贷款共办理1698人，919.74万元。

2009年—2013年生源地助学贷款办理情况表

表23-21

年　份	生源地信用助学贷款办理人数（人）	贷款金额（万元）	年　份	生源地信用助学贷款办理人数（人）	贷款金额（万元）
2009年（第一批）	84	42.1	2012	360	198.67
2009年（第二批）	224	116.49	2013	285	157.13
2010	357	193.34	合计	1698	919.74
2011	388	212.01	—	—	—

第二章　体　　育

第一节　管理机构

1996年，市体育运动委员会下设办公室、业务科、体育运动学校、体育馆、老年体协办公室，有工作人员36人。2002年5月，市体育运动委员会更名为市体育运动中心，隶属市教育局，为科级全额事业单位，增设体育市场稽查大队，在职人员42人。2004年7月，市体育运动中心改称市体育局。2010年4月，市体育局更名为市体育运动服务中心，为市教育体育局管理的科级全额事业单位，老年体协办公室升格为副科级全额拨款事业单位，隶属市体育运动服务中心。2013年11月，市体育运动服务中心更名为济宁市兖州区体育运动服务中心。同年年底，区体育运动服务中心设办公室、业务科、体育运动学校、体育馆、体育市场稽查大队、体育彩票办公室，辖区老年体协办公室1个副科级全额事业单位，在职人员53人。

第二节　体育设施

1996年，兖州市有占地面积3630平方米体育场1处，田径运动场50个（400米标准场3个），篮球场596个（灯光球场23个），羽毛球场134个，门球场29个，旱冰场1个。同年，对体育馆顶层面进行维修，维修面积5594平方米，更新体育馆照明设备和座椅，安装霓虹灯。全市有乒乓球台914副，篮球架701副，田径器械可满足省级运动会竞赛需要。1997年5月，新征体育用地2.94万平方米，新建4个水泥篮球场，4个标准门球场和竞技体校简易训练房，学生食堂及辅助性设施，体育中心总面积增至6.6万平方米。同年8月，体育中心游泳池建成并投入使用，建筑面积916平方米。2008年6月，按照全民健身与竞技体育训练兼顾的原则，对体育馆室内外进行全面改造，更新座椅1600个，铺设塑胶地板660平方米，更换框架馆顶，并进行外部装饰装修；增建2600平方米的健身、训练综合用房；改建体育场2.3万平方米，其中，翻建400米跑道，改造后形成1座多功能体育馆，1座高标准的室内综合训练、健身馆，1个标准田径场，2片操舞场，3个门球场，4个室外篮球场，6个羽毛球场，8个乒乓球场，28类100余套（件）室外健身器械，成为集健身、娱乐、休闲为一体的综合性场所，总占地面积6.02万平方米。2010年，加大对体育健身活动场所建设的投入，把体育健身活动场所建设纳入城乡建设规划，全市有大型活动场馆8座，活动室128个，健身活动站点28处，文化广场36个，健身路径160件（套）。同年，市委、市政府决定在西城区规划建设高标准的新体育中心，满足全市人民群众的健身需求，迎接山东省第二十三届运动会的召开。兖州新体育中心选址在九州路以北，建设路以南，荆州路（大安河）以西，占地面积约400亩，总投资约6亿元。2013年年底，主体工程基本竣工。其中，体育馆1座，建筑面积2.29万平方米，能容纳观众5500人；游泳网球馆1座，建筑面积2.29万平方米，能容纳观众2822人；室外网球场8个，篮球场4个。

第三节　体育队伍

运动员队伍　1996年，市体育运动学校共设篮球、拳击、田径、足球、举重、武术、跆拳道、散打、乒乓球9个训练项目，有运动员121人。市体育运动学校坚持从难、从严、从实战出发，大运动量的训练原则，按照各类运动项目的特点进行实战训练。2013年年底，全市业余体校人数260人，其中，全市健将级运动员1人，一级运动员2人，二级运动员257人。

教练员队伍　1996年，市体育运动学校有教练员12人。1999年起，陆续接收上级专业运动队退役队员、大中专毕业生，担任市体育运动学校教练员。2003年，大中专毕业生分配及专业运动队运动员安置14人。至2013年年底，共有教练员34人，其中女教练员10人；具有本科学历的16人，专科学历10人，中专学历8人；高级教练员3人，一级教练员14人，助教13人。

裁判员队伍　1996年开始，市体育局（委）通过举办篮球、校园足球、乒乓球、门球、健身秧歌等各类项目的裁判员培训学习，提高裁判员业务水平和综合素质。至2013年年底，兖州市有体育运动等级的裁判员279人。其中，篮球裁判员70人，田径裁判员50人，足球裁判员10人，门球裁判员40人，地掷球裁判员6人，武术裁判员20人，跆拳道裁判员10人，散打裁判员10人，柔道裁判员8人；国家级裁判员10人，一级裁判员15人，二级裁判员30人。

社会体育指导员队伍　1999年底，全市有一级社会体育指导员6人，二级社会体育指导员8人，三级社会体育指导员26人，2000年，在全市建立社区辅导站（点）22个，聘请社会体育指导员70人。其中，一级社会体育指导员2人，二级18人，三级49人。2004年，市体育局推荐5名体育管理人员参加省级社会体育指导员培训班，其中2人获国家一级社会体育指导员证书。据全市体育人才队伍调查统计，全市拥有三级以上社会体育指导员345人，全市每万人拥有社会体育指导员7人。2009年，市体育局开始注重培养社会体育指导员队伍的发展，每年组织举办三级社会体育指导员培训班，并为考核合格人员颁发三级证书，积极参加上级举办的各类培训班。同年，市体育局推荐1人参加国家级体育社会指导员培训并获得国家级社体会体育指导员证书。至2013年年底，全市有国家级社会体育指导员9人，国家一级社会体育指导员210人，国家二级社会体育指导员320人，国家三级社会体育指导员340人。

体育团体　1997年，兖州市兴华武校成立，是兖州市第一所民办武术学校。该校位于兖州城南兴隆庄镇四竹亭村，集训练、学习、食宿为一体，开设拳击、跆拳道、散打、武术4个训练项目，在校学生423人，武术教员16人，文化教员21人，学生分初中部、小学部，初中部5个班级，小学部6个班级。1998年，兴华武校参加济宁市武术比赛获团体第一名。1999年6月，因学校扩大规模，学校迁至王因镇。2006年，学校迁至新兖镇刘家岗村，常年招收小学、初中学生，进行武术课的业余培训，平均每年培训110人，并利用寒暑假招生短期培训班。2010年，镇、街道合并调整后，武校划归鼓楼街道辖区。

1999年，由新兖镇、市大统矿业集团公司合资兴办的兖州市大统重竞技运动体校成立。该校位于新兖镇牛楼村，集训练、文化学习为一体，开设拳击、武术、散打、田径、摔跤5个训练项目，在校学生385人，专职教员23人，分小学部、初中部、高中部。1999年，向全国各级体育院校输送学生30人，在国家级比赛中获金牌5枚，银牌2枚，在省级比赛中获金牌8枚，银牌3枚。2004年，市大统重竞技运动体校因生源问题，停止办学。

2009年—2013年，兖州市又相继成立市体育舞蹈俱乐部、市武术协会、市自行车协会、市传统武术文化研究会、市象棋协会，有各类会员558人。

1996年—2013年兖州市体育团体情况表

表23-22

团体名称	活动项目	会员（人）	成立时间
市兴华武校	拳击、跆拳道、散打、武术，1998年经营全日制中小学适龄儿童文化课、武术课的学习	423	1997
市大统重竞技运动体校	拳击、武术、散打、田径、摔跤	356	1999
市体育舞蹈俱乐部	体育舞蹈	80	2009
市武术协会	武术	120	2010
市自行车协会	自行车	113	2011
市传统武术文化研究会	传统武术	89	2011
市象棋协会	象棋	156	2013

第四节 学校体育

1996年，全市中小学继续贯彻《国家体育锻炼标准》，开展体育达标活动，对各级各类学校达标活动进行检查，全市参加活动人数占学生总数的95%以上，达标率均在87%以上。同年，改革和完善初中体育考试评价制度，把体育纳入中考科目，体育测试成绩计入中考成绩，纳入学生综合素质评价内容；建立特长生培养制度，全市高中学校在招生过程中留出名额，按比例招收体育特长生。初中升高中体育测试总分50分计入升学总分；1998年，改为30分；2001年—2009年，改为40分；2010年，改为60分，其中40分体育测试成绩，20分为体育基本素质。2007年，根据国家体育总局、教育部下发的《国家学生体育健康标准》要求进行检查，及格率90%以上。根据上级要求和兖州市项目布局，兖州市坚持每年举办一届全市中小学生田径运动会和迎春长跑比赛，各学校通过层层选拔，组织运动员参加比赛；定期举办乒乓球、篮球比赛，丰富比赛内容。2008年始，全市中小学生运动会项目小学组增加乒乓球，初中组、高中组增加篮球。至2013年，全市中小学普遍建立田径、篮球、乒乓球、足球等运动队，坚持常年组织训练，全市有省级体育传统项目学校2所。

第五节 群众体育

职工体育 1996年，兖州市举办“文明杯”

篮球比赛，共有12个队参加。1998年，举办“建行杯”长跑比赛和“广电杯”篮球比赛，参加人数近500人。1999年，举办“兴隆酒业杯”职工运动会，设篮球、乒乓球、田径、羽毛球4个比赛项目，人数约1000人。2001年，选派30名优秀运动员组队参加济宁市第三届职工运动会的篮球、乒乓球、羽毛球项目比赛，获金牌总数第一，团体总分第一，并获体育道德风尚奖。2002年，承办山东省第四届职工运动会篮球比赛。2007年，兖州市体委2人被评为济宁市群体工作先进个人。2009年起，每年8月8日为“全民健身日”，兖州市广泛开展全民健身活动。同年，市体育局与市磊鑫玻璃有限责任公司合作，邀请篮球运动员刘铁到兖州参加“磊鑫玻璃”杯男子篮球邀请赛。至2013年，兖州市共举办各类职工运动会39次，累计8364人次参加比赛。每年参加济宁市和山东省举办的各类健身项目10项次，主办和承办的职工篮球、乒乓球、长跑等比赛项目20项次，举办健身秧歌、太极拳（剑）、广播体操等各类培训班，参加活动人数占职工总人数的80%以上，社会力量自办的乒乓球俱乐部、象棋、台球、晨（晚）练点等72个。

1996年—2013年各类职工运动会情况表

表23-23

年　份	运动会名称	参加人数（人）
1996	“文明杯”篮球比赛	260
1997	“电力杯”乒乓球比赛	86
1998	“建行杯”长跑比赛	130
	“广电杯”篮球比赛	260
1999	建委系统乒乓球比赛	90
	“兴隆酒业杯”职工运动会	510
2000	警体运动会	360
	建委系统职工运动会	270
	供电系统趣味比赛	76
	广电系统职工乒乓球	78
	教职工篮球赛	230
	“新华杯”乒乓球赛	96
2001	“环保杯”职工乒乓球比赛	101
	“九彩杯”篮球邀请赛	310
2002	全市职工象棋比赛	86
	职工篮球赛	270
	职工乒乓球赛	126
2006	市公安局第六届职工运动会	360
	第三届“环保杯”职工乒乓球赛	96
2007	市国税局运动会	126
2009	济宁市组工干部春季运动会	260
	济宁市农机系统运动会	360
	“五市一校”中老年篮球赛（济宁、兖州、曲阜、邹城、滕州、曲阜师范大学）	76
	“磊鑫玻璃”杯男子篮球邀请赛	276
	“神州剑酒”杯男子篮球超级联赛	370
	首届保安系统运动会	260
	第八届市公安局警体运动会	380
	市地税系统职工运动会	180
	市首届“明源杯”乒乓球比赛	89
	市篮球友谊对抗赛	160
	“长乐杯”男子篮球联赛	200
	“体彩杯”乒乓球比赛	120
2010	首届“济宁正大房产杯”跆拳道、双节棍比赛	80
2011	鼓楼街道职工运动会	86

续表23-23

年份	运动会名称	参加人数（人）
2004	全市“环保杯”职工乒乓球赛	90
	全市“钟馗酒杯”篮球邀请赛	310
	全市职工象棋比赛	96
2005	市直机关事业单位职工春季运动会	420
	市第二届“环保杯”职工乒乓球比赛	96
	市公安局第五届职工运动会	370
	市男子篮球超级联赛	330
2012	兖州供电部职工运动会	130
2013	“嵫山水泥杯”象棋比赛	45
	兖州区区直机关“农信杯”篮球比赛	260
	兖州区“建魅力兖州　展巾帼风采——兴业银行杯”妇女健身舞大赛	612
	“长乐杯”业余篮球比赛	823
	兖州区“鲁酒王杯”第二届跆拳道比赛	160
	“天沐太阳能杯”第二届传统武术比赛	156

农民体育　1996年，兖州市有新兖镇马桥村、北关村，兴隆庄镇、三官庙村，谷村镇周村，大安镇辛北庄村、夏家村、穆家庙村等镇村群众体育活动的先进典型。篮球、乒乓球、太极拳（剑）、武术、象棋、门球等体育活动多在农闲和节假日举行。北关村老年门球队四年代表兖州市参加济宁市农民老年门球比赛，并保持前三名。大安镇的夏家村、穆家庙村、辛北庄村从2000年开始每年举办农民体育活动，参加人数960人，占3个村人数的三分之一。2000年，谷村镇环宇工贸公司开展信鸽训练活动，全镇的23名信鸽爱好者参加。2007年，随着全民健身运动的不断深入，重点向农村延伸，各镇（街道）都建有文体广场，90%的行政村安装健身器材。2009年，兖州市被国家体育总局评为实施农民体育健身工程先进县。至2013年，全市10个镇（街道）、406个行政村、34个社区，配备高低杠、单杠、太极轮、三人健腰器、篮球场、健腹板、乒乓球台等各类体育设施2万件（套），体育场面积不少于1000平方米。全市农村经常开展的体育项目除自发的健身娱乐项目外，还有球类、棋类、田径、花棍、太极拳（剑）、武术等。

老年体育　1996年，市老年人体育协会主要负责组织、指导全市老年体育活动。全市每年都组织各类老年体育活动10次以上，同时参加济宁市和省级比赛及培训。2000年，市体委会同新兖镇在北关村创办村级老年人活动中心。2001年—2002年，市老年体协文体宣传队定期参加下乡巡回演出和市内广场文艺演出。2003年—2007年，市老年体协先后组织举办门球、太极拳（剑）、大秧歌、健身操、无极健身球、腰鼓等丰富多彩的老年文体活动。2008年，兖州市选出100名队员组队参加济宁市首届老年人运动会健身秧歌、太极拳（剑）、台球、乒乓球等9个大项的比赛，并获优秀组织奖和体育道德风尚奖。2011年，市老年活动中心被省体育局命名为山东省群众体育活动站点。2013年，全市7个镇和3个街道均建立健全老年体协领导班子。市老年体协组建球类、棋牌、操舞类等6个工作委员会，同时组建太极拳（剑）、健身球操、健身秧歌、健身腰鼓、柔力球等5支精品项目表演队伍，每支队伍人数均在100人左右。至2013年年底，全区经常参加体育活动的60岁以上老年人5.4万人，占老年人总数的65%。

第六节　竞技体育

1996年，兖州市体育史上首次国际篮球邀请赛在市体育馆举行，澳大利亚、美国等9个国家驻华使馆外交官及外企人员组成全明星队参赛。中央电视台、《中国体育报》《大众日报》等20多家新闻媒体报道此次活动，在国内引起较大反响。1998年，兖州市在第十九届省运会取得较好成绩，被济宁市政府记集体三等功。2000年，承办“太阳纸业杯”山东、澳大利亚青年篮球对抗赛，澳大利亚青年男、女篮球队与山东省青年男、女篮球队进行比赛。2001年，承办全国男子篮球甲B联赛，济南军区篮球队、沈阳空军篮球队等10支代表队198名篮球运动员参赛，其中包括13名外籍球员、2名中国台湾球员，是兖州市历史上承办最高规格的比赛，中央电视台体育频道、《中国体育报》《大众日报》等多家新闻媒体对此进行报道。2002年—2013年，先后承办山东省第四届职工运动会、山东省武术散打锦标赛、山东省第二届全民健身运动会的篮球、武术和健美健身项目的比赛，承办济宁市第二届全民健身运动会传统武术、象棋项目，济宁市第十一届运动会，济宁市第十九届老年人门球比赛、济宁市第五届秧歌、健身球，济宁市青少年乒乓球、篮球、散打锦标赛，济宁市第三届运动会象棋和拳击项目，济宁市第三届全民健身运动会围棋等6个赛事11个单项的比赛。其中，2003年10月16日—20日，济宁市第十一届运动会在市第一中学体育场举行。共有19支体育代表队参赛，济宁市12个县（市、区）和中央、省属驻济企业及市直各行业系统，运动员、教练员及工作人员3000余人。共开展篮球、田径、门球、柔道和举重5个项目的比赛。兖州市选手以79.89分的成绩列各代表队第二名。该运动会是兖州市体育史上承办的设项最多、规模最大、参赛人数最多的一次综合性运动会。

国家级以上体育竞赛　1996年，兖州籍运动员参加全国拳击锦标赛、全国皮划艇比赛，共获金牌2枚。1997年—2005年兖州市在全国各级各类比赛中，共获金牌11枚，银牌3枚，铜牌2枚。

2001年6月26日，全国男子篮球“乔丹杯”甲B联赛在兖州市体育馆举行

1996年—2013年部分兖州籍运动员参加国家级以上比赛获奖情况表

表23-24

姓　名	项　目	名　次	运动会名称	年　份
魏　建	拳击63.5公斤级	冠军	全国拳击锦标赛	1996
丰　飚	皮划艇	四人艇金牌	全国皮划艇比赛	1996
魏　勇	散打85公斤以上级别	冠军	全国武术暨散打比赛	1997
丰　燕	皮划艇	银牌	全国第八届运动会	1997
潘晓婷	女子美式普尔台球比赛	全国女子台球冠军	全国体育大会	2000
蒋长虹	划船	冠军	全国青年划船锦标赛	2000

续表23-24

姓　名	项　目	名　次	运动会名称	年　份
陈　芳	射击	第一名 第二名 第三名	全国锦标赛	2002
刘　斌	足球	第三名	全国少儿足球赛	2002
陈　芳	射击	亚军	世界锦标赛	2003
伊　磊	乒乓球	男子团体第一名 男子双打第一名	世界“青年杯”乒乓球锦标赛	2005

省级体育竞赛　1998年，兖州籍运动员在山东省第十九届运动会的皮划艇单人、双人、四人艇项目的比赛中获金牌3枚，2002年—2013年，在山东省第二十届运动会、山东省第二十一届运动会、山东省第二十二届运动会、山东省武术锦标赛、山东省帆船帆板锦标赛、山东省柔道锦标赛、山东省散打锦标赛、山东省摔跤锦标赛、山东省赛艇、皮艇冠军锦标赛等赛事的散打、皮划艇、拳击、武术、自由跤、田径等项目中获金牌12枚，银牌10枚，铜牌7枚。

1996年—2013年兖州籍运动员参加省级比赛获奖情况表

表23-25

姓　名	年　份	比赛名称	比赛项目	名　次
魏　勇	1998	山东省十九届运动会	散打	第一名
丰　飚	1998	山东省十九届运动会	皮划艇（单人）	第一名
许美芹	1998	山东省十九届运动会	皮划艇（双人）	第一名
刘宪光	1998	山东省十九届运动会	皮划艇（4人艇）	第一名
关天慧	2002	山东省第二十届运动会	跆拳道	第一名
刘发祥	2002	山东省第二十届运动会	拳击（60公斤）	第一名
吴晓东	2002	山东省第二十届运动会	拳击（75公斤）	第一名
魏　东	2002	山东省第二十届运动会	拳击（71公斤）	第一名
蒋长虹	2002	山东省第二十届运动会	赛艇	第二名
刘　磊	2002	山东省第二十届运动会	田径（400米）	第四名
高冬青	2002	山东省第二十届运动会	田径（800米）	第四名
			田径（1500米）	第五名
孔　楠	2003	山东省武术锦标赛	武术	第一名
李红星	2004	山东省青少年锦标赛	自由跤	第一名
尚倩倩	2006	山东省第二十一届运动会	800米	第二名
徐　飞	2006	山东省第二十一届运动会	拳击	第二名
陈倩倩	2006	山东省第二十一届运动会	1500米	第四名
丁　维	2008	山东省帆板帆船锦标赛	帆板帆船	女子组第五名
何德培	2008	山东省柔道锦标赛	男子柔道60公斤级	第五名
曹鲁健	2008	山东省散打锦标赛	散打	第一名
	2010	省二十二届运动会	散打75公斤	冠军

续表23-25

姓　名	年　份	比赛名称	比赛项目	名　次
李欢欢	2010	省二十二届运动会	拳击67公斤	第三名
陈　森	2010	省二十二届运动会	拳击51公斤	第三名
马　克	2010	省二十二届运动会	射击	第五名
穆佳卓	2012	山东省摔跤锦标赛	摔跤	第一名
高　擎	2012	山东省摔跤锦标赛	摔跤	第一名
刘丙河	2012	山东省拳击锦标赛	拳击48公斤级	冠军
杨远帆	2012	山东省拳击冠军赛	拳击	第三名
张恒康	2012	山东省自行车冠军赛	自行车	第四名
李　佳	2013	山东省散打锦标赛	52公斤散打	第二名
华海浩	2013	山东省散打锦标赛	84公斤散打	第三名
王亚楠	2013	山东省拳击锦标赛	51公斤拳击	第二名
穆佳卓	2013	山东省摔跤锦标赛	60公斤摔跤	第二名
刘丙河	2013	山东省拳击冠军赛	51公斤摔跤	第二名
张　莹	2013	山东省射击锦标赛	射击	第一名
吴阳明	2013	山东省射击锦标赛	射击	第二名
刘延召	2013	山东省赛艇、皮艇锦标赛	双人皮艇	第五名
	2013	山东省赛艇、皮艇锦标赛	四人皮艇	第二名
	2013	山东省赛艇、皮艇冠军赛	1000双人艇	第一名
	2013	山东省赛艇、皮艇冠军赛	1000四人艇	第二名
陈冲冲	2013	山东省赛艇、皮艇锦标赛	200米单人划	第三名
	2013	山东省赛艇、皮艇冠军赛	单人划	第三名
刘　凯	2013	山东省赛艇、皮艇锦标赛	轻量级单人划	第三名
			全能	第七名

市级体育竞赛　1999年，兖州体育代表团参加济宁市第十届运动会，共参加田径、篮球、举重、摔跤、柔道、乒乓球等9个大项的比赛，共获金牌50枚，金牌数和团体总分第三名。2003年，在济宁市十一届运动会上获团体第二名。2007年，在济宁市十二届运动会上获团体第二名。2011年，济宁市第十三届运动会获团体第六名。1999年—2011年，兖州体育代表团共在济宁市运动会上获金牌202.39枚。

2003年4月16日，济宁市第十一届运动会开幕式在兖州市第一中学体育场举行

体育人才选拔与输送　1996年，市体育运动学校共向国家、省、济宁市及各大体育院校运动队（系）输送运动员20人，1997年—2000年，兖州市为上级体校及全国各大体育运动队和院校（系）输送60余人。2001年—2002年，共向上

级运动会和院校输送队员16人，其中省体校10人。2008年，兖州市体育中心提升改造后，体育运动学校由原来部分运动项目的学生集中食宿、训练改为走读式训练。2003年—2013年，与上级体校专业队建立联络输送渠道，保障优秀体育后备人才健康成长，运动技术水平逐步提高，共向省以上专业队输送运动员120人，向济宁市以上体校输送运动员304人。

第七节　传统体育

武　术　武术是兖州市体育传统优势项目。兖州武术门派较多，主要有查拳、洪拳、太极拳、炮拳、少林拳、八卦拳、滑拳、南拳、螳螂拳、通背拳10余种。随着社会的发展，群众的健身意识逐步增强，参加传统体育活动的人数逐年增多。1996年，兖州市举办中老年太极拳比赛。2011年和2013年分别举办第一届和第二届“兖州特曲杯”兖州市武术运动协会传统武术比赛；至2013年，参加省和济宁市各类传统武术比赛30余次。

兴华武校学员训练

象　棋　1996年—2008年，由市象棋协会每年举办一次全市大赛。兖州的象棋爱好者经常参加省级和济宁市级比赛，在济宁市12县市区中名列前茅，多次取得济宁市团体冠军。2009年，贾若愚（12岁）在全国少年象棋锦标赛获男子丙组冠军。2013年，王海清在山东省少年象棋锦标赛中获男子丙组冠军。棋坛小将胡世恩、赵金友、赵玉昆、李文昊等也多次取得好成绩。

第八节　体育彩票

2001年2月，兖州市在城区投放3台电脑体育彩票终端机，开始发行电脑体育彩票。同年，销售体育彩票118万元。2001年—2003年，每年分别举行一次规模发行活动，并逐年新增电脑体彩终端机。2004年，由市老年体协办公室承担体育彩票管理工作。2005年，全市电脑型体育彩票销售量激增，年销售额1060万元（首次突破1000万元）。2006年，开展电脑体育彩票“占县下乡”活动，新增5家乡镇网点。2007年—2008年，体育彩票由于机器配给不充足，销量下降。2009年，市体育彩票管理办公室成立，实现体育彩票市场专职管理负责制。2010年，“竞彩”游戏玩法上市，全年电脑型体育彩票年销售完成2280万元。至2013年，全市有电脑体育彩票终端机56台，体育彩票管理人员3人，累计销售各类体育彩票20382万元。

2001年—2013年兖州市体育彩票销量情况表

表23-26　　单位：万元

年　份	2001	2002	2003	2004	2005	2006	2007	2008	2009	2010	2011	2012	2013	合计
总销量	118	136	170	218	1060	1100	751	879	1366	2280	3355	4217	4732	20382

第二十四篇

科 技

YANZHOUSHIZHI

科　技

第一章　机　　构

第一节　市科技局

1996年11月，兖州市星火计划办公室、兖州市技术市场成立，分别为科级全额事业单位和副科级差额事业单位，隶属市科学技术委员会（以下简称市科委）。同年年底，市科委内设办公室、综合计划科、地震科、地震监测站4个科室，辖市星火计划办公室、市地震办公室2个科级全额事业单位，市技术市场1个副科级差额事业单位，市科技情报研究站1个股级全额事业单位。有工作人员18人。2000年，内设科室调整为办公室、工业科、农业科、计划财务科、民营科技科、专利科。2002年5月，市政府实施机构改革，市科委更名为市科学技术局（以下简称市科技局），设办公室、工业科、农村科、计划财务科、民营科技科和知识产权管理科6个科室，辖市星火计划办公室、市地震办公室2个科级全额事业单位，市技术市场1个副科级差额事业单位，市科技情报研究站1个股级全额事业单位。有工作人员41人。2006年5月，撤销市地震办公室，成立市地震局，隶属市科技局管理，为科级全额事业单位；同年10月，市知识产权局成立，隶属市科技局管理，为副科级全额事业单位，有工作人员4人。2013年11月，市科学技术局更名为济宁市兖州区科学技术局。至年底，区科学技术局内设办公室、工业科、农业科、综合管理科、知识产权科、计划财务科6个科室，辖区地震局、区星火计划办公室2个科级全额事业单位，区知识产权局1个副科级全额事业单位、区技术市场1个副科级差额事业单位和科技情报研究所1个股级全额事业单位，有工作人员40人。

第二节　市气象局

1996年，市气象局实行上级气象部门和市政府双重领导、以上级气象部门领导为主的管理体制，为科级全额事业单位，有工作人员16人，其中工程师4人。1997年，市雷电防护技术中心成立，隶属市气象局管理。1999年3月，市人工增雨防雹工作领导小组成立，隶属市气象局管理。2006年5月，根据山东省气象局《关于印发〈济宁市国家气象系统机构编制调整方案〉的通知》要求，兖州市气象局定编14人，下设办公室、气象台、防雷减灾管理办公室、人工影响天气办公室、雷电防护技术中心5个职能科室。2013年，根据《山东省气象局县级气象机构综合改革实施方案》《山东省气象局县级气象管理机构参照公务员法管理工作实施细则》要求，市气象局为参照公务员法管理的事业单位。同年11月，市气象局更名为济宁市兖州区气象局。至年底，区气象局内设综合管理办公室和防灾减灾科2个科室，辖市气象台1个副科级直属业务单位，共有工作人员12人，其中工程师6人。

第二章　科技开发企业与科研机构

第一节　科技开发企业

高新技术企业　2002年，兖州市开始重点培育高档纸、橡胶制品、生物技术、医药食品、煤化工、工程机械、汽车配件、专项化学品、电子电器制造、新材料等行业成为高新技术支柱产业。至2013年年底，先后有23家企业被评定为国家高新技术企业，23家企业被评定为济宁市高新技术企业。当年实现高新技术产业产值284.44亿元，占规模以上工业产值的23.39%。

山东硕华科技有限公司节能灯生产线

民营科技企业　1996年，兖州市民营科技企业已具雏形，但是门类较为单一，只停留在一些简单的手工作坊式和小规模的引种繁育上，经济效益较低。1997年，党的十五大召开以后，兖州市民营科技企业迅速发展。1998年，涌现出12家民营科技企业，涉及机械、化工、电子、食品、医药、计算机、养殖、艺术等20个门类，当年实现销售收入1200万元，利税110万元。1999年，兖州市民营科技企业进一步发展壮大，形成多学科交叉，多种经济成分互补的科技群体，自主开发及承担各类计划项目38项，承担兖州市级项目9项，实现利税1500万元。2002年，兖州市共审批民营科研机构62家，认定民营科技企业8家，省科技厅重点联系的民营科技企业2家，已发展成国家级企业集团1家，省级企业集团3家，全市民营经济占全市国内生产总值的80%，民营科技经济占全市地区生产总值的60%。2005年，兖州市科技型民营企业发展到25家，57家民营企业与大专院校、科研院所建立长期稳定的协作关系，95%以上的民营企业建立技术创新中心或研发机构。2009年，兖州市列入高新技术统计范畴民营企业43家，其中，8家企业通过国家高新技术企业认定，建成全市首家省级院士工作站、博士后工作站，新建省级企业技术中心1家、重点实验室1家，获省科技进步奖1项、济宁市科技进步奖8项，取得省级以上科技成果7项。至2013年，全市民营科技企业79家，年创产值188亿元。

2008年—2013年兖州市国家高新技术企业认定情况表

表24-1

企业名称	获准年份	备　注	企业名称	获准年份	备　注
山东大丰机械有限公司	2008	—	兖州明阳化工有限公司	2010	—
山东富平电力机车有限公司	2009	—	兖州永悦纸业有限公司	2010	2013年重新认定

续表24-1

企业名称	获准年份	备　注	企业名称	获准年份	备　注
山东国丰机械有限公司	2009	—	兖州天章纸业有限公司	2010	—
兖州希尔康泰药业股份有限公司		2013年重新认定	山东育达医疗设备有限公司	2011	—
山东熙来淀粉有限公司		2013年重新认定	山东科大鼎新电子科技有限公司		—
兖州东升精细化工有限公司		2013年重新认定	山东永华机械有限公司		—
兖州创佳玻璃纤维制品有限公司		2013年重新认定	山东玉丰农业装备有限公司		—
山东省兖州市天意新型建材机械有限公司		2011年重新认定	山东联诚集团有限公司		—
山东太阳纸业股份有限公司		2013年重新认定	山东天意机械制造有限公司		—
山东硕华工贸有限公司	2010	—	山东瀚邦胶带有限公司	2012	—
兖州市量子科技有限责任公司		—	山东海钰生物技术有限公司	2013	—
山东安能输送带橡胶有限公司		2013年重新认定	—	—	—

第二节　科研机构

1996年—2013年，兖州市重点鼓励企业、高等院校和科研单位采取多种合作形式共建各级各类研发机构，引导创新要素向企业聚集。至2013年年底，全区95%以上的企业建有技术创新中心或研究开发机构，建成济宁市级以上的各类科研机构58个，开发出一大批科技含量高、附加值高、市场占有率高的产品。其中，2006年—2013年，建成国家级博士后科研工作站2个，国家级企业技术中心1个，省级院士工作站1个，省级工程技术研究中心6个，省级国际合作研究中心1个，省级企业技术中心6个，省级一企一技术研发中心3个，省级工程研究中心1个，济宁市级工程实验室1个。

2006年—2013年兖州市研发机构情况表（济宁市级以上）

表24-2

研发平台	级　别	所在企业	研发机构名称	获得年份
博士后科研工作站	国家级	山东太阳纸业股份有限公司	山东太阳纸业股份有限公司博士后科研工作站	2008
		山东康迪泰克工程橡胶有限公司	山东康迪泰克工程橡胶有限公司博士后科研工作站	2013
工程技术研究中心	省级	山东太阳纸业股份有限公司	山东省制浆造纸工程技术研究中心	2006
		绿源食品有限公司	山东省肉鸭产业工程技术研究中心	2010
		山东康迪泰克工程橡胶有限公司	山东省橡胶管带工程技术研究中心	2011
		山东省育达医疗设备有限公司	山东省手术室设备工程技术研究中心	
		山东国丰机械有限公司	山东省玉米收获机工程技术研究中心	
		山东永华机械有限公司	山东省小型数控加工中心工程技术研究中心	2012
	济宁市级	华勤橡胶工业集团	济宁市橡胶用金属线材工程技术研究中心	2013

续表24-2

研发平台	级别	所在企业	研发机构名称	获得年份
工程技术研究中心	济宁市级	山东联诚集团有限公司	济宁市新能源汽车混合动力技术工程技术研究中心	2013
		山东科大鼎新电子科技有限公司	济宁市合金键合材料工程技术研究中心	
		山东经典重工集团股份有限公司	济宁市钢结构设计建造安装工程技术研究中心	
		山东天意机械制造有限公司	济宁市环保节能墙板成型机械工程研究中心	
		山东迪一电子科技有限公司	济宁市新型片式电子元器件工程技术研究中心	
		山东硕华科技有限公司	济宁市半导体照明工程技术研究中心	
		山东大华机械有限公司	济宁市保护性耕作工程技术研究中心	
		兖州市滨阳生物科技有限公司	济宁市畜禽保健品工程技术研究中心	
		山东希尔康泰药业有限公司	济宁市肝病、肾病药物工程技术研究中心	
		山东海钰生物技术有限公司	济宁市生物多糖工程技术研究中心	
		山东白象食品有限公司	济宁市方便食品加工工程技术研究中心	
		兖州创佳玻璃纤维制品有限公司	济宁市玻璃纤维及复合材料工程技术研究中心	
		山东绿金生物科技有限责任公司	济宁市蝴蝶兰及优质种苗组培快繁工程技术研究中心	
企业技术中心	国家级	山东太阳纸业股份有限公司	山东太阳纸业股份有限公司企业技术中心	2010
	省级	山东康迪泰克工程橡胶有限公司	山东康迪泰克工程橡胶有限公司技术中心	2009
		东升新材料（山东）有限公司	东升新材料（山东）有限公司技术中心	2011
		齐鲁特钢有限公司	齐鲁特钢有限公司技术中心	
		兖州环亚挂车制造有限公司	兖州环亚挂车制造有限公司技术中心	2012
		山东育达医疗设备有限公司	山东育达医疗设备有限公司技术中心	2013
		山东希尔康泰药业有限公司	山东希尔康泰药业有限公司技术中心	
	济宁市级	倍耐力轮胎有限公司	倍耐力轮胎有限公司技术中心	2011
		山东硕华工贸有限公司	山东硕华工贸有限公司技术中心	
		青岛钢铁集团兖州焦化厂	青岛钢铁集团兖州焦化厂技术中心	
		山东国丰机械有限公司	山东国丰机械有限公司技术中心	2012
		山拖农机装备有限公司	山拖农机装备有限公司技术中心	
		山东益宝生物制品有限公司	山东益宝生物制品有限公司技术中心	
		山东瀚邦胶带有限公司	山东瀚邦胶带有限公司技术中心	
		山东翔宇化纤有限公司	山东翔宇化纤有限公司技术中心	2013
		山东省兖州市兴达酒业有限公司	山东省兖州市兴达酒业有限公司技术中心	
		兖州市环宇车轮有限公司	兖州市环宇车轮有限公司技术中心	
		兖州中煤华安机电设备公司	兖州中煤华安机电设备公司技术中心	
		兖州创佳玻璃纤维制品有限公司	兖州创佳玻璃纤维制品有限公司技术中心	
院士工作站	省级	山东太阳纸业股份有限公司	山东省太阳纸业院士工作站	2009

续表24-2

研发平台	级 别	所在企业	研发机构名称	获得年份
院士工作站	济宁市级	济宁市农业高新技术示范园区	济宁市农业高新技术示范园管理委员会院士工作站	2011
		齐鲁特钢有限公司	齐鲁特钢有限公司院士工作站	
		山东绿金生物科技有限责任公司	山东绿金生物科技有限责任公司企业院士工作站	2012
		兖州市农业科学研究所	兖州市农业科学研究所院士工作站	
		山东海钰生物技术有限公司	山东海钰生物技术有限公司院士工作站	2013
国际合作研究中心	省级	山东太阳纸业股份有限公司	山东省中美无菌液体包装原纸合作研究中心	2011
一企一技术研发中心	省级	山东大华机械有限公司	免耕保护性耕作技术	2011
		山东天意机械制造有限公司	轻质墙板机械装备制造技术	2012
		山东海智机电科技有限公司	装载转运设备技术	2013
	济宁市级	山东育达医疗器械有限公司	手术室设备制造技术	2011
		山东上禾农业发展有限公司	小型除草机的研发	2013
工程研究中心	省级	山东省育达医疗设备有限公司	山东省手术室设备工程研究中心	2012
	济宁市级	兖州希尔康泰药业有限公司	济宁市抗病毒药物工程研究中心	2012
		山东天意机械制造有限公司	济宁市轻质节能石膏墙板成型工程研究中心	
		山东永华机械有限公司	济宁市CNC高档加工工程研究中心	2013
工程实验室	济宁市级	山东科大鼎新电子科技有限公司	济宁市金属键合丝新材料工程实验室	2013

第三章 科技队伍

第一节 专业队伍

1996年，全市有各类科技人员7119人，涉及工业、农业、卫生、教育、自然科学等各个领域，此后科技队伍呈逐年扩大趋势，2013年，增加到3万人。

政策环境 1996年—2013年，兖州市在全社会营造尊重知识、尊重人才的良好环境，落实知识分子的政治地位和生活待遇，提高拔尖人才和优秀知识分子的津贴标准。1999年，市委、市政府制定《兖州市重奖有突出贡献科技人员的规定》，提出为兖州市有突出贡献人才创造良好工作环境和条件，采取每年发放政府津贴、每年组织健康查体及培训考察等方式对有突出贡献人才在生活上进行关心照顾。2000年，市委、市政府制定《兖州市优秀专业技术人员评选暂行办法》，对评选出的兖州市优秀专业技术人员由市委、市政府授予优秀专业技术人员称号，并颁发证书，给予市级劳动模范待遇；制定《关于高层次人才引进、管理、使用工作的意见》，对引进的高层次人才提供住房、生活补贴及乘车和医疗保健待遇，对引进的高层次人才的配偶、子女的户口、工作及教育提供便利。2004年，市委、市政府制定《关于进一步加强人才队伍建设的意见》，提出以能力建设为核心，大力加强人才培养工作，坚持改革创新，建立科学的人才评价体系和充满活力的人才使用机制，建立人才市场服务体系，促进人才合理流动，建立完善对人才的分配、奖励和保障制度，以三支人才队伍为主体，切实加强高层次人才队伍建设，为兖州市经济和社会的发展提供政策支持。

人才培养 2000年，兖州市鼓励机关科技人员通过转岗等形式到第一线贡献聪明才智，并对全市10574名技术人员进行系统培训。其间，科技干部继续工程培训率89.1%，企业职工培训率95%，农民培训率85%。2002年，对全市8260名科技专业人员进行再次系统培训，科技干部继续工程教育培训率72.1%，企业职工培训率98%，农民培训率90%以上。2008年，对全市6000余名公务员和专业技术人员进行科技理论培训。2009年，组织3400名专业技术人员参加心理健康与心理调适学习活动。2013年，举办各类培训班20期，培训人员8822人，对320名农村劳动者开展“创业培训进乡镇”“创业+技能进乡村”专题培训，培训技术工人3000人。

2008年，中央新型农民科技培训工程启动仪式在皇城宾馆举行

人才引进 1997年，兖州富豪镀膜玻璃厂引进德国SES组织专家布劳恩，大丰集团引进加拿大CESO组织的机械制造专家何里夫妇进行技术指导。2000年，从大专院校、科研院所引进各类高层次专业技术人才159人次。2002年，开展科技招商、“专博会（中国专利高新技术产品博览会）院士行”活动、山东企业与驻京高校技术合作洽谈会、东西部合作交流洽谈会等交流与合作活动，聘请引进各类专业技术人才2000人次，其中西安科技学院副院长卢建军、中国农科院副院长许越先等专家60人作为科技顾问与兖州市建立长期的合作关系；从以色列、法国、荷兰、意大利、美国、新加坡等引进外籍专家70人次。2003年—2005年，引进各类科技人才2000人次，其中引进国外专家200人次，聘请5位院士为市政府科技顾问；通过济宁市“千名人才引进计划”引进56名硕士研究生。2010年—2012年，突出高层次创新创业人才引进，共引进海内外高层次人才480人。其中，引进海外高层次人才90人，申报国家级高端外国专家项目3个、国家级重点引智项目2个、省重点项目3个、申报和执行外国专家组织项目（国家级）2个、日本花甲项目4个，推荐4名外国专家获孔子友谊奖。另有华勤橡胶工业集团和兖州东升精细化工有限公司各1名专家分别获省政府颁发的2010年度、2011年度齐鲁友谊奖。从2010年起，按照济宁市用5年左右的时间，重点引进100名领军科研型、领头创业型、领办项目型海外高层次人才，着力打造100个高层次人才创新创业平台，力争海外人才总体引进数量达1000人规模的人才引进计划（简称“511”计划），兖州市共引入高层次人才6人。从2012年起，兖州市实施利用5年左右的时间，面向海外引进30名具有世界领先水平的创新团队核心成员与领军人才，100名具有国内领先水平的高端创新创业人才，600名硕博研究生的人才引进工程（简称“316”工程），首次面向全国公开招聘高层次人才，并在全市率先采取人才测评方式大规模选拔人才，选拔硕士及以上学历人才48人，引进海外高层次人才25人，引进国内高层次人才191人。2013年，引

华勤橡胶工业集团科研团队研发产品

导山东太阳纸业股份有限公司、华勤橡胶工业集团、兖州东升精细化工有限公司、山东永华机械有限公司、山东联诚集团有限公司等规模企业加强人才引进力度，与德国、法国、意大利等外国专家组织建立长期合作关系，实施国家级、省级引智项目4个，申报国家级、省级引智项目、高端外专项目9个、海外人才项目2个，引进新型节能科研团队1个。

人才奖励 1996年—2013年，兖州市先后制定《关于选拔科技拔尖人才的规定》《重奖有突出贡献科技人员的规定》《兖州市有突出贡献人才选拔管理暂行办法》《兖州市科学技术奖励办法》等文件，对全市涌现出的优秀科技人才给予奖励。1996年，16人被评为专业技术拔尖人才，26人被评为优秀知识分子，59人被评为乡村优秀科技人才。1998年，6人被评为首届济宁市乡村优秀科技人才，1人被评为第三届济宁市优秀科技人才。1999年，20人被评为兖州市拔尖人才，36人被评为乡村优秀科技人才。2000年，20人被评为专业技术拔尖人才，41人被评为优秀知识分子，36人被评为乡村优秀科技人才，2人被评为济宁市专业技术拔尖人才，重奖6名有突出贡献的外籍专家。2001年，7人被评为兖州市有突出贡献科技人才。2004年，3人获科技贡献三等奖，5人获科技贡献奖，26人获人才贡献奖。2007年，9名农村优秀实用人才、2名优秀青年科技人才、1名有突出贡献中青年专家受到济宁市表彰。2008年，2人获兖州市科学技术最高奖。2010年，3人获兖州市科学技术最高奖。2013年，3人获济宁市有突出贡献的中青年专家称号。

第二节 群众队伍

1996年，兖州市坚持“实用、实效、实际”原则，加大专业型人才的培养，充分发挥市农函大、职业中专、农科教基地的作用，面向基层、面向农村、培养技术推广队伍。1999年7月，全国跨世纪青年农民科技培训工程在兖州市启动，国家和省、济宁市有关领导参加启动仪式，介绍科技培训和科技兴农的典型做法。2001年—2005年，派出国境外培训420人次，先后从荷兰、美国、日本、中国台湾等国家和地区聘请管理和技术专家500人次，解决技术难题610项，执行“农引推（农业引智成果示范推广项目）”项目100项，全市拥有独立科研机构44个，农村科技机构及服务网点550个，科技服务人员2000人，492个行政村均配有科技村主任。2007年，面向社会公开选考101名农村大学生村官，并选拔100名农村创业人才。2008年，通过“1+1”或“x+1”结对共建、双方互动，第一批百名大学生村官与百名农村创业人才共建成168对共建对子，城镇人才、技术、信息等资源流向农村。2009年，加强基层农技推广体系建设，明确规定要专岗专人，每个村选配一名农民技术员，形成县、镇、

2008年，兖州市大学生村官到集市街头宣传科技政策

村农技人员网络体系。

第四章　科技成果与知识产权保护

第一节　科技项目

1996年—2013年，兖州市实施科技计划项目带动战略，组织企业申报实施各级科技计划项目，推动企业技术创新，促进产业转型升级，提高经济效益。共申报上级科技计划项目834项，其中省级以上295项。1998年，30万吨玉米深加工及畜禽养殖支柱产业项目列入省科委新亚欧大陆桥鲁南星火产业带支柱产业项目；秸秆气化技术研究与示范列入山东省政府可持续发展十大科技示范工程项目，并争取无偿资金100万元，项目转化效益增加产值6亿元，利税7200万元。2000年，全市开发新产品45个，优质品产值率75%。其中，兖州明华化工有限公司用浮选法生产脱墨剂，年产800吨；兖州市中药厂利用分子形态转变技术生产精制芦丁，达到国际领先水平；山东太阳纸业集团总公司研究开发出金箔、银箔、金卡、银卡、凹印、水印等高档系列纸板和定量涂、轻涂、微涂系列高档文化用纸等9个新产品。“威尔牌”高级静电复印纸获得中国首届纸张博览会金奖，被列入国家星火计划。热转移印花原纸被国家科委、外国专家局等5个部门认定为“国家级新产品”，填补国内空白。由国家档案局科研所、省档案局与山东太阳纸业股份有限公司联合研制开发的耐久性公文档案办公系列专用纸填补国内空白，被国家档案局、中央办公厅列为档案、公文办公专用纸张，获一轻工业科技进步一等奖。2002年，山东太阳纸业股份有限公司30万吨高档系列包装纸一期、宏发新型建材高强承重砌块、晶冠玻璃太阳能集热管、明月化工五钠扩产和GMP车间、山东雪花集团有限公司30万吨淀粉和2万吨谷氨酸生产线、合金钢8MN快锻生产线、王因镇新型墙体砖重点技术改造和引资项目竣工投产。2010年—2012年，山东太阳纸业股份有限公司15万吨/年碱过氧化氢化学机械制浆黑液零排放示范工程获国家“十二五”科技支撑计划资金395万元；30000立方米/日造纸终端混合废水再生回用示范工程获国家“十二五”科技支撑计划资金394万元。2012年，华勤橡胶工业集团钢丝帘线项目获批山东省自主创新专项资金招标项目，获扶持资金1000万元。兖州市恒升机械有限公司获国家中小企业创新基金项目80万元扶持，实现兖州市国家中小企业创新基金项目零的突破。

华勤橡胶工业集团10万吨钢丝绳项目

山东安能输送带橡胶有限公司节能环保钢丝绳芯管状输送带项目列入国家火炬计划。山东齐鲁种业有限责任公司农资超市网络建设项目列入国家星火计划。2013 年，山东科大鼎新电子科技有限公司高性能长跨度低弧度键合金丝项目、山东永华机械有限公司高精度重心驱动桥式五轴镗铣加工中心关键技术研发及产业化项目入选省自主创新重大专项，争取扶持资金 2000 万元。山东永华机械有限公司高速龙门镗铣加工中心关键技术研发项目列入国家火炬计划。山东联诚集团有限公司汽车混合动力研发项目被区政府列为重大科技工程，连续三年每年安排 500 万元专项科技资金予以扶持，从此打破日、美两国在汽车混合动力方面的垄断。山东太阳纸业股份有限公司生物质炼制示范项目被省科技厅列为造纸行业转型升级重大示范调研课题。至 2013 年年底，重点对造纸、化工、医药、冶金、电子等传统产业进行大规模的技术改造，逐渐培育壮大一批具有自主知识产权、品牌、市场竞争力较强的骨干企业。全区共申报实施上级各类科技项目 242 项，其中国家级 36 项，省级 78 项，济宁市级 128 项。

1996年—2013年兖州市申报上级科技计划项目情况表

表24-3　　　　单位：个

级别/个数/年份	科技计划项目			级别/个数/年份	科技计划项目		
	合　计	省级及以上	济宁市级		合　计	省级及以上	济宁市级
1996	45	15	30	2006	73	32	41
1997	32	5	27	2007	48	20	28
1998	36	10	26	2008	43	19	24
1999	38	8	30	2009	46	20	26
2000	45	15	30	2010	53	20	33
2001	38	8	30	2011	68	36	32
2002	24	4	20	2012	74	26	48
2003	37	17	20	2013	63	17	46
2004	45	17	28	合计	834	295	539
2005	26	6	20	—	—	—	—

第二节　科技成果

1996 年—2013 年，兖州市科技工作快速发展，实施济宁市级以上科技项目逐年增加，其中获济宁市级以上科技奖励 86 项。山东太阳纸业股份有限公司与华南理工大学共同承担的中浓纸浆漂白技术项目，获国家科技进步二等奖；山东太阳纸业股份有限公司承担的化学机械浆废水零排放技术研究与开发项目，获省科技进步三等奖；市农业科学研究所承担的小麦亩产 700 千克超高产栽培技术研究与开发项目获省科技进步三等奖；市委办公室和市科技局共同承担的基层科技创新体系建设研究项目，分别获省优秀软科学成果一等奖、济宁市社会科学优秀成果一等奖和济宁市科技进步三等奖。

1996年—2013年兖州市获济宁市以上科技进步奖科技成果情况表

表24-4

年份	级别	等次	项目名称	完成单位	授奖单位
1996	省级	三等奖	模具钢H13生产技术开发	兖州市合金钢股份有限公司	省科技厅
			蒙砂烤花玻璃酒瓶	兖州市玻璃总厂	
			橡塑复合型阻燃输送带	山东银河橡塑集团总公司	
	济宁市级	一等奖	模具钢H13生产技术开发	兖州市合金钢股份有限公司	济宁市科技局
		二等奖	麦套特种玉米高产技术开发	市农业技术推广中心	
		三等奖	高效农业综合技术开发试验	市农业技术推广中心	
1997	省级	二等奖	4YW—2型玉米收获机	兖州市玉米收获机厂	省科技厅
	济宁市级	二等奖	粮食高产更高产综合技术开发试验	兖州市农业局	济宁市科技局
			蔬菜高效技术开发与推广	兖州市蔬菜服务中心	
		三等奖	对甲基苯醛研制	兖州市顺达化工厂	
1998	济宁市级	二等奖	特色农业综合技术开发研究	兖州市农技站	济宁市科技局
		三等奖	越冬菜花高产栽培技术开发	兖州市蔬菜站	
2003	省级	三等奖	高档凹印涂布白纸板	山东太阳纸业股份有限公司	省科技厅
	济宁市级	二等奖	高档凹印涂布白纸板	山东太阳纸业股份有限公司	济宁市科技局
		三等奖	二、三行自走式玉米收割机技术开发	山东大丰机械有限公司	
			梨枣脱毒组培及产业化开发	兖州市林业科学研究所	
			五万亩辣椒高产栽培技术研究	市蔬菜站	
2004	济宁市级	一等奖	高级凹印覆膜烟卡	山东太阳纸业股份有限公司	济宁市科技局
		三等奖	西葫芦品种选育技术研究及高档食用菌栽培技术研究	兖州市蔬菜服务中心	
			自体脾组织小网膜腔移植及移位再植治疗多指断伤重建拇或示指功能临床研究	兖州市人民医院	
			胆碱酯酶复能剂、长效托宁和氯磷定伍用防治有机磷农药中毒的临床研究	兖州市人民医院	
2005	省级	三等奖	高级凹印覆膜烟卡的研制开发	山东太阳纸业股份有限公司	省科技厅
	济宁市级	一等奖	多次破坏井壁化学灌浆治理的理论及主井井筒化学注浆技术研究	兖州市大统矿业有限公司	济宁市科技局
		三等奖	LX1000型和LXH1000型沥青路面铣刨机	兖州恒升机械有限公司	
			松软煤层综放面自然火灾预测和防治技术研究及GIS工程地质决策模型研究与应用	兖州市大统矿业有限公司	
			国外番茄新品种汉克等工厂化育苗及金太阳杏设施栽培早期丰产技术研究	济宁市农业高新技术示范园	
			养肝滋肾、清热解毒法治疗免疫性不孕症和中风先兆症的临床研究及四物四虫散治疗颈性眩晕的临床研究	兖州市第二人民医院	

续表24-4

年 份	级 别	等 次	项目名称	完成单位	授奖单位
2006	济宁市级	二等奖	三倍体毛白杨纸浆林丰产栽培技术大面积开发	兖州市林业站	济宁市科技局
		三等奖	优质强筋专用小麦兖优956939选育	兖州市农业科学研究所	
2007	济宁市级	二等奖	液体包装原纸	山东太阳纸业股份有限公司	济宁市科技局
		三等奖	烟包铜版纸	山东太阳纸业股份有限公司	
			40万亩无公害强筋小麦标准化栽培技术开发	兖州市农业科学研究所	
			采用智能测报系统预测林木虫害与草坪内雪松病害的综合防治	兖州市林业局	
			辛伐他汀对高血压左室重构的影响和对维持血液透析的慢性肾衰竭患者的临床研究及慢性肾功能不全患者骨质疏松与维生素D3受体基因多态性的相关性研究	兖州市铁路医院	
2008	省级	三等奖	涂布黑卡纸生产技术开发与应用	山东太阳纸业股份有限公司	省科技厅
	济宁市级	二等奖	洗毛污水零排污多循环处理新工艺设备	兖州中博园工贸有限公司	济宁市科技局
		三等奖	涂布黑卡纸生产技术开发与应用	山东太阳纸业股份有限公司	
			小麦亩产700公斤超高产栽培技术开发及利用高分子量麦谷蛋白亚基标记辅助选育优质面包小麦品种	兖州市农业科学研究所	
			高通量血液透析对微炎症状态动脉粥样硬化的临床与外伤性蛛网膜下腔出血患者血流动力学变动态观察与涂阴肺结核诊断预测工具研究	兖州市铁路医院	
			修改的早期预警评分（EWS）识别急诊潜在危重患者的临床与曲美他嗪对高血压病患者向心性左室肥厚影响的临床研究	兖州市人民医院	
2009	济宁市级	一等奖	4L—1型自走式大豆联合收割机	山东大丰机械有限公司	济宁市科技局
			早熟高产优质夏大豆新品种选育与开发及小麦玉米一年两熟超高产栽培技术研究与示范	兖州市农业科学研究所	
		二等奖	曙光2000秸秆气化机组的研制与应用示范和水汽多相介质强化燃烧促进工业锅炉节能减排技术及自控装置	兖州市新世纪秸秆气化工程有限公司	
			新型秸秆生物反应堆技术在高价值蔬菜上的应用研究与优质高产小麦新品系133—4的选育	兖州市农业科学研究所	
		三等奖	单次发作抑郁症年复发率及其相关危险因素的探讨和定期门诊干预对精神分裂症患者康复的影响与尿石症饮食危险因素分析的研究	兖州市人民医院	

续表24-4

年份	级别	等次	项目名称	完成单位	授奖单位
2009	济宁市级	三等奖	慢性腕背痛的显微解剖学及多发性骨关节损伤的特点与临床治疗及带蒂颞肌瓣填塞治疗急性亚急性硬膜下积液的临床研究	兖州市人民医院	济宁市科技局
			已婚育龄妇女生命质量与家庭环境因素的相关性研究和保留子宫动脉子宫切除术对卵巢功能及子宫动脉血液变化的影响及产妇分娩时芬太尼复合罗哌卡因硬膜外持续阵痛的可行性	兖州市人民医院	
			疏血通注射液对实验性脑缺血的保护作用与脂联素与冠心病的相关性研究及干燥综合征的心血管损害研究	兖州市人民医院	
2010	国家级	二等奖	中高浓度纸浆清洁漂白技术	山东太阳纸业股份有限公司	科技部
	省级	三等奖	矿井数字化无线移动可视通讯救援系统	兖州众邦科技有限公司	省科技厅
			化学机械浆废水零排放技术研发	山东太阳纸业股份有限公司	
	济宁市级	二等奖	钢丝绳芯管状输送带及低滚动阻力节能钢丝绳芯输送带	山东安能输送带橡胶有限公司、华勤集团	济宁市科技局
			4LZ—2.6Y自走式玉米籽粒收获机	山东大丰机械有限公司	
			夏玉米超高产栽培技术研究及小麦千斤市建设配套技术开发	兖州市农业科学研究所、兖州市农业局	
		三等奖	基层（县域）科技创新体系建设研究	市委办公室、兖州市科技局	
			舒肤胶囊治疗湿疹与血液灌流联合血液透析对MHD患者微炎症状态临床研究	兖州市铁路医院	
2011	省级	三等奖	兖州市农业科学研究所	小麦亩产700千克超高产栽培技术研究与开发	省科技厅
	济宁市级	二等奖	兖州市量子科技有限责任公司	CZD带式仓车系统	济宁市科技局
			山东科大鼎新电子科技有限公司	Φ20μ高性能硅铝键合丝制备技术及产业化	
			山东太阳纸业股份有限公司	环保书本纸的技术研发	
			兖州市新世纪秸秆气化工程有限公司	曙光2009高热值秸秆燃气（免除焦）锅炉应用机组	
			山东国丰机械有限公司	背负式秸秆收获青饲机	
			兖州市凯兴工矿机械有限责任公司	5YBP—6型玉米剥皮机	
			山东安能输送带橡胶有限公司	高耐热耐磨钢丝绳芯输送带	
		三等奖	山东永华机械有限公司	数控机床休眠节能控制单元	
			山东联诚集团	高品质铝合金砂型铸造工艺技术的开发及应用	
			山东大丰机械有限公司	履带式全喂入油菜联合收割机	
			兖州市农业科学研究所	早熟高产强筋小麦新品种济宁16号栽培技术推广	

续表24-4

年 份	级 别	等 次	项目名称	完成单位	授奖单位
2012	济宁市级	一等奖	高性能单晶铜键合丝制备技术及产业化	山东科大鼎新电子科技有限公司	济宁市科技局
		二等奖	瓦楞纸专用表面施胶剂自主创新平台	兖州东升精细化工有限公司	
		三等奖	高强度、高韧性球墨铸铁技术及应用	山东联诚集团有限公司	
			织物芯分层管状输送带	山东安能输送带橡胶有限公司	
			煤矿用钢丝绳芯阻燃输送带阻燃配方技术创新体系	山东瀚邦胶带有限公司	
			柴油车尾气过滤器	兖州华勤爱科环境技术有限公司	
			小麦宽幅精播高产栽培技术研究与示范	兖州市农业科学研究所	
			基于医患诚信“先看病后付费”模式的制度改革	兖州市中医院	
			血液灌流联合血液透析对MHD患者微炎症状态及左心室结构和功能的影响	兖州市铁路医院	
2013	济宁市级	一等奖	高纯度生物质纤维素新技术研发与产业化	山东太阳纸业股份有限公司	济宁市科技局
		二等奖	甘油法制环氧氯丙烷工艺优化研究的技术研究	兖州市天成化工有限公司	
			4YZP—3/4型自走式玉米收获机研发与产业化	山东国丰机械有限公司	
			法桐标准化生产技术推广	兖州市鑫源苗木专业合作社	
		三等奖	水泥发泡保温板生产线	山东天意机械股份有限公司	
			耐油耐热阻燃输送带	山东安能输送带橡胶有限公司	
			2BGD螺旋型孔免耕精密排种播种机	兖州市凯兴工矿机械有限责任公司	
			人脐血间充质干细胞移植联合内镜介入治疗失代偿期硬化的疗效观察	兖州市疾病预防控制中心	
			动性脑卒中患者血浆脑钠肽水平测定及其临床意义	兖州市人民医院	

1996年—2013年兖州市获奖科技成果情况表

表24-5

年 份	合 计	国家级	省 级			济宁市级			兖州市级		
		二等奖	一等奖	二等奖	三等奖	一等奖	二等奖	三等奖	一等奖	二等奖	三等奖
1996	25	0	0	0	3	1	1	1	1	8	10
1997	24	0	0	1	0	0	2	1	2	8	10
1998	27	0	0	0	0	0	1	1	3	10	12
1999	27	0	0	0	0	0	0	0	4	10	13
2000	31	0	0	0	0	0	0	0	5	12	14

续表24-5

年 份	合 计	国家级	省 级			济宁市级			兖州市级		
		二等奖	一等奖	二等奖	三等奖	一等奖	二等奖	三等奖	一等奖	二等奖	三等奖
2001	34	0	0	0	0	0	0	0	5	13	16
2002	47	0	0	0	0	0	0	0	5	19	23
2003	36	0	0	0	1	0	1	3	5	12	13
2004	52	0	0	0	0	1	0	3	5	18	25
2005	50	0	0	0	1	1	0	4	5	15	24
2006	41	0	0	0	0	0	1	1	5	15	19
2007	32	0	0	0	0	0	1	4	4	11	12
2008	33	0	0	0	1	0	1	4	4	11	12
2009	38	0	0	0	0	2	2	4	5	12	13
2010	47	1	0	0	2	0	3	2	5	21	11
2011	35	0	0	0	1	0	7	4	5	10	11
2012	38	0	0	0	0	1	1	7	3	14	11
2013	35	0	0	0	0	1	3	5	5	10	11
总计	652	1	0	1	9	7	24	44	76	229	390

第三节 科技推广

农业科技推广 1996年，兖州市实施麦套种特种玉米技术研究、粮食高产更高产技术开发、农业产业化工程、蔬菜高效益技术开发等一批重点农业技术项目，全市农业先进技术覆盖率96.1%、新产品覆盖率99.5%。1999年，全面实施农业“12611”工程、“22万亿元”工程、精品加特色工程、良种产业化工程等，引进推广多彩椒、樱桃西红柿、高油玉米、济南17、烟农361、PH85-16、鲁单50、鲜食玉米、黑玉米、太空椒等名优特稀新品种40种（项），推广先进适用技术30项。2001年，小麦精播技术栽培、特种玉米高产栽培、大蒜高产高效栽培等配套技术、组培快繁、配方施肥、二氧化碳气肥、生长调节剂、青贮氨化等先进技术得到广泛应用。同年，农业信息化工程顺利实施，市、镇科技和农技部门实现计算机联网，组建成2个信息化示范镇，发展微灌、滴灌等节水灌溉46万亩，占耕地面积的75%，农机总动力36.4万千瓦，农田作业机械化程度95%以上。2002年，实施农业产业化、标准化战略，用高新技术打造“十条链”，华龙集团、河南正龙食品、河北中旺集团在兖州市安家落户，和山东雪花淀粉集团公司、山东太阳纸业股份有限公司等10家企业形成农业企业龙头，带动粮食、花生、蔬菜、桑蚕、林纸、畜牧为主导产业的10条农业产业链条不断发展，龙头带基地、基地带农产、农工贸一体化、产供销一条龙的生产经营格局基本形成。全市农产品加工转化率70%，有85%的农户进入一体化经营，农业龙头企业年销售收入34亿元，年利税3.79亿元。2006年—2010年，随着国家优质商品粮生产基地建设、国家旱作农业示范基地建设、国家四部委粮食丰产工程、国家优质粮食产业工程、山东省良种产业化工程等大型农业科技工程的实施，小麦高产攻关田最高亩产分别为735.66公斤、727.43公斤、722.7公斤、737.38公斤、

755.1公斤；玉米高产攻关田分别为905.65公斤、953.3公斤、1029.58公斤、1034.55公斤、1040.7公斤，创鲁西南历史最高纪录，比项目实施前三年（2003年—2005年，平均亩产448.9公斤）增产12.3%，总产增加41111.1吨，增产增效6577.78万元；每亩节约生产成本30元，节本增效1350万元；增产增效和节本增效两项合计增加效益7927.78万元。2012年，兖州市粮食产量首次突破5亿公斤，实现“十连增”。至2013年底，形成农机、肉鸭、小麦良种等农业特色产业，建成国家级农业产业化重点龙头企业1家、省级农业科技示范园1处、省级农业产业化重点龙头企业5家。农高园组织实施国家级科研项目3个、省级项目5个，其中，数字农业项目列入国家“863计划”。兖州市连续承担实施“十五”“十一五”“十二五”国家粮食丰产科技工程。

工业科技推广 1996年，山东雪花淀粉集团公司与河南莲花味精企业集团联合投资3650万元，建成国内较为先进的万吨谷氨酸生产线。1998年，山东星光玻璃集团有限公司研制开发蒙砂玻璃瓶，并取得国家专利，同时与北京玻璃仪器厂等单位合作，完成3500吨/年太阳能玻璃集热管技改项目，当年实现销售收入7360万元，利税576.6万元。1996年—1999年，山东兖州合金钢股份有限公司，先后组织实施“3万吨工模具钢轧钢生产线”“2万套精密模具开发”“电液锤技术开发”3项省、国家级星火计划和技术改造项目，平均每年新产品产值率在50%以上。2000年，山东云龙机电工业集团公司与深圳开发科技股份有限公司合作开发出LF-RBR-02型（水、电、气）远程总线抄表系统、网络化电力载波抄表系统和税控收款机，属国内首创，具有国际先进水平，为国家专利、星火计划和火炬计划产品。2001年—2002年，兖州棉麻机械厂与科研院所联合开发10种新产品，贡献率50%以上。2005年，兖州市金鑫玻璃有限公司开发出国家专利产品“高档蒙砂烤花酒瓶”，获国家级科技新产品称号。2006年，兖州制药厂与山东鲁抗集团合作，成立山东鲁抗大禹制药有限公司。至2008年，已有心脑欣片等16个种类药品通过临床试验，被国家药监局受理文号审批，其中激素类药品生产线填补省内空白，成为新的经济增长点。2009年，山东太阳纸业股份有限公司制浆造纸节能减排关键集成技术研究与应用项目获山东省自主创新成果转化重大专项资金300万元；山东大丰机械有限公司自走式联合收割机中试项目获国家级农业科技成果转化资金70万元；甜高粱收获机研发项目获国家863计划子课题，争取资金30万元；山东科大鼎新电子科技有限公司获山东省中小企业创新基金扶持35万元。2010年，华勤橡胶工业集团低滚动阻力节能输送带获山东省引导转型自主创新成果转化重大专项资金300万元；山东太阳纸业股份有限公司15万吨碱过氧化氢化学机械制浆全过程废液零排放技术研究与示范项目获国家“十二五”科技支撑计划资金490万元；山东大丰机械有限公司自走式玉米籽粒收获机项目获济宁市自主创新成果转化重大专项资金80万元。2011年，兖州恒升机械有限公司获国家中小企业创新基金项目80万元扶持。2012年，华勤橡胶工业集团钢丝帘线项目获批山东省自主创新专项资金招标项目，获扶持资金1000万元。2013年，山东科大鼎新电子科技有限公司高性

兖州市新世纪秸秆气化工程有限公司研发的曙光2000秸秆制炭、制气、发电机组

能长跨度低弧度键合金丝项目、山东永华机械有限公司高精度重心驱动桥式五轴镗铣加工中心关键技术研发及产业化项目成功入选省自主创新重大专项，争取扶持资金2000万元；山东永华机械有限公司高速龙门镗铣加工中心关键技术研发项目列入国家火炬计划；山东联诚集团有限公司汽车混合动力研发项目被市政府列为重大科技工程，连续3年每年安排500万元专项科技资金予以扶持。

示范带动推广 1997年，兖州市实施“星火小康示范工程”——秸秆气化工程，在新兖镇代家村、小马青村，大安镇牟家屯村进行试点并取得成功。1998年6月，科技部在兖州市召开全国秸秆气化技术实用现场会和秸秆气化技术培训会议。1999年12月，科技部、团中央联合在兖州市召开秸秆综合利用技术经验交流会，对兖州市蓝天环保公司生产的秸秆气化第四代机组进行专业评审，认为其技术性能达到全国先进水平。同年年底，兖州市在新兖镇代家村、小马青村、倪家村，大安镇牟家屯村，小孟乡王海子村，谷村镇前谷村，王因镇店子村，黄屯镇孙氏店村，兴隆庄镇北湖、巨王林、中樊庄、后樊庄、大南湖、小南湖、雷家厂等7个乡镇16个行政村建成秸秆气化站16处。1998年，由市农科所，新兖镇马桥村、小马青村、代家村、龙桥村联合建设的一条科技示范带，承担科技计划项目10项，规模型食用菌大棚、创汇蔬菜、微喷技术、四位一体蔬菜大棚、连栋温室等项目在全市起到科技示范作用。同年，万亩优质小麦及万亩优质玉米基地建设进入实施阶段，以新兖镇、谷村镇、漕河乡、大安镇、泗庄镇为项目示范区。至2000年，优质玉米种植面积发展到853.3公顷，其中高油玉米115号306.7公顷，蛋白玉米鲁玉13号546.7公顷，全部采用种子包衣、麦田套种、配方施肥、叶令指标化管理等先进技术，平均亩产605公斤，产量与普通玉米持平，单亩直接经济效益增加90元，合计增收110万元。2013年9月，济宁市（兖州）农业高新技术产业示范区被科技部批复为国家农业科技园区，先后与中国农科院、西北农林科技大等大专院校建立长期、稳定合作关系，及时引进国内外农业最新技术。到2013年底，园区先后引进国内外优良品种500个、农业高新技术120项，与20个科研机构、30名国内外专家建立合作关系，组织实施各级科技项目50项，大部分项目填补省、市空白。

至2013年，全市建成国家级农业高新技术示范园1处和兖州市级示范园2处。依托山东济宁国家农业高新技术示范区、兖州市绿源肉鸭养殖与深加工科技示范园、无公害小麦玉米生产基地、省林业科技示范基地、老科协霞光示范基地等农业科技示范园区，建成以农高园为中心、以其他各类园区为支点、梯次推进、层层辐射的农业科技成果示范网络。

第四节 知识产权保护

专利申请与授权 2006年，全市专利申请128件，授权70件。2013年，市知识产权局实施科技型中小企业专利倍增计划和规模以上企业专利清零行动，当年专利申请量850件，是2006年的6.6倍；专利授权量570件，是2006年的8倍，数量和质量均有提升，涌现出一大批专利先进单位和个人。2006年—2013年，全市累计申请专利4691件，授权3077件。

2006年—2013年兖州市专利申请量与授权量情况表

表24-6

单位：件

年 份	申请量	授权量	年 份	申请量	授权量	年 份	申请量	授权量
2006	128	70	2007	118	108	2008	483	152

续表24-6

年 份	申请量	授权量	年 份	申请量	授权量	年 份	申请量	授权量
2009	529	317	2011	940	583	2013	850	570
2010	620	429	2012	1023	847	合计	4691	3077

专利管理与应用 1996 年—1999 年，兖州市围绕国家、省、济宁市专利工作任务，开展全市专利管理工作。兖州市星火玻璃集团和兖州市锅炉水暖安装公司分别获中国专利山东明星企业称号，玉丰牌玉米收获机获中国专利技术及新产品博览会金奖。2001 年，兖州市制定奖励优秀专利的政策，对已授权的专利技术在实施后，经济效益和社会效益明显的，给予 1000 元奖励。2005 年，市政府制定《关于对专利申请实施资助的暂行办法》，对授权的兖州市辖区内的发明、实用新型、外观专利等，分别给予 1000 元、600 元、300 元资助。2007 年，市政府制定《关于加强知识产权工作促进自主创新的意见》《兖州市专利管理办法》，设立专利专项资金，用于专利申请资助、宣传、培训、奖励、技术实施等工作。2008 年，专利专项资金 50 万元纳入兖州市财政预算，市政府把知识产权工作列为各镇、街道科技进步与促进高新技术产业发展目标责任制的重要考核指标，并设立专利奖，分一、二、三等奖与科技进步奖进行同等奖励，中国专利山东明星企业达 11 家。2009 年，市委、市政府制定《关于加强科技工作的若干意见》，每年安排 50 万元知识产权专利专项经费，用于知识产权工作的宣传、培训、管理和专利的申请、转化，培育拥有自主知识产权的产品；设立专利奖，对已经产业化并取得良好经济效益和社会效益的优秀专利与科技进步奖进行同等奖励。市科技局制定《兖州市知识产权示范企业认定管理办法》，对认定的兖州市知识产权示范企业给予优先扶持及重点服务。2011 年，市科技局制定《兖州市专利资助暂行办法》，按照无偿资助、择优资助、一次性资助的原则，对获得授权的发明专利、国外专利和职务发明专利进行资助。2012 年，对《兖州市专利资助暂行办法》进行修订，加大专利资助奖励力度。2013 年，市委、市政府制定《关于提高自主创新能力推动创新型城市建设的意见》，加强知识产权工作，“十二五”期间，市财政每年安排 100 万元知识产权专利专项经费，用于专利工作的宣传、培训、管理和专利的申请、奖励、转化等工作。兖州双龙棉纺厂的“一种棉”、“人造纤维凉席”及其制作方法等 18 项专利分别被评为专利一、二、三等奖；11 家企业及个人加入济宁市发明协会；兖州威龙机械有限公司 1 人被授予山东省发明创业奖称号；兖州市量子科技有限责任公司被授予济宁市十佳专利明星企业称号；兖州市迎宾工程机械公司 1 人被授予济宁市十佳专利发明人。在山东五征集团山拖农机装配有限公司，建成兖州市首家企业专利数据库，是山东省内唯一一家农机行业专利数据库，涵盖世界 180 多个国家的农机、发动机铸造工艺、配件等所有相关专利文献信息。2012 年，山东森林木业有限公司开发出变色木地板，并获得国家专利授权。2013 年，山东天安矿业集团开发的液态二氧化碳、氮气注惰系统在国内尚属首创，获国家专利。山东太阳纸业股份有限公司、山东天意机械股份有限公司被评为“中国专利山东省明星企业”。

专利宣传与培训 1996 年—2013 年，每年都结合“4·26 世界知识产权日”“科技活动周”“科技三下乡”“法律宣传日”等开展相应的宣传活动。在《济宁日报》、《济宁知识产权》、《兖州科技》、兖州电台、兖州电视台、政风行风热线、科技局网站等媒体上报道国内外知识产权动态，对《中华人民共和国专利法》《企业专利管理办法》等法律法规和各级的专利申请优惠政策、专利申请的基本知识进行集中宣传。累计组织集中宣传活动300场次，发放各类宣传手册和资料10万份，现场解答咨询4000人次。2007年，济南舜源成立专利事务所兖州工作站，同年，又有其他两家专利事务所先后在兖州成立办事机构，为单位和个人提供专利申请、政策宣传、法律咨询等方面的服务。市知识产权局派出两名工作人员前往济南舜源专利事务所进行学习培训，为全市的专利申请人提供便利服务。

1996年—2013年，每年组织相关企业负责人、专利工作人员参加省企业知识产权管理标准推行工作培训班、省知识产权质押融资工作培训班、省专利工作者培训班、省专利行政执法人员业务培训班、企事业单位知识产权管理人员培训班、《中华人民共和国专利法》培训班、济宁市知识产权规范管理培训班、济宁市专利创造和保护培训班等知识产权培训班，累计参加受训企业300家、2万人次。

第五章　科技管理

第一节　科技政策与宣传

管理政策　1997年，实施“科技兴市”战略，市委、市政府制定《关于加强对乡镇和市直经济部门科技工作责任目标管理意见》，建立“科技兴兖”管理体系，用定性定量相结合的指标对乡镇落实“科技兴兖”进展情况进行评价考核。1998年3月，组织科教兴兖领导小组及组织部、人事局、财政局对乡镇及市直经济部门进行考核，这一做法受到省、济宁市科委的高度重视，并被省科委采纳在全省推广。2006年，市政府制定《兖州市中长期科学技术发展规划纲要（2006年—2020年）》，提出建立“决策目标、执行责任、监督考核”三位一体的责任考核体系，实行科技发展规划实施目标责任制，明确任务分工，落实工作责任，做好规划执行情况的调度坚持和跟踪分析，扎扎实实抓好规划的落实。2013年，市委、市政府制定《关于提高自主创新能力　推动创新型城市建设的意见》，成立由市长任组长，分管副市长任副组长，相关部门负责人为成员的兖州市提高自主创新能力推动创新型城市建设工作领导小组，强化协调力度，严格督导考核，对工作突出的市直部门、单位、镇（街道）和个人进行通报表彰。

投入政策　1996年—2003年，兖州市按照中央《关于加速科学技术进步的决定》和省、济宁市相关政策，支持鼓励全市加快科技工作。2004年—2006年，根据《科技三项费用管理办法》，市财政设立专项资金，用于安排科技计划项目实施相配套的资金。2007年，市政府办公室制定《兖州市应用技术研究与开发资金管理暂行办法》，将归口市科技局管理的科技三项费用更名为“应用技术研究与开发资金”，专项用于支持兖州市科学技术发展计划和科技产业化环境建设及科技成果的转移扩散。同年，市政府出台《关于加强知识产权工作促进自主创新的意见》，设立兖州市专利发展专项资金，每年安排一定资金用于支持企事业单位和个人申请专利、实施专利技术、开发专利产品并获得自主知识产权，培育一批拥有自主知识产权的企业。2009年，市政府印发《关于加强科技工作的若干意见》，提出增强政府科技投入的引导作用，市应用技术研究与开发资金按不低于当年财政预算支出的1.3%

列入财政预算，主要用于支持应用技术研究与开发和科技成果转化。2013年，市委、市政府印发《关于提高自主创新能力推动创新型城市建设的意见》，设立专项资金，用于鼓励企业增强自主创新能力。

奖励政策 1996年—2006年，延用之前的《兖州市科学技术奖励办法》，对优秀科技人才和科技成果给予奖励。2007年，完善《兖州市科学技术奖励办法》。2013年，市政府设立科学技术奖，每年度评审一次，科学技术最高奖、一等奖、二等奖、三等奖由市政府颁发证书和奖金。对获得市科学技术最高奖的，给予10万元人民币奖金；对获市科学技术一等奖、二等奖、三等奖的分别给予1万元、5000元、3000元人民币奖金。

科技宣传 1996年—2013年，兖州市每年召开科技奖励大会，对优秀科技成果和先进单位及个人给予公开表彰奖励，宣传科技发展新成果和新技术。每年还通过科技进步年、科技活动周、科技招商、科技下乡等活动日集中宣传。在《济宁日报》等上级媒体刊发科技信息、调研文章20余篇，在《今日兖州》开辟科技创新专栏。2013年，市科技局与兖州电视台联合创办《科技创新》栏目，两周一期，每期主推一家创新型企业，全方位、多角度宣传科技创新重大成果。

科技工作人员向群众宣传科技知识

第二节 科技活动

科技进步年 1999年—2002年，兖州市连续四年开展科技进步年活动。1999年3月，召开科技进步年动员大会，下发《关于在全市开展科技进步年活动的决定》和《兖州市科技进步年实施方案》，把活动任务分解到26个部门、13个乡镇。1999年，在13个乡镇开展《一把手谈生产力》电视访谈活动，录制反映26项重大科技成果应用的专题片。邀请中国科学院研究生院教授范力在兖州作技术创新及科技成果转化知识报告。在全市范围内聘任492名科技村主任，任命部分乡镇和市直企业科技副厂长，命名1000户科技示范户，并成立科技开发机构84家。开通科技管理服务热线，对科技工作中的疑难问题进行及时解答。2000年，采访录制26项反映重大科技成果的专题录像片，定期在电视台播放。在全市农村开展科教电影“千片进村”活动和科技电影月活动。创办《科技进步年工作简报》，及时刊登科技进步年活动的进展情况，表扬先进单位，调动各乡镇、部门及企业的积极性。2002年，全市共建科普示范基地41个，农技协87个，挂牌科技示范户1200户。命名8所中小学为兖州市首批科普示范学校，其中4所学校被山东省、济宁市命名为“科普示范学校”。开展科技进社区活动，放映科教片，举办“崇尚科学文明，反对封建迷信”图片展。

科技活动周 2002年始，兖州市每年举办1次科技活动周，至2013年，共举办主题宣传活动12场，各类专题科普宣传活动50场次，发放科普资料1.3万册，各类宣传明白纸5万页。

兖州市部分年份科技活动周活动情况表

表24-7

年份	主题	主要内容
2007	科技以人为本，全面建设小康	启动“兖州市十大能工巧匠评选表彰活动”；举办科技宣传一条街活动；举办“科普进社区”活动；兖州市保护环境系列活动优秀作品展；举办全市“村村通科普”活动；参加济宁市科学技术奖励大会；举办全市“技术创新与可持续发展”学术研讨活动。
2008	携手建设创新型城市	举办科普宣传一条街活动；送科技卫生下乡活动；科技特派员下乡服务创业行活动；以宣传节约型、创新型社会为主题的科普进社区活动；“人与水·自然和谐发展，加速生态市建设”学术研讨会；召开科普村村通宣传栏建、管、用现场经验交流会；兖州市机关工作人员电子政务大赛；倡社会美德、促家庭创业、巾帼科技兖州行活动；青少年科学普及和科技创新活动；乘“健康快车”的轨道，全市特困白内障患者普查活动。
2009	提高自主创新能力、建设创新型城市	科普知识宣传；科技招商对接洽谈活动；首个全国“防震减灾日”防震减灾知识宣传；送科技政策进镇街、企业活动；组织参加济宁市“如意杯”增强自主创新能力，建设创新型济宁科技知识竞赛活动；组织参加全省防震减灾法律法规和地震科普知识竞赛活动；举办兖州市第四届“智力七巧板”知识竞赛活动等。
2010	提高自主创新能力、建设创新型城市	科普、科技知识宣传；科技招商对接洽谈活动；全国“防震减灾日”防震减灾知识宣传；开展“保护知识产权，促进科技创新”专题宣传活动；手足口病和甲型H1N1防治知识科普宣传活动；各类科普惠农、科普宣传活动等。
2011	科技引领未来发展，创新助推经济转型	举办广场科技宣传活动。清华大学教授兖州行活动。创新人才招聘对接活动。全国“防震减灾日”防震减灾知识宣传。开展“保护知识产权，促进科技创新”专题宣传活动。形成《关于全市科技资源的调查报告》。扎实推进科技创新平台建设年活动。
2012	科技引领未来，创新助推跨越发展	举办科技活动周开幕式暨科技宣传活动。开展科普知识宣传活动。开展“保护知识产权，促进科技创新”专题宣传活动。开展送科技下乡进基层活动。开展科普创建活动。深入开展科技创新平台建设年活动。积极组织参加第十一届中国专利高新技术产品博览会。
2013	创新驱动发展、科技促进和谐、携手共建创新型城市	开展“阳光科技，真情服务”科技政策进企业系列活动。开展“企业专利推进行动”。科技创新电视专栏。《今日兖州》“科技活动周”专版。主题科普活动。科普大篷车进校园活动。组织参加济宁市第三届青少年科技节。科技卫生文化三下乡活动。

科技下乡 1996年—2013年，每年开展科技下乡活动，共开展赶科技大集100次，举办各类培训班、讲座640场次，赠送科技图书52100册，发放科普明白纸33万份，播出《科技兴农》栏目91期，提高农民群众的科学文化素质和发展致富的能力。

1996年—2013年兖州市科技下乡活动情况表

表24-8

年份	赶科技大集（次）	举办培训班、讲座（场次）	赠送图书（册）	发放科普明白纸（份）	播放《科技兴农》（期）
1996	6	50	10000	20000	—
1997	8	120	—	40000	—
1998	8	60	5000	20000	—
1999	8	60	—	20000	—

续表24-8

年　份	赶科技大集（次）	举办培训班、讲座（场次）	赠送图书（册）	发放科普明白纸（份）	播放《科技兴农》（期）
2000	10	50	8000	20000	—
2001	10	40	—	20000	—
2002	10	30	8000	20000	—
2003	8	30	—	20000	—
2004	8	30	—	20000	—
2005	8	30	8000	20000	46
2006	8	30	—	20000	—
2007	8	30	10000	20000	45
2008	—	20	—	20000	—
2009	—	20	—	10000	—
2010	—	10	900	10000	—
2011	—	10	500	10000	—
2012	—	10	500	10000	—
2013	—	10	1200	10000	—
合计	100	640	52100	330000	91

第六章　技术交流与合作

第一节　交　流

兖州市采取“走出去”“请进来”方式，为科技发展建构立体支持。1997年，为兖州富豪镀膜玻璃厂引进德国SES组织专家布劳恩，为大丰集团引进加拿大CESO组织的机械制造专家何里夫妇。2000年，到北京、西安等高校、科研院所聚集城市进行科技招商，共签订技术合同40项，建立合作关系16个，签订协议意向23项，引进人才104名；从以色列、德国、荷兰、意大利、法国、美国、新加坡引进专家55人次。2001年—2002年，兖州市参加济宁市组织的历届成果交易会、高新技术博览会、科技招商会、西洽会等活动，引进投资过千万元的重点项目43项，总投资35亿元。2001年，派员外出培训6人次，先后从荷兰、美国、日本等国家和中国台湾地区聘请管理和技术专家20余人次，解决技术难题202项，执行“农引推”项目40项。2002年，西安科技学院院长、中国农科院副院长等专家60余人，被聘为科技顾问并与兖州市建立长期合作关系。2003年—2005年，聘请国外专家150余人次，派出国境外培训200余人次。2006年—2010年，组织企业和科研机构参加“专博会”“科博会”“西洽会”“院士行”等科技合作交流活动，对外推介兖州，引进优秀科技成果和高层次人才。2006年，共执行引进国外专家项目33个，引进外国专家189人次，派出国境外培训216人次，执行

“农引推”项目51项。2008年，在国际科技产业博览会和专利高新技术产品博览会上，签订技术合作协议28项，完成技术成交额4500万元，项目总投资19.6亿元，聘请3位专家为市政府科技顾问。2010年，山东大丰机械有限公司、山东国丰机械有限公司、山东玉丰农业装备有限公司等7家农业装备生产企业和济南大学、河北省农业机械化研究所组成济宁市首个农业装备产业技术创新战略联盟。至年底，通过科技招商活动，共签订技术合同560项，建立合作关系280个，签订协议意向300项，引进人才1500余名。2012年，兖州市引进多家投资公司进行投资考察，多次与山东联诚集团有限公司、山东永华机械有限公司、山东科大鼎新电子科技有限公司、兖州创佳玻璃纤维制品有限公司、山东育达医疗设备有限公司、兖州市希尔康泰药业有限公司、山东经典重工股份有限公司、山东澳星工矿设备有限公司等企业深入对接洽谈。其中，以色列英飞尼迪投资公司与山东联诚集团有限公司达成投资意向，多家投资公司表示重点关注兖州市部分骨干企业发展。2013年，联系介绍风投创投机构到兖考察，与有关企业对接洽谈。济宁英菲尼迪投资公司作为战略投资者向联诚集团注资910万元。

第二节　合　作

与山东大学合作　2010年—2013年，兖州市政府与山东大学建立全面战略合作关系，双方主要从人才、科技、资源加强合作，搭建人才、资源、科技共享与互动的新平台，实现合作共赢。

人才合作方面，山东大学实施“订单式人才培养计划”，通过联合办学，为兖州企业、医院等单位培养输送人才，并根据实际需求，选择具有较强组织管理能力的科技管理人员、富有科技开发经验并具有高级职称的科技人员和具有高级职称的经济管理研究人员到相应岗位挂职或兼职，至2013年，山东大学为兖州培养输送各类人才300余人，委派科技顾问100余人次。

2010年5月5日，兖州市政府与山东大学举行全面战略合作协议签字仪式

科技合作方面，发挥山东大学学科、实验室、人才、技术、信息等各种科技资源优势和兖州市政府及所属企业管理、政策及产业优势，共同打造国家级、省部级及校地、校企等多种层次的研究开发平台，推动关键技术和产业链延展技术的研发与创新，成立“山东大学兖州市技术转移中心”。双方选择适宜的研究方向和课题，共同申报上级有关科研计划课题，至2013年，共合作申报上级项目10项。

展会推介　2008年5月20日—25日，第十一届中国（北京）国际科技产业博览会期间，兖州市组织12个镇（街道）、开发区、农高园及部分所属企业共36家单位70余人参会。期间，接洽研发单位及机构46家，新建立相关联络关系62对，共对接电子信息、生物技术、新能源、新材料等领域的28个项目。与各地客商签订技术合作协议10项，签约“新型血管支架”“秸秆气化”等10个项目，总投资额6.45亿元；达成合作意向项目18项。

2000年—2008年，中国专利高新技术产品博览会（以下简称“专博会”）期间，兖州市共组织100余家企业、科研单位参加，对接洽谈招商引资项目200项，投资总额突破100亿元，技术成交额1.5亿元。2010年，第十届专博会，兖州市共设立8个特装展位、15个标准展位和4个室外展位。先后组织120家企事业单位，累计1800余人次分期分批全程参加专博会的各项活动，征集并解决企业技术难题14项，科银企对接项目13项；对接洽谈招商引资项目21项，投资总额24.56亿元，技术成交额3700万元。签约仪式上，山东兖州工业园区与山东永丰实业有限公司签订投资8亿元的兖州永丰建材物流项目合同；山东兖州华春新能源有限公司和济南开明新能源有限公司签订投资1.1亿元的50万台太阳能热水器项目合同。11家兖州用人单位集体参会，达成就业意向50人。2012年，第十一届专博会，兖州市落实特装展位5个、标准展位13个，对接洽谈科技合作项目27项，投资总额27.76亿元，技术成交额6111万元，其中参加济宁市集中签约项目2项；征集企业技术需求和人才需求30项；落实10家企业（单位）开展现场人才招聘活动，达成就业合作意向87项。推进科技型中小企业与对口银行开展洽谈对接项目30项。

第七章　气象测报　防震减灾

第一节　气象观测

观测项目　1996年，兖州国家基本气象站观测项目有云、能见度、天气现象、气温、空气湿度、降水、蒸发、风、地温、冻土、雪深、雪压、气压、日照、电线积冰等。1998年4月，增加E-601B型大型蒸发器用于蒸发观测。2002年6月，安装无锡ZQZ-Ⅱ1型自动气象站，2003年1月1日起，实行自动站与人工站平行对比观测，以人工观测记录作为正式记录。2004年，在全市各镇（街道）陆续建成10个中小尺度天气系统自动监测站。2005年1月1日，结束持续两年的平行对比观测，

兖州市国家基本气象站观测场

自动气象站转入单轨运行。同年11月1日，取消降水量报、人工增雨重要天气降水量报，自动站雨量传感器和E-601B型蒸发器的使用时间调整为每年4月1日至10月31日。2007年1月1日起，增加每日23时的天气报发报任务。2009年6月，ADTD闪电定位仪投入业务运行。同年11月，土壤水分自动观测站投入业务运行。2011年8月，中国气象局卫星数据广播系统县级站建成并投入使用。至2013年年底，兖州市气象站观测项目有云、能见度、天气现象、气温、空气湿度、降水、蒸发、风、地温、冻土、雪深、雪压、气压、日照、电线积冰等。

观测资料传输　兖州市气象站每天定时拍发天气观测报、航空危险报，参加国际天气资料交换。1996年，气象数据通过传真机和电话拨号进行人工抄报。1999年3月起，气象数据通过分组交换网X.25通信方式进行传输。2000年，中文电子邮件办公系统延伸到县局，实现国际互联网的接入。同年，完成卫星综合应用业务系统（9210工程）建设并正式投入业务运行。2003年，气象数据传输方式改为宽带专线传输。2006年，镇区域自动气象站资料实现GPRS无线传输。至2013年，形成联通专线、移动专线和3G无线网

络互为备份的气象资料传输模式，全年不间断地向山东省气象局传输气象观测资料。

第二节 气象预报与服务

气象预报 1996年1月，开始实行冬半年（10月至次年3月）济宁市气象台替代兖州市气象站制作短期天气预报。2000年，卫星综合应用业务系统（9210工程）安装调试成功并投入运行，通过分析我国风云2号气象卫星发回的气象云图和地面、高空天气形势图、降水量、气压、风等气象要素图，结合省、市气象台天气会商结论及本地气象条件，形成并发布短、中、长期天气预报。短时天气预报于每日8时、17时发布，遇有重大灾害性天气时，通过“121”天气预报发布系统和电视台插播的方式及时向社会发布；中、长期天气预报以书面形式印发给市政府、各镇（街道）及有关单位。2005年—2006年，逐步制订气象灾害预警信号发布制度、突发事件应急预案、灾情直报制度，建立网络预报会商系统、气象情报灾情收集系统、气候影响评价系统，与农业、水利、民政等部门实现信息互通共享，完善突发事件应急气象保障业务和快速反应机制。2006年1月，实行市台代替县局制作短期天气预报，县局负责订正预报。月初、年初分别制作月、年地面气象观测报表，定期发布短、中、长期天气预报。短期主要预报未来72小时内晴雨、最高、最低气温及风向风速；中长期主要预测未来72小时后的天气过程和趋势。2007年后，依托移动互联网的快速普及，微博、微信、手机APP等被广泛用于发布和传播气象预报。2011年10月，建成新一代市县可视化会商系统，每天8时、16时开展天气会商。至2013年，气象预报产品包括：短期预报（未来3天内的天气及其变化趋势）、中期预报（周报、旬月报、重要节假日期间天气预报等）和长期预报（春秋播预报、“三夏”预报、汛期预报、年度天气展望、冬季低温预测等）。

气象服务 1996年1月，开通电话“121”天气预报自动查询系统。1998年7月，兖州电视台正式开播天气预报栏目。2005年，“121”天气预报自动查询系统升级为“12121”气象声讯服务热线。2006年6月，开通手机短信天气预报服务平台，以手机短信方式向各级领导、种粮大户发送气象信息。同年10月，在市区、乡镇和部分大型企业单位安装气象信息显示屏。2007年，开通全市高危行业气象信息直通系统，及时发布灾害性天气预警信息。2011年，在全市7个镇建成气象信息服务站，安装气象信息服务终端，组建气象信息员队伍。2012年，建立农业气象业务服务平台，市气象局制订《兖州市农业气象服务周年方案》，明确服务对象、服务产品发布渠道及流程，将90%的农民专业合作社、种养殖大户等重点服务对象纳入信息库，全市有气象信息员495人；建立小麦、玉米、蔬菜和畜牧养殖等农业气象服务指标集，根据农作物不同发育期的气象指标开展农业气象服务，成立以市气象、农业、畜牧、农机、林业、水利等部门专家组成的气象为农服务专家团。同年，在市政府、10个镇（街道）、11个农村中学、专业合作社、农业龙头企业、设施农业基地等安装100块气象信息电子显示屏，在全市200个行政村建成气象预警大喇叭系统。至2013年，形成公众气象服务、决策气象服务、为农气象服务三位一体的气象服务模式。公众气象服务通过新闻媒体、网络、短信等渠道为广大人民群众提供气象信息服务，内容包括日常天气预报、灾害性天气预报、警报和预警信号、天气热点、天气周报、天气实况、雨情信息等。决策气象服务通过电话、传真、电子邮件、呈阅件等形式向地方政府有关领导提供决策参考，必要时由兖州市气象局主要负责人向市委、市政府有关领导当面汇报或呈送灾害性天气、气候过程预报预测信息及其防御建议，为科学防灾、救灾提供参考意见。为农气象服务通过大喇叭、显示屏等设备向种粮大户、养殖大户提供农事建议，主要包括旬报、干旱监测、特色农业气象服务、农用天气预报、作物产量预报、农业气象预警预报、“三夏”“三秋”动态气象服务、冬小麦气象服务等，每年气象服务达100次以上。建立“直通式”气象服务，将全市农民专业合作社、种养大户和“农”字龙头企业等513个重点服务对象纳入气象预警短信服务平台，年均服务34.9万人次。

第三节 防雷 人工防雹降雨

防 雷 1993年后，雷击灾害的发生呈上升趋势，雷击安全隐患较多。1996年起，气象部门按照气象法律法规规定，完成对全市中小学、易燃易爆场所和新建建（构）筑物的防雷安全普查，开展防雷风险评估；对全市所有易燃易爆场所及新驿煤矿、古城煤矿、山东太阳纸业股份有限公司等大型工业企业的重点设施和高大建筑物防雷设施进行检测，对查出的隐患及时要求整改。1997年，市雷电防护技术中心成立，负责雷电防护装置安全检测、设计评价、施工监督、竣工验收和雷电防护工程等相关技术服务，承担雷电灾害调查、事故鉴定、灾情上报等业务。2004年，开始执行防雷装置设计审核和竣工验收审批制度，对全市新建和改建建筑物的防雷设计图纸进行审核，跟踪防雷设施施工过程中的技术指导和检测验收。至2013年，防雷检测在安全生产重点企业的覆盖率达100%。

人工防雹降雨 1999年3月，市人工增雨防雹工作领导小组成立，配备人工增雨防雹火箭发射架2部，制定高炮维护、炮弹存放等管理制度。配备摄像器材，及时调查收集冰雹、雷雨大风等灾情，确保第一时间上报。2011年年初，兖州市出现旱情，人畜饮水、农田灌溉不同程度出现困难，2月13日，市气象局实施人工增雪作业，共发射火箭弹12枚，增加降水8.5万立方米，至2月14日8时，全市降水量3.4毫米，旱情

市气象局工作人员开展人工增雨作业

有所缓解。同年2月16日，协调某航运团先后出动运输机5架次，对包括兖州市在内的20余个受灾地区实施人工增雨作业，旱情得到明显缓解。至2013年，建成规范化炮点2处，分别位于新兖镇易村村西、新驿镇高吴桥二村。全市平均每年在干旱季节开展外场防雹增雨作业2次以上，发射火箭弹约50发，平均每年减少雹灾面积60公顷以上，增加降水量约10毫米。

第四节 防震减灾

地震监测 兖州市谷村地震观测站位于山东省兖州市谷村镇前白楼村，郓城断裂带南侧，是山东省级重点井，隶属于济宁市地震局。由山东省鲁南地质工程勘查院为谷村镇集中供水水源发电勘探建造，济宁市地震局负责日常管理。2004年7月，开始对地下水位进行观测。安装SW—40水位自计仪1台。观测资料每周寄送济宁市地震局。该站2008年废止。

兖州数字地震台位于颜店镇嵫山南坡，是山东省和济宁市“十一五”规划地震台网加密的重点项目，包括1个测震台和1个强震台，总投资54万元。2010年3月开工建设，10月开始试运行。

地震宏观观测点 2006年8月，建立和完善全市地震前兆动物宏观观测网络，覆盖全市7个镇，每个镇设有1个观测点及1名观测员。2009年，对全市宏观点进行调查摸底，制定动态管理

办法，对责任心不强，不能很好发挥作用的宏观观测点进行撤并更换，保留颜店等宏观观测点4个及4名观测员。同时，明确宏观点观测人员职责，形成群测群防的长效机制。

地震宏观异常处置 2008年5月19日，新兖镇古城村一条宽约7米、南北走向的水泥路面在下午2点15分左右突然自东向西断裂并形成大约35厘米的拱起，在此之前没有任何征兆。经调查，此次断裂造成周围100平方米的房屋个别墙体出现裂缝，在路面裂缝附近的农户院内水泥地面下出现中空。古城村是在煤矿塌陷地着实后建设的新村，经综合分析，此现象为非地震前兆，是热胀冷缩造成塌陷引起的。

抗震设防 2009年5月，进行城市断层探测和地震危险性评估，对城市地震动参数和地震地质灾害重新探测，完成兖州市城市规划区内的地震小区划工作。2011年2月，市地震局制定《兖州市建设工程抗震设防要求管理办法》。至2013年年底，全市共做出抗震设防要求审批78件，全市的建设工程项目均达到抗震设防要求。

地震应急 2007年和2010年，先后修订和完善《兖州市破坏性地震应急预案》。明确地震应急工作程序、层级管理职责和协调联动机制，形成统一指挥、相互补充、协调一致的地震应急预案体系。2010年，市地震局与团市委联合，通过单位推荐和个人报名的形式，征集800余人防震减灾志愿者。利用城市广场、公园等开阔场地，规划建设8处紧急避难场所。2013年，地震应急指挥中心系统建设完成并投入使用，规划设置必需的紧急疏散通道，配置必要的避险救生设施。

地震科普知识宣传 1996年—2013年，利用“7·28”唐山地震纪念日、“5·12”防灾减灾日、科技宣传周等活动开展防震减灾宣传教育工作。2013年年底，建成市实验小学、市东方中学、市第十五中学三所省级地震科普示范学校和长安社区省级科普示范社区建设。展出宣传挂图8张，印发地震知识小册子1.2万册，宣传明白纸3万张，组织开展防震减灾进社区、进乡村活动，普及防震减灾知识。

第二十五篇

文化　旅游

YANZHOUSHIZHI

文化　旅游

第一章　管理机构

第一节　市文化管理机构

1996年，兖州市文化局机关设办公室、文化科、文物管理科、文化市场管理科和产业开发科5个行政科室，辖文化馆、图书馆、博物馆（文管所）、书画院、豫剧团、电影放行放映公司、光明影剧院、大众剧院、文化市场稽查所、音像图书发行站、艺校等11个事业单位，有在职人员312人。13个乡镇均设有文化站（中心），配备工作人员1人～2人。2000年12月，因区划调整，文化站数量减至12个。2002年8月，增设社会文化科。2003年5月，王因镇文化站、黄屯镇文化站划归济宁高新技术开发区管理，文化站数量减至10个。2005年10月，兖州市文化发展中心成立，为科级全额预算管理事业单位，编制6名，隶属兖州市文化局管理。市文化局加挂文物局牌子。2008年11月，兖州市文化发展中心由市文化局管理调整为由中共兖州市委管理。同年12月，市文化发展中心加挂市文物局牌子，市博物馆和市文物管理所由市文化局管理调整为由市文物局管理。2009年8月，兖州市电影发行放映公司划归兖州市广播电视局管理。同年年底，兖州市文化局机关设办公室、市文化市场稽查科、社会文化科、文化产业科4个科室，辖书画院、文化馆、图书馆、文化市场稽查队、豫剧团、光明影剧院、大众剧院等7个单位。2010年4月，根据《中共兖州市委兖州市人民政府关于兖州市人民政府机构改革的实施意见》，组建市文化广电新闻出版局，市文化局被撤销。

第二节　市旅游局

1996年4月，兖州市旅游局成立，为科级全额预算事业单位，编制5人，隶属市政府管理。1997年，兖州旅行社由市政府外事办划归市旅游局管理，为自收自支股级事业单位。1998年11月，市旅游局明确内设机构，设办公室、财务统计科、旅游管理科、涉外工作科4个科室。2008年11月，市旅游局内设科室调整为办公室、规划促进联络科、质量规范管理科、咨询投诉监督科4个科室，有在职人员16人。2010年4月，市旅游局与市文物局合并，成立市文物旅游局。

第三节　市文物局

1996年，兖州市文化局内设文物管理科，负责全市文物工作，指导和促进全市文物事业的发展和文物的开发与利用。同年9月，兖州市文物管理所成立，为股级全额事业单位，成立之初在市博物馆加挂文物管理所牌子，人员由市博物馆调剂。2002年8月，市文化局内设社会文化科，负责文物相关工作。2005年10月，市文化发展中心成立，由市文化局管理。2008年11月，市文化发展中心由市文化局管理调整为由中共兖州市委管理。2008年12月，市文化发展中心加挂市文物局牌子（一个机构两块牌子），隶属市文化局管理的市博物馆和市文物管理所整建制划归市文物局管理。2010年4月，市文物局与市旅游局合并，成立市文物旅游局。

第四节 市文化广电新闻出版管理机构

2010年4月，根据《中共兖州市委兖州市人民政府关于兖州市人民政府机构改革的实施意见》，组建市文化广电新闻出版局，是兖州市人民政府工作部门序列局，为科级行政机关。将市文化局的职责、市广播电视局（台）的行政管理职责、市新闻出版局的管理职责，整合划入市文化广电新闻出版局。组建市文化市场综合执法局，为科级行政支持类事业单位，组建兖州广播电视中心，为科级社会公益二类事业单位，市新闻出版局更名为市新闻出版服务中心，均由市文化广电新闻出版局管理。局机关设办公室（挂人事编制科牌子）、社会文化和艺术科、文化市场与文化产业科（挂行政许可科牌子）、广播影视和新闻出版科。下辖书画院、文化馆、图书馆、豫剧团、光明影剧院、大众剧院等6个单位。2012年，市文化市场综合执法局调整为市政府直属事业单位。2013年11月，兖州市文化广电新闻出版局更名为济宁市兖州区文化广电新闻出版局。至年底，内设办公室、社会文化和艺术科，文化市场与文化产业科，广播影视和新闻出版科，辖书画院、广播电视中心、文化馆、图书馆、豫剧团、光明影剧院、大众剧院等7个单位，在职人员237人。10个镇（街道）设有文化站（中心），均配有站长1人。

第五节 市文物旅游局

2010年4月，兖州市进行行政机构改革，将市文物局与市旅游局合并，成立兖州市文物旅游局，为参照公务员法管理的事业单位。2011年1月，市文物旅游局明确内设机构，设办公室、文物科、规划发展科、市场开发科、监督管理科5个科室，有在职人员18人。2013年11月，兖州市文物旅游局更名为济宁市兖州区文物旅游局。至年底，区文物旅游局内设办公室、文物科、规划发展科、市场开发科、监督管理科5个科室，下辖区博物馆、区文物管理所2个全额拨款科级事业单位和兖州旅行社1个自收自支事业单位，有在职人员18人。

第六节 市文化市场综合执法局

1994年7月，兖州市文化市场稽查所成立，为股级单位，隶属兖州市文体委管理，编制7人。2003年7月，兖州市文化市场稽查所更名为兖州市文化市场稽查队，为副科级全额预算管理事业单位，编制12人，隶属市文化局管理。2010年4月，兖州市文化市场综合执法局成立，为正科级行政支持类事业单位，用于安置市文化市场稽查队的全额预算管理事业人员，编制16人，设办公室、执法监督教育科、“扫黄打非”工作科和稽查一大队、稽查二大队，隶属市文化广电新闻出版局管理。受市文化广电新闻出版局、市文物旅游局委托，负责全市文化艺术、广播电影电视、新闻出版、“扫黄打非”、文物的综合执法工作。2012年，兖州市文化市场综合执法局调整为市政府直属事业单位。2013年11月，兖州市文化市场综合执法局更名为济宁市兖州区文化市场综合执法局。至年底，区文化市场综合执法局设办公室、执法监督教育科、扫黄打非工作科、稽查一大队、稽查二大队，有在编人员16人。

第七节 市广播电视中心

1996年，兖州市广播电视局为科级事业单位，设办公室、总编室、总工办、新闻部、专题文艺部5个科室及电视台、广播电台、有线电视台3个副科级事业单位。2010年4月，组建兖州广播电视中心，为科级社会公益二类事业单位，设办公室、总编室、总工办、广告部、新闻部、专题文艺部6个科室及电视台、广播电台、有线电视台3个副科级事业单位。2011年8月，兖州有线电视台从兖州广播电视中心分离，更名为山东广电网络有限公司兖州分公司。2013年11月，兖州市广播电视中心更名为济宁市兖州区广播电视中心。至年底，区广播电视中心设办公室、总编室、总工办、广告部、新闻部、专题文艺部、新媒体中心7个科室及电视台、广播电台2个副科级事业单位。

第二章　文学艺术

第一节　文　学

创作队伍　1996年初，全市有文学创作队伍61人。2000年，全市有文学创作队伍83人。至2013年年底，全区文学创作队伍发展到148人。其中，中国作家协会会员2人，山东省作家协会会员11人。

创作成果　1996年，全市在省级及以上报刊发作品600件。其中，王黎明创作的诗集《乡间音乐》由中国戏剧出版社出版，获首届鲁迅文学奖提名、济宁市第二届太白文艺创作奖、济宁市“五个一”精品奖；市文化局组织“百人、百诗、百米诗卷”诗歌作品征集，庆祝建国47周年，征集作品600余件。1997年，武秀、张丰瑞、陈书贵、宋洪钦等创作的大型现代豫剧《刘运库》获山东省“五个一”精品工程奖。1998年10月，《山东文学》发表兖州作者专辑，刊载11名作者创作的作品20篇。1998年—2001年，全市共出版个人诗集6部，长篇小说1部，中篇小说集1部，论文集、学术专集10部，在国国家、省市级报刊发表文艺作品287篇。其中，21篇获得省级奖项，有16篇关于李白、杜甫专题研究的文博论文在省级以上刊物上发表。1999年1月，“爱我兖州”大型诗歌、散文创作活动在市文化馆举办，共新创作作品200余件。2000年，《人民文学》集中向全国推出兖州市作家王黎明散文4篇。2002年—2004年，兖州市文学作者共创作、出版各类文学艺术书籍260部（出版诗集10余部，长篇小说3部），发表各类文艺作品3000余篇。其中，2002年12月，王黎明诗集《得贝壳说》（文学鲁军·王黎明卷），由山东文艺出版社出版，获山东省第一届齐鲁文学奖。同年，武秀、张丰瑞主编的《兖州览胜》，由山东大学出版社出版。2004年，全市文化系统作品稿件获国家级作品奖20人次，省级作品奖26人次，地市级作品奖19人次，县市级作品奖53人次。2006年—2009年，全市文学作者在省级及以上刊物、各类展览中发表作品600余篇，获省级奖100余篇件，国家级奖60余篇。其中，2006年，张青的散文《他乡有古树》在《时代文学》发表，收入山东大学出版社出版的《改革开放三十周年作品集》。《人民文学》2010年第7期，刊载王黎明的诗歌（8首）（原载《中国诗歌》），王黎明的散文《滴水之声》，选入九年制《新课标语文学本》初中卷。2008年12月，王黎明入选山东省作家协会首批签约作家。2010年，张金鹏的散文《我家养过的三只狗》在《散文百家》上发表。段胜军编著的《兖州战役》列入“山东革命文化丛书”，书籍《李白在兖州》获济宁市社科论文奖。市文化局出版《李白杜甫在兖州》《兖州史话》等书籍。同年2月，济宁军分区兖州干休所编辑出版《峥嵘岁月》，全书30余万字，书中收编36位老红军、老八路军、解放战争老战士撰写的回忆录，并编入大量的文史资料。2011年—2013年，兖州作者在省级及以上文学报刊发表各类文学作品60余篇。2012年6月20日始，市文化艺术界联合会筹备组织“兖州杯”海内外有奖征联活动，至同年9月28日，共征集海内外楹联8000余副，筛选2420副。其中，入选100副，奖评82副，共评出一等奖2名，二等奖4名，三等奖12名，优秀奖64名。2013年1月，征联获奖作品集《九州联谊》由中国诗词楹联出版社出版发行。同年10月16日，市作家协会副主席、女诗人田暖出席在浙江绍兴举办的第29届青春诗会，推出个人诗集《如果暖》。同年，兖州市设立“双曜文艺奖”，制定奖励办法，奖励兖州各类文学艺术人才。“双曜文艺奖”每两年评选一次，每届奖金20万元。同年12月，区文联、区作家协会结集出版《双曜文库（第一辑）》6本，由中国戏剧出版社出版。

群众文化理论研究 1996年—2013年，文化馆业务骨干创作理论作品600余件。2002年，兖州花棍舞被山东省立项定为重点科研项目。2003年，文化馆整理的《兖州花棍舞项目资料》，获省文化艺术科学优秀成果一等奖。同年，“少儿琵琶演奏技巧课题”“文化馆事业发展科研课题”论文获山东省科研项目二等奖，“少儿美术教育科研课题项目”论文获山东省科研项目三等奖。2009年，“融水墨山水于油画风景——探索中国油画民族化道路、发展与创新”被定为省重点科研项目。2010年，《柳下惠传说综论》获论文类二等奖，《道勤五谷画的现状及其传承发展探究》获论文优秀奖，《柳下惠传说的探究》被作为全省重点课题立项。2011年—2013年，研究的科研课题论文，获国家级奖项二等奖1项，省级奖9项。其中，获省文化艺术科学成果奖一等奖1项、二等奖4项、三等奖2项、优秀奖2项，有4项课题作为全省重点科研课题立项。李丹、徐月强合作调研、整理的群众文化理论成果项目发表，获国家级奖项15项、省级20余项，收录到国家级学术论文集5篇、省级论文集5篇。2011年，《关于规范文化艺术培训市场的意见建议》，在全省宣传文化工作“三问于民”意见建议公开征集活动中获优秀奖，关于“规范当前艺术培训市场、保障少儿获得有益的艺术培训”5篇论文入选文化部、西北大学、山东大学、中国传播学会、中国图书馆学会等举办的国家级学术论坛，4篇论文作主题交流发言，4篇论文入选山东省民俗学会学术论坛。

第二节 美术 书法 摄影

1986年11月，兖州县美术书法摄影协会成立，1992年，更名为兖州市美术书法摄影协会。1996年9月，进行换届选举，下设美术协会、书法协会、摄影协会。协会聘请名誉主席2人，顾问1人，设主席1人，副主席3人，秘书长1人，理事24人。其中，美术协会、书法协会、摄影协会分别设主席1人，副主席2人。至2013年，市美术书法摄影协会拥有国家级美协会员3人，省级美协会员7人，国家级书协会员9人，省级书协会员22人；国家级摄协会员1人、省级摄协会员19人。举办美术、书法、摄影展览40余次，征集作品近8000余件，展出5000余幅。美术、书法、摄影对外交流展中报送作品50余次，向上级推荐作品900余件。在国家级获奖、发表100余件，省级获奖、发表200余件。

美　术 1996年初，全市有省美术协会会员8人。2000年，全市有中国美术协会会员1人，省美术协会会员7人。至2013年年底，全区有中国美术协会员3人，中国美术协会山东分会会员7人。

1996年—2013年，市文化馆组织各类美术、农民书画展、学生书画展等300余次，展出作品10000余件。在国家级、省级展览比赛中入选获奖作品240余件。1996年11月，甘东明的《荷香》、仙福民的《孔子六艺图》，在1996年上海友好城市国画邀请展中获优秀奖，甘东明的《画圣吴道子》获首届国画名家大展精品奖。1997年12月，仙福民的山水画《蒙山秋韵》入选中国文化部艺术局、中国美协、中国书协、中国艺术研究院联合举办的世界华人书画展。1999年2月，仙福民、丁琳创作的国画《候鸟》入选文化部、中国美协、中央电视台联合举办的1999迎澳门回归国画摄影大赛，获优秀奖。2000年，仙福民创作的国画《五月榴花》入选中国美协举办的“亚亨杯”全国书画精品大展，获优秀奖；仙福民创作的国画《大地回春图》，获《光明日报》美术奖。2001年5月，甘东明作品《金秋》获文化部群众文化学会、中国台湾文化艺术基金会主办的第一届“爱我中华”国画、油画大展优秀奖；12月，作品《珠穆朗玛》获中国文联书画艺术交流中心的第四届当代中国山水画展创新奖。2004年9月，甘东明作品《高原情深》在文化部、国家民族事务委员会主办的第二届全国少数民族美术作品展获纪念奖。2006年，钱勇作品《春韵》获“走进郑州”第五届海峡两岸书画展获精英奖。2009年，徐晓金的国画《山水》作品获全国政协美术作品展优秀奖。2010年8月，钱勇作品《芦荡深处》获全国首届“泰山杯”书画作品展银奖，马玲作品《家园》获纪念白求恩120周年诞辰中华诗书画交流展金奖。2011年4月，甘东明国画人物作品、徐晓金的国画人物作品，分获山东省“新农村　新面貌　新风采”美术书法摄影展二等奖。2013年4月，徐晓金国画《山水》获第十届中国艺术节国画作品展优秀奖。

书　法　1996年初，全市有中国书法协会会员2人，省书法协会会员4人。2000年，全市有中国书法协会会员3人，省书法协会会员11人。至2013年年底，全区有中国书法协会会员9人，中国协会山东分会会员22人。

1996年，全市书法作者创作作品400余件，在国家级、省级展览比赛中，入选或获奖作品30余件。同年8月，徐叶翎、刘元被授予济宁市著名书法家称号，刘元书法作品参加法国华人书画展，屠陈陀书法作品入选中国书协举办的全国第一届硬笔书法展览。1998年，秦棠、刘元、周延涛参加济宁市文联、书协组织的“孔子故里”著名书法家赴东南亚交流考察团，在中国香港和马来西亚、新加坡举办书法作品展；5月，刘元、李丹书法作品参加省委宣传部、省文化厅、省书协、省美协主办的纪念周恩来100周年诞辰大展，王庆忠书法作品参加省书协举办的省第三届书法篆刻展；9月，刘元的隶书对联获中国书协、中国楹联主办的全国楹联书法大奖赛二等奖；10月，张瑞民书法作品入展中国书协主办的第七届全国书法大展、第四届全国新人展。2002年12月，吴东峰篆刻作品获全国第十二届群星奖。2004年8月，吴东峰书法作品获省文联、省书协举办的纪念邓小平100周年诞辰书法大赛三等奖，王庆忠、刘立、彭俊秋书法作品获优秀奖；10月，吴东峰篆刻作品获中国书协主办的首届“皖北煤电杯”全国书法大赛优秀奖。2009年1月，王庆忠、屠陈陀书法篆刻作品获中国书协主办的全国第六届篆刻展提名奖；8月，屠陈陀书法作品获省第七届青年书法篆刻展一等奖；9月，王庆忠获省书协主办的省第五届书法篆刻展三等奖；10月，李丹书法作品入展中国群众文化学会主办的“中华颂”国庆60周年全国群众文化美术书法大展；12月，王庆忠书法作品获省书协主办的省美术书法大展二等奖。2012年4月，李丹书法作品获山东省群众文化学会主办的第二届全国群众文化美术书法作品展二等奖。2013年，全市书法作者创作作品300余件，在全国、省各类展览中入展或获奖作品20件。

摄　影　1996年初，全市有省摄协会会员2人。2000年，省摄协会会员发展到5人。至

那一年（吴琨　摄）

2013年年底，全区有中国摄影家协会会员1人，山东省摄影家协会会员19人，中国女摄影家协会会员1人。

1996年10月，梁培国摄影作品《荷》入选“无名啤酒杯”全国摄影大赛，获优秀奖；一组7幅新闻照片在《山东杂志》上发表。2002年5月，梁培国摄影作品《巨人》在省摄协举办的纪念毛泽东《在延安文艺座谈会上的讲话》发表60周年摄影展上展出，鲁越作品《不惜余文》在“双新杯”全国书画摄影展中获二等奖。2008年，姜兵作品《欢乐时刻》获佳能爱之美感动全国大赛优秀奖。2011年8月，李玉奇作品《古城晨曦》获山东省第十届摄影艺术大展入选奖。同年，姜兵作品《风雪同行》获“天之翼”杯摄影大赛一等奖，《后备箱的古董》获“好客山东贺年会”一等奖。2012年，姜兵作品《无助》获第九届意大利摄影大赛佳作奖，《抱猫的老人》获21届奥地利国际摄影展佳作奖，《吸引》获“好客山东休闲会”一等奖。2013年，姜兵作品《山村来了皮影戏》获第十五届国际摄影展优秀作品；谷继奎作品《逛新城　看新家》获首届全国摄影大展优秀奖。李玉奇作品《晨牧》获全国离退休干部美丽中国摄影大赛优秀奖，作品《放飞希望》获省老龄委、省文联、省摄协主办的第一届山东省老龄主题摄影大赛优秀奖。

兖州人文摄影展　2010年5月，由市委宣传部、市文广新局主办，市文化馆承办的首届兖州人物摄影展在人民乐园举办，为期10天。共展出作品160余幅，观展人数近3万人次。2011年5月，在举办第二届摄影展时，将名称改为兖州人文摄影展。该届摄影展为期10天，共展出作品150余幅，观展人数近3万人次。至2013年，兖州人文摄影展共举办4届，展出作品近700幅，观展人数10余万人次。

第三节　戏剧 音乐 舞蹈

戏　剧　1996年—2013年，兖州市戏剧以豫剧为主，市豫剧团以演古今豫剧名戏为主，主要剧目有《穆桂英挂帅》《对花枪》《包青天》《打金枝》《墙头记》《王宝钏》等百余部连台本戏，有时也演山东梆子，如《李三娘》《樊梨花征西》等。1996年，市豫剧团在职职工64人，其中，中级职称人员22人。市豫剧团赴河南安阳连续演出76天、180余场，演出《穆桂英挂帅》《王宝钏》等80余部作品，创造了剧团连续市场演出的最高纪录。参加山东省戏剧家协会主办的中青年演员会演获3个一等奖，5个二等奖，4个三等奖。1997年，市豫剧团邀请兖州市剧作家，根据农村党支部书记的好榜样刘运库事迹，进行创作，将原创剧目《村支书刘运库》搬上舞台，并在济南山东会堂进行公演，该剧获山东省第四届“五个一”精品工程奖。1999年，市豫剧团根据人员特长和业务需要，分成戏曲演出团和综艺演出团。2001年3月，市豫剧团与兖州供电局联合组建彩虹艺术团，2001年—2003年，共开展各类彩虹工程演出300余场。2003年，市豫剧团和张青合创的小品《梦醒时分》获省财政厅、省文化厅会演一等奖。2005年6月，兖州市廉政艺术团挂牌成立；8月，市豫剧团应邀参加烟台海关60周年庆祝演出；9月，渔鼓调说唱《红包》受邀参加中国第五届中国艺术节获精品节目；11月，省曲艺家协会与市豫剧团联合成立山东曲协实验艺术团，姜昆题写团名并带领多名艺术家参加成立仪式。2005年，《醉嫂》获省军区会演一等奖。2006年1月，市豫剧团排演的大型豫剧《任长霞》公演，先后在济宁、济南等地演出60余场，观众近7万人次；3月，市豫剧团与市民政局联合成立双拥文化艺术团。2006年，尹东芬的小戏《养猪记》获中国第四届小戏艺术节特殊贡献奖，艺术说唱《快乐大家》获第五届全国“四进社区”文艺展演铜奖，戏曲小品《咱们小区腰鼓队》获省“四进社区”文艺展演优秀奖。2007年，戏剧小品《画像》获省基层廉政文艺创作展演一等奖。2008年，尹东芬《花木兰》（选段）获第三届中国戏曲红梅大赛山东赛区表演一等奖。2009年2月，现代剧目《冷暖人间》参加全省地方戏优秀节目展；4月，市豫剧团获济宁市繁荣艺术创作突出贡献奖。市豫剧团青年演员王荣花表演的《天女散花》在省红梅大赛中获表演一等奖，徐敏表演的《抬花轿》获表演二等奖。2010年2月，市豫剧团排演的大型现代戏《冷暖人间》被济宁市委宣传部评为济宁市第八届精神文明建设文艺精品工程奖；5月，市豫剧团成立60周年大会在市富都宾馆隆重举行；8月，筹备排练新编廉政历史剧《杨震荐官》，11月在济宁声远舞台演出，12月在济宁市各县（市、区）进行巡演。该剧获济宁市2011年反腐倡廉特殊贡献奖、济宁市第九届精神文明文艺精品工程奖。2011年，市豫剧团排演的小品《古槐逢春》参加全省第六届小品大赛，获省文化厅二等奖。2013年，市豫剧团有在职职工51人。其中，国家二级演员3名，国家二级舞美设计师2名，国家三级演员22名。市政府列支100万元启动“一村一年一场戏”文化惠民演出活动，丰富群众文化生活，全年演出300余场。参加省戏曲红梅大赛获2个一等奖，2个二等奖，3个三等奖。

音　乐　1996年初，省音乐家协会会员3人。2000年，全市有中国音乐家协会会员1人，省音乐家协会会员4人。至2013年年底，全区创作人员发展到60余人。其中，中国音乐家协会会员1人，山东省音乐家协会会员8人。

1996年—2013年，征集作品1000余件，向国家、省、济宁市级推荐作品600余件，出版、发表获奖达作品500余件。业余队伍中，农民作词人史惠民为典型代表，他利用业余时间从事歌词创作，先后在《词刊》《中国音乐报》《音乐周报》《音乐生活报》等刊物上发表作品100余件，获国家、省、市级奖项10余次。其中，史惠民作词、朱加农作曲的歌曲《两只小燕子》入选由兰州大学出版社、中国科学文化音像出版社发行的《全国新编幼儿歌曲教材》。1996年6月，张丰瑞作词、关晓燕作曲的歌曲《眷恋的山峦》在中国音乐家协会《音乐周报》、南京市文联举办的“世纪之歌”全国歌曲大奖赛获银奖，《辉煌的太阳》等4首歌曲发表在《中央广播歌选》上。1999年1月，《龙飞凤舞唱丰收》入选《世纪之声全国企业优秀歌曲集》。于平作曲的《泗河春晓》在山东电视台《星光50》栏目中播出。2002年1月，11件作品选送参加全国“华光杯”中国企业歌曲大赛，关晓燕创作的歌曲《故乡是抹不去的思念》等6首发表在《湘江歌声》，《好人》等作品发表于湖南省文联、湖南省音乐家协会出版的《音乐教育与创作》；6月，“兖州颂”庆祝兖州市建市10周年歌曲征集活动举办，征集作品100余件。2008年6月，向第六届全国“四进社区”文艺展演活动报送曲目《忆秦娥·娄山关》，该曲目为毛泽东诗词创作歌曲。2009年，李艳创作的歌曲《千年运河》在《群众艺术》发表，获创作一等奖。2010年，由龚方、关晓燕创作的歌曲《古城之恋》获省委宣传部、省文化厅主办的“山东省农村文化艺术节”优秀奖。2011年8月，史慧民作词、关晓燕作曲的歌曲《亲爱的济宁，我为你歌唱》获济宁市新创作文艺作品一等奖，龚方作词、关晓燕作曲的歌曲《美丽的家园》获一等奖。2012年，刘红岩参加省《齐鲁晚报》杯青少年歌手大奖赛获美声组二等奖。2013年，刘红岩参加全国第十五届青年歌手大赛济宁赛区选拔赛获济宁赛区美声组第一名，代表济宁市参加山东省选拔赛，获优秀歌手奖。

舞　蹈　1996年始，兖州舞蹈创作队伍发展壮大，至2013年年底，全区创作人员发展到50余人。有省级舞蹈家协会会员2人。

1996年—2013年，兖州市征集作品500余件，向国家、省、市级推荐作品300余件，参加国家、省、市级表演、比赛、发表获奖作品260余件。市文化馆举办中老年、青年音乐、舞蹈培训班150余期，为老年大学、中小学各艺术团队、中高考艺术考生培训辅导180余期次，培训6万余人次。2003年11月，李艳编创的舞蹈《老少乐》参加山东电视台“大家一起来”文化广场演出。2005年，尹勇的舞蹈作品《风采班组的一天》获中国铁路文工团金奖，《飘扬的旗帜》和《小使者》获中国铁路文工团银奖。2008年4月，尹勇编排的民俗节目《请猴》获省电视台、省精神文明办特色节目奖。2009年，在整理挖掘的省非物质文化遗产中的花棍舞项目的基础上，尹勇、李艳重新整理编排的舞蹈《欢天喜地》，在新中国成立60周年中央电视台《同一首歌——走进华勤》栏目中演出，2010年7月，尹勇编创的舞蹈《小当家》参加中国青少年才艺英才推选活动全国大赛，获银奖和优秀指导奖。2012年6月，古典舞诗剧《李杜诗情》获省文联举办的第三届山东国际大众艺术节一等奖；9月，编排舞蹈《花棍舞》参加群星奖选拔赛获山东省特别奖，参加全国连厢舞大赛获银奖。

第三章　文化活动

第一节　文化交流

文学交流　2002年7月，市委、市政府与中国作家协会《人民文学》联合举办作家采风团兖州行活动，中国作协《人民文学》作家采风团一行15人，进行3天采风活动，并和兖州市文学作者开展研讨会，撰写反映兖州人文历史、风土人情、风物风光、建设风貌的文集，刊发在《人民文学》第10期；9月，兖州历史文化研讨会召开，北京大学、中国民族大学、山东大学、山东师范大学、山东艺术学院、曲阜师范大学的专家、学者就兖州历史、文化、经济、思想、社会发展等诸多方面进行探究、座谈、研讨，提出指导性设想。市文化局编撰的兖州历史文化丛书《兖州揽胜》《天下第一剑》由山东大学出版社出版，首次比较系统、全面、翔实地介绍了兖州人文历史。2006年，举办九州文化论坛，邀请冀州、徐州、青州等古九州城市的专家、学者，共同探讨历史文化的继承和发扬。

美术交流　1996年2月，日本山口县山东年画展先遣团一行3人，考察市文化局收集的100余幅民间木版年画、剪纸作品，日本艺术家给予高度欣赏和好评。2004年9月，由中国市文化局牵头主办的中韩实力派5人美术作品展在市博物馆开展，参展的5位艺术家分别是韩齐逊、郭正民、李锡元（韩国）、崔元泰（韩国）、闵庚彩（韩国）。2006年4月，兖州、泰安两地文化艺术代表出席在兖州文化馆举办的“泰山五老——傅汝有暨兖州青年画家徐强师徒画展”研讨会并参加开幕式。2007年，李宝亮的国画作品《牡丹猫》由中国台湾国民党名誉主席连战儿子连胜文、儿媳蔡依珊在慈善义卖晚会上以50万新台币成功拍卖。2008年3月，旅美画家张禄杰寻根之旅座谈会举办；8月，“2008兖州印象”油画展暨书画艺术研讨会举办。2009年11

月，国画名家陆万运“盛世荷谐•走进兖州”2008米水墨长卷展览在市博物馆举行开幕仪式。

书法交流　1999年5月，兖州市举办全国篆刻书法名家作品邀请展，并成立东鲁印社，为全市书法篆刻交流提供场所。2003年9月，兖州市邀请京鲁名人王淼田、杨竹、金晓东、吉伟东等举办文化交流联谊笔会。2003年11月，市文化局在文化馆举行吴东峰获群星奖座谈会，交流书法篆刻创作参展体会。2009年4月，《徐叶翎书画篆刻作品集》研讨会召开，总结交流其书画篆方面的成就和创作体会，促进了兖州书画的发展。

摄影交流　2004年1月，“古城遗韵”兖州市老照片收藏展研讨会在市文化馆召开。2005年10月，以中国新闻摄影学会会长、中国新闻摄影年赛评委会主席于宁为团长的中国摄影家“走进兖州”主题摄影采访团在兖州城乡各级层景点进行实地拍摄。2006年1月，中国新闻摄协、市委宣传部联合在北京举办“走进兖州”画册首发式暨摄影展。同年1月，市委宣传部、市文化局在市博物馆举行兖州市“中国摄影名家走进兖州摄影展”开展式、摄影研讨会。

艺术交流　2002年7月，兖州市与兖州舰官兵举办军民联谊活动，兖州市领导带领市豫剧团演员赴青岛某海军基地，慰问兖州舰全体官兵并与他们联欢，演出歌曲、舞蹈、小品、戏剧等文艺节目10余个，与兖州舰共同庆祝建军75周年。2003年9月，邀请万伯翱、邱钟惠、邓若曾、黄健、钱红、李博成、苗然、泽娜卓玛、葛存壮夫妇、韩玄真、王淼田、金晓东、吉伟东等京鲁文体名人在兴隆宾馆举办文艺交流座谈会、文艺联欢会，到兖名人演出曲艺、小品、杂技、朗诵等6个节目。

第二节　民间文化

民间艺术　民间艺术是劳动者为满足自己的生活和审美创造的艺术，包括民间美术、民间音乐、民间舞蹈和戏曲等多种形式。

盘　鼓　北宋时期，流传中原及周边广大地区。民间主要用于庆典、祭祀、求雨等形式，军队用于助阵、鼓舞士气。兖州作为历史军事重镇和粮仓基地，盘鼓历史源远流长，为中华五鼓之一。兖州盘鼓鼓体大，所用乐器以鼓为主，配以大镲、马锣等铜器。鼓队所用的木框扁鼓均为同一形制：鼓面约45厘米，木框，高约30厘米，重15公斤，鼓槌用长50厘米、粗3厘米的柳木棒制成。演奏时，将鼓的背带斜挎在左肩，鼓置于腰前，鼓面向上，用双鼓槌击奏。击鼓方式有击鼓面、击鼓面边缘、击鼓框、双槌互击几种。鼓队可大可小，按“鼓二镲一”的比例组合，小鼓队有十几人，大鼓队有几十人甚至百余人组成，鼓队有手持“令”字三角形旗的人担任指挥。盘鼓有原地演奏与行进演奏两种演奏形式。原地演奏，鼓队围成一个圆圈，令旗位于圆心，鼓手面向令旗。当鼓队为民间舞蹈伴奏时，鼓队位于表演场地的一侧，面向表演场地。令旗位于鼓队与舞蹈演员之间。行进演奏时，小鼓队走成四横排，第一、四排是镲，中间两排是鼓，令旗位于一、二排之间。第一排镲手面向令旗，退步行进。大鼓队排成四路纵队，中间是鼓，两边是镲，令旗在最前面，面向鼓队，退步行进。鼓队长距离行进表演中，只要求鼓点整齐，不要求步伐一致。鼓队行至观众较多或预定的表演场地时，鼓队会按照令旗提示，进入表演性演奏状态，全体鼓手步伐按鼓点节奏统一起来，行进速度明显放慢，击鼓动作幅度加大，整个鼓队时走时停，时起时伏，动作整齐、豪放，极富舞蹈性。

空　竹　兖州空竹起源于20世纪50年代，只有2人～3人，由于人们文体兴趣的增长，抖空竹的人数逐年增多，群众自发的组成空竹队伍。2003年，兖州市空竹队成立，初期有40余人，活动地点分布全市各个文化广场。经常邀请郑州、洛阳、南京等空竹队高手执教，增强兖州空竹队技艺，尤其是张茂庆、秦传光、孙庆朋、王增宝、张士臣、张秀田等爱好者，分别有“蜻蜓点水”“海底捞月”“空中彩虹”“鹰击长空”“反正盘空竹”“挖桃空竹”“猴子爬杆”“空竹过顶”“高山流水”“仙女散花”“鹞子翻身”“飞舞纺纱”等高难度动作。2005年5月，兖州市空竹队在“中国体彩杯”济宁全民体育健身月启动仪式活动中获优秀奖。2006年5月，市空竹队获“山东火炬房产杯”优秀奖，2007年6月，市空竹队在兖州市庆“七一”中老年人健身活动中获集体优秀奖。其中，张茂庆获先进个人奖。2008年9月，市空竹队获“山东商贸杯”济宁市首届抖空竹表演大赛优秀表演奖，2010年6月，在兖州市第二届社区邻里联谊节暨鼓楼街道民间艺术团成立文艺展演中获优秀奖。同年，市空竹队更名为鼓楼街道民间艺术空竹队。2011年1月，张茂庆被授予兖州市2010年度优秀民间艺人称号。2011年5月，鼓楼街道民间艺术团空竹队在“三利杯”2011中国·保定空竹艺术节空竹技艺展示中，获二等奖。

五谷画 产生于古代的“填仓节”。清道光年间（1821年—1850年）兖州泗河大桥南大桥村村民王德厚，字道勤，把当地五谷画进行收集整理，加以创新，以当地生产的五谷杂粮为作画原料，创作出具有地方特色的五谷画，后人把他创作的作品称为道勤五谷画。道勤五谷画是利用大自然谷、黍、荞麦、稻、芝麻、绿豆等的天然特性和天然色泽，经过特殊工艺处理，采用永久保存技术，通过粘、拼、贴、雕等手段，运用线条、构图、色彩、明暗等艺术造型手法，进行特殊处理所形成的一种独特的视觉艺术形式。2009年，王怀起创办道勤文化有限公司，招收40余名员工，大都是农村闲置人员、下岗职工和残疾人。2010年，道勤文化公司参加省非物质文化遗产民间手工艺术品博览会。博览会期间，通过实物展示、图片展览、代表性传承人现场制作销售等形式，向全国各地展示了道勤五谷画的独特魅力，并获“金牛奖”。2011年，兖州五谷画发展为包括西方抽象画、年画、卡通、仿古画、儒学在内的数十个系列300余个品种，产品远销韩国、日本、法国等地。2013年，道勤五谷画发展为山水、人物、花鸟等五大系列100余种作品，申请的4项发明和10项外观设计专利被国家知识产权局受理。

民间文学

民间歌谣 分为时政、情歌、生活、儿歌、传说等几个类别。

夸桑（夯号）

太阳出来一盆花，
照着东京宋王的家。
正宫娘娘产太子，
满朝文武戴金花。
项数包黑去得晚，
折个桑枝头上插。
万岁一见冲冲怒，
大骂包黑不懂事。
金花银花你不戴，
为何桑枝头上插，
说出道理饶了你，
说不对就把你杀。
吓得包黑忙跪下，
万岁不知听我说，
南园有棵小桑树，
过罢春天欲发芽，
人吃葚子甜如蜜，
蚕吃桑叶吐黄纱，
冬织绫罗夏织纱，
二八月里织手帕，
能织娘娘龙凤袄，
万岁龙袍也是它，
桑皮造纸文官用，
桑木雕弓武将拉。
万岁一听心欢喜，
叫声娘娘来插花。

抗日战争民谣

东北进来一群猴，铺天盖地向南游。

江南出了真才子，光见人民不见猴。

解放战争民谣

金曲阜、银济宁，铁汁灌的兖州城。

兖州城赛铁盆，里面坐着吴化文。

吴化文别打了，前线的队伍打垮了。

江南江北不统一，淮海战役见高低。

民间故事 民间文学的重要门类之一，是劳动人民创作并传播，具有虚构内容的散文形式的口头文学作品。

乾隆过泗河

清朝，乾隆皇帝多次下江南巡视，有几次路过兖州，留下不少故事。

这一年，正逢盛夏，乾隆带领一帮文武官来到兖州，想过泗河去曲阜孔府看闺女（他有一女许配孔子后裔）。到泗河边一看，娘啊，那水又大又急，磨盘大的旋涡，打着滚流向远方。要想过泗河，非落个下水人淹死、坐船被打翻的下场不可。乾隆想：不过河吧，堂堂一朝天子连个河都过不去，有失体面；强行渡河吧，那命可不是闹着玩的。乾隆召来文臣李得水，命他向当地百姓打听有没有渡河之法。

李得水遵旨到民间一打听，才知道泗河内有个神通广大的鳖精，常常兴风作浪。有人想过河，需置办香案，摆下供品，行三拜九叩大礼，才能渡过河去，不然定会船翻人亡。乾隆闻听，大发雷霆：“朕为一朝天子，岂能与老鳖精下跪？李爱卿你去泗河见那老鳖精，令其速速搬离泗河，违者剿灭水族！”

原来，李得水会借水遁，李得水，鲤鱼得水，自然不怕水。李得水领旨下到泗河底，所到之处，水流分开一条道路。李得水看到水下有座水晶宫殿，好不富丽堂皇，便对着宫殿走去。一路上他看到串串珍珠闪闪发光，棵棵珊瑚五颜六色，个个蚌女又歌又舞。看得李得水眼馋得要死，心想：老鳖精真会讲排场。来到宫殿门前，由一名虾兵引路，李得水才进了殿。那宫里摆设的宝贝就更不用细说了。李得水见到鳖精，捧出乾隆圣旨，高声宣读。还没等他念完，老鳖精就拍桌大骂：“娘的，乾隆小儿欺人太甚！他是人间帝王，朕乃水族之王，井水不犯河水，凭什么叫俺搬家？！你回告乾隆匹夫，叫他滚得远远的。如若不然，朕施展法术，水漫泗河岸，乾隆将成为水鬼也！”骂完，命虾兵蟹将将李得水赶了出去。

李得水爬上岸，将来龙去脉一禀报，乾隆吓得心惊肉跳，晚上躺在行宫里，翻来覆去睡不着。正犯迷糊，看到从窗外飘飘悠悠降下来个白胡子仙翁，走到乾隆床前，笑眯眯地说：“吾乃太白金星是也，特来搭救尔等。”说着，拿佛尘照乾隆头上抽了一下，乾隆看龙床上多了一张白纸，上面写着四句话：“乾隆莫烦，过河不难；石灰堆岸，鳖精搬迁。”

乾隆大喜，赶紧朝天作揖，感谢太白金星指点妙计。

第二天，乾隆下道圣旨，命各州征调石灰，运到泗河推下水去，要煮泗河。准备停当，乾隆命李得水二进水晶宫。

再说那鳖王见泗河堤上堆满石灰，孙猴子闹天宫——慌了神，知道有灭族之灾。一听李得水前来，便赶紧迎进宫去，盛宴款待。满口答应三天内搬离泗河。李得水见水晶宫内做得面条又香又滑又有滋味，放开肚子多喝了两碗，吃饱喝足，告辞上岸。他见了乾隆，如实禀报。乾隆放下心来，他眼馋李得水口福不小，能吃上水晶宫的香面条，两人一看，那吃进肚去的并非面条，分明是泥鳅和小银鱼儿。

第二天早上，泗河水面刮起一阵狂风，搅得水雾漫天，一团云雾向西北方向滚去。一会儿，泗河便风平浪静，乾隆一班人顺顺当当地渡过了泗河。据说，那老鳖精搬到了兖州城西的郭家潭。又有人说，当时云雾浓厚，滚滚西去，半道上有股黄云飘向东方，追随乾隆的人马到了曲阜。原来，这朵黄云是老鳖精的小女儿——三公主。她看中了李得水的才貌，便私奔人间。三公主化成美女，装成逃荒落难的人，找到了李得水，恳求将她收留。李得水见她美似天仙，又可怜兮兮的，便把她收了房（做妾）。半年后，三公主怀孕在身，李得水辞官来到兖州落户，在鲁王府夫妻恩爱，只盼早生贵子，接续李家香火。

再说老鳖精搬到郭家潭后，才发觉不见三公主，便命鲇鱼婆去各处查找。鲇鱼婆化为人形，在民间查访了半年，终于得知三公主已嫁给了李得水。老鳖精听后火冒三丈，大骂贱人，命虾兵蟹将将三公主捉拿回宫殿。那老鳖精忘不了乾隆、李得水逼他搬迁一事。岂能把公主许配仇人？也该李得水夫妻缘分已尽，这天正赶上李得水出外访友未归，虾兵蟹将趁机逼三公主回宫。三公主无奈，只得咬破中指，含泪写了封血书，随虾兵蟹将而去。

李得水回到家，见到血书，才知妻子是鳖精的女儿。血书中写道："棒打鸳鸯两分离，妻失丈夫夫失妻，三月某日半夜时，城西井中抱儿女。"李得水看罢公主的留言，哭得死去活来。三月后的那一天，他按公主的吩咐，半夜来到城西双辘轳井前等候，果真听到婴儿啼哭，他往井内一看，只见井水哗哗地涌上井台来，把两个光腚孩子浮到地面上。李得水抱子女回到家，精心抚养。后来那男儿登科考中进士，那女儿也成了有名的才女。

民间传说 民间传说通俗易懂，形式生动活泼，多在民间口头流传。

李白在兖州留下画

以前兖州有一个大户人家广有田亩，诗书传家。他家的厅堂里在醒目位置挂一幅画，并配一副对联。主人视这幅画为传家宝，因为这是唐代大诗人李白在兖州居住时留下的作品，每当人们前来观看这幅神奇的画作，这大户人家的掌门人，就对人们讲这幅画的来历，引得众人啧啧称奇。传说，李白在兖州和杜甫相遇。他们经常在一起作诗、饮酒，还一同到周边地区进行游历。这一天，李白拿了一张山水画，给杜甫观看，让杜甫猜一猜这幅画是谁的手笔。杜甫猜了半天也没猜对。后李白告诉杜甫说："这幅画是我画的，不相信吗？我为什么画这幅画呢？因为我在兖州居住了不短的时日了。渐渐感到兖州这个地方有一股仙气、灵气，让我感到很快意。有时在半夜时分，我的诗兴就会来到心头，让我诗如涌泉。后来，我就在兖州地方四处走动查访，看一看兖州到底有啥神灵之处。后来我在秋天的一个夜晚从香梦中得到了一副绚丽多彩的画卷。当时我很高兴，因太激动，就从梦中醒来，于是我就连夜在烛光下将梦中的画景画在了绢布上，我今天拿来让你一观，你觉得有可取之处否？"杜甫听李白说完，仔细看那幅画，果然，画得很传神，内容是兖州的田影风光，牧童骑在牛背上吹着笛子逍遥自在，杜甫连声称奇。并为这幅画写了一副对联。杜甫把这幅画和对联挂在兖州府的一间雅致的房屋里。因杜甫的父亲在兖州作司马，于是兖州当地文人学士大小官员都知道杜甫结交了一位既会作诗又会画画的奇人，都争相来和李白、杜甫交朋友。后来这幅画又转到另一位兖州文人的家中；这位文人仍视为珍宝，挂在厅堂任朋友们观赏称奇。后来大书法家颜真卿见了这幅画和配的对联连声称奇，并当即根据杜甫的对联又书写了一幅自己的墨迹赠给这位文人。这位文人把李白的画杜甫的对联和颜真卿配的墨宝一起收藏起来，传给后代，到了五代，赵匡胤落难来兖州，各路兵马将赵围在兖州城西关桥下。直到兵马撤走之后，赵才出来，然后到了曹国舅的爷爷家。在宽大气派的客厅里赵见到了那几件宝贝，认为这里是自己命运转机的象征。就即兴在李白的画上写下了"赵匡胤"几个大字。于是这几件宝就更神奇了。在兖州一直传了很久很久。

第三节　节庆文化活动

农民文化艺术节　创办于1990年，每年举办一届。1996年—2013年，兖州市共举办18届农民文化艺术节，内容包括文艺品展览、幻灯汇映、棋类比赛、拔河、自行车比赛、民间艺术表演等。1996年2月4日，兖州市第六届农民文化艺术科在兴隆庄镇举行，整个活动包括开幕式、综合文艺表演、“十百千”活动、文化科技卫生“三下乡”、民间艺术展演、百村万书赠送、电影放映，各类参与人员5000余人。1998年1月15日，济宁市第五届暨兖州市第八届农民文化艺术节在新驿镇举行，省委宣传部、省文化厅及济宁市有关负责人出席，活动包括文艺会演、科技咨询、医疗咨询和义诊、科普宣传、送春联、赠图书、慰问敬老院，放电影等活动。来自济宁市、兖州市的25支民间艺术队伍表演了龙灯狮舞、划船、高跷、竹马、花棍、鼓子秧歌、扇子舞等节目，组织发放图书3.6万册、录像带300余盘，书写发放春联1200余副。2003年12月27日，山东省暨济宁市文化科技卫生“三下乡”活动启动仪式、济宁市第八届暨兖州市第十四届农民文化艺术节开幕式在大安镇举行，省委宣传

2013年1月12日，兖州市第二十三届农民文化艺术节暨“三下乡”活动启动仪式在颜店镇举行

部及省“三下乡”活动领导小组17个成员单位负责人，各地市宣传部负责人出席启动仪式，当天全市近30家“三下乡”单位向农民赠书2万余册，春联300副，科技明白纸5万张，开展电影放映、戏剧演出等活动，科技人员300人到场，8支医疗队参加活动并为5000余名农民进行义诊。2013年12月，山东省“文化大拜年　欢乐进万家”冬春文化惠民暨济宁市兖州区第二十四届农民文化艺术节开幕式在兴隆庄镇举行，省文化厅、济宁市有关负责人出席仪式，这次冬春文化惠民活动以市民大舞台、百姓大舞台为主阵地，通过“三下乡”惠民、书画作品展等活动打造提升“政府搭台　百姓听戏　激情广场大家唱”文化惠民项目。

1996年—2013年兖州市农民文化艺术节举办情况表

表25-1

届　次	时　间	地　点	活动项目
第六届农民文化艺术节	1996年2月4日	兴隆庄镇	开幕式，综合文艺演出，“十百千”活动，文化科技卫生“三下乡”，民间艺术展演，百村万书赠送、电影放映
第七届农民文化艺术节	1997年1月26日	王因镇	开幕式，文艺演出，民间艺术表演，牌板展览，电影放映，戏剧演出，送春联、送年画、发放科技明白纸、为农民义诊，法律咨询，球类、棋类比赛，各乡镇进行综合文艺演出

续表25-1

届　次	时　间	地　点	活动项目
第八届农民文化艺术节	1998年1月15日	新驿镇	开幕式文艺演出、科技咨询、医疗咨询与义诊、科普宣传、送春联、赠图书等活动，来自济宁、兖州的25支民间艺术队伍表演龙灯、狮舞、花船、高跷、竹马、兖州花棍、鼓子秧歌、扇子舞等节目，济宁、邹城、梁山、汶上、兖州等地的100余个服务点，共组织图书3.6万册、录像带300余盘、书写发放春联1200余副。慰问敬老院，电影放映，各乡镇进行综合文艺演出
第九届农民文化艺术节	1999年2月3日	新兖镇	开幕式，文艺演出，送春联、送书画，发放科技明白纸，为农民义诊，电影放映，各乡镇进行综合文艺演出
第十届农民文化艺术节	2000年1月9日	黄屯镇	开幕式，文艺演出，文化科技卫生“三下乡”，为农民义诊，法律咨询、慰问敬老院，农民歌手大赛，文体竞赛，电影放映，各乡镇进行综合文艺演出
第十一届农民文化艺术节	2001年1月24日	兴隆庄镇	开幕式，文艺演出，文化科技卫生“三下乡”，法律咨询，慰问敬老院，戏曲演唱，花篮、花船、花棍等民间艺术表演，工艺品展，书画作品展，电影放映，各乡镇进行综合文艺演出
第十二届农民文化艺术节	2002年1月12日	谷村镇	开幕式，文艺演出，文化科技卫生“三下乡”（送春联、送书画、发放科技明白纸、为农民义诊），《公民道德实施纲要》宣传活动，民间艺术展演，法律咨询，慰问敬老院，戏曲演唱，电影放映，各乡镇进行综合文艺演出
第十三届农民文化艺术节	2003年1月13日	颜店镇	开幕式，文艺演出，文化科技卫生“三下乡”，十六大精神春联书写，送书画，发放科技明白纸，为农民义诊，民间艺术展演，法律咨询，送温暖，戏曲演唱，电影放映，各镇进行综合文艺演出
第十四届农民文化艺术节	2003年12月27日	大安镇	开幕式，文艺演出，文化科技卫生“三下乡”（送春联、送书画、发放科技明白纸、为农民义诊），民间艺术展演，法律咨询，慰问敬老院，戏曲演唱，电影放映，各镇进行综合文艺演出
第十五届农民文化艺术节	2005年1月10日	小孟镇	开幕式，文艺演出，文化科技卫生“三下乡”（送春联、送书画、发放科技明白纸、为农民义诊），民间艺术展演，法律咨询，慰问敬老院，电影放映，各镇进行综合文艺演出
第十六届农民文化艺术节	2006年1月5日	漕河镇	开幕式，文艺演出，送春联、送书画，发放科技明白纸，为农民义诊，法律咨询，民间艺术表演，慰问敬老院，戏曲演唱，电影放映，各镇进行综合文艺演出
第十七届农民文化艺术节	2007年1月24日	颜店镇	开幕式，文艺演出，送春联、送书画，发放科技明白纸，为农民义诊，法律咨询，民间艺术表演，慰问敬老院，戏曲演唱，“十佳农民学习型家庭”颁奖典礼以及农民创作的书画、根雕、泥塑作品展览
第十八届农民文化艺术节	2008年1月26日	大安镇	开幕式，文艺演出，送春联、送书画，发放科技明白纸，为农民义诊，法律咨询，民间艺术表演，慰问敬老院，戏曲演唱，走访大丰机械集团、大安镇辛北庄村，并赠送兖州市书画家创作的书画作品

续表25-1

届 次	时 间	地 点	活动项目
第十九届农民文化艺术节	2009年1月11日	新兖镇小马青村	新兖镇小马青的秧歌队、锣鼓队和腰鼓队等农民群众带来的民间艺术表演，学生方队表演和军乐队表演等节目，各单位宣传展板，组织了农民书画作品展览、灯谜竞猜活动、现场为农民义务书写、赠送春联，文艺演出
第二十届农民文化艺术节	2010年1月26日	新驿镇	进行“四十佳、双优秀”表彰活动、文艺演出，送春联、送书画，发放科技明白纸，为农民义诊，法律咨询，民间艺术表演，慰问敬老院，戏曲演唱等
第二十一届农民文化艺术节	2011年1月29日	小孟镇	开幕式，文艺演出，送春联、送书画，发放科技明白纸，为农民义诊，法律咨询，民间艺术表演，慰问敬老院，戏曲演唱，电影放映，各镇进行综合文艺演出
第二十二届农民文化艺术节	2011年12月30日	漕河镇	进行文艺演出，送春联、送书画，发放科技明白纸，为农民义诊，法律咨询，民间艺术表演，慰问敬老院，戏曲演唱等
第二十三届农民文化艺术节	2013年1月12日	颜店镇	表彰2012年度农村文化工作的先进个人和优秀文艺队伍，组织农民书画作品展览，灯谜竞猜活动，现场为农民义务书写，赠送春联，文艺演出
山东省“文化大拜年、欢乐进万家”冬春文化惠民暨济宁市兖州区第二十四届农民文化艺术节	2013年11月29日	兴隆庄镇	以“市民大舞台”“百姓大舞台”为主活动阵地，通过“三下乡”惠民活动、书画作品展等活动，打造“政府搭台，百姓听戏，激情广场大家唱”文化惠民项目

社区文化艺术节 创办于2002年，每2年举办一届，至2013年共举办6届。2010年2月，第五届社区艺术节开幕式在市豫剧团演出厅举行，有舞蹈、小品、歌曲、器乐演奏12个节目参与演出。2012年1月，全市第六届社区文化艺术节启动仪式暨龙桥街道2012年新春联欢会在兴隆宾馆举行。开幕式演出有龙桥街道办事处各村居干部群众编排的歌舞、相声、独唱、舞蹈、器乐弹奏、戏曲等13组节目。

2002年—2013年兖州市社区文化艺术节举办情况表

表25-2

活动名称	时 间	地 点	主 题
兖州市首届社区艺术节	2002年1月17日	市工人文化宫	开幕式、综合文艺演出、民间艺术展演、少儿书画展、文化广场演出、《公民道德建设实施纲要》春联书写进社区、市民戏曲演唱会
兖州市第二届社区艺术节	2004年1月6日	市工人文化宫	开幕式、专场文艺演出、民间艺术展演、送春联、儿童绘画展、家庭文艺演出、市民戏曲演唱会
兖州市第三届社区艺术节	2006年1月15日	市工人文化宫	开幕式、综合文艺演出、民间艺术展演、少儿书画展、文化广场演出、春联书写进社区、市民戏曲演唱会
兖州市第四届社区艺术节	2008年2月19日	市工人文化宫	开幕式、综合文艺演出、民间艺术展演、少儿书画展、文化广场演出、春联书写进社区、市民戏曲演唱会

续表25-2

活动名称	时 间	地 点	主 题
兖州市第五届社区艺术节	2010年2月26日	市豫剧团演出厅	开幕式、综合文艺演出、民间艺术展演、少儿书画展、文化广场演出、春联书写进社区、市民戏曲演唱会
兖州市第六届社区艺术节	2012年1月14日	市兴隆宾馆	开幕式、综合文艺演出、民间艺术展演、少儿书画展、文化广场演出、春联书写进社区、市民戏曲演唱会

民间艺术会（展）演 民间艺术会（展）演是兖州市举办的新年春节系列文化活动的重头戏。1996 年—2013 年，连续举办 18 届。

1996 年，春节（正月初一、十五）期间组织民间艺术、军乐队巡回展演，参与民间艺术表演单位 50 余个，有 60 支队伍 5000 余人参加表演，观众 10 万余人。参与表演的演艺人员 3000 余人，民间艺术表演形式主要有舞龙、舞狮、盘鼓、高跷、花棍、花篮、腰鼓、彩车等。1997 年，“迎香港回归庆七一”民间艺术军乐队学校艺术方队串街表演活动举行，有 30 余支队伍参加活动。至 1999 年年底，兖州市全市民间艺术队伍发展到 86 支，常年正常开展活动的队伍有 35 支。每逢重大节日和庆典活动都有几千人参与表演活动，活动项目种类丰富。2001 年，市文化馆舞龙舞狮队参加济宁市百龙百狮大赛，获优秀组织奖。2002 年 1 月 24 日，市老年活动中心腰鼓队、供电局大头娃娃队 100 余人，参加在曲阜市举办的第七届济宁市农民文化艺术节开幕式民间艺术展演。至 2005 年，全市民间艺术队伍发展到 100 余支，常年能正常开展活动的民间艺术队伍 40 余支。2006 年 1 月 29 日，春节民间艺术展演活动在城区广场、街道举行。市文化局的腰鼓队，市公安局的摩托车方队，山东太阳纸业有限公司的威风锣鼓，山东省兖州市大统矿业有限公司的舞狮，兖州市长城家电有限责任公司的秧歌，北关村的高跷，山东省兖州市兴隆酒业有限公司的高跷、舞狮、锣鼓，马桥村的花船，兖州广场商厦的花棍等参加表演。2006 年 2 月 12 日，第 26 届兖州市民间艺术展演在市体育馆举行。近万名观众观看演出；6 月，兖州新发展大型民间艺术表演活动在西城区文化广场举办，共有 11 个单位参演，主题音乐《喜洋洋》贯穿全场，观众 5000 余人。2007 年 2 月，兖州市首届民间艺术（室内）会演暨兖州市第二十七届民间艺术展演举办，全市企事业单位和乡镇的 12 支民间艺术表演队 1500 余人参加。各支队伍在市体育馆进行 2 小时的集中展演后，分为两组进行串街表演。采用舞龙、舞狮、盘鼓、高跷、花棍、花篮、腰鼓、彩车等表演形式，展示兖州市全国社会文化先进

民间艺术会（展）演现场

市、中国民间艺术之乡风采。2010年2月，兖州市第三十一届民间艺术展演活动在市九州广场举行，有17个单位参加展演，艺术形式主要有舞龙舞狮、盘鼓、秧歌、花棍、花船、空竹、扇子秧歌等。室内会演有9个节目，形式有狮舞龙腾鼓春风、摇船寻芳泗水滨、煤海乌金扬春波、狮龙鼓舞贺新春等。2013年2月，兖州市举办民间艺术展演和串街表演，各企业单位、镇村的15支代表队600余名民间艺术表演者，参加民间艺术串街表演，活动有花棍舞、腰鼓、高跷、舞龙舞狮等民间艺术形式。

第四节　非物质文化遗产保护

2006年4月，兖州市开展非物质文化遗产保护工作，由分管副市长任组长，市文化局、市财政局、市公安局、市建设局等十几个部门负责人组成的兖州市非物质文化遗产保护工程领导小组成立，建立联席会议制度；兖州市非物质文化遗产保护中心成立，办公地点设在市文化馆，负责全市范围内非物质文化遗产的普查、申报、传承和保护。2006年，兖州市非物质文化遗产保护工作办公室成立。组织民间文学、民间舞蹈、民间音乐、民间美术、民间戏曲、传统手工技艺等方面的普查队伍，进行首届非物质文化遗产普查业务培训，明确普查的目的、意义、时间、方法和具体要求。经普查筛选论证，全市摸清非遗线索2000余条，形成专题报告120余项，内容包括民间文学、传统音乐、传统舞蹈、传统曲艺、传统体育、游艺、传统美术、传统技艺、传统医药、民俗等10个方面。市非遗保护中心对具有代表性较大的近200条非物质文化遗产进行整理，形成材料上报。市政府对境内非遗项目进行重点保护，实行专人管护，组建传承学习中心，培训传承人并对传承人加以保护。举办学术研讨会、座谈会，拍摄名录专题片，加大宣传力度，扩大项目影响。至2013年年底，全区共有非物质文化遗产名录76项。其中，省级1项，济宁市级18项。

柳下惠坐怀不乱的传说　为山东省非物质文化遗产名录项目之一。“柳下惠坐怀不乱的传说”在山东省兖州市以口耳相传的方式一代又一代流传，历经数千年。柳下惠是一个历史上真实存在的人物，被称为“中华和圣”，与孔子、尹伊、伯夷并列为“古代四大圣人”。

相传，2000多年前的一个寒冬深夜，兖州公子柳下惠正在家中研习学问，忽听屋外“咕咚”一声，似有人跌倒，接着微弱的救命声传来。柳下惠不敢怠慢，急忙开门奔出，只见雪地里躺着一位妙龄少女。雪光下，这位女子衣衫单薄，看样子就要冻僵了。救人心切的柳下惠哪管“男女授受不亲”，忙将女子抱到房内，抱着女子为其取暖，美少女的体香与发香沁人心脾，但柳下惠如和尚坐禅，心如止水，一心救人，并无邪念。女子苏醒过来。见躺在一位陌生男人怀里，又羞又愧，又见自己衣衫完好，那男子并无非礼之处，不由感激柳下惠救命之恩。遂说：“如此恩德，小女子终身难报，如公子不弃，妾愿与公子结为百年之好，以报大德。”说完，女子红晕上脸，更添娇媚，可谓美轮美奂。柳下惠正色答道：“小姐此言差矣，吾岂能施恩图报，做苟且之事，那样既侮辱小姐名节，又污柳下惠清明，徒惹世人笑谈，君子不能为也。”美少女听了柳下惠这番陈词，愧疚中更增添了对柳下惠高尚人品的敬畏之情。天明后，柳下惠护送少女返家。世人皆知柳下惠的品行操守。从此，柳下惠坐怀不乱的故事就流传下来。

兖州人民为纪念柳下惠，把他生活过的村庄和街道命名为和圣堂村、惠民街。

大禹的传说　为济宁市级非物质文化遗产名录之一。大禹的传说，在全国很多地方都有流传，其影响遍及国内外。大禹治水的地域，据专家考证，是在今河南东部、河南西部、山东东部、山东西部及江苏、安徽的淮北部分。又据专家考证，大禹治水定州的区域，在4000年前应在兖州区域内。据《尚书·禹贡》载：“济河为兖州。”是说兖州的位置在济水和黄河之间，是今河南省的东部、山东省的西部及河北省的南部一带地方。明代于慎行的《兖州府志》的《沿革志序》里说：“禹贡之界在济河”，大禹治水定州的功绩主要在济河和黄河之间的兖州区域一带。大禹治水定州的大体方位在古兖州区域内应是不争的事实。

关于大禹治水定州的考证：如《史记·夏本纪》说，大禹“左准绳，右规矩，载四时以开九州，通九衢”；《左传》襄公四年引《虞人之箴》，说“茫茫禹迹，画为九州，经启九道，民有寝庙，兽有茂草，各有攸处，德用不扰”；还有《山海经·海内经》的“帝乃命禹卒布土定九州”等。这些记载都把九州之一的兖州和大禹连在一起，说明大禹在兖州区域内或以此为界治水定州的史实。

尧在位的时候，黄河流域发生水灾，庄稼被淹，房子被毁，老百姓只好往高处搬。不少地方还有毒蛇猛兽，伤害人和牲口，传说尧召开部落联盟会议，商量治水问题。征求四方部落首领的意见：派谁去治理洪水呢？首领们都推荐鲧。尧对鲧不大信任。首领们说：“现在没有比鲧更强的人才啦，你试一下吧！”尧才勉强同意。鲧花了九年时间治水，没有把洪水制服。因为他只懂得水来土掩，造堤筑坝，结果洪水冲塌了堤坝，水灾反而闹得更凶了。舜接替尧当部落联盟首领以后，亲自到治水的地方去考察。他发现鲧办事不力，就把鲧杀了，又让鲧的儿子禹去治水。

禹立下宏愿，决心根治水患，造福黎民百姓。为求治水良方，不辞辛苦，千里跋涉，寻至涂山。终于赢得涂山酋长蒙的信任，获得蒙密藏的《水经图》。大禹很注意集中群众的智慧和力量，他吸取父亲治水失败的教训，改变单纯筑坝堵水的做法，采用疏导策略，开渠排水，把洪水引到大海中去。《淮南子·原道训》记载：“禹之决渎也，因水以为师。”说他以水为师，善于总结水流的运动规律，利用水往低处流淌的自然流势，因势利导，治理洪水。为掌握下游地区的地形情况，大禹“左准绳，右规矩”“行山表木，定高山大川”，带着测量工具，到处勘察地形测量水势。在此基础上，他带领群众“疏川导滞”，根据地形地势疏通河道，排除积水，洪水和积涝得以回归河槽，流入大海。经过十三年的不懈努力，终于制服洪水。

大禹在治水过程中严格要求自己，身体力行。新婚不久，为了治水，到处奔波，三次经过自己的家门，都没有进去。有一次，他妻子涂山氏生下儿子启，婴儿正在哇哇地哭，禹从门外经过，听见哭声，也忍着心没进去探望。当时，黄河中游有一座大山，叫龙门山（在今山西河津市西北）。它堵塞了河水的去路，把河水挤得十分狭窄。奔腾东下的河水受到龙门山的阻挡，常常溢出河道，闹起水灾。禹到了那里，观察好地形，带领人们开凿龙门，把这座大山凿开了一个大口子。这样，河水就畅通无阻了。

洪水治好以后，人们从高地上回到平原上。大禹又带领人们开凿沟渠，引水灌溉，发展农业，化水害为水利，在黄河两岸的平原上开出许多良田，成为人们安居乐业的地方。《诗经》歌颂大禹的功绩“奕奕梁山，维禹甸之”，说他平治了水灾，把梁山之野开辟为良田。

花棍舞 为济宁市级非物质文化遗产名录之一。根据文献记载，自古以来中原地区的人民便有元宵节张灯结彩，打花棍的习俗。元末明初，打花棍在山东鲁南兖州、滕州一带流传。丐帮用来习武或沿街唱曲时拍手打肩、敲击节拍时的肢体语言和相关器具竹竿，成了花棍舞的原始动作和花棍。明清之后，兖州一带的流浪艺人受到打连厢及莲花落影响和启发，在竹竿两头装上钱铃和碎布头，发展成有单打、双打、多人混合打等载歌载舞形式，边舞边唱、花棍叮咚、声调欢快的民间“花棍舞”。1946年，有安徽籍教师、民间艺人李乐安把安徽的花棍舞技法传于兖州，发展丰富了兖州的花棍舞。兖州花棍舞，以多人或列队表演为主，可以在进行中边走边表演，亦可在舞台变换队形、加花表演、伴乐、伴唱。此舞蹈风格特点：表演时排列或转换队形，行进中手拿花棍，边舞边走。动作多以跳、转、翻、旋等技巧为主，体现欢乐、灵巧、热情的特点。

1996年—2013年，市文化馆挖掘、整理花棍舞的各项资料、材料，培训辅导花棍舞队伍100余支，培训人员6000余人次，1998年2月，举办民间艺术花棍舞展演，有25支花棍队伍2000余人参加展演。1999年，兖州花棍舞获中国民间文艺山花奖提名奖，1997年—1999年，兖州花棍舞连续代表济宁市参加国际孔子文化节，1999年9月，兖州花棍舞代表济宁市参加山东省庆祝新中国成立50周年泉城文化广场齐鲁民间艺术展演，获优秀表演奖，参加山东省民间艺术展演获“黑牡丹奖”，2000年，兖州花棍舞通过国家、省、市验收，兖州市被命名为中国民间艺术之乡——花棍舞之乡。

2008年兖州市第一批市级非物质文化遗产名录

表25-3

类　别	序　号	编　号	项目名称
民间文学（38项）	1	I—1	孔子师项橐的传说
	2	I—2	柳下惠坐怀不乱的传说
	3	I—3	大禹的传说
	4	I—4	范氏牌坊的传说
	5	I—5	金口坝的传说
	6	I—6	嵫山的传说
	7	I—7	长庆屯“皇营”的传说
	8	I—8	高吴桥的来历
	9	I—9	石虎吃羊（杨）庄的传说
	10	I—10	郭家潭的传说
	11	I—11	桑园村的来历
	12	I—12	大雨住的传说
	13	I—13	大洼村的传说
	14	I—14	安邱府的来历
	15	I—15	护驾营的传说
	16	I—16	西吴寺的传说
	17	I—17	薛庙的传说
	18	I—18	鬼王庄的传说
	19	I—19	贞节牌坊的传说
	20	I—20	石马村石龟的传说
	21	I—21	郭家潭水面戏的传说
	22	I—22	金口坝无头石头人的传说
	23	I—23	五将坟的传说
	24	I—24	董家村《不见黄河心不死》的传说
	25	I—25	兖州八景的传说

续表25-3

类别	序号	编号	项目名称
民间文学（38项）	26	Ⅰ—26	滋阳八景——砚泉修禊
	27	Ⅰ—27	滋阳八景——野寺钟声
	28	Ⅰ—28	滋阳八景——仙炕眠云
	29	Ⅰ—29	滋阳八景——苍崖古隶
	30	Ⅰ—30	滋阳八景——奎楼西照
	31	Ⅰ—31	滋阳八景——遥天塔影
	32	Ⅰ—32	滋阳八景——凤顶朝墩
	33	Ⅰ—33	滋阳八景——宋跸遗踪
	34	Ⅰ—34	嵫阳山的传说
	35	Ⅰ—35	金羊山与嵫阳山的传说
	36	Ⅰ—36	泰山与嵫山的传说
	37	Ⅰ—37	百日黄瓜与金羊的传说
	38	Ⅰ—38	鸟儿洼和嵫阳山的传说
民间美术（2项）	1	Ⅱ—1	兖州剪纸
	2	Ⅱ—2	兖州五谷画
民间音乐（14项）	1	Ⅲ—1	高跷调（六首）
	2	Ⅲ—2	花船调
	3	Ⅲ—3	绣荷包
	4	Ⅲ—4	大夯
	5	Ⅲ—5	夯调
	6	Ⅲ—6	四季歌
	7	Ⅲ—7	鼓打一二更
	8	Ⅲ—8	扬州（唢呐曲牌）
	9	Ⅲ—9	大辫子甩三甩（王寿停唱）
	10	Ⅲ—10	大辫子甩三甩（史金堂唱）
	11	Ⅲ—11	盼郎回家
	12	Ⅲ—12	花棍调
	13	Ⅲ—13	文化学习最重要
	14	Ⅲ—14	兖州鼓吹乐（器乐）
民间舞蹈（9项）	1	Ⅳ—1	兖州花棍舞
	2	Ⅳ—2	兖州狮舞
	3	Ⅳ—3	兖州龙灯
	4	Ⅳ—4	兖州高跷
	5	Ⅳ—5	兖州火虎
	6	Ⅳ—6	兖州竹马
	7	Ⅳ—7	兖州芯子
	8	Ⅳ—8	兖州鼓子秧歌

续表25-3

类　别	序　号	编　号	项目名称
民间舞蹈（9项）	9	Ⅳ—9	兖州摔二鬼（二人斗）
曲艺（3项）	1	Ⅴ—1	砰砰鼓
	2	Ⅴ—1	贾凫西鼓词艺术
	3	Ⅴ—1	九节响板
民间手工技艺（3项）	1	Ⅵ—1	兖州大烧饼
	2	Ⅵ—2	兖州大壮馍
	3	Ⅵ—3	兖州干饭锅
民俗（2项）	1	Ⅶ—1	漕河斗蟋蟀
	2	Ⅶ—2	兖州吃喜面
民间传统游戏（5项）	1	Ⅷ—1	打陀螺
	2	Ⅷ—2	挑挑夹夹
	3	Ⅷ—3	捉迷藏
	4	Ⅷ—4	老鹰捉迷藏
	5	Ⅷ—5	猫逮老鼠

部分年份兖州市入选济宁市市级非物质文化遗产名录

表25-4

项目类别	编　号	项目名称	入选时间	批　次
民间文学	Ⅰ—1	柳下惠坐怀不乱的传说	2007年	第一批
	Ⅰ—2	大禹的传说		
	Ⅰ—3	孔子师项橐的传说		
传统舞蹈	Ⅲ—1	花棍舞		
曲艺	Ⅴ—1	砰砰鼓		
	Ⅴ—2	贾凫西鼓词艺术		
传统手工技艺	Ⅷ—1	兖州大烧饼		
民俗	Ⅹ—1	请猴		
民间文学	Ⅰ—1	范氏牌坊的传说	2009年	第二批
	Ⅰ—2	金口坝下聚金石的传说		
	Ⅰ—3	兴隆塔的传说		
	Ⅰ—4	嵫山的传说		
传统手工技艺	Ⅷ—1	兖州第一窖酿造技艺		
民俗	Ⅹ—1	漕河斗蟋蟀		
传统体育、游艺与杂技	ⅥⅠ—1	查拳	2011年	第三批
传统美术	Ⅶ—1	兖州道勤五谷画		
传统手工技艺	Ⅷ—1	宋氏秸秆扎刻技艺		
民俗	Ⅹ—1	兖州民俗——人灯		

第五节　文艺演出

文艺会（调）演　1996年，市文化局在重大节庆节日，组织专场文艺演出10余场次，协助市直部门、乡镇、学校、部队、企业等组织各类文艺会演和专题文艺演出20余场次，观众2万余人次。杨庄煤矿的周国强、李冬云在煤炭部“情注矿山”文艺会演中分获一、二等奖。1998年1月，市文化局在市工人文化宫举办新春文艺联欢会，并与梁山、曲阜、邹城等县市交流联欢，解放军艺术学院演员演出舞蹈作品《小溪、江河、大海》；6月，兖州市“庆七一”文化广场演出举办，分舞蹈、唢呐、曲艺系列专场，有40余个节目，300余人参与演出，表演自编小舞蹈、小戏剧、表演唱等节目；12月，兖州市“辉煌二十年”千人大合唱举行，合唱节目以歌颂祖国为主题，表现改革开放20年来兖州市的发展。1999年9月，兖州市庆祝新中国成立50周年“祖国颂”大型文艺演出，在市九州广场举行，有12个节目，演员300余人；10月，“万众欢腾庆十一”行业艺术方队展演在兖州一中体育场举办，节目有音乐、舞蹈、戏剧、曲艺、武术、时装等形式，参演队伍60余支，演员达2000余人。全年举办大型活动9次。2001年6月，“飘扬的旗帜”兖州市纪念中国共产党成立80周年大型文艺演出在小马青文化广场举办，共有歌曲、相声、曲艺、戏曲等节目13个、演员600余人，特邀李谷一、郭达、蔡明等演员参演，组织观众方队41个、3800人，自发观众约3500人；兖州市庆祝中国共产党成立80周年千人大合唱大赛在市体育馆举行，有11个队伍参加比赛。2002年7月，兖州撤县建市10周年大型文化广场演出举办，组织观众方队4000余人，现场观众7000余人。2003年2月19日，兖州市首届李杜诗词吟唱会举行，分单诗和组诗14节目，参与演员200余人；10月，山东电视台品牌栏目《大家一起来》到兖州九州广场，首次拍摄县级广场文化演出活动，乔榛、丁建华等艺术家登台献艺，有4800人观看节目；济宁市第十一届运动会大型活动开幕式“奋进兖州”举行，分为“奋进兖州”和“运河大潮”两个乐章，演员达2000余人；11月，兖州市中外经典诗歌吟唱会举办，13个单位、300余名演员参与演出。2004年，“兖州是个好地方”兖州市春节电视晚会举办，特邀中央电视台节目主持人桑潇主持该场演出。共演出15个节目，特邀周杰、祖海参演；9月，兖州市庆祝新中国成立55周年第五届中老年大型文艺广场演出专场系列演出4场，演出节目形式有歌舞、曲艺、小品（系列专场）戏剧、独唱、合唱、器乐等。2005年5月，兖州市首届流行音乐晚会举办，邀请兖州市在国家、省、济宁市级文艺团体的演员、大学院校的艺术教授到故乡献艺；8月，“兖州市纪念世界反法西斯战争暨抗日战争胜利60周年”广场演出举办。2006年3月，在全国第六届希望之星选拔赛（音乐、舞蹈、器乐）中，兖州市有3名演员获全国十佳新人奖；9月，兖州市纪念红军长征胜利

2012年1月，兖州市春节文艺晚会在富都宾馆举行

70周年大型合唱比赛举行，20余个部门和单位、2000余人参加。其中，7个单位参加合唱比赛，9个单位组织道具服装统一的观众方队。2009年6月18日，兖州市庆祝中华人民共和国成立60周年“歌声嘹亮颂祖国”大型广场文艺演出举办，演出以红色经典歌曲演唱为主要内容，结合舞蹈、诗朗诵等，以合唱、联唱、红色经典组歌、《红色记忆》电声乐组合艺术形式，共10个节目，演员600余人，观众方队30余个观众3500人；9月，中央电视台《同一首歌》栏目组赴兖州大型演唱会在华勤橡胶工业集团演出；12月，兖州市第二届“道德的力量”道德模范颁奖晚会举行，整台晚会100分钟，包括主题群舞、双人舞、歌曲伴舞、音乐剧伴舞等7个节目。2013年，全市组织各类文艺演出20场，观众近10万人。

中老年文艺会演　2000年始，兖州市开始举办中老年室内文艺系列会演，节目形式灵活多样，至2013年，共举办11届。2000年2月12日，兖州市老年人庆新春文艺会演举行，参演单位20支队伍。同年11月26日，“永远的辉煌”兖州市老年人广场文艺会演举行，以舞蹈、剑术、老年健身、民间艺术、老年腰鼓、老年秧歌、老年交谊舞等为主要形式，演出4个专场，60余个节目，300余人次参与演出。2005年10月11日，兖州市第六届中老年文艺会演举行，有舞蹈、合唱、豫剧、京剧、清唱、独唱等10个节目。2008年10月20日，兖州市第九届中老年文艺会演举行，整台节目在室内举办，节目形式以歌舞、曲艺为主，内容紧扣展示中老年风采和精神文明创建，节目时长80分钟。2010年9月，“神州剑酒，盛满金秋”兖州市第十一届中老年广场文艺展演在人民乐园文化广场举办，参加展演队伍50余支，有腰鼓、太极拳、健身操、舞蹈、戏曲、声乐等60余个节目，参加演员600余人次。1996年—2013年，全市共组织、协助完成各类群众文化活动1600余场次，各乡镇文化站每年组织各类群众文化活动20余次，相互交流学习3次～5次，连续举办32届兖州新年春节电视文艺联欢晚会。

第六节　电影发行放映

1996年，兖州市电影放映由市电影发行放映公司管理。全市有市人民电影院、市光明电影院2家电影院，正常放映电影的镇街有新兖镇、大安镇、颜店镇3个镇，厂矿企业放映单位有山东拖拉机厂、兖州煤矿机械厂、鲍店煤矿、兴隆庄煤矿3家厂矿企业。全年农村电影发行影片拷贝85部，发行1020次，发行收入6.12万元。1998年，市人民电影院放映影片《泰坦尼克号》轰动全市，放映8天，放映收入突破10万元。2000年，市人民电影院、市光明电影院配合市纪委放映以反腐倡廉为题材的故事片《生死抉择》，放映128场次，观影人数8万人次。2000年后，由于文化传播媒介增多，电影观众分流以及农村电影预收费的停止收缴等因素影响，全市放映单位急剧减少，一大批农村村办电影放映队、镇办电影放映队、厂矿企业放映单位停止放映活动。2003年，市人民电影院因设备陈旧老化、观众厅长年无资金维修，停止运营。2003年后，市电影发行放映公司将业务市场转向农村，先后举办农业科技电影汇映活动、千片进村电影放映活动、影企联姻送电影下乡活动，但收效甚微。至2006年，仅有新兖镇、大安镇坚持放映，其他放映单位包括厂矿企业放映单位全部停止放映活动。2007年10月，根据国家广电总局、文化部和国家发改委共同实施的农村电影“2131（在21世纪，广大农村每月每村至少放映1场电影）”工程相关文件要求，市电影发行放映公司开始在农村开展公益电影放映活动，至2007年年底，放映场次321场，观众人数19.26万人次，发行收入6.42万元。2008年，市电影发行放映公司组建17支农村电影放映队，订购17套数字放映设备，配备专业放映人员34人，在全市406个行政村开展放映活动。全年共完成农村公益放映场次3849场，观众总人数124万人次，发行收入41.56万元，行政村覆盖率达到80%。2010年，在全市城乡开展“安全发展、预防为主”千场安全知识影片宣传放映活动，放映《食品卫生安全》《农村防火常识》《农村安全用电》《交通安全启示录》等影片，放映场次1100场，观看人数38万人次；8月25日至9月5日，在全市农村开展纪念中国人民抗日战争胜利65周年农村电影专题展映活动，放映《抗日冲锋队之猎狼行动》《浴血太行》《血战陈庄》《举起手来》等影片，共放映120场，观看人数5万人次。2013年，根据省广电局《关于公布2013年全省农村（社区）公益电影放映场次的通知》精神，市电影发行放映公司为城市31个社区和农民工免费放映电影142场。全年共完成农村公益放映场次5012场，观众总人数190万人次，发行收入77.87万元，行政村覆盖率100%。

1996年—2006年兖州市农村电影发行放映情况表

表25-5

年 份	发行电影拷贝总数（场）	发行次数（次）	年收入（元）	重要影片名称
1996	85	1020	61200	《孔繁森》
1997	70	840	60000	《离开雷锋的日子》
1998	62	744	52000	《较量》
1999	30	360	15000	《开国大典》
2000	30	360	15000	《生死抉择》
2001	30	360	15000	《背着爸爸上学》
2002	30	360	15000	《深渊》
2003	30	360	15000	《举起手来》
2004	30	360	15000	《美丽的大脚》
2005	30	360	15000	《我爱我爹》
2006	30	360	15000	《男妇女主任》

2007年—2013年兖州市公益电影放映情况表

表25-6

年 份	放映场次（场）	观众人次	发行收入（元）	覆盖率
2007	321	192600	64200	40%
2008	3849	1240000	415600	80%
2009	4334	1510000	433400	90%
2010	4885	2100000	488500	100%
2011	4862	2000000	460000	99.98%
2012	4859	1800000	520000	99.96%
2013	5012	1900000	778760	102.87%

第七节　文联工作

机　构　2006年5月，兖州市文学艺术界联合会（以下简称“市文联”）成立，为科级全额预算参照公务员管理的事业单位，挂靠市委宣传部。设办公室、组织人事科和财务科3个科室，编制4人。2009年3月，市戏剧曲艺家协会登记成立。2010年7月，兖州易学研究会成立。2011年4月，市民间文史研究会成立。2013年11月，兖州市文学艺术界联合会更名为济宁市兖州区文学艺术界联合会。至年底，区文学艺术界联合会设办公室、组织人事科、财务科3个科室，在职4人。全区各类文艺协会、研究会发展到11个，民办非企业单位2家，共有会员600余名。其中，国家级会员、研究员21名，省级会员、研究员87名。

代表大会　2013年10月26日，市文联第一次代表大会召开。全市近200名文学艺术界代表参加会议。会议通过兖州市文联章程，选举产生新一届文联主席1人、副主席3人（其中兼职1人）、主席团成员13人，委员47人。

主要工作

重大主题活动　2008年1月—3月，市文联在市博物馆举办纪念兖州市改革开放30周年美术书法精品展，展览展出书画精品70余幅。同年5月18日，为纪念“5·18”世界博物馆日，市文联、市文物旅游局联合举办兖州市首届民间收藏展。2009年1月，市委宣传部、市文联联合启动传统艺术进村居活动。组织全市部分书画家深入农村进行巡回献艺，促进传统艺术进村入户。2012年，在纪念毛泽东同志《在延安文艺座谈会上的讲话》发表70年周年之际，由中国文联、中国视协主办，市委、市政府、市委宣传部、市文联、山东省电视艺术家协会协办的“送欢乐下基层”慰问演出活动在山东太阳纸业股份有限公司大礼堂举行。2013年，市文联开展“送文艺下基层”活动，组织文艺志愿者进农村、进社区、进厂矿、进军营、进校园，先后举办各类文艺活动22场。

文艺活动　2010年，市文联组织书画家先后到兴隆庄镇后小疃村，新驿镇孙家村、秦家村，鼓楼街道刘岗村举办书画名家笔会，并开展书写春联送村民活动。在王因街道庄北渔海举办纪念傅星伯110周年诞辰座谈会及笔会。2011年，组织“泰山宝贝”评选活动，活跃基层群众文化生活。同年，市文联邀请全国文艺名家走进兖州，开展采风活动。2012年，举办兖州市民间文史研究会成立暨《兖州春秋》发行仪式。市美术书法摄影家协会、市国画院联合在富居家具城举行“迎春书画展暨张进才、王大中、张瑞祥3人书画展”开展仪式。该次书画联展共展出3位艺术家的书画作品100余幅。2013年5月16日和8月3日，市文联组织邀请李宝亮、秦棠、徐叶翎、刘元等10余名书画家，分别到山东联诚集团有限公司、山东经典重工集团股份有限公司进行笔会联谊活动；8月15日，市文联、市水利局、市作协组织20余名作家，开展泗河行采风活动，了解泗河历史、现状，记述市水利事业发展，关注水资源和生态环境。至2013年，市文联组织全市音乐家、曲艺家等利用节假日举办各类文艺演出活动50余次、220余场，举办书法、美术、摄影展览90余次，参加国家、省、济宁市展览100余次，参加国内外文艺交流活动16次，举办各类主题交流笔会33次，活跃城乡群众的精神文化生活。

对外交流活动　2007年，兖州市先后共有8位艺术家到国外参加艺术交流活动，中国美术家协会会员郭正民8次应邀到法国举办个人画展。2009年，市文联组织部分书画家参加上海世博会国家艺术博览会，5位兖州市书画家举办个人画展。该次画展是兖州市画家第一次参加世界性高规格会展。郭正民画作《先师孔子》被新加坡总理李显龙收藏。

创办《兖州文学艺术》 2012年5月《兖州文学艺术》创刊，印发第一期创刊号，为综合性文艺期刊，每季度出刊一期，同年推出3期期刊。《兖州文学艺术》主要包括民间传说、名作赏读、泗河诗韵、古州散文、小说之页、鲁门人物、文史撷英、书画品鉴、民间故事、梨园之声等专题。至2013年12月，共印发7期，刊发各类作品150余篇，反映兖州市在文学、书画、戏曲、文史研究等方面取得的成果。

第四章 文化设施

第一节 文化馆（站）

文化馆 1996年，兖州市文化馆位于建设东路133号，占地面积7.95亩。内设文艺文学部、美术摄影部、农村文化部、经济创收部，编制人数32人。拥有美术、书法、摄影展厅，中老年歌舞厅（排练场），文艺节目排练、演出多功能厅，少儿美术、书法培训多功能厅，文化市场经营厅，少儿素质教育厅，高考美术培训厅，办公室、会议室、微机室、档案、图书资料室、楼前文化广场等十余个专用活动厅，最大活动厅有250平方米，最小活动厅不小于30平方米，设有对外宣传橱窗2处，长28米。2007年7月16日，馆址迁至建设东路5号，占地面积3.3亩，馆舍建筑面积2600平方米，主体办公大楼建筑面积2400平方米。1996年—2013年，市文化馆业务骨干创作作品1200余件，存有艺术档案300余册，内容包含艺术创作、艺术演出、艺术教育、艺术研究、艺术人才、文化交流、社会文化等工作和活动的文字、图片、音像等资料。2004年，兖州市文化馆被文化部评定为国家一级馆。

1996年—2000年，市文化馆组织文艺会（调）演70余次，举办美术、书法、摄影培训班200余期次，文艺创作辅导班20期次，音乐、舞蹈辅导班150余期次，美术、书法、摄影、花卉、根雕等各艺术门类展览50余次。2001年—2005年，举办美术、书法、摄影，文艺创作辅导班230期次，年均举办培训班35期，开展对外文化交流10余次，每年召开各类座谈会、文艺沙龙等10余次。2008年，举办美术、书法、摄影展7次，少儿才艺大赛1次，召开美术、书法、摄影，文学创作座谈会10次，对外交流20余次，举办兖州市首次书画业余作者个人画展1次，完成非物质文化遗产名录体系工程；9月，建成济宁市首家农民文化大院——颜店镇福德农家文化大院。2011年—2013年，组织召开各类艺术座谈研讨会10次，对外开展各类艺术培训辅导20余期次，培训辅导1500余人次，举办美术、书法、摄影展览4次，对外交流会及笔会20余次。累计派送到省、国家级艺术部门、艺术院校等单位参加培训学习达50余人次。

文化站 村(居)文化大院 1996年，根据《省编委办公室关于乡镇文化广播电视机构编制问题的通知》精神，兖州市在兖州镇、谷村乡、大安镇、新兖镇、小孟乡、颜店镇、漕河乡、黄屯乡、新驿镇、前海乡、王因镇、泗庄乡、兴隆庄镇等13个乡镇建立乡镇综合文化站。每个乡镇配有文化站长1人，副站长1人。1997年，按照上级文件要求，文化站逐步建设“五室一场一院一校（图书借阅室、报刊阅览室、宣传展览室、游艺活动室、文艺排练室、文化广场、影剧院、农民科技文化夜校）”。2002年，全市12个镇（街道）中有9个被评为济宁市社会文化工作先进乡镇、

2个被评为济宁市民间艺术之乡。2006年，全市10个镇（街道）全部建成乡镇综合文化站。其中，一类6个、二类3个，省级先进文化乡镇2个。建有村（居）文化大院354处，占全市乡村总数的81.8%。其中，一类文化大院92个占26.4%，二类103个占29.1%，三类76个占21.5%。全市乡村共有文体活动室2826间。文化大院集图书借阅、娱乐游戏、文化信息资源共享等多功能为一体，能正常开展活动。2008年，兖州市开始实施文化大院升级改造工程。至2013年年底，全区437个村居建成有图书阅览室、娱乐室、多功能室、文化信息资源共享室等功能的文化大院，村民免费享受图书报刊阅览、健身娱乐休闲、文化信息资源查阅等文化服务。

第二节　图书馆

1996年，兖州市图书馆位于建设路实小胡同13号，馆舍面积850平方米。内设外借部、综合阅览室、采编室、古籍室、辅导部、办公室等部室，有馆长1人、管理人员17人，馆藏图书14.8万册（其中古籍20786册）、报刊227种，持证读者2700人，年服务读者8万余人次。1997年，市图书馆对流通书库实施开架借阅，实现读者电话进行图书预约和续借。举办兖州图书资料信息管理培训暨研讨班1期，培训农村基层业务骨干38人。1998年，购置微机4台，另有封塑机、打印机等设备若干。引进和安装图书馆自动化集成系统（ILAS），对馆藏4万册流通图书进行条码粘贴和防盗处理、条码录入、回溯建库。同年12月，自动化管理启动仪式举行，在济宁市县（市）级图书馆率先实现计算机管理。1999年，增设科普读物专架。对古籍重新进行清理，实施单室存放。启动山东省地方志对外征集工作。至2000年7月，通过捐赠、购买、交换等方式将全省省、市、县三级出版的地方志全部征集到馆，共计358种、419册；8月，举办全省地方史志展，成立兖州市图书馆全省地方志查阅中心，被评为兖州市科学技术进步二等奖、山东省文化艺术科学优秀成果二等奖。古籍、三级方志、李白杜甫资料、兖州地方资料成为市图书馆四大馆藏特色。同年，市图书馆与市科委联合，利用农村大型农贸集会，设立农科图书摊位，举办“科技图书赶大集，致富信息进农家”活动。中央电视台七套节目、山东电视台等媒体进行采访报道。至2002年，活动连续开展三年。2001年，馆藏图书突破16万册，报刊232种，持证读者3800人，年图书流通量12万册次。开展“学习型单位”创建活动，全年发表论文13篇。其中，《抓住机遇，加快乡镇图书馆事业的发展》获中国图书馆学会举办的21世纪中国沿海地区乡镇图书馆发展战略研讨会一等奖。举办大型红岩魂革命史实展，庆祝建党80周年，展牌132块、图片700余张，活动历时1个月，全市机关干部、工人、学生、群众等各界人士3万余人观看展览，《光明日报》《大众日报》对活动给予报道。2002年，新发展读者600余人，年服务量超过11万人次。2003年2月，组织承办兖州市李白杜甫诗歌吟唱会，邀请陈铎、薛中锐等到场献艺。与市文化馆联合举办兖州市中外经典诗歌吟唱会、兖州市中老年和少儿广场文艺演出，参与山东省全国社会文化先进县（市）公共图书馆成就展。2004年，与3家企业单位建立合作关系，为各单位员工6000余人办理借阅证，持证读者升至10300人。增设产业工人教育、专业技术图书专架。2004年—2006年，组织城乡群众参加由中宣部等八部委联合开展的全国农民读书征文活动，收到各类征文300余篇，推荐参加评选作品160余篇。其中，4篇获一等奖、6篇获二等奖、120余篇获三等奖，7篇在《中国文化报》刊登，连续三年获优秀组织奖。“以丰富多彩的馆办活动推动农民读书活动的开展”课题获2004年度山东省文化艺术科学优秀成果奖。2006年，加大兖州地方文献收集力度，收集兖州籍名人著述80余种，兖州籍省级及以上书法家协会、美术家协会会员作品61幅。2007年8月，市图书馆迁至市建设东路。9月26日，新馆正式对社会开放，新馆面积3000平方米。市政府投资140余万元对新馆进行装修。增设老年阅览室、电子阅览室、多媒体室、自修室、特藏部等部室，服务功能趋向完善。2008年1月，市图书馆实现免费开放，读者到馆办证、借书、阅览、自习等不再收取任何费用。图书馆年购书费增至25万元。购置盲文及有声读物器材，设立盲人有声读物阅览室，为特殊群体服务。与市纪委联合开设廉政图书室。开设少儿阅览室，座席60个，订购少儿读物100余种。安装电子屏、电子存包柜、读者微机自动查询台，改善阅览环境，读者借书卡全部改用电子信息卡，实现窗口“一卡通”借阅，开通网站，读者借阅更加便捷。对馆藏古籍重新进行整理、编目、校勘，参加省首批珍贵古籍名录的申报和评选，有8部古籍入选，市图书馆被省文化厅命名为省首批重点古籍保护单位。全年进行9次图书采购，共入藏新书9000余册，发展新读者2600余人，接待读者超过18万人次。2009年，市图书馆新增170平方米阅览室1处，座席70个。全年购书5次，3000余种、9000余册，另购《山东文献集成》1套，丰富地方文献藏量。举办周末公益讲座，聘请国学、医疗保健、子女教育、金融知识等方面的专家、教授到馆现场讲解，持续举办讲座30余期、报告会5场，直接受众4000余人，被省文化厅评为山东省图书馆特色服务项目。同年9月，全国评估定级检查组到兖州市对图书馆工作进行检查，市图书馆晋升全国公共图书馆一级馆。2010年，市图书馆进行数字图书馆建设。实现读者网上查询、预约、续借、电子邮件提醒和催还等。对馆藏地方文献、古籍实现数字化编目，部分图书实现内容数字化，方便读者网上查阅。购置多套大型电子图书计200GB，推动图书馆数字化建设步伐。完成山东省第二批珍贵古籍名录申报工作，再次申报古籍94种，根据馆藏古籍情况撰写的《兖州图书馆古籍开发综论》《兖州市图书馆古籍开发构想》分别获优秀山东省2010年度文化艺术科学优秀成果二等奖和省重点课题立项课题。开展“文明在济宁，悦读图书馆”暑期系列活动，收到各类作品165件。其中，1件绘画作品获“闻一多杯”第二届全国少儿书画作品征集赛二等奖，1件征文作品获全国少年儿童“辛亥革命”百年纪念征文优秀奖，23件作品获济宁市级奖项。2012年，发展读者3879人，日均服务读者量700余人次，寒暑假期间日均服务量超过2000人次，全年共计服务量25万人次。入藏图书8000册、期刊1400余册、报纸300余份。购买《二十四史》《四库全书》《中国地方志》《近代中国方志丛刊》等典籍电子文献4套，合计2万余册，总容量300G。投资10万元购置自动读报机2台、少儿数字阅读设备2套，提升图书馆服务档次。2013年4月，市图书馆通过评估定级考核并再次被评为全国公共图书馆一级馆。根据两届读书朗诵比赛举办情况形成的案例，获中国学会组织的最佳案例奖和《图书馆报》组织的阅读案例三等奖。全年新购图书3000余种，9000余册。新发展读者3000余名，持证读者2.3万人，全年服务读者23万人次，借阅书刊20万册次。2013年，市图书馆馆藏图书23.1万册。其中，古籍2.08万册。

第三节 影剧院

1996年，兖州市共有5家演出放映单位。2000年后，由于电视、电脑、手机的发展，老旧影院电影放映逐渐退出市场，随着电影院线制改革，2012年，兖州市建成第1家院线制影院，至2013年，共有现代化院线制影院3家。

人民电影院 位于东御桥南50米处。建筑面积1019.9平方米。前门厅二楼设放映室及部分楼座，观众厅有木制排椅1115席。进入20世纪90年代，电影放映市场萧条，票房逐年下降。

至2006年，电影停止放映。

光明影剧院　原名新建俱乐部，位于中御桥北路，1979年10月建成启用，1987年1月更名为光明影剧院。建筑面积2000平方米，座席1744个，是市内较大的能接待大型会议、文艺演出、电影放映等一院多用的活动场所。2010年，因年久失修成为危房被拆除。

大地影院　由光明影剧院改建而成的数字化影院。2010年12月开工建设，2012年12月建成开业。影院总投资3500万元，占地面积13.27亩，采用矩形平面布局，东西长66米，南北长48米，主体部分高度14.15米，舞台部分高度19.35米。整个建筑分地上、地下两个部分，地上建筑面积4800平方米，地下停车场建筑面积3000平方米。影院有电影放映厅5个，707个座椅，由大地数字影院承包经营，院线制放映。2013年，放映影片4190场，观影人数5.13万人次，年票房收入119万元。

新世纪影城贵和店　位于贵和购物广场4楼，是山东新世纪电影城连锁直营的第13家分店，是山东奥卡新世纪电影院线的第33家县级现代化数字影城。影城于2013年2月开业经营，总面积2000余平方米，座位750个，拥有7个全数字化电影放映厅。采用新一代解码器、高端数码立体声还音系统、一体化放映镜头，投入现代全数字化电影放映设备。2013年，票房收入69.82万元。

新世纪影城九州店　位于九州商厦五楼，是山东新世纪电影城连锁直营的第11家分店，占地2000平方米，750个座位，设有6个全数字化电影放映厅。影城于2012年3月开业经营，2012年，票房收入24万元。2013年，票房收入90.93万元。

谷村影剧院　位于谷村镇政府东侧，始建于1981年，建筑面积900平方米。有3层门厅，1180个座椅。1996年后，影剧院因年久失修成为危房，不再进行电影放映和演出。

新驿影剧院　位于镇政府北侧，1979年兴建，1990年进行改造。建筑面积4400平方米，座椅1460个。1996年，由于电影市场不景气，每年放映电影不足50场。至2001年，影院因年久失修坍塌，不再进行放映和演出。

大众剧院　位于中山东路，建筑面积2000平方米，有铁架折椅1178个，舞台面积400平方米。建有大型门厅，门厅二楼有小型放映厅。舞台后面有演员化妆室、休息室、宿舍。1996年，全年演出70场。2000年始，由于演出市场的逐年下滑，每年演出不足10场。至2005年，不再进行演出。

第四节　工人文化宫

1998年4月，兖州市工人文化宫成立，内设办公室、财务科、文体宣传科、职工培训中心、保卫科等科室。为差额拨款公益性事业单位，隶属市总工会管理。市工人文化宫占地面积11.39亩，主楼面积6800平方米，共8层。1998年，在一楼设置刘运库事迹展厅，在院内广场设置先模人物事迹展，广大职工群众可以免费参观，至2003年年底，展厅共接待参观群众50000人次。1999年4月，文化宫艺术学校成立，先后举办书法、美术、舞蹈、武术、乒乓球等培训班，有近万名学员参加培训，组织优秀学员参加5届兖州市春节文艺联欢晚会。2001年，与山东拖拉机厂联合成立职工大学，先后培训职工500余名，成立职工消费合作社，协助市总工会开展困难职工帮扶救助工作。2002年，购置40余台电脑，对下岗职工进行再就业技能培训，举办职工交谊舞培训班，免费为职工提供活动场地，培训学员600余名。2003年3月，职工婚姻介绍所成立，为广大青年职工牵线搭桥；5月，主办兖州市首届“联通杯”卡拉OK大奖赛，报名参赛职工达2000余人。2004年—2005年，连续承办两届济宁市中青年戏曲会演。至2013年，市工人文化宫设立图书阅览室、棋牌室、职工培训室、职工文体活动室、职工台球室、职工乒乓球室、职工健身（舞蹈）室、职工技能指导室、职工心理咨询室、劳模服务室等 10 个服务项目。承办全市庆“五一”表彰大会、职工文艺会演、春节联欢晚会、职工歌唱比赛、职工演讲比赛和乒乓球比赛等 100 余场，参加人数 10 万人次。

第五节　青少年宫

2001 年 5 月，兖州市青少年宫成立，位于兖州市文化路小学南院，有员工 22 人。主要开设乒乓球、电子琴、儿童舞、古筝、吉他、儿童画、国画、动漫、素描、书法、科技航模、机器人、象棋、围棋，以及演讲与口才、英语、趣味数学、阅读写作班等培训课，全年培训人数 8000 人次。2007 年，迁至兖州建设东路 129 号，投资 200 余万元对原文化馆、图书馆楼进行维修加固，2008 年 7 月，新楼投入使用，建筑面积 2227 平方米。开设培训班增加跆拳道、吉他、播音主持与表演、动漫等课程项目，全年培训人数 5000 人次。2009 年 3 月，市青少年宫被山东省青少年宫协会评为山东省先进青少年宫。2013 年，市青少年宫有员工 21 人，配备素描室、象（围）棋室、儿童画室、乒乓球室、跆拳道室、古筝室、电子琴室、书法室等专业功能室，开设各类培训班 30 余项，培训人数 5000 人次。

第六节　新华书店

1996 年，兖州市新华书店内设办公室、财务科、业务科和机关发行科 4 个科室，辖新华书店第一、第二、第三门市部，音像门市部、新华书店招待所和中转站 6 个经营机构，有干部职工 51 人。同年，新华书店出资购买位于兴隆北路交叉路口东、营业面积 180 平方米的两层楼作为新营业网点；11 月，东御桥南街第一门市部在原址进行翻改扩建，原第一门市部迁址兴隆北路对外营业。1998 年 9 月东御桥南街门市部扩建装修完工，第一门市部迁回在原址重新开业，营业面积 3925 平方米，图书音像品种由 5000 余种增加至 20000 余种，最高一天销售额 1.8 万元。1997 年 1 月，发展农村经营网点，在黄屯镇商业街中段购建建筑面积 110 平方米的门市部 1 处。同年 3 月，联合市农业局创办全市首家农民书店。1997 年 9 月，市新华书店联合市委宣传部、市总工会、团市委、市妇联、市教育局等部门，共同筹建兖州市第一家读者协会，当年吸纳会员 960 人。1999 年 5 月，读者协会更名为读者俱乐部。先后投资 50 万元配置图书，丰富图书品种，读者俱乐部会员人数增至 6000 余人。1998 年 10 月，购买中御桥路中段路西四层营业楼 1 处，面积 1300 平方米，筹建股份制新华文化娱乐有限公司，作为新的销售业绩增长点。1999 年 5 月，在东御桥新华书店第一门市部二楼营业楼增设文化用品总汇、特价书店、教育书店。其中，文化用品总汇计 3000 余个品种，实现销年售额近 30 万元；7 月，增设兴隆街老年门市部书店；12 月，市新华书店与市华联商厦联合增设手机专卖柜台，拓宽经营渠道。市新华书店被山东省新华书店晋升为中二型企业。2000 年 8 月，新华健身城在东御桥南路第一门市部营业楼 4 楼开馆营业。进入 21 世纪，随着网络科技和图书市场日益多元化发展，网上书店、民营书店、个体书店逐渐兴起，2003 年 5 月，兖州市黄屯和王因两镇划入济宁高新区，加上义务教育阶段兖州市免除中小学生课本征订费，兖州市新华书店多处营业网点亏损严重，各项指标严重下滑。2001 年—2004 年，市新华书店陆续撤销并关闭在黄屯镇的农村经营网点、特价书店、教育书店及与农业局联合创办的农民书店等亏损严重的营业网点。2010 年 1 月，第二连锁门市部经省店批准撤销；9 月，兴隆街老年门市部因建设兴隆文化园被拆除。书店将撤销闲置的部门网点进行合理规划，实行招标出租。

图书销售

至 2005 年，房屋租赁合同额 53 万元。2007 年，房屋租赁合同额 97.2 万元。2005 年 12 月，省新华书店加快全省新华书店改制和连锁经营步伐，市新华书店门店实现全省微机管理和连锁经营。2008 年，山东省新华书店完成集团组建和股份制改造，兖州市新华书店更名为山东新华书店传媒有限公司兖州分公司，除正常营业的东御桥营业楼外的所有资产并入山东出版集团有限公司。2012 年，由于义务教育阶段和高中阶段的教材教辅全免费，兖州分公司教材征订受到影响，兖州分公司撤销读者俱乐部，在原址整合扩大原有的办公文化用品。2013 年 5 月，经山东新华书店传媒有限公司调整，兖州分公司中转站由济宁新华书店中转站负责，中转业务一并撤销。2013 年年底，山东新华书店传媒有限公司兖州分公司下设科室未变，所辖经营网点有中心门市部和文化办公用品 2 个对外经营部门，职工 45 人。

山东新华书店传媒有限公司兖州分公司在做好企业经营的同时，积极参加“科技、文化、卫生三下乡”活动，送书下乡几十次，向农民群众赠送图书 9.2 万册，捐建农村图书室 35 个。2008 年，投资 35 万元，先后建设完成大安镇辛北庄农家书屋、范家林农家书屋，新兖镇小马青农家书屋、薛庙村农家书屋 4 个高标准规范化农家书屋，20 余万农民直接受益。1996—2013 年，向贫困学生捐助课本 1.3 万册，价值近 10 万元，先后获山东省图书发行双优单位和兖州市经济发展先进企业、“三下乡”活动先进单位、宣传思想工作先进单位等称号。

1996年—2013年兖州市新华书店图书销售情况表

表25-7

年　份	册　数（万册）	码　洋（万元）	年　份	册　数（万册）	码　洋（万元）
1996	365.2	1506.92	2005	250.7	1855.99
1997	510	1965.15	2006	201	1567.82
1998	474.2	2052	2007	170.6	1393.2
1999	441.1	2100.69	2008	202.2	1320.89
2000	386.3	1926.37	2009	186.67	1314.65
2001	407.5	2122.59	2010	217.76	1424.57
2002	484.9	2181.21	2011	222.53	1567.82
2003	336.7	2133.8	2012	231.7	1867.44
2004	242.7	1712.49	2013	249.2	2155.06

第五章 文　物

1996年始，兖州市文物保护工作全面展开，建立保护组织，开展文物普查、考古发掘和流散文物的收集、整理，境内文物古迹得到有效保护。至2013年，全市发现文物点366处。其中，古遗址197处，古墓葬68处，古代和近现代重要建筑及历史遗迹101处。全市共有国家级重点文物保护单位4处，省级文物保护单位17处，市级文物保护单位23处，县级文物保护单位18处。有馆藏可移动文物藏品4788件。其中，国家一级文物29件、二级文物73件、三级文物499件。

第一节 文物保护

兖州市委、市政府重视对文物古迹的保护工作。1997年，市政府拨款100万元对金口坝进行维修，工程历时4个月，主要包括加固坝基，对坝体、雁翅和涵洞进行整体修复。大坝修复后，立碑刻文纪念，以昭后人。2009年，市政府投入经费50余万元对兴隆塔进行维修，修复塔主体内外残缺处，对其进行防水处理，更换第七层石围栏，安装固定塔刹，悬挂风铃，油漆塔内木围栏，更换、安装一层仿古门，维修记事碑和安放佛像等，工程历时4个月。2010年，市政府拨款30余万元维修机神庙，工程历时5个月，主要包括屋面揭瓦，加固墙体和木质框架，对梁枋、雕刻构件进行油漆彩绘和更换椽条等。2013年11月，市政府又对机神庙外围空地新铺砌石板地砖，种植松柏。2010年，市政府投入经费50万元对玄帝庙大殿进行维修，工程主要包括拆除及新做大殿原墙体、地面、屋面、门窗等木构件，加固修复原结构、油漆粉刷等；市政府投资100万元对酒仙桥进行修缮加固，工程历时4个月，主要包括清理桥面附属结构物，清理桥面青石板、侧面墙身砖、石等，粘接和修复断裂、残损、缺失砖构件等。2013年，兖州市争取国家和省、济宁市文物局文物保护专项资金300万元，对国家重点文物保护单位金口坝进行全面修缮保护，主要包括补配、归安、更换金口坝石构件，石构件之间重新勾缝，砌筑浆砌石护坡等。

在文物保护工作中，坚持宣传、贯彻、执行《中华人民共和国文物保护法》《中华人民共和国文物保护法实施条例》《山东省文物保护条例》，及有关法律法规、法令，确保国家文物安全。2004年，市博物馆文物藏品库房实现在级文物入保险橱柜保管，其他文物上架保管。2010年1月，馆藏文物信息数据库管理系统建设顺利推进，馆藏国家一、二、三级文物信息采集工作在济宁县（市、区）率先完成，文物库房藏品管理基本实现微机化、标准化、规范化；3月和10月，市博物馆在国家法律、法规规定的范围内，又分别与陕西省考古研究院和中国科学院传统工艺与文物科技研究中心达成文物修复合作意向，针对馆藏西周“戈工”锥足青铜爵、宋鎏金银棺等文

2008年11月，田野调查组在王因镇后岗村实地测量、记录文物点信息

物藏品开展技术保护修复合作。2012 年，市文物旅游局与市公安局联合印发《全市打击防范文物安全犯罪活动实施方案》，下发全市各派出所、市博物馆、文管所、各镇街文化站及各有关部门。严格按照文化部颁布的《博物馆藏品管理办法》等法律法规，做好馆藏文物的安全防范和管理工作。至 2013 年，累计投入资金 120 余万元，对市博物馆消防安全技术防范系统进行升级和改造，确保馆藏文物藏品的安全。

第二节　文物普查

2007 年 4 月，第三次全国文物普查工作启动。2008 年 4 月 8 日，兖州市成立由分管市长任组长，宣传、文化等相关部门负责人任成员的第三次全国文物普查领导小组。出台《关于认真做好第三次全国文物普查工作的通知》《兖州市第三次全国文物普查实施方案》等文件，对全市第三次文物普查工作进行统一要求、部署。普查内容以调查、登录新发现的不可移动文物为重点，同时对已登记的不可移动文物进行复查。市政府先后拨付普查经费 30 万元，为普查工作提供经费保障。2008 年 3 月，兖州市第三次全国文物普查领导小组办公室抽调文博业务骨干组建文物普查工作组、后勤保障组和田野调查组。2008 年 4 月始，兖州市文物普查田野调查组对 12 个镇街（含王因镇、黄屯镇）512 个村庄（社区）的田野文物进行普查，至 2009 年 11 月，完成文物普查田野调查任务。村庄、社区到达率 100%，田野到达率 98%。实地调查文物点 406 处。其中，新发现 207 处，复查 199 处（含消失 43 处）。普查内容囊括旧石器时代至近现代各个时期。2010 年 6 月 9 日，中国文化遗产日，兖州市举办文化遗产暨第三次全国文物普查成果图片展，展出照片 200 余幅，涉及 12 个主题，记述了市文化遗产事业特别是第三次文物普查、各级文物保护单位的保护情况等。

第三节　考古发掘

剧团工地文物窖藏发掘　1996 年 3 月，市豫剧团宿舍楼工地开挖基槽时，于地表面下 2.6 米处发现一文物窖藏。市文化局和市博物馆组织考古人员进行抢救性发掘。经清理，共出土文物 70 余件，多为瓷器，有哥窑高足杯，定窑白瓷高足杯，龙泉窑碗、盘、杯、碟等，景德镇枢府釉碗、盘等，磁州窑碗、罐、盆等。另有铜盘、铜洗、熨斗、铁平底煎锅、铁支架、铁马镫、粉石双耳罐等。这批文物为贵族家庭常用什器，年代早至五代，晚至元代。

九州大道窖藏府文庙祭器　1996 年 12 月 24 日，在城区九州大道东段兖州镇中心小学门前开挖自来水管道沟时，于地表下 0.4 米处发现一窖藏铜器坑，窖坑长 3.6 米，宽 1.82 米，深 0.6 米。市文化局和市博物馆及时组织考古人员对该窖藏进行抢救性发掘清理，共出土铜器 407 件（套）。这批文物属兖州府文庙祭祀用礼器类，主要是青铜祭器和乐器。青铜祭器有豆、鼎、盘、爵、匜、盒等。乐器主要是青铜编钟和石磬。带铭文者 349 件（套），铭文有“大明成化丁未三月吉日山东兖府赵兰造”“兖府文庙祭器”“圣庙乐器”“乾隆辛酉年东昌府同知潘珑监制”等字样。该批窖藏府文庙礼器数量之多，说明当时祭祀的宏大场面、祭祀制度和礼仪弘制，窖藏礼器出土数量之多在全国也属罕见。

栗园明代古墓发掘　1997 年 12 月 5 日，谷村镇栗园村北的沙坑南沿，发现一古墓。市文化局和市博物馆组织考古人员对该墓进行抢救性发掘。墓室呈正南北向，早期曾被盗挖，由外及内依次为青砖砌层、糯米汁石灰浇筑层及棺椁层。墓长 4.2 米，宽 1.02 米，高 2.45 米；内棺为柏木质，长 2.6 米，宽 1.02 米，高 1 米，棺身朱红漆地，其上描金绘凤及云、水纹图案，棺头有鎏金铭文“鲁宫侍姬张氏柩”。经清理，棺内出土文物65件。其中，铜镜1件，银元宝4个，金花银发簪2件，银发簪2件，金挖耳簪2件，金凤套扣1副，金蝴蝶套扣2副，银质圆纽扣5个，金币1枚，宋代钱币36枚。经考证，该墓为明代鲁宫侍姬张氏的墓葬，该墓的发掘为深入研究明代墓葬形制及鲁王府提供了实物资料。

徐家营墓地发掘 位于新兖镇徐家营村西南约1.5公里。2000年3月，省文物考古研究所与济宁市文物局、兖州市博物馆为配合曲（阜）菏（泽）高速公路工程建设，在对占用田地进行考古调查时发现该墓地；5月—7月，对墓地进行钻探和抢救性发掘。已发掘的部分位于墓地西南端，长200米、宽100米，面积2万余平方米，共清理墓葬350座（其中，汉代墓葬347座，宋代墓葬1座，清代墓葬2座）、陶窑1座。出土一批铜、铁、陶、玉、石器等。汉代墓葬347座，自西南向东北连绵不断，排列密集，部分墓葬间的叠压打破关系较复杂。其中，有24座被盗挖，1座墓被打破，葬具均被破坏，25座墓葬形制不明，无法分类。余322座墓葬依形制分为土坑墓（228座）、石椁墓（63座）、砖椁墓（24座）及其他（7座）四类，除1座有墓道外，其余均无墓道。墓葬等级和墓主的身份可分两类：一类为有较精美的石椁和随葬较多铜钱的土坑墓者，随葬品多较丰富，有铜器、玉器、漆器、陶器等，且多出土鼎、盒、壶等仿铜陶礼器，应为富裕的地主或百姓；一类为随葬较少铜钱或不随葬铜钱的，多出土数量不等的罐，多数为土坑墓，墓葬形制较小，随葬品少，多为陶罐等实用器，墓主应为一般有经济自给自足能力的平民。出土画像石45块，计51幅。题材有人物、舞蹈、楼阁、狩猎、驯兽、树木、车马、禽兽、鱼鸟、穿壁纹等，主要以单或双常青树、穿壁、鱼纹多见，楼阁、车马、驯兽等较少。该墓葬群时代从西汉早期直至东汉时期，延续时间较长，出土随葬品丰富，为鲁中南地区汉代墓葬的研究提供了丰富的实物资料。汉代陶窑1座，窑室平面呈椭圆形，东西长径3米、南北短径2.6米、深0.7米～1.4米。操作间形状呈梯形，底部呈斜坡状。火膛在窑室东部，用13层青砖砌成一周弧形台。窑室东部有烟囱。火门位于窑室的西部，形状呈椭圆形。窑壁有明显烘烧痕迹，壁呈青色。宋代墓葬1座，位于墓地中部偏北，为土坑、石椁合葬墓。墓口长2.8米、宽2.4米，墓底长2.8米、宽1.35米，深1.3米；东部石椁长2.65米、宽1.05米～1.15米、深0.78米，石板厚0.15米。石椁有两块石盖板，四壁上垫有厚0.1米的2层青砖。木棺仅余漆皮，椁底无石板，棺下有腰坑，内有石块，并有朱砂。墓主头向北，仰身直肢，性别不明，年龄大于50岁。北部有壁龛，内有一瓷双耳罐。西部土坑竖穴墓的北、西、南有宽0.3米的生土层，葬具为木棺，长1.95米、宽0.6米，墓主为男性，年龄在40岁～45岁，头向北，仰身直肢，面向上，西北部二层台上有一瓷碗。清代墓葬2座，位于墓地南区南部汉代墓地外。两墓相距较近，南北向排列，均为土坑竖穴墓。葬具为木棺。随葬品出土2枚“道光通宝”铜钱和1枚铜戒指。

兴隆塔北宋地宫发掘 2008年8月，省文物局、市文化局（文物局）组织专业人员先期对位于市博物馆院内兴隆塔地宫进行勘察。8月—9月，由省博物馆、济宁市文物局、市博物馆等单位联合组成考古队对兴隆塔地宫进行抢救性发掘，发掘面积85平方米，并在塔的东、西两侧空地上进行了勘探，勘探面积约700平方米。发掘区域选定在兴隆塔北侧，沿塔基北边布置探方，在距地表深约1.5米处发现地宫的北甬道入口和地面，于发掘区北部发现另一八边形建筑基址。为保存遗迹，仅在发掘区西北部另布置3.7米×2.3米的小探沟向下发掘至生土层。在兴隆塔及周围共清理10处遗迹，包括1座地宫、1座八边形建筑基址和8个灰坑。此次考古发掘地宫出土遗物共13件（组）。其中，石函、北宋舍利安葬纪事碑、唐代墓志、2枚佛牙、舍利、瓷碗、铜钱为此次发掘出土，银鎏金舍利棺、金瓶等其余5件为缴获所得。地宫井中出土铜钱若干，已辨认出的有“开元通宝”“至道元宝”“祥符元宝”“至和通宝”钱币等。北甬道出土陶质佛坐像残体16件、小龛壁砖若干。其出土遗物历史文脉清晰，等级较高，具有重要的历史价值和艺术价值。

杨村遗址发掘 2011年3月，由省文物考古研究所、济宁市考古研究室、兖州市文物旅游局联合组成的考古队对石油管线占压的大安镇杨村遗址、黄家庙遗址、东葛店遗址等3处古遗址进行考古发掘。发掘持续1个月，共开5米×5米探方11个，面积275平方米；2米×10米探沟10个，面积200平方米，发掘面积475平方米。其中，黄家庙遗址发掘面积最大，清理出汉代古井1个，灰坑11处，建筑基址1处及现代扰乱坑10余个；出土有汉代圈砖、大型板瓦、水道弧形瓦、建筑筒瓦、板瓦及大量残陶片和唐代残瓷片等。从器型分析有汉代缸、瓮、盆、甑、豆，唐代罐、碗、碟、盏、铁质生产工具等遗物。此次发掘，为研究兖州古代文化遗存提供了丰富的第一手资料。

第四节 古遗址 古墓葬

王因遗址 位于王因镇王因村南。1976年—1978年，进行5次发掘，共清理大汶口文化偏早时期的墓葬800余座，房址10余座，窑穴和灰坑近百个。墓葬分为早、中、晚三期。早期陶器中只有很少的彩陶，为红或黑色的单彩画花纹，花纹有横直线纹、波浪纹、三角纹、钩连纹、连续弧边三角纹等。中期彩陶仅见觚形杯，在柄部绘黑彩横直线纹。晚期也有少量彩陶，以红、黑、褐、白等复彩画花纹，彩陶器形有钵、盆、罐等。花纹有八角星、菱格、钩连和花瓣状纹。碳14测定王因遗址年代为距今5225年±130年至5950年±125年。1985年4月公布为市级文物保护单位，1992年6月公布为山东省文物保护单位，2006年公布为全国重点文物保护单位。

西吴寺遗址 位于小孟镇西吴寺村东南（相传赵王河古河道北500米处），高出地面1.5米～2米，遗址面积6万平方米。1984年春至1985年底，国家文物局在此遗址举办3期全国田野考古领队培训班，共开探方138个，揭露面积3250平方米，出土文物1400余件。西吴寺遗址以龙山文化遗存和周代文化遗存为主。其中，龙山文化的遗迹有灰坑、房址、水井、墓葬。遗物主要有陶器和少量的石、骨、角、牙、蚌器等。属周代文化的遗迹主要有灰坑、兽忌坑、灰沟、房址、灶、陶窑、井和隧道等。遗物绝大多数是陶器，还有铜、石、骨、角器等。1977年12月公布为山东省文物保护单位。2013年3月公布为全国重点文物保护单位。

西桑园遗址 位于小孟镇西桑园村西约200米处的一片高台地上，中间有一古沟。1973年文物普查时被发现。遗址南北长200米，东西宽200米，面积4万平方米。为北辛文化遗址。1990年春，中国社会科学院考古研究所山东工作队对遗址进行局部发掘，文化堆积厚约2.5米，出土遗物主要是陶器。器物以泥质红陶和夹砂红陶为主，器型主要有鼎、钵、小口鼓腹壶、支座等。1985年4月公布为济宁市文物保护单位。1992年6月公布为山东省文物保护单位。

西吴寺遗址

东顿村遗址 位于新驿镇东顿村东南约500米处，是一个隆起的土丘。1973年文物普查时被发现。遗址堆积最高处4米，南北长40米，东西宽40米。为汉代故城东南城角。堆积断面上较明显地表现出城墙的夯筑痕迹。夯窝每7个1组，夯层厚度约4厘米～6厘米。夯层中伴有春秋时期以前的遗物。这与史书记载的汉代故城基本相吻合。1984年8月公布为县级文物保护单位。1992年6月公布为山东省文物保护单位。

东顿村遗址

嵫阳山遗址 位于颜店镇嵫山南坡，西邻洪福寺村，遗址南北长150米，东西宽150米，堆积厚约3米，为大汶口文化遗址。发现有泥质红陶罐、壶，夹砂红陶鼎、罐，泥质灰陶壶等陶片，还有石铲、石斧等遗物。遗址保存完整，1973年文物普查时被发现，在遗址西约200米处曾发现过商代晚期的土坑竖墓穴，出土有爵、觯、刀等青铜器，爵上带有“羊”字铭文。1985年被公布为济宁市文物保护单位。2013年10月公布为山东省文物保护单位。

安家庙遗址 位于大安镇安家庙村南面的田野里，地势略高，遗址南北长150米，东西宽200米，面积约3万平方米，文化堆积厚约2.5米，地面暴露有大量黑陶片、灰陶片等遗物，采集的标本主要是龙山文化的陶器残片。通过地面暴露的器物判定，安家庙遗址为新石器时期文化遗存。遗址上有蔬菜大棚等农业设施，保存较好。2013年10月公布为山东省文物保护单位。

范家堂遗址 又称六里井遗址，位于龙桥街道范家堂村西约200米处，南北长200米，东西宽100米，面积2万平方米。1982年文物普查时发现。是一处以大汶口文化和东周文化为主的遗址。遗址平均深度为1.7米，有大汶口时期和东周时期的墓葬15处，水井10口，在井中还出土有陶罐等文物。墓葬形式大都是东南西北向，有简单的随葬品，并发现有用陶罐安葬头骨的习俗。出土遗物主要是陶器，属大汶口文化的有陶鼎、觚、豆、钵、杯、壶、纺轮、陶镯等；属东周时期的有陶鬲、罐、豆、甑、瓮、杯、碗、器盖等。在遗址的北部，还发现有宋代的石棺墓，未发现随葬品。1991年9月—12月，国家文物局在此遗址举办第六期全国田野考古领队培训班，开探方40个，揭露面积1000平方米，出土器物千余件。并编著《兖州六里井》考古专著，由科学出版社出版发行。2013年10月公布为山东省文物保护单位。

琉璃厂窑址 位于酒仙桥街道琉璃厂村东500米，泗河西岸。窑址面积约为2万平方米，传说有72座之多，保留有6处残窑壁。其中，泗河东5处，泗河西1处。残窑壁由砖砌成，弧形，耐火砖砌筑，直径约为3.2米。壁内有一层琉璃，呈红色，坚硬如铁。地面暴露大量板瓦残片，其中板瓦较大，宽29厘米，厚2.3厘米，多施绿釉。据史料记载，此窑场专供当时兖州鲁王府及曲阜孔府修建之用。2013年10月公布为山东省文物保护单位。

2013年兖州市古遗址情况表

表25- 8

序　号	名　称	时　代	地　址	公布时间	级　别
1	王因遗址	新石器时代	王因街道王因村南	1985年4月	市级
				1992年6月	省级
				2006年5月	国家级
2	西吴寺遗址	新石器时代	小孟镇西吴寺村东南	1977年12月	省级
				2013年3月	国家级
3	西桑园遗址	新石器时代	小孟镇西桑园村南	1985年4月	市级
				1992年6月	省级
4	东顿村遗址	战国一汉	新驿镇东顿村南	1992年6月	省级
5	嵫阳山遗址	新石器时代	颜店镇嵫山南坡	1985年4月	市级
				2013年10月	省级
6	安家庙遗址	新石器时代	大安镇安家庙村南	2001年3月	市级
				2013年10月	省级
7	范家堂遗址	新石器时代	龙桥街道范家堂村西	2001年3月	市级
				2013年10月	省级
8	琉璃厂窑址	明代	酒仙桥街道琉璃厂村东	2012年11月	市级
				2013年10月	省级
9	中李宫遗址	商周时期	颜店镇中李宫村东	1985年4月	市级
10	马楼遗址	岳石文化	新驿镇马楼村西	1985年4月	市级
11	张家王子遗址	新石器时代	小孟镇张家王子西南	2012年11月	市级
12	丁郗遗址	新石器时代	颜店镇丁郗村北	2012年11月	市级
13	东孟村遗址	北朝、宋	新兖镇东孟村西	2012年11月	市级
14	六股路遗址	商周、汉	新兖镇六股路村西	2012年11月	市级
15	西顿村遗址	新石器时代	新驿镇西顿村南	1985年4月	市级
16	屯头遗址	商周	颜店镇屯头村西	1985年4月	市级
17	广街遗址	新石器时代	新兖镇广街村北	2001年3月	市级
18	故县东遗址	商周	颜店镇故县村东	2001年3月	市级
19	太平遗址	新石器时代	小孟镇太平村西	2001年3月	市级
20	沈官屯遗址	商周	新兖镇沈官屯村南	2012年11月	市级
21	东曹窑址	南北朝	漕河镇东曹村东	2001年3月	市级
22	龙湾店遗址	新石器时代	大安镇龙湾店村	1984年8月	县级
23	新驿西遗址	新石器时代	新驿镇新驿村西	1984年8月	县级
24	杨庄遗址	北朝、宋元	新兖镇杨庄村东	2009年10月	县级

贾凫西墓

贾凫西墓 位于龙桥街道牛旺社区南。墓呈圆形，用青石砌筑。墓北侧立一石碑，上书“明末清初曲艺泰斗贾凫西长眠于此”。贾凫西，名应庞，字思退、亚藩，号凫西、澹圃，又称木皮散客或木皮散人，约生于明万历十八年(1590年)，卒于清康熙十三年（1674年），享年80余岁。此人熟读经史，擅长诗词，性情豪放，酷爱说唱，著有《历史鼓词》等。2001年3月公布为济宁市文物保护单位。

第五节 古代和近现代建筑

金口坝 位于兖州城东泗河之上，1888年（清光绪十四年）《滋阳县志》载：“金口坝为535年（东魏天平二年），高欢将娄昭攻兖时，堰泗灌瑕丘之迹。”隋开皇中，薛胄为兖州刺史时，沂、泗南流，泛滥淹没，胄乃于城东二水交流之处，积石堰之，令其入黑风口而西流，以灌溉土地，因而城西大面积土地尽成良田，农业连获丰收，百姓颂之为“薛公丰兖渠”。952年（五代后周广顺二年）慕容彦超据兖州叛，以金口坝堰泗河水入城壕中，以作兵防。1289年（元至元二十六年），“开会通河，乃修胄旧渠，为滚水石坝，引泗入运”。1317年（元延祐四年），疏为2洞，装置闸门，视季节水势而启闭。1471年（明成化七年），都水主事张克谦“结庐督修此坝”，历时9月，工竣坝在。用石3万余块，木桩8万余根，石灰百万斛。坝身固之以铁扣，嵌缝拌之以糯米，成为鲁地著名的“金口玉坝”。1558年（明嘉靖三十七年）和1738年（清乾隆三年）、1771年（清乾隆三十六年）都曾重修，将坝身加长增高，扩为5洞泄水。坝为木桩基础，木质为松柏木，坝体用条石砌筑，条石与条石之间用铸铁扣相连接固定，上下凿穿孔以木桩或铁钎相穿插。在坝的两端雁翅上有4尊元代雕刻的卧式“虫八虫夏”水兽两对，兽体长120厘米，高25厘米，上游为雄，下游为雌，雕刻精美，1997年、2013年两次实施金口坝修缮保护工程，对金口坝坝基、坝体等进行修缮。修缮后金口坝长123米，宽10.1米，高2.6米。2013年3月公布为全国重点文物保护单位。

兴隆塔 位于兖州城文化东路今博物馆院内，因该地原有古刹兴隆寺而得名。兴隆塔始建于隋仁寿二年（602年），初为木塔，北宋年间改建为砖塔，此后各代都曾有过修葺，至2013年，塔内尚有北宋及清代重修的碑记数块。兴隆塔为八角十三层楼阁式空芯砖塔，底基周长48.6米，每边长约6米，对应边直径14.8米，塔高54米，塔身为砖结构。通体区分两截，上下叠加，呈母子相托状，这种“塔上塔”的形式在国内极为罕见。下七层粗大深厚，内设台阶式砖梯踏步，层间设回廊。上六层骤缩细小。两截之间形成两米多宽的阳台，台周设有石雕围栏。塔顶有用琉璃瓦制成的塔刹。2008年，省博物馆、济宁市文物局等单位联合组成考古队对兴隆塔地宫进行发掘，出土遗物13件（组）。2009年，投资40万余元，维修兴隆塔。2012年，中央电视台以《古塔下的秘密》为题制作3集专题片，在科教频道播出。2013年3月公布为全国重点文物保护单位。

兖州天主教堂 位于兖州城区西御桥南路，德国哥特式建筑。1891年（清光绪十七年）德国传教士进入兖州，1897年（清光绪二十三年）开始营建兖州天主教堂建筑群，1899年（清光绪

兖州天主教堂

二十五年）建成高21米的大圣堂（天主圣神堂）。此建筑群南北长386米，东西宽216.7米，总面积83646.2平方米。兖州天主教堂是德国传教士在鲁西南的传教中心。兖州解放前夕，天主教堂共建房718间。其中，楼房286间，瓦房432间，征购土地1400余亩，以钟楼街为界，分为南院和北院。“文化大革命”期间，大圣堂被砸毁拆除。1982年，修复主教楼等部分教堂建筑。20世纪80年代，教堂南院建筑被拆除。至2013年，教堂有主教楼、大小修道院、藏书楼、印刷厂、育德小学、马房等附属建筑，共300余间，2013年3月，公布为全国重点文物保护单位。

2013年兖州市古代和近现代建筑一览表

表25-9

序号	名　称	类　别	时　代	地　址	公布时间	保护级别
1	金口坝	古建筑	北魏一明清	兖州市城东泗河上	1984年8月	县级
					1992年6月	省级
					2013年3月	国家级
2	兖州天主教堂	近现代重要史迹及代表性建筑	清	鼓楼街道民族社区	2001年3月	市级
					2006年12月	省级
					2013年3月	国家级
3	兴隆塔	古建筑	隋一宋	兖州市文化东路	1977年12月	省级
					2013年3月	国家级
4	郑氏庄园	古建筑	明清	颜店镇洪福寺村、郑郗村	1985年4月	市级
					2006年12月	省级
5	南大桥	古建筑	明代	兖州市城南泗河上	1984年8月	县级
					2012年11月	市级
					2013年10月	省级
6	兖州机务段水塔	近现代重要史迹及代表性建筑	1912年	酒仙桥街道兖州机务段院内	2009年10月	县级
					2012年11月	市级
					2013年10月	省级

续表25-9

序号	名 称	类 别	时 代	地 址	公布时间	保护级别
7	毛泽东思想胜利展览馆	近现代重要史迹及代表性建筑	1968年	鼓楼街道建设东路青少年宫	2009年10月 2012年11月 2013年10月	县级 市级 省级
8	玄帝庙大殿	古建筑	明代	颜店镇农机站	1985年4月	市级
9	青莲阁	古建筑	明清	兖州市城东泗河西岸	1984年8月 1985年4月	县级 市级
10	少陵台	古建筑	明代	兖州市九州东路	1984年8月 2001年3月	县级 市级
11	九仙桥	古建筑	明代	兖州市城区府河上	2001年3月	市级
12	郭氏民居	古建筑	清代	新驿镇郭村村中	2009年10月 2012年11月	县级 市级
13	郭村民居	古建筑	清代	新驿镇郭村供销社	2009年10月 2012年11月	县级 市级
14	郑氏绣楼	古建筑	清末	颜店镇原镇政府院内	2009年10月 2012年11月	县级 市级
15	响铃阁	古建筑	明清	颜店镇蒿庙村村中	2012年11月	市级
16	观象台	近现代重要史迹及代表性建筑	1938年	酒仙桥街道三河村西	2009年10月 2012年11月	县级 市级
17	颜氏宗祠	古建筑	清代	颜店镇颜家村中	2003年3月	县级
18	机神庙	古建筑	清代	鼓楼街道南顺城社区	2003年3月	县级
19	碉堡遗址	近现代重要史迹及代表性建筑	民国	兖州九一医院东北角、西北角、东南角	1984年8月	县级
20	神桥	古建筑	明代	兖州市神路街	2009年10月	县级
21	汤郡马府宅邸	古建筑	明清	兖州市中山西路	2009年10月	县级
22	谢家楼	古建筑	明清	漕河镇谢家楼村	2009年10月	县级
23	伊家桥	古建筑	明代	颜店镇翟三与翟四交界处	2009年10月	县级
24	铁板桥	古建筑	明代	大安镇张家楼村北500米	2009年10月	县级
25	四合院古民居	古建筑	清代	兖州市中山西路336号	2009年10月	县级
26	阁楼式古民居	古建筑	清代	兖州市中山西路350号	2009年10月	县级
27	阁楼式古民居	古建筑	清代	兖州市中山东路供销社内	2009年10月	县级
28	四合院角楼古民居	古建筑	清代	兖州市中山东路	2009年10月	县级
29	洸府河拦水闸	近现代重要史迹及代表性建筑	20世纪70年代	颜店镇屯二村南	2009年10月	县级
30	毛泽东诗词之壁	近现代重要史迹及代表性建筑	1968年	大安镇原谷村供销社院内	2009年10月	县级

第六节　石　刻

碑　碣

北宋嘉祐八年瘗藏世尊顶骨真身舍利纪事碑　1063年（北宋嘉祐八年）立。2008年9月兴隆塔地宫出土，收藏入市博物馆。长86厘米，宽75厘米，厚10厘米。碑文正书32行，满行31字。按其内容，可分两部分：前半为中书门下牒文，讲述造塔供奉、瘗藏舍利的起因，后为相关功德人题名及年款。

元至正六年翟公墓碑　1346年(元至正六年)立。原在小孟乡东吴寺村东茔地，2003年由市博物馆征集收藏。高186厘米，宽83厘米。圆顶，额篆书“大元”二字。碑中间大字两行：“赠儒林郎中书礼部员外郎翟公墓”，右侧题：“嘉议大夫中书工部侍郎李思斋书”，左侧署：“至正六年九月□日男儒林郎工部主事翟茂、翟英、孙思诚立”，皆正书。

元至正十年翟公墓碑　1350年(元至正十年)立。原在小孟乡东吴寺村东茔地，2003年市博物馆征集收藏。高150厘米，宽86厘米。圆顶，额篆书“大元”二字。碑中间正书“翟公之墓”四大字，左下署“至正十年三月吉日孙男奉政大夫监察御史翟茂立”。

元至正十四年张公宗族之记碑　1354年（元至正十四年）立。原在颜店镇前北肖村南，1998年入藏市博物馆。碑高302厘米，宽94厘米，厚30厘米。碑阳刊《张公宗族之记》，碑阴为《张氏宗族谱系图》，已漫漶难识。碑文主要为张瑞叙其祖父张德、张显、张温及伯父、兄等人战功封赏之事。

明洪武十五年左榜谕众通知碑　1382年（明洪武十五年）立。2005年3月出土于市中御桥中路改造工程工地（为明鲁王府皇城南门故址），收藏入市博物馆。碑为横式，四周饰有卷草纹样图案，高87厘米，宽277米，厚15厘米。碑文正书64行，满行32字。文中逢“京”“圣”“敕”之类字均抬头易行；文后有“左榜谕众通知”6个字，又一“榜”字，最左上为九叠文的戳记，文曰：“洪武十五年□月□日”。

明成化十六年崔玘墓碑　1480年（明成化十六年）立。原在兖州城东九一医院东侧泗河东岸沙滩上，2001年征集入藏市博物馆。高201厘米，宽93厘米，厚18厘米。四周缘线刻花卉纹。圆顶，额两侧线刻双凤图案，中篆书“崔公墓表”，2行4字。碑文正书26行，满行53字。碑文中云：“正统己巳秋，车驾北狩未还，诏天下勤王”，是指1449年（明正统十四年）英宗朱祁镇被也先所俘的土木堡事件。碑文撰者钱溥。

明万历十八年澹台灭明墓碑　1590年（明万历十八年）立。原在兴隆庄镇澹台墓村，2013年6月征集入藏市博物馆。高196厘米，宽78厘米，厚17厘米。圆首，碑正中行书“先贤澹台灭明之墓”8个字，左侧书年款，右侧正书“文林郎邹县知县王自谨立”。

清道光十三年郑氏家墅记刻石　1833年（清道光十三年）立。原在颜店镇郑郗村种子站院内（原郑氏庄园），2002年11月征集入藏市博物馆。刻石断为两截，长139厘米，宽54厘米，厚14厘米。文行书31行，行15字～16字不等。碑文撰者许鸿磐。

清道光十五年学圃记刻石　1835年（清道光十五年）立。原在颜店镇郑郗村种子站院内（原郑氏庄园）。长114厘米，宽62厘米，厚11厘米。文正书32行，行19字，主要记述营建学圃这一乡村庄园的过程。书丹者杨岳春。

清光绪四年重修神桥碑　1878年（清光绪四年）立。原立于酒仙桥街道东关社区神路街神桥北侧，2008年11月征集入藏市博物馆。高270厘米，宽79厘米，厚28厘米。额深浮雕双龙戏珠图案及“皇清”二字。碑文正书15行，满行49字，主要记述神桥重修过程。

清光绪二十九年节比松筠碑　1903年（清

光绪二十九年）立。2012年11月于酒仙桥街道办事处粉店村征集入藏市博物馆。高243厘米，宽78厘米，厚28厘米。碑额浮雕双龙图案，中镌“圣旨”二字。碑体右侧题“应增武信郎高创观之妻范宜人”，中镌“节比松筠”4个字，左侧署“翰林院编修直隶补用道王景禧沐手敬书”及年款。

清新建义学碑记刻石 原在鼓楼街道白果街一崔姓居民家。2004年入藏市博物馆，石方形，每边长75厘米，厚15厘米。碑文正书15行，满行18字，主要记述监生崔学海捐地办义学之事。

民国元年浚修府河拨付经费记事碑 1912年立。原立于酒仙桥街道东关社区神路街神桥北侧，2008年11月征集入藏市博物馆。高260厘米，宽84厘米，厚26厘米。额浮雕双龙戏珠图案，中正书“万古流芳”4个字。碑文正书19行，满行40字。碑阴刊有批复拨付经费的公文。

民国七年威宣阃外碑 1918年立。原立于酒仙桥街道东关社区神路街神桥北侧，2008年11月征集入藏市博物馆。高280厘米，宽92厘米，厚30厘米。额镌双龙浮雕图案，中篆书“纪念”二字。碑中间为正书“威宣阃外”4个字，右上署“陆军中将勋三位二等大绶嘉禾章暂编陆军第一师师长兖州镇守使汉亭施军门大人德政”，左下署“滋阳绅学农商敬立，中华民国七年岁次戊午杏月上浣”。该碑为时任兖州镇守使施从滨德政碑。

民国七年鲁门有豸碑 1918年立。原立于酒仙桥街道东关社区神路街神桥北侧，2008年11月征集入藏市博物馆。高280厘米，宽88厘米，厚29厘米。碑中间正书“鲁门有豸”4个字，右上署“陆军中将二等大绶嘉禾章二等文虎章陆军第七混成旅旅长兖州镇守使云亭唐□军门大人德政”，左下署“滋阳县绅学农商敬立，中华民国七年岁次戊午杏月上浣”。该碑为时任兖州镇守使唐天禧德政碑。

日本昭和十四年兴亚刻石 1939年立。2001年11月发现于火车站南铁路中学南院一建筑门楣上，后被市博物馆收藏。石为白色大理石质，高45厘米，宽124厘米，厚12.5厘米。其上阴刻“兴亚”二字，右署“昭和十四年七月”；左署“陆军中将木村兵太郎”，钤“木村兵太郎”“瑞堂”二印。（按，木村兵太郎是日本靖国神社甲级战犯。日军侵占兖州后，疯狂地烧杀抢掠，制造了故县惨案、火烧翟村等一系列血案，而木村兵太郎正是制造这些血案的罪魁祸首。）

墓 志

明正德十年鲁藩钜野三府夏津郡君墓志 1515年（明正德十年）立。2006年9月出土于兖州城西五里庄村。由志盖和志石扣合组成，两石四周缘皆线刻云凤纹。志盖方形，边长60、厚9厘米，上篆书“大明鲁藩钜野三府夏津郡君圹志铭”，4行15字。志石左侧有残缺，长61厘米、宽60厘米、厚8厘米，志文正书23行，满行24字。志主为鲁府钜野僖顺王之孙女、三镇国将军阳镏之长女。志文中所云：“葬于兖州滋阳县南隅社之原”，可知墓志出土之地五里庄村当时属南隅社。

明嘉靖十四年寿官任珍墓志 1535年（明嘉靖十四年）立。1998年兖州市太阳纸业公司热电厂建筑工地出土。由志盖和志石扣合组成，两石规制相同，长73.5厘米，宽71.5厘米，厚12厘米。志盖篆书“大明故寿官任公之墓”，3行9字。志文正书27行，满行31字。撰文童承叙，篆盖者邢如默。

明隆庆三年鲁藩奉国将军朱健梗墓志 1569年（明隆庆三年）立。2001年于豆腐店村征集入藏博物馆。志石长方形，长71厘米，宽67厘米，厚12厘米。志文正书36行，满行36字。志主朱健梗为鲁藩东阿王一系的奉国将军。

明隆庆六年任瀛墓志 1572年（明隆庆六年）立。1998年出土于兖州市太阳纸业公司热电厂建筑工地。由志盖和志石扣合组成，两石规制相同，方形，边长64厘米，厚14厘米。志盖篆书“明中议大夫赞治尹都察院右佥都御史峄峰任公墓志铭”，6行19字。志文正书47行，满行49字。撰文者杨贤，行状何子寿，篆盖者朱健根。

明万历三十年鲁安丘奉国将军朱观炡墓志　1602年（明万历三十年）立。2012年出土于兖州城北青钢集团焦化厂热电车间办公楼基建工地。由志盖和志石扣合组成，外部用铸铁箍绑缚；两石规制相同，方形，边长61厘米，厚8厘米，四周缘皆线刻云龙纹。志盖篆书“皇明七代诚轩公墓志”，3行9字。志文正书30行，满行31字。志主朱观炡，是明鲁藩安丘王一系的奉国将军，志文叙其世系甚详。

明万历四十六年任彦蘖墓志　1618年（明万历四十六年）立。1998年4月出土于兖州市太阳纸业公司基建工地。由志盖和志石扣合组成，两石规制相同，方形，边长65厘米，厚11厘米。志盖篆书“明故徵仕郎南京户科给事中廉所任公墓志铭”，5行19字。志文正书40行，满行41字。撰文潘榛。

清乾隆三十年汤中允墓志　1765年（清乾隆三十年）立。2002年2月征集于火车北站货场附近。由志盖和志石扣合组成，两石规制相同，方形，边长80厘米，厚17.5厘米。盖篆书“皇清例赠文林郎孔颜曾孟四氏学教授皋问谥思贞汤公墓志铭”，6行26字。志文正书30行、满行32字。志主汤中允，乾隆甲午新修《曲阜县志》卷九十二有其小传。

石　雕

宋线刻人物花草纹石函　宋代。青石雕凿，由仰覆莲花基座、石函、函盖组成。2008年9月兴隆塔地宫出土，并入藏市博物馆。长0.85米、宽0.47米、高1.08米。函盖为盝顶式，刻画有缠枝牡丹、四爪龙和金翅鸟等图案形象；石函四周刻画有菩萨、天王等护法神、佛弟子形象，并有“梵王众”“帝释众”“天王众”“波旬众”“比丘众”“诸王众”等榜题；基座分为仰、覆莲花两部分。

宋披帛跣足佛立像　宋代。2013年9月兴隆塔北50米处出土，并入藏市博物馆。残高56厘米。头残，身着大衣，肩披帔帛，双手置于胸前捧持宝瓶，立于方须弥座上。

宋披帛跣足佛立像　宋代。2013年9月兴隆塔北50米处出土，并入藏市博物馆。残高80厘米。头残，身着大衣，肩披帔帛，双手置于胸前，两手间站立一瑞鸟，跣足立于方须弥座上。

宋结跏趺坐佛像　宋代。2013年9月兴隆塔北50米处出土，并入藏市博物馆。高66厘米。头部五官漫漶，身穿低开的“U”双领袈裟，内着僧祇支，肩披帔帛，结跏趺坐于方形台座上。

元跪卧姿石羊　元代。2008年大安镇大安村征集，并入藏市博物馆。高88厘米。跪卧姿，长有一对弯曲长犄角。

明踞坐姿石虎　明代。2013年10月新兖镇金村社区西北出土，并入藏市博物馆。通高127厘米。圆目，昂首，踞坐于方座上。

明石雕龙首兽身镇墓兽　明代，征集品。通高56厘米。龙首，兽身，踞坐姿。

明赑屃碑趺　明代，征集品。通高76厘米。碑趺作赑屃形，赑屃昂首，圆目，躯体被甲壳覆盖，四肢及尾部略刻其形。甲壳背部花纹纹理清晰，其上有碑担。

第七节　馆藏文物

1996年，兖州市博物馆馆藏可移动文物藏品总数为4479件。其中，国家一级文物25件、二级文物73件、三级文物476件。通过文物普查、考古发掘、接受捐赠等方式接收文物入馆，至2013年底，市博物馆馆藏可移动文物总数为4788件，文物类别涵盖石器、玉石器、陶器、瓷器、铜器、金银器、铁器、武器、乐器、雕塑、造像、石刻、书法、绘画、档案文书、织绣、文具、玺印、钱币、度量衡器、玻璃器、化石、牙骨角器等。其中，国家一级文物29件，二级文物73件，三级文物499件。

南北朝鸡首龙柄青瓷壶 南北朝时期。高24.1厘米，腹围33厘米。盘口外侈，圆唇，束腰式细长颈，丰肩，鼓腹下渐收，平底。肩部一侧塑一鸡首，高冠圆目，昂首，与之相对的一侧为直体曲颈形龙柄，龙口衔接壶口沿。颈至肩部贴塑双系，颈、腹贴塑兽首。瓷胎呈白色，通体施青釉，底部无釉。为国家一级文物。

新石器时代北辛文化骨笄 新石器时代北辛文化。1975年王因遗址出土。通长15.8厘米。该器利用骨料经刮削、磨制而成。笄柄为细长圆锥状，顶端为椭圆形匙状。为国家一级文物。

新石器时代大汶口文化骨梭 新石器时代大汶口文化。1975年王因遗址出土。残长10.7厘米。器形似柳叶状，表面光滑，系利用骨片刮磨而成。一面平整，一面凹槽，穿孔一（残），两侧刻有五道凹槽。为国家一级文物。

新石器时代大汶口文化骨针 新石器时代大汶口文化。1975年王因遗址出土。4枚骨针通长分别是5.7厘米、4.9厘米、6.1厘米、3.7厘米。各骨针穿孔一，针尖锐利，通体光亮。均为国家一级文物。

新石器时代大汶口文化半环提梁陶鋬鼎 新石器时代大汶口文化。1975年王因镇王因遗址墓葬中出土。通高17厘米。夹砂红陶。鼎身为半球形，上部封闭，下为圜底，两肩上有提梁，提梁中空与鼎身内部相通。提梁顶端开一圆形小口，注水、出水均由此口。肩上与提梁垂直的一侧安有圆柱状鋬手下腹折棱处有一周三角形的压印纹。三凿形足接于腹下。为国家一级文物。

新石器时代大汶口文化山字形石铲 新石器时代大汶口文化。1975年王因镇王因遗址出土。石铲青灰色石灰岩质地，长10.7厘米，宽15.2厘米，厚2厘米。器型形制特异，磨制精细。顶端平窄，两侧边斜长。刃部呈两个内弯新月形，中部出一刃尖，整体如山字形。圆孔居中，特大。穿孔为两面对琢而成。为国家一级文物。

汉黄釉鸟首方把蹄足陶盉 汉代。原城郊乡龙桥窑厂出土。通高21.3厘米。弧形盖，直口微敞，圆鼓腹，三矮蹄足。一足侧有鸟首形流，腹部饰一长方形鋬手。器满施黄釉。为国家一级文物。

明白釉堆贴螭龙纹蒜头瓷瓶 明代。1966年堡子乡巨王林村明鲁藩钜野王墓出土。高58厘米，口径7.5厘米，腹围82.5厘米，底径17厘米。蒜头式口，圆唇，细长颈，硕腹，圈足。颈肩部堆贴两螭龙。白胎白釉。为国家一级文物。

明白釉麒麟双螭三足瓷熏炉 明代。1966年堡子乡巨王林村明鲁藩钜野王墓出土。高35厘米，口径22.5厘米，腹围75.4厘米，底径19.3厘米。敛口，直筒腹，平底。弧形盖，上踞坐一麒麟。炉体贴塑一对螭龙，昂首伸至炉口，底有3兽蹄足。炉身与盖为子母扣合，通施白釉，釉面莹润光泽。为国家一级文物。

明铜镶边方腰堆塑双螭白瓷觚 明代。1966年堡子乡巨王林村明鲁藩钜野王墓出土。高27.4厘米，口径16.5厘米，底径11.7厘米。喇叭形口，铜镶边，颈腹修长，高圈足，中腰有方台，台两侧各堆塑一螭龙。通施白釉，釉

面通体小开片。为国家一级文物。

明青花“金玉长命富贵”瓷盖罐　明代。1966年堡子乡巨王林村明鲁藩钜野王墓出土。高19.2厘米，口径11厘米，腹围65.6厘米，底径12.7厘米。直口，弧形盖，蘑菇形钮，盖面用青花饰以覆莲瓣纹、涡纹。环肩圈内青花楷书“金玉长命富贵”六字。扁圆腹，用青花饰以缠枝花卉纹，底内收，矮圈足。为国家一级文物。

明青花云龙纹瓷盘　明代。1966年堡子乡巨王林村明鲁藩钜野王墓出土。高3.5厘米，口径15厘米，底径8厘米。撇口，浅弧腹，平底，圈足，通施白釉，釉色白色闪青。口沿内侧饰青花菱格纹，底心、外壁饰青花五爪云龙。为国家一级文物。

清康熙镇水铁剑　清代。1988年9月出土于兖州市泗河南大桥西侧河道内。生铁铸成，重1539公斤，通长7.47米，其剑刃长5.52米、宽27厘米，剑柄长1.95米，剑格直径0.5米。剑刃呈扁菱形，锋尖椭圆状，剑格圆形，两面铸有睚眦图，眼、眉、鼻、嘴、须等清晰可辨。剑柄近方形，铸有铭文：“康熙丁酉二月知兖州府事山阴金一凤置”，剑首近圆云头形，柄尾有穿孔。为国家一级文物。

清康熙镇水铁剑

隋青瓷辟雍砚　隋代。1974年旧关村西墓葬出土。高9.5厘米，口径20.2厘米，底径28.2厘米。圆形，直沿，砚面上凸作圆台形，台面有斑点，台下坡面一周模印八组水鸟啄鱼图，周边为凹槽形的砚池环绕砚面。砚边墙饰一周突棱纹，其下底座环饰29个饰象首的蹄形足。整砚外部满施青釉，环形底座底内凹未施釉。为国家一级文物。

唐绿釉绞胎瓷枕　唐代。1986年小孟乡李海村出土。长16.2厘米，宽11厘米，高8.1厘米。器整体呈梯形，抹角，前壁上镂有一小圆孔，作透气用。枕面饰菱形绞胎纹，四壁饰绞胎木理纹，施透明绿色釉，为唐代出现的新颖别致的绞胎瓷器。为国家一级文物。

唐三彩骑马俑　唐代。1986年小孟乡李海村出土。通高10.9厘米。骏马站于方形的底板上，全身为黄、褐色，马鞍、鬃毛部分呈浅绿色，其四肢粗壮，圆目，头偏昂似准备奔向远方。骑马男俑身着黄、褐色彩，面部及背局部为浅绿色，头戴冠，双手握住缰绳，跨坐马鞍上。为国家一级文物。

西周饕餮纹铜爵　西周。1976年颜店人民公社嵫山南坡土坑墓出土。通高21.3厘米。流狭长，尾尖，伞状双柱。圆腹圜底，三锥形足外撇。腹部饰有饕餮纹，云雷纹作地。器身一侧有半圆形鋬，鋬上部饰有兽首，鋬内腹壁上铸有铭文“羊”字。为国家一级文物。

西周饕餮纹铜觚 西周。1985年县武装部院内出土。高33厘米，口径10.9厘米，腹围56.5厘米，底径14.4厘米。喇叭形口状，颈腹修长，高圈足。腹部有扉棱，饰饕餮纹、乳丁纹。颈腹、腹足间各饰两道凸弦纹，高圈足饰饕餮纹、乳丁纹。为国家一级文物。

西周索册父癸铜提梁卣 西周。1973年颜店人民公社李宫村出土。高33厘米，口径10.9厘米，腹围56.5厘米，底径14.4厘米。卣有盖，呈拱形，其上捉手为小圈足状。体形细高，直口，长颈，腹部深长，下部垂鼓，圈足。绞索状提梁，两端有环与卣身两耳套合。盖顶部、腹上颈部及圈足部各有纹饰一周，由两组饕餮纹组成，夔纹作地。盖内、腹内底部铸有相同铭文“索册父癸”四字。为国家一级文物。

西周索父癸铜爵 西周。1973年颜店人民公社李宫村出土。通高19.3厘米，流尾间长17厘米。流狭长，尾尖，流与尾之际附生双柱，柱呈伞状，柱顶有简单的旋涡纹。圆腹圜底，三锥形足外撇。器身一侧有半圆形鋬，鋬内腹壁上铸有铭文“索父癸”三字。腹部夔纹作地，饰有饕餮纹。为国家一级文物。

西汉新莽大泉五十石范 西汉。1974年谷村人民公社黄庙村出土。滑石质地。长29.1厘米，宽11.2厘米，厚0.26厘米。面范正中为自上而下的铜液主浇道，浇口呈漏斗状，背范的四角各有一个圆形的小榫孔，与面范上的榫头正好扣合。为国家一级文物。

宋线刻人物花草纹石函 宋代。2008年9月兴隆塔地宫出土。长85厘米、宽47厘米、高108厘米。由仰覆莲花基座、石函、函盖组成。函盖为盝顶式，刻画有缠枝牡丹、四爪龙和金翅鸟等图案形象；石函四周刻画有菩萨、天王等护法神、佛弟子形象，并有“梵王众”“帝释众”“天王众”“波旬众”“比丘众”“诸王众”等榜题；基座分为仰、覆莲花两部分。为国家一级文物。

宋释迦牟尼涅佛涅槃图鎏金银棺 宋代。2008年9月兴隆塔地宫出土。长49.5厘米，残宽20厘米，高49.5厘米。以银片做成棺的形制，表面鎏金，四周原有围栏。银棺表面錾刻图像十分丰富。棺盖为盝顶形，前端有云状棺头，上部为镂空雕刻的三尊像，下部錾刻伽陵频伽鸟、翼龙、菩萨像形象。棺体左、右挡为释迦牟尼涅槃的场景。棺前档錾刻双扇假门，门扉饰门钉及铺首衔环，环上置有锁具。门两侧各立一菩萨像。后档为坐姿菩萨像、天王像、跪坐供养人像等。为国家一级文物。

宋罗汉像盖瓜棱形金瓶 宋代。2008年9月兴隆塔地宫出土。通高12.8厘米，瓶高10.25厘米，口径1.08厘米，底径2.5厘米。小口，圆唇，细长颈，丰肩，肩以下渐收敛。颈上部有荷叶状出沿，瓶身呈六瓣瓜棱形，平底。有盖，中空，盖顶端刻一尊罗汉像，双手合十坐于莲花座上。为国家一级文物。

北宋嘉祐八年瘗藏世尊顶骨真身舍利纪事碑 北宋时期。2008年9月兴隆塔地宫出土。长86厘米，宽75厘米，厚10厘米。碑文正书32行，满行31字。按其内容，可分两部分：前半为中书门下牒文，讲述造塔供奉、瘗藏舍利的起因，后为相关功德人题名及年款。为国家一级文物。

2013年兖州市博物馆馆藏国家二级文物情况表

表25-10

序 号	名 称	原 名	时 代	实际数量（件）
1	北齐沙丘城碑	沙丘城碑	北齐	1
2	北魏跪姿石人	跪石人	北魏	1
3	北辛文化骨梭	骨梭	新石器时代	1
4	北辛文化骨梭	骨梭	新石器时代	1
5	北辛文化骨梭	骨梭	新石器时代	1
6	北辛文化骨梭	骨梭	新石器时代	1
7	北辛文化骨针	骨针	新石器时代	1
8	北辛文化骨针	骨针	新石器时代	1
9	大汶口文化骨鱼镖	鱼镖	新石器时代	1
10	大汶口文化骨针	骨针	新石器时代	1
11	大汶口文化骨针	骨针	新石器时代	1
12	大汶口文化骨笄	骨簪	新石器时代	1
13	大汶口文化红陶鋬盆	红陶单把钵	新石器时代	1
14	大汶口文化绿松石耳坠	绿松石耳坠	新石器时代	1
15	大汶口文化石铲	石铲	新石器时代	1
16	大汶口文化石磨盘	石耜	新石器时代	1
17	大汶口文化束发器	束发器	新石器时代	1
18	大汶口文化陶釜形鼎	釜形鼎	新石器时代	1
19	大汶口文化陶镯	陶环	新石器时代	23
20	大汶口文化梯形石铲	石铲	新石器时代	1
21	汉彩陶俑	彩陶俑	汉代	1
22	汉跪姿石人	跪石人	汉代	1
23	汉两缠龙门楣画像石	门楣	汉代	1
24	汉龙首柄青铜熨斗	鐎斗	汉代	1
25	汉蒲纹玉璧	玉璧	汉代	1
26	汉青釉双系壶	酱釉双耳壶	汉代	1
27	汉青釉双系瓿	刻花酱釉罐	汉代	1
28	汉青釉双系瓿	双耳罐	汉代	1
29	汉双室画像石椁	双室画像椁	汉代	6
30	六朝青釉荷花六系瓷盖罐	荷花带盖六鼻罐	六朝	2
31	六朝青釉荷花六系瓷盖罐	荷花带盖六鼻罐	六朝	2
32	龙山文化黑陶高柄杯	蛋壳陶杯	新石器时代	1
33	明金钩玉葫芦耳坠	金钩玉葫芦坠	明代	1
34	明金钩玉葫芦耳坠	金钩玉葫芦坠	明代	1
35	明蓝釉四鱼瓷盖罐	四鱼盖罐	明代	2
36	明龙头金发簪	龙头发簪	明代	1

续表25-10

序号	名称	原名	时代	实际数量（件）
37	明龙头金发簪	龙头发簪	明代	1
38	明吕祖石造像碑	吕洞宾造像碑	明代	1
39	明木雕鎏金菩萨造像	木雕佛像	明代	2
40	明青花瓷军持	青花军持	明代	1
41	明青花开片缠枝花卉飞马瓷盖罐	青花盖罐	明代	2
42	明五棱状柄金挖耳勺	挖耳簪	明代	1
43	明宣德青花猫葡萄小瓷碗	青花小碗	明代	1
44	明镂空葫芦金耳坠	金葫芦坠	明代	1
45	明镂空葫芦金耳坠	金葫芦坠	明代	1
46	南北朝青釉六系盘口瓷壶	六鼻盘口壶	南北朝	1
47	南北朝青釉龙首衔口四系鸡首瓷壶	青釉堆塑龙凤壶	南北朝	1
48	南北朝青釉四系荷叶瓷罐	四鼻荷叶青瓷罐	南北朝	1
49	南北朝鎏金云纹弩机	鎏金弩机	南北朝	1
50	宋白地剔花缠枝花叶瓷罐	刻花小罐	宋代	1
51	宋黑釉瓷罐	黑釉罐	宋代	1
52	宋黑釉瓜楞瓷罐	黑瓜楞罐	宋代	1
53	宋咸平石狮	北宋狮	宋代	1
54	宋咸平石狮	北宋狮	宋代	1
55	宋圆雕菩萨石造像	石造像	宋代	2
56	隋青釉四系瓷罐	青釉四系罐	隋代	1
57	唐白釉双系瓷执壶	白瓷执壶	唐代	1
58	唐蝴蝶纹白瓷胭脂盒	青釉平底盒	唐代	1
59	唐黄釉瓷枕	瓷枕	唐代	1
60	唐酱釉荷花瓷罐	酱釉罐	唐代	1
61	唐开元十一年普济桥造像碑	普济桥造像碑	唐代	1
62	唐青釉褐斑舞蹈人物瓷壶	贴花瓷壶	唐代	1
63	唐三彩瓷罐	三彩壶	唐代	1
64	西周戈工锥足青铜爵	“戈工”爵	西周	1
65	西周扁口羊父辛铜觯	铜觯	西周	1
66	西周素面玉璧	玉璧	西周	1
67	元龙泉窑青釉荷叶瓷盖罐	荷叶青釉盖罐	元代	3
68	岳石文化半月形石刀	半月形石刀	新石器时代	1
69	岳石文化石斧	石斧	新石器时代	1
70	战国错金螭首青铜带钩	错金螭首铜带钩	战国	1
71	战国刻铭文铜戈	铜戈	战国	1
72	战国铭文铜戈	铜戈	战国	1
73	周石斧	石斧	周代	1

第六章 广播 电视

第一节 广 播

设 施 1996年，电子管发射机更新为全固态发射机。1997年5月，整修城区有线广播网，新增有线广播线路12公里，有线音箱38个，覆盖中、西城区。2000年4月，购置4站点音频工作站系统，更新全部前端设备，节目制作、播出初步实现数字化、自动化，设备性能居全省县级市前列。2003年，更换双耦极子垂直极化调频天线一套。2006年7月，更新改造城区有线广播音柱，购置13对无线可寻址数字编码调频音箱覆盖城区，提高广播覆盖效果。2007年，电台音频工作站系统软、硬件全面更新升级，配置英夫美迪PAW120数字采访机1部，电台采编播全面实现数字化、网络化。2008年，配置音频自动增益均衡器1台、数字直播延时器1台，提高了播出安全性和播出质量。2010年，购置英夫美迪PAW120数字采访机2部、意大利意利诺斯1千瓦全固态调频发射机1部、美国C-MAK12路调音台两部，提升采编播硬件水平。

节 目 1996年，兖州文艺台、经济台合并为兖州人民广播电台，调频104.7兆赫。1996年—2013年，兖州人民广播电台共开设《兖州新闻》《政风行风热线》《爱上音乐》《上午时光》《厉嗨了我的歌》《车载音乐动听榜》《耳朵的舆情》《永恒的魅力》《快活晚高峰》《嵫山评书剧场》《1047小说广播剧》《平心夜读》12个栏目，实行全天24小时不间断播出。

新闻节目 1996年，开设《兖州新闻》《午间新闻》，节目播出时间达到每天10小时，其中自办节目约3小时，转播中央、省台新闻节目约1.5小时，直播节目约5.5小时。1997年，长篇录音报道《亿元村里的穷支书——刘运库》在中央人民广播电台和山东电台重头播出。1998年1月，兖州电台《兖州新貌》栏目开播，每周一、三、五播出，每期20分钟。2003年，《兖州新闻》改为每周五期，每期15分钟；周六、周日新增《一周要闻回顾》，每期15分钟；广播新闻《军民喜迎“抗非”英雄》在省新闻联播重头播出并获山东新闻奖。2004年，录音新闻《兖州军民共迎“抗非”英雄》获山东省广播电视学会二等奖。2008年，在济宁电台用稿1280分，列济宁市12个县（市、区）第一位。2009年，录音新闻《兖州市在黄金地段建廉租房》在山东电台《山东新闻》头条播出，《兖州谋求产业结构转型赢得可持续发展》在中央电台《新闻和报纸摘要》头条播出，实现在中央电台发稿的新突破。

直播节目 1993年，直播节目“九州彩虹”开播。1997年，直播节目《花好月圆》获得山东省广播电视厅一等奖。1999年，新广电大楼落成，新增音频工作站，直播节目初步实现数字播出。2000年，收紧直播节目时间，突出双休日休闲时光，直播节目分为工作日和双休日两个版本，推出民生类直播节目《行业之窗》、周末版《休闲时光》《周末有约》、文化类节目《三味书屋》《精品欣赏》。引进评书制作公司合作机制，开播晚间评书两集联播，每集25分钟。2001年，《古城晚风》《超级卡拉OK秀》《生活有约》等节目中加入大量外采或现场连线，增强了互动性和实效性。2005年，直播节目正式定名为《九州之声》，偏重资讯播报、汽车保养、涵盖休闲、娱乐等内容，推出《生活有约》《欢乐时光》《音乐前线》等直播节目。2006年，直播节目改版，推出《资讯面面观》《汽车加油站》《生活有约》等板块。2010年，直播节目全新改版为七大板块，《交通俱乐部》《七彩生活》《小城故事》内容涉及群众出行、消费指南、养生保健、情感交流、兖州人文历史等方面，《两点准时报》《娱乐百分百》《音乐下午茶》以新闻、体育、娱乐资讯、互动点播为主。首次引进短信平台互动模式，电台节目向年轻化、互动性转变。

合办节目 2005年，共青团兖州市委、市广播电视局、市教育局联合举办暑期《空中夏令营》活动，每期60分钟、共举办45期。2008年，合办栏目逐步成熟，与兖州福利彩票合办的《幸福福彩》、与市人民医院合办的《人人健康专家门诊》、与市工商局合办的《消费》、与市司法局各律师事务所合办的《法律时空》等节目陆续开播。

2002年7月1日，中共兖州市纪委、市纠风办、市文明办、市广电局、市广播电台联合开办民生类直播节目《行风热线》正式开播，每周5期，每期20分钟，上线单位25家。2004年，《行风热线》节目被评为山东省广播“十佳”栏目。2005年，《行风热线》节目被兖州市委、市政府记集体三等功。2010年，上线单位增加到54家。2012年7月1日，《行风热线》升级改版为《政风行风热线》，全市10个镇（街道）参与上线，上线部门64家，播出时长30分钟。节目以“贴近百姓生活，反映群众心声，接受群众监督、促进政风行风建设”为宗旨，政府各职能部门主要负责人带队参与上线，受理群众咨询和投诉，被老百姓称为“连心线”。同时，开通两部电话热线0537-3415211、0537-3415311。

第二节 电 视

设 施 1999年，市广播电视局完成广电大楼播出发射机房、编辑制作机房、演播室等设施的设备、线路设计及安装搬迁调试工作，购置1千瓦全固态电视发射机1台、米波缝隙天线1套、播音提词器1套，配置演播室调光设备及专业冷光灯。2000年，购置3站点大洋DY-3000非线性编辑网络1套，松下AJ-D400数字摄录一体机3台，初步实现电视节目采编数字化。2001年—2004年，陆续购置数字摄录一体机10部、数字编辑录像机14台、增加非线性编辑网络系统服务器、硬盘整列，电视台节目采、编全面进入数字化。2005年对非线性编辑网进行升级改造，建成新闻5站点EDIUS非线性编辑网、专题4站点大洋非线性编辑网，电视节目制作全面实现网络化。2006年，购置索贝E1非编一套，提高广告节目包装制作质量。2007年，淘汰电视台一频道电子管发射机，新增全固态1千瓦发射机1台。2008年，电视台三频道添置全固态3千瓦发射机1台、分米波缝隙天线1部，提升三频道无线覆盖范围及效果；淘汰专题4站点大洋非线性编辑网，建成4站点EDIUS非线性编辑网并与新闻、广告非编网组网实现节目资源共享，提高电视节目编辑制作质量及效率。同时，配置索尼G500一体式特技切换台和现场通话系统，提升电视现场直播保障能力和信号质量。2009年，完成电视编辑制作室改造；完成有线、无线机房整合改造工作，重新规划发射、播控、硬盘播系统区域，建设由12块松下等离子专业监视器组成的屏幕墙，配置电视前端监测报警系统，建成以进口奥兰视频服务器为核心的三频道全数字硬盘播出系统，兖州电视播控、监测系统步入全省县级台领先行列。2010年1月，电视台三频道全数字硬盘播出系统顺利试播，3月正式播出。完成新闻演播室改造，建设标准虚拟演播室蓝箱，改造配置演播室灯光系统，配置索尼DXC-D55P数字演播室摄像机1部，建立以美国奥特迈特500色健器为核心的大洋虚拟演播室系统，提升新闻、专题制作包装质量。2011年，购置索尼PDW-539专业蓝光盘摄像机1部、PMW-EX1数字小高清摄像机1部，电视采访设备向下一代高清、蓝光存储发展。

新闻宣传 1997年3月20日，《好支书——刘运库》在中央电视台《新闻联播》节目头条位置播出，成为兖州电视台首次在中央电视台《新闻联播》节目头条位置播出的新闻。2005年，在山东台发稿52条。其中，《山东新闻联播》24条，《新山东》头条2篇，列济宁市各县（市、区）第一位。中央电视台《新闻联播》以2分30秒时间重稿播发兖州经验，实现在中央电视台《新闻联播》发稿的重大突破。2006年12月18日，兖州电视台采制的报道《封存也是为了发展》在中央电视台《新闻联播》播出，新华社、《人民日报》等全国各大媒体纷纷转载。全年在山东电视台发稿116条，在济宁市12个县（市、区）中位居第一位。兖州电视台获山东电视台“先进集体”一等奖。2007年，增加《一周要闻回顾》节目，与驻兖5家煤矿企业联合开办《煤矿风采》新闻节目；12月1日起，《兖州新闻》进入“中国兖州”兖州政府网。全年对山东电视台发稿位居山东省县级电视台第一名，对济宁台发稿位居济宁市十二个县（市、区）第一位。2008年6月，《兖州新闻》节目增加到每周七档。在山东电视台《山东新闻联播》发稿取得重大突破，全年发稿52条。其中，《山东新闻联播》头条发稿12条。2009年，在中央电视台《新闻联播》发稿4件，在山东电视台《山东新闻联播》发稿97件。在全市“科学发展观”的宣传报道中，共计播发各类新闻1000余条。2010年，在中央电视台《新闻联播》发稿6条。其中，头条2条，单条加提要的形式3条。在山东电视台《山东新闻联播》发稿95条，头条9条。2011年1月10日，策划制作的《华勤集团柴油车尾气过滤器技术推广引领中国市场》，在中央电视台《新闻联播》播出；3月16日，中央电视台《新闻联播》播发《山东太阳纸业“倒逼”治污，污水治理走在全国同行业前列》的典型报道；6月10日，兖州市“三夏”生产经验在中央电视台《新闻联播》头条位置播发。全年共制作《兖州新闻》365期。2012年5月26日，兖州市承办“中国文联艺术家走进山东兖州，走进山东太阳纸业，送欢乐、下基层”活动的新闻消息在中央电视台《新闻联播》报道；6月2日，新闻消息《山东兖州：学龄前儿童入托免费》在中央电视台新闻频道报道；7月26日，山东兖州市及山东太阳纸业股份有限公司不断创新流域治污思路，从结构转调入手，打造“清水廊道”的成功经验在中央电视台《新闻联播》显著位置报道。2013年，兖州电视台参与采制的新闻《山东遭大旱　十村庄积极应对》在中央电视台《全国新闻联播》节目播出；5月29日，《道德兖州，大爱兖州》典型报道在中央电视台《新闻直播间》全天连续4次滚动播出；6月，兖州市在全国终止H7N9禽流感应急响应以来，积极扶持发展家禽业，加快农业龙头企业发展的典型经验，在中央电视台《新闻联播》头条报道，创造电视台在中央电视台头条播发企业报道的新纪录。全年对中央电视台和省电视台发稿数量同比增长100%以上，实现省台、济宁市台集体记者一等奖，对省电视台发稿第一名“8连冠”。

节　目

《与你同行》 1998年开办，为社教类专题节目，宗旨是反映社会变革，见证时代进程。每期15分钟，并向中国黄河电视台、美国斯科拉电视台选送节目。2001年，节目新设《法庭内外》《廉政经纬》板块。推出《换亲带来的悲剧》《80老母状告亲生女》《小卡片做出大文章》等节目。2006年，推出《走进江浙看发展》《走进天下第一村》《吴仁宝说华西》《新农合给农民带来新实惠》《免交学费：顺应民意众口赞》等专题报道。2007年，跟踪报道《六旬老人寻亲母》《好人刘明刚》《独臂摄影家由贵成》。2008年，推出《金口坝》《兖州史话》系列、《送戏》《抗震救灾诗歌》系列、《建设路的变迁》等专题作品。2010年，节目全新改版，定位为本土新闻杂志类节目，开设《网事今日谈》《古州新视点》

《民生连连看》《家在泗河边》等板块，内容涵盖政治、经济、社会、民生等领域，通过不同群体、不同角度记录兖州经济社会发展的各个重要阶段。至2013年年底，节目累计播出各类专题片、纪录片、深度报道、新闻评论等780余期，凭借优秀的质量成为深受观众喜爱的品牌节目。

《文明兖州》 2008年1月26日正式开播，由市委宣传部、市文明办、市广电局、市文化局联合主办，旨在弘扬兖州传统文化，彰显现代文明风采，推动文化名城和文明城市建设。节目设置文明风采、历史讲座、诗文鉴赏、创城动态等板块。2011年3月，全新改版，宗旨为围绕建设文化名城、争创文明兖州，为兖州人民宣传推介兖州历史文化及当代文明风采。栏目由两周一期改为每周一期，内容分为《百花苑》《书香阁》《文明风》3个板块。至2013年年底，《百花苑》拍摄书画名家和民间艺术家100余人次，《书香阁》及《文明风》播出节目100余期，制作播出《兴隆塔地宫之谜》《牛运震》《风雨千年石门路》《圣之和者柳下惠》《天下第一剑》《风雨千年石门路》《生命的支点》等作品。

《新农村》 前身为《科技兴农》，1996年开办。开办当年，该节目在山东省县（市）级电视节目评选中被评为全省十佳栏目，获全国对农栏目三等奖。2003年，该栏目获省广电学会一等奖。2007年3月，《科技兴农》改版为《新农村》。节目宗旨是为农民生产生活当参谋、给农民朋友经营致富当顾问。1996年—2013年，该栏目安全优质播出近700期，累计发布农业信息3万余条，报道致富典型1600余户，解答观众问题1万余个。

专题创作 1996年，专题片《兖州奔向新世纪》获山东省外宣精品工程二等奖。1997年，专题片《百猫图》在山东电视台及美国斯科拉电视台播出，并获山东电视新闻类二等奖和全国“彩桥”奖优秀奖。1998年，专题片《好支书——刘运库》在山东电视台黄金时间段播出，并被评为山东省优秀作品一等奖。2001年，开辟《庆祝建党80周年》《认真学习江总书记七一讲话》《招商引资建设兖州》节目。2003年，拍摄制作《共铸长城》《美在兖州》《绿在兖州》《欧洲企业在兖州》《胶州行》等大型专题片8部。专题片《生命如歌》获中国广电学会三等奖，集体获评繁荣奖，《科技大王回乡记》栏目获省广电学会一等奖，《走进兖州》《兖州博物馆》分获二等奖和三等奖。2004年，开设《认真贯彻三中全会精神 促进经济社会快速发展》《学习四中全会精神 加快发展步伐》等重点节目12个，播出稿件160余件。《基石》《奔康之路》《支书刘学东》等专题片在山东省远程教育网播出，对黄河台发稿8篇，并在美国斯科拉电视网播出，完成中国《神州瞭望》电视协作网、中国农视委“千县工程”的报道和播出任务，在全国第四届县（市）级对农节目研讨会上获节目二等奖，论文三等奖。完成《今日兖州》《奔康之路》《党旗高扬》《筑牢平安堤坝》《绿色硅谷》《基石》《起航》等8部大型电视专题片的拍摄制作。2005年，推出《实施三大工程，加快经济发展》《再掀招商引资新高潮》《实践“三个代表”，搞好保持先进性教育活动》《实施素质、和谐、创建三大工程，建设现代文明城市》《加快四园一区建设》《贯彻五中全会精神 加快科学发展》《建设节约型社会》《防控禽流感》等重点栏目20余个、100余期。完成《今日兖州》《新的征程》《兖州防洪》《保安寻访保平安》《风雨同舟》《平安兖州》等11部大型电视专题片的拍摄制作。2006年，推出《社会主义荣辱观》《解放思想，干事创业，打造现代工业集群》《加快梯队工程第二梯队企业建设》《喜看兖州全国百强县排名位次前移》《站在新起点，实现新跨越》《建设新农村》《贯彻全会精神，构建和谐社会》等节目。制作《愿借东风破浪行》7集系列报道和12集大型评论。同年9月21日，首届中国（济宁）现代生态农业特色产品及乡村旅游国际博览会在兖州农高园开幕，电视台配合山东电视台对开幕式进行现场直播，开创兖州市重大活动在山东电视台直播的先河。2007年，推出《解放思想，跨越发展，争当鲁南经济带县域发展排头兵》《展示新成就，喜迎十七大》《全市学长兴，奋力上赶超》等重点节目20余个、290余期，重头稿件310余篇，评论130篇。完成《和谐兖州》《警示》、新版《今日兖州》《殷殷为民心》《使命》《中法经贸之花长青》《魅力新兖》等20余部大型电视专题片的拍摄制作。大型外宣片《和谐兖州》拍摄中首次引进摇臂摄像和鱼眼广角镜头。在“2007感动兖州颁奖晚会”中，将电视节目与颁奖晚会现场充分接合，完成晚会的前期策划、拍摄并进行现场的调度与录制。2008年，推出《学习贯彻十七大精神，解放思想、跨越发展，争当鲁南县域发展排头兵“大讨论活动”》《抗震救灾众志成城》《喜看奥运》《学习贯彻十七届三中全会精神》《奋进2008重点工作巡礼》《改革开放三十年，兖州回眸》《走过三十年》等十几个重大宣传专题。推出《项目追踪》栏目，并在“中国兖州”政府网站实现即时点播。完成《党旗高扬》《文明兖州》《邳州现象》等多部大型电视专题片的拍摄制作任务。2009年，推出《兴隆塔地宫之谜》等专题作品，《兴隆塔地宫之谜》《天下第一剑》作品获山东省二等奖，《神州瞭望》栏目获中国广播电视协会十佳栏目，《探索与创新》获中国广电协会金奖。完成《它山之石》《魅力兖州》《勇立潮头扬风帆》《科技在召唤》《探索与创新》等37部大型电视专题片的拍摄制作任务。2010年，推出电视专题纪录片——10集大型系列报道《祖国　向您致敬》、7集大型电视现场报道《为兖州喝彩》及5集大型音乐报道《今日兖州美如画》。纪录片《生命的支点》获中国广电协会一等奖。拍摄5集大型电视纪录片《圣之和者柳下惠》，完成《春满古州——兖州市学习实践科学发展观活动纪实》、《梨园精彩六十载》、《泗河流芳鱼水情——兖州市创建双拥模范城纪实》、高博会外宣片《魅力兖州》等20余部大型专题片、汇报片、外宣片创作任务。同年12月19日，《华豫之门走进兖州》在河南卫视首播。2011年，推出大型抒情音乐报道《谁不说咱家乡好》、成就性系列报道《辉煌2010》《红旗飘飘》、抒情系列报道《劳动者最光荣》等专题栏目。2012年，推出《开启新征程、实现新跨越》《科学发展镇街行》《解放思想大讨论》《创建省级园林城市》《走基层》《来自基层的报道》《倾情为民，惠及百姓》《推进六大工程，建设新农村》《开展环境综合整治，建设生态乡村》《喜迎十八大，科学发展成就辉煌》《喜庆十八大召开，科学发展看兖州》等20余个战役性宣传；1月4日、5日、6日，中央电视台科教频道播出由兖州电视台参与策划、拍摄、制作的3集纪录片《古塔地下的秘密》，时长超过110分钟，为兖州电视台第一次在中央电视台播发纪录片。2013年，完成中央电视台旅游宣传短片《扬帆——2012兖州经济社会综述》、双拥专题片《永固长城》、招商片《九州福地中国兖州》、小麦项目区验收片《春来遍地桃花水》、非公企业纪检建设汇报片《细雨清风枝叶繁》等10部专题片、汇报片；4月，在2013中国农业电视论坛节目评估会上，大型历史文化纪录片《牛运震》获专题类作品二等奖第一名；6月被选送参加全国新农村电视艺

大型历史文化纪录片《牛运震》

术节专题片评选。

第三节　有线电视

1996年8月，开通济宁地区第一条光缆线路——“兖州至山拖厂”有线电视光缆传输线路。1997年底，完成济宁至兖州光缆工程联网及省、部网光缆施工任务。1998年3月，在县（市、区）中首家采用微机管理用户档案。1999年年底，完成全市所有乡镇的有线电视传输干线铺设，实现村村通。2000年，利用有线电视光缆传输网络资源，在济宁市率先开通股市行情、远程教育、电子报刊、热门因特网站增值业务。2001年，建成“两网两源一直供一小区”的发展模式，城区光接点的数量近百个，节目数量由27套增加到32套，并开通政府机要网，完成三峡移民有线电视安装任务。2002年，乡镇有线电视用户发展到21522户，全市有线电视用户59126户。2003年，分阶段实施龙桥路、市开发区汇源大道、327国道有线电视线路地埋工程，累计挖沟5715米，砌检查井64处，顶管穿越道路24处。2004年，有线台对剩余575户串联用户实施改造，为富都宾馆架设电视会议专用光缆线路，完成市金融网的建设工作。2005年，实施城区有线电视传输网光接点光缆延伸工程，城区光接点由原来的45个扩增到71个，完成中御桥路改造工程，共布放电力电缆11.5公里，光缆12.58公里，75-9电缆10.66公里，撤除水泥杆113棵，完成线路上引43处，总投资180万元。2006年—2007年，完成全市31个村和20个小区有线电视线路的整改工作。至2007年年底，城区有线电视光接点达到278个，实现国家广电总局制定的每个光接点覆盖500户以下用户的要求。2008年，对城区13条道路实施有线电视管网改造，布放光电缆54.8公里，撤除光电缆46.32公里，撤除水泥杆85个，涉及引上点71处。2009年，完成文化路、东桥路、日荷电气化铁路有线电视线路地埋工程、327国道与兖颜路等有线电视高架线路地埋工程，共布放光、电缆66.2公里，光接点360个，实现城区有线电视全光缆型覆盖传输；8月1日，市广电局在新建小区全部开展数字电视业务。同年年底，太阳花园二期和丽都花园806余户有线电视用户收看到数字电视节目。2009年，各镇新建光接点19个，新增有线电视用户1300余户；4月，有线台全面接管原前海乡有线电视工作，熔接开通光接点14个，10个村具备开通信号条件。2010年，全市光接点406个，满足了数字电视信号的传输和接收要求；对180个小区的30341户有线电视用户进行数字电视整体转换，实现预期目标，全市数字电视用户达到33754户，有线电视入户率70.36%。2011年，把“网络升级改造、数字电视整体转换”作为工作重点，快速推进有线电视数字化，全面完成城区数字电视整体转换工作，共整体转换小区（村）377个，全市数字电视用户达到53751户。优化网络传输质量，全年新建光接点23个，有线电视光接点总计432个，完成15个小区及村庄的分配网综合治理。2012年，完成颜店镇前海管区24个村有线电视建设工作。全市数字电视户数60949户，有线电视用户133221户；11月底，提前完成济宁市政府提出的有线电视入户率在2013年底达到80%的建设要求。2013年5月，完成前海管区20个村数字电视整转工作；8月，完成曲阜划归兖州的4个村数字电视发展工作，并着手进行农村有线电视改网建设。至2013年年底，兖州数字电视用户6.6万余户，有线电视用户13.8万余户，入户率82.8%。

第七章 文化市场管理

第一节 许可审批

1996年始，兖州市严格按照国家有关规定，实行许可证准入制度。对提出申请从事文化经营活动的单位和个人，符合条件的，颁发相关证件。对游艺、歌舞等娱乐场所，颁发娱乐场所经营许可证，对出版物及音像制品出租零售单位，颁发出版物经营许可证和音像制品经营许可证。2001年，根据国务院《印刷业管理条例》，市文化局对打字复印名片印刷经营单位实行许可证管理，颁发打字复印类印刷企业经营许可证；对其他印刷品、包装装潢、出版物印刷企业的设立，进行材料初审。对互联网上网服务营业场所（网吧），依据《互联网上网服务营业场所管理条例》，颁发网络文化准营证，2002年改为网络文化经营许可证。至2013年，全市共有63家印刷企业、72家打字复印单位办理印刷经营许可证，40个报刊经营单位办理出版物经营许可证，16家歌舞娱乐场所、80家电子游戏厅办理娱乐场所经营许可证，99家网吧办理网络文化经营许可证，3家电影放映单位办理电影放映经营许可证，17个音像制品零售单位、3个音像放映单位办理音像制品经营许可证，1家演出团体办理演出经营许可证，文化经营单位近400家。

第二节 法规宣传

1996年—2013年，市文化局加大对经营者的培训力度，采取以会代训和专门培训等多种形式，先后对娱乐市场、音像市场、印刷市场、网吧市场、书报刊市场近400个经营单位的法人、负责人进行培训，内容主要为文化市场有关法律法规、上级有关文件精神等。2013年4月，市文化市场综合执法局联合市安全生产监督管理局举办全市印刷企业经营负责人及安全生产管理人员安全培训班，对考试合格者颁发安全管理人员上岗证。2011年，结合“4·26”世界知识产权日宣传活动，在市人民乐园南侧，开展阳光出版物宣传活动。制作横幅18幅、标语36条，悬挂、张贴在重点路段及网吧、书店、印刷企业等文化市场经营单位。市文化市场综合执法局联合市邮政局、新华书店等9家相关单位和企业，免费向市民发放正版图书700册、杂志100册、报刊50份、音像制品300盘、印有“打击侵权盗版，保护知识产权”标识的手提袋200个。开展多种形式的知识产权咨询服务，向市民公布“12318”文化市场举报电话、执法监督电话、投诉举报流程，现场展示非法出版物、盗版音像制品、盗版软件，制作展板10块、各类明白纸500份。2012年，开展文化市场法律法规集中宣传日、保护知识产权宣传周等活动，制作展牌66块，发放各类明白纸2000余份。2013年，组织法律法规宣传活动4次，制作板牌4块，布幅8条，发放宣传品1000余份。至年底，共参加在建设路、九州路等处举办的全市法制宣传活动50余次。

第三节 “扫黄打非”工作

1996年—2013年，兖州市持续开展“扫黄打非”工作，每年1月，市文化执法部门组织“扫黄打非”成员单位及各乡镇（街道）分管负责人收听收看全国、全省、济宁市“扫黄打非”电视电话会议，同时召开全市“扫黄打非”工作会议，总结上年工作，安排部署新一年工作。根据上级精神，每年制发《兖州市“扫黄打非”行动方案》，以市政府名义与各扫黄打非成员单位和各乡镇（街道）签订《兖州市“扫黄打非”工作包保责任书》。1997年，兖州市文化市场管理委员会成立。同年始，逐步建立市镇村三级“扫黄打非”基层管理机构，在全市10个乡镇（街道）全部建立由党（工）委副书记任组长、1名党委委员任副组长的文化市场管理暨“扫黄打非”工作领导小组，镇（街道）宣传、文化、工商、公安、执法、综治等部门为成员单位，推进工作的协调配合。2013年6月，根据人员变动情况，调整文化市场管理委员会暨“扫黄打非”工作领导小组组成人员，调整后的领导小组由市委副书记任组长，成员单位由市文化市场综合执法局等29个单位和部门组成。委员会和领导小组下设办公室，办公室设在市文化市场综合执法局，由文化市场综合执法局局长兼任办公室主任，依照有关法律法规行使日常监管和执法职权。每年定期调度各成员单位活动开展情况，组织联合执法检查4次。

第四节　出版物市场管理

1996年，全市有音像经营单位20家，其中，零售、出租17家。1996年始，开展反盗版天天行动，组织执法人员加大对出版物市场的监管力度，查处政治性非法出版物，收缴宣扬淫秽色情、败坏社会风气的非法生活类出版物，描写封建迷信、凶杀暴力的非法故事类出版物，妄评妄测国防建设、泄露国家机密的非法军事类出版物，查处违规违法编印、发行和学校购买使用盗版教材教辅读物行为。1996年—1999年，共查禁销毁非法书刊5600余册，非法音像制品34000余盘（盒）、非法电影片30余部。随着互联网的兴起，音像市场急剧萎缩。2000年，停止审批音像放映，全市音像零售单位仅保留新华书店、音像图书发行站、爱书人、少陵音像商行等几家。全年清理收缴非法音像制品5380盘（盒）、非法书刊4700余册。2001年—2007年，收缴非法音像制品6万余盘、非法报刊16000余册、非法电子出版物2700余盘。2008年，收缴各类非法书刊5800余册，盗版计算机软件和电子出版物500余盘，取缔非法书刊摊点8处。2009年，查缴各类非法出版物5000余册（盘），取缔街头流动摊点7个，取缔无证照经营门店5个。2010年，查缴各类非法出版物4000余册（盘），取缔街头流动摊点7处、无证照经营门店5个。2011年，查缴各类非法出版物400余册、非法音像制品1300余盘，取缔非法书刊摊点5处。2012年，查处违规图书报刊经营单位1家，收缴涉嫌非法出版物、有害出版物291册，取缔兜售非法出版物的游商地摊9处。2013年，收缴各类夸大药效的保健、减肥等《内刊赠阅》1000余份，发现并取缔违法违规药品、医疗器械、保健食品的广告5起，查缴涉嫌销售封建迷信类非法出版物19册、涉嫌销售盗版出版物32册、无证销售盗版音像制品324盘，取缔游商地摊9处。

第五节　印刷企业管理

1996年始，市文化执法部门加大对出版物印刷企业、包装装潢印刷企业及其他印刷品企业的监管力度，组织执法人员对全市印刷企业开展经常性排查，采取明察与暗访相结合、巡查与突击检查相结合的方式，重点对印刷企业承印验证、承印登记、印刷品保管、印刷品交付、印刷活动残次品销毁等五项制度的执行情况进行检查。开展违规、违法执法检查，1996年—2007年，累计取缔非法印刷企业3家，查处违规企业6家，收缴非法印刷品2万余份。2008年—2013年，检查印刷企业580家次，取缔无照印刷企业2家，查处违法违规印刷企业2家。统一制作印刷企业经营场所制度板牌，统一标准、统一内容、统一制作、统一发放、统一悬挂，做到规范有序、管理有序。

第六节　娱乐场所管理

1996年始，市文化执法部门加大娱乐场所经营秩序规范力度，强化娱乐场所执法检查，取缔无证无照歌舞娱乐场所、电子游戏机经营场所，对存有问题的娱乐场所，下发限期整改通知。查处娱乐场所违规接纳未成年人行为，禁止娱乐场所超时经营等违规经营行为。1996年—2007年，查处违规歌舞娱乐场所70家次、电子游艺娱乐场所580家次，取缔无证歌舞娱乐场所15家、电子游艺娱乐场所9家。2008年，组织开展娱乐场所专项治理7次，关停不符合开办条件的歌舞娱乐场所60余家，查处电影非法放映活动3起。2009年—2010年，组织开展歌舞娱乐场所专项治理行动10次。2011年，文化执法、公安、工商等部门联合开展娱乐场所检查3次，对无证无照歌舞娱乐场所、电子游戏机经营场所予以取缔，查处游艺娱乐场所赌博、变相赌博等违法违规经营行为。下发整改通知13份，没收违规机型游戏机15台，行政拘留2人。2012年，开展联合执法6次，出动执法人员368人次，检查无证经营歌舞娱乐场所25家次，关闭小歌厅21家、电玩城2家，查扣功放、曲库链接、麦克等各类经营设备40余套。2013年，关闭无证经营娱乐场所1家，取缔无证经营游戏厅3家。

第七节　网吧市场管理

1999年，全市网吧经营活动在光明影剧院、人民电影院等处开始兴起。2003年，市文化市场稽查队开始负责网吧市场管理，网吧经营业户达59家。2004年，有40家设施配备达标的网吧加盟山东万佳网络文化有限公司进行经营，网吧数量达99家。2005年，完成网吧监控平台建设，对网吧实行24小时监控，取缔“黑网吧”26个。2008年，下发各类规范管理文件500余份，以查处网吧接纳未成年人上网和超时经营为重点，组织开展网吧专项治理行动，并建立“零时断网”、强行退出市场等长效管理机制。开展网吧专项治理行动18次，文化市场综合执法局联合文化、公安、工商等部门开展整治行动4次，累计出动执法人员400余人次，组织各类稽查活动26次，查处各类违规经营活动160余起，查扣电脑设备200台，取缔“黑网吧”9个，行政处罚50人。2009年，聘任10名网吧管理社会义务监督员，实行社会监督制度。开展日常检查和专项检查80余次，突击检查30余次。文化执法、文化、公安、工商等部门开展联合执法行动6次。查办各类案件69件，行政处罚43件，查扣各类违法违规经营电脑设备110余台。2010年，查办网吧违规案件50余件，依法行政处罚网吧40余家，查扣电脑主机100余台。开展校园安全周边环境整治行动，查处违规接纳未成年人、超时经营、经营非网络游戏等非法经营行为网吧33家，查扣电脑主机90台。2011年，查处网吧违规案件40余件，查扣电脑设备30余台，行政处罚15家。2012年，对全市99家网吧进行拉网式检查，查处违规经营网吧10家、违规接纳未成年人网吧8家、擅自停止实施经营管理技术措施2家，对查处的违规违法行为依法进行处罚。开展校园及周边文化环境综合整治行动，查处违规网吧5家。2013年，开展文化执法进校园活动，向学生宣传《全国青少年网络文明公约》，在全市83所中小学发放《远离网吧、健康成长倡议书》1.5万余份，在中小学校开展未成年人“远离网吧，健康成长”漫画大赛，征集优秀作品203幅。全年共检查网吧1000余家次，查处并行政处罚违规接纳未成年人网吧55家、超时营业3家，警告11家，取缔“黑网吧”1家，排查安全隐患33家次，查处场所内安全隐患30余处、证件悬挂不齐全23家，行政处罚8家。

第八节　演出市场管理

1996年始，市文化执法部门持续开展农村演出市场管理。凡申请举办的营业性演出，必须上报市文化行政部门审查批准。对有合法手续批准的演出团体，做到三个一律，即对演出节目一律审查，对演出过程一律跟踪监督，发现问题一律及时报告或移交。对演出团体实行全程跟踪监管，严禁歌舞娱乐场所接纳无证照演出活动，对演出场所增加检查频率，书面记录检查日志，确保无淫秽、色情等低俗涉黄演出。1996年—2007年，共接纳正规演出团体200余个，查处违规团体15个。2008年，查处违规营业性演出活动5起，接纳正规演出团体9个。2009年，审批正规演出团体演出活动27起，依法查处各类非法演出活动13起。2010年，审批正规演出团体27个，依法查处无证非法演出团体2个。2012年，出动执法人员150人次，检查演出团体19个、演出120场次，取缔无证演出团体2个。2013年，检查农村集庙会演出团体8个、演出24场次，取缔无证演出团体1个。

第九节　美术品和艺术品市场管理

1996年—2009年，市文化执法部门加大对艺术培训、艺术考级、艺术品展销、美术品销售等市场的管理。2010年，两次对全市美术品市场进行调查摸底和登记备案。召开美术品经营业主、街道文化站长、文化市场义务监督员会议，加大对美术品市场监管力度，建立完善应急预案。强化美术品经营单位严格对展品内容的把关，杜绝展出含有国家禁止内容的美术作品，并向文化行政管理部门备案登记。向社会公布文化市场举报电话，确保举报渠道畅通，促进美术品市场健康、有序、繁荣。2011年，对牛楼艺术品大市场等24家艺术品、美术品经营单位进行审查、备案。2013年，开展艺术品市场专项整治行动，集中办理艺术品经营备案12家。

第十节　广电执法管理

2010年—2013年，市文化执法部门开展打击广播电影电视市场违法行为专项行动和非法电台清查治理行动，重点对非法卫星电视广播地面接收设施进行整治，查处违法安装、设置卫星电视广播地面接收设施及违法接收、传授和播放电视电影等违法行为，确保广播电影电视领域安全。共出动执法车300辆次、执法人员800人次，发放法规宣传单及管理通知各1000余份，检查经营单位和用户320家次，拆除并收缴非法安装使用卫星电视广播地面接收设施11处，责令整改76家。

第八章　旅　　游

第一节　旅游资源与服务

旅游资源　兖州市共有各级文物保护单位62处，包括金口坝、兴隆塔、兖州天主教堂、西吴寺遗址4处全国重点文物保护单位，少陵台等17处省级文物保护单位，机神庙等23处济宁市文物保护单位和西门城墙遗址等18处县级文物保护单位。其中，古遗址26处。

少陵公园　位于中御桥路，护城河南侧，建于1985年，占地200亩。公园名“少陵”，源自诗圣杜甫自号“少陵野老”，他曾三次到兖省亲，探望在兖州做司马的父亲杜闲，并与“诗仙”李白相会于兖州，传留千古佳话，赋下不朽诗篇。新建的少陵公园内也重筑一座高台，上建亭碑称“少陵台”，表达兖州人对杜甫的敬仰之情。少陵公园内有“园中园”名为一方园，小巧别致，四面环绕修竹，点缀奇花异草，中有楼阁亭榭，后有假山碧水，石凳石桌散布其中，可供游人歇足安坐。一方园对面是人工湖，登船环湖游览，亭台楼阁倒映水中。西北方动物院内，有猴、驼鹿、虎豹和各类鸟类；西南方为老年活动中心，东南方为儿童乐园，有赛车、飞机、铁马、空中转车等设施。公园内还有大佛迷宫、花圃、仿古城墙、“白雪公主与七矮人雕像”草坪等游览景点。

兖州市博物馆 位于城区东北部，国家AAA级旅游景区。新馆始建于1999年8月，占地近2万平方米，建筑面积近1万平方米，景区由三部分组成：主展楼、“端信”广场、兴隆塔。主展楼建筑面积7800平方米，汉唐风格，为斜面大屋顶式建筑。四角各有一个汉阙，上有斗拱、鸱吻等造型，瓦当滴水上有专门烧制的“端信”和“双曜”字样。门前台阶中部有“丹墀”石，上刻《康熙字典》上记载的关于兖州的各种解释，两侧为汪曾祺“白也诗无敌，兖为天下宗”的题词。主展楼以二层为主，局部三层，并有地下室。其中一层为东、西两个展厅，是“历史兖州、现在兖州和未来兖州”的大型图片展。二层分精品馆、史前馆、天下第一剑馆、李蒂艺根馆及名家书画馆5个展厅。精品馆分青铜器厅、石刻造像厅、金玉饰品厅、馆藏瓷器厅，陈列馆藏的260余件精品文物，其中辟雍砚、绞胎瓷枕和三彩马是少见的精品。史前馆陈列兖州王因遗址、西吴寺遗址和龙湾店遗址出土的彩陶等160余件文物。天下第一剑馆，剑是清朝兖州知府金一凤为镇水祛洪，资款铸造的一把铁剑——镇水剑。李蒂艺根馆，陈列了中国根艺美术学会副主席、中国根艺美术大师李蒂从自己几百件作品中挑选的最精美的捐献给家乡的150件艺根作品。石刻馆位于地下展室，有老子、孙子的汉画像石，有唐碑、唐墓志及北齐佛教造像，特别是北齐沙丘碑是李白寓居兖州20年最有说服力的史料。“端信”广场占地面积9亩。沇鼎位于广场中央，由上海交通大学青铜研究所制作，内壁铸刻369字的铭文，记录兖州悠久的历史文化及今日兖州的成就。在广场东南角为百“兖”壁，共有99个“兖”字，其中50个“兖”字集于古代名碑名帖，另49个为兖州市领导及省级以上文艺协会会员书写。西南角是西汉兖州图，汉武帝刘彻把全国分为十三州部，兖州为其中之一。

兴隆庄煤矿景区 为国家AAA级旅游景区、全国工业旅游示范点，以煤炭旅游为主，提供井下与井上游览两种工业旅游线路，景区内有安全文化中心、井口候罐室、井下轨道运输调度指挥中心、井下中央变电所、广场浮雕壁画、兴盛园景区、兴隆山、兴明湖、兴业长廊、山东兴盛拓

兴隆庄煤矿景区

展训练中心等景点可供参观游览，兴盛拓展训练中心是山东省设施最全，师资力量最雄厚，自然环境最优美，安全性最高的大型专业拓展、攀岩、户外运动、野外生存训练中心。被山东省体育局、体育总会指定为山东省拓展训练基地和攀岩训练基地。

兖州国际农科奇观 位于济宁市农业高新技术示范园内，是国家级农业旅游示范点，国家AAA级旅游景区。2005年10月开工建设，2006年3月完工，2006年4月正式对外开放。设兖州国际农科奇观景区，有世界菜博园、世界名花园、雅趣苑、珍奇瓜果大世界、南国风光、百药园、百草园、百粮园、蔬菜森林、蔬菜树、果蔬采摘园、农家宠物园、世界果博园、新加坡风情园、儿童游乐园等。以“吃绿色餐、观自然景、赏民俗情、享田园乐”为突出点的农科奇观生态园，将特色定位于“绿色、和谐、欢乐”。

兖州市兴达酒业有限公司 位于乌龙北街1号，始建于1984年，是当时山东省八大酒厂之一。企业由手工作坊酿酒，发展成为集生产、科研为一体的综合性、花园式酿酒企业。2009年底，通过省专家组审核，成为兖州市第一家山东省工业旅游示范点。游览线路是：企业荣誉展示—原料库—粮酒北车间—粮酒南车间—大曲房—地下酒库—品评化验室—设计中心（酒库）—包装生产基地—成品贮存仓库—参展样品室。

兖州绿源食品有限公司 位于兖州市颜店镇，成立于2001年7月，是农业产业化国家级重点龙头企业。2010年底通过省专家组审核，成为兖州市第二家山东省工业旅游示范点。有两条旅游线路，一条为游客接待中心—孵化室—肉鸭加工产区—熟食加工厂，熟食加工厂有开放式的旅游商品超市；一条为游客接待中心—张刘种鸭场—孵化厂区—鸭粪生产沼气—沼液种植蔬菜基地，蔬菜基地有开放式的蔬菜采摘区。

旅行社 1992年，兖州旅行社成立，原隶属于市外侨办。1996年，兖州旅行社移交市旅游局管理，为市旅游局直属事业单位。全年共接待游客3.5万人次，实现旅游收入294万元。2003年，山水旅行社成立。2007年3月，神州旅行社成立。2007年7月，天成旅行社成立，2013年3月更名为富都旅行社，由市富都宾馆管理。2009年，兴隆旅行社成立。2011年1月，陶然居旅行社成立，由陶然居大酒店管理。同年2月，公交旅行社成立，由兖州公交公司管理。至2013年，在兖州市文物旅游局登记备案的国内旅行社共有7家，分别为兖州旅行社、山水旅行社、神州旅行社、兴隆旅行社、公交旅行社、富都旅行社和陶然居旅行社。全年接待游客254.61万人次，旅游总收入24.01亿元。

星级饭店 兖州共有星级饭店4家，分别为圣德国际酒店（五星级）、酒店富都宾馆（三星级）、兴隆宾馆（三星级）、酒店陶然居大酒店（二星级）。

圣德国际酒店 位于建设中路与大禹北路交界处，由金太阳投资有限公司投资9亿元兴建，按照五星级标准建设。酒店2008年9月15日开工建设，2010年11月全面竣工投入使用，2011年8月16日正式营业，2013年12月24日，通过国家旅游饭店星级评定委员会验收，正式成为五星级旅游饭店。酒店占地面积139.5亩，拥有各式豪华客房388间套及中餐厅、风味餐厅、西餐厅、室外露天酒吧、茶艺馆、多功能宴会厅、国际会议中心、大型水疗SPA、恒温游泳池、健

圣德国际酒店

康中心、棋牌室、网球场、大型豪华夜总会、高端商务会所、婚庆广场等各种先进的服务设施。

富都宾馆　位于建设东路38号，对面是市人民乐园，交通便利，占地面积30亩，建筑面积1.6万平方米，拥有标准客房、高档套房等各类客房，可提供单人间、标准间、普通套房、豪华套房，120个床位，大小会议室5个、大小餐室12个，可同时容纳600人就餐。内部设施豪华，设有中央空调、程控电话、卫星闭路电视和安全消防监视系统。2007年，富都宾馆通过验收，成为三星级饭店。

兴隆宾馆　位于兖州市实小胡同6号，距兖州火车站、汽车站仅1公里，交通便利。宾馆装饰典雅，陈设豪华，格调清新，拥有标准客房、高档套房、中西式餐厅、大中小型会议室、多功能厅、商务中心、美容美发室、歌舞厅、酒吧、棋牌室等现代饭店服务设施，集住宿、餐饮、歌舞娱乐、商务服务于一体，是旅游食宿、设宴待客、召开会议、商务洽谈的理想场所。1996年，被评定为国家二星级旅游涉外饭店，成为兖州首家星级饭店。2006年，通过验收，成为三星级饭店。

陶然居大酒店　位于酒仙桥北路56号，是以餐饮、客房为主的二星级旅游饭店。酒店地处兖州黄金地段，交通便利，地理位置十分优越，是商务、会议、旅游、度假、休闲的理想下榻之地。酒店设施完善，格调高雅，豪华美观，清洁舒适，拥有豪华套房、套房、单人间、标准间共74间，一、二楼中餐厅可供500人同时用餐，设有大小会议室、贵宾室、多功能厅、商务中心、洗浴中心，健身房、练歌厅等配套设施。2008年通过验收，成为二星级饭店。

第二节　旅游开发

旅游规划　2000年，兖州市旅游局组织编制《兖州市2000—2010年旅游业发展规划》，经市政府批准实施。2012年12月，兖州市政府与山东省旅游规划设计院签订合作协议，启动兖州旅游总体规划的编制工作，聘请省旅游规划设计研究院专家组到兖州进行考察调研，对20余处具有开发价值的资源点进行现场考察，收集发改、农业、工业、环保、水利等部门的整体规划及“十二五”规划，整理兖州市内适宜进行旅游开发的资源点材料。2013年12月13日，《兖州市旅游产业发展总体规划》评审会议召开，经过专家对规划文本、说明书和图件的审阅，评审委员会同意该规划通过评审，并对规划提出修改意见和建议。规划提出兖州市旅游发展的战略定位，要抓住行政区划调整机遇，确立旅游业在资源型城市可持续发展中的战略地位，坚持开放创新，整合神圣独特的佛教文化、源远流长的九州历史文化（大禹文化与李杜文化）、开拓进取的产业文化、绿色生态的乡村文化全力打造“兴隆文化”地域文化品牌。以佛家养心修身、兴隆文化体验、产业观光休闲和近郊乡村游憩为四大品牌，突出“新、特、异”，打造集观光、休闲、度假与养生等多种产品于一体的复合型产品体系。充分发挥市场在配置市场方面的决定性作用，以要素为抓手，优化提升，建设现代旅游产业体系。围绕道德建设模范区、文明和谐示范区、儒家文化传承区的目标，文旅融合、城旅一体、农旅统筹、协同发展，壮大完善文化旅游产业，推进县域经济转型。整合资源，全面融入大济宁旅游格局，打造大济宁旅游圈中的特色休闲目的地和旅游集散枢纽，东连曲阜，西接济宁，北联泰山，打造“儒（曲阜）一释（兖州）一道（泰山）”黄金旅游线路，成为中国东部经典的文化旅游产业发展带。全面承载新区功能，系统融入主城区，旅游与物流互动，实现城市转型，建设文化名区，促进经济社会可持续发展。

旅游项目建设　1996年—2013年，兖州市先后规划建设农业高新技术示范园、兴隆文化园等旅游项目，带动兖州市旅游业发展。

济宁市农业高新技术示范园　2002年，投资7000万元建设济宁市农业高新技术示范园，项目位于兖州市境内327国道南侧日（照）荷（泽）高速公路兖州入口处，项目建设台湾兰园、珍果园、鲜切花园、欧式玫瑰园、特菜园、螺旋藻园、杜鹃盆花园、仙人掌园等8个生产观光园。2005年，实施生态观光农业项目，总投资1.35亿元。其中，蔬菜及花卉新品种的引进投资1000万元，现代农业生产设施设备引进投资2500万元，植物园建设投资4000万元，农业展览中心建设投资6000万元。至2013年年底，园区已经建成并开放台湾兰园、生物技术工程中心、世界名花园、世界果博园、果蔬采摘园、邓小平纪念广场、花果山等30余处景点。

兴隆文化园项目　2010年9月始，兴隆文化园西区、东区动工建设，项目总投资30亿元。兴隆文化园是以兖州历史文化资源为基础，集祈福、体验、演艺于一体的大型文化旅游景区。西区位于老城区，由高118米的灵光宝殿、静心园、兴隆寺等组成。东区位于东城区，主要功能是体验和演艺，穿插生态、水景、园林、建筑和文化景观五大元素。东区体验楼室内主题公园，游客参与其中，带来“祥和、安定、愉悦、向善”的互动体验，区内99米高的合十塔与室外演艺、体验楼相融合。在东区菩提剧场，演出兴隆文化园与中国实景演出创始人梅帅元联合推出的大型音乐剧《菩提东行》。园区依托泰安、曲阜，打造中国“儒、释、道”经典文化旅游线路，形成山东新的黄金旅游圈。兴隆文化园项目先后被确定为山东省重点建设项目和省、济宁市文化产业重点园区（基地）。

兴隆文化园灵光宝殿

第三节　旅游管理

旅游宣传　1999年始，在《兖州日报》开辟《旅游天地》专栏。兖州市旅游局和兖州电视台一起制作兖州农业观光游的专题新闻片，制作成VCD光盘，发往全国各旅行社，提高兖州度。2001年，兖州市旅游局印制兖州旅游画册，参加“孔孟之乡——济宁旅游说明会”等旅游展会，设立展台，宣传兖州文化和城市形象。2003年，加强同客源地旅行社的外联工作，吸引和组织外地旅游者到兖观光。2004年，以东北地区、环渤海地区、长江三角洲地区、珠江三角洲地区和周边省市为重点，采取大篷车巡游、组织旅行社踩线等方式开展促销活动。2006年，开展“兖州人游兖州”“济宁人游济宁”活动。推出农业观光一日游线路，景点包括兖州博物馆—辛北庄村—小马青村—济宁市农业高新技术示范园。工业一日游精品线路，景点包括兖州博物馆—兖州雅士佳联诚工业有限公司—山东太阳纸业股份有限公司—山东银河德普胶带有限公司—兖矿集团兴隆庄煤矿。2007年6月，组织参加2007山东旅游专列，赴天津市及东北地区宣传促销及“迎北京奥运、游孔孟之乡”旅游推介会等大型宣传活动。2009年，参加省旅游局开展的“全国百城旅游宣传周”活动。在《党员干部之友》封面、封底对兖州整体概况、

2012 年 5 月，市文物旅游局在九州路开展庆祝中国旅游日主题活动

市内旅游资源、旅游接待设施等进行宣传，提高知名度。编印新版《兖州市旅游交通图》，全面反映兖州旅游资源、餐饮、娱乐、商业、工业等信息。2010 年始，举办“好客山东贺年会”和“好客山东休闲汇”活动。2011 年，上报各类旅游信息 230 余条，被《中国旅游报》、新华网、《大众日报》、山东旅游政务网、《济宁日报》等各级各类网站、报刊、简报采用 400 余条次。全年编辑印发《文物旅游信息》28 期，向兖州市 102 家机关事业单位全覆盖发放。2012 年，应对兴隆文化园东区《菩提东行》首演活动，设计制作《兖州旅游》宣传画页，在推介签约仪式上向 150 家旅行社和国内外 100 余家媒体进行发放。2013 年，参加省旅游局“联合推介、捆绑营销”体系，制作兖州城市旅游宣传广告，同年 4 月开始，连续在中央电视台综合频道播出 9 个月，宣传兖州市“九州福地”的城市旅游形象。通过机场、车站、高铁、列车等交通枢纽和交通工具的传媒载体播放兴隆文化园形象宣传片、投放灯箱广告，提高项目知名度。开设兖州文物旅游官方微博、兴隆文化园官方网站和微博，利用新媒体对兖州旅游进行宣传。

旅游推介 1996 年，参加上海全国国内旅游交易会，宣传推介兖州旅游资源。1998 年，参加上海国际旅游交易会，宣传兖州旅游资源和城市形象。1999 年，参加昆明世博会并设立展台，将兖州市农业观光游推向全国。2000 年，参加在北京举办的“孔孟之乡——济宁旅游说明会”和在曲阜举办的“心连心、面对面济宁旅游新闻发布会”以及在石家庄等地召开的旅游产品交易会。2001 年，参加在济南市举办的孔孟之乡——济宁旅游说明会、2001 中国曲阜国际孔子文化节、以及在四川省成都市举办的全国旅游产品交易会等，设立展台，宣传兖州文化和城市形象。同年 11 月 8 日—11 日，由兖州市旅游管理部门负责人、国际旅行社、三星级酒店经理和营销人员组成的旅游参展团，参加云南省昆明市举办的“中国（昆明）国际旅游交易会”，宣传兖州文化和城市形象。2002 年，参加全国旅游产品交易会、中国国内旅游交易会、中国国际孔子文化节、博鳌亚洲旅游论坛，宣传推介兖州旅游资源。2005 年，兖州市分管领导及旅游局局长一行赴广西壮族自治区桂林市参加“全国国内旅游交易会”。2007 年，参加汶上太子灵踪文化节、寿光农业高新技术博览会，印制发放旅游宣传资料，推介兖州旅游资源和特色旅游产品。2010 年，组织全市旅行社负责人赴淄博市沂源县景区考察“踩线”，促进形成新的旅游线路。2012 年，带领 8 家主要旅游企业参加在青岛市举办的“中国国内旅游交易会”，发放宣传品 5000 余份，与多家企业签订合作协议，宣传兖州旅游资源。到河北省承德市参加“第十二届中国承德国际旅游文化节”和“首届中国承德国际旅游文化品牌营销峰会”，向国内外旅游传媒企业和各大旅行社进行宣传推介。2013 年，组织全市旅游企业参加贵阳旅交会、北方旅交会、昆明国际旅交会、北京国际旅交会、“十艺节”等展会，重点推介兴隆文化园旅游项目以“儒释道”精品旅游线路，展示城市风采和旅游发展优势。

旅游安全监管 1996 年后，兖州市旅游局每年开展旅行社业务年检工作，指导旅行社按时交纳质量保证金与责任险并做好服务网点的备案登记。每年组织全市导游人员进行业务培训，并负责导游资格考试及中级导游员等级考试前期报名相关工作。指导兖州饭店、酒店申报星级饭店并督促星级饭店不断提高服务管理水平以通过星级饭店年度复核及绿色旅游饭店评定。至2013年，共举办培训活动20次。

2001年，市政府印发《全市旅游公众聚集场所安全专项整治工作方案》，并督促宾馆、旅行社认真落实。2002年，按照《全市旅游公众聚集场所安全专项整治工作方案》，市旅游局在全市范围内开展旅游市场打假打非专项整治活动。2003年，市旅游局印发《关于开展夏季汛期安全生产大检查实施方案》。参与成立预防非典指挥部外事旅游组，认真落实措施，指导监督各旅游涉外宾馆、酒店、旅行社严格执行有关防治非典工作预案。2004年，开展国民理性旅游消费和旅游法律、法规及旅游质量监督管理工作的由点到面的宣传教育活动。2007年，在全市范围内开展“讲文明倡新风、创环境树形象”旅游环境整治活动，并对兖州市各星级饭店、旅行社等旅游企业进行旅游安全整治大检查。2008年，对旅游企业的经营活动进行定期检查和暗访，加强对全市旅游行业广告发布和宣传品印制的管理，对超范围经营、欺诈游客、服务质量低劣等问题，依照有关法律、法规进行严肃处理。2009年，开展全市旅游行业打非治违活动，推进旅游安全三项行动，全省旅游安全大检查，“五一”“十一”黄金周期间旅游安全工作，安全月活动，“火灾隐患息大排查、大整改，保安全”等活动。2010年，市文物旅游局与市交通运输局联合印发《关于进一步加强旅游客运市场管理的通知》和旅行社租用车辆信息表，开展旅游用车检查，整顿规范旅游客运市场。2011年，全面落实《旅游安全生产基层基础深化年活动方案》，严格旅游安全日常监管，与各项市场秩序整治活动开展多次检查督导活动，重点开展休闲环境综合整治行动、市场秩序整治活动、“平安旅行社”创建活动、星级宾馆消防安全专项工作，召开全市旅游系统安全工作经验交流会。2012年，结合“安全生产基层基础强化年”行动，组织全市旅游系统开展各项安全生产及市场秩序整治工作。针对“好客山东休闲汇”期间安全生产特点，发放《气象灾害避险指南》，重点强化汛期各项旅游安全生产工作措施的落实。制定《兖州市旅游企事业单位安全生产考核标准》，建立健全各项安全制度。召开全市旅游行业消防知识培训暨安全工作观摩会。全年共进行12次大范围的安全及市场秩序检查，坚持每月、每季度的安全隐患大排查与整改落实，发出书面整改意见和建议200余条。2013年，全市旅游安全工作会议召开，市文物旅游局与各旅游企事业单位签订《2013年度旅游安全生产目标责任书》。并在各重要时间节点，联合市安监局、市交通运输局等单位，结合“安全生产基层基础提升年”四次集中行动、打非治违、“安全社区”创建、旅游市场综合整治等活动，共进行旅游安全和市场秩序检查12次，旅游用车专项检查2次，全面排查治理各项旅游安全生产隐患，规范旅游市场秩序，并组织各旅游企业开展应急救援演练，确保旅游市场“安全、秩序、质量、效益”四统一。

第二十六篇

卫　生

卫　生

第一章　卫生行政管理

第一节　管理机构

1996年，市卫生局内设政工、医政、防疫、财会、办公室5个科室，辖爱国卫生运动委员会办公室1个科级全额拨款事业单位和红十字会办公室1个副科级全额拨款事业单位，有在职人员21人。2002年3月，撤销防疫科、财会科，增设计划财务科、社会卫生科。2004年6月，撤销计划财务科。同年9月，设立新型农村合作医疗管理委员会办公室，为副科级全额事业单位。2006年7月，市红十字会办公室划归市政府管理。2008年12月，市新型农村合作医疗管理委员会办公室交由市劳动和社会保障局管理。2011年3月，新型农村合作医疗办公室由市劳动和社会保障局管理调整到市卫生局管理；5月，撤销政工科、社会卫生科、农村卫生科，增设人事和规划财务科、疾病控制科、基层卫生和妇幼保健科、卫生监督法制科（加挂应急管理办公室）；9月，市基层公共卫生服务中心成立，为股级全额事业单位。2013年11月，市卫生局更名为济宁市兖州区卫生局。至2013年年底，区卫生局内设办公室、人事和规划财务科、医政科、疾病控制科、基层卫生和妇幼保健科、卫生监督法制科（加挂应急管理办公室）6个科室，辖爱国卫生运动委员会办公室1个科级全额拨款事业单位、基层公共卫生服务中心1个股级全额事业单位，有在职人员25人。

第二节　医疗机构管理

城区医疗机构管理　1996年3月，市人民医院进行人事分配制度改革，率先在全省卫生系统实行全员聘任、竞争上岗，科室管理实行“一院多制”，对临床、医技、总务后勤等科室分别实行综合目标考核、标准量化等管理方式，带动全市医院管理体制和运行机制全面改革。至同年年底，全市城区共有综合医院9所，中医医院1所，精神病院1所，专科防治机构1所，门诊部2所，卫生防疫、妇幼保健、中等医学教育机构各1所，诊所（卫生室）89所。1997年，市人民医院相继建立医用卫生材料用品厂和房地产开发公司，实行以副补医，加快医院改革步伐，探索出一条市场经济条件下搞好医院管理、加快医院发展的新路子；5月，经省卫生厅评审、验收，市妇幼保健院达到一级甲等保健院标准。1998年2月，经省卫生厅评审、验收，市中医医院达到二级甲等中医医院标准；3月，兖州铁路防疫站整建制划归兖州铁路医院管理。2002年6月，兖州铁路防疫站划归济南铁路局中心防疫站。2004年5月，兖州铁路医院整建制移交兖州市政府管理。2005年7月，兖州铁路医院更名为兖州市铁路医院。2010年8月，按照《兖州市人民政府办公室关于印发兖州市城区中医和公共卫生医疗资源优化整合工作实施方案的通知》要求，市中医院整建制并入市第二人民医院，组建新的市中医院，启用建筑面积2万平方米、设计床位500张的门诊病房综合楼。撤销市消毒杀虫监督检测站和市城区社会卫生服务站，其职能并入市疾病预防控制中心。撤销永安街道、鼓楼街道、东城区社区卫生服务中心，按照城区3个街道辖区，分别独立设置新的鼓楼街道、酒仙桥街道、龙桥街道社区卫生服务中心。2013年，市人民医院新院区竣工。同年6月，引入战略投资者华勤橡胶工业集团，按照股份制合作、集团化经营、公益性服务的原则，由区政府占股40%，华勤橡胶工业集团占股60%，实行股份制办院。

镇村医疗机构管理 1996年3月，兖州市乡镇卫生院实行定型定编，经省卫生厅批准，市第三人民医院、市人民医院颜店分院、市人民医院谷村分院、新驿镇卫生院分别更名为新兖镇中心卫生院、颜店镇中心卫生院、谷村镇中心卫生院、新驿镇中心卫生院。前海乡卫生院、兴隆庄镇卫生院为防保型卫生院。漕河乡卫生院、大安镇卫生院、小孟乡卫生院、泗庄镇卫生院、黄屯镇卫生院、王因镇卫生院为一般乡镇卫生院。同年8月，市卫生局在谷村镇、漕河乡、小孟乡、新驿镇4个乡镇进行乡村卫生一体化管理试点工作。打破行政村的界限，村卫生所按服务半径和人口数量等合理设置。乡镇卫生院对村卫生所实行人员、行政、业务、药品、财务五统一的管理，对乡村医生实行聘任制、工资制和退休保险制。4个乡镇由原来的236个集体和个体医疗机构并联为53个卫生所，乡村医生由原来的337人精简为235人，解决“一村多室”“无证行医”“炕头行医”等问题，确立全市村卫生室“村办乡管、乡村一体”的管理模式。1997年1月，市政府召开动员会议，在全市推广乡村卫生一体化管理模式。同时，为适应乡村卫生一体化管理和农村卫生发展的需要，市政府决定撤销乡镇社会卫生站建制，实行院站合并。乡镇卫生院设立防保科，分管副院长任防保科长，防保任务由防保科承担。至1999年年底，全市各乡镇均实行该管理模式，农村医疗秩序明显规范。1999年3月，中华医学会全科医疗分会第三次全国学术交流会在漕河镇召开，漕河镇卫生院成为济宁医学院全科医疗专业实习医院。2000年6月，以大安镇卫生院为试点，推行乡镇卫生院院长公开竞争上岗，实行卫生院长聘任制和任期目标责任制。同年，市政府对村卫生室进行调整，重新设置村卫生室，卫生室法人由原来卫生院院长变更为村支部书记或卫生所长。2001年9月，前海乡卫生院并入颜店镇中心卫生院；11月，泗庄镇卫生院并入新兖镇中心卫生院。2003年，王因镇卫生院、黄屯镇卫生院移交济宁高新技术开发区管理。2005年2月，漕河镇卫生院与市人民医院联合办院，成立兖州市人民医院北院。合作时效10年，卫生院16名专业技术人员聘任于兖州市人民医院北院工作，人事关系隶属卫生院，11名职工主要从事公共卫生服务。2008年4月，山东拖拉机厂职工医院划归大安镇政府，医院并入大安镇卫生院，办公地点设在山拖生活区。2010年2月，市政府将除新兖镇卫生院以外的大安、谷村、漕河、新驿、小孟、颜店、兴隆庄7个镇卫生院的人事、经费、业务管理由各镇管理调整为市卫生局管理。2010年6月，大安镇、谷村镇合并，谷村中心卫生院并入大安中心卫生院。至2013年年底，全区共有新兖镇中心卫生院、大安镇中心卫生院、新驿镇中心卫生院、颜店镇中心卫生院、小孟镇卫生院、漕河镇卫生院、兴隆庄镇卫生院7所镇卫生院。

第三节 医政管理

医疗质量管理 1998年3月，市卫生局成立市病案管理委员会，制定《病案书写规范》。同年7月，开展整体护理试点病房，扩充“120”无线通信系统，完善全市“120”急救指挥系统。2000年11月，全市医疗质量效益年动员会议召开，市卫生局成立医疗质量管理领导小组，组织各医疗机构围绕医疗质量、医疗技术、器械设备、医疗材料和药品试剂等工作，开展“医疗质量万里行”活动和“两好一满意（服务好、质量好、群众满意）”活动。2001 年 5 月，全面推进医院分级管理，重点抓各医院的基础工作，提高医护人员的基本知识、基本技能和基本操作水平。2005 年 2 月，开展争创“百家”及“百佳”医院活动，全市二级以上医院均根据本单位实际，制定便民、利民措施，制定院前急救工作制度。2009 年 3 月，市卫生局组织开展医疗机构规范化服务行动，医疗质量得到全面提升。2010 年 9 月，医疗质量管理走向制度化，市卫生局成立医疗质量控制小组，每半年进行 1 次医疗质量通报，每两个月进行 1 次医疗质量抽查评估。2010 年 12 月，市中医院率先实施“先看病、后交钱”医疗服务模式，取消住院押金，病人出院结账时只付医保和新农合报销后个人承担的部分。2011 年 8 月，市卫生局在先行试点带动、充分调研论证的基础上，组织全市各级医疗机构在全国率先进行全面推广。同年年底，将“两好一满意”活动提升为“三好一满意（服务好、质量好、医德好、群众满意）”，进一步提高全市各级医院的医疗质量和服务管理的水平。

执业管理 1999 年 4 月，根据《中华人民共和国执业医师法》《医师资格考试暂行办法》等文件规定，市卫生局首次组织全市符合条件人员报名参加相应类别的医师资格考试，全市报考第一批医师资格人员 198 人，考试合格 31 人。2007 年，报考人数 309 人，考试合格 120 人。至 2013 年年底，全区报考医师资格人员累计 3930 人，考试合格 939 人。

2002 年 6 月，市卫生局开始对全市医疗机构医务人员进行医师执业注册工作。同年 7 月，全市第一批医师注册 650 人、助理医师注册 156 人。2008 年，市卫生局为 391 人办理全国医师执业资格考试报名，并对考试合格者予以注册，其中执业医师 25 人，助理医师 51 人。同年，按照国务院颁发《护士条例》，市卫生局对符合条件的 538 人进行全国护士执业注册。至 2013 年年底，全区共有执业医师及执业助理医师 1664 人，注册护士 1676 人。

1999年—2013年兖州市医师报考及考试合格人数情况表

表26-1 单位：人

项目 \ 人数 \ 年份	1999	2000	2001	2002	2003	2004	2006	2007	2008	2009	2010	2011	2012	2013
报考医师	198	202	189	215	231	223	269	309	311	361	332	367	351	372
考试合格	31	43	51	36	44	40	86	120	76	67	81	92	79	93

2002年—2013年兖州市医务人员执业注册情况表

表26-2 单位：人

项目 \ 人数 \ 年份	2002	2003	2004	2005	2006	2007	2008	2009	2010	2011	2012	2013
执业医师	650	22	14	31	53	76	25	47	61	75	84	72
助理医师	156	22	26	12	33	44	51	68	92	104	115	95
执业护士	0	0	0	0	0	0	538	51	55	52	50	33

医疗事故技术鉴定 1996年—2002年，全市共受理医疗纠纷46件。2002年9月1日起，《医疗故处理条例》颁布实施，兖州市医疗纠纷鉴定委托济宁市医疗事故鉴定委员会，引入医疗纠纷第三方协调机制，对医疗纠纷事件只进行协调，不再参与鉴定。

第二章 医疗卫生改革

第一节 医疗制度改革

公费医疗制度改革 1999年，按照国务院发布的《关于建立城镇职工基本医疗保险制度的决定》，兖州市初步明确医疗保险制度改革的目标任务、基本原则和政策框架。2000年，为推进城镇职工基本医疗保险制度改革，市公费医疗办公室由市卫生局管理调整到市社会和劳动保障局管理。2002年12月起，全市全面实施城镇职工基本医疗保险制度，公费医疗制度被废止。

合作医疗制度改革 1996年，市卫生局在漕河乡试点实行“乡办乡管”式合作医疗。同年11月，小孟乡、新驿镇相继推行，合作医疗受益面达到130个行政村，11万多人。1997年7月，市卫生局指导漕河乡建立家庭健康保险，探索实现合作医疗的新形式。1998年3月，市政府下发有关文件，推广漕河乡的做法，号召全市农村推行合作医疗，并取得较大成效。但由于农村基层干部对合作医疗认识不清，各乡镇合作医疗相继停办。至2003年，全市农村居民没有统一的医疗保障制度，农民就医基本由自己支付。2004年2月，兖州市被省政府确定为新型农村合作医疗制度试点市。市政府印发《兖州市新型农村合作医疗管理办法（暂行）》，批准成立新型农村合作医疗管理委员会和新型农村合作医疗监督委员会，下设办公室，定为副科级全额事业单位，编制6人；9月，各镇相继成立新型农村合作医疗管理委员会及新型农村合作医疗监督委员会，全市正式启动合作医疗补偿工作。2004年，全市共有16万农民自愿参加新型农村合作医疗，参合率为45.4%，筹资标准为人均20元，共筹集合作医疗资金320万元。其中，农民个人缴纳160万元，政府补助160万元。2005年，对新型农村合作医疗工作补偿办法进行调整，提高费用补偿比例，参合农民门诊费用补偿比例由原来的30%提高到100%，大幅度提高住院补偿比例，扩大补偿疾病类别。在全市建立市、镇、村三级定点医疗机构。取消市内转诊，在全市范围内就诊，由定点医疗机构当场给予补偿。2006年，对新型农村合作医疗工作补偿周期进行调整，由每年9月起，调整为次年1月起。2008年，根据济宁市政府关于整合城乡居民基本医疗保险工作要求，新型农村合作医疗办公室由市卫生局管理调整到市社会和劳动保障局管理。2011年3月，新型农村合作医疗办公室由市人力资源和社会保障局管理调整到市卫生局管理。2012年6月始，

2012年2月16日，省卫生厅调研兖州市先看病后付费工作

为进一步提升基金使用效益，保障基金安全稳定和高效运转，在全市各定点医疗机构实施新农合支付方式改革，推行总额预付制度。2013 年 2 月，启动实施新型农村合作医疗大病医疗保险工作，从政府补助基金中按每人 15 元标准筹资，向中国人民财产保险股份有限公司兖州支公司购买重大疾病医疗保险，对儿童白血病、终末期肾病等国家确定的 20 类重大疾病经新农合报销后，对剩余合规医疗费用按照大病医疗保险的有关规定进行大病补偿，即合规医疗费用超出 8000 元的补偿 73%，8000 元以内的补偿 17%，全年共 4581 人次获得重大疾病补偿 592.73 万元。至年底，全区新型农村合作医疗筹资标准提高至 350 元 / 人，政府补助标准提高至 280 元 / 人，住院封顶线提高到 15 万元，住院补偿比例乡镇、区级、济宁市级分别提高到 75%、65%、50%，实行 20 种重大疾病省内新农合定点医疗机构补偿 70%，并取消 70 周岁以上老年居民个人参合缴费，实行农村百岁以上老人免费住院治疗，参合率连续 6 年保持在 99% 以上，全市参合人数 35.58 万人，共筹集资金 12469.01 万元，补偿 68.82 万人次，支出 12374.95 万元。

2004年—2013年兖州市新型农村合作医疗参合人数及收支情况表

表26-3

年　份	参合人数（人）	收　入（万元）	支　出（万元）	参合率（%）
2004	159984	319.98	140.36	45.4
2005	289692	602.6	396.53	84.5
2006—2007	336769	3017.4	1437.74	97.76
2008	355855	2887.15	2930.23	99.6
2009	359768	3606.99	4439.24	99.8
2010	364496	4679.31	5633.31	99.8
2011	369863	9299.50	8414.95	99.99
2012	360413	10647.46	9830.17	99.99
2013	355786	12469.01	12374.95	99.99

第二节　公立医院改革

2012 年，兖州市被济宁市确定为公立医院改革试点；2013 年，被上报为省公立医院改革试点。2013 年 6 月，市委、市政府选取市人民医院实施公立医院改革。专门成立市人民医院实施公立医院改革领导小组，由市政府主要领导任组长。领导小组下设组织人事、清产核资审计、纪检督查、政策法规咨询稳定 4 个工作组，由相关部门主要负责人任组长，从涉及部门、单位抽调工作人员，实行脱岗集中办公，具体负责抓好各项工作落实。市委、市政府制定《关于兖州区人民医院实施公立医院改革的意见》，明确华勤集团以参股形式参与市人民医院改革，由市政府占股 40%，华勤集团占股 60%，按照股份制合作、集团化经营、公益性服务的原则，实行股份制办院。保留市人民医院在编事业单位人员身份、事业单位退休待遇和医院非盈利性质不变，财政支持和平均工资水平不降低。改革后的市人民医院，实行院企分离，采取理事会领导下的院长负责制，保持公益性和非营利性不变。

第三节　基本药物制度改革

2010 年 1 月，省卫生厅确定兖州市作为全省实施国家基本药物制度试点县。同年3月，市卫生局制定《兖州市基本药物配送管理办法》《基层医疗卫生机构实施国家基本药物制度管理办法》，在各镇卫生院、街道社区卫生服务中心推行国家基本药物制度，统一配备和使用基本药物，统一实行零差率销售，统一实行网上集中采购和结算，按规定及时上缴基本药物货款，确保基本药物足额供应，及时配送。2011年4月，市卫生局建立基本药物监管等综合信息精细化管理平台，实现对基层医疗卫生机构药品经销的全程监管。2012年4月，市政府办公室印发《兖州市村卫生室实行国家基本药物制度实施方案》，辖区内村卫生室自愿实施基本药物制度，乡村医生签署知情同意书。实施基本药物制度的村卫生室共389个，乡村医生1066名。其中，省规范化村卫生室182个，乡村医生628名；其他卫生室207个，乡村医生438名，做到了基本药物制度的全覆盖。对全市自愿实施的所有村卫生室，在不改变乡村医生身份和村卫生室法人、财产关系的基础上，由市财政给予定额补贴，实施一体化管理，减轻群众用药负担。至2013年，基层医疗卫生机构门诊次均费用降至29.5元，较实施前下降36.2%，药品费用较实施前下降40.8%，累计为群众减轻用药负担1960余万元。

第四节　公共卫生服务改革

社区卫生服务改革　1999年，市人民医院与市中山医院实行技术股份协作，成立全市第一家城市社区卫生服务地段医院，开展社区卫生服务。2000年6月，市口腔医院开始探索开展社区卫生服务工作。同年10月，市中山医院正式更名为市中山社区医院。作为市人民医院的社区卫生服务中心，市中山社区医院改变过去“小综合”办医路子，引入全科医学模式，开展社区卫生服务。2007年5月，兖州市被济宁市确定为城市社区卫生服务站暨城镇合作医疗定点。同年11月，依托市中医院建立鼓楼街道办事处社区卫生服务中心，依托市铁路医院建设东城区社区卫生服务中心，依托市口腔医院建设西城区社区卫生服务中心。3个社区卫生服务中心建设共完成投资386万元，建筑面积3427平方米，开设全科医疗科、预防保健科、中医科、康复科等科室。2008年5月，市政府出台《关于购买社区卫生服务项目及绩效考核标准》，规定开展社区卫生服务实行政府购买制度。市财政按照3个社区卫生服务中心辖区人口人均5元的标准，安排社区卫生服务专项资金，并将此项支出纳入年度预算支出。2008年，全市共开展社区卫生服务16万人次，为31542户居民建立家庭健康档案。2009年，启动实施国家基本公共卫生服务项目，面向辖区内居民提供健康档案管理、健康教育、预防接种、0岁～6岁儿童、孕产妇、老年人、慢性病患者管理、重性精神疾病患者管理等公共卫生服务，对辖区内村卫生室承担的公共卫生服务项目进行指导、培训和考核，按照国家基本公共卫生服务规范开展建立居民健康档案基本公共卫生服务。2010年8月，市政府办公室印发《兖州市城区中医和公共卫生医疗资源优化整合工作实施方案》，对城区中医和公共卫生医疗资源进行优化整合，按照3个街道办事处辖区范围，单独设置酒仙桥街道社区卫生服务中心、鼓楼街道社区卫生服务中心和龙桥街道社区卫生服务中心，均为股级差额事业单位。3个街道社区卫生服务中心所需仪器设备按照相应配置标准，分别从区铁路医院、区中医院、区口腔医院进行划转。至2013年年底，城市社区共建立居民电子健康档案度报告12.28万份，新生儿访视1525人，0岁～6岁儿童管理7918人，早孕建册1373人，产后访视1493人，65岁以上老年人健康管理1.1万人，管理辖区内高血压患者1.1万人，登记管理2型糖尿病患者4237人，按规范要求管理重性精神疾病患者357人，传染病报告率100%，卫生监督协管事件或线索报告率100%。

农村卫生服务改革　1996年11月，市卫生局在漕河乡开展农村卫生服务改革试点，引入全科医学服务模式。村卫生所改称全科医疗站，乡卫生院设立社区卫生服务中心。卫生人员面向居民，分工负责若干家庭的卫生保健，为农民建立个人、家庭健康档案，深入农民家庭向农民提供集医、防、保、康、教和计划生育指导等于一体的卫生服务。1998年，新兖镇推行农村卫生服务，开展居民健康查体2万人次。1999年，颜店镇开展农村卫生服务试点工作。2009年5月，市卫生局制定《关于实施“卫生强基工程”的实施方案》，在全市推行以“三帮扶、两加强”为主要内容的卫生强基工程。全市6所县级医院与7所镇卫生院确立帮扶关系，共选派17名中级以上技术职称的医师在乡镇卫生院全年驻点服务，每所镇卫生院分别帮扶辖区内4所村卫生室，每年选派4名临床医生轮流到帮扶村卫生室坐诊，帮扶医疗机构免费为帮扶对象培训专业人员，推广适宜技术、指导建立管理体系。2010年5月，市政府印发《关于推行政府购买公共卫生服务强化村级卫生服务网络的意见》，通过政府购买服务的方式，落实乡村医生待遇。2011年，市政府批准成立市基层公共卫生服务中心，负责协同镇街医疗卫生机构开展公共卫生服务、加强对村卫生室的指导培训和考核。2012年10月，兖州市按照济宁市要求开展保健医生进农户工作，建立健全保健医生与包保镇、村、户长期对口帮扶联谊机制，从市镇两级医疗机构精心选派优秀医务人员，会同济宁市级医疗机构选派人员，为406个行政村农村居民提供优质的公共卫生和基本医疗服务，每村配备2名医护人员，为村民提供签约式服务。至2013年年底，累计巡诊14.9万户，义诊21.5万人次，重点帮扶病员上门服务3.5万余次，发现和随访疾病3万余例。

第三章　医　　疗

第一节　医疗机构

1996年，兖州市城区共有综合医院9所，中医医院1所，精神病院1所，专科防治机构1所，门诊部2所，卫生防疫、妇幼保健、中等医学教育机构各1所，诊所（卫生室）89所；农村共有乡镇卫生院12所，村卫生室910所。2013年年底，全市城区共有二级综合医院5所，一级综合医院4所，中医医院1所，专科医院2所，专科疾病防治机构1所，门诊部2所，计划生育服务站1所，卫生监督、疾病预防控制、妇幼保健、中等医学教育机构各1所，街道社区卫生服务中心3所，诊所（卫生室）123所，农村共有镇卫生院7所，下辖村卫生室323个。

市人民医院　1996年，市人民医院位于健康路1号。设内、外、妇、儿、中医、急诊、康复等15个科室。中级以上专业技术人员125人，其中正高级1人，副高级24人。医院开放床位312张。1997年，相继建立医用卫生材料用品厂和房地产开发公司，实行以副补医。1999年，成立鲁西南肿瘤中心、全科医疗科，并对各科室及专业进行调整细化，设立神经内科、心内科、普内科、普外科、骨外科、胸泌尿外科、神经外科等7个科室。2002年，对儿科病区进行改造，成立后勤服务公司，推广后勤社会化。2005年，成立保健中心。2008年，启用层流洁净手术室及神经外科重症监护室，组建心导管室，撤销宣传科，成立社会工作部，并下设综合组。撤销人事科，成立人力资源部，骨科病区分为骨病、骨伤病区，扩建产科、儿科病区。2009年，启用远程会诊系统，神经内科组建康复治疗室。2010年，撤销后勤服务公司，重建后勤保障部。启动数字化医院建设，建立门诊工作、医嘱信息、账务预算、影像传输、住院电子病历和人力资源管理等电子系统；9月，医院新院区作为2010年兖州十大惠民工程之一开工奠基。2013年竣工，一期开放床位1500张、建筑面积18.5万平方米，地址位于建设西路；6月，由市政府占股40%，华勤橡胶工业集团占股60%，实行股份制办院。2013年，市人民医院占地面积19.4万平方米，固定资产总值19.6亿元，有在职职工1353人。医院设有临床医技科室37个，护理单元42个（其中病区30个），拥有3.0T磁共振、GE 64排128层螺旋CT等一系列先进医疗设备，集医疗服务、公共卫生、预防保健为一体，为兖州市规模最大的二级甲等综合性医院。

市中医院 位于兖州市东御桥北路133号，为全市唯一的二级甲等综合性中医医院。1996年，兖州市中医院建筑面积2900平方米，有职工115人，设内一科、内二科、外科、妇产科、急诊科、肛肠科、皮肤科、不孕不育科、针灸推拿科、手术室、碎石科、门诊部等12个门诊和病房科室，放射科、检验科、药剂科、制剂室4个医技科室及院办公室、政工科、人事科、总务科、设备科、档案室、医务科、护理部、财务科9个行管科室。2002年5月，增设肿瘤康复科。2007年10月，设立小儿科；12月，鼓楼社区卫生服务中心挂牌成立，由市中医院调拨医护人员36名，承担辖区内的预防接种、建立居民健康档案等工作。2010年，医院编制人数缩减至92人。其中，执业医师27人（含中医类别执业医师19人），执业助理中医师1人，注册护士26人，各级药师11人（含中药专业5人），检验技师2人，影像技师3人。2010年8月，市中医院整建制并入市第二人民医院组建为新的兖州市中医院，地址迁至文化西路57号；10月，市中医院、市第二人民医院合并组建完成；12月，市中医院率先实施“先看病、后交钱”医疗服务模式，取消住院押金，病人出院结账时只付医保和新农合报销后个人承担的部分。至2013年，兖州市中医院占地面积19.8亩，建筑面积约3万平方米，设临床科室17个，医技科室7个，开放床位480张，有在编职工143人。

市第二人民医院 1996年，兖州市第二人民医院位于兖州市文化西路57号，为二级甲等综合性医院，占地面积13.8亩，建筑面积6991平方米。其中，业务用房3449平方米。设内一科、内二科、外科、妇产科、眼科、耳鼻喉科、中医科、口腔科、矫形科、理疗科、推拿功能科、手术室等12个临床科室，设药剂科、制剂室、检验科、放射科等4个医技科室，设办公室、医务、护理、财务、总务、政工、基建、公费医疗办、核算等9个行管科室，院外设3个门诊部，设编制床位120张，有在编职工167人。1997年，增设急诊科和家庭病房科。1998年，扩地4000余平方米，筹资建病房楼和影像楼5300平方米，增设病床80张。2002年，新建500平方米的医保楼。2006年，投资建兖州市第二人民医院二院分院及门诊病房楼，投资10余万元建小儿科病房。2009年，对外科系统实施专业细化管理，将原来大外科初步划分为骨外科、神经外科、普外科、泌尿外科4个专业、设立骨外神经外、普外泌尿外2个病区。2010年6月，新门诊病房楼正式启用，建筑面积22030平方米，设临床科室30个，医技科室10个，增加病床150张，设计算机管理中心，引入一体化数字化医院信息管理系统。同年10月，市第二人民医院与市中医院，组建新的兖州市中医院，兖州市第二人民医院名称暂时保留。

市铁路医院 1996年6月，兖州铁路医院位于花园街20号，为二级甲等综合性医院。下设17个卫生所、保健站，服务辖区南至滕州市，北至新泰市新汶街道办事处，西至菏泽市。设内科、外科、妇产科、儿科、五官科、中医科、急

兖州市铁路医院

诊科等7个临床科室，检验、CT、放射、病理、血库、功能检查、内镜室、营养等8个医技科室，有职工372人。有床位170张，占地面积36.2亩，1997年8月，东都卫生所、新汶卫生所、磁窑卫生所划归泰安铁路医院。1998年3月，兖州铁路防疫站整建制划归兖州铁路医院管理，同年8月，增设肾病专科。2001年3月，菏泽华平小区社区服务站成立。同年9月，兖州东苑小区服务站成立。2002年6月，兖州铁路防疫站划归济南铁路局中心防疫站。2004年5月，兖州铁路医院整建制移交由兖州市政府管理，设临床医技科室19个，床位170张，占地面积41.6亩，有职工380人。2005年7月，兖州铁路医院更名为兖州市铁路医院，为副县级差额预算管理事业单位，编制380人，隶属市卫生局管理。2006年5月，组建社区健康管理部，成立预防接种门诊，服务对象达20余个居委会。2007年12月，在医院门诊部筹建东城区社区卫生服务中心，服务范围覆盖9个社区居民委员会，居民4万余人。2009年，设立中医药房，增设儿科病区；9月，创建市乐龄福院。2010年7月，市铁路医院由花园街20号迁至邓家窑街3号。至2013年，市铁路医院设有内、外、妇、儿、中医、急诊、康复、口腔、五官、皮肤、肺科、健康管理部等科室。医院突出肾病、消化病、中医、康复、无痛门诊（各种治疗、检查的无痛化）等特色项目。肾内科为济宁市医药卫生重点专业，康复医学科为济宁市建设中的临床重点专业，有在职职工354人，开放床位200张。

市口腔医院　1996年，市口腔医院位于八一路新义街12号。设临床科室6个，有专业技术人员15人，拥有牙科诊位20个，建筑面积1000余平方米。2002年，投资700万元，扩建4000平方米的口腔综合大楼，2003年1月启用，牙椅增至50个，病床15张。专业技术人员增至60人，增设牙周黏膜科、老年牙病科、口腔综合科等3个科室。2007年11月，市口腔医院设立永安街道社区卫生服务中心。2010年，市口腔医院社区卫生服务中心工作人员对重点对象给予有针对性的健康指导，累计建档4万多户，有近10万群众受益。2013年，建立7岁～8岁适龄儿童免费窝沟封闭预防整龋齿长效机制。市口腔医院作为定点医疗机构，对符合条件的适龄儿童免费进行窝沟封闭。至同年7月，对全市适龄儿童共进行口腔健康检查26327例，实施窝沟封闭25955例，自愿接立受窝沟封闭的儿童口腔健康检查率100%。窝沟封闭完好率95%；实施窝沟封闭儿童的口腔健康合格率100%；适龄儿童口腔卫生知识知晓率90%；正确刷牙率95%，降低了儿童恒牙龋病患病率。2013年，市口腔医院为二级专科医院，建筑面积5000余平方米。设有牙体牙髓科、口腔颌面外科、儿童牙病科、正畸科、牙周黏膜科、修复科、口腔预防保健科、老年牙病科、技工室、特诊科、种植室、消毒室、

兖州市口腔医院

洁牙室、特检科、手术室等15个科室，共有职工60余人。

兖州九一医院 1996年，中国人民解放军第九十一中心医院通过军队系统医院等级评审，确立为三级甲等医院。2004年，因部队精简整编，医院被整体移交给兖州市新兖镇政府，更名为兖州久益医院。2011年4月，医院转隶华勤橡胶工业集团，更名为兖州九一医院。至2013年年底，兖州九一医院设医学专业科室43个，拥有卫生技术人员334名，展开床位500张，拥有美国GE医用螺旋多排CT、全自动生化分析仪、瑞典医科达高强度双光子直线加速器、美国GE2.0T核磁共振和彩色B超等大型医疗设备。

街道社区卫生服务中心 2010年8月，市政府对城区医疗资源进行优化整合，按照城区3个街道辖区范围，设立酒仙桥街道、鼓楼街道、龙桥街道3个社区卫生服务中心，均为股级差额事业单位，每个服务中心配置工作人员18名，共计54人。

酒仙桥街道社区卫生服务中心 位于九州大道东首（邓家窑街3号）。至2013年底，共有卫生专业技术人33人。其中，主治医师1人，医师2人，医士1人（含乡村医生），医（药、护）师6人。设有公共卫生科、预防保健科、妇幼保健科、卫生监督协管科、重精和残疾人管理科等职能科室，负责辖区内13个村、6个居委会的基本公共卫生服务项目的开展和实施工作。

鼓楼街道社区卫生服务中心 位于健康路1号。至2013年底，设有公共卫生科、预防保健科、妇幼保健科、卫生监督协管科、重精和残疾人管理科、药械科、中西医慢病科、内科、妇科、中医理疗、检验科等职能科室。下设5个社区卫生服务站，具体承担辖区内5个行政村，19个社区居民委员会的社区医疗和基本公共卫生服务，并负责对承担基本公共卫生服务的24个定点卫生室进行管理，共有在编职工20人。其中，卫生专业技术人员18人。

2010年，鼓楼街道卫生服务中心建成启用

龙桥街道社区卫生服务中心 位于龙桥路221号。至2013年底，设有预防接种、儿童保健、妇女保健、健康教育、卫生监督、公共卫生综合管理、行政办公等科室。辖15个行政村，4个居民社区居委会，有直属卫生室18个，诊所5个，共有在编职工16人。其中，卫技人员12人，工勤人员1人。

镇（中心）卫生院 至2013年年底，全区共有7所镇卫生院，在编工作人员445人。辖村卫生室323个，乡村医生932人。

新兖镇中心卫生院 原为兖州县传染病医院，1994年划归新兖镇管理，更名为市第三人民医院，位于龙桥办事处薛庙村，占地面积1.05亩。1996年，设有内科、外科、妇产科、传染病科、药剂科、急诊科、五官科、中医科、口腔科、手术室、社防科、放射科、B超室、心电图室、化验室、行政办公室等16个科室及5个病区。有职工82人，有病床90张。2001年，泗庄镇卫生院整建制并入市第三人民医院。2003年4月，市第三人民医院被兖州市政府征用为非典定点收治医院，全院整体搬迁至龙桥街道薛庙村。2007年8月，市第三人民医院更名为市新兖中心卫生院。2013年，医院设有内科、外科、妇产科、传染病科、药剂科、急诊科、五官科、中医科、口腔科、手术室、社防科、放射科、B超室、心电图室、化验室、行政办公室等16个科室及5个病区，有病床90张，共有职工153人。

大安镇中心卫生院　1996年，大安卫生院、卫生站实现院站合一，设内科、外科、妇科、中医科、化验室、B超室、放射科、护理部等科室，有在职职工47人。2008年4月，山东拖拉机厂职工医院划归大安镇政府，与大安镇卫生院合并重组成新的兖州市大安镇卫生院，办公地点设在山拖生活区。2010年6月，大安镇、谷村镇合并，大安镇卫生院与谷村中心卫生院合并重组为大安中心卫生院，设总院区（山拖社区）和谷村分院（大安镇驻地）两个院区。至2013年，医院总建筑面积6791平方米，设内科、外科、妇产科、儿科、中医科、理疗科、公共卫生科等16个科室。共有职工88人，开放床位80张。拥有彩色B超、500MAX光机、全自动血球分析仪等万元以上设备30台。承担辖区内53个行政村、5万余人的基本公共卫生、医疗等工作任务。

新驿镇中心卫生院　1996年，新驿镇卫生院更名为新驿镇中心卫生院，位于兖州城西20公里255省道南侧。2001年，建成使用1500平方米门诊楼。2005年，建成使用1200平方米病房楼，配备500毫安遥控X光机、全自动血球分析仪、彩色B超及全自动生化分析仪。2013年，设有内科、外科、口腔科、国医堂中医综合服务区等临床科室，配有检验、放射、心电图、彩超等辅助检查科室，与市人民医院实行远程会诊、同质化服务，承担辖区5.1万人居民的基本医疗和公共卫生服务。

颜店镇中心卫生院　1996年，颜店镇卫生院更名为颜店镇中心卫生院，位于颜店镇府前路1号。2000年5月，建成启用3000平方米的门诊楼。2004年，建成启用1500平方米的住院楼。2013年10月，与市中医院创建医疗联合体。同年年底，颜店中心卫生院占地面积19.6亩、业务用房面积5538平方米、固定资产616万元。设有内科、外科、中医科、妇幼保健科、口腔科、康复科、放射科、检验科、B超室、心电图室等32个科室，共有职工83人，有卫生专业技术人员60人，开放床位60张。配有日本东芝SSA-580彩超、西班牙赛德科DR、500毫安万东X光机、全自动生化分析仪、连体式牙科治疗椅、心电监控仪等先进医疗设备，是一所集医疗、预防、保健、康复于一体的一级甲等医院，城乡居民基本医疗保险定点医疗机构。

小孟镇卫生院　1996年，小孟镇卫生院与镇社会卫生站合并为一体，职工24人，床位18张，占地面积12亩，位于小孟镇政府驻地。2008年5月，改扩建面积1945平方米。2009年12月，小孟镇卫生院改由兖州市卫生局管理。2010年，新建综合楼1000平方米。2013年，小孟镇卫生院设置内科、外科、中医科、公共卫生管理科、针灸理疗科、放射科、B超室、药剂科等科室，设有床位20张，有卫生专业技术人员25人。配有X光机、血球分析仪、全自动生化分析仪、彩超、十二导心电图机等医疗设备。

漕河镇卫生院　位于漕河镇政府驻地。1999年3月，中华医学会全科医疗分会第三次全国学术交流会在漕河镇召开，全科医疗工作全面展开，漕河镇卫生院成为济宁医学院全科医疗专业实习医院。2005年2月，漕河镇卫生院与市人民医院联合办院，成立市人民医院（北院）。合作时效10年，卫生院16名专业技术人员聘任于市人民医院（北院）工作，人事关系隶属于卫生院，卫生院迁出原办公地点，临时租用办公场所，11名职工主要从事公共卫生服务。2013年，医院占地面积13.7亩，建筑面积5479平方米，内设外科、妇产科、内科、儿科、中医科、康复科、眼科、口腔科、检验科、放射科、预防保健科、急诊科、公共卫生科等17个科室，开放床位25张。共有职工29人。主要设备有CT机、DR数字胃肠机、彩超、多功能呼吸机等。

兴隆庄镇卫生院　位于兴隆庄镇政府驻地。1996年，兴隆庄镇卫生院与兴隆庄镇社会卫生站合并为一体，职工44人，床位25张。2007年6月，迁址镇政府驻地，占地面积5.5亩，建筑面积2300平方米。2008年9月，改扩建面积1200平方米，新增床位25张。2009年12月，兴隆庄镇卫生院上划，由市卫生局管理。2013年，兴隆庄镇卫生院设内科、外科、妇产科、中医科、公共卫生管理科、针灸理疗科、放射科、B超室、药剂科等科室，设有床位50张，有卫生专业技术人员30人。配有X光机、血球分析仪、全自动生化分析仪、彩超、十二导心电图机等医疗设备。

第二节 医疗队伍

1996年，兖州市有专业卫生人员2918人。其中，执业医师1140人（中医243人，西医897人），注册护士719人，检验人员116人，其他专业人员457人，管理工勤人员486人。2013年，专业卫生人员队伍发展到4535人。其中，执业医师1793人（中医219人，西医1574人），注册护士2030人，检验人员122人，其他专业人员187人，管理工勤人员403人。

中　医　1996年，全市共有中医人员243人。其中，中医师11人，中药师2人，中医士116人，中药士65人，中药员49人。2005年，共有中医人员188人。其中，中医师114人，中药师43人，中医士19人，中药士11人。2013年，全市有中医人员219人。其中，中医师135人，中药师54人，中医士16人，中药士14人。

西　医　1996年，全市共有西医人员2189人。其中，执业医（药）师（士）897人，护理师（士）、助产士719人，检验师（士）116人，其他专业人员457人。2005年，共有西医人员2403人。其中，执业医（药）师（士）997人，护理师（士）、助产士887人，检验师（士）97人，其他专业人员422人。2013年，共有西医人员3913人。其中，执业医（药）师（士）1574人，护理师（士）、助产士2030人，检验师（士）122人，其他专业人员187人。

乡村卫生人员　1996年，全市共有乡村医生337人。2005年，有474人参加村卫生技术人员执业资格考核。2009年，有779人取得山东省村卫生技术人员执业证书。至2013年年底，具有执业资格的乡村医生932人。

1996年—2013年兖州市专业卫生人员情况表

表26-4　　单位：人

年份	合计	中医人员	西医人员				管理工勤人员
			执业医（药）师（士）	护理人员	检验人员	其他专业人员	
1996	2918	243	897	719	116	457	486
1997	2503	207	816	643	87	326	424
1998	2208	184	741	561	69	292	361
1999	2302	167	789	614	76	262	394
2000	2403	156	827	667	70	266	417
2001	2403	152	819	643	74	264	451
2002	2217	136	766	599	87	287	342
2003	2077	113	729	546	79	294	316
2004	2161	128	777	614	87	256	299
2005	3047	188	997	887	97	422	456
2006	3205	209	1036	979	105	390	486

续表26-4

年 份	合 计	中医人员	西医人员				管理工勤人员
			执业医（药）师（士）	护理人员	检验人员	其他专业人员	
2007	3505	216	1162	1209	114	347	457
2008	3736	213	1256	1342	119	305	501
2009	3953	225	1367	1486	121	273	491
2010	3974	221	1388	1494	123	267	494
2011	3943	216	1411	1587	119	233	387
2012	4164	217	1496	1774	117	209	351
2013	4535	219	1574	2030	122	187	403

第三节 医疗设备

1996年，兖州市共有医疗床位1574张，主要医疗设备有心脏/腹部彩色超声机、四维彩超、电子腹腔镜、电子胃镜、肠镜、膀胱镜、全自动生化分析仪、五分类血球计数仪、ICU中央心电监护系统、全自动麻醉机、呼吸机、全自动病理切片机、超声乳化仪、超声刀等。2000年始，各医疗机构加快基础设施建设步伐，市铁路医院、市第二人民医院、市中医院等先后投资2350万元引进1000毫安多功能X光机、CT、ECT、人工心肺机、C臂X光机、全自动生化分析仪、纤维胃镜等较先进的医疗设备242台（套）。其中，1万元以上设备116台。至2013年年底，全区有医院床位3818张，拥有美国64排128层螺旋CT机、1.5T磁共振、数字直线加速器、数字血管摄影系统、全数字乳腺摄影系统、DR、CR、数字胃肠机、模拟定位机、心脏/腹部彩色超声机、四维彩超、电子腹腔镜、电子胃镜、肠镜、膀胱镜、全自动生化分析仪、五分类血球计数仪、ICU中央心电监护系统、全自动麻醉机、呼吸机、全自动病理切片机、超声乳化仪、超声刀等。各镇（街）卫生院均配备X光机、血球分析仪、全自动生化分析仪、彩超、十二导心电图机等医疗设备。村卫生室、诊所（卫生室）均有血压计、诊查床、药品柜、高压灭菌设备等。

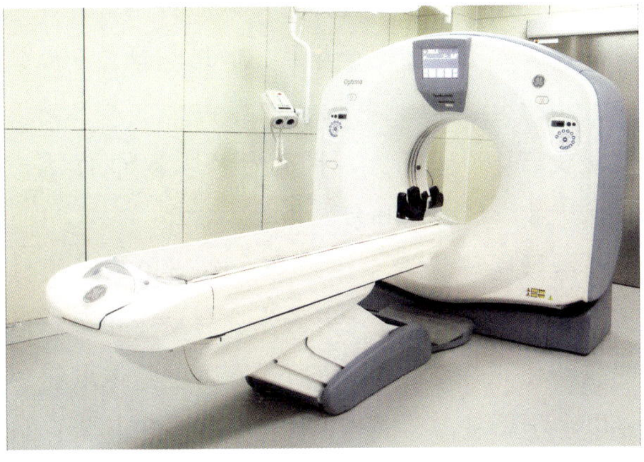

兖州市人民医院128层双模螺旋CT机

第四节 医疗技术

1996年，兖州市各医疗机构基本具有各种常见病、多发病和疑难病的防治及急救能力。外科能开展胸腹、颅脑等各部手术。五官科能开展老年性白内障切除术、乳突根治手术。妇产科能开展阴道修复、腹膜外剖腹等手术。小儿科能诊治先天性心脏病及其他疑难儿科疾病。中医在治疗妇科病、慢性病等方面较突出。2005年，全市各医疗机构专科设置逐步完善。内科装备中央心电监护系统，外科相继建立脑外科、胸外科、泌尿外科、骨科及创伤外科，初步形成外科体系，能开展脑瘤切除术、颅骨缺损修补术、离体断肢再植术、脾肾静脉分流术、胰胆管造影术、子宫多发性巨大肌瘤全宫附件切除术、人工关节置换术等较高难度的手术。至2013年年底，城区综合医疗机构均建立起有一定专科服务水平的特色科室，心血管内科、消化、神经外科、妇产科等发展到较高水平。西医内科均能开展血液、呼吸、风湿、心脑血管、消化、内分泌泌尿、传染等疾病的治疗。外科能开展普外、烧伤、肝癌切除，复杂胆石症、先天性巨结肠肛门切除，先天性胆道、尿道畸形修复，断指肢再植全髋置换，经前路、颈椎体切除钢板固定，经鼻蝶入路垂体瘤切除，三、四脑室中枢神经细胞瘤切除，食管癌根治术肺段落切除，肾上腺切除等。五官科能治疗白内障，开展人工晶体植入，鼻内窥镜手术，喉癌根治术，唇腭裂畸形整复术，舌下凳颌骨方块切加髋骨移植。妇产科能开展高危妊娠救治，子宫卵巢癌根治术。儿科能诊治处理常见病、多发病及危重疑难病症。皮肤科能诊治处理风疹、湿疹、神经性皮炎、银屑病、带状疱疹、淋病、尖锐湿疣、非淋菌性尿道炎，单纯性疱疹，支原体、衣原体所感染的泌尿系统疾病，利用激光液氮冷冻治疗各种疣、痣等。医技科室实现隔室透视。CT中心实现技术处理数字化，达到与人体标本媲美的影像效果。医学影像学科完成模拟数字化转化，能同时显示X光片、CT片、B超及DSA检查图像。检验科由单一临床生化技术检查发展成集临床检验、生化检验、免疫、细菌、细胞学、病理学等组成的综合科室。中医内科能辨证施治中风病（脑血栓、脑溢血等）、胆囊炎与胆石症、泌尿系统结石症等。中医外科能辨证施治肠痈（慢性阑尾炎、急性化脓性阑尾炎、结肠炎、穿孔所致的腹膜炎）、疝气（寒疝、湿热疝、气疝、水疝）等。中医皮肤科能辨证施治各种湿疹、皮炎、手足癣、股癣、缠腰丹、蛇丹。中医针灸科能治疗颈椎综合征、颈肩综合征、腰椎间盘突出、中风后遗征、漏肩风、肩凝征、五十肩（肩周炎）。中医推拿按摩能补泻止痛，治疗神经反射等。

各镇（街道）卫生院均设内、外、妇、儿科，掌握常见传染病的诊治和预防技术，能开展常见病、多发病的治疗，对疑难病症进行适当处理。各村级医疗卫生单位基本担负起基本卫生服务和常见病、多发病的防治工作，村卫生室能开展常见病、多发病诊疗，传染病防治，疫情报告，妇幼卫生服务，健康教育宣传等工作。

第五节　医学教育

中等医学教育　1996年，兖州市医学教育主要由市卫生职业中等专业学校（以下简称市卫生职业中专）承担。学校建筑面积3260平方米，专兼职教师21人，设护理、中西医结合及妇幼保健等6个专业，全年共毕业学员300余人。1997年9月，为配合全市农村社区卫生服务试点工作，将漕河乡建为市卫生职业中专全科医学教学基地。同年，市卫生职业中专设立全科医学教学课程，全市初中以上文化程度，45岁以下无学历乡村医生进行两年制系统化培训，开班首次招收80人。1998年，市卫生职业中专设三年制全科医学专业，招生134人。2002年起，与济宁医学院联合办学，依托济宁医学院师资力量，先后开办成人高考专科班、本科班，全年招收学员167人。2007年，与部队武警医院护士培训中心联合开办部队武警医院护士定向培养中专和大专班，全年招收学员216人。2008年，联合兖州市特丽洁物业管理有限公司，开辟校企联合模式，率先在济宁市开办老年人服务与管理、家政与社区服务专业，全年共招收培训学员860余人。2013年，市卫生职业中专占地面积8亩，固定资产300余万元，拥有专兼职教师47人，累计毕业学员21000余人。

继续医学教育　1999年，兖州市启动继续医学教育工作；7月，市卫生局启动全市乡村医生系统化正规化培训，对50岁以下且未取得中专以上学历者，开展为期两年的半脱产培训；11月，全国社区卫生服务技能培训班在兖州市举办，来自全国各地的全科医学专家学者和从事社区卫生服务教学与实践的卫生人员近300人参加培训班。至2000年5月，共有742名乡村医生获得系统化再教育，全市80%乡村医生达到卫生中专水平。2000年5月12日，市卫生局举办护理五项技术操作比赛，市人民医院、市妇保院分获市直组第一名、第二名，市第二人民医院、市中医院并列第三名。新兖镇卫生院、大安镇卫生院、泗庄镇卫生院获乡镇组前三名；5月29日至6月2日，济宁市全科医学师资班在兖州市举办，济宁12县（市、区）约60名全科医学业务骨干参加培训。2002年11月30日，开展乡村医生中医药知识与技能培训，总计980学时，内容包括中医学基础、实用中药方剂学、实用中西医结合诊断治疗学、实用针灸推拿学、实用家庭中医保健、实用单验方精选、农村常见病中医适宜技术50项共7门课程，全市中医、西医人员共900余人参加培训，并全部通过结业考核。2003年，“非典”防控期间，组织全市卫生系统近2100名职工参加预防感染知识大型培训考试活动，均取得较好成绩。2005年，市卫生局开展在岗乡村医生中医适宜技术培训，共有326名乡村医生参加培训，培训会上共发放光盘330套。同年9月，开展人感染猪链球菌及禽流感为主要内容的传染病防治知识培训，全市卫生系统近3100名职工参加轮训。同年11月，对全市各级各类医疗机构中的216名预防接种人员进行全员培训。2006年3月，为贯彻落实《中华人民共和国药品管理法》《麻醉药品和精神药品管理条例》等法律法规，市卫生局组织开展麻醉药品临床使用与规范化管理集中培训，全市各医疗机构相关业务人员197人参加培训。2008年，对全市一级以下医疗机构在岗护士进行以病历书写和护理三基训练为重点的全员培训，共培训156人，对210余名社区卫生服务人员进行全科医师培训，3个卫生院共9人参加1127工程第三期学员培训。2009年起，对所有乡村医生实行一年一培训，两年一考核。全年共培训考核乡医1074名，并组织58名乡医参加济宁市统一组织的乡村医生中专学历教育。2010年始，针对重点传染病流行趋势，全市每年均举办2期～4期防治技术培训，内容分别涉及重点传染病诊疗、院感防控、疫情监测、居家隔离治疗、中医药防治等内容，累计培训全市卫生系统职工2.7万余人次。至2013年年底，全区共举行47期省级继续医学教育培训项目，累计培训全市卫生系统职工11.2万余人次。

第六节　医学科研

1996年，市卫生局制定《医药卫生科学研究管理办法》，调动广大卫生技术人员开展科研工作的积极性；市人民医院引入整体护理模式，放射介入治疗肿瘤获得成功。1997年3月，市卫生局制定《兖州市医学成果奖评定及奖励条例》，促进卫生科技成果转化和应用。1999年9月，市卫生局颁发1997年度、1998年度医学科技进步奖，共评出新技术二等奖1项，科研成果三等奖3项，医学文著二等奖10项，医学文著三等奖60余项；11月，中华医学会全科医学分会第三次全国学术交流会在兖州市召开，这是兖州市首次举办高层次的卫生学术会议。会上，中华医学会全科医学分会专家鉴定小组对全市农村社区卫生服务新体系试验研究阶段性成果进行学术鉴定，“农村社区卫生服务新体系试验研究”成果通过鉴定。2000年5月，市卫生局颁发1999年度医学科技进步奖，共评出科研成果二等奖1项，三等奖3项，医学文著二等奖22项，三等奖32项，卫生系统6项科技成果获得兖州市科技进步奖。2002年，市人民医院等城区综合医疗机构大力推行学科带头人制度，全市以学科带头人组成的医学科研骨干队伍基本形成，各医疗机构当年引进新技术16项，发表专业论文159篇。2005年，市卫生局制定《市卫生系统选拔和培养中青年学术带头人和技术骨干试行办法》，积极引进人才，当年共引进各类专业技术人才及大中专毕业生279名。2006年，市人民医院等城区综合医疗机构引入介入治疗肝癌等29项新技术，全市撰写一定学术价值论文227篇。2008年起，全市卫生系统开展技术比武、岗位练兵等活动，引导职工加强日常业务技术钻研和技能竞赛，取得良好效果。至2013年年底，全区各级医疗机构共发表一定学术价值论文、论著3310余篇，出版医药书籍260余部，共获得市厅级以上科研立项68项，获资助金额310余万元，获国家实用新型专利113项，医学科技创新项目79项，其中市厅级科技成果奖27项。急救医学、儿科学、神经外科和内科学、心脑血管病学、呼吸和消化系统疾病学、肿瘤治疗研究、骨科、妇科、产科等学科均有长足进步。

第四章　医　　药

第一节　药材加工

1996年，境内有元参、荆芥、白芷、栝蒌、牡丹、芍药、菊花、桔梗、山楂、生地、川芎等中药材160余种。其中植物类127种分属51科、动物类33种分属24科。全市中药材加工由济宁市医药集团总公司兖州分公司负责。公司拥有各种中药材加工设备30多台，技术工人12人，年加工中药饮片40多万公斤。1997年始，中药饮片年加工量逐年递增，2002年，中药饮片年加工量68万公斤。2004年，济宁市医药集团总公司兖州分公司改制为兖州市御风药业有限责任公司；国家药品监督管理局实施GSP（药品经营企业全面质量管理）管理，中药饮片必须由取得GMP（药品生产企业全面质量管理）证书的生产企业配送至药品经营企业，中药饮片全部实行西药化管理。市御风药业有限责任公司终止中药材加工。

1996年—2003年兖州市中药饮片加工情况表

表26-5　　单位：万公斤

年　份	1996	1997	1998	1999	2000	2001	2002	2003
数　量	40	44	48	53	56	63	68	60

第二节　药品生产

1996年，兖州市境内仅济宁市皮肤病防治院有1个制剂室。有市益健制药厂、市中药厂2家药品生产企业，生产针、片、粉、丸、胶囊剂等5种。1998年4月，兖州希尔康泰药业有限公司成立。2000年，按照国家食品药品监督管理局要求，在药品生产经营环节开始推行GMP（国家药品生产质量管理规范）认证政策，作为药品生产企业的准入门槛。2003年9月，市中药厂更名为市大禹制药有限责任公司。2006年10月，市大禹制药有限责任公司更名为山东鲁抗大禹药业有限公司。2011年5月，山东鲁抗大禹药业有限公司更名为山东端信堂大禹药业有限公司。主要生产片剂、颗粒剂、原料药等23个品种，年生产能力1600吨。同年，兖州希尔康泰药业有限公司更名为山东希尔康泰药业有限公司。主要生产片剂、硬胶囊剂、小容量注射剂、明胶空心胶囊等7个品种。年生产片剂10亿片、胶囊剂20亿粒，水针5亿支，粉针5亿支。2013年，全市共有3家药品生产企业，销售收入3.4亿元，利税3052万元。

2013年兖州市药品生产企业基本情况表

表26-6

序　号	企业名称	企业地址	主要生产范围
1	山东端信堂大禹药业有限公司	兖州工业园区西安中路	片剂、颗粒剂、原料药
2	山东希尔康泰药业有限公司	兖州市新兖镇民营工业园	粉针剂（含青霉素类）、颗粒剂（此生产范围仅供企业办理药品生产批准证明文件使用）、小容量注射剂、硬胶囊剂、片剂、原料药、无菌原料药
3	兖州生宝制药有限公司	兖州市中御桥北路40号	原料药、片剂、胶囊剂、口服液、滴眼液、水针剂

第三节　药品经营

药品批发　1996年，兖州市有山东省济宁市医药集团公司兖州分公司1家药品批发企业。2004年，济宁市医药集团总公司兖州分公司改制为兖州市御风药业有限责任公司，并通过GSP认证。2006年6月，兖州市鲁恒医药有限公司成立，并通过国家药品GSP认证。2011年4月，山东朋欣药业有限公司成立，2012年通过国家药品GSP认证。2012年1月，济宁鲁抗药品经营公司兖州分公司成立，2013年5月更名为华润济宁医药有限公司兖州分公司；全市共有4家药品批发企业，与鲁抗医药、新华制药、哈药集团、辰欣药业、山东齐都制药、华瑞三九、广州白云山等国内厂商建立稳定供货关系。全年，销售收入1.3亿元，利税156.4万元。

2013年兖州市药品批发企业基本情况表

表26-7

序　号	企业名称	企业地址	主要经营范围
1	华润济宁医药有限公司兖州分公司	兖州市大安镇范家林村	中药饮片、中成药、化学药制品、抗生素、生化药品、生物制品（除疫苗）、精神药品（限二类）的批发
2	兖州市鲁恒医药有限公司	兖州市南护城河路66号	中药材、中药饮片、中成药、化学药制剂、抗生素、生化药品、生物制品（除疫苗）
3	山东朋欣药业有限公司	兖州市富阳路百丰大厦	中药饮片、中成药、化学药制剂、化学原料药、抗生素、生物制品（除疫苗）
4	兖州市御风药业有限责任公司	中山东路207—1号	中药材、中药饮片、中成药、化学药制剂、抗生素、生化药品、生物制品（除疫苗)精神药品（限制二类）

药品零售　1996年，兖州市有12家药品零售企业。2003年，按照国家食品药品监督管理

局要求，在药品经营环节开始推行GSP认证政策，作为药品经营企业的准入门槛。至2003年年底，全市有12家药品经营店获得GSP证书。2013年，全市有120家药品零售企业。药品连锁企业销售额6000万元。

第四节　医疗器械生产

1996年，全市有市医疗器材厂1家医疗器械生产企业，主要生产经营一次性使用无菌注射器（带针）、一次性使用无菌输液器（带针）等医疗器械，全年销售额800万元。1997年，山东通用医疗器械有限公司成立，市医疗器材厂更名为市瑞通医疗器械有限公司。2002年，市康怡医疗器械有限公司、山东育达医疗设备有限公司成立。2003年，市瑞通医疗器械有限公司更名为山东瑞通高分子医疗器械有限公司，生产品种扩大到一次性使用无菌注射器（带针）、一次性使用无菌输液器（带针）、一次性使用无菌精密过滤输液器（带针）3种，年生产能力2000万支。2004年，山东育达医疗设备有限公司在兖州经济开发区建设2万平方米新厂房，建成江北地区最大的手术室、病房设备生产基地。2013年，山东瑞通高分子医疗器械有限公司在颜店镇工业园区建设占地74亩的新厂区。全市医疗器械生产企业发展到4家，主要生产经营一次性使用输液器（带针）、一次性使用无菌注射器（带针）、电动手术台、手术无影灯等医疗器械，全年销售额3.5亿元。

2013年兖州市医疗器械生产企业基本情况表

表26-8

序　号	企业名称	企业地址	主要生产经营范围
1	山东瑞通高分子医疗器械有限公司	兖州市南护城河路445号	一次性使用无菌输液器（带针）、一次性使用无菌注射器（带针）、一次性使用无菌溶药器、一次性使用无菌皮下留置针
2	兖州市通用医疗器械有限公司	兖州市东郊军民路8号	电动手术台、手术无影灯
3	山东育达医疗设备有限公司	兖州经济开发区	电动手术台、手术无影灯
4	兖州市康怡医疗器械有限公司	兖州市东环城路75号	电动手术台、手术无影灯

第五章　疫病控制

第一节　管理机构

市卫生防疫站　1996年，兖州市卫生防疫站设办公室、食品卫生、环境卫生、劳动卫生、消杀、疾病控制、接种门诊、防痨、检验、总务等10个科室，有职工88人。2003年，撤销食品卫生科和检验科，增设综合监督科、食品卫生一科、食品卫生二科、食品卫生三科、财务科、药械科、微生物检验科和理化检验科等8个科室。2007年，市卫生防疫站共设置办公室、综合监督、食品卫生一科、食品卫生二科、食品卫生三科、环境卫生、劳动卫生、消杀、疾病控制、接种门诊、防痨、财务、药械、总务、微生物检验和理化检验等16个科室，有职工99人。2008年2月，撤销兖州市卫生防疫站，分别组建市卫生局卫生监督所和市疾病预防控制中心。

市疾病预防控制中心 2008年2月成立，为副科级全额事业单位，设行政管理、传染病防制、结核病防治、免疫规划、卫生监测、检测检验、生物制品管理等7个科室和预防接种、健康体检2个门诊部，有职工61人。2009年，撤销结核病防治科，人员和职能并入传染病防制科，增设健康教育科和质量管理科2个科室。2010年12月，市疾病预防控制中心由副科级全额事业单位升格为科级全额事业单位。2013年11月，兖州市疾病预防控制中心更名为济宁市兖州区疾病预防控制中心。至年底，区疾病预防控制中心设行政管理、传染病防制、慢性病防制、艾滋病防治、免疫规划管理、卫生监测、健康教育、检验、病媒消毒、生物制品管理、质量管理、预防保健等12个科室，有职工66人。

市皮肤病防治站 位于兖州市龙桥南路3号，是市卫生局主办的皮肤病专科防治机构。1996年，设皮肤病门诊、社防、财务、办公室4个科室，有职工10人。2013年11月，兖州市皮肤病防治站更名为济宁市兖州区皮肤病防治站。至2013年年底，医院建筑面积374.2平方米。内设科室未变，有职工10人。

第二节 计划免疫

1996年始，兖州市计划免疫实行定点定时接种，全市12所乡镇卫生院每月确定3天～9天集中进行接种。1996年—1999年，全市0岁～12岁儿童计划免疫建卡率均为100%，麻疹疫苗接种率为100%、99.59%、99.82%、99.85%，脊髓灰质炎疫苗接种率为100%、99.62%、99.87%、99.99%，百白破三联制剂接种率为100%、99.78%、99.80%、99.97%，卡介苗接种率为99.70%、99.60%、99.68%、99.66%。四苗接种率明显提高，实现以乡镇为单位计划免疫第三个85%和消灭脊髓灰质炎的目标。2002年，全市12处定时定点接种门诊全部通过济宁市验收，颜店镇接种门诊达到省级规范化接种门诊标准。2005年，市委、市政府拨出免疫规划经费114.2万元用于预防接种工作，兖州市成为全省第一个实现一类疫苗免费接种的县（市、区）。2008年5月始，将全市甲肝疫苗和乙肝疫苗等14种疫苗纳入国家免疫规划范围，列为一类疫苗，免费为适龄儿童接种，全年两种疫苗接种率均达到95%以上。2009年—2011年，连续3年实施补种乙肝疫苗项目，通过摸底调查登记，全市范围内15岁以下儿童需补种乙肝疫苗17857人次。至2011年年底，累计补种17142人次，全市5岁以下儿童乙肝表面抗原携带率由2009年的7.18%降低到1%以下。同年，在全省率先对免疫规划疫苗实施票据化管理，免疫规划疫苗常规接种率均达到98%以上，市疾控中心被评为省扩大国家免疫规划工作先进单位。2013年，市疾控中心在全市开展“免疫规划规范年”活动，举办2期预防接种门诊综合技术和消毒技术培训班，培训专业技术人员510余人次，兖州市被评为省级免疫规划工作示范县。进一步完善免疫规划疫苗票据化管理机制，开展接种证查验和补种工作，全年学校适龄儿童查验率100%，全市儿童免疫预防接种信息化管理率100%，一类疫苗接种率98%以上，接种率列济宁市各县（市、区）第一位。

第三节 传染病防控

霍 乱 属于法定甲类传染病。1996年—2013年，累计监测腹泻病例18065例，细菌培养1914份标本，葡萄球菌蛋白凝集试验1806份，外环境检索食品3408份、水产品2758份、其他样品1654份，均未检出霍乱弧菌。至2013年年底，兖州市未发生霍乱疫情。

艾滋病 属于法定乙类传染病。2002年5月，经原省卫生防疫站检测，确认全市首例艾滋病病毒感染者。2004年6月，对全市12个镇（街道）1995年前后有献血史人员进行摸底调查，确认有献血史人员共计205人，经采血检测，未发现艾滋病病毒感染者；7月，市政府成立兖州市防治艾滋病工作委员会，下设防治艾滋病工作委员会办公室。每年召开2次全体成员会议，研究布置防艾工作；12月1日，全市32个部门单位在市九州广场联合举办以“关注妇女，抗击艾滋”为主题的大型宣传活动。2005年1月，市卫生防疫站组织9名专家到小孟镇参加“三下乡”活动，宣传艾滋病防治知识；12月，市卫生防疫站获得省疾病预防控制中心艾滋病筛查实验室资格证书。2005年—2010年，对1990年以来在兖州市定居的云南、广西、贵州、四川、河南、湖南、新疆等艾滋病高发省（自治区）的妇女开展摸底登记调查，共计确定上述省（自治区）外来妇女725人，并采血检测艾滋病病毒抗体，未发现阳性者。2005年始，对所有进入监管场所的被监管人员开展常规检测工作。至2013年年底，累计检测被监管人员1974人，共查出艾滋病病毒感染者4人，均为外地吸毒人员。2006年起，在全市开展自愿咨询检测活动，至2013年年底，共检测5624人，查出艾滋病病毒感染者3人。

传染性非典型性肺炎 2002年11月，广东省出现传染性非典型性肺炎（以下简称“非典”）疫情，随后，北京、天津等地也相继出现病例，疫情逐渐扩大。2003年4月，市卫生防疫站迅速组建由40名专业技术人员组成的应急处理机动队，分成流行病学调查、消毒、疫情信息管理、健康教育、病原学监测、公共场所监测、食品卫生监督、后勤保障等8个专业小组。配备电脑、传真机和2部“95120”疫情专报电话。安排2名专职人员、2名兼职人员负责收集、统计、汇总、上报资料工作，坚持24小时值班制度。储备普通隔离衣360件、手术罩衣160件、防护服200件、体温计400支、红外线测温仪159台、一次性防护服300套、16层以上棉纱口罩6600个、一次性乳胶手套500双、加长型乳胶手套300双、防护镜200副、胶靴60双、雨衣30件、拖鞋50双、手持小型喷雾器400个、背式喷雾器5个、机动喷雾器1个、过氧乙酸消毒液3000公斤、“非典”防治专用车1辆；5月，派出专业人员到8个镇2个街道对政府机关、企业单位、学校、村委会负责人进行防非知识专业培训，对各医疗卫生机构、乡村医生、校医及公安、警察人员进行相关知识培训，累计培训人员7000余人。到街头、车站、集贸市场开展宣传工作160余人次，发放防非知识宣传单8万张，《传染性非典型性肺炎预防知识手册》4000本。全市共建立23个发热门诊、10个隔离区。市直医疗机构和镇卫生院开展疫情网络直报系统建设，共设置公共卫生综合监测点52个。其中，村卫生室32个，发热门诊12个，机关事业单位4个，学校、药店、留验站各2个，公共场所2个。2003年4月—12月，共计调查返乡人员和外省籍人员32134人，进行医学观察14天，其中发热者49人，未发现“非典”病例。市卫生防疫站累计开展现场流行病学调查285次，排查重点人员1540人，疫点消毒125处，出动车辆450辆次，举办各类专题讲座65场。2003年，“非典”防治工作结束后，按照卫生部《全国不明原因肺炎病例监测实施方案》要求，在县级医疗机构对发热（≥38℃）、具有肺炎或急性呼吸窘迫综合征（ARDS）的影像学特征、发病早期白细胞总数降低或正常或淋巴细胞分类计数减少、经抗生素规范治疗3天～5天病情无明显改善而且不能作出明确诊断的肺炎病例加强监测和报告。至2013年年底，全区未发现不明原因肺炎病例。

肺结核病 属于法定乙类传染病。1996年—1999年，共接诊可疑患者5175人，免费治疗416人，新发涂阳治愈率和复发涂阳治愈率分别达到95%和90%以上。2000年，初诊1704人，查痰444人。其中，阳性结核病人137例，均给

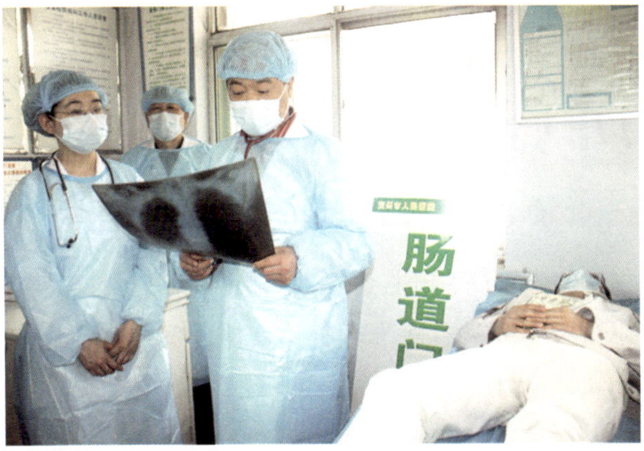

医疗机构开展传染病防控演练

予免费系统治疗。市卫生防疫站防痨科全年访视现症和愈后病人856人次，新发涂阳治愈率和复发涂阳治愈率分别达到96%和85%。2001年12月，市卫生防疫站防痨科被省卫生厅授予全省结核病防治工作先进集体称号。2003年—2006年，实施世界卫生组织结核病控制项目。2006年11月，兖州市被省卫生厅命名为结核病防治示范县。2008年6月，市卫生局指定市铁路医院为结核病诊疗定点医院，负责对结核病病人的诊断和治疗工作，市疾控中心负责结核病防治管理、预防控制和宣传教育工作，率先在全省实行结核病防治工作医防合作模式。市结核病防治所被省卫生厅授予全省结核病防治工作先进集体称号。2009年，全市结核病人的发现率和治愈率分别为97.3%和96%。至2013年年底，全区共接诊可疑患者2.9万余人，免费治疗3247人，新发涂阳治愈率和复发涂阳治愈率分别为95%和90%以上。

病毒性肝炎　属于法定乙类传染病。1996年，全市病毒性肝炎发病率为55.36/10万，针对病毒性肝炎疫情，采取以保护重点人群为主的综合性防治措施，坚持群众自愿自费的原则，对重点人群实施接种甲肝疫苗和乙肝疫苗，至2001年，累计接种4.1万余人次。2002年，卫生部将乙肝疫苗纳入计划免疫，全市免费为新生儿接种3针次，全年累计接种9100余人次。2005年8月始，市政府每年拨出免疫规划经费用于预防接种工作，为儿童免费接种第一类疫苗，其中包括甲肝疫苗和乙肝疫苗。2006年，全市人群乙肝表面抗原携带率为7.18%。2006年始，全市开展乙肝疫苗母婴传播阻断工作，对乙肝表面抗原阳性的孕妇及其所生婴儿采取高效价乙肝免疫球蛋白和乙肝疫苗联合免疫的方法，有效阻断乙肝病毒母婴传播。至2013年年底，累计接种9.1万人次，全区15岁以下人群乙肝发病率接近于零。

手足口病　2008年5月，卫生部将手足口病列为丙类传染病管理。2008年，兖州市有散发病例发生，未出现聚集性病例及疫情。市疾病预防控制中心组织防控专家定期开展疫情会商，对全市手足口病疫情进行分析预测，开展卫生宣传教育活动。全年累计处理疫点429个，参与处置工作人员数1200人次，技术指导医疗机构43处，向各镇（街道）发放消毒液1.2瓶，消毒片80万片。至2013年年底，全区手足口病一直处于低流行状态。

脊髓灰质炎　属于法定乙类传染病。1996年，全市预防接种门诊以镇为单位实施定时定点集中式接种，增加免疫服务次数，提高免疫接种及时率和接种质量，脊灰疫苗基础免疫和加强免疫接种率保持在95%以上。1999年，兖州市成立消灭脊灰证实准备工作领导小组，并着手进行消灭脊灰证实工作。市卫生防疫站抽出4名专业技术人员收集、整理、分析、汇总有关脊髓灰质炎工作的文件、接种免疫、冷链管理、接种门诊建设、监测和调查、异常反应处理、强化免疫等资料，立卷归档，装订成册。2000年10月，兖州市通过世界卫生组织无脊灰证实工作，达到基本消灭脊髓灰质炎的标准，脊髓灰质炎成为继消灭天花后通过接种疫苗消灭的第二种传染病。2001年—2013年，对监测到的178例急性迟缓性麻痹病例，全部进行流行病学调查和随访，各项监测指标均达到上级业务部门的工作要求。全市共免疫4.73万人次，服苗率达99.48%，阻断了疫苗衍生脊髓灰质炎病毒传播与循环。

第六章　卫生监督

第一节　管理机构

兖州市卫生监督所成立于2008年2月，为科级全额拨款事业单位，定编45人，是全市唯一一所市级综合性卫生监督执法机构。2008年，设综合科、法制稽查科、许可审核科、食品卫生监督一科、食品卫生监督二科、学校卫生监督科、职业卫生监督科、医疗卫生监督科、环境卫生监督科9个科室，有工作人员45人。2013年11月，兖州市卫生监督所更名为济宁市兖州区卫生监督所。至年底，区卫生监督所内设办公室、法制稽查科、卫生监督一科、卫生监督二科、卫生监督三科、卫生监督四科6个科室，有职工31人。

第二节　医疗市场监督

1996年7月，市卫生局、市工商局、市公安局等部门联合组成执法队伍，对城区社会办医疗机构进行集中治理整顿，共取缔非法行医个体诊所43家，没收价值3万余元的药品、器械，处罚4.5万元。1999年8月，市政府召开整顿城区社会办医疗机构动员会议，对城区医疗秩序进行集中治理整顿。2000年7月，组织开展城区社会办医疗机构整顿突击月活动，共取缔非法医疗机构9家，拆除医疗广告牌20余块，没收价值1万余元的药品、器械，并对没收的药品等进行集中销毁；8月，对全市149家医院和各类卫生所进行消毒效果监测，共采样902份，其中物表样合格率为95.39%，手样合格率为96.83%，消毒液合格率为100%，城区医疗秩序及诊疗行为明显得到规范。2005年，市卫生局、市科技局、市公安局、市监察局、市计生局联合制定《兖州市打击非法行医专项行动实施方案》，组织出动执法人员300余人次，出动车辆80余台次，检查城区医疗卫生、计生机构400余户次，取缔无证行医4家，查处聘用非卫生技术人员行医的医疗机构3家，清理出租、承包科室医疗机构2家，查处医疗机构和计生机构其他违法行为2家。2008年，市卫生监督所依法加大对非法行医的打击力度，重点开展针对城区医疗机构非法行医、科室转租外包、医疗美容服务等多次专项检查，全年共监督检查医疗机构728户次，检查医务人员1246人次，监督覆盖率达100%。2009年，对全市未取得医疗机构执业许可证的黑诊所进行集中取缔，共取缔非法医疗机构40余家，没收药品医疗器械30余箱，拆除医疗广告牌30余块，价值2万余元，并对没收的药品等进行集中销毁。2010年，市卫生监督所在全市范围内开展打击非法行医专项行动，共取缔非法医疗机构28家，没收药品40余箱，对5家超范围开展诊疗活动和6家使用非卫生技术人员的单位责令整改，并进行记分管理，卫生监督公示率95%。2010年—2013年，累计监督检查医疗机构2100余户次，检查医务人员3900余人次，取缔非法医疗机构89家，没收药品医疗器械148余箱，拆除医疗广告牌157余块，监督覆盖率100%。

第三节　公共场所卫生监督

1996年始，市卫生局依法对公共场所卫生从业人员进行预防性的健康体检和卫生知识培训。至2000年，累计培训3874人，对查出的23名“五病（痢疾、伤寒、病毒性肝炎、活动期肺结核、化脓性或者渗出性皮肤病）”患者全部调离直接服务岗位。2003 年—2005 年，按照国家标准对各类公共场所的空气质量、微小气候进行全面监督监测。累计监测公共场所空气质量 3095 点次、合格 2322 点次、合格率 75.02%，累计监测微小气候 2834 点次、合格 2524 点次、合格率 89.06%。2008 年，监督检查各类公共场所 108 户次，检查从业人员 212 人，持有效健康体检卫生知识培训合格证 212 人。2009 年，开展“六小（小餐饮、小浴室、小美容美发店、小歌舞厅、小旅店、小网吧）”专项整治，对美容美发业和旅店业进行全面检查，共检查 117 户次，检查从业人员 319 人，持有效健康体检卫生知识培训合格证 316 人。2013 年，对游泳场所、宾馆及洗浴中心为重点的公共场所单位及农村企业自备水井集中式供水单位等进行专项监督检查，并实行公共场所卫生监督公示制，落实查体培训 400 余人，填写卫生监督意见书 100 余份，公共场所的环境卫生状况显著提高。

第四节 职业卫生监督

1996 年—2000 年，市卫生局对驻兖、市直、乡镇各企业的尘、毒、噪声点进行监测，共监测粉尘点 313 个、毒物点 171 个、噪声点 501 个；特种工人健康查体 2900 人。2003 年—2005 年，监测粉尘作业点 258 个，合格率为 58.33%；毒物作业点 122 个，合格率为 69.67%；噪声作业点 242 个，合格率为 47.11%；放射性仪器设备监测 70 台次，合格率为 95.71%。2005 年，开展煤炭、冶炼、造纸等重点行业职业病危害专项治理，实施给企业送一部法律即《职业病防治法》，对劳动者开展一次职业卫生知识培训，指导企业建立一套职业卫生档案管理系统，与企业签订一份落实《中华人民共和国职业病防治法》责任书的职业卫生“四个一”工程，对 13 户厂矿企业进行 2 次监督检查，指导 8 户重点行业企业建立职业健康监护档案、职业卫生管理制度，对档案、制度建立不全，责任意识较差的职业危害企业下达卫生监督意见书 32 份，要求各企业限期整改。2009 年，对山东诺力电源有限公司在职工人 800 余人进行健康查体，并开展全员职业卫生知识培训。全年对全市接毒接尘工人查体 1000 人，在岗工人职业卫生知识培训 2600 余人，放射工作人员查体培训 148 人，对兖州市 16 家医疗单位 X 光机进行质量控制监测和个人防护监测。2013 年，邀请济宁市卫生监督所相关专家和本所卫生监督员先后对太阳纸业集团、山东诺力电源有限公司、古城煤矿、田庄煤矿及山拖集团等有职业病危害的企业员工 11300 余人进行职业病防治知识培训和宣传教育，发放职业病防治法及相关知识手册 10000 余份。监督用人单位对接触职业病危害的劳动者进行职业病健康检查 6700 余人，并建立职业健康监护档案。

第五节 学校卫生监督

1996 年始，根据《学校卫生工作条例》，市卫生局对全市中小学生进行健康查体，在市学生常见病防治领导小组和市蠕虫感染综合防治工作技术小组的指导下，至 1999 年，共进行中小学生肠道寄生虫驱虫服药 83000 人次。2003 年—2005 年，建立中小学生健康档案，每年开展中小学生查体工作，累计查体人数 22698 人。2008 年始，兖州市卫生监督所负责对辖区内学校、托幼机构进行综合卫生监督，重点在传染病防控、保健室的设置、饮用水卫生、学习环境卫生等方面定期进行监督检查，每年抽检率达到 20% 以上。2011 年，对辖区内 52 所中小学进行卫生监督检查，覆盖率为 70%。重点对 7 所寄宿制学校进行全面检查，监督检查覆盖率 100%。至 2013 年，全市有 41 所学校设有保健室，共有保健员 32 人，76 所学校建立突发公共卫生事件应急预案和传染病疫情报告登记及管理制度，所有学校均规范进行学校晨检记录、学生检查体检和教师常规体检记录，均使用市政供水和农村集中式供水，水质符合生活饮用水卫生标准，学校教室采光、照明、课桌椅、黑板等基本符合卫生要求。

第六节　放射卫生监督

1996年，在济宁市卫生防疫站的指导下，兖州市卫生防疫站对全市22家有放射性仪器设备的单位进行放射监测，同时发放放射许可证。2001年—2002年，对从事放射工作的人员发个人剂量笔172支，进行个人剂量监测。2003年—2005年，监测放射性仪器设备70台次、合格67台次、合格率95.71%。对从事放射工作的人员进行个人剂量监测200人次，强化个人日常计量监测。2006年始，市卫生局依据《放射诊疗管理规定》，对兖州辖区内16家医疗单位内放射诊疗机构进行放射诊疗许可，并按照《放射诊疗管理规定》要求定期校验。每年与辖区内放射诊疗机构签订放射卫生管理责任书。每年组织对医疗单位内的医用X机、CT机进行质量控制与设备防护监测，确保各放射诊疗设备符合防护要求。每两年组织放射工作人员进行1次职业健康查体和教育培训，对于查体结果异常的人员及时调离放射工作岗位。2009年，市卫生监督所组织全市16家医疗机构148名放射工作人员进行健康查体，并进行为期2天的放射防护法律知识培训，对体检培训合格人员依法发放放射工作人员证。每年组织对放射工作人员开展个人放射剂量监测，全市所有医疗机构放射工作人员均建立个人剂量、职业健康管理和教育培训档案。各医疗机构加强受检者安全防护，在放射诊疗场所设置电离辐射警告标志，建立放射防护温馨提示制度，检查室内配备受检者防护用品。2011年—2013年，对全市18家医疗单位内X光机、CT机进行放射防护检测、设备稳定性检测。2011年共检测设备21台，2013年检测30台，检测覆盖率均为100%，对检测结果不符合要求的设备，指导并监督医疗单位进行整改，整改后合格率均为100%。全市18家开展放射诊疗工作的医疗单位均取得放射诊疗许可证。

第七章　妇幼保健

第一节　管理机构

1996年，兖州市妇幼保健院设社会保健科、妇产科病房、妇产科门诊、内儿科门诊、手术室、医技科、药剂科、检验科、财务科、后勤科、办公室等11个科室，开放病床50张，工作人员54人，专业技术人员47人。2002年，增设儿童保健科、儿科、婚检科、心电图室、放射科等5个业务科室。2013年11月，兖州市妇幼保健院更名为济宁市兖州区妇幼保健院。至年底，区妇幼保健院设有4个业务部、16个科室，在职在编职工76人。拥有业务用房3200平方米，设床位50张，年均门诊量4万人次，购置有彩色B超机、全自动多功能手术床、Ⅲ分类血球仪、四通道血凝分析仪、全自动尿液分析仪、精液分析仪、脉动真空高压灭菌器2台、心电监护仪、胎心监护仪、新生儿蓝光治疗仪、儿童微量元素分析仪、爱婴产床、全自动多功能手术床、妇科治疗仪、微波治疗仪、生化分析仪等医疗设备100多台套，固定资产近500万元。

第二节　妇女保健

婚前保健　1996年—2002年，依法开展婚前医学检查，婚前医学检查率100%。2003年10月，新《婚姻登记条例》施行，婚前健康查体由强制改为自愿。至2005年年底，全市婚检率急剧下降，由2002年的95%以上下降到2005年的不足1%，新生儿出生缺陷率则由2002年的3‰上升至2005年的6.73‰。2006年5月，兖州市启动免费婚检工作。2009年，市政府提出加强免费婚检工作，提高婚检率的要求，实行免费婚检的奖励性政策。2011年，市卫计局、市民政局联合在市民政局婚姻登记处设立婚前保健服务中心，在开展婚检的同时，通过新婚学校、咨询室开展婚前卫生咨询，为结婚当事人答疑解惑。2012年，开通婚检热线，随时提供新婚健康指导、遗传病咨询、优生优育和计划生育咨询服务，全市实现城乡孕前期和孕早期妇女增补叶酸预防神经管畸形项目全覆盖。至2013年年底，全区免费婚前医学检查率连续4年保持100%，出生缺陷率由2005年的6.73‰下降到2013年的4.69‰，共向城乡待孕和孕早期9832名妇女免费增补叶酸3.2万余瓶。

孕产期保健　1996年，兖州市推广科学接生，实行围产期管理，对怀孕3个月的孕妇建卡，对高危妊娠者建立登记、专案管理和进行监护。1997年，市妇幼保健院组织全市妇幼工作检查，全市做到“五无（无孕产妇死亡、无新生儿破伤风、无产褥热、无Ⅲ度会阴破裂、无子宫破裂）”，产前检查率90%～95%，新法接生率100%，住院分娩率100%。1998年，实行孕产妇系统化管理和高危孕产妇专案管理，全市孕产妇健康管理率99%，住院分娩率100%。1999年，市政府制定《儿童发展规划纲要》《创建爱婴市、促进母乳喂养规划》《创建爱婴市实施方案》，促进了住院分娩工作的开展。2000年，市卫生局、市物价局共同制定《爱婴医院床位收费标准》，建立起广泛的协作机制。市工商局制定《禁止对公众进行母乳代用品、人工奶头和奶瓶的广告宣传》等行政规章。市妇联牵头组织非政府组织的妇幼保健协调支持组织，爱婴行动从医院走向社区，进入家庭。2001年始，抓产科建设，推广住院分娩等适宜技术，加强人员培训，坚持每年定期开展两次孕产妇、围产儿死亡评审，不断提高产科及住院分娩质量。2010年，在全市实现农村孕产妇住院分娩补助应补尽补，实行由助产机构在产妇出院时即时发放，对在兖州市以外助产机构分娩的产妇，出院后携带相关证件到所在镇（街道）卫生院（中心）领取补助，每月5日妇幼计生服务中心与各助产机构和镇（街道）卫生院（中心）结算。至2013年年底，累计向14669名住院分娩的农村孕产妇发放补助经费440.1万元。全区孕前优生健康检查率、免费产前筛查率均达到95%，孕产妇中、重度贫血患病率降至0.5‰以下，孕产妇乙肝、艾滋病、梅毒监测和预防、干预机制健全，检测率91.6%，母婴垂直传播比例为0。婴儿死亡率为5.3‰，孕产妇死亡率为0，5岁以下儿童死亡率为6.28‰。

妇女病普查普治　1996年，市卫生局、市计生局、市总工会、市妇联等部门联合在各乡镇、厂矿企事业单位普查普治妇女病，共普查普治2156人次，查出各种疾病1200余人次，疾病查出率56%，妇科病治愈率98%。2000年起，市妇联、卫生等部门每年均利用国际妇女节，对全市广大妇女进行以妇女病普查普治为重点的宣传活动。至2013年，累计受众20余万人次。2010年，市政府将免费为35岁～54岁农村妇女“两癌（宫颈癌、乳腺癌）”筛查列入为民办实事，确定市妇幼保健院为两癌免费筛查定点机构。2012年，建立城乡适龄妇女每两年免费享受一次“两癌”筛查的长效工作机制，每两年一个筛查周期长期开展，筛查对象扩大至城乡35岁～59岁妇女。至2013年年底，10万余名适龄妇女自愿接受检查，确诊的乳腺癌、宫颈癌和宫颈癌前病变以及妇女病患者得到早发现、早诊断、早治疗、早预防，妇女常见病定期筛查率95%，妇女宫颈癌、乳腺癌早诊早治率95.3%，疑似“两癌”妇女接受进一步检查率100%。

第三节 儿童保健

1996年始，市卫生局、市计生局、市教育局、市体育局、市妇幼保健院联合对全市托幼园所进行交叉评比，并指定专人到托幼园所定期进行卫生指导、保健知识宣传，为入托儿童和保育员进行健康查体。1998年，开展新生儿疾病筛查和听力筛查、视力筛查，抓好出生缺陷“三级预防”落实。1999年，普查颜店镇、小孟镇3岁以下儿童685人，母乳喂养患病率最低，为12.87%。2000年，市妇幼保健院对低锌、低体重、缺铁性贫血等病儿建立专案管理并进行治疗，并建立儿童智力测验门诊。分别举办市妇幼卫生人员营养知识学习班、市眼保健知识学习班、托幼机构保健人员培训班等。1999年1月至2002年6月，市妇幼保健院对兖州市0岁～6岁儿童血铅抽样调查，了解全市儿童铅中毒的流行率，监测儿童贫血、智力低下与铅中毒的关系，胎儿铅暴露状况及影响因素等。2002年始，对3岁以下儿童建立系统管理卡册，按“4、2、1”程序做体检监测工作，即1岁内每3个月检查1次，2岁～3岁每半年检查1次，4岁以上每年检查1次。2005年5月至2007年4月，进行为期3年出生缺陷儿的监测调查，明确全市出生缺陷发生率和有关致畸因素，其中环境因素约占7%，遗传因素约占25%，环境因素与遗传因素相互作用和原因不明者约占68%。2010年，依据《托儿所、幼儿园卫生保健管理办法》，对托幼园（所）卫生保健工作进行管理和业务指导，为入托儿童和保育员进行健康查体。对有不良习惯及患病儿童及时给予指导和治疗，对健康查体不合格的保育员，向园（所）提出调离一线岗位的建议，同时健全健康查体档案。2011年，市政府将实施儿童健康成长工程，免费为全市6岁～12岁儿童预防龋齿列入为民办实事，2012年，市政府将其列入民生保障体系，建立长效工作机制，由市卫计局、市教体局负责组织实施。市口腔医院作为定点医院，专门设立儿童牙病防治中心，开展适龄儿童免费窝沟封闭预防龋齿，2011年—2013年，共计检查人数23607人，窝沟封闭人数23230人，有效降低儿童龋齿患病率。至2013年年底，新生儿听力筛查共筛查新生儿95327例，检出检出苯丙酮尿症、甲状腺功能低下症、听力障碍、视力障碍等患儿703例，其中检出遗传代谢性疾病97例，均转上级医院治疗。对全市学龄前儿童入托查体162000余人，入托查体率达96%。全市保育人员持健康证上岗率100%。

市妇幼保健院定期开展幼儿园儿童免费健康查体工作

第八章 社会卫生

第一节 国家卫生城市创建

1996年5月，兖州市实行爱国卫生义务劳动制度，规定每个星期六为爱国卫生义务劳动日，各企事业单位组织干部职工开展义务劳动，净化、美化城市。1997年3月，全市实行部门单位包路段责任制的城市环境卫生管理模式。兖州市城区有水冲式公厕23处，吊笼式垃圾中转站11座，密闭垃圾箱29座，果皮箱296个，环卫车辆27部，垃圾清运机械化作业率90%，城区保洁覆盖率97%以上。1998年2月，兖州市开展城市市容环境综合整治活动，从城市规划、市容景观、环境卫生、园林绿化、道路及排水设施维护、道路交通、摊点卫生单位及小区卫生、城市出入口整治、城区明亮工程、工地文明施工、蚊蝇消杀、窗口单位容貌、乡镇环境卫生等诸多方面，对卫生城市建设不断提出新的更高要求。2000年4月，市委、市政府印发《兖州市爱国卫生活动方案》，成立市长任组长的市爱国卫生活动领导小组，在全市城区实施以环境卫生综合整治为主要内容的“4321”工程，集中抓好4条主要街道（建设路、中御桥路、九州大道、327国道）、3个广场（九州广场、火车站广场、太阳广场）、2类重点单位（机关事业单位、商贸市场）、1个居民小区的环境综合整治。突击活动期间，组织机关干部、厂矿职工、学生开展两次大规模义务劳动，参加人员达1万余人次，清理非法广告3000余处，清洗街道护栏2800余米，清运积存垃圾15处；12月，以火车站广场整治为突破口，全面拉开城市管理年活动的序幕。至2001年9月，创建成省级卫生单位2个、市级卫生单位60个，卫生乡镇3个。2002年7月，为迎接撤县设市10周年，兖州市开展新一轮城市建设环境整治，清理非法广告2700余处，清洗街道护栏3600余米，清运积存垃圾21处；9月，市城市管理办公室、市文明委、市爱卫会联合制定《兖州市城区“门前三包”责任制管理办法》。2005年—2006年，漕河镇、谷村镇、小孟镇、颜店镇创建为省级卫生乡镇。2007年4月，结合城市管理年活动，继续开展以整治城乡环境卫生为重点的爱国卫生月活动，治理脏乱差城市环境、改水改厕、农村爱卫、灭鼠除害防病，全市共有6.7万名干部、群众参与活动，整治大街小巷2697条，清理卫生死角3218处，清运垃圾6万多吨。2010年3月，制定《兖州市城乡环境卫生集中整治清理活动实施方案》，在全市开展以“清洁家园、保护健康”为主题的城乡环境卫生集中整治清理活动。全市共有8.6万名干部、群众参与活动，清除小广告4.7万余条，清理卫生死角5389处，清运垃圾9万余吨。2011年9月，全市城乡环境综合整治会议召开，对城乡卫生环境综合整治工作进行再动员、再部署。至2013年年底，全区共有21.7万名干部、群众参与卫生大清扫活动，清除小广告9.3万余条，整治大街小巷7568条，清理卫

志愿者开展创建国家卫生城市环境卫生集中整治活动

生死角 9165 处，清运垃圾 16 万余吨，顺利通过省级卫生县城复审，全市省、济宁市级卫生单位 42 个。

第二节　农村改水改厕

1996 年，市政府把村村通自来水工程列入为民办实事的重要内容。各乡镇成立村村通自来水工程建设领导和办事机构。实行市级领导包乡镇、包重点工程，乡镇领导包管区、包村、包工程责任制，把完成村村通自来水工程任务的好坏作为考核乡镇政府和干部政绩的重要内容。1998 年，市直有关部门及驻兖各单位干部职工每人捐资 60 元，共筹集 250 万元，用于谷村镇高氟区的二期改水工程，使氟区农民饮用上合格的自来水。至 2000 年年底，全市农村改水受益率为 100%，自来水覆盖率为 98%。农村累计改厕 9.11 万处，占农村改厕总数 64.99%，全市粪便无害化处理率 55.18%。2003 年 7 月，选取新兖镇、兴隆庄镇的 8 个村 1000 农户，采取以奖代补的办法，进行粪尿分集式生态卫生厕所改厕试点。2006 年，实施谷村镇贫水区集中供水工程，总投资 588 万元，共新打 360 米的基岩井 2 眼，铺设输水干管 16 公里，改变了谷村贫水区 1 万余人吃水难，饮用高氟水的历史。2007 年 10 月，漕河镇、小孟镇集中供水工程完工，新打深水井 2 眼，铺设地下输水管道 25 公里。2009 年 7 月，全市农村改水改厕学习培训班举办，市疾控中心、各单位爱卫办、镇、村有关工作人员共 250 余人参加学习培训。2009 年 10 月，安排 7 个镇、69 个村共 3500 户农村卫生改厕任务，每个村改厕农户数均达到全村总户数的 60%。至 2013 年年底，累计新建自来水工程 47 处，新打供水井 49 眼，铺设供水管道 380 公里，新建村的自来水入户率 100%，卫生厕所普及率 89.6%，无害化卫生厕所普及率 38.2%。

第三节　健康教育

1996 年，市爱卫会与兖州电视台联合制作《人人健康》栏目，市广播电台播发《卫生与健康》专题节目。市爱卫会印发农民健康教育读本 1500 余册，并出台公共场所禁止吸烟的文件。1998 年，兖州市城市卫生社会宣传及居民健康教育工作领导小组成立，制定《城市卫生宣传及居民健康教育的实施意见》，并在公共场所开展禁止吸烟活动。2001 年始，每年 4 月结合全国爱国卫生活动月主题，开展宣传活动，通过设置咨询台、悬挂横幅、展出宣传板、发放宣传资料等形式向群众宣传爱国卫生法规、环境综合治理、疾病预防控制以及科学“除四害”等知识。2007 年，在全市范围内广泛开展健康教育“五进（进社区、进学校、进村庄、进机关、进工厂）”活动。从各医疗卫生单位选拔业务骨干 34 名，开展以高血压、糖尿病、脑卒中、骨关节病、意外伤害、口腔保健、传染病防控与急救等知识为主要内容的宣讲活动 190 余次，受众近 30 万人，普及健康的生活方式和行为方式，提高居民防病能力和健康素养。至 2013 年年底，健康教育区、镇、村三级网络全面建成，覆盖率 100%。各社区、村居、企事业单位均设置健康教育宣传栏，中小学校健康教育开课率 100%，中小学生健康知识知晓率 95% 以上。

第四节　无偿献血

1998 年 10 月，兖州市首次组织公民无偿献血，全市近 200 个单位组织 1050 名体检合格职工每人无偿献血 200 毫升，共计采集 21 万余毫升。2006 年，无偿献血由计划献血方式转向公民自愿无偿献血。全年参加无偿献血公民人数 2000 余人次，采血 63.18 万毫升。2007 年 6 月，济宁市中心血站在市九州广场建立爱心献血点，常年开展采血活动；8月，济宁血站因用血紧张，向兖州市红十字会办公室提出求助，市红十字会办公室于8月14日—19日组织单位及群众参加无偿献血，5天内参与献血人数达800余人次，共采集血液近20万毫升，保障了济宁市血站供应的需要。全年爱心献血点共采集血液89.4万毫升、2980人次，兖州市红十字会办公室被省卫生厅、省红十字会、济南军区联勤部卫生部授予年度全省无偿献血工作先进集体。2013年，兖州市全年采血11940人次、358.2万毫升。

2007年6月18日，市红十字会组织群众在市九州广场开展无偿献血活动

1998年—2013年兖州市无偿献血情况表

表26-9

年　份	献血人数（人）	献血量（万毫升）	年　份	献血人数（人）	献血量（万毫升）
1998	1050	21	2007	2980	89.4
1999	2508	50.16	2008	4240	127.2
2000	2290	45.8	2009	4890	146.7
2001	1600	32	2010	4754	142.62
2002	1535	30.7	2011	4876	146.28
2003	2628	58	2012	8508	255.24
2004	2031	54.8	2013	11940	358.2
2005	2353	58.825	合计	60289	1680.105
2006	2106	63.18			

第五节　红十字会工作

机　构　1983年4月，兖州县红十字会成立。1993年，政府机构改革时红十字会与市卫生局合署办公。2005年12月，市政府印发《关于设立兖州市红十字会办公室的批复》，批准市卫生局设立市红十字会办公室，为副科级全额事业单位，编制员额3名，行使红十字会日常职能。2006年5月，市红十字会办公室由市卫生局代管调整为市政府领导联系，独立行使职责。2008年10月，市红十字会成为参照公务员管理的事业单位。2010年12月，兖州市红十字会办公室更名为兖州市红十字会。2013年，兖州市红十字会为参照公务员管理的副科级全额事业单位，有在职人员2人。

募　捐　1998年长江抗洪救灾中，市红十字会组织机关干部、居民群众捐款捐物，共筹集赈灾款172万元，被褥衣物5万余件，面粉10吨，方便面5吨。2000年，组织新疆灾区对口支援捐助活动，共筹集赈灾款75.2万元，被褥衣物4.01万件。2005年1月，开展向印度洋海啸灾区献爱心募捐活动，全市共筹集捐款7万余元。2006年9月，开展“支持新农合”的募捐活动，募集资金4万余元；10月，开展支持红十字事业和送温暖、奉献爱心的募捐活动，共募集资金7万余元。与市教育局联合开展救助贫困生的募捐活动，共募集资金19.5万元。全年共发放各

2008 年 2 月 25 日，市红十字会组织群众为中国南方冰雪灾区捐款

类救助捐款 23 万余元。2007 年 8 月，兖州市实验小学学生胡潇经诊断，患神经母细胞瘤住院，生命垂危。市红十字会办公室联合市机关工委、团市委、市教育局，在市实验小学举行为胡潇同学募捐活动，当场募得善款 7 万余元。2007 年冬，兖州地区部分贫困群众过冬困难，市红十字会办公室联合市卫生局开展“送温暖、献爱心”救助贫困群众过冬物资募捐活动，募得过冬衣物 1000 余件。2008 年 2 月，组织开展支援南方冰雪灾区爱心募捐活动，收到全市机关事业单位及社会力量捐赠共计 31 万余元；5 月 12 日，四川汶川地区发生里氏 8.0 级强烈地震。5 月 14 日，市红十字会办公室发出《关于向四川地震灾区提供紧急救助的呼吁》。至 6 月 16 日，设立现场募捐点 5 个，接收社会捐款共计 38.64 万元。2009 年，中国西南地区遭遇历史罕见的特大旱灾。市红十字会办公室在全市范围内开展向西南旱区募捐活动，共计接收社会捐款 18.16 万元。2010 年 4 月 14 日，甘肃省玉树县发生里氏 7.1 级地震。市红十字会办公室印发《兖州市红十字会办公室关于开展为青海玉树地震灾区募捐活动的通知》，并在市九州广场、市青少年宫设置现场募捐点，共计接收社会捐款 53.86 万元。2010 年，市红十字会办公室共开展大型募捐活动 3 次，共计接收社会捐款 93.76 万元。2013 年 4 月 20 日，四川省雅安市发生 7.0 级地震。市红十字会向全市发出《兖州市红十字会办公室救助四川雅安地震灾区呼吁书》共计 300 余份，并在兖州电视台、兖州日报社等媒体全文播发。至 6 月 22 日，市红十字会共计接收社会善款 3.56 万元，物资价值 2.01 万元，全部上缴济宁市红十字会。

救助慰问 2006 年始，市红十字会办公室每年春节前夕组织开展“博爱送温暖”活动，采购油米面被褥等过节物品，探望慰问贫困家庭。2007 年 2 月，市红十字会办公室到市麻风村开展“博爱送万家”送温暖活动，共发放慰问品 80 箱，“新农合”二次救助金和困难救助金共计 6.34 万元。至 2013 年年底，共计购买慰问物资 33 余万元，发放慰问金 20 余万元。接受大病困难群众及家属提交的救助申请 100 余人次，发放日常救助金 20 余万元。

造血干细胞捐献 2005 年始，市红十字会办公室多次组织厂矿企业、机关单位开展造血干细胞血样志愿捐献活动。2011 年 8 月 10 日完成全市首例造血干细胞捐献。至 2013 年年底，实现血样采集 850 余份。

遗体捐献 2006 年始，市红十字会办公室开展遗体志愿捐献登记，至 2013 年年底，累计遗体志愿捐献登记 17 人，角膜志愿捐献登记 1 人，完成 2 例遗体志愿捐献。

2006年—2013年市红十字会募集善款情况表

表26-10　　单位：万元

年份	2006	2007	2008	2009	2010	2011	2012	2013	合计
数额	31	8	70	18.2	93.76	11.2	17.1	3.56	252.82

第二十七篇

民　政

YANZHOUSHIZHI

民 政

第一章 管理机构

第一节 民政管理机构

1996年，市民政局设办公室、政权科、社会科、民政科、优抚科、安置科、生产管理科、社团管理科、规划财务科、地名办公室和农村社会养老保险事业管理处，共8个科2个室1个处；辖山东省兖州军用饮食供应站、市残疾人联合会2个科级事业单位和市殡葬管理所、市军队离退休干部休养所、市烈士陵园管理处3个副科级事业单位。13个乡镇均设民政办公室，各有工作人员2人～4人。1998年12月，市残疾人联合会与市民政局分离，归市政府直属管理。2001年5月，市婚姻登记管理处成立，为副科级全额预算管理事业单位，隶属市民政局领导，编制10人，人员从局内部全额事业单位中调剂解决。2002年8月，农村社会养老保险事业管理处与市民政局分离，归市劳动和社会保障局管理。同年，市民政局撤销生产管理科，民政科更名为社会事务科，社会科更名为救灾救济科，政权科更名为基层政权和社区建设科，地名办公室更名区划地名科。2003年，兖州市设立民间组织管理办公室，为副科级全额预算管理事业单位，编制4人，由市民政局管理，所需人员由市民政局内部调剂解决。同年5月，王因镇、黄屯镇划归济宁高新技术开发区管理，至年底，全市10个镇（街道）设有民政办公室，各有工作人员2人～4人。2004年，市城乡低保管理办公室成立，为副科级全额预算管理事业单位，编制6名，由市民政局管理。2006年，市双拥办公室成立，为科级全额预算管理事业单位，编制5名，由市民政局管理。同年，市婚姻登记管理处更名为市民政局婚姻登记处，原建制级别、编制员额及隶属关系不变；市民政局内部设置社会福利科，同时撤销社团管理科。2010年，市民间组织管理办公室更名为市民间组织管理局，为副科级全额拨款事业单位，同时挂市民间组织执法监督局牌子。同年，市慈善总会办公室成立，为科级全额拨款事业单位，编制3名，由市民政局管理。2012年，中共兖州市社会组织工作委员会办公室成立，设在市民政局，为股级内设机构，所需人员由市民政局内部调剂解决。2013年，市社会福利服务中心成立，为市民政局所属副科级社会公益一类事业单位，核定财政全额拨款事业编制15名；11月，市民政局更名为济宁市兖州区民政局；至年底，区民政局设办公室、安置科、规划财务科、优抚科、福利科、救灾救助科、区划地名科、基层政权和社区建设科、中共兖州区社会组织工作委员会办公室7个科2个室。辖山东省兖州军用饮食供应站、区双拥办公室、区慈善总会办公室3个科级事业单位和区军队离退休干部休养所、区烈士陵园管理处、区民政局婚姻登记处、区社会福利服务中心、区殡葬管理所、区城乡低保管理办公室、区民间组织管理局7个副科级事业单位。10个镇（街道）均设民政办公室，各有工作人员3人～5人。

第二节 残疾人事业管理机构

1995年4月，市残疾人联合会升格为科级全额预算管理事业单位，隶属市民政局。1998年12月，市残疾人联合会与市民政局分离，归市政府管理，设办公室、康复部、教育就业部3个部室，在编人员12人。2009年12月，全市10个镇（街道）残疾人联合会配备1名残疾人专职干事。2010年，10个镇（街道）残疾人联合会配备专职理事长。全市所有村（社区）均成立残疾人协会，有428个村（社区）配备残疾人专职委员，建成市、镇（街道）、村（社区）三级残疾人工作机构和工作者队伍。2013年11月，市残疾人联合会更名为济宁市兖州区残疾人联合会。至年底，区残疾人联合会设办公室、康复部、教育就业部、组联部、宣文部、维权部、辅具中心7个部室，在编人员22人。

第三节 老龄事业管理机构

1996年，市老龄工作委员会办公室有工作人员7人，全市13个乡镇均建立老龄办，有工作人员1人～2人。1997年，市老龄工作委员会办公室设综合科1个科室，有工作人员7人。此后，各乡镇老龄办工作人员不断充实调整，部分村（居）委会成立老年协会。2000年，全市行政区划调整，年底，全市12个乡镇（街道）设有老龄办。2003年5月，王因镇、黄屯镇划归济宁高新技术开发区管理，年底，全市有镇（街道）老龄办10个。2013年11月，市老龄工作委员会办公室更名为济宁市兖州区老龄工作委员会办公室。同年底，区老龄工作委员会办公室设综合科，工作人员6人。10个镇（街道）老龄办均有工作人员1人～2人，437个村（居）委会成立老年协会。

第二章 基层自治组织建设

第一节 村（居）民委员会换届选举

第五届村民委员会换届选举 1995年第四季度开始，1996年6月底结束。根据《中华人民共和国村民委员会组织法（试行）》和《山东省实施〈中华人民共和国村民委员会组织法（试行）办法〉》，按照省民政厅推广的“六个统一（统一程序、统一选票、统一表格、统一验收、统一发证、统一归档）”村委会换届选举办法，进行全市第五届村民委员会换届选举工作。全市492个行政村和15个居委会，全部依法进行换届选举工作，共选出村（居）委会成员1713人。

第六届村民委员会换届选举 1999年1月开始，同年6月底结束。这是新的《中华人民共和国村民委员会组织法》和新的《山东省村民委员会选举办法》颁布实施后第一次直接选举。选举工作分为宣传动员、投票选举、建章立制和检查验收4个阶段，全市492个行政村，除1个村因条件不成熟没有进行选举外，全部依法进行换届选举工作，共选出村委会成员1573人。全市村党支部书记、村主任“一人兼”的有52人，占村主任总数的10.7%；连选连任的222人，占村主任总数的45.5%；党员1160人，占村委会成员总数的75%，妇女133人，占村委会成员总数的8.7%。新当选的村委会成员的平均年龄42岁，其中，40岁以下的707人，占村委会成员总数的46%；具有初中以上文化程度的1517人，占村委会成员总数的98.7%。

第七届村民委员会换届选举　2001年10月开始，2002年6月结束。选举按照“一法两办法”的程序、步骤规范操作，全市492个行政村全部依法进行换届选举工作，选举成功率98%，选民参选率95.3%，到主会场投票的选民达到90%以上，共选出新一届村委会成员1675人，其中党员1435人，占成员总数的85.6%。全市村党支部书记、村主任“一人兼”的比例为92.4%，其他“两委”成员兼职比例为66.5%。2002年5月18日，美国卡特中心代表团在民政部、省民政厅及济宁市委、市政府有关领导陪同下，现场观摩新兖镇小马青村、兴隆庄镇北湖村的第七届村委会换届选举现场，对“发扬民主、严格程序、依法操作”的做法予以高度评价。

2004年，兖州市新驿镇何家村村委会开展换届选举

第八届村民委员会换届选举　2004年10月开始，2005年3月结束。全市425个村（居），有418个村（居）完成村（居）委会换届选举任务，占98.4%。共选出村（居）“两委（村支部委员会、村民自治委员会）”成员1838人，其中，“两委”成员交叉任职比例为81.2%，“一人兼”比例为91.6%。村（居）“两委”成员中有党员1691人，占92%；“双高双强（政治素质高、群众威信高，带头致富能力强、带领群众致富能力强）”型人才1712人，占93.1%；高中以上文化程度的1045人，占56.9%；35岁以下的271人，占14.7%。

第九届村民委员会换届选举　2007年9月开始，同年12月底结束。社区居民委员会换届选举与村民委员会换届选举同步进行。“村改居”社区全部实行直接选举，10%纯城市社区纳入直选范围。全市431个村（社区），有423个完成党组织换届选举，占98.1%，426个村（居）委会完成换届选举，占98.8%。1813名新一届村（社区）“两委”成员中党员1641人，占90.5%；村“两委”成员交叉任职比例为82.6%，村党组织书记、村主任一人兼比例为90.3%；妇女干部195人，占10.8%，高中以上文化程度的1174人，占64.8%，35岁以下的289人，占15.9%。

第十届村民委员会换届选举　2011年3月开始，同年5月结束。全市406个村、31个社区开展换届工作。村“两委”一次换届成功率98.9%。1732名新一届村“两委”成员中党员1468人，占84.8%；村党组织书记和村委会主任“一人兼”及村“两委”成员交叉任职比例分别是81.3%、78.3%，村委会中全部有女性成员。新一届村“两委”成员中，高中以上文化程度的1258人，占72.6%；35岁以下的362人，占20.9%。

第二节　农村基层民主改革

1995年第四季度到1996年6月底，根据《中华人民共和国村民委员会组织法（试行）》，结合换届选举，中共兖州市委、市人民政府在全市推行村民档案管理，推进农村基层民主改革。1996年，全市按照村村有村务公开栏，政务、财务定期公开的要求，开展村民自治工作。1997年，兴隆庄镇、新兖镇、大安镇、漕河镇被济宁市命名为规范化建设示范乡镇。

1999年3月，兖州市根据省、济宁市部署，组织全市第六届村民委员会第一次实现直接选举，指导各乡镇、村建立并完善民主议事、政务公开、村规民约、干部监督制度。2000年，市

2008年7月5日，漕河镇蔡桥村开展村务公开民主日活动

政府下发《关于在全市农村实行村民会议和村民代表会议制度的通知》。市、乡镇都建有村民自治领导小组，建立健全村民自治各项制度，制定村民自治章程和村规民约。

2001年10月，兖州市按照《中华人民共和国村民委员会组织法》《山东省实施〈中华人民共和国村民委员会组织法〉办法》《山东省村民委员会选举办法》“一法两办法”的程序、步骤，规范开展第七届村民委员会换届选举工作。市民政局先后制定《村民自治章程》和《村规民约》示范文本，印发到各村。逐步健全以《村民自治章程》《村规民约》为主要内容的民主管理制度，完善村民会议和村民代表会议制度，重大村务采取村民填写民意卡方式表达意见。同年，兖州市被省民政厅评为全省村委会建设先进市。2004年10月，兖州市启动第八届村民委员会换届选举，市村务公开领导小组印发《关于在全市开展村务公开规范化建设年活动的意见》，拨付资金5万元，帮助经济实力相对薄弱的村建立和完善高标准村务公开栏。每个镇安排2个～3个村务公开示范村，开展村务公开创建年活动。同年，兖州市被省民政厅评为全省村民自治模范市。2006年起，每年1月5日、7月5日创新开展村务公开“民主日”活动。建立一季度一检查、一季度一通报制度，每季度每镇随机抽取2个～4个村，重点对公开内容、形式、管理等方面进行检查，并印发暗访情况通报。2008年，全市7个镇3个街道437个村（居）建设不少于10平方米的村务公开栏，涉及内容40余项，制定“五簿一册（村民民会议记录簿、村民代表会议记录簿、村两委会议记录簿、民主理财会议记录簿、村务监督委员会记录簿、村民代表花名册）”资料。2009年，兖州市被省民政厅评为全省村务公开民主管理示范市。

2010年，创新开展村务公开民主管理工作，推广“一五十百千”村级民主公开工作模式。实行“党务、村务、财务、事务、服务”一体化公开；村级工作达到“五个透明”，即党务、村务、财务、事务、服务透明；“十个民主”，即民主管理、民主决策、民主监督、民主评议、民主理财、民主参政、民主议事、民主执法、民主问责、民主自治；对村级“百项指标”量化；实行“千分考核”。全年投入188万元，完成44个村级办公和服务用房的新建和改建任务。2012年—2013年，兖州市全面推行村级民主监督，按照“一法两办法”和民政部下发的《关于进一步加强村级民主监督工作的意见》规定，规范整合村务监督小组、民主理财小组等村务监督机构，由村民会议或村民代表会议推选建立村务监督委员会，各村明确1名党员担任村务监督联络员，实行村务监督委员会县级民政部门备案、村务监督联络员市级民政部门备案制度。

第三节　社区建设

1996年，兖州市对城市居委会建设进行改革，调整居委会设置，改善居委会办公条件，改革居委会用人制度，开始实行公开招聘，竞争上岗；三分之二的居委会办公面积达到60平方米以上。1998年，市社区服务中心成立，是第一个具有独立法人资格，面向社会、自负盈亏的社会服务实体，当年发展服务对象1000多户，安置下岗职工1200人。2001年，市委、市政府制定《兖州市社区建设工作领导小组、办公室及成员单位职责和会议制度》，印发《关于开展城市社区建设示范活动的实施意见》和《兖州市社区建设示范区基本标准》，指导2个街道办事处在济宁市率先成立2个社区服务中心。2003年，市民政局从福利基金中支出200万元用于城市社区的“四室一站（办公室、活动室、警卫室、医疗室、社区服务站）”建设。2004年，投资近300万元，在11个社区新建“四室一站”。开展社区服务资源普查，将11类451个社区服务实体纳入资源共享范围。在莲花、长安、南关、民族4个社区开展集体资产股份制改革试点，通过社区服务，安排就业560人。在全省社区建设工作会议上，兖州市依托“四室一站”深化社区服务的典型做法被推广。2005年，重点打造6个基础条件较好的社区作为示范社区。建立社区组织协会，形成“共驻社区、共建社区”的新机制。2007年，市政府拨付175万元，市民政局从福彩公益金拨付50万元，市委组织部从党费中拨付25万元，镇、村根据各自实际情况筹集资金，改造50个村级办公场所。同年，兖州市被评为全国农村社区建设实验市。

2008年，市委、市政府印发《关于在全市开展农村社区建设试点工作的意见》，新兖镇马青村社区、五里庄新村社区和兴隆庄镇王家楼社区成为市农村示范社区。同年，市委、市政府出台《兖州市社区居委会办公和服务用房建设工作实施方案》，为15个城市社区居委会建设办公和服务用房，建设面积不少于300平方米的“四室一站”，完成30个村级办公场所改造。2009年6月，兖州市投入249万元，市民政局投入福彩资金85万元，启动65个村级办公和服务场所改造，其中新建43个，改造22个。

鼓楼街道息马地社区建成的“四室一站”

2010年，以农村社区服务中心建设为抓手，围绕“五化十通（村庄硬化、绿化、亮化、净化、美化，社区通路、水、电、气、暖、排污、环卫、电话、宽带、有线电视）”农村社区建设标准，促进农村社区建设有序开展。市政府投入200万元，支持10个农村社区建设服务中心。同年，校场社区、莲花社区被确定为省城市示范社区。2011年4月，民政部“全国农村社区建设全覆盖示范单位”评估组到兖州市围绕“领导协调机制、社区规划建设、社区服务设施、社区各项服务、社区各项管理”五个全覆盖进行现场评估。2012年，鼓楼街道办事处投入50多万元改建社区服务大厅，将财政、农业、民政等相关部门业务实行面对面服务，打造15分钟服务圈。同时，每个村（社区）选派1名机关干部，建立有关事项办理实行“入户办理”模式。2013年，兖州市制定《兖州市农村社区服务中心管理运行办法》，探索实施社区管理新办法，规范社区服务中心的名称、标识和功能，开展“一站式”综合服务。

第三章　拥军　优抚

第一节　拥　军

1996年，兖州市“双拥”工作以争创全省“双拥模范城”三连冠为目标，军地共建漕河乡万亩果园、万头养猪场。1998年，兖州市拍摄大型“双拥”专题片《深情》；在兖州（火车）站、兖州汽车站、市各大商场等公共场所设立“军人优先”标志牌，重要路段设立“双拥”宣传牌，全市形成“双拥”热潮。1999年，市政府先后拨款600万元、200万元分别用于人武部办公大楼及预备役三团新营房建设，建设面积近8000平方米。同年，兖州市被评为全国爱心献功臣行动先进市。2002年，市委、市政府拨款10万元购置微机、体育健身器材赠送给驻兖部队，免费培训微机操作员160人，为部队赠送图书10000余册。2003年，创新实施优先培训、优先安排下岗军嫂和驻军子女，无条件接受驻军子女入学、升学、转学要求；对烈士子女、因公牺牲军人子女，一至四级伤残军人子女升学照顾10分～20分和残疾军人免费乘坐市内公交车的“两优三无一加一免”政策，优待金实行市级统筹、社会化发放，建立困难军人家庭长效救助机制。

2004年，市政府投资30万元，在新落成的中共兖州市委党校建成集图片、模型、沙盘、声、电、光、数控于一体的现代化国防教育基地。同年，兖州军供站投资200多万元新建餐厅，并安装空调，更新灶具等，军供站被民政部和解放军总后勤部等单位授予全国军供工作正规化建设先进单位称号。2005年，市政府拨款190万元，为消防大队购置消防登高车、大功率消防水罐车、救生气垫、个人防护装备等消防器材。同年4月，投入30万元对兖州军供站进行改造建设。2006年，市民政局在兖州市主要路口、交通要道和公共服务场所设立多处永久性“双拥”宣传标志和优先标志，充分利用地名标牌设置“双拥”公益宣传标志，高标准建设“双拥”户外宣传栏、“双拥”石、“双拥”林、“双拥”一条街等。设置大型户外“双拥”标志牌6个，建设“双拥”文化广场一处，“双拥”公益宣传标志57处，为5673户优抚对象挂军属光荣牌，在新闻媒体开设“双拥”专栏，服务窗口单位设军人优先标识。同年，市政府投资60余万元全面改造军供站。

2007年，兖州市印发《兖州市关于建立困难军人家庭救助机制的意见》，开展优抚政务公开试点和复退军人精神病评残工作，下拨各镇（街道）抚恤补助资金176万余元，发放、补发在职残疾军人抚恤金近300万元，为13名农村优抚对象解决住房难问题。2008年5月，市民政局与市人武部、《济宁日报·今日兖州》编辑部联合在《今日兖州》报开辟“关注国防·共筑长城”专栏。为73名四川抗震救灾兖州籍官兵家属及市公安消防大队2名现役军人每户（人）发放慰问金300元。春节、“八一”期间累计为驻兖部队和优抚对象送去近70万元的慰问金及慰问品。2009年春节、“八一”期间，走访济宁军分区、山东陆军预备役炮兵师第三团、济宁市荣复军人医院及兖州市的10家驻军单位，为其赠送价值近50万元的慰问品。2010年，兖州市以争创全省“双拥模范城”六连冠为契机，开展各种“双拥”活动。同年，市民政局被民政部评为全国民政系统行风建设示范单位，兖州军供站被评为全国军供工作先进单位，同时被济南战区联勤部、省民政厅、河南省民政厅联合授予军用饮食供应工作正规化建设先进单位。

2013年，兖州市全力争创省“双拥模范城”七连冠。6月，顺利通过省“双拥”考核组验收。1996年－2013年，每年“八一”期间，市民政局、市文化局、市广电局、市“双拥”文化艺术团等单位都组织多种活动与驻兖部队一起共同庆祝建军节，畅叙军民鱼水深情。

第二节　优　抚

优抚对象　主要是指“三属（革命烈士遗属、因公牺牲军人遗属、病故军人遗属）”、复员军人（1937年7月6日至1954年10月31日期间入伍）、革命残疾军人、带病回乡退伍军人、参战（参试）退役人员和现役军人家属。此后优抚对象数量每年都有变动。2004年10月1日，开始实施新修改的《军人抚恤优待条例》。至2013年，每年对老复员军人、“三居”人员、革命残疾军人、带病回乡退伍军人、参战（参试）退役人员等优抚对象开展优抚工作。

优抚政策　1996年，农村义务兵家属优待金户均830元。1998年，调整义务兵家属优待金标准，确定农村义务兵家属的优待标准不少于1500元，城镇非农业义务兵家属优待标准不低于600元。2004年，兖州市建立优待金市级统筹机制，农村优待金由市财政局根据优待对象的人数和标准，从各镇收入中统筹；城镇优待金由市财政直接列支。同年，对残疾军人新旧残疾等级进行套改，新旧残疾等级对应关系：特等套改一级，一等套改三级，二等甲级套改五级，二等乙级套改六级，三等甲级套改七级，三等乙级套改八级。退出现役的残疾军人护理费由市民政部门发放。2010年7月，调整护理费标准：因战、因公一级和二级残疾军人的护理费标准为每人每月1162元；因战、因公三级和四级残疾军人的护理费标准为每人每月930元；因病一至四级残疾军人的护理费标准为每人每月697元。2013年7月，调整护理费标准后，因战、因公一级和二级残疾军人的护理费标准为每人每月1800元；因战、因公三级和四级残疾军人的护理费标准为每人每月1440元；因病一至四级残疾军人的护理费标准为每人每月1080元。2011年8月，开始办理部分退役士兵老年生活补助。符合享受老年生活补助的人员范围为1954年11月1日国家试行义务兵役制后至《退役士兵安置条例》实施前入伍，年龄在60周岁以上（含60周岁），未享受到国家定期抚恤补助，未享受到“核算退休金时军龄计算为工龄”或“参加城镇职工养老保险时军龄视同城镇职工养老保险缴费年限”政策待遇的退役士兵。2011年度补助标准为每服一年义务兵役（不满一年的按一年计算）每人每月发放10元，符合条件的自2011年8月份起享受待遇，2012年及以后满60周岁的，自当年1月起享受待遇。2013年10月，根据民政部、财政部下发的《关于给部分烈士子女发放定期生活补助的通知》精神，自2011年7月1日起，给部分烈士子女（含新中国成立前错杀后给予平反人员的子女，下同）每人每月发放130元的定期生活补助。“三属”和革命伤残人员享受抚恤金，老复员军人享受定期定量补助，带病回乡退伍军人、参战（参试）退役人员享受生活补助，现役义务兵家属享受优待金。自1998年起建立优抚对象抚恤补助标准自然增长机制，2002年，兖州市优抚对象抚恤标准在国家标准的基础上，自然增长6%，后不断调整优抚对象的抚恤补助标准。2010年，带病回乡退伍军人为每人每月225元；在农村和城镇无工作单位且家庭生活困难的参战退役人员生活补助标准为每人每月220元；对不符合评残和享受带病回乡退伍军人生活补助条件，但患病或生活困难的农村和城镇无工作单位的原8023部队及其他参加核试验军队退役人员提高生活补助标准为每人每月220元。2010年，严格按照农村义务兵家属每年2400元；城镇义务兵家属每年1200元；在乡“三属”、残疾军人、复员军人每年1000元；带病回乡退伍军人每年800元的标准，统筹发放优待金257.46万元。2012年，义务兵家属优待金取消城乡差别，统一标准为每年9858元。2013年，优待金标准增加至每年11620元。在乡“三属”、残疾军人、复员军人每年1000元；带病回乡退伍军人每年800元的标准，统筹发放优待金832.6万元。

优抚工作 2001年，兖州市共有各类重点优扰对象3014人，提高烈士家属和复员军人的抚恤定补标准，户均比上年提高20%以上，平均每人每月分别达210元和155元；落实《关于提高城乡义务兵家属优待金标准的通知》精神，抓好优待统筹兑现，标准普遍提高，军属优待达2000元。2003年，全市建立市、镇、村（居）三级优抚医疗保障网络体系，2190名优抚对象得到医疗补助，补助金额80万元，大病救助35人，补助金5.3万元。在全省优抚医疗保障制度改革经验交流会上，兖州作了典型发言。2004年，兖州市为3000户优抚对象悬挂光荣牌。2005年3月，完成对530多名伤残人员换证工作。2007年，在全省率先开展优抚政务公开制度。2008年，建立优抚对象精神抚慰制度，规范联系沟通制度、宣传教育制度，落实安度晚年、临终关怀、深情送别、优惠服务、遗属照顾等5条措施。同年，市民政局对享受抚恤补助的在乡“三属”、残疾军人等进行核查统计，掌握了优抚对象的第一手资料。统一档案目录和内容，在市、镇两级建立健全优抚对象档案，实行三级公开，充实公开内容，利用市、镇、村三级优抚政务公开平台进行公示。建立联系户制度、监督员制度、优抚对象座谈会制度、优抚对象精神抚慰制度。严格落实优抚对象监督、群众监督、社会监督、舆论监督和自我监督等5项监督措施。全市优抚工作建成抚恤补助标准自然增长、优待金市级统筹、优抚对象双重医疗保障和困难军人家庭长效救助四大机制，2008年，共争取上级优抚抚恤金720万元，优抚对象医疗费83万元，退伍军人安置费2.9万元。2009年3月，全省优抚工作会议在兖州召开，省民政厅对兖州市优抚政务公开的经验做法给予充分肯定，并向全省推广。同年，兖州市印发《关于建立优抚对象抚恤补助标准自然增长机制有关问题的通知》，把优抚对象抚恤补助标准在济宁市标准的基础上提高6%，确保全市优抚对象生活水平不低于当地平均生活水平。同年，市财政投入85万元，用于抚恤补助自然增长。2010年，全面落实医疗保障政策和医疗优惠减免政策，健全医疗救助和补助体系。全面启动并规范运行优抚医疗“一站式”即时结算系统。截至2010年第三季度，优抚医疗“一站式”即时结算系统为各类优抚对象共205人次报销医药费17.38万元。2012年，投入63万元，重新调整优抚对象抚恤和生活补助标准。为2692名老年退役士兵发放生活补助244万元。2013年，优抚对象共5074人，发放在职残疾军人抚恤金1624万元，发放困难企业参战退役人员生活补助金43万元。

第三节 革命纪念地

兖州烈士陵园 始建于1953年，位于南环城路北，占地3万余平方米。烈士陵园南北中轴线上自南向北依次为大门、仿古大门、英雄纪念塔、兖州战役纪念馆，纪念馆东西分别为无名烈士墓区和36烈士井、有名烈士墓区。1997年9月，兖州烈士陵园被济宁市委、市政府命名为首批济宁市爱国主义教育基地。2004年，投资45万元、建筑面积670平方米的兖州市烈士纪念馆完工。2005年，投入50万元对烈士陵园进行改造，将烈士井同比例复制到烈士陵园，改造烈士墓区，新建将军红大理石墓264座，修建无名烈士墓1座。2006年，投资268万元建设兖州战役纪念馆，同年9月，举行兖州战役纪念馆开馆仪式。烈士陵园成为四季常青、三季有花，集兖州战役纪念馆、爱国主义教育基地、国防教育基地和红色旅

兖州烈士陵园

游于一体的新型烈士陵园。2008年，兖州烈士陵园被济宁市关工委确定为济宁市关心下一代教育基地，完成无名烈士墓向有名烈士墓转换6个，完成陵园场景照片说明7幅，积极宣传兖州战役和烈士英名。1996年—2013年，每年“清明节”“七一”“八一”“十一”等重大节日，均有3万余人到烈士陵园接受爱国主义教育。2013年，市民政局投入120万元，维修改造仿古大门、英雄纪念塔、兖州战役纪念馆，改造纪念馆广场和园区道路共5000平方米，新建无名烈士墓，修建无名烈士墓纪念广场300平方米。

烈士墓　位于城内西北隅。1946年兖州战役中，人民解放军某部36名官兵被敌人杀害后，分别投入2眼大砖井内。为纪念烈士、缅怀先烈，1953年县政府在井上修建两座烈士墓，面积各为36平方米，墓高4.8米，呈圆金字塔形。周围建有六边形花墙，墙高1.3米。两墓各建一石碑，碑高1.75米，宽0.75米。南面为19位烈士墓，墓碑刻有“永垂不朽”；北面为17位烈士墓，墓碑刻有“万古长存”，落款为“滋阳县各界人民代表全体敬挽。公元一九五三年十二月四日立”。1983年4月3日，陈玉春、郭志纯等9人，捐资2700元维修烈士墓。2003年3月，烈士墓被公布为县级文物保护单位。2005年，兖州市投入5000元对烈士墓重新进行整修，恢复烈士墓原貌。

兖州烈士墓

第四章　安　　置

第一节　退役军人安置

1996年，根据《中华人民共和国兵役法》《退役士兵安置条例》，兖州市完成退役士兵接收，全部予以安置。1998年开始，符合安置条件的退役士兵在待分配期间，享受市内当年城镇居民最低生活保障待遇，全部予以安置。2003年，开始对冬季退役士兵推行自谋职业安置方式。2005

2009年4月，城镇退役士兵自主选岗现场

年，进一步拓宽安置新路子，把自谋职业保障金纳入财政预算，鼓励退役士兵自谋职业。此后每年都有退役士兵选择自谋职业。2006年，在以往安置政策的基础上，创新“公开阅档”“全面选岗”“自谋职业”相结合的路子。符合安置条件的全部予以安置。2011年，依据国务院、中央军委公布新修改的《退役士兵安置条例》，对安置范围进一步明确。同年，符合安置条件的全部予以安置。2013年，开始对符合政府安置条件的退役士兵实行档案考核和文化考试相结合的办法，依据从高到低按计划选岗的方式进行安置。至2013年，共有136名退役士兵选择自谋职业，共发放自谋职业一次性经济补助金679.7万元。

第二节　军队离退休干部休养管理

1998年，市军休所接收军队离休干部1人，退休干部4人。2004年，接收军队退休干部4人。同年，将军休所全部离、退休军休干部及包干遗属纳入地方医疗保险体系。2009年，兖州市军休所在庆祝新中国成立60周年全市军休系统“三先”评比表彰活动中被济宁市民政局评为先进单位。同年，获济宁市民政局和谐军休家园和济宁市先进军休所工作单位称号。2012年，接收军队退休干部1人，退休士官3人。2013年，接收军队退休干部15人。1998年—2013年，市军休所共接收离退休军休干部64人，其中离休1人，退休56人，退休士官7人。

第三节　三峡移民安置

2002年，兖州市安置第一批三峡库区移民60户231人，其中，谷村镇安置移民11户36人，大安镇安置移民12户51人，新兖镇安置移民13户50人，王因镇安置移民13户55人，黄屯镇安置移民11户39人。兖州市共为移民建房60套，面积6375平方米，人均建房面积27.6平方米。2004年，安置第二批三峡库区移民25户102人，其中，新兖镇5户19人，谷村镇6户21人，大安镇4户20人，黄屯镇5户21人，王因镇5户21人。为移民调整宅基地5820平方米，人均57.1平方米；调整承包地141.9亩，人均1.39亩。同时，为每户移民购置全套日常生活用品，免费安装暖气、电话、闭路电视等，保证移民的正常生活。

2004年9月，新兖镇工作人员在火车站迎接三峡移民

第五章　社会救济

第一节　扶贫救济

1996年—1999年，兖州市共发放救济金132万元，面粉11.5万公斤，提供致富信息1200条，用于帮助贫困户解决生活困难，促进农村经济发展和社会稳定。2000年，开展社会扶贫救助活动，制定《兖州市社会扶贫救助工作方案》，成

立领导小组，组建市社会扶贫救助中心，各乡镇、各系统都成立救助站，确定帮扶单位和帮扶对象。全市参与帮扶的单位220个，结对帮扶383户1362人，投入资金47万元，帮扶物资折款76万元。2001年，发放扶贫资金10万元，在谷村镇后白村、大安镇张楼村、黄屯镇二十里铺村建成3处“扶贫—优抚基地”，吸收贫困户、优抚对象82户。市民政局机关28名工作人员在漕河乡每人联系一户贫困户，麦收和秋收期间，每人捐助200元，协助他们完成农作物收割。2003年，市民政局将培育发展农村经济协会与扶贫帮扶相结合，筹集35万元资金支持小尾寒羊、肉鸭、蜗牛等扶贫基地建设。全市共有农村经济协会51个，2000多个农户加入协会，近千人通过协会帮扶脱贫致富。2004年，兖州市培育、发展小孟养羊协会、漕河养牛协会、颜店养鸭协会、新兖蜗牛养殖协会、大安奶牛养殖协会等21个农村经济协会，每个镇重点培育3个～5个示范协会，覆盖全市30%以上的村。结合培育发展农村经济协会，建立扶贫长效机制，总投资80万元，依托协会帮助1500户相对困难的群众致富。2006年，投入近20万元，重点扶持形成规模的8个扶贫协会，发展贫困户会员3000余户1万多人，60%的会员基本脱贫。2007年，市、镇两级加大资金扶持力度，投入60余万元用于农村经济协会牵手扶贫，每个镇培育牵手扶贫经济协会2个～4个，全市8个镇共培育牵手扶贫经济协会26个，扶持贫困户1300余户，脱贫率70%。市政府及市民政等部门多次到农村经济协会现场办公，协助其解决专项用地、信贷资金、项目减免等诸多难题。2008年，市建设、土地、农业、交通、金融等部门为农村经济协会开辟“绿色通道”，本着公平、公开的原则，确定牵手扶贫困难家庭，签订扶持合同。对牵手扶贫活动资金使用管理情况进行检查，确保扶贫资金落实到位。农村经济协会普遍达到“四有一低”，即：有专职技术服务队，有固定的服务办公场所，有必要的服务器具，有专门的服务热线电话，低偿或无偿服务。2009年—2013年，兖州市采取多种措施扶持农村经济协会，依托农村经济协会开展扶贫工作。为农村经济协会提供专项使用土地；协调专项信贷资金；实行特殊税收政策。每年市、镇列支专项财政配套资金，用于扶持农村经济协会的培育和发展。对经济能人及辐射带动面广的龙头企业，降低农村经济协会登记准入门槛，对从业人员、注册资金、验资收费等项目进行放宽，最大限度地调动农村经济协会自我发展、帮扶群众致富的积极性。

第二节 救灾救济

1996年，兖州市为梁山县黄河滩区捐款82万元，支援滩区村庄搬迁。1998年，全市组织抗洪救灾捐款活动，捐款172万元，支援长江、松花江流域受灾地区。2001年3月，兖州市发生严重低温冰冻灾害，全市2.8万公顷小麦受灾严重，农业直接经济损失7000万元。同年，漕河、谷村两镇13个贫水区村庄1200公顷小麦遭受旱灾，农业直接经济损失280万元。全年粮食减产6.7万吨，灾情涉及人口28万人。市政府安排口粮救济款27万元。2002年春季，全市遭受特大干旱，造成农作物受灾面积4333公顷，漕河、谷村两镇13个贫水区村庄受害尤其严重。造成直接经济损失6600万元，受灾人口2万人。全市共发放口粮救济款82万元，救济8400人；发放临时救助资金46万元，救助临时困难群众2300户。2003年9月，全市遭受暴雨灾害，造成部分农田作物被淹和部分群众房屋进水损坏、倒塌，其中漕河、谷村、小孟、新驿、颜店等镇受灾较重。全市共有5万人受灾，农作物受灾面积6万亩，损坏民房493间，造成直接经济损失800余万元。兖州市先后下拨90万元救灾款，发救济粮6.6吨，衣被400多件。2004年6月，市境遭受罕见的暴风雨袭击，最大风力达12级，新兖、兴隆庄、谷村、颜店4个镇受灾较重。全市共有受灾人口13800人，因灾受伤2人，受灾农作物1106公顷；倒塌房屋62间，损坏房屋1994间；直接经济损失2328万元，农业直接经济损失425万元。全市发放自然灾害灾民生活救助金51万元，救助灾民2427人；发放临时救助资金49.6万元，救助困难群众885户。2006年8月，全市遭受暴风雨袭击，风力8级，降雨量63.9毫米。全市农作物受灾面积1768公顷，损坏房屋82间，树木倒折4200棵，倒伏苗木20000株，造成直接经济损失1081万元，农业经济损失974万元。全市发放自然灾害灾民生活救助金35万元，救助灾民困难群众5061人；发放临时救助资金51.3万元，救助困难群众1032户。2007年5月，全市遭受大风降雨天气，造成部分镇小麦大面积倒伏，受灾面积27万余亩，农业经济损失4500余万元，全市发放自然灾害灾民生活救助金80.6万元，救助受灾群众10320人；发放临时救助资金26.8万元，救助困难群众300户。

2009年7月，颜店镇李宫一村、李宫二村、李宫三村、李宫四村遭受龙卷风、暴雨袭击，局部阵风达10级以上，持续约6分钟左右。灾害造成部分房屋、树木、农作物等不同程度受损。4个村共有受灾群众1300余户，紧急转移受灾群众206人；房屋倒塌30间，房屋受损820间；部分鸭棚、种植大棚受损；树木折断6500余棵，农作物倒伏230公顷；此次灾害共造成直接经济损失560余万元。市政府紧急拨付20万元用于灾民救助。同年8月17日，全市遭受持续暴雨灾害，造成农作物大面积受灾和部分房屋损坏，直接经济损失达6357万元。两次灾情共造成16.97万人受灾，农作物受灾面积15.93公顷，成灾面积11.74公顷，绝收面积3.022公顷，造成直接经济损失7897.26万元。全市发放自然灾害灾民生活救助金50万元，共救助灾民2416人；发放临时救助资金52.4万元，救助困难群众1309户。2010年6月，全市遭受大风冰雹天气，造成新兖镇、漕河镇、小孟镇、新驿镇、颜店镇部分小麦倒伏、树木折断，小孟镇北坡村1户村民遭受雷击，3人受伤住院。灾害造成受灾人口3万人，农作物受灾面积2169公顷，树木折断1800棵，造成直接经济损失1350万元。全市发放自然灾害灾民生活救助金58万元，共救助灾民6500人；发放临时救助资金90.6万元，救助困难群众1485户。2011年春，全市遭受旱灾，5603公顷农作物减产，造成农业经济损失933.1万元，49842人受灾。发放自然灾害灾民生活救助金共计50万元，救济灾民6548人；发放临时救助资金118.2万元，救助困难群众2098户。2012年春，全市遭受旱灾，1.1万公顷农作物受灾，造成农业经济损失360万元，全市共有11538人受灾。全市发放自然灾害灾民生活救助金44万元，救济灾民2689人；发放临时救助资金122.6万元，救助困难群众1065户。2013年5月，全市遭遇连续暴雨大风天气，颜店镇、新驿镇、小孟镇、漕河镇小麦倒伏较重，农作物受灾面积1.1万公顷，有134890人受灾，共造成农业经济损失4102万元。全市发放临时救助资金152万元，救助临时困难群众1099户。

第六章　社会福利

第一节　最低生活保障

城镇居民最低生活保障　1997年10月，市政府出台《兖州市城乡居民最低生活保障暂行办法》，为全省较早出台关于低保工作地方性法规的县。1998年，纳入城市低保范围的有36户36人。2001年10月，兖州市对保障对象实行分类施保、动态管理。2003年，制定《兖州市社会帮困救助工作暂行办法》，由市财政每月按时足额兑现低保金，实行社会化发放。对帮困对象用水、用电、用气、就医和子女上学等费用给予减免或现金补助优惠；对企业、个体经营业户招用帮困对象的，减免其税收和行政事业性收费。2004年，兖州市组建完善城乡低保救助网络，在济宁市率先成立副科级事业单位、编制6人的市城乡低保管理办公室，各镇（街道）、企业主管部门组建城乡低保救助站，各村、社区居委会（企业）成立低保救助点。同时，制定《城乡居民最低生活保障办理程序》《城乡居民最低生活保障审批程序》。2007年，建立覆盖城乡的低保专管员补助费制度，全市90名低保专管员每人每月享受80元的工作补贴。当年全市共有城市低保对象2964户6413人，月保障金104万元，月人均补差162元，列济宁市第一位。2008年，开展低保普查工作，共注销不符合低保条件的在保对象141户323人，调整16户，减少10人。2012年1月起，城市低保提高到360元，7月，提高到每人每月400元。2013年1月起，城市低保标准提高到每人每月470元，年底全市共有城市低保对象1963户4581人。

农村居民最低生活保障　1997年11月，市政府制定《兖州市城乡居民最低生活保障暂行办法》。1998年纳入农村低保范围的有587户1859人，农村最低生活保障标准为每人每年600元，保障资金由市、镇、村三级按照4∶4∶2的比例分别负担，于每季度首月将资金落实到位。2006年1月，农村最低生活保障资金全部实行市级统筹。农村最低生活保障标准提高到800元，当年纳入农村最低生活保障共837户2534人。2007年7月，制定《兖州市农村居民最低生活保障实施细则》，对农村最低生活保障对象实施动态管理。农村最低生活保障标准提高到1100元，当年纳入农村最低生活保障共870户2403人。2009年—2013年，每年都提高农村最低生活保障标准。2013年，农村最低生活保障标准由家庭年人均收入2400元提高到2550元，当年纳入农村最低生活保障范围的有4717户10322人。

1998年—2013年兖州市城乡居民最低生活保障情况表

表27-1

年　份	类　别	户　数（户）	人　数（人）	执行标准（元）
1998	城市	36	36	120/月/人
	农村	587	1859	600/年/人
1999	城市	40	40	156/月/人
	农村	592	1937	600/年/人

续表27-1

年份	类别	户数（户）	人数（人）	执行标准（元）
2000	城市	74	120	156/月/人
	农村	592	1937	600/年/人
2001	城市	261	602	156/月/人
	农村	595	1932	600/年/人
2002	城市	1081	3249	156/月/人
	农村	632	2040	600/年/人
2003	城市	1703	5113	156/月/人
	农村	562	1787	600/年/人
2004	城市	2883	8094	170/月/人
	农村	729	2247	700/年/人
2005	城市	3833	8183	170/月/人
	农村	796	2441	700/年/人
2006	城市	3134	6585	200/月/人
	农村	837	2534	800/年/人
2007	城市	2964	6413	220/月/人
	农村	870	2403	1100/年/人
2008	城市	2874	6217	240/月/人
	农村	2126	5323	1100/年/人
2009	城市	2871	7214	270/月/人
	农村	2493	6069	1300/年/人
2010	城市	2545	6458	290/月/人
	农村	2747	6405	1500/年/人
2011	城市	2209	5327	320/月/人
	农村	3071	7047	1700/年/人
2012	城市	1983	4667	400/月/人
	农村	3530	7885	2400/年/人
2013	城市	1963	4581	470/月/人
	农村	4717	10322	2550/年/人

第二节 社会福利企业

1996年，兖州市有福利企业18处，其中市民政局直属企业5家，完成年产值4148万元，利税486.5万元。当年销售社会福利奖券260万元，为国家和社会筹集基金57万元。1997年，全市福利企业有职工780人，安置残疾人312人。全年完成产值7010万元，利税505万元。1998年，兖州市适应市场经济形势，加大对企业的宏观管理，完成福利企业改制任务，全年完成产值7015万元，利税507万元。2001年，加强对福利企业的政策扶持，加大企业资金投入，提高福利企业效益，为43名有劳动能力的残疾人创造新的就业机会。全年共完成销售收入4880万元，利税398万元，超额完成济宁市民政局下达的任务指标。2006年，全市有福利企业7家，职工1472人，其中残疾职工630人；全年销售收入5.07亿元，应退税2588.04万元。2007年，全市福利企业共有职工2008人，其中残疾职工745人；全年销售收入6.25亿元，应退税2110.6万元。2008年，全市共有福利企业6家，职工1957人，其中残疾职工802人；全年销售收入6.88亿元，应退税2033.73万元。2009年，全市福利企业职工2619人，其中残疾职工814人，全年销售收入6.71亿元，应退税2116.59万元。2010年，全市共有福利企业5家，职工2323人，其中残疾职工743人；全年销售收入7.37亿元，应退税2161.58万元。2011年，兖州市5家福利企业全年产值9.1亿元，销售9亿元，实现退税1817万元。职工总人数2021人，其中残疾职工570人。2013年，市民政局联合市国税局、市地方税务局等部门，对市兴隆庄煤矿福利化工公司、山东白象食品有限公司、市晶冠玻璃有限公司、市洪磷化轻公司、市通海纸箱厂等5家福利企业进行年检。福利企业残疾职工582人，占企业就业总人数的比例为28%，均超过25%的规定标准。

第三节 慈善事业

2003年，市慈善协会成立。协会筹集34.1万元资金多次对孤寡老人、贫困学生、伤残军人等弱势群体进行救助。2004年，市慈善协会对因家庭贫困辍学的中小学生、大中专学生进行救助，共救助困难学生280多名，发放救助金21.4万元；救助困难群众300余人，救助资金6万元。2005年，组织实施“朝阳助学”“夕阳扶老”“情暖万家”“爱心复明”“微笑列车”“爱心助残”“康复助医”“明天计划”等8个救助项目，共投入救助资金25万多元。2006年7月，市慈善总会成立，有会员197个（单位会员34个，个人会员163个），理事79个，常务理事38个。市慈善总会整合救助资源，拓宽募集渠道，在慈善冠名基金设立和加强基层慈善组织建设方面进行积极探索。2006年－2010年，市慈善总会累计救助困难群众8000余户，发放救助款物合计1100万元，其中用于抗震救灾资金632.1万元。2010年，市慈善总会接收社会向青海玉树地震灾区捐款286万元，“慈心一日捐”活动共接收捐款130万元，全部汇缴到指定账户。至2013年年底，累计接受社会各界捐款1亿余元、设立慈善基金1.4亿元。

2008年3月26日，美国国际纸业亚太区社会公益与慈善事业负责人金·贝米勒到兖州市考察慈善工作

2003年—2013年，发挥慈善募集资金救助实效，全市共投入慈善资金7500余万元用于教育基础设施建设，投入1800万元定向用于各地灾区救助，投入860余万元用于组织实施“朝阳

2013年8月，兖州市开展朝阳助学活动，向受助学生发放助学金

助学”“情暖万家”“康复助医”“爱心助残”“夕阳扶老”“物资救助”6个慈善品牌救助项目，累计救助困难家庭10976户、应届大学新生1000余名、大病患者260名。在开展社会募捐救助活动的同时，兖州市按照慈善工作机构、捐助中心（站点）、义工中心（站点）、慈善超市、互助基金会有机结合，市、县、乡、村四级联动，即“五位一体，四级联动”慈善组织运作网络体系建设要求，开展一系列慈善建设工作。

第四节　农村五保供养保障

1994年，兖州市农村五保供养资金实施市级统筹，供养标准随着当地经济生活水平变化适时提高标准，建立自然增长机制。1996年，全市投入200万元，完成敬老院升级改造工作。1997年，兖州市有五保老人1452人，敬老院14所，集中供养老人980人，入院率70%以上，五保供养标准每年人均1450元。1998年，兴隆庄镇投资300万元，建成高标准敬老院。同年，全市敬老院集中供养老人1000人以上。2000年，进一步健全和完善社会养老保障体系，建立多层次、多形式的养老保障体系。在经济条件好的行政村推行农民退休体制，60岁以上老年人每月可领到30元～60元的生活费，确保离退休人员养老金、城乡居民最低生活保障金足额发放。2004年，兖州市争取省、济宁市民政部门扶持资金160余万元，市、镇两级投资共计1100余万元，改扩建全市敬老院，全面改善五保对象的居住条件，全市乡镇敬老院共新增建筑面积7379平方米，增加床位420张，占地总面积190亩，建筑总面积3万多平方米，床位千余张，各敬老院均为公寓式楼房，具备全部集中供养能力。每个敬老院统一设定房间，建立学习室、健身室、娱乐室、卫生室，做到有澡堂、有暖气，配备适合老年人特点的图书报刊、娱乐器材、健身器、基础医疗设备等物品。

2005年，兖州市出台《关于进一步加强农村五保供养工作的意见》，在济宁市率先建立五保供养资金县级统筹机制。五保供养资金由市民政局编制预算，市财政局负责审核、统筹，集中供养资金由市民政局按月拨付到各镇，分散供养资金由市财政局直接拨付至农村分散五保对象个人账户，实行社会化发放。同年，农村五保供养对象918人（集中供养649人，分散供养269人），集中供养标准每人每年2200元，分散供养标准每人每年1300元。此后，供养标准不断提高。2009年农村五保供养对象945人，其中，集中供养870人，分散供养75人；集中供养标准由每人每年2460元提高至2560元，分散供养标准提高到1660元；同年，为96名城区困难独居老人购买居家养老服务，市民政局为47名老年人安装“和谐一点通”呼叫设备。通过积极探索，兖州市形成推进老年公寓建设的三种模式，全市建成吴村、官庄、牛楼3处农村老年公寓和兴隆庄镇老年房，有162个老年家庭入住；依托医疗机构建设老年公寓，以铁路医院为依托建设乐龄福院，将其建造成为集休养、养生、医疗、康复为一体的综合养老服务机构。政府、社区投资建设老年公寓，共建成老年福利服务中心、莲花老年公寓、民族老年公寓等5处老年公寓。2010年，兖州市建立失地农民基本养老保险制度，60岁以上的失地农民都能按月领取养老金。2013年农村五保供养对象908人，其中，

兖州市新兖镇敬老院

2013 年“九·九”重阳节，为老年人服务志愿者到新兖镇敬老院演出

集中供养 851 人，分散供养 57 人；集中供养标准提高至 4100 元，分散供养标准提高到 2700 元。同年 5 月，开展农村五保供养服务机构等级评定工作。兖州市新兖镇敬老院、兴隆庄镇敬老院、颜店镇敬老院被评为全国三星级农村五保供养服务机构；大安镇、漕河镇、小孟镇、新驿镇等 5 处敬老院被评为全国二星级农村五保供养服务机构。

第五节　收容遣送

2003 年，兖州市采取主动引导、劝导和流动救助的方式，对城区生活无着落的流浪乞讨人员给予及时、有效救助。当年共救助流浪乞讨人员 46 人次。其中，站外救助 39 人，发放棉衣、棉被、棉鞋等救助物资 16 套；通过公安机关协助核查，帮助 7 名流浪精神病人找到家庭信息，并将他们安全护送回家。

2003 年—2013 年，市民政局每年都对城区主要街道路口、桥梁、涵洞等流浪乞讨人员常滞留地段进行巡查，对流浪乞讨人员实施及时救助。对流入市内的流浪乞讨人员，市民政局积极寻找查明其身份信息，并及时将其护送回原籍。2013 年，市民政局共救助流浪乞讨人员 73 人次。其中，站外救助 55 人，发放棉衣、棉被、棉鞋等救助物资 20 套；救助无钱回家的过路人员 12 名；救助流浪精神病人 6 人。通过公安机关协助核查，帮助 5 名流浪精神病人找到家庭信息，并将他们安全护送回家。至 2013 年，共护送外省流浪乞讨人员 100 多名。

第六节　城乡医疗救助

2004 年，根据《兖州市新型农村合作医疗管理办法（暂行）》有关规定，兖州市建立农村医疗救助专项资金，资助农村低保对象、五保对象、农村“三老（老伤残军人、老复员军人、老烈属）”优抚对象及其他特困家庭 3546 户 7946 人参加农村新型合作医疗。2005 年，全市共资助 2691 户特困家庭 6388 人参加农村新型合作医疗，支出资金 6.39 万元。2006 年，将城乡困难群众大病医疗救助资金纳入财政预算，全市共救助 197 人，发放救助金 15.9 万元。农村五保户、低保户、“三老”优抚对象家庭成员及农村贫困家庭参加农村新型合作医疗，个人应负担的资金全部由市财政拨款，在市新型农村合作医疗办公室设立农村医疗救助专项资金专户。全市共有 2887 户 7584 人纳入统筹范围，统筹资金 11.38 万元。2007 年，投入救助资金 14 万余元，免费为城市低保对象、特困群众 2589 户 6563 人缴纳城镇合作医疗保险，为农村低保、五保、特困群众 2887 户 7584 人加入农村新型合作医疗保险。同年 12 月，市政府印发《兖州市城乡困难居民大病医疗救助实施细则（试行）》，将救助病种由 5 种扩大至 8 种，并提高救助标准。2008 年，救助城乡大病患者 154 人，支出大病救助金 32.34 万元。资助城乡低保对象 12595 人加入新型合作医疗保险，共支出救助金 12.6 万元。2009 年，市政府投入 260 万元开展大病医疗救助，将个人最高救助限额由 5000 元提高到 1 万元，救助病种包括肾功能衰竭、恶性肿瘤等 8 种。当年共救助城乡困难大病患者 293 人，支出救助金 126.8 万元，人均救助标准 4328 元。

2013年6月，市民政局工作人员在龙桥街道开展大病救助入户复核工作

2010年3月，兖州市政府印发《关于进一步完善城乡困难居民医疗救助办法的通知》，将救助病种由原来的8种扩大到25种，救助标准提高10%，最高限额由1万元提高到2万元。同时，对患有白血病、再生障碍性贫血、尿毒症、恶性肿瘤的城市低保对象、农村低保对象、农村五保对象及其他城乡居民家庭月（年）人均收入低于当地低保标准150%的低保边缘群体，当年度个人实际负担住院医疗费用在7万元以上、造成家庭生活困难的，可以申请二次医疗救助，二次救助最高限额8万元。全年共救助城乡困难大病患者392人，支出救助金298.3万元，人均救助标准7610元，其中二次救助11人，发放救助金48.2万元。2011年资助14340人城乡低保对象、农村五保对象参加城镇居民医疗保险或新型农村合作医疗，支出医疗救助金43.8万元。市民政局制定《兖州市城乡医疗救助“一站式”即时结算服务暂行办法》，简化医疗救助程序，全市6244户、13815位城乡低保对象、农村五保对象个人基础信息全部录入微机，定点医院均安装“一站式”医疗救助软件。2012年初，市政府将“列支1000万元用于城乡困难居民大病医疗救助”作为为民十件实事之一，并出台新的《城乡困难居民大病医疗救助实施细则》，取消病种限制，扩大救助范围，简化救助程序，最大限度地避免因病致贫、因病返贫现象发生。当年共救助城乡困难居民大病患者381人，支出救助金540万元，人均救助金额14173元，居济宁市首位。全年资助14171名城乡低保对象、农村五保对象参加城镇居民医疗保险或新型农村合作医疗，支出医疗救助金53.9万元。2013年资助城乡低保对象、农村五保对象12541人参加城镇居民医疗保险或新型农村合作医疗，支出医疗救助金65.7万元。全年共救助城乡困难大病患者679人，发放救助金1014万元，人均救助1.51万元。

第七章　事务管理

第一节　婚姻管理

1994年2月，民政部颁布《婚姻登记管理条例》，婚姻工作由单纯的办理登记走向全面的婚姻管理。1996年6月，兖州市撤销乡（镇）婚姻登记处。市民政局婚姻登记机关派人对偏远乡镇实行定点、定期巡回登记。同年办理结婚登记5100件，离婚登记5件。1997年，按照《山

2011年12月30日，市民政局在漕河镇开展“三下乡”法律宣传活动

东省婚姻登记管理办法》在全省率先实行县（市、区）集中登记。2001 年 5 月，市婚姻登记管理处成立，全年办理结婚登记 4775 件，离婚登记 49 件；办理补领结婚证 27 件，补领离婚证 1 件。2006 年 5 月，市婚姻登记管理处更名为市民政局婚姻登记处，全年办理结婚登记 3789 件，离婚登记 397 件；办理补领结婚证 143 件，补领离婚证 4 件。2011 年 7 月，实现婚姻登记工作全省联网。2013 年 1 月 1 日，市政府下发《关于在全市推行免费登记的通知》，市民政局婚姻登记处实行婚姻免费登记，免除婚姻当事人办理婚姻登记的结婚证或离婚证工本费、证件复印费；11 月，市民政局婚姻登记处更名为济宁市兖州区民政局婚姻登记处。全年共办理结婚登记 4859 件，离婚登记 1146 件；办理补领结婚证 1537 件，补领离婚证 59 件。

1996年—2013年兖州市婚姻登记情况表

表27-2

年　份	结婚登记（对）	离婚登记（对）	补领结婚证（对）	补领离婚证（件）	年　份	结婚登记（对）	离婚登记（对）	补领结婚证（对）	补领离婚证（件）
1996	5100	5	—	—	2005	4324	351	124	1
1997	4500	14	—	—	2006	3789	397	143	4
1998	4300	38	—	—	2007	4669	404	221	4
1999	5108	30	—	—	2008	5176	437	308	8
2000	3850	37	28	—	2009	6407	674	399	19
2001	4775	49	27	1	2010	5738	824	704	17
2002	4716	114	33	3	2011	6192	917	838	18
2003	6678	184	33	2	2012	5589	963	1008	28
2004	5235	324	87	1	2013	4859	1146	1537	59

第二节　收养登记

1999 年，兖州市开始办理收养登记。同年，市民政局为 4 户符合收养条件的家庭办理收养登记手续。市民政局遵循平等自愿原则，依法保障被收养人的合法权益，严格依法开展收养登记工作。2006 年，市民政局为 50 户符合收养条件的家庭办理收养登记手续。至 2013 年年底，区民政局共办理收养登记 410 件。

1999年—2013年兖州市收养登记情况表

表27-3

年　份	收养登记数（人）	年　份	收养登记数（人）	年　份	收养登记数（人）
1999	4	2004	34	2009	49
2000	26	2005	38	2010	17
2001	23	2006	50	2011	2
2002	30	2007	42	2012	10
2003	31	2008	47	2013	7

第三节　殡葬管理

兖州市殡仪馆始建于1968年。1998年，为配合兖州市整体规划建设，市殡仪馆将西大门改建为南大门。同年，全市共火化尸体3411具。2003年6月，兖州市投资100万元新建600平方米的遗体告别大厅。2004年8月，兖州市制定《兖州市殡葬管理办法》。2006年3月，市委办公室、市政府办公室印发《关于大力开展移风易俗活动的实施方案》和《关于大力开展移风易俗活动的意见》，引导广大干部群众逐步树立文明、节俭、健康向上的新观念，崇尚“厚养薄葬”，开展移风易俗活动。2008年，殡葬管理所深化殡葬改革，提升服务质量，火化尸体3685具，火化率100%。同年，争取上级拨款40余万元，自筹资金10万余元，改善殡仪馆设备设施，新增高档拣灰炉1台，增设茶水炉、休息室、悼念告别厅等场所。2010年，自筹资金30万元，新增全自动消烟除尘火化机1台。2011年3月，兖州市开展以解决筑坟立碑、乱埋乱葬为重点的移风易俗专项治理，促进了移风易俗活动开展，市火化率常年保持在100%。2013年，在全市范围内实施普惠性殡葬惠民政策，对在市殡仪馆火化的辖区亡故居民，除免除火化费、遗体运输费和送骨灰费外，对在市殡仪馆火化的亡故重点优抚对象、城乡低保户家庭成员、农村五保供养对象和90周岁以上老年人免除1年骨灰盒寄存费和3天遗体冷藏费，切实减轻群众丧葬负担。

1996年—2013年兖州市尸体火化数情况表

表27-4

年　份	火化数（具）	年　份	火化数（具）
1996	3482	2005	2875
1997	3391	2006	3506
1998	3411	2007	3508
1999	3323	2008	3685
2000	3265	2009	3842
2001	3221	2010	3719
2002	3189	2011	3708
2003	3237	2012	3921
2004	2686	2013	3775

第四节　民间组织登记管理

民间组织登记　1998年，兖州市开始对辖区内的民间组织进行审批登记，同年，审批成立4家社会团体。2011年—2012年，兖州市开展“社会组织规范化建设年”活动，在全市开展民间组织摸底排查和清理整顿工作，对两年不参加年检和违规的39个社会团体和43个民办非企业单位进行注销。2013年8月，开始对行业协会商会类、科技类、公益慈善类、城乡社区服务类等4类民间组织实行直接登记。至2013年年底，全区共有社会团体46个，其中专业类协会28个，农村经济类协会11个，行业类协会商会7个；有民办非企业单位87个，其中教育类31个，卫生类27个，科技类10个，文化类3个，其他类16个。

2013年兖州市社会团体情况表

表27-5

名　称	成立时间	业务主管单位	名　称	成立时间	业务主管单位
市美术书法摄影协会	1998年3月	市文化局	市党外知识分子联谊会	2010年7月	市委统战部
市伊斯兰教协会	1998年3月	市民宗局	市农民用水者协会	2010年7月	市水利局
市个体私营企业协会	1998年3月	市工商局	济宁市兖州易学研究会	2010年7月	市文联
市消费者协会	1998年3月	市工商局	市武术运动协会	2010年12月	市教体局
市老科学技术工作者协会	2000年11月	市科协	市女企业家协会	2010年12月	市妇联
市慈善总会	2003年1月	市民政局	市法律服务工作者协会	2010年12月	市司法局
市肉鸭养殖技术协会	2003年8月	颜店镇政府	市自行车运动协会	2011年2月	市教体局
市李白杜甫研究会	2004年1月	市文化局	市民间文史研究会	2011年4月	市文联
市林木种苗花卉协会	2004年1月	市林业局	市青年企业家协会	2011年11月	团市委
市反邪教协会	2004年2月	市科协	市打击乐协会	2011年11月	市文联
市天主教爱国会	2004年4月	市民宗局	市漕河镇贫水区用水者协会	2011年11月	市农开办
市礼仪庆典协会	2004年6月	市文化局	市传统武术文化研究会	2011年11月	市教体局
市蔬菜协会	2005年1月	市农业局	市志愿者协会	2012年4月	市委宣传部
市新驿镇农民星火科技协会	2006年8月	新驿镇政府	市林下养殖协会	2012年7月	市畜牧兽医局
市渔业协会	2006年12月	市农业局	市农村专业技术协会	2012年11月	市科协
市绿源蔬菜产业协会	2008年3月	颜店镇政府	市健步者运动协会	2013年2月	市教体局
市历史文化研究会	2008年12月	市文化局	市佛教协会	2013年5月	市民宗局
市益海嘉里粮油生产协会	2009年1月	市农业局	市作家协会	2013年6月	市文联
市青年书画家协会	2009年2月	团市委	市诗词楹联学会	2013年9月	市文联
市戏剧曲艺家协会	2009年3月	市文联	市象棋协会	2013年12月	市教体局
市收藏家协会	2009年4月	市文联	市金属结构业商会	2013年12月	市工商联
市基督教三自爱国运动委员会	2009年5月	市民宗局	市颜店镇黄牛腿山药技术开发协会	2013年12月	颜店镇政府
市老年健康促进会	2009年11月	市卫生局	市金融消费权益保护协会	2013年12月	中国人民银行兖州支行

2013年兖州市民办非企业单位情况表

表27-6

名　称	成立时间	业务主管单位	名　称	成立时间	业务主管单位
鼓楼街道少陵社区居委会卫生室	2001年5月	市卫生局	市启萌幼儿园	2010年10月	市教体局
鼓楼街道白衣堂社区居委会卫生室	2001年5月	市卫生局	市鼓楼街道民间艺术团	2010年10月	市文广新局
鼓楼街道民族社区居委会卫生室	2001年5月	市卫生局	市鼓楼医院	2011年2月	市卫生局
鼓楼街道韦园社区居委会罗鹏卫生室	2001年5月	市卫生局	市大统矿业有限公司职工医院	2011年2月	市卫生局
鼓楼街道长安社区居委会昭洋卫生室	2001年5月	市卫生局	市创新科技机械电子研究所	2011年3月	市科技局
鼓楼街道红西社区居委会卫生室	2001年5月	市卫生局	鼓楼街道红花村卫生室	2011年4月	市卫生局

续表27-6

名　称	成立时间	业务主管单位	名　称	成立时间	业务主管单位
市御风药业有限责任公司卫生室	2001年5月	市卫生局	市同舟书画院	2011年8月	市老干部服务中心
兖州中材建设有限公司卫生室	2001年5月	市卫生局	市清华少儿英语培训学校	2011年8月	市教体局
鼓楼街道校场社区居委会卫生室	2001年5月	市卫生局	济宁市兖州书院	2011年10月	市文广新局
酒仙桥街道查官园社区居委会卫生室	2001年5月	市卫生局	鼓楼街道鼓楼社区居委会卫生室	2011年10月	市卫生局
市建安公司卫生室	2001年5月	市卫生局	鼓楼街道南关村卫生室	2011年10月	市卫生局
鼓楼街道奎星楼社区居委会卫生室	2001年7月	市卫生局	市东方圣城国学书画雕塑艺术研究中心	2012年1月	市文联
鼓楼街道红花村郭娟卫生室	2001年7月	市卫生局	市残疾人康复研究所	2012年1月	市科技局
兖州惠民医院	2001年7月	市卫生局	市兴隆庄镇金起点幼儿园	2012年4月	市教体局
鼓楼街道息马地社区居委会卫生室	2002年3月	市卫生局	市颜店镇育英幼儿园	2012年4月	市教体局
市气管炎肛肠病研究所	2002年8月	市科技局	市新起点培训学校	2012年4月	市教体局
市三圆网络科技研究所	2003年4月	市科技局	市新兖镇楚家洼幼儿园	2012年6月	市教体局
市孔子学府	2003年6月	市教育局	市东苑幼儿园	2012年6月	市教体局
市萌芽艺术培训学校	2003年8月	市教育局	市汇佳幼儿园	2012年6月	市教体局
市地生金农作物良种研究所	2005年1月	市科技局	市大安镇卓越幼儿园	2012年6月	市教体局
市国画院	2005年3月	市文化局	市联诚幼儿园	2012年6月	市教体局
市中老年艺术团	2005年6月	市文化局	市东方幼儿园	2012年6月	市教体局
市英才幼儿园	2005年11月	市教育局	市兴隆庄镇未来星幼儿园	2012年6月	市教体局
市西北林果研究所	2006年10月	市科技局	市兴隆庄镇阳光苗苗幼儿园	2012年6月	市教体局
市银河职业培训学校	2006年12月	市劳动局	市晨光幼儿园	2012年6月	市教体局
市农业科学院	2007年8月	市农业局	市孔子学府幼儿园	2012年6月	市教体局
市新兖镇牛屯幼儿园	2008年6月	市教体局	市兴隆庄镇搬迁安置社区建设服务中心	2012年7月	兴隆庄镇政府
市北华硕博全脑开发中心	2008年10月	鼓楼街道办事处	市兴隆庄镇人才交流服务中心	2012年9月	兴隆庄镇政府
市太阳安全培训中心	2008年10月	市安监局	市新兖镇夏家村幼儿园	2012年11月	市教体局
市礼仪庆典中心	2009年1月	市文广新局	市新兖镇赵家村幼儿园	2012年11月	市教体局
市高阳书法培训学校	2009年5月	市教育局	市新兖镇向阳幼儿园	2012年11月	市教体局
市新苑幼儿园	2009年6月	市教育局	市成龙幼儿园	2012年11月	市教体局
市体育舞蹈俱乐部	2009年12月	市体育局	市蓝天幼儿园	2012年11月	市教体局
市中西医结合肝病研究所	2009年6月	市科技局	鼓楼街道长安社区居委会玉印卫生室	2012年11月	市卫生局
市皮肤病性病防治研究所	2009年6月	市科技局	济宁市兖州高考文化培训学校	2012年12月	市教体局

续表27-6

名　称	成立时间	业务主管单位	名　称	成立时间	业务主管单位
酒仙桥街道东关村爱清卫生室	2010年5月	市卫生局	市京泰皮肤病研究所	2012年12月	市科技局
市不孕不育研究所	2010年2月	市科技局	市清华苑文化艺术培训学校	2013年1月	市教体局
市中西结合皮肤病防治研究所	2010年6月	市卫生局	市莛飞英语培训学校	2013年6月	市教体局
鼓楼街道北关村长山卫生室	2010年6月	市卫生局	市文艺策划创作中心	2013年6月	市文联
鼓楼街道南关村村委会新静卫生室	2010年8月	市卫生局	市阳光职业培训学校	2013年6月	市人社局
鼓楼街道南关村村委会雪莲卫生室	2010年8月	市卫生局	市新东方语言科学研究所	2013年9月	市科技局
市路通工程机械研究所	2010年8月	市科技局	市新兖镇山拖育才幼儿园	2013年10月	市教体局
鼓楼街道红花西路居委会殿云卫生室	2010年8月	市卫生局	市嵫阳山石刻艺术研究所	2013年11月	市文广新局
市痔瘘研究所	2010年9月	市科技局			

民间组织管理　1998年，兖州市开始对辖区内的民间组织进行登记管理。先后组织实施“农村经济协会牵手扶贫”“社会组织规范化建设年”“社会组织执法监察年”“社会组织等级评估”“清理市场中介组织”“红帆工程”等一系列活动，建立完善社会组织登记注册与党组织设立同步审批、社会组织自身建设与党组织建设同步考核、社会组织与党组织同步表彰、社会组织与党组织换届同步进行的社会组织党建与管理“四个同步”工作联动机制。2004年，兖州市开展农村经济协会牵手扶贫行动，全市8个镇街共培育牵手扶贫经济协会26个，扶持贫困户600多户，脱贫率70%。对“农村经济协会牵手扶贫”行动中涌现出的各类典型和经验进行大力宣传和推广。加大对非法农村经济协会的查处力度。同年8月，对39家农村经济协会开展大规模的农村经济协会普查，调查了解协会的发展状况，对名存实亡及不具备登记条件的2个协会予以注销。2005年，兖州市成立培育发展农村经济协会工作领导小组，出台《兖州市加强农村经济协会培育管理工作的意见》，降低农村经济协会登记准入门槛，为农村经济协会提供专项使用土地，协调专项信贷资金，实行特殊税收政策。每年市、镇列支专项财政配套资金，用于扶持农村经济协会的培育和发展。2008年，成立兖州市社会组织管理工作领导小组和中共兖州市委社会组织工作委员会，并成立中共兖州市委社会组织工作委员会办公室。将社会组织建设工作正式纳入《兖州市国民经济和社会发展第十二个五年规划纲要》，明确提出“加快建立信用监督和信用服务体系，积极培育行业协会、中介组织等各类健康规范的社会组织，建设诚信兖州”。2010年，兖州市行业协会（商会）全部实现政社分开。所有社会组织的会长、副会长、秘书长等负责人全部经过民主选举产生，同时工作人员全部面向社会公开招聘，职能上更趋向为会员服务，活动形式也更加灵活。同年7月，市委组织部依托市民政局成立市社会组织党工委，重点开展社会组织“建组织、扩覆盖”活动。至2013年年底，在社会团体中正式审批23个社会组织党组织（11个社会组织业务主管党总支、9个社会团体独立党支部和11个社会团体建立的3个联合党支部）。在民办非企业单位中正式审批12个社会组织党组织（2个社会组织业务主管党总支、5个独立党支部，在85个民办非企业单位中建立5个联合党支部）。

第八章　地名管理与勘界

第一节　地名管理

1997年，兖州市民政局配合兖州镇完成新设居委会的划分及命名，完成辖区内国道、省道、镇村地名标志设置工作。同年，出版印刷1997年版《兖州市地图》。2001年3月，市成立标准地名标志规范设置领导小组，出台《兖州市路街巷标志和（楼）门牌设置规范》，抽调工作人员，对城区街路名称和标志门牌的设置情况进行全面普查。通过6个月的普查，提出街路名称标志设置和门牌安装方案，并迅速落实。同年，按照兖州市城区总体规划，制定主干道命名和更名方案。2002年，对城区主干道进行标准化地名设置；同年，完成小孟、漕河撤乡设镇工作，并印刷出版2002年版《兖州市行政区划图》和《兖州市交通旅游图》。2004年，按照省地名档案检查和达标升级工作要求，完成地名信息数据库输入上报工作。2006年，完成32条乡镇政府驻地主要街道命名更名工作，市城乡道路名称体系基本建立。同年，开通兖州市地名网，对新命名和更名的城乡道路地名标志进行更换，并印刷出版2006年版《兖州市行政区划图》和《兖州市城区图》。2007年，开展地名设标工作，推进地名标准化进程，对市区部分损坏的路牌进行维修。2008年，市民政局协助济宁市民政局修订《济宁市地图》，并参与编辑《济宁市地名寻根》《孔孟之乡地名揽萃》。2009年，兖州市完成新城区和城区周边91条新建和延修道路的命名更名工作，使全市新老城区200多条道路形成老城区南北五条主干道以五古桥（九仙桥、东御桥、中御桥、西御桥、龙桥）、新城区道路以古九州（青州、兖州、徐州、扬州、荆州、豫州、雍州、梁州、冀州）、经济开发区（大安镇）和新兖镇按照全国县级以上城市名称进行命名的地名名称体系。同年，印刷出版2009年版《兖州市地图》和《兖州市城区图》。

2010年，兖州市完成国家地名数据库信息采集工作，共采集信息1800余条。同年，完成50条主次干道的359块标志牌设置工作。2011年，市民政局与市规划、建设、交通等部门制定兖州市地名规划。2012年，兖州市成立《中国政区大典》兖州部分编纂委员会，编纂文字4万余字，按时完成《中国政区大典》兖州部分编纂任务。2013年，完成国家地名数据库内容的充实和完善工作，对数据发生变更的部分进行核实校对，对位置不准确的进行修正、补充。

2005年兖州市城区路街巷命名更名表

表27-7

标准名称	走　向	起止点	备　注
西环城路	南北	南起南环城路　北至北环城路	更名
南环城路	东西	东起兖邹公路　西至西环城路	更名
北环城路	东西	东起泗河大桥　西至西环城路	更名
龙桥南路	南北	南起南环城路　北至九州东路	更名
龙桥北路	南北	南起九州东路　北至北环城路	更名

续表27-7

标准名称	走向	起止点	备注
南护城河路	东西	东起东环城路　西至龙桥南路	更名
北护城河路	东西	东起酒仙桥北路　西至旧关立交桥	更名
酒仙桥南路	南北	南起南护城河路　北至九州东路	更名
酒仙桥北路	南北	南起九州东路　北至北护城河路	更名
西御桥南路	南北	南起南环城路　北至九州东路	更名
西御桥北路	南北	南起九州东路　北至北护城河街	更名
中御桥北路	南北	南起九州东路　北至北环城路	更名
建设东路	东西	东起酒仙桥北路　西至龙桥北路	更名
建设中路	东西	东起龙桥北路　西至精华园学校西侧	更名
建设西路	东西	东起精华园学校西侧　西至西环城路	命名
九州东路	东西	东起酒仙桥北路　西至龙桥北路	更名
九州中路	东西	东起龙桥北路　西至孔子学府西侧	更名
九州西路	东西	东起孔子学府西侧　西至西环城路	更名
育才路	南北	南起铁北西街　北至北环城路	命名
青州路	南北	南起九州中路　北至建设中路	命名
扬州路	南北	南起九州中路　北至建设中路	命名
大禹路	南北	南起南环城路　北至北环城路	更名
金石路	东西	东起西御桥南路　西至龙桥南路	命名
丰兖路	东西	东起龙桥南路　西至太阳路	命名
飞龙街	东西	东起龙桥北路　西至兖新铁路线	命名
太阳路	南北	南起富阳路　北至九州东路	更名
友谊路	东西	东起龙桥南路　西至太阳路	更名
富阳路	东西	东起龙桥南路　西至大禹路	命名
创业路	东西	东起开发区办公楼前　西至西环城路	命名
考棚街	南北	南起九州东路　北至建设东路	命名
息马地街	东西	东起中御桥北路　西至西御桥北路	命名
国际大道	不规则向	西起西环城路　东至327国道	命名

2009年兖州市城区路街巷命名更名表

表27-8

标准名称	走　向	起止点	备　注
滨河北路	南北	南起九州东路　北至北环城路	命名
滨河南路	南北	南起酒仙桥南路　北至九州东路	命名
东御桥北路	南北	南起九州东路　北至北环城路	命名
半边街	南北	南起南护城河路　北至西城隍庙街	命名
唐庙街	南北	南起九州东路　北至建设东路	命名
西护城河南路	南北	南起富阳路　北至九州东路	命名
西护城河北路	南北	南起九州东路　北至北护城河路	命名
吕公堂路	南北	南起北护城河路　北至北环城路	命名

续表27-8

标准名称	走　向	起止点	备　注
丽水路	南北	南起九州中路　北至滋阳东路	命名
秀水路	南北	南起九州中路　北至建设中路	命名
扬州南路	南北	南起丰兖西路　北至九州中路	命名
扬州北路	南北	南起九州中路　北至北环城路	命名
青州路	南北	南起九州中路　北至滋阳东路	命名
徐州南路	南北	南起文艺路　北至九州中路	命名
徐州北路	南北	南起九州中路　北至北环城路	命名
冀州南路	南北	南起南环城路　北至九州中路	命名
冀州北路	南北	南起九州中路　北至汶邹公路255省道	命名
豫州南路	南北	南起丰兖西路　北至九州中路	命名
豫州北路	南北	南起九州中路　北至汶邹公路255省道	命名
荆州南路	南北	南起南环城路　北至九州西路	命名
荆州北路	南北	南起九州西路　北至汶邹线255省道	命名
雍州南路	南北	南起丰兖西路　北至九州西路	命名
雍州北路	南北	南起九州西路　北至北环城路	命名
梁州南路	南北	南起胜利西路　北至九州西路	命名
梁州北路	南北	南起九州西路　北至延安西路	命名
福州南路	南北	南起丰兖西路　北至九州西路	命名
福州北路	南北	南起九州西路　北至北环城路	命名
滋阳东路	东西	东起龙桥北路　西至荆州北路	命名
滋阳西路	东西	东起荆州北路　西至西环城路	命名
鲁王东路	东西	东起西护城河北路　西至荆州北路	命名
鲁王西路	东西	东起荆州北路　西至西环城路	命名
文化东路	东西	东起酒仙桥北路　西至龙桥北路	命名
文化西路	东西	东起龙桥北路　西至大禹北路	命名
府后路	东西	东起扬州北路　西至冀州北路	命名
青莲阁路	东西	东起滨河北路　西至东环城路	命名
建设中路	东西	东起龙桥北路　西至荆州北路	命名
建设西路	东西	东起荆州北路　西至西环城路	命名
九州东路	东西	东起滨河南路　西至龙桥南路	命名
九州中路	东西	东起龙桥南路　西至荆州南路	命名
九州西路	东西	东起荆州南路　西至西环城路	命名
文艺路	东西	东起大禹南路　西至荆州南路	命名
丰兖东路	东西	东起西护城河南路　西至新石铁路	命名
丰兖西路	东西	东起新石铁路　西至西环城路	命名
胜利东路	东西	东起大禹南路　西至荆州南路	命名

续表27-8

标准名称	走　向	起止点	备　注
胜利西路	东西	东起荆州南路　西至西环城路	命名
南护城河路	东西	东起酒仙桥南路　西至西护城河南路	命名
富阳路	东西	东起中御桥南路　西至大禹南路	命名
安顺路	南北	北起华安路　南至吉安路	命名
安康路	南北	北起延安中路　南至吉安路	命名
安阳路	南北	北起延安东路　南至西安东路	命名
安庆路	南北	北起延安东路　南至西安东路	命名
兴安路	东西	东起金谷路　西至济微公路	命名
惠安路	东西	东起大禹北路　西至西环城路	命名
延安东路	东西	东起安庆路　西至济微公路	命名
延安中路	东西	东起济微公路　西至荆州北路	命名
延安西路	东西	东起荆州北路　西至西环城路	命名
华安东路	东西	东起济微公路　西至荆州北路	命名
华安西路	东西	东起荆州北路　西至西环城路	命名
西安东路	东西	东起北站货场　西至济微公路	命名
西安中路	东西	东起济微公路　西至荆州北路	命名
西安西路	东西	东起荆州北路　西至西环城路	命名
广安路	东西	东起大禹北路　西至豫州北路	命名
吉安路	东西	东起济微公路　西至冀州北路	命名
永安路	东西	东起热电厂　西至冀州北路	命名
泰安东路	东西	东起大禹北路　西至荆州北路	命名
泰安西路	东西	东起荆州北路　西至西环城路	命名
新金路	南北	北起阳新路　南至宝新路	命名
新华路	南北	北起小马青社区　南至聚新路	命名
永新路	东西	东起兖州九中　西至西环城路	命名
奉新路	东西	东北起胜利东路　西南至冀州南路	命名
阳新路	东西	东起大禹南路　西至创新东路	命名
创新东路	东西	东起南环城路　西至荆州南路	命名
创新西路	东西	东起荆州南路　西至西环城路	命名
宝新路	东西	东起南环城路　西至荆州南路	命名
福新路	东西	东起南环城路　西至冀州南路	命名
玉新路	东西	东起泗河堤　西至济微公路	命名
聚新路	东西	东起泗河堤　西至济微公路	命名
鲁新路	东西	东起西御桥南路南段　西至紫薇路	命名
梧桐路	东西	东起银杏路　西至紫薇路	命名
樱花路	东西	东起济微路　西至紫薇路	命名

续表27-8

标准名称	走 向	起止点	备 注
芙蓉路	东西	东起济微路　西至紫薇路	命名
紫薇路	南北	北起南环城路　南至崇文大道	命名
迎春路	南北	北起南环城路　南至崇文大道	命名
银杏路	南北	北起超越电教南侧　南至济微公路	命名
东御桥北路	南北	北起北护城河路　南至建设东路	更名（原名兴隆街）
东御桥北路	南北	北起铁北东街　南至北护城河路	更名（原名北关街）
大禹北路	南北	北起汶邹公路　南至北环城路	更名（原名开发路）
西护城河南路	南北	南起南护城河路　北至西关大街	更名（原名半边街）
西护城河北路	南北	南起西关大街　北至建设东路	更名（原名堂庙街）
西护城河北路	南北	南起建设东路　北至北护城河路	更名（原名西顺河北街）
兴隆街	东西	东起东御桥北路　西至中御桥北路	更名（原名卫所街）

第二节　勘　界

1998年，兖州市成立勘界工作领导小组，由市民政局牵头具体负责实施辖区周边的边界线勘定。历时2年完成兖州市与任城区、曲阜市、邹城市、汶上县、泰安市宁阳县的边界踏勘工作。根据《山东省行政区域界线管理办法》“省界五年、县界三年联合检查一次”的规定，2004年，对兖州与任城区、汶上县、宁阳县边界线进行联检，完成堪界工作。2007年，全面启动地名公共服务工程，开展“三个一（地名网站、地名信息触摸屏、地名查询电话）”建设，做好创建平安边界建设工作。2008年，对兖州市与任城区、汶上县、宁阳县边界线进行联检，对界桩进行维护。2009年3月—10月，同曲阜市、邹城市联合进行边界检查，对因泗河河堤加宽施工等原因丢失、损坏的界桩，重新进行安装。2010年10月，分别在兖州市周边设置3块界碑宣传碑。碑身为大理石，双面，均为黑底红字；基座为黑色，均采用大理石结构，并安排专人看护。

勘界碑照（兖州—邹城—任城）

第九章 残疾人事业

第一节 残疾人代表大会

兖州市残疾人联合会第一次代表大会至第六次代表大会分别于1990年6月30日、1993年3月31日、1998年4月21日—22日、2003年3月27日、2007年10月31日、2012年12月28日召开，大会分别选举产生兖州市残疾人联合会第一届至第六届主席团及执行理事会，选举产生主席、执行理事会理事长。

第二节 主要工作

残疾人调查 1996年，开始办理第一代中华人民共和国残疾人证，至年底，为5000余名残疾人办理残疾人证。2006年4月，进行第二次残疾人抽样调查，全市共有2.6万名残疾人，占总人口的4.89%。2009年，开始换发第二代中华人民共和国残疾人证，至年底，集中换证7000余份。至2013年，共为1.1万名残疾人办理残疾人证。

康复工作 1996年—2007年，实施白内障复明手术，共为3088名白内障患者实施复明手术。2008年4月，启动创建“白内障无障碍市”工作，为辖区内的所有白内障患者免费实施复明手术，当年实施复明手术726例。2009年实施复明手术520例。同年，兖州市被全国康复办公室授予全国白内障无障碍市称号。2010年—2013年，共为1578名白内障患者实施免费复明手术。2008年，实施贫困精神残疾人康复救助工程，免费为647名贫困精神残疾人提供一年的服药救助，为427名贫困精神残疾人提供三个月的住院治疗救助。1996年—2007年，开展聋儿、智力和肢体残疾人康复工作，语训聋儿52名，培训聋儿家长38名，智残训练52名，脑瘫训练46名，肢残训练197名。2009年，启动贫困家庭残疾儿童康复救助工程，至2013年年底，免费为0岁～6岁残疾儿童提供康复训练194人次。开展辅助器具适配，1996年—2000年，装配假肢45例，提供用品用具1256件；2001年—2007年，为78名肢体残疾人安装假肢，免费发放轮椅、拐杖、助行器、助听器、助视器等辅助器具2275件；2008年—2013年，免费为305名残疾人安装假肢和矫形器，免费发放轮椅、拐杖、

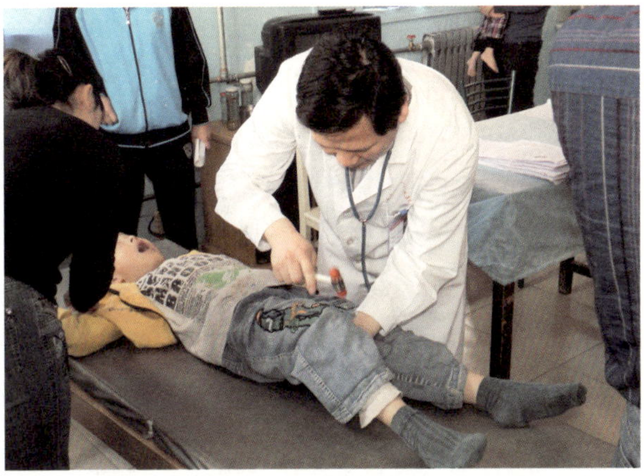

2010年5月，市残联组织专家对残疾儿童进行康复评估

2011年4月，市残联为听力残疾儿童适配助听器

盲杖等残疾人辅助器具3798件。

就业工作 1996年—2000年，安置残疾人就业468人，其中集中安置263人，按比例安置205人，鼓励和扶持个体就业96人。2001年，市政府制定《兖州市按比例安排残疾人就业办法》，安排313名残疾人就业，其中，集中安置163人，按比例安置50人，另有120人自谋职业。2004年，由地税部门代收残疾人就业保障金，促进按比例安排残疾人就业工作。同年，安排140名城镇残疾人就业，其中，集中安排18人，按比例安排102人。2007年，建立8处残疾人就业扶贫基地，安置72名残疾人就业。2010年，开展“共享阳光”自主创业工程，扶持32名残疾人自主创业。对自谋职业、自主创业的残疾人给予扶持资金和扶贫贴息贷款支持。2012年，与市农广校、市就业办、市技工学校、市畜牧局等部门联合，对残疾人进行培训，参加养殖、种植等农村实用技术培训的残疾人累计420人次，组织75名残疾人参加济宁市残联等培训机构和企业职业技能培训班。2013年，联合有关部门对360名残疾人进行实用技术培训，对160名残疾人进行职业技能培训；开展扶贫基地拉动就业工程，扶持省级示范基地1处、济宁市级扶贫基地4处，县级扶贫基地6处。组织10家企业、100名残疾人在兖州九州广场举办残疾人就业招聘会，白象食品等福利企业积极吸纳近600名残疾人就业。

扶残助残

残疾学生和低保残疾人家庭学生救助 2000年，市残联和市教委联合下发《关于对考取大专院校的残疾学生实行奖学金的通知》，至2009年，共发放奖学金1.6万元。2010年，市政府制定《兖州市残疾人大中专学生和贫困残疾人家庭大中专学生学费补助办法》，同年，发放补助金2.46万元；2011年，发放4.8万元。2010年，市政府制定《兖州市低保重度残疾人生活补贴办法》，从2010年起，低保重度残疾人每人每月可领取

2012年5月，市残联组织开展全国助残日活动

60元生活补贴，同年，发放18.93万元。2011年初，市政府制定《兖州市残疾人优惠扶持办法》，对0岁～6岁残疾儿童每人每年给予1200元的生活补贴，对中小学残疾学生、低保残疾人家庭的中小学生每人每年给予800元的生活补贴，同年，发放23.2万元，实现从出生到大学毕业全程救助。2012年，为85名0岁～6岁残疾儿童每人发放1200元的年度生活补贴，为368名中小学残疾学生和低保残疾人家庭中小学学生每人发放800元生活补贴，为38名残疾人大中专学生和低保残疾人家庭大中专学生每人发放1000元～2000元的年度学费补助。2011年—2013年，为2019名低保重度残疾人每人每月发放60元生活补贴，共计发放150.55万元；为0岁～6岁残疾儿童、残疾学生、低保残疾人家庭学生发放生活补贴和学费补助56.4万元。

残疾人危房改造 2004年，实施残疾人特困户危房改造工程，同年改造60户。2007年—2013年，共改造184户，累计投资263.4万元。

机构托养 2011年，实施“阳光家园”计划，对有暴力倾向的重症精神残疾人实施机构托养。依托济宁市荣复军人医院挂牌成立市残疾人托养中心，同年，对50名有暴力倾向、无监护人的重度精神残疾人实施机构托养；2012年—2013年，集中托养103名重症精神病人。对贫困或重度残疾人实施居家托养，2011年，居家托养残疾人260名，发放托养补贴15.6万元；2012年—

2013 年，居家托养残疾人 637 名，发放托养补贴 45.86 万元。

燃油补贴发放 2011 年开始，为有机动轮椅车的残疾人发放燃油补贴，同年，发放 3.32 万元。2012 年—2013 年，共发放 8.32 万元。

法律维权 2001 年，市政府印发《关于为残疾人提供法律援助的暂行规定》，至 2010 年，共为残疾人提供法律服务 28 起。2010 年，市政府印发《兖州市残疾人法律援助暂行办法》，2011 年 3 月，建立助残志愿者联络站、残疾人信访工作站、残疾人法律救助站和残疾人法律咨询热线、残疾人维权示范岗“三站一线一岗”“五位一体”的综合性服务载体，为残疾人提供各种服务 26 次。2012 年—2013 年，为残疾人提供各类服务 60 次。

文体活动 2002 年 9 月，兖州市 26 名残疾人体育运动员组成代表队参加济宁市首届残疾人运动会，共获 5 枚金牌、11 枚银牌、9 枚铜牌，聋人篮球队获团体第二名。2003 年 4 月，参加省第六届残疾人运动会的兖州市残疾人运动员获 1 枚金牌、3 枚银牌。组织参加首届省残疾人书法、绘画和摄影大奖赛，查娟萍获得书法、绘画优秀奖，由贵成获摄影三等奖。2009 年 4 月，组织参加济宁市第四届残疾人文艺会演，盲人大学生张学伟的独唱《我爱你中国》和钢琴曲《幻想进行曲》分别获一等奖和二等奖，在山东省第七届残疾人艺术会演中获三等奖；鑫星电子厂残疾人自编自演的小品《自强不息》获一等奖，在省第七届残疾人艺术会演中获三等奖。2010 年 6 月，组织残疾人运动员参加济宁市第二届残疾人运动会，共获 4 枚金牌、6 枚银牌、1 枚铜牌。同年 10 月，参加省第八届残疾人运动会的运动员，共获 3 枚金牌、2 枚银牌、2 枚铜牌。2011 年，与市特教学校联合开展残疾儿童文艺会演。2012 年 5 月，实施“残疾人文化进社区”项目，选送 3 名残疾人歌手参加济宁市首届残疾人歌手广播电视大赛，2 人进入前 10 名；选送 1 名残疾人歌手参加山东省残疾人歌手广播电视大赛决赛，获十佳歌手荣誉称号。2013 年 6 月，组织残疾人运动员参加济宁市第三届残疾人运动会，共夺得金、银、铜奖牌 36 枚。同年 10 月，开展残疾人文化艺术作品征集活动，征集绘画、书法、工艺品等 200 余件，举办文艺作品展，编印《自强梦》作品集 300 册。为残疾人搭建培训和展示文艺特长平台，成立兖州市残疾人文化艺术协会。选送歌曲、戏曲、器乐等 8 个优秀节目，参加济宁市第五届残疾人文艺会演比赛，获二等奖 2 个、三等奖 2 个。

1996年—2013年兖州市残疾人康复工作情况表

表27-9

项目 \ 数量 \ 年份		1996	1997	1998	1999	2000	2001	2002	2003	2004	2005	2006	2007	2008	2009	2010	2011	2012	2013	合计
视力康复	白内障复明（例）	60	236	180	205	160	182	452	210	326	289	368	420	726	520	382	343	523	330	5912
	助视器配发（台）	0	0	0	0	0	0	0	0	6	6	8	8	8	20	110	100	30	90	386
精神康复	免费住院（人）	0	0	0	0	0	0	0	0	0	0	0	30	30	30	75	110	90	92	457
	免费服药（人）	0	0	0	0	0	0	0	0	0	0	0	45	50	50	150	162	140	95	692

续表27-9

项目		1996	1997	1998	1999	2000	2001	2002	2003	2004	2005	2006	2007	2008	2009	2010	2011	2012	2013	合计
残疾儿童康复	听力、脑瘫、智力、孤独症训练（人）	26	28	32	28	34	26	32	35	27	31	25	33	32	32	34	31	35	30	551
假肢、矫形器装配	大、小腿假肢（例）	6	8	10	9	12	8	13	10	9	10	13	15	15	18	29	26	30	28	269
	矫形器（件）	0	0	0	2	3	5	3	2	4	0	3	4	6	8	50	30	36	29	185
辅助器具适配	轮椅（辆）	100	30	20	20	50	30	50	100	50	100	18	70	50	50	60	200	400	200	1598
	拐杖（副）	50	10	57	35	20	50	48	36	50	60	35	100	30	30	50	100	450	30	1241
	助听器	0	0	5	0	0	0	8	0	0	0	0	10	70	20	30	100	150	250	643
	其他（件）	120	160	156	238	185	120	136	240	253	260	186	265	260	360	258	100	300	250	3847
康复训练	肢体（人）	15	18	26	58	80	76	135	180	249	145	127	261	58	169	238	214	311	62	2422
	智力（人）	6	8	8	12	18	16	32	50	36	41	28	60	35	72	116	130	85	76	829

第十章　老龄事业

第一节　老年人活动

敬老活动　1996年起，在全市实施以敬老为内容的夕阳红工程。每逢老人节、春节，市委、市政府等领导带头走访慰问乡镇敬老院老人。1997年，市委确定每年10月为敬老宣传月。期间，市老龄委、市民政局、市妇联、市总工会、团市委及兖州（火车）站、兖州汽车站和银行保险窗口单位，通过广播、电视等媒体和悬挂条幅、制作宣传栏等形式，积极宣传惠老政策和孝亲敬老活动，营造浓厚敬老氛围。1998年10月，市委、市政府对30家老龄工作先进单位和70名敬老好儿女金榜奖、老有所为奉献奖、重视老龄工作功勋奖获得者进行表彰奖励。1999年，是联合国确定的国际老年人年。市委办公室、市政府办公室联合下发《关于庆祝国际老年人年活动的通知》，建立青年敬老服务责任制，广大团员、青年到干休所、敬老院、老年人家中开展“一帮一结对子”活动6次；在全市中小学生中开展评选尊老敬老先进个人、敬老先进集体活动2次；在全市广大妇女中开展“巾帼敬老双十佳”活动；与市人寿保险公司联合为百岁老人查体35人次；组织开展老年人门球赛等活动。2002年，开展尊老敬老“四个一”活动，即召开一次家庭敬老会，举办一次敬老家宴，赠送老年人一件礼品，

2010年10月，市巾帼助老志愿者在新兖镇敬老院为老人开展服务

陪老年人游览一次市容市貌。2004年6月，启动青少年敬老爱老助老主题教育活动，鼓励和引导青少年，积极参加敬老爱老助老社会实践，读敬老书，做敬老事，写敬老文章，从自身做起，从身边小事做起，从回报自己的父母做起，人人争当为老年人服务的志愿者；同年10月，市老龄工作委员会办公室等5家单位联合对评选出的30家先进单位、50名先进个人和优秀文章的作者进行表彰。2006年9月，市老龄工作委员会办公室与团市委、市妇联、市教育局等单位组织动员广大职工、团员、青年、妇女、师生和社会各界人士在社区、敬老院等老年人活动场所广泛开展义诊、义演、免费查体、保健咨询、心理咨询、维权服务、理财服务等助老活动。同年10月，市委、市政府对20家老龄工作先进单位，60名模范老人、健康老人、尊老敬老先进个人进行表彰。2009年10月，市委、市政府对20家首届“十大孝星”、老龄工作先进单位和40名尊老敬老先进个人进行表彰。2002年始，每年春节、老人节，市领导带头走访慰问老干部、老英雄、老模范、百岁老人、五保老人和困难老人，到敬老院、老年公寓了解老人们的生活，帮助他们解决实际困难。2012年10月，评选表彰第二届“十大孝星”。2013年10月，市老龄工作委员会办公室组织开展走访慰问、为10位百岁老人免费查体等一系列庆祝老年节活动。

老年文体活动 1996年起，市老龄工作委员会办公室适时开展老年人门球、书画等文体活动，丰富老年人的精神文化生活。积极组织引导老年人发挥余热、奉献社会。2002年，500余名经验丰富的专家、学者、高级技工，被返聘回医院、学校或企业担任顾问或技术指导；150余名老年人深入机关、学校、企业等单位进行光荣传统教育，从事关心教育下一代工作；一部分农村老年人义务担当起民事纠纷调解工作。至2013年，建成老年人活动中心230个，组织老年人开展门球、太极拳、秧歌、老年书画展等体育文化活动；成立老年大学，开设书法、绘画、摄影等课程。2005年始，市老龄工作委员会办公室每年为老年人订阅《山东老年》杂志300多份，丰富老年人文化生活。2006年后，坚持老年活动基地建设与压煤搬迁、新村建设相结合，与整合各地资源相结合，与企业共建相结合原则，因地制宜，相继建成各类老年活动基地447处，其中，公园3处，博物馆1处，大型广场7处，文化体育娱乐场所34处，镇街敬老院、老年公寓活动场所15处，设施齐全的老年活动中心106处。2006年8月，制订《老年协会章程》，统一制作牌匾，实现部分村（居）老年活动室制度上墙，在全市范围内开展创建村（居）规范化老年活动室评比活动。成立老年人门球队、太极拳队、老年时装队、老年合唱团、老年书画院等，适时开展文体活动。2013年12月，区老年人活动中心建设项目在西

老年人自发组织在市博物馆前晨练

城区动工开建，为兖州区第二家县级老年人培训教育、艺术展览、文体活动于一体的综合性公共服务设施。

第二节 老年人合法权益保障

权益保障 1996年10月1日，《中华人民共和国老年人权益保障法》（以下简称《老年人权益保障法》）颁布实施，市老龄工作委员会办公室在全市组织开展以保护老年人合法权益为主要内容的宣传周活动。利用报纸、电台、电视台、宣传板、过街联等宣传《老年人权益保障法》，印发宣传单1.5万份，发放《老年人权益保障法》单行本6000余册。市豫剧团围绕宣传《老年人权益保护法》，先后排演《墙头记》《酷情》等剧目，到城乡巡回演出。1998年，兖州市《老年人权益保障法》执法协调小组成立，办公室设在市老龄工作委员会办公室。1999年9月，市老龄工作委员会办公室与市委组织部、市人事局联合举办《老年人权益保障法》知识竞赛，2000余人参加比赛。同年，市老年法律援助中心成立，设立“148”法律服务热线，为老年人提供法律咨询，依法保护老年人的合法权益。至1999年年底，配合市人民法院共受理赡养纠纷案件200余件，全部审结。2001年—2002年，配合市司法部门深入镇（街道）、村（居）讲解《老年人权益保护法》，举办《老年人权益保障法》知识讲座5次，解答群众咨询500多人次；市政府转发《山东省优待老年人规定》，市老龄工作委员会办公室、市教育局组织师生举办《老年人权益保护法》演讲比赛，市教育局把《老年人权益保障法》宣传列入中小学生政治课，对中小学生进行敬老、养老道德教育和维护老年人合法权益的法制教育。2001年10月、2006年4月，市人大常委会两次对全市《老年人权益保障法》贯彻落实情况进行视察。

2005年，市老龄工作委员会办公室积极推进《农村家庭赡养协议书》签订工作，统一印制协议书6万份，免费发放到基层。利用报刊、广播、宣传栏、宣传单等形式，对老年法规、协议书签订工作进行广泛宣传，完成工作目标。2006年，举办第二次《老年人权益保障法》知识竞赛，3000余人参加比赛。2008年，市司法部门把《老年人权益保障法》纳入“五五”普法宣传重要内容，对赡养、伤害、虐待老年人和其他侵害老年人合法权益的案件，坚持优先立案、优先审理、优先执行。对老年人缴纳诉讼费有困难的，实行诉讼费缓交、减交、免交。积极协调有关部门，做好建立老年法庭工作。完善老年人来信来访制度，接待老年人来信来访50余件次，做到事事有人问，件件有落实。2013年，完善“148”服务热线接访制度，建立由律师、公证人员、法律工作者相结合的法律援助和法律服务队伍，为老年人开展法律服务。市公安部门严厉打击侵害老年人合法权益的违法犯罪活动，切实为老年人伸张正义。

老年人优待 1998年，减免涉及老年人的义务工、劳动积累工、三提五统等费用。2000年，全市60岁以上老年人全部免除义务工和劳动积累工，70岁以上农村老年人免除村提留、乡镇统筹费等。组织人员到镇村、市直涉老部门和老年人家中，采取“听、查、看”的方式开展调查研究，承办市人大代表、政协委员关于老年人问题的提案（建议）16件。为300余位60岁以上行动不便的老年人安装固定电话。2005年后，完善老年人就医优惠待遇，全市各家医院设立老年人优先挂号就医窗口，低保和农村70岁以上老年人免收普通门诊挂号费，为高龄、百岁以上老年人每年免费查体1次。在兖州（火车）站、兖州汽车站设置老年人优待标识；65岁以上老年人乘坐市内公交车实行半价优惠，70岁以上老年人免费；社会公共体育场所免费对老年人开放。商业、维修、供水、供电、银行等服务行业，根据行业特点，优先为老年人提供服务并给予优待照顾。2009 年 3 月开始，市老龄工作委员会办公室免费办理山东省老年人优待证。老年人凭优待证进入公园免购门票，进入博物馆、图书馆等公共文化娱乐场所，凡收取门票的一律实行半价，70 岁以上老年人免费；各景点售票口全部设置半价、免费标志。至 2013 年年底，共办理 6 万余本山东省老年人优待证。

老年人补贴　2007 年初，市政府把为 75 岁以上无养老金收入的老年人发放生活补助费列为为民办好十件实事之一，至 2013 年，市政府连续 7 年将为老年人服务纳入为民办好十件实事之一。市政府制订《兖州市老年人生活补助费发放暂行办法》，规定年满 75 周岁～ 94 周岁的老年人每人每月补助 30 元，95 周岁～ 99 周岁 50 元，100 周岁及以上 200 元。市、镇（街道）充实调整发放工作领导小组，435 个村（居）全部明确专管员。市老龄工作委员会办公室与市财政局、市公安局、市民政局、市劳动保险处等成员单位加强协调配合，对老年人年龄的认定以户籍年龄为准，坚持一月一核实，一季一检查、一年一大查，及时对存在的问题进行梳理、整改，公开、公平、公正开展发放工作。2007 年—2008 年，平均每月有 15403 名老年人领取，发放金额 1190 余万元。2007 年—2009 年，共发放 1680 余万元，其中，

2007 年 4 月 25 日，兖州市老年人生活补助费发放仪式在谷村镇举行

有 557 名老年人领取济宁市为 90 岁以上老年人发放的每人每月 50 元的养老补贴。新兖镇、龙桥街道为所有 70 岁～ 74 岁老年人发放生活补贴，全市有 71 个村（居）每年集体出资 300 余万元为老年人发放生活补贴。2013 年 3 月，将高龄补贴发放范围扩大到 80 周岁，发放标准为：80 周岁～ 89 周岁老年人每人每月 30 元，90 周岁～ 99 周岁老年人每人每月 50 元，100 周岁及以上老年人每人每月 500 元。2013 年 10 月—12 月，有 9564 名 80 周岁～ 89 周岁老年人、1016 名 90 周岁～ 99 周岁老年人和 15 名百岁老人享受高龄补贴。兖州市成为济宁市补贴标准最高、范围最广，覆盖 80 周岁以上所有老年人的县（市、区）。

第二十八篇

人事　劳动和社会保障

YANZHOUSHIZHI

人事　劳动和社会保障

第一章　管理机构

第一节　市人事局

1996年，市人事局设办公室、工资科、科级干部科、调配科、档案科5个科室，辖机关事业社会保险处、人才交流服务中心2个事业单位，有工作人员22人。1997年2月，市公务员管理办公室成立，为副科级机关单位；2005年12月，市事业单位登记管理局成立，为科级全额事业单位；均隶属市人事局。2006年5月，市人事争议仲裁委员会办公室成立，为科级全额事业单位；6月，市国外智力引进办公室成立，为股级事业单位；2008年9月，市国外智力引进办公室被批准为参照公务员法管理的事业单位，隶属市人事局。2009年，市人事局内设办公室、政策法规综合科、录用流动计划科、公务员管理办公室、工资福利科、教育培训科、专业技术人员管理科7个科室。辖机构编制委员会办公室（与市人事局合署办公）、人才市场管理办公室、人事争议仲裁委员会办公室、事业单位登记管理局4个科级单位，人才交流服务中心1个副科级单位，国外智力引进办公室1个股级事业单位。有工作人员36人。2010年4月，撤销市人事局，其机构、人员和职能划入新成立的市人力资源和社会保障局。

第二节　市劳动和社会保障管理机构

1996年，兖州市劳动局设办公室、劳动综合管理科、劳动监察科、劳动安全科4个科室，下辖劳动就业办公室、社会劳动保险事业处、技工学校、锅炉压力容器检验站，有在职人员16人。1997年，市再就业指导中心成立，为股级事业单位，隶属市劳动局。1998年，兖州市劳动监察大队成立，为副科级行政单位，隶属市劳动局。2000年，市劳动局更名为市劳动和社会保障局。同年7月，撤销市劳动保险处、市机关事业社会保险处、市农村社会保险处，设立市社会保险事业处，为科级全额事业单位，隶属市劳动局。2002年2月，市社会医疗保险处成立，为科级全额事业单位，隶属市劳动和社会保障局。2004年4月，市新型农村合作医疗办公室成立，为副科级全额事业单位，隶属市劳动和社会保障局；市劳动监察大队性质变更为副科级全额预算管理事业单位。2006年5月，市劳动争议仲裁院成立，为科级全额事业单位，隶属市劳动和社会保障局。2007年8月，市社会保险基金监督管理中心成立，为科级全额事业单位，隶属市劳动和社会保障局。2008年，市劳动监察大队被批准为参照公务员法管理的事业单位。2009年6月，在全市10个镇（街道）均设立劳动保障服务中心，59个村（社区）建立劳动保障服务站，435个村（社区）明确专职劳动保障协理员。同年年底，市劳动和社会保障局设办公室、政策法规科、工伤科、劳动关系科等6个科室，下辖劳动就业办公室、社会医疗保险处、社会保险处、劳动仲裁院、劳动监察大队、社保基金监管中心、技工学校7个单位，有在职人员46人。2010年4月，撤销市劳动和社会保障局，其机构、人员和职能全部划入新成立的市人力资源和社会保障局。

第三节　市人力资源和社会保障管理机构

2010年4月，市人力资源和社会保障局成立，为科级行政单位，编制27人。内设办公室、档案室、政工人事科、研究室、政策法规科、群众工作办公室等11个科室，辖市人事争议仲裁委员会办公室、市人才市场管理办公室、市劳动争议仲裁院、市劳动就业办公室、市技工学校、市社会保险处、市社会医疗保险处、市社会保险基金监督管理中心8个科级单位，市人才交流服务中心、市劳动监察室、市劳动监察大队、市新型农村合作医疗管理委员会办公室4个副科级单位，市再就业指导中心、国外智力引进办公室2个股级单位。有在职人员91人。在全市10个镇（街道）设立人力资源社会保障所，453个村（社区）设立人力资源社会保障服务站。2013年3月，设立外国专家管理办公室，为股级事业单位，市人才市场管理办公室更名为市人才服务中心，市人才交流服务中心更名为市人事考试中心。同年11月，市人力资源和社会保障局更名为济宁市兖州区人力资源和社会保障局。同年12月，区新型农村社会养老保险办公室更名为区居民养老保险办公室。同年年底，区人力资源和社会保障局内设办公室、档案室、政工人事科、研究室、政策法规科、群众工作办公室、公务员管理办公室、外国专家管理办公室、考核办公室、教育培训科、职业能建设科、专业技术人员管理科、计划与事业单位人事管理科、劳动关系科、工资福利科、工伤管理科、综合科、规划财务科等17个科室。辖人事争议仲裁委员会办公室、人才服务中心、劳动人事争议仲裁院、就业办公室、高级技工学校、社会保险处、医疗保险处、社会保险基金监督管理中心8个科级单位，人事考试中心、劳动监察室、劳动监察大队、居民养老保险办公室4个副科级单位，再就业指导中心、职业技能鉴定中心、职业技能培训中心3个股级单位。有在职人员377人。10个镇（街道）均设有人力资源社会保障所，453个村（社区）设立人力资源社会保障服务站。

第四节　市机构编制委员会办公室

1996年，市机构编制委员会办公室（以下简称“市编办”）与市人事局合署办公。2005年12月，撤销市事业单位登记管理办公室，设立市事业单位登记管理局，为科级全额事业单位，编制6名，由市编办管理。2010年4月，与市人事局合署的市编办单独设置，列为市委市政府工作部门。2011年1月，市编办设综合科（挂政工科牌子）、机构编制管理科、监督检查科（挂政策法规科牌子）3个科室，核定编制11名。设立市机构编制实名制信息管理中心，为股级全额事业单位，隶属市编办管理。2012年3月，市机构编制实名制信息管理中心加挂市人才储备中心牌子，编制由3名增加为13名。2013年11月，市机构编制委员会办公室更名为济宁市兖州区机构编制委员会办公室；12月，区编办机构编制管理科加挂档案管理科牌子；至年底，区编办设综合科（挂政工科牌子）、机构编制管理科（挂档案管理科牌子）、监督检查科（挂政策法规科牌子）3个科室，下辖区事业单位登记管理局1个科级全额事业单位和区机构编制实名制信息管理中心（区人才储备中心）1个股级全额事业单位，有工作人员 10 人。

第二章　机构编制管理

第一节　机构改革

1993 年机构改革　1993 年 12 月，市委、市政府印发《关于兖州市市直党政群机关机构改革实施方案》《关于乡镇管理体制改革的实施方案》，召开全市机构改革动员大会，部署市级党政群机关和乡镇管理体制的全方位改革。

按照政企分开的原则，撤销市商业局，与撤销的市财政贸易委员会，一同组建新的市财政贸易委员会。将市物资局、市粮食局、市供销社、市二轻局分别改建为市物资总公司、市粮油总公司、市供销总公司、市二轻总公司，为一级法人，享受《中华人民共和国企业法》规定的各项权利，成为独立核算、自主经营、自负盈亏的经济实体。新组建的市物资总公司、市粮油总公司、市供销总公司及原市商业局的下属企业归属市财政贸易委员会，市二轻总公司归属市经济委员会。按照政事分开的原则，将市农业局（包括棉花办公室）、市林业局、市畜牧局、市农机局、市蔬菜办公室改建为市农业服务中心、市林业服务中心、市畜牧服务中心、市农机服务中心、市蔬菜服务中心，为服务性事业单位。

根据省实施方案和济宁市实施意见，市直党政机构共设置 33 个，其中，市委工作部门 5 个，市委办公室（包括撤销的市委政策研究室、机要局、保密局的工作和撤销的市档案局的行政管理工作）、市委组织部（包括撤销的组织员办公室的工作）、市委宣传部（包括撤销的精神文明建设委员会办公室的工作和撤销的广播电视管理局的行政管理工作）、市委统战部（包括撤销的台湾工作办公室、民族宗教办公室的工作；归侨侨属联谊会与其合署）、市委政法委员会（包括撤销的打击经济犯罪领导小组办公室的工作；社会治安综合治理办公室与其合署）。

市政府工作部门 28 个，市政府办公室（包括撤销的经济体制改革委员会、市政府政策研究室、市政府机要科、法制局、外事办公室、侨务办公室、史志办公室、无线电管理委员会办公室的工作）、市经济委员会（包括撤销的原经济委员会、技术改造办公室、市政府生产调度室、经济技术协作委员会的工作和二轻局的行政管理工作）、市财政贸易委员会（包括撤销的商业局的工作和物资局、供销社的行政管理工作）、市农业委员会（包括撤销的农村经济委员会、黄淮海平原开发领导小组办公室的工作和撤销的农机局、畜牧局的行政管理工作；新组建的农业服务中心、林业服务中心、蔬菜服务中心和保留的水利局归口农业委员会）、市对外经济贸易委员会、市计划委员会（包括撤销的农业区划办公室的工作）、市城乡建设委员会（包括撤销的房地产管理局、环境卫生管理局、拆迁安置办公室的行政管理工作）、市科学技术委员会（包括撤销的地震办公室的工作）、市教育委员会（包括撤销的教育局、职工业余教育领导小组办公室、市政府教育督导室的工作）、市文化体育委员会（包括撤销的文化局、体育运动委员会、老年人体育协会办公室的工作）、市计划生育委员会（包括撤销的城区计划生育办公室的工作；计划生育协会与其合署）、市公安局、市司法局、市民政局（包括撤销的地名办公室的工作）、市人事局（包括撤销的党政机关岗位责任制领导小组办公室、退休干部科的工作；机构编制委员会办公室与其合署）、市统计局、市劳动局、市财政局（包括撤销的国有资产管理局、财务税收物价大检查领导小组办公室的工作）、市税务局、市交通局、市水利局、市卫生局（爱国卫生委员会办公室、红十字会办公室与其合署）、市审计局、市工商物价行政管理局（包括撤销的物价局的工作）、市土地矿产管理局（包括撤销的土地局、矿产资源管理办公室、压煤村庄搬迁办公室的工作）、市乡镇企业局、市技术监督局、市环境保护局、市监察局（列政府序列，不占机构限额）。

按照《中国共产党章程》《中华人民共和国宪法》及有关规定设置组织机构，市纪律检查委员会（监察局与其合署）、市人民法院、市人民检察院、市人民武装部、市直机关党委；市人大、市政协的机构设置暂维持原状；市总工会、团市委、市妇联继续列入党政群机关序列，市委老干部局（归口组织部管理，不属党委序列，为科级单位）、驻外办事处（归口政府办公室管理，不属政府序列，为科级单位）、济宁开放开发综合试验区兖州工贸区管理委员会（是市委、市政府的派出机构，由市政府管理，不属党委、政府序列，为科级单位）、济宁开放开发综合试验区兖州外贸出口加工区管理委员会（是市委、市政府的派出机构，由市政府管理，不属党委、政府序列，为科级单位）、市人民防空办公室（为科级事业单位）。按照上级规定，需保留的机构5个，市信访局（为市委、市政府的部门，不属市委、市政府序列，归口市委办公室管理，为科级单位）、市老龄委办公室（为市委部门，不属市委序列，为科级单位）、市科学技术协会（社会团体，为科级单位）、市工商业联合会（人民团体，为科级单位）、市残疾人联合会（社会团体，归口民政局管理，为副科级单位）。

市党史委并入党校，设立市委党史研究室，规格类同党校其他科室。市机关行政事务管理局改建为市机关后勤服务总公司，为科级事业单位，机关后勤人员划归机关后勤服务总公司。各党政群工作部门内部一般不再分设机构层次。编制数额在10人以上，又确因工作需要非设不可的，可设股（室）。方案中未明确保留的副科级以上行政机构一律撤销，原党政群部门内部设置的副科级以上的行政机构，除方案中明确的，其余一律撤销。

根据工作需要和精简原则，各乡镇设置党政办公室、农业办公室、经贸办公室、治安民政办公室、乡村建设办公室、计划生育教科文卫办公室6个综合性办公室。各办公室主任由分管的党委、政府成员兼任。改革前党委、政府下设的行政科室一律撤销。进入省经济强乡镇的兖州镇、城郊乡和一类乡镇谷村乡、漕河乡、大安镇、小孟乡、新驿镇、颜店镇、前海乡、王因镇、兴隆庄镇，党委可由7人～9人组成；二类乡镇黄屯乡、泗庄乡党委由5人～7人组成。各乡镇党委配备书记1人，副书记1人～2人（含党政交叉任职的），组织委员、宣传委员、纪检书记各1人。1名副乡镇长进党委班子。乡镇政府设乡镇长1人。进入省经济强乡镇的兖州镇、城郊乡和一类乡镇谷村乡、漕河乡、大安镇、小孟乡、新驿镇、颜店镇、前海乡、王因镇、兴隆庄镇设副镇长4人；二类乡镇黄屯乡、泗庄乡设副乡长3人。乡镇纪律检查委员会设专职书记1人；乡镇人民武装部设部长1人（配备副乡镇级干部），省经济强乡镇和一类乡镇增配干事1人；乡镇团委设专职书记1人，妇联设专职主任1人，均配备科员级干部；乡镇人民代表大会不设专门办事机构，不配备专职人员，闭会期间由乡镇党委书记兼任常务主席，具体工作由乡镇党政办公室承担；乡镇不设政协组织。除以上规定的党政领导和副乡级干部职数外，乡镇不再设置其他正副乡镇级或享受正副乡镇级干部待遇的党政工作机构或岗位。对设在乡镇的工商所、税务所、法庭、公安派出所、交通管理站、粮所实行双重领导、以市主管部门领导为主的体制，其干部的任免、调动、奖惩等征得乡镇党委、政府的同意，党、团组织关系由乡镇党委、团委管理。设在乡镇的中央系统管理的农行营业所、邮电局、农电站，要接受乡镇党委、政府的监督协调，其干部的任免、调动、奖惩要征求乡镇党委、政府的意见，党、团关系由乡镇党委、团委管理。其他设在乡镇为农业生产和农村工作服务的农技站、农经站、水利站、林业站、农机站、畜牧站、统计站、教委、文化站、广播站、记者站、乡镇卫生院、社会卫生防疫站、计划生育服务站、劳动服务站、法律服务站、供销社（不含城管供销社）、食品站等企事业单位，人、财、物统归乡镇管理；市直部门负责业务指导。

2002年机构改革　2002年5月，全市机构改革工作会议召开，部署市乡机构改革工作。

市委机构改革　市委市机关委员会更名为市委市直机关工作委员会。市委、市政府信访局由市委办公室、市政府办公室管理，以市委办公室管理为主；市委老干部局由市委组织部管理。不再保留市委政策研究室、市委督查室、市委保密机要局，其职能划归市委办公室。市老龄工作委员会办公室职能划归市委办公室（挂市老龄工作委员会办公室牌子）。不再保留市委组织员办公室，其职能划归市委组织部。市党员电化教育中心改为科级事业单位，隶属市委组织部管理。不再保留市委台湾工作办公室、市政府台湾事务办公室、市归侨侨属联谊会，其职能划归市委统战部。市档案馆挂市档案局牌子，为科级事业单位，隶属市委办公室管理，授权行使有关行政管理职能。改革调整后，市委设市纪律检查委员会机关（市监察局与其合署）、市委办公室、市委市政府信访局（由市委办公室、市政府办公室管理，以市委办公室管理为主）、市委组织部、市委老干部局（由市委组织部管理）、市委宣传部、市委统一战线工作部（市民族宗教局与其合署，挂市台湾工作办公室牌子）、市委政法委员会（市社会治安综合治理委员会办公室与其合署）、市委市直机关工作委员会7个工作机构和2个部门管理机构。市委工作部门和部门管理机构，规格均为科级。

根据机构改革精神和兖州市实际，男年满53周岁、女年满50周岁的正、副科级干部，不再改任非领导职务，一律离岗。按照《国家公务员暂行条例》规定，安排一定数量的主任科员、副主任科员职位，用于安排业务骨干和后备干部。

市政府机构改革　市计划委员会更名为市发展计划局；市经济委员会更名为市经济贸易局；市教育委员会更名为市教育局；市科学技术委员会更名为市科学技术局；市对外经济贸易委员会更名为市对外贸易经济合作局；市计划生育委员会更名为市计划生育局；市城乡建设委员会更名为市建设局；市土地矿产管理局更名为市国土资源局。不再保留市财贸委员会、市乡镇企业局，其行政管理职能划归市经济贸易局；不再保留市人民政府法制局、市体制改革委员会、市人民政府政策研究室、市人民政府督查室，其职能划归市政府办公室；不再保留市人民政府民族宗教事务办公室，其职能划归市民族宗教局；不再保留市体育运动委员会，其行政管理职能划归市教育局（挂市体育局牌子），组建市体育运动中心，为科级事业单位，隶属市教育局管理；市农业委员会和市农业局合并，组建市农业局；市农业委员会综合协调职能划归市政府办公室；市农业综合开发办公室为科级事业单位，划归市政府办公室管理；市农业现代化建设办公室、市农村改革试验区办公室为科级事业单位，由市农业局管理；市物价局并入市发展计划局，保留市物价局牌子，人、财、物相对独立；市国有资产管理局并入市财政局，保留市国有资产管理局牌子。不再保留市财政监督局，其职能划归市财政局。市劳动仲裁委员会办公室职能划归市劳动和社会保障局（挂市劳动仲裁委员会办公室牌子）；不再保留市劳动监察大队，其职能划归市劳动和社会保障局；不再保留市公务员管理办公室，其职能划归市人事局；不再保留兖州市人民政府驻北京办事处；不再保留市红十字会办公室，其职能划归市卫生局；市爱国卫生委员会办公室职能划归市卫生局（挂市爱国卫生委员会办公室牌子）；市计划生育协会改为科级事业单位，隶属市计划生育局管理；市人民防空办公室改为科级事业单位，由市政府管理，授权行使有关行政管理职能；市残疾人联合会改为科级事业单位，由市政府管理，授权行使有关行政管理职能；兖州经济开发区管理委员会、济宁开放开发综合试验区兖州外贸出口加工区管理委员会为市政府派出机构。

改革调整后，市政府设市政府办公室、市发展计划局、市经济贸易局、市教育局（挂市体育局牌子）、市科学技术局、市公安局、市监察局（与市纪律检查委员会机关合署，列入政府工作部门，不计政府个数）、市民政局、市司法局、市财政局、市人事局（市机构编制委员会办公室与其合署）、市劳动和社会保障局、市国土资源局、市交通局、市水利局、市农业局、市对外贸易经济合作局、市文化局、市卫生局、市计划生育局、市审计局、市环境保护局、市统计局、市建设局、市林业局、市粮食局25个工作部门。市政府工作部门机构规格均为科级。不设置部门管理机构，内部一般不分设机构层次。市政府工作部门中机关工会、共青团、妇联等组织按有关章程设立，一般不配备专职工作人员。撤销、合并的行政部门的原下属事业单位，其隶属关系调整到新组建的政府工作部门。

乡镇(街道)机构设置调整 新兖镇、新驿镇、颜店镇分别设党政办公室（挂社会治安综合治理办公室牌子），经济发展办公室，社会事务办公室，计划生育办公室4个综合性办公室；谷村镇、漕河乡、大安镇、小孟乡、黄屯镇、王因镇、兴隆庄镇分别设党政办公室（挂社会治安综合治理办公室牌子），经济发展办公室，社会事务办公室和计划生育办公室3个综合性办公室（一个机构两块牌子）；鼓楼街道、永安街道分别设党政办公室（挂社会治安综合治理办公室牌子），经济发展办公室，社会事务办公室和计划生育办公室（一个机构两块牌子）3个综合性办公室。乡镇人大主席、街道人大工作室主任一般由乡镇(街道)党委书记兼任，也可以专职担任。乡镇(街道)一级不设政协机构。根据《中华人民共和国工会法》规定，乡镇（街道）由工作人员兼管工会工作。各乡镇设置农业服务站、农村经济管理站、科技文化服务站、乡（镇）村建设服务站、计划生育服务站、财税所6个财政拨款事业单位（不含教育、卫生事业单位）；鼓楼、永安街道设置社区服务中心、经济贸易服务中心、科技文化服务中心、城镇建设服务中心、计划生育服务中心、民事综合服务中心6个财政拨款事业单位。

2006年政府机构改革 2006年5月，兖州市编委印发《关于市政府工作部门部分机构设置调整的通知》，对市政府工作部门部分机构设置和工作职能进行调整。市发展计划局更名为市发展和改革局，市政府办公室经济体制改革办公室的职能划入市发展和改革局；市粮食局不再作为政府工作部门，在市发展和改革局挂市粮食局牌子；市安全生产监督管理局改为市政府工作部门，同时作为市安全生产委员会的常设办事机构；市经贸局承担的危险化学品综合管理职能划入市安全生产监督管理局；市发展计划局管理重要农产品进出口计划及配额职能；市经贸局编报和实施重要工业品、原材料进出口计划等职能划入市对外贸易经济合作局；市卫生局承担的食品、保健品、化妆品的综合监督、组织协调和依法开展对重大事故查处及保健品许可职能划入市食品药品监督管理局；市计划生育局更名为市人口和计划生育局。

2010年政府机构改革 2010年4月，市委、市政府印发《关于兖州市人民政府机构改革的实施意见》，对市政府机构进行改革。组建市经济和信息化局，市经济贸易局除职工教育外的职责划入市经济和信息化局；市民营经济发展局更名为市中小企业局，由市政府直属事业单位调整为由市经济和信息化局归口管理；不再保留市经济贸易局。组建市人力资源和社会保障局，市人事局、市劳动和社会保障局的职责，市经济贸易局的职工教育职责，整合划入市人力资源和社会保障局；原与市人事局合署的市机构编制委员会办公室单独设置，列入党委机构序列；不再保留市人事局、市劳动和社会保障局。组建市交通运输局，将市交通局的职责，市建设局（市城市管理行政执法局）管理公共交通的职责，整合划入市交通运输局；不再保留市交通局。组建市商务局，市对外贸易经济合作局的职责，市商业贸易局的内贸管理职责，整合划入市商务局；市商业贸易局更名为市商业贸易服务中心，由市政府直属事业单位调整为由市商务局管理；市招商促进局由市政府直属事业单位调整为由市商务局管理；不再保留市对外贸易经济合作局。组建市文化广电新闻出版局，市文化局的职责，市广播电视局（台）的行政管理职责，市新闻出版局的管理职责，整合划入市文化广电新闻出版局。组建市文化市场综合执法局，为科级行政支持类事业单位，用于安置市文化市场稽查队的全额预算管理事业人员。组建兖州广播电视中心，为科级社会公益二类事业单位，用于安置原市广播电视局（台）的差额补贴事业人员。市新闻出版局更名为市新闻出版服务中心，均由市文化广电新闻出版局管理；不再保留市文化局、市广播电视局（台）、市文化市场稽查队。市旅游局更名为市文物旅游局，市文物局并入市文物旅游局，市文物旅游局由市政府直属事业单位调整为由市文化广电新闻出版局归口管理；不再保留加挂在市文化发展中心的市文物局牌子。组建市住房和城乡建设局，挂市规划局、市城市管理行政执法局牌子。将市建设局（市城市管理行政执法局）除管理公共交通外的职责，市房地产管理局、市住房制度管理办公室和市经济适用房廉租房管理办公室的行政管理职责，整合划入市住房和城乡建设局（市规划局、市城市管理行政执法局）。组建市城乡规划服务中心，为市规划局管理的科级社会公益一类事业单位，用于安置原市规划局全额预算管理事业人员。市房地产管理局更名为市房地产服务中心，市住房制度管理办公室和市经济适用房廉租房管理办公室合并更名为市住房保障中心，均由市住房和城乡建设局管理。不再保留市建设局。将原由省垂直管理的市食品药品监督管理局列入市政府工作部门。将市食品药品监督管理局承担的食品安全综合协调、组织查处食品安全重大事故的职责划入市卫生局。将市卫生局承担的餐饮服务许可、餐饮服务环节食品安全监管和保健食品、化妆品卫生监督管理职责划入市食品药品监督管理局。组建市农业局，挂市林业局牌子。将市农业局、市林业局的职责，整合划入市农业局（市林业局）。将市畜牧局、市农业机械管理局由市政府直属事业单位调整为由市农业局归口管理，市畜牧局更名为市畜牧兽医局。将市教育局（挂市体育局牌子）更名为市教育体育局。组建市体育运动服务中心，为市教育体育局管理的科级社会公益一类事业单位，用于安置市政府直属事业单位体育局全额预算管理事业人员。保留市发展和改革局（挂市粮食局牌子），加挂市物价局牌子。将市农业综合开发办公室的行政管理职责划入市财政局，市农业综合开发办公室由市政府办公室管理的事业单位调整为由市财政局管理。

市政府机构改革后，设置工作部门24个，挂牌行政机构5个，市政府直属事业单位6个（其中参照公务员法管理2个），市政府工作部门均为科级建制。

2011年镇（街道）机构改革　2011年9月，根据中共济宁市委、济宁市人民政府批准的《兖州市镇（街道）机构改革方案》，结合兖州市实际，兖州市委、市政府制定《关于兖州市镇（街道）机构改革的实施意见》。按照《山东省乡镇分类办法和机构编制核定标准》规定，兖州市一类镇（街道）6个，分别是新兖镇、大安镇、新驿镇、颜店镇、兴隆庄镇、鼓楼街道；二类镇（街道）4个，分别是漕河镇、小孟镇、龙桥街道、酒仙桥街道。

综合设置镇（街道）机构，二类镇（街道）均设置党政办公室、经济发展办公室（挂公共安全监督管理办公室牌子）、社会事务办公室（挂人口和计划生育办公室牌子）、群众工作办公室（挂社会治安综合管理办公室牌子）4个党政工作机构，一类镇（街道）在二类镇（街道）机构设置的基础上，增设村镇规划建设办公室。二类镇（街道）均设置财政所、农业综合服务中心、计划生育服务站、文化服务中心、社会保障服务中心5个财政拨款事业单位（不含教育、卫生事业机构，下同），一类镇（街道）在二类镇（街道）机构设置的基础上，增设经济商贸服务中心。同时，上述统一设置的财政拨款事业机构中，农业综合服务中心在街道财政拨款事业机构中规范为村居社区综合服务中心，其他均不变。

第二节 编制管理

1993年，完成乡镇和市直党政机关机构改革任务，全市13个乡镇党政群内设机构，由385个精简到72个，精简率80%；乡镇机关人员由1497人精简到439人。1998年，全市共有行政编制746人，政法编制450人。有在职职工13910人，其中党政机关2486人，全额事业单位8111人，差额事业单位1958人。2000年，市编委、市教委、市财政局联合组成工作小组，对全市重点学校进行抽查，在深入调查的基础上制定适合实际情况的中小学定编方案。2002年5月，市委、市政府进行机构改革，至6月底改革结束，调整后，市委机关原有行政编制138名，按照12%的比例精简，减少16名，核定行政编制122名。市政府原有行政编制530名，按照25%的比例精简，减少132名，核定行政编制398名。乡镇（街道）原有行政编制516名，改革后核定435名，精简15.7%，乡镇（街道）财政拨款事业单位人员编制核定407名。制定《兖州市市直党政机关机构改革人员分流的意见》，规定人员分流3年完成。2005年，根据《关于加快推进省属国有企业分离办社会职能工作的通知》要求，开展铁路、山拖、兖矿所属学校医院近1000名在职人员和400名离退休人员的人事编制交接工作。同年8月，全市镇（街道）机关事业单位实行编制实名制管理。2007年3月，兖州市党政机关离退休干部服务人员编制全部核销。2008年11月，兖州市党政群机关实行机构编制实名制管理。2012年，市政府办公室印发《关于进一步加强机关事业单位人员管理有关问题的通知》，实施编制使用许可制度，从源头上杜绝超编进人、违规用人等问题的发生，确保机构编制总量只减不增。在济宁市率先建成机构编制实名制数据库。2013年，市编办联合市委组织部、市财政局、市人社局对全市机关事业单位编外用人情况进行调查摸底，共用编外人员2808人。至年底，全区行政编制1259名，政法系统专项编制684名，事业编制15772名。

第三章 人　　事

第一节 公务员管理

公务员招录 1996年，兖州市组织公务员过渡考试，全市有1642人参加考试。1997年7月，对申报过渡国家公务员的1627名机关工作人员进行资格审查，经审查符合国家公务员条件的1545人。1998年8月，根据省人事厅、省工商行政管理局有关文件精神，兖州市组织实施工商所、地税所等基层单位的150名工作人员向国家公务员过渡考试。2003年，根据济宁市印发的《关于2003年度济宁市考选国家公务员和机关工作者的实施意见》，兖州市分配计划55名，其中市直机关、乡镇机关50名，公安局机关5名。同年12月，全市11个市直部门、7个镇（街道）招考52名国家公务员和机关工作者。2006年1月，兖州市按照《兖州市实施公务员法工作方案》和《兖州市公务员登记实施办法》，开展公务员登记工作。2007年，按照《中华人民共和国公务员法》和省、济宁市实施公务员法工作方案和公务员登记实施办法，在全市范围内对中国共产党各级机关、人民代表大会及其常务委员会机关、各级行政机关、中国人民政治协商会议兖州市委员会机关、市审判机关、市检察院机关和市工商联机关等7类机关中，依法履行公职、纳入行政编制、由国家财政负担工资福利且在编在职的除工勤以外的工作人员进行登记。全市37个市直单位、10个镇（街道）机关共有1679人符合条件。其中，在职登记人数1362人，离岗登记人数282人，暂缓登记人数7人，参照公务员管理单位人数28人。2008年，根据省、济宁市关于参照公务员法管理单位人员登记实施意见的要求开展参照管理事业单位人员登记工作。对省审批的18个参照公务员法管理事业单位中符合条件的人员进行登记。全市参照管理登记的18个事业单位编制413个，登记总人数243人。其中，党委序列参照单位3个，事业编制64人，登记24人；政府序列参照单位15个，事业编制349人，登记219人。同年3月—5月，全市7个市直部门和8个镇招录20名公务员。2009年，兖州市进一步规范股级干部选任报批备案制度，任命4个部门21名股级干部，公开招考46名公务员和参照公务员法管理人员。2010年，兖州市公开招考32名公务员和参照公务员法管理人员。2011年，兖州市公开招考23名公务员和参照公务员法管理人员。2012年7月，全市公务员、参照管理人员、副科级领导干部进行信息统计，数据库初步建成，共设立机构744个，采集信息1979人，录入信息22万余条。同年，公开招考21名公务员和参照公务员法管理人员。2013年，兖州市公开招考32名公务员和参照公务员法管理人员。

公务员培训　1998年1月，市公务员管理办公室先后对1997年新录用的40名国家公务员、机关工作人员进行集中培训。同年3月，按系统对公务员及机关工作人员进行国家公务员基本知识培训。1999年5月—9月，分5批选派215名副科级以上国家公务员，分别参加济宁市及山东省国家公务员培训班。2000年，组织60名军队转业干部向国家公务员过渡考试培训工作，配合市委统战部对50名党外公务员进行培训，选派35名干部分3批参加济宁市国家公务员知识经济培训班。2003年—2005年，全市国家公务员依法行政、电子政务、科学发展观等培训班举办，共有8000余名公务员和专业技术人员参加培训。2006年—2008年，举办全市国家机关公务员通用能力、职业道德与创新等培训班，有6000余名公务员和专业技术人员参加培训。2008年，对新录用的20名公务员进行初任培训。2009年，兖州市举办参照公务员法管理人员及新录用公务员初任培训班，培训290余人次，审验1400余个国家公务员培训证书。2011年，市人社局组织8名科级干部参加济宁市公务员素质提升培训；配合农业局组织9名干部参加浙江大学新农村建设能力提升研讨班；配合市委组织部开展科级领导干部、组织人事干部培训300余人。2013年，全市培训公务员、组织人事干部等各类人员7826人次。

第二节　干部管理

离退休干部管理　2001年，对全市2817名离退休人员进行逐一核实，并发放离退休待遇手册。同年，完成2860名离退休人员增加离退休费的审批工作。2005年，为3187名离退休、退职人员增加离退休费和生活补贴，确保新工资标准及时足额兑现。2008年12月，对所有党政机关和事业单位中已到龄而未及时办理退休手续的人员进行全面清理，为全市机关事业单位到龄人员办理退休及退休费的增发手续。至2013年年底，全市共有退休干部18737人，离休干部155人。

军转干部管理 1998年，兖州市依据国家安置政策，接受安置军队转业干部，按规定落实军转干部的相关待遇，对军转干部家属就业、子女上学、住房等问题作出妥善安排，当年接收安置军转干部16人。2000年，市企业军转干部问题工作小组及办公室成立，开展困难企业军转干部解困工作，将全市所有符合条件的企业军转干部纳入解困范围，建立全市企业军转干部数据库，及时掌握和监督解困政策的执行情况，全年共接收安置军转干部56人。按照公开、公平、公正的原则，进一步完善计划分配与考试考核择优安置相结合的办法，接收安置军转干部54人，为16名自主择业军转干部提供管理服务，完成340余名困难企业军转干部的解困稳定工作。2006年6月，市委、市政府印发《兖州市军队转业干部安置暂行办法》，对军转干部安置工作进行规范，对专业技术干部原则上安置到专业对口单位，全年接收安置军转干部16人，其中技术干部4人。至2013年，共接收安置军转干部281人（含自主择业军转干部27人），随迁、随调家属35人。

1998年—2013年兖州市安置军队转业干部情况表

表28-1 单位：人

年份	接收人数					安置人数				自主择业
	团职	营职	连排职	技术干部	合计	党政群机关	政法机关	事业单位	合计	
1998	3	6	5	2	16	5	10	1	16	0
1999	5	14	22	19	60	11	33	16	60	0
2000	1	6	11	38	56	8	16	32	56	0
2001	0	2	1	7	10	5	2	3	10	0
2002	0	1	0	9	10	0	2	5	7	3
2003	0	7	0	4	11	0	6	3	9	2
2004	4	11	4	17	36	2	11	11	24	12
2005	0	2	2	3	7	1	4	0	5	2
2006	3	4	5	4	16	4	9	2	15	1
2007	1	2	6	4	13	4	7	1	12	1
2008	2	2	7	2	13	4	6	2	12	1
2009	2	0	1	4	7	1	3	3	7	0
2010	0	0	0	0	0	0	0	0	0	0
2011	2	3	1	0	6	1	3	0	4	2
2012	3	3	5	6	17	8	0	7	15	2
2013	1	0	0	2	3	2	0	0	2	1

事业单位聘任制干部管理 1997年，兖州市制定《事业单位专业技术职务聘任管理办法》，选择市人民医院、市技工学校和市文化局等单位开始试点，从规范聘任岗位设置、聘任程序、聘任手续入手，强化聘后管理，打破职称聘任终身制。同年，制定《兖州市事业单位专业技术职务聘任管理意见》，对岗位职责、聘任程序、缓聘、续聘、解聘做出明确规定。2004年1月，市委制定《关于进一步深化干部人事制度改革的意见》，完善干部考核和选拔任用方式，全面建立和推行聘用制度和岗位管理制度，实行总额控制、行业有别、单位自主分配的工资管理模式。2007年，兖州市印发《事业单位全面推行人员聘用制度工作实施方案的通知》，全市事业单位实行人员聘用制。对全市442个事业单位的13155人进行聘用备案表的审批工作。2009年5月，兖州市制定《关于事业单位岗位设置管理的实施意见》，加强做好事业单位岗位设置管理实施工作，激活事业单位各类人员干事创业的积极性。2011年6月，全市落实《关于加快事业单位岗位聘用有关问题的通知》，进一步完善事业单位岗位设置及聘用工作，事业单位岗位设置管理实行分类指导，已经制定出台岗位设置结构比例指导标准的高等学校、中小学、科研、文化、卫生等13个行业的事业单位，按照规定执行；没有该行业岗位设置结构比例指导标准的事业单位，参照相近行业岗位设置结构比例指导标准执行；无相近行业岗位设置结构比例指导标准参照的，可按《山东省事业单位岗位设置管理实施意见》规定的全省总体控制比例执行。2013年5月，落实《关于加强事业单位人事管理的意见》规定的事业单位聘用合同制度及人事管理配套政策措施。

事业单位公开招聘干部管理 2002年，兖州市公开招录380名大中专毕业生。2003年—2005年，兖州市公开招录374名大中专毕业生。2007年，根据市委、市政府下发的《关于实施百名大学生村官工程的意见》和市委组织部、市人事局《公开考选百名大学生村官实施方案》，组织实施从兖州市2006年普通高等院校应届全日制大学本科以上毕业生中考选百名大学生村官工作，共招录101名大学生村官到基层任职。2008年，继续招录105名村（企）官到基层任职。2007年—2013年，全市共公开招聘事业单位工作人员1228人。

第三节 事业单位登记管理

1996年，继续实行事业机构登记管理制度，将每个事业单位的名称、成立时间、批准文号、建制级别、隶属关系、经营形式、核定编制、在职人数等全部登记造册，纳入规范化管理。1997年，全市事业单位进行法人登记，确定事业单位法人或非法人地位，同时发放编制管理手册，实行一季度一审核，年度末总审核的办法。2002年，执行国务院《事业单位登记管理暂行条例》规定，对全市各级符合条件的事业单位办理法人登记手续，颁发全国统一的“事业单位法人证书”。对暂不具备法人条件的事业单位，仍按山东省有关规定重新办理“山东省事业单位登记证书”。同年，全市共有376个单位进行登记，其中法人登记248个，非法人登记128个。2003年—2005年，市人事局制定《事业单位登记工作守则》和《事业单位登记工作流程》，对全市368个事业单位进行登记管理。2004年，对全市事业单位法人进行首次年检。2005年，对全市157个事业单位法人进行年检，其中143个单位年检合格，年检合格率91.1%。2009年，对253个单位进行法人年检，年检合格率98.2%。2013年，根据省政府下发的《关于加强事业单位监督管理的意见》，市编办联合市财政局督促事业单位举办部门为未登记的事业单位开设账户（套）、明确法定代表人，投入开办资金等，加强事业单位监督管理，提高事业单位法人登记率；至年底，纳入机构编制管理的区属事业单位共登记381家，登记率95%，纳入机构编制管理的乡镇所属事业单位共登记56家，登记率100%。

第四节　考核工作

1996年，兖州市继续执行《国家公务员考核暂行规定》，对国家机关工作人员进行考核。公务员考核内容包括德、能、勤、绩、廉5个方面的内容，重点考核工作实绩。考核结果分为优秀、称职、基本称职、不称职4个等次。优秀比例控制在15%以内。事业单位工作人员考核内容包括德、能、勤、绩4个方面。考核结果分为优秀、合格、不合格3个等次，优秀比例控制在10%以内。参照公务员管理人员的考核，参照公务员考核有关规定进行。1998年，根据国家有关规定，考核等次增加基本称职、基本合格等次。同年，参加考核行政机关总人数3085人，“优秀”等次373人；事业单位考核9498人，“优秀”等次930人。2003年3月，兖州市出台《机关事业单位年度考核实施办法》。办法规定，镇（街道）、市直部门（单位）考核内容为领导班子建设、工作实绩、党风廉政建设、精神文明建设等4个方面，采用百分制测评办法，以上4个方面分别占20分、40分、20分、20分。市直部门（单位）考核分为好、较好、一般、差4个等次。市直部门（单位）确定“好”等次的比例一般掌握在参评部门数的10%～15%。其中，定为“好”等次的部门（单位），个人“优秀”等次比例可按实际参加考核人数的15%掌握；“差”等次的部门（单位），不能超过8%；其他部门（单位）按12%掌握。镇、街道各为一个被评价群体，按考核测评所得分值折算出总分，分别从高分到低分排出名次。同年，参加考核的行政机关总人数1760人，“优秀”等次427人；事业单位考核12366人，“优秀”等次1607人。

2005年1月，兖州市借鉴胶州等地考核工作先进经验，对年度考核工作进行改革，印发《关于全市党政机关年度考核意见》，对年度考核提出具体规定和要求，在济宁县（市、区）中率先实行量化考核。镇（街道）及其领导干部的考核分为经济建设和社会事业建设考核（占总分60%）与民主评议考核（占总分40%）；市直部门及其领导干部的考核分为主要工作目标考核（占总分60%）与民主评议考核（占总分40%）。市直部门（单位）的考核结果分为好、较好、一般、差4个等次，镇（街道）的考核结果按综合得分排出名次，不再划分等次。拟定为“好”等次的市直部门（单位）、垂直双管部门，按参加考核部门（单位）的30%左右掌握；拟定为“优秀”等次的部门正职和其他领导班子成员，分别按参加考核人数的30%和20%左右掌握。拟定为“好”“较好”“一般”“差”等次的部门，其工作人员“优秀”等次的比例分别按参加人数的15%、12%、8%、6%左右掌握。依据综合考核结果，镇（街）党政正职的优秀比例按50%左右掌握，其他领导班子成员的优秀比例按20%左右掌握，工作人员的优秀比例按照市直部门的比例执行。同年，参加考核的行政机关总人数1656人，“优秀”等次228人；事业单位考核12348人，“优秀”等次1265人。2009年4月，市委市政府印发《兖州市2009年重点工作责任目标督查考核办法的通知》，将各部门承担的重点工作进行分解和督查，采用百分制量化考核，基本分100分，年终各部门单位考核得分，按30%加权平均计入各部门单位年度主要工作目标考核总分。同年，参加考核的行政机关总人数2294人，“优秀”等次316人，事业单位考核10993人，“优秀”等次1126人。

2010年5月，兖州市印发《关于全市机关事业单位工作人员考核工作职能调整划转的通知》，按照管理权限，将市委管理的干部、镇（街道）机关和市直党群机关、人大机关、政协机关、公检法司及市直党政群机关所属单位工作人员的考核工作职能由市人事局划归市委组织部。市政府机关事业单位、镇（街道）事业单位一般工作人员的考核工作职能划归市人力资源和社会保障局。同年，机关工勤人员考核结果修改为优秀、合格、基本合格、不合格4个等次，公务员和事业单位人员考核等次不变。同年，参加考核的行政机关总人数2722人，“优秀”等次346人，事业单位考核11926人，“优秀”等次1199人。2012年4月，市委、市政府制定《关于建立“目标责任、考核奖惩、监督检查”三个体系的实施意见（试行）》，建立目标责任体系、考核奖惩体系、监督检查体系环环相扣、有机统一的制度体系和运行机制。同年，参加考核的行政机关总人数2401人，“优秀”等次441人，事业单位考核11926人，“优秀”等次1199人。2013年，参加考核机关总人数2917人，“优秀”等次529人，事业单位考核11926人，“优秀”等次1199人。

第五节　人才工作

人才引进　1996年—2002年，先后组团参加全国、省、济宁市和各高等院校举办的各类人才交流会30余次，达成意向1200余人。2001年—2002年，先后从荷兰、美国、日本等国家和中国台湾地区聘请管理和技术专家20余人次，解决技术难题近20项。2003年—2005年，市企业人才需求服务小组成立，制定《关于进一步支持加快民营经济发展的实施意见》，免收16项人才交流服务费。建立100余人的高层次人才库和260余人的兖州籍在外地人才名录。引进国外专家150余人次。2006年—2008年，共办理求职登记4000余人次，召开专场招聘会146场，求职成功3000余人。共执行引进国外专家项目33个，引进外国专家189人次。2009年，兖州市配合指导济宁市农业高新技术产业示范区申报国家引智示范基地。先后制定《兖州市有突出贡献的优秀人才选拔管理暂行办法》《关于选拔2009年度兖州市有突出贡献的优秀人才工作的通知》，同年9月，在山东太阳纸业股份有限公司举办第一家院士工作站和博士后科研工作站的挂牌仪式。2010年，招聘高层次人才61人，其中引进海外高层次人才16人。

2011年，全市引进国内高层次人才123人，其中博士9人。同年7月，遴选引进14名高层次人才，制作发行《海纳英才、创业兖州——兖州市引进高层次人才典型选编》500册。2012年，市人才服务中心分别与兖州工业园区、兖州经济开发区签订“人力资源服务合作框架协议”，在人才招聘、技能培训、人事代理等方面，为企业、为园区提供全方位、多层次的人才智力服务，并在14家企业建立企业人力资源部长联席会议制度。面向全市115家企事业单位，开展2012年全市人才需求调查工作，共收集人才需求信息86条，建立健全人才需求情况信息库。2013年，全市引进海外高层次人才24人，其中，“三领”型人才4人；引进国内高层次人才188人，其中博士12人；新增留学回国人员21人。同年3月，市人社局设立外国专家管理办公室。引进海外高层次人才25人，博士12人，国内高层次人才194人。新设博士后工作站1处，新增济宁市有突出贡献的中青年专家3人，新增高技能人才500人。与德国、法国、意大利等外国专家组织建立长期合作关系，实施国家级、省级引智项目4个，招聘硕士及以上研究生45人，引进新型节能科研团队1个。同年8月，完成对全市首批有突出贡献优秀人才的年度考核，并选拔出21名第二批有突出贡献优秀人才。

人才培训　1996年—1999年，聘请国内外专家举办学习班12期，培训技术骨干720人，受训人数3000余人次，派出培训30余人次。2001年—2002年，派员外出培训6次。2003年—2005年，兖州市派出国境外培训200余人次。2006年—2008年，派出国境外培训216人次。2009年，全市组织3400余名专业技术人员参加心理健康与心理调适学习活动。2010年10月，人社部确定兖州技工学校为高级技工学校，全年招收技校生825人，开展各种层次技能培训2200人次。2011年，组织专业技术人员继续教育5255人，其中公需科目培训3310人。2013年，全市开展岗位技能提升培训活动，培训技术工人3000人，承办济宁市维修电工金蓝领高级技师培训班，培训金蓝领技师、金蓝领高级技师近100人。

人事代理 2000年4月，兖州市开始实行人事代理制度。同年年底，为18家单位实行代理，其中个体私营企业8家，个人代理人员286人。2001年，市人事局通过日常工作总结，形成一套完整办事流程，制定人事代理原则，与全市29家企业签订单位代理合同。2002年，对3000余份聘干、流动、代理人员档案进行全面标准化整理，对档案的收发、借阅、传递等程序制定严格规定。2003年，与全市44家企业签订单位代理合同书，个人代理821人。2004年，印发1200份人事代理服务手册，服务企业和流动人员。2005年，依据管理委托对象的人事档案，为委托人提供各项服务，参与职称评审84人，办理大中专毕业生转正定级283人，出具有关证明材料300余份。2007年，对流动人员情况进行调查摸底，梳理人事代理工作存在的问题，进一步规范人事代理制度。2008年，深入全市各镇（街道）及民营企业进行调研，宣传人事代理政策，了解企业需求，有效解决引进人才普遍关心的档案管理、职称申报、社会保险等问题。2009年，新增单位人事代理289人，代理单位增至93家，管理毕业生档案4461份，接收毕业生人事代理档案874份。2011年，接收兖州生源高校毕业生人事代理档案10907份，服务代理单位98家，代理人员5732人，为56家单位提供网上招聘服务。2013年，人事代理服务单位代理103家，个人代理人数6772人。

2000年—2013年兖州市人事代理情况表

表28-2

年 份	单位代理数（个）	个人代理数（人）	年 份	单位代理数（个）	个人代理数（人）
2000	18	286	2007	75	2183
2001	29	584	2008	82	2975
2002	36	728	2009	93	3450
2003	44	821	2010	97	4281
2004	48	917	2011	98	5732
2005	51	1028	2012	101	6121
2006	62	1540	2013	103	6772

第六节 专业技术人员管理

职称评定 1996年—2013年，全市获得专业技术职务资格专业技术人员15058人，其中1559人取得高级专业技术职务资格，5463人取得中级专业技术职务资格，8036人取得初级专业技术职务资格。

1996年—2013年兖州市专业技术职务资格评定情况表

表28-3　　　　　　　　　　　　　　　　　　　　　　　　　　单位：人

年份	高级	中级	初级	年份	高级	中级	初级
1996	67	110	240	2005	75	429	911
1997	83	222	263	2006	65	396	349
1998	70	458	284	2007	159	288	606
1999	63	349	224	2008	89	281	240
2000	56	209	473	2009	71	230	382
2001	69	412	797	2010	64	256	449
2002	154	479	501	2011	102	230	463
2003	96	352	451	2012	85	227	484
2004	68	276	412	2013	123	259	507

职称聘任　1996年—2002年，依照国家、省、市文件精神，市人事局制定《兖州市事业单位专业技术职务聘任管理办法》，按照评聘合一的原则，为3220名高、中、初级专业技术人员办理聘任手续。2003年，市人事局制定《关于兖州市事业单位岗位设置管理的实施意见》《兖州市岗位设置管理手册》，对所有专业技术人员实行卡片信息管理，从规范聘任岗位设置、聘任程序、聘任手续入手，强化聘后管理，打破职称聘任终身制。全市市直事业单位技术人员1.28万人统一实施聘约化管理，登录专业技术人员管理手册。2003年—2005年，1682人通过高、中、初级专业技术评审，聘任1313人。2006年—2008年，1882人通过高、中、初级专业技术评审，聘任1613人。为整建制划入兖州市管理的铁路医院、兴隆矿学校、矿山学校专业技术人员建立职称管理手册，山拖医院并入大安镇卫生院，充实更新大安镇卫生院职称管理手册。2009年—2013年，2263人通过高、中、初级专业技术评审，聘任1991人。

专业技术人才管理　2004年，兖州市执行济宁市政府下发的《山东省济宁市有突出贡献的中青年专家选拔管理暂行办法》，每两年选拔一次，管理期4年。在管理期内继续做出突出贡献、符合选拔条件的，在管理期满后可以重新参与评选。在管理期间，由济宁市财政每人每年发放津贴6000元。至2013年，兖州市有9人入选济宁市有突出贡献的中青年专家。

第七节　工资福利

工　资　1996年，兖州市根据国务院、省人事厅相关文件要求，为全市机关事业单位1100余人正常晋升工资档次工资，沿用1993年工资改革标准。1997年，按照人事部、财政部关于提高机关事业工作人员工资标准的文件精神（包括基本工资、津贴补贴等），月人均增资20元。同年，为全市3837名在农村任教的教师办理增加浮动工资手续。1999年，按照国务院、省人事厅相关文件精神，完成全市机关事业单位1.3万余人工资调整，在职职工及离退休职工人均增资100元。2001年1月，调整机关行政人员基础工资标准（包括基本工资、津贴补贴等），月人均增资100元，提高办法与1997年调整工资标准时办法相同。同年10月，提高机关事业工作人员工资标准（包括基本工资、津贴补贴等），月人均增资80元。2003年，按照国务院、省政府文件精神，提高机关事业工作人员工资标准（包括基本工资、津贴补贴等），月人均增资50元。2005年，为全市机关事业单位14861人调整新工资标准并发放考勤奖和目标管理奖。

2007年3月，按照省政府办公室关于印发《山东省公务员工资制度改革实施意见》《山东省事业单位工作人员收入分配制度改革实施意见》《山东省机关事业单位离退休人员计发离退休费等问题的实施意见》的通知要求，完善机关事业单位工作人员工资构成。全市共涉及调整19259人。2010年，调整全市机关事业单位人员生活补贴，人均月增资180元，为通过技术等级考试的369名机关事业工人兑现待遇。2011年，市政府制定《关于兖州市事业单位绩效工资实施暂行意见的通知》《关于调整规范市直事业单位绩效工资总量、项目及标准的通知》，调整机关单位工作人员津贴、补贴发放标准，同时相应增加事业单位工作人员绩效工资总量，人均增资300元。2013年2月，调整机关单位工作人员津贴、补贴发放标准，同时相应增加事业单位工作人员绩效工资总量，人均增资230元。

福　利　遗属生活困难补助作为福利待遇的一类，兖州市从1999年开始制定全市统一标准。随着经济社会发展和生活水平的提高，遗属生活困难补助随之提高。1999年12月至2006年6月，兖州市遗属补助分为农业户口和非农业户口两个补助标准，分别为每月87.5元和170元。2006年7月始，农业与非农业户口统一发放标准。2013年7月，遗属补助调整为每月470元。

1999年—2013年兖州市遗属生活困难补助调整变化情况表

表28-4

时　间	非农业户口人员享受待遇（元/月）	农业户口人员享受待遇（元/月）	时　间	非农业户口人员享受待遇（元/月）	农业户口人员享受待遇（元/月）
1999年12月至2006年6月	170	87.5	2010年3月至2011年3月	290	290
2006年7月至2006年9月	200	200	2011年4月至2012年4月	320	320
2006年10月至2009年2月	220	220	2012年5月至2013年6月	360～400	360～400
2009年3月至2010年2月	270	270	2013年7月	470	470

第四章　劳动和社会保障

第一节　就　业

再就业工作　1996年，随着国家经济体制的转轨和企业改革的深入，企业长期积累的矛盾进一步激化，兖州市失业和下岗职工问题较为突出。1997年，市政府成立企业解困工作领导小组和办事机构。1998年，市政府成立企业下岗职工基本生活保障和再就业工作领导小组。同年8月，市再就业指导中心成立，开展下岗职工基本生活保障和再就业工作。2002年，兖州市制定《社会帮困救助工作暂行办法》，主要为破产企业、困难职工由财政进行兜底救助，每人每月150元生活费，以优惠政策促进失业人员再就业。加大劳动力市场建设力度，开展下岗失业人员的转业转岗培训和组织劳务输出工作，推进政府引导、市场调控、个人自主择业的市场化就业机制的建立和完善。2003年，市委、市政府进一步加强就业再就业工作，印发《关于进一步做好就业工作的决定》，在全省率先放宽政策界限，扩大适用群体。先后开发园林绿化、城市环卫、城市管理等一批公益性岗位，安置就业400人。落实最低工资标准制度，先后两次提高公益岗位人员的工资标准。

2004年10月，投资40万元，建成面积1000平方米的现代化劳动力市场，为求职、招聘提供固定的场所，实行“一站式（职业介绍、就业培训、失业保险）”服务模式。2005年—2007年，兖州市进一步加大劳动力市场建设力度，逐步建立完善集网络办公、电子屏幕发布信息、一站式服务的专业化、现代化市场。2006年10月，兖州市被定为全省统筹城乡就业工作试点市。2007年12月，全市民营经济从业人员11.2万人；转移农村劳动力到第二、三产业就业13.5万人。劳动者自主择业，市场调节就业，政府促进就业的市场化就业机制基本形成，困难群体就业援助机制逐步健全，帮助2.5万人次下岗失业人员实现再就业，其中，弱势群体再就业9832人次。城镇登记失业率控制在3.5%以内，低于全省平均水平。

2009年，按照规划、标准、服务“三统一”的要求，本着临街靠路、方便群众的原则，在10个镇（街道）建立劳动保障服务中心，59个村（社区）建立劳动保障服务站，435个村（社区）均

兖州市2011年民营企业招聘周专场招聘会现场

明确劳动保障协理员。2011年，新增创业人员1265人，带动就业3020人。开发社区服务岗位，重点帮扶“4050（女40周岁、男50周岁）”人员及零就业家庭、农民工就业。建立帮扶基地3处，安置困难人员138人，帮扶零就业家庭17户，灵活就业人员2355人。2013年5月，兖州市落实《山东省公益性岗位开发管理办法的通知》，扶持就业困难人员，促进充分就业，由政府出资或政策扶持而设置的公益岗位得到进一步开发，全市相继开发环卫、园林绿化、城市协管、交通协管等辅助性、非营利性、临时性的社会管理和公共服务就业岗位，重点安置下岗失业人员、城乡零就业家庭成员、残疾人等弱势群体就业，提供299个岗位，安置299人就业。

劳务输出　1996年10月，为发展劳务经济，缓解就业压力，兖州市劳动就业办公室开展劳务输出工作调研，到泗水、青岛学习先进经验。1997年6月，劳务输出烟台海德集团189人。同年10月，劳务输出青岛福生食品厂280人，主要从事海产品、蔬菜加工，选择派驻青岛福生食品厂管理员1人。1998年，劳务输出青岛海尔集团200人，从事机械制造；输出青岛城阳食品厂260人次；劳务输出崂山食品厂100人；劳务输出莱西泰光鞋厂600人。1999年，输出苏州中达电子厂860人，通过中建八局输出新加坡建筑木工12人。2000年，劳务输出广东东莞电子厂360人。2001年，劳务输出天津万达集团180人。至2003年年底，兖州市累计劳务输出6000余人。主要从事食品加工、机械制造、服装加工、电子产品加工、建筑等行业，输出人员辐射周边曲阜、邹城、宁阳、汶上等县（市）。2004年初，兖州用工紧张，停止有组织的劳务输出。

毕业生分配就业　1995年，根据相关文件规定，凡国家承认学历不包分配的大中专毕业生可以通过双向选择或考试考核到全民、集体、乡镇企业和事业单位就业，实行聘用合同制。1997年前，大中专毕业生就业分配工作由市教育委员

会（教育局）和市计划委员会负责。1997 年始，非师范类大中专毕业生就业工作改由人事部门负责，师范类毕业生分配工作仍由教育部门负责。1999 年始，大中专院校毕业生就业走向市场，不再实行指令性分配计划。毕业生就业方式逐步实现由指令性安置到双向选择、自主择业的转变。2002 年，兖州市向全市 2000 年至 2001 年中专及大专学历毕业生中公开招聘事业单位人员 380 人，其中教育类 260 人。1999 年至 2005 年，本科学历毕业生仍实行分配。2006 年以后不再安置本科毕业生，事业编制开始实行公开招考。

劳动合同鉴定 1996 年，随着以劳动合同为基础的劳动用工制度的确立，劳动合同签订成为劳动关系建设的一项重要内容。市劳动局开始开展劳动合同鉴定工作。2000 年，有 40 家企业的 7617 名职工办理工资增量手续。2001 年—2002 年，加大劳动保障监察力度，维护职工合法权益，对全市 155 家企事业单位开展劳动保障年检以及各类专项检查，补签劳动合同 986 份。2003 年—2005 年，鉴证劳动合同 16137 份，审查企业集体合同 4 份。2006 年—2008 年，全市建立平等协商和集体合同制度的企业 272 家，覆盖职工 3.89 万人，职工对集体合同解决实际问题的满意率 80%。2009 年，依法鉴定劳动合同 1.9 万份，审查整改无效合同 480 余份。2010 年—2012 年，全面提高用人单位劳动合同签订率和社会保险参保率，纳入“两网化（网格化、网络化）”管理系统的用人单位 800 余家。2013 年 7 月，兖州市开始落实劳务派遣行政许可制度。全年签订或续签劳动合同 4300 份，督促用人单位办理劳动用工备案 39 家。

第二节 职工工资

工资制度

最低工资标准 1995 年 4 月，兖州市开始执行企业职工最低工资标准。最低工资标准每人每月 170 元。2001 年 7 月，开始执行小时最低工资标准。月最低工资标准及小时最低工资标准随着经济社会发展水平逐年调整。2013 年 3 月，最低工资标准调整为每人每月 1220 元，小时最低工资标准调整为 12.5 元。

工资指导线 2008 年起，兖州市开始执行济宁市统一的工资指导线，实行工资指导线制度。当年企业工资指导线以 2007 年全市在岗职工平均工资 23033 元为基数，其基准线为职工平均工资增长 15%，上线（预警线）为职工平均工资增长 22%，下线为职工平均工资增长 7%。之后，逐年下达工资指导线标准。2013 年，企业工资指导线以 2012 年全市企业在岗职工平均工资 44351 元为基数，其企业职工货币工资增长基准线为 15%，企业职工货币工资增长上线（预警线）为 22%，企业职工货币工资增长下线为 6%。

工资支付

计时工资 兖州市企业职工计时工资分为小时工资、日工资、月工资 3 种形式。小时工资多适用于短期工和日工。日工资、月工资多适用于合同制工人和固定工。

计件工资 1993 年 7 月，兖州市企业开始推行计件工资。至 2013 年，计件工资成为全市企业的一种重要工资形式。

奖　金 兖州市企业职工奖金包括生产奖、节约奖、劳动竞赛奖、机关、事业单位的奖励工资和其他奖金。

津　贴 兖州市企业职工津贴主要有地区津贴，野外作业津贴，井下津贴，夜班津贴，流动施工津贴，冬季取暖津贴；粮、煤、副食品补贴，高温津贴，职务津贴，放射性或有毒气体津贴等形式。

工资总额与工资水平 1996 年，随着市场经济发展，兖州市工资增长体制不断完善，全市工资总额 28141 万元，在岗职工平均工资 4846 元。2000 年，工业经济逐渐成为全市经济加快发展的重要支撑，就业人员不断增加，工资水平有所上升，工资总额30343万元，在岗职工平均工资7146元。2003年，全市工资总额增加到43957万元，在岗职工平均工资首次破万元，为10029元。2010年，科技创新促进产业升级，全市规模以上工业企业发展到179家，工资总额增加到177642万元，在岗职工平均工资达到34486元。2013年，全市工资总额335786万元，在岗职工平均工资46052元。

1996年—2013年兖州市最低工资标准情况表

表28-5

时　间	月最低工资标准（元/人）	小时最低工资标准（元）	时　间	月最低工资标准（元/人）	小时最低工资标准（元）
1995年4月至1996年8月	170	—	2008年1月至2010年4月	620	5.5
1996年9月至1999年6月	220	—	2010年5月至2011年2月	760	7.8
1999年7月至2001年6月	290	—	2011年3月至2012年2月	950	9.8
2001年7月至2002年9月	340	2.2	2012年3月至2013年2月	1100	11
2002年10月至2004年12月	380	2.5	2013年3月至2014年2月	1220	12.5
2005年1月至2007年12月	470	4.1	—	—	—

1996年—2013年兖州市职工工资情况表

表28-6

年　份	工资总额（万元）	在岗职工平均工资（元/年）	年　份	工资总额（万元）	在岗职工平均工资（元/年）
1996	28141	4846	2005	57149	13693
1997	28140	5199	2006	71972	18131
1998	25475	5730	2007	86698	22962
1999	27986	6440	2008	95498	25318
2000	30343	7146	2009	107281	27875
2001	31865	7620	2010	177642	34486
2002	41150	9552	2011	197458	37698
2003	43957	10029	2012	242524	43114
2004	47981	11394	2013	335786	46052

第三节　劳动仲裁

1996年，市劳动争议仲裁办处理案件3起。随着市场经济深入和用工制度改革，计划经济中受国家劳动力计划限制使用的“临时工”用工形式，至《中华人民共和国劳动法》生效后不复存在。1999年7月，同兖州糖业烟酒采购供应站存有劳动关系的56名“临时工”，诉该用人单位违法解除劳动关系并要求赔偿，市仲裁办依法组成仲裁庭，裁决兖州糖业烟酒采购供应站向56人支付欠发的工资、津贴、经济补偿及赔偿，补缴养老金，涉及金额计50.55万元。2006年5月，市劳动争议仲裁院成立，承担劳动争议案件处理、企业调解组织建设指导、劳动合同鉴证及市劳动争议仲裁委员会的日常工作。2007年11月，济宁市劳动和社会保障局在兖州市召开现场会，推广兖州市劳动争议仲裁院建设经验。2008年1月，《中华人民共和国劳动合同法》实施后，劳动者和用人单位的权利、义务进一步规范明确，劳动争议在类型和规模上呈现多样化，劳动关系解除、确认及工伤待遇争议占争议案件总数的前三位。2011年7月，27名劳动者诉兖州市晶冠玻璃有限公司除名争议案审理终结，市劳动争议仲裁委裁决撤销晶冠玻璃有限公司除名决定，27名劳动者自公告发出之日起恢复劳动关系。至2013年年底，区劳动人事争议仲裁院共处理劳动争议案件1046件。其中，调解385件，裁决、裁定661件，结案率100%。为劳动者追回劳动报酬、经济补偿金等1840.67万元。

1996年—2013年兖州市劳动争议案件处理情况表

表28-7　单位：件

年份	受理	调解	结案	年份	受理	调解	结案
1996	3	0	3	2006	75	0	75
1997	10	6	10	2007	10	0	10
1998	26	2	26	2008	92	60	92
1999	37	2	37	2009	164	66	164
2000	21	2	21	2010	112	30	112
2001	34	2	34	2011	118	66	118
2002	27	0	27	2012	138	98	138
2003	23	2	23	2013	56	40	56
2004	63	9	63	合计	1046	385	1046
2005	37	0	37	—	—	—	—

第四节　劳动监察

1998年，市劳动局成立劳动监察大队，进行劳动执法检查，开展专项检查，举报、投诉专查等活动，维护劳动者合法权益。同年，建立劳动年检制度，对全市辖区内的199家用人单位开展劳动年检工作，督促企业补缴社会保险费375万元，农村劳动力管理费1.5万元；补办用工手续685人，补签、鉴证劳动合同2102份；清退非法用工251人，督促企业补发工资69万元。1999年，开展劳动巡视监察工作，共检查各类用人单位206家，督促企业补缴社会保险费388万元，补办劳务许可证462人，补签劳动合同4297人。依法清理非法职业介绍机构12家。2000年，重点做好社会养老保险扩面征缴工作，以监察促收缴，通过开展劳动保障年检、日常巡查、投诉举报专查、社会保险稽核等形式，打击劳资违法行为。检查各类用人单位166家，督促用人单位补缴社会保险费618万元，纠正10家单位涉及326人未及时参加社会保险的行为，对12家瞒报工资总额的单位下达责令改正通知书。2001年，开展职业资格证书专项检查活动，对不具备职业资格证书的22家用人单位的136名职工进行职业资格培训。2003年，加强信访接待工作，全面规范投诉举报受理工作，接待来人来访211起，立案处理56起，为职工补发工资61万元，补缴社会保险费126万元。

2002年—2006年，对1326家企业进行劳动保障监察，涉及职工172285人，督促企业为3584名职工办理用工手续，补签劳动合同10568份，补发克扣拖欠工资198.6万元，催缴社会保险费741.8万元。2007年，组织开展整治非法用工打击违法犯罪专项行动，共检查“五小（乡村小砖窑、小灰窑、小煤矿、小矿山和小作坊）”企业及规模以下企业669家，涉及职工21584人，其中农民工8731人。2008年，重点组织开展用人单位遵守劳动合同法情况专项检查，进一步规范用人单位用工行为。共检查用人单位112家，涉及职工29876人。在全市建立劳动保障监察网格化和网络化管理平台。劳动监察“两网化”管理将用人单位信息、劳动用工、工资发放、就业培训、社会保险情况进行详细的信息采集。至2013年年底，全区共划分为10个网格，对各网格内的1552家用人单位信息进行采集。

第五节　职业培训

2000年，按照劳动和社会保障部等部门《关于积极推进劳动预备制度加快提高劳动者素质的意见》要求，兖州市建立起以兖州市劳动办公室就业训练中心为龙头，以兖州技工学校、兖州市职业中专为基地，以社会力量办学为补充的综合性培训网络。2005年起，实施“先培训后就业，先培训后上岗”的就业准入制度，指导用人单位、职业介绍机构把好就业准入的入口关。将职业资格证书制度列入劳动监察范围，规范企业用工行为，并对违反有关规定的行为给予纠正和查处。至2013年，全市培训劳动预备制度人员11050人，

市劳动监察大队在企业生产现场开展日常巡查

培训专业有机电、电工、焊工、钳工、车工、数控车工、钳工、营销、和汽车维修、叉车等。

职工培训　2000年始，市劳动局要求企业制定技能人才培养规划，并纳入企业发展总体规划，明确技能人才队伍的总量、结构和发展、培养目标，建立职工从初级工、中级工、高级工到技师、高级技师的成长通道，实行考核与使用相统一，技能与待遇相结合的技能人才发展机制。要求规模以上企业建立培训中心，有条件的企业建立培训学校。2005年，山东太阳纸业股份有限公司建立兖州市太阳职业培训学校。2006年，山东联诚集团有限公司建立兖州市联诚职业培训学校。开展在职职工安全培训、岗前培训、技能培训和技能提升培训。2006年，市劳动和社会保障局在企业建立“名师带徒”制度，由优秀技师、高级技师或优秀工程师、高级工程师作为导师，选出思想文化素质较高、有培养前途的青年技术工人作为徒弟，双方自愿签订“师徒协议”。2011年，兖州高级技工学校为兖州银座培训新员工1200人，为解决华勤橡胶工业集团高技能人才需求，学校又与华勤橡胶工业集团签订订单式高级工培训班。

职业技能鉴定　2000年，兖州市开始在部分企业推行职业资格证书制度。职业资格证书分为5个等级，五级为初级技工，四级为中级技工，三级为高级技工，二级为技师，一级为高级技师。按照劳动部颁发的《职业分类目录》，由市劳动

职工管理技能培训现场

和社会保障部门按规定权限发放职业资格证书。市劳动和社会保障部门原先核发的工人技术等级证书一律按新的国家职业标准重新进行培训考核鉴定，考核合格后颁发相应的职业资格证书。至2013年，兖州市持职业资格证书人数15万余人，其中高级工3000人，技师、高级技师750人。

高技能人才队伍建设

高技能人才培训 2008年，在山东太阳纸业股份有限公司和兖州市技工学校建立兖州市高技能实训基地，承担高级工和技师的培训任务。同年，山东太阳纸业股份有限公司成功举办首批济宁市“金蓝领”造纸工的技师培训，得到省人社厅的肯定。2011年—2013年，申请建立山东太阳纸业股份有限公司、兖州市高级技工学校、山东联诚集团有限公司、山东安能输送带橡胶有限公司4家济宁市高技能人才培养示范基地，申请建立山东太阳纸业股份有限公司、山东省兖州市大统矿业有限公司、山拖农机装配有限公司、山东联诚集团有限公司4家济宁市技师工作站。至2013年，兖州市技工学校充分发挥济宁市高技能人才培养示范基地的作用，以“金蓝领”技师培训点为契机，开展电工、焊工、钳工、车工等“金蓝领”技师培训，培训技师500余人，每年培训高级工500人以上。

技能比赛 2008年、2011年、2013年，兖州市连续举办3届职工职业技能大赛，每届参加大赛的人数均在1000人以上。对每个工种的第一名授予兖州市五一劳动奖章，前三名授予兖州市技术能手称号，颁发高级工证书，并给予1000元、500元、300元的奖励。2004年始，山东太阳纸业股份有限公司通过技能竞赛和技能革新每年评选一次技术尖子、技术骨干、技术能手，分别给予每月1000元、500元和200元技能补贴，享受12月。2005年—2013年，有2人获全国技术能手称号，2人获省技术能手称号，59人获济宁市技师能手称号，96人获兖州市技术能手称号。

技能人才表彰 2011年，兖州市建立《首席技师选拔管理制度》。2012年，评选13名兖州市首批首席技师。同时，选拔推荐优秀技师和高级技师参加省、济宁市首席技师和有突出贡献技师的评比。至2013年，有5人评选为省首席技师，有2人评选为省有突出贡献技师，有15人评选为济宁市首席技师，有6人评选为济宁市有突出贡献技师。

职工职业技能比赛现场

培训鉴定机构 兖州市职业培训机构主要包括技工学校、职业中专、成人中专、卫校、就业训练中心、民办职业培训机构、企业培训机构等。按照济宁市对区域内的民办职业培训机构进行全面整顿、治理要求，至2013年，兖州市民办职业培训机构共保留4家。

职业技能鉴定中心 1999年，经济宁市劳动和社会保障局批准，兖州市职业技能鉴定所成立，鉴定所设在兖州市技工学校。2005年5月，兖州市职业技能鉴定中心设在兖州市劳动和社会保障局，主要负责兖州市的初级工、中级工、高级工的鉴定工作，鉴定电焊工、车工、数控车工、汽修工、钳工、电工、叉车、起重工、铸造工、商品营业员、计算机操作工、美容师、美发师等30个工种。2012年，经山东省劳动和社会保障厅批准，兖州市职业技能鉴定中心成立，隶属市劳动和社会保障局。至2013年，职业技能鉴定发证2.6万余人，其中高级工5000人以上，技师和高级技师800人以上。

附

兖州市技工学校

1997年5月，兖州市技工学校培训综合大楼竣工并投入使用。同年10月，学校被评为济宁市先进单位。1998年3月，学校被省劳动和社会保障厅评定为省级重点技工学校。1999年7月，国家级跨世纪青年农民科技培训基地在学校挂牌。2000年，学校招生526人，输送毕业生595人，80%的毕业生经过学习取得中级技术等级证书。2002年3月，学校晋升为国家级重点技工学校。2003年，成为济宁技术学院兖州分院。至2005年，招生人数为460人，毕业生安置率保持在95%以上。2009年，学校招生规模不断扩大，全年在校生2700人，实现社会培训3000人次。2010年3月，山拖技校整建制并入市技工学校。同年4月，市技工学校晋升为高级技工学校。数控加工专业被评为省名牌专业，电工专业被评为省重点专业，机电一体化专业被评为济宁市名牌专业。2011年，市技工学校挂牌为兖州市高技能人才实训基地暨山东大学教学基地，全年招生1181人。同年4月，承办全市第二届职工职业技能大赛。2012年3月，机械设备装配与自动控制专业、焊接专业被评为济宁市十大名牌专业。同年4月，学校被评为济宁市高技能人才培养示范基地。

兖州市技工学校

2013年，学校占地面积6.7万平方米，建筑面积5.4万平方米，实习实验场地面积1.7万平方米，实验实训设备1011台套，实验实训设备价值4596万元。教职工196人，其中高级实习指导教师、高级讲师45人，一级实习指导教师、讲师61人，高级技师、技师90人，一体化教师116人。开设焊接加工、机械设备装配与自动控制、机械设备维修、电气自动化设备安装与维修、数控加工、数控机床装配与维修、电子商务、会计等20余个中高级、预备技师专业，在校生3256人。学校推行“校企一体”“工学一体”“理实一体”“技校+大学”等多元办学模式，与山东太阳纸业股份有限公司、华勤橡胶工业集团、山东联诚集团有限公司、山东永华机械有限公司等市内外50余家大型企业签订技工培养订单。学校毕业生合格率、职业技能鉴定合格率、毕业生就业率均保持在98%以上。

第六节 社会保障

养老保险

企业职工养老保险 1996年1月1日起，兖州市为参保职工建立个人账户。1997年12月，依据《山东省统一企业职工基本养老保险制度实施办法》，统一企业和职工个人缴费比例，企业缴费比例为20%，个人缴费比例最终为8%。统一个人账户记入比例，按本人缴费工资11%的数额为职工建立基本养老保险个人账户。统一基本养老金计发办法，基本养老金由基础养老金和个人账户养老金两部分组成。1998年1月起，兖州市按此办法规定比例征缴养老保险费和计发养老金。同年8月，市劳动局印发《关于企业离退休（职）人员养老金实行社会化发放的通知》，全市所有参加社会保险统筹的企业离退休（职）人员养老金自1998年9月起，由原来的企业发放改为由市劳动保险处社会化发放。

2000年12月，市政府印发《兖州市社会养老保险扩面征缴实施办法》，在全市范围内实行扩面征缴，扩大参保范围和对象，集体企业、外商投资企业、私营企业及其职工，城镇个体工商户及其从业人员以及其他符合参保条件的人员均可参加企业职工基本养老保险。同年，企业养老保险参保职工人数增加5200余人。2001年—2005年，随着扩面征缴的深入实施，参保职工人数以平均每年2600余人的速度增加。2006年1月，个人账户的规模统一由本人缴费工资的11%调整为8%，全部由个人缴费形成，单位缴费不再划入个人账户。2010年，市政府办公室出台《关于加快推进企业退休人员社会化管理服务工作的意见》等一系列政策文件，进一步加强企业退休人员社会化管理服务工作。同年9月，单位缴费比例调整为19%。2011年7月，单位缴费比例由19%降至18%。同月，兖州市对全市参保企业进行参保登记、征缴社会保险费，加强社会保险基金的管理和监督。同年年底，企业职工养老保险费征缴3.73亿元，参保人数83545人。至2013年12月，全区共建成21个退管服务中心、社区服务站，10个镇（街道）全部设立社会化管理服务中心，各服务中心下设社区服务站，形成市、镇（街道）、社区三级工作体系。全市2.1万名企业退休人员纳入社会化管理服务范围，社会化管理服务业务下沉至社区服务站，社会化管理率95%以上。

1996年—2013年兖州市企业职工养老保险收支情况表

表28-8

年　份	参保人数（人）	征缴金额（万元）	支付金额（万元）	年　份	参保人数（人）	征缴金额（万元）	支付金额（万元）
1996	25631	2051	3086	2006	55955	8751	10316
1997	25876	2657	3548	2007	59845	11726	12403
1998	27443	2819	3894	2008	65160	15735	15503
1999	28315	3050	4257	2009	68092	26491	19016
2000	33522	3272	4617	2010	74191	33473	24129
2001	42551	4233	5526	2011	83545	37300	27652
2002	43357	4359	6488	2012	83012	44000	35000
2003	48048	5186	6759	2013	85600	50100	42100
2004	50711	6681	7345	合计	—	269993	240286
2005	53041	8109	8647	—	—	—	—

机关事业单位养老保险　1997年7月，兖州市正式开展机关事业单位社会养老保险征缴工作，基金征缴管理由市机关事业单位社会保险事业处负责。确立机关事业单位养老保险征缴、发放模式，机关事业单位养老保险费由参保单位按月缴纳，个人缴费部分由单位从工资中代扣。缴费比例为20%，其中单位18%，个人2%。同年8月，缴费比例调整为24%，其中单位22%，个人2%。2000年7月，撤销市机关事业单位社会保险事业处，原职能、业务、人员划归新成立的市社会保险处。2002年4月，机关事业养老金由社保处代发，全市机关事业单位离退休人员的养老金实现社会化发放。2005年，全市机关事业单位社会养老保险所有业务实现微机化操作。2007年10月，缴费比例调整为45%，其中单位43%，个人2%。2008年1月，缴费比例调整为50%，其中单

位48%，个人2%，至2013年年底，缴费比例未进行调整。

1997年—2013年兖州市机关事业单位养老保险情况表

表28-9

年　份	在职职工（人）				实收养老金（万元）			
	合　计	固定职工	合同制工人	乡镇选聘干部	合　计	固定职工	合同制工人	乡镇选聘干部
1997	15086	14015	1056	15	2900	2694	203	3
1998	15173	14090	1062	21	3050	2832	213	5
1999	15439	14329	1080	30	3750	3481	262	7
2000	15275	14177	1069	29	3800	3527	266	7
2001	15350	14241	1074	35	3910	3628	273	9
2002	15625	14494	1093	38	5429	5036	380	13
2003	15753	14608	1102	43	5141	4768	359	14
2004	15064	13961	1054	49	5529	5124	387	18
2005	15253	14137	1067	49	5688	5271	398	19
2006	15487	14346	1084	57	6125	5673	429	23
2007	15420	14281	1079	60	8408	7787	588	33
2008	15250	14120	1067	63	14787	13691	1035	61
2009	14942	13833	1046	63	16104	14910	1127	67
2010	14890	13785	1042	63	17143	15873	1200	70
2011	14830	—	—	—	21404	—	—	—
2012	15868	—	—	—	21827	—	—	—
2013	15750	—	—	—	23147	—	—	—
总计	—	—	—	—	168142	—	—	—

说　明：2011年后，机关事业单位参保人员不再区分固定职工、合同制工人、乡镇选聘干部，统一为机关事业单位参保职工。

农村养老保险　1992年12月，兖州市开始实行农村社会养老保险。农村社会养老保险实行不定标准，多缴多受益的办法，建立个人账户，各乡镇民政办公室免费承办。2000年7月，农村社会养老保险事业管理处划归市劳动和社会保障局管理，并入新成立的兖州市社会保险处，参保人数增加到47380人，缴费金额累计382万元，发放人数增加到407人，累计发放40万元。2009年，参保人数增加到52158人，缴费金额累计652万元，发放人数增加到4134人，发放金额累计271万元。2010年10月，全市开展新型农村社会养老保险，政府给予参保人员每人每年31.8元的缴费补贴；60周岁以上人员无须缴费，政府发放每人每月55元基础养老金；参保人数增加到120926人，缴费金额3099万元，56859人领取养老保险金，支付971万元。同年12月，兖州市纳入首批省级新型农村社会养老保险试点市，在全省率先实现社会养老保险制度全覆盖。2011年7月，兖州市纳入国家城乡居民社会养老保险试点县（市）。7月14日，市政府印发《兖州市城乡居民社会养老保险试点实施方案》，全市10个镇（街道）436个村（社区）全部纳入城乡居民社会养老保险体系，全市176440人参保，收缴保费9899万元，领取养老金人员58816人，发放金额3733万元。针对城乡重度残疾人员等缴费困难群体，政府为其代缴最低缴费标准的养老保险费。至2013年年底，全区有258900名居民参加城乡居民社会养老保险，养老基金积累总额15323万元，72856人领取养老保险金，发放6822万元。

1996年—2013年兖州市农村养老保险基金收支情况表

表28-10

年　份	参保人数（人）	缴费金额（万元）	发放人数（人）	发放金额（万元）
1996	47353	229	94	9
1997	47360	98	151	7
1998	47377	21	181	8
1999	47380	32	289	8
2000	47380	2	407	8
2001	47382	0	570	2
2002	47101	4	910	25
2003	47401	4	1118	15
2004	47425	41	1362	17
2005	47465	65	1960	35
2006	47653	76	2319	44
2007	48113	112	2751	42
2008	50068	155	3331	49
2009	52158	195	4134	42
2010	120926	3099	56859	971
2011	176440	9899	58816	3733
2012	178451	8362	67349	5454
2013	173491	10656	72856	6822
合计	—	33050	—	17291

说　明：2010年后，新农保统计数据不包含黄屯街道、王因街道。

失业保险

机关事业失业保险　1997年7月，兖州市开始实施机关事业失业保险，由机关事业保险处征收，缴费比例为工资总额的1%，由单位负担。2000年7月，撤销市机关事业单位社会保险事业处，机关事业失业保险划归新成立的兖州市社会保险处。2006年，缴费比例调整为3%（单位2%，个人1%），全市参保单位142个，参保人数11233人，收缴金额257万元。2013年6月，缴费比例调整为1.5%（单位1%，个人0.5%）；至年底，机关事业失业保险参保单位154个，参保人数13624人，收缴失业保险费478万元，失业保险基金累计结余3327万元。

企业失业保险　1993年起，兖州市依据山东省发布实施的《山东省职工待业保险办法》，征收企业失业保险。1996年，全市有企业失业保险参保单位38个，参保职工26320人，征收失业保险金372.37万元，支付180.2万元。1999年1月起，执行国务院《失业保险条例》，城镇企业事业单位按照本单位工资总额的2%缴纳失业保险费。城镇企业事业单位职工按照本人工资的1%缴纳失业保险费，当年，参保单位43个，参保职工42135人，征收失业保险费894.37万元，支付失业保险金221.55万元。至2013年年底，全区有106家企业，55613名职工参加失业保险，征收失业保险费3126.65万元，支付失业保险金1410.54万元。1996年—2013年，累计征收失业保险费27477.5万元，支付失业保险金13013.7万元。

医疗保险

城镇职工基本医疗保险 2002年12月，兖州市建立城镇职工基本医疗保险制度，实行社会统筹和个人账户相结合。用人单位以本单位在职职工上年度工资总额为基数，按6%缴纳，职工个人以本人上年度工资收入为基数，按2%缴纳。退休人员不缴纳基本医疗保险费。划入个人账户的比例为45周岁（含45周岁）以下的，按本人缴费工资的2.8%划入；45周岁以上的，按本人缴费工资的3.5%划入；退休人员按本人上年度养老金的4.2%划入。同时建立大额医疗救助金制度，凡参加基本医疗保险的在职职工和退休人员，按每人每月6元（单位4元，个人2元）的标准缴纳大额医疗救助金，一个自然年度内医疗费超过基本医疗统筹基金最高支付限额（2.5万元）以上的部分，按90%的比例报销。

2006年，根据市政府调整和完善城镇基本医疗保险政策，降低基本医疗保险统筹基金起付标准。一级、二级、三级医院的起付标准，由原来的500元、600元、700元调整为400元、500元、600元；2009年，起付标准分别调整为200元、300元、400元。职工住院费用在起付标准（含起付标准）以内的部分，从个人账户支付或自负。

2006年，全市参加基本医疗保险的职工，在一个自然年度内，由基本医疗保险统筹基金支付医疗费用的最高限额，由2.5万元提高到3万元。超过统筹基金最高支付限额的部分，由大额医疗救助金支付90%，大额医疗救助金支付医疗费用最高限额由10万元提高到13万元。2012年，基本医疗保险统筹基金支付医疗费用的最高限额提高到8万元；大额医疗救助金支付医疗费用最高限额提高到25万元。

2006年，提高住院医疗费用统筹基金支付比例。在职职工住院符合基本医疗保险支付范围的医疗费用，在基本医疗保险统筹基金起付标准以上、最高支付限额以下的，统筹基金按比例负担。5000元（含5000元）以下的，统筹基金支付比例调整为80%；5000元以上1.5万元（含1.5万元）以下的，统筹基金支付比例调整为85%；1.5万元以上3万元（含3万元）以下的，统筹基金仍支付90%。退休人员由基本医疗保险统筹基金支付退休人员住院医疗费的比例，比在职职工分别提高5%。2009年，继续提高在职职工住院医疗费用统筹基金支付比例。5000元（含5000元）以下的，统筹基金支付比例调整为一级、二级、三级医疗机构分别支付87%、83%、80%；5000元以上1.5万元（含1.5万元）以下的，统筹基金支付比例调整为一级、二级、三级医疗机构分别支付90%、87%、85%；1.5万元以上4万元（含4万元）以下的，统筹基金仍支付90%。2012年，一级、二级、三级医疗机构统筹基金支付比例分别调整为90%、85%、85%。

2009年，降低市外转诊转院个人自负比例。向市外转诊转院医疗费先由病人自付，审核确定应报销的医疗费，调整为个人先负担10%再按规定比例报销。市外急诊住院病人调整为个人先负担5%再按规定比例报销。

2010年，提高中医药服务医疗费用支付比例。将中医诊疗技术、中药饮片和食品药品监督管理部门批准的治疗性中药制剂纳入城镇基本医疗保险支付范围，不设自付比例。凡在中医医疗机构就诊的，住院和特殊疾病门诊起付标准降低100元，住院费用支付比例提高5%，最高支付比例为95%。

2013年7月，城镇职工基本医疗保险单位缴费比例由按上年度职工工资总额的6%提高到6.5%。同年，参保单位816个，参保人数122758人，征缴基金22560.18万元，享受医疗报销待遇16327人，支付医疗费用13424.2万元。

2002年—2013年兖州市城镇职工基本医疗基金收支情况表

表28-11

年　份	参保单位（个）	职工人数（人）	征缴基金（万元）	支付	
				人　数（人）	金　额（万元）
2002	57	8013	34.57	0	0
2003	136	20121	988.32	372	113.15
2004	318	33060	1812.5	752	339.57
2005	369	36999	2845.53	1574	719.99
2006	416	41890	3754.82	1774	775.86
2007	465	47612	4997.27	2702	1496.12
2008	512	59638	8072.14	3899	2516.79
2009	570	69497	9963.9	5865	4026.9
2010	649	97583	12245.25	8335	6440.02
2011	721	108713	14049.01	11370	9451.57
2012	810	119844	18121.23	16741	14521.37
2013	816	122758	22560.18	16327	13424.2

城镇居民医疗保险 2008年7月1日，兖州市城镇居民医疗保险正式启动。参保范围为未参加职工医疗保险的城镇户籍人员和在校全日制学生。实行医保基金财政专户管理，收支两条线，单独列账，专款专用。城镇成年居民患者在一级、二级、三级医疗机构住院的，起付标准分别为400元、500元、600元。住院费用5000（含5000）元以下，在一级、二级以上（包括二级）医疗机构就医的，分别支付55%、50%；5000元至1.5万元（含1.5万元），在一级、二级以上（包括二级）医疗机构就医的，分别支付60%、55%；1.5万元以上的，不分医疗机构，按照65%计算，未成年居民支付比例在成年居民支付比例的基础上相应提高5%；未成年人门诊意外伤害报销比例为80%，一个基本医疗年度内最高支付限额为1500元。开展门诊特殊疾病鉴定报销业务，以年度为单位，起伏标准为900元，以上部分成年居民按50%的比例支付，未成年居民按60%的比例支付。一个年度内住院和门诊特殊疾病最高支付限额成年居民为4万元，未成年居民为5万元。当年参保人数14519人，征缴基金113.1万元，支付医疗费用110万元。

2009年，基本医疗保险统筹基金一、二、三级医院的起付标准调整为200元、300元、400元，参保居民住院费用在起付标准（含起付标准）以内的部分，个人自负。医疗保险基金一个年度内支付住院和门诊特殊疾病医疗费用的最高限额提高到4万元；取消未成年人意外伤害门诊医疗费用起付标准100元。在定点医疗机构住院治疗且医疗费用超过起付标准的，医疗保险基金最低实际支付比例为30%，低于最低实际支付比例的，按最低实际支付比例支付。符合计划生育政策生育的参保人员，在定点医疗机构正常分娩给予定额补助300元，剖宫产给予定额补助1800元。生育期间并发临床病症，不再给予定额补助，按基本医疗保险住院支付标准进行支付。在一个自然年度内参保人员患特殊疾病在门诊治疗的医疗费，从统筹基金给予补助的起付标准调整为500元。从上年度城镇居民基本医疗保险基金结余中提取50%，建立城镇居民大额医疗救助，个人不再缴费。参加城镇居民医疗保险的人员，一个年度内发生超过最高支付限额以上的医疗费，按不低于30%的比例支付，最高支付限额为10万元。

2012年，一个自然年度内，基本医疗保险基金支付医疗费的最高限额成年居民和未成年人均提高到6万元。大额医疗救助金最高支付限额提高到13万元。调整住院医疗费统筹基金支付比例，一个自然年度内成年居民住院发生的医疗费，在基本医疗保险统筹基金支付限额以内的部分，由统筹基金按比例支付，1万元（含1万元）以下的，一级、二级、三级医疗机构支付比例为55%、50%、50%；1万元以上3万元（含3万元）以下的，一级、二级、三级医疗机构支付比例为60%、55%、55%；3万元以上6万元（含6万元）以下的，一级、二级、三级医疗机构支付比例均为65%；未成年居民住院发生的医疗费，在成年居民支付比例的基础上提高5%。超过基本医疗保险基金最高支付限额的医疗费，基金支付提高到70%。2013年，城镇居民基本医疗保险，参保人数78668人，征缴基金2827.82万元，累计支付医疗费用2025.64万元。

2008年—2013年兖州市城镇居民医疗保险收支情况表

表28-12

年　份	参保人数（人）	征缴基金（万元）	支　付（万元）
2008	14519	113.1	110
2009	45787	837	930
2010	49938	960.97	1214.44
2011	70932	2000.29	1635.44
2012	73786	2364.89	2059.7
2013	78668	2827.82	2025.64

工伤保险　2005年前，全市企业工伤职工实行由所在单位负担各项工伤待遇，医疗费全额报销，工伤期间原工资照发，完全丧失劳动能力的办理退休手续。2005年1月，兖州市出台《兖州市工伤保险实施细则》，全市实行企业职工工伤保险制度。按工伤程度划分为10个等级。1级—4级为完全丧失劳动能力，退出工作岗位，按月领取伤残抚恤金；5级—10级报销医疗费，受伤职工根据伤残鉴定等级发放一次性伤残补助金。当年，全市参加工伤保险单位34个，参保职工11416人，收缴工伤保险基金103万元，支付工伤保险费用22万元。2007年，全市工伤保险基金实行浮动费率统筹，工伤基金依企业工伤事故的发生频率，分别以职工工资总额的0.5%、1%、2%为基础进行费率上下调整。2013年，参保人数89668人，征缴工伤保险基金2298万元。

2005年—2013年兖州市企业工伤保险基金收支情况表

表28-13

年　份	参保企业（家）	参保人数（人）	征缴基金（万元）	支　付（万元）
2005	34	11416	103	22
2006	55	25086	185	99

续表28-13

年　份	参保企业（家）	参保人数（人）	征缴基金（万元）	支　付（万元）
2007	123	32338	416	274
2008	150	38023	661	533
2009	181	46141	880	589
2010	209	51986	1080	809
2011	421	68480	1646	1254
2012	538	87040	2102	1733
2013	607	89668	2298	2270
合计	—	—	9371	7583

企业职工生育保险　1996年，市政府转发《济宁市企业职工生育保险试行办法》，企业职工生育保险征缴比例为1%，全部由单位缴纳。女职工计划内生育享受生育保险待遇2000元，流产享受生育保险待遇500元。2009年5月14日，兖州市企业职工生育保险工作由社会保险处移交至市社会医疗保险处管理。当年生育保险开始启动。按照规定，兖州市职工生育保险待遇主要包括两项内容：生育津贴，用于保障女职工产假期间的基本生活需要；生育医疗待遇，用于保障女职工怀孕、分娩期间以及实施节育手术时的基本医疗保障需要。享受生育保险待遇的人员，应符合国家计划生育政策，并到定点医院生产。女职工生育时所产生的检查费、接生费、手术费、住院费、药费等有关费用，从生育保险基金中支付。生育保险实行定额结算，定额标准为剖宫产2500元，平产1500元。2012年7月起，全市范围内实行职工生育医疗费个人零负担。

2009年—2013年兖州市企业生育保险基金收支情况表

表28-14

年　份	参保人数（人）	征缴基金（万元）	支　付（万元）	享受待遇人数（人）
2009	27195	193.8	31.7	67
2010	34453	417.5	362.8	301
2011	41130	606.5	163.8	239
2012	73023	913.2	248.4	257
2013	75176	1294.5	420.4	489
合计	—	3425.5	1227.1	—

第二十九篇

社会生活

YANZHOUSHIZHI

社会生活

1996年—2013年，全市国民经济快速发展，城乡居民收入大幅增加，生活水平明显提高，总体上实现了由温饱到小康的历史性跨越。2013年，城镇居民人均可支配收入27189元，农村居民人均纯收入13218元，分别比1996年增加23669元和10602元。收入的增加和消费水平的提高，促使消费观念不断变化，衣、食、住、行全面升级，衣着追求舒适时尚，食品注重质量营养，居住讲究私密宽敞，出行讲究舒适快捷，私家车逐渐普及。1996年后，群众精神生活方式更加多样化，很多农村建起图书室、阅览室、文化生活广场，城市机关企事业的文化场所或设施更加健全。歌舞厅、健身房、网吧等娱乐场所得到较快发展。随着电脑特别是智能手机的普及，中青年人文化生活更加丰富多彩。随着生活水平的提高和生活环境的改变，家庭成员之间、家族及邻里间的关系更加和谐融洽。一些生产、生活、礼仪、节令等习俗在传承发展的同时，也发生不同程度的改变。

第一章　精神文明建设

第一节　文明创建活动

文明城市创建　1996年5月，在全省社会主义精神文明建设工作会议上，省委、省政府表彰在第三届创建活动中成绩突出的53个县（市、区），兖州市被授予全省精神文明建设工作先进市称号。2001年，兖州市被省委、省政府命名为第五届精神文明建设工作先进市。2004年，市委、市政府制定《关于开展争创文明城市活动的实施意见》，成立由市委书记任组长的兖州市争创文明城市活动领导小组，制定《开展争创文明城市活动宣传方案》，在全市启动实施省级文明城市创建活动。同年，以提高全民素质、塑造城市形象、建设全面小康为目标，开展科教、文体、法律、卫生“四进社区”活动和文明社区、文明楼院、文明家庭、文明市民“四争创”活动，兖州市被省委、省政府授予创建文明城市工作先进市称号。2005年，重点实施环境优化、人文素质提升、标兵典型塑造、文明社区创建、文明形象倡树、城乡互促共建六大工程，城镇面貌得到改观，市民素质得到提升。2007年，兖州市成立文明城市创建工作领导小组。2008年，以创建文明城市为主题，开展“师生同携手、共建文明城”“夕阳无限好、创城立新功”“文明出行、和谐交通”等活动，并对城市交通秩序、社区环境卫生、建

2008年，兖州市举办文明城市创建工作颁奖晚会

筑工地管理、出租车辆管理、门前三包责任制落实等9个重点问题进行集中整治。同年，兖州市被省委、省政府命名为省级文明城市。2009年，在兖州市电视台开设《创城直通车》《创城在行动》等栏目，继续推动文明城市创建活动。2010年，围绕巩固省级文明城市创建成果目标，开展以公路绿化、社区改造、交通整治等城乡环境整治7个达标为重点的城乡环境综合整治活动。2009年—2013年，连年通过省级文明城市复查验收。

文明单位创建 1996年，开展“新风杯”规范化服务活动，组织“服务最佳、服务最差”和“十佳服务标兵”“十大好事”评选活动，推动部门行业作风转变。2000年，在服务行业开展“行风万人评”“创三优”等活动，12个部门单位被评为2000年度精神文明建设工作先进单位；32家单位被取消文明单位称号；兖州镇机关、兖州市城市信用社等10家单位被取消文明单位称号。2001年，济宁市创建文明行业座谈会在兖州市召开，市国税局、市交警大队、市广场商厦等被评为济宁市创建文明行业活动示范点。2002年，以推行行业服务承诺、开展“零投诉”活动为抓手，在执法执纪部门和窗口行业开展争创十佳窗口单位、十佳行业标兵活动，开通行风热线，提高行业部门服务水平。同时，市委出台《关于在全市民营业户中开展创建“文明店户”活动的实施意见》，在全市民营业户中开展创建文明店户活动。2003年，市交通系统开展争做文明交通人、争创文明交通岗活动，被评为全省交通行业文明系统。同年，按照市级文明单位评选标准和实行动态管理的原则，对评选推荐、经审查符合文明单位标准条件的47个单位，授予兖州市级文明单位称号；对不再符合兖州市级文明单位的条件的29个单位，撤销其称号；对机构建制改变的1个单位，注销其文明单位称号。2008年，市国税局大安税务分局、市公安局被授予省级文明机关称号；市财政局、市第二中学等5单位被授予济宁市级文明单位称号。2009年，全市窗口行业召开行业精神文明创建工作会议，开展创优质服务品牌、树行业文明新风活动，引导窗口服务行业强化服务意识。开展“雷锋车”暨“星级出租车”创建活动，评出40辆“雷锋车”、66辆五星级出租车。启动第二批城乡文明牵手共建行动，组织省、市级文明单位与农村进行结对共建，帮助建设公益设施、改善文化条件、开展科技培训、治理村容村貌。同年底，市机关第二招待所被授予省级文明单位称号；市国税局经济开发区税务分局、市建设局、市殡葬管理所、兖州创佳玻璃纤维制品有限公司4家单位被授予济宁市级文明单位称号；市第十六中学经过复查，撤销济宁市级文明单位称号；市县乡公路管理处、市兴隆庄交通管理所、市矿山学校等22家单位被授予市级文明单位称号；市交通稽查大队、市丝绸公司、市邮政局大安支局等9家单位经过复查，撤销市级文明单位称号；市新型农村合作医疗管理委员会办公室、市双龙棉纺织厂、市热电厂有限公司等10家单位，注销市级文明单位称号。2010年，表彰通报2009年度十佳文明窗口、十佳服务名牌和十佳行业标兵。中国银行兖州市支行、市国税局大安分局、市煤气公司服务大厅等10个窗口被评为十佳文明窗，市供电局“照亮人生　共享光明”、市环境卫生管理局“清洁兖州”、市兴隆宾馆“兴隆温舒安”等服务品牌被评为十佳服务名牌。同年底，经过复查申报，全市创建省级文明单位16个、省级文明机关4个、济宁市级文明单位53个、兖州市级文明单位311个。2012年，开展城市管理年活动，推动行业部门和窗口单位服务水平的提升。2013年，创建省级文明单位22个，济宁市级文明单位59个。

文明村镇　社区创建 1996年，继续深化创建“十星级文明户”活动、“净化美化进家庭”活动，促进勤俭持家、学用科技、知法守法等社会新风的形成，经过省、济宁市两级精神文明建设工作先进市验收，中央电视台到兖州市采访报道精神文明建设情况。1997年4月，在山东省精神文明建设示范工程新闻发布会上，新兖镇小马青村被列为文明村居示范点和精神文明示范村。1999年，在首次全国文明城市、文明行业、文明村镇评选中，新兖镇获全国创建文明村镇先进单位。2000年，济宁市在兖州市召开农村精神文明建设工作现场会，并为全省精神文明建设现场会提供现场，推出兴隆庄镇三官庙村等一批农村精神文明建设典型，新兖镇、兴隆庄镇、大安镇、黄屯镇、漕河乡、新驿镇6个乡镇被评为2000年度精神文明建设工作先进乡镇。2001年5月，市精神文明建设委员会制定《关于印发〈兖州市农村文明一条街创建标准〉的通知》，明确农村文明一条街创建12条标准，并采取以奖代补形式，对在年底前三分之二村达到创建标准的镇，按建成文明街的村每村2000元奖励。同年11月，全市有195个村建成高标准农村文明一条街，占行政村总数的39.7%。2002年，兖州市90%的村建成文明一条街，60%的村达到高标准，30%的村每条街均建成文明街。同年，落实中央8部门《关于开展科技、文体、法律、卫生"四进社区"活动的通知》精神，兖州市在城市社区实施建设一个科普长廊、一个图书馆、一支文艺队伍、一个体育场所、一个道德教育室、一个卫生服务中心、一个社区服务站的"七个一"工程。2003年，在全市农村开展改厕、改灶和文化建设活动。2004年11月，全市召开农村文明一条街建设工作会议，制定《关于奋战一个月全面普及农村文明一条街的实施方案》。授予120个村（居）兖州市文明村（居）称号。2005年，在全市基本完成文明一条街建设的基础上，广泛开展文明小康村创建活动。2006年，兖州市新建小康电子书屋30余个，创建文明小康村和文明生态村100余个。2008年，创建新农村示范村26个，文明小康村、文明生态村62个，新兖镇、新兖镇小马青村分别被评为全国文明镇、全国文明村，大安镇辛北庄村被评为全国创建精神文明建设工作先进村。同年底，复查合格兖州市文明社区23个、文明村庄131个，新申报兖州市文明村庄25个，撤销兖州市文明村庄33个、文明社区2个。2009年，全年创建兖州市文明小康村38个，全市文明小康村创建率85%以上，"户集、村收、镇运、市处理"农村垃圾处理机制进一步推广，各镇共建设垃圾中转站47处，新建成文明小康村38个，全市文明小康村创建率85%。举办首届社区邻里联谊节，开展"邻里淘宝"居民闲置物品互换、"老少同乐"邻里棋牌大赛等系列群众性精神文明创建活动，覆盖30个社区，参与群众2万余人。同年底，新兖镇官庄村、新兖镇金村、龙桥街道牛王村等5个村经过申报，新授予省级文明村镇称号；鼓楼街道奎星楼社区、鼓楼街道鼓楼社区、酒仙桥街道查官园社区3个社区经过申报，新授予省级文明社区称号。2012年，全面推广农户联创机制，建成农户联创示范村70个，乡村文明行动示范村112个，乡村文明行动达标村213个。2013年，深入开展乡风文明行动，新驿镇高三村、漕河镇蔡桥村被评为全省乡村文明行动示范村，全年培育文明示范户1.6万户。同年底，经过复查申报，全市共有全国文明村镇2个、省级文明村镇26个、省级文明社区14个、济宁市级文明村镇37个、济宁市级文明社区16个。

第二节 思想道德建设

2001年，中共中央印发《公民道德建设实施纲要》，兖州市开展宣传贯彻活动，市委制定《关于贯彻落实〈公民道德建设实施纲要〉的意见》，召开全市学习贯彻《公民道德建设实施纲要》动员会，在全市城镇开展各种形式的公民道德教育活动，并编发《公民道德建设格言民谣汇编》。2002年9月，市委、市政府评选兖州市首批十佳市民，评选出建市10年间群众最满意的十件实事。2003年，在全市范围内实施精神文明建设素质工程、满意工程、环境工程和示范工程，开展"弘扬优秀传统、建设端信兖州"活动。2004年，全市加强和改进未成年人思想道德建设工作会议召开，对全市未成年人思想道德建设工作进行安排部署。2005年，结合纪念抗日战争胜利60周年，在全市青少年中组织开展“弘扬民族精神、培育爱国情怀”主题教育活动，组织青少年开展读一本好书、参观一次抗日纪念地、开展一次征文活动、组织一次抗战歌曲大联唱和组织一次社会公益活动的“五个一”教育活动。市文明委开展精神文明“十佳好事”“十佳人物”“百佳文明家庭”评选活动。2006年，在全国第四个公民道德宣传日之际，组织全市50余个部门、单位，开展主题宣传教育活动，举办专场文艺演出，并组织开展精神文明“四十佳”和“一百佳”系列评选活动。2007年，举办“太阳纸业杯”感动兖州十大人物评选和颁奖活动。同年，编辑出版《道德的力量》等书籍，发挥纸质媒介的精神引领作用。2008年，市第十四中学获全省未成年人思想道德建设工作先进集体；1人获全省未成年人思想道德建设工作先进个人称号；2人被授予全国好公民称号。市实验小学成立少年科学院，组织学生开展科技实践活动，被评为全省未成年人思想道德建设创新案例。组织开展“道德伴我行，文明兖州大家谈”有奖征文和文明短信征集等活动。2009年，组织实施“四德工程（社会公德、职业道德、家庭美德、个人品德）”，组织开展“十星级文明户”“文明新风户”“五好家庭”“好婆媳、好孝子”等创评活动，培育公民道德教育实践基地6处，培植道德典型21个。同年，在市九州广场举办《公民道德建设实施纲要》颁布8周年暨第七个“公民道德宣传日”大型宣传教育活动，举办“道德的力量”兖州市道德模范颁奖晚会，21名道德模范人物和1个群体分别获诚实守信、见义勇为、敬业奉献、孝老爱亲、助人为乐道德模范。培植未成年人活动场所6处，建设乡村少年宫19处；制定《兖州市净化社会文化环境任务分工》，成立净化社会文化环境工作协调小组；

2009年12月，兖州市举办“道德的力量”道德模范颁奖晚会

在全市中小学校7万名学生中开展“小手拉大手、争做文明人”和“感恩主题班会”系列活动。2010年，市政府印发《关于在全市开展“社会公德教育年”活动的实施意见》，开展文明新风进万家、公益宣传、文明礼仪培养、共创文明一家亲、言行文明身边看、洁净文明家园、文明交通专项整治、窗口行业文明服务、创城志愿者服务和文明创建示范的精神文明创建“十大行动”。同年，举办全市道德模范基层巡讲活动启动仪式暨首场报告会；举办全市第二届社区邻里联谊节，成立鼓楼街道民间艺术团，开展“我的好邻居”摄影大赛、“邻里牵手大家唱”等一系列群众性精神文明创建活动。2012年，兖州市被评为山东省未成年人思想道德建设工作先进市。同年，兖州市志愿者协会成立，建立志愿者服务基地和工作站19个，注册志愿者3000余名，开展志愿服务活动60余次，3万余人受益，至2013年，全市志愿者队伍30余支。2013年，全省未成年人思想道德建设暨乡村少年宫建设观摩会在兖州市召开；全市“四德工程”建设动员大会召开，村（居）“善行义举”四德榜覆盖率80%以上。推进道德讲堂建设，全市共开展道德讲堂1000余场次。继续开展“身边好人”评选活动，共评选兖州好人50名，济宁市第四届道德模范1名。

第二章　宗　　教

改革开放后，全市宗教工作围绕贯彻落实党的宗教方针政策，依法管理宗教事务，引导宗教与社会主义社会相适应。宗教管理机关对宗教界人士和信教群众进行党的宗教方针政策和爱国爱教教育，指导和监督宗教组织制定完善各项规章制度，对宗教活动场所进行年度检查，依法打击利用宗教进行的违法犯罪活动，建立防范网络，抵御境外宗教势力的渗透。1996年，兖州市境内信仰各类宗教的人员6960人，占全市总人口的1.18%，依法登记的宗教活动场所13处。至2013年，兖州市境内信仰各类宗教的人员11856人，依法登记的宗教活动场所14处。

第一节　佛　　教

1996年，兖州市有老年僧尼6人（僧1人，尼5人），均被动员入乡镇敬老院。随着宗教信仰自由政策的落实，佛教信教群众逐渐增加。2008年，兖州市持有皈依证的佛教信众达500人。由于当时兖州市无寺院、无僧尼，佛教信教群众大多在家中布置简易念佛堂，家人邻居在一起诵经念佛，遇到佛教重大节日，大多到汶上县、任城区等周围县（市、区）寺院过宗教生活。2005年，兖州市成立佛教协会筹备小组。2009年9月，中国社会科学院《世界宗教研究》杂志社与市政府联合主办的兖州市佛教历史文化研讨会召开，共收到研讨论文50余篇。研讨会人员层次高、范围广、影响大，是重要的全国性佛教研讨会，也是兖州佛教发展史上的一次盛会。2010年，经济宁市民族宗教事务局批准同意，兖州市佛教协会成立。同年9月，兖州市佛教协会第一次代表会议召开，会议审议通过兖州市佛教协会章程，选举产生兖州市佛教协会第一届理事会。至2013年，兖州市境内约有佛教信众1200人。

2009年9月14日，兖州佛教历史文化研讨会召开

第二节　伊斯兰教

1996年，兖州市有伊斯兰教穆斯林4136人，分布于13个乡镇、99个村居。同年6月，经市政府民族宗教事务办公室批准，在兖州镇民族居委会礼拜寺街、谷村镇东葛店回族村、前海乡玄帝庙回族村设立3处伊斯兰教活动场所。教职人员有阿訇3人，海里凡1人。2001年7月，兖州市伊斯兰教协会成立，设会长1人，副会长3人，名誉会长2人。全市共有城区清真寺、大安镇东葛店村清真寺、小孟镇二村清真寺和颜店镇玄帝庙村清真寺4坊，均成立清真寺管理委员会。至2013年，兖州市境内有伊斯兰教穆斯林约4296人。活动场所有城区清真寺、东葛店村清真寺、小孟镇二村清真寺、玄帝庙村清真寺4处。

城区清真寺　始建于1665年（清康熙四年）。原清真寺由三重院落组成，“文化大革命”期间被拆除。1990年初，在原址上重建城区清真寺。2005年，对清真寺进行修缮，满足伊斯兰教信教群众正常宗教活动需要。至2013年，城区清真寺有礼拜大殿抱厦6间，建筑面积234平方米；有北讲堂4间，建筑面积84平方米；另有南、西抱厦，南屋8间，建筑面积210平方米；东屋2间，建筑面积10平方米，大门1间，大门旁车库1间，24平方米，大门外还有房屋4间。

大安镇东葛店村清真寺 始建于1885年（清光绪十一年），后经3次扩建。“文化大革命”期间礼拜大殿、北讲堂、院落大门被毁坏和拆除，仅剩3间南讲堂、3间水房面临倒塌。1995年3月，对清真寺进行重修，新建礼拜大殿10间，可容300人礼拜、聚礼，新建仿古清真寺大门和八字墙，修复北讲堂、南讲堂和水房。1999年，再次对清真寺进行维修，新建北讲堂4间、水房3间、罩房1间、阿訇住房5间，并新建仿古二道圈门。至2013年，东葛店村清真寺占地面积2000平方米，建筑面积390平方米。

大安镇东葛店村清真寺

小孟镇二村清真寺 重建于2000年3月，占地约1560平方米，主要由3大间组成，可供附近500余人礼拜。由于清真寺年久失修，寺内出现不同程度的破损，特别是寺内的北讲堂，情况较为严重，2013年，对清真寺墙壁进行修缮。

颜店镇玄帝庙村清真寺 始建于1645年（清顺治二年）。原清真寺有房屋26间，其中有北讲堂6间，南讲堂6间，西大殿6间，总建筑面积650平方米。“文化大革命”期间，清真寺被毁坏拆除，仅剩西大殿面临倒塌。2000年2月，对清真寺进行重修。

第三节　天主教

天主教兖州教区仍沿袭旧制，跨行政区设置，为山东省九大教区之一，负责管理济宁、枣庄两地的天主教教务。兖州天主教堂，是天主教兖州教区所在地和鲁西南天主教活动中心。1996年，兖州市有天主教信徒977人，分布在11个乡镇、39个村（居），教职人员有主教1人，神甫2人，修女9人。同年6月，经市政府民族宗教事务办公室批准，在兖州天主教堂、黄屯镇鹅鸭厂村、兴隆庄镇冠庄铺村设立3处天主教活动场所。同年12月，兖州市天主教爱国会成立，设主任1人，副主任2人，秘书长1人。1999年12月，对兖州市天主教爱国会部分成员进行调整。2004年3月，市财政拨专款，对图书楼等进行维修；同年6月，市民宗局协调市建设局兑现天主教会拆迁补偿款，对主教楼进行维修。2005年4月，多方筹资，对小修院进行维修。经过多次修缮，天主教堂已初现往日风采。2008年7月，兖州市天主教爱国会召开全体会议，选举产生新一届天主教爱国会班子，设主任1人，副主任1人，秘书长1人，委员5人。至2013年，兖州市境内有天主教信徒1126人，望友376人。教职人员有11名，包括主教1人，神甫1人，修女9人。有兖州天主教堂、新驿镇孙村和兴隆庄镇冠庄铺村3处天主教活动场所。

第四节　基督教

1996年，兖州市有基督教信徒1841人，分布在13个乡镇、123个村（居）。同年5月，兖州市基督教“三自（自治、自养、自传）”爱国运动委员会筹备小组成立；6月，经市政府民族宗教事务办公室批准，在兖州镇韦园西街、新兖镇红花村、谷村镇房家院村、颜店镇嵫山村、黄屯镇高屯村、王因镇中仁美村、前海乡翟二村设立基督教活动场所 7 处。基督教教职人员有执事 2 人，布道员 12 人。2009 年 4 月，兖州市基督教“三自”爱国运动委员会成立，委员会设主任 1 名、副主任 2 名、秘书长 1 名，结束基督教几十年没有宗教团体管理的局面。2012 年，市民族宗教局指导基督教“三自”爱国运动委员会制定《卫生防疫工作责任制》《治安安全工作责任制》《堂务管理规章》等一系列规章制度，促进宗教活动平稳正常开展。至 2013 年，兖州市境内有基督教信徒 5234 人，慕道友 1300 人。教职人员 5 名，包括副牧师 1 人，传道员 4 人。有鼓楼街道办事处韦园居委会、红花村，大安镇两分店村，颜店镇嵫山村、南阁村，兴隆庄镇魏井村和兴隆庄煤矿 7 处基督教活动场所。

第三章　风俗习惯

第一节　生活习俗

饮　食　1990 年后，城乡居民饮食由以粗粮为主转变为以细粮为主，由吃得饱向吃得好、讲究营养发展。2000 年后，饮食讲究营养与养生，副食比重上升。

20 世纪 90 年代，主食主要有馒头、大米饭、烧饼、烧饼卷、壮馍、单饼、油饼等。2000 年后，面食更加丰富多样，手工煎饼、咸煎饼、五香烧饼、鲜面条、手打面、硬面火烧、手抓饼、掉渣饼、各种面包点心成为家常便饭。白吉馍等外来面食，加入菜汁、枣泥、栗子面做成的营养面食改变着人们的胃口。

副食中，蔬菜春、夏、秋季主要有小白菜、菠菜、苔菜、茄子、芹菜、莴苣、黄瓜、大蒜、蒜薹、芸豆、豆角、辣椒、南瓜；冬季主要以白菜、萝卜、金针菇、蘑菇、蒜苗为主。2000 年后，随着温室大棚的发展，一年四季均能吃上各种新鲜蔬菜。

肉、鱼、蛋主要有猪肉，其次是鸡肉、羊肉等。2000 年后，猪肉的比重下降，笨鸡肉、羊肉、牛肉、鸭肉、成品肉、熟食肉、排骨比重上升。淡水鱼主要鲤鱼、罗非鱼、鲂鱼、鲫鱼、鲢鱼，后增加草鱼、鳝鱼、中华鲟鱼、虹鳟鱼。海鱼有带鱼、鲳鱼、黄花鱼等，后增加鳕鱼、蝶鱼、大小黄菇鱼。海鲜有对虾、螃蟹、龙鱼、沙丁鱼等。蛋类主要有鸡蛋、鸭蛋、鹅蛋，后增加笨鸡蛋、鸽子蛋、鹌鹑蛋等。

20 世纪 90 年代，夏季主要有西瓜、甜瓜、桃、杏、葡萄，秋冬季主要有苹果、梨。2000 年后，一年四季均吃上新鲜水果。

1990 年后，日常饮食与节日饮食的差距逐步缩小，节日饮食逐渐讲究菜式花样和质量，注重营养搭配、荤素协调。2000 年后，每逢节日家人团聚，一些家庭便到酒店订餐或到外地旅游过节。酒类由中低档白酒向档次较高的白酒、啤酒、果酒过渡，妇女儿童饮用果汁等饮料。

20 世纪 90 年代后，多数居民一日三餐。早餐主要是面条、馒头、煎包、油条、烧饼、粥、辣汤、水饺、羊汤等，午饭晚饭较为丰盛。2000 年后，早餐花样增多，除传统当地食品外，增加馄饨、蒸饺、板面、肉夹馍、糁汤等。后还出现肯德基、德克士等“洋快餐”，学生早餐多数是牛奶、鸡蛋、面包、鸡蛋糕。中餐、晚餐，人们注重营养和保健，口味逐渐清淡，主食、肉食、鱼适量减少，蔬菜增加。

服　饰　20 世纪 90 年代，出现毛呢、健美呢、真丝、仿真丝等面料；衣服品种繁多，有西装、夹克衫、面包服、羽绒服、风雪衣、衬衣、绒衣、羊毛衫、羊绒衫、驼绒衫。中青年男子春秋季节穿西装、系领带、运动装、休闲装、夹克衫、牛仔裤、休闲裤，夏季主要穿衬衣、T恤衫、短袖、衫衣；冬季主要穿羽绒服、呢子大衣；老年人多穿宽松舒适的中山服、休闲装、运动装。女性夏季主要是各式短裙、套裙、迷你裙，或上穿T恤衫下穿半裤、七分裤、九分裤；冬季穿毛衣裤，外套多为棉大衣、羽绒服、皮衣、呢子大衣、毛皮大衣等。学生主要是各式校服。一些大型企业、金融行业执法部门大多是行业制服，只在休息日才着时装。2000年后，服装趋于多样化、个性化、时尚化、休闲化，男子偏重休闲、运动、商务；女性注重艳丽，时装化，同时对品牌有追求，出现价格较高的呢克服、羊绒大衣、双面呢、秋羽绒等。

20世纪90年代，人们大多数穿皮鞋、旅游鞋，样式变化最大的是皮鞋和凉鞋。高跟、半高跟、粗跟、坡跟等品种繁多，青年女子流行穿高筒、半高筒皮靴。2000年后，各种休闲鞋、旅行鞋、健步鞋流行，讲究轻便舒适。皮鞋品牌样式增多，颜色除传统的黑棕色外，红、黄、白、蓝、紫色等时装鞋及各种布质草编线编、塑料水晶凉鞋受到欢迎。青年、初高中学生偏爱各式帆布鞋、板鞋。春秋季节，男子多戴礼帽、鸭舌帽、遮阳帽，夏季戴凉帽、草帽。2000年后，冬季主要戴羽绒服等外套的自带一体帽，也流行棉线、毛线织的帽子，女性冬季多数戴丝巾、纱巾、毛绒围巾，由追求保暖转向追求装饰。

20世纪90年代后期，男性配饰主要有项链、板戒、领带、领带夹，女性则戴项链、戒指、手镯、手链、胸花、耳环等，材质有黄金、白金、铂金、银、钻石、玉、翡翠、水晶、珍珠等。2000年后，增加吊坠、项圈、耳钉、耳圈、耳坠、胸针。腰饰有玉石挂件、腰链、脐饰（主要是青年女子），脚饰主要是青年男女佩戴，有脚链、脚镯、脚戒，材质有金、银、玛瑙、琥珀等。

居　住　20世纪90年代初，农村建四周出檐钢筋混凝土硬顶平房，使用壁纸、吹塑等材料装饰室内。90年代后期，出现单元式二层楼房，其地基多用钢筋水泥打地圈，梁门窗使用铝合金材料。楼及正房墙面镶瓷砖、地面铺地板砖，新建宅舍大多迎门建有影壁。传统正房坐北朝南，多为4间。2000年后，多数镇驻地开始建有5层～6层商品楼房，沿街的多为2层～3层商住房，一楼设门店经营用，二楼和三楼居住。农村社区兴起，一个社区有5个～6个村的居民居住（大多属同一个管理区）。面积大多为90～130余平方米。

20世纪90年代初，新建住宅商品楼开始兴起，每个单元一般为两室一厅或三室一厅，楼下建有储藏室。2000年前后，大批居民搬进水电暖等设施配套齐全的住宅楼，一层为车库和储藏室开始兴起，居住面积扩大，住房条件得到改善。2005年起，城区建设速度加快，一批环境优美、功能齐全、管理规范的高层住宅小区相继出现，配套车库储藏室转到地下，居住面积进一步扩大。

西顺河公租房

出　行　20世纪90年代，摩托车成为仅次于自行车的代步工具，各类农用三轮车、四轮车成为农民外出购物的主要交通工具，公交车、三轮车、摩托三轮为主的出租车，为城区居民的出行提供方便，远行主要是火车或长途汽车。2000年后，电动三轮车、电动自行车及私家车相继出现，公交车线路增多，高速公路开通，动车、高铁相继出现，出行更为便捷。

器　用　20世纪90年代初，城乡居民大多用蜂窝煤炉，冬季用火炉，取暖做饭两用。90年代末以后，烧水做饭大多用铝制品不锈钢，大多数家庭使用液化气灶，楼房使用煤气，各种电炊具开始进入居民家庭，如高压锅、电饭煲、不粘锅、抽油烟机、消毒柜、微波炉、电烤箱、电磁炉、电饼档、电水壶等。2010年后，城区和部分靠城、厂矿小区开始使用天然气。

20世纪90年代后，城乡开始使用组合家具，组合沙发、电视柜、书柜、席梦思床、棕垫床等；90年代末，流行连帮椅、皮沙发。床上用品日趋多样化，开始使用毛巾被、毛毯、床罩、电热毯、太空被、羽绒被等。2000年后，家具开始流行板式家具、红木家具、布艺组合沙发、各类躺椅、电脑桌、学习桌。餐桌有长方形、椭圆形、圆形等，价格从几千元到几万元不等。

20世纪90年代后，城镇居民所用电视机由14英寸、18英寸，逐步更新为21英寸、25英寸、29英寸、34英寸，黑白电视机基本淘汰；农村以21英寸、25英寸彩电为主，黑白电视机逐渐减少。2000年后，开始流行背投电视机。2005年后，各类平板电视、液晶电视机、等离子电视机兴起，电视机尺寸扩大为38英寸、42英寸、50英寸、60英寸等。各种录像机、组合音响、影碟机、冰箱、冰柜、空调机、洗衣机、电暖瓶、电吹风、电暖器、饮水机进入城镇居民家庭。

20世纪90年代初期，仅有书信、电话、电报3种通信方式；90年代中后期，公用电话、家庭电话、BP机相继使用，移动电话已有少部分人使用。进入21世纪，网通通信和手机的更新换代飞速发展，短信、上网聊天、发电子邮件等成为人们新的通信方式，特别是手机功能的不断提升，深入到人们生活、工作、出行、娱乐的各个方面，传统的书信、电报等通信方式已基本不用。

居民在富居亿佳家具博览城选购家具

第二节　礼仪习俗

婚　嫁　20世纪90年代初，男女相识相恋主要有两种形式，一种是介绍人（俗称媒人、红娘）介绍，根据男女双方年龄、文化程度、职业、品貌、家庭状况等从中牵线搭桥，使双方相识，开始恋爱。另一种形式是自由恋爱，经过一段恋爱过程后，一般由男方托熟人介绍，向女方提亲。20世纪90年代中后期，除延续着两种形式外，开始出现媒体征婚、婚介所介绍婚姻等。2000年后，随着网络的发展，网上恋爱、相亲交友网站开始出现。

青年男女通过一段时间了解，女方经介绍人向男方说明选定时间，去男方相亲，男方送给女方少量的见面礼或纪念品。双方经过进一步交往了解无意见后，征得父母同意可商定订婚时间。订婚时，女方父母及近亲属5人～6人到男方处酒，男女双方商定婚礼的日期等事宜，男方送给女方一定的聘礼，女方须返还男方不等的礼金。男女双方在订婚或领取结婚证后，一般拍婚纱照，制作成影集，作为纪念。

结婚日期商定后，女方一般会为出嫁的姑娘准备陪送的嫁妆。20世纪90年代，女方的嫁妆一般为彩电、洗衣机、音响、冰箱等各种电器，衣服、被褥等生活用品。2000年后，增加汽车等。大部分物品在婚礼前3天～5天择吉日送至男方准备结婚用的新房。

农村男女婚期请人择定，城区多选择国家法定节日，以“五一”“十一”居多。2000年后，为避开法定节日结婚高峰，多趋向于择期成婚。男方院门摆放龙凤彩虹门，路口铺红地毯，扎绢花拱门，贴“囍”字；女方院门口摆心形彩虹门，贴红喜字，铺红地毯，路两侧悬挂气球引路。迎亲车辆多为4辆或6辆，20世纪90年代末，一般为4辆～6辆帕萨特等统一品牌的轿车。2000年后，专业婚庆公司出现，婚车也多为统一品牌的奥迪、奔驰、宝马等，租金由每辆200元～300元逐步增加到800元～1000元，司仪、录像婚车、彩虹门等大多由婚庆公司统一提供。一般安排伴郎、伴娘各2人，在司仪的带领下，陪新郎驱车到女方迎亲。发车时，燃放鞭炮相送；车到女方家时，燃放鞭炮相迎。新郎到女方家门要递开门钱，进门后要给新娘送信物、鲜花等，举行简短的迎亲仪式。之后，迎亲车队按规定路线返回。婚礼在上午举行，地点多设在酒店的宴会大厅，典礼台环境布置有专业婚庆公司操办。在司仪的主持下，流程主要有新郎新娘拜天地、拜高堂、夫妻对拜，为父母敬茶，改口叫爸妈，父母给改口钱，证婚人讲话，家长讲话，抛手捧花喝交杯酒等。2000年前后，普通亲朋参加喜宴的礼金一般为200元；2010年前后，上升到300元～500元。20世纪末，农村喜宴价格每桌160元～200元，城区180元～240元。2000年后，喜宴的价格逐步增长，农村一桌为450元～550元不等，城区600元～800元不等，在一些星级酒店达到1000元以上。宴会结束后，喜主、新人在酒店门口送客。

20世纪90年代，结婚录像兴起于城区，开始只是录实况，后加入影视艺术手法，全程摄录迎娶及宴客全过程，并逐渐在农村流行，成为婚嫁中不可或缺的环节。20世纪90年代末，录像磁带多翻成光盘以利于长期保存；2000年后，整个婚礼过程经过编辑后，存入U盘，便于保存和携带。

20世纪90年代末，仍有三天回门的习俗，但已不是娘家接回，而是新人自行回去。2000年后，由于大多数是独生子女，女方家兴起宴请送喜（贺）礼的亲戚、朋友、同事等的回门喜宴。新郎、新娘在回门喜宴上陪同父母向客人敬酒致谢。

丧　葬　20世纪90年代实行火葬，在农村和城区街居仍沿袭守灵、吊丧、出殡等程序。

人去世后，要为死者净面、净身、穿寿衣。讣告众亲友，祭拜后进行火化。迎回骨灰后，放置在灵桌上，摆放遗像、供品，上香、点长明灯。晚辈需穿孝服，门口贴白纸，大门外摆放花圈。农村葬礼多由族中长辈和有声望的族人主持，负责安排各项事宜。以零时界定人的去世日期、决定发丧时日。葬礼除因亲人未归等特殊情况在去世后第五日或七日举行外，绝大多数在第三日举行。出殡当天，中午12点前，参加葬礼的亲朋陆续祭典，最后葬入家族墓地或村中公墓。城区特别是生前有单位的人去世后，丧事多选在殡仪馆举行。亲朋在殡仪馆进行告别仪式，播放哀乐，瞻仰遗容，并于死者亲友握手以示慰问。仪式结束后，就地火化，鲜花代替祭品、鞠躬代替叩拜、白胸花代替孝衫，整个仪式简洁而庄重。

2000年后，兖州城区及郊区改造建设加快，许多公墓需要迁址。兖州人多选择在曲阜市九仙山、泗水县无影山及邹城市、微山县的公墓购买墓地。

寿　诞　20世纪90年代后，祝寿形式逐渐多样化。主要形式有在电台、电视台点歌祝寿，摄制影像，外出旅游等。农村的寿宴多在家庭举

为老人过寿

行；城镇家庭的寿宴多在酒店举行。主要的习俗是吃寿糕、长寿面和鸡蛋（寓意为诞辰吉祥）。祝寿一年一次，禁忌中断。

随着时代的发展，人们的观念也发生很大变化。进入2000年后，部分中青年人也开始庆祝生日，与亲友相聚，唱生日歌、吃生日蛋糕等，交流生活乐趣。20世纪90年代后，独生子女政策导致6个长辈1个儿童的至亲社会关系出现，儿童过生日现象逐渐普遍，参加的人员范围也有所扩大。

生　育

坐月子　2000年前，产妇生产一般都在医院自然顺产。2000年后，选择剖宫产的产妇增多。生产5天～7天后出院，回到家一般一个月不出门，俗称“坐月子”。在家或躺或坐进行休息，“月子”里怕冷怕冻，饮食以补养为主。主要是婆婆、母亲照顾护理。2000年后，出现专业的产妇护理人员——月嫂，为产妇和婴儿从饮食、护理、卫生、洗浴等方面提供服务。

吃喜面　一般女孩子9天，男孩子12天吃喜面。2000年后，吃穿用生活物品日趋丰富。人们吃喜面不再送鸡蛋、小米、红糖和鸡鱼等营养品，而是用送礼金代替。同时，随着经济发展，人们收入显著提升，礼金也随之增长，一般300元～500元。吃喜面的范围也有所扩大，由原来的至亲扩大到同事、朋友等。喜宴的标准由每桌200元提高到每桌400元～600元。喜宴结束后，回礼不再是原来的红鸡蛋、红核桃、红糖饼等，而是一定金额的红包，多为30元～60元。

满　月　婴儿降生一个月称为“满月”，“满月”对于产妇和婴儿来说是一个极重要的日子，从这天开始，产妇和婴儿可以正式和外界接触。主要习俗是产妇带婴儿回娘家短住。

过百日　婴儿出生满百日时，要举行庆祝仪式名为“过百日”，主要的内容是亲朋好友、街邻近族赠送衣服玩具，剃“百天头”等。20世纪90年代，大部分亲朋赠送儿童衣物和50元～100元的礼金，在家或在酒店招待客人。2000年后，婴儿过百日时送的衣物越来越高档化，礼金为200元～300元。大多在酒店招待客人，酒店一般在大门前设置彩虹门。

社交礼节　拱手礼是不期而遇或相见后比较简便的礼节。礼节的形式是人站立两手抱合于胸前，通行的惯例是左手抱住右手微微晃动，主要用于平辈的平常社交。春节期间拜年常以拱手为礼，表达祝福；会议时行拱手礼向与会者表示敬意。

作揖礼是相见或感谢时常用的较为隆重的礼节。双手抱掌向前推，身子磬折30度～45度不等。除用于会客社交场合外，向人致谢、祝贺、道歉等常用作揖礼。

鞠躬礼多用于庄严肃穆或喜庆欢乐的仪式场合，也适合普通的社交和商务活动场合。常见的一般为三鞠躬，行李前要先脱帽，身体肃立，目视受礼者。男士双手自然下垂，贴放于身体两侧裤线处；女士双手下垂搭放在腹前，身体向前下弯约30度～90度，弯曲的幅度越大表达的礼节越重。

握手礼是最为流行的礼节，不仅熟人朋友，连陌生人、对手都可以握手。握手礼含义很多，视情况而定，分别表示相见、告别、祝贺、感谢、鼓励、慰问等不同意义。通常与人初次见面，熟人久别重逢，告辞或送行均以握手表达友谊。握手一定要用右手，不戴手套；长者和领导先伸出手，眼睛一定要注视对方眼睛，力度不要太重也不要太轻，时间以1秒～3秒为宜。

酒宴礼节　宴席上的座次有上、中、下之分，方桌以对门的座次为上，两个上座以左为上，右次之，两旁都是中座，背对门的为下首（座）。圆桌有主陪、副主陪、主宾、副主宾之分，主陪坐进门对面的中心位置，主宾、副主宾坐两旁右下左下，副主陪坐在主陪对面位置，右分别为主三宾、四宾。其他客人分长幼职务列两旁而坐。方桌待客酒过三巡，主人要敬酒，由上而下，分别敬两杯酒。圆桌敬酒，一般共同喝完一杯酒后（6次或10次喝完），由主陪开始敬酒从主宾、副主宾，依次进行。主陪、副主陪敬完后，分别敬酒，酒宴结束前由主宾回敬。

第三节　岁时习俗

农历节日

春　节　是中国农历新年的第一个节日。传统意义上的春节不是一天，而是从农历腊月二十三开始到正月十五这段时间，有的地方要到农历二月二（龙抬头）春节才算真正结束。春节是一年中最隆重的传统节日，主要的习俗有蒸馒头、发糕，置办年货，打扫房屋，贴对联、福字，祭祖，燃放鞭炮，吃饺子等。除夕夜有守岁习俗，午夜时家家户户放鞭炮，吃饺子，以示庆贺。农历正月初一早晨，穿新衣、吃饺子，饭前需燃放鞭炮；饭后晚辈给长辈拜年，行跪拜礼，长辈给晚辈压岁钱。20世纪90年代，特别是1995年实行双休日后，春节假期一般为7天。春节期间旅游过年的方式逐渐流行。拜年的形式也发生很大的变化，20世纪90年代，逐渐兴起寄贺卡、打电话（主要是座机）。进入21世纪，随着通信事业的发展，亲朋好友之间从电话拜年发展为短信拜年和电子邮件拜年等。2010年后，利用网络、微信等相互拜年祝福逐渐兴起。

元宵节　农历正月十五，是中国传统的元宵节，也称春灯节、上元节。自正月十四夜开始，家家户户在门前悬挂灯笼。20世纪90年代，城区主要道路两旁，许多企业、商户出资悬挂各式花灯，灯带流光溢彩。正月十五日晚，部分企业还举办焰火晚会，燃放礼花。踩高跷、舞狮子、划旱船等民间艺术上街表演，市少陵公园有灯展、游园猜灯谜等活动。2010年前后，为避免安全隐患，取消灯展、焰火晚会，仍有部分企业和市民自行燃放礼花。元宵节有吃元宵的习俗。2000年后，元宵品种增多，各大商场、超市均有销售。

元宵节表演

二月二　农历二月初二，俗称“龙抬头”，主要习俗是炒豆。2000年后，大多数居民不再自己炒豆，而是从商场、超市中购买各种味道的炒豆。这天，男子要理发，称“剃龙头”，以取吉利。老年人多在农历二月初二庆祝66岁、73岁、80岁等重要寿诞。

清明节　清明节俗称寒食，主要习俗是扫墓，祭扫时间在前三天后四天之内均可。进入21世纪，扫墓形式向健康文明发展，扫墓仪式简化，摆放的祭品减少，还出现网上祭祀等文明祭祀新形式。一些机关、企业、学校、群众组织或自愿到兖州烈士陵园为烈士扫墓。

端午节　农历五月初五，俗称“五月端午”，主要习俗是吃粽子和插艾条。20世纪90年代，城区和农村都有销售粽子的商户；2000年后，随着真空包装、冷藏技术的提升，各大商场也都销售粽子，而且品种更加齐全，有蜜枣、肉、豆沙、栗子等不同口味。还有居民自己动手包粽子，并馈赠亲朋。端午节这天居民多在家门顶端插艾条，或将艾条置于床头。随着人们对健康知识的认识不断提高，端午节前后，人们采集艾叶并晾干储存备用，用于艾灸、沐浴、泡脚等，防病治病保健。

端午粽子

七夕节　农历七月初七，也称“乞巧节”“女儿节”，是传统节日中最具浪漫色彩的一个节日。夜晚，坐看牵牛织女星是传统的习俗。七夕节也被称为中国的情人节。2000年后，有些青年人，以庆祝西方情人节的方式庆祝七夕节，互相赠送玫瑰花、巧克力等。市有关部门还会在这天举办相亲会，为青年男女相识提供便利。

中秋节　农历八月十五，是仅次于春节的第二大传统节日，主要习俗是吃月饼。随着交通物流的发达，快递业的发展，人们吃的不再只是当地的酥皮月饼，广式、苏式、京式、潮式、徽式等品种的月饼逐渐进入兖州市场。

赏月是中秋节的一项重要活动。全家人聚在一起赏月，寓意着团圆。2008年，中秋节成为法定假日后，兖州市部分书画家、历史文化研究者，自发相约在市博物馆、金口坝、青莲阁等历史文化遗迹赏月吟诵诗文。部分企业在中秋节期间献爱心，为敬老院老人和困难群众赠送月饼等慰问品，也有单位举办中秋文艺晚会，单位工作人员和家人共同参加，增加友情与亲情。

重阳节　农历九月初九。人们习惯在这天出游赏景，登高远眺，赏菊花，饮菊花酒等。1989年，国务院把每年农历九月初九定为老人节，各单位组织退休老人秋游赏景、登山健体、观赏菊花等。许多家庭晚辈也会陪着老年人到户外活动，以尽孝心。有些志愿者会购买菊花及慰问品送到敬老院看望老人。

腊八节　农历十二月初八。兖州人有吃“腊八粥”的习俗，早晨多用米、豆、花生、核桃仁、栗子、枣、桂圆、葡萄干等煮粥。2000年后，许多家庭不再煮“腊八粥”，把成品八宝粥加温后作为“腊八粥”食用。此日，亦有腌“腊八蒜”习俗。

公历节日

元　旦　1月1日，俗称“阳历年”，为法定假日。城镇机关、团体、企事业单位大多插彩旗、挂彩灯，学校升国旗，门前张贴庆祝元旦等字幅。2000年后，逐渐兴起寄贺卡，发电子邮件或手机短信互相祝福，有的单位还组织新年晚会以示庆贺。家庭中购买新一年的挂历、台历。有关部门组织拥军优属、拥政爱民等慰问活动。

国际劳动妇女节　3月8日，也称三八妇女节。机关、厂矿为女职工放假半天，送慰问品。市妇联等有关部门召开表彰大会，对三八红旗手、三八红旗集体进行表彰，举行报告会、联欢晚会、电影晚会以示纪念。2000年后，相继增加“巾帼示范岗”“巾帼标兵”“好媳妇、好婆婆”“三八红旗手标兵”等的评选和表彰。卫生部门和各单位会组织妇女健康查体。

植树节　3月12日为植树节。植树节前后，政府机关、厂矿学校组织开展植树造林活动。2000年后，市委、市政府更加重视城区绿化植树。在城区商业黄金地段，留出足够的植树绿化面积，改善人居环境，为居民休闲健身运动提供方便。有些青年还进行情侣植树、夫妻植树等活动，赋予植树节新的意义。

国际劳动节　5月1日为国际劳动节。1999年9月，国务院改革出台新的法定假制度，规定“五一”法定假日加上调休，全国放假七天。2008年，“五一”假期开始实行，法定假日一天，加以两天调休共放假三天。劳动节期间召开“五一劳动奖章”“五一劳动奖状”获得者表彰大会，相继增加“技术革新能手”“技术比武能手”“大国工匠”等表彰类目。也有一些年轻人在此节期间举办婚礼，增加人生的纪念意义。

2011年，全市庆祝“五一”国际劳动节暨表彰大会召开

“五一”假期期间气候适宜，许多兖州人还会进行自驾游活动。

五四青年节 5月4日。2008年，经国务院法制办同意，青年节放假适用人群为14岁至28岁的青年，团组织定于这天举行入团仪式，表彰先进或开展活动，对团员青年进行革命传统教育。20世纪90年代后期，先后开展“新长征突击手”“青年标兵”“十大杰出青年”的评选和表彰活动，团市委等部门在五四青年节组织集体婚礼活动、青年志愿者服务活动，弘扬社会新风和正能量。

六一儿童节 6月1日，为中国儿童节。节日期间，学校少先队举行庆祝活动，各党政部门、人民团体向学校赠送纪念品，捐助困难儿童，部分家长也为孩子送一份礼物。2000年后，市团委、各中小学校组织学生参观博物馆、科技馆、美术馆等。

儿童表演节目

中国共产党建党纪念日 7月1日。各级党组织举行新党员入党仪式，老党员重温入党誓词，开展民主生活会组织活动，学习党的基本知识，回顾党的历史，进行爱党爱国教育。2000年后，根据市委组织部要求，各单位组织党员到先进地区学习，到延安、西柏坡等地进行传统教育。参观反腐教育展，观看预防职务犯罪专题片，加大警示教育。党组织慰问看望老党员，救助困难党员，体现党的关怀和温暖。

建军节 8月1日。主要活动有党政机关、驻地部队、武装部、民政部门召开座谈会，组织庆祝活动，并到军烈属、伤残军人及退伍军人家中进行慰问。

教师节 9月10日。多由政府或教育部门组织开展庆祝活动，召开表彰大会，表扬优秀教师；学生为老师送尊师卡、送鲜花，学校举办文艺演出。2000年后，兖州市统筹城乡教师工资作为教师节的一个隆重礼物，开展兖州名师、名校评选，并加大教育投入，改善校舍及教师待遇。

2013年9月7日，兖州市召开教师节庆祝暨表彰大会

国庆节 10月1日。1999年9月后，国庆节放假三天。各机关单位、厂矿、商店等张灯结彩，摆放花卉，插红旗，举办国庆晚会。有些青年伴侣们也选择这天举办结婚典礼。后来，国庆假期改为七天，很多人选择在这个秋高气爽的时节外出旅游，被称为“旅游黄金周”。受交通拥堵的影响，更多的人选择近途自驾游、农家乐游、民俗游等。

外来节日 20世纪90年代到21世纪初，国际交往日益频繁，东西文化不断交流，加之各种媒体、商家的炒作，外来节日开始进入并逐渐流行。主要是受到青年人的青睐，但绝大多数人并不完全认同外来的宗教文化。

情人节 2月14日是情人节，由国外传入。这天，情侣们安排约会，并互送鲜花、巧克力、贺卡用以表达爱意和友好。亦有部分青年男女选择在这天订婚。

母亲节 每年5月的第二个星期日，发源于美国。20 世纪 90 年代，随着中国与国际的日益接轨，越来越多的人开始接受母亲节，并以各种方式感谢母亲养育之恩。每到母亲节，儿女们多会给母亲送粉红色康乃馨和贺卡。有的还给母亲买一些时令服装、饰品，外出旅游等。

父亲节　每年 6 月的第三个星期日。这天儿女给父亲寄贺卡，购买礼品，以表达对父亲的敬意。

圣诞节　每年 12 月 25 日。圣诞节的习俗，主要是互赠圣诞礼物，寄送圣诞贺卡，装饰圣诞树、圣诞大餐等；或者通过电子邮件、手机短信、微信等表达对他人的圣诞祝福。2010 年后，圣诞节在兖州市日渐流行，对圣诞节最感兴趣的是青年人和商家。圣诞节前夜，商家不仅会推出大力度的打折活动，有的还会通宵营业。

第四节　地方名吃

兖州大烧饼　兖州大烧饼是产于清初的名吃。圆形，体大如盘，外圈厚，内心薄。兖州大烧饼的做法并不复杂，但对操作的技艺要求较高。以发酵适中的面粉为主料，辅以糖浆、芝麻等。将和好的面均匀分成一个个面团，然后将面摊在石头上用手研抹成外厚内薄的饼胎，抹上糖浆，用手指蘸取芝麻弹在饼芯上，用刷帚将饼胎送进烤炉。烤制好的大烧饼内芯香甜酥脆，外圈松软可口，越嚼越甜。烧饼烤制用的木炭分为不同的种类，有梨木、松木、枣木等。不同的木炭烤制出的烧饼味道也不一样，据说，梨木炭烤制的烧饼可止咳；枣木炭烤制的可滋补。另有研究表明，兖州大烧饼还是糖尿病患者的绝佳主食，因其在制作中对淀粉进行高温炭化，大大减少了其中的糖分。

兖州大烧饼制作者较多，城区内较有名气的是住在鼓楼街道白衣堂街的孙照珠。

兖州大壮馍　流传于清末民国初。原料以新麦面和少去麸皮的面粉为佳。和面时不加酵母和碱面。加水和到湿而不粘，然后在面案上不断揉压。揉压工具为一根长约 1.2 米、粗似茶杯的木杖，一头拴在面案外侧，反方向挤压面团，将人和木杖的重量全压在面团上，以保证面的密合度。将揉好的面胚压成平锅形，上撒芝麻，用竹针在上面均匀扎成气眼，型边印成花纹，然后将制好的平锅型壮馍放在平底锅上用文火慢慢烘烤。为保证壮馍熟透而又不黑不糊，需要在明火上覆盖灰烬。烤制好的壮馍，外层焦酥香脆，吃到口中有一种醇厚的麦香味。一个壮馍直径约为 50 厘米，厚度约为 4 厘米～6 厘米，重量超过 3 公斤，现售现切呈三角状。

20 世纪 90 年代后，仍坚持烤制壮馍的民间作坊，较为出名的是龙桥街道龙桥村的师俊法、师俊清堂兄弟两家，人称师家大壮馍。师氏兄弟的祖父和父辈，在清末、民国年间，均以烤制壮馍为生，有着味道香、韧劲足的特色。师氏兄弟继承祖传手艺，以家庭为作坊，所烤制的壮馍，销往远近城镇。

唐胖子肉食　唐胖子肉食的肉铺主人唐景昆，因其姓唐、体型较胖，所经营的肉食便被人们称为唐胖子肉食。唐景昆家传煮制肉食的手艺，已经有祖传五代的肉食经营历史。唐胖子肉食原材料有猪肉、鸡肉，以猪头肉系列为主，配料为桂皮、肉蔻、丁香、大茴等 20 多种名贵中药材，用锅具煮制而成，因为不添加任何化学制剂及色素，所以成品肉食以冷库存放，其色泽纯正，香气扑鼻，味鲜美浓郁而不油腻深受消费者喜爱，不仅是普通市民的家常食品，而且成为相互馈赠的礼品。2007 年 3 月，唐胖子肉食在兖州市首届美食文化节中被评为特色名吃。“唐胖子”商标已注册成为名牌食品。

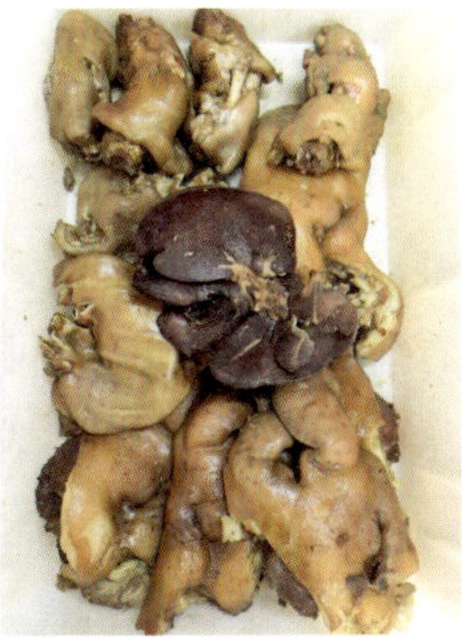
唐胖子肉食

济公烧鸡　创始于

20世纪30年代，由刘子原创办。因刘子原人比较瘦，衣服破旧，穿鞋趿拉，手里一把扇子，驱赶蚊蝇，很像传说中的济公，所以，人们称他的烧鸡为“济公烧鸡”。刘子原在20世纪50年代参加公私合营，到饮食服务公司工作，“文化大革命”期间，“济公烧鸡”停产。改革开放后，“济公烧鸡”恢复制作，原料一般用1公斤左右的鸡煮制，色泽红润，鲜香可口。2008年，“济公烧鸡”入选第四届山东名小吃。

徐记烧鸡 已有几十年的历史。创办人为徐广顺，自幼跟父辈学习煮制烧鸡的手艺，并创办徐记烧鸡店。今位于建设路与新世纪路交界处的徐老大烧鸡店，为其后人开办。徐记烧鸡，原材料采用一斤多的活公鸡，配料为五香大料，杀好的鸡先炸，然后在配有五香大料的汤中文火煮3小时左右。成品色泽油亮、肉质肥嫩，每天上市后购买者都络绎不绝。

糊　粥 糊粥主要用于早餐。糊粥的原料为黄豆和小米。其制作方法是，将黄豆和小米用水泡好后，分别用石磨磨碎，去掉豆渣和米渣，每天凌晨4点左右开始温火煮熬豆浆，开锅后去掉浮沫，然后倒入米浆，顺着一个方向不停地搅拌，在温火中开锅熬煮一个小时左右直至散发出糊香味，颜色杏黄色，黄中带白，稠稀适当。糊粥营养丰富，老少皆宜。据说能养胃，助消化。吃早餐搭配油条，十分美味。

馓　子 传统兖州美食之一，历史悠久，遍及城乡。馓条匀细，内含芝麻，脆酥可口。馓子以精制的面粉，豆油、精盐、黑芝麻等为原料，清水和面，反复揉搓，擀成圆饼状，用碗口的外缘绕圈切成细条，盘于盆内，上面洒一层薄薄的玉米面，静等15分钟，然后把面绕于手上，左右扯动，面拉长后，再把面放在筷子上轻轻拉扯，直至匀细，筷子相互交叉，面即成馓子状，油沸时就可下锅。由于馓子是油炸之物，受潮后便不好吃，人们多把它存放在塑料袋中，以便常吃常鲜。馓子也随着人们的生活方式而不断变化着色彩大小。有红色馓子、绿色撒子、水晶馓子，还有长度为5厘米左右的袖珍馓子。

兖州市制作馓子比较有名气的是颜店镇翟三村的徐记馓子。

马家桥豆腐皮 产于新兖镇马家桥村，历史已无可考。20世纪60年代至70年代为生产队的副业，进城入村，走街串巷销售，因厚薄、咸淡适中，吃着劲道而出名。马家桥豆腐皮的做法是，首先洗长长的粗纱被面，晾干备用，黄豆泡开，磨成豆浆。过包将豆渣和豆浆分离，然后将豆浆锅中熬开，放入大缸稍点卤水，用盖子将缸口封起，待缸内有一朵一朵的豆腐花与清水相伴时，将搅拌均匀的豆腐花泼在粗纱上，直至将框装满。然后在上面盖好木板，再压上石块，豆腐花受到重压后，逐渐变成豆腐皮。

胡辣汤 兖州特色早餐类食品之一。制作原料有小麦面粉、海带、花生米、豆腐丝、青菜叶、面筋等。做法是首先和面，水不要太多，面要硬，把和好的面放入布兜中，放在水中反复洗，慢慢地把淀粉洗掉，剩下的就是面筋。把洗面筋的水放在锅中，加上打碎的花生米，用火烧开，待烧开后，把面筋弄成大小不一的面筋片放入锅中，再烧开后，把切好的海带丝、青菜叶等放入锅中，再酌量加入胡椒粉，稍过片刻，一锅味香色美的胡辣汤便制作完成了。喝时再配上醋、香油，舒肝润肠，与油条搭配食用口味尤佳。

“小熊掌”——五香猪蹄 一种用猪蹄做成的肉制品菜肴，被称为“小熊掌”，即五香猪蹄。据传，朱元璋做了皇帝后，封他的第十个儿子朱檀到兖州做鲁王。朱檀是个爱吃、爱玩的王爷，他吃了兖州的五香猪蹄后，感觉如同在宫中吃的熊掌一样。为了能经常吃到，不犯自家皇姓之讳，便命名为“小熊掌”。兖州市大小饭店的冷盘菜中都有这个菜。“小熊掌”之所以被人们广为喜爱，还在于它的药用价值。猪蹄含有丰富的蛋白质、胶原蛋白、钙质等，常用于熬制浓稠高汤和肉胶，因此具有滋补作用。

麦子煎饼　兖州传统主食之一。做法是将面粉加水和成糊状，把适量面糊摊在烧热的鏊子上，通过抿、刮等工序，待煎饼黄而不糊的时候揭下来，这种薄如纸的煎饼便制作完成。煎饼做法有十几种，加上油、盐、葱花做成咸煎饼，加上芝麻做成芝麻煎饼，加上辣椒做成辣椒煎饼，加上豆腐鸡蛋做成菜煎饼等。煎饼便于携带，便于储存。

兖州干饭锅　其主食是大米干饭。蒸饭前，要精选米料，盛在碗中，上锅蒸熟。副食主要有猪肉块、卷煎、面筋泡、鸡蛋、豆腐皮、炸豆腐块等，分门别类地码放在盛满汤汁的锅中。卷煎是干饭锅的招牌美食之一，卷煎的外皮是经以优质大豆为原料，不加任何添加剂提炼出的豆油皮，皮子干后色泽金黄、薄如蝉翼；卷煎馅是精选五花肉、里脊肉绞成肉馅加上葱、姜、八角、花椒、精盐、味精等配料调成糊状馅，将肉馅放在油皮中，卷成长条状，用油炸熟，同五花肉、豆腐块等一同在肉汤锅里用文火熬煮。煮好后，口感细腻，香味浓郁，具有营养丰富、清热解毒的功效。食者可根据自己的食量和口味选择菜品的种类和数量，将菜品放在干饭上，再加上一勺文火煨着的浓汤，既有菜又有饭，能适应不同食客的口味。

第四章　人民生活

第一节　居民收入

农村居民收入　1996 年，兖州市实施科技兴农十大工程，全市农业经济效益得到提高，农民收入水平也进一步增长。据全市农村抽样调查统计，全市农民人均总收入 4058 元，其中，家庭经营收入 3244 元，占总收入的 79.94%；劳动者的报酬收入 683 元，占总收入的 16.83%。当年农民人均纯收入 2616 元，同比增长 24.2%。1997 年—2003 年，农产品出现结构性过剩，导致价格持续徘徊，农民人均纯收入增长放缓。2003 年，全市农民人均纯入 3849 元，比 1997 年增长 25.5%，年均递增 3.9%。2004 年—2013 年，国家取消农业税，对种粮农民实行资金直接补贴，并增加购置农机补贴，农村社会经济得到全面发展，农民人均纯收入出现较快增长。2013 年，农民人均总收入 15351 元，其中，家庭经营收入 5580 元，占总收入的 36.35%；劳动者的报酬收入 7481 元，占总收入的 48.73%。当年农民人均纯收入 13218 元，比 1996 年增长 4 倍，年均递增 10%。在收入较快增长的同时，农村居民收入结构发生较大变化，家庭经营收入所占比重由 1996 年的 79.94% 下降为 2013 年的 36.35%；劳动者的报酬收入比重由 1996 年的 16.83% 上升到 2013 年的 48.74%。

1996年—2013年兖州市农民人均纯收入情况表

表29-1

年　份	农民人均纯收入（元）	同比增长率（%）	年　份	农民人均纯收入（元）	同比增长率（%）
1996	2616	24.2	2000	3328	2.1
1997	3068	17.3	2001	3448	3.6
1998	3222	5	2002	3589	4.1
1999	3258	1.1	2003	3849	7.2

续表29-1

年　份	农民人均纯收入（元）	同比增长率（%）	年　份	农民人均纯收入（元）	同比增长率（%）
2004	4426	15	2009	7873	10.3
2005	5038	13.8	2010	8678	10.2
2006	5628	11.7	2011	9858	13.6
2007	6409	13.9	2012	11620	17.9
2008	7155	11.6	2013	13218	13.8

城镇居民收入　职工工资收入是城镇居民收入的主要来源，1996年，职工年人均工资收入5015元，其中，国有经济单位人均工资5545元，集体经济单位人均工资3235元，其他经济单位人均工资2447元；2000年，全市国有经济单位人均工资7605元，集体经济单位人均工资6025元，其他经济单位人均工资5700元；2005年，全市在岗职工人均工资13628元，其他从业人员人均工资7760元；2013年，全市从业人员人均工资45469元，是1996年的9.06倍，年均递增13.85%。职工工资增长带动城镇居民实际收入增长。据城镇居民家庭抽样调查统计，1996年，城镇居民人均实际收入3904元，其中，可支配收入3520元。2000年，城镇居民人均实际收入4761元，其中，可支配收入4382元。2005年，城镇居民人均实际收入9540元，其中，可支配收入9096元。2013年，城镇居民人均实际收入27519元，比1996年增长6.05倍，年均递增12.17%。其中，可支配收入27189元。比1996年增长7.72倍，年均递增12.78%。

1996年—2013年兖州市城镇居民人均可支配收入情况表

表29-2

年　份	城镇居民人均可支配收入（元）	同比增长率（%）	年　份	城镇居民人均可支配收入（元）	同比增长率（%）
1996	3520	15.4	2005	9096	12.3
1997	4025	14.3	2006	10098	11
1998	4205	4.5	2007	13976	38.4
1999	4326	2.9	2008	15606	11.7
2000	4382	1.3	2009	17209	10.3
2001	4520	3.1	2010	18936	10
2002	5333	18	2011	20836	10
2003	7239	35.7	2012	24103	15.7
2004	8100	11.9	2013	27189	12.8

第二节　居民消费

农村居民消费　据全市农村住户抽样调查统计，1996年，全市农民人均总支出3197.18元，其中，人均生活消费支出1665.14元（衣、食、住、交通通信、家庭用品及服务、文教用品及服务、其他用品及服务支出分别为135.00元、854.73元、229.74元、36.08元、101.47元、192.62元、115.5元）；家庭生产经营支出1134.22元（购置生产性固定资产、缴纳税金、上交集体承包任务、提留和摊派分别为55.04元、30.49

元、40.8元、186.37元）；其他非借贷性支出85.11元。1996年底，每百户拥有自行车238辆、缝纫机64台、手表187只、电风扇139台、洗衣机9台、电冰箱4台、黑白电视机87台、彩色电视机19台。2000年，全市农民人均总支出3245.16元，其中，人均生活消费支出为1773.93元（衣着112.82元，食品832.43元，住房229.62元，交通通信81.16元，家庭用品及服务160.85元，文教用品及服务211.97元，其他用品和服务145.08元），家庭生产经营支出1073.92元，购置生产性固定资产、缴纳税金、上交集体承包任务、提留和摊派支出为279.79元，其他非借贷性支出117.52元。同年年底，每百户拥有自行车374辆、摩托车55辆、缝纫机80台、手表261只、电风扇270台、洗衣机33台、电冰箱17台、黑白电视机100台、彩色电视机91台。

2000年后，农民的食品消费结构进一步优化，空调、热水器、移动电话、家用计算机、家用汽车等高档耐用消费品进入农村家庭，住房标准提高，钢筋混凝土结构房屋比例增大。2005年，全市农民人均总支出3715.58元，其中，人均生活消费支出为2800.31元（衣着150.75元，食品1138.36元，住房471.87元，交通通信280.77元，家庭用品及服务161.09元，文教用品及服务352.95元，其他用品和服务244.51元），家庭生产经营支出575.81元，购置生产性固定资产、缴纳税金支出为11.15元（2002年起，兖州市取消农村提留、摊派），其他非借贷性支出328.31元。同年底，每百户拥有空调9台、热水器7台、移动电话69部、家用汽车3辆。钢筋混凝土结构房屋面积占住房面积的比重由1996年的13.27%提高到2005年的46.58%。2006年—2013年，随着农民收入的快速增长，农民的生活水平显著提高。吃讲营养，穿讲时尚，住讲楼房，手机接入互联网；洗衣机、电冰箱、热水器、电动自行车、彩色电视机得到广泛普及。2013年，全市农民人均总支出11091.7元，是1996年的3.47倍，其中，人均生活消费支出为8325.29元，是1996年的5倍（衣着489.77元，食品2806.44元，住房2291.41元，交通通信824.38元，家庭用品及服务523.51元，文教用品及服务428.05元，其他用品和服务961.72元），家庭生产经营支出1425.09元，购置生产性固定资产、建造生产性固定资产雇工、缴纳税金支出为103元，其他非借贷性支出1238.32元。同年年底，每百户拥有洗衣机98台、电冰箱95台、空调61台、热水器101台、移动电话251部、家用电脑65台、家用汽车23辆、电动自行车147辆、彩色电视机122台。

1996年—2013年兖州市农民人均生活消费支出情况表

表29-3

年　份	农民人均生活消费支出（元）	同比增长率（%）	年　份	农民人均生活消费支出（元）	同比增长率（%）
1996	1665	13.6	2005	2800	9.8
1997	1705	2.4	2006	3556	27
1998	1843	8.1	2007	3908	9.9
1999	2012	9.2	2008	3437	—12.1
2000	1774	—11.8	2009	4130	20.2
2001	2016	13.6	2010	4174	1.1
2002	2185	8.4	2011	6118	46.6
2003	2289	4.8	2012	6924	13.2
2004	2550	11.4	2013	8325	20.2

城区居民消费 据城区住户抽样调查统计，1996年，城区居民年人均消费支出2969元，其中，食品1608元，衣着373.5元，设备用品及服务301元，医疗保健114.6元，交通通信147.5元，娱乐、文教服务112.5元，居住204.5元，其他商品和服务107.4元。住房以平房为主，人均居住面积20平方米。2000年，城区居民年人均消费支出3737元，其中，食品1680.5元，衣着461.5元，设备用品及服务498元，医疗保健227元，交通通信155元，娱乐、文教服务178元，居住248元，其他商品和服务289元。人均居住面积24平方米，有50%的住户搬进楼房。2005年，城区居民年人均消费支出6757元，其中，食品2479元，衣着946元，设备用品及服务803元，医疗保健422元，交通通信532元，娱乐、文教服务807元，居住641元，其他商品和服务127元。年末人均居住面积28平方米，有80%的户住进楼房，43%的户安装空调，35%的户安装暖气，部分富裕户购买家用汽车、住进别墅。2006年—2013年，随着收入水平的不断提高，城区居民生活得到明显改善。管道煤气、天然气、集中供热惠及千家万户，洗衣机、电冰箱、空调、彩色电视机、移动电话得到普及，家用汽车、高档乐器已进入城区居民家庭。2013年，城区居民年人均消费支出17174.59元，是1996年的5.78倍，年均递增10.88%，其中，食品6638.73元，衣着1959.35元，设备用品及服务1587.51元，医疗保健1354.9元，交通通信1574.38元，娱乐、文教服务1690.77元，居住1967.29元，其他商品和服务401.66元。年末人均居住面积32平方米，90%以上住进楼房。城区居民每百户拥有摩托车38.75辆、助力车67.5辆、洗衣机102.5台、电冰箱97.5台、彩色电视机116.3台、家用电脑63.8台、空调88.8台、淋浴热水器58.8台、移动电话176.3部、家用汽车1.3辆、钢琴2.5架。

1996年—2013年兖州市城镇居民人均消费支出情况表

表29-4

年份	城镇居民人均消费支出（元）	同比增长率（%）	年份	城镇居民人均消费支出（元）	同比增长率（%）
1996	2969	11.4	2005	6757	8.9
1997	3500	17.9	2006	6969	3.1
1998	3581	2.3	2007	8550	22.7
1999	3650	1.9	2008	9320	9
2000	3737	2.4	2009	11523	23.6
2001	3897	4.3	2010	12755	10.7
2002	4344	11.5	2011	13987	9.7
2003	4922	13.3	2012	15619	11.7
2004	6202	26	2013	17175	10

人 物 传

YANZHOUSHIZHI

人物传

王方俊（1937—1996）　山东省淄博市人。1960年8月，毕业于山东师范学院中文系；9月，到曲阜师范学院中文系任教。1961年10月，调至曲阜县第一中学任教。1988年6月，被评聘为中学高级语文教师。1990年3月，参加政协第八届兖州县委员会第一次会议，并当选县政协副主席。1993年2月，当选为政协第九届兖州市委员会副主席。1996年6月25日病逝。

王方俊一生从事教育工作，在从事语文教学的同时，长期致力于太平天国史和古诗词研究，先后发表有关历史和古诗词研究论文60余篇。主要著作有《唐宋词赏析》（与人合作）、《泰山大观》等。参加《中华诗词鉴赏词典》《红楼梦诗词鉴赏辞典》《古诗鉴赏辞典》《全唐诗鉴赏词典》等8部大型文学辞典的编写工作，先后被中华诗词学会、山东省中学语文教学研究会，济宁市作家协会吸收为会员，并分别任兖州市统战理论研究会副会长、北京市东方文艺文化教育中心特邀记者和河南大学《史学月刊》特邀通讯员。2次获济宁市社会科学研究优秀成果奖，1994年，被编入《中华当代教育名人辞典》。

张建新（1976—1997）　兖州市大安镇张楼村人。1994年12月参加革命。1997年4月加入中国共产党。空降兵某师师直侦察连一班班长。1997年7月4日，在湖北省广水市沙河中因抢救战友生命牺牲。1997年7月8日，被中国人民解放军39155部队批准为革命烈士。

邱伯达（1922—1997）　山东省枣庄市人。1938年7月，参加革命工作，在山东抗日军政干校学习；8月，加入中国共产党；10月，任费县高桥分区委宣传员。1940年6月，在鲁南区党委党校学习；同年9月至1941年7月，任苍山县一、三区分委宣传委员。1941年8月，任苍山县公安局秘书、区公安员。1943年10月，任鲁南军区保卫科审讯干事。1944年11月，任临城县公安局股长。1946年9月，任苍山县公安局审讯股长。1949年4月，任台枣专区公安处人事科长。1952年6月至1958年5月，任滋阳县委副书记、书记。1958年6月，被错划为右派，参加劳动改造。1961年10月，恢复工作，任曲阜县农业局副局长。1966年2月至1979年12月，任济宁地区科委副主任兼农科所党支部书记、所长。1980年1月至1983年6月，任兖州县人民政府顾问，1983年6月离职休养。同年7月，经中共山东省委组织部批准，享受厅局级待遇。1997年9月30日病逝。

在革命战争年代，邱伯达跟着党出生入死，做了大量工作，特别是在担任保卫科科长期间，胆大心细，多次粉碎敌人企图破坏中共党政机关的阴谋。新中国成立后，满怀热情地投入社会主义建设，深入群众，了解群众的生活困难，指导群众搞好生产。1956年5月，主持召开中共滋阳县第一次代表大会。担任滋阳县委书记期间，带领全县人民加快经济建设，加强党的基层组织和党员队伍建设，积极发展文化教育事业，全县社会主义建设取得良好成绩。在济宁地区农科所工作期间，积极组织人员培育农作物新品种。退出工作岗位后，仍一如既往地关心支持市委、市政府的工作。去世前不久，他将原来用作中共党组织地下联络站的老家房屋200余平方米捐给枣庄市政府。邱伯达品质高尚，工作坚持原则。清正廉洁，淡泊名利，乐于助人。即使在被错划为右派和“文化大革命”期间受到不公正对待时，仍能忠于党的事业，表现了一名共产党员的高风亮节。

刘运库（1947—1998） 兖州市王因镇沙河村（今山东济宁高新技术产业开发区王因街道沙河村）人。1968年，毕业于兖州县第一中学。1974年4月加入中国共产党。先后在村里任电工、会计、村主任、党支部书记兼沙河管理区党总支副书记、管区主任。1998年3月12日病逝。

刘运库担任村党支部书记20余年，使沙河村由过去的贫困村发展成远近闻名的富裕村。20世纪80年代初，带领群众大力发展金属油罐加工项目，扶持村民兴业致富，积极引导油罐加工户向外发展。在他的帮助下，村里70余户群众率先走上小康之路。为带领群众走共同富裕的道路，他一次次放弃自己富裕的机会，群众富裕起来后，他一直过着清贫生活。在他的支持下，村里先后建起淀粉厂、饮料厂、酵母厂和面粉厂等企业，从业人员近1000人，遍布全国29个省、市、自治区。刘运库心里经常装着别人，却从来不考虑他自己，白天在管区忙，晚上回村忙，拿一个人的工资，干两个人的工作。长期过度劳累，使他不幸患上食道癌，1995年6月去北京动手术前一天，还仍坚持召开村“两委”会议，安排“三夏”期间的各项工作。住院期间，他多次询问村和管区的工作，出院后休息半个月就又坚持到管区上班。刘运库不幸于1998年3月12日去世。在生命的最后一段时间里，他仍念念不忘沙河村的父老乡亲。按他的遗愿，家人将2500元捐给村里的孤儿，1500元为村小学预交了5年电费。

在刘运库的带领下，1997年，沙河村全村实现经济总收入1.38亿元，人均纯收入3286元，先后被济宁市委、市政府命名为首批小康村、个体私营企业明星村，被兖州市委、市政府命名为经济十强村。他连续三年当选为济宁市人大代表，多次被济宁市、兖州市评为优秀共产党员、优秀党支部书记，1997年7月，被授予山东省优秀共产党员称号，被兖州市评为优秀思想政治工作者、优秀民兵干部、“学先进、树新风”标兵等。1998年6月22日，中共山东省委作出《关于开展向刘运库同志学习活动的决定》。刘运库的事迹在全国引起巨大反响。中央电视台、大众日报社等新闻单位，均报道了刘运库的先进事迹。

许天祥（1963—2006） 兖州市鼓楼街道人。1981年10月参加革命，1985年2月加入中国共产党。南京军区空军司令部通讯处副处长。2006年6月3日，在安徽广德乘坐军用运输机执行任务中，因飞机失事不幸牺牲。2006年6月7日，被中国人民解放军南京军区空军政治部批准为革命烈士。

王　刚（1985—2007） 兖州市兴隆庄镇前小疃村人。2003年12月参加革命，2006年6月加入中国共产党。中国人民武装警察三明市支队机动中队一班班长。2007年4月13日，在执行处置突发事件水上搜救军事演习任务中牺牲。2007年4月19日，被中国人民武装警察部队福建省总队政治部批准为革命烈士。

孙立仁（1944—2008） 兖州市漕河镇后郦村人。1965年8月至1968年7月，在兖州师范学校学习。1968年8月，在漕河乡任教，先后担任教师、小学校长、漕河乡教委会计。1979年4月加入中国共产党。1979年5月至1992年5月，历任县教育局会计、主管会计、计财股副股长、审计科科长。期间，利用业余时间参加中央党校大学本科会计专业全部课程的学习，于1988年毕业。1991年11月，任县教育局副局长。1993年12月，任市教育委员会副主任。2004年2月退休。2008年8月5日病逝。

在20余年的会计工作中，注重理论联系实际，认真总结经验，建立内容详细的备查账，提高领导决策的准确性和可行性。定期组织全县教育系统财会人员开展业务培训，开展联查、互查账目工作。参与并主导兖州县教育系统财会体制改革，全县教育系统各单位做到了“十统一（账簿、会计凭证、记账方法、统计报表、收支标准、财务制度、培训制度、会记计档案管理及预决算制度）”，财会工作纳入制度化、规范化、科学化的正轨。所经管的账目从未出现差错和违纪现象。1991 年，主编《兖州县教育事业财务开支标准及财务制度选编》一书，由济宁市教育局下发各县统一使用。1991 年，被国家教委、人事部授予全国教育系统劳动模范称号。

杨继梅（1940—2009） 女，回族，中专学历，兖州市小孟镇二村人。1956 年 7 月至 1964 年 5 月，任滋阳县小孟大队会计。1964 年 6 月至 1975 年 1 月，任付庙小学民办教师。1975 年 1 月加入中国共产党。1975 年 2 月至 2001 年 7 月，任颜店镇玄帝庙村党支部书记。2009 年 9 月去世。

担任党支部书记期间，杨继梅积极联系协调贷款，解决村民的资金问题；从市畜牧局请专家到村里讲课，并为养殖大户订阅科技书刊，提高养殖户的技术水平。在她的带领下，玄帝庙村先后创办梅花鹿养殖场、制鞋厂、制胶厂，村民走上了共同富裕的道路。2001 年—2009 年，杨继梅任兖州市伊斯兰教协会会长。2007 年—2009 年，任山东省伊斯兰教协会委员、济宁市伊斯兰教协会副会长、兖州市伊斯兰教协会会长。在担任会长期间，她认真履行工作职责，深入全市各回族村居调查研究，为民族团结和经济发展献计献策。先后被省政府授予全省民族团结进步模范个人称号，被省妇联、省民委授予全省各族妇女团结进步模范个人称号。

卞宪体（1949—2009） 兖州市大安镇西北店村人，中专学历，经济师。1968 年 3 月参加工作，1973 年 7 月加入中国共产党，1984 年 11 月，任西北店村党支部书记。1990 年 2 月，补选为第七届全国人大代表。1993 年 3 月，被选为第八届全国人大代表。2009 年 10 月去世。

担任西北店村党支部书记期间，卞宪体带领村党支部一班人，筹措资金购买农业机械、植保设备，邀请农业、养殖技术专家开办农民夜校，对村民进行技术培训。1985 年起，先后建立水泥制品厂、砖厂、建筑公司、供销公司、加油站、养牛场、养猪场、酿酒厂、制药厂等 10 余家村办企业，带动了运输业和服务业的发展，率先实行耕、种、排、灌、收、脱、运、交、植保、供种“十统一”，实现了农业的高产高效，逐步建立农机、农电、科技、信息、良种、防疫、物质供应等七大服务体系，形成“以工养农，以工促农”的农村发展模式。他还带领村民创新发展生态农业、循环经济，实现了粮食酿酒、酒糟养猪、药厂废水净化养鱼、玉米秸秆青储养牛，变废为宝，促进了西北店村畜牧养殖业的发展，同时与种子部门合作，建成兖州市小麦良种繁育基地。1994 年，西北店村的生态农业通过省市专家组的验收，建成济宁市第一个生态农业示范村。

在卞宪体的带领下，西北店村经济实力显著增强，村民收入不断增加，成为远近闻名的小康村。先后获济宁市农村基层党组织先进单位、济宁市经济强村、济宁市级文明单位、济宁市奔小康带头村等称号。卞宪体多次受到上级表彰嘉奖，1990 年 5 月被评为全国农业劳动模范，1994 年 6 月被评为山东省优秀共产党员，1997 年 10 月被评为山东省优秀乡镇企业厂长（经理）。

孙华铎（1932—2009） 江苏省丰县人，1952 年毕业于济宁师范学校。1952 年 4 月，分配至济宁县八区文化站工作。1953 年，调入滋阳县文化馆（县文化馆承担群众文化、图书、博物职能）工作。1978 年，文化馆、图书馆、博物馆三馆分离后，留在兖州县图书馆工作，1982 年 12 月退休，2009 年 11 月去世。

自 1956 年全国第一次文物普查，孙华铎就开始专业从事文物普查、勘探、搜集和研究工作。他先后发现几十余处兖州境内的早期文化遗址，其中最重要的王因遗址、西吴寺遗址、桑园遗址等史前文化遗址的发现，使兖州的历史上溯至 7000 年前。在 20 世纪 70 年代初开展的大规模民间文物征集和收购工作中，孙华铎筚路蓝缕，骑着一辆自行车跑遍兖州所有村庄，用极低的代价搜集了大量珍宝，兖州博物馆所陈列的大部分一、二级文物就是以他为主搜集到馆的，市价达数亿元。“文化大革命”时期，他抢救一批即将被付之一炬的古籍线装书，使大量珍贵古籍得以留存。退休后，孙华铎又将这批古籍图书全部进行编目和整理，使这些古籍焕发了新活力。

孙华铎虽经手大量珍贵的文物珍宝，但他却一生清贫，过着极其简朴的生活。他一生没有子女，和身患顽疾的老伴相依为命，一间小房，粗茶淡饭，无论条件多么艰难，也从来不向单位和组织提出任何个人要求。在市场经济大潮的冲击下，社会上出现了许多以文物收藏和买卖为职业或爱好的群体，有不少人登门邀其合伙开店、鉴定文物，但他不为所动，一一婉言谢绝。由于孙华铎对兖州文物和图书工作的贡献巨大，上级领导几次提出为他拍摄专题片、开研讨会等想法，均被他以各种理由婉拒。

刘仕久（1925—2010） 山东省费县人，1925年9月出生，1944年11月参加革命工作，1944年11月加入中国共产党，2010年5月20日病故。

1944年11月至1947年4月，历任费县西石亭庄青年抗日先锋队队长、八区青年救国会委员、阴平区青年救国会会长。1947年4月—10月，在鲁南干校曲阜地干班学习。1947年10月至1948年7月，任鲁南区党委工作团团员。1948年7月至1949年7月，任滋阳县泗庄区委宣传委员。1949年7月至1954年6月，历任滋阳县大安区区长、区委书记。1954年6月至1957年6月，任滋阳县委组织部副部长。1957年6月至1959年7月，任滋阳县（曲阜县）王因乡党委书记。1959年7月至1965年3月，任曲阜县（兖州县）大安公社党委书记。1965年3月至1967年2月，任兖州县委组织部部长。1967年2月至1973年10月，历任兖州县革委会副主任、主任。1973年10月至1980年5月，任兖州县委副书记。1980年5月至1987年3月，历任兖州县政协主席、县人大常委会主任。1990年10月，离职休养。1991年2月，经山东省委组织部批准享受地专级政治、生活待遇。

王修忱（1936—2011） 兖州市龙桥街道薛庙村人，1952年11月参加革命工作，1956年7月加入中国共产党，2011年2月12日病故。

1952年11月至1966年8月，先后在滋阳县政府财政科、办公室，曲阜县委办公室，兖州县委组织部工作。1966年9月，先后任兖州县大安公社党委副书记、书记。1976年5月，任兖州县城关镇党委书记。在以种植蔬菜为主的4个大队积极推行专业承包、联产计酬责任制。1979年后，认真贯彻中共十一届三中全会精神，解放思想，广开门路，让镇办、队办、街办、个体户工副业一齐上，安排城镇青年和大队剩余劳动力1140余人就业。1981年6月，任兖州县人民政府副县长。分管精神文明和市政建设，亲自督战，10天时间把共青团南路两边的45个违章建筑全部拆除。1987年2月，任县人大常委会副主任。1993年2月，任兖州市政协主席。认真组织政协常委、委员履行政协基本职能，开展协商、调查活动，其中，关于农民收入的调整报告，参加了国务院和全国政协的专题研讨会。为中共兖州县（市）第五次、六次、七次、十二次代表大会代表；兖州县第十届、十一届人民代表大会代表，兖州县第五届政协常委。被选为济宁市第七次党代会代表、山东省第九次党代会代表。1996年2月，经中共济宁市委组织部批准退休。

附　　录

YANZHOUSHIZHI

附　　录

文献辑录

中共兖州市委　兖州市人民政府
关于扶持销售收入十百千亿工业企业（集团）
加快发展的意见（摘要）

兖发〔2012〕18号

为深入贯彻落实中共济宁市委、济宁市人民政府《关于扶持销售收入千百亿工业企业（集团）加快发展的意见》文件精神，加快我市“工业强市”建设，壮大工业经济规模，增强企业整体实力，实现我市工业发展新跨越，经研究确定，对“十二五”期间销售收入规划过10亿元、20亿元、30亿元、50亿元、100亿元、1000亿元的大企业（集团），实行重点扶持。现提出如下意见。

一、指导思想

1. 以科学发展观为指导，按照“稳中求进、好中求快”的发展基调和“三个高于、六个突破”的目标要求，围绕“主导产业高端化、传统产业高新化、新兴产业规模化、产业发展园区化”，加快扶持一批主业突出、核心竞争力强、拥有自主知识产权和自主品牌的十百千亿元工业企业（集团），以工业经济的快速发展，带动和支撑全市经济社会科学发展跨越发展。

二、基本原则

2. 坚持调整结构与产业升级相结合。根据企业“十二五”规划，通过扶持发展一批具有国际竞争力的大企业（集团），使之成为我市工业转方式调结构的主导力量，进而带动全市工业走新型工业化道路。鼓励现有非资源型的骨干龙头企业，着眼高端高质高效发展方向，加大开放合作，加快技术改造，加速产业升级，实现由兖州制造向兖州创造的转型跨越。

3. 坚持重点扶持与全面引导相结合。“十二五”规划销售收入过10亿元的工业企业（集团），作为今后的扶持对象，并实行动态管理，优胜劣汰、动态调整；支持其不断实现年度阶段性发展目标，带动和引导全市工业企业快速发展。

4. 坚持做大企业规模与做强核心主业相结合。重点扶持企业以世界500强、中国百强中同行业企业为标杆，确定并实施“十二五”投资及项目计划；促使企业提高核心竞争力和国际竞争力，提高自主创新能力，变转为创；坚持技改不停步，年年上项目，扩规模、拓市场，做强核心主业，做优产业链条，实现速度、结构、质量、效益相协调，销售收入和对地方财政的贡献相统一。

5. 坚持政策扶持与激发企业内生动力相结合。充分发挥政府在规划引领、公共服务、政策支持、优化环境、奖励项目等方面的激励引导作用；充分发挥企业作为市场主体的主力军作用，不断增强企业内生动力，实现企业可持续发展。

三、扶持对象及目标

6. 2011年，全市规模以上工业企业实现销售收入867亿元，利税78亿元。销售收入10亿元以上工业企业10户，实现销售收入730亿元、利税62亿元，占全市规模以上工业企业销售收入的84.2%和79.7%，引领和支撑了全市工业经济的快速发展。根据企业“十二五”发展规划，对“十二五”末规划销售收入过10亿元的28户企业予以重点扶持，其中过百亿元企业5户、过50亿元企业5户。

7. 到“十二五”末，重点企业要全部建立规范的法人治理结构，全面实行战略管理，有完善的5年、10年战略发展规划，管理对发展的贡献率明显提高；销售收入50亿元以上企业均建成省级以上技术创新平台，至少与1所大学建立技术联盟或紧密合作关系，研发投入占销售收入的比重达到3%以上，新产品产值率达到30%以上，积极申报国家级高新技术企业，至少各获得1个中国驰名商标或山东省著名商标；大力推进对外合资合作，部分企业与世界500强或中国100强企业合作，部分企业跻身中国大企业竞争力100强；企业信息化融合全面推进；全部实行清洁生产，全面实现节约发展、安全发展、和谐发展；具有较强的可持续发展的内生动力。

8. 到“十二五”末，全市规模以上工业销售收入超过2000亿元，上缴税金超过百亿元，对地方财政贡献超过40亿元，占地方财政收入的70%以上。百亿元以上企业实现销售收入占全市工业的75%以上。

四、奖励扶持政策

9. 支持企业做大规模，实行销售、税收目标奖励。对在兖州区域内实现销售收入首次超10亿元、20亿元、30亿元、50亿元、100亿元、200亿元、300亿元、500亿元、1000亿元，且每10亿元销售收入对地方财政贡献500万元以上的企业，在达标当年由市财政分别奖励企业法人10万元、20万元、30万元、50万元；每100亿元销售收入对地方财政贡献5000万元以上的企业，在达标当年由市财政分别奖励企业法人50万元、100万元、150万元、250万元、500万元。市委、市政府召开表彰大会，对受到奖励的企业予以表彰。（责任单位：市财政局、市经信局、市统计局、市人社局）

10. 支持企业新上项目。重点企业应坚持技改不停步、年年上项目、投入促发展。对重点企业实施的技术改造项目，享受招商引资政策。对设备投资2亿元、3亿元、5亿元、10亿元、20亿元以上单体先进制造业项目，建成投产并经审核验收后，分别给予10万元、20万元、40万元、60万元、100万元奖励。鼓励投资项目与境外世界500强、中国百强企业合作建设。（责任单位：市经信局、市财政局、市发改局、市国税局、市地税局、市商务局、市招商促进局）

11. 支持企业投资战略性新兴产业。对重点企业新上战略性新兴产业项目（符合国家战略性新兴产业规划及中央和地方的配套支持政策确定的7个领域：节能环保、新兴信息产业、生物医药、新能源、新能源汽车、高端装备制造业和新材料），自项目建成投产并获利年度起，前两年新增税收地方留成部分的100%，后三年新增税收地方留成部分的50%，由受益财政安排专项资金用于扶持企业发展。（责任单位：市财政局、市发改局、市经信局、市科技局）

12. 鼓励重点企业兼并重组。鼓励扶持重点企业通过兼并、联合重组、上市等形式，推进跨地区、跨行业、跨所有制的资产并购、重组联合，实现资源和生产要素的优化配置。兼并重组本市辖区内企业，享受招商引资同等优惠政策，涉及存量土地、房产转让的，由有关部门依法变更权属，并免收市级权限内行政事业收费；被兼并重组企业新增税收地方留成高于重组前三年平均增幅以上部分的50%，连续扶持三年。（责任单位：市经信局、市财政局、市国土局、市住建局）

13. 鼓励企业上市融资。强化对重点企业股份制改造和发行上市的政策支持及分类指导，已上市的应积极采取吸收合并、换股、增资扩股、整体上市等方式，进行资产优化重组，最大限度筹集资 金；没有上市的，年内列入上市辅导计划，明确专人跟踪服务，并按照市政府《关于推进资本市场发展和企业上市工作的意见》（兖政发〔2008〕40号）和《关于扶持企业上市工作的通知》（兖政发〔2011〕22号），根据企业上市工作进展情况，分阶段给予资金奖励，最高给予300万元的前期费用补贴；对成功上市企业按首次募集资金的1.5‰给予最高200万元的奖励；对上市企业再融资按募集资金的1‰给予最高100万元的奖励。对在企业上市工作中做出突出贡献的相关部门有功人员给予奖励。（责任单位：市发改局、市金融办、市人社局）

14. 鼓励企业多方筹措资金。积极支持重点企业争取上级技术改造、科技专项等政策性资金；按争取资金额度酌情由属地财政奖励有关人员。组织和推动科技型中小企业捆绑式集合发债，鼓励成长性好、具备持续盈利能力、风险控制能力和偿债能力的科技型中小企业发行短期融资券和中小企业集合票据。鼓励企业发展企业联盟，共享行业资源，降低企业成本，提升企业价值。（责任单位：市财政局、各银行业金融机构）

15. 鼓励金融部门加大对重点企业的扶持力度。金融部门要适度提高风险容忍度，加大有效信贷投入，确保重点企业合理资金需求及时得到满足。加大金融机构对全市实体经济的贷款考核力度，强化贷款在经济发展中的贡献率。（责任单位：市金融办、市人行、各银行业金融机构）

16. 个性化定向扶持，采取贷款贴息等办法吸引投资。市财政每年安排个性化扶持专项资金2000万元，对发展跨度大、亟需政府推动的重点企业给予个性化扶持，对成长性较好的大中型企业，以一企一策、一事一议的方式给予重点扶持。根据企业申请，每年由市财政局、市经信局等相关部门论证、筛选10户左右重点企业，经市政府研究确定扶持对象，并给予相应的贷款贴息扶持。财政部门每年对贴息项目进行一次绩效评估。（责任单位：市财政局、市经信局）

17. 优先保障重点企业用地指标。确保企业重大项目用地指标，积极鼓励企业对重大项目进行省级立项，对达到土地点供标准的，由市国土资源局积极向上争取土地点供指标；达不到点供标准、但列为重点支持的项目，由市国土资源局在全市范围内调剂用地指标。鼓励企业节约集约用地，新上项目投资强度必须达到240万元/亩，对高于240万元/亩的，每亩每高100万元由属地财政奖励1万元；鼓励企业修建多层厂房，凡在市主要工业厂房建设指导标准（兖政发〔2011〕30号）的基础上进行加层建设的，分层予以奖励。加建的第一层按增加的建筑面积每平方米50元的标准给予奖励，加建的第二层按增加的建筑面积每平方米70元的标准给予奖励，依次类推。其奖励资金由市财政给予安排拨付。（责任单位：市国土局、市财政局、市经信局）

18. 优先保障重点企业所需环境容量指标。企业重大项目建设所需环境容量指标优先保障，每年年初由企业申报，市环保局积极向上争取，需排污权交易的，价格由市环保局提出初步意见，由市物价局会同有关部门确定。（责任单位：市环保局、市物价局）

19. 优先保障重点企业所需用能指标。企业重大项目所需用能指标优先保障，用能指标不足镇街，通过淘汰落后产能节约指标解决，确实不够需向其他单位购买的，费用由市政府在超标准耗能加价收费中解决。（责任单位：市经信局、市节能办）

20. 鼓励企业加大研发投入。

（一）认真落实企业研发费用加计扣除政策。鼓励企业加大技术研发投入，努力提高企业自主创新能力，加快传统产业的升级换代。对于按规定健全财务核算并能准确归集研究开发费用的企业，要不折不扣的落实加计扣除政策。企业为开发新技术、新产品、新工艺发生的研究开发费用，未形成无形资产计入当期损益的，在按照规定据实扣除的基础上，按照研究开发费用的50%加计扣除；形成无形资产的，按照无形资产成本的150%摊销。

（二）鼓励企业创建省级以上技术创新平台。对进入十百千扶持范围的28家企业，优先推荐申报国家和省重点项目、科技计划、高新技术产业化项目、各类中心和基地，并对相关项目安排相应配套资金。对获批博士后工作站，晋升为国家级、省级企业技术中心（工程研究中心、工程实验室、国家地方联合工程研究中心工程实验室、工程技术研究中心、重点实验室）的，市财政分别奖励100万元、30万元；对符合企业研发中心建设要求并通过验收的兖州市级研发中心由市科技局授牌，并安排10—30万元的应用技术研究与开发资金扶持。（责任单位：市财政局、市国税局、市地税局、市经信局、市发改局、市科技局、市人社局）

21.鼓励重点企业大力实施名牌战略。根据《关于大力实施质量兴市和名牌带动战略的意见》（兖政发〔2005〕27号）文件精神，对新获得经国家工商总局商标局或商标评审委员会认定的驰名商标的企业奖励100万元，奖励法人代表10万元；对获得山东省名牌产品或山东省著名商标的企业奖励30万元，奖励法人代表6万元。获奖企业要加大在省级以上主流媒体的宣传力度，宣传费用要达到奖金的两倍以上，奖金凭有效凭证兑付。（责任单位：市财政局、市工商局、市质监局、市经信局）

22.支持重点企业实施标准化战略。重点企业主持或参与制定国际标准、国家标准、行业标准、地方标准，承担国际、国家专业标准化技术委员会（包括分委会、工作组）秘书处工作，获得AAA级以上标准化良好行为企业证书，承担国家级标准化示范项目的，资助奖励额度按照《关于印发〈济宁市实施标准化战略专项资金管理办法〉的通知》（济财建〔2009〕19号）文件执行。（责任单位：市财政局、市质监局）

23.支持重点企业加大国内外市场开拓力度。对拥有核心技术终端产品的重点企业所参加的国际和国家级展会给予扶持。①对企业参加境内外招商和贸易展览活动，其摊位费在省、济宁市补贴的基础上，我市财政再补助剩余部分。②对企业参加国际投资、贸易活动，市财政给予交通等费用补贴，境外参展补助5万元，港澳台地区补助3万元，境内参展补助1万元。（责任单位：市财政局、市商务局、市招商促进局、市发改局、市经信局）

24.鼓励企业积极引进高端人才和职业经理人。

（一）认真落实全市关于人才引进的有关规定，做好高层次创新创业人才的服务工作。对入驻兖州、牵头从事科研并有成果转化的中国科学院院士、中国工程院院士，国家级有突出贡献的中青年专家，国家级重点学科、重点实验室、工程技术研究中心的学术技术带头人、山东省“泰山学者”特聘专家（教授），省部级有突出贡献的中青年专家，省级重点学科、重点实验室、工程技术研究中心的学术技术带头人，获得国家承认的国外博士学位的留学回国人员，国内全日制博士研究生，具有创新创业业绩的正高级专业技术职务任职资格的专业技术人员，按照济宁市《关于加快高层次创新型人才引进的若干规定》（济发〔2010〕4号）落实待遇，由市财政给予安家补助、人才津贴、科研经费等。对符合济宁市海外人才引进“511计划”的海外领军科研型人才、领头创业型人才、领办项目型人才，按照济宁市《关于实施海外人才引进“511”计划的意见》（济发〔2010〕5号）落实相关待遇。对入驻兖州的创新创业型团队，在创业场所租赁、启动资金等方面给予扶持。

（二）支持重点企业制度创新。鼓励民营企

业由家族式管理向现代企业制度迈进，引进职业经理人，实现所有权与经营权分离的，对引进的职业经理人正职，按济宁市人才奖励有关规定给予奖励。（责任单位：市委组织部、市人社局、市科技局、市经信局）

25. 简化经营人员出国（境）审批手续。重点企业人员出国（境）实行“一站式”报批。本市企业人员出国（境）从事经贸科技交流活动、招商引资的，由企业主要负责人签字盖章后直接送市外事侨务办审批，抄报主管部门备案。积极为国有企业、民营企业人员申办APEC商务旅行卡。机关工作人员为重点企业服务需要出国（境）的，科级及以下人员不受出国（境）次数限制，外事部门积极为其提供出国（境）方面的政策支持和服务。（责任单位：市外事侨务办、市商务局）

26. 加大企业家培育力度。鼓励企业经营管理人员进入国内外高校深造，提升经营管理素质和能力。充分发挥企业家协会职能作用，组织企业家开展培训、交流、咨询、调研等活动。市财政每年安排100万元专项经费，用于企业家培训和企业家协会活动。（责任单位：市委组织部、市经信局、市财政局、市人社局）

27. 营造尊重企业家的浓厚氛围。首次销售收入过200亿元的企业法定代表人，优先获得国家级劳模或“五一”劳动奖章推荐资格；首次销售收入过100亿元的企业法定代表人，优先获得省级劳模推荐资格；首次销售收入过10亿元的企业法定代表人，优先获得济宁市级劳模推荐资格。销售收入过10亿元的企业法定代表人享受免费查体待遇；销售收入过100亿元的企业法定代表人聘任为市政府经济顾问，并优先提名推荐全国、山东省、济宁市人大代表、政协委员候选人。（责任单位：市人大常委会办公室、市政府办公室、市政协办公室、市委组织部、市经信局、市总工会、市卫生局）

五、工作措施

28. 加强组织领导。成立市十百千亿工业企业（集团）扶持工作领导小组，领导小组办公室设在市经信局，负责指导帮助企业研究制定发展规划，明确阶段发展目标，制定实施方案；调度督导重点工作事项进展，协调解决企业反映的重大问题。领导小组办公室每季度书面通报一次重点企业运行情况。每个重点企业由1名市级领导包保，并明确包保的牵头部门和责任人，及时协调解决企业发展中遇到的困难和问题。

29. 优化发展环境。严格执行《关于进一步规范行政审批工作运行的若干规定》（兖办发〔2007〕43号）文件精神，落实服务承诺，规范行政审批和行政收费行为。认真落实《济宁市市级涉企收费“一费制”改革实施方案》（济政办发〔2009〕27号），严格禁止乱收费，严格执行“十个不准”。凡涉及28家重点企业的检查，需报市十百千亿工业企业（集团）扶持工作领导小组批准，并将检查结果及时反馈给领导小组。重点企业法定代表人，可以直接向领导小组办公室反映企业发展过程中存在的突出问题，领导小组办公室要及时将企业反映的问题向市委、市政府汇报，并及时协调督导解决。

30. 加大督查力度。坚持市镇（街）联动、协调配套、重点一致、目标同向的原则，领导小组办公室每月对重点企业提出的问题解决情况进行一次督查督办，并书面向包保领导反映情况。每季度对企业运行情况、项目建设情况进行一次全面通报。市委、市政府每半年召开一次大企业（集团）运行分析会，每年召开一次大企业（集团）发展总结会。领导小组办公室每年对重点企业规划执行情况在全市范围内进行通报。

本意见自发布之日起执行，原有政策与本意见不一致的，按本意见执行。

二〇一二年八月十六日

兖州市人民政府
关于进一步加强自身建设的意见

兖政发〔2012〕16号

各镇人民政府，各街道办事处，经济开发区、兖州工业园区、农高区管委会，市政府各部门，各有关单位：

市十七届人民政府任职的五年，是我市科学发展跨越发展的重要时期，也是开创富民强市新局面的攻坚阶段。为贯彻落实市十三次党代会精神，全面完成市十七届人大一次会议确定的目标任务，围绕建设责任政府、服务政府、效能政府、法治政府、阳光政府、廉洁政府，现就加强政府自身建设，提出如下意见：

一、坚持解放思想，建设学习型政府

（一）强化理论武装。牢固树立终身学习理念，以创建学习型政府为目标，深入学习马克思主义、毛泽东思想、邓小平理论、“三个代表”重要思想以及科学发展观等重大战略思想，深刻理解、准确掌握中国特色社会主义理论体系，用马克思主义中国化最新成果武装头脑、指导实践、推动工作。从领导工作的实际需要出发，更加自觉地学习钻研现代经济、科技、文化、法律、社会管理等方面的专业知识，优化知识结构，加快知识更新，丰富知识储备。市政府党组成员按时参加市委理论中心组读书会，定期组织集体学习，经常开展研讨交流。坚持理论联系实际，围绕深化转型调整、工业经济振兴、城市建设管理、县域经济发展、科技创新、生态建设、文化建设、社会管理等重点工作深入进行专题学习和调查研究，努力把学习研究成果转化为谋划发展的正确思路和促进发展的政策措施，切实做到学以致用、以学促干、以干带学，努力成为本职工作的行家里手，不断提高履行职责的能力和水平。

（二）推动思想解放。结合“解放思想跨越发展大讨论”活动，深入查找影响和制约发展的突出问题，坚决打破一切陈旧模式和条条框框，以全新的理念、高远的境界、战略的眼光，透彻认识发展大势和兖州市情，准确把握内在规律和赶超路径，悉心研究办法对策和推进举措，切实提高驾驭复杂局面、领导跨越发展的能力水平。

（三）严守政治纪律。认真贯彻党的基本路线和方针政策，坚决落实党中央、省、济宁市和市委各项决策部署，在思想上、政治上、行动上与上级党组织保持高度一致，确保政令畅通、令行禁止。切实增强政治敏锐性和鉴别力，善于从政治和全局的高度观察、分析、处理问题，重大原则问题面前立场坚定、旗帜鲜明，努力维护改革发展稳定的良好局面。准确理解、严格执行国家、省市加强改善宏观调控的各项政策，紧密结合兖州实际，创造性地开展工作，确保全市经济社会科学发展、跨越发展。

（四）坚持民主集中制原则。严格实行集体领导和分工负责相结合。市政府班子成员要牢固树立“一盘棋”思想，坚持从大局出发，立足本职，尽职尽责，创造性地开展工作，确保市委、市政府重大决策部署落到实处。市政府党组每年定期召开民主生活会，大力弘扬批评与自我批评的优良作风，始终保持共产党人的蓬勃朝气、昂扬锐气、浩然正气，不断增强政府班子的凝聚力和战斗力。

二、坚持政务公开，打造阳光政府

（五）推进行政管理体制改革。加快行政管理体制改革步伐，在改善经济调节、严格市场监管的同时，更加注重社会管理创新和公共服务，着力形成有利于经济发展方式转变的制度和环境。加快推进政企分开、政事分开、事企分开、管办分离，引导和激发各类市场主体的创业活力。

（六）深化行政审批制度改革。深入贯彻《行政许可法》，进一步精简和规范行政审批事项。对已取消的行政审批项目，切实加强后续监管工作，坚决杜绝各种变相审批行为。全面加强行政审批中心建设，按照“三集中三到位”的要求，把规定的行政审批项目全部纳入中心集中统一办理。大力推行第一时间服务、零距离服务、全过程服务，切实提高服务效率。实行重大项目“一站式”并联审批，完善重点项目审批“绿色通道”和项目审批“直通车服务”，进一步简化重大项目的审批流程。扎实落实“三减一代办”，加强制度建设，完善审批方式，创新运行机制，为群众、基层和企业提供方便快捷优质服务。

（七）推行政务公开。把政务公开作为政府施政的基本准则，按照“公开是原则、不公开是例外”的要求，规范政务公开内容形式，对政府部门的职责权限、管理规章、许可事项、收费标准等，凡不涉及党和国家机密、依法受保护的商业秘密外，一律予以公开。重点推进财政预决算和“三公”经费公开，使人民群众更方便地了解和监督政府工作。积极拓宽政务公开渠道，着力加快电子政务建设，构建统一规范、先进可靠的电子政务网络平台，推进公共服务信息化。坚持政务公开与服务承诺有机结合，对关系发展大局和群众切身利益的管理服务项目，都要公开服务承诺，落实具体措施，确保取信于民。

三、坚持优质高效，打造效能政府

（八）着力提高执行能力。强化效率意识、优化工作流程，对重大决策部署，加强工作衔接、提高运转效率，立说立行、速办速决，一抓到底、抓出成效。坚持求真务实、真抓实干，大力开展政风行风评议和公开承诺、践诺评议活动，切实杜绝各种形式主义、官僚主义和浮夸作风。全面推行限时办结制、首问负责制和责任追究制，强化效能监察，大力整治行政不作为、慢作为、乱作为行为，着力提升行政效能。

（九）全力突破重点工作。紧紧围绕主题主线，抓住工业化和城镇化加速推进机遇，着力突破工业经济、服务业发展、城市建设、新农村建设，全力全速推进大项目建设、努力增创发展新优势。深入开展社会管理创新，提升社会管理能力。加强对重点工作指导，根据市委常委和市级领导包保项目责任分工，经常到一线现场解决问题，每月召开一次项目调度会，每季度调度分析经济运行情况，定期组织现场观摩，确保重点工作落实。

（十）大力精简会议文件。严格会议审批制度，从严控制会议规格，凡以市政府名义召开的会议，必须按程序报批。严格控制会议数量，提倡开短会、专题会、现场办公会，能合并召开的尽量合并召开。严格控制公文规格和发文数量，加快公文处理电子化进程，不断提高公文办理效率。减少不必要的应酬和事务性活动，市政府领导成员不参加未经市政府办公室安排的庆典、奠基、颁奖等活动，不参加部门举行的一般性座谈会、研讨会、报告会、纪念会等会议，确保集中精力抓大事促落实。下基层一律轻车简从，一般性调研活动不单独报道。

（十一）认真开展绩效评估。按照市委“三个高于、六个突破”以及建立目标责任、考核奖惩、监督检查“三个体系”的目标要求，调整完善绩效评估的指标构成，突出对经济工作和社会稳定的考核，加大招商引资和大项目建设的考核权重，充分发挥绩效评估的导向作用和激励约束作用。

四、坚持以民为本，打造服务政府

（十二）密切联系人民群众。市政府领导成员每人联系一镇（道）、一村、一企、一校和一个以上重点项目，突出落实市领导班子成员联系村、部门单位联建村制度，深入开展大规模驻村入户、面对面谈心交流活动，每年深入联系点和基层调查研究、解决问题的时间不少于两个月。认真执行信访包案责任制和接访日制度，认真接待群众来访、处理信访重要问题，市政府负责同志每两月至少安排 1 次接待群众来访。定期开展面向城乡困难群众的走访慰问和送温暖、献爱心活动。进一步发挥好市长公开电话、“政风行风热线”的作用，认真组织在线访谈，畅通社情民意诉求渠道，市政府领导班子成员每月至少亲自接听 1 次市长公开电话。

（十三）为民多办实事好事。把切实改善民生、增进百姓福祉作为政府工作的出发点和落脚点，以每年确定的为民所办 10 件实事为着力点，集中抓好扩大劳动就业、增加群众收入、完善社会保障、实施教育优先、改善卫生服务、建设保障性住房等项重点措施的落实，促使发展水平与社会成员的幸福指数同步增长，经济发展速度与社会和谐程度同步提高，不断满足人民群众日益增长的多样化、多层次需求。

五、坚持依法行政，建设法治政府

（十四）完善科学民主决策机制。坚持民主集中制原则，健全议事规则和决策制度，重大问题集体讨论决定，涉及经济社会发展的重大决策事项以及专业性较强的决策事项，事先组织有关专家进行必要性和可行性论证；涉及面广、与人民群众利益密切相关的决策事项，实行社会公示或听证；所有重大行政决策出台前，都要通过政府法制机构或法律专家进行合法性审查论证。坚持“谁决策、谁负责”的原则，对超越法定权限、违反法定程序决策造成重大失误的，严肃追究责任。坚持集体领导与个人分工负责相结合，确保决策事项和重大工作部署落到实处。

（十五）提高行政执法水平。深入落实《全面推进依法行政实施纲要》、《山东省行政程序规定》和《济宁市依法行政“五五规划”》，严格依照法定权限和程序行使权力、履行职责。扎实推进行政执法体制改革，减少执法层级，完善执法程序，克服多头执法、执法不公甚至执法违法等现象。健全责权利相统一的行政执法运行机制，落实执法责任制和责任追究制。严格执行“培训上岗、亮证执法”制度，提高执法队伍素质，确保公正文明执法。

（十六）强化权力运行监督。自觉接受人大法律监督、政协民主监督，认真办理人大代表建议和政协提案；自觉接受人民法院司法监督，积极履行人民法院作出的行政判决或裁定；自觉接受社会和群众监督，及时解决群众反映的热点难点问题。健全政府规章和规范性文件备案审查制度，做到有件必备、有备必审、有错必究；完善行政复议监督功能，依法受理、及时公正作出行政复议决定；强化审计、监察等专门监督，增强领导干部经济责任审计实效。

六、坚持从严治政，建设清廉政府

（十七）带头廉洁自律。市政府领导成员要以身作则、率先垂范，自觉遵守中央和省、市、市委关于领导干部廉洁自律的各项规定，切实兑现廉政承诺。严格管理身边工作人员及家属子女，不准他们利用领导干部的职权和影响谋取不正当利益。慎重交友，净化个人生活圈。

（十八）坚持勤俭办事。始终保持艰苦奋斗的优良传统，遵循勤俭节约、量力而行的原则，坚决反对和防止各种铺张浪费行为，把有限的资金用于发展经济和改善人民生活。严肃财经纪律，减少一切不必要的费用开支，努力降低行政成本。

（十九）落实党风廉政建设责任制。严格执行党风廉政建设一把手负责制，市政府领导班子成员要认真履行“一岗双责”，既要抓好分管的业务工作，又要抓好分管部门、单位的廉政建设。各部门各单位在抓好业务工作的同时，坚持廉政建设与业务工作一起部署、一起落实、一起检查、一起考核。

（二十）推进惩防体系建设。坚持标本兼治、综合治理、惩防并举、注重预防的方针，深入开展反腐倡廉示范教育、警示教育和岗位廉政教育，不断深化人事管理、行政审批、公共财政等方面的改革，同步完善公共资源交易平台建设，着力从源头上防治腐败。强化重点领域、关键环节的行政监察，加强财政资金、重大项目和民生工程的审计监督，继续深化对工程建设领域突出问题和商业贿赂的专项治理，着力解决征地拆迁、住房保障、土地管理、食品药品安全、环境保护、安全生产等方面的突出问题，坚决纠正损害群众利益的突出问题。支持纪检、监察机关严查违法违纪案件，惩处腐败分子。

二〇一二年六月六日

山东省人民政府
关于调整济宁市部分行政区划的通知

鲁政字〔2013〕226号

济宁市人民政府：

2013年10月18日，国务院以国函〔2013〕115号文批复我省，同意对济宁市部分行政区划进行调整。为做好有关工作，现通知如下：

一、撤销济宁市市中区、任城区，设立新的济宁市任城区，以原市中区、任城区的行政区域为新设任城区的行政区域。新设任城区人民政府驻阜桥街道太白中路4号。

二、撤销兖州市，设立济宁市兖州区，以原兖州市的行政区域为兖州区的行政区域。兖州区人民政府驻龙桥街道九州中路99号。

三、望你们按照行政区域管理等有关规定，坚持“精简、统一、效能”的原则，认真做好新设任城区、兖州区的组建工作。要严格执行中央和省委、省政府关于厉行节约的规定和国家土地管理法规政策，加大区域资源整合力度，优化总体布局，促进区域经济社会协调健康发展。新设任城区、兖州区组建工作结束后，要及时将组建工作情况专题报告省政府。

四、行政区域调整涉及的行政区域界线变更，要按照有关规定在2014年5月31日前完成重新勘定，并将勘界成果报省民政厅。

二〇一三年十一月二十日

兖州市人民政府
关于进一步推行“先看病、后交钱”
诊疗服务模式的实施意见

兖政发〔2011〕27号

“先看病、后交钱”诊疗服务模式是我市中医院转变医疗服务理念、优化服务流程的有益探索，极大地方便了群众看病就医，受到了社会的广泛认可和群众的一致好评。为进一步深化医药卫生体制改革，促进我市医药卫生事业又好又快发展，有效缓解群众“看病难、看病贵”问题，根据国务院办公厅《2011年公立医院改革试点工作安排》（国办发〔2011〕10号）精神，经研究，确定在全市范围内推行“先看病、后交钱”诊疗服务模式。现提出如下实施意见：

一、指导思想

以邓小平理论和“三个代表”重要思想为指

导，全面贯彻落实科学发展观，按照中央和省、济宁市及我市深化医药卫生体制改革部署要求，紧紧围绕便民、利民、惠民目标，探索医疗服务收费管理与医保（新农合）结算管理新模式，优化医疗机构就诊服务流程，实现“先看病、后交钱”，切实有效缓解广大人民群众“看病难、看病贵”等热点难点问题。

二、基本原则

1. 坚持惠民利民原则。优化医疗服务流程，提升医疗服务水平，最大限度地为群众提供方便、快捷、安全、优质的医疗服务。

2. 坚持实事求是原则。坚持因院制宜，分批次、分步骤实施，有条件的适时适度推行，不具备条件的待条件成熟后再予推行。

三、主要内容

（一）服务对象

1. 以下患者享受“先看病、后交钱”优惠政策：

（1）参加我市城镇职工基本医疗保险的职工；

（2）参加我市城镇居民基本医疗保险的城镇居民；

（3）参加我市新型农村合作医疗的农民；

（4）“三无”病人（无姓名、无住址、无陪人）；

（5）非上述情况，但病情严重，需采取紧急医疗措施救治的患者。

2. 以下患者不享受“先看病、后交钱”优惠政策：

（1）因交通事故受伤致病患者；

（2）因打架斗殴受伤致病患者；

（3）未参加城镇职工基本医疗保险、城镇居民基本医疗保险和新型农村合作医疗患者；

（4）其他自费医疗患者。

（二）操作规程

1. 纳入医保（新农合）的患者在办理住院手续和住院治疗期间无须交纳住院押金，但须与医院签订《住院治疗费用结算协议书》，并将其医保证（新农合医疗证）及本人身份证（户口本）复印件交医院保管。

2. 患者出院结算时只需向医院支付医保（新农合）报销后个人所承担的费用。

3. 患者出院结算将个人承担费用一次性结清后，住院处应及时归还患者的有关证件。

4. 患者确因家庭困难，出院结算时难以一次性结清时，可到所在村（居）委会开具困难证明，并加盖镇（街）民政部门公章后，与医院签订延期或分期还款合同，然后再办理出院手续。

5. 对家庭特别困难，确实无法支付医疗欠款的患者，可以在出具村（居）委会、镇（街）民政部门有关证明后，申请医疗救助。市有关部门进行审核确认后给予救助。

6. “三无”患者在澄清其身份和所患疾病是否纳入医保（新农合）情况后，再确定是否享受“先看病、后交钱”优惠政策。

7. 患者医疗费用未结清，且按合同到期不还，或恶意拖欠住院费用的，今后将不再享受“先看病、后交钱”的优惠政策，同时医院也可根据合同约定，向人民法院起诉，以维护自身合法权益。

四、保障措施

（一）加强组织领导。市里成立推行“先看病、后交钱”诊疗服务模式工作领导小组，全面负责“先看病、后交钱”诊疗服务模式的组织实施、协调指导。定期召开调度会，及时研究解决工作中出现的新情况、新问题。卫生部门要加强督促指导，确保“先看病、后交钱”诊疗服务模式顺利实施、取得实效。

（二）形成工作合力。各级各有关部门、单位要全力支持医疗卫生机构推行“先看病、后交钱”诊疗服务模式，建立联动机制，加强协调配合，形成工作合力。人社、医保、新农合要加大对推行该模式医疗机构的支持力度，综合运用医保预付等有效措施，着力解决医院资金周转问题。民政、红十字会要充分发挥职能作用，建立特困患者救助机制。卫生部门要加大行业监管，指导各医疗机构进一步加强人员素质培训，改善服务态度，提高业务水平，合理有效控制医疗费用。

（三）提升服务水平。各医疗卫生机构要以推行“先看病、后交钱”诊疗服务模式为契机，加强内部管理，提素质、强服务、上水平。要规范就诊流程，细化服务措施，提升服务水平，切实做到住院费用不增加、服务质量不下降。要充分尊重患者就诊的知情权，切实履行好各项权利告知义务，确保群众花明白钱、看放心病。

（四）强化宣传引导。要采取群众喜闻乐见的形式，大力宣传“先看病、后交钱”诊疗服务模式的重要意义、主要内容、基本做法，让广大人民群众了解掌握政策，合理运用政策。要建立社会诚信机制，教育引导群众遵守社会道德规范，自觉配合医院，履行好自身承担的义务。

二〇一一年八月二十六日

驻兖州市（区）单位选介

山东省鲁南地质工程勘察院

1996 年，山东省鲁南地质工程勘察院（以下简称“鲁南勘察院”）内设办公室、劳动人事科、财务经济科、总工办等 10 个科室，有在职员工 366 人。2005 年 1 月，山东省第二地质矿产勘查院与山东省鲁南地质工程勘察院整合为新的山东省鲁南地质工程勘察院，加挂山东省地质矿产勘查开发局第二地质大队和山东省地质矿产勘查开发局第三水文地质工程地质大队两块事业单位牌子，实行“一套班子，三块牌子”的管理模式。至 2013 年年底，下设办公室、党群办公室、劳动人事科、经济管理科、财务资产科、技术质量科、安全施工科等 12 个管理科室，地质矿产处、环境水文处、岩土工程处、钻探工程处、资源勘探处、地理信息测绘处、实验测试中心等 11 个主业实体，菏泽分院、济宁分院、枣庄分院、济南分院等 8 个驻外办事机构，主办山东省华鲁工程总公司、济宁地质工程勘察院、第二地质大队多种经营总公司等 8 个独立法人企业。有在职职工 923 人，拥有设备仪器 1250 台套。

矿产勘查 1996 年，按照“一金、二煤、三铜、四钾盐”的思路，鲁南勘察院在鲁南、鲁西南地区开展地质矿产勘查工作。2000 年—2001 年，开展苍山龙宝山——晒钱埠地区 1∶5 万金矿成矿预测工作，建立成矿模式和找矿模型，获得 2006 年度省科学技术进步三等奖。2003 年—2004 年，组织编制《兖州市矿产资源总体规划（2001—2010 年）》，获 2005 年度全国矿产资源规划优秀成果二等奖。2004 年—2006 年，开展苍山县王埝沟矿区铁矿详查工作，探求铁矿石资源量 14601.7 万吨，获得 2007 年度全国地质勘查行业优秀找矿成果一等奖。2006 年—2011 年，开展山东省苍山县沟西——西官庄矿区铁矿详查工作，探求铁矿石资源量 16574.9 万吨，获 2012 年度省国土资源科学技术一等奖。2007 年，开展泰安市岱岳区大寺石膏矿详查工作，探明矿石资源量 6870.5 万吨，获 2008 年度省地矿局科学技术进步二等奖。2007 年—2008 年，开展苍山县李山根矿区刘家庄——幸福岭矿段铁矿详查工作，探求铁矿石资源量 2473 万吨，成果获第四届省国土资源科学技术一等奖。至 2013 年年底，新发现铁矿矿产地 38 处，探求铁矿石资源量 49107.29 万吨。新发现煤矿矿产地 3 处，探求煤炭资源量 5.33 亿吨。新发现金矿矿产地 12 处，提交金矿石量 286.69 万吨，金金属量 13.41 吨，银金属量 6.32 吨。

环境水文地质勘察 1996年—2002年，鲁南勘察院主要开展枣庄市新城规划区水文地质工程地质环境地质综合勘察研究、南水北调东线工程（山东段）生态环境地质调查评价等69项工作，获省部级科技成果奖7项。2003年—2006年，先后开展兖州市王因水源地供水水文地质勘探、枣庄市山亭区南庄水源地供水水文地质详查、滕州市土城—西石楼水源地勘探、嘉祥县红运水源地供水水文地质详查、山东省重点城市应急供水水源地调查研究等78项工作，获省部级科技成果奖8项。2007年—2012年，先后开展滕州大型地下水供水水源保护区划研究、鲁南经济带环境地质调查评价研究、沂蒙缺水地区水文地质调查及找水技术方法应用研究、沂蒙山东部缺水地区水文地质普查等127项工作，获省部级科技成果奖12项。至2013年年底，累计承担各类环境水文地质勘察项目300余项，发现大中型水源地100余处，提交地下水资源储量519万吨／日，提交各类成果300余项，32项成果获得省部级科技成果奖。

探矿权经营 1998年，国务院颁布《探矿权采矿权转让管理办法》，鲁南勘察院有地下水勘察探矿权10余项，但均不具备转让条件。2005年，开始登记地质矿产探矿权15项，放弃地下水和地热探矿权。2006年5月，成功转让苍山县王埝沟地区铁矿探矿权，转让价款2亿元。2011年7月，成功转让苍山县沟西—西官庄地区铁矿探矿权，转让价款13亿元。至2013年年底，鲁南勘察院拥有自主探矿权13项，其中金矿4项、铁矿5项、多金属矿2项、岩盐矿1项、石膏矿1项。资源潜力较好的探矿权有6项，其中包括山东省平邑县榆林地区金矿详查、新疆哈密市黑山峡地区铜矿详查、山东省苍山县宋楼地区铁矿普查等探矿权。

工程地质勘察与施工 1996年，鲁南勘察院只能从事乙级工程勘察项目和基础工程造价1000万元以下的工程。2002年起，鲁南勘察院具备工程勘察综合甲级资质和地基处理与基础施工壹级资质。至2013年，先后提交兖州市人民医院门诊楼、太阳纸业集团热电厂等地质勘察报告4217份。实施兖州兴隆文化园体验中心、济宁南湖新城9、19、29号楼、济宁新城豪庭一期、聊城新东方龙湾新城一期A区、济宁万达广场等305项基础工程施工项目。被中国勘察设计协会评定为全国工程勘察与岩土行业诚信单位，被山东省建设厅批准为绿色通道管理单位。

兖州煤业股份有限公司兴隆庄煤矿

兖州煤业股份有限公司兴隆庄煤矿（以下简称“兴隆庄煤矿”）位于兖州市城区东南10公里，隶属兖矿集团有限责任公司，是中国自行设计和建造的第一座年产300万吨的大型现代化矿井，于1981年12月21日正式投产。1996年初，兴隆庄煤矿下设机构81个，其中机关科室18个，全矿在册职工10442人，全年矿井生产原煤403万吨。至2013年年底，兴隆庄煤矿下设机构87个，其中机关科室15个，全矿在册职工8628人，全年矿井生产原煤652万吨。

安全管理 1996年，兴隆庄煤矿矿井实现跨年度安全生产6周年，安全产煤2000万吨。2002年，开展安全“双基”活动，在全省煤矿安全程度评估检查中，被评为安全生产A级矿井。2006年，推进本质安全型矿井建设，入选全国首批本质安全型矿井试点单位。2007年1月1日至2009年9月30日，开展第一个千日无轻伤安全竞赛活动，8个井下单位实现千日无轻伤。2009年，把地面单位纳入矿井安全质量标准化建设，被国家安全监管总局国家煤矿安监局评为国家级安全质量标准化煤矿。实行经济效益与安全绩效挂钩，自2006年起，工资分配比例由安全、任务、质量3∶3∶4变为4∶3∶3。2007年—2013年，推行全员安全抵押。2013年，兴隆庄煤矿被评为全省煤矿“双基”建设省级先进单位、山东省煤矿瓦斯综合治理工作体系建设达标矿井，连续11年获山东煤矿安全与职业卫生评估A级矿井。

煤炭生产 1996年，兴隆庄煤矿开展创建300万吨队，促进综采200万吨队再上新台阶竞赛活动，全矿原煤产量完成403.27万吨，原煤全员效率达到10.22吨/工，掘进进尺和开拓进出分别完成14498米、3411米。同年8月10日，兴隆庄煤矿实现安全产煤2000万吨，创出建矿以来安全生产最高记录。1997年，原煤产量达到411.36万吨，原煤全员效率提高到10.78吨/工，通过煤炭部特级高产高效矿井验收，成为第一批部特级高产高效矿井。1999年，推广应用煤巷锚网支护技术，同年9月30日，实现月度煤巷锚网支护单头月进尺748米，创造了全国煤炭行业最高纪录。工作面单产能力突破400万吨，矿井原煤产量达到606.9万吨。2002年，工作面单产突破600万吨，2002年—2004年，连续3年原煤产量超过700万吨，最高年产743.92万吨。2008年，推行正规循环作业和工作面关键状态控制管理办法。至2013年年底，累计生产原煤11298万吨。

科技创新 1996年，兴隆庄煤矿开始实施国家“九五”重点科技攻关项目——缓倾斜特厚煤层高产高效综放开采成套技术与装备研究，综放工作面能力达到日产万吨，年产300万吨，并具备400万吨的配套能力，工效达到100吨/工以上，工作面回采率达到85%。1999年，工业性试验期间，工作面平均月产35.54万吨，具备年产500万吨的生产能力。2001年1月，实施国家“十五”重点科技攻关项目——年产600万吨综放工作面设备配套与技术研究，工业性试验第一个月，单面月产63万吨，创全国综放面单机月产量最高纪录。2001年—2005年，实施国家“十五”重点科技攻关项目——年产700万吨高效洁净示范矿井。2002年工业性试验期间，工作面日产2.4万吨，月产63.2万吨，刷新了全国最高纪录，工作面单产达到年产680万吨的水平。2003年，“600万吨综放工作面设备配套与技术研究”课题获煤炭工业十大科技成果奖，2002年—2006年，兴隆庄煤矿连续5年获煤炭工业科技创新型煤矿称号。2007年，研制使用国内首部水平转弯快速架空乘人装置，减轻工人的劳动强度。至2013年年底，共举办科技大会6次，表彰奖励科技成果659项。

信息化建设 1996年3月，兴隆庄煤矿组建管理信息系统（计算机网络）。2001年9月，建立调度局域网。2005年5月，启动信息化改造建设项目。至2007年，以调度指挥中心建设为核心，完成束管、供电、主井提升、风水压力等子系统接入，实现监控系统地面远程控制和视频、IP电话和数据三网合一。2008年，投入使用GIS地理信息、井下人员定位与无线通信系统，建成集矿井各种动态监测监控运行数据、图像、语音为一体的综合信息化系统。2011年，实施网络化改造，实现视频信号共享。2013年，完成地面储煤场视频监控系统安装，共安装高清摄像机43部，实现整个发运流程全程实时监控。

煤炭洗选加工 1996年，对添加煤装车系统进行4次改造，兴隆庄煤矿八级冶炼精煤被全国用户委员会评为用户满意产品。1997年，兴隆庄煤矿选煤厂首次突破设计生产能力，生产精煤200万吨。1997年—1999年，建成全国煤炭行业处理能力最大的选煤动筛排矸系统，2000年投入生产，增加了块煤品种。1998年，改造排矸系统，增加3号精煤生产。1999年，取消四级精煤，改为六级精煤。1999年—2001年，建立配煤生产系统。2001年，建成块煤生产系统，开始生产动力煤品种和块煤品种，年入洗量达到600万吨，实现设计能力翻番，同年，兴隆庄煤矿八级冶炼精煤和动力煤被授予中国出口品牌。2007年，兴隆庄煤矿选煤厂综合指标排名位列全国50强第9位。2009年，完成动筛系统自动化控制改造。2013年，完成对浮选系统、大块煤矸石机械分选系统技术改造。

煤质管理和煤炭发运 1998年，建成华东地区储存能力最大的现代化煤场，达到100万吨存储规模。2000年，联合中国矿业大学开发地销煤销售管理系统。2001年，实施“四个优化（优化品种结构、优化运输结构、优化港口流向、优化用户）”管理方式，提出“三零（管理零缺陷、产品零杂物、用户零投诉）”要求。2002年，煤炭产品达到“三零”要求，主要指标达到国际先进水平，2号精煤成为国际国内市场上的精品。2009年，推行“三零”工程长效机制建设，兴隆庄煤矿获山东省十佳煤质管理先进矿井称号。2012年，制定《关于加强原煤生产质量管理工作的意见》，严把工作面设计、综机设备选型、原煤灰分计划制定、生产过程控制、洗选加工“五关”，促进原煤生产质量标准化、规范化管理。2013年，受全国煤炭经济形势影响，矿井出现销售困难、煤炭价格大幅下降、效益大幅降低。

节能环保 1998年，兴隆庄煤矿投资200万元对矿井水净化处理设施进行改造。2001年，投资731万元建造兴隆庄煤矿生活污水处理厂。2007年，建设完成矿井水扩容改造和生活污水深度处理两项工程，出水水质符合设计要求。2009年，建成污水资源化综合利用工程，将处理后的中水用于生产、生活，基本做到污水零排放，矿井水复用率达到100%，生活污水复用率达到70%以上。2010年，完成“兴隆庄煤矿污水处理综合监控信息系统”项目，实现对污水处理子系统运行状况的实时监测。2013年，在全矿范围内安装二级计量水表，二级水表配备率达98%；在供矿区使用水源井和每个加压水场安装远传电磁流量计，提高了节水能力。

兖州煤业股份有限公司杨村煤矿

1996年，兖州煤业股份有限公司杨村煤矿（以下简称“杨村煤矿”）下设办公室、劳动人事科、调度室、生产技术科、财务科等56个部门。有在册职工3057人。1998年，撤销掘进三区、采煤三区、巷修工区、防火注浆管理站、综采队，成立综机工区、防注工区、综采工区。1999年，成立煤炭销售市场部，成立内部市场办公室，挂靠计划科，将残采工区和原采煤一区合并为采煤一区，综机工区、支护工区和准备工区合并为生产准备工区，水暖工区、供电队和煤气厂合并为水电暖工区。2003年，撤销计划企管科、掘进一区、掘进二区等9个部门，成立计划科、企业管理科、准备工区、普掘工区、非煤产业管理开发部、杨村煤矿华杨木业有限责任公司筹建处。至2003年年底，杨村煤矿内设55个部门。

安全生产 1996年，杨村煤矿有井下采掘辅助区队14个，井巷工程量14410米，同年8月，南风井通风系统正式投入使用，由原北风井单翼式通风变为两翼对角式通风，解决了“因风定产”的问题。1998年，开展冬春和夏季百日安全活动，组织青安岗员、安全哨兵和家属协管员开展“反松懈、反麻痹、反事故”活动。2003年，坚持生产单位管理人员每月一考，工人每季一考，把考核结果纳入区队的安全量化考核、管理人员的精细化管理考核。

经营管理 1996年，生产原煤641052吨，完成计划的139%。其中，回采产量632578吨，掘进产量8474吨，亏损963.91万元。1998年，由于市场持续疲软，煤炭价格大幅下滑，造成效益滑坡，致使固定费用和政策性增支无法消化，亏损2804.86万元。2001年，贯彻“转小矿”发展战略，摆脱矿井连续12年亏损的历史，实现销售收入4289万元，利润1865.11万元。2003年，杨村煤矿全年生产原煤120万吨，掘进总进尺8286米，实现利润6648.46万元。

山东能源临矿集团古城煤矿

1996年5月，临沂矿务局古城矿井筹建处成立。内设办公室、工程技术科、工资科、财务科、机电科、总务科。有职工 120 人。1998 年 8 月，成立采煤工区、机电运输工区。2000 年 3 月，成立生产技术科、通防科（区）、采一工区、采二工区、运输工区、机电工区。2001 年 1 月，古城矿井筹建处移交生产管理，组建六部一室三公司七工区。2002 年 10 月，改制为山东东山矿业有限责任公司古城煤矿，下设生产技术部、机电运输部、财务管理部、劳动工资部、党群工作部、武装保卫部、办公室、销售公司、供应公司、服务公司 10 个部室，采掘辅助等 9 个生产工区。2006 年 8 月，改制为临沂矿业集团古城煤矿。2011 年 3 月，随临沂矿业集团整合并入山东能源集团有限公司，临沂矿业集团古城煤矿更名为山东能源临矿集团古城煤矿（以下简称“古城煤矿”）。至 2013 年年底，内设 15 个机关科室，3 个采煤工区，3 个掘进工区，1 个巷修工区、4 个辅助工区，有在职职工 2726 人。

矿井建设 1992 年，古城矿井开始筹建，1996 年，主井井筒和副井井筒相继开工，两井均采用冻结法施工，基岩段含水层采用地面预注浆封水和现浇素砼支护。同年 5 月，主井井筒施工完成，深度 557.4 米。同年 6 月，主井停钩改绞，同年 7 月 23 日，主井井筒改绞工作完成，并试运转。同年 11 月 20 日，副井井筒施工完成，深度 581.6 米。同年 11 月底，主、副井顺利贯通。

采掘生产 在建设初期，矿井 -505 米水平主要运输大巷等开拓掘进，均采用以炮掘配合 p-30 耙装机，实现掘进作业。2001 年 1 月，开始采煤作业。2002 年 6 月，首次在 1335 采煤工作面采用轻型放顶煤支架进行采煤作业，减轻了劳动强度。2003 年 5 月，转入 -850 米水平，地压逐渐增大。为确保安全生产，在井下 2105 首采综采工作面使用 ZF4600/16.5/26.5 型放顶煤支架。同年 7 月，首次装备 EBZ135 千瓦掘进机，用于 12 采区巷道掘进施工，创造年单面掘进 5000 米的新纪录。2004 年 1 月，2102 综放工作面试生产。同年 2 月，该工作面日产煤 7003 吨，当月完成原煤产量 111973 吨，创下矿井单面日产和月产最高记录。同年 3 月，古城煤矿被中国煤炭工业技术委员会评为 2003 年度煤炭工业科技进步双十佳矿井。同年 7 月，掘进机由 EBZ135 千瓦升级为 EBZ150 千瓦，用于 2106 巷道掘进作业，满足了大断面掘进施工要求。同年 8 月，为增强矿井抗压能力，在 2201 采煤工作面，首次引进使用 ZF6200 中型放顶煤支架。2006 年 8 月，购置 EBZ160 千瓦掘进机，用于 2201 巷道掘进施工，掘进抗压能力得到增强。2013 年，采场布置转入三水平，矿井地压进一步加大，在增加锚索加密支护的基础上，在 3205 综采面，开始采用 ZF12000/18.5/35 型大型放顶煤支架。购置 EBZ200 千瓦掘进机，用于 3205 巷道掘进作业。

安全管理 2001 年，建立主要负责人、分管负责人、安全生产管理人员、职能部门、各工种岗位等安全生产责任制，明确各类人员所承担的安全生产责任和义务。为治理矿井煤炭自燃，专门投资安装 kj66 煤矿安全监控系统，采取光学色谱分析仪、束管监控和空区注氮等手段，确保了有效治理和通防安全。同年 2 月，开展职工安全培训，组织专业技术人员，从安全指示、安全常识、安全技能、医疗救护等方面进行全面讲解，提高了职工安全常识和安全技能。2002 年 2 月，井下首次出现冲击地压现象，古城煤矿专门聘请北京大学教授专家，研究制定防治措施，投资运用 SOS 微震监控系统，监测井下地压变化。同时采取加强顶板支护和爆破卸压等手段，有效治理了冲击地压。全矿 7 个生产辅助工区，分别利用每周二安全活动，开展各类安全教育。同年 6 月，开展千人安全签字、安全演讲、事故案例展、安全知识竞赛等多种形式的安全教育活动，教育职工时刻保持“安全为天”的观念。2003 年，规定全矿管理人员及职工缴纳一部分安全生产抵押金，只要实现安全生产，均可享受安全生产奖励，并按照季度返还安全生产抵押金奖励。2005

年7月，修订并印发《古城煤矿安全生产责任制》，内容涵盖全矿130余个岗位、工种。2010年，为强化班组安全管理，首次将区队班组长列入管理人员安全风险金管理，并享受月度安全生产逐月返还政策。至2013年，古城煤矿实现安全生产2024天。

煤炭销售 矿井筹建期间，生产的工程煤销售无计划，除自身锅炉用煤、职工生活用煤外，余下的有客户随到随买。1997年10月，由于工程煤产量很少，质量不稳定，加之市场煤炭积压多，按以质论价，价格在50元/吨～80元/吨。2000年，随着工程煤产量提高、煤质好转，价格在80元/吨～120元/吨。同年10月，根据煤炭销售需要，建造2台电子地磅，煤场内东边1台称重100吨，西边1台称重50吨。2001年1月，按客户用量大小，签订年度购煤合同，根据产量排定各户每天的销售量。原煤主要销给兖州热电公司、兖州热电厂、山东鲁南水泥厂等企业，其余部分销往山东临沂红日、莱城电厂、沂源电厂等周边企业。同年11月，煤炭价格分重点户和非重点户进行定价，混煤重点户195元/吨，非重点户200元/吨。2002年4月，铁路专用线开通后，古城煤矿铁路专用线正式开通运营，煤量一分为二，铁路一半地销一半。铁路原煤销往江苏东方电力、上海电力公司、福建振华公司、浙江天马公司、福建邵武福煤公司等企业。2005年1月起，煤炭销售由山东临沂矿务局运销公司统一管理。

山东省田庄煤矿

煤矿建设 山东省田庄煤矿（以下简称“田庄煤矿”）筹建于1996年7月，1997年8月破土动工。1999年9月，转入试生产，当年生产原煤16.7万吨。

煤炭生产 山东省田庄煤矿可采煤层4层，均为薄煤层。主采16上和17层煤，煤层厚度分别为1.2米和0.97米，15煤、18煤局部可采。1999年9月，首采面一采区1601工作面顺利出煤，工作面动用量17.6万吨，采出16.7万吨。2001年—2003年，生产区域集中在一采区的16煤、17煤。其中，2001年生产原煤58.76万吨，2002年生产原煤83.75万吨，2003年生产原煤73.78万吨。

安全管理 1997年，田庄煤矿成立技术科机电组，1998年初，在机电组的基础上成立机电科，负责全矿的日常机电管理工作，同时设立安检科、生产技术科、安全生产调度室。1999年建矿投产后，对大型设备建立要害部位管理制度、操作人员岗位责任制，设备巡回检查制度，日常检查检修制度，定期检修制度，交接班制度和重要场所人员来往制度。2001年1月，印制《田庄煤矿安全生产责任制》，明确规定各级单位（工区、厂、网点）行政正职为各单位安全生产第一责任人，对各单位安全生产负责；职工对岗位安全生产负责。同年，建立职工安全诚信档案、推行隐患市场化管理模式。2003年，推行划小安全管理核算单位的管理办法，百人违章率和百人轻伤率逐年降低。

煤炭销售 山东省田庄煤矿煤种为气煤，具有高发热量、高粘结指数、高挥发份、低磷、高硫（3.47%～4%）等特点，是良好的化工用煤。主要销往电厂及煤化工企业等。1999年—2003年，田庄煤矿实现原煤产销量269.83万吨，收入46669.51万元，利润10315.94万元，上缴税费9199.29万元。

山东东山新驿煤矿有限公司

山东东山新驿煤矿有限公司（以下简称“新驿煤矿”）位于济宁市兖州区新驿镇，东距兖州19公里，西距汶上20公里，该矿由临沂矿业集团有限责任公司投资3.33亿元建设。矿井工业建筑面积11537平方米（89853立方米），行政建筑3780平方米（14318立方米）。矿井于2002年8月3日破土动工。新驿井田煤层埋藏深度为-150米～-700米，主采煤层为3上1、3上2，煤层厚度0.90米～3.71米。东西走向长5公里～9公里，南北宽5.5公里～9公里，井田面积58平方公里，地质储量32489.6万吨，可采储量4833.3万吨。矿井设计生产能力为45万吨/年，设计服务年限71.6年。2004年5月1日，新驿煤矿成立，下设8个科室4个工区，有职工503人。2004年6月1日，新驿煤矿进行试生产，当年生产原煤45.08万吨。2006年，投资346万元建成达到省内领先水平的调度指挥系统，实现对井上下设备进行远程集中监控。投资196万元建成自动化集控中心，在地面中央控制室实现对井上下设备的自动化无人控制，全年生产能力提升为105万吨/年。2010年，新驿煤矿综采机械化实现100%，综掘机械化达到85%。同年11月，矿井被评为全国煤炭行业一级安全高效矿井。2012年，新驿煤矿投资8500万元，新建设计能力为150万吨/年洗煤厂1座，实现原煤全部入洗入仓，矿区内出煤不见煤，经济效益和社会效益得到显著提升，全年生产原煤105万吨，销售收入8.47亿元，上缴税费26370万元。至2013年年底，新驿煤矿内设党政办公室、党群工作部、生产技术科、安全监察处等14个科室，综采一工区、综采二工区等9个工区，机修厂、洗煤厂各1个，矿区占地346亩。有职工1723人。固定资产原值82860.66万元，净值29625.4万元，工业总产值458202.23万元，累计利润总额109519.8万元。全矿有主要设备3022台（件），装机功率26310千瓦。全年生产原煤105万吨，实现销售收入7.35亿元，上缴税费20150万元，连续8年被评定为山东煤矿安全与职业卫生评估A级矿井。

山东兖矿国际焦化有限公司

山东兖矿国际焦化有限公司（以下简称“国际焦化”）成立于2004年12月21日，由兖矿集团（70%）、巴西淡水河谷公司（25%）和日本伊藤忠商事株式会社（5%）共同投资28.84亿元而建，占地面积1201亩，主要装备2座代表国内炼焦最高技术水平的7.63米特大型顶装焦炉和一套20万吨焦炉煤气制甲醇装置，设计生产规模为年产200万吨焦炭、20万吨甲醇。成立之初，内设综合部、政工部、人力资源部、计划部等10个部室，备煤车间、炼焦车间、化产车间、甲醇车间、电仪车间、维修车间等6个车间。2006年6月，第一座7.63米焦炉顺利产出一级冶金焦。同年11月，“特种焦”销往山西太原钢铁集团，结束了中国“西焦东运”的历史，开启“东焦西运”的新篇章。全年共生产焦炭26.77万吨。2007年，国际焦化引进国外先进工艺，探索7.63米焦炉运行规律。全年焦炭产量137.35万吨，甲醇8.46万吨，实现销售收入17.53亿元。2011年初，投入3.6亿元，实施焦炉升级改造，调整焦炉炭化室宽度和加热水平，新建两座7.63米焦炉，同时对焦炉机械和配套系统进行全面升级。2012年年底，生产系统全面复产。2013年，国际焦化内设综合部、政工部、人力资源部、计划财务部等12个部室，备煤车间、炼焦车间、化产车间、甲醇车间、水汽车间、电气车间、仪表车间、机修车间等8个车间。有在职员工1150人。全年焦炭产量157.7万吨、甲醇16.34万吨，销售收入24.95亿元，缴纳税款925万元。

青岛钢铁集团兖州焦化厂

青岛钢铁集团兖州焦化厂位于兖州市城北石马村西，占地面积372亩，厂内有铁路专用线1.6公里。1996年，设有专业管理科室18个，生产车间5个。全年生产焦炭3.7万吨，煤焦油0.19万吨，供应兖州市煤气公司商品煤气315.6万立方米，实现产值2084万元，销售收入1185.98

万元。2000 年，生产焦炭 10.50 万吨，煤焦油 0.58 万吨，粗苯 0.15 万吨，商品煤气 367 万平方米，发电 343 万千瓦时，销售收入 5359 万元，利税 668.74 万元，实现扭亏增盈，结束 10 余年的亏损历史。2003 年—2004 年，3 号 24 孔 3.2 米捣固式焦炉、4 号 60 孔 3.8 米捣固式焦炉相继投产出焦，兖州市焦化厂年焦炭生产能力达 70 万吨。2005 年 9 月，化产车间硫铵工段投产运行，兖州焦化厂开始生产硫铵。2006 年 1 月—3 月，兖州焦化厂亏损 1400 余万元，濒临停产。后经努力，同年 6 月，扭亏为盈，实现利润 116 万元。2008 年 4 月，1×72 孔续建焦炉工程投产运行，兖州焦化厂成为年产 100 万吨大型焦化企业。全年完成销售收入 11.46 亿元，上缴税金 7399 万元。2011 年 10 月，投资 3.2 亿元的焦炉煤气综合利用年产 10 万吨甲醇生产线改造项目投产运行，新增甲醇、液氧、液氮、液氩、硫磺膏等 5 种产品，增加销售收入 1.8 亿元，实现利税 8900 万元。至 2013 年年底，青岛钢铁集团兖州焦化厂内设厂部办公室、劳动人事科、企业管理审计科、财务资产管理部、物资部等 17 个职能部门，炼焦车间、化产车间、备煤车间、甲醇车间、动力车间、汽车运输队等 6 个生产单位，有在职员工 2896 人。全年生产焦炭 91.91 万吨，煤焦油 3.96 万吨，轻苯 1.13 万吨，硫铵 0.76 万吨，硫磺膏 0.21 万吨，精甲醇 5.33 万吨，液氧 0.43 万吨，发电 2908 万千瓦时，完成销售收入 13.29 亿元，上缴税金 2897 万元，实现利润 2534 万元。

中铁十四局集团第三工程有限公司

1996 年，铁道部第十四工程局第三工程处公司机关内设党委、团委、工会、纪委、监察科、劳资科、干部科、计生办、财务科、审计科、技术科、物资科、机运科、计划科等 21 个科（部）室，下辖 5 个项目部，15 个工程队和隧道公司、一机公司、二机公司、公路公司 4 个专业化公司。有在职人员 2500 名。全年完成京九铁路商阜复线、衡商线、信丰站、浙江余姚高架桥、安徽阜阳机场等项目施工。完成企业总产值 3.17 亿元，实现利税 843 万元。承建南京禄口机场、东营黄河大桥、盐城公路等项目，承揽任务 2 亿元，完成投资 3 亿元。1999 年 12 月，更名为中铁第十四工程局第三工程处。全年完成企业总产值 3.77 亿元，实现利税 676 万元。2001 年 11 月，更名为中铁十四局集团第三工程有限公司。2001 年—2002 年，共承揽工程任务 32 项，总投资 15.60 亿元，年度完成企业总产值 11.09 亿元。2004 年 7 月，由中铁十四局集团第三工程有限公司修建的黄河第一座三塔斜拉桥——滨博高速滨州黄河公路大桥竣工通车，实现滨州市区与山东省会高速公路连接。2005 年 8 月，由中铁十四局集团第三工程有限公司修建的东营黄河大桥竣工通车，成为胶东半岛、黄河三角洲与京津唐地区联系的重要通道。2006 年—2012 年，先后中标并完成宝兰、黎湛、京九、杭州铁路枢纽、京沪铁路滁河特大桥、内昆、渝怀、秦沈铁路客运专用线、青藏铁路一期、二期，京沪高铁，武广、石武客运专线等 40 多条主干及支线铁路的施工。先后承担济青、京沪、京台、京珠、日东等 70 多条高等级公路的建设施工任务。至 2013 年年底，中铁十四局集团第三工程有限公司机关内设党委、工会、人力资源部、办公室，纪检监察部、工程部、安质部、设备物质部、施工技术部、成本部、财务部、审计部、市场开发部等 13 个科（部）室，有在职员工 2188 人。全年承揽任务 40 亿元，共完成产值 41.6 亿元，为兖州市缴纳税收 1483.5 万元。

中铁十四局集团第五工程有限公司

中铁十四局集团第五工程有限公司前身为中

国人民解放军铁道兵部队，1984年1月并入铁道部，1989年11月，组建铁道部第十四工程局第五工程处，1999年12月，与铁道部脱钩，更名为中铁十四工程局第五工程处，2001年11月，更名为中铁十四局集团第五工程有限公司。至2013年年底，机关行政系统设有17个部门，机关党群系统设有6个部门，辖30余个工程项目部。有员工1710人。注册资本金2.6亿元，资产总额21.2亿元，净资产2.79亿元，机械设备固定资产原值7.51亿元，净值3.54亿元。

1996年，中铁十四局集团第五工程有限公司承担施工的京九铁路吉赣龙段、衡商段提前验交，其中吉赣龙段，工程合格率100%，优良率95%以上，被铁道部评为优质样板工程，并获国家鲁班金像奖，衡商段被评为中铁建总公司优质工程一等奖。1997年7月，金温铁路提前5个半月完工，各项质量指标均达到或超过设计要求，其中铺架、现场制梁、海口、腊口段路基被评为优质工程。京珠高速公路靠椅山大桥施工中，克服异形高墩施工和大跨度架梁技术难题，施工生产进展顺利，1999年，该工程被评为铁道部“青年文明号”工程。2000年—2004年，先后开工建设聊城电厂放马场专用水库工程、荷日复线兖北特大桥架梁工程、杭州市上德立交桥工程、天津市区至滨海新区快速轨道交通线桥标段工程。中铁十四局集团第五工程有限公司被国家工商总局授予全国守合同、重信用企业称号。2007年—2009年，先后承建杭州绕城高速公路北段工程、杭州德胜快速工程、京沪高铁项目制架梁工程。其中，杭州绕城高速公路北段工程被浙江省交通厅评为优良工程，杭州德胜快速工程获全国优质工程银质奖。2011年，广深港客专狮子洋隧道无碴轨道板铺设提前实现“三个节点”工期目标。2013年，青岛蓝色硅谷项目部U型梁生产攻克多项技术难题，沪昆双块式轨枕、郑徐客专宁陵制梁场通过部级认证。

兖矿集团大陆机械有限公司

1996年，兖州煤矿机械厂机关设厂部办公室、生产处、设备动力安全处、供应处、产品开发处、质量检验处、劳动工资处、销售处、组干处、党委工作部、生活服务公司等20个处室、单位，下设铸造、锻造、机械加工、机电设备制修、动力、铆焊、总装、顶梁、托辊等12个分厂，有在册职工2629人。1997年，经煤炭部和国家经贸委批准，兖州煤矿机械厂由兖矿集团托管，2000年9月，整体划转并入兖矿集团。2002年4月，兖州煤矿机械厂改制为兖矿集团大陆机械有限公司（以下简称“大陆机械”）。至2013年年底，兖矿集团大陆机械有限公司设有董事会办公室、总经理办公室、财务部、总调度室、人力资源部等17个管理部室。下设铸造、锻造、机加工、铆焊、总装配等10个生产车间和华圣分公司、新兴分公司、济东分公司、兖矿集团兖州三方钢结构工程有限公司。有在职职工1798人。

产品研发 1996年，大陆机械在带式输送机研制方面形成系列化（SSJ、SSD、STD、STJ、DX、TD75等系列），产品在华东地区拥有广阔市场，被煤炭部列为全国煤炭系统带式输送机主要生产企业之一。同年12月，按期完成由山东煤管局立项、列为山东省技术开发重点项目的带宽1.2米、运距大于1800米的长运距带式输送机研制，一次通过工业性试验。1997年6月完成日照港六号堆煤码头带宽2.200米、小时运量6000吨带式输送机系统制造和安装调试通过专家组验收，获交通部优良工程称号。同年10月，研制倾角-16°～-25°采区上山（下运）带式输送机，获一九九七年度国家级新产品称号。1999年，大陆机械通过ISO9001质量管理体系认证和ISO10012计量保证确认合格企业。1999年—2001年，完成兖矿集团“十五”科研攻关项目——兴隆庄煤矿600万吨采煤工作面带宽1.4

米、带速4.5米/秒、长度2000米、运量3500吨/小时顺槽可伸缩带式输送机研制，填补国内空白，并作为主力机型投放市场；为兖矿集团南屯煤矿九采区设计制造SSJ1200/3×315S可伸缩带式输送机，是当时兖矿集团使用的带宽最大、单机功率最大的可伸缩带式输送机。2004年，完成兖矿集团科研项目—SSJ120/3×315大倾角、大运量、上运倾角25°工作面顺槽可伸缩带式输送机研制，获兖矿集团科学技术进步一等奖。2006年，完成兖矿集团东滩煤矿600万吨采煤工作面带宽1.4米、运距3000米、带速4米/秒、运量2600吨/小时大型可伸缩带式输送机研制，该产品获山东名牌产品称号。2009年，完成SGZ800/800重型刮板机成套设备研制，获山东省煤炭科学技术三等奖，刮板输送机系列产品荣获山东名牌产品称号。2011年，为河南登封金星煤矿研制提升高度-147米、倾角-29.5°下运带式输送机，下运倾角为当时国内最大，为陕煤集团柠条塔煤矿设计生产DSJ160/300/G3×500+3×500可伸缩带式输送机，采用变频启动和多点驱动技术，加快了重大装备国产化进程。2012年9月，输送机商标被山东省工商行政管理局认定为山东省著名商标。2013年，完成兖矿集团科技攻关项目——DSJ120/200/4×315机身折叠式可伸缩带式输送机研制，为国内首台套，获国家发明专利（专利号：201310403670.3），同年12月，大陆机械通过中国煤炭工业协会企业AA＋信用评审。至2013年年底，先后研制刮板输送机系列产品1824台，带式输送机2674台，市场占有率连续多年保持全国煤炭机械行业第一位，在带式输送机、刮板输送机系列产品研发方面，共取得各类科技成果291项，其中有13项技术获国家发明和实用新型专利。

技术改造 1996年始，为适应产品结构调整和专业化生产要求，大陆机械陆续实施部分技改项目，添置部分大型加工设备和检测设备，设备状况得到逐步改善。2001年，为提高产品加工质量和档次，购置日本三菱重工生产的M—HT11/1250型卧式数控镗铣床。2003年，投资818万元，建成符合国际先进标准的年产3000吨铸件的树脂砂铸铁生产线，铸造件质量达到国际先进水平。2006年，加工出口减速器箱体项目建成投产，具备年加工高端减速器箱体1320台套的能力。2007年，新建树脂砂铸钢生产线，刮板输送机槽帮钢等铸造能力达到年3000吨，新建热处理生产线，实现全程微机自动控制，形成年热处理工件2000吨生产能力。2010年，投资5000万元，新建齿轮精加工项目，通过购置国际一流设备，提高了减速机生产加工能力。2013年，启动重型刮板机技改项目，陆续购置卧式数控镗铣床、焊接机器人等高端设备。至年底，大陆机械拥有各类设备1200余台。

兖州中材建设有限公司

1996年，兖州矿山工程公司隶属中国建筑材料工业建设总公司，内设生产科、经营科、劳资科等16个科室，辖5个项目部、2个厂和1个配件供销公司，在册员工817人。2000年，科室个数由16个精简至7个。2007年，兖州矿山工程公司由全民所有制改制重组为股份制企业，更名为兖州中材建设有限公司。内设生产管理部、经营部、设备部、人力部、财务部、审计部、党群部、总经理办公室等七部一室。至2013年年底，兖州中材建设有限公司机关内设生产管理部、经营部等10个部室，有在职员工490人。

1996年，全年完成土石方220万立方米，完成产值3600万元。1999年，完成产值4100万元，主要承担山东、安徽、江西、江苏等地区的建材、交通、化工等系统的建设工程项目。2000年—2003年，兖州矿山工程公司除继续在水泥矿山领域发展外，先后承接重庆万梁高速、黑龙江黑北公路等道路工程，2003年，完成产值2980万元。2004年，调整经营思路，以采矿服务为主，减少公路、安装等工程投入，新接烟台东源水泥、淄博山水水泥、万年青集团瑞金水泥、宾州水泥厂孙家窑石灰石矿山项目，全年供矿1000万吨，产值5000万元。2005年—2013年，兖州中材建设有限公司先后与红狮水泥、天瑞水泥、中联水泥、山水水泥、中材水泥等大型水泥集团公司建立合作关系，签订多条新型干法熟料生产线的矿山采矿服务合同（其中5000吨/天的熟料生产线25条、12000吨/天的熟料生产线1条、2500吨/天的熟料生产线7条）。至2013年年底，兖州中材建设有限公司全年供矿量增至4270万吨，实现产值4.1亿元。

中央储备粮济宁直属库

1996年，山东兖州国家粮食储备库下设总务科、后勤劳资科、质检科、专储科、商贸部、业务部、经营部、购储部等工作机构，共有人员254人。2002年4月，山东兖州国家粮食储备库更名为兖州中心库，将商贸、业务、经营部整合为业务科，并根据工作需要增设仓储业所需机构。2008年9月2日，被中国储备粮管理总公司整体上划为直属库，更名为中央储备粮济宁直属库。2009年3月，内设机构变更为人事党群科、综合科、财务科、仓储科、监管办公室、业务科、购销公司。2010年1月，上收金乡粮食储备库为中央储备粮济宁直属库金乡分库。2011年9月，与济宁市利生面业有限公司合资成立汶上控股公司，占股51%。2012年10月25日，以济宁直属库为基础，组建中央储备粮济宁中心库。2013年，中央储备粮济宁直属库下设综合人事科、财务会计科、仓储管理科、质检监管科、购销经营科5个科室，共有人员314人。

仓储设施 1996年，共有仓容12.8万吨，仓房均为50年代建设的苏式平房仓。仓储设施陈旧，气密性差。1998年，经济宁市粮食局同意，翻盖部分仓房，1999年年底，建设完成高大平房仓5万吨，同年完成压仓任务3万吨，扩建后仓房49口仓容15.1万吨。2000年4月，完成压仓任务轮入1.95万吨。2009年，因交通不便等问题，整体拆建至兖州市大安镇七里铺村。2010年，建设新型砖混结构仓房，均采用最新的SBS墙体防水材料、仓房隔热顶及仓内吊顶，达到了仓内三低的标准要求。新型房式仓房总体预计仓容26万吨分三期完成，一期建设仓容8.4万吨，二期建设仓容6.8万吨，三期建设仓容10.8万吨。截至2013年底，共建成15.2万吨仓容，投入使用12万吨。

储粮技术

仓内通风技术 1996年，兖州粮库仓房内储粮全部使用1.1千瓦轴流风机通风，通风效果差。如果遇到仓内粮食湿热等问题，只能靠多管通风机进行局部通风或使用人工倒仓晾晒的方法解决。2006年，对所有仓房增加地上笼通风，节省了人力、物力。2007年，增配更为科学的离心式风机，采用轴流风机和离心风机相结合的通风方法，快速处理仓内湿热粮情，减少了粮食损耗。2011年，对仓内通风系统全面升级改造，在原有的技术上增加智能通风。2013年，所有仓房通风设施系统改造完毕。利用电脑远程监控测温技术判断所需求的通风方式，对仓内异常粮情进行全自动通风处理。

仓内测温技术 1996年，为苏式平房仓，仓容少、粮堆高度低（2米～3米），使用带有温度计的物理测温杆进行测量粮堆内的温度，予以判断粮堆内粮食情况，缺点是测温杆受粮堆的摩擦造成测量温度不精确，等待时间长、效率低。2002年，采用电阻式测温杆配合手持测温仪进行测量。2008年，仓内储粮数量增加、粮堆高度增高，硬体的测温杆已不能满足新型仓房的需求，遂改为测温电缆，每个仓内布设49根测温电缆，配合电子手持仪检测上层、中上层、中下层及下层粮温，确保了储粮安全。2010年，在原有的基础上全面使用电脑远程测温监控系统，以便随时对仓内粮温进行及时监控。

熏蒸技术 1996年，兖州粮库对仓内熏蒸使用磷化铝仓外发生器结合二氧化碳进行混合熏蒸，目的是达到双低储藏（低氧、低剂量）。缺点是用时长，每次作业时间7小时～8小时，作业时为防止二氧化碳管道结冰造成作业停止还需间断用热水浇淋。2004年，改为磷化铝片剂配合环流风机对仓内进行常规熏蒸。2006年，改为仓内、地上笼通风口及环流风机混合常规熏蒸。因老式仓房气密性差，每次熏蒸后仓内磷化氢气体达不到杀死储粮害虫的浓度，还需后期对仓内进行磷化铝片剂补药作业。2010年，新型房式仓建成后减少了磷化铝片剂的使用量，并提升了磷化氢气体的有效浓度时间，达到低剂量、绿色储粮的科学储粮标准。2011年，为确保熏蒸作业人员身体健康，原熏蒸作业时使用的老式活性炭罐防毒面具更换为MSA空气呼吸器，隔绝了作业人员与磷化氢气体的接触。

山东省第二水利工程局

1956年9月，山东省水利厅第一建筑安装队成立，1989年，更名为山东省第二水利工程局，隶属山东水利工程总公司。主营机电设备安装、水利水电建筑施工、基础处理工程、金属结构产品制作安装、河道疏浚、土石方机械化施工等。1996年，山东省第二水利工程局内设政工科、工程科、经营科等8个科室，辖6个单独核算单位。有职工426人。固定资产3100万元，流动资产2100万元，各类施工生产机械设备100余台套。1996年施工的小清河治理重点工程——金家堰节制闸、高青分洪闸、寿光浅孔闸，跋山水库溢洪闸闸门金属结构工程、德州市丁东水库入库泵站、洙赵新河一期治理工程同获省水利厅优质工程奖。2003年，中标工程主要有泰安市黄前水库除险加固工程第四标段、泰安市黑龙潭水库除险加固、南水北调济平干渠（二期）第十六标段、泗水县贺庄水库除险加固工程第三标段、平邑县唐村水库除险加固工程第七标段、枣庄八中运动场基础工程、南水北调济平干渠工程（三期）第二十一标段等。全年共完成产值2700万元。其中，浙江杭州上德立交桥完成723万元，日照水库440万元。2007年，参与临沂沂沭泗河刘家道口枢纽山东省实施项目二标段、沂沭泗河东调南下（枣庄段）一标段，鲍店煤矿采煤塌陷地治理等工程。完成经营额3000余万元。其中，邹城西苇水库完成产值262.56万元，湖东堤七标段420万元，湖东堤二十六标段480万元。2009年，完成微山县截污导流工程第二标段、滕州截污导流工程第四标段、枣庄市市中区周村水库第二标段等8项工程的施工。获得部、省、地级全优工程20多项。其中，承建的引黄济青工程被山东省住房和城乡建设厅、山东省建筑工程管理局、山东省建筑业协会评为新中国成立60周年60项山东省精品建设工程。2012年，完成产值17758万元，固定资产增值120万元。全年共参与120余项工程的投标，包括小农水、土地复垦、市政工程项目，既有省内的也有省外的项目，中标金额11889万元。至2013年年底，山东省第二水利工程局内设办公室、经营科、工程科等5个科室，辖5个独立核算单位。有职工426人。全年完成经营额14737.9万元，完成产值15700.6万元，固定资产增值110万元。

济宁市泗河管理处

1996年，济宁市水利局泗河管理所更名为济宁市泗河管理处，内设工程、经营、财务、办公室、治安、水政6个股室和潜水、堤坝灌浆两个工程队，辖曲阜、兖州、济宁3个管理段。有干部职工50人。2000年，管理段更名为管理所，下辖竹子园、兖州、郑庄3个管理所，机关增设工会、征收、保卫、防办、计生办、团支部。2005年，撤销经营、治安、堤坝灌浆、团支部4

个科室。2008年，增设兖州城区管理所，成立工青妇办公室，撤销工会、征收、计生办、潜水4个科室。至2013年年底，内设办公室、财务科、水政监察大队、工程科、防汛办公室、人事科共9个科室所（大队）。辖一所（曲阜段）、二所（兖州城区段）、三所（高新区和任城段）3个管理所。有在编人员54人。

河道治理 1998年，济宁市泗河管理处对右岸李家河口1100米堤防按20年一遇防洪标准复堤加固，完成土石方9050万立方米。2000年—2004年，分别对泗河横河段、太平段堤防加固工程1000米，总投资400万元。对右岸金口坝至白家店段9.5公里堤防按20年一遇防洪标准加固治理，完成土石方66.90万立方米。对济三煤矿泗河右堤0+700-2+300段大堤沉陷加固治理、太平煤矿泗河左岸20+300-21+100段堤防沉陷加固治理、杨村煤矿泗河左岸30+000-31+200段王庄境内裂缝处理工程和宏河矿业集团横河煤矿泗河下采煤堤防沉陷加固治理，共计加固堤防长度6.2千米，完成土石方96万立方米。对济三煤矿1305工作面泗河下采煤堤防塌陷治理工程、鲍店煤矿1312工作面泗河下采煤堤防塌陷治理工程，共计加固堤防长度4.6千米，完成土石方42万立方米。2005年—2006年，分别完成济三煤矿1303工作面泗河下采煤堤防塌陷治理工程、鲍店煤矿9318工作面泗河下采煤堤防塌陷治理工程、横河煤矿泗河下采煤堤防塌陷治理工程，共计加固堤防长度8.5千米，完成土石方126万立方米。1314工作面河下采煤塌陷治理工程，堤顶高程49.8米，堤顶宽6米，完成滩地恢复25万立方米，筑堤土方7.1万立方米，护堤地恢复3.5万立方米，煤矸石护堤6.4万立方米，堤防砌石5000立方米，堤防灌浆7千米。1316工作面河下采煤塌陷治理工程按50年一遇设计标准治理，堤顶设计高程49.94米～50.00米，顶宽6米，迎水坡1∶3，背水坡1∶2.5。2007年—2012年，实施南四湖湖内泗河治理工程，工程按20年一遇防洪标准设计，由提防加固、河道整治、建筑物、防汛公路与水文设施及工程管理等组成。堤防等级为3级，建筑物按3级建筑物设计。治理范围为泗河栗河崖至金口坝（桩号8+296—40+595）32.3公里河段内的堤防及穿堤建筑物。完成鲍店煤矿1316工作面泗河下采煤塌陷治理工程，建设防汛道路7.5公里，宽5米，堤顶采用泥结碎石路面形式，路面厚度10厘米，上覆1厘米的石屑保护层，道路两侧采用预制混凝土路沿石进行护砌，堤坡修筑8处排水簸箕以备排水之需。对堤防两侧的雨淋沟、上堤马道进行修垫，动用土方2100立方米，石方325立方米，投资50余万元。完成泗河上游竹子园石护岸工程和泗河下游八公里堤防维修工程，动用土方1.14万立方米，石方534立方米，投资21.8万元。2013年，对泗河下游治理段部分堤防外侧进行修复，并在20个观测断面上埋设160个观测桩，并形成观测资料，顺利通过国家组织的竣工验收。完成丁庄连锁式生态护坡工程，开挖土方522立方米，铺设土工布1800平方米，铺筑碎石垫层180立方米、浆砌石150立方米、生态护坡砖1800平方米。完成投资26.5万元。完成泗河右岸38公里堤防的维修养护工作，共完成土方3700立方米，维护标志牌531个，新设路卡8处。

防汛抢险 2003年9月4日20时，兖州市大石桥洪峰流量接近800立方米/秒。济宁市泗河管理处立即召开防汛调度会议，按照责任分工，巡堤查险，通报水情。重点要求沿河煤矿加强各险工险段的防守，重点险工段常备队上堤。此次洪水共冲毁生产桥2座，护坡9处，泗河大堤出现不同程度的裂缝、滑坡等险工10余处，下游部分洪水漫摊，部分农作物被淹。2007年8月17日16时，书院站实测流量818立方米/秒，21时50分，兖州大石桥实测流量1170立方米/秒。由于受两次洪峰影响和入湖口湖内洪水顶托，致使泗河下游郑庄村段（12+960—

12+754）出现多处堤外渗水险情，渗水堤段总长度达206米。泗河管理处将情况向市防汛指挥部作了汇报，并在济邹公路收费管理处召开防汛抢险协商会，制定抢险方案。16时，任城区防指调集二号井、区武装部共计150人，采用外堤脚摆放沙袋压载加固措施，对大堤三处严重渗水点进行抢护。20日凌晨2时，完成抢险工作任务。2009年汛期泗河流域降水相对集中，6月—9月，总降雨量496.6毫米，仅7月就降雨277.7毫米，占整个汛期降雨量的55.92%。7月20日，泗河上游普降大到暴雨，河水上涨。左岸曲阜市防山乡徐家村段（红旗闸上游1800米处）有一沙石铺成的阻水便道。便道与泗河右岸滩地交接薄弱处冲断，致使泗水县杨柳镇楚夏寺村滩地坍塌，危及右岸堤防安全。泗河管理处立即责成设障当事人调运挖掘机，连夜清除，并对泗河进行拉网式检查，不放过每一处险工。2010年—2013年，泗河流域防汛形势趋于稳定，未再发生较大的汛期险情。

水政执法 2003年—2005年，济宁市泗河管理处共查处水事案件42起，其中河下采煤项目5起，河内排水2起，清除阻水林木360多亩，清除垦堤种植122亩，调解水事纠纷23起，查处违规砂场12处，挽回经济损失1800多万元。2007年—2008年，依法查处泗河汪庙村段违法修建阻水建筑物、曲阜瓦窑头段非法采砂、修建阻水建筑物、下游郑庄段在河道内违法修建养鸡场，以及垦堤种植、违规采砂等水事违法案件16起，均依照法律程序进行处理。2009年，中、下游非法采砂较多，缺少必要的监管措施，非法采砂达30余处，特别是任城区和高新区王因镇境内，相关县市区暂无明确监管措施。全年开展3次水政监察检查活动，对4处非法采砂点进行强制取缔。共计动用各级执法人员90多人、车辆近20台，对2名违法当事人进行治安处理，拆除管理用房6间，封存扣押机械2台，毁沉各类非法采砂船10艘。2010年—2012年，共开展联合执法行动10余次，依法取缔违法采砂17处，捣毁非法采砂船只40余艘，拆除采砂管理房40间，扣留非法采砂人员5名，打击了非法采砂行为。2013年，联合沿河有关部门，连续5次对非法采砂点开展集中打击，捣毁非法采砂船18艘，公安机关围捕非法采砂人员5人。

济宁市荣复军人医院

1996年，济宁市复退军人精神病院内设办公室、政工科、医务科、财务科、总务科等6个职能科室；医技设有门诊部、放射科、影像科等8个科室和4个临床病区。有职工124人，其中卫生专业技术人员85人。全年入院298人，出院315人，共收治病人439人，门诊7600人次，治愈好转率96%。1997年3月，投资12万元，建立老年公寓，开展老年人代养、老年病房康复等服务，内设床位34张。2000年，收治病人705人，床位使用率98%，治愈好转率96%。2002年，新建康复公寓楼1座，面积1226平方米，共设床位250张。2003年11月，更名为济宁市荣复军人医院。2004年11月，医院投资30多万元进行医院管理信息化建设，成立信息中心。2005年3月，住院处、门诊收款、药房、药库与信息中心并网，计算机管理网络系统全面启动。2005年4月，成立内科特色门诊，形成集内科、理疗、心电图、工娱疗室为一体的综合科室。同年，成立心理科和内科病房，心理科开放床位30张。2007年，扩建老年公寓，建筑面积达3000平方米，开放床位100张，同年，完成济宁与菏泽两市复退军人精神残疾鉴定工作任务，全年鉴定精神残疾患者565人。2008年，为更好地为年老体弱、长期住院的荣复军人服务，成立荣军康复科。2009年7月—8月，开展优抚对象下乡巡诊工作，组织专业医疗队到全市14个县（市）区、76个乡镇、118个村庄送医送药，达到“治好一人，幸福一家，感动一片，稳定一方”的目标。

同年，开展济宁市精神病患者贫困家庭救助项目，为80名精神病患者办理免费住院手续，并免费发放20552元的精神药品。2010年，拆除使用多年的门诊楼，在原址新建荣军康复治疗中心。2013年6月，荣军康复治疗中心大楼主体结构封顶。至2013年年底，济宁市荣复军人医院总占地面积46亩，建筑面积18000平方米，编制床位250张，实际开放床位300张。设有院长办公室、人力资源部、医教部、护理部、门诊部等11个内部行政管理机构和精神科、内科、荣军康复科、心理科、老年病科等12个专业性机构。有在职职工135人。全年门诊就诊患者16496人次。其中，初诊1018人次，复诊15478人次。住院患者742人次，出院727人次，患病治愈率达到98%。

济宁市皮肤病防治院

1996年，济宁市皮肤病防治院内设办公室、人事科、计财科、社防科、医务科、门诊部、护理部、药剂科等科室。有在职职工49人，专业技术人员39人。2012年10月，在济宁市洸河路西首设立济宁门诊部。至2013年年底，内设办公室、人事科、计财科、社防科、医务科、门诊部、护理部、药剂科等科室，门诊部下设皮肤科、性病科、理疗室、医学美容中心、化验室、过敏源检测治疗室、病理室等业务科室，共有在职职工66人，专业技术人员58人。

麻风病防治 1996年始，济宁市皮肤病防治院开展麻风病的线索调查、愈后存活病人家属查体工作，现症病人治疗全面实施MDT方案，使麻风病人的MDT率和规则治疗率均达到100%。1996年—1999年，共发现麻风病人32例，发病率为0.0125/10万。2000年，对10年内济宁市存在新发、复发麻风病人的56个村庄，212326人进行线索调查，提供线索362个，确诊病人5例，对治愈存活麻风病患者1226人进行监测，确诊复发病人1例，对现症病人家属126人进行查体，未发现麻风病人，门诊确诊麻风病人1例。2006年，济宁市出台《济宁市麻风病防治项目实施方案》。2008年，在济宁市麻风病可疑者筛查中，共收集线索456例，确诊1例，愈后存活病人家属检查1624人，未发现新病例及复发病人，23例现症病人均按要求规则治疗，其中有1例发生神经炎，3例发生Ⅱ型麻风反应，均得到治疗。全年完成济宁市麻风病数据库的资料收集工作。2010年起，每年举办麻风病防治技术培训班，邀请国家、省市级麻风病防治专家授课，对各县市区乡村医生和综合医院皮肤科、眼科、神经科医生进行培训。2011年4月—6月，举办面向各县市区综合医疗机构和乡镇卫生院相关专业医务人员、乡村医生进行麻风病防治基础知识和技能的培训班，参加人员共计5133人次，发放《乡村医生麻风病防治手册》和常见皮肤病防治宣传单20000余份。2013年10月，举办济宁市麻风病临床医师师资培训班，市直和各县市区医疗单位皮肤性病科、神经内科和眼科医疗人员共98人参加。至2013年年底，济宁市皮肤病防治院设有办公室、人事科、计财科、社防科、医务科、门诊部、护理部、药剂科等科室，门诊部下设皮肤科、性病科、理疗室、医学美容中心、化验室、过敏源检测治疗室、病理室等业务科室，共有在职职工66人，专业技术人员58人。累计发现麻风病患者3627例，治（自）愈2904例，除死亡、外迁等其他减少外，尚有治愈存活病人756例，现症病人7例。

性病防治 1996年，济宁市皮肤病防治院共发现性病患者1581例。其中，淋病623例，尖锐湿疣430例，梅毒28例，N、G、U（非淋菌性尿道炎）432例，生殖器疱疹68例。1999年，发现性病患者2699例。其中，淋病637例，尖锐湿疣128例，梅毒1356例，N、G、U（非淋菌性尿道炎）504例，生殖器疱疹74例，梅毒病例有明显上升趋势。2000年，对20096名重点人群进行监测，确诊性病患者1665人。其中，男性1113人、女性552人，梅毒96人、淋病558人、尖锐湿疣462人、非淋菌性尿道炎521人、生殖器疱疹28人。被监测重点人群的性病患病率为8.29%。2009年，共上报性病疫情594例。其中，男性363例、女性231例，梅毒22例、淋病182例、尖锐湿疣176例、非淋200例、生殖器疱疹14例。2013年，济宁市免费发放性病干预服务包5760个。至2013年年底，济宁市性病疫情统计数据为梅毒1066例，淋病254例，尖锐湿疣825例，衣原体28例，生殖器疱疹81例。

皮肤病防治 1996年，济宁市皮肤病防治院门诊人次为2.8万人。2005年，门诊人次42386人，比2004年增加2444人，增长率6.1%。2007年，门诊人次突破5万人，为50043人。2013年，门诊人次增加至99018人。

济宁市第二救助管理站

1996年，兖州收容遣送站无内设机构，有在职人员16人。占地面积1.17亩，有床位50张，全年收容遣送流浪乞讨人员7000余人次，耗用经费5万元。2003年，兖州收容遣送站更名为济宁市第二救助管理站。全年收容遣送流浪乞讨人员6000余人次，耗用经费5万元。2007年，利用山东省财政厅资助的30万元的专项维修资金，粉刷受助人员宿舍、办公综合楼内外墙体2800多平方米，更换地板砖800平方米、墙面砖200多平方米，硬化水泥地面340余平方米，改装门窗20余扇，新增空调9台，安装电动大门和电子监控设备。2009年，济宁市第二救助管理站加挂济宁市流浪未成年人第二救助保护中心牌子。2013年，济宁市第二救助管理站（济宁市流浪未成年人第二救助保护中心）经费来源为财政拨款，机构规格为正科级，有在职员工18人，床位100张，全年救助流浪乞讨人员5000余人次，耗用经费80.2万元。

济宁学院学前教育学院（兖州师范校区）

1996年，山东省兖州师范学校有在编教职工116人。2000年7月，根据《济宁市人民政府关于调整师范学校布局结构有关问题的通知》，原兖州师范学校与原曲阜师范学校合并为新的曲阜师范学校，原兖州师范学校成为曲阜师范学校兖州校区。2008年11月，根据济宁市人民政府《关于调整曲阜师范学校和金乡师范学校的通知》，原山东省曲阜师范学校整建制并入济宁学院，更名为济宁学院初等教育学院，原曲阜师范学校兖州校区随之成为济宁学院初等教育学院兖州校区。2013年，根据山东省机构编制委员会《关于济宁学院机构编制事项的批复》精神，济宁学院初等教育学院兖州校区被批准为济宁学院学前教育学院（兖州师范校区）。至年底，济宁学院学前教育学院在编教职工共有121人。

专业设置 1996年，在招收三年制普师中专、三年制幼师中专、计算机应用、电脑财会、工艺美术、机电一体化等专业基础上，新开设音乐、体育、文秘、机械纺织、纸浆与造纸工艺等专业，同时开设的中等职业技术专业达到8个，招收初中毕业生846名。1997年，根据社会需求，调整招生专业，体育、文秘、机械纺织、纸浆与造纸工艺停招，新设司法委培班，招生15名，三年制普师中专、三年制幼师中专招生规模继续扩大，分别招生255名、295名，1997年总计招收初中毕业生967名，班额数增至58个，在校生达到2500余名。1998年，工艺美术专业停招，新设采矿与机电委培班，招生86名，年度招生总计527名，办学规模开始萎缩。1999年，除普师、幼师外，仅有电脑财会、计算机应用两个中等职业技术专业招生73名。2000年，首次招收初中起点五年一贯制高等师范教育专科小学教育专业

6个班240人，三年制幼师中专招收151名，新设餐旅管理专业招生26名，按照济宁教育委员会的要求，短期培训民办教师320名，学校开始由三年制中等师范向五年一贯制专科高等师范转轨。2003年，非师范类中等职业技术专业停招，同时招收初中起点五年一贯制高等师范教育专科小学教育专业8个班320名、三年制幼师中专4个班160名。2009年，停止招收五年一贯制高等师范教育专科小学教育专业。2011年，开始招收五年一贯制高等师范专科学前教育专业学生2个班80名。2013年，停招三年制幼师中专，开始完全招收初中起点五年制一贯制高等师范专科学前教育专业学生，并逐步构建起五年一贯制专科学前教育专业语言、舞蹈、音乐、美术等4个专业方向，形成教学班38个、在校生近1500名的办学规模。

基础设施 1996年，学校拥有南北两座院落，北院占地27亩，南院占地70亩，北院建有教学楼、学生宿舍1号楼，艺术楼，南院建有6排平房和学生餐厅，校舍总建筑面积29500平方米。推动“五机一幕（电视机、录像机、录音机、投影机、幻灯机、屏幕）”进教室项目，办学条件大幅改善，位居省内同类学校前列。同年7月，北院办公综合楼、北院教学2号楼、南院教学办公楼、南院学生宿舍1号楼动工，均在1997年10月竣工。1999年9月，北院东琴楼、北院学生宿舍东楼、南院学生宿舍2号楼动工，2000年竣工启用。2008年，学校投资30余万元，所有教室配置多媒体设施。2009年8月，启动南院教学楼接建，2010年竣工。至2013年年底，校舍总建筑面积达到4.45万平方米。

2008年—2012年市属企业改革简述

2008年，兖州市启动市属企业改革工作，对全市48家市属企业进行改革改制。1月，市政府印发《兖州市市属困难企业改革工作实施方案》，并成立由市委常委任组长、市政府党组成员为副组长的市属企业改革会战指挥部。4月28日，全市企业改革工作动员大会召开，市政府先后制定《企业改革工作计划》《企业改革工作考核办法》《关于维护市属企业改革秩序的通告》等文件。改革工作进入实施阶段。市企业改革指挥部成立综合组、方案审核组、经贸组、商贸组等8个工作组，分别安排到有改革任务的部门，逐一明确责任分工，并在摸清企业情况，掌握工作中的难点、重点和焦点问题的基础上，制定《兖州市困难企业改革工作实施方案》《兖州市市属企业改革工作计划》，为推进工作打下坚实基础。

改革过程中，市企业改革指挥部对各工作组所包保的工作实行一天一汇报、一周一调度，建立工作台帐，实行挂图作战。严肃改革纪律。先后对兖州市农业机械厂、兖州市棉麻机械厂等单位的违法违纪人员进行严肃查处。建立部门联动机制，市纪委、市委组织部、市财政局、市公安局等20余个部门和单位全力配合，形成支持改革、促进改革的合力。市企业改革指挥部全体工作人员针对面向困难企业职工工作的特殊性，采取发放明白纸、召开谈心会、上门走访等灵活多样的方式宣传政策法规。有关单位和部门认真负责，深入到每个企业、每个职工，做了大量卓有成效的思想工作。各包保工作小组依法清算，严格掌握标准，做到公平、公正、公开，合情、合理、合法，得到改革企业大多数职工的拥护和支持。

至2012年，市属企业改革工作基本结束。共完成39家困难企业改革任务。剩余9家市属企业中，兖州电影机械厂完成“退城进区”工作任务，市九州百货大厦、市华联商厦等8家企业通过生产自救、改制重组等方式焕发生机。共盘活闲置资产约5.51亿元、闲置土地1052亩。累计完成职工债务清偿14024人。其中，在职职工9541人，退休职工2798人，市财政垫付资金4.95亿元。职工自谋职业且依法交纳养老保险的，市政府给予每人每年1200元的养老保险补贴，直接拨付到市社会养老保险处，直至法定退休年龄。本次改革，解决了困扰职工十几年的工资、医保、养老金等难题，职工的合法权益得到有效保护。

前志简述

《兖州市志》（第一部）由兖州市地方史志编纂委员会编纂，山东人民出版社出版。

《兖州市志》（第一部）修编工作始于1982年，1997年9月出版，历时16年。兖州市委、市政府高度重视第一部《兖州市志》修编工作，先后12次调整兖州市地方史志编纂委员会，8次召开全市地方志工作会议，组织专门班子，抽调精干力量，5易篇目，数易其稿，保证了修志工作的顺利开展。

该志书上限为1840年1月，下限至1995年12月。为保持事物的完整性，部分内容适当上溯或下延。记述重点为当代。全书130余万字，有彩色地图2幅，彩色照片100余幅，随文黑白照片40余幅。1982年4月至1989年5月，县地方史志编纂委员会成立，下设办公室，各乡镇、县直部门和部分中央、省、济宁市驻兖单位相继设立2人～5人的史志编纂小组，其中主编1人，副主编2人，编辑6人。各单位主要供稿人员100余人。召开会议动员宣传，外出学习，开展培训，征集资料，制订篇目。1989年6月至1993年6月，撰写初稿。1993年7月至1995年12月，反复修改，总纂合成。1996年1月至1997年9月，细致打磨，出版发行。

该志书设卷立目，前置概述、大事记，后设驻兖单位、附录，中设专志30卷，共171章、545节、1300余目。篇目为序、凡例、概述、大事记、卷一行政区域、卷二自然环境、卷三人口、卷四农业、卷五水利、卷六林业、卷七工业、卷八乡镇企业、卷九交通、卷十邮电、卷十一城建•环保、卷十二商业、卷十三粮油、卷十四财政•税务、卷十五金融、卷十六经济综合管理、卷十七党派•群团、卷十八政权•政协、卷十九公安•司法、卷二十民政、卷二十一人事•劳动、卷二十二军事、卷二十三教育、卷二十四科技、卷二十五文化、卷二十六卫生、卷二十七体育、卷二十八风俗•宗教、卷二十九方言、卷三十人物、驻兖单位、附录、编后记。30卷专志中，自然部类2卷、6.02万字，经济部类13卷、45.55万字，政治部类4卷、14.23万字，文化部类6卷、28.45万字，社会部类4卷、13.54万字，人物1卷、4.92万字。

全书记述了兖州1840年至1995年150多年间境域、机构的变迁，自然、地理、环境的变化，政治、经济、文化、社会的发展历程，展示了兖州人民团结奋进、艰苦创业的精神风貌。

《兖州市志》（第一部）作为兖州的首部市志，保存了地方史料，归纳了地情信息，揭示了发展规律，展示了兖州风采，服务了当地经济建设和社会发展，发挥了“存史、资政、教化”的作用，得到了社会广泛认可。

专志简介

兖州市部门志、行业志、乡镇志编纂始于20世纪80年代，大多印制成册，但正式出版的较少。仅介绍几部正式印刷出版并具有一定影响的部门志、行业志、乡镇志。

《兖州县谷村乡志》 《兖州县谷村乡志》由兖州县谷村乡史志办公室编纂。1983年12月开始编写，1989年1月印刷成书，16开平装本，上限1840年，下限1987年，共20余万字。该书前置大事记，中设建置、自然地理、经济、政治、军事、文化、社会、人物、附录9编，后设编后记。真实、系统地反映了谷村的自然地理、建置沿革及社会的历史与现状，重点记述新中国成立后谷村各方面的情况，突出反映了谷村悠久的历史、优越的地理位置和独特的物产。

《兖州县城郊乡志》 《兖州县城郊乡志》由城郊乡史志办公室编纂。1983年6月启动，历经5年，六易其稿，1988年11月印刷成书。上限1840年，下限1986年，为16开铅印平装本，共13.5万字。该书前设序言、凡例，中设大事记、建置、自然地理、经济、政治、军事、文化、社会、人物、附录10部分，后设编后记。该书详细记述了城郊的地貌、水文、地质、土壤结构与分布、矿产资源、物产、行政区划的沿革变化、隶属关系的变更、人口户数、风土民情及城郊的地理位置和所处的优越环境，展示了新中国成立后人民当家做主的精神面貌，建设社会主义的积极性，人民生活水平的提高，特别是党的十一届三中全会以来，城郊乡经济建设取得的巨大成就。

《王因镇志》 《王因镇志》由兖州县（市）王因镇史志办公室编纂。1983年5月启动，历时4年，1987年10月印刷成书，为16开平装本。上限1857年，下限1986年，共11万字。该书前置大事记，中设建置、集镇·村庄、人口、自然地理、农业、林业、畜牧·水产、副业、工业、商业、交通·邮电、物价、粮油、财税·金融、村镇建设、中国共产党、地方行政机构、民政、群团、司法、政治斗争记略、军事、文化科技、教育·体育、卫生、方言、风俗习惯、宗教、人民生活、人物30卷，后附编后记。记述了王因的建置沿革、行政区划的变化、地形地貌、政治、经济、文化、社会风俗等。

《兖州县（市）人民代表大会志》 《兖州县（市）人民代表大会志》由兖州县（市）人民代表大会常务委员会编志小组编纂。1990年11月至2010年12月，共编纂2卷。第一卷上限1948年7月，下限1991年5月，共7章、28节、49目，1991年7月由兖州报社印刷厂承印成书，16开本，共9万余字。该卷前设序、凡例，中设概述、代表选举、兖州县人民代表大会、兖州县人民代表大会常务委员会、兖州县人民代表大会常务委员会主任会议议事规则、人物6章，后设后记。记述了1948年7月到1991年5月间人民代表大会制度在兖州的形成、建立和发展的历程。第二卷上限1990年，下限2010年，共7章、16节、65目，2009年7月启动编修，2010年12月由齐鲁书社出版发行，16开本，共57万余字。该卷前设序、凡例，中设概述、代表选举、兖州市人民代表大会、兖州市人民代表大会常务委员会、兖州市人民代表大会常务委员会主任会议与党组织、镇（乡、街道）人大工作、人物7章，后设编后记。记述了1990年至2010年间兖州市人民代表大会及其常委会的历届会议及工作，反映了人民代表大会制度在兖州的变化和发展。

《兖州县（市）政协志》 《兖州县（市）政协志》由兖州县（市）政协委员会政协志编纂小组编写。1991年5月至2009年6月，共编纂2卷。第一卷1992年2月印刷成书，16开平装本，共10章、8万字。上限1955年，下限1990年。主要收录了1955年至1990年兖州历届政协委员会有关会议、活动。第二卷2007年11月开始编纂，2009年6月出版，16开平装本，共35万字。上限1992年，下限2008年。主要记述了第八届至第十届兖州市政协的组织、会议、活动、人物等内容及变化情况。

《兖州市军事志》 1986年7月，兖州县人民武装部军事志编纂办公室开始编纂《兖州县军事志资料》，1990年8月铅印成册。该书上限为1622年，下限为1986年，共分8章，24万字。在该书的基础上，2001年，兖州市军事志编纂委员会开始组织编纂《兖州市军事志》，2008年1月印刷出版。该书上限为1840年，下限为2005年，前置概述、大事记，中设军事环境、驻军、地方武装、重要战事、民兵、兵役、国防动员、后勤工作、军事人物9篇，后设附录，共计50万字。《兖州市军事志》全面系统地记述了兖州历史上的重大军事事件、武装组织、兵役等方面的演变发展状况和兖州近160余年的军事斗争史。

《兖州县教育志》 《兖州县教育志》由兖州县教育局教育志编纂办公室组织编写，1983年8月启动，1987年10月印刷成书。上限1840年，下限1985年，由序、凡例、图表、正文和编后记构成，设大事记、概述、教育宗旨及其实施、教育行政、书塾·书院·社学、普通教育、职业教育和师范教育、成人教育、学校、人物简传、附录10篇，共25章30节、20余万字。主要记述了1840年至1985年兖州教育事业发展沿革历史，概述了兖州近代教育、民国时期的国民教育和解放区教育、新中国时期教育事业的发展。

《兖州县人口计划生育志》 《兖州县人口·计划生育志》由兖州县（市）计划生育委员会组织编纂，1986年启动，1988年印刷出版。上限1391年，下限1985年，共18万字。该书前置序、凡例、大事记、概述，中设上、下两篇，上篇为人口，设人口分布、人口变动、人口构成、人口经济、人口福利5章；下篇为计划生育，设计划生育机构沿革、计划生育发展的五个阶段、计划生育政策、计划生育管理、计划生育技术、计划生育经费、计划生育成果、附录8章，后附后记。记载了兖州人口发展变化史和新中国成立后计划生育工作史。

《兖州县丝绸志》 《兖州县丝绸志》由兖州丝绸公司丝绸志编纂小组编写，1986年6月启动，1988年4月定稿后付印成书，为16开平装本。上限1840年，下限1985年，共12.5万字。该书前设概述、大事记，中设蚕桑机构设置、植桑、养蚕、蚕茧收烘、缫丝工业、丝织工业、丝绸贸易、教育与科技、兖州丝绸公司、附录10篇，后设编后记。主要记载了兖州植桑养蚕、缫丝织绸的历史。

《兖州县邮电志》 《兖州县邮电志》由兖州县邮电局史志办公室编纂，1984年12月启动，1989年10月印刷出版。上限1639年，下限1987年，16开平装本，约20万字。该书前设概况、大事记，中设机构建置与沿革、邮政、电信、企业管理、职工工资与福利、邮电支局所、人物，后设附录、编后记。该书详细记载了300余年的兖州邮电史，特别是新中国成立后兖州邮电事业的发展历史。

《兖州县金融志》 《兖州县金融志》由人行兖州县（市）支行史志编纂小组编写，1991年3月启动，1992年12月印刷成书，16开精装本，由漓江出版社出版发行。上限1840年，下限1990年，共42万字。该书前置大事记，后设金融机构、货币、存款、工商信贷、农业信贷、固定资产投资与信贷、外汇信贷、保险、会计、信用合作业务、国家委托业务、施工企业财务管理与监督、政党·纪检·群团、文献辑存13篇。客观记述了兖州金融事业的发展、变化及现状，尤其对新中国成立后金融业务的开展，重点记述了深化金融改革、信贷、保险、外汇等业务工作的开展。

《山东省兖州县地名志》 《山东省兖州县地名志》由兖州县地名办公室编纂。1983年启动，1989年10月印刷出版，为16开精装本，共40万字。该书前设兖州县地图、滋阳县1886年政区图、滋阳县1913年政区图、滋阳县1939年政区图、滋阳县1950年政区图、滋阳县1958年政区图、兖州县地名图（1983年）、兖州县古今地名对照图，中设概述、历史考证、行政区划和居民点、专业单位、名胜古迹和革命纪念地·人工建筑物、自然地理实体、汉字首字笔画索引、附录6部分，后设后记。该书是一部具有法定性的地名典籍，记述了兖州县各类地名的现状和历史沿革，为各部门提供了系统准确的地名资料。

《兖州站志》 《兖州站志》由《兖州站志》编审委员会组织编纂，1991年1月启动，1996年6月印刷成书。该书上限1909年，下限1993年，共16.6万字。志书首列序言、凡例、概述、大事记，中设自然地理与历史沿革、站场建设、运输生产、经营管理、生活福利、党群组织、人物7章，后设附录、编后记。该书系统地记述了兖州站85年来的历史沿革和发展过程，着重记述了中华人民共和国成立后，车站建设、运输发展、企业管理的状况和广大职工在社会主义革命和建设中创造的辉煌业绩。

《兴隆庄煤矿志》 《兴隆庄煤矿志》编修始于1985年3月，至2012年，先后编纂《兴隆庄煤矿志》3卷，均由《兴隆庄煤矿志》编纂委员会组织编纂。《兴隆庄煤矿志》第一卷上限为1957年，下限为1985年，正文分设矿井概述、大事年记、井田地质等15篇，50万字，1989年10月印刷出版。《兴隆庄煤矿志》第二卷上限为1986年，下限为2005年，前置概述、大事记，中设管理体制、井田地质、煤炭生产、煤炭洗选加工、煤矿安全、经营管理、非煤产业、科学技术与环境保护、党群组织、企业文化、教育卫生计划生育、职工生活、对外往来、荣誉人物14篇，共计86万字，2008年8月印刷出版。《兴隆庄煤矿志》第三卷始编于2011年3月，2012年7月印刷出版。上限为2006年，下限为2010年。3卷《兴隆庄煤矿志》全面记述了兴隆庄煤矿从诞生到不断壮大的发展历程，记录了兴隆庄煤矿职工50年来的奋斗历程和辉煌成果。

《兖矿集团大陆机械有限公司志》 《兖州煤矿机械厂志》由兖州煤矿机械厂史志办公室编纂，始编于1983年，1994年10月印刷出版。该书上限为1958年，下限为1990年，前置概述、大事记，中设体制与机构、基本建设、计划管理等19章，末设附录，共计39万字。1997年底，兖州煤矿机械厂划转并入兖州矿业（集团）有限公司。2002年4月，组建成为兖矿集团大陆机械有限公司。2007年4月，兖矿集团大陆机械有限公司史志办公室开始编纂《兖矿集团大陆机械有限公司志》。该书上限为1991年，下限为2006年，前置概述、大事记，中设管理体制、生产管理与发展、科学技术与环境保护、经营管理、教育卫生职工生活、党群组织、人物荣誉7篇，末设附录，共计68万字，2008年6月印刷出版。两部志书汇集了兖矿集团大陆机械有限公司1958年建厂至2006年期间政治、经济、科学技术、文化教育等方面的史料，反映了兖矿集团大陆机械有限公司的特点、基本概况和发展历程。

《杨村煤矿志》 《杨村煤矿志》由《杨村煤矿志》编纂委员会组志编纂，始编于2007年3月，2008年9月印刷出版。上限1985年，下限2005年。前置概述、大事记，中设领导机构、矿井建设、煤炭生产、煤矿安全、经营管理、非煤产业、党群组织、荣誉人物10篇，共计37章、123节，后设附录，共计50万字。该书客观反映了杨村煤矿在设计、建设、生产、经营、非煤、党建、科技、环保、职工文化生活等方面的发展历程，记录了几代杨村煤矿职工创业奉献的足迹。

历届地方史志编纂委员会

兖州市地方史志编纂委员会

（1999 年 4 月 13 日公布）

名誉主任 胡桂龙 李卫国

主　　任 李开珍

副 主 任 冯继福 刘　宁 朱本生

委　　员 张元岐 张俊玉 许锦明 付德忠 孙嘉增 代　超 魏明才 张学昌 齐淑源 武　秀 李绪宝 徐永年 阎卉放 苏成运 曹广庆 刘衍清 田树民 孙元忠 陈　勇

兖州市地方史志编纂委员会

（2001 年 9 月 20 日公布）

名誉主任 李卫国

主　　任 于建民

副 主 任 李开珍 秦传滨

委　　员 刘玉礼 邵立华 王志军 代　超 胡佳东 薛为安 孔凡涛 朱本生 孙嘉增 魏明才 张　伟 张俊玉 苏成运 阎卉放 张学昌 武　秀 齐淑源 徐志祥 曹广庆 李　军 孙元忠 刘衍清 陈　勇

兖州市地方史志编纂委员会

（2003年5月13日公布）

名誉主任 李卫国

主　　任 于建民

第一副主任 张胜明

副 主 任 邱印水 孔凡涛 陈 勇

委　　员 庄 伟 邵立华 代 超 胡佳东 张元岐 杨柏如 刘玉礼 张 伟 王建华 徐永泉 张学昌 武 秀 齐淑源 孙元忠 曹广庆 徐志祥 杜昭和 高福存

兖州市地方史志编纂委员会

（2007年4月3日公布）

名誉主任 江 成

主　　任 张胜明

第一副主任 刘伟华

副 主 任 卞延军 陈 勇

委　　员 王建华 张华磊 邵立华 徐志祥 韩 枫 毛景卫 杨柏如 广宁杰 张 伟 蒋本华 仇立彬 刘玉礼 袁建珠 张玉国 刘衍清 孙元忠 杜昭和

兖州市地方史志编纂委员会

（2007 年 12 月 26 日公布）

名誉主任 江 成

主　　任 张胜明

第一副主任 张玉华

副 主 任 卞延军 李 军 陈 勇

委　　员 邵立华 王建华 李建波 徐志祥 韩 枫 毛景卫 张 伟 杨柏如 蒋本华 仇立彬 广宁杰 张玉国 袁建珠 刘衍清 赵红娟 林存旭 袁时忠 蒋龙海 孙元忠 杜昭和 狄振鲁

兖州市地方史志编纂委员会

（2009 年 12 月 16 日公布）

名誉主任 田志锋

主　　任 张玉华

副 主 任 卞延军 徐玉生 陈 勇

委　　员 邵立华 王建华 路宝义 徐志祥 韩 枫 张健伟 杨柏如 颜丙华 蒋本华 仇立彬 广宁杰 孙 雷 刘衍清 赵红娟 林存旭 王 辉 迟庆双 翟林儒 杜昭和 狄振鲁

兖州市地方史志编纂委员会

（2010年5月8日公布）

名誉主任 田志锋

主　　任 张玉华

第一副主任 任树章

副 主 任 唐　军　徐玉生　陈　勇

委　　员 张贵民　路宝义　徐志祥　盛学明　张健伟　李　勇　颜丙华　广宁杰　孙　雷　周广珍　刘衍清　赵红娟　林存旭　张新中　裴宪敏　王　辉　迟庆双　翟林儒

兖州市地方史志编纂委员会

（2011年1月公布）

名誉主任 田志锋

主　　任 张玉华

第一副主任 任树章

副 主 任 唐　军　翟延芩　陈　勇

委　　员 张贵民　路宝义　黄　健　盛学明　张健伟　李　勇　颜丙华　广宁杰　孙　雷　周广珍　刘衍清　赵红娟　林存旭　张新中　裴宪敏　王　辉　迟庆双　翟林儒

兖州市地方史志编纂委员会

（2013 年 5 月 31 日公布）

名誉主任　张玉华

主　　任　董　波

第一副主任　王仁娜

副 主 任　龚　标　陈　勇

委　　员　李　勇　路宝义　李亚平　广宁杰　徐玉生　高文博　吴继清　张颂阳
吴振贵　程永林　袁时忠　王衍臻　韩相吉　李瑞清　闫志启　郑书玉
胡长荣　迟庆双　王利民　丁秀成　苏　锋

兖州区地方史志编纂委员会

（2016 年 12 月 28 日公布）

名誉主任　王宏伟

主　　任　王　骁

第一副主任　王仁娜

副 主 任　陈　勇

委　　员　路宝义　李新军　广宁杰　徐玉生　高文博　吴继清　张颂阳　袁传诚
程永林　刘西文　张培屹　韩相吉　李瑞清　王福生　段建和　胡长荣
王立慧　李　斌　邹　红　刘宝坤

《兖州市志（1996—2013）》供稿单位负责人及主要供稿人员

供稿单位	主要负责人	分管负责人	主要供稿人员
区民政局	王 健	韩相吉	张建华 张 雷 杨奉举
鼓楼街道	蔡学梅	樊孝军	王 华 王 帅
龙桥街道	陈 伟 黄 健	吴志强	宋 丹
酒仙桥街道	郑 辉	石洪芳	张 伟
新兖镇	李兆胜	王 翔	孟庆健
大安镇	王 智	姚 博	苏公远
漕河镇	吴厚峰	高 萌	王海锋 左 晓
小孟镇	崔增力	赵子超	李 敏
新驿镇	张钦国	任俊豪	代传春
颜店镇	王金海	刘绪国	王福田 温明鹏
兴隆庄街道	李亚平	徐雁鸿	刘 辉
王因街道	杜 涛	马 琨	夏承魏
黄屯街道	李翠玲	耿 军	陈雪峰
区气象局	孔令军	章 磊	宋鹏程 王 鹏
区农业局	王学虎（副区长，兼）	王玉婷	宋祥刚 徐 鹏 傅延富 张素奎 王斯灵
区水利局	张士坤	于维平	高 磊 牛艳伟 钱茂儒
区国土局	张东升	白凤权	肖金朋
区林业局	翟延苓	薛广龙	殷 蓓
区统计局	刘秀玺	王利民	孙元忠 徐 峰 贾 雁
区卫计局	褚福梅（副区长，兼）	王立慧	靳龙华 吕志鹏 陆 航
区规划局	郭洪章	王兴明	李春芳
区住建局	周生建	葛继生	边 伟 桂 勇
区城管执法局	张聿东	马东锋	徐宁波 雷 鸣
区环保局	颜景军	马 磊	孙方志 汪仁政
兖州公路局	王世良	朱 涛	韩 辉
区交运局	胡佳东	蒋宁东	魏 然
兖州车务段	刘 青	李大勇	李 岩
区邮政分公司	王建平	孔繁松	陈 鲁
区联通公司	王丽明	罗 伟	束 强
区移动公司	李桂彬	朱 辉	梁 恒 王 静
区电信公司	李壮志	胡云昌	易鹏飞

续表

供稿单位	主要负责人	分管负责人	主要供稿人员
区发改局	刘全忠	程永林	张　腾　张石帅
区畜牧局	朱宁建	郭德祥	田大川
区农机局	周广明	王永胜	孙立涛
区农开办	李士新	刘　森	梁　丽
区经信局	韩春恒	刘西文	吴　秀　李　璇 高梦雪
区中小企业局	鲍旭东	高国栋	张　敏
兖州供电部	朱　峰	荀金生	袁井堂
区商务局	郭庆瑞	段建和　孙　克 高洪志　张洪宝	刘宝礼　孔令亮
区供销社	王怀琴	孙　静	徐春娟
区粮食局	王同兵	李树东	张乐乐
济宁盐务局兖州分局	肖　侠	黄亚东	曹丽娟
中石化兖州分公司	孙怀忠	张　瑞	张齐岭
区烟草专卖局	徐彦勇	梁德谦	孙　冬
区招商局	郭庆瑞	张　腾	魏芳芳
济宁市农高园管委会	苏茂岩	孙清亮	于钦亮
兖州工业园区管委会	龚　标	王　磊	王洪雷
区财政局	王天祥	李瑞清	张婷婷
区国税局	白涛林	周　文	韩　文
区地税局	杨中革	王怀德	刘继奎　王德嘉
区人民银行	潘教贞	侯圣民	张　健
人保财险公司	朱　彤	殷　伟	迎　辉
人寿保险公司	史曙光	刘　卉	张艳华　乔　昕
太平洋财险公司	许彤阳	杨　慧	周晓明
平安财险公司	张玉生	王金星	杨　赞
大地财险公司	吴鲁闽	王同喜	谢　鑫
新华人寿公司	梁　晋	殷　利	苏　宁
齐鲁证券有限公司 兖州建设路证券营业部			李代臣
区审计局	孙　笋	苏　锋	常化涛
区市场监管局	张　勇	张德彬	张德彬　李　贺
区物价局	盛玉锋		赵　双
区食药监局	许振文	蒋国强	李　倩
区安监局	武洪兵	曹传节	颜　猛
区委办公室	孙　雷	路宝义	李士亮　梁秀丽 陈馨博　孙　波
区纪委	宋　娟	张　波	强新庆

续表

供稿单位	主要负责人	分管负责人	主要供稿人员
区委组织部	徐继瑞 闫　峰	吴占华	许恩波　汤先猛 刘　莉
区委老干部局	李新军	江　波	石　磊
区委宣传部	王从奇	张健民	侯子亮　段安春 闫景沛
区委统战部	王仁娜	牛秋菊	李传标　董双飞
区委台湾办公室	高　华	王伟忠	王伟忠
区信访局	朱明岩	刘艳丽	宋振虎
区委区直机关工委	盛学明		马洪恩　张洪远
区委党校	周广珍	曹焱久	毛　宁
区委党史研究室	高文博	徐　刚	徐　刚
区档案局	徐玉生	杨爱华	苗满田
区督考办	李　勇	李　响	孟　锴　张倩琳
区人大办公室	高　强	宫祥德	王思敬　杨　帆
区政府办公室	霍长恩	刘　建	张　平　彭兆瑞 王　昊　王鑫阳 王庆祥　史登攀 杨北城　任　尧 李　顺　安　萍 郭鲁亚　盛晓波 陈　阳　李亚鲁
区行政审批中心	史为民	肖　鹏	黄　昆
区公共资源交易中心	邵　华	陈　龙	胡　兵
区压煤办	王　辉	陈效国	田　斌
区行管局	马全刚	王　琛	周晓梅
区编办	尹江涛	王世华	尹　鹏　曹　阳 高发莉
区政协办公室	陈全芝	张　磊	郭　莹　张　孜
区总工会	薛　梅	孟宪良	曹丛林
团区委	徐　晋	袁克文	方　舒
区妇联	苏　磊	张　莹	卞广飞
区科协	张泉宗	段广益	郭润勐
区工商联	易　凯	张全友	苏茂春
区委政法委	王卫中	王　刚	朱明涛　马　壮
济宁市公安局兖州分局	张修斌（副区长，兼）	姜治洲	马加贞
区检察院	安如喜	李　青	王瑞营
区法院	张瑞山	解　鲁	王东星
区司法局	仇立彬	李广辉	殷杲洁
区人武部	杨江涛	郭鹏翔	孔海生　胡景斌
区人防办	杨承柱	邱培东	马　骏

续表

供稿单位	主要负责人	分管负责人	主要供稿人员
区教体局	孔凡涛	张培屹	汪运军　刘伯海
区体育中心	张延夫	关　琦	邢　延　朱　琳
区科技局	杨海成	宋　颖	徐哲泰
区地震局	宋　刚	姜　韬	李　磊
区文广新局	胡长荣	李　红	侯松林　李　丹 徐月强
区文联	张金鹏	朱继功	刘　娟
新华书店	颜丙科	高建国	孔雪梅
区文物旅游局	周　鹏	潘　悦	刘诗琳　刘玉珲
区广电中心	张健民	刘　辉	李雪峰　江　静 王　伟
区文化市场执法局	岳成瑾	刘　涛	张建良
区残联	秦佑勇	贾玉英	肖玉敏
区老龄办	王福安	韩　静	马　杰
区人社局	乔瑞花	袁建珠	张武超　杨建设 徐　丽　董　锐 尹　磊
区民宗局	杨广喜	田再峰	胡秀荣
省鲁南地质勘察院	乐江华	李川建	沈振陆
兴隆庄煤矿	渠树臻	丁　斌	丁竞远
杨村煤矿	王道广	周炳彦	葛　锐
古城煤矿	鲁守明	贾安强	张传法
田庄煤矿	杨红树	金　刚	柳启龙　刘　生
新驿煤矿	李存禄	孙富兴	张　卫
兖矿国际焦化有限公司	王天峰	朱本启	陈志刚
中铁十四局集团第三工程有限公司	苏庆亮		史　鹏
中铁十四局集团第五工程有限公司	姬长彦	吴艳龙	杨建鹏
兖矿集团大陆机械有限公司	张　磊	李　夏	王建国
兖州中材建设有限公司	柯　升	何芳训	李翠松
中央储备粮济宁直属库	孙元成	潘明利	田慧敏
省第二水利工程局	周守家	张平原	颜廷松
济宁市泗河管理处	邱学东	卞卫国	滑端科
济宁市荣复军人医院	郑德明	申振可	郭　宁
济宁市皮肤病防治院	毛立国	陈贵东	孙彦雷
济宁市第二救助管理站	彭　毅	董正成	李振亚
济宁学院学前教育学院（兖州师范校区）	孙西安	孙跃鹏	杨敬法

说　明：供稿单位按《兖州市志（1996—2013）》篇序排列

索　引 YANZHOUSHIZHI

索 引

说明：

一、本索引收录要目索引，以弥补卷首目录检索之不足。

二、要目索引按汉语拼音字母顺序排列。名称相同者，在一处集中索引，并按其在本志中的先后顺序注明页码；名称发音相同者，按其在本志中出现的先后为序，并依次注明页码。

三、概述、大事记、附录未作索引。

“110”指挥调度 …………………………… 731
“3400148”法律服务热线 ………………… 745
“非典”期间社会面稳控………………… 723
“六五”普法……………………………… 743
“三个代表”重要思想学习教育活动……… 594
“三讲”教育……………………………… 593
“三五”普法……………………………… 743
“四个一”农民科技培训工程…………… 279
“四五”普法……………………………… 743
“五五”普法……………………………… 743
“小熊掌”——五香猪蹄……………… 1012
《兖州年鉴》编纂………………………… 663
《兖州市城市总体规划（1996 年—2010 年）》
……………………………………… 140
《兖州市城市总体规划（2004 年—2020 年）》
……………………………………… 140
《兖州市城乡总体规划（2008 年—2030 年）》
……………………………………… 141
《兖州市志》编纂………………………… 663
1993 年机构改革 ………………………… 967
2002 年机构改革 ………………………… 969
2006 年政府机构改革 …………………… 970
2010 年政府机构改革 …………………… 970
2011 年镇（街道）机构改革 …………… 971
327 国道路沟清淤工程 ………………… 325

A

艾滋病……………………………………… 913
安家庙遗址………………………………… 864
安全管理…………………………… 178、784
安全检查…………………………………… 561
安置帮教…………………………………… 746

B

白　蜡……………………………………… 305
白家店经谷村至东葛店公路……………… 207
白马河水系………………………………… 110
百名农村创业人才工程…………………… 280
办学条件…………………………………… 618
包　裹……………………………………… 226
保持共产党员先进性教育活动…………… 594
保护措施…………………………………… 525
保障机制…………………………………… 132
报刊发行…………………………………… 227
碑　碣……………………………………… 869
北宋嘉祐八年瘗藏世尊顶骨真身舍利纪事碑
……………………………………… 874
毕业生分配就业…………………………… 981

避孕节育服务…………………………………… 134
变电站建设…………………………………… 373
标准化建设…………………………… 132、554
标准化良好行为创建………………………… 555
兵役政策……………………………………… 748
病　害………………………………………… 275
病虫害防治…………………………………… 276
病毒性肝炎…………………………………… 915
补偿安置……………………………………… 164

C

财政国库管理………………………………… 465
财政监督……………………………………… 468
财政审计……………………………………… 530
财政预算管理………………………………… 464
裁判员队伍…………………………………… 791
参观考察……………………………………… 437
残疾人就业保障金…………………………… 488
残疾人调查…………………………………… 955
漕河大蒜……………………………………… 277
漕河镇………………………………………… 83
草本植物……………………………………… 109
草害及防治…………………………………… 276
测绘管理……………………………………… 528
拆　迁………………………………………… 163
产品质量管理………………………………… 552
产品质量监督检验…………………………… 551
产权登记……………………………………… 469
产权转让……………………………………… 470
长条井………………………………………… 328
潮　土………………………………………… 106
车船税………………………………………… 485
车船税税收优惠……………………………… 493
车辆购置税…………………………………… 473
车辆购置税税收优惠………………………… 480
成人高考和高教自考………………………… 772
成鱼生产……………………………………… 286
城区居民消费………………………………… 1016
城区清真寺…………………………………… 1001
城区西护城河、府河、日菏铁路段排水工程
……………………………………………… 325
城区医疗机构管理…………………………… 895
城市维护建设税……………………………… 486
城镇居民收入………………………………… 1014
城镇居民最低生活保障……………………… 939
城镇土地使用税……………………………… 485
城镇住户抽样调查…………………………… 536
虫　害………………………………………… 275
臭　椿………………………………………… 306
出　行………………………………………… 1004
出口及港澳台贸易…………………………… 421
储蓄存款……………………………………… 502
储蓄存款利息所得税………………………… 474
畜禽良种化…………………………………… 283
畜禽疫病……………………………………… 284
传染性非典型性肺炎………………………… 914
创先争优活动………………………………… 595
创作成果……………………………………… 831
创作队伍……………………………………… 831
春　季（3 月—5 月）……………………… 96
刺　槐………………………………………… 306

D

达标升级……………………………………… 624
打击经济犯罪………………………………… 725
打击刑事犯罪………………………………… 724
大　豆………………………………………… 263
大安镇………………………………………… 81
大安镇东葛店村清真寺……………………… 1002
大地影院……………………………………… 857
大雨住桥……………………………………… 210
大禹的传说…………………………………… 845

大众剧院…………………………………… 857
代表大会…………………………………… 853
代表工作…………………………………… 640
单位存款…………………………………… 502
档案管理…………………………………… 528
党史编研…………………………………… 619
党史宣传教育……………………………… 619
党外代表人士工作………………………… 609
党政机关 企事业单位职工 ……………… 240
道 路……………………………………… 144
德育工作…………………………………… 784
低等植物…………………………………… 109
地 层……………………………………… 93
地表水监测………………………………… 186
地方教育附加……………………………… 488
地下水监测………………………………… 188
地震宏观观测点…………………………… 825
地震宏观异常处置………………………… 826
地震监测…………………………………… 825
地震科普知识宣传………………………… 826
地震应急…………………………………… 826
地质灾害防治规划编制…………………… 521
第八次全委（扩大）会议………………… 575
第八次全委会议…………………………… 576
第八届村民委员会换届选举……………… 929
第二次全委会议………… 573、574、575、576
第九次全委会议…………………………… 576
第九届村民委员会换届选举……………… 929
第六次全委（扩大）会议……… 573、574、575
第六次全委会议…………………………… 576
第六届村民委员会换届选举……………… 928
第七次全委（扩大）会议…………… 574、575
第七次全委会议…………………… 574、576
第七届村民委员会换届选举……………… 929
第三次全委（扩大）会议…………… 574、575
第三次全委会议……………… 573、575、576
第十次代表大会…………………………… 565
第十次全委会议…………………………… 576
第十二次代表大会………………………… 566
第十届村民委员会换届选举……………… 929
第十三次代表大会………………………… 566
第十一次代表大会………………………… 566
第十一次全委会议………………………… 576
第四次全委（扩大）会议…………… 573、576
第四次全委会议…………………… 574、575
第五次全体会议…………………………… 576
第五次全委（扩大）会议…………… 573、574
第五次全委会议…………………………… 575
第五届村民委员会换届选举……………… 928
第一次全委会议……………… 574、575、576
电 报……………………………………… 231
电价电费…………………………………… 378
电网改造…………………………………… 376
调 研……………………………………… 660
东顿村遗址………………………………… 864
东关农贸市场……………………………… 398
冬 季（12 月至次年 2 月） …………… 97
动物资源…………………………………… 116
渎职犯罪检察……………………………… 734
短期计划编制……………………………… 515
队伍建设…………………………………… 133
对外及对港澳台合作……………………… 450

F

发票管理…………………………… 477、490
法律维权…………………………………… 957
法制宣传培训……………………………… 662
反假货币…………………………………… 501
反贪污贿赂检察…………………………… 734
范家堂遗址………………………………… 864
方志馆建设………………………………… 664
防 雷……………………………………… 825
防汛措施…………………………………… 332

防汛工程…… 332
房产税…… 484
房屋产权和交易管理…… 170
房屋租赁管理…… 729
非路产专用线…… 223
非税收入…… 461
肺结核病…… 914
废旧金属收购业管理…… 726
风…… 100
扶残助残…… 956
服　饰…… 1003
福　利…… 980
妇女病普查普治…… 919
妇女代表大会…… 708
富居亿佳家具博览城…… 401

G

改革改制方式…… 344
改革改制政策…… 343
甘　薯…… 263
干部监督管理…… 598
干部教育培训…… 597
干部培训…… 617
干部选拔任用…… 596
干线邮路…… 225
高标准农田建设项目…… 299
高技能人才队伍建设…… 986
高效节水灌溉工程…… 329
高新技术企业…… 802
个人所得税…… 484
耕地占用税…… 488
耕种机械…… 291
工　资…… 979
工程监理…… 177
工程建设…… 752
工伤保险…… 993
工商税收…… 460
工业科技推广…… 815
工业普查…… 534
工业所有制结构…… 242
工资支付…… 982
工资制度…… 982
工作机构…… 582
工作机制…… 614
公　证…… 745
公房出售…… 166
公房租金…… 166
公费医疗制度改革…… 898
公共场所管理…… 726
公共机构节能…… 672
公交客运…… 215
公历节日…… 1009
公路绿化…… 311
公文签发…… 659
公文运转…… 659
公文制发…… 659
公务用车管理…… 672
公务员培训…… 973
公务员招录…… 972
供　气…… 151
供　热…… 152
供　水…… 149
供售电量…… 377
构　造…… 93
购销业务…… 410
谷村影剧院…… 857
鼓楼街道…… 77
鼓楼农贸市场…… 399
固定电话…… 229
固定资产投资方向调节税…… 488
固定资产投资审计…… 531
瓜　类…… 267
观测项目…… 823

观测资料传输…………………………… 823
管理概况……………………………… 342
管理机构… 158、161、169、699、702、708、712、715
管理政策……………………………… 818
管理制度……………………………… 342
光明影剧院…………………………… 857
光通大厦……………………………… 156
洸府河干支流治理…………………… 324
洸府河桥……………………………… 209
洸府河水系…………………………… 110
广播电视教育………………………… 771
广告管理……………………………… 541
规范性文件管理……………………… 662
规模养殖标准化……………………… 283
规模以下工业抽样调查……………… 536
国 槐………………………………… 305
国定资产投资方向调节税税收优惠………… 494
国防教育……………………………… 750
国际展览……………………………… 427
国家级以上体育竞赛………………… 795
国土资源节约集约模范市创建……… 524
国有建设用地供应…………………… 522
国有兖州苗圃………………………… 314

H

函件特快……………………………… 226
汉黄釉鸟首方把蹄足陶盉…………… 872
行业管理……………………………… 414
合作医疗制度改革…………………… 898
河 坝………………………………… 325
河道管理……………………………… 337
河道绿化……………………………… 311
褐 土………………………………… 105
横向主干道…………………………… 145
后勤保障……………………………… 751
后勤服务管理………………………… 671
胡辣汤………………………………… 1012
糊 粥………………………………… 1012
户籍管理……………………………… 728
户外广告管理………………………… 160
护林队伍建设………………………… 318
花 生………………………………… 266
花棍舞………………………………… 846
华勤集团橡胶化工出口基地………… 429
华勤橡胶工业集团…………………… 355
化学性状……………………………… 107
环境统计……………………………… 199
环境信访处理………………………… 197
环卫设备……………………………… 162
环卫设施……………………………… 162
缓 岗………………………………… 96
皇城园服装批发市场………………… 402
黄淮海平原农业综合开发项目……… 297
黄屯镇………………………………… 88
汇 兑………………………………… 227
会员代表大会………………………… 715
惠民工程……………………………… 750
婚 嫁………………………………… 1005
婚 姻………………………………… 128
婚前保健……………………………… 919
火车站小商品批发市场……………… 401
货 运………………………………… 224
货币发行……………………………… 500
货币流通……………………………… 500
霍 乱………………………………… 913

J

机 构…… 228、616、619、669、671、751、853、923
机 要………………………………… 661
机电产品……………………………… 396

机动车驾驶员培训管理………………………… 219
机动车检测……………………………………… 219
机动车维修管理………………………………… 219
机动车与驾驶员管理…………………………… 731
机井灌溉………………………………………… 328
机械变动………………………………………… 125
机要通信………………………………………… 227
鸡………………………………………………… 282
基本单位普查…………………………………… 534
基层法律服务…………………………………… 745
基层司法所……………………………………… 744
基层统战工作…………………………………… 607
基础管理………………………………………… 218
基础设施………………………………………… 448
基础设施建设…………………………………… 453
基金会清理整顿………………………………… 260
集　邮…………………………………………… 227
脊髓灰质炎……………………………………… 915
计量检定………………………………………… 551
纪念币发行……………………………………… 501
济公烧鸡………………………………………… 1011
济宁交通运输集团海天国际物流运输服务中心
………………………………………………… 213
济宁市公安消防支队兖州市（区）大队…… 748
济宁市市长质量奖创建………………………… 553
济宁银行股份有限公司兖州市支行………… 499
济宁银座兖州分公司…………………………… 400
济宁至宁阳公路（济阳线）兖州段………… 207
继续医学教育…………………………………… 908
家　庭…………………………………………… 128
家庭教育………………………………………… 775
贾凫西墓………………………………………… 866
价格和收费公示………………………………… 545
价格监测………………………………………… 548
价格鉴证与认证………………………………… 549
价格收费监督…………………………………… 547
价格提醒制度…………………………………… 548
价格调节基金征收……………………………… 550
价格执法检查…………………………………… 547
减轻农民负担…………………………………… 258
建设用地增减挂钩项目………………………… 524
建筑用砂………………………………………… 118
奖励政策………………………………………… 819
降水监测………………………………………… 186
交通安全管理…………………………………… 730
交通银行股份有限公司兖州支行…………… 499
交往交流………………………………………… 610
教　材…………………………………………… 766
教材与课程设置…………………… 757、760、768
教练员队伍……………………………………… 791
教师待遇………………………………………… 779
教师队伍………………………………… 617、777
教师资格认定…………………………………… 778
教学方法………………………………………… 758
教学管理………………………………………… 774
教学研究………………………………………… 776
教学指导………………………………………… 775
教育督导………………………………………… 783
教育费附加……………………………………… 488
教育干部培训…………………………………… 781
教育培训………………………………… 370、751
教育装备………………………………………… 782
接待外宾………………………………………… 439
街道社区卫生服务中心………………………… 904
节　目…………………………………… 877、879
结算方式………………………………………… 503
金口坝…………………………………………… 866
金口坝引泗入城工程…………………………… 330
金融服务………………………………………… 505
金融监管………………………………………… 504
金属材料………………………………………… 396
进　口…………………………………………… 428
禁毒工作………………………………………… 725
经费管理………………………………………… 788

经费来源…………………………………… 786
经费支出…………………………………… 787
经济普查…………………………………… 535
经济统战工作……………………………… 607
经济责任审计……………………………… 530
经适房建设………………………………… 166
经营体制……………………………… 410、413
敬老活动…………………………………… 958
九粒白芸豆………………………………… 278
九州大道窖藏府文庙祭器………………… 861
九州方圆 A、B 座 ………………………… 157
酒仙桥街道…………………………………… 79
酒宴礼节…………………………………… 1007
旧志整理…………………………………… 664
救助慰问…………………………………… 924
就 业……………………………………… 769
就业工作…………………………………… 956
拘 留……………………………………… 726
居 住……………………………………… 1004
局所网点…………………………………… 226
剧团工地文物窖藏发掘…………………… 861
卷烟销售…………………………………… 414
军转干部管理……………………………… 974

K

开发利用…………………………………… 115
看 守……………………………………… 726
康复工作…………………………………… 955
抗震设防…………………………………… 826
考试与评价……………………… 760、762、764
科技扶持…………………………………… 369
科技活动周………………………………… 819
科技进步年………………………………… 819
科技培训…………………………………… 713
科技下乡…………………………………… 820
科技宣传…………………………………… 819
科普宣传…………………………………… 712
科研工作…………………………………… 618
科研开发…………………………………… 449
客 运……………………………………… 223
客户服务…………………………………… 232
客商接待…………………………………… 446
课程设置…………………………………… 766
课程设置与教材…………………………… 761
课题研究…………………………………… 776
坑 塘……………………………………… 328
空气监测…………………………………… 185
跨世纪青年农民科技培训工程…………… 279
会计管理…………………………………… 468
矿产资源总体规划编制…………………… 521

L

辣椒系列产品加工扩建项目……………… 300
来信到访…………………………………… 612
劳动合同鉴定……………………………… 982
劳动竞赛…………………………………… 700
劳务输出…………………………………… 981
老年人补贴………………………………… 961
老年人优待………………………………… 960
老年体育…………………………………… 794
老年文体活动……………………………… 959
类 型……………………………………… 112
离退休干部管理…………………………… 973
梨 树……………………………………… 307
利用世界银行贷款项目…………………… 298
栗园明代古墓发掘………………………… 861
联诚集团机电产品出口基地……………… 429
廉租住房…………………………………… 167
良种产业化………………………………… 269
良种推广…………………………………… 268
烈士墓……………………………………… 935
林木采伐审批……………………………… 318

林木种子生产经营许可…… 318
林业病虫害…… 120
领导人员…… 581
流动人口管理…… 728
琉璃厂窑址…… 864
柳　树…… 305
柳下惠坐怀不乱的传说…… 845
龙桥街道…… 78
龙湾店闸引泗回灌工程…… 330
路产专用线…… 223
罗非鱼特色养殖…… 286
罗非鱼越冬保种及池塘回放技术…… 287
骡…… 281
驴…… 281
旅馆业管理…… 726
旅行社…… 888
旅游安全监管…… 891
旅游规划…… 889
旅游推介…… 891
旅游项目建设…… 889
旅游宣传…… 890
旅游资源…… 886
律　师…… 744
绿宝食品公司技改项目…… 300
绿色证书培训…… 770

M

马…… 281
马家桥豆腐皮…… 1012
麦子煎饼…… 1013
煤…… 117
煤　炭…… 396
美　术…… 832
美术交流…… 836
蜜　蜂…… 282
棉　花…… 266
免费教育…… 788
民办教师…… 781
民兵训练…… 749
民兵整组…… 749
民间文学…… 838
民间艺术…… 837
民间艺术会（展）演…… 844
民间组织登记…… 946
民间组织管理…… 949
民生档案…… 625
民营科技企业…… 802
民营企业档案…… 625
民族教育…… 608
民族经济…… 608
明白釉堆贴螭龙纹蒜头瓷瓶…… 872
明白釉麒麟双螭三足瓷熏炉…… 872
明码标价…… 547
明青花“金玉长命富贵”瓷盖罐…… 873
明青花云龙纹瓷盘…… 873
明铜镶边方腰堆塑双螭白瓷觚…… 872
木本植物…… 109
木材建材…… 396
募　捐…… 923
墓　志…… 870

N

纳税服务…… 490
奶牛养殖基地建设项目…… 300
南北朝鸡首龙柄青瓷壶…… 872
南泉河水系…… 111
能源计量管理…… 551
年变化和月变化…… 99
牛…… 281
农产品成本调查…… 549
农村财务管理…… 259
农村档案…… 625

农村合作经济组织建设…………………………… 260
农村居民收入………………………………… 1013
农村居民消费………………………………… 1014
农村居民最低生活保障………………………… 939
农村劳动力…………………………………… 238
农村劳动力转移培训…………………………… 770
农村劳动力转移培训阳光工程培训…………… 280
农村实用技术教育……………………………… 770
农村土地集体所有制…………………………… 246
农村卫生服务改革……………………………… 901
农村住户和农产品产量抽样调查……………… 535
农电管理……………………………………… 378
农机服务组织………………………………… 293
农机户………………………………………… 293
农机技术推广………………………………… 295
农机监理……………………………………… 294
农机科研……………………………………… 295
农机培训……………………………………… 294
农机修配……………………………………… 293
农机专业合作社……………………………… 293
农历节日……………………………………… 1008
农民体育……………………………………… 794
农民文化艺术节……………………………… 841
农业病虫害…………………………………… 119
农业财务管理………………………………… 466
农业科技入户示范工程………………………… 280
农业科技推广………………………………… 814
农业普查……………………………………… 534
农业税收……………………………………… 460
农作物栽培技术……………………………… 270

P

排 水………………………………………… 150
排灌机械……………………………………… 293
排污费征收…………………………………… 198
泡 桐………………………………………… 306
培 训………………………………………… 561
培训鉴定机构………………………………… 986
培训交流……………………………………… 665
配电设施建设………………………………… 375
配合颗粒饲料技术……………………………… 287
配套改革……………………………………… 318
喷灌 微灌 滴灌工程…………………………… 329
苹 果………………………………………… 307
普通高等学校招生……………………………… 765
普通高中招生考试……………………………… 762
普通中等专业学校招生考试…………………… 762

Q

齐鲁特钢有限公司……………………………… 356
其他工作……………………………………… 645
其他管理……………………………………… 470
其他机械……………………………………… 293
企业财务管理………………………………… 466
企业所得税…………………………… 473、484
企业所得税税收优惠………………… 479、493
企业选介……………………………………… 451
企业园区……………………………………… 451
企业职工生育保险……………………………… 994
气 压………………………………………… 100
气象服务……………………………………… 824
气象预报……………………………………… 824
契 税………………………………………… 488
契税税收优惠………………………………… 493
器 用………………………………………… 1005
侨 务………………………………………… 667
桥 涵………………………………………… 147
青年协会……………………………………… 708
青少年科普活动……………………………… 713
清产核资……………………………………… 469
清康熙镇水铁剑……………………………… 873
丘 陵………………………………………… 96

秋　季（9月—11月）…… 97
楸　树…… 306
权益保障…… 960
群防群治…… 727
群众文化理论研究…… 832

R

人才奖励…… 807
人才培训…… 977
人才培养…… 806
人才引进…… 806、977
人防 消防指挥中心 …… 157
人工防雹降雨…… 825
人工养殖花卉草木…… 109
人口抽样调查…… 536
人口分布…… 124
人口密度…… 124
人口普查…… 534
人民电影院…… 856
人民调解…… 744
人事代理…… 978
日　照…… 97
日变化和日较差…… 99
日菏铁路沟治理工程…… 325
融资服务…… 370
融资渠道…… 471
融资主体…… 471

S

馓　子…… 1012
丧　葬…… 1006
森林防火…… 318
砂姜黑土…… 106
山东百盛生物科技有限公司扶持项目…… 301
山东迪一电子科技有限公司…… 363
山东端信堂大禹药业有限公司…… 359
山东金大丰机械有限公司…… 357
山东金鑫玻璃有限公司…… 362
山东经典重工集团股份有限公司…… 357
山东科大鼎新电子科技有限公司…… 363
山东陆军预备役某团…… 748
山东名牌创建…… 552
山东齐鲁种业有限责任公司扶持项目…… 302
山东瑞通高分子医疗器械有限公司…… 359
山东森林木业有限公司…… 363
山东省济宁军分区兖州干休所…… 748
山东圣德国际酒店…… 157
山东太阳纸业股份有限公司…… 354
山东希尔康泰药业有限公司…… 359
山东翔宇化纤有限公司…… 361
山东兴达酒业有限公司…… 360
山东育达医疗设备有限公司…… 359
商标管理…… 541
商贸所有制结构…… 245
设　施…… 877、878
社会体育指导员队伍…… 791
社交礼节…… 1007
社区档案…… 626
社区矫正…… 746
社区卫生服务改革…… 900
社区文化艺术节…… 843
涉林案件查处…… 318
摄　影…… 833
摄影交流…… 837
身份证管理…… 728
生　育…… 1007
生产生活服务…… 135
生殖保健服务…… 134
省道104线（S104）…… 205
省道255线（S255）…… 205
省级体育竞赛…… 796
失业保险…… 990

师德教育…………………………………… 779
湿　度…………………………………… 103
十六届人大常委会……………………… 639
十七届人大常委会……………………… 639
十三届人大常委会……………………… 638
十四届人大常委会……………………… 638
十五届人大常委会……………………… 639
石　雕…………………………………… 871
时空分布………………………………… 114
史志资源开发利用……………………… 665
示范带动推广…………………………… 816
市百货大楼……………………………… 382
市博物馆………………………………… 156
市财政贸易委员会……………………… 381
市第二人民医院………………………… 902
市福水食品有限公司扶持项目………… 301
市钢木家具厂…………………………… 385
市工艺美术厂…………………………… 385
市公安局办公楼………………………… 156
市行政办公中心………………………… 156
市恒泰棉纺厂…………………………… 395
市皇城百货批发中心…………………… 384
市级体育竞赛…………………………… 797
市疾病预防控制中心…………………… 913
市教育体育局…………………………… 755
市九彩家电有限公司…………………… 400
市九州百货大厦………………………… 384
市口腔医院……………………………… 903
市绿源食品有限公司扶持项目………… 300
市棉麻公司……………………………… 395
市棉麻机械厂…………………………… 395
市内邮路………………………………… 225
市皮肤病防治站………………………… 913
市人民法院新办公楼…………………… 157
市人民医院……………………………… 901
市人民政府教育督导室………………… 756
市容管理………………………………… 159
市商业大厦……………………………… 385
市商业贸易服务中心…………………… 381
市商业综合公司………………………… 385
市双龙棉纺织厂………………………… 394
市铁路医院……………………………… 902
市卫生防疫站…………………………… 912
市味源酿造有限公司…………………… 383
市五金交电化工总公司………………… 383
市新世纪连锁超市……………………… 400
市烟酒糖茶总公司……………………… 384
市饮食服务总公司……………………… 385
市裕康食品有限公司…………………… 384
市裕泰蔬菜果品冷藏厂………………… 384
市长办公会议制度……………………… 659
市长城家电有限责任公司……………… 401
市政府常务会议制度…………………… 659
市政府电子政务办公系统建设………… 668
市政府门户网站建设…………………… 667
市政府全体会议制度…………………… 658
市政府专题会议制度…………………… 659
市中医院………………………………… 902
市中御桥百货楼………………………… 385
事故处理………………………………… 731
事业单位公开招聘干部管理…………… 975
事业单位聘任制干部管理……………… 975
视察 调研和执法检查 ………………… 642
收　购…………………………………… 406
收费管理………………………………… 545
收获机械………………………………… 291
手足口病………………………………… 915
寿　诞………………………………… 1006
书　法…………………………………… 833
书法交流………………………………… 837
蔬　菜…………………………………… 266
蔬菜生产技术…………………………… 272
鼠　害…………………………………… 277
数据宽带………………………………… 230

霜　期…… 99
水　量…… 112
水　闸…… 326
水　质…… 112
水产养殖示范区…… 286
水利建设基金…… 488
水文地质…… 95
水资源量…… 114
税款征收…… 478、489
税收检查…… 490
税务登记…… 477、489
税务检查…… 478
税源查控…… 491
税源普查…… 477
泗河大桥…… 209
泗河南大桥…… 209
泗河水系…… 109
泗河治理…… 323
宋罗汉像盖瓜棱形金瓶…… 874
宋释迦牟尼涅佛涅槃图鎏金银棺…… 874
宋线刻人物花草纹石函…… 874
送温暖工程…… 701
隋青瓷辟雍砚…… 873
随班就读…… 766

T

台胞台属…… 611
台资企业…… 610
太阳纸业纸制品出口基地…… 429
唐绿釉绞胎瓷枕…… 873
唐胖子肉食…… 1011
唐三彩骑马俑…… 873
桃　树…… 307
提水灌溉…… 328
体系建设…… 268
体育人才选拔与输送…… 797
体育团体…… 791
天网工程…… 732
田家村大桥北桥…… 209
田家村大桥南桥…… 209
条代码管理…… 556
调处矛盾纠纷…… 611
铁…… 117
同城清算…… 504
投入政策…… 818
投诉办理…… 161
投资工程招标…… 469
投资项目评审…… 469
屠宰税…… 488
土地承包合同管理…… 258
土地登记…… 528
土地级别与基准地价…… 523
土地流转…… 257
土地使用权租金征收…… 524
土地调查…… 528
土地延包…… 257
土地增值税…… 487
土地整治…… 526
土地专项治理…… 257
土壤改良与科学施肥…… 269
土壤质量分级…… 108
团员代表大会…… 703

W

洼　地…… 96
外　事…… 666
外出招商…… 443
外来节日…… 1010
外商投资企业和外国企业所得税…… 473
王因遗址…… 863
王因镇…… 87
王因至黄屯公路（王黄路）…… 207

网点建设…………………………………… 413
网络建设…………………………………… 231
网上安全保卫……………………………… 723
网箱养殖技术……………………………… 287
危险物品管理……………………………… 727
微斜平地…………………………………… 96
违法建筑拆除……………………………… 160
文 秘……………………………………… 661
文化馆……………………………………… 854
文化事业建设费…………………………… 488
文化站……………………………………… 854
文明城市创建……………………………… 997
文明村镇 社区创建 ……………………… 998
文明单位创建……………………………… 998
文体活动…………………………………… 957
文学交流…………………………………… 836
文艺会（调）演…………………………… 850
污染源普查………………………………… 199
无线市话…………………………………… 231
五征集团山拖农机装备有限公司………… 357
武 术……………………………………… 798
武警济宁支队兖州中队…………………… 748
舞 蹈……………………………………… 836
物理性状…………………………………… 107
物业管理…………………………………… 171

X

西 医……………………………………… 906
西北店至南二十里铺公路（西铺路）……… 206
西汉新莽大泉五十石范…………………… 874
西桑园遗址………………………………… 863
西吴寺遗址………………………………… 863
西周索册父癸铜提梁卣…………………… 874
西周索父癸铜爵…………………………… 874
西周饕餮纹铜觚…………………………… 874
西周饕餮纹铜爵…………………………… 873
息马地商城………………………………… 398
戏 剧……………………………………… 834
夏 季（6 月—8 月） …………………… 97
县 乡级土地利用总体规划编制 ………… 521
县级财政体制……………………………… 458
现代农业技术国际博览会………………… 449
现金管理…………………………………… 501
限额以下贸易业抽样调查………………… 536
线路客运…………………………………… 216
乡村卫生人员……………………………… 906
乡镇志 部门志编纂 ……………………… 664
项目管理…………………………………… 471
项目建设…………………………………… 450
项目引进与建设…………………………… 453
象 棋……………………………………… 798
消费税……………………………………… 473
消费税税收优惠…………………………… 480
销 售……………………………………… 407
小 麦……………………………………… 262
小孟镇……………………………………… 84
小孟镇二村清真寺………………………… 1002
校舍建设与改造…………………………… 781
蝎 子……………………………………… 282
新构造运动………………………………… 94
新华人寿保险股份有限公司兖州支公司… 507、508、509、511
新教师培训………………………………… 779
新石器时代北辛文化骨笄………………… 872
新石器时代大汶口文化半环提梁陶鋬鼎…… 872
新石器时代大汶口文化骨梭……………… 872
新石器时代大汶口文化骨针……………… 872
新石器时代大汶口文化山字形石铲……… 872
新世纪影城贵和店………………………… 857
新世纪影城九州店………………………… 857
新市人民医院……………………………… 157
新体育中心………………………………… 157
新闻宣传…………………………………… 879

新型农民科技培训工程…… 279
新兖镇…… 80
新兖州一中…… 156
新驿影剧院…… 857
新驿镇…… 84
信访工作…… 645
信息化建设…… 231
星级饭店…… 888
兴隆花卉大世界…… 402
兴隆农贸市场…… 398
兴隆塔…… 866
兴隆塔北宋地宫发掘…… 862
兴隆庄矿综合市场…… 402
兴隆庄镇…… 86
兴隆庄镇农贸市场…… 399
兴业银行股份有限公司兖州支行…… 499
行　政…… 665
行政复议应诉…… 662
行政事业财务管理…… 465
行政执法监督…… 662
徐记烧鸡…… 1012
徐家营墓地发掘…… 862
宣　传…… 560
宣传教育…… 611、752
悬铃木…… 306
学　制…… 757、760、761、766、767
学历教育…… 779
学生军训…… 750
学术活动…… 714
学习实践科学发展观活动…… 595
学制与课程设置…… 764
雪　松…… 306
汛情及抗洪抢险…… 333

Y

压煤村庄搬迁…… 669
压煤村庄房屋建筑物斑裂处理…… 670
鸭…… 282
严寒期和酷热期…… 99
盐政执法…… 411
颜店镇…… 85
颜店镇玄帝庙村清真寺…… 1002
兖州北站…… 222
兖州鞭杆红胡萝卜…… 279
兖州宾馆…… 386
兖州串心红水萝卜…… 278
兖州大润发商业有限公司…… 400
兖州大烧饼…… 1011
兖州大壮馍…… 1011
兖州干饭锅…… 1013
兖州黄牛腿山药…… 278
兖州火车北站至穆庙公路（穆北路）…… 207
兖州嘉隆实业有限公司扶持项目…… 301
兖州经济开发区至周楼公路…… 207
兖州九龙贵和购物广场有限公司…… 400
兖州九一医院…… 904
兖州烈士陵园…… 934
兖州林木良种繁育圃（兖州市林业科学研究所）…… 314
兖州汽车站…… 214
兖州市城市信用合作社…… 499
兖州市大统矿业有限公司…… 354
兖州市第十六届人民代表大会…… 634
兖州市第十六届人民代表大会代表选举…… 629
兖州市第十七届人民代表大会…… 635
兖州市第十七届人民代表大会代表选举…… 630
兖州市第十三届人民代表大会…… 630
兖州市第十四届人民代表大会…… 631
兖州市第十四届人民代表大会代表选举…… 629
兖州市第十五届人民代表大会…… 632
兖州市第十五届人民代表大会代表选举…… 629
兖州市公共汽车公司…… 213
兖州市宏达交通运输有限公司…… 214

兖州市技工学校…………………………… 987
兖州市建筑安装工程总公司………………… 173
兖州市绿源食品有限公司…………………… 360
兖州市毛条厂………………………………… 361
兖州市农村信用合作联社…………………… 499
兖州市肉类联合加工厂……………………… 360
兖州市特殊教育学校………………………… 767
兖州市天成化工有限公司…………………… 358
兖州市嵫山水泥厂…………………………… 362
兖州天主教堂………………………………… 866
兖州西站……………………………………… 222
兖州羊角椒…………………………………… 277
兖州站………………………………………… 221
兖州至肖家王子公路（兖肖线）…………… 207
兖州至颜店公路（兖颜路）………………… 207
兖州至颜店公路洸府河桥…………………… 209
兖州至颜店公路杨家河桥…………………… 209
兖州至颜店公路中原沟桥…………………… 209
兖州朱砂红茄子……………………………… 278
羊……………………………………………… 281
杨　树………………………………………… 305
杨村遗址发掘………………………………… 863
养老保险……………………………………… 987
药品零售……………………………………… 911
药品批发……………………………………… 911
业余函授教育………………………………… 618
医疗保险……………………………………… 991
医疗事故技术鉴定…………………………… 898
医疗质量管理………………………………… 896
移动通信……………………………………… 230
遗体捐献……………………………………… 924
艺术交流……………………………………… 837
议案 建议办理 ……………………………… 642
疫病监测与防治……………………………… 284
音　乐………………………………………… 835
银　杏………………………………………… 307
银行账户管理………………………………… 504
饮　食………………………………………… 1003
印花税………………………………………… 486
樱　花………………………………………… 307
营业税……………………………………… 474、484
营业税税收优惠……………………………… 493
应急管理…………………………………… 562、665
优抚对象……………………………………… 933
优抚工作……………………………………… 934
优抚政策……………………………………… 933
优生优育服务………………………………… 135
邮政物流……………………………………… 227
鱼种培育与引进……………………………… 286
渔业“两微”技术…………………………… 288
渔业病害综合防治技术……………………… 288
渔业环境……………………………………… 285
渔业资源……………………………………… 285
榆　树………………………………………… 306
与山东大学合作……………………………… 822
玉　米………………………………………… 263
预算外支出…………………………………… 464
预算外资金管理……………………………… 465
预算支出……………………………………… 462
园区企业……………………………………… 454
云……………………………………………… 98
孕产期保健…………………………………… 919
运动员队伍…………………………………… 791
运输机械……………………………………… 293
运输企业……………………………………… 213

Z

再就业工作…………………………………… 980
造血干细胞捐献……………………………… 924
增值税………………………………………… 473
增值税税收优惠……………………………… 479
闸坝管理……………………………………… 337
债务化解与助学贷款………………………… 789

展会推介……………………………………… 822
招　生……………………………… 760、761、768
招商银行股份有限公司济宁兖州支行……… 499
招商引资……………………………………… 448
招投标管理…………………………………… 175
镇（中心）卫生院…………………………… 904
镇村医疗机构管理…………………………… 896
镇级财政体制………………………………… 459
征兵宣传……………………………………… 748
征地综合地价调整…………………………… 524
征管制度………………………………… 475、488
蒸　发………………………………………… 103
政策环境……………………………………… 805
政府信息公开………………………………… 667
政府性基金收入……………………………… 461
政协第九届兖州市委员会…………………… 677
政协第九届兖州市委员会常委会…………… 681
政协第十二届兖州市委员会………………… 680
政协第十二届兖州市委员会常委会………… 687
政协第十届兖州市委员会…………………… 678
政协第十届兖州市委员会常委会…………… 682
政协第十三届兖州市（区）委员会………… 680
政协第十三届兖州市（区）委员会常委会… 689
政协第十一届兖州市委员会………………… 679
政协第十一届兖州市委员会常委会………… 684
执法监管……………………………………… 196
执业管理……………………………………… 897
职称聘任……………………………………… 979
职称评定……………………………………… 978
职工教育与文体活动………………………… 702
职工培训……………………………………… 985
职工权益保障………………………………… 700
职工体育……………………………………… 792
职业技能比赛………………………………… 768
职业技能鉴定………………………………… 985
职业技能鉴定中心…………………………… 986
植物检疫……………………………………… 275
植物资源……………………………………… 116
指挥通信……………………………………… 752
制度建设……………………………………… 612
质量监督……………………………………… 176
中　医………………………………………… 906
中等医学教育………………………………… 908
中共兖州市委老干部局……………………… 591
中共兖州市委组织部………………………… 590
中国大地财产保险股份有限公司兖州支公司
……………………………… 507、508、509、511
中国工商银行股份有限公司兖州支行……… 497
中国建设银行股份有限公司兖州支行……… 498
中国农业发展银行兖州市支行……………… 498
中国农业银行股份有限公司兖州市支行…… 498
中国平安财产保险股份有限公司兖州支公司
……………………………… 507、508、509、511
中国人民财产保险股份有限公司兖州支公司
……………………………… 506、507、508、510
中国人民解放军 54864 部队………………… 748
中国人民解放军第九十一中心医院………… 748
中国人民解放军泰安生产经营管理局兖州
办事处………………………………………… 748
中国人民银行兖州市支行…………………… 497
中国人寿保险股份有限公司兖州支公司… 506、
507、509、510
中国太平洋财产保险股份有限公司兖州支公司
……………………………… 507、508、509、511
中国银行股份有限公司兖州支行…………… 498
中国邮政储蓄银行股份有限公司兖州市支行
……………………………………………… 499
中老年文艺会演……………………………… 851
中长期规划（计划）编制…………………… 515
重大安保任务………………………………… 723
重大专项统计调查…………………………… 534
重点整治……………………………………… 561
猪……………………………………………… 281
主体改革……………………………………… 317

主要工作……………………………………………… 853
主要活动…………… 697、698、703、709、715
住房公积金管理…………………………………… 167
住房及办公用房管理……………………………… 671
住房资金管理……………………………………… 467
专利管理与应用…………………………………… 817
专利申请与授权…………………………………… 816
专利宣传与培训…………………………………… 817
专卖执法…………………………………………… 416
专题创作…………………………………………… 880
专项审计和审计调查……………………………… 530
专业技能培训……………………………………… 779
专业技术人才管理………………………………… 979
专业设置…………………………………………… 767
专业统计调查……………………………………… 533
砖瓦用黏土………………………………………… 117
资产处置…………………………………………… 470
资产评估…………………………………………… 470
资源税……………………………………………… 488
嵫阳山遗址………………………………………… 864
梓 树……………………………………………… 306
自动投饵技术……………………………………… 287
自然变动…………………………………………… 124
自主开发项目……………………………………… 299
宗教场所登记……………………………………… 608
宗教活动…………………………………………… 608
宗教协会管理……………………………………… 608
纵向主干道………………………………………… 144
组织发展…………………………………………… 703
组织建设…………………………… 697、698、699
组织领导…………………………………………… 131

编后记

《兖州市志（1996—2013）》编修工作始于2017年4月，至2018年12月出版发行，大体经过以下四个阶段：

第一阶段筹备启动（2017年4月—6月）

为确保二轮志书编修工作顺利开展，2017年3月，区史志办依据国务院《地方志工作条例》《山东省地方史志工作条例》和《地方志书质量规定》，结合兖州实际，在广泛征求各相关单位意见后，制定《〈兖州市志（1996—2013）〉篇目及供稿分工》。同年4月17日，召开全区地方史志工作会议。向各供稿单位下发《关于印发〈兖州市志（1996—2013）〉编纂工作实施方案的通知》《关于健全完善基层单位〈兖州市志（1996—2013）〉编纂工作机构及队伍的通知》《〈兖州市志（1996—2013）〉资料搜集要求》等文件，安排部署编纂任务。会后，各供稿单位以本单位文件形式印发《关于成立〈兖州市志〉（1996—2013）编纂工作小组的通知》，并将文件上报至区史志办。为提高供稿人员的业务水平，区史志办编印《志书编修学习资料》，连同第一轮《兖州市志》一并分发到各供稿单位的主编手中，便于他们开展学习。先后开展专门培训、以会代训、上门指导等多种形式的培训活动30余次，培训人员200余人次；组织史志办工作人员参加省市相关的修志培训和周边县市区的评稿会5次，提高工作人员的业务水平，做到“晓其理、知其责、明其事、达其位”。

第二阶段资料收集（2017年6月—10月）

按照《〈兖州市志（1996—2013）〉编纂方案》要求，此次志书编纂工作共涉及包括驻兖单位在内的供稿单位131个。根据各供稿单位的任务量多少和业务范围大小，实行分批次分阶段交稿，最早交稿时间为2017年6月底，最晚交稿时间为2017年9月底。其中，6月底交稿的单位40个，7月底54个，8月底29个，9月底8个。通过拉开交稿时间差，既能保障供稿单位按时保质保量地提供稿件，又能保障史志办工作人员有条不紊地审改稿件。1996年—2013年，兖州市先后进行过5次机构改革，很多单位在机构改革中撤销或合并，增加了资料搜集难度。区史志办编纂人员多次到原单位与相关人员座谈，挖掘第一手资料；同时到档案馆查阅档案资料，充实和丰富志稿内容。至2017年10月底，稿件搜集工作基本结束，共搜集志稿约750万字。

第三阶段集中审改（2017年7月至2018年6月）

区史志办采取边搜集志稿资料边审改的方式，压茬进行审改工作，提高了审改效率。针对区史志办人员短缺的问题，区政府分管领导和区政府办公室主要负责人积极协调，从区直部门中抽调3名热爱史志工作、有较强文字功底的在职人员进行集中办公，采取分工协作的方式，承担志书编纂任务；先后聘请济宁市地方史志专家咨询组成员邵鸿志、王培礼、姜君杰、孟凡泰、侯广征、李莉及特邀编辑朱本生帮助审改志稿，加快了志稿编纂进度。全体编纂人员严格按照国家《地方志书质量规定》和济宁市级评审志稿标准，对初稿进行认真、细致、反复地修改，90%的志稿修改次数达5次以上，做到“审改一卷、成稿一卷”。同时，区史志办完成了凡例、概述、大事记、人物传4部分的资料搜集和内容编纂工作。至2018年6月初，形成评议稿，提交济宁市史志办评审。

第四阶段评审出版（2018 年 6 月—12 月）

2018 年 6 月 28 日—29 日，《兖州市志（1996—2013）》济宁市级评审会召开。与会专家对志稿给予充分肯定并提出书面修改意见。区史志办及时梳理归纳专家提出的意见，下发《关于增补〈兖州市志（1996—2013）〉机构沿革及随文图片的通知》《〈兖州市志（1996—2013）〉志稿共性问题明白纸》，对志稿进行细致修改、增补与完善，形成省级评审稿。2018 年 9 月 13 日—14 日，《兖州市志（1996—2013）》省级评审会召开。省史志办领导及专家对志稿的政治观点、体例结构、记述内容、文体文风等方面给予高度评价，同时也对志稿提出建设性意见。区史志办集中时间，按照评审会意见对志稿进行再梳理、再修改、再完善。2018 年 11 月，完成该志书印刷出版的招标工作。2018 年 12 月初，将《兖州市志（1996—2013）》样书稿件复印发至各供稿单位，由供稿人员、单位负责人对志稿再审改，并将审改后的志稿签字、加盖单位公章后报区史志办。2018 年 12 月，济宁市地方史志编纂委员会印发《关于〈兖州市志（1996—2013）〉送审稿审查验收的批复》，批准《兖州市志（1996—2013）》印刷出版。2018 年 12 月底，将《兖州市志（1996—2013）》稿报送方志出版社。

为确保《兖州市志（1996—2013）》编纂工作顺利开展，区政府主要负责人和分管负责人多次调度修志进度，帮助解决编纂过程中的各类难题。各供稿部门高度重视，协调配合，为修志工作开展降解了难度，减轻了压力，营造了良好的工作环境。全体编纂人员，不仅把修志当作一项工作来抓，更当作一项事业来做，在任务繁重，时间紧迫的情况下，发扬“直笔著信史，彰善引风气”的方志人精神，志存高远，力学笃行，争分夺秒，忘我工作，不辍笔耕，几易其稿，终成此书。虽艰辛清苦，仍无怨无悔。期间，省、济宁市史志办多次调度修志进度，在业务上给予指导帮助。兄弟县（市、区）的同仁们毫无保留地及时传授修志经验，确保了志稿质量及编修进度。在志书付梓之际，谨向为本志编纂做出贡献的各级领导、专家、学者及社会各界人士表示衷心感谢。

编纂《兖州市志（1996—2013）》是一项浩繁复杂的工程，涉及面广，工作量大，加之编者能力和水平有限，难免出现错漏之处，恳请广大读者批评指正。

编　者

2018 年 12 月